中国社会科学院创新工程学术出版资助项目

主编◎ 赵景华 沈志渔

中国公共管理发展报告 2012～2013

——中国公共管理的理论进展与实践创新

Annual Report on Public Management in China 2012-2013

—The Theory Progress and Practical Innovation of Public Management in China

经济管理出版社
ECONOMY & MANAGEMENT PUBLISHING HOUSE

图书在版编目（CIP）数据

中国公共管理发展报告（2012~2013）/赵景华，沈志渔主编. —北京：经济管理出版社，2013.1
ISBN 978-7-5096-2225-4

Ⅰ.①中…　Ⅱ.①赵…　②沈…　Ⅲ.①行政管理—中国—2012~2013—年鉴　Ⅳ.①D63-54

中国版本图书馆 CIP 数据核字（2012）第 281386 号

责任编辑：徐　雪　魏晨红
责任印制：杨国强
责任校对：曹　平　超　凡

出版发行：经济管理出版社
　　　　　（北京市海淀区北蜂窝 8 号中雅大厦 A 座 11 层　100038）
网　　址：www. E-mp. com. cn
电　　话：(010) 51915602
印　　刷：北京广益印刷有限公司
经　　销：新华书店
开　　本：880mm×1230mm/16
印　　张：68
字　　数：2010 千字
版　　次：2013 年 12 月第 1 版　2013 年 12 月第 1 次印刷
书　　号：ISBN 978-7-5096-2225-4
定　　价：398.00 元

张国庆　北京大学政府管理学院教授、博士生导师

张定安　中国行政管理学会副秘书长、《中国行政管理》杂志社副社长、研究员

张康之　中国人民大学公共管理学院教授、博士生导师

李　群　中共山东省委常委、青岛市委书记、中央财经大学政府管理学院兼职教授

李兆前　中共山西省委常委、纪委书记、中央财经大学政府管理学院兼职教授

李京文　中国工程院院士、中国社会科学院学部委员、教授、博士生导师

李京生　中央财经大学政府管理学院兼职教授

李国平　北京大学首都发展研究院院长、政府管理学院副院长、教授、博士生导师

李松玉　山东师范大学公共管理学院院长、教授

李俊生　中央财经大学副校长、教授、博士生导师

李俊清　中央民族大学管理学院院长、教授、博士生导师

杨开忠　北京大学秘书长、教授、博士生导师

杨世伟　经济管理出版社副社长、教授、编审

沈志渔　中国社会科学院工业经济研究所教授、博士生导师、经济管理出版社总编辑

陈庆云　北京大学政府管理学院教授、博士生导师

陈振明　厦门大学公共事务学院院长、教授、博士生导师

陈　耀　扬州大学副校长、教授、博士生导师

周志忍　北京大学政府管理学院党委书记、教授、博士生导师

郑俊田　对外经济贸易大学公共管理学院院长、教授、博士生导师

姚先国　浙江大学公共管理学院院长、教授、博士生导师

姜晓萍　四川大学公共管理学院院长、教授、博士生导师

娄成武　东北大学原副校长、教授、博士生导师

胡　伟　上海交通大学国际与公共事务学院院长、教授、博士生导师

胡乃武　中国人民大学经济学院教授、博士生导师

胡象明　北京航空航天大学公共管理学院副院长、教授、博士生导师

赵丽芬　中央财经大学副校长、教授、博士生导师

赵景华　中央财经大学政府管理学院院长、教授、博士生导师

赵新峰　首都师范大学管理学院院长、教授、博士生导师

倪海东　中央财经大学党委副书记、研究员

唐任伍　北京师范大学政府管理学院院长、教授、博士生导师

秦惠民　中国人民大学教育学院教授、博士生导师

袁　东　中央财经大学党委副书记、研究员

高小平　中国行政管理学会执行副会长兼秘书长、研究员

葛　荃　山东大学政治学与公共管理学院院长、教授、博士生导师

董克用　中国人民大学公共管理学院院长、教授、博士生导师

主　　编： 赵景华　沈志渔

副 主 编（按姓氏笔划排列）：于　鹏　邢　华　姜　玲　崔　晶　曹堂哲

主编助理： 崔　晶　曹堂哲　李宇环

编写人员（按姓氏笔划排列）：

于　鹏　马　忻　王天梅　王文娟　王红梅　白云真　邢　华　毕鹏程

刘庆乐　刘红岩　刘骊光　江　涛　孙智慧　李文彬　李宇环　李国平

杨燕英　张相林　张晓阳　陈红霞　陈　航　罗海元　周湘林　赵景华

施青军　姜　玲　姜爱华　耿　云　栗玉香　徐焕东　曹堂哲　崔　晶

温锋华　褚福灵

资料整理与部分初稿写作参与者：

李宇环　马　忻　扈剑晖　吴若冰　王　喜　张仁君　陈　莎　杨若曦

王丽龄　司宝红　徐　蓓

前　言

随着我国行政改革的推进，公共管理学的研究一直在不断地回应政府转型过程中的重大问题。为了更好地记录并评估公共管理领域的理论进展、实践创新和代表性成果，在深入探讨政府与市场关系、政府与社会关系、府际关系的基础上，聚焦我国政府自身建设与公共管理改革中的重点、热点与焦点问题，我们组织编写了《中国公共管理发展报告（2012~2013）》（以下简称本报告）。本报告与一般的资料性报告不同，它集研究性、资料性、权威性、前沿性和代表性为一体，以年度中国公共管理的改革与发展为主线，涉及公共战略管理、绩效评估、公共政策、公共财政和社会管理等公共管理领域的重要主题，提供了展示中国公共管理重大实践创新成果和理论进展的平台。

一、背景

公共管理学科自创立之日起，历经"传统公共行政"、"新公共行政"、"新公共管理"以及后新公共管理时代的新治理、网络治理和公共价值等范式的竞争与更迭。比如，韦伯官僚制理想类型模型提供了工业化时代各国政府组织的基本形式，新公共管理理论则为20世纪70年代末期以来的"新公共管理运动"和"重塑政府"运动提供了坚实的理论基础和实践指南。

中国历史上曾经创造了丰富的物质文明，也创造了举世公认的政治文明和政府管理文明，根植于儒家文化中的科举制、内阁制等制度对西方政府制度的设计有着举足轻重的作用。新中国成立后，中国走上了一条探索具有中国特色的政府管理模式的漫长道路。近年来，随着中国的崛起，中国的道路、理论与制度影响到了世界各国。毋庸置疑，作为"中国模式"有机组成部分的公共管理模式，将会深远地影响到中国未来的发展和世界的公共管理思想。

纵观中国公共管理学科的成长历程，特别是近30多年的理论研究，中国公共管理学科体系走过了从"行政管理"到"公共行政"再到"公共管理"的发展、成长历程。它在学者们辛勤的耕耘中成长，也在学者们不断的反思中壮大。公共管理学科在当今中国的发展已日益呈现出国际化、本土化、跨域性等特征，回应与解决了一些重大的理论与现实问题。

二、特色

本报告力图系统、全面地反映公共管理最新理论前沿和重大实践成果，图景式地勾勒中国公共管理理论成长的足迹和实践创新的经验，为理论工作者提供一份视野宽广、脉络清晰的思想"沙盘"；为实务工作者提供一份实用有效的、生动活泼的经验总结；为学习研究者提供一份简明清晰、取舍得当的选题指南。为了实现这一意愿，本报告力图在编写理念、内容结构、体例安排等方面大胆创新，力争有所突破。

（1）本报告是国内首部全面反映公共管理重大理论进展和实践成果的报告。新中国成立以来，中国公共管理学术研究、学科建设、人才培养、社会服务的发展走出了一条从单一的行政管理学转向更广阔、更综合、更富国际视野、更具实践导向的公共管理学科体系的发展历程。新中国成立后，作为一门社会科学的行政管理学，在 1952 年我国高校院系调整时曾被撤消。1979 年 3 月，邓小平在中共中央召开的理论工作务虚会上发表讲话指出："政治学、法学、社会学以及世界政治的研究，我们过去多年忽视了，现在也需要赶快补课。"1980 年 12 月中国政治学学会成立，一些学者开始讨论和研究行政学的问题，同时在全国范围内很快掀起一股学习和研究行政学的热潮。1984 年夏，由国务院办公厅和劳动人事部联合发起召开了全国性的行政管理研讨会，并正式筹备建立中国行政管理学会。1988 年，中国行政管理学会正式成立，并发行了会刊《中国行政管理》。1994 年，国家行政学院在北京正式成立。同期，各个省、自治区也先后成立地方行政学院，行政学纳入了国家建设的轨道。1986 年，原国家教委批准武汉大学、吉林大学和郑州大学 3 所高校设置行政管理学本科专业，同年我国高等教育系统第一个行政管理学教学与科研单位中国人民大学行政学研究所成立，1988 年我国第一个行政管理专业硕士点在中国人民大学设立，同年我国首批 3 个行政管理专业博士学位授权单位（中国人民大学、复旦大学和中山大学）开始招收行政管理博士生。随后全国众多高校先后开展行政管理的本科、硕士、博士教育，我国的行政管理教育体系已经完善。

20 世纪末期中国行政管理的发展迈向了新的阶段，其标志是 MPA 教育的启动。1999 年 5 月，国务院学位委员会第十七次会议讨论通过设立在全国公共管理硕士（MPA）专业学位。2001 年，国务院学位委员会、教育部和人事部成立了 MPA 专业学位教育指导委员会。2003 年 9 月，国务院学位办在原有 24 所 MPA 试点院校的基础上，又新批了 23 所部属和地方院校，使试点院校增加到 47 所，共覆盖 24 个省市。2005 年又新增 36 所院校。MPA 院校逐年递增，至 2012 年，全国已有 102 所 MPA 招生院校。目前我国已经初步建立了较为系统的 MPA 教育体系，MPA 的教育规模也得到了空前的发展，MPA 教育正在从规模拓展走向质量求胜的战略转型阶段。

2002 年中国行政管理学会编辑出版了《中国行政管理学发展报告》(2002)，2011 年中国行政体制改革研究会编辑出版了《中国行政改革蓝皮书》(2011) 等。上述研究成果对记录公共管理学科成长方面发挥了重要作用。本报告自 2011 年酝酿以来，历时两年，力图体现以下宗旨：不仅总结反映行政管理、行政改革研究重大理论进展和实践成果，还力图较为系统全面地展示公共管理一级学科及其所属二级学科的进展；不仅反映"公共管理学"学术文献的最新发展，还力图反映国家在推进建立现代公共管理制度中的重大实践成果；同时作为系列报告的第一卷，不仅反映公共管理理论和实践的发展，还对以往公共管理理论和实践进行总结，以使本报告呈现出公共管理理论和实践的清晰脉络。

(2) 尝试将"年鉴学派"的治学思想引入本报告的编写中，努力将本报告做成有思想、有灵魂的发展报告。1929 年，卢西恩·费夫尔（Lucien Febvre）与马克·布洛赫（Marc Bloch）共同创刊《社会经济史年鉴》(Annals à Historíe)，1942 年扩大篇幅，改名《经济·社会·文化年鉴》(Annals Economique, Sociétés, Civilisations)。至今年鉴学派已经历经近百年的发展，在各个学科产生了巨大的影响。以年鉴学派为代表的新史学的治学思想至少包括以下三点：①整体论（Holism）。整体论主张采用整体的视角分析历史，认为社会是由不同质的领域有机结合而成的结构。整体论是年鉴学派的重要方法论。②跨学科研究。以年鉴学派为代表的新史学倡导学者去研究人类活动的总体和专项历史，它包括地理环境、气候条件、社会、经济、文化、思想、情感、政治等因素，并且注重社会结构的分析，扩大了史料的范围。③问题导向。新史学主张历史研究就是要回答现实提出的各类问题。研究不同领域内的历史问题，历史性、实践性、具体性是以问题为导向的新史学的典型特征。

本报告在编写过程中，无论是从指导思想、布局谋篇、行文议事、史料考究等方面都以年鉴学派的整体论、跨学科、问题导向为基本方法论指导，力图使本报告有思想、有灵魂。这是一项难度非常大的工作，但是只要迈出了第一步，在全国同行的共同努力下，经过数年的努力，定能取得显著的成效。

(3) 尝试弥合公共管理理论和实践的鸿沟，努力将本书做成有活力、有价值的发展报告。公共管理研究是一门具有综合集成性的研究领域，充分体现了理论和实践的集成、战略与绩效的集成、民主价值与行政工具的集成等，这就要求公共管理研究具有战略观、历史观、国际观、比较观和创新观，紧扣时代发展的脉搏，回应实践提出的重大问题，反映实践中的重要成果，从实践中总结出公共管理的重大理论进展。我们在本报告的编写过程中，试图将象牙塔里的人拉进政府，将政府里的人请进学府，力促理论和实践的融合。本报告的实践创新部分列举出了各个公共管理领域在实践中的创新案例，以供地方政府或其他公共部门参考。本报告还增加了代表性论文和著作栏目，以期读者能够了解到一些具有代表性的学术观点。

三、内容

本报告包含十八章内容。

第一章公共战略管理。该章在评述国内外学者研究成果的基础上，分析了国家战略、地方政府战略、政府部门战略及非政府组织战略的实践情况。

第二章政府绩效管理。该章系统梳理了国内外政府绩效管理研究的脉络，并从中央政府层面和地方政府层面叙述了在绩效管理方面的创新实践。

第三章公共政策。该章分析了我国学者在政策分析框架、研究主题和学科前沿方面的最新进展，并对我国宏观调控、产业结构、区域发展、社会发展和文化发展等方面的公共政策进行了阐述。

第四章行政体制改革。该章介绍了学者们对我国行政管理体制改革的发展历程、基本经验、路径选择等方面的研究，同时梳理了大部制改革、事业单位改革、省直管县改革、综合配套改革实验区行政管理体制改革等方面的实践创新。

第五章地方政府与区域公共管理。该章评述了我国学者在区域公共管理基础理论、区域一体化与政府间关系、大都市区和城市群治理、区域公共服务均等化等方面的研究，在实践层面列举了京津冀、珠三角、长三角等区域地方政府合作的创新举措。

第六章城市管理。该章从城市经济管理、城市空间管理、城市社会管理等方面对相关理论进展进行了评述，同时总结了我国城市政府在城市社会管理、空间管理、经济管理、交通管理、突发事件管理等方面的创新措施。

第七章城乡统筹管理。该章对我国城乡统筹模式创新、城乡经济统筹管理、城乡社会统筹管理、城乡文化统筹管理、城乡统筹制度创新管理等方面的研究进行了述评，并介绍了我国几个典型的城乡统筹实践创新地区。

第八章政府预算管理。该章梳理并总结了政府预算公开透明、深化部门预算改革、推行绩效预算、地方政府债务管理和调整政府间财政关系等方面的理论研究；在实践层面上列举了我国各地方政府在继续深化部门预算管理改革和逐步探索绩效预算管理方面的创新举措。

第九章政府采购管理。该章对政府采购监督、政府采购法制建设、政府采购政策功能和政府采购电子化建设等方面进行了评述，并阐述了我国地方政府在政府采购电子化平台建设升级和政府采购在城市建设中潜能发挥等方面的实践。

第十章社会管理。该章从加强社会管理格局、完善基层社会管理和服务体系、完善非公经济组织和社会组织管理等方面梳理及介绍了我国社会管理领域的理论进展，并介绍了各地的社会管理体制改革、城市和农村社区管理、信息网络管理、民众利益表达与监督等社会管理创新形式。

第十一章社会保障管理。该章梳理了社会福利理论与方法、社会保障制度国际比较、社会保障量化管理、农村社会保障制度改革、医疗和养老保险制度改革，以及住房保障制度改革等方面的研究进展，并介绍了我国部分地区开展的城镇居民社会养老保险试点和推进医药卫生体制改革等方面的实践创新。

第十二章资源与环境管理。该章对自然资源管理、能源政策与管理、环境保护与管理、全球环境与气候变化治理等方面的研究进行了评述，并梳理了这些方面的实践创新。

第十三章公共卫生事业管理。该章评述了我国卫生政策、卫生系统绩效评价、医疗保障体系及管理、基层医疗机构管理、突发公共卫生事件防治与管理等领域的研究，并介绍了地方政府推进公共卫生服务均等化、加强突发公共卫生事件防治与管理等方面的创新举措。

第十四章教育经济与管理。该章评述了教育与经济增长关系、教育收益与成本、教育与劳动力市场、教育融资等方面的理论研究情况，介绍了我国在促进义务教育均衡发展、加大财政性教育投入、推进学前教育发展等方面的实践创新。

第十五章公共危机管理。该章梳理和总结了公共危机管理过程、"一案三制"建设、公共危机治理、专项公共危机管理等方面的理论研究，并对自然灾害、事故灾难、公共卫生事件、社会安全事件等方面的危机管理实践做了介绍和点评。

第十六章电子政务。该章对电子政务标准化服务和影响作用、电子政务实施中的管理变革和制度安排、移动政务、电子政务外包等领域进行了评述，并对青岛模式、玉林模式和华中科技大学的电子决策剧场等实践创新模式做了介绍。

第十七章公共人力资源管理。该章归纳了人力资源管理的制度、绩效、激励、胜任力、职业发展等方面的理论研究情况，并对国家人力引进计划、事业单位人事改革、人才特区设立等方面的实践进行了总结。

第十八章全球治理。该章梳理和归纳了国家与政府在全球治理中的角色、国际组织与机制在全球治理中的作用、全球治理中的跨国公民社会和全球治理背景下的区域治理等方面的理论进展，并对国际经济治理机制的活动与改革、欧洲债务危机的蔓延与治理、伊朗核问题及全球安全治理等事件做了案例分析。

本报告主要面向中国公共管理的教学与研究人员、政府部门官员以及事业单位和社会组织等相关单位的工作与研究人员。它不仅有助于全面、快捷地了解整个中国公共管理理论的最新发展状况，而且可以为公共管理的实际工作者提供创新性的思路。本报告也可以为所有公共管理领域学生的研修培训、学术研究、论文写作等提供参考。另外，本报告的编写还将有助于推动公共管理领域的国际学术交流，使国外学者能够更为全面地了解中国公共管理的最新发展。

本报告原名为《中国公共管理年鉴》，并按年鉴编写体例编纂完成。临近出版之时，由于特殊原因，改名为《中国公共管理发展报告（2012~2013）》。因时间仓促，对原年鉴的体例与内容没有来得及进行修改，只能留待后续年度修订。需特别说明的是，原年鉴编写体例设有"代表性成果"和"代表性论文选登"栏目，编委会尚未能与该栏目收录论文的作者一一联系，请予以谅解，并请与我们联系。感谢所有参与本报告编写工作的专家学者和各位师生同仁们，感谢经济管理出版社对本报告编写和出版工作提供的大力帮助和支持！

《中国公共管理发展报告（2012~2013）》编委会

2013 年 2 月

目　录

第十三章　公共卫生事业管理（王文娟　陈　航　王红梅）·········· 637

第一章　公共战略管理

赵景华　李宇环　罗海元

公共战略管理作为公共管理领域的一门新兴学科兴起于20世纪80年代。当前国内外已有文献中一般称公共战略为政府战略、政府部门战略或公共部门战略等，但这些概念都无法完整涵盖整个公共战略的内容。公共战略应该包含一切具有公共性特征的战略，如国家战略、地方政府战略、政府职能部门战略及非政府组织战略都属于公共战略的范畴。因此，将"公共战略"作为概念术语更加严谨科学。[①]

公共战略管理不同于传统公共行政学以内部取向为主的研究途径，它更多地关注组织的外部环境、战略结果、公共价值和多元利益的平衡。随着全球公共管理环境的复杂性和不确定性日益增加，尤其是处于转型期的中国，社会体制、社会结构、社会形态的变迁将公共组织推向了战略改革的风口浪尖。任何领域的改革都会牵一发而动全身，复杂的执政环境和频发的社会矛盾强烈呼吁政府改革的顶层设计，公共战略管理在这种情况下应运而生。以下分别就其理论进展、实践创新和代表性成果进行具体介绍。

第一节　理论进展

公共战略管理的研究在国内刚刚兴起，国内大部分高校还未开设相关课程，研究内容较为分散，也没有统一的分析模式。因此作为公共管理研究的一个新兴领域，我们主要从学科发展、国内外研究进展以及公共战略的分析模式三个方面对其理论进展进行介绍。

一、学科发展

20世纪80年代，一方面受私人部门战略管理的影响；另一方面公共部门管理环境日益复杂多变，战略管理开始引入公共部门。20世纪60年代末至70年代初，特别是1973年的第一次石油危机过后，所有西方发达国家无一例外地出现了经济停滞、高失业和高通货膨胀并存的"滞胀"现象。同时，西方社会为了建立"福利国家"，每年要负担大量的转移性支出，因此造成政府严重的财政危机，人们对政府的信心受挫。工业化和科学技术的发展，在促进社会进步的同时，也引发了诸多的社会问题，如人口膨胀、治安混乱、环境恶化、失业率升高、教育问题等，加之国际经济自由化趋势加强，竞争压力逐渐加剧，对各国政府的改革形成巨大的国际压力。如何促进经济发展、节约政府施政成本、提升国际竞争力，成为各国执政者面临的核心问题。在这些问题面前，政府面临着复杂、动荡、多元的环境，传统的、内部取向的公共行政无能为力，从英国开始，波及法国、德国、美国、澳大利亚、新西兰、希腊等国，开展了一场大规模的政府改革运动。改革的主要方向是借鉴私营部门及市场的经验管理公共部门。在这一背景下注重环境分析的战略管理被引入公共部门。欧文·E. 休斯

---

① 赵景华、李宇环：《公共战略学的学科构建与发展趋势》，《中国行政管理》，2010年第8期。

（Owen E.Hughes）在《公共管理导论》一书中提到，战略计划在公共部门的运用是在20世纪80年代，它落后于私人部门十几年；而战略管理的引入却是在20世纪80年代后期，只比私人部门晚了几年。[①]

从理论进展来看，西方行政学的发展基本可以分为两个时期，即公共行政时期和公共管理时期。从威尔逊将行政学作为一门独立的学科开始到20世纪70年代末期属于公共行政时期，这一时期的行政学研究强调政治与行政二分论，强调行政效率；20世纪80年代开始属于公共管理时期，这一时期的行政学研究逐渐打破传统的局限，广泛应用经济学和管理学的方法，并将注重外部环境分析的战略管理引入公共部门。根据美国学者波兹曼的划分，公共管理学的研究主要有两大途径：公共政策途径（P途径）和一般管理途径（B途径）。P途径认为公共管理与公共政策的形成与制定密切相关，而且着重强调高层决策者的管理策略，比较重视公共管理的政治面向。B途径依循商学院的传统，并不强调公共部门与私人组织的差异性，主张将一般管理的理念和方法移植到公共部门，重视组织的设计、人事、预算等问题。公共战略管理的研究则是对这两条途径的整合。其研究对象包含以下特点：以公共价值为取向，在战略管理的每个环节都植入价值选择的要素；将外部环境分析引入管理活动中，将内外整体环境看作是行政系统的一部分；公共部门战略管理并不排斥一般管理的工具和方法，但它同时更重视来自公共权威的制约和授权；平衡多元利益需求，推崇"政治回应"和"责任"，维护社会公平以实现公共利益最大化；注重绩效管理的"结果导向"，着眼于政策产出的终极产品和实际社会效果；以可持续发展为理念，既关注当前利益，更着眼长远利益和可持续发展。

公共部门战略管理的发展历史较短，无论在国外还是在国内它都是一门新兴学科。在教学方面，战略管理在20世界90年代以来成为西方尤其是美国大学MPA及MPP等研究生教育的一个重要课程，如哈佛大学肯尼迪政府管理学院。从国内的教学情况来看，开设《公共部门战略管理》课程的高校较少，厦门大学和中央财经大学是国内少数几所较早开设《公共部门战略管理》课程的高校之一，中央财经大学在本科、硕士、博士三个层次都开设了此课程。北京大学政府管理学院开设的相关课程有《战略管理》和《战略管理与公共政策》，中山大学政治与公共事务管理学院开设有《领导与战略管理》课程。因此，全国高校公共战略管理的学科发展还处于完善过程中。

二、研究现状

（一）国外相关理论研究进展

由于战略管理的理念是从私人部门借鉴而来，早期的有关文献侧重论述公共部门战略管理与私人部门战略管理的差异，如Peter Smith Ring和James L. Perry的《公共组织与私人组织的战略管理：环境与内容的差异性》。随后战略规划在公共部门得到广泛应用，20世纪80年代中期大量关于战略规划的著作产生，如John M. Bryson先后发表的《战略规划与公共部门的新生》、《私营部门战略规划在公共部门的应用》，John Blson（1988）的《公共与非营利组织战略规划：增强并保持组织成就的行动指南》一书为公共组织战略规划的实施提供了详细的指南，并为组织的规划程序提供了特殊的工具和技术。随着公共部门面临的环境更加复杂和动荡，战略规划开始向战略管理转变。

20世纪80年代末90年代初，出现了首批论述公共部门战略管理的著作和教科书。最早的是波兹曼（Barry Bozeman）和斯特劳斯曼（Jeffrey D. Straussman）的《公共管理战略》（1900），作者在该书区分了公共管理和公共行政的差别。并提出战略管理途径的三个主要特征：界定目标、制订与环境相匹配的行动计划、设计有效的执行方法。同时他也强调了政治权威对战略管理的重要影响。[②] 1992年，纳特（Paull C. Nutt）和巴可夫（Robert W. Backoff）出版了《公共和第三部门组织的战略管理》，书中提到："战略管理处理这样一个关键问题，即为面临着日益增加的不确定性未来的组织定位。"[③] 该书依据"公共组织采取

① Owen E. Hughes. Publication Management and Administration (2nd, ed). Macmillan Press Ltd, 1998.

② Barry Bozeman, Jeffrey D. Straussman. Public Management Strategies, Jossey-Bass Publishers, 1900.

③ Paull C. Nutt, Robert W. Backoff. Strategic Management of Public and Third Sector Organization: A Handbook for Leaders. Jossey-Bass Publishers, 1992.

行动的压力"和"外部回应度"两个坐标维度将战略环境划分为4种类型，并分别对应8种战略角色，在此基础上提出了战略议题管理的张力分析框架。莫尔（Mark H. Moore）的《创造公共价值：政府战略管理》一书中提出了战略管理的"三角模型"，强调公共组织的战略管理应以公共价值为核心实施使命管理、政治管理和运营管理。莫尔的最大贡献是为公共组织的管理者提供了一个找出问题症结的框架。[①]清华大学出版社和北京大学出版社翻译出版了公共管理的译丛，其中乔伊斯（Paul Joyce）的《公共服务战略管理》、海恩斯（Philip Haynes）的《公共服务管理的复杂性》和布莱森（Bryson）的《公共与非营利组织战略规划：增强并保持组织成就的行动指南》与公共战略管理的内容联系紧密。乔伊斯《公共服务战略管理》一书中总结了公共服务部门在现代化转型中的战略管理类型，即"传统"战略规划模型、商业式战略管理模型、愿景式战略规划模型和前瞻式管理模型，并且通过案例研究和对理论模型的解读对战略管理的过程、战略领导、协调与合作、战略和危机及战略转型进行了深入分析，为公共服务管理者提供了理解战略管理理论、应用和发展战略管理来改善公共服务的新视角。海恩斯的《公共服务管理的复杂性》以复杂性理论为基础，探讨了公共部门在不稳定世界中的战略管理，他认为在公共部门从事战略和计划工作是一个动态的过程，在这个过程中战略计划的成功实施需要依靠正确认识和理解混沌、风险以及不确定性，并对公共管理者的角色和任务提出了复杂性理论所要求的一些基本原则。布莱森的《公共与非营利组织战略规划：增强并保持组织成就的行动指南》的最大贡献在于提出了一个有效的战略管理工具，即战略转变循环（Strategy Change Cycle），并为这个战略规划过程提供了详尽的指南。

国外文献中，除了研究公共部门战略管理的过程外，20世纪90年代后期还广泛关注具体公共领域的战略管理，如公共部门危机战略管理、公共部门人力资源战略管理、公共部门战略性采购、外交领域的战略管理、城市行政机构的战略管理等。如Joseph Matthews（2005）的《图书馆管理者的战略计划和管理》、Robert Agranoff（2004）的《协作性公共管理：地方政府管理的新战略》；Linda E. Swayne（2009）的《卫生组织的战略管理》等，公共战略管理开始渗透公共管理的各个领域，为更好地指导公共管理实践提供了重要的理论研究路径。进入21世纪以来，公共部门战略管理的工具方法研究兴起，如Janet C. Vinzant和Douglas H. Vinzant的《战略管理与全面质量管理：挑战和选择》、Robert D. Galliers的《战略性信息管理》。多学科领域的研究方法为公共部门战略管理的发展提供了多元化的分析框架。

（二）国内相关理论研究进展

1. 文献数量

以中国知网数据库为样本来源，检索到与公共战略或政府战略相关的文献共2350篇；剔除一些政府文件或非学术文章，得到近10年来与本研究主题相关的文章共54篇。公共战略在国内从20世纪90年代兴起以来，理论发展虽有一些突破，如学科框架的构建、方法工具的创新等，但总体发展趋势呈现不稳定的状态（见图1-1）。从

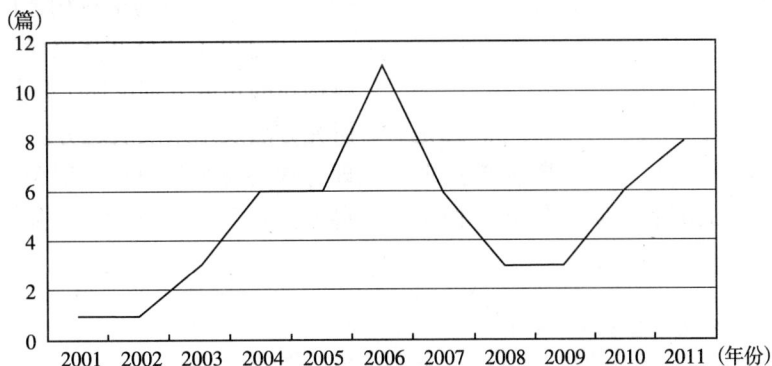

图1-1 2001~2011年文献数量增长趋势

① Mark H. Moore. Creating Public Value: Strategic Management in Government. Harvard University Press, 1995.

图中可以看出，2001~2006 年研究呈现升温态势，在 2006 年达到一个峰值后开始呈现下滑趋势，直到 2010 年开始才逐步升温。从发表文献的机构来分析，厦门大学发表的研究成果塑造了第一个峰值，中央财经大学发表的成果对 2010 年的研究升温起到了重要作用。

根据研究机构来统计，对公共战略的研究排在前几位的分别是厦门大学（8 篇）、中央财经大学（5 篇）、中山大学（3 篇）、武汉大学（3 篇），其余文献都散落在不同的高校及研究机构。由此可以看出公共战略管理的研究还没有形成聚合力。

这一方面可能是由于公共战略管理的研究才刚刚起步，理论进展比较缓慢；另一方面也说明公共战略管理作为一门独立的学科和新的研究途径还未获得足够的重视，其研究内容还散落在公共管理的其他子领域中。

2. 研究主题

对 54 篇文献中的关键词进行分析，可以归纳为 4 类研究主题（见表 1-1）：基础理论与学科构建、战略性绩效管理、政府职能战略、分析方法与工具。

表 1-1　公共战略管理研究的热点主题

研究主题	关键词
基础理论与学科构建	公共战略学、公共部门战略管理特性、公共部门战略管理途径、内容分析、学科构建、理论范式、公共性、发展趋势、战略思维
战略性绩效管理	平衡计分卡、绩效管理、绩效评价、绩效评估、政府绩效管理
政府职能战略	公共行政战略、公共领导者、公共财政、战略领导力、战略竞争、公共部门人力资源
分析方法与工具	分析模式、SWOT 模型、三角模型、三维理性

（1）基础理论与学科构建。这类主题是当前公共战略管理理论研究的聚集地。在这一类中又分为四个方面：一是从公、私部门的差异分析入手，对私人战略管理的理论进行扬弃，总结了公共部门战略管理的核心理念、核心内容和核心模式。如以私人部门战略管理理论为基础，提出以群体价值观为基点、学习能力为核心、人员激励为手段的公共部门战略管理框架（冯媛媛，2011）；[①] 提出以战略环境、战略科学、战略对手、战略目标为其本质的公共部门战略管理的核心内容和理念（王振艳，2007）。[②] 另外，还有文献从公私部门的差异中总结了公共部门战略管理的过程、模式、方法（刘春雷，2010），公共部门战略管理存在的问题（吴彦，2008）以及公共部门战略管理与组织体系（杜娜，2007）等内容。二是对公共部门战略管理研究的述评。曹堂哲选取 1980~2009 年公共部门战略管理英文期刊、博士

论文和专著，就公共部门战略管理研究的起源、内容、基本范畴、主要领域、研究焦点、研究方法等方面进行了定性分析和定量分析，概括总结出国外公共部门战略管理研究的总体特征为：研究视角的多学科性、研究主题的高度渗透性、研究范式的过程导向性和研究方法的实证性；[③] 陈振明对美国学者马克·莫尔的《创造公共价值：政府战略管理》进行了评述，并指出公共部门战略管理的研究途径对于我国公共部门管理尤其是政府管理职能与方式的转变，以及公共管理知识体系和课程体系的更新具有重要的参考价值。[④] 三是讨论公共战略管理的学科构建问题。赵景华和李宇环首次提出了"公共战略学"的概念范畴，从学科构建的角度分别论述了公共战略学的学科体系、研究方法及未来发展趋势。[⑤] 陈振明通过对公共管理与战略思维的讨论，对公共部门战略管理的学科"范式"问题进行了论述，并阐述了公共部门

---

① 冯媛媛：《公共部门战略管理理论的合理创新研究》，《改革与战略》，2011 年第 7 期。
② 王振艳：《公共部门战略管理的本质探寻与实践提升》，《行政论坛》，2007 年第 4 期。
③ 曹堂哲：《西方 30 年来公共部门战略管理研究的总体特征——主题、学科和方法的定性与定量分析》，《中国行政管理》，2011 年第 2 期。
④ 陈振明：《战略管理的实施与公共价值的创造——评莫尔的〈创造公共价值：政府战略管理〉》，《东南学术》，2006 年第 2 期。
⑤ 赵景华、李宇环：《公共战略学的学科构建与发展趋势》，《中国行政管理》，2010 年第 8 期。

战略管理学科的兴起、主题和意义。①四是对公共部门战略管理实践问题的理论总结。从战略管理的概念、特征出发，分析战略管理在公共部门中实施的成因和限制，并讨论了公共部门实行战略管理的必要条件及发展趋势（邓龙，2007；张岌，2006）。

（2）战略性绩效管理。战略性绩效管理逐渐成为公共部门战略管理的重要内容之一。战略性绩效管理打破传统的绩效研究"重评估，轻管理"的弊端，注重用战略管理工具对公共部门绩效进行全方位、全过程管理。方振邦和鲍春雷在总结企业战略性绩效管理理论的基础上，结合政府部门的实际情况，深入探讨了政府部门战略性绩效管理的模式、内容及特点。②王群峰通过分析我国政府部门绩效管理的现状以及存在的问题，从绩效目标体系设计、绩效信息收集、绩效评价、绩效改进四个方面探讨了构建政府部门绩效管理模式的战略构思。③还有部分文献将平衡计分卡作为战略管理工具引入公共部门战略管理中，综合考虑公共部门的多重管理因素，探讨了政府绩效评价体系的构建（綦小广，2007；高雪莲，2006；苏曦凌和贾丹，2006）。

（3）政府职能战略。当前国内文献涉及政府职能战略的研究主要集中在公共财政和公共部门人力资源管理方面。在战略性人力资源管理研究方面，国内学者主要运用国外成熟理论讨论中国公共人力资源管理的实践，于常有在《战略人力资源管理在公共部门中的应用》一文中认为战略人力资源管理通过垂直和横向的整合，使人力资源管理的各项功能与组织目标达成了有机的协调，对我国加强公务员队伍建设、构建服务型政府、塑造国家竞争优势提供了有益的启示。④在公共财政战略的研究方面，段国旭对公共财政战略管理研究的重要性、公共财政战略管理的研究内容及未来发展做了系统探讨。他从财政增长战略、财

政支出结构整合战略、财政组织体制战略、财政控制战略、财政均衡战略、财政管理要素基因组合战略六个方面构建了公共财政战略管理的研究框架。⑤

（4）分析方法与工具。公共战略管理的理论、方法和工具的研究文献。围绕这一问题，国内学者主要从公共战略管理的分析模式、范式观念和模型框架进行了探索研究。其中，赵景华和李宇环在总结了国外公共部门战略管理的三种模式后，提出了基于我国公共战略管理实践基础上的"V-PS"模式；⑥朱国伟从三维理性范式观探讨了公共行政战略的理性精神，即公共行政战略要融合"价值—工具—事实"的三维理性，以追求公共利益为其终极价值精神。⑦另外，赵景华等人从环境分析的视角构建了政府战略管理的概念框架，提出了政府战略管理的SWOT分析（赵景华、邢华，2010）和政府战略管理的三角模型（赵景华、李代民，2009），倡导政府管理需要战略视野，应以公共价值为核心，做好使命管理、运营管理和政治管理。何修良从战略分析、战略选择、战略实施和战略评价四个方面讨论了地方政府战略管理的模式，建议地方政府应该把握战略管理的竞争优势，不断采取先进的管理工具，建立适合自我发展的特色战略管理模式。⑧

（三）理论研究总评

从以上文献综述可以看出，国外公共战略管理的研究内容较为丰富，涉及公私部门战略管理的差异、战略管理的价值取向、环境分析、过程理论及工具方法等多个方面，而且渗透到公共管理的各个职能领域，如危机管理、人力资源管理、城市管理及公共财政等具体领域。国外文献研究内容的丰富性、研究主题的渗透性、研究方法的实证性值得我们借鉴和学习。

国内相关研究的主题总体呈现向纵深领域不断扩展和渗透的态势，但公共战略管理作为一门

① 陈振明：《公共管理与战略思维——公共部门战略管理的学科框架》，《中国工商管理研究》，2006年第4期。
② 方振邦、鲍春雷：《战略导向的政府绩效管理：动因、模式及特点》，《兰州学刊》，2010年第5期。
③ 王群峰：《政府部门战略绩效管理模式构建》，《商业时代》，2008年第13期。
④ 于常有：《战略人力资源管理在公共部门中的应用》，《行政论坛》，2009年第4期。
⑤ 段国旭：《公共财政战略管理研究》，《经济研究参考》，2003年第54期。
⑥ 赵景华、李宇环：《公共战略管理的价值取向与分析模式》，《中国行政管理》，2011年第12期。
⑦ 朱国伟：《论公共行政战略的理性精神——一种三维理性范式观》，《华中科技大学学报》（社会科学版），2010年第5期。
⑧ 何修良：《浅谈地方政府战略管理模式的选择》，《甘肃行政学院学报》，2006年第4期。

新兴学科，其发展完善必定要经过一段时间的积累。尤其在实证研究和职能战略研究方面我们要积极学习和借鉴国外的研究方法。但同时也要认清我国的公共管理背景和国外的公共管理背景有较大差异，完全照搬国外已有的研究成果可能导致水土不服。西方发达国家的公民社会相对发达，非政府组织占公共组织的比重较大，大量文献研究以较为成熟的非政府组织或第三部门为研究对象。而我国非政府组织的发展尚不完善，且与政府组织有着千丝万缕的联系，甚至附属于政府组织，这就导致我国公共组织的重要主体是政府组织，政治性色彩较国外的公共组织更加浓厚。因此，我国的公共战略研究除了要借鉴国外已有的成果外，更应该扎根于中国的土壤，建立在中国国情的基础上探寻公共组织进行战略管理的有效途径。总体来看，公共战略管理的发展还处于起步阶段，理论框架和学科体系还处于探索之中，但不论是实践需求还是理论呼唤，公共战略管理作为公共管理领域一个新的研究领域和研究途径必将受到越来越多的关注。

三、分析模式

由于国内公共战略管理的发展还处于起步阶段，因此，对分析模式的总结主要建基于国外一些重要的研究成果。以下分别对莫尔（Mark H. Moore）的《创造公共价值：政府战略管理》、纳特（Paull C. Nutt）和巴可夫（Robert W. Backoff）的《公共和第三部门组织的战略管理》、布莱森（John M. Bryson）的《公共与非营利组织战略规划：增强并保持组织成就的行动指南》进行述评，总结公共战略管理的"莫尔模式"、"纳特—巴可夫模式"和"布莱森模式"。

（一）"莫尔模式"

莫尔（Mark H. Moore）的《创造公共价值：政府战略管理》提出了公共战略管理的"三角模型"（见图1-2）。模型的核心为公共价值，即政府战略的终极目标是创造公共价值。莫尔教授通过分析美国公共图书馆的案例引出"公共价值"的概念，进而对"如何界定公共价值"这一问题进行了分析。莫尔批判了当前公共行政研究中一

些概念工具存在的缺陷，如"民主理论"通常关注选民监督对组织绩效的影响；"绩效评估"常用来评价管理者是否有效地达到了既定目标，并提供如何有效达到这些目标的途径；"成本—收益分析法"用来分析个体从组织中获得的收益以及为维持组织发展而付出的成本；"顾客导向型政府"仅关注组织为其提供产品和服务的直接顾客的满意度。[①] 虽然以上每种概念工具都有助于管理者确立组织价值，但它们都没有明确提出公共组织的终极价值，即公共价值。

图1-2 莫尔模式

对于如何实现公共价值，莫尔从三个角度展开论述：一是判断组织的工作目标是否符合公共价值的标准；二是这一目标是否能得到政治及法律方面的支持；三是从组织管理和运行的角度看，这一目标能否实现。以上三项内容构成了"三角模型"的三个维度，即使命管理、政治管理和运营管理。莫尔在"三角模型"的分析模式中提出了公共管理者面临的首要问题，即公共部门为何要创造公共价值、创造何种公共价值以及怎样创造公共价值。这一模式的价值在于：发展了一套新的公共管理哲学；提供了一套分析框架，供公共管理者分析环境并估算其采取有效行动的可能性；介绍了公共管理者可以进行的某些特定的创新，有效利用内外部环境提供的机会和潜力，以创造公共价值。"三角模型"传授的不在于具体的管理技能，而是提出了以"公共价值"为核心的全新的管理理念，这也正是公共战略管理理论和实践应关注的核心问题。

（二）"纳特—巴可夫模式"

"纳特—巴可夫模式"（见图1-3）主要针对战略领导者最为关注的两大问题进行了重点论述，

---

① 莫尔：《创造公共价值：政府战略管理》（影印版），清华大学出版社，2003年。

即战略内容和战略过程。战略内容涉及战略"是什么"的问题，包括环境分析、战略类型、推动战略行动的方法等；战略过程涉及"如何"实施战略的问题，包括战略管理小组的建立、战略制定和实施的过程、战略调适以及有效的支持技术等。由此可见，这一分析模式不仅论述了战略是如何提出和选择的，也给出了战略实施的一系列方法和工具。

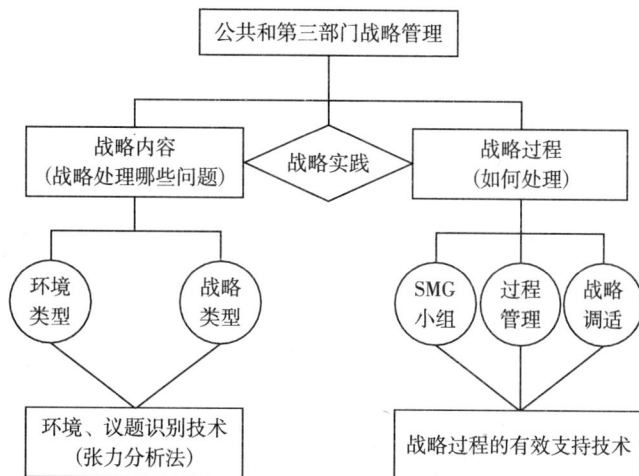

```
                    公共和第三部门战略管理
                 ┌──────────┴──────────┐
        战略内容              战略实践              战略过程
   （战略处理哪些问题）                            （如何处理）
     ┌────┴────┐                         ┌──────┼──────┐
   环境        战略                      SMG    过程    战略
   类型        类型                      小组    管理    调适
     └────┬────┘                         └──────┼──────┘
   环境、议题识别技术                      战略过程的有效支持技术
     （张力分析法）
```

图 1-3　"纳特—巴可夫模式"

"纳特—巴可夫模式"对公共部门战略管理的内容、环境类型、战略类型、战略过程进行了系统分析（见图 1-4、图 1-5）。这一模式的重要贡献在于提出了"张力分析法"。张力即同时将组织向不同方向推拉的相互对立的力量。[1] 将议题表达为张力反映了组织面临复杂的混乱网络，因此清晰地阐述议题，必须首先认清组织中存在的各种对立力量。根据不同的"注意力方向"和"审视

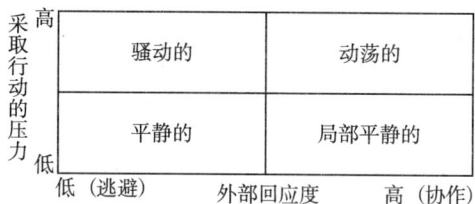

采取行动的压力		
高	骚动的	动荡的
低	平静的	局部平静的
	低（逃避）　　外部回应度　　高（协作）	

图 1-4　环境类型

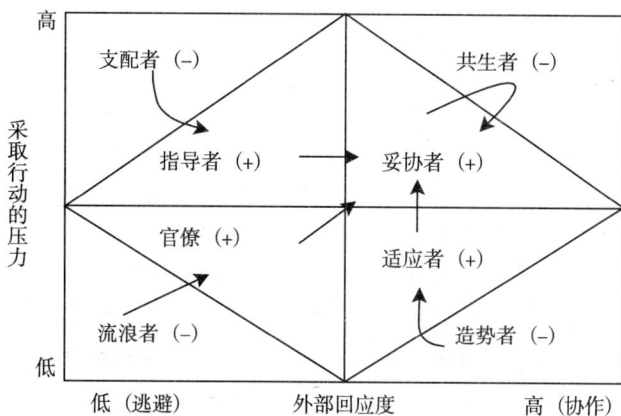

图 1-5　与环境相匹配的战略类型

---

[1] 纳特、巴可夫：《公共和第三部门组织的战略管理：领导手册》，陈振明等校译，中国人民大学出版社，2001 年。

方法"将影响组织张力的要素分为"公平"、"转变"、"保存"和"生产力"，4种要素两两组合就形成了6种张力，每种张力都可以通过剩余两个要素充当调节器进行调和。张力分析法为公共部门战略管理提供了一个全面审视环境的有效框架。用张力表示公共组织中面临的复杂网络及其相互对立的力量，为组织平衡多元利益需求，应对持续变化的内外部环境提供了有价值的分析框架，它同时也体现了公共战略管理对公共价值的追求。

（三）"布莱森模式"

根据布莱森（John M. Bryson）的《公共与非营利组织战略规划：增强并保持组织成就的行动指南》一书，我们总结了公共战略管理的"布莱森模式"（见图1-6）。"布莱森模式"的最大特点是强调"包容、分析和速度在提高组织和社区效率中的重要性"，[①]即追求公共价值的同时如何实现效率的最大化。这一分析模式是围绕战略转变循环的10个步骤展开的，既强调了战略转变循环的规划性质，又凸显了其管理性质，将领导、战略规划和管理有机地融合为一体，体现了公共战略管理的发展趋势。

"战略转变循环"不仅仅是一个战略规划过程，还是一个战略管理过程，它被看作是一个"程序战略、决策制定的程序模型或是以行为为基础的战略观"，包括发起和达成战略规划过程的协议；确认组织的训令；阐明组织的使命和价值；评估内外部环境以确定自身的优势、劣势、机会和威胁；确定组织面临的战略性问题；制定应对这些问题的战略；审查和采纳战略或战略规划；设立有效的组织愿景；发展一个有效的执行过程；战略及战略规划过程的再评估。[②]战略转变循环的关键在于每个步骤都要强调贯彻行动、结果、评估和学习的重要性。从战略转变循环的内容可以看出，"布莱森模式"既强调组织效率的提高又极力实现公共价值，正如作者所言："如果组织能够完成这个战略转变循环，它就已经踏上保证和提高效率、完成使命、满足训令以及创造真正的公共价值的征途。"[③]

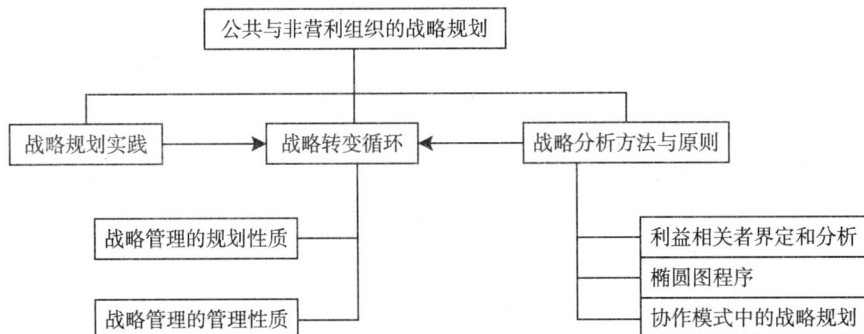

图1-6　"布莱森模式"

"布莱森模式"还介绍了战略规划或者战略管理的分析方法和原则，这些方法和原则是符合公共战略管理环境变化要求的。资源A是利益相关者界定和分析方法，根据"权利"和"利益"两个维度将利益相关者分为4类，即参与者（既有利益也有重要权利）、主体（有利益但权利甚小）、连接者（有权利但直接利益甚小）、群众成员（利益和权利都很小）。[④]资源B是椭圆图程序，这一程序采取的是因果图技术，它是作为"战略选择发展和分析（SODA）"的一部分发展起来的。该

程序的目的是通过获取和建构组成椭圆图程序的理念来明晰一定范围内的利害关系，它可以提高组织的推理能力，促进对话，掌控问题领域的复杂性，并在队伍中建立合作团队。资源C是协作模式中的战略规划，主要讨论协作发展如何与战略转变循环联系在一起。这三类资源不仅为战略转变循环的实施提供了有效的工具方法，而且也反映了公共战略管理的未来发展趋势。

"布莱森模式"是在行政环境更加繁杂和动荡的背景下展开分析的，它提出的"战略转变循环"

①②③④ 约翰·布莱森：《公共与非营利组织战略规划：增强并保持组织成就的行动指南》，孙春霞译，北京大学出版社，2010年。

同样以创造公共价值为根本目标，同时也注重绩效管理，并提出了协作模式下的战略规划。为达到"包容"、"分析"和"速度"的多重目标提供了一系列方法工具，为公共组织的战略推动者和管理者提供了一个应对环境变化的动态分析框架。

第二节 实践创新

我国政府历来有重视制定发展战略的传统，从国民经济和社会发展的五年规划到经济、政治、文化具体领域的战略规划，从短期战略规划到中长期战略规划，从全国战略规划到区域战略规划，各个领域、各个层次、不同期限的战略规划都有包含。在本节中，我们将按照公共战略的不同层次，分别介绍国家战略、地方政府战略、政府部门战略及非政府组织战略的实践情况。

一、国家战略实践

国家战略是公共战略的最高层次。我们依据国家战略的层次将其划分为 4 类：原则性国家战略、纲领性国家战略、功能性国家战略、项目性国家战略（见图 1-7）。原则性国家战略即党和国家一贯强调的思想政治原则，在我国即指"四项基本原则"。它是实现 4 个现代化的根本前提，也是国家的根本战略，关系到国家的前途和命运，是国家战略的最高形式。纲领性国家战略指国家在较长一段时期内经济社会发展各方面必须坚持的原则和指导思想，它为更低层次的战略提供导向和目标。如邓小平提出的"三步走"的战略目标、"全面建设小康社会"的目标、国民经济和社会发展的总体规划都属于国家纲领性战略。功能性国家战略指经济社会发展中不同领域内的国家层面战略，如经济领域、政治领域、科教文卫领域、外交领域等方面的发展战略。项目性国家战略是指在以上战略的指导下所制定的具体的发展战略，如"西部大开发战略"、"科教兴国战略"、"滨海新区战略"、"长三角发展战略"等。由于原则性的国家战略从第一层次的战略中体现，因此，我们在实践创新部分重点介绍纲领性、功能性和项目性 3 类国家战略。

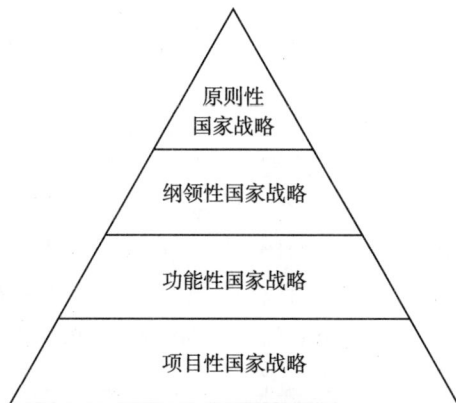

图 1-7 国家战略分类

（一）纲领性国家战略实践

我国的纲领性国家战略主要包括国民经济和社会发展的五年规划（计划）、全国国土空间规划（如《全国主体功能区规划》）以及其他具有综合性特征的国家中长期规划。以下我们选择"国民经济和社会发展第十二个五年规划"和"全国主体功能区规划"进行介绍。

1. 国民经济和社会发展第十二个五年规划

2011 年 3 月 14 日，第十一届全国人民代表大会第四次会议审查批准了国务院提出的《中华人民共和国国民经济和社会发展第十二个五年规划纲要（草案）》。随着民主和法治不断完善，国家战略决策过程也越来越规范化、科学化和民主化。"十二五"规划的制定大致经历了11个步骤。①

第一个步骤为中期评估。评估过程首先包括三类主体的评估：各部委组织对本部门的"十一五"专项规划实施情况进行评估；地方各级政府也都对本级政府的"十一五"规划实施情况评估；第三方独立评估。同时，国家发展和改革委员会还广泛听取意见，深入基层进行实地调研，通过问卷调查、召开座谈会等形式广泛征求意见，并向全国人民代表大会财经委员会作专题汇报，及时接受指导。在充分民主的基础上，由国家发展和改革委员会集中各方意见，起草《"十一五"规划实施情况中期评估报告》，并向全国人民代表大会常务委员会作会议报告。中期评估可以及时发现规划实施中的问题，并作出及时调整和改进，为下一个五年规划的制定做了铺垫。

第二个步骤为前期研究。这是规划制定中"自下而上"的过程。它包括进行基础调查、信息搜集、课题研究以及纳入规划重大项目的论证等前期工作。在此基础上，国家发展和改革委员会吸收各方研究成果起草"十二五"规划基本思路，在形成基本思路初稿以后，国家发展和改革委员会开始征求专家意见、各部门意见。根据各方的修改意见，国家发展和改革委员会对基本思路进行修改完善。

第三个步骤为形成"十二五"规划的《基本思路》。根据前期研究成果，国家发展和改革委员会起草了基本思路意见稿，在征求各方面意见之后，向党中央、国务院汇报。中央政治局常委们详细讨论基本思路，达成政治共识后，向各方通报，以统一认识，进行政治动员。这充分反映在2010年2月初胡锦涛、温家宝、习近平、李克强四位中央政治局常委在中央党校省部级主要领导干部落实科学发展观加快经济发展方式转变专题研讨班上的讲话，为"十二五"规划的基本思路定调，其主线是转变经济发展方式，关键词是转型。这是一次从民主到集中的过程，主要是社会范围内民主到集中的过程。为尔后的调查研究、广泛听取各方意见、起草党中央建议提供了基础。

第四个步骤为党中央《建议》起草阶段。《中共中央关于制定国民经济和社会发展第十二个五年规划的建议》（以下简称《建议》），是在中央政治局常委会直接领导下制定的。2010年2月，中央成立由李克强担任组长的"十二五"规划《建议》起草小组，起草小组主要由国务院研究室、国家以及各部门人员参与。起草小组工作方式大体是先集中学习，主要是集中学习有关材料；随后组成专题调研组分赴各地调研；在此基础上起草送审《提纲》。根据中央领导人对于送审《提纲》的指示，以及各方面的意见，起草小组开始集中写作，起草《建议》。中央政治局常委多次听取汇报，中央政治局对《建议》进行多次讨论。形成《建议》的讨论稿正式提交中共十七届五中全会。

第五个步骤为通过中央《建议》。2010年10月正式召开中共十七届五中全会，由国务院总理温家宝代表中央政治局作《关于制定国民经济和社会发展第十二个五年规划建议的说明》，全会审议和通过《建议》，并正式对外公布。党中央的《建议》分析国内外形势，根据中国基本国情和发展阶段，提出规划的经济社会主要目标、指导方针、重要原则、重点战略和主要任务，为制定"十二五"规划纲要奠定基础，这是再次从民主到集中的过程，主要是党内范围民主到集中的过程。

第六个步骤为制定《中华人民共和国国民经济和社会发展第十二个五年规划纲要》文本。由于在《建议》起草期间，一方面，国家发展和改革委员会参与党中央《建议》起草工作；另一方面，国家发展和改革委员会也同步起草《纲要》草案。在党中央《建议》正式公布之后，形成《纲要》文本初稿。并于2010年12月在全国改革发展工作会议上，与各地方、各部门、各行业协会进行信息沟通，直接听取意见，与此同时进行不同规划之间的衔接和协调。

第七个步骤为国家规划专家委员会论证。2005年10月，国务院明文规定，实行编制规划的专家论证制度，正式成立国家规划专家委员会，由37位经济界、科技界、企业界和其他知名专家组成。五年规划草案形成后，国家发展和改革委员会多次组织国家规划专家委员会专家进行详细讨论、专业咨询和专题论证，并正式向国务院提

---

① 胡鞍钢：《详解"十二五"规划和过程》，《财经国家周刊》，2010年10月28日。

交论证报告，并随同《纲要》一起报送全国人民代表大会，作为审议《纲要》的重要参考。

第八个步骤为广泛争取内外部意见。包括听取公众意见和各地区、各部门领导的意见；直接向党中央、国务院各部门进行书面征求意见；召开老同志座谈会听取意见；由国家发改委征求香港和澳门特别行政区的意见；由全国人民代表大会财政经济委员会、全国政协召开会议，听取《纲要》的汇报，直接提出修改意见；召开专家、企业家、工人、农民等方面的座谈会；由全国人民代表大会财政经济委员会等对《纲要》进行初审；由各地区人民代表大会常务委员会组织全国人大代表提前审议《纲要》；由中共中央主持召开民主党派等方面的座谈会。在此基础上，《纲要》提交国务院常务会议和国务院全体会议审议；提交中央政治局常委会和中央政治局会议审定，形成《纲要》，正式提交第十一届全国人民代表大会第四次会议审议。

第九个步骤为全国人大审议并批准《纲要》。首先由全国人大专门委员会对"十二五"规划提前进行审议；在召开全国人民代表大会之前，全国人大常委会组织全国人大代表提前审议；召开第十一届全国人民代表大会第四次会议，由国务院总理向大会提交的《政府工作报告》中对《纲要》做说明，全国人大代表和全国政协委员进行分组讨论、提出重要修改意见，在此基础上由大会审议并正式批准《纲要》。

第十个步骤为正式公布《中华人民共和国国民经济和社会发展第十二个五年规划纲要》。

第十一个步骤为规划实施阶段。规划实施是规划编制的最终目的，任何规划最后都应组织实施。在市场经济条件下，要根据规划的不同功能，创新规划实施机制，建立责任明确、分类实施的实施机制。国务院按照职责分工将《纲要》提出的主要目标和任务分解落实到各地区、各部门，明确约束性指标的责任部门，约束性指标的地区分解，建立约束性指标的公报制度，将约束性指标纳入各地区、各部门经济社会发展综合评价和绩效考核，组织全国实施。

"十二五"规划的制定用了长达两年半的时间。实际情况比以上所述还要更为复杂、更为细节。反映了制定五年规划的过程在不断制度化、规范化和程序化，这为制定一个成功的发展规划奠定了重要的制度基础。

2. 全国主体功能区规划①

编制主体功能区规划、推进形成主体功能区，是党中央、国务院立足我国基本国情，从可持续发展的高度出发作出的重大战略决策。"十一五"规划《建议》提出了主体功能区的战略构想，2005年，"十一五"规划《纲要》明确了推进形成主体功能区的基本方向，首次在国家规划文件中提出了主体功能区域的划分和区域互动机制的构建。按照党中央、国务院的部署，国家发改委会同规划编制领导小组14个成员单位，从2006年8月开始，用4年多的时间编制完成了这一规划。党的十七大报告把"主体功能区布局基本形成"作为实现全面建设小康社会宏伟目标的一项新要求。2010年6月12日，国务院常务会议原则通过《全国主体功能区规划》。"实施主体功能区战略"已被纳入国民经济和社会发展"十二五"规划建议。

（1）编制《全国主体功能区规划》的意义。编制全国主体功能区规划，就是要根据不同区域的资源环境承载能力、现有开发密度和发展潜力，统筹谋划未来人口分布、经济布局、国土利用和城镇化格局，将国土空间划分为优化开发、重点开发、限制开发和禁止开发4类，确定主体功能定位，明确开发方向，控制开发强度，规范开发秩序，完善开发政策，逐步形成人口、经济、资源环境相协调的空间开发格局。

编制全国主体功能区规划，推进形成主体功能区，是全面落实科学发展观、构建社会主义和谐社会的重大举措，有利于坚持以人为本，缩小地区间公共服务的差距，促进区域协调发展；有利于引导经济布局、人口分布与资源环境承载能力相适应，促进人口、经济、资源环境的空间均衡；有利于从源头上扭转生态环境恶化趋势，适应和减缓气候变化，实现资源节约和环境保护；有利于打破行政区划，制定实施有针对性的政策措施和绩效考评体系，加强和改善区域调控。

①《国务院关于编制全国主体功能区规划的意见》（国发〔2007〕21号）。

全国主体功能区规划是战略性、基础性、约束性的规划，是国民经济和社会发展总体规划、人口规划、区域规划、城市规划、土地利用规划、环境保护规划、生态建设规划、流域综合规划、水资源综合规划、海洋功能区划、海域使用规划、粮食生产规划、交通规划、防灾减灾规划等在空间开发和布局的基本依据。同时，编制全国主体功能区规划要以上述规划和其他相关规划为支撑，并在政策、法规和实施管理等方面做好衔接工作。

（2）编制全国主体功能区规划的主要任务。全国主体功能区规划由国家主体功能区规划和省级主体功能区规划组成，分国家和省级两个层次编制。国家主体功能区规划由全国主体功能区规划编制工作领导小组（以下简称领导小组）会同各省（区、市）人民政府编制，规划期至2020年，并通过中期评估实行滚动调整；省级主体功能区规划由各省（区、市）人民政府组织市、县级人民政府编制，规划期至2020年。编制全国主体功能区规划的主要任务是，在分析评价国土空间的基础上，确定各级各类主体功能区的数量、位置和范围，明确不同主体功能区的定位、开发方向、管制原则、区域政策等。

3. 规划的主要内容

《全国主体功能区规划》以构建高效、协调、可持续的国土空间开发格局为主线，共分为六篇十三章，还附了国家重点生态功能区、国家禁止开发区域两个名录以及20幅分析评价图和规划图（见图1-8）。

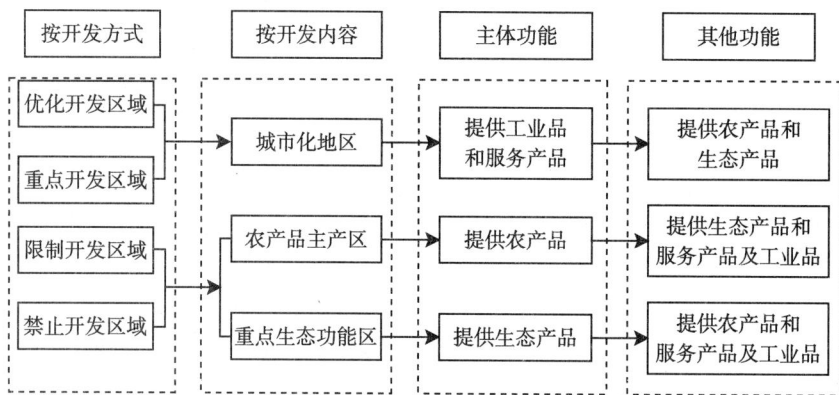

图1-8　主体功能区分类及其功能

规划对我国国土空间进行了深入分析。主要概括了我国自然状况的特点，对国土空间进行了综合评价，分析了国土空间开发中存在的主要问题以及面临的挑战。提出了未来国土空间开发的一些新的理念和原则。提出6个新的开发理念，即根据自然条件适宜性开发的理念、区分主体功能的理念、根据资源环境承载能力开发的理念、控制开发强度的理念、调整空间结构的理念、提供生态产品的理念。确定5个开发原则，就是优化结构、保护自然、集约开发、协调开发、陆海统筹。规划还确立了未来国土空间开发的主要目标和战略格局：一是构建"两横三纵"为主体的城市化战略格局。构建这一格局，是在优化提升东部沿海城市群的基础上，在中西部一些资源环境承载能力较好的区域，培育形成一批新的城市群，促进经济增长和市场空间由东向西、由南向北拓展。二是构建"七区二十三带"为主体的农业战略格局。这是结合我国农业自然资源状况的特点和基础，这几年主要农产品向优势产区集中的新变化提出来的，对于保障全国耕地数量质量和农产品供给安全至关重要。三是构建"两屏三带"为主体的生态安全战略格局。这一战略把国家生态安全作为国土空间开发的重要战略任务和发展内涵，充分体现了尊重自然、顺应自然的开发理念，对于在现代化建设中保持必要的"净土"，实现可持续发展具有十分重要的战略意义。

规划对主体功能区的内涵和划分做了阐述。按开发方式，分为优化开发区域、重点开发区域、限制开发区域和禁止开发区域4类；按开发内容，分为城市化地区、农产品主产区和重点生态功能区3类；按层级，分为国家和省级两个层面。

规划还按照推进形成主体功能区的要求，提

出了分类管理的区域政策。分别阐述了财政、投资、产业、土地、农业、人口、民族、环境、应对气候变化等政策方向和措施，提出实行各有侧重的绩效考核评价办法。

（二）功能性国家战略①

功能性国家战略指经济社会发展中不同领域内的国家战略，具体包括经济领域、政治领域、科教文卫领域、外交领域等方面的发展战略。

1. 经济领域的重大战略

当前经济领域的重大战略主要是围绕转变经济发展方式而制定的，以下分别对战略性新兴产业、能源生产和利用方式变革及海洋发展战略进行介绍。

（1）培育发展战略性新兴产业。大力发展节能环保、新一代信息技术、生物、高端装备制造、新能源、新材料、新能源汽车等战略性新兴产业。在资金支持方面，国家专门设立战略性新兴产业发展的专项资金和产业投资基金，扩大政府新兴产业创业投资规模，发挥多层次资本市场融资功能，带动社会资金投向处于创业早中期阶段的创新型企业。综合运用风险补偿等财政优惠政策，鼓励金融机构加大信贷支持力度。完善鼓励创新、引导投资和消费的税收支持政策。加快建立有利于战略性新兴产业发展的行业标准和重要产品技术标准体系。支持新产品应用的配套基础设施建设，为培育和拓展市场需求创造良好环境。

（2）推动能源生产和利用方式变革。坚持节约优先、立足国内、多元发展、保护环境，加强国际互利合作，调整优化能源结构，构建安全、稳定、经济、清洁的现代能源产业体系。

推进能源多元清洁发展。发展安全高效煤矿；推进石油、天然气及非常规油气资源的开发利用；积极高效发展水电、核电、风电；积极开发太阳能、生物质能、地热能等其他新能源。

优化能源开发布局。统筹规划全国能源开发布局和建设重点；提高能源就地加工转化水平，减少一次能源大规模长距离输送压力。合理规划建设能源储备设施，完善石油储备体系，加强天然气和煤炭储备与调峰应急能力建设。

加强能源输送通道建设。加快油气管道和天然气管道的建设，初步形成天然气、煤层气、煤制气协调发展的供气格局；加快现代电网体系建设，推进智能电网建设，增强电网优化配置电力能力和供电可靠性。

（3）制定和实施海洋发展战略。优化海洋产业结构。科学规划海洋经济发展，合理开发利用海洋资源，积极发展海洋油气、海洋运输、海洋渔业、滨海旅游等产业，培育壮大海洋生物医药、海水综合利用、海洋工程装备制造等新兴产业。加强海洋基础性、前瞻性、关键性技术研发，提高海洋科技水平，增强海洋开发利用能力。深化港口岸线资源整合和优化港口布局。制定实施海洋主体功能区规划，优化海洋经济空间布局。推进山东、浙江、广东等海洋经济发展试点。

加强海洋综合管理。加强统筹协调，完善海洋管理体制。强化海域和海岛管理，健全海域使用权市场机制，推进海岛保护利用，扶持边远海岛发展。统筹海洋环境保护与陆源污染防治，加强海洋生态系统保护和修复。控制近海资源过度开发，加强围填海管理，严格规范无居民海岛利用活动。完善海洋防灾减灾体系，增强海上突发事件应急处置能力。加强海洋综合调查与测绘工作，积极开展极地、大洋科学考察。完善涉海法律法规和政策，加大海洋执法力度，维护海洋资源开发秩序。加强双边多边海洋事务磋商，积极参与国际海洋事务，保障海上运输通道安全，维护我国海洋权益。

2. 社会领域的重大战略

（1）实施就业优先战略。坚持把促进就业放在经济社会发展的优先位置。实施更加积极的就业政策。大力发展劳动密集型产业、服务业和小型微型企业。完善税费减免、岗位补贴、培训补贴、社会保险补贴、技能鉴定补贴等政策。完善和落实小额担保贷款、财政贴息、场地安排等鼓励自主创业政策。完善就业援助政策，多渠道开发公益性岗位。鼓励开展对外劳务合作。加强公共就业服务。推动就业信息全国联网，对未能升学的应届初高中毕业生等新成长劳动力普遍实行劳动预备制培训，鼓励企业开展职工岗位技能培训，健全失业监测预警制度，开展就业需求预测。

---

① 《中华人民共和国国民经济和社会发展第十二个五年规划》。

构建和谐劳动关系，健全协调劳动关系三方机制，发挥政府、工会和企业作用，努力形成企业和职工利益共享机制，建立规范有序、公正合理、互利共赢、和谐稳定的劳动关系。

（2）健全覆盖城乡居民的社会保障体系。坚持广覆盖、保基本、多层次、可持续方针，加快推进覆盖城乡居民的社会保障体系建设，稳步提高保障水平。

加快完善社会保险制度。实现新型农村社会养老保险制度全覆盖。完善实施城镇职工和居民养老保险制度，全面落实城镇职工基本养老保险省级统筹，实现基础养老金全国统筹，切实做好城镇职工基本养老保险关系转移接续工作。逐步推进城乡养老保障制度有效衔接。推动机关事业单位养老保险制度改革。发展企业年金和职业年金。扩大工伤保险覆盖面，提高保障水平，健全预防、补偿、康复相结合的工伤保险制度。完善失业、生育保险制度。发挥商业保险补充性作用。继续通过划拨国有资产、扩大彩票发行等渠道充实全国社会保障基金，积极稳妥推进养老基金投资运营，加强社会救助体系建设；积极发展社会福利和慈善事业。

（3）创新社会管理体制。坚持多方参与、共同治理，统筹兼顾、动态协调的原则，完善社会管理格局，创新社会管理机制，形成社会管理和服务合力。健全社会管理格局。坚持党委的领导核心作用，发挥政策的主导作用，发挥人民团体、基层自治组织、各类社会组织和企业事业单位的协同作用，推进社会管理的规范化、专业化、社会化和法制化。创新社会管理机制。加快构建源头治理、动态管理和应急处置相结合的社会管理机制。

3. 政治领域

（1）推进行政体制改革。加快建立法治政府和服务型政府；健全政府职责体系，提高经济调节和市场监管水平，强化社会管理和公共服务职能。加快推进政企分开、政资分开、政事分开、政府与市场中介组织分开；继续优化政府结构、行政层级、职能责任；完善公务员制度；深化各级政府机关事务管理体制改革，降低行政成本。

完善科学民主决策机制。推进政府绩效管理和行政问责制度。加快推进事业单位分类改革。

（2）民主政治建设。全面推进法制建设。重点加强加快转变经济发展方式、改善民生和发展社会事业以及政府自身建设等方面的立法。加强宪法和法律实施，深化司法体制改革，加强人权保障，促进人权事业全面发展。加强反腐倡廉建设。坚持标本兼治、综合治理、惩防并举、注重预防的方针，以完善惩治和预防腐败体系为重点，加强反腐倡廉建设。严格执行廉政建设责任制。深入推进改革和制度创新，逐步建成内容科学、程序严密、配套完备、有效管用的反腐倡廉制度体系。

4. 推进文化创新

创新文化内容形式。立足当代中国实践，传承优秀民族文化，借鉴世界文明成果，反映人民主体地位和现实生活，创作生产更多思想深刻、艺术精湛、群众喜闻乐见的文化精品。深化文化体制机制改革。加快推进公益性文化事业单位改革，探索建立事业单位法人治理结构，创新公共文化服务运行机制。繁荣发展文化事业和文化产业。坚持一手抓公益性文化事业、一手抓经营性文化产业，始终把社会效益放在首位，实现经济效益和社会效益有机统一。大力发展文化事业和文化产业，推动文化产业成为国民经济支柱性产业，增强文化产业整体实力和创新文化"走出去"模式，增强中华文化国际竞争力和影响力，提升国家软实力。

（三）项目性国家战略

当前，"国家综合配套改革试验区"和已纳入国家战略的区域性规划是国家层面的综合配套改革项目，属于典型的项目性国家战略。

1. 国家综合配套改革试验区①

国家设立综合配套改革试验区的目的，是为了探索建设和谐社会、创新区域发展模式、提升区域乃至国家竞争力的新思维、新思想、新路径、新模式和新道路，通过选择一批有特点和有代表性的区域进行综合配套改革，以期为全国的经济体制改革、政治体制改革、文化体制改革和社会各方面的改革提供新的经验和思路。

① 中华人民共和国国家发展和改革委员会：《综合配套改革试点》，http://www.ndrc.gov.cn/tzgg/zhptggsd/default.htm.

截至 2011 年 12 月，国务院已经批准了上海浦东新区等 10 个国家级综合配套改革试验区。2011 年，国家发展和改革委员会官员表示，改革进入深化阶段，原则性不再接受新的综合配套改革试验区的申请。此外，国务院还决定了设立 2 个"综合改革试验区"（区别于"配套"）：义乌市国际贸易综合改革试点和温州市金融综合改革试验区（见表 1–2）。

表 1–2 国家综合配套改革试验区

战略名称	获批时间
上海浦东新区	2005 年 6 月
天津滨海新区	2006 年 5 月
全国统筹城乡综合配套改革试验区（成渝）	2007 年 6 月
全国资源节约型和环境友好型社会建设综合配套改革试验区（武汉城市圈、长株潭城市群）	2007 年 12 月
深圳市综合配套改革试点	2009 年 5 月
国家新型工业化综合配套改革试验区（沈阳）	2010 年 4 月
国家资源型经济综合配套改革试验区（山西）	2010 年 12 月
义乌市国际贸易综合改革试点	2011 年 3 月
厦门市深化两岸交流合作综合配套改革试验区	2011 年 12 月

（1）上海浦东新区。2005 年 6 月批准成立的上海浦东新区综合配套改革试点是第一个综合配套改革试验区。浦东试验区着重探讨的是政府职能的转变，希望把经济体制改革与其他方面改革结合起来，探索并完善社会主义市场经济体制。这一点，从浦东新区政府职能转变、央行二总部设在浦东等具体事件上都有所体现。

（2）天津滨海新区。2006 年 5 月设立的天津滨海新区综合配套改革试验区，探讨的则是新的城市发展模式，其目的是在引进外资和先进技术，推动环渤海地区经济发展的同时，走新型工业化道路，把增强自主创新能力作为中心环节，积极发展高新技术产业和现代服务业，提高对区域经济的带动作用。

（3）重庆市、成都市。2007 年 6 月批准设立的重庆市和成都市（成渝）全国统筹城乡综合配套改革试验区，则是为了探索改变中国城乡二元经济结构，希望形成统筹城乡发展的体制机制，促进城乡经济社会协调发展，最终使农村居民、进城务工人员及其家属在各个方面，享有与城市居民一样平等的权利、均等化的公共服务和同质化的生活条件。

（4）武汉城市圈、长株潭城市群。2007 年 12 月，国家发展和改革委员会批准武汉城市圈和长沙、株洲、湘潭（长株潭）城市群为全国资源节约型和环境友好型社会建设综合配套改革试验区。其围绕"两型社会"，推进经济又好又快发展，促进经济社会发展与人口、资源、环境相协调，希望在解决资源、环境与经济发展的矛盾问题上有所探索，避免走"先发展、后治理"的老路，切实走出一条有别于传统模式的工业化、城市化发展新路，为推动全国体制改革、实现科学发展与社会和谐发挥示范作用和带动作用。

（5）深圳市。2009 年 5 月初，《深圳市综合配套改革总体方案》获得国务院正式批复通过，深圳成为综合配套改革试点。这个方案提出了深圳"争当科学发展示范区、改革开放先行区、自主创新领先区、现代产业集聚区、粤港澳合作先导区、法制建设模范区，强化全国经济中心城市和国家创新型城市地位、加快建设国际化城市和中国特色社会主义示范市"的目标定位，在中国做具有特色的"新特区"。

（6）沈阳经济区。2010 年 4 月 6 日批准的沈阳经济区国家新型工业化综合配套改革试验区的主要任务是：以区域发展、企业重组、科技研发、金融创新 4 个方面体制机制创新为重点，紧扣走新型工业化道路主题率先突破；配套推进资源节约、环境保护、城乡统筹、对外开放、行政管理等体制机制创新，为走新型工业化道路提供支撑平台和配套措施。

（7）山西省。2010 年 12 月 13 日，经国务院同意，国家发改委正式批复设立"山西省国家资源型经济综合配套改革试验区"。这是我国设立的第九个综合配套改革试验区，也是我国第一个全省域、全方位、系统性的国家级综合配套改革试验区，这是国务院在批复直辖市重庆之后，首次批复一个省的全部地区为综改区，同时也是地域面积最大的综改区。2010 年 4 月，山西申请方案上报中央后，历时半年审批即获得国务院批复，山西成为获得批准最快的综改区之一。国家发改委主任彭森在国新办举行的新闻发布会上宣布，山西省设立国家级资源型经济综合配套改革试验区的主要任务是：要通过深化改革，加快产业结构的优化升级和经济结构的战略性调整，加快科技进步和创新的步伐，建设资源节约型和环境友好型社会，统筹城乡发展，保障和改善民生。

（8）厦门市。根据《国务院关于厦门市深化两岸交流合作综合配套改革试验总体方案的批复》（国函〔2011〕157号）精神，现将《厦门市深化两岸交流合作综合配套改革试验总体方案》（以下简称《方案》）印发你们。请认真落实《方案》提出的各项改革措施，积极推进厦门市深化两岸交流合作综合配套改革试验，更好地发挥厦门市在海峡西岸经济区改革发展中的龙头作用，促进两岸关系和平发展，为全国贯彻落实科学发展观和完善社会主义市场经济体制提供经验与示范。

（9）义乌市。2011年3月4日，国务院已发文批复同意实施《浙江省义乌市国际贸易综合改革试点总体方案》。提出建立新型贸易方式、优化出口商品结构、加强义乌市场建设、探索现代流通新方式、推动产业转型升级、开拓国际市场、加快"走出去"步伐、推动内外贸一体化发展、应对国际贸易摩擦和壁垒等方面的主要试点任务，并进一步提出优化国际贸易发展环境、健全金融机构体系、提升金融服务能力、改善金融生态环境、构筑区域合作优势和新型公共服务体系等保障措施。明确义乌试点的目标：到2015年，基本形成有利于科学发展的新型贸易体制框架；到2020年，率先实现贸易发展方式转变，提升义乌在国际贸易中的战略地位，使义乌成为转变外贸发展方式示范区、带动产业转型升级的重要基地、世界领先的国际小商品贸易中心和宜商宜居宜游的国际商贸名城。

（10）温州市。2012年3月28日召开的国务院常务会议批准实施《浙江省温州市金融综合改革试验区总体方案》，决定设立温州市金融综合改革试验区。要求通过体制机制创新，构建与经济社会发展相匹配的多元化金融体系，使金融服务明显改进，防范和化解金融风险能力明显增强，金融环境明显优化，为全国金融改革提供经验。

2. 纳入国家战略的区域性规划

自20世纪90年代末期起，我国陆续出台了西部大开发、促进中部崛起和振兴东北等老工业基地等区域发展战略。这些战略的实施成效明显。但中国地域范围广大、地理差别明显，为了使这些战略能够更好地落到实处，近两三年来，国家

陆续制定了一些区域规划和区域性的政策文件。如国务院先后批复的规划和文件涉及珠江三角洲、长江三角洲、海峡西岸经济区、关中—天水经济区、辽宁和江苏沿海地区、黄河三角洲、广西北部湾等。这些规划可以分为两类：一类是中央政府部门为贯彻国家重大战略决策制订的区域规划和政策性文件；另一类是地方基于国家发展战略制订的规划，由于这些地方规划对国家整体发展有示范、实验、带动和辐射等作用，国家将这些规划纳入国家战略层面（见表1-3）。以下选择最近批复的区域性规划进行简要介绍。

表1-3　纳入国家战略的区域规划

规划名称	批准时间
《山东半岛城市群发展规划》	2004年5月
《东北地区振兴规划》	2007年8月
《曹妃甸循环经济示范区产业发展总体规划》	2008年1月
《广西北部湾经济区发展规划》	2008年2月
《珠江三角洲地区改革发展规划纲要》	2009年1月
《支持福建加快建设海峡西岸经济区的若干意见》	2009年5月
《江苏沿海地区发展规划》	2009年6月
《横琴总体发展规划》	2009年6月
《关中—天水经济区发展规划》	2009年6月
《辽宁沿海经济带发展规划》	2009年7月
《中国图们江区域合作开发规划纲要》	2009年8月
《促进中部地区崛起规划》	2009年9月
《黄河三角洲高效生态经济区发展规划》	2009年12月
《鄱阳湖生态经济区规划》	2009年12月
《国务院关于推进海南国际旅游岛建设发展的若干意见》	2009年12月
《皖江城市带承接产业转移示范区规划》	2010年1月
《山东半岛蓝色经济区发展规划》	2011年1月
《浙江海洋经济发展示范区规划》	2011年2月

（1）珠江三角洲地区。国家发展和改革委员会于2009年1月8日公布《珠江三角洲地区改革发展规划纲要（2008～2020年）》，提出了珠江三角洲地区与香港地区、澳门地区和台湾地区进一步加强经济和社会发展领域合作的规划，到2020年把珠江三角洲地区建成粤港澳三地分工合作、优势互补、全球最具核心竞争力的大都市圈之一。到2012年，率先建成全面小康社会，初步形成科学发展的体制机制，产业结构明显升级，自主创新能力明显增强，生态环境明显优化，人民生活明显改善，区域城乡差距明显缩小，区域一体化

格局初步形成，粤港澳经济进一步融合发展。

（2）山东半岛蓝色经济区。《山东半岛蓝色经济区发展规划》，国务院以国函〔2011〕1号文件批复，是"十二五"开局之年第一个获批的国家发展战略，也是我国第一个以海洋经济为主题的区域发展战略。《规划》的批复实施是我国区域发展从陆域经济延伸到海洋经济、积极推进陆海统筹的重大战略举措，标志着全国海洋经济发展试点工作进入实施阶段，成为国家海洋发展战略和区域协调发展战略的重要组成部分。

山东半岛蓝色经济区的定位是建设具有较强国际竞争力的现代海洋产业集聚区、具有世界先进水平的海洋科技教育核心区、国家海洋经济改革开放先行区和全国重要的海洋生态文明示范区。规划的目标是，到2015年，现代海洋产业体系基本建立，综合经济实力显著增强，海洋科技自主创新能力大幅提升，海陆生态环境质量明显改善，海洋经济对外开放格局不断完善，率先达到全面建设小康社会的总体要求；到2020年，建成海洋经济发达、产业结构优化、人与自然和谐的蓝色经济区，率先基本实现现代化。

（3）吉林图们经济区。2009年11月，国务院已正式批复《中国图们江区域合作开发规划纲要——以长吉图为开发开放先导区》，标志着长吉图开发开放先导区建设已上升为国家战略，成为迄今唯一一个国家批准实施的沿边开发开放区域。按照国务院的批复，吉林省长春市、吉林市部分区域和延边州（简称"长吉图"）是中国图们江区域的核心地区，要加快建设长吉图开发开放先导区，将其发展成为我国沿边开发开放的重要区域、我国面向东北亚开放的重要门户和东北亚经济技术合作的重要平台，培育形成东北地区新的重要增长极。

发展目标是到2020年，中国图们江区域对外开放水平实现重大突破。特色产业体系形成明显竞争优势，科技创新能力达到国内先进水平，森林覆盖率达到68%，大中城市污水处理率达到100%，资源环境承载能力基本满足生产发展和生活富裕的要求，对内区域合作关系协调合理，对外综合运输通道全面形成并实现物流便捷畅通，城市功能完备。长吉图地区实现经济总量翻两番以上，基本公共服务体系进一步完善，建成我国

东北地区重要的新型工业基地、现代农业示范基地、科技创新基地、现代物流基地和东北亚国际商务服务基地，基本形成我国东北地区经济发展的重要增长极。

（4）海西经济区。2009年5月4日，国务院总理温家宝主持召开国务院常务会议，讨论并原则通过《关于支持福建省加快建设海峡西岸经济区的若干意见》。会议指出，海峡西岸经济区东与台湾地区一水相隔，北承长江三角洲，南接珠江三角洲，是我国沿海经济带的重要组成部分，在全国区域经济发展布局中处于重要位置。福建省在海峡西岸经济区中居主体地位，与台湾地区地缘相近、血缘相亲、文缘相承、商缘相连、法缘相循，具有对台交往的独特优势。

发展目标是到2020年，率先建立充满活力、富有效率、更加开放、有利于科学发展的体制机制。统筹协调能力明显提高，社会就业更加充分，社会保障体系健全，人民生活更加富足，社会更加和谐。资源利用效率明显提高，生态环境优美，可持续发展能力增强，生态文明建设位居全国前列，科学发展达到新的水平，实现全面建设小康社会的目标。闽台经济融合不断加强，促进形成两岸共同发展的新格局。

（5）皖江城市带承接产业转移示范区。皖江（是指长江安徽段）城市带是实施促进中部地区崛起战略的重点开发区域，是泛长三角地区的重要组成部分，是长江三角洲地区产业向中西部地区转移和辐射的最接近的地区。设立皖江城市带承接产业转移示范区（以下简称"示范区"），有利于深入实施促进中部地区崛起战略，探索中西部地区承接产业转移的新途径和新模式，促进产业结构升级，优化区域产业分工，推动区域协调发展。依据《中共中央国务院关于促进中部地区崛起的若干意见》（中发〔2006〕10号）和《国务院关于进一步推进长江三角洲地区改革开放和经济社会发展的指导意见》（国发〔2008〕30号）精神，编制本规划，用于指导和推进示范区建设。

发展目标是到2020年，示范区整体经济实力大幅提升，以先进制造业和现代服务业为主的产业体系进一步完善，主导产业核心竞争力明显增强，自主创新能力居于全国前列，生态环境优美，社会文明和谐，人民生活富裕，与长三角地区分

工合作、优势互补、一体化发展，成为在全国具有重要影响力的城市带。

二、地方政府战略实践

各地政府在政治改革和行政改革的过程中，不断探索提供公共产品和公共服务的新思路、新方法和新路径，在转变政府职能方面积累了丰富的经验，形成了不同的战略模式。以下实践案例是从获得 2011 年地方政府创新奖的项目中选取的。

（一）北京建设世界城市

建设"世界城市"是北京市 2009 年做出的重大战略决策。中国逐渐成为国际经济体系中的重要力量，而作为国家首都的北京，其城市发展定位也在随着国际，国内环境的变化进行着调整。在成功举办了一届有特色、高水平的奥运会后，在经过重重努力、应对金融危机取得初步成功并迎来发展新机遇后，站在新的历史阶段的北京将发展定位瞄准了建设国际城市的高端形态——世界城市。北京建设世界城市，被国内的专家誉为"站在明天谋划今天"的创造性定位，是为赢得发展主动权寻找的精准定位。世界城市是国际城市的高端形态，而国际城市是指那些具有较大规模且城市现代化和国际化职能效应都达到"极强"或"较强"程度，在全球经济中具有重要地位作用的国际性城市。

1. 北京建设世界城市的战略目标[①]

第一步：2020 年全面建设现代化国际城市。到 2020 年左右，通过实施大区协同战略、新城崛起战略、城乡联动战略和区域一体战略，全面实现国家首都、国际城市、文化名城、宜居城市的发展目标，实现从国家性国际城市迈向区域性国际城市的战略转型，为世界城市的建设奠定基础。

第二步：2030 年初步形成世界城市基本框架。瞄准世界城市目标，对接世界城市标准，构建完成首都核心价值体系、现代服务经济体系、高端人力资源体系、开放多元文化体系、城市综合创新体系和公民社会法治体系，形成政治、经济、文化、社会、生态文明"五位一体"高度统一的世界城市区域体系，推动环渤海地区的加速崛起，从区域性国际城市向全球性国际城市不断迈进。

第三步：2050 年建成有中国特色和首都特点的世界城市。到 2050 年左右，全面建成国际政治中心、国际文化中心、国际科技中心、国际金融中心和国际航运中心，形成对全球政治经济文化具有控制力和影响力的世界城市。实现经济繁荣、政治民主、文化多元、社会和谐、生态文明的高度统一，不断提高北京在世界城市体系中的地位，发挥推动中国崛起和可持续发展的强大支撑作用。

2. 北京建设世界城市的条件

（1）奥运举办的带动作用。建设世界城市是我们国家走向世界前台后首都北京工作的一个新的奋斗方向，也是后奥运时代北京在新的起点上谋求更高层次发展的战略选择。北京奥运会不仅提升了北京的综合竞争力，也极大地提升了城市文明程度和软实力，提升了北京的国际影响力。"绿色奥运、科技奥运、人文奥运"三大理念转化为"人文北京、科技北京、绿色北京"三大发展战略，是北京建设世界城市的基本内涵和独特财富。

（2）积极有效地应对全球经济危机，使中国站在了讨论和处理国家问题的前沿，作为中国的首都，随着国家影响力的不断提高，北京在世界城市体系的地位也日益增强。

（3）经济发展实力雄厚。参照国际上普遍采用的发展阶段的标准划分，北京正进入从中等发达城市向发达城市迈进的新阶段，完成了总体规划确定的构建现代化国际城市基本构架的近期目标。2009 年，北京第三产业的比重达到 75% 左右，已经接近国际公认世界城市标准的底线。北京国际航空港年旅客吞吐量在 2009 年超过 6500 万人次，成为世界第四大机场。按照轨道交通规划，到 2015 年北京的轨道交通将达到 561 公里，将达到世界城市前几名的水平，其他如城市化水平、第三产业就业人口比重、基础设施水平、信息化水平等也都接近或达到了世界城市的标准。

①《北京建设世界城市之路》，http://news.ifeng.com/mainland/special/beijingjiansheshijiechengshi/。

（二）公立医院改革的"子长模式"①

2011年7月6日，国务院医改办在北京召开陕西省子长县县级医院综合改革工作座谈会，国家发展和改革委员会副主任、国务院医改办主任孙志刚对子长县的公立医院改革给予充分肯定，同时要求抓住破除以药养医机制这个突破口，将其他县区好的做法融入到"子长经验"，形成一个比较全面、完善的县级医院改革模式，向全国介绍推广。

1. 陕西省子长县公立医院改革概述

将全县公立医院由差额单位改为全额预算单位，把过去医院只核发70%的工资改为100%核发，乡镇卫生院运转保障经费纳入财政预算。将医务人员的绩效工资和人才培养等费用纳入财政预算。医院历史债务由县财政统一打包，予以清还。医院基本建设和设备更新由县财政负担，取消15%的药品加成，实行零差率销售，同时下调15%的大型设备检查费用，由县财政予以补助。使公立医院的公益性得以恢复，以药养医的痼疾得到根治。推行以全员聘用制为核心的人事制度改革和以绩效工资制为主导的分配制度改革，实行药品集中采购、统一配送，推进公共卫生服务均等化，有效缓解了群众看病难、看病贵的问题，实现了患者、医护人员、医院和政府"四满意"目标，被确定为卫生部党组书记张茅的联系点和全省医改的试点县。

2. 改革解决的主要问题

（1）通过加大政府投入，恢复了公立医院的公益性质。政府保障性全额投入，使医院不再为生存担忧，公益性质得以强化，趋利性明显下降。

（2）实行药品集中采购、统一配送，斩断了医药厂家、医药代表与医务人员之间的利益链条，破除了药价虚高、医院"以药养医"体制痼疾，大幅度降低了药价，理顺了药品供应渠道，也最大限度地满足了人民群众的用药习惯，保证了临床基本用药的需求，做到了基本药物医院愿意购、医生愿意开、患者愿意用。

（3）提高了医疗服务能力，人才队伍建设得到加强，医疗技术装备和诊疗水平明显提高。与改革前相比，门诊人次和住院病人月分别增加

25%、17.3%，出院病人月均增加130人。一例阑尾手术日平均费用由400元降至200元。一例胆结石患者手术费用降低近2000元。

（4）建立起了一整套公立医院运行的新机制、新体制。建立了人事制度、分配制度、收支两条线制度和医院内部管理制度等。

3. 战略创新的体现

（1）突破传统的医药购销模式，建立了药品集中采购、统一配送制度。把过去在省上招标价限定下由各医药单位分别议价采购改为全县所有公立医疗机构的所有药品全部实行集中采购，由1家实力比较雄厚的国有医药企业，负责全县县、乡、村三级医疗卫生机构的药品配送工作，实现了全县公立医疗机构药品目录、价格、质量、采购、配送和结账"六统一"。设立了药品配送中心，编制了药品配送目录并根据临床用药需求及时调整。制定了药品集中采购统一配送实施方案、监管暂行办法和配送企业管理规定，规范了配送行为，理顺了药品供应渠道，遏制了医药购销领域的不正之风。全县公立医院药品价格较省挂网价降低了23.3%，较改革前下降了40%左右。一些药品价格由上百元降到几十元、十几元、几元钱。目前，全县集中采购药品配送率保持在95%以上。医疗单位药品收入占业务总收入的比例从2007年的56.2%降低到现在的38%。

（2）突破固有的医技人员使用模式，建立了以全员聘用为核心的人事制度。坚持总量、比例、结构"三不突破"的原则，合理设置卫生岗位，全面推行全员聘用制、院长任期目标责任制。对医院院长公开招聘，对专业技术人员实行竞争上岗、合同聘用、岗位管理。采取专兼职相结合、提前离岗等方法，压缩管理和工勤岗位，给予落聘和提前离岗人员较为合理的待遇保障，实现了身份管理向岗位管理的转变。

（3）规避了计划经济模式下的"大锅饭"和平均主义现象，建立了以绩效工资为核心的分配制度。扩大活工资部分，重点向技术骨干、学科带头人、重点岗位和高风险岗位倾斜，适当拉开分配档次。将财政拨付的档案工资和津补贴的60%作为岗位工资按考勤发放，40%和医院经营

---

① 中国政府创新网，http://www.chinainnovations.org/Item.aspx? id=33592。

利润的 30%、财政补贴收益作为绩效工资按绩效评估发放，使医务人员可变动工资占到工资总量的一半以上。中医院医务人员绩效工资最高的达2350 元，最低的仅有 8 元；县医院同科室医务人员的绩效工资相差 5700 多元。

（4）突破了封闭式服务方式，建立了医疗服务价格监管制度。全面推行联网收费、一日清单、收费项目公示和费用查询等制度，在患者的缴费票据和一日清单上明确体现国家的收费标准、医改后的减免比例、患者的受益金额，提高收费透明度。改"处方金额提奖法"为"处方数量提奖法"，杜绝了大处方行为。建立了社会各界评医院、医院内部评科室、患者评医务人员和按月考评奖罚的"三评一考"制度、患者"五知道五明白"制度，推动县医院开展临床路径管理试点工作，提高医疗服务质量，融洽了医患关系。

（5）突破了传统公共卫生服务模式，建立了公共卫生服务均等化机制。实行公共卫生服务项目分类管理制度。将公共卫生服务主要内容分为针对个体项目和针对群体项目两大类别，分类核算人均成本，确定单位定额，按照政府出资购买基本公共卫生服务的原则，严格绩效考评，采取先预拨、后结算的办法兑现补助，最大限度地提高服务质量和效果。合理分配县乡村公共卫生服务经费。对人均 25 元的基本公共卫生服务经费按县级 9.51%、乡级 70.02%、村级 20.47%的比例进行分配，使任务和经费下沉，发挥乡村两级的作用。

（三）浙江省慈溪市委市政府：基层组织和社会组织协同治理模式①

慈溪市建立基层和谐促进会、开展基层组织和社会组织协同治理的管理模式在全国产生了很大的社会反响。慈溪市基层社会管理创新的经验做法，得到了国务院及浙江省高层领导的肯定和批示。

1. 战略模式概述

随着社会的快速转型、城市化的加速推进，居民公共服务需求日益增加，社会矛盾呈现多发频发现象，这些事关老百姓切身利益的民生问题成为基层政府迫切需要解决的问题，而单靠政府强制性、单一性的行政手段以及全市 1560 名村（社区）专职干部已难以满足基层社会的服务需求。对此，慈溪市委、市政府充分认识到和谐促进会在基层社会管理中的独特作用，于 2008 年下半年，以基层和谐促进工程建设为载体，进一步深化发展和谐促进会，赋予其更多职能，使这一社会组织的功能由融合为主向参与基层社会协同治理拓展，从而进一步完善了基层社会管理机制，形成了以村（社区）党支部为核心，村（居）民委员会为主体，村（社区）经济合作社为支撑，和谐促进会为依托，企事业单位和社会各界群众广泛参与，基层组织和社会组织协同治理的基层社会管理新机制，丰富了基层自治的载体，实现了社会管理主体的多元化，形成了基层组织和社会组织相结合的基层社会管理新格局，促进了基层社会管理能力的提高。

2. 主要解决的问题

（1）破解了外来人口服务管理难题。社会认同是促进融合、开展服务管理的基础，和谐促进会的成立，让外来人口与本地居民人格平等、地位平等地加入，通过村事共商、平安共创、文化共建、环境共护、困难共帮、和谐共促，提高了外来人口的组织化程度，增强了归属感和认同感，许多外来人口都把它当作自己的"娘家"。同时和谐促进会积极解决外来人口就学、就业、就医、劳资、租房等方面遇到的困难和诉求，广泛吸纳外来人口参与环境卫生、群防群治、矛盾纠纷等公共事务管理，组织开展各类文体活动，满足了外来人口最基本的物质和精神文化需求，促进了新老居民之间的交流沟通，提升了外来人口服务管理水平。

（2）解决了一些政府管不了管不好的事。基层组织通过和谐促进会这一社会组织，畅通了新老居民诉求表达渠道，挖掘了社会力量的参与，管理服务的方式更趋主动和直接，并促进了"熟人社会"的形成，增强了基层自我管理和服务的功能，为政府分担了部分管理压力。过去基层干部往往信息不灵，工作难以深入，现在全市有新老居民组成的 25000 余名和谐促进员、13000 余名片组长（外来人口占一半）和 3000 余家会员企

---

① 中国政府创新网，http://www.chinainnovations.org/Item/34881.aspx。

业的志愿参与，信息渠道多了，人头熟了，话好说了，事好办了，使得不少群众的困难在第一时间得到解决，不少征地拆迁中的利益关系得到及时协调，不少私营企业主和一些热心于公益事业的社会贤达有了一个服务于社会的渠道。现在一些外来人口之间、外来人口与本地居民及本地居民之间的小纠纷都在"拍拍肩"、"抽抽烟"中得到及时解决。

（3）提高了基层党组织做群众工作的能力。在协同治理中，村（社区）书记及班子成员通过兼任和谐促进会会长、工作委员会主任或片区长，领导协调这一完全不同于"两委"工作的新型民间组织，使村班子的组织领导能力和管理服务水平得到了锻炼和提高，同时也拉近了新老居民间的距离，增加了彼此信任，得到了群众有力的支持，和谐促进会已成为村（社区）三套班子发动群众、依靠群众、服务群众的得力助手。

3. 改革的创新之处

（1）创新了多元主体参与的基层社会管理服务体制。基层组织与社会组织协同治理，切实把村民委员会、人民调解委员会、和谐促进会等自治组织、社会组织与基层党组织联动起来，把村居社区、企业单位、新老市民等各层次、各领域、各方面的社会力量动员整合起来，实现了多元角色的民主参与、互动和融合，加强了"社会协同、公众参与"，使社会治理结构由"封闭型"向"开放式"转变，为向"小政府、大社会"转变创造了条件。

（2）创新了社会化的基层自治方式。当前基层自治最突出的表现为民主选举，而如何真正开展自治却显得载体不足。而基层组织通过和谐促进会，挖掘民资民力，建立一系列的服务平台、专门工作委员会、需求服务站、和谐促进服务团等，开展丰富的文体活动、志愿活动，更多地在基层形成自助式、互助式的公共服务管理平台，力所能及地为新老居民提供多样化、个性化服务，这一做法丰富了基层自治载体，弥补了政府公共产品供给不力、保障不力等问题，体现了以民为本的社会管理服务理念。

（3）激发了全社会参与社会管理的活力。通过基层组织与社会组织建立伙伴关系，为群众直接参与管理公共事务和公益事业提供了新渠道，

最大限度地把广大群众追求平安和谐的强烈愿望，转化为各尽所能、身体力行的具体实践，在联系群众、化解矛盾、维护治安、促进稳定等方面最终为政府带来了良好的社会效应。同时不同阶层的群众特别是新老居民在自我管理服务中修补了相互间的人际关系，推进了社会的开放与包容。

三、政府职能部门战略实践

政府职能部门战略实践中既包括中央政府的职能部门也包括地方政府的职能部门。

（一）北京未来科技城

未来科技城是中央组织部和国务院国资委为深入贯彻落实建设创新型国家和中央引进海外高层次人才"千人计划"而建设的人才创新创业基地和研发机构集群。2008年底，中央政治局常委会议审议通过中央人才工作协调小组提出的《关于实施海外高层次人才引进计划的意见》，明确提出"要在符合条件的中央企业、大学和科研机构以及部分国家级高新技术产业开发区建立40~50个海外高层次人才创新创业基地，推进产学研结合，探索实行国际通行的科学研究和科技开发、创业机制，集聚一大批海外高层次创新创业人才和团队"（"千人计划"）。

1. 总体定位

根据国家产业发展政策和科技发展规划，围绕促进我国产业结构优化升级和国有经济布局结构的战略性调整，把未来科技城建设成为具有世界一流水准、引领我国应用科技发展方向、代表我国相关产业应用研究技术最高水平的人才创新创业基地，使之成为中国乃至世界上创新人才最密集、创新活动最活跃、创新成果最丰富的区域之一。

2. 建设目标

（1）一流科研人才的聚集高地。引进10位左右在业内有重大影响、具有科技研发国际前瞻力的战略科学家，集聚100位左右掌握行业核心技术、具有旺盛创造力的研发领军人才，培养1000位左右精通研发技能、掌握关键技术的科研骨干，形成一批国际一流、结构合理的研发团队。

（2）引领科技创新的研发平台。在新能源、信息、冶金、节能环保、航空、新材料等关系我国能源发展战略和重大产业布局的领域，依托企

业重大项目和重点任务，加快开展核心技术的战略研发、关键技术的跨越发展、重要技术的集成示范、共性技术的合作攻关，加速推进一批具有自主知识产权的科研成果产业化。研发机构50%达到国际先进水平，80%以上达到国内领先水平。

（3）全新运行机制的人才特区。借鉴国际一流科研机构运行机制，进一步加大科研体制改革和资源整合力度，着力探索建立企业投资为主、国家支持为辅的科技投入体制，建立以企业为主导、产学研用相结合的科研协作机制，建立研发机构负责人按照有关规定自主决定团队成员聘任、研究内容或技术路线、科研经费使用等的内部运行机制，建立以期权股权等方式分享利益的长效激励机制，充分发挥海外高层次人才的积极作用。

3. 入驻中央企业

神华集团有限责任公司、中国海洋石油总公司、国家电网公司、中国华能集团公司、中国国电集团公司、中国电信集团公司、中国电子信息产业集团有限公司、鞍山钢铁集团公司、武汉钢铁（集团）公司、中国铝业公司、中粮集团有限公司、中国商用飞机有限责任公司、中国建筑材料集团公司、中国兵器装备集团公司、国家核电技术公司等15家中央企业入驻园区，拟投资建设研究院、研发中心、技术创新基地和人才创新创业基地，研发涉及新能源、新材料、节能环保、新一代信息技术等战略性新兴产业的重点领域。

（二）广东省机构编制委员会办公室：大部门体制改革[①]

广东省委、省政府根据中共中央《关于深化行政管理体制改革的意见》精神，结合《珠江三角洲地区改革发展规划纲要（2009~2020年)》要求，出台了《关于深圳等地深化行政管理体制改革先行先试的意见》（粤办发〔2009〕13号），明确要求佛山市顺德区要率先全面创新行政管理体制，系统推进各领域的体制改革，要因地制宜设置党政机构，实施大部门体制改革。顺德区根据中央和广东省委、省政府的有关部署进行了新一轮全方位、宽幅度、深层次的行政管理体制改革和创新，力度之大、创新之多、效果之佳引起了社会各界的强烈反响，成为广东解放思想活动的丰硕成果之一。

1. 改革的主要内容

（1）以转变政府职能为核心，大力简政放权。按照"对内放宽、对外放开、对下放权"的原则，实行政府职能"双转移"。一是"上"对"下"放权，实行纵向政府职能转变。顺德被赋予除少数特殊领域外的其他所有地级市经济社会管理权限。二是"内"对"外"简政，实行横向政府职能转变。政府加大向市场、社会和基层自治组织转移职能力度，同时加强政社合作。如将区和街道的服务向村居延伸，推进公共服务职能下沉，加快培育社会组织，实现政府治理和基层自治的良性互动和有效衔接。三是"条"与"块"理顺，完善政府功能。除法律法规有特别规定外，省、市在顺德区的工商、地税、质监等垂直管理机构均调整为属地管理。

（2）以优化组织结构为重点，推行大部门体制。在职能、部门、内设机构和人员上实行"同类项合并"。一是厘清各部门中相同、相近和相关的职能，进而进行调整、合并和重组；二是整合党政工作部门，由原来41个部门整合为16个，由党政副职兼任大部门首长；三是组建大科室，将原来各部门文秘、综合、纪检监察、党务、执法等内设机构进行合并，较好地解决了机构合并后内外"两张皮"、貌合神离等问题。

（3）以创新体制机制为着力点，建立科学的行政运行架构。创新决策机制，上移决策权。成立党、政、人大、政协"四位一体"的区联席会议，负责全局性重大决策，组建区委决策咨询和政策研究委员会，强化决策的民意咨询和专家论证，反映民意和吸纳民智，辅助区联席会议决策。创新执行机制，集中或下移执行权。区联席会议作出决策以后，由各大部门集中统一执行，同时将执行权尽可能下放（镇）街道以及其他社会组织行使。创新监督体制，外移监督权。首先，对政务监察和审计职能进行整合，由新组建的区纪委（政务监察和审计局）负责对区党务、政务工作进行纪律和绩效监督；其次，区纪委在每个大部门都派驻监察员或监察组，对各个部门的决策和执行过程实行独立的全程化监督；最后，强化

---

① 中国政府创新网，http://www.chinainnovations.org/Item/33597.aspx。

人大、政协、新闻媒体和社会监督，健全以党政领导、大部门首长为重点对象的行政问责制。

（4）以建设服务型政府为出发点，努力打造公共服务"超市"。推行"一站式"服务，大力整合行政资源，推进公共服务实现从多头服务向集中服务转变。实行"一个窗口"对外，推动实行"窗口"集中受理，一个"窗口"可受理多项行政许可。建设"电子窗口"，尽可能减少企业和市民的往来次数。同时健全"窗口"机构办事制度，推进"窗口"服务整体升级。

（5）以推动科学发展为落脚点，着眼全局推进综合配套改革。在改革中，顺德区注意把行政体制改革与各项改革加以统筹，系统谋划，协同推进。系统推进了简政强镇事权改革、财政管理体制改革、事业单位分类改革等，保障行政管理体制改革的系统完整性，实现行政综合改革的预期目标，有效地推动了地方经济社会协调发展。

2. 改革取得的成效

（1）区域经济社会发展全面提速。改革后，顺德区 2009 年、2010 年地区生产总值分别为 1711.93 亿元和 1935.6 亿元，同比增长 14.1% 和 13%；工业总产值、全社会固定资产投资、社会消费品零售总额、地方财政一般预算收入保持迅猛增长势头。与此同时，教育文化事业蓬勃发展，社会保障更加健全，医疗卫生体系更加完善，社会管理和公共服务不断加强。

（2）行政运行机制更加顺畅。在决策层面，解决了以往党政重复决策、信息不对称、效率低下等问题。在执行层面，大大提高了行政效率。很好地适应了顺德区城市人口不断扩张、社会事务越来越复杂的形势，有效提高了社会工作合力和执行力。

（3）行政效能和服务效率大大提高。如顺德区现在房地产租赁审批从原来的 15 个工作日缩短为 1 个工作日，宅基地审批从 24 个工作日缩短为 10 个工作日，环保局办结一宗投诉从一个月以上减少到几天。企业和群众对此普遍感到满意和欢迎，纷纷称赞这次改革见到了实效，真正方便了群众。

（4）形成了良好的联动效应。顺德区改革的

意义和价值不仅限于一场体制机制等外在制度形态的大胆革新，还是对人们思想观念的一次全新洗礼。干部群众对改革的认识从"为什么要改革"的消极思维模式转到"为什么不能改革"这个积极思维模式上，形成了"变不可能为可能"的思想氛围。改革的成功也进一步增强了广大干部深化改革的信心和决心。目前，改革的良性效应还在进一步发酵和放大。顺德的改革也引起了国内外媒体的高度关注，《人民日报》、中央电视台等新闻单位多次进行跟踪报道，对顺德改革做出了"石破天惊"、"改革力度最大、模式最新"、"更具有复制性和普遍意义"等评价。

（三）河北省环境保护厅：流域生态补偿机制①

生态补偿财政结算扣缴机制有效地破解了河北省河流污染的难题。断面考核生态补偿机制的建立，不但有效地明确了地方政府的治污责任，也有效地遏制了久拖不决的"上游污染下游"老难题。断面考核生态补偿机制利用经济的手段，通过把环境污染造成的外部不经济性有效地内部化，成为整体流域治污的关键。

1. 流域生态补偿机制概述

河北省环境保护厅按照"谁受益谁补偿、谁排污谁付费"的原则，强化政府环境保护责任，在河北省七大水系全面推广跨界污染与扣缴财政补偿金挂钩的生态补偿机制，遏制上游向下游排污，解决流域水污染难题，促使主要河流水质出现了明显改善。环保部门负责每月将考核断面水质超标倍数情况及相应的生态补偿金扣缴金额提供给财政部门，然后省级财政部门直接从各市财政中扣除补偿金，并将扣除金额及排名情况予以公布。同时，全省水污染生态补偿金必须专款专用，全额用于生态补偿使用，严禁挤占、截留和挪用，专项用于解决由于河水污染造成下游经济损失应给予补偿的项目、需用打深水井保障群众饮水安全项目、水污染综合整治的减排工程等。跨界污染与扣缴财政补偿金挂钩的生态补偿机制经历了以下发展过程：

子牙河是河北省污染最为严重的水系。水系内有滹沱河、滏阳河、冶河、牛尾河、石津渠、洨河、汪洋沟、子牙新河等多条支流，涉及邯郸、

---

① 中国政府创新网，http://www.chinainnovations.org/Item/33597.aspx。

石家庄、衡水、邢台、沧州 5 个地级市的 48 个县、2000 多万人口。2008 年 4 月起，河北省环境保护厅提出充分运用环保和财政两个手段，率先实施以环境保护部门跨界断面水质考核和财政部门国库结算扣缴为主要内容的子牙河水系生态补偿管理机制，即"河流水质超标，扣缴上游财政资金，补偿下游地区损失"，建立"谁污染谁治理，谁污染谁补偿"的河流污染治理新机制。具体则按照河流入境时有无水质 COD 浓度超标以及出境断面的超标情况，分别确定 10 万~300 万元不等的扣缴处罚标准。在同一个设区市范围内，对所有超标断面累计扣缴。水质每月监测，超标一次罚一次，连续 4 个月超标将被"区域限批"。

2. 解决的主要问题

（1）促使各级地方政府责任落实，改善流域水环境。对于跨界河流来说，污染治理涉及上下游，但由于许多地方存在"发展自己的经济，污染共同的河流"的情况，遭殃的往往是下游。而现在新的制度考核的是各市跨界断面水质检测指标，如果水质不达标，地方政府就被通报并从地方财政扣钱，地方政府不但"丢人"也"丢钱"，这就使得地方政府必须在自己境内把污染治理好。省里给市里加压，市里也给下面的区县加压，责任层层落实，压力逐级下传，新机制确保每级政府把自己应负的责任真正担当起来，各级官员人人头上有"紧箍咒"，地方保护主义倾向被挤压得没有存在的空间。大大小小的企业老板也认清了形势，治污设备满负荷运转，做到污水达标排放，也从根本上保证了治污效果。

（2）把官员的政绩考核和污染治理效果挂钩，推进水污染治理。过去河北采取的是签订污染治理责任状，考核结果对干部个人的影响并不是很大。没有震撼作用，对地方官员来说，只能是"隔靴搔痒"，起不到多大效果。而新的机制将污染治理和官员们的"官帽"真正联系起来，治理任务完不成，县里不但要花巨资为污染"埋单"，主管领导的"官帽"还有可能丢掉。干部们人人头上有了"紧箍咒"，感受到了实实在在的压力。省里生态补偿制度实施后，各市积极采取果断措施，水污染加重的趋势得到了有效扭转。

（3）科学规范断面考核及补偿的范围、区域、标准和使用途径，确保生态补偿机制有效落实。

生态补偿作为区域之间的一种财政给付，是一个区域对另一个区域的补偿，不是一个具体企业对另一个企业和少数受害者的赔偿，区域之间的环境损害虽然是由个体污染造成的，但是污染源具有分布广泛的特点，而且污染迁徙具有路途远、污染规律难以具体把握的特点，使下游区域追究上游区域具体企业的法律责任产生一定的难度。但是，这种污染往往是由上游政府及其有关部门监管不力造成的，因此，上游政府应当承担一定的民事责任。实践证明，根据区域的主体，依据谁污染、谁破坏谁赔偿、谁主管谁负责的考核原则，科学界定断面考核补偿的范围、区域，建立让污染的地区"丢钱又丢人"的奖惩机制是解决流域水污染的重点所在和行之有效的手段。同时，将全省水污染生态补偿资金，专项用于解决由于河水污染造成下游经济损失应给予补偿的项目和保障群众饮水安全以及水污染综合整治的减排项目，是环保民生工程的重要举措。

河北全流域推行生态补偿机制，利用经济杠杆解决环境问题，开全国之先河。同时，奖励环境改善等环境经济政策的出台，也激发了各地治理污染的积极性。"谁污染、谁埋单"，以经济杠杆为核心的生态补偿机制广受关注，目前，河北省被环境保护部确定为全国省级全流域生态补偿唯一试点，在对河北省水污染防治起到积极的推动作用外，对全国水污染也有典型的指导和示范作用。

四、实践总评

从以上实践创新可以看出，面临日益复杂的管理环境，不论是中央政府还是地方政府，都开始以更全面、更长远的战略思维管理公共事务。传统的公共行政注重提高组织的效率，焦点是关注组织结构、管理层级、权利分配、职能划分，忽视了公共组织赖以存在的外部环境。但随着社会环境的变化，信息技术的进步以及全球竞争的加剧，不仅政府的内部环境发生了变化，组织的外部环境也变得日益复杂，任何组织都处于变幻莫测的环境中。国际关系的突变、自然灾害的频发、社会危机的爆发等都对政府已有的决策计划构成威胁。在不确定的环境面前，公共部门如果没有战略意识和思维，就无法预测和监控环境变化，更无法灵活有效地应对突发事件，战略管理能力的匮乏势必引发管理危机。公共组织从传统的内部管理取向转向更多的关注外部环境既是提高科学决策的需要，又是公共部门应对战略变革的需要。科学决策的首要条件是系统地分析内外部环境，并在此基础上利用科学的理论和方法做出正确的决策。而公共部门战略管理的首要前提是进行环境分析，既包括社会内部环境，如生态系统、生物系统、个人系统、社会系统，又包括社会外部环境，如国际政治系统、国际生态系统、国际社会系统等。对环境的系统分析可以使战略管理者明确多元利益主体的需求，平衡各利益主体的关系，这既保证了战略决策的科学性，又为决策的实施赢得了宽松的舆论氛围。

受新公共管理运动改革的影响，政府机构的精简日益受到重视。公共部门尤其是政府的职能、角色、地位、组织结构及其与社会的关系都发生了深刻的变化，公共部门经常面临重组、合并和民营化的威胁，并被置于与私人部门竞争来提供公共物品及服务的境地。公共组织尤其是政府通过补贴、规划、委托和合同承包等方式间接运作，各种私人公司、独立机构和社会团体参与公共物品及服务的提供，这是公共部门战略管理兴起的现实原因。改革开放以来，中国先后进行了六次集中的行政管理体制改革，政府机构和人员编制不断得到精简和优化，"小政府"在理论上和实践上获得了广泛的认同和支持。政府的角色转变要求政府更加关注长远性、全局性的战略目标。

第三节 代表性成果

一、《公共部门战略管理》（修订版）

作　　者： 陈振明

出版时间： 2011 年

出 版 社： 中国人民大学出版社

内容摘要： 公共部门战略管理是公共管理学科的一个新分支或新的研究途径。它的兴起是全球化、信息化和知识经济时代发展特别是当代政府改革运动的产物，它是由传统的公共行政范式向（新）公共管理（或"管理主义"）范式转变的一个重要组成部分。作为一种新的管理途径或思维方式，战略管理日益受到了公共部门管理者的重视。在当代，任何公共部门都再也不能像过去那样对自身的生存、发展和未来高枕无忧了。考虑组织所面临的环境（优势、劣势、机遇和威胁），考虑组织的长远发展目标和未来，提高自身竞争力，成为公共部门管理者最基本的管理任务和内容。公共部门管理者需要战略思想，这正是公共部门战略管理途径兴起的现实原因。

社会影响： 国内公共部门战略管理的重要教材。

二、《"十二五"规划战略研究》

作　　者： 国家发展和改革委员会，张平

出版时间： 2010 年

出 版 社： 人民出版社

内容摘要： 从 2008 年开始，国家发展和改革委员会组织各方面力量，开展了"十二五"规划重大课题研究工作。通过委托研究与公开招标相结合的方式，组织国务院发展研究中心、中国社会科学院、中国科学院、北京大学、清华大学等 70 多家科研机构对国民经济和社会发展各领域的重大问题进行深入研究，形成了 70 余篇、500 多万字的研究报告。这些研究成果凝聚了各方智慧，对"十二五"规划的编制具有重要参考作用。《"十二五"规划战略研究（套装上下册）》将这些研究报告加以整理，从中精选出部分内容，按总体思路、城乡区域、产业发展、资源环境、科教文化、人民生活、社会管理和改革开放八大主题进行了分类和汇编。

三、《中国十个五年计划研究报告》

作　　者： 刘国光

出版时间： 2006 年

出 版 社： 人民出版社

内容摘要： 回顾和总结了 50 多年来所制定的 10 个五年计划和实施国民经济宏观管理方面的经

验教训。以 1978 年的中共十一届三中全会为标志，将我国制定与实施五年计划的历史大致划分为改革开放前、改革开放后两个时期。与此相应，第一至第五个五年计划，是处于计划经济时期，而第六至第十个五年计划，则是处于转轨的和市场经济时期。研究和叙述这 10 个五年计划，也反映了这两个时期的经济社会发展特征。为了解和研究我国国民经济和社会发展的战略规划以及社会主义市场经济理论和体制提供了一手资料。

社会影响：作者刘国光是首届中国经济学杰出贡献奖获得者、中国社会科学院特邀顾问。本书从大量第一手资料入手，在深入研究的基础上，用了 3 年多时间完成书稿。在中央提出科学发展观和建立和谐社会的今天，认真回顾和总结 50 多年来所制定的 10 个五年计划和实施国民经济宏观管理方面的经验教训，对于完善我国社会主义市场经济理论和体制，意义重大。

四、《建国以来国民经济和社会发展五年计划重要文件汇编》

作　　者：全国人大财政经济委员会办公室、国家发展和改革委员会发展规划司

出版时间：2008 年

出　版　社：中国民主法制出版社

内容摘要：收集了新中国成立以来国民经济和社会发展"一五"时期至"十一五"时期的重要文件，包括中央建议、总理报告、规划纲要、人大决议等方面，并附相关背景情况的简要说明。为研究国家战略提供了重要的文献资料。

五、《中国政府竞争力提升的战略分析：基于经济全球化的张力》

作　　者：王金水

出版时间：2007 年

出　版　社：中国社会科学出版社

内容摘要：本书用经济学的相关方法从战略层面来分析中国政府竞争力的问题。提出了经济全球化张力的概念，并阐述了它对当今政府管理产生的全面影响。在方法论方面，采用了最新的学术成果和分析手段，主要是应用新制度主义研究方法、公共选择理论、新公共管理理论和政府竞争理论等，来分析构建政府竞争力的各种因素。

本书研究旨在通过对新公共管理所依托的经济学理论的考察，解析给政府带来高效率的竞争机制的主要因素。同时，利用迈克尔•波特的国家竞争优势理论，通过价值链分析到"钻石体系说"的研究，分析了中国政府在经济全球化中所处的战略环境和地位，构建起中国政府竞争力之公共物品——市场模式，从而引导出中国政府竞争力提升的四种战略定位和选择。为我国政府进一步完善行政管理体制，提高政府管理效率提供有益的启示。

社会影响：本书是在中国加入世界贸易组织的大背景下出版的。这对我国政府管理将会提出更高的要求，政府必须高瞻远瞩，对自己的地位和角色重新进行战略定位；必须借鉴其他国家成功的经验和做法，少走弯路，要在战略层面上重新设计、规划和选择，集中资源和精力提升自己的政府竞争力，才能确保我国经济在全球经济竞争中赢得主动，从而在经济全球化的激烈竞争中维护本国人民的根本利益和国家的经济安全。

六、《公共战略管理的价值取向与分析模式》

作　　者：赵景华、李宇环

发表时间：2011 年第 12 期

期刊名称：《中国行政管理》

内容摘要：文章首先分析了公共行政学百年发展历程中的价值之争，并根据价值取向的不同将西方行政学的发展历程分为四个时期即产生与创立时期、正统时期、批判时期、创新与探索时期，对每个时期的价值取向做了简要介绍。在此基础上提出了公共战略管理的价值取向。作者认为公共战略管理应以公共价值为核心，同时关注政治权威网络的多元价值需求。然后提出了公共战略管理的四个特征：以可持续发展为理念、注重环境分析、平衡多元利益需求、注重绩效管理。

在以上分析的基础上，作者对莫尔（Mark H. Moore）的《创造公共价值：政府战略管理》、纳特（Paull C. Nutt）和巴可夫（Robert W.Backoff）的《公共和第三部门组织的战略管理》、布莱森（John M. Bryson）的《公共与非营利组织战略规划：增强并保持组织成就的行动指南》进行了述评，总结公共战略管理的"莫尔模式"、"纳特—巴

可夫模式"和"布莱森模式"。最后，通过对价值取向的论述以及对国外公共战略管理分析模式的介绍，结合我国西部大开发的现实实践构建公共战略管理"V-PS 模式"，该模式强调公共战略管理的公共价值取向，强调组织内外部环境的动态分析及其与战略管理过程的互动性和协调性。

七、《西方 30 年来公共部门战略管理研究的总体特征——主题、学科和方法的定性与定量分析》

作　　者：曹堂哲
发表时间：2011 年第 2 期
期刊名称：《中国行政管理》
内容摘要：文章选取 1980~2009 年公共部门战略管理英文期刊、博士论文和专著，就公共部门战略管理研究的起源、内容、基本范畴、主要领域、研究焦点、研究方法等方面进行定性和定量结合的内容分析表明：研究视角的多学科性、研究主题的高度渗透性、研究范式的过程导向性和研究方法的实证性是国外公共部门战略管理研究的总体特征。

八、《政府战略管理的 SWOT 模型：一个概念框架》

作　　者：赵景华、邢华
发表时间：2010 年第 5 期
期刊名称：《中国行政管理》
内容摘要：文章首先介绍了政府与私人部门的差异，提出公共性是政府区别于私人部门的典型特征，因此政府不仅要考虑组织自身的发展问题，而且还要考虑如何整合各种资源来实现公共价值。然后作者通过分析莫尔的"三角模型"，认为政府管理需要战略视野，以公共价值为核心，做好使命管理、运营管理和政治管理。作者将"三角模型"整合进 SWOT 模型，建立了一个政府战略管理的概念框架，指出了政府战略管理应注重的因素。该模型的核心是战略制定和战略评价。模型的基本要素包括使命与价值分析、战略可控性分析、政治支持分析、内外部环境评估。其中使命与价值分析是贯穿政府战略制定与评估的主线，战略可控性与政治支持主要体现政府与环境

主体的交易因素，是影响战略制定和评估的关键性因素之一。政府战略过程包括制定备选战略、战略评估与选择及战略执行。

文章提出的政府战略管理模型主要从两个方面对 SWOT 模型进行了修正：一是在深入分析政府与私人部门差异的基础上，用体现政府管理特性的因素对 SWOT 模型的内涵进行修正；二是在深入分析新公共管理与传统管理的基础上，将体现政府战略眼光和视野的因素整合进入 SWOT 模型。

九、《政府战略管理三角模型评析与创新》

作　　者：赵景华、李代民
发表时间：2009 年第 6 期
期刊名称：《中国行政管理》
内容摘要：文章首先对莫尔"三角模型"的核心目标和三大要素进行了解析。作者根据公共价值的两个衡量标准，即"组织是否满足了社会需求"和"组织的运营成本是否合理"，将政府组织划分为高价值组织、无效果组织、不经济组织和负担组织。作者分别对使命管理、政治管理、运营管理进行了阐释，认为使命管理的核心工作为发现、确立组织使命，并将此使命传达给组织的利益相关者。使命作为政府组织存在的核心目的和理由，界定了本组织提供的公共产品和公共服务的性质和范围，它是本组织区别于其他组织的根本标志。政治管理就是政府战略管理者运用各种手段去获取政治、法律、社会等方面的支持，以实现组织使命，达成组织目标，这是政府战略管理区别于一般管理的重要因素。运营管理就是通过有效整合、利用组织内部资源来实现组织的战略目标，它是将组织战略计划转化为战略行动的步骤和环节，对于实现组织战略目标具有重要作用。使命管理、政治管理和运营管理是政府战略管理的三个基本要素，并相互作用和影响，任一要素的成功均需其他两个要素的支持和配合；任一要素的失败也会影响其他两个要素，并最终导致整个战略管理的失败。在此基础上，作者结合我国政府管理实践对三角模型的运用和创新进行了论述。

十、《战略管理的实施与公共价值的创造——评莫尔的〈创造公共价值：政府战略管理〉》

作　　者：陈振明

发表时间：2006 年第 6 期

期刊名称：《东南学术》

内容摘要：文章对莫尔（Mark H. Moore）的《创造公共价值：政府战略管理》一书作了评述，认为战略管理既是公共部门管理（尤其是政府管理）研究的新途径或新范式，又是公共部门管理实践的新模式。作者首先对公共管理的理论发展进行了概括介绍，又提出了这一新途径或新范式在实践应用中产生的问题。

在此基础上，作者对莫尔的《创造公共价值》一书分篇章进行了介绍。该书由 3 篇 7 章以及序言和结论构成。序言说明本书的写作意图、资料来源和方法以及本书观点的检验。第一章"管理联想"，用图书馆管理员如何应对新情势的案例说明公共部门战略管理途径的重要性。第一篇"公共价值"（由第二章和第三章构成）。第二章"确定公共价值"。讨论公共部门管理工作的目的。第三章"公共部门的组织战略"着重论述一种操作性很强的方法，根据此方法可以获得具体环境下的公共价值，是本书的重点内容。第二篇"获得支持和合法性"（由第四章和第五章构成）。第四章和第五章探讨政治管理的功能和技巧——这一部分着重关注如何将管理朝向上方，即政治。第三篇"创造公共价值"（由第六章和第七章构成）。着重论述战略管理的另一部分，即将管理朝向下方，朝向组织本身。最后是结论（为多元、不确定的社会而行动）。作者又回到第一章提出的问题：如果公共部门管理者要民主和有效地管理公共组织，他们需要具备哪些气质？作者认为，公共部门管理者必须在道德上做出表率并身体力行

才能成为真正成功的公共部门管理者。公共部门战略管理途径对于我国公共部门管理尤其是政府管理职能与方式的转变，对于我国公共管理的知识体系以及课程体系的更新，都具有重要的参考价值。

十一、《公共管理需要新的战略思维——评〈公共和第三部门组织的战略管理〉》

作　　者：陈振明

发表时间：2001 年第 6 期

期刊名称：《中国人民大学学报》

内容摘要：文章首先对《公共和第三部门组织的战略管理》在国外的使用情况和影响力进行了介绍。然后对本书的基本内容及特点进行了简要概述。作者认为该书较系统、全面地探讨了公共和第三部门战略管理的概念、理论、方法及技术，既重视内容分析，解决战略管理"是什么"方面的问题，又重视过程分析，解决"如何"进行战略管理的问题。建立起了一个较为完整的公共部门战略管理的理论体系。第一篇讨论公共和第三部门战略管理的重要性以及公共和第三部门组织对战略管理的特殊要求。第二篇是战略管理的内容分析，主要讨论战略的起源、性质、用途、种类以及战略行动，如何应用战略管理，战略管理中的问题议程及问题张力概念以及如何用这一概念框架来准备和发起战略管理。第三篇是战略管理过程分析。第四篇是"技术篇"，讨论战略管理过程中所需要的各种方法和技术。第五篇是案例分析篇，讨论实践中的战略管理。结论部分对战略管理的理论和过程进行归纳，提出战略管理的一般原则以及展望战略管理的未来。该书将理论与实践密切结合，具有强烈的实践性、应用性和现实性。

附：代表性论文选登

公共战略学的学科构建与发展趋势[①]

赵景华[②]　李宇环[③]

[摘　要]　公共战略学作为公共管理领域的一门新兴学科，在国内的研究刚刚起步。本文首先阐述了公共战略管理的研究现状，其次从学科构建的角度分别论述了公共战略学的概念范畴、学科体系及研究方法，最后综合分析国际国内环境，提出了公共战略学的未来发展趋势。随着公共治理环境复杂性的日益增加，公共战略学的研究定能受到越来越多的关注，其学科体系也将日臻完善和科学。

[关键词]　公共战略学；学科构建；发展趋势

中国改革开放已走过 30 年的时间，在这 30 年的改革发展中，经济以骄人的速度突飞猛进，人均 GDP 已突破 3000 美元，联合国报告称中国 2010 年将成为世界第二大经济体。与此同时以经济学为代表的众多社会科学迅速发展，并形成相对成熟的学科体系。但随着改革的深入与发展，越来越多的实践问题向公共管理领域的学者提出了挑战。中国未来的改革与发展迫切要求公共管理的理论指导，而战略管理研究将是这一领域的重中之重。

一、公共战略管理的兴起与发展

西方公共管理的发展基本可以分为两个时期，即公共行政时期和公共管理时期。从威尔逊将行政学作为一门独立的学科开始到 20 世纪 70 年代末期属于公共行政时期，这一时期的行政学研究强调政治与行政二分论，强调行政效率；而 20 世纪 80 年代开始属于公共管理时期，这一时期的行政学研究逐渐打破传统的局限，广泛应用经济学和管理学的方法，并将注重环境分析的战略管理引入公共部门。公共领域的战略管理就是兴起于这一时期。

由于战略管理的理念是由私人部门借鉴而来，因此早期的有关文献侧重论述公共部门战略管理与私人部门战略管理的差异，如 Peter Smith Ring 和 James L. Perry 的《公共组织与私人组织的战略管理：环境与内容的差异性》。随后战略规划在公共部门得到广泛应用，20 世纪 80 年代中期大量关于战略规划的著作产生，如 John M. Bryson 先后发表的《战略规划与公共部门的新生》、《私营部门战略规划在公共部门的应用》。John Bryson 1988 年发表的《公共与非营利组织战略规划：增强并保持组织成就的行动指南》等书为公共组织战略规划程序的实施提供了详细的指南，并为组织的规划程序提供了特殊的工具和技术。随着公共部门面临的环境更加复杂和动荡，战略规划开始向战略管理转变。

20 世纪 80 年代末 90 年代初，出现了首批论述公共部门战略管理的著作和教科书。最早的是波兹曼（Barry Bozeman）和斯特劳斯曼（Jeffrey D. Straussman）的《公共管理战略》（1900），作者在书中区分了公共管理和公共行政的差别。并提出战略管理途径的 3 个主要特征：界定目标、制订与环境相匹配的行动计划、设计有效的执行方

①　赵景华、李宇环：《公共战略学的学科构建与发展趋势》，《中国行政管理》，2010 年第 8 期。
②　赵景华，教授，博士生导师，中央财经大学政府管理学院院长。
③　李宇环，中央财经大学政府管理学院博士生。

法。同时他也强调了政治权威对战略管理的重要影响。① 1992 年，纳特（Paull C. Nutt）和巴可夫（Robert W. Backoff）出版了《公共和第三部门组织的战略管理》，书中提到："战略管理处理这样一个关键问题，即为面临着日益增加的不确定性未来的组织定位。"② 该书依据"公共组织采取行动的压力"和"公共组织的外部回应度"两个坐标维度将战略环境划分为四种类型，并分别对应 8 种战略角色，在此基础上提出了战略议题管理的张力分析框架。之后还有莫尔（Mark H. Moore）的《创造公共价值：政府战略管理》，书中莫尔提出了战略管理的三角模型，强调公共组织的战略管理应以公共价值为核心实施使命管理、政治管理和运营管理。莫尔的最大贡献是为公共组织的管理者提供了一个找出问题症结的框架。③

国外文献除了研究公共部门战略管理的过程外，在 20 世纪 90 年代后期还广泛关注具体公共领域的战略管理，如公共部门危机战略管理、公共部门人力资源战略管理、公共部门战略性采购、外交领域的战略管理、城市行政机构的战略管理等。进入 21 世纪以来，公共部门战略管理的工具方法研究兴起，如 Janet C.Vinzant 和 Douglas H. Vinzant 的《战略管理与全面质量管理：挑战和选择》，Robert D. Galliers 的《战略性信息管理》。多学科领域的研究方法为公共部门战略管理的发展提供了多元化的分析框架。

国外公共部门战略管理的研究有值得学习和借鉴的地方，例如公私部门战略管理的差异研究、战略管理过程的分析模式、多学科的分析框架和工具方法等都可以作为进一步研究的参考和依据。但我国的公共管理背景和国外的公共管理背景有较大差异，照搬国外已有的研究成果可能导致水土不服，例如，国外的非政府组织占公共组织的比重较大，大量文献研究以较为成熟的非政府组织或第三部门为研究对象。而我国非政府组织的发展尚不完善，且与政府组织有着千丝万缕的联系，甚至附属于政府组织，这就导致我国公共组

织的重要主体是政府组织，政治性色彩较国外的公共组织更加浓厚。因此，我国的公共战略研究除了要借鉴国外已有的成果外，更应该扎根于中国的土壤，建立在中国国情的基础上探寻公共组织进行战略管理的有效途径。

二、公共战略学的概念范畴与学科体系

（一）公共战略学的概念范畴

1. 公共组织

公共战略学的研究对象是公共组织。因此在了解公共战略之前需要了解公共组织的内涵。公共组织是指以管理社会公共事务、提供公共产品和公共服务、维护和实现社会公共利益为目的，拥有法定的或授予的公共权力的所有组织实体，它包括政府组织和非政府组织。

在我国的公共组织中，政府是最重要的主体。现代中国学术界对政府的定义存在两种解释：一种解释认为政府即国家行政机关，是国家机构的组成部分；另一种解释认为政府有广义和狭义之分，狭义政府指中央和地方各级国家权力的执行机关或国家行政机关。广义政府包括国家的立法机关、行政机关和司法机关。在有阶级的社会中，政府是国家进行阶级统治、政治调控、权力执行和社会管理的机关。它理所当然包括立法、行政、司法机构在内。④ 因此，公共战略学中讨论的政府概念即为广义层面上的政府，它不仅包括中央及地方各级政府，而且还包括全国人民代表大会及地方各级人民代表大会、各级法院和检察院。另外，在我国的国家机构中还包括一些主要的社会团体，它们实行行政编制或事业编制，由国家财政拨款，如中华全国总工会、共青团、全国妇联等。这些社会团体虽然是非政府性的社团，但在很大程度上行使着部分政府职能，它们的一些工作任务、机构编制和领导职数由中央机构编制管理部门直接确定，实行全额财政拨款。因此，从本质上看，这类社会团体与政府部门的性质类似，故也应将其放在政府组织的范畴中。

① Barry Bozeman and Jeffrey D. Straussman. Public Management Strategies. Jossey-Bass Publishers，1900.

② Paull C. Nutt and Robert W. Backoff. Strategic Management of Public and Third Sector Organization：A Handbook for Leaders. Jossey-Bass，1992.

③ Mark H. Moore. Creating Public Value：Strategic Management in Government. Harvard University Press，1995.

④ 谢庆奎：《当代中国政府与政治》，高等教育出版社，2003 年。

非政府组织（NGO）在公共管理领域发挥的作用越来越大，它已经成为公共组织的重要组成部分。非政府组织主要指除政府组织和私人组织外的组织。它是现代社会结构分化的产物，是一个社会政治制度与其他非政治制度不断趋向分离过程中所衍生的社会自组织系统的重要组成部分。非政府组织具有民间性、非营利性、自治性、志愿性和公益性等特征。当前我国非政府组织涉及环境保护、社会救济、医疗卫生、教育、文化等广泛的领域。随着政府职能的转变和机构改革的不断完善，非政府组织将承担大量原来由政府组织承担的职责，成为政府部门强有力的搭档和助手，将在未来的公共管理领域发挥举足轻重的作用。

2. 公共战略

要理解公共战略首先要了解战略的含义。传统意义上的战略指高层领导做出的全局性的长远谋划，通常指那些"大手笔"的谋划或重大决策。在这个传统定义背后隐含两个基本假设，即战略的制定者是高层领导；环境本身是可以预测的。而现实是在组织中的每个管理层都存在战略，环境是复杂多变的和不可预测的。战略不仅是高层领导的事情，战略的确定首先取决于主体所处的位置。中层领导的战略对高层领导可能是策略，而对底层执行者则是战略。同时，战略还取决于主体何时处于哪个位置。有些战略今天看起来似乎是权宜性的，明天则可能是战略性的。因此，战略涉及环境、主体和时间，它是四维空间中的概念含义。

公共战略则界定了战略的主体为公共组织。当前国内已有文献中一般称公共战略为"政府战略"、"政府部门战略"或者"公共部门战略"等。但这些概念都无法涵盖整个公共战略的内容。首先，公共组织既包括广义上的政府组织又包括非政府组织，因此"政府战略"的概念就将非政府组织的战略排除在外了。其次，政府战略按照主体层次的不同，又可以分为国家战略、区域战略、地方政府战略和职能部门战略，所以用"政府部门战略"或"公共部门战略"也无法涵盖公共组织的所有战略内容。而"公共战略"则既包含"政府战略"和"公共部门战略"又包含"非政府组织战略"，因此将其作为概念术语更加严谨和科

学。据此笔者将公共战略定义为：公共组织为实现公共价值，根据可能发生的环境变化，平衡各利益群体当前及未来需要而对国家整体和某一特定区域未来一段时间内所进行的全局谋划与远景选择。从定义中可以看出公共价值是公共战略的核心价值取向，各利益群体组成的权威网络是公共战略面对的重要关系主体。

（二）公共战略学的学科体系

根据以上对公共战略的论述，可以将公共战略学界定为研究公共战略的一门学科。作为一门独立的学科，公共战略学应该有其特定的学科体系。当前国外关于公共部门战略管理的教材注重对战略过程的讨论，但广泛意义上的公共战略不仅要讨论战略过程，还需要包括战略哲学、战略内容以及战略方法等方面的内容。公共战略学的研究主要包括如下内容：

1. 公共战略导论

导论部分的具体内容包括公共战略学作为一门新兴学科的兴起和发展；公共战略学的研究对象、研究任务和研究方法；公共组织与私人组织战略管理的差异；公共战略学的概念范畴，包括战略的概念、公共组织的概念、公共战略的概念、公共战略各要素的概念等。

2. 公共战略哲学

战略哲学即关于战略理论和战略问题的哲学观。公共战略哲学则是关于公共战略的共同本质、普遍规律和一般价值的世界观和方法论，它是包括公共战略本质、公共战略价值、公共战略系统、公共战略创新、公共战略方法等在内的一个系统的理论体系。公共战略哲学既不能代替公共战略学科的研究，也不是单纯地研究怎样把哲学原理运用在公共战略中，而是专门以公共战略整体作为其研究对象。对公共战略哲学的研究可以使我们更清楚公共战略的本质是什么；公共战略领域的一般规律有哪些；公共组织如何认识和指导公共战略活动等。

3. 公共战略环境与战略类型

在进行战略过程管理之前，需要熟悉战略环境以及与环境相对应的战略类型。首先分析影响公共战略环境的影响因素，根据"全面性"和"关键性"原则界定最重要的影响因素，并据此对公共战略的环境进行分类。在此基础上分析我国

公共组织当前面临的整体环境类型。然后根据影响环境的主要因素对公共组织所扮演的战略角色类型进行分类，并与对应的战略环境类型相匹配，以确保在环境的动态变化中调整组织扮演的战略角色。对环境类型和战略角色类型的分析还需要选择恰当的分析方法，如议题管理法、相关利益分析法、适应性管理法等。

4. 公共战略过程

国内外著作中关于公共战略过程的分析存在不同的模式。因此首先根据对我国战略环境和战略角色类型的分析选择适合我国国情的过程模式。分别针对不同层次的公共战略对战略分析过程的每个阶段进行选择，并构建相应的过程模型对战略环境进行适时回应。在选择战略过程的分析方法时，除了运用公共战略管理的分析方法外还可以借鉴一般战略管理的工具方法，如 SWOT 分析法、波士顿矩阵法、平衡计分卡、全面质量管理法等。

5. 公共战略内容

在公共管理领域存在不同的职能领域。除了对公共战略的过程进行一般分析外，还应运用公共战略的管理方法分析公共领域内的具体领域，涉及公共治理战略、公共人力资源战略、公共财政战略、公共资源战略和公共信息战略。以上每一个领域的战略管理都对整体战略的有效实施有着举足轻重的影响。

6. 公共战略协调

依据主体层次的不同，公共战略又包括国家战略、区域战略、地方政府战略、职能部门战略和非政府组织战略。如何协调各个层次战略间的关系也是公共战略研究的重要内容。高层次的战略要兼顾各低层次的战略发展，而低层次的战略要以高层次的战略作为指导，进而形成上下一致的战略格局。除了协调好各层次间的战略外，还需要协调公共战略与组织绩效、公共战略与公共政策之间的关系。战略协调的好坏直接影响到战略实施的效果。

三、公共战略学的研究方法体系

公共战略学的研究方法体系可以分为 3 个层次，即哲学方法论、一般研究方法和具体的工具方法。

（一）哲学方法论

所谓哲学方法论即学科研究所遵循的基本立场、基本假设和基本价值观。哲学方法论是公共战略学的根本方法，它指引并影响其他层次的研究方法。公共战略学所遵循的哲学方法论即唯物辩证法、历史唯物主义和辩证唯物主义认识论。唯物辩证法认为：普遍联系和永恒发展是世界存在的两个总的基本特征，从总体上揭示了世界的辩证性质。历史唯物主义认为"一切重要历史事件的终极原因和伟大动力是社会的经济发展，是生产方式和交换方式的改变，是由此产生的社会不同的阶级之间的斗争"。[①] 辩证唯物主义认识论坚持从物质到意识的认识路线，认为认识从实践中产生，随实践而发展，认识的根本目的是为了实践，认识的真理性也只有在实践中得到检验和证明；认为认识的发展过程是从感性认识到理性认识，再从理性认识到能动地改造客观世界的辩证过程。三大哲学方法论为公共战略学的研究提供了基本的规律和原则。公共战略学的研究就应该扎根于公共管理的实践，并为实践的发展提供强有力的理论指导。

（二）一般研究方法

一般研究方法即研究主体进行学科研究的基本方法和分析方式。公共战略学属于社会科学领域的范畴，因此其一般研究方法更多的是借鉴社会科学领域的通用方法。劳伦斯·纽曼在他的《社会研究方法：质化和量化取向》中总结了社会科学研究三大取向：实证主义、诠释的社会科学和批判的社会科学。[②] 据此我们可以将公共战略的一般研究方法分为实证研究法、诠释研究法和批判研究法。

1. 实证研究法

实证研究遵循实证主义的哲学传统，它来源于经验主义哲学。它的主要功能是解释与预测，

---

① 《马克思恩格斯选集》（第 3 卷），人民出版社，1995 年。
② 威廉·劳伦斯·纽曼：《社会科学研究方法：质化和量化取向》，朱若柔译，扬志出版社，2000 年。

它试图建构能够解释和预测自然和社会事件的理论，其最终目的是控制自然事件和社会事件。它的一般程序是：首先形成研究的假设或命题，然后搜集大量的经验事实材料进行统计分析，以此来验证假设，并通过对假设的证实或证伪来解释事物间的各种关系，解释社会现象产生的原因。[①]实证研究法提倡把自然科学的方法移植到社会科学领域，通过观察、实验、比较等方式进行研究。主要有文献综述法、社会调查法、历史研究法、实验法、实地观察法、访问法、比较分析法等。实证研究方法既是社会科学领域的常用方法，又是公共管理研究的传统方法。早在1887年威尔逊就在他的《行政学研究》中提出公共行政的科学化和技术化。韦伯的官僚制以及泰勒的科学管理运动都迎合了行政科学化和技术化追求的精神。作为主流的社会科学研究角度的实证主义研究在公共行政学研究中一直占据着主导性地位。公共战略学的研究要以实证研究法为主，通过社会调查、历史研究、实地观察、社会实验等方法制定出符合实际的战略规划。

2. 诠释研究法

诠释研究法与实证法一样，是社会科学研究中的主要方法，但是在公共管理领域它与批判研究法受到了忽视。而实际上诠释研究法在一定程度上弥补了实证研究的缺陷。正如杰·怀特和亚当斯所说："我们建议公共行政的知识和理论发展应该以多种方式进行，包括假设检验、案例研究、行政和决策过程分析，以及对该领域的整体或部门的历史诠释、演义论证、哲学批判和对行政经验的个人反思。"[②]诠释研究法注重对人的主观动机的研究。研究者需要通过搜集资料、分析资料等把握个人在社会行动中的动机，从而对社会事实作出合理解释。制定科学合理的公共战略不仅需要通过实证研究把握客观事实，更需要运用诠释研究法分析战略制定主体、利益集团以及权威网络的动机和立场。

3. 批判研究法

批判研究法力图超越对经验规范的描述和对

意义的理解，通过使人们意识到那些决定自己的信仰或行动的"没有被意识到的"因素来寻求变革，将自己从各种压迫性的约束中解放出来。[③]公共管理研究领域应用批判性研究方法的著作较少，一般出现在外文文献中。如登哈特（Robert B. Denhardt）1981年发表的论文《面向公共组织的批判理论》、劳伦斯·琳恩（Laurence E. Lynn）的《新公共管理的批判分析》。作为实证研究和诠释研究的补充，批判性研究法理应受到重视，它将促进公共管理的学科发展。公共战略学重视批判性研究需要关注两大问题：第一，公共战略管理领域中人们习以为常的概念、方法、理论是否是颠扑不破的真理，是否与实践脱节？第二，是否存在更能反映真实客观世界的理论对主流理论和观点进行替代？

（三）具体的工具方法

1. 博弈论方法

博弈论的研究方法和其他许多利用数学工具研究社会经济现象的方法一样，都是从复杂的现象中抽象出基本的元素，对这些元素构成的数学模型进行分析，而后逐步引入对其形势产生影响的其他因素，从而分析其结果。公共战略过程涉及多元利益主体的博弈。根据主体的不同可以将公共利益划分为四个层次："当事人的利益"、"群体利益"、"制度利益"、"社会公共利益"。[④]博弈分析首先要确定博弈的各层利益是正当的和合法的，然后找出影响各主体利益的因素，设置相应变量建立数学模型，对每种利益进行综合考虑并排序，利益博弈的分析结果将成为制定科学的公共战略的重要参考依据。

2. 协同论方法

协同论是研究不同事物共同特征及其协同机理的新兴学科，它着重探讨各种系统从无序变为有序时的相似性，是近十几年来获得发展并被广泛应用的综合性学科。协同论的方法不仅运用到自然科学和工程学，也逐渐渗透到社会科学的研究中。正如协同学的创始人哈肯（Haken）所言："社会协同学将刻画出一幅人类未来的生存与发展

①② 杰伊·D.怀特、盖·B.亚当斯：《公共行政研究——对理论与实践的反思》，清华大学出版社，2005年。

③ 马骏、叶娟丽：《西方公共行政学理论前沿》，中国社会科学出版社，2001年。

④ 全永波：《公共政策的利益层次考量——以利益衡量为视角》，《中国行政管理》，2009年第9期。

的新模式的蓝图"。① 战略协同的研究源于工商管理领域。安索夫（Igor Ansoff）在《公司战略》一书中提出了系统战略的分析框架。② 另外，迈克尔·波特（Michael Porter）和罗莎贝斯·坎特（Rosabeth Kanter）的研究也共同推进了协同论在公司战略中的应用。而后协同论被引入公共管理领域，其中最能体现协同思想的理论是治理理论，它主要通过协同论研究多元治理主体间的协作。阿格拉诺夫和麦圭尔将协作性公共管理既看做是一种活动，又看做是一种战略。③ 因此公共战略学也应用协同论的理论研究组织间关系、政府间关系、部门间关系、公私伙伴关系、中央地方关系等。

3. 议题管理法

议题管理的目标在于找出潜在的或正在出现的、可能对社会公共利益构成影响的问题，然后动用并协调各种资源去对这些问题的发展施加战略影响。议题会随环境的变化而变化，通常难以清晰地表达，并受到许多非理性因素的影响。纳特（Paull C. Nutt）和巴可夫（Robert W. Backoff）在《公共和第三部门组织的战略管理》一书中将议题定义为两种新情况间的张力。④ 将议题表达为张力的目的在于清楚地说明组织所面临的复杂网络。如果战略管理者只应对复杂网络中的一极力量而忽略其他力量则可能产生潜在的危险。因此，在将社会问题上升为议题的过程中要权衡各种张力，认清组织中存在的各种对立力量。从而促使组织采取措施，将不同方向的力量转移到组织的理想上来。但由于复杂因素的影响往往导致议题识别面临很大的困境，例如信息不对称、各种利益冲突以及技术上的问题等。议题管理法首先要突破识别议题的各种困境，然后拓宽寻找议题的途径，并正确理解和充分考虑张力中的不同力量。

4. 适应性管理法

公共战略管理者面临越来越复杂的内外部环境，有时计划好的战略也会失去作用。如果战略管理者们仍然拘泥于他们的传统方式，最终会导致更好的新战略被忽视。因此，在一个不稳定的、复杂的环境中，战略管理者必须确保战略适应环境的变化，使战略制定的过程成为一个与环境互相作用的过程。长期以来，公共行政学的研究用线性理论模型来理解公共行政，过分强调组织的秩序和确定性，而忽视了对组织不确定性、不稳定性和其他复杂性的研究。而混沌理论、知识管理等理论引入公共管理领域，为适应性管理奠定了重要的理论基础。L.道格拉斯·基尔（Kiel Douglas L.）是将混沌理论应用于公共行政领域最为成功的行政学家。在《政府管理中的无序和复杂性》一书中，基尔热情呼吁应避免通过控制来进行管理，建议倡导一种新的管理哲学。他认为在非线性组织动态中，管理者应该认识到战略管理是一个不断学习和改进的过程。组织的复杂性和无序性的特征使得"适应性学习"成为必要。⑤ 知识管理也是适应性管理法的重要方法工具，它通过改变组织成员的思维模式和行为方式，建立起知识共享与创新的组织内部环境，从而用集体的智慧提高整体的应变和创新能力，最终实现个体与组织的和谐发展。在公共战略过程中实现知识的共享和转移能够使公共组织更适应环境的动态变化。

四、公共战略学的发展趋势

目前，国内公共战略学的发展还处于起步阶段，但国内外环境的变化和公共管理实践的需要对公共战略学的未来发展提出了更高的要求。审视国际社会和国际环境的新变化和新趋势，公共战略学的未来发展呈现如下趋势：

（一）趋势一：不确定环境下的公共战略研究

公共战略的兴起最初就是根源于环境复杂程度的增加。与私人部门相比，影响公共部门环境的不确定性因素更多，尤其是处于社会转型期的中国。社会体制转型、社会结构变动、社会形态变迁将公共组织置于矛盾频发的环境中。不同地区、不同阶层、不同群体的矛盾日益凸显，加之旧的社会防范机制的失灵，更将公共组织推向了

---

① 曾健、张一方：《社会协同学》，科学出版社，2000 年。
② H. Igor Ansoff. Corporation Strategy (revised edition). Penguin Books, 1987.
③ 罗伯特·阿格拉诺夫、迈克尔·麦圭尔：《协作性公共管理：地方政府新战略》，李玲玲、鄞益奋译，北京大学出版社，2007 年。
④ 纳特、巴可夫：《公共和第三部门组织的战略管理：领导手册》，陈振明等译，中国人民大学出版社，2001 年。
⑤ Kiel Douglas L.. Management Chaos and Complexity in Government. Jossey-Bass Publishers, 1994.

改革的风口浪尖。因此，公共战略的研究不能只停留在静态的环境中，而应该时刻追踪环境的变化，对各种突发性的挑战做出反应。从这个意义上说，战略的核心就是处理未知的未知。谁能选择与环境最匹配的战略，谁就将占领改革的制高点。因此公共战略的有效实施不是组织自上而下的指挥结果，而是共同学习和深度参与的结果。对于不同的组织环境、机会和应用条件来说，每一次新的经历都是走向未知领域的一步，都要承担某种风险，没有哪个组织能提前确定已有的竞争力究竟会成为优势还是劣势。组织只有在动态的环境变化中不断地调适战略才会处于变革的最前锋。

（二）趋势二：公共战略协调研究

公共战略协调机制的研究将成为公共战略学未来发展的重要趋势之一。随着体制的转型、中央地方关系的变化以及政府职能的转变，原有的权力格局发生了变化，公共组织要处理的社会关系日趋复杂，需要协调的内容也日渐广泛，协调的手段也更加多样化。因此要协调好各层次间的战略关系以及战略内部各要素间的关系就需要综合考虑纵向协调和横向协调。纵向协调就是要处理好中央与地方的关系、区域发展与单一城市发展的关系、上级政府与下级政府的关系、政府组织与其所属各部门间的关系、政府组织与非政府组织的关系等；横向协调要处理好战略制定与战略执行的关系、战略实施与战略评估之间的关系等。

（三）趋势三：公共战略与公共政策的关系研究

公共政策是公共组织为解决公共问题、达成公共目标以实现公共利益的具体方案。公共战略作为具有宏观指导价值的纲领需要有具体政策的支持。例如，我国的"五年规划"作为国家的纲领性战略需要财政政策、投资政策、产业政策、土地政策、环保政策等的配套支持。而公共政策的制定过程充满了复杂的利益博弈，其结果往往是各利益主体妥协的产物。如果一味地纠缠于政策过程中的利益博弈，而忽略了最初的战略目标，改革将困难重重，甚至停滞不前。战略制定的重大意义在于它为未来的发展指出了明确的方向。只有在这个方向的指导下，才能更加科学合理地平衡公共政策过程中的各种关系。但同时也要看到，战略目标的最终实现需要贯彻落实不同层级的公共政策，离开了政策的支持战略目标的实现也会化为泡影。因此，处理好战略与公共政策的关系，既需要正确地做事，又需要做正确的事，只有这样才能实现公共价值的最大化。

（四）趋势四：公共战略与绩效的关系研究

从管理学的角度看，绩效就是组织期望的结果，是组织为实现其目标而展现在不同层面上的有效输出。绩效管理强调"结果导向"。"结果导向"着眼于终极产品和实际社会效果。这与公共战略的最终目标不谋而合。公共组织要达到既定的使命和目标，不仅要制定有效的战略，更重要的是确保战略的顺利实施，实现战略目标。绩效管理就是将战略转化为行动的过程，它可以借助重要的支持手段或工具，为战略的成功实施奠定可靠的基础。同时战略管理也明确了绩效管理系统的目标与方向。如果公共组织没有明确的战略，或者绩效目标体系不是依据战略而制定的，虽然也能够构建或者存在绩效管理系统，但是由于这种绩效管理系统的目的与方向不明确，就无法通过进行绩效管理将整个组织活动统一到战略周围，也就无法真正发挥绩效管理的作用。因此，研究公共战略与绩效间的关系将成为公共战略学研究的重要趋势。

公共部门战略管理途径的特征、过程和作用①

陈振明②

[摘　要] 公共部门战略管理途径既是一种公共部门管理（尤其是政府管理）的新实践模式，又是一种公共部门管理的新研究范式。它的兴起受到私人部门战略管理的示范性影响，也是公共部门管理改革以及环境变化的必然结果。公共部门战略管理是一个过程，具有鲜明特征，包括战略规划、战略实施和战略评价三个功能环节。作为一种新模式，公共部门战略管理途经尚未成熟，在实践应用中出现一些难题，但它对于我国政府管理方式的转变具有重要借鉴作用，对于我国公共管理知识体系的创新也具有重要参考价值。现阶段中国公共部门管理的理论与实践迫切需要战略思维。

[关键词] 公共部门战略管理途径；公共行政；实践模式；理论范式

作为一种新实践模式和新理论范式，公共部门战略管理途径及战略规划兴起于 20 世纪 80 年代。它是新公共管理运动以及（新）公共管理范式的重要组成部分，并受到了私人部门（工商企业）战略管理途径的深刻影响。传统的公共行政以内部取向，关注行政过程和日常管理，文官（常任文官）被假定为仅仅是执行政治家（政务官）所制定的政策与法律，他们不必去考虑组织的外部环境、长远目标以及如何通过资源的优化配置去实现目标。因此，在传统的公共行政中，战略思维是没有地位的。战略管理途径力图克服传统公共行政（学）的这些局限性，着眼于公共组织与外部环境的相互作用，系统考虑组织的未来远景、长期目标和近期目标，将关注的焦点由内部转向外部，从注重日常管理、常规管理转向未来的发展管理和危机管理。它试图通过对组织内外环境变量、组织长期目标以及组织角色与环境的匹配的关注，以提高组织实现其使命的内在能力。

本文拟考察公共部门战略管理途径的兴起及其研究状况，分析其基本特征与功能环节，通过考察国外学者关于这一新实践模式和理论范式的争论，探讨其成就与不足。

一

公共部门历来就有借鉴私人部门管理经验和技术的传统。公共部门战略管理途径的兴起既受到私人部门战略管理的示范性影响，也是公共部门管理改革和环境变化的必然结果。在私人部门战略计划和战略管理模式的示范性影响下，公共部门战略规划和战略管理途径也随后兴起。按照澳大利亚学者欧文·休斯（Owen E. Hughes）在《公共管理导论》一书中的说法，战略计划在公共部门的运用，始于 20 世纪 80 年代，落后于私人部门十几年；而战略管理的引入，却是在 20 世纪 80 年代后期，只比私人部门晚几年。③

在美国公共管理实践中，20 世纪 80 年代初已有不少州开始使用战略规划技术。俄勒冈州可能是应用战略规划技术的典型，它在 80~90 年代采用过两个详尽的全州战略规划。④美国国会 1993 年通过的政府绩效与结果法（The Government Performanceand Results Act），要求到 1997 年所有

① 国家自然科学基金项目（70073027）资助。
② 陈振明，广东潮州人，厦门大学公共事务学院教授、博士生导师，哲学博士。
③ Owen E. Hughes. Public Management and Administration Macmillan Press Ltd.，1998.
④ 亨利：《公共行政与公共事务》，中国人民大学出版社，2002 年。

联邦政府机构都必须实行战略规划。到 90 年代中期，美国 2/5 的州机关完全采用了战略规划，而且 4/5 的州机关部分或全部实施了战略计划。[①] 在非营利部门，一项研究表明，在随机从 104 个艺术组织和 38 个精神护理机构中抽取的 44 个非营利组织中，仅 8 个没有从事正式的战略规划。另外一项研究也表明，在差不多 200 个非营利组织的抽样中，有一半以上的组织采用了许多特定的战略去对付财政紧缩和不确定的环境。[②] 迄今为止，在美国公共部门中，与战略管理相比，战略规划的应用仍更为广泛。在 80 年代战略管理已在私人部门兴起的情况下，公共部门之所以仍采用战略规划技术，是与战略规划和官僚制之间的相容有关的，因为战略计划并非抛弃传统的官僚制，而是运营于其中。

那么，什么是战略管理？公共部门战略管理有哪些基本的特征呢？

小汤普生（Arthur A. Thompson Jr.）给战略管理下的定义是：战略管理是一个过程，在这个过程中，高层管理者确定组织的长期方向，设定特别绩效目标，根据与组织相关的内外环境，制定出能达成这些目标的战略，并且卓有成效地实施这些被选定的决策方案。[③]

纳特（Paull C. Nutt）和巴可夫（Robert W. Backoff）在《公共和第三部门组织的战略管理》一书中指出：战略管理处理这样一个关键问题，即为面临着日益增加的不确定性未来的组织定位；战略管理通过产生用以指导战略行动的计划、计谋、模式、立场和观点而为一个组织创造焦点、一致性和目的。[④]

伊萨克—亨利（Kester Isaac-Henry）在《公共服务中的战略管理》一文中认为，虽然人们对战略概念的界定和解释不同，但是，战略中的共同因素是指管理者和组织通过思考、计划和做出战略性决策的意图，所谓的战略性决策是这样一种决策：它考虑影响组织未来的内部环境和外部环境；考虑那些涉及整个组织并对组织产生重要影响的问题；考虑组织目标和前进方向；促进政策和战略的实施。而战略管理涉及规划、实施和监控组织战略的过程。实际战略管理的目的在于，通过使组织与环境协调、驾驭组织变化，取得更大的绩效。战略管理包含着战略分析、战略选择和战略实施三个核心领域，并围绕这三者来进行讨论。[⑤]

波齐曼（Barry Bozeman）和斯特劳斯曼（Jeffrey D. Straussman）在《公共管理战略》一书中则认为，战略包含处理组织的外部环境、使命和目标，战略管理途径有三个主要特征，即界定目标和目的、提出一个能协调组织与环境的行动计划、设计有效的执行方法。[⑥] 而公共部门战略管理具有四个基本特征：关注长期；将长期目标和近期目标整合成一个连贯的层级；认识到战略管理和计划并不是自行贯彻的；采取一种外部观点，强调不是去适应环境，而是期待和塑造组织的变迁（这一点是最重要的）。战略管理必须充分认识到政治权威的影响。[⑦]

作为一种管理实践的模式，战略管理与战略规划不同，它们之间的区别主要表现在如下几个方面：[⑧]

（1）从线性假设到非连续假设。在环境假设上，战略规划将组织环境假设为一个线性变动的连续过程，组织可以预测和控制环境的变化，这是它实行单点预测并注重深思熟虑的正式规划的原因。而战略管理却将环境看成一个不断变动的非连续过程，其中充满了各种突变和意外事件，故它强调多点预测、危机管理和应急战略。

（2）从以方案为焦点到以行动为焦点。在战略焦点上，战略规划强调思考与行动分开，将战

① 亨利：《公共行政与公共事务》，中国人民大学出版社，2002 年。

② John M. Bryson. Strategic Planning for Public and Nonprofit Organizations. Jossey-Bass Publishers, 1995.

③ Arthur A. Thompson Jr. and A. J. Strick Landill. Strategic Management: Concept and Cases. Business Publications, Inc., 1987.

④ Paul C. Nutt and Robert W. Backoff. Strategic Management of Public and Third Sector Organization: A Handbook for Leaders. Jossey-Bass, 1992.

⑤ Kester Isaac-Henry. Strategic Management in Public Services. In: Sylvia Horton and David Farham (eds.). Public Management in Britain. Macmillan Press, 1999.

⑥⑦ Barry Bozeman and Jeffrey D. Straussman. Public Management Strategies. Jossey-Bass Publishers, 1990.

⑧ 陈振明：《公共管理学》，中国人民大学出版社，2003 年。

略制定从战略实施中分离出来，注重最优化战略的制定和正式行动方案的形成。而战略管理则将思考与行动统一起来，强调一个全面的管理过程，不仅包括战略的制定，而且包括战略的实施、控制和效果评价，其焦点在于战略性的思考与行动，在于通过政治谈判、利益相关人的分析和执行过程的管理去实现组织特定的战略。

（3）从过程取向到结果取向。在战略取向上，战略规划是过程取向的，注重引入一个正式的战略管理系统去协调战略计划过程和实现一个特定程序的严格统一。而战略管理却是结果取向的，聚焦于通过特定战略内容的选择和运用去产生有效决定和行动，战略本身不再作为目的，而是作为变革的杠杆去推进组织使命的实现。

（4）从集中到分散。在战略主体上，战略规划将决策权力集中于高层，常常局限于少数专业计划人员，将战略制定神秘化，成为战略黑箱的产物，这妨碍了中层管理人员的参与，而且架空了高层管理人员的战略决策。而战略管理则更综合，它关注整合组织的力量去实现战略目标，将战略扩展到所有组织单位，既包括计划人员，又包括行政主管、各级运作管理人员和其他利害相关人，它强调形成战略的草根模式，强调决策权力的分散和参与。

（5）从正式计划到应急战略。在战略形成上，战略规划注重通过深思熟虑或理性的分析去形成正式的计划，将战略产生看作一个受控的、有意识的规划过程，这往往导致对其他意外的、计划外的但极为有用的信息、洞见和行动的忽视。而战略管理则强调有效的战略在某种程度上必然是连续性的、随机应变的战略，强调通过间或的学习、偶然的发现、灵感、直觉等非理性思维，以及对意外模式的认识去反映不可预知的机会和非连续事件。

（6）从理性到非理性。在战略思维上，战略规划是理性主义的，重视运用理性思维、定量方法和精确模型来分析问题，注重规范性、精确性和计划性。而战略管理则强调某些与生俱来的心理状态和过程，如灵感、直觉、判断、智慧、经验、洞察力和创造力等非理性思维，它也强调主体的战略理念，或将战略看成是用以鼓舞组织行为的符号，产生主体自我规训的话语。

（7）从关注外部环境到关注内部因素。在战略视野上，战略规划是由外到内的，将环境看作客观的存在，组织要做的就是调整自己去适应相关的环境，却忽视了组织的内部结构、管理机制和组织文化。而战略管理则是由内到外的，坚持资源为本的观点，注重培养组织具有持久竞争力的资源；它重视人的因素，重视利害相关人的分析，将人的参与和管理团队的建设看作是战略管理取得成功的决定性因素；它把核心竞争力看作一个组织共同学习的结果，看作一个组织文化培养的过程，是一个将战略思维融入管理的过程。

二

战略管理是一个过程，它可以把传统与创新结为一体，同时又考虑制定——创造新的理念，以及实施——把新思维付诸实践。当前最有影响的战略管理过程模式是巴可夫和纳特提出的6个阶段模式：根据环境发展趋势、总体方向及标准概念描述组织的历史关联因素；根据现在的优势与劣势、未来的机遇与威胁来分析判断目前的形势；制定出当前要解决的战略问题议程；设计出战略选择方案以解决需要优先考虑的问题；根据利害关系人和所需要的资源评价战略选择方案；通过资源配置和对人员管理贯彻需要优先考虑的战略。我们将公共部门战略管理过程划分为战略规划、战略实施和战略评价3个阶段。

1. 战略规划

公共部门战略规划包括了战略分析和战略选择等功能活动环节。战略分析的主要内容有：

（1）分析组织的历史背景，确定组织的最终目的。在公共组织中，由方案、市场、管理行动和资源四个成分组成一个系统。方案是服务的对象及所提供的服务；市场由利益相关者及公众的期望组成；管理行动是组织实施的战略；资源是组织执行方案时所运用的人力、物力和财力。这四个成分中的任何一个发生变化，组织系统都会发生相应变动，造成公共组织背离原初，形成趋势和方向。通过对公共组织背景的理解，创造出组织要到达的最终目的。它包括最好和最差两个方面。最好方面是组织的前进目标，最差方面是组织力图避免的最后底线。

（2）PEST分析，即在宏观上对政治（Politics）、经济（Economy）、社会（Society）、技术（Technology）信息的收集和分析。政治分析指对国内外政治环境的分析，内容有领导人的新的指示、新政策的颁布、新法律法规在立法部门的通过，国家间的战争、缔约，首脑的会晤等。经济分析是对国内外经济状况发展趋势的分析，包括国内经济是增长、停滞还是衰退，通货是紧缩还是膨胀，国际经济状况如何，是否存在金融风险（如亚洲金融危机）等。社会分析的内容包括国内风俗、习惯、观念、信仰的现状及转变趋势，国家间的文化交流与合作等。技术分析的内容包括国内外的科技进步、开发与利用，以及相互交流等。这些都会对组织产生间接的影响。

（3）SWOT 分析。SWOT 分析法是由美国哈佛大学商学院发明的。它是一种综合考虑组织内部条件和外部环境的各种因素，进行系统分析评价，进而选择最优战略的常用方法。这里 S 是指组织内部的优势（Strengths），W 是指组织内部劣势（Weaknesses），O 是指组织外部环境的机会（Opportunities），T 是指组织外部环境的威胁（Threats）（见图 1）。SWOT 分析的目的在于给出一个有关组织内部环境、问题的集中图画，并激励组织调动其优势，以便最大限度地利用机会，规避风险。组织的优势、劣势分析也叫做内部环境分析，进行内部环境分析的目的是明晰组织的核心能力。组织的机会和威胁分析也称为外部环境分析，它是指组织外部条件及未来取向，进行外部环境分析是为了识别组织所面临的机会和威胁。[①]

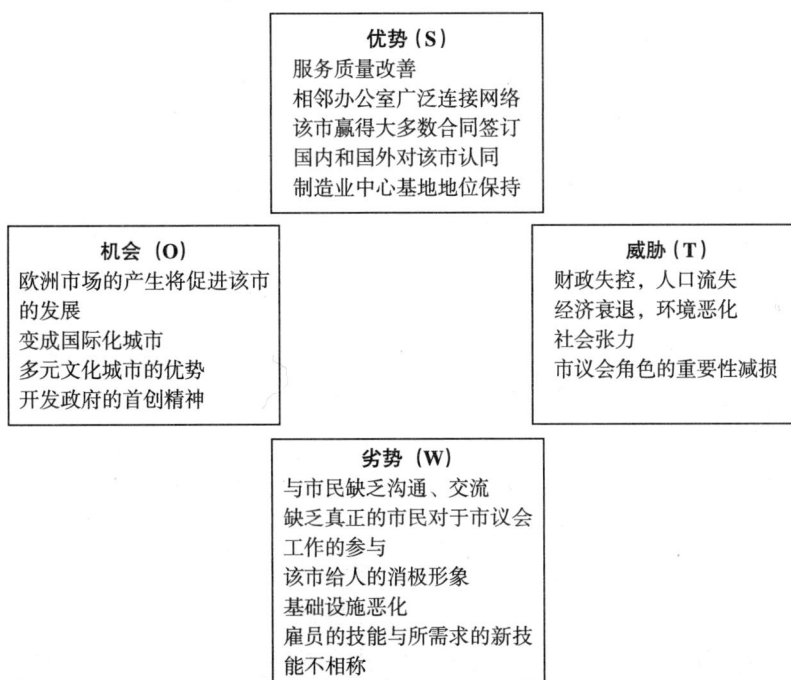

优势（S）
服务质量改善
相邻办公室广泛连接网络
该市赢得大多数合同签订
国内和国外对该市认同
制造业中心基地地位保持

机会（O）
欧洲市场的产生将促进该市的发展
变成国际化城市
多元文化城市的优势
开发政府的首创精神

威胁（T）
财政失控，人口流失
经济衰退，环境恶化
社会张力
市议会角色的重要性减损

劣势（W）
与市民缺乏沟通、交流
缺乏真正的市民对于市议会工作的参与
该市给人的消极形象
基础设施恶化
雇员的技能与所需求的新技能不相称

图 1　英国伯明翰城市议会的 SWOT 分析

资料来源：英国伯明翰城市 1992 年《城市战略与报告》。

战略选择主要功能活动环节有：①信息输入。把第一阶段所收集或考虑到的宏观的政治、经济、社会和科技的信息，以及直接影响战略的组织的优势、劣势、机会和威胁的信息进行归纳、整理和分类。②匹配。这一环节依靠在输入阶段得到的信息而将外部机会和威胁与内部优势和弱点进行匹配。将外部与内部的重要因素相匹配是有效建立备选战略的关键。③决策。匹配技术确定了备选战略，而分析和直觉则为战略决策提供了基础。在这一环节，战略管理小组需要重新审视组织的最终目的，评价组织运行的情境，从而对组织的备选战略做出评估。评估包括四个方面：适

---

① John M. Bryson. Strategic Planning for Public and Nonprofit Organizations. Jossey-Bass Publishers，1995.

用性评估、可行性评估、可接受性评估、对利益相关者评估。

2. 战略实施

成功的战略制定并不能保证成功的战略实施。实际做一件事情总是比决定做这件事要困难得多。由于公开性方面的限制、政治影响、权限、监察以及普遍存在的所有权，公共部门战略管理的执行则更为困难。战略实施主要是制定出具体措施来实现战略。战略实施过程包括诸多环节或功能活动。对于具体的环节或功能活动，学者们提出了不同的看法。例如，布莱森认为战略实施过程有3个环节：计划和方案，即制订行动计划，包括明确目标、估计预期投入、明确产出结果、识别目标顾客和确定变化的衡量标准等；制定预算；实施过程的指导方针，即建立实施结构系统，以便协调和管理实施活动。[①] 纳特和巴可夫指出，在战略管理过程中，精心考虑哪些因素使战略实施成为可能，以及采取何种措施才能保证战略实施必需的支持，是战略实施的基本组成部分。在战略实施中应特别关注对资源和利益相关者的管理。

一般地说，战略实施过程主要包括战略发动、制定行动计划、组织准备、资源准备、战略实验、全面实施、战略控制等环节。公共部门战略实施涉及以下3类活动：

利益相关者管理。对付敌对利益相关者，巴可夫和纳特认为：找出与敌对利益相关者有紧密联系的不重要和未决的利益相关者中的中立者，从中发现潜在的联盟；采取措施，阻止敌对利益相关者与未决利益相关者的联盟；防止敌对利益相关者在暗中削弱拥护者；对敌对利益相关者进行突袭；预期反对性质并挑选出部分持反对意见的利益相关者，再采取措施；与挑选出的敌对利益相关者讨价还价，使其至少中立。[②] 除了敌对的利益相关者外，还有潜在的拥护者，未决者及不重要的利益相关者，对他们都需要采取措施应对。

组织职能结构管理。战略的变化往往要求公共组织结构随之发生相应的变化。组织结构的重新设计应能够促进最终目的的达成。组织结构的

演变顺序是一个周而复始的过程：制定新战略——新出现的管理问题——组织绩效下降——建立新的组织结构——组织绩效得到改进——制定新战略。明茨伯格设定了六种基本的配置：简单结构、机械官僚化、职业官僚化、分部化、临时委员会和教会型。他虽然是针对私营组织的，适应私营组织所面临的各种环境，但经过修整以后也会对公共部门有所启发和借鉴。

资源管理。每个公共组织至少都拥有四种可以实现预期目标的资源：人力资源、物力资源、财力资源和技术资源。资源配置是战略管理活动中的一项中心活动，在不进行战略管理的组织中，资源的配置往往取决于个人的随意性，导致资源配置失当。在实施战略管理的组织中，资源配置依赖于战略管理小组的决议，依赖于所实施的战略。如加强型战略可能就要投入较多的资源，而紧缩型战略耗费的资源就较少。如果某些资源要素匮乏，但对战略实现是关键性的，可以请求那些拥护组织战略的重要利益相关者为组织筹募资金和服务使用费，或从其他项目中再争取一部分资金，从而使组织的战略变得可行。

3. 战略评价

战略评价可以界定为，依据一定的标准和程序，对战略实施的效益、效率、效果及价值进行判断的一种行政行为，目的在于取得有关这些方面的信息，作为决定战略变革、战略改进和制定新战略的依据。

一个完整的战略实施过程，除了科学合理的制定和有效的执行外，还需要对战略执行后的效果进行判断，以确定该项战略的价值，这种活动就是战略评价。在传统的战略管理中，公共部门及其领导者习惯于将重心放在战略方案的制订和实施上，却疏于对战略实施的效果进行科学的评价，对于战略评价的内涵和价值也较少理会。然而，一个具有明显优势的战略得以实施，并不意味着战略分析过程的结束，甚至一项战略在实施之后，疑问可能依然存在，如问题的确定是否合适？是否忽视了问题的某一个重要部分？或者如

---

① John M. Bryson. Strategic Planning for Public and Nonprofit Organization: A Guide to Strengthenin and Sustaining Organizational Achievement. Jossey-Bass Publishers, 1995.

② 保罗·纳特、罗伯特·巴可夫：《公共和第三部门组织的战略管理：领导手册》，陈振明等译，中国人民大学出版社，2001年。

果有更好更新的资源可以利用，是否战略选择的结果会不同？这些问题要求我们对战略实施的全过程进行监督和评价。如果实施的是一项正确的战略，要确信它们没有被改变形式的危险，还要确定它是否达到了预期效果，是否需要进行重新设计或修改，或者是否需要马上结束。同时，这一评价过程还应该产生可以用于今后战略分析中设计更好选项的信息。

公共部门的战略评价是一个动态的过程，是一种有计划、按步骤进行的活动。由于评价对象的不同，在具体的操作过程中，评价活动的步骤各有侧重，但一般来说，它包括3项基本活动：考察公共部门战略的内在基础，将预期结果与实际结果进行比较，采取纠正措施以保证行动与计划的一致。其具体的评价步骤为：检查战略基础，考核组织绩效，采取纠正措施。公共部门的战略管理过程既是科学又是艺术。借鉴于私营部门的公共部门的战略管理并非一蹴而就的，它的运用可以使公共组织从上至下共创未来蓝图，但它并不能保证不犯错误。而如果战略计划和战略管理仅仅只为公共组织提供了某些方向和目标，而这或许正是从公共行政向公共管理的转变过程中必不可少的。[①]

三

公共部门战略管理途径的兴起具有重要的理论与实践意义，特别是它对转变政府管理方式有重要作用。从理论上看，公共部门战略管理途径，可以看作是对传统的公共行政学的过时或失效所作出的一种反应，是作为它的竞争或替代途径而出现的。在20世纪20~30年代所形成的，并在60年代中期以前一直居于支配地位的传统公共行政学范式，是建立在官僚制理论和政治—行政二分法的基础上的，它将自己的研究对象主要集中于行政组织或官僚体制上，以组织的内部取向，注重机构、过程和程序以及行政原则的研究，并以行政效率作为追求的最高目标。在《行政科学论文集》一书中，古利克（Luther Gulick）将公共行政学的基本原则概括为著名的 POSDCORB，即计划（Planning）、组织（Organizing）、人事（Staffing）、指挥（Directing）、协调（Coordinating）、报告（Reporting）和预算（Budgeting）七个原则或原理。[②]

战略管理是作为克服传统公共行政模式内部定向、不考虑外部环境、长期目标或组织的未来等局限性的方法而被引入公共部门的。它将关注的焦点由内部转向外部，从注重日常管理转向组织未来的发展管理；它着重考察组织的内外环境，确定组织的目标和使命；它面向未来，给组织以正确的定位，以处理日益增长的不确定性。

公共管理（学）以战略管理作为核心，它与传统的公共行政学的主要区别在于是否具有战略视野。波齐曼和斯特拉斯曼的《公共管理战略》（1990），是第一本为公共管理（学）确立学科基本框架的教科书。他们在该书中说："本书所用的概念是公共管理而不是公共行政……这里使用公共管理一词有两个理由：第一，本书关心战略问题，涉及公共组织的外部环境和它们更广泛的使命和目标。公共管理一词似乎也正是按照这种方式进化的，这使得它所关心的东西比内部行政要多得多。……第二，公共管理不必只是在政府机构的背景上出现，而公共行政一词总是或最终在整体上与政府官僚机构相联系。公共管理这一新术语可能更具弹性。"[③] 在另一处地方，他们又说："当代公共管理是某种不同于传统的公共行政的东西。……我们并不简单地反对传统的公共行政。我俩仍对公共行政感兴趣，我们教公共行政的各种课程，我们也曾经是公共行政学者。但公共管理则不同，不同的主要方面是：如果它要成功地运转，那么它就必须要有战略的轮子。与公共行政相比，公共管理更广泛、更综合和更少受功能专门化的限制。在很大程度上可以说，公共管理是对组织外部环境的管理，公共行政则存在于组织的脉络之中。"[④]

从实践上看，为什么公共部门需要战略管理及战略规划？战略管理途径在公共部门尤其是政府中为什么如此重要？学者们从不同角度做出论

① Owen E. Hughes. Public Management and Administration. Macmillan Press Ltd., 1998.

② Luther H. Gulick and Lydall Urwick. Papers on the Science of Administration. Institute of Public Administration, 1937.

③④ Barry Bozeman and Jeffery D. Straussman. Public Management Strategies. San Francisco Jossey-Bass Publishers, 1990.

述。波齐曼和斯特劳斯曼在《公共管理战略》一书中认为，政府部门必须进行战略管理，才能解决公共部门中所发生的问题，提高公共部门的效率。纳特和巴可夫在《公共和第三部门组织的战略管理》一书中指出，战略通过可指导战略行为的计划、策略、模式、立场和洞察力，来造就公共组织的焦点、连贯性和目标。他们还列举了可能引起组织战略改革的 12 个契机：①新成立或成长中的组织；②稳定资助的需要；③扩张的欲望；④对组织扮演更多角色的要求；⑤监事会的教育；⑥领导的更换；⑦法令对计划的要求；⑧整合的需要；⑨协调行动；⑩打破墨守成规；⑪政治威胁；⑫远景目标。由此可见公共部门中战略改革及战略管理的普遍性和重要性。①

休斯在《公共管理导论》中说："战略观念在公共部门的应用会存在一些问题，并招致一些批评，但归根结底这是传统的行政模式所具有的问题，而引入某种形式的战略观点，起码可以保证结果得到改善。"② 布莱森认为，战略计划能"促进沟通与参与，协调利益与价值差异，推动有序决策的制定和展开"。③

哈佛大学肯尼迪政府学院的莫尔（Mark H. Moore）在《创造公共价值：政府战略管理》一书的第一章对这个问题作了详细的说明。④ 莫尔认为，美国的公共管理者都依赖于一个传统的教条，即他们必须循规蹈矩，照章办事，目的在于将公共部门的管理者置于严密的民主控制之下。这一教条在公共部门管理者头脑中形成了一个思维定式：他们往往从官僚的角度而非企业家、领导者或执行官的角度来思考问题。他们思维的导向既不是向下的，也不是向上或向外的。向下的目的是更可靠地控制组织的运作，而向外是为了获得好的结果，向上则是为了重新商讨政治授权。事实上，从这一传统信条问世的那一刻起，有识之士就开始对它刻意在政治和行政之间划一道清晰界限的做法进行了批判，说它理论上不可行，实践上行

不通。从理论上说，传统信条使官僚不敢在政府的目标这一点上发挥想象，更不敢担负确定政府目标这样的责任。从实践上说，传统信条完全不能阻止非民选公共部门管理者。足智多谋的官员通常能按自己的方式行事，通过各种隐蔽的方法来影响政府对公共利益的看法。莫尔认为，对于公共部门管理者扮演的角色，有一种截然不同然而却更有用的认识，即公共部门管理者应当是一个探索者，他们与其他人一起，致力于寻求确定和创造公共价值。因此，公共部门管理者应该是战略家，而不是技工。他们不仅向下看，注意自己行动的有效性和优先顺序，同时也向外看，注意自己正在创造什么。他们不仅像工程师那样关心组织的运作，同时还考虑与组织紧密相关的政治环境，以确定什么是公共价值。在他们看来，政治斗争变幻无常，技术日新月异，组织需要经常进行变革。莫尔还指出，虽然上述公共行政的传统信条已经被打破，但是，人们并没有构造出一个公共部门管理者应如何思考和行动的框架。战略管理所要提供的正是这样一种框架。

公共部门战略管理的出现被许多学者当作一种公共部门管理的新理论范式和新实践模式，但这一新途径或新范式并未成熟，它的实践应用也产生不少问题，因而受到了来自各个方面的批评。例如，有学者认为，战略管理是一种理性的科学方法和工具，它被用来产生和评价主要议题和选择方案时会减损政治程序；在政治领域，许多决策建立在政治谈判及各方的讨价还价上。⑤ 又如，有学者批评说，政府的政策目标是一般性的和模糊的，即使制定得很明确，也与政府的真正意图不一致，它可以有一个隐秘的议程。⑥ 而目标不明确，就很难实施管理。

欧文·休斯在《公共管理导论》中，将对公共部门引入战略管理及战略计划的批评意见归纳为七种（前三种是奥尔森和伊迪提出的）：①正式的战略计划过程被描述为比它的实际情况或所能做

---

① 保罗·纳特、罗伯特·巴可夫：《公共和第三部门组织的战略管理：领导手册》，陈振明等译，中国人民大学出版社，2001 年。
② 欧文·休斯：《公共管理导论》，中国人民大学出版社，2001 年。
③ John M. Bryson. Strategic Planning for Public and Non-profit Organization. Jossey-Bass Publishers，1988.
④ See. Mark H. Moore. Creating Public Value：Strategic Management in Government. Harvard University Press，1995.
⑤ S. Ranson and J. Stewart. Management in the Public Domain：Enabling the Learning Society. Macmillan，1994.
⑥ R. Baggot. The NHS Internal Market. Public Administration，1997，75（2）.

到的更具逻辑性和分析性，它的设计过于抽象，没有考虑在社会、政治环境的动态发展；②正式的战略计划过程过于呆板，因此面对要求做出快速反应的迅速变化和动荡不安的外部环境时，显得过于迟钝；③正式的过程与创造性和革新相违背；④将战略概念照搬到与私营部门差异很大的公共部门可能产生问题；⑤产生追究责任问题以及造成政治控制上的问题；⑥公共部门设定目标存在困难，战略考虑毫无意义；⑦公共部门的时间观念过于短暂，因而任何长期观点都必定遭到失败。休斯逐一进行以下分析：①

关于第一种批评意见，休斯认为是有些道理的，因为在确定公共机构做什么工作的时候的确有难度。确定目标和任务并非易事，或根本没有意义。在较长时间里，如果没有明确目标还要与其他组织去竞争资源，确实是难上加难。

关于第二种批评意见，休斯认为也有一定根据。因为在有些情况下，战略管理是按照很严格的方法强制实施的。同样，按照几年内固定不变的内容设计的计划，在周边环境发生变化时，它必定会失败。但是，通过积极贯彻执行和定期调整计划，注重战略计划的连续性而非周而复始地简单重复，注重用战略思维方法思考组织的过程而非局限于计划自身，可以使这个问题得到纠正。

关于第三种批评意见，休斯指出，战略管理及战略计划过程自身是改革和创新的，但在有的情况下，战略计划过程可能会存在与创造性和改革观念相对抗的倾向。实际上，这正是有战略计划与没有计划的僵化体制的区别。

关于第四种批评意见，休斯认为应高度重视将战略管理概念照搬到公共部门所产生的问题。由于公共部门很难给自己的行为确定清晰的目标，过分强调计划性而将其变成一种装饰和象征，对公共管理的实践没什么作用。

关于第五种批评意见，休斯指出，如果组织自己制定的战略的内容损害了政治官员的利益，的确会造成追究责任的问题，但是，在此却不应该将责任问题与战略问题挂起钩来。实际上，过去那些特别的战略正日益被更加具有思维能力和分析能力的战略所取代。战略计划和管理并没有

代替政治决策的制定，而是试图为了确保所提出的问题能够通过有利于组织和重要的利害关系人的方式得以解决，改善那种露骨的政治决策制定过程。

关于第六种批评意见，休斯认为它提出了公共部门设定目标的困难，但并非不可解决。有两种解决办法：一种是安索夫提出的。他认为，关于私人部门的纯粹利益动机的假设是不准确的，企业的目标应是股东的平等责任、长期生存以及企业内各参与方之间意见协商一致，而这与公共部门的目标设定不明确的程度，并没有很大差别。另一种是纳特和巴可夫提出的，他们主张用最终目的来取代目标，通过最终目的所提出的目标可以与具体条件连接，确定与目标类似的指标，以此来制定有确切含义的战略。

关于第七种批评意见所提出的时间概念问题，休斯认为的确是一个问题，但并不对战略计划具有决定性的意义，而是应该成为计划分析的要素。在迅速变化的领域之中，任何长期计划都需要经常保持新意。某些私营部门产业的变化非常快，像计算机行业，可是其战略管理却依旧适用。

最后，休斯也指出，上述的这些批评意见没有一个能够完全否定在公共部门运用战略观点的价值。它们对那些过高的期望是个警示，并指出利害关系人必须认真执行战略。战略管理不能过于僵化，要使利害关系人认真执行，应有助于管理，而不是以其自身作为目的。正如布莱森所说，战略计划自己本身不是目的，只是一套协助领导者制定决策和采取重要行动的观念，只有当它帮助重要决策人通过战略方式进行思维与行动时，才显示出它的价值。

作为一种新的管理实践模式及思维方式，战略管理为公共部门管理者提供了一个应当如何思考和行动的框架，因而日益受到了公共部门管理者的重视。公共部门战略管理途径的兴起不是偶然的，而有其实践背景。它是作为新公共管理运动以及新公共管理范式的一个重要组成部分而出现的，是公共与非营利组织对急剧变迁的不确定环境的能动适应。20 世纪 80 年代以后，公共管理的实践及环境发生了新变化，信息化和经济全

① 欧文·休斯：《公共管理导论》，中国人民大学出版社，2001 年。

球化导致公共部门外部环境的不确定性加大。信息技术的迅猛发展使得公共部门面临的环境正在变得更加动态和不确定，不可预测的突变在整个社会中随时发生，引发混乱和危机。同时，随着政府改革运动（新公共管理运动、重塑政府运动、管理主义改革等）的全面展开，公共部门尤其是政府的职能、角色、地位、组织结构及其与社会的关系都发生了深刻的变化，公共机构经常面临重组、合并和私有化的威胁，并被置于与私人部门竞争来提供公共物品及服务的境地。因此，任何公共部门都再也不能像过去那样对自身的生存、发展和未来高枕无忧了。考虑组织所面临的环境（优势、劣势、机遇和威胁），考虑组织的长远发展目标和未来，增强组织灵活性、能动性和适应性，提高自身竞争力，成为公共部门管理者最基本的管理任务及内容。公共部门管理者需要战略思想，这正是公共部门战略管理途径兴起的现实原因。

在我国，随着加入世界贸易组织、市场经济的发展、行政体制改革的深化以及政府职能的转变，我国的公共管理者与西方的公共管理者面临着某些类似的困境，需要转变政府管理方式，建构政府管理模式。进入21世纪，经济全球化和信息化社会加速发展，国际竞争加剧。中国于2001年12月加入世界贸易组织，这意味着中国公共部门将面临更复杂多变的国际环境。在国内，随着体制转轨和社会转型的推进，社会问题复杂多变，矛盾冲突加剧，社会危机随时可能出现，这要求政府从注重日常管理、常规管理转向未来的发展管理、风险管理或危机管理（2003年"非典"危机的爆发就是一个典型例子）；随着改革开放的深入和民主政治建设的发展，公民的民主意识和参与意识增强，对公共部门管理的效益、效率和公平提出了更高的要求，对公共部门回应公众服务需求的呼声高涨；随着行政体制改革的深入以及公共服务企业化、市场化和社会化改革的拓展，公共部门越来越受到重组、合并、民营化、公私竞争、公共部门之间竞争、政府干预范围的缩小等威胁；随着绩效评估在地方的实行，绩效导向的评估与预算挂起钩来，更让公共部门压力重重。所有这些变化莫测的国内外环境，就成为中国公共部门实行战略管理的直接驱动力。

总之，公共部门战略管理途径对于我国公共部门管理尤其是政府管理职能与方式的转变，对于我国公共管理的知识体系以及课程体系的更新，都具有重要的参考价值。现阶段中国公共部门管理的理论与实践呼唤战略管理思维。

政府战略管理中的张力研究

赵景华[①]　李代民[②]

[摘　要]　张力已经成为决定政府战略管理成败的重要因素，在我国政府战略管理实践中，张力的制约作用也日益凸显。本文追溯了政府战略管理中张力研究的学术渊源，界定了政府战略管理中张力、张力管理等重要概念的内涵，并对张力管理的目标体系、产生机制及管理策略进行了探讨。

[关键词]　政府战略管理；张力；张力管理

在新公共管理运动中，战略管理作为解决政府管理困境的一种途径，被引入政府管理领域。在进行政府战略管理的研究中，学者们发现，与私营部门相比，政府部门面临的环境更为复杂，政府战略管理受到诸多来自政府部门内部和外部张力的影响，这些张力将政府组织拉向不同的方向，从而影响了其实现战略理想、达成战略目标的能力。张力已经成为制约政府战略管理成败的重要因素。研究政府战略管理中的张力，既有重要的理论意义，又有重要的实践价值。

一、政府战略管理中张力研究的学术渊源

张力原本是一个物理学概念，但其思想却渊源于古老的哲学智慧。中国古代哲学家认为：宇宙间一切事物都是由互相对立又互相依存的两个方面构成，即"阴"与"阳"。"阴"与"阳"之间的张力及其变化是一切事物运动变化的总根源，在事物的发展变化中起着极其重要的地位。阴阳相对、阴阳互根、阴阳消长、阴阳转化是阴阳运动的基本规律，也是指导人们进行生产生活实践的重要理念。西方哲学中的辩证法也表达了类似的思想理念。

随着人类社会实践的发展，张力被广泛运用于物理、建筑、医疗、文学、社会学与管理学等

多个领域。首先将张力思想引入到管理学领域的是美国管理学家库尔特·勒温（Kurt Levin）。他将物理学中力场的概念引入管理学，并提出了著名的组织变革"力场分析法"（Force Field Analysis）。他虽未使用张力一词，但其研究已然包含了丰富的张力的思想。随后，许多管理学家在不同的领域研究与运用张力（如"学习型组织之父"彼得·圣吉提出组织愿景与现实之间的"创造性张力"与"情绪性张力"），使张力思想逐渐丰富，但这些研究都是相对浅显、零乱的，缺乏系统性与权威性，张力在管理学中还是一个新颖的词汇，从张力的视角研究战略管理及政府战略管理更是一个空白的领域。

美国管理学家保罗·C.纳特和罗伯特·W.巴可夫首次将张力的概念引入公共部门战略管理领域，并系统研究了公共部门战略管理过程中存在的张力类型、特点及处理方式，并提出了张力运用的框架。在他们的理论中，张力被作为战略议题识别的工具提出来。他们认为，战略议题识别的关键是认识到组织所面临的各种新情况，并根据各种对立力量，对新情况进行分类，通过构建议题张力和张力场来把握新情况中的关键性议题，并将这些议题纳入战略管理议程，为战略管理提供正确的方向。

根据战略管理者注意力的方向及其审视问题

① 赵景华，教授，博士生导师，中央财经大学政府管理学院院长。
② 李代民，中央财经大学政府管理学院博士生。

的方式两个维度，可以将组织面临的新情况的类型划分成公平（人力资源需要）、转变（创新与变革）、保持（维持传统）、生产力（合理的程序）等4种类型，如图1所示。

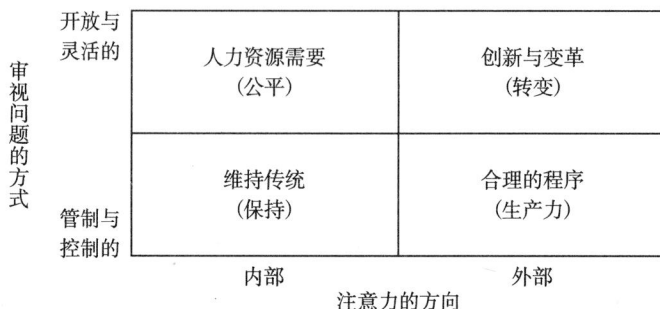

图1　组织认知的新情况的类型

将如图1所示的4种新情况进行组合，即可以产生6种不同的张力类型。即转变—生产力张力、公平—转变张力、公平—保持张力、保持—生产力张力、公平—生产力张力、保持—转变张力，如图2所示。

1. 在变革中满足需求

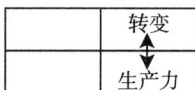

2. 决定"谁得到什么"

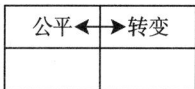

3. 公平与传统的冲突

4. 驾驭受传统影响很深的组织

5. 调和成本削减与对人的承诺之间的矛盾

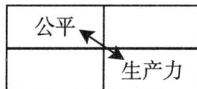

6. 应对变革中出现的惯性

图2　组织的6种张力类型

将转变这一新情况称为诱因，将转变和保持、转变和公平、转变和生产力等新情况之间的关系称为张力。除了转变与其他新情况之间所形成的张力外，保持、公平和生产力等新情况之间还会形成另外3种"张力"。因此，1个议题即与6种张力相联系。这些张力构成了张力的网络，称为"张力场"。同时，我们还把与张力相邻的两个方框内新情况称为"调节器"，它们与张力相联系，既可以加剧也可以缓解已有的张力。由此，诱因、张力和调节器提供了一条确定战略议题的途径。

如果战略管理者以这种方式进行战略议题识别，那么就可以在行动之前采取更均衡的方式来寻求各种潜在的可能。这种方法既扩大了行动的范围，又增加了考察的深度，它不是关注新情况的表面问题，而是将重点放在研究这些新情况之间形成的张力关系上，研究新情况背后隐含的利益关系，分析将组织引向不同方面的力量。通过研究六种张力，战略管理者可能更加容易地发现受到张力影响的当事人和利益集团，并寻找出那些可能被忽视的战略。保罗·C.纳特和罗伯特·W.巴可夫的研究为政府战略管理中的张力研究奠定了坚实的基础。

二、政府战略管理中张力的内涵

张力指一个事物在拉力作用下，物体内部的假想截面间相互拉伸的内力。后来张力被延伸为"两个不同事物在特定环境中相互作用而形成的非协调性和非兼容性"，广泛应用于文学、心理学、社会学与管理学等社会科学领域。

（一）政府战略管理中张力的概念及构成要素

在政府战略管理中，张力是在一定的环境中，不同战略主体由于利益、观念、目标等各方面的原因产生了对立与不相容性，这种不相容性被各方所认知，各方都现出相互敌视的态度或通过损害对方的行为来追求自身的利益，从而导致不同主体之间各种显性或隐性的对抗，从而形成政府战略管理中存在的相互作用的力，它们将组织拉向不同的方向，从而影响了组织达到理想状态的能力。由本概念可知，政府战略管理中张力包括张力主体、张力客体、张力环境等三大要素。

张力主体指在政府战略管理中存在的不同的利益相关者，也就是那些受政府战略决策和行动影响以及可以影响政府战略决策和行动的个人或群体。利益相关者的利益诉求和意见是政府战略决策时需要考虑的重要因素。但众多利益相关者之间的利益诉求和意见主张不可能完全一致，其利益与观念的冲突是一种普遍现象，而这种冲突就形成了政府战略管理的张力。如何平衡各方利益相关者之间的张力成为战略管理考虑的关键问题。张力主体说明了在战略管理中"谁"之间产生了张力。政府战略管理张力的主体主要包括政府系统内部的中央政府、地方政府、政府部门、公务员以及政府系统外部的其他国家机关、利益集团、新闻媒体、社会民众等。

张力客体指在政府战略管理中不同主体之间张力所共同指向的对象。马克思认为，人们奋斗的一切都与自身利益紧密相关，人的一切行为都是围绕其自身利益展开的。因此，张力的客体也一定是承载某种利益或者价值的事物。张力客体有时表现为赤裸裸的利益冲突，有时则带有令人迷惑的表象特征，但其表象之下的内核仍然是利益追求。因为政府分配利益与价值的重要工具是政府战略及公共政策，因此这两个领域成为各利益主体争夺最激烈、张力最紧张的领域。

张力环境即对张力的产生、发展与管理产生直接、间接影响作用的各种背景情况和条件的总和。张力主体的行为受到特定环境的影响和制约，其行为也对所处的环境产生不同程度的影响，即环境决定主体的行为选择，而行为选择又反作用于环境。张力环境具有客观性、复杂性、多变性

和规律性等特点。在政府战略管理中，主要存在几种张力环境：①日常环境。日常环境中的张力管理。这是最简单、最常见的管理。在这样的环境下，张力性质清晰，数量有限，管理相对简单。②变革与创新。在变革与创新中，张力管理变得复杂。因为变革与创新总是伴随着新情况，而新情况会在组织中产生许多新的需要处理的张力。③跨部门协调。政府的管理职能和资源分散于各部门，而战略管理需要动员和运用广大范围内的资源和力量，这就需要跨部门的协调。如果这些部门具有共同的上级，问题还相对容易；如果缺乏统一的上级，或者上级领导不力，部门之间矛盾重重，则张力管理将是一项异常艰难的工作。跨部门协调张力管理困难的根源和集中表现就是"部门利益"。④治理环境下的张力。如果战略管理需要动员的社会力量是多元的、分散的，则需要通过张力管理将这些力量统一、凝聚起来。⑤危机时期的张力管理。公共危机具有公共性、突发性、紧急性和高度不确定性，此时各种张力凸显，需要政府战略管理者具有高超的张力管理能力。

（二）政府战略管理中张力的类型

与私营部门相比，政府战略管理面临的张力更为多元与复杂。根据不同的标准，可以将政府战略管理中的张力划分为不同的类型，具体如表1所示。

表1　政府战略管理中张力的类型

划分标准	类　　型
产生原因	利益性张力、观念性张力
重要程度	主导张力、优势张力、次要张力
鲜明度	显张力、隐张力
时间序列	过去张力、现在张力和未来张力
影响与后果	创造性张力、破坏性张力
张力发生源	内部张力、外部张力

可见，政府战略管理处于复杂的"张力场"中。战略管理者需要通过对政府战略管理过程中各种张力的发掘、分析与处理，将政府战略管理引向成功。

（三）政府战略管理中张力的特征

在政府战略管理中，张力主要具有如下基本特征：

（1）本质的不相容性。张力的本质在于对立

性、不相容性、非协调性和非兼容性。这种对立与不相容可能是基于利益、观念、权力、目标等多种因素的混合体。

（2）存在的普遍性，张力广泛存在于政府战略管理的各项活动之中，影响和制约着政府组织及其成员的行为倾向与选择。

（3）形式的多样性。张力的表现形式多种多样，从难以察觉的潜在冲突到知觉冲突、感觉冲突、行为冲突到剧烈的暴力冲突，都是张力的表现。

（4）发展的周期性。张力的发展具有周期性，其发展过程是一种动态平衡。任何张力都经历了一个能量潜伏、聚集以及爆发的过程。

（5）传播的外溢性。在战略管理中，如果对张力不加管理或管理失效，张力及其所内含的冲突能量就会像传染病一样传播开来，毒化了战略管理的和谐气氛，严重可导致人心涣散、战略目标无法实现。

（6）效用的双重性。在传统观点中，张力是组织功能失调的产物，其作用是不良的、消极的，因此应当极力避免。后来人们意识到张力在组织中广泛存在，无法避免和彻底根除，明智的态度应该承认张力存在的合理性，并通过管理使其发挥积极的作用。

三、张力管理：政府战略管理的新课题

张力的普遍存在和潜在危害使得管理者必须重视张力管理。张力管理已经成为政府战略管理的新课题。

（一）张力管理的概念

所谓张力管理，就是政府运用相关资源和手段对政府战略管理中各种张力进行管理，使张力运行与战略目标相一致。张力管理有狭义和广义之分。狭义的张力管理只是对张力结果的管理，这是一种较为被动的、静态的张力管理，其管理实质是对张力的处理或解决。广义的张力管理是对张力全要素、全过程以及张力与战略环境之间相互作用的管理，这是一种积极主动的、全方位的动态管理过程，包括战略管理者对张力进行计划性前瞻和预见，确定张力管理的目标，设立张力管理的制度与机制，规划张力管理的程序，配置张力管理所需的资源，促进张力各方的沟通，

进行张力管理效果的监督和控制。在管理手段上，张力管理包括张力预防、张力避免、张力遏制、张力转化、张力和解和张力解决等多种管理手段。

（二）张力管理的目标

任何管理都必须以目标为基础和导向。在张力管理中，根据管理者层级与权限不同、张力发展周期阶段不同、管理环境不同，管理目标也不尽相同，将不同层次的目标综合起来，就可以形成"立体的张力管理目标体系"。本文认为，政府战略管理张力研究的目标体系包括：①最低目标：防止社会冲突。②中级目标：实现和谐管理。③最高目标：创造公共价值。最低目标是张力研究和张力管理的最低限，如果达不到最低目标，张力管理是彻底失败的。中级目标显示了张力管理的较高层次，它不仅着眼于现有张力的处理，还注重潜在张力的预防。张力管理的最高目标是"创造公共价值"。正如私营部门存在的意义在于创造私有价值，公共部门存在的意义在于创造公共价值。创造公共价值不仅是政府战略管理的核心目的，也是所有公共管理活动的终极目标。政府张力管理目标体系如图3所示。

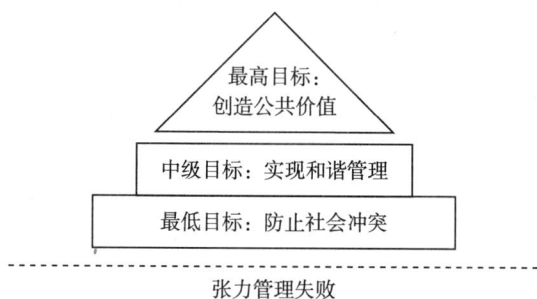

图 3 政府张力管理目标体系

在具体管理活动中，政府通过张力管理达到何种层次的目标或结果，需要战略管理者立足管理实践，实事求是地分析具体情况，包括张力产生的根源和张力的实质、张力发展的动力、张力各方的战略目标和策略、政府可以利用的杠杆资源、权力及可采取的手段等。只有对这些方面的因素进行了综合、全面、细致的考虑后，战略管理者方能制定出切合实际的目标，从而实现成功的张力管理。

（三）张力管理的原则

只有遵循正确的原则，张力管理才能成功，才能实现管理目标。在张力管理中，管理者需要

遵循如下原则：

1. 以人为本的原则

以人为本是科学发展观的核心，也是政府战略管理者的一种领导方式或管理理念。在战略管理过程中，无论张力多么的复杂，"始终代表最广大人民群众的根本利益"理应成为中国政府应对发展中张力的最高准则。

2. 公平公正的原则

《辞源》对公平的解释是"不偏袒"，《吕氏春秋》中说："公则天下平矣，平得于公"，其内涵侧重于同一标准和同一尺度。[①] 具体到张力管理，公平目标意味着在整个管理中，每个主体的利益都得到同样的尊重和保护，绝不能出现为了一方利益而牺牲其他相关方利益的情况。公正带有明显的"价值取向"，主要是对政府管理者而言的，指政府战略管理者在处理张力时应尊重其权力或职责的赋予与约束，正确地行使法律赋予的职责，通过自身行为实现法律的公平正义的价值。公平公正是张力处理的核心原则，如果失去了这个原则，只能使张力的破坏性加剧，影响社会稳定。

3. 全面系统的原则

由于政府部门面临的环境复杂多变，政府战略管理中的张力具有不同的性质和类型，管理者应全面搜寻张力，切不可忽视任何一种，尤其是不可忽略那些可能不太鲜明但深层次的和重要的张力关系。

4. 利益兼容的原则

利益兼容指在战略管理系统中，各种不同的利益均得到尊重，利益彼此之间能够和谐相处，一方利益主体在追求利益的时候以不伤害其他人的合法权益为基础。张力管理的基础假设就是认为社会利益分配不应是而且也无法是"零和游戏"，一方利益的获得可以不必完全以另一方的所失为代价，不同利益主体存在共同的利益区域。因此在战略管理中，应努力探索一体化或融合性的战略选择，在这种选择中所有主体能找到彼此的利益交汇点，所有当事方均可从中各取所需。

（四）张力管理的内容

政府战略管理中的张力管理的核心命题是，如何通过张力研究与管理使政府更好地实施战略管理？其基本问题包括：政府战略管理中张力为何存在？其生成机制及运动规律如何？在何种情况下张力可以演化为剧烈的社会冲突？解决张力的途径与策略有哪些？因此张力管理内容主要包括：①张力产生机制分析；②张力关系分析；③管理策略分析。

张力产生机制分析。政府战略管理张力产生机制包括宏观、中观、微观3个层面的因素，它们之间相互作用、相互影响，共同形成了政府战略管理中复杂的张力关系。宏观因素分析是从社会环境的视角进行分析，它将政府置于社会大环境中，分析社会环境中存在的各种张力通过一定的形式和程序输入到政府系统，从而引发和加剧了政府战略管理中的种种张力。通常，宏观因素包括：根源性原因——利益分化、结构性原因——制度体系存在缺陷及系统性原因——社会资本流失。中观因素分析主要从政府组织的视角进行分析，包括政府——社会关系因素、政府决策机制、政府权威及政府张力管理能力等。在我国，张力产生的中观因素主要包括：政府仍然在社会资源分配中占据垄断地位；政府决策机制不完善，决策过程不透明，公民政治参与程度低，使得政府决策深受部门利益和集团利益的影响；政府权威的流失以及政府张力管理能力不足。而微观因素主要从政府战略管理组织的视角进行分析。

张力关系分析。研究政府战略管理中的张力关系，有静态和动态两种视角。静态的视角即从主体的角度，张力是由不同主体之间的对立产生的，因此张力分析离不开主体分析。只有明确了战略管理中的重要主体，才能发现蕴涵在主体之间的张力关系，分析其产生的原因、作用机制，为张力管理奠定基础。而动态视角则是从性质的角度，即采用美国著名公共战略部门管理学者纳特和巴可夫的张力分析框架，分析在战略管理过程中，由不同诱因引发的不同张力关系。静态研究和动态研究都是必需的，只有把二者结合起来，才能更深刻地理解复杂的政府战略管理张力关系。

管理策略分析。张力管理的本质是对政府战略管理中不同张力主体之间由于利益或认知的不相容性而做出的协调解决的努力，对张力管理策略的研究必须以张力产生的原因、张力自身的动力机制为基础，只有在深刻理解张力产生原因及发展动力的基础上才能寻找出有效的张力管理途径与策略，因此政府战略管理张力管理策略，也应该分为宏观策略、中观策略与微观策略3个层次。

目前，我国进入深化改革、完善社会主义市场经济体制的关键时期，一些改革深水区亟待突破。所谓改革深水区，是指那些涉及利益更多、触及矛盾更广、改革难度更大的领域，也就是各种利益性与观念性张力集中交汇的领域。中共十七届五中全会指出，必须以更大决心和勇气全面推进各领域改革。改革突破的关键在于政府能否处理好"深水区"存在的各种张力。因此，张力管理必须成为各级领导干部的基本管理能力，只有有意识地、积极主动地对其面临的张力进行管理，才能改变我国政府目前张力管理呈现的行政化、被动式、应急式、补偿式的管理状态，从而为我国政府重大战略的顺利实施提供坚实的基础。

[参考文献]

［1］保罗·C.纳特、罗伯特·W.巴可夫：《公共和第三部门组织的战略管理》，陈振明等译，中国人民大学出版社，2001年。

［2］Mark H.Moore. Creating Public Value: Strategic Management in Government. Harvard University Press，1997.

第二章 政府绩效管理

赵景华 罗海元 李宇环

绩效是组织使命和战略的现实形态，是管理决策和员工行为的具体形式及其最终成果，与组织的全部经营管理活动紧密相连、不可分割。可以说，管理的实践就是人们不断追求和实现绩效目标的奋斗过程，百年管理思想史就是人们从不同视角探寻和创新绩效管理理念和方法的历史。追溯既往可以发现，在管理步入科学殿堂之初，有关政府绩效的研究与实践就早已出现，并随着管理学科的全面深入发展而不断壮大，创造并积累了丰富的理论成果和实践经验。今天，政府绩效管理已经成为公共管理学科的一个重要研究领域，以年鉴的方式对政府绩效管理的研究与实践状况定期进行全面系统的记录、梳理和总结，有利于持续提升政府治理与变革能力，促使政府组织提高行政效率、提升管理效能、改进服务质量和塑造良好形象。

第一节 理论进展

政府绩效管理研究起源于 19 世纪末 20 世纪初的西方实践，兴起于 20 世纪 80 年代的新公共管理运动，进入新世纪后日益受到国内外学者和政府管理者的关注。我国党和政府历来高度重视干部考核监督工作，自改革开放起一些地方政府开始探索政府组织绩效评估，积累了许多宝贵的经验。为回应政府管理实践需求，同时受西方管理思潮的影响，我国学界于 20 世纪 80 年代开始着手进行政府绩效评估与管理的科学研究，经过 30 多年的努力和沉淀，借助后发优势取得了显著进步，产生了一批有影响力的专家学者和学术成果。

一、政府绩效管理溯源

（一）国外政府绩效管理

政府绩效管理研究始于美国的绩效评估实践。1906 年，美国纽约市政研究院成立，该院定期向市政府提交市政管理和公共工程绩效报告，从而拉开了美国州与地方政府绩效评估的序幕。1907 年，纽约市政研究院首次把以效率为核心的绩效评估技术应用到纽约市政府。1912 年成立的经济与效率委员会和 1916 年成立的布鲁金斯研究院对政府内部绩效的评估则开创了联邦政府绩效评估实践的先河。1927 年，科来恩·瑞德利出版了《评估城市政府》一书，对政府提供公共服务的结果和有效性进行了绩效评估。1938 年，克莱伦斯·雷德和赫伯特·西蒙出版《市政工作衡量：行政管理评估标准的调查》一书，将绩效评估的焦点转向绩效标准的建立以及结果和绩效目标的实现状况。1947 年，第一届胡佛委员会提出了绩效预算和标准的改革方案，开创了政府绩效预算的新时代。1955 年，第二届胡佛委员会提出了预算、成本和管理报告的改革方案，将管理的改进作为绩效评估的重要内容。20 世纪 60 年代，为了更好地控制政府财政支出，节约成本，美国会计总署率先把对政府工作的审计重心从经济性审计转向经济性、效率性、效果性并重的审计，形成了对日后政府绩效评估实践产生深远影响的"3E 模型"。①随后的政府绩效评估研究引入了公平指标，进而发展为福林于 1997 年所概括的"4E 模型"。1973 年，尼克松政府出台了"联邦政府生产率测定方案"，试图将政府绩效评估系统化、规范化、制度化。但在 20 世纪 80 年代以前，政府绩效评估理论研究和实践探索都是偶然发生的、非持续性的。为了应对 20 世纪六七十年代出现的政府财政危机和信任危机，新公共管理运动兴起，世界各国掀起了一场"重塑政府"的浪潮，政府绩效评估研究和实践在 80 年代以后进入一个自觉性时期，得到迅速发展与推行，绩效管理的价值取向也因应时代特征和需求不断发生着更迭。在英国，1979 年撒切尔夫人执政后开展的雷纳评审及其后来的部长管理信息系统、财务管理新方案、下一步行动方案都体现了"效率优先"的价值取向。1983 年，英国颁布了《国家审计法》，规定成立国家审计署以确保主审计长履行职责，首次从法律的角度表述了绩效审计。1984 年，英国财政部在关于各部财政管理改革的白皮书中，要求把组织绩效评估与管理目标、人事管理联系起来。进入 90 年代以后，西方国家在政府绩效评估中的价值取向发生了转变，从"效率优先"过渡到了"质量优先"。1991 年，英国保守党领袖梅杰开始在公共服务部门推行"公民宪章"运动，该运动包括了服务标准、透明度、礼貌服务、顾客选择、完善的投诉机制和资金的价值等 6 个基本内容，并由此实现了从"效率优先"到"质量优先"的转变。1997 年，英国颁布了《地方政府法》，规定地方政府必须实行最佳绩效评价制度，各部门每年都要进行绩效评估工作，要有专门的机构和人员及固定的程序。②在美国，1993 年克林顿总统执政后，美国各级政府相继实施了以结果绩效为核心理念的改革，联邦政府对绩效评估和管理的重

视达到了前所未有的程度。克林顿政府时期，成立了由副总统戈尔领导的"国家绩效评估委员会"。1993 年，美国国会全票通过了《政府绩效和结果法案》（GPRA），将"做得更好、花费更少、以得到全美人民关心结果的政府"作为美国政府的发展方向。1994 年，有 100 多个联邦公共服务部门制定并公布了顾客服务标准，并出版专集《顾客至上：为美国人民服务的标准》。小布什政府时期，推出了《总统管理议程》（PMA），要求将更多绩效资料整合进国会预算审批过程，同时利用政府项目评级工具 PART 对联邦项目绩效进行全面评议。自 2002 年下半年开始，小布什政府先后对主要联邦项目进行了评级。到 2008 年末，已经完成一个评估周期，实现了对 1016 个联邦项目（98%）的评级。这充分体现了绩效被视为小布什总统执政理念的核心："政府应该是结果导向型的，不是被过程、而是被绩效所引导——每个人都同意稀缺的政府资源应该配置到能够带来结果的项目上。"③奥巴马政府执政后，提出要在既有的、改善联邦政府绩效和有效性的各种努力的基础上，将高度优先性目标与 GPRA 绩效报告和 PART 开发的项目层次的绩效指标统一起来，并借鉴州和地方以及其他国家绩效管理改革的成功经验，构建新的联邦政府绩效管理系统。该系统需遵循以下 5 项原则：①高层领导掌控绩效管理过程；②目标与指标分层推进；③结果导向型、跨机构型目标与衡量；④持续性评议与问责；⑤过程透明。④2011 年，联邦政府在年度预算报告中以"构建高绩效政府"为题，提出了"利用绩效信息领导、学习并改善结果"，"为实现更好的结果和透明度，清晰而准确地沟通绩效"，"强化问题解决网络"等战略举措，以提高绩效管理系统的使用程度。

（二）我国政府绩效管理

20 世纪 90 年代初期，我国学者已经使用了"绩效评估"概念，但仅限于员工个人的绩效考评。1994 年，中国行政管理学会左然编译了英国

---

① 张小玲：《国外政府绩效评估方法比较研究》，《软科学》，2004 年第 5 期。
② 蓝志勇、胡税根：《中国政府绩效评估：理论与实践》，《政治学研究》，2008 年第 3 期。
③ 晁毓欣：《美国联邦政府绩效管理改革三部曲》，《山东财政学院学报》，2011 年第 2 期。
④ Statement of Jeffery D. Zients Before the Budget Committee. United States Senate，2009，Oct 29.

学者大卫·伯宁翰的《英国地方政府中运用绩效评估尺度的观察》和约翰·鲍恩的《评估中央政府的工作绩效》两篇短文，标志着以组织为对象的政府绩效评估进入我国学者的视野。1995 年，周志忍在《新视野》上发表《公共组织绩效评估：英国的实践及其对我们的启示》一文，指出"借鉴英国和其他国家的先进经验，探讨建立适合我国情况的组织绩效评估理论框架、方法论体系及操作程序，从而使绩效评估规范化、系统化、制度化、科学化，已经成为我国学者管理现代化的迫切要求"，①吹响了向政府绩效评估研究领域进军的号角。20 世纪 90 年代中期以后，政府绩效评估研究的队伍不断扩大，范围由绩效评估研究扩展到绩效管理研究，并逐渐引起政府官员的重视。2003 年 1 月 27 日，时任国务委员、国务院秘书长的王忠禹同志对中国行政管理学会的效率标准报告作出批示："政府实施绩效管理是一件非常有意义的工作。……请人事部关注此事。"这是政府高层领导第一次使用"绩效管理"概念。2004 年国务院颁布的《全面推进依法行政实施纲要》中指出："要积极探索行政执法绩效评估和奖惩办法。""绩效评估"概念第一次出现在中央政府官方文件中，但范围仅限于行政执法。2005 年，国务院在《2005 年工作要点》中指出"探索建立科学的政府绩效评估体系和经济社会发展综合评价体系"，绩效评估从行政执法扩展到各级政府全面工作。2006 年，国务院将"开展政府绩效评估"和"转变政府职能、深化行政审批制度改革、推行行政问责制"一道纳入了深化行政体制改革的整体规划。2008 年，党的十七届二中全会通过的《关于深化行政管理体制改革的意见》指出，"要推行政府绩效管理制度和行政问责制，建立科学合理的政府绩效评估指标体系和评估机制"。同年 3 月，温家宝总理在十一届人大一次会议上作的政府工作报告中提出要推行"政府绩效管理制度"。这表明推行政府绩效管理事实上已经成为党和政府议事日程的重要内容。2010 年，党的十七届五中全会通过的《中共中央关于制定国民经济和社会发展第十二个五年规划纲要》提出"完善政府绩效评估制度，提高政府公信力"。

我国党政领导班子和领导干部考核评价一直都受到中央和地方各级党委的高度重视，特别是十一届三中全会以来，从中央到地方都对党政领导班子和领导干部的实绩考核进行了有益的探索和研究。1979 年，中央组织部《关于实行干部考核制度的意见》（1979 年 11 月 21 日）中曾经要求每年或者每两年对干部考核一次。在《意见》中首次提出了考绩的概念，并要求各级政府对干部的工作成绩进行考核。《关于实行干部考核制度的意见》的出台使我国干部考核工作走上了制度化的轨道。1983 年，全国组工座谈会又提出要对党政领导干部实行年度考核，规定了德、能、勤、绩四个方面的考核内容，其中要着重考核工作实绩。1988 年，中央组织部印发了《县（市、区）党政领导干部年度工作考核方案（试行）》和《地方政府工作部门领导干部年度工作考核方案（试行）》（中组发〔1988〕7 号）。《方案》第一次明确规定了考核工作的程序，提出了要同时考核领导班子和领导干部个体，并设置了一些评价指标。1995 年，根据党的十四届四中全会明确提出的"对工作实绩进行全面考核和准确评价"的要求，中央组织部印发了《关于加强和完善县（市）党委、政府领导班子工作实绩考核的通知》。这一《通知》是规范和指导实绩考核的第一个专门文件，根据这一文件积累的实绩考核经验，是我们进一步探索和实践领导班子和领导干部考核评价工作的重要基础。1998 年，中央组织部印发了《党政领导干部考核工作暂行规定》，第一次以党内规章的形式系统地对领导干部考核工作的各个环节作了详细的规定。这一时期，是党政领导班子和领导干部考核评价工作规范化、制度化的重要时期，也是考核评价工作实践富有成效的时期，特别是在党政领导班子和领导干部考核评价方法的探索有了初步成果。2006 年，中央组织部印发实施《体现科学发展观要求的地方党政领导班子和领导干部综合考核评价试行办法》。这是中央着眼于选准用好干部，充分发挥考核评价的导向作用和监督作用，建设一支政治上靠得住、工作上有本事、作风上过得硬、人民群众信得过的高素质干部队伍的重要举措。2007 年，中央组织部和国家人事

①　周志忍：《公共组织绩效评估：英国的实践及其对我们的启示》，《新视野》，1995 年第 5 期。

部又共同制定《公务员绩效管理办法》。《办法》规定了对非领导成员公务员的考核，强调了公务员考核坚持客观公正、注重实绩的原则，实行领导与群众相结合，平时与定期相结合，定性与定量相结合的方法，按照规定的权限、条件、标准和程序进行。2009 年，中央出台了《关于建立促进科学发展的党政领导班子和领导干部考核评价机制的意见》（中办发〔2009〕30 号）。与此相配套，经中央批准，中央组织部制定了《地方党政领导班子和领导干部综合考核评价办法（试行）》、《党政工作部门领导班子和领导干部综合考核评价办法（试行）》、《党政领导班子和领导干部年度考核办法（试行）》（中组发〔2009〕13 号）。一个《意见》和三个试行《办法》共同形成促进科学发展的党政领导班子和领导干部考核评价机制，体现了中央对干部考核工作的新部署，意味着科学发展观的要求将被贯穿于干部考核的全过程。一个《意见》及三个试行《办法》的印发和实施，是深入贯彻落实党的十七大、十七届四中全会精神的重要举措，对于进一步巩固深入学习实践科学发展观活动成果，完善体现科学发展观和正确政绩观要求的干部考核评价体系，着力构建有利于科学发展的体制机制；对于进一步改进和完善干部考核评价工作，推进干部工作的科学化、民主化、制度化，具有十分重要的意义。"一个《意见》、三个试行《办法》"是目前指导我国党政领导班子和领导干部考核评价的纲领性文件。2011 年，中央组织部又印发了《关于加强对干部德的考核意见》（中组发〔2011〕26 号）的通知。该《意见》是贯彻落实德才兼备、以德为先用人标准，选准用好干部，树立正确选人用人导向的重要举措，对于保持党的先进性，建设高素质干部队伍，提高选人用人公信度具有重要意义。同时也是对"一个《意见》，三个试行《办法》"中对干部"德、能、勤、绩、廉"考核评价中"德"的进一步强调。

二、政府绩效管理研究进程

（一）二阶段论

自改革开放以来，我国政府绩效评价主体模式大致经历了以下两个发展阶段：①从改革开放到 20 世纪 90 年代初，我国的政府绩效评价奉行的是"政府主导—上级评价"的模式。在该模式下，评价以官方为主，多是由上级行政机关对下级部门进行评价，这不仅忽视了政府内部的自我评价，而且还缺乏立法机关和社会部门对政府的评价与控制。此时，上级政府、机关或领导成了政府绩效评价的绝对甚至唯一的主体。20 世纪 80 年代的目标责任制、1989 年开始在全国推广的效能监察、1993 年颁布的《国家公务员暂行条例》乃至 1997 年福建省漳州市启动的机关效能建设，都是这一模式的体现。②从 20 世纪 90 年代后半期至今，"政府主导—公众参与"的绩效评价模式在各级政府中逐渐推广，并成为我国政府绩效评价的主流模式。依据公众参与评价政府的形式和程度不同，该模式具体又可分为两种：一是公众直接评价政府。从 1998 年开始，我国各地开展了"自下而上的公民评议政府"的活动，如 1998 年 12 月初沈阳举行了大规模"市民评议政府"活动；1999 年珠海开展了"万人评政府"活动；2000 年杭州市对市直机关开展了"满意单位和不满意单位"评选活动；2001 年南京市开展了"万人评议机关"活动等等。在这一过程中，公民主要通过政府组织的"满意度调查"来评价政府绩效。二是非政府机构对政府绩效评价。21 世纪初我国也出现了独立的非政府机构依据科学的评审程序对政府绩效进行评价的活动，如北京大学创办的中国政府创新研究中心、兰州大学成立的中国地方政府绩效评价中心以及北京的零点调查公司等。①

（二）三阶段论

现代意义上的政府绩效管理研究起始于 20 世纪 90 年代中期，迄今为止大致经历了 3 个发展阶段：第一阶段（1994~1999 年）为初步探索阶段。这一时期，国内的相关研究从绩效评估开始扩展到政府绩效管理，研究内容涉及绩效管理的基本理论、运行机制、操作技术和国际实践等诸多方面。但总体来看，研究者数量有限，其研究没有引起行政管理学界和政府官员的普遍重视。第二阶段（2000~2003 年）为研究拓展阶段。进入 21

---

① 刘笑霞：《论我国政府绩效评价主体体系的构建——基于政府公共受托责任视角的分析》，《审计与经济研究》，2011 年第 3 期。

世纪之后，政府绩效管理研究领域的学术关注度和研究队伍扩大，对绩效评估的研究逐渐呈现出系统化的发展趋势。这一时期，研究的重点主要集中在绩效评估基础理论研究、政府绩效评估的国别研究、我国政府绩效评估活动的评价研究、我国政府绩效评估制度设计的初步探索等方面。第三阶段（2004 年至今）为研究的系统化、细化和创新阶段。2004 年以后，国内对政府绩效评估的学术关注度明显上升，绩效管理成为公共管理学的热门领域，研究队伍急剧壮大，研究成果特别是专著大量涌现。研究的系统化表现在研究重点从绩效评估扩展到绩效管理、绩效管理研究的分支领域相继出现，绩效管理研究呈现出多重视角。研究的细化则是指具体到专门主题进行较为深入的研究。研究的创新主要表现为立足我国国情，关注政府新目标模式、发展战略与绩效管理关系的研究，构建具有中国特色的绩效管理体系的理论框架与操作工具的研究。[1][2]我国地方政府绩效评估实践的发展历程同样可以划分为 3 个阶段：第一阶段从 20 世纪 80 年代中期到 90 年代初期，这一阶段绩效评估并没有真正在中国的行政部门开展，作为绩效评估的前身，考评办法主要从两个方面展开：一是在“目标责任制”的旗帜下实施，这一时期目标责任制的实施具有自愿性质，中央没有提出统一要求，也没有相应的规范和实践指南。二是 1989 年开始的效能监察。第二阶段从 20 世纪 90 年代初到 90 年代末期，这一阶段是中国行政管理体制改革的纵深阶段，各级政府重视行政效率的提高，服务质量的完善。而这一阶段也是绩效评估在中国发展的鼎盛阶段，各级地方政府不断探索绩效评估的新形式，政府改革和创新的努力再加上国际经验的影响，各种类型和方式的组织绩效评估相继出现，呈现出了百花齐放的态势，而绩效评估作为政府行政体制改革工具的作用也得到了充分的发挥。第三阶段为进入 21 世纪以来，随着我国政府新的施政理念的变化，政府治理模式也随之发生转变，政府绩

效评估由此进入发展的第三阶段。响应“树立科学发展观，正确政绩观”、“构建科学的政府绩效评价体系”的要求，学术界和实务界努力构建能体现科学发展观的绩效评价体系，“绿色 GDP”、“小康社会”等评价指标逐步在实践中应用。

（三）四阶段论

我国地方政府绩效评价实践大体上可以分成 4 个阶段：第一阶段是以提高政府机关工作效率为目的的政府绩效评价；第二阶段是以改善政府及行业服务质量、提高公民满意度为目的的政府绩效评价；第三阶段是以建设效能政府、全面提高政府管理质量和能力为目的的政府绩效评价；第四阶段是根据广义政府绩效概念内涵，以强化公共治理为目的的政府绩效评价。[3]

三、改革开放以来的政府绩效管理研究

为了便于梳理文献和总结成果，本年鉴对政府绩效管理研究的对象和内容进行了划分，将研究类型划分为基础理论研究和管理实践研究两类，每类研究都包含若干项研究主题。其中，基础理论研究包括含义与特征、作用与意义、管理理念和方法与工具等主题；管理实践研究包括借鉴与比较、管理模式、评估体系、问题与对策和发展趋势等主题。

（一）基础理论研究

1. 含义与特征

1998 年，周志忍在《中国政府形象战略》一书中从 3 种意义上对绩效管理进行了界定：作为一个系统工程、作为一个过程、作为人力资源开发的手段。张成福（2001）介绍了美国绩效评估中心为绩效管理所下的定义：“美国绩效评估中心的绩效衡量小组为绩效管理下了一个经典性定义：所谓绩效管理，是指利用绩效信息协助设定统一的绩效目标，进行资源配置与优先顺序的安排，以告知管理者维持或改变既定目标计划，并且报告成功符合目标的管理过程。”[4]刘旭涛（2003）强调绩效管理是一种观念和系统：“作为一种观念，

① 周志忍：《我国政府绩效管理研究的回顾与反思》，《公共行政评论》，2009 年第 1 期。
② 蓝志勇、胡税根：《中国政府绩效评估：理论与实践》，《政治学研究》，2008 年第 3 期。
③ 包国宪、曹西安：《我国地方政府绩效评价的回顾与模式分析》，《兰州大学学报》（社会科学版），2007 年第 1 期。
④ 张成福、党秀云：《公共管理学》，中国人民大学出版社，2001 年。

绩效管理整合了新公共管理和政府再造运用中的多种思想和理念，并构建出自身的制度基础和先决条件。作为一种系统，绩效管理框架必须从战略规划角度，将各种管理资源系统有效整合，形成多重价值和多维角度的综合性绩效评估体系。"① 付亚和、许玉林（2004）把绩效管理界定为"管理员工绩效的系统"，即"组织对一个人关于其工作成绩以及他的发展潜力的评估和奖惩"。② 胡税根（2005）指出，绩效管理是"公共部门主动吸纳企业绩效管理的经验与方法，引入市场竞争机制、强调顾客导向、提高公共服务质量等新思路和新方法"。③ 周志忍（2007）从3种意义上界定绩效管理概念："①作为系统工程，绩效管理是为实现所期望的结果而实施的由一系列管理机制和技术构成的有机系统，包括绩效管理过程、组织绩效评估、项目评估、质量管理、标杆管理、业务流程重塑等。②作为一个过程，绩效管理是由战略规划、年度计划、持续性绩效管理、绩效报告和信息利用等环节构成的动态过程。③作为人力资源开发手段，绩效管理是围绕组织绩效提高这一目标而实施的人力资源管理的原则和技术。"④ 范柏乃认为"政府绩效管理是指政府在履行公共责任的过程中，以公共产出的最大化和公共服务最优化为目标，从内部制度和外部效应、数量与质量、经济因素与伦理因素、刚性规范与柔性机制等方面，实施的一种全面系统的管理。"⑤ 方振邦、罗海元（2010）认为："绩效管理是指组织中的各级管理者用来确保下属员工的工作行为和工作产出与组织目标保持一致，通过不断改善其工作绩效，最终实现组织战略的手段及过程。"⑥ 蔡立辉（2007）指出要有效推行政府绩效评估并使之发挥作用，就必须首先理解政府绩效评估的内涵。他认为："政府绩效评估就是根据绩效目标，运用评

估指标对政府部门履行行政职能所产生的结果及其影响进行评估（Evaluating）、划分绩效等级（Grading）、提出绩效改进计划和运用评估结果来改进绩效的活动过程。政府绩效评估强调以结果为本；评估活动过程谋求信息沟通机制在政府部门之间、政府部门与公众之间的建立与完善；评估结果的使用谋求政府责任实现机制的加强与完善；评估标准包含效率、行政能力、服务质量、公共责任和公众满意程度等方面的绩效要求；评估目的就是要规范行政行为，提高行政效能，使政府部门在管理公共事务、提供公共服务和改善公众生活质量等方面具有竞争力。"⑦ 对于绩效管理的特征，学者们在综合国内外文献的基础上进行了概括：周志忍（2009）认为：①绩效管理是一个整合过程，强调不同层次目标、管理诸多方面的系统整合；②绩效管理是日常管理活动的组成部分而非外部强加的额外负担，直线主管起主导作用；③绩效管理是一种共识基础上的契约式管理；④绩效管理强调依靠团队精神提高绩效；⑤绩效管理是发展为导向的管理，旨在实现组织目标的同时也关注雇员个人能力的提升。⑧ 徐红琳（2005）从系统论、控制论、信息论及目标设置和目标管理理论五个方面探讨了绩效管理的理论基础，指出绩效管理系统具有整体性、集合性、相关性、目的性和环境适应性等特征。⑨

2. 作用与意义

中国行政管理学会联合课题组（2003）对绩效评估的意义做了一般性概括：①为当代政府管理的新理念提供了技术支持；②在行政管理实践中发挥计划辅助、监控支持、促进激励、资源优化等重要功能；③有助于建立政府与社会之间的良性关系。⑩ 宁骏（2005）认为西方国家绩效理念能够对我国政府创新产生一系列积极影响：有利

---

① 刘旭涛：《政府绩效管理：制度、战略与方法》，机械工业出版社，2003年。
② 付亚和、许玉林：《绩效管理》，复旦大学出版社，2004年。
③ 胡税根：《公共部门绩效评估——迎接效能革命的挑战》，浙江大学出版社，2005年。
④ 周志忍：《效能建设：绩效管理的福建模式及其启示》，见：福建省机关效能建设领导小组办公室编：《行政效能建设——海西论坛学术论文选编》，2007年。
⑤ 范柏乃：《政府绩效评估与管理》，复旦大学出版社，2007年。
⑥ 方振邦、罗海元：《战略性绩效管理》，中国人民大学出版社，2010年。
⑦ 蔡立辉：《政府绩效评估：现状与发展前景》，《中山大学学报》，2007年第5期。
⑧ 周志忍：《我国政府绩效管理研究的回顾与反思》，《公共行政评论》，2009年第1期。
⑨ 徐红琳：《绩效管理的理论研究》，《西南民族大学学报》（人文社科版），2005年第2期。
⑩ 中国行政管理学会联合课题组：《关于政府机关工作效率标准的研究报告》，《中国行政管理》，2003年第3期。

于真正落实正确的政绩观；有助于进一步界定政府职能；有利于提高政府运作质量；有助于加强政府与社会的沟通。蔡立辉（2007）就绩效评估对我国的特殊意义做了如下概括：有助于我国转换政府管理的理念、树立服务行政的观念；有助于根据我国市场经济发展的历史阶段和社会发展的需要确定政府公共部门的职能；有助于我国转换服务方式、建设数字政府和走向在线服务；有助于在具体操作层面上正确处理好政府管理政治功能与管理功能的关系。[①] 桑助来（2007）认为政府绩效评估是一场静悄悄的革命，它的意义不限于方法论的变革和管理手段的改进，而是行政管理理念和行政管理模式的根本创新。[②]

3. 管理理念

借鉴国际有关研究成果，国内学者围绕以人为本、结果导向、责任政府、服务政府、法治政府、分权化协作、协同式管理等理念进行了广泛探讨。唐昊（2005）指出，政府绩效评估存在"自我评价"和"社会评价"两个体系，社会评价缺位是我国实践的重要缺陷。他从4个方面解释了其原因：片面发展观导致片面政绩观；现行干部人事制度的缺陷；控制型体制下"以控制求稳定"的心态；公民社会基础薄弱。[③] 中国（海南）改革发展研究院（2007）对政府绩效管理理念与重心的变化进行了阐述：侧重于建立体现科学发展观和正确政绩观要求的社会公众有效参与的政府绩效评估制度；侧重于提高政府绩效、降低行政成本和改进政府工作；侧重于建立决策科学、权责一致、分工协调、运行良好的政府管理体制；侧重于实现政府管理公平性和回应性基础上的经济、社会全面协调与可持续发展。郭庆松（2009）认为，中国政府绩效管理存在着多方面的博弈，即工具理性与价值理性、宏观政绩与微观绩效、自身评估与外部评价、战略工具与战术手段等的多重博弈。他提出："应当进一步提高政府绩效管理的工具理性和价值理性的融合程度；微观层次的政府绩效管理应以组织人事部门为主，其他宏观部门配合，而宏观层次的政府绩效管理应以各级政府为主，政府各职能部门配合；自身评估与外部评价共同内含于政府绩效管理中；绩效管理的战略地位逐步得到提升，平衡计分卡（BSC）可作为一项战略管理工具逐步引入政府绩效管理中；在政府绩效管理中的运用，BSC实际上既发挥了战略工具的功能，也完成了战术手段的功效，是战略管理与战术管理的有机结合。"[④]

4. 方法与工具

张小玲（2004）介绍了国外政府绩效评估中通用的"3E"评价法、标杆管理法和平衡计分卡法，分析了这三种方法的政府绩效评估准则、指标设计特征、评估程序与实施方法、运用背景以及存在的主要问题，总结了国外政府绩效评估的成功经验，并提出了中国地方政府施政绩效评估体系设计的路径和策略。[⑤] 戴钰、刘亦文（2010）对政府绩效指标体系设计的方法和技术以及政府绩效评估的方法进行了综述，指标设计的方法包括演绎法、平衡计分卡法、德尔菲法、信度和效度检验法、主成分分析法、层次分析法；政府绩效评估的方法主要是多指标量化的方法和主观性评议——关于公众满意度衡量的方法。其中，采用多指标量化的方法进行研究的相关成果包括：彭国甫（2005）利用模糊综合评价模型对湖南省11个地级州市政府1995~2002年的公共事业管理绩效进行实证研究，探析地方政府公共事业管理绩效模糊综合评价模型的有效性。袁有杰（2006）也利用模糊评价法对政府部门绩效进行了评估。颜佳华等（2005）在构建电子政务绩效评价指标体系的基础上，提出了一种基于BP神经网络的电子政务绩效综合评价方法。刘芳（2007）利用只有产出的加权DEA模型以及因子分析法以及面板数据模型对我国地方政府的绩效进行实证研究。孙璐等（2007）运用因子分析与MDEA模型的组合方法对长江三角洲地区的16个城市的公共服务绩效进行了实证分析。方振邦（2008）结合黑龙江省海林市创新政府绩效管理的实践，阐述县级

① 蔡立辉：《政府绩效评估：现状与发展前景》，《中山大学学报》，2007年第5期。
② 桑助来：《政府绩效评估的实质》，《学习时报》，2007年1月30日。
③ 唐昊：《质疑社会评价缺位下的"科学政绩观"》，《城市管理》，2005年第3期。
④ 郭庆松：《多重博弈下的中国政府绩效管理》，《国家行政学院学报》，2009年第1期。
⑤ 张小玲：《国外政府绩效评估方法比较研究》，《软科学》，2004年第5期。

政府运用平衡计分卡设计绩效管理体系的思路与方法。关于公众满意度衡量最经常使用的两种方法是 PLS（Partial Least Square）方法和 LIS-REL（Linear Structural Relationships），PLS 将主成分分析与多元回归结合起来的迭代估计，是一种因果建模的方法。张光进（2007）通过设计公众满意结构调查问卷，对 1556 名成年人的正式调查表明：我国的公众满意主要包含 7 个因子，包括政府形象、社会安全、经济调控、教育就业与保健、人文生态保护、国际参与、民主政治。调查数据显示上述 7 个因子受公众关注的程度存在着差异。研究结果为公众满意的测评内容提供了一个框架，也为公共行政的工作重点提供了参考。吴建南等（2007）通过借鉴美国顾客满意度指数模型（ACSI）的组织绩效测量方法及其在公共部门的应用模式，结合我国公共部门的特点，设计出了适合我国公共部门的公众满意度测评模型与指标体系。它与 ACSI 模型主要有 3 点不同：添加"公众信息"变量，保持 ACSI 中感知价值这一变量，公众对政府的信任取代公众是否忠诚。[1] 方振邦、罗海元（2008）对平衡计分卡在我国政府绩效管理中的应用技术进行了研究，探讨了不同类型公共组织战略地图设计模板，政府平衡计分卡应用设计的思路、方法及常见问题。[2]

（二）管理实践研究

1. 借鉴与比较

张强、朱立言（2005）回顾了美国政府绩效评估的历史演变，认为美国政府绩效评估的历史划分为 3 个主要阶段：一是萌芽时期（1900~1940年），效率是这一时期政府绩效评估的核心价值取向，出现了一些专门研究政府绩效评估的组织和学术团队，并把绩效评估引入政府的评估实践中；二是绩效预算时期（1940~1980 年），这一时期的政府绩效评估继续强化"效率"这一核心价值，并通过预算手段控制支出以实现经济意义上的高效率；三是全面发展时期（1980~2000 年），这一时期的政府绩效评估在关注效率的同时，也强调

公平的重要性，绩效评估不仅仅是一项评估技术，而是与组织的战略规划、预算、管理过程和公民参与等因素相结合，并逐渐形成一种新的管理制度——绩效管理制度。[3] 蓝志勇、胡税根（2008）和孙迎春（2009）等学者认为西方发达国家的政府绩效评估理论与实践主要经历了 4 个发展阶段，并呈现出了多元发展模式。第一阶段是从 20 世纪初至 40 年代，美国行政学家吉特·波科特将这一阶段称为"效率政府"时期。第二阶段是从 20 世纪 40 年代至 70 年代，美国胡佛委员会称之为"绩效预算"时期。第三阶段是从 20 世纪 70 年代至 80 年代，这一阶段政府绩效评估更加趋向系统化、规范化和制度化。第四阶段是从 20 世纪 90 年代至今，政府绩效评估变得更加法制化，绩效评估的技术特别是信息技术和量化分析技术不断发展。[4] 张强、朱立言（2009）介绍了小布什政府上台以来美国联邦政府所制定并实施的项目等级评估体系和三色等级评估体系的内容及其效用，总结了美国联邦政府绩效评估取得较大成功的 5个经验：①颁布了《政府绩效与结果法案》，为联邦政府绩效评估奠定了永久性的法律框架和制度基础。②设立了绩效评估的协调和执行机构。小布什总统授权管理与预算局全权负责联邦项目、部门和跨部门绩效评估的协调和监督工作，保证了绩效评估的统一性和整体性。③建立层级式绩效评估体系，改变了过去那种由某个（某几个）部门所进行的孤立评估，形成了绩效评估的良好氛围。④进行了比较评估。评估结构都以某种形式在联邦政府范围内予以公布，形成相互比较和竞争。⑤绩效评估与预算紧密结合，为部门绩效进步提供了持续性的内在激励和动力源泉。[5] 马佳铮、包国宪（2010）对近 10 年来美国地方政府绩效评估的进展进行了研究和总结。美国地方政府绩效评估的参与机构主要有 4 类，即由基金会出资的专业评价机构、以地方政府为成员的联盟团体、高等院校的研究机构、地方政府内部机构。评价流程包括确定参与机构、建立绩效评价框架、

---

① 戴钰、刘亦文：《我国政府绩效评估最新研究进展综述》，《科技管理研究》，2010 年第 4 期。

② 方振邦·罗海元：《中国公共组织平衡计分卡应用设计研究》（上、下），《北京行政学院学报》，2008 年第 1 期、第 2 期。

③ 张强、朱立言：《美国政府绩效评估的历史演变》，《湘潭大学学报》（哲学社会科学版），2005 年第 1 期。

④ 孙迎春：《政府绩效评估的理论发展与实践探索》，《中国行政管理》，2009 年第 9 期。

⑤ 张强、朱立言：《美国联邦政府绩效评估的最新进展及启示》，《湘潭大学学报》（哲学社会科学版），2009 年第 5 期。

实施评价、公开评价结果和反馈等环节。文章还介绍了 3 类较具代表性的绩效评价通用框架：政府绩效指示器模型、成果投资模型和政府绩效项目评价模型。[①]

2. 管理模式

中国行政管理学会联合课题组（2003）把我国政府绩效评估的实践划分为 3 类："普适性的机关绩效评估"、"具体行业的组织绩效评估"、"专项活动绩效评估"。该课题组于 2006 年通过《政府部门绩效评估报告》总结了我国地方政府绩效评估的 7 种模式：与目标管理责任制相结合的绩效评估；以改善政府及行业服务质量，提高公民满意度为目的的政府绩效评估；专业职能部门开展的政府绩效评估；以效能监察为主要内容的绩效评估；与政务督察相结合的绩效评估；由"第三方"专业评估机构开展的政府绩效评估；引入通用模型进行的绩效评估。[②]袁岳等（2004）指出由零点调查公司首创且持续多年的居民评价政府及政府公共服务调查，是社会独立评价政府的典型范例。[③]吴建南、阎波（2004）的划分类型为"政府内部自上而下的政绩考核"、"自下而上的有组织的评价活动"和"特定意义上的外部独立绩效评价"。[④]中国行政管理学会课题组（2006）总结了 7 种具有地方特色的政府绩效评估模式：①与目标管理责任制相结合的绩效评估。具有代表性的是山东省潍坊市、山西省运城市和福建省漳州市的政府绩效评估实践。②以改善政府及行业服务质量，提高公民满意度为目的的政府绩效评估。福建省厦门市实施的民主评议行业作风办法，上海市开展的旅游行业和通信行业行风评议，山东省烟台市率先试行的社会服务承诺制，广东省珠海市、江苏省南京市、辽宁省沈阳市、湖南省湘潭市、河北省邯郸市等地开展的"万人评政府"活动均属此类。③专业职能部门开展的政府绩效评估。如卫生部为医院设立的绩效评估体系，教育部门为普通中小学全面实施素质教育建立的评价体系，财政部等部委联合推出的企业绩效评价体

系，科技部制定的高新区评价指标体系等可以归入此类。④以效能监察为主要内容的绩效评估。福建省、吉林省、重庆市等在全省（市）行政机关开展了行政效能监察工作。北京市海淀区，江苏省苏州市、扬州市，山东省枣庄市，河南省安阳市等地都颁发了开展效能监察的文件和工作细则。⑤与政务督察相结合的绩效评估。山东省青岛市围绕经济、政治、文化和社会 4 个方面的建设，将督察工作与政府绩效管理有机结合，构建了绩效导向的督察推进体系。⑥由"第三方"专业评估机构开展的政府绩效评估。如甘肃省政府委托兰州大学中国地方政府绩效评价中心对所辖市（州）政府和所属部门进行的绩效评估。⑦引入通用模型进行的绩效评估。国家行政学院在研究欧盟成员国使用的多种绩效评估模型的基础上，结合我国国情构建了中国通用绩效评估框架（CAF）。周志忍（2007）认为绩效管理实践需要具备"整体性"和"整合性"两个要件，同时提出了判定"独特实践模式"的 6 方面标准："首创性、独特性、实践性与持久性、动态发展性、效果和社会影响、发展前景"。他认定福建省的"效能建设"和以青岛市为代表的"城市目标管理与绩效考评"，代表了我国绩效管理的两个独特实践模式。同年，他在《公共组织绩效评估：中国实践的回顾与反思》一文中，将我国公共组织绩效评估实践划分为"普适性的组织绩效评估"、"行业组织绩效评估"和"专项组织绩效评估"3 种类型，指出"目标责任制"、"社会服务承诺制"、"效能监察"、"效能建设"是 4 种具有代表性的普适性组织绩效评估。[⑤]包国宪、曹西安（2007）提出我国地方政府绩效评价的 4 种典型模式：一是甘肃模式——2004 年，针对甘肃省非公有制经济发展缓慢、落后的情况，甘肃省政府决定让非公有制企业评价政府绩效，以制定发展非公有制企业的政策。并将这一评价工作委托给兰州大学中国地方政府绩效评价中心组织实施，开创了我国第三方评价政府绩效的先河，形成了"甘肃模

① 马佳铮、包国宪：《美国地方政府绩效评价实践进展评述》，《理论与改革》，2010 年第 4 期。

② 中国行政管理学会课题组：《政府部门绩效评估报告》，《中国行政管理》，2006 年第 5 期。

③ 袁岳、范文等：《中国公共政策及政府表现评估领域的零点经验——独立民意研究的位置》，《美中管理》，2004 年第 1 期。

④ 吴建南、阎波：《政府绩效：理论诠释、实践分析与行动策略》，《西安交通大学学报》，2004 年第 3 期。

⑤ 周志忍：《公共组织绩效评估：中国实践的回顾与反思》，《兰州大学学报》（社会科学版），2007 年第 1 期。

式"。二是青岛模式——为了打造高绩效的政府组织，推进各项重大决策的科学化和落实，不断提升城市的核心竞争力，自1999年起，青岛市委、市政府从战略管理的高度开展督察考核工作，把抓落实工作摆到了与制定决策同等重要的位置，创造性地把督察工作与目标绩效管理相结合、考绩与评人相结合，形成了"青岛模式"。三是思明模式——从2001年开始，厦门市思明区对公平政府、责任政府、服务政府等多种实现形式进行反复的探索、实践、分析和比较，最终确立打造一个"事要办好、钱要花少、人民还要满意"的绩效型政府为目标，进行公共管理体制和运作模式的多方面创新，建立了一个适应地方政府实际情况的公共部门绩效评估体系，形成了"思明模式"。四是珠海模式——为了加强"高效率办事、高质量服务、让人民群众满意"的机关作风建设，1999年10月，珠海市启动"万人评政府"活动，用无记名方式对被测评单位做出"满意"或"不满意"的评价；2000年珠海市"万人评政府"的内容有所增加；2002年珠海市向社会发放了万余份测评问卷，考核各被测评单位的工作情况；之后，珠海市又连续大规模地开展这种活动，形成了"珠海模式"。① 施青军（2007）针对中国特色的绩效审计模式进行了研究，阐述了绩效审计的项目选址、审计调查、方案制定、现场实施、报告编制以及绩效审计标准等。② 郑方辉、王菲（2008）认为华南理工大学以公民满意度为主要内容，对广东省21个地级以上城市政府绩效的大规模独立调研评价，开创了我国高校独立创议、独立承担评估成本、独立设计与实施政府绩效评估的先河。③ 蒋莉莉、陈海勇（2010）对我国地方政府绩效管理的典型模式也进行了总结：①福建的机关效能建设——1998年，福建长泰县进行党政机关

"勤政建设"的试点工作，试点的成功促使漳州市于1999年在全市推行"效能建设"活动。2000年，效能建设在福建全省展开并持续至今，成为我国绩效管理的独特模式。④ ②珠海模式——珠海市率先启动"万人评政府"活动。2002年，珠海市向社会发放了万余份测评问卷，考核各被测评单位的工作情况。相继南京、洛阳等地也实行了"万人评议政府活动"。③青岛模式——青岛市是以平衡计分卡为管理技术支撑引入到机关绩效管理中来，创造性地把督察工作与目标绩效管理相结合、考绩与评人结合。④甘肃模式——2004年，兰州大学中国地方政府绩效评价中心受政府委托，承担了甘肃省非公有制企业评议政府部门的工作，从而开创了"第三方评价政府的新模式"。⑤ ⑤深圳模式——深圳市是在外部评估中大胆引入"民意调查"，增加了绩效评估的科学性、权威性和公信度。⑥思明模式——2000年，卓越推动并参与设计了厦门市思明区的绩效评估系统，在全国产生很大影响并荣获第二届"中国地方政府创新奖"。厦门市思明区确立了打造一个"事要办好、钱要花少、人民还要满意"的绩效型政府为目标，进行公共管理体制和运作模式的多方面创新，并建立了一个适应地方政府实际情况的公共部门绩效评估体系。⑥

3. 评估体系

当前我国要实现公共组织持续的变革与创新、政府管理效率与绩效的提高，就需要研究如何构建科学的绩效评估体系和方法，测量政府自身的效率、廉洁性和回应性程度，测量政府产出——公共服务的数量、质量和公正性程度；也需要研究如何在科学发展观的指导下建立健全领导干部的政绩评价指标体系。⑦ 周志忍（2009）认为，围绕科学发展观构建绩效评估体系主要表现在3个

① 包国宪、曹西安：《我国地方政府绩效评价的回顾与模式分析》，《兰州大学学报》（社会科学版），2007年第1期。
② 施青军：《中国特色的绩效审计探索》，中国财政经济出版社，2007年。
③ 郑方辉、王菲：《地方政府整体绩效评价中的公众满意度研究——以2007年广东21个地级以上市为例》，《广东社会科学》，2008年第1期。
④ 方清海：《探索治本之策，营造民心工程》，见漳州市机关效能建设领导小组办公室编：《效能建设重要文稿汇编（3）》（内部资料）。
⑤ 包国宪：《绩效评价：推动地方政府职能转变的科学工具——甘肃省政府绩效评价活动的实践与理论思考》，《中国行政管理》，2005年第7期。
⑥ 蒋莉莉、陈海勇：《当前我国地方政府绩效管理研究》，见《2010年庆祝新中国成立60周年暨民族地区科学发展理论研讨会论文集》，2010年。
⑦ 陈振明、薛澜：《中国公共管理理论研究的重点领域和主题》，《中国社会科学》，2007年第3期。

方面：其一是对前期实践的系统反思，主要体现为对"GDP 崇拜"和压力型体制的批判性思考；其二是追随中央施政理念的变迁，推进绩效评估在多层面的进展；其三是在弄清科学发展观丰富内涵的基础上，设计相应绩效评估指标体系。随着政府绩效管理理念与重心发生变化，中国（海南）改革发展研究院（2007）指出政府绩效评估体系也应当加以调整。首先，政府绩效评估内容进一步兼顾到经济增长、社会发展和环境建设等方面的综合平衡，进一步着眼于政府管理的法定事项和应履行的法定职责，进一步致力于绩效评估方面的政府越位、错位事项的清理和排除。在经济、效率、效益等绩效评估标准基础上，更倾向于增加公平、公开、公信和回应等绩效评估标准。其次，政府绩效评估指标侧重或增加社会公平、节约能源、保护环境、地理生态和政府创新等方面的指标。再次，政府绩效评估方法更加注重公民导向和结果导向，加大绩效评估的外部测评力度和公民参与程度。最后，在政府绩效评估结果应用上应放弃急功近利、不分场合地推行一票否决、末位淘汰等不科学的做法，更为注重将评估结果与干部任用、奖惩和资源配置衔接，注重"激励与约束相结合"的导向作用，注重绩效评估结果与行政问责制相结合，使绩效评估结果成为行政问责的一个基本前提。政府绩效评估指标体系的建构是政府绩效管理研究领域的重点，相应成果甚为丰富。卓越（2004）设计了一套地方政府通用评估指标，由基本指标与指标要素或评判方法两个层次 54 项指标构成，主要包括思想建设、组织建设、政府建设、制度建设、一票否决、依法行政、举止文明、环境规范等 15 个方面。唐任伍、唐天伟（2004）提出了中国省级地方政府效率测度指标，通过政府公共服务、政府公共物品、政府规模及居民经济福利等 4 个方面47 项指标来衡量地方政府的工作效率。[1]范柏乃（2005）在对 200 多名 MPA 学员调查的基础上，设计行政管理、经济发展、社会稳定、教育科技、

生活质量和生态环境等 6 个领域的 66 项指标，并筛选得出具有代表性的 37 项地方政府绩效评估指标。彭国甫（2005）通过深入研究，提出了衡量地方政府公共事业管理绩效的业绩指标、成本指标、内部管理指标 3 方面共 33 项指标。兰州大学中国地方政府绩效评价中心认为，政府绩效评价指标体系应有职能履行、依法行政、管理效率、勤政廉政、政府创新等 5 个一级指标，经济运行等 14 个二级指标，40 个三级指标构成，三级指标按非公有制企业、省政府评价组和专家委员会三类评价主体分别设置。国家行政学院在研究欧盟成员国使用的多种绩效评估模型的基础上，结合我国国情，构建了中国通用绩效评估框架（CAF）。CAF 模型包括了促进和结果两大要素，共 9 大标准，其中的领导力、人力资源管理、战略与规划、伙伴关系和资源、流程与变革管理属于促进要素；员工结果、顾客/公民结果、社会结果和关键绩效结果属于结果要素。9 大指标下又包括 27 个次级指标。

4. 问题与对策

关于我国政府绩效管理实践中存在的问题及其对策是学界研究的重点且涉及面很广。李燕凌（2002）、徐双敏（2003）等人从可行性角度探讨了绩效评估的主要障碍：政府企业两种组织的性质差异、政府作为行政组织所特有的弊端、观念的障碍、激励制度的匮乏等。[2][3]王建民（2005）等人从中观层面分析了政府绩效管理实践中出现的主要问题：评估主体的制度建构不完善，主体笼统、监督乏力；评估目的不明确，激励与约束机制不健全；绩效评估内容不全面，没有建立科学、综合的指标体系；重形式、轻效果，成为新的形象工程；评估程序没有规范化，存在着随意性；评估过程具有封闭性、神秘性，缺乏透明、公开；制度化程度偏低。[4]中国（海南）改革发展研究院（2007）对绩效评估问题进行了全面总结，包括管理理念上的偏差、发展不平衡、统一和协调不足、缺乏政策指导和法制保障、指标体系不够科学等。[5]倪星（2007）则指出了评估指标体系

① 唐任伍、唐天伟：《2002 年中国省级地方政府效率测度》，《中国行政管理》，2004 年第 6 期。
② 李燕凌：《政府绩效管理障碍的制度分析》，《重庆大学学报》，2002 年第 4 期。
③ 徐双敏：《我国实行政府绩效评估的可行性研究》，《中南财经政法大学学报》，2003 年第 5 期。
④ 王建民：《中国地方政府机构绩效考评目标模式研究》，《管理世界》，2005 年第 10 期。
⑤ 中国（海南）改革发展研究院：《2007 中国改革评估报告》，中国经济出版社，2007 年。

设计中存在的问题：指标体系不统一，各地差异较大；指标设计主体单一，缺乏代表性；指标内容的泛经济化，扭曲评估方向；指标数据缺乏真实性，水分较大。①梁平等人（2007）从经济生态环境、政治生态环境和文化生态环境分析了我国实施政府绩效评估的制约因素：目前的政府财政使绩效评估遭遇内部动力障碍，惩罚节约的预算体制使评估流于形式；评估以官为主，缺乏社会公众和社会评估机构对政府的评估，政府机构改革困境给政府绩效评估带来刚性约束；中国传统文化中"人情至上"原则使政府绩效评估制度失灵，重中庸、轻竞争，重"官本位"、轻"民本位"的思想，造成了政府缺乏竞争意识，导致政府绩效评估容易忽视人民群众的意愿。②刘昕（2007）认为中国政府的绩效管理无论是从思想体系上，还是从具体的操作层面，都还处于发育阶段，不可避免地存在一些问题：①缺乏全面的绩效管理理论体系和政府绩效管理组织体系；②政府部门普遍缺乏明确的使命阐述，导致我国政府的绩效管理缺乏使命牵引，同时也缺乏对政府绩效进行衡量的最终依据；③政府绩效考核体系的设计单纯追求指标的细化以及评估指标体系的统一化；④我国目前对于公务员个人的绩效考核依然是基于模糊的个性特征和行为，而不是依据客观的绩效标准来进行评估；⑤政府缺乏总体上的战略性人力资本管理思想，人事部门的管理职能没有发挥到位，对领导者和管理者的领导力和管理技能开发不足。③针对上述问题，专家学者从各自的角度提出了相应的对策建议。周志忍（2007）指出，与发达国家相比，我国的公共组织绩效评估的规范化程度明显不足，缺乏统一规划和指导，分散在多种管理机制中并由多元主体实施，由此带来了评估内容和侧重点上差别大、评估标准不统一、评估程序和方法不一致等特点，构成了公共组织绩效评估科学化的障碍。他认为政府绩效评估实践中值得思考和关注的问题主要有："在政府越位基础上实施组织绩效评估"，"组织绩效评估嫁接在运动式管理活动上"，"绩效指标与组织使

命和任务脱节甚至冲突"，"绩效评估中的价值取向存在偏差"，"绩效评估的公开性与透明度不足"，"评估结果利用容易走向极端"等。蔡立辉（2007）对我国政府绩效评估理论研究和实践现状进行了反思，指出在理论研究上存在以下缺陷："对政府绩效评估动力机制的研究是从政府公共管理问题的表象出发而不是从问题的原因和基本国情出发而展开的，以西方发达国家和企业的实践经验总结介绍、甚至照搬它们的具体做法代替了必要的政府绩效评估的原创性研究，以零碎的、分散的研究代替了从理念、价值、实施环境到具体实施方法与途径的系统研究。已有研究没有深入和系统地研究政府绩效评估的原创性理论，没有结合中国经济社会发展和政府公共管理的现实来研究如何使西方国家政府绩效评估的实践经验更加符合我国的实际并加以本土化，没有结合政府公共管理特征和行政业务需求来研究如何在政府绩效评估中引入企业绩效评估的方法，对政府绩效评估的理念、内涵、价值、评估过程的各个环节和实施环境缺乏系统的把握，致使研究成果难以对实践产生正确的指导作用，缺乏应用性和可操作性，导致政府绩效评估实践的盲目性更加严重。"我国政府绩效评估还不能被视为当代真正意义上的政府绩效评估，也还很不成熟，实践中还存在以下问题："第一，我国施行政府绩效评估还处于自发、半自发状态，缺乏全国统一的、相应的制度和法律作保障，缺乏系统的理论做指导，照搬西方国家或企业绩效评估措施的现象普遍存在，盲目性严重。第二，政府绩效评估缺乏评估主体的制度建构；党委组织部门、政府人事部门、国有资产管理部门在评估公务员绩效时彼此分割，负责公务员绩效评估的专门机构还没有真正建立。第三，绩效评估的内容不全面，没有建立科学、综合的评估指标体系，片面地将经济业绩等同于政绩，或者将公众的满意度评估等同于政府绩效评估的全部；绩效评估与政府职能和岗位职责严重脱节；同时，政府绩效一般没有进入市场交换领域，导致政府绩效评估难以用市场价格来直接

① 倪星：《地方政府绩效评估指标的设计与筛选》，《武汉大学学报》，2007 年第 2 期。
② 梁平、滕琦、李国栋：《社会生态环境视域下政府绩效评估的制约因素探讨》，《学术论坛》，2007 年第 7 期。
③ 刘昕：《我国政府绩效管理中亟待梳理的几个关键问题》，《中国行政管理》，2007 年第 4 期。

标示必要的行政成本。第四，评估程序没有规范化、程序化，存在着随意性；评估过程具有封闭性、神秘性，缺乏透明、公开与应有的监督。第五，评估方法缺乏科学性，没有实现定性方法与定量方法的有机结合，忽视了时间因素对绩效评估的影响；评估方法单一，评估大多采取'运动式'、'评比式'、'突击式'，忽视了持续性评估。第六，绩效评估功能的定位没有注重通过科学合理和可量化的绩效目标、绩效标准来规范行政行为，不是把绩效评估作为提高行政能力、规范行政行为和进行激励的有效措施，而是作为消极防御、事后监督与制裁的手段，因而总是陷于被动。第七，在科学政绩观、绩效目标和评估指标体系没有有效建立的条件下，表面化的绩效评估进一步助长了政府部门及其领导者把政府部门的主要精力放在见效快、表面化程度高的行政事务上，不考虑经济效益和社会效益，挥霍公共财政，刻意制造政绩工程。第八，开展绩效评估忽视了实施绩效评估的基础性工作以及配套性措施的完善，包括没有通过重新梳理政府部门之间的职能来达到解决职能交叉重复的问题；没有通过工作分析来达到解决岗位职责与岗位工作标准不明确的问题；没有通过制定和完善行为标准、行为规范来解决绩效评估时的评判尺度问题，导致绩效评估不是根据同一的评判尺度而是根据评估者个体利益实现的程度来进行评估。"①

5.发展趋势

中国行政管理学会课题组（2006）指出，当代公共组织绩效评估的发展趋势是绩效评估的制度化、规范化和公民导向。陈通、吴苓（2007）认为地方政府绩效评估的发展趋势主要体现在地方政府绩效评估的制度化、公民导向和结果导向等方面。

四、政府绩效管理研究的最新进展

从年度报告的定位出发，编者对我国政府绩效管理研究在2011年度的学术成果进行了收集、整理、总结和分析。在以政府绩效、公共部门绩效、公共组织绩效、公共绩效、政府绩效管理、

政府绩效评估、政府绩效考核、政府绩效评价等为主题词，对中国知网《中国期刊全文数据库》、《中国博士学位论文全文数据库》、《中国优秀硕士学位论文全文数据库》、《中国重要会议论文全文数据库》、《中国重要报纸全文数据库》、《中国年鉴网络出版总库》进行文献搜索，共获取相关文献1129篇，来源分布如表2-1所示。按照期刊等级、与绩效评估或管理研究的直接相关性等标准筛选并剔除重复文献后，选取518篇文献进行分析与综述，其中论文文献332篇、报刊文献97篇、年鉴文献89篇。

表2-1　2011年政府绩效管理研究文献来源

文献来源	文献数量（篇）	比例（%）
中国期刊全文数据库	633	56.1
中国博士学位论文全文数据库	12	1.1
中国优秀硕士学位论文全文数据库	176	15.6
中国重要会议论文全文数据库	36	3.2
中国重要报纸全文数据库	183	16.2
中国年鉴网络出版总库	89	7.9
合计	1129	100

（一）2011年基础理论研究

1. 含义与特征

王艳艳对绩效管理理论基础研究进行了回顾与展望，指出：注重应用性是当前绩效管理研究的显著特征；绩效管理研究的模式与一般的管理研究模式存在着系统性的差异；绩效管理研究从认知维度上来看属于"硬性—应用型"，而从社会组织维度来看则属于"城镇—聚合型"。② 尚虎平、李逸舒以绩效、政府绩效、政府绩效评估概念为例介绍了一种概念界定工具：原子图谱法。运用原子图谱法，作者对绩效的概念界定是："绩效就是指在特定的时期内，组织或组织中的个人围绕组织目标采取某种行为展开工作所取得的效率、效益、效能、成绩等结果。它是活动与活动结果的统一体，包括组织绩效和个人绩效两个方面，在处理项目的过程中还有项目绩效。无论哪种绩效类型，都存在着任务绩效和周边绩效两个方面。其中，任务绩效是指个人或组织在特定时期内通

---

① 蔡立辉：《政府绩效评估：现状与发展前景》，《中山大学学报》，2007年第5期。
② 王艳艳：《绩效管理的理论基础研究：回顾与展望》，《现代管理科学》，2011年第6期。

过直接的工作活动对按照组织目标所赋予的任务所做的贡献；周边绩效则是组织或个人不通过直接的工作活动而是通过构成组织的社会、心理背景的行为促进其作业绩效，从而提高整个组织的有效性或者在完成任务绩效的过程中同时产生了正的外部性，出现了利己利人的双赢甚至多赢局面。"对政府绩效的概念界定是："政府在公共受托责任和国家行政目标的指引下，在一定时期投入一定成本从事行政管理、社会公共服务的过程中所获得的行政效率、行政效益和行政效果以及实现其目标的程度。从横向来看，它涉及经济、政治、社会、文化等多个维度；从纵向来看，政府绩效可划分为微观、中观和宏观这3个层面，即公务员个人绩效、政府职能部门的绩效与各级政府整体的绩效，与绩效一样，无论哪种类型的政府绩效，都存在着任务绩效和周边绩效两个方面。"对政府绩效评估的概念界定是："运用科学的方法、标准和程序，对一定时期内政府管理效率、服务质量、公共责任、公众满意度等方面所进行的全面性评估，它是对政府在该时期公共管理与服务过程中投入、产出、最终结果进行客观、公正、准确的定性、定量结合的综合评判。从横向来看，政府绩效评估涉及对经济、政治、社会、文化等多个维度的评估；从纵向来看，政府绩效评估可划分对微观、中观和宏观3个层面，即公务员个人绩效、政府职能部门绩效与各级政府整体绩效的评估。无论哪种类型的政府绩效评估，都存在着对任务绩效和周边绩效两个方面的评估。"[①]

2. 作用与意义

陈奇星认为政府绩效评估作为一种政府再造的有效工具和现代公共管理的科学手段，蕴涵着重要的意义。主要体现在以下4个方面：一是绩效评估有利于推进服务型政府建设；二是绩效评估有利于政府从传统行政管理模式向现代公共管理模式的转变；三是绩效评估有利于提升政府的治理能力和水平；四是绩效评估有利于更好地树

立政府的信誉和形象。解丽颖、王清源对公民参与政府绩效评估的价值进行了分析，认为公民参与政府绩效评估有利于管制政府向服务政府转变，有利于"威权"政府向民主政府转变，有利于"封闭"政府向"透明"政府转变，有利于增强公民参与意识，有利于提高公民参与能力。

3. 管理理念

曹堂哲对战略协同性政府模式的特征进行了研究，指出战略绩效的协同包括战略绩效评价指标内部的一致性和协同作用、战略绩效指标与战略之间的协同性、战略绩效与公众评价的协同性。[②]董克用、李文钊提出建立以政府职能为基础的绩效改进模式，认为"政府职能是政府绩效改进的有机组成部分；政府职能要求从更高层次理解政府绩效改进中的'效率'观点；政府职能是确定绩效标准的基础，绩效标准必须随着政府职能变化而变化；针对不同政府部门，设计不同的绩效衡量标准和指标；对政府绩效衡量方法进行公共性改造，强化政府职能在技术方法中的重要性；绩效标准和绩效指标选择应该是一个政治过程和公共参与过程，客观性和公正性是其基本要求。"[③]王肃元探讨了政府绩效与公民权保障之间的关系：①保障公民权利是民主国家政府绩效的根本价值追求：保障公民权利是现代政府合法性的基础，是政府绩效的最终体现，是政府绩效的终极目的；②政府绩效的高低影响公民权利的实现："公民为本"的政府绩效价值取向，突出"亲民、安民、富民"的政府绩效评价内容，"官方评估与民间评估并重"的政府绩效评价主体构成，"权责同授、有责必问"的政府绩效结果责任机制；③公民权的保障促进政府绩效的提高：公民权利至上的理念有助于政府绩效的定位，公民权利的实现有助于增强公民服从政府管理的自觉性和减少行政成本，公民监督权的行使有助于政府行为的公开化和公正化，公民维权行动有助于政府建立有效的纠错机制和激励机制。[④]吴红梅介绍了美国行政学

① 尚虎平、李逸舒：《一种概念界定的工具：原子图谱法——以"绩效"、"政府绩效"、"政府绩效评估"概念为例》，《甘肃行政学院学报》，2011年第4期。

② 李京文、赵景华：《多维视角下的政府管理与国际政治——中央财经大学政府管理学院5周年院庆论文集》，经济管理出版社，2011年。

③ 董克用、李文钊：《从政府职能的视角理解政府绩效改进》，《中国机构改革与管理》，2011年第1期。

④ 王肃元：《公民权保障视野下的政府绩效分析》，《科学经济社会》，2011年第2期。

家马克·霍哲的政府绩效管理思想：将公民参与导入政府绩效评估系统，尝试性构建了一种"自上而下"和"自下而上"的互动评估体系；并将全面质量管理作为政府绩效管理的核心思想，其目的在于增进公共机构对公众的回应性。[①]文英平提出了适应性政府绩效评估的理念，指出我国政府应从自己的实际出发，以适应性为指导原则优化选择绩效评估指标体系，切实地评估政府的工作绩效，才能从根本上解决政府管理中的量化难题，使政府的治理获得公众的广泛理解和持久的支持力；具体的适应方式有四种，即纵向适应、横向适应、选择适应和动态适应。

4. 方法与工具

陈希晖等人对政府绩效审计方法的选择进行了探讨，指出绩效审计过程主要包括数据资料的收集、分析和评价工作，实践中使用得较多的数据资料收集方法有审阅法、观察法、调查法、访谈法等，在绩效审计实务中常用的分析和评价方法包括比较分析法、指标分析法、统计分析法、因果分析法及管理分析法等。秦晓蕾基于江苏省13个地方政府考评指标体系的实证研究，探讨了地方政府绩效考评指标量化设计的方法：组织战略、部门战略、个体工作目标"三位一体"的关键绩效指标法模式；分级分类绩效考评指标量化模式（包括共性指标与差异性指标的分级分类量化设计，考评周期的分级分类量化设计）；部分难量化考评指标行为量化、程度量化模式（包括基本素质与能力类考评指标行为量化、程度量化设计，考绩类指标行为量化设计）。[②]高树彬、刘子先在分析服务型政府绩效评价内涵及其特点的基础上，研究了基于模糊 DEA 的政府绩效评价方法及其评价流程。该方法首先引入 L-R 模糊数将定性评价指标的评价语言转化成模糊数，然后在基本 C²R 模型的基础上应用 α 截集构建了政府评估的 α-FC²R 模型，通过计算各决策单元的绩效评价指数来确定绩效的好坏。[③]魏四新、郭立宏

认为"地方政府绩效目标设置除目标设置内容的重要性、目标明晰度和目标难度选择之外，环境因素、政府的战略目标、政府能力、公众的意见、自我效能、心理契约、归因、反馈、激励、竞争和参照系选择等因素都构成了影响，地方政府绩效目标设置是这些因素共同作用下的一个均衡结果"；[④]地方政府绩效目标设置技术与方法主要有 SMART 法、趋势预测法、因素分析法、参照系法（标杆法）、项目分解法、下限法、心理测度法、综合评估法等。黄佳圳结合政府绩效评价指标和权重设计案例介绍了运用层次分析法确定指标权重的操作流程，即建立递阶层次结构模型、构造各层次中的所有判断矩阵、层次单排序及一致性检验等。吴慧芳对政府绩效评估体系的构建方法进行了阐释，涉及数据标准化、权重归一化、评估引擎等内容。

（二）2011 年管理实践研究

1. 借鉴与比较

包国宪、李一男对澳大利亚政府绩效评价实践的最新进展进行了研究，介绍了由澳大利亚公共服务委员会以及生产力委员会主导的政府绩效评价模式及其特点、优势、报告过程。澳大利亚政府每年向民众发布服务评价报告（Report on Government Services，ROGS），该报告的绩效评价指标框架涵盖"儿童早期教育与培训、正义、紧急处理、卫生保健、社区服务、住房"等6类公共服务共14个评价项目。[⑤]卓越、孟蕾等人介绍了英国、加拿大、澳大利亚和新西兰政府建立整体性绩效管理框架的近期成果与实际经验，指出绩效管理框架凸显了指标体系的元工具作用，加强了组织实施的操作流程，拓展了绩效管理的发展空间，推进了绩效管理的发育成熟，是西方政府绩效管理发展新阶段的明显标志。李明、肖小明从理论基础、价值取向和行政生态环境3个方面分析了发达国家推行政府绩效管理的基础性条件，指出："绩效管理不仅仅是发达国家政府在应对危

① 吴红梅：《论霍哲政府绩效管理思想的内涵与启示》，《云南行政学院学报》，2011 年第 5 期。

② 秦晓蕾：《地方政府绩效考评指标量化设计创新——基于江苏省 13 个地方政府考评指标体系的实证研究》，《行政论坛》，2011 年第 6 期。

③ 高树彬、刘子先：《基于模糊 DEA 的服务型政府绩效评价方法研究》，《科学学与科学技术管理》，2011 年第 12 期。

④ 魏四新、郭立宏：《我国地方政府绩效目标设置的研究——基于目标设置理论视角》，《中国软科学》，2011 年第 2 期。

⑤ 包国宪、李一男：《澳大利亚政府绩效评价实践的最新进展》，《中国行政管理》，2011 年第 10 期。

机过程中的即兴之作，实质上绩效管理是经过了长期的理论准备的管理理念和行政模式的深刻变革，有着不同于以往政府行政的价值取向和追求。绩效管理之所以在发达国家取得成功，与发达国家多年如一的民主价值、管理取向、法治精神、政治参与等方面的因素密不可分，可以说绩效管理是发达国家政府发展到后现代时代的必然产物。"① 谭融、杨淳比较完整地介绍了美国政府绩效评估体系的构成及其价值取向，包括绩效评估的管理机构、实施程序、指标体系、政府间合作等内容。盛明科、段玉玲对美国联邦政府绩效评估的制度基础及其效用进行了分析，认为政府绩效评估工具之所以能有效增进美国联邦政府公共责任、提升公共部门绩效水平、推进民主行政治理，关键是依赖于美国联邦政府顾客至上理念、结果导向制度、分权制管理体制以及完备的绩效评估制度本身。这些理念和制度为政府绩效评估体系的有效运行起着基础、激励与保障作用，是联邦政府绩效评估实施的基础、运行的保障、成功的关键。② 邹怀贤介绍了中国台湾地区政府绩效管理的组织体系、操作程序、评价指标体系、评价结果运用情况，分析了中国台湾地区政府绩效管理实践的特点。包国宪、周云飞介绍了英国政府绩效评价实践的最新发展形式——全面地区评价（CAA）体系产生的背景、目标、框架、数据来源、评价周期等内容。

2. 管理模式

马云鹏对我国 20 世纪 90 年代以来的地方政府评估模式进行了归纳总结：一是与目标责任制相结合的政府绩效评估。这种模式主要评估履行职能、工作完成、依法行政、服务质量、队伍建设等情况。以北京、青岛、江苏等地为典型。二是与机关效能建设相结合的政府绩效评估。这种模式主要通过对政府机关及其管理活动的效率、效果、质量等方面的全面考察和评价，改进机关作风，促进政府机关廉洁、勤政、务实、高效。这实际是国家纪检监察部门依照法律、法规、规

章，对政府部门绩效进行的评估活动，以福建、浙江最为典型。三是与公民评议活动相结合的政府绩效评估。这种评估模式将公众对政府机关的评议结果纳入政府绩效评估，将公民和管理服务对象参与对政府业绩的考核作为现代政府绩效评估的重要形式。这以江苏南京市、上海杨浦区、广东珠海市最为典型。黄俊尧基于杭州综合考评个案对公众参与地方政府绩效评估的广度（包容性）和深度（有效性）进行考察，其结论是："一方面，此类公众参与有助于促进政治沟通，增强政府的责任与回应性，优化政府决策，从而达到改善公共服务、提升治理绩效的目的，甚至也能为民主政治的发展准备条件；另一方面，它在本质上仍属于邀请性参与、行政吸纳型参与，参与进程处于政府的调控之下并受到严格限制。"③ 杨拓、陆宁探讨了第三方政府绩效评估的委托代理模式，介绍了政府部门进行第三方委托的过程，包括考虑实施委托授权、选择绩效评估范围、进行可行性研究、促进竞争、对第三方评估组织资质进行调查、对委托合同进行细化、实施公开招标、监测合同的履行等 8 个步骤。徐双敏、李跃对第三方评估模式的优化进行了探讨，他们利用利益相关者理论中的"米切尔评分法"，对我国政府改革实践中已有的专家学者、专业公司、评议代表以及普通民众 4 种"第三方"主体进行了利益相关性分析。结果表明：专家学者"影响力"强，但"合法性"、"紧迫性"弱；专业公司"影响力"一般，"合法性"、"紧迫性"都弱；评议代表"合法性"强，"影响力"、"紧迫性"一般；普通民众"合法性"一般，"影响力"、"紧迫性"都弱。因此优化"第三方"主体应提高专家学者和专业公司的"合法性"、"紧迫性"，提高评议代表及普通民众的"影响力"。④

3. 评估体系

柏群等人结合重庆市各基层政府实际，提炼出"统筹城乡经济发展、统筹城乡社会事业发展、统筹城乡生活品质发展以及统筹城乡资源环境发

---

① 李明、肖小明：《理论、价值与环境——发达国家政府绩效管理的基础分析》，《中共南京市委党校校报》，2011 年第 4 期。

② 盛明科、段玉玲：《美国联邦政府绩效评估的制度基础及其效用分析——兼论对我国政府绩效评估实践的启示》，《云梦学刊》，2011 年第 2 期。

③ 黄俊尧：《地方政府绩效评价进程中的公众参与——基于杭州综合考评个案的二维审视》，《行政论坛》，2011 年第 6 期。

④ 徐双敏、李跃：《政府绩效的第三方评估主体及其效应》，《重庆社会科学》，2011 年第 9 期。

展"等4个一级指标，下设32个二级指标，并综合运用层次分析法等统计学知识，确定各指标相应权重。崔晶基于公共服务的视角，从效率政府、服务导向型政府、透明政府、廉洁政府等4个方面构建了我国地方政府绩效评估指标体系，涉及行政管理、公务员管理、教育、医疗卫生、社会保障、政务公开、官僚问责、反腐败等8类评估项目共34项指标。赵景华、李宇环基于评价指标与战略目标的对应性理念，根据地方政府主体功能区规划，设计不同主体功能区的绩效评价指标，包括经济发展、社会管理、人民生活、资源环境等4个一级指标，针对每类功能区设计了15~20个不等的二级指标。① 孙洪敏从行政管理、经济发展、社会稳定、教育科技、生活质量和生态环境等6个领域，遴选了66个指标，建构了一套以民生为本的地方政府绩效评估指标体系。徐国冲、庄三红采用定量分析方法，以30套地方政府绩效评估指标体系作为研究样本，在统计分析的基础上对我国地方政府绩效评估指标进行评估，归纳其结构特点，并指出现行的指标多是静止的、结果性的，指标解释及计算方法亟待规范等问题，未来应开发测度政府发展能力的指标，从数量指标、比率指标走向高端的模型指标，政府绩效评估应兼顾结果性评估和预测性评估。② 胡奕明等人通过问卷调查的方式对我国政府绩效评价体系进行了全国范围的调研，结果表明：大多数单位或组织都建立了绩效评价体系；人们对即使非常常见概念的理解和认识也存在不一致；对于评价人，被调查者认为应依次为审计部门、独立第三方、人大下设的专门机构等；绩效评价应针对"单位整体层面"、"领导集体"或"领导个人"；评价结果应当呈报"上级政府"、"同级政府"、"同级人大"和"公开媒体"，评价结果应与职务升迁挂钩。③ 文英平、孙健尝试建构了多元政府绩效评估主体模式，提出以内部评估作为程序性的评估主体，

以公众评估作为实体性的评估主体，以第三方评估作为阶段性、长期性和专项性的评估主体。尚虎平以中国统计年鉴、地方统计年鉴、政府及各部门的行政日志等为数据源构建了面向南京、盐城、苏州等市的政府绩效评估指标数据仓库，并用综合聚类挖掘出了一套基于一定支持度的我国市级政府绩效评价的指标体系，它包括10个一级指标、30个二级指标与90个三级指标。孙洪敏介绍了地方政府绿色GDP绩效评估体系的构成，指出绿色GDP是可持续发展的重要体现，代表了国民经济增长的正面效应，要从根本上扭转地方政府片面追求GDP的政绩观，需要借鉴国外"环境保护问责制"的做法，逐步在我国建立绿色GDP绩效评估体系。孙洪敏、沈殿忠提出将国民幸福指数纳入政府绩效指标体系的观点，探讨了如何确立国民幸福指数评估的正确导向和不断完善公众参与的环节和方式，并构建了政府绩效与国民幸福指数内在关系的数学模型。④ 吴宾、孙慧慧研究了廉租住房保障的政府绩效评估问题，建立一套包括"执行力指标、财政指标、供给指标、保障指标和管制指标等5个一级指标，19个二级指标和46个三级指标的综合绩效评估体系。⑤ 卢海燕从"服务结果、服务能力、服务过程3个维度"探讨了服务型政府绩效评估指标体系的逻辑与结构，认为"应从基本公共服务的覆盖面、水平度、均衡度、供给效率、满意度5个方面来衡量政府提供公共服务的效果"。⑥ 王奕君、杨艳、甘月文以内蒙古为例分析了我国民族自治地方县级政府绩效评估指标体系构建的特殊性，这种差异性主要体现在以下7个方面：县情差异较大、考虑经济发展同时更要关注环境保护、注重民族文化与草原文化的保护与传承、提升民族教育质量、关注民族团结、重视民族地区人力资源开发与保护、提高少数民族地区的民众生活质量指标比重。容志、陈家刚对我国地方政府绩效评估指

---

　① 赵景华、李宇环：《基于主体功能区规划的地方政府绩效评价指标体系研究——以北京市为例》，见《第六届（2011）中国管理学年会——公共管理分会场论文集》。

　② 徐国冲、庄三红：《地方政府绩效评估指标之评估——基于网络调查的数据》，《厦门理工学院学报》，2011年第2期。

　③ 胡奕明、樊慧、刘纯、朱智勇：《对我国政府绩效评价体系的调研与分析》，《审计研究》，2011年第6期。

　④ 孙洪敏、沈殿忠：《将国民幸福指数纳入政府绩效指标体系》，《政治学》，2011年第12期。

　⑤ 吴宾、孙慧慧：《廉租住房保障的政府绩效评估初探》，《长春工程学院学报》（社会科学版），2011年第3期。

　⑥ 卢海燕：《论服务型政府绩效评估指标体系的逻辑与结构》，《新视野》，2011年第5期。

标体系进行了检视与反思，指出目前我国各地的政府绩效评估总体上是一种"任务导向"+"满意导向"的政府绩效评估模式。就评价指标的内容而言，政府宏观绩效评估目前关注的主要内容包括职能履行、政府内部管理两个方面，公共部门（机关）绩效评估目前关注的主要内容包括职能工作、机关内部管理、社会评价等3个方面；就评价指标的性质而言，具有定性与定量相结合，主观指标与客观指标相结合，衡量投入、产出和结果的指标同时并存，指标权重的政治导向性特征明显等特征。林蓉蓉通过以14个现有的地方政府绩效评估指标体系的统计分析，立足于指标本身选取情况，分析中国学术界对地方政府绩效评估指标体系的侧重点以及看法的一致性程度。其结论是：中国的地方政府绩效评估指标体系的构建还不够深入和成熟，研究状况尚未达成稳定和普遍的认同。中国学者在借鉴国外对地方政府绩效评估指标体系研究成果、结合中国现实的同时，还需要不断通过对政府使命、职能、目标、工作性质、服务对象的研究和界定，突出政府在公共服务、社会管理和政府本身行政管理方面的潜力，促进普遍认同的研究范式和体系的形成。①

4. 问题与对策

董克用、李文钊分析了我国政府绩效管理所面临的问题：①注重对政府绩效测评，不注重对政府绩效的改进。②评估指标体系单一，缺乏科学性。③以满意度评价为主，而忽视其他评价。④以相同指标体系评价所有政府部门，忽视政府部门之间差异性。⑤注重方法和技术，忽视目标和职能。⑥注重行政效率的研究，忽视社会效率的测量。彭澎对当前我国地方政府绩效评估的现实困境进行了分析，指出我国地方政府绩效评估面临着法治化程度不高，地区发展不平衡，管理体制和评估标准不统一，评估主体不全面以及评估科学性不强等诸多问题，需要通过设立多元评估主体、健全绩效评估内容、完善绩效评估制度、注重绩效成本控制和强化评估结果运用以实现我国地方各级政府绩效评估的法治化、制度化与科

学化。刘晓峰等人认为当前我国政府绩效管理中存在的问题，主要是政府绩效管理缺乏统一的政策指导和制度保障，对政府绩效管理的理论研究与实践发展滞后，社会参与机制不完善，激励制度匮乏等。我国应通过立法来推进政府绩效管理的制度化和规范化；学习和借鉴西方先进思想，加强政府绩效管理的理论研究，建立有效的绩效评估指标体系和完善的激励制度，从而提高我国政府效能，增强政府管理能力。曹惠民对我国政府绩效问责中存在的问题进行了探讨：绩效问责主体的不明确导致"有责无问"；问责途径的有限导致"问而无道"；问责有效激励机制的缺乏导致"问而无责"；问责的社会文化缺失导致"问而无境"。②蔡立辉认为："当前中国政府绩效评估研究的前沿已不再是介绍、引入西方国家政府绩效评估的相关理论与经验，也不再是论证在中国开展政府绩效评估的必要性与意义，而是要深入研究中国实施政府绩效评估过程中存在的问题，研究如何构建中国特色的政府绩效评估体系，研究解决政府绩效评估中的难点问题和探寻政府绩效评估科学实施的有效途径。"③中国施行的政府绩效评估还很不完善，存在着许多问题，主要表现为：第一，还没有真正掌握、运用好定性与定量的关系，没有真正建立可量化的、综合的、多层次的评估指标体系，导致定性评估多、定量评估少，评估还主要是凭感觉打主观印象分；第二，权重设计及分值安排基本上还是依靠主观确定；缺乏科学依据；第三，单位评估多，岗位评估少；第四，传统方法多，现代手段少；第五，绩效评估指标体系的设计没有体现部门、岗位应当履行的职能或职责，绩效评估与职责履行严重脱节；第六，评估活动多，评估结果运用少，评估流于形式；第七，在推进途径方面，忽视了实施绩效评估的基础性工作以及配套措施的完善。尚虎平、李逸舒对我国地方政府绩效评估中经常使用"一票否决"指标的现象及其原因进行了深入研究，梳理了17项具有代表性的"一票否决"指标，提出了4个规律性命题："一票否决"是对社会热点

---

① 林蓉蓉：《中国地方政府绩效评估指标体系研究现状分析——以14个地方政府绩效评估指标体系描述性分析为例》，《辽宁行政学院学报》，2011年第7期。

② 曹惠民：《公共治理视角下的政府绩效问责机制研究》，《理论导刊》，2011年第10期。

③ 蔡立辉：《科学实施政府绩效评估的难点问题分析及其解决》，《政治学》，2011年第4期。

问题采取的一种"救火式懒政"行为；"一票否决"是对民怨较大问题采取的一种"救火式庸政"行为；"一票否决"是前现代的"救火式极端化行政"行为；"一票否决"是将绩效关键点转嫁给下级的"救火工具"。他们认为"一票否决"泛滥的根本原因在于未能及时从"救火行政"模式升级为"科学管理"行政模式。[①] 石富覃、包国宪对我国政府绩效评价监管法制体系建设问题进行了研究，指出近年来我国地方政府和部门进行的绩效评价实践中，逐渐暴露出评价管理薄弱、法制建设滞后、规范保障不足的问题，包括绩效评价缺乏政府部门的统一规划和权威指导、绩效评价活动存在一定的监管空白、绩效评价缺乏国家法制保障和规范、绩效评价缺乏一套法制化、系统化、科学化的制度体系等。为此作者系统阐述了政府绩效评价监管法制体系建设的目标、原则、内容及主要任务。

5. 发展趋势

胡春萍、吴建南等人采用德尔菲法，通过对8类利益相关者感知绩效信息来源和8类部门或文件等非感知绩效信息来源的专家调查，预测了中国地方政府绩效评估中信息来源的未来使用趋势。研究表明，未来政府绩效评估将以非感知绩效信息来源为主，统计局和财政局是重要的非感知绩效信息来源。同时，感知绩效信息来源有望成为重要补充，外部公众感知绩效信息来源在未来得到广泛使用的需求明显。[②] 杨宇谦、吴建南等人提出了政府绩效评估体系创新的分类框架，采用德尔菲调查法，从政府绩效评估体系的定位、指标、利益相关者和结果使用4个方面考察了创新的现状与趋势。研究发现，从服务型政府理念出发，绩效评估体系创新的关键是突出战略思维、强化公众参与、鼓励创新导向和重视能力建设，但是调查结果显示，这些方面均非目前绩效评估体系创新的热点，也非可行的创新途径。高度响应服务型政府思想的绩效评估体系创新可能尚处于"蛰伏"状态，需要外部环境的支持作为其产生条件。盛明科对西方国家城市政府绩效管理的实践经验与发展趋势进行了研究，城市政府绩效管理面临着新的发展环境，呈现出"以公共责任、顾客导向为核心理念，凸显城市政府绩效管理主体的多元合作，城市政府绩效管理逐步制度化与法制化，城市政府绩效管理的技术手段日益现代化，城市政府绩效管理的交流与合作不断加强"等趋势。[③] 陈家浩根据近5年来中国政府绩效评估研究的最新成果，从学科发展的视角，全新和系统地总结该领域知识生产的语境、发展脉络和未来趋向，指出我国绩效评估的研究要在以下4个方面继续深入探索和保持理论对话：一是绩效评估中评估者与被评估者的互动机制；二是绩效目标的实现机制与目标积累；三是绩效信息在公共组织中的运转规律；四是绩效评估结果利用的激励机制。

（三）理论进展评述

2011年度政府绩效管理研究从成果的数量、质量和研究的广度及深度来看总体上呈现良好态势。在成果数量上，2011年度以政府绩效评估与管理为主题的著作、教材、论文数量较往年有显著增加，仅2011年鉴搜集的著作数量达到了12部、MPA教材1部、相关文献多达1200余篇。同时，全国政府绩效管理研究会在2011年度出版了《中国政府绩效管理年鉴（创刊卷2010)》，这是一部政府绩效管理领域的专业年鉴，对于观察、了解、记录和研究我国政府绩效管理发展与改革的进程具有重要意义。在成果质量上，尽管现有研究成果还存在参差不齐、良莠不一的现象，但不可否认高质量的论文规模在扩大，发表在CSSCI来源期刊上的论文数量在增加。这主要得益于国内一些高校已形成一批具有一定规模的专业研究团队，学科建设的效果逐渐凸显。在研究广度上，学者们广泛涉猎了政府绩效管理的基本概念、原理、理念、价值取向、工具方法、评估体系以及国内外政府绩效管理的模式、法制、经验、现实问题和发展趋势等，多学科交叉研究的成果不断增加。在研究深度上，现有研究在继续探讨绩效管理一般概念、原则、原理的基础上，

① 尚虎平、李逸舒:《我国地方政府绩效评估中的"救火行政"——"一票否决"指标的本质及其改进》，《行政论坛》，2011年第5期。
② 胡春萍、吴建南、杨宇谦:《地方政府绩效评估信息来源的未来使用趋势——基于德尔菲法的研究》，《行政论坛》，2011年第3期。
③ 盛明科:《西方国家城市政府绩效管理的实践经验与发展趋势——兼论推进我国城市政府绩效管理的基本对策》，《行政论坛》，2011年第6期。

研究主题、对象和领域在不断细分，国际经验借鉴和中国化、本土化研究的结合日益紧密，规范研究和实证研究得到了平衡发展，呈现出研究视野不断扩大、研究内容不断细分和聚焦、研究方法日益全面科学的趋势。但是，我国政府绩效管理研究也还存在一些问题需要破解，例如目前学界对绩效的内涵和外延的认识还远未达成共识，有关政府绩效管理的理论基础也阐释得不够充分，

绩效评估体系的建构多数建立在政府职能分析上，绩效管理的战略导向性尚未清晰，绩效管理研究多数局限在中基层地方政府，政府绩效管理研究的理论成分远超出政策成分，宽泛化、空洞化的问题分析和对策建议占据多数，等等。因此，2011 年对于我国政府绩效管理研究者而言，可谓是负重前进、成果颇丰的一年。

第二节　实践创新

政府绩效管理研究与实践是相辅相成、共同发展的。在改革开放之初，我国一些地方政府就尝试引入目标管理思想以建立机关工作人员岗位责任制，使目标管理责任制成为我国最早且推广最为广泛的绩效管理方式。近些年，随着科学发展观和正确政绩观的树立，尤其是 2008 年温家宝总理在政府工作报告中明确提出推行政府绩效管理制度的要求，我国各级政府组织掀起了一场探索政府绩效评估和管理模式的热潮，出现了许多新经验、新做法。回顾 2011 年，无论是中央部委还是各级地方政府，创新绩效管理实践的热情仍十分饱满。编者从中央政府和地方政府两个层面对 2011 年度政府绩效管理的实践创新情况进行了梳理。

一、中央政府实践创新

（一）国务院

2011 年 3 月 10 日，为加强对全国政府绩效管理工作的综合指导和组织协调，国务院批复同意建立政府绩效管理工作部际联席会议制度。联席会议的主要职责是：研究提出加强政府绩效管理的相关政策和措施；组织协调和综合指导国务院各部门和各省（区、市）开展政府绩效管理工作；组织拟定政府绩效评估指标体系、程序和具体办法；组织推动和监督政府绩效管理各项工作的落实；研究与政府绩效管理工作有关的其他重大问题，向国务院提出建议。联席会议由监察部、

中央组织部、中央编办、国家发改委、财政部、人力资源和社会保障部（公务员局）、审计署、统计局、法制办等 9 个部门组成，监察部为牵头部门，监察部部长为召集人。联席会议办公室设在监察部，日常工作由绩效管理监察室承担。绩效管理监察室的工作职责是：组织开展政府绩效管理情况调查研究和监督检查工作，指导协调各地各部门绩效管理监察工作；组织开展党政领导干部问责情况的监督检查工作，协调党政领导干部问责事项的调查处理；组织开展国务院部门行政审批制度改革工作，指导各地开展行政审批制度改革工作。以此为标志，推进政府绩效管理工作的领导体制和工作机制正式建立起来。[①]

（二）中组部

2011 年 10 月，中共中央组织部印发了《关于加强对干部德的考核意见》（中组发〔2011〕26号）的通知。该《意见》进一步明确了考核干部德的基本要求，指出加强对干部德的考核，是新的历史条件下坚持和落实德才兼备、以德为先用人标准的新要求。对干部德的考核，要体现国家公职人员职业特点和所肩负的责任，坚持政治性、先进性、示范性要求，以对党忠诚、服务人民、廉洁自律为重点，加强政治品质和道德品行的考核。在此基础上，该《意见》进一步明确了考核干部政治品质和道德品行的内容和重点，指出考核干部的政治品质，主要是考核干部在政治方向、政治立场、政治态度、政治纪律、党性原则等方

---

① 中华人民共和国监察部网站，2011 年 3 月 10 日。

面的表现，而考核干部的道德品行，主要是考核干部的社会公德、职业道德、个人品德、家庭美德。该《意见》还就改进和完善干部德的考核方法提出了7点要求，指出对干部德的考核既可以结合平时考核、年度考核、换届（任期）考察、后备干部考察、任职考察等进行，也可以在必要时进行专项考核；明确要求干部考核工作的各个环节都要突出对德的要求；要把干部在关键时刻、重要事件中的表现作为考核干部德的主要途径；在考核干部德时要注重群众公论；要不断创新考核干部德的方法，根据干部不同层级和岗位，分级分类提出德的考核重点，以便客观公正、实事求是地评价干部的德。最后，该《意见》从选拔任用、培养教育和管理监督等方面阐述了运用干部德的考核结果的要求。

（三）财政部

2011年7月，财政部印发了《关于推进预算绩效管理的指导意见》（财预〔2011〕416号）的通知。该《意见》对预算绩效管理的重要性、推行预算绩效管理的指导思想、基本原则、主要内容和工作要求进行了规定。预算绩效管理是政府绩效管理的重要组成部分，是一种以支出结果为导向的预算管理模式，是一个由绩效目标管理、绩效运行跟踪监控管理、绩效评价实施管理、绩效评价结果反馈和应用管理共同组成的综合系统。推行预算绩效管理有利于提升预算管理水平、增强单位支出责任、提高公共服务质量、优化公共资源配置、节约公共支出成本。从总体上看，我国的预算绩效管理工作仍处于起步阶段，思想认识还不够统一，制度建设相对滞后，试点范围较小，地区发展不平衡，与党中央、国务院对加强预算绩效管理的要求还有一定的差距。当前和今后一段时期推进预算绩效管理的指导思想是：全面贯彻党的十七大、十七届五中全会精神，以邓小平理论和"三个代表"重要思想为指导，深入贯彻落实科学发展观，借鉴市场经济国家预算绩效管理的成功经验，按照党中央、国务院关于加强政府绩效和预算绩效管理的总体要求，强化预算支出责任和效率，统筹规划、分级管理、因地制宜、重点突破，逐步建立以绩效目标实现为导向，以绩效评价为手段，以结果应用为保障，以改进预算管理、优化资源配置、控制节约成本、

提高公共产品质量和公共服务水平为目的，覆盖所有财政性资金，贯穿预算编制、执行、监督全过程的具有中国特色的预算绩效管理体系。推行预算绩效管理需要遵循"统一领导、分级管理"，"积极试点、稳步推进"，"程序规范、重点突出"，"客观公正、公开透明"等原则，做好绩效目标管理、绩效运行跟踪监控、绩效评价以及评价结果反馈和应用等方面工作，建立起"预算编制有目标、预算执行有监控、预算完成有评价、评价结果有反馈、反馈结果有应用"的预算绩效管理机制。

（四）监察部

2011年6月10日，中央纪委监察部印发了《关于开展政府绩效管理试点工作的意见》。政府绩效管理工作部际联席会议研究并报国务院同意，选择北京市、吉林省、福建省、广西壮族自治区、四川省、新疆维吾尔自治区、杭州市、深圳市等8个地区进行地方政府及其部门绩效管理试点，国土资源部、农业部、质检总局进行国务院机构绩效管理试点，国家发改委、环境保护部进行节能减排专项工作绩效管理试点，财政部进行财政预算资金绩效管理试点，为全面推行政府绩效管理制度探索积累经验。6月28日，政府绩效管理工作部际联席会议在北京召开政府绩效管理试点工作动员会。

2011年12月2日，政府绩效管理工作研修班在中国纪检监察学院开班。中央纪委常委、监察部副部长、政府绩效管理工作部际联席会议办公室主任王伟出席开班式并作重要讲话，强调要认真学习贯彻党中央、国务院关于推行政府绩效管理制度的部署和要求，进一步总结经验、开拓思路、明确任务，以改革创新精神扎实推进政府绩效管理工作，不断提高工作的制度化、规范化、科学化水平，为更好地推动政府职能转变和管理创新、促进勤政廉政建设服务。中国纪检监察学院党委书记、副院长王拥军代表学院领导致辞。中央纪委监察部绩效管理监察室正局级副主任（主持工作）陈雍主持开班式。政府绩效管理工作部际联席会议成员单位有关负责同志，各省（区、市）、副省级城市绩效管理工作机构和效能监察室负责同志，政府绩效管理试点单位和有关部委绩效管理工作负责同志参加开班式。会后，研修班

学员围绕学习贯彻王伟同志重要讲话精神进行分组讨论，并就开展政府绩效管理工作提出了意见和建议。此次研修班为期5天，主要安排专家授课、交流发言、专题讨论、座谈总结等内容。[①]

（五）国土资源部

2011年12月，国土资源部党组制定并颁布实施了《国土资源部绩效管理试点办法》（以下简称《试点办法》）、《国土资源部绩效管理试点实施细则》（以下简称《实施细则》）和《国土资源部干部年度考核暂行办法》（以下简称《暂行办法》）。其中，《试点办法》共7章28条，包括总则、绩效管理内容、绩效目标设定与分解、绩效实施与评估、组织机构职责、附则等。根据《试点办法》规定，国土资源部绩效管理以保证党中央、国务院以及部党组重大决策部署落实为基点，以加强效能建设、增强执行力和公信力为核心，以"简便易行，全员参与，自治化管理"为方向，构建科学的绩效计划、评估、运用和改进机制，调动激发干部职工工作积极性和能动性，推动国土资源事业又好又快发展。绩效管理遵循以下原则：实绩导向、过程控制；正面激励、自我管理；实事求是、公正透明；突出重点、逐步完善。绩效管理的内容主要包括职责履行、依法行政（依法办事）、领导班子建设等3个方面主体内容，创优与创新、违规与违纪为附加内容。年度评估主要由过程管理和年终评估组成，评估结果按百分制计。创新与创优、违规与违纪评估按照规定标准直接进行加分、减分，并计入年度绩效评估结果。年度评估结果按得分划分为优秀、良好、达标、不达标4个档次。年度评估结果作为加强和改进领导班子建设，以及领导干部选拔任用、培训教育、管理监督、激励约束和单位评先评优等的重要依据。《实施细则》共7章26条，包括总则、绩效指标内容、绩效目标审核分解与调整、过程管理、年终评估、年度评估、绩效结果运用与改进。根据《实施细则》规定，绩效管理对象依据各单位的性质和特点分为3类：A类为机关司局、B类为督察局、C类为事业单位。绩效指标体系由重点工作任务、其他法定职责、提高制度建设质量、

规范行政（办事）行为、提升监督水平、思想政治建设、能力建设、科学民主决策、干部队伍建设、作风建设、党政廉政建设等11项一级指标及相应的二级指标构成。年终评估采取基础评价、领导评价、群众测评和外部测评等方式进行。《暂行办法》共5章17条，包括总则、考核内容与方式、考核程序、考核结果的反馈和使用、附则。根据《暂行办法》规定，干部年度考核，以其职位职责和所承担的工作任务为基本依据，全面考核德、能、勤、绩、廉，重点考核工作实绩。干部年度考核采取总结述职、主管领导综合评分和本单位干部民主测评的方式，与年度绩效评估同步部署实施。根据岗位职责不同，将各司局（督察局、事业单位）年度绩效评估结果按不同权重分别与主要负责人、其他领导班子成员及其他局级干部考核结果直接挂钩。部机关各司局（督察局）处级以下干部的考核，应以日常工作完成情况为基本依据，由各司局（督察局）成立考核小组，按照部印发的年度考核实施方案组织进行。[②]

（六）农业部

2011年，农业部按照"总结经验、完善办法、注重实效、稳妥推进"的思路深入推进了绩效管理工作。其主要做法是：一是加强组织领导。制定印发了《关于学习贯彻中央领导同志重要批示深入推进绩效管理工作的意见》。要求将绩效管理作为机关建设的重中之重，作为推动重点工作落实的有力抓手，制定了2011年度绩效管理工作实施方案，结合政府绩效管理试点要求进一步明确了试点工作有关要求和重点，要求各司局落实领导责任，完善工作机制。二是完善制度办法。按照"大稳定、小调整"的原则，针对实践中的不足和新的要求，组织开展专题研究，对绩效管理办法进行修改完善。针对部分司局临时性任务重、应对突发性事件多的情况，对临时性工作评估方法和标准进行了调整；进一步细化"基础分+效果分"评分标准，明确了表彰、奖励、肯定性批示与争优加分的使用关系，避免与效果分交叉重复；制定了创新项目专项评估方案，对创新评估内容、标准和程序作出了具体规定。三是科

学构建指标体系。坚持把绩效计划任务书制定和绩效管理指标体系构建作为基础环节来抓。分管部长与司局主要负责同志签订了绩效计划任务书，统一下达了绩效管理指标体系。按照统筹兼顾、突出重点的原则，把强农惠农政策落实、保持粮食生产稳定发展等18项事关"三农"发展全局的重点工作作为绩效管理核心指标，明确了牵头司局和参与司局，进一步细化实施方案，增加权重，强化管理。四是突出强化过程管理。部绩效管理领导小组先后召开了6次会议，对绩效管理推进过程中的重大事项、重点工作和关键环节进行研究部署和安排，调度绩效管理指标进展，指导各司局积极探索加强过程管理的有效措施。部绩效办建立了定期沟通机制和抽查制度，开展了绩效管理年中评估，加强动态监测，及时掌握进展动态，对落实进度缓慢的单位和指标进行预警通报，帮助解决遇到的困难和问题。各司局瞄准绩效目标，采取了全员参与绩效目标制定、开展内部处室绩效管理、定期组织内部检查与自我评估等有效措施，实现了重点工作长期跟踪，重大事项及时关注，重要文件随时提醒。五是加强对试点事业单位的工作指导。选择了全国农业技术推广服务中心、农产品质量安全中心、农民日报社、农业机械试验鉴定总站、东海区渔政局和中国水产科学研究院淡水渔业研究中心等6家有代表性的部属事业单位开展绩效管理试点工作。下发了事业单位绩效管理试点工作实施意见和指标体系，指导各试点事业单位制定了实施方案。六是实施创新项目评估。在创新项目评估过程中，充分学习借鉴国际项目绩效评价和地方部门创新项目评估的做法经验，首次引入了第三方评价机制，评估标准涵盖立项依据、组织实施、实现效果、推广应用4个方面，并采用司局陈述、专家询问、群众参与的方式，现场答辩、现场打分、现场公布、现场点评。七是搭建智力支撑平台。聘请有关绩效管理和政府行政管理的专家教授，成立专家指导组，参与重点工作论证、组织讲座培训，开展了"应急事件和临时性工作绩效管理评估办法"、"绩效管理与创先争优紧密结合"、"绩效管理创新项目"3项课题研究，强化理论对实践的指

导。组织研发绩效管理信息系统并投入试运行，以进一步提升绩效管理工作信息化、智能化、标准化水平。[①]

（七）国家质检总局

2011年10月，国家质检总局召开机关及直属系统绩效管理试点工作动员视频会议，并制定出台了《国家质检总局绩效管理试点工作方案》及其6个配套细则，全面启动绩效管理试点工作。作为"国务院机构机关工作绩效管理"试点部门之一，也是试点单位中唯一实行垂直管理的部门，质检总局将通过科学设计具有质检特色的绩效考核指标体系、配套完善绩效管理各项措施、建立健全绩效考核结果运用机制，努力形成具有质检特色的绩效管理模式，为全国政府绩效管理试点探索和积累经验。国家质检总局局长、党组书记支树平在动员大会上指出，绩效管理试点工作将立足质检职责，结合自身特点，按照"简单实效、突出重点、有机结合、全面推进"的原则，精心谋划，科学设计，探索有效管用的绩效管理模式。在具体工作推进中，一是要准确把握绩效管理的精髓和实质。绩效管理的核心是绩效考核，绩效管理的成效如何，主要通过绩效考核来体现。为此，总局机关专门制定出台了《总局机关绩效考核办法》及其6个配套细则。二是要科学设计具有质检特色的绩效考核指标体系。要把党中央、国务院和总局党组的部署要求，以及各部门、各单位的工作任务细化、实化、量化为考核重点指标，并根据"三定"规定层层分解到具体部门和岗位。要突出"抓质量、保安全、促发展、强质检"12字工作方针和工作部署，要体现质检系统的业务特点和管理特色。三是要配套完善绩效管理各项措施。以质量管理体系为基础，细化绩效考核实施办法，整合已有的监督考核方式，充分利用信息化手段，确保绩效管理工作规范有序、客观公正、平稳推进。四是要建立健全绩效考核结果运用机制。考核结果的运用是绩效管理的落脚点，在试点中要大胆探索，积极拓宽考评结果运用的有效途径，将考核结果作为改进工作、班子考核、干部晋升、干部奖惩、行政问责的重要依据。会议强调，绩效管理试点工作是一项创造性的系统

---

① 农业部网站，2011年11月2日。

工程，需要全系统达成共识，形成合力，确保实效。要进一步加强领导，健全机构，把试点工作作为"一把手工程"，主要领导亲自抓，层层抓落实，要营造绩效管理关系人人、绩效管理人人关心的氛围；要勇于创新，形成特色，努力形成具有质检特色的绩效管理模式；要全面铺开，统筹推进，不仅要按时完成试点任务，而且要试出成效、试出特色、试出经验。[①]

二、地方政府实践创新

（一）北京市

2011 年 6 月，北京市被列为全国绩效管理 8 个试点地区之一。9 月，北京市政府发布《北京市人民政府关于做好政府绩效管理试点工作的意见》。《意见》规定，2011 年 7 月至 2012 年底开展政府绩效管理试点工作。试点工作的指导思想是：以邓小平理论和"三个代表"重要思想为指导，深入贯彻落实科学发展观，按照"人文北京、科技北京、绿色北京"发展战略和中国特色世界城市建设的要求，围绕推进服务型政府建设，以改善行政管理、提高行政效能、增强政府执行力和公信力为核心，建立完善政府绩效管理制度，不断提升政府管理水平，推动市委、市政府重大决策部署高效落实。试点工作目标是：到 2012 年底，力争形成管理规范、特点鲜明、富有实效的政府绩效管理工作体系。试点内容由四部分构成：第一，丰富管理内涵，健全完善绩效指标体系。按照"履职效率、管理效能、服务效果、创新创优"（"三效一创"）指标体系，探索对市级国家行政机关分类考评，根据不同的工作性质、工作内容，分类设置评价指标及计分权重。强化行政成本理念。研究将预算绩效评估、绩效审计纳入绩效考评体系，提高绩效管理指标体系的科学性、针对性。第二，深入调研论证，不断优化管理考评模式。明确绩效任务制定的原则、标准和程序，将本市"十二五"规划纲要约束性指标分解细化为各区县政府年度绩效任务，提升绩效管理的前瞻性和战略性。第三，积极探索实践，扩大绩效管理覆盖范围。设立专项课题，建立符合科学发展及区县功能定位的区县政府绩效管理评估体系

和办法。研究探索公共服务效果评价。将与国计民生密切相关的企事业单位纳入政府绩效管理体系，提升公共服务水平，确保城市运行稳定有序、重要民生保障有力。第四，强化结果运用，充分发挥导向激励作用。进一步深化闭合循环管理模式，建立绩效管理"反馈—整改—再反馈—提升"工作机制，促进工作改进。更加有效地运用绩效考评结果，加大奖优罚劣、治庸治懒力度，做好绩效考评与行政问责的有机衔接，健全纠错改正机制。试点工作分两个阶段进行：①2011 年为"强基础、抓规范、谋发展"阶段。工作重点是健全完善政府绩效管理工作的领导体制和工作机制、研究制定区县政府绩效管理的指标体系和评估办法、强化绩效考评结果的综合运用。②2012 年为"构体系、抓深化、求实效"阶段。工作重点是对16 个区县政府实施绩效管理、推行预算绩效评估和绩效审计、健全完善绩效管理相关规章制度、探索与民生密切相关企事业单位的绩效管理。

2011 年 11 月，北京市政府发布《北京市人民政府关于推进北京市预算绩效管理的意见》。《意见》对北京市推行预算绩效管理的指导思想、基本原则、总体目标、预算绩效管理框架体系及保障措施等内容进行了规定：①指导思想。以科学发展观为统领，以科学化管理为前提，以精细化管理为手段，建立健全贯穿预算编制、执行、监督全过程的绩效管理制度，强化各部门支出责任和财政部门的监管作用，更好地发挥公共财政职能作用，提高财政资金配置和使用效益，提升政府公共服务水平。②基本原则。一是要整体设计，密切结合各区县、各部门实际，科学制定推进预算绩效管理的整体工作思路，搭建预算绩效管理框架体系；二是要稳步推进，在选择部分单位、部分项目先行试点的基础上，有计划、分步骤地稳步推进相关工作；三是要便于操作，要建立符合实际、便于操作的预算绩效管理体系，优化预算管理流程，做到分工合理、职责明确、简便易行、规范高效。③总体目标。按照加强政府绩效管理的要求，建立以绩效目标为导向，以绩效评价为手段，以制度建设为保障，以改善管理、优化资源配置和提高公共服务水平为目标的预算绩

---

① 国家质检总局网站，2011 年 10 月 20 日。

效管理体系。"十二五"期间，市级各部门要逐步实行比较规范的预算绩效管理。④完善预算绩效管理框架体系。推进预算绩效管理，要将绩效理念融入预算管理全过程，使之与预算编制、预算执行和预算监督有机结合，逐步建立"预算编制有目标、预算执行有监控、预算完成有评价、评价结果有反馈、反馈结果有应用"的预算绩效管理机制，实现全过程绩效控制和管理。

（二）浙江省杭州市

浙江省杭州市余杭区日前实行"1+X"模式，推进政府绩效评估。在该模式中，"1"就是指镇乡（街道）和区级机关综合考评，主要分经济、保障、党建精神文明及社会事业、社会评价、创新创优等5部分，涉及政府工作各个方面。而"X"专项考核主要是指当年区委、区政府许可明确的专项工作考核。"1+X"科学考评体系最明显的特点就是实行分类型考核。该区将全区19个镇乡（街道）区分为经济发展型、城镇建设型和生态保护型进行评定，引导支持特色发展。经济发展型镇突出工业经济、招商引资、财政税收等经济发展指标考核，城镇建设型街道突出城市化推进和城市管理考核，生态保护型镇突出生态保护机制考核。政府部门绩效评估的评定，并不是一家说了算。遵循民本理念，余杭不断引导社会公众参与评估。该区每年将各部门当年度职能目标进行网络公示和投票。对于民生项目的绩效管理和评估，社会公众参与满意度测评占总分的40%。"考评绝不是官样儿游戏，目的在于推进工作、提升效能"。余杭区构建起一套考评奖惩机制，实行重点工作考核与综合考评相挂钩、个人考核与综合考评结果相挂钩，对成绩优异的单位予以奖金上浮，对不达标单位予以扣减，做到"有奖有罚、奖惩对等"。另外，该区还建立以督察通报制和建议整改制为核心的日常工作机制。截至目前，余杭区效能考评办排定30余次督察活动的年度计划，通过以查促改、提能增效的方式，较好地支持了全区重大项目和重点工作推进。①

（三）广东省深圳市

从2010年起，广东省深圳市在全市政府系统全面试行绩效管理，对落实市委市政府重大部署

和履行职责等情况进行实时监控、专项考核和综合评估。目前已初步实现绩效管理的电子化、全程化、系统化和制度化。该市针对市政府职能部门和区政府分别制定两套评估指标，通过设置经济效益、低碳经济、社会管理等指标评估区政府，设置行政执行力指标评估政府工作部门，突出对科学发展、改革创新和提高执行力的引导和评估，并根据党委、政府不同时期的工作重点和实际情况进行动态调整。对市政府职能部门的评估指标包括行政业绩、行政效率、行政执行力和行政成本等4个方面23项；对区政府的评估指标包括经济调节、市场监管、公共服务和社会管理等4个方面32项。2011年初，市政府下发《绩效管理工作实施方案》和指标体系，各单位制定年度绩效计划和公共服务白皮书，确定全年的目标。每季度，进行实时评估，并开展绩效状况季度分析，提交分析报告。同时，市绩效办、市监察局随时对工作进展情况进行检查，对系统所采集的数据和信息进行符合性验证，及时向各单位反馈其绩效情况和存在问题，及时提醒和督促，推动各单位改进工作，把问题和不足解决在工作落实的过程中。年末再以多种方式进行年度综合评估和反馈，形成了绩效管理的完整链条。为使绩效评估更加科学合理，该市开发了"深圳市政府绩效电子评估与管理系统"、"深圳市政府绩效评估模型"和"电子民意调查系统"，将绩效评估与网络技术紧密结合起来。电子评估系统覆盖所有被评估单位和45家数据采集单位，连接有关的业务系统，实现数据采集、报送、分析和评估的自动化。依托上述技术平台，在数据采集中，系统自动从相关业务系统中实时抓取数据，或由各数据采集单位通过网络传输电子数据；在评估中，电子系统和评估模型自动进行数据的转化、计算和分析，自动警示异常现象；在结果展示中，将各单位指标的状况实时、直观地展现在电子大屏幕上；在满意度调查中，既采用传统的问卷调查方式，又通过"电子民调系统"开展网上调查和统计分析，并实时收集民情民意。绩效管理指标的设置，树立了各单位工作的"标杆"，使被评估单位的工作人员有了更加明确的目标，从而增强了持续改进

---

① 《中国纪检监察报》，2011年1月6日。

绩效的自觉性和主动性，形成了"你追我赶"的良性机制。通过实行绩效管理，深圳市近年70%以上单位的绩效有较大幅度的提高，年度绩效曲线呈明显上升趋势，行政审批投诉数量、行政执法过错案件数量等呈明显的下降趋势。[①]

（四）福建省厦门市

近年来，福建省厦门市思明区以弘扬"争先创优、永不止步，开拓进取、永无止境"的思明精神为载体，以推行公共部门绩效评估为突破口，强化领导干部的党性修养和作风建设，有力地促进了思明新一轮发展。2010年，思明区再次获得"中国中小城市科学发展百强县市"称号。以专项活动为载体，强化领导干部宗旨意识。思明区秉持"利民亲民为民"服务理念，并把"群众满意、公共责任"作为推行绩效管理的出发点和落脚点。自2007年开始，在全区范围内开展政府服务月活动，先后推出1066个"保增长、保民生、保稳定"3大类服务项目，塑造了"为民、务实、清廉、高效"的厦门中心城区形象。2010年，围绕履职能力明显增强、公共服务明显提质、办事效率明显提高、发展环境明显优化、绩效管理明显提升、问责措施明显到位等6个方面的目标任务，启动"满意在思明"效能建设提升年活动，活动中创新性地引入群众满意度第三方评议机制，即以政府合同外包的形式委托有信誉、有实力、专业水平较高的调查机构，对各部门的工作进行群众满意度调查和分析，不断提高"民考官"的比重，变单纯的"上考下"、"官考官"为"外考内"、"民考官"，增强了评估结果的客观性和公信力。以规范权力为重点，强化领导干部执政意识。结合2010年全市网上行政审批项目梳理和流程改造，在15个有行政审批权的区直部门建立网上审批电子监察系统，10个街道95个社区办事大厅设立视频监控系统，对关系民生、社会稳定等事项的审批过程和完成效果进行全程在线监察、预警纠错和效能问责。2010年上半年，全区共梳理涉及15个行政部门的审批权105项，其中低于法定审批时限的承诺件79项，压缩行政审批事项20%，行政审批提速30%。规范行政处罚自由裁量权行为，从2008年开始，在总结推广区卫生局、建设局、执法局等8个试点单位经验做法的基础上，全区19个部门全面推行规范行政处罚自由裁量权工作，对行政自由裁量权的运用范围、行使条件、裁量幅度和实施种类等进行全面分析、归类、细化和分解，并制定《规范行政处罚自由裁量权的实施办法》等6项配套制度。通过健全民主决策机制，进一步提高了领导干部依法行政和科学施政的能力。以效能督察为抓手，强化领导干部责任意识。思明区在绩效管理中借鉴了通用评估框架（CAF）理念，引入内部员工评估的做法，让内部工作人员对本部门的领导素质、民主决策、组织文化、工作氛围等项目进行评估，并将本部门领导班子成员对施政成效的自评、区分管领导对该部门的综合评估以及部门之间的互评有机地结合起来，加权计入绩效评估总成绩，综合考量领导班子以及领导干部的工作能力和工作作风，并由区重点办、效能办等部门组成督察组，重点对全区规模以上投资项目、经济增长点、文明创建重点整治项目进行跟踪督察，了解重点工程的进展状况、企业遇到的困难、责任单位跟进服务企业是否到位等情况，帮助协调解决重点项目建设中遇到的问题。对督察中发现的问题，及时通过《督查通知》抓好整改，确保"领导到一线、措施到项目、责任到个人、督察到节点、考评到单位"的"五到"责任机制落到实处。2009年以来，先后23次进行效能巡察通报，有45名机关干部因工作作风问题受到诫勉教育、效能告诫或调离领导岗位处理。[②]

（五）浙江省诸暨市

浙江省诸暨市在"深化作风建设年"活动中，在全市66个部门和27个镇乡（街道）推行《行政事业单位工作人员绩效考核实施办法》，突出科学性、操作性和实效性，加大治懒治庸力度，进一步营造"勤政、廉政、善政"的良好氛围。主要做法为：①合理设岗定责。一是设定单位目标。将单位目标确定为职能目标和共性目标两部分。职能目标包括本单位承担的市委、市政府的年度重点工作、岗位目标责任制考核任务，上级业务

---

① 《中国纪检监察报》，2011年1月11日。
② 《中国纪检监察报》，2011年1月20日。

主管部门下达的工作任务，本单位职责任务及其他临时性、突发性工作任务等；共性目标包括思想政治建设、党风廉政建设、作风纪律建设等内容。二是分解落实到人。各单位根据设定的年度工作计划，采取定性与定量结合的办法，确定每月考核的具体内容和形式，按职能目标和共性目标两部分分解到各内设机构（下属单位），落实到个人。三是设置岗位系数。各单位根据不同岗位的知识要素、业务要素、责任风险、工作难易程度和工作量大小等要素，确定每个岗位的工作系数，体现劳酬均等的分配原则。②量化考核指标。考核得分由三部分组成：一是日常绩效考核得分。以百分制计分，其中职能目标分值不低于70%，共性目标分值不高于30%。每月对工作人员完成实绩、动态检查等进行打分，年终计算每月平均得分。二是年度量化测评得分。以年终机关干部测评得分等为主要依据。以上两项由各单位确定分别在年度绩效考核中所占的比重。三是奖惩得分。对超额完成年度绩效目标任务，因工作中创新受到上级嘉奖表彰、参与急难险重任务或突击性工作、或落实责任制不力、被通报批评、受各类处分的，分别予以加减分。③实时跟进考核。一是建立工作月报制度。工作人员如实记载履行岗位职责、完成工作目标任务和领导交办的主要工作情况，对未完成工作任务的详细说明理由，并对照考核标准作出自我评价。单位每月审核工作记录，对工作人员予以打分。二是建立公示和等次确定制度。对工作人员绩效目标完成情况、评价打分情况及时进行公示，每季度至少一次。根据年度目标完成情况和平时绩效考核情况，年终对考核对象进行综合评价计分。分管领导可对分管线工作人员在基础分（日常绩效考核得分+年度考核量化得分）5%幅度内进行调节，形成考核对象的年度绩效考核总得分，作为确定考核等次的主要依据。三是建立配套考核制度。建立健全考勤、学习、群众投诉、社会评议、明察暗访等相应的配套考核制度，不定期对干部工作纪律、工作作风、工作目标完成等情况开展动态考核，使绩效考核更加全面、客观。④落实奖惩措施。将绩效考核分为优秀、良好、一般、差4个等次，

考核结果作为干部奖惩、使用的重要依据，体现导向。一是奖优。规定年度考核确定为优秀等次的人员，应从绩效考核优秀人员中产生。连续3年绩效考核确定为优秀等次的人员，给予一定的物质奖励，在领导干部选拔等方面优先考虑。二是罚庸。对确定为一般等次的人员，年度考核应确定为基本称职，不得发给年终一次性奖金，减半发放市政府考核奖；第二年度内不得晋升职务，不得正常晋升工资，不得作为各种综合性表彰奖励推荐人选，是后备干部的取消后备干部资格。三是惩差。受到通报批评的，扣发当月绩效考核奖金；受到书面效能告诫的，告诫期内扣发绩效考核奖金；受到党纪政纪处分的，扣发市政府考核奖。对日常绩效考核成绩连续3次居末位并经考核小组讨论认定为综合表现较差的人员，予以诫勉谈话，限期改进，不发给年终一次性奖金，减半发放市政府考核奖。对年度绩效考核被确定为一般、差等次的人员，统一组织参加离岗培训。四是汰劣。对连续两年绩效考核差、年度考核为不称职（不合格）的人员，按有关规定予以辞退。①

（六）湖南省益阳市

近年来，湖南省益阳市将政府绩效评估指标向部门科（处）室和公务员个人延伸，坚持公务员考核与政府绩效评估相结合，在促进公务员考核工作的规范化、制度化、科学化的同时，提高了政府的行政效能。以市直单位为例，益阳市将公务员考核指标分为共性目标、业务目标、增（扣）分和公众评价（含单位内部测评）4部分。共性目标占40分，按照德、能、勤、廉的考核标准设定，实行扣分制。公众评价占10分，包括平时服务对象问卷调查和年终单位民主测评，分成三个档次计分，第一档次占20%、计10分，第二档次占60%、计8分，第三档次占20%、计6分。业务目标占50分，主要是考核"绩"，以公务员的岗位责任和工作目标责任为直接依据。每年年初，省政府绩效评估指标（含为民办实事）、市政府工作报告指标、部门主要指标等共700余项目标任务层层分解，落实到具体的单位、分管领导和经办人员身上，主要实行计分制。目前，益阳市已初步建立了针对不同层次、不同类别、

不同岗位的公务员考核指标体系。益阳市公务员考核分为各单位领导班子成员、各单位科（处）室负责人、一般公务员 3 个层次。益阳市还结合政府绩效考核，将单位分为综合管理部门、经济管理部门、执法监督部门 3 类，分类进行考核。比如市广电局把全局工作分为公共工作、业务工作、重点工作、其他工作 4 部分 23 项，通过分解细化，制定了公务员个人的考核目标。市工商局个人考核中将共性目标细化为 4 项 13 个量化指标；业务目标分内勤工作和业务工作两类，内勤工作包括协助所长处理日常事务、接待信访、会务卫生等 10 项 48 个量化指标，业务工作包括服务"一化三基"工作、农资打假、投诉处理等 12 项 116 个量化指标。益阳市还强化平时考核，依托政府绩效评估，强化对业务目标督察。注重公众评议，通过行风监督员、直接服务对象以及广大人民群众，及时了解科（处）室及公务员个人的工作作风、工作实绩等情况，形成平时考核意见，作为年度考核的重要依据。①

（七）江西省

江西省机关效能建设领导小组日前公布《省直单位、设区市发展提升年活动绩效考核方案》，决定在发展提升年活动结束时，对省直 79 个单位和 11 个设区市进行绩效考核，并打分排名次。据悉，为进一步提升机关办事效能和服务水平，不断创优发展环境，全面提升发展质量，在 2009年、2010 年分别开展机关效能年和创业服务活动的基础上，江西今年在全省开展了发展提升年活动。根据最新发布的考核方案，在活动结束时，该省将考核各地各部门落实省委、省政府确定的发展提升年活动 5 项重点工作的情况，以及解决影响机关效能、损害发展环境突出问题的情况。考核分平时考核和集中考核，平时考核由各牵头部门负责组织实施，其考核情况由省效能办按季通报；集中考核由省效能办年底前会同各牵头部门进行。据江西省效能办有关负责人介绍，集中考核实行百分制，主要围绕提升办事效能和服务水平情况进行考核，在考核结果运用方面，考核综合得分在 70 分以上（含 70 分）的为合格档次，

85 分以上（含 85 分）的为优秀档次。优秀档次由省委、省政府给予通报表扬，并分别按每类单位 50% 的比例从高分到低分确定先进单位数量，先进单位由省委、省政府给予表彰，授予"全省发展提升年活动先进单位"称号。综合得分在 70 分以下属不合格档次的单位或设区市，取消其当年评优评先资格，在考核结果公布 10 天内，向省机关效能建设领导小组书面说明情况，制定并上报整改方案，限期整改到位。省效能办要求，任何部门和个人不得弄虚作假，一旦发现，将取消当年评先评优资格。其中，11 个设区市绩效考核结果，还将作为省政府年终对市县政府政务环境考核评价的依据。②

（八）浙江省

在浙江省日前召开的政府绩效管理工作联席会议第一次会议上获悉，该省 2011 年将从建立领导体制和工作机制等 5 个方面狠下工夫，全面推行政府绩效管理。这 5 个方面，一是抓紧建立"党委政府统一领导、专门机构组织协调、有关部门各司其职、社会力量和人民群众广泛参与"的领导体制和工作机制，为政府绩效管理工作顺利开展提供有力的组织保障；二是积极稳妥地建立绩效考评指标体系，在整合现有各类考核资源的基础上，根据不同的考评类型和内容，精心设置考评指标体系，减少重复考评、多头考评；三是认真做好政府绩效管理试点工作，组织指导杭州市开展"全国政府绩效管理试点"各项工作，认真总结推广试点工作中形成的成功经验和做法，确保绩效管理工作在现有基础上取得更好成效、更多经验；四是加强政府绩效管理工作的政策指导和理论研究，把中央的要求和绩效管理的理念转化为具体的政策措施，密切关注国内外绩效管理工作的新发展、新动态，鼓励和支持高校、科研院所开展前瞻性、系统性研究；五是加强对政府绩效管理工作的宣传引导，增进社会各界对政府绩效管理工作的理解和支持，组织绩效管理工作的学习培训，促使行政机关公务员牢固树立以群众满意为价值取向的管理理念。本次会议还明确了浙江省政府绩效管理工作联席会议的主要职

---

① 《中国组织人事报》，2011 年 4 月 27 日。
② 《中国纪检监察报》，2011 年 8 月 29 日。

能和各成员单位的职责，包括研究提出加强政府绩效管理的相关政策和措施，组织协调和综合指导省政府各部门和各市开展政府绩效管理工作，组织拟定政府绩效评估指标体系、程序和具体办法，组织推动和监督政府绩效管理各项工作的落实，研究与政府绩效管理工作有关的其他重大问题并向省政府提出建议等。①

（九）广西灵山县

2011年以来，广西灵山县建立创先争优绩效考评新机制，全县上下创先争优激情高涨，推动了创先争优活动深入开展。第一，台账化、销号制管理考核。该县制定创先争优目标管理量化考核办法和评分细则，进一步细化工作内容和评估标准。将各级党组织年初向群众承诺的项目建设内容、为民办实事事项、临时性重大工作等事项收集起来，并把收集到的3786个事项、每项对应的责任人、完成的时间列成表格，进行全县公开；各级党组织也在本单位公布党组织和个人创先争优目标和承诺的事项，进行台账化、销号制管理考核，接受上级领导和群众的监督，对未完成目标任务的继续留号，直至完成任务销号为止。第二，"四项考评机制"考核评分。该县通过建立创先争优"四项考评机制"，实时了解各级党组织创先争优工作的进度、质量和效益等情况，进行跟踪问效。一是建立县领导包干负责、交叉评分制。如镇村换届选举、新农村建设重点项目、县委重大工程项目等，县领导都亲自部署，亲自督察，定人、定责、定时间、定进度。每半年由县四家班子领导成员进行交叉打分考核。二是建立分类督导考评机制。该县成立机关、农村、社区、"两新"组织4个督察指导考评组，各负其责，分类督察、分类指导、分类量化考核，促使各级党组织在同一类工作上比精神、比速度、比高分。三是建立综合考评机制。把创先争优量化考核与年终党建考评、绩效考评、中心工作量化考评、党风廉政建设考评、互评提升工程结合起来，科学评定创先争优考评分数。四是建立个人目标综合评价机制。对党员干部公布上墙的创先争优目标和向群众承诺的事项，采取群众"评"、领导

"点"、支部"审"、党委（党组）"定"的方式，对党员承诺事项落实情况进行量化打分。第三，"四个延伸"评价。该县在考评上做到"四个延伸"，让考评结果更科学。一是向县领导层面延伸。设置绩效分析表、领导评价表，每季度请四家班子领导成员和"两院"院长、检察长，以无记名方式对各级党组织开展创先争优工作进行评价、评分。二是向服务对象延伸。如在机关设置"党员先锋岗"，每次为民办完事之后向服务对象发放测评问卷，按满意、基本满意、不满意3个档次进行评定，年终被评价为基本满意、不满意总数达到30%的，撤销其"党员先锋岗"荣誉称号。三是向上下级单位延伸。在各级党组织评议时，向被评议党组织的上级主管部门和下属的部门或本单位干部征求评议意见。四是向各类代表延伸。面向党代表、人大代表、政协委员、企业代表、社会团体代表等不同群体的代表进行公众评议。第四，"四种方式"运用结果。该县制定了《灵山县创先争优绩效考评结果运用办法（试行）》，规范了绩效考评结果运用。一是公开晾晒。创先争优年终考评结果在政府信息网上进行公布，接受社会监督，对考评结果达不到80分的党组织和个人，对单位主要领导和个人进行诫勉谈话，促其整改。2011年上半年，对两个单位主要领导进行了诫勉谈话。二是公开通报。每半年在全县大会上通报创先争优绩效考评结果，表彰先进，鞭策后进。三是个别反馈。将创先争优绩效考评情况以各种方式向各级党组织和个人反馈，要求认真分析、查找自身存在的问题和不足，不断改进工作。四是与干部选拔任用挂钩。把创先争优绩效考评结果作为干部的选拔任用、监督管理、教育培训、评先评优及奖惩的重要依据。在今年换届工作中，县委运用考评结果，提拔了51名德才兼备的干部，就地免职了16名表现差的干部。②

（十）重庆市南岸区

2011年以来，重庆市南岸区试点开展政府绩效评估工作，对区内各镇街、政府职能部门的行政成本、行政效率、服务质量等进行量化考评，促使各部门单位进一步提高运行效率。第一，科

---

① 《中国纪检监察报》，2011年9月13日。
② 监察部网站，2011年9月20日。

学设定指标，引导全面协调可持续发展。按照"以人为本、全面协调可持续发展"的内部评估原则，确定经济调节、市场监管、社会管理、公共服务、行政成本等街镇一级评估指标5个，居民生活等二级评估指标15个；确定行政业绩、事务性行政效率、执行能力、行政成本等区级职能部门一级评估指标4个，履职能力等二级评估指标24个。第二，突出外部评估，坚持以群众评议为导向。以"群众满意不满意"作为检验各被评估对象工作成效的出发点，政府绩效评估中，外部评估比例达30%。特别针对"行政执法"评估内容，开展了"百名执法人员万人评"活动。第三，运用现代科技，打造一流绩效评估硬件。该区开发了集网络测评、自动读卡、数据采集、数据汇总、数据分析于一体的政府绩效电子评估系统，各镇街和区级职能部门经济运行情况、项目进展进度等绩效评估数据一律通过该系统采集，针对出现的问题，由绩效管理部门委托行政效能监察中心在第一时间督办落实。①

（十一）贵州省铜仁地区

2011年以来，贵州省铜仁地区扎实推进绩效管理考核工作，严格按照"改革创新、锐意进取、科学管理、廉洁高效"的工作要求，狠抓绩效管理考核制度建设、指标建设、平台建设、队伍建设，为全区党政干部干事创业，跨越谋发展注入了一针强心剂。第一，立制度、夯基础，考核方式科学规范。一是颁布绩效管理考核规范性文件。2011年4月出台了《铜仁地区县（市、特区）、地直部门及县级领导班子和领导干部绩效管理考核办法（暂行）》，10月下发《铜仁地区县（市、特区）、地直部门及县级领导班子和领导干部绩效管理考核实施细则（暂行）》等文件，对全区绩效管理考核工作进行指导。二是出台绩效管理考核办公室制度。制定了《铜仁地区绩效管理考核办公室管理办法》和《铜仁地区绩效管理考核办公室规章制度》，办公室工作程序更加制度化、规范化。三是建立绩效管理考核工作机制。建立了绩效管理考核领导小组会议制度、工作进度报送制度、联合考核组考核制度，平时实行由地委、行署牵头，统一协调组成联合检查组进行专项督察。四

是建立绩效管理考核基础信息数据库。纳入今年绩效考核单位共112个，县（处）级以上领导干部800多个，其中县（市、特区）党委政府12个，地直部门和中央、省驻铜单位100个，均分别建立绩效管理考核信息数据库，为全面深入开展绩效管理考核工作奠定坚实基础。第二，抓队伍、强素质，组织保障坚强有力。一是设立绩效管理考核机构。在地区成立了地区绩效管理考核领导小组，下设绩效管理考核办公室，为副县级常设机构。10个县（市、特区）参照地区绩效管理考核机构模式相应设立了绩效管理考核办公室，确定（配备）了工作人员、办公场地和工作设备，理顺了管理机构。二是确定绩效管理员。10个县（市、特区）、2个开发区、100个地直部门和中央、省驻铜单位均确定了1名绩效管理员专门负责本单位（部门）绩效管理考核的日常工作，做到专人专管。三是开展绩效管理考核培训。11月初，组织10个县（市、特区）、2个开发区、100个地直部门和中央、省驻铜单位112名绩效管理员分三批进行绩效管理考核理论知识和绩效管理考核系统操作业务培训。第三，建指标、破难点，目标设置科学合理。以全区经济社会发展目标和"十二五"规划内容为依据，结合被考核单位工作实际，将纳入全区绩效管理考核的10个县（市、特区）、90多个地直部门工作任务量化为共性工作、重点工作、专项工作、业务指标等4大类考核指标。并根据地直部门的职能分工不同，将90多个地直部门分为党委部门、群团部门、执法部门、政务及社会发展部门、经济管理部门和中央、省驻铜单位等7个考核类别，再分别就各个类别的职能具体细化考核指标、评分标准，将具体工作分解到责任单位、落实到每一个县、处级领导干部头上。铜仁地区通过"制度"＋"科技"的手段将党政机关和县级领导班子及县级领导干部纳入绩效管理考核，是创新党政机关和领导干部考核评价机制的突破性举措。第四，筑平台、重管理，执行能力切实加强。一是开发了"县（市、特区）和地直部门绩效管理考核子系统"。实现10个县（市、特区）、2个开发区党工委、100个地直部门和中央、省驻铜单位年度业务指标和自

---

① 《中国纪检监察报》，2011年9月28日。

我总结无纸化填报；该系统对部门年内连续工作情况和现实表现进行连续打分、记录，最后实现单位（部门）年度考核。二是开发了"县级领导班子和领导干部绩效管理考核子系统"。将全区800多名县、处级（实职）领导干部全部纳入绩效管理考核范围，并将其所在部门（单位）的业务指标按照职务分工分解到每一名干部头上；同时，建立由社会各界人士代表组成的绩效管理考核社会公认度评价主体数据库，各单位（部门）一年的工作情况以绩效展示的形式放在系统上供其进行社会公认度评价，年底，地区绩效办随机抽取社会公认度评价主题若干名对纳入绩效考核的各单位领导班子、领导干部进行社会公认度评价。三是开发"重点项目绩效管理考核子系统"。将全区160多个中央、省（部）、地实施的重大工程、重点项目以及各县上报的重点项目纳入绩效管理考核范围。实行月自报、季检查和平时抽查、专项督察制度，按时将各重大工程、重点项目建设的推进情况在系统上予以更新，并将现场检查图片实时上传至系统，对其实现立体化动态监控。[①]

三、实践创新评述

对于我国政府组织而言，建立科学的绩效管理系统既是一个熟悉的命题，又是一项极富挑战性的工作。有关政府绩效管理的实践探索由来已久，也积累了许多宝贵经验，形成了一些颇具影响力的管理模式，如目标管理责任制、绩效督察考评、绩效预算和审计、公民评议、第三方评价、基于平衡计分卡的绩效管理等。但从整体来看，多年来的政府绩效管理实践尚存在一些问题，包括：侧重绩效评估，忽视绩效管理体系的系统性建构；就绩效评估谈绩效评估，未能综合组织职责、战略等因素一体化设计；重绩效评估体系框架的设计，未能深入探究各构成要素的具体内容

和标准；对绩效分析和诊断重视不足，绩效评估结果未能充分发挥效用；各地开展绩效管理实践探索和经验交流呈现一种分散状态；等等。回顾2011年度的实践情况，可以说绩效管理在我国政府组织的应用研究和试点取得了突破性进展，主要体现在以下5个方面：①建立全国政府绩效管理的领导体制和工作机制。经国务院批复同意，成立了九部委组成的政府绩效管理工作部际联席会议，监察部为牵头部门，并明确了联席会议及其办公室的工作职责和成员单位的职责分工。②开展全国性的政府绩效管理试点工作。试点工作分为四类：国务院机构绩效管理试点、地方政府及其部门绩效管理试点、节能减排专项工作绩效管理试点、财政预算资金绩效管理试点，涉及中央和地方两个层次，地方政府试点单位的选择具有代表性。③政府绩效管理制度建设再上台阶。国家财政部出台的《关于推进预算绩效管理的指导意见》对指导和规范各级政府部门开展绩效预算具有重要作用。中央组织部在2009年出台的"一个《意见》、三个试行《办法》"的基础上进一步制定了《关于加强对干部德的考核意见》，对干部德的考核要求、方法和结果应用进行了明确界定。④绩效评估向绩效管理的转变趋势明显。从国家质检总局、国土资源部到各级地方政府的实践探索可以看出，政府绩效管理理念正逐渐为大家所接受、认同并付诸实践，绩效管理系统的健全度和科学化水平在不断提高。⑤与政府绩效管理密切相关的拓展性研究已经出现。一些地方政府已经清醒地认识到建立科学的政府绩效管理系统，必须将研究的触角进一步延伸，因此开始结合政府战略、部门职能、岗位职责、干部选拔任用机制等思考政府绩效管理的建构问题。总之，2011年对于政府绩效管理的实践者而言，可谓是创新有成效、迈向新起点的一年。

① 监察部网站，2011年11月29日。

第三节　代表性成果

一、《中国政府绩效评估30年》

作　　者：陈汉宣、马骏、包国宪

出版时间：2011年

出　版　社：中央编译出版社

内容摘要：《中国政府绩效评估30年》是中山大学公共行政学丛书之一，它的出版既是对中国政府绩效评估30年实践的一个初步理论概括，也有望进一步引领国内这一学科领域的前进方向。政府绩效评估一直以来都是现代公共管理的前沿课题，并始终贯穿于公共管理学理论和实践发展的整个历史进程。在当下中国，绩效评估已成为地方政府行为的指挥棒和风向标，亦是政府职能创新极为重要的管理工具。《中国政府绩效评估30年》从内容架构上分为"地方个案综合研究专题"、"评估指标研究专题"、"评估主体研究专题"、"绩效评估专论"等专题，汇集全国20多位政府绩效评估领域的权威专家、知名学者在中国政府绩效评估这一领域的最新研究进展和丰硕的实践成果，重点探讨中国地方政府绩效评估中多层次，广覆盖的具体案例。深入分析和共享各地考核体系的设计初衷、具体操作、改进空间、未来发展等方面的成功经验。

二、《政策绩效评估：地方部门案例》

作　　者：赵德余

出版时间：2011年

出　版　社：复旦大学出版社

内容摘要：《政策绩效评估：地方部门案例》讨论了政策评估逻辑框架的设计与选择依据，并结合地方性和政府部门性的政策项目绩效评估的具体案例，对政策绩效评估中常用的定量实证方法及其基本模型进行了探索性的运用和尝试。《政策绩效评估：地方部门案例》为政策项目评估的初学者以及初级研究者和政府政策研究部门提供政策绩效评估研究的入门读物和案例资料，不仅可供学生在评估课堂上进行案例学习时参考，而且还特别适合于为那些初次从事政策快速评估的研究人员提供范例和借鉴。

三、《我国政府绩效评价理论框架之构建——基于公共受托责任理论的分析》

作　　者：刘笑霞

出版时间：2011年

出　版　社：厦门大学出版社

内容摘要：《我国政府绩效评价理论框架之构建——基于公共受托责任理论的分析》是"应计制政府会计改革研究丛书"之一，全书分为政府绩效评价相关基本概念的界定；政府绩效评价的主体和对象；政府绩效评价指标体系的构建——以一级政府为对象等内容。

四、《中国政府管理改革突破口：绩效预算在珠三角地区的理论与实践》

作　　者：广东省财政科学研究所

出版时间：2011年

出　版　社：经济科学出版社

内容摘要：《中国政府管理改革突破口：绩效预算在珠三角地区的理论与实践》分为三个部分：各级领导对财政绩效管理的重要指示、研究专题、案例分析，书中收入了《政府执行力与公共财政绩效管理研讨会暨广东省行政管理学会》、《广东模式财政绩效管理：中共广东省委领导下的集体创新》等文。

五、《政府绩效管理与绩效评估》

作　　者：赵晖

出版时间：2011年

出　版　社：南京师范大学出版社

内容摘要：当前，我国正在开展围绕全面建设市场经济而进行的新一轮行政管理体制改革，通过政企、政社、政事分离来切实转变政府职能。因此，应用企业绩效评估技术还需要充分考虑我国政府的特殊行政环境和社会形势，认真研究当前我国政府绩效管理所存在的问题，综合比较企业绩效评估与政府绩效评估的差异，将企业绩效评估中的优势应用到政府绩效管理中来。《政府绩效管理与绩效评估》以政府绩效管理与绩效评估为主线，在概述我国政府绩效管理与绩效评估的基础上，分专题对政府绩效评估的主体、平衡计分卡在政府绩效管理中的运用、我国地方政府绩效评估指标研究、我国公务员绩效考核等问题进行了系统深入的研究。

六、《中国地方政府绩效差距研究：基于府际关系视角的解释性框架》

作　　者：王华

出版时间：2011 年

出 版 社：上海社会科学出版社

内容摘要：政府绩效是一个有关"为何一些政府成功了，一些政府失败了"的研究主题。已有的相关理论被引入分析中国地方政府的绩效差距问题面临解释的本土化困境和效力难题。《中国地方政府绩效差距研究：基于府际关系视角的解释性框架》包括：导论、改革与分权；地方政府的成长、差距度量；评估地方政府绩效等内容。基于中国经验，尝试建立一种府际关系视角的解释性框架是本书在知识增量上所做的边际努力。

七、《政府绩效管理：深圳的探索与实践》

作　　者：杨洪

出版时间：2011 年

出 版 社：新华出版社

内容摘要：《政府绩效管理：深圳的探索与实践》是对深圳政府绩效管理工作的回顾、总结和展望，是深圳市开展政府绩效管理工作探索的结晶。在全国启动政府绩效管理试点工作之际，编写出版本书很有意义。本书主要介绍了深圳市推行政府绩效管理工作的积极意义、思想理念、组织体系、指标体系、技术体系以及区级政府和市政府工作部门在实施政府绩效管理工作方面的做法，并对深圳市政府绩效管理工作的未来发展作了前瞻性分析。不求最早，但求最好。相比国内其他兄弟省市，深圳市开展绩效管理工作并不是最早的，但应当在前 5 年经验积累的基础上，按照中央的部署和要求，进一步探索，大胆实践，努力

破解难题，继续完善政府绩效管理的机制，努力为全国政府绩效管理工作提供有益的借鉴。

八、《中国地方政府绩效评价红皮书》

作　　者：郑方辉、尚虎

出版时间：2011 年

出 版 社：新华出版社

内容摘要：2011 年，国务院批复由监察部（中央纪委）牵头建立政府绩效管理工作部际联席会议制度，选择北京、深圳等 8 个地区进行地方政府及其部门绩效管理试点，财政部进行财政预算资金绩效管理试点等。这种安排，将我国政府绩效评价研究与实践推向全国性的制度层面，亦为统一与规范目前各自为政的评价组织与技术体系提供了条件。民间对政府的看法能否带来实际变化，其希望并不在于民间的评估体系能否进入体制内部，或代替主流评价标准，而在于坐实民间机构的本分，坚守民间的价值立场。

九、《政府绩效评估：多样化体系与测评实例》

作　　者：盛明科、颜佳华、陈建斌

出版时间：2011 年

出 版 社：湘潭大学出版社

内容摘要：《政府绩效评估：多样化体系与测评实例》尝试将政府绩效评估置于多样化的视野，对公共财政支出、国税机关、政府网站建设、农民专业合作组织发展政策、社区信息化建设、新型农村合作医疗制度等绩效评估基本规律、指标体系、方式方法、绩效改进等问题开展研究，并以湖南省的一些市、县和具体项目开展绩效评估实例研究。

十、《地方政府绩效评估中的利益相关者与绩效数据：基于德尔菲法的研究》

作　　者：吴建南、刘佳、Richard M.Walker

发表时间：2011 年第 5 期

期刊名称：《华东经济管理》

内容摘要：文章用德尔菲法，通过对地方政府绩效评估中 19 种利益相关者和 16 种绩效数据使用情况的调查，研究了地方政府绩效评估活动中利益相关者与绩效数据的现状和相互关系。研

究结果表明，利益相关者和绩效数据之间呈现简单的线性关系，呈现出"一荣俱荣，一损俱损"的局面。研究还发现在现阶段绩效评估中更多关注的是政府内部利益相关者的诉求，更多使用的是政府内部绩效数据来判断政府绩效好坏。该研究对上述发现内在原因进行了分析，并提出未来改进的建议。

十一、《构建整体性绩效管理框架：西方政府绩效管理的新观点》

作　者：卓越、孟蕾、林敏娟
发表时间：2011 年第 4 期
期刊名称：《中国行政管理》
内容摘要：进入 21 世纪，西方政府较为普遍建立起整体性的绩效管理框架，拓展了绩效管理的发展空间，推进了绩效管理的发育成熟。绩效管理框架凸显指标体系的元工具作用、加强组织实施的操作流程，是西方政府绩效管理发展新阶段的明显标志。文章介绍了英国、加拿大、澳大利亚和新西兰政府建立整体性绩效管理框架的近期成果与实际经验。

十二、《基于数据挖掘的我国地方政府绩效评估指标设计：面向江苏四市的探索性研究》

作　者：尚虎平
发表时间：2011 年第 12 期
期刊名称：《软科学》
内容摘要：作者探索性地利用 Microsoft SQL Server 2005 软件，以中国统计年鉴、地方统计年鉴、政府及各部门的行政日志等为数据源构建了面向南京、苏州、盐城等市的政府绩效评估指标数据仓库，并用 RBF 软聚类、BIRCH 硬聚类相结合的综合聚类挖掘出了一套基于一定支持度的我国市级政府绩效评价的指标体系，它包括 10 个一级指标、30 个二级指标与 90 个三级指标。

十三、《政府绩效管理研究：回归政治与技术双重理性本义》

作　者：陈天祥
发表时间：2011 年第 4 期

期刊名称：《浙江大学学报》（人文社会科学版）
内容摘要：政府绩效管理是政治理性与技术理性的统一体，但目前我国学术界在该领域的研究存在明显的重技术理性而轻政治理性的倾向，主要表现在：追求作为一种管理技术系统的自治性，热衷于以技术手段设计和开发政府绩效评估指标体系，以技术理性代替政治理性探讨政府绩效管理机制，沉湎于对技术的精细化追求。今后，政府绩效管理研究领域可从以下几个方面寻求突破：强化政治理性研究取向，实现政治理性与技术理性的有机结合；跳出技术理性主导下研究视角的短视陷阱，立足于探讨政府绩效管理的学科"大问题"；致力于本土关照，探索融政治理性与技术理性于一体的中国特色的政府绩效管理机制；从政府再造的系统角度探讨政府绩效管理的关联问题，促进政府治理模式转型。

十四、《亚太六国国民对政府绩效的满意度》

作　者：王正绪
发表时间：2011 年第 1 期
期刊名称：《经济社会体制比较》
内容摘要：文章利用《亚洲晴雨表》2008 年的数据，检测影响亚太六个国家的国民对政府满意度的各种因素。结果发现，国民对他们所接受的公共服务相关联的项目如教育、医疗和公安的满意度在他们对政府绩效的评价中占有最重要的分量。个人对收入、工作和住房的满意度也占有重要的分量。受访者如果认为政府严重腐败或官员一旦当选就再不关心国民，他们就会对政绩表现加以否定。一个国家的经济条件似乎具有举足轻重的作用，特别是当一国经济迅速发展时，国民对政府绩效的满意度就会大很多。中国和印度等国的不同城市或地区的国民可能会对政府有不同的评价，这表明许多相关变量并没有在这次调查中得到反映。最后还要指出，国民对政府绩效的满意度似乎与国际组织对治理质量的评估大相径庭，如世界银行的《全球治理指标》。

附：代表性论文选登

中国政府绩效评估：理论与实践①

蓝志勇　　胡税根

[摘　要] 进入 20 世纪 90 年代以来，随着政府管理体制创新的推进，大量政府绩效评估理论逐渐兴起，从中央政府到地方政府的绩效评估实践呈现出多样化的特征，并创造了许多具有特色的绩效评估模式。本文着重介绍中国政府绩效评估理论和实践的发展历程，分析政府绩效评估的主要特色与经验，并提出了未来发展的方向。

[关键词] 政府绩效评估；理论；实践；中国

一、政府绩效评估的发展演进

政府绩效评估是西方发达国家行政体制改革过程中逐渐形成和发展起来的，涉及政府管理的各个方面，并经历了一个较长的发展时期。以效率政府、顾客至上、追求公共责任为核心，政府绩效评估正在以多样的功能影响着世界各国的政府体制改革进程。最早的政府绩效评估实践可以追溯到 100 年前，其发展过程大致可以分为四个阶段。

第一阶段：萌芽阶段，20 世纪初至 40 年代。早期的绩效评估实践发源于美国，美国行政学家吉特·波科特在《公共生产力的历史演变》中将这一时期的公共行政称为"效率政府"时期。早在 19 世纪末，美国许多城市政府腐化无能的事件陆续被媒体曝光，公众对城市政府的信任度逐渐下降，通过财政预算控制地方政府绩效的呼声便开始出现。1906 年，美国的布鲁尔（Bruere）等人发起成立了纽约市政研究院（The New York Bureau of Municipal Research）。1907 年，纽约市政研究院率先开始了对纽约市政府的绩效评估实践，并运用社会调查、市政统计和成本核算等方法和技术，建立了三种类型的绩效评估：一是评估政府活动的成本与投入；二是评估政府活动的产出；三是评估社会条件。纽约市政绩效评估的实践是政府绩效评估的先导，对政府绩效评估的发展起到了关键作用。在早期萌芽阶段，政府绩效评估的背景整体上是传统行政模式。受到科学管理运动和一般管理理论的影响，西方国家对政府绩效评估的研究大多采用基于技术效率（机械效率）的研究方法，而当时的政府绩效评估事实上主要是指财政效率等测算性指标研究。早期的政府绩效评估发展比较缓慢，以美国为主，但以萌芽形式出现的政府绩效评估至少在传统行政模式中创造了一种评估政府的观念，并出现了一些专门研究政府绩效的组织和学术团体，为后来政府绩效评估的发展奠定了坚实有力的基础。

第二阶段：起步阶段，20 世纪 40~70 年代。不同于萌芽时期，早期的绩效评估研究事实上是传统行政模式的延续，又被称为"效率研究"。40 年代，在美国胡佛委员会的推动下，理论界与政府部门对绩效评估与绩效预算的关注都进一步提升，"政府的行政机构，特别是预算署，开始制订工作绩效考核办法和工作绩效标准"。40 年代中期，雷得累和西蒙在《市政工作衡量：行政管理评估标准的调查》中提出了评估的需求、结果、成本、努力、业绩 5 个方面的内容。1949 年，胡佛委员会将自己的报告称为绩效预算，从而开创了政府绩效预算的新时代。所谓绩效预算，尼古拉斯·亨利将其定义为"按照运作和方案来组织，并

---

① 蓝志勇、胡税根：《中国政府绩效评估：理论与实践》，《政治学研究》，2008 年第 3 期。

把运作和方案的绩效水平和具体的预算数额联系起来的预算。这里主要有两层含义：一是方案预算，强调要制订方案，并按照具体的方案制订预算；二是注重机构实际的绩效和考核，要将最后的考核结果与预算额进行比较。这两者在绩效预算中缺一不可。在此基础上，60年代末至80年代初，美国政府又相继实行了计划—规划—预算（PPB）、目标管理（MBO）和零基预算（ZBB）。这对加强提供服务的质量、控制成本、提高生产率和解决特殊问题都有着重要作用。

第三阶段：发展阶段，20世纪70~80年代。这一时期是政府绩效评估大规模发展的阶段，尽管经历的时间不长，但该时期确是政府绩效管理最具里程碑意义的发展阶段。20世纪70年代，在民选官员的积极推动下，美国联邦政府的生产率改进工作得到大力支持。1970年，参议员威廉·普罗克斯迈尔要求对联邦政府的效率进行评估，总审计署着手这项工作。随后，国会通过了一系列法案以适应生产率改进的发展要求。1973年，尼克松政府出台了"联邦政府生产率测定方案"，试图将政府绩效评估系统化、规范化、制度化。在这个方案的指导下，有关部门制定了3000多个绩效评估指标，由劳工统计局负责收集绩效信息和统计工作。同时，各联邦行政机构也积极增设项目评价部门，注重对绩效结果的评价。70年代末至80年代，由于经济滞胀等各种原因，美国的政府绩效评估发展处于较长时间的缓慢期，甚至是停滞不前。当然，在缓慢发展阶段，美国政府绩效评估在全面质量管理、后果为导向的评估等研究和实践的基础上还是取得了显著的成就，如评估重心的转移、评估方式的转变等。70年代末，英国在各种危机和压力的情况下实施了较为彻底的行政变革，1979年撒切尔夫人的上台开始了英国"新公共管理"的改革，其私有化、竞争机制、分权化、服务质量、绩效评估的改革理念使英国当仁不让地被称为当代行政体制改革的先驱。在"效率战略"的指导下，撒切尔政府相继推行了雷纳评审、部长管理信息系统、财务管理新方案等改革措施，极大地推动了绩效评估在政府部门中的应用。

第四阶段：深化阶段，20世纪90年代至今。80年代英国政府绩效评估的成功实践以及后期的

"下一步"行动方案、"公民宪章"运动、为质量而竞争等改革措施，都促进了英国政府绩效评估活动的展开。进入90年代以后，政府绩效评估的发展出现了新的趋势。一是绩效评估逐步走向制度化、规范化和法制化。英国1983年即颁布了《国家审计法》，规定成立国家审计署以确保主计审计长履行其职责，首次从法律的角度表述了绩效审计。1997年英国颁布了《地方政府法》，规定地方政府必须实行最佳绩效评价制度，各部门每年都要进行绩效评估工作，要有专门的机构和人员及固定的程序。1993年，面对公众要求强化对政府进行监督和提高政府工作效率的压力，美国第103届国会通过了一项重要的法案，即政府绩效与结果法（The Government Performance and Results Act，GPRA）。1999年4月，日本内阁会议根据《中央省厅等改革关联法案》的相关措施为内容，制定了《关于推进中央省厅等改革的基本方针》，将总务省的行政监察局改为行政评价局，行政评价局可超越各府、省的界限，行使包含政策评价职能在内的行政评价和检查职能；2002年他们又出台了《政府政策评价法》，在整个政府范围内实施。二是绩效评估技术不断发展。以信息技术的应用最为典型，也因此有人甚至认为绩效评估的信息化比绩效指标的设计更为重要。现代化的信息技术、量化技术的广泛应用，不仅为绩效指标的筛选、绩效信息输入提供了方便，同时也包含了绩效考核过程的公平性。信息技术正在成为现代政府绩效评估的主要手段。三是对评估主体多元化和公民参与评议逐渐形成共识。随着公民社会的兴起和公民参政议政意识的加强，政府也在不断考虑公民参政议政的形式。公民参与绩效评价作为现阶段较为合理、公正的一种参政形式而获得了广泛认可。四是绩效评估的理念、方法和技术不仅在发达国家之间盛行，同时也推广到一些发展中国家。除了英美等国家以外，日本、澳大利亚、加拿大、德国等国家都纷纷实行政府绩效评估。从20世纪80年代中期开始，新西兰政府逐渐提倡要放松对经济的管制，结束政府对大部分经济的直接控制与干预，并建议精简、打碎、激进地改革公共部门官僚体制。澳大利亚于1997年公布公务员条例，削减高级公务员的特权，出台财政管理和会计法案，推行权责会计计

划，其战略目标是，到 2000 年基本实现现金制政府会计制向权责会计制转变。日本于 1997 年开始行政评价改革，涉及政策评价、行政活动评价等。此间，韩国、新加坡、马来西亚、印度尼西亚等国相继开展了政府绩效评估活动。

二、中国政府绩效评估理论研究的发展

我国政府绩效评估的理论研究始于 20 世纪 90 年代中期，到目前为止大致经历了三个发展阶段。

（一）第一阶段——初步探索阶段（1994~1999 年）

1994 年，有学者翻译了大卫·伯宁翰的《英国地方政府中运用绩效评估尺度的观察》一文。1995 年，有学者对英国组织绩效评估的历史、主要内容和技术方法进行了一定的介绍。这一时期，对于政府绩效评估的理论研究尚处在初步的探索时期，通过国内学者对西方国家政府绩效评估的理念和方法体系的介绍，政府绩效评估的思想开始进入中国，但并没有引起理论界和行政官员足够的重视。

（二）第二阶段——研究的拓展阶段（2000~2003 年）

从 2000 年开始，政府绩效评估的问题在国内引起一定的关注，相关的理论研究也有一定拓展。在这一阶段，新公共管理理论在中国逐渐兴起，新公共管理运动本质上是一场在绩效评估理论指导下的行政改革运动。学术界开始关注作为提升政府绩效的有效工具——绩效评估问题的研究。这一时期的理论研究主要集中在 3 个方面。

第一，对西方国家政府绩效评估的理念与方法体系的引进和介绍。有的学者对西方国家政府绩效评估的内涵与理念进行了深入的研究，指出绩效评估是西方国家在现存政治制度的基本框架内、在政府部分职能和公共服务输出市场化以后所采取的政府治理方式，也是公众表达利益和参与政府管理的重要途径与方法，它反映了政府管理寻求社会公平与民主价值的发展取向，贯穿了公共责任与顾客至上的管理理念。有的学者对英国、美国、澳大利亚、新西兰等国的绩效评估实践进行了比较详细的介绍。

第二，对我国政府实施绩效评估的现状及可行性等问题进行探讨。如中国行政管理学会联合课题组在其报告中指出我国政绩效评估的实践大致划分为三种类型，并提出我国建立机关工作效率标准体系的基本原则及设想。有的学者以我国政府实行绩效评估的可行性为切入点，指出我国实行政府绩效评估的主要障碍在于政府与企业两种组织的性质差异、政府作为行政组织所特有的弊端、观念的障碍。

第三，对中国政府绩效评估的制度设计进行探索。如有的学者对政府绩效评估的元设计进行研究，指出：政府绩效评估的元设计，就是对政府绩效评估设计的设计。有的学者对行政管理现代化评价指标体系的构建作出尝试性的理论探讨，从行政环境、行政职能、行政体制、行政执行、行政人员、行政效率等 6 个方面提出了一套评价指标体系。

（三）第三阶段——研究的细化和创新阶段（2004 年至今）

这一时期，政府绩效评估问题已引起广大学者的极大关注，并且各级政府各部门纷纷在进行政府绩效评估工作的探索和尝试。这一阶段的理论研究主要体现出 3 个特点。

第一，研究逐渐细化与深入。在这些研究中，比较有代表性的有：对公共部门绩效评估的主体构建及对象选择等问题的研究。对地方政府绩效评估的基本程序、信息保真制度、结果运用制度等问题的研究。从财政支出绩效的视角对政府绩效评估问题的研究。有的学者从绩效评估的视角对行政审批制度改革进行实证研究。有的学者引入利益相关者的理论对政府绩效进行了全面的界定，同时构设出完整的绩效评估主体范围，为绩效评估的理论化探讨提供了新的视角。有的学者对地方政府绩效评价中"三权"（评价管理权、评价组织权、具体评级权）的来源、归属和具体内容进行研究，明确政府绩效评估各参与者的权责界限。

第二，政府创新理论的不断发展为政府绩效评估提供了理论支撑。政府创新理论是近几年借鉴组织管理理论，将组织管理理论运用到政府管理中，构建学习型、服务型、责任型的政府。有的学者指出，一个创新型的政府，不仅应当是民主的、法治的和文明的政府，而且应当是变革的、

进取的和高效的政府。可以说，政府创新理论的发展为政府绩效评估提供了良好的理论支撑，也为政府绩效评估构建了理论框架与操作工具。

第三，研究逐步走向系统性。主要体现在一系列编著的出版上，如卓越主编的《公共部门绩效评估》（中国人民大学出版社，2004年）、胡税根著的《公共部门绩效评估——迎接效能革命的挑战》（浙江大学出版社，2005年）、彭国甫等著的《地方政府绩效评估研究》（湖南人民出版社，2005年）、范柏乃著的《地方政府绩效评估理论与实践》（人民出版社，2005年）、孟华著的《政府绩效评估：美国的经验与中国的实践》（上海人民出版社，2006年）、周凯主编的《政府绩效评估导论》（中国人民大学出版社，2006年）等相继出版，不少科研院校纷纷开设了政府绩效评估或公共部门绩效评估课程，表明国内关于政府绩效评估的研究逐步系统化。

三、中国地方政府绩效评估实践发展历程

改革开放以来，为建立"办事高效，运转协调，行为规范的行政管理体系"，我国进行了行政管理体制的持续改革。在变革观念、转变职能、调整组织结构、改革行为方式的同时，借鉴和引进国际流行的新的管理机制、管理技术和工具，努力提高政府的效能。而在西方国家政府绩效评估理论与实践的影响下，自20世纪90年代以来，中国政府对绩效评估日益关注，并以多种多样的方式来推行这一实践，中国各级地方政府更是对这一领域进行了探索实践，走出了一条具有中国地方特色的政府绩效评估道路。

（一）第一阶段：20 世纪 80 年代中期到 90 年代初期

这一阶段绩效评估并没有真正在中国的行政部门开展，作为绩效评估的前身，考评办法主要从两个方面展开。一是在"目标责任制"的旗帜下实施，这一时期目标责任制的实施具有自愿性质，中央没有提出统一要求，也没有相应的规范和实践指南。二是1989年开始的效能检查。

目标责任制在我国始于20世纪80年代中期，是国际流行的"目标管理"（MBO）技术在我国的变通应用。从技术的角度看，目标管理中的绩效

评估与现代意义上组织绩效评估有着明显的不同：组织目标分解具体到各个岗位，目标完成情况的考核是岗位任职者对组织目标的贡献，而不是组织绩效状况的系统评估。不过在我国，目标责任制更多采取"首长目标责任制"的形式，而首长的目标责任与所在政府层级或部门的目标责任基本一致，因此，首长目标完成情况的考核与组织绩效评估又有很大的相似之处。1988年的中国城市目标管理研究会成立时，共有13个大中型城市参加，表明此时的目标责任制已经运用得比较普遍，作为一个必要的环节，绩效评估随着目标责任制的实施而运用到政府的各个部门和层级，然而这段时间缺少翔实的记录与整理，难以对其进行系统的分析评价与借鉴。

效能监察在我国始于1989年。效能监察就是对效能的监督检查活动，其主体是党和政府的纪检和监察部门，对象是党政机关和国有企事业单位，内容是管理和经营中的效率、效果、效益、质量等。1989年12月举行的第二次全国监察工作会议提出：行政监察机关的基本职能"既包括效能监察，又包括廉政监察"。从效能监察入手，目的在于把监督的关口前移，加强事前、事中监督，做到防范在先，使纪检监察工作紧贴改革和经济建设中心，更好地为经济建设服务。

（二）第二阶段：20 世纪 90 年代初到 90 年代末期

这一阶段是中国行政管理体制改革的纵深阶段，各级政府重视行政效率的提高，服务质量的完善。而这一阶段也是绩效评估在中国发展的鼎盛阶段，各级地方政府不断探索绩效评估的新形式，政府改革和创新的努力再加上国际经验的影响，各种类型和方式的组织绩效评估相继出现，呈现出了百花齐放的态势，而绩效评估作为政府行政体制改革工具的作用也得到了充分的发挥。

在20世纪90年代，主要的绩效评估方式包括：第一，社会服务承诺制与组织绩效评估。社会服务承诺制度源于1991年英国的"公民宪章"运动。1994年6月，山东省烟台市针对广大市民反映强烈的城市社会服务质量差的问题，借鉴英国和中国香港地区社会管理部门的做法，率先在烟台市建委试行"社会服务承诺制"。1996年7月，在总结烟台市社会服务承诺制度经验的基础

上，中宣部和国务院纠风办决定"把宣传和推广社会服务承诺制度，作为今年下半年加强行业作风和职业道德建设，推进社会主义精神文明建设的一项重点工作"。随后，社会服务承诺制度在全国范围和多种行业普遍推开。第二，目标责任制的应用。与80年代相比，90年代的目标责任制具有两个明显特征：自上而下的系统推进；关注焦点是经济增长。中央和上级机关制定各项数字化的经济增长目标，以指标和任务的形式分派给下级单位，形成一个目标的金字塔结构；这些指标、任务的完成情况是评价考核政绩的主要依据，下级单位与官员的升迁、荣辱都和上级单位下达指标的完成情况挂钩。层层经济目标责任制推动了我国经济的快速增长。1993年，根据中央关于深化干部人事制度改革的精神，河北省委组织部开始探索在河北建立和实行干部实绩考核制度。1994年4月，在总结政府系统实行有限目标管理责任制的基础上，省委下发了《关于建立县（市、区）党政主要领导干部激励和约束机制的试行办法》。1999年开始，青岛市委、市政府借鉴发达国家的有益经验和现代企业管理的先进模式确立了督察工作与目标绩效评估相结合、考绩与评人相结合的新的督察模式。第三，以市民为评价主体的绩效评估制度。过去政府的绩效评估都是政府自身的评价，虽然在信息的获取上有一定优势，但是自己评价自己容易导致评估的形式化，达不到绩效评估的真正目的。1999年10月，珠海市正式启动"万人评议政府"活动，一个由人大代表、政协委员、新闻记者、企业代表组成的200人测评团，明察暗访，并用无记名方式对被测评单位作出"满意"或"不满意"的评价。之后珠海市又连续大规模地开展这种评价政府活动。类似的活动也在我国其他地方广泛开展，1998年沈阳市的"市民评议政府"、2000年起每年一次的杭州市"满意不满意评选活动"和2001年起每年一次的南京市"万人评议政府"等。

（三）第三阶段：21世纪以来

进入21世纪，我国政府的施政理念发生了新的变化。新施政理念要求政府治理模式的转型，组织绩效评估由此进入了发展的第三阶段。响应高层领导"构建科学的政府绩效评价体系"的要求，学术界和实践界付出巨大努力，构建能体现科学发展观的评价体系："绿色GDP"、"小康社会"评价指标等学术研究，走出"象牙塔"并逐步在实践中得以体现。如桑助来的课题组提出了由3个一级指标、33个二级指标构成的比较系统的"地方政府绩效评价指标体系"。可以说，新施政理念和治理模式转变不仅明确了组织绩效评估的地位，而且带来评估模式、实施机制、关注重点和覆盖范围的重大变化。我国的组织绩效评估由此进入了一个新的发展阶段，并形成了各具特色的中国地方政府绩效评估模式，如青岛模式、杭州模式、福建模式、甘肃模式等。但是，由于现有的基础薄弱和实施的时间很短，这些模式还处在试验和完善阶段。

四、中国政府绩效评估实践的基本模式

随着我国政府绩效评估理论研究的深入及西方发达国家政府绩效评估改革实践产生的借鉴与影响，20世纪90年代以来，我国广泛开展了地方政府绩效评估活动，如目标责任制考核、公民评议政府、行政效能评估、第三方评价和欧盟的通用评估框架（CAF）等，并形成了各具特色的政府绩效评估模式，对我们深入探讨政府绩效评估的理论与实践具有重要的借鉴价值。

（一）目标责任制的典范——青岛模式

青岛市以"科学民主的目标化决策机制、责任制衡的刚性化执行机制、督察考核的制度化监督机制、奖惩兑现的导向化激励机制"为核心目标的绩效评估体系作为政府目标管理的典范而受到广泛关注。

根据美国学者简·埃里克·莱恩的理论，政府改革的组织与实施目标要么是公共资源配置，要么是公共部门资源再分配。政府部门改革的主要目标有3个：效率、平等、节约。在改革政府配置与管制部门时，效率往往是主要目标；而在改革政府再分配角色时，平等是其目标。不同国家的政府部门组织形式不同，就目前公共部门改革的动力而言，主要包含4个基本目标：责任、合法性、效率、公正。政府部门改革的关键问题是找到能以尽可能最好的方式促进这4个目标的一整套制度。政府绩效评估与目标管理（MBO）的不同之处在于，政府绩效评估是通过制度设计来构建包括责任、合法性、效率和公正在内的综合

目标体系，以提升公共服务质量和政府工作效率。

青岛模式是目标责任制的典范，其理论基础结合目标管理理论，构建政府绩效评估体系，使政府绩效评估一方面具有实践的可行性，另一方面符合政府管理的基本目标。其基本特点是：

首先，绩效评估目标设定和内容得到扩展。青岛市按照科学发展观的要求，确定全市创建高绩效机关的使命、价值观、愿景、战略，其中战略主题由经济绩效、政治绩效、文化绩效、社会绩效和党的建设5个方面构成，突出了社会职能和公共服务，体现了我国建设格局的变化，使新一代领导集体提出的新施政理念通过目标责任制得以贯彻落实。

其次，绩效目标制定过程的科学化和民主化。青岛市在绩效目标制定过程中，引入了服务对象、专家、人大代表等的审议程序，使绩效目标制定真正建立在科学、民主的基础之上。

再次，建立起了严密的目标层次体系和目标网络。青岛市目标管理绩效考核委员会通过目标的层层分解，把各项重要决策、工作目标和部署转化为具体的、可量化的考核指标，通过政府各部门相互协调将责任、权力和利益也进行层层分解，明确责任领导、责任部门和责任人，自上而下地构筑起"一级抓一级，一级对一级负责"的责任体系。

最后，重视评估结果的利用。使绩效考核与干部考核紧密挂钩，实行单位主要领导政绩评定与本单位考核结果直接挂钩的办法，将考核结果量化到每一位市管领导干部。

青岛做法的本质就是将目标责任制和绩效评估有效地结合起来，以此来达到提高政府效率的目标。青岛实行目标责任制管理确实取得了较好的效果，但也存在一些问题。如目标管理的最大缺陷是目标管理需要列举非常详细的目标集合，并以完成这些目标项的程度来衡量绩效，但是目标集合以外的东西却通常被忽视。

（二）综合性的效能建设——福建模式

福建省成立了以省长为组长的机关效能建设领导小组，并在纪检监察机关设立办公室，具体负责绩效评估的组织实施、协调指导和综合反馈；省直各部门和各设区市都成立了工作小组，形成了绩效评估工作的组织体系。福建省的绩效评估在开展绩效评估的基础上，探索建立奖惩机制，把绩效评估结果作为评价政府、部门及其领导人工作实绩的重要依据，与干部使用、评先评优、物质奖励挂钩。

福建模式的主要特点是：第一，绩效评估领导小组职责明确。绩效评估领导小组召集了省级各部门的相关领导，各部门能够及时收集和反馈绩效评估信息和绩效评估结果。第二，确定较为系统的政府绩效评估指标体系，包括评估目标、评估维度、评估指标设计以及评估主体确定等。从通用指标到具体部门的指标，在指标设计上综合考虑了所有情况，适合政府管理的具体操作。第三，在具体指标设计上，采取定性考核与定量测评相结合的指标模式。第四，实现评估主体多元化。第五，综合运用多种评估方法。福建省通过上述3种办法采集数据和信息，然后进行综合评价，形成评估结果，反馈给被评估单位并在一定范围内进行通报。第六，采取了试点评估、逐步开展的办法。采用试点的做法能较好地协调矛盾。福建省坚持试点评估，以几个效能建设先进单位为第一轮试点，为绩效评估在全区的推广积累了经验。

福建省在实施政府绩效评估时侧重于3个方面：一是绩效方案的设计；二是试点工作的展开；三是评估结果的运用。其绩效评估的做法完整地体现了政府绩效评估理念，无论在流程操作方面还是在绩效评估体系设计方面都为下一步政府绩效评估的实践创造了条件，并以服务型政府为导向构建了新型效率型政府，为我国政府管理体制改革提供了经验借鉴。

（三）公民导向的实践——杭州模式

2000年初，杭州市委、市政府通过调查研究，发现制约杭州发展主要有两个因素：一是发展空间问题；二是机关作风问题。为了解决机关作风问题，2000年杭州市54个市级单位全面展开满意不满意单位评选，评选的主要内容是各单位的全局观念、服务宗旨、服务质量、办事效率、勤政廉洁、工作业绩等6个方面。杭州市专门成立了满意不满意评选活动领导小组办公室负责全面工作。活动的评价主体包括4大层面：一是市党代会代表、市人大代表和市政协委员层面；二是企业层面；三是市民层面；四是市直机关互评。

据统计，共发出选票 5969 张，回收 5787 张，回收率达到 96.96%。2005 年，杭州对考核评价体系进行了改革，成立了杭州市综合考评委员会，对各单位的工作情况通过目标考核、领导考评和社会评价等 3 个方面进行综合考核评价。2006 年8 月，杭州市委在整合市级机关目标管理、市直单位满意单位不满意单位评选和机关效能建设等职能的基础上，组建成立了杭州市综合考评委员会办公室，作为杭州市综合考评委员会的常设办事机构，主要负责市直单位综合绩效考评、效能建设等工作。

杭州政府绩效评估模式以公民为主要导向，其特点有：

第一，整合了"自上而下"和"自下而上"两种评估模式，体现了公民满意原则。满意评选活动即"公众评议政府"活动，属于近年来方兴未艾的"自下而上"的评估模式，是对"自上而下"评估模式的有效补充。杭州市直单位综合考评模式建立在原有的目标管理、满意评选和效能监察的基础上，在机构建设、指标设置、监督管理等方面进行了有效的资源优化重组，充分显现出"1+1>2"的效果。两种评估模式的整合，既保证了组织考核的有效度，提高了公众的民主观念和参与意识，对政府工作起到监督作用，又通过民情民意表达渠道的制度化建设，进一步提升了综合绩效评估的公信度。和以前的地方政府绩效评估相比，杭州模式实现了向"公民满意原则"转变，体现了政府工作重心由"政府本位"向公民取向转变；与其他地方的"公众评议政府"活动相比，杭州市的满意评比体现了持续性、发展性。

第二，推进了绩效评估从"重结果"向"过程与结果并重"转化。杭州模式加强目标任务完成情况的过程督察、加大机关和公务员行政作为的效能监督以及重视社会评价公众意见的整改和反馈等各种过程管理措施和手段的不断完善，必将使考评对象的注意力从结果向过程转移，从而有效促进各部门在行政行为中提高成本意识，优化资源配置，最终使综合考评达到"全面质量管理"的效果。

第三，考评维度体现创新创优，绩效导向进一步明确。在综合考评指标体系中，引入了绩效

评估的理念和方法，对创新目标实行绩效考核，进一步激励市直单位创新创优，提高整体工作的水平和绩效。创新目标绩效考核程序包括申报、立项、申请验收、检查核实和公示，最终由市考评办组织专家组，对各单位创新目标完成情况进行绩效评估，写出绩效评估报告，根据"创新工作目标得分 = 1.5 分 × 难度系数 × 评估系数"计算最终得分。

总的来看，杭州模式（含目标考核和满意评比）是对公民导向政府绩效评估的肯定，创新了政府绩效评估模式实践，具有一定的积极意义。

（四）第三方评价政府绩效的开端——甘肃模式

2004 年，甘肃省为进一步转变政府工作作风，为企业创业和发展营造一个规范严明的法制环境、诚实守信的信用环境、优质高效的服务环境和宽松和谐的创业环境，围绕树立科学发展观和提高地方政府行政能力这个主题，将全省 14 个市、州政府及省政府 39 个职能部门的绩效评价工作，委托给兰州大学中国地方政府绩效评价中心，由其具体负责组织实施。甘肃省的这次实践完善了评价方式，拓宽了评价主体范围，而且根据省级、市级职能部门的不同，分别建立了科学的指标体系。甘肃省政府开创了政府绩效外部评价的新形式，并成为我国政府绩效评估领域的新探索。其主要做法有：①围绕树立科学发展观和提高地方政府行政能力的主题，为企业创业和发展营造一个规范严明的法制环境、诚实守信的信用环境、优质高效的服务环境和宽松和谐的创业环境，对全省 14 个市、州政府及省政府 39 个职能部门的工作绩效进行评价。②评价主体以各地有代表性的非公有制企业为主，并结合兰州大学中国地方政府绩效评价中心的专家意见得出评价意见。③评价指标体系按市、州政府和省政府所属职能部门两类评价对象分别设置。每套评价指标体系分别按企业、上级政府、专家 3 类评议主体分别设计。根据两类评价对象和 3 类评价主体，共设计了 4 套指标体系和两套调查问卷。④市州政府和省政府职能部门绩效用综合绩效指数来衡量。

甘肃用第三方来独立评价政府绩效的举措具有开创性的意义。一方面，政府能将评价自身的工作委托给学术机构，表明政府相信公众能够为

政府绩效作出科学公正的评价，政府与民间的相互关系走向成熟。另一方面，民间第三方机构形成为一种新的评估力量，以制度化、组织化的形式参与政府绩效评价，作为公民参政议政的切入点，有利于和谐社会的建设。甘肃政府绩效评估模式主要在于评估主体的变化，政府仅仅是被评估的对象，适当派出部分工作人员参与评价过程。甘肃实施绩效评估的主要推行者从政府转向了第三方机构，第三方机构不再是简单的评估主体，而成为绩效评估实施者和组织者，其角色发生了根本转变。根据有效治理理论，公民参与主持政府业绩评价对于公民社会的形成和政府责任心增强都有一定作用。

五、结语

我国政府绩效评估无论在理论研究还是实践方面相较西方发达国家而言都比较晚，但从现阶段我国地方政府评估的实践来看，多样的地方政府绩效评估模式综合了政府绩效评估的理念，将政府绩效评估的多种管理手段付诸实施，对我国政府管理体制改革和政府管理模式创新都具有积极意义。

第一，重新界定政府职能，推动政府职能转变。中国政府存在行政权力至上的传统，而在建设社会主义市场经济体制的今天，作为公共权力化身的政府不能肆意干预企业的自主权，更不能作为市场行为的主体，它只能承担市场规则的制定人和执行者。绩效评估因其使命、目标、程序的相对规定性，能在一定程度上理清政府正当行为和僭越行为的界限，加快政府职能的转变。

第二，通过绩效评估提升政府信用，改善政府形象。信用既是市场经济的基本法则，也是现代社会体制赖以维系的"生命线"。政府信用问题对整个社会信用具有引导作用，全面提高政府机关和广大公务员的信用意识，既有利于树立良好的政府形象，也有利于政府行政的发展。从某种意义上说，绩效评估就是借助绩效指标帮助雇员以更客观、更具体的方式来加强社会管理和提供公共服务。实际上，作为一种责任机制的绩效评估系统也正是通过评估活动，将政府的各方面的表现情况进行科学描述并公布于众，有利于公众了解、监督和参与政府工作，不断地改善着政府

部门与公民之间的关系，改进市民话语，使政府能更好、更有效地对顾客的要求做出回应。

第三，通过将个人与组织绩效相结合创造激励和责任机制，提高政府组织绩效。绩效评估既是考察政府实现公共目标程度及所履行职责程度的一种方法，又是在衡量政府服务对公众需求与愿望的回应程度，更是对政府公务人员工作的一种考评。作为一种动力机制，绩效评估制度使公务人员绩效与政府组织目标达成、责任、奖惩、培训等结合起来，既有利于开发人力资源，又能创造一种充满竞争、激励向上、追求卓越的组织文化。绩效评估系统将权力与责任直接挂钩，绩效与奖惩相联系，强化了政府部门的激励约束机制，使得政府行为以一种科学、公正、合理的形式进行，以做到合理行政、高效行政、廉洁行政，从而极大地提高公共服务的质量和效率，改进政府部门绩效。

第四，绩效评估可以激励政府降低行政成本，提高行政效能。政府的任何行为都必然伴随着相应资源（经费、设备、人员等）的支出，同时，政府的绝大多数公共行为都是以特定社会主体的参与、协助和相应自然资源的消耗为前提的，这些都构成了政府的行政成本，而这些成本最终要由纳税人来承担。政府绩效评价的重要任务就是成本控制，即对政府投入和产出的比较和计量。绩效评价，特别是在评价结果与相应的激励和问责机制挂钩之后，可以有效地制止政府行为中的亏损现象和浪费现象，促使政府在行政管理的各个环节进行审慎的抉择和衡量，合理地配置和使用行政资源，从而达到降低行政成本，提高行政效能的目的。

第五，绩效评估通过为管理者提供组织信息而帮助改进政府决策和管理。绩效评估制度提供了更多的、可测量的绩效信息，为政府科学决策提供了重要依据；绩效评估是组织管理的必要手段，绩效指标是维持对政策执行的控制，并对日常责任进行监督的一种必不可少的工具，通过对公共项目及公共政策的实际状况进行了解、考察和评估，总结公共政策、项目实施的经验教训，并将信息反馈给公共管理部门，以便对公共管理项目进行调整、修正，弥补缺陷，不断完善公共决策的决策和实施，提高管理水平。

相对于西方发达国家，我国政府绩效评估无论在观念转变、制度构建方面还是在具体操作方面都还需要不断完善。作为政府的重要管理工具，政府绩效评估既是改进政府绩效、提升服务质量的手段，也是政府管理体制创新的途径，对现代法治型政府、责任型政府、透明型政府建设都具有重要意义。

我国地方政府绩效评价的回顾与模式分析[①]

包国宪　　曹西安

[摘　要] 20世纪90年代以来，我国许多地区开始借鉴西方发达国家新公共管理的经验，并结合本地区实际，进行了政府绩效评价的探索和尝试，取得了一定的成果。本文分四个阶段对我国地方政府绩效评价实践进行了简单的回顾，在理论研究的基础上概括为四种模式：甘肃模式、青岛模式、思明模式和珠海模式，并对这四种模式的本质、特点、适用条件、发展与完善等进行了初步探析。

[关键词] 地方政府；绩效评估；甘肃模式；青岛模式；思明模式；珠海模式

20世纪中叶以来，受凯恩斯主义的深刻影响，西方国家普遍对社会公共事务实施积极干预，导致政府规模不断扩张，大政府管理模式的弊端日益暴露，政府面临着严重的财政危机和公众信任危机，财政压力和选民要求更高的工作绩效，推动西方国家掀起了政府改革的浪潮。在我国，随着社会主义市场经济体制改革的不断深化以及加入WTO，客观上要求政治权力的行使再不能像计划经济时代那样任意、专断，政府职能及其目标模式与管理方式、方法都必须置于WTO的框架之下。如何转变政府职能，适应市场经济和全球化的需要是我国各级政府面临的重大课题。同时，随着我国民主政治的推进，政务公开的程度和公众参与意识的提高，自20世纪90年代起，我国许多地方政府部门开始学习和借鉴西方发达国家新公共管理的经验，进行了政府绩效评价的探索和尝试。

一、历程回顾

从我国地方政府绩效评价的初衷来看，其实践大体可分成4个阶段。

第一阶段是以提高政府机关工作效率为目的的政府绩效评价。1997年9月，江泽民同志在中共十五大报告中指出："机构庞大，人员臃肿，政企不分，官僚主义严重，直接阻碍改革的深入和

经济的发展，影响到党和群众的关系"。朱镕基总理在多次会议上强调要通过改革创造一个高效、廉洁、有权威的政府。政府官员和专家学者们也都认为，建立与我国逐渐成熟的社会主义市场经济形态相适应的政治体制的改革势在必行。对机构改革而言，就是根据精简、统一、效能的原则，转变政府职能，建立办事高效、运转协调、行为规范的政府管理体制。1998年2月，中共十五届二中全会审议通过了《国务院机构改革方案》。在基本完成了国务院各部门的机构改革工作以后，我国还继续进行了中共中央部门的机构改革以及省、市、县、乡级的政府机构改革和事业单位的改革等。配合这一改革任务，一些地方政府相应开展了以提高政府机关工作效率为目的的绩效评价活动。福建省漳州市通过两个层面对机关绩效进行考核：一是由市考评市直单位，由单位考评工作人员；二是由县考评各县直单位，由单位考评工作人员。之前，深圳市于1991年、北京市和山东省于1995年、吉林省于1997年、重庆市于1998年分别实施了行政效能监察的实践探索。

第二阶段是以改善政府及行业服务质量、提高公民满意度为目的的政府绩效评价。我国体制改革的深化要求各级政府部门和各行业不断地更新观念，更新工作方式方法，不断提高服务质量和水平。在此背景下，许多地方政府开展了绩效

---

① 包国宪、曹西安：《我国地方政府绩效评价的回顾与模式分析》，《兰州大学学报》（社会科学版），2007年第1期。

评价活动。1994 年 6 月，烟台市针对城市社会服务质量差的问题，借鉴英国和中国香港地区社会管理部门的做法，率先在烟台市建委系统试行"社会服务承诺制"。2003 年 10 月，湖南省湘潭市开展了社会公认评估活动，77 个市直单位领导班子要过社会公认评估关。除此以外，厦门市政府于 1998 年 5 月颁布实施了《厦门市民主评议行业作风暂行办法》；上海市于 2001 年 2 月对旅游行业、2004 年对通信行业进行行风评议；青海省于 2003 年、江西省于 2004 年对通信行业进行行风评议；河北省于 2004 年对司法和行政执法部门进行评议；江苏省无锡市于 2004 年 8 月对律师行业进行评议；等等。1999 年 10 月珠海市正式启动"万人评政府"活动，一个由人大代表、政协委员、新闻记者、企业代表组成的 200 人测评团，明察暗访，用无记名方式对被测评单位作出"满意"或"不满意"的评价；之后，珠海市又连续大规模地开展这种评价政府活动。类似的活动也在我国其他地方广泛地开展，1998 年沈阳市的"市民评议政府"；1999 年起每年一次的南京市"万人评议政府"；1999 年邯郸市的"市民评议政府及部门问卷调查"活动、广州市的"市民评政府形象"活动；2000 年辽源市的"万名市民评议政府"活动；2001 年温州市市民对"48 个市级机关部门满意度测评调查"、邵阳市的"优化环境综合测评"；2003 年北京市的"市民评议政府"活动；2004 年年底西安市的"网民热议西安发展十大教训"活动等。这些评价活动的开展，促使着政府部门把关注点向公众转移，对于政府转变工作作风，改变服务态度，提高服务质量具有重要的作用。

第三阶段是以建设效能政府、全面提高政府管理质量和能力为目的的政府绩效评价。2002 年 11 月江泽民同志在中共十六大的报告中正式提出了进行新一轮机构改革，与中共十五大报告中关于机构改革的论述比较，这次关于机构改革的提法、目标都明显深化了。要求按照精简、统一、效能的原则和决策、执行、监督相协调的思想，继续推进政府机构改革（后者被媒体称为"新三权分立"理论）；2003 年 2 月的中共十六届二中全会审议通过了《关于深化行政管理体制和机构改革的意见》，指出通过机构改革建立全新的"行为

规范、运转协调、公正透明、廉洁高效"的行政管理体制，更好地为改革开放和社会主义现代化建设服务。各级地方政府围绕着这一要求，对政府及其部门进行改革，力求建设效能政府。自 1999 年起，青岛市委、市政府借鉴发达国家的有益经验和现代企业管理的先进模式，确立了督察工作与目标绩效管理相结合、考绩与评人相结合的新的督察模式。从 2001 年开始，厦门市思明区探索构建一个适应地方实际的公共部门绩效评估模式，对于明确政府各部门工作人员职责、创造性地完成任务、提高服务质量和工作效能起到了推动作用。2004 年 7 月 1 日，重庆市正式开始实施《重庆市政府部门行政首长问责暂行办法》，这一办法通过 18 种问责情形和 7 种追究责任，对政府行政"一把手"追究其不履行或不正确履行法定责任，引起国内外广泛关注。

第四阶段是根据广义政府绩效概念内涵，以强化公共治理为目的的政府绩效评价活动。2004 年 3 月国务院发布了《全面推进依法行政纲要》，强调政府工作要依法行政，基本要求是：合法行政、合理行政、程序正当、权责统一、诚实守信；2004 年 7 月，《中华人民共和国行政许可法》正式施行，这部法律对于推动政府规范审批行为，依法行政，保障和扩大民权，具有重要的意义。2004 年 9 月召开的十六届四中全会上，胡锦涛总书记提出构建社会主义和谐社会的命题，指出我们所要建设的社会主义和谐社会，应该是民主法治、公平正义、诚信友爱、充满活力、安定有序、人与自然和谐相处的社会。据此，我们提出了广义政府绩效的科学概念，认为完整的政府绩效不仅仅表现为政府的行政结果与行政投入之比，还应当包括公民满意度和地方发展战略机制两个重要方面。并在这一思想的指导下于 2004 年底至 2005 年初组织了甘肃省政府所辖的 14 个市（州）政府和 39 个部门的绩效评价工作，完成了评价报告并向社会发布了评价结果。

二、模式分析

我国地方政府绩效评价的实践丰富多彩，形式各具特色，但有些又有着共同的本质。综合来看，形成了 4 种较为典型的评价模式。

（一）甘肃模式

2004 年 10 月，针对甘肃省非公有制经济发展缓慢、落后的情况，甘肃省政府决定让非公有制企业评价政府绩效，以制定发展非公有制企业的政策。并将这一评价工作委托给兰州大学中国地方政府绩效评价中心组织实施，开创了我国第三方评价政府绩效的先河，形成了独具特色的甘肃模式，具有重要的里程碑意义。

（1）甘肃模式的本质和适用性分析。后现代国家的治理理论强调国家提供服务下的多元分权管理，提倡政府、市场、非政府组织及公众在内的多元主体通过合作、协商等伙伴关系对公共生活进行协同管理，以实现"善治"的状态。甘肃模式把评价权交给政策直接受益者——非公有制企业，把评价组织权交给第三方学术性中介组织，评价的指标体系公开，评价过程透明，评价结果向社会公布，是我国公共治理的真正开端，也是我国政治文明建设的重要成果和显著标志之一。甘肃模式适用于从外部多角度对政府的一般职能和整体行为进行评价。作为第三方评价，其组织机构独立于政府之外，可以使评价工作免受领导意志的干扰；由专业人员组成的第三方评价机构具有理论和学术优势，其评价结果会更加公正；第三方强烈的成本意识有助于评价活动向着高效、低成本的方向发展；第三方组织的政府绩效评价活动，可以获得较为广泛的民间基础，更容易得到公众的认同，促使公众对公共事务由被动关心转为主动介入。但是，这一评价模式应与政府的权威性很好结合起来，否则，政府可能会坚持自身的权威性并用其去掩饰暴露出来的问题，使得评价结果得不到落实和运用。此外，第三方组织的政府绩效评价活动所需的信息获取相对困难，尤其是说服性强的数据资料。

（2）甘肃模式的完善和思考。第三方评价的顺利开展必须建立在政府和公众对政府绩效评价足够重视、电子政务发展程度高、民主政治建设较为完善等基础之上。在我国，第三方评价政府绩效刚刚起步，今后要从以下几个方面不断地完善这一评价模式：第一，加强第三方评价机构自身的建设，包括理论建设、科研队伍建设、科研方法和技术开发以及相关的配套设施建设。第二，借鉴市场经济的办法，形成多功能、多层次的绩效评价体系和管理机制。第三，评价机构必须坚持评价组织的独立性、评价内容与方法的科学性、评价过程的公开透明性和评价结果的客观公正性，通过实践逐步赢得评价的权威性，树立第三方评价机构自身的公信力。第四，保障经费来源。第三方评价机构的性质应该是非营利性的，经费可以由各种基金项目资助或受委托评价取得。

关于甘肃模式的几点思考：第一，甘肃省政府勇于面对公众，依托民间智力机构，对其工作进行评价，这是实现"善治"的开端，如果能坚持下去，对生产力的促进作用是不可低估的。第二，绩效评价也会有缺位、错位、越位的问题，因此，绩效评价应有明确的功能性，以其作为分门别类评价的重要依据。甘肃模式只适合从外部对政府的一般职能和整体行为进行评价。第三，由第三方特别是学术性中介机构评价政府绩效，不但是公众与政府沟通的有效途径，而且是民间组织、公众参与政府公共政策和公共治理的有效方式。第四，把政府绩效评价的学术研究、实践探索和评价立法结合起来，提高政府绩效评价工作科学化和制度化水平，并创造良好的法治环境。第五，政府绩效评价的核心功能应当是其导向功能，即通过绩效评价形成强大的外部压力，影响政府行为，引导政府形成科学的发展观和正确的政绩观。

（二）青岛模式

为了打造高绩效的政府组织，推进各项重大决策的科学化和落实，不断提升城市的核心竞争力，自 1999 年起，青岛市委、市政府从战略管理的高度开展督察考核工作，把抓落实工作摆到了与制定决策同等重要的位置，创造性地把督察工作与目标绩效管理相结合、考绩与评人相结合，形成了"青岛模式"。1999 年河北省确立的县（市）党政领导班子考核目标体系和 2004 年 7 月重庆市开始实施的《重庆市政府部门行政首长问责暂行办法》等都与青岛模式具有相同的本质内容。

（1）青岛模式的本质和适用性分析。我国《宪法》规定："中华人民共和国一切权力属于人民"，"人民依照宪法规定，通过各种途径和形式管理国家事务、管理经济和文化事务、管理社会事务"，并有权监督国家机关和工作人员。但长期以来，人民对国家机关及其工作人员的监督由于各种原因没有真正落实，监督流于形式。青岛模式是把督促检查和政绩考核结合起来的新的督察模式，对我国各地的督察和考评工作有着重要的指导借鉴意义。这一模式变传统单一型的督察为复合型的督察，变传统的封闭式的"决策—执行"为开放式的"民主决策—督促检查—考绩评人"模式，做到督事、评绩、考人、查纪"四位一体"。它通过战略目标分解，把各项重要决策、工作目标和部署转化为具体的、可操作、可监控和考核的指标，党委、政府抓大事、重考核，进一步转变政府职能，提高了效率；它鼓励各地因地制宜地制定各自的指标体系，发挥各地优势特色和积极性；它以"人民群众拥护不拥护、赞成不赞成、答应不答应、满意不满意"作为检验政绩的最高标准，把广大干部创造业绩的强烈愿望和自觉地实现好、维护好、发展好最广大人民群众的根本利益结合起来。青岛模式是对传统的督察方式的科学创新，适用于新时期对政府部门和公务员的工作进行评价和督察。

（2）青岛模式的完善。在今后的运用过程中要从以下几个方面对这一模式加以完善：首先，关于考核结果的使用。一要谨慎，尽量避免把最终考核结果简单地、直接地、刚性地和每个公务员的工资、奖惩甚至升迁挂钩。二要注重通过考核尤其是对不同单位的考核，培育和激发单位成员的协作精神和团队意识，同心同德地搞好工作，努力提高部门或团队绩效。三要注重考核结果的引导功能，将考核结果与对考核对象的鼓舞、激励以及教育培训有机结合起来。其次，绩效考核的组织者——目标管理绩效考核委员会应该更多地吸收非政府人员参与，尤其注意吸收政府服务的直接对象的参与。这样，参与人对政府工作的完成情况和完成过程更加关注，责任心更强，督察、考核才能落到实处。

（三）思明模式

从2001年开始，厦门市思明区对公平政府、责任政府、服务政府等多种实现形式进行反复的探索、实践、分析和比较，最终确立打造一个"事要办好、钱要花少、人民还要满意"的绩效型政府为目标，进行公共管理体制和运作模式的多方面创新。其中，创新了政府绩效评价方式，建立了一个适应地方政府实际情况的公共部门绩效评估体系，形成了思明模式。

（1）思明模式的本质和适用性分析。思明模式是以提高政府能力为中心的自我评价，属于较为成熟的内部评价模式。和其以前的政府绩效评价相比，这一模式有以下特点：第一，把评价从任务式变成战略式。不是为评价而评价，而是为了服务于绩效政府的建设。第二，创新政府绩效评价指标体系。一是明确考评对象的绩效指标；二是建构一个由"维度—基本指标—修正指标"组成的多维度指标模型；三是将可以量化考核的公共行政服务，尽可能通过数量指标的形式反映出来。第三，科技含量高。一是依托高校，成立课题组，并在调研、论证的基础上建构评价指标体系，制作项目课件；二是通过办公网络的利用，实现绩效评价网上操作。思明模式适用于政府部门内部的业务测评和干部考核，可以有效地服务于"绩效型政府"建设。这一评价模式有助于在政府机关工作人员中引入和深化绩效管理理念，树立成本与效率观念、顾客至上与服务意识、市场竞争意识等；有助于促进政府职能转变，实现科学的职能定位。同时，这一评价模式的评价主体对评价对象了解深刻，对相关信息的掌握充分、准确，有利于做出正确的判断；内部评价活动便于组织，评价资料、评价数据容易获取且多属于第一手资料，可以节省时间、物力、人力和财力，提高评价效率；内部评价权威性高，评价结果很容易得到充分的应用。此外，思明模式在具体运用中还体现了以下优点：第一，在方式上，改变了传统行政考评于年底组织大规模检查评比的方式，使被评价部门不再疲于应付，避免了行政资源的浪费。第二，在制度上，确定相对稳定的公共部门绩效指标，解决了政府工作的临时应付性和弄虚作假。第三，现代科学技术的运用，软件的开发，一方面，操作方便，适用性广；另一方面，提高了效率并有效地排除人为因素对评价工作的干扰。

（2）思明模式的完善。思明模式把政府绩效评价作为一个理性工具来应用，对其建设绩效型政府起到了实实在在的作用。但是，作为一种自我评价模式，思明模式不可避免地具有很强的"政府主导"色彩，由于受到自我认同等心理因素和利益驱动的影响，这一评价模式具有一定的局限性，评价结果常和公众、企业的感受存在一定差距。在今后的实践中，应从以下两个方面完善这一评价模式：首先，最大限度地减少人为因素的干扰，尽可能选择中立的评价主体，多采用可量化的、刚性的指标体系，并将评价过程和评价结果尽可能公开、透明，接受监督。其次，把评价活动规范化、制度化，提高政府部门及其公务人员对其绩效期望的预期，以推动政府工作目标的实现以及对其行为的约束。

（四）珠海模式

为了加强"高效率办事、高质量服务、让人民群众满意"（两高一满意）的机关作风建设，1999 年 10 月，珠海市启动"万人评政府"活动，用无记名方式对被测评单位做出"满意"或"不满意"的评价；2000 年珠海市"万人评政府"的内容有所增加；2002 年珠海市向社会发放了万余份测评问卷，考核各被测评单位的工作情况；之后，珠海市又连续大规模地开展这种活动，形成了"珠海模式"。此外，我国其他地区如沈阳市、南京市、邯郸市、辽源市等开展的"万人评政府"活动都与珠海模式有着相同的本质内容。

（1）珠海模式的本质和适用性分析。珠海模式是政府主导的民意测评，主要适用于公众从宏观上对政府工作的总体情况进行测评，以作为政府了解民心民意的一种手段和方法。这一模式也适用于对其某一个部门或某一项具体工作的服务质量进行评价。和其以前的政府绩效评价相比，珠海模式的评价原则向"服务原则"和"公众满意原则"转变，体现了政府工作的关注点由"政府本位"向"公民取向"转变。这一评价模式采用定性指标，把公众的"切身感受"作为衡量政府绩效的尺度；评价主体与评价对象分离；评价主体的选择具有一定的随机性。政府机关的工作是面向社会、面向纳税人和公众的，政府所提供的公共服务只有满足了其服务对象（公众）的需要，政府价值才能得以实现。政府工作干得好不好，绩效大不大，感受最深切、看得最清楚、最有发言权的当然是纳税人和公众。但长期以来，由于较低的政治功效感、过高的监督恐惧感、淡薄的公民权利意识、较少或不通畅的民意表达渠道制约了我国公民的参政与监督行为。因此，这一模式在运用中显示了明显的优点：第一，通过

公众对政府绩效的评价，一方面提高了公众的民主观念和参与意识，另一方面可以对政府部门的工作起到监督作用。一般而言，社会公众对政府的反控制和制约能力越强，政府的行政效率越高，政府绩效也越高。第二，引入"使用者介入"机制，评价结果更具有参考价值。第三，民意测评、问卷调查等方法的采用有助于深化政府机关工作人员的服务质量与顾客至上等意识。

（2）珠海模式的完善。政府组织的公众评价政府活动贯彻的是服务质量与顾客至上的政府绩效管理理念，这种评价模式在很大程度上解决了我国政府机关工作人员中普遍存在的"顾客盲"问题，体现人民当家作主的社会主义国家的性质。因此，这一评价模式被许多地方政府以各种形式广泛地运用。但珠海模式在实践过程中存在着一定的问题：第一，信息的匮乏和认知的偏好在一定程度上制约了公众的评价。在我国，由于地方政府政务公开程度不够，电子政务发展水平不高，普通公众拥有信息的有限性和不完整性，往往使得他们不能对政府机关的绩效情况做出准确的判断和评价。第二，评价组织者和评价主体的专业性不足可能会带来一系列方法和技术上的问题。第三，这一评价模式的组织者和评价对象合而为一、利益相关，评价组织者可能会有意或无意地对公众进行感情和价值上的引导，甚至会出现评价数据统计和整理中的"暗箱操作"。第四，社会公众对政府评价制度化程度低，常常表现为一种受"邀请"式的评价，其评价之外的干扰因素较多，会影响评价结果。对此，我们应从以下两个方面改进：首先，完善信息交流和沟通机制，建构能持续提供有关公众需求与满意程度的信息反馈机制，积极创建与推动实现电子政务，以此来推动政务公开诸如规范政务公开的内容、公开办事的程序和政务公开的形式，使公众在更多的领域、更深的层次上了解政府。其次，建立健全公众参与机制，明确公众参与政务的范围、程序和方式，扩大公众参与渠道，通过公众和政府的有效互动，实现政府绩效评价应有的意义。

三、建议与展望

西方发达国家对于政府行为的约束来自于其社会传统和国家法律，又凭借着新公共管理运动

的推动力，使得政府绩效评价活动得以顺利地进行，而我国的政府绩效评价活动刚刚起步，其研究是从个别的"点"开始的，全面推进的动力不足。我们要勇于实践，大胆探索，逐步地找到一条适合我国国情的、适合各地具体情况的地方政府绩效评价之路。

（1）加强对地方政府绩效评价管理的研究。我国地方政府绩效评价中存在的许多问题与其绩效评价管理有关。因此，研究建立我国政府绩效评价的管理机制，包括地方政府绩效评价的管理体制、地方政府绩效评价的相关立法、地方政府绩效评价的行业监管和行业规范、地方政府绩效评价的结果管理等方面的问题，对于我国地方政府绩效评价活动的健康、持续和有序开展具有极为重要的作用。

（2）形成中国地方政府绩效评价组织的创新模式，为地方政府绩效评价提供理论。目前，国内外关于政府绩效评价的组织管理形式多种多样，其中不乏富有特色的评价组织模式：如英国的雷纳评审、加拿大的政府部门改革方案、欧美的政府进行自评计划以及中国地方政府绩效评价的"四大模式"等。总结这些实践的经验教训，分析其评价的组织模式并进行比较研究，提出中国地方政府绩效评价组织的创新模式，将为中国地方政府绩效评价提供理论范式，并为预防中国地方政府绩效评价实践的盲目性、随意性提供理论指导。

（3）优化政府评价组织的管理流程，提高政府绩效评价的效率和质量。政府绩效评价是一项系统性、复杂性的工作，评价环节多、内容广泛、信息量大，由此决定了政府绩效评价需要投入大量的人力、财力和物力。如果花了大量的人、财、物，而未能达到评价的预期效果，将直接影响到评价的效率。因此，从中国的行政管理实际情况出发，根据不同评价类型的组织模式，设计出管理流程、管理技术标准及组织操作规范等，这将有利于提高政府绩效评价的效率和质量。

（4）规范政府绩效评价参与者的职、权、责。地方政府绩效评价有一系列的参与者，包括评价的监督管理者、评价的组织者、评价主体和评价对象等，每一类参与者应该有相对规范的职、权、责界限。否则，就可能出现职、权、责的混乱而带来评价的错位、越位和缺位。因此，厘清地方政府绩效评价的管理权、组织权和评价权的内容及其归属问题具有重要意义。

我国地方政府绩效评估中的"救火行政"

——"一票否决"指标的本质及其改进①

尚虎平　李逸舒

[摘　要] 我国地方政府绩效评估中经常使用"一票否决"的指标，从我国各地典型的17种"一票评估"指标来看，无疑彰显了几种规律性命题，即它们是对社会热点问题采取的一种"救火式懒政"行为；是对民怨较大问题采取的一种"救火式庸政"行为；是前现代的"救火式极端化行政"行为；是将绩效关键点转嫁给下级的"救火工具"。这些规律性命题形成的根本原因在于这些地方政府的行政模式还未实现从"救火行政"向科学管理的跃升，将来必须实现行政模式升级方可解决"一票否决"日渐泛滥问题。

[关键词] 地方政府；一票否决；绩效评估；行政模式；救火行政；科学管理

管理大师德鲁克曾经说："如果你不能评价，你就无法管理"，与此相和，西方国家兴起的新公共管理运动也无一例外把评估作为了改革政府、提高效率、提高责任性和回应性的工具，使得"行政国家"向"评估国家"转变。目前政府绩效评估已经成了西方国家基本的政府管理工具。鉴于政府绩效评估在国外的巨大成功，我国在近年来加大了对政府绩效评估的引进和推广。据《中国人事报》调查，目前全国已经有1/3的省（区、市）开展了政府绩效评估，而国家人事部为了在全国推行政府绩效评估，目前已经确定了湖南省、辽宁省、上海市杨浦区、江苏省南通市、陕西省泾阳县政府为政府绩效评估工作联系点。可以说，政府绩效评估已经在我国各地全面推开，已经是箭在弦上了。在这种绩效评估的燎原之势下，2009年6月哈尔滨市政府出台的国内首部地方性政府绩效法规——《哈尔滨市政府绩效管理条例》将绩效评估的火焰又推高一层。2011年，中央相关部门也正在积极酝酿，力图出台一部全国性的政府绩效评估法规，以将我国各地零散的探索纳入制度化、统一化轨道。在这种背景下，我们更有必要反思与回顾我国已有的各种地方政府绩效评估实践中的问题，以便于为将来法律的贯彻创造一个良好的环境。

本文不用宏大叙事的方式来探究宏观问题，而是从政府绩效评估引入我国之后各地推出的最有中国特色的"一票否决"指标来探究我国政府绩效评估中存在的前现代式的"救火行政"特色，并对其进行较为深刻的分析，发现它的危害性，提出改进对策。

一、各地政府绩效评估中的"一票否决"指标及其性质

在将政府绩效评估工具引入我国的探索中，个别地方政府做了诸多与我国情况、当地情况相适应的改造和创新，在这些创新中最有中国特色的恐怕要数"一票否决"了。"一票否决"是指在政府绩效评估指标设计中，将某一个或者几个指标的权重设为+a（0<a<1）和-100%，它意味着在将该指标用到绩效评估实践中时，如果该项指标的绩效得分大于0，则该指标的实际评分为：得分权重，评分值肯定是一个正值；倘若该项指标的绩效得分为0，则本次绩效评估的整体得分（所有指标的加和总分）为0权重=0，就是说由此项指标决定了政府在该次评估中显示为0绩效，这也意味着从评价结果来看，政府在前一阶段的工作绩效为0。"一票否决"式绩效评估是我国地方政府绩效评估实践中的一种创举，笔者认真梳

---

① 尚虎平、李逸舒：《我国地方政府绩效评估中的"救火行政"——"一票否决"指标的本质及其改进》，《行政论坛》，2011年第5期。

理了目前我国最有代表性的 17 种"一票否决"指标，将其整理为表 1（表略）。

从我们所收集到的较为典型的案例可以看出，我国在地方政府绩效评估中"一票否决"的指标可谓五花八门，似乎杂乱无章，但若将这些内容分别输入 Google 进行检索，则会发现冰山一角下的深层次内容。为了探究这些"一票否决"内容到底属于何种类型的绩效指标，究竟隐含了政府绩效的何种信息，我们在 2010 年 10 月 22 日分别将其输入 Google 网（www.google.com.hk）进行检索，力图从检索词汇的信息提示发现这些词汇所隐含的深层次规律，检索结果总结见表 2（表略）。

从表 2 可以看出，在我国这些典型的"一票否决"项目中，除了"封育禁牧"和"禁赌工作"在 Google 上的关注度（可供检索的信息数量）相对较少，其他项目的关注度均超过了百万条，即使关注较少的"封育禁牧"和"禁赌工作"两项"一票否决"指标的关注度也均超过 10 万条（13 万条、42.8 万条）。这说明这些所谓的"一票否决"实质上是对社会热点、人民反响大的问题进行救火式管理的一种行为，我们将其简化为 4 种规律性命题。

规律性命题 1："一票否决"是对社会热点问题采取的一种"救火式懒政"行为。从表 1 我们看到了这些"一票否决"的内容基本上都属于社会热点问题，而这些社会热点问题的形成，也绝非一日之功，它们既有历史遗留因素，又有突发因素；既有人为因素，又有客观因素；既有物质因素，又有精神因素。总体来看，没有哪个热点问题不属于复杂的系统性问题，没有哪个社会热点问题可以用简单粗暴的方式轻而易举地解决。地方政府对于这些复杂问题，不是去深究深层原因，对症下药，而是简单地采用"一票否决"的绩效指标来将问题向下转移，是一种明显的对热点问题救火式的行政作为，是一种推卸责任，减少自己行政活动的懒惰行政行为。

规律性命题 2："一票否决"是对民怨较大问题采取的一种"救火式庸政"行为。从我们搜集到的"一票否决"项目来看，"禁赌工作"、"无公害蔬菜"、"食品安全"、"安全生产"等都属于近年来人民反映较大的社会热点问题，甚至可以说有

点"民怨沸腾"的意思。对于这些问题，本应该采用究根问底的方式，找到引发民怨的根本症结所在，然后采用疏导的方式，将民怨处理到一个令人满意的水平。当然，这需要花费大量的人力、物力和财力，并随时要承担社会压力。采用"一票否决"方式，可以用看似简单合理的方式，规避积极行政行为所带来的各种风险，这其实是一种"无过便是功"的庸俗、庸碌行政行为，用这种方式来解决热点民怨问题，就如同庸人用口含水灭火，只是做做样子，并不解决实际问题。

规律性命题 3："一票否决"是前现代的"救火式极端化行政"行为。所谓"行政极端化"，是指政府在进行行政执法的过程中，一旦发生某种有害的行政现象，就临时集中部门可以调用的所有行政资源，在一段时间内以处理该种行政事务为第一要务。按照尼古拉斯·亨利的说法，"一般来说，行政极端化是前现代的行政管理模式"。从我们所收集的"一票否决"绩效评估指标来说，它们无疑具有极端化行政行为的浓重痕迹——仅仅因为某一件事情没做好，而否认政府一段时间（一般是一年）的所有工作，明显有失偏颇，过于极端化。孟德斯鸠曾经说："再糟糕的政府，也还会为民做点好事"，我们不能因为在"一票否决"这一项内容上的失误、过错，甚至没有过错（比如天气因素、突发事件）而否认政府的其他卓有成效的工作，用我国历史名著《左传·秦晋崤之战》中的经典语词来说就是"不以一眚掩大德"，不能因为一个过错否定所有工作。这是一种典型的"古典式"、具有浓厚前现代色彩的处理热点问题的方式，是一种极端化行政在政府绩效评估中的表现。

规律性命题 4："一票否决"是将绩效关键点转嫁给下级的"救火工具"。从"一票否决"项目来看，无论是计划生育、综合治理、党风廉政建设这些传统项目，还是节能减排、封育禁牧、禁赌工作、工业园安全、无公害蔬菜等新兴的"一票否决"项目来说，这些都是每一层级政府面临的最棘手的工作之一。对于这些工作，特定层级的政府首要选择不是想着如何踏踏实实地把工作做好，而是采用"一票否决"的方式来评价辖区内的所有政府机关、政府机构，让其头悬达摩克利斯之剑，稍有不好，便以否决相要挟。在"一

票否决"的压力下，下级政府都优先将这些问题处理好，而所有下级政府都解决好了这些问题，上级政府的任务自然便完成了，这实际上是将上级政府的责任转嫁到下级政府去，将上级政府面临更上级政府绩效评估时最关键的几个指标转嫁给下级政府，让下级政府帮自己完成绩效关键点。在此过程中，每一个"一票否决"都以突发式、救急式的"救火工具"的方式传达到辖区内的政府及其政府机构，这使得这些"一票否决"项目成为了将绩效关键点转嫁给下级政府的"救火工具"。

二、行政模式不能及时转换："一票否决"频繁出现的根本原因

上面谈到的几种规律性命题或多或少都涉及了"一票否决"绩效评估指标和绩效评估做法的深层含义，但还未曾触及其根本原因。实际上每个地方动辄推行"一票否决"的做法的根本原因在于我国的行政管理模式尚未根本转换，很多地方还在用前现代的行政模式从事行政管理工作。

（一）行政模式

英语中的政府行政模式（Model of Governance）源于希腊文 Goveonacee，原意是控制、引导和操纵模式。现代行政学中对行政模式的代表性解释主要有："是指政府行使国家权力对一切公共事务进行管理的方式，它是执掌国家行政权力的政府，对社会各阶层进行统治与管理的行为活动方式"，"为适应行政环境的改变，政府会不断调整自身的管理范围和管理方法，从而形成不同的正规管理模式，即政府管理模式。在不同的历史条件下，有着不同的政府管理模式。""行政管理模式依次经历了统治型社会行政管理模式、管理型社会行政管理模式和治理型社会行政管理模式"。本文所探讨的"行政模式"借鉴了现代行政学对它的理解，但并不拘泥于此。区别主要在于传统的行政模式理论认为行政模式依次经历了统治型社会行政管理模式、管理型社会行政管理模式和治理型社会行政管理模式，而笔者却认为正是因为这种比较模糊、简单的分类方式才导致目前我国经常出现行政短期化、懒惰化、一刀切化的趋势，典型例子就是上文列举的各类"一票否决"项目。

（二）行政模式的发展规律

政府行政模式表面上看起来似乎是政府随心所欲采取的对社会进行统治和管理的方式，实则不然。政府行政模式实际上是随着时间推移，社会需求与政府意愿相互博弈、磨合进而适应的过程。一方面，政府总是希望采取最简单、最方便、最能维护政府利益的管理模式；另一方面，随着时间的推移，社会发展会引起社会阶级、阶层的分化，进而引起利益的分化，由此引起社会各阶层对政府管理模式提出要求，要求政府再也不能用以前老的模式管理。政府为了延续自己的政治统治，就必须在行政模式上作出改变，这样行政模式就必然螺旋式上升。随着时间推移，社会逐渐进步，社会对政府管理模式提出要求，而政府也必须根据社会发展情况转变自己的管理模式，哪怕政府并不乐意，但为了保持社会平稳发展，不发生如恩格斯所说的"矛盾的冲突足以把旧的制度摧毁"的大的冲突，政府就必须转变自己的行政模式。总体来看，政府行政模式的发展规律表现为它是随着时间的推移、社会的发展，在时间、社会需求、政府意愿三维坐标空间里螺旋式上升，从早期的"蜂后行政"一直到将来的"理想国"状态，一共要经过 6 个阶段（如图 1 所示）（图略）。如果只考虑社会需求与政府意愿，则可以把行政模式简化为一个二维空间中的博弈模式，如图 2 所示（图略）。

图 1 说明：①原点 O 代表人类历史、社会需求、政府意愿的零点，表示人类社会一开始并没有政府的存在，也没有社会对政府的行政模式的需求。②X 轴代表时间的推移，人类社会从无到有，从没有政府到政府消亡；Y 轴代表社会需求，即社会对政府行政模式的要求；Z 轴代表政府意愿，即政府所希望采取的行政模式，一般来说政府希望采取最容易施行、成本最低、最有利于政府利益的行政模式。③A、B、C、D、E、F 代表从人类社会早期开始所采取的行政模式到将来采取的行政模式，分别为蜂后行政、救火行政、科学管理、放松规制、善治行政与理想国 6 种模式，这 6 种模式代表一种演化机制，随着社会的发展，行政模式也应该逐渐发展与进步。特别需要说明的是，一旦随着时间推移，社会需求改变，就应该改变行政模式。当然，行政模式并不是绝对排

斥，在以高等级的模式为主的行政管理中，也会有其他的行政模式渗透，要看政府采取的主要行政模式是什么；同时，人类社会并非绝对就只有这几种模式，可能将来还会有其他的模式，有待进一步的研究。④图1中代表每个行政模式的三角形面积越来越大，说明随着时间推移，社会发展，政府的行政模式的包容性，对社会的呼应性越来越强。

图2说明：①原点O代表社会需求、政府意愿的零点，表示人类社会一开始并没有政府的存在，也没有社会对政府的行政模式的需求。②X轴代表社会需求，即社会对政府行政模式的要求；Y轴代表政府意愿，即政府所希望采取的行政模式，一般来说政府希望采取最容易施行、成本最低、最有利于保证政府利益的行政模式。

（三）几种行政模式简介

具体来说，行政模式具有不同的内涵，它们在螺旋式进化、上升。

1. 蜂后行政

之所以取名为"蜂后行政"是指人类社会产生之后的相当长一段时间内，政府的行政模式都是如同蜂巢中的蜂后所采取的维护自身权威地位一样的方式，即唯我独尊，不允许产生第二个蜂后，为此目的不惜杀戮无辜，赶尽杀绝，以保证自己的统治。人类社会自从形成政府开始，从奴隶社会到封建社会的行政模式主要都是这种"蜂后行政"，即政府为了维护自己的统治，完全排除异己，不允许有反对阶级和威胁政府统治的人物出现。人们熟悉的历史上的郑和远航就很好地阐发了"蜂后行政"的特点。据部分历史资料记载，郑和远航的真正目的其实是受明成祖之托，出海寻找之前与成祖争夺帝位的建文帝的下落，一旦找到，如果不能带回国，可以就地处置。这就是蜂后行政的特点：为了维护政府的统治，对其他威胁或潜在威胁政府统治的阶级、阶层、人物均要赶尽杀绝。简而言之，就是如同蜂窝中只能有一个蜂后一样，对其他的要予以消灭，是一种完全的排他式的政治统治式行政管理。这种行政模式是奴隶社会、封建社会的常态行政模式。

2. 救火行政

这是一种较之"蜂后行政"先进的政府行政管理模式，这种模式下政府的统治职能逐渐弱化，政府已经开始大量地对社会的需求作出呼应，然而这种呼应缺少规范化、制度化、科学化的规划，主要采取如同救火一样的方式，哪里有火起，就去哪里灭火。在这种模式下的政府行政管理，主要表现方式是被动地等候社会提出行政管理的需求，然后再去管理。最典型的例子是西方资本主义国家曾经倡导的"夜警政府"，著名的事例有英国杀疯牛行政、我国有一段时间的打狗行政、日本消灭奥姆真理教行政，等等。这种行政方式主要是在资本主义社会，特别是在前现代资本主义国家比较普遍。在一些政治、经济、社会、文化、教育等各个方面基础均比较薄弱的已经建成社会主义的国家，这种行政模式也很常见。

3. 科学管理

顾名思义，科学管理就是政府在行政管理中推行科学的管理方式，以正式的制度、法律和法规来规范社会各阶级、阶层、个人以及各种组织的行为，从而达到前馈控制的作用。在这种行政时期，一切有制度调节，人为因素大大降低，行政管理实现了正规化、法律化、科学化。这种行政模式主要在现代工业化资本主义国家、基础较好的社会主义国家较为常见。一般来说，一个国家处在向工业化过渡的时期，行政管理模式主要表现为在救火行政与科学行政之间的转换、过渡，根据每个国家的政治、经济、文化、教育等方面的基础，时间会有长有短，但如果条件允许，政府可以抛开自身的一些利益，适应社会需要，提前实现行政模式转换与升级。总体上来说，我国目前还处于从救火行政向科学管理转换的过程中。

4. 放松规制

放松规制是相对于科学管理而言，在科学管理模式下，把一切都置于各种制度、法律、法规的约束之下，这虽然在特定的历史条件下大大推进了社会生产力的发展。然而，随着时间的推移、社会的进步，社会对这种限制过死的行政模式又提出了要求，那就是在某些领域、行业、阶级、阶层、个人和组织中需要取消一些冗余，甚至根本就没有必要的制度，以利于社会各方面利益的协调，这就是放松规制的要求。这种行政模式主要见于后现代社会，在这种社会中，经济、政治、文化、教育等高度发达，有的制度与法律限制了社会的进步，为此就需要减少约束，放松规制。

目前世界上一些最发达的工业化国家出现了放松规制的苗头，在有的领域里有了放松规制的行政管理形式，但也只是很少的一些，主流行政模式还是科学管理。

5. 善治行政

善治行政作为一种有效的良好的行政模式，强调政府与公民社会的合作，强调自上而下的指导，自下而上的参与相结合；强调管理主体的多样性，并以谋求公共利益的最大化为最终目标，适应了社会提出的行政公民本位、顾客导向和为民服务的理念。概括地说，善治就是使公共利益最大化的行政模式，它的本质特征在于政府与公民对公共生活的合作管理，是社会与政府共同治理国家，善治行政的最低要求是透明（Transparency）、责任（Accountability）、回应（Responsive-nest）、有效（Effectiveness）、参与（Participation）、稳定（Stability）、公正（Justice），等等。从本质上讲，善治是一种立足于公民社会，实现最优公共服务以最终达到公共利益最大化、政府与社会共同治理、协调发展的行政模式。尽管目前西方行政学界在探讨善治行政，但在笔者看来，真正意义上的善治行政模式还是遥远的事情，即使是西方工业高度发达、逐步实现信息化的国家如美国、德国、瑞士等，离实现政府与社会共同治理的善治行政模式也还遥遥无期。

6. 理想国

这是一种理想化的行政模式，东方国家传统上称呼这种行政模式为大同社会。在这种模式下，社会与政府逐渐融合为一体，政府即社会，社会即政府，政府与社会的利益完全重合，甚至政府成了多余。这种行政模式也就是马克思所说的共产主义社会，柏拉图所描述的理想国状态。

（四）"一票否决"泛滥的根本原因在于未能及时从救火行政模式升级为科学管理

前文的规律性命题已经揭示了我国的"一票否决"式绩效评估是"救火式懒政"行为、"救火式庸政"行为、"救火式极端化行政"行为和将绩效关键点转嫁给下级的"救火工具"。它最大的特性就是"救火性"，哪里有民怨沸腾，哪里有上级的重压，哪里就产生"一票否决"，这在行政模式演化谱系中属于典型的"救火行政"模式。如前文所述，"救火行政"更多地属于前现代社会的行政范式，尽管在这种行政模式下政府积极呼应社会的需求，然而这种呼应缺少规范化、制度化、科学化的规划，主要采取如同救火一样的方式，哪里有火起，就去哪里灭火。在这种模式下的政府行政管理，是一种"灭火"思维，将政府管理简单理解为只要"灭了火"就万事大吉，就解决了所有行政问题，从图1、图2的行政模式演化规律来看，这还是一种前现代的、封建社会的行政模式，要解决此问题，首先需要实现政府行政模式的跃升，将其从救火行政跃升到科学管理阶段。

三、解决"一票否决"泛滥的出路：实现从救火行政到科学管理的转变

如上文所述，屡屡发生并在不断扩展的"一票否决"绩效评估指标本质上是因为这些地方还没有实现政府行政管理模式从"救火行政"向科学管理模式的转化。在这些地方，行政模式还没有能够与我国社会经济发展水平同步。按照我国目前社会经济发展状况，社会各阶级、阶层、个人、组织实际上需要的是科学管理的行政模式，即需要政府在行政管理中推行科学的管理方式，以正式的制度、法律和法规来规定社会各阶级、阶层、个人以及各种组织的行为，从而达到前馈控制的作用。在这种行政模式下，一切有制度调节，甚至众多行政程序都可以纳入ISO等标准化管理，人为因素大大降低，行政管理实现了正规化、法律化、科学化。

目前，我国正处在逐步实现工业化的阶段，行政管理模式主要表现为在救火行政与科学行政之间的转换、升级，我国一些发达地区率先在一些行业、一些领域实现了从救火行政向科学管理模式的转换，然而从我国大部分地区来看，转换还需要更长的时间，各地政府要在模式转换中采取主动方式，以避免引起地方的不安定。"一票否决"频频发生的地方，很多领域的政府管理仍然停留在救火行政的阶段，要杜绝这种行为，还需要这些地方政府在日常管理中推行科学管理，积极地进行行政模式升级，以正式的制度、法律和法规来规定社会各阶级、阶层、个人以及各种组织的行为，从而达到管理科学化的作用。这是根除各类救火式"一票否决"行政的根本之道。

第三章　公共政策

施青军　刘庆乐

公共政策学作为一门独立的学科，起源于 20 世纪 50 年代的美国。从那时到现在，西方公共政策学在研究方法上从实证主义走向后实证主义，从以科学为指向性的政策分析走向政治的公共政策；在分析框架上由过程模式占主导走向以过程模式为主、多种分析框架并存的格局，制度理性选择理论、多源流理论、间断—平衡理论、倡导联盟框架、政策扩散理论、大数量比较研究方法等日益受到公共政策研究者们的重视；在研究重点方面则从 20 世纪 60~70 年代的政策制定、70~80 年代的政策执行、80~90 年代的政策评估、20 世纪 90 年代至 21 世纪初期的政策比较一直转向今天的政策伦理和价值问题；在具体政策领域，政策科学家或者利用已有的政策理论为解决某一实质性政策问题出谋划策，或者利用具体政策经验对公共政策学的理论以及方法进行修正。在研究范式的"硬核"与"保护带"之间的显著互动中，西方公共政策仍然展示强劲的发展活力。

关于中国公共政策学研究的进程和现状，陈振明（1998）、孔繁斌（2001）、毛寿龙（2004）、陈庆云（2005）、刘雪明（2010）等学者都有专门研究，而对于中国公共政策学研究的年度进展，虽然已经有人提出编写中国公共政策学年鉴的任务，但至今尚未有成果问世。本文拟对 2011 年在国内发表的有关公共政策学研究的论文、著作、实践进行一个初步梳理，以期对未来中国公共政策学年鉴编撰者贡献一点思路。

第一节　理论进展

中国 20 世纪 70 年代末 80 年代初的思想解放运动为引入西方公共政策学提供了适宜的学术环境，[①] 而执政党和政府的决策科学化、民主化的诉求则为公共政策学的引入提供了强大的动力。经过 80 年代的孕育和开创阶段，90 年代我国公共政策学进入快速发展阶段。在学术研究领域，1992 年中国行政学会政策科学研究分会成立；在政府实践领域，1994 年由中共中央政策研究室、国务院研究室、国务院发展研究中心、国家统计局联合发起的中国政策科学学会也宣告成立。以上两个全国性学术组织的建立，标志着我国公共政策学科正式建立。[②] 在此前后，一些全国重点高校率先在政治学和行政管理学开设政策科学或公共政策分析方面的课程，并开始招收公共政策分

---

① 把公共政策学引入到中国，中国台湾早于大陆。1979 年，台湾大学政治系朱志红教授出版第一本中文繁体版公共政策专著《公共政策概论》。中兴大学法商学院（2000 年后并入台北大学）、台湾大学、政治大学是最早引入公共政策学的几所台湾地区高校。从 20 世纪 80 年代起，公共政策学还被台湾地区确定为考录公务员的专业考试科目。囿于资料限制，本文只讨论大陆学术界公共政策学的进展。宁骚：《公共政策学》，高等教育出版社，2010 年。

② 刘雪明：《发展中的中国公共政策学》，见：《中国行政管理学会 2010 年会暨"政府管理创新"研讨会论文集》，2010 年。

析专业方向的硕士研究生，各类科研基金将政策科学方面的课题列入资助范围。① 2002 年，中山大学和西北大学率先自主招生公共政策本科生。② 时至今日，已出版与公共政策相关的各类教材、大众读物、译著及专著达数百种，公共政策学或公共政策分析普遍成为公共管理专业的本科生、研究生的专业必修课程和国家公务员培训的核心课程；以公共政策或具体政策为名建立的教学或研究机构则比比皆是，来自官方、半官方或民间政策研究组织的公共政策研究群体，构成了世界上最庞大的政策研究咨询队伍，他们以各种形式承接包括政府在内的各种委托人的政策分析项目，成为我国公共政策学产业化的中坚力量。检索中国知网中国期刊全文数据库、中国博士学位论文全文数据库、中国优秀硕士论文全文数据库、中国重要会议论文全文数据库 4 个子库，与"政策"研究相关的研究论文，已由 2001 年的 7239 篇增加到 2010 年的 16851 篇（见图 3-1，本文检索时间为 2012 年 5 月 15 日，随着入库文章的增加，2011 年公共政策文章篇数会进一步增加，下文检索时间与范围相同），由此窥见中国公共政策学研究兴盛之一斑。

一、基本概况

在中国知网 2011 年收录的 4 个子库中，检索标题中含有"政策"的文章达 16341 条，其中包括 168 篇博士论文和 1433 篇优秀硕士论文，这些文章大多关注具体政策而非政策理论。在这一范围内，再次检索标题中含有"政策制定"的文章 180 篇，含有"参与"的文章 171 篇，含有"政策执行"的文章 253 篇，含有"政策工具"的文章 90 篇，含有"政策创新"的文章 76 篇，含有"政策价值"或"政策伦理"的文章 62 篇，含有"政策环境"的文章 57 篇，含有"政策评估"的文章 52 篇，含有"政策议程"的文章 27 篇，含有"政策科学"、"政策终结"的文章各为 10 多篇。在专著方面，据亚马逊网站显示，2011 年出版的与公共政策主题相关的教材、大众读物、学术专著（含译著）59 种。以上论文及著作，能够大概反映这一年我国公共政策在理论方面的最新进展（见图 3-1）。

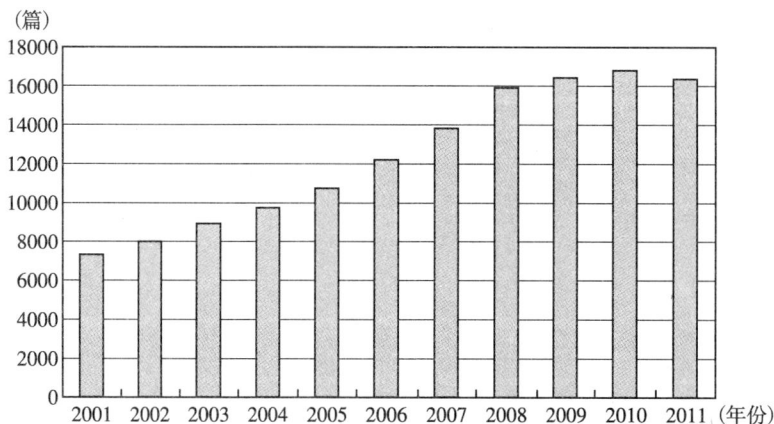

图 3-1　2001~2011 年中国知网收录的标题中含有"政策"的文章

资料来源：中国知网。

从总体上看，在借鉴国外学者已有研究成果的基础上，中国学者在分析框架层面提出的政策过程新模型、建构主义政策研究纲领、制度理性选择框架、政策创新和扩散的政策网络视角等都有显著的学术创新；在研究主题层面，他们立足于我国重大经济社会政策问题，重点关注政策制定、政策执行、政策评估、政策信息、公众参与公共政策过程、公共政策民主化与法制化等重大问题；在学科前沿层面，公共政策协同性研究、公共政策比较研究、公共政策工具研究、公共政

---

① 陈振明：《政策科学》，中国人民大学出版社，2002 年。
② 卞纪：《我国高校有了公共政策学本科专业》，《中国行政管理》，2002 年第 11 期。

策伦理研究将成为公共政策学新的学术生长点。下文将从研究方法、分析框架、理论主题与前沿问题方面逐一论述。

二、研究方法

公共政策学自诞生之日起就处在科学与价值之争的旋涡之中，当时的行为主义还如日中天，创始人拉斯韦尔以先见之明，赋予了政策科学跨学科、解决问题和显规范性三重特性。这里的显规范性意味着，政策科学不应该处于"科学客观性"的借口中，而应该充分意识到在政府活动的研究中，目标和手段、价值和技术是不可分离的。[①]遗憾的是，公共政策学后来的发展仍然陷入科学与价值的纠葛之中，形成了"政策分析"和"政治性的公共政策"两种不同的研究方法。前者相信政策问题的解决取决于科学方法的适当应用，因而更加依赖抽象的统计资料和数学模型，提出的分析模型有完全理性决策模型、有限理性决策模型和渐进决策模型等；后者感兴趣的是公共政策的结果或产出、决定特定事件的政治互动和政策领域——例如，健康、教育、福利、环境——而不是统计方法的使用，提出的分析模型有制度分析模型、精英分析模型、集团分析模型、博弈模型等。[②]在中国公共政策学者看来，从认识论上来看，长期以来西方学者们虽然承认公共政策的事实和价值不能分离，但一直较为注重统计的、数学的方法，而当下的西方公共政策学的实证主义已经走向了后实证主义，"单一的数字和技术可以解决公共政策问题"的思想已经显得与时代格格不入，公共政策的政治内涵与价值冲突得到进一步强调。[③]

由于文化底蕴、历史承袭及学术制度等方面的原因，中国传统从事公共管理的研究人员一般长于哲学思辨、历史归纳、政策阐释及策论，而短于资料统计、定量分析、数学模型等方法。近年来，我国公共政策理论和实证研究取得了重要进步，在引进、消化、吸收国外公共政策分析的

理论和方法方面取得了显著进展，但"抽象的理论建构和演绎较多，实证的问题研究和政策方案研究较少"。[④]随着中西学术交流的加强，中国公共管理学界使用定量、建模分析方法的学者已不乏其人，但却并未从根本上改变这一学科领域科研人员的总体结构。笔者认为，西方公共政策学由实证主义走向后实证主义，其实也为中国大多数公共政策学研究者带来了历史性机遇。

2011 年中国期刊类文章显示了中国公共政策研究者擅长"政治的公共政策"而非公共政策分析的学术特色。在前述 2011 年中国期刊网收录关于公共政策理论研究的论文中，除了个别学位论文外，这些文章中使用定量或建模方法分析公共政策者寥寥无几。检索 2011 年发表在《管理世界》、《管理评论》、《政治学研究》、《管理科学学报》、《南开管理评论》、《中国软科学》、《中国管理科学》、《公共管理学报》、《中国行政管理》等几家管理学和政治学权威期刊上与政策相关的学术论文 59 篇（含书评），使用定量分析或数学模型的文章 9 篇，不到总数的 1/5（见表 3-1）。由此看来，毛寿龙教授 2004 年关于中国公共政策学研究总体状况的论断在 2011 年仍然有效，即中国"公共政策的研究依然处于比较初级的阶段，在理论和方法方面的开发尤其如此"。[⑤]同时也应看到，即使在前述权威期刊非定量研究类的文章中，研究者也普遍能够遵循文献回顾、构建研究框架、展开研究过程、得出研究结论或提出政策建议等基本研究路径，大多数作者都能够注重使用典型案例和统计资料来论证自己的观点，实证色彩愈加浓厚，纯粹哲学的、思辨的方法已不多见，这又说明我国公共政策学总体研究技术的提升。

三、分析框架

西方公共政策学虽然建树颇丰，成功的公共政策分析框架却并不多，占主导地位的仍然是过程理论。[⑥]近年来，西方公共政策学界基于对传统过程框架的反思，提出了一系列替代或修正性分

---

①③ 陈庆云、鄞益奋：《西方公共政策研究的新进展》，《国家行政学院学报》，2005 年第 1 期。

② 欧文·休斯：《公共管理导论》，中国人民大学出版社，2001 年。

④ 陈振明、薛澜：《中国公共管理理论研究的重点领域和主题》，《中国社会科学》，2007 年第 3 期。

⑤⑥ 毛寿龙：《西方公共政策的理论发展之路及其对本土化研究的启示》，《江苏社会科学》，2004 年第 1 期。

表 3-1　2011 年管理学类主要中文权威期刊发表与公共政策研究相关文章的统计

单位：篇

杂志	题目含有"政策"的文章	定性研究文章	定量研究文章
《中国社会科学》	4	3	1
《管理世界》	5	3	2
《管理评论》	3	2	1
《政治学研究》	1	1	0
《南开管理评论》	1	0	1
《中国软科学》	14	12	2
《公共管理学报》	7	5	2
《中国行政管理》	24	24	0
合计	59	50	9

资料来源：中国知网。

析模型。在这一背景下，2011 年，中国公共政策研究者不仅加入到这一反思过程理论的行列，而且在借鉴西方新的分析框架过程中也有新的发挥和发现。

1. 以关系人为基本假设的新的政策过程模型

萨巴蒂尔曾经对政策过程模式进行了切中要害的批评，认为它不是一个真正意义上的因果模型，没有为经验假设检验提供一个明确的基础，在构建一系列的阶段时存在描述不严谨的问题，受到条文主义与自上而下关注等困扰，忽视了政府间关系系统的概念，没有能够为整合政策分析和贯穿公共政策过程始终的政策取向研究等的作用提供一个好的工具等。[①]萨巴蒂尔和詹金斯—史密斯在《政策变化和政策取向的学习》和《政策变化和学习》等论著中提出了著名的支持联盟框架。刘小年（2011）在对西方各种替代性模型进行检讨后认为，包括过程模型在内的学术丛林无不建立在"经济人"这一假设的基础上，因而所谓的范式革命也无非是"旧瓶装新酒"。他进一步提出了关系人假设，认为公共政策的逻辑起点不是要解决所谓的社会问题，而是政府与社会在一定环境下互动，以应对由于人的生存需要所面临的各种社会问题的关系。以此为出发点，新的公共政策过程理论可以表述为表达—整合阶段、压力—回应阶段、区隔与变迁三个阶段。政策科学的发展当前正处于一种范式革命阶段，以马克思有关

人的关系生存的论述为源头，探索构建有中国文化特色的政策过程的关系框架，应该说是一个方向。[②]

2. 建构主义的政策研究纲领

建构主义是近年来西方哲学和社会科学正在蓬勃兴起的一种理论研究途径，它强调观念、意识形态（规范、世界观、原则化信念、因果信念等）的建构性，主张观念因素与物质因素（行动与结构等）之间的相互建构。[③]杨成虎、刘建兰（2011）认为，传统政策过程模型以解决社会问题为依归，将政府认定为一个非人格化的、具有独立意志的、自动追求社会福利最大化的"精密的机器"，而在现实层面上政府不是道德人而是经济人，政府制定政策的目的可能不是为了有效地解决社会问题，而是为了保护自己的既得利益。作为一种有别于实证主义和规范主义的政策研究纲领，建构主义的政策研究纲领认为政策问题并不是一种独立的客观存在，而是行动者在社会互动过程中创造出来的；公共政策也不是政府的行动方案或行为，而是发生在一定的环境当中由参与者所构成和维续的东西。政府的任务不是通过制定和执行公共政策以解决公共问题，而是编织与其他一系列参与者一起的行动。[④]

3. 公共政策演进的制度理性选择框架

在传统政策过程理论的替代性范式中，制度理性选择框架是较为成熟和具有影响力的解释范式。这一框架的焦点是，制度规则是如何改变由

---

① 保罗·A.萨巴蒂尔：《政策过程理论》，三联书店，2004 年。
② 刘小年：《政策科学：范式革命、假设转换与关系框架》，《理论导刊》，2011 年第 2 期。
③ 王礼鑫：《论中国政治研究中的建构主义途径》，《社会科学》，2008 年第 11 期。
④ 杨成虎、刘建兰：《公共政策：从政策科学到建构主义》，《陕西行政学院学报》，2011 年第 1 期。

物质上的自我利益所激励的自觉理性个人的行为（陈振明，2002）。对政策制定的一个简单的制度分析是，它试图通过表现特定制度如何影响政策及通过假设这些制度因素是最重要的，来解释政策和实施结果。[①] 马海韵、张勤（2011）在归纳新制度主义三大流派的基本观点后认为，人类由传统的政治主导型的农业社会进入管理型的工业社会，伴随着的是公共政策模式由危机设计模式向理性设计和渐进设计模式的转变。而后工业社会中的人类问题，必须通过社会的多中心力量，在各自利益的引导下，在新的决策设计模式中寻求解决。随着后工业社会的来临，社会政策的设计模式将转向社会设计模式，这是人类寻求"合作"治理的必经之道。

4. 政策创新与扩散的政策网络视角

作为传统政策过程理论的又一替代性范式，政策创新及扩散理论极大地推动了对政策实践的解释力。当代西方学者的政策创新研究主要集中于政策创新、政策扩散的概念与内涵、政策创新和政策创新扩散的制约与影响因素、政策创新及其扩散过程的特点与模式等方面。[②] 周望（2011）认为，政策扩散理论可以对中国独具特色的"政策试验"实践进行学理性阐释提供一个适宜的分析框架和理论视角，而中国基于"政策试验"的政策扩散过程有其自身特点，它呈现出一个"吸纳—辐射"的运行轨迹。通过对中国以试验为内核的政策扩散现象进行长期扎实的研究，将有助于扩展政策扩散研究的理论版图，甚至还可能重新定义和建构整个政策扩散理论体系。[③] 近年来，又有学者将政策创新、扩散途径与政策网络的文献整合到一起。蒋硕亮（2011）将政策网络界定为在政策过程中相互依赖的官方与非官方的稳定社会关系模式的总和。在他看来，政策网络理论是对一些国家政策主体结构的碎片化、部门化与分权化趋势，以及整个社会"中心缺失"现象的回应，这一理论对政策制定、政策执行、政策后果预测及政策变迁均有解释力。[④]

5. 新范式的综合解释框架

中国学者在借鉴西方公共政策学最新解释框架并进行本土化研究的过程中，也有综合化的趋势。如陈玲的《制度、精英与共识：寻求中国政策过程的解释框架》（清华大学出版社，2011）就有将理性选择制度框架、支持联盟框架、政策网络框架、间断平衡框架熔为一炉的特色。该著作研究了20世纪80年代以来的中国集成电路产业政策制定过程，建立了中国政策过程分析的共识框架，并提出政策制定过程的"制度—精英"双层决策理论。在作者看来，政策过程同时发生在制度层面和精英层面，制度层面的政策舞台规定了政策制定的正式场所、流程和规则，精英层面的协商网络则定义了与决策有关的社会关系网络。政策压力经由科层结构和协商网络传导到政策过程中。科层结构达成共识的方式是自下而上的意见收敛过程，并导致政策的渐进式变迁，协商网络达成共识的方式是自上而下的意见扩散过程，并导致政策的间断式变迁。"制度—精英"双层结构的互动导致政策过程出现滞缓和突变。而张毅强的论著《风险感知、社会学习与范式转移：突发性公共卫生事件引发的政策变迁》（复旦大学出版社，2011）用社会学习理论解释政策变迁，则有将建构主义框架与政策创新框架杂糅在一起的性质。该著作以2003年以来我国公共卫生领域政策范式变迁为研究对象，考察了这一政策领域范式转移的触发机制、社会学习过程以及政策调整和范式转移的内在机制。

四、理论主题

公共政策研究的具体理论主题，除了政策系统分析（如政策主体、政策客体、政策环境）和政策分析方法之外，最主要的就是政策过程分析，如分析政策议程设置、政策制定、政策执行、政策评估、政策终结与变迁等环节。2011年中国学者在公共政策理论研究方面凸显以下特色：

---

① 查尔斯·兰伯：《公共政策研究的新进展》，《公共管理学报》，2006年第3期。
② 朱亚鹏：《政策创新与政策扩散研究述评》，《武汉大学学报》，2010年第4期。
③ 周望：《连接理论与经验：政策扩散理论与中国的"政策实验"》，《中国行政学会2011年年会暨"加强行政管理研究，推动政府体制改革"研讨会论文集》，2011年。
④ 蒋硕亮：《政策网络：政策科学的理论创新》，《江汉论坛》，2011年第4期。

1. 公共政策执行研究向精细化方向发展

在政治与行政二分的视角下，公共政策的过程可以简化为两个环节：政治家制定政策与官僚执行政策。威尔逊在1887年发表的《行政学研究》中就曾经指出："执行一部宪法要比制定一部宪法困难得多"。政策执行的重要性由此可见一斑。事实上，公共政策执行研究自20世纪70年代兴起以后，就一直未曾走出研究者们的视野。2011年中国公共政策执行研究主要向精细化方向发展。第一，将政策执行理论与中国经验紧密结合。这方面的出色研究成果当属贺东航、孔繁斌在《中国社会科学》2011年第5期发表的《公共政策执行的中国经验》一文。该文以近年来中国林业政策改革为例，说明中国公共政策从总体上具有"条条"上的层级性和"块块"上的多属性特征，因而在执行过程中在层级治理层面既有政策创新和真实性执行，又有失真性执行，在多属性层面既有部门协同，又有"孤岛现象"。文章认为，为防止公共政策在执行中陷入"碎片化"，可运用中国特色制度的高位推动，通过层级性治理和多属性治理，采用协调、信任、合作、整合、资源交换和信息交流等相关手段来解决公共政策在央地之间、部门之间的贯彻与落实的问题，这在一定意义上即构成了公共政策执行的中国经验。[①] 第二，目标群体在政策执行中的作用受到重视。政策执行研究一般有自上而下、自下而上以及上下结合三条途径。在自下而上研究途径方面，有学者基于一项农村公共产品政策在三个村的执行过程，研究发现目标群体成员遵从与否的行动策略取决于其对公共政策遵从收益和遵从成本的权衡。该研究认为，随着我国社会由总体性社会向分化性社会转型，目标群体成员之间的利益差别逐渐扩大，不同目标群体成员在同一项公共政策中的遵从收益和遵从成本情况也越来越呈现多样化，这对公共政策的执行提出了挑战。[②] 有的研究建议将

公共对话式政策执行引入政策执行领域，这种执行方式包括体现利益偏好的动机性维度，体现行动与信任合作的保障性维度，体现话语民主的政治性维度和体现社会建构的情境性与能动性维度。[③] 第三，跳出政策本身，审视政策执行对社会的宏观价值。有的研究认为，政策执行总是嵌入特定政策背景之中，二者之间的嵌入关系往往决定了执行主体与目标群体之间调试的空间与可能；有的研究以环境政策为例，说明职权划分和激励结构是影响特定政策的关键因素。[④] 还有研究认为，政策执行的公平性缺失影响社会的利益整合，公正性缺失影响社会的价值整合，合法性缺失影响社会的制度整合。因之，推进社会整合的公共政策执行选择可以从科学的政策、执行机构、目标群体和环境因素几个方面来进行。[⑤]

2. 公众参与公共政策制定受到广泛关注

公众是公共政策制定的非官方主体，但公众在公共政策制定过程中的参与机制是什么，一直有待突破。早在2006年，王绍光在《中国社会科学》上发表的《中国公共政策议程设置的模式》一文认为，在当代中国公共政策议程先后存在六种议程设置模式，近年来随着专家、传媒、利益相关群体和人民大众发挥的影响力越来越大，"关门模式"和"动员模式"逐渐式微，"内参模式"成为常态，"上书模式"和"借力模式"时有所闻，"外压模式"频繁出现。这篇文章虽然指出了公众参与是公共政策科学化、民主化的重要动力，但并未将专家、传媒、利益团体参与公共政策制定与普通大众单独区隔。

在2011年中国知网收录的关于公共政策研究的文章中，尽管有180篇文章谈论政策制定问题，但大部分文章都是从公众、利益团体、弱势群体等政策主体参与的视角来谈政策制定的。公共政策的学者们除了继续论证公众参与公共政策的必要性之外，继续对公众参与公共政策的机制进行

① 贺东航、孔繁斌：《公共政策执行的中国经验》，《中国社会科学》，2011年第5期。
② 朱光喜：《目标群体的遵从收益与成本视角——以一项农村公共产品政策在三个村的执行为例》，《云南行政学院学报》，2011年第2期。
③ 刘晶、张冉：《公共对话式政策执行及其支持性维度分析》，《北京行政学院学报》，2011年第5期。
④ 吴小建、王家峰：《政策执行的制度背景：规则嵌入与激励相容》，《学术界》，2011年第12期；李侃如、李继龙：《中国的政府管理体制及其对环境政策执行的影响》，《经济社会体制比较》，2011年第12期。
⑤ 李倩：《公共政策执行视域下的中国社会整合研究》，《理论导刊》，2011年第11期。

了深入探讨。刘雪华（2011）认为，在现代民主社会，广泛的民意是公共政策合法性的来源及有效性的保障。然而在现实中，公共政策以民意为基础与依归的基本信念并未完全建立，公共政策实践偏离民意的现象依然存在。作为政府，应该合理有效地收集民意、科学细致地分析民意，为公共政策奠定坚实的民意基础。他的政策建议包括政府要切实保障公民的表达自由，推进政务公开，满足民众的知情权，建立以民意为基础的官员问责制等。① 也有学者认为，从政治运行机制角度分析，中国公民参与公共政策制定过程的制度化形式主要有两种：一是通过选举制度、政党制度、监督制度等途径使公民直接参与公共政策制定，这些途径要求公民积极参与公共政策制定，通过选举人民代表和推荐政协委员等方式进入公共政策系统。二是党和政府开设的来信来访制度、领导接待日制度、座谈会制度等途径。但公众参与公共政策的制度化渠道显著狭窄。②

在现代社会，新闻媒体成为公众参与公共政策制定的重要途径和工具，而网络技术的迅猛发展使得网络化的公共政策决策体制成为现实。③ 网络公共舆论作为公民话语权的一种表达形态，有效地弥补了传统媒体反映民意不足的缺陷，为公共决策提供了新的平台。④ 尽管公共政策制定中网络民意参与具有独特的优势，也取得了明显的积极促进作用，但这种参与也存在能力参差不齐、结构不均、代表性不足、效果不佳等困境。因此有学者认为，要优化网络民意参与公共政策的效能，必须深刻理解把握导致这些困境的意识、制度和文化方面的原因，进而有针对性地大力培育公民参与意识和参与能力，努力完善公民参与制度，疏通公民参与途径，积极塑造参与型政治文化，保障公民参与权利，这是解决公共政策网络民意参与困境的根本之路。⑤

3. 公共政策评估由实证走向规范

根据评估模式的演进历程，Guba 和 Lincoln 把政策评估划分为测量取向、描述取向、判断取向和回应—建构取向四个阶段。其中，前三个阶段的评估比较倾向于方法论上的实证论，偏重定量研究，往往导致过度倾向管理主义、无法调和价值的多元主义以及过分强调量化方法等问题。第四个阶段的评估由实证走向规范，由价值中立走向"事实"与"价值"的契合，典型的评估模式是公共政策价值评估。这一评估模式超越对传统的政策效果和影响的实证分析，逐渐将政策问题、政策目标、政策方案、政策执行、政策结果都纳入到政策价值评估的范畴，同时把价值评估作为一种重要的指标，纳入统一评估指标体系，使政策评估从理性的技术性评估逻辑起点过渡到理性和非理性相结合的系统评估方向发展。⑥ 尽管有学者认为，中国公共政策评估实践尚不成熟，而且缺乏严密的方法论指导，在借鉴先进国家政策评估理论方法的过程中，应该确立起中国公共政策评估研究的实证主义取向，⑦ 但在具体学术实践中，大多数学者还是认同将公共政策评估的技术性分析与价值评估结合起来。事实上，在公共政策过程的不同环节，技术性评估与价值性评估的权重并不相同，在方案制定和政策执行过程环节，技术性评估要重于价值性评估，在议程设置和政策执行后果环节，价值性评估要重于技术性评估。

公共政策评估由过去单一的"成本—效益"评估走向多元评估，是公共政策评估规范化的重要推力。童星（2011）认为，高风险社会扩展了公共政策的传统边界，改变了公共政策的评价标准，"收益—风险"之比将取代"成本—收益"之比，成为新的公共政策评价标准，即最多的利益相关群体可接受的政策才是好政策。这种政策评估的主体应当是具有相对独立性的第三方；评估

---

① 刘雪华：《论公共政策的民意基础》，《社会科学战线》，2011年第9期。
② 程艳：《公民参与视角下的中国公共政策制定的困境及出路》，《山东行政学院学报》，2011年第1期。
③ 李秋梅、梁瑞英：《公众参与公共政策问题初探》，《湖北社会科学》，2011年第8期。
④ 邢彦辉、闵然：《公共政策合法性的民意表达：网络公共舆论与协商民主》，《云梦学刊》，2011年第4期。
⑤ 王美文：《公共政策网络民意参与的困境与对策》，《当代世界与社会主义》，2011年第5期。
⑥ 刘祺等：《公共政策价值评估：缘起、概念及测度——一种批判实证主义的评估程式建构》，《东南学术》，2011年第4期。
⑦ 和经纬：《中国公共政策评估的方法论取向：走向实证主义》，《中国行政管理》，2008年第9期。

的方法应当认真借鉴发达市场经济和健全法制国家所采取的一系列方法，如舆情民意调查、听证会、相关利益群体协商、充分利用各类媒体特别是互联网作为载体、经济补偿，等等；评估的问责应当建立在明确决策与评估的职责划分的基础上，对评估主体本身的问题与决策主体问责同样重要。[①]

4. 信息因素对公共政策的影响受到研究者重视

信息因素是公共政策系统的一个重要因素。早在 1982 年，美国宾夕法尼亚大学研究信息政治经济学的教授甘地（Gandy）就出版了《超越议程设置：信息补贴与公共政策》（Beyond Agenda Setting: Information Subsidies and Public Policy）一书，讨论了如何在科技和公共服务分配领域利用大众传媒、公司、机构、政治家以及消费保护团体来影响公共政策的制定与执行问题。但长期以来，信息因素并未受到公共政策研究者的重视。2001 年度诺贝尔经济学奖授予美国三位研究信息部不对称市场的经济学家，信息在决策中的作用问题引起普遍关注。有学者认为，信息化浪潮席卷全球，信息技术日益渗透到各行各业，这使得信息资源的重要性不断地被人们所认知，信息已经成为和物质、能量并列的第三大重要资源。信息是公共决策科学化的客观基础，信息的完备程度直接关系到公共政策的质量，将政策资料转化为政策信息是公共政策分析的重要步骤。公共政策信息包括环境、制定、实施和反馈方面的信息，它们具有公共性、价值性、不完全性和不对称性。[②]有学者以政策执行环节为例，探讨政策信息失真的问题。在他们看来，客观环境的动态变化、政策执行主客体的主观偏好、语言障碍、认知差异等是引起政策信息失真的主要原因，信息失真可能影响政策本身及政策执行的公正性，影响政策解释与政策分解，影响政策的准备与实施。[③]

五、前沿问题

在学科发展的宏观层面，2011 年中国公共政策研究者在公共政策协同性研究、公共政策比较研究、公共政策工具研究、公共政策伦理研究等方面都有突破，这些研究领域展示着中国公共政策学未来的发展前景。

1. 公共政策协同性研究

一般认为公共政策是治理冲突的，其本身也具有协调功能，但像政出多门、"文件打架"这样的公共政策相互冲突的现象也普遍存在，公共政策协调性或协同性问题由此提出。政策协同是整体政府理论和实践的重要分支领域，可以划分为不同的维度和层次。周志忍等（2010）在考察政策协同的理论和发达国家实践的基础上，将政策协同划分为宏观、中观和微观 3 个层次：宏观层次重点关注政府战略，即具体领域政策与国家宏观战略的一致性；中观层次重点关注跨部门政策，即跨界特性突出的政策领域的决策体制；微观层次重点关注部门政策，即具体政策之间的内在一致性。[④]在这一研究框架下，有的学者研究了具体政策的冲突，认为不同的公共政策在目标、措施或手段、效益等方面存在的相互矛盾和冲突，它直接破坏了政策内部的统一性和政策体系的完美，影响了政策的权威性，给政策执行带来了困难。公共政策冲突的基本治理需要明确权力界限，规范权力运行，建立有效的利益调整机制。[⑤]有的学者则从认知视角来理解公共政策的冲突，认为决策者的有限理性和公共政策的权变性为政策解读留下了空间。公共政策解读大体可以分为决策者的工具性解读、执行者的程序性解读、专家的理论性解读和目标群体的损益性解读等，而解读主体利益及其解读能力的差异、政治系统的封闭性、政策漏洞以及地方主义的存在，又导致了公共政策解读上的冲突，一定程度上损害了公共政策的目标。因此，应该通过增强政府透明度、强化参

① 童星：《公共政策的社会稳定风险评估》，《学习与实践》，2010 年第 9 期。

② 严强：《公共政策分析的实质、特点和内容》，《南京社会科学》，2010 年第 1 期；李永忠：《论公共政策信息的特性、类型及作用》，《中国行政管理》，2011 年第 7 期。

③ 毛劲歌、周莹：《信息失真对公共政策执行的影响及对策分析》，《中国行政管理》，2011 年第 6 期。

④ 周志忍、蒋敏娟：《整体政府下的政策协同：理论与发达国家的当代实践》，《国家行政学院学报》，2010 年第 6 期。

⑤ 王仰文：《公共政策冲突治理路径问题研究》，《兰州学刊》，2011 年第 8 期。

与决策、加强政策宣传、减少政策漏洞、加强政策监控等措施，最终减少政策解读恶性冲突发生的机会。

2. 公共政策比较研究

作为比较政治学与公共政策学的交叉领域，西方公共政策的比较研究从 20 世纪 60 年代中后期兴起发展到今天，已经成为政策科学研究的一个重要分支。2007 年，由宋要武、金东珠、尹勇晚（韩）等编著的《中韩公共政策比较研究》（红旗出版社，2007）一书被认为是我国学者与外国学者合作完成的第一部研究比较公共政策的专著。[①]在方法论层面，有学者在回顾国外研究文献的基础上，将公共政策比较研究界定为"不同时间和辖区内的政府活动产出问题"，但公共政策比较研究却陷入是一个学科领域还是一种研究方法的争论之中，还面临比较变量过多、比较对象差异性过大、无法排遣的比较公共政策背后的文化差异性问题等诸多困境。[②]在具体研究成果方面，涂晓芳编著的《比较公共政策》（北京航空航天大学出版社，2011）一书则是国内出版的第一部比较公共政策理论与实践方面的教材。这本教材的深度表现在它对公共政策导论、比较方法论、全球化与新制度论、治理理论、政策网络和政策工程等理论的梳理之中，广度则表现在它对不同国家财政政策、金融政策、产业政策、农业政策、教育政策、社会保障政策、公共住房政策、环境政策的比较之中。

3. 公共政策工具研究

政策工具是 20 世纪 90 年代西方政策科学研究的一个焦点，并正在成长为一个新的主题领域。陈振明、薛澜甚至将政策工具或政府工具看做由公共政策学延伸出来的一个新的分支学科，研究的理论主题包括政府工具的特性与分类，政府工具的选择、应用与组合，公共服务供给机制和方式的选择和评估研究，电子政务研究，政府流程再造研究，公共预算评估与行政成本分析研究等。[③]此外，陈振明在其编著的《公共政策分析》（中国人民大学出版社，2002）一书中，对政策工具研究兴起的背景、研究途径以及政策工具的分类都有较为详细的介绍。[④]政策工具应用范围涉及财政金融、环境保护、农业政策、就业和社会保障等多个领域，注重在政府、市场与社会等多种主体互动的背景下，通过比较分析选择适当的工具来实现政策目标。对于这一理论，我国尚处于引进分析框架的阶段，虽然已有部分实证研究，但仍需结合国内具体的经济社会基础、体制环境和政策背景等因素对此理论作进一步的本土化。[⑤]2011年，在西方国家金融危机以及环境问题全球化的宏观背景下，国内学者研究政策工具的重点置于金融、货币、环境等政策领域，表现出明确的问题意识和实践导向，但在理论层面相对缺乏原创性和前瞻性。

4. 公共政策伦理研究

公共政策应该持何种价值，国外学者争议颇多，代表性的观点有功利主义者的最大多数人幸福的原则、罗尔斯的实质性正义原则、诺奇克的程序性正义原则，以及德沃金的资源平等原则等。[⑥]近年来，公共政策伦理与价值问题成为公共政策研究的热点问题之一。结合中国公共政策环境，中国公共政策学者们重点强调公共政策的民生、公正、效率等价值。[⑦]有学者认为，中国已经进入民生发展时代，社会公共政策的公共性与社会发展的公共利益最大化已历史地、逻辑地统一在发展好、维护好、实现好广大人民群众根本利益基础之上，社会公共利益的最大化实现就是要保证不断改善民生、不断提高民生质量，实现人的全面发展，这是当下中国公共政策的基本价值目标。[⑧]也有学者认为，公共性是公共政策的本质属性和基本价值取向，而在现实层面上却存在着公共政策私用现象。温美容、王春城重点对公共政策私

① 李元书：《开辟比较公共政策研究的新领域——评〈中韩公共政策比较研究〉一书》，《理论探讨》，2008 年第 3 期。
② 张亲培、张海柱：《比较公共政策研究：回顾与展望》，《经济社会体制比较》，2011 年第 6 期。
③ 陈振明、薛澜：《中国公共管理理论研究的重点领域和主题》，《中国社会科学》，2007 年第 3 期。
④ 陈振明：《公共政策分析》，中国人民大学出版社，2002 年。
⑤ 黄红华：《政策工具理论的兴起及其在中国的发展》，《中国社会科学》，2010 年第 4 期。
⑥ 谢金林、赵玉华：《公共政策伦理标准的哲学争论》，《中南大学学报》，2006 年第 5 期。
⑦ 孔凡瑜、周柏春：《公共政策价值的甄别与选择：民生、公正、效率》，《前沿》，2011 年第 19 期。
⑧ 罗建文、李静：《民生时代我国公共政策的价值选择》，《中国行政管理》，2011 年第 6 期。

用的概念、发生机制、后果进行了分析，提出解决问题的对策包括重视公共选择的作用、拓宽公众参与的渠道、加快政治体制改革、协调权力及利益关系、在各层级设立专门的公共政策监督机构等。①

对于公共政策伦理价值的彰显是否就意味着公共政策分析技术路线的衰落？理论界也有不同看法。陈振明等认为，政策分析关注的是现实具体的政策问题，因而政策分析方法的适用与否对能否有效地解决政策问题至关重要。因此，西方政策分析虽然经历了从技术理性到政治理性的方法论转向，但这一方法论转向并不意味着政治理性已然完全否定甚至替代了技术理性。事实上，作为政策分析的两种方法论维度，技术理性关注的是公共政策的技术属性，政治理性关注的是公共政策的政治属性，它们共同构成了政策分析的必要非充分条件，它们的辩证综合也体现了公共政策科学性与民主性的统一。②

六、理论进展总评

从总体上看，2011 年是公共政策学本土化研究和学术发展的重要一年。在分析框架层面，中国学者在消化、吸收西方公共政策学前沿理论、方法和分析模型的过程中，表现出了较强的学习欲望和创新意识，他们提出的新的政策过程理论、建构主义政策研究纲领、制度理性选择框架、政策创新和扩散的政策网络视角等不仅独树一帜，而且与中国公共政策实践深度结合，具有显著的学术创新。在研究主题层面，中国学者继续立足于我国重大经济社会政策问题，在实践领域重点关注货币、财政、税收、产业、教育、社会等政策问题，在专业领域重点关注政策制定、政策执行、政策评估、公众参与公共政策过程、公共政策民主化与法制化、包括政策信息在内的政策要素等重大问题。在学科前沿层面，公共政策协同性研究、公共政策比较研究、公共政策工具研究、公共政策伦理研究将成为公共政策学新的学术生长点。此外，中国公共政策研究整体上重事功、轻学术的偏向尚待进一步矫正，大部分研究"理论体系陈旧，研究方法规范性较弱"③的格局并未有根本改观；除了有限几本厚重的学术专著外，一些有创建的学术论文只是显示了灵感，还缺乏严密的学术论证。由于学科发展起步较晚，加之学科移植与学科建设的重任，公共政策学研究在中国既大有作为，又任重道远。

第二节　实践创新

2011 年，全球局势和国内环境继续发生深刻变化，主要发达经济体进一步推行宽松货币政策，全球流动性大量增加，国际大宗商品价格和主要货币汇率加剧波动，新兴市场资产泡沫和通货膨胀压力加大，国际市场竞争更加激烈。国内经济发展中不平衡、不协调、不可持续的问题加大，如投资与消费关系失衡，收入分配差距较大，科技创新能力不强，产业结构不合理，农业基础仍然薄弱，城乡区域发展不协调，就业总量压力和结构性矛盾并存，优质教育、医疗资源总量不足、分布不均；物价上涨压力加大，部分城市房价涨幅过高，食品安全问题比较突出等。党和政府围绕着国家经济、政治、文化、社会建设中的重要问题，在宏观经济稳定、经济结构调整、增加就业、改善民生、促进社会和谐等方面，制定和实施了一系列的公共政策。以下，主要对 2011 年国家实施的宏观调控政策、产业结构政策、区域发展政策、社会发展政策、文化发展政策和外交政策进行简要概述。

---

① 温美容、王春城：《公共政策私用现象分析》，《理论探讨》，2010 年第 6 期。
② 吴勇锋、邵东珂、陈振明：《从技术理性到政治理性：政策分析的方法论转向》，《江苏行政学院学报》，2011 年第 1 期。
③ 陈振明、薛澜：《中国公共管理理论研究的重点领域和主题》，《中国社会科学》，2007 年第 3 期。

一、宏观调控政策

2011年，为实现经济平稳快速发展，遏制物价过快上涨，国家继续实施积极的财政政策和稳健的货币政策。继续实施积极的财政政策，持续为经济增长和结构调整注入动力。积极的财政政策的主要内容是：一是保持适当的财政赤字和国债规模，但比2009~2010年国际金融危机影响严重时有所控制。二是优化财政支出结构，财政支出向民生和经济社会发展薄弱环节倾斜，将更多的钱用在"三农"、科技、教育、卫生、文化、社会保障等领域，重点支持保障性住房、农村水利交通、城镇公益性基础设施、医疗卫生体系以及战略性新兴产业等的发展。三是继续实施结构性减税，在改革税制的同时减轻中低收入居民的税负负担。四是加强地方政府性债务管理，防范地方政府财政风险，防止盲目铺摊子、上项目。

实施稳健的货币政策，着力保持物价稳定和经济平稳较快发展。当前，受输入型通货膨胀压力、流动性过剩、农产品涨价、劳动力成本上升等的影响，我国出现了较大的物价上涨压力。实施稳健的货币政策，一方面可以使货币供给增加逐步与宏观经济增长状况相匹配，避免物价全面上涨；另一方面可以保持适当的货币供给，促进经济平稳较快发展。此外，美国量化宽松货币政策会对我国金融领域造成冲击，需要实施稳健的货币政策以更好地加以应对。稳健的货币政策的主要内容是：第一，按照总体稳健、调节有度、结构优化的要求，保持货币供给和信贷投放总量合理增长，既要满足经济平稳较快发展的需要，又要把握好流动性总闸门。第二，着力优化信贷结构，把信贷资金更多地投向实体经济，投向"三农"、中小企业、中西部地区，发挥金融服务于经济结构调整和保持经济平稳较快发展的作用。第三，进一步完善人民币汇率形成机制，增强汇率弹性，保持人民币汇率在合理均衡水平上基本稳定。第四，保持金融稳定，切实防范各种形式的金融风险。

目前，国内物价上涨压力增大，需要根据物价总体水平的变化及时调整宏观调控政策的节奏和力度，保持价格总水平基本稳定。针对物价及房价高涨的压力，上半年六次调高存款准备金率以控制货币信贷增速，居民消费价格指数、工业生产者出厂价格指数涨幅从8月起逐月回落，扭转了一度过快上涨的势头；下半年经济情况发生变化，通货膨胀得到缓解，中小企业发展出现困难，在12月初进行微下调准备金率，加强信贷政策与产业政策的协调配合，同时配合相应的税收政策，重点加大小型微型企业结构性减税力度。9月1日起，新修订的个税法实施，起征点从2000元提高到3500元。10月，国务院常务会议确定提高增值税和营业税起征点，增值税由按销售货物月销售额2000元至5000元起征调整为5000元至2万元；营业税由按月营业额1000元至5000元起征调整为5000元至2万元。11月1日，财政部、国税总局宣布上调增值税和营业税起征点，同时对金融机构与小型、微型企业签订的借款合同免征印花税。11月17日，《营业税改征增值税试点方案》发布，决定从2012年1月1日起，在上海市交通运输业和部分现代服务业展开试点。从2012年1月1日至2014年12月31日，对小微企业免征注册登记费等22项行政事业类收费。

二、产业结构政策

经济结构调整是我国21世纪5~10年经济工作的主线，是经济发展、提高经济质量和经济效益的根本措施。必须坚持以发展为主题，以结构调整为主线，以改革开放和科技进步为动力，以提高人民生活水平为根本目的。2011年产业结构调整方面，我国制定了多项产业政策促进产业结构调整和优化升级。

对农业发展（第一产业发展），制定强农惠农富农政策，在财政上加大农业生产补贴力度，增加"三农"支出。2011年中央一号文件《中共中央、国务院关于加快水利改革发展的决定》，对今后一个时期我国水利的改革进行了全面部署。2011年9月20日，农业部发布《全国种植业发展第十二个五年规划》，提出"一个确保，三个力争"的发展目标，即确保粮食基本自给，力争食用植物油自给率稳定在40%，力争棉糖基本满足国内消费需求，力争蔬菜稳定供应。保障措施包括：落实最严格的耕地保护制度，建立健全农业扶持政策体系，加强农业基础设施建设，积极推进农村改革，健全种植业法律法规等。2011年9

月19日，农业部发布《全国休闲农业发展第十二个五年规划（2011~2015年）》，提出到2015年，休闲农业成为横跨农村第一、第二、第三产业的新兴产业，成为促进农民就业增收和满足居民休闲需求的民生产业，成为缓解资源约束和保护生态环境的绿色产业，成为发展新型消费业态和扩大内需的支柱产业。在政策支持方面，提出各地要加大休闲农业的政策扶持力度，争取把休闲农业场所纳入政府采购体系，并对休闲农业提供税收优惠政策。2011年12月27日，农业部发布《农业科技发展"十二五"规划（2011~2015年)》，提出农业科技发展的主要任务包括农业科技创新、农业科技推广与应用、农业人才培养与教育培训、农业科技体制改革与机制创新。在政策配套上，对研发和使用信息装备的单位给予一定扶持，对使用信息装备的农民进行补贴，争取各级财政每年安排一定规模资金作为农业农村信息化发展的引导资金，并适当放宽市场准入条件，引导农业企业、电信运营商、IT企业等方面的社会资金投入。

在第二产业发展上，工信部、环境保护部、科技部等部委在2011年陆续推出"七大新兴产业"、"十二五"规划，大力培育战略性新兴产业。2010年10月，《国务院关于加快培育和发展战略性新兴产业的决定》确定七大新兴产业为：节能环保、新一代信息产业技术、生物、高端装备制造业、新能源、新材料、新能源汽车等国民经济四大支柱产业和三大先导产业。2011年11月29日，科技部发布了《"十二五"生物技术发展规划》。发展目标是，"十二五"期间，生物技术自主创新能力显著提升，生物技术整体水平进入世界先进行列，部分领域达到世界领先水平。生物医药、生物农业、生物制造、生物能源、生物环保等产业快速崛起，生物产业整体布局基本形成，推动生物产业成为国民经济支柱产业之一，使我国成为生物技术强国和生物产业大国。2011年12月20日，国务院公布了《国家环境保护"十二五"规划》，提出了"十二五"环境保护主要指标，并指出，要推进主要污染物减排，加快淘汰落后产能。"十二五"期间国家通过加强节能环保倒逼产业转型提速的目标已经明确，随着国家对节能减排的投入，相关行业将迎来加速发展阶段。

21世纪是信息化的时代，第三产业在各国的比重不断上升，特别是信息服务业成为21世纪的主导产业。在第三产业的发展上，2011年我国提出重点发展信息咨询、电子商务等现代服务业及交通运输产业。加快发展服务业，特别是加快发展现代服务业，提高服务业在国民经济中的比重，尽快使服务业成为主导产业，是推进经济结构调整、加快转变经济发展方式的必由之路，是有效缓解能源资源短缺瓶颈制约、提高资源利用效率的迫切需要，是适应对外开放新形势、实现综合国力整体跃升的有效途径。加快发展服务业，形成较为完备的服务业体系，提供满足人民群众物质文化生活需要的丰富产品，并成为吸纳城乡新增就业的主要渠道，也是解决民生问题、促进社会和谐、全面建设小康社会的内在要求。

三、区域发展政策

2011年的区域发展延续贯彻《国家区域协调发展总体战略和主体功能区战略》，深入实施区域发展总体战略和全国主体功能区规划并出台实施促进西藏、新疆等地区跨越式发展的一系列优惠政策，制定实施新10年农村扶贫开发纲要和兴边富民行动规划。2011年6月，国家发布《全国主体功能区规划》，根据不同区域资源环境的承载能力、现有开发密度和发展潜力，统筹谋划未来人口分布、经济布局、国土利用和城镇化格局，将国土空间划分为优化开发、重点开发、限制开发和禁止开发4类，为各区域规划提出纲领性发展要求。

2011年1月4日，国务院正式批复《山东半岛蓝色经济区发展规划》。这是我国第一个以海洋经济为主题、兼顾海陆统筹的区域发展的战略，也是"十二五"开局之年的首个国家战略。标志着我国区域发展从陆地经济延伸到海洋经济、积极推进陆海统筹的重大战略举措，"十二五"海洋经济发展试点工作进入实施阶段。3月，国务院正式批复《浙江海洋经济发展示范区规划》，使浙江海洋经济发展示范区建设上升为国家战略。这是继山东蓝色半岛经济区上升为国家战略后，又一个主打海洋经济的国家级区域发展规划，有利于提升浙江的海洋生产力。7月，国务院正式批准实施《广东海洋经济综合试验区发展规划》。这是我国第三个主打海洋经济的区域规划，至此以这3个区域为代表的"3＋N"沿海经济区发展布局基本形成。广东省海岸线长，海域面积广，优质港口众多，同时紧邻中国港澳和东南亚，有着优越的区域开发优势。此次批复体现了广东发展方式由陆地走向海洋的转变。

2011年1月，中原经济区被正式纳入《全国主体功能区规划》，上升到了国家战略层面。中原经济区以河南为主体，辐射周边与河南相邻省份的部分城市，涵盖河南、河北、山西、山东四省接壤区13个地（县级）市。战略定位和目标为：全国重要的高新技术产业、先进制造业和现代服务业基地，能源原材料基地，综合交通枢纽和物流中心，区域性科技创新中心，中部地区人口和经济密集区，支撑全国经济又好又快发展的新的经济增长板块。11月，国务院批准了《河北沿海地区发展规划》，河北沿海发展正式上升为国家战略。河北沿海地区的获批，可促使河北充分依托海洋资源，发展对外贸易，同时利用国际资本、技术等新竞争要素，建成沿海临港现代重化工业、产业体系，摆脱对传统产业的过度依赖，从依赖京津到走向海洋，打造沿海新增长极。

2011年3月，宁夏沿黄经济区写进"十二五"规划，上升为国家战略。沿黄经济区主要是打造宁夏"三带一洼地"，真正使该区域形成一个城市带、产业带、开放带和政策洼地。宁夏沿黄经济区产业发展方向是建设全国重要的能源化工、新材料基地，清真食品及穆斯林用品和特色农产品加工基地，区域性商贸物流中心。战略的核心是以银川为中心，带动周边城市、县域乡镇的同城化发展，实现产业大集聚、设施大完善、城镇大发展，从而推进宁夏全区的跨越发展。主体范围包括：黄河流经宁夏397公里，途经银川、石嘴山、吴忠、中卫四个地级市，以主要交通通道为轴线的发展空间，共涵盖10个城市。

2011年5月，国务院批复《成渝经济区区域规划》。这是在实施"十二五"规划的开局之年和推进新一轮西部大开发的重要时刻，深入实施西部大开发、促进区域协调发展的又一重大举措。成渝经济区位于长江上游，地处四川盆地，面积20.6万平方公里，是我国重要的人口、城镇、产业集聚区。战略定位和目标为：建成西部地区重要的经济中心、全国重要的现代产业基地、深化内陆开放的试验区、统筹城乡发展的示范区和长江上游生态安全的保障区。到2015年，建成西部地区重要的经济中心；到2020年，成为我国综合实力最强的区域之一。

2011年6月30日，国务院批准设立浙江舟山群岛新区，这是继上海浦东新区、天津滨海新区和重庆两江新区后，党中央、国务院决定设立的又一个国家级新区。新区地处我国东部黄金海岸线与长江黄金水道的交汇处，区位条件、海洋资源、海洋产业等综合优势明显。该新区是我国首个以海洋经济为主题的国家战略层面新区，战略定位和目标为：舟山群岛新区的功能定位是浙江海洋经济发展的先导区、海洋综合开发试验区、长江三角洲地区经济发展的重要增长极。另外，舟山群岛新区的规划还设立五大建设目标。新区将建成我国大宗商品储运中转加工交易中心、东部地区重要的海上开放门户、我国海洋海岛科学保护开发示范区、重要的现代海洋产业基地和陆海统筹发展先行区。

2011年7月27日，财政部、海关总署以及国家税务总局联合发布了《关于深入实施西部大开发战略有关税收政策问题的通知》。为贯彻落实党中央、国务院关于深入实施西部大开发战略的精神，进一步支持西部大开发，对西部地区内资鼓励类产业、外商投资鼓励类产业及优势产业的项目在投资总额内进口的自用设备，在政策规定范围内免征关税。2011年1月1日至2020年12月31日，对设在西部地区的鼓励类产业企业减按15%的税率征收企业所得税。对西部地区2010年12月31日前新办的，根据《财政部国家税务总局海关总署关于西部大开发税收优惠政策问题的通知》（财税〔2001〕202号）第二条第三款规定可以享受企业所得税"两免三减半"优惠的交通、电力、水利、邮政、广播电视企业，其享受的企业所得税"两免三减半"优惠可以继续享受到期满为止。西部地区包括重庆市、四川省、贵州省、云南省、西藏自治区、陕西省、甘肃省、宁夏回族自治区、青海省、新疆维吾尔自治区、新疆生产建设兵团、内蒙古自治区和广西壮族自治区。湖南省湘西土家族苗族自治州、湖北省恩施土家族苗族自治州、吉林省延边朝鲜族自治州，可以比照西部地区的税收政策执行。

2011年8月，国务院批复在珠海市横琴新区实行比经济特区更加特殊的优惠政策，以重塑珠海发展新优势、构建粤港澳紧密合作新载体。这相当于一个类似于香港的"自由贸易区"，实行"一线"、"二线"的"分线"管理模式。战略定位与目标为：成为带动珠三角、服务港澳、率先发展的粤港澳紧密合作示范区；提出经过10~15年的努力，横琴将建设成联通港澳的开放岛，经济繁荣的活力岛，知识密集的智能岛，以及资源节约、环境友好的生态岛。作为中国第三个获批的国家级新区，未来横琴新区将成为内地开放度高、体制活力强、创新空间广的区域，从而大大促进澳门经济适度多元发展，维护港澳地区的繁荣稳定。

2011年9月28日，国务院出台《国务院关于支持河北省加快建设中原经济区的指导意见》，将河北省定位为国家重要的粮食生产基地和现代农业基地，全国工业化、城镇化和农业现代化协调发展示范区，全国重要的经济增长板块，全国区域协调发展的战略支点和重要的现代综合交通枢纽，华夏历史文明传承创新区。10月27日，国务院批复《河北沿海地区发展规划》，将其定位为环渤海地区新兴增长区域，京津城市功能拓展和产业转移的重要承接地，全国重要的新型工业化基地，我国开放合作的新高地及我国北方沿海生态良好的宜居区。在规划实施上，充分发挥秦皇岛、唐山、沧州三市的比较优势，合理确定产业分工，有序推进重点项目建设，促进人才、资金、技术等要素向3市集聚，推动河北沿海地区积极参与京津冀及环渤海地区的经济合作。

2011年11月，国务院批准《平潭综合实验区总体发展规划》，同意平潭实施全岛放开，明确提出把平潭建设成为"两岸同胞合作建设、先行先试、科学发展的共同家园"。平潭位于福建东部沿海，由大小126个岛屿组成，是我国第五大岛，与台湾岛隔海相望，其最东端与台湾新竹港仅相距126公里，是大陆距离台湾最近的行政县。战略定位和目标为：探索两岸交流合作先行先试的示范区和海峡西岸经济区科学发展的先行区。福建省委书记孙春兰表示，平潭的目标就是20年后再造一个厦门。

四、社会发展政策

社会发展政策包括科技、教育、医药卫生以及社会保障政策。2011年，国家大力发展社会事业，促进经济社会协调发展。各级政府加大对科技、教育、文化、卫生、体育事业的投入，全国财政支出2.82万亿元。

科技发展上，持续提升科技创新能力。加强基础研究和前沿技术研究。实施国家科技重大专项，突破一些关键核心技术，填补了多项重大产品和装备的空白。天宫一号目标飞行器与神舟八号飞船先后成功发射并顺利交会对接，成为我国载人航天发展史上新的里程碑。2011年7月4日，科技部发布《国家"十二五"科学和技术发展规划》，提出未来5年我国不断提高自主创新能力、加快推进创新型国家建设的"路线图"。发展目标包括：研发投入强度大幅提高，原始创新能力显著提升，科技与经济结合更加紧密，科技创新更加惠及民生，创新基地建设再上新台阶，科技人才队伍进一步壮大，科技创新的体制机制不断完善。通过加快实施国家科技重大专项，培育和发展战略性新兴产业，加强重点领域的科技攻关，加强科技创新基地和平台的建设布局，组织实施创新人才推进计划，深化科技管理体制改革和政策落实的战略部署逐步实现。

教育发展方面，扎实推进教育公平。免除3000多万名农村寄宿制学生住宿费，其中1228万名中西部家庭经济困难学生享受生活补助。建立起完整的家庭经济困难学生资助体系。初步解决农民工随迁子女在城市接受义务教育的问题。加强中小学教师培训工作，扩大中小学教师职称制度改革试点，提高中小学教师队伍整体素质。建立起完整的家庭经济困难学生资助体系，推动实施"学前教育三年行动计划"，大力发展职业教育，加强中小学教师培训工作，首届免费师范生全部到中小学任教，90%以上在中西部。2011年6月29日，国务院发布《关于进一步加大财政教育投入的意见》，提出到2012年实现国家财政性教育经费支出占国内生产总值的比例达到4%的目标，促进教育优先发展。2011年10月25日，教育部等9个部门发布《关于加快发展面向农村的职业教育的意见》，明确面向农村的职业教育是服务农业、农村、农民的职业教育，包括办在农村的职业教育、农业职业教育和为农村建设培养人才的职业教育与技能培训，逐步形成适应县域经济社会的发展要求，体现终身教育理念的现代农村职业教育体系。农业职业教育专业重点在水利、林业及粮食专业的职业培训。加强农村、农业职业学校师资队伍建设，提高老师待遇。加大公共财政对农村、农业职业教育投入。

医药卫生事业方面，积极稳妥地推进医药卫生事业改革发展。基本医疗保险覆盖范围继续扩大，13亿城乡居民参保，全民医保体系初步形成。政策范围内住院费用报销比例提高，重大疾病医疗保障病种范围进一步扩大。各级财政对城镇居民医保和新农合的补助标准由每人每年120元提高到200元。国家基本药物制度在政府办基层医疗卫生机构实现全覆盖，基本药物安全性提高、价格下降。公立医院改革试点有序进行。基层医疗卫生服务体系基本建成。基本公共卫生服务均等化取得新进展。2011年2月17日，国务院公布《医药卫生体制五项重点改革2011年度主要工作安排》，明确了2011年医改主要任务，大幅度提高了对新农合和城镇居民医保补助标准和人均基本公共卫生服务经费标准，惠民力度空前加大。对一些重大慢性疾病的保障进行制度创新，逐步降低、取消医疗救助起付线，探索开展特重大疾病救助试点等措施有助于解决"因病致贫、因病返贫"的问题。2011年4月11日，卫生部、民政部、财政部联合下发《推进新农合支付制度改革》的通知，规定了各级财政对新农合的补助标准和政策范围内的住院费用报销比例，门诊统筹也将普遍开展。

针对就业问题，国家实施更加积极的就业政策，加大财政、税收、金融等方面的支持力度，着力促进高校毕业生、农民工等重点人群就业。在改善民生和社会福利方面，各地普遍较大幅度调高最低工资标准，进一步提高城乡低保补助水平以及部分优抚对象抚恤和生活补助标准。在税收政策上，个人所得税起征点提高，降低个体工商户税负。在保障性安居工程建设方面，出台关于保障性安居工程建设和管理的指导意见，完善财政投入、土地供应、信贷支持、税费减免等政策，着力提高规划建设和工程质量水平，制定保

障性住房分配、管理、退出等制度和办法。针对日益突出的食品安全问题，完善食品安全监管体制机制，集中打击、整治非法添加和违法生产加工行为。2011年7月20日，人力资源和社会保障部印发了《人力资源和社会保障事业发展的第十二个五年规划纲要》，提出未来五年人力资源和社会保障事业发展的主要目标是：努力实现充分就业；基本实现人人享有社会保险；造就宏大的高素质人才队伍；人事制度改革不断深化；加快形成合理有序的工资收入分配格局；劳动关系更加和谐稳定；公共服务能力明显提升等。在就业政策上，5月31日，国务院发布《关于进一步做好普通高等学校毕业生就业工作的通知》，指导各地区各部门做好高校毕业生的就业工作。通知提出在构建现代产业体系中努力创造更多适合高校毕业生的就业机会，鼓励中小企业吸纳高校毕业生就业，对招收高校毕业生达到一定数量的中小企业，在财政及金融上提供资金及政策支持。引导高校毕业生面向城乡基层、中西部地区以及民族地区、贫困地区和艰苦边远地区就业。支持高校毕业生自主创业，稳定灵活就业，对高校毕业生创业提供税收、金融、财政补贴等政策及资金支持。大力加强就业指导、就业服务和就业援助等政策措施。

五、文化发展政策

2011年继续践行十六届六中全会对文化建设的要求，围绕社会主义核心价值观，建设和谐文化，发展文化事业和文化产业。中央财政加大对文化惠民工程的支持，各地对公益性文化事业投入显著增加。扩大公共文化设施免费开放范围，服务面逐步拓展。文化体制改革继续推进，文化产业快速发展。文物保护、非物质文化遗产保护和传承取得重要进展。大力加强群众体育设施建设，全民健身活动蓬勃开展，体育事业取得新成绩。2011年2月25日，第十一届全国人民代表大会常务委员会第十九次会议通过《非物质文化遗产法》，这是继《文物保护法》颁布近30年来文化领域的又一部重要法律。法律中列出非物质文化遗产代表性项目名录，提出对非物质文化遗产的传承与传播方式，并明确了相关的法律责任，对我国文化遗产的保护有重大意义。2011年10月

15~18 日召开的十七届六中全会通过了《中共中央关于深化文化体制改革　推动社会主义文化大发展大繁荣若干重大问题的决定》。《决定》指出当今世界正处在大发展大变革大调整时期，文化在综合国力竞争中的地位和作用更加凸显。提出文化建设贯彻"二为"方向和"双百"方针，为人民提供更好更多的精神食粮；大力发展公益性文化事业，保障人民基本文化权益；加快发展文化产业，推动文化产业成为国民经济的支柱性产业；加快构建有利于文化繁荣发展的体制机制；建设宏大的文化人才队伍，为社会主义文化大发展大繁荣提供有力的人才支撑。

此外，一些地方也出台了相应的文化发展政策和精神文明建设方针。2011 年 10 月底，深圳市发布《深圳文化创意产业振兴发展规划（2011~2015 年）》，设立每年 5 亿元的专项扶持资金，重点发展创意设计、文化软件、新媒体及文化信息服务等十大高端产业，努力将文化创意产业打造成为深圳重要的战略性新兴产业和国民经济支柱性产业。其中加快培育和完善文化创意产业保险市场，有效分散文化创意产业项目的运作风险成为该规划的一大特色。同时，配套出台《深圳文化创意产业振兴发展政策》提出支持开展文化创意产业保险服务，支持保险机构探索开展适合文化创意企业特点和需要的新型险种和各种保险业务，专项资金每年安排一定资金，对在文化部和保监会认定的试点保险公司投保试点险种并已支付保险费的文化创意企业。《规划》及配套《发展政策》是全国第一部以贯彻落实中央六中全会精神为主题的文化创意产业规划，第一部将文化创意产业作为战略性新兴产业的规划，第一部规划与政策同步制定同步实施的文化创意产业规划。2011 年 11 月 2 日，经过 1 年多的提炼和 290 多万群众的投票评选，由"爱国、创新、包容、厚德"为内容的《北京精神》表述语在京正式向社会发布。该精神充分体现了城市精神与核心价值的相互协调、城市共性与北京个性的相互兼容、历史底蕴与未来取向的相互统一、城市特色与市民气质的相互融合，反映了北京特有的文化品位和首善特质。12 月，《广西壮族自治区文化发展"十二五"规划》发布，提出建设北部湾文化产业圈以及中国—东盟文化产业发展聚集区，探索创建国家农

村公共文化服务实验区、国家民族和谐文化建设示范区、中国—东盟文化交流合作实践区和千里边境文化带，发展具有广西气派、壮乡风格、时代特征、开放包容的广西和谐文化，建设区域文化中心、中国与东盟文化交流枢纽以及中国文化走向东盟的主力省区。

六、外交政策

我国外交坚持"和平共处五项原则"，2011 年，超越意识形态的全方位外交，独立自主的不结盟外交政策，务实的外交风格是外交战略调整的重要内容。面对复杂多变的国际形势，我国积极开展全方位、多领域外交，维护了总体有利的外部环境。

2011 年，国家领导人亲自开展峰会外交和首脑外交。参加二十国集团峰会等一系列国际和地区多边会议。中国主办金砖国家领导人会晤，积极参与和引导全球治理机制改革，促进区域合作进程。稳步发展同各国的关系。中美就设立相互尊重、互利共赢的合作伙伴关系达成重要共识。中俄关系提升为全面战略协作伙伴关系。中欧互信与合作进一步发展，互成最大贸易伙伴。中日关系保持稳定发展势头。中非新型战略伙伴关系进一步加强。中国同拉美各领域合作不断深化。积极营造稳定、繁荣、和谐的周边环境。中国同周边国家高层交往频繁，各领域合作深入发展，互联互通建设稳步推进。我们同东盟国家就落实《南海各方行为宣言》后续行动指针达成一致，宣布设立 30 亿元中国东盟海上合作基金，维护了南海形势总体稳定。妥善应对西亚北非动荡。坚持不干涉内政原则，尊重地区国家人民的意愿和选择，妥善处理联合国安理会有关决议，同有关国家关系平稳过渡。全力维护我国公民海外合法权益。完成自埃及、利比亚、日本撤离我国遇险公民行动，成功营救在境外被绑架的船员和工程人员，妥善处理我国船员在湄公河遇害等重大事件。深入开展公共和人文外交。围绕"十二五"规划实施、建党 90 周年、辛亥革命 100 周年、《中国的和平发展》白皮书发布等重大活动加强政策宣示，同各国广泛开展文化、教育、体育、科技、卫生等领域的交流。

第三节 代表性成果

一、《制度、精英与共识：寻求中国政策过程的解释框架》

作　　者：陈玲
出版时间：2011 年
出　版　社：清华大学出版社
内容摘要：政策过程研究是公共决策科学化和民主化的重要理论依据。本书对 1980~2000 年的中国集成电路产业政策的制定过程进行了深入细致的案例研究，并依此建立了一个解释中国政策个案的"制度—精英"分析框架。集成电路产业是信息时代知识经济的核心技术和战略性产业部门，中国集成电路产业本来起步较早，并一度接近国际水平，但在改革开放后却陷入了"代代引进"的怪圈，技术水平和产业规模均严重滞后于他国。作者认为，政策过程的体制障碍和共识决策导致产业政策的断续、模糊和执行困难，从而进一步导致整个产业发展的滞后。具体而言，制度层面的政策舞台规定了政策制定的正式场所、流程和规则，精英层面的协商网络则定义了与决策有关的社会关系网络，政策制定的过程实际上就是在不同参与者范围内达成共识的过程。共识程度受到政策目标多元化、政策风险程度和政策方案多样性的综合影响。目标越复杂、风险越高和备选方案越多的政策，越难达成共识。结果，理论上最优的政策，或社会总福利最大化的政策未必就是现实版的政策；现实版的政策往往是不同参与者协商沟通、讨价还价的结果。

二、《中国环境政策工具的实施效果与优化选择》

作　　者：杨洪刚
出版时间：2011 年
出　版　社：复旦大学出版社
内容摘要：本书运用公共管理学、经济学和社会学的相关理论和方法。对改革开放以来中国环境政策工具的实施效果及其优化选择这一基本问题进行系统分析和探讨。作者首先把中国改革开放 30 多年来政府所设计的各类环境政策工具区分为命令控制型、经济激励型、公众参与型 3 大类环境政策工具。在此基础上，作者从行为和结果两个角度对中国 3 大类环境政策工具的实施效果作出总体上的评估，并对影响 3 大类环境政策工具有效性的主要因素进行比较深入的诊断性分析。本书认为，虽然中国政府实施了上述各类环境政策工具，但这些环境政策工具的实施效果并没有完全达到其预期的政策目标。其中，影响命令控制型环境政策工具有效性的主要因素有自身政策设计上的缺陷、环境管理体制的约束、政府治理目标多元化的约束和政府环境管理能力的约束。影响经济激励型环境政策工具有效性的主要因素有自身设计上的缺陷、市场机制的不成熟、环境管理体制的约束、缺乏基本的法律保障、技术及其他因素的影响。影响公众参与型环境政策工具的主要因素有公众环保意识较低，政府主导型环境管理体制的弊端，公众参与缺乏相应的法律保障，社会团体的力量比较薄弱，公众获取信息的成本较大等。任何环境政策工具都有其自身的优势和缺陷，任何环境政策工具的有效实施都必须满足一定的条件。因此，当前我国政府对环境政策工具进行优化选择时，就要把影响环境政策工具有效实施的工具变量、目标变量和环境变量等因素结合起来考虑，在这样的考虑下选择出的各类环境政策工具，才有可能获得有效的实施结果。

三、《中国公共政策冲突实证研究：以城市管理行政执法领域为例》

作　　者：王仰文
出版时间：2011 年
出　版　社：中国社会科学出版社
内容摘要：本书从当前亟待解决的理论问题和现实需要出发，以城市管理行政执法领域的公共政策冲突为观察切片，通过对聊城、青岛和上海的城市管理行政执法依据冲突现实的考察，以理论阐述与实证分析相结合的研究方法，系统分析了我国公共政策冲突现象的表现形态与具体成因，并进而提出了完善我国公共政策冲突解决机制的具体建议。

作者认为，公共政策冲突的产生原因是复杂多样的，既有人类自身认识的局限、公共政策用语选择的模糊、区域经济发展水平等因素的客观影响，也有公共政策价值取向的偏差、公共政策制定技术的匮乏、政策执行人员素质的良莠等主观作用，更有公共政策稳定与制度变迁的矛盾、双重行政管理体制的交错摩擦、政出多门的政策决策机制以及政策内容执行的现实困难等复杂的制度原因。对公共政策冲突的基本治理需要深化国家政府机构改革，明确权力界限，规范权力运行，建立有效的利益调整机制和冲突裁决机制。具体到城市管理行政执法领域的政策冲突，需要完善公共政策审查制度，创新公共政策冲突排查制度，发展政策适用解释制度，构建公共行政协助制度，实施政策风险评估制度。

四、《公共政策执行的中国经验》

作　　　者：贺东航、孔繁斌
发表时间：2011 年第 5 期
期　　　刊：《中国社会科学》

内容摘要：作者以国家林业产权制度改革为例，论证了我国公共政策的层级性和多属性。国家制定的公共政策需要落实到一定的地方领域，通过政策细化或再规划的过程，才能实现其政策目标，从而形成中央统一性和地方多样性的执行格局，说明公共政策往往具有层级性。同时，任何一项重大的公共政策都具有多属性特征，重大领域的改革政策尤为明显，它同时承载经济、政治、社会、文化和生态等多项任务，其政策目标的实现取决于多部门的合作与配套政策的供给。公共政策的层级性治理和多属性治理，也就是要解决公共政策中的"条条"问题和"块块"问题。在中国公共政策的执行过程中，"条条"的问题主要体现在政策执行过程的失真性上，而"块块"的问题则主要体现为政策执行中的"孤岛现象"，两个问题的合并则表现为政策的"碎片化"。为防止公共政策在执行中陷入"碎片化"，可运用中国

特色制度的高位推动，采用协调、信任、合作、整合、资源交换和信息交流等相关手段来解决公共政策在央地之间、部门之间的贯彻与落实的问题，这在一定意义上构成了公共政策执行的中国经验。

社会影响：本文的两位作者分别来自华中师范大学和南京大学，他们分别在中国政治学领域和公共管理学领域具有重要影响。本文为国家社科基金重大项目"中国集体林权制度改革研究"、国家社科基金一般项目"和谐社会公共管理模式构建的基础"的阶段性成果，同时又发表在中国最权威的中文核心期刊《中国社会科学》上，是近年来公共政策学本土化研究的一篇具有代表性意义的著作。

五、《公共政策分析》（第二版）

作　　　者：陈庆云
出版时间：2011 年
出 版 社：北京大学出版社

内容摘要：本教材全面地介绍了公共政策研究领域中的基本概念、原理、模型和分析方法，又综合反映了国内外公共政策分析的最新理论成果和研究动态。全书共分 12 章、3 个部分：1~3 章重点介绍公共政策学的概念与理论；4~7 章分别从问题构建、方案制定、内容执行、效果评价等环节剖析公共政策的基本过程；8~12 章对公共政策分析的技术与方法，特别是公共政策分析的量化方法进行了较为系统的介绍。此外，教材的每一章后面都附有"案例分析"，从而将公共政策理论与实践结合起来。

社会影响：在国内众多公共政策学教材中，该教材是高等教育"十一五"国家级规划教材。本教材是在前版教材基础上修订而成的，最早可以追溯到 1996 年中国经济科学出版社出版的《公共政策分析》，并荣获北京市第五届哲学社会科学优秀成果一等奖。同名教材于 2006 年在北京大学出版社出版，在体例和内容上都对经科版教材做了大幅度修改。该书被很多高校用做本科生的研究生教学用书，多次印刷，读者面甚广。

六、《中国公共政策分析》（2010 年卷）

作　　　者：白钢、史卫民等

出版时间：2010 年

出 版 社：中国社会科学出版社

内容摘要：《中国公共政策分析》（2010 年卷）是中国公共政策年度分析报告的第十本，重点分析了 2009 年中国政府应对国际金融危机而采取的宏观调控政策、金融危机影响下的新"三农"政策、医疗卫生体制改革和新型农村社会养老保险政策、党政干部问责制度及"学习型政党"的政策走向。作为本丛书的一个阶段性总结，2010 年卷还试图对过去 10 年市场化进程中的政府财政政策、政府投资政策、地方政府政策创新与政治变化、政府社会性规制、政府应对群体事件策略、户籍制度改革、城市扶贫政策、社会政策的成长、公众舆论对公共政策的影响以及公共政策学术研究本身进行概括和展望。

社会影响：本书系中国社会科学院公共政策研究中心与香港城市大学亚洲管治研究中心合编的中国公共政策年度分析报告。2001~2010 年，丛书已连续 10 年出版，主要对上一年度中国各个领域重大公共政策进行深度解读和分析。本丛书的特色是力图通过对具体公共政策过程的分析，为提高政策制定水平，实现公共政策的科学化、合理化，帮助社会主动地接纳、认可、实施合理的公共政策，有效应付、处理不当政策可能造成的消极后果提供了理论说明。[①]

七、《政策变迁与学习：一种倡议联盟途径》

作　　者：保罗·A.萨巴蒂尔、汉克·C.詹金斯—史密斯著，邓征译

出版时间：2011 年

出 版 社：北京大学出版社

内容摘要：倡议联盟是由来自政策子系统中不同组织的行为者基于共同的政策信仰（基本价值、因果假设和问题认知）而形成的合作关系。倡议联盟假设框架有 5 个基本前提：第一，理解政策变迁过程至少需要 10 年以至更长的时间。第二，在如此长的时间跨度内分析政策变迁，最好的分析单位是"政策子系统"，而非特定的政府组织或计划。第三，政策变迁研究需要关注政策分

析及技术信息的启发功能。第四，政策子系统内的参与者应当从传统的"铁三角"扩展到所有层级的政府行动者、利益集团、研究组织、政策分析者以及新闻记者。第五，公共政策或项目可以概念化为"信念体系"，这是区分倡议联盟的关键。在此基础上，作者提出了若干倡议联盟假设、政策变迁假设和跨联盟学习假设，并在一系列案例研究中不断得到证明或修正。

前述理论及案例研究进展早在萨巴蒂尔主编的《政策过程》（三联书店，2004）一书中就有概略介绍。而在《政策变迁与学习：一种倡议联盟途径》一书中，作者不仅专门介绍了如何运用倡议联盟框架进行政策分析，而且把这一分析方法应用于各种公共政策问题和领域。在考察教育、放松航空管制、通信、能源和环境的案例过程中，萨巴蒂尔和詹金斯—史密斯充分说明和应用了倡议联盟框架，并着眼于未来的研究和分析，对这一方法进行了重大修改。倡议联盟分析路径的优势表现在它对政策子系统的分析，诸如政策联盟的竞争与合作，政策导向的学习过程，政府间的参与模式，以及信念和价值在决策中的作用等。相对于利益集团的分析方法，该框架突出了政策信念及其得以发展变化和影响政策的宏观环境。

社会影响：在修正政策过程理论进程中出现的公共政策若干理论创新中，倡议联盟框架以其较强的解释力流行于欧美公共政策学界，也因此受到中国学者的关注，用这一解释框架分析中国公共政策问题的研究近年来有逐渐增多的趋势。

八、《重新发现制度：政治的组织基础》

作　　者：詹姆斯·G.马奇、约翰·P.奥尔森著，张伟译

出版时间：2011 年

出 版 社：三联书店

内容摘要：在英文原版出版于 1989 年的这本著作中，作者首先批判了 20 世纪 50~70 年代以制度虚无主义为特征的各种政治学理论前沿，特别是行为主义和理性选择政治学存在的不足。在此基础上，作者重点构建了以制度规范政治秩序的理论框架，从制度与文化、制度与行为、制度与

---

① 黄宗问：《政府体制的函数——评〈中国公共政策分析〉年度报告》，《中国社会科学院研究生院学报》，2003 年第 3 期。

偏好等方面分析了政治行为、政治制度等的发生和发展逻辑，初步勾勒出社会学新制度主义的研究取向，构成社会学制度主义研究乃至整个新制度主义的经典。本书关于制度的重新定义、制度与行动的转化逻辑、制度变迁中的历史无效论、关于"聚合性政治"与"整合性政治"的区分等，都会引起人们对政治学和管理学一般原理的深入思考。

社会影响：公共政策是一定社会政治制度下的产物，政治制度分析可以通过对政策形成机制的认识和改进，达到对公共政策的认识和改进。因此，制度分析一直是政治性公共政策学重要的分析模式之一。新制度主义政治学兴起于20世纪70年代，是当代西方政治学研究的一种新兴范式。本书的两位作者不仅是"新制度主义政治学"的开山鼻祖，而且是社会学制度主义的代表人物，本书是社会学制度主义政治观、管理观的系统呈现。

附：代表性论文选登

中国公共政策议程设置的模式[①]

王绍光[②]

[摘　要] 任何社会在任何时候都面临着各式各样的挑战，但政府应付挑战的资源是有限的。在制定公共政策时，政府往往不得不对优先处理哪些挑战有所取舍。能否影响决策过程固然是权力的一面，能否影响议事日程的设置则是权力更重要的另一面。因此，在讨论政策制定时，我们必须首先了解：议程是如何设置的？什么人影响了议程的设置？本文依据议程提出者的身份与民众参与的程度划分出六种政策议程设置的模式，重点讨论这六种模式在中国的实现形式和发展趋势。观察议程设置模式的转换有助于我们领会中国政治制度的深刻变迁。

[关键词] 公共政策；议程设置；政治变迁

参与选举决策者固然重要，但这种参与几年才有一次机会。在一些所谓的"民主"国家，大多数民众对政治的参与仅局限于这一种方式。每过几年，他们在选举热潮的裹挟下过一把"当家做主"的瘾，此前此后，他们只是一板一眼地当顺民，对政治不闻不问，要问也不知从何入手。然而，决策者上任以后的所作所为对民众的生计、国家的前途影响甚大。因此，决策绝不应该是决策者们的禁脔，哪怕他们是老百姓选举出来的。真正的民主体制必须给民众参与政策制定全过程的机会。

谈到政策制定，一般人都把注意力集中在决策过程本身，而忽略了一个至关重要的问题：为什么有些事情被提上议事日程，而另一些却没有？任何一个社会都会面临各种挑战，但政府应付挑战的资源是有限的，这些资源既包括财政资源、人力资源、信息资源、时间资源，也包括注意力资源。换句话说，在具体决策之前，政府不得不做出抉择，对处理哪些挑战有所取舍。

1962 年，美国政治学家巴查赫（Peter Bachrach）和巴热兹（Morton Baratz）发表了一篇文章，题为"权力的两方面"。这篇短短六页的论文之所以很快变成政治学的经典之作，是因为它指出了一个显而易见但人们往往视而不见的简单事实：能否影响决策过程固然是权力的一面，能否影响议事日程的设置则是权力更重要的另一面。有学者曾比较过美国两个城市，甲污染严重，但当地政府与民众很少讨论污染问题；乙情况好得多，不过当地政府与民众却十分重视如何减少污染。究其原因，才发现甲城有势力强大的利益集团操控着议程设置，千方百计避免污染问题引起当地老百姓和政府官员的注意。试想，一个被严重不平等困扰的社会，政府却从来不处理公正问题；无论在这个社会里其他问题的决策过程有多么民主，我们还是可以看到一只若隐若现的黑手在幕后操控着议程设置。因此，在讨论政策制定时，我们必须首先了解：议程是如何设置的？谁参与了议程的设置？为什么有些问题拿到台面上讨论，另一些问题却被排斥在外？

议程设置是指对各种议题依重要性进行排序。为了便于分析公共政策的议程设置，我们可以将议程分为 3 大类：传媒议程、公众议程和政策议程。传媒议程是指大众传媒频频报道和讨论的问题；公众议程是指引起社会大众广泛关注的问题；

① 王绍光，《中国公共政策议程设置的模式》，《中国社会科学》，2005 年第 6 期。
② 王绍光，香港中文大学政治与行政管理系教授。

政策议程是指决策者认为至关重要的问题。这篇文章的重点是政策议程设置，但这3种议程的设置可能是互相关联的。例如，西方国家的实证研究发现新闻媒体可以引导民众把关注点集中在某些议题上。在那里，传媒要影响公众议程的设置，往往不是通过直截了当地告诉民众哪些议题重要、哪些议题不重要，因为这样做常常适得其反。更有效的方法是对某项议题进行反复报道，并把这些报道放在引人注目的位置或时段。研究传媒议程设置的鼻祖之一科恩（Bernard Cohen）有句话说得很到位：传媒如果对受众"怎么想问题"指手画脚，恐怕很难成功，但它对受众"想什么问题"的控制却易如反掌。正因为传媒议程对公众议程设置具有毋庸置疑的影响，近几十年来，在传媒学中，探讨传媒议程与公众议程的关系已变为一门显学。近年来，有些西方传媒学者更进一步，开始讨论传媒议程与政策议程的关系。

不过，传媒并不是影响大众舆论的唯一原因，政治动员、社会运动、突发事件，以及其他很多因素都可能导致民众转变对公共事务的看法和情绪。无论公众议程是如何形成的，它与政策议程的设置关系更为密切。既然本文的侧重点是政策议程设置，我们将不会详细考察传媒如何影响公众议程，而是径直把注意力集中在公众议程与政策议程的关系上。

如上所述，公众议程是社会大众认为政府应该关注的问题。尽管人们的看法不尽相同，但假如定期进行民意调查的话，从对"什么是最紧迫的社会问题"的回答中就能描绘出公众议程变化的轨迹。哪怕没有民意调查，公众议程也会以其他方式表现出来。考察民众关心的问题与政策制定者关注的问题呈现什么样的关系，可以为我们确定政治制度的性质提供一个新的视角。

不少人把官员的产生方式作为划分政治制度的唯一标准，这是把形式凌驾于实质之上。更关键的是，什么人在政策议程设置的过程中扮演怎样的角色、民众关心的问题是否被提上决策者的议事日程。如果政策议程的设置被统治者或少数精英分子把持，民众关心的问题与政策制定者关注的问题南辕北辙，哪怕官员是民选的，这种制度也不配被称为"民主"的。反之，如果公众议程能够对政策议程产生直接的影响，后者能切实

反映前者的内容与排序，即使官员并非由直选产生，把这种制度斥为"不民主"也显得过于简单化。换句话说，通过考察公共政策议程设置，我们可以透过表象，更深入地认识政治制度运作的逻辑。

基于上面的分析，我们依据政策议程提出者的身份与民众参与的程度划分出6种议程设置的模式（见表1）。这篇文章将分别讨论这6种模式在中国的实现形式和发展趋势，其目的是通过观察议程设置模式的转换来揭示中国政治制度的深刻变迁。

表1　公共政策议程设置的模式

		议程提出者		
		决策者	智囊团	民间
民众参与程度	低	Ⅰ关门模式	Ⅲ内参模式	Ⅴ上书模式
	高	Ⅱ动员模式	Ⅳ借力模式	Ⅵ外压模式

一、关门模式

这是最传统的议程设置模式。在这种模式里，没有公众议程的位置；议程的提出者是决策者自身，他们在决定议事日程时没有，或者认为没必要争取大众的支持。在传统社会里，当一般老百姓没有什么政治参与意识时，这是议程设置的主要模式。在当代中国，这种议程设置模式也没有完全消失。1988年的"物价闯关"也许可以算得上一个例子。

从计划经济转型到市场经济，价格改革当然是题中应有之义，但价格从由政府管制过渡到由市场供需决定的难度可想而知。20世纪80年代初，邓小平曾警告，价格改革必须如履薄冰。直到1985年，他还认为"理顺生活资料价格恐怕要用3年，加上生产资料价格的改革，需要的时间更长"。1985~1987年，随着物价改革缓步推进，居民消费价格指数开始上扬，出现20世纪50年代初以来从未见过的通货膨胀。到1988年2月初开会分析经济形势时，中央政治局清醒地认识到，当时物价上涨幅度过大，超过了老百姓的承受能力。为了稳定物价，国务院出台了一系列控制社会集团购买力、压缩固定资产投资的措施。在做了这些铺垫后，国务院4月初决定调高部分农产品的收购价格，并对城市职工的补贴由暗转明。

尽管如此，全国仍掀起了一波抢购狂潮。在这种情况下，价格改革理应放缓一点。但当时邓小平认为，价格改革刻不容缓。在5~8月会见外国访客时，他反复强调："物价改革非搞不可，要迎着风险、迎着困难上"，希望闯过物价改革这个难关。

在此背景下，1988年6月9日，《人民日报》发表了评论员文章《改革有险阻苦战能过关》。虽然文章作者很清楚，物价改革会暂时损害不少人的利益，但他相信，人民对这种冲击能承受。

基于这种乐观的估计，中央政治局于8月中旬讨论并原则通过《关于价格、工资改革的初步方案》，确定价格改革的总方向是，少数重要商品和劳务价格由国家管理，绝大多数商品价格放开，由市场调节。8月19日，该方案一经披露，立即在全国范围内引起新一波抢购狂潮，甚至出现挤兑未到期的定期存款来抢购商品的情况。

在物价闯关这个事件中，议程设置完全没有民众参与。决策者下决心快速推动价格改革后，甚至没有做出争取民众理解和支持的努力，只是一厢情愿地假设民众会明白决策者的苦衷。结果1988年全年，居民消费物价指数飙升18.18%，造成民众普遍不满。事后，邓小平从这个事件中吸取了一个深刻教训："制定一切政策，要从实际出发。只要注意这一点，就不会犯大错误。如果发现错误，要赶快纠正，不要掩饰，不要回避"。

二、动员模式

与关门模式一样，动员模式里的议程也是由决策者提出的；与关门模式不同的是，在动员模式里，确定一项议程后，决策者会千方百计引起民众对该议程的兴趣，争取他们对该议程的支持。也就是先有政策议程，后有公众议程。在什么样的情况下决策者会放弃关门模式而采取动员模式呢？首先，广大民众具有了强烈的参与意识，关门模式的正当性遭到普遍的质疑。其次，所涉及的议程执行起来需要得到民众普遍、自觉的合作。最后，决策者缺乏实施该议程所必需的资源。

在这3种情况下，决策者会希望用某种方式动员民众参与议程设置，以减少执行阶段的障碍；但他们同时又不希望，或不放心民众主动参与议程设置。

中国人民非常熟悉动员模式。在毛泽东时代，从"土改"、"三反五反"，到"总路线"、"大跃进"、"人民公社"，再到"四清"、"文革"，几乎每一次重大的、战略性的议程设置都采取了这种模式。动员模式一般包括5个阶段：

第一阶段是"运动开始，发出文件"。文件既可采取中共中央、国务院文件的形式，也可采取人民日报社论、评论员文章的形式，甚至还可采取"毛主席最新指示"的形式。

第二阶段是"层层传达、普遍宣传"。传达往往是先党内、后党外，先干部、后群众，要求做到家喻户晓、人人皆知。需要强调速度时，则要求传达不过夜。

第三阶段是"认真学习、深刻领会"。学习是指学习文件、社论、辅导材料之类，其目的是让大众吃透中央精神，包括为什么要提出新议程，什么是新议程的"精神实质"，以及落实新议程的步骤、方法等。

第四阶段是"抓住典型、以点带面"。典型既可以是正面典型，又可以是反面典型。典型的意义在于用实例向广大群众展示新议程的必要性、可行性和优越性。

第五阶段是通过以上几个阶段的工作，动员模式希望能统一思想、达成共识，从而达到贯彻落实新议程的目的。

美国政治学者林德布洛姆曾将政府获取民众服从的手法归纳为3大类。第一是压服，即在暴力威胁下，民众不得不服从；第二是收买，以恩惠来换取民众的服从；第三是说服，通过教育动员，让民众内化官方的意识形态，将政府意图转化为自觉行动。毛泽东时代常见的动员模式便属于第三类，其优点是比压服和收买成本低，但缺点是难以持续、长久地奏效。

改革开放以后，中国在议程设置方面采取动员模式的频率大大降低了，但并未放弃。例如，在以下政策的议程设置中，这个模式依然在起作用：提倡一对夫妇只生一个孩子（1980年），在个体经济中开辟就业渠道（1981年），在农村全面建立家庭联产承包责任制（1982年），开展"五讲四美"活动、清除精神污染（1983年），加快城市经济体制改革（1984年），推行国营企业工资改革，破除大锅饭（1985年），改革劳动制度、打破铁饭碗（1986年），反对资产阶级自由化（1987年），深化企业劳动人事、工资分配、社会保险制度改革（1992年），深化企业职工养老保险制度改革（1995年），对公有制企业实行大规模减员增效、下岗分流（1997年），在全国范围内进行城镇职工医疗保险制度改革（1998年）。

三、内参模式

在内参模式里，议程不是由决策者提出的，而是由接近权力核心的政府"智囊"们提出的。形形色色的"智囊"通过各种渠道向决策者提出建议，希望自己的建议能被列入决策议程。他们往往不会努力争取民众的支持，而更看重决策者的赏识；他们有时甚至不希望所讨论的问题变成公众议程，因为担心自己的议案可能招致民众的反对，最终导致决策者的否决。在这个模式里没有民众与决策者的互动，只有"智囊"们与决策者的互动。

在毛泽东时代，大部分重要决策都是由毛泽东、周恩来等最高领袖亲自决定的。那是一个伟人的时代，但这并不意味着完全没有内参模式的地位。以下3个例子从时间上跨越了20世纪50年代初到70年代初，从中可以看出当时内参模式的特点。

案例一：1950年6月下旬朝鲜战争爆发，到8月初，朝鲜人民军已经解放了朝鲜90%以上的领土。当时社会主义阵营普遍以为朝鲜统一指日可待。中国领导人却没有盲目乐观。8月23日，在总参作战室工作的雷英夫等人经过反复研究最新情报后做出判断：美军可能很快在仁川登陆，切断朝鲜人民军的补给线，形成南北包围和夹击人民军主力的态势，使朝鲜战局发生逆转。他们进一步预测，9月15日是大潮，美军这一天登陆的可能性最大。毛泽东得知后说："这些判断有道理，很重要"，"很快结束战争是不可能了，战争肯定是持久的、复杂的、艰苦的"，并随即作出应对部署。雷英夫的报告直接影响了最高领导人的战略决策。

案例二：1956年6月，波兰波兹南的工人为增加工资、改善生活状况而举行示威，保安部队进行镇压造成很大伤亡，在全国引起很大的震动和愤慨。8月，曾因"右倾民族主义错误"而被解除统一工人党总书记职务的哥穆尔卡再度出山，并要求当时担任波兰国防部长的苏联元帅罗科索夫斯基返回苏联。10月17日，驻波苏军出动坦克部队包围华沙，企图进行镇压。波兰人民群情激昂，波苏军队互相对峙，形势非常紧张。在整个事件中，中国驻波兰大使馆一直强调问题的核心是波兰的反苏情绪，把波兰事件定性为"反共事件"。但通过深入采访，新华社驻波兰记者谢文清的判断截然相反。他在10月12日的电文中说，问题的症结是苏联的大国沙文主义。

苏军出兵后，谢文清又在10月22日发回的密电中写道："华沙的调集军队之举是不够明智的，引起人民强烈的不满"。当时，中央有关波兰的信息主要有大使馆和新华社两个来源，中央后来接受了谢文清的意见，批评了大使馆的看法。受到毛泽东、周恩来高度赞赏的谢文清调研材料在一定程度上影响了后来中共中央对苏联的立场。

案例三：1969年3月，中苏之间发生武装冲突，从而引发了对苏联战略的讨论。有人认为，苏联的战略将会东移，进攻中国；有人认为，苏联仍是向西，同美国争夺欧洲。国内最担心的则是美苏联合反华。1969年底，经过深入调查研究，新华社驻西德记者王殊以翔实的材料和数据证实，欧洲是美苏争夺的重点，苏联的根本利益在欧洲。对于发展中德关系，王殊认为，首先要破除西德是"军国主义"、"复仇主义国家"的老框框。通过广泛采访，他得出结论，在西德占主导地位的是和平主义。同时，西德经济发展很快，有扩大国际市场的需要。

如果加强两国的贸易关系，对双方都会有好处。王殊因而建议中央考虑先邀请西德反对党领导人访华，以推动执政党更积极地发展两国关系。看了王殊的报告后，毛泽东、周恩来大加赞赏，并于1972年7月下旬单独召见了他；外交部也破例数次对他发出内部通报表扬。王殊的报告对最高领导人确立中国的全球战略产生了相当大的影响。后来中德关系果然发展神速，于1972年9月29日草签两国建交联合公报，其中王殊功不可没。

由上面3个例子可以看出，毛泽东时代的内参模式有3个特点。第一，内参发挥作用的领域主要与国家安全有关；第二，内参主要不是来自研究机构，而是来自参谋和情报收集机构；第三，内参往往是个别"智囊"的作品，而不是"智库"

的成果。中华人民共和国成立之后面临着险恶的国际环境,如何让新生的共和国自立于世界民族之林是当时中国最高领导人不得不优先考虑的问题。很显然,这3个特点都带有鲜明的时代痕迹。

改革开放以后,内参模式更为常见,究其原因,最关键的是,中国面临的历史任务发生了深刻的变化。如果说毛泽东时代首先要解决的是自立问题的话,那么改革开放要解决的问题是如何使中国自强。发展现代经济涉及广泛的领域,其复杂性超越了任何个人的能力。这就要求对决策辅助机制加以改造。过去那种依靠个别"智囊"的体制已经很难适应现代决策需要,必须代之以决策咨询群体。正是在这个时代背景下,中国在改革开放之初便提出了决策科学化的口号,并着手逐步建立健全思想库体系。

最早出现的思想库可能是1980年形成的"中国农村发展问题研究组",其成员是一批具备"通天"关系的高干子弟及知识分子子弟。在中央书记处研究室和中国社会科学院的支持下,该组成员四处调研,并把报告直接送到中央领导人办公桌上,为1981年中央农村工作会议准备了系统全面的第一手调查数据。后来,他们又参与了中央关于农村的几个"一号文件"的制定,形成一支有实力的决策研究力量。后来,发展组成员分别进入中国经济体制改革研究所(以下简称体改所)等研究机构。随着改革向城市和工业方向推进,体改所的作用日益凸显,成为20世纪80年代中国最有影响的思想库。这种状况一直持续到1989年。在此前后,另外一些"智囊"机构也应运而生,包括国务院内设立的若干个研究中心(后来整合成为国务院发展研究中心)、中信国际研究所等。90年代以后,随着经济活动越来越复杂,研究领域的专业分工也越来越精细。因此,中国科学院、中国社会科学院、各部委办、各重点高校属下的研究机构开始越来越积极地卷入政策研究和咨询工作。即使在以前非常敏感的外交领域、两岸关系领域,近年来也出现了几十个大大小小的思想库。除此之外,高级知识分子聚集的各民主党派也不甘寂寞,纷纷利用其"直通车"的便利向政府高层建言,反映社情民意。与此同时,中央领导人还从各领域特选了一小批所谓的"中央直管专家",作为最高决策的咨询对象。这些与中央保持直接联系的"智囊"对中央决策的影响当然更大。

上述思想库一般都会出版诸如"简报"、"参阅"之类的内部报告。这些发行量很小的内参,往往可以直达"天庭"。最高领导人几乎每天都会圈阅、批示、转发一些报告。在正规渠道之外,部分研究人员还凭借自己的学术声望和人脉关系通过非正常程序向最高当局递交密札或进谏。2002年末,新一届中央领导人上任以后对决策科学化、民主化更加重视,并作出了表率。

从2002年12月26日到2006年5月26日,新一届中央政治局已经举办了31次集体学习活动,请哲学社会科学和自然科学方面的专家讲课,平均40天举办1次学习活动。同时,新一届领导班子十分重视思想库、智囊团的建设。为此中国科学院提出要"充分发挥国家科学思想库的作用,增强对国家重大发展战略的咨询能力";中国社会科学院也要求各研究所"努力担当思想库和智囊团的重任,更好地为党和国家决策服务"。可以预见,未来在议程设置上,内参模式还会扮演相当重要的角色。

四、借力模式

在内参模式中,政府"智囊"们只关心自己的建议是否会得到决策者的青睐。借力模式的不同之处在于,政府"智囊"们决定将自己的建议公之于众,希望借助舆论的压力,扫除决策者接受自己建议的障碍。无论中外,一般而言,政府"智囊"们都希望直接影响决策者,而不是采取迂回的方式;不到万不得已,政府"智囊"们不希望因诉诸舆论而得罪当权者。那么,他们为什么会偶尔出此"下策"呢?恐怕最主要的原因是,"智囊"们深信自己的建议有强大的民意支撑,而政府内部却存在反对的声音。

在中国,借力模式并不常见,但最近却有一个很好的例子。从20世纪90年代起,中国开始市场导向的医疗体制改革。根据1993年、1998年、2003年三次国家卫生服务调查,改革后城乡居民的医疗费用支出越来越高,而享有社会性医疗保险的人比例越来越小。2003年的"非典"危机暴露了公共卫生体制改革的缺陷,也顺带引发了人们对医疗体制改革的反思。但此后仍有政府官员公开声称，必须进一步推行市场化的医疗体制改革，让"国有资产逐步退出公立医院"。不过，在2005年春，国务院发展研究中心社会发展部和世界卫生组织"中国医疗卫生体制改革"合作课题组却发表了6份专题报告和1份总报告，证明医改是不成功的，甚至是彻底失败的。由于这些报告刊登在内部刊物上，它们最初并没有引起人们的注意。2005年6月底，情况突然急转直下。国务院发展研究中心社会发展部副部长葛延风在接受媒体采访时，透露了总报告的内容。

他指出，未来中国医疗卫生体制的改革应该坚持两条原则：一是追求公平，要确保所有社会成员都能够得到基本的医疗卫生服务；二是要强调卫生投入的绩效，即在有限的全社会卫生投入水平下，使全民族的健康水平获得最大限度的提高。而市场化改革不可能达到这两个目的。几乎同时，卫生部政策法规司司长刘新明也在《医院报》上说出了"市场化非医改方向"的话。这两则报道一面世便在媒体上和民众中引起轩然大波：媒体上一时间出现大量有关医改的报道和讨论；而民众则几乎一边倒地同意"医改不成功"的判断。虽然有些市场派的学者坚称，医改不能走回头路，虽然卫生部希望回避关于医改是否"不成功"的话题，但潘多拉的盒子已经打开，如果政府医改的思路不作重大调整，民众是难以接受的。看来，"智囊"们借力之举相当有效。

五、上书模式

这里的"上书"是指给决策者写信，提出政策建议，不包括为个人或小群体作利益申述之类的行为。上书模式与内参模式十分相似，都是有人向决策者提出建言，不同之处在于建言人的身份不同。在内参模式里，建言人是政府的"智囊"或"智囊"机构；在上书模式里，建言人不是专职的政府"智囊"。不过，建言人也未必是一介平民，他们往往是具有知识优势、社会地位的人。只有这种人才拥有某种"话语权"，才了解上书的管道，提出的建议才可能被重视。其实，即便是精英们的上书，往往也是石沉大海，毫无反响。清朝不断"上书各中堂、各大人、各先生"的龚自珍在《送南归者》中不是发出过这样的感叹吗："布衣三十上书回，挥手东华事可哀"。一般民众，

人微言轻，他们的上书往往在秘书那里就被挡住，很难送到决策者跟前。无论古今中外，由平头百姓一纸上书影响议程设置的案例简直是凤毛麟角。

上书模式固然很少出现，但并不意味着当代中国完全没有这样的例子。2003年7月3日，怒江、澜沧江、金沙江的"三江并流区"被联合国教科文组织正式批准为世界自然遗产。几乎同时，2003年8月中旬，国家发展和改革委员会（以下简称发改委）通过了怒江流域水电开发方案。怒江兴建水电站的决定马上引起一批环保组织的反对。

一方面，他们通过各种方式动员媒体发出反坝的声音，争取舆论支持；另一方面，他们上书国务院领导，要求停止怒江水电梯级开发。2004年2月中旬，在发改委上报国务院的报告上，国务院总理温家宝亲笔批示："对这类引起社会高度关注，且有环保方面不同意见的大型水电工程，应慎重研究，科学决策"，暂时搁置了一度箭在弦上的怒江水电工程。2005年7月，温家宝总理赴云南考察工作期间，地方官员向他反映怒江水电建设停工已久，地方不知如何进退，希望中央能尽快定夺。温总理回京后，即指示发改委、环保总局、水利部等有关部门"加紧论证研究，尽快拿出自己的意见"。由于担心怒江工程重新启动，61个环保组织和99位个人又于2005年9月起草一份公开信，并将它呈送国务院、发改委、环保总局等有关部委。与此同时，支持开发怒江水电的人也上书中央领导，希望该工程早日上马。正反两方面的上书形成拉锯战，使中央到目前为止还没有对怒江工程定案。民间组织的活动与上书如此影响中央政府的决策，这在中国恐怕还是第一次，成为一个标志性的事件。

随着社会自由度的加大，社会地位不同、立场各异的人将会更积极地运用自己的发言权。因此，上书今后有可能变成影响中国议程设置的主要模式之一。

六、外压模式

与上书模式一样，在外压模式里，议程变化的动力来自政府架构之外。它与上书模式的不同之处不在于"外"，而在于"压"。在上书模式里，议程的提出者希望通过给决策者摆事实、讲道理

来影响议程设置；在外压模式里，议程的提出者虽然不排除摆事实、讲道理的方式，但他们更注重诉诸舆论、争取民意支持，目的是对决策者形成足够的压力，迫使他们改变旧议程，接受新议程，在上面提到的怒江水电一案中，我们已经看到了外压模式的影子。在一般情况下，外压模式有以下几个特点。

第一，只有在初始阶段，外压模式里的议案倡导者是可以确定的。随着议案影响力的扩大、议案支持者的增加，会越来越难分辨谁是倡导者。这时的关键是议案的民意基础到底有多广，是否对决策者构成足够的压力。说到民意，我们应该区分两部分民众。一部分是所谓的"关切的民众"（Attentive Public），一部分是一般大众（General Public）。前者在数量上永远是总人口的一小部分，但他们对公众议题不仅十分关心，而且相当了解。他们对议案的支持有助于防止议案滑出舆论的焦点圈。后者是大多数人，他们对多数公众议题的注意力往往是短暂的，很少长期、执著地卷入某项争议。正因为如此，一旦一般民众支持改变旧议程，接受新议程，对决策者的压力之大是可想而知的。在这种情况下，公众议程最可能变为政策议程。

第二，外压模式产生作用的前提是少数人关心的议题变为相当多人关切的公众议程，否则压力便无从产生，而这个过程需要时间。即使某个议题已经提上了公众议程，要最终进入政策议程的话，同样也需要时间。因此，外压模式的一个特点是所需时间一般比其他模式长。

第三，由于头两个特点的存在，研究者很难准确断定外力通过什么方式最终影响了议程的设置。他们能做的无非是在时间的先后顺序上将外部压力的演化与政府议程的变动联系起来。

上述3点是一般情况下外压模式的特点。但也有特殊情况，即突然出现所谓的"焦点事件"（Focusing Events），引起社会的普遍关注，进而迫使决策者迅速调整议程。焦点事件一般都是坏事，如灾难、事故等，它们会对某一群人的利益造成现实的伤害，对其他人的利益产生潜在的伤害。这类事件的发生使得利益群体、政府官员、大众传媒以及广大公众对现存问题有更深切的认识，希望纠正明显的政策失误。注意焦点的集中有助

于打破以往的力量平衡，使争取议程转换的意见在公众舆论里占据上风，形成强大的民意压力，迫使决策者在短期内调整政策取向。

因此，有学者把焦点事件引发的反应阶段称为"政策窗口"（Policy Window）。由于焦点事件的影响是直接、快速、容易确定的，不少研究者都把注意力集中在它上面。

过去，在中国，议程设置一般采取的是上面提到的5个模式，外压模式比较少见。尽管早在20世纪80年代中期，中央领导人就在提出决策科学化的同时提出了决策民主化的主张，但直到90年代后期，带民主色彩的外压模式才越来越常见。之所以会出现这样的变化，可以从两方面考虑：压力从何而来？压力为什么会产生影响议程设置的效果？

先看压力的根源。虽然中国经济在过去1/4个世纪里高速增长，但不惜一切代价追求高增长率也带来一系列严重问题。到20世纪90年代末，有些问题已变得触目惊心，包括环境危机、贫富悬殊、缺乏经济与社会安全等。与此同时，社会分化程度越来越高。在改革初期，由于社会分化程度低，哪怕某些人必须为改革付出代价，他们也往往愿意牺牲短期的个人利益，因为他们相信，改革最终会使所有人受益。随着社会日益分化，改革的金字招牌脱落了。那些在前期改革中利益受损的阶层对新推出的改革不再毫无保留地支持，而是对带有"改革"标签的举措疑虑重重，生怕再次受到伤害。这些人仇视滥用权力、中饱私囊的官员，敌视一夜暴富、挥金如土的新贵，蔑视巧舌如簧、发"改革"财的学者。更重要的是，他们普遍感觉到中国的改革到了强调经济社会协调发展的时候了！这就是政府面临的社会压力所在。

那么潜在的压力是如何转化为现实压力呢？4个领域的变化发挥了关键性作用：利益相关者的施压、非政府组织的卷入、大众传媒的转型和互联网的兴起。

先看利益相关者的施压。当社会分化不太严重时，各利益相关群体往往处于"自在"阶段，缺乏"自为"意识，也不大会为自身的利益向决策者施压。随着社会分化程度的提高，各利益群体对自身利益变得更加敏感，会产生向决策者施

压的冲动。当然，冲动是一回事，能在多大程度上施压是另一回事。这里的关键是利益相关群体的动员能力。在所有利益相关群体中，拥有政治和组织资源的地区无疑最强。

区域政策是利益相关群体施压的一个例子。20世纪80年代中期以前，中国存在地区差距，但问题并不突出。其后，由于国家政策明显向东部倾斜，导致东西部差距迅速扩大。90年代初，学者与政策研究者就地区差距展开了一场争论，当时的主流要么认为中国地区差距没有扩大，要么认为地区差距不算太大。邓小平也主张应等到"本世纪末达到小康水平的时候"，再"突出地提出和解决"地区差距问题。不过，落后地区不愿再等了。这时，在每年的全国人民代表大会上，都有来自内陆的代表公开表示对中央倾斜政策的不满。面对内陆省份越来越大的压力，1996年在八届人大四次会议上通过的"九五"计划及2010年远景目标纲要指出：要坚持区域经济协调发展，逐步缩小地区差距。可惜，具体政策措施力度不够。因此，20世纪90年代后半期，对政府区域政策的批评不绝于耳。在这个背景下，1999年中央提出了西部大开发战略，国务院并于次年成立了西部地区开发领导小组，正式进入西部大开发的实施阶段。其后，在全国人大上，面临巨大转型困难的东北三省人大代表纷纷投书，强烈要求中央实施东北振兴战略。2003年9月，"振兴东北地区等老工业基地"终于正式也成为中国政府的战略决策。

再看非政府组织的卷入。在过去20年里，中国经历了一场前所未有的社团发展。截至2006年3月底，全国共有各类在民政系统注册的社团近17万个。事实上，在民政部门登记注册的组织仅占社团版图的一个角落。大量组织选择注册为商业机构，或者干脆不注册。更容易被忽略的是，按照中国法律，县以下的草根组织根本无须注册，如那些在企业、机关、学校、街道、乡镇和村落内开展活动的社团。加上未注册的组织，全国至少有50万以上的社团。

大多数社团对公共政策没有兴趣，但有一类社团最大的关注点便是公共政策，即倡导性社团。人们习惯把这类社团称为"非政府组织"或"NGO"。在中国各类NGO中，环保NGO最为积极。20世纪90年代以前，中国也有环保社团，但绝大多数是自上而下组建的、半官方的环境科学研究团体。那时环境污染问题还不太突出，民众对此不太关心。因此，那时的环保社团要么研究多于行动，要么干脆没有什么行动。90年代以后，生态环境恶化日渐显著，人们的环保意识也逐步高涨。在这个背景下，涌现出一批民间环保NGO。进入21世纪，民间环保NGO（尤其是高校学生团体）开始在各地大量出现，并呈逐年增加的趋势。据不完全统计，全国现有2000多家环保NGO。它们的经费主要靠自筹（相当大的比重来自境外）。除了开展环保教育、配合政府编制环保计划、担任有关机构环保顾问外，这些环保NGO还竭力呼吁改善生态环境，并动员各种力量干预破坏环境的行为、工程和计划，对政府形成巨大的压力。上面提到的怒江水电工程便是一例。

环保NGO数量不多，但能量巨大，原因之一是很多组织与大众传媒有千丝万缕的联系。传媒把环保NGO的声音以放大的方式传播出去，无形中加大了它们的影响力。

中国的大众传媒不仅充当了环保NGO的"扩音器"，而且近年来在公众议程设置方面扮演着越来越积极主动的角色，进而影响到政策议程的设置与调整。传媒的议程设置功能有3个层次：报道或不报道哪些议题，是否突出强调某些议题，如何对它强调的议题进行排序。这里说的不是指某几家传媒机构的某几次报道，而是指传媒整体在较长时间里的报道活动。很显然，不进入第一个层次，民众对一些议题就不会感知。例如，20世纪80年代的煤矿事故比现在更普遍、更严重，但当时并没有成为公共议题。90年代中后期以来，矿难成为国人关注的焦点之一，主要是因为传媒对它进行的广泛报道引起了公众的重视，不仅进入了第一个层次，还进入了第二个层次。在一个较长时期里，进入第二个层次的议题当然不止一个，这时，如果传媒对一系列"议题"的报道呈现一定排序的话，也会影响公众对这些议题重要性的判断。

近年来，中国民众对"三农"、农民工、生态环境、公共卫生、医疗保障、贫富差距等问题的关切，在很大程度上是传媒强调的结果。在中国，媒体的角色一直被定位在"宣传机器"上。为什么党的"喉舌"近年来会变得越来越具有公共性,成为连接政府与民众的双向桥梁呢? 这是因为媒体的量和质都发生了巨大的变化。

在量方面,与改革初期比,电台的数量增加了3倍,电视台、报纸、杂志的数量都增加了10倍以上。质的变化更为深刻。从20世纪80年代开始,传媒便开始市场化,这个进程在90年代以后加快。现在,国家仍掌握电台、电视台、报纸和一些刊物的所有权,但失去了国家财政拨款的传媒机构必须在激烈的市场竞争中求生存。一旦追求利润成为传媒机构的主要驱动力,其日常运作的逻辑便改变了,它们必须考虑:如何吸引读者或观众? 如何扩大自身的影响力? 当然党和政府的机关报、机关刊物的自由度比较小,但这些传媒机构在转向传媒产业的过程中,都增设了自由度相对大得多的附属报刊,例如《人民日报》属下的《环球时报》,新华社属下的《瞭望东方周刊》,上海文汇新民联合报业集团属下的《新民周刊》和《外滩画报》,广东省新闻出版集团属下的《新周刊》,以及南方报业传媒集团属下的《南方周末》、《南方都市报》、《新京报》、《21世纪经济报道》等。本来就不属于党报系统的《中国新闻周刊》、《财经》、《商务周刊》、《中华工商时报》等报刊的相对独立性也不小。在这些著名报刊的带动下,全国几百家报刊(如《江南时报》、《大河报》等)纷纷开辟或增加新闻评论和公共事务讨论的版面,不断拓宽言论边界。影响所至,已经波及广播和电视媒体。

在竞争的压力下,媒体往往会主动"三贴近",不时报道敏感的新闻事件,评论敏感的时政话题。正是在这种背景下,大众传媒开始更积极主动地为各种利益诉求开辟表达的空间,促使某些民众关心的议题变为公共议题,进而推动国家政策、法律、体制的变革。

大众传媒面临的竞争不仅来自传统媒体内部,还来自新兴网络媒体,如互联网、手机短信等,尤其是互联网的兴起迫使传统媒体不得不改变以往新闻和信息的传播格局,并且为公众讨论公共事务提供更开放的空间。

如果从1994年4月20日中国正式进入互联网之日算起,中国进入网络时代不过10余年而已。

然而,互联网的发展可以用"爆炸性"来形容。1997年初,全国的互联网使用者不过区区62万人;到2006年1月,这个数字已经暴增至1111亿,而且增长的势头仍没有放缓的迹象。2000年前,由于网民数量低于1000万,真正意义上的网络媒体还没有形成。随着网民在2001年突破2500万人,情况开始发生变化。2002年,当网民超过4500万人时,网络舆论急遽升温。2003年,当网民达到7000万人时,网络舆论风起云涌,"黄碟"案、刘涌案、黄静案、宝马案、日本人珠海买春案、京沪高铁案、孙志刚案在虚拟空间掀起一波波巨大的舆论浪潮。无怪乎这一年后来被人称作"网络舆论年"。此后,互联网成为公众传递信息、表达意见、评论时政、释放情绪的主要渠道之一,网络舆论对公众议程设置的影响越来越显著。

与传统媒体比较,互联网最大的特点是人人都是潜在的信息发布者,信息多向(而不是单向)传播,传播范围可以瞬时传遍地球每个角落。这些特点使控制信息难上加难,使普通网民拥有了前所未有的话语权,也使公共权力不再可能完全在暗箱中操作。

出现具有公共性、开放性、交互性、多元性、瞬时性的网络媒体后,公众议程的设置逻辑也开始发生变化。在传统媒体时代,议程说到底是由屈指可数的传媒机构设置的,政府通过控制传媒机构来影响议程设置相对比较容易。进入大众网络时代情况就不同了,网民可以通过互动将他们认为重要的问题(而不是传媒机构认为重要的问题)变为公众议程的一部分。例如,在宝马车撞人、孙志刚被打致死、农民工讨取欠薪、医疗体制改革失败、郎咸平批评国企改革等一系列网上讨论活动中,网络舆论都显示出设置公众议程的力量,因为这些问题都触犯了民众十分关心的公平正义原则。

由于网络已成为反映民意的渠道,中国的最高决策层对它也越来越重视。在2003年"非典"肆虐期间,国家主席胡锦涛和国务院总理温家宝都透露,他们也曾亲自上网了解舆情。

2004年9月举行的中共十六届四中全会指出,"要高度重视互联网等新型媒体对社会舆论的影响"。为此,在传统内参报告以外,国务院办公厅秘书一局信息处最近开始定期编辑《互联网信息摘要》，报送国务院领导。近年来，不少大案如安徽阜阳假奶粉案、广州农民工讨薪遭打案、湖南嘉阳违法拆迁案等都是通过这条渠道迅速上达国务院的。从高层对网络舆情的高度关注，可以看出网络媒体的影响力之大。

当然，网络媒体与传统媒体并不是相互对立的，它们的作用完全可以互补。

当某个议题引起网民广泛关注时，传统媒体往往会马上介入，进行采访和深度报道，黄静案、日本人珠海买春案、京沪高铁事件都是这样的例子。反过来，某家传统媒体机构对个别事件的报导可能在网络论坛上引起轩然大波，使它迅速变为公众议程的一部分。在更多情况下，网络媒体与传统媒体交互作用，很难辨别是谁引导谁。"孙志刚事件"就是两者互动的一个典型。在网络普及以前，广州地区的报纸就曾对"收容遣送事件"做过一些调查性或揭露性的报道，仅2000~2001年两年间，这样的报道就有6则之多，但都没有引起太大的反响。2003年3月20日，湖北青年孙志刚因未带证件，在广州收容所被打致死。3月底，一位在北京学传媒的研究生在著名BBS提供网站"西祠胡同"的"桃花坞"讨论区公布了这个消息。"桃花坞"是全国各地媒体从业者聚集的地方。这则消息于是引起了《南方都市报》深度报道记者陈峰的注意。陈峰与他的同事在采访孙志刚的亲属和有关部门以后，于4月25日率先在报纸上对此案进行了揭露。其后，别的媒体纷纷转载。但更重要的是，这时中国的互联网已拥有近7000万网民，孙志刚事件在网络上引起了强烈反响。如果没有网民的推波助澜，这个事件也许会像以前一样很快风平浪静。然而，借助网络的威力，这个事件导致舆论哗然，形成强大而持续的民意压力，并最终推动政府于6月20日废止了实行多年的收容遣送制度。网络媒体与传统媒体交叉作用竟能这么快导致一项制度的变革，不仅在中国，即使在世界上恐怕也是空前的。

除了像孙志刚案这样的焦点事件之外，在多数情况下，舆论影响公众议程的设置、进而影响正式议程的设置是一个较长的过程。对比最近几年提上公众议程的话题与政府政策的调整，我们可以看到两者之间存在一条清晰的脉络，包括"三农"问题、农民工问题、户籍改革问题、义务教育问题、公共卫生问题、医疗保障问题等。在所有这些领域，舆论对原有政策的批评一般都比政策调整要早3~5年，前者对后者的推动作用毋庸置疑。

最初，舆论批评的焦点集中在具体政策领域，但人们逐步认识到，具体政策之所以出现偏差，是因为中央政府采取了"效率优先"的整体政策导向，地方政府为了追求GDP高增长率而不惜一切代价。于是，近年来在网络和传统媒体上，我们看到对这种政策导向的普遍质疑和强烈抨击。面对舆论压力，中央决策层不得不作出回应。为了缓解批评，2002年底召开的中共十六大试图重新解释"效率优先，兼顾公平"的含义，使用了"初次分配效率优先、再次分配注重公平"的提法。但贫富悬殊的残酷现实告诉人们，初次分配中的不公平问题（如老板、经理与普通职工之间的收入差距）同样需要重视，单靠财税等再分配杠杆来调节是远远不够的。2003年10月，党的十六届三中全会虽然仍然沿用"效率优先，兼顾公平"的提法，但其已被"以人为本"的科学发展观大大冲淡。到2004年，十六届四中全会干脆放弃了"效率优先，兼顾公平"的提法。2005年底，中共十六届五中全会通过的《关于制定国民经济和社会发展第十一个五年规划的建议》又进了一步，提出未来中国要"更加注重社会公平，使全体人民共享改革发展成果"。从"发展是硬道理"、"先富论"、盲目追求GDP增长，到"以人为本"、"共同富裕"、"构建社会主义和谐社会"，是个历史性的跨越。没有民众对改革的质疑反思，没有新兴与传统媒体对公共政策的激烈辩论，没有社会要求重新定位中国改革的强烈呼声，政策导向出现如此巨大的转折是难以想象的。

在今日中国，6种公共政策议程设置模式依然并存。但与毛泽东和邓小平时代相比，强人政治的色彩几近销声匿迹。在议程设置过程中，随着专家、传媒、利益相关群体和人民大众发挥的影响力越来越大，"关门模式"和"动员模式"逐渐式微，"内参模式"成为常态，"上书模式"和"借力模式"时有所闻，"外压模式"频繁出现。用术语来说，议程设置已变得日益"科学化"和"民主化"了；或用国务院总理温家宝的话来说，议程设置"突出了着力解决经济社会发展中涉及全局和人民群众关注的重点问题"。虽然"科学化"和"民主化"的程度未必尽如人意，但从这个角度观察，我们可以看到，中国政治的逻辑已经发生了根本性的变化，而西方舶来的"威权主义"分析框架则完全无力把握中国政治中这些深刻的变化。在过去几十年里，这个标签像狗皮膏药一样往往被随处乱贴。中国政治在此期间发生了翻天覆地的变化，贴在中国政治上的标签却一成不变。如此荒唐的概念与其说是学术分析工具，不如说是意识形态的诅咒。现在已经到了彻底摆脱这类梦呓的时候了。

[参考文献]

[1] Peter Bachrach and Morton Baratz. Two Faces of Power. American Political Science Review，Vol.56，No.4，Dec，1962.

[2] Matthew A.Crenson. The politics of Air Pollution. Johns Hopkins University Press，1971.

[3] Bernard C. Cohen. The Press and Foreign Policy. Princeton University Press，1963.

[4] Maxwell McCombsand Donald Shaw. The Agenda-Setting Function of Mass Media. Public Opinion Quarterly，Vol.36，1972.

[5] John W. Kingdon. Agenda，Alternatives and Public Policies. Harper Collins，1995.

[6] 科比（Cobb）及其合作者认为议程设定有 3 种模式，相当于我们这里所说的"外压"、"动员"和"内参"模式。受他们的启发，再结合中国的实际，我提出议程设定有 6 种模式，而不是 3 种模式。Roger Cobb，Jennie Keith Ross and Marc Howard Ross. Agenda Building as a Comparative Politics Process. American Political Science Review，Vol.70，No.1，March，1976.

[7] 福建省地方志编纂委员会：《福建省志·物价》，http：//www.fjsq.gov.cn/ShowText_nomain.asp。

[8] 邓小平：《抓住时机，推进改革》，《邓小平文选》第三卷，人民出版社，1993 年。

[9] 国家统计局：《中国统计年鉴（1999）》，中国统计出版社，1999 年。

[10] 人民网：《中国共产党大事记（1988）》，http：//www.people.com.cn/GB/33831/33835/2527651.html。

[11] 邓小平：《保持艰苦奋斗的传统》，《邓小平文选》第三卷，人民出版社，1993 年。

[12] 查尔斯·林德布洛姆：《政治与市场：世界的政治—经济制度》，王逸舟译，上海三联书店，1992 年。

[13] 人民网：《中国共产党大事记》，http：//zg.people.com.cn/GB/33835/index.html。

[14] 中央档案馆《党的文献》编辑部：《共和国重大决策和事件述实》，人民出版社，2005年。

[15] 雷英夫：《抗美援朝战争几个重大决策的回忆》，《党的文献》，1993 年第 6 期。

[16] 沈志华：《一九五六年十月危机：中国的角色和影响——"波匈事件与中国"研究之一》，《历史研究》，2005 年第 2 期。

[17] 王殊：《一位讲实话的记者同事》，《大公报》，2005 年 7 月 19 日。

[18] 王殊：《中德建交亲历记》，世界知识出版社，2002 年。

[19] 黄锫坚：《王小鲁：十年》，《经济观察报》，2005 年 4 月 21 日。

[20] 邹蓝：《中国智囊机构对政府管理决策过程的影响》，中国改革论坛网，2004 年 2 月 18 日，http：//www.chinareform.org.cn。

[21] 林双川：《中南海倾听"科学思想库"进言》，《半月谈》，2004 年第 20 期。

[22] 孙哲：《中国外交思想库：参与决策的角色分析》，《复旦学报》，2004 年第 4 期。

[23] 洪绂曾：《开创参政议政、社会服务工作的新局面——在九三学社中央参政议政和社会服务工作会议上的讲话》（2003 年 10 月 23 日），http：//www.93.gov.cn/ldyl/ld-jh/ldjh9.htm。

[24] 玉米：《易纲入选中央直管专家》，南方网，2005 年 3 月 15 日，http：//www.southcn.com/finance/zhixing/2005 03150885.htm。

[25] 谌彦辉：《内参揭秘》，《凤凰周刊》，2005 年第 14 期（总 183 期）。

[26] 例如原中国社会科学院研究员、现全国政协专职委员何新曾将自己写的每个报告同时复印 7 份，送报邓小平、江泽民、陈云、王震、李鹏、李先念、王任重等高层领导，并向一些领导人当面进言。何新：《我在中国政治中的风雨二十年》，http：//www.hexinnet.com/documents/qcth/1.htm。

[27] http：//news.xinhuanet.com/ziliao/2005211/29/content_3849521.htm.

[28] 李长春：《从"三贴近"入手改进和加强宣传思想工作》，《求是》，2003 年第 10 期。

[29] 齐彬：《中国科学院学部正在积极构建国家科学思想库》，中新社，2004 年 6 月 2 日。

[30] 张车伟：《努力发挥思想库和智囊团的作用》，《中国社会科学院院报》，2004 年 2 月 24 日。

[31] 王绍光：《政策导向、汲取能力与卫生公平》，《中国社会科学》，2005 年第 6 期。

［32］王绍光:《中国公共卫生的危机与转机》,《比较》,2003 年第 7 期。

［33］张冉燃:《医改"会诊"结论:从总体上讲,改革不成功》,《瞭望新闻周刊》,2005 年 6 月 28 日。

［34］杨中旭:《中国医改思路出现重大转折》,《中国新闻周刊》,2005 年第 24 期。

［35］唐勇林:《调查显示九成公众不满意 10 年来医疗体制变化》,《中国青年报》,2005 年 8 月 22 日。

［36］胡舒立:《谨防医保改革刮"共产风"》,《财经》,2005 年第 16 期。

［37］李宗品:《高强:不要争论医改成功与否》,《新京报》,2005 年 11 月 29 日。

［38］这可以从胡舒立的文章和高强的讲话发表后引发的批评潮看出一斑。

［39］曹海东、张朋:《怒江保卫战幕后的民间力量》,http：//finance.sina.com.cn/g/20040524/1237774903.shtml。

［40］胥晓莺:《NGO"怒江保卫战"逆转?》,http：//www.businesswatch.com.cn/ArticleShow.aspArticleID=1253。

［41］郭少峰:《两院士上书建议开发怒江水电》,《新京报》,2005 年 10 月 23 日。

［42］Roger W. Cobb and Charles D. Elder. Participation in American Politics：The Dynamics of Agenda Building. The Johns Hopkins Press, 1975.

［43］Thomas A. Birkland. After Disaster：Agenda Setting, Public Policy and Focusing Events. Georgetown University Press, 1997.

［44］John W. Kingdon. Agenda, Alternatives and Public Policies（2nded.）. Harper Collins, 1995.

［45］Paul C. Light. The Presidentps Agenda：Domestic Policy Choice from Kennedy to Carter（with Notesononald Reagan）. Johns Hopkins University Press, 1982；Giandomenico Majone. Evidence, Argument and Persuasion in the Policy Pro cess. Yale University Press, 1989；Frank Baum gartner and Bryan D. Jones. Agenda and Instability in American Politics. University of Chicago Press, 1993.

［46］1986 年 7 月 31 日,在全国软科学研究工作座谈会上,时任国务院副总理的万里首次提出决策民主化和科学化。邓小平审阅万里的讲话全文后,当即作了"很好,全文发表"的指示。张登义:《邓小平同志与中国软科学》,http：//www.cssm.com.cn/web/news/displaynews/displaymod/mod1.asp? id=562。

［47］孙立平:《改革共识基本破裂》,2005 年 9 月 20 日,http：//www.culstudies.com/jiangtan/jianggao/200511/3077.html。

［48］《中国西部开发政策的战略转变:访国务院发展研究中心市场经济研究所副所长陈淮研究员》,http：//

www.chinatalents.gov.cn/xbkf/index9.htm。

［49］王绍光、胡鞍钢:《中国:不平衡发展的政治经济学》,中国计划出版社,1999 年。

［50］邓小平:《在武昌、深圳、珠海、上海等地的谈话要点》,《邓小平文选》第三卷,人民出版社,1993 年。

［51］吕书正:《实施西部大开发战略》,中国网,2002 年 10 月 18 日,http：//www.china.org.cn/chinese/archive/219330.htm。

［52］吴冬艳:《"振兴东北等老工业基地"国策出台始末》,新浪网,2003 年 11 月 24 日。

［53］民政部公布的 2006 年一季度民政事业统计数据,http：//admin.mca.gov.cn/mztj/yuebao0603.htm。

［54］一位上海民政局的原官员告诉作者,她退休之后就为一家未经注册的非政府组织工作,因为社团的注册门槛设得太高了。

［55］王绍光、何建宇:《中国的社团革命:中国人的结社版图》,《浙江学刊》,2004 年第 6 期。

［56］吴晨光:《婴儿期的中国环保 NGO》,《南方周末》,2002 年 1 月 7 日。

［57］洪大用:《民间环保力量成长机制研究》,自然之友论坛,2004 年 6 月。

［58］唐建光:《中国 NGO:我反对!》,《中国新闻周刊》,2004 年第 24 期。

［59］陈力丹、李予慧:《谁在安排我们每天的议论话题?》,《学习时报》,2005 年 11 月 22 日。

［60］王绍光:《煤矿安全生产监管:中国治理模式的转变》,《比较》,2004 年第 13 辑。

［61］新闻出版署:《报纸管理暂行规定》,http：//www.jincao.com/fa/law14.02.htm。

［62］国家统计局:《中国统计摘要（2006）》,中国统计出版社,2006 年。

［63］张玉洪:《前不见古人的波澜壮阔:2003 年中国网络事件述评》,http：//www.usc.cuhk.edu.hk/wk_wzdetails.asp? id=2960。

［64］"全球互联网项目"通过比较各国资料发现,其他国家的多数受访者都不认为"通过使用互联网,人们对政府会有更多的发言权",只有中国例外,60%以上的受访者同意这一说法。见 2004 年 4 月 26 日郭良在耶鲁大学法学院的演讲:《中国互联网的发展及其对民意的影响》,http：//www.usc.cuhk.edu.hk/wk_wzdetails.asp? id=3329。

［65］林双川:《中央领导高度重视网络舆论,民意汇入中南海》,http：//news.xinhuanet.com/politics/2006204/10/content_4404242.htm；董瑞丰、杨桃源:《网上议政催生民意生产力》,《瞭望》,2006 年第 11 期。

［66］陈亮、董晓常:《互联网中国的新民意时代:意见也是"财富"》,《互联网周刊》,2005 年 3 月 31 日,http：

//media.163.com/05/0331/11/1G5T8FDT00141E7P.html。

〔67〕李艳红：《弱势社群的公共表达：当代中国市场化条件下的城市报业对"农民工"收容遣送议题的报导》，http：//mumford.albany.edu/chinanet/shanghai2005/liyanhong_ch.doc。

〔68〕陈峰：《孙志刚事件采访记》，《今传媒》，2005年第3期。

〔69〕李异平：《论媒体维护农民权益的多元化意义：以〈南方周末〉为例》，http：//www.chinareform.org.cn/cgi2bin/BBS_Read_new.asp？Topic_ID=3091。

〔70〕"效率优先，兼顾公平"最初是由周为民、卢中原牵头的"社会公平与社会保障制度改革研究"课题组提出来的，其主报告以"效率优先，兼顾公平：通向繁荣的权衡"为题发表于《经济研究》1986年第2期。1993年，中共十四届三中全会通过的《中共中央关于建立社会主义市场经济体制若干问题的决定》正式使用了"效率优先，兼顾公平"的提法。"十五大"坚持了这个提法。

〔71〕江泽民：《全面建设小康社会，开创中国特色社会主义事业新局面》，《人民日报》，2002年11月18日。

〔72〕刘国光：《把"效率优先"放到该讲的地方去》，《经济参考报》，2005年10月15日。

〔73〕《中国共产党第十六届中央委员会第四次全体会议公报》，http：//news.xinhuanet.com/newscenter/2004209/19/content_1995366.htm。

〔74〕http：//news.xinhuanet.com/politics/2005210/18/content_3640318.htm。

〔75〕吴金勇、商思林：《重思改革》，《商务周刊》，2005年第22期；仲伟志：《2005中国改革交锋录》，《经济观察报》，2005年10月10日；赵瀚之：《改革年演变成为质疑改革年：2005进进退退话改革》，《赢周刊》，2005年12月12日。

〔76〕《温家宝主持召开座谈会征求"十一五"规划意见》。

中国公共管理理论研究的重点领域和主题[①]

陈振明　薛　澜[②]

[摘　要] 近年来，党和政府提出科学发展观，做出构建社会主义和谐社会、建设创新型国家等战略决策，并采取切实可行的措施，深化行政体制改革，推进党的执政能力建设、政府管理创新和服务型政府建设。这既为中国公共部门尤其是政府的改革与发展提供了新的巨大空间，对公共管理理论与方法的研究提出了更高的要求，又为该学科的发展提供了前所未有的历史机遇。公共管理的基本理论与方法是宏观管理与政策研究的基础，其研究进展是学科成熟程度和研究规范水平的重要标志。因此，必须根据转型期中国公共管理的实践发展和现实需要，选择更具有战略性和针对性的理论与实践课题进行研究，切实帮助党和政府处理与解决复杂的公共管理和公共政策问题。政府改革与治理、公共政策的理论与实践、公共组织理论以及政府工具等是中国公共管理的理论与方法近期亟待研究的重点领域和主题。

[关键词] 公共管理；政府改革；治理；公共政策；公共组织

公共管理是一个涉及众多学科的重大理论与实践领域，而我国改革开放和市场经济发展急需公共管理特别是政府管理或治理的创新研究。随着全球化、信息化、市场化和知识经济时代的来临以及世界性公共部门改革浪潮的兴起，当代国内外的公共管理理论和实践都已经发生了深刻的变化。在我国改革开放和现代化建设事业的发展过程中，公共部门管理尤其是政府治理产生了大量急需解决的重大问题。巨大的现实与理论需求必将有力地推动我国公共管理学科的迅速发展。因此，必须立足于转型期中国公共管理实践，加强公共管理的基础理论研究以及知识创新，以满足转型期中国公共管理发展的实践需要。

20世纪80年代中期，我国恢复并展开了对公共管理学领域的研究与教学工作。经过了20余年的发展，在公共管理与公共政策的学术研究、人才培养和知识应用方面取得了显著进展，逐步成长为一个独立的研究领域。然而，与国外尤其是西方国家相比，目前我国公共管理学科的教学与研究仍然比较落后，存在着学科边界模糊，视野狭窄基础不牢，知识体系不完整，研究方法陈旧，知识创新不足，理论研究落后于实践发展，针对性、应用性不强，对国外公共管理领域的新思潮、新流派、新理论和新方法的跟踪研究与批判分析尚待加强等方面的问题。

《宏观管理与政策学科"十一五"发展战略与优先资助研究报告》[③] 课题组的调查数据表明，21%的专家认为我国宏观管理与政策学科（即公共管理及公共政策学科）在基础理论研究上比较薄弱，缺乏系统性、原创性和理论前瞻性，在研究方法上与国际通用的规范方法相脱节；同时，我国公共管理学科正处于创始和形成期，存在大量的理论空白需要填补。

从实践上看，我国改革开放、市场经济发展和政府改革中产生了许许多多重大的实际问题。这些问题的解决，需要公共管理与公共政策尤其是政府管理或治理的创新研究。特别是近年来党和政府提出科学发展观，做出构建社会主义和谐

① 本文受2006年度国家自然科学基金重点项目70633001的资助。
② 陈振明、薛澜：《中国公共管理理论研究的重点领域和主题》，《中国社会科学》，2007年第3期。
③ 该报告是国家自然科学基金委员会管理科学部委托清华大学公共管理学院薛澜主持的课题组完成的。

社会和建设创新型国家等战略决策，并采取切实可行的措施，深化行政体制改革，推进党的执政能力建设、依法行政、政府管理创新和服务型政府建设。温家宝总理在十届全国人大五次会议上的《政府工作报告》也提出了今年和今后一段时期政府自身改革和建设必须做好的主要工作。这既为中国公共部门尤其是政府的改革与发展提供了新的巨大空间，也对公共管理理论与方法的研究提出了更高的要求，为该学科的发展提供了前所未有的历史机遇。

公共管理的基本理论与方法是宏观管理与政策研究的基础，其研究进展是学科成熟程度和研究规范水平的重要标志；加强公共管理基本理论和方法的系统研究，构建符合中国国情的公共管理理论体系和方法体系，可以为整个宏观管理与政策学科的开拓创新、与国际接轨积聚实力助长后劲。这对于提高本学科的整体创新水平具有重要的系统建构意义；对于我国建设创新型国家、提高政府的执政能力、应对社会转型期的许多重大管理和政策问题具有重要的现实指导意义，而且可以发展出符合中国国情的理论和方法体系。

因此，必须根据我国公共管理的实践发展和现实需要，选择更具有战略性和针对性的理论与实践课题进行研究，以推动公共管理学的基础理论研究以及知识创新，以适应迅速变化着的我国公共管理的实践要求。下面，我们将对中国公共管理的理论近期亟待研究的4个重点领域——政府改革与治理、公共政策的理论与实践、公共组织理论、政府工具——及其主题做出前瞻性的分析与说明。

一、政府改革与治理的研究

20世纪最后的20余年，为迎接全球化、信息化、国际竞争加剧的挑战以及摆脱财政困境和提高政府效率，西方各国相继掀起了政府改革的热潮。它的基本取向是以采用工商管理的理论、方法及技术，引入市场竞争机制，强调顾客导向以及提高服务质量为特征的"管理主义"或"新公共管理"，它往往被人们描述为一场追求"三E"（Economy, Efficiency and Effectiveness，即经济、效率和效益）目标的管理改革运动。这场改革使支配了20世纪大部分时光的传统的公共行政模式向"管理主义"或"新公共管理"模式转变，即形成政府治理的新模式。此后，通过对"新公共管理"理论及其改革实践的总结与反思，各国学者开始更加关注于公共服务的结果取向、倾向公共治理结构的多元化发展、通过责任分散的治理手段来构建以提高公共服务质量为导向的政府。可以说，治理或公共治理的概念正日益受到学界和政界的重视，并成为政府改革的一个目标模式。

一般来说，治理是一个上下互动的管理过程，它主要通过多元、合作、协商、伙伴关系、确立认同和共同的目标等方式实施对公共事务的管理，其实质在于建立在市场原则、公共利益和认同之上的合作。它所仰赖的管理机制不只是单纯的政府权威，而更多的是合作网络的权威。

全球治理委员会认为，治理是或公或私的个人和机构管理共同事务的诸多方式的总和，是使相互冲突或不同利益得以调和并采取联合行动的持续过程。治理理念所关注的主要问题是，"如何在日益多样化的政府组织形式下保护公共利益"，[①]如何在有限的财政资源下以灵活的手段回应社会的公共需求。

在我国，"科学发展观"、"和谐社会"、"服务型政府"、"依法行政"和"党的执政能力建设"等新理念和战略的提出，为我国构建新型的公共治理体系提供了基本的指导思想。党的十六届三中全会提出"坚持以人为本，树立全面、协调、可持续的发展观，促进经济社会和人的全面发展"，这表明我国公共治理理念已经由注重经济发展转到注重经济社会协调、可持续发展。党的十六届四中全会又明确提出"要适应我国社会的深刻变化，把和谐社会建设摆在重要位置，注重激发社会活力，促进社会公平和正义"，这表明我国的公共治理将淡化"政府本位"的价值观，更加注重社会的公共需求和正义。尤其值得注意的是，2003年"非典"事件之后，政府的社会管理和公共服务职能逐渐引起了广泛的关注。温家宝总理指出："非典疫情的发生和蔓延，给我们的一个重要启示，就是要在继续加强经济调节和市场监管

---

① 经济合作与发展组织：《分散化的公共治理——代理机构、权力主体和其他政府实体》，国家发改委课题组译，中信出版社，2004年。

职能的同时，更加重视政府的社会管理和公共服务职能。"温家宝总理在 2007 年 3 月召开的十届全国人大五次会议上的《政府工作报告》则将"加强社会管理和公共服务职能，增强基本公共服务能力，着力解决人民群众反映强烈的问题"当做 2007 年政府自身改革和建设的 3 项主要工作之一。[1] 实际上，加强政府的社会管理和公共服务职能意味着我国的政府改革与治理要以满足社会的公共需求为导向，并采用以人为本的公共治理方式来实现社会的和谐发展。

与此同时，随着我国市场经济的推进，社会的阶层、结构、运转方式乃至观念都产生了深刻的变化，客观上需要我国构建新型的公共治理体系，以适应社会发展变迁的需要。众所周知，现代社会的一个基本特征就是市场经济构成社会运行的基本面，复杂的分工、交易系统促进了经济生活的蓬勃发展，同时也使得社会利益主体多元化、社会结构阶层化、社会关系复杂化。

这种情况扩展了社会的多元需求，激化了政府财政资源稀缺的压力，客观上要求政府加强公共治理体系的建设，通过不同治理结构和特定管理自主权的结合，使政府提供的公共服务更好地满足公众的需要，更具有回应性，并为民众提供参与公共决策过程的机会。

当前政府改革与治理领域值得研究的若干理论问题如下：

（1）我国公共治理体系的构建。研究全球范围内公共治理体系变革的背景、现状和趋势，进行公共治理理论和实践的国际比较；基于我国经济社会发展和市场体制的不断完善，研究如何建设一个行为规范、公正透明、勤政高效、清正廉洁的政府；研究转型期我国政府治理结构的变革、我国公共管理体系的基本架构、政府机构设置及其改革、政府内部的权力配置及运行机制、政府内部结构关系（包括纵向的管理层级与管理幅度的关系、横向的决策机构、执行机构和监督机构的关系）；研究政府治理的组织结构形式，尤其是分析和评价传统的"官僚制"（"科层制"）的作用

和局限性，并探索新的治理结构形式；研究服务型政府的组织结构、制度和变革方向，国家统一管理和地方治理结构多元化之间的协调关系，党和政府与各种社会主体（企事业单位、社会团体、中介组织、社区和公民个人等）之间的多元、合作、协商和伙伴关系，实施公共治理的理论、模型、方法与工具等方面的问题。

（2）政府的角色定位与政府职能转变。政府行政的角色定位以及职能的转换是深化我国行政管理体制改革的一个重要任务。目前，我国政府职能尚未最终实现根本性的转变，政府仍然包揽过多的社会公共事务，其生产、提供、安排角色的定位还不够合理，存在越位、缺位和错位现象。党中央和国务院已经明确指出，行政体制改革的当务之急，就是要政府明确自身的角色定位；并将现阶段我国的政府职能界定为经济调节、市场监管、社会管理和公共服务四个基本方面。本专题主要研究建设和谐社会背景下政府角色重新定位和职能梳理，以明确政府管理的范畴和边界，政府与市场、社会之间的分工关系；研究以提供公共服务为核心的政府职能体系的重构，尤其是研究如何全面履行政府职能，在继续加强经济调节和市场监管职能的同时，着力加强社会管理和公共服务职能建设，构建服务型的政府；研究如何建立健全应对突发性公共事件的管理机制、深化行政审批制度改革、推进依法行政等问题。

（3）第三部门的发展与管理。如萨拉蒙所说：有组织的志愿性活动正在全球范围内开展，大量民间的、非营利的或非政府组织（第三部门）正在世界各地建立。非营利组织的兴起，源自于来自公民个人、政府以外各种机构以及政府本身的一系列压力。它反映了众多独特的社会和技术变化，以及积蓄已久的对国家能力的信心危机。[2] 有国内学者预言，在未来，非营利组织的规模和重要性将不断增长，许多在过去几十年间由政府承担的义务，将被社区组织——非营利组织取代。[3] 本专题应着重研究政府与社会的职能分工问题；研究如何创造诱致性的激励体制，激发公民个人

① 《温家宝总理在十届全国人大五次会议上的政府工作报告（摘要）》，《光明日报》，2007 年 3 月 6 日（第 3 版）。
② 莱斯特·萨拉蒙：《非营利部门的崛起》，谭静译，《马克思主义与现实》，2002 年第 3 期。
③ 李亚平、于海：《第三域的兴起》，复旦大学出版社，1998 年。

和社会组织参与到公共治理上来；研究如何创设配套的制度安排和实施有效的政策监管，使非营利组织的运转实现制度化与规范化；同时，应研究如何完善第三部门的管理体制与创新运行机制，研究政府如何加强对第三部门的管理（特别是如何通过税收控制和法律监督来规范第三部门的发展）；研究如何建立健全第三部门的自律机制；研究第三部门的社会监督机制如何"补位"，使之与政府对第三部门的行政管理和第三部门的自律机制形成良性的互动。

（4）政府间关系。政府间关系是指中央政府与各级地方政府之间纵横交错的网络关系，它既包括纵向的中央政府与地方政府、各级地方政府之间的关系，也包括同级地方政府之间以及不存在行政隶属关系的非同级地方政府之间的关系。改革开放以来，我国地方政府的独立性和自主权迅速扩大，已经成为具有独立经济社会利益和独立发展目标的利益主体。它不仅改变了传统中央与地方之间单纯的控制与服从的关系，还深化了地方政府之间的对策博弈关系，使得政府间关系研究成为一个日益突出的实践与理论课题。本专题主要研究我国公共管理过程中中央与地方关系的调整，中央与地方权力（权利）的划分，"条"与"块"、集权和分权的关系，尤其是研究如何在保证中央权威的前提下充分发挥地方的积极性问题；研究地方政府之间的关系，政府内部不同层级的组织之间的授权和分权，我国行政区划调整，地方政府层级以及区划设置、区域公共管理的合作和竞争方式，以及"网络治理"和"复合行政"新模式等问题。①

（5）公共财政框架下的治理结构与制度设计。与市场经济发展相适应，我国已初步建立起了公共财政体制，但仍然存在预算缺乏透明度、资源配置的效率低、资金滥用和浪费严重、审计机制不够健全等问题。因此，有必要研究目前我国公共财政体制与管理中存在的问题，分析原因并提出对策，完善我国的公共财政体制。特别是要研

究如何在适当的公共财政框架下构建公共治理的结构与制度设计问题；研究西方发达国家以政府预算和政府会计为重心的公共财政管理改革；研究如何以公共治理的理念——责任（Account Ability）、透明（Transparency）、预见（Predictability）和参与（Participation）——来指导公共财政管理改革；研究公共财政框架下我国政府治理结构的变革；研究我国政府事权、财权的协调和运作关系等方面的问题。

二、公共政策的理论与实践的研究

公共政策是国家机关、政党及其他政治团体在特定时期为实现或服务于一定社会政治、经济、文化目标所采取的政治行为或规定的行为准则。②在美国学者尼古拉斯·亨利看来，公共政策既涉及政治学领域——公共政策是对社会价值进行权威性的分配，又涉及公共行政学的领域——公共政策需要公共行政官员在行政管理组织中加以实施。③公共政策既体现国家整体战略和政治价值的需要，也反映社会公共问题和公共管理技术的有机结合，因而对一国或地区经济社会的持续和健康发展起着至关重要的作用。公共政策研究（又称公共政策学、政策科学、政策分析）诞生于快速的工业化和都市化过程所带来的一系列问题情境中，如犯罪、贫困、教育、卫生、住房、就业、养老和环境保护等，是政界寻求解决社会问题的办法以及学界试图运用其知识来解释和帮助解决这些问题时"一拍即合"的产物。正是在这种背景下，公共政策研究或政策科学作为一个全新的跨学科、应用性研究领域，在第二次世界大战后的西方迅速发展起来，成为20世纪70年代以后公共管理学发展的一个新方向。

公共政策研究将科学知识尤其是社会科学知识与公共决策过程密切联系起来，提倡以问题为中心，而不是以学科为中心的知识产生方式；政策科学的倡导者们力图克服政治学及其他社会科学将理论与实践相脱离、片面强调学术研究的局

---

① 按照王健、鲍静等人在《"复合行政"的提出——解决当代中国区域经济一体化与行政区划冲突的新思路》（《中国行政管理》，2004年第3期）一文中的说法，所谓复合行政，就是在经济全球化背景下，为了促进区域经济一体化，实现跨行政区公共服务，跨行政区划、跨行政层级的不同政府之间，吸纳非政府组织参与，经交叠、嵌合而形成的多中心、自主治理的合作机制。

② 陈振明：《政策科学》（第二版），中国人民大学出版社，2003年。

③ 尼古拉斯·亨利：《公共行政与公共事务》，张昕等译，华夏出版社，2002年。

限性，提出一门能把各种知识和方法直接运用于解决社会政治问题的新学科。它是一门以实践为取向的学科，是适应人类利用已有知识和方法去改进政策制定系统、提高政策质量的需要而产生的。政策科学的研究对象是政策实践或实际的政策过程，它的目的和功能是提供政策相关知识，为政策实践服务。因此，公共政策不是纯理论科学或基础研究，而是一门应用性很强的学科，可以说体现了理论与实践的高度统一，它既来源于实践，又在实践中得以应用和发展。①

最近的二三十年，当代国外公共政策研究出现了一系列的新变化及新趋势：政策科学作为一门统一的社会科学的范式受到作为一门应用性社会科学的政策分析范式的挑战，而理性、科学的政策分析范式受到人们的广泛质疑；公共政策的研究途径日益多样化（其中，在经济学途径的地位越来越突出）；基于阶段划分的传统政策过程理论遇到各种新的概念框架的有力竞争；政策科学学科逐步分化，尤其是出现了比较公共政策、政策伦理学、政策工具研究等分支学科；政策科学的研究主题不断拓展，许多主题的研究取得新进展，形成了新的理论。

近年来我国公共政策的理论与实证研究也取得了重要的进步，在引进、消化和吸收国外政策分析的理论和方法成果，跟踪该领域的最新趋势，中国政策系统及其运行，中国现实政策尤其是经济社会政策问题等方面的研究取得了显著的进展。但是，存在的问题也相当突出，例如，公共政策的理论体系陈旧，研究方法规范性较弱，抽象的理论建构和演绎较多，实证的问题研究和政策方案研究较少。这就迫切需要我们强化公共政策的理论与实证研究，以我国的政策系统、政策过程以及政策实践作为研究对象，立足于我国现实的重大经济社会政策问题，重点关注转型期新旧体制之间的摩擦、利益多元化、资源与环境限制等多重约束条件下我国公共政策的制定和执行所面临的挑战，并对其进行分析、评估和判断；研究我国在建设社会主义和谐社会和法治国家的过程中，如何推进公共决策的科学化、民主化和法制

化；跟踪西方公共政策分析的发展趋势并与我国进行比较分析，注意引进、消化和吸收当代国外的政策科学研究的积极成果，处理好国际化与本土化的关系问题，一方面，在公共政策的概念、理论、方法的表述上注意国际化和规范化；另一方面，又要立足于我国政策实践，充分注意我国的政策系统和政策过程以及政治制度和意识形态的特点，立足于我国现实的政策实践和政策问题的研究，形成有中国特色的政策科学的基本概念、理论和方法。

当前公共政策领域值得研究的若干理论问题有：

（1）公共政策基本理论与方法论研究。与传统的社会科学各学科相比，政策科学具有更广泛的学术框架，它提倡以问题为中心而不是以学科为中心的知识产生方式，围绕政策问题的解决来整合来自各学科的知识和方法，如政治学、经济学、社会学、管理学、数学、统计学、运筹学、未来学和系统分析等。因此，当前我国公共政策研究必须下大力气加强对基本理论和方法的探索，尤其是要加强对公共政策的学科基础、公共政策研究途径、政策分析方法论的研究。

（2）公共决策体制研究。公共决策体制是公共决策组织的核心部分，是决策主体、决策权力分配、决策规则和方式的总和，或者说是各种政策主体参与决策过程的制度安排。在某种意义上说，政策设计可以看做政府机构或体制的产出，而不同的政府制度结构和体制将产生非常不同的政策后果。因此，必须研究公共决策体制的设计与创新、公共决策权力的运行、特定决策机制及机构设置和公共政策内容之间的关系以及在特定的制度下可能形成的政策工具的偏好。当前特别需要研究如何更好地理顺我国各种决策主体（尤其是党、人大和政府）的权力关系，创新公共决策体制，改进我国公共决策系统，实现民主集中制执行的科学化，提高公共政策制定质量。

（3）公共政策过程研究。公共政策系统的运行表现为由一系列功能活动环节所构成的过程。作为政策过程研究的一种主导性途径，阶段途径

---

① 陈振明：《政策科学的"研究纲领"》，《中国社会科学》，1997 年第 4 期；陈振明：《是政策科学，还是政策分析》，《政治学研究》，1996 年第 6 期。

将政策过程划分为政策议程、政策规划与合法化、执行、评估和终结等阶段，并在每一阶段讨论影响政策过程的各种基本因素。近一二十年来，学者们在批判反思的基础上，提出了各种关于政策过程的新理论框架，包括制度理性选择框架、多源流框架、中断—平衡框架、倡导联盟框架、政策扩散框架、因果性途径、权力角斗场理论、文化理论、建构主义框架、政策论域框架等，从而丰富了政策过程的理论。[①] 而从目前我国的政策实践需要来看，中国政策过程理论的研究必须重视对我国实际政策过程的提炼，研究中国政策过程的特点；同时，重视对政策过程的程序或活动环节的研究，特别是加强对政策执行和评估的研究。必须研究我国政策执行过程、影响政策有效执行的因素、政策执行的手段，并针对我国公共政策实施过程中的延搁、变通、曲解等现象进行深入考察和分析；研究公共政策评估的模式、过程和方法及技术，特别是研究如何建立起一套具有可操作性和实证性的政策评估指标体系。

（4）政策分析方法及技术的研究。20 世纪六七十年代以来，以定量分析为主导的政策分析在公共政策研究领域中的地位日益凸显，成为最引人注目的研究途径。公共政策分析关心的是如何解决所面临的问题而不是如何解释这些问题，它强调通过定性分析方法、定量分析方法和技术来寻求公共政策问题的解决方案，"最终试图创立一种能够提高决策效率的学问"。[②] 应当说，加强公共政策分析方法及技术（包括定性分析与定量分析方法、理性与非理性及创造性思维方法、论证性与批判性方法等）的研究，对于我国提高公共政策研究的应用性、现实性和本土化具有重要意义。它是政府重要的决策咨询基础和知识来源，对于促进我国公共决策的科学化和民主化意义重大。

（5）公共决策科学化、民主化的研究。在推进我国政治体制改革和加快社会主义民主政治建设过程中，提高决策科学化、民主化水平是一个当务之急。当前需要研究在决策科学化、民主化

的进程中，如何完善重大问题集体决策制度、专家咨询制度、社会公示和听证制度、决策责任制度。同时，研究国外公共政策决策模式及其演变，[③] 分析各种模式的特点和应用背景，并评价其各自的优劣，研究如何借鉴各种决策模式的合理因素而应用于我国的决策实践，完善我国公共决策的程序。

（6）公共决策中的公民参与问题研究。公民参与公共决策及公共事务管理是民主社会的基本内涵，而一个合理的、具有回应性的公共政策，应当以大多数人的最大利益为目标，不应以社会某群体或阶层利益的严重损害为代价。党的十六大报告明确提出要"健全民主制度、丰富民主形式，扩大公民有序的政治参与，保证人民依法实行民主选举、民主决策、民主管理和民主监督，享有广泛的权利和自由，尊重保障人权"。这就要求公众能够更多地参与到公共政策的制定过程中，保证公众有着充分的知情权、参与权、表达权和监督权。当前要着重研究公众参与决策的制度设计——如何将各个社会阶层和群体所持的参与方式纳入制度规范体系，将其利益表达和意愿诉求及时和有序地纳入政治系统；研究如何拓宽公众参与决策的渠道——如公民听证或咨询委员会、民意调查和公众舆论、公民论坛、非营利组织的参与、关键公众接触和官民个别接触、基于网络的公民参与的新形式（如网络民意调查、网络选举、虚拟社区、网络公共论坛等）；研究如何开展多层次的公众参与——如何组织不同层次的政治参与，在继续深化政治代表人物和知识分子政治参与的同时，发展普通公民的有序政治参与。

三、公共组织理论的研究

公共组织理论（或公共组织与管理研究）是目前国内公共管理学界研究比较薄弱而亟待加强的一个主题领域。在某种意义上说，公共组织理论也就是一般的公共管理理论；而掌握公共组织理论是实施有效的公共管理的前提，因为公共组

---

① 保罗·A.萨巴蒂尔：《政策过程理论》，彭宗超、钟开斌译，三联书店，2004 年。

② 威廉·N. 邓恩：《公共政策分析导论》，谢明等译，中国人民大学出版社，2002 年。

③ 在政策科学的发展过程中出现了各种基于对决策实践的理论反思的决策模式。如理性模式、渐进模式（或渐进—变化模式）、满意模式（有限理性模式）、超理性模式、最优模式、综合扫描模式、制度模式、过程模式、集团模式、精英模式、对策模式（博弈模式）、系统模式、序列决策模式、垃圾桶模式等。

织是公共管理活动的主体，是公共事务的管理者和公共服务的提供者。

公共组织与私人组织相似，公共组织理论是一般的"组织理论"的一部分。在过去，公共组织的论述主要散布于"讨论公共官僚机构的政治学和经济学著作"中，这些著作"通常把公共官僚机构描述得与私人领域相当不同，都没有给予内部管理——设计组织结构、激励并领导雇员、发展内部交流和团队合作——高度重视"。[1]现在，人们在理解公共组织方面已形成了许多重要的主题，并作了详细的研究，将这些主题整合在一起，有可能建立起一个公共组织理论。[2]公共组织理论研究的是公共组织性质、结构、设计方式、组织过程或组织行为、组织环境、组织变革与发展一类的组织问题。[3]作为人类活动协调和合作的形式，组织是人类社会最普遍的现象，在人类文明发展中极为重要，人类社会的进步依赖于组织的发展。在现代社会，组织在国家和社会生活中的作用日益突出，公共管理活动也离不开组织，正如马克思所说："行政是国家的组织活动。"[4]

传统公共组织（行政组织）理论源于20世纪初期的韦伯（Max Weber）和泰勒（Frederick Taylor）等人的著作，它以"官僚制"（科层制）作为主要的研究对象，将官僚制当做公共组织的最佳表现形式，视规则、精确性和专业分工为组织结构和生产力的关键。从20世纪60年代开始，官僚制从理论到实践都受到了人们的质疑和批判。美国组织理论家沃伦·本尼斯（Warren Bennis）在《官僚制的灭亡即将到来》一书中说："（从60年代开始算起的）20~50年间，人们将目睹并亲自加入官僚制的送葬队伍。"[5]不仅官僚制的实践发展遇到了严峻挑战，以官僚组织理论为基础并囿于"行政原则"探索的传统公共行政学也面临困境。

20世纪60年代末70年代初，乔治·弗雷德里克森等人提出了"新公共行政学"研究范式，把"政府的目的从政体价值的保护范围扩大到所有的公民"，[6]赋予公共组织更为宽阔的含义以及更为任重道远的社会服务使命。弗雷德里克森指出，传统的公共行政学研究局限于"预算"、"人事管理"、"组织与管理"一类的范畴上，过于狭窄，过于以"组织内部"为取向，理论上过于空洞；新公共行政学要求一种新的组织理论，认为在公共组织中存在着四种基本的作用过程，即分配过程、整合过程、边界交换过程和社会动机过程，这四种过程适应于理解和改善旧的公共行政学。[7]但是，"至少对于公共组织的人来说，新公共行政学者有待于提出更加紧迫的问题，他们提出的解决方案也太少。"[8]

从20世纪70年代开始，经济学范畴的"理性人假设"、"交换范式"、"公共选择"等概念逐步融入了公共行政的话语体系，将公共行政的组织理论引向了公共管理的组织观。与以往公共行政学相比，公共管理更注重公共组织的政策目标选择和公共服务运作的方法、效率和回应性等现实层面，由静态的组织机构、过程和程序研究转到动态的项目、结果与绩效的研究，并探讨公共组织如何高效率地运用公共资源为社会提供更有效的公共服务，强调用私人组织的管理技术来改进政府绩效。

经过一个多世纪的发展演变，传统狭义的行政组织管理已经向更为广泛的公共部门组织管理发展，它的理论与实践呈现出系统化的公共部门组织变革、重视公共组织的绩效和文化、基于公共服务的组织再造和公共组织研究途径的多元化等方面的特征。

近期我国公共组织理论研究的重点是构建中国公共组织理论的基本知识框架。必须立足于我

① 海尔·G. 瑞尼：《理解和管理公共组织》，王孙禺、达飞译，清华大学出版社，2002年。

②⑧ 罗伯特·丹哈特：《公共组织理论》，项龙、刘俊生译，华夏出版社，2002年。

③ 陈振明、孟华：《公共组织理论》，上海人民出版社，2006年。

④ 《马克思恩格斯全集》第1卷，人民出版社，1956年。

⑤ Jay M. Shafritz，Albert C. Hyde. Classics of Public Administration（2thed.）. The Dorsey Press，1987.

⑥ 乔治·弗雷德里克森：《公共行政的精神》，张成福等译，中国人民大学出版社，2003年。

⑦ H. George Frederickson. Toward a New Public Administration, In: Jay M. Shafritz & Albert C. Hyde. Classics of Public Administration, Moore Publishing Company，Inc.，Oak Park，IILinois，1978.

国公共组织，尤其是国家（政府）组织的现实，在借鉴国内外公共组织理论研究成果的基础上，探讨公共组织的类型、特征及其与私人组织的关系、公共组织体制与结构及其变革、公共组织中的权力运作，公共组织的管理过程或管理功能（决策、领导、协调和控制等）、公共组织的管理方式（尤其是流程再造、绩效管理和战略管理）、公共组织文化、公共组织发展等方面的主题。

目前公共组织领域需要研究的若干理论问题如下：

（1）公共组织的特征、类型及其与私人组织的关系。关于公共组织的特征及其与私人组织的关系，一直是有争论的问题，对这一问题的回答也涉及对公共部门改革实践中的战略与战术的选择以及对改革的评价（当代西方的"新公共管理"或"企业化政府"改革就是一个典型的例子）。针对这些理论与实践上的争论，需要研究公共组织的特征及其与私人组织关系的这个基础性问题。与此同时，公共组织（或公共部门）范围很广，包括政党组织、政府组织和非营利组织或第三部门等在内；在我国，党政机关、群众团体、民间组织、中介组织、社区组织、相当部分的事业单位甚至国有企业都属于公共组织的范畴。因此，有必要研究公共组织的一般分类方法，研究现阶段我国各类公共组织的特点和性质及其相互关系，研究各类公共组织（尤其是政府机构和事业单位）的改革、发展与管理等问题。

（2）公共部门战略管理研究。这是一个必须引起国内学界高度重视的研究领域。战略管理着眼于公共组织与外部环境的相互作用，系统考虑组织的未来愿景、长期目标和近期目标，将关注的焦点由内部转向外部，从注重日常管理、常规管理转向未来的发展管理和风险管理。由于当代公共管理的实践环境以及当代公共组织自身的结构、职能、流程和关系等都发生了深刻的变化，因此，考虑组织所面临的环境（优势、劣势、机遇和威胁），考虑组织的长远发展目标和未来，增强组织灵活性、能动性和适应性，提高自身竞争力，成为公共部门管理者最基本的管理任务及内容。这就需要立足于我国公共管理的发展及其环境，研究我国公共部门战略管理的系统与过程，尤其是研究战略思维、战略分析、战略制定、执行和评估的方法及技术问题。

（3）公共部门人力资源管理研究。人事管理从一开始就是构成组织理论的一个重要组成部分。在当代西方尤其是美国，工商企业管理领域首先出现了从传统的人事管理到当代人力资源管理的革命性转变，并逐步推广和应用于公共部门特别是政府的人事管理之中。公共部门人力资源管理已成为当代公共部门（政府组织及非营利组织等）人事管理的新模式。在我国的组织人事管理实践中，人力资源管理的新理念和模式也得到越来越普遍的应用。本专题的研究应立足于我国当前行政体制与组织人事制度改革的实践，研究公共部门人力资源管理的新模式、干部人事管理体制创新和管理方式的转变、公务员制度的完善、我国公共部门人力资源的规划、开发和培训等问题。

（4）公共部门的绩效管理研究。加强和完善公共部门绩效评估，无疑是提高公共部门管理绩效的一个有效的途径。在西方，随着"新公共管理"改革的兴起，绩效评估以及绩效管理在公共部门尤其是政府管理中得到广泛的运用。在我国，随着行政体制改革的深入和政府机关效能建设的展开，作为改进公共部门尤其是政府管理的一种有效工具，绩效评估及绩效管理越来越受到了人们的重视，并逐步在我国政府管理中得到应用和推广。当前我国公共组织持续的变革与创新，政府管理效率与绩效的提高，就需要研究如何构建科学的绩效评估体系和方法，测量政府自身的效率、廉洁性和回应性程度，测量政府产出——公共服务的数量、质量和公正性程度；也需要研究如何在科学发展观的指导下建立健全领导干部的政绩评价指标体系。

（5）公共组织的变异和权力制约研究。在公共组织中，权力的运用是组织过程的核心，几乎所有组织都是在权力与政治活动的规则下运行的。组织权力运作的动态过程实际上与决策的动态过程相一致，因此，组织过程就是一个决策过程，而决策是一个"权力角逐"的游戏。[1]公共组织的变异主要表现为内在性的膨胀，即公共部门及其

---

① 查尔斯·E. 林德布罗姆：《政策制定过程》，朱国斌译，华夏出版社，1988 年。

官员运用公共权力追求自身组织目标或自身利益而非公共利益或社会福利的现象。在我国市场化改革过程中，权力的寻租和出租已经成为侵蚀公共组织正当性基础的异化现象。因此，需要研究公共组织权力变异的表现、原因与根源，公共组织维护公共利益的制度约束，权力约束和监督机制构建，特别是研究如何完善教育、制度和监督并重的惩治和预防腐败体系等问题。

（6）公共组织领导行为的研究。领导是公共组织管理的一个核心职能，它对于公共组织发展与变革方向的把握、组织运行效率的提升等都有着举足轻重的作用。必须对我国公共组织的领导行为进行认真研究，以丰富中国公共组织理论和领导科学理论。当前特别需要研究如何提高党的执政能力和政府行政执行力，研究党和国家如何坚持从国情出发和以人为本、执政为民的理念，实现党的领导、人民当家做主和依法治国的有机统一等问题。

此外，需要研究公共部门改革的系统配套，特别是研究构建和谐社会和建设创新型国家视野中的公共组织（主要是政府）改革的系统战略设计，将组织重建、体制变革、机制创新、职能转变、流程再造和管理方式更新以及相互关系的调整有机地结合起来，以全方位推进我国的公共组织变革。

四、政府工具的研究

政府工具（Governmental Tool）的研究，又称政策工具（Public Policy Instrument）、治理工具或公共管理技术的研究，它是当代公共管理的一个重要的理论与实践领域。在 20 世纪 70 年代之前，公共管理学界对于工具的系统研究非常匮乏，甚至关于是否应该研究这一领域的争论都几乎没有出现过。[1] 20 世纪 80 年代以后，在公共管理学及政策科学领域，出现了不少关于政府工具方面的论著。例如，胡德（C. Hood）的《政府工具》（1983，1986）、彼特斯（B. Guy Peters）和尼斯潘

（Frans K. M. Van Nispen）主编的《公共政策工具》（1998）、戴维·奥斯本等人主编的《政府改革手册：战略与工具》（2000）、莱斯特·M. 萨拉蒙（Lester M. Salamon）等人主编的《政府工具——新治理指南》（2002）[2] 等。现在，政府工具已发展成为当代公共管理学和政策科学研究的一个焦点，并正在成长为一个新的学科分支或主题领域。[3]

在实践上，政府管理方式的创新，特别是市场化机制、工商管理技术和社会化手段在政府管理中的引入，是 21 世纪行政管理发展的一个基本趋势。自 20 世纪 70 年代末开始，伴随着全球化、信息化、市场化以及知识经济时代的来临，西方各国相继掀起政府改革的浪潮。尽管西方各国政府改革的战略和优先性不同，但都以改进管理方式为核心，并采取以引入市场机制和工商管理技术为特征的"管理主义"或"新公共管理"措施，追求提高行政效率，改善管理绩效，加强责任制，放松管制，增加灵活性和回应性等目标。西方的"管理主义"改革在将市场机制、工商管理技术和社会化手段应用于行政管理的实践上已积累起成功的经验，也留下了失败的教训；西方学者对这个问题作了大量的实证分析与理论研究，取得了丰硕的成果，但也有许多理论与实践难题没有解决。

在我国，随着市场经济的不断成熟和加入世界贸易组织，行政体制改革的深化以及政府职能的转变，政府治理模式以及行政管理的方式、方法和手段亟待创新。现阶段我国行政管理水平不高的一个重要原因是管理手段较为单一，缺乏管理方式方法的创新和现代化。这就迫切需要引入一整套与市场经济相适应的新的政府工具或现代化的公共管理技术，并建构起新的行政管理的实践模式。江泽民同志在党的十六大报告中将改进管理方式与深化行政管理体制改革、转变政府职能和推行电子政务并列，作为今后我国政府改革的四大内容之一。温家宝总理在十届全国人大五次会议上的《政府工作报告》中则强调"必须创新

---

① B. Guy Peters, Frans K. M. Van Nispen. Public Policy Instruments：Evaluating the Tools of Public Administration. Cheltenham, Edward Elgar, 1998.

② Lester M. Salamon, Odus V. Elliot. Tools of Government：A Guide to the New Governance. Oxford University Press, 2002.

③ 陈振明：《政府工具研究与政府管理方式改进》，《中国行政管理》，2004 年第 6 期。

政府管理制度和方式"，将"改进管理与服务方式"作为当前和今后一段时间政府自身改革和建设的主要内容之一。[1]而管理方式改进的一个重要方面是引入新的政府工具或现代化公共管理技术。

从内涵上看，政府工具以及管理方式是实现政府管理职能的手段，是"政府的行为方式，以及通过某种途径用以调节政府行为的机制"。[2]应该说，政府管理方式与工具研究的迅速发展与其对公共管理和公共政策过程细致入微的分析解释（尤其是对公共政策执行过程的模型化诠释）有关，它使得传统对政府管理的研究带上了从"软知识"向"硬科学"发展的印记，对政府过程更具解释力，对公共管理实践也有更为直接的指导作用。而由政府工具研究发展而来的"工具箱"（Tools Box），在国外政府管理实践被广泛认可并得到使用，这大大增强了政府管理方式与工具研究的影响力。实际上，我国近年来政府改革所取得的积极成果，有相当一部分得益于政府管理方式与工具等操作层面的突破，行政审批制度改革、电子化政府建设、绩效评估、行政服务中心发展等就是有力的证明。以近年来备受瞩目的"中国地方政府创新奖"为例，许多地方政府正是借着工作流程的重构和管理方式的改进提高了治理水平。

目前国内学界缺乏对政府工具进行深入的理论研究和实证分析，不能为公共管理方式的创新与改进提供理论基础以及提供行之有效的工具。因此，这一领域的研究亟待加强。政府工具研究涉及一系列问题，其核心是如何将政策意图转变为管理行为，将政策理想转变为政策现实。

这一领域近期研究必须重点关注政府工具的基础理论和发展前沿以及实践的应用与开发，并关注中国政府改革与治理尤其是体制创新与职能转变的现实，从理论与实践的结合上，对政府工具的重要主题——政府工具的内涵、特征和功能，政府工具的分类，政府工具选择与评价及其标准，政府改革与治理中常用工具应用的范围、机制、效果与局限性等进行研究。

当前政府工具领域值得研究的若干理论问题如下：

（1）政府工具的特性与分类。什么是政府工具？它有哪些基本特征？这是政府工具研究最基本的问题。政府工具是一种手段，也是一种"客体"（Object），还是一种活动（Activity）；政府工具还具有多样性和动态性的特征，并非一经选定就固定不变，必须不断地调整以跟上社会经济发展的需要。在使用过程中，它会随着时间推移而发生改变，即使它们本身不变，主体运用它们的方式、策略等都有可能发生巨大改变。与此同时，政府工具并不是单一的，而是多元化的"工具家族"（Families of Instruments），政府工具分类的形成被看成是工具研究的最基本的成果之一。在相当长的时间里，政府工具的分类主要依据工具特性来进行。然而，现有的分类都不能令人满意，没有一个分类方法能够穷尽所有政府工具。由于分类所依据的标准不一，研究者们对工具的分类也就自然不同。因此，必须对政府工具的特性与分类进行基础性研究。

（2）政府工具的选择、应用和组合。在公共管理及政策执行中，选用何种政府工具或政策工具，用哪一种标准来评价该政策工具的效果等问题对政府能否达成既定目标具有决定性影响。政府工具的选择涉及两个主要问题，即影响工具选择的因素及如何进行工具选择——影响工具选择的因素主要有政策目标或政府目标、工具的特性、工具应用的背景、以前的工具选择和意识形态五种主要因素；而如何进行工具选择必须结合我国的具体案例来研究。工具效力的评价则是古典研究途径中最重要的问题之一，目前人们逐渐将焦点转移到了政府工具的具体应用过程中，尤其是集中在哪些主体参与了工具的应用过程、他们对于应用过程的影响及其程度以及各参与者之间的协调与合作等问题。此外，还要研究工具的优化组合。人们认为，工具同时并且协调的运作更符合现实社会经济发展的需要，工具的优化组合可以取长补短，避免单个工具应用的片面性。

（3）公共服务供给机制和方式的选择与评估研究。党的十六届六中全会通过的《中共中央关

①《温家宝总理在十届全国人大五次会议上的政府工作报告（摘要）》。

②欧文·E.休斯：《公共管理导论》，彭和平等译，中国人民大学出版社，2001年。

于构建社会主义和谐社会的若干重大问题的决定》明确指出：政府要更加注重履行社会管理和公共服务职能，逐步形成惠及全民的基本公共服务体系，创新公共服务体制和改进公共服务方式。因此，当前政府工具以及管理方式改进研究的焦点之一是公共服务的提供机制及方式的选择与评估问题。必须考虑如何通过制度安排让目标群体充分显示其需求偏好，如何将有限的财政资源在多样化、差异化甚至相互冲突的偏好之间进行排序，如何根据公共服务自身的特征提供多样化的渠道和组合，让社会"能够选择最适于解决所面临的每一个具体问题的生产者和提供者"。特别是如何针对本地实际问题，引入市场竞争机制、工商管理方法及信息技术，更新管理方式，用现代化的公共管理方法和技术（政府工具）来保障"服务型政府"的实现，成为当前公共管理学研究的重点和难点之一。

（4）电子政务的管理研究。可以说，信息技术是一种最重要的政府管理工具，它是引起当代公共管理变革最根本的动力，而电子政务或电子化政府建设则是当代公共管理发展的一个基本趋势。按照联合国公共经济与公共管理局（UNDPEPA）和美国公共行政学会（ASPA）的观点，广义上的电子政务几乎可以囊括所有信息与通信技术在公共部门中的应用；而狭义上指的是利用互联网向公众传递政府信息和服务。[①] 可以说，电子政务就是政府机构运用信息技术，通过整合政府资源、再造工作流程、重组政府部门，为公众提供便利的公共服务。本专题要探讨中国电子政务建设的现状与成败得失，分析发展的困境或制约因数，研究电子政务最终的需求识别、电子政务系统模型、电子政务流程设计与变革管理、电子政务建设的长期发展方略等问题。

（5）政府流程再造研究。作为一种发源于工商管理领域的管理工具或技术，流程再造被广泛应用于公共部门，给公共部门带来剧烈的、革命性的和跳跃式的变化。政府流程再造的实质就是凭借现代的信息技术，使传统的以职能为中心的职能导向型政府转变为以流程为中心的流程导向型政府，将与公众服务有关的各方面工作有机地结合起来，最终"整合不同的体制，提供无缝隙的服务"。[②] 在我国，最具典型意义的政府简化行政程序、优化行政流程的实践改革，就是电子政务、行政审批制度改革和行政服务中心。因此，当前政府流程再造研究的重点应该是分析行政审批制度改革、行政服务中心和电子政务在地方政府改革中的实践情况、存在问题和改革路径。

（6）公共预算评估与行政成本分析。政府预算和会计改革是世界各国公共管理领域改革的热门议题之一。从 20 世纪 90 年代起，西方各国在政府再造过程中发展了"企业化预算制度"（Entrepreneurial Budgeting System），[③] 以提高行政执行绩效并降低行政成本。尽管会计和预算改革属于政府管理方式和技术层面的问题，然而，健全的预算和会计实务不仅对一国经济增长有着深远的影响，同时也是良好的公共治理结构的关键要素。[④] 因为，预算和会计制度不仅是监督、控制政府预算，提高行政绩效的基本保障，也是形成"少花钱，多办事"的公共治理结构的刚性约束。因此，必须在借鉴发达国家预算管理经验和做法的基础上，从公共产品核算的角度，研究如何在公共预算中融入成本核算的理念，在制度上强化政府内控机制，使公共产品和服务能严格按照价值规律的要求进行核算和提供。

总之，转型期我国经济社会的发展与公共管理改革的推进以及全球化的公共部门改革实践，既对中国公共管理理论的研究方法提出了严峻的挑战和更高的要求，也为这种研究提供了丰富多彩的课题、素材、资料、实验基地以及成果应用的机会。我国公共管理的实践发展正呼唤并推动着理论研究的突破，公共管理学科的知识体系亟待创新，加强公共管理学科的基本理论与方法研究的意义十分重大。

---

① United Nation & American Society for Public Administration. Benchmarking E-Government：A Global Perspective-Assessing the Progress of the UN Member States . http：//unpan1.un.org/intradoc/groups/public/documents/NISPAcee/UNPAN009486. pdf，2002.

② 拉塞尔·M. 林登：《无缝隙政府》，汪大海等译，中国人民大学出版社，2002 年。

③ 也可称为"绩效基础预算"（Performance-based Budgeting）、"使命导向预算"（Mission-driven Budgeting）或"支出控制预算"（Expenditure-control Budgeting）。

④ 麦哲逊：《良好的公共部门治理：西方国家预算及会计改革的基本理论》，见：陈小悦、陈立齐：《政府预算与会计改革——中国与西方的模式》，中信出版社，2002 年。

拉斯韦尔的路线：政策科学传统及其历史演进评述①

张　敏②

[摘　要] 政策科学传统是建立在拉斯韦尔研究路线之上的一种知识传统，它以实现人类的尊严为价值追求，以注重问题导向、情境关系和方法多元为研究特征，并以此区分公共政策学研究的其他分支。政策科学传统已经走过了近60年的历程，其知识生产与发展也呈现出不同的阶段性特征，这为人们研究和分析政策科学传统的历史演进提供了内在的依据。整体上看，政策科学传统的当前发展离实现拉斯韦尔的构想还有很大的距离，也遇到了新的挑战和困境，为了改变这种状况，政策科学传统正在发生一些研究转向，因而也呈现出新的发展动向。

[关键词] 拉斯韦尔的路线；政策科学传统；历史演进；研究转向

一、拉斯韦尔与政策科学传统

在公共政策学的发展史上，拉斯韦尔是影响最为深远的一位人物，他不但为公共政策学的建立和发展奠定了基础，其关于政策科学的构想和主张也规定了公共政策学的一个主要发展方向，成为众多研究者进行公共政策学研究所遵循的一个重要指导框架。我们把拉斯韦尔关于政策科学的构想与主张称为拉斯韦尔的路线。拉斯韦尔的路线是一条政策科学的路线，关于政策科学，布伦纳（R.D.Brunner）后来总结道，"政策科学是指由拉斯韦尔、麦克道格尔（McDougal）以及他们的合作者们发展的一种以问题为导向的、注重情境关系以及方法多元地实现人类尊严的途径，而不是指政策运动中其他的分化发展或者单独出现的部分。政策运动其他部分比如包括'政策分析'、'政策研究'、'公共事务'以及'社会经济学'等，它们在基本的假设、目标、概念、结果以及明确性与综合性上与政策科学都有着明显的不同。"③因此在公共政策学的知识体系中，拉斯韦尔的路线或者政策科学路线既不是指政策分析，又不是指政策研究，更不是指一般而言的政策科学，

而是指这样一种研究取向和智力传统。

路线的形成需要时间的积淀，这些构想与主张之所以被称为路线，是因为人们对它的遵守不是短期的，而是经过长期的传承而形成的。自提出政策科学是以实现人的尊严为目标的民主的学问以来，拉斯韦尔及其后继者们就为此进行了不懈的努力，并形成了公共政策学中非常重要的政策科学传统。在这一传统里，研究者认为政策科学与人的选择有关，以实现人的尊严和价值为最高追求，并强调问题导向、注重情境关系以及方法多元的研究特征。这一传统产生了关于政策活动的多种理论，这些理论有的前后相继和补充，有的则相互竞争和批判，但它们共同服务于一个目的，即对政策科学和政策实践做出合理的建构和解释。为此，研究者们采用了不同的理论建构方法，总体上看，这些方法经历了从实证主义向后实证主义的转变，在对政策科学的理性追求上，也从单一的科学理性转变为科学理性与社会理性并重的多元理性。经过多年的发展，政策科学传统已经具有了系统化的内部构成，有其特定的职业群体、智力传统、学科建制、研究机构、学术期刊、学术协会等。而且，政策科学传统也是

---

① 张敏：《拉斯韦尔的路线：政策科学传统及其历史演进评述》，《政治学》，2010年第3期。
② 张敏，东南大学人文学院讲师。
③ Brunner R. D.. Book Review: A Milestone in the Policy Sciences. Policy Science，1996.

"政策运动"里历史最为悠久的一个组成部分，在其发展历程中产生了一个前后相继的几代科学家群体，这些政策学家为批判、继承和发展拉斯韦尔路线做出了不懈的努力和贡献。①

因此，在公共政策学的发展历程中，政策科学传统是一个具有特定指称的名称，是指由拉斯韦尔、麦克道格尔（McDougal）及其后继者们为了建立一门独立的政策科学、促进其发展并不断深化和丰富其研究领域、研究内容所做的努力和研究取向的统合。这一传统与拉斯韦尔确立的研究路线密不可分，与其他的研究传统也形成了重大的差别。

二、政策科学传统的历史演进

尽管有很多学者对公共政策学的整体发展做过不同的阶段式描述，但对以拉斯韦尔路线为线索的政策科学传统的历史演进作一次回顾还是很有意义的，从中可以发现政策科学传统发展的内在结构和特征，也可以发现政策科学传统的一些新的发展动向。根据研究者在不同时期思考和解决的问题与任务，我们把政策科学传统的发展划分为三个阶段：

（一）第一阶段，20世纪四五十年代到七八十年代，政策科学传统与政策过程的阶段模型的确立

这一阶段是拉斯韦尔路线与政策科学传统确立的阶段，在这一时期里拉斯韦尔与其他的研究者需要解决的问题主要是两个：第一，建立什么样的政策科学；第二，政策科学的研究基点或者研究对象是什么。前一个问题导致拉斯韦尔研究

路线与政策科学传统的确立，后一个问题则以政策过程阶段模型的确立为标志。

政策科学的实质性研究至少可以追溯到1943年拉斯韦尔与麦克道格尔的共同努力，而实际上1935年拉斯韦尔在评价麦克道格尔时就已经提出了一个比较完备的"政策科学"概念。②1943年10月1日，拉斯韦尔在一份备忘录和一份提议上明确了"政策科学"术语，指出政策科学包括社会的与心理的科学以及在一般意义上所有与政府决策有关的科学，政策科学的目的是服务于人类的尊严。③几乎在同一时期，拉斯韦尔与麦克道格尔在《法律教育与公共政策：公共政策的专业训练》一文中共同就公共政策的含义作了说明，认为公共政策是一种探寻公共利益的途径，法律就是公共政策的一种。④1950年拉斯韦尔与卡普兰（A. Kaplan）正式使用了政策科学这一术语；1951年拉斯韦尔与勒那（Daniel Lerner）在他们主编的《政策科学：范围与方法的新近发展》一书中共同发展了后来一直使用的政策科学的概念，即政策科学是关于政策过程的知识以及政策过程中的知识，并认为政策科学是一个超越多个学科的综合学科。拉斯韦尔与他的合作者们早期的工作实际上有两种后果，一是为建立一门独立的政策科学做好了准备，二是赋予了政策科学的3个界定性特征：问题导向、注重情境关系以及方法多元。1951年《政策科学》的面世意味着政策科学的正式诞生，其中关于政策科学性质与范围的六点说明实际上是对上述3个界定性特征的具体阐发。

尽管《政策科学》在当时引起了很大的反响，而且这一著作也被后人称作政策科学史上的"第

① 比如，理查德·沃利斯（Wallace R. L.）认为政策科学传统是由三代人的努力共同完成的。第一代是拉斯韦尔与他耶鲁大学的同事们，比如拉斯韦尔与麦克道格尔、拉斯韦尔与卡普兰（A. Kaplan）、拉斯韦尔与罗格（A. A. Rogow）、拉斯韦尔与阿罗拉（S. K. Arora）、拉斯韦尔与杜宾斯（H. F. Dobyns）等。第二代是第一代政策科学家尤其是拉斯韦尔的学生们，比如布伦纳、德利翁、雷斯曼（W. M. Reisman）、威拉德（A. R. Willard）、艾斯切、派那（F. J. Penna）等；以及这些学生的同事，比如伯吉斯（P. M. Burgess）、斯洛耐克（L. L. Slonaker）、穆斯（R. Muth）、博兰德（J. Bolland）、威拉德（A.R. Willard）、诺奇（H. Norchi）、克拉克（T.W. Clark）、布朗（S. R. Brown）等。近来第三代政策科学家已经涌现，他们是一些年轻学者的群体，比如罗杰·帕克（Roger A. Pielke，Jr）、理查德·沃利斯、大卫·派利蒂尔（David Pelletier）等，他们的工作延续了拉斯韦尔创立下的智力传统。（Wallace R. L.. Orienting to the Policy Sciences' Sustainability Problem. Policy Sciences, 2004.）当然，理查德·沃利斯仅列举了拉斯韦尔的同事以及与其有学缘关系的人，这只是一个狭义上的政策科学传统科学家群体，实际上还要包括更多的对政策过程的阐释做出贡献的人，比如萨巴蒂尔（Paul A. Sabatier）等政策科学家。

② Brunner R.D., Willard A.R.. Editors' Introduction for Harold. Lasswell's "On the Policy Sciences in 1943", Policy Sciences, 2003, 36.

③ Lasswell H.D.. On the Policy Sciences in 1943. Policy Sciences, 2003, 36.

④ Lasswell H.D., Mcdougal M.. Legal Education and Public Policy: Professional Training in the Public Interest. Yale Law Journal, 1943, Vol. S1.

一道分水岭",然而,拉斯韦尔雄心壮志的实现并不顺畅。实际上,拉斯韦尔与其志同道合者的方案基本上无人问津。德利翁(Peter DeLeon)指出"当时的学者除了偶尔对拉斯韦尔著作进行评论外,就和他们的两次世界大战之间的对手一样,对这些信息毫无察觉。看得见的读者应该是政治学家,但是他们因为行为主义而内部分裂,所以几乎没有什么倾向要接受一个新的学科焦点"。[①]而拉斯韦尔本人的反应则是"我认为只是时机不对"。[②]德利翁进一步指出,拉斯韦尔对政策科学运动的学科贡献"一直到20世纪50年代晚期和60年代早期基本上是处于休眠状态"。[③]

这里的原因是复杂的。一方面,拉斯韦尔所主张的实证主义方法并没有被证明是行之有效的。尽管成本收益分析、系统分析、计划规划预算决策系统(PPBS)和一些定量模型大行其道,但这些分析方法的弊端也显露无遗。实际上,除在国防政策等少数政策领域取得了一定的成功之外,实证主义方法在更多的诸如卫生、教育和福利等政策领域的推广和应用都遭遇了挫败,因此它们的重要性和有效性也日益受到人们的怀疑。对此,有些学者评论道:"系统分析被认为是鲁莽的,对公共政策问题不敏感。经济学也有其局限性,甚至在经济分析与其政策建议本身也是如此……对政策目标的不可知论点、对最优化的强调以及微观经济学中关于人的行为的简单假设,这些经证明都是处理公共政策问题的不充分的基础。"[④]

另一方面,拉斯韦尔所主张的整合各个学科的"元理论"的建立至少在现在看来也是不可行的,对政策科学的发展也没有多少实质性的推进。在一个知识高度分化的时代寻找连接与整合各个学科的有机纽带并建立其理论基础,这样的宏大目标也许超出了人们的智力能力,而且对元理论的战略定位也导致政策科学偏离了它的另一个规范性特征,即政策科学的目的是为了实现人类的尊严和价值,而这正是政策科学的意图所在。

理论实证主义和民主主义本身就是相互冲突、难以相互通约的两种元理论和元方法,拉斯韦尔出于科学服务于民主的良好愿望将二者扭合在一起,这为以后的各种困境和争议埋下了根由。由于本人就是一位行为主义者,拉斯韦尔又高估了这些方法的作用,因此拉斯韦尔的设想并没有取得预期的成功。日本学者药师寺泰藏把这些归结为拉斯韦尔的战略性失误。"思前想后,拉斯韦尔的失败或许在于确立公共政策学的战略性问题上。尽管在他提出的公共政策学的若干特点中包含许多极其重要的问题,但是,当他把它们归纳为方法论,把公共政策学与方法论的进步相连接时,出现了战略性错误。"[⑤]

当然,把拉斯韦尔的失误归结为"战略性错误"是后来者的评判,如果把历史的聚焦重新拉回到那一时段,我们将会发现拉斯韦尔只是犯了一个"时代性错误"。这一判断是基于如下事实:第一,日益复杂的社会问题的解决需要多学科的整合;第二,科学主义的自负以及行为主义的强大使人们不得不依身于实证主义的理念和方法。如果是这样,我们发现拉斯韦尔的思想是众多类似思想中的一个,或者说拉斯韦尔的政策科学理念是当时社会思潮的一种反映。比如,在20世纪20年代晚期曼海姆就写道:"历史学、统计学、政治理论、社会学、观念史、社会心理学,以及其他学科,代表了对于政治领袖来说重要的知识领域。"1949年默顿曾断言:"一个应用研究的主要功能就是为学科间的调查和研究以及发展一个'基础社会科学'的理论体系提供机会和压力。"[⑥]1943年拉斯韦尔在其备忘录中表达了学科整合的强烈意向,他写道,"把一个人的时间投入到系统的理论是合理的吗?这是一个时代的趋势问题,也是我个人的能力问题","只要这一趋势被关注,政策科学在理论层次上整合的需要就会被专家们清楚地认识到","现在学科整合的需要比以往更加明显","与以往相比,学科整合的需要受到了更加广泛的承认"。[⑦]1951年在斯坦福大学召开的"关于国际关系论的革命性、发展性学术讨论会"的

①②③ 彼得·德利翁、E. 萨姆·奥弗曼:《政策科学史》,见:杰克·雷斌、巴特利·希可德雷思、杰拉尔德·J.米勒:《公共管理学手册》,中山大学出版社,2006年。

④⑥ Peter DeLeon. Trends in Policy Sciences Research: Determinants and Developments. European Journal of Political Research, 1986, 14.

⑤ 药师寺泰藏:《公共政策》,经济日报出版社,1991年。

⑦ Lasswell H.D.. On the Policy Sciences in 1943. Policy Sciences, 2003, 36.

目的就是用"政策科学"或"公共政策学"把各种政策争论和科学决策方法统一起来。[①]

因此，学科的整合在当时是一个知识发展的趋势，也是解决日益复杂的社会问题的需要，而试图作为元理论的政策科学的诞生正是回应了这一历史潮流。问题在于，学科的整合不是简单的学科的排列与组合，而是要找到它们整合的途径与机制，但这个目标即使现在看来也是难以实现的。对此，德利翁指出，"尽管受到了很好的注意，这些努力很快地——虽然是静悄悄地——因为至少3个原因而被放弃了。这个新兴的学科缺乏理论的基础和经验的主旨去支撑这样一种方法。而且，对于这个初生的领域的发展来说，任何朝向目标的可以辨认的进步也是达不到目标的。最后，在早期阶段对元理论的强调使得政策科学偏离了其他的中心特征"，因此，"这一运动也衰退了，主要是因为缺少指导性的原则。纯粹的综合性社会科学的承诺是不够的，因为它回答不了这些核心问题：通过什么途径来整合，以及整合的目的是什么？"[②]

元理论和社会科学领域实证主义方法的纠合又使这一"时代性错误"更加复杂。社会科学领域实证主义的流行基于人们这样的信念：科学要服务于民主以及科学可以服务于民主，前者是价值判断，后者是事实判断。这种信念本身也许没有太大的问题，问题的关键是在科学如何服务于民主的途径选择上人们犯了把社会问题与科学问题异质同构的认识论错误，也就是说人们企图用自然科学的理念、原则和方式对社会问题进行建构，以自然科学的方式解决社会问题。这样做的后果是两方面的：一方面，实证主义方法在一些政策领域的失败使得人们对政策科学这一新兴学科的信任度与关注度都下降；另一方面，对实证主义方法的过度依赖不仅没有促进学科的整合，反而还使各学科继续保持其学科特点和认同，元理论和各个学科之间的冲突更加难以解决。

但是，无论如何，拉斯韦尔与其合作者的贡献都是基础性的和前瞻性的，他们通过学科整合的方式把各种碎片化的政策研究纳入一个宏观的与综合的政策科学构架，从而为政策科学的建立和发展奠定了坚实的基础。《政策科学》的面世标志着拉斯韦尔路线的确立，该路线表明，政策科学要以民主的基本价值为追求，这构成了政策科学的整体规范特征；政策科学要以问题导向、注重情境关系以及方法多元为研究指导，这构成了政策科学的方法论特征。抛开方法论上的一些偏差，拉斯韦尔的路线是符合现代社会公共事务治理的内在逻辑的，拉斯韦尔为政策科学的后几十年发展确定了基本的原则和框架。

政策科学的"第二道分水岭"是德洛尔在20世纪60年代末、70年代初所做的工作。为了改变政策科学发展的沉闷状况，他先后出版了被称作"三部曲"的《公共政策制定检讨》《政策科学构想》与《政策科学进展》，在批判和继承拉斯韦尔路线的基础之上，对政策科学作了新的阐释。与拉斯韦尔相比，德洛尔在对行为科学与管理科学功用的认识上更为客观，在方法论上的设计上更为可行，但是德洛尔也没有走出拉斯韦尔超级学科梦想的怪圈，甚至更为"断然有力"，1970年他指出："政策科学必须从各种知识分支把知识整合到集中在公共政策制定的一个超学科上来。"[③]后来政策科学的发展表明，德洛尔的这一设想也没有得到遵守。至此，政策科学作为一门独立的学科最终得以建立，政策科学传统也得到了最完整的形塑，政策科学从拉斯韦尔到德洛尔的发展被称为"拉斯韦尔—德洛尔传统"。

仅仅说明政策科学是什么是不够的，它还要确立政策科学的研究基点。因此政策科学传统在这一时期的第二个任务是确定政策科学的研究单位，即政策科学研究什么？拉斯韦尔认为政策科学的研究基点是政策过程，这为政策过程阶段模型或者"阶段启发法"确定了基本的基调。在1951年的《政策科学》中，拉斯韦尔与勒那写道："一个政策方向已经在两个领域中得到发展。这个

① 药师寺泰藏：《公共政策》，经济日报出版社，1991年。

② DeLeon. Trends in Policy Sciences Research: Determinants and Developments. European Journal of Political Research，1986，14.

③ 彼得·德利翁、E. 萨姆·奥弗曼：《政策科学史》，见：杰克·雷斌、巴特利·希可德雷思、杰拉尔德·J.米勒：《公共管理学手册》，中山大学出版社，2006年。

方向是两方面的。一方面它直接指向政策过程，另一方面它指向政策中的信息需求。"[1] 1956 年拉斯韦尔把政策过程分为七个阶段：情报、提议、规定、合法化、应用、终止与评估。[2] 1970 年拉斯韦尔又进一步把政策科学的问题导向与政策过程的指导性原则紧密地连结在一起，因为问题是依靠政策过程来解决的。他认为政策科学的这一特征是由五个组成部分来辨别的。第一个是澄清目标或者形成政策分析应该追求的价值，第二个是事件发展的趋势，第三个是形成问题的解释性理论以及经验验证的程序，第四个是设计未来价值—制度变迁的可能性与可行性，第五个是发明、评价与选择可替代的目标和策略。[3] 1971 年拉斯韦尔在《政策科学展望》中又重新阐明了以前的阶段划分。[4]

拉斯韦尔的模型极大地影响了后来的研究。在拉斯韦尔的基础之上，他的学生加里·布鲁尔（Garry D. Brewer）1974 年发展了一个派生模型，他把政策过程划分为更为合理的六个阶段：创始、预评、选择、执行、评估与终止。与拉斯韦尔相比，布鲁尔的六阶段模型在阶段的分解上更加规范与具有操作性。同时，布鲁尔认为政策过程并不是一个单向度的从开始到结束的过程，而是一个不断循环的过程。在政策过程阶段模型的创立上，拉斯韦尔与布鲁尔的贡献是最为重要的，他们使政策科学从一个纯粹的理论方法成为一个可以应用的技艺。德利翁指出，政策过程的阶段模型从概念的角度和操作角度上为思考公共政策提供了一个方法。每一个阶段都有着与众不同的特点、风格和过程，这些都表明了每一个阶段有着单独存在的价值。[5] 拉斯韦尔与布鲁尔为以后的政策科学发展设定了研究议程。比如查尔斯·琼斯的《公共政策研究导论》与詹姆斯·安德森的《公共政策制定》是对阶段性划分做出反映的首批著作，安德森的政策阶段划分参考了拉斯韦尔与琼斯的

成果。[6] 后来的研究者有很多人采用了政策过程阶段划分的研究方法，他们把政策过程的不同阶段当做一个阶段来研究，而不是当做一个特定的问题来研究，政策过程阶段模型成为政策科学研究的一个主要的形式。[7]

（二）第二阶段，20 世纪 80 年代前后至 90 年代，政策科学传统研究议题的继续深入和政策过程阶段模型竞争理论的涌现

1978 年 12 月拉斯韦尔去世以后，政策科学的研究进入后拉斯韦尔时代。20 世纪 80 年代前后至 90 年代这一阶段是政策科学传统繁荣发展的时期，在这一时期里研究者一方面把拉斯韦尔开创的研究议题继续推向深入，而另一方面则有人从反向提出疑问：这些研究议题的设计是合理的吗？因此这一时期的政策科学传统的发展呈现出明显的背反特征，尤其是后者的疑问直接导致了政策过程阶段模型的大量竞争性解释理论的出现。但不论两种朝向表面上看起来差异有多大，它们都是为了提供关于政策实践的合理解释，二者的目的是相同的，甚至是可以相互整合的。

政策科学传统研究的深入主要体现在两个方面。一方面，人们对政策制定环境的认识得到深化，试图发展一个关于政策制定的一般性理论，这一贡献主要是由德洛尔和德博拉·斯通（Debora Stone）提供的。在先前的拉斯韦尔—德洛尔传统以及政策过程的阶段模型中，通常假定了一个比较理想的政策制定环境，但是后来德洛尔对这样一个假定并不满意，因为他发现这一假定与现实并不相符。在 1986 年的《逆境中的政策制定》一书中，德洛尔认为逆境是政策制定的普遍条件，而对于什么是逆境，德洛尔并没有非常清晰的描述，而是把当前的政策制定"都当做逆境状态中的政策制定加以考察"，因为存在"从繁荣兴旺、对未来信心百倍向形势恶化、对未来悲观绝望的转变，因而这种外在的逆境特征特别明显"。[8] 因

① Lasswell H.D.. The Policy Orientension . In: Lerner, Lasswell H. D.. The Policy Science. Standford University Press, 1951.

② Lasswell H. D.. The Decision Press: Seven Categories of Functional Analysis. University of Maryland, 1956.

③ Lasswell H. D.. The Emerging Conception of Policy Science. Policy Science, 1970, 1.

④ Lasswell H. D.. A Preview of Policy Science. American Elsevier, 1971.

⑤⑥ 彼得·德利翁：《政策过程的阶段性方法：何去何从》，见：保罗·A.萨巴蒂尔：《政策过程理论》，北京三联书店，2004 年。

⑦ 德利翁比较详细地列出了不同政策阶段的相应著作。彼得·德利翁：《政策过程的阶段性方法：何去何从》，见：保罗·A.萨巴蒂尔：《政策过程理论》，北京三联书店，2004 年。

⑧ 叶海卡·德洛尔：《逆境中的政策制定》，上海远东出版社，1996 年。

此，德洛尔所谈及的逆境实际上是一种泛指，是指在"制定政策时所面临的各种形式的严重困难"。[①] 而为了更好地进行政策制定，德洛尔始终把注意力集中在"政策中枢决策系统"之上，并提出了完善决策系统的一系列设计。同时，为了应对逆境下的政策制定以及解决政策科学所受"疾病"的困扰，德洛尔对政策科学的发展又提出了著名的"政策科学需要突破的十四个方面"。[②]《逆境中的政策制定》与后来的《政策赌博》以及1983年的《公共政策制定的再审查》被称为德洛尔的后三部曲，共同拓宽了政策科学传统的视野。

与德洛尔的逆境假设不同，德博拉·斯通分析了政策制定的一个悖论（Paradox）条件。[③] 斯通指出，多数逻辑认为，一样东西不能同时为两样东西，两个相互矛盾的解释不能同时为真，而悖论就是这样一种不可能的情况，悖论是对这些逻辑的破坏。斯通认为悖论在公共政策领域无处不在，到处都是一些似是而非的东西，充满了矛盾和冲突。在政治和政策过程中，这些悖论主要体现为人们在诸如平等、安全、自由、效率、利益等一些基本的价值及其实现的观念上存在着各种各样的差异，因而悖论是政策制定和政策分析的一个基本条件。

不论是德洛尔的逆境理论还是斯通的悖论理论，都代表了试图发展关于政策制定一般性理论的一种努力，尽管他们强调了一些合理性要素而放弃了另外一些合理性要素，但给我们深化认识政策制定的一般性条件和环境提供了更多的理论启示。拉斯韦尔虽然指出政策科学的研究及其实践要以注重情境关系为前提，但在他的研究日程内还没有更多地关注外部环境因素的影响。德洛尔与斯通把眼光转向更宏观的政策环境系统，他们的研究表明，政策制定的条件总是变幻莫测而又充满争议的，从而要求政策科学的发展以及完善政策实践的路径设计更具针对性以及经验可检验性，朝向政策科学"情境与问题导向"的实质更迈进了一步。对比以往比较单一的理想条件或者实证主义的假设，德洛尔与斯通的假设无疑是一种进步。

另一方面，人们对政策过程各个阶段的认识也逐步推进。在对政策过程阶段模型的早期研究中，政策学家主要把注意力放在政策的制定环节，甚至连德洛尔也把政策科学简单地界定为对政策制定的研究，他把政策过程分解为元政策制定、政策制定和后政策制定。后来人们发现仅重视政策制定是不够的，还应关注政策过程的其他环节。1973年，普雷斯曼（T. L. Pressman）与威尔达夫斯基（A. Wildavsky）的《执行》点燃了政策执行研究的热潮，20世纪的七八十年代是西方政策科学研究的"执行运动"时代。进入80年代，人们对政策执行的研究继续深化，进入政策执行研究的第二个时代，即"自下而上"（Bottom-top Approach）的研究时代。与"自上而下"（Top-bottom Approach）的第一代研究关注政策的制定者不同，第二代研究更加关注具体的政策执行者的作用，如李普斯基（M. Lipsky，1977，1980）的街头官僚理论（Street Level Bureaucracy）、埃尔默（Richard F. Elmore，1980）的追溯性筹划（Backward Mapping）理论、贺恩和波特（Benny Hjern 和 David. O. Poeter，1981）的执行结构（Implementation Structures）理论等。20世纪80年代末以来，政策执行研究进入第三个时期，即一种综合的与多元化的研究路径，并产生了众多的理论模型，如门泽尔（Donald C. Menzel，1987）的组织间模型，郭金等人（Malcolm L. Goggin，1990）的府际关系模型，萨巴蒂尔（1993）的政策变迁和学习模型，麦特兰德（Richard F. Matland）的不明确冲突模型（Ambiguity-conflict，1995），瑞恩（N. Ryan）的综合途径（Integrated Approach，1996），奥斯特罗姆的制度分析途径，等等。[④]

①　叶海卡·德洛尔：《逆境中的政策制定》，上海远东出版社，1996年。

②　即为人熟知的14点建议：第一，为政策制定和政策科学提供哲学与思想基础；第二，加强历史和比较的认识；第三，现实主义的处理政策实际；第四，探求宏观理论；第五，政策范式批判；第六，探讨政策范式创新；第七，探讨元政策制定及统治方式的重建；第八，考虑政策制定改进的方法；第九，探讨政策制定的输入；第十，扩大学科基础；第十一，发展多维的方法；第十二，方法论和技术；第十三，避免过于分散；第十四，加强和提高教育和培训以及采取坚韧的态度。叶海卡·德洛尔：《逆境中的政策制定》，上海远东出版社，1996年。

③　德博拉·斯通：《政策悖论》，中国人民大学出版社，2006年。

④　曹堂哲：《政策执行研究三十年回顾——缘起、线索、途径和模型》，《云南行政学院学报》，2005年第3期。

对政策评估的认识也更加深入，政策评估的研究进入到第四代。美国政策学家埃贡·G.古贝与伊冯娜·S.林肯（Egon G. Guba 和 Yvonna S. Lincoln，1989）认为，与注重测量、描述与判断的第一、二、三代评估不同，第四代政策评估涵盖了人性的、政治的、社会的、文化的以及其他各种相关的因素，是以多元文化价值观为依据、以事实建构为方法、以利益相关者的参与为基础的一种响应式聚焦评估模式。因此与之前的评估过程不同，第四代评估是一种更加宏观的、更加强调外部政策环境因素的政治与社会过程。①

就在政策过程阶段模型得到进一步完善的同时，很多研究者也对这种教科书式的研究范式提出了质疑和挑战，并试图发展一些新的替代性解释框架，因此政策过程阶段模型竞争理论的涌现是这一时期政策科学传统发展的另一个显著特征。在 20 世纪 80 年代之前，政策过程阶段模型一直是政策科学研究中的一个主导范式，萨巴蒂尔曾经指出，阶段启发法在 20 世纪 70 年代和 80 年代初成为一个有用的分析工具。②德利翁也指出，大多数人认为政策过程框架和它划分的不同阶段在 70 年代和 80 年代至少是较好的框架，因而占据中心地位。③这一状况从 20 世纪 80 年代末得到改变，政策过程阶段模型的地位开始受到质疑和挑战。1987 年，罗伯特·纳卡鲁马（Robert Nakaruma）在其文章《教科书上的政策过程与执行研究》中质疑这一方法的广泛应用是否意味着政策各阶段的划分像广大的支持者那样宣称的准确，如果不是，政策过程阶段模型就不能称作一种"范式"。④最具有代表性和最有力的批判来自萨巴蒂尔和汉克·简金斯—史密斯（Jenkins-Smith, Hank C.），他们认为政策过程的阶段启发法作为教学与研究的基础具有很严重的局限性，而且还忽视了政策变迁中观念的作用。萨巴蒂尔和汉克·简金斯–史密斯提出了六条具体的批判性意见：①阶段模型并非真正是一个因果关系模型；②阶段模型并没有为经验假设检验提供一个明确的基础；③启发式的阶段在构建一系列的阶段时存在着描述不严谨的问题；④阶段隐喻法会经受条文主义和自上而下关注等困扰；⑤阶段隐喻法不适当地将政策周期强调为暂时的分析单元；⑥阶段隐喻法没有能够为整合政策分析与贯穿政策过程始终的政策取向研究等的作用提供一个好的工具。⑤因为政策过程阶段模型的作用有限，所以需要更好的理论框架代替它。在这些替代性理论框架中，萨巴蒂尔认为比较有希望的有以奥斯特洛姆为代表的"制度性的理性选择"（Institutional Rational Choice）、约翰·金顿（John Kingdon）的"多源流分析框架"（The Multiple-streams Framework）、琼斯、鲍姆加特纳和特鲁（Jones Bryan, Frank Baumgartner 和 James True）的"间断—平衡框架"（Punctuated-equilibrium Framework）、萨巴蒂尔和汉克·简金斯–史密斯的"支持联盟框架"（The Advocacy Coalition Framework）等。⑥

政策过程阶段模型的拥护者们对上面的批评并不认同，认为批评者并没有指出政策过程阶段模型的要害。比如布伦纳认为萨巴蒂尔批判的缺陷在于反映了某种经验主义理论应用的褊狭性，而忽视了拉斯韦尔所称的有助于整合政策事件的核心理论。因为正如拉斯韦尔所说，政策科学的目的是通过分享洞察力来更多地认识到自由选择的潜能，而不是预测。⑦德利翁也指出，他与布伦纳（包括拉斯韦尔在内）从未提出政策过程像萨巴蒂尔所说的那样包括一个理论上的模型，因为他们意识到过于精确地做正式假设检验或预测并不合适。相反，他们把政策过程看做一个装置（一个启发式的方法）来帮助分解不同的无缝隙公共政策处理网络。同样，德利翁和布伦纳也从未宣称政策阶段是单向的或缺乏反馈能力的，而事实正好相反。⑧德利翁进一步评论："宣称政策过程启发法缺乏实证性的理论构造和特征，并且因此认为它是空洞的，或者甚至是'丧失功能的'，这与宣称汤姆·克鲁斯因缺乏认真的演戏能力，而丧失作为音乐会偶像和票房大亨的资格有些类似。"⑨

也许德利翁与布伦纳的辩解显示了一种被误解的委屈，但是不能否认，政策过程的阶段模型

---

① 埃贡·G.古贝、伊冯娜·S.林肯：《第四代评估》，中国人民大学出版社，2008 年。
②⑥ 保罗·A.萨巴蒂尔：《寻求更好的理论》，见：保罗·A.萨巴蒂尔：《政策过程理论》，北京三联书店，2004 年。
③④⑤⑦⑧⑨ 彼得·德利翁：《政策过程的阶段性方法：何去何从》，见：保罗·A.萨巴蒂尔：《政策过程理论》，北京三联书店，2004 年。

是有其内在缺陷的。虽然对于一个复杂的政策过程来说，阶段划分是一种必要的抽象和简化，但当人们去逐一地分解这些阶段时，难免会掉进政策过程的"阶段漏斗"。总体而言，各个政策阶段之间及其与外部环境之间是割裂、单一、静止和封闭的。也许豪利特与拉米什的批评更为中肯："拉斯韦尔对政策制定过程的分析集中于政府内部的决策过程，很少涉及外部或环境因素对政府行为的影响。他简单地假定决策制定的参与者只限于一小群政府官员。该模型的另一缺点是缺乏内部逻辑，尤其是将评估置于政策终止后进行，因为政策应该提前评估，而不是事后评估。"[①] 显然，拉斯韦尔设定的政策过程是有些机械化了，而他的后继者们只是完成了这一过程。

政策过程阶段模型与其竞争性理论的争论反映了在政策活动解释上的一些差异，与其说它们是替代性的，还不如说它们是相互补充的。政策过程阶段模型作为一种政策过程解读虽然有其基本的合理性，但也有其疏漏之处，不能全面、细致地反映政策过程的一些主要方面，而这些竞争性解释理论的出现恰好有益地做了补充。政策过程阶段模型的功能是"启发性的"、"教科书式的"，它为人们了解和研究政策过程提供了一个基础性的理论图式，其他的竞争性理论则提供了更为细致深入的理论补充，甚至有学者认为这些竞争性的理论可以纳入政策过程阶段模型的母体结构之中，因此，二者的关系不是绝缘的。但无论如何，至少从目前来看，政策过程阶段模型还是一种基础性的研究模式。

（三）第三阶段，从 20 世纪 90 年代起至今，民主价值的回归与政策科学传统遭遇新的发展困境

20 世纪 90 年代至今是政策科学传统的发展中多元素并存的一个时期，在这一时期里，一方面人们对政策活动解读的方法呈现出更加多样化的特征，比如有些学者利用随机模型、历史描述模型、路径依赖模型以及"步骤—顺序"模型解

析政策过程尤其是政策制定环节。[②] 另一方面，人们的研究领域也随着社会的发展在不断地拓宽，试图用政策科学传统的范式解决更多的政策问题，比如艾斯切曾经探讨政策科学传统在可持续发展分析中的贡献问题。[③] 但是与政策科学传统的发展关系最为密切的是两个问题，一个是民主价值的回归，另一个是政策科学传统在新的时期又遇到了发展困境。前一个问题与建立一门民主的政策科学的要求有关，而后一个问题则暗示着政策科学传统正在失去一些学科基础。

民主价值的回归是 20 世纪 90 年代以来政策科学传统发展的一个最重要的趋势。拉斯韦尔曾经把政策科学设想为实现人的尊严的民主的学问，与人们的选择有关，因此民主的价值是政策科学最明确的规范性特征。德利翁后来指出，对价值的强调，尤其是对人类尊严和价值的保护和促进，曾经保留了一个政策科学的"概念抓手"。[④] 但是由于拉斯韦尔本人一直致力于一个综合性政策科学学科构架的宏观性讨论，而对于政策科学如何才是民主的缺乏实质性的设计与推进，也由于实证主义的影响以及对政策过程片段式的认知与解读，民主这个"概念抓手"一度被忽视了。因此，长期以来，科学的大旗得到高举，民主的价值遭到忽略，政策科学成为科学的学问而非民主的学问。其中的原因德利翁曾给出了 3 点归纳：第一，一些人认为政府除了"混日子"外没有做更多的事情，并强调政策的渐进方法可以平衡可能发生的任何规范性要求；第二，还有人认为定量方法在本质上是价值缺位的，因此不会关注伦理或者价值问题，对杜威实用主义、韦伯式官僚制以及实证主义的信任又强化了这一假设；第三，相当数量的政策分析家认为价值是被政策制定者排除在外的领域，进入这一领域的分析家也是不被承认的。[⑤]

随着人们对实证主义研究方法弊病认识的深入和批判的进展以及后实证主义研究的广泛进入，

① 迈克尔·豪利特、M.拉米什：《公共政策研究》，北京三联书店，2006 年。

② Michael Howlett, Jeremy Rayner. Understanding the Historical Turn in the Policy Sciences: A Critique of Stochastic, Narrative, Path Dependency and Process-sequencing Models of Policy-making over Time. Policy Sciences, 2006, 39.

③ William Ascher. Policy Sciences Contributions to Analysis to Promote Sustainability. Sustain Sci, 2007, 2.

④⑤ Peter DeLeon. Trends in Policy Sciences Research: Determinants and Developments. European Journal of Political Research, 1986, 14.

民主价值才重新得到强调并回到政策科学传统的中心位置上来。因此对于政策科学传统的研究者来说，一个重要的任务就是重新声张民主对于政策科学的重要意义，使民主的价值得以回归；另外一个重要任务是寻找和塑造民主的政策科学的"概念抓手"，这个抓手就是公民参与。德利翁指出，在20世纪90年代，政策科学的最终途径是普遍关注后实证主义，并特别关注参与性政策分析（PPA）。而对于该模式来说，政策过程的更大参与对于政策科学实现拉斯韦尔式的"民主政策目标"是必须的。① 在1994年的《重塑政策科学》一文中，德利翁更把发展一个更加民主或更具参与性的程序作为实现拉斯韦尔式政策科学目标的三大措施之一。② 政策参与的重要作用被许多政策科学家所强调。除德利翁外，邓宁（D. Durning）、雷恩（O. Renn）、费希尔（F. Fischer）、德雷泽克（John S. Dryzek）等人都把政策参与当做一个富有效率的途径和方法。瓦格尔（Udaya Wagle）在晚近一些时候评论道："民主的政策科学概念只有当公民们作为公共政策的最后掌管者在政策制定过程中说出他们的声音时才是有意义的。"③

民主是政策科学的一个质的规定，民主价值的回归实际上是回到拉斯韦尔原初的设想上来。与之前的研究注重探索政策科学的科学路径相比，现在的研究开始重视政策科学的民主路径设计。因此，民主价值的回归也说明了在政策科学的研究中正在发生一个从科学传统向民主传统的历史转向。

然而，正当政策科学向民主价值回归的时候，政策科学传统却陷入了一个新的学科危机，其未来发展遭到了前所未有的质疑和挑战。1995年9月，艾斯切与布伦纳在关于成立政策科学协会（Society for Policy Sciences，SPS）的说明里不无担忧地指出："我们特有的传统正在衰落：我们没有清晰地把政策科学与其他的研究路径区分开来……我们没有系统地更新和促进政策科学可以共享的智力资本……我们没有积极地训练和吸收足够多的有抱负的政策科学家以替代正在退休的政策科学家……"，"如果目前的趋势没有被扭转，在接下来的几个十年里，政策科学传统的持续性将会处于危机之中。"④ 总体而言，这些困境主要来自三个方面：

第一，批评者认为政策科学的可信度是有问题的。尽管人们相信政策科学可以产生有用的知识，但是仍有人对这些知识的用途和性质产生怀疑。对于这种状况，德利翁指出："政策科学的可信度日益受到挑战，因为它没有产生它的科学理想所承诺的实证和规范真理。"⑤ 在提供知识的功能上，政策科学与其奠基者的远大抱负还有很大的距离，而且相对于其他学科，政策科学所产生的知识并没有什么优势，它只是众多可供选择的知识供给者中的一个而已。"尽管这个学科历经了许多不可否认的卓越成就，但在给一些政策问题提供长期有效的解决方案上它还不够成功，比如贫困的缓和、无家可归者、可持续发展、卫生保健、教育、国防财政等。"⑥

第二，政策科学的学科性质依然受到质疑，认为它并没有一个清晰的学科特征。学科性质的困惑一直伴随着政策科学的发展，多学科的融合与交叉虽然是政策科学发展的内在需要和动力，但同时也使得政策科学的学科边界模糊不清，使其很难有一个公认的学科界定，这是一个难以解决的身份尴尬。德洛尔在20世纪70年代初期就意识到了这个问题，指出"政策科学是一个非常广阔的领域，它的范围变动不居，边界难以分辨"，但他依然认为"假以时日，政策科学的特征会变得更加清晰，它与其他学科的区别也更加清晰可见"。⑦ 但是直到现在，德洛尔的乐观预言也没

①⑤ 彼得·德利翁、E. 萨姆·奥弗曼：《政策科学史》，见：杰克·雷斌、巴特利·希可德雷思、杰拉尔德·J. 米勒：《公共管理学手册》，中山大学出版社，2006年。

② Deleon P.. Reinventing the Policy Science：Three Steps Back to the Future. Policy Science，1994，27.

③ Udaya Wagle. The Policy Science of Democracy：The Issues of Methodology and Citizen Participation. Policy Sciences，2000，33.

④ Ascher W.，Brunner R. D.. Society for the Policy Sciences. Published Online at http：//www.colorado.edu/UCB/TheUniversity/Committees/SPS/F/.

⑥ Peter Deleon，Toddi A. Steelman. Making Public Policy Programs Effective and Relevant：The Role of the Policy Sciences. Journal of Policy Analysis and Management，Volume 20，Issue 1，Winter 2001.

⑦ Yehezkel Dror. Institutional Growth of Policy Sciences. Policy Studies Journal. Volume 1，Issue 2，December 1972.

有实现，认同危机和悲观主义依然困扰着政策科学的发展。布伦纳把这些怀疑归因于政策科学传统的共同兴趣太过模糊，这个共同兴趣就是通过科学的探索以完善政策的制定。布伦纳指出，政策科学的共同兴趣高度模糊并且又服从于对不同视角的解释和加工，使得"政策科学"与其他学科很难区分开来，不同的学科视角构成了政策运动中可以辨识的不同部分。如哲学的"公共事务"、经济学的"政策分析"、公共与商业组织行政的"管理科学"、政治科学的"政策研究"、社会学的"经济社会学"等。[1] 正如艾斯切与布伦纳所指明的，缺少清晰的学科特征是政策科学失去基础的一个重要原因，这也是当今政策科学传统的研究者们的一个普遍看法。

第三，甚至有些学者认为政策科学传统的可持续性也是不容乐观的。缺乏发展的可持续性是政策科学传统目前面临的一个现状，也是政策科学传统的政策科学家们不愿意面对、不愿意承认而又不得不面对的掺杂了众多情感纠葛的问题。对政策科学传统的可持续问题进行讨论并不是个别现象，艾斯切与布伦纳曾经认为政策科学传统正在失去基础，它已经被丢弃在政策研究其他学科路径的阴影之中；斯科恩与雷恩（Schön 和 Rein）也曾宣称"由拉斯韦尔在20世纪50年代早期开始的政策分析运动已经很大程度上失败"。[2] 对政策科学传统的可持续问题最为表示担忧的是罗杰·帕克，他认为在未来的10年或更长的时间里，总会有一天，受过拉斯韦尔与麦克道格尔训练的最后一位学生会发现寻找政策科学传统的继承人将会是非常困难的，因为从简单的加减算法来看，在大学里接受训练的政策科学专业的研究生越来越少，也就是说从事政策科学传统研究与教学的人将会越来越少。罗杰·帕克认为这是由六个原因造成的，其中三个外部原因是政策科学传统缺乏对未来预测的必要能力、科学主义研究取向的影响以及不断增长的科学的政治化，三个内部原因分别是政策科学领域专业与学位教育计划的萎缩、课程与教学资源的减少以及缺乏统一的学科认同。[3]

为了应对这些质疑和挑战并走出困境，一些研究者们对政策科学传统的未来发展作了一些规划并采取了一些具体的行动。比如，德利翁认为使政策科学成为更好的治理所需要的工具不是它的机体中一个发育不全的器官，而是政策科学家们所面临的中心任务。为此，他提出重塑政策科学的三大指导原则：对政策科学的现有范式进行修订、发展一个更加民主的程序与以政策的界定与设计为核心。[4] 后来德利翁又与托德·斯蒂尔曼（Toddi A. Steelman）一起对政策科学的教学改进提出很多具体的建议，认为为了能够更好地迎接21世纪的挑战，使政策科学更加有用，必须使政策科学的教学更加有效率并与公共事务有更大的相关性。"迎接挑战需要做的两件事情：第一，公共政策的实践者和教师们需要承担更大的义务去发现对社会问题的解决具有共同兴趣的方案，这一任务可以通过向50年前拉斯韦尔提出的政策科学的理想靠近而得以完成；第二，我们需要面对变化的世界来调整我们的计划和项目。后一个将更有成效。"[5] 无独有偶，布伦纳也对政策科学的课程设置与教学提出过一些建议。[6] 由此可见，政策科学传统的研究者们对于该学科的教学也是非常重视的。成立政策科学的学术组织是走出困境的另外一种举措。虽然已经有了政策科学的杂志和一些制度性的组织，研究者们发现成立一个政策科学的协会仍然是有必要的。1995年，艾斯切与布伦纳倡导建立了政策科学协会（SPS）以推动政策科学传统的发展，认为这是依靠全体的力量促进政策科学发展的一个可行的选择，并指出，SPS的建立可以帮助政策科学与其他的研究路径相互区分并使政策科学传统对于那些新加入者更为可

---

① Brunner R. D.. The Policy Movement as a Policy Problem. Policy Sciences, 1991, 24.
②③ Pielke JR.R. A.. What Future for the Policy Sciences?. Policy Sciences, 2004, 37.
④ Deleon P.. Reinventing the Policy Science: Three Steps Back to the Future. Policy Science, 1994, 27.
⑤ Peter Deleon, Toddi A.Steelman. Making Public Policy Programs Effective and Relevant: The Role of the Policy Sciences. Journal of Policy Analysis and Management, Volume 20, Issue 1, Winter 2001.
⑥ Brunner R. D.. Teaching the Policy Sciences: Reflections on a Graduate Seminar. Policy Sciences, 1997, 30.

见与可用。①

三、结论

政策科学传统是建立在拉斯韦尔的路线之上的，如果从 1951 年拉斯韦尔与勒那主编的《政策科学》面世开始算起，政策科学传统已经走过了近 60 年的历程。在这么多年的发展中，政策科学传统的研究者们遵循拉斯韦尔、麦克道格尔等前辈关于政策科学的面貌设想，使之区别于政策研究的其他分支，并成为政策运动史上历史最为悠久的一个知识传统。综观这近 60 年的历程，我们可以对政策科学传统的历史发展做出如下几点刻画：

（1）构建一门强调"问题导向、情境关系、方法多元"的以实现人类的尊严为追求的政策科学是连接政策科学传统众多研究者的纽带，正是拉斯韦尔与其合作者们确立的这一研究框架成为公共政策知识以及众多研究者聚合的基础。不论是第一代、第二代还是最年轻的第三代研究群体，不论他们关于政策实践的认知途径和见解有何不同，他们的努力大都遵从了拉斯韦尔的路线。

（2）尽管如此，政策科学传统的发展现状并不令人满意，离拉斯韦尔等人的当初设想还有很大差距。正如德利翁所说："政策科学以及应用的社会科学的许诺，也就是说通过社会科学知识的使用以达到更好的治理目标，看起来还没有实现。"② 而且，政策科学传统的发展总是与各种困境相伴，拉斯韦尔的路线在今天面临着严峻的挑战。

（3）造成这些困境的原因是多方面的，是多方面因素共同作用的结果。德利翁曾把这些原因归结为三点：过度依赖于工具理性、政策问题的复杂性以及增长中的技术统治取向。③ 德利翁的归纳是不充分的，罗杰·帕克的六点原因同样也可以对此做出解释。总体来看，这些因素可以归结为 3 个大的方面。第一是实证主义研究取向的影响。虽然实证主义的弊病在更早的时候就得到社会科学研究的认知，但政策科学传统却主要是在 20 世纪 90 年代前后才开始深入检讨实证主义对政策科学发展的危害。实证主义一方面会使政策科学误入科学主义的陷阱，另一方面又吸引了大批的研究人才和研究资源离开政策科学的研究领域以追求他们心目中的科学圣地，政策科学对于他们来说是不值得眷恋的。第二是拉斯韦尔等人所确立的研究路线具有很大的模糊性，使得它很难产生一致的学科认同。第三是政策过程的复杂性。政策过程既不是单纯的技术过程，也不是单纯的经济过程，而首先是一个政治过程，这就使得政策科学对于政策过程的把握是非常困难的。

（4）针对发展过程中遇到的困境，政策科学传统的研究者们调整了研究策略，从 20 世纪 90 年代以来，政策科学传统的研究正在和已经发生 3 大转向。第一个是实证主义向后实证主义的转向。实证主义的主导地位被动摇，越来越多的研究者开始采用后实证主义的研究方法以及更加多元化的研究方法。第二个是科学传统向民主传统的转向。与第一个转向有关，民主的价值重新回到政策科学传统的中心位置，与之前研究者注重政策科学的科学价值不同，现在的研究者更强调政策科学的民主价值及其实现途径。第三个是知识目标的转向。虽然政策科学的目标是产生有用的社会相关知识，但对于产生什么样的知识，现在的研究者们显然有了不同于以往的见解。拉斯韦尔原初设想的知识是建立在实证主义基础之上的，而现在的一些研究者则认为基于定量分析和严格的数据调查基础之上的知识对于政策问题的解决来说是不可靠的。早在 1991 年布伦纳就指出，政策科学的未来将更少地取决于它对自然科学模式的坚持和它在经验上产生可以证明真理的能力，而更多取决于它以直接的政策追问服务行政和政治界知识需求的能力。④ 因此，从政策科学到政策追问代表了当今政策科学传统研究的一种知识转向，它将把产生于一种基于政策情境的讨论和辩驳、服务于更好的政府治理的知识作为自己的目标。从上面的 3 大转向我们同时也可以看

---

① Ascher W., Brunner R. D.. Society for the Policy Sciences. Published Online at http://www.colorado.edu/UCB/TheUniversity/Committees/SPS/F/.

②③ Deleon P.. Reinventing the Policy Science: Three Steps Back to the Future. Policy Science, 1994, 27.

④ 彼得·德利翁、E.萨姆·奥弗曼：《政策科学史》，见：杰克·雷斌、巴特利·希可德雷思、杰拉尔德·J.米勒：《公共管理学手册》，中山大学山版社，2006 年。

出，与以往片断式的政策过程解读不同，现在的政策科学更加注重对政策过程的整体性把握，这也是研究方式的一种转向。

政策科学传统的存在已近 60 年，从它的发展现状可以看出，它的未来仍有很大的不确定性，而且挑战与困境共存。虽然后来的研究者们继承了拉斯韦尔等人确立的研究路线，但我们同样也可以发现，当今的政策科学传统与当初的设想已经有了一些不同。政策科学传统的研究者们以何种方式实现拉斯韦尔等前辈的政策科学构想与实现的程度如何，或者在此过程中可能发生的知识创新以及其他可能的知识转向究竟为何，让我们拭目以待。

第四章　行政管理体制改革

曹堂哲　李文彬

政府管理创新是当前各级政府的一项重要任务，其重中之重是行政管理体制改革。体制是最重要的制度安排，是战略性问题。对任何一个领域而言，体制问题关系到全局，关系到长远，关系到根本。随着改革不断向纵深推进，行政管理体制改革对其他改革的牵制作用日益明显，因而深化行政管理体制改革已成为政府自身建设的首要任务。当前，行政管理体制改革引起了全世界各国的广泛重视，各国政府都对行政管理体制改革进行了深入的探讨与研究。

纵观我国行政管理体制改革30多年的发展历程，行政管理体制改革取得了显著的成就。改革开放以后，我国就更加重视行政体制改革的重要性，对于政府的组织结构也进行了科学的论证与分析。例如，轰轰烈烈的大部制改革，体现了我国政府对行政体制改革的重要性的认识越来越深刻。然而，正如众多学者所指出的那样，我国的行政管理体制改革在取得了一定的发展成绩的同时，还存在诸多的问题与不足。在今后的行政管理体制改革研究中，应针对这些问题提出相应的对策，以促进我国行政管理体制改革更好、更健康地发展。

第一节　理论进展

行政管理体制改革是中国整体改革的关键环节。自改革开放以来，中国共产党从政府机构、职能体系、中央与地方的关系、干部人事制度等方面对行政管理体制改革进行了坚持不懈的探索与创新，取得了丰硕的理论与实践成果。学者们从各个不同的角度探索我国行政管理体制改革最有效的方法，并在某些问题的研究上提出了发人深省的思考。

一、行政管理体制改革的理论与方法

（一）行政管理体制的基础理论研究

1980年邓小平同志发表了《党和国家领导制度的改革》一文，为我国政治体制改革和行政管理体制改革指明了方向。在其后时至今日的30多年里，专家、学者们一直致力于行政管理体制改革研究以便为我国行政管理体制改革找到最有效、最合理的方法与路径。我国著名行政管理学家夏书章主编的《行政管理学》（中山大学出版社，2008年第4版）第十七章《行政改革与发展》中就提到："行政改革是各国普遍关注的问题和行政学研究的重大课题。研究行政改革和探讨行政发展的基本趋势，对建立'权责一致、分工合理、决策科学、执行顺畅、监督有力的行政管理体制'，促进我国行政管理科学化和现代化具有重要意义。"

有学者认为，在今后的行政管理体制改革中，必须注重一体化设计和整体化推进，在科学行政的理念指导下，以制度推进式改革完善服务型政府构建。① 还有学者认为，加快转变经济发展方式，关系改革开放和社会主义现代化建设全局。只有加快推进行政体制改革，才能为加快准备发展方式提供强大动力和体制保障。因此"十二五"期间行政体制改革应做到加快政府职能根本性转变和正确履行职能，加快完善宏观调控和管理体系，加快推进行政管理制度和方式创新，加快健全行政绩效评估和问责制度。② 基于寻找探索我国行政管理改革存在的诸多问题，我国许多学者都提出了自己的看法与见解，如周丽斯、徐佳萍在《浅析我国行政管理体制中存在的问题及改进建议》③中提出我国行政管理体制中存在的主要问题有：①行政管理体制改革与经济体制改革没有实现良好对接；②在行政管理体制中，我国仍然缺乏对行政程序的法律规范，没有对法典化的行政程序加以规范；③我国缺乏行之有效的行政管理手段与方法。还有学者指出我国行政管理体制存在以下问题：首先是我国现行的行政管理观念有待改变，其次是我国现行的行政管理方式有待改进，最后是我国行政管理程序有待完善。由上述学者们的观点可以看出，对于我国行政程序的法律规范亟须加强。

（二）我国行政管理体制改革方法研究

中共中央在党的十七届二中全会上明确提出了我国深化行政管理体制改革的目标是到 2020 年建立起比较完善的中国特色社会主义行政管理体制。通过深化行政管理体制改革，努力实现我国政府职能向提供优质公共服务、维护社会公平正义的根本转变，实现政府组织机构及人员编制的科学化、规范化、法制化的根本转变，实现行政运行机制和政府管理方式向规范有序、公开透明、便民高效的根本转变，建设人民满意的政府。

在行政体制改革方法的选择方面，学者们进行了深入的研究与探索。黄文平《"十二五"时期，深化行政体制改革的几个着力点》④中写道：着眼

于转变经济发展方式，推进政府职能转变；着眼于优化政府组织结构，坚定推进大部制改革；着眼于促进城乡统筹发展，积极探索省直接管理县的体制；着眼于保障和改善民生，积极稳妥分类推进事业单位改革。也有学者认为要真正建立中国特色社会主义行政管理体制，就要转变以机构改革带动其他改革的行政改革模式，要紧紧围绕着回应社会发展、回应人民群众根本利益诉求为出发点确定改革的领域与重点，按领域分层级调整政府职能权利范围，实质性推进信息公开和辩证对待网络工具，以及深入推进行政问责制和落实依法行政的根本要求。⑤ 曾维和在《深化我国行政管理体制改革的战略性思考》⑥ 一文中提出体制改革需建立"内联"治理结构和发展"外协"合作关系并通过转变政府职能与建设和谐行政文化实现二者的整合。

二、行政管理体制改革的研究

中共十七大提出了"行政管理体制改革是深化改革的重要环节"的重要论断，指明了行政管理体制改革的重要性和必要性，同时明确要求"抓紧制订行政管理体制改革总体方案"，加快了我国行政管理体制改革步伐。特别是中共十七届二中全会通过了《关于深化行政管理体制改革的意见》，使得行政管理体制改革的研究成为学界焦点。学者们就我国行政管理体制改革的发展历程、主要目标、存在的问题、基本经验、路径选择等方面展开深入研究，取得了丰硕成果。⑦

（一）关于行政管理体制改革的发展历程的研究

关于新中国成立 60 多年来我国行政管理体制改革的发展历程，学界主要从两个阶段来划分，主要分为改革开放前和改革开放后，即 1949~1978 年是与计划经济体制相配套的社会主义行政管理体制创立和发展阶段，1978~2009 年是探索

① 李硕：《有关行政管理体制改革的探讨》，《经济管理者》，2011 年第 24 期。
② 魏礼群：《推进行政体制改革 促进发展方式转变》，《人民论坛》，2011 年第 8 期中。
③ 周丽斯、徐佳萍：《浅析我国行政管理体制中的存在的问题及改进建议》，《管理视野》，2011 年第 4 期（下）。
④ 黄文平：《"十二五"时期，深化行政体制改革的几个着力点》，《行政管理改革》，2011 年第 1 期。
⑤ 孙彩红：《深入推进行政体制改革的中心、定位与关键点》，《学习月刊》，2011 年第 6 期（上半月）。
⑥ 曾维和：《深化我国行政管理体制改革的战略性思考》，《内蒙古社会科学》，2011 年第 11 期。
⑦ 董娟：《十七大以来我国行政管理体制改革研究综述》，《大庆师范学院学报》，2011 年 7 月第 4 期。

中国特色社会主义行政管理体制的变革创新阶段。而改革开放前是社会主义行政管理体制的形成发展阶段，改革开放后则主要是改革完善社会主义行政管理体制，学界主要集中对 1982 年、1988 年、1993 年、1998 年、2003 年、2008 年等 6 次较大行政管理体制改革来展开研究。[①]

1982 年的改革是在党和国家工作重心全面转移到社会主义现代化建设上来的首次行政改革。这一阶段，改革首先在农村全面展开，逐步转向城市。在城市，进行以增强企业活力为中心，以打破条块分割为目的，扩大中心城市经济管理权限的改革。行政体制也进行了改革，改变农村政社合一的"人民公社"体制，实行行政权与生产经营权分离。1988 年的改革则为社会主义市场经济体制的确立创造了条件。然而，改革是按计划经济模式要求进行的，因此难免带有一定的局限性，政府职能转变未达到预期结果。1993 年的改革，是探索建立与市场经济体制相配套的行政体制的新阶段。这一阶段的改革由侧重下放权力转向制度创新，由改革旧体制转向建立新体制。1998 年是历次改革中力度最大、机构变化和人员调整最大的一次，根据党的十五大精神，改革的目标是：建立办事高效、运转协调、行为规范的行政管理体制，完善国家公务员制度，建设高素质专业化行政管理干部队伍，逐步建立适应社会主义市场经济体制的中国特色行政管理体制。2003 年改革的目的在于解决行政管理体制中的突出矛盾问题，为促进改革开放和现代化建设提供组织保障。党的十七大报告进一步强调加快行政管理体制改革，建设服务型政府。要加快推进政企分开、政资分开、政事分开、政府与市场中介组织分开，规范行政行为，加强行政执法部门建设，减少和规范行政审批，减少政府对微观经济运行的干预。

改革开放以来我国行政管理体制改革主要体现在政府职能转变和机构精简上。从改革原则方面看，每一次行政体制改革方案都有十分丰富的内容，特别是都要强调政府职能转变的内容。但从实际操作方面看，这 6 次改革的基本思路，说到底就是以机构和机构体系为对象的"政府精简"，即精简机构、精简人员、精简经费、精简总量规模。这种政府精简是改革走过的实际轨迹，也是 30 多年来行政管理体制改革的实际模式。虽然在行政管理体制改革不断推进的背景下，在我国政府职能得到转变的情况下，政府机构改革并未取得突破，还未能走出"精简—膨胀—再精简—再膨胀"的怪圈。然而，也有学者认为，党的十六大以来行政管理体制改革的理论体系呈现一系列新的发展变化。即从注重"适应经济体制改革的需要"到更加注重贯彻科学发展观，从注重"转变职能"到更加注重"全面履行职能"，从注重"明确职能"到更加注重"权责一致"，从注重"政府自身改革"到更加注重"改革对社会各方面需求的回应"。行政管理体制改革的这些发展变化，是以往改革的进一步深化，同时也预示着今后行政管理体制改革的基本走向。[②]

回顾行政管理体制改革的发展历程，最主要的目的就是总结行政管理体制改革的基本经验。有学者基于马克思国家相对独立性理论，认为行政国家比议会至上的国家具有更高程度的独立性，公共权力难以得到有效制约，行政权容易出现"异化"。[③] 我国迫切需要切实推进民主法治国家的建设。有学者从决策的角度，运用历史制度主义理论，分析了我国行政改革渐进决策模式产生的国家结构、文化以及具体操作层面的根源，指出我国行政包括政治体制的改革在总体上选择渐进式战略的同时，可以在某些微观"节点"上采取激进式的策略，以突破目前出现的改革阻力。还有学者提出行政发展要导入战略管理的思想，以此构建中国特色社会主义行政管理体制的总体战略、构建服务型政府的职能战略和重塑科层制的组织战略。另外，有学者认为，我国行政管理体制改革的发展历程给我们积累了许多成功的经验，主要是行政管理体制改革必须从国情出发；必须

---

① 夏书章：《行政管理学》，中山大学出版社，2008 年。

② 仲崇东：《十六大以来行政管理体制改革理论体系的新发展》，《政治学研究》，2007 年第 3 期。

③ 于常有、孔繁斌：《纪念邓小平〈党和国家领导制度的改革〉发表 30 周年暨第七届全国行政哲学研讨会综述》，《中国行政管理》，2011 年第 1 期。

适应经济社会的发展要求；行政管理体制改革是一项系统工程；行政管理体制改革需要科学化、法治化。[①]有的学者认为中国行政改革最值得总结的基本经验有 3 个，即坚持执政党的领导，坚持科学发展观，坚持积极稳妥、循序渐进的基本原则。中央机构编制委员会办公室通过对改革开放30 多年来行政管理体制改革进程的回顾，认为行政管理体制改革积累了一些重要经验和启示，即始终坚持党的领导，服从和服务于经济社会发展全局；始终坚持以转变政府职能为核心；始终坚持积极稳妥、循序渐进；始终坚持发挥中央和地方两个积极性，分类指导，因地制宜；始终坚持从中国国情出发，同时注重学习和借鉴国外有益经验；始终坚持与时俱进，大胆创新。认真总结这些经验和启示，有助于我们加深对改革基本规律的认识，牢牢把握正确的改革方向。

（二）关于行政管理体制改革的主要目标的研究

国务委员兼国务院秘书长、国家行政学院院长马凯在第二届中国行政改革论坛上对行政体制改革提出了五要：[②]一要大幅减少政府对微观经济活动的直接干预，加强和改善宏观调控，推进市场开放和公平准入，构建新型社会管理制度体系，建立健全公共服务体系，为转变发展方式提供体制机制保证；二要合理划分中央地方事权，积极稳妥地分类推进事业单位改革，使行政权力的运行与转变发展方式的需要相适应，既有效维护国家法制统一、政令统一和市场统一，又使地方结合自身实际，创造性地开展转变发展方式的各项工作；三要把推动发展方式转变的成熟经验和做法上升到法律，尽快解决一些领域无法可依或有法难依的状况，为转变发展方式提供法律保障；四要形成决策前有调研、决策中有论证、执行中有监督、执行后有评价、决策失误有追究的全程制约，完善决策信息系统和智力支持系统，保证重大行政决策的科学性，避免不利于发展方式转变的重大决策、重大事项出台；五要建立科学合理的政府绩效评估指标体系和评估机制，形成符合科学发展要求的政府绩效评价体系，完善行政

问责制度，加大对政府财政预决算、公共资源配置、重大建设项目投资以及重大政策制定等行为的监督力度。

有学者指出，当前行政管理体制改革要坚持共产党领导、以法治国、人民当家做主有机结合，按照历史唯物主义的逻辑，这三者之间是辩证的关系，只有加强民主、法制，才能进一步改善和加强党的领导。政府职能是现代政府的理论基石和逻辑起点，有学者总结了政府职能观的四种类型：自由主义、干预主义、引导主义和全能主义，针对我国政府职能越位、缺位的现状，提出理想政府职能的基本定位：在政治发展维度上，作为国家安全、秩序、民主和法制的供给者和维护者；在经济发展维度上，担当宏观经济的调节者、市场规则与制度的制定者和执行者；在社会发展维度上，扮演公民社会的培育者和引导者、公共服务的规划者和组织者的角色。在行政管理体制改革的具体目标选择上，有的学者认为，行政体制改革的重点应当是责任政府的确立。责任政府的确立需要关注两个基本条件：一是作为外在约束机制的权力制约，这是政府责任实现的根本条件；二是作为内在约束机制的责任伦理，这是政府责任实现的必要条件。有学者认为，我国服务型政府的建设的基本路径是协商治理，发展协商治理之于服务型政府建设具有优越性、保障性和提升作用，目前需要扎实推进公共协商的各种形式，尤其是政府与公民间的协商。还有学者认为行政管理体制改革应当关注区域治理，需要对我国的区域发展的逻辑进行价值反思，从经济区域治理转向社会区域治理、权力本位治理到权利本位治理的转换已经势在必行。

有的学者从国际视野来看我国行政管理体制改革未来目标，认为"十二五"期间我国行政管理体制改革必须与国际大环境相适应，继续选择中国特色的"政府调控、市场调节、公众参与、社会监督"的"政府主导"型模式，并在强化国际职能和完善国内职能两个方面进行制度创新设计，以进一步提高我国行政管理体制防、抗危机的能力，增强国家宏观调控的有效性，为校正市

① 张攀峰：《我国行政管理体制改革历程的思考》，《陕西广播电视大学学报》，2009 年第 3 期。
② 马凯：《行政体制改革五要》，《政协天地》，2011 年第 8 期。

场的缺陷、减少经济的大幅度波动，为促进中国和世界经济社会的可持续发展、和谐世界的建设作出新的贡献。[①]

学界一直把"小政府、大社会"作为我国行政管理体制改革的重要目标，但在现实贯彻中则成了盲目追求"小政府"，[②]所追求的就是如何精简政府，减少政府机构和政府组成人员了，并未真正理解"小政府、大社会"的确切内涵。对此，有学者认为，对于中国来说，合理选择不在于政府的大小，而在于能够充分履行社会赋予的责任和职能，并引导中国走向现代化高效能的有效政府，中国行政改革的关键是构建一个适合中国国情的能促进经济和社会发展的有效政府，而不是小政府。

党的十七大报告中明确提出"加快行政管理体制改革，建设服务型政府"的目标之后，"建设服务型政府"成了未来我国行政管理体制改革的方向。因而就有学者指出，服务型政府是行使公共权力、代表公共利益、管理公共事务、提供公共服务、维护公共秩序、承担公共责任的政府，建设服务型政府的内在要求是法治、责任、廉洁、高效。[③]通过服务型政府的目标统揽了学界关于行政管理体制改革的具体目标。有学者认为，将服务型政府确立为行政管理体制改革的目标，是党和政府对深化行政管理体制改革认识的升华，标志着政府职能转变和行政管理体制改革进入了新阶段。[④]

随后，党的十七届二中全会又做出了加快行政管理体制改革的战略部署，明确提出了"到2020年建立起比较完善的中国特色社会主义行政管理体制"的总体目标，为推进行政管理体制改革指明了方向。学界开始把构建中国特色社会主义行政管理体制作为未来我国行政管理体制改革的方向。有学者认为，建立和完善中国特色社会主义行政管理体制的根本目的，就是为了建设一个以人为本、执政为民的服务政府，权责明晰、监督到位的责任政府，法律完备、行为规范的法治政府，清正透明、精干有力的廉洁高效政府，归根结底是建设一个人民满意的政府。[⑤]也有学者认为，2020年以前，我国行政管理体制改革的总体目标应该达到"三个应当"：一是行政管理体制应当适应建设社会主义市场经济体制、民主政治体制与和谐社会的需要；二是行政管理体制应当符合职能转变到位、政府规模适度、组织结构优化、人员素质优良的要求；三是行政管理体制应当实现权责一致、分工合理、决策科学、执行顺畅、监督有力的目标。[⑥]

（三）关于行政管理体制改革中存在的问题研究

改革开放30多年以来，我国行政管理体制改革取得了十分显著的成就，但在改革的过程中也存在着诸多问题亟待解决。首先，我国行政体制改革缺乏足够的科学依据与理论依据。我国的行政管理体制改革很大程度上都是根据现实需要进行相应的改革与调整，缺乏目标性与系统性，对于改革的结果常常也缺乏足够的预见性。在过去的几次改革中，部门设置的随意性很大，没有充分的理论依据作为指导。在很多地方政府机构设置中，直属机构、办事机构、特设机构、事业单位等的设置没有科学的、合理的分配标准，缺乏相应的理论指导。这种行政管理体制改革的混乱直接影响了改革的效果与发展，使其不能充分改变现在的状况，使改革仅停留在形式主义，不能真正解决实际的问题，从而影响后续改革的进行。其次，新旧体制间存在冲突，影响改革效果。行政体制改革下，许多政策是与旧体系旧政策相违背的，改革的浪潮会使旧体系在短期内给新政策让路，然而，改革浪潮一过，旧体系仍将取代新制度发挥作用，继而影响改革效果。最后，行政体制改革的执法缺乏规范性。随着市场的经济不断发展，经济活动中的行为也日渐增多，许多需要法律或其他部门来协调管理的事务都需要政府

①　齐桂珍：《"十二五"期间我国行政管理体制改革的模式选择和制度设计》，《经济研究参考》，2009年第59期。

②　刘俊月、王力：《中国行政管理体制改革：从有限政府到有效政府》，《中南林业科技大学学报》（社会科学版），2010年第3期。

③　汪玉凯：《加快行政管理体制改革与建设服务型政府》，《国家教育行政学院院报》，2008年第4期。

④　高小平：《行政管理体制改革："硬骨头"怎么啃？》，《人民论坛》，2010年第6期。

⑤　袁曙宏：《不断完善中国特色社会主义行政管理体制》，《求是》，2008年第7期。

⑥　林双川：《中国行政管理体制改革前瞻》，《人民论坛》，2007年第12期。

来处理，这就大大增加了政府工作的难度与工作量。在市场的不断开放与发展的背景下，经济活动的手段也在不断发展，这就需要行政体制改革适应市场改革的需求，用强有力的执法手段保证经济活动与社会活动的顺利进行。行政管理体制改革中存在的最大问题在于，无论行政管理体制改革如何推进，却总是滞后于经济社会的发展，难免会出现与当前经济社会发展不相适应的地方。[①]

针对我国行政管理体制改革中存在的问题，学者们都提出了自己的疑问。如有学者认为，目前行政管理实践中存在着 3 个层面的问题：一是政府运行还存在深层次问题。政府职能转变滞后，政府自身改革滞后；行政审批事项过多，为权力寻租提供了基础；社会管理和公共服务职能薄弱。二是政府结构不合理。横向组织结构不合理，部门职能梳理不清、设置不当、交叉重叠，导致政出多门、多头管理；纵向结构的层级过多、成本较高。三是政府低效行为长期得不到有效控制，包括长期持续的形式主义、政绩工程、形象工程问题，行政执法不规范问题突出，政府诚信受到很大挑战。[②]主要从政府运动、政府结构和政府行为这 3 个方面来分析行政管理体制改革中所存在的问题。也有学者指出，我国行政管理体制改革面临的主要问题有 6 个方面：一是政府自身改革和政府职能转变滞后；二是政府各个部门之间有严重的部门利益的倾向，政府公共政策制定过程实际上是部门主导的，导致部门利益凌驾于公共利益之上；三是有些关系群众切身利益的问题还没有得到根本解决；四是一些部门之间，有些政府工作人员依法行政观念不强；五是形式主义、官僚主义、弄虚作假、奢侈浪费的问题比较突出；六是腐败现象在一些地方、部门、单位比较严重。[③]

有的学者还认为，在政府的行政管理中，仍然存在着一些与新形势新要求不相适应的地方和一些旧体制遗留下来的老问题，主要表现在：由"无限政府"向"有限政府"的转变还没有完成，

与建立"小政府、大社会"的改革目标仍有较大差距；行政权力与行政责任脱节，主要体现在各种权力主体在对公共事务管理中形成的权力和责任关系的失衡上；机构重叠、职能交叉、层级过多的现象依然严重；在一些领域行政管理的规则不够公开、运行程序不够透明，致使权力运行的不确定性和风险增加，政府的公信力面临严峻挑战；由于分部门、分地区、分岗位绩效考评的标准尚不明确、不具体，导致政府的行政行为缺乏刚性的约束和量化的激励，从而使不作为和乱作为的现象并存。[④]我们所要做的就是针对这些问题寻找解决方案，同时，还要在不断变化的新的实践中寻求解决新问题的途径。

（四）关于行政管理体制改革的路径选择的研究

1. 国外行政体制改革经验对我国的借鉴

20 世纪以来，为了最大限度地发展经济，为了满足民众对行政体制的要求，各个国家进行了一系列的行政体制改革。英国、法国、日本跟我国一样都是单一制国家，它们成功的改革经验，对我国行政体制改革是一种反思，也是一种启示。我们要汲取各国优势，以此来为我国行政改革指明发展方向。[⑤]

英国行政管理模式改革的状况基本分为两点：一是精简政府机构，提高政府效率。政府以精简文官人数来增强上层领导对内部工作的调控，以及通过降低中间管理层的作用为取消某些中间层次、实现扁平化结构增加了可行性并提高了政府工作效率。自 1979 年撒切尔上台以来，英国文官制度发生了一系列的变化。主要表现在削减 1/4 的文官，建立新的财务制度增强效率监督，引进竞争机制等。其中最有代表性的综合性改革是"走向未来"（Next Steps）计划。[⑥]二是注重角色定位，转变政府职能。为建立小政府模式，英国政府主要采取将国有企业私有化和政策相分离的手段，转变政府的职能。而法国，曾经作为有着高

① 陈丹丽：《当前我国行政管理体制改革的现状与对策研究》，《群文天地》，2011 年第 12 期。
② 邱需恩：《目前我国行政管理体制中存在的突出问题及相关分析》，《甘肃行政学院学报》，2009 年第 5 期。
③ 汪玉凯：《中国行政管理体制改革 30 年：思考与展望》，《党政干部学刊》，2008 年第 1 期。
④ 欧阳坚：《深化行政管理体制改革是政府自身建设的首要任务》，《中国行政管理》，2010 年第 2 期。
⑤ 代敏：《英法日地方行政体制改革及对我国的借鉴意义》，《法制与社会》，2011 年第 12 期。
⑥ Robin Ibbs：《改进政府管理：走向未来》，罗宾·伊布斯爵士及其领导的团队向撒切尔首相提交的报告。

度中央集权历史的国家，如今，经过历年的分权改革，在它保持单一制的国家结构的前提之下，中央与地方行政职责分工日益具体、明确，逐步向分权管理方向发展。近年来，日本中央与地方财政危机日益突出，政府官员渎职丑闻愈演愈烈，经济发展停滞不前，同时，国际上，各国的行政改革都在紧锣密鼓地进行，这给日本行政体制的滞后带来严峻挑战。因此日本对行政体制改革的呼声也日益强烈。日本行政改革的重点在于：行政机构改革与地方分权改革。

无论是英国对行政管理模式的改革还是日本改变机构的设置，都体现了转变政府职能的理念。虽然政府在完善社会主义实现经济体制的过程中具有不可替代的主导作用，但要紧随时代变化，随时调整政府与社会的关系，重视公共服务市场化和社会化等理念；通过日本的行政体制改革的进程可以发现值得我国借鉴的改革程序方法，即要立法先行。这样的改革程序使在整个改革过程中有法可循。而我国向来是"先实践，后立法"，这种程序恰恰不能起到系统推进的功能，反而会使本来就缺乏规范性的行政体制改革的执法更加无章可循、无法可依。

2. 我国行政管理体制改革路径选择

行政管理体制改革的路径选择是学界关于我国行政管理体制改革研究的落脚点。针对我国行政管理体制改革中存在的诸多问题，学者们从不同方面提出自己的解决方案。有学者指出，加快行政管理体制改革，必须创新三个理念：一是政府是创造环境的主体，企业和老百姓是创造财富的主体；二是"非禁即可"的理念，凡是法律不禁止的就是大家都可以干的，这个理念非常重要；三是依法行政的理念，就是政府只能做法律规定的事情，法律不规定的事情政府就不能做。[1]主张从理念创新来推进行政管理体制改革。有学者从优化行政组织结构入手来深化行政管理体制改革，指出调整组织架构，完善行政组织管理体系；按职能模块设置大系统综合管理机构，建立公共行政体制；建构区域行政协调管理机制，实现经济区域化；把建设服务型政府作为战略目标，健全、完善公共服务机制；深化财政体制改革，尽快建立起公共财政体系；改革绩效评估监督体系，促进行政管理组织结构优化发展。[2]也有学者从科学发展和构建和谐社会的角度出发，认为深化行政管理体制改革，必须把推动科学发展和促进社会和谐结合起来，把政府机构改革、事业单位改革、议事协调机构改革结合起来，把深化改革、维护发展、促进稳定结合起来，把长期目标与近期重点结合起来，把质的突破与量的积累结合起来，把自下而上广泛参与和自上而下集中推进结合起来，这样才能取得实质性成效。[3]

许多学者一致认为，当前我国行政管理体制改革的关键环节和重点方向主要在于转变政府职能，以此来推动整个行政管理体制改革的发展进程。有学者指出，当前深化行政管理体制改革的关键，仍然是转变政府职能。为此要处理好5个关系，即处理好经济发展与社会事业发展的关系；处理好"管理"和"服务"的关系；处理好改革体制与创新机制的关系；处理好政府职能与其他社会主体职能之间的关系；处理好职能改革与依法行政的关系。[4]有学者认为，深化行政管理体制改革的基本途径是正确定位政府职能，优化政府组织结构，实现决策的科学化、民主化、法制化，建立健全决策、执行、监督相互制约协调的运行机制，健全改革的法律保障机制。有学者就当前行政管理体制依然存在着行政职能不彻底、行政管理费用增长过快和依法行政水平不高等三个方面的问题提出，推进我国行政管理体制改革必须从全面改革的视角来审视和规划，由中央主导、从地方试点开始进行，以转变政府职能为核心，配套改革机构和运行机制，同时要重点利用好公务员队伍建设和政府绩效评估两项主要工具。[5]也有学者指出，全面推进地方政府职能转变是改革所面临的严峻挑战，有效规范政府官员的行为方式是深化改革必须突破的难点；充分调动政府官

① 高尚全：《加快行政管理体制改革要创新三个理念》，《行政管理改革》，2010年第5期。
② 吕雅范、于新恒：《中国行政管理体制改革的问题与对策》，《政治与法律》，2008年第4期。
③ 宁波：《深化行政管理体制改革的几点思考》，《社会科学主义》，2008年第4期。
④ 高小平：《行政管理体制改革的关键是转变政府职能》，《人民日报》，2008年2月27日。
⑤ 李涛、曹立峰：《我国行政管理体制改革存在的主要问题与对策研究》，《唯实》，2009年第8期。

员的积极性是推进改革的着力点；科学评价、因势利导、提升素质是形成改革合力的必要条件。因而，无论如何改革，政府职能转变都是我国行政管理体制改革路径选择中绝不能回避的问题。通过政府职能转变和定位，全面带动和整体推进我国行政管理体制改革继续向前发展似乎成了学界达成的共识。因此，清晰合理定位政府职能，实现政府职能的转变是今后我国行政体制改革要重点突破的问题，也是实现我国行政体制改革，推动改革纵深发展的路径选择。

三、理论进展总评

我国的行政管理体制改革，从 1980 年邓小平同志发表的《党和国家领导制度的改革》一文，到十一届四次人大会议上通过的"十二五"规划纲要及党的第十七届中央委员会第二次全体会议通过的《关于深化行政管理体制改革的意见》，经过 30 多年的不断发展和完善，对建立完善的中国特色社会主义行政管理体制做出了重大的理论和实践贡献。

党的十七大报告中明确提出了"加快行政管理体制改革，建设服务型政府"的目标之后，"建设服务型政府"成为未来我国行政管理体制改革的方向，这是党和政府对深化行政管理体制改革认识的升华，标志着政府职能转变和行政管理体制改革进入了新阶段。党的十七届二次全体会议又做出了加快行政管理体制改革的战略部署，明确提出了"到 2020 年建立起比较完善的中国特色社会主义行政管理体制"的总体目标，为推进行政管理体制改革指明了方向。建立和完善中国特色社会主义行政管理体制的根本目的，就是为了建设一个以人为本、施政为民的服务政府，权

责明晰、监督到位的责任政府，法律完备、行为规范的法治政府，清正透明、精干有力的廉洁高效政府，归根结底是建设一个人民满意的政府。

深入推进行政体制改革必须以立足民生、体察民情、吸纳民智、反映民意、保障民权为根本，彰显社会主义的政府以维护和实现人民群众的根本利益为目标的价值追求，切实保障人民群众的经济、政治、文化等权益，不断满足人民群众多方面的需求和促进人的全面发展。坚持以人民群众为中心的行政体制改革，正如马凯先生指出的必须从以下五个方面着手：一是要加强和改善宏观调控，减少政府对微观经济活动的过度直接干预，推进市场开放和公平准入，构建新型社会管理制度体系，建立健全公共服务体系，切实为转变社会经济发展方式提供体制和机制保证。二是进一步合理划分中央地方事权，积极稳妥地分类推进事业单位改革，使行政权力的运行与转变发展方式的需要相适应，有效维护国家法制统一、政令统一和市场统一；又能调动地方创造性地开展转变发展方式的各项工作。三是要把推动发展方式转变的成熟经验和做法上升到法律，尽快解决一些领域无法可依或有法难依的状况，为转变发展方式提供法律保障。四是要形成决策前有调研、决策中有论证、执行中有监督、执行后有评价、决策失误有追究的全程制约，完善决策信息系统和智力支持系统，保证重大行政决策的科学性，避免不利于发展方式转变的重大决策、重大事项出台。五是要建立科学合理的政府绩效评估指标体系和评估机制，形成符合科学发展要求的政府绩效评价体系，完善行政问责制度，加大对政府财政预决算、公共资源配置、重大建设项目投资以及重大政策制等行为的监督力度。

第二节　实践创新

2011 年行政管理体制改革在地方大部制改革、事业单位改革、权力公开透明运行、省直管县、发达乡镇行政管理体制改革、综合配套改革实验区行政管理体制改革等方面都获得了长足的进展。各地根据自身的特色，展开了多种多样的

行政管理体制机制创新，比如 2011 年北京市海淀区成立高层次人才专门服务机构、设立全市首个知识产权检察机构。2012 年 1 月召开的第六届"中国地方政府创新奖"选拔暨颁奖大会，广东省"大部门体制改革"、陕西省子长县"公立医院改

革"、浙江省绍兴市"中心镇权力规制"等十个地方政府创新项目荣获优胜奖。这些地方政府创新项目反映了2011年以来地方行政管理体制改革和创新取得的成就。

一、2011 年地方机构大部门体制改革

大部制改革自党的十七大提出明确要求以来，已成为推进行政管理体制改革的重要举措。2011年地方大部制改革取得了突出的成就。

（一）2011 年地方大部门体制改革的背景

党的十七大提出"加大机构整合力度，探索实行职能有机统一的大部门体制"。2008 年 3 月11 日，十一届全国人大一次会议听取了国务委员兼国务院秘书长华建敏关于国务院机构改革方案的说明，3 月 15 日，会议通过关于国务院机构改革方案的决定，批准了这个方案。2008 年的国务院机构改革是深化行政管理体制改革的重要组成部分。此次改革按照精简统一效能的原则和决策权、执行权、监督权既相互制约又相互协调的要求，着力优化组织结构，规范机构设置，完善运行机制，为全面建设小康社会提供组织保障。深化行政管理体制改革的总体目标是，到 2020 年建立起比较完善的中国特色社会主义行政管理体制。这次国务院机构改革的主要任务是，围绕转变政府职能和理顺部门职责关系，探索实行职能有机统一的大部门体制，合理配置宏观调控部门职能，加强能源环境管理机构，整合完善工业和信息化、交通运输行业管理体制，以改善民生为重点加强与整合社会管理和公共服务部门。国务院机构改革方案主要内容包括：合理配置宏观调控部门职能；加强能源管理机构；组建工业和信息化部；组建交通运输部；组建人力资源和社会保障部；组建环境保护部；组建住房和城乡建设部；国家食品药品监督管理局改由卫生部管理。明确卫生部承担食品安全综合协调、组织查处食品安全重大事故的责任。改革后，除国务院办公厅外，国务院组成部门设置 27 个。这次国务院改革涉及调整变动的机构共 15 个，正部级机构减少 4 个。这次改革突出了 3 个重点：一是加强和改善宏观调

控，促进科学发展；二是着眼于保障和改善民生，加强社会管理和公共服务；三是按照探索职能有机统一的大部门体制要求，对一些职能相近的部门进行整合，实行综合设置，理顺部门职责关系。

2008 年 8 月 20 日，《中共中央国务院关于地方政府机构改革的意见》（中发〔2008〕12 号）出台，标志着我国地方政府机构改革正式启动。2008 年 8 月 25 日中央机构编制委员会在北京召开地方政府机构改革工作电视电话会议。国务委员兼国务院秘书长、中央编委委员马凯出席会议并讲话。马凯强调，要围绕深化行政管理体制改革的总体目标，结合各地实际，改革创新，积极探索，扎实推进地方政府机构改革，建设人民满意的政府。各地按照中央的部署要求，加快推进地方政府机构改革，主要包括以下方面的探索。大部制改革局部展开；部门权责关系进一步明确；机构编制得到严格控制；强县扩权全面推开。[①]

（二）广东省大部门体制改革

广东省委、省政府根据中共中央《关于深化行政管理体制改革的意见》精神，结合《珠江三角洲地区改革发展规划纲要（2009~2020 年）》要求，出台了《关于深圳等地深化行政管理体制改革先行先试的意见》（粤办发〔2009〕13 号），明确要求佛山市顺德区要率先全面创新行政管理体制，系统推进各领域的体制改革，要因地制宜设置党政机构，实施大部门体制改革。顺德区根据中央和广东省委、省政府的有关部署进行了新一轮全方位、宽幅度、深层次的行政管理体制改革和创新，力度之大、创新之多、效果之佳引起了社会各界的强烈反响，成为广东解放思想活动的丰硕成果之一。2009 年 9 月 14 日，广东省委批复了《佛山市顺德区党政机构改革方案》，15 日上午，顺德召开党政联席扩大会议，正式启动顺德区大部门体制改革，年底，改革基本到位。2009 年以来，广东省在深圳、顺德、珠海、阳江等地推进了以大部门体制改革为重点的行政管理体制改革，取得了初步成效。[②]顺德区以大部门体制改革为重点的行政管理体制改革，为全省县级行政管理体制改革积累了经验，提供了有益借鉴。为及时总结

---

① 马凯：《以转变政府职能为中心深化行政管理体制改革》，《国家行政学院学报》，2008 年第 5 期。

② 中国政府创新网，http://www.chinainnovations.org/Item/33589.aspx，2011 年 11 月 7 日。

和推广顺德区改革成果，激发县域经济社会发展活力，省委、省政府决定在全省推广顺德区改革经验，扩大县级行政管理体制改革试点范围。2010年11月，省委、省政府出台了《关于推广顺德区经验在全省部分县（市、区）深化行政管理体制改革的指导意见》（粤办发〔2010〕34号），选择全省25个县（市、区），进行深化以大部门体制改革为重点的行政管理体制改革，在照顾各地实际情况的前提下，对顺德模式进行有效"复制"。目前，大部分地区已完成改革。各试点县（市、区）在大部门体制改革、社会体制改革、体制机制创新、简政放权等重点领域和关键环节迈出了新步伐。其中，汕头市濠江区的改革不仅机构整合力度与顺德相同，而且在完善基层民主制度、推进政府运作公开透明、强化权利监督制约等诸多方面进行了大胆创新，取得了良好效果，受到了《瞭望》、《人民日报》等国内主要媒体和知名专家的广泛关注，予以充分肯定。①

2009~2011年，广东省大部制改革在以下方面取得了显著的成效：②

1. 大力推进简政放权，政府职能从"越位缺位"到"退位补位"

（1）在政府与市场的关系上，弱化政府的微观管理职能。大力推进行政审批制度改革，进一步减少政府对经济活动的微观干预，加快从一般竞争性和经营性领域退出。如深圳市在改革中大幅精简行政审批事项194项，精简幅度近1/3。阳江市取消行政审批事项149项，减幅超过1/4。

（2）在政府与社会的关系上，转移政府的部分职能。加快实行政府与市场中介组织分开，大力培育和扶持行业协会、中介组织和社会团体的发展，将有关政府职能转移给社会组织，充分发挥社会组织的作用。如2009年深圳市民政局公布《各部门不再从事、不再直接办理事项》目录，明确将17个委局原来承担的办理职业培训认证、行业评定等100多项事项全部交由社会组织承担。

（3）在政府履职重点上，强化社会管理和公共服务职能。增强政府在提供公共基础设施、公共教育、公共医疗、扩大就业、公共安全、社会保障和保护弱势群体等方面的责任。如深圳市增加和加强社会管理、公共服务职能73项。并在精简机构的同时，将行政资源向社会管理和民生服务领域倾斜，实现机构整合和职能调整"有进有退"。

2. 切实推行"同类项合并"，组织结构从"物理组合"到"化学反应"

（1）部门"同类项合并"。顺德区对党政部门进行全面重组，推进了触及党政各领域的"系统版本整体更新式改革"，原41个党政部门被大幅度压缩为16个，6个党委机构全部与有关政府机构合署办公，精简率达70%。深圳市在发展改革、财政、规划和国土资源、卫生和人口计生、人居环境、文体旅游、市场监管等10个领域实行整合，政府工作部门由46个精简至31个，精简率达33%。珠海、阳江市政府工作部门的精简率也达30%以上。此外，各地还加大了群团机关和履行行政职能事业单位的整合力度。

（2）职能"同类项合并"。为避免机构和职能简单机械"物理组合"易导致的旧体制复归问题，在改革中，机构整合不再实行职能随原机构走，而是对分散在各部门的相同、相近和相关的机构职能进行同类项调整、合并和重组，原来一个部门的职能往往被分置到多个部门，一个大部门又几乎囊括了相同相近相关领域的所有职能，形成了大规划、大经济、大建设、大监管、大文化、大保障等大部门格局。如顺德区新组建的发展规划和统计局，整合了原来分散在各部门的发展规划职能，实现了规划方面的"多规合一"，解决了多种规划相互脱节甚至相互打架问题，为全区的科学规划、科学发展打下了基础；新成立的经济促进局，整合了与经济发展相关的第一、二、三产业职能，实现三大产业、内外市场以及科技与产业的融合，加速了该区现代产业体系的构建；新组建的市场安全监管局，实现了市场监管、各类商品质量监管、行政执法、市场准入和对外服务的"五个统一"。

（3）内设机构和人员"同类项合并"。在改革中，深圳、顺德等地加大部门内部职能和内设机

---

① 中国政府创新网，http://www.chinainnovations.org/Item/33589.aspx，2011年11月7日。

② 以下内容第（1）到第（4）引自李志红：《推进大部门体制改革 努力建设服务型政府》，《中国机构改革与管理》，2011年第1期。

构的整合力度，组建大处（科）室，较好地解决了机构合并后内外"两张皮"、貌合神离等问题。如在内设机构方面，将原来各部门文秘、综合、纪检监察、党务、执法机构以及职能相近的内设机构进行合并。深圳市各部门减少内设、下设及派出机构 151 个，阳江市各部门减少内设机构 51 个。从事同类工作和相同专业的人员也相应整合，政策制定、行政执行、监督督察等方面的工作合力明显增强。

3. 大胆创新体制机制，组织机构从"硬件压缩"到"软件更新"

深圳市将市政府机构统称为工作部门，并根据部门职能定位作出区分。主要承担制定政策、规划、标准等职能，并监督执行的大部门，称为"委"；主要承担执行和监督职能的机构，称为"局"；主要协助市长办理专门事项，不具有独立行政管理职能的机构，称为"办"。"局"工作中涉及政策、规划、标准等重大决策制定及重要工作部署，须经相应的"委"审核同意；应定期向"委"报告工作，接受"委"的指导、监督；在执行过程中发现"委"的重大决策及重要工作部署需要调整变更的，应及时报告"委"，"委"要及时研究回复。通过合理配置和运用决策权、执行权、监督权，以解决某些方面权力过于集中且缺乏有效监督及执行不力等问题。顺德区根据基层政府特点，党政联动创新机制。一是创新决策机制。成立区联席会议，负责全局性重大决策；组建区委决策咨询和政策研究委员会，强化决策的民意咨询和专家论证，反映民意和吸纳民智，辅助区联席会议决策。二是创新执行机制。区联席会议作出决策以后，由各大部门集中统一执行。根据县级政府偏重执行而非决策的特点，由区领导直接兼任大部门首长，同时将执行权尽可能下放给镇（街道）以及其他社会组织行使，管理层次实现了扁平化。三是创新监督机制。首先，对政务监察和审计职能进行整合，由新组建的区纪委（政务监察和审计局）负责对区委、区政府的党务、政务工作进行纪律与绩效监督，解决纪委"有权力缺技术"和审计部门"有技术缺权力"问题。其次，区纪委（政务监察和审计局）在每个大部门都派驻监察员或监察组，对各部门的整个决策和执行过程实行独立的全程化监督。此外，

强化人大、政协、新闻媒体和社会监督，健全以党政领导、大部门首长为重点对象的行政问责制。

4. 努力打造服务"超市"，群众办事从"多道门槛"到"一个窗口"

改革前，群众办一件事往往要跑多个地点和多个部门，大部门体制改革后，深圳、顺德等地建设了便捷高效的公共服务"超市"，大力推进集中办公和一个窗口对外，优化了公共服务平台，让群众切身感受到改革的实际效果。①推行"一站式"服务。深圳、顺德等地改革中大力整合行政资源，推进公共服务"系统集成"，实现从多头服务向集中服务的转变。如顺德区将原来分散在各部门的 23 个服务点的事务集中到行政服务中心，实行一个地点集中办公，群众办事再不用东奔西走挨个"跑部门"了。该区群众普遍反映，现在去政府办事像去"超市"购物一样方便，一个地方就能"采购"到各类需要的东西。②推行"一个窗口"对外。推动"窗口"从"串联分办"到"并联合办"，"窗口"由原来只提供一类服务到可同时提供多类服务，企业和群众可在同一个"窗口"办理多件事情。如顺德区整合 8 个部门有关职能组建市场安全监管局，实行"窗口"集中受理，一个窗口可以受理以前几个窗口的行政许可。再如顺德区国土城建和水利局的规划、建设、水利、交通等 196 项业务全部由一个窗口受理，大大提高了服务效能，方便了群众办事。深圳、顺德等地还明确，凡能交"窗口"办理的事项，全部由"窗口"直接办理，实行"一个窗口对外，内部分流处理"的综合受理模式。③推行"电子窗口"办事。深圳、顺德等地在改革中还充分利用现代网络科技，试行预约服务、网上预审、网上年检、网上申报和审批代码证等服务，尽可能减少企业和市民的往来次数。同时健全"窗口"机构办事制度，公开办事依据，简化办事流程，完善办事制度，提高工作透明度，推进"窗口"服务整体"升级"。

（三）部分省、市的大部门体制改革实践

全国各个省、市在中央的统一部署下，都推进了大部门体制改革。以下是部分省市大部门体制改革的做法和经验。

（1）吉林省吉林市纪检监察派驻机构实行统一管理。按照中央和吉林省纪委关于对派驻（派

出）机构实行统一管理的部署要求，2011 年吉林市委办公厅、市政府办公厅转发了《市纪委、市委组织部、市编办、市监察局关于市纪委、监察局对派驻（派出）机构实行统一管理的实施意见》，标志着吉林市纪委、监察局派驻（派出）机构统一管理工作正式实施。实施统一管理后，保持派驻（派出）机构现行设置基本不变，将原实行双派驻的 2 个纪检组和监察室，单派驻的 16 个纪检组、24 个监察室以及 5 个纪工委，由市纪委、监察局和驻在部门（单位）双重领导改为由市纪委、监察局直接领导。派驻（派出）机构实行统一管理后，承担监督检查所在部门及其所属系统贯彻执行党的路线方针政策和决议，遵守国家法律、法规和规章，执行决定、命令的工作；监督检查驻在部门党组织和行政领导班子及其成员贯彻落实"三重一大"决策制度、党风廉政责任制和廉政勤政情况；参与调查驻在部门党组织和行政领导班子及其成员违反党纪政纪的案件；调查驻在部门管理的处（科）级干部违反党纪政纪的案件和其他重要案件等 7 项工作职能，重要情况和问题直接向市纪委、监察局请示、报告。此外，派驻（派出）机构将实行责任追究制度。对所负责驻在部门（单位）及所属系统发生的严重违法违纪问题隐瞒不报、压案不查，对所负责驻在部门（单位）及所属系统发生的明令禁止的不正之风失察或发现后不制止、不查处等行为，要追究派驻（派出）机构主要领导和相关责任人的责任。对派驻（派出）机构实行统一管理，有利于保持派驻（派出）机构工作的相对独立性，进一步强化全市纪检监察机关的监督检查职能，形成党风廉政建设和反腐败工作的整体合力。[①]

（2）湖北省枣阳市编办组织做好食品药品执法职能调整工作。湖北省枣阳市编办组织市药监局、卫生局、人社局、财政局等部门召开协调会，共同研究做好食品药品执法职能调整工作。根据省委、省政府关于食品药品安全监管体制改革的要求，市食品药品监督管理局由省以下垂直管理调整为由本级政府管理，作为本级政府的工作部门。根据体制调整的要求，将原食品安全监管领

导小组更名为食品安全委员会，建立起由食品药品安全监督管理局牵头，各部门分工负责的食品安全综合协调机制。同时，整合原由卫生监督局承担的餐饮业、化妆品、保健品等安全监管职能，组建食品药品综合执法大队，全面负责本地区食品药品的执法监管工作。[②]

（3）宁夏银川市积极探索食品安全专委会管理体制形式的大部制改革。为进一步提升银川市食品安全监管效能，建立权责一致、运转协调、监督有力的监管机制，打造全国食品安全先进城市，根据《食品安全法》的有关精神，经过反复调研和论证，宁夏银川市提出了市食品安全委员会专委会改革试点意见。①建立健全组织指挥体系。成立市食品安全委员会，实行主任领导下的委员工作制，主任由市政府分管领导兼任，设秘书长、副秘书长各一名，专门负责日常领导协调和处理日常工作，增强了统筹指挥力量。其主要职责是：贯彻落实市委、市政府有关决策部署，按照有关程序及时研究食品安全工作，创造性开展工作；统一组织协调、领导指挥、评议考核食品安全监管工作；加强食品检验检测能力建设。委员会设综合管理办公室，挂市食品安全督查局的牌子，综合管理办公室不再与相关处室合署办公，直接受委员会领导。主要职责是：全面承担委员会日常工作，统一协调指挥、督察暗访、考核评价各部门食品安全工作开展情况，组织开展食品安全重大整顿治理和联合检查行动，统筹安排和使用全市食品安全年度专项经费预算。同时，调整充实了综合办公室的人员力量，增加了统筹经费、督察暗访、考核评价的职责，进一步强化了其综合协调能力。②组建专门工作办公室。以市委正式文件对各部门食品安全监管方面的职责进行了调整明确，成立了 7 个专项工作办公室，具体是：在市农牧局设农产品质量管理办公室、质监局设生产加工管理办公室、工商局设市场流通管理办公室、药监局设餐饮管理办公室、城管局设餐厨垃圾管理办公室、商务局设畜禽定点管理办公室、民委设清真食品管理办公室。同时，明确要求其专职食品安全工作，接受市食品安全委员会和本

① 吉林省吉林市编办，2011 年 11 月 18 日。
② 湖北省枣阳市编办，2011 年 9 月 26 日。

部门双重领导，在联合执法和特殊情况下以食品安全委员会领导为主，确保了食品安全委员会的决策得到更好的贯彻落实，进一步提高了政府的统筹协调力度和各部门的执行力，实现了市委、市政府重大工作由一家"大部门"组织、实施和管理的目标。③整合理顺部门监管职责。原来各单位承担的食品安全监管职能和从事的人员相对较为分散，不利于形成执法合力。通过改革，将各单位承担的食品安全监管职能和人员进行整合、归并，集中由一个处（科）室负责，调整明确了人员力量，进一步加强了部门监管力度。将原市卫生局所属的市卫生监督所按照职责任务和隶属关系划分为市卫生监督所和市食品安全监督所，市食品安全监督所在市食品药品监督管理局的领导下开展餐饮消费环节监管工作，依法强化市食药局餐饮服务环节安全监管能力，这既符合《食品安全法》有关规定，又避免了执法主体不明、责任不清的问题。④制定严格高效的管理制度。"食品安全专委会"建立了食品安全工作会议制度和督察暗访机制及联合执法制度，健全了经费保障机制。建立了与市委、市政府考核结果相衔接的考核机制，进一步强化了市食品安全委员会考核的地位和力度。实行严格的行政问责制，明确了各县（市）区的职责任务，确保市及辖区食品安全监管工作上下顺畅，管理有序，落实到位。通过积极探索专委会管理体制形式的大部制改革，银川市把现代政府的统筹整合理念和传统的部门分工体系有机结合起来，淡化部门概念，强化整体合力，统筹整合食品安全监管资源，实现了资源要素优化配置、部门力量集中使用，进一步做强做实了食品安全委员会，使其成为一个真正意义上的"大食品安全监管局"，即大部制。这将为下一步银川市全力打造全国食品安全先进城市提供可靠的体制机制保障。①

（4）四川省乐山市编办着力构建大城管管理体制。为进一步深化城乡环境综合治理，加大城市市容市貌管理和执法力度，打造优美的旅游城市形象。四川省乐山市编办深入调研、集思广益，

着力构建大城管管理体制。①在市中心城区和周边两个区、县实行"市区一体，以区为主"的城市管理体制。增挂"市城市管理行政执法分局"牌子。分局接受市城市管理行政执法局在城市管理工作中的指导、协调和督促。②将市住建局承担的市容市貌和环境卫生管理以及指导城市广场管理相关行政职能划给市城管局。③市住建局下属市市容环境卫生管理局及下属事业单位成建制划转到市城市管理行政执法局，作为市城管下属事业单位。④将广场管理处成建制划转到市城管局，作为市城管下属事业单位。②

（5）武汉市武昌区启动街道"大部室制"改革。2011年7月9日，武昌区启动街道管理体制机制创新模式，在全省率先推行街道"大部室制"改革。通过改革，街道原有的十几个科室，都分别整合成党政办公室、党群工作部、经济发展部、社区服务中心、综治维稳中心、城市管理综合执法队6个部室。街道工委书记、主任负责全面工作。6个部室正职由街道领导班子副职担任，副职原则上从现有科长中竞争上岗产生，其他工作人员归口合并。武昌区委书记张光清表示，原有的街道管理模式，经过多年的发展，存在职责交叉、权责不清、力量分散和效率低下等突出问题，大部室改革后，有利于集中力量开展工作，提高执行力，同时也有利于干部的多方位锻炼和成长，对更好地服务企业、服务群众也有重要意义。③

（6）湖北省宜城市积极推行部门综合执法。湖北省宜城市结合行政管理体制改革和机构改革，大力推行部门综合执法，不仅避免了职能交叉、工作推诿扯皮问题，而且提高了执法效率，减少了多头执法扰民现象。①在城市管理方面开展相对集中的行政处罚。将环卫、规划、园林、市政、环保、工商、交警等七个部门涉及城市管理领域的市容环境卫生管理、规划管理、城市绿化管理、市政管理、环境保护管理、工商行政管理、公安交通管理等方面的行政处罚权移交市城市管理执法局，由其所属的市城建监察大队一支队伍开展执法活动，进一步提高了执法效果，提升了城市

---

① 宁夏银川市编办，2011年2月16日。
② 四川省乐山市编办，2011年7月14日。
③《楚天都市报》，2011年7月12日。

形象。②开展文化综合执法。结合新一轮政府机构改革，整合了原来的文化文物、广播电视、新闻出版、旅游等执法职能和执法机构，组建了市文化旅游综合执法大队，集中了执法力量，提高了执法水平。③实施农业综合执法。整合农业系统原来分散的执法力量，组建农业综合执法大队，集中承担种子、农药、肥料、农产品质量，农业转基因生物安全，农业环保，植保植检等行政执法职能。④实施商务综合执法。适应商贸工作迅猛发展的需要，组建商务综合执法大队，集中承担国内外贸易、国际经济合作、外商投资、市场秩序、畜禽屠宰等监督管理和执法工作。①

二、2011 年事业单位改革

党的"十七大"提出加快推进事业单位分类改革，党的十七届二中全会要求抓紧制定事业单位分类改革的指导意见和方案。2011 年 4 月初，中央已经确定了一张事业单位分类改革的时间表，共涉及 126 多万个机构，4000 余万人。该表预计到 2015 年，中国将在清理规范基础上完成事业单位分类；到 2020 年，中国将形成新的事业单位管理体制和运行机制。2012 年 4 月 16 日，《中共中央、国务院关于分类推进事业单位改革的指导意见》发布。

（一）事业单位改革背景

1992 年党的"十四大"提出，按照机关、企业和事业单位的不同特点，逐步建立健全分类管理的人事制度。2000 年，中央下发了《深化干部人事制度改革纲要》，明确了事业单位人事制度改革的方向。2002 年，国务院办公厅转发了原人事部《关于在事业单位试行人员聘用制度的意见》，明确了聘用制度的相关政策规定。党的"十七大"报告和十七届二中、四中全会都明确提出，要分类推进事业单位人事制度改革。2006 年，原人事部、财政部发出《关于印发事业单位工作人员收入分配制度改革方案的通知》及其实施办法。2008年以来推行公开招聘制度。2009 年 2 月 29 日，国务院常务会议通过了《事业单位工作人员养老保险制度改革试点方案》，确定在山西、上海、浙江、广东、重庆 5 省、市先期开展试点，与事业

单位分类改革配套推进。2009 年中办印发的《2010~2020 年深化干部人事制度改革规划纲要》和 2010 年的《国家中长期人才发展规划纲要（2010~2020 年)》，均对事业单位人事制度改革工作提出了明确要求。2009 年 9 月，国务院常务会议决定在公共卫生与基层医疗卫生事业单位和其他事业单位实施绩效工资，并从 2010 年起，在全国事业单位全面实施绩效工资。2010 年召开的党的十七届五中全会再次要求，积极稳妥推进科技、教育、文化、卫生、体育等事业单位分类改革。

2011 年 3 月 23 日党中央国务院发布了《中共中央国务院关于分类推进事业单位改革的指导意见》。该意见由 9 个方面 30 条组成。9 个方面是：改革的重要性和紧迫性；改革的指导思想、基本原则和总体目标；科学划分事业单位类别；推进承担行政职能事业单位改革；推进从事生产经营活动事业单位改革；推进从事公益服务事业单位改革；构建公益服务新格局；完善支持公益事业发展的财政政策；认真做好组织实施工作。

《意见》明确了事业单位改革的总体目标和阶段性目标：2020 年，建立起功能明确、治理完善、运行高效、监管有力的管理体制和运行机制，形成基本服务优先、供给水平适度、布局结构合理、服务公平公正的中国特色公益服务体系。今后 5 年，在清理规范基础上完成事业单位分类，承担行政职能的事业单位和从事生产经营活动的事业单位的改革基本完成，从事公益服务的事业单位在人事管理、收入分配、社会保险、财税政策和机构编制等方面改革取得明显进展，管办分离、完善治理结构等改革取得较大突破，社会力量兴办公益事业的制度环境进一步优化，为实现改革的总体目标奠定坚实基础。

（二）北京市分类推进事业单位改革的实施意见

2011 年 8 月 15 日下午，北京市政府召开专题会议，研究北京市分类推进事业单位改革实施意见等事项。市委副书记、市长郭金龙主持会议。

会议研究并原则通过了《关于北京市分类推进事业单位改革的实施意见》。会议强调，要充分认识分类推进事业单位改革的重要意义，把思想和

---

① 湖北省宜城市编办，2011 年 4 月 25 日。

行动统一到中央和市委精神上来。事业单位改革是继国有企业等领域改革之后的又一次重大改革，对于加快社会事业发展、解决人民群众的民生问题、提高事业单位公益服务效率和质量具有重要意义，对于北京增强发展活力、促进社会稳定具有重要意义。要把思想、行动和政策统一到中央决策上来，把这项改革搞好。会议指出，要切实加强分类推进事业单位改革的组织领导。各区县、各部门、各单位要把推进改革提上重要议事日程，主要负责人要亲自抓，要结合实际研究本地区、本部门的实施方案，抓好组织落实。教育、科技、文化、卫生部门，要按照现行领导体制和政策规定继续推进行业体制改革。各有关部门要各司其职，抓紧研究好配套文件，做好清理规范工作，稳步推进改革。会议要求，要严格执行事业单位改革纪律。改革期间，严禁突击提拔干部，严禁超职数配备干部或违反规定提高干部职级待遇。严格控制事业单位机构编制增长，坚持控制总量、盘活存量。在事业单位清理规范期间，除市委、市政府已经决定的以外，不再新增事业单位，不再新增事业编制。要切实加强新闻宣传工作，营造良好的改革氛围。会议强调，改革要有利于增强事业单位发展活力，有利于促进社会稳定。要坚持分类指导、分业推进、分级组织、分步实施的工作方针，把握改革节奏，加强统筹协调，做到条块结合、上下结合，条件成熟的率先改革，暂不具备条件的允许过渡，不搞"一刀切"。要率先在文化等行业推进突破，取得经验，充分发挥北京作为全国文化中心的示范作用。要坚持"卸包袱"、"新机制"、"增活力"的改革思路，实行"老人老办法、新人新制度、中人逐步过渡"的政策，把"老人"的利益保证好，把新的机制建立好，积极稳妥地分类推进本市事业单位改革，进一步增强事业单位活力，不断满足人民群众和经济社会发展对公益服务的需求。①

（三）广东省事业单位改革探索实行法定机构试点

2011 年 3 月 23 日党中央国务院发布了《中共中央国务院关于分类推进事业单位改革的指导意见》。经过多年的改革，广东省事业单位改革在以下方面取得了进展：

第一，完善政府购买服务制度。长期以来，公共服务基本上都由政府包办，存在服务成本高、服务质量和效益不高等问题。广东省在改革中注重把事业单位改革与培育发展社会组织统一起来，有效地解决了公益服务成本较高、服务质量效益较低等问题。目前，广东省正在加快制定政府购买服务政策，引入市场竞争机制，以购买服务的评估结果作为确定政府购买服务供应方和奖励社会组织的主要依据，加快完善政府购买服务制度。

第二，破除管理行政化。为破除管理行政化，广东省制定实施了《关于推进我省事业单位法人治理结构试点工作的指导意见》，淡化事业单位与政府部门的行政隶属关系，吸纳社会人士、服务相对方组成理事会管理事业单位。同时，借鉴新加坡、中国香港等地的做法，在水利、交通运输等部门探索决策、执行适度分离和相互协调的体制和运行机制。

第三，解决不同行业个性问题。广东省将分类推进改革与分行业推进改革结合起来，一方面解决事业单位改革与发展的共性问题，同时在行业体制改革框架下，解决不同行业事业单位改革与发展的个性问题。在文化领域，广东省积极推动经营性文化事业单位转企改制，将非时政类报刊出版单位转制为企业。同时将转企改制与加快资源整合、优化结构紧密结合起来，探索形成集约化资产运营模式，激发发展活力。在科技领域，出台了《关于深化科研体制改革的意见》，整合重组科研事业单位，组建工业、农业、自然科学、现代服务业等 4 大主体科研机构，实行集约管理。在教育领域，通过制定机构编制标准，构建从中小学、特殊教育学校、中等职业学校、高等教育学校一体化的标准体系，合理配置教师编制。同时，调节城乡、区域教师编制差别，保障基础教育公平均衡发展，实现教育资源合理配置和动态管理。在卫生领域，出台乡镇卫生院等机构编制标准，将乡镇卫生院、城市社区卫生服务机构、职业病防治、疾病预防控制等机构列为公益一类，将公立医院定为公益二类，促进公共医疗机构回归公益性质。

---

① 汲传排、孙颖：《北京事业单位改革意见通过清理期间不再新增编制》，《北京晚报》，2011 年 8 月 18 日。

第四，试行法定机构。为探索构建决策、执行、监督相协调的行政组织体系和解决事业单位改革中的难点问题，广东省出台了《在部分省属事业单位和广州、深圳、珠海市开展法定机构试点工作的指导意见》，探索实行法定机构试点。目前已在部分省属事业单位和广州、深圳、珠海市试点推进。其中，《深圳市前海深港现代服务业合作区管理局暂行办法》已经深圳市人大立法通过并实施。2011 年 10 月，《顺德区委区政府关于推进社会体制综合改革加强社会建设的意见》提出，要借鉴新加坡和中国香港经验，按照职责法定、运作独立、决策民主、执行高效、监管到位的原则，探索在专业性、行业性强的领域开展组建法定机构试点工作。用法定机构的理念改造事业单位，完善法人治理结构，构建依法独立运作、自我管理和承担责任、各利益相关方共同参与的管理机制。研究将条件成熟的事业单位改组为法定机构。通过法定机构试点和事业单位改革，推进政府决策和执行职能相对分离，促进政策执行和公共服务的多元化、专业化。①

三、权力公开运行改革

2009 年 3 月，中纪委、中组部将江苏睢宁县、四川成都市武侯区和河北成安县 3 地确定为试点单位。经过 1 年多的试点工作，2010 年 11 月 18 日中共中央纪委、中共中央组织部印发了《关于开展县委权力公开透明运行试点工作的意见》（以下简称《意见》），并发出通知，要求各省、自治区、直辖市结合实际认真贯彻执行。《意见》指出，县一级在我们党的组织结构和国家政权结构中处于承上启下的关键环节，县委担负着把党的路线方针政策贯彻落实到基层的重要职责。县委权力公开透明运行，是规范权力行使、强化权力监督、从源头上防治腐败的重要举措，对于发展党内民主、推进党务公开，在县一级建立健全决策权、执行权、监督权既相互制约又相互协调的权力结构和运行机制，具有重要意义。《意见》强调，开展县委权力公开透明运行试点工作，要按照党内有关法规文件，明确划分县党代会、

县委全委会、常委会及其成员，县委各职能部门的职责和权限，编制职权目录，尤其要加强对县委书记职权的规范；要坚持依法、高效、规范、透明的原则，编制并公布决策、执行、监督等权力运行流程，明确行使权力的主体、条件、运行步骤、完成时限、监督措施等，提高权力运行程序化、规范化水平；要公开决策事项，包括经济社会发展的重大决策、决定、决议及执行情况，涉及人民群众切身利益的重要事项，重要人事任免，重要党务工作情况，县委管理干部评优表彰情况及严重违纪违法问题的处理等；要坚持党内监督与党外监督、专门机关监督与群众监督相结合，整合监督力量，畅通监督渠道，加强情况反馈，形成县委权力特别是县委书记权力运行的制约监督机制和反映问题处理工作机制，保证权力正确行使。《意见》要求，各省、自治区、直辖市党委要高度重视试点工作，加强组织领导，明确职责任务。省、自治区、直辖市纪委、党委组织部要认真研究，精心部署，加强指导。试点单位要结合实际，制订方案，突出重点，积极探索，为稳步推进县委权力公开透明运行积累经验。

本部分总结江苏睢宁、四川成都市武侯区和河北成安县县委权力试点工作的实践进展，介绍北京权力公开运行的改革进程。

（一）江苏睢宁县委权力公开透明改革

试点之前江苏睢宁不仅有"人民来信之乡"的"讽喻"，还戴上了省重点扶持县、省达小康特别困难县、省信访重点管理县、省计划生育重点管理县等多顶帽子。

2008 年王天琦刚任县委书记牵头成立课题组，确立了严管干部、干部人事制度、行政语言和行政行为、党的基层组织建设、社会管理创新等 5 大改革课题，题中要义是给用权立起规矩。以严管干部为切入口，睢宁树起了改革的大旗。2009 年 3 月，中纪委、中组部联合授权睢宁进行县委权力公开透明运行试点。县政权力改革重组便在睢宁大胆推进了。用睢宁县委常委、纪委书记唐健的话来概括："这是一次县权重新排列组合的'制度集成'过程。"

---

① "（三）广东省事业单位改革探索实行法定机构试点"引自马菁瑜：《广东顺德：成熟事业单位将改组为法定机构》，《南方日报》（网络版），2011 年 10 月 25 日。

（1）界定县委书记权力边界。按照惯例，县土地审查委员会和规划审查委员会主任可由县委书记兼任，王天琦自己分析说："城乡规划、土地利用是一项非常重要、备受关注的权力，事关一个地方发展的命脉，事关一个地方的公众利益，也是开发商投机钻营、官员滋生腐败的重要环节"，"由于中国特色的政治管理体制，一定程度上使党委尤其是'一把手'的权力过于集中、过于膨胀。有时候，这两个临时机构，竟凌驾于政府之上，成为另外一个权力运作体系"。睢宁改革者提供的解决方案是，取消这两个临时机构的决策和执行权，降格为"咨询参谋机构"，仅为县委、县政府提供参考依据。这样，一来解决了以上两个疑虑，也使县委的权力尤其是"一把手"的权力受到限制。

对县委书记的"用人权"，睢宁新政也进行了约束，强化组织程序，各个环节公开，全程接受监督，拒绝暗箱操作。对县管干部任免，一律执行县委常委会票决制，无记名投票，现场唱票。总之，县委书记不能逾越任何人一个人说了算，回归"集体领导"。

（2）加强县土地审查委员会和规划审查委员会成员的代表性。睢宁对这两个机构的组成人员进行"重新排列组合"。之前，这两个机构的组成人员主要是县四套班子主要领导，县委、县政府分管领导以及规划、土地等部门负责人，清一色的官员序列。新的组成人员则带来一股清新气息，首先主任由分管县长担任，成员由政府部门负责人、党代表、人大代表、政协委员和利害关系人，并且非常任委员人数比常任委员人数多。

（3）决议权和否决权相分离。议决权和否决权分开，议决权归县政府常务会议，否决权归县委常委会，这一点是睢宁县权力运行改革的特色。"县委常委会无异议的，由县长和分管县长审签执行；县委常委会予以否决的，由县政府常务会议重新研究，再次提请县委常委会审议，县委常委会不直接提请审议，不参与方案的修订"。政府常务会议决，县委常委会否决，相互限制又相互协调。

（4）权力在阳光下运行。在睢宁，县电台、电视台和网站现场直播县委、县政府的重要会议也已成为常态。王天琦主持县委常委会议也有新

意，常委们被要求提前报告动议，如果需要作报告需提前申请时间，否则一般情况下，针对一个议题每位常委最多只能发言5分钟。在会议室，有两台倒计时大屏幕，发言时间一到，不管讲完没完，不得再讲。这便是"议事规则"，发言时间限制体现的是对每一个参会者的表达权的尊重，否则允许每一个人"畅所欲言"其实是无法保证每一个人"畅所欲言"。很多地方，县委书记主持会议往往变成"一言堂"，县委书记一个人讲几个小时，其余人员只能当"听众"。会议民主程序设计，这也是"规范县委书记权力"极其重要的内容，它帮助县委书记回归"主持人"角色。

（5）一述双评三监督。以严管干部为切口，以公开为主线，睢宁先后出台了100多项改革制度，形成了县委权力公开透明运行流程图。这些规矩的指向是保障县委权力公开透明运行，制度运行的平台是"一述双评三监督"。"一述"是指领导干部公开述职；"双评"包括党内评议和党外评议；"三监督"包括专门机关监督、群众监督、舆论监督。从全县选出3000多名评议员，让民意决定干部去留，让民意参与决策、执行，让民意监督权力。

（6）权力运行流程图。根据《中共睢宁县委权力公开透明运行流程图》，重要决策一般先由人大、政协调研，拿出建议方案；县委、县政府按职权形成决策方案，面向社会公示，公开征集意见，经县委常委扩大会集体讨论通过后，组织实施。用权力运行程序来保证权力在轨运行。睢宁制定了县委书记和县委权力清单，并规定县委全委会、县纪委全委会负责对县委书记的权力运行情况进行监督，县委委员、县纪委委员有权对县委书记权力运行情况进行询问和质询。王天琦认为，县委的3项主要权力——决策权、用人权和监督权，容易被扭曲的是前面两项权力，而县委书记在其中常常被认为是"操盘手"。以前，决策权容易出现县委和县政府不分彼此，眉毛胡子一把抓，县委容易把政府的权力直接拿到县委来，比如，把某块地给谁、把工程给谁、把资金给谁，这就是议决权，"以前县委书记很容易插手这类事情"。这个权力在当前县级较为封闭的权力运行体系中，很容易被扭曲，成为县委书记的"食邑"。而明确了县委与县政府的权力边界后，县委没有

了议决权，县委书记可以洒脱地高举监督权，当一名"主持人"了。

2007年之前，睢宁是江苏县域发展"倒数第一名"，戴了不少帽子。然而今天，睢宁民众越级信访量批次和人次几乎都下降了一半，而且无越级信访，涉法涉诉"零"上访，睢宁一跃成了江苏省信访工作先进县。经济指标几乎年年翻一番，2010年财政总收入31.14亿元，是新政前的4倍多，在江苏县域经济排名中晋升了7位。①

（二）成都市武侯区省会城区"县权公开"

与睢宁、成安有别，成都市武侯区是"县权公开"试点中唯一的省会城市中心城区，区位差异意味着政治生态与改革环境的迥然不同。公开透明对于武侯区来说并不陌生。早在2007年，成都市武侯区率先成立行政审批局，推行以"大科制"为核心的街道行政管理体制改革等一系列制度创新。

（1）确权勘界。武侯区出台了《中共成都市武侯区委关于进一步明晰职权的试行办法》，对区党委权力进行勘界，对权责不清的予以明确，对超越职权范围的予以纠正。根据上述"权力清单"，属于区党代会权力事项有6项，区委全委会有6项，区委常委会有18项，区委书记有9项。按照《党章》规定，进一步厘清党代会、全委会、常委会及其成员的职责和权限。清理明确党代会权力事项4项，区委全委会权力事项7项，区委常委会事项9项。全区各单位梳理本单位党组、党工委在涉及党的建设、经济社会发展、干部任免、财物监管等重大事项方面的职责和权限，全区82个党组、党工委共清理明确权限事项578项。

（2）绘制权力流程图。武侯区在确定了权力目录之后，绘制了一张权力流程图。流程图对权力运行的轨道、方向、节点进行了明确的标示，明确了决策执行和监督之间的关系。在权力流程图上，区委书记、常委、区长、副区长等各有分工，职权明晰。这些权力流程图被挂在"武侯区委权公开网"之上，内容涉及干部任免、反腐倡廉、党建等。在最重要的干部任免中，甚至细到

规定出了涉及局级正职、非局级正职的不同任免流程。把握住决策、执行、结果等主要环节，防止权力滥用和暗箱操作。推广决策事项无记名票决制，坚持做到重大事项不经调查研究不决策，不经专家论证或社会听证不决策，不经方案比较不决策。创新决策执行程序，从管理体制、服务方式、保障机制、督导模式等4个方面强化规范用权，提高干部执行力。该区构建决策执行主体与监督主体相分离、区委目督办目标设定与派出纪工委过程追踪相分离的"双线平行"督导模式，2012年以来对3个单位实施了问责，2名干部受到行政记过处分。同时，规范干部选任程序。

（3）公开透明。坚持"公开为原则，不公开为例外"的精神，合理确定党内信息公开的内容、形式、范围和程序。利用群众点题、文件查阅、民主评议会、村民议事会等进行互动式公开。②

（4）民情专递工作制度。成都市武侯区有56个社区，每个社区根据规模大小配备社区干部3~5人。以面积最大的晋阳社区为例，拥有11000户群众，近3万人，社区干部仅有5人。在这样的环境中，仅有的几名社区干部如何更好地了解整个社区群众的意愿和呼声？怎样及时解决群众反映的问题和做好群众意见上传下达的工作？"民情专递员"这个新的角色应运而生。"民情专递员"实际上是专职的义务工作者，没有工资，每月只有150元的电话补助。担任这个角色有严格的规定和要求：以本人自荐和群众推荐的方式，经社区投票选举产生；选出来的人必须热心为群众服务、群众认同度较高，实行一年一聘一考核。职责是通过民情家访、民情专线、民情专递箱等多种形式，广泛收集民情民意，并做好政策宣传、解释等工作。民情专递和解决的路径是这样的：对民情专递员反映的情况，社区能够解决的，在社区解决；社区解决不了的，上报街道党工委，并由街道交办给相关部门处理；如果街道解决不了的问题，上报区委研究。但无论问题在哪一级解决，都要做到"民情民意事项办复率100%"。武侯区的民情专递制度是一条联系群众、服务群

---

① 以上关于"（一）江苏睢宁县委权力公开透明改革"的内容根据《让权力在轨运行——睢宁县委权力公开透明运行调查》，《南风窗》，2011年第2期改写。

② 以上（1）（2）（3）参考了陈科、陈松：《成都市武侯区：约束区委权力边界》，《四川日报》，2009年12月16日。

众的绿色通道，从 2006 年探索建立到试点完善已取得了明显的成效。

（5）以党内民主促公开。武侯区结合试点部署拓展党内民主的主要举措，包括推行党代会常任制和党代表任期制，每年召开一次区党代会、四次全委会，区委领导班子及其成员每年向党代会述职述廉；实行党员、党代表、区委委员"双向约见"制；落实党代表提案制度等多项内容。"双向约见"制内容是党员、党代表、区委委员"双向约见"制，党员联名约见党代表，党代表联名约见区委委员。根据武侯区的设计，区党代表约见区委委员，要在事前就约见事项充分征求党员群众、民情专递员的意见、建议；区委委员约见区党代表，会把约见事由、约见场所和约见时间告知需约见的区党代表。区党代表提出的意见、建议，除当场办理结束之外，区委委员应确定承办单位和承办人员，在 3 个月内将办理结果以书面形式答复代表，同时抄告区党代表联络办公室，限期督办。约见后，党代表还将就约见事项，及时向有关党员群众做好宣传、解释工作。武侯区委组织部调研员陈志楼介绍说，武侯区红牌楼街道龙爪社区通过约见机制，及时将辖区居民水表年久失修水费高涨的问题反馈给区委委员，通过该区委委员的及时协调，较为顺利地解决了辖区内 131 个单元数百户居民的水表再安装问题，受到了党员群众的好评。"党代表提案"制则让党代表具有了和人大代表、政协委员一样的权利。"人大代表有议案和建议权，政协委员可以提案，在武侯区的改革试点中，党代表也获得了提案建议权。从权力公开透明运行的意义上说，这让党代表在党内的权力行使获得了充分保障"。①

（三）河北成安县委权力公开透明

（1）鱼缸式办公。改革之前，成安县委、县政府一直坐落在民国时期的老县衙里。衙门作风、官僚主义、权力暗箱操作等现象不同程度地存在，致使成安一度成为在全国排得上号的上访大县。通过与开发商进行资产置换，成安县委、县政府在县城西侧另造新楼，并将 59 个县直部门、1000多名公务员集中在一个院子里办公。在县委大门两侧，竖起 32 块党务政务公开栏，清清楚楚标明

各项行政事务的办事程序。县委、县政府所有领导的分管事项及其本人的手机号码、办公电话、办公室门牌号等也历历在目。

成安官员的办公方式，更是堪称全国罕见。这里，每个局机关除了"一把手"可以单独享有一间透明的、用大块玻璃隔开的办公室外，其余的领导一律和普通工作人员一起在大办公室里办公，办公区同样用玻璃隔开，既透明又不会互相打扰。为不干扰其他人工作，每个局还另外设有透明的群众接待室。早在 2005 年初，成安县委、县政府就把 59 个部门、1000 多名公务员集中到综合办公大楼里办公。一般每个部门都有两间办公室，一小间，一大间。小间是局长办公室，大间里坐着包括副局长在内的其他科室工作人员。

（2）信息公开。成安县辖四镇五乡，234 个行政村，县域面积 481 平方公里，人口 40 万，是一个平原小县，一度是"上访"大县。事实上，大部分纠纷其实都是由一些小事引起，进不了门、找不到人、办不成事，官僚主义，权力暗箱操作等现象不同程度地存在，使原本简单的问题因不能得到及时处理，激化了矛盾，群众越级到省城甚至北京上访。为此，成安县在信息公开上做文章，采用集中办公的方式，将党政机关的办公资源集中整合，初步形成了综合化、系统化的办公格局，无论是项目审批还是群众办事，不出大楼就可以办完。随着党政权力公开透明运行工作的推进，群众有问题和疑惑可以直接进门、找人，也可以在家直接给书记、县长或相关单位领导打电话咨询，畅通了反映渠道，使群众的问题能很快得到妥善解决。成安县进京赴省进市集体访连续 5 年为"零"，被评为全国信访先进县，在全国信访工作会议上受到了表彰。

（3）常委会票决制和民意否决制。成安县委做出了一个让人吃惊的决定：把常委会票决制和民意否决制作为民主集中的新方式，取代内部决议和举手表决的旧方式。"过去提拔干部，一般都是书记一个人定盘子，先在书记碰头会上统一意见，再拿到常委会上来。怎么定的，其他常委一概不知。发表意见的方式是举手表决，书记都提名了谁还能不举手？"很快，成安出台了一揽子措

---

① 以上"（4）民情专递工作制度"内容根据陈泽伟：《瞭望》，2010 年 10 月 16 日。

施。但凡提拔和调整干部，首先由群众把关，1/3群众不同意的不予提拔。然后交由常委会投票表决。正职的提拔或重要岗位的调整，还必须通过全委会票决。

比如，县文教体局民主推荐副局长，在3名干部中推荐2名。起先3人得票相等，接着又进行第二轮投票，当场唱票。3人票数紧咬不放，候选人与推荐人神情都相当紧张，这与从前走走形式其实早就知道结果的情况大相径庭。当票数后来又追为平票时，会场响起了一阵热烈的掌声。

成安县委领导坦然地说，增加大家的话语权，不会削弱"一把手"的权威，削弱的只是狭隘意义上、个人利益上的私心的权力。如果把这个权力看作是公共权力的话，那反而是一种强化，使这个权力更加有效，更有威信。

（4）厘清职权绘制权力运行流程图。成安县委书记张臣良表示，权力公开，首先应职权分明。成安县把职权清理工作作为首要任务，对县委和每个常委的职责和权力进行了全面清理。以职责为框架确定具体权力的指导思想和工作方案，形成完全职责型、完全权力型和职责加权力型3种类型职权。成安县职权清理工作共确定县委集体职权50项、县委常委职权185项、县纪委、县委部门职权110项，并将县委各部门和每个常委的权力以及职责在县委、县政府门口两侧公示栏予以公示，使群众能够清楚地知道自己要办的事应该找哪位领导，使县委各部门以及常委清楚地了解自己的职能范围。

同时，成安县将县委集体职权按照全局工作、经济发展、社会事业、社会稳定、党的建设和党风廉政建设的顺序划分为6大类。根据清理出的职责和权力，按照明确具体、操作可行的要求，抓住政策、执行、结果等主要环节，编制并公布职权运行流程图。

（5）重在干部任用。干部人事权力是党委的核心权力，更是推进县委权力公开透明运行的重点。在这方面，成安县探索实行了公开竞岗、民主决策、群众参与、公开操作和一线考核等5项机制。在现有的人事决策程序中，应当有防止

"一把手"将个人意图转化为集体意见的制度性安排。成安县在科级干部选拔任用中，实行了常委会票决制，党政正职和重要岗位调整实行了全委会票决制。2009年以来，通过常委会票决调整提拔干部83人，其中提交全委会票决25人。成安县还推出了公开竞岗机制，出台了空岗预告和竞争上岗制度。2012年成安对全县副科级空缺岗位进行公开预告，经过考试、考察、公开答辩和差额票决，3名优秀干部被选拔到副科级领导岗位。同时，成安县还出台了《领导班子和领导干部考核办法》，实行一线考评制度、无为淘汰制度，表彰奖励并优先使用实绩突出的优秀干部，坚决淘汰工作中无所作为或胡乱作为的干部。2009年以来，县委对5名干部给予免职或降职处理。

对于职权行使过程中容易出现的问题，成安县建立了职权运行预警机制。根据职权的重要程度、行使频率和问题发生的概率，对县委职权进行风险等级评估。对于职权行使风险点，成安县采用红、橙、黄、蓝4种颜色进行预警，有针对性地采取措施进行防控。①

（四）北京公开权力流程图②

2011年11月26日北京召开全市深入推进廉政风险防控管理大会，通过了《北京市关于进一步加强廉政风险防控管理的意见》（以下简称《意见》），计划用5年时间（2012~2017年），逐步建立规范权力运行的三大体系。

（1）加强对主要领导权力制约。《意见》强调，围绕权力过于集中的岗位和存在廉政风险的环节，应逐步推进合理分权，单位内班子成员之间、部门之间科学配置权重，系统内实行权力下放、分级办理，加强岗位之间、环节之间的监督和制约。深入推进审批制度改革，进一步清理、减少和调整行政审批事项。加强对主要领导的权力制约，制定合理限权、规范用权的具体措施，贯彻落实集体领导与分工负责制度。涉及行政审批、行政处罚、司法、政府投资项目、公共资源交易、财政专项资金管理等领域的单位和部门，要重点加强分权制约机制建设。

（2）绘制并公开"权力运行图"。《意见》提

---

① 以上（1）（2）（3）（4）（5）根据朱峰：《瞭望》，2010年10月21日。
② 根据相关新闻改写。

出，在健全行政管理规则，建立决策、执行、反馈的完整流程，规范审批权和现场即决权行使的基础上，编制职权目录和权力运行流程图。该目录和运行图将包括逐项列出权力行使的依据、界限、程序和责任，廉政风险及其等级等内容，以增强廉政风险程序控制的可操作性，使决策过程更加公开透明，有迹可循。《意见》要求职权目录、权力运行流程图和自由裁量权基准等内容，除涉及国家秘密、商业机密、个人隐私以及危害国家安全、公共安全、经济安全和社会稳定的以外，都要通过新闻媒体或政府网站向社会公开，接受社会监督。

（3）分级管理廉政风险。《意见》提出对廉政风险点实行动态管理，根据权力重要程度、自由裁量权大小、腐败现象发生概率以及危害程度，按照"高中低"3个等级进行评估，对不同等级的风险点实行分级管理、分级负责、责任到人，实现廉政风险点动态管理。《意见》明确指出，工程建设、土地出让、产权交易等腐败现象易发多发领域，以及征地拆迁、教育医疗、社会保障、食品药品安全、环境保护、安全生产等涉及民生领域和舆论关注热点，要作为廉政风险防控项目化管理的重点，通过与司法机关、金融机构、社会调查和信息咨询机构的合作进行专项监督。

市委书记刘淇要求，要找准权力运行风险点，认真查找每个部门、单位、岗位在权力行使、制度机制、思想道德等方面存在的廉政风险点，并依据权力的重要性、权力行使的频率、腐败现象发生的概率及危害程度，对查找的廉政风险点评定风险等级，实行风险等级管理；要突出重点对象，把领导干部特别是掌握人事权、执法权、司法权、审批权、监管权的领导干部以及人、财、物管理等关键岗位作为重点对象，切实规范领导干部的用权行为；要抓好管理监督，加强对权力运行的专项监督，建立市、区两级"廉政风险防控项目化管理台账"，形成风险防控的合力；要加强权力运行的社会监督，开展党务公开、政务公开、司法公开、厂务公开、村务公开和公共企业单位办事公开，推进权力透明运行，广泛接受社会监督。

四、发达乡镇行政管理体制改革试点

2010年4月1日中央编办、中农办、国家发改委、公安部、民政部、财政部联合发布了《关于开展经济发达镇行政管理体制改革试点工作的通知》。该通知初步确定进行试点的经济发达镇共计25个，分别是：河北省高碑店市白沟镇；山西省介休市义安镇；吉林省磐石市明城镇；江苏省昆山市张浦镇、江阴市徐霞客镇、兴化市戴南镇、吴江市盛泽镇；浙江省义乌市佛堂镇、余姚市泗门镇；安徽省无为县高沟镇、天长市秦栏镇；福建省晋江市陈埭镇、南安市水头镇；山东省广饶县大王镇；河南省安阳市水冶镇、信阳市平桥区明港镇；湖北省钟祥市胡集镇、谷城县石花镇；广东省增城市新塘镇、佛山市南海区狮山镇、东莞市长安镇；四川省大竹县庙坝镇、新津县花源镇；陕西省岐山县蔡家坡镇、南郑县大河坎镇。试点内容主要包括加快推进体制创新、继续下放经济社会管理权限、创新机构编制管理。

2011年安徽省无为县高沟镇为贯彻落实《中共安徽省委办公厅、安徽省人民政府办公厅关于印发〈关于经济发达镇行政管理体制改革试点工作的指导意见〉的通知》（皖办发〔2011〕4号），积极推进制定了行政管理体制改革试点工作方案。2011年6月1日，中央编办副主任何建中到无为县高沟镇调研经济发达镇行政管理体制改革试点工作，中编办三司司长勒永龙，省编办副主任张家麟，市长张飞飞，市委常委、常务副市长洪晓建，市政府秘书长张业锁以及无为县主要负责人陪同调研。以下是无为县高沟镇制定的行政管理体制改革试点工作方案的部分内容：①

1. 扩大事权范围，完善管理功能

依法赋予高沟镇部分县级经济社会管理权限，按照权责一致、依法下放、能放即放的原则，进一步扩大高沟镇经济社会管理权限。

（1）调整充实扩权内容。在扩权强镇已明确地下放权力的基础上，着眼于促进高沟镇改革和发展，对不适合镇级操作的事项进行调整、对没有纳入放权范围、有利于镇级扩权和发展的事项，纳入放权范围，进一步增强高沟镇的决策自主权。

---

① 以下第1至第6内容根据无为县高沟镇行政管理体制改革试点工作方案等资料改写。

重点扩大在项目审批、城镇规划建设管理、国土资源管理、环境保护、社会治安、劳动保障等方面的行政管理权限。今后，凡有利于高沟镇改革和发展的事项，要继续纳入放权范围。

（2）简化审批服务环节。需上报国家、省和市主管部门审批、核准或备案的项目，由高沟镇办理预审，报县主管部门"见文行文"，予以转报；其他项目由高沟镇办理预审，县主管部门"见章盖章"，予以审批、核准或备案。积极探索集中审批、定期审批、网上审批和流动便民等审批服务手段。

（3）规范权力运行方式。所有下放、委托的行政许可、行政审批事项，一律进入高沟镇便民服务中心，实行"一站式服务"。建设、规划、城管、环保、工商、交通等领域依法受委托行使的行政处罚权，交由镇综合执法机构行使，实行综合执法。

2. 调整财政体制，强化财力保障

在"镇财县管"的财政体制下，按照预算管理权、资金所有权、财政审批权"三权不变"的原则，构建财权与事权相匹配的镇级财政管理体制。

（1）加大财政保障力度。建立财政超收激励机制，以 2010 年财政收入为基数，超收县留成部分由县财政全额返还高沟镇，一定 5 年不变。在高沟镇辖区内收取的土地出让金净收益、社会抚养费，属县及县以下部分全额返还高沟镇。按规定报批后，高沟镇可收取城市公用事业费附加，由高沟镇统筹安排使用。

（2）加大项目扶持力度。对高沟镇迫切需要新上的优势产业、社会事业和基础设施建设项目，应优先列为市、县重点工程，并安排一定比例的配套资金给予支持。进一步整合各类财政专项资金，加大对高沟镇的扶持力度，特别是在交通、水利、安全饮用水、污水处理等项目、资金方面对高沟镇予以倾斜，支持改革试点。县政府对电缆主导产业转型升级项目和高沟镇基础设施建设给予政策倾斜，逐年加大财政扶持力度。

（3）完善金融服务体系。全面落实省、市、县鼓励银行业金融机构在扩权试点镇设立分支机构或网点的政策。鼓励金融机构在高沟镇设立村镇银行、融资性担保机构、小额贷款公司等，改善对中小企业、个体工商户和农户的融资服务。支持高沟镇推进投资体制改革，依法组建高沟镇城镇建设投资公司等融资平台。县城市投资公司在融资方面也要向高沟镇倾斜。

3. 优化组织结构，创新管理体制

以建设人民满意的服务型乡镇政府为目标，统筹行政事业机构编制资源配置，优化组织结构，探索建立机构设置综合、管理扁平高效、人员编制精干、运行机制灵活的乡镇行政管理体制。

（1）综合设置机构。按照"小政府、大服务"和精简统一效能的原则，整合现有行政、事业机构，加强执法队伍建设，合并职能重叠、相近机构，将现有的行政机构和事业机构设置成 10 个综合机构。基层党群组织按有关规定和章程设置。

（2）理顺条块关系。保留国税、地税、工商、法院、司法、财政、国土等部门设在高沟镇的机构；将无为县公安局高沟派出所改设为高沟分局并组建高沟消防队；设立高沟环境监测（监察）站。国家、省垂直管理部门对派驻在高沟镇的机构要充分授权，能放的事权要下放到派驻机构行使。县派驻在高沟镇的机构，其主要负责人的任免，应事先征得镇党委同意，并参加镇政府年度考核，对工作不力造成严重后果的，镇党委可以提出书面调整建议。

（3）合理配置人员编制。在不突破无为县乡镇行政、事业编制总额前提下，可适当增加高沟镇人员编制。

（4）加强领导班子建设。实行党政领导交叉任职。高沟镇党政领导班子主要负责人职级配备，比照《中共安徽省委、安徽省人民政府关于实施扩权强镇的若干意见》（皖发〔2009〕15 号）规定执行。

4. 创新社会管理，强化公共服务

切实转变政府职能，建设服务型政府，着力增强高沟镇的社会管理和公共服务能力。

（1）创新社会管理。加强党组织建设，探索新形势下加强和改进高沟镇党组织建设的新途径，不断扩大基层党组织的覆盖面，切实贯彻落实好党在农村各项方针政策和法律法规，促进农村社会事业的全面发展。进一步完善政务公开、村务公开等制度，积极推进基层社区建设，培育和扶持人民调解、行业协会等社会组织，完善村民自治，实现政府行政管理和社区自我管理有效衔接、政府依法行政和村民依法自治良性互动。加强社会管理和社会治安综合治理，及时化解社会矛盾，切实维护农民合法权益，确保农村社会和谐稳定。

（2）增强服务能力。加强规划编制和管理，加快基础设施建设步伐，重点加强道路、给排水、环境卫生、污水处理、垃圾处理、广播电视、网络通信等基础设施建设，使高沟镇的基础设施建设水平达到小城市标准，为高沟镇产业转型升级和滨江新城建设提供良好的配套服务；加快公共服务体系建设，按照统一规划、适度超前、突出重点的原则，结合民生工程的实施，加大对高沟镇科技、教育、文化、卫生等公共服务设施建设投入，力争用3年左右的时间，完善"一校一园（标准化学校、中心幼儿园）、两院两站（中心卫生院、敬老院、综合文化站、农村综合服务站）和市民休闲广场"等公共服务设施建设；建立和健全劳动就业和社会保障工作平台，支持高沟镇社会保障机构、人力资源市场、就业指导服务体系建设，健全农村劳动力转移就业培训制度，促进农村富余劳动力向非农产业转移，探索城乡养老保险、医疗保险制度的有效衔接办法。

（3）改进服务方式。以实现城乡基本公共服务均等化为核心，改革基本公共服务提供方式，引入竞争机制，进一步扩大"以钱养事"的范围和领域，探索建立多元化的公共服务体系和运行机制。注重发挥农村经济合作组织和社会服务机构在提供公共服务中的作用，采取政府采购、合同外包、购买服务等方式，实现服务主体多元化、服务方式市场化。进一步落实为民服务全程代理制，健全服务代理网络，拓展服务项目，提升服务质量。

5. 推进配套改革，探索制度创新

（1）改革建设用地管理。在新一轮土地利用总体规划修编中，充分考虑高沟镇的发展需要，合理布局，统筹安排。省政府积极支持高沟镇开展城乡建设用地增减挂钩试点工作并安排适当数量的挂钩周转指标。省、市、县政府每年分别在建设用地计划指标中安排一定数量给高沟镇使用。鼓励和支持高沟镇推进土地整理复垦开发工作。进一步探索农村集体建设用地使用权的流转方式，保障集体建设用地依法、规范流转。

（2）推进户籍制度改革。鼓励引导外来人口和农村居民进入高沟镇就业、居住，放宽高沟镇落户条件。凡在高沟镇有合法固定住所、稳定职业或生活来源的人员及其共同居住生活的直系亲属，均可根据本人意愿办理城镇户口。经批准落户的人员，在就学、就业、兵役、社会保障等方面，按有关规定享受城镇居民同等的权利和义务。

（3）推进人事制度改革。建立和完善人才引进机制，有针对性地引进高沟镇在建设、规划、管理等方面急需的人才，为高沟镇全面履行职能提供人才保障。选好配强高沟镇党政领导班子，进一步优化领导班子结构，加强县、镇干部双向交流。创新人员配置方式，在行政、事业人员档案身份不变的前提下，允许行政事业单位工作人员双向选择、竞争上岗；根据工作需要，高沟镇可在一些辅助性、技术性、服务性岗位上实行人员社会聘用制。创新薪酬分配制度，完善薪酬激励机制，在年度财政超收分成中可适当提取政府奖励基金。创新考核评价机制，建立健全能够客观、真实反映工作人员工作业绩的考核评价体系。

6. 规范行政行为，健全决策监督机制

县、镇两级要进一步理顺关系，明确责任，确保下放的权力运行顺畅、管理高效，严防违规滥用权力，避免引发各类矛盾和问题。在扩大高沟镇管理权限的同时，明确高沟镇承担与其对等的责任，建立与高沟镇事权相适应的民主决策和权力监督机制。充分发挥基层群众自治组织、新闻媒体的监督作用，探索建立行政行为和绩效监督评估机制，重点对重大决策、项目建设、行政许可、行政执法、财政预决算、政府采购等行为进行监督和评估；加大政务公开力度，落实公众的知情权、表达权、参与权和监督权；逐步推行镇党政机关及所属机构预决算在网络等新闻媒体公开，鼓励村集体财务交由专业的会计服务中介审核，并定期公布；建立健全对环境保护、城乡规划、节能减排、土地节约等重点监管事项的监督标准，配套建立系统严密、设计科学、操作性强的奖惩制度。

五、省直管县改革

市管县的格局是1982年开始的，从那时起我国大多数地方改变了过去作为省政府派出机构的地区（专区）体制，实行市领导县。中央高层推行"市管县"体制的初衷，本是为了解决地市分割问题，发挥中心城市的作用，加快城乡一体化进程。但由于近十多年配套的政治体制改革进展缓慢，"市管县"只在一些地方部分实现了预定目标，在更多地方却暴露出许多问题，比如，市管县体制扩大了市的行政"地盘"，加之市的权力大于县，造成一些市随意扩张，市与县重复建设严重，产业结构雷同，浪费大量资源；由于城市政府职能转变不到位和传统体制的影响，中心城市对县域经济带动并未实现；市县之间普遍存在利益冲突和矛盾，内耗严重，发达地区更甚，个别地方市县关系相当紧张。

（一）"省直管县"的政策背景

国家"十一五"规划纲要中提出要"理顺省级以下财政管理体制，有条件的地方可实行省级直接对县的管理体制"。2005 年 6 月，温家宝总理在全国农村税费改革试点工作会议上指出："要改革县乡财政的管理方式，具备条件的地方，可以推进'省管县'的改革试点。"党的十六届五中全会提出要优化组织结构，减少行政层级，条件成熟的地区可以实行省直管县的财政体制。

2011 年 4 月 20 日国务院总理温家宝主持召开国务院常务会议，会议确定开展省直接管理县（市）试点作为 2011 年改革重点工作。

目前省管县有以下 4 种主要形式：第一种是直接没有地级市这一中间环节，以北京、上海、天津、重庆等直辖市和海南省为代表。第二种是以浙江、湖北、安徽、吉林等省为代表的全面管理型。这些省份对财政体制的制定、转移支付和专款的分配、财政结算、收入报解、资金调度、债务管理等财政管理的各个方面，全部实行省对县直接管理。第三种是对转移支付、专款分配，以及资金调度等涉及省对县补助资金分配的方面实行省直接管理，以山西、辽宁、河南等省为代表。第四种是山东、广西实行的省市共管型，即省级财政在分配转移支付等补助资金时，直接核定到县，但在分配和资金调度时仍以省对市、市

对县方式办理。同时，省级财政加强对县级监管。[①]

（二）广东试水"省直管县" 确定佛山市顺德区为首个试点

2011 年 2 月 11 日下午，广东省编办正式通报，广东省近日正式发文确定佛山顺德为广东省首个省直管县试点，由此拉开广东"省直管县"改革序幕。

佛山市顺德区地处广东省珠江三角洲腹地，面积 806 平方公里，常住人口 115 万人，2010 年经济总量达 1935.6 亿元，在全国县域经济中名列前茅。广东确定顺德区为"省直管县"试点后，顺德区享有地级市管理权限和行政执法权限，并实施"省直管县"财政体制，佛山市和顺德区统一按照广东省的财政管理体制要求，各自编制本级财政收支预算和年终决算，分别报省汇总；佛山市、顺德区不得要求对方分担应属自身事权范围内的财政支出责任；转移支付、税收返还、所得税返还等由省财政直接核定并补助到顺德区；国家、省级财政的专项资金对顺德区实行单列划拨，顺德区可直接向省级财政等有关部门申请专项拨款补助，由省财政直接下达顺德区。

与此同时，顺德区将以行政体制改革为主线，深化综合改革试验，统筹协调推进各领域改革，尤其在社会体制改革、公共服务体制改革、文化体制改革、行政审批制度改革、农村管理体制改革、干部人事和事业单位工作人员收入分配制度改革、新型区域合作等领域大胆进行综合改革探索和创新试验，以加快县域经济社会发展。[②]

（三）安徽省"区直管社区"探路城市管理体制改革

2011 年 1 月 9 日，安徽省铜陵市铜官山区新组建的 18 个社区全部完成了居委会的选举，在全区范围内实行"区直管社区"。这一改革打破了现行的区、街道、社区三级城市基层管理体制，将计划生育、民政、社保等服务职能全部下放到新社区，使社会管理和公共服务更贴近居民。

1. 18 个新社区试验"直管"

城市基层正在发生新的深刻变革，社区居民

---

① （一）"省直管县"的政策背景及本段导言根据方可成、王磐：《省直管县改革出现"疲劳症"——专访国家行政学院经济学部主任张占斌》，《南方周末》，2012 年 2 月 3 日。

② （二）广东试水"省直管县"确定佛山市顺德区为首个试点根据李刚：《广东试水"省直管县"确定佛山市顺德区为首个试点》，《人民日报》，2011 年 2 月 13 日。

委员会承担的社会管理任务更加繁重，居民群众对社区居民委员会的服务需求更加迫切，但现行社区管理体制存在的诸如职能错位、自治不足、社区成员参与不够、社区观念和管理理念滞后、行政化趋向等问题，影响了社区居民委员会功能作用的发挥，影响了城市社区建设的整体推进。正是在这样的背景下，铜陵市经过长时间摸底调查和充分准备，启动了社区管理体制改革。

铜官山区是铜陵市的主城区，改革前原有 6 个街道，49 个社区。 2010 年 7 月 24 日，铜官山区将原有的 49 个社区整合调整为 18 个新社区，并成立了社区党工委和社区服务中心。当年 8 月 19 日，18 个新社区正式挂牌运行。2011 年 1 月 9 日，新组建的 18 个新社区居委会顺利实现了改选，街道办事处这个运行了 55 年的政府派出机构将逐渐从铜陵淡出。据介绍，这是我国第一个在全区范围内撤销街道办、实现区直管社区的市区。

2. 新架构强化公共服务

实行区直管社区综合体制改革，主要包括将现行的街道办事处和社区工作站整合为社区公共服务管理机构，撤销街道办事处，成立社区公共服务中心等内容。新社区采用"一个核心三个体系"的组织架构，即以社区党工委为核心，社区居委会、社区公共服务中心和社会组织 3 个体系为支撑的整体架构，以建立健全党的领导、居民自治、中心服务、社会协同、居民参与的社区服务与管理新格局。

根据新社区组织架构，铜官山区对区直部门和社区职能进行梳理，将街道的经济发展、城管执法等主体职能收归区相关职能部门，新社区协助做好相关服务工作；将计划生育、民政、社保等服务职能全部下放到新社区。新社区实行全员网格化管理，按照 300 户左右 1 人配齐社区工作者，划定责任区，明确网格管理员。要求网格人员定期对责任区住户进行上门走访服务，对责任区范围内的公共服务投诉、公共设施投诉、公共事务服务等负全责。取消行政坐班制，设立综合事务、民政事务、综治维稳司法、人口计生、市容城建卫生、劳动保障、经济发展服务等 7 个工作岗位，实行开放式办公、窗口式服务。

金口岭社区建立了网格化管理责任表格，表格上一目了然地标着 31 名责任人的姓名、分片栋号数和户数。社区党工委书记余良清告诉记者，改革后的新社区实行模拟编制化管理，全员实行分类管理，设立 A 岗和 B 岗。

根据新社区组织架构，社区公共服务中心和社区内各类社会组织在党工委和居委会的领导和指导下开展工作。铜官山区"区直管社区"改革的一项重要内容，是将人、财、物等各类管理和服务资源整合下沉，使社会管理和公共服务更贴近基层、更贴近居民。同时，将行政服务管理职能和居民自治职能相对分开，利用整合后的社区公共管理和服务职能，可以更有效地促进社区居民自治。改革前，街道、社区共有工作人员 569 名，经过调整分流，现在新社区共有 517 人。新社区领导班子从原街道班子成员中选配了一批、从区直机关选调了一批，还有 18 名社区副主任是从原社区主要负责人中公开选聘产生的，彻底改变了"老大妈"管社区的局面。以前 49 个社区需要 49 处办公用房，现在整合成 18 个社区，更多的办公用房调剂出来了，成为居民的活动用房，居民的活动场所有了很大的改善。人、财、物等资源下沉社区，为推进社区居民自治提供了可靠的保障。记者在采访中了解到，新社区居委会选举期间，各社区纷纷以此为契机，积极开展以居务公开、民主评议为主要内容的民主监督活动，组织居民群众对环境卫生、小区绿化等进行评议和监督。[1]

六、综合配套改革试验区行政管理体制改革

综合配套改革试验区是我国在经济社会发展的新阶段，在科学发展观的指导下，为促进地方经济社会发展而推出的一项新的举措。它是我国改革开放继深圳等第一批经济特区后建立的第二批经济特区，亦即"新特区"。

国家设立综合配套改革试验区的目的，是为了探索建设和谐社会、创新区域发展模式、提升

---

① （三）安徽省"区直管社区"探路城市管理体制改革根据林春生：《安徽省铜陵市"区直管社区" 探路城市管理体制改革》，《安徽日报》，2011 年 1 月 28 日。

区域乃至国家竞争力的新思维、新思想、新路径、新模式和新道路，通过选择一批有特点和有代表性的区域进行综合配套改革，以期为全国的经济体制改革、政治体制改革、文化体制改革和社会各方面的改革提供新的经验和思路。这是我国社会主义市场经济发展到特定历史阶段，应对特殊的经济发展环境做出的现实选择，它的提出必将对未来改革和区域经济的发展产生深远的影响。综合配套改革试验区设立的核心在于"综合配套"，其宗旨是要改变多年形成的单纯强调经济增长的发展观，要从经济发展、社会发展、城乡关系、土地开发和环境保护等多个领域推进改革，形成相互配套的管理体制和运行机制。

实施综合配套改革试点是我国改革向纵深推进的战略部署。实施综合配套改革，能够合理解决经济体制改革的系统性和配套性，增强各方面、各领域、各层次改革的协调性、联动性和配套性，有利于建立健全充满活力、富有效率、更加开放的体制机制，建立起完善的社会主义市场经济体制。

上海浦东新区2005年6月获批，是第一个综合配套改革试验区，浦东试验区着重探讨的是政府职能的转变，希望把经济体制改革与其他方面改革结合起来，探索并完善社会主义市场经济体制。这一点，从浦东新区政府职能转变、央行二总部设在浦东等具体事件上都有所体现。

天津滨海新区2006年5月设立，探讨的则是新的城市发展模式，其目的是在引进外资和先进技术，推动环渤海地区经济发展的同时，走新型工业化道路，把增强自主创新能力作为中心环节，积极发展高新技术产业和现代服务业，提高对区域经济的带动作用。

2007年6月批准的重庆和成都（成渝）全国统筹城乡综合配套改革试验区，则是为了探索改变中国城乡二元经济结构，希望形成统筹城乡发展的体制机制，促进城乡经济社会协调发展，最终使农村居民、进城务工人员及其家属在各个方面，享有与城市居民一样平等的权利、均等化的公共服务和同质化的生活条件。

2007年12月国家发展和改革委员会又批准武汉城市圈和长沙、株洲、湘潭（长株潭）城市群为全国资源节约型和环境友好型社会建设综合配套改革试验区。其名称围绕"两型社会"，推进

经济又好又快发展，促进经济社会发展与人口、资源、环境相协调，希望在解决资源、环境与经济发展的矛盾问题上有所探索，避免走"先发展、后治理"的老路，切实走出一条有别于传统模式的工业化、城市化发展新路，为推动全国体制改革、实现科学发展与社会和谐发挥示范和带动作用。

2009年5月初《深圳市综合配套改革总体方案》获得国务院正式批复通过。这个方案提出了深圳"争当科学发展示范区、改革开放先行区、自主创新领先区、现代产业集聚区、粤港澳合作先导区、法制建设模范区，强化全国经济中心城市和国家创新型城市地位、加快建设国际化城市和中国特色社会主义示范市"的目标定位，在中国做具有特色的"新特区"。

2010年4月6日批准的沈阳经济区综合配套改革试验区的主要任务是：以区域发展、企业重组、科技研发、金融创新四个方面体制机制创新为重点，紧扣走新型工业化道路主题率先突破；配套推进资源节约、环境保护、城乡统筹、对外开放、行政管理等体制机制创新，为走新型工业化道路提供支撑平台和配套措施。

2010年12月1日经国务院同意，国家发改委正式批复设立"山西省国家资源型经济转型综合配套改革试验区"，这是我国设立的第九个综合配套改革试验区。

以下是关于深圳市深化行政管理体制改革的方案：

2009年7月11日中共深圳市委、深圳市人民政府关于印发深发〔2009〕1号《深圳市综合配套改革三年（2009~2011年）实施方案》的通知。实施方案的第二部分主要内容和任务中将深化行政管理体制改革列为第一项，内容如下：

（一）深化行政管理体制改革，率先建成公共服务型政府。以转变政府职能为核心，全面创新行政管理体制，力争在行政机构改革、基层管理体制创新、法治政府建设等方面取得明显成效，用3年左右时间初步形成比较完善的有中国特色的社会主义行政管理体制

（1）加快行政管理体制改革。调整和解决部门间存在的职责交叉和关系不顺问题，理顺部门行政管理与综合执法的事权关系，合理配置市、区、街道事权。按照职能有机统一的原则，进一

步完善适合深圳实际的大部门管理体制，形成决策科学、执行有力、监督到位的行政运作架构。进一步完善决策、考核和问责机制。精简领导职数，扩大交叉任职。强化部门主办制和牵头部门负责制，加强部门间的协调配合。加大信息化统筹力度，提高电子政务水平。

（2）探索行政层级改革，创新基层管理体制。向国家申报将经济特区范围延伸至深圳全市。设立坪山新区，加快功能区、管理区体制改革。在光明新区、坪山新区开展行政层级改革试点工作，整合街道办事处、社区工作站行政管理资源，缩短管理链条，增强基层自治功能，探索基层管理体制改革。

（3）加快法治政府建设。贯彻落实国务院法制办与市政府签订的《关于推进深圳市加快建设法治政府的合作协议》，实施《深圳市法治政府建设指标体系（试行）》，基本实现国务院规定的法治政府建设目标。清理规范现有行政服务项目，简化行政服务程序，降低行政服务成本，实现行政服务的法定化、规范化和制度化。简化行政审批流程，清理规范企业登记前置审批事项；加强行政审批监管，提高行政审批效率，实现行政审批合法性与合理性相统一。整合立法资源，创新立法机制，逐步推行由政府法制机构集中草拟涉及政府行政管理职权的法规以及规章草案。

（4）创新公务员管理制度。在科学分类的基础上，构建不同类别公务员各自独立的职业发展通道和薪酬体系，建立和完善相关配套管理制度。完善聘任制公务员管理制度，扩大试点范围，探索对行政执法类、专业技术类等职位新进人员实行聘任制。深化公安系统公务员专业化试点改革；推进法官、检察官职业化改革；启动监狱、劳教所司法警察专业化改革。

（5）继续深化事业单位改革。创新事业单位内部管理制度和运行机制，在事业单位分类改革的基础上，进一步厘清政府提供公共服务的范围和标准，推进政事分开、管办分离；推进法定机构改革试点，加快建立和完善法人治理结构改革、财政供给方式改革和事业单位整合等改革。推进岗位设置管理，完善人员聘用制度，实现事业单位人员管理从身份管理向岗位管理，从行政任用关系向聘用关系的转变。实行绩效管理，完善岗位绩效工资制。

深圳市综合配套改革3年（2009~2011年）实施方案工作安排见表4-1。

表4-1　深圳市综合配套改革3年（2009~2011年）实施方案工作安排

改革项目	主要内容	阶段性目标	牵头单位	协办单位
加快行政管理体制改革	（一）调整和解决部门间存在的职责交叉和关系不顺问题，理顺部门行政管理与综合执法的事权关系，合理配置市、区、街道事权	2009年制定方案并正式启动，2011年基本完成	市人事局（编办）	各相关部门、各区政府、光明新区管委会
	（二）完善大部门管理体制			
	（三）创新政府运行机制，成立若干执行机构。精简领导职数，扩大交叉任职，强化部门主办制和牵头部门负责制			
探索行政层级改革，创新基层管理体制	（四）拟定专项方案，向国家申报将特区范围延伸至深圳全市	2009年上半年制定方案，下半年向国家正式提出申请	市法制办	市人大法委、市规划局、民政局等
	（五）创新基层管理体制，探索行政层级改革。设立坪山新区，加快功能区、管理区体制改革。在光明新区、坪山新区开展试点，探索整合街道办、社区工作站行政管理资源，精简行政层级，缩短管理链条，探索基层管理体制改革	2009年制定方案并启动	市人事局（编办）、市民政局	市委组织部、市委政研室（改革办）、市财政局、法制办及各区政府、光明新区管委会
加快法治政府建设	（六）推进法治政府建设，实施《深圳市法治政府建设指标体系（试行）》	2011年前基本完成	市法制办	各相关部门
	（七）清理规范行政服务项目，简化行政服务程序，降低行政服务成本，实现行政服务的法定化、规范化和制度化	2011年前基本完成	市法制办	各相关部门
	（八）深化行政审批制度改革，简化行政审批流程，清理规范企业登记前置审批事项。加强行政审批监管，提高行政审批效率	2011年前基本完成	市法制办	市纪委、市监察局及各相关部门
	（九）探索建立法规规章集中草拟制度	2009年制定方案并启动	市法制办	市人大法委、市人事局（编办）

续表

改革项目	主要内容	阶段性目标	牵头单位	协办单位
创新公务员管理制度	（十）实施公务员分类管理，构建不同类别公务员各自独立的职业发展通道和薪酬体系，建立和完善配套管理制度	2009年正式启动，2011年基本完成	市人事局（编办）	各区政府、光明新区管委会及相关部门
	（十一）扩大公务员聘任制试点	2010年正式启动，2011年基本完成	市人事局（编办）	各相关部门
	（十二）深化公安系统公务员专业化试点改革；推进法官、检察官职业化改革；启动监狱、劳教所司法警察专业化改革	司法警察专业化改革2010年上半年完成，其余改革2011年基本完成	市委组织部、市人事局（编办）	市中级法院、检察院、公安局、司法局等
继续深化事业单位改革	（十三）创新事业单位内部管理制度和运行机制，进一步厘清政府提供公共服务的范围和标准，推进法定机构改革试点	2011年基本完成	市人事局（编办）、市委政研室（改革办）	市财政局及各相关部门
	（十四）加快事业单位人事制度改革	2011年基本完成	市人事局（编办）	各相关部门

七、特色创新

2011年各地根据区域经济、产业特色，开展行政管理体制改革创新，有效地推动了地方经济社会和文化发展。本部分选取北京市行政管理特色创新上的两个案例，介绍第六届中国地方政府创新奖的各奖项。

（一）北京市海淀区成立高层次人才专门服务机构

人才是海淀区加快建设具有全球影响力科技创新中心的基础，是建设创新引领、环境优美、和谐宜居的高科技核心区的重要推动力，是全区当前和未来发展的战略目标。加强人才队伍建设，对于加快全区核心区建设，率先建成国家级人才特区具有重要意义。

为不断提高人才工作科学化水平，落实人才工作先行先试，海淀区成立了为高层次人才提供专门服务的实体性机构——"高层次人才服务管理办公室"。作为服务高层次人才的抓手，高层次人才服务管理办公室主要承担中央"千人计划"、北京市"海聚工程"、中关村"高聚工程"人员等高层次人才的服务工作，并通过制定措施、协调服务及审批工作居住证等一系列手段，为高层次人才在海淀区创新创业提供服务和保障。鉴于目前区人力社保局承担了包括人才引进、优秀人才申报及居住证审批等大量人才管理工作，按照专业

管理、方便服务的原则，将办公室设在了区人力资源和社会保障局。[①]

（二）北京市海淀区设立全市首个知识产权检察机构[②]

在第十一个世界知识产权保护日即将来临之际，海淀区人民检察院举行了知识产权处成立挂牌仪式。这是北京市检察机关首个专门办理知识产权案件的机构。

近年来，海淀检察院在办理知识产权案件的过程中，更加注重"贴身式服务"。即在中关村地区设立知识产权保护站、建立检察联络员制度，打造顺畅的法律通道之后，新成立的知识产权处所具备的民事职能，使得企业在民事案件方面的诉求，也可以得到具有丰富的办理知识产权案件经验的检察官的专业处理。

过去10年，海淀检察院紧跟时代步伐，始终致力于打击侵犯知识产权犯罪，保护海淀区经济发展。从2001年办理首例侵犯知识产权犯罪案件，到2005年成立专业知识产权办案组，再到2010年创立"能力、机制、效果"层次递进、从"打击保护"向"服务保护"转化的知识产权案件办理机制，海淀检察院共办理侵犯知识产权类犯罪案件1225件2263人，有力地打击了侵犯知识产权犯罪，有效地保护了海淀区的知识产权，扩大了办案效果，并锻炼培养了海淀检察院的一批人才。

---

① 北京市海淀区编办，2011年5月19日。
② 根据相关资料改编。

海淀检察院也连续三年获得"中国外商投资企业协会优质品牌保护委员会"颁发的知识产权保护最佳案例奖。更在2010年获得"品保委"授予的"2000~2010年中国知识产权和质量监督进步杰出贡献单位"称号。

（三）第六届中国地方政府创新奖揭晓十项目获优胜奖①

2012年1月第六届"中国地方政府创新奖"选拔暨颁奖大会在北京举行，全国人大常委会副委员长韩启德出席颁奖大会并为获奖单位颁奖。广东省"大部门体制改革"、陕西省子长县"公立医院改革"、浙江省绍兴市"中心镇权力规制"等10个地方政府创新项目荣获优胜奖。

在第六届"中国地方政府创新奖"选拔暨颁奖大会开幕式上，中共中央编译局副局长、"中国地方政府改革创新研究与奖励计划"总负责人俞可平指出，开展"中国地方政府创新奖"评选活动的目的，是通过评选活动，发现地方政府在制度创新、机构改革、公共服务和社会管理中的先进事例，鼓励地方党政机关积极进行与社会主义市场经济和人民群众民主要求相适应的政府管理体制改革，推进地方的善政和善治。

俞可平介绍，本届申报活动呈现出以下特点：第一，项目来源广泛，整体质量高；第二，社会管理创新项目增多；第三，县市级党政机构依然是政府创新项目申报主体，县域创新空间广阔；第四，首次向中央国家机关开放，多个中央国家机关提交项目申报；第五，申报项目在领域与区域分布上依然不平衡；第六，申报过程中，组委会与申报方互动方式更加多样。

第六届"中国地方政府创新奖"选拔过程中，25个入围项目经过现场陈述、答辩和选拔委员会投票等评选环节，最终广东省"大部门体制改革"、陕西省子长县"公立医院改革"、浙江省绍兴市"中心镇权力规制"等10个地方政府创新项目荣获优胜奖，将各获奖金人民币5万元；12个项目获得提名奖，2个中央国家机关项目获得特别奖，1个项目获得媒体传播特别奖。

"中国地方政府创新奖"于2000年由中央编译局比较政治与经济研究中心、中央党校世界政党比较研究中心和北京大学中国政府创新研究中心联合创办，该奖项每两年举行一次。这是中国第一个由学术机构独立举办，按照科学的评估程序和评选标准对政府创新进行客观评估的民间奖项，至今已经连续举办六届，共有1913个省级以下的地方政府创新项目申报该奖项，有139个项目获得入围奖，60个项目获得优胜奖。

附：获奖项目

"中国地方政府创新奖"优胜奖

广东省机构编制委员会办公室：大部门体制改革

陕西省子长县人民政府：公立医院改革

上海市浦东新区民政局：公益服务园

浙江省慈溪市委、市政府：基层组织和社会组织协同治理模式

河北省环境保护厅：流域断面水质考核生态补偿机制

辽宁省纪委、省政府监察厅、省政府纠风办：民心网

江西省万载县委、县政府：农村社会工作本土化的新模式

海南省人民政府政务服务中心：行政审批"三集中"

四川省遂宁市委、政法委：重大事项社会稳定风险评估机制

浙江省绍兴市人民政府：中心镇权力规制

"中国地方政府创新奖"提名奖

四川省成都市人民政府：村级公共服务和社会管理改革

重庆市南川区委、区政府：党政一把手"五不直管"分权改革

浙江省温岭市委、市政府：工资集体协商制度

浙江省杭州市综合考评委员会办公室：公民导向的综合考评

广西壮族自治区百色市委组织部：农事村办服务机制

浙江省乐清市人大常委会：人民听证制度

广东省深圳市民政局：社会工作的民间化专业化

---

① 中国新闻网，2012年1月8日。

山东省寿光市人民政府：寿光民声

河南省安阳市政协：思辩堂

广东省中山市三乡镇妇联：外来人口社区融入与发展

广东省深圳市盐田区委：完善民意畅达机制

天津市和平区行政许可服务中心：引入中介组织参与行政审批服务

"中国地方政府创新奖"特别奖

国家林业局：集体林权制度改革

国家气象局：气象防灾减灾宣传志愿者中国行

"中国地方政府创新奖"媒体传播特别奖

海南省人民政府政务服务中心：行政审批"三集中"①

八、2011 年行政管理体制改革的重要政策和历程

本部分按照时间顺序梳理 2011 年度行政管理体制改革的政策和历程。②

（一）广东省确定顺德区为省直管县试点

2009 年 9 月佛山市顺德区布置开展以大部门体制为重点的行政体制改革。一年多来，改革取得明显成效，为全省县级行政体制改革提供了经验。2011 年 2 月中旬，中共广东省委、省政府下发《关于进一步完善和深化顺德行政体制改革的意见》（以下简称《意见》），广东省确定顺德区为省直管县试点，对顺德区实行省直接管理县财政体制。顺德区享有地级市的行政执法权限，并将接受广东省的直接考核，分数单列。广东省确定首个省直管县试点。广东省近日正式发文确定佛山市顺德区为广东省首个省直管县试点。顺德区将享有地级市管理权限和行政执法权限，并实施"省直管县"财政体制，佛山市和顺德区统一按照广东省的财政管理体制要求，各自编制本级财政收支预算和年终决算，分别报省汇总；佛山市、顺德区不得要求对方分担应属自身事权范围内的财政支出责任；转移支付、税收返还、所得税返还等由省财政直接核定并补助到顺德区；国家、省级财政的专项资金对顺德区实行单列划拨，顺

德区可直接向省级财政等有关部门申请专项拨款补助，由省财政直接下达顺德区。与此同时，顺德区将以行政体制改革为主线，深化综合改革试验，统筹协调推进各领域改革，尤其在社会体制改革、公共服务体制改革、文化体制改革、行政审批制度改革、农村管理体制改革、干部人事和事业单位工作人员收入分配制度改革、新型区域合作等领域大胆进行综合改革探索和创新试验，以加快县域经济社会发展。

（二）2011 年政府工作报告关于政府自身建设的内容

2011 年 3 月 5 日国务院总理温家宝在第十一届全国人民代表大会第四次会议上的《2011 年政府工作报告》明确了 2011 年度政府自身建设和行政管理体制改革的任务。

在报告第一部分，温家宝指出：五年来，我们不断深化行政管理体制改革，加快转变政府职能，全面完成了新一轮政府机构改革，深入推进依法行政，建设法治政府和服务型政府，推进政务公开，加强行政问责，坚持不懈地开展反腐败斗争，政府自身建设取得积极进展。

温家宝指出"十二五"时期的主要目标和任务为：

——我们要全面深化改革开放。更加重视改革顶层设计和总体规划，大力推进经济体制改革，积极稳妥地推进政治体制改革，加快推进文化体制、社会体制改革，不断完善社会主义市场经济体制，扩大社会主义民主，完善社会主义法制，使上层建筑更加适应经济基础发展变化，为科学发展提供有力保障。坚持和完善基本经济制度，营造各种所有制经济依法平等使用生产要素、公平参与市场竞争、同等受到法律保护的体制环境。加快财税金融体制改革，积极构建有利于转变经济发展方式的财税体制，构建组织多元、服务高效、监管审慎、风险可控的金融体系。深化资源性产品价格和环保收费改革，建立健全能够灵活反映市场供求关系、资源稀缺程度和环境损害成本的资源性产品价格形成机制。实施更加积极主动的开放战略，培育参与国际合作与竞争新优势，

---

① 第六届"中国地方政府创新奖"根据中国新闻网，2012 年 1 月 8 日。

② 《半月改革动态》转引自：国家发展和改革委员会网页。

进一步形成互利共赢的开放新格局。

——我们要不断加强政府自身改革建设。政府的一切权力都是人民赋予的，必须对人民负责，为人民谋利益，接受人民监督；必须最广泛地动员和组织人民依法管理国家和社会事务，管理经济和文化事业；必须坚持依法治国基本方略，加强维护群众利益的法制建设，推进依法行政；必须实行科学、民主决策，建立健全决策、执行、监督既相互制约又相互协调的运行机制，确保权力正确行使；必须从制度上改变权力过分集中而又得不到制约的状况，坚决惩治和预防腐败；必须保障人民的民主权利和合法权益，维护社会公平正义。

在2011年的工作中，温家宝指出：今年，重点要做好以下几方面工作：（一）保持物价总水平基本稳定，（二）进一步扩大内需特别是居民消费需求，（三）巩固和加强农业基础地位，（四）加快推进经济结构战略性调整，（五）大力实施科教兴国战略和人才强国战略，（六）加强社会建设和保障改善民生，（七）大力加强文化建设，（八）深入推进重点领域改革，（九）进一步提高对外开放水平，（十）加强廉政建设和反腐败工作。其中（八）和（十）与行政管理体制改革紧密相关。主要内容如下：

（八）深入推进重点领域改革。继续推进国有经济战略性调整，健全国有资本有进有退、合理流动机制。完善国有金融资产、非经营性资产和自然资源资产监管体制，加强境外国有资产监管。继续鼓励、支持和引导非公有制经济发展。健全财力与事权相匹配的财税体制，清理和归并专项转移支付项目，增加一般性转移支付，健全县级基本财力保障机制。在一些生产性服务业领域推行增值税改革试点，推进资源税改革。深化预算管理制度改革，全面编制政府性基金预算，扩大国有资本经营预算范围，试编社会保险基金预算。继续深化金融企业改革，加快建立现代金融企业制度。加快培育农村新型金融机构。继续大力发展金融市场，鼓励金融创新。推进利率市场化改革。扩大人民币在跨境贸易和投资中的使用。推进人民币资本项下可兑换工作。加强和改善金融监管，建立健全系统性金融风险防范预警体系和处置机制。完善成品油、天然气价格形成机制和

各类电价定价机制。推进水价改革。研究制定排污权有偿使用和交易试点的指导意见。价格改革要充分考虑人民群众特别是低收入群众的承受能力。按照政事分开、事企分开、管办分开、营利性与非营利性分开的要求，积极稳妥地分类推进事业单位改革。

（十）加强廉政建设和反腐败工作。建设廉洁的政府是一项持久而又紧迫的任务，是人民的殷切期望。要加快解决反腐倡廉建设中的突出问题，扎实推进惩治和预防腐败体系建设，把查办大案要案作为反腐败的重要举措，同时更加注重制度建设。一是认真治理政府工作人员以权谋私和渎职侵权问题。针对工程建设、土地使用权出让和矿产资源开发、国有产权交易、政府采购等重点领域存在的问题，加大查处违法违纪案件工作力度，坚决惩处腐败分子。二是切实加强廉洁自律，认真贯彻执行《廉政准则》，落实领导干部收入、房产、投资以及配偶子女从业、移居国（境）外等情况定期报告制度，自觉接受监督。加强审计和监察工作。加大对行政机关领导干部和国有企业、事业单位负责人的监督力度。三是坚决反对铺张浪费和形式主义。要精简会议、文件，清理和规范各种达标、评比、表彰以及论坛、庆典等活动，从经费上严加控制。规范公务用车配备管理并积极推进公务用车制度改革。加快实行财政预算公开，让人民知道政府花了多少钱，办了什么事。各级政府都要努力为人民办事；每一个公务员都要真正成为人民的公仆。

（三）"十二五"规划关于行政体制改革的内容

新华社北京3月16日电发布了《中华人民共和国国民经济和社会发展第十二个五年规划纲要》，规划纲要"第四十六章推进行政体制改革"阐述了未来五年中国行政管理体制改革的原则、方向、任务、目标，明确了未来五年行政管理体制改革的战略：

"第四十六章　推进行政体制改革

按照转变职能、理顺关系、优化结构、提高效能的要求，加快建立法治政府和服务型政府。

第一节　加快转变政府职能

健全政府职责体系，提高经济调节和市场监管水平，强化社会管理和公共服务职能。加快推进政企分开、政资分开、政事分开、政府与市场

中介组织分开，调整和规范政府管理的事项，深化行政审批制度改革，减少政府对微观经济活动的干预。继续优化政府结构、行政层级、职能责任，坚定推进大部门制改革，着力解决机构重叠、职责交叉、政出多门问题。在有条件的地方探索省直接管理县（市）的体制。完善公务员制度。深化各级政府机关事务管理体制改革，降低行政成本。

第二节　完善科学民主决策机制

完善重大事项决策机制，建立健全公众参与、专家咨询、风险评估、合法性审查和集体讨论决定的决策程序，实行科学决策、民主决策和依法决策。对涉及经济社会发展全局的重大事项，要广泛征询意见，充分协商和协调。对专业性、技术性较强的重大事项，要认真进行专家论证、技术咨询、决策评估。对同群众利益密切相关的重大事项，要实行公示、听证等制度。严格依法行政，健全行政执法体制机制，完善行政复议和行政诉讼制度。

第三节　推行政府绩效管理和行政问责制度

建立科学合理的政府绩效评估指标体系和评估机制，实行内部考核与公众评议、专家评价相结合的方法，发挥绩效评估对推动科学发展的导向和激励作用。健全对行政权力的监督制度。强化审计监督。推行行政问责制，明确问责范围，规范问责程序，健全责任追究制度和纠错改正机制，提高政府执行力和公信力。

第四节　加快推进事业单位分类改革

按照政事分开、事企分开、管办分开、营利性与非营利性分开的要求，积极稳妥推进科技、教育、文化、卫生、体育等事业单位分类改革。严格认定标准和范围，对主要承担行政职能的逐步将其行政职能划归行政机构或转为行政机构。规范转制程序，完善过渡政策，将主要从事生产经营活动的逐步转为企业，建立健全法人治理结构。继续保留的事业单位强化公益属性，推进人事管理、国有资产和财政支持方式等方面的改革。"

（四）国务院第四次廉政工作会议

2011 年 3 月 25 日，国务院召开第四次廉政工作会议，中共中央政治局常委、国务院总理温家宝在会上发表讲话。中共中央政治局常委、国务院副总理李克强，中共中央政治局常委、中央纪委书记贺国强等出席。温家宝总理在国务院第四次廉政工作会议上发表讲话时就深化行政体制改革有关工作作出部署。在部署"认真治理领导干部以权谋私和渎职侵权问题"的工作时，温家宝指出，要深化行政体制改革，推进政府职能转变和管理创新。进一步减少一些政府部门过于集中的权力。继续推进行政审批制度改革，减少行政审批事项；进一步完善转移支付制度，提高一般性转移支付的比重，清理和压缩专项转移支付项目。加快建立决策、执行、监督相互协调又相互制约的运行机制。完善政府部门内部机构设置，决策、执行、监督职能要相对分离、相互制约。加强对"一把手"权力行使的监督制约。完善依法、科学、民主决策机制，加大决策过程和结果公开力度，防止个人独断专行。进一步健全和加强决策责任制度和问责制度。在部署"坚决遏制奢侈浪费和形式主义"的工作时，温家宝指出，要开展公务用车专项治理，抓紧研究推进中央国家机关公车管理使用改革，2012 年拿出改革方案，在一些部门试行。继续深化行政经费管理改革。全面推进国库集中收付制度和"公务卡"改革。

（五）全国分类推进事业单位改革工作座谈会

2011 年 6 月 2 日全国分类推进事业单位改革工作座谈会在北京召开。国务委员兼国务院秘书长马凯出席会议并讲话。他强调，要充分认识分类推进事业单位改革的重大意义，坚持分类指导、分业推进、分级组织、分步实施的工作方针，积极稳妥推进事业单位改革，促进公益事业更好更快发展。马凯在全国分类推进事业单位改革工作座谈会上强调，分类指导分业推进分级组织分步实施，积极稳妥推进事业单位改革。马凯指出，分类推进事业单位改革，是深入贯彻落实科学发展观、构建社会主义和谐社会的客观需要，是加快转变经济发展方式、促进经济更好更快发展的内在要求，是推进政府职能转变、建设服务型政府的重要举措，对加快推进现代化建设、不断完善改革总体布局具有重要意义。马凯强调，分类推进事业单位改革要始终把握并贯彻四项基本要求。一是必须始终坚持以促进公益事业发展为目的。通过改革体制、完善机制，激发事业单位活力，促进公益事业更好更快发展，不断满足人民群众和经济社会发展对公益服务的需求，而不是简单地减人、减机构、甩包袱。二是必须始终坚持以科学分类为基础。按照社会功能将现有事业单位划分为承担行政职能、从事生产经营活动和从事公益服务3个类别，根据不同事业单位的特点分别实施不同的改革和管理措施。三是必须始终坚持以创新体制机制为核心。着力在管理方式、人事制度、收入分配、社会保险、财政保障等关键环节进行积极探索。改革的总体目标是逐步建立起功能明确、治理完善、运行高效、监管有力的管理体制和运行机制，形成基本服务优先、供给水平适度、布局结构合理、服务公平公正的中国特色公益服务体系。四是必须始终坚持分类指导、分业推进、分级组织、分步实施的工作方针。不同社会功能、不同行业、不同地区的事业单位的改革要因地制宜，稳步推进。条件成熟的可率先改革，暂不具备条件的允许过渡，不搞"一刀切"。各行业事业单位改革要继续在既有改革部署和领导机制下推进。各地要在中央总体部署下，结合当地实际对事业单位改革做出具体安排。

（六）深入推进行政审批制度改革工作电视电话会议

2011年11月14日，国务院召开深入推进行政审批制度改革工作电视电话会议。国务院总理温家宝出席会议并发表重要讲话。温家宝指出，10年来，各部门和各级政府认真贯彻落实中央的部署和要求，加快转变政府职能，全面推进依法行政，加强政府管理创新，大力加强廉政建设，不断深化行政审批制度改革，取得明显成效。国务院分五批共取消和调整行政审批事项2183项，占原有总数的60.6%，各地区取消和调整的行政审批事项占原有总数的一半以上。市场在资源配置中的基础性作用和各级政府及其工作人员依法行政的意识明显增强，法治国家建设迈出重要步伐。

温家宝指出，包括行政审批制度在内的行政管理体制改革还滞后于经济社会发展，不适应发展社会主义市场经济的要求。政府职能转变不到位，行政审批设定管理不严，监督机制还不健全。要推动我国走上科学发展的轨道，全面建设小康社会，必须继续深化改革，进一步破除制约经济社会发展的体制机制障碍，激发全社会的活力和创造力。要坚定不移地继续推进行政审批制度改

革，推动政府职能转变取得实质性进展，推动行政管理体制改革取得实质性进展。

——进一步清理、减少和调整行政审批事项，推进政府职能转变。坚持市场优先和社会自治原则，凡市场机制能够有效调节的，公民、法人及其他组织能够自主决定的，行业组织能够自律管理的，政府就不要设定行政审批；凡可以采用事后监管和间接管理方式的，就不要再搞前置审批。突出三个重点领域：一是投资领域。进一步深化投资体制改革，真正确立企业和公民个人的投资主体地位。二是社会事业领域。加大审批事项的清理、精简和调整力度，放宽限制，打破垄断，扩大开放，公平准入，鼓励竞争。三是非行政许可审批领域。清理一些部门和地方利用"红头文件"等对公民、企业和其他社会组织提出的限制性规定，没有法律法规依据、不按法定程序设定的登记、年检、监制、认定、审定以及准销证、准运证等，要一律取消。

——严格依法设定和实施审批事项，推进法治政府建设。行政机关设定审批事项必须于法有据，严格遵循法定程序，进行合法性、必要性、合理性审查论证；涉及人民群众切身利益的，要通过公布草案、公开听证等方式广泛听取意见。没有法律法规依据，行政机关不得设定或变相设定行政审批事项。

——创新行政审批服务方式，推进服务型政府建设。按照公开透明、便民高效的要求，依法进一步简化和规范审批程序，创新服务方式，优化流程，提高效能。加强政务中心建设。原则上实行一个部门、一级地方政府一个窗口对外。加强电子政务建设。进一步推进行政审批公开，实行网上公开申报、受理、咨询和办复，为群众办事提供更多便利。推行服务质量公开承诺制和亲切服务。

——强化对权力运行的监督制约，推进反腐倡廉建设。加快建立健全决策、执行、监督相对分离、相互制约的行政运行机制。建立健全行政审批责任制度。强化行政审批的全过程监控。建立健全相关制度，保障行政审批利益相关方的知情权、陈述权、申辩权、监督权。违法设定和实施行政审批侵害当事人合法权益的，要依法追究责任，并给予当事人合理赔偿。

（七）《中华人民共和国招标投标法实施条例》

《中华人民共和国招标投标法实施条例》经 2011 年 11 月 30 日中华人民共和国国务院第 183 次常务会议通过，2011 年 12 月 20 日国务院令第 613 号公布。该《条例》分总则，招标，投标，开标、评标和中标，投诉与处理，法律责任，附则 7 章 85 条，自 2012 年 2 月 1 日起施行。第一章总则，第二章招标，第三章投标，第四章开标、评标和中标，第五章投诉与处理，第六章法律责任，第七章附则。

（八）《党政机关公务用车选用车型目录管理细则》

《党政机关公务用车选用车型目录管理细则》（以下简称《细则》）于 2011 年 11 月 14 日由中华人民共和国工业和信息化部、国务院机关事务管理局、中共中央直属机关事务管理局发布公务用车采购新规定。为降低行政成本，推进节能减排，规范党政机关公务用车采购管理，工业和信息化部、国务院机关事务管理局、中共中央直属机关事务管理局联合发布《党政机关公务用车选用车型目录管理细则》。《细则》明确，申报《目录》的轿车，一般公务用车和执法执勤用车发动机排气量不超过 1.8 升，价格不超过 18 万元。其中机要通信用车发动机排气量不超过 1.6 升，价格不超过 12 万元；新能源轿车扣除财政补助后价格不超过 18 万元。申报《目录》的其他车型的具体要求结合实际用车需求并按照有关规定确定。当出现产品参数和配置信息发生较大变化、厂家申报价超过规定价格等情形时，将取消该车型入选《目录》资格。《细则》还对申报《目录》的汽车生产企业应符合的条件做出了规定。

九、实践创新总评

2011 年是"十二五"规划实施的开局年。"十二五"规划确定了行政管理体制改革的基本任务，即按照转变职能、理顺关系、优化结构、提高效能的要求，加快建立法治政府和服务型政府。重点包括加快转变政府职能、完善科学民主决策机制、推行政府绩效管理和行政问责制度、加快推进事业单位分类改革为主要内容。2011 年政府工作报告强调重视改革顶层设计和总体规划，大力推进经济体制改革，积极稳妥地推进政治体制改革，加快推进文化体制、社会体制改革，不断完善社会主义市场经济体制，扩大社会主义民主，完善社会主义法制，使上层建筑更加适应经济基础发展变化，为科学发展提供有力保障。上述体制改革中，都与政府职能和自身建设紧密相关，通过各个领域行政管理体制改革的推进，将有助于进一步推进改革的全面展开。

2011 年中央在推进行政管理体制改革工作方面具有以下几个特征：第一，将廉政建设和行政管理体制改革工作紧密结合起来。2011 年 3 月 25 日，国务院召开第四次廉政工作会议。温家宝总理在国务院第四次廉政工作会议上发表讲话时就深化行政体制改革有关工作作出部署。廉政建设成为推进行政管理体制改革价值诉求、重要手段和重要内容。第二，将行政管理体制改革与事业单位改革工作紧密结合起来。事业单位改革将进一步推进政府职能的转变，促进政府治理方式的变革和行政管理体制改革的进程。第三，行政审批制度改革成为推进行政管理体制改革的重要突破口。2011 年 11 月 14 日，国务院召开深入推进行政审批制度改革工作电视电话会议。行政审批制度改革的推进，将有助于进一步发挥市场在资源配置中的基础性作用，推动政府职能转变取得实质性进展，推动行政管理体制改革取得实质性进展。第四，招标投标法的实施为行政管理体制改革提供重要的法律支持。《中华人民共和国招标投标法实施条例》经 2011 年 11 月 30 日中华人民共和国国务院第 183 次常务会议通过，2011 年 12 月 20 日国务院令第 613 号公布。该法的通过和实施为规范政府采购行为、规范行政权力的合理运行提供了法律支撑。第五，行政管理体制改革在细微处见实效。2011 年 11 月 14 日由中华人民共和国工业和信息化部、国务院机关事务管理局、中共中央直属机关事务管理局发布公务用车采购新规定，即《党政机关公务用车选用车型目录管理细则》。该细则对于节约行政成本，在细节上推进行政管理体制改革发挥了推动作用。

2011 年地方行政管理体制改革在中央精神的指导下不断推进，地方大部制改革、事业单位改革、权力公开透明运行、省直管县、发达乡镇行政管理体制改革、综合配套改革实验区行政管理体制改革等方面都获得了长足的进展。第一，地方大部制改革。地方大部制改革不断深入，大部制改革已经跳出了简单的职能整合和机构合并。体现了大部制改革引领政府职能转变、职能整合、机构合并、决策执行监督权力运行机制、电子政府等方面的改革协同共进的局面。从改革实践来看，地方大部制改革已经在各个部门、各个机构广泛展开，已经深入到从地方政府各个层次，其中街道层次的改革有力地加强了基层治理能力。第二，事业单位改革。2011 年 3 月 23 日党中央国务院发布了《中共中央国务院关于分类推进事业单位改革的指导意见》。该意见为推进不同类型的事业单位改革提供了依据，各地据此也进行了广泛而深入的实践创新，广东省探索实行法定机构试点，为将事业单位改革推进到事业单位治理结构改革的新阶段，提供了一条路径。第三，权力公开运行改革。2009 年 3 月，中纪委、中组部将江苏睢宁县、四川成都市武侯区和河北成安县 3 地确定为试点单位。2010 年 11 月 18 日中共中央纪委、中共中央组织部日前印发了《关于开展县委权力公开透明运行试点工作的意见》。上述政策文件有力地推动了全国县委权力公开透明运行的进程。第四，发达乡镇行政管理体制改革。2010 年 4 月 1 日中央编办、中农办、国家发改委、公安部、民政部、财政部联合发布了《关于开展经济发达镇行政管理体制改革试点工作的通知》。2011 年 6 月 1 日，中央编办副主任何建中到无为县高沟镇调研经济发达镇行政管理体制改革试点工作。无为县高沟镇探索了一条发达乡镇行政管理体制改革的新路径。第五，省直管县改革。2011 年 4 月 20 日国务院总理温家宝主持召开国务院常务会议，会议确定开展省直接管理县（市）试点作为 2011 年改革重点工作。2011 年 2 月 11 日下午，广东省编办正式通报，广东省正式发文确定佛山顺德为广东省首个省直管县试点，由此拉开广东"省直管县"改革序幕。2011 年安徽省铜陵市铜官山区新组建的 18 个社区全部完成了居委会的选举，在全区范围内实行"区直管社区"。第六，综合配套改革试验区的行政管理体制改革。2009 年 5 月初《深圳市综合配套改革总体方案》获得国务院正式批复通过。深圳市综合配套改革 3 年（2009~2011 年）实施方案的完成探索了一条综合配套改革试验区行政改革的理念、路径和方法。第七，地方特色创新。2011 年各地根据区域经济、产业特色，开展行政管理体制改革创新，有效地推动了地方经济社会和文化发展。北京市海淀区的特色创新和第六届中国地方政府创新奖的获奖案例充分反映了地方政府行政管理创新的新进展。

第三节 代表性成果

一、《公共组织理论》

作　　者：[美] 罗伯特·B. 登哈特著，扶松茂、丁力译

出版时间：2011 年

出 版 社：中国人民大学出版社

内容摘要：《公共组织理论》分为八章和附录。分别是第一章认识公共组织，第二章思想传承：马克思、韦伯和弗洛伊德，第三章政治传承：从威尔逊到沃尔多，第四章理性的组织模型，第五章组织人本主义和新公共行政，第六章政策要义和新公共管理，第七章公共行政与新公共服务，第八章作为理论家的实务者。

社会影响：罗伯特·B.登哈特（Robert B.Denhardt），现任美国亚利桑那州立大学公共事务学院教授、美国国家公共行政研究院院士，并且担任美国许多州政府和地方政府在质量管理、战略规划和公共生产率等方面的咨询顾问。作为国际著名的公共行政学家，登哈特博士曾经担任美国公共行政学会（AsPA）会长、佛罗里达大学公共行政系主任、密苏里—哥伦比亚大学副校长以及密苏里州长的生产率咨询委员会主席，他还是美国公共行政学会全国公共服务运动组织的创始人和第一任主席。登哈特博士著述甚丰，迄今为止，已经出版了 16 部专著，其中有代表性的著作包括《新公共服务》、《公共组织理论》。《公共组织理论

（第 5 版)》是组织理论领域的经典著作，它对传统公共行政、新公共行政、新公共管理的组织理论进行了梳理，对很多该领域知名作者的经典著作进行了评述。作者在这种梳理的基础之上，着眼于当前美国学界对于公共行政的争论，提出了自己的观点——新公共服务，以将新公共服务与已有理论进行对比的方式对这一观点进行全面的阐述。

二、《行政改革蓝皮书：中国行政体制改革报告（2011 No.1)》

作　　者：魏礼群
出版时间：2011 年
出 版 社：社会科学文献出版社
内容摘要：该书约请国内公共行政领域的专家和实际工作者，对我国行政体制改革的进程、成就、问题、难点、热点等进行深入分析和展示，总结经验教训，前瞻发展趋势，体现了理论与实际的统一，是一本向国内外读者介绍中国行政改革领域的前沿性研究成果。该书分为总报告、专题篇、地方综合篇、地方专项篇，共 26 篇报告。

社会影响：《行政改革蓝皮书：中国行政体制改革报告（2011 No.1)》是中国行政体制改革研究会推出的第一本年度研究报告。

三、《政府创新的中国经验——基于"中国地方政府创新奖"的研究》

作　　者：俞可平
出版时间：2011 年
出 版 社：中央编译出版社
内容摘要：《政府创新的中国经验：基于"中国地方政府创新奖"的研究》收录的文章是从国内学者近年来发表的政府创新研究文章中精选出来的，与这个奖项有着直接或间接联系。这些文章不仅从总体上呈现了国内政府创新研究的基本情况、关注的主要问题、得出的基本结论，而且也从政府创新角度展现了中国改革发展的经验，这为了解中国发展道路提供了更为具体的经验性依据。

社会影响："中国地方政府创新奖"创办于 2000 年，已经进行了 5 届评选。

四、《中国省直管县改革研究》

作　　者：张占斌
出版时间：2011 年
出 版 社：国家行政学院出版社
内容摘要：《中国省直管县改革研究》通过研究提出"十二五"时期加快省直管县体制创新需要解决的重点问题：第一，解冻市建制的审批，加快市制创新。第二，重点加强县城中心镇建设，促进县城城市化的快速发展。第三，稳妥进行"镇级市"进行试点，加快城市化发展。第四，解决垂直管理部门定位模糊问题，理顺和明确权责关系。

社会影响：近年来，在加快统筹城乡和城镇化发展的背景下，党和国家的重要文件中数度提及省直管县改革，而地方的改革探索也越发引人注目。"十二五"乃至更长时期，按照中央的改革要求，继续推进省直管县改革，探索全新的省、市（地级）、县管理模式，减少行政管理层级，再造府际关系，实现基层政权和社会稳定，推动县城经济和县域经济发展，更好地解决"三农"问题，已经成为我国改革发展中的重要课题。

五、《行政体制新论》

作　　者：吴松江、李燕凌
出版时间：2011 年
出 版 社：北京理工大学出版社
内容摘要：在行政体制的构成与运行的视角，从政府的结构与规模、政府间关系、政府权力运行机制、公共行政程序 4 个方面论述了行政体制的一般规律与特征，以及体制安排对政府效能实现的影响，全书分为政府效能视角下的行政体制、政府结构与规模等 6 章内容。

六、《中国特色权力制约和监督机制构建研究》

作　　者：阎德民
出版时间：2011 年
出 版 社：人民出版社
内容摘要：该书考察了权力制约的思想渊源，重点考察近代西方资产阶级思想家的权力制约思想，对其权力制约理论作出客观评价；论述马克思主义经典作家、中国共产党三代核心和胡锦涛总书记的有关思想，回顾中国共产党在各个历史时期制约和监督权力的实践探索，阐明构建中国特色权力制约和监督机制（以下简称"此机制"）的理论与实践基础；在分析中国转型期腐败形势的基础上，从三个维度阐明构建此机制的理论和实践价值；论述构建此机制的目标模式，阐明构建此机制所应遵循的原则；从四个视角阐述此机制体系，提出构建此机制体系的基本思路；论述现行体制内、外权力制约和监督机制存在的问题，提出建设和改革、健全和完善的思路与路径。

相关研究：围绕党的"十七大"报告提出的"建立健全决策权、执行权、监督权既相互制约又相互协调的权力结构和运行机制"问题，2011年众多学者出版了系列著作。比如陈婉玲：《独立监管组织法律研究——以金融业分业监管为视角》，上海人民出版社，2011年；谭波：《法治视野下的行政执行机构研究——以交通运输业为主线》，郑州大学出版社，2011年；王世谊、周义程等：《权力腐败与权力制约问题研究》，中国社会科学出版社，2011年；魏宏：《权力论：权力制约与监督法律制度研究》，上海三联书店，2011年；单传海：《县级政府执行力》，新华出版社，2011年；石书伟：《行政监督原论》，社会科学文献出版社，2011年；杨寅：《行政决策程序、监督与责任制度》，中国法制出版社，2011年；曹鎏：《行政官员问责的法治化研究》，中国法制出版社，2011年；等等。

七、《听证制度与听证会》

作　　者：王文娟、宁小花
出版时间：2011年
出　版　社：中国人事出版社
内容摘要：《听证制度与听证会》分为"听证制度"、"听证会"及"总结与展望"三个部分，系统地介绍了我国听证制度的兴起和立法情况，对听证会的原则、功能、参与者、程序和评估等做了全面的解读和分析，最后提出我国听证制度存在的问题及建设方向。此外，《听证制度与听证会》还选择了与内容相关的典型案例，并对案例进行了分析和评价。
社会影响：《听证制度与听证会》主要是写给

公务员和相关事业单位的工作人员的，也可供研究者及大学生、研究生参考。

八、《区域治理中的行政协调研究》

作　　者：金太军等
出版时间：2011年
出　版　社：广东人民出版社
内容摘要：《区域治理中的行政协调研究》是在理论研究和实证调查基础上撰写而成的。由金太军提出总体思路并确定全书篇章结构，金太军、张劲松、沈承诚、袁建军、施从美分头撰写有关章节，最后由金太军统稿完成。全书分为当前沿江行政区域间协调的基本思路和实施困境；政府行政管理与基层群众自治衔接互动的沿革与反思等内容。

九、《科层制、利益博弈与政府行为——以杭州市J镇为个案的研究》

作　　者：张丙宣
出版时间：2011年
出　版　社：浙江大学出版社
内容摘要：乡镇政府不仅仅服从科层制的规范、遵守市场竞争的规则。从组织的视角回应上级政府、市场与社会的压力，并与上级政府、企业和农民进行各种形式的利益博弈，进而改变科层制的规范和国家发展乡村社会经济的战略。20世纪90年代中后期以来，在乡村社会经济发展战略转型中，科层制并不曾从乡村社会中退出，而是以新的方式重新主导着乡村社会经济的发展，从直接经营数量多、规模小的乡镇企业转变到以控制土地将整个辖域作为一个经营单位进行经营，从主要由村社干部与农民直接互动转变到乡镇政府及其官员直接与农民沟通，从主要依赖传统乡村微观维稳的关系网络转变到主要依赖现代科层化的稳控组织进行维稳。在此过程中，地方政府学习了治理之道，重塑了国家、市场与社会关系，优化了地方治理。
相关研究：2011年围绕地方行政管理体制改革问题，学者们出版了一批著作，比如：胡税根、余潇枫、许法根等：《扩权强镇与权力规制创新研究——以绍兴市为例》，浙江大学出版社，2011年；张研：《清代县级政权控制乡村的具体考察——以同治年间广宁知县杜凤治日记为中心》，大象出版社，2011年；吴理财：《县乡关系：问题与调适（咸安的表述 1949~2009）》，中国社会科学出版社，2011年；崔建军：《专业镇行政管理体制创新初探》，光明日报出版社，2011年；等等。

十、《中国地方政府创新的理论和实证研究报告集》

作　　者：陈红太等

出版时间：2011年

出　版　社：吉林人民出版社

内容摘要：《中国地方政府创新的理论和实证研究报告集》是教育部人文社科重点研究基地(北京大学政治发展与政府管理研究所)《中国地方政府创新的理论和实证研究》(陈红太主持)重大项目的主要成果。《中国地方政府创新的理论和实证研究报告集》共包括九篇研究报告：一篇总研究报告和八篇专题研究报告。总研究报告对中国地方政府创新研究的内容框架、实施状况以及此项研究的规制等作了介绍和阐述，其主体内容是对包括民主、效能、廉洁、法治、服务、管理、责任、回应、专业化等九个方面地方政府创新的理论和实践状况、主要经验特征和发展趋向等作了较为全面的总结、揭示和评析。八篇专题研究报告有：《政府过程的民主创新》、《地方效能政府的创新》、《地方政府廉洁建设》、《地方政府法治建设》、《地方服务型政府建设的创新》、《地方政府社会管理创新案例和趋势》、《地方责任政府建设》、《政府专业化》。每篇专题研究报告都体现了作者独特的研究视角和方法论风格。

十一、《中国行政透明度观察报告》

作　　者：北京大学公众参与研究与支持中心

出版时间：2011年

出　版　社：法律出版社

内容摘要：2011年9月28日，北京大学公众参与中心于北京大学英杰交流中心正式举行《中国行政透明度报告（2010~2011年度）》新闻发布暨国际研讨会。2011年，公众参与中心在开发《中国政府信息公开评测指标体系》的基础上，再次联合中国政法大学、南开大学、吉林大学、西北政法大学、浙江大学、四川大学和广东外语

外贸大学共8所高校，组成8支评测团队，针对国务院下设的43个机构，全国30个省级政府，河北、辽宁、陕西、上海、广东、四川等6个典型省级区域下属的全部地级行政单位和部分县级单位的2010~2011年度政府信息公开情况进行了深入细致的观察和评估。评测团队将《信息公开条例》的执行情况进行了打分和排名，并最终形成了《中国行政透明度报告（2010~2011年度）》。该报告首次将观察的范围延伸到最基层的行政单位——县级政府。

十二、《省以下财政体制改革研究》

作　　者：杨德强

发表时间：2011年

来　　源：财政部财政科学研究所 2011年博士学位论文

内容摘要：该文对省以下财政体制改革理论进行了梳理，合理界定政府和市场中央和地方以及地方各级事权财权、推进理财民主化等，并对国外的相关文献进行了概括和归纳。在此基础上，重点研究以下问题：一是当前省以下财政体制存在的问题。二是论述改革的必要性。三是梳理、分析改革思路。四是探索改革基本路径。五是从行政管理体制改革、完善政绩考核机制、提升政府绩效管理水平、推进民主财政等几方面，论述省以下财政体制改革的配套改革措施。

十三、《事业单位法人治理结构建设研究》

作　　者：姚伟达

发表时间：2011年

来　　源：中央民族大学 2011年博士学位论文

内容摘要：当前事业单位建立法人治理结构试点工作已在广东、浙江、重庆、上海、山西等5个事业单位分类改革试点省、市先期展开，总体上看改革实施工作进展比较平稳，但仍处于起步阶段。推进事业单位法人治理结构建设，不仅是创新事业单位管理体制的迫切需要，也是促进政府职能转变的内在要求。首先，构建事业单位法人治理结构应遵循政事分开、分权制衡、公益属性等基本原则，这些是确保事业单位法人治理

结构顺利推行的重要基础。其次，从内部建设的角度而言，建立事业单位法人治理结构应明确适合建立法人治理结构的单位范围，搭建法人治理结构的基本框架以及根据事业单位自身的功能特点选择符合实际的法人治理结构模式。再次，就外部管理的角度而言，政府有关部门应加强对事业单位的政策引导和行业管理，实现政府角色的有"退"有"进"，并在此基础上逐步完善相关法律法规建设和各项社会监督制度，进而保证法人治理结构的科学决策和有效运行。最后，建立事业单位法人治理结构是一项较为复杂的系统工程，需要人事、收入分配和养老保险制度以及相关财政政策的配套改革，从而确保改革的总体进程和总体效果。

十四、《我国权力制约与监督制度研究》

作　　者：袁东生
发表时间：2011 年
来　　源：山东大学 2011 年博士学位论文
内容摘要：经过改革开放以来 30 多年的发展，我国权力制约与监督制度建设取得了显著成就，初步建立了以党内法规和国家法律法规为主体的权力制约与监督制度体系。但是，目前我国的权力制约与监督制度体系还存在一些问题，党内和国家的决策权、执行权、监督权互相分离、互相制约的权力结构仍未建立起来，权力过于集中的问题依然存在，一些规范权力运行的核心制度和具体制度还不够完善。针对以上问题，本文从权力要素分析出发，通过分析各权力要素在权力制约与监督中的作用，剥离出权力来源、权力主体、权力行使三个核心要素作为理论框架，进而阐述了权力制约与监督制度体系的基本构成。然后，选取改革与创新作为切入点，按照完善对权力来源的制约与监督制度、完善对权力主体的制约与监督制度、完善对权力主体的制约与监督制度的途径展开，在借鉴中外经验的基础上，提出了一系列改革创新的构想，力图对推进权力制约与监督制度体系的健全完善有所助益。论文由导论、主体部分（4 章）、结束语构成。导论部分主要包括研究背景及意义、研究现状、研究思路和文章结构、研究方法和创新等内容。

附：代表性论文选登

2011 年行政管理学研究回眸[①]

高小平[②]

[摘　要] 在我国行政管理学迎来恢复研究30周年（2012 年 1 月）之际，回首 2011 年的行政管理实践进展和学术研究情况，有着特殊的意义。2011 年的行政管理有 3 个看点：一是政府在推进行政管理体制改革和政府管理创新方面力度不断加大；二是行政管理研究围绕服务型政府建设这一时代主题不断拓展内容和深化认识；三是行政管理学的国际交流日益增多。

新年伊始，温家宝总理为中国行政管理学会题词："加强行政管理研究，推动政府体制改革。"行政管理学界感到很振奋。中国行政管理学会以"加强行政管理研究，推动政府体制改革"为题召开 2011 年年会暨研讨会。4 月 27 日，国务院政府绩效管理工作部际联席会议第一次会议在北京召开。会议审议通过了《关于政府绩效管理工作部际联席会议成员单位职责分工的意见》、《2011 年政府绩效管理工作要点》和《关于开展政府绩效管理试点工作的意见》，研究部署了当前和今后一个时期政府绩效管理工作。在这次会上宣布了国务院批准北京市、吉林省、福建省、广西壮族自治区、四川省、新疆维吾尔自治区、杭州市、深圳市等 8 个地区进行地方政府及其部门绩效管理试点，国土资源部、农业部、质检总局进行国务院机构绩效管理试点，发改委、环境保护部进行节能减排专项工作绩效管理试点，财政部进行财政预算资金绩效管理试点，为全面推行政府绩效管理制度探索积累经验。6 月 29 日，由中央有关部门组织的全国深化政务公开推进政务服务经验交流会召开。中共中央书记处书记何勇出席会议并强调，要以深化行政管理体制改革、建设服务型政府为目标，以推进政务公开和行政审批制度改革为切入点，大力加强以政务（行政）服务中心为主要载体的政务服务体系建设。此前，中共中央办公厅国务院办公厅印发了《关于深化政务公开加强政务服务的意见》（中办发〔2011〕22 号）。11 月 14 日，国务院召开深入推进行政审批制度改革工作电视电话会议。温家宝总理出席会议并讲话。会议提出，包括行政审批制度在内的行政管理体制改革还滞后于经济社会发展，不适应发展社会主义市场经济的要求。政府职能转变不到位，行政审批设定管理不严，监督机制还不健全。会议要求，必须继续深化改革，进一步破除制约经济社会发展的体制机制障碍，激发全社会的活力和创造力。要坚定不移地继续推进行政审批制度改革，推动政府职能转变取得实质性进展，推动行政管理体制改革取得实质性进展。湖南省政府制定的《湖南省政府服务规定》于 10 月 1 日起施行，这是我国首部全面规范政府服务行为的省级规章制度，是服务型政府与法治政府建设的重要举措，标志着服务型政府建设的深化。

与实践步伐相适应，行政管理学界学术研讨活跃，研究成果丰硕。6 月 11~12 日，第二届华人公共管理学者研讨会在西安召开，与会学者围绕民生、绩效管理、政府创新、社会管理、公共治理等专题进行交流。这是继 2010 年第一届华人公共管理学者研讨会在广州召开之后的又一次盛会。6 月 21 日，国家行政学院在北京举行应急管理国际研讨会，会议就构建中国特色应急管理体

---

① 高小平：《2011 年行政管理学研究回眸》，《中国社会科学报》，2011 年 12 月 29 日。
② 高小平，中国行政管理学会执行副会长兼秘书长、研究员。

系，加强应急机制建设，强化综合管理，突出预防和全过程控制，注重发挥政府、企业、社会组织、公民以及国际合作的作用，共同做好防范应对突发事件工作进行了广泛的研讨。7 月 10 日，第二届中国行政体制改革研究会在北京举行第二届行政改革论坛，集中研讨"十二五"时期转变经济发展方式与行政体制改革。2011 年 10 月 14~15 日，国际应急管理学会（TIEMS）在上海举行 2011 城市公共安全高层论坛暨中国委员会第二届年会，会议围绕强化国际社会在灾难应急上的新思路和新方法，推动应急管理和城市公共安全领域的发展进行了交流。10 月 19 日，中国行政管理学会和电子科技大学、美国行政管理学会联合在成都召开第七届公共管理国际会议，各国公共管理学界的专家学者就国际公共管理的现状、热点、前沿问题与未来发展进行交流。

2011 年，很多大学迎来了开设公共管理专业硕士学位（MPA）10 周年和组建政府管理学院（或称公共管理、公共事务、公共政策学院）10 周年。大学在举行纪念庆祝活动的时候都召开了研讨会，就行政管理学、公共管理学的发展走向，MPA 的成就及发展，社会需求与人才培养和学术之间的关系等开展讨论。一批高质量的研究成果和翻译著作公开出版，公共管理类学术期刊水平进一步提高，在国内外的影响越来越大。5 月，由中国行政管理学会绩效管理研究会与兰州大学中国地方政府绩效评价中心联合主编的《中国政府绩效管理年鉴》出版创刊卷。

2011 年是行政管理和公共管理学术研究取得长足发展的一年。概括起来有 3 个优点：一是理论研究与政府实践紧密结合，学术领域的研究命题与当下政府的管理需求贴得更紧。政府职能转变、服务型政府和法治政府等重大课题研究进一步深入，专家学者对加强政府绩效管理、公开公共预算、完善应急管理机制等方面的观点意见和对策建议进入了政府决策视野，列入政府的政策议程，加快了科学行政、民主行政、依法行政的进程。二是行政制度创新与管理技术改进有机结合，展现出积极融合的趋势。行政审批制度改革、政府信息公开、公共服务体系建设、政务服务机构建设、电子政务发展等政府改革和创新研究硕果累累。很多学者把定量研究方法、管理模型技术运用到政府运行机制的分析中，体现出政府创新正在形成制度与技术双推的动力格局。三是传统行政管理研究边界进一步跨越，基础学术研究的品位有了新提升。在党和国家提出加强和创新社会管理的新形势下，学术界进一步拓展对政府与市场、政府与社会、公共组织与公民等基本关系的研究，开展政治学、管理学、社会学、法学等跨学科、跨专业、跨部门协同研究，并逐步探索方法论意义上的学术重新审视，聚焦、提炼地方政府创新社会管理、优化治理结构的经验，促进以公民为本、以政府为主导、社会多元主体共同参与的公共管理体系建设。

安徽省：经济发达镇行政管理体制改革的实践与探索①

张家麟②

[摘　要] 本文重点分析安徽省经济发达镇行政管理体制改革的动力及改革做法。文章提出，这项改革将引发更深层次的改革：一是乡镇体制向中心区域城镇体制并轨、村委会向居委会（社区）转制。二是以农村集体资产处置、农村集体经济组织改制、国家征地制度改革、农村公共产品供给制度改革为主要内容。三是以农转非人员再就业、外来人口就业就学就医、流动人口管理等社会保障为内容的社会管理体制创新和相关政策体系的调整。四是推进行政管理体制改革和政府治理方式创新。安徽省改革的着力点有：一是推进行政管理体制创新，探索建立符合经济发达镇实际和需要的新型基层行政管理体制。二是重点扩大经济发达镇在城建、环保、治安等涉及城市建设和管理方面的行政管理权限。三是采取措施增加试点镇财力，增强社会管理和提供公共服务的能力。四是健全决策监督机制。五是完善相关配套政策。

[关键词] 行政体制改革；经济发达；社会管理；行政许可；管理权限

安徽省在前几年扩权强镇试点基础上，按照中央编办工作部署，选择无为县高沟镇、天长市秦栏镇作为全国经济发达镇行政管理体制改革试点。不久前，安徽省委、省政府出台了《关于经济发达镇行政管理体制改革试点工作的指导意见》。目前，全省经济发达镇行政管理体制改革正在有序推进。

一、为何试

改革开放以来，我国城镇化进程不断加快，2010 年安徽省城镇化率已达 47%，特别是联结长三角的皖江城市带地区涌现出一批经济规模较大、城镇化水平较高、人口吸纳力较强的经济发达镇。这些镇在发展过程中面临着突出的问题：上层建筑与经济基础、生产关系与生产力不相适应，行政管理体制与经济体制、社会管理体制改革不匹配，一级基层政府的权责不对等、事权与财力不匹配，社会管理和公共服务严重滞后，形成"小马拉大车"、"大人穿小孩衣"的现象，这已成为影响经济发达镇科学发展的主要原因。因此，推进经济发达镇行政管理体制改革势在必行。

经济发达镇行政管理体制改革试点是一项具有中国特色的实践性改革命题。中央高度重视经济发达镇行政管理体制改革问题，中央〔2009〕1号文件明确提出"依法赋予经济发展快、人口吸纳能力强的小城镇相应行政管理权限"，2010 年 4月中央编办、中农办、发改委、公安部、民政部、财政部 6 部门联合下发了《关于开展经济发达镇行政管理体制改革试点工作的通知》（中央编办发〔2010〕50 号），在全国 13 个省选择 25 个镇进行试点。这项改革必将加快我国城乡一体化进程，进而引发深层次的改革：一是乡镇体制向中心区域城镇体制并轨、村委会向居委会（社区）转制。二是以农村集体资产处置、农村集体经济组织改制、国家征地制度改革、农村公共产品供给制度改革为主要内容。三是以农转非人员再就业、外来人口就业就学就医、流动人口管理等社会保障为内容的社会管理体制创新和相关政策体系的调整；四是以科学发展为主题，以转变经济发展方式为主线，推进行政管理体制改革和政府治理方

---

① 张家麟：《安徽省：经济发达镇行政管理体制改革的实践与探索》，安徽机构编制网·政务，2011 年 6 月 28 日。
② 张家麟，安徽省编办副主任。

式创新。

二、如何试

安徽省围绕试点工作的总体思路、改革目标、基本原则、组织保障等，提出明确清晰的要求。一是在指导思想上明确以邓小平理论和"三个代表"重要思想为指导，深入贯彻落实科学发展观，按照加强基层政权建设、统筹城乡协调发展的要求，以加快推进工业化、城镇化、现代化为核心，着力破解制约经济发达镇发展的体制机制障碍，理顺职责关系，优化组织结构，创新管理体制，下放管理权限，不断提高社会管理和公共服务能力，把经济发达镇建设成为规划科学、人口集聚、产业集群、结构合理、环境友好、社会和谐的现代城镇，为加速安徽省城乡一体化进程发挥示范引领作用。二是在基本原则上明确要解放思想，勇于探索。坚持科学发展，一切从实际出发，始终把改革创新作为根本动力，鼓励在制约发展的重点领域和关键环节大胆探索，实现新突破。要突出重点，创新体制。加快政府职能转变，赋予试点镇县级经济社会管理权限，做到权力与责任相一致，财力与事权相匹配。要因地制宜，分类指导。根据不同区域的特点和经济社会发展状况，发挥比较优势，明确功能定位，培育城镇特色，建立符合区域特点的行政管理体制和运行机制。要积极稳妥，务求实效。坚持统筹发展，协调推进，正确处理好改革发展稳定的关系，在试点中积极探索，在实践中不断总结完善。三是在组织保障上力求务实：要加强组织领导。省政府建立经济发达镇行政管理体制改革试点工作联席会议制度，联席会议办公室设在省编办，具体负责日常组织、协调和推进工作，试点市、县党委、政府也相应建立组织协调机制，加强对改革试点镇的工作指导。试点县（市）党委、政府对试点工作具体负责，负责制定实施方案和政策措施，扎实细致做好试点工作。要强化协调指导。建立工作机制，形成党委领导、政府负责、部门协调、上下联动、合力攻坚的工作格局。落实工作责任，及时研究解决试点中遇到的困难和问题，确保各项政策措施落到实处。要严肃改革纪律，要求各级政府和有关部门认真履行职责，健全约束机制，严肃组织人事、机构编制和财经纪律，确保改革

试点工作积极稳妥推进。

三、试什么

安徽省围绕5个方面推进经济发达镇行政管理体制改革试点。一是推进行政管理体制创新。以建设人民满意的基层政府为目标，创新行政管理体制，建立精干高效、权责一致、廉洁便民的服务型政府。加快推进政府职能转变，重点强化面向基层和群众的社会管理和公共服务职能；优化组织结构，探索建立机构设置综合、管理扁平高效、人员编制精干、运行机制灵活的新型基层行政管理体制；按照精简统一效能的原则，合理确定机构编制，统筹整合行政事业机构编制资源配置，不断提高资源配置效率；经济发达镇在核定的机构、编制、领导职数范围内，根据需要可自主设立机构；在县（市、区）乡镇行政编制、财政供给事业单位编制总额不突破的前提下，可适当增加经济发达镇的编制；经济发达镇的党政领导班子主要负责人职级配备，可比照《中共安徽省委、安徽省人民政府关于实施扩权强镇的若干意见》（皖发〔2009〕15号）规定执行。

二是扩大镇级管理权限。深化行政审批、行政许可和行政执法制度改革，按照权责一致、依法下放、能放即放的原则，采取直接下放或依法委托等方式，重点扩大经济发达镇在城建、环保、治安等涉及城市建设和管理方面的行政管理权限，依法赋予其县级经济社会管理权限。事权下放要按照相关法律法规和有关规定稳步有序推进。其中涉及行政许可和行政处罚等行政事项，没有法律法规或规章依据明确由镇行使的，应当按照法定程序委托经济发达镇行使；其他行政管理事项，可由上级有关部门直接交给经济发达镇行使。经济发达镇要做好事权下放的承接工作，所有下放、委托给经济发达镇的行政许可、行政审批事项，一律进入镇便民（政务）服务中心，实行"一站式服务"。下放、委托给经济发达镇的行政处罚权实行综合行政执法，成立综合行政执法机构。理顺条块关系，县（市、区）职能部门派驻镇的机构，交由经济发达镇管理。不能下放的派驻机构经批准仍由部门管理的，要充分授权，能放的事项要下放到派驻经济发达镇的部门。

三是提升公共服务能力。加大财政支持力度，

采取措施增加试点镇财力，增强社会管理和提供公共服务的能力。按照财权与事权相匹配的原则，进一步完善镇级财政管理体制，县（市、区）镇财政分成比例向经济发达镇倾斜，建立财政超收激励机制，以2008年财政收入为基数，超收部分由县级财政全额返还经济发达镇，一定5年不变。在辖区内收取的土地出让金净收益予以全额返还，优先用于经济发达镇的土地开发和城镇建设。省直相关部门要进一步整合各类财政专项资金，加大对经济发达镇的支持力度。凡经济发达镇符合条件的产业、社会事业和基础设施项目，优先列入各级政府重点建设项目。积极争取中央投资，支持经济发达镇基础设施和社会事业项目建设。推进基本公共服务均等化，统筹城乡基础设施建设，构建比较完善的公共文化服务体系，促进义务教育均衡发展，完善基本医疗服务体系。健全统筹城乡的就业和社会保障体系，加快经济发达镇的就业、社会保障平台建设和社会保险制度建设，扩大各类保险覆盖面，规范和完善被征地农民养老保险制度，全面普及新型合作医疗、养老保险制度，深化社会救助体系建设，不断提高最低生活保障水平，建立与发展水平相适应的增长机制。鼓励经济发达镇探索推进城乡居民基本养老保险、最低生活保障制度的有效衔接方法。

四是健全决策监督机制。坚持有权必有责，违法必追究。在扩大经济发达镇政府管理权限的同时，要相应明确经济发达镇承担与其权力对等的责任，建立与扩大经济发达镇事权相适应的民主决策和权力监管体制。建立健全以党政正职为重点监督对象的镇党政领导监督制度。探索建立行政行为和绩效监督评估机制，重点对重大决策、项目建设、行政许可、行政执法、财政预决算、政府采购等行为进行监督和评估。加快建立健全财政监督制度，推进镇党政机关及所属机构预决算在网络等新闻媒体公开。建立健全对环境保护、城乡规划、节能减排、土地节约等重点监管事项的监督标准，配套建立系统严密、设计科学、操作性强的奖惩制度。充分发挥基层群众自治组织、新闻媒体等社会力量的监督作用，建立内外结合的有效考核监督制度。

五是完善相关配套政策。首先要加大用地支持力度。在新一轮土地利用总体规划修编中，要充分考虑经济发达镇的发展需要，合理布局，统筹安排。省里在下达建设用地指标时，要安排适当数量，专项用于支持经济发达镇发展。支持和鼓励经济发达镇开展迁村并点、土地整理、开发利用荒地和废弃地，做到节约集约用地。要进一步探索农村集体设施用地的流转方式，保障集体建设用地依法依规流转。其次要加强规划建设管理。可在经济发达镇设立规划建设管理分局，由镇政府和县级规划主管部门共同领导，以镇政府为主。镇规划建设分局受县级规划主管部门委托，依据控制性详细规划，负责确定镇区建设工程建设的规划设计条件；核发镇区建设工程的规划许可证；核发村庄规划区内建设工程乡村建设规划许可证；负责本辖区范围内违法建设的查处。最后要创新人事管理制度。加强政治生态建设，选好配强镇党政领导班子，进一步优化领导班子结构，并保持届期内相对稳定。鼓励县（市、区）、镇干部实行双向交流，为经济发达镇全面履行职能提供人才支持。充分利用现有人员编制资源，创新人员配置方式，探索灵活用人制度。积极探索干部使用、管理、考核、奖惩新办法、新机制。坚持正确用人导向，真正使想干事的有机会、会干事的有舞台、干成事的有地位。以提高依法行政能力、公共服务能力和开拓创新能力为重点，大力推进公务员队伍能力建设，全面提高公务员队伍整体素质。着力加强作风建设，提升精气神，调动积极性，进一步形成奋发有为、昂扬向上的良好氛围。

行政管理体制改革背景下市、县分等研究

黄忠怀　　邓永平

[摘　要]　市、县分等是行政区划改革的一项重要内容，同时又是理论研究与改革实践中的薄弱方面。在现阶段它是推进我国行政机构改革、降低行政成本、提高行政管理效率的有效途径。通过市、县分等可确定不同市、县可设机构的范围，治理地方自设机构的膨胀，为政府机构人员编制管理提供科学依据和明确的量化标准。此外，实现分等有助高层政府及时了解基层县市的基本状况，强化中央对地方的管理。市、县分等必须综合考虑人口、面积、经济规模、区位及政治地位等因素。

[关键词]　市、县分等；行政区划；机构改革

一、引言

我国地域辽阔，市、县众多且规模不一，条件差异十分显著，给国家管理地方带来诸多困难。历史上为了解决这个问题，多实行政区分等管理。新中国成立以后，政区分等基本被取消，通过增加行政层级、减小管理幅度等手段，来应对不同市、县的复杂状况。但这与降低行政成本、减少区划改革目标是明显相悖的。在行政区划改革的背景下，减少行政区划的层级已成为共识，那么如何面对改革后众多市、县的复杂情况，成为行政区划改革中值得关注的一个问题。而从历史经验上讲，市、县分等是一个不可回避的选择。从功能上讲，市、县分等不仅是行政区划体系改革的一部分，也与行政体制改革密切相关。依据不同等级和功能，合理安排县、市的行政级别、机构设置和人员编制，可以有效避免"麻雀虽小，五脏俱全"带来的机构膨胀和人员急剧增加的问题。

目前，行政区划改革研究主要集中在以下两个方面：一是行政区划的结构体系改革研究，主要针对目前我国行政区划体系层级过多的现状，提出减少行政层级、提高行政效率的对策建议。二是在宏观行政区划改革的大框架下，针对某一层级或某一环节改革进行的研究，如省直管县研究、乡镇管理体制改革研究等。尽管市、县分等

属于行政区划调整的范畴，是行政区划改革乃至行政管理体制改革的一部分，系统的学术成果尚嫌不足。因此，本文希望通过研究市、县分等与行政区划体系改革的关系以及市、县分等对政府机构改革的作用与影响等问题，从理论上探讨市、县改革在整个行政体制改革中的价值，并探讨市、县分等的基本原则、依据与方法。

二、市、县分等与行政区划体系改革

任何一种制度的产生都与现实需求密切相关，市、县分等也不例外。客观上讲，市、县分等是在我国行政区划体系改革的大背景下，为了适应新的行政区划体系或者说是作为行政区划改革的配套措施而进行的一项改革，是优化我国行政区划层级管理的客观要求。与世界绝大多数国家相比，我国属于管理层级较多的少数国家。从发展趋向看，世界各国为了提高行政效率，行政层级有逐渐减少的趋势，而我国由于全面推行市带县和州带县体制，行政区划层次却呈增多之势，即由三级制向虚四级制再向实四级制发展。宪法规定我国的行政区划为省（自治区、直辖市）、县（自治县、市）、乡（民族乡、镇）三级，在设立自治州的地方为四级。而实际上，随着改革地市机构、试行市领导县体制工作的进行，地级市从1978年的96个增加到1995年的210个，大多数的地方已形成省（自治区）、地级市（自治州）、

县（自治县、市辖区）、乡（民族乡、镇）四级制。

行政区划层级过多，一方面影响行政管理的效率，另一方面也增加了行政管理的成本。因此，当前我国行政区划改革的核心便是减少行政层级，缩减行政开支，提高行政效率。在不同区划层级改革方法上，学界既有共识也有差别。乡镇由于涉及基层具体管理事务，目前改革争议比较大。有人认为可以撤销乡镇建制，将国家基层政权单位收缩到县一级。华中师范大学中国农村研究中心徐勇等人主张采用"县政、村治、乡派"的管理模式。这种观点认为由于中国国情复杂，特别是发展不平衡，乡镇作为一级建制仍然存在，但乡和镇的体制应该分立。其中，随着小城镇的发展，镇将增多，并可以在有条件的地方实行镇级自治；而农业为主的乡均宜改变为县级政府下派的乡公所。乡镇自治"的观点以沈延生为代表。在沈延生的乡镇自治模式中，乡类似日本的町村，以社区服务为主，以行政决策为辅，其财政体制与人事制度由上级统一制定，以防范社区恶势力对乡治的操纵。乡镇长由选民直接选举产生，乡镇自治代表机构亦由选民选举产生，乡镇干部均应纳入地方公务员系列，乡镇长等人则应算作政务官，随选举而进退。总之，乡镇必须进行改革，但对于如何改革，学界意见尚未统一，目前所做的调整主要是乡镇合并、撤乡并镇。

由于县在整个历史时期是基层管理单元，国家行政一般只到县这个层面，县域与县级区划具有较大的稳定性。因此，对于县级政区，绝大部分学者主张应该保留县的建制，不做较大的调整。地级专区在新中国成立以后由虚而实，未来的改革则应由实而虚，最终目标是取消地级市这一级行政建制，在现有条件下实行"市、县分置"，即"市"只管理城市自身，县改由省直接管理。目前所进行的强县扩权、省直管县，其本质是将地级政府的部分职能上移省政府，同时将地级政府的部分权限下放给县，给县更大的自主权，是为取消地级市区划所进行的试验性措施。据统计，自1992年至今，全国已有20余个省份试行省管县。而市、县分等正是取消地级建制的必然结果，可以看作是取消地级建制后的配套措施。取消地级建制以后，省直接面对众多的县和市，而为数众

多的县、市差别巨大。以县为例，一省之中不同县在人口多寡、面积大小、事务繁简、职能定位等方面可谓千差万别。比如，在经济发展水平和财政能力上，既有全国百强县，也可能有靠上级财政扶持的贫困县。至于市，一省之内则既有超过百万人口以上的特大城市，如省政府所在的副省级城市、计划单列市，也有被剥离出来的地级市，还有一些县级市，未来还可能会出现大镇改市等。这些县、市在面积、人口规模、经济政治地位以及所承担职能方面各不相同。在存在地级行政建制的情况下，市管县（县级市）管辖的范围较小，管理中市、县差异容易被忽略。一旦取消地级行政建制，在现有条件下，由省政府直接管理数量众多并且千差万别的市、县就存在较大难度。因为长时间以来，省级政府已经习惯通过地级专区管理市、县工作，并在不少地方这种习惯还在不断强化；一旦撤销地级建制而不同时改进省级政区组织，省政府将很难管辖如此众多的市、县，进而也就很难保证行政管理体制运行的高效统一性。而通过市、县分等，实行省管市、县分等制，则是一个可行途径。从理论上讲，分等有利于实现省政府对市、县的分类管理。通过省政府内部机构改革，增设有关分类管理机构，能够增强省政府的管理能力，客观上为省直管县提供了可能性。

三、市、县分等与行政管理机构改革

长期以来，作为降低行政成本、提高行政效率的一种手段，行政机构改革一直处于探索之中。从结果来看，效果并不理想，机构改革延续着精简—膨胀—再精简—再膨胀的恶性循环。根本原因在于地方政府职能不清，机构设置不合理，从而导致了机构重叠，人员编制浪费严重等问题。因此，通过市、县分等，进一步明确地方政府职能，实施政府机构人员编制的科学化管理，无疑是提高管理效率、降低行政成本的根本途径。

1. 市、县分等与职能机构设置

我国地域辽阔，在同一层级的行政区划中，幅员大小、人口多寡、赋税数量、行政事务繁简难易以及地位重要与否等，都存在巨大的差异。由于各地发展条件及发展水平不同，地方政府承担的社会责任、任务也不一样。因此，职能机构

的设置也应该不一样。以县为例,我国现有 2000多个县、市,无论在人口、面积,还是经济发展水平方面,都很悬殊。以县级政区为例:据初步统计,全国近 2000 个县(自治县、旗等),10 万人以下的有 230 多个,100 万人以上的近 130 个;面积大的超过 20 万平方公里,如新疆维吾尔自治区若羌县 20.8 万多平方公里,小的不足 100 平方公里,如山东省长岛县仅 52 平方公里,两者相差4000 倍;工农业总产值多的达 500 多亿元,少的不足 1000 万元。有的市、县在人口或者经济实力方面超过小的省区,而有的市、县无论是人口还是经济规模,都不如沿海地区一个乡镇。面对差距如此之大的众多县、市,客观上要求我们把市、县划分为若干等级,进而比较科学地界定不同等级市、县政府的职能。我们设想根据不同等级市、县的发展状况,设立相应的职能机构,赋予它们有差别的职权。从行政职能的角度来看,机构可分为 3 类:承担必备性职能的必设机构,如公安、财政等;承担地方性职能的可设机构,如民政、工商、教科文卫等;还有一些专门服务于本地经济发展和公共事务的自定机构,如水产、畜牧等。在这 3 类机构中,必设机构是各县、市都有的,可设机构是同一等级市、县共同设置的机构。分等的作用就在于合理确定各等级市、县可设机构与自设机构的数量和范围。

2. 市、县分等与行政机构人员编制

长期以来,各级政府机构内部的人员编制日益膨胀,增加了行政成本,也降低了行政管理效率。其重要原因是机构人员编制缺乏科学的管理。而要从根本上解决这一问题,就需要通过立法明确规定不同等级政府机构人员编制的标准。可见,市、县分等是前提。从历史看,历代统治者都把县分为若干等,并根据其等级确定县衙编制以及县长官的品级和待遇。各正史的《百官志》大都记载有关于不同等级政区的组织规模和官员品俸的具体规定。如《隋书·百官志》记载了隋前期九等县的组织规模:"县置令、丞、尉、正……等员,合九十九人。"这是指上上县官员吏职的配备,然后逐级减员:"上中县减上上县吏属四人,上下县减上中县五人;中上县减上下县十人;中中县减中上县五人;中下县减中中县五人;下上县减中下县十二人;下中县减下上县六人;下下县减下

中县五人。"这种把县域等级与编制管理相结合的方法,对于提高封建社会国家行政管理体制运行效率,建立较为理想的封建行政管理体制起到了积极作用。新中国成立后,我们对行政编制管理体制进行过多次改革,但始终没有彻底打破精简—膨胀—再精简—再膨胀的被动局面。究其原因,很重要的一点就是由于市、县没有实行分等,有关政策规定难以细化和实施,缺少明确的量化标准,机构设置和人员编制伸缩性较大,既难以统一掌握,又难以区别对待,形不成机构和编制管理的约束机制,以至于在行政管理体制运行中缺乏有效的监督和检查。市、县分等为编制管理提供了法律依据和保障。市、县分等划分是建立在科学周密的分析调研及统计基础上,与分类相比,分等结果更能反映各地的实际情况,因而更具科学性和可靠性,从而为编制管理奠定了科学基础。同时由于市、县等级本身受法律保障,因此与分等有关的措施(包括编制管理)也就具有了同等的法律效力。

四、市、县分等的依据与标准

前文分析表明,市、县分等作为行政区划改革的一部分,对我国行政机构改革同样具有重要的价值,那么市、县分等依据什么样的标准进行才能做到科学合理呢?从历史的经验看,不同时期分等的依据和标准各不相同。秦代按照人口多少将县分为两等:万户以上为大县,置县令;万户以下为小县,置县长。两汉沿袭秦制,并与官员的薪俸结合起来:西汉县万户以上为令,秩千石至六百石;减万户为长,秩五百石至三百石。东汉县邑大者置令,千石;其次置长,四百石;小者置长,三百石。唐朝开始,县的分等明确规定为地位、户口与地理条件的综合,全国的县据此分为京、畿、望、紧、上、中、下 7 等。宋代除了京城、陪都所辖县称为赤县、畿县,其他县根据户口多少分为 6 等:望县 4000 户以上;紧县 3000~4000 户;上县 2000~3000 户;中县1000~2000 户;中下县 500~1000 户;下县 500 户以下。元代以户口多少为标准将县分为上、中、下 3 等。

明代以后,一改按户口分等的办法,而根据粮赋多少分县为 3 等,10 万石以下为上县,6 万

石以下为中县，3 万石以下为下县。清代的分等又大变，再次把县的事务繁简、地位高低作为分等的依据，并和治理难易、税粮多寡一起简化成冲、繁、疲、难四个字，县的等第高，字数就多。民国则按面积、人口、经济、文化、交通等综合状况，由各省将县分为 3 ~6 等。与县的分等不同，城市作为一级政区的出现，在我国还是比较晚近的事情。清代末年开始酝酿建立新型的市一级政区，虽一再延迟，终于在南京国民政府成立前后，将部分城市从所属政区中划分出来，分为两等。一为特别市（后改为直辖市），与省相当；一为普通市，即省辖市，与县相当。特别市须是首都或百万人以上都市，普通市则须有 20 万以上人口。至 1928 年底，共设有北京、天津、南京、上海、武汉 5 个特别市；广州、南昌、成都、西安 4 个普通市。

新中国成立以后，县级政区分等几乎停顿，从现有的市、县分等情况来看，县的分等基本是各自为政，缺乏统一管理。各部门多从自身角度出发，按照部门指标分等，使得分等分类结果缺乏综合性、可比性和权威性，局限性大，使用面窄，利用价值低，而且重复评比分等，既浪费人力财力，又容易造成政出多门的局面，各种分等结果往往相互矛盾，给使用者造成很大的困难，有的甚至带来副作用，导致国家行政管理上的混乱局面。城市分等实际上是根据行政层级进行划分的。一般来说，城市基本是某一行政区域的治所，因此根据所在行政区的地位，城市可以分为直辖市、省会城市、地级市、县级城市，另外还有计划单列市，地位介于直辖市与地级市之间，行政级别和省会城市相当——副省级。城市分等只反映了某一城市的区划等级，却不能综合反映一个城市的人口规模、经济水平等衡量城市价值地位以及治理难易的关键要素。按照区划等级分等，掩盖了同一等级城市之间的差异。以江苏省的地级市为例：位于苏南的苏州、无锡等市和位于苏北的淮安、宿迁等城市虽同属于地级市，但就城市规模、城市地位，特别是经济地位而言，却相差甚远。

同为地级市，苏南的苏州、无锡在城市建成区面积、非农人口以及 GDP、财政收入等方面是苏北的淮安、宿迁等市的数倍乃至十数倍。显然，

现有的分类掩盖了城市之间的差别，不足以反映城市的全部特征，也不利于城市的行政管理。因此，依据一定分等原则，科学合理进行分等已经成为行政管理体制改革的一个重要部分。

根据历史的以及国外的经验，我们认为市县的分等应该综合地区的政治、经济、社会等因素，并且在分等过程中，县和市参照的指标有一定的差别。县应主要考虑人口、面积、GDP、财政能力以及区位因素。城市在考虑人口、面积、经济总量等因素外，区域的地位必须要加以考察。尤其涉及民族问题的，尽管有的城市可能在规模、经济方面相对较弱，却可以适当提高它的等次。至于这些要素如何量化，不同要素在分等的评价体系中的权重，市、县各分为几个等次为宜，以及分等过程中可能遇到的问题等，都是今后值得认真讨论的问题。

五、小结

综上所述，市、县分等作为我国行政区划改革的一个重要部分，同时也是行政区划改革的配套措施，并且实践中市、县分等的价值远不止于此。从实际功能看，通过市、县分等可以对不同规模的市县进行职能划分，设立相应的职能机构，赋予它们有差别的职权。分等的一个主要作用就在于合理确定各等级市、县可设机构与自设机构的数量和范围，避免不同等级的县、市因"麻雀虽小，五脏俱全"的机构设置模式而造成机构重叠和人员膨胀等问题。此外，市、县分等可为不同等级政府机构的人员编制管理提供法律依据，为不同等级的市、县机构人员编制提供明确的量化标准。它是政府机构人员编制科学化、制度化、法制化的基础。

除此以外，市、县分等也有利于协调不同政府间的关系。在横向关系方面，通过市、县分等并形成有效的激励机制，运用等级升降和与等级挂钩的级别工资等政策，激发各行政主体的荣誉感，满足部门利益的需要，从而建立行政管理体制的激励机制和竞争机制。在纵向关系上，市、县分等可以强化中央对地方的管理，提高管理效率，通过市、县分等帮助高层政府及时了解基层县、市的基本状况，了解各县、市在人口、幅员、经济发展水平、任务繁简等方面存在的较大差异，

并给予相应的政策支持与政策指导，也就是说，根据具体情况加以分类指导、区别对待。但是，市、县分等也是一个复杂的过程，它涉及政治、经济、文化等要素，也和市、县地方政府官员的行政级别、政治地位以及经济待遇密切相关，中间纠缠着不同的利益关系。因此市、县分等必须秉承公正、客观与科学、合理的态度，综合市、县人口、面积、经济规模、区位及政治地位等因素，把有利于行政管理、降低行政成本、提高行政效率作为市、县分等的原则与目标。

[参考文献]

[1] 华伟、于鸣超：《我国行政区划改革的初步设想》，《战略与管理》，1997 年第 4 期。

[2] 郑为汕：《行政区划改革初探》，《晋阳学刊》，2000 年第 4 期。

[3] 国家发改委宏观经济研究院课题组：《关于我国行政区划体制改革的初步思考》，《经济研究参考》，2005 年第 26 期。

[4] 汪宇明：《中国市管县（市）体制的区域结构关系及发展趋势》，《经济地理》，2000 年第 3 期。

[5] 郑法：《农村改革与公共权力的划分》，《战略与管理》，2000 年第 2 期。

[6] 于建嵘：《乡镇自治：根据与路径》，《战略与管理》，2002 年第 6 期。

[7] 吴理财：《中国大陆乡镇何去何从》，《二十一世纪》，2003 年第 4 期。

[8] 贺雪峰、董磊明：《农村乡镇建制：存废之间的思考》，《中国行政管理》，2003 年第 6 期。

[9] 吴思红：《结构功能分析中乡镇体制改革》，《江苏社会科学》，2005 年第 4 期。

[10] 华伟：《城乡分治与合治——市制丛谈》，《中国方域》，2000 年第 1~3 期。

[11] 戴均良：《中国市制》，地图出版社，2000 年。

[12] 徐勇：《县政、乡派、村治：乡村治理的结构性转换》，《江苏社会科学》，2002 年第 2 期。

[13] 沈延生、张守礼：《中国农村研究》，中国社会科学出版社，2003 年。

[14] 周振鹤：《体国经野之道——新角度下的中国行政区划沿革史》，中华书局，1996 年。

[15] 刘君德：《中国行政区划的理论与实践》，华东师范大学出版社，1996 年。

第五章　地方政府与区域公共管理

崔　晶　邢　华

近年来，随着经济全球化下区域主义和区域竞争的崛起、经济市场化下区域竞争的加剧以及区域公共问题的大量兴起，我国区域公共管理研究日益凸显。跨界公共事务，如水资源分配、空气污染治理等问题已经成为区域内各个地方政府必须面对的议题。作为公共管理学科的一个新兴的分支研究领域，我国学者在区域公共管理的基础理论研究、区域一体化推进与政府间关系研究、大都市区和城市群治理、区域视角下的公共事务治理问题研究、区域发展与行政区划变革研究、区域公共服务均等化研究、区域治理国际比较等领域进行了深入而富有成效的研究工作，取得了丰硕的科学研究成果。在实践中，京津冀、珠三角、长三角、长株潭等区域地方政府也经历了从竞争到合作的历程，在创新中不断推进我国区域公共管理的发展。

第一节　理论进展

近年来，在地方政府与区域公共管理的理论研究方面，国外学者围绕"新区域主义"进行了丰富的研究。萨维奇（H. Savitch）和福格尔（R. Vogel）探讨了在新区域主义的背景下，美国大都市区政府在公共事务治理中所具体采用的 5 种协作模式，即合并模式、多重政府模式、政府职能连接模式、复杂网络治理模式、公共选择模式。[①]在国外"新区域主义"研究的基础上，国内学者主要从以下 7 个方面进行了研究：地方政府与区域公共管理的基础理论研究、区域一体化推进与政府间关系研究、大都市区和城市群治理研究、区域跨界公共事务治理问题研究、区域发展与行政区划变革研究、区域公共服务均等化研究，以及区域治理国际比较。

一、地方政府与区域公共管理的基础理论研究

区域公共管理的基础理论研究主要包括区域公共管理的主体、客体、方式、机制等。地方政府管理的研究开创了国内区域公共管理研究之先河，是国内公共行政学界研究的相对较早也是相对较深的一块领域。早在 20 世纪 90 年代初，我国就出版了《香港行政管理》等著作和一批地方政府管理的论文。谢庆奎主编的"中国地方政府管理丛书"，则对中国地方政府进行了全面系统的研究。陈瑞莲主编的《广东行政改革研究》与《乡镇行政管理》，对地方政府的管理展开了更为深入具体的分析和研究。作者分别从广东的行政区划及其改革、地方政府职能的转变、政府机构的改革、人事制度的改革、经济特区的建设和改革、珠江

---

① Savitch H. V. and Vogel R.. Paths to New Regionalism, State and Local Government Review, 2000, Vol. 32.

三角洲的经济发展与行政改革、广州的改革与国际化城市建设、改革的经验与展望等多个层面，对开放改革以来广东地方政府管理的生动实践进行了理论上的诠释与探讨。此外，还有许多学者对县级、市级、省级的政府管理及其管理创新进行了多角度的研究和探讨。[①]

在地方政府管理研究的基础上，近年来区域公共管理成为我国公共管理学科的一个新兴的研究领域。国内学者从理论的角度对中国的区域公共管理进行了开创性的研究，陈瑞莲在《区域公共管理理论与实践研究》一书中提出了我国区域公共管理研究的十大主要领域：区域协调发展研究、区域公共政策研究、城乡协调发展研究、区域政府间竞争研究、区域政府间横向关系协调研究、区域发展与行政区划变革研究、"问题区域"的公共治理研究、流域公共治理研究、"一国两制"下的区域公共治理研究、国外区域公共管理研究。[②]很多学者认为我国应当从行政区行政向区域公共管理，乃至区域治理转变。如陈瑞莲的《论区域公共管理研究的缘起与发展》和陈瑞莲、孔凯的《中国区域公共管理研究的发展与前瞻》等论文都对这一问题进行了深入的分析。[③]又如杨爱平、陈瑞莲认为，传统的政府治理形态是基于行政区划的刚性约束而产生的行政区行政模式，伴随着区域公共问题的大量兴起，行政区行政模式日益暴露出它内在的局限和缺失，必须呼唤一种与之相辅相成的新的政府治理形态，即区域公共管理，并提出传统的行政区行政模式和现代的区域公共管理模式，应该成为行政区域内外社会公共问题治理的"双元"形态。[④]张紧跟提出，我国当前的区域合作只是一种纯粹的政府管理，缺乏众多利益相关者的参与，要进一步提升区域合作质量，必须适时改进已有的区域合作策略，逐步走向区

域治理，以形成区域内多元利益相关者的协作性治理，正是区域内多元利益主体的互动与参与，才使得关键的区域性公共性问题不仅能够被表达，而且也易于解决，因此应当在现有的地方政府之间协作的基础上，增进地方政府与企业以及其他非政府组织的协作互动。[⑤]

此外，还有学者从新制度经济学和博弈论的角度对区域公共管理的理论进行了深入的分析。如金太军、沈承诚以新制度经济学的路径依赖理论和博弈论作为分析框架，对政府治理形态嬗变过程中存在的路径依赖现象和地方政府不合作博弈现象进行深入的学理分析，并提出打破恶性路径依赖和不合作博弈困境的引导性对策。[⑥]又如金太军的《从行政区行政到区域公共管理——政府治理形态嬗变的博弈分析》一文指出，区域公共管理的实质是政府治理方式上的制度变迁，即打破原有行政区行政的制度安排，重塑利益格局的制度演变过程。在这一过程中，始终贯穿着不同利益主体的博弈，从而最终形成新的制度—相关因素充分博弈后的契约格局。在这些博弈过程中，对可能出现的博弈困境提出树立合作的"重复博弈"思维，建立良好的信息沟通以及双边或多边协商机制，斩断地方政府与社会经济主体的利益连带关系等建立区域公共管理制度，实现政府治理形态嬗变的有效引导性对策。[⑦]

二、区域一体化推进与政府间关系研究

谢庆奎、林尚立、薄贵利等是国内较早研究府际关系的学者。薄贵利的《中央与地方关系研究》和《集权分权与国家的兴衰》两部著作，[⑧]不仅描述了西方国家的中央与地方关系的基本概况，更重要的是对中国的中央与地方关系的历史与现状、集权与分权的二难选择及其与几千年中国的

① 陈瑞莲：《论区域公共管理研究的缘起与发展》，《政治学研究》，2003 年第 4 期；陈瑞莲、孟华、张紧跟：《当代中国的区域行政研究：缘起与发展》，"公共管理研究与教育"国际学术研讨会论文集，2001 年 7 月 1 日。
② 陈瑞莲：《区域公共管理理论与实践研究》，中国社会科学出版社，2008 年。
③ 陈瑞莲：《论区域公共管理研究的缘起与发展》，《政治学研究》，2003 年第 4 期；陈瑞莲、孔凯：《中国区域公共管理研究的发展与前瞻》，《学术研究》，2009 年第 5 期。
④ 杨爱平、陈瑞莲：《从"行政区行政"到"区域公共管理"：政府治理形态嬗变的一种比较分析》，《江西社会科学》，2004 年第 11 期。
⑤ 张紧跟：《从区域行政到区域治理：当代中国区域经济一体化的发展路向》，《学术研究》，2009 年第 9 期。
⑥ 金太军、沈承诚：《区域公共管理制度创新困境的内在机理探究：基于新制度经济学视角的考量》，《中国行政管理》，2007 年第 3 期。
⑦ 金太军：《从行政区行政到区域公共管理——政府治理形态嬗变的博弈分析》，《中国社会科学》，2007 年第 6 期。
⑧ 薄贵利：《中央与地方关系研究》，吉林大学出版社，1991 年；薄贵利：《集权分权与国家的兴衰》，经济科学出版社，2001 年。

兴衰关联作了独到而又深刻的分析。谢庆奎在《中国政府的府际关系研究》一文中指出，中国政府间关系的分析，不仅包括中央与地方政府的关系，还包括地方政府之间的关系，以及各地区政府之间的关系和政府部门之间的关系。[①]林尚立的《国内政府间关系》一书以全新的视角，从规范的层面探索了经济市场化、政治民主化、权力法治化以及"一国两制"的政府生态环境下，我国国内的政府间关系的定位和路向问题。[②]随着中国区域间发展差距问题对社会政治经济发展日益增加的负面影响逐渐暴露，如何缩小区域间发展差距而促进协调均衡发展也开始成为当代中国区域经济研究的重大课题。区域一体化的推进，区域政府之间的合作与竞争，区域协调发展等议题逐渐成为学者们关注的焦点。

（一）区域政府间竞争

就区域政府间竞争而言，区域经济学者们对这一领域进行了较早也较为深入的研究。如张可云的《区域大战与区域经济关系》一书从区域经济的角度，对我国区域经济冲突与合作问题进行了深度分析，弥补了区域经济关系理论研究的不足，同时还为协调未来区域经济关系提出了一些有价值的设想与对策。[③]又如冯兴元在具体分析了中国的行政区域政府间竞争现象后，指出我国经济发展过程中辖区政府间制度竞争一直存在，在地方分权和经济市场化的背景下这种竞争愈加激烈，因而必须找到相应的规范思路。[④]再如周黎安的《转型中的地方政府：官员激励与治理》一书，[⑤]以及他的一系列论文如《晋升博弈中政府官员的激励与合作：兼论我国地方保护主义和重复建设问题长期存在的原因》、《中国地方官员的晋升锦标赛模式研究》、《官员晋升竞争与边界效应：以省区交界地带的经济发展为例》，[⑥]应用他所构建的中国地方官员政治晋升博弈模型，分析了我国地方官员的晋升激励对地区间经济竞争和合作的影响。这些著述为理解我国区域经济竞争与合作问题提供了一个系统的视角和框架，它尤其有助于解释我国长期存在的地方保护主义、"大而全"的地区发展战略和地区间形形色色的产业"大战"和恶性竞争。在公共管理领域，刘亚平从退出选择的角度对地方政府间竞争进行分析探讨，区分出政府间竞争的政治和市场两个维度，并从动态和静态两个方面把握地方政府间竞争在当代展示出的特征。[⑦]

（二）区域政府合作

在区域一体化进程中的政府合作方面，行政学者们从各自不同的角度进行了广泛的研究。如陈剩勇、马斌认为，我国区域政府合作是现有体制下实现区域经济一体化的理性选择，并指出构建区域政府合作机制必须要有良好的制度环境、合理的组织安排和完善的区域合作规则。[⑧]又如杨龙等提出，地方政府合作作为一种对跨行政区事务治理的工具，其核心作用就在于通过行政管辖权的让渡形成一种区域公共管理权力，对跨行政区公共事务进行治理。地方政府合作过程中对于合作收益的讨价还价，最终都要通过地方政府间行政管辖权让渡达成共识。[⑨]还有学者从宏观和微观的角度提出了区域间政府合作的不同形式。如杨爱平从宏观的角度分析了当代区域一体化下的区域间政府合作的主要模式："区域网络治理"下的欧盟政府间合作模式、"大湄公河"次区域政府合作模式、莱茵河流域治理中的政府合作模式、丹麦与瑞典"两国一制"的"奥瑞桑德"区域合作模式、"一国两制"下的"泛珠三角"区域政府合作模式市长联席会议制度模式。[⑩]在微观层面上，

---

①　谢庆奎：《中国政府的府际关系研究》，《北京大学学报》（哲学社会科学版），2000年第1期。

②　林尚立：《国内政府间关系》，浙江人民出版社，1998年。

③　张可云：《区域大战与区域经济关系》，民主与建设出版社，2001年。

④　冯兴元：《论辖区政府间的制度竞争》，《国家行政学院学报》，2001年第6期。

⑤　周黎安：《转型中的地方政府：官员激励与治理》，上海人民出版社，2008年。

⑥　周黎安：《晋升博弈中政府官员的激励与合作：兼论我国地方保护主义和重复建设问题长期存在的原因》，《经济研究》，2004年第6期；周黎安：《中国地方官员的晋升锦标赛模式研究》，《经济研究》，2007年第7期；周黎安：《官员晋升竞争与边界效应：以省区交界地带的经济发展为例》，《金融研究》，2011年第3期。

⑦　刘亚平：《当代中国地方政府间竞争》，社会科学文献出版社，2007年。

⑧　陈剩勇、马斌：《区域间政府合作：区域经济一体化的路径选择》，《政治学研究》，2004年第1期。

⑨　杨龙、彭彦强：《理解中国地方政府合作：行政管辖权让渡的视角》，《政治学研究》，2009年第4期；杨龙、郑春勇：《地方合作对政府间关系的拓展》，《探索与争鸣》，2011年第1期。

⑩　杨爱平：《论区域一体化下的区域间政府合作：动因、模式及展望》，《政治学研究》，2007年第3期。

他还指出契约行政是当代中国区域政府间合作的一种模式创新，而府际契约是开展区域契约行政的制度支撑，府际契约在追求目标、契约主体、贯彻原则和基本属性上，均与行政契约存在诸多差异乃至本质不同。根据签约主体的关系不同，府际契约可以分为纵向型府际契约、横向型府际契约（包含省际契约、市际契约、县（区）际契约、地方政府职能部门间契约）、斜向型府际契约；根据合作的不同领域划分，府际契约可以分为府际边界型契约、府际分配与发展型契约、府际规制型契约、府际再分配型契约。[①]

随着研究的深入，对区域地方政府间合作机制的研究也不断增加。刘亚平等在分析了当前我国中央政府主导下的区域政府合作的一系列局限的基础上，提出未来中国区域政府合作可采用三阶式合作策略模式，该模式强调通过沟通协调机制、信息共享机制和利益补偿机制实现区域政府自主合作的横向问责，并把合理的激励机制和更为充实的地方自治资源和民间资源作为保障区域政府合作的长效机制。[②]同样地，杨爱平从政治动员的新视角指出我国当下区域一体化合作中存在的短期性问题，并指出上一级政府不仅要发挥政治动员机制在区域一体化中的特殊作用，更应从政府职能、组织网络、政策工具、合作机制等方面，进行系统的制度创新，从而为区域一体化的可持续发展奠定坚实的制度基础。[③]他还认为合理的利益激励机制是实现地方政府长效合作的制度基础，由于我国在发展型地方主义下形成的地方竞合机制是以行政分权、财政分权和官员晋升博弈为三大杠杆的一种垂直激励机制，因而其存在内部激励与外部激励不兼容、政治动员而非平等博弈式激励的制度缺失等因素，因此高层政府应该通过指导和协调，构建涵盖地方政府间利益分配、利益协调、利益补偿、利益让渡的平行激励机制，从而使地方政府实现一种地位平等、意思

自治、利益兼容的制度化合作。[④]

三、大都市区和城市群治理研究

城市化与区域一体化的发展，促生了我国大都市区和城市群的发展，而此类区域的治理问题也逐渐成为国内学者关注的热点，并且展开了初步的研究。

在理论层面上，王健、鲍静、刘小康、王佃利提出了"复合行政"的概念，认为它是解决当代中国区域经济一体化与行政区划冲突的新思路。[⑤]他们认为造成当代中国区域经济一体化与行政区划冲突的根本原因，不在于行政区划本身，而在于政府职能的转变尚未完全适应市场经济的发展需求。因此，要真正解决这一问题，必须跳出行政区划调整的传统思路，构建"复合行政"，即为了促进区域经济一体化，实现跨行政区公共服务，跨行政区划、跨行政层级的不同政府之间，吸纳非政府组织参与，经交叠、嵌套而形成的多中心、自主治理的合作机制。杨龙、郑春勇指出，随着中国城市化进程的加快，经济区域化程度明显提高，国内开始形成众多城市圈。城市圈具有特殊的经济社会特点，可以作为一种解决区域公共问题、实现区域治理的方式；城市圈边界灵活开放，同时又具有强大的凝聚力，是区域一体化的前奏；城市圈内的地方政府合作阻力小、合作积极性高，城市圈认同感较强，这有利于区域治理中的政策协调，有利于改善地方府际关系。但是，我国城市圈的整体发育水平还不够高，必须进一步积极实施城市圈战略，提高区域治理水平。[⑥]有些学者从网络化治理和整体性治理的全新视角，诠释了我国大都市区治理的趋势和未来的模式。如于刚强、蔡立辉认为网络化治理模式不仅对政府和市场为主导的都市群治理模式提出了质疑和反思，还为治理中国都市群发展过程中出现的管理体制问题、城市政府之间关系问题提供了新视角。[⑦]又

① 杨爱平：《区域合作中的府际契约：概念与分类》，《中国行政管理》，2011 年第 6 期。
② 刘亚平、刘琳琳：《中国区域政府合作的困境与展望》，《学术研究》，2010 年第 12 期。
③ 杨爱平：《从政治动员到制度建设：珠三角一体化中的政府创新》，《华南师范大学学报》（社会科学版），2011 年第 6 期。
④ 杨爱平：《从垂直激励到平行激励：地方政府合作的利益激励机制创新》，《学术研究》，2011 年第 5 期。
⑤ 王健、鲍静、刘小康、王佃利：《"复合行政"的提出：解决当代中国区域经济一体化与行政区划冲突的新思路》，《中国行政管理》，2004 年第 3 期。
⑥ 杨龙、郑春勇：《城市圈在国内区域治理中的作用》，《理论探讨》，2011 年第 1 期。
⑦ 于刚强、蔡立辉：《中国都市群网络化治理模式研究》，《中国行政管理》，2011 年第 6 期。

如，高建华提出作为区域公共管理政府合作治理的重要形式，整体性治理在区域公共管理政府合作治理中发挥着重要的作用。区域政府合作整体性治理需要在整体性政府构建、整体性治理模式、整体性治理协调机制、信任机制和承诺机制以及监控机制等方面加强努力。[①] 再如，崔晶认为整体性治理理论所主张的地方政府间的协作和整合成为促进大都市区跨界公共事务治理的重要方式，深入研究大都市区跨区域整体性合作组织的构建及运转机制，进而探讨由跨区域整体性合作组织、各个地方政府、非政府组织以及私营部门共同组成的大都市区地方政府跨界公共事务整体性治理模式，对实现我国大都市区跨界公共事务的有效治理具有重要的意义。[②]

在实践层面上，学者们对我国珠三角、长三角、京津冀、长株潭等区域进行了专门的研究。珠江三角洲作为我国区域一体化的最早区域，是学者们关注较早，研究也较为成熟的区域。陈瑞莲、刘亚平从区域公共管理的视角分析了泛珠三角区域政府合作的背景和现状，并从合作理念、合作模式、合作机制、合作规范、合作政策等5个方面探索了泛珠三角区域政府在合作上的创新与路径。[③] 张紧跟认为随着珠江三角洲区域经济一体化的发展，大量区域性公共问题随之产生，为有效化解区域一体化发展进程中的治理困境，必须在创新制度环境、实现治理机制多元化和规范治理主体等方面实现珠三角地区公共管理制度的创新。[④] 冯邦彦等以珠三角城市群为例，认为存在正式的行政区划调整和非正式的区域协调机制两种区域治理结构，在此基础上提出了适合我国城市群治理结构演变的路径，并提出了加强企业、个人、非政府组织在推动城市群治理结构演变中

作用的建议。[⑤]

就长江三角洲而言，王枫云较为全面地考察了长江三角洲城市群发展中的非和谐现象，并从经济学、政治学、社会学等多个角度对非和谐现象背后的政府原因进行了分析，提出了消解长江三角洲城市群非和谐发展现象的途径，即建构推进长江三角洲城市群和谐共进的政府协调机制，并指出了政府协调机制顺利运行的保障。[⑥] 邹卫星、周立群提出在全球化迅速发展的今天，区域经济一体化已是大势所趋，长三角的一体化进程最快，然后是珠三角和环渤海，一体化进程由多种因素共同决定，基础设施一体化最易实施也进展最快，产业结构一体化最难以协调。[⑦] 赵峰、姜德波提出长三角地区是我国开展区域合作最早的区域之一，进一步健全长三角区域合作机制，设立长三角发展促进基金，加强国家对于区域合作的指导等政策建议，从而有助于进一步推动长三角区域合作发展。[⑧] 储大建指出长三角的区域协调发展目标应该是在不平衡的经济增长中追求平衡的社会发展，推进长三角区域协调发展的机制体制创新，实现长三角区域的经济、社会、环境三者协调发展。[⑨]

京津冀地区作为继珠三角、长三角之后，又一极具发展潜力的区域，近来也成为学者们关注的焦点。祝尔娟主编的《"十二五"时期京津冀发展研究（2009）》一书综合了京津冀区域研究的诸多论文成果，认为京津冀城市圈是我国政治、文化中心和经济最发达的地区之一，是我国参与国际竞争和现代化建设的重要支撑地区，也是我国未来继续大规模推进国际化的重点地区。[⑩] 加快京津冀都市圈一体化发展，不仅是京、津、冀三地自身发展的需要，更是推进我国积极参与国际竞争、促进区域协调发展的战略需要。其中张云利、

① 高建华：《区域公共管理视域下的整体性治理：跨界治理的一个分析框架》，《中国行政管理》，2010年第11期。
② 崔晶：《大都市区跨界公共事务运行模式：府际协作与整合》，《改革》，2011年第7期。
③ 陈瑞莲、刘亚平：《泛珠三角区域政府的合作与创新》，《学术研究》，2007年第1期。
④ 张紧跟：《区域公共管理制度创新分析：以珠江三角为例》，《政治学研究》，2010年第3期；张紧跟：《试论新区域主义视野下的泛珠江三角洲区域合作》，《武汉大学学报》（哲学社会科学版），2008年第3期。
⑤ 冯邦彦、尹来盛：《城市群区域治理结构的动态演变：以珠江三角洲为例》，《城市问题》，2011年第7期。
⑥ 王枫云：《和谐共进中的政府协调：长三角城市群的实证研究》，中山大学出版社，2009年。
⑦ 邹卫星、周立群：《区域经济一体化进程剖析：长三角、珠三角与环渤海》，《改革》，2010年第10期。
⑧ 赵峰、姜德波：《长三角区域合作机制的经验借鉴与进一步发展思路》，《中国行政管理》，2011年第2期。
⑨ 储大建：《上海与长三角区域协调发展中的问题思考》，《上海城市规划》，2011年第2期。
⑩ 祝尔娟：《"十二五"时期京津冀发展研究（2009）》，中国经济出版社，2010年。

张志新的《京津冀及环渤海视域下的地方政府合作关系研究》，李燕的《对京津冀政府合作机制的再认识》等文章对京津冀大都市区治理的困境和问题进行了探讨。母爱英、武建奇、武义青的《京津冀：理念、模式与机制》一书从阐述管治新理念、区域协作新模式和协调发展新机制出发，研究了大都市圈管治模式与协调发展机制、国外大都市区管治的经验、京津冀都市圈管治中政府、企业（公众）行为互动、京津冀产业分工与合作存在的突出问题、京津冀城市功能新定位下区域产业发展方向新形势下京津冀产业分工与合作机制、京津冀都市圈管治模式的建立、京津冀都市圈管治协调机制与对策等。①

除了上述 3 个区域，我国其他都市区和城市群的发展也受到关注。谢守红、宁越敏对长沙、株洲、湘潭都市区范围进行了界定，并结合长株潭一体化的最新进展及问题，提出了长株潭一体化的空间组织模式及其相应对策。②傅永超、徐晓林认为长株潭城市群在一体化过程中，政府间合作受到政治绩效竞争、府际协调与合作落后等诸多因素的制约，因此提出以构建政务环境、经济环境、生态环境和信息环境为基础平台的网状政府合作模式，特别强调从制度设计的角度来制约政府的毁约和不合作行为，以降低省域内城市群政府间合作不履行契约和不合作的风险，并有效地实现城市群公共事务的合作。③罗传玲从城市群信息化建设的角度，提出先行整合区域信息，实现区域信息共建共享是长株潭城市群整合发展，建设"资源节约型、环境友好型社会"的必备条件，对于促进长株潭城市群区域经济升级发展和完善长株潭城市群社会综合服务职能等方面有着十分重要的作用。④湖南省公共管理研究基地课题组提出建设长株潭城市群试验区是国家在新的发展阶段促进中部崛起、推动东中西部地区协调发展的重大战略举措，借鉴国内外城市群管理的模式和经验，结合长株潭城市群的实际，提出了长株潭试验区管理机构设置的重要前提、基本原则和主要方案。⑤此外，王佃利从行政学的视角，探讨了山东半岛城市群发展战略的提出是区域经济发展的客观要求，也带有很强的行政推动的色彩，但是在战略推行的过程中，政府有关部门作为的缺失是半岛城市群发展战略推行不力的主要因素。⑥他还从区域公共管理的视角，分析了山东半岛城市群发展过程所出现的各种非合作困境及其原因，并提出城市群的合作应该着眼于区域公共问题的解决和区域公共利益的增进，寻求利益互惠基础上的平等合作机制，走出以往单纯依靠行政权力分割和行政区变更的思路，以复合行政的理念，构建城市群合作的组织平台和合作机制。⑦

四、区域跨界公共事务治理问题研究

近几年，随着跨界治理困境的不断出现，跨区域的流域治理、生态治理、公共危机协作治理等公共事务治理问题在区域公共管理中倍受关注。

（一）流域治理

陈瑞莲、任敏的《中国流域治理研究报告》是"中山大学行政管理研究中心专题研究报告系列"之一，对我国近年来在流域治理和区域管理中所遇到的问题进行了实地调查研究并对我国各个流域中存在的问题和既有的管理机制作出了详细的分析，同时，还给出了流域治理的理论和案例，结合国内外的流域治理经验，提出符合我国实际情况的治理方法和政策建议。⑧陈宜瑜、王毅等系统分析了中国流域管理的现状、存在问题及原因、流域综合管理相关项目进展，并提出了推进流域综合管理的概念框架与政策建议，对水利、环保、发展和改革、建设、农业、林业、卫生等 7 个涉水部门在流域与水管理方面的机构与职责、法律与法规、项目与计划、政策建议进行了分析，对长江流域、黄河流域、淮河流域、松辽流域、洞

① 母爱英、武建奇、武义青：《京津冀：理念、模式与机制》，中国社会科学出版社，2010 年。
② 谢守红、宁越敏：《都市区：长株潭一体化的必由之路》，《经济地理》，2005 年第 6 期。
③ 傅永超、徐晓林：《府际管理理论与长株潭城市群政府合作机制》，《公共管理学报》，2007 年第 4 期。
④ 罗传玲：《信息化与长株潭城市群"两型社会"建设初探》，《经济地理》，2009 年第 3 期。
⑤ 湖南省公共管理研究基地课题组：《长株潭试验区管理机构设置研究》，《中国行政管理》，2010 年第 2 期。
⑥ 王佃利：《半岛城市群发展动力与障碍的行政学分析》，《东岳论丛》，2009 年第 5 期。
⑦ 王佃利：《区域公共管理的制度与机制创新探析：以山东半岛城市群为例》，《北京行政学院学报》，2009 年第 5 期。
⑧ 陈瑞莲、任敏：《中国流域治理研究报告》，格致出版社，2011 年。

庭湖流域等流域案例以及国际河流的流域管理现状、问题与对策建议进行了重点分析。① 郑海霞研究了中国流域生态服务补偿的适用性、可行性及其发展阶段。通过对 4 个不同类型典型流域的实地调研与分析，剖析了中国流域生态服务补偿的机制、标准、驱动力与障碍等，为构建中国流域生态服务补偿政策框架和下一步的工作和试点提供了借鉴，并据此提出了相应的政策建议。② 王勇提出，整体性的流域往往被人为划分为若干彼此割裂的行政辖区，出于地方保护主义和机会主义的策略选择，不同辖区的政府相互间实际上很难达成有效协作，甚至纷纷采取"内耗"的行动逻辑，即辖区内大肆破坏流域水资源，却希望由其他区段来埋单。③ 基于此，该书立足公共管理视界建构和阐析流域水环境治理的政府间横向协调机制这一论题。

近年来，区域视角下流域治理方面也涌现出了不少学术论文。陈瑞莲、胡熠认为，实施流域区际生态补偿，是保护流域生态环境，实现流域经济社会可持续发展的重要途径，我国应当采取流域区际生态补偿的准市场模式，建立健全流域区际民主协商机制、流域生态价值评估机制、补偿资金营运机制和流域区际经济合作机制等。④ 刘亚平、颜昌武以贵州、重庆、湖南三省交界的清水江污染治理为例，尝试提出治理具体区域公共问题的管理体制和机制安排是促进区域协调发展、促进社会和谐发展的重要制度性基础。⑤ 任敏提出流域水问题和水危机反映了流域公共治理的危机，看上去完整统一的管理体制背后内在地存在着碎裂的现象，包括价值整合方面的碎裂、资源和权力分配的碎裂以及政策制定和执行方面的碎裂 3 个方面。流域规则和区域规则的不兼容引发了流域公共治理的碎片化，涉水机构的内在复杂性以及相互之间的"领域"争斗加剧了流域公共治理

的碎片化，再加上流域公共治理中的正式规则还不能完全成为重塑系统的重要力量，这使得流域公共治理的统一性难度加大。⑥ 胡熠、陈瑞莲提出在行政分包治理体制下，地方政府行为决策须兼顾上级政府满意度、官员个人政绩和区域公共福利等诸多因素，差异化的多元目标导向造成流域治理中地方政府的行为偏差和环境保护政策的边缘化，因此建立激励约束相融机制，矫治地方政府的行为偏差，是提高流域公共治理效率、促进流域永续发展的现实选择。⑦ 邢华认为由于目前缺乏流域与行政区域之间分工协调的制度化建构，导致我国流域水资源管理存在诸多障碍，在府际关系网络理论的基础上，提出集成式流域管理模式，即建立由流域管理机构主导的流域协作机制，妥善处理流域管理机构、地方政府以及国家职能部门之间的关系，形成平等协商、分工负责、事权清晰、沟通顺畅的管理体制。⑧

就流域治理的具体机制而言，胡熠、黎元生认为构建流域区际生态保护补偿机制实质上是通过横向财政转移支付的方式，将上游生态保护成本在相关行政区之间进行合理的再分配，它主要包括补偿主体与客体的界定及其协商机制，补偿资金的测算及其分摊机制，补偿资金的筹集、使用和管理机制等基本内容。其中补偿资金的测算及其分摊机制是生态补偿的关键环节，本文认为生态重建成本分摊法具有较强的操作性、可行性和普遍推广价值，并以闽江下游福州市补偿上游南平市为例，进行了实证研究。⑨ 他们还就闽江流域生态补偿问题，提出当前闽江流域生态补偿存在着补偿主客体模糊不清、补偿资金营运不规范等诸多缺陷，应当加快闽江流域生态补偿立法，明确流域生态补偿主客体及其责权利，合理确定流域生态补偿标准和计价办法，规范流域生态补偿资金运营机制，实现生态补偿体系"科学化、

---

①　陈宜瑜、王毅、李利锋、于秀波：《中国流域综合管理战略研究》，科学出版社，2007 年。

②　郑海霞：《中国流域生态服务补偿机制与政策研究》，中国经济出版社，2010 年。

③　王勇：《政府间横向协调机制研究：跨省流域治理的公共管理视界》，中国社会科学出版社，2010 年。

④　陈瑞莲、胡熠：《我国流域区际生态补偿：依据、模式与机制》，《学术研究》，2005 年第 9 期。

⑤　刘亚平、颜昌武：《区域公共事务的治理逻辑：以清水江治理为例》，《中山大学学报》（社会科学版），2006 年第 4 期。

⑥　任敏：《我国流域公共治理的碎片化现象及成因分析》，《武汉大学学报》（哲学社会科学版），2008 年第 4 期。

⑦　胡熠、陈瑞莲：《论流域治理中地方政府的行为偏差及其矫治》，《中共福建省委党校学报》，2009 年第 12 期。

⑧　邢华：《水资源管理协作机制观察：流域与行政区域分工》，《改革》，2011 年第 5 期。

⑨　胡熠、黎元生：《论流域区际生态保护补偿机制的构建》，《福建师范大学学报》（哲学社会科学版），2006 年第 6 期。

规范化、市场化和法制化"的立法目标。① 胡熠还认为构建流域跨区水污染经济补偿机制，是流域水污染治理外部成本内在化的客观要求，是保障流域下游地区政府环境权益的重要内容，也是落实生态环境行政区分包治理的重要举措。现阶段我国流域跨区水污染经济补偿应当以行政区交界断面水质是否超过Ⅲ类为依据，以下游地区治理超标水质成本为标准，流域跨区水污染经济补偿机制主要包括区际协调机制、污染损失评估机制、补偿资金的筹集机制和水污染应急处理机制等。② 张紧跟、唐玉亮采用个案研究方法，通过对粤西地区的小东江（跨广东省茂名市和湛江市）治理实践的研究，发现广东省和相关市政府在作为治理主体时都存在内生性不足，碎片化的治理结构因而最终陷入了治理困境。因此，政府间环境协作是小东江污染治理的必然要求，而这必须建立上级政府监管权威、健全公众参与和流域内地方政府间民主协作的多元治理机制。③ 近来，有关网络治理机制的讨论也较为突出，如黎元生、胡熠认为我国现行的流域科层治理体制，实行纵向行政性分包和横向结构性分权的组织模式，导致了权力分配、资源占用和政策执行的碎片化。网络治理机制比科层机制更灵活，比市场机制更稳定，比自治化机制更适用，因而从科层机制向网络机制演进，是我国流域治理机制创新的路径选择。流域网络治理机制的基本框架是中央地方多层级治理和政府企业社会伙伴治理的有机结合。④

（二）生态治理

在著作方面，由金太军主编的《政治与公共治理研究文库（第5辑）》包含了一系列生态区域治理方面的著作，其中有余敏江、黄建洪的《生态区域治理中中央与地方府际间协调研究》，⑤ 张建英的《区域生态治理中地方政府经济职能转型研究》，⑥

施从美、沈承诚的《区域生态治理中的府际关系研究》，范俊玉的《区域生态治理中的政府与政治》，张劲松的《生态型区域（苏南）治理中的政府责任》等。⑦ 这一丛书分别从区域生态治理中的中央与地方政府关系、区域地方政府之间的合作、府际之间的利益协调、地方政府的职能和责任，以及区域生态治理中由多元主体构成的全新管理模式等方面进行了深入的探讨。另外，肖建华、赵运林、傅晓华的《走向多中心合作的生态环境治理研究》从多中心环境治理的角度出发，提出通过建立一种在微观领域对政府、市场的作用进行补充或替代的制度形态，使大量的社会力量参与环境治理。因此，政府应主动寻求企业、非政府组织、公民的支持，与社会各界建立合作型的伙伴关系，结成治理环境公共事务的公共行动网络。⑧

在论文方面，金太军、唐玉青认为生态环境的整体性特性使局域生态环境问题在无法得到精确治理条件下，演化成超出行政区政府的治理意愿和能力的"脱域"生态危机。要实现对"脱域"生态危机的有效治理就必须实现区域内各行政区政府的良性合作，形成生态治理上的"集体行动"，从认知的协调统一、相关制度的优化完善及利益的协调来寻求有效路径。⑨ 余敏江提出，鉴于已有的命令—控制、互动—妥协、政治动员模式之积弊，以及生态治理中地方机会主义和中央与地方政府间或隐或现的共容性利益的存在，有必要从结构—行为互动的视角，将协调结构作为自变量、协调行为作为中间变量、协调结果作为因变量，以考察生态治理中影响中央与地方关系各因素之间的关联，从而建构一个分析中央与地方政府间协调的理论框架。⑩ 胡熠认为政府与企业伙伴治理机制是环境保护中科层制和市场机制的重要补充，它能使企业获得利益表达机会以及与政

① 胡熠、黎元生：《完善闽江流域生态补偿机制的立法思考》，《福建论坛》（人文社会科学版），2007年第11期。

② 胡熠：《论构建流域跨区水污染经济补偿机制》，《中共福建省委党校学报》，2006年第9期。

③ 张紧跟、唐玉亮：《流域治理中的政府间环境协作机制研究：以小东江治理为例》，《公共管理学报》，2007年第3期。

④ 黎元生、胡熠：《从科层到网络：流域治理机制创新的路径选择》，《福州党校学报》，2010年第2期。

⑤ 余敏江、黄建洪：《生态区域治理中中央与地方府际间协调研究》，广东人民出版社，2011年。

⑥ 张建英：《区域生态治理中地方政府经济职能转型研究》，广东人民出版社，2011年。

⑦ 施从美、沈承诚：《区域生态治理中的府际关系研究》，广东人民出版社，2011年。

⑧ 肖建华、赵运林、傅晓华：《走向多中心合作的生态环境治理研究》，湖南人民出版社，2010年。

⑨ 金太军、唐玉青：《区域生态府际合作治理困境及其消解》，《南京师大学报》，2011年第5期。

⑩ 余敏江：《生态治理中的中央与地方府际间协调：一个分析框架》，《经济社会体制比较》，2011年第2期。

府合作解决冲突的渠道，创造新的竞争优势，获得额外经济收益。政府与企业伙伴治理主要有单边协议、公共自愿计划和谈判协议 3 种形式。政府应当通过加强舆论宣传导向，强化企业的社会责任，积极实施激励性优惠政策和强化约束性政策，实行分类政策导向，分层次推进企业自愿性环境行动。[①]杨妍、孙涛认为跨界污染事件频频发生，反映了单一行政区污染治理方式与环境污染外部性特点之间的矛盾，环境污染是无法由某一地方政府独立而有效地解决的，需要建立跨地域、跨流域治理的有效机制，而地方政府合作机制是解决跨区域环境问题的重要途径。[②]

（三）公共危机协作治理

近年来，区域公共危机事件的协作治理问题也引起了学者们的关注。沈承诚、金太军认为"脱域"公共危机的发生将急剧改变公共管理和公共资源配置秩序，导致区域性社会运作机制中断或瘫痪，而"切割式"的现行行政区行政模式与"脱域"公共危机的逻辑错配使"脱域"公共危机治理处于"低效"或者"失灵"状态，因此，以"网络式"的区域公共管理体制作为平台，既整合纵横向政府系统内资源，又积聚政府系统外的市场和社会资源，能够实现对"脱域"公共危机的有效治理。[③]吕志奎、朱正威指出，美国州际应急管理互助协议（EMAC）构筑了在互惠意愿与协作能力的基础上，将制度化协作契约、网络化协调机构和整体化协作流程包容在跨州区域应急管理协作制度框架中，体现出美国应急管理体系健全的特点。[④]沙勇忠、解志元认为，在公共危机协同治理中需要多个辖区政府的共同努力和联合行动，这种政府间的协同治理，既包括地方政府与地方政府之间的协同治理，又包括中央政府与地

方政府之间的协同治理，还包括中央政府部门之间的协同治理。[⑤]张仁平、曹任何提出应从公共危机管理合作机构系统、法律与政策合作系统、善后合作系统 3 方面来构建长株潭城市群公共危机管理合作模式，促使长株潭城市群走出观念、体制和制度困境。[⑥]

五、区域发展与行政区划变革研究

区域发展与行政区划变革问题的探讨也是地方政府与区域公共管理研究较早的领域。最早关注这方面问题的是经济地理学和政区地理学者。作为中国行政区经济与改革丛书，刘君德的著作《中国行政区划的理论与实践》、[⑦]《中外行政区划比较研究》[⑧]第一次明确提出"行政区经济"的概念，并用以分析我国现实生活中普遍存在的"画地为牢"、"各自为政"、"上有政策，下有对策"等形形色色的地方保护主义现象，同时研究中国行政区划的历史渊源、现实利弊，以及调整改革问题。舒庆、周克瑜的《从封闭走向开放：中国行政区经济透视》一书系统分析了中国行政区经济产生的历史背景，形成发展过程，行政区经济的结构特征，运行机制、运行的区域差异以及如何突破行政区经济，使区域经济由无序走向有序等理论与实践问题。[⑨]周克瑜的《走向市场经济：中国行政区与经济区的关系及其整合》[⑩]从理论上提出当代中国经济发展中"行政区经济"现象的存在是政治统治需要与经济发展需要之间的矛盾使然，应从制度整合、政策调控和组织创新的角度，来处理行政区与经济区关系。鲁勇的《行政区域经济》一书通过对转型发展中我国行政区域经济发展差异的成因和不同经济要素对行政区域经济发展的贡献等的分析，提出构筑国家宏观调控体系

① 胡熠：《环境保护中政府与企业伙伴治理机制》，《行政论坛》，2008 年第 4 期。
② 杨妍、孙涛：《跨区域环境治理与地方政府合作机制研究》，《中国行政管理》，2009 年第 1 期。
③ 沈承诚、金太军：《"脱域"公共危机治理与区域公共管理体制创新》，《江海学刊》，2011 年第 1 期。
④ 吕志奎、朱正威：《美国州际区域应急管理协作：经验及其借鉴》，《中国行政管理》，2010 年第 11 期。
⑤ 沙勇忠、解志元：《论公共危机的协同治理》，《中国行政管理》，2010 年第 4 期。
⑥ 张仁平、曹任何：《府际管理视角下的长株潭城市群公共危机管理合作模式研究》，《行政与法》，2008 年第 8 期。
⑦ 刘君德：《中国行政区划的理论与实践》，华东师范大学出版社，1996 年。
⑧ 刘君德：《中外行政区划比较研究》，华东师范大学出版社，2002 年。
⑨ 舒庆、周克瑜：《从封闭走向开放：中国行政区经济透视》，华东师大出版社，2003 年。
⑩ 周克瑜：《走向市场经济：中国行政区与经济区的关系及其整合》，复旦大学出版社，1999 年。

约束下的行政区域政府中观经济调整机制的基本内容和主要手段。[①]而政区地理学的研究则从管理学中管理幅度与管理层次适度的原则出发，对中国现行的行政区划提出了种种改革主张，并且就一些热点问题如"撤县改市"、"市领导县体制"、"撤销地区行署建立实体市"等展开了激烈的争论，代表性的研究成果有张文范主编的《中国行政区划研究》和浦善新等主编的《中国行政区划概论》。[②]

近年来，学者们对区域发展与行政区划变革进行了更加深入的研究，陈剩勇、张丙宣提出地方行政区划和府际关系的重构是 20 世纪以来中国现代国家制度建设工程的重要内容。新中国成立 60 年来，中国地方行政区划和府际关系的调整和改革，基本上延续了以属地管辖和行政内部发包制为特征、由职权同构和行政分权构成的多层级的地方政府结构为基本治理结构的治理逻辑。为适应工业化、市场化和城市化的现实要求，中国地方行政区划和府际关系必须根据法治政府、责任政府和公共服务型政府的制度设计，对既有的地方治理结构进行改革和调整，以民主化和地方自治促进和改善地方治理，使地方行政区划和府际关系以及相应的产权、财税权和人事权等制度走向法治化、制度化和规范化。[③]胡德、刘君德从政区等级、权力与区域经济关系的角度分析了我国政府权力的空间过程及影响。[④]贺曲夫、刘君德从制度环境的变化、双层架构的缺陷分析取消市管县（市）的必要性，总结了海南、重庆等地直辖县市的实践经验，在此基础上对省辖县（市）的两个实现路径进行了探讨，一是从强县扩权、强农扩权走向省直管县（市），二是在多层次、多类型的基础上实现省直管县（市）。他们认为，有条件地适度"分省"是完善省直辖县（市）体制的必然选择，也是巩固省直辖成果的重要保障；

对县辖政区而言，省直辖体制的实施将为推行"县下辖市"提供体制基础。[⑤]此外，张紧跟的《区域公共管理视野下的行政区划改革：以珠三角为例》，认为从区域公共管理的视野来看，行政区划改革只是多元化治理机制中的一种，不可能解决所有的问题，要适应珠江三角洲区域经济一体化的要求，应该实现治理机制多元化。[⑥]

六、区域公共服务均等化研究

区域公共服务的均等化问题是推进区域协调发展，实现区域包容性增长的重要方面。在这方面，学者们也进行了较多的研究。孙友祥对武汉城市圈基本公共服务非均等化问题展开实证分析，提出武汉都市圈的公共服务均等化是城乡、区域、群体均等化的统一，可以通过创建区域公共服务跨界治理体系、重构治理路径以完善区域公共服务运行机制并促进城市圈基本公共服务均等化。[⑦]蔡琼、苏丽、姜尧提出基础设施建设、公共教育资源配置及公共医疗卫生的非均等，社会保障能力的差异，城市经济发展水平的不均衡，政府主导的公共服务供给模式的失灵，跨区域公共服务供给主体的错位，政府间合作协调机制不完善等是武汉城市圈面临的主要问题。解决这些问题，需要建立和完善四种机制：一是建立城市圈纵横相结合的财政转移支付制度，完善财力保障机制；二是加强政府合作，完善城市圈基本公共服务的区域协同机制；三是创新基本公共服务体系，建立多元化的基本公共服务供给机制；四是完善基本公共服务绩效评估体系，建立监督问责机制。[⑧]唐亚林提出就长江三角洲区域公共服务均等化而言，最具导向性和探索性的横向转移支付制度的理念和措施，通过政府间服务合同、联合服务协定、政府间服务转移等形式，推进跨区域政府之间的横向转移支付方式的制度化与规范化，促进

① 鲁勇：《行政区域经济》，人民出版社，2002 年。
② 张文范：《中国行政区划研究》，中国社会出版社，1991 年；浦善新：《中国行政区划概论》，知识出版社，1995 年。
③ 陈剩勇、张丙宣：《建国 60 年来中国地方行政区划和府际关系的变革与展望》，《浙江工商大学学报》，2009 年第 5 期。
④ 胡德、刘君德：《政区等级、权力与区域经济关系：中国政府权力的空间过程及其影响》，《中国行政管理》，2007 年第 6 期。
⑤ 贺曲夫、刘君德：《省直辖县（市）体制实现的路径及其影响》，《经济地理》，2009 年第 5 期。
⑥ 张紧跟：《区域公共管理视野下的行政区划改革：以珠三角为例》，《中山大学学报》（社会科学版），2007 年第 5 期。
⑦ 孙友祥：《区域基本公共服务均等化的跨界治理研究：基于武汉城市圈基本公共服务的实证分析》，《国家行政学院学报》，2011 年第 1 期。
⑧ 蔡琼、苏丽、姜尧：《武汉城市圈基本公共服务均等化探索》，《中南民族大学学报》（人文社会科学版），2011 年第 1 期。

跨区域民众共享基本的公共服务机构与设施、优质的各种公共服务资源，尚未树立和实施，而仅强调自上而下的纵向政府间转移支付的制度化、规范化与法制化还远远不够，这种倾向在一定程度上延滞了长江三角洲区域公共服务均等化的实际发展历程。[①]陈颂东研究了我国东中西部地区公共服务的非均等化状况不仅是地区自有财力差异的结果，也是中央转移支付乏力的体现。因此，实现地区公共服务的均等化既需要在中央与地方政府间重新划分共享税种，提高中央的税收比重，增加中央转移支付的资金来源，又必须对转移支付结构进行调整，加强对中西部地区的转移支付力度。[②]田发、周琛影认为我国东部、中部、西部、东北等四大区域财政能力是否均等关系到能否实现区域公共服务均等化，从而促进区域协调发展。在引入区域财政标准人分配模型后，度量出均等化区域内各省财力均等化的真实缺口，表现为中部、东北地区的标准人财力分配比较均衡，而东部、西部地区的标准人实际财力偏离标准财力幅度较大。据此，提高中央对各区域转移支付的均等化水平，并构建区域财政横向均衡与转移支付制度，以提升区域财政均等化水平。[③]

我国区域间的对口支援也是区域公共服务均等化的一个重要方面。刘铁提出借助5·12汶川大地震灾后的对口支援，我国应逐步建立起地方政府间的横向转移支付制度，并将这种临时性的措施上升到法律层面，变成一种长效机制。[④]他还通过对汶川地震灾后恢复重建对口支援的跟踪调查，发现对口支援的行为模式从起初的对口支援已经悄然转变为对口支援与对口合作相结合的多元模式。[⑤]陈志刚提出民族地区的经济发展与小康建设只有依赖于政府投资，对口支援则是政府投资的一种重要形式，对口支援不仅是一种外部资本注入，更重要的是带来了基础设施、技术、人力资本、市场理念（制度）、发展精神等一揽子要素，促进了民族地区投资效率的提高。[⑥]此外，赵明刚根据受援客体的不同，将我国对口支援模式划分为边疆地区对口支援、灾害损失严重地区对口支援和重大工程对口支援三种政策模式，并提出对口支援的政策工具常采用资金援助、项目援助和智力援助等多种手段，主要用于受援地区的经济发展、教育、医疗和卫生等社会事业以及基础设施建设等多个方面。从总体上看，对口支援在促进欠发达地区的发展、增强区域发展的协调性、加强地区间的经济交流以及促进民族团结等方面发挥了相当积极的作用，产生了良好的政治效益、经济效益和社会效益，但在政府与市场的关系、政策的评价体系以及政策工具上仍有待完善。[⑦]

七、区域治理国际比较研究

国外区域公共管理的研究是探讨我国区域公共管理问题的重要来源之一。在国外理论和实践的基础上，国内学者主要对欧盟国家的区域公共治理、美国的区域公共管理、东盟区域经济合作和大湄公河"次区域"经济合作等领域进行了研究。

就欧盟国家的区域公共治理而言，陈瑞莲提出，为了推进欧洲一体化进程的顺利进行，欧盟非常重视成员国之间以及成员国各地区之间的协调发展问题，并在解决这些问题方面积累了丰富的经验：一是形成了多层次、网络状的区域协调体系；二是构建了问题区域治理模式、创新区域模式、跨境合作模式和流域治理模式等多样化的区域协调模式；三是完善了法制、经济和行政等多管齐下的区域协调手段。研究和借鉴欧盟国家的成功经验，对于推动我国的区域协调发展、促

---

① 唐亚林：《推进长三角公共服务均等化的理论思考》，《学术界》，2008 年第 1 期。

② 陈颂东：《促进区域公共服务均等化的财税制度研究》，《税务研究》，2008 年第 10 期。

③ 田发、周琛影：《中国四大区域财政均等化考量》，《经济社会体制比较》，2010 年第 6 期。

④ 刘铁：《试论对口支援与分税制下财政均衡的关系：以〈汶川地震灾后恢复重建对口支援方案〉为例的实证分析》，《软科学》，2010 年第 6 期。

⑤ 刘铁：《从对口支援到对口合作的演变论地方政府的行为逻辑：基于汶川地震灾后恢复重建对口支援的考察》，《农村经济》，2010 年第 4 期。

⑥ 陈志刚：《对口支援与散杂居民族地区小康建设：来自江西省少数民族地区对口支援的调研报告》，《中南民族大学学报》（人文社会科学版），2005 年第 5 期。

⑦ 赵明刚：《中国特色对口支援模式研究》，《社会主义研究》，2011 年第 2 期。

进和谐社会的构建具有重要的理论意义和实践价值。[1] 她还提出欧盟推进区域一体化的理念思路、体制机制和政策工具等基本经验对于珠三角区域一体化发展有着重要的借鉴意义，以欧盟区域一体化为借鉴，将会为从制度层面推进珠三角区域一体化提供创新路向。[2] 卓凯、殷存毅认为欧盟就是在由法律、组织机构、政策及政策工具所形成的一套合作体系下，演化成为世界上最为成熟和成功的区域经济合作组织。借鉴欧盟的跨界治理经验，研究我国区域经济合作的制度基础，提出建立一个符合市场经济原则的跨界治理体系，为推动中国区域经济合作提供一种新的路径参考。[3]

在美国的区域公共管理方面，王旭的《美国城市发展模式：从城市化到大都市区化》一书研究了在以单核城市集中发展为特征的传统城市化和以中心城市与外围地区互动发展为特征的大都市区化两大阶段中美国城市的地域分布、空间结构、产业结构、人口结构、市政管理、城市文化和房地产开发等诸方面的变化。[4] 他认为美国大都市区内地方政府数目庞杂、权力分散，与大都市区一体化发展的客观需求相去甚远，持续近一个世纪之久的理论探讨与改革实践，成效不显，但在以新、老区域主义及公共选择学派为代表的重大学术交锋过程中，研究重点从推崇构建大都市区政府的体制改革转变为注重地方政府管理结构的治道改革，体现了向地方政府发展客观现实倾斜的理论选择。[5] 罗思东认为，美国自城市化以来，大都市地区的政治结构呈现出极度分散化的特征，由此导致大都市地区的经济和社会问题经年不决。对此，美国学者提出了各种方案，其中涉及地方政府间关系结构性改革的大都市区政府方案，主要有两种表现形式，一是中心城市对周边地区的

土地兼并，二是市县合并。[6] 陶希东、黄丽分析和总结了美国大都市区规划管理的经验，在此基础上对我国大都市区的行政分割有效治理提出了建议。[7] 此外，张紧跟认为，与改革传统和公共选择视角立足于结构性改革不同的是，新区域主义更强调治理过程，主张通过在相关主体间建立健全有效的协调机制以提高区域性竞争力。尽管新区域主义面临诸多挑战，但它提出了一种新型的大都市区治理思路，对促进当代中国城市群健康发展也具有重要的启示意义。[8] 他提出在治理实践中，无论是巨人政府论、多中心治理，还是新区域主义，任何治理机制都不是全能的，大都市区的治理机制应该是多元化的，而具体的治理机制应该遵循交易费用经济学所主张的"区别性组合"逻辑来选择，这些争论对当代中国区域治理具有一定的借鉴意义。[9] 易承志认为大都市区的形成和发展是21世纪世界城市化发展的主导趋势，美国大都市区政府治理实践在根据需要灵活选择治理模式、注重处理政府间关系与促进非政府组织的发展等方面为处于迅速发展过程中的我国大都市区政府治理提供了有益的经验启示。[10] 杨宏山认为在美国大都市地区的一体化发展进程中，城市地域的不断扩大与地方政治的"碎片化"状态产生矛盾。为了兼顾区域一体化发展需求和市民的利益诉求，美国大都市地区主要通过政府间合作实施跨域治理，这对中国城市治理具有借鉴意义。[11]

在东盟区域经济合作和大湄公河"次区域"经济合作方面，汪新生的《中国—东南亚区域合作与公共治理》一书主要论述了涉及中国与东南亚国家合作过程中出现的需要从区域整体角度加以协调解决的公共问题，如贸易互利、环境治理、跨国犯罪、流行疾病控制等，还涉及教育文化交

① 陈瑞莲：《欧盟国家的区域协调发展：经验与启示》，《政治学研究》，2006 年第 3 期。
② 陈瑞莲：《欧盟经验对珠三角区域一体化的启示》，《学术研究》，2009 年第 9 期。
③ 卓凯、殷存毅：《区域合作的制度基础：跨界治理理论与欧盟经验》，《财经研究》，2007 年第 1 期。
④ 王旭：《美国城市发展模式：从城市化到大都市区化》，清华大学出版社，2006 年。
⑤ 王旭：《从体制改革到治道改革：美国大都市区管理模式研究重心的转变》，《北京大学学报》（哲学社会科学版），2006 年第 3 期。
⑥ 罗思东：《美国大都市区政府理论的缘起》，《厦门大学学报》（哲学社会科学版），2004 年第 5 期。
⑦ 陶希东、黄丽：《美国大都市区规划管理经验及启示》，《城市问题》，2005 年第 1 期。
⑧ 张紧跟：《新区域主义：美国大都市区治理的新思路》，《中山大学学报》（社会科学版），2010 年第 1 期。
⑨ 张紧跟：《当代美国大都市区治理的争论与启示》，《华中师范大学学报》（人文社会科学版），2006 年第 4 期。
⑩ 易承志：《美国大都市区政府治理实践及其启示》，《中国行政管理》，2010 年第 5 期；易承志：《集中与分散：美国大都市区政府治理的实践历程分析》，《城市发展研究》，2010 年第 7 期。
⑪ 杨宏山：《美国城市治理结构及府际关系发展》，《中国行政管理》，2010 年第 5 期。

流、领土权纠纷的危机管治和资源的开发和共享、地区安全合作机制建设等问题。[①] 梁颖认为在中国—东盟自由贸易区建设进一步发展，以及提出以泛北部湾经济合作为重点的中国—东盟"一轴两翼"区域经济合作新思路的背景下，广西应努力创造开放合作新优势，扩大文化教育交流，积极推进政府改革，优化合作发展环境，从而主动融入多区域合作。[②] 范丽萍就中国与东盟在抗击"非典"、印度洋海啸救援和应对禽流感等非传统安全方面进行有效的合作进行了讨论。[③] 杨爱平、吕志奎认为"次区域"政府合作是区域政府合作的重要类型之一，而大湄公河"次区域"政府合作则是当代"次区域"政府合作的范例。20 世纪90 年代以来，大湄公河流域国家不断加强了政府间合作治理进程，逐步形成了一种独具地域特色的"次区域"政府合作模式。[④] 周士新提出中国与东盟在大湄公河"次区域"合作的主要机制包括大湄公河"次区域"经济合作计划、东盟—湄公河流域发展合作计划与湄公河委员会。中国与东盟在大湄公河"次区域"的合作对促进次区域经贸发展、构建东盟共同体与东亚一体化进程具有十分重要的战略意义。[⑤]

八、理论进展总评

综上所述，回顾地方政府与区域公共管理的理论进展，从最初的以行政区划为思考问题的基点，到以此为基础的地方政府管理研究和政府间关系研究，到现在的超出行政区域界限的区域公共管理研究，所有这些研究成果都不断丰富和发展着这一研究领域。正如有学者所指出的区域公共管理就是指："在一定区域内的政府（两个或两个以上），为了促进区域的发展而相互间协调关系，寻求合作，对公共事务进行综合治理，以便实现社会资源的合理配置与利用，提供更优质的公共服务。"[⑥] 在对区域公共管理基础性理论的研究中，学者们对区域公共管理的概念界定、理论范畴、研究领域等都进行了深入的探讨，并从政治学、新制度经济学、区域经济学等视角对区域公共管理进行了解读。综观区域公共管理领域的研究内容，目前正在或逐步形成 3 个研究趋向：第一，对"新区域主义"本土化解读与应用是目前区域公共管理领域的一个重要方向。在大都市区和城市群治理、流域治理、生态治理等领域的研究中，"新区域主义"主张通过谈判形成大都市区不同层级政府、社会团体和私营部门间的协作网络，以此来共同解决区域公共事务。[⑦] 尽管新区域主义面临诸多挑战，但它提出了一种新型的大都市区治理思路，对促进当代中国城市群健康发展也具有重要的启示意义。第二，从网络化治理的视角，诠释我国大都市区治理的趋势和未来的模式，是区域公共管理的另一重要研究趋向。主张将区域内的政府、私营部门、第三部门都纳入到网络治理主体的范畴，通过各种联系将治理主体结合在一起，强调各组织间通过合作与协调达到统一的网络目标。第三，从整体性治理的角度，探讨区域治理中的跨部门协作，关注区域内政府之间、政府和其他社会参与主体之间的合作机制的形成，也是目前区域公共管理研究中出现的一个新趋向。强调政府在进行公共事务治理时不仅要对政府内部各部门的机构与功能进行整合，而且也要对政府、私营部门和非营利组织的力量进行整合。因此，由区域公共管理向区域治理的推进是当前该领域发展的一个总的趋势。此外，在区域公共管理领域的研究中，对方法论的探讨尚显不足，尤其是在定量方法的应用和大都市区治理政策工具的应用等方面尚显欠缺。

① 汪新生：《中国—东南亚区域合作与公共治理》，中国社会科学出版社，2005 年。

② 梁颖：《多区域合作的新视野：广西加强对东盟等重点区域开放合作的若干思考》，《广西民族大学学报》（哲学社会科学版），2007 年第 2 期。

③ 范丽萍：《突发公共事件视角下的中国与东盟非传统安全合作》，《广西师范大学学报》（哲学社会科学版），2006 年第 2 期。

④ 杨爱平、吕志奎：《大湄公河"次区域"政府合作：背景与特色》，《中国行政管理》，2007 年第 8 期。

⑤ 周士新：《中国和东盟在大湄公河次区域的合作》，《东南亚纵横》，2011 年第 1 期。

⑥ 陈瑞莲、孟华、张紧跟：《当代中国的区域行政研究：缘起与发展》，"公共管理研究与教育"国际学术研讨会论文集，2001 年 7 月 1 日。

⑦ Wallis, Allan D.. The Third Wave: Current Trends in Regional Governance, National Civic Review, Summer-Fall, 1994.

第二节　实践创新

回顾近年来区域公共管理的创新实践政策，我国各个地方政府在区域一体化推进与政府间合作、流域与生态环境治理、大都市区和城市群治理等领域进行了大胆地尝试和创新，为推进我国从区域公共管理到区域治理奠定了基础。本文选取了几个具有典型性的区域政府合作案例，对近年来我国各地方政府在区域公共管理方面的实践情况做了详细的考察。这些典型案例包括：京津冀地区各个地方政府针对大气环境展开的联动监测、深圳香港区域创新圈的合作实践、上海市与其他省市的对口支援与区域合作、成都资阳区域合作的实践与创新、图们江国际合作区域规划与创新。

一、京津冀大气环境联动监测实践与创新

在区域跨界公共事务的治理中，大气污染的治理是 2011 年区域公共问题的焦点之一，2011 年底，就区域大气环境的监测问题，北京、天津和河北地区迈出了可喜的一步。

（一）京津区域监测 PM2.5 的背景

PM2.5 是指大气中直径小于或等于 2.5 微米的颗粒物，也称为可入肺颗粒物。它的直径还不到人的头发丝粗细的 1/20。虽然它只是大气中含量很少的成分，但它对空气质量和能见度等有重要影响。与较粗的大气颗粒物相比，它含有大量有毒、有害物质且在大气中的停留时间长、输送距离远，因而对人体健康和大气环境质量的影响更大。PM10 是指直径在 10 微米以下的颗粒物，又称为可吸入颗粒物或飘尘。2011 年 12 月 5 日上午，华北中南部、黄淮、江淮、江汉、江南、华南北部等地有轻雾，其中京津地区、河北中南部、山东西北部、安徽南部等部分地区出现了能见度不足 1000 米，局部能见度不足 200 米的浓雾。对于此轮大雾，各方普遍将焦点转向此前备受关注的 PM2.5。随着京津地区城市化进程加速，大气污染也逐渐严重。区域灰霾、臭氧、二次气溶胶污染等，都成为影响两地居民生活、健康的"黑手"。并且，不少污染物流动性大，因此有时北京原本是"蓝天"，却被外来污染物乘风而来给"抹黑"了。①

（二）京津冀联动监测 PM2.5

周边有哪些污染物正在逼近北京？如何及时"捕捉"它们并预报预警？为此，由天津市气象局与中国环境科学研究院合作建立的首个京津区域大气环境综合监测系统建设方案于 12 月 3 日正式出台，明确从 2012 年开始，京津区域将在线监测 PM2.5；2013 年，监测站将增设 PM2.5 大流量采样器、PM2.5 在线离子分析仪等设备，完善对 PM2.5 的监测分析能力。该监测站由中国环境科学研究院与天津市气象局合作，设在北京和天津之间的天津武清县，距离北京约 70 公里，距天津市区 25 公里。其监测内容很丰富，其中包括京津地区低能见度雾霾天气监测与预报研究、京津城市群发展对空气质量影响机制及区域防控技术研究。武清站点和环科院站点已分别同时进行了为期 3 年的观测，在此基础上，该综合监测站将在未来形成较强的连续观测能力，为科研提供长期数据。

从"北京市环保局环境信息不予公开告知书"上可见，"因 PM2.5 尚未列入国家《环境空气质量标准》，无法进行空气质量状况评价"成了"不予公开"的官方回应。PM2.5 对人体的危害之大是经科学和医学证明过的，政府应该提供相关监测信息保证公众的知情权。当前困扰京津冀、长三角以及珠三角等大城市群的大气污染问题亟待解决，需要展开联动监测以提高监测效率，真正做到联防联控。京津在高速城镇化进程中地域十分接近，且大气污染有很强的流动性，相互间的影响不容忽视，因此设立联合监测点有助于区域共同预警污染物变化情况。②

---

① 陶颖：《京津区域 PM2.5 明年在线监测　将捕捉污染物流向》，新华网，2011 年 12 月 4 日。
② 李海楠：《京津联动监测 PM2.5 示范作用明显》，新华网，2011 年 12 月 6 日。

京津冀控制 PM2.5 可创 1259 亿元效益。具体到京津冀地区，PM2.5 监测体系的建设已经着手。也有专家指出，仅仅监测京津地区的 PM2.5 是不够的。PM2.5 为一种区域性污染物，靠一个城市单打独斗是治理不了的，必须靠一个具有内在关联性的区域联合作战。京津冀地区是一个相互影响的区域，还需要在北京和河北之间，河北与天津之间建设类似的环境综合监测站，这样才能体现联防联控的思路。2010 年针对京津冀地区的 PM2.5 控制效益的研究结果表明，如果对 PM2.5 浓度进行有效控制，能够为京津冀地区带来显著的健康效益和能见度改善效益。在不同 PM2.5 控制情景下，降低 PM2.5 浓度到不同的水平，京津冀地区能够实现的潜在健康效益的保守估计为 1259 亿元，占到京津冀地区总 GDP 的 3.41%；而相应的对京津冀地区能见度改善亦极为显著，能见度提高水平可达到 500~2000 米不等，能够有效减少低能见度出现的频率（天数），对交通延误、景观价值和居民舒适度均具有较大的改善。

（三）公布 PM2.5 数据"三区九群"可能先行

据了解，目前我国对 PM2.5 的监测尚处于起步阶段，仅有少数监测能力较强和污染非常严重的城市开展了 PM2.5 的监测，因此环保部门无法全面掌握 PM2.5 的污染水平和分布特征。有学者指出，"十二五"期间，我国应分批逐步建设，在城市、区域和背景三个尺度形成层次分明、功能完善的监测网络。所谓城市尺度的 PM2.5 监测网的点位主要以城市空气质量监测网络为依托，在其中增加 PM2.5 相关的监测仪器设备，了解城市灰霾状况下空气污染水平，并为治理城市污染、改善城市空气质量提供可靠和科学的监测数据。该网络应首先从经济发达的地区和城市开始，逐步推广到全国环保重点城市。区域尺度的 PM2.5 监测网围绕环境保护部区域联防联控目标，在"三区九群"（"三区"指京津冀地区、长三角地区、珠三角地区，"九群"指辽宁中部城市群、山东半岛、武汉及其周边、长株潭、成渝、海峡西岸、陕西关中、山西中北部和乌鲁木齐城市群）布设区域站，了解城市群及人口密集区域灰霾状况下空气污染水平。[①]

在上述两个层次之外，背景层次的监测网络也不可或缺。背景尺度的 PM2.5 监测网以国家大气背景监测网络和农村空气监测网络为依托，逐步完善配备相关监测仪器，关注我国背景地区的 PM2.5 空气污染水平。上述三个层次的监测网络当中，近期可能大规模先行的可能是区域尺度的 PM2.5 监测网。根据联防联控的要求，"三区九群"将可能会被强制要求先行监测并公布 PM2.5 的数据。此外，在区域之外，环保部门也应该推动重点控制区内重点行业和企业的 PM2.5 排放监测工作，这对治理 PM2.5 的污染将起到很好的摸底作用。

民间环保团体也在呼吁尽早在重点区域和城市群实施 PM2.5 监测。PM2.5 对人的健康危害很大，但根据《环境空气质量标准》（以下简称《标准》）二次征求意见稿，新标准却要等到 5 年后才能全面施行，让人深感失望。为此，绿色和平在 12 月 5 日向环保部提交公开信，建议将《标准》的实施时间提前。具体来说，建议全国范围内的实施时间提前到 2013~2014 年，三区九群的实施时间提前到 2012 年。公开信还提出，在全国开展 PM2.5 等空气质量信息之前，建议及时发布空气质量预警信息，对于超过空气质量二级标准的主要污染物（比如 PM2.5 超过 75ug/m³）发布空气质量预警信息，以提醒公众进行有效保护。

早前香港和珠三角的一些城市已经联合开展了这样的区域性空气质量监测，并形成了区域性网络和区域性发布。这对于国内几大城市群无疑具有借鉴作用，京津尝试的意义积极。因此诸如京津冀等城市群还需要更多的监测点，以形成监测网络。有学者建议，第一步是实现要监测和发布，下一步就是要识别污染源头，这就意味着监测点要进一步密集。一位接近环保部的专家透露，根据联防联控的要求，京津冀、长三角、珠三角三大地区及九个城市群——辽宁中部城市群、山东半岛、武汉及其周边、长株潭、成渝、海峡西岸、陕西关中、山西中北部和乌鲁木齐城市群，将可能会被强制要求先行监测并公布 PM2.5 的数据。

---

① 骆寒：《PM2.5 数据强制公布三大经济区可能先行》，《21 世纪经济报道》，2011 年 12 月 6 日。

二、深圳、香港创新圈实践与创新

2007 年 5 月 21 日，深圳、香港双方正式签订"深港创新圈"合作协议。协议明确了"深港创新圈"的定义和合作的领域。"深港创新圈"是以科技合作为核心，整合各类创新要素，全面推进和加强深港两地科技、经济、人才培训、商贸等领域的广泛合作，形成创新资源集中、创新活动活跃的区域。深圳和香港两地在科研和产业发展上各有所长，具有很强的互补性。因此，两地在创新科技方面有很大的合作空间。

（一）"深港创新圈"合作背景

随着深港经济的发展，带来了深港毗邻双方彼此依赖与合作需求的不断加强。1999 年 5 月，由香港科技大学和北京大学联合与深圳市合作，三方出资在深圳高新区建立了深港产学研基地，实现了深港科技合作的一个突破。深圳与香港的合作在不同时期不同领域都得到深圳市高层的高度重视。在各个环节一直坚持互惠互利共同发展的理念，明确提出了学习香港、服务香港的口号。2004 年 6 月，深圳市政府代表团与香港对口部门签署了包括《加强深港合作的备忘录》在内的合作协定（简称"1+8"协定），为两个毗邻城市携手共建国际级的现代化都会奠定了新的里程碑。

2005 年夏，中央在进行"十一五"规划的制定中，提出了建设创新型国家的目标和任务。深圳作为改革开放的排头兵和自主创新环境、产业发展领先的城市，得到了国务院各部门的高度重视，在调研和汇报中，深圳市政府认为建设区域创新体系要突出深圳的特色和应对全球的挑战，应该发挥香港的优势，共同建立"深港创新圈"。这个设想得到了国务院及国家有关部委领导的一致肯定。深港双方探讨深港经济一体化的广泛话题有了明确以科技合作为切入点的契机，两地政府（特别是深圳市政府）开始在政策层面和策略上对双方合作给予高度的关注。

2006 年 1 月 4 日，深圳市委、市政府在《关于实施自主创新战略建设国家创新型城市的决定》中第一次正式提出"深港创新圈"的概念。明确指出要加快建设"深港创新圈"，"进一步完善深港

科技合作机制，促进两地创新要素的合理流动，探索建立联合创新信息平台、联合培训基地、联合实验室、联合教育体系，实现信息互通、实验室共用、研究经费共担、研究成果共享。支持深圳企业采用委托研究、共同开发等形式，加强同香港高校和科研机构的研发合作，参与粤港关键领域重点突破联合攻关项目，积极引进香港中介服务机构，把香港发达的国际金融业、现代服务业与深圳的高科技产业生态和活跃的创新活动结合起来，使两地成为创新资源最集中、创新活动最活跃的创新圈。"

（二）"深港创新圈"合作内容

为加快推进"深港创新圈"建设，双方经友好协商，在已签署的《关于加强深港合作的备忘录》基础上，达成 17 项共识。[①] 主要包括：①双方政府成立深港创新及科技合作督导会议进行高层协商与沟通，成员包括两地政府各职能部门和科技支援机构代表，并根据需要成立若干个专职小组。深港两地机构现时已有多份合作协议及计划，督导会议会定期审议有关合作计划的进度。日常联络工作由香港创新科技署与深圳市科技和信息局负责。②双方加强"深港创新圈"战略研究的合作，尽快制订创新圈发展战略和实施步骤。③加强两地创新人才、设备、项目信息资源的交流与共用，双方合作建立统一的深港科技资源信息库。④鼓励相关科研机构积极开展科技管理及研究人员互派学习活动。⑤加强两地科研机构及高校间的合作，例如，鼓励双方科教人员的交流，鼓励双方建立联合实验室。⑥深圳市政府鼓励和支持香港各高校和香港职业训练局等来深圳依法开展在职学历、学位、专业资质证书培训和专业技能培训。⑦双方共同组织开展全民科普教育活动以及青少年创意实践活动，培养创新科技文化。⑧整合创新资源，支持创新合作。在粤港科技合作的框架下，双方政府共同出资，支持两地企业和科研机构合作开展创新研发项目，实行共同申报、共同评审，并共同促进其产业化。⑨充分利用双方现有公共技术平台，双方企业和单位可平等地共用这些公共技术平台资源。双方合作推动香港的研发中心成为深港创新平台，合作方式包

---

① 张克科等：《十年一剑："深港创新圈"给我们的启示》，《2007 年中国经济特区论坛：香港回归 10 周年学术研讨会会议论文》。

括共同出资支持研发中心的项目及建立香港研发中心深圳分中心。⑩鼓励和支持双方机构建立联合实验室。双方合作，共同支持科研机构申报国家重大科技项目攻关计划、国家重点实验室等。⑪加强双方科技园区的合作，实现合理布局、突出特色，努力构建完整的产业链和创新链。⑫鼓励和支持双方科技中介服务机构的合作，并赴对方设立分支机构。⑬加强双方在设计方面的交流与合作，推动两地企业善用设计、努力创新，为产品和服务增值。⑭加强双方在知识产权管理、保护和使用方面的交流与合作，为自主创新提供有效保障。⑮在香港贸易发展局与深圳市政府的合作基础上，双方加强合作，向外推广深港两地的科技服务和成果，包括组织双方以整体的形象在国际、国内共同开展招商引资、市场推广和产业服务等活动；加强双方会展业的合作，培育各自有特色、有品牌的国际性科技展会。⑯双方共同努力改善通关环境和跨境交通，为物流、资金、人才和信息等创新要素的流动提供更大的便利。⑰加强双方在医疗卫生、环境保护、食品药品检验、出入境检验检疫等公共服务领域的科技合作与交流。

"深港创新圈"是由两地城市创新系统、产业链以及创新资源互动、有机连接而形成的跨城市、高聚集、高密度的区域创新体系及产业聚集带，是"深港都市圈"的重要组成部分。创新是城市发展的动力，作为"深港都市圈"的核心竞争要素之一，"深港创新圈"建设的成功，将为"深港都市圈"的发展奠定基础。以科技创新、合作机制创新、合作模式创新、合作项目创新等一系列创新合作方式成为珠三角区域、泛珠三角区域内城市间成功合作的典范，并为其提供宝贵的借鉴经验，同时为内地城市的合作提供参考。

三、上海市对口支援与区域合作实践与创新

(一)"十一五"期间上海市对口支援与区域合作的举措与成效

首先，"十一五"期间，上海市政府积极推进区域对口支援与合作交流工作，在区域对口支援方面展开了创新性的工作并取得了明显成效。上海原对口支援地区有 8 个，具体包括：西藏日喀则地区，新疆阿克苏地区，云南文山、红河、普洱、迪庆等四州市，重庆万州和湖北宜昌夷陵等三峡库区。"十一五"期间，在上述地区共投入无偿援助资金 21.96 亿元，援建项目 2711 个；签署经济技术合作项目 444 个，协议资金 609.23 亿元；组织实施人员交流、人力资源培训超过 8.5 万人次；完成了对口支援苦聪人、莽人、德昂族等人口较少民族的工作任务。"5·12"汶川地震后，根据国家关于对口支援地震灾区灾后重建工作的部署，投入 82.5 亿元，实施对口支援都江堰灾后重建项目 117 个，3 年援建任务在两年内圆满完成。此外，根据国家援疆、援藏工作的新要求，启动了对口支援新疆喀什地区和青海果洛州的工作。

其次，上海作为长三角区域的核心城市，在长三角地区形成了决策层、协调层、执行层等多层次区域合作协调机制和对口部门联席会议协商机制，交通、能源、信息、科技、环保、信用、社保、金融、涉外服务、工商管理等 10 个重点专题合作务实推进。长三角城市经济协调会成员城市由 16 个扩展到 22 个，协商机制更趋完善，城市专题合作取得显著成效。上海还积极参与长江黄金水道建设，联合推进航道治理、船型标准化等"六大工程"。与沿江省市重点加强港口、大通关、物流、商业、信息、产权交易、人才、金融、文化等方面的合作，取得阶段性成果。同时，上海市作为世博会的举办地，与各省市共同举办的世博系列论坛、城市最佳实践区案例展示、长三角城市友谊日等活动，放大了世博效应。通过与长三角有关城市共同开发世博主题体验之旅等产品，推动旅游市场一体化建设，共享了世博会旅游商机。①

再次，上海积极参与西部基础设施建设、生态环境保护、特色资源开发和产业合作。参加西部地区重要经贸活动，签订合作项目 341 个，总金额达到 1266.6 亿元。协助兄弟省区市在沪举办

---

① 上海市发展与改革委员会政府网站，http：//www.shdrc.gov.cn/main？main_colid=499&top_id=398&main_artid=19148，2011 年 3 月 23 日。

农产品展销推介 50 多场次，累计签约金额达 360 亿元；加强智力支持，开展"银龄"行动，组织"博士服务团"，选拔 994 名优秀应届高校毕业生和研究生赴西部地区开展支教、支医、支农。同时，积极支持东北振兴和中部崛起，与黑龙江、吉林、安徽、山西等省签订政府间合作协议，推进形成部门对口协调落实机制。深化与东北地区和中部地区的战略合作，在粮食、能源、汽车、化工、机械、基础设施等方面实施一批重大项目。积极参与重大经贸活动，签订合作项目 169 个，协议资金 426.4 亿元。进一步巩固了与黑龙江、吉林、安徽、河南等省农副产品供销合作关系。上海企业参与东北老工业基地国有企业改制重组，探索共建工业园区，取得实效。

最后，上海市调整市政府驻外办事机构布局，增设驻内蒙古办事处，调整驻深圳、海南、秦皇岛等办事处，实现办事处联系区域全覆盖，办事处功能进一步增强。形成市委、市政府主要领导与驻沪办事机构负责人座谈交流机制，驻沪机构"双服务"工作扎实推进。完善上海对兄弟省区市受灾应急响应机制，以市委、市政府名义向遭受自然灾害的四川、青海、甘肃、湖南、湖北、云南等 28 个省区市捐赠资金 1.72 亿元。"5·12"汶川地震后，动员社会向灾区捐赠物资和资金价值超过 30 亿元，援助过渡安置房 58000 套。

（二）"十二五"期间上海对新疆喀什地区的对口支援

"十二五"期间，援疆产业金融服务平台、农业现代化建设、人力资源开发、双语教育和职业教育、科技援疆等工作也已列入 2011 年上海对口支援喀什 4 县建设的"项目表"。"十二五"期间上海将对口支援喀什 4 县 115 个项目，启用对口支援资金总计约 90 亿元。现在，"喀什印记"正日渐融入上海城市生活。2010 年 6 月，新疆喀什地区莎车县亚克艾日克乡遭受洪水侵害，6 个村子 70% 以上的农民自建房被毁。而到了当年 11 月底，67 户受灾农民已陆续搬进新家，全乡 100 户受灾村民的新宅都已动工，80 户新居主体结构封顶——帮助村民们尽早摆脱水患的，正是上海对口支援喀什地区的富民安居工程项目。

2011 年初，经过半年的试点支援，上海援建的巴楚县阿克萨克马热勒乡智能滴灌系统已开工，建成后可为 3000 亩的棉花田、果树提供节水灌溉，节水率达到 40%；叶城县规模最大的洛克乡设施农业育苗中心已建成，每年可提供 1000 万株种苗。据统计，截至 2010 年 11 月 10 日，上海已有 31 批、408 名工商各界人士到新疆喀什投资考察，签订产业援疆投资意向 50 项。

在教育和科技方面，上海市投资的莎车职业技术学校装备的服装、钳工、汽修、焊接四个专业的实训设备全部到位，塑胶操场和远程师资培训中心成立，莎车二中、网通中学、塔尕尔其双语学校塑胶操场即将投入使用，双语教学软件运用试点工作展开。与此同时，连通上海多家市级医院与喀什地区二院和四县人民医院的五套远程医疗系统已投入使用，援助四县县医院和地区二院的医疗设备陆续到位。上海支援的一批先进科技也投入惠民项目，如在富民安居工程中引进太阳能中水回用设施，在畜禽养殖大棚中引入污水处理沙滤技术，在泽普县引进上海公共研发服务平台，上海专家可以接受远程视频咨询。自 2010 年 8 月以来，喀什与上海的联系已越来越紧密，越来越多打着"喀什印记"的产品进入上海市民的生活。8 月 12 日，东方航空的上海—喀什航线开通，2 个多月后，南航的上海—喀什航线启用，沪喀两地信息流、资金流、物流往来"热络"。现在，每天有一大批喀什农副产品进入上海市场，累计已有 1000 多吨喀什农产品搬上了上海市民的餐桌。[①]

根据对口支援综合规划，"十二五"期间，上海市计划对喀什地区五年投入对口支援资金 90 亿元。上海对口支援喀什四县项目 115 个，涉及资金约 84.5 亿元，另有 4.5 亿元由前方指挥部统筹安排，用于跨四县的综合性援建项目，1 亿元作为预备费。目前，2011 年援疆项目已在紧锣密鼓制定中，前方指挥部今年将确定若干个具有示范性的民生重点项目。同时，进一步落实招商、招生、招工工作，落实沪喀两地园区对接和共建工

---

① 刘华宾：《"十二五" 90 亿元对口支援"喀什印记"日渐融入上海》，东方网，2011 年 2 月 25 日，http://sh.eastday.com/qtmt/20110211/u1a854943.html。

作，协助建立上海援疆招商引资服务中心，配合上海高校、普高、职高在喀招生工作，制定上海大型国企在喀培训和招工计划，提升当地青年的职业技能。2011 年，上海将重点支持叶城县发展建材、食品加工业、矿产资源及冶炼、石油化工、矿泉水、核桃、果品，推动泽普县的莘庄工业区帮带 1 平方公里产业示范区、石油化工后续投资等，重点加大莎车县煤化工—煤资源、冶炼、硼酸、水泥产业链的建设，协助规划好巴楚县火车站、长途汽车站南侧商贸，推进巴楚城南路农贸市场—专业农副产品批发市场，发展棉纺业、矿业、食品业、金属加工业等。

四、成都资阳区域合作的实践与创新

2007 年，国务院批复同意建设成渝城乡统筹实验区，标志着西部大开发的深入。成都作为成渝试验区"双核"中的"一核"，其建设开发的力度、效果势必影响成渝试验区建设，成都经济区又处于极其重要的地位，成都经济区包括成都、绵阳、德阳、乐山、资阳、眉山。2008 年 4 月 8 日，成都资阳召开首次区域合作高层联席会议，在成都签署了成都、资阳市政府关于共建工业发展区、共同打造"两湖一山"区域、共同实施道路交通基础设施合作的区域合作框架协议，协议涉及区域达 300 余平方公里。这意味着中国西部迄今为止规模最大、范围最广、程度最深的区域经济合作的正式启动，也标志着成渝城乡统筹实验区最大的区域合作框架正式成型。目前在主体构建、道路交通基础设施建设、工业园区打造、旅游开发等领域迈出实质性步伐。两年多以来，成都资阳在"路"、"园"、"湖"等方面开展了区域合作，成都资阳区域合作是战略性合作，是持续长远的区域间政府性合作，主导推动区域间资源的价值开发利用。

（一）成都资阳区域合作的实践

成都资阳区域合作顺应发展的趋势，符合历史的规律。但是，成都资阳区域合作并不是自然而生的，完全民间推动、市场推动、产业推动都不会取得如此良好的局面，主要是政府主导推动的结果。成都资阳区域合作是战略性的合作，是

持续长远的合作，是互利互惠的合作。[①]

1. 决策推动开展成都资阳区域合作的过程

2007 年底，四川省委九届四次全会作出了"加快发展、科学发展、又好又快发展"的工作总体取向和加强开放合作、推动区域经济协调发展的重大战略部署。2008 年 1 月，资阳市委二届六次全会确定了大力实施充分开放合作，全面依托成都、融入成都、服务成都，与成都加强区域合作、促进经济协调发展的重大决策。其间，资阳市主要领导率党政考察团赴成都市龙泉驿区、郫县学习考察，并与成都市就加强双方经济社会领域合作达成一致意见，拉开了双方区域合作的序幕。2009 年 12 月 12 日，第五次区域合作联席会在资阳召开，会上签署"1＋6"经济社会全面合作发展框架协议，标志资阳加快全方位融入成都，成都加快产业升级，建设"世界田园城市"。

2. 区域合作制度性安排

区域合作跨越行政区，对不相隶属的区域公共事务或未来共同需要发展的事项实施共同的区域"公共治理"，必须有好的机制来撮合双边甚至多边的利益，形成常态化解决方案，达到一致性趋向。成都资阳区域合作一开始即有这样的安排。

（1）区域合作联席会议制度。建立成都—资阳区域合作联席会议，作为两地合作的最高议事协调机构。主要负责研究确定区域合作的内容和项目，协调解决区域合作中的重大问题。联席会议召集人由两地党政主要领导或有关领导担任，成员单位由两地有关部门和区（市）县负责同志组成。联席会议原则每年举行一次，两地轮流承办；也可根据需要，临时商议召开。联席会议方案经双方协商后由承办方提出，经双方市委秘书长会审后报联席会议召集人定。联席会议以会议纪要明确议定事项。

（2）重大工作（项目）专项协调机制。针对不同的合作项目和工作，分别设立重大工作（项目）专项协调组。按照双方初步达成的协议，现阶段设工业园区开发建设、三岔湖开发建设、龙泉湖开发建设、重大基础设施建设等四个专项协调组。各专项协调组由两地市委或市政府分管领导任组长，双方的牵头单位和成员单位由各自组

① 谢宴均：《基于一体化的成都资阳区域合作的实践与创新》，《重庆行政》，2010 年第 2 期。

长确定。

（3）信息沟通机制。在两地市级层面之间、部门之间、区（市）之间建立信息沟通机制，加强信息沟通。两地涉及区域合作的经济社会发展情况、重大工作部署等信息由两地市委、市政府办公厅（室）信息部门负责收集、交换。两地区域合作的重大工作（项目）进展情况由两地联席会议办公室负责收集、整理、交换。

（4）工作督促检查机制。成都市委、市政府目标管理督查办公室和资阳市委、市政府督查办公室负责区域合作联席会议的决定和各专项协调组有关议定事项的督促检查工作。

3. 区域合作的主要阶段性成果

（1）形成了实施区域合作的两类机构主体。一是区域合作工作实施主体。组建了成都资阳工业发展区管委会和成都资阳三岔湖合作区域管委会，管委会办公室行使授权，程序决策、管理区域内经济事务。二是区域合作投融资主体。组建了注册资本 2 亿元的成都资阳现代工业投资有限公司和注册资本金 3 亿元的四川三岔湖建设开发有限公司。

（2）形成了一个机制 3 个工作层面。成都资阳区域合作，在全省走在了前列，目前区域合作取得的成果，体现出超越行政区对区域经济事务管理的创新。目前已初步形成一个机制，即区域合作高层联席会；3 个工作层面，即最高决策层（两地市委市政府）、管理协调层（两地领导机构）、工作实施层（成都资阳工业发展区管委会、三岔湖区域合作管委会等）。管理协调层主导开展区域合作工作，成都市由市委副书记牵头，分别从交通基础设施、工业园区开发、三岔湖开发和龙泉湖开发 4 个方面确定了分管领导及承办部门。资阳市由市委副书记牵头，成立资阳市融入成都区域合作领导小组，下设市区域合作办和旅游产业开发、工业集中区建设、交通基础设施建设及工作督办 4 个专项协调组。

（3）区域合作各项建设有力有序推动。成都资阳工业发展区建设：已完成规划控制 100 平方公里范围内的概念规划和产业规划，规划控制 100 平方公里范围内基本农田调整划定已经省国土资源厅批准；区域经济社会发展规划已经省发改委审批；起步区环境影响评价已经省环保局审

批，控制性详细规划及主要道路命名方案已经简阳市政府审批。简阳市土地利用总体规划修编已完成；起步区水电气等专项规划已编制完成，污水处理厂已完成可研报告，自来水厂选址定点已进入可研阶段。三岔湖区域合作初步确定 20 平方公里起步区四至范围。招引 79 家国际、国内策划设计单位参与《三岔湖生态休闲度假区总体策划》，合作区域总体规划已形成成果，起步区地形图测量提前完成。2009 年落实建设用地指标 1500 亩，经省上综合调剂，长岛项目 2200 亩建设用地指标也得到落实。制定了《成都·资阳三岔湖合作区域征地补偿安置实施办法》。农行省分行已与公司签订 14 亿元授信协议。《龙泉湖旅游走廊规划方案》、合作区域交通规划等专项规划编制已完成，正在推进石盘镇总体规划修编，启动《成都市龙泉驿区龙泉山森林植被恢复与生态产业法阵规划》编制。在合作区域新种植生态林、工业原料林、工艺林、经济林等 2 万余亩。以联合、参与、协办等方式开展了中国·成都国际桃花节、樱花节、樱桃节、简阳羊肉美食节及龙泉湖亲水节。龙泉湖合作区域，龙泉湖世界风情水乡主题园即将部分投入使用。在交通基础设施建设方面：一是编制了《成都资阳综合交通战略规划纲要》（以下简称《纲要》）。《纲要》确定，结合机场、轨道、公路、水运等多种方式，规划建设"一场（两地共建第二机场）、一轨（成渝城际客运铁路专线建设）、四路（成简快速通道北线新建、成简快速通道南线新建、成渝高速公路复线新建、资阳至第二机场快速通道新建）"立体交通体系。二是三岔湖旅游快速通道、三岔湖区域环湖路、成都简阳快速通道等项目快速推进。三岔湖旅游快速通道丹景山隧道于 12 月 3 日全线贯通，2010 年 10 月通车。环湖路一期工程长约 8.2 公里，正在开工建设。

（4）形成了成都资阳区域合作信息交流平台。一是每周《区域合作动态》实时反馈工作进展；二是每月《区域合作专报》向两市主要领导反映重要事项的解决方案、进展、效果；三是《区域合作参考》反映其他地区开展区域合作的经验、成都资阳区域合作的工作调研报告、有关区域合作的政策等。

（二）成都资阳区域合作的创新

目前成都资阳一体化的实践展现出了创新的

基本路径，为下一步形成新的局面打下了良好的基础：①

1. 从行政区行政到区域公共管理

成都资阳区域合作即体现了从行政区行政到区域公共管理理念的转变。在经济全球化、区域一体化的今天，资源的开发已不单是属地行政区的事情，对资源的开发利用已穿透行政区域的范畴。资阳市不仅看到了资源权属的排他性，也看到了资源价值实现的区域性。成都资阳区域合作，实质上是以政府为主导系统性地对资源开发利用的过程。合作的过程，也就是资源内在价值和区域性价值实现的过程，合作的深度和广度决定了资源价值最终实现的品质。运用市场平台对资源进行深度的有价开发、合理有效的配置，是成都资阳共同挖掘"两湖一山"资源潜在价值的重要手段，资源的区域性战略性质已经成为区域一体化发展的关键因素之一。

2. 从划地行政到区域共赢

成都资阳区域合作即体现了从划地行政到区域共赢的转变。传统的区域合作，大多根据双边协议，安排双边行为的步骤，独自实施相关项目。不仅步调很难协调，而且伴随合作一方的利益牺牲，究其原因，合作的出发点源于对本地行政的需要，而不是区域共同发展的需要。"两湖一山"区域是成都经济圈的重大资源，资源价值实现的区域性，决定了资源的开发利用必须以市场化为主导，才能调和双方或多边具体利益，达到共同开发的一致性。成都资阳区域合作，不仅有双边的制度性安排和实施步骤的协议规定，通过共同组建的管委会和投融资平台，按照两地合作的原则、框架协议，以及市场化组建的投融资平台的需要，协调双边利益一致，促进区域整体开发，实现成都资阳区域合作的战略意图。

3. 从科层制到网络制

成都资阳区域合作中，主角仍是政府，以及政府性投资组建的投融资公司。尽管很多人认识到区域公共问题的解决应当留给市场和社会，但事实上市场是否有自由去按照自己的意愿进行合作选择仍值得怀疑，单纯自由市场的不可控性也可能出现与意愿相反的结果。成都资阳区域合作的关键，在于主导区域发展的方向，为市场和社会的自发合作创造和提供适当的制度框架、平台，目前的合作已经展现出这种良性趋势。在成都资阳高层联席会的领导下，管委会负责合作区总体规划，主导区域发展方向，以项目为载体把区域合作的框架协议细化为具体的项目，以项目吸引政府、公司、个人形成利益共同体，每个项目形成一个"治理中心"，多个项目形成多个治理中心，在总体规划的框架内实施，形成在合作区管委会协调、监督、管理下的多中心网络开发机制。

4. 从随机性到常态化

借鉴美国州际法律、欧盟区域法律体系等国外区域合作的经验，成都资阳区域合作也从过去仅凭领导人的意向进行区域合作，过渡到形成一定的制度性安排，从随机性较强过渡到常态化，展现出了一定的规范。如成都市人民政府、资阳市人民政府有关合作的协议，落实协议的工作方案，高层联席会议的纪要，双边市委常委会议的议事纪要，以及区域合作联席会议制度、重大工作（项目）专项协调机制、工作督促检查机制、信息沟通机制的建立等为保障区域合作持续长远将具有重要意义。

5. 单一管理制向市场化主导的二元分层制转变

目前成都资阳区域合作就在每个合作区成立了一个管委会，成立了一个国有控股的投资公司。管委会分别由参与合作各方政府的负责人及部门负责人组成，一定程度上代表政府行使授权的职能，有的还在区域间党政交叉任职，如成都资阳工业发展区管委会即采取交叉任职方式，实现协调一致的管理。投资公司分别由成都、资阳、简阳的国有投资主体投资，同时吸收一定的战略投资者，如四川三岔湖建设开发有限公司即吸收了新加坡万邦集团作为战略投资者参与，改善了投资结构。通过管委会＋投资公司模式，形成了以市场化为主导的二元分层结构管理合作区开发事务的模式。

五、图们江国际合作区域规划与创新

2009 年 8 月 30 日，国务院正式批复了《中国

---

① 谢宴均：《基于一体化的成都资阳区域合作的实践与创新》，《重庆行政》，2010 年第 2 期。

图们江区域合作开发规划纲要——以长吉图为开发开放先导区》，标志着长吉图开发开放先导区建设已上升为国家战略，成为迄今唯一一个国家批准实施的沿边开发开放区域。"长吉图"包括吉林省长春市、吉林市部分区域和延边朝鲜族自治州。是中国图们江区域的核心地区，地处东北亚区域地理几何中心和新欧亚大陆桥中心，既有俄罗斯丰富的资源，又有日本和韩国的科技与资本，还有我国的市场与人力资源，我国最大的朝鲜族人口集中居住地延边州便位于此。经过两年的实践，2011 年长吉图地区的区域合作取得了巨大的突破，对进一步振兴东北老工业基地，促进区域发展，增强我国与东北亚各国的全方位合作做出了贡献。

（一）《中国图们江区域合作开发规划纲要》（节选）

1. 加强基础设施和生态环境建设

大力提升交通、水利、能源、信息等基础设施的共建共享、互联互通能力与水平，注重生态建设和环境保护，建立长效生态补偿机制和生态环境共治机制，为推动与相邻省区及东北亚国家的开放合作提供强有力的支撑与保障。

（1）交通。完善区域内综合交通运输体系，以畅通区域对外通道和省际通道为重点，构建南北纵横、东西贯通、布局合理、衔接顺畅、高效一体的立体交通网络。加快以长春为核心枢纽的哈大客运专线、长吉客运专线、吉林至图们等铁路建设，推进干线扩能改造和连接辽宁、黑龙江两省的省际支线贯通工程。重点建设高速公路及中心城市环线，形成区域高速公路网，加快国省干线公路、旅游公路建设。适时开展长春龙嘉机场二期、延吉机场迁建论证工作，统筹研究吉林机场复航改造事宜。

（2）水利。按照确保区域内防洪安全、供水安全和粮食生产需要，统筹该地区水资源的开发、利用、节约、保护及水害防治工作，大力推进水利基础设施建设，重点建设防洪抗旱、供水水源、农田水利三大重点工程。加强松花江、图们江等大江大河和重点城市防洪建设并达到设计防洪标准，加强图们江界河防护，全面完成区域内病险水库除险加固任务。实施中部引松供水等重点城市水源工程，加快农村饮水安全工程建设，加强

水源地水土保持及面源污染防治工作。加快实施大型灌区及重点中型灌区的续建配套，努力提高灌区配套率。

（3）能源。优化能源结构，积极推进火电、核电、抽水蓄能电站、生物质发电、风电等重大电源项目建设，提高可再生能源比重。启动珲春电厂三期、敦化抽水蓄能电站项目，努力提高区域内能源自给率。加快大中型现代化煤矿建设。加快建设长春—吉林天然气长输管线，规划建设吉林—延边天然气长输管线。加大煤炭、油页岩等资源的地质勘查，建设汪清、农安等大型油页岩加工基地，做好油页岩尾矿的综合利用。

（4）信息基础设施和信息服务。加强区域内信息基础设施建设，提高长吉图区域数字化水平。提升骨干电信传输网络、宽带接入网络建设水平，加快第三代移动通信、数字电视、下一代互联网建设。促进区域内信息资源开发利用，加快建设统一的电子政务、新农村综合信息服务平台、信息安全保障数据中心，以及公共数据交换中心，实现电子政务网络的互联互通和资源共享。促进电子商务服务业发展，加强电子商务支撑体系建设，改善电子商务发展环境。

（5）生态建设与环境保护。按照产业集聚、布局合理、用地集约、环境友好的原则，积极推进开发区和工业园区提升改造，推进交通基础设施、城乡建设用地集约化。加快区域内城镇和工业集中区污水处理厂建设。支持区域内九台、蛟河、敦化、和龙、汪清和珲春等资源型城市加快转型。加强资源节约与综合利用，大力发展循环经济，推行清洁生产，建立绿色技术支撑体系和节能环保制度。实施长白山天然林保护、松花江流域水污染治理及水体保护、中部黑土地治理工程，进一步提升区域生态承载力和环境容量，构建生态优良、环境优美、人与自然和谐的宜居生态示范区。

2. 积极促进长吉图与国内区域联动

在着力推进长吉图开发开放先导区内部联动发展的同时，加强长吉图区域与国内其他区域的经济联系与合作，建立区域性联合推动机制，实现资源优势互补、产业合理分工、基础设施协同共建、区域经济协调发展，全面推动中国图们江区域合作开发。

（1）加强与吉林省其他地区的有机联动。统筹长吉图区域与吉林省其他地区的协调发展，在对外通道等基础设施建设、产业分工与布局等方面有机联动、合力推进。

加强与吉林省南部的有机联动，共同搞好东北东部通道建设，强化与辽中南城市群和辽宁沿海经济带的联系；共同推进中部引松供水工程，增强长春、四平等城市供水保障能力；推进靖宇核电项目建设，增强长吉图电力保障能力；承接长春、吉林的产业梯度转移和产业链延伸，建设汽车零部件配套基地、现代农业和农产品加工基地；合力推进长白山旅游经济带建设，共同优化旅游线路和旅游服务，壮大长白山旅游经济；共同实施松花湖、白山湖、红石湖"三湖"的水源地保护和天然林保护工程，对长白山生态环境实施一体化保护治理。

加强与吉林省北部的有机联动，共同与北部的德（惠）扶（余）榆（树）和南部的四平市打造沿哈大经济带，形成南北对外通道；加强与黑龙江口岸城市的联系，共同打造东北地区沿边开放格局；依托长吉图的产业辐射和带动，建设农产品加工基地和资源加工基地；协同搞好松花江流域综合治理。

加强与吉林省西部的有机联动。吉林市与松原市共同建设石油化工基地，形成资源开采与加工分工协作、相互融合的区域产业集群；加快吉林省"西电东送"工程进度，积极引进域外一次能源，保障长吉图电力供需平衡，逐步完善主干电网。共同治理松花江流域，加强东北防护林建设和生态治理，打造吉林省西部生态屏障。

（2）加强与东北其他地区的协同互动。长吉图与东北其他地区的经济联系密切，特别是在沿边对外开放方面，形成了各具特色的国际合作平台。加强产业合作和基础设施对接，进一步发挥各自比较优势，在更大的范围内统筹谋划图们江区域的开发开放，有利于形成分工明确、错位发展、互利共赢、协同推进图们江区域合作开发的新格局。

完善综合交通运输网络是东北地区联动发展的重点和基础。要以运输通道和主要交通枢纽为建设重点，统筹协调铁路、公路、港口、航空各类运输方式，提高综合运输能力，构筑"一横三纵"交通综合通道布局。充分发挥白城—阿尔山、长春—白城、长春—图们铁路通道作用，建设长春—松原—白城—石头井子省际高速公路，形成连接内蒙古的横向公路运输通道；建设哈尔滨—大连铁路客运专线、适时改扩建五里坡—拉林河高速公路，形成哈尔滨—长春—大连纵向综合交通通道；建设沈阳—吉林铁路复线和荒岗—草市高速公路，形成东北东部沈阳—吉林—哈尔滨纵向综合运输通道；建设东北东部铁路和小沟岭—新开岭高速公路，形成东部沿边纵向综合运输通道。

加强沿海港与内陆港的深度合作。依托南北铁路通道，改善和提升长春铁路货运口岸和吉林站现有基础条件，建设长春内陆港、吉林内陆港，利用海关跨关区快速通关等便捷通关措施将口岸功能向内陆延伸，承接大连港、营口港功能并享受相关政策，实现大连、营口沿海港和长春、吉林内陆港一体化管理。

加强煤炭、油气等能源开发利用与合作。加快石油、天然气基础设施建设，完善油气输送管道网络，研究建立区域石油天然气交易中心。改善煤炭运输条件，积极促进与内蒙古东部地区合作，规划建设大型供煤矿区。建设东北三省一区间超高压输电线路，提高电力运输效益。

统筹推进水利基础设施建设。加强防洪减灾、水资源合理配置和高效利用、饮用水安全保障、水土流失治理和水生态环境保护。加快哈达山水利枢纽等水资源调蓄重点工程建设，加强水资源统一管理，兼顾上下游用水权益，完善流域综合管理体制。

推进区域产业分工协作和优势互补。鼓励重点企业跨区域联合与重组，促进各种要素合理流动，充分发挥哈尔滨、长春、沈阳、大连等中心城市的人才和科技优势，打造东北地区高技术产业高地。

（3）推进与其他省区的深度合作。我国东部沿海地区具有资金、技术、人才、资源等方面的优势，与图们江区域经济互补性强，加强与这些地区的经济技术合作，对于快速推进图们江区域开发开放，促进我国沿海开放和沿边开放互动十分必要。

发挥政府间交流平台引导作用，以行业协会、商会等中介组织为纽带，以企业项目合作为主体，积极推进与环渤海、长三角、珠三角、北部湾等国内综合经济实力强、开放程度高的地区合作。引进战略投资者和知名品牌，推动与国内大企业集团在基础设施建设、重大产业布局和投融资等领域进行战略合作，重点以省际合作园区为载体，大胆创新合作模式，积极承接产业转移，促进长吉图产业优化升级，全面提升我国参与图们江区域合作开发的整体实力。

积极加强与沿海地区合作，依托现有开发区，共同建设特色产业园区。在长春经济技术开发区重点发展汽车及零部件和现代服务业等产业。在长春高新技术产业开发区重点发展生物医药、光电子信息产业和先进制造业。在长春农安经济开发区重点发展注塑设备及模具、生物工程、农产品深加工、彩印包装等产业。在长春绿园经济开发区重点发展通信电子设备制造业、交通运输设备制造业、黑色金属冶炼、压延加工业、化学原料及化学制品制造业、石油加工炼焦及核燃料加工等产业；与中国北车集团合作共建长春轨道客车产业园，重点发展轨道交通、加工制造和仓储物流等产业。在长春宽城经济开发区重点发展汽车及零部件、农畜产品深加工、医药化工、装备制造和现代服务业等产业。在长春朝阳经济开发区重点发展汽车零部件、光电信息、生物制药等产业。在吉林市开发区重点发展化工、特种纤维及纺织、电子信息、生物制药、航空航天科技等产业，以及证券、担保、风险投资等服务业。与香港中华总商会等机构及企业合作，在珲春边境经济合作区重点发展高新电子制造业、金融业和物流业。

（二）《长吉图规划纲要》下的实践创新

2011 年 8 月 30 日是国务院正式批复《中国图们江区域合作开发规划纲要——以长吉图为开发开放先导区》（以下简称《长吉图规划纲要》）整整两周年。两年来，该区域深入贯彻落实《长吉图规划纲要》，在以下五个方面取得重大突破：①

一是通道建设取得重大突破。通道建设是贯彻落实《长吉图规划纲要》的重中之重，是国际合作的主要"瓶颈"。近两年，把对内对外的通道建设作为突破口，全力抓好，并取得很好成绩。公路方面，延边州最后一条通县高速公路——汪延高速公路开工建设并即将竣工，全州一小时经济圈基本形成；图们至珲春高速公路竣工，连接"腹地"、"前沿"和"窗口"的长珲高速公路全线贯通；境外元汀口岸至罗津港公路维修改造工程历经多年努力终于开工建设，年内将基本完工，延边州借港出海的通道"瓶颈"正在破解。铁路方面，和龙至南坪铁路加紧建设，工程接近尾声。吉林至珲春铁路客运专线开工，东北东部铁路通道和龙至二道白河段实现正常运营。珲卡铁路恢复运营工作紧锣密鼓进行，预计年内通车，铁路网络的完善，将使我国面向日本海的通道更加快捷，大宗货物输送能力得以显著提升。海路方面，开通了珲春—朝鲜罗津—上海和宁波港的内贸外运航线，并实现正常运营。从运营情况看，走这条航线发送煤炭至我国东南沿海，要比经国内港每吨降低运营成本 40 元左右，且无铁路运输瓶颈制约，这为我国南北交通成功开辟出一条经济、便捷的新通道；此外，还开通了珲春经俄罗斯扎鲁比诺至韩国釜山、日本新潟航线，为环日本海地区经贸交流注入新的活力。空中方面，延边州至韩国的航班稳步增加，临时包机不断增多，目前延吉机场已开辟至北京、上海、广州、长春、沈阳、大连、烟台及韩国首尔等 10 条国际国内航线，每周运行 105 个航班。2010 年机场输送旅客 94 万人，其中空港过客 36 万人次，增长 27%，空港过客量连续 4 年居全省第一。特别是延边州至韩国航班上座率达到 85%，居全国飞往韩国 27 个航线之首。截至今年 7 月，空港过客人数达到 22.8 万人，增长 14.3%。为了进一步拓展空中走廊，通过积极努力，促成中俄两国民航部门同意开通延吉至符拉迪沃斯托克空中航线，解决了俄罗斯旅客不能乘坐国外包机问题，为开辟国外客源市场，早日开通航线奠定了基础。目前，航线开通工作正在积极推进中。

二是跨境合作取得重大突破。首先，最显著的标志是跨境合作的体制建设有了重大突破。对

---

① 杨立忠、卢长凤：《〈长吉图规划纲要〉实施两周年之际——看延边的日新月异》，2011 年 8 月 30 日，http://society.people.com.cn/GB/41158/15544794.html。

朝方面，在中朝两个国家领导人的大力推动下，与朝鲜罗先经济贸易区的合作不断向更高层次迈进。两国在国家层面设立中朝共同开发和共同管理罗先经济贸易区和黄金坪、威化岛经济区联合指导委员会。在省市层面设立吉林省和罗先特别市共同开发共同管理罗先经济贸易区联合工作委员会，这为双方合作奠定了稳固的体制框架；对俄方面，延边州与符拉迪沃斯托克市缔结友好城市，两国共同出资组建扎鲁比诺港国际合资有限责任公司，本月初推动珲卡铁路千万吨国际换转站项目奠基，进一步巩固了双边合作基础。多边合作方面，环日本海国家据点城市政府之间合作关系日益密切，合作机制研究进一步深化。国内方面，我国成立了由国家17个部委组成的图们江项目开发协调小组和图们江项目开发专家组，指导图们江开放工作。这些机制的建立，会聚成为图们江开发的强大动力。其次，跨境合作功能区建设有新的进展。朝鲜将罗先升级为特别市，我们与朝鲜成功举行了中朝两国共同开发共同管理罗先经贸区项目启动仪式。与罗先开放相对应，我们积极谋划建立中国图们江区域（珲春）特殊经济合作区，与俄罗斯共同推动哈桑跨境旅游合作。最后，合作内涵有了重大突破。从以往边贸为主向边贸和产业投资并重方向发展，与朝鲜共同启动了高效农业示范区、对朝跨境自驾游、百万吨水泥生产等项目，中朝两国图们江区域经济合作进一步向产业合作升级。

三是对外合作平台建设取得重大突破。我们突出在"前沿"、"窗口"建设国内和国际合作的平台，其最显著的标志是珲春特区建设取得重大进展。为探索沿边地区跨境经济合作模式，赋予珲春更加灵活的边境贸易政策，向国家提出在"窗口"建立"中国图们江区域（珲春）特殊经济合作区"的设想。得到国家的大力支持，目前，省政府向国务院正式申报并进入审批程序。与此同时，"前沿"的对外合作平台建设也有突破，延吉经济开发区升级为国家级高新技术产业开发区，延吉和图们被国家批准为全国流通领域现代物流示范城市，延吉被国家明确为东北振兴战略重点支持发展服务外包产业城市，图们朝鲜工业园区近日获省政府正式批复。这些良好的对外合作平台，都将进一步壮大"前沿"实力。此外，还积极推进和龙进口资源加工区建设，龙井商贸物流园区建设，敦化物流结点城市建设等，这些都是推进对外合作的重要平台。

四是与内陆腹地联动发展方面取得重大突破。纲要实施以来，"窗口"、"前沿"与"腹地"联动密切。今年7月20日，延吉高新技术产业开发区与长春高新技术产业开发区在延吉签署合作框架协议；8月16日，珲春市与长春二道区、延边州开发办与长春东北开发办在长春签署合作框架协议。8月19日，长春高新区与延吉高新区在长春签订6个合作项目，累计签约金额8.7亿元。"窗口"、"前沿"与"腹地"联动机制建立，项目合作的开展，为两地联动发展奠定了基础。特别是，去年通过积极努力，争取国家批准延边为国家第三批加工贸易梯度转移重点承接地，为吸引更多内地投资，加强与内陆腹地广泛联动创造了条件。

五是经济社会发展取得重大突破。2010年，虽然延边遭到了百年不遇的自然灾害，但是经济社会仍取得了很大的成就。延边州实现生产总值545亿元，按可比价格计算，比上年增长17.2%。全年实现财政收入88亿元，比上年增长21.4%，提高10.8个百分点。其中，地方级财政收入41.3亿元，增长18.9%，提高10.4个百分点。全年完成固定资产投资739.8亿元，比上年增长30.1%。延边州在30个少数民族自治州中的排位有所上升，地区生产总值、财政收入居第六位，固定资产投入、社会商品零售总额、人均居民储蓄存款余额都排在首位。特别是通过对外开发开放，延边经济社会不仅得到了较快发展，民族更加团结，边防更加巩固，社会更加和谐，延边州已经连续四年被评为全国民族团结进步模范集体。

"五个突破"给延边对外开放和图们江区域国际合作带来了"五大变化"：①外部环境发生了重大积极变化。周边国家在图们江区域合作开发中已从"认同者"、"观望者"发展为积极"参与者"。②推动延边州对外开放的动力发生了重大积极变化。图们江区域合作开发已由地方推动为主转向国家和省直接推动，延边州对外开放扬起"顺风帆"。③图们江区域在全国、全省对外开放的格局中的地位发生了重大积极变化。图们江区域合作开发由延边"独舞"转向"窗口"、"前沿"与"腹地"联动发展的"集体舞"。④开发开放的基础和实力发生了重大积极变化。随着交通能源等基础设施的不断完善，图们江区域产业发展已从"筑巢"为主转向"引凤"为主。⑤延边州推进对外开放的任务发生了重大变化。即由争取国家宏观政策支持向具体落实政策转变；由重点加强基础设施建设向重点发展产业转变；由重点开辟对外通道向重点提高运输效率、强化物流支撑转变；由重点发展边境贸易向发展边境贸易与跨境产业合作并重方向转变；由珲春一点开放向"窗口"、"前沿"与"腹地"联动发展方向转变；由重点论证体制机制创新转向推动体制机制改革实践转变。

实践证明，图们江区域国际合作开发极大地加快了长吉图地区的对外开放进程，极大地改善了这一地区的基础设施环境，极大地提高了这一地区的人民生活水平，极大地促进了这一地区的经济社会全面进步。这一国际区域合作将对全力拓展对俄、对朝借港出海通道和空中走廊，对实现产业发展新突破、跨境经济合作新突破、交通运输体系建设新突破、城乡面貌发展新突破，深入推进长吉图地区开放开发和图们江区域开发合作，具有十分重大的战略意义。

六、实践创新总评

在我国区域公共管理的实践中，珠三角和长三角地区的区域合作是发展较早也较为成熟的。京津冀地区是我国继珠三角、长三角之后的另一大都市圈，国家"十二五"规划纲要首次提出推进京津冀区域经济一体化发展，打造"首都经济圈"的战略构想。这为京津冀地区的发展带来了新的契机。除了以上都市圈，我国正在形成的城市群还包括山东半岛、长株潭、川渝、武汉、哈大长等 23 个区域。① 其中，在珠三角的区域合作中，深圳与香港创新圈的实践强调以科技合作为核心，整合各类创新要素，全面推进和加强深港两地科技、经济、人才培训、商贸等领域的广泛合作，形成创新资源集中、创新活动活跃的区域。深圳和香港两地在科研和产业发展上各有所长，具有很强的互补性。在长三角的区域合作中，上海与周边地区的合作以及上海与中西部对口支援区域的合作较为突出，形成了多层次区域合作协调机制和对口部门联席会议协商机制，对新疆喀什等地区的对口支援工作已列入市政府战略规划的重点项目之中并已经付诸实施。在京津冀的区域合作中，大气污染的治理，尤其是 PM2.5 的治理，是 2011 年区域公共问题的焦点之一。2011 年底，就区域大气环境的监测问题，北京和天津共同设立了监测站，并启动了联防联控机制。这种积极的尝试对我国其他城市群具有积极的借鉴意义。在我国西部城市群的区域合作中，成都作为成渝城乡统筹实验区的重要"一核"，它与周边地区资阳的合作，是我国西部区域经济合作的重要举措，也标志着成渝城乡统筹实验区最大的区域合作框架正式成型。成都资阳在"路"、"园"、"湖"等方面开展了战略性区域合作，形成了在合作区管委会协调、监督、管理下的多中心网络开发机制。在东北地区的区域合作中，图们江区域合作开发，尤其是长吉图区域的开发是我国国际区域合作的重要领域，对进一步振兴东北老工业基地，拓展对俄、对朝借港出海通道和空中走廊，实现跨境经济合作，促进区域发展，增强我国与东北亚各国的全方位合作具有重要的战略意义。

第三节　代表性成果

一、《区域公共管理理论与实践研究》

作　者：陈瑞莲
出版时间：2008 年

出 版 社：中国社会科学出版社
内容摘要：《区域公共管理理论与实践研究》一书设上下两篇。上篇为"区域公共管理理论探讨"，主要就区域公共管理研究的缘起与发展、区

---

① 《中国正形成 23 个城市群　长三角已跻身世界 6 强》，《京华时报》，2012 年 3 月 28 日。

域公共事务及其治理、区域政府间的竞争、关系协调以及流域公共治理等问题进行比较深入的探讨。下篇为"区域公共管理实践范例"，对欧盟国家、中国—东盟自由贸易区、大湄公河"次区域"、英国区域政策、长三角和泛珠三角区域合作等专题作个案式的探讨，旨在深化国内外区域公共管理实践的研究。

该书的创新性主要表现在 6 个方面：一是提出"行政区行政"和区域公共管理的学术概念，呼吁政府树立区域公共管理的新型政府治理理念，并研究了我国区域公共管理制度创新的动因和基本路向；二是提出政府竞争力是区域核心竞争力的见解，建议区域政府重视培育和提升自身的竞争力；三是重视流域治理中的权利交换机制建设，建议逐步构建流域治理中的生态补偿和利益交换机制；四是关注区域不平衡发展过程中地方发展权失衡的问题，建议妥善处理财政转移支付的公平与效率关系，导入地方竞合式区域协调发展的新思路；五是主张构建区域协调发展的法律框架和制度基础，实现区域协调发展的规范化和制度化；六是重视区域经济一体化进程中政府间关系的协调机制建设，特别是泛珠三角、长三角地方政府合作机制的制度创新等问题。

社会影响：本书是国家社科基金项目"区域公共管理理论与实践研究"（03BZZ034）的重要结项成果，是教育部人文社会科学重点研究基地中山大学行政管理研究中心学术文库的丛书之一。它是国内区域公共管理开创性研究的代表性著作之一，夏书章教授称其"融会了政区地理学、区域经济学、公共管理学、公共政策等不同学科的背景知识，把传统的区域研究视阈和当代的公共管理理论有机地结合起来，初步构建了区域公共管理研究的理论框架"。

二、《当代中国地方政府间竞争》

作　　者：刘亚平
出版时间：2007 年
出　版　社：社会科学文献出版社
内容摘要：社会转型过程中，我国地方政府间竞争渐趋白热化，一方面，促进了地方政府不断地发展经济，推进了市场化进程；另一方面，由于缺乏相应的制度规范，地方政府寻求自找发展空间的努力往往导致两败俱伤。该书从退出选择的视角对地方政府间竞争进行分析探讨，区分出政治和市场两个维度的地方政府间竞争：前者表现为地方政府争夺由中央所控制的稀缺资源；后者表现为地方政府争夺由社会大众如居民、企业控制的稀缺资源。当前我国地方政府间竞争的特殊之处在于，大众尤其是资本所有者的退出选择被引入到地方政府间竞争中来。但是，中央政府的退出选择在地方政府间竞争中仍然至为重要，它最终决定着地方政府在竞争中的胜负。

从退出选择的视角，我们既能看到单一制与联邦制下地方政府间竞争的共性，又能看到当代中国地方政府间竞争的独特之处。地方政府间竞争并不必然以联邦制为基本前提，但分权化改革后中央与地方之间权力格局的变化确实改变了地方政府间竞争的规则和方式。同时，该书力图从动态和静态两方面把握地方政府间竞争在当代展示出的特征，动态的分析帮助我们从整体上把握观察对象，而静态的分析则重点考察动态过程中的关键点，动态研究与静态研究相结合有助于形成对研究对象全面和重点的理解。现有的对地方政府间竞争的研究往往局限于某一学科领域，该书力图突破这一局限性，大胆借鉴和融合了经济学、管理学、政治学、社会生物学等相关研究成果，但是，又始终保持着行政管理学者的关怀，注重政府组织与企业组织的区别、政府间竞争与市场间竞争的差异，以及受上级政府管辖、处于特定制度框架下的地方政府与作为单纯生物个体的人之间的差异，从地方政府在竞争之中的彼此关系及其互动的角度来分析和理解现有制度环境对地方政府间竞争行为的影响。该书力图廓清目前存在的种种对地方政府间竞争的误读，提出，所谓地方政府间恶性竞争，是指地方政府能够通过树立壁垒、干预市场，以及将竞争压力转嫁给流动性较弱的要素等策略而令市场维度的竞争无法延续下去或以政治维度取代市场维度竞争情形下的竞争。地方政府之间的有效合作必须通过地方政府的差异化竞争，从而形成和构建本地独特的竞争优势才能达成。只有通过规范竞争而不是消除竞争，从制度上阻碍地方政府规避竞争压力的行为，才能使地方政府间关系走向"伟大的共谋"而不是两败俱伤。

社会影响：该书是中山大学"地方政府与区域公共管理研究丛书"之一，是中山大学二期"985工程"公共管理与社会发展创新基地专项基金资助的成果之一。该书尝试为地方政府管理者提供一个走向合作的思路。由于突出了大众退出选择在地方政府间竞争中的重要地位，本书认为规范当前我国地方政府间竞争需要跳出集权—分权的简单对立而引入一个新的变量——社会，希望为我国公民社会的培育和完善提供一个有益的理论支点。对于关注地方政府职能转变的实践者和研究者而言，本书的研究也会对他们有所裨益。

三、《生态区域治理中中央与地方府际间协调研究》

作　　者：余敏江、黄建洪

出版时间：2011年

出 版 社：广东人民出版社

内容摘要：全书内容包括导论、生态危机的涌起与生态区域治理、生态区域治理中央地府际间协调的总体设计、生态区域治理中央地府际间的协调结构、生态区域治理中央地府际间的利益协调等。

社会影响：该书是苏州大学政治与公共管理学院"政治与公共治理研究文库"之一，也是金太军教授主持的苏州大学"211工程"三期重点学科建设项目"生态型区域（苏南）经济与社会治理研究"的最终成果之一。"政治与公共治理研究文库"包含了一系列有关生态区域治理方面的著作，除了该书之外，文库还包括张建英的《区域生态治理中地方政府经济职能转型研究》，施从美、沈承诚的《区域生态治理中的府际关系研究》，范俊玉的《区域生态治理中的政府与政治》，张劲松的《生态型区域（苏南）治理中的政府责任》等。这一丛书分别从区域生态治理中的中央与地方政府关系、区域地方政府之间的合作、府际之间的利益协调、地方政府的职能和责任，以及区域生态治理中由多元主体构成的全新管理模式等方面进行了深入的探讨。

四、《政府间关系：权力配置与地方治理——基于省、市、县政府间关系的研究》

作　　者：马斌

出版时间：2009年

出 版 社：浙江大学出版社

内容摘要：中国政府层级结构、法律地位、功能以及面临的问题决定了当前改革政府层级体制的突破口在于地级市。但是，中国现行的行政层级体制和资源配置模式已经将地级市政府的权力结构和利益结构制度化甚至法律化了，省级政府已经很难对市县政府的权力和利益作根本性的调整，地方政府推进省管县体制改革面临着动力不足、权限不足甚至是合法性不足的多重困境。因此，中国政府间关系的调整必须走出权力收放、无序博弈的局面，从整体上、自上而下地构建制度化分权体制，合理划分政府间的职责权限，用法律和制度来保障中央政府的权威性和各级地方政府的自主性，使地方政府逐渐从中央政府和上级政府的"代理机构"转化为地方公共利益的"合法代理者"，发展和维护地方公共利益，促进地方社会经济的发展。优化省、市、县政府间关系必须跳出行政权力在政府层级间纵向配置的传统思维，从根本上调整权力在上下级政府间、政府与市场、政府与社会之间的配置，构建多中心治理的格局；在政府间治理结构中更多地嵌入合作、沟通和协商机制，改变命令控制的单一行政模式，实现府际治理。

五、《区域合作中的府际契约：概念与分类》

作　　者：杨爱平

发表时间：2011年第6期

期刊名称：《中国行政管理》

内容摘要：契约行政是当代中国区域政府间合作的一种模式创新，而府际契约是开展区域契约行政的制度支撑。所谓契约行政，是指在我国政府主导的区域合作模式下，政府作为区域合作的主要参与方，通过签订各种形式的政府间契约如"规划纲要"、"合作框架协议"、"合作宣言"、"合作意见"、"合作备忘录"等来推动政府间合作的一种区域行政方式。从政府间关系视角看，府际契约本质上是一个府际治理问题，不能简单地与一般意义上的行政契约概念混为一谈，因为府际契约在追求目标、契约主体、贯彻原则和基本属性上，均与行政契约存在诸多差异乃至本质不同。

该文根据签约主体间的相互关系以及合作的不同领域，对我国区域合作中的府际契约进行了不同分类。首先，根据签约主体的关系划分的府际契约包括纵向型府际契约、横向型府际契约（包含省际契约、市际契约、县（区）际契约、地方政府职能部门间契约）、斜向型府际契约；其次，根据合作的不同领域划分的府际契约包括府际边界型契约、府际分配与发展型契约、府际规制型契约、府际再分配型契约。

社会影响：该文章所提出的"契约行政"受到国内区域公共管理界的关注。该文章是国家社会科学基金一般项目"区域契约行政的激励与约束机制研究"（10BZZ026）和教育部人文社会科学研究青年基金项目"区域一体化中的政府间合作机制创新研究——以珠三角区域一体化为例"（09YJC810013）的阶段性成果。

六、《中国都市群网络化治理模式研究》

作　　者：于刚强、蔡立辉
发表时间：2011年第6期
期刊名称：《中国行政管理》
内容摘要：区域主义、新区域主义的兴起，使都市群治理问题成为全球化和区域化发展潮流中的焦点问题。实践证明，政府主导的集权化都市群治理模式过于强化政府的权力本位主义，无法保障公共资源的有效配置和公共服务的有效供给；市场化主导的分权化都市群治理模式容易导致恶性竞争、资源浪费等问题，也未能弥补政府集权化治理中的缺陷。该文认为，在网络化时代，网络化治理模式不仅对政府和市场为主导的都市群治理模式提出了质疑和反思，还为治理中国都市群发展过程中出现的管理体制问题、城市政府之间关系问题提供了新视角。因此，构建网络化治理模式本身也是当代中国都市群发展的重要内容，对都市群治理具有重要的现实意义和理论研究意义。

社会影响：该文系教育部重大攻关招标项目"信息技术与大都市政府管理体制创新研究"（05JZD00023）和国家社会科学规划课题"电子政务与政务信息资源共享机制研究"（07BZZ023）的阶段性成果。

七、《"脱域"公共危机治理与区域公共管理体制创新》

作　　者：沈承诚、金太军
发表时间：2011年第1期
期刊名称：《江海学刊》
内容摘要：该文认为"脱域"公共危机的发生将急剧改变公共管理和公共资源配置秩序，导致区域性社会运作机制中断或瘫痪，而"切割式"的现行行政区行政模式与"脱域"公共危机的逻辑错配使"脱域"公共危机治理处于"低效"或者"失灵"状态，因此，以"网络式"的区域公共管理体制作为平台，既整合纵横向政府系统内资源，又积聚政府系统外的市场和社会资源，能够实现对"脱域"公共危机的有效治理。

社会影响：本文系国家社科基金重大招标项目"应对重大突发公共事件的政府协调研究"（08& ZD010）的阶段性成果。

八、《大都市区跨界公共事务运行模式：府际协作与整合》

作　　者：崔晶
发表时间：2011年第7期
期刊名称：《改革》
内容摘要：随着区域一体化的推进，我国大都市区地方政府在跨界公共事务治理中的协作问题逐渐引起人们的关注。作为对这一问题的回应，整体性治理理论所主张的地方政府间的协作和整合成为促进大都市区跨界公共事务治理的重要方式。在这一理论基础上，深入研究大都市区跨区域整体性合作组织的构建及运转机制，进而探讨由跨区域整体性合作组织、各个地方政府、非政府组织以及私营部门共同组成的大都市区地方政府跨界公共事务整体性治理模式，对实现我国大都市区跨界公共事务的有效治理具有重要的意义。

社会影响：本文系"国家自然科学基金资助项目"（70773125）和"联合国开发计划署公平发展公共治理项目"（CPR/08/512）阶段性成果。

九、《"复合行政"的提出：解决当代中国区域经济－体化与行政区划冲突的新思路》

作　　者：土健、鲍静、刘小康、王仙利

发表时间：2004 年第 3 期

期刊名称：《中国行政管理》

内容摘要：该文提出了"复合行政"的概念，认为它是解决当代中国区域经济一体化与行政区划冲突的新思路。文章认为造成当代中国区域经济一体化与行政区划冲突的根本原因，不在于行政区划本身，而在于政府职能的转变尚未完全适应市场经济的发展需求。因此，要真正解决这一问题，必须跳出行政区划调整的传统思路，构建"复合行政"，即为了促进区域经济一体化，实现跨行政区公共服务，跨行政区划、跨行政层级的不同政府之间，吸纳非政府组织参与，经交叠、嵌套而形成的多中心、自主治理的合作机制。

社会影响：首次提出区域公共管理领域"复合行政"的概念。被很多学者和学生所引用，被引频次：308 次，下载频次：1683 次。

十、《水资源管理协作机制观察：流域与行政区域分工》

作　　者：邢华

发表时间：2011 年第 5 期

期刊名称：《改革》

内容摘要：该文认为由于目前缺乏流域与行政区域之间分工协调的制度化建构，导致我国流域水资源管理存在诸多障碍，在府际关系网络理论的基础上，提出集成式流域管理模式，即建立由流域管理机构主导的流域协作机制，妥善处理流域管理机构、地方政府以及国家职能部门之间的关系，形成平等协商、分工负责、事权清晰、沟通顺畅的管理体制。

十一、《长三角区域合作机制的经验借鉴与进一步发展思路》

作　　者：赵峰、姜德波

发表时间：2011 年第 2 期

期刊名称：《中国行政管理》

内容摘要：建立和健全区域合作机制是促进我国区域协调发展的重要手段。区域合作作为一种经济运行方式，反映了长三角区域经济中要素自由流动、优势互补、共同发展的内在要求。本文在梳理长三角区域合作历史进程的基础上，总结了其区域合作的经验及借鉴作用，并进一步提出健全长三角区域合作机制、设立长三角发展促进基金、加强国家对区域合作的指导等政策建议，以进一步推动长三角区域合作发展。

社会影响：本文系国家社会科学基金项目（10BJL050）、国家社会科学基金项目（09CJL033）的阶段性成果。

十二、《政区等级、权力与区域经济关系——中国政府权力的空间过程及其影响》

作　　者：胡德、刘君德

发表时间：2007 年第 6 期

期刊名称：《中国行政管理》

内容摘要：该文从政区等级、权力与区域经济关系的角度分析了我国政府权力的空间过程及影响。首先，该文认为在中国政治体制框架下，我国各级政府运用权力在帮助和推动（区域）地方经济发展方面的作用要远胜于滥用权力阻碍市场经济发展方面的影响。其次，以公有产权为基础的政治化产权体系，决定了我国行政等级制度与权力体系的安排，也决定了我国政府权力的特征和"权力经济"的生成。最后，我国政府权力的运用和空间运动在局部上的无序与盲流并不妨碍其在整体上呈现出的理性逻辑，通过灵活多样的权力运动方式，实现政府权力与市场权力在空间上的匹配是我国经济改革与发展过程中的重要经验。

社会影响：空间是政治学和行政学中存在的一个客观变量，以空间来观察行政权力、社会分层和公共政策，是一个非常重要而有意义的角度。

附：代表性论文选登

从行政区行政到区域公共管理
——政府治理形态嬗变的博弈分析[①]

金太军[②]

[摘　要] 区域公共管理实质上是政府治理方式上的制度变迁，即打破原有行政区行政的制度安排，重塑利益格局的制度演变过程。在这一过程中，始终贯穿着不同利益主体的博弈，从而最终形成新的制度——相关因素充分博弈后的契约格局。这些博弈关系主要包括治理理念的博弈、中央政府与地方政府的博弈、地方政府之间的博弈。在这些博弈过程中，对可能出现的博弈困境提出树立合作的"重复博弈"思维；建立良好的信息沟通以及双边或多边协商机制；进一步转变政府职能，斩断地方政府与社会经济主体的利益连带关系；强化中央政府的宏观调控职能，是建立区域公共管理制度，实现政府治理形态嬗变的有效引导性对策。

[关键词] 行政区行政；区域公共管理；博弈；制度变迁

一、问题的提出

长期以来，在刚性的行政区划基础上形成的闭合式的"行政区行政"，[③]与按行政条块组织经济的经济管理体制相结合，成为一种位居主流和成熟的政府治理模式。然而，近些年来，随着全球化、信息化，特别是区域经济一体化等复杂社会生态所引发的行政区划内大量社会公共问题的日益"外溢化"和"区域化"，传统行政区行政的治理模式已越来越陷入"治理失灵"的困境，于是一种新的公共行政治理模式即区域公共管理治理模式[④]便应运而生。

20世纪80年代以来，以分权让利为主线的市场化改革在充分调动地方政府发展经济和参与市场竞争的积极性的同时，也导致了地方政府间的恶性竞争，产业同构、地区封锁、地区大战层

出不穷，甚至出现区域公共问题"霍布斯丛林"的局面，显然这一状况与区域经济一体化的进程是背道而驰的。换言之，区域公共问题的日趋严重已成为区域经济一体化发展的最主要障碍，而在行政区行政的治理模式下，各地方政府往往囿于局部的地方利益，对区域公共事务和公共问题采取"不作为"的态度。从现行的行政体制层面看，由于缺乏超越各地方政府的区域性合法性权力，在区域公共事务的管理上出现权力真空和治理盲区，难以达到区域公共事务的有效治理，更何况各地方政府都寄希望于"搭便车"，即都不想付出治理成本，却坐享治理绩效，结果必然是区域公共物品供给持续性不足、诸侯经济、地方保护等现象丛生。加之中央政府与地方政府之间存在严重信息不对称，中央政府获得信息的成本巨大，使得中央政府在协调各地方政府冲突时，往

---

① 金太军：《从行政区行政到区域公共管理——政府治理形态嬗变的博弈分析》，《中国社会科学》，2007年第6期。

② 金太军，1963年生，社会学博士，苏州大学政治与公共管理学院教授。

③ 所谓行政区行政，简单地说，就是经济区域各地方政府基于行政区划的刚性界限，以行政命令的方式，对本地区社会公共事务进行的垄断管理，具有相当程度的封闭性和机械性。

④ 区域公共管理在这里特指民族国家内部地方政府（经济区域内的省级政府）间跨行政区域的公共管理活动。而区域公共管理的治理模式，则是指由区域内的各级地方政府组织、非营利组织和市场主体所构成的区域公共问题的治理主体的组织形态，也包括这些主体在治理区域公共事务过程中所共同遵循的治理理念和相关制度设计。关于区域公共管理的定义与分类可以参见杨爱平、陈瑞莲：《从"行政区行政"到"区域公共管理"》，《江西社会科学》，2004年第11期。

往缺乏足够的信息收集量而处于"理性无知"①的局面，于是区域公共物品的供给、区域公共问题的解决仍主要依赖于地方政府。更有甚者，一些地方政府往往借机维护地方利益，不惜损害区域整体利益，这不仅致使区域公共问题难以有效解决，而且会侵害区域经济一体化内在的互利互惠原则，造成区域公共问题持续滋生的恶性循环。

因此，区域公共管理的制度创新愈来愈成为政府面对区域经济一体化的有效回应和必然选择，是对传统的主流政府治理模式的重大变革。其内在逻辑并非纯粹地建立一种理想的公共管理体制，而是希望通过培育区域公共管理制度，最大限度地提高区域经济的发展水平。区域公共管理介于中央政府的宏观管理与地方政府的微观管理之间，其合法性权力主要来源于中央政府的让渡和地方政府的上交。二者的权力让渡和上交主要基于以下3个前提条件：①对区域公共管理体制有比较充足的认知能力和水平；②面对日益滋生的区域公共问题，有比较高的治理意愿；③对区域公共管理的治理绩效，有比较好的预期。这并不意味着区域公共管理机构会成为一级政府机构。新制度经济学认为，交易双方如果试图通过第三方的介入来协调彼此间的关系，必然会使交易费用增加；而既不要第三方的介入，又不能单纯依靠中央政府高成本的宏观调控，区域公共管理方式提供了一种长效机制，作为中央宏观调控职能的一种有效的局部替代方式，它有利于节省中央政府宏观调控的成本，降低交易费用，破除时间的滞后性，而且区域公共管理主体的内部调控也能在很大程度上破除政策执行上"代理违背"的博弈困境。

作为一个极其复杂的制度变迁过程，区域公共管理的形成不是原有制度结构中个别制度安排的局部调整或改变，而是整个制度结构的全面改造；也不是对现行制度规则的运行过程的微调，

而是全部行政管理秩序和经济秩序的战略性变革，这必然涉及价值系统、政治系统、经济系统和社会系统的调整和改变。与此同时，由于区域公共管理在我国的推行其实是一种后发外生型的强制性制度变迁而非完全的诱致性制度变迁，②它要求政治、经济、社会、价值各个系统在较短时间内适应并接受原生型现代化国家在很长时间内孕育自发的这种制度，而这一适应过程又必然伴随着各利益群体之间的相互博弈，其间的难度和变数可想而知。可以说，上述各个系统之间及其内部的博弈过程和博弈策略，对区域公共管理在我国推行的广度和深度起着深层次的决定作用。本文从这个新视角入手，在制度变迁中以博弈论作为基本分析工具，考察各系统在政府治理形态嬗变过程中的相互作用关系，以期对这一嬗变过程有一个更为清晰地把握，并对可能出现的博弈困境给出相应引导性对策。

二、多重博弈过程及相关引导性对策

在政府治理形态从行政区行政向区域公共管理制度的变迁过程中，若要避免出现博弈困境，降低制度变迁成本，就必须依据中国国情，对不同利益群体的博弈策略作出准确的分析，预见到可能出现的博弈困境并提出化解之策，使这种多重博弈趋于"正和博弈"而非陷入"囚徒困境"，更应避免因累加的博弈困境导致制度变迁进入低效率的"锁定"③状态。因此，细致考察各个系统之间及内部的具体博弈过程及策略选择是非常有必要的。限于篇幅，本文着重探讨治理理念的博弈、中央政府与地方政府的博弈、地方政府之间的博弈等几种较有代表性的博弈关系。

（一）治理理念的博弈

行政区域的法定界分（行政区划）是行政区行政的载体和依托。它并不是从来就有的，而是伴随着阶级和国家的产生逐渐形成的。虽历经数

---

① 所谓理性无知是指人们面对信息搜寻的巨大成本和搜寻结果的不确定性时，不去获取某些信息和知识的行为。关于这一点如布坎南等均已认识到。布坎南、布伦南：《规则的理由》，冯克利等译，中国社会科学出版社，2004年。

② 制度变迁分为两种类型：诱致性变迁和强制性变迁，前者是指一群（个）人在响应由制度不均衡引致的获利机会时所进行的自发性变迁；后者是由政府法令引致的变迁，又可分为正式的制度安排和非正式的制度安排。而在这一制度变迁中，诱致性制度变迁与强制性制度变迁很难区分开来，它们总是相互联系、相互制约。林毅夫：《关于制度变迁的经济学理论：诱致性变迁与强制性变迁》，见：科斯、阿钦、诺思等：《财产权利与制度变迁——产权学派与新制度学派译文集》，刘守英等译，上海三联书店、上海人民出版社，1991年。

③ 按照阿瑟的解释，锁定，是指这样一种情况：最初只是偶然发生的事件，由于系统自增机制、学习效应等因素的影响，最终成为博弈局中人的普遍选择。Arthur.W.Brian. Increasing Returns and Path Dependence in the Economy. University of Michigan Press, 1994.

千年多种社会形态的更替,行政区划和以行政区划为载体的行政区行政始终是政府统治与治理社会的主导结构形态。行政区行政不仅很好地适应了农业社会下自给自足的小农经济基础的基本诉求,是封闭社会和自发秩序的产物;而且,工业社会以来"基于韦伯的'现代理性'而构建的稳态的'科层制'结构,更是使行政区行政模式的封闭性和机械性发挥到了极致"。①

区域公共管理则迎合了全球化和区域化浪潮的需要,顺应了市场化、工业化和现代化进程的要求,以突破单位行政区划的刚性约束,为区域经济一体化的良性发展提供制度保障为基本目标。实际上,无论是行政区行政还是区域公共管理都是不同治理理念在治理形态上的集合,要实现行政区行政向区域公共管理的转变,就必须完成这一集合内部各个子集的一对一转变。具体来说:

(1)在政府治理的价值导向上,区域公共管理以公共问题和公共事务为基本价值导向,而非以行政区划的切割为出发点,即变"内向型行政"为"区域性行政",打破行政区域的刚性壁垒,把日益凸显的"外溢性"公共问题和"区域性"公共事务纳入自身的管理范围之内,从而实现对区域公共事务的综合治理和分层治理。

(2)在社会公共事务治理的主体选择上,行政区行政奉行的是垄断治理的理念,强调政府是管理国家和地方行政区域内部公共事务的唯一主体,即无所不能的"全能政府"模式。②而区域公共管理奉行的是合作治理的理念,是一种"强政府"的治理模式,③在治理主体的选择上,既包含了代表官方的政府组织,也包含了非营利性的第三部门和私营部门等。

(3)在公共问题治理的层次设计上,行政区行政基于自上而下的等级制层次设计,将国家内部和区域内部的各种社会问题切割为若干层次,并相应配置不同的职能,面对日益外溢化的区域公共问题,行政区行政的刚性切割必然导致治理上的盲区。而区域公共管理观认为,区域公共事务的有效治理,不能仅仅依靠政府这个"单中心",在传统科层制的框架下,以行政命令的方式对区域公共问题分地区、分层次地解决。这种解决方式必然伴随大量的"搭便车"行为。因此,要有效解决不同层次、不同类型的区域公共问题,必须在中央政府的支持下,通过区域内各地方政府之间、地方政府与非营利组织之间通力合作,借助科层制、市场机制、合作机制、自组织制等复合机制进行"多中心"治理。

(4)在公共权力运行向度上,行政区行政以韦伯"科层制"为基本架构,强调公共权力的层级分设和层级节制,以公共权力运行的单向性和闭合性为其基本特征。而区域公共管理追求的是"多中心"的、分散的、合作的权威,强调区域政府与公民社会的良性互动,以公共权力运行的多元性和分散性为其基本特征。

当然,行政区行政和区域公共管理在治理理念上的"博弈",并非典型的策略和行为意义上的博弈关系,准确地讲,它更多地体现为观念上的分歧和碰撞,以及理念层面的转变和替代关系。这种特殊形态的博弈所具有的学术研究上的理论分析价值是不言而喻的,但能否应用到真正的公共管理实践之中,并不基于两者的差异分析,而是取决于中央政府和地方政府对于两种理念的认知能力和认同态度。认同态度是建立在足够认知能力的基础上的,没有认知上的实现,就谈不上认同与否了。在足够认知的基础上,中央政府与地方政府能否认同,则取决于各自的目标函数。

(二)中央政府与地方政府的博弈

区域公共管理方案的制定和执行过程从本质上都可以看作一种博弈过程,只不过博弈的局中

---

① 陈瑞莲:《论区域公共管理的制度创新》,《中山大学学报》,2005年第5期。

② 改革开放以前,在计划经济体制下,我国政府行政权力和承担的职能过分膨胀,几乎成了"全能政府"。这种全能型政府职能的模式是在沿用革命战争年代和借鉴苏联模式的基础上形成和发展起来的,尽管它在特定的历史时期发挥过一定的积极作用,但随着社会和经济的发展,其负面与消极影响愈益明显。政府规模的无限增长带来了政府机构的非理性膨胀和政府行为的低效率,更重要的是它抑制了社会与市场的发展,最终导致了社会和市场的萎缩。

③ 改革以来,在对政府职能和地位的认识上流行的思路是"大市场、小政府",这种思路在一定意义上,把国家当作消极的东西,认为政府的规模越小越好,职能越少越好,政府除了保护产权,制定竞争规则以外,不应当管更多的事。这一思路对于改变高度集中的计划经济体制及与之相适应的政治体制是有积极意义的,但严格来讲,它并没有抓住问题的实质。判断政府优劣的标准不在于规模的大小和职能的多少,而在于它在社会整体结构中的地位和作用,即看它是否适应特定历史阶段生产力发展的要求。

人是中央政府与地方政府。[①] 在方案的制定阶段，中央政府与地方政府都倾向于表达自己的利益诉求，毕竟中央政府与地方政府、地方政府之间利益考虑的重点、时段和范围不尽相同。它们围绕具体的方案安排和利益分配进行讨价还价，在此基础上形成区域公共管理的实施方案。方案实际上反映了某种程度的利益均衡，而利益均衡的程度主要是由中央政府和地方政府间的讨价还价能力和策略决定的。当然，这种利益均衡会随着各方讨价还价能力和策略的调整而变化。方案的执行过程则是把有关利益分配方案从观念形态转化为现实的过程，是方案制定过程的延伸。在方案制定阶段，利益需求没有得到满足的地方政府会利用信息优势，进行逆向选择等，[②] 从而将自己的利益诉求放到方案的执行过程中，即通过改变政策实施的手段和条件，实现自己在政策决策过程中未能得到的目的和利益。下文的"讨价还价"模型[③]与"委托—代理"模型，有助于分析方案制定与执行过程中出现的中央政府与地方政府的博弈。

1. 方案制定过程的"讨价还价"博弈模型

在"讨价还价"博弈模型中，中央政府与地方政府均为"理性人"，[④] 即中央政府与地方政府都会按照各自的目标函数，以自身效用的最大化为目标取向来进行决策。博弈的基本规则是：博弈有两个局中人，中央政府（甲）和地方政府（乙）。假定双方讨价还价的过程遵循以下顺序：首先由乙提出区域公共管理改革方案（地方政府是制度创新的主体），对此甲可以选择接受或拒绝；如果甲拒绝乙的方案，则它自己提出另一方

案（包括维持现状）让乙选择接受或拒绝。若乙接受，则博弈结束；若乙拒绝，则乙再提出新方案，由甲来选择。如此循环，在此循环过程中，只要有任何一方接受对方的方案，博弈就宣告结束。如果方案被拒绝，则被拒绝的方案就与以后的讨价还价过程不再有直接关系。每次一方提出一个方案和另一方选择是否接受为一个阶段。

该模型有以下基本假定：

（1）由于我国制度结构的特殊规定，制度变迁的形式主要采取中央政府直接推动的强制性制度变迁，但在初始阶段，中央政府面对制度变革后的不确定性，同时也缺乏制度变迁的相关知识储备，因此中央政府出于稳定性的理性考虑，不会主动去进行制度创新，或者说中央政府在主动制度创新上存在意愿上的不足和创新的局限。理智的中央政府渴望有一个低成本的知识积累和传递中介，在确保社会整体稳定的前提下，有计划地进行制度供给。而地方政府在改革中扮演的具有相对独立利益目标和资源配置权的角色，恰恰契合了制度创新的现实需要，从而成为中国社会转型时期制度创新的客体选择。所以，本文假定区域公共管理制度的改革方案首先由地方政府（乙）提出。

（2）行政区行政模式向区域公共管理模式转变的过程实际上就是对原有行政区行政权力重新分配的过程，在这一权力分配过程中，中央政府、地方政府会以不同的博弈策略参与进来，成为权力博弈的局中人。区域公共管理方式的实施势必会让中央政府让渡更多的资源配置权、政策制度权以及部分税种的收益权。更何况，地方政府也

① 这里需要扩展说明的是，政府间的博弈（竞争），源于布雷顿原先强调的"竞争性政府"（Competitive Governments）概念，不仅体现在中央政府与地方政府之间，而且也反映在各地方政府之间、政府各职能部门之间；不仅同级地方政府以及政府各部门相互之间展开横向竞争，而且上下级之间还展开纵向竞争。无论哪种竞争，目标都是为了吸引实现所辖区区域经济增长所需的生产要素。不过，在纵向竞争中，突出表现为财政转移支付、财权的分割以及政治权力的配置等交易。周业安、冯兴元、赵坚毅：《地方政府竞争与市场秩序的重构》，《中国社会科学》，2004 年第 1 期。

② 逆向选择和道德风险都是"委托—代理"博弈模型中代理人可能的行为模式。逆向选择（Adverse Selection）通常是指在信息不对称状态下，接受合约的一方一般拥有"私人信息"并且利用另一方信息缺乏的特点而使对方不利，从而使博弈或交易的过程偏离信息缺乏者的意愿。谢识予：《经济博弈论》（第二版），复旦大学出版社，2002 年。

③ 新制度经济学在分析前提上与新古典经济学有很大的不同。前者否定了后者完全理性和信息对称的基本假设，认为要使理论符合实际，必须以有限理性和信息不对称作为分析前提。讨价还价的博弈模型作为新制度经济学分析制度作用和演变的重要工具，也是基于博弈局中人有限理性的假定基础上的。阿伯西内·穆素：《讨价还价理论及其应用》，管毅平等译，上海财经大学出版社，2005 年。

④ 这里的理性人是指"不完全信息"条件下的"有限理性"人。有观点认为，"有限理性"的问题可以归于"不完全信息"这类问题，即只要愿意付出足够高的信息成本，理性就可能是无限的。而事实上问题的关键并不在于信息量的大小，太多的信息与太少的信息同样是不理想的，问题的关键在于我们能加工多少信息，能不能去伪存真、去粗取精。何大安：《行为经济人有限理性的实现程度》，《中国社会科学》，2004 年第 4 期。

具有自身的经济利益，在经济资源配置权、政策制度权、财税最大化等方面存在着与中央政府讨价还价的内在经济激励，会尽可能地利用区域公共管理方式的实施从中央政府那里转移最大程度的资源配置权、获得比较宽松的政策制定权，并将更多税种、税源留在本区域内。地方政府最终获得多少资源配置权或其他方面的授权，取决于中央政府的目标函数，也取决于它与中央政府讨价还价的能力、所采取的博弈策略和具备的信息优势。在区域各地方政府达成区域公共管理共识之后，会对中央政府展开游说和说服工作，促使中央政府同意他们提出的方案。

（3）如果中央政府利用政治强制力强迫地方政府同意并执行自己提出的方案，则讨价还价博弈结束。讨价还价每多进行一个阶段，由于谈判费用、时间成本和机会成本等，双方的成本总量都要增值一次。一般而言，制度变迁的替代成本要高于建立成本，因为新制度替代旧制度必然会涉及既得利益集团的利益补偿问题，这种利益补偿过程中的讨价还价不仅延长了制度变迁的时间，而且往往会因为尖锐的利益矛盾不得不放弃最优方案而选择次优方案。新方案确立后，面对未来的不确定性和预期成本，[①]中央政府与地方政府存在调整政策的可能性，这将影响政策实施的程度和效果。

从博弈过程看，在第一阶段，地方政府（乙）先提出制度改革方案，对于新的权力和利益分配方案，中央政府（甲）可以接受或不接受。一方面，甲基于对区域公共管理方式的足够认知，认为区域公共管理方式的实施会带来比较好的治理绩效，从而接受乙提出的方案，则博弈结束；另一方面，甲缺乏对区域公共管理模式的相应知识储备，对区域公共管理实施后产生的示范效用和不确定性无法预知和把握，而且区域公共管理方案的实施也会导致自身权力的大量流失，对实施后能否有效控制区域地方政府心存疑虑，出于稳定性的理性考虑，从而拒绝乙提出的方案，则博

弈开始下一阶段。

在第二阶段，中央政府（甲）提出修改方案（包括维持现状），地方政府（乙）选择接受或不接受。一方面，乙依然会以自身利益最大化（包含政治升迁收益）作为最终目标取向，会在一些关键问题上，通过各种正式和非正式途径进行游说、劝告，迫使中央政府自动修改方案，博弈进入下一阶段；另一方面，乙迫于中央政府的政治强制力，接受此方案，则讨价还价博弈结束，博弈进入方案执行阶段（下文将做出相应分析）。

第三阶段，乙提出修改方案，甲可以选择接受或拒绝。以此类推，中央政府与地方政府的讨价还价博弈重复进行下去，直到双方都有了比较接近的认知水平，在目标函数的取向上也达成了妥协，彼此认同了政策方案，则博弈结束。

这个博弈过程可以用扩展式图1来表述：[②]

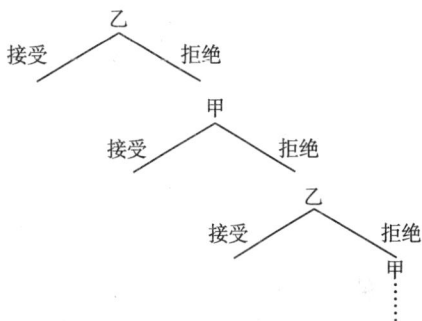

图1 博弈过程

2. 方案执行过程的"委托—代理"博弈模型

"委托—代理"理论的建立源于股份制公司管理体制的研究，思考如何通过完善制度设计和安排，使经营层的经营策略和行为能较好地兼容自身利益和股东利益。但委托人与代理人之间存在着信息不对称，委托人不能直接观察到代理人采取了什么样的经营策略和行为，或者说委托人获取完全信息成本巨大，失去了进行观察的意愿和能力。理性的代理人很可能利用信息优势谋取自身利益，发生逆向选择和"道德风险"。依照上述"委托—代理"理论，在从行政区行政向区域公共

---

① 政府提供新制度的能力和意愿，要受到制度设计的各种要素价格的影响，即受到实施制度变迁的预期成本的影响。行政区行政模式向区域公共管理模式的转变，必然涉及大量配套制度的设计和实施，因为两种治理模式之间存在社会背景、管理导向、管理主体和治理机制上的诸多不同。如何创造与区域公共管理方式相适应的生态环境，设计与其相配套的制度和机制，是政府在实施治理方式转变之前必须考虑的，另外这些新制度和机制能否达到预期的设计绩效更需要政府仔细考量。

② 由于博弈过程的复杂性，图1只能是对博弈过程近似的描述，表达的只是一个博弈趋势，未实现对博弈过程细节的准确描述。

管理的转变问题上，中央政府与地方政府的效用目标也不尽一致，可以将中央政府与地方政府在这一模式转变上的博弈看作不完全信息的动态博弈，这就必然产生委托—代理问题。委托人中央政府是行为影响的一方，代理人地方政府是行为人。在委托人对代理人监督不力或两者之间存在严重信息不对称，且委托人获取信息成本巨大的情况下，都会产生代理人对委托人的背叛，即地方政府以种种借口不执行中央政府的相关指示，而中央政府面对地方政府这种博弈策略选择，将会选择核查或不核查。

该模型有两个基本假定：

（1）对地方政府而言，面临着来自中央政府的两个约束。第一个约束是参与约束，又称个体理性约束，即地方政府严格执行方案得到的期望收益不能小于不执行或者"虚假执行"①的期望收益。如果严格执行方案的收益小于不执行或者虚假执行，则地方政府会选择"退出"，即使面对中央政府的强制力，地方政府的理性选择也将是虚假执行。第二个约束是代理人的激励相容约束，假定中央政府不能观察到地方政府的行动策略和行为，在中央政府没有给出其他激励机制的情况下，地方政府会选择使自己效用最大化的行动，中央政府的效用获得只能通过地方政府效用最大化的行为得以实现。相比中央政府的全社会公共福利最大化的理性目标，地方官员或地方政府在某种程度上是以"成本—收益分析"为导向、追求自身收益（包含政治升迁收益）最大化的。在体制转轨时期，由于中央政府的职责与权限划分往往不具体，或者说太过笼统，不具备可操作性，

从而使得地方政府旨在促进本地经济发展的举措很可能与中央政府的宏观调控政策、产业政策等发生矛盾和冲突。因此，二者之间的"激励不相容"②是客观存在的。

（2）根据现实情形和模型建构的需要，对中央政府的可能行为方式作两种界定：核查与不核查；对地方政府的可能行为也作两种界定：③严格执行和虚假执行。中央政府与地方政府的每个行为组合都是一种"纳什均衡"状态，背后都涉及一定的利益获得和成本付出。具体设定如下：R1（Revenue）：方案严格执行时中央政府的整体收益；R2：地方政府严格执行方案的收益；R3：地方政府虚假执行方案的收益；C1（Cost）：中央政府核查的成本支付；C2：地方政府严格执行方案所需的改革成本；④C3：地方政府虚假执行所需的造假成本；C4：地方政府虚假执行方案被发现所面临的处罚成本；P（Probability）：地方政府虚假执行被发现的概率（0<P<1）。

依据以上模型假定，可以列出有关甲乙策略选择博弈的收益矩阵（见表1）。

表1　甲乙策略选择博弈的收益矩阵

地方政府 ＼ 中央政府	核查	不核查
严格执行	（R2-C2, R1-C1）	（R2-C2, R1）
虚假执行	（R3-C3-C4, C1）	（R3, 0）

在这一博弈矩阵中，当中央政府不能有效鉴别地方政府的行为时，地方政府虚假执行方案被发现所面临的处罚成本为0，即P→0、C4→0，这时要使地方政府严格执行区域公共管理的既定

---

① 在制度的意愿性供给不足和监督机制不完善的条件下，地方政府就有可能以从本地实际出发为借口，对中央政府的制度方案进行任意地放大、缩小，甚至是化解。当中央政府强制推行制度方案，且这一制度方案供给成本较高、难度比较大、会不同程度地损害地方政府的权力和官员的利益时，地方政府很有可能表面上大肆渲染一番，但实际上并不落实到位，甚至是一拖再拖，不了了之。

② 这里所谓的激励不相容，是指中央政府作为委托人，地方政府作为代理人，二者利益不一致或并不完全一致。作为委托人的中央政府的公共利益的增减，一般并不直接影响作为代理人的地方政府的利益的增减。

③ 需要说明的是，地方政府在与中央政府的博弈过程中，地方政府的行为在理论上可能有4种：一是无条件地服从中央政府的政策；二是通过服从中央政府的政策而追求自身的政治升迁；三是通过服从中央政府的政策而追求自身的物质利益；四是不顾全社会利益而片面追求本地利益从而获得地方的政治认可和支持。

④ 多数学者都将改革成本与损失纳入广义的改革成本范畴。然而从承担者角度出发，改革成本与损失之间存在着差异。改革成本是为进行改革而直接付出的成本，包括改革的宣传发动成本、实施成本，这些主要应由改革发动者——政府承担。改革损失包括公共损失（改革导致的社会存量财富的减少）和私人损失（官员的政治评价下降）。对社会公众来说，改革成本由他们先期向改革发动者提供的税收等支付构成，即使不改革也要支付，因此对改革成本是否支付并不是十分关心。改革的公共损失则是再一次地要求改革相对人从收入中进行支付，所以在改革成本与改革损失之间，社会公众对后者更缺乏支付偏好。对政府而言，当改革成本与改革公共损失、私人损失之间成替代关系时，成本最小化的顺序依次是私人损失、改革成本和公共损失。黄少安：《关于制度变迁的三个假说及其验证》，《中国社会科学》，2000年第4期。

方案，就必须使虚假执行的造假成本大于严格执行的改革成本（C3＞C2）。而一旦中央政府不能有效鉴别地方政府的行为（P→0），严格执行的变革成本大于造假成本（C2＞C3）时，地方政府参与的约束条件不能得到满足，地方政府会选择"退出"。具体来说，如果地方政府严格执行区域公共管理的既定方案，中央政府的最优策略是不核查，如果地方政府虚假执行，中央政府的最优策略则是核查；如果中央不核查，地方政府就会选择只获取收益较大的虚假执行策略。假设中央政府愿意花费巨大成本进行核查，且中央政府具有较高的监督鉴别能力（P→1），则地方政府只能严格执行既定方案。问题的关键在于中央政府的核查成本（C1）是巨大的，中央政府不愿意花费巨大成本进行信息收集和辨别，且中央政府实际监督能力也不足以一查即准，此时，理性的中央政府会选择不核查，即处于"理性无知"的局面。而在中央政府不核查条件下，地方政府的理性选择就是虚假执行。因此，在中央政府与地方政府之间"信息不对称"状况下，地方政府会选择既能获利又承担较少变革成本的虚假执行策略，这种不合作博弈反复进行下去，最终导致方案执行进入锁定状态。

3. 打破博弈恶性均衡、破解锁定的引导性对策

由上述分析可见，政策制定和执行的博弈过程都存在着多个"纳什均衡"（The Prisoners' Dilemma）状态。问题随之而来，使用博弈理论模型分析社会科学问题，"纳什均衡"是模型的"解"，据此对相应社会现象作出预测，但当"纳什均衡"类型不止一种、"解"也不止一个时，怎样最后确定模型的"解"呢？对此，尚无定论。事实上，经济学界应用博弈理论的许多争论也正是由此而起。在此需要指出的是，在区域公共管理制度创新的分析上，用博弈论作为分析工具，主要是基于其能帮助理解制度变迁的过程。因此，问题的关键在于如何破除制度变迁过程中出现的"纳什均衡"和"锁定"状态。

无论是中央政府还是地方政府都要认识到，在全球化、区域化、信息化的复杂生态条件下，面对行政区划内大量社会公共问题的日益"外溢

化"和"区域化"，传统行政区行政的治理模式必须向区域公共管理治理模式转变。而中央政府与地方政府不同的认知程度，导致两者在政策选择上存在较大的差别，而这些差别是政策制定和执行上不合作博弈的逻辑起点，也是"囚徒困境"形成的重要原因。要提高两者的认知程度，首先，有待于区域公共管理理论的进一步探究和完善，这里存在一个西方区域公共管理理论中国化的问题，即要避免出现照搬西方理论所导致的"水土不服"或"食洋不化"问题。其次，中央政府与地方政府要有一种学习的态度和意愿，创建学习型政府是其中的应有之义，没有学习的态度和意愿，再完善的理论也不能很好地应用于实践之中。即使应用，也只是单一方案和个别对策的采纳和实践，这在很大程度上会导致制度创新和应用上的单兵冒进，必然导致整个制度系统的不稳定，从而进一步降低政府对区域公共管理整个制度安排的应用意愿和绩效预期。最后，中央政府与地方政府认知程度的提高，需要一个渐进的学习、积累过程，"如果人心的理性是无界的，且建立制度安排是不花费用、不花时间的，那么社会在对制度不均衡做出反映时，会立即从一种均衡结构直接转到另一种均衡结构。然而，人心的理性是有限的，建立新制度是一个消费时间、努力和资源的过程。"[1] 毕竟政府官员的社会科学知识储备和认知能力是有限的，不足以全面把握制度变迁方向、过程、目标和方法。

中央政府与地方政府在政府治理形态嬗变上的博弈，从根本上讲，就是中央与地方关系的一种外延表现形态，如何将这种无序的不合作博弈转变到相对有序的合作博弈，是问题的关键。事实上，如果没有相应的制度约束，任何政策的制定和执行过程，都会陷入一种或多种类型的博弈困境，政策的制定过程是多个纳什均衡"解"的讨价还价过程，政策的执行过程是一种"委托—代理"的欺诈博弈过程。因此，要以科学规范的强制性法律体系作为约束中央政府与地方政府关系的准绳，对双方的任何违规行为都要加以制约和纠正，这有利于消除政策制定和执行过程中的不确定性和相互猜忌的心态，化解不合作博弈思

---

① 林毅夫：《关于制度变迁的经济学理论：诱致性变迁与强制性变迁》，《现代制度经济学》（下），北京大学出版社，2003 年。

维。另外，要化解不合作博弈思维，就必须相应地树立合作的“重复博弈”[①]思维。这是本文运用博弈方法分析政府治理形态转变所提出的一个核心观点。这一观点有别于也优于运用其他分析工具所得出的一般性结论。

具体来说，博弈双方都要认识到政策的制定过程是多重博弈的结果，妄想通过一次性的对抗或欺诈策略获得博弈胜利是不可能的，且这种对抗性的博弈必然导致下一轮程度更高的对抗和欺诈，多个“囚徒困境”是其必然之果。树立了重复博弈思维，中央政府与地方政府会受到未来的约束，为避免下一轮更高程度的不合作博弈，会在起始或当期的博弈情形下，有意化解彼此的不合作思维，放弃两败俱伤的对抗性行为，选择从长远看能够达成合作博弈的策略。在这样的前提条件下，即使中央政府与地方政府在个别政策制定和执行上出现不合作博弈的情况，也不至于影响到中央与地方之间权力和经济利益格局的深层次结构平衡。

（三）地方政府与地方政府间的博弈

上面我们讨论了中央政府与地方政府的博弈过程，那么，各地方政府是如何协调彼此间的利益差别，并彼此认可区域公共管理的制度改革方案呢？区域公共管理模式的制定和实施是建立在区域内各地方政府对于区域共同利益的高度认同基础上的，即认为区域公共管理方式的实施会为其带来巨大的治理绩效，而在制定和认同这一模式之前，必然会有一番利益博弈，因为模式的初始制定过程就是原有利益格局打破和再塑的过程。下面我们将借助“互动策略型博弈模型”来细致分析地方政府与地方政府间的博弈过程，探究各自的博弈策略，以及它们之间达成合作博弈的基本条件。

“互动策略型博弈模型”认为，在区域公共管理模式设计制定中，地方政府是各自行政区域的利益主体，有独立的利益意识，将其人格化，即视各地方政府均为理性人。在区域公共管理模式的设计上，都会按照各自的目标函数，以自身效用的最大化作为决策的最终取向。博弈的基本规则是：博弈有两个局中人，地方政府（甲）和地方政府（乙）。

该模型假定地方政府（甲）与地方政府（乙）各自追求自身效用最大化，最想在区域公共管理模式设计中形成有利于自己的条款，例如占领别人的市场、免费享受别人的公共产品等。假定在区域公共管理方案制定和认可过程中，各方都以区域共同利益为重，避免相互欺诈，进行坦诚的合作，则双方各自会得到10个单位的收益，如果甲乙双方仍囿于本地区利益，互相欺诈，进行不合作博弈，则各自区域收益不变，为6个单位，如果一方选择合作博弈策略，而另一方选择欺诈，并因此得以分享对方的原有利益，则选择合作策略的一方将损失3个单位的利益，欺诈一方将因分割对方利益而得到2个单位的收益。

依据以上模型假定，可以形成有关甲乙策略选择博弈的收益矩阵（见图3）。

		地方政府（甲）合作	地方政府（甲）欺诈
地方政府（乙）	合作	10，10	3，8
地方政府（乙）	欺诈	8，3	6，6

图3　甲乙策略选择博弈的收益矩阵

“纳什均衡”是一种策略组合，每个参与者各自选择策略，一旦实现纳什均衡，任何参与者都不再企图改变策略（如果有人改变策略，他的所得报酬必然减少）。在图3中，地方政府（甲）和地方政府（乙）都选择合作策略或欺诈策略，则会出现两个纯策略“纳什均衡”解：（合作，合作）和（欺诈，欺诈）。如果两个区域均选择“合作”，结果将是理想的状态，即正和博弈局面下的“双赢”。但是，由于博弈的局中人都是理性人，在博弈中采取何种博弈策略是建立在对对方博弈策略的准确预期上的，而事实上，双方在无法准确判断对方的博弈策略条件下，各自最优的策略选择必然是欺诈。因为选择欺诈，最坏的结果也能保

① 重复博弈是指同样结构的博弈重复多次，其中的每次博弈称为“阶段博弈”。由于双方能够预期到要继续交易，那么，受长期利益的驱动，形成重复博弈，就会相应增加交易双方诚信与合作的可能性，而减少一次性博弈中普遍存在的机会主义的倾向。

持原有的收益不变，这种策略也是对对方欺诈策略的最佳回应（Best Response）。这是一种典型的非合作博弈，"纳什均衡"是必然的博弈形态，而"囚徒困境"则是必然的博弈结果。需要指出的是，如果在地方政府（甲）和地方政府（乙）之间可以达成具有约束力的协定：①甲采用第一行策略，乙选择第一列，博弈过程将有所变化。策略型模型将包括如下策略：如果对方签约保证选择第一行（或者列），本身将签约保证选择第一列（或行）。当然，展开的博弈模型也应表明上述可能性，而甲乙双方达成协定的可能性取决于以下几个约束条件：①甲乙双方是否存在比较大的共同利益；②达成协议的交易成本大小；③是否存在外在强制力，是否存在相应的组织推动。而在上述条件都不具备的情况下，达成协定的可能性并不存在，其结果必然是我们所看到的那样，产业同构、地区封锁和地区大战，甚至是"霍布斯丛林"的恶性局面。

当然，我们不能仅仅依据这一博弈分析，就认为各地方政府不存在达成共识的可能性。以上的博弈分析是建立在一系列假设条件基础上的，实际情况可能有较大的不同：①博弈主体数目的假设。为了分析的便利，本文将博弈的局中人仅仅设定为两个，而实际区域成员的数目可能要多于两个，在三方或多方博弈情况下，博弈局中人的策略选择会有较大不同。仅以三方为例，假定区域内三个地方政府进行博弈，且这种博弈是多次的、动态的，则对区域内部任何一个地方政府而言，如果另外两个地方政府采取合作的博弈策略，而自己选择欺诈的博弈策略，则无法获得整个区域发展的成长利益。相反，另外两方将共同分享区域经济良性发展而获得的成长利益，理性的第三方也会考虑采取合作的博弈策略，毕竟短期的欺诈收益要比长期合作收益低得多，况且这种欺诈收益往往具有很强的不稳定性和惩罚成本支付。②博弈策略的绝对假设。为了便于建立博弈模型，将地方政府在区域公共管理方案制定问题上的博弈策略，界定为绝对的合作或绝对的欺诈。实际上，在区域公共管理方案制定、协商的不同阶段和不同层面，各地方政府是既竞争又合作的，并非绝对的竞争或绝对的合作。③博弈过程的假设。本文将地方政府间的博弈看作一次性博弈，即这一博弈的最终结果决定其是否接受区域公共管理方案和利益分配格局。而实际上地方政府认同区域公共管理方案的过程是长期的、动态的，地方政府间的博弈也必然是多次的、动态的，即博弈并非一次性博弈而是重复性博弈。如果博弈只进行一次，区域内各地方政府就会采取欺诈行为，进行不合作博弈，因为他们以后不会因这一次的欺诈付出任何成本。相反，如果他们知道这种博弈过程将持续下去、反复进行时，考虑到"长期势均力敌的争斗，结果只会使自己的财力智力枯竭，难于应付下一轮的竞争和创新"，②他们会倾向于放弃短期机会行为，而更多地采取合作的博弈策略，以获取远期回报。

基于以上分析，可以认为地方政府间达成对区域公共管理的认同协议是有可能的，只是这种认同过程可能消耗相当大的时间成本、谈判费用和机会成本等，毕竟这一过程是建立在地方政府间的反复利益博弈基础上的。要使各地方政府在博弈中都采取合作的博弈策略，就必须使各地方政府欺诈的成本远远大于欺诈的收益。需要特别指出的是，如果区域内各地方政府治理方式长期囿于你争我夺的行政区行政阶段，就有可能出现制度变迁理论所提出的"路径依赖"现象。这里的"路径依赖"，是指地方政府现行的治理模式对行政区行政模式存在较强的依赖关系。随着以行政区行政模式为基础的契约的盛行，原有行政区行政模式的决策、执行流程将减少不确定性，降低交易成本，从而自我强化而持续下去，"锁定"在行政区行政模式的无效治理状态上。而一旦进入"锁定"状态，往往要导入外生变量或依靠中央政府的政治权威，强行推行才能解除"锁定"，从而付出更多的变迁成本。因此，应思考通过构

---

① 博弈分为合作博弈（Cooperative Game）和非合作博弈（Non-cooperative Game）。合作博弈与非合作博弈之间的区别主要在于博弈局中人的行为相互作用时，博弈双方（多方）能否达成一个具有约束力的协议（Binging Agreement）。如果有，就是合作博弈，反之，则是非合作博弈。合作博弈强调的是团体理性（Collective Rationality），强调的是效率（Efficiency）、公正（Fairness）、公平（Equality）；非合作博弈强调的是个人理性、个人最优决策，其结果可能是有效率的，也可能趋于无效。

② 乔尔·布利克、戴维·厄恩斯特：《协作型竞争》，林燕、臧惠娟等译，中国大百科全书出版社，1998年。

建某种机制促使地方政府较早地认同区域共同利益，自觉做出政策调整和制度创新，降低彼此间的交易成本，打破可能出现的行政区行政的"锁定"状态。

政府间的恶性竞争从本质上讲，就是政府与市场之间的关系不清，政府的行政权力直接介入市场主体的正常经营之中，从而使市场主体的行为取向发生扭曲。而要斩断政府与社会经济主体的利益连带关系，就必须强化市场的作用，转变政府的经济职能。但这种转变并不是政府经济职能的简单弱化，而是对原有的、严重错位的政府经济职能的重构和再造，是新的市场取向型政府经济职能的定位和建构，它要求政府由地区社会资源指令性计划配置者和直接生产经营者，转变为市场经济的辅助者、服务者和宏观调控者。诚然，西方国家也面临着政府职能转变的任务，但稍加推敲，人们就会发现，中西方政府职能转变的内涵有着很大的差异。西方发达国家早已建立起比较成熟的市场经济体制，即使是在凯恩斯主义盛行、西方政府大规模地全面干预经济的年代，政府的这种干预仍未能取代市场机制在资源配置和微观经济运行中的基础性地位，因此西方政府经济职能的转变只是对其调控经济的范围、方式和力度的一种调整，属于"量变"的范畴。而对现阶段的中国而言，政府职能转变的起点是计划经济体制下的"全能型"政府职能模式，同时面对的又是远未成熟的市场机制。显然，这种转变必然具有西方所没有的历史跨度和"质变"性质，由此决定了政府经济职能的转变至少包括以下两个层面的内涵：

其一，在厘清、梳理原有政府经济职能体系的基础上，进一步转变政府职能。特别是作为地方经济利益代表的地方政府应该从地方经济的直接经营者身份中解脱出来，割断其与社会经济主体的利益连带关系，使之能以比较超然的立场，公正地而不是有所偏袒地调控各种利益群体或个体的经济活动，防止因政府干预过度而加剧地方间的恶性竞争。同时也能更多地从宏观层面看待地方政府间的合作问题，而非只囿于自身的局部利益。

其二，为切实矫正市场失灵，又需要政府强化、拓展乃至增加某些职能，特别是中央政府的宏观调控职能。这主要是基于中央政府可以作为超脱地方政府间利益争端的公正裁判，在地方政府的博弈结构中充当信息沟通与冲突裁判的作用。中央政府协调作用的强化，是以中央政府宏观调控能力的增强为基础的，增强中央政府宏观调控能力，才能保证其对地方政府间的恶性竞争行为进行有力的纠正。而且区域内部各行政区之间的恶性竞争，必然会影响到整个社会的福利最大化。应该说，面对地方政府竞争的无序局面，中央政府有相当大的意愿从体制内对各地方政府的政策予以纠正和调整，从而有助于使各地方政府在竞争中更多采取合作的博弈策略。

区域公共管理方案的初始制定和提出依赖于区域各地方政府间的"集体行动"，如果各地方政府能进行良好的信息沟通，建立双边或多边的协商机制，降低交易费用，实现集体行动并非没有可能。实际上，地方政府在区域公共管理上达成共识是一种增量合作的过程，即地方政府间上一次的良好合作是下一次更深层次合作的"存量"，当然这种合作上的增量，不是"存量"的简单数量增长或者说是合作次数的增长，而是一种内在渐进性合作意识的增长，这种增量合作为地方政府最终达成区域公共管理的共识提供了一个绩优的路径，而这种路径依赖于地方政府间双边或多边的协商机制。没有相当顺畅的对话和交流，就不能形成初始的合作存量，更不可能形成增量合作的有效路径。

从现实情况来看，我国一些经济一体化区域内的地方政府已经形成了一定的双边或多边协商机制，这些都是进行更深层次合作的"存量"；从另外一个视角看，这些协商机制的良性运作也为地方政府间的深层次合作提供了有效的路径，当然这些协商机制也将随着地方政府间合作的加深，而变得更加有效和丰富，其约束力也将逐步增强。

三、结论

由政府治理形态嬗变过程中存在的多重博弈关系可以看出，区域公共管理制度创新不仅仅是政府行政管理体制上的改革，更多的是在政治、经济、社会的多重系统框架下，中央政府、地方政府、私营企业等不同利益主体博弈和交易的产物。治理理念一对一转变、中央政府与地方政府间讨价还价的反复博弈、地方政府间的策略博弈，都决定了行政区行政向区域公共管理转变的长期性、曲折性和不稳定性，但这种转变有其内在必然性，因为制度变迁的方式和过程是由制度供给和制度需求两方面因素综合决定的。

从制度创新的供给层面上看，执政党执政理念和现存制度安排的变化，政府面对区域公共问题滋生的治理压力，国内外区域公共管理的案例提供的知识积累和经验总结，网络技术的发展为区域公共管理的高效运作提供的技术支持等因素，累积起来，为区域公共管理的实施提供了强大的供给意愿和能力。从制度创新的需求层面来看，

一方面，随着市场经济进一步发展，市场机制的进一步完善，作为微观经济主体的企业迫切需要统一的市场环境以及与之相配套的公共管理体制；另一方面，随着市场化、工业化和城市化进程的加快，大量滋生的区域公共问题会严重影响我国社会各阶层以及人与自然之间的和谐。公民也迫切需要政府提供相应制度安排解决日益严重的区域公共问题。因此，尽管仍然存在着某些使制度变迁格局复杂化的因素，但制度变迁的供给和需求因素仍将使区域公共管理制度改革成为一个必然的趋势并不断得以深化。

理解中国地方政府合作

——行政管辖权让渡的视角[①]

杨　龙[②]　彭彦强[③]

[摘　要] 地方政府各有自己的行政管辖权区域，对其他区域的公共事务无权管辖，因而，地方政府合作作为一种对跨行政区事务治理的工具，其核心作用就在于通过行政管辖权的让渡形成一种区域公共管理权力，对跨行政区公共事务进行治理。从中国地方政府合作的实践来看，地方政府间让渡的行政管辖权主要涉及关于经济要素在辖区间流动的行政管辖权、产业结构调整和发展规划的行政管辖权、跨界公共问题治理和区域公共物品的提供权。地方政府合作过程中对于合作收益的讨价还价，最终都要通过地方政府间行政管辖权让渡达成共识，并通过形成文本的方式将利益分配方案固定下来。

[关键词] 地方政府合作；行政管辖权让渡

随着中国地方政府合作实践的逐步展开，国内关于地方政府合作的学术研究也日渐兴起，目前学者们的研究主要集中于地方政府合作存在的问题，以及对地方政府合作中地方政府间的博弈，对地方政府合作的性质等问题尚未深入探讨。本文试图对地方政府合作的性质进行理论探讨，并提出一种理解地方政府合作的视角。

一、行政管辖权的让渡

在中国的制度背景下，地方政府合作是指没有领导和被领导关系的地方政府之间的合作，大体包括两种情况：一是平级的地方政府之间的合作，比如省级政府之间的合作，被称为"横向"合作；二是虽然不是平级的地方政府，但没有直接的上下级关系的政府间的合作，比如某地级市与该市辖区之外的某县的合作，被称为"斜向"的合作。由于合作方之间没有上下级关系，其达成合作行动要经过双方的协商和同意。从行政管理学的角度讲，地方政府之间达成合作的过程包

含着各自行政管辖权的相互让渡。

（一）行政管辖权的含义

我们所说的"行政管辖权"在国内主要是指地方政府的行政管理权，与作为法学概念的"管辖权"（Jurisdiction）有所不同，不是指法院对案件进行审理和裁判的权力或权限，而是指国家的主权或地方权力机关的行政管理权。在国家层面，这里的"管辖权"与美国政治经济学家奥尔森（M. Olson）在分析国家权力的分散和集中对于经济绩效的作用时所提出的管辖权含义接近。[④]这里的行政权辖权强调行政管理权的地域特性，因为地方政府的权力受到地方行政区划的限制，超出地方所管辖的行政区域，地方政府的权力就会失去法律效力。[⑤]也就是说，在地方政府所辖行政区域内，地方政府独享行政管辖权，对不是其上级政府的其他地方政府具有排他性，即在某一辖区内，该辖区的政府对本辖区的政治、经济、社会、文化等公共事务享有排他性的行政管理权，其他对其无直接领导关系的地方政府无权干涉其内部

① 杨龙、彭彦强：《理解中国地方政府合作——行政管理权让渡的视角》，《政治学研究》，2009 年第 4 期。
② 杨龙，南开大学周恩来政府管理学院。
③ 彭彦强，南开大学周恩来政府管理学院。
④ M.奥尔森：《国家兴衰探源》，吕应中译，商务印书馆，1993 年。
⑤ 薄贵利：《近现代地方政府比较》，光明日报出版社，1988 年。

行政事务。

再有，我们在讨论行政管辖权的时候侧重点不在权力的范围，而在权力的运用和过程，这也是与法学的管辖权不同的地方。我们使用行政管辖权这一概念的时候，主要是从地方政府合作的实现出发。从国际区域化发展的情况看，国际区域合作的实现需要国家让渡一部分主权和经济社会事务的管理权，或通过相关方面管辖权的交换。以欧盟为例，其成员国之间互免关税，实行自由贸易；欧盟各国流通统一的货币——欧元；各成员国之间的海关实行互免签证，内部人员自由流动等。欧盟各个成员国之间在这几个方面的主权已经相互让渡，其让渡通过欧盟这一区域合作组织进行，借助在欧盟成员国范围内的共同立法实行。从中国的情况看，国内区域合作的实现需要地方政府让渡一部分行政管理权，或相关方面行政管辖权的交换。以长三角地区的合作为例，在该地区的 16 个城市之间正在互相开放市场，实行统一的市场管理，这是在市场方面的行政管辖权的相互让渡。

（二）行政管辖权让渡的必要性

行政权是行政机关依照法律规定，组织和管理国内行政、外交等各方面行政事务的权力。中国的行政机关包括中央政府的各个部门和各级地方政府及其所属部门，所以行政管理的权力的配置是按照行政级别和行政区划进行的。在地域方面，行政区划的边界自然地成为地方政府行政管理权力行使的边界。地方政府的行政管辖权由于受到行政区划的刚性约束形成了相互的分割状态，导致"行政区行政"和"行政区经济"两种现象。

各个地方政府按照行政区划分别行使行政管理权力，这种行政管理模式被称为"行政区行政"，"所谓行政区行政，简单地说，就是基于单元行政区域界线的刚性约束，民族国家或地方政府对社会公共事务的管理是在一种切割、闭合和有界的状态下形成的政府治理形态"。行政区行政具有内向性和闭合性的特征，"内向型行政模式从根本上讲是'画地为牢'和'各自为政'的，其

少关注行政区划边界或跨行政区域的'区域公共问题'"。[1]

各个地方政府以行政区为基础组织经济活动，进行经济管理，这种以行政区为单位组织经济发展的现象被称为"行政区（域）经济"。行政区经济有两个突出的特点，一是经济活动的组织是在特定的行政区范围内，无论一个行政区域规模大小，其政府都有法定的经济管理职权，对区域内的经济进行管理和控制；二是行政区域政府对辖区经济发展的自组织。[2]"行政区域政府按照中央政府要求，对辖区的经济发展有自组织职能，行政区域有自身相应的区域利益。"[3]行政区经济实际上是地方政府利益与地方政府权力相结合的结果。正是由于行政区行政和行政区经济的存在，使得如不通过行政管辖权的让渡，地方政府之间难以实现合作。

（三）行政管辖权的让渡及其特点

行政管辖权的让渡是指参与合作的各地方政府或地方政府部门将一种或几种权力，或者某种权力的某一运行环节（决策、执行、监督等）交由某一区域性的管理机构行使，从而形成一种或几种区域管辖权的过程。从这一意义上说，我们可以把地方政府合作的过程看作是一种行政管辖权的让渡，因为合作中形成的是一种超出地方权力的空间界限的管理权。一旦合作协议达成，或合作机构成立，就形成一种行使跨界管理职能的权力，这是一种新的共同权力，是区域层次的行政管辖权或管理权，一般情况下由一个行政协调机构行使。比如"长江三角洲道路运输协调委员会"，是由浙江、江苏、上海三地道路运输管理部门共同成立的协调性机构。该机构的主要职能是协调长三角区域两省一市的道路运输的政策和法规，统一市场准入条件，逐步形成长三角区域道路运输大市场。该机构的权力来自两省一市的相关部门对道路和运输管理部分权力的让渡，并且通过共同协议服从新的公共权力。

从理论上讲，地方政府合作可以发生在地方政府职权范围内的所有领域，但实际上只发生在

① 陈瑞莲：《论区域公共管理的制度创新》，《中山大学学报》（社会科学版），2005 年第 5 期。
② 舒庆，刘君德：《一种奇异的区域经济现象——行政区经济》，《战略与管理》，1994 年第 5 期。
③ 鲁勇：《行政区域经济》，人民出版社，2002 年。

合作各方可以共同获益的方面。一些区域性公共物品，比如疾病防控、社会治安的维持、生态环境的保护等，必须由相关地方政府联合提供，往往是地方政府合作易于发生的领域。由于这些合作是独立行政建制的地方政府之间的合作，往往通过行政管辖权的让渡形成一种新的共同权力。再有，行政管辖权的让渡只发生在那些需要共同治理的领域，一般不会发生全面的权力让渡。

行政管辖权让渡的特点之一是通常让渡的是某一种行政管辖权的一部分，而不是全部。从行政管辖权的范围的角度，政府在某一个方面的行政管辖权的权限范围针对的是自己的辖区，为了共同管理的需要让渡出去的只是其行政管辖权的一部分，比如管制进入本地的外地企业或机构的权力，但该部门仍然具有对本地行政事项的行政管辖权。从行政管辖权的属性看，并不是所有的行政管辖权都可以让渡，有一部分无法让渡，比如属地管理的权力是外地无法代替行使的。

行政管辖权的让渡的特点之二是主要发生在政府部门之间，因而较少涉及立法层面。这与中国地方政府的立法权极为有限的权力分配格局相符合。中国为单一制国家，地方政府的立法权是在中央授权的有限范围内。因而地方政府的合作主要发生在执行层面。从目前已有的合作来看，大多为行政机构之间的合作，比如市长联席会、市政府秘书长协调制度。地方政府合作体现在具体领域中，其落实大多由具体的政府部门负责，比如长江三角洲道路运输协调委员会，是浙江、江苏、上海三地的道路运输管理部门把道路运输方面的行政管理权让渡一部分而成立的协调性机构。

除地方政府之间的协商之外，中央政府也可以促成地方政府之间形成合作协议或成立合作组织，最终也可以形成区域性的行政管辖权。例如，国务院出台的《国务院关于进一步推进长江三角洲地区改革开放和经济社会发展的指导意见》中，对区域内公共治理提出了加强整合和合作的明确要求，如"完善区域污染联防机制，推进区域环境保护基础设施共建、信息共享和污染综合整治……健全环境违法行为联合惩处机制，加强联合执法检查，完善跨界污染防治的协调和处理机

制"；"建立区域文化联动发展协作机制，制定区域文化发展规划"；"建立健全区域内疾病预防控制、卫生监督、突发公共卫生事件应急处理协调机制和联防联控网络"；"实施统一的准入标准和技术标准，建立区域市场准入和质量互认制度；抓紧清理和修订阻碍要素合理流动的法规和政策，逐步统一企业创业和经营的地方性法规"；"加快推进海关特殊监管区域整合，推进大通关建设"；等等。《指导意见》明确要求，"两省一市要根据本指导意见的要求，研究制订切实可行的实施方案，落实各项工作任务"。中央政府对长三角地区加强整合和合作、进一步推进一体化建设的要求会促使长三角地区各个地方政府通过签订政府协议、建立区域性合作组织等方式进行行政管辖权之间的交换和让渡，从而形成政府间合作。

二、地方政府合作中行政管辖权的让渡的主要领域

从我国地方政府合作的实践来看，尽管行政管辖权让渡存在的领域比较广泛，但地方政府间让渡的行政管辖权主要涉及3个方面的权力：一是关于经济要素在辖区间流动的行政管辖权；二是关于产业结构调整和发展规划的行政管辖权；三是跨界公共问题治理和区域公共物品提供的权力。

（一）经济要素行政管辖权的让渡

从实现地方合作的角度，首先需要让渡的是部分关于经济要素在辖区间流动的行政管辖权。这方面行政管辖权的相互让渡是实现区域经济一体化的需要。伴随计划经济体制向市场经济体制的转变，我国在政治上实行了分权化改革，地方政府获得了在本辖区内发展经济和社会管理的广泛的权力，1994年的分税制改革又使得地方政府具有了经济发展收益权。"行政性分权使地方政府拥有竞争政策权，而财政体制改革使地方政府获得竞争收益权"，[1]二者的结合使得地方政府既有主观动力也有实际能力来与其他地方政府展开竞争。地方政府之间的竞争主要体现在利用行政权力对各种经济资源的直接控制，各地方政府间不断树立行政壁垒，展开恶性竞争，导致区域内部

---

① 张明军、汪伟全：《论和谐地方政府关系的构建：基于府际治理的新视角》，《中国行政管理》，2007年第11期。

要素流动受阻，区域资源不能得到有效配置。

为了实现区域经济一体化，使各种经济要素在区域间自由流动，并实现区域地方政府间的互利共赢，必须打破行政壁垒。而达到这一目标的途径之一就是进行行政管辖权的让渡和交换。这里涉及的行政管辖权主要包括工商行政管理权、人力资源的行政管辖权等，通过让渡这些方面的行政管辖权，在区域内实施统一的市场准入政策和执法标准，降低要素流动成本。

事实上，许多地方已经开始行动。如2007年11月，苏浙沪工商行政管理促进长三角地区联动发展合作会议召开，会上联合签署了联席会议备忘录，并发布"长三角地区工商一号、二号文件"，提出在长三角地区统一实施的市场准入政策，打造统一的大市场格局，包括统一的市场准入政策、统一的市场执法标准和统一的市场法制环境，并在10个方面逐渐推进落实。主要包括研究制定市场准入的政策条件、程序方式和服务措施，并促进地区之间的规范统一；市场主体基础信息互联互通；市场监管信息共认共享；市场监管措施联动；消费者权益保护异地受理处置；行政执法协作与支援；商标行政保护联合行动和著名商标互认；广告监管信息互通；统一合同行政指导行为；经纪人资质相互认定。[①]长三角地区内部各个地方政府通过市场监管权的让渡，共同实行统一的管理。在有关市场监管的立法和执法方面经过相互之间的权力让渡，形成区域范围内的共同监管权力。

（二）产业结构调整和发展规划权的让渡

从提高区域整体竞争力的角度，地方政府相互间需要共同让渡的主要是产业结构调整和发展规划的部分权力。在我国地方政府竞争中，为了发展地方经济，增加财政收入，地方政府争相上马价高利大的企业，重复建设和产业同构现象十分严重，这又反过来加剧了地方政府的恶性竞争，导致政府间内耗不断，严重损害了区域经济整体竞争力的提高。例如在产业结构方面，在长江三角洲地区，沪苏浙三省市均提出要重点发展汽车、石油化工及精细化工、电子通信设备等产业。产值排在9位的主要工业大类，上海与江苏的同构率为100%，只是排序不同；上海与浙江、江苏与浙江，9大产业中分别有8个是相同的。沪、苏、浙三省市的"十五"高新技术产业发展规划中，集成电器产业的同构性达35%，纳米材料为48%，计算机网络为59%，软件产业为74%。[②]

要有效避免重复建设和产业同构，最好的选择就是加强地方政府之间的合作，将产业结构调整和规划的权力让渡给参与合作的地方政府间建立的共同的组织，或者建立一种协调机制，实现各地方政府间产业结构调整权力和规划权力之间的相互调整，实现区域间产业结构的合理规划和合理的产业分工，增强各辖区间产业发展的协同性。

（三）跨界公共问题治理和区域公共物品提供权力的让渡

从跨界公共问题治理和区域公共物品提供的角度，地方政府间需要相互让渡的权力主要包括基础设施建设规划权，对环境污染进行规制的权力，对共同边界上的公共资源规划、开发、保护等权力。这类行政管辖权需要让渡和交换是因为每个地方政府的行政管理权力只在本辖区内有效，对其他辖区内的公共事务无权干涉，这样一来，跨越两个或两个以上行政区共同边界的不可分而治之的跨界公共问题就难以得到有效的治理。填补跨界公共问题和公共物品提供的权力真空客观上需要相关行政管辖权的让渡。

比如太白山位于我国秦岭中段，有着丰富多样的动植物资源，被科学家称为"天然动植物园"、"地质博物馆"，是国家级自然保护区。但20世纪90年代，周至县、太白县和眉县等地方政府为了单方面发展所谓的旅游而使太白山受到严重的生态破坏，三个县的政府为了地方利益在太白山上争相大兴土木、滥采滥伐，自然生态破坏严重。[③]这是典型的"公用地悲剧"，避免这种情况的发生需要形成一种覆盖"公用地"的统一或一致的行政管辖权来对"公用地"进行治理。

---

① 吴洁瑾、陆玫、叶建华：《打造三统一长三角市场一体化启动》，《东方早报》，2007年12月3日。
② 《长三角经济一体化与产业结构优化》，http://jgdw.zftec.gov.cn/main/zwxx/T60595.shtml。
③ 康永军：《太白山保护区难保自身》，《中华工商时报》，1999年3月28日。

再如太湖污染事件，实际上就是由于相关地方政府各自为政，没有对环境保护方面的权力进行相互协调形成统一的环境保护标准所造成的后果。如果各地方让渡部分权力交由类似于"太湖环境保护和可持续发展委员会"的区域公共组织来行使太湖开发利用和环境保护方面的权力，结果可能会更好。事实上，我国某些地方政府签订的诸如《泛珠三角区域环境保护合作协议》、《泛珠三角区域环境保护合作专项规划》、《广东省与江西省关于省际公路规划与建设的备忘录》等行政协议正是通过某些行政管辖权之间的相互让渡来实现区域公共问题的共同治理和区域公共产品的共同提供的。

在我国地方政府合作中，行政管辖权的让渡也发生在其他众多领域，广泛涉及交通、能源、贸易、农业、金融、投资、旅游、就业服务、信息化、科教文化、环境保护、公共卫生等方面。

三、行政管辖权让渡的过程

行政管辖权的让渡发生在地方政府的权限内。中国是单一制国家，政治性权力集中在中央政府，地方政府的权力均来自中央的授权。地方政府的权力主要包括：发展地方经济；提供文化教育、医疗保障、社会救济等公共物品；维护社会秩序的稳定运行；保护本地的生态和环境。行政管辖权的让渡主要发生在上述领域中需要地方政府之间合作的部分。行政管辖权的让渡意味着地方政府间实质性合作的开始。地方政府合作开始之前的交流、谈判、协商实际上都是围绕行政管辖权的让渡进行的，尽管这些谈判和协商直接表现为利益之间的讨价还价，但通常不是地方政府间利益的直接分配，而是最终都要通过地方政府间行政管辖权的让渡所达成的共识并形成文本将利益分配方案固定下来。

（一）交流沟通阶段

行政管辖权的让渡需要各个地方政府沟通交流，形成关于合作的共识。地方政府之间的自发合作主要靠利益推动，所以互惠成为实现合作的重要前提条件。通常，地方之间的互惠事项需要发现。这是一个表达、讨论、宣传和说服的过程，往往借助论坛这种机制。在论坛上，相关各个地方政府在一起讨论合作的范围和方法，讨论合作成本的分摊和合作收益的分享，讨论对不合作行为的处罚等事项，讨论行政管辖权让渡的内容、方式以及步骤。从国内的情况看，近年来关于地方合作的各类论坛、峰会、洽谈会举办得相当频繁，地方政府合作的积极性很高。

（二）制度建立和机构设置阶段

达成合作的共识以后，开始探讨在哪些方面进行行政管辖权的相互让渡，接着需要建立关于新的共同权力的实施制度和掌管机构。这是一种维持合作的制度，主要涉及合作的利益分配、合作的监督、对不合作行为的惩罚、纠纷的裁决等合作环节。通过这些制度，一是可以对合作的收益进行分配，确保各方能够分享合作的利益，进行必要的利益补偿，以实现地方合作中的互惠；二是用于确保合作行为的可持续性，减少地方政府在合作中的机会主义行为。比如长三角地区两省一市畜牧兽医相关部门于2007年签署了"长三角两省一市动物防疫及畜产品质量安全监管区域一体化互认合作协议"。协议主要建立了四项机制：一是建立联席会议制度；二是建立市场准入互认制度；三是建立打假治劣联动机制；四是建立资源信息共享平台。

行政管辖权让渡后出现的共同权力，需要设立相应的机构来掌管，以督促解决合作中出现的问题。从目前国内的情况看，大体有两种机构：一是在地方政府合作协议框架下，地方政府首长联席会议下设的办公室；二是在特定领域或行业合作框架下的协调委员会。它们均在特定的授权下工作，主要的权力是协调合作各方。这些机构的权力有限，在推动地方合作方面的作用也有限。从促进地方政府合作的角度，下一步应该赋予这种权力机构更多的权力。

地方政府合作中的管辖权让渡大体上包括以上两个环节。另外，出于地方经济和社会发展的需要，在经济区域化趋势的推动下，地方政府合作将不断发展和深化，行政管辖权的让渡也会更加频繁，方式也会随之增加。在现实发展的推动下，对于地方政府合作行为的规范，对于行政管辖权让渡的规范的要求就会出现，这就需要中央政府颁布关于行政管辖权让渡的法律、法规，以规范行政管辖权的让渡，保护地方政府合作中各方的权益。

四、结语

地方政府合作作为一种对跨行政区事务治理的手段，其核心作用就在于通过行政管辖权的让渡形成一种区域公共管理权力以对跨行政区公共事务进行治理。行政管辖权的让渡不仅有利于地方政府之间的合作，而且还可以使原本受到行政区划刚性约束而处于分割状态的行政管辖权实现横向交流和互动，也就加速了这些行政管辖权所掌握的各种资源的横向流动，使得各个地方能够实现优势互补、互利共赢、共同发展，促使各级地方政府自觉规范政府在经济发展中的越位，填补区域公共管理的公共行政管辖权的缺位，加速区域经济一体化的实现和区域公共问题的有效治理。

区域公共管理制度创新分析：以珠江三角洲为例①

张紧跟②

[摘　要] 随着当代中国区域经济一体化的发展，大量区域性公共问题随之产生。为有效化解区域一体化发展进程中的治理困境，区域公共管理制度应运而生。但是，通过对近年来珠江三角洲区域公共管理制度建立及其运作的分析与评估发现，其在解决一部分问题的同时，并未破解区域一体化的困境。因此，必须适时推进区域公共管理制度创新，以适应区域一体化发展的需要。运用新制度经济学理论以及交易费用经济学的最新成果，创新制度环境、实现治理机制多元化和规范治理主体应成为珠江三角洲区域公共管理制度创新的基本思路。

[关键词] 区域公共管理；制度创新；珠江三角洲

一、引言

在全球化和区域一体化加速发展的国际背景下，当代中国的区域一体化进程也初露端倪。

随之而来的是，诸如长江三角洲、珠江三角洲的区域一体化进程都不同程度地产生了诸多区域性公共问题，最终损害了其健康发展和区域竞争力。为了化解区域一体化进程中的治理困境，区域公共管理应运而生。③ 但是，从现有的区域公共管理制度来看，显然还不足以有效应对区域一体化进程中的种种问题。因此，必须适时推进区域公共管理制度创新，以适应区域一体化发展需求。

珠江三角洲是我国改革开放的先行地区和重要的经济中心区域，在全国经济社会发展和改革开放大局中具有突出的带动作用和举足轻重的战略地位。改革开放以来，珠江三角洲一体化不断发展，实现了经济社会发展的历史性跨越，为全国改革开放和社会主义现代化建设做出了重大贡献。尤其是 2008 年底《珠江三角洲地区改革发展规划纲要》（2008~2020 年）（以下简称《规划纲要》）经国务院批复实施以来，区域一体化进程大大加快，为检验区域公共管理制度的成效以及论证区域公共管理制度创新与发展绩效之间的关系提供了丰富的实证资料。因此，以珠江三角洲为例来探讨当代中国的区域公共管理制度创新，对于有效实施系列国家战略层面的规划纲要④ 和实现国家统筹区域发展战略，都具有重要的理论与实践意义。

二、文献综述

20 世纪 90 年代以来，随着当代中国区域一体化进程中各种区域性公共问题的出现，区域公共管理的研究逐渐成为当代中国社会科学研究中一个重要的新兴研究领域，已经积累了非常丰富的研究文献。⑤ 其中，相当多的研究者注意到现有

---

① 此项研究获得"中山大学 211 工程三期行政改革与政府治理研究项目"、"中国公共行政研究精品培育专项资金"、"2009 年中山大学青年教师培育项目"资助。原载于张紧跟：《区域公共管理制度创新分析：以珠江三角洲为例》，《政治学研究》，2010 年第 3 期。

② 张紧跟，中山大学政治与公共事务管理学院。

③ 区域公共管理，是指由区域内的各级地方政府组织、非营利组织和市场主体所构成的区域公共问题的治理主体的组织形态，也包括这些主体在治理区域公共事务过程中所共同遵循的治理理念和相关制度设计。陈瑞莲：《区域公共管理的缘起与发展》，《政治学研究》，2003 年第 4 期。

④《2009 年以来，一共有 12 个区域规划上升为国家战略》，《人民日报》，2010 年 1 月 25 日。

⑤ 陈瑞莲、孔凯：《中国区域公共管理研究的发展与前瞻》，《学术研究》，2009 年第 5 期。

制度无法有效应对层出不穷的区域性公共问题，必须诉诸制度创新。从相关研究来看，研究者主要从 3 个不同学科角度切入：

（1）经济地理学。研究者注意到当代中国区域公共管理面临的主要挑战是"行政区经济"，这一堵"看得见的墙"，阻碍了区域一体化进程。[①]在此基础上，研究者提出了适度的行政区划改革、强化区域规划、实现跨行政区协同发展、建立区域管治制度等政策性思路。[②]

（2）区域经济学。研究者认为，为适应区域一体化需要，必须从现有地方政府主导的区域合作模式向企业主导的区域合作模式转型。[③]

（3）政治学与公共行政学。研究者提出：一是由于大量区域性公共问题的出现，必须要实现区域公共管理制度创新。[④] 二是改变现行的行政区行政模式，[⑤] 从行政区行政向区域行政[⑥] 转变，或者是从行政区行政向区域公共管理转变，以实现区域合作。[⑦] 三是由于现有的区域行政发展还没有制度化，因此区域合作的实践绩效不彰。由此，改革发展的思路应该是进一步完善区域行政，实现区域行政制度化，以提高区域合作绩效。[⑧]

毋庸置疑，从已有的研究文献来看，已经形成了许多有相当影响力的解释框架，对于扩展该领域的知识积累也具有重要意义。但是，这些研究文献并未能充分地解释为何当代中国现有的区域公共管理制度仍然无法有效解决区域一体化进程中的诸多深层次问题，因而也就无法有效化解当前所面临的各种区域公共管理困境。不仅如此，我们还应该注意到：一方面，从国外的相关经验来看，根本就不存在万能的单一治理机制，不应去寻求一种唯一正确的组织模式，而应关注各种可能的治理模式以及治理是如何通过地方公共经济结构来和绩效发生关系。[⑨]另一方面，区域公共管理制度是一个区域公共管理的制度环境、治理机制和治理主体三者互动的统一整体，只考虑治理机制创新而忽略了制度环境改革与规范治理主体显然是缺乏解释力的。因此，如何实现当代中国区域公共管理的制度创新仍然是一个需要继续研究的重大理论与实践问题。

三、区域公共管理制度的演进

在地理上，珠江三角洲是指广东省三水—石龙一线以南至滨海的冲积平原地区，由珠江水系的西江、北江、东江及其支流潭江、绥江、增江

---

① 刘君德等：《中国行政区划的理论与实践》，华东师范大学出版社，1996 年。

② 宁越敏：《长江三角洲都市连绵区形成机制与跨区域规划研究》，《城市规划》，1998 年第 1 期；周克瑜：《走向市场——中国行政区与经济区的关系及其整合》，复旦大学出版社，1999 年；刘君德、汪宇明：《制度与创新——中国城市制度的发展与改革新论》，东南大学出版社，2000 年；汪宇明等：《上海大都市区行政区划体制研究》，《人文地理》，2000 年第 6 期；崔功豪：《都市区规划——地域空间规划的最新趋势》，《国外城市规划》，2001 年第 5 期；张京祥：《都市密集地区区域管治中行政区划的影响》，《城市规划》，2002 年第 9 期；王学锋：《都市圈规划的实践与思考》，《城市规划》，2003 年第 6 期；魏立华、阎小培：《快速城市化中城市规划和行政区划的关系研究——以珠江三角洲为例》，《城市规划》，2004 年第 2 期；张京祥、吴缚龙：《从行政区兼并到区域管治——长江三角洲的实证与思考》，《城市规划》，2004 年第 5 期；Tingwei Zhang. From Intercity Competition to Collaborative Planning——The Case of the Yangtze River Delta Region of China，Urban affairs review，Volume 42，2006（1）；陶希东：《转型期中国跨省市都市圈区域治理：以"行政区经济"为视角》，上海社会科学院出版社，2007 年。

③ 张可云：《区域大战与区域经济联系》，民主与建国出版社，2001 年。

④ 陈瑞莲：《论区域公共管理的制度创新》，《中山大学学报》，2005 年第 5 期。

⑤ 所谓行政区行政，简单地说，就是经济区域各地方政府基于行政区划的刚性界限，以行政命令的方式，对本地区社会公共事务进行的垄断管理，具有相当程度的封闭性和机械性。杨爱平、陈瑞莲：《从"行政区行政"到"区域公共管理"》，《江西社会科学》，2004 年第 11 期。

⑥ 区域行政就是在一定区域内的政府（两个或两个以上），为了促进区域的发展而相互间协调关系，寻求合作，对公共事务进行综合治理，以便实现社会资源的合理配置与利用，提供更优质的公共服务。陈瑞莲、张紧跟：《试论我国的区域行政》，《广州大学学报》，2002 年第 4 期。

⑦ 陈剩勇、马斌：《区域政府间合作：区域经济一体化的路径选择》，《政治学研究》，2004 年第 1 期；陈国权、李院林：《论长江三角洲一体化进程中的地方政府间关系》，《江海学刊》，2004 年第 5 期；杨爱平、陈瑞莲：《从"行政区行政"到"区域公共管理"——政府治理形态嬗变的一种比较分析》，《江西社会科学》，2004 年第 11 期；杨爱平：《论区域一体化下的区域政府间合作动因、模式及展望》，《政治学研究》，2007 年第 3 期；金太军：《从行政区行政到区域公共管理——政府治理形态嬗变的博弈分析》，《中国社会科学》，2007 第 6 期；王川兰：《竞争与依存中的区域合作行政——基于长江三角洲都市圈的实证研究》，复旦大学出版社，2008 年。

⑧ 张荣昌：《打造长三角公共行政体制一体化》，《中国行政管理》，2004 年第 8 期；杨小云、张浩：《省级政府间关系规范化研究》，《政治学研究》，2005 年第 4 期；江伟全：《论我国地方政府间合作存在问题及解决途径》，《公共管理学报》，2005 年第 3 期。

⑨ 罗纳德·J.奥克森：《治理地方公共经济》，万鹏飞译，北京大学出版社，2005 年。

带来的泥沙冲积而成。1994 年 10 月，广东省政府提出"建立珠三角经济区，让这一地区在广东率先实现现代化，以此为龙头，实现全省'中部地区领先、东西两翼齐飞、广大山区崛起'的梯度发展战略和力争 20 年基本实现现代化的目标"。珠江三角洲经济区包括 2 个副省级市（广州市和深圳市）、2 个经济特区市（深圳市与珠海市）、5 个地级市（珠海市、东莞市、中山市、佛山市、江门市）以及 2 个地级市的部分县市（惠州市区以及惠阳、惠东、博罗和肇庆市的端州区、鼎湖区、四会和高要）。20 世纪 80 年代以来，在改革开放的背景下，珠三角实现了经济的跳跃式发展，并逐渐形成了先行一步的发展优势，基本上具备了实现现代化的条件。

1994 年之前，整个珠三角并没有作为一个统一体明确加以协同。在广东省政府特殊的"放权型政府操作模式"作用下，珠三角各市群雄并起，很快实现了珠三角经济的腾飞。但是，在珠三角内部，在地方独立利益主导下，并没有形成城市之间强有力的经济联系。[①] 20 世纪 90 年代以来，这种局面逐渐发生变化：首先，伴随经济发展和城市化水平的提高，珠三角发展逐步走向融合，区域内商品、资本、人力资源的流动日益频繁，现代化基础设施不断完善，优势产业的跨地域发展使得珠三角经济活动的内在联系不断加强，推动了资源的优化配置和经济结构的互补。其次，20 世纪 90 年代以来，国家战略发展重点和发展思路的转变，使得珠三角丧失了改革开放以来一直支撑其快速发展的政策优势和制度优势。而同时，以浦东开发为始端的国家对长三角区域的扶持以及以天津滨海新区开发为标志的国家对京津唐区域的重视，都凸显出珠三角发展面临的严峻挑战。最后，在面临外部严峻挑战的同时，珠三角内部也面临诸多区域性公共问题。改革以来，珠三角各市政府自主发展，形成了群体化竞争性发展格局，拉动了珠三角经济的迅速繁荣。但由于区域内各城市不根据区域一体化的大局来正确定位，导致城市之间缺乏整体规划与协调，在珠三角经济生态格局里，出现了争资源争项目争中心的恶性竞争现象，在相当程度上造成了资源浪费、重复建设、产业同构和区域性公共事务治理失灵等困境。

在这种情况下，广东省政政府开始注重珠三角经济发展的规划和秩序问题。1994 年，广东省委七届三次全会首次正式提出"珠江三角洲经济区"这一概念并着手对珠江三角洲经济区进行规划。广东省政府成立了珠三角经济区规划领导小组，组织了上百名专家研究论证，完成了《珠江三角洲经济区现代化建设规划纲要》，并建立了珠三角经济的数据库；初步协调了一些重大问题，如基础设施、产业布局、环境保护、社会发展和城市群等五个重点专题；提出了 30 多项重大工程，由规划协调领导小组统一进行规划和协调，省、市、县分工建设等。这一构想希望通过珠三角规划协调领导小组的工作，使珠三角经济区由各地原来的"单打冠军"转变为"团体冠军"。1995年 6 月，广东省有关部门根据珠江三角洲经济区发展战略，完成了《珠江三角洲经济区城市群规划》的制定工作。该规划明确了珠三角的都市圈发展战略布局："以珠三角有机协调的城市群为整体，以广州为核心，以广州至珠海和广州至深圳的发展线为主轴，建设大广州和珠江口东岸、西岸三个大都市地区，建立都会区、市镇密集区、开敞区和生态敏感区 4 种用地类型的空间协调发展模式"。[②] 但是，从后来的实践来看，在广东特殊的经济发展模式（高度外向型经济）与特殊的行政格局（如深圳和珠海是有高度自主权的特区，广州是副省级城市）背景下，由于缺乏行之有效的区域公共管理制度，省政府很难协调各方的利益，这一构想基本上没有达到预期的目标。实际上，到 20 世纪 90 年代后期，珠三角经济区发展在广东省已经不再作为重点政策被提出了。[③]

进入 21 世纪后，鉴于珠三角的先发优势、地缘优势有所弱化，中共广东省委、省政府提出，对珠三角的生产要素要重新进行整合，包括土地资源、水资源，城市之间的交通、信息、污水处

---

① 朱文晖：《走向竞合——珠三角与长三角经济发展比较》，清华大学出版社，2003 年。
② 广东省建委：《珠江三角洲经济区城市群规划》，1995 年。
③ 2009 年 4 月 20 日对广东省发展和改革委员会一官员的访谈。

理以至文化体育设施，都要协调发展。与此同时，面对珠三角一体化进程中的种种问题，各级地方政府也逐步意识到珠三角要争当团体冠军，不能个个都只想着当单打冠军，因此都积极参与这一区域协调与合作，不但区域合作的意识开始确立，而且在越来越多的领域开始实现了初步合作，区域公共管理制度的基本框架已然形成：

第一，区域一体化的意识开始确立。近年来珠三角地区的合作力度不断加大，主动融入区域发展已经成为基本共识。如深圳市委领导人明确指出，"深圳要加强与广州的合作，加强与东莞惠州佛山珠海以及珠三角其他城市的合作，实现优势互补共同发展"。① 而在广东省政府准备重新规划珠三角后，广州、深圳、珠海、东莞4市主要负责人都表示，即使"新蓝图"实施会让他们作出暂时牺牲，也将以大局为重。② 2008年6月，经过了新一轮全省范围的思想大讨论，广东省委、省政府形成了《关于争当实践科学发展观排头兵的决定》（以下简称《决定》），为珠三角一体化总结出了一条更为科学的发展之路。《决定》第一次明确提出"要加快推进珠三角经济一体化，提高珠三角区域辐射引领能力。为此，要统筹区域发展重点，科学引导产业布局。加强统筹协调、优化分工合作、促进资源共享、增进互利共赢，推进城市规划、基础设施、产业发展、生态环保一体化，推动同城化发展，进一步增强珠三角的竞争力和综合实力，为全省经济发展发挥引擎作用，增强促进区域协调发展的动力"。

第二，在诸多方面实现了初步的制度合作。具体表现在：

（1）加强区域统一规划。区域规划不仅是国家实现区域协调发展的重要工具，也是政府介入区域发展最具影响力的工具。特别是对涉及区域发展中的公共性议题，任何单一地方政府的权限是无法有效处理的，因此加强上级政府的统一规划是刻不容缓的事情。进入21世纪以来，在长江三角洲地区咄咄逼人的发展态势以及全球化进程加快带来的竞争压力下，广东省政府也开始强化政府替代，逐渐加强对珠三角经济社会发展的合作规划。2004年9月，《珠江三角洲环境保护规划》经广东省人大审议通过并付诸实施。2005年1月，《珠江三角洲城镇群协调发展规划（2004~2020年）》经广东省人大常委会审议通过并付诸实施。2008年12月，经国务院批准，《珠江三角洲地区改革发展规划纲要》（2008~2020年）正式开始实施。《规划纲要》明确提出"珠三角九市要打破行政体制障碍，遵循政府推动、市场主导，资源共享、优势互补，协调发展、互利共赢的原则，创新合作机制，优化资源配置"。不仅如此，《规划纲要》还提出了具体的"一体化时间表"：到2012年，基本实现基础设施一体化，初步实现区域经济一体化；到2020年，实现区域经济一体化和基本公共服务均等化。2009年9月，广东省正式启动了《珠江三角洲地区产业布局一体化规划》的编制工作，希望由此改变珠三角城市之间定位不清、产业同构、无序竞争的状况，构建圈层清晰、错位发展、互补互促的区域产业发展格局，推进产业协同发展。不过，在此过程中，既要强调规划的统一，也要强调规划的严肃性。

（2）都市圈规划。早在1995年的《珠江三角洲经济区城市群规划》中，就确立了三大都市圈，即中部都市圈（广州、佛山）、东岸都市圈（深圳、东莞、惠州）和西岸都市圈（中山、珠海、江门）的发展规划。2009年6月10日，广东省政府在《关于加快推进珠江三角洲区域经济一体化的指导意见》中提出"近期以推进广佛肇、深莞惠和珠中江经济圈一体化为重点，推进城市群规划建设一体化，实现各经济圈内部及相互之间基础设施的共建共享"。都市圈规划有别于传统意义上的城镇体系规划，它突破了行政区划的限制，并遵循城市与区域发展的规律，对空间规划的创新与指导产生了积极的效果。都市圈规划并未挑战已有的规划编制、审议和实施的管理体制，其中的工作重点是在完备的纵向控制系统当中，增加横向的沟通管道，并建立横向的协商对话机制作为区域合作的一项重要工具。从这些内容看，都市圈规划在促进区域合作中的意义是不言而喻的，其中它必须透过"淡化行政区划"，以及"在

---

① 田川、张凡：《大珠三角淡化龙头之争，区域整合迎来引人注目的转机》，《粤港信息日报》，2003年1月6日。
② 《广州深圳东莞珠海同意整合珠三角要重新规划》，《南方都市报》，2003年1月15日。

尊重各方利益的前提下，以市场机制为准则、以政府协调为手段、以跨区基础设施和大型骨干工程为先导"的各种不同方式来达到区域一体化的目的。

（3）行政区划改革。20世纪90年代末以来，为化解行政区经济对区域一体化的梗阻，珠江三角洲发生了大规模的"撤县（市）并区"改革，即将大城市行政区周围的县或县级市改为区，纳入到大城市行政区范围内，为解决市管县产生的诸多矛盾以及为大城市与周边地区的统一规划和协调发展创造条件。如广州将原来代管的县级市花都与番禺并入广州，佛山将其原管辖下的顺德、南海、高明和三水撤市并区而组建了大佛山。类似的还有珠海撤销斗门县设立斗门区，惠州"合并"了惠阳市，江门"合并"了新会市。这些中心城市的行政区划改革，一方面是由于自身市区所辖范围太小而不利于城市的整体发展，另一方面城市区域的扩大有利于提升自身的竞争力。

（4）地方政府之间的频繁互动与合作协定的签署。在珠江三角洲，相关地方政府领导之间的互动是比较频繁的。在新闻媒体上，人们经常可以看到各个地方政府组织各种各样的学习团、交流团等，由主要领导带队，到相关地方政府所辖地区去参观、访问、学习、交流，实质上是寻求在经济发展方面互利合作的机会，学习相对发达地区在经济和社会发展方面的经验。不仅如此，地方政府之间还签署了多项合作协定。如2009年2月27日，深圳、惠州与东莞签署了《推进珠江口东岸地区紧密合作框架协定》；2009年3月19日，广州与佛山签署了《广州市佛山市同城化建设合作框架协定》；2009年4月17日，珠海、中山与江门签订了《推进珠中江紧密合作框架协定》。上述协定标志着珠三角一体化在3个经济圈的发展已经进入实质性步骤。显然，这些地方政府领导间频繁的互动，是非常有利于促进珠江三角洲一体化的。

（5）部门间协商与协议。通过部门间的协商

与协议开展合作，是近年来珠江三角洲区域合作的亮点，也是最具成效的合作策略。原因在于，这种通过具体职能部门之间的沟通、协调与合作，是最直接，也是最能避免行政区划边界限制的最佳方式。尽管它不具有整体性和长远性，但却具有相当的弹性，也适合于区域合作中先易后难的治理原则。截至目前，珠三角的地方政府相关职能部门在发展旅游业、[①] 流域治理、[②] 人力资源、[③]公共安全、[④] 城市规划[⑤] 等诸多具体事项的协作上取得了突出的成效。2009年3月30日，在广东省政府应急办的倡议和指导下，珠三角9市应急管理合作联席会议第一次会议在广州召开，签署了《珠江三角洲地区应急管理合作协定》。

（6）加强组织建设。比较固定的区域政府间合作组织往往是处理区域共同议题和各城市政。府间利益冲突与矛盾的协调机制，对于推进区域内协调合作项目产生了明显的成效。为推进珠三角一体化，广东省政府提出要在省政府的统一领导下，形成城市间、部门间、企业间及社会广泛参与的多层次合作机制。为此，广东省实施《规划纲要》领导小组要加强组织协调，大力推进珠江三角洲区域一体化工作。成立由省有关部门牵头，相关市参加的城市规划、交通、能源、信息化、水资源、环保、产业、基本公共服务等专项工作小组，负责具体工作，并在省政府和各市政政府专设一个落实《规划纲要》办公室。而在推进"广佛肇、深莞惠和珠中江"三大都市圈的过程中，先后成立了由市际合作领导小组、市长联席会议、联席会议办公室以及专责小组四位一体的组织协调机制，签署并开始实施全面区域合作的框架协议。最近，广东省委提出要创新珠三角合作协调机制，探索用城市联盟等方式，推动珠三角区域合作向制度化方向发展，实现有序竞争、共赢发展，由广东省发改委联合珠三角九个地级以上市牵头组建的政府间合作组织也正在加速推进。

---

① 林丹：《广深珠联手旅游　创汇占全国两成》，《羊城晚报》，2006年1月10日。
②《广东14城市联手整治珠江水环境有望得到根本改善》，新华网，2002年10月11日。
③《珠三角八市联盟一体化人才交流》，《羊城晚报》，2007年3月15日。
④《深莞惠警务协作遏制跨市犯罪》，《南方日报》，2006年8月26日。
⑤《珠三角9城市规划局长昨首次召开联席会议》，《南方日报》，2007年7月26日。

四、区域公共管理制度的绩效及其面临的挑战

上述区域公共管理制度的建立，对促进珠三角一体化产生了积极的影响。2009年以一体化战略为核心，珠三角率先打破行政区域藩篱，努力构建分工合理、优势互补的新兴产业链，以市场为生产要素和资源配置为核心打造新型区域经济发展模式；城乡规划、基础设施、产业布局、环境保护、基本公共服务一体化"五位一体"和广佛肇、深莞惠、珠中江三大经济圈的战略布局，勾勒了珠三角城市群清晰的发展路径。所以，在非常严峻的外部环境下，2009年珠三角仍然实现了生产总值32105.88亿元，同比增长9.4%。[①]面对"一体化"中的旧有利益格局，广东创造性地提出了构建三个经济圈的新路径，一体化由小及大，先凝结"三极"力量，再聚合珠三角。广佛肇经济圈令人瞩目，一体化冲动早已成为市场和民间的共识，因此广佛同城化率先"破茧而出"，携领珠三角区域一体化。广佛两市已经共享就业失业信息，统一边界地区固话资费，打通多条"断头路"。深莞惠以交通基础设施为先导的"一体化"进程加快。珠中江三市借助2009年产业构建以及横琴岛开发和港珠澳大桥快速通道内应外联的一体化聚变效应将激活珠江西岸，试图带动东西两翼齐飞，引领广东"雁阵"站稳潮头。2009年以来，深莞惠、广佛肇、珠中江相继建立市长联席会议机制，各市一把手一起商谈区域协调发展。医保卡互通互认、公积金异地互贷、年票制通用、公交"一卡通"、手机漫游费取消……藩篱被打破，人流、物流、信息流开始自由流动，人们深切感受到一体化带来的种种便利。

尽管如此，但是迄今为止，珠三角地区城市分工与产业合作仍停留在"战国时代"。而区域城市分工与产业合作才是实现区域一体化的关键。在现行地方政府政绩考核体制的压力下，珠江三角洲内部在基础设施建设、产业结构、吸引外资等方面都存在相当明显的恶性竞争。甚至有评论指出：其实，珠三角的一体化声音很大，从实际上的"组合"效果来看，反而削弱了区域的凝聚力和"战斗力"。[②]具体表现在：

（1）基础设施重复建设。珠三角各自为政的基础设施规划与建设缺乏协调，导致区域整体利益的下降在区域战略资源的竞相建设上最为明显。有研究认为，珠三角各城市发展目标大体相似，以城市市政基础建设为例，同时存在着深圳、珠海、广州几个机场，港口方面目前有广州黄埔港、深圳盐田港、珠海高栏港、中山港、南沙港，无疑存在资源浪费。[③]但战略性资源往往位于某一城市的行政区划内，分布在区域内不同的城市辖区。在城市主导的区域战略资源开发中，区域不能对战略资源进行有效的管理。由于城市对资源的看法与区域不同。导致开发模式和功能不一致，城市利益放在第一位，使区域利益降低或丧失，造成战略资源的浪费。广东省统计局2008年3月份发布的一份研究报告认为，珠三角各地竞争多于合作，基础设施彼此独立发展，区域整体功能协调性受阻碍，"诸侯经济"意识被强化，突出表现在各地在机场、港口/公路建设等方面都以自我为中心，自成体系，造成重复建设和资源浪费。[④]此外，在基础设施建设上，珠三角各市之间也衔接不足，缺乏协调，相邻城市的行政边界地区常常会出"断头路"。例如，广佛放射线珠江大桥与黄歧对接工程和龙溪大道——海八路升级改造项目，属2009年广佛同城化的重点项目，但至今两地在关于其开工与完工时间上仍无统一意见。[⑤]上述结果的出现，是区域协调机制的缺陷造成的，在各自利益为重的前提下，不可能要求某一个城市从全局考虑问题。

（2）产业同构。产业分工是实现珠三角一体化的基础，如果城市间产业同构系数越大，那么区域一体化程度就越有限。产业同构系数是对产业相似程度的一种测度，目前比较普遍使用的指标是联合国工业发展组织（UNIDO）国际工业研

①《去年珠三角GDP突破3万亿　7市增幅达两位数》，《南方日报》，2010年1月28日。
②马强军：《珠三角一体化可借鉴长三角经验》，《南方都市报》，2010年2月4日。
③《珠三角机场港口要"无地界"合作降低成本》，《广州日报》，2008年1月21日。
④《广东酝酿经济共同体珠三角一体化急寻破题》，《第一财经日报》，2008年5月14日。
⑤《羊城晚报》，2010年2月2日。

究中心提出的同构系数（Similar Coefficient），其计算公式为：

$$S_{ij} = \sum_{k=1}^{n} X_{ik}X_{jk} \Big/ \sqrt{\sum_{k=1}^{n} X_{ik}^2 \cdot \sum_{k=1}^{n} X_{jk}^2}$$

其中：S_{ij} 表示同构系数值，i、j 分别表示两个相比较的地区，n 表示产业数，且 k = 1，2，3；X_{ik} 表示在地区 i 中，产业 k 在该地区所有产业中的比重；X_{jk} 表示在地区 j 中，产业 k 在该地区所有产业中的比重。该系数的意义是：当 S_{ij} = 1 表示两区域结构完全一致，当 S_{ij} = 0 时表示两地区域结构完全不同，S_{ij} 小于 0.5 时趋同度小，若 S_{ij} 大于 0.5 表示两区域结构趋同度大，应当进行产业结构的调整。在对区域间产业结构相似程度评价时，以 0.8 为界来评判同构性的高低，当 S_{ij} 大于 0.8 时，表示产业结构已严重趋同。

根据 2007 年珠江三角洲 9 个城市规模以上制造业企业及服务业的增加值数据，我们采用同构系数计算了珠三角 9 个城市之间的产业同构系数（见表 1），发现珠三角地区东岸的深圳、东莞和惠州同构程度最高，深圳、东莞、惠州之间的同构系数平均值为 0.88；西岸的佛山、中山、江门、珠海以及肇庆的产业同构度次之，佛山、中山、江门、珠海和肇庆之间的同构系数平均值为 0.70。

表 1　2007 年同构程度最高的前八名城市组合

城市组合	同构系数
深圳—惠州	0.91
佛山—中山	0.90
深圳—东莞	0.89
中山—珠海	0.89
东莞—珠海	0.88
东莞—惠州	0.85
东莞—中山	0.84
珠海—深圳	0.78

而从珠三角各市主导性高新技术产业的发展来看，其产业同构情况也非常明显（见表 2）。

（3）招商引资中的恶性竞争。在压力型体制和地方政府间政治锦标赛作用下，各地方政府为吸引外来资本而展开的恶性竞争，也成为比较普

表 2　珠江三角洲各市主导高新技术产业发展情况[①]

地区	高新技术主导产业
珠三角	电子信息、生物技术、新材料、光机电一体化、轻纺化高技术、新能源与环保技术、海洋资源的开发利用
广州	电子信息、生物技术、新材料、光机电一体化、新能源与环保
深圳	电子信息、生物技术、新材料、光机电一体化、新能源
珠海	电子信息、生物技术、新材料、光机电一体化、新能源与环保技术、海洋工程、精细化工
佛山	电子信息、生物技术、新材料、光机电一体化、新能源与环保
东莞	电子信息、新材料、光机电一体化、精细化工
中山	电子信息、生物技术、新材料、光机电一体化、新能源与环保、轻纺化高技术、精细化工
惠州	电子信息、生物技术、新材料、光机电一体化、精细化工
江门	电子信息、生物技术、新材料、光机电一体化、新能源与环保
肇庆	电子信息、生物技术、新材料、光机电一体化、轻纺化高技术

遍的现象。在珠三角，各城市政府竞相开展"倾销式竞争"，套用商家惯用的"跳楼价"来争夺外资，于是税收优惠政策等"一降再降"，"门槛一低再低"。一些城市政府早已突破"两免五减半"的企业所得税优惠政策底线，在暗地里实行"五免五减半"政策，甚至有些城市政府对外商承诺给予"十免十减半"或"零地价"、"零检查"、"零税收"、"零收费"等违规优惠政策，这种恶性竞争往往使得各城市政府陷入企业林立与财政拮据的矛盾之中。近年来，土地价格也成为又一轮恶性竞争的有力武器。在珠三角，经常能听到各城市政府官员这样讲："我们常常把国家政策允许的范围都用到了，只要不违法，什么都可以谈，优惠政策没有底线。"[②] 这种城市政府主导的恶性竞争，一方面增加了外商投资企业的短期行为和以享受优惠政策为目的的重复投资建设，另一方面也使得经济发展外部性问题随着总量的扩大而日趋严重，内耗增加，最终损害了区域经济一体化的发展。

（4）生态分割与跨界污染。一般而言，经济区域的形成发育往往以一定的江河湖海为依托，由于具有相似的地形、气温、降水、植被、土壤、水系等自然特征，基本上属于一个较为完整的自

---

① 翁记传：《珠江三角洲工业结构趋同研究》，《世界地理研究》，2006 年第 1 期。

② 刘亚平：《当代中国地方政府间竞争》，社会科学文献出版社，2007 年。

然生态整体。但是，在实践中，一个生态区域整体往往被行政区划切割为不同的块块。由于经济发展水平存在差异，不同行政单元对环境治理的认识水准有差异，采取不尽相同的行为方式，往往在水资源管理、流域综合开发、环境保护、防洪治理等区域性事务上，行政分割现象较为突出。尤其是在各城市的交界地带，往往因为管理制度、政策法律、标准时序等存在差异，更容易出现生态分割和跨界污染，激化社会矛盾，成为可持续发展的重要障碍。在珠三角，跨界污染的不仅是垃圾，跨区域的水污染和空气污染也普遍存在。据了解，由于广州上游的佛山工业污染珠江，广州第一水源水质已经大大下降，现在不得不考虑从西江更远的地方开辟第二水源。而流经深圳与惠州的淡水河治污用 16 年的时间验证了跨界河流污染治理的"老大难"。[1]不仅如此，近年来困扰珠三角的酸雨和灰霾天气问题也一再成为每年广东两会上的"焦点话题"。[2]

正是因为上述种种问题，所以有研究显示珠三角城市群内的协调发展处于弱协调状态，协调度很低。[3]相比之下，近几年，长三角城市群、环渤海城市群、武汉城市群以及长株潭城市群却迅速崛起，在提升区域竞争力上，部分创新力度已远远超出珠三角。以上海为首的长三角经济增速，2003 年起开始超过珠三角，且双方差距呈扩大之势。[4]更重要的是，1994 年广东省规划珠三角经济区之初的基本设想是希望通过珠三角一体化发展提升其辐射引领能力，进而带动东西两翼与粤北山区发展，从而促进广东区域协调发展。但是，由于珠三角一体化长期没有实质性突破，预期的政策目标并未能兑现。无论是从 GDP 和人均 GDP 衡量的经济增长速度和经济发展水平看，还是从

规模以上工业增加值、地方财政一般预算收入、全社会固定资产投资总额和外贸出口总额等主要经济指标衡量，珠三角和广东省环珠三角区域的差距悬殊，区域经济发展二元结构不仅没有改善，而且有继续扩大的趋势。[5]

新制度经济学的核心思想是，制度对于经济运行的绩效至关重要。[6]在新制度经济学理论中，制度的产生是因为交易费用的存在，制度的运作又有利于降低交易费用。[7]不仅如此，制度还可以为实现合作创造条件。[8]从这个意义上讲，珠三角区域公共管理制度的逐步建立有利于降低区域一体化进程中的高额交易费用。但是，随着时间的推移，人们利益结构的变化，以及因知识积累而感知到更好的获利机会，就产生了对新制度的需求，这时就要求推进制度创新。[9]因此，为适应珠三角一体化发展的需要，必须适时推进区域公共管理制度创新。

五、推进区域公共管理制度创新

20 世纪 90 年代以来，威廉姆森完善了交易费用经济学的分析框架，他认为"交易成本经济学主要关注合约关系的治理，然而治理并不是孤立进行的，各种备择治理模式的比较绩效，一方面随着制度环境变化，另一方面也随着经济行动者的特性而变化"。简而言之，要有效降低交易费用，应该关注制度环境、治理制度与行为主体间的互动关系。[10]因此，珠江三角洲完整的区域公共管理制度创新应该包括制度环境、治理制度与治理主体三个层面的内容。

（一）创新制度环境

所谓制度环境，是指一系列用来建立生产、交换与分配基础的政治、社会和法律基础规则。[11]

---

① 《淡水河 16 年治污路能否成跨界协调样本》，《南方日报》，2009 年 4 月 1 日。
② 刘茜：《跨界污染谁都受害谁都不管》，《南方日报》，2009 年 2 月 20 日。
③ 刘德平：《大珠江三角洲城市群协调发展研究》，华中农业大学博士学位论文，2006 年。
④ 《珠三角经济一体化蓄势待发》，《南方日报》，2008 年 9 月 17 日。
⑤ 2009 年 4 月 25 日对广东省财政厅一官员的访谈。
⑥ 埃里克·弗鲁博顿·鲁道夫·芮切特：《新制度经济学——一个交易费用分析范式》，姜建强、罗长远译，上海三联书店，2006 年。
⑦ 罗纳德·科斯：《企业的性质》，见：路易斯·普特曼、兰德尔·克罗茨纳：《企业的经济性质》，孙经伟译，上海财经大学出版社，2000 年。
⑧ 张宇燕：《经济发展与制度选择》，中国人民大学出版社，1992 年。
⑨ Lance E. Davis and Douglass North. Institutional Change and America Economic Growth. Cambridge University Press, 1971.
⑩ 奥利弗·E.威廉姆森：《治理机制》，王健、方世建等译，中国社会科学出版社，2001 年。
⑪ L·E.戴维斯和 D. C.诺斯：《制度变迁的理论：概念与原因》，见：《财产权利与制度变迁——产权学派与新制度学派译文集》，上海三联书店，1996 年。

相对于治理机制而言，制度环境是一个社会中所有制度安排的总和，往往保持相对稳定，它实际上是具体治理机制发挥作用的外在环境。

在珠三角一体化进程中，要实现区域公共管理制度创新，必须推进制度环境层面的创新：①积极推进法治建设。市场经济是法治经济，因此基于市场经济基础上的区域一体化也离不开法治。目前，珠三角一体化过程中所暴露出来的问题主要是法律实施的问题，法律没有得到严格、统一和协调的执行，不同的地方各自为政，"各人自扫门前雪"造成了执法中尺度不统一，缺乏协同配合，等等。因此，首先，必须明确宪法权威，强化宪法在统一国内市场中的作用。其次，完善有利于珠三角一体化的法律制度。一方面要认真清理珠三角招商引资、产业政策等方面不协调、容易引发不良竞争的政策规定；另一方面加强地方立法，规范各地竞争行为，建立公平有序的市场环境。最后，在珠三角区域不仅应该加快法治政府建设的进程，还应该考虑解决地方政府间立法协同的问题①（目前这一区域涉及广东省、广州市、深圳市、珠海市四个立法实体）。②理顺政府间纵向关系。鉴于改革以来广东省政府特殊的放权发展战略所面临的挑战，因此适度强化广东省政府的综合协调能力是非常必要的。②如重大基础设施建设、产业布局与城市规划、生态环境治理等。与此同时，由于推进区域一体化的背后是利益关系的调整，在现有财税体制框架内，特别是随着财税体制改革的逐步深入，广东省级财政应加强对珠三角九城市的统筹协调，合理缩小各地人均可支配财政支出的差距，逐步实现基本公共服务均等化。③按照科学发展观的要求改革地方政府政绩考核机制。张廷伟曾以长三角为例剖析了现行的地方政府政绩考核体制对区域一体化产生的负面影响。③尽管广东省近年来已经在改革地方政府官员绩效考核方面进行了大刀阔斧的改革，

但仍强调与所辖地区经济发展成就直接挂钩，并且这种经济发展成就又主要以上项目、建企业、经济增长速度多少等指标来进行简单量化和比较。这样，势必导致各行政区领导强化资源配置本地化和保护本地市场。因此，除了继续按照科学发展观要求改革政府绩效评价指标体系和改革评价方式等之外，还应该考虑将促进区域一体化等相关指标纳入考评体系。④重塑地方政府间竞争模式。我国20世纪80年代以来的市场化和分权化改革，促进了地方政府间围绕经济增长为首要目标的地方政府间竞争，一方面推动了我国国民经济整体的高速发展，另一方面，为了实现本辖区的经济高速增长和充分就业，地方政府往往不顾资源整体配置的效率，热衷于推行以邻为壑的地方保护主义政策措施，致使诸侯经济泛起、地方保护主义泛滥。而协调地方政府间横向关系不是要消灭地方政府间竞争，而是要重建地方政府间竞争秩序，必须从以封闭式的地方保护主义为策略的资源竞争转向开放式的以制度创新为基础的竞争，通过制度创新来吸引资源、创新技术、促进增长，而不是通过地方保护主义来维持增长。

（二）创新治理机制

所谓治理机制，是指确定合作或竞争方式的经济实体之间的合约关系或治理结构。④由于交易的属性不同，也就必然会有不同的治理机制。从美国的区域公共管理实践来看，"没有一种组织模式能有效处理大都市区复杂的动态情况，围绕那些跨辖区的问题而组成各种利益共同体是经常的事情，需要建立多种不同的组织规模，以实现规模效益，培育自治精神；区域问题的解决应该建立在现行政治制度安排的基础上。"⑤所以，威廉姆森指出："交易的属性不同，相应的治理结构即组织成本与权能就不同，因此就形成了交易与治理结构的不同配比。"⑥从珠江三角洲一体化的进程来看，区域治理机制的创新应该包括两个层面：

---

① 2009年4月28日对广东省人大常委会办公厅一官员的访谈。
② 2010年1月24~30日，笔者在访谈珠三角一些地市发展和改革委员会的官员时，他们都认为涉及区域一体化的一些关键性利益平衡问题，还是需要广东省政府出面协调。
③ Tingwei Zhang. From Intercity Competition to Collaborative Planning, The Case of the Yangtze River Delta Region of China. Urban Affairs Review, Volume 42, 2006 (1).
④ 奥利弗·E.威廉姆森：《治理机制》，中国社会科学出版社，2001年。
⑤ 罗纳德·奥克森：《治理地方公共经济》，北京大学出版社，2005年。
⑥ 奥利弗·E.威廉姆森：《资本主义经济制度》，商务印书馆，2002年。

一方面，构建多元化的治理机制。在珠三角一体化进程中，早期的区域治理机制主要依赖于民间自发的市场机制。[①]虽然这使各城市政府努力将传统的计划审批制对企业的发展制约降低到最低点，形成了整个珠三角群体化竞争性发展格局，拉动了广东经济的迅速繁荣；但是由于市场机制所固有的缺陷，也导致在一定程度上各地之间的恶性竞争。因此，20世纪90年代以来，政府在其中扮演越来越重要的角色，各种自上而下的科层机制[②]不断得到发展与完善。如区域规划、行政区划改革等。在组织经济学家看来，科层制创立的原因是市场效率的失灵，由于信息不对称、垄断力量和外部性，因此科层制成为市场的替代品。[③]但是，经验事实表明："看得见的手"和"看不见的手"只是分别用于两个极端的情况，在市场和科层制之间，还有另外一种中间力量在发生作用，这第三种力量就是网络。[④]E.奥斯特罗姆也认为："划分公用地，建立私人产权，这在许多情况下可以增进效率，对此种观点我并无异议。同样，通过中央政府机构管理某些资源，可能避免在其他情况下的过度使用，对此种观点我也无异议。我不同意如下的看法，即中央政府管理或私人产权是'避免公用地灾难的唯一途径'。将体制规定限定在'市场'，或'国家'上，意味着社会科学'药箱'，只包含两种药。"[⑤]从理论研究来看，市场与科层制作为两种基本的治理机制，一般被认为是可以相互替代的。这是因为从交易费用理论的角度来看，科层内部交易费用过高时可以通过市场来"外化"，而当市场交易费用过高时可以通过科层制组织来"内化"。但是，当市场和科层制组织机制都无法成功有效地降低交易费用时，又该如何选择呢？显然，任何单一治理机制都不是万能的，必须构建多元化的治理机制。

另一方面，应适时从区域行政转向区域公共管理。从珠江三角洲的发展来看，已经完成了从行政区行政向区域行政的转型。[⑥]但区域行政的议题主要是围绕区域内各地方政府的需要而展开，不能涵盖区域内全部的公共事务。在区域合作中，地方政府往往以"全能者"的身份出现，形成新的"政企不分"态势，致使合作"主角"大中小企业和其他非政府组织不能完全参与进来，即使参与，热情也不高，最终区域合作成了政府及其相关部门的"独角戏"。在合作内容上，热衷于压力型体制下对短期政绩的追求，缺乏对区域产业链意义上的分工与合作体系的整体性构建，更缺乏在城镇体系、社会保障体系等基础性社会领域的合作，缺乏从全局考虑整个区域经济社会的科学发展与和谐，从而削弱了区域合作的绩效。而且在当下的政府管理体制下，区域合作的主要内容不仅容易受到地方政府主要官员个人偏好的影响，而且还往往会因地方政府主要官员的调任变动而缺乏稳定性和连续性，更容易使这种地方政府主导的区域合作偏离区域一体化的主要目标。因此，要实现珠三角一体化，必须适时改进已有的区域合作策略，逐步走向区域公共管理，以形成区域内多元利益相关者的协作性治理。正是区域内多元利益主体的互动与参与，才使得关键的区域性公共性问题不仅能够被表达，而且也易于解决。具体而言，那就是在现有的地方政府之间协作的基础上，充分发挥行业协会和其他区域性社会组织的积极作用。这包括：一是建立以各地经济专家为主体的智囊组织，成为珠江三角洲地区一体化发展的咨询参谋机构。二是发挥行业组织在珠三角区域产业一体化中的作用。当区域一体化出现困难时，由政府出面加以组织和协调。在实际运作中，则是由政府、产业界、学者、行业组织、中介组织等各方面代表共同审议加以协调。

① 所谓市场机制，就是不通过中央指令而凭借交易方式中的相互作用，以对人的行为在全社会范围实现协调的一种制度。C.E. 林德布鲁姆：《市场体制的秘密》，江苏人民出版社，2002年。

② 所谓科层制，是指被置于统一所有制下并且易于进行行政控制的一种交易。奥利弗·E. 威廉姆森：《治理机制》，中国社会科学出版社，2001年。

③ 盖瑞·米勒：《管理困境——科层的政治经济学》，上海三联书店，2002年。

④ H.B. Thorelli. Networks：Between Markets and Hierarchies. SMJ, 1986（7）.

⑤ 埃利诺·奥斯特罗姆：《制度安排和公用地两难处境》，见：V.奥斯特罗姆、D.菲尼和H.皮希特：《制度分析与发展的反思》，商务印书馆，1996年。

⑥ 张紧跟：《从区域行政到区域治理：当代中国区域一体化的发展路向》，《学术研究》，2009年第9期。

（三）规范治理主体

在新制度经济学的理论体系中，行为主体被假设为有限理性和机会主义的经济人。[1]在这种情况下，相应的激励与约束机制在促进治理主体间合作中就必不可少。因此，在珠三角区域公共管理制度的创新中，还必须建立健全规范区域治理主体的相应激励约束机制。

一方面，珠三角的区域发展缺乏一致性的规则，各城市在招商引资、土地批租、外贸出口、人才流动、技术开发、信息共享等政策上都存在很大的差异。没有规范区域一体化发展的统一法规，一体化发展缺乏必要的制度保障。因此，在珠三角区域一体化发展进程中，要针对区域整体发展所达成的共识，应以制度化的规则作保证，并确立基本的要求：一是为合作行为提供足够的激励，二是对违反"游戏规则"者、采取机会主义者予以惩罚，使违规者望而生畏。

另一方面，应建立相应的区域利益分享和补偿机制。众所周知，珠三角一体化发展的出发点是通过区域成员间合作来共享整体利益。要实现珠三角基础设施、产业发展、环保生态、城市规划、公共服务一体化，势必会带来珠三角利益结构的重新调整和各种利益冲突，在当下特殊的制度环境下，如果缺乏相应的区域利益分享和补偿机制，显然是不可能实现的。这就不但要求在推进广佛肇、深莞惠和珠中江三个经济圈的过程中，各市政府在平等、互利、协作的前提下，通过规范的制度建设来实现地方间的利益转移，实现各种利益在地区间的合理分配；同时也必须强化广东省政府的综合协调作用，通过规范的公共财政工具来实现纵向利益转移，以调节珠三角一体化进程中的地区间利益关系，以最终实现区域利益共享。

六、结论

众所周知，当今世界国家与地区间的竞争，最终取决于制度的竞争。珠江三角洲是当代中国走向现代化的战略区域，能否实现有效的区域公共管理，以获得持续的制度性优势，直接关系到珠江三角洲乃至整个中国的长远发展。[2]20世纪90年代以来，为有效应对外部竞争发展的压力以及内部层出不穷的区域性公共管理问题，珠江三角洲的区域公共管理制度开始发育成长，在相当程度上也促进了区域一体化进程。但是，面对区域一体化中的诸多深层次问题，现有的区域公共管理制度显然是无法有效应对的。因此，必须适时推进珠江三角洲的区域公共管理制度创新。

从区域一体化的基本要求以及新制度经济学的基本理论出发，创新制度环境、实现治理机制多元化和规范治理主体，应该成为珠江三角洲区域公共管理制度创新的基本思路，而不能仅仅局限于改革区域治理机制。不过，要使得这一区域公共管理制度创新的思路能够顺利实施，还必须至少做好两个方面的配套性改革：一是城市政府职能整体性转变问题。因为区域一体化绝非行政一体化，单纯依赖于政府主导的区域合作也不可能实现区域一体化的预期目标，还必须充分发挥市场与社会的作用。只有转变政府职能，才能真正以形成城市间、部门间、企业间及社会广泛参与的多元合作共治。二是培育区域共同体意识。只有当区域共同体意识得到确立后，区域一体化才可以获得绵延不绝的动力。

① 埃里克·弗鲁博顿、鲁道夫·芮切特：《新制度经济学——一个交易费用分析范式》，上海三联书店，2006年。
② 陈瑞莲、蔡立辉：《珠江三角洲公共管理模式研究》，中国社会科学出版社，2004年。

第六章　城市管理

姜　玲　陈红霞　李国平

20世纪是一个城市化的世纪，近代工业化的发展在带来生产方式深刻变革的同时，也带来人们的生活方式和居住方式的重大变化。截止到2008年，世界城市化水平已达50%，标志着全世界人口有一半生活在城市里。这一快速的城市化进程在非洲和亚洲显得尤为突出，给城市居住、环境、基础设施等各方面带来了新挑战。目前，我国已经进入城市化快速发展的阶段，2001年诺贝尔经济学奖获得者斯蒂格利茨（J.Stiglitz）将中国的城市化与美国的高科技并列为影响21世纪人类发展进程的两大关键因素。

第一节　理论进展

城市发展和快速城市化带来的诸多问题对城市管理研究提出了迫切要求。相对于国外的城市管理科学的发展，我国城市管理研究起步较晚，但随着工业化和城市化进程的加速，城市发展和建设中出现的问题也日益严重，引起了城市管理部门和理论界的重视与研究。[①]以下将从城市经济管理、城市空间管理、城市社会管理等方面对城市管理相关理论进展进行评述。

一、城市经济管理

传统的城市经济管理关注于个体城市的经济发展，如城市总量经济规模的扩大，城市外向经济联系，以及城市产业结构的转型、升级，城市经济增长方式转变等内容。一般认为城市是社会经济发展最活跃的地区，也是经济发展和社会发展的重要标志，应该在加快发展方式转变、区域可持续发展中发挥引领和示范作用。回顾近年来国内的相关文献，对城市内部经济的关注主要集中在城市产业结构升级、城市主导产业发展、城市产业空间布局等方面。如顾朝林等（2000）、[②]姚士谋等（2001）、[③]周一星（2002）、[④]陈斐和陈秀山（2007）[⑤]等学者均认为顺应经济全球化趋势，有必要推进中心城市的产业结构升级，强化其整体实力。以北京为研究对象，杨开忠认为北京正在进入一个向创新驱动或者创新导向发展的新阶段。[⑥]李国平等学者认为，北京建设世界城市的经济模式应体现以下3个方面：一是产业结构高级化，二是价值链增值环节升级化，三是经济

---

① 谢文蕙：《我国现代城市科学管理的探讨》，《清华大学学报》（哲学社会科学版），1999年第2期。

② 顾朝林等：《经济全球化与中国城市发展》，商务印书馆，2000年。

③ 姚士谋、陈振光等：《中国城市群》，中国科技大学出版社，2001年。

④ 周一星：《新世纪中国国际城市的展望》，《城市开发》，2002年第6期。

⑤ 陈斐、陈秀山：《促进区域协调发展的两大重点——明确不同区域功能定位和健全区域协调互动机制》，《生产力研究》，2007年第13期。

⑥ 杨开忠：《中国特色世界城市建设理论与实践》，《科学中国人》，2011年第9期。

职能外向化。① 吴殿廷等学者探讨了城市支柱产业选择过程中，发展旅游业的重要性。② 在产业布局方面，有学者研究了北京市制造业地理集聚，③ 教育和科技产业地理集聚，④ 也有学者从城镇体系角度研究大型工业企业区位选择⑤ 等问题。

　　近年来，国内城市经济管理研究开始从区域（都市圈、城市群等）分工合作角度分析城市职能定位问题，如分析长三角、珠三角等一体化区域内部的中心城市的发展方向。对京津冀区域、首都圈及各中心城市的职能定位研究是近期理论研究的热点之一，如祝尔娟等的研究认为，世界城市的形成发展需要所在城市区域的强大支撑；世界城市是中心城市与周边地区相互作用的产物，北京依托首都圈建设世界城市，有利于疏解人口资源环境交通等压力，有利于增强其经济整体实力和对全球经济的影响力和控制力。⑥ 樊杰⑦ 从区域发展和区域规划的视角分析京津冀都市圈还存在的主要问题，指出京津两市定位不明确，缺乏必要的统筹规划、协调发展。韩士元等⑧ 从京津冀都市圈建设的角度展开研究，认为京津产业严重趋同，此外，京津周边地区在经济实力、产业结构为主要表征的城市竞争力方面与京津落差太大是制约区域发展的现实问题。杨连云⑨ 分析了京津冀经济发展相对于其他两大都市圈落后的主要原因表现在很多方面，其中，产业结构不合理、传统产业比重大、增长方式落后粗放是主要矛盾之一。李国平等在专著《首都圈——结构、分工与营建战略》中，着重于区域内的经济联系、产业结构、空间结构和职能分工，在狭域、中域和广域 3 个层次上全面分析了首都圈的经济、社会、生态以及空间发展现状及趋势。⑩ 孙久文⑪ 认为首都圈区域发展可以通过内部产业结构调整、地域间旅游产业合作、奥运会服务产业等产业经济合作，以及人力资源开发合作、市场合作、生态环境保护合作等多种途径实现。谭成文等人⑫ 强调基于职能分工加强区域合作，就产业方面提出基于价值链分工展开合作。赵弘⑬ 重点研究总部经济，提出北京发展总部经济，将"基地"与"总部"分离，是实现京津冀区域合作的新思路。

二、城市空间管理

　　城市空间结构是各种人类活动与功能组织在城市地域上的空间投影，包括土地利用结构、经济空间结构、人口空间分布、就业空间结构、交通流动结构、社会空间结构、生活活动空间结构等。⑭ 对城市空间结构的研究一直是城市与区域科学，经济地理学，以及城市地理学的热点。近年来，城市空间结构以及城市空间扩展特别是沿海城镇密集地区的空间集聚、大都市地域空间扩展以及城市化进程得到广泛关注⑮⑯。

　　城市空间管理是城市管理的重要组成部分。目前，我国许多城市在空间结构方面存在严重的问题，如城市蔓延、交通及就业分布不匹配、城中村、土地利用不合理、土地开发混乱等情况，这些问题不仅对生产和生活造成诸多负面影响，也直接影响了城市的可持续发展和区域竞争力。

　　① 李国平、孙铁山、卢明华、刘霄泉：《世界城市及北京建设世界城市的战略定位与模式研究》，《北京规划建设》，2010 年第 4 期。
　　② 吴殿廷、王丽华、王素娟、朱桃杏、王瑜：《把旅游业建设成为战略性支柱产业的必要性、可能性及战略对策》，《中国软科学》，2010 年第 9 期。
　　③ 贺灿飞、朱晟君：《北京市劳动力结构和空间结构对其制造业地理集聚的影响》，《中国软科学》，2007 年第 11 期。
　　④ 谭玉刚、李国平：《北京市中心城区教育及科技行业集聚研究》，《城市发展研究》，2011 年第 6 期。
　　⑤ 樊杰、王宏远、陶岸君、徐建红：《工业企业区位与城镇体系布局的空间耦合分析——洛阳市大型工业企业区位选择因素的案例剖析》，《地理学报》，2009 年第 2 期。
　　⑥ 祝尔娟、吴常春、李妍君：《世界城市建设与区域发展——对北京建设世界城市的战略思考》，《现代城市研究》，2011 年第 11 期。
　　⑦ 樊杰：《京津冀规划的挑战》，《财经界》，2005 年第 2 期。
　　⑧ 韩士元、唐茂华：《京津冀区域经济一体化发展战略构想与前景展望》，《天津经济》，2005 年第 6 期。
　　⑨ 杨连云：《京津冀都市圈——正在崛起的中国经济增长第三极》，《河北学刊》，2005 年第 4 期。
　　⑩ 李国平等：《首都圈——结构、分工与营建战略》，中国城市出版社，2004 年。
　　⑪ 孙久文：《首都经济圈区域经济关系与合作途径》，《领导之友》，2004 年第 3 期。
　　⑫ 谭成文、李国平、杨开忠：《中国首都圈发展的三大战略》，《地理科学》，2001 年第 1 期。
　　⑬ 赵弘：《总部经济：京津冀区域合作新思路》，《领导之友》，2005 年第 1 期。
　　⑭ 柴彦威：《城市空间》，科学出版社，2000 年。
　　⑮ 周一星、曹广忠：《改革开放 20 年来的中国城市化进程》，《城市规划》，1999 年第 12 期。
　　⑯ 胡序威等：《中国沿海城镇密集地区空间集聚与扩散研究》，科学出版社，2000 年。

因此，优化城市内部空间结构，探讨合理的城市空间管理模式和具体方式是我国城市管理在新时期新形势下面临的重要课题之一。如皇甫玥、张京祥等探讨了中国快速城市化背景下我国城市空间增长管理体系建构的必要性和可行性，认为针对当前我国城市空间增长管理体系中存在的问题，可从制度基础、目标层、控制层和保障层4个方面来完善我国的城市空间增长管理体系。[①]

近年来，在城市空间管理领域，关于城市成长管理的研究文献较为丰富。城市成长管理(Urban Growth Management)是指政府运用一定的技术、工具、计划及行动，对城市发展的区位、时序、速度、质量和成本等进行有目的的直接或间接引导或控制。[②]现代城市成长管理思想最早产生于美国，这一理论的产生和发展与城市空间快速增长以及郊区化发展密切相关。张庭伟等人的研究认为近年来我国在快速城市化进程中，存在城市土地利用粗放等问题，特大城市出现了比较严重的"城市蔓延"现象。[③]郊区化带来包括城市中心衰败以及"城市蔓延"(Urban Sprawl)等问题，而对治理这一问题的理想模式是"精明增长"(Smart Growth)，其空间管制策略包括："城市增长边界"(Urban Growth Boundary)、"交通导向发展"(Transit-oriented Development)、城市内部废弃地的再利用(Brownfield Redevelopment)等。[④]控制城市空间的过度扩张及城市蔓延、实现精明增长已经成为城市管理不可回避的重大现实课题。

推动区域协调发展，优化国土开发格局已经成为国家重要的区域战略，[⑤]都市圈战略与城市区域空间布局已经成为中国城市"十一五"十大核心问题中的首要问题。[⑥]在理论研究方面，越来越多的学者认识到不仅城市内部空间结构是城市管理的重要组成部分，城市外部空间以及都市圈结构也对城市空间管理产生重要影响。研究城市空间结构的优化和都市圈管理，探索空间结构的演化机制，既是城市管理的理论研究前沿也是优化国土空间格局的重大现实课题。相关研究文献从都市圈规划角度分析个体城市的空间结构优化问题。在这一研究领域，对京津冀区域空间格局以及区域内部城市空间发展方向的研究是近年来国内区域规划与城市空间领域研究的热点，研究角度大致分为3个，其一是通过人口统计数据描述区域空间结构的集聚特征，其二是通过地区之间的经济联系分析区域经济中心特征和整体区域结构形态，其三是运用地理科学技术或方法，分析区域的交通可达性。如李国平等(2004)，[⑦]李国平、陈秀欣(2009)，[⑧]于涛方、吴志强(2006)，[⑨]陆军(2002)，[⑩]孙翠兰(2007)，[⑪]于涛方、邵军、周学江(2007)，[⑫]陈洁和陆锋(2008)，[⑬]刘焱和刘利东(2010)，[⑭]陈红霞、李国平等(2011)[⑮]均从不同角度对京津冀区域以及区域内部主要城市的空间发展进行探讨。

三、城市社会管理

城市社会管理是城市管理的重要组成部分，城市社会管理包括人口管理、治安管理、社会服务管理、安全管理和教育、文化管理等方面。城市社会管理的有效性直接关系到城市的稳定、可持续发展和竞争力的提升，是现阶段城市管理需要着力关注的重大课题。通过梳理相关文献可知，

① 皇甫玥、张京祥、陆枭麟：《当前中国城市空间增长管理体系及其重构建议》，《规划师》，2009年第8期。
② 赵强：《中国城市成长管理问题研究》，《国外城市规划》，2007年第2期。
③ 张庭伟：《控制城市用地蔓延：一个全球的问题》，《城市规划》，1999年第8期。
④ 张娟、李江风：《美国"精明增长"对我国城市空间扩展的启示》，《城市管理与科技》，2006年第5期。
⑤ 胡锦涛：《高举中国特色社会主义伟大旗帜　为夺取全面建设小康社会新胜利而奋斗》，人民出版社，2007年。
⑥ 连玉明：《中国城市年度报告(2005)》，中国时代经济出版社，2005年。
⑦ 李国平等：《首都圈结构、分工与营建战略》，中国城市出版社，2004年。
⑧ 李国平、陈秀欣：《京津冀都市圈人口增长特征及其解释》，《地理研究》，2009年第1期。
⑨ 于涛方、吴志强：《京津冀地区区域结构与重构》，《城市规划》，2006年第9期。
⑩ 陆军：《论京津冀城市经济区域的空间扩散运动》，《经济地理》，2002年第5期。
⑪ 孙翠兰：《再论空间经济一体化与京津冀区域经济合作》，《首都经济贸易大学学报》，2007年第6期。
⑫ 于涛方、邵军、周学江：《多中心巨型城市区研究：京津冀地区实证》，《规划师》，2007年第12期。
⑬ 陈洁、陆锋：《京津冀都市圈城市区位与交通可达性评价》，《地理与地理信息科学》，2008年第2期。
⑭ 刘焱、刘利东：《京津冀区域框架下的滨海新区发展研究》，《城市发展研究》，2010年第5期。
⑮ 陈红霞、李国平、张丹：《京津冀区域空间格局及其优化整合分析》，《城市发展研究》，2011年第11期。

近年来，在城市社会管理方面，有相当数量的研究集中于城乡收入差距，以及大都市区域范围内城乡收入差距，城市流动人口管理等问题。

2011年前三季度，国家统计局发布的数据显示，我国城镇居民人均可支配收入16301元，同比名义增长13.7%，农村居民人均现金收入5875元，同比名义增长20.7%。城乡绝对差距10426元，城乡收入比为2.77：1，是自2002年以来，城乡居民收入比首次回落到"3"以内，我国城乡收入差距正在缩小。在理论研究中，一般认为城乡收入差距与一个国家或地区的经济社会发展水平和阶段密切相关，进一步地，发展经济学认为，随着地区经济发展，工业化和城市化的深入，城乡收入差距将经历由低水平的均衡到收入扩大、再到收入缩小的演进过程。国内关于城乡收入差距的研究集中在两个方面：一是采用各种指标和方法测量收入在不同时间段、不同空间尺度上的差异性，从而描绘居民收入差距的演变，多用于过程分析和横向、纵向比较研究。二是通过定量分析，研究影响城乡收入差距的因素，以及不同因素对收入差距的作用程度和作用方向。在第一个研究视角下，如向清成利用标准差和变差系数等方法测度了新中国成立以来我国居民消费水平的地域分布。[①] 张可云和徐静从区域经济实力、居民生活水平、基础设施水平3个方面着眼，测度了北京市南北城区发展差距。[②] 刘剑锋选取城镇居民人均可支配收入和农村居民人均纯收入两个指标，测度了我国城乡居民收入差距变动趋势。[③] 郭馨梅和李佳的结论则认为，在北京市的加速转型期，经济结构和社会结构呈现加速度的整体性跃迁，收入在不同社会成员之间产生了不均等的分配现象。[④] 宋臻应用问卷调查的形式，研究了北京、无锡和珠海三地的城镇居民收入差距。[⑤] 此外，有学者从城市社会地理学的角度，研究社会区域收入格局的空间分异。[⑥] 顾朝林等学者认为在北京的农村流动人口和工作在独资或合资企业的高薪雇员，正在产生两个新的社会集团，即低收入组和高收入组，进而形成了北京的城市社会极化现象。[⑦] 在对城乡收入差距影响因素分析方面，有学者认为农业对非农业部门的相对劳动生产率是解释中国城乡居民收入差距演进的最重要因素。[⑧] 陈红霞、李国平等[⑨][⑩]从实证研究角度，分析了北京市城乡收入差距的现状及影响因素。姚翠友的研究认为影响城乡居民收入差距的主要因素包括城市化水平、就业结构、政府财政支农的比率等几个方面。[⑪] 郭馨梅和邱战槐的研究成果认为，经济结构的调整、经济体制的改革、社会阶层的加速分化和个人经历以及家庭背景等方面都是造成加速转型期北京居民收入差距扩大的原因。[⑫]

此外，流动人口管理也是城市管理研究近年来的热点问题。快速的城市化进程使人口格局迅速变化，而人口流动成为影响城市化和人口再分布的最重要因素，对城市流动人口的相关管理问题不断凸显。一般认为，流动性大、信息不透明，是流动人口服务管理面临的主要难点，而打破二元化人口管理模式，实现基本公共服务的均等化以及流动人口管理创新是实现流动人口管理的主要措施。如郑杭生等学者认为，针对目前快速城市化和人口流动，应逐步推进和深化户籍制度改革，理顺城市社会管理体制，为城市包容性发展创造条件，同时在创新社会管理中，把对流动人口的管理、服务和教育培训有机结合起来，不仅

① 向清成：《中国居民消费水平的地域差异》，《地理科学》，2002年第3期。
② 张可云、徐静：《北京城区发展差距问题研究》，《北京社会科学》，2003年第3期。
③ 刘剑锋：《我国城乡居民收入差距变动趋势及对策分析》，《经济研究参考》，2009年第45期。
④ 郭馨梅、李佳：《加速转型期北京居民收入差距实证分析》，《北京工商大学学报》（社会科学版），2007年第2期。
⑤ 宋臻：《中国城镇居民收入差距研究——基于北京、无锡、珠海三地的问卷调查及分析》，《学海》，2003年第2期。
⑥ 程丽辉、王兴中：《西安市社会收入空间的研究》，《地理科学》，2004年第1期。
⑦ 顾朝林、C.克斯特洛德：《北京社会极化与空间分异研究》，《地理学报》，1997年第5期。
⑧ 周端明、刘军明：《二元性与中国城乡居民收入差距演进：理论模型与计量检验》，《安徽师范大学学报》（人文社会科学版），2009年第3期。
⑨ 陈红霞：《北京市居民收入差距发展规律与结构特征的实证研究》，《城市发展研究》，2010年第12期。
⑩ 陈红霞、李国平：《北京市城乡居民收入差距变化及影响因素分析》，《地理科学》，2009年第6期。
⑪ 姚翠友：《北京城乡居民收入差距的影响因素分析》，2008年第5期。
⑫ 郭馨梅、邱战槐：《加速转型期北京居民收入差距扩大的原因探析》，《北京工商大学学报》（社会科学版），2006年第4期。

能实现有效的流动人口管理，也将给城市及社会和谐发展提供新的动力。[①] 伍先江认为流动人口服务管理创新的基本思路是：公平对待，强化合法权益保护；党委政府主导，多元参与；完善管理，创新服务管理制度和手段，可以从涉及流动人口公共服务的社会经济政策改革创新、服务管理体制改革创新和服务管理方式方法创新3个方面着手。[②] 对流动人口社会保障问题的关注也是近年来的研究热点，一般认为流动人口在社会保障与福利、公共服务以及各项公民权利等方面与户籍人口有着很大的差别，由于尚未形成流动人口的属地管理模式或者委托管理模式，大量流动人口无法分享其参与创造的城市价值。

四、城市交通管理

城市交通管理是城市管理研究的主要内容之一，城市交通是城市内外向联系的基本物质载体，城市交通维系着城市有机整体的正常运转。便捷、合理的交通对城市快速发展、城市空间的合理布局、提高人民生活水平等具有重要的保证和促进作用。解决大城市交通问题一直是城市政府、学术界以及民众关注的重要课题，对道路设施建设、改善公共交通服务、提倡汽车、自行车、步行等交通手段互补等方面进行了有意义的研究和探索。20世纪70年代的交通系统管理（Transportation Systems Management，TSM），20世纪80年代的交通需求管理（Transportation Demand Management，TDM）成为不同时期的重要交通政策。其中，交通系统管理强调对交通流（分布）的管理，主要是指各级交通管理部门通过对交通流的合理引导，实现交通流在道路网络中的合理分布，调节交通负荷，提高道路网络系统的运输效率。交通需求管理则是对交通源的管理，指通过减少不必要的交通需求，降低城市道路交通流量，以此缓解交通压力，解决道路拥堵等问题。在交通需求管理的研究方面，国内的学者针对具体城市开展了具

有针对性的研究工作，如罗靓等采用案例研究的方式，通过对4000名西安城市居民进行出行调查，结合统计学和交通工程学的相关理论与方法，分析居民的日常出行时间、出行目的、出行距离以及出行方式等规律，进一步结合西安市城市特点及交通系统状况，提出了错峰上下班、大力优先发展公共交通、限制私人汽车增长和有计划地引导城市优质资源外迁等交通需求管理对策。[③]

从交通政策发展来看，20世纪90年代以来城市发展更为重视公共交通尤其是交通需求管理（TDM）在城市交通中的作用。根据相关的理论研究及理论的具体实践应用，现有的TDM内容包括：在出行产生阶段尽量减少出行量；在出行方式选择阶段，鼓励将出行方式由低容量向高容量转移；在路径选择阶段，尽量从空间与时间上分散交通流。受TDM启发，衍生出了信息化下的智能交通系统（Intelligent Transport System，ITS）、单向交通等管理策略，为中国城市交通管理的改革提供了重要参考。[④] 李岚从价值分析的视角可以得出结论：在大城市的轨道交通、地面公交和小汽车3种运输方式中，前者价值最高，中者次之，后者最低；同时发展智能交通、改善居住区规划结构，也是提升城市道路交通功能和质量的有效措施。[⑤]

随着我国城市化水平的提高和人均收入的增加，汽车需求量也将持续增加，大城市汽车保有量还将快速增长，而同时大城市建成区的路网密度因城市土地的制约不会有很大变化，[⑥] 因此，大城市交通问题将长期存在。在城市交通管理研究方面，这一现实背景也对大城市交通管理方式方法的探索提出了更高的要求。随着计算机和通信技术的日臻完善，对城市交通网络实施系统性、整体性管理和监控已成为可能，在这样的背景下，建立实时智能交通系统是现实发展的必然趋势，相应地，智能交通研究也将成为城市交通管理研究一个主要的发展方向。

① 郑杭生、陆益龙：《开放、改革与包容性发展——大转型大流动时期的城市流动人口管理》，《学海》，2011年第6期。
② 伍先江：《论流动人口服务管理创新》，《中国人民公安大学学报》（社会科学版），2011年第2期。
③ 罗靓、云虹、徐星：《城市居民出行特征及交通需求管理对策》，《长安大学学报（社会科学版）》，2011年第4期。
④ 刘志玲、李江风、龚健：《城市空间扩展与"精明增长"中国化》，《城市问题》，2006年第5期。
⑤ 李岚：《基于价值管理的城市道路交通规划》，《城市发展研究》，2011年第1期。
⑥ 上海通大信息网络有限公司：《构筑和谐、畅达空间——城市静态交通管理网络体系》，《智能建筑与城市信息》，2006年第2期。

五、城市突发事件管理

由于快速的城市化进程，城市人口数量急剧增加，人口密度急剧上升，突发事件对城市发展造成的影响比以往时期表现得更为深远。城市突发事件已成为各个国家和地区必须面对的挑战，城市突发事件的应急管理显得格外重要。[①]自 2003 年"非典"以来，城市公共卫生、公共安全等开始受到广泛关注，国内学术界也从不同角度开展了深入研究。一般认为，根据突发事件的发展特征，城市突发事件管理的功能体系包括预防、准备、反应、恢复、总结 5 个方面，管理系统包括决策系统、信息系统、执行系统、保障系统。

目前，我国的城市安全已经呈现出突发事件高频率、多领域发生，以非传统安全问题为主要威胁，突发事件极易被放大为社会危机，突发事件国际化程度加大等特征。[②]随着科技的进步和人类对自然界认识与改造力度的加深，一些自然灾害已能被预测并预防；然而，人类社会发展所带来的突发事件却不断增多，特别在城市地区，人为造成的危害已明显大于自然灾害。已有的研究认为，城市突发事件已经成为威胁城市安全的一个重要因素，而应急机制的不完善乃至缺失是我国城市管理的重要缺陷和问题。目前的城市危机管理迫切需要建立一个既能灵活显示和查询各种城市突发公共事件信息，又能提供快速的风险评估、支援方案和辅助决策的实用高效的城市突发公共事件风险评估应急管理平台。[③]

也有学者的研究关注具体的城市危机领域，以城市饮用水源突发污染为例，王东宇和张勇梳理了 2006 年 75 起突发污染事件，统计分析结果显示了 5 个方面的特征，一是突发污染事件总体呈数量增多、危害增大的趋势；二是危险化学品和各类工业污水仍是主要污染物；三是交通事故、工厂泄漏事故和突然排污仍是主要风险源；四是 41.3% 的事件威胁到了城市供水系统安全运行，造成城市几小时或多天停水，带来严重的社会影响；五是 92% 的突发污染事件得到了应急响应，但应急时间远大于国家规定的 1 小时，应急预案在快速性和有效性方面还需改进。[④]卢文刚的研究将复杂系统理论导入分析城市地铁突发事件应急管理，通过对我国城市地铁突发事件应急管理现状的分析，提出了基于复杂系统理论的加强城市地铁突发事件应急管理应建构九大系统的对策建议。[⑤]李东序的研究建议吸取汶川大地震的经验教训，在城市公用事业方面各城市应主要做好风险评估——完善城市公用事业的各项基础设施，能力评估——制定切实可行的应急预案，反应评估——建立常备不懈的预警机制，沟通评估——学会与人民大众的沟通与协调，体制评估——组织灵敏高效的指挥系统，以及社会评估——完备有关法律保障制度等工作。[⑥]

六、主体多元化管理

在广义的城市管理中，管理的主体不仅包括城市政府，还包括一些社会公共团体、企业、学者以及市民，这些多元化主体对城市公共事务的管理决策产生重大影响，并发挥重要的作用。[⑦]由于多元化主体的参与，最终形成的城市管理决策将考虑到不同主体的利益诉求，必然提高城市管理决策的实施效率，提升城市管理的整体水平。城市各主体作为相对自主的力量参与到公共决策中，可以发挥其参与城市公共事务和约束政府权力的作用。[⑧]强调城市管理主体的多元化，是要综合运用国家机制与政府组织、市场机制与营利组织、社会机制与公众组织 3 套有利于城市健康发展的城市管理工具，构建一种全民参与的现代城市管理体制。[⑨]以公共服务设施供给为分析对象，

①　王声湧：《城市突发伤害事件及其应急管理体系》，《中国公共卫生》，2005 年第 5 期。
②　连玉明：《中国城市年度报告》，中国时代经济出版社，2005 年。
③　何铮：《基于 GIS 的城市突发公共事件风险评估应急管理平台研究》，华东师范大学，2009 年硕士学位论文。
④　王东宇、张勇：《2006 年中国城市饮用水源突发污染事件统计及分析》，《安全与环境学报》，2007 年第 6 期。
⑤　卢文刚：《城市地铁突发公共事件应急管理研究——基于复杂系统理论的视角》，《城市发展研究》，2011 年第 4 期。
⑥　李东序：《突发事件与危机管理——从汶川大地震看城市公用事业安全》，《城市发展研究》，2008 年第 3 期。
⑦　张波、刘江涛：《城市管理学》，北京大学出版社，2007 年。
⑧　王志峰：《新时期我国城市管理模式创新取向及路径选择》，《经济体制改革》，2005 年第 6 期。
⑨　张超：《城市管理多元化模式探讨》，《学海》，2006 年第 6 期。

周春山等人的研究认为，改革开放以来，社会经济体制转型促使我国城市公共服务设施供给模式发生变革，其供给主体结构由计划经济时期的单一化政府垄断转向政府公共部门、市场企业组织及社会非营利组织多元参与；在供给主体的制度设计上，供给决策由政治主导转向利益驱动，生产与提供机制由一体化转向垂直分离，垂直层级式管理机制也逐步转型为政府主导下的全方位监督。[1]

主体多元化模式要求在提升政府治理能力的同时，力求公众和非政府组织发挥更大的效力来支持政府的管理，扩大政府与非政府组织、社会、公众之间的广泛合作。管理主体多元化模式运行的关键，一是政府放权，二是公众参与，三是各主体间利益协调，同时要利用信息化的平台为各主体参与管理提供载体与渠道。[2]

随着城市经济规模、人口规模和空间规模的迅速扩大，城市所面临的经济社会环境也日趋复杂，如何在更有效、高效地管理城市的同时，实现社会公众利益的最大化是城市管理和研究者普遍关注的重要课题，参与式城市治理理念是在这样的现实背景下产生和发展起来的。参与式城市治理提出了在城市管理过程中政府、企业和社会组织之间在不同领域里相互合作和互动的关系，强调了利益相关者进入决策、执行、监督和反馈的城市管理过程。[3]针对具体的参与形式，杨艳东的研究认为，目前，正式参与机制的形式化难以真正实现公众诉求，公众的非正式参与压力对城市治理产生的正负效应具有不确定性，中国城市治理模式亟须转型，建构有效的公众参与机制取决于立法、授权、参与途径等多个层面上的改革和创新，是城市走向善治的基本保证。[4]

七、数字化管理

当今世界正在向信息时代迈进，信息技术也从深层次上改变着城市经济、人民生活、社会运行的方式，进而对城市发展和城市管理产生影响。许多学者结合北京、上海、昆明等地应用"数字城市"相关技术的实践，指出电子政务系统、物联网的应用，信息化城市管理模式、网格化城市管理模式是未来城市管理数字化的主要发展方向。

解决"十一五"期间数字城市建设存在的问题，从本质上来说，不是技术问题，而是体制问题，所以要转换思路；根本的思路转换是要从以技术驱动为主转向以需求和服务驱动为主，关键是要建立公共信息平台。[5]电子政务系统与城市的管理水平关系最密切，是数字城市建设的核心组成部分。数字城市中数据资源是电子政务支撑政府决策指挥、协同办公、行政管理、提高政府公共管理和服务水平的基础。电子政务建设的关键环节是实现资源共享、整合业务流程。[6]切实有效地推进电子政务建设要求根据公众的服务需求，对政府的管理业务流程、跨部门的网络资源、数据资源和应用系统进行整合，实现政府各部门之间的信息共享和协同工作，从而实现政府管理创新，提高政府工作效率。构建电子政务平台是引领政府管理体制改革的创新工程，对于提高政府工作效率，增强政府服务功能，逐步形成新型政府管理模式不仅必要而且急切，是现代政府治理不可或缺的工具。[7]

信息化城市管理模式简称为 GBCP 模式，[8] G（Government）为政府、B（Business）为公共服务企业、C（Citizen）为公众、P（Public、Product）为公共设施与公共环境。构筑信息化城市管理系统，可以实现政府、公共服务企业、公众、公共设施与公共环境之间的信息快速传递和沟通，通过主体之间的高效互动，满足公众对公共管理和社会服务的需要。城市管理服务 GBCP 系统的应用，能够大幅度降低政府公共服务的成本，提升公共服务效率和水平，提高公众的满意度。如张

① 周春山、高军波：《转型期中国城市公共服务设施供给模式及其形成机制研究》，《地理科学》，2011 年第 3 期。
② 张超：《城市管理主体多元化模式探讨》，《学海》，2006 年第 6 期。
③ 刘淑妍、朱德米：《参与城市治理：中国城市管理变革的新路径》，《中国行政管理》，2005 年第 6 期。
④ 杨艳东：《中国城市治理困境中的公众参与机制与效果分析》，《云南社会科学》，2011 年第 5 期。
⑤ 仇保兴：《中国城镇化发展与数字城市建设》，《城市发展研究》，2011 年第 8 期。
⑥ 赵晖：《创新城市管理模式，推进电子政务建设》，《哈尔滨技术学院学报》，2007 年第 2 期。
⑦ 张联锋：《构建电子政务平台与提高政府效能关系分析》，《科技视界》，2011 年第 23 期。
⑧ 嵇立平、武利亚：《传统管理模式的嬗变——访北京市市政管理委员会委员武利亚》，《科技潮》，2006 年第 7 期。

增茂等研究了物联网在城市管理中的应用，认为利用物联网平台，将 IT 设施与城市的基础设施融合，使得城市的各个部件联结起来，形成一个有机整体，城市运行将高度自动化、科学化。[1]

对网格化城市管理模式的研究也是数字城市化管理的一个重要研究内容。网格化城市管理模式是建立在数字技术基础上的新型管理模式，该模式以应用和需求为导向，充分利用计算机、网络、地理信息系统和无线通信等多种数字城市技术，研究设计并实现了一种全新的城市管理模式——万米单元网格城市管理新模式，从而实现了精确、高效、全时段、全方位覆盖的城市管理网络。[2] 网格化城市管理改变了城市管理的整体特征，强化了政府的社会管理和公共服务职能。由于提供了双向沟通渠道，网格化城市管理模式有利于提高城市管理的民主化水平。[3] 对于我国城市和社区发展而言，网格化管理技术的应用不仅需要先进的技术设备的投入，也需要相关工作人员的观念转变和能力提升，还需要辖区居民的创新思维和素质提升。[4]

八、理论进展总评

城市管理学是近年来兴起的一门交叉学科，丰富城市管理研究理论，提升城市管理水平是建设宜居、高效、资源节约、可持续、生态友好的城市区域的现实需要。通过对城市管理相关理论的梳理可知，国内的城市管理研究以快速城市化时期的诸多问题（如环境污染、城市规模过度膨胀、城市中心区衰落、城市历史文化遗产保护、城市交通等）为研究对象，研究成果涉及城市的经济管理、社会管理、人口管理、城市空间管理等多个方面。此外，也有学者探讨了基于可持续发展的城市管理新模式，包括在城市管理的对象、主体、过程、目标和绩效等方面对现有城市管理模式变革，[5] 也有文献探讨了城市转型过程的管理问题，即针对全球化、[6] 信息化[7] 背景下城市管理演变的研究，以及城市开发区管理研究。[8][9][10] 相关的研究内容在不断丰富完善过程中逐渐形成了城市经济管理理论、城市社会管理、大都市区理论、城市郊区化理论、生态城市管理理论、城市竞争力理论、数字城市理论等城市管理理论，为我国城市化和城市发展实践提供了坚实的理论基础。

近年来，我国城市化发展速度较快，城市化水平每年提升 1 个百分点左右，到 2020 年我国的城市化水平有望达到 60%，随之而来的是城镇人口的不断增长。不断涌入的人口使城市承载力面临极大的压力，诸如城市用地紧张，能源与基础服务设施供应不足、住宅缺乏，交通堵塞，生态环境恶化等关乎人们生存状况的城市问题越来越多。此外，到 2020 年我国东部沿海的许多地区尤其是珠江三角洲地区、长江三角洲地区、环渤海地区城市化水平有望达到 80%，这些地区将发展成为大、中、小城市高度密集的大都市圈（带），如何驾驭与管理这些大都市圈及其所辖城市将成为我国城市化进程中必须优先解决的重大问题。现实的城市管理实践迫切需要形成了一套比较完善的城市管理模式和方法，应用到城市发展和建设中去。

展望未来的城市管理研究，在针对常态化问题的城市管理研究中，以"可持续发展"为理念的生态管理，以"新公共管理"为指导的高效管理，以"以人为本"为宗旨的公众满意导向管理等仍将是未来的研究重点。同时，对非常态化事件的关注也是城市管理研究的潜在重点。随着城市的迅速发展，城市潜在危机发生的可能性及复

① 张增茂、孙晓枚：《物联网在城市管理中的应用》，《城市管理与科技》，2011 年第 5 期。
② 潘兴华：《浅谈网格化城市管理模式》，《中共宁波市委党校学报》，2007 年第 3 期。
③ 姜爱林、任志儒：《网格化现代城市管理新模式——网格化城市管理模式若干问题初探》，《城市》，2007 年第 2 期。
④ 李鹏、魏涛：《我国城市网格化管理的研究与展望》，《城市发展研究》，2011 年第 1 期。
⑤ 诸大建：《管理城市发展：探讨可持续发展的城市管理模式》，同济大学出版社，2004 年。
⑥ 王佃利：《城市管理转型与城市治理分析框架》，《中国行政管理》，2006 年第 12 期。
⑦ 王喜、范况生、杨华、张超：《现代城市管理新模式：城市网格化管理综述》，《人文地理》，2007 年第 3 期。
⑧ 郑静、薛德升、朱竑：《论城市开发区的发展：历史进程理论背景及生命周期》，《世界地理研究》，2000 年第 2 期。
⑨ 沈宏婷：《由"孤岛"到"新城"——国内开发区发展转型趋势》，《江苏商论》，2008 年第 1 期。
⑩ 陈红霞、李国平：《开发区城市管理的问题及解决途径》，《城市问题》，2009 年第 12 期。

杂程度急剧上升，原有管理模式已难以应对。[1][2] 为解决以上问题，有必要借鉴发达国家的城市危机管理经验，建立独立的危机管理机构，形成社会联动机制，完善危机预警体系。构建突发事件管理体系是保障城市健康发展的基础工作，是城市管理中具有战略性和紧迫性的重大课题。

此外，在分析方法上，城市管理研究将更加重视以多学科交叉背景为基础的综合方法的运用，相关的理论分析需要政治学、经济学、管理学、建筑学、地理学、社会学等一批学科的支撑，近年来随着复杂系统研究的进一步发展，诸如元胞自动机（CA）、基于 Agent 的建模（ABM）等理论为研究城市管理问题提供了新思路。同时，城市管理学理论也将在不断丰富和完善的过程中，在城市管理、城市与区域规划、城市与区域经济等众多相关的实践领域发挥越来越大的指导作用。

第二节　实践创新

2011 年，为了有效地提高城市管理水平，全国各地不同省份不同城市纷纷采取了各种创新措施提高城市管理的效率。在中国高速城市化的背景下，城市管理也受到众人的关注，城市管理管什么，如何管理，怎样管好成为各个城市管理者关注的内容。

本节主要从城市社会管理、城市空间管理、城市经济管理、城市交通管理、城市突发事件管理、各城市管理部门（城市管理局或城市管理委员会等）的管理创新等方面进行创新措施的总结。由于篇幅限制，本节重点关注地级以上城市的实践创新。需要特别说明的是，本节中各地相关做法的总结来自对相关城市政府网站和相关新闻报道的梳理和总结。

一、城市社会管理

（一）城市人口管理创新

1. 城市流动人口管理创新

随着城市化和产业转移发展带来国内大规模的人口移动，大中城市尤其是大城市的流动人口在总人口中所占的比例越来越高。流动人口虽然身在城市，为城市经济社会发展做出贡献，却并未完全享受到城市发展带来的福利，这也给城市的管理带来了挑战和要求。当前，如何更好地服务和管理农民工与其他流动人口成为各城市面临的重要问题。

天津采用"滨海模式"，创新流动人口管理，主要是通过流动人口服务管理工作体系、流动人口信息化体系、流动人口公共服务体系、流动人口权益保障体系与流动人口动态化服务管理体系这 5 个体系的建立来提高对流动人口管理的水平。同期天津市官渡区研发出了"官渡区流动人口信息服务管理系统"，建立了"以房管理人、以卡服务人"的流动人口动态服务管理机制，并按照流动人口的治安属性与日常表现，将其分为红、黄、蓝、绿四色，按要求进行服务管理，此服务系统有效地对流动人口进行了动态的管理。

北京市清河街道采取了"双向评选"工作方法创新了流动人口管理模式。即在社区居民党员中开展"党员好房东"评选，同时在社区流动党员中开展"党员文明新市民评选"，通过党员创先争优，带动本地居民和外来人员合力争先进，齐心建家园。

广东省中山市采取"四到位"创新管理理念加强流动人口管理，"四到位"即指登记备查到位、服务解难到位、督促管控到位、宣传教育到位。

江苏省南通市采用"三集中"模式创新对外来人口的管理。"三集中"模式即对外来人员进行"集中居住、集中服务与集中管理"。与此同时，实施四个转变即由原来注重本地居民向在区工作生活的实有人员转变，由原来重外来人员工资福

① 罗守贵、高汝熹.《论我国城市政府危机管理模式的创新》，《软科学》，2005 年第 1 期。
② 祝江斌、王超、冯斌、罗珊珍：《城市重大突发事件的政府预警管理模式刍议》，《湖北社会科学》，2006 年第 8 期。

利待遇向全方位民生问题转变，由原来重硬件建设向硬件、软件并重转变，由原来分散管理向政府主导、社区管理、企业参与转变。与此理念配套的是，南通市整合区域的资源，创造一个宜人的硬件环境；创立与完善外来人员服务管理平台，提供一个服务水平高质量好的软环境；构建外来人员服务管理的新机制，成立外来人员管理服务领导小组，明确各部门各职能与职责。南通市的流动人口管理创新有效提高了外来人口管理的效益。

在福建省福州市，长乐边防积极探索"三清、四细、五实"流动人口管理模式，三清是指注重走访调查，做到走访清、调查清与记录清；四细是指注重强化跟踪管理，做到人口信息比对细、协管组织工作细、出租房屋管理细、行业场所管控细；五实是指注重提供优质服务，做到法律法规宣传实、主动跟进服务实、矛盾纠纷化解实、防范控制措施实与服务工作成效实。福州市仓水区则采取了"三化三免"流动人口管理新模式。"三化三免"是指实行规范化管理，避免制度落实"一团糟"、进行社会化管理，避免公安机关"唱独角"与推进亲情化管理，避免流口难找"娘家人"，有力提升了外来人口管理服务水平。

广西壮族自治区桂林市实行"酒店式"管理流动人口新模式，针对流动人口最终的落脚点为房屋的特点，让整个社区成为一个"连锁酒店"，用于出租的房屋相当于一间"酒店"，外来流动人口就是"房客"。外来人口租住房屋，必须办理类似房客入住酒店的手续，登记每个租住者的身份信息，之后才能租用社区房屋。再利用互联网把信息输入警方的信息采集平台，使警方能有效地掌握各种具体信息。

2. 城市属地人口管理创新

2011年广东省珠海市创建了"整合服务＋阶梯利益"的管理模式创新属地人口管理。主要是通过整合公共管理和服务资源，建立一次性属地身份注册登记制度，综合运用现代信息技术，构建横琴人口信息门户，实现随时、随地的一次身份注册登记确认，享受全面的公共服务；整合人口信息资源，掌控动态准确的人口活动轨迹，建立"及时、准确、全面"的人口诚信信息；建立贡献与权益对应的"阶梯制"社会福利享受机制，

逐步淡化差异，探索户籍管理向实有人口属地登记管理转变的有效途径。

人口管理中包含一个重要的内容是特殊人群服务管理创新。2011年北京市门头沟建立了特殊群体服务管理的新模式，此新模式通过细化分解工作任务，明确服务管理工作项目，纳入区政府年度目标管理任务书，确保各项服务管理措施落到实处；服务管理措施项目化；服务管理措施社会化；服务管理措施信息化；突出资源共享、政策衔接这五种方式创新对特殊群体的管理。湖北省鄂州市则采用了"邻里关照互助组"的方法推进对特殊人群服务的创新，其通过邻里互动、农活互助、困难互帮、平安互建的方法使需要关爱的人群得到重点照顾。

3. 城市就业管理创新

2011年天津市探索"天津模式"来化解被征地拆迁土地后农民就业的问题。天津市东丽区与天津港保税区空港经济区管委会就被征地农民就业签订合作协议，双方共同对失地农民进行职业技能培训通过与落户企业和园区签订就业协议，使失地农民的就业得到规范化、制度化的保障，有效解决了失地农民的后顾之忧。

上海嘉定区则积极探索残疾人就业培训的新模式，建立了特殊的残疾人就业场所——"阳光工坊"，通过"阳光工坊"提高残疾人的家庭收入与生活水平。

山东省潍坊市与甘肃省兰州市都采取"居家就业"的模式，通过政府政策提供就业宣传、培训与对接，有效解决了困难人群与失地农民的就业问题。

浙江省杭州市古荡街道利用电信技术，采取"数字就业"服务新模式。"数字就业"服务新模式就是集就业服务平台集考勤、查询、受理等功能于一身的技术。让街道每个社区劳动保障服务室配备一部3G智能工作手机，通过这部手机可以收发各种就业信息，方便服务人员对失业人员进行实时受理，保证信息的通畅与及时，有效提高就业服务的效率。

杭州市西湖区则采用了"一库两会"的新机制创新就业工作。"一库两会"是指以"技能人才信息库"为基础，针对性引导辖区各类人员和企业进行技能人才培养；以"创业暨新杭州人联谊

会"和"大学生创业项目展示会"为平台，在辖区内营造唯才是举的创业氛围，积极服务于包括大学生、新杭州人、城镇就业困难人员这三类群体的再就业工作。这个创新项目的实施，加强了当地就业环境，稳定了辖区的就业。

四川省成都市也探索了相应的就业创新模式，把目光集中在生活困难家庭中的就业困难人员，建立了"双向承诺"的机制，只要"双困"人员愿意从事力所能及的劳动、服从管理和安排，街道、社会就会利用公益性岗位或相关托底援助岗位进行无条件安置。成都市通过政府购买服务于社会公益组织的参与来增加公益性的岗位，有效解决了"双困"家庭的就业难题。

4. 城市人才管理创新

2011年湖北省武汉市探索人才管理创新模式，武汉市尝试采用人才专员、分库管理人事档案等创新举措为重点企业与项目服务。通过与企业面对面交谈，征求人才服务工作的意见。另外为高层次的人才配备服务的专员，为高层次人才创办的企业提供专业服务。最后，对重点企业实行"一对一"跟踪服务，对人才需求高的企业实行"档案分库管理"，提高企业人事档案的利用效率，方便企业进行人才的引入。

江苏省徐州市则将招才引智工作进行量化，其内容包括组织保障、人才引进、载体建设、环境建设4方面13项指标。组织保障方面，主要考核党政领导班子是否重视招才引智工作、招才引智工作制度机制是否健全、招才引智等重大人才工作投入情况，以及高层次人才引进激励资助政策兑现等情况；人才引进方面，主要考核紧缺型高层次人才引进工程、高层次人才创新创业推动工程、研究生企业集聚工程实施情况，以及开展国外智力项目引进工作情况；载体建设方面，主要考核高层次人才创新创业基地建设，研发平台建设情况；环境建设方面，主要考核招才引智环境营造、高层次人才服务质量、支持引进人才提升科研水平等情况。通过量化考核的方式，激励地方引入人才，实现高层次人才引进、高科技创新成果转化、高新技术产业发展"三高联动"。

（二）城市住宅管理创新

1. 城市公租房建设创新

2011年重庆创新城市公租房建设，行成公租房建设的"重庆模式"。重庆在全国率先推行公租房与商品房的住房"双轨制"，在进行公租房规划时，保证公租房与商品房混建，有效避免了社会阶层割裂，并且在融资模式上，保证了部分土地出让净收益用于公租房的建设，解决部分公租房建设的融资问题。北京市对公租房的建设则创新使用"三多一统筹"的建设管理模式。三多是指"多主体建设"、"多方式"筹集公租房源和"多元化"融资，"一统筹"是加强统筹管理，统一建设标准，规范审核分配，抓好后期管理。此举保证了公租房建设的建设与质量。

北京市还尝试运用私募债来为保障房的建设进行融资，对于采用私募债筹来的资金会采取封闭式的管理、委托支付的方式，确保专款专用。对于保障房的建设类型，北京也试点建设老年公租房，它从居住方面考虑了未来社会老龄化问题，立足于居家养老、社区养老的理念，体现了政府为有效缓解养老服务如何进入社区、提高老年人生活质量所做的努力。

上海也在2011年创新公租房建设，沪用公积金介入公租房的建设，以缓解公租房建设资金的难题。上海在全国首次利用住房公积金增值收益投资公租房，实现了住房公积金投资公租房政策零的突破。上海长宁区探索"人才公寓"新模式，通过整合市区闲置老厂房、办公楼与酒店式公寓，开拓市区的房源，满足市区人才的租住。湖北省武汉市创新采取公租房"包租"的方式筹集房源，利用城中村改造中的多余房源用于公租房。

山东省青岛市则探索公租房"先租后售"的模式，此探索有利于在建设资金短缺的情况下，吸引社会资金投资建设公租房，增加公租房建设和供应规模，兼顾被保障群体的阶段性住房需求和长远性住房需求。

江苏省镇江市则采取利用公租房周围的配套周边设施的收益来为公租房建设埋单。它一方面有偿地为公租房的租客提升生活质量、创造生活价值，另一方面公益地解决他们的居住难题，并以前者的收益为后者埋单。

2. 城市公租房运营创新

2011年重庆公租房的"重庆模式"在公租房的运营上也进行了相应的创新。对于保障的对象，专门针对低收入的困难群体，并全国率先允许无户籍居民申请公租房，并且对公租房进行严密的监控，保证公租房封闭式的运行，不进入商品房流通市场，使公租房永远姓公，动态保障困难群体的使用。同时，重庆建立信息平台，及时向社会公开公租房的信息并运用"对外公示＋社会监督"的方法保证公租房的阳光分配。

上海则利用"公租房公司"对公租房进行运营管理。上海公租房主张"政府主导、市场化运作"，用公租房公司对公租房进行运营管理。

贵州省贵阳市采用了"公租房银行"的方式对公租房进行运营管理，利用"房屋银行收储配租模式"来把社会上闲置的房源收集起来，政府作为中介把房屋作为公租房出租，再进行一定量的补贴，起到公租房的有效运营与有效补充的作用。

广东省佛山市则出现了"转租型"的公租房，就是政府出钱把市场上的房子租回来，在转租给符合条件申请公租房的市民，此公租房的运营方法比较省钱、方便。

3. 廉租房管理创新

2011年河北省石家庄市创新廉租房分配方法，利用"高考录取"模式以量入为出、依次配租为原则，通过各区公开摇号分配房源、系统打分排定申请家庭位次、按家庭困难程度分批选房摇号等程序，一次性公开、公平、公正地分配廉租房。

石家庄市住房保障部门参照"高考录取"模式开发了专门的软件系统，各区住房保障部门根据申请人提交的资料电脑自动打分排序，避免了人工打分的弊病。同时申报人也有多志愿的选择，提高困难人群获取廉租房的机会，保证了困难人群住房的需求。

4. 安置房管理创新

2011年重庆创新安置房管理模式，将安置房转性为定向商品房，增加了农转城人员的收入。"定向"是指政策只针对被征地对象。"两江新区"在征地拆迁时先一律采用货币补偿的方式，再统一修建住宅，以成本价甚至低于成本的价格卖给被拆迁人员。而"商品房"则是指这种安置房的土地性质发生了改变，由原来的划拨地变为出让地。这样，房主便不再受5年才能交易的时间限制，随时可出售产权。

浙江省温州市则采取一种宅基地流转新模式，温州主力推动"农屋聚集改造工程"，农民可用农村宅基地来换取"成本价购买商品房"的权利。

辽宁省阜新市则采用短周期优质高效建设的新模式，采取集成开发、双向融资、惠民为本、群众监督等一系列新举措，创造了"当年开工建设、当年竣工回迁"的短周期建设新模式。

（三）医疗卫生服务管理

2011年在医疗改革方面，北京率先在制度上实现了医保全覆盖，同时为了提高医疗保障的服务水平，北京创新服务模式让百姓更好地看病，推行了预约挂号、转诊预约、推行假日医院与加强优质护理服务等方式，增强了北京医保的服务水平。

上海市则试水"区域医疗联合体"，即由1家试点三级医院联合若干家二级医院、社区卫生服务中心组成以联合体章程为共同规范的紧密型非独立法人组织。同时，市民可根据自身需求，选择签约或不签；即使签了约，也能自由地到其他医院就诊，没有任何限制。在试点阶段，使医联体逐步过渡到锁定人群签约就医。在这一过程中还将探索试行联合体医保总额预付试点。上海长宁区采用三级医院与区卫生局对接的模式，长宁区居民就近在社区卫生服务中心就医，可享受在社区预约到专家门诊、检验结果"一门式"互认、绿色通道"直转"大医院等诸多便利。上海徐汇区试点"全人群家庭医生制"，家庭可以与家庭医生签约，使医生可以针对家庭状况提供相应的医疗服务。天津市与浙江省的宁波市也实行"家庭医生制"。

重庆市创建药品交易所，并在2011年实现了基本药品与医疗器械上线交易。此上线交易实现了四个方面的创新：一是创新交易方式，实行电子挂牌交易；二是创新基本药物品规库，建立常用品规库、低廉价品规库、备选品规库和补充药品库；三是创新采购主体，实行以区县为单位的采购会员联合体，代表辖区基层医疗机构集中统一采购；四是创新采购资金保障机制，通过医保基金预付，建立交易周转金等措施，保证货款及时结算。

广东省深圳市则以行政区域和城市功能组团为基本，把全市医疗机构组成13个"大医院"，实现联网组团运营、分级医疗金额、医疗资源的共享。主要通过"传帮带"、各级医院上下联动、医院互相转正与医生多点执业来实行组团运营的模式。

山东省潍坊市则开启诚诊疗的新模式，允许病人"先治病，后交钱"。此方法将涉及所有医患，不仅仅只针对危重病患，打破了住院先交钱的传统。

江苏省镇江市则首创"3＋X"家庭健康责任团队。"3＋X"家庭健康责任团队中，"3"是由社区卫生服务机构的全科医生、社区护士、预防保健人员组成；"X"则由大医院专家、护士、党团员和志愿者等人员组成。责任团队中的"3"负责团队日常事务，以居民健康管理为主要工作职责；"X"根据自身工作和资源优势，协助团队提供居民签约、帮助居民选择适宜的就医方式、提供健康咨询指导、上级医院预约等服务。

2011年天津市创造了城市一卡通与金融机构合作的新模式。天津市创新提供实现金融IC卡的服务，此卡能同时兼具银行卡、保障卡、管理卡的多重功能，若将其推用到更广泛的公共服务领域，将会大大提高市民的便利。重庆市则在禁毒探索上有所创新，采取了"治疗＋疗养"的新模式进行戒毒康复，帮助戒毒人员尽快康复。

（四）城市基层社区管理创新

2011年上海市闵行区江镇创新探索"4＋3"社区管理模式。"4＋3"社区管理模式中，"4"是指"四位一体"，即整合居民区党支部、居委会、业委会和物业公司，强调突出居民区党支部的领导核心作用，以定期或不定期召开联席会议的工作形式，对小区内各类居民所面临的急难愁问题，实施共商共议共决，以求最大化达到"快速处理、快速解决、互相合作、良性互动"的局面。其中的"3"是指在"四位一体"的基础上把城管、派出所与房管办纳入其中，通过部门联动、资源整合与突出重点的方式，提高整体的思想认识、增强相互之间的互动合作、加大外部的保障，行成一个长效管理的机制。

天津滨海新区推行政府向社会组织购买公共服务。主要通过政府购买、项目委托等方式面向社会各界招募项目合作伙伴。通过合作，能使专业的机构参与社会管理和公共服务，缓解了街道社区人力不足的问题，同时也为社区居民提供更

为专业化、人性化的服务。

江苏省南京市则推行"一居一委一站一办"的社区管理模式，其中"一委"指社区党组织，"一居"指居委会，"一站"指社区服务站，"一办"指综合治理办公室。实质来说，就是居委会剥离了大量行政事务，回归自治职能；新设立的社区管理服务站，承担起政府延伸至社区的各项公共管理与服务职能；综治办配备专职人员，确保社会治安综合治理和平安建设的各项措施在基层社区有人抓、有人管、管得好。同时保证服务站与综治办接受社区党委的领导和居委会的监督。

苏州市高新区也进行社区管理的创新，运用"三位一体"的模式进行社区管理，其中"三"是指社区党委、社区居委会、社区物业。"一体"是指创新了工作联动机制，建立紧密的工作联动机制，明确社区党委、社区居委会和社区物业三者在社区管理中的责、权、利，通过整合社区民警、城管、工商等部门管理资源，形成工作合力，共同为社区居民提供优质服务。"三位一体"模式同时也在考核机制上进行了创新，让居委会参与考核中，对小区的物业、工商、民警、城管等形成一定的激励与约束。而且"三位一体"模式还建立了"四级管理网络"，"民情直通车"体系与居民满意度调查，形成一个新的民情通达机制。

连云港市创新构建"一委三会四平台"模式进行社区管理，它是以"一委"为核心组织群众全覆盖。突破行政、区域和党组织隶属关系束缚，成立"大党委"的局面。以居民议事会和居民监事会与社区居委会为基础，分别行使社区事务中的决策权、监督权和管理权。以社情民意表达平台、社区服务平台、社会矛盾调解平台与社区治理和政府管理互动平台来收集民情，整合资源，调节矛盾与进行互动来解决社区居民切实存在的问题。

湖北省鄂州市则在"一格四岗"的基础上，创新"1＋N"动车组式的管理模式。其中"1"是社会管理创新，作为"动车头"；"N"是涉及社会管理创新的内容，为各节"动车厢"。把社区划分成网格，城市管理等事务，都在网格管理之中。在每个网格里，都设有"四岗"，分别是：督导员岗负责督促、指导、协调网格管理工作；网格长岗是对网格排查出的事件做好前期调处稳控，对

处理结果进行核实、反馈上报；综管员岗是督促责任单位处理事件，反馈上报工作处理情况；协管员岗负责巡查网格采集信息、事件上报等。

（五）城市治安管理创新

2011年江苏省张家港市成立"房东协会"，创新治安管理。张家港公安局让房屋的房东参加"房东协会"，并利用"房东协会"对出租屋进行协助管理，这项新举措使房东参与治安管理的积极性和主动性大大提高，使房东从"被管理者"转变为"管理者、参与者"。

广东省广州市也对城市治安管理进行创新，使治安联防队员变成辅警。广州在2011年开始实施"银盾"项目，由广州市综治办牵头，按照统一招聘、统一培训、统一服装、统一装备、统一职责、统一管理和使用的模式，对全市十几万名治安联防队员进行整编，将治安联防队员统一改编为辅警；并规定，今后居（村）民委员会不得再建立治安联防队、治保队等群防群治力量。同期，云南省曲靖市则创新对城市城中村的治安管理，具体分为3个举措，一是实行城中村管理单位化，设立相应的出入管理制度，并加强对治安盲点的治理；二是实行护村队员保安化，由护村队员负责不同的区域，再按照专职保安的标准为队员配备装备；三是实行出租屋管理率电化，采用租屋卡制度，实现在管理中体现服务，在服务中实现管理效果。

内蒙古赤峰市也通过三项举措创新治安管理：一是开通短信预警平台，利用该平台向公众发布案件预警、征集重大案件线索、通知当事人或受害人案件进展情况、接收市民的意见、建议等信息。二是开通警务微博，使警民在网上能进行有效的互动。三是组建联调中心，派出所组建联调中心，与司法行政部门开展协作联调，专门对民间小纠纷进行相应的处理，节省警力。

湖南省湘潭市采用了"1+X"的治安管理新模式，即由一位社区民警带领街道、社区综治及社会力量共同发力，形成齐抓共管的高压态势。而永州市则主导组建"四位一体"的社会治安巡逻防控队伍，织牢"天网"与"地网"结合的巡逻防控网络体系。"四位一体"的治安巡逻防控队伍指在政府的主导下，让群众组建了一支由城区退伍安置人员组成的新型治安专职巡逻防控大队，并建立了视频监控中队，行成巡特警大队、专职治安巡防队、社区巡逻队、视频监控队"四位一体"的大巡防队伍体系。"天网"是指打造视频监控巡防体系，"地网"是指以岗亭与网格为依托的城区巡逻防控机制。从而建立以视频动态监控为主体的"天网"和以街面网格化巡逻为核心的"地网"，有效地进行城市治安管理。安徽省铜陵市通过探索建立刑事案件联侦机制与治安防范联防机制创新城市治安管理。刑事案件联侦具体做法是使派出所民警与刑侦部门相互合作，进行案件线索联查，情报信息共享，建立联席会议制度，共同做好预防和打击犯罪工作。而治安防范联防机制则通过扩大人防、健全物防与普及技防的"三级联防"工作模式减少地区的治安事件。河南省郑州市采用"三色管理"模式进行社会治安管理，他们将居民家属楼院治安管理作为社区警务战略的深化和拓展，以侵财类警情为主要指标、参数，派出所对辖区内居民家属楼院治安状况每月进行一次红、黄、绿三色等级评定，依据评定结果有针对性地对居民小区进行管理，再通过明确责任主体、明确激励机制、把"三色管理"纳入考核评价体系、进行媒体宣传、营造互动环境、警力跟着警情走、巩固密切警民关系等方式拓展"三色管理"机制的外延，尽量多地创建和巩固绿色（安全）小区，减少和控制黄色（提示）小区，杜绝和严防红色（警示）小区，以点保面，以面连片，逐步推进辖区社会治安防控良性循环。浙江省舟山市为进一步提升对景区面上初始性治安问题的发现、化解、处置能力，不断增强群众和游客的安全感和满意度，普陀山公安分局根据景区治安特点，积极探索"街头警务"模式，全面启动了车步巡结合、点线面呼应、诸警种联动、集巡控、反扒、宣传、信息采集等工作于一体的面上巡控工作，着力推行"有警处警、无警巡逻"的景区动态治安巡控模式。

二、城市空间管理

（一）土地出让创新

2011年北京市商品房出现了一种新的土地出让方式，采取了"限地价，竞房价"的模式。即地价是事先限定好的，然后设定一个将来销售的最高房价，开发商在此基础上，谁报的价格越低谁就拿地。这种土地出让方式的目的是降低开发商的利润，从而起到压制房价的作用。

同时期，广东省广州市采取了"限地价，竞配建"的模式，即国土部门事先针对出让地块设置价格上限，当企业竞价达到上限价格时即停止竞价。在此价格基础上，竞买人转为现场投报配建保障性住房面积，投报面积多者胜出。此种土地出让方式最早来自北京的一种竞价方式，规定了竞得土地价格的最高限，既可以有效限制地价过高，防止出现新的"地王"，从一定程度上起到平抑房价的作用，又可以响应国家政策，将保障房建设落到实处。

江苏省扬州市则确立了土地出让新模式，在全国率先确立了"净地出让、摇号主持、现场直播、全程跟踪"的土地出让管理模式，此模式保证了"净地上市"，让百姓拥有更多的话语权，对群众存有异议的地块，坚决不予上市。并且建立省域拍卖师库，摇号产生拍卖主持人，还通过现场直播拍卖过程的方式，做到全过程透明，最终还实行全程跟踪管理，杜绝出现"晒地皮"现象。

而苏州市也采用了"限房价、竞地价"的模式，限定房价让开发商对地皮的价格进行竞拍。

福建省厦门市也创新了一种新的土地出让模式，先让开发商递交地块规划方案，当地政府再参考优秀方案制定土地出让条件，组织招拍挂。开发商先拿方案打动政府，可发挥规划统筹的先导作用，发动社会资源参与项目策划，从而吸引更多的优质项目落地，通过把出让的地块拿出来进行规划招商，能摸清市场动向，在政府引导与市场需求之间找到最佳的平衡点。

山西省太原市创新管理方式规范房地产市场。太原市探索土地出让的新机制，尝试将土地与容积率捆绑进行拍卖。

（二）土地利用管理创新

在土地利用的方面，2011年天津市为了集约节约土地，创新了土地管理模式，天津市采取土地利用规划与城市总体规划相结合的方法，"二年一次评估调整、五年一次滚动修编"，从而保证近期建设项目科学合理用地，又为未来城乡发展预留充分空间。与此同时，还采用"前期适当集中下达，后期相应核减"的管理模式，改变了以往按年度平均安排计划指标的方式，满足了近期建设对土地的需求。为了体现集约用地，中新天津生态城还采用了TOD模式，这是一种以公共交通为导向的开发模式，围绕公共交通站点，进行高强度开发，提高居民应用公交出行的比例。在用地布局方面，采用混合布局方式，将产业、商业、居住用地混合布置，将基本出行距离控制在1.5千米以内，减少机动车通勤出行。实现了土地的节约集约利用。

广东省深圳市推出土地管理的"南山模式"。土地利用管理的"南山模式"有四大特色。一是城市规划先行，利用深圳市国土与规划部门合一的优势，提高土地利用效率。二是利用土地政策做引导，引导市场，采用多方式多管齐下的方法，为土地利用提供政策保障。三是盘活存量用地，使用政府政策与市场机制，提升土地利用效率。四是加强宣传集约用地的思想，提升全社会集约利用土地的水平。

广州市则正式启动数字广州地理空间框架的建设，数字广州地理空间框架建设将覆盖土地管理信息系统、政府门户网站公众电子地图系统（包括衣食住行）等，通过地理信息公共平台，实现地形图、正射影像图等数据交换，形成规范、高效的网络化土地管理模式。广州市还通过引进社会融资创新土地储备模式，运用政府主导、企业参与与银行支持的模式，引入社会资金推动土地储备的工作，由合作方进行融资，土地开发方负责土地储备，进行拆迁、安置工作，使得融资与储备两个体系分开，单独运行。

浙江省宁波市也创新了土地利用的管理方法，实行"委托管理＋临时利用"、"巡查监督＋检查考核"相结合的管理模式。此模式是把城市中储备地块与被征地块委托给物业管理公司进行管理，同时把临时利用的地块交给临时利用单位，提高土地的利用率。紧接着完善巡查监督机制，及时发现储备土地与储存土地上的问题，最后是加强专项检查考核，加大对物业公司的监督力度，保证物业公司对土地的管理效率水平。

江苏省淮安市通过改"无限定供应"为"计划供应"，改"分散管理"为"集中统一管理"，改"底价委员会讨论决定"为"评委票决制"，改"毛地出让"为"净地出让"，改"反报价制度"为"不达底价不成交"，改"拍卖主持人由事前指定"为"从拍卖师库中随机抽取"，改"竞买保证金20%"为"必须达50%"，改"批前合同约定"为"强化批后监管"，改"符合条件报名"为"严格审查报名"的方式加强对土地的监管。

海南省海口市则开始探索旅游用地的新模式，探索旅游项目用地差别化管理新模式，尝试在不改变农用地利用性质、不破坏耕作层的前提下，试点直接由集体经济组织或村民采取出让、转让、出租、承包、联营、作价出资或入股等多种形式参与旅游项目开发。吉林省长春市在全国率先启动了三维地籍数据库管理系统建设，实现地籍管理的立体化。

（三）市容环境管理创新

2011年天津市南开区开启"快速保洁"的新模式，确保市容环境管理常态化，将电动保洁车合理分配给一线保洁人员，确保垃圾落地后15分钟内清理。浙江省杭州市采用"联街结社"的方式探索环境管理的新模式。"联街结社"就是联系街道、结合社区，以事先预防为出发点，建立一个长效机制。它构建7个层面的工作网络，保证了信息上下、即时、全面沟通。

杭州市上城区环保分局还建立了"一站式"的工作管理机制，实行首环信息传递、次环跟踪反馈与末环绩效评估的机制。同时还对商铺进行相应的提醒，有效推行环保工作。

山东省青岛市的环保局则开创联合执法的新模式，把交警请入环保局，成立机动车排气污染办公室。有效防治了机动车的排气污染。

威海市则开创环境监管的新模式，通过错时检查、摸底排查与水务集团、污水处理厂联动的方式限制企业的排污行为。

安徽省淮北市建立了环卫承包责任制和站长、中队长、保洁员职责制的制度，通过明确他们的职责、权限，同时对保洁区域重新划分、定岗定员，对自保单位环卫管理工作进行考核，从而形成了街道、社区、驻街单位、环卫所四级联动的环卫管理新体系。

黑龙江哈尔滨市的城管则与投资商共同出资2000万元组建了"哈尔滨中兴公共环境维护服务股份有限公司"，采用市场化的运作，探索以"管、干分离"、"以干促管"为基本模式的公共环境维护作业新机制。还首创了以"智能化管理、机械化清扫、电动化保洁"为主要特点的新型作业模式。该公司还在实践中创造了公共环境维护的新职业——"所见即所干"的"城市管家"。大大提高了城市市容环境管理的绩效。

山东省济南市城管局创新市容管理，构建了渣土管理"城郊一体"新模式。在城区渣土管理工作实现规范化、精细化、长效化的基础上，把工作重点逐步外延，从城市走向郊区，逐渐向农村延伸。通过加强城乡结合部的监督与实行卡点管理，杜绝撒漏乱倒的方式，有效地对城市渣土进行了清理。同时山东省滨州市城管执法局开拓创新，建立了机械清扫模式。滨州市使用市场运作，引进了70余台小型机械清扫设备，并对作业区域进行了网格化的管理，全面提高保洁作业的水平。吉林省延吉市城管局也创新了工作思路，采取了"施工清场保证金"的方法，即发现单位或个人有占道装修等行为时，除办理相关占道手续之外，需另交纳"施工清场保证金"，在《清场保证金收取证明》上写明应该注意的事项，完工后，经执法队员检查合格，将清场保证金全额退还给业主。该项制度实施以来，共收取十家施工业主的保证金，均能主动清理自家的装修垃圾，无一例违规现象。

（四）城市基础设施管理创新

2011年北京市地铁通信采用了"共建共享"的新模式。在北京市政府的协调下，北京地区三大电信运营商目前已逐步形成由一家公司牵头，其他公司参与的联合谈判方式，通过回购或委托共建的投资模式，促进地铁覆盖系统的共建共享。

重庆市继上海和北京后，首次尝试引进保险资金投资到基础设施建设并且此保险资金的利率低于基准利率，大大降低融资的成本。保险资金的引入拓宽了城市基础设施的融资渠道，是基础设施建融资的一次成功创新。

辽宁省大连市则在大连地区试行房屋建设配套电信基础设施工程监管的新模式，将新建、扩建与改建的各类房屋中的配套电信基础设施全都纳入监管的范围，要保证电信配套设备与主体建筑形成"三同"的效果，建设的规模满足3家电信运营商的接入容量，满足市民对通信的要求。

（五）户外经营整治管理创新

2011年江西省新余市城管创新户外经营整治

管理给流动摊贩"安家"。江西省新余市在城区闲置地设立多处自产自销果蔬"疏导点",只要菜农和果农们在指定时间、指定地点经营蔬菜瓜果类农副产品,并负责摊位的卫生保洁,就允许摆摊。每天城管队员都会对每个摊位严格核查登记备案。此举满足了各路段菜果农和居民的需求,建立了流动摊贩长效管理机制。

湖南省长沙市城管对夜市进行整治时,创新采用扣分制。长沙城管制定了夜市疏导点市容环境管理标准和经营者管理办法,对疏导点内的经营者实行编号、记分管理。今后,夜市疏导点的摊点若出现违规现象,将被扣分,直至被取消经营资格。同时,岳麓区的 20 个夜市规范点的经营者必须签订"军令状",按划定经营区域进行经营。经营户若有占道经营、乱泼乱倒等违规行为,将被扣分。分数被扣完的经营者将被取消疏导点经营资格,退出该区域市场,对严重违反市容管理规则的疏导点,将整体取缔。这个创新举措使得对夜市的管理更加有效。

河北省石家庄市则创新"门前三包管理",采用"递进式处罚"的模式对违法"门前三包"的行为进行处罚,第一次是说服教育,第二次是警告,第三次才按照条例将进行处罚,对那些屡教不改的门店,将联合工商、卫生等部门共同采取行动。在加强监管的同时,还采取双向监管的管理模式,经营者得到的是对等监督的权利。

三、城市经济管理

(一)城市自主发债

2011 年国务院批准上海、浙江、广东和深圳首批设立地方政府自行发债试点。上海市与北京市作为地方政府自行发债的试点,开拓城市融资的新渠道与新方法,可以有效地缓解财政对于土地财政依赖,拓宽城市财政来源,更为有效地提高城市提供公共服务的能力,但是必须量入为出,不能使地方政府发债最终为债务所累。

(二)房产税试点征收

2011 年上海市与重庆市开展了房产税试点征收的工作,上海市与重庆市随即公布了房产税的征收管理细则,明确了房产税的税收对象、税率与征税对象。对存量房产征税,能有效地控制持有房产的成本,提高房产投机者的持房成本,探索房产税的征收是否能有效地控制城市房价。

(三)公共财政管理体制创新

2011 年天津市财政局为加大财政票据管理力度,强化"以票管收、源头控收"管理机制,市和区县财政部门分别将本级各执收单位使用的《行政事业性收费票证登记簿》免费更换为《天津市财政票据购领登记簿》,将登记相关内容全部纳入信息管理系统,改变原有票据手工领购方式,实行计算机机打领购财政票据新模式。这一新举措有效提高了财政票据管理的全面性和时效性,进一步提高财政科学化、精细化管理水平。

广东省广州市萝岗区设置街道机动财力,创新街道财政管理体制。街道机动财力由财力基数、社会事务管理财力、促收工作经费 3 部分组成,其中社会事务管理财力按街道管辖面积、人口、社区数量等因素计算,促收工作经费与街道税收效益挂钩,以充分调动街道协税护税工作的积极性。这一创新举措既保障了街道提供基本公共服务的能力,也促进了街道提高效率、自主管理与自主服务的精神。

(四)政府采购创新

2011 年重庆市政府创新政府采购模式,用分段式链条的思路创新重庆市政府采购模式。重庆市政府采购中心实行分段式采购管理,即综合处负责标书的制定,采购处负责从招标、开标到评标、供应商履约、交货等各个采购环节的事务。其目的是使得标书的制定与招评标分离,最终能保证操作规范、公平与公正。在合同履约后,还会留有 5% 的质保金,在保证了采购物品的质量后,才支付给企业,使采购部门由被动变成主动,大大提高了采购的效率。江苏省南京市在全国率先推出了政府采购"网上竞价"模式。

南京市财政局通过"协约供货网上竞价平台"允许企业多次竞价,引入竞争。在供需管理方面,网上竞购方式使三方人员互不知情,采购商与供应商之间实现了有效隔离,切断了采购过程中潜在的"利益链",有效避免了可能出现的幕后交易、暗箱操作等不正当采购行为,且所有的交易记录都能有效地保存 15 年,方便监察部门进行有效监督。同时,南京市还建立了政府采购供应商诚信档案,随着诚信等级的变化,确保企业是否拥有参与竞价的资格。这些创新措施有效提高了南京市政府采购的效益。

江苏省连云港市试水"基金采购"模式进行政府采购，所谓的基金采购即利用政府引导资金融通外来剩余流动资本，以解决地方政府融资平台的"瓶颈"问题，并推动地方经济快速发展的一种特殊的服务采购，是一种在银行、信托等传统融资模式之外的有效融资方式。

浙江省余姚市则采用"规模采购、实物配送"的模式进行政府采购，此模式就是根据各个采购单位的需求计划，由政府采购部门对通用货物统一配置标准，利用一定的数量优势，集中采购，以较低的价格取得货物和服务，再将货物以实物的形式配送给各个单位。

福建省龙岩市建立了协约采购的新模式。通过公开招标在确定协议采购商品品牌的基础上，以社会公信力和市场认知度较好的第三方机构公布的产品信息作为采购人选择产品的依据。使得价格更新紧跟市场，化价格监控被动为主动，使产品配置标准化，化协议价格审核被动为主动，转温和竞争为纵横竞争，有效提高采购的效率。

广东省深圳市也进行了政府采购的创新。深圳市政府采购将试行评标与定标分离的制度，这种做法将改变评标专家权力过大而又难以追究责任的状况，有益于提升采购质量和采购满意度。

（五）产品质量管理创新

2011年天津市滨海新区推行了食品药品监管的新模式，滨海新区食品药品监督管理局在负责对药品、医疗器械、保健食品、化妆品监督管理的基础上，增加了食品生产、流通、餐饮服务活动监督管理职能，并将分散在质监、工商、卫生等部门的食品生产、流通和餐饮服务3个环节的安全监管工作整合在一起，实施一体化监管。与此同时，天津滨海新区还成立食品药品安全委员会，以科学权威技术作为支撑，采用数字化管理方法，再独创新区、管委会、街（镇）、居（村）四级食品药品安全监管网络。实行"全覆盖，网格化"的监管模式，进一步提高了监管的效率与能力。同时，滨海新区对质量监管模式还进行了创新，改定检为监督抽查。质监局围绕涉及健康、安全、节能、环保等关键项目的生产许可证产品、强制性认证产品及影响国计民生的产品，制定全区重点监督抽查产品目录、季度产品质量监督抽查计划并组织实施，及时发布监督检验质量通报，并召开不合格企业质量分析会，此举保障了监督检查工作的准确性，确保了技术机构检验检测的公正性，提高了监督检查工作的有效性。

广东省深圳市也采取了相应的创新措施，深圳市利用"一体两翼"构建深圳药品安全管理的新模式。所谓"一体"，即指药监局是《药品管理法》等的执法主体，是代表国家、政府承担"三品一械"行政监管的责任主体。"两翼"则包括了行业协会等社会组织和街道、社区基层政权组织。"一体两翼"模式使药品安全监管工作由原来药监部门独家监管，变成了齐抓共管、全民参与的新局面，开创了政府负责、社会协同、公众参与的药品安全社会管理新格局。

四、城市交通管理

2011年天津市采用了异地用警、轮训轮值等方式开创交通管理的新模式。由交管业务熟练、具有一警多能特点交警组成"警务机动队"，主要用于参加交管局统一组织的跨辖区、全市性、不同时段交通秩序专项整治行动，根据市区不同时段交通流量及交通违法特点，实施平峰、早晚夜查等错峰值勤方式整治交通违法，一旦遇到交通拥阻路段、交通事故及交通违法集中道路，将快捷为交通参与者提供服务。

广东省深圳市创新城市交通管理模式，开展"自愿停驶机动车"的志愿行动，让市民自愿参与机动车单双号限行。不采取行政强制措施，自愿申报停驶。自愿申报停驶激发了人民参与城市管理的积极性，也让人们认识到行政强制措施并不是解决交通问题的唯一出路。江西省新余市则大胆创新交通管理模式，对摩托车、非机动车停车区重新规划，在确保安全和不影响其他车辆正常通行的前提下，将摩托车、非机动停车等候区前移一大段，大胆移到人行斑马线前，缓解了摩托车、非机动车与机动车拥到一起等候造成的交通堵塞。

云南省大理市则研发了PDA语音提示系统，在执勤人员在停车管理区域发现乱停乱放车辆后，可利用PDA进行受理，后台系统将会自动发送语音或者短信给车辆所有人在车管系统中登记的手机号码。要求其及时处理违章停放车辆；如未及时处理，交警部门将采取相应的执法措施。

湖南省长沙市也进行了交通管理的创新。长沙市通过以下措施加强交通的管理。一是加强组织领导，建立专门的协调委员会。二是强化部门协作，严格执行"支队领导包区、大队干部包片、中队干部包线、执勤民警包点"的责任承包制度，并伴之以城管队上路执法巡查，上公交监督。三是动员群众参与。还通过清理与整理停车资源、全面推行公交优先、优化交通组织与加强重点工程管理等措施，优化交通秩序管理。吉林省长春市则创立了"7+1"交通管理新模式。"7+1"管理模式主要是指对外完善单向通行网络、实施公交优先、推行路口方向性限制、有效利用道路资源、净化交通流、实现法规隔离向物体隔离的全面转变、提高路口通行能力；对内加强交警队伍自身管理，从严交通秩序管理，加强交通安全宣传。

福建省泉州市则通过信息化创新交通管理模式。泉州交警自主研发了"公安暂扣车辆综合管理信息系统" 对全市14万多部暂扣车辆采用计算机管理，大大提高了暂扣车辆的规范化管理水平。同时还启用"驾考业务管理系统"、"科目考试自动排考系统"，依托这两套系统，各驾校可在系统中自行完成学员报名、缴费、报班等流程，避免了诸多办事环节。而对于交通事故，泉州交警对交通事故处理模式进行了大胆的改革，将事故处理分为勘察取证、法制审核和调解服务3个环节，变事故处理一人包案为分段办案。然后依托自主研发的"道路交通事故处理信息综合管理系统"，配备可现场绘图的笔记本电脑、数码相机、摄像机和3G无线上网卡，对事故处理的各个环节实行"网上数字化管理"，从而实现了事故处理从手工作业向信息化、自动化的转变，从静态监督、事后监督向动态监督、实时监督的转变。

江苏省南京市则探索"车管进社区"的模式。"车管进社区"将利用车管服务自动提示系统、社区警务自动报警系统与交通综合应用系统进社区，通过与社区互动的微循环，改善社区周边道路的环境。

河北省唐山市为提高城市交通管理的效率，实施唐山交警指挥调度扁平化，并在主、次干道路口设立流量、流速交通信息采集点，实行绿、

橙、红"三色"预警。支队指挥中心依托GIS电子地图平台，通过警车、警员GPS卫星定位系统，实时掌握道路动态和警力分布，变以往"金字塔式"层级指挥，为"扁平化"指挥、"点击式"调度，以信息指导警力的精确投放。依托轻微事故处理简易化、单警摩托车与电动车巡逻全覆盖、车管业务由"单中心管理模式"变为"多中心服务体系"等方式建立城市交通管理长期有效机制。

五、城市突发和非常态公共事件管理

2011年北京市海淀区利用"网格化"社会管理为基础，以社区（村）为基础网格，结合社区民警驻区制、文明村庄（社区）创建等工作，将基础网格再细划为若干防控网格。形成"网格化布控，精细化防控，信息化支撑，社会化参与"的社会面防控工作新机制。有效对社会进行无缝隙防控，提高人民的安全感。河北省石家庄市则试行了"一篇两案"的应急管理新模式。这种模式主要把应急预案划分为上篇和下篇两部分，上篇是通用条款，主要针对突发事件及预案的共性，描述指导性原则，为同类预案所共用，称为《应急预案通则》，侧重于非紧急情况下使用；下篇是专用条款，主要针对不同类型突发事件的特点，描述突发事件发生后应急处置的核心内容，明确职责分工、方法步骤和联系方式等，突出可操作性。上篇主要在市级专项预案与部预案运用，各个部门只需重点制定好预案的下篇，这样大大提高了各部门的工作效率。

六、城市管理部门的管理

（一）管理主体多元化创新

2011年北京市西城区创新城管新模式，成立了城管研究会，城管研究会是北京市第一家专门研究城市管理理论与实践的社会团体法人组织。研究会理事会中，不仅有城管系统的代表，还有各街道办事处的相关负责人，此外，公安分局治安支队、环境建设办公室、区政府法制办等职能部门也加入研究会，和高校的教授一起，组成第一届理事会。同时研究会中还有会员近7000人，这7000名城管志愿者来自于西城区的各个社区，将共同参与到城市管理的各个环节中。陕西省西安市采用"城管+商户"模式创新城市管理，"城

管+商户"共建共管模式就是通过建立城管执法部门与沿街门店的协作制度，赋予商户在门前三包责任制范围内一定的管理权限，化解矛盾，增进理解，双重监督，立体管理，制止和纠正违反城市管理法律法规行为的管理机制。它既保障了商户的合法权益，又加强了城市执法日常监管工作，增进了城管执法人员和沿街商户、市民之间的沟通和了解，实现了"他律"、"自律"与主动支持、参与城管执法工作的有机结合。

河北省石家庄市也创新城市管理模式，率先推行门店基本信息库、城管人员公开承诺牌和城管监督便民服务台，开启了城管与商户互相监督、城市管理全民参与的"双控互助"管理新模式，实现了宣传服务全到位、商户情况全掌握、责任义务皆明确的立体式管理模式。

广东省深圳市尝试了"城管进社区"创新举措，调动社区参与城市管理的积极性，充实社区城市管理力量，激发社区内在动力。"城管进社区"首先使得人们的思想观念发生转变，从以前的被动管理转变成主动管理，从"城市管理与我无关"向"城市管理从我做起"改变。紧接着，城市管理工作模式也发生了转变，城管工作由城管部门单打独斗向多方力量齐抓共管转变；城管模式由粗放型、问题式、运动式向精细化、预防式、常态化转变；城市管理由管理本位向服务本位的有机转变。最后"城管进社区"也使得更多的人转变了对城管的偏见性看法，社会成员也更多地了解城管，理解城管。江苏省宿迁市也在 2011 年采取四项措施，推进执法进社区的模式，其通过搭建沟通平台、强化违章监督、提供执法保障、公布投诉电话的措施，切实转变工作作风，增强服务意识，营造全民参与城市管理的良好氛围，进一步完善城市管理长效机制。

（二）城市管理手段创新

1. 数字化城管体系建设

2011 年黑龙江省哈尔滨市全面启动"数字城管"模式，哈尔滨市城市管理综合指挥中心坚持"资源共享、信息共得、成果共用、效率共增"原则，通过在全市重点街路安装的 1980 个视频监控点及配备的 3260 执法通等执法工具，全天候巡游监督，实现数字化城市管理。"数字城管"主要包括视频监控、GPS 定位、地理信息编码 3 大系统，

可对市容市貌和城市秩序实施实时监控管理。中心同时为 26 个部门预留了相互链接的端口，行政许可、处罚信息通过系统第一时间传输，各部门相互支持，形成快速、科学的决策和指挥机制。

上海市杨浦城管大队为进一步加强城管一线执法工作的规范化、制度化程度，杨浦城管大队充分利用城管执法车辆 GPS 跟踪定位系统，优化督察监管手段。杨浦城管大队将把 GPS 督察方法作为一项督察常态机制，充分发挥其情况掌握全面、问题发现及时、整改反馈准确等优点，督察情况还纳入各分队的考核范畴，以达到充分提高执法队员的履职意识、责任意识，提升执法实效的目的。

2. 城市管理网格化建设

2011 年山西省长治市探索"一体化网格"城市管理新模式。长治市准备将市区城市管理工作面划分成 105 个网格，各种城市管理元素在网格里按照"定员、定时、定岗、定责、定路段、定管理标准、定奖惩"的要求各司其职、各负其责，各城市管理部门在信息沟通、问题处理、职责监督上即时互动，使问题在第一时间发现，第一时间得到处置。

重庆市也进行了部分城市管理网格化建设，将渝中区全域切分为 416 个网格，每个网格中一个垃圾桶、一个窨井盖、一棵树以及每段路上的游摊散贩管理，都"包干到人"。这一网格管理体系包括四级：第一级是"渝中城市建设管理领导小组"，属指挥中枢系统，统领全局；第二级由 12 个街道办事处组成；第三级则是 76 个社区；第四级网格是落实管理责任的关键性网格，它将每个社区再切分，分为 4~8 个不等的网格。通过这一体系，确保了管理执行速度，提高了问题处置效率，推动了城市管理的精细化。

3. 智慧城管建设

2011 年江苏省率先进入"智慧城管"时代。扬州市在实施智慧城市项目上做了大量工作，创新了组织架构、信息收集网络、技术平台和管理流程。组织架构以"城市管家"服务中心为依托，将监督平台、指挥平台、GPS 定位系统、巡查系统、12319 系统"五台合一"（称为"城市管家"），改变了以往城管部门各自为战的局面，使对城管问题的响应时间从 10 分钟缩短至 30 秒，

处理时间从2小时缩短至20分钟。在信息收集网络创新上，实施"城市鹰眼"计划，组建城市智能视频识别系统和由200辆电瓶车和250辆自行车构成的城市流动巡查网，使城管问题的发现数提升了两倍。在技术平台创新上，建设了"城管云"数据处理平台，实现数字城管、应急指挥、数据交换、网上办案等集成式管理，使扬州城管信息达到了智能化运行要求。在管理流程创新上，建立了"市、区、街、社区四级责任"制度，制定了"统一指挥、按责受理、监管分离、专业处置"的城市管理运行机制；创设了以智慧城管平台为依托，集发现问题、解决问题、处理问题于一体的智慧城管快速反应机制。

（三）城市管理执法制度创新

2011年湖南省长沙市颁布了国内首部城市管理的地方性法规，明确了城管概念。作为国内第一部城市管理的地方性法规，明确规定了城市管理职能范围，同时确定了哪些陋习属于违法的行为，并且运用详细的条例对城管执法人员进行有效规范，明确了城管规章制度。

襄阳市出台了一系列城市管理考评问责机制，襄阳市财政从市、区两级财政归集2250万元作为城管考核评比奖惩专项资金，实行专户管理，由襄阳市城市管理委员会每月按考评结果兑现奖惩，激发各个地区城管的积极性。同期，湖北省武汉市也创新城管机制，官渡区实施"先行处置"机制，要求在一小时内快速处置责任区内出现的城市管理问题。与此同时，武汉还要求城市管理的重大决策、重要法规的制定，要引入公众听证制度，进一步扩大市民与社会的参与度。

辽宁省抚顺市城市管理局尝试利用市场的机制，对公园进行市场化的管理，除执法人员来自政府外，其他的人员全部来自物业公司。同时，抚顺市城管局还建立了市区两级的联动执法机制，各城区向市级执法单位缴纳一定金额的保障金，根据市级执法单位的要求和部署，每天接受统一的考核。这样做，不仅将各个城区执法部门的积极性调动起来，还建立起了一种有效的执法长效机制。

浙江省余姚市则采用五种新的服务模式，创新城市管理机制。一是建立智能保障模式，筑牢城市"安全墙"，就是利用信息技术，起到智能保障的作用；二是建立极差管理模式，即对不同的区域采用分类管理；三是建立"人机合一"模式，打造城市"美容师"，即通过提高城市环卫人员的素质与提升机械化环卫保洁水平，为市民营造整洁优美的城市环境；四是建立路籍档案管理模式，织造城市景观带，即对主要道路、商贸区块等地的管理人基本情况进行调查分类登记，并且做好城市市容市貌的管理；五是建立样板示范模式，营造城市品牌群，即通过培育典型进行样板示范，从而有效打造城市品牌。

吴江市震泽镇对城管队进行准军事化的管理，使考核和奖惩与之直接挂钩。此城管队不仅进行准军事化的管理，特设的督察小组每月还会不定期对队员进行检查考核，从组织纪律、文明执法、着装风纪、工作实绩四个方面考察队员的工作实效，并将每次检查的详细情况及时公布，登记存档、考核结果都与奖惩措施直接挂钩。这样大大加强了队员的组织性与纪律性，大大增强了城市管理的效率。湖北省襄阳市在2011年也创新了城管机制，推行了城管革命，下放了城市管理的权力。把市一级的城管职能下放到区城管部门，使市级政府则能从琐碎复杂的日常城市管理中跳脱出来，专心制定各种规章制度。

湖州市则推行说理性执法模式，创新城管执法的机制，通过多路推进、多方监督与多措并举的方式改进以前城管管理过程中的简单、粗暴做法，改为更加人性化的执法，减少执法过程中的阻力。

宁波市采取"四精"齐推"五化"并举的模式，创新城市管理机制的效能。"四精"具体分为四项：一是从严治队，提升素质，打造精品执法队伍，即从内而外严格监督执法队员；二是指"五化并举，提升效能"，精细推行城管改革，即执行属地化、执法综合化、工作系统化、参与社会化、机制创新化，提高城管执法的效能，推进城管职能与协作方式的转变；三是指"大环卫、全覆盖"，精心打造"洁净海曙"，即加长城市环卫的时间与力度，进行定期清洗，并扩大保洁作业的范围；四是"因地制宜、适当超前"，精密开展背街小巷整治，即以各个片区的自身特色，进行相应的整治，形成商业中心或文化景观，重塑历史风貌，集中体现公共艺术。

七、实践进展总评

从 2011 年全国范围内的城市管理创新实践看，城市管理涉及城市居民生活的吃、穿、衣、食、住、行各个方面，城市管理是宏观管理在城市中的缩影。因此，城市管理的内容也纷繁芜杂，大到经济建设，小到流动摊贩治理，需要我们的理论和实践去实现。可喜的是，城市管理的实践从内容到手段到制度都在不断地完善。

虽然繁杂，但是城市管理无小事，2012 年 4 月 24 日的北京北礼士路烫伤事件让我们在沉痛的同时，也对城市管理的实践不断反思：城市管理也许不需要国际战略性的决策，但却是与我们每个人息息相关、无法割裂的。因此创新固然重要，但是各级体系的完善、衔接和顺畅是我国当前城市管理中首先要求实现的。希望通过城市管理者和执法者默默无闻甚至是"谈城管色变"的管理，使我国的城市管理实践能够越来越让老百姓安心、舒心，能够不再发生类似惨剧。

第三节　代表性成果

一、《管理城市发展：探讨可持续发展的城市管理模式》

作　　者：诸大建
出版时间：2004 年 7 月
出 版 社：同济大学出版社
内容摘要：21 世纪城市化时代的到来，要求我们对城市管理的理论与实践进行变革，而变革的指向是建立基于可持续发展的城市管理新模式。本书对这一模式进行理论与实践相结合的系统研究。主要包括两个部分：第一部分为可持续发展城市管理模式的理论研究（第三至第五章），第二部分为上海可持续发展城市管理的实证研究（第六至第九章）。本书将 20 世纪 90 年代发展起来的可持续发展理论与新公共管理理论整合起来，论证了可持续发展城市管理模式对现有城市管理模式的 4 个方面变革：在城市管理的对象方面，从单纯的管理城市经济增长和物质性扩张转变为管理城市经济、社会、环境复合系统的整合发展；在城市管理的主体方面，从政府一元的基于科层制的行政化管理转变为政府、企业、社会多元化的社会治理；在城市管理的过程方面，从后果导向的反应式管理转变为原因导向的预见式管理；在城市管理的目标和绩效方面，从以物为本的绩效目标转化为以人为本的绩效目标。本书建立了可持续发展城市管理模式的基本框架，对城市发展与管理的理论变革和实践创新具有重要的指导意义。

二、《网络化大都市——杭州市域空间发展战略》

作　　者：李国平、杨军等
出版时间：2009 年 1 月
出 版 社：中国建筑工业出版社
内容摘要：本书通过对杭州市域网络化大都市发展战略的研究，探索了网络化大都市空间发展战略在规划实践中的应用。研究主要通过对杭州城市空间发展、城市职能与地域分工，以及城市管理与协调体制现状的分析，明确杭州建设市域网络化大都市的现实基础及存在的问题，并对其发展阶段加以判断。该书是我国城市区域规划与城镇化研究中一部有价值的著作，对经济全球化和信息化大背景下的多中心、网络化的城镇化空间结构进行了积极探索，其出版推动了我国城镇化相关学科和领域的基础研究和应用研究。

三、《"十一五"期间北京城市管理的观念、体制、机制研究》

作　　者：张国庆
出版时间：2010 年 8 月
出 版 社：北京大学出版社
内容摘要：《"十一五"期间北京城市管理的观念、体制、机制研究》以"十一五"期间北京城市管理的观念、体制、机制为研究对象，借鉴纽约、东京、伦敦、墨西哥城等国外大城市公共管理的经验、教训，认为政府管理与政府公共管理的管理观念、管理体制、管理机制创新滞后而引致的合理制度设计匮乏和有效制度供给不足，是"十一五"时期北京城市管理领域的主要矛盾。为在可持续发展和实现社会公平正义的历史背景下构建"首善之都"，北京市有必要实行"大区划"、"大部门"管理体制改革，进一步优化各级公务员队伍结构和改进政策系统，同时构建以各级党委为核心、各级人大为主体、专家和公民均衡参与型的政府绩效异体评估机制，培育城市社区多主体合作治理体制等。

社会影响：该书由北京市哲学社会科学"十一五"规划项目、北京市社会科学理论著作出版基金资助。

四、《当前中国城市空间增长管理体系及其重构建议》

作　　者：皇甫玥、张京祥、陆枭麟
发表时间：2009 年第 8 期
期刊名称：《规划师》
内容摘要：作者对中国快速城市化背景下各种城市空间增长问题进行分析，认为建立一套独立的城市空间增长管理体系是保证增长管理真正发挥作用的关键。具体来说，本文建议构建一个由规模、强度、速度、效率等因素组成的城市空间增长管理控制层对城市空间增长进行控制，并作为各类规划制定的基本准则。我国城市空间增长管理体系的建构有其特殊的制度基础、指导思想、法律框架、技术手段和保障机制，针对当前我国城市空间增长管理体系中存在的问题，可从制度基础、目标层、控制层和保障层四个方面来完善我国的城市空间增长管理体系。

社会影响：该论文是教育部"新世纪优秀人才支持计划"——"大都市区空间蔓延与增长管理"课题成果。

五、《我国现代城市科学管理的探讨》

作　　者：谢文蕙
发表时间：1999 年第 2 期
期刊名称：《清华大学学报》（哲学社会科学版）
内容摘要：作者从改革开放我国城市的经济

社会发展的现实需要出发，认为计划经济体制下形成的城市管理体制，已不能适应现代城市多功能、高效率的要求，迫切需要更新观念，建立适应社会主义市场经济的城市管理理论和方法。作者对现代城市的科学管理进行了系统分析，认为其是一个多层次、分系统的巨大网络，按系统职能的构成可分为 3 个层次。现代城市科学管理的基本原则是，以人为本，可持续发展和驾驭"两个轮子——科学技术和科学管理"驱动城市的发展。对城市科学管理的本质和重大作用，应提高到"科学管理也是生产力"的高度来认识。现代城市科学管理的方法主要有行政管理、经济管理、法律管理和综合治理等。

六、《世界城市建设与区域发展——对北京建设世界城市的战略思考》

作　　者：祝尔娟、吴常春、李妍君
发表时间：2011 年第 11 期
期刊名称：《现代城市研究》
内容摘要：世界城市的形成发展与所在都市圈存在着共生互动的内在关系。世界城市必然崛起于世界增长重心地区最具实力的城市群之中；世界城市的形成发展需要所在城市区域的强大支撑；世界城市是中心城市与周边地区相互作用的产物。北京依托首都圈建设世界城市，有利于疏解人口资源环境交通等压力，有利于增强其经济整体实力和对全球经济的影响力和控制力。世界增长重心向中国转移，为北京建设世界城市提供了历史机遇；京津人均 GDP 均超过 1 万美元，为京津同城化发展奠定了重要基础；京津冀三地发展阶段的不同步性，为重构区域产业分工新格局提供了重要契机。推进首都圈建设是北京建设世界城市的有效途径和现实选择。

七、《城市地铁突发公共事件应急管理研究——基于复杂系统理论的视角》

作　　者：卢文刚
发表时间：2011 年第 4 期
期刊名称：《城市发展研究》
内容摘要：城市地铁突发事件应急管理系统是城市地铁安全、可靠运营的前提和基础。作者以复杂系统理论为基本出发点，分析城市地铁突

发事件应急管理，通过对我国城市地铁突发事件应急管理现状的分析，提出了基于复杂系统理论的加强城市地铁突发事件应急管理的对策建议。对策建议主要包括营造良好的社会环境系统；修改和完善有关法律法规，为城市地铁安全提供法规保障系统；制定和优化城市地铁应急预案，建构完善的应急预案系统；大力加强城市地铁突发事件监测预警系统建设；强化城市地铁突发事件应急人力资源队伍系统建设；强化城市地铁应急管理科技支撑系统建设；建立城市地铁突发事件应急物质保障系统；加强地铁乘客应急知识宣传教育，强化地铁应急公众系统建设；加强城市地铁应急管理协同联动系统建设等。

社会影响： 该论文是广州市哲学社会科学发展"十一五"规划 2010 年度课题"广州城市地铁突发公共事件应急能力综合评价指标体系研究"（10Y68）、广东省哲学社会科学"十一五"规划 2010 年度项目"安全生产应急能力评价指标体系研究"（GD10YGL03）、广东省科技计划 2010 年项目（2010B070300052、2010A030200009）、暨南大学第三期"211"工程重大项目"应急管理理论与实务——应急运作管理研究"（09JDXM63006）以及广东省安全生产专项资金项目"安全生产应急能力评价体系研究（粤财工〔2009〕458 号〕的阶段研究成果。

八、《开放、改革与包容性发展——大转型大流动时期的城市流动人口管理》

作　　者： 郑杭生、陆益龙
发表时间： 2011 年第 6 期
期刊名称： 《学海》
内容摘要： 改革开放新时期，中国社会进入了大转型大流动时代。大量流动人口在乡—城和城—城之间流动，给城市发展既带来挑战，也创造机遇。本文作者认为，各级城市要顺应时代发展要求，转变以往对待人口流动的态度和管理流动人口的策略，从堵截和排斥向主动吸纳和管理服务方向转变。逐步推进和深化户籍制度改革，理顺城市社会管理体制，为城市包容性发展创造条件，同时在创新社会管理中，把对流动人口的管理、服务和教育培训有机结合起来，给城市及社会和谐发展提供新的动力。

九、《转型期中国城市公共服务设施供给模式及其形成机制研究》

作　　者： 周春山、高军波
发表时间： 2011 年第 3 期
期刊名称： 《地理科学》
内容摘要： 城市公共服务设施供给模式与社会经济背景紧密相关，改革开放以来，社会经济体制转型促使我国城市公共服务设施供给模式发生变革，其供给主体结构由计划经济时期的单一化政府垄断转向政府公共部门、市场企业组织及社会非营利组织多元参与；在供给主体的制度设计上，供给决策由政治主导转向利益驱动，生产与提供机制由一体化转向垂直分离，垂直层级式管理机制也逐步转型为政府主导下的全方位监督。多元化供给主体及多样化机制组合驱动城市公共服务设施供给模式综合变革，是转型期制度政策因素、市场因素和社会因素共同作用的结果，体现出结构—能动性互动机制。

社会影响： 该论文由国家自然科学基金项目（40971097）、教育部人文社科青年基金项目（10YJC840036）和信阳师范学院博士科研启动基金项目资助。

十、《北京市城乡居民收入差距变化及影响因素分析》

作　　者： 陈红霞、李国平
发表时间： 2009 年第 6 期
期刊名称： 《地理科学》
内容摘要： 选取 1985~2007 年的时间序列数据，对 23 年间北京市居民的收入差距演变规律进行分析，并在对纵向数据分析基础上，综合运用基尼系数反映的收入差距相对水平和城乡居民收入比较差距反映的比较水平两个指标，对北京市城乡居民收入差距的发展状态和趋势进行科学判断。研究认为，北京市居民收入差距变化大致经历"低收入公平型"→"低收入不公平型"→"高收入不公平型"的演进过程。进一步的计量模型分析结果揭示，第二、三产业就业人员占总就业人员的比重，城市化水平和二元结构系数三个变量对北京市城乡居民收入相对差距的影响是正向的，而政府财政支农比率对城乡收入差距的影响是负向的，进而探讨了缩小城乡收入差距的对策。

社会影响：该论文由国家自然科学基金（40671046），国家社会科学基金（07BJY070），中国博士后科学基金一等资助金（20080440002）和中国博士后科学基金特别资助金（200902029）资助。

附：代表性论文选登

中国城市与区域管理研究进展与展望[①]

王　铮[②]　李国平[③]　苗长虹[④]　周国华[⑤]　刘　筱[⑥]

[摘　要] 本文总结了 2005 年以来城市与区域管理学科的研究进展，提出这些进展主要表现在下列 5 个方面：①城乡统筹理论与模式探索深入；②区域统筹管理在对区域分异的现象认识更细致；③区域结构与地缘政治经济学研究提出了都市圈网络概念并发展出枢纽—网络结构观点；④城市发展管治模式在公共服务管治和高技术产业集群管治模式方面取得进展；⑤区域知识管理围绕创新城市理论取得突破。与国外比较，有特色，侧重点也不同，目前需要在区域管治一般理论、产业集群组织动力学方面和低碳城市管理方面深入研究。文章认为，经过几年发展，城市与区域管理在中国已经取得明显的进步，在下一个五年，结合科学的发现和国家需求，城市与区域管理学科在理论上和应用上都将取得重大进展。

[关键词] 城市与区域管理；管治；城乡统筹；知识管理；学科进展；中国

一、引言

2000 年以来，中国地理学的一个重要发展是城市与区域管理作为一个学科的兴起，地理学在其发展中出现了管理化趋势。环境管理、资源管理等对象问题和城市管理、区域发展治理等综合问题被理解为区域管理领域，或称城市与区域管理问题；后面一个称谓强调这些问题突出表现在城市领域。区域管理成为一个横跨自然地理、人文地理，借助地理信息科学为工具的独立的地理学分支学科。此外，区域管理又是地理学与管理学的交叉。传统的管理学侧重企业的管理问题，以至于一些人把管理理解为经营。实际上，区域的管理有自己的独特性。例如，一个企业面对危机，可以采取"减员增效"，把低效率的员工推给自己的外围——社会，可是一个区域（国家是一种特殊区域）面对危机，恰恰要把就业摆在首位，因为其国民不可以推给自己的外围——外国。区域管理作为一个新兴的交叉学科因此具有自己的独特性。2000 年科学出版社出版了《地方管理丛书》，2001 年 12 月北京大学成立城市与区域管理系，这些事件标志着区域管理或者说城市与区域管理作为一个学科正式发展起来了。目前，区域管理已经被理解为应用行政、统筹、调控、经营和管治等管理学手段，和地理学的规划、治理、地理工程等对人地关系地域系统操作的过程，城市与区域管理学是关于区域管理的理论和方法论学科。它的应用领域已经从最初的环境管理、资源管理扩展到城市运行管理、区域的发展管理、城市管治领域。

二、学科发展的最新进展

2005 年以后，城市与区域管理在中国迅速发展，这些发展主要表现在下列方面：

① 王铮、李国平、苗长虹、周国华、刘筱：《中国城市与区域管理研究进展与展望》，《地理科学进展》，2011 年第 12 期。
② 王铮，中国科学院科技政策与管理科学研究所。
③ 李国平，北京大学政府管理学院。
④ 苗长虹，河南大学环境与规划学院。
⑤ 周国华，湖南师范大学资源与环境科学学院。
⑥ 刘筱，深圳大学管理学院。

(一) 城乡统筹理论与模式探索

城乡统筹发展是基于中国"城乡分割"现象而提出的,并伴随着城乡矛盾和"三农"问题的凸显而备受关注。最近5年,结合国家需求,城市与区域管理学科对这个领域作了大量探索。近年学者在从城乡统筹发展的定量测度研究上取得进展。"城乡统筹度"[1]、"城乡一体化综合指数"[2]、"城乡融合度"[3]、"城乡关联度"、"城乡空间组织度"、"城乡生态共生度"等概念被提出[4],并建立了测度方法。马远军等研究认为,江苏省城乡统筹的演变具有阶段性,全省的城乡统筹在20世纪90年代呈现下降走势,但进入21世纪后有所改善,全省城乡统筹空间布局从L型过渡到反L型,并逐步演化为当前的哑铃型空间格局[4]。吴建楠等通过对长三角地区城乡统筹指数进行测度,认为长三角地区各城市城乡统筹水平差异显著,2000~2008年相对差距有微弱扩大的趋势,各城市城乡统筹水平由城市群外围向中心逐渐递增[5]。目前,关于城乡统筹发展的理论模式与动力机制研究也取得进展。曲亮等引入种群生态学中的共生理论,将城市和农村作为两个具有复杂相关关系的生态有机种群,通过分析二者的共生单元、共生模式、共生环境和共生界面,从一个全新的角度提出了城乡互动发展的运作机理[6]。李铁生认为,城乡统筹发展的过程即为共生模式由非对称互惠向对称互惠的过渡过程,是各共生单元共生关系的协调过程[7]。李习凡等认为,中国城乡一体化发展模式从空间上表现为"圈层结构"与"梯度发展"两种,圈层结构模式包括中心发散型、区域集中型、点轴联系型,梯度发展模式包括初级城乡一体化的发展模式、改进型城乡一体化发展模式、高级城乡一体化的发展模式[8]。城乡统筹发展的动力机制研究主要基于集聚与扩散理论、空间增长理论、共生理论等展开。随着"三农"问题的凸显,城乡统筹视角下的新农村建设、农村土地流转、现代农业发展等问题研究越来越被关注。周国华等在对新形势下农村聚居模式创新研究的过程中,提出应从城乡统筹的角度研究农村聚居模式,并强调其最根本的目的是实现城乡居住质量的等值化,而不是聚居形态的等同化[9]。城乡统筹视角下的都市农业发展研究,既强调了"都市农业发展是实现城乡统筹的重要途径",又阐明了"城乡统筹思维能有效地促进都市农业持续健康发展"。

(二) 区域统筹管理

在党的十六届三中全会提出的"五个统筹"要求中,统筹区域发展占有十分重要的地位。针对中国快速发展中区域差距持续扩大、区域分割与产业结构趋同、能源资源短缺与生态环境恶化等突出问题,因此,区域统筹研究备受重视。由此得到了一些重要认识:①中国区域经济差异的新特点被深入认识。徐建华等发现:在大时间尺度水平上,中国区域经济差异的变化过程,基本上服从"倒U形"曲线规律,但是从小时间尺度(譬如8年或4年)水平上来看,则呈现为一条由几个倒U与U形曲线首尾相接的"复合倒U形曲线"[10]。②中国区域经济差异的形成力量被从新经济地理学角度深入解剖。陆大道提出,中国各地区自然基础和自然资源的巨大差异对于社会经济发展的重大影响不是人的力量所能改变的[11],而中国现阶段所处的工业化中期的发展阶段、经济全球化和信息化的发展、大都市经济区的形成与发展,则又进一步加剧了地区发展的不平衡。刘青春、王铮则进一步发现,自然地理环境、交通区位、人力资本和研发水平3大地理要素,依次发挥作用,对全国尺度和3大地带尺度的区域经济发展差异和产业分工的形成都产生了深远的影响。因此在管理学上,西部地区要重在改变交通区位,促进聚集,中部地区要发展提高人力资本水平和应用,东部地区要发展研发产业,建立若干研发枢纽城市[12]。③中国区域经济增长趋同的特点得到进一步分析。21世纪初得到的关于中国存在多个收敛俱乐部的认识得到了加强。汤学兵等提出,中国8大经济区域内部也出现了明显的俱乐部收敛,启动因素与对外开放水平、市场化程度和工业化水平对经济收敛有非常明显的促进作用[13]。覃成林等则研究了俱乐部成员的可变性,提出改革开放以来中国区域经济增长形成了一个以江苏、浙江、福建、山东、广东这5个新兴工业化省份为主体、代表经济持续快速增长和达到较高水平的趋同俱乐部,其邻近的安徽、河北则有加入该俱乐部的倾向,市场化水平和区域政策是影响俱乐部趋同发生的重要因素[14]。

（三）区域结构及地缘政治经济结构

对区域结构及在这个结构基础上的管治理论研究是城市与区域管理取得重要进展的领域。早在中国改革开放之初，陆大道提出了"点轴理论"，强调以中心城市为增长中心，以重要交通线为轴带动增长[15]。后来陆大道又发展了网络式空间结构概念[16]。在这个概念基础上，众多的学者，如李国平等[17]、孙铁山等[18][19]研究了适应城市管理的空间结构。通过对京津冀大都市圈的圈层结构的系统研究，他们提出，随着时代的发展，物质空间开始逐步为流动空间所取代，网络结构成为一种新的空间组织形式。网络城市[20][21]以及网络化大都市成为新的探讨方向[22]。在网络化都市圈理论发展的同时，王铮等于2002年提出了枢纽网络结构这一新概念，他们认为网络的交接在节点上，一些特别活跃的节点是枢纽。枢纽是区域结构中那些结构专业化导向产业或者市场中心。在一个专业化体系中，枢纽有等级结构，但是枢纽并不一定控制一个地域作为自己的腹地，在现代经济中，枢纽通过网络体系与其他节点城市联系，接受专业化分工[23]。2010年王铮等进一步提出枢纽—网络结构由4个单元构成：①枢纽与普通节点，在一般经济体系中，枢纽区域集中的研发活动、贸易活动，传统上是生产活动的资本密集、人口密集区，或称聚散中心。②附域，为枢纽提供土地和劳动力等。对于枢纽来说，附域执行枢纽主要功能的辅助功能。例如深圳的福特—南山作为通信电子产业的商贸—研发枢纽，它的外围地区执行了产品试制的功能。③枢纽圈，即以枢纽城市或节点为中心的面状地带，枢纽圈不但覆盖了枢纽的行政属地，而且包括了枢纽城市周围的区域，其中包含若干节点及其附域，节点区之间有一定水平的专业化分工。④连通体系，即支撑区域物流活动的交通体系、通信系统。在经济发达后沿着某些地带会形成密集的产业分布带连接枢纽或者次级枢纽。由这4个因素网络构成了枢纽—网络结构。在枢纽—网络结构中，枢纽具有领导地区的作用。一般情况下，枢纽集中了区域的主要商业或者组织活动，它的产业发展方向将影响整个区域。当枢纽发生创新时，首先在枢纽节点的附域和次级节点扩散，而不是向空间邻域扩散。资本与人口的聚集，也是主要指向邻近的上层枢纽，而不是直接向中央大城市集中。类似地，物流的流动也遵守这种分层次的运动。枢纽—网络结构的这种分层运动形式，使得它与传统中心—腹地有明显差别[24]。把这种枢纽网络结构推广到全球问题中，王铮等认为当今世界正在形成枢纽网络结构的新地缘政治经济体系，即一个以美国为总枢纽的金融业研发产业的枢纽网络结构和一个以中国或者中日韩为核心的制造业枢纽网络体系所构成的新的世界政治经济体系[24]。

（四）城市管治模式

2005年后中国城市管治的一个发展是从一般政治经济学层次深入到了城市经济层次。最初企业化政府的思想作为区域管治的思想出现[25]，经过发展，中国地理界已提出区域管治如何恰当地发展城市产业的问题，从而避免政府企业化。其中，刘筱等[26][27]、马学广等[28]的研究具有代表性。目前的研究认识到政府在城市产业管治中存在4种模式：①政府引导型；②市场引导型；③混合治理型；④草根管治型[26][27]。在区域管治方面，闫小培等提出，通过以下途径可以实现地方政府跨域管治：①分权与赋权相结合，引进并整合体制外的社会经济资源，把决策权力向企业、社区和非营利组织转移；②统筹协调各管治组织间的关系，促进城市政体内的权力平衡，以利益协调为基点，促使管治规则由支配性规则向共识性规则转变；③综合运用行政化手段和市场化手段调整地方政府间关系，实现府际合作，促使地方政府由竞争型政府向合作型政府转变[28]。然而，区域与城市管治是个丰富的研究领域，未来从城市管治到区域管治将会持续发展，将成为中国下一阶段区域发展的关键。其中的城乡统筹，在运行层面上是一个管治问题，需要理论突破和更多案例研究。

（五）区域知识管理

随着知识经济的发展和国家创新战略的提出，区域知识管理的思想在地理学中发展起来。2005年以来中国区域知识管理的研究进展如下：①学习型区域的构造理论得到进一步发展。孟庆民等提出了学习区构建3个策略："以全球化过程中的3个层次主体：企业、地方、国家为核心，通过营建各自的关系网络加强网络互动，提高区域在网络中的地位与作用，持续获得社会、文化、经济、科技、制度、管理等方面的学习与创新，实现区域的能动发展和竞争能力的提高。"对于这些网络，作者认为执行了4种联系类型，即社会联系、文化联系、组织联系和空间联系，正是这种联系使得区域发展形成空间网络系统。他们进一步认为，在学习型区域的各种联系中，文化联系、组织联系的柔性较好，社会联系的柔性较差，空间联系的柔性最差。因此需要通过充分利用文化、组织联系的柔性，进一步强化虚拟空间联系，以产生相互叠加效应，形成综合网络效益[29]。②对区域知识管理模式进行研究。王铮等对区域知识管理作了管理学阐述，对区域知识管理的计划职能、组织职能、控制职能和领导职能作了探讨。主要的观点有：组织职能包括建设区域创新体系和创新环境，区域创新系统主体是企业、大学科研机构、中介机构和政府。大学科研机构是知识的生产者，企业则是知识的需求者，中介机构是知识扩散和技术转移的纽带，而政府既承担知识总管的角色，又为知识创新排除障碍，创造条件。控制职能包括：①解决区域内的失灵问题，在区域层面进行控制，以解决主体知识生产失灵、知识市场交换失灵。②形成知识共享的区域公正，形成一个枢纽、网络和边缘知识共享的区域公正；领导职能指的是在区域知识管理上，政府的作用通过政府的行政干预激励组织成员完成组织目标。包括建设学习型区域、善待大学和通过宏观经济政策与投资引导产业方向和创新行为。特别是通过建立枢纽网络结构，形成具有地区领导的研发枢纽城市，为此需要发展研发产业。这个管理模式的目标是通过管理手段，完善区域创新系统，建立区域创新环境，从而促进区域的知识创新和知识扩散，形成区域竞争和合作优势。在这里要强调合作比竞争具有更重要的意义[30]。③区域创新系统的建设策略被进一步探讨，提出需要识别的区域创新环境。黄桥庆等将创新环境的基本构成划分为4个部分，分别为创新资源环境、基础设施环境、政策与制度环境、社会文化环境[31]。其中基础设施环境和创新资源环境归为区域创新的硬环境，而政策制度环境和社会文化环境归为软环境。王铮等强调，区域创新环境分为基础设施、制度环境和服务业环境三方面内容[32]。戴霄

等模拟发现，并非专利制度越严厉越利于创新。实际上，过分严厉的专利制度抑制知识的溢出，产业聚集就失去了最重要的活力[33]。王铮等指出，制度环境的一个重要方面是文化环境，创新环境需要一种产业文化氛围，包括公开而且平等的用人制度、完善的企业进入与退出机制[34]。区域创新环境的形成可以通过政府自上而下地建立，和企业、大学科研机构、中介机构自下而上地自发或在引导下建立和完善两种渠道共同完成，两种方式在建设创新环境中有各自优势和局限。因此，要依靠政府和企业、大学科研院所、中介机构共同建立区域创新环境。

三、国内外进展比较

城市与区域管理问题，在国际上的发展与中国有一致的内容也有差别。这首先表现在国际上不存在城乡统筹问题或者说不关心这个问题，因此这方面的发展需要中国自己的努力。可以借鉴的理论是城市管治理论。实际上，中国区域统筹的发展，已经更多地关心一般政治经济学陈述，这方面可以借鉴国际上对南北国家合作的政治经济学研究。其次，由于缺少深入区域管理层次的研究，尽管在区域一体化、产业管治方面有所进展，但是在城乡一体化管治方面，缺少深入研究，这是明显的不足。

关于管治，Dixon等提出了公共事务管治的范畴：什么是公共供应的最好方式，需要保护的公共利益的水平结构是什么，什么是管治与管制的结构、文化、过程与公共政策目标，理想的公共政策产出怎样确定，确保得到期望的公共政策目标的核算、手段和技术是什么等[35]，这些问题为区域管治的热点，可惜中国缺少这方面研究。不仅如此，2008年的经济危机，使得美国政府重视管治，经济危机的国际管治成为AAG会议和RGS会议的主题，由此刺激了新地缘政治经济学的发展。在这方面，中国需要做更多努力。可喜的是，在区域知识管理方面，中外的研究基本上趋同。

目前，国际上关于区域知识管理的研究，已经被追溯到高技术集群区、学习型区域是怎么成长起来的"第一推动"问题[36][37]，这种具有管理学意义的地理创新的主要意义在于指导政府怎

样发展出创新城市和高技术产业集群，这是中国最为需要的。区域知识管理与区域管治还被用于讨论区域产业结构的递阶性，即怎样在一个区域内组织一个产业体系[38]。Raymond 等指出，区域内中小企业在研发与创新间的联系需要更清晰的界定和探讨[39]，关于产业集群问题已不仅仅在于是第一推动的何种组织起到关键和最基本的作用，而已逐渐深入到探讨何种区域集群企业组织关系、企业发展模式等内在和外在的因素共同推动企业以及集群的发展。实际上是"第一推动"与"递阶体系"的问题，意味着国际上的研究在管理学意义上已经从规划水平深入到组织动力学水平，是地理学与管理学的成功结合。中国在这方面的研究已经有所开展，但是案例研究较多，理论研究不足。

限于篇幅，我们不过多讨论国内外异同。

四、学科发展趋势与展望

经过几年发展，城市与区域管理在中国已经取得明显的进步。更重要的是一些不足已经被认识，这种认识结合科学的发现和国家需求，形成或者正在发展出下列趋势。

首先城乡统筹发展问题，是中国的特殊问题，它的理论研究的薄弱性以及应用研究的迫切性使得它需要加强以下几个方面的探讨：①基于可持续发展的城乡"冲突"与城乡"统筹"双重评估体系的构建；②基于"城乡互动"的城乡统筹运行机制研究；③基于"网络化"的城乡空间重构研究；④基于"新公共管理理论"的城乡统筹综合管治模式研究。其中基于城市管治、乡村管治的已有理论研究与实践经验，发展具有多元主体化、利益协调化、公众参与化特征的城乡综合管治模式，将与区域管治理论很快地结合起来。数字化技术也将成为应用热点。

中国区域统筹研究实际上是城乡统筹的扩大，在未来的发展中随着碳排放配额的确定和产业结构转型，区域统筹将会在未来 5 年成为最为热点的科学问题。在重点领域，随着国家主体功能区战略的实行，如何在主体功能区意义下统筹区域发展，协调区域关系，将是中国区域统筹研究的重点。此外，随着国家创新战略的推进和战略性新兴产业的发展，一个以产业化网络为基础的枢纽网络结构将成为"十二五"期间发展的重点内容。

城市管治是个丰富的研究领域，在未来的发展中，从城市管治到区域管治将会持续发展。目前，首先，在建设和谐社会的思想指导下，区域和谐管治的思想已经被提出。针对这个问题，有一些基本原则内容需要解决，诸如区域管治需要保护的公共利益的水平结构是什么，区域产业发展管治的分类原则是什么，可持续发展管治的基本模式是什么等。其次，对于中国的发展问题来说，公共服务作为一种公共物品，把公共服务发展为公共服务业是否合适，如果合适，在不同地理条件区域，可以发展到何种水平，这种公共服务在区域统筹、城乡统筹中需要如何有差别地贯彻等，都是需要深入研究的。我们知道，在美国这样的大国，由于国土辽阔，公共服务水平是由各州自己决定的，中国也面临着同样的问题。最后，网络化都市圈的区域管治模式，是中国下一阶段区域发展的关键。其中，城乡统筹，在运行层面上是一个管治问题，需要理论突破和更多案例研究。

关于区域结构，目前还处于现象认识阶段，如何在区域管理意义下实现管治，基本上还缺少理论认识。其实就纯粹的空间现象或者区域现象，对区域空间结构的认识还不足，因此如何管治就成为难题。例如都市圈的经济概念不够清楚；对于什么联系形成都市圈尚无清楚认识，因此管治的范畴难于确定。

在未来的发展中，受全球环境变化影响，面对中国城市管理的重大需求，中国城市管理研究应围绕低碳发展、生态管理、公众满意导向管理、主体多元化管理以及数字化管理五大方面展开。问题在于在市场经济条件下，坚持"以人为本"为宗旨的区域管治，如何将主体多元化的概念阐释得更加清晰，融合人本导向、民主导向、高效导向等管理理念，实现政府与社会的有序合作，改变区域政府统包式的管制模式为政府与社会合作的伙伴式管理模式，是今后发展的方向。

展望未来，区域结构的研究必将丰富起来，随着市场经济的完善，网络化都市圈将会成为规划主流，枢纽网络结构也为越来越多的人认识。在基础认识清楚的情况下，区域管治与地理结构的理论将会发展成型。与之同时，以枢纽网络结构为基础的新地缘政治学说即全球管治问题将会得到发展，因为2008年开始的全球金融危机推动了管治经济学的发展，而这种发展一旦落实到国家利益，地理学的作用就会凸显，新的地缘政治经济学发展必将兴起。关于这一点，AAG、RGS-IBG最近两年的会议已经显现出来。

中国区域知识管理研究目前的不足是明显的，第一，研究区域知识管理的学者还没有形成队伍，过多的研究人员在重复一些普通创新理论的概念而没有深入到区域问题层次。第二，研究的重点不明确，没有形成相应的热点。第三，与区域经济发展的结合不足，以至于得不到地方政府的激励。但是，区域知识管理是一个城市与区域管理学科不可忽视的领域，也是国家的重大需求。在中国国民经济发展的"十二五"期间，随着国家创新战略的推进和新型战略性产业的崛起，区域知识管理即使不是研究重点，也会成为研究的热点问题。

致谢：感谢参加本文基础准备工作的华东师范大学、北京大学、河南大学、湖南师范大学的研究生。

[参考文献]

[1] 曾磊、雷军、鲁奇：《我国城乡关联度评价指标体系构建及区域比较分析》，《地理研究》，2002，21（6）。

[2] 修春亮、许大明、祝翔凌：《东北地区城乡一体化进程评估》，《地理科学》，2004，24（3）。

[3] 高珊、徐元明、徐志明：《城乡统筹的评估体系探讨：以江苏省为例》，《农业现代化研究》，2006，27（4）。

[4] 马远军、张小林、张春花：《江苏省县域城乡空间演进与分异》，《安徽农业科学》，2002，34（22）。

[5] 吴建楠、姚士谋、曹有挥等：《长江三角洲城市群城乡统筹发展的空间差别化研究》，2010，19（Z1）。

[6] 曲亮、郝云宏：《基于共生理论的城乡统筹机理研究》，《农业现代化研究》，2004，25（5）。

[7] 李铁生：《基于共生理论的城乡统筹机理研究：访浙江工商大学教授、经济学博士郝云宏》，《经济师》，2005（6）。

[8] 李习凡、胡小武：《城乡一体化的"圈层结构"与"梯度发展"模式研究：以江苏省为例》，《南京社会科学》，2010（9）。

[9] 周国华、贺艳华、唐承丽等：《论新时期农村聚居模式研究》，《地球科学进展》，2010，29（2）。

[10] 徐建华、鲁凤、苏方林等：《中国区域经济差异的时空尺度分析》，《地理研究》，2005，24（1）。

[11] 陆大道：《关于我国区域发展战略与方针的若干问题》，《经济地理》，2009，2（1）。

[12] 刘青春、王铮：《中国区域经济差异形成的三次地理要素》，《地理研究》，2009，28（2）。

[13] 汤学兵、陈秀山：《我国八大区域的经济收敛性及其影响因素分析》，《中国人民大学学报》，2007（1）。

[14] 覃成林、张伟丽：《中国区域经济增长俱乐部趋同检验及因素分析》，《管理世界》，2009（3）。

[15] 陆大道：《二零零零年我国工业生产力布局总图的科学基础》，《地理科学》，1986，6（2）。

[16] 陆大道：《区位发展及其空间结构》，科学出版社，1995。

[17] 李国平、陈秀欣：《京津冀都市圈人口增长特征及其解释》，《地理研究》，2009，28（1）。

[18] 孙铁山、李国平、卢明华：《基于区域密度函数的区域空间结构与增长模式研究：以京津冀都市圈为例》，《地理科学》，2009，29（4）。

[19] 孙铁山、李国平、卢明华：《京津冀都市圈人口集聚与扩散及其影响因素：基于区域密度函数的实证研究》，《地理学报》，2009，64（8）。

[20] 王珺、周均清：《从"单中心区域"到"网络城市"：武汉城市圈空间格局优化战略研究》，《国际城市规划》，2008，23（5）。

[21] 甄峰、刘晓霞、刘慧：《信息技术影响下的区域城市网络：城市研究的新方向》，《人文地理》，2007，22（2）。

[22] 李国平、杨军：《网络化大都市：杭州市域空间发展新战略》，中国建筑工业出版社，2009。

[23] 王铮、葛昭攀：《中国区域经济发展的多重均衡态与转变前兆》，《中国社会科学》，2002（4）。

[24] 王铮、夏海斌、吴静：《普通地理学》，科学出版社，2010。

[25] 张京祥、吴缚龙：《从行政区兼并到区域管治》，《城市规划》，2004，28（5）。

[26] 刘筱、闫小培：《公共服务业供应模式及其与城市管治的关系》，《地理研究》，2006，25（5）。

[27] 刘筱、王铮、赵晶媛：《政府在高技术产业集群中的作用：以深圳为例》，《科研管理》，2006，24（4）。

[28] 马学广、王爱民、闫小培：《从行政分权到跨域治理：我国地方政府治理方式变革研究》，《地理与地理信息科学研究》，2008，24（1）。

[29] 孟庆民、李国平、杨开忠：《学习型区域》，《地理科学》，2001，21（3）。

[30] 王铮、赵晶媛：《论区域知识管理》，《科学学研究》，2006，24（6）。

［31］黄桥庆、赵自强、王志敏：《区域创新环境的类型及其特征》，《太原工学院学报》，2004，15（5）。

［32］王铮、杨念、何琼等：《IT 产业研发枢纽形成条件研究及其应用》，《地理研究》，2007，26（4）。

［33］戴霄晔、刘涛、王铮：《面向产业创新产业政策的 ABS 系统开发》，《复杂系统与复杂性科学》，2007，4（2）。

［34］王铮、杨念：《"十一五" 高技术产业发展的区域战略》，《中国经贸导刊》，2007（19）。

［35］Dixon J., Kouzmin A., Goodwin D.. Introduction to Thesymposium：Comparative Sociopolitical Governance. Journal of Comparative Policy Analysis，2003，5（2）.

［36］Feldman M. P., Francis J., Bercovitz J.. Creating a Cluster While Building a Firm：Entrepreneurs and the Formation Ofindustrial Clusters. Regional Study，2005，39（1）.

［37］Mayer H.. What is the Role of Universities in High-tech Economic Development? The Case of Portland，Oregon and Washington D. C.. Local Economy，2006，21（3）.

［38］Façanha L. O., Resende M.. Determinants of Hierarchical Structure in Industrial Firms：An Empirical Study. Economicsof Governance，2010，11（3）.

［39］Raymond L., St-Pierre J.. R&D as a Determinant of Innovationin Manufacturing SMEs：An Attempt at Empirical Clarification. Technovation，2010，30（1）.

中国城镇化发展与数字城市建设[①]

仇保兴[②]

[摘　要]　中国城镇化正处于向追求质量的城镇化转变的关键时期，这意味着数字城市面临着极好的发展机遇。本文首先分析了当前数字城市建设中存在的典型问题，在此基础上，提出了"十二五"期间我国城市精细化管理八个重点领域以及数字城市建设的基本思路。

[关键词]　城镇化；转型；数字城市；精细化管理

中国城镇化正处于从前30年粗放的城镇化向追求质量的城镇化转变的关键时期，这对城市精细化管理提出了更高的要求，一方面，百姓对城市发展质量、服务功能和空间环境要求日益提高，人民群众为城市的美好而聚集在城市，城市本身就体现着一种文明，但能否提供良好的生活环境需要通过城市精细化管理来实现；另一方面，生态文明时代需要推进城市节能减排，循环利用资源能源，建设低碳生态城市，实现可持续发展，这也需要精细化管理来达到。数字城市应运而生，找到了大展宏图的天地，也就意味着数字城市行业会在近几年有更大的发展。

"十一五"期间，数字城市在科研项目方面有了长足的发展。主要体现在城镇化与村镇建设动态监控关键技术、区域规划与城市土地节约利用关键技术、村镇空间规划与土地利用关键技术、可持续发展的中国人居环境的评价体系和模式、城市用地的适宜性评价与增量预测技术、城市空间信息基础设施共享、城市数字化管理等方面技术创新和应用进展极快。但是也暴露出许多问题，具体表现在：①数字城市建设方向以内部建设为主，为行政内部所用，而惠及百姓的很少；②系统相对独立，很少关注外部需求，城市横向系统间交流和共享很少；③数字城市建设以技术驱动为主，较少涉及需求的满足和服务驱动；④仅从

一个部门内部角度进行数字化建设，无法从城市整体需求和发展角度解决问题，需要逐步向综合统筹建设为主；⑤缺乏城市数字化建设所必需的政府部门间信息交换和共享的横向协调机制，无法解决综合性、高难度的问题；⑥缺乏以政府管理服务需求为目标、各部门之间统一的公共平台（见图1）。

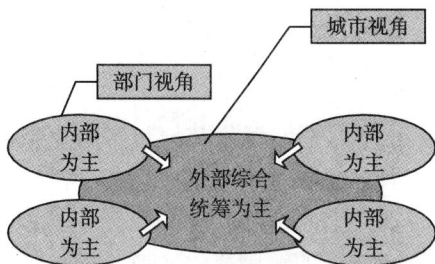

图1　数字城市系统不同视角下的内外部协调统筹关系

一、"十二五"期间亟待解决的两大基础问题

解决"十一五"期间存在的问题，从本质上来说，不是技术问题，而是体制问题，所以要转换思路；根本的思路转换是要从以技术驱动为主转向以需求和服务驱动为主，关键是要建立公共信息平台。

（1）数字城市建设要从以技术驱动为主向以需求和服务驱动为主转变。需要充分关注国家和

————————————

①　仇保兴：《中国城镇化发展与数字城市建设》，《城市发展研究》，2011年第8期。根据2011年6月27日在城市精细化管理高分专项应用示范系统项目工作会议暨城市数字化发展论坛上的讲话整理。

②　仇保兴，住房和城乡建设部副部长，经济学/工学博士，中国城市科学研究会理事长，中国城市规划学会理事长，中国社会科学院、同济大学博士生导师。

城市两个层面的需求，如图 2 所示。国家层面的需求非常明显。一是要通过部、省两级有效的联动监督来促进可持续发展。数字城市的可持续发展是为了城市生活质量的提高和可持续发展，这个目标我们不能动摇。二是从注重国内生产总值真正转变到生态环境和人居环境建设，可以通过数字城市建设达到。城市层面的需求比较复杂。一方面城市层面自身含有国家的目标，如城市的可持续发展、社会经济正常活动效率的提高等；另一方面也有基于本地文化、历史、经济、生态、人居等特殊情况量身定做的数字城市建设需求。

因此，数字城市建设要从业务需求和问题角度出发，而不应该纯粹地开发软件、系统或数据库；信息系统必须与业务系统相融合，是为解决实际问题服务，不能转移这个目标；关键是打造业务能力，不是简单地打造信息系统。比如上海有效地把信息系统的建设和世博会重大任务紧密结合在一起，为每天几千万人流提供交通信息服务，在实现对城市交通、治安等问题的应对有重大突破的同时，促进了数字化城市建设技术的重大突破。

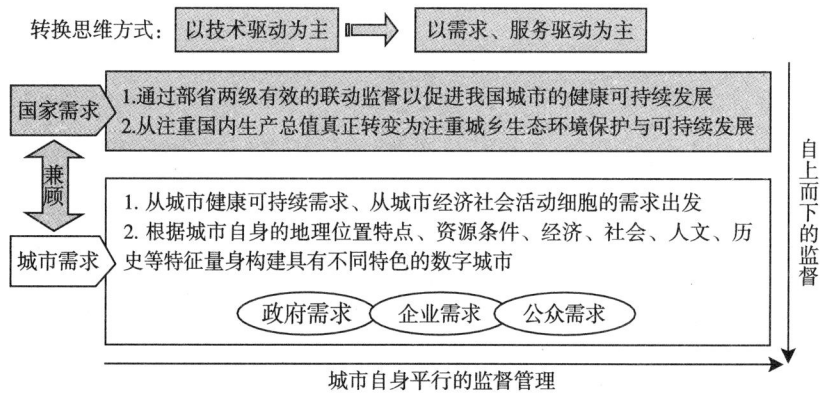

图 2　国家和城市两个层面对数字城市建设的需求

（2）建设数字城市公共信息平台，实现系统的整合，有效解决城市"信息孤岛"的问题，使信息在各部门多系统间共享和流转，为城市综合决策和复杂问题的解决提供支撑。城市是一个分层的复杂体系，呈现出层层叠叠、相互交叉的"洋葱"结构（见图 3），需要用复杂科学的观点来了解城市。城市的发展、规模的扩大、城市产

业的高级化、生活环境质量要求的不断提高更增加了城市的复杂性，这就需要用精细的数字化管理来保证城市有序健康成长。然而，从前几年的情况来看，城市中的"信息孤岛"不减反增，原因就在于越来越复杂的城市管理过程中，产生了越来越多的以部门为主的法律和规定，以及日益增多的具体问题需求，这些使得各个部门都希望

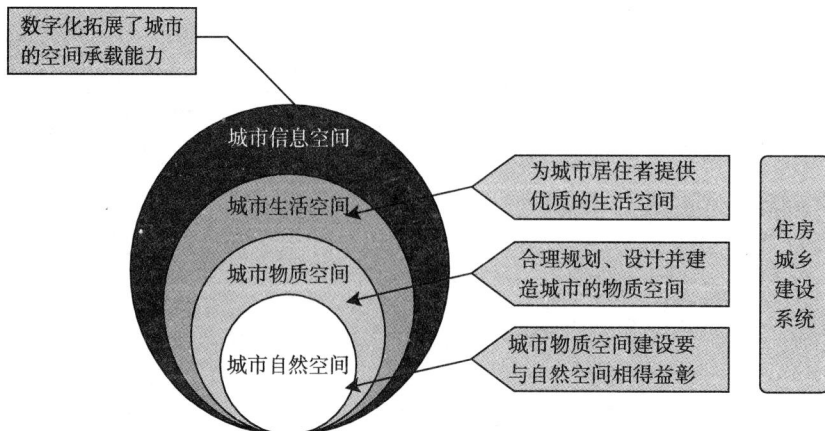

图 3　复杂的城市体系和城乡建设系统的关系

建立自己独立的系统、独立的数据库、独立的队伍，甚至独立的机构。这些"信息孤岛"的产生，关键在于缺乏系统整合的能力。所以在我们要求消灭信息孤岛的同时，"信息孤岛"反而不断涌现，具有愈演愈烈的趋势。同时，一个部门"信息孤岛"产生以后，往往形成利益的锁定，不许别人插手，形成了恶性循环。我们应深刻理解为什么要提出数字城市建设。数字城市是以城市为单元，将这些"信息孤岛"进行整合，真正实现信息在各系统之间的顺畅流转，通过信息共享真正支撑城市各种各样问题的解决。当前一个非常紧迫的问题，就是要建立城市级的公共信息平台，这类公共信息平台的建立，技术上是绝对没有问题的，问题集中在体制上。从住房和城乡建设部来讲，关键的问题是要通过数字城市来保证城市所有的物质空间规划建设及其活动合理、有序、

可持续。正是基于这样的要求，"十二五"期间住房城乡建设系统首先要解决行业内部数据的整合、交流、共享和利用问题，其次要彻底突破传统本位主义思想，各个部门都要主动共享城市空间的地理数据、建筑物基础数据等，促进城市建设与运行管理能力的提升。

二、"十二五"期间城市精细化管理8个重点领域

从思维角度看，第一，要实现从技术驱动到需求驱动的思维转换；第二，要实现从部门角度到城市角度的视角提升；第三，要实现从封闭心态到开放心态的转变。在这三转变实现的情况下，城市精细化管理公共信息平台的建设就要提上日程，基于公共信息平台将会出现一批新的需求，例如在以下重点领域实现精细化管理（见图4）。

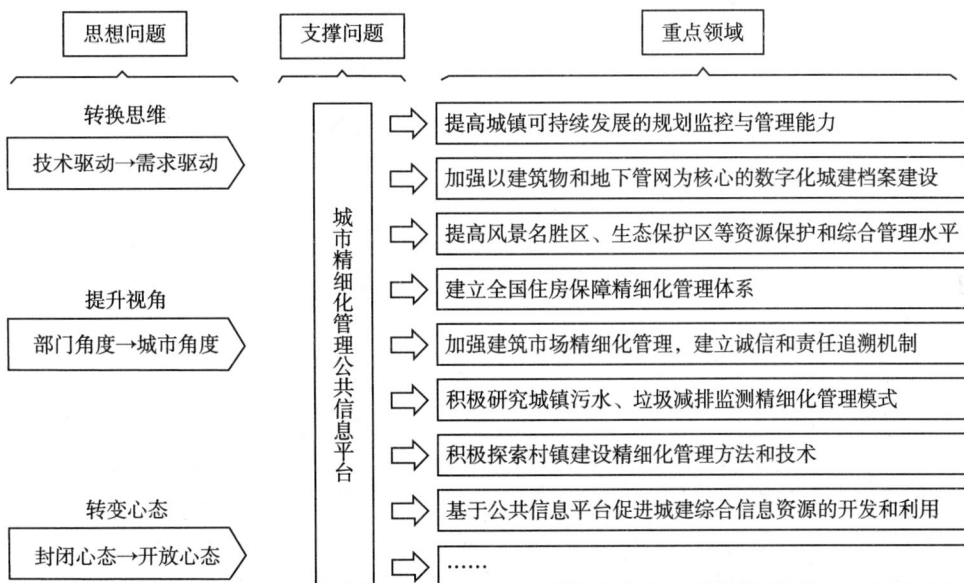

图4　解决基础性问题促进重点领域的精细化管理

第一，提高城镇可持续发展的规划监控与管理能力。包括对城镇能源流、物质流、生态建设方面的监控和管理。我国的城市发展到了一个关键的时刻，也就是要从过去粗放型的城镇化转向精细型的城镇化，必须依靠数字化服务走精致、低碳、集约的发展道路。从应对方法上来看，首先，要建立与城镇可持续发展相适应的环境、能源、资源等指标体系，增强城乡规划的空间指导和约束功能，发挥城乡规划的综合调控作用，走

"紧凑型"和"多样性"的城镇化发展道路；其次，构建城乡规划编制、审查、实施、评估、修订各环节数字化技术集成体系，提高城镇可持续发展的监控与管理能力，城市化的力量如果像火车头动力的话，城市规划的轨道应该越坚强、越细致、越精密才能引导快速城镇化健康发展，也就是要求我们城市规划的管理越严格、越精细；最后，探索能够动态模拟预测城镇可持续发展的辅助决策系统，有效应对城市所面临的越来越多

的不可预测干扰因素，为我国经济发展、城镇开发、环境优化、社会和谐可持续发展提供强有力的技术支撑。

第二，加强以建筑物和地下管网为核心的数字化城建档案建设。从地下来看，我国城市的地下管网非常薄弱，由于缺乏地下管网详细资料和定位信息，导致管理乏力，严重影响国民经济和社会生活，亟须建立地下管网详细的数字化管理系统，建立非常健全的地下管网动态更新机制；从地上建筑来看，当前遇到的问题是拆了许多不应该拆的房子，这些不当的拆迁浪费了大量的人力、物力、资源和能源，并产生了大量的污染。由于缺乏对房屋等建筑物和构建物的精细化信息管理，使得上级的宏观调控基本上失效。传统的建筑物档案基本上还为按工程项目整理的纸质档案管理方式，需要迅速达到数字化的管理要求。应以全国唯一的建筑物身份识别码为标准化基础，基于城市精细化管理公共信息平台，通过规划、建设、房管、城管、消防等所有部门的共同努力，尽快实现对地下、地上城市建设档案的全面数字化管理。

第三，提高风景名胜区、生态保护区等资源保护和综合管理水平。风景名胜区、生态保护区尽管占我们国土的少数面积，但却是我们国土上最精华、最值得保护的"小区域"，通过数字化管理手段有效保护这些特殊的国土区域，将为子孙、为万物留下"诺亚方舟"，为我们子孙留下不断增值的绿色瑰宝。从国家角度来看，当前最紧迫的就是避免开发性破坏。这种开发包括硬的开发和软的开发，要落实强制性内容，在规划上严格限制在核心区的开发项目，通过遥感等技术手段，加强对风景名胜区资源保护的监测管理。对于风景名胜区管理机构，非常明确的就是尽快利用城市的精细化管理模式来强化这些小区域的监管。

第四，建立全国住房保障精细化管理体系。我国进行了许多次国民经济的普查，但是自1984年第一次全国城镇房屋普查以来已长期未进行住房普查，一旦再次实施住房普查和建筑普查，就可以把这些普查数据全面输入系统，然后在地理空间上进行标注，实现对房屋类型、性质、年代等属性的全面监控。通过完善低收入住房保障的统计报表，实现统计数据的实时获取；建立城市

住房保障信息管理系统和全国的监管系统，实现住房保障业务系统全国互联互通；形成横跨政府、房地产企业、物业管理单位和住房保障对象的精细化管理体系。为保障性住房建筑工程的质量管理提供保障，为保障性住房特别是廉租房后继的物业管理提供保障，为全国保障性住房建设提供全面及时的科学决策依据。

第五，加强建筑市场精细化管理，建立诚信和责任追溯机制。在城镇化快速推进时期建立的建筑，其质量问题与食品质量管理一样重要，需要建立对建筑质量可长期追溯的机制和数据库，真正实现质量可追溯、过程可追溯、责任可追溯，确保任何质量问题都可以追溯到相应的建造方、设计方、施工方、材料提供方，一直到所有的决策者，逐步形成对这四方以及业主的诚信管理档案，并对公众进行开放形成强有力的社会舆论监督。通过对"十一五"期间成果的进一步提升，基于城市精细化管理公共信息平台实现建筑市场的精细化管理，实现全国范围内建筑企业、注册人员、市场诚信数据的互通、互认和共享，提升建筑市场的规范化、标准化、精细化的水平，将有助于降低建筑工程质量事故的发生率。

第六，积极研究城镇污水、垃圾减排监测精细化管理模式。"十二五"对节能减排提出了更高的要求，而城镇产生了80%以上的污染物，因此要求对城镇节能减排实施精细化和严格化的管理。从水污染治理、饮用水安全、垃圾处理等方面来看，需要开展全国城镇污水和垃圾处理评价指标体系和年度评价模型研究，综合开展利用高分辨率遥感影像和物联网传感设备，开展对空气污染、污水和垃圾处理设施定期遥感分析研究，逐步实行污染源的远程实时监测和核查，完善和提升全国城镇道路交通污染、污水处理和垃圾处理管理信息系统功能，扩大监管覆盖范围，缩短监管时间间隔，增强监管信息的精确性和丰富性，为实现减排目标提供科学的决策支持和有效的管理手段。

第七，积极探索村镇建设精细化管理方法和技术。村镇是仅次于城市的主要人居点，但村镇人居点的改善可以大大优化城市化进程，使城镇、村人类人居聚集点在大地空间上有序合理分布，所以村镇在下一步的建设中也必须遵循紧凑、

多样、低碳和人居环境良好等原则。要通过将城市精细化管理向村镇延伸，极大地提高村镇的人居环境建设。但我国村镇土地目前主要还是属集体所有，当前尚缺乏对农村集体土地房屋严密的产权管理体制，迫切需要建立相关信息系统对村镇的住房和基础设施进行精细化管理。

第八，基于公共信息平台促进城建综合信息资源的开发和利用。住房城乡建设系统产生的城市数据是最全面和完备的，将这些信息进行分类、整合、管理形成城市最基础性的数据，可为城市的微观和宏观管理提供强有力的支持。从建筑物和构筑物来讲，我们要追求全生命周期的管理模式，即从建材的选用、建筑或构件的设计、施工到运行，甚至到构筑物或建筑该不该拆、怎么拆、拆后是不是能够循环利用等，这是全生命周期管理的第一个层面；第二个层面就是能够掌握建筑或构筑物在运行过程中对当时气候适应性等各种数据的反馈和利用，将人居功能建筑与人口分布信息绑定，将经济功能建筑与其经济能力绑定，将社会功能建筑与其服务能力绑定，将公共服务设施与其支撑能力联系起来。这两个层面都要建立数字化管理系统，利用时空信息承载、智能分析挖掘、仿真模拟预测、可视化人机交互表达等技术，将各类建筑或构筑物所提供的各种各样的服务能力、经济能力、消耗能力、排放能力等详细数据实现有机分配和关联。通过对每个建筑或构筑物的精细化管理，可使整个城市的节能减排数据进入微观、理性、可分解、可积累、可奖罚的境界，非常有利于提升城镇体系规划、城市总体规划等编制的科学性，提高规划实施的可操作性，最后实现提升城市建设与运行管理精细化水平的目标。

三、"十二五"期间数字城市建设的基本思路

"十二五"城市数字化的基本思路是基于我们已经建立了的数字城市专业委员会，这支队伍非常年轻，与发达国家在数字城市管理上处于同一起跑线，但同等的起跑线并不意味着我们就能领先。要依靠和支持这支年轻的队伍，聚集各方面力量，打破各方面的"信息孤岛"，整合信息资源，通过定期交流和出版出版物，建立自我学习机制，建设专业的学习型队伍。在一些重大领域进行积极的研究，更重要的是结合国家高分辨率对地观测重大专项实施城市精细化管理项目、"十二五"科技支撑计划项目以及住房城乡建设公益性行业科研专项等，把这些科研活动、科研资源在各个层面上整合起来，真正找到比较良好的示范点，推动先进的城市率先突破，为当地百姓、为经济决策、为城市可持续发展提供服务，最后推广到全国去。

但仅仅依靠国家的科研支撑远远不够，还需要建设数字城市的政府引导基金和产业发展基金，这两个基金的建立，就使得数字城市建设要实现市场化运作，同时要接轨资本市场，利用庞大的资本市场来推动数字化城市产业的发展。无论从需求还是从技术上来讲，条件都已经成熟，关键是思路，思路影响机制，机制影响成效。"十二五"期间任务很重，但有几项工作必须进一步强调：

一是要从过去习惯于建立系统向真正解决问题转变，要以问题为导向。不解决实际问题的系统和模型都是花架子，能够解决问题的模型和系统，哪怕是最简陋的也会茁壮成长，形成星火燎原之势。一定要确立为了解决问题开展研究的思想，而不是为了研究而找项目。

二是必须突出信息资源的整合和利用，以最能解决实际问题的平台为中心进行资源的整合。当然我们希望城市层面住房建设信息系统能成为这样一个公共平台，但是如果表现不佳可能就被其他信息系统整合。所以这要求任何信息系统都要提高解决问题的能力，不然就将会被兼并。

三是要从以技术为导向转向以管理和机制突破为导向。"信息孤岛"意味着原有信息的积淀，这些有价值的信息资源不能通过过去计划经济那样行政分配，而要通过创新的市场方法进行整合并共享。机制上的突破才能团结更多的朋友，减少对立面；才能使业务覆盖面越来越广，系统适应性越来越强。

四是要从过去自我封闭力求面面俱到转向重点突破。要从基础做起，实现积木式发展，由简到繁，由低级到高级，从解决最迫切问题向预测未来风险和抵御灾害转变。这就要求我们对城市的每一个精细化管理系统都要有最低要求、中级要求和高级要求，实现逐步进化。

五是系统要从"官用"向"官、民、企共用"转变。城市投入大量财力、物力进行系统建设，许多系统的归集点为部门主要领导，其他人员无法看到信息。要使得城市实现能够自我组织健康发展，只有让每一位市民、每一位利益相关者都能享用这些信息，才能丰富这个系统，这个系统才能为人民群众所接受。

最后，除了建立城市系统以外需要建立村镇特别是2万多个集镇的数字化管理系统。通过村镇的数字化实现区域层面的拼接，真正做到城乡信息的共享共用。

只有这样想而且认真去实践，今后我们才可以无愧地说，在快速的城市化发展过程中，在高质量的城市化需求面前，我们这一代数字城市的研究者、实践者很好地完成了党和人民交给我们的任务。我们仅仅贡献了基础性的数字化系统，但对整个国民经济和可持续发展产生了如此深远的影响，到了那个时候再回顾历史，我们可以说无愧于使命，无愧于伟大的时代。

中国特色世界城市建设理论与实践①

杨开忠

[摘 要] 迄今为止，在西方关于世界城市的研究主要有五大学说：一是约翰·弗里德曼的世界城市假说；二是强调生产性服务作用的萨森学说；三是强调创意资本作用的佛罗里达学说；四是强调"流动空间"的卡斯特尔学说；五是强调区域作用的司科特学说。这些学说，都源自于欧美发达国家背景。而与欧美发达国家不同，中国是一个强调和平共处的发展中国家，建设世界城市有自己特色的理论与实践。

[关键词] 世界城市体系；理论与实践；城市建设；国际城市；竞争力；劳动生产率；80年代；弗里德曼；机会成本；欧美发达国家

迄今为止，在西方关于世界城市的研究主要有 5 大学说：一是约翰·弗里德曼的世界城市假说，二是强调生产性服务作用的萨森学说，三是强调创意资本作用的佛罗里达学说，四是强调"流动空间"的卡斯特尔学说，五是强调区域作用的司科特学说。这些学说，都源自于欧美发达国家背景。而与欧美发达国家不同，中国是一个强调和平共处的发展中国家，建设世界城市有自己特色的理论与实践。

在描述具有国际影响力和竞争力的城市方面，从 20 世纪 80 年代末以来有两个相互联系的概念，第一个是国际城市，是指具有国际影响力和竞争力的城市，相当于以约翰·弗里德曼为代表的英语国家文献中的"World Cities"。有一些新闻记者把国际城市翻译成"International Cities"。实际上，在英文文献里很少见到"International Cities"这个术语，指的也不是上述意义上的国际城市。第二个是世界城市，在中文的话语体系里特指在经济上具有国际影响力和竞争力的高端国际城市。这个相当于弗里德曼世界城市体系中的高等级城市，或者科恩 20 世纪 80 年代提出的 Globle City 的概念。世界城市的核心是功能，世界城市是高端功能集聚的地方。国际城市的复杂功能可能不一样，有的可能只是一个，比如说国际旅游城市。

有的可能是两个，有的可能是三个，或者更多。中文话语体系里经常讲的世界城市，实际上是功能高度复杂的国际城市。功能决定影响范围，越高端的功能，影响的范围越大。全球世界城市是最高端功能集聚的城市，所以影响范围通常是要超过一个国家或者几个国家的范围，有的时候甚至达到环球覆盖的程度。所以，要给世界城市一个更加明晰的定义，就是功能高度复杂、影响广泛甚至遍及全球的城市。

在欧美，定义 World City 和 Globle City 时一般强调城市的指挥功能或者控制的能力。在弗里德曼看来，实际上 World City 就是世界控制能力的生产中心。我国在国际关系中奉行的是和平共处五项原则，强调平等互利。这决定了我们在思考和实践中国建设自己的世界城市时，有与此适应的我们自己的价值取向和术语。因此，我们强调的并不是它的控制力，而是它的国际或者全球的影响力，国际或者全球的竞争力，可持续的竞争力是国际城市及世界城市的基础。在这里，所谓竞争力就是生产率，包括劳动生产率、资本生产率、环境生产率，最核心的是劳动的生产率。因为发展的根本目的是满足人民群众的需要，是提高人民群众的生活水准，提高生活水准的前提是人民能拿到更多的"钱"，而拿到更多钱的前提

---

① 杨开忠：《中国特色世界城市建设理论与实践》，《科学中国人》，2011 年第 9 期。

是更高的劳动生产率。近年来，特别是国民经济和社会发展"十一五"计划以来，我们特别强调环境的生产率，把节能降耗减排提到一个非常重要的战略高度，特别是节能已经成为我们国家政治经济生活中一个非常重要的焦点问题。

世界城市在政府和学界看来，具有哪些方面的意义呢？我们为什么要建设世界城市呢？根据我国自己的探索，并借鉴国际经验，这主要概括为4个方面。第一，经济意义：有助于国家成功从全球分工体系中低附加值、低效率、低辐射的生产环节向高附加值、高效率、高辐射的生产环节转型。从全球化角度来看，这是我国推进产业升级、加快转变经济发展方式的主要课题。第二，文化意义：世界城市是世界文化尤其是消费文化的象征和引领者，所以世界城市的建设必然有利于我国从全球文化的边陲向全球文化中心的转型。这是我国文化大发展、大繁荣的重要含义。第三，政治意义：从国际政治经济来看，我国处于边缘国家，经过改革开放30年，现在基本转化为一个半边缘化国家。在全球的政治经济体系，特别是金融危机以后，我国正在加速向全球政治经济体系的核心国家转型。世界城市有助于推动这样一种转型。第四，国民精神：拥有全球影响力、竞争力的世界城市无疑能够提升百姓的荣誉感，有助于振奋国民精神。

正是由于上述意义，早在20世纪80年代末90年代初，我国就明确提出要在全球竞争中掌握主动权，打造我们自己的国际城市和世界城市。回顾20多年来我国世界城市建设理论与实践，大致可以概括为两个阶段。

第一阶段是20世纪80年代末90年代初到2008年。这个阶段，世界城市是作为北京、上海等国家重要中心城市的一种远景规划提出来的。比如1993年，国务院批复的北京城市总体规划明确提出到2010年要为21世纪中叶把北京建成第一流水平的现代化国际城市打好基础。现在回过头来看，这里所谓"第一流水平的现代化国际城市"就是我们今天讲的高端国际城市——世界城市。2005年国务院批复的北京城市总体规划进一步明确了北京构建现代化国际城市的战略布局，提出"以建设世界城市为努力目标，不断提高北京在世界城市体系中的地位和作用"，具体分3步走：第一步，构建现代国际城市的基本构架，第二步，到2020年确立具有鲜明特色的现代国际城市的地位，第三步，到2050年左右进入世界城市行列。这一战略部署的目标递进关系从一个方面说明，在我们的话语体系里，世界城市确实指的是国际城市的最高形态。

第二阶段是2008年以来。2008年有两个重大的契机，一个是北京奥运会，一个是应对全球金融危机。这一年，国家终于正式把世界城市纳入经济和社会发展行动中来了，世界城市真正成为我国经济和社会发展的明确目标。这有3个非常重要的标志：第一是2008年《国务院关于进一步推进长江三角洲地区改革开放和经济社会发展的指导意见》提出，到2020年把上海建设成为"具有国际影响力和竞争力的世界城市"。第二是同年国务院批复的《珠三角地区改革发展规划纲要（2008~2020年）》提出，"到2020年，使珠三角地区形成全球最具核心竞争力的大都市圈"。第三是2009年12月北京市委、市政府提出，首都进入直接瞄准国际城市高端形态——世界城市、用世界城市的标准推动首都经济和社会发展的新阶段。换句话说，目前北京已经完成了城市总体规划提出来的到2020年确立具有鲜明特色的国际城市地位的目标，进入迈向世界城市行列的新阶段。

世界城市的基础就是它的国际竞争力。改革开放以来，中国发展中的、建设中的世界城市的国际竞争力在不断提高。但是，21世纪以来，提升的速度相对放慢。以北京的劳动生产率为例，北京2008年的劳动生产率虽然只相当于美国的17.1%、英国的21.4%、韩国的50%，但是纵向来看，按可比价北京现在的劳动生产率是1978年的将近10倍，确实有很大的提升。但是进入21世纪以后，北京相对于全国的劳动生产率的比例开始持续下降。为什么北京相对的劳动生产率或者相对的竞争力会下降呢？这是一个非常重要的问题，要回答这个问题，首先必须明确，北京的竞争力发展到了什么阶段。一般来讲，积极的、向上的竞争力发展有3种方式，这3种方式大致有一个依次递进的前后时间顺序，形成3个阶段，这就是：生产要素导向的阶段，投资或者规模经济导向的阶段，创新导向阶段。北京现在初级生产要素国内比较优势已经不存在，劳动力的价格、土地的价格都远高于全国平均水平。同时，从北京的产业结构特征来看，北京服务业占 GDP 的比例已达到 75% 以上。服务业不像资本技术密集型的工业、制造业，后者是有高度的规模经济性质的，服务业相对来讲对规模经济的要求要弱得多。这就意味着，我国想通过规模经济去获取在全球的竞争力，相对来讲已经没有优势空间了，或者跟国内其他地区相比，处于相对的劣势状态，因为全国目前还在资本密集型发展的阶段。所以，从客观发展来看，北京正在进入一个向创新驱动或者创新导向发展的新阶段。但是，笔者在承担完成国家京津冀、长三角创新体系"十一五"规划的调查与研究中发现，很多企业家都提出这样一个问题：创新牺牲的多获得的少，为什么我们要创新？他们提出的问题引起了笔者的思考。笔者认为，当前我国建设中的世界城市转向创新驱动发展面临 3 个方面的"陷阱"，第一个就是舍弃密集使用初级生产要素的机会成本大。改革开放以来，我国初级生产要素价格虽然显著上升，但与西方发达国家和地区相比价格依然很低。例如，我国工人的工资跟欧美国家相比，迄今为止也只有它们的 10% 左右。这就是说，在国际竞争之中，全国初级生产要素，特别是劳动力的比较优势相当突出。在这样的全国背景下，北京由于生产率高、劳动报酬高、生活福利条件好，所以可以源源不断地从全国吸引廉价的劳动力，对北京来讲劳动力基本上是无限供给的。在这种情况下，北京想依靠创新取得竞争力就意味着在一定程度上要舍弃密集使用廉价劳动力的较大利益。第二个就是舍弃集约利用规模利益的机会成本大。中国是拥有 13 亿人口的巨型国家，生产、消费的规模利益相当突出。一方面这是大国优势的重要所在，有助于企业做大、做强；另一方面也会使得从依靠规模经济向依靠创新取得竞争优势转换的机会成本较大，从而制约创新。大家知道，新加坡是城市国家，规模很小。试想，一个教授就某个专题，比如"世界城市建设理论与实践"开讲座，在新加坡同样的内容也许少数几讲就"OK"了，再讲就没有听众了，因为国家太小。但是，在我国就不同了，同样内容可以针对不同的受众群体举行几百倍以上于新加坡的讲座，例如以县为受众群体单位，就可以讲 2000 多次，一次一万元钱

的报酬就可以收入 2000 万元。在这种情况下，这个教授为什么要不断创新讲座主题和内容呢？他为什么要放弃这么大的规模利益去做创新呢？所以，舍弃集约利用规模利益的机会成本大，是转向创新发展的一个重要陷阱。第三个就是创新的制度"瓶颈"。我国创新制度已经有了长足的改进，但是应该看到，创新制度仍然还很不完善。一方面，知识产权保护制度建设有了很大的进展，但还不完善，特别是知识产权保护文化还非常不健全，剽窃、偷盗的行为随处可见。创新得不到保护，为什么还要创新？另一方面，创新要素制度性分割现象仍旧严重存在，产学研用一体化体制机制尚未健全。创新要突破这些分割的成本相当大，制约了创新发展。正是因为这 3 大陷阱，使北京向创新导向的发展方式转变步履艰难，进而其竞争力相对上升速度放慢。

上述"陷阱"产生和伴随了一系列的"发展中世界城市病"。这概括起来主要有四个方面：第一，居民生活质量严重滞后于经济增长。例如，2001 年以来，北京人均 GDP 和 GDP 增长率开始持续保持较大离差，人均 GDP 增长严重滞后于 GDP 增长，人均 GDP 仅及东京、伦敦、纽约的 1/5、1/6、1/7。由于人均收入与人均 GDP 成正比，并主要决定生活质量，这使得北京居民生活质量严重滞后于经济增长，没有达到应有的水平，结果在世界城市排名里，生活质量这一项，北京生活质量排序位次远落后于其他项目，相对地位最低。第二，人口、资源和环境矛盾非常突出。这些年来，北京每年平均增长 55 万人以上，一年增加一个大城市。人口膨胀、水资源短缺、交通拥挤、房地产价格高企，这些问题十分突出。第三，知识产权国际垄断优势非常缺乏。企业要走出去，在国外投资，知识产权要有垄断优势，否则怎么能打败东道国的地头蛇呢？我国没有这个武器，走出去非常困难，这就决定了我国目前为止全球的辐射能力薄弱。例如，中国现在的世界 500 强企业，2009 年 34 家，北京占了 80%。无论是 500 强企业数还是收入，北京在全世界主要城市中都排在全世界第 3 位，很高，但我国的 500 强企业不是跨国企业，没有一家有全球生产网络体系，活动都基本限于国内。第四，社会的"M"型化。一方面，社会底层扩大，一是制造业相对衰退，

不断转移出劳动人口，这些人口虽有一部分进入更高端的就业岗位，但是大部分要么下岗失业，要么进入满足基本生活需要的低端服务业，这些低端服务业劳动力市场供给充足，工人的待遇难以得到应有的提高。二是外来人口大量涌入满足基本生活需要的低端服务业和建筑业，导致社会底层人数增加。此外，2006 年以来的房地产价格迅猛上升使原来的一些中产阶级突然之间贫困化了，进一步导致社会底层人数迅速增加。另一方面，金融、总部经济等高端服务业不断扩大，金领阶层和跨国企业家阶层迅速上升。

怎样跳出"陷阱"，怎样克服我国发展中的世界城市病？根本的办法就是加快降低创新的机会成本，提高创新的利益。这概括起来主要有三大方向。

第一，从集中城市化向分散城市化转型。缓解北京人口膨胀以及人口、资源、环境矛盾，一个重要的方面就是采取分散化的城市化战略。"十二五"期间，这一战略具体表现在以下几个层面。一是把加快发展中小城市和小城镇作为城市化的重点，分流缓解人口向包括北京在内的大城市转移的压力；二是以中心城市为依托，以其他城市为重点，建设区域城市群。作为国家城市化的主体形态，城市群是国家"十一五"规划提出来的。然而，经验告诉我们，"十一五"期间区域城市群发展实际上采取了以区域中心城市为重点的集中化发展方式。从中共中央关于"十二五"时期国民经济和社会发展规划的建议和笔者作为国家规划专家委员会委员参加"十二五"规划纲要论证的情况来看，针对中心城市"病"和大中小城市协调发展的要求，"十二五"规划将强调走以大城市为依托、以中小城市为重点的分散化城市群发展道路，把世界级区域城市群作为重要目标和任务。北京的情况也是如此，城市化战略重点将转移到以顺义、通州、大兴—亦庄为代表的新城建设上来，加快促使城市发展从中心城即集中型向多中心分散型转变。这种从集中城市化向分散城市化的转型一方面必将缓解我国发展中世界城市的人口、资源、环境压力，另一方面将通过影响我国劳动力市场，提升劳动成本，降低世界城市依靠创新取得竞争优势的机会成本，从促进向创新导向发展转型，提升我国建设中的世界城市竞争力。

第二，在建设中的世界城市实施更加严格的产业、人口、土地用途和环境保护的管制政策。有人担心这会破坏市场经济。笔者认为，这种担心是没有必要的，因为即使在美国这样自由的市场经济中，这些管制政策都是在一定程度上存在的。笔者建议从 4 个方面着手：一是制定实施更严格的产业准入政策，特别是实施更加严厉的产业发展许可证制度。北京"十一五"规划提出走产业高端化之路，高端产业受到鼓励和支持，发展相对较快。对低端产业，北京虽然没有明文的鼓励和支持，但是"说不"的也不多，对低端产业在京发展没有足够的限制措施。实际上，高低端产业在北京一起发展，这不仅加剧"城市病"，而且也不利于资源向高端产业集中。"十二五"期间，北京既要加大鼓励和支持高端产业，也要下大力气限制低端产业发展。二是实施更加严格的人口迁入管制。我国发展中的世界城市对外来人口迁入管制主要是户口迁入指标控制，下一步应当探索实行人口准入制。对北京、上海等发展中世界城市，实行单纯的人口准入制是不行的，在相当长的一段时期内，应当采取严格的人口准入制加指标调控制，两手都抓，两手都要硬。三是实施严格的土地用途管制政策。现在北京很多情况下一间十几平方米的出租房屋住七八个人、甚至十几个人，这虽然使单个承租人住房成本大大降低了，但却既严重牺牲了人口的生活质量，又给控制城市人口膨胀带来很大的压力。应借鉴美国一些城市的经验，制定实施严格房屋用途管制政策法规，禁止并依法查处将人防空间用于出租居住的行为，严格禁止并依法查处住房违反法律法规租用的行为。这方面的政策是大有空间的。四是实施更加严厉的节能降耗减排政策，"十二五"期间，一定要把二氧化碳的排放量以及污染物排放总量的限制列入考核指标。

第三，实施鼓励和支持创新政策。"十二五"期间，要在总结以往经验的基础上，从进一步完善知识产权保护制度、创新服务支持体系、创新金融财政支持体系、创新人才支持体系等多重角度，降低创新的风险和成本，增加创新所得，改善我国发展中世界城市的创新环境，从加快向创新驱动发展转型。

第七章　城乡统筹管理

温锋华　姜　玲

30年前，当日本的城市靠着农村的原始积累实现工业化腾飞之后，开始将高速公路、管道煤气、排水系统修到农村，越来越多的农民转为产业工人。这种经济上的自觉行为有一个形象的名称——反哺。在西方，几乎所有借助农业积累实现现代化的国家，无不在工业化、城市化实现之后对农村进行"输血"，这一过程平均历时20年。

在中国，借助城乡二元结构体制，城市从农村汲取了几十年的财富。日益繁华的城市，只留给农村一个遥远的身影。当城乡差距越拉越大，破除城乡二元结构呼声日渐高涨时，2006年，党的十六届三中全会明确提出实施城乡统筹的发展战略，在政府的强力推进下，通过土地流转、农村社会保障、基层治理进而到农村产权等一系列变革试验，尝试找到一条破除城乡二元结构，实现农村现代化的路径。

至2011年，城乡统筹战略实施5年之后，学术界对于城乡统筹的关注也开始进入深层次研究，改革创新实践也渐入深水区。学术界从早期探讨城乡统筹的必要性和基本模式，开始理论结合实际，开展城乡发展的模式创新和制度创新等层面的研究。在政府和社会实践层面，以重庆市、河南省、成都市为代表的省、市在实践中不断推动着我国城乡统筹的创新发展。

第一节　理论进展

城乡统筹作为公共管理的核心任务之一，从早期对"三农"问题的关注，到党的十六届三中全会后的城乡一体化发展管理，城乡统筹管理一直是公共管理学科的重要研究领域。随着城乡统筹战略的深度推进，学术界对城乡统筹管理的研究在广度、深度以及研究方法上均有了显著的突破，在广度上，研究涉及领域非常广泛，包括城乡统筹管理模式、城乡经济统筹管理、城乡社会统筹管理、城乡文化统筹管理、城乡统筹制度创新等内容。2011年以来，学者们在上述领域坚持理论联系实际，持续开展相关的研究并取得了新的突破。在著作方面，有李兵弟、张国林、张占兵、党双忍等针对城乡统筹问题进行了系统的研

究；在论文方面，根据笔者对中国期刊网上相关文献的检索发现，2011年1月1日~12月31日，以"城乡统筹"为主题的中国知网收录的全部记录数达到6022条，期刊论文数为1134篇，其中CSSCI收录期刊论文数为92篇。现就上述领域的理论研究综述如下。

一、城乡统筹模式创新研究

（一）国家层面城乡统筹模式研究

城乡差别是发展中国家共同面临的重大现实课题。推进城乡统筹发展始于工业化中期，世界各国为之进行了艰辛的探索实践，积累了许多成功经验，诞生了许多来自实践探索的理论，这些

理论对我国正在推进的城乡一体化具有借鉴意义。不同国家实现城乡统筹协调发展的路径各有特点，栗惠民和莫壮才系统介绍了美国、日本、韩国和巴西等国的城乡统筹发展经验。[①] 冯胜比较分析了英、美、日、韩四国的城乡统筹发展模式，其中以日本的城乡统筹发展模式最符合我国国情，特别是农村工业化战略很值得借鉴，[②] 还系统研究了这四国经济增长过程中的城乡发展情况，其中重点对韩国的"新村运动"进行了介绍，[③] 提出了适合我国的城乡统筹发展模式，即首先在城市发展劳动密集型工业，当城市工业发展到一定阶段后开始向农村引导，待工业发展到中期阶段后，开始实施农业现代化战略，积极扶持农业发展，使农业达到一个新的高度，在更高层次上支持工业发展，同时达到城乡差距消除、统筹发展的目的，并用"托达罗劳动力流动模型"对上述过程进行了模拟。[④]

统筹城乡发展事关我国"十二五"规划全局的实现，其主要任务与实现途径为加快推进城镇化、促进城乡基本公共服务均等化、推动农民工市民化、缩小城乡居民收入差距。[⑤] 欧阳敏和周维崧认为我国城乡统筹发展的主要模式，包括以城市为主导、以城带乡的城乡统筹发展模式；以乡村为主导、乡镇企业拉动城乡经济发展的城乡统筹发展模式以及以城乡为整体、统筹规划的城乡统筹发展模式，还比较分析了城乡统筹发展主要模式之间的异同点，进而得出促进我国城乡统筹发展的一般启示。[⑥]

不同的城市和地区应在立足自身发展情况的基础上，合理选择城乡统筹发展的路径。[⑦] 其典型模式包括东部发达地区和中西部欠发达地区模式、主体功能区模式两类。[⑧] 根据对经济发展规律的独

到理解，往往又采取了不同的发展战略，形成了各具特色的发展模式：赶超型模式、主导型模式、开放性模式、科技型模式和城郊型模式等。[⑨]

（二）省域层面城乡统筹模式研究

继湖南提出建设"两型"社会发展战略、重庆市和四川成都作为全国城乡统筹综合配套改革试验区之后，河南、山东、陕西、湖北等省（市）相继提出城乡统筹发展的具体战略举措，省域层面的城乡统筹研究成为2011年度我国城乡统筹研究工作的重心，其中河南、山东等省份的研究成果尤其突出。

张璐和杨博丈从实证的角度出发，构建了河南城乡统筹协调发展指标体系，并对全省的城乡统筹度进行了定量研究，指出河南省总体城乡统筹度不断提高，但在2006年以后城乡居民消费因子出现了下降的趋势并最终影响了河南省城乡统筹协调发展的进度。[⑩]

徐建华认为，山东省城乡统筹一体化发展的机遇主要有3大战略的带动：处于城乡一体化发展的最佳时期；经济发展强劲；交通发达、城乡贯通等。同时也存在挑战：制度有待完善，改革有待深化，城镇化滞后于工业化，城市拉动力不足，缺乏系统的评价体系等。山东省城乡统筹一体化发展的路径选择为：深化改革，构建起城乡统筹一体化发展的体制机制；加快城镇化进程，构建城乡统筹一体化发展的动力支撑；推动产业融合，构建城乡统筹一体化发展的产业支撑；组织力量，构建城乡一体化的评价体系。[⑪]

（三）市域层面城乡统筹模式研究

市域层面上，有学者对城乡统筹发展的典范城市成都进行了详细考察，提出成都市作为全国城乡统筹综合配套改革试验区，深入实施城乡统

① 栗惠民、莫壮才：《国外城乡统筹发展理论与实践探索》，《海外金融》，2011年第6期。
② 冯胜：《国外城乡统筹发展模式比较研究》，《软科学》，2011年第5期。
③ 冯胜：《基于托达罗模型的韩国城乡统筹发展模式研究》，《中南民族大学学报》（人文社会科学版），2011年第5期。
④ 栗惠民：《国外城乡统筹发展理论与实践探索》，《海外金融》，2011年第6期。
⑤ 王卫星：《我国城乡统筹协调发展的进展与对策》，《华中师范大学学报》（人文社会科学版），2011年第1期。
⑥ 欧阳敏、周维崧：《我国城乡统筹发展模式比较及其启示》，《商业时代》，2011年第3期。
⑦ 黄闯：《安徽欠发达地区城乡统筹发展路径探讨——以宿松县为例》，《规划广角》，2011年第7期。
⑧ 张宏元、王倩、郑雄彬：《"十二五"规划背景下城乡发展的机遇挑战与应对——兼论城乡统筹发展的任务、途径与典型模式》，《规划师论坛》，2011年第4期。
⑨ 王林容、薛国凯：《城乡统筹背景下的小城镇发展探索》，《现代城市研究》，2011年第7期。
⑩ 张璐、杨博丈：《城乡统筹协调发展的实证研究：2005~2009——以河南省为例》，《出国与就业》（就业版），2011年第20期。
⑪ 徐建华：《山东省城乡统筹一体化发展的路径选择》，《中共青岛市委党校　青岛行政学院学报》，2011年第3期。

筹、"四位一体"的科学发展总体战略。统筹实施"三个集中"，推进"六个一体化"和农村工作"四大基础工程"，实现了试验区经济社会平稳较快发展。尤其是在统筹城乡发展的管理体制、市场体制和投入体制方面的创新，使之成为中国在加快缩小城乡差距、解决城乡不平衡进程中"大城市带小农村"的典型"样本"，为全国统筹城乡改革发展提供了经验。[①] 作为典型的河谷盆地型城市，兰州市的城乡统筹面临着有别于平原型城市的特殊矛盾，导致其不能照搬平原型城市的"三集中"战略，而应采用"新型三集中"战略：以分类引导为原则，转变农村扶持方式，引导梯度集中；以转型升级为契机，优化和调整产业结构，引导非农产业园区化集聚和集群发展；以精明增长为理念，形成高效、有序和生态化的土地利用方式，推进土地园区化、产业化、特色化、适度规模化集约经营和土地流转。"新型三集中"战略与"三集中"战略相比，增添了分级规模化生态移民、梯度集中、集聚集群和精明集约的新内容，更利于河谷盆地型城市城乡统筹的推进。[②]

（四）县域城乡统筹模式研究

城区和县域层面上，自 2006 年国家实施促进中部地区崛起战略以来，中部地区县域经济城乡统筹发展已经取得积极成效。中部地区城乡统筹发展的主要经验在于充分协调和发挥资源、区位和政策 3 个要素的作用。然而在看到取得的成就的同时，也应看到中国中部各省仍有部分农业弱县、工业小县在城乡统筹发展中面临诸多困难和问题。张晴和刘李峰等在分析中国县域城乡统筹发展现状的基础上，总结、梳理了中部不同县区县域城乡统筹发展路子，提出中部城乡统筹发展目前存在的问题，最后给出未来中部城乡统筹的对策建议。[③] 梁镜权、温锋华以广州市番禺区为例，总结转型时期大都市郊区的农村城市化新的动力系统结构，提出包括自上而下的压力、自下而上的支撑力、前向拉力和后向推力等四大动力，从而构成了大都市郊区农村城市化"四轮驱动"的

动力系统，并在此基础上，总结基于城乡统筹的大都市郊区农村城市化的一般模式。[④]

二、城乡经济统筹管理研究

（一）县域经济发展与城乡统筹管理

在党和国家落实科学发展观、推进和谐社会建设新的历史发展时期，统筹城乡与发展壮大县域经济成为新时代发展的前沿热点问题，并已经纳入党和国家经济社会发展的总体战略布局。刘福刚认为，当前推进城乡经济社会发展一体化改革进程中的重要任务之一是有效增加农民收入的问题。增加农民收入的关键在人，其中更有赖于"新农民"。因此，就当前来说，培育和造就大批新型农民，积极壮大新农民队伍的步伐，对于有效提升农业劳动生产力、发展现代农业、实现农民持续增收，显得尤为重要和迫切。[⑤] 随着改革的不断深入和开放的不断扩大，我国涌现了一批率先发展起来的县域经济。这些经济发达的县域主要分布在长江三角洲、珠江三角洲和环渤海等地区，其特点非常鲜明。

当前，我国县域经济发展进入了在社会主义市场经济体制条件下和全面建设小康社会历史背景下的科学发展新时期，县域经济发展面临新的政策环境和发展空间。一是社会主义市场经济体制的建立和完善，二是全面建设小康社会的战略目标确定，三是"工业反哺农业，城市支持农村"论断的提出，四是加快建设社会主义新农村，五是我国经济发展的国际化程度加深，六是努力走新型工业化道路，七是实行"多予少取放活"的农村政策，八是加强改革探索对体制的突破。

欠发达地区具有不同于发达地区的特点，因此实现欠发达地区的城乡统筹发展也具有不同于发达地区的特殊性。朱土兴和姚文捷主要以促进县域经济发展为切入点，系统研究了浙江省推进城乡统筹发展的模式，在借鉴国内外现有理论与实践的基础上提出丽水市统筹城乡发展的 3 个创新模式，即开发区—地产发展模式、农业产业化

带动发展模式、县际帮扶模式。[①]

穆红以安徽省淮南市为例，探讨了淮南市城乡交错、市矿交错、矿乡交错、城乡二元矛盾突出等问题。指出特殊的市情决定了要实现淮南加速崛起，必须走具有自身特色的城乡统筹发展道路，并以《淮南市城乡一体化规划》的编制为契机，抓住资源型城市城乡的主要矛盾，在城乡统筹规划的目标、政策、体制、机制、空间布局、产业、公共设施等方面提出淮南市城乡统筹规划的新思路以及推进淮南市统筹发展的相关建议，指导淮南市城乡统筹稳步发展。[②]

经济的发展离不开金融的因素，而金融的优化发展对经济增长起着举足轻重的作用。范小明和张勇进系统研究了重庆市在城乡统筹模式下金融业的发展和金融对经济所起的作用，选取了1996~2010年的金融发展程度指标和GDP增长率，对统筹城乡金融与经济发展进行了实证分析。结果表明：重庆市金融发展程度与生产总值之间存在着长期协整的关系，且地区的发展能够显著影响金融发展水平，但是金融发展水平对经济发展的促进作用不是很显著。说明重庆市的金融发展力度尚且不足，需要进一步加强金融改革。对此提出应防范金融风险，鼓励金融创新；改进金融服务，增加信贷投放总量和重视有关政策导向等政策建议。以更好地优化金融业来推动对城乡统筹下经济的发展。[③]

（二）农村经济发展与城乡统筹管理

在城乡经济统筹管理中，必须重视农业的基础地位这一观点已经得到学术界的广泛认可。根据产业经济学关于产业的发展及其顺序来看，农业在三大产业中具有基础的地位，必须切实加强其基础地位。根据产业的发展规律，由于受人的需要及其发展层次的约束和推动，产业的发展呈现出第一产业、第二产业和第三产业这样的顺序发展。第一产业主要是指农业，满足人们获取食

物等生存资料的需要。当人们的生存问题基本得到解决以后，人们的需要层次就在已经得到满足的基础上不断提高，希望能够提高生活的质量，于是出现工业，将原来的初级产品加以进一步的改造。并出现第三产业，在满足人们物质享受的基础上更好地满足人们的精神享受需要。[④]我国农村文化产业存在诸多方面的困境。解决当前这些问题必须统筹城乡文化产业布局，通盘考虑城乡融资渠道、人力资源、文化消费市场等，立足目前农村文化产业自身资源优势走自主创新的道路，从而推动农村文化市场逐渐成熟到纵深发展。[⑤]

城市与农村是社会经济系统中的有机统一的两个子系统。城乡统筹有利于经济的健康发展以及社会的稳定和谐。农业产业化则是解决农村发展相对滞后的重要途径。在实践中，农业产业化以及城乡统筹都为打破城乡二元结构发挥着重要的作用。魏巍针对湖南省1997~2008年城乡发展情况，通过定量分析，发现城乡统筹与农业产业化水平之间存在长期稳定的关系，城乡统筹水平的提高有利于农业产业化的进一步发展。[⑥]

要实现城乡统筹并解决农村人口就业问题最根本的方法是实现城乡统筹并发展乡镇企业，杨婷通过对重庆乡镇企业现存问题进行分析得出结论：重庆提出城乡统筹发展战略以来，乡镇企业一贯存在的问题并没有得到良好的解决，城乡统筹有待继续深化。[⑦]喻问琼以重庆"两翼"农户万元增收为例，提出重庆"两翼"农户万元增收是在统筹城乡发展、落实科学发展观的背景下提出来的。"两翼"农村经济的发展虽然还存在一些问题，但最终是能找到一条发展路子来。[⑧]

苏发金运用协整分析、误差修正模型分析和Granger因果关系检验，对城镇化发展和农业经济增长的关系进行实证研究，探讨两者之间的长期稳定关系和短期均衡关系。认为两者之间存在长期的动态均衡关系；二者相互影响强度在长期与

---

① 朱土兴、姚文捷：《欠发达地区城乡统筹发展模式选择以浙江省丽水市为例》，《丽水学院学报》，2011年第6期。
② 穆红：《探索资源型城市城乡统筹发展的新思路》，《城镇化研究》，2011年第7期。
③ 范小明、张勇进：《重庆市城乡统筹模式下金融与经济增长影响的研究》，《黑龙江农业科学》，2011年第12期。
④ 张国林、张锦洪、张仕权：《城乡统筹中农业基础地位及其制度支持研究》，经济科学出版社，2011年。
⑤ 雷芳：《城乡统筹视角下农村文化产业的困境与出路》，《生产力研究》，2011年第9期。
⑥ 魏巍：《城乡统筹能否促进农业产业化发展？——基于湖南省的经验数据》，《三农问题》，2011年第2期。
⑦ 杨婷：《城乡统筹下的乡镇企业》，《商业文化》（下半月），2011年第8期。
⑧ 喻问琼：《城乡统筹背景下农村经济发展的思考——以重庆"两翼"农户万元增收为例》，《经济研究导刊》，2011年第23期。

短期不同；两者分别在不同滞后期具有单向因果关系。①

随着经济社会的发展，城乡关系与区域经济空间结构不断从低级向高级阶段演化。长期以来，我国三次产业之间与城乡之间的非有效联动发展导致了城乡经济空间的二元割裂，而这又进一步制约了产业的升级与区域经济空间结构的优化。现阶段，三产互动已成为提升产业现代化的重要途径，以此为基础和重要内涵的城乡统筹发展模式在有效促进城市经济空间从大规模地域扩张走向要素渗透与产业延伸，乡村经济空间从单一分散落后走向多元紧凑繁荣的同时，也加速了城乡经济的融合与区域经济空间一体化的进程。②我国农村市场潜力巨大。在城乡统筹发展的背景下，建立和完善城乡商贸流通体系已成为发展现代商贸流通业的重要组成部分。基于我国城乡商贸网络布局不合理、现代物流配套服务差距大、农村基础设施建设和金融服务落后等现实，应通过在农村发展多层次的商贸流通服务网络、整合和推广信息技术服务、发展现代物流服务模式、完善农村金融服务机构和提升服务水平等，构建城乡双向流动的商贸服务体系。③

城乡统筹背景下农村存在特色农业规模小、吸纳劳动力就业能力弱、合作组织规范程度低等问题。主要是因为特色农业资金和科技力量单薄，企业发展缺乏技术、资金与人才，合作组织宣传力度不够且管理水平低。李爱丽提出了特色农业筹集资金、依托科技，政府帮助融资、企业加强人才引进，合作社加强管理等建议。④

（三）农业产业化与城乡统筹管理

现代农业作为农业发展的新形态，对社会经济的稳定和发展具有十分重要的意义，农业现代化和农业产业化是推进城乡统筹发展的核心内容之一。有学者结合重庆市统筹城乡综合配套改革，以沙坪坝区为例，从规划理念、规划战略、规划路径、规划定位、规划总体目标以及产业选择和产业布局等方面，探讨了现代农业发展规划思路和布局。通过分析沙坪坝区现代农业发展现有基础，认为全区应以统筹城乡社会经济发展为宗旨，以"全域城市化"为契机，构建"一线、一带、一河"的总体空间布局，从而建成服务重庆都市区的融生产、生态、休闲、观光、体验、教育功能为一体，巴渝山水特色浓郁、生态景观优美、城乡一体、农民富裕的都市郊野生态农业公园和都市生态循环农业示范基地。⑤

（四）乡村旅游发展与城乡统筹管理

旅游界顶级学术期刊《旅游学刊》于2011年第10~12期，连续专版刊载了旅游界学者从不同角度阐述乡村旅游对城乡统筹发展的影响的访谈笔录。

在该访谈笔录中，汪宇明提出"十二五"期间，中国经济、社会、生态结构仍然处在急剧变革与转型阶段，基于公共政策层面，发展旅游是城乡统筹发展的重要路径。马波提出，研究乡村旅游应当从城乡统筹入手，从旅游发展出发。乡村力量的存在和壮大是乡村旅游兴盛的前提，乡民是乡村旅游发展的主人。杨振之提出产业之间的融合发展与产业边界的模糊化是社会生产力进步的必然结果，产业融合的程度是判断一个国家经济发展强度、发达程度的重要标志。产业自身要做大做强就必须寻求同其他产业之间的融合发展，从而提出了城乡统筹发展需要推动农业产业与乡村旅游的融合发展的战略思路。孙业红提出了城乡统筹中旅游发展的几大挑战，包括传统知识和传统文化的丢弃、农民和地方社区利益的忽视、农村劳动力和旅游从业者的流失等。陈耀总结了我国实现城乡统筹的途径包括城市扩张型、工业促进型和商业带动型3种，认为旅游是促进城乡统筹的新途径、创造"乡村让生活更幸福"的基础，"应在城乡统筹中大有作为"。⑥

增长不等于发展，有增长不一定有发展。旅游业可以架起城乡统筹发展的桥梁，协同解决

① 苏发金：《城乡统筹：城镇化与农业经济增长关系的实证分析》，《经济经纬》，2011年第4期。
② 刘玉：《基于三产互动与城乡统筹的区域经济空间分析》，《城市发展研究》，2011年第4期。
③ 陈星宇、任保平、喻文：《构建城乡统筹视角下的城乡双向流动商贸服务体系》，《广东商学院学报》，2011年第4期。
④ 李爱丽：《浅析城乡统筹背景下农村产业发展》，《商情》，2011年第23期。
⑤ 苏延科：《城乡统筹视野下的现代农业发展规划探析——以重庆市沙坪坝区为例》，《中国农学通报》，2011年第23期。
⑥ 马波、汪宇明等：《中国旅游发展笔谈——城乡统筹与旅游》（一），《旅游学刊》，2011年第10期。

"三农"问题，实现农村全面建设小康社会的目标。城乡统筹发展旅游的关注点应该放在两个方面：一方面，从宏观层面上对城市旅游和乡村旅游进行协调。在城市化进程中，更多地关注城市居民的旅游和休闲需求，开辟更多的城市公园、绿地和水体；更多地关注原有历史文化遗存的保护，提高城市的文化品位，保障城市旅游的持续发展。同时，加大对乡村旅游的投入，逐步弥补其交通、服务、管理与人才方面的不足，使乡村地区成为能满足不同游客需求的目的地。另一方面，把城乡接合部，即城市郊区的乡村作为旅游开发的重点。所以应把城郊地区列入城市旅游发展的整体格局中，真正做到优势互补、互惠双赢；何景明则概括提出旅游业是制造乡村繁荣的"发动机"，而乡村则是城市居民伸向自然、伸向传统的家园；宋子千提出要放在城镇化和产业化的进程中去考虑和看待乡村旅游的发展；杨兴柱阐述了基于城乡统筹的乡村旅游地人居环境建设的理念；肖飞提出城市周边旅游村镇建设是实现城乡统筹的重要支撑。[①]

在该访谈笔录第三期专版中，来自 Grontmij Carl Bro 咨询集团的 Erik Holm Petersen 探讨了"乡村旅游"的本质及其对小城镇发展的作用，北京市旅游发展委员会的安金明提出旅游下乡是城乡统筹与旅游发展的现实选择。此外，陈名杰提出要充分发挥旅游业在城乡统筹发展中的支撑带动作用，孙九霞则提出要以可持续旅游统筹城乡实现城乡间平等"互哺"，张金山提出旅游业是推动城乡统筹发展的基本力量，郑群明提出城乡统筹发展应重视乡村旅游的作用。[②]

在城乡统筹发展背景下，如何科学发展乡村旅游是旅游地政府面临的一个难题。需要充分发挥政府和市场的双重作用。罗辉结合云南省元江县这一典型少数民族县域的实际，从经营管理模式、投融资模式以及相关配套政策等方面内容进行了系统研究，提出了乡村旅游可供选择的经营管理模式，包括个体农庄模式、村民合作组织模式、政府主导+市场驱动型模式、政府+农户模式、公司+农户模式、公司+社区+农户模式和政府+公司+农户模式，分析了传统融资渠道基础上可以积极探索的融资模式。[③]王瑛提出发展乡村旅游政府必须有所作为；政府应当在制度、组织、职务三大方面加强作为；在乡村旅游发展的初始阶段、成长阶段、成熟阶段，政府应依次按照开拓者、规范者、协调者的角色作为；评估政府发展乡村旅游的作为绩效应以乡村旅游发展战略为中心，综合考虑政策保障、旅游宣传促销、经济业绩、学习与成长、游客评价五个评估因子。[④]

三、城乡社会统筹管理研究

（一）公共服务均等化与城乡统筹管理

我国农村社会管理工作取得了一定成效，农村社会矛盾有所缓解，但也存在明显不足。现阶段我国城市与农村的基本公共服务水平差距明显，突出的表现在基础教育、社会保障、公共卫生和基础设施建设四个方面。统筹城乡发展，实际上提出了公共资源配置调整的大问题。首先，统筹城乡，大力发展县域经济，推进社会主义新农村建设，实际上提出了"公共资源配置权下移"的新要求。其次，加快统筹城乡发展，强化以民生为重点的社会事业建设和公共服务的提供，实际上提出了"公共服务统筹权上移"的新要求。因此，寻找统筹城乡发展的良策，使农村居民、进城务工人员及其家属与城市居民一样，享有各个方面平等的权利、均等化的公共服务和同质化的生活条件，需要"公共服务统筹权上移"，强化省级政府平衡辖区财政的责任意识，推动省级政府积极实施辖区内的财政统筹。[⑤]

有学者一针见血地指出，城乡基本公共服务非均等化的症结在于城乡二元体制。实现城乡基本公共服务均等化，必须加快新型城市化进程，打破城乡二元结构，让更多的农民变为市民享受城市优质的公共服务；在此基础上，充分发挥政府的职能作用，全面提高农村公共服务质量。并

① 罗佳明、程遂营等：《中国旅游发展笔谈——城乡统筹与旅游》（二），《旅游学刊》，2011 年第 11 期。
② Erik Holm Peterse、安金明等：《中国旅游发展笔谈——城乡统筹与旅游》（三），《旅游学刊》，2011 年第 12 期。
③ 罗辉：《城乡统筹背景下少数民族县域乡村旅游保障体系构建——以云南省元江县为例》，《安徽农业科学》，2011 年第 1 期。
④ 王瑛：《城乡统筹下的乡村旅游发展政府作为研究》，《改革与战略》，2011 年第 2 期。
⑤ 吴正国：《城乡基本公共文化服务均等化研究》，《群文天地》，2011 年第 22 期。

进一步指出，推进城乡基本公共服务均等化的目标定位是城乡公共服务供给体制一体化，并且要通过制度创新完善城乡基本公共服务均等化的实现机制，即健全政府间财力与事权相匹配的公共财政体制，深化城乡居民户籍制度改革和城乡土地使用管理制度改革，加快构建政府主导的基本公共服务多元供给机制和农村公共服务供给的评估制度，建设适应基本公共服务均等化要求的服务型政府。①

社会政策的城乡统筹发展是贯彻落实科学发展观的需要，是实施统筹城乡发展的应有之义。进入 21 世纪以来，由于党和国家的高度重视及具体部署，中国社会政策发展并始进入城乡统筹时代。但由于长期以来社会政策城乡二元化发展所造成影响，目前农村社会政策仍存在严重的发展不足问题。推进社会政策的城乡统筹发展应切实履行政府的主导责任，以健全农村社会保障体系为重点，把反贫困作为一项重要任务，发挥社会组织的作用，尊重农民的主体意识。②

通过对公共服务均等化内涵和外延的深入探讨，王宏利指出，公共服务均等化在化解社会矛盾、实现政府职能转变、引导资源合理配置和促进社会全面发展等方面具有重大现实意义。并基于国内外在公共服务均等化方面的实践，探讨了建立统筹城乡的公共服务机制的措施和手段，为推进公共服务均等化、构建城乡统筹的公共服务机制提供了新思路和新想法。③

许正中指出，人文社会普遍服务的主要内容是指社会成员基本生存权、发展权和自由迁徙权的普惠制度体系，而最低生活保障制度、基本住房保障制度、基础教育保障制度、自由流动户籍制度等将成为构建人文社会普遍服务体系的系统要求。④

侯国跃、张成晟在分析了重庆城乡教育存在经费分配不公、城乡教育设施差距大、城乡师资力量差异悬殊、城乡教育发展水平不均衡、农村留守儿童学校教育缺乏的现状问题的基础上，指出经济上、政治上的原因造成了城乡教育之间的距离在不断扩大。从而指出了重庆城乡统筹背景下教育公平的实现路径，即建设社会主义新农村，缩小城乡经济差异；明确政府职责，完善经费投资机制；改善资源配置机制，促进城乡教育协调发展；刷新农村教育结构，和社会需求接轨；树立教育公平理念。⑤

铁明太从教育经费投入、教育资源配置、教育布局结构、教育信息化程度分析了城乡职业教育发展失衡的表现。认为传统思想观念、社会教育理念导向和农村职业教育师资，是农村职业教育问题产生的根源，从社会舆论和法律制度保障、政府导向作用、创新职业教育办学机制、建立健全城乡职业教育协调发展机制、强化城乡职业教育理论研究等方面，提出了城乡职业教育统筹发展的对策建议。⑥

社区商业是城乡公共服务的重要载体之一，社区商业具有公共产品的属性，应当纳入社会公共政策的范畴。张海霞通过深入研究发现，我国社区商业网点的布局存在"供给不足、需之未有"、"业态单一、配之不齐"、"规模低效、供之扰民"、"城乡分离、享之不均"等问题，而城乡统筹发展对社区商业的业态配置、空间供给和管理模式又提出新要求。为此，从公共产品供给、社会公平的视角看，新形势下我国应当更加关注保障性社区商业服务的体制机制保障，采取分区分类指导的方式，推进社区商业服务走向公平与高效。⑦

建立城乡统筹基本医疗保障体系，是实现人人公平享有基本医疗保障目标的重要内容，也是促进经济社会和谐发展的必然要求。张水钢以余姚市为例，提出农村基本医疗保障的对策措施包括：整体谋划，稳步推进；科学设计，突出重点；基金贯通，财政兜底；机构合并，统一经办。⑧

---

① 徐越倩：《城乡统筹的新型城市化与基本公共服务均等化》，《中共浙江省委党校学报》，2011 年第 1 期。
② 李迎生、张志远：《中国社会政策的城乡统筹发展问题》，《河北学刊》，2011 年第 3 期。
③ 王宏利：《构建城乡统筹的公共服务机制与推进公共服务均等化》，《农村经济》，2011 年第 6 期。
④ 许正中：《构建人文社会普遍服务体系高起点推动城乡统筹》，《中国发展观察》，2011 年第 11 期。
⑤ 侯国跃、张成晟：《重庆城乡统筹背景下教育公平的实现》，《重庆行政（公共论坛）》，2011 年第 5 期。
⑥ 铁明太：《城乡职业教育发展失衡及解决机制初探——基于城乡统筹发展的思考》，《继续教育研究》，2011 年第 12 期。
⑦ 张海霞：《城乡统筹与社区商业网点布局：基于公共政策的视角》，《开发研究》，2011 年第 6 期。
⑧ 张水钢：《推进城乡统筹基本医疗保障体系建设的思考》，《人力资源社会保障（浙江）》，2011 年第 11 期。

（二）农村劳动力流动与城乡统筹管理

农村剩余劳动力转移问题是城乡统筹发展中的重要内容，其本质是农村劳动力能进入城市以及在非农业领域自由就业。它是解决城乡收入差距、城乡劳动力市场分割以及劳动力充分就业等问题的重要路径。

张传友对武汉城乡统筹发展中农村剩余劳动力转移的基本情况及难点做出分析，并提出了相应的对策建议。[①] 吴江和申丽娟利用重庆市数据，借助经济计量方法对城乡统筹发展与农村人力资源开发的互动关系进行实证分析。在此基础上，结合城乡统筹发展的内源效应与外源效应，提出了推动城乡统筹发展与农村人力资源开发互动的政策建议。[②]

我国城乡资源配置呈现显著的非均衡性，实现城市资源下乡是合理配置城乡资源、促进农村经济社会发展、实现城乡统筹的重要举措。因此，封雄通过我国长期的城乡发展战略、农村土地流转市场、农村金融市场、农业技术推广体系和农村生活环境等因素，分析城市资源下乡的障碍，提出转变城乡发展战略，加大政府对农村金融的政策扶持力度，改革农地流转制度，健全农技推广体制，打造良好的农村生活和发展环境，有助于城市资源下乡，实现城乡统筹发展。[③]

（三）农村社会保障与城乡统筹管理

创新农村社会管理模式是实现科学发展的必然选择。创新农村社会管理模式必须坚持服务为先、民生为重的理念，坚持全面协调、综合治理的原则，加快构建城乡统筹背景下的农村社会管理模式。[④] 城乡统筹发展是构建社会主义和谐社会的近期发展目标，也是重要的发展条件，尤其是对于我国这样一个农业人口居多、农业经济成为中国经济发展短板、农业市场成为当前拉动内需最大增长点的发展中国家，统筹城乡发展，建立符合这一背景的社会保障体制，有倾向性地对农村社会进行优惠性的救助和保障，从而促进农村社会宏观经济形势的良好和农村社会的稳定。

现阶段，我国农村最低生活保障制度正在步入城乡统筹的阶段，但是现行的农村最低生活保障制度仍存在城乡差距大、标准低、覆盖面小、资金筹集困难和管理不规范等问题。结合农村最低生活保障制度的实行情况，颜凯就城乡统筹的农村最低生活保障制度进行了分析，提出要建立最低生活保障标准的动态调整机制。[⑤]

有学者对成都市统筹城乡社会保障体系建设情况进行了详尽的调查，调查发现，在统筹城乡社会保障体系建设中存在的主要困难和问题包括社会保障制度有待进一步完善；动员扩大农村居民参保任务繁重；综合保险并轨接转资金缺口较大；城乡基本医保基金监管面临挑战；城乡社保服务体系建设亟须完善；城乡低保人员收入核收困难较大等，在深入调查研究的基础上，提出了进一步通过健全和完善统筹城乡社会保障体系建设、深化城乡社会保障工作的建议，包括重视做好"十二五"规划、进一步完善社会保障制度建设、持续深化公共服务体系建设、不断加强城乡公共财政保障等。[⑥] 朱新泉以养老保险制度为切入点，在城乡统筹这一大的背景下阐述制度创新途径，包括建立统一的保险制度、待遇标准和缴费标准，完善财政转移支付制度和建立市场化的基金运作模式。[⑦]

侯爱琴从时机、策略、路径、层次和措施5个方面，对统筹城乡养老保险制度近几年的研究进行了综述，提出建立健全社会保障制度是构建社会主义和谐社会的客观要求，统一城乡养老保险制度是社会进步的必然趋势。现阶段我国人口老龄化进程加剧，家庭养老、土地养老功能弱化，社会养老保险体系城乡二元性特征明显，而我国经济社会发展总体上已经到了以工促农、以城带乡、城乡统筹发展的战略转轨时期，因此统筹城

① 张传友：《城乡统筹发展中武汉市农村剩余劳动力转移问题》，《长江论坛》，2011年第6期。

② 吴江、申丽娟：《城乡统筹发展与农村人力资源开发的互动关系——基于重庆的经验证据》，《西南师范大学学报》（自然科学版），2011年第2期。

③ 封雄：《基于城乡统筹的城市资源下乡障碍与对策分析》，《忻州师范大学学报》，2011年第5期。

④ 刘嘉：《基于城乡统筹背景下的农村社会管理模式创新》，《湖湘论坛》，2011年第5期。

⑤ 颜凯：《城乡统筹下的农村最低生活保障制度分析与完善》，《郑州航空工业管理学院学报》，2011年第4期。

⑥ 刘绵江、何德展、王健等：《关于成都市统筹城乡社会保障体系建设情况的调查》，《城乡统筹》，2011年第2期。

⑦ 朱新泉：《城乡统筹视域下的养老保险制度创新研究》，《消费导刊》，2011年第7期。

乡养老保险制度已渐行渐近。[1]

城乡社会保障统筹发展是落实科学发展观，统筹城乡经济社会发展的重要内容。长期以来，中国社会保障的发展呈现城乡分割的二元结构特点，城镇已经建立起了现代化的社会保障体系，而农村的社会保障体系建设较为落后。黄开腾系统阐述了城乡统筹观和社会保障城乡统筹发展的内涵，指出城乡社会保障之间在居民参与机会、社会保障资源分配、社会保障管理体制等方面存在差距，提出应整合城乡社会保障管理体制，加大投入力度和完善法律法规，进而实现我国城乡社会保障的均衡发展，这也为实现我国社会保障的城乡统筹发展指明了道路。[2]

在经济资本化、社会流整化、人口老龄化趋势明显的形势下，通过引入资产建设理念，为全体国民尤其是那些边缘化、流动化群体建立多功能的全国统一的灵活、便携、有弹性的个人发展账户，能够更加适合现代快节奏生活和经常性工作变化的特点。可以大大促进劳动力的流动，培育全国统一的劳动力市场，亦可推动社会保障从形式普惠向实质公平转变，使每位公民拥有资产建设的权利。同时，还可以反过来刺激我国资本市场的发展，为我国经济、社会建设积累庞大的资金。[3]

我国二元经济发展模式造成了城乡社会保障制度的差异，在一定程度上制约着市场经济的进一步发展和影响社会的公平稳定，田波从统筹发展城乡社会保障的意义入手，从理论上分析了统筹发展城乡社会保障的困境，并对统筹发展城乡社会保障的途径进行了探讨，以完善我国目前的社会保障体系。[4]

（四）城乡信息化建设与城乡统筹

统筹城乡发展，必须建立相应的农村支持体系，统筹城乡发展的农村支持体系涉及多个领域，而加快城乡信息化建设步伐，搭建统筹城乡发展的平台，增加对农村资金、信息、技术等要素的供给，形成对落实统筹城乡战略任务的有力支持，是加快农村结构调整、市场体系、经济组织以及

基础设施等方面建设，推进城乡统筹发展进程的有力措施。

信息鸿沟是城乡发展的重大障碍。所谓信息鸿沟，是指由于经济、社会发展不平衡，导致国家间、地区间、人群间在掌握和应用信息技术，获取信息和利用信息的能力以及发展信息产业方面存在差距，或者说是信息富有者和信息贫穷者之间的巨大差距，源于对现代信息技术和信息资源掌握的多寡而产生的差距现象，是信息技术在普及过程中呈现出的一种极不平衡的扩张状态。信息鸿沟是城乡二元结构发展不平衡造成的，同时它又是拉大城乡差距的一个重要因素。打破信息鸿沟，实现农村信息化，则有利于促进城市化进程的快速发展。以社会化生产为主要特点的城市经济和以小生产为主要特点的农村经济并存的经济结构是城乡二元经济结构。其主要表现为：城市经济以现代化的大工业生产为主，农村经济以典型的小农经济为主，城市的道路、通信、卫生和教育等基础设施发达，而农村的基础设施落后，城市的人均消费水平远远高于农村，相对于城市，农村人口众多等现实是经济结构存在突出矛盾和相对贫困、落后的重要原因，必须实现城乡二元经济结构向现代经济结构转换。解决和突破这一矛盾应是在发展农村经济的基础上走农村城市化道路，实现城乡良性互动，对农业结构进行调整，繁荣农村经济，致力于城乡均等化的政策和制度创新。而信息化是当今世界经济和社会发展的大趋势，对经济社会的巨大促进作用更加明显，融合城乡信息化建设是推进城乡统筹发展进程的有力举措。

解决城乡统筹发展问题，理应将农村和城市看作一个大系统，依据系统科学原理，统筹城乡发展包含两个方面的内容：城乡的协调互动和城乡的一体化互动。信息化对于正确处理城乡关系，具有十分重要的战略意义。从城乡的协调互动角度看，信息化是促进以城带乡战略、以乡促城战略实施的需要。一是信息化是增强城市辐射力的有效手段。高速便捷的信息网络能突破地域限制，

---

[1] 侯爱琴：《统筹城乡养老保险制度若干问题综述》，《长江大学学报》（自然科学版），2011年第5期。

[2] 黄开腾：《论城乡统筹视野中的社会保障均衡发展》，《郑州航空工业管理学院学报》，2011年第4期。

[3] 刘振杰：《综合发展账户：社会保障城乡统筹发展之路》，《人文杂志》，2011年第5期。

[4] 田波：《论城乡一体化背景下的社会保障制度》，《生产力研究》，2011年第11期。

使城市的各种技术、服务等资源快速、有效地从城市转向其他城镇和广大农村地区。二是信息化为以乡促城提供推动力量。通过信息化，对传统农业和乡镇企业进行改造，使之摆脱传统、落后的生产方式，实现资源优化配置和产业升级，产业结构趋于合理，农业将实现集约化经营，从而分流出劳动力、资金和土地，特别是乡镇工业的复兴和农村服务业的发展，有助于离土不离乡，消化农村剩余劳动力，实现城市化，创造新兴产业和新的就业机会。从城乡的一体化互动角度看，信息化是推动城乡生产要素流动一体化和行政服务环境一体化改进的需要，带动政府管理、科教、医疗卫生等社会各领域的现代化。政府对信息化的推动，体现在3个方面：一是政府创造基础环境，完善金融、法制和技术标准方面的公共产品，特别是要加大技术标准和信用体系的建设力度，加快网络安全、网上信用、网上支付等方面的立法速度，尽快营造一个适应信息化发展需要的良好环境；二是中央、省级政府优先扶持投资，特别是加大对中西部农村县、乡的转移支付，推动信息基础设施建设；三是省、市、县、乡四级政府分层负担信息资源的开发利用、专业化人才教育，特别是普及农村信息化的费用，建立统一的城乡市场信息体系。同时，规范城乡信息市场、整合部门信息资源，建立免费上网中心、信息咨询服务中心，为城乡居民获得方便和快捷的市场信息提供保障。建设和完善市场机制，大力加强统筹城乡信息化建设力度，使城乡信息化建设得以持续发展。

总之，只有农村发展，农民富裕，拉动内需增长，以信息化建设融合城乡发展，促进整个经济进入良性循环，实现农村城市化、农业现代化、农民市民化，才能实现我国经济的全面、协调、可持续发展。[①]

四、城乡文化统筹管理研究

在城乡统筹过程中，唯有同时在精神文化上，给予农业人口平等的福利，才能逐步使他们形成步入城市化时期的观念与素养。从而真正实现城乡统筹的目的。城乡基本公共文化服务均等化的目标导向，包括：满足区域经济的可持续发展；满足城乡人口间的相互认同。

在我国全面建设小康社会的今天，有识之士已经提出了重视乡镇人口精神需求的呼声。因为，只有同时充实乡镇人口的精神世界，才能使其真正享受到城市化所带来的全部福利。[②]

能否自觉统筹城乡文化发展是衡量"文化自觉"的重要尺度。"文化自觉"不是一个抽象的要求，在今天的中国，提出"文化自觉"的问题，从根本上说，就是要认真探索中国文化发展的规律。其中，包括了要认真面对城乡文化发展的差距，正确认识城乡文化统筹的特点，完善覆盖城乡、结构合理、功能健全、实用高效的公共文化服务体系，同时在文化体制改革中开拓农村文化市场，推动文化企业成为城乡文化统筹发展中的生力军。

城乡差距，归根结底，是经济发展和现代化水平上的差距，但深究下去，文化上的、人的素质上的传统与现代性的差距，是不容忽视的重大问题。文化的功能也在于以文"化"人。因此，文化的问题，实质上是人的素质和能力问题，考察城乡统筹中的人，一是城市的市民，二是农村的农民，而中国的农民自改革开放以来正在转变为具有民主和科学等现代素质的村民。这种深刻的变动性，是在统筹城乡文化发展中必须考虑的问题。

民族文化产业化开发是民族地区实现城乡统筹的必由之路。祝国超以重庆为例，研究了城乡统筹背景下重庆民族文化产业开发路径，指出重庆民族文化资源丰富，开发前景广阔。直辖以来，重庆民族文化产业开发基础条件大大改观，以旅游为抓手的民族文化开发渐成气候，民族文化产业产值特别是旅游产值快速增加。但也存在着民族文化生态急剧改变、民族文化人才匮乏等问题。为此，建议出台扶持政策，成立"重庆少数民族文化研发中心"，以旅游为抓手推动民族文化产业发展。[③]甘涛以渝东南为例，提出渝东南是重庆少

① 魏少平：《融合城乡信息化建设，推进城乡统筹发展》，《价值工程》，2011年第9期。
② 耿卫新：《城乡基本公共服务均等化：破解城乡统筹发展的突破口》，《河北学刊》，2011年第5期。
③ 祝国超：《城乡统筹背景下重庆民族文化产业开发调查研究》，《长江师范学院学报》，2011年第4期。

数民族文化大熔炉，加强其产业开发有利于促进城乡统筹。开发模式如原生态民族文化旅游模式、民族节庆旅游模式、各类民族演出模式、民族工艺产品开发模式，以及基于多种开发模式的混合开发模式等。民族文化产业开发应根据不同情况定制最有经济效益的模式。[1]城乡统筹进行公共文化建设是新形势下的创新举措，改变了传统的文化投资、管理机制，能合理配置公共文化资源，协调城乡文化发展，推动文化事业大发展大繁荣。刘宗勇阐释了城乡统筹对公共文化事业发展的重要意义。[2]

城乡文化统筹涉及城乡文化认同问题。郭虹通过调查研究，指出农民工城市融入问题的实质是公民权益问题。农民工是我国城市化进程中因城乡二元体制而出现的一个特定群体，农民工不是一个稳定的同质群体，不是一个阶层，更不宜划为政治界别。包括农民工在内的数以亿计的公民因离开户籍所在地而难以获得公共服务，是城市若干矛盾、问题、冲突存在的重要原因，也是农民工城市融入的制度障碍。随着城乡统筹社会管理制度的建立、健全，以及法制的不断完善，当劳动者权益和公民权益在城乡都能得到同样的保障之时，农民工的城市融入将会得到制度的支持和保障，农民工问题也将逐渐消解，最终退出历史舞台。[3]

还有学者指出，城乡统筹发展是我国针对城乡发展失衡的现实而作出的重大战略决策，面对这一契机，高校图书馆应充分发挥其丰富的馆藏信息资源、优秀的人才队伍、现代化的技术设备和强大的科技研发成果等特有优势，并通过采取明确服务对象，拓展服务领域，加强信息资源建设，以及结合当地城乡统筹发展需求，以点带面、点面结合等策略，积极为城乡统筹发展服务，使其适应服务社会的需要，实现自身的价值。[4]党的十七大和十七届四中全会明确提出要构建城乡统筹的基层党建新格局，要构建城乡统筹的基层党建新格局，必须深入研究影响构建城乡统筹的基层党建新格局面临的主要障碍，积极探索构建城乡统筹的基层党建新格局的基本途径。[5]

五、城乡统筹制度创新管理

（一）城乡统筹体制机制创新的一般研究

我国正处于城乡二元经济结构转型的关键时期，如何形成以工促农、以城带乡的长效机制，形成城乡经济社会发展一体化的新格局，关键在于制度创新。体制机制创新是加快城乡统筹发展的基础和重要保证。杨洁阐述了城乡统筹发展体制机制创新的内涵和相互关系，分析了体制机制创新对城乡统筹发展的主要作用，提出了加快城乡统筹发展体制机制创新的措施建议。[6]

基于中国社会多元复合转型的经济社会发展的大格局来构建城乡统筹制度，是社会发展的内在要求。其中设计体系的关键是要把握好制度的重构整合与可持续发展的关系。

政府是政策与制度的制定者和实施者，政府具有为统筹城乡发展提供制度安排的能力与责任，同时也有制度供给的力量优势。现阶段，我们需要政府为统筹城乡发展提供"积极的制度供给"。而且，政府积极主动地为统筹城乡发展提供有效的制度供给也势在必然，并且具备了相应的条件。提供长期稳定的制度供给，保证制度供给的连续性和有效性，对统筹城乡发展、逐步解决城乡统筹问题，是至关重要的。

城乡统筹是我国在新的历史时期针对新中国成立以来我国城乡发展失衡提出的新战略，这项新战略的顺利实施在于制度变迁的有效路径的选择。周萍从制度变迁的路径依赖理论出发，深入探讨了我国实现城乡统筹的制度变迁的有效路径及其创新。[7]

建设社会主义新农村，促进城乡统筹发展，

① 甘涛：《城乡统筹背景下渝东南民族文化产业开发模式探索》，《边疆经济与文化》，2011年第9期。
② 刘宗勇：《城乡统筹推动公共文化事业发展》，《新闻世界》，2011年第9期。
③ 郭虹：《城乡统筹与农民工的城市融入》，《社会科学研究》，2011年第6期。
④ 丁恩俊、谢佳：《高校图书馆服务城乡统筹发展的思考》，《西南师范大学学报》（自然科学版），2011年第6期。
⑤ 蒋碧芳：《构建城乡统筹的基层党建新格局：障碍与途径》，《中共云南省委党校学报》，2011年第1期。
⑥ 杨洁：《论推进城乡统筹发展的体制机制创新》，《当代经济》，2011年第21期。
⑦ 周萍：《城乡统筹制度变迁的路径依赖》，《现代经济信息》，2011年第2期。

是当前解决"三农"问题的重大战略决策，也是全面建设小康社会与构建和谐社会的重要任务已经成为学界的共识。世界发达国家在城乡一体化进程中所采取的以农业现代化为核心、以乡村土地流转为基础、以乡村社会与城市全面协调发展为目标等举措，可以为中国科学推进社会主义新农村建设提供借鉴。[①]

在建设有中国特色社会主义的伟大历程中，云南探索统筹城乡发展的途径不仅体现科学发展观的重要思想，也为多民族地区统筹城乡发展提供了可借鉴的经验。当前，统筹城乡发展的根本点在制度创新，通过消除旧制度的约束，释放新制度的活力，将更有利于云南城乡协调发展，并从根本上改善多民族地区城乡发展面貌。[②]

破解城乡二元困境，市场机制作用甚微；物质与精神的长期落后，又导致农村社会发育不足。政府治理变革就成为促进城乡统筹发展的主要动力。广东省近年来在政府治理的制度创新上积极探索，已经回答了政府治理变革的制度创新中一些重要的理论问题与实际问题，对全国相关工作具有巨大的借鉴与指导价值。展望未来，虽然还有一些难点问题有待于继续摸索，但整体制度的良性变迁路径已经确定。[③]

刘明从城乡规划的角度指出，我国现行村镇规划管理在观念、制度、组织、人才和资金配置等方面存在着"城强村弱"、"城乡分治"的特征，成为推进城镇化和新农村建设的体制羁绊。为有效解决村镇规划面临的难题，必须以城乡统筹为导向，转变"重城轻村"的规划思路，按照城乡一体化发展要求深化改革，最终形成政府系统内上下联动，各职能部门协调配合、内外互通，社会参与，人才和资金保障有力，运作高效的规划管理新体制。[④]

城乡统筹不仅是当前中国新农村建设的重大课题，随着城乡统筹的推进，城乡统筹发展下的地方政府职能转变问题也引起社会各界的广泛关注。有学者从政府职能的内涵、政府职能基本内容的演化、地方政府在城乡统筹中的角色及其职能转换的必要性、城乡统筹下地方政府职能转变存在的主要障碍、促进地方政府职能转变、实现城乡统筹的路径等方面对相关研究文献进行梳理和总结，可以为今后的相关研究提供一个新的视角，并能为政府有关部门实施城乡统筹提供有益启示。[⑤]邵阳立足温州地区的农村经济合作组织实践，重点对泰顺、平阳等县的合作社调研所掌握的材料数据进行深入分析，探讨了温州地区农村经济合作组织的特点、优势、成效及存在的问题，通过从现阶段农村合作社的现状、角色、定位、内部制度、政策扶持等角度进行分析，结合温州地区农村实际，对发展农村合作社提出若干思考，推动温州地区农村合作社经济组织的整体发展。[⑥]

（二）农村土地制度创新理论研究

2010年中央"一号文件"把加大统筹城乡发展作为重要主题，与时俱进地提出了加大统筹城乡发展的新要求。在城乡统筹发展中土地管理制度改革创新既是重点，又是难点。有学者指出，城乡统筹发展的动力包括政府动力、民间动力、混合动力。土地发展权转移是城乡统筹发展混合动力的源泉。土地发展权转移可以弥补政府财政投入的不足，使农民分享城市发展成果，促进生产要素在城乡之间的合理流动与配置。土地发展权转移可以在现实的法律框架下实现。[⑦]

马雪拼系统研究了我国主要的几种农村土地流转模式，包括：①重庆城乡统筹发展模式。该模式以土地流动为突破口，推动农地入股，唤醒沉睡的土地资本，允许农民以土地入股，成立公司；为解决资金短缺问题，国家开发银行重庆支行愿意提供支农的小额贷款。②嘉兴的"两分两换"的土地改革。"两分两换"就是把农民的宅基地和承包地分开，搬迁和土地流转分开，以宅基

① 张翠：《城乡统筹背景下的中国乡村治理——基于中外城乡发展的比较与借鉴》，《贵州财经学院学报》，2011年第5期。
② 马瑜、杨少英：《从制度创新看统筹云南城乡发展》，《现代营销》（学苑版），2011年第6期。
③ 贾海薇：《论促进城乡统筹发展的政府治理变革的制度创新——基于广东探索的思考》，《南方农村》，2011年第4期。
④ 刘明：《面向城乡统筹的村镇规划管理体制重塑》，《长春工业大学学报》（社会科学版），2011年第3期。
⑤ 王玉玲、唐华陶：《城乡统筹与地方政府职能转变问题的研究综述》，《安徽农业科学》，2011年第28期。
⑥ 邵阳：《城乡统筹下的农村合作社经济组织研究与实践——以温州地区为例》，《企业科技与发展》，2011年第23期。
⑦ 徐燕鹏：《城乡统筹发展与土地发展权转移动力及实现研究》，《河南师范大学学报》（哲学社会科学版），2011年第4期。

地置换城镇房产，以土地承包经营权置换社会保障。③天津、浙江等地"宅基地换房"与"两分两换"的土地流转改革。天津的"宅基地换房"试点，试点的内容是突破农村宅基地转让的种种限制，农民自愿以其宅基地换取小城镇内的一套住宅，而政府整合原村庄建设用地后，再通过"招、拍、挂"出售。①

宅基地制度是我国农村土地的基本制度之一，赵之枫和张建基于新制度经济学的相关理论，分析了宅基地制度影响下的农村住房产权与住宅资源，剖析"空心村"、"城中村"、"小产权房"等当前农村住房资源配置的热点问题。在此基础上，通过对城乡二元住房制度的对比分析，从城乡统筹的视野提出农村住宅相关制度变革的需求与政策建议，包括：建立完善的城乡土地市场，促进土地资源的集约利用；建立完善的城乡住房制度和保障制度，促进城乡资产的高效配置；建立完善的城乡户籍制度，促进城乡人口有序流动，以实现城乡一体化全面发展的目标。②

农村产权制度改革是进一步释放农村生产力，实现农村资产资本化的重要途径。洪运和王红以成都市农村产权制度改革作为研究对象，通过对数项改革内容的路径分析，揭示了改革目标与结果间存在的差距及其主要原因。改革应与当地经济发展水平相适应，通过重新设定和细化阶段性目标，逐步显现改革成果。③

农村土地集体所有权在城乡统筹配套改革区农民土地极大赋权及土地流转频繁的情况下，面临传统农民集体经济组织瓦解、集体组织管理权能被压缩和削减等一系列困境，唐薇指出解决问题的关键在于分地区、有条件地实施集体土地股份合作社试点改革制度，于内部明确农民集体的主体地位及设计合理的法人治理结构，以实现农民集体的意志顺利表达，于外部提供法律支持和

监督机制，防止国家公权力的侵袭，以最大限度地利用土地资源及实现农业生产效益的提高。④

城乡统筹需要加强对农村集体土地的严格管理。目前，地方政府、村委会及村民均不同程度地存在着乱占土地的违法乱纪现象。这些不良后果的背后既有立法规定不健全的原因，又有执法过程中未能严格执法的因素。努力完善集体土地的法律规定并切实依法执行是改变目前尚存问题的法律对策。⑤

城乡统筹发展是一个国家和地区生产力水平或城市化水平发展到一定程度的必然选择。博弈论是分析经济活动中经济主体利益关系的有效工具。杨洁和王艳红阐明了城乡统筹发展的内涵与意义，并以博弈论理论为依据分析了城乡统筹发展过程中不同经济主体的利益博弈，提出了基于博弈论的城乡统筹发展中经济主体利益关系的重构对策。⑥

现行的土地制度限制着土地要素的自由流动，阻碍了全国城乡统一的土地使用权流转大市场的建立，更不利于城乡统筹发展。杨洁、田甜以土地制度在城乡统筹发展中的功能、作用为前提，分析了土地制度的现状及统筹城乡发展中因该制度的缺陷所引发的矛盾和问题，提出了土地制度改革的思路和相应的配套政策建议。⑦

统筹城乡发展既要大胆探索，又要充分实践。财税政策作为保障、协调和引导城乡统筹发展必不可少的推动要素，在统筹城乡发展的进程中理应发挥积极的作用。陈娇暖系统梳理了杭州市在城乡统筹发展过程中财税政策发挥作用的着力点，进一步提出促进城乡统筹发展的财税政策建议。⑧

随着社会经济和城乡统筹发展，地籍管理工作中也出现了一些问题，使得建立以城乡一体化为背景的地籍信息系统有了必要性。在分析其必要性的基础上，提出了地籍信息系统的构成及其

① 马雪拼：《浅议统筹发展背景下农村土地流转模式》，《黑龙江国土资源》，2011年第12期。
② 赵之枫、张建：《城乡统筹视野下农村宅基地与住房制度的思考》，《城市规划》，2011年第3期。
③ 洪运、王红：《城乡统筹背景下农村产权制度改革的路径分析》，《海南大学学报》（人文社会科学版），2011年第1期。
④ 唐薇：《城乡统筹发展背景下土地集体所有权实施现状及制度重构》，《四川理工学院学报》（社会科学版），2011年第6期。
⑤ 邓中文：《城乡统筹中农村土地管理的法律制度研究》，《山西高等学校社会科学学报》，2011年第2期。
⑥ 杨洁、王艳红：《城乡统筹发展中不同经济主体的利益博弈分析》，《当代经济》，2011年第17期。
⑦ 杨洁、田甜：《城乡统筹发展中土地制度改革的对策探析》，《当代经济》，2011年第15期。
⑧ 陈娇暖：《促进城乡统筹发展的财税政策取向——以杭州市为例》，《地方财政研究》，2011年第11期。

功能，为统筹城乡土地管理工作提供参考。①

深入研究、探讨土地管理制度改革对统筹城乡发展和新农村建设的重大意义，分析当前土地管理制度特别是农村土地管理制度改革面临的形势和任务，统一对重大问题的认识，积极稳妥和规范推进农村土地管理制度改革，促进城乡统筹协调发展。②

未来，我国农业人口将主要围绕在居住地周边乡镇生产、生活。通过对农户资金的内在需求进行分析，才能合理、科学地构建农村金融体系。具体就创新方面而言，主要体现在：基于既定架构通过优化组织体系，增强与农户上述资金要求的适应性。③

（三）土地制度创新的地方经验研究

土地是城乡统筹中最复杂敏感的问题，牵涉到多方利益和矛盾。严金明和王晨系统总结了成都统筹城乡综合配套改革试验区土地管理制度改革创新的7种模式，即城乡用地"一张图"模式、集体建设用地使用权流转模式、城乡建设用地增减"挂钩"模式、土地综合整理模式、宅基地承包地"双放弃一退出"模式、生态搬迁模式和耕地保护基金创设模式，然后从尊重农民意愿、保护农地、节约集约用地、健康城镇化、解决"三农"问题、可持续发展、符合法理精神和以人为本等8个方面进行了相应的绩效评价，在此基础上剖析了成都市土地管理制度改革创新的启示，提出了统筹城乡发展中土地管理制度进一步改革创新的政策建议。④

梅哲、陈霄认为，重庆在统筹城乡改革发展取得的阶段性经验中，农村土地利用及管理制度改革力度最大、涉及范围面最广、取得的成效最好。设立农村土地交易所、地票试验、户籍制度改革下的农村土地使用权退出，构成了当前重庆

农村土地制度创新的3大亮点。这些措施有力地提高了农村土地的集约节约利用水平，优化了城乡土地资源的空间配置，促进了城镇化、工业化和农业现代化的协调发展。同时，通过对重庆实施农村土地利用及管理制度创新展开系统分析，认为存在行政分摊成本过高，驱动力机制不完善等不足，还有待于形成"行政＋市场"的双重机制，促进土地"资源"向"资产"转化，实现农民土地"实物"退出和土地"权益"集中流转。⑤在重庆市面积高达85%的山地进行土地流转，重庆市以梯度移民的方式，土地置换方式，退出与集中规划的方式，着力推进统筹步伐，保住粮食产量和耕地"红线"，为在山区进行土地流转，提供了有益的探索。⑥

操世元、杨敏以浙江嘉兴市为例，指出"两分两换"政策是我国东部经济发达地区探索城乡统筹发展战略的新路径，认为"两分两换"政策要成为统筹城乡发展的普遍政策选择必须要具备如下条件：当地多数农民的主要收入来自非农生产；地方政府经济实力雄厚；政策的落实要确保政府可承受、农民可接受、发展可持续；农村社区建设必须加强等。⑦

郭艳红等从城乡统筹视角诠释了城市土地集约利用的含义，建立了城乡统筹视角下的土地集约利用评价指标体系，运用"均方差决策分析法"，对胶南市土地集约利用进行综合评价，结果表明：在时间序列上，胶南市土地集约利用总体上呈上升趋势，但集约利用程度不高，离真正意义上的集约利用还存在较大距离；从农用地和建设用地集约利用程度来看，目前农用地集约利用程度普遍较低，建设用地集约利用程度较高，因而土地利用的城乡统筹水平存在一定的差距。最后，提出了完善城乡统筹、提升土地集约利用的

---

① 张鲁生、杨洪武：《地籍信息系统城乡统筹管理探讨》，《技术与市场》，2011年第4期。

② 刘学文：《关于城乡统筹发展与深化土地制度改革观点阐述》，《西部大开发》，2011年第6期。

③ 戴宴清：《农村金融创新研究——城乡统筹背景下的机遇与挑战》，《中国市场》，2011年第39期。

④ 严金明、王晨：《基于城乡统筹发展的土地管理制度改革创新模式评析与政策选择——以成都统筹城乡综合配套改革试验区为例》，《中国软科学》，2011年第7期。

⑤ 梅哲、陈霄：《城乡统筹背景下农村土地制度创新——对重庆农村土地制度改革的调查研究》，《华中师范大学学报》（人文社会科学版），2011年第3期。

⑥ 方令：《山区土地流转在城乡统筹中的实践探索》，《重庆工商大学学报》（社会科学版），2011年第6期。

⑦ 操世元、杨敏：《农村土地流转中的"两分两换"政策省视与推广条件——兼论城乡统筹发展的新路径》，《中共杭州市委党校学报》，2011年第4期。

对策建议。[①]

土地流转是新时期农村发展的重点，对高效、集约利用土地，改变农业生产模式，发展现代农业，提高生产效率具有重要意义。分析了农村土地流转的现状限制因素，提出了农村土地流转的原则与前提，从以入股或租赁形式实现农地规模化经营等6个方面探讨农村土地流转的模式与路径，并阐述了农村土地流转的保障措施。[②]

马随随等认为，主体功能区理念在实现城乡要素双向流动、明晰城乡统筹模式、形成合理城乡结构及保证城乡公平发展等方面对城乡统筹工作具有创新性影响。马随随、朱传耿和仇方道等人通过将乡村地域划分为优化集聚型、重点拓展型、适度开发型和生态控制型。从产业布局、基础设施、生态环境和社会事业等方面对城乡统筹路径进行了分类优化，并以此为基础，提出了以"村—镇—县—市"为基本顺序依次构建主体功能导向下的更高层级城乡统筹地域综合体，最终形成更加宜居城乡空间的设想。[③]

（四）农村治理制度创新管理研究

农村社区建设和管理是统筹城乡发展的有效载体。当前，农村社区有效管理面临着管理机制不健全、工作机制尚未建立、公共服务薄弱、居民文明程度不高、资金投入不足、社区文化缺失等问题。因此，我们应当在城乡综合配套改革实验过程中，深入推进农村社区管理体制改革和制度创新，建立健全农村社区领导协调机制，积极创新农村社区管理体制，全力构建农村社区服务体系，不断丰富农村社区文化生活，逐步建立农村社区多元化投入机制，努力建设管理有序、服务完善、文明祥和的新型农村社区。[④]

村级党组织作为一种"组织生命体"，受到农村政治生态变迁的巨大影响。在与农村政治生态进行互动的过程中，由于自身功能定位的不

合理，村级党组织在运行中产生了明显的"功能障碍"现象。为了有效克服这一现象，村级党组织必须对原有功能进行调试，实现自身功能的转型。[⑤]

李菁怡系统介绍了村改社区的方式及意义，从农地权属、建设用地转换、集体资产的处置、社区能力及农民身份转变中产生的权益和适应问题等方面分析了村改社区的制度困境，提出了相应的政策建议。[⑥]

（五）农村金融制度创新管理研究

现代经济发展的各个领域都离不开金融的支持，作为中国目前经济发展的重点战略，城乡统筹发展的方方面面更是离不开金融的依托。城乡统筹发展是农村经济与城市经济的协调、有序、共同发展，金融支持下的城乡统筹发展是在支持城市经济进一步发展的同时，重点支持农村经济的进步，政府及金融机构应该对农村经济发展给予相应的政策倾斜，支持农村经济发展重点包括支持农村城镇化、农业产业结构升级和农民生活方式向城市转变。针对金融机构在支持统筹城乡发展中存在的问题，金融机构在自身改革的同时，政府相应的政策支持是关键，在城乡统筹发展中，处理好政府与金融机构间的干预机制是城乡统筹发展目标得以实现的关键。[⑦]金融资源配置效率决定了一个地区实现城乡统筹的进程。烟台要加快城乡统筹进程，必须采取措施解决农村金融排斥，把金融资源引入农村，使金融资源在烟台城乡地区达到合理配置。[⑧]

我国"十二五"规划已把城乡结构列为优先解决的问题，统筹城乡经济社会发展是解决我国城乡统筹发展问题的根本途径。金融业作为支持农村经济发展的重要力量不容忽视，只有大力推进普惠金融体系的构建，加大金融强农惠农力度，提高农民收入，缩小城乡收入差距，才能促进统

① 郭艳红、李红兵、孙文彪：《城乡统筹视角下城市土地集约利用评价研究——以山东省胶南市为例》，《城市发展研究》，2011年第11期。
② 韩少卿、林巍、席增雷：《我国城乡统筹建设背景下农村土地流转的思考》，《广东农业科学》，2011年第20期。
③ 马随随、朱传耿、仇方道：《主体功能区理念下城乡统筹路径创新》，《改革与战略》，2011年第12期。
④ 仇丽萍：《城乡统筹发展视角下农村社区管理体制改革与制度创新》，《理论学习》，2011年第1期。
⑤ 赵大朋：《城乡统筹背景下村级党组织的功能转型与定位基于政治生态系统的分析》，《天府新论》，2011年第5期。
⑥ 李菁怡：《城乡统筹视野下"村改社区"制度的困境与政策建议》，《安徽农业科学》，2011年第30期。
⑦ 陈晓娣、宇赞、郭永生、常焕焕：《金融支持视角下的城乡统筹发展问题初探》，《经济研究导刊》，2011年第24期。
⑧ 李建伟、于凤芹：《城乡统筹发展背景下的农村金融排斥问题研究——以烟台市为例》，《农村经济》，2011年第10期。

筹城乡发展。① 翟玮平系统总结了我国农村公共财政对农村覆盖不足的成因。认为城乡"二元"结构，制约着城乡统筹发展；县乡财政实力总体较弱，"小马"拉不动"大车"；集体经济薄弱，难以引导农村经济的发展；财政资金投入的使用效益有待增强；乡镇债务包袱沉重，影响了对农村公共产品的投入；城乡居民收入差距较大。并提出了推进城乡一体化的财政政策建议，包括科学把握4个重要原则；调整完善各级政府财政体制；进一步优化财力投向；建立投入稳定增长机制；着力化解乡村债务风险；大力发展县域经济。②

完善农村公共服务是重庆市统筹城乡发展，扩大农村消费的重要着力点。重庆市农村公共服务供给存在理念上重管理轻服务、主体上重政府轻多元、地域上重城区轻乡村等问题，借鉴其他省市的成功经验，提出了重庆市农村公共服务供给机制需要从供给的基本理念、核心目标、制度安排和监督保障等方面进行完善的建议。③

统筹城乡发展是以城促乡的理念，统筹城乡发展的突破应是城乡互动转化，即加快城市化进程，靠市民化解决农民问题；靠城镇化解决农村问题；靠工业化解决农业问题。提出减少农业人口比重关键是要加快市民化；加快市民化的前提是要提高城镇化率；提高城镇化率的基础是加速工业化。

目前，我国农村金融发展相对滞后，城乡金融二元结构比较突出。发挥金融对统筹城乡发展的支撑作用，需要从加快农村经济发展、培育市场主体、创新金融产品和服务、完善担保机构和保险体系等多个方面共同推进，同时应注重金融立法、财税扶持、发展农村经济合作组织等配套措施的完善。④

农村金融体制改革是我国金融体制改革的难点，统筹城乡综合配套改革的重点，也是深化推进户籍制度改革的关键点，更是深化农村"五权"制度改革的出发点和落脚点。刘先平以重庆市江津区为例，提出采取"银行投资入股开办村镇银行"或者由"城市银行控股、当地政府协调、农村集体经济组织参加入股开办村镇银行"的新型农村金融业务发展模式；鼓励和支持创办农村小额贷款公司；引入经济实体开办农业担保公司；探索发展大宗农产品期货市场；创新金融产品和业务方式；开展农业保险业务；成立农村资金互助组；建立农村金融租赁公司试点；创新投融资体系。⑤

农村金融创新是城乡统筹发展这一系统工程中的重要一环。由于农村正规金融组织功能不全、农村合作金融明显缺位，农村金融抑制正变得更加严重，供求矛盾更加突出，农村金融创新在实现推进中难度极大。成都市在城乡统筹发展中与其他改革措施相配合推进农村金融创新，取得了一定成效。高洁、周杰、朱艳婷等对成都市城乡统筹发展中农村金融创新的做法和成效进行了全面分析，探讨了城乡统筹发展与农村金融创新之间的关系，总结了在城乡统筹发展中推动农村金融创新的部分普适性规律和经验。⑥

六、理论进展总评

2011年，是我国城乡统筹发展战略作为国家战略进入实施的第五个年头，国内学界对于统筹城乡管理问题的理论研究，从该战略提出早期的相关概念描述、必要性分析和内涵的解释，走向模式创新探究，城乡经济、社会、文化统筹的全面探讨，再到城乡统筹制度的创新研究，实现了研究内容广度和深度的跨越。

第一，在城乡统筹模式创新方面，在过往成果集中于系统总结传统的几个城市改革的特点基础上，在笔者可以获得的2011年的研究成果中，重点强化国外城乡统筹发展模式的总结借鉴研究的，同时分别对国家层面、省（市）层面和

① 阚占菊：《普惠金融视角下的城乡统筹发展研究》，《经济论坛》，2011年第3期。
② 翟玮平：《完善公共财政体系 促进城乡统筹发展》，《山西财税》，2011年第9期。
③ 胡元聪、杨秀清：《城乡统筹背景下重庆市农村公共服务供给机制的完善——基于借鉴国内其他省市经验的视角》，《广东农业科学》，2011年第16期。
④ 刘传岩：《城乡统筹发展视角下的农村金融探究》，《安徽商贸职业技术学院学报》，2011年第3期。
⑤ 刘先平：《创新农村金融服务助推城乡统筹发展——对农村金融服务体制改革创新的几点思考》，《中国农村科技》，2011年第5期。
⑥ 高洁、周杰、朱艳婷：《在城乡统筹发展中推进农村金融创新——以成都市为例》，《农村经济》，2011年第12期。

县（区）层面的模式均有所涉猎，为城乡统筹战略的层级化管理提供了理论支撑。第二，经济基础决定上层建筑，城乡经济是否协调发展，直接影响着城乡统筹发展战略的实施成效。2011年度学者对于城乡经济统筹管理的研究比重最高，表明随着我国城乡统筹制度的深入开展，农村经济的发展成为全部统筹工作的核心，必然成为学术界关注的重点。学者们分别从县域经济、农村经济、农业产业化、乡村旅游发展等层面展开对城乡经济统筹的管理研究。第三，学术界对城乡公共服务均等化、农村劳动力流程、农村社会保障和农村信息化服务等城乡社会统筹内容进行了深入的研究。反映了学术界对城乡发展过程中，解决现实的社会矛盾的迫切性。第四，学者们充分关注到了在城乡统筹过程中，城乡文化融合的重要性，并开展了城乡文化统筹发展管理方面的研究，有效推动了农村文化产业的发展和城乡文化的融合。第五，体制机制的创新是我国城乡统筹发展战略能否顺利开展和胜利实现目标的根本。学术界分别对农村土地制度、农村治理制度和农村金融制度等层面进行了深入探讨，为农村的土地流转、社区治理、金融支持提供理论指导与支撑。

总之，2011年城乡统筹管理研究较之往年，研究的内容深度和广度有了较大的突破。但是，同时我们也应该看到，全年的研究成果中还存在一些比较明显的缺陷，需要学术界在未来的研究中实现突破或者进行完善，包括：第一，高水平、高质量的研究成果较少。在笔者可以获得的著作和论文成果中，在高级别出版社出版或高水平杂志上发表的成果寥寥可数，在中国期刊网收录的1134篇以"城乡统筹"为主题的期刊论文数中，CSSCI收录期刊论文数仅为92篇，仅占8%左右，多数的成果是一种案例的提炼或者理论的思辨，理论深度和高度有待提升，研究过程中现象罗列较多、深层探讨较少，部分研究成果在研究问题的逻辑深度上亟待提高，研究方法创新和案例研究也有待进一步加强。第二，虽然有个别学者开展了国外模式的借鉴研究，但在其他领域如经济统筹、制度创新等层面对国外经验的借鉴研究较少，结合市场化、工业化、城镇化、国际化过程的规律性研究，探讨统筹城乡发展的理论成果并不多。第三，在多数研究中，理论思路和政策研究各行其是的现象比较普遍，如何将统筹城乡发展的理论思维，切实转化到政策的调整和制定中，仍需要给予进一步的重视。

第二节　实践创新

进入2011年，我国各地地方政府和专家学者在国家城乡统筹发展战略的指引下，围绕城乡统筹的实践，做了大量的实践创新工作。以下从各级政府实践、学术研讨和经验总结两个层面对我国2011年的城乡统筹实践创新进行总结。其中在地方政府实践层面，以重庆市和成都市两个统筹城乡综合配套改革试验区的实践较为典型，此外，河南省、黑龙江省两大粮食主产区以及山东省、广东省等经济发达省份的实践，均具有一定的创新性；学术会议方面，从住建部到各大科研院校，均围绕城乡统筹这个主题召开了多个高水平、高层次的学术研讨会议，在学术界引起了较大的

反响。

一、重庆市城乡统筹实践创新[1]

重庆在步入直辖市第二个10年，大开放大发展的当口，中央把重庆确定为统筹城乡综合配套改革试验区。2011年，重庆市按照中央"314"总体部署和国发3号文件指引的方向，在重点领域和关键环节上取得实质性突破，为全国统筹城乡改革提供了示范。

重庆市提出，推动城乡统筹一体化，既要靠发展，又要靠深化改革，关键是突破束缚城乡协调发展的条条框框，释放和激活生产力，调整与

---

① 屈莲华：《正确认识重庆统筹城乡综合配套改革试验区的进展》，《形势与政策课》专题第二讲。

生产力发展不相适应的生产关系，建立与科学发展观要求相统一的体制机制。为此，重庆正在展开以下5项重点改革。

（1）实施"两翼"农户万元增收工程。统筹城乡发展，落实到区域板块，采取分类施策。以万州为中心的"渝东北"和以黔江为中心的"渝东南"是重庆的"两翼"。振兴"两翼"是重庆统筹城乡发展、实现全面小康的关键，难点集中在农民脱贫致富。

促进"两翼"农民增收，最大的优势资源是林业。2011年，全面完成了集体林权制度改革任务，做到山定权、树定根、人定心，并通过"唤醒"沉睡的大山、走兴林致富路子，变荒山穷山为秀山宝山。在全面展开"森林重庆"建设的同时，重庆启动了"两翼"农户万元增收工程，力图通过林权改革和发展林下经济，实现农户增收。

"两翼"农户万元增收是一项颇具挑战性的富民工程。基础工作是，确保农村承包地、林地、宅基地"三个确权到位"。这是从源头上保障农民权益、从根本上帮助农民致富的前提。目前，农村承包地、林地、宅基地都不同程度地存在权证面积少于实际面积的情况。这不利于农民进城后退出土地林地时的权益保障，也不利于取得土地林地质押贷款，土地林地流转时还容易产生纠纷。

（2）探索"双轨制"住房保障模式。重庆市正在推进的"双轨制"住房保障模式，在坚持住房市场化的基本前提下，充分发挥政府保障和调控功能的重大举措。与此同时，还采取其他配套措施，以期形成"低端有保障、中端有市场、高端有遏制"的住房保障体系。对于广大农村，致力于改变散户建房的传统方式，组织实施"巴渝新居"、农村危旧房改造和易地扶贫工程，引导农民适度集中居住，改善农村住房条件。

（3）完善农村要素流通服务体系。这主要解决农村融通流通不畅的问题，繁荣城乡市场。对农村金融，重点是加快农村金融机构建设和金融品种创新。重庆农商行和三峡银行，2011年实现区、县全覆盖。结合推进土地承包经营权、宅基地、林权流转，开展金融质押试点，开展涉农商业保险，组建长江上游首家政策性农业保险公司。

对农村商贸，重点是健全流通体系，提高组织化程度。完善"万村千乡市场工程"，加快建设农村商贸日用品、农业生产资料供应、农产品进城、城乡再生资源回收、农民生活服务、农村信息服务等6大网络体系，让农村产品出村进城、城市产品出城下乡。

（4）构建城乡一体化社会保障体系。社会保障是化解民生风险的"安全网"、"减震器"。在制度框架上，实现社会保险制度城乡全覆盖，医疗保险已全面覆盖城乡居民。解决大中型水利水电工程淹没移民农转非等人员的养老保险遗留问题。建立城乡统筹社保体系。在节奏把握上，加大对转户进城农民的社会保障投入。转户进城农民的养老和医疗保障，按照承包地、宅基地是否被征用、退出、流转等不同情况，分别纳入相应城市保险予以保障。在统筹层次上，逐步把医疗保险市级统筹区扩大到全市范围，实现所有社会保险全市统筹。同时，稳步推进社会保险跨区域转接工作。

（5）深化城乡土地利用制度改革。盘活城乡土地资源，是统筹城乡改革发展的重要突破口。按照国发3号文件的要求，重庆在全国率先成立了首家农村土地交易所。依托土交所，大力推进农村土地综合整治，实施城乡建设用地增减挂钩和异地占补平衡，并通过开展"地票"交易，实现城市对农村的反哺。

二、成都市城乡统筹实践创新①

为打破城乡分割的"二元"体制，成都市在获批全国统筹城乡综合配套改革试验区以来，坚持不懈地推进以城乡一体化为核心，以经济市场化、管理民主化、社会公平化改革为取向，以规范化服务型政府建设和基层民主政治建设为保障的城乡统筹"四位一体"科学发展总体战略，探索实践新型城市化、新型工业化、农业现代化联动发展的城乡全面现代化道路，初步形成了城乡同发展共繁荣、城乡群众共创共享发展成果、城乡经济社会一体化发展的新格局。

在统筹城乡思路的引领下，成都市从民生最为迫切的教育、就业、医疗和社会保障几大领域

---

① 成都市人民政府网，《成都—全国统筹城乡综合配套改革试验区》，http://www.chengdu.gov.cn/newsrelease/list.jsp? ClassID=02120510。

"破冰"，以此促进农村居民享有和城镇居民平等的基本公共服务和社会福利。成都建立了农民养老保险制度、城镇居民养老保险制度、非城镇从业人员综合保险制度；率先在全国将新农合、城镇居民基本医疗保险、市属高校大学生基本医疗保险合为一体，实现了城乡居民医疗保险制度一体化。

成都启动了以农村产权制度改革为核心的农村市场化改革，率先在全国建立了市、县两级农村产权交易机构，引入农业担保、投资和保险机制，使农民成为市场主体，可以平等地参与生产要素的自由流动，用市场之手，充分发挥市场配置资源的基础性作用，建立起了归属清晰、权责明确、保护严格、流转顺畅的现代农村产权制度。

同时，作为全国统筹城乡综合配套改革试验区，成都市以建立促进城乡经济社会发展一体化制度为核心，发展出一套新型民主议事的农村治理机制，使包括农村土地综合整治、土地流转等关系村民切身利益的大事，村民都能够自觉主动、积极参与议事，真正实现了民主决策和民主管理。这一成果对推进我国城乡一体化进程，起到了关键性的示范作用。其中温江区探索的创新社会管理模式，引入市场机制使社会组织参与到基层社会管理活动中，利用其高水平专业服务满足公众需求，既保证了公共服务质量，也减少了政府事务性工作负担，为加快科学发展、构建和谐温江奠定了坚实的社会基础。

三、河南省"三化"协调发展战略①

2011年9月，中共中央下发的《国务院关于支持河南省加快建设中原经济区的指导意见》提出，中原经济区建设的核心任务，是积极探索不以牺牲农业和粮食、生态和环境为代价的"三化"协调发展的路子。10月召开的河南省第九次党代会提出，中原经济区建设，必须持续探索不以牺牲农业和粮食、生态和环境为代价的新型城镇化、新型工业化和新型农业现代化"三化"协调科学发展的路子。

"三化"协调的重点是新型城镇化，重在着眼

农民利益，体系涵盖农村农民，变建设资源"向城里走"为"向农村流"。河南省委提出，新型城镇化从农村切入，必须政策引领，规划先行。河南把新型农村社区作为推进城乡基础设施一体化和公共服务均等化的载体。河南各部门密切配合，推动公共设施向农村延伸，公共服务向农村覆盖。河南联通将宽带拉进社区卫生室，农民足不出户就可享受远程专家会诊、药品配送等服务。河南农业大学启动转变农业发展方式改革试验，为民权县送去辅热集箱式沼气、太阳能等农村新能源设备及技术。河南对社区配套建设初步提出"五通六有两集中"的标准："五通"，即通四级公路、自来水、电、有线电视、宽带；"六有"，即有社区综合服务中心、标准化卫生室、连锁超市、文化活动室、科技文化活动中心、幼儿园（5000人以上的配建小学）；"两集中"，即垃圾集中收集、污水集中处理。

劲往一处使，钱往社区投，河南整合多方资源集中投向农村。河南将新型农村社区建设纳入省重点项目管理，省财政厅主动谋划，引导项目资金集中投放；农业银行率先行动，在河南推出"农村民居建设贷款"；建设银行倾力支持，批准河南率先开展"新型农村社区建设"信贷业务创新试点，还在国有大型商业银行中第一个投资河南建设村镇银行。2011年，全省新型农村社区建设完成投资650亿元以上。

城乡统筹，城乡一体，必须科学规划、合理布局。这两年，河南分别邀请清华大学、同济大学、北京大学等城市规划与设计团队进驻中原，综合设计不同风格的户型，供农民投票选择。驻马店要求各县区2012年至少拿出300万元规划设计资金，河南省住房和城乡建设厅正调集5个设计院将近60名专家，分赴豫南、豫北、豫东、豫西进行现场踏勘提炼，在设计新居时力保河南传统民居特色。

四、山东省城乡统筹管理②

山东作为东部沿海发达省份之一，城乡统筹

①《河南"三化"协调科学发展之路》，《人民日报》，2012年4月6日，http://www.ha.chinanews.com/GNnews/1/2012/04/06/221015.shtml。

②《山东城乡统筹迈出实质性步伐》，《大众日报》，2012年5月2日，http://www.legaldaily.com.cn/locality/content/2012-05/02/content_3537910.htm? node=31051。

立足于省情，出台了《中共山东省委、省人民政府关于统筹城乡发展加快城乡一体化进程的意见》，指出，通过统筹工业化、城镇化、农业现代化，调整国民收入分配格局，建立健全以工促农、以城带乡长效机制，打破城乡二元结构，加快转变发展方式，致力于全面建立城乡经济社会发展一体化新格局。[1]

截至 2011 年底，山东全省已建成农村社区综合服务站点 1.3 万个，40 个县（市、区）基本实现农村社区化服务与管理全覆盖。村村通油路率达到 99%，村村通客车率达到 99.8%，自来水普及率达到 91%。140 个县（市、区）政府办基层医疗卫生机构综合改革全面完成，基本药物制度实现全覆盖。全省乡镇综合文化站全面建成，建成农村文化大院 5.3 万个，占行政村的 70%。新型农村合作医疗参合率达到 99.7%，农村低保标准全省平均达到 1661 元，新农合参合率达 99.7%、新农保制度比国家要求提前一年实现全覆盖。

城市第二、第三产业下乡和农民进城的要素双向流动已越来越明显。作为城乡统筹能力的重要保障，县域经济实力持续增强，2011 年地方财政收入过 10 亿元的县（市、区）达到 81 个，其中过 20 亿元的 40 个，过 30 亿元的 21 个，过 40 亿元的 5 个。农民人均纯收入持续快速增长，增幅连续两年超过城镇居民收入增幅。

五、广东省城乡统筹管理[2]

改革开放前 30 年，广东省给人看"三来一补"，30 多年后的今天，广东给人看的是"绿道网"，表明广东转变发展模式的决心和对更高品质生活和幸福感受的追求。2009 年以来，广东省将"绿道"建设作为统筹城乡发展的核心工作，成立了由省委书记汪洋亲自挂帅的领导小组，构建了专门的门户网站，定期发布各级政府的工作要求，通报各级政府工作进展。2010 年以来，珠三角率先建成由 2372 公里省立"绿道"和深入城市内部的 2828 公里城市"绿道"组成的珠三角"绿道网"。[3] 通过"绿道网"建设，珠三角串联和保护了"绿道"沿线的生态环境、自然景观、文物古迹和地方风貌，有效遏制城市无序蔓延，打通区域之间、城乡之间的生态廊道，同时为城乡居民提供一种绿色环保、低碳经济的交通方式，满足城乡居民休闲、游憩、旅游、运动等多方面的需求，珠三角"绿道网"获全国人居范例奖。[4]

此外，广东在社会管理模式创新方面，也取得了新的突破，如中山市秉承着孙中山先生"敢为天下先"的精神，以保障和改善民生为重点，积极创新社会管理模式，率先探索"2+8+N"社区建设模式和社会力量动员机制，创新行政复议体制机制等。2011 年 11 月 9 日，《创新社会治理机制》所总结的"中山模式"作为典型案例走进中国浦东干部学院课堂，引起了学员的广泛关注和强烈反响，其经验和影响推广至全国。中山是中国全面小康建设中社会管理创新的典范。

六、其他地区城乡统筹创新实践

除了上述几个典型的省、市在城乡统筹领域进行了较为突出的创新实践外，国内其他省份尤其是东中部地区的省份均在积极实践城乡统筹，构建城乡一体化。如海南省积极响应国家城乡规划法的出台，率先于 2006 年在全国组织编制了第一个省域城乡总体规划，于 2007 年编制了全国第一个城乡经济社会发展一体化总体规划。2011 年在规划的实施上，围绕国际旅游岛的建设，以旅游带动农村产业发展，努力打造海南特色的城镇化发展路径。

作为中部农业大省的湖北省，整体上已进入工业反哺农业、城市支持农村，工业与农业、城市与农村协调发展的阶段。该省对城乡统筹和新农村建设工作高度重视，成立了以省委书记为组长，省委副书记、省长为常务副组长的湖北省新农村建设工作协调领导小组，通过仙洪新农村建设试验区、鄂州城乡一体化试点、7 个脱贫奔小康试点县、88 个新农村建设示范乡镇和竹房城镇

① 山东省委、省人民政府：《关于统筹城乡发展加快城乡一体化进程的意见》（鲁发〔2009〕23 号）。
② 《小康》杂志，http://www.chinaxiaokang.com/quanmian2011/。
③ 广东绿道网，http://www.gdgreenway.net/Default.aspx。
④ 《珠三角绿道网获全国人居范例奖》，《南方日报》，2012 年 4 月 28 日。

带城乡一体化试点等多个层面的新农村建设试点，有力地促进了全省农村经济社会的发展。2012年2月以来，湖北省又相继成立了武陵山少数民族经济社会发展试验区和湖北大别山革命老区经济社会发展试验区，各部门协调行动，从多层面、多角度开展政策扶持，力求把试验区建成全省统筹城乡发展和生态保护示范区。

福建省为推进城乡统筹的发展，组织开展了《福建省城乡统筹规划与区域协调发展》专题调研，并编制形成了《福建省城乡统筹规划与区域协调发展专题调研报告》，全面指导该省城乡统筹发展的政策制定，取得了积极的效果。

江苏省为规范城乡统筹发展，出台了《城乡统筹规划的编制要点》，对全省各地的城乡统筹规划的编制进行了规范，大大加快了该省城乡统筹发展的步伐。

七、实践创新总评

从2011年全国范围内的城乡统筹创新实践看，住建部、各省市建设厅等各级城乡发展行政主管部门均高度重视城乡统筹的实践创新，城乡统筹发展战略和思想已经深入基层，基本实现了从重庆、成都等少数省、市的改革试验，到在河南、山东、广东、黑龙江等省、市的全面铺开。此外，针对城乡统筹的实践创新需求，学术界也持续开展各种层面的讨论和研究，召开了多次高水平的学术研讨活动，造成了较为深远的影响。

在地方实践方面，重庆、成都等城市作为国家城乡统筹综合改革试验区，始终担当着全国先行先试的角色，率先在全市范围内完善农村要素流通服务体系、加快农村金融机构建设和金融品种创新、构建城乡一体化社会保障体系、深化城乡土地利用制度改革、实现城市对农村的反哺等方面内容，全面推进城乡一体化的建设。

进入2011年后，河南省在国务院出台支持政策的利好条件下，提出实施"三化"协调发展战略，全面推进新型城镇化的建设，得到了李克强副总理等国家有关领导人的高度认可，也切实解决了河南近期城乡统筹发展中遇到的部分问题，为全国其他粮食主产区的城乡统筹实践提供了经验借鉴。此外，广东、山东等沿海发达省份具备较好的城乡统筹发展条件，均在公共服务均等化、农村经济发展、农村社区治理、城乡"绿道"建设等方面做出了积极的实践创新，取得了良好的经济效果和社会效果。

在学术研究实践创新方面，以北京大学政府管理学院、中国人民大学公共管理学院、中央财经大学政府管理学院等为核心的国内一流科研院校围绕城乡统筹发展这一主题，组织了多次高水平的学术研讨活动，吸引了国内外的城乡统筹管理领域的专家学者多次相聚中国，就我国城乡统筹发展的前景、路径和突出问题进行深入研究和讨论，形成了不少创新性的科研成果，有效指导了我国城乡统筹发展实践工作。

第三节 代表性成果

一、《中国城乡统筹规划的实践探索》

作　　者：李兵弟

出版时间：2011年

出　版　社：中国建筑工业出版社

内容摘要：该书分为上篇、下篇两部分。上篇为理论探讨，包括城乡统筹思想提出的历史背景及现实意义、城乡统筹规划的基本理论、城乡统筹规划的主要技术方法，包括城乡统筹的主要路径、重点领域、同地区城乡统筹规划指引以及城乡统筹规划成果的基本内容，并梳理了城乡统筹规划中的重大政策问题、政策支持与制度创新等。下篇为案例精选，根据省域、市域、重点地区、县域、村镇等5个层面，汇集了近些年全国城乡统筹规划的实践探索，选取了来自全国东中西不同地区的25个案例。全书比较全面地、正面地阐述城乡统筹规划的基础法理、基本技术和规划方法，总结了各级城乡统筹规划的实践经验，对基层的大量实践进行了理性思考与规划方法的升华，坚持保护农民利益、集约节约建设用地、促进城镇化与城乡协调发展的基本原则，一定程度上实现了将社会科学与工程技术科学的结合，在理论层面系统分析城乡统筹规划的基本理论、设计方法和政策措施，为农村地区发展建设提供了较为扎实的科学指引。凝聚了众多"三农"领域、城乡规划领域的专家学者和城乡规划管理实际工作者的才智与心血，展示了当前城乡统筹规划探索的多元化局面。该书是城乡统筹规划工作者从实践中感悟、从理论上提升、从案例里引证而来的，系统性强。该书的出版，将对全国城乡统筹工作的开展和科学发展观的贯彻落实发挥指导作用，并对各地正在开展的城乡统筹规划工作具有实际指导意义。

二、《统筹城乡发展中的政府与市场关系研究》

作　　者：李萍等

发版时间：2011 年

出　版　社：中国环境科学出版社

内容摘要：从政府与市场关系的视角理解统筹城乡发展，构建了统筹城乡发展中的政府与市场关系理论模型，认为中国城乡非协调发展的根本性问题是政府与市场关系的严重扭曲，包括政府越位与市场被挤压下的城乡发展失衡以及政府与市场"双缺位"下的城乡发展失衡，统筹城乡发展是打破二元结构和城乡非协调发展的历史性战略选择，并借鉴国际成功经验，提出统筹城乡发展是应对严峻挑战、符合当前我国经济社会发展特征的历史性战略选择。在城乡统筹过程中，政府的首要作用是要协调好各方利益，消除城乡统筹中的各种阻力并建立和健全城乡统筹的各种基本制度和设施，努力培育和完善市场经济制度。纠正统筹城乡过程中的"市场失灵"以及保证城乡统筹中的社会公平。在短期来看，优化统筹城乡发展中政府与市场关系需要相对凸显政府的力量和作用，中期重点培育和扩大市场力量、政府力量和作用适时转化，而长期来看，需要坚持市场主导、政府支持与协调。同时，提出以制度建设梳理统筹城乡发展中政府与市场的关系，包括发挥政府在统筹城乡发展中制度供给的力量优势，思考提供一个什么样的制度支持，如何提升制度供给的成本与效率，考虑制度供给的层级、结构

和系统性以及制度供给的长效机制问题，并重点分析了统筹城乡发展中几种主要的制度供给，包括农村的土地权属及土地经营制度、农民就业制度（包括户籍制度）、支持"三农"的财税金融制度、农村的社会保障制度和农村行政管理制度等。

三、《制度并轨与城乡统筹》

作　　者：党双忍

发版时间：2011 年

出　版　社：中国环境科学出版社

内容摘要：该书系统论述了统筹城乡发展管理这一主题，分城乡制度并轨篇、城乡统筹篇、新农村建设篇和综合篇 4 个板块。重点研究了经济发展的"制度技术"，在我国传统的制度设计上，偏向城市，城乡隔离，漠视农村，歧视农民，农村发展遭遇制度性阻拦，或过高的制度成本。在我国实行计划经济体制和重工业化战略时期，形成"二元"治理结构，农业支援工业，工业剥夺农业，农村支持城市，城市侵蚀农村，长期牺牲"三农"利益。"统购统销"，"爱国粮"、"爱国棉"，通过"剪刀差"从农民那里"剪"了不少利益，支援了工业，支援了城市。针对制度性因素，作者提出城乡制度并轨是全面现代化的必由之路，是缩小城乡差距的现实选择，是调整分配关系的重要路径和转变发展方式的不竭动力，而统筹城乡治本之道是消除城乡"制度差"，还从国际与国内两个视角分析了城乡制度并轨。该书详细论述了城乡制度并轨与推进工业化、城镇化和农业现代化进程，实现城乡制度并轨与推进"三化"的同步。作者还对制度并轨的重点领域如税制并轨、教育并轨、卫生并轨、文体并轨、就业并轨、金融并轨进行了专题阐述。总体上，该书有心得、有探讨，有理论、有实务，有总结、有解读，既严谨深邃，又深入浅出，呈现三个鲜明特点：一是理论性。书中许多观点、论述，立足和紧跟党的理论创新、政策创新的最新成果。比如，《城乡关系的发展演变分析》、《大胆探索实践创建新型城乡关系》等文章，都充分体现了党的农村政策尤其是 2004 年以来连续发布的中央"一号文件"精神。二是系统性。从宏观着眼，微观入手，系统把握，专业阐述，是本书的又一特色。比如，围绕城乡制度并轨，从经济发展的"制度技术"

破题，对城乡税制、教育卫生、设施、户籍等11个重点领域如何并轨逐一阐述，内容系统而不繁杂，体现了历史与现实、战略与战术、全局与细节的有机结合。三是实践性。既有前沿理论思考，更有现实问题研究，许多内容以宝鸡市的实践为素材，以指导和推动工作为目的，如《新农村建设管理原理》、《创新思路科学促进农民增收》等文章，不乏对宝鸡工作实践的理论探索和经验总结，对推进新时期"三农"工作、加强城乡一体化规律的揭示，可谓言之有物、有的放矢。

四、《基于城乡统筹视角的城镇密集区发展研究》

作　　者：刘荣增
发表时间：2011年
出 版 社：科学出版社

内容摘要：该书首先从城镇密集区基本概念入手，以城乡统筹为研究视角，从城乡统筹理论演进和城镇密集区发展演化的基本理论出发，提出了城镇密集区发展演化的阶段理论，构建了城镇密集区发展演化阶段判定的指标体系并对国内主要城镇密集区发展阶段进行了判定，然后对城镇密集区发展演化的机制从历史和不同发展阶段差异方面进行了剖析，最后针对不同阶段城镇密集区发展演化过程中的主要问题从空间整合、城乡统筹示范区建设、城镇密集区科学发展等角度提出了协调和整合的思路与方略。作者以城镇密集区发展演化机制探索为中心，并将其应用于统筹城乡经济发展中，重要意义和价值集中表现在：理论方面，通过对国内外沿海与内陆典型城镇密集区发展演化的比较分析，探索与总结城镇密集区的时空演化规律，有利于拓宽和深化城镇密集区这一特殊区域的研究领域，弥补已有成果的一些不足，丰富和发展区域经济学有关理论；实践方面，城镇密集区是我国最有可能率先实现"以工促农，以城带乡"的区域，通过加强城镇密集区与城乡统筹的综合研究，可以为更好地发挥城镇密集区在我国城乡统筹中的示范作用提供一定的科学依据，可以为以河南省为代表的实施以"三化"（新型工业化、农业现代化、城镇化）协调为主线的中原经济区战略提供指导和决策参考。

五、《统筹城乡经济发展》

作　　者：张占斌
发表时间：2011年
出 版 社：国家行政学院出版社

内容摘要：该书是国家行政学院培训教学用书，系统介绍了城乡统筹的政策背景和行动内容。重点探讨了发展壮大县域经济与统筹城乡的重要关系，大力发展县域经济，推进社会主义新农村建设，实际上提出了"公共资源配置权下移"的新要求。加快统筹城乡发展，强化以民生为重点的社会事业建设和公共服务提供，实际上提出了"公共服务统筹权上移"的新要求。因此，寻找统筹城乡发展的良策，使农村居民、进城务工人员及其家属与城市居民一样，享有各个方面平等的权利、均等化的公共服务和同质化的生活条件，需要"公共服务统筹权上移"，强化省级政府平衡辖区财政的责任意识，推动省级政府积极实施辖区内的财政统筹。发展县域经济从总体上说，就是以科学发展观为指导，以市场化为导向，以农业现代化为基础，以工业化为主导，以城镇化为支撑，以农民增收和农村经济社会的繁荣稳定为目标。调整农村产业结构，使整个农村社会生产基本适应社会总需求的水平，农村产业结构调整的基本思路是根据市场需求、资源优势与产业政策，合理调整农村三次产业结构，加强带动第一产业，优化提高第二产业，大力发展第三产业。此外，该书还系统总结了国外统筹城乡与区域经济发展理论，介绍了全面推进新农村建设、基本公共服务均等化、县域经济发展的产业支撑与结构调整等与统筹城乡的关系以及扩权强县和省直管县体制改革和培育新型农民的重要意义。

六、《城乡统筹中农业基础地位及其制度支持研究》

作　　者：张国林、张锦洪、张仕权
发表时间：2011年
出 版 社：经济科学出版社

内容摘要：该书通过回顾国内城乡发展的演变历程，认为我国城乡统筹的发展战略本质是为了打破二元经济结构，促进城乡社会和谐发展。统筹城乡发展的关键在于解决"三农"问题，而农业基础薄弱是"三农"问题的根源。作者从多角度进行了论证：运用世界银行数据进行了计量分析。分析证明，农业在各国经济中均居于基础地位。在保持人口、工业、服务业等和进出口不变的情况下，农业对各国经济的边际效应递减。低收入国家、中低收入国家和中高收入国家的农业对国民经济运行的边际效应不仅都为正，而且都比高收入国家的效应大。其中，中低收入国家因处在经济腾飞的前夜，其农业对国民经济的边际效应最大，农业的健康发展对其经济腾飞有重要的促进作用，因此必须坚持实施"农业促发展"战略。运用中国的数据，本书同样得到了农业在我国国民经济中基础地位的经验证据。同时运用VAR模型及其脉冲响应函数、方差分解方法，本书对包括农业自身在内的整个国民经济针对农业冲击进行了响应分析，也发现农业对整个国民经济有显著促进作用和长期持续效应。然而，本书运用中国和美国数据进行的计量分析却表明，农业在增加农民收入中的效应为零甚至为负，即使在美国的规模经营中也是如此。充分说明了农业作为国民经济基础的弱质性。

七、《推进城市化和城乡统筹发展的几个观念辨析》

作　　者：刘业进
发表时间：2011 年第 12 期
期刊名称：《中国行政管理》
内容摘要：目前推进城市化和城乡统筹发展中出现了有较大争议的 3 种观念：计划思维、农村落后城市文明、土地换社保。对此我们提出，改变城乡分割局面、实现城乡统筹，需重塑改革共识，创造制度条件确保城乡统筹发展置于一个开放的演化进程：确保农民在城乡统筹建设的规则设计和规则下的选择两个方面充分参与并具有自主性；消除制度歧视和权利差别；促进城乡要素双向流动。作者提出，城乡差别非中国独有，新兴工业化国家都以各自的方式经历过城乡统筹和城乡一体化过程。我国城乡统筹建设的特殊性在于这一进程回应的是两项艰巨任务：从中央计划经济制度向开放的市场制度转型；由传统中国向现代中国转型。以计划经济方式推进城市化进程促经济增长还是以公民权利增长维持经济增长；

"以 GDP 看待发展"还是坚持阿玛蒂亚·森所倡导的"以自由看待发展"，这是不同的道路抉择。以"土地换社保"、"农村宅基地合并集中居住"等试验选择了前者，"制度创新"背后掩藏着对社会合作体系基石的侵蚀。检验城乡统筹建设走向健康轨道的标准是看改革设计和政策措施是否纠正了此前造成的城乡分治的制度缺陷，而不是物质性事实和工程技术指标。

八、《城乡统筹下的乡村旅游发展政府作为研究》

作　　者：王瑛
发表时间：2011 年第 2 期
期刊名称：《改革与战略》
内容摘要：在城乡统筹发展背景下，如何科学发展乡村旅游是旅游地政府面临的一个难题。城乡统筹关键是要发展经济，经济发展则需要进行产业结构和产品结构的调整，形成高附加值的经济产业，旅游业正好是当代经济中附加值很高的产业。乡村旅游是指以乡村空间环境为依托，以乡村独有的风光和活动为吸引物，利用城乡差异来规划设计和组合产品，以满足旅游者娱乐、求知和回归自然等方面需求为目的的一种旅游方式。在有条件的地方发展乡村旅游能改变中国的"三农"现状，加快新农村建设，提高农民的生活质量，促进农业稳定发展，为农村剩余劳动力提供广泛的就业机会，故发展乡村旅游是城乡统筹的重要方式。文章认为，发展乡村旅游政府必须有所作为；政府应当在制度、组织、职务 3 大方面加强作为；在乡村旅游发展的初始阶段、成长阶段、成熟阶段，政府应依次按照开拓者、规范者、协调者的角色作为；评估政府发展乡村旅游的作为绩效应以乡村旅游发展战略为中心，综合考虑政策保障、旅游宣传促销、经济业绩、学习与成长、游客评价 5 个评估因子。

九、《城乡统筹视角下城市土地集约利用评价研究——以山东省胶南市为例》

作　　者：郭艳红、李红兵、孙文彪、赵奎涛
发表时间：2011 年第 11 期
期刊名称：《城市发展研究》
内容摘要：本文首先从城乡统筹视角诠释了

城市土地集约利用的含义，建立了城乡统筹视角下的土地集约利用评价指标体系，运用"均方差决策分析法"，对胶南市土地集约利用进行综合评价，结果表明：在时间序列上，胶南市土地集约利用总体上呈上升趋势，但集约利用程度不高，离真正意义上的集约利用还存在较大距离；从农用地和建设用地集约利用程度来看，目前农用地集约利用程度普遍较低，建设用地集约利用程度较高，因而土地利用的城乡统筹水平存在一定的差距。为完善城乡统筹，提升土地集约利用程度应做到几点：①加强规划计划管理，充分发挥调控作用；②立足内涵挖潜，千方百计盘活土地；③鼓励开展农村土地整理，促进城乡统筹发展；④推进土地市场建设，不断优化资源配置。

十、《基于城乡统筹的长吉一体化区域小城镇发展分化与模式研究》

作　　者：张鹏、杨青山、王晗
发表时间：2011 年第 4 期
期刊名称：《经济地理》
内容摘要：系统总结了当前长吉一体化区域小城镇发展存在的分化问题，指出区域小城镇发展分化主要包括经济发展水平的分化、城镇等级结构的分化、区域空间形态的分化、城镇发展水平的分化、城乡贫富差距的分化、城镇化动力的分化。提出区域小城镇的城镇化发展道路选择，并通过对具体小城镇的地域类型、资源优势和发展基础进行判别，对于中心城市周边的小城镇，就是走都市区聚集的城市区域化的城镇发展道路，实现城乡统筹协调发展。在村镇管理方面，可把一些乡镇变成街道，把村屯合并建设成为社区，实行街道管理村屯或乡镇管理社区的新型管理体制。在村镇建设方面，农村居民点应按城乡统一合理布局的要求，相对集中，配套相应市政设施，建立与市区及区域交通网络便捷的联系。在产业发展方面，要成为城市企业建立配套生产加工基地和开发新产品、连锁经营、物资配送、旧货调剂以及信息交流的载体，成为市民短期休闲旅游的场所。充分发挥城乡"联系纽带"和"交换平台"的作用。对于远离中心城市的小城镇，一是依托县域城关镇，重点发展重要交通沿线的中心镇，通过县域城关镇和中心镇的聚集经济增长带

动农村工业化进程，同时依托自身资源优势和特色，培育乡镇企业；二是以农村服务中心建设为重点，强调政府转移支付对小城镇建设的支持，在基础设施共建共享的基础上，促进农村现代化；三是对零散分布的自然村屯进行撤并，合理确定中心村，交通不便的村庄向交通便利的村庄集中，小村向大村集中，同时对村庄进行统一规划，完善各项基础设施配置。构建了五种城乡统筹发展模式，分别为城市扩展的"变农模式"、城乡互融的"合农模式"、以城带乡的"拉农模式"、村企共建的"新农模式"和城村互联的"带农模式"。

十一、《基于 DEA-ESDA 的甘肃省城乡统筹发展效率评价及其空间差异分析》

作　　者：潘竟虎、尹君
发表时间：2011 年第 9 期
期刊名称：《经济地理》
内容摘要：该论文基于 2009 年甘肃省 14 个地级市（州）城乡统筹发展的面板数据，运用数据包络分析（DEA）评价了各区域的城乡统筹发展效率，并通过探索性空间数据分析（ESDA）对其空间差异变化特征与规律进行了分析。结果表明：甘肃省城乡统筹发展效率总体上呈西高东低、南北分化的分布特征，并存两大"DEA 有效"极核；规模效率是当前制约甘肃省城乡统筹发展综合效率的主要方面；全省普遍存在投入冗余现象，可通过优化环境、产业结构高级化、突出特色产业、提升产业技术、提高劳动力素质及提高城市化水平等途径来提高区域的城乡统筹发展效率；各区域之间城乡统筹发展效率的空间差异显著，体现出"阶梯型"发展和两极"俱乐部趋同"的态势。基于 DEA-ESDA 的研究方法可以清楚地解释甘肃省城乡统筹发展效率及其空间差异问题，并为城乡统筹发展评价研究提供案例参考和科学依据。

十二、《城乡统筹中的基本公共服务均等化规划技术探讨》

作　　者：王宏远、林永新、胡晓华
发表时间：2011 年第 9 期
期刊名称：《城市发展研究》
内容摘要：如何以较少的投入高效率推进基

本公共服务均等化，是当前各种综合性规划和部门专业性规划都迫切需要解决的技术难点。在当前我国政府财力仍不雄厚、公共服务资源依然短缺、资源配置效率不高的背景下，探讨以高资源配置效率为导向、具有可操作性的基本公共服务均等化规划技术方法，有着十分积极的现实意义。作者的研究目的是从提升公共资源配置效率的角度出发，建立一个区域基本公共服务均等化问题初步研究框架，为高效率地推进基本公共服务均等化提供分析思路和规划技术方面的参考。核心的结论是，在对区域的自然、经济、社会状况有深入了解的基础上，通过合理调整居民点分布、道路交通情况和交通方式、基本公共服务节点分布等3个区域变量，以及对调整策略的不断反馈、验证和完善，可以找到适应当地区情、资源配置效率高、具有可操作性的基本公共服务均等化水平提升策略，并可将这些策略有效地转化为规划措施。需要特别指出的是，在实际的规划过程中，通常是对多个变量同时进行系统的调整，以寻求单位投入成本的效益最大化，达到高效利用公共资源的目的。未来，基于本文提出的将基本公共服务均等化问题转化为基本公共服务节点相对于居民点的空间可达性问题的研究思路，可进行更深入的研究：①调查了解当地居民在寻求公共服务时的实际出行方式，以更真实地评价居民获取公共服务的困难程度；本文将安岳县居民的出行方式设定为机动车出行，实际上许多农村居民仍是采取步行或自行车的交通方式。②综合研究不同类型基本公共服务的均等化模式，探讨不同类型基本公共服务节点的空间关系和优化整合策略。③在更广泛分析调查的基础上，建立我国基本公共服务节点的评判标准和基本公共服务节点空间可达性的定量标准，为相关研究提供比较准确的依据。本文主要是依托对当地居民的问卷调查确定了以上两个关键参数，因而不可避免地受到调查样本的数量和选择方式的影响。

附：代表性论文选登

城乡统筹视野下农村宅基地与住房制度的思考①

赵之枫　张　建

[摘　要]　基于新制度经济学的相关理论，分析宅基地制度影响下的农村住房产权与住宅资源，剖析"空心村"、"城中村"、"小产权房"等当前农村住房资源配置的热点问题。在此基础上，通过对城乡二元住房制度的对比分析，从城乡统筹的视野提出农村住宅相关制度变革的需求与政策建议，包括：建立完善的城乡土地市场，促进土地资源的集约利用；建立完善的城乡住房制度和保障制度，促进城乡资产的高效配置；建立完善的城乡户籍制度，促进城乡人口有序流动，以实现城乡一体化全面发展的目标。

[关键词]　农村宅基地；农村住房；城乡统筹

改革开放以来，农民收入显著提高，农民建房需求猛增，城市化和工业化加速发展，大量农村人口向城市转移、迁徙，社会经济变化显著，"空心村"、"城中村"等现象成为社会关注的热点问题。2010 年中央"一号文件"明确提出把支持农民建房作为扩大内需的重大举措，广大农村地区又将迎来新一轮住房建设热潮，亟待规划引导。

城乡规划的作用对象是土地使用，城乡规划的实施也必然要通过对土地使用的调配来进行。因此，土地制度与城乡规划有着密切的关系，直接影响到城乡规划的制度环境和实施管理。城市于 20 世纪 80 年代末实行土地制度改革，城市住房逐渐实施土地使用权的有偿使用和住房的市场化交易。20 多年后，农村建房仍然实行作为集体土地所有制的宅基地无偿使用。二元制的土地和住房制度使得农村地区规划建设必然呈现出与城市的巨大差异，农村建设用地呈现相对混乱的状态。虽有体制性因素，但是仍然凸显城乡规划对此的应对措施不足。需要从土地使用制度的推进和城乡要素流动的角度针对当前农村住房建设面临的问题进行深入的分析研究，以促进城乡规划体系的不断完善。

一、基于新制度经济学的宅基地和农村住房制度分析

新制度经济学的研究对象是制度，产权理论是其重要组成部分。产权用来界定人们拥有的权利并从中获益，通过产权界定和使用安排等，降低或消除运行成本，并改善资源配置。本文借助新制度经济学的相关理论对现行的宅基地和农村住房制度进行分析。

（一）宅基地制度下的农村住房产权分析

产权是指人们使用资源的一组权利。产权作为一种排他性的权利，是调节人与人之间利益关系的根本制度。在一般意义上，一项财产上的完备的产权一般包括使用权、收益权、让渡权。其中让渡权是产权最根本的组成因素。它意味着所有者拥有将其对资产的全部权利（如出售一幢房屋）或某些权利（如出租一幢房屋）转让给其他人的自由。因而，让渡权就是承担资产价值变化所引起的后果的权利。

我国农村的土地属于农民集体所有，从形式上看，集体土地产权是一种使用权与所有权相分离的制度。作为集体建设土地的组成部分农村宅

---

① 赵之枫、张建：《城乡统筹视野下农村宅基地与住户制度的思考》，《城市规划》，2011 年第 3 期。

基地的权能是不完整的。[①]权利主体具有使用权，但是并不具备完整的收益权，不具备让渡权。农民虽然对宅基地上的房屋拥有使用权和所有权，但是却对其必须附着的宅基地没有所有权。也就是说，房屋的所有权与其附着的宅基地所有权不统一（见图1）。《土地管理法》规定，集体建设用地必须转为国有用地以后才能进入二级市场流转。这样，在立法意旨上，就是禁止城市及外村、外乡居民成为集体土地上住宅的合法所有权人。与国有土地使用权相比，农村宅基地的产权流转受到了诸多限制。

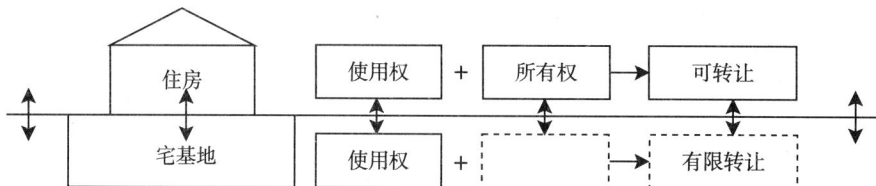

图1　农村住房产权分析

（二）宅基地制度下的农村住宅资源分析

资源的稀缺性使得人类社会有必要建立明确的产权制度约束社会成员的行为。随着人们对各类资源的竞争性使用的增强，资源的稀缺性越来越明显，限制无序的争夺并界定资源的归属就越来越必要。要实现资源最优配置，应将各种资源用到最需要的地方，使资源掌握在最需要它的人手中。资源产权必须不断交易或转手，要经常流动起来。明确产权是通过交易来实现资源最优配置的前提。产权没有被完全界定或缺乏排他性权利的约束时，未被界定的部分会被交易各方攫取，进入公共领域的财富将成为人们投入资源争夺的对象。

作为集体组织的一员，农民可以无偿获得一宗宅基地用于住房建设，但当他因离开集体（例如进入城镇居住）而要将住房出售时，只能出售给该集体符合宅基地申请资格的成员。宅基地的转让不会为其带来合理的经济收益。但由于其离开了集体经济组织，从而也丧失了其原有的宅基地福利，而这种权利的丧失既不能从集体组织得到补偿，也不能将土地向集体以外的成员让渡获取更高的价格补偿。根据资源配置的效应最大化原则，迁出集体的农民大多会选择在迁出后仍然保留房屋从而占有着宅基地使用权，使一些本应当通过交易能够得到利用的宅基地被闲置，造成土地资源浪费（见图2）。

在宅基地无偿使用的条件下对于本集体成员来说，尽管对宅基地审批面积有着明确的规定，但由于产权未被明确界定，仍难以有效避免农民多占宅基地的冲动，希望能更多地占有公共领域的资源，出现一户多宅的现象。

二、宅基地制度下的农村住房资源配置热点问题分析

在城市住房资源配置系统中，城市居民通过有偿取得国有土地，购买住房获得房产价值并拥有完整产权的商品住房。在拥有完整的使用权、收益权和让渡权的基础上，能够自由地对房屋作出自住、出租和出售的处分，因此整个城市形成了建立在明确产权基础上的住房链条和有序合理的住房资源配置机制。与之不同的是，农村居民无偿获得宅基地，获得房产价值和有限的产权，

[①] 农村宅基地使用权是农村居民在集体所有的土地上建造住宅及其附属设施的权利。《物权法》确立其为一种独立的用益物权，具有以下几个特征：一是无流动。农村宅基地使用权主体的特定性。在我国，农村宅基地仅限于本集体经济组织内部成员享有使用权，该集体经济组织成员申请宅基地只可以向本集体经济组织提出，非该集体经济组织的成员不得享有该权利，也不得通过转让获得。《中华人民共和国土地管理法》第六十二条规定，农村村民一户只能拥有一处宅基地，现行法禁止城镇居民在农村购置宅基地。农村村民出卖、出租住房后，再申请宅基地的，不予批准。二是无偿性。农村宅基地使用权取得的无偿性。农民申请宅基地使用权，需要经过乡、镇人民政府审核，由县级人民政府批准。农村宅基地使用权的取得，原则上是无偿的。现行法不允许宅基地使用权抵押。依法取得一宗宅基地是集体成员享有的一种基本权利。三是无限期。农村宅基地的使用没有年限的规定。现行法只是规定宅基地的面积不得超过省、自治区、直辖市规定的标准。与用于农业用途的生产用地和工商业用途的经营用地不同的是，取得宅基地不必签订承包合同或使用合同，没有使用年限的规定，也就不存在留滞成本。

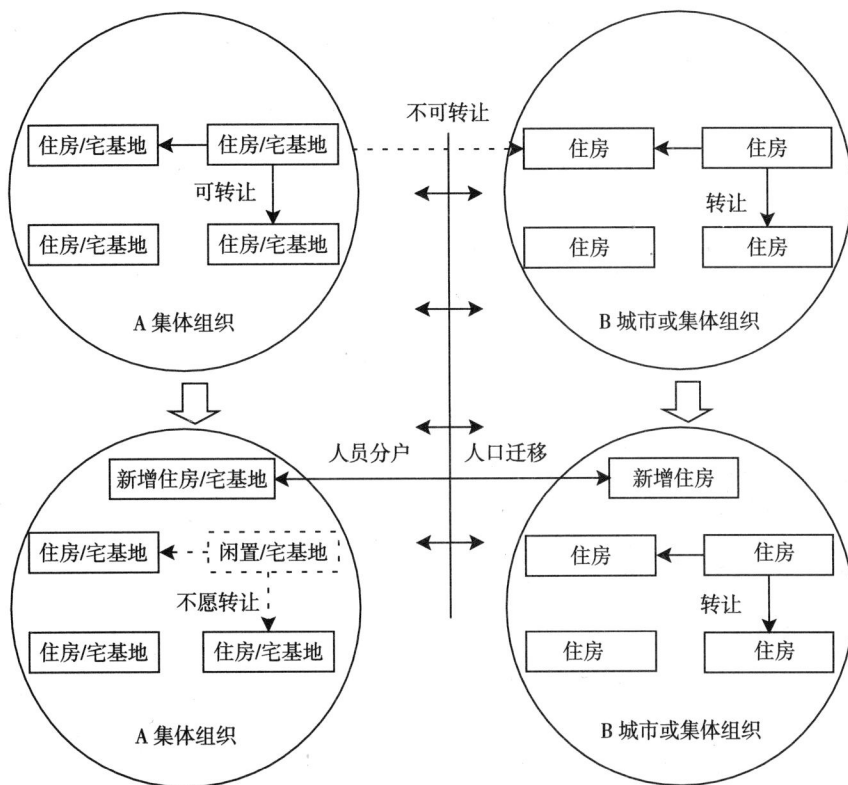

图2 农村住房资源配置分析

却只能自住而不能够自由处置房屋，形成了不利于住宅资源合理配置的住宅闲置和违法违规的住宅出租和住宅出售现象。可以通过城乡对比，从宅基地制度在产权上的特殊性分析当前几个农村住房资源配置的热点问题（见图3）。

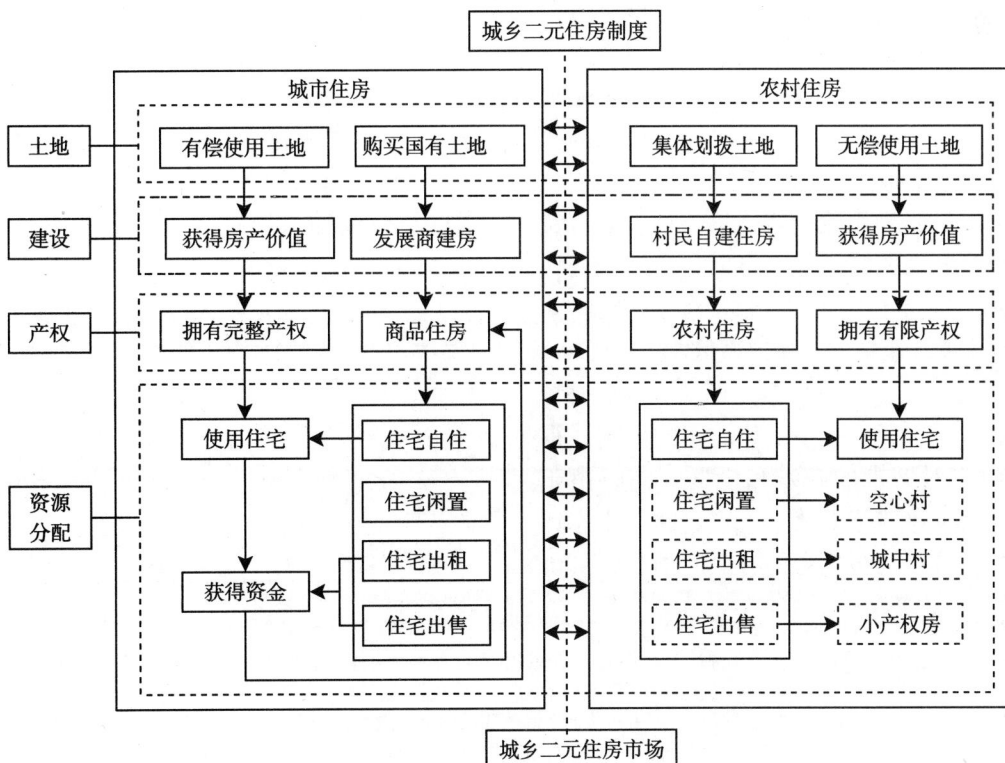

图3 城乡二元住房制度对比

（一）空心村

近十年来，"空心村"一词频繁地进入人们的视线。根据 2006 年有关调查统计数据，全国村庄用地共 248 亿亩，其中宅基地占 80%以上，约有 2 亿亩。在约 2 亿亩的宅基地中，闲置荒芜宅基地竟达 20%左右。据有关统计，1990~2008 年中国城市化水平从 26.4%提高到 45.7%，农村人口由 841.38 万人减少到 721.35 万人，减少了 120.03 万人，而村庄用地却从 1140.1 万公顷增加到 1311.7 万公顷，增加了 171.6 万公顷。可见，随着经济发展和城镇化水平提高，村庄用地的不集约趋势加剧。①

一方面，由于缺乏让渡权，离开村庄进入城镇居住的人不愿放弃宅基地，让住房长期闲置。由于宅基地无限期使用的特点，造成土地资源的浪费。另一方面，长期在外打工的人虽然希望能进入城镇居住，但是由于缺乏让渡权，不能通过出售农村住房获得资金而作为进入城市的资本，造成钟摆式的住宅闲置。其结果是，既浪费了国家的土地资源，又不利于农民的城镇化转移，城乡流动受阻。

（二）城中村

随着近年来城镇化进程的加快，城市建设用地的扩张，城市边缘地带出现了不少"城中村"。一方面，村民利用优越的地理位置优势将本该自用的宅基地出租给城市居民，或是在自家宅基地上尽可能多盖房子出租，甚至建设四五层高的楼房，最大限度地占有资源，形成"瓦片经济"。从某种程度上看，是利用无偿获得的权利换取有偿利益，使城市利益受损。另一方面，虽然地处城市建设地带，"城中村"大多仍然沿袭了传统村落格局，容积率低，土地的利用效率低。

因此，"城中村"具有双重外部性。"城中村"土地价值的提升和村民住宅出租收益的提高，得益于城市政府对城市的开发和投资。同时由于"城中村"本身的低效利用和社会、经济、生态环境的问题，影响了周边土地的有效利用和经济价值。其后果是，本该高效利用的城市土地却按照农村的模式运行，造成国家的土地资源配置的低效，同时，也阻碍了村民的市民化，城乡统筹发展受到制约。

（三）小产权房

在城市近郊一些村庄依托旧村改造，在解决自身村民上楼的基础上，进行部分住宅开发并向城市居民出售。由于这些住宅依附的土地是农民的宅基地，属于农村集体土地。所以地面上的房屋产权也不完整，因此被称为"小产权房"，体现了宅基地在城乡之间的隐性流动。虽然国家自 2004 年起就出台了一系列的政策法规。②但是"小产权房"依然屡禁不止。其后果是，农村居民依托无偿获得的土地非法获得土地收益，而城市居民的住房权益得不到保障，另外，对征地拆迁中的补偿标准也存在较大争议。现行农民宅基地具有明显的福利性质，其商品属性和财产属性未被法律确认，地方政府和房地产商利用这种产权缺陷，在给农民补偿时往往只考虑房屋价值，未考虑宅基地的财产价值，宅基地征用以后的级差收益数倍增加，但与原住集体组织成员无关，造成时常因补偿措施难以满足农民需求而引发纠纷。

三、城乡统筹视野下的农村住房相关制度变革需求与政策建议

与城市相比，由于农村住宅产权的不明确，导致资源配置缺少流动，存在着配置效率低的问题。同时，在产权不明晰的制约下，城乡之间要素也缺少流动，存在着资源配置不合理的问题（见表 1）。应从城乡统筹的视野，通过城乡一体

表 1　村庄建设难点问题比较分析

现象	产权	资源占有与分配
空心村	缺乏让渡权	村庄内双重占地 城乡双重占地 城乡资源浪费严重，城市发展受限
城中村	缺乏让渡权，收益权不明晰	村庄内掠夺性占地 城乡资源配置效率低
小产权房	缺乏让渡权	城乡资源分配不合理

---

① 城镇化水平和农村人口数据源自历年统计年鉴，村庄用地面积源自《中国城乡建设统计年鉴（2008 年）》。

② 1999 年，国务院办公厅发出《关于加强土地转让管理严禁炒卖土地的通知》，规定："农民的住宅不得向城市居民出售。也不得批准城市居民占用农民集体土地建住宅。有关部门不得为违法建造和购买的住宅发放土地使用证和房产证。"2004 年，国务院发布《国务院关于深化改革，严格土地管理的决定》，改革和完善宅基地审批制度，加强农村宅基地管理，禁止城镇居民在农村购置宅基地，明确提出严格限制城市居民购买农村住宅。

化的土地市场、住房制度、保障制度和户籍制度 （见表2）。
的变革，促进城乡资源的合理配置与高效利用

表2 城乡统筹视野下的城乡二元住房制度

城乡制度		城 市	农 村	城乡统筹要求
城乡土地市场	土地制度	国有土地制度	集体土地制度	统一建设用地市场
	土地市场	土地市场	隐性市场	集体用地进入市场
	土地利用现状	高效配置	建设用地粗放	节约利用土地
	土地利用潜力	建设用地紧张	土地整理潜力巨大	统筹城乡土地资源
城乡住房市场	住房供给与更新	提供住房买卖、租赁服务的房地产市场	无法通过市场配置住房资源	建立城乡一体化住房制度
	住房保障体系	包括保障性住房在内的多元住宅体系	住房发挥保障性作用	建立城乡住房保障体系
城乡人口流动	住房地点选择	基于市场的资源配置，居民拥有流动自主权，地点自定	基于计划的资源分配，居民无法流动，居住在所在村庄中	合理自主地选择居住地
	人与住房的关系	人与住房不具备必然联系。人口流动促进资源流动和配置	人与住房产生必然联系。人口固化，阻碍了城镇化步伐	建立与人口流动相适应的城乡一体化的户籍制度

（一）建立完善的城乡土地市场，促进土地资源的集约利用

土地是不可再生的稀缺资源，是全社会的资源和财富，城乡土地市场的完善有利于促进土地资源的集约利用。

一方面，由于当前宅基地的流转受到限制，退出机制无法有效实施。造成建设用地粗放的弊端。另一方面，二元化的城乡土地市场似乎并未阻止农村隐性土地市场的出现。由于农村集体建设用地的规模和数量巨大，农村土地资源配置市场化已成为与城市土地资源市场化相衔接的系统工程。国家已经通过一系列的政策规定，引导农村集体所有建设用地与城市土地市场衔接（见表3）。与其隐性、非法流转，不如让集体建设用地直接进入市场。按照新制度经济学的观点，通过制度的建立，可以减少产权界定的成本，有利于限制、规范人们的争夺与竞争行为。各方可以通过自愿、平等的交易寻求最佳的权利配置。

表3 国家关于宅基地流转的主要政策规定演变（2004~2010年）

年份	政策规定名称	内 容	影 响
2004	《国务院关于深化改革严格土地管理的决定》	在符合规划前提下，村庄、集镇、建制镇中农民集体所有建设用地使用权可以依法流转	中央文件第一次明确提出集体建设用地使用权流转的政策
2006	国土资源部《关于坚持依法依规管理节约集约用地支持社会主义新农村建设的通知》	稳步推进集体非农建设用地使用权流转试点，不断总结点经验，及时加以规范完善	与新农村建设相配套的政策引导，鼓励各地进行试点
2008	国土资源部《关于进一步加快宅基地使用权登记发证工作的通知》	于2009年完成全国范围内宅基地使用权的登记和发证	为农村宅基地流转做好基础准备工作
2008	《中共中央关于推进农村改革发展若干重大问题的决定》	提出"依法保障农户宅基地用益物权"	进一步在全国范围内确立了保障农村宅基地流转的政策导向
2010	国务院《关于2010年深化经济体制改革重点工作的意见》	深化土地管理、户籍制度改革，建立城乡统一的建设用地市场和人力资源市场	对于消除城乡协调发展的体制性障碍十分关键
2010	国土资源部《关于进一步完善农村宅基地管理制度切实维护农民权益的通知》	落实土地用途管制、改进计划分配方式、满足农民建房的合理用地需求以及探索宅基地管理新机制创新	标志着制度创新的开始

可见，其土地制度改革的思路是赋予宅基地完整的使用权，完善宅基地的登记和发证工作，完善宅基地退出和补偿机制，探索宅基地的入市流转办法。

（二）建立完善的城乡住房制度和保障制度，促进城乡资产的高效配置

住房是人们财产的重要组成部分，建立完善的城乡住房制度和保障制度，有利于城乡资产的高效配置。当前，由于产权的不完整，宅基地使

用权的转让和抵押受到限制，尤其是对土地流转的约束使房地产物权没有得到充分体现，使得农村的不动产难以进入市场进行交易。一方面，农村的宅基地出现大量闲置。另一方面，城镇化进程中农民获得不了进入城市生活的资金。出现"农村住别墅，城里住窝棚"的差异现象。城乡住房市场呈现出农村住房无价闲置而大城市房价快速上涨的局面，阻碍了城乡资源的高效配置。

伴随城市化的进程，出租房屋已成为城郊接合部和发达地区农民最主要的收入来源。按照新制度经济学的观点，富有灵活性的让渡权能够使所有者在无限的时域内计划资源的使用，关心资源在不同时期的配置效率。

因此，应赋予农民宅基地及其房屋所有人以完整的物权，正视住宅商品化是城市化进程中农民财产权利的不可分割的部分。建立与城市房地产相衔接的农村宅基地使用权制度与住房制度，保障广大农民的土地财产利益，建立城乡一体化保护的财产制度，促进城乡资产的高效配置

（三）建立完善的城乡户籍制度，促进城乡人口的有序流动

城市化的进程本质上是城乡人口的流动，建立完善的城乡户籍制度，有利于促进城乡人口的有序流动。我国城市化已进入加速发展时期，城乡人口跨区流动规模急剧扩大。目前，有大约2亿名农民工往返于城乡，而且每年还有大量的人口从农村流向城市，从落后地区流向发达地区。囿于城乡户籍限制，由于农村宅基地与住房无法流动，农村集体经济组织成员权的自然取得或丧失势必产生资源要素配置以及城乡社会保障等方面的一系列矛盾和问题。

当前中国社会已不再是过去封闭型的静态社会，农民的流动和迁徙已成为社会常态，二代农民工更趋向于在城市中生活。对于那些准备向城镇迁移的农民，如果限制其将房产向非集体成员转让，一方面，影响他们筹集一笔进入城市安身立业的最低资本金，从而阻碍人口城市化进程；另一方面，他们进城之后继续将农村的房产保留在手中，不利于农村人口人均土地资源占有水平的提高。

目前，广州、重庆等大城市纷纷进行户籍改革试点，以促进与城镇化进程加快相适应的人口流动和城乡人民的安居乐业。

四、结论

诞生于20世纪60年代的宅基地使用制度是以城乡二元户籍制度为基础、限制城乡人口流动为初衷、实现重工业优先发展战略为最终目标而作出的一种制度安排，对农村住宅建设产生了重大的影响。宅基地的无流动性、无偿和无限期使用的特性不仅造成了大量宅基地的闲置与无序扩张的矛盾，宅基地使用权的非流转性也阻滞了农村剩余劳动力的转移，成为破除城乡二元社会结构和推进城市化进程的障碍。

城市化不断推进、人口流动加速、户籍制度逐步改革和农村社会保障体系的日渐完善为宅基地使用制度和农村住房制度的变革提供了现实基础。在国家管理的前提下，要逐渐完善农民的宅基地产权，引导和规范宅基地合理流转，提高农村宅基地有效利用，促进城乡要素的合理配置和有序流动。通过建立完善的城乡土地制度，住房制度和保障制度，既可以促进农村住房建设的健康发展，又可以更加有效地抑制大城市房价上涨过快的趋势，推动城乡经济和社会和谐发展。

[参考文献]

[1] 胡乐明、刘刚：《新制度经济学》，中国经济出版社，2009年。

[2] 曹玉香：《农村宅基地节约集约利用问题研究》，《农村经济》，2009年第8期。

[3] 黄明华等：《村庄建设用地：城市规划与耕地保护难以承受之重》，《城市发展研究》，2008年第5期。

[4] 李文谦、董祚继：《质疑限制农村宅基地流转的正当性》，《中国土地科学》，2009年第3期。

[5] 吴次芳、靳相木：《中国土地制度改革三十年》，科学出版社，2009年。

基于城乡统筹发展的土地管理制度改革创新模式评析与政策选择[①]

严金明　王　晨

[摘　要]　在城乡统筹发展中，土地管理制度改革创新既是重点，又是难点。本文首先分析了城乡统筹发展中土地管理制度改革创新的背景与动因，接着总结了成都统筹城乡综合配套改革试验区土地管理制度改革创新的7种模式，即城乡用地"一张图"模式、集体建设用地使用权流转模式、城乡建设用地增减"挂钩"模式、土地综合整理模式、宅基地承包地"双放弃一退出"模式、生态搬迁模式和耕地保护基金创设模式，然后从尊重农民意愿、保护农地、节约集约用地、健康城镇化、解决"三农"问题、可持续发展、符合法理精神和以人为本8个方面进行了相应的绩效评价，在此基础上剖析了成都市土地管理制度改革创新的启示，提出了统筹城乡发展中土地管理制度进一步改革创新的政策建议。

[关键词]　城乡统筹发展；土地管理制度改革；成都

打破城乡二元结构，统筹城乡协调发展，是历史留给我们的现实课题。在这一现实课题中土地管理制度改革创新既是重点，又是难点。成都市自2007年6月被国家批准为全国统筹城乡综合配套改革试验区以来，从实际出发，根据统筹城乡综合配套改革试验的要求，先行先试，以土地确权赋能为基础，以"三个集中"为核心，以市场化为动力，全面推进土地管理制度的改革。笔者多次赴成都就城乡统筹发展过程中土地管理制度的改革进行实地调研，走访了相关部门和区、县，并两次参与国土资源部组织的专家组对成都的做法开展了评估和研讨。以下就城乡统筹发展中土地管理制度改革创新的背景与动因，成都市在统筹城乡发展中土地管理制度改革的实践与成效以及进一步改革的战略导向等问题进行初步的探讨。

一、城乡统筹发展中土地管理制度改革创新的背景与动因

（一）城乡统筹发展面临的主要土地问题

1. 城乡土地市场呈现割裂的二元结构，差异显著

统筹城乡改革的土地管理制度背景主要是城乡二元的土地市场体制。当前，资本、技术和劳动力要素市场已相当发育，但土地要素市场发展还很不够，城乡土地市场分割，农民集体土地产权权能得不到充分发挥。同时在以户籍、土地管理制度为核心的城乡二元分治的管理体制下，土地要素缺乏流动性在很大程度上还限制了劳动力、资本等要素的自由流动，使得资源与要素的进一步整合受到限制。要让农村"活"起来，必须先让土地"活"起来。因为，土地是农民乃至农村最重要的生产要素。因此，有必要改革当前的土地管理制度，使土地要素也能够在一定范围内"流动"起来，以实现城乡土地资源的整合。从土地市场体系来看，二元结构的差异主要表现在城市建设用地出让转让出租交易市场经过20余年的建设已经比较完善，而农村土地市场体系尚未建立，土地收益分配方式不明晰；从土地权属性质来看，国有建设用地使用权和农村土地承包经营权是可以流转的，而农村集体建设用地产权模糊，使用权流转受到严格限制；从土地价值的实现情况来看，权属差异导致国有建设用地和集体建设用地"同地不同价"，农村土地资产价值未显化。

[①] 严金明、王晨：《基于城乡统筹发展的土地管理制度改革创新模式评析与政策选择》，《中国软科学》，2011年第7期。

城乡土地市场二元结构体制限制了城乡土地的统筹开发和高效利用，有待通过改革和创新土地管理制度予以解决。

2. 快速的城镇化、工业化对建设用地大量需求与土地资源保护矛盾凸显

中国正处于城镇化、工业化快速发展阶段，目前中国的城镇化水平已经达到48%，正处于世界公认的城镇化水平30%~70%的高速发展阶段，预计这一高速发展阶段要延续到2030年以后。未来的20年中，中国的城镇人口将会净增2.0亿~2.6亿人，平均每年增加1000万~1300万人。城市社会经济的发展、城市建设的推进以及城市人口的增加必然会使建设用地需求增大，特别是在快速城镇化、工业化的背景下，城市规模的扩张不可避免。伴随着农村人口向城镇的大量转移和城镇向外围的扩展，土地的非农化过程会迅速加快，冲突更加激烈。过去十几年间，中国城市化水平每提高一个百分点，耕地减少45万公顷，这相当于全国耕地总量的0.4%。到2020年，城镇化率预计将达到58%，城镇工矿用地需求量将在相当长时期内保持较高水平。《全国土地利用总体规划纲要（2006~2020年)》在严格控制建设用地的原则下，确定到2020年全国新增建设用地仍然达到585万公顷。但是，随着土地保护和生态建设力度的加大，中国可用作新增建设用地的土地资源十分有限，各项建设用地的供给面临前所未有的压力。根据全面建设小康社会的总体要求，国家提出要守住18亿亩耕地"红线"。但是，建设用地量多，耕地后备资源少，生态环境约束大，制约了中国耕地资源补充的能力，农用地特别是耕地保护面临更加严峻的形势。

3. 城乡建设用地粗放浪费突出与新增用地结构不合理并存

近年来，我国各项建设用地扩展很快，年均占用耕地20万~35万公顷，但利用粗放，浪费土地的情况又十分严重。首先，城市用地效率低下。目前，城市有5%是闲置土地，城市的容积率平均不到0.3。据调查，全国城镇规划范围内共有闲置、空闲和批而未供的土地近26.67万公顷。全国工业项目用地容积率0.3~0.6，工业用地平均产出率远低于发达国家水平。

其次，农村非农建设同样也存在浪费现象。

农村人均宅基地已达182平方米，远远超过国家和各级政府规定的用地标准。1997~2008年，乡村人口减少1.32亿人，而农村居民点用地却增加了近16.16万公顷，农村建设用地利用效率普遍较低。新增建设用地结构中工矿用地比例占到40%，部分地区高达60%，改善居民生活条件的居住用地，尤其是保障性住房用地供应相对不足。这些情况是城乡统筹中土地管理制度改革创新面临的现实问题。

（二）土地管理制度创新在统筹城乡中的地位与作用

1. 统筹城乡土地市场是改变城乡二元结构的重要途径

统筹城乡发展面临的首要问题是对现行的一些基础性制度进行改革。其中，土地管理制度的改革应是关键。国家与集体两种不同的土地所有制在城乡土地管理制度与模式上的差异，如何在城乡统筹发展的大主题下得到协调与统一，从而促使城乡土地资源、资产、资本有序流动，在保障城乡经济与城乡建设统一发展的同时，使农民获得相应的土地收益，这是解决城乡二元经济社会结构的关键问题。统筹城乡发展的根本出路在于通过各类资源尤其是土地资源的有效整合与合理配置，提高利用效率，实现以城带乡，以点带面，城乡共同发展。

2. 土地管理制度改革创新是解决"三农"问题的重要出路

党的十七大报告指出，解决好农业、农村、农民等问题，事关全面建设小康社会大局，必须始终作为全党工作的重中之重。我们讲到统筹城乡的时候一定会讲"三农"问题，即农业、农村和农民。其实，"三农"问题目前应扩展为"四农"问题，即还应该加一个农地，其中农民和农地是"四农"问题中最重要的问题，也是城乡统筹的核心问题。从政府的角度来说，无论是引导、鼓励农民进城安家就业创业，帮助他们实现向城市居民的身份及生产生活方式的转化，还是建设社会主义新农村，推进农村地区的城镇化建设，都需要源源不断的资金投入，而这些投入如果仅仅是依靠政府有限的财政资金或者城市建设资金来维持，则可持续性不足，只有通过土地资源流动带来的市场化收益才是农民脱贫致富、农村完善建设的动力之源。因此，当前有效解决"三农"问题的出路之一，就是通过改革创新土地管理制度，充分盘活农村土地资源和资产，利用好土地增值收益，促进农业发展、农民增收。

3. 土地管理制度改革创新是保障城镇化永续发展的动力源泉

中国农村发展滞后的原因既有农村自身的问题，也与城镇辐射、带动作用不强密切关联。城镇发展不仅可为农村提供生产、生活资料和科学技术、商贸流动等方面的支持，为农产品提供市场，为农村剩余劳动力提供就业岗位，而且可以通过农民变市民，农民离开土地进城，使更多的农村人口分享城镇化文明成果。换言之，城镇化是统筹城乡发展不可或缺的基本途径之一。

城镇化健康发展和城市高效运行均离不开城镇用地的合理配置。其内涵涉及科学确定各类用地规模，优化各类用地的空间配置，按规划实施土地用途管制。这些均离不开土地管理制度的有力支撑和法律政策的有效保障，与时俱进地进行土地管理制度改革创新是健康城镇化的动力源泉。

4. 切实推进耕地保护和节约集约用地，是统筹城乡的根本要求

随着工业化和城镇化的推进，人民生活水平逐步提高，经济社会发展对土地的需求将进一步扩大。若继续维持原有的经济增长方式和资源消耗水平，必将面临更加严峻的土地供需矛盾。因此，城乡统筹发展要求以严格保护耕地为前提，以节约和集约利用土地为核心，在内涵挖潜上下更大工夫，切实提高土地利用效率。

保护耕地和节约集约用地是土地利用和管理贯彻落实科学发展观的根本要求，也是统筹城乡发展的根本要求。当前耕地保护与节约集约用地既缺乏严格的约束措施，又缺乏有效的激励机制，亟须对现行土地管理制度进行改革和创新，构建保障和促进科学发展的土地管理新机制。

二、成都市在统筹城乡发展中土地管理制度改革创新的模式与绩效

（一）城乡社会经济发展的区域差异与土地利用主要问题

成都市的主体位于"天府之国"的成都平原，经济发展水平大体分为三个圈层：主城区、近郊区和远郊区。近郊区部分区、县经济发展水平已接近主城，但远郊区大多数区、县依然是典型的农村形态，城乡二元结构的矛盾很突出。主城区以占全市不到4%的面积，承载了全市27%的人口和49%的经济总量，人均GDP是全市平均水平的1.7倍，经济较为发达；近郊区、县以占全市26%的区域面积，承载了全市31%的人口和30%的经济总量；远郊区、县占市域面积的70%，但经济总量仅为全市的21%，人均GDP不足全市平均水平的一半。全市人均GDP最高的锦江区是最低的金堂县的8倍多，区域差距显著。

在土地利用上，工业化、城镇化加速发展的用地需求与耕地保护的矛盾凸显；城镇发展用地紧张与无序扩张问题并存；农村建设用地布局分散、利用粗放；外出人口多，宅基地空置率高，布局零散，占地大；城乡土地二元的管理机制阻碍城乡的协调发展。

（二）统筹城乡发展中土地管理制度改革创新的几种模式

在成都市的土地管理制度创新试验中，业已形成多种模式，如表1所示。

表1　成都统筹城乡综合配套改革试验区土地管理制度改革创新试点的几种模式

模式类型	区域	核心思路	主要成效	问题与政策风险
城乡用地"一张图"模式	各区（市）县	以城镇地籍数据库及土地利用现状调查数据库为基础，整合规划、征地、地价、执法等要素，实现规划、审批、利用、登记、监察的全程跟踪管理，坚持"三规合一"统筹城乡和产业发展	充分发挥了规划在统筹城乡发展中的龙头作用；实现了"三大规划"基期一致、目标一致，克服了城乡规划"两张皮"、工业项目随意布局的现象，为土地利用和城乡建设提供了科学依据	城乡规划和产业规划审批级次较土地规划低，修编也较为频繁，冲击土地利用总体规划的严肃性
集体建设用地使用权流转模式	锦江区	采取"拆院并院"项目管理，通过实施土地整理取得集体建设用地，进行流转	集体建设用地初次流转后，土地收益归集体经济组织享有，纳入集体资产管理；有利于整合集体建设用地，显化集体建设用地的资产价值，促进地方经济发展	会影响地方政府的土地出让收益；对商业房地产的项目难以界定，有造成小产权房的危险；土地增值收益如分配不合理会带来一系列问题

续表

模式类型	区域	核心思路	主要成效	问题与政策风险
城乡建设用地增减"挂钩"模式	郫县	开展"拆院并院"土地综合整理，将整理出的农村建设用地等量用于城镇建设	有利于统筹城乡用地，优化城乡建设用地空间结构，提高土地集约利用水平，改善村民生产生活条件，促进农村劳动力转移	如果管理不规范，容易出现拆少建多、复垦耕地质量较差、侵害农民合法权益，农民"被上楼"等问题
土地综合整理模式	邛崃市	因地制宜对田、水、路、林、村实行综合整理，提高农业生产条件，提高农民生活水平	有利于优化用地格局，促进耕地集中和质量提高，促进农村经济发展，建设新居工程对农民进行集中安置也有利于改善农民的生活条件	如果管理不规范，可能侵害农民合法权益；农民新居建设中存在规划单一，轻农业产业发展和居住区生活配套等问题
"双放弃一退出"模式	温江区	鼓励、引导农民自愿放弃宅基地使用权和土地承包经营权，突破村、镇区域界限，跨区域集中居住	有利于优化城乡建设用地结构，提高集约用地水平；有利于缓解用地供求矛盾，促进经济发展；有利于农民增收，改善农民居住环境	如果补偿标准不合理，可能引发农民对立情绪，不利于政策执行；零星建设用地管理置换目前还有政策性障碍；监管面大，易造成监管不到位
生态搬迁模式	龙泉驿区	腾笼兴农，跨村整合，实施零星宅基地整理	有利于山区生态保护，提高农民生活水平，改善农民生存条件，带动产业发展	农民下山后如后续保障措施跟不上，容易引发社会不稳定
耕地保护基金创设模式	中心城外区县	签订《耕地保护基金合同》，基本农田补贴标准为每年每亩400元、一般耕地补贴标准为每年每亩300元	调动了农民保护耕地的积极性；实现城市反哺农村，增加农民收入；增强了对违法用地的监督和发现机制，有助于大幅度减少违法用地；促进了农民对土地的投入	落实耕地保护补偿机制，加重了地方财政的负担；增加了征地的成本，征地工作面临阻力

1. 城乡用地"一张图"模式

成都市是国土资源部确定的全国地（市）级土地利用总体规划修编试点城市。按照国土资源部的要求，成都市以1∶500城镇地籍数据库及1∶5000（1∶10000）土地利用现状调查数据库为基础，整合规划、征地、地价、执法等要素，实现土地规划、审批、利用、登记、监察的全程跟踪管理，形成"一张图"管土地的管理体系。在此基础上，扩展了"一张图"工程的内涵，将城市建设规划、产业布局规划融入"一张图"，集成土地整理、城乡建设用地增减"挂钩"试点、灾后重建、新农村建设、矿产资源开发利用等专项规划。同时，融土地规划、城市规划、产业规划于"一张图"，统筹城乡土地管理。

2. 集体建设用地使用权流转模式

将集体建设用地纳入由农村集体经济组织和区国有农投公司共同成立的"成都市锦江区集体建设用地储备中心"管理；根据土地利用总体规划、城乡建设规划和产业布局规划以及土地利用年度计划实施土地统一供应；根据土地使用性质不同，制定集体建设用地基准地价，使用权交易在区土地管理部门土地交易中心公开交易后办理相关登记手续，并按规定缴纳有关税费；集体建设用地使用权流转取得的总收入，在扣除土地整理成本、农村集体经济组织和农民基本土地收益

以及政府收益，并按规定缴纳税费后，其余归农村集体经济组织所有。

3. 城乡建设用地增减"挂钩"模式

在符合土地利用总体规划的前提下，依据"挂钩"专项规划，对建新拆旧项目区内拆旧地块上闲置的农村道路、农田水利设施等农用地，对分散的农村院落、独立工矿等建设用地，以及未利用土地等，整理复垦为耕地，并等量归还建新拆旧项目区建新地块用于城镇建设，实现城镇建设用地增加与农村建设用地减少相平衡。

4. 土地综合整理模式

以土地整理项目建设为契机，集中建设中心村和聚居点；农民以土地承包经营权入股，村集体以土地整理新增耕地入股，组建农业股份有限公司，发展现代农业；政府加强统一领导，国土资源、财政、农业、水利、交通、规划等部门充分发挥各自部门的职能特点和技术专长，分工协作，形成合力。

5. "双放弃一退出"模式

建立放弃宅基地使用权和土地承包经营权补偿制度，配套购房补贴优惠、居住费用补贴及就业社保优惠政策；对腾出的宅基地，主要由区上统筹安排使用，其中集体建设用地指标的30%优先用于安置农民集中居住区建设和产业发展；对腾出的耕地实行区别管理、分类使用，其中对规

划区内符合预征收储条件的土地，由区土地储备中心收储，确权后按照规划要求进行拍卖；对规划区外的，统一管理。

6. 生态搬迁模式

将城郊发展条件较好的村庄与山区较落后的村庄实施捆绑，本着农民自愿的原则，将两村的居民统一安置到区位条件较好的地点集中居住，山区的农民自愿将土地承包经营权、宅基地使用权、自留地（山）使用权、林地使用权等"四权"流转给农村集体股份合作社统一经营，实现生态产业、现代农业、休闲旅游等产业上山，第二、第三产业在山下社区集中发展，同时山上零散分布的宅基地也可复耕，指标用作城乡"挂钩"使用。

7. 耕地保护基金创设模式

成都市政府从新增建设用地土地有偿使用费、耕地占用税、土地出让收益中筹集资金，设立了耕地保护基金，通过财政转移支付方式，用于耕地流转担保、农业保险补贴、承担耕地保护责任农户养老保险补贴和承担耕地保护责任集体经济组织现金补贴。补贴对象不因承包地流转而发生变化，即使土地承包经营权流转后，耕地保护基金补贴仍归原承包经营权人，耕地保护责任也仍由原承包经营权人承担。基本农田补贴标准为每年每亩 400 元、一般耕地补贴标准为每年每亩300 元。经测算，每年约需支付耕地保护基金 26 亿元。耕地保护补贴标准根据全市经济社会发展状况和耕地保护基金运作情况，适时调整。

从成都现有模式的评价分析结果来看，大多

数试点是以解决"三农"问题为着眼点，以盘活利用现有农村建设用地为重点，以推进节约集约用地、解决城镇发展用地和促进经济社会协调发展为主要目的。试点在保护耕地、优化用地结构、节约集约用地、解决"三农"问题、促进可持续发展等方面各有有利的一面，但也有一些潜在的问题和风险，需要加强引导和规范。

（三）成都市土地管理制度创新试点的绩效评价

结合成都发展的现实情况与国家相关政策，评价土地管理制度创新试验的效用可采用以下几个标准：①是否做到尊重农民意愿，得到村民的理解和支持，按照维护农民权益的原则，组织农民参与，达到农民满意；②是否有利于切实保护农地，特别是基本农田数量不减少、质量不降低；③是否有利于节约集约用地，在科学合理的方式下实现城乡土地高效利用；④是否有利于健康城镇化，城进乡退，农村建设用地随着农业人口减少而减少；⑤是否有利于促进"三农"问题的解决，增加农民收入、提高农业生产率、改善农村面貌；⑥是否有利于可持续发展，实现经济与人口、资源、环境的协调发展；⑦是否符合法理本质要求，不违背现行土地管理法律法规立法基本精神；⑧是否以人为本，强调依靠人和为了人。按照上述 8 个标准，对成都的试点进行了政策效用评价（见表2）。成都市在城乡统筹土地管理制度改革方面试点较早，形成了多种模式，积累了较丰富的经验。

表 2　成都统筹城乡综合配套改革试验区土地管理制度改革创新模式的绩效评价

类　型	区　域	尊重农民意愿	保护农地	节约集约用地	健康城镇化	解决"三农"问题	可持续发展	符合法理本质	以人为本
城乡用地"一张图"模式	各区（市）县	✓	✓	✓	✓	✓	✓	✓	✓
集体建设用地流转模式	锦江区	✓	—	✓	✓	✓	—	—	✓
城乡用地"挂钩"模式	郫县	—	✓	✓	✓	✓	✓	✓	—
土地综合整治模式	邛崃市	✓	✓	✓	✓	✓	✓	✓	✓
"双放弃一退出"模式	温江区	—	—	✓	✓	✓	✓	✓	✓
生态搬迁模式	龙泉驿区	✓	✓	✓	✓	✓	✓	✓	✓
耕地保护基金创设模式	中心城外区县	✓	✓	✓	✓	✓	✓	✓	✓

注：✓代表正向作用显著，— 代表作用不显著。

三、成都市土地管理制度改革创新的启示

（一）以"三个集中"为核心，推动城乡统筹的改革

"三个集中"是成都市统筹城乡发展的核心思路，即推进工业向集中发展区集中，走新型工业化道路；推进农地向规模经营集中，走农业产业化道路；引导农民向城镇和中心村集中，走新型城镇化道路。成都市"三个集中"的主要实践，是将原规模小、布局散的116个工业开发区调整，归并为20个工业集中发展区，目前集中度达到60%；以稳定农村家庭承包经营为基础，按照依法、自愿、有偿的原则，采取转包、租赁、入股等形式，稳步推进土地向农业龙头企业、农村集体经济组织、农民专业合作经济组织和种植大户集中，实施规模化、集约化经营；有组织、分层次、多形式地引导农民向城镇和第二、第三产业转移。"三集中"由政府主导，但应注意以下问题。首先，"三集中"规划的设计理念必须尊重民意。"三集中"规划是农地在推行现代小城镇理念与保留区域传统文化和尊重农民风俗生活习惯上实现均衡的自发衍生过程。政府，一要保证农民在其边界内自主行使承包土地经营权利，二要尊重农民自行衍生适合他们需要的土地制度，三要依法、自愿、有偿、平等，顺势而为。

（二）统筹配置级差土地收益，支持县域经济和重点镇发展

在中心城区用地总规模不变的前提下，将城市规划工业用地调整一部分为经营性用地，其收益用于支持二三圈层工业集中发展和重点镇基础设施建设。郊区县政府所在地和重点镇部分城镇建设用地调整一部分指标到工业用地区，确保全市工业用地总规模不减少。发展缓慢的重点镇部分经营性用地调整到城区使用，所得土地收益返还重点镇用于基础设施建设。

（三）以土地整治为载体，加大对农村和农业的投入

把土地整治融入到推进城乡一体化和新农村建设大局中，加大对农村土地整治的力度和投入，从根本上改变农村面貌，改善农民生活。坚持把农村土地整治与城镇建设、改善农村生产条件、推进农业产业化、促进农民集中居住、发展壮大集体经济组织相结合，使土地整治与城乡统筹有机结合。大力推进具有区域特点的农村土地整治重大工程建设，使优质耕地集中连片，改善农田水利配套设施，形成机械化耕作条件，实现农业规模化、产业化，实现农民增收、农业增效、农村发展。

（四）建立征地农民保障制度，使农民与居民享受相同社保待遇

成都市颁布实施《成都市已征地农转非人员社会保险办法》和《成都市征地农转非人员社会保险办法》，市国土资源局、劳动与社会保障局、财政局等部门出台了相应配套措施。有关办法和措施使已征地和新征地的农民都享受国家规定的基本养老保险和城镇职工住院医疗保险待遇。目前，正在制订新的征地补偿安置办法，进一步完善征地农民社保安置办法。

（五）探索农村集体建设用地使用办法，使农民失地不失利

根据土地管理形势发展需要，积极探索失地农民安置补偿新模式。一方面，探索使用集体建设用地发展工业。在符合规划的前提下，允许村集体经济组织将集体建设用地以入股或出租的方式兴办工业，农民可以参与分红或获取租金收益。另一方面，探索集体土地使用权流转办法。让集体农用地向公司或经营大户集中，发展规模农业或生态观光农业。农民以宅基地或土地承包经营权入股，以"保底＋分红"模式分享收益，并集中修建农民新型社区。这些措施有利于在推进城乡一体化进程中保障农民失地不失业、失地不失利、失地不失权。

四、统筹城乡发展中土地管理制度进一步改革创新的政策导向

（一）给改革创新以宽松的政策环境

改革和试验一般需要突破现有政策和法规，为此需要给试验区改革以宽松的政策环境。深圳当年的城镇土地使用制度改革，探索"三无"到"三有"就是在突破当时法律法规架构下进行的。判断改革成败的标准不一定是已有的法规，而应该看是否符合法理的本质和法律的精神。城乡统筹实验，是一场改革，改革就要破除阻碍生产力

发展的生产关系以及上层建筑的法律制度，应该鼓励勇于探索、大胆探索，允许探索中采取解决新问题、新情况的措施办法，以有利于生产力的发展和有利于农民增加收入为标准，少评论、少指责、少追究，并给机会允许改进完善。按照"局部实验、封闭运行、结果可控"的原则，对下一步成都市土地管理制度改革创新给予有力支持。城乡统筹是一个循序渐进的过程，经济社会的发展是具有规律性的，不以人的意志为转移的，我们可以发现它、利用它，为推进城乡统筹服务。

（二）实施区域城乡用地整体调控战略

正确把握城乡用地增长和社会经济发展的关系，实施整体调控战略。对于区域发展而言，城镇和乡村是互动的整体，割裂城乡联系，孤立地研究和管理城镇或乡村用地，都难以适应城乡统筹发展的要求和趋势。"整体调控"的关键在于：一是在用地规模上实行必要的总量和增量调控，避免土地资源的低效利用；二是城乡用地需要统一到同一体系中，特别是以开发区为标志的非资源型独立工矿用地必须纳入城镇建设用地统筹管理，形成以城镇工矿用地为标志的用地管理体系；三是推进城镇建设用地增加和农村建设用地减少相挂钩。根据我国城乡用地内部结构的变化规律，城镇工矿用地比重上升，农村居民点用地比重下降维持在一定的水平。从优化城乡用地结构角度出发，应通过"严控工矿"（严格控制工矿用地规模）、"降低增幅"（降低各类城乡用地增长幅度）、"推动置换"（推动现有城乡用地资源的空间置换）、"盘整存量"（盘活各类存量建设用地资源）等方式，推动城乡用地中的城镇工矿用地和农村居民点用地比例从"三七开"向"四六开"转化。

（三）注重土地增值收益分配的合理化

统筹城乡土地管理制度改革的关键是土地收益分配的合理化问题。目前社会分配是我国可持续发展的主要矛盾，公平和正义成为分配制度改革的原则和目标。农地非农化过程中土地增值收益分配是收入分配里的一个重要领域，存在不少问题。从改革开放30年来看，改革的时候需要把社会利益合理分配和农民利益结合起来。目前，我国计划经济体制改革在理论上和实际上都取得了重大进展，但在土地资源利用上目前仍存在计划经济的色彩。土地管理制度的调整，可以说是

利益在各个社会群体间的一次新的制度安排，或者说是在农村利益与城市和经济发展之间寻找新的平衡点。未来，应该根据社会主义市场经济发展的客观规律和要求，让市场在国家宏观调控下对土地资源配置起基础性作用，使所有的土地都有主、所有的土地都有价、所有的土地都入市，这三个"所有"应该从我们未来发展方向，即必须要有产权的主体，由产权主体决定土地交易方式，由市场决定土地价格。总的目标，应该是采用市场机制，合理分配农地非农化过程的增值收益，保护农民的合法权益，建立适应我国社会主义市场经济体制的要求，妥善协调和处理国家、农村集体和农村个人的土地经济关系的新型土地管理制度。

（四）明确土地管理制度改革创新的重点范畴

统筹城乡发展中应坚持土地管理制度创新的四个统筹，发挥政策的最大综合效应。四个统筹：①城乡规划的统筹；②两权流转的统筹；③房地抵押的统筹；④五证发放的统筹。城乡规划的统筹，就是在空间发展上城乡土地统一协调、统一规划。两权流转的统筹，就是建立城乡统一的土地市场，实行同地同权同价。在农村内部，就是把农地承包经营权和农村集体建设用地的使用权的流转统一起来进行考虑。关于房地抵押统筹，就是把农村的建设与房地融资结合起来考虑。《物权法》不允许农村宅基地进行抵押，但是在城市房和地的抵押是不可分离的，就是抵押房必须抵押地，抵押地必须抵押房。那么在城乡统筹中对于农村宅基地的抵押需要进行相应的研究，现行的法律法规也需要进行相应的修改。五证的发放的统筹，就是把集体土地所有证、集体土地使用证、房屋所有权证、土地承包权证、林权证等五证发放统筹考虑。实际上目前不动产在我国的现实还是多部门登记。为了提高效率，且做到合情合理，应该是统一登记，这是世界大部分国家的做法。

[参考文献]

［1］董祚继、尚波、苏孝宽等：《重庆市和成都市全国统筹城乡综合配套改革试验区土地制度创新调研报告》，2009年。

［2］严金明：《中国土地利用与战略实证研究》，中国

大地出版社，2010 年。

[3] 何格：《统筹城乡土地利用：模式与绩效》，《中国农学通报》，《规划师》，2009 年第 21 期。

[4] 胡滨、薛晖、曾九利等：《成都城乡统筹规划编制的理念、实践及经验启示》，2009 年第 8 期。

[5] 严金明：《我国征地制度的演变与改革目标和改革路径的选择》，《经济理论与经济管理》，2009 年第 1 期。

[6] 赵钢、朱直君：《成都统筹城乡规划与实践》，《城市规划学刊》，2009 年第 11 期。

[7] 郑凌志：《统筹城乡发展中农村土地制度改革几个问题的思考》，《四川改革》，2009 年第 7 期。

[8] 张合林、郝寿义：《城乡统一土地市场制度创新及政策建议》，《中国软科学》，2007 年第 2 期。

基于三产互动与城乡统筹的区域经济空间分析[①]

刘　玉

[摘　要]　随着经济社会的发展，城乡关系与区域经济空间结构不断从低级阶段向高级阶段演化。长期以来，我国三次产业之间与城乡之间的非有效联动发展导致了城乡经济空间的二元割裂，而这又进一步制约了产业的升级与区域经济空间结构的优化。现阶段，三产互动已成为提升产业现代化的重要途径，以此为基础和重要内涵的城乡统筹发展模式在有效促进城市经济空间从大规模地域扩张走向要素渗透与产业延伸，乡村经济空间从单一分散落后走向多元紧凑繁荣的同时，也加速了城乡经济的融合与区域经济空间一体化的进程。

[关键词]　三产互动；城乡统筹；区域经济空间

一、引言

城乡关系不仅是一个国家和地区经济社会发展进程中的核心问题之一，也是影响区域经济空间结构的重要因素。我国城乡关系经历了由二元分割到相互交融，从农业支持工业、乡村服务城市到第二、第三产业反哺农业、城市服务乡村的变化，尤其党的十六大提出统筹城乡发展思路以来，我国城乡关系进入了一个全新的阶段。与此同时，我国区域经济空间结构也经历了由低水平均衡到非均衡（核心—边缘二元结构）再到高水平均衡（经济空间一体化）的转变。已有的城乡关系研究主要集中在城乡关系理论、我国城乡关系演化以及新型城乡关系目标与政策等。已有区域经济空间结构研究主要集中在区域经济空间结构理论与实践探讨，包括区域空间结构演化理论，区域空间结构形成机制、影响因素，我国区域经济空间演化与分异，以及区域经济空间结构优化等。本文重点探讨我国新型产业关系与城乡关系是如何影响区域经济空间形态、结构并促进其优化发展的。

二、区域经济空间形态：二元割裂—城乡交融

长期以来，我国经济社会发展一直具有显著的城乡二元结构特征，在经济空间方面即表现为城市经济空间（核心）与乡村经济空间（边缘）的割裂共存（见图1）。这种二元割裂状态不仅对农业现代化发展和非农产业升级改造造成障碍，也对城市经济空间的持续健康拓展和乡村经济空间的升级改造形成制约。现阶段，随着三产互动发展以及以此为重要内涵的城乡统筹发展模式的实施，我国城乡经济与社会组织、人口空间分布及其产业运行方式等均发生了重要变化，新的城乡空间互动机制作用下区域经济空间形态逐渐走向一体化（见图2）。

（一）城乡经济分工格局转变

二元结构状态下，城市与乡村的经济分工较为明确，即城市是第二、第三产业的集中分布地，是区域最主要的生产中心、消费中心和就业中心；而乡村主要承担第一产业的发展，是区域经济要素的输出基地，其中乡村剩余劳动力为城市经济发展提供劳动力保障，农业资源为城市非农产业发展提供原料支撑，乡村资金为城市经济发展实现积累与转化，乡村土地为城市经济活动拓展提

---

①　刘玉：《基于三产互动与城乡统筹的区域经济空间分析》，《城市发展研究》，2011年第4期。

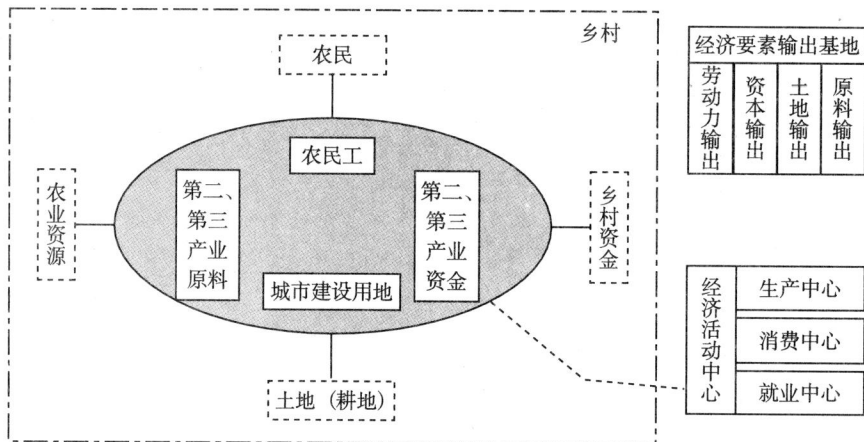

图1　二元分割状态下我国城乡空间互动机制

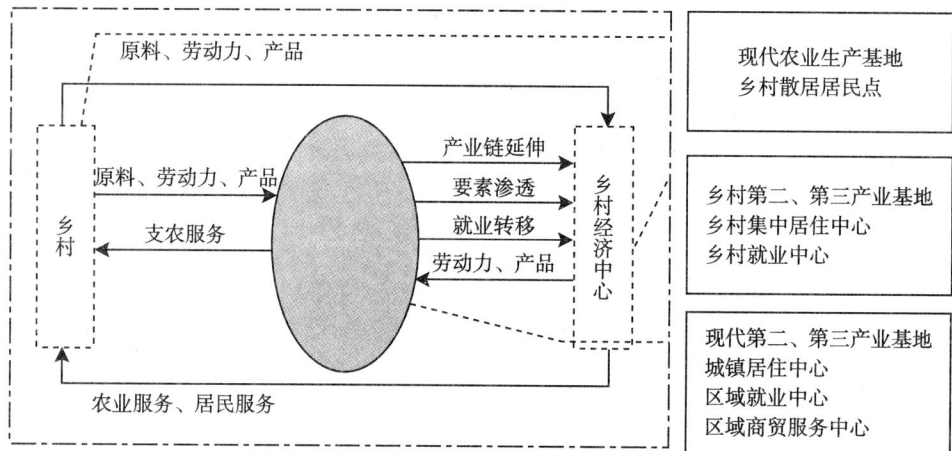

图中文字：
- 乡村
- 农民
- 农民工
- 第二、第三产业原料
- 第二、第三产业资金
- 城市建设用地
- 农业资源
- 乡村资金
- 土地（耕地）
- 经济要素输出基地：劳动力输出、资本输出、土地输出、原料输出
- 经济活动中心：生产中心、消费中心、就业中心

图2　三产互动与城乡统筹背景下我国城乡空间互动机制

图中文字：
- 原料、劳动力、产品
- 原料、劳动力、产品
- 支农服务
- 乡村
- 乡村经济中心
- 产业链延伸
- 要素渗透
- 就业转移
- 劳动力、产品
- 农业服务、居民服务
- 现代农业生产基地、乡村散居居民点
- 乡村第二、第三产业基地、乡村集中居住中心、乡村就业中心
- 现代第二、第三产业基地、城镇居住中心、区域就业中心、区域商贸服务中心

供地域空间。

三产互动与城乡统筹发展模式下，城市与乡村的经济空间格局发生了重要改变。由于三次产业的联系越来越密切，三次产业在与其他产业融合的过程中不仅实现产业链条的进一步延伸，也实现了空间分布的地区转移。乡村不再只是农业活动的主要场所，由于与现代农业相配套的非农产业日趋繁荣，从而成为第一、第二、第三次产业的集合。

2008年，我国第一产业收入仅占农村经济总收入的15.4%。图3和图4反映的是我国乡村固定资产投资分行业分布变化与第一产业就业人员占乡村总就业人员比重的变化，可以看出近年我国乡村地区的非农产业与非农就业比例显著提高。此外，城市非农产业不再脱离于农业发展，而是服务于农业，依托农业基础并带动农业协同发展的第二、第三产业。城乡统筹发展背景下，城乡经济要素不再是单方面从乡村流向城市，而是双向流动、相互渗透。城市与乡村，作为两种不同的经济地域类型，分工合作不断深入。

（二）城乡经济活动由集聚向扩散转变

二元结构状态下，区域经济活动表现为强大地向城市，尤其是大城市和特大城市、城市群和城市密集地区集聚的取向。这种背景下，经济要素在城乡间不是循环交流而是城市巨大的虹吸效应，城市经济繁荣与扩张的同时带来的是乡村经济的萧条与萎缩，城乡差距也越来越大。

三产互动和城乡统筹发展模式下，乡村地区经济活动日趋频繁，尤其中心镇、中心村逐渐成长为乡村地区的经济中心，通过产业合作、功能转移、要素渗透等途径接受着来自城市的辐射与带动。城乡边界相互开放，区域经济活动呈现由单一向城市集聚转为向乡村地区（以中心镇、中心村为主）扩散的变化。

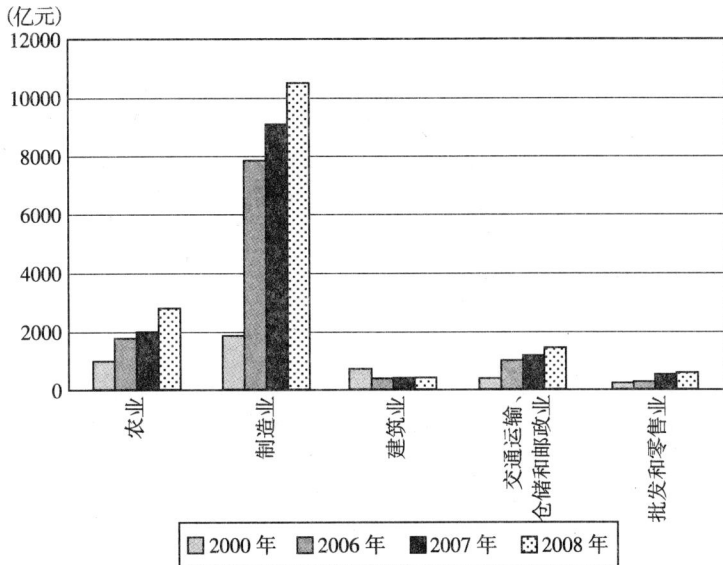

图3 我国分行业乡村固定资产投资完成变化

资料来源：《中国乡村统计年鉴2009》。

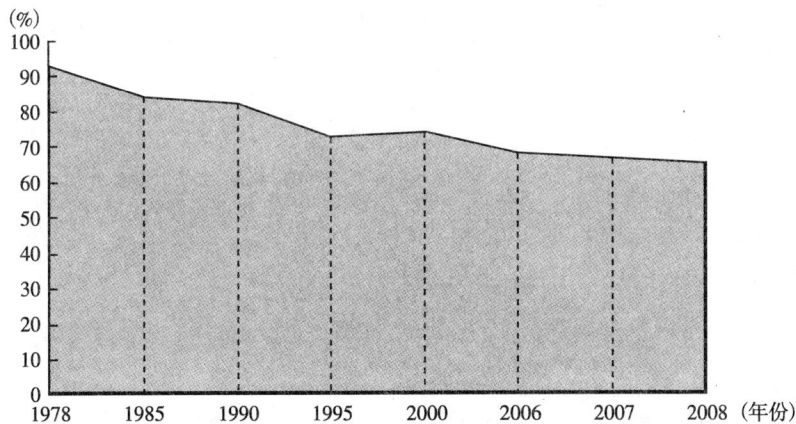

图4 我国第一产业从业人员占乡村就业人员比重变化

（三）城乡人口流向改变

二元结构状态下，乡村剩余劳动力单方面涌向城市，维系的是基于劳动报酬之上的城乡间简单而又低级的经济联系，乡村剩余劳动力主要靠在城市从事相对低等的劳动获取报酬，城市经济带动乡村经济的作用比较微弱。

三产互动和城乡统筹发展模式下，乡村第一产业在第二、第三产业的扶持与带动下，现代化、专业化、规模化程度不断增强，产业发展空间得到极大提升，因此，一部分进城务工人员会选择回乡从事新兴的第一产业生产。同时，农业产业链的延伸使得乡村第二、第三产业蓬勃发展，乡村经济活跃发展，返乡农民工数量进一步上升。即城市与乡村的就业职能差距有所缩小，乡村剩余劳动力的就业选择空间不再仅仅局限于城市。此外，城乡产业与经济联系的增强也使城乡间人口要素的流动更加频繁，人口交融日趋加剧（见图5）。

三、城市经济空间地域扩张——要素渗透

虽然城市在区域经济空间中占据着绝对的主导地位，但是，城市空间经济的有序、健康、持续拓展却离不开城乡产业的互动与城乡经济社会的交融，在三产互动与城乡统筹背景下，城市经济空间拓展无论在形式上、内涵上还是质量上均发生了重要变化（见表1）。

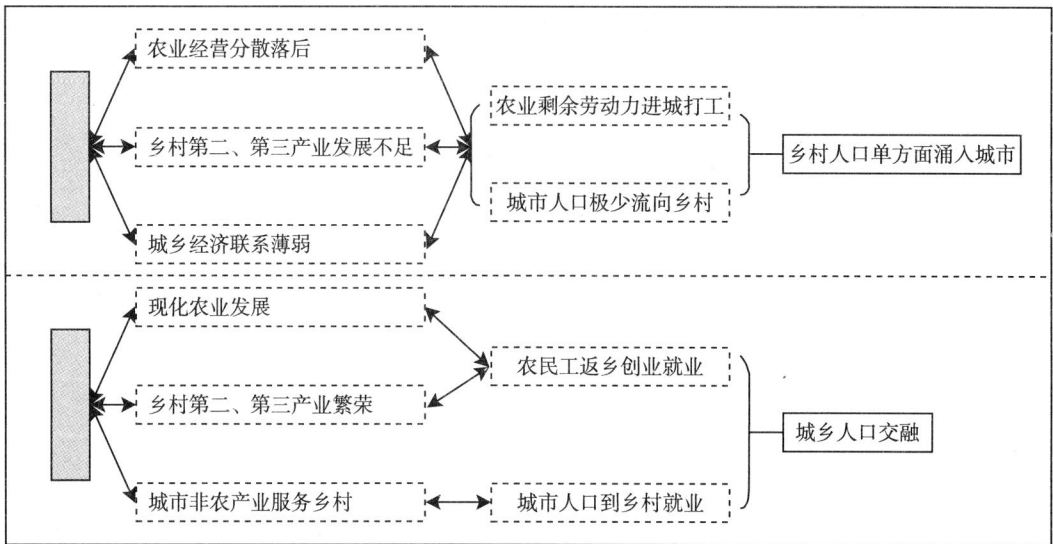

图5　城乡人口流向变化与机制

表1　城市经济空间变化内涵与表现

	经济空间扩张途径	经济空间形态	主导产业类型	经济景观
传统城市经济空间	地域扩张为主	集聚为主	加工制造业、服务业	各种类型、等级经济活动杂乱、交错分布
新型城市经济空间	产业链条延伸、要素渗透、功能转移	集聚与扩散并存	高新技术产业、高端服务业	经济空间高效、整合

（一）城市地域扩张速度减缓

改革开放以来，我国国民经济的快速增长主要来源于城市经济规模的迅速膨胀，据《中国城市发展报告2008》统计，我国1978年城市地区生产总值占全国GDP的比重为36%，2007年这一数据为63%，即30年间城市经济占国民经济的比重上升了27个百分点。在空间上表现为城市地域空间的急剧扩张，2008年城市建成区面积是1981年的4.88倍（见图6）。

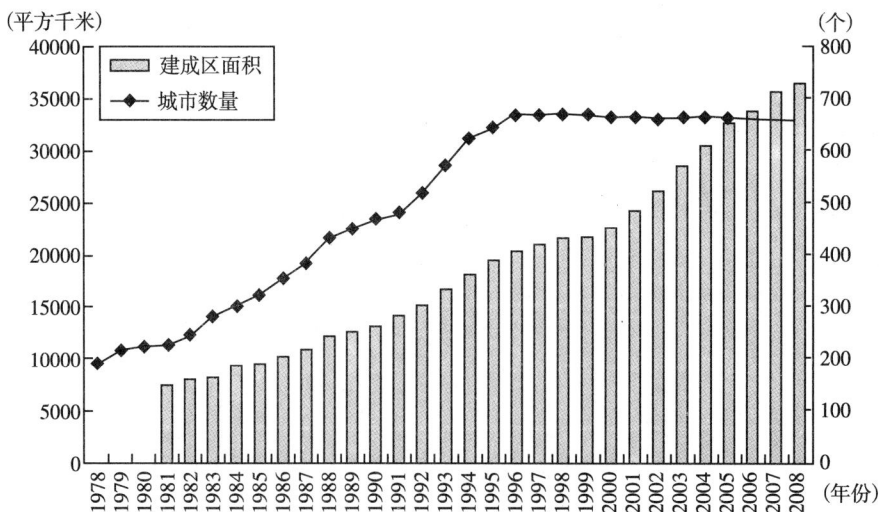

图6　改革开放以来我国城市数量与建成区面积增长情况

资料来源：《中国城市建设统计年鉴2008》。

城市数量的增加与地域面积的扩张是一个国家城镇化进程中必然会出现的现象，但是，单纯依靠地域空间扩张，即通过城市空间侵蚀乡村空间来支撑与实现一国的城镇化进程则是不合理且不可持续的。三产互动与城乡统筹背景下，城市经济的扩张更多地可以通过经济要素向乡村地区的渗透与转移，经济活动向乡村地区的扩散来实现。因此，城市地域空间迅速、持续甚至是无序扩张的局面得到有效缓解，同时，城市建设用地指标受限的困境也将会被打破。城市经济的发展空间通过城乡经济交融得到拓展，产业链与市场非但不会受到影响，反而得到无限延伸。

（二）城市内部经济空间优化调整

城乡经济联系的加强有利于城市在非大规模地域扩张的基础上实现发展空间的无限扩大，不仅减轻了城市发展空间受限的压力，还有助于城市内部经济空间的优化调整。一方面，城市中的加工制造业与面向大众市场的服务业等不断向小城镇和乡村地区转移，腾出更多的空间与更好的环境发展技术密集型的制造业和面向高端消费市场的服务业；另一方面，乡村就业功能的提升也一定程度上减轻了城市的就业负担。流动人口的减少，尤其是处于边缘化、非稳定生存状态中流动人口的减少有利于"城中村"和城乡结合部等复杂地区的改造，城市经济空间运行效率得到显著提高。

四、乡村经济空间转型：单一松散——多元紧凑

一直以来，经济落后、产业单一、基础设施短缺、人民生活水平低下等特征代表了我国乡村地区的主要面貌，乡村经济空间相对孤立于城市经济空间存在却又被不断膨胀的城市经济空间所打乱。三产互动与城乡统筹背景下，乡村经济空间将面临重大转型，经济景观也出现显著变化（见表2）。

表2　乡村经济空间转型内涵与表现

	经济活动密度	经济增长核心区	经济活动（就业）主体	主导产业类型	经济景观
传统乡村经济空间	小，经济活动组织松散	无或很少	农民	传统农业	萧条、松散
新型乡村经济空间	增大，经济活动增强	逐渐增多	乡村产业工人，城市转移就业人员	乡村三次产业集合	繁荣、紧凑

（一）乡村经济形态被重新塑造

二元分割状态下，我国乡村经济形态普遍表现为松散、落后、粗放。孤立于现代第二、第三产业发展之外的传统农业作为乡村地区主导与支柱产业由于生产规模偏小，生产组织方式落后而处于相对较低的发展水平。另外，由于农业产业链条发育不完善，城乡经济交流很少，乡村非农经济比重很低，经济活动密度偏小。三产互动与城乡统筹背景下，农业在现代第二、第三产业的服务与带动下加速向专业化、机械化和规模化方向发展，现代企业管理制度与经营理念被越来越广泛地运用到农业生产过程之中，第一产业与第二、第三产业的运作模式和效率等差距缩小，产业活力极大增强。整个乡村经济空间在城市经济要素渗入和第二、第三产业与第一产业互动发展的背景下不断被重新塑造，乡村经济活动密度大大增加，城乡经济空间景观差异缩小。

（二）乡村经济增长核心区不断出现

一直以来，城市都占据着我国区域经济增长的核心（极）地位。小城镇发展存在数量多、规模小、经济活力差等诸多问题，对乡村地区的带动作用甚微。三次产业互动发展与城乡统筹背景下，基础设施相对便利、人员物资集散相对较多且有一定非农产业基础的城关镇、中心镇与中心村等则成为城乡经济、社会要素交融的重要枢纽与节点，它们会逐渐成长为乡村地区的各级经济增长核心区。在功能上表现为乡村第二、第三产业的集聚地，乡村地区主要就业中心和乡村人口集中居住地等。乡村各级经济增长核心区的不断成长，有利于进一步连通城乡经济，构建城乡网络结构，促进一体化的区域经济空间形成。

（三）乡村城镇化进程加快

改革开放以来，我国城镇化进程加速发展，不过主要表现为城市的扩张，包括城市数量的增长和规模的扩大，乡村城镇化总体进展缓慢，只在少数沿海乡镇经济、非公有经济发达的地区推进较快。

二元分割状态下，城乡发展的巨大差距对推进乡村城镇化造成一定障碍。三产互动与城乡统筹背景下，乡村产业发展繁荣、就业功能提升、

经济活力增强、基础设施改善、社区建设推进，城镇化步伐自然加快。而且基于三次产业互动与城乡经济联系基础上的城镇化更能体现城镇化的真正内涵，也是与工业化、现代化进程更相匹配，更能反映居民生活质量提高的城镇化。

五、结论与政策建议

城乡间基础设施的连通、公共服务的延伸、经济要素的流动、就业人员的融合以及产业联系的加强是三产互动与城乡统筹的重要内涵与表现，也是拓展区域经济空间、缩小区域经济空间差异、优化区域经济空间结构的重要途径与保障之一。产业互动与城乡统筹背景下区域经济空间不仅整体上得到优化与提升，一体化程度加强，而且城市经济空间和乡村经济空间内部均出现进一步整合，在地域空间得到更充分、有效利用的同时，空间分工与交融更加合理。不过，由于我国城乡长期处于分割状态，而且这种分割不仅表现在产业与经济联系方面，许多城乡制度、政策与要素管理模式均存在显著差异。而且尽管统筹城乡发展思路已经提出了几年时间，但真正实现三产互动与城乡统筹发展目标还需要相当长的一段时间。为了保障三产良性互动和城乡统筹和谐发展，进而促进区域经济空间优化，本文提出以下政策建议。

第一，制定与调整城乡空间发展规划。结合区域内城乡产业和经济联系与交流，规划城乡规模结构体系，尤其应注重依托中心城市、中心镇、中心村三平台，打造完善的区域空间网络体系。第二，建立农用地规模流转制度，规范城乡用地指标。一方面，农用地需要向少数种田能手集中，实施农业专业化、规模化、现代化生产；另一方面，乡村第二、第三产业的发展以及以此为基础的小城镇建设需要合理用地指标与政策指导。此外，乡村合理住房面积及乡村社区建设模式等也要求相应的土地政策指导。第三，加强基础设施、公共服务等由城市向乡村延伸的财政支持。一体化程度较高的基础设施与公共服务是促进三次产业良性互动和城乡统筹发展的重要前提与保障，

也是构建高效、合理区域经济空间的必要基础。总体而言，我国包括重点村镇在内的广大乡村地区基础设施与公共服务水平低、欠账多，成为扩大城乡差距、制约区域经济空间一体化的重要因素，而乡村地区地方财政困难又是造成这种局面的主导原因。因此，中央财政资金与政策支持显得至关重要。

[参考文献]

[1] 文余源、段娟：《城乡互动发展的相关理论基础及其启示》，《安徽农业科学》，2007年第36期。

[2] 刘磊：《国外城乡关系问题理论探讨》，《商业现代化》，2009年第5期。

[3] 韩俊：《中国城乡关系演变60年——回顾与展望》，《改革》，2009年第11期。

[4] 路小昆：《新中国城乡关系60年——历程、特征与启示》，《中共成都市委党校学报》，2009年第5期。

[5] 武力：《论改革开放以来中国城乡关系的两次转变》，《教学与研究》，2008年第10期。

[6] 郑有贵：《构建新型工农、城乡关系的目标与政策》，《教学与研究》，2010年第4期。

[7] 郭腾云等：《区域经济空间结构理论与方法回顾》，《地理科学进展》，2009年第28期。

[8] 郝寿义、安虎森：《区域经济学》，经济科学出版社，1999年。

[9] 陆大道：《区域发展及其空间结构》，科学出版社，1999年。

[10] 王世豪：《新时期我国区域经济空间结构中的重要影响因素分析》，《生产力研究》，2008年第17期。

[11] 陈小素、乔旭宁：《基于GIS的区域经济空间结构演化研究》，《地域研究与开发》，2005年第3期。

[12] 郭腾云：《近50年来我国区域经济空间极化的变化趋势研究》，《经济地理》，2004年第6期。

[13] 王书芳：《经济空间结构优化的三种模式——兼论缩小我国经济发展区域差距》，《中南财经大学学报》，2001年第5期。

[14] 左锐：《论我国区域经济空间结构优化的策略》，《经济问题》，2005年第11期。

[15] 李雁、郭红、姜春晖：《区域经济空间结构发展模式演变与优化——以东北地区为例》，《学术交流》，2009年第8期。

[16] 中国城市发展报告编委会：《中国城市发展报告2008》，中国城市出版社，2009年。

第八章 政府预算管理

杨燕英 孙智慧

政府预算是一个国家公共财政管理框架体系的核心内容，规范、透明、高效的政府预算管理制度是保证公共产品有效供给和政府进行公共管理的重要制度安排，同时也给社会公众提供了一个向政府表达诉求并借以监督和制约政府行为的最佳路径。从表面上看，政府预算的表现形式是政府的年度财政收支计划，但是其反映的是政府在一个财政年度中的活动范围和活动方向，其实质是一种在合理划分政府与市场边界基础上的对公共资源的合理配置过程。政府预算进行的是对公共资金的分配，进而使其分配活动被纳入了一国的政治和法律程序，因此，政府预算管理中体现着复杂的政治学、经济学、管理学、法学和社会学等内容。近年来，随着我国公共财政框架体系的建立和服务型政府建设进程的深入，切实转变政府职能、降低行政成本、提高政府行政管理效率已经成为深化公共管理体制改革的核心内容。政府预算作为对政府行为最为有效的约束手段，日益成为社会各界关注的焦点。为配合政府行政管理体制改革对转变政府职能的要求，我国的政府预算管理实现了从理论到实践的全方位的深入改革，使预算决策的科学化、民主化水平得到较大提高，政府预算的公开透明程度逐渐增加，社会公众对政府预算的监督意识以及透过预算监督政府活动的意识较以往有了大幅度的提升。应当承认，经过若干年的改革之后，我国的政府预算管理改革已经取得许多重大的成果，并且仍然在不断深化的过程之中。在此基础上，2011 年在政府预算管理的理论研究和实践创新方面，我国学者和实际工作部门本着求真创新、勇于探索的精神，在继续深化政府预算管理理论研究和实践创新方面做了深入探索，并取得了进一步的成果。为此，本章将对 2011 年我国政府预算管理的理论进展、实践创新进行梳理和总结。

第一节 理论进展

2011 年，我国政府预算管理理论研究取得了新的进展。众多专家、学者在以往政府预算管理基础理论和实践研究的基础上，将主要的研究重点集中于政府预算公开透明、深化部门预算改革和国库集中收付制度改革、推行绩效预算和规范地方政府债务管理以及修改和完善《预算法》等方面，取得了丰硕的成果，对不断推进我国政府预算管理改革、健全和完善公共预算管理体制产生了积极的作用，许多研究成果都具有很强的理论与现实意义。本节将就政府预算公开透明的理论研究、深化部门预算改革的理论研究、完善国库集中收付制度的理论研究、推行绩效预算的理论研究、地方政府债务管理的理论研究、调整政府间财政关系的理论研究以及修改和完善《预算法》的理论研究对 2011 年政府预算管理的理论进展进行梳理和总结。根据"中国学术期刊网络出版总库"查询的结果，我们将与政府预算管理相关学术论文的检索情况统计汇总，结果见表 8-1。

表 8-1　2011年"中国学术期刊网络出版总库"
政府预算管理相关学术论文汇总

单位：篇

关键词搜索	检索出的论文数
政府预算管理	26
绩效预算	118
部门预算	576
国库集中收付	145
预算公开透明	161
地方政府债务	400
政府间财政关系	2009
预算法	173
合计	3608

资料来源：根据"中国学术期刊网络出版总库"检索汇总整理而成。

一、实行政府预算公开透明的理论研究

1994 年，中国进行了全面的财政管理体制改革，至此我国正式建立了分税制财政预算管理体制。这一体制的确立，是中国政府的财政预算制度面向市场经济迈出的第一步。此后，政府预算管理的理论研究不断深入。由于公共财政收支管理不仅对政府行政和社会生活有着重要的影响，而且也对国家的宏观经济调节产生着直接的影响，因此，随着中国经济的持续、快速发展，全国财政收入不断增长，各级政府的财政支出规模相继扩大，政府利用财政手段对经济进行宏观调控已经成为一种常态。特别是当前中国民主法制化建设进程日益加快，社会公众纳税人意识开始觉醒，人们越来越关注政府如何使用纳税人缴纳的公共资金以及公共资金使用的效率与效益，迫切希望政府预算能够公开透明，能够讲求绩效，可以说，政府预算公开已经成为社会各界关注的焦点问题，同时也是公共财政理论研究的重要内容。近年来，社会各级对政府预算公开和透明问题的研究愈加深入，并已形成比较系统的理论体系。

关于政府预算公开透明的必要性，有学者认为，纵观世界市场中的经济发达国家，在推进政府预算改革进程中，无一不是在加强财政预算监督、推进预算公开透明中取得成功的。没有预算

的政府是看不见的政府，有了预算不公开，仍然是看不见的政府，而看不见的政府不可能是负责任的政府。提高政府预算透明度，保证纳税人的知情权，是建立透明、廉洁、高效的政府的内在要求。[1]因此，推进预算公开，打造"阳光财政"已经成为近两年社会公众的强烈愿望。

关于预算公开的重要意义，学者们认为，第一，预算公开透明，就是要求政府向社会公众公开政府预算政策、预算制度、预算管理程序、预算资金分配过程和结果、预算收支等信息，让公众看得见、看得清、看得懂。第二，预算的公开透明，是保障公民的知情权、参与权和监督权的最佳方式，能够在实质上推进社会主义民主法治建设。第三，预算公开透明，有利于从源头上预防和治理腐败，促进政府提高执政能力和办事效率，真正建立一个公正透明、廉洁高效的责任政府。第四，预算的公开透明，能够切实加强财政管理和财政监督，有效提高公共产品和公共服务的质量，促进依法理财、民主理财，实现财政科学化、精细化管理。正因为如此，稳步推进预算公开，加强和完善预算公开制度，建立健全公开机制，让财政资金在阳光下运行，接受人民群众的监督，是今后政府公共管理中的重要内容。

财政信息公开是公共财政的本质要求，也是政府信息公开的重要内容。学者稽明将财政信息公开的内容界定为预算公开、制度公开和流程公开 3 项重点，应将财政信息公开的过程划分为信息生产、信息披露和信息解读 3 个环节，并以此为分析框架。[2]肖鹏、李燕认为，预算透明是良好的财政治理的关键因素之一，也是实现财政民主和有效财政监督的生命线。为此，他们基于"Lüder 政府会计环境评估模型"，分析了影响中国财政透明度提升的政治、经济、文化、法律、组织特征等环境因素，并以英美等国公共预算形成的历程为例，提出预算透明度提升的压力模型、推力模型和耦合模型，并结合中国政府预算透明的影响因素，提出应从法律法规建设、预算信息披露、政府会计改革、财政信息质量 4 个层次提

---

① 李红霞：《让政府预算在阳光下运行：预算公开透明的思考》，《财政研究》，2011 年第 1 期。
② 稽明：《推进财政信息公开的研究思考》，《财政研究》，2011 年第 5 期。

升中国预算的透明度。[1]

关于预算公开的制度保障，张献勇认为，预算公开，无论对于满足公民的知情权，还是对于建立责任政府，都具有重要价值。预算公开包括范围、主体、对象、程度、方式、时间等要素。预算公开在各国普遍获得了《宪法》保障，并由相关法律予以具体化。应从明确预算公开的法律依据、加强人大预算审批监督权、公开预算执行情况详细审计结果、为预算知情权提供司法救济、引入预算听证制度等方面推进我国预算公开。[2]

关于实现预算公开的路径，许多学者认为，实现预算公开的一个重要路径是提倡参与式预算。参与式预算倡导公平公开、民生为本的政府执政理念，积极推进民主决策、公民参与、协同治理和群众监督，对于增进政府工作透明度、改善政府公众形象具有重要作用。赵新峰认为，针对公共财政的决策程序中公民参与的缺失，必须从强化社会管理的高度出发，对参与式预算改革模式进行制度设计和构架。[3]在中国政治集权而经济分权的垂直控制体制下，如何提高基本公共服务在政府公共支出中的比重，一直是政府治理的热点问题。参与式预算是一种"自下而上"的责任机制，因此，有学者用实证分析的方法，检验了参与式预算与地方政府公共支出结构之间的关系，发现参与式预算的实施显著提高了与民生密切相关的教育、社会保障以及医疗卫生支出占预算内财政总支出的比重，降低了一般公共服务支出占预算内财政总支出的比重。[4]

学者们认为，为实现预算公开，应当从以下几个方面入手：一要健全法律法规，加强预算公开的法制建设。要结合《预算法》的修订，明确预算公开的原则和主体，完善预算信息披露制度，增强预算公开的权威性。同时，强化预算公开责任制度，细化实施细则，不断加快预算公开的法制化、规范化进程。二要深化预算改革，扩大预算公开的范围和内容。建立覆盖政府所有收支的预算体系，提高预算公开的完整性。要进一步细化预算编制，加强预算支出标准体系建设，推进预算管理与资产管理的有机结合，推进预算绩效管理，建立预算支出绩效考评结果与预算安排有机结合的机制，增强预算公开的公信力。同时，进一步扩大公开范围，细化公开内容，让公众了解政府花了多少钱、办了什么事，不断提高公共产品和公共服务的质量。三要完善监督体系，切实强化预算公开机制。要建立预算公开反馈机制，及时收集、整理和反馈预算公开后社会各方面的意见和建议；完善预算公开考核机制，明确预算公开目标，建立公开考评体系。要建立预算公开行政问责制度，完善监督体系，不断增强各级政府的预算公开责任意识。

二、深化部门预算改革的理论研究

部门预算是市场经济国家进行财政预算管理的基本组织形式，是政府部门依据国家有关政策规定及其行使职能的需要，由基层预算单位开始编制，逐级上报、审核、汇总，经财政部门审核后提交立法机关依法批准的涵盖部门各项收支的综合财政计划。从2000年起，我国决定改变传统的财政预算编制方法，要求各部门统一实行新的预算编制方法，编制独立完整的部门预算，即一个部门编制一个预算。应当说，部门预算编制改革是我国经济体制改革日益深化的产物，是建立适应社会主义市场经济要求的必然趋势。作为政府财政预算管理体系的重要组成部分，推进部门预算改革，对于进一步加强政府预算管理，为构建社会主义和谐社会提供物质保障，具有重要的理论和现实意义。

从2000年部门预算编制改革至今，各部门与各地区进行了大量的探索与实践，已经取得了长足的进步。部门预算无论是在形式上还是内容上，都比传统的单位预算都有了质的飞跃。部门预算编制的理论探讨也逐步得到深入，特别是针对部门预算编制改革中存在的问题，学者们进行了较多的研究。

① 肖鹏、李燕：《预算透明：环境基础、动力机制与提升路径》，《财贸经济》，2011年第1期。
② 张献勇：《预算公开论纲》，《法学杂志》，2011年第11期。
③ 赵新峰：《参与式预算改革的制度设计与推进方略》，《财政研究》，2011年第7期。
④ 林敏、余丽生：《参与式预算影响地方公共支出结构的实证研究》，《财贸经济》，2011年第8期。

相当多的学者认为，改革开放以来，中央部门预算改革不断向纵深推进，中央财政支出结构不断优化，部门预算管理体系日趋完善，部门预算编制更加规范化、制度化和科学化，与公共财政框架相适应的新的财政预算编制框架体系和运行机制已经初步确立，部门预算改革成效显著。但我国现行的财政预算管理和监督机制还存在着不少缺陷和问题，在相当程度上制约了财政预算管理和监督的有效性充分发挥。[①]

部门预算改革是一项复杂的系统工程，受相关配套改革措施不到位等因素的制约和影响，仍存在一些问题。田白云将这些问题归纳为以下几点：第一，预算管理口径偏小。当前编制的部门预算，与传统的单位预算相比，虽然做到了预算内、外资金的统一，但并不是严格意义上的全口径预算，仍有一部分政府性财力没有纳入。第二，预算定额体系不完善，即在现行部门预算编制方法中存在着定额测算方法不准确、定额标准不科学、定额体系涵盖不全面等问题。第三，预算执行经费追加频繁，部门预算的约束作用不强，弱化了部门预算的法定刚性，对体现其公平、公正、公开原则极为不利。第四，预算审查监督薄弱。人大对预算的审查监督，与《宪法》和法律要求差距还较大，预算审议质量不高，预算审查监督多数流于形式，难以保证预算审查的质量。第五，预算编制过于粗放，编入部门预算中相当一部分项目支出缺乏科学审核论证，"领导定项目、部门争项目"的现象比较普遍，有限的资金并未真正发挥使用效益，也使预算资金的分配有失公平。第六，预算执行缺乏绩效考核。现行的预算编制方法仍是传统的投入预算，也就是对投入重视多，对产出重视少，预算一经确定，对预算执行的审计和检查就侧重于投入方面的问题，而对预算执行中财政资金的产出和结果并不关心，缺乏对财政资金使用所产生的结果承担受托责任，导致各部门把工作重心放在争取预算拨款上，使预算执行的结果往往偏离预算所应体现的政策意图，造成财政支出效率不高。[②]

有学者以公共部门"理性人"和制度契约假设为前提对政府部门预算支出绩效管理改革的框架进行理论研究，重点突出了部门预算组织实施系统构建、部门预算分析员设置、绩效信息审计约束等制度体系创新，同时强调必须配合以必要的技术手段，才能使政府部门能够在科学的制度保障下，在产出、效率、结果和生产率4种不同层次绩效评定间进行理性选择，并最终为建立适应市场经济需要，从而提高支出绩效水平为根本目标的现代政府部门预算支出管理模式奠定基础。[③]

为从根本上解决当前部门预算改革中的问题，有学者提出以下几项建议：一是实行全口径预算。理顺政府财政与主管部门的工作关系，对现有资金予以归并整合，将财政预算安排的资金全部纳入部门预算之中，建立规范的政府间转移支付制度。二是实行法制预算。尽快修改《预算法》，提高部门预算的权威性。在人大财政经济委员会或预算工作委员会中，增加财政专业人员，建立专业化的预算审查队伍。实行听证会制度，推行"阳光预算"，改变"严预算、松追加"的分配观念。三是调整预算编制周期。为了解决预算编制简单粗糙带来的各种问题，需要延长预算编制时间，调整预算编制周期，在每年财政决算完成后就着手次年的预算编制工作。提早编制预算，留有充分时间，这样既有利于提高部门预算编制质量，也有利于推进人大对预算审查从程序性向实质性转变，从而提高预算的透明度，保证预算资金分配的公开、公正、公平。四是建立绩效评价体系。绩效考评的主要内容应包括：绩效目标的完成情况，资金的使用情况和财务管理状况，部门为完成绩效目标采取的措施等。绩效考评应采取定性和定量相结合的方式。绩效考评的方法应采用比较法、因素分析法、公众评价法以及成本效益分析法等多种方法。五是推进相应配套改革。[④]

有学者认为，深化部门预算改革的关键在于制度创新。制度体系设计与创新是将绩效管理融入我国部门预算支出管理的实践操作基础，也是我国政府部门预算支出管理改革探索的路线图和

① 吴珊珊、朱瑛：《深化部门预算改革的建议》，《会计师》，2011 年第 8 期。
②④ 田白云：《部门预算科学化精细化路径》，《中国财政》，2011 年第 14 期。
③ 孙克竞：《政府部门预算支出绩效管理改革框架分析》，《审计研究》，2011 年第 3 期。

框架依据。政府部门预算支出绩效管理改革的制度设计必须突出与传统投入控制型预算支出管理模式相区别的创新之处，并以此为节点逐步实现投入控制模式向绩效管理模式的转变。第一，要构建科学合理的组织实施制度。政府部门预算支出绩效管理是一项内容丰富、覆盖面广、创新性强、牵涉利益复杂，涉及部门预算编制、执行和监督等多个环节的系统工程。因此，需要建立起包括部门预算单位、部门基层预算单位、财政部门、权力机关、审计部门、中介机构、社会公众在内的职责分工明确、协调配合、透明开放、运转有序的综合组织实施制度。第二，要创建部门预算分析员制度。在公共部门外部，如财政部门、审计和立法机构，应建立规范的部门预算分析员制度。当发达市场经济国家的政府预算从控制定位时代转向绩效管理时代后，预算从业人员也从单纯的会计背景变成了具有公共管理专业知识的人员。第三，要建立绩效信息审计制度。绩效信息审计又称绩效评定验证，其中的审计对象既包括各种量化的绩效信息，也包括绩效评定的定义、内容、指标、方法和数据采取过程等内容。必须建立绩效信息审计制度，对绩效信息进行定期审查，以确保信息的准确性、可靠性和可比性，并核实绩效评定是否提供了既有意义又有用的信息，以及人们能否通过绩效评定增进对部门预算项目及其执行过程与结果的了解，从而在部门外部构建监督平台保证绩效评定的改革意义。[①]

三、完善国库集中收付制度的理论研究

国库集中收付制度是指以国库单一账户体系为基础，将所有财政性资金都纳入国库单一账户体系管理，收入直接缴入国库和财政专户，支出通过国库单一账户体系，按照不同支付类型，采用财政直接支付与授权支付的方法，支付到商品和劳务供应者或用款单位的一项国库管理制度。建立以国库单一账户体系为基础、资金缴拨以国库集中收付为主要形式的现代财政国库管理制度是我国政府预算管理改革的重要内容。2001 年，国务院明确了"建立以国库单一账户为基础、资金缴拨以国库集中收付为主要形式"的国库集中收付制度改革目标，其核心和要害是国库单一账户。党中央、国务院和中纪委对这一改革高度重视，将这一制度作为规范预算过程控制、加强预算执行管理的最为重要的现代化预算管理工具，并将其作为反腐倡廉的治本性措施来抓。2001 年 2 月 28 日，国务院第九十五次总理办公会议原则上同意了财政部和中国人民银行联合上报的《财政国库管理制度改革方案》，确立了中国财政国库管理制度改革的目标、指导思想和原则、改革的内容、配套措施及实施步骤。改革方案明确提出，在"十五"期间全面推行以国库单一账户体系为基础、资金缴拨以国库集中收付为主要形式的财政国库管理制度。经过十年左右的时间，我国的国库集中收付制度改革取得了很大的成绩，社会各界对这项制度的研究也日渐深入，取得了较为丰富的研究成果。

国库集中收付制度的建立，是继部门预算之后我国政府预算管理改革的又一重大改革，是建立社会主义市场经济条件下公共财政管理体制的重要内容。国库集中收付制度是预算执行的根本性制度，也是建立科学、规范的部门预算编制和加强财政监督的重要保证。这项改革的重大意义在于，建立国库集中收付制度是提高财政财务管理科学化、法制化程度的有效手段，是提高财政资金运行效益，降低财政筹资成本的可靠保证，同时也是加强财政监督，防范腐败的治本措施。特别是国库集中支付制度是我国财政资金拨款方式的一次根本性的变革，它打破了传统方式下财政资金层层拨付的做法，通过建立国库单一账户体系，可以将财政资金直接拨付给收款人，真正实现了库款的直接送达，不但增强了政府的宏观调控能力、改善了财政监督管理工作，而且还提高了财政资金的使用效率。实现财政国库集中支付系统与国库集中支付单位、人行清算中心三者之间操作系统的有效对接，能提高工作效率、降低财政管理的运行成本，从源头上对腐败进行治理。[②]

对于"十一五"期间建立国库集中收付制度

---

① 孙克竞：《政府部门预算支出绩效管理改革框架分析》，《审计研究》，2011 年第 3 期。
② 陈维忠：《关于财政国库集中支付两种支付方式的理解和应用》，《中国城市经济》，2011 年第 20 期。

取得的成就，学者们进行了比较全面的总结，认为在"十五"时期取得突破性进展的基础上，"十一五"时期，财政国库管理制度改革按照科学发展观的要求，坚持科学化、精细化管理理念，着力推进关键领域的改革，国库运行机制不断完善，现代国库管理职能体系逐步健全，从管理制度和运行机制上促进了财税体制改革深化和公共财政体系框架的完善，有力保障了国家重大改革与重大决策的有效实施。具体表现在：第一，国库集中收付制度的核心基础地位进一步巩固，效应逐步显现；第二，政府采购规范化、科学化程度显著提高；第三，国债管理与改革稳步实施；第四，预算执行管理、监控及分析反映机制不断健全完善；第五，国库综合管理全面延伸。①

关于国库集中收付制度深化改革的必要性，有实际部门工作者认为，改革开放以来，我国的国库集中收付制度改革取得了丰硕的成果，新的国库财政管理体系已经形成。但是，在我国的国库集中收付制度的改革中，仍存在着一些问题。应进一步加快改革的脚步，解决国库集中收付制度存在的问题，完善我国的国库集中收付制度，将有利于促进国库的财政管理。②只有采取科学有效的措施及时加以改革和调整，才能在有效的管理和监督的基础上使得国库集中收付制度能够处于一个健康、稳定的状态。③

关于国库集中收付制度存在的问题，实际部门工作者认为主要包括以下几个方面：第一，我国国库单一的财政账户体系建设仍不够规范，信息系统建设也还不是很健全。第二，财政部门所提供的支付软件，缺乏灵活性与针对性，很难满足各种特殊的需要。第三，观念落后，手续麻烦，存在较大运行阻力。④还有人认为，国库集中收付制度的缺点主要在于：一是预算编制难；二是用款申请难，用款手续繁；三是监督执行难；四是财政支付中心工作量大，及时性难以保证。⑤

国库集中收付指导不仅涉及财政部门与预算执行单位，还涉及中国人民银行的国库管理部门，要防范国库集中支付清算业务的风险。有实际工作者认为，国库集中支付清算是国库集中支付过程的重要环节，也是现代国库管理制度的重要组成部分，有效防范和化解国库集中支付清算风险是确保国库资金安全、维护国库集中支付体系健康运行的基础性工作。但是通过中国人民银行国库监督工作发现，国库集中支付清算业务及其监管工作中仍存在诸多问题和风险隐患，在一定程度上影响了国库业务核算质量，增加了监督难度，需结合实际加以防范和改进，进一步构建起长效监督工作机制。⑥

关于深化国库集中收付制度改革的对策建议，许多人提出了自己的见解。有人认为，第一，应取消各部门或单位的账户，建立及完善财政国库的单一账户体系，在保证各部门或者单位的经费的开支渠道、领导的审批权、资金的使用权、资金的性质等基本权利不变的基础上，清理或者取消各部门及各单位的银行账户，直接对各部门和单位的财政性资金以及其他各资金的收缴与拨付进行集中管理。第二，改善现有国库集中支付软件重支付轻核算的设计观念，应加强软件对核算环节的开发力度，同时，要开发国库集中支付软件与各类财务软件的专用接口，将"金财"工程国库集中支付数据导入各类财务软件中，自动生成会计凭证，避免财务人员在进行支付申请后，又进入另一套财务软件重新进行核算工作，减轻预算单位会计核算的工作量。第三，转变单位领导及财务人员的观念，加强对财务人员的辅导。⑦还有人认为，要加大单位领导的法律责任，改变单位内部相关部门的预算编制是财务部门的一贯认识；进一步加强对业务人员知识的培训，提高业务能力，降低实际工作中的预算编制难问题。下放用款申请的权限，不但可以降低财政支付中心的工作量，还解决了单位的用款申请难、用款手续繁的问题。同时，还要进一步加强国库集中

---

①《中国财政》记者：《"十一五"财政国库管理制度改革成就瞩目》，《中国财政》，2011 年第 11 期。

② 胡懋勇：《国库集中收付改革中存在的问题分析》，《中国城市经济》，2011 年第 26 期。

③ 丁鹏：《关于国库集中支付制度存在的问题及建议研究》，《中国外资》，2011 年第 13 期。

④⑦ 冯文文：《浅析国库集中收付制度运行中的问题及对策》，《财经界》(学术版)，2011 年第 11 期。

⑤ 郭建华：《国库集中收付制度存在的不足及改进建议》，《交通财会》，2011 年第 3 期。

⑥ 门宁：《国库集中支付清算业务风险防范和监督机制构建》，《财会研究》，2011 年第 19 期。

收付制度执行情况的监督检查力度，强化单位严格执行国库集中收付制度。[①]

关于地方国库现金管理模式，学者周宇宏进行了汇总分析，认为目前国际上中央和地方国库现金管理之间大致存在 3 种模式，即完全一体化、完全自治模式和中间模式。其共同点是，中央和地方国库现金管理都以国库单一账户为基础的高效支付系统、国库现金收支基础数据库开展国库现金流量预测。随着国库管理制度改革的不断深化、中央国库现金管理的顺利推进，我国开展地方国库现金管理的条件日趋成熟。由于地方国库现金管理的目标更加单一，操作方式更加灵活，因此，与完全一体化、完全自治模式相比较，我国地方国库现金管理开展更适合采取中间模式。他认为，中间模式与我国现行的行政管理体制和财政管理体制相适应，且通过 10 年来的国库集中收付改革，我国已经基本具备中间模式所要求的基础条件：一是在管理制度和管理体制上，地方政府与中央政府在国库单一账户与会计体系上基本一致，其他的管理措施也可以在此基础上进行推广。二是在管理模式上，中间模式介于完全集权和完全自由中间，除了要求中央财政部门设定操作标准、出台相关制度、控制地方政府投资规模和风险等宏观管理外，较少需要中央政府的协调和具体管理，地方政府具有很大的灵活性、自主性和能动性。三是在管理权责上，中间模式不是中央集权，基于对本级财政管理效果负责的精神，地方国库现金管理可以充分考虑各地方经济发展不平衡的因素，各地方政府可以根据本地区实际情况自主选择开展地方国库现金管理的时机和具体措施。四是在管理经验上，中央国库现金管理已经开始并实施了多次操作，在制度设计、手段选择、操作流程等方面为地方开展国库现金管理积累了经验。据此，应加强研究、总体规划、精心布局、分步推进我国地方国库现金管理。第一，要厘清货币政策与国库现金管理的关系，减少地方开展国库现金管理阻力；第二，要建立国库现金流预测体系，夯实地方国库现金管理基础；

第三，要选择简便易行的投资工具，确保地方国库资金安全；第四，应在省级财政部门试点，分步推进地方国库现金管理。[②]

四、推行绩效预算的理论研究

绩效预算理念萌芽于 1907 年纽约市政研究局提供的《改进管理控制计划》报告。绩效预算理念最早用于实践则开始于 20 世纪 30 年代的美国。20 世纪 90 年代，美国、澳大利亚和新西兰等国家相继推行以绩效为基础的"新绩效预算"。其核心是强调以政府职能的整体目标为导向，用绩效目标作为约束手段，以绩效责任换管理自由，在预算制度中实现政策（目标和结果）与管理（产出和激励）的有机融合。各国推行新绩效预算的实践结果表明，绩效预算能够有效推动政府改革，有效地制止财政资金浪费，在实现政府财政收支平衡等方面具有显著的作用。绩效预算所倡导的"效率、绩效"理念符合未来政府预算制度改革和发展的方向，对世界范围内的预算改革都具有普遍的借鉴意义。我国在致力于服务型政府建设和规范公共财政管理的过程中，推行了以部门预算、收支两条线、国库集中收付、政府采购以及规范预算编制程序为主的改革，取得了比较大的成绩，但是这些改革并没有真正解决公共财政资金配置低效率的状况。为改进政府绩效，提高公共财政资金的使用效率，我国在深化部门预算改革的基础上，借鉴西方发达国家的经验，积极推行绩效预算改革，并在理论研究上取得了一定的成果。

学者们认为，绩效预算的理念是将绩效与预算资金供给相结合来进行评价分析，目的是达到部门预算经费收支的平衡。因此，要从绩效预算的优越性出发，思考在公共部门内部引入绩效预算理念，建立部门预算绩效评价体系，强化部门预算经费支出管理的基本思路，推动各公共部门真正建立起一套讲求效益、管理规范的预算支出管理机制。[③]还有学者认为，财政管理体制创新是从源头上预防和治理腐败的关键。当前，涉财涉税腐败在各类腐败案件中居多数，财政管理体制

---

① 郭建华：《国库集中收付制度存在的不足及改进建议》，《交通财会》，2011 年第 3 期。
② 周宇宏：《地方国库现金管理模式选择和实施路径》，《中国财政》，2011 年第 15 期。
③ 李纯：《浅析引入绩效预算强化公共部门预算》，《法制与社会》，2011 年第 25 期。

的疏漏是腐败发生的制度性根源，加之财政预算透明度不高，导致财政资金脱离公众监督，成为财政资金被挤占挪用、甚至贪污腐败的温床。因此，利用财政预算制度内在的防治腐败的"基因"，建立财政预算编制、执行、决算、评估环节专业化内部制衡机制，形成防治腐败、实现财政预算硬约束的内在循环机制。以绩效预算管理为重点，提高财政透明度，建立公众参与财政监督的长效机制，有效实现政府—人大—公众在预算过程中的互动，形成内外双重制衡财政监督机制，夯实制度防腐基石。①

实施绩效预算能够有效提高政府财政资金的使用效率，良好的制度环境是绩效预算全面实行的前提，必须建立有效实施绩效预算的制度基础。王志扬认为，能够保障绩效预算得以有效实施的制度建设主要包括：提高政府预算的完整性和透明度，建立政府预算绩效评估制度框架，政府预算会计和预算领域政府绩效审计制度达到一定水准，以及可操作的绩效预算评估指标体系及其量化方法。②

有学者认为，在绩效预算管理中，对财政支出的绩效评价是其中的一项重要的工作程序。财政项目支出绩效评价是政府业绩考核体系的组成部分。在现阶段我国尚不具备新绩效预算技术条件的前提下，应以财政支出绩效评价，尤其以财政项目支出的绩效评价为突破口，分析现行财政项目支出绩效评价存在的问题，改进并构建基于绩效预算的绩效评价指标体系，为逐步推进绩效预算改革夯实基础。③还有学者认为，技术支持是政府部门预算支出绩效管理改革按照改革制度体系的设计要求和具体落实管理操作的必要手段，而其中明确的绩效评定内容设置则是科学、合理地运用技术手段，取得客观、真实绩效情况的关键。绩效评定是政府部门预算支出绩效管理技术手段的核心，其内容可以分为产出评定、效率评定、结果评定和生产率评定。④

财政学者马蔡琛对我国实行的绩效预算管理改革进行了比较全面的总结，认为推行绩效预算管理，是现代公共财政的必然选择。他认为，综观我国财政预算绩效管理改革，主要呈现以下几个显著特点：一是整合多方资源聚焦财政预算绩效问题，为构建公共财政的共同治理结构搭建了基础性运作平台。二是通过绩效预算的精细化管理，为我国公共财政预算治理结构从传统的控制取向走向现代治理视野中的管理取向，提供了现实的发展路径与操作范式。三是预算绩效管理所体现的"阳光财政"理念和问责机制，有助于完善反腐倡廉的财政制度基础。四是地方政府对于预算绩效管理的多元化改革探索，将进一步丰富我国公共财政体系，有助于实现整体综合推进与地方多元探索的良性互动。正因为我国公共财政预算绩效管理改革在短短的十几年中取得了长足的进步，因此，有理由相信，随着预算绩效管理的日益深化和推进，我国公共财政预算改革必将实现新的跨越。⑤

五、加强地方政府债务管理的理论研究

我国地方政府债务管理问题由来已久，但引起各方高度关注则是在2008年全球金融危机之后。由于受全球金融危机的影响，我国政府及时做出了4万亿元政府投资刺激经济的重大决策，各个地方政府纷纷积极响应，一时间地方融资平台建设空前繁荣，成功推动了中国经济的快速复苏，但也产生了许多亟待解决的新问题。2009年，在经济刺激计划的带动下，地方政府融资平台继续迅猛增长。据国家审计署审计长刘家义向全国人大常委会所作的审计工作报告，截至2010年年底，全国省、市、县三级地方政府性债务余额高达107174.91亿元，债务总额占2010年GDP的1/4，已超过当年全国财政收入。并且由于受管理不规范、运作不透明等因素的影响，地方政府融资平台的风险也不断累积，并日益显现出来，进而威胁银行信贷资产质量和金融体系的稳健运行。同时，为了应对金融危机，中央财政还在

① 许正中、刘尧、赖先进：《财政预算专业化制衡、绩效预算与防治腐败》，《财政研究》，2011年第3期。
② 王志扬：《绩效预算的财政项目支出绩效评价指标体系构建》，《财政研究》，2011年第6期。
③ 王淑慧、周昭、胡景男、李辉：《绩效预算的财政项目支出绩效评价指标体系构建》，《财政研究》，2011年第5期。
④ 孙克竞：《政府部门预算支出绩效管理改革框架分析》，《审计研究》，2011年第3期。
⑤ 马蔡琛：《预算绩效管理：现代公共财政的必然选择》，《中国财政》，2011年第5期。

2009 年、2010 年连续两年每年代发 2000 亿元地方债，尽管这只占地方融资需求很小的一部分，但已经打破了中央对地方政府举债保持了 16 年的禁令。如何借着这一契机将早已巨量积累的隐性地方债务推向阳光管理，建立规范透明的地方政府融资渠道，是一个引发多方关注和思考的问题。[①] 学者们认为，不断蔓延的欧洲债务危机，加重了各界对国家主权债务问题的担忧。而近期中国各级地方政府的债务问题，同样引人关注。

学者们认为，尽管我国法律法规对地方政府举债限制比较严格，但这并不意味着地方政府债务规模合理。事实上，地方政府通过公开或隐蔽渠道，直接或间接地举借了大量债务。现在，地方政府债务风险在某些局部已经显现，潜在的风险也不可忽视。[②] 对于地方政府债务规模以及由此引发的地方政府债务风险问题，许多学者都表达了自己的忧虑。学者们认为，当前地方政府的巨额债务已成为影响我国公共财政安全和社会经济稳定发展的重大问题，必须对其进行深入的研究和严格的管理。为此，学者们从不同视角出发，对地方政府债务管理进行了充分的理论探讨。

（1）基于财政分权的视角对地方政府债务问题进行研究。有学者通过在财政分权的框架下对地方政府债务的成因、影响、管控的相关理论分析和经验研究的梳理，总结了较为成熟的财政联邦经济体在地方债务管理实践中的经验教训，同时，也对正处于分权化改革当中的转型国家的地方政府债务问题进行了总结，并最终落脚到中国的地方政府债务问题上来，认为中国的地方政府债务问题因与分税制度不完善、地方官员激励扭曲、地方融资平台不规范、宏观调控和财政政策需要等问题联系在一起而更加错综复杂，需要在借鉴已有研究的基础上结合中国的现实制度特征做进一步的深入研究。[③]

（2）基于预算软约束理论的视角的研究。有学者从传统的预算软约束和变异的预算软约束两个方面对我国地方政府过度负债偏好行为进行了分析，目的是深入探求地方政府债务的制度性根源。从这一新的视角出发，认为地方政府债务问题实际上是中央政府、地方政府、辖区内组织等各方各有期待、相互作用的结果，是经济体制弊端和政府体制弊端混合体，解决问题的重中之重是政府体制改革。[④]

（3）基于中央政府、地方政府和金融机构的三方博弈的视角的研究。学者们认为，尽管我国《预算法》禁止地方政府发债，但实际上地方各级政府负债存量规模巨大，其中各方力量的博弈对地方政府债务风险控制产生着重要的影响。事实上，在地方政府债务问题上，中央政府、地方政府和金融机构已形成博弈之势。因此，在这种情况下，要防范和化解政府债务风险应建立偿债机制和风险预警体系，加强金融机构的监管，改变现行的政绩评估机制，同时，应修改现行《预算法》，使地方政府举债法制化，用法律调控地方政府举债危机。[⑤]

针对当前中国地方融资平台公司债务问题凸显，风险不断积聚的现实情况，有学者建议可遵循"控增量，化存量"的指导思想对其加以清理，而这是中国地方政府债务治理的当务之急。从更长远考虑，在承认地方政府债务具有一定"合理成分"的前提下，通过理顺各级政府间财政关系实现财力与事权的匹配以及积极探索地方政府债券发行制度是中国地方政府债务治理的体制保障。同时，构建地方政府债务管理体系、强化监管是地方政府债券发行后的常规性治理手段。[⑥] 另有学者认为，解决我国地方政府债务的根本出路在于地方政府举债债券化，采用总体部署、阶段实施的解决方案，最终使地方政府债务走向透明化、

①③ 龚强、王俊、贾珅：《财政分权视角下的地方政府债务研究：一个综述》，《经济研究》，2011 年第 7 期。

② 李永刚：《地方政府债务规模影响因素及化解对策》，《中南财经政法大学学报》，2011 年第 6 期。

④ 郑华：《预算软约束视角下地方政府过度负债偏好的制度成因分析》，《财政研究》，2011 年第 1 期。

⑤ 马金华、杨娟：《加强我国地方政府债务管理的对策建议——基于中央政府、地方政府和金融机构的三方博弈分析》，《创新》，2011 年第 4 期。

⑥ 崔军、朱志钢：《中国地方政府债务治理的路径安排：清理存量、创新体制、强化监管》，《首都经济贸易大学学报》，2011 年第 4 期。

法制化、市场化和规范化的道路。[①]

六、调整政府间财政关系的理论研究

中央政府与地方政府之间的财政关系是一国财政管理体制的核心问题，也是财政理论与实践中研究和探索的重大问题。从 1994 年我国进行"分税制"财政体制改革至今，中央财政的宏观调控能力在一定程度上得到了提高，地方的经济建设和社会发展也得到了长足的发展，但是，由于中央政府和地方政府的职权划分不清晰，地方政府的事权与财权不匹配，导致分税制财政体制在实际运行中逐渐暴露出深层次的体制性问题，在一定程度上影响了地方政府积极性的发挥，因此，如何正确划分中央政府与地方政府之间的事权与财权以充分调动各方的积极性，成为学术界探讨的焦点问题。

周坚卫、罗辉认为，合理划分政府间事权与支出责任是正确处理中央与地方政府间财政关系、完善我国财政管理体制的重要前提。政府之间的事权如何界定，是政府间财政关系的一个基础性问题，也是财政与行政管理体制改革必须正视的一个理论与现实问题。有必要立足于中国特色社会主义政治体制、经济体制与财政体制，扬弃传统财政理论中单纯从"事"的视角界定事权的思路，从"事与权"双视角界定政府间事权，并将这种思路应用到转移支付制度设计中去，建立起和谐的政府间财政关系。要从"事与权"双视角界定政府间"事权"，明确政府间事权的"独立性"与"共同性"。要根据"独立事权"与"共同事权"的特点，科学合理地进行转移支付制度设计。要科学合理地界定政府间事权与设计转移支付制度，努力建立起和谐的政府间财政关系。[②] 著名学者安体富等认为，要合理配置政府间财政关系，改善地方政府财政状况。因此，为了改善地方财力状况，规范预算外收入，避免地方政府融资的金融风险，中央政府应合理调整中央与地方间的财政关系，适当加大中央财政支出责任，完

善转移支付制度，减轻地方政府负担。[③]

有学者从实证分析的角度，对我国财政分权度进行了分析，提出当前各界普遍认为我国处于一个过度财政分权的阶段，但这一结论主要依靠总量指标测算分析得出，而忽视了结构指标的运用和测度。在利用税收收入结构指标、政府间补助结构指标、财政支出结构指标和公共雇员结构指标进行国际横向比较之后，可以看出结果与依据总量指标所得出的结论大相径庭。由此认为，现阶段，中国无论是分权过度或不足都是伪问题，目前最迫切和重要的是建立财权与事权相统一、财力与支出责任相匹配的政府间财政关系，而没必要非保持中央财政过高的集中度。[④]

为解决县级财政困难，2002 年以来我国推进了"省直管县"财政体制改革。学者们认为，这项改革肩负着统筹城乡发展、理顺地方政府间财政关系的使命，同时又为"省直管县"行政体制改革充当探路的先锋。当前改革进程中存在的主要问题是新体制的适应性问题和新旧两种体制并行的矛盾摩擦问题，而这些问题的根本解决需要相关的配套措施及时跟进；因地制宜分类推进"省直管县"财政体制改革；适时审慎进行行政区划调整；进一步明确省和市、县的职责权限；推动政府职能的转变；借鉴浙江经验，调动市、县两级的积极性；逐步推进"省直管县"从财政向行政的过渡；建立合适的监管机制。[⑤] 有学者认为，我国目前实行的"省直管县"财政改革通过减少财政层级、变革省—市—县政府间财政关系，意在消除县域经济发展滞后、县乡基层政府财政困难和行政管理效率低下等市管县体制弊端。我国省直管县财政改革面临的实践挑战，与财政省直管县仅是省直管县体制改革的中间过渡阶段的特点密切相关，根本上是由降低改革阻力、维持市管县体制前提下仅触动省—市—县政府间财政关系的改革方略决定的。因此，省直管县财政改革必然要求适时推进全面、彻底的省直管县体制改革，提高省直管县改革指导精神的效力层次，直

① 马海涛、马金华：《解决我国地方政府债务的思路》，《当代财经》，2011 年第 7 期。
② 周坚卫、罗辉：《从"事与权"双视角界定政府间事权建立财力与事权相匹配的转移支付制度》，《财政研究》，2011 年第 4 期。
③ 安体富、窦欣：《逐步解决土地财政问题，增强房地产调控效力》，《经济研究参考》，2011 年第 18 期。
④ 崔运政：《我国财政分权程度的实证研究》，《地方财政研究》，2011 年第 10 期。
⑤ 胡春兰、管永昊：《对我国"省直管县"财政体制改革的思考》，《经济体制改革》，2011 年第 4 期。

面政府间职责、事权、财权规范化难题，致力于遵循中央、省和市县级政府间事权、财权划分和财力合理配置这一主线，建立政府间财力与事权匹配体制，应对市级政府干部的利益阻力、提高省级政府调控和监管能力、规范政府间事权财权关系等问题。[①]

有学者从历史的角度对中国政府间财政关系问题进行了分析，通过回顾中国历史上政府制度的演变，抽象出郡县制传统在官员选拔、官员考核、政府级次和监察4个方面的主要特征。根据这些特征指出在计划经济时代的政府间财政关系中保留有大量的传统要素，但改革开放后具有财政联邦制性质的改革与这些传统要素发生了冲突，并在现实中引发了许多问题。当前政府间财政关系中出现的许多重大问题，从某种角度看都是郡县制传统与财政联邦制改革相互冲突产生的结果。改革政府间财政关系，首先要明确改革的主体思路是联邦制取向还是郡县制取向。特别是在省级政府这个问题上，若是依照联邦制，则中国的省应当如同美国的州，获得充分的财政自主权，并从法律上规定省必须自求财政平衡，中央政府即使在省出现赤字的情况下也不能援助。否则省级财政收入与支出不相匹配，也不能实现真正的预算硬约束，财政联邦制的效率优势就不能体现出来。但财政权自主了，人事权怎么办？没有选举约束，仍然不是真正意义上的财政联邦制，但若将地方政府官员的人事任免权力交给地方选举机构，一是条件不具备，二是"党管干部"的原则被取消。这两者使得实现一种真正意义上的财政联邦制，在政治上几乎没有可行性。另外，郡县制与我国现行的政治制度冲突较小。如前所述，在计划经济体制中，包含了相当多的郡县制特征。中国的市场经济改革，在经济体制方面发生了天翻地覆的变化，但政治体制却比较稳定，因此为郡县制继续发挥作用提供了基础。我们对郡县制的回顾表明，郡县制是一种能够与时俱进、不断调整变化的制度，在当前新的政治经济格局下，也应当可以设计出一套符合时代要求的新郡县制。[②]

七、修改和完善《预算法》的理论研究

为了强化预算的分配和监督职能，健全国家对预算的管理，加强国家宏观调控，保障经济和社会的健康发展，根据《宪法》，我国于1995年1月1日正式施行《中华人民共和国预算法》（以下简称《预算法》）。现行《预算法》实施以来对界定相关主体在预算管理和监督的职责以及规范预算行为等方面取得了很大成就，发挥了重要作用。但是，经过10多年的预算管理实践，现行《预算法》也暴露出诸多问题，亟须进行修订。《预算法》作为政府财政活动的一个重要法律基础，原本应当具有法律的权威性和约束性。但由于现行《预算法》的诸多法律条文仅仅停留在笼统的一般原则层面，约束政府的预算行为缺乏具体的可操作性，进而使合法与非法的界限不够分明，直接导致在实践中法律的权威性和约束性不强。因此，学者们分别从财政管理和法学研究的角度，对修改和完善《预算法》提出了自己的见解。

基于公共财政管理的视角，有学者指出，新型《预算法》已经在实践中暴露出诸多问题，与政府预算管理改革和实现的需要不相适应，特别是难以适应全面实现政府预算科学化、精细化管理的要求。迫切需要从立法的全面性、科学性、协调性以及可操作性等多方面，为政府预算科学化、精细化管理塑造坚实的法律基础。[③]另有学者认为，预算制度与生俱来追求民主、法治之价值。预算民主原则不仅是《预算法》之重要原则，也是《预算法》其他原则产生的基础。贯彻预算民主原则，对于实现预算的科学性、合理性，实现预算对政府财政收支行为的有效控制等具有十分重要的意义。我国现行《预算法》尤其是预算实践还存在诸多问题，使得达到通过预算规范、控制政府财政收支行为之目的的存在困难。有必要尽快确立预算民主原则，通过扩大预算公众参与、建立编制与执行相分离的预算管理体制、建立预算实质审查制度等举措，进一步完善我国预算法律制度。[④]还有学者认为，预算公开在保障公民知情权、建

---

① 寇铁军、周波：《我国省直管县体制改革的实践挑战及推进建议》，《湖南财政经济学院学报》，2011年第6期。
② 刘晓路：《郡县制传统及其在政府间财政关系改革中的现实意义》，《财贸经济》，2011年第2期。
③ 孙小丽：《〈预算法〉修订与政府预算科学化精细化管理》，《财政研究》，2011年第11期。
④ 华国庆：《预算民主原则与我国预算法完善》，《江西财经大学学报》，2011年第4期。

立责任政府、遏制财政腐败等方面具有重要价值。预算公开在许多国家直接由《宪法》进行规范，反映了对该事项重要程度的判断。各国《宪法》对预算公开的规定，通常由《预算基本法》、《信息公开法》、《代议机关议事规则》等法律具体调整。我国应立足于现阶段实际情况，在借鉴域外有益经验的基础上，由《预算法》对预算公开做出详细规定。应按照循序渐进的原则，增强预算的完整性、具体性、易懂性，并公开预算审议过程，注重主动公开与依申请公开相结合。①

基于法学的角度，有学者提出，中国《预算法》的修改首先应准确定位预算和预算法的属性，并从法律体系整体协调的角度，设计自己的制度内容和体系。《预算法》是实现预算法律性之法，其价值功能是实现预算的法律性，从而实现预算的理性治理、民主统制。由此，《预算法》应是预算程序法、预算技术法、预算管理基本法，《预算法》应具有可实施性。② 由全国人大预算工委和财政部共同起草的《预算法（修改稿）》向社会各界征求意见之际，许多学者都对其提出了自己的见解，特别是对预算信息透明度不高、收支范围不明确和预算调整与收入超收的随意性强等问题提出了各自的对策和建议。

八、理论进展总评

综上所述，2011年我国政府预算管理的理论研究内容非常广泛并且重点十分突出，既涉及对政府预算管理基础理论的深化研究，又涉及对预算管理实践中存在的现实问题及时发现并提出解决建议，业已取得非常丰硕的研究成果，对于促进和提高我国政府预算管理水平，起到了理论推进和不断发现问题、研究问题并提出解决对策的积极的促进作用。从总体上看，2011年的政府预算管理理论研究的重点主要集中于实行预算公开透明、深化部门预算改革、完善国库集中收付制度、推行绩效预算、加强地方政府债务管理、调整政府间财政关系以及修改和完善《预算法》等方面。相关研究的学术论文总数接近4000篇，

而且多数研究成果的质量较高，既丰富了政府预算管理的理论基础，又对实践探索具有重要的现实指导意义。其中，关于推行绩效预算的研究，更是在新形势下对健全和深化政府预算管理新方式的探索。绩效预算管理是一种以结果为导向的政府预算编制方法，是一种将绩效管理的理念引入政府预算管理的新型预算管理工具，是政府治理理论在政府预算管理改革中的具体落实，在我国的政府预算管理中属于全新的尝试，因此，对这一问题的研究与探索，将对我国未来政府预算管理更加科学化和民主化产生重要的促进作用。本年度学者们对地方政府债务管理的研究是在近年研究基础上进行的，是与金融危机之后我国各种地方政府债务快速膨胀以至财政金融风险加大的现实情况紧密相关的，对于这一问题的深入探讨，将有助于当前和未来规范地方政府融资行为，化解地方财政金融风险，也有助于真正充分体现政府预算具有的完整性、统一性、公开性、法律性和权威性的特征。可以肯定的是，2011年，学者们对实行预算公开透明、深化部门预算改革、完善国库集中收付制度、调整政府间财政关系以及修改和完善《预算法》等方面的研究是在前些年研究基础上的延续和深化。本年度对这些问题的研究体现出这样一个特点，那就是在继续进行理论研究的同时，更多的学者和实际工作者用多样化的研究视角，从促进实践创新出发，提出了很多具有可操作性的对策、措施和建议，对我国政府预算管理改革的不断完善，具有很强的推动作用。2011年，我国学者和实际工作者在政府预算管理方面的研究成果，从数量上看成果非常丰硕；从质量上看，学术研究在继续注重理论研究的同时，更加贴近政府预算管理改革实际，更加具有探索性和可操作性。可以说，这一年中我国学者不但在政府预算管理研究方面取得了许多重要的理论进展，而且也在不断推动我国政府预算管理改革创新与实践方面发挥了重要的作用。

---

① 胡锦光、张献勇：《预算公开的价值与进路》，《南开大学学报》（哲学社会科学版），2011年第2期。
② 王宗涛：《预算法的再定位与中国〈预算法〉的修改》，《西南政法大学学报》，2011年第5期。

第二节　实践创新

2011 年是我国"十二五"规划的开局之年，这一年我国面临的国际、国内政治经济形势十分复杂和多变，需要党和政府用高度的智慧和勇气应对来自各方面的挑战。在这一年中，为配合国家宏观调控的总体目标，我国政府各级财政部门紧紧围绕科学发展主题和加快转变经济发展方式主线，顽强拼搏，努力工作，积极发挥财政宏观调控的职能作用，用各种手段促进经济平稳较快发展，为实现"十二五"经济社会发展的良好开局做出了积极贡献。在稳物价、促发展、调结构、保民生等方面取得新的成绩的同时，配合建设服务型政府对政府预算管理的要求，继续坚持深化财政预算改革，强化制度建设，不断完善公共财政体系，在预算管理实践中勇于探索和大胆创新，形成了各具特色的经验和做法。本节将就这些实践和创新进行总结和梳理，从中央和地方两个层面，选取 2011 年最为突出的实践创新亮点加以介绍。

一、中央进一步推进财政预算公开①

近年来，政府预算公开、特别是政府部门"三公消费"（公车消费、公费出国、公务接待费支出）支出问题受到社会各界的高度关注，也引起党和政府的高度重视并逐步着手进行预算公开工作。2010 年共有 74 家中央预算部门向社会公开了部门收支预算总表和财政拨款支出预算表，实现了中央部门预算首次向社会公开。温家宝总理曾经指出："最根本的是两条：第一条就是公开透明，让任何一项行政性支出都进入预算，而且公开让群众知道，接受群众监督；第二条就是民主监督。"为继续深入推进政府预算公开，2011年，国务院要求 98 个中央预算单位必须公开"三公消费"。可以说，2011 年在财政预算公开方面最大的亮点为"公开出国经费、车辆购置及运行费、公务接待费和行政经费支出情况"。为此，国

务院总理温家宝于 2011 年 5 月 4 日主持召开国务院常务会议，专门研究和部署了进一步推进财政预算公开的工作。

会议指出，财政预算公开是政府信息公开的重要内容和公共财政的本质要求，对于保障公民的知情权、参与权和监督权，加强法治政府建设，发展社会主义民主政治，具有重要意义。近年来，党中央、国务院高度重视，先后作出一系列决策部署，财政预算公开工作取得积极成效。一是中央财政预算公开步伐明显加快。2009 年首次公开了经全国人大审查批准的中央财政收入、中央财政支出、中央本级支出、中央对地方税收返还和转移支付等 4 张预算表。2010 年经全国人大审查批准的中央财政预算 12 张表格全部公开，内容涵盖公共财政预算、政府性基金预算和国有资本经营预算。二是中央部门预算公开工作取得突破性进展。2010 年在报送全国人大审查部门预算的 98 个中央部门中，有 75 个公开了部门预算。三是地方财政预算公开工作稳步推进。2010 年 18 个省（区、市）财政公开了本地区公共财政预算和政府性基金预算，2011 年 27 个省（区、市）财政进行了公开。2011 年，20 个省（区、市）公开了省直部门的部门预算。

虽然预算公开已经取得了一定的成效，但预算公开的工作进展不平衡，公开还不够细化，与社会公众的期望之间仍存在相当的差距。因此，必须进一步推进财政预算公开，建立健全公开机制，扩大公开范围，细化公开内容，不断提高依法行政、依法理财水平。国务院决定，第一，要进一步细化公开中央财政总预算和总决算。2011年中央公共财政预算支出中部分重点支出和 2010 年度中央财政总决算要公开到"项"级科目。第二，要继续推进中央部门预算和决算公开。2011年报送全国人大审查部门预算的 98 个中央部门，都要公开经全国人大审查批准的部门预算。同年

---

① 《国务院常务会研究部署进一步推进财政预算公开工作》，中国政府网，2011 年 5 月 4 日。

6月全国人大常委会审查批准中央决算草案后，98个中央部门要公开部门决算。同时，中央部门要加大公开力度，增加部门预算和决算公开的内容。第三，要公开出国（境）费、车辆购置及运行费、公务接待费"三公"经费和行政经费支出情况。中央财政2010年度行政经费支出决算总额和"三公"经费决算总额，经全国人大常委会批准后公开。中央各部门要公开本部门2010年度"三公"经费决算数和2011年"三公"经费预算情况。第四，要公开中央对地方转移支付资金管理办法。公开内容包括转移支付管理制度、资金分配和管理办法等。第五，要大力推进地方财政预算、决算公开。地方政府及其有关部门要比照中央财政做法，公开经同级人大或其常委会审查批准的政府财政总预算和总决算，并做好部门预算、"三公"经费等公开工作。对于公开的财政预决算，国务院要求要作出通俗易懂的说明，并与预决算同时公开。

二、地方政府自行发债试点①

2008年爆发的国际金融危机对我国经济造成了很大的影响，为应对金融危机，我国决定实施4万亿元政府投资刺激经济计划。2009年，为增强地方配套资金和扩大政府投资的能力，根据《预算法》特别条款规定，国务院决定，在规模控制的前提下允许地方政府发行债券，以各省份和计划单列市政府为发行和偿还主体，由财政部代理发行并代为还本付息并支付发行费。但由于债务发行规模相对于地方政府的资金缺口而言过小，各地方政府纷纷采用搭建融资平台的方法通过市场渠道融集建设资金，使我国地方政府融资平台在2009年成爆炸式增长态势。2011年国家审计署对我国地方政府债务进行的审计结果称，我国地方政府债务已达10万亿元，而相当多的地方政府偿债能力不足，由此，引起社会各界对地方政府融资平台风险问题的关注。但经财政部门测算后认为，我国地方政府债务风险总体可控，但应

逐步将隐性债务显性化，并加强预算管理和监督。因此，2011年10月，国务院决定在4个省、市地方政府先行自行发债，②并强调地方政府还本付息的主体责任，地方政府成为地方政府债券的真正债务人。应当说，地方政府自行发债是从中央代发向地方自主发债过渡的有益尝试，是强化地方政府债务责任的必然趋势。

2011年10月17日，财政部下发《关于印发〈2011年地方政府自行发债试点办法〉的通知》（财库〔2011〕141号）。明确经国务院批准，2011年上海市、浙江省、广东省、深圳市开展地方政府自行发债试点。③之所以选择这4个省、市进行自行发债实现，是因为这4个省、市的经济发展水平较高，民间资本较为充裕，这也就意味着未来的偿债能力比较高。为加强对2011年自行发债试点工作的指导，规范自行发债行为，财政部特地制定了《2011年地方政府自行发债试点办法》。根据《办法》，试点省（市）发行政府债券实行年度发行额管理，2011年发债规模限额当年有效，不得结转下年；试点省（市）发行的政府债券为记账式固定利率附息债券，2011年政府债券期限分为3年和5年，期限结构为3年债券发行额和5年债券发行额分别占国务院批准的发债规模的50%。《办法》明确，试点省（市）发行政府债券应当以新发国债发行利率及市场利率为定价基准，采用单一利率发债定价机制确定债券发行利率。

此次试点，上海市债务发行总额为71亿元，一期发行总量为36亿元，为3年期附息式债券，其中10.8亿元为固定承销额，债券收益率为3.1504%，二期发行总量为35亿元，为5年期附息式债券，其中10.5亿元为固定承销额，债券收益率为3.2998%。债券的利息所得，可免征企业所得税和个人所得税。此次发行的债券一经面市即获得业界的积极追捧，中标利率接近甚至低于同期限国债估值，认购需求强劲。

广东此次资助发债的总规模为69亿元，分为

---

① 根据中华人民共和国财政部网站、中新网、中国政府资助网及相关省市官方网站资料整理。
② 所谓地方政府自行发债，是指发债规模和债券期限由国务院批准核定，地方自行组织发行。而地方政府自主发债，指的是"项目自主、发债规模自主、发债用途自定、偿债自负"。
③ 中华人民共和国财政部：《关于印发〈2011年地方政府自行发债试点办法〉的通知》，www.mof.gov.cn，2011年10月17日。

34.5 亿元 3 年期债券和 34.5 亿元 5 年期债券，中标利率分别为 3.08% 和 3.29%。发债募资的主要投向有三大领域，即按财政部要求，用于广东省保障性安居工程建设，贯彻中央扩大内需项目的地方配套以及部分省重大项目。广东省财政厅表示，此次自行发债既有利于提高地方政府融资的透明程度和规范性，也有利于提高地方政府债务的偿付能力以及促进广东金融市场发展。

深圳在此次试点中自行发债 22 亿元，主要用于解决 2010 年及以前年度政府投资计划安排的中央投资项目地方配套以及政府统贷在建项目，包括污水处理厂配套污水管网等生态建设工程以及教育、医疗卫生、交通等重点民生工程。

浙江省自行发债规模为 67 亿元，其中，3 年期 33 亿元，年利率为 3.01%；5 年期 34 亿元，年利率为 3.24%。浙江省表示，此次地方债融得的资金将投向保障性住房、医疗文化等民生事业，以及生态环境保护、水利建设、重点设施等项目。

本次试点债券推出对短期内改善地方债务问题所起作用有限，主要是因为不涉及计划外增量发债，且仍由国家财政兜底，因此受制于中央财力。但从稍长远看，其已向正式推出地方举债融资机制、补充地方发债资金来源方向迈出重要一步。如相关地方经济运行和财政收支状况等指标披露已可增加地方财力的透明度，又如未来凭借自身财力发行债券可形成地方政府正式稳定的融资渠道，为接续地方债务资金链起到积极保障作用。①

长期以来，我国的地方政府融资渠道单一，地方财政收入主要依靠税收和土地出让收入，以及通过融资平台向银行融资，财政风险较大。这次试点地方自行发债，虽然数额并不大，但却是国家为探索建立地方政府举债融资机制、培育地方政府债券市场的有益尝试。国家所选择的这 4 个试点省、市，由于经济总量比较大，属于中国最有实力、财务状况较好的经济地区，因而承担试点任务，偿债风险较低。应当说，允许地方政府自行发债融资，是具有历史性意义的一次尝试。地方债券的发行一方面能够在很大程度上吸引民间资本，另一方面也可以把原来不规范的地方政府借债行为纳入到公开透明的预算监管范畴，是地方政府债务管理的一个进步。但也有专家指出，由于当前地方政府债务管理方面的制度体系尚未搭建，地方政府自行发债还缺乏硬的约束，而且可能在一定程度上加大地方政府负债水平，因此，要加强发行地方政府债的制度设计和法律约束。

三、地方预算改革实践创新

2011 年，我国各地方政府财政部门在继续深化部门预算管理改革，逐步探索绩效预算管理等方面取得了显著的成效。在此，将选取若干省财政预算管理改革实践经验，并以此说明中国地方政府预算改革的实践创新。

（一）安徽经验：打造具有特色的部门预算管理模式②

深化部门预算管理是我国财政部门长期坚持的一项重要工作。各地财政部门一直在积极探索，不断实践。安徽省财政厅在深化部门预算改革中注重统筹规划、积极探索，现已初步建立起具有特色的部门预算管理模式，预算管理逐步迈入科学化、精细化良性运行轨道。

在部门预算改革中，安徽省财政厅注重综合预算管理，不断提高收入预算的完整性，从收入征管、综合预算、收支脱钩 3 方面入手，重点抓好部门组织收入预算编制工作。同时，注重深化预算改革，不断提高支出预算的科学性。在省级部门预算改革过程中，加强支出标准体系建设，改革以往粗略估算、简单平均、硬性包干的编制方式，着力解决部门之间苦乐不均问题。对人员经费做到"三个统一"，即统一供给政策、统一资金安排渠道、统一供给标准。对公用经费实现"三个改变"，即改变以前行政单位公用经费"一把尺子量到边"的做法，实行定员定额与实物定额结合，粗细适当、精细有度；改变一般预算拨款安排与自行组织事业收入"两张皮"的状况，统筹事业单位性质和资金来源关系，做到"高有标准封顶，低有补助拉齐"；改养人为办事，跳出部分事业单位多养人少干事或不干事的"怪圈"，

---

① 《2011 年上海市、浙江省、广东省、深圳市将开展地方政府自行发债试点》，中国政府资助网，2011 年 10 月 26 日。
② 陈先森：《打造具有特色的部门预算管理模式》，《中国财政》，2011 年第 5 期。

将财政保障重点由养人转向办事。对项目支出体现"三个结合"，即与预算执行相结合、与资产管理相结合、与绩效评价相结合。

在深化部门预算改革中，安徽省财政厅还非常注重推行阳光预算，不断提高财政预算的公开性。为保证预算公开，安徽省财政厅从预算编制的政策、具体操作办法、外部环境和内部程序上入手，加强制度建设。在推进预算公开的过程中，坚持做到预算编制政策公开、预算编制过程公开和预算编制结果公开，有效地提高了预算透明度。

为保证部门预算改革的效果，安徽省财政厅十分注重基础业务建设，不断提高预算的有效性。自行开发了预算基础信息库管理系统，覆盖省级123个一级预算单位、1700多个末级预算单位，动态掌握有关的各项信息，为基本支出直接由财政部门据实编制奠定基础。在建立以综合定额为主体、单项定额为补充的公用经费定额体系基础上，修订完善了差旅费、培训费、出国经费、办公用房装修和维修等通用支出定额标准；将专用支出标准覆盖范围逐步扩大到招商会展、重大项目前期费用、大型调查普查等项目；积极引导部门制订具有行业特色的内部支出标准。建立部门项目库和财政项目库，实现项目支出预算通过项目库清理、申报和审核。积极推行项目支出滚动管理，按轻重缓急对项目进行排序，结合财力可能择优筛选，切实保障政府施政目标的实现。

（二）广东经验："六个注重"，深化国库集中支付制度改革[①]

国库集中支付制度是加强预算执行管理的最为重要的现代化管理工具。从这项制度在我国开始实施以来，各地财政部门就在不断探索和完善的过程中积累经验。广东省在深化国库集中支付制度改革过程中，做到了"六个注重"，从而形成了本省国库集中支付制度管理的特色。这"六个注重"是指在深化国库集中支付制度改革的过程中，注重管理制度建设；注重构建单一账户体系，实现银行账户管理"三统一"；注重信息系统建设，提高财政国库管理现代化程度；注重创新资金监管方式，开展财务核算信息集中监管改革；注重推行公务卡结算改革，不断规范预算单位现

金管理；注重建设财政支出管理电子平台，加快推进县级改革步伐。

2003年，广东省开始实施国库集中支付制度改革，按照"总体规划、先试点后推广、分步实施"的原则逐步推进，目前已基本实现"纵向到底、横向到边"，改革取得了显著成效。纵向方面，在省本级、21个地级以上市及121个县（市）、区全部实施改革的基础上，将80%共15800多个县级以上预算单位纳入改革范围；横向方面，在省本级和19个地级以上市本级预算单位"横向到边"的基础上，74个县（市）、区本级所有预算单位100%实施改革。同时，逐步将所有省级支出、预拨资金、部分省对下级专项补助资金纳入省级国库集中支付范围。

在国库集中支付制度改革的"六个注重"指导下，广东省国库管理改革不断深入，先后制定了政府采购资金、基建资金、省对市县下级补助资金国库集中支付、国库集中支付网上对账、省级预算单位用款计划直接报国库支付局审批，财政授权支付凭证和支票"两票合一"，专项转移支付资金国库集中支付等制度办法。这些管理制度的建设对规范预算执行，提高财政资金运行效率起到了很好的约束作用。改革中，广东省还统一了财政资金专户管理、预算单位银行账户的开设管理以及省级财政资金拨付的账户管理。自2003年6月以来，广东省财政厅会同有关部门对省级预算单位银行账户进行全面清理，共清理了177个省级部门银行账户4839个，其中批复单位保留账户3807个，批复单位撤销账户1032个。自2006年起，财政厅建立了省级预算单位银行账户管理信息数据库，并于2009年开发了账户管理系统，将其用于总预算会计拨款系统的源头控制。

广东省财政厅在国库集中支付改革中的重要技术支撑是信息系统的建设，因此，按照"预算指标控制用款计划，计划控制资金拨付"的自动控制机制，于2004年开始分两阶段对省级国库支付系统进行整合升级，现在省级国库支付系统整合工作已经顺利完成。在注重信息系统建设的同时，广东省财政厅还十分注重创新资金监管方式，开展财务核算信息集中监管改革，于2005年启动

---

① 广东省财政厅：《推行国库集中支付改革　促进财政科学发展》，《中国财政》，2011年第5期。

了以"两统一、一系统"为主要内容的财务核算信息集中监管改革。即在坚持"预算单位资金所有权、资金使用权、财务核算权不变"的原则下，通过统一预算单位会计核算软件、统一会计核算规程，建立起财务数据"大集中"模式的监管系统。自 2005 年以来，已分 4 批次将 130 个省级预算单位纳入了改革范围，其中一级预算单位 116 家，基本完成省一级预算单位 100%纳入改革试点范围的任务。此项改革作为国库改革的延伸和发展，实现了从资金支付到财务核算全程监管无"盲点"，探索创新了财政资金监管的方式。

随着公务开支度的推行，国库管理中公务卡结算也已成为国库管理中的一个重要问题。按照财政部推行公务卡管理制度改革的总体部署，广东省制定了省级预算单位实行公务卡结算试点实施方案，明确了公务卡的结算方式、适用范围、基本程序、财务管理和实施步骤等具体内容。自 2008 年 1 月以来，省级预算单位分 3 批次全部纳入试点，共开办公务卡 30928 张，累计持卡消费 252305 笔，其中公务消费还款 31095 笔，金额 6600 万元。全省 21 个地级市本级也已全面启动了公务卡改革试点，并在试点工作中取得了较明显的成效。各地市（除深圳）1569 个试点单位共开卡 47308 张，累计持卡消费 214339 笔，消费金额 3.49 亿元，其中公务消费还款金额达 3.3 亿元。

县级改革是广东国库改革的重点和难点。为推动县级国库改革，广东于 2008 年 1 月创新开展了全省财政支出管理电子平台建设工作，平台以国库集中支付系统和财务核算信息集中监管系统为基础，将国库支付系统推广到县（区）级，财务核算信息集中监管系统推广到地市级及个别县（区）。经过几年的努力，现已实现全省 121 个县（市）、区 100%使用国库支付系统管理财政支出，从技术上为县级实行国库集中支付制度提供了有力支撑，极大地推动了县级改革的深化。

（三）浙江经验：构建预算执行管理新机制①

预算执行是预算过程的中心环节，也是预算精细化管理的关键环节。加强对这一环节的把控，将对整个政府预算管理目标的落实起到最为关键的作用。浙江省财政部门在深化财政国库管理制度改革中，努力健全预算执行管理基础，落实预算执行科学化精细化管理，现已初步构建了以现代财政国库管理制度为核心的预算执行管理新机制。

浙江省在构建预算执行新机制改革中，以构建财政资金安全管理长效机制为目标，加强财政资金安全管理。具体做法包括：第一，统一归口管理，健全财政资金安全管理责任制。按照"归口统一管理，严格按程序开设专户，同类专户归并，慎重选择开户银行"的原则，将分散在财政各业务科室的财政性资金账户归口到财政国库部门、集中统一核算管理。近年来，省本级和大部分市、县在资金拨付、财政资金专户管理、财政账户印鉴管理方面都已统一归口到国库部门。同时，按照财政系统惩防体系建设的要求，层层落实财政资金安全管理责任制，一级抓一级，一级对一级负责，形成科学合理的财政资金运行制衡和监督机制。第二，制定标准化操作规范，统一支付流程。制定了预算执行管理工作基础规范书，规范财政会计行为和票据保管，从资金申请、审核批准、拨款和审核盖章、账户印鉴保管等方面规定操作方法和程序，统一支付流程，为各级财政部门做好预算执行管理工作提供参考依据。第三，确定人员配置标准，确保不相容岗位分设。针对部分市、县、区预算执行部门人员配备不足，导致不相容岗位相互兼职、混岗的情况，省财政厅根据预算执行管理部门的主要职责、会计岗位责任制以及当前会计总的核算工作量，规定了县级财政预算执行部门和市地级财政预算执行部门最低应配备的人数，确保不相容岗位分设、职务分离，严防发生拨款由同一人经手、开单、审核、记账核算的"一手清"现象。第四，加强信息技术建设，保障财政资金网络安全。不断完善财政各项业务管理系统在模块设计、流程控制、数据处理、系统访问控制等方面的功能，建立健全并严格执行财政业务系统运行、维护管理、定期检查、重要资料保管、重要事项备案制度，维护系统正常运行，维护系统数据的安全性。建立了网络安全定期维护制度，对网络硬件定期进行检查维修。建立财政业务系统使用安全责任制，并对

---

① 浙江省财政厅：《构建预算执行管理新机制》，《中国财政》，2011 年第 11 期。

安全缺口及时修补，保证财政资金运行的网络安全。

为保证财政资金安全，浙江省财政厅以建立预算执行动态监控机制为目标，结合国库集中支付改革，积极构建全过程支出监控机制。首先，建立关联账户审批制度加强事前监控。即对预算单位拨付到自有资金账户及关联单位账户的资金进行事前审批，从而有效地实现了对财政资金流向的控制，防止了预算单位违规套取财政资金或违规挤压、占用财政资金。其次，通过支付管理系统对集中支付信息监测分析，及时发现和纠正违规或不规范等情况，有效解决财政资金运行中的信息不对称和风险控制问题，实现财政资金的安全透明和规范高效运行，从而加强了事中和事后监督。最后，构建预算执行信息集成机制，提升预算执行分析、预测水平。一方面，积极实施财税库银横向联网改革。目前，全省国税部门除杭州市、省本级外均已加入到横向联网系统；省地税于2010年8月在湖州市已成功实现联网试点，地税系统实现整体联网条件已具备。省级财政于2010年7月通过了联调测试工作，正式加入到横向联网系统运行，省本级可每日自动接收全省各市、县（区）的金库报表，并每日定时将接收到的金库报表转发各市、县。另一方面，构建财政数据分析平台。运用国库集中支付信息系统和财税库银横向联网，建立财政总决算、部门决算、旬月报和国库集中支付信息集成系统，构建财政数据分析平台。同时，不断提升预算执行分析预测水平。在扎实做好预算执行日常分析的基础上，发挥财政集成信息决策支撑作用，加强专题分析工作，深入分析宏观经济、财政收支运行中的新情况和新问题，不断提高预算执行分析的深度和广度。

为保证预算执行管理体制的顺畅运行，浙江省财政厅还建立了预算执行管理组织保障机制，按照优化流程、提高效率原则，科学整合国库部门和会计核算中心职能，统筹配置人力资源，建立一体化管理的预算执行管理组织机构。根据方案，省财政设立了总预算局、预算执行局和财政监督局，初步搭建起了预算编制、执行、监督

"三位一体"的财政组织框架。省本级完成了预算执行局、国库支付处、会计核算中心3个内设机构的整合，归并整合预算执行岗位，重整内部职责，制定工作规则、流程，对内统一人、财、物管理，对外统一以预算执行局为业务平台，实行一体化运行。

浙江省通过落实一系列的政策措施，现已构建了比较有效的预算执行管理机制，不仅有效地增强了财政支出的监督和控制能力，使政府对财政资金的综合调控能力大大增强，而且在很大程度上提高了财政资金管理的效率，预算支出的透明度也得到很大的提高，有力地提升了预算执行分析和预测的水平。

（四）河北经验：探索建立全过程预算绩效管理体系①

财政绩效管理是创新公共财政管理、提高政府预算管理绩效的重要工具，各地方政府都在努力探寻适合本地预算管理实际需要的预算绩效管理体系。河北省是国内较早开展预算绩效管理的省份之一。近年来，在构建预算绩效管理制度体系、建立绩效评价指标体系、开展绩效评价等方面进行了一系列有益的创新和尝试，取得了显著成效。在推进全过程预算绩效管理制度建设中，河北省的多项预算绩效管理工作取得较大突破，逐渐形成了一套完整的、操作性强的全过程预算绩效管理体系。

2004年，河北省财政厅出台了《省级绩效预算管理改革方案（试行）》和《省级绩效预算管理改革试点计划》，建立了预算绩效管理的基本框架体系，并从2005年开始进行预算绩效改革试点。2006年，下发了《省级财政支出绩效评价办法（试行）》及《省级财政支出绩效评价试行方案》，提出了绩效评价、绩效目标、绩效指标、绩效标准在内的一系列核心概念，并从2005年编制2006年预算起将绩效目标指标编入预算文本。2008年，又制定下发了《省级财政支出绩效指标体系建设纲要》，从绩效指标体系的建设原则、目标、结构、步骤、组织管理等方面对财政支出指标体系建设做出全面规划。2010年，河北省财政厅专门成立了预算绩效管理处，随后以省政府文

---

① 河北省财政厅：《探索建立全过程预算绩效管理体系》，《中国财政》，2011年第5期。

件形式下发了《关于深化推进预算绩效管理的意见》（以下简称《意见》）、《预算绩效管理办法》（以下简称《管理办法》）和《预算绩效管理问责办法》（以下简称《问责办法》）3个标志性文件，为推动全省预算绩效管理工作奠定了基础，全过程预算绩效管理制度体系初步建立。

从2006年开始，河北省开始进行绩效评价试点，试点主要选择政府主要部门和与经济社会事业发展密切相关的重大项目，同时兼顾各类支出项目，为全面推行预算绩效管理打下良好基础。2007年，评价实施范围进一步扩大、评价资金量大幅提高，涉及农业、教育、科技、社会保障、文化体育、交通、环保、国土资源等发展性支出项目，评价资金量达到53.06亿元。2008年，省级财政支出绩效评价项目资金量达65.79亿元，其中，国土资源类参评项目资金量达到同类发展性支出预算的92%以上，教育、农业、科技、卫生、环保、交通类参评项目资金量达到同类发展性支出预算的50%以上，其他参评项目资金量达到部门发展性支出预算的20%以上。2009年，预算支出项目绩效评价资金量达到98.38亿元，其中，中央专项转移支付资金11.5亿元，省级预算资金86.88亿元，省级评价资金量占2008年省级发展性支出预算的80%以上。

经过几年的努力，河北省的全过程预算绩效管理得到稳步的推进，已经初步建立全过程预算绩效管理制度体系，预算绩效管理实践开始从事后评价向预算编制、预算执行、结果应用等纵深环节延伸，所有发展性支出项目和专项公用经费项目全部纳入预算绩效管理范围，预算绩效管理实践取得重大突破，全过程预算绩效管理实践正在向纵深发展。

（五）云南经验：加快推进财政支出项目绩效评价管理改革[①]

财政绩效管理是深化财政预算管理改革的重要内容，各地财政部门都在积极探索，逐步构建适合本地财政管理实际的绩效评价模式和体系。近年来，云南省各级财政部门努力探索绩效管理改革，扎实推进财政项目支出绩效评价工作。不但强化了政府投资项目的绩效评价法规建设，规

范了财政绩效管理方式，创新了绩效评价模式，形成了自己的特色，而且切实提高了政府投资项目建设效率和财政资金使用效益。

第一，现已形成"申审评调问"的绩效评价模式。为确保绩效评价工作取得实效，云南省财政厅提出了"申审评调问"的绩效评价模式。"申"是指预算部门（单位）向财政部门申报项目绩效目标；"审"是指财政部门对部门（单位）项目绩效目标进行审核，建立标杆；"评"是指财政部门对照绩效目标在项目执行过程中或项目完成后，将部门（单位）履行职能的产出结果与既定的绩效目标相对比，评价部门（单位）绩效目标的实现程度，得出客观、公正的评价结果；"调"是指财政部门根据评价结果，对绩效好的继续支持或加大资金投入，对绩效不好的缓拨、减拨、停拨财政资金；"问"是指对绩效评价结果较差的有关部门、责任人按相关规定进行行政问责。通过上述模式，全省对重点民生专项资金产出和效果进行客观、公正的评价，促使公共财政的投入用在该用的地方，用得及时合理，不断提高政府重大投资建设项目效率、财政资金使用效益和行政机关工作效能。根据财政部门制定的重点民生专项资金支出绩效评价实施方案，云南省每年选取30%的重点民生专项资金进行绩效评价，同时对政府重大投资项目的资金安排、拨付、管理、使用情况进行监督和跟踪问效。2010年，云南省共对41个关系民生、社会关注度高、资金数额较大的重点项目开展了绩效评价，其中：评价2009年度实施的项目30个、2010年度效能政府建设重点评价民生项目10个、水利抗旱资金项目1个，涉及农业、林业、水利、扶贫、少数民族发展、教育、卫生、旅游、社会保障、科技、行政等领域，评价资金总额逾277.65亿元，包括中央预算资金104.35亿元、省财政资金66.95亿元、州市县（市、区）财政资金5.9亿元以及其他投入资金100.45亿元。

第二，绩效评价现已形成多种工作方式。云南省通过对政府投资项目开展绩效评价，掌握了项目的资金使用、任务完成和效益情况，总结了在项目和资金管理方面的经验，促使全省各部门

---

① 云南省财政厅：《云南绩效评价的实践与建议》，《中国财政》，2011年第14期。

（单位）进一步规范项目管理，并把绩效理念融入财政支出的始终，同时全省在绩效评价工作中形成了3种特色工作方式，即以"直接介入"方式做好重点项目评价方式、组织实施项目支出单位"自评抽查"方式和由省级财政部门统一部署、州市县财政部门具体组织实施的"上下联动"式绩效评价方式。

首先，以"直接介入"方式做好重点项目评价方式，是指在年初时由省级财政部门确定绩效评价对象并下达绩效评价通知书，通知书的内容需包含绩效评价的目的、内容、时间以及相关要求。同时，根据每一财政支出绩效评价对象，成立由省级财政部门和相应主管部门共同组成的绩效评价工作小组。绩效评价工作小组将项目规划、计划、项目和资金管理办法、项目执行现状等与绩效评价相关的文件和资料进行收集，并根据绩效评价对象特点选择相应的中介机构或科研院所，共同制定绩效指标体系、评价标准和评价方式，开展绩效考评，最后将评价结果撰写成绩效评价报告上报省政府。

其次，组织实施项目支出单位"自评抽查"方式，是指省财政厅要求省级一级预算同类财政支出在500万元以上的项目，各部门和单位都应开展自评工作。对于本年度完成的项目，在项目建设任务完成2个月内，由项目的主管部门和单位向省财政厅提交自评报告；对于跨年度完成的项目，在每个预算年度结束后1个月内，由项目的主管部门和单位对项目支出进行中期绩效评价，并将自评报告报省财政厅。在单位和部门自评结束后，由绩效评价工作小组对单位和部门的绩效报告进行审查，同时采取抽查的形式到现场用勘察、询查、复核等方式，对有关情况进行核实，最后将以上两种考评情况综合形成考评结论上报省政府，并将抽查中发现的问题和相关建议反馈给被抽查项目单位，要求整改落实。

最后，由省级财政部门统一部署、州市县财政部门具体组织实施的"上下联动"式绩效评价方式，是指在省级普遍推行绩效管理的同时，选择个别工作基础较好、又有积极性的州市，探索云南特色绩效管理模式。由试点州市自行设计方案并组织实施，财政厅予以指导。在认真调查研究并充分征求意见的基础上，选择资金支出规模大、事关重点建设和民生工程的热点项目进行绩效评价，取得了一定成效，为创新绩效管理机制和工作方式，强化评价结果应用积累了经验。

经过努力，云南省预算绩效管理工作取得了一定的成绩，但是云南省清醒地认识到，由于本省财政绩效评价工作起步时间不长，实践的时间比较短，尚未积累很多实际经验，再加上理论准备不够充足，因此在绩效评价工作中还存在很多问题，如绩效评价指标体系有待完善，理论、技术、数据库等尚不健全，绩效评价结果应用还不充分等。今后云南省将在构建绩效目标管理、财政资金竞争性分配和行政问责相统一的绩效管理机制等方面加以努力，力争逐步建立起以绩效目标为导向，以绩效评价为手段，以制度建设为保障，以财政和预算部门为主体，以改善管理、优化资源配置和提高公共服务水平为目标的具有云南特色的财政预算绩效管理体系。

（六）黑龙江经验：强力推进财政同步监督工作[①]

财政监督是财政预算管理工作中十分重要的工作内容，应当贯穿于财政管理工作的始终。但是长期以来，财政监督工作更多地是依靠专门的监督机构进行，很多地方财政部门内部的业务机构尚未明确将财政监督以制度化的形式融入其日常的业务管理之中。为配合财政管理科学化、精细化的要求，各地在加强财政日常监督方面做了许多有益的尝试，也取得了许多成效。其中，黑龙江省财政部门在这一方面取得的经验，具有比较强的代表意义。

近年来，为加强财政监督的力度，黑龙江省财政厅按照财政部关于树立"大监督"理念和"建立健全覆盖所有政府性资金和财政运行全过程的监督机制"的要求，要求系统内各业务管理机构与专职监督机构同为监督的主体，将财政业务工作的各个领域、各个环节全部纳入监督范围，对预算编制、执行过程及资金使用结果进行全过程监控，从而引导全省各级财政部门更新理念、健全机制，强力推进同步监督工作。经过几年的

---

① 黑龙江省财政厅：《黑龙江：强力推进财政同步监督工作》，《中国财政》，2011年第17期。

努力，黑龙江省财政部门在财政监督方面业已形成以下几个特色：

第一，财政同步监督格局逐步形成。黑龙江省财政厅结合财政工作实际，把构建财政同步监督格局作为推进财政科学化精细化管理的重要抓手，提出了各级财政部门要紧紧围绕"制度约束、日常监督、专项检查、绩效评估和内部控制"5个方面构建财政同步监督格局。财政厅机关内部各业务处室，在开展业务日常财政管理工作中主动加强制度约束和日常监督，对项目审批、资金分配等重要问题，严格按照规章制度办事。省内各市、县财政部门也根据省财政厅的要求，将财政监督用制度化的方式融入到日常的财政管理工作中，并逐渐形成各地特色。如牡丹江市财政局将财政监督融入日常财政管理，通过完善联审机制，强化源头监督；通过完善联查机制，强化运行监督；通过完善联评机制、强化绩效监督。现已初步形成了对财政管理活动的事前审核、事中监控、事后检查和评价的同步监督系统。伊春市财政局一方面通过建立同步监督组织领导机制、业务督导机制和考核评价机制，形成财政日常监督体系；另一方面又通过组织开展"赛账"活动，对各业务管理机构年度会计账簿、原始凭证、会计报表和内控制度等多项内容进行综合评比，在很大程度上促进了财政管理工作科学化和精细化。青冈县财政局通过建立考核评比机制、协调沟通机制和全程控制机制，在全局上下形成了业务管理机构与专职监督机构共同开展同步监督工作的格局。漠河县财政局在会计核算中心专户管理各类专项资金，建立了专项资金封闭运行系统，保障了专项资金安全运行。木兰县财政局各业务管理机构建立了反映行政事业单位人员、资产、收入、支出、专项资金等内容的日常监督台账，加强了对分管业务和预算单位的制度控制、日常监督。各市、县通过组织业务管理机构人员开展同步监督，在很大程度上改变了以往财政监督工作仅由专职监督机构"单打独斗"的局面，将财政监督以制度化的形式融入到财政日常的业务管理之中，全省财政部门初步形成了"制度约束促完善、日常监督强管理、专项检查抓重点、绩效评估查效果、内部控制重规范"的同步监督格局，财政同步监督工作已步入全面推进阶段。

第二，财政同步监督体系逐步完善。从省级层面来讲，黑龙江省财政厅在财政日常管理中，将实施财政同步监督作为建立预算编制、执行和监督三位一体，相互协调、相互制衡新机制的重要举措，着力推进构建"共同参与、统一协调、资源共享、齐抓共管、规范管理、全程监督"的财政同步监督体系。这种同步监督体系的建立，不仅进一步强化了厅长全面负责、主管厅领导重点负责的领导责任，明确了业务管理机构和专职监督机构的职责分工，而且加大了预算编制和预算执行等信息的共享力度，健全和完善了预算执行的动态监控机制。同时，黑龙江省财政厅还将财政同步监督工作的开展情况纳入到了厅机关目标责任制考核范围，从而有力地推动了财政同步监督体系的全面建立。从省内各地、市、县财政部门层面看，各地方财政部门根据新形势、新任务、新要求，着眼于创新财政监督管理体制机制，将同步监督寓于财政工作之中，贯穿于财政运行全过程，不断改进和完善同步监督方式方法，各地相继涌现出许多不同的亮点。如，有的地方以强化部门预算事前审核为切入点，初步构建了预算编制、执行和监督紧密衔接、相互制衡的日常监督体系；有的地方将财政监督和投资评审机构整合成立了监督检查局，对年初预算安排的项目资金和预算追加资金，必须经过监督检查局审查后才能拨付，初步形成了对财政资金进行事前审核和事中监控的监督模式。各个地方在开展财政同步监督工作中的积极探索和实践，进一步丰富了同步监督方法和内容，促进了业务管理机构与专职监督机构共同参与同步监督工作体系的进一步形成。

第三，在财政同步监督力度逐步加大的同时，进一步加强了专项检查和绩效评估工作。黑龙江省财政厅农业处对全省2007~2009年4大类17项强农惠农专项资金进行了地毯式检查。监督局对林业、广播电视等10个省直部门2008~2009年预算执行和财务收支情况进行了专项检查，共查出有问题资金12.9亿元，已收缴入库1.9亿元；全省"小金库"专项治理工作成效明显，共清理"小金库"1010个，涉及金额2.3亿元。各地财政部门在组织业务管理机构开展日常监督的同时，还安排专职监督机构开展专项检查工作。齐齐哈尔市财政局采取"提前介入，全面核查，同步监管"的方式，对高速公路征地拆迁补偿费进行了核查确认，共核减征地拆迁补偿资金1.8亿元。

（七）四川经验：打造公共财政十大亮点[①]

近年来，财政工作围绕结构优化、保障民生和促进产业发展等方面做了大量的工作，各地都取得了相当大的成绩。四川省由于汶川地震灾后重建使得这些方面的工作尤为突出。四川省财政厅在2011年回顾上一年度财政工作时，认为全省财政取得了相当大的成绩，也已打造出十大公共财政亮点，即保重建、助增长、促转变、惠民生、扶"三农"、抗灾害、帮基层、重统筹、推改革、强监管。

亮点一：保重建。汶川地震灾后恢复重建，资金保障是关键。2010年，中央财政恢复重建基金2203亿元全部落实到位，各级财政按时完成了重建资金筹集任务，数千亿元的政府性重建资金达到了统筹安排、突出重点的要求，发挥了关键性的主导作用，为圆满实现"3年重建任务2年基本完成"提供了强有力的资金保障，全省没有任何地方因为财政资金不落实而影响项目建设进度。同时，各级财政认真落实税收优惠、减免政府性基金和行政事业性收费等各项重建政策。设立担保基金，解决困难农户住房重建贷款问题。安排产业发展、园区建设、融资创新等资金，支持灾区产业恢复振兴。下达过渡期财力补助，保障了灾区政府正常运转和提供基本公共服务。

亮点二：助增长。各级财政部门认真贯彻落实积极的财政政策，在增加政府公共投资方面，共计下达中央和省级预算内基本建设资金200多亿元，安排地方政府债券资金180亿元，积极推进交通、水利等重大基础设施建设，促进投资合理增长。2010年，全省预算内固定资产投资比2009年增长50%以上。在扩大城乡消费方面，同时实施增加居民收入、强化社会保障、鼓励消费等组合政策。2010年全省共兑付粮食、农资、良种和农机等"四项补贴"资金67亿元；省财政及时下达对城乡困难居民和困难大中专学生临时价格补贴资金2亿多元；继续提高社会保障水平；认真落实家电、汽车摩托车下乡和家电以旧换新

等鼓励消费政策，兑付补贴资金26亿元，实现补贴产品销售230亿元，增强了消费对经济增长的拉动作用。在扩大出口方面，不断完善外贸出口扶持激励机制，共办理出口退免税69亿元。

亮点三：促转变。2010年，各级财政部门充分发挥财政在促进经济发展方式转变上的调控导向作用。省级财政安排工业、园区建设等发展资金约20亿元，支持了一大批重大技改、自主创新、重大装备制造和工业节能项目，促进产业集群发展。设立省级专项资金，重点扶持战略性新兴产业、优势特色产业、现代服务业和中小企业发展。下达中央和省级资金37亿元，支持节能减排、环境保护、污染治理和城乡环境综合整治。办理企业退税8.9亿元，支持再生资源回收利用。积极支持重大引资项目招商工作。下达专项资金45亿元，深入实施天然林保护、退耕还林、防沙治沙和水土保持工程，加强生态环境建设。

亮点四：惠民生。近年来，四川财政在民生保障方面的投入稳步增长，2010年，全省各级财政民生投入力度更是前所未有，累计拨付"十项民生工程"资金940亿元，比上年增长17.5%。投入163亿元支持医药卫生体制改革，新型农村养老保险试点范围由2009年的21个县扩大到67个县。下达中央和省级资金36亿元，大力支持保障性安居工程建设。中央和省级财政安排藏区牧民定居行动计划资金31亿元，计划建设定居房10.4万户，加快实施藏区"三大民生工程"。财政支持力度加大，使得民生政策覆盖范围进一步扩大，民生保障能力显著提升。截至2010年底，四川农村养老保险制度从无到有，参保人数已达649万人；城乡基本医疗保险制度覆盖人数从1286万人增加到8395万人；城乡最低生活保障制度全面建立，保障人数从220万人增加到578万人。企业退休人员基本养老金连续5年提标，从人均每月600元提高到近1200元；城镇居民基本医疗保险和新农合财政补助标准，从人均40元提高到120元。

亮点五：扶"三农"。2010年，四川一般预算投入"三农"1838亿元，比上年增长31%。省级财政围绕加强100亿斤粮食生产能力建设、"再

---

① 四川省财政厅：《2010年四川公共财政十大亮点》，《中国财政》，2011年第10期。

造一个都江堰灌区"和国家优质商品猪战略保障基地建设 3 个规划，投入资金 10 多亿元。完成农业综合开发投资 12 亿元，改造中低产田近 100 万亩。筹措"金土地"工程资金 15 亿元，整理土地 118 万亩。支持现代农业发展，全省现代农业项目投资总规模达到 40 亿元。省财政筹集资金 20.6 亿元，加大扶贫攻坚力度。省财政下达奖补资金 5.3 亿元，带动全省村级公益事业一事一议支出 15.6 亿元，切实推进了农村社会事业建设。

亮点六：抗灾害。2010 年，四川遭受严重山洪泥石流等自然灾害侵袭，省财政迅速启动在汶川地震救灾中创建的"调度资金保急需、灾情稳定作分配"的应急保障模式，第一时间将救灾资金调往灾区，为救灾应急工作提供了有力的资金保障。同时，努力争取中央支持，及时调整支出结构，打捆安排资金，共计下达中央和省级救灾资金 30 亿元，保证了救灾和灾后恢复重建的资金需要，救灾资金保障力度是多年来最大的一年。省财政还加大了农业保险保费补贴力度，为大量受灾农户挽回了经济损失，保障了农民在受灾后仍然能够稳定增收。

亮点七：帮基层。强省之基在强县。近年来，四川财政着力研究基层财力保障问题，逐年加大转移支付力度，完善转移支付制度。2010 年，省级财政对市、县的一般性转移支付规模达到 734 亿元，较"十五"末期的 2005 年增长近 2 倍。全省县级人均财力增长近 2 倍，县乡财政困难状况得到很大改善。乡村债务化解工作卓有成效，抓住四川被列入全国化解乡村债务试点省份的契机，省财政加大化债补贴力度，2010 年共下达化债激励性补助资金 12.7 亿元，带动化解乡村债务 20 亿元。同时，进一步理顺政府间财权与事权关系，健全县级基本财力保障机制。将淘汰落后产能、灾后重建、公共服务设施运行维护以及教育、医改等增支政策纳入保障范围，并加大了对民族地区、革命老区和贫困地区的财力倾斜力度。研究制定新增事权财力分担机制，实行差异化的分担比例，切实减轻地方配套压力。

亮点八：重统筹。2010 年，为应对收支紧张的局面，各级财政部门加大了对财政性资金的统筹力度，在提高资金统筹能力、集中财力办大事

上取得了明显成效。其中，省级财政整合资金数十亿元，重点支持了藏区"三大民生工程"建设和医药卫生体制改革；通过合理安排地方政府债券资金，为政府投融资平台——"四川发展"注实了资本金，提高了融资能力。同时，不断健全政府预算体系，省级财政在 2011 年预算编制工作中探索实行"四本预算"模式，初步实现了"收入一个笼子、预算一个盘子、资金一个口子"的管理目标，为在全省范围内推行"统揽政府收入、统筹政府财力"改革起到了示范作用。

亮点九：推改革。2010 年，四川财政大刀阔斧推进预算管理改革。一是按照"加强事前控制、优化支出结构、硬化预算约束、注重资金绩效"的原则，实施省级预算编审程序改革。初步建立起更加科学的省级预算决策机制，达到了整合财政资金、优化支出结构、推行零基预算管理的预期目标。二是开展了省级预算执行中期评估工作。在第三季度末对年度预算执行情况不好、尚未执行以及无法执行的项目进行调整或取消。省级共调整和取消项目 102 个，调整和取消项目资金 6.5 亿元，并重新安排给了其他急需资金的项目。三是加大省级财政支出绩效评价力度。评价项目数量从 2009 年的 30 个增加到 80 个，涉及财政资金 62 亿元，占当年省级专项资金总额的 20%。财政支出绩效评价不仅为下一年度财政预算安排、优化支出结构提供了重要的依据，更强化了预算单位使用财政资金的责任意识和绩效意识。

亮点十：强监管。财政法制建设是财政管理的保障。2010 年，四川财政法制建设全面推进，财政决策、财政执法行为更加规范。积极创新财政监督管理，强化对重大财税政策执行和灾后重建、强农惠农等重大专项资金使用情况的监管。"小金库"专项治理工作成效显著，启动了社会团体和国有及国有控股企业专项治理工作。初步建立起政府性债务规模控制和风险预警机制，财政风险监管得到加强。财政信息公开力度逐步加大，将 2008~2010 年省级一般预算和基金预算收支有关预决算表向社会公开；对省财政下达的 27 项专项资金的安排情况进行公示公告，涉及资金 220 多亿元，比上年提高 53%。

（八）山东日照经验：推进财政管理信息系统一体化建设①

推进财政管理信息系统一体化建设，是提高财政管理科学化和精细化水平、推进财政改革发展的客观需要。日照市作为山东省市级平台试点市，于2010年5月启动"日照市财政业务综合管理平台"的建设与实施工作，目前市级及所辖区县、开发区均已建成基于平台的一体化财政管理信息系统，上线运行情况良好。截至2011年6月，市级通过新系统编制部门预算227份；累计下达指标11314笔，金额110亿元；授权支付支出41398笔，金额23.3亿元，直接支付支出5765笔，金额64.1亿元；办理政府采购业务1275笔，采购金额11.5亿元。日照经验的具体做法可以归纳为以下几点：

第一，充分整合资源，构建一体化信息平台管理模式。日照市按照"资源充分整合、信息充分共享、运行安全高效"的原则，确定了以"生长"为主、"接入"为辅的模式，在确保符合财政部相关规范要求的前提下，以基于平台的"生长"模式重新开发部门预算、指标管理、集中支付、账务、工资统发、公务卡、政府采购、财政预警等核心业务系统，以"接入"模式整合改造非税收入、国有资产管理等相对独立的业务系统，现在已经建成了包括基础平台、业务系统、统一门户和综合分析系统的一体化信息平台系统，将所有财政核心业务全部纳入平台统一管理。

第二，规范业务流程和基础数据，提高信息平台管理的科学化、精细化水平。日照市按照科学化、精细化管理的要求，制定了详尽的建设计划，对平台建设任务进行分解细化，着力抓好业务流程和基础数据规范应用工作。一是实施业务流程再造。以平台建设为契机，按照"依法理财、高效透明、权责明晰"的原则，对科室和工作人员岗位职责、业务流程进行了全面梳理和规范，对业务处理权限、办理依据、时限要求、风险控制节点、纠错防范措施等作了明确规定，共编制了89项工作流程，使预算编制、资金拨付、项目申报、非税收入、政府采购等日常管理更加科学精细，为信息平台建设奠定了良好基础。二是建立财政管理数据标准。根据财政部《财政业务基础数据规范》和《财政业务基础数据规范维护管理办法》，结合本市实际建立财政管理数据标准，建设基础核心平台，并按照统一的数据规范建设标准，对财政核心业务系统进行生长改造。同时，充分利用数据仓库技术，构建统一的数据分析中心，实现数据的综合分析与挖掘。通过开发统一的门户管理系统，实施统一用户管理、待办事项提醒及单点登录等，促进了财政管理的精细化和人性化。

第三，搞好"三个结合"，促进信息平台管理集约化。所谓"三个结合"，是指软（件）硬（件）相结合，确保系统运行的安全性；流程化与灵活管理相结合，提高系统的实用性；新旧结合确保高效利用数据资源。从运行情况看，日照市一体化平台系统编码标准统一、操作功能完善、业务流程贯通、数据集中共享，对保障财政业务高效运行、提高财政分析决策水平、推进财政科学化精细化管理等，发挥了重要促进作用。

基于财政管理信息系统一体化建设，使平台的一体化系统涵盖全市预算编制、执行、监督的全过程，并且覆盖所有财政性资金管理，使财政预算管理呈现出全新的面貌，具有重要的现实意义。首先，财政管理信息系统一体化建设，有利于加强财政宏观调控，强化财政全方位动态监控，随时掌握每笔财政资金运行、财政日常管理和各项业务进展情况，为统筹业务安排、统筹资金运作、改善和加强财政宏观调控提供了更加有利的条件。其次，通过一体化平台系统的应用，将表层系统的各种业务数据按统一的编码标准记入平台，形成了包含财政收支、账务、决算、债务、采购、人员、资产、项目库等多种信息在内的数据中心，在此基础上，按照业务特点建立的多维分析模型，提供全口径、多类别的综合查询报表，实现了对预算安排、收支情况、执行进度等多方面的即时反映和综合分析，使财政分析决策更加科学合理，有利于提高财政科学决策的水平。最后，一体化平台系统数据高度集中、业务协同紧密、信息充分共享、工作流程优化，同时着眼于满足用户需求，充分保留提升原系统的优点及用

---

① 胡怀新：《日照：推进财政管理信息系统一体化建设》，《中国财政》，2011年第24期。

户使用习惯，使新系统具有了"安全稳定、标准通用、简洁明了、快捷高效"的特点，实现了财政资金上传下达、对账、数据报送等业务的自动化处理，解放了人力，提高了财政内部、银行、预算单位间的沟通协作和快速反应能力，从而有力地提升了财政管理效率。

四、实践创新总评

从以上选取的中央和地方各级政府在预算管理方面的实践探索和创新可以看出，转变管理理念、加快制度建设、创新管理手段是当前和今后一个时期政府各级财政部门努力的方向，也是不断促进我国政府预算管理更加科学化的重要推动力。从中央层面来看，中央政府更加注重致力于宏观层面的制度创新。中央政府强力推行的政府预算公开透明，不仅是现代政府预算加强监督管理的需要，更是推进我国民主法制化建设、实现政府职能转变、深化政府治理、提高行政效能的有力保证和有效工具。而推行地方政府自行发债试点，则是多年来对我国地方政府是否可以发债、地方政府应当如何规范融资行为争议的一个很好解释和有益尝试，为下一步扩大试点范围积累经验和奠定制度基础，是一项全新的制度创新，将为我国政府债务管理开辟新的空间，也将为缓解地方财政融资压力开辟一条规范化管理的路径，必将对我国地方预算管理体系的完善产生积极的推动作用，对深化政府预算管理体制改革具有重要的理论和现实意义。从各地的实践经验看，地方政府财政部门的预算管理实践创新更加务实。各地大多都是紧密围绕本地政府预算管理的实际需要，根据上级财政部门的指导原则，在管理制度和管理手段上不断创新和积累经验。本章中选取的广东经验、浙江经验、安徽经验、河北经验、云南经验、黑龙江经验和四川经验，都是基于省级财政对政府预算管理深化改革的突出范例，而选取的山东日照经验，则是基层财政部门在管理技术上大胆创新的一个典型代表。

从安徽省的经验可以反映出当前我国各地方政府财政部门在我国推行部门预算后，都在具体的制度建设和细化管理方面狠下工夫，并在统一的部门预算制度框架下逐渐形成了富有本地特色的部门预算管理模式。而广东省经验和浙江省经验则充分反映出各地方政府财政部门对继续深化国库集中收付制度的高度重视，各地方财政部门在不断完善制度建设和国库单一账户体系建设的同时，还全力打造预算执行管理的新机制，力争实现预算执行全过程控制，进而为提高财政资金运行效率和增强财政信息管理能力进行大胆尝试。透过河北省经验和云南省经验，我们可以清楚地看到各地方政府财政部门在推行绩效预算管理体系中所做出的不懈努力，各地都在积极探索，试图在全过程预算绩效管理和财政支出项目绩效评价方面有所突破，其目的不单是为当前的绩效预算管理服务，也为今后更加全面、科学地构建适合本地实际的绩效预算管理模式积累经验和探寻路径。在加强财政日常监督方面，黑龙江省的经验告诉我们，只要加强重视，认真规划和组织落实，将财政监督融入到财政部门的日常业务管理过程中是完全能够做到的，这不仅为加强财政日常监督探索了一条新的路径，也为今后我国各地方财政部门规范财政日常监督工作提供了有益的参考。我国的公共财政是为政府宏观政策目标服务的，是保障民生、实现结构调整、促进经济社会又好又快发展的最重要手段和工具。四川省的经验无疑充分体现了这样一个主题。四川省通过努力打造公共财政十大亮点，非常鲜明地反映出我国地方财政部门在支持地方经济发展、促进民生建设和经济结构调整中发挥的重大作用和做出的突出贡献。作为基层财政部门，日照市在成为山东省市级平台试点市后，在努力推进财政管理信息系统一体化建设方面取得了非常突出的成绩，充分说明我国基层财政部门面对政府预算管理改革的大趋势，都在积极响应，努力从自身做起，不但进行理念的更新和制度的建设，更是在管理的方法和工具方面积极想办法，特别是在运用现代技术完善财政预算管理方面的大胆尝试，不但强化了财政的宏观调控能力，提高了财政科学决策水平，也有力地提升了财政管理的整体效率，其经验值得推广。

第三节　代表性成果

一、《公共预算：比较研究》

作　　者：马骏、赵早早

出版时间：2011 年 3 月

出 版 社：中央编译出版社

内容简介：该著作主要从政治学和公共行政学角度，运用比较研究法，通过描述、解释、并列、比较，分别针对西方主要发达国家公共预算体制中的预算制度、总额控制、配置效率、管理效率和财政问责 5 个方面展开研究，在详细阐述现代公共预算基本概念的基础上，提出一个比较分析框架。这个框架既包括对公共预算制度中规则或程序的分析，也包括对财政收支总额、财政资源分配、公共部门运作效率和财政问责等的研究。该著作主要从政治学和公共行政学角度研究公共预算问题，不仅突破了传统公共预算研究的局限，而且补充和发展了希克关于公共预算研究的理论框架，同时利用历史研究视角和比较研究方法，针对西方主要国家的公共预算问题展开讨论，具有一定的理论价值和现实意义。

社会影响：本书为"国家哲学社会科学成果文库"第五批成果文库（2010~2011 年）著作。

二、《财政预算透明度提升的环境基础研究报告》

作　　者：李燕

出版时间：2011 年 11 月

出 版 社：中国社会科学出版社

内容摘要：政府预算透明是实现财政民主和有效财政监督的重要前提，也是社会公众监督各级政府权力行使的基础，体现着公共财政的本质特征。预算透明是公共财政领域透明度问题的核心内容，是实现良好财政治理的关键因素。20 世纪 90 年代以来，在经济和金融全球化加速发展的背景下，以澳大利亚、新西兰为代表的许多发达国家和部分发展中国家，开始将其政府公共治理的重点转向提升预算透明度方面，通过专门的立法规定政府必须公开披露所要求的财政预算信息。正是在这种国际背景下，预算信息公开问题日益受到公共政策制定者的关注，并成为加强财政管理的重要目标。本书研究了我国财政预算透明度的环境基础并提出提升我国预算透明度环境基础的路径与对策。

全书共分 10 章：第一章，预算透明度及其标准体系；第二章，预算透明度提升的环境因素分析；第三章，美英预算透明度提升的环境基础；第四章，中国预算透明的环境基础分析；第五章，中国预算透明度现状的评估；第六章，中国预算透明度提升的路径与政策选择；第七章，中国部门预算公开透明的调研分析；第八章，预算公开透明的国际经验与借鉴；第九章，中国省级政府财政信息平台建设实证分析；第十章，政府财政信息公开的法制保障。

社会影响：本著作为中央财经大学"211 工程"三期重点学科建设项目，是中央财经大学财政学院中国财税研究报告。

三、《财政支出、经济结构与预算绩效评价》

作　　者：王宏利

出版时间：2011 年 6 月

出 版 社：经济科学出版社

内容摘要：《财政支出、经济结构与预算绩效评价》一书，重点研究了预算支出对经济总量与产业的影响以及预算支出绩效评价指标体系，具体包括预算支出对经济总量及产业影响的实证分析、预算执行绩效评价指标体系和财政专项资金绩效评价指标体系。全书共分 9 章：第一章，引言；第二章，预算支出对经济总量与产业影响的实证分析；第三章，预算支出绩效评价标准和指标选用方法；第四章，预算执行绩效评价指标体系；第五章，财政专项资金绩效评价指标体系；第六章，预算绩效评价方法与模型；第七章，中央和地方财政绩效评价与管理制度综述；第八章，各地预算支出绩效评价指标体系建设和应用情况的比较分析；第九章，预算支出绩效评价的发展趋势展望。

社会影响：该书应用多种分析工具，从多个角度研究了财政支出对经济的影响，系统全面地分析与总结了财政支出规模与结构的绩效评价问题，对相关研究者具有一定的借鉴作用，对提高政府绩效管理水平具有决策参考价值。

四、《走向"预算国家"：治理、民主和改革》

作　者：马骏、谭君久、王浦劬

出版时间：2011 年 7 月

出版社：中央编译出版社

内容摘要：本书收录了第二届"中国公共预算研究全国学术研讨会"上的 25 篇论文，共分 5 个专题：第一个专题关于国家治理中的公共预算，讨论了现代国家构建中的公共预算、从政治监督学角度看公共预算监督、地方官员对预算的影响、财政补贴和公共预算制度、公共财政过程中的预算核心地位和非常规预算调整的问题。第二个专题关于预算民主和透明性问题，涉及的内容包括人大对预算监督转变的讨论、地方人大权力的重塑、公共预算中的公民参与以及国外预算透明的启发。第三个专题是介绍公共预算改革的情况，有对地方预算改革的探讨、绩效预算改革的研究和国外预算改革经验的介绍。第四个专题是围绕政府间财政关系展开讨论，有的文章讨论了宪政分权下的政府间财政关系，有的文章从不同的维度讨论转移支付问题，有的文章总结了改革开放以来的中央与地方关系，还有的文章研究地方领导的政治流动与政府财政表现的关系。第五个专题是总结公共财政管理的新实践和新探索，涉及的内容包括会计制度、义务教育的公共支出、国债与通货膨胀的关系、科技投入与经济增长的关系和政党财政的比较研究。

社会影响：《走向"预算国家"：治理、民主和改革》中这些论文主要围绕着公共预算与国家治理、预算民主、公共预算的改革和实践等研究公共预算的关键问题，基本代表了中国公共预算理论研究和实践探索的前沿。

五、《2011 中国财政透明度报告》

作　者：上海财经大学公共政策研究中心

出版时间：2011 年 7 月

出版社：上海财经大学出版社

内容摘要：《中国财政透明度报告》描述我国省级政府财政透明度一年来的发展变化，捕捉其变化趋势，发现其中的问题，并提出改进意见。《2011 中国财政透明度报告》是该项目的延续和拓展，研究小组在众多师生的共同参与和支持下，经过近半年的努力，对全国 31 个省级政府的财政透明度、341 个省级行政单位的行政收支及相关信息公开状况以及省级政府财政信息对同级人大的公开程度进行了调查、分析、评分和排序，最后形成了这份评估报告。

该报告的主要内容如下：在总报告中，描述了 2010 年中国政府信息公开进程，总结了对中国省级财政透明度、省级行政单位行政收支及相关信息透明度以及省级政府财政信息对人民代表大会公开的程度的评估结论，并提出有关建议。第一部分，对 2010 年政府信息公开历程回顾；第二部分，对 2011 年政府信息公开重大事件评论；第三部分，对 2011 年中国省级财政透明度状况进行分析；第四部分，对省级行政收支及相关信息透明度评估；第五部分，对省级财政信息对人大公开程度的评估；第六部分，对广州市财政透明度进行特别评估。

社会影响：《中国财政透明度报告》是上海财经大学"211"三期建设规划资助的研究项目。该项目拟从 2009 年起对我国财政透明度进行连续多年的调查评估。

六、《中国政府预算改革及其绩效评价》

作　者：杨玉霞

出版时间：2011 年 1 月

出版社：北京师范大学出版社

内容摘要：该书讲述了政府预算基本理论、规范化政府预算目标模式、政府预算改革历程及其主要特征、政府预算改革现状分析、政府预算改革的绩效评价、政府预算改革的未来取向——预算国家、地方政府非税收入管理创新等。该书选择从整体上透视政府预算改革这个角度，设计了中国政府预算绩效评价体系，以规范化政府预算目标模式为参照系，运用演绎推理的方法、对比的方法、模型的方法，综合评价了 1998 年以来政府预算改革的绩效。本书的研究主要有以下几个特点：一是理论上有所创新。构建了规范化政府预算近期及远期目标模式，为我国政府预算改革的迅速推进并取得预期效果提供理论指导。突破了我国政府预算改革一直以来缺乏理论指导的现状。二是以改革的视角对政府预算改革绩效进行了综合评价。三是研究方法上有所创新。本书对政府预算改革效应运用具体的评价指标及修正后的汉森模型进行了定量分析，更直观、更具说服力地展现了预算改革的绩效。并运用演绎推理的方法推导出我国政府预算改革目标实现的途径。

社会影响：《中国政府预算改革及其绩效评价》属于比较前沿的学术研究。

七、《中国行政成本控制机制研究：基于预算改革的视角》

作　　者：杨雷

出版时间：2011 年 9 月

出 版 社：经济科学出版社

内容摘要：《中国行政成本控制机制研究：基于预算改革的视角》一书从公共预算的视角切入，分析政府行为的预算约束机制是什么？预算软约束下的中国行政成本规模和结构是怎样的？为什么会出现中国行政成本扩张的预算软约束现象？如何改革现有的预算管理制度，以解决中国行政成本扩张的预算软约束问题，从而控制行政成本？

该书的第一章是导论，对现有的研究文献进行了梳理，阐述了研究意义、研究方法及可能的创新。第二章，鉴于政府的各种活动直接导致了行政成本的产生，因此控制行政成本就必须规范和约束政府行为。在对政府理论进行全面梳理的基础上，首先介绍了政府行为的 3 种约束机制：权力约束、权利约束和法制约束，以及预算与三者的关系；接着从历史和现实两个方面，研究了政府行为预算约束机制的成长、内容和作用，以及其发挥作用所必需的制度环境。本章论述了这样一个观点：即预算是约束政府行为进而控制行政成本的有效手段，而预算约束机制发挥作用又需要相应的制度环境。第三章，首先对中国行政成本进行历史考察，分析影响行政成本变动的因素；接着进行国际比较，得出一些经验性的结论。第四章，首先分析了中国行政成本扩张的预算软约束现象，接着从"全口径预算"的角度首次实证测算了包括公共财政预算支出、预算外支出、政府性基金预算支出、土地出让支出在内的全部政府支出中的行政成本；然后分析其结构及变动情况，分析哪些部分是需要控制的，继而概括其特点；最后提出问题：现代政府的公共预算本应对政府行政成本的扩张起到约束作用，但为什么在中国却出现了行政成本扩张的预算软约束现象？在第五章，通过新制度经济学的分析框架，探讨了中国行政成本扩张预算软约束的原因。由于目前中国预算管理的制度供给失衡制约了预算的约束力，导致了预算对行政成本约束的软化。一方面，现行的预算管理体制中，在预算编制、预算执行和预算监督 3 个环节，存在着诸多不完善、不规范的地方而没有能够得到制度上的改进，相对于控制行政成本的预算管理制度需求而言，制度供给不足；另一方面，现行的预算管理制度又受制于财政体制和行政管理体制，预算管理制度和上述体制存在制度摩擦。两方面因素交织作用，加剧了这种制度供给失衡的状态，导致了行政成本扩张的预算软约束。而控制行政成本，就必须从这两方面入手，消除预算软约束的制度障碍，为通过预算控制行政成本创造良好的制度环境。第六、七、八章，分别从预算编制、预算执行和预算监督这 3 个方面研究了应对措施，着重在制度建设层面提出了政策建议。第九章，初步探讨了进行财政体制和行政体制改革，消除与预算体制的制度摩擦，以控制行政成本的政策建议。然后，在全书分析的基础上，得出结论并提出政策建议。

社会影响：该书从预算改革的视角分析中国行政成本控制机制，对改革现有的预算管理制度，以解决中国行政成本扩张的预算软约束问题具有一定的参考意义。

八、《中国公共预算改革：从年度到中期基础》

作　　者：王雍君

出版时间：2011 年 7 月

出 版 社：经济科学出版社

内容摘要：该书共分 6 章。第一章的主题是定义、解释中期基础预算，阐述中期基础预算在国外兴起的背景；第二章介绍经济合作与发展组织（OECD）国家、非洲国家和俄罗斯的中期基础预算，总结这些国家在引入和运作这一体制中积累的经验、教训和理论基础；第三章讨论中期基础预算相对于年度预算的相对优势，考虑的焦点是两者在促进公共支出管理的 4 个主要目标（合规性除外）——财政纪律、优先性配置、运营绩效和风险管理的相对效果；第四章分析中国引入中期基础预算的意义和可行性，阐明引入这一体制需要创造的条件；第五章区分预算过程的不同阶段（准备、审查、执行与评估），讨论引入中期预算体制改革的要点和改革次序；第六章侧重从环境因素方面讨论成功引入中期基础预算需要的配套改革和措施，特别是加强预算的全面性和透明度、引入规划预算和预算观念变革。

社会影响：《中国公共预算改革：从年度到中期基础》为"十二五"国家重点图书。

九、《地方政府债务融资及其风险管理：国际经验》

作　　者：刘珂珂

出版时间：2011 年 3 月

出 版 社：经济科学出版社

内容摘要：从 20 世纪 90 年代初起，地方政府债务的重要性在很多发展中国家不断上升。第一章是导论。第二章是地方政府债务融资：实现可持续性。探讨了地方政府债务融资的重要性的提升、金融危机：影响和应对、长期的结构性问题，并得出相应的结论。第三章是地方政府债务融资管理层全球金融危机。提出地方政府债务融资的重要性不断提高，分析了金融危机对财政平衡的影响、金融危机对融资成本的影响、反周期性宏观经济政策与地方政府的关系、地方政府债务融资的监管体系以及长期的结构性挑战等问题。第四章是地方政府债务融资及其风险管理。分析了地方政府发债的监管、事后无力偿还债务应对机制、规范管理城投公司、加强地方政府管理债务的能力、管理土地融资中的财政风险和发展地方债务市场等问题，并提出改革的措施建议。第

五章是地方政府的借贷、破产和相关监管。主要研究了地方借贷的益处和风险、监管地方借贷的理由、地方政府借贷的监管体系事前监管以及地方政府借贷的监管体系破产机制等问题。第六章是地方政府破产：跨国经验和教训。介绍了为什么要监管地方政府破产、地方政府破产机制的设计、地方政府破产程序等关键要素，总结了地方政府破产的教训并得出结论。第七章是地方政府的信用评级：比较研究。研究了评级程序和评级指标、地方信用评级的好处和局限性、影响地方政府信用评级的主权国家方面的因素、信用评级的方法变化，并探讨了在发展中国家进行地方政府评级所面临的挑战。第八章是地方政府的财政可持续性分析：我们能从泰米尔纳德邦学到什么？首先提出了地方财政可持续性分析框架，其次分析了财政调整的相关案例，对地方政府财政的可持续性进行了分析并得出结论。第九章是将土地融资纳入地方财政管理体系。重点研究了土地融资的财政风险和政策议题，提出建立地方政府监管框架，并对管理地方政府土地融资的财政风险的已有实践和探索进行了介绍。第十章是建设强大的地方政府债券市场——基于监管者视角的分析。提出了地方债券市场监管的总体目标，并对美国的市政债券制度进行了介绍。

社会影响：该书集结了世界银行对地方政府债务管理相关问题进行研究的成果，对研究我国地方政府债务管理问题具有重要的参考和借鉴意义。

十、《政府的价格：如何应对公共财政危机》

作　　者：戴维·奥斯本（David Osbome）、彼得·哈钦森（Peter Hutchinson）著，商红日、吕鹏译

出版时间：2011 年 7 月

出 版 社：上海译文出版社

内容摘要：《政府的价格：如何应对公共财政危机》可以看作是享誉全球的政府管理权威作品《改革政府》的姐妹篇。在戴维·奥斯本及其合作者的《改革政府》的总体方案设计背景下，《政府的价格》一书分析了美国联邦政府和各级地方政府持续财政危机的现状，生动而翔实地从总体方

略、战略、政府公共服务创新、提高政府行动绩效和提高政府领导力等方面阐述了解决公共财政危机的思路，力图指明如何将持续的财政危机转化为机会并从公共机构中赢取更多的价值。

具体步骤如下：第一步，改变预算流程。预算流程要从公民所要求的结果和情愿付出的价格开始，而不是从已有的项目及其产生的费用开始。第二步，构建仅仅由购买这些项目所决定的预算，这些项目能够呈现所需要的结果，多余的则遗弃。第三步，必须精简政府使其规模适度、形态合理以更有效率。第四步，要作战略的再检讨、合并与合理化，运用竞争机制从每笔税金中挤出更多的价值，使每个项目、组织和雇员都能够对结果负责。

社会影响：《政府的价格：如何应对公共财政危机》一书与《改革政府》相比，主要聚焦于公共财政的危机，并提供了系统和可操作的解决之策，比《改革政府》更具有描述性、说明性。《政府的价格》一书将帮助公共部门的领导者在预算、组织规模、开支、管理以及最终在领导活动和政治等方面，变得更加明智。

十一、《科学发展与我国〈预算法〉修订应予特别关注的五大问题》

作　　者：朱大旗
发表时间：2011 年第 9 期
期刊名称：《政治与法律》
内容摘要：目前，我国《预算法》正面临修订。《预算法》的修订千头万绪、错综复杂，但从科学发展、从建立适应社会主义市场经济体制与和谐社会发展需要的公共财政制度的要求来看，我国《预算法》修订的首要问题是应对立法宗旨加以修改，以确保人民群众公共需要最大化实现的目标能够在各具体预算制度中加以体现；同时，《预算法》的修订还应确立全口径预算管理原则，合理划分各级政府的事权、财权与财力，科学配置同级人大和政府的预算权，依法确立和推进国家预算的公开透明。

社会影响：该论文为作者主持的国家社会科学基金项目"预算法的修改与完善研究"（07BFX041）的阶段性成果；作者主持的教育部哲学社会科学研究重大课题攻关项目"社会转型

与法律变革研究"（07JZD0013）之子项目"社会转型与经济法律变革研究"的阶段性成果。

十二、《参与式预算影响地方公共支出结构的实证研究》

作　　者：林敏、余丽生
发表时间：2011 年第 8 期
期刊名称：《财政研究》
内容摘要：在中国政治集权而经济分权的垂直控制体制下，如何提高基本公共服务在政府公共支出中的比重，一直是政府治理的热点问题。参与式预算是一种"自下而上"的责任机制，本文利用 2002~2009 年浙江省台州市 72 个乡镇的面板数据，首次实证检验了参与式预算与地方政府公共支出结构之间的关系，发现参与式预算的实施显著提高了与民生密切相关的教育、社会保障以及医疗卫生支出占预算内财政总支出的比重，降低了一般公共服务支出占预算内财政总支出的比重。在此基础上，本文给出了基层政府治理的政策建议。

社会影响：该论文受到教育部人文社会科学重点研究基地项目"新政治经济学理论及其在中国的应用研究"（07JJD630010）和教育部人文社会科学研究青年项目"后危机时代中国开放型经济发展模式转型研究"（10YJC790266）的资助。

十三、《财政预算专业化制衡、绩效预算与防治腐败》

作　　者：许正中、刘尧、赖先进
发表时间：2011 年第 3 期
期刊名称：《财政研究》
内容摘要：财政管理体制创新是从源头上预防和治理腐败的关键。当前，涉财涉税腐败在各类腐败案件中居多数，财政管理体制的疏漏是腐败发生的制度性根源，加之财政预算透明度不高，导致财政资金脱离公众监督，成为财政资金被挤占挪用，甚至导致贪污腐败的温床。因此，利用财政预算制度内在的防治腐败的"基因"，建立财政预算编制、执行、决算、评估环节专业化内部制衡机制，形成防治腐败、实现财政预算硬约束的内在循环机制；以绩效预算管理为重点，提高财政透明度，建立公众参与财政监督的长效机制，有效实现政府—人大—公众在预算过程中的互动，形成内外双重制衡财政监督机制，夯实制度防腐基石。

社会影响：该论文为国家自然科学基金"基于工具创新的绩效预算研究"（70840011）的阶段性研究成果。

十四、《省以下财政体制改革的深化与政策着力点》

作　　者：孙开
发表时间：2011年第9期
期刊名称：《财贸经济》
内容摘要：财政改革向着省以下财政体制和基层财政领域逐步延伸，是我国财政发展的自然逻辑。在这一进程中，需要我们进一步厘清优化地方财政体制所亟待解决的关键问题和政策着力点。在剖析我国近年来地方财政体制改革措施的基础上，本文认为，应从各地间差异较大的财政省管县实施办法中提炼出"优势特色"，以县级财政为重点整合地方财政级次，构建与县级基层政府责任相匹配的基本财力长效保障机制，同时不削弱市级和乡镇财政的特有功能，建立辖区内和跨辖区的地方财政转移支付体系，提高省以下财政体制的整体运行效率。

社会影响：该论文为教育部2009年人文社会科学研究规划基金项目"基于财力均等化标准的财政转移支付制度研究"（09YJA790025）的阶段性成果。

十五、《财政体制变迁、"土地财政"与产业结构调整》

作　　者：陈志勇、陈莉莉
发表时间：2011年第11期
期刊名称：《财政研究》
内容摘要：本文旨在探析2000年以来的财政体制变迁与"土地财政"形成以及产业结构调整之间的联系机制，采用了2000~2009年我国省级面板数据进行了实证分析。通过分析我们发现：税收收入集权效应和土地房产财税收入的分权效应促使我国产业结构中房地产业比重上升的作用机制是存在的。为此，需要进一步优化我国财税制度设计，增强其科学性和内在稳定性。

社会影响：该论文受到国家社会科学基金项目"建立有利于科学发展的财税制度研究——基于对'土地财政'问题的治理"（08BJY141）的研究资助。

附：代表性论文选登

财政分权视角下的地方政府债务研究：一个综述[①]

龚　强　王　俊　贾　珅

[摘　要]　本文通过在财政分权的框架下对地方政府债务的成因、影响、管控的相关理论分析和经验研究的梳理，总结了较为成熟的财政联邦经济体在地方债务管理实践中的经验、教训，同时，也对正处于分权化改革当中的转型国家的地方政府债务问题进行了总结，并最终落脚到中国的地方政府债务问题上来。中国的地方政府债务问题因与分税制度不完善、地方官员激励扭曲、地方融资平台不规范、宏观调控和财政政策需要等问题联系在一起而更加错综复杂，需要在借鉴已有研究的基础上结合中国的现实制度特征做进一步深入研究。

[关键词]　财政分权；地方政府；债务；预算软约束

一、引言

2008 年全球金融危机之后，中国地方融资平台的空前繁荣，成功推动了中国经济的快速复苏，但也产生了亟待解决的新问题。2009 年，在经济刺激计划的带动下，地方政府融资平台继续快速增长，由于管理不规范、运作不透明等因素的影响，地方政府融资平台的风险也不断累积，进而威胁银行信贷资产质量和金融体系的稳健运行。除此以外，为了应对金融危机，中央还在 2009 年、2010 年连续两年每年代发 2000 亿元地方债，尽管这只占地方融资需求很小的一部分，但已经打破了中央对地方政府举债保持了 16 年的禁令。如何借着这一契机将早已巨量积累的隐性地方债务推向"阳光管理"，建立规范透明的地方政府融资渠道，是一个引发多方关注和思考的问题。要解决好这一问题，既需要借鉴已有的国际经验，又需要结合中国的现实国情，因此有必要对这两方面研究进行总结梳理。

为了建立对地方政府债务问题的最初认识，我们可以将政府部门和私人部门、金融部门进行一个简单比较。在私人部门，经济主体（企业和家庭）可能会因为流动性的缺乏、收入与支出的波动等原因举债。在充满不确定性的经济环境中，出现借债是正常且不可避免的。但在自由的市场经济环境下，资金的贷出者会通过借贷利率和借贷数量来对借款人进行约束，没有持久收入支持的负债不会系统性地存在，私人部门长期来看是总体平衡的。在金融部门，金融中介的作用要能发挥，必须依托于金融机构的持续负债能力。负债是一种主动的功能需要。然而，持续负债的经营模式在润滑经济的同时，也使得金融部门比私人部门存在着更大的债务风险，这种潜在的风险使得社会必须通过法律、市场竞争、机构监管、行业规范和内部管控来约束金融机构的负债行为，以免对经济运行造成系统性的不利冲击。

就负债问题而言，政府与上述两个部门皆不相同。一方面，社会需要政府在提供公共品方面的作为，在税收不能够满足政府支出时，政府负债融资是一个补充手段。另一方面，政府与私人部门和金融部门有着根本的区别，政府是一个社会中公权力、暴力机关和货币发行权的唯一合法拥有者。当税收收入难以支撑财政支出或者难以维持政府债务时，政府总还是可以通过发行货币来解决问题。尽管这会引发通货膨胀。这种对经济个体的隐性税收，政府所需支付的唯一代价就

---

①　龚强、王俊、贾珅：《财政分权视角下的地方政府债务研究：一个综述》，《经济研究》，2011 年第 7 期。

是政治成本，只要这种成本还没有高到足以威胁社会稳定，政府的负债就比私人和金融部门有更大弹性。进一步，具体到地方政府来说，其不仅是地方经济中公共财政的代理人，同时，在全国性的政府部门中还作为一级子机构存在。因此，如何尽量保证地方政府在税收以外有充足的债务资金以保证地方公共支出的需要，同时又对地方政府潜在的过度支出倾向进行合理的限制，是各国地方政府财政实践和理论研究的基本问题。

本文的第二部分首先介绍第一代财政联邦理论对地方政府债务问题的基本看法。随后，第三部分引入政府间转移支付并讨论了导致地方政府债务过度积累的核心激励，也即预算软约束问题。第四部分介绍了各国在约束地方政府借债行为的实践经验以及地方政府对借债管理的种种规避，并对地方债务管理实际效果的经验研究进行了梳理。在第五部分，我们关注了转型经济体中地方政府债务问题的一些特有表现，以此为过渡，我们在第六部分对中国的地方政府债务问题展开讨论。最后，第七部分进行总结。

二、财政联邦理论框架下的地方政府债务研究

在计划经济下，政府部门的经济决策由中央政府统一集中做出，地方政府的财政自主性基本丧失。只有当中央政府将部分财政自主权下放到地方时，地方政府才有可能出现财政不平衡和举债融资的需要。因此，地方政府债务问题天然地内置于实行财政分权或者财政联邦制的经济体当中。在财政分权的框架下，地方政府面临的预算约束可以由下式表示：

财政支出－财政收入＝转移支付流入＋新增地方债务

在上式中，从行为顺序来看，等式右边是等式左边的结果，但从经济逻辑上看却恰好相反，等式右边是等式左边的原因，因为地方政府正是在其所面对的转移支付和债务约束的相关激励下来对当前的财政支出做出决策。因此，讨论地方政府的债务问题基本就是围绕上述核算等式中各项之间的相互作用来展开的。在这一部分，我们先将等式右边的"转移支付流入"去掉或者视为给定，在第三部分再将政府间的财政不平衡和预算软约束问题引入讨论。

根据 Vo（2010）的总结，以 Tiebout（1956）、Musgrave（1959）、Oates（1972）等为代表的第一代财政联邦理论的主要贡献是，其指出了通过多层级的政府体系提供公共品比由单一的中央政府对所有公共支出做出决策更为有效。在此基础上，经典的财政联邦理论认为在一定的条件下，使用地方政府借款为地方投资项目融资比使用当期的地方财政收入更为可取。Swianiewicz（2004）、World Bank（2004）等总结了以下几个原因来支持地方政府的借债行为：

（1）地方政府只能通过税收来为公共支出融资的做法并不符合代际公平的原则。

（2）地方经济在加速发展过程中通过借款为公共投资提供资金可能更为经济，公共服务的运营成本也会更低。

（3）即使跨期来看地方财政收入与财政支出能够匹配，地方财政收入的现金流和支出在时间上可能并不完全同步。在特定的财政年度，地方可能出现财政赤字，由于未来同样有出现财政盈余的机会，借款融资为地方政府提供了一个平滑暂时性收支缺口的方法。

（4）让地方政府通过借债来为赤字融资有助于促进对地方政府的问责，这也是从第一代财政联邦理论看来最重要的一点。因为当地方政府（至少在事前）不能再指望中央的财政援助时，就必须通过借款来维持财政赤字，此时，借贷市场上的贷款人会根据地方政府以往的表现来决定借款数量和借款利息。如果地方政府想要降低自己的借款成本，就必须注意维持财政平衡和良好的财政管理。

然而，要使地方政府的财政问责机制产生作用，并无法通过简单地赋予地方政府举债权就可以建立起来。由于政府间转移支付的存在，地方政府的举债激励会受到扭曲，地方政府债务制度设计会因为政府间的财政不平衡、预算软约束等问题而变得更加复杂。

三、政府间财政不平衡、预算软约束与地方政府债务

在第一代财政联邦理论下，由于收入的分权逻辑（Musgrave，1983）与支出的分权逻辑

（Bird，2000；Shah，2004）不同，同时不同地区的地方经济发展水平、自然资源、人均收入、公共支出成本等因素也不同，如果地方财政完全由本地税收和地方政府借款来进行融资，这会造成地区间的财政不平等（Horizontal Fiscal Inequity）（Martinez Vazquez，2001）。这一问题可以通过"财政均等化"（Fiscal Equalization）来予以改进，也即通过政府间的转移支付来降低不同地区间的财政差距（Collins，2001；Boadway 等，2002）。然而，一旦地方政府的财政赤字可以由来自上级政府的转移支付进行弥补，所谓的纵向财政失衡（Vertical Fiscal Imbalance）现象就会产生。其极端形式就是地方政府的税收无法维持债务因而中央政府不得不被迫动用国家财政对地方政府进行破产救助（Bailout）。纵向财政失衡的存在会产生公共池资源（Common Pool Resource）（Ostrom，1990）和预算软约束（Soft Budget Constraints）（Kornai，1986）两类问题（Raju 和 Plekhanov，2005）。

（一）公共池问题

公共池问题源于公共支出的成本和收益不匹配。如果一项公共投资只使得某一特定地区的居民受益，但同时又可以用全国性的财政资源进行投资，那么该地区只需为公共投资承担很小的一部分成本，这种不完全的支出责任就会导致地方的过度支出。这种情况下，不同地区会对中央财政资源这块公共域展开竞争，竞争可能会有多种表现形式。最理想的情形是不同地区以项目质量求胜；较坏的情形则是地方政府通过大幅度的财政赤字迫使中央政府出手援助。Persson 和Tabellini（1999）对相关文献提供了一个很好的讨论和综述。

导致公共池问题的另一个原因是财政分税制下中央和地方政府的税基重叠（Overlapping Tax Bases）。这种情况下，当某一级政府的税收政策对私人部门产生影响时，私人部门对此的反应会进一步影响到其他级政府的税收。因此，在分享税基的不同级政府之间存在着外部性，地方政府会为了同上级政府争夺财政资源而过度课税（Keen，1998；Wilson，1999；Keen 和 Kotsogian-nis，2002）。不仅如此，Cai 和 Treisman（2004）基于对中国、俄罗斯等国家的观察指出，如果税

收由地方政府负责征收，而预算管理主要由中央政府制定，那么地方竞争甚至会使得地方政府有意帮助企业逃避中央税收和管制。

（二）预算软约束

预算软约束问题最早起源于计划经济中的政府对于国有企业的扶助使得国有企业产生道德风险问题（Kornai，1986）。但随后，这一概念就被广泛用于其他问题的研究。McKinnon 和 Nechyba（1997）、Velasco（1999）、Wildasin（1997）、Inman（2001）等都关注了财政联邦制下的预算软约束问题，认为在实行财政联邦制的国家，地方公共品投资常常对其他地区具有正外部性，联邦政府有很强激励为地方公共支出提供援助。Wildasin（1997）指出，对中央政府援助的预期使得地方政府更偏向于将自有财政资金投向只会造福于本地居民的公共支出，而有溢出效应的公共品投资留待中央政府的资助。特别当某个地区在全国经济中居于"大而不倒"的重要地位时，问题就变得尤为严重。Wildasin（2004）、Goodspeed（2002）、Akai 和 Sato（2005）、Boadway 和Tremblay（2005）等广泛认识到，如果地方政府面临着预算软约束，就有激励进行过度借款和财政支出，对其投资项目质量投入的关注则较少。如果中央政府能够在事前做出可置信承诺，表明即使在地方陷入财政危机时也不会援助，那么预算软约束的问题就不会存在。但硬预算约束的承诺在短期内与中央政府的目标并不一致———地方政府破产可能导致公立学校关闭、社会保障无法偿付等问题，这对中央政府是有较大政治成本的。Persson 和 Tabellini（1996）、Bordignon 等（2001）都证明了一个想要最大化社会福利的中央政府有激励对陷入财政危机的地区施以援助之手。

有趣的是，预算软约束问题并不必然导致地方政府的过度支出和债务累积。因为地方政府在增加公共支出时，中央政府对进行转移支付的财政资源最终仍然要在未来通过各地方的税收进行平衡。如果中央政府对过度支出地区增加财政资助的同时也对其他没有过度支出的地区增加财政资助，这就是对过度支出地区的一种惩罚，值得注意的是中央政府的这一策略是动态一致的，因而是可置信的（Goodspeed，2002）。

综上可知，财政分权是否会导致地方政府财

政扭曲是依情况而定的，需要结合宏观经济管理、法律法规是否健全、地方政府债务管理规制等因素来综合考虑。

四、对地方政府债务的管理约束与危机救助

(一)地方政府债务限制

如前两部分所指出的，地方政府的债务是由财政收支缺口产生的，但是收支缺口反过来是地方政府根据举债约束和上级资助的激励进行选择的结果。因此，为了对地方政府债务形成有效管理，使其在财政分权制度下尽可能地为地方公共财政起到良性的推动作用，各个国家都采取了一些政策手段，Ter-Minassian（1997）将这些办法分为4大类：市场约束、中央直接控制、规则管理和协商管理。

1. 市场约束

在加拿大、瑞典、美国等一些国家，资本市场本身就会对地方政府的借债行为形成约束。在这些国家中，地方政府可以较为自主地做出借款决策，包括借款总额、融资来源以及借款的投资去向等。地方政府为了在借贷市场上树立良好的融资信誉，会主动对自己进行财务约束。Lane（1993）指出，市场约束要能够产生效果，需要一些相应的制度基础。第一，国内的金融市场必须是自由、开放和完善的，政府无法通过对金融中介的管制或者干预把自己置于借款人的优先地位。第二，地方政府的未偿付贷款和偿款能力等信息必须及时对投资者公开。第三，中央政府能够以可信的方式表明其不会在地方政府濒临破产时进行援助的立场。第四，地方政府能够有专门的部门负责市场信息到借款政策的传导。

2. 中央直接控制

在一些国家中，中央政府会直接对地方政府的借款实行控制。这种直接控制可能有多种形式，例如对地方政府按年度（或更短的时间窗口）进行借款总额控制（立陶宛）；禁止地方政府的对外借款（墨西哥）；对地方政府的借款进行审查和监督（印度、玻利维亚）；地方政府的借款先由中央政府集中进行，然后再向各级政府转借（拉脱维亚、印度尼西亚）。中央对地方借款进行直接控制表面看是一种严格的管理，但实际效果可能并不尽如人意。因为如果地方政府的预算支出得到了中央的支持，那么实际上中央就为地方提供了隐性的财政担保，这会引发预算软约束问题。如果地方政府财政支出决策还有一定的自主性，这一问题就会更加严重。此外，由于中央政府缺乏地方投资项目和居民的公共品需求等信息，地方政府就可能为了使投资项目和借款申请顺利通过，选择最容易受中央青睐的项目，而不是根据投资回报和项目风险进行选择。因此，信息不对称的问题是导致中央直接控制地方借款不能起到良好效果的又一原因。

3. 规则管理

除了直接控制，中央政府还可以通过法律法规对地方债务操作进行管理。规则管理的指标包括地方财政赤字上限（奥地利、西班牙）、地方政府偿债能力指数（日本、巴西、韩国）、地方债务累积上限（匈牙利）、地方公共支出水平（比利时、德国）等（Singh 和 Plekhanov，2005）。规则管理的利弊是显而易见的。一方面，由于规则管理更加清晰、透明、方便操作且易于投资者掌握，可以降低预算软约束的消极影响。Poterba（1997）、Schick（2000）发现在美国，地方政府的支出上限管理对降低政府开支起到了显著影响。另一方面，规则管理缺乏灵活变通的空间。在经济遭遇外部冲击时，难以通过财政政策来缓解经济下滑、失业上升等困难。此外，如果规则管理只是针对总体的预算平衡，地方政府为了保持预算平衡可能会将财政支出在经常性支出和资本性支出之间进行转移，导致其中某项支出不足，Ter-Minassian（1997）为此提供了一个案例分析。另外，如果规则管理没有考虑到预算外项目或者具有半政府性质的单位（例如地方的国有企业），那么地方负债可能会从预算内转移到预算外并逐渐积累。例如，澳大利亚在1982年曾放松了对地方半政府机构的融资管理，地方公营企业的债务在随后的两年内增加了3倍，最终迫使政府不得不在1984年重新对其做出限制（Craig，1997）。

4. 协商管理

这种政府债务管理的模式存在于澳大利亚和一些欧洲国家。在这种模式下，中央政府和地方政府会就地方的债务问题进行持续的协商讨论，通过讨论促使地方政府把地方经济自身发展和国

家整体的宏观经济稳定都纳入考量，同时，协商讨论也为针对不同地区做出区别规定留出了一定空间。协商管理的特点在于它将其他几种模式进行了折中。通过组织各层级的政府对话，这种模式可以更有效地实现宏观经济稳定，同时又能保持一定的灵活性以应对外部冲击。

然而，在操作不当时，这种模式可能削弱中央政府的权威，造成地方政府的预算软约束，引起联邦内部针对转移支付的讨价还价，财政政策为了协调各方利益而对经济变化反应迟缓——如果这些问题同时产生，很可能最后一个也解决不好（Balassone 等，2003）。

（二）地方政府对借款限制的规避

中央会对地方政府举债做出约束管理，反过来地方政府也会针锋相对地采取办法规避债务约束。常见的包括以下几类：

（1）地方政府通过预算外融资来绕过其所受的借款管制，这种情况在发达国家和发展中国家都不少见。例如在德国，在 20 世纪 90 年代的早期就有地方政府开始通过设立一些独立预算的公共事业单位把原有的部分地方财政职能服务划拨出去，这些新成立的公共单位的借款并不会计入地方政府的财政统计当中（Farber，2002）。

（2）地方政府还可以借助地方国有企业来融资。在澳大利亚，由于 20 世纪 70 年代后期资源经济带动的经济繁荣，联邦接受了州政府对于增加地方国有企业借款以为大型基础设施进行融资的请求。结果在 1977~1983 年，地方国有企业的负债上升了 3 倍，最终迫使联邦贷款委员会又重新对国有部门的借款施以限制（Ahmad 等，2006）。

（3）售后回租的融资方式也是地方政府绕过借款管制的常用方法。在丹麦，地方政府为给公共支出融资，曾将学校、政府办公大楼等固定资产作为售后回租的标的物。针对这种做法，丹麦政府的第一反应是要求地方必须将获得的流动资金定期存入银行至少 10 年以上。这一规定不仅没有阻止地方政府的回租融资，相反，地方政府立即将资金投向了长期债券，并通过投资收益来支持地方财政的扩张。这种"上有政策，下有对策"的做法最终迫使中央政府修改了关于借款的定义，将售后回租的融资方式也纳入管理范围，才对这一管制规避行为做出了限制（Jorgen 和 Pedersen，2002）。

（三）地方政府债务管理模式的经验研究

学者们对上述不同地方政府债务管理模式的实际效果进行了经验研究。Ter-Minassian 和 Craig（1997）通过案例分析指出在管理地方政府债务这个问题上，单纯依赖市场约束很难取得成功。出于政策的透明和可信度，规则管理比直接的行政控制更为可取。Rodden 和 Eskeland（2003）的案例研究指出，中央要想对地方政府债务进行有效管理，必须实行强有力的行政管理，或者有完善的市场约束可以依赖。与此相反的是，Rattso（2002）回顾了欧洲一些国家的经验，发现分权化的政府体系可以通过多种方式实现财政稳定。

关于地方政府借款约束对地方财政影响的实证研究结果是不甚明确的。一部分研究发现，地方政府有借款约束的经济当中地方政府的平均债务水平更高（Von Hagen 和 Eichengreen，1996）。但同样有研究表明，地方政府借款缺乏约束也会导致地方财政赤字的显著提高（Rodden，2002）。另外一些研究则没有发现借款约束对地方财政赤字有系统性的影响（Fornasari 等，2000；Jin 和 Zou，2002）。Singh 和 Plekhanov（2005）使用了 44 个国家 1982~2000 年的面板数据进行回归，对不同地方政府借款管理模式的影响进行了识别，其得到的结论是，没有任何一种地方政府借款管理模式是在任何情况下都优于其他模式的。

（四）地方政府陷入债务危机后的应对

应对措施应该包括短期和长期两类。在短期，中央政府可以通过债务重组或者财政援助来帮助地方度过财政危机，但是如果中央的救助仅限于短期措施，那么由于预算软约束，地方政府的债务问题在长期还是会再次陷入困境。因此，要想真正有效地对地方政府债务进行可持续性管理，必须配合长期的应对措施。Ahmad 等（2006）总结了以下 3 类长期可采取的管理办法：

（1）对地方的财政安排进行调整。在对陷入债务危机的地方政府进行债务重组的同时，中央政府可以对政府间的财政关系进行调整，增加地方财政收入比例或者减少地方财政支出责任，使地方的财政状况得到改善。巴西在 1996 年地方政府债务重组计划中，除了对地方政府债务进行减免，对地方债务管理增加了限制，还增加了地方的税收，削减了地方的支出责任。

（2）中央对地方财政进行直接干预。较温和的办法是上级政府对地方的财政失衡提出警告，要求地方加强财政管理，较为严厉的措施就是中央直接接管地方的财政管理。美国联邦政府在1995 年对华盛顿特区以及俄亥俄州市政财政实行的管制就是两个这样的例子。

（3）有一些国家通过将地方政府债务危机置入司法部门裁决的方式来解决地方债务问题，这种做法是中央政府对地方不会实行破产救助的一种可置信承诺。美国 1937 年就在法律中引入了州和地方政府的破产程序，通过法院对地方政府、债权人、当地居民和政府监管者之间的利益进行协调。

五、转型经济中的地方政府债务问题

中央计划经济制度的弊病使得 20 世纪末期，前计划经济纷纷向市场经济和财政分权制度转型。与成熟的财政联邦制经济不同，在这些转型经济当中，由于地方财政体系的不完善，地方政府债务问题可能更加严峻。

首先是地方财政支出压力加大。伴随着一些国家的经济自由化改革和向市场经济的转型，其财政分权程度也在逐渐提高。部分原先由中央政府承担的公共支出责任逐渐下沉至各级地方政府。由于快速的城市化、中央出计划不出资金等原因，转型经济体的基础设施建设常常带来巨大的融资压力。在分权化改革的另一方面，规模经济、生产要素流动和出口退税责任等因素的存在使得改革后地方政府能够有效掌控的税基更为狭窄，税收以外的地方财政收入（公共服务收费、公共事业收入、行政规费等）增加空间十分有限。这些因素共同导致了地方政府的财政收入无法与财政支出按照相应比例提高（Bird，1992；Inman 和Rubinfeld，1996），使得地方政府的财政赤字以及通过借债为公共支出进行融资的压力随着财政分权改革而增加（Wildasin，1996；De Mello，2000）。与此同时，那些实行联邦制的发达国家所采取的地方财政融资手段在转型国家却时常难以为用——中央政府的财政补贴会对地方政府的财政决策产生扭曲；难以预期的专项财政资助削弱了地方政府的问责机制；政府间的转移支付十分不

稳定，使得地方长期投资项目的预算管理十分困难；外国的援助和投资常常要求国内的配套资金和丰富的项目管理能力（Dafflon 和 Beer-Toth，2009）；地方政府的税基不充足，提高地方税率会因为地方居民的抵制而更难以实行（Cepiku 和Mussari，2010）。

由于过分挤压了地方政府的财政收入能力，上级政府也常常会通过对部分税源的比例分成来向地方进行税收转移以减缓地方政府财政收支失衡的压力（Ter-Minassian，1997），因而财政分权改革也会加剧纵向财政失衡的问题（De Mello，1999）。

尽管财政支出压力和财政收入紧张两方面因素都会导致地方政府对举债融资的强烈需求，但事实上，转型国家地方政府的平均负债规模与发达国家相比通常并不算高。例如，中东欧的前计划经济国家在转型后地方政府债务水平就远低于其他的欧洲国家（Dafflon 和 Beer-Toth，2009）。导致这种状况的一个可能原因是，习惯于计划经济思维的政策制定者和市民倾向于将政府负债看作财政不稳定的标志（Hogye，2002；Swian-iewicz，2004；Lgat，2008）。Dafflon 和 Beer-Toth（2009）则认为政府债务管理能力和技巧的缺乏是造成这一局面的重要因素。此外，欠发达经济当中的公共事业常常亏损，这也使得地方政府的债务融资可能在长期难以为继（Leigland，1997）。在转型经济中推动地方政府债务融资的可持续发展，不仅需要考虑财政管理的技术性因素，包括对宏观经济的把握，健全的法律法规，对地方政府运用复杂金融衍生工具的限制，会计、审计和财务信息披露规范和标准的引入，专业的财政制度和指标体系的建设等；更重要的是那些影响地方债务融资发展的"软"因素——政策制定者、财务管理者、投资者和普通居民等对于地方政府债务问题所持的态度（Bietenhader 和 Bergmann，2010）。特别是在 2007~2008 年的次贷危机发生之后，转型经济体比工业国家所受的冲击更大（World Bank，2008），社会各方面对于地方政府进入金融市场可能会持更加谨慎的态度（Bailey等，2009）。

这些研究表明，尽管财政分权改革可能会带来诸多好处，但是在分权化改革过程中，政策制

定者必须谨慎地设计财政分权体系，在保证地方公共品和公共服务有效提供的同时避免中央和地方的财政失衡问题。

六、中国的地方政府债务问题研究

新中国成立至今，伴随着社会和经济制度的发展变化，中国的财政管理体制也历经了不同的发展阶段。在计划经济时期（1949~1977 年），中国主要实行高度集中的财政管理体制，尽管中间夹杂着几次短期的财权下放，但并不成功（财政部财科所，2009）。在随后的改革开放前期（1978~1993 年），财政管理体制配合国民经济管理体制从计划经济向市场经济过渡，实行了"分灶吃饭"、"财政包干"的分权改革。这一时期的财政体制对地方发展经济的积极性有极大推动，但同时也造成了中央财政收入紧张。1994 年的分税制改革之后，中国向着更加规范、合理，更加适应市场经济的财政体制迈进（贾康，2010a），中央财政紧张的问题得到缓解，但新的问题也逐渐产生和积累起来，其中之一就是地方政府财政紧张、债务不断积累的问题。

（一）地方政府债务的界定、分类及动态结构

与很多发达国家不同，对于中国而言，地方政府债务问题首先在法律上就有界定不足和尚待完善的地方。目前国内现行的针对地方政府负债的法律法规包括《预算法》、《担保法》以及中国人民银行发布的《贷款通则》等，王大用（2004）对这些法律法规从法理上进行了回顾，认为总体而言各项规定对于条例解读和现实实践留下了一定空间。

在现实当中，地方政府负债一直存在。刘尚希和赵全厚（2002）率先尝试运用 Brixi（1998）提出的财政风险矩阵对我国的政府债务进行了分类，包括显性的直接负债、隐性的直接负债、显性的或有负债、隐性的或有负债 4 类，并对各类政府债务的规模进行了估算。顾建光（2006）则进一步援引这种分类方法对于各类地方债务进行了归纳，主要包括中央政府债务转化为地方政府债务、中央财政对地方财政的项目贷款、财政体制因素形成的地方政府债务（如对上级欠款和政府挂账）、地方公共部门债务转化为地方政府债务、因承担道义义务形成的地方政府债务。

我国的地方政府债务不仅在静态构成上较为复杂，而且在结构特征上也充满动态变化。在 2005 年之前，地方政府债务主要是由财政收支存在缺口而被动形成的，或有负债规模逐渐超过直接负债（刘尚希和赵全厚，2002），债务规模庞大且结构分散（刘尚希和孟春，2006）。就纵向分布而言，省级政府或有负债所占比例并不高，越到基层的政府或有债务风险才越突出；同时，横向比较起来，经济基础充实和政府财力充裕的地区政府或有负债规模较经济基础薄弱、政府财力拮据的地区更小（刘尚希和于国安，2002）。因此，这期间的地方政府债务问题主要与县乡财政困难的问题联系在一起（杨志勇和杨之刚，2008）。

随着城市化进程的推进以及为缓解县乡财政困难，国务院于 2005 年开始实施综合性财政改革措施（杨志勇和杨之刚，2008），地方政府债务出现了一些新变化：一是地方债务规模急剧增大；二是地方债务的形成开始由被动的负债开支转为主动的债务融资，由维系行政支出转变为城市建设和基础设施投资为主；三是地方债务关系更为复杂，由地方政府与其债权人的双边关系变为"地方政府—政府融资平台—银行和资本市场等"的间接融资关系（时红秀，2010d）。这一阶段地方债务迅速积累主要归因于地方政府融资平台的飞速扩张。

（二）地方政府投融资平台发展、作用及其风险

所谓"地方政府投融资平台"，是指由地方政府及其部门和机构等通过财政拨款或注入土地、股权等资产方式设立，承担政府投资项目融资功能，并拥有独立法人资格的经济实体（魏加宁，2010）。World Bank（2009）的报告曾对地方融资平台的历史进行了简短回顾，地方政府的融资平台早在 20 世纪 90 年代就在我国东部沿海发达地区出现，发展至今全国已有 3000 家以上。关于地方政府融资平台债务规模至今还没有较为一致的研究判断。根据中央银行的官方数据，截至 2009 年 5 月底，全国地方政府投融资平台总负债规模达 5.26 万亿元。沈明高和彭程（2010）从不同的角度对地方融资平台的债务规模进行了估计，对 2009 年底地方融资平台债务给出了 7 万亿元的估计数。Shih（2010）通过独立收集的政银协议报

告、政府监管文件、债务评级报告等信息进行估计，认为截至 2009 年底，地方融资平台债务规模为 11.4 万亿元，这是目前各方面估计中的最高值。毫无疑问，即使按照最保守的估计，地方融资平台规模也已经积累到相当大的数额。

作为地方政府借债的实际媒介，地方融资平台发挥了巨大的作用。秦德安和田靖宇（2010）指出，地方的融资平台可以有效满足地方政府的融资需求。贾康和孟艳（2009）认为规范的地方融资平台通过对社会储蓄资金的使用，有利于推进金融深化、活跃银行信贷体系，提高储蓄向投资转化的速度，有利于促进国家投融资体系改革和优化相关机制。封北麟（2010）指出和单个项目相比，融资平台的资金抗风险的能力大很多，可以实现地方政府公共建设职能的市场化运作，有效拉动社会投资。

在其发展的早期阶段，地方投资公司可以称得上是绕开现行制度约束的金融创新（Azuma 和 Kurihara，2011），但是在 2008 年之后，我国为应对国际金融危机而实行积极的财政政策和适度宽松的货币政策，在这一大环境下，融资平台的发展出现了一些新的变化，主要表现在：一是同一级地方政府下属的平台公司数目迅速增加；二是区、县级政府的平台公司数目超过省级和地级，开始占较大比重；三是在银政关系中，政府平台变为主动、上风的一方（魏加宁，2010）。这些表象的背后，大量违规操作、低效率和不够谨慎的投资纷纷出现（魏加宁，2010；张艳花，2010；张国云，2011），地方投资公司的迅速膨胀从而存在着一定的风险：一是缺乏主营业务和充足的固定资产，同时背负高负债率的融资平台使公司具有很高的偿付风险（刘煜辉和张榉成，2010）；二是融资平台的不透明的财务管理导致信息不对称，使得银行对融资平台项目的风险评估和资金贷后管理变得较为困难（沈明高和彭程，2010）；三是由于融资平台的项目集中于周期较长、资金需求量大的中长期项目，"长贷短存"的资产负债期限错配问题使得银行系统的信用风险和流动性风险加大（肖耿等，2009）。

然而，简单地从"资产—负债"的意义上讨论地方政府和融资平台公司的微观债务风险，与发达市场经济国家的微观主体进行类比，对于中国而言并不充分。时红秀（2010b）认为，对于中国更加需要考虑的是地方融资平台债务积累引发的宏观层面的风险，这些风险可能包括：中央政府的宏观调控政策空间受到挤压；我国调整产业结构、转变发展方式的发展战略落实难度加大；深化国企改革的步伐受到牵制；政府信用受到损害从而影响到我国社会主义市场经济制度的确立；国家的货币供给稳定性和货币供给主动性受到威胁。许成钢（2010）也注意到，当前地方融资平台债务的一个基本风险是，以未来土地预期价值作为支撑的、杠杆率很高的地方融资高度依赖于中央政府的土地调控政策，这进一步带给银行和金融系统极大的风险。此外，许成钢（2010）将中国地方政府的融资平台这一金融创新与引发美国金融危机的金融创新和证券化进行了类比，指出其融资机制虽有区别，但是在金融创新复杂化、债务责任转移和超越金融监管等方面两者具有相似性。与此类似，沈明高和彭程（2010）认为，地方融资平台的债务快速积累是我国宏观刺激政策的重要部分，这与欧洲部分国家刺激政策引发的主权债务问题虽然表现形式不同，但政策代价则是大同小异。

此外，地方融资平台问题并不是孤立的，而是与处在体制转型期的中国的种种有待改革完善的因素纠缠共生。周其仁（2011）将地方融资平台债务的快速积累与当前汇率制度下货币被动超发、转型期政府与国企的超强信贷能力、目前的土地征用制度联系在一起。而陆磊（2011）在此思路上进一步指出，融资平台与土地财政结合在一起，导致了国内当前的一些经济社会问题，包括收入分配矛盾逐渐激化、经济周期对地方项目的依赖性越来越强、社会稳定与资产价格挂钩等。

在上述多种风险和矛盾的交织下，目前的地方政府融资平台模式在长期能否持续本身就成为问题。刘煜辉（2010）指出，在目前的体制下，地方债务过度积累可能导致未来的税费上升，使得企业创业和经营的困难增加，居民的就业、收入都会受到不利影响，投资和消费结构可能产生进一步扭曲，经济增长受到威胁，地方融资赖以支撑的地价和房价持续上涨就没有基础，地方政府举债形成的负担要由微观个体承担。

（三）导致地方政府债务积累的原因

面对法律法规的各项限制，为什么地方还会形成如此巨量的地方债务？对于中国地方政府行为激励的解释主要有以下几个方面：

1. 非体制因素

给定地方政府有限的财政收入能力，这一角度的解释着眼于分析地方政府为什么有一定的刚性支出需要。刘尚希和于国安（2002）认为由于我国市场经济发育还未成熟，许多发达国家可以通过市场机制解决的事务，在中国必须由各级政府承担和推动，在财力不足、融资渠道不畅的情况下，地方政府只得通过许多变通的方法进行融资，由此形成了地方政府的或有债务。马昊（2010）则认为，计划经济时代保留至今的政府机构与发展市场经济过程中新产生的政府机构并存，是导致地方政府规模过大的结构性原因。尤其是在县级政府一级，重构的地方政府体系使得不同经济、人口规模的县的政府规模没有明显区别。

2. 分税制改革后的财政体制因素

1994年我国实施了分税制改革后，财权重心上移、事权重心下压而不断强化，超出地方财政能力的支出压力，迫使地方政府不得不负债维持运转（财政部财科所，2010）。这种解释尤其在说明2005年之前地方政府债务被动形成和县乡财政体制困难的研究中较为流行。刘尚希（2009）对此提出了不同理解，认为目前国内采用的分税制体制是在各地方经济同质化和各级政府职能相同的假设下实行的，但事实上国内不同地方的经济基础、社会环境、人口规模等都不尽相同，要求每个地方发展自身财源的分税制是与现实国情存在一定矛盾的，这使得现行分税制下做到财力与事权相匹配十分困难。因此，"财权与事权不匹配"与其说是一种原因，不如说是一种现象。时红秀（2007）通过实证研究发现"收入上移、支出下移"的财政体制不能完全解释地方政府的债务积累。此外，"财权与事权不匹配"能够成为一种系统性解释，至少需要两个方面的现实证据予以支持，一是地方负债借来的资金应该用于当地财政的行政事务和经常性开支，二是越贫困的地方应该负债越多。时红秀（2010c）通过对部分地区的地方债务数据对比和实地考察，发现了与上述两个推论相反的实际情况。因此，尽管现行的

财政体制蕴涵了地方政府负债的制度激励，但是具体的激励机制比"财权与事权不匹配"更为微妙。国内有部分研究在这方面进行了探索，例如袁飞等（2008）指出，由于分税制改革后的财政体制没有建立起地方政府对下级的负责机制，为了防止地方政府把上级转移支付挪作他用，中央不得不更多地依赖专项转移支付而非一般性转移支付，这使得财政均等化的目标难以实现。刘煜辉（2010）通过4万亿元刺激计划中建设保障性住房完成不足30%的例子同样说明，出现大量的地方债务已经不是因为地方政府的收入不够，而是因为地方政府的激励机制没有转变，即便中央政府承担更多的事权也无法解决问题。

3. 宏观政策

这也是一类非常流行的解释，主要针对的是2008年以来地方融资平台债务快速积累的问题（肖耿等，2009；沈明高和彭程，2010；魏加宁，2010；Azuma和Kurihara，2011）。受美国次贷危机引发的国际金融危机的影响，我国从2008年开始宏观经济调整，实行积极的财政政策和适度宽松的货币政策，货币信贷出现大幅增长，其中一个主要流向便是由地方政府融资平台所支持的固定资产投资项目。

亦有分析对此类观点提出不同意见，认为对于地方政府债务问题的成因，"宏观刺激说"不能完全解释。时红秀（2010c）提出的论据是按照两年4万亿元的政策刺激投资方案，各地需要配套资金1.2万亿~1.3万亿元，但是事实上仅2009年一年地方政府通过融资平台的债务融资就达5万多亿元。张艳花（2010）认为宏观经济政策和微观行为激励不仅仅是前者对后者的单向刺激而是两者互为因果的。宽松的货币政策要能得以实施，既要银行积极放贷，也要借款人积极借款，两者缺一不可。事实上，在宽松的宏观经济政策激励下，民间投资和居民消费的启动都经历了一定的过程，唯独地方政府融资平台扩张投资却立竿见影，这说明地方平台公司融资飞速扩张是一种主动负债行为，其背后一定另有机理，宽松的宏观政策只是为地方投资冲动提供了温床（周其仁，2011）。

4. 地方干部任命与考核制度对地方债务的激励

如果说之前的解释着眼于地方债务的被动形

成，那么这里和下一类观点则主要试图探讨地方主动负债的动因所在。本类观点从中国的政治治理结构出发讨论对地方官员的激励效果。中国的财政分权制度是在集中制度背景下建立发展的（许成钢，2008），这是中国与很多实行财政联邦制国家的重要区别之一。周黎安（2004）证实，地方官员处于一场以任期内地方 GDP 增长为考核指标的"政治锦标赛"中。由于上下级政府之间存在严重的信息不对称，基层官员主要以"资源密集型"工程发出有关自己政绩的信号（Guo，2009）。周雪光（2005）指出，为了在短期内做出引人注目的政绩，就必须有能力动员足够的资源，突破已有的预算。摊派或加征各项税费虽然不会导致政府债务，但是这种方法有损政府官员声誉，因此，借债就成为一种突破已有预算约束的最佳策略。除了地方官员考核制度以外，陈本凤（2006）认为，干部的任命、任期制度存在缺陷也是重要的方面，地方官员的目标短期化，较少考虑政府负债和使用财政资金的长期后果。

5. 预算软约束

本类观点是将预算软约束分析应用在地方政府的负债行为上。在中国的现行财政体制下，投资项目的选择直接受地方政府的控制或影响，投资难免碰到经营风险的问题。一旦经营失败，如果地方财力有限，最终的损失只能由中央来分担，这会形成预算软约束问题。时红秀（2007）将地方政府面临的软约束进一步划分为辖区公众在地方政府集资、摊派时无力反应的软约束，上级政府向下级政府下达招商引资与债务化解这两相矛盾的任务指标所导致的软约束，以及地方国有融资机构在地方政府的影响下面对缺乏破产机制的地方政府所产生的预算软约束。时红秀（2010c）指出，造成地方政府债务问题的根本原因，在于国内"国有资源、国有资产、国有银行"三者共生的制度环境下没有破产清算的预算软约束。

预算软约束问题为什么能够持续存在是一个值得研究的问题。即使是像 Wildasin（1997）所说的，很多地方由于"大而不倒"中央必须对财政困难进行援助，中央也完全可以在事后对当事的地方官员进行处罚，这在理论上是可以遏止预算软约束问题的。林毅夫等（1999）对此的一个解释是，由于政策性负担的存在，中央在事后无

法区分地方的亏损到底是有意为之，还是由政策性负担所致。而陈健（2007）通过理论模型对预算软约束问题提出了一个"多而不倒"的解释——如果地方债务问题违犯者众多，即使中央很强大，也能够在事后分清地方是否故意为之，也无法实施有效处罚。

（四）政策建议

针对中国地方债务问题的现状，结合中国目前的经济体制特征，各方研究分别从短期和长期两个方面进行了一些政策建议讨论。短期的政策建议着力于规范地方融资行为，抑制地方债务的过度增长，降低地方政府债务的累积风险。具体来说，首先是要尽快摸清地方债务特别是隐性债务的底数，尽快实现政府债务信息透明化。在此基础上强化问责机制，将地方政府债务纳入地方政府决策者和金融监管者的问责范围，建立项目监管制，监控信贷资金流向。还要加快建立地方投融资平台和金融机构破产清算的配套制度。对于地方政府投融资平台要重点进行规范，包括做实资本金、限制负债率、健全治理结构、培训平台高管等（肖耿等，2009；高自强，2010；贾康，2010b；刘煜辉和张榉成，2010；时红秀，2010d；魏加宁，2010）。

在短期治理中，亦有一些问题值得注意：一是政策得当。肖钢（2009）提醒道，总体上讲地方政府融资平台的基础设施项目对商业银行是有吸引力的，管理得当的情况下能够使得政、民、银、企多方共赢，商业利益和社会责任实现统一，因此，对于地方融资平台贷款应有保有压。二是调控力度。沈明高和彭程（2010）指出，地方融资平台的大量新项目已经启动，如果政策调控不当使得这些项目资金链断裂，很容易产生一批"烂尾工程"，引发不良贷款的激增。三是分类实施。魏国雄（2009）就建议将地方融资平台公司按照主要投资项目和经营性收入情况分为 3 大类，指出对于不同类型的平台公司应区别进行贷款评估和风险分析。除了短期措施，要在根本上消除地方过度投资冲动，解决地方政府预算软约束问题，理顺财政关系，需要在长期完善机制和改革体制。对于如何完善财政体制，刘尚希（2009）提出了实行"辖区财政"的建议，也即让每一级政府建立其辖区范围内各级财政平衡的责任目标，

实现各级财政财力与事权的匹配。对于转变政府职能，许成钢（2010）指出，进一步深化政企分开的体制改革，地方政府退出对商业活动的直接参与是非常重要的。就地方治理结构而言，应改变现行体制对地方官员片面追求经济增长的激励，使地方政府从经济增长型政府转变为公共服务型政府（陈健，2007）。

除此以外，修改《预算法》，建立地方政府法制化、透明化的发债渠道是很多研究提出的长期建议。魏加宁（2009）详细讨论了发行地方债相比于国债转贷、银行贷款以及隐性负债等当前地方政府融资渠道在项目效益、降低银行风险、项目风险控制等方面所具有的好处。然而，许多建议公开发行地方债的研究其背后隐含的经济制度原型常常是市场经济体制较为完善、财政联邦制较为成熟的国家。这些条件对于处于发展转型期的中国都不成立。时红秀（2004）通过俄罗斯经济转轨过程中大幅借贷分权引发联邦财政危机和卢布崩溃的例子提出警示，指出在没有建立地方政府破产制度和硬预算约束、没有完成国有银行改制、没有完善官员负责和考核机制的情况下，中央向地方政府下放举借债务的权力可能引发债务危机和宏观经济风险。因此，任何初衷良好但源自别国的政策先例在引入国内时要想取得良好的政策效果，必须结合中国的国情进行针对性设计并辅以配套措施。

七、总结性评述

通过前述讨论，对比国内外的地方政府债务问题研究，可以发现以下一些区别：

一是就研究对象而言，国外的地方政府债务研究多针对于财政联邦制较为成熟的西方国家，而国内的地方债务研究则主要着眼于中国正处于经济转型期这一背景。尽管西方发达国家的财政体制也经历了从初步建立到逐渐完善的过程，但是由于其在经济制度和政治体制的动态结构上与中国并不完全平行，在西方发达国家发展变化当中出现过的许多问题，在中国未必会出现或者表现形式和内在逻辑并不完全相同。

二是就理论研究方法而言，国外的地方债研究中大量引入了主流经济学理论中较为成熟甚至前沿的分析工具，包括信息经济学、公共选择理论、金融学、新的财政联邦理论等。而国内的研究对于这些理论分析工具还较少使用，这部分是由于中国的特定制度背景使其地方债务问题有一定特殊性，很难直接套用这些工具。

三是就定量或者实证分析而言，国外的地方债研究中有大量国内、国际各层级比较的经验研究，分析工具上也已经使用了近20年中较为流行的计量分析方法。而国内研究目前多集中于宏观层面的讨论与统计描述，缺乏深入的微观实证分析。当然，这在一定程度上是由于现行体制下地方政府债务仍然是一个在法律法规上界定困难的敏感问题，相关数据难以为研究者获得。

结合上述的比较以及之前的分析，在国内今后的地方债研究当中可能有以下几点值得关注：

一是国内地方债务风险指标体系如何建立、设计，这是解决地方债务合理规模界定、地方债务信用评级、金融机构融资风险监控等一系列问题的基础。这个问题上我们不能简单套用成熟联邦制国家的风险评价体系，而是需要结合中国的经济发展模式和政治制度背景进行综合评价。

二是有关目前以融资平台为主的地方负债模式的可持续性及其风险的研究。如前所述，融资平台的问题与宏观经济周期、土地政策、房地产市场、汇率管理等因素结合在一起，又会对长期的经济增长、公共服务和基础设施提供、收入分配等产生影响。其目前的高杠杆融资模式在长期是否能与实体经济发展一致，在不同的经济风险冲击下可否持续都是需要用定量方法进行讨论的。

三是地方债务积累对于微观实体行为的影响。例如，地方融资平台的快速扩张占用了大量信贷资金，这是否会挤出民间投资。地方债务增加隐含着还债期政府税费的增加，这是否会抑制居民当前和未来的消费。这些问题的答案对于我国经济持续增长、经济结构顺利转变等经济发展目标的实现具有重要意义。

四是针对地方债务的当前问题如何设计激励相容的配套改革措施。由于目前的地方债结构分散复杂，形成的历史原因不一样，地方融资平台的规范程度和项目质量千差万别，不同地区的经济发展水平和地方政府财力差异很大，如何在保证制度规范和有约束力的前提下，留出因地制宜的灵活操作空间，防止"一刀切"和过度调控，促进国内地方债务的良性发展，是值得进一步研究的。

[参考文献]

[1] 财政部财科所:《60 年来中国财政发展历程与若干重要节点》,《改革》,2009 年第 10 期。

[2] 陈本凤:《乡镇债务的制度成因及其化解》,《农村经济》,2006 年第 1 期。

[3] 陈健:《财政联邦制、非正式财政与政府债务》,《财经研究》,2007 年第 3 期。

[4] 封北麟:《地方政府投融资平台的财政风险研究》,《金融与经济》,2009 年第 2 期。

[5] 高自强:《关于地方融资平台贷款风险的认识与思考》,《中国金融》,2010 年第 16 期。

[6] 顾建光:《地方政府债务与风险防范对策研究》,《经济体制改革》,2006 年第 3 期。

[7] 贾康:《关于中国地方财政现实问题的认识》,《华中师范大学学报》,2010 年第 6 期 (a)。

[8] 贾康:《地方债务应逐步透明化》,《中国金融》,2010 年第 16 期 (b)。

[9] 贾康、孟艳:《运用长期建设国债资金规范和创新地方融资平台的可行思路探讨》,《前沿论坛》,2009 年第 8 期。

[10] 刘尚希:《财政分权改革——"辖区财政"》,《中国改革》,2009 年第 6 期。

[11] 刘尚希、孟春:《公共财政与地区差距》,中国财政经济出版社,2006 年。

[12] 刘尚希、于国安:《地方政府或有负债:隐匿的财政风险》,中国财政经济出版社,2002 年。

[13] 刘尚希、赵全厚:《政府债务:风险状况的初步分析》,《管理世界》,2002 年第 5 期。

[14] 刘煜辉:《高度关注地方投融资平台的"宏观风险"》,《中国金融》,2010 年第 5 期。

[15] 刘煜辉、张榉成:《中国地方政府融资平台分析》,《银行家》,2010 年第 6 期。

[16] 林毅夫、蔡昉、李周:《中国的奇迹:发展战略与经济改革》(增订版),上海人民出版社,1999 年。

[17] 陆磊:《中央地方财权与事权的平衡化》,《新世纪》,2011 年 3 月 7 日。

[18] 马昊:《我国县级财政支出制度改革初探》,《会计之友》,2010 年第 5 期。

[19] 沈明高、彭程:《地方融资平台远虑与近忧》,《中国改革》,2010 年第 5 期。

[20] 时红秀:《财政分权、政府竞争与中国地方政府的债务》,中国财政经济出版社,2007年。

[21] 时红秀:《地方政府债务规模究竟有多大》,《中国经济时报》,2010 年 7 月 5 日第005 版 (a)。

[22] 时红秀:《地方债的风险有多大》,《中国经济时报》,2010 年 7 月 6 日第 012 版 (b)。

[23] 时红秀:《地方债的成因是什么》,《中国经济时报》,2010 年 7 月 7 日第 005 版 (c)。

[24] 时红秀:《地方债的出路在哪里》,《中国经济时报》,2010 年 7 月 9 日第 005 版 (d)。

[25] 王大用:《地方政府债务的合法性问题》,《金融时报》,2004 年 4 月 13 日。

[26] 魏国雄:《建立地方政府融资平台的融资约束机制》,《中国金融》,2009 年第 20 期。

[27] 魏加宁:《中国地方政府债务风险与金融危机》,《商务周刊》,2004 年第 5 期。

[28] 魏加宁:《地方政府投融资平台的风险何在》,《中国金融》,2010 年第 16 期。

[29] 肖钢:《地方融资平台贷款应有保有压》,《人民日报》,2009 年 11 月 2 日第 018 版。

[30] 肖耿、李金迎、王洋:《采取组合措施化解地方政府融资平台贷款风险》,《中国金融》,2009 年第 20 期。

[31] 许成钢:《政治集权下的地方经济分权与中国改革》,《比较》,2008 年第 36 期。

[32] 许成钢:《中国债务问题》,《2010 财新峰会:变革世界的中国策》,财新网,2010 年。

[33] 杨志勇、杨之刚:《中国财政制度改革 30 年》,格致出版社、上海人民出版社,2008年。

[34] 袁飞、陶然、徐志刚、刘明兴:《财政集权过程中的转移支付和财政供养人口规模膨胀》,《经济研究》,2008 年第 5 期。

[35] 张国云:《地方融资平台:小曲好唱口难开》,《金融管理与研究》,2011 年第 1 期。

[36] 张艳花:《地方政府融资平台风险:化解与反思》,《中国金融》,2010 年第 16 期。

[37] 周黎安:《晋升博弈中政府官员的激励与合作——兼论我国地方保护主义和重复建设问题长期存在的原因》,《经济研究》,2004 年第 6 期。

[38] 周其仁:《银根与"土根"的纠结》,《经济观察报》,2011 年 3 月 7 日。

[39] 周雪光:《"逆向软预算约束":一个政府行为的组织分析》,《中国社会科学》,2005年第 2 期。

[40] Ahmad E., M.Albino-War and E., R. J. Singh. Subnational Public Financial Management: Institutions and Macroeconomic Considerations. Handbook of Fiscal Federalism, 2006.

[41] E. Ahmad and G. Brosioeds, Edward Elgar, Azuma, Y. and J. Kurihara. Examing China's Local Government Fiscal Dynamics. Politico-Economic Commentaries, No.5, January 3, 2011.

[42] Bailey S. J., D. Asenova, and J. Hood. Making Widespread Use of Municipal Bonds in Scotland. Public Mon-

ey and Management, Vol.29, 2009.

［43］Balassone F. D. Franco and S. Zotteri. Fiscal Rules for Subnational Government in the EMU Context. Societa Italiana di Economia Pubblica, Pavia, Working Paper 196, 2003.

［44］Bietenhader D. and A. Bergmann. Principles for Sequencing Public Financial Reforms in Developing Countries. International Public Management Review , Vol. 11, 2010.

［45］Bird R.. Tax Policy and Economic Development. Johns Hopkins University Press, 1992.

［46］Bird R.. Intergovernmental Fiscal Relations: Universal Principles, Local Applications. Working Paper No.00-2, Georgia State University, 2000.

［47］Boadway R., K. Cuff and M. Marchand. Equalization and the Decentralization of Revenue-Raising in a Federation. Journal of Public Economic Theory, Vol. 5, 2002.

［48］Boadway, R. and J. F. Tremblay. A Theory of Vertical Fiscal Imbalance, Queen's University Press, 2005.

［49］Bordignon M., P. Manasse and G. Tabellini. Optimal Regional Redistribution Under Asymmetric Information. American Economic Review, Vol. 91, 2001.

［50］Brixi H. Contingent Government Liabilities: A Hidden Risk for Fiscal Stability. World Bank Policy Research Working Paper, No.1989, 1998.

［51］Cai H. and D. Treisman. State Corroding Federalism. Journal of Public Economics, Vol. 88, 2004.

［52］Cepiku D., R. Mussari. The Albanian Approach to Municipal Borrowing: From Centralized Control to Market Discipline. Public Administration and Development, Vol. 30, 2010.

［53］Collins D. J.. The 2000 Reform of Intergovernmental Fiscal Arrangements in Australia. Paper Presented for the International Symposium in Quebec, Canada, 2001.

［54］Craig, J.. Australia, Fiscal Federalism in Theory and Practice In T. Ter-Minassian, eds, Washington: International Monetary Fund, 1997.

［55］Dafflon B., K. Beer-Toth. Managing Local Public Debt in Transition Countries: An Issue of Self—control. Financial Accountability and Management, Vol. 25, 2009.

［56］De Mello Jr., L. R.. Intergovernmental Fiscal Relations: Coordination Failures and Fiscal Outcomes. Public Budgeting and Finance, Vol. 19, 1999.

［57］De Mello Jr., L. R.. Fiscal Decentralization and Intergovernmental Fiscal Relations: A Cross-Country Analysis. World Development, Vol. 28, 2000.

［58］Farber G.. Local Government Borrowing in Ger-

many. Local Public Finance in Europe: Balancing the Budget and Controlling Debt, B.Dafflon, eds, Edward Elgar, 2002.

［59］Fornasari F., S. B. Webb and H. f. Zou. The Macroeconomic Impact of Decentralized Spending and Deficits: International Evidence. Annals of Economics and Finance, Vol.1, 2000.

［60］Goodspeed T. J.. Bailouts in a Federalism. International Tax and Public Finance, Vol. 9, 2002.

［61］Guo G.. China's Local Political Budget Cycles. American Journal of Political Science, Vol. 53, 2009.

［62］Hogye M.. Local Government Budgeting. OSI/LGI: Budapest, 2002.

［63］Inman R. P.. Transfers and Bailouts: Enforcing Local Fiscal Discipline with Lessons from US Federalism. Fiscal Decentralization and the Challenge of Hard Budget Constraint, 2001.

［64］Inman, R. P. and D. L. Rubinfeld. Designing Tax Policy in Federalist Economies: An Overview. Journal of Public Economics, Vol. 60, 1996.

［65］Jin J. and H. f. Zou. How Does Fiscal Decentralization Affect Aggregate, National, and Subnational Government Size. Journal of Urban Economics, Vol. 52, 2002.

［66］Jorgen N. and M. Pedersen. Local Government and Debt Financing in Denmark. Local Public Finance in Europe: Balancing the Budget and Controlling Debt, B. Dafflon, eds, 2002.

［67］Edward Elgar. Keen, M. J.. Vertical Tax Externalities in the Theory of Fiscal Federalism. International Monetary Fund Staff Papers, Vol. 45, 1998.

［68］Keen M. J. and C. Kotsogiannis. Does Federalism Lead to Excessively High Taxes? Ameri can Economic Review, Vol. 92, 2002.

［69］Korani J.. The Soft Budget Constraint. Kyklos, Vol. 39（1）, 1986.

［70］Lane T. D.. Market Discipline. International Monetary Fund Staff Papers, Vol. 40, 1993.

［71］Leigland J.. Accelerating Municipal Bond Market Development in Emerging Economies: An Assessment of Strategies and Progress. Public Budgeting & Finance, Vol. 17, 1997.

［72］Local Government Association Tasmania. Debt Funding Guidelines For Local Government, http: //www. lgat. tas. gov.au/webdata/resources/? les/Debt_Funding_Guidelines_ May_08. pdf, 2008.

［73］Martinez-Vazquez J.. The Assignment of Expenditure Responsibilities, Unpublished Manuscript, Georgia State

University, 2001.

[74] McKinnon R. , T. Nechyba. Competition in Federal Systems: The Role of Political and Financial Constraints. The New Federalism: Can the States be Trusted, J. Ferejohn and B. Weingast, eds, Hoover Institution Press, 1997.

[75] Musgrave R. A.. The Theory of Public Finance—AStudy in Public Economy, McGraw-Hill Press, 1959.

[76] Musgrave R. A.. Who Should Tax, Where, and What. Tax Assignment in Federal Countries, C. E. McLure, eds, Australian National University Press, 1983.

[77] Nobuo A. and M. Sato. Decentralized Leadership Meets Soft Budget. Discussion Paper Series in University of Tokyo, 2005.

[78] Oates W. E.. Fiscal Federalism, Harcourt Brace Jovanovich Press, 1972.

[79] Ostrom E.. Governing the Commons: The Evolution of Institutions for Collective Action, Cambridge University Press, 1990.

[80] Persson T. and G. Tabellini. Federal Fiscal Constitutions: Risk Sharing and Moral Hazard. Econometrica, Vol. 64, 1996.

[81] Persson T. and G. Tabellini. Political Economics and Public Finance. NBER Working Papers 7097, 1999.

[82] Poterba J. M.. Do Budget Rules Work. Fiscal Policy: Lessons from Economic Research, A. Auerbach, eds, MIT Press, 1997.

[83] Pradhan H. K.. India. Local Government Finance and Bond Markets, Yun-H. Kim, eds, Asian Development Bank, 2003.

[84] Rattso J.. Fiscal Controls in Europe: A Summary. Local Public Finance in Europe: Balancing the Budget and Controlling Debt, Bernard Dafflon, eds, Edward Elgar, 2002.

[85] Rodden J.. The Dilemma of Fiscal Federalism: Grants and Fiscal Performance Around the World. American Journal of Political Science, Vol. 46, 2002.

[86] Rodden J. and G. S. Eskeland. Lessons and Conclusions. Fiscal Decentralization and the Challenge of Hard Budget Constraints, F. Rodden, G. S. Eskeland and J. Litvack, eds, MIT Press, 2003.

[87] Schick A.. A Surplus, If We Can Keep It. The Brookings Review, Vol. 18, 2000.

[88] Shah A.. Expenditure Assignment, Intergovernmental Fiscal Relations and Local Financial Management Program, World Bank, 2004.

[89] Shih V.. Local Government Debt. China Economic Quarterly, June, 2010.

[90] Singh R. J. and A. Plekhanov. How Should Subnational Government Borrowing be Regulated: Some Cross-Country Empirical Evidence. IMF Working Paper, 2005.

[91] Swianiewicz P.. Local Government Borrowing: Risks and Rewards, Open Society Institute, 2004.

[92] Ter-Minassian T.. Fiscal Federalism in Theory and Practice, International Monetary Fund, 1997.

[93] Ter-Minassian T. and J. Craig. Control of Subnational Government Borrowing. Fiscal Federalism in Theory and Practice, T. Ter-Minassian, eds, International Monetary Fund, 1997.

[94] Tiebout C. M.. A Pure Theory of Local Expenditures. Journal of Political Economy, Vol. 64, 1956.

[95] Velasco A.. A Model of Endogenous Fiscal Deficitsand Delayed Fiscal Reforms. Fiscal Institutions and Fiscal Performance, Poterba and J. von Hagen, eds, University of Chicago Press. 1999.

[96] Vo D.H.. The Economics of Fiscal Decentralization. Journal of Economic Surveys, Vol. 24, 2010.

[97] Von Hagen J. and B. Eichengreen. Federalism, Fiscal Restraints, and European Monetary Union. American Economic Review, Vol. 86, 1996.

[98] Wildasin D.. Introduction: Fiscal Aspects of Evolving Federations. International Tax and Public Finance, Vol. 3, 1996.

[99] Wildasin D.. Externalities and Bailouts: Hard and Soft Budget Constraints in Intergovernmental Fiscal Relations. Unpublished Manuscript, 1997.

[100] Wildasin D.. The Institutions of Federalism: Toward an Analytical Framework. National Tax Journal, Vol. 57, 2004.

[101] Wilson J.. Theories of Tax Competition. National Tax Journal, Vol. 52, 1999.

[102] World Bank. Should Borrowing by the Public Sector Be Decentralised. Decentralisation Thematic Team Report, 2004.

[103] World Bank. Albania: Local Finance Policy Note. Programmatic Public Expenditure and Institutional Review. Report No. 44109-AL, 2008.

[104] World Bank. The Urban Development Investment Corporations in Chongqing, China. Technical Assistance Report, 2009.

[105] A Survey of Research on Local Government Debts and Fiscal Decentralization.

预算透明：环境基础、动力机制与提升路径[①]

肖　鹏　李　燕

[摘　要]　预算透明是良好的财政治理的关键因素之一，也是实现财政民主和有效财政监督的生命线。本文基于 Luder 政府会计环境评估模型，分析影响中国财政透明度提升的政治、经济、文化、法律、组织特征等环境因素。以英、美等国公共预算形成的历程为例，提出预算透明度提升的压力模型、推力模型和耦合模型，结合中国政府预算透明的影响因素，从法律法规建设、预算信息披露、政府会计改革、财政信息质量 4 个层次提出提升中国预算透明度的具体措施。

[关键词]　预算透明；环境基础；动力机制

政府预算是经过法定程序批准的、具有法律效力的政府年度财政收支计划，是社会公众对政府和官员进行非暴力控制的有效途径。预算信息为社会公众提供了这样一个相对开放的渠道，公众可以确信他们的纳税没有被用于私人目标，也没有被乱用和浪费，而是用在了政府向他们承诺的公共事务上。没有预算的政府是看不见的政府，而看不见的政府必然是不负责任的政府，不负责任的政府不可能是民主的政府。预算改革的目标也就在于要把看不见的政府变为看得见的政府，因此，本文基于对预算透明的环境因素分析，提出政府预算透明度提升的动力机制，研究提升中国预算透明度的实施路径与改革措施。

一、财政透明与 Luder 政府会计环境评估模型

关于财政透明的权威定义是由 Kopits 和 Craig 于 1998 年做出的，即向公众公开政府的结构与功能、财政政策意向、公共部门账户以及财政预测信息。国际货币基金组织（IMF）财政事务部的财政透明度手册采纳该定义，认为财政透明包括：政府应当明确其职能和责任范围；政府必须全面公开预算信息；政府应合理公开其预算编制和决策程序，提供预算数据；政府应提供真实的财政

数据 4 个方面。即为达到财政透明的目的，政府需要及时、充分、准确地提供下列信息：关于过去的财政活动及其结果信息；关于政府公共受托责任履行情况的信息，包括预算的执行情况和财务状况（包括或有负债、金融资产和负债）；关于未来政府收支计划的中期预算等。政府财务报告既应包括预算活动的信息，也应包括预算外活动的信息；既应包括预算执行的信息，还应包括比较信息和预测信息；既应提供财务报表，又应披露相关的经济假设和会计政策。

财政透明度的提升离不开政府会计体系的技术支撑，德国 Luder 教授结合行为理论和政治经济学理论，综合考虑各种环境因素对政府会计改革的影响，建立了政府会计环境评估模型，为分析中国财政透明度提升的环境基础提供了一个很好的分析思路。Luder 通过对一些工业化国家政府会计系统的比较研究，发现各个国家政府会计改革在改革实践、改革过程和改革导向上均有所不同。通过实证研究，Luder 观察到差异的存在主要是由于各个国家政治管理制度上的差异，因此 Luder 试图用社会、政治和管理等因素来解释各国政府会计改革，并详细分析一个国家政治管理环境对政府会计改革过程和结果的影响。该模型由 4 个模块组成：激励、信息使用者的社会结

---

① 肖鹏、李燕：《预算透明：环境基础、动力机制与提升路径》，《财贸经济》，2011 年第 1 期。

构变量、政治管理系统的社会结构变量、实施的障碍。该模型分析每个模块的构成因素，以及它们在改革过程和影响结果之间的关系。本文基于 Luder 政府会计环境评估模型，分析影响中国预算透明度提升的政治、经济、文化、法律、组织特征等环境因素，总结归纳中国预算透明度提升的有利环境因素与组织障碍。

二、中国预算透明度提升的环境基础——基于 Luder 模型的分析框架

（一）激励因素

（1）财政管理的需要。从 20 世纪 90 年代末开始，中国财政改革的重心已经从财政体制方面转向财政管理方面，开始集中构建与公共财政相适应的预算管理框架，推出了以加强财政支出管理为重心的重大改革，像部门预算、国库集中收付制度、政府采购制度、政府收支分类改革等。预算管理模式的改革，客观上要求有一个功能强大的政府会计和报告系统，全面追踪预算执行的交易信息，反映政府的资产与负债状况，评价政府活动的产出与绩效等。这也提出了提升政府预算透明度、改革政府会计体系的现实要求。

（2）财务丑闻。2003 年以来的审计风暴不断暴露出纳税人资金在使用过程中出现的各种违规违纪现象，但从近些年的审计公报来看，似乎在重复着昨天的故事，一些违规问题是屡审屡犯，甚至带来了社会公众的审计疲劳，导致政府公信力大幅度下降。这些财务丑闻也引起社会公众和媒体关注现行预算信息披露方面的缺陷，提高预算透明度的呼声日渐高涨。

（3）资本市场。希腊主权债务危机的爆发，使得国际信用评级机构更加关注一国政府的主权债务风险。中国在境外发行政府债券时，同样面临着国际评级机构基于中国政府财务信息而对中国政府债券进行信用评级的问题，也带来了政府预算信息披露、财务质量提升的现实要求。

（4）外部准则机构的设置。中国的会计制度是由财政部门制定的，政府会计准则的制定涉及财政部预算司、国库司和会计司 3 个部门，外部参与机构的影响力较弱。一些国际性组织像 IMF、世界银行等可以为中国的预算透明提供参考性建议，但难以对预算透明改革提出直接的改革性

意见。

（二）社会结构变量

（1）社会经济状况。随着国民素质的提高、公民民主法治意识的逐步增强，越来越多的人开始关心政府的财务状况和财政资金使用情况，对政府收支的合法性、政府财务状况的好坏、财政支出的效益和效率做出判断。综合国际经验，人均国民收入水平的提升和国民教育程度的提高，成为财政透明度提升的重要经济基础。

（2）政治文化。中国有着 2000 多年的封建历史和与之相伴的高度集权的政治管理体制，传统上就缺乏一种开放、参与的政治氛围，这在一定程度上不利于预算透明度的提升。随着改革开放的推进和市场经济的建立与完善，公共决策的民主化程度和开放程度正日益提高，公众对建立一个透明的政府会计和报告体系的需求日益提高。人大对政府预决算的审议日益严格，也进一步促进了政府公共决策的民主与开放，这在一定程度上有利于预算透明度的提升。

（三）政治管理系统的结构变量

（1）管理文化。管理文化是政治文化的一部分，管理文化对管理人员的开放程度和在公共政策实施过程中民众普遍参与程度有一定影响。管理文化上的财政民主和公众参与，将成为中国财政透明度提升的重要文化基础。

（2）政治竞争。政治竞争主要是信息使用者和信息供给者之间的力量对比。政治竞争导致为满足信息使用者改进信息质量的要求，实现一个更公开透明的财政管理系统。在中国，全国人大是代表各方利益的立法机构，监督和审议财政预决算报告和财政资金的使用，财政部门作为执行机构提供政府财务信息。随着全国人大在中国社会政治经济生活中的地位日益提高，对政府资金使用的监督力度也日益增强，从而能对行政部门的信息披露施加更大的影响。

（四）实施障碍

（1）组织的特征。一个国家政府财务组织的特征和组织之间的协调程度决定着预算信息披露的实施效果。在中国，预算部门、会计部门和国库部门是中国政府财务信息的主要负责部门，都属于财政部的内设业务司、局。在财政部内部建立一个协调 3 个部门政府预算信息公开的机构，

专门负责协调政府预算的信息公开事务，应当不会成为预算透明度提升的重大组织障碍。

（2）法律系统。尽管从国际经验来看，大陆法系传统的国家比英美法系传统的国家在财政透明度的提升方面更缺乏灵活性，但这只是意味着改革的具体路径可能存在差异，在改革的总体目标上偏差不应太大。中国基本上属于大陆法系的国家，改革政府会计，提升政府预算透明度，首先需要协调和完善现行政府会计的法律法规体系，形成预算透明度提升的重要法律依据。

（3）管辖权的规模。随着管辖权规模的扩大，实施一个新会计准则和财务报告的技术问题会随之增加，实施的成本费用也会提高。中国有 32 个省、自治区、直辖市，政府机构数量庞大，地区经济发展差距比较明显，这给中国政府会计改革和财政透明度提升带来了很大的难度。

三、预算透明度提升的动力机制

预算透明度的提升离不开一国的政治、经济、文化、法律、组织特征等一些环境因素，这些因素相互作用就构成了推动预算透明的动力机制。现代意义上的公共预算最早起源于英国，发达于美国，从英美等国公共财政形成、预算透明度提升的历程来看，可以归纳为压力模型、推力模型和耦合模型 3 种。

（一）压力模型

理念上而言，随着民主法治、公民权利意识的觉醒，社会公众有预算信息知情权的诉求。公众期望政府是一个廉洁、高效、透明的政府，这就要求政府及时、准确、透彻地公开预算信息；政府的宗旨是为公众服务，为争取选民选票的支持，其也有向社会公众展示政绩利益、形象利益的动力，这也会促使政府主动推动预算信息公开。收入分配差距加大，社会矛盾加深，政府垄断所带来的公信力下降等因素，也将驱使政府公开政府财务、预算收支相关信息。政府之间、非政府民间组织之间的规则要求组织内成员建立透明的信息公开机制，维系和促进国际间投资和商务往来活动正常有序进行，以保证竞争的公开、公平和公正。综合而言，公众权利意识觉醒与要求、政府管理需求和政府责任利益的实现、政府之间国际组织的规则等因素，共同构成了预算透明度

的压力机制。

（二）推力模型

信息技术的发展影响着社会的每一个领域，为预算信息的传播奠定了技术基础，也为实现政府改革的目标提供了有力的技术支持。信息和网络技术的飞速发展改变了公众的工作和生活方式，推动了政府电子政务的快速发展。政府通过构筑电子政府，以适应日新月异的经济社会的要求，成为能够满足个性化需求的高质、高效、高透明度的政府。政府预算信息公开化是建立电子政务的前提，而电子政务促进了社会信息化的发展，最终提高了财政透明度。

（三）耦合模型

预算透明的动力机制可以分为压力、推力两个层面，预算透明的提升是这两种力量的内部矛盾及其相互作用的结果。充分发挥市场机制的牵引作用，变国内、国际环境压力为动力，合理利用信息技术的推动力，更快地推进预算透明的进程。而从英、美等国现代意义上的公共预算形成史来看，一国公共预算的确立、预算透明的提升路径主要有两条：革命式的暴动和渐进式的改革。在英国国王与议会关于财政权的争夺中，经历了 1640 年的英国内战、1688 年的光荣革命等，是一个革命式的斗争过程。美国于 1776 年建国后，在《宪法》中对财政权加以明确，赋予国会征税和根据拨款法案进行开支的权力。而在 19 世纪末 20 世纪初的美国进步时代（Progressive Era），针对当时的政府腐败、阶级对立、民主丧失的格局，由纽约市政局发起的公共预算改革，进一步向州政府、联邦政府推广，最终实现了现代意义上的公共预算，预算理念不断成熟和完善，开启了美国真正的民主时代，是一个渐进式的、非暴力的改革进程。

四、基于 Luder 模型的中国预算透明度环境因素评估与提升路径

基于 Luder 政府会计环境评估模型来对中国财政透明度提升的环境因素进行评估，我们可以发现，财政透明度的提升既有经济、管理方面的正面因素，又有组织体制方面的负面因素。预算透明度的提升有来源于外部政治、经济、社会方面的压力因素，也有信息技术革新等方面的推力

因素。结合中国历史、文化等因素，循序渐进地推进财政管理、政府会计等领域的改革，为财政透明度的提升提供技术支撑，逐步提升政府的预算透明度，从而促进现代意义上的公共预算和民主财政的形成，倒是一条可行的社会成本较低的改良道路。

（一）制定、完善相关法律法规

尽管我国现行政府信息公开条例已明确规定了预算信息中涉及政府信息公开的重要内容，但对于如何判定预算中的内容是否属于国家秘密并没有给出明确的标准，这些法律上的漏洞已成为提高预算透明度的一大障碍。因此，有必要提升政府信息公开条例的法律层次，由全国人大制订颁布政府信息公开法，明确政府信息公开的方式、范围、内容、形式和步骤，规定政府有主动对外发布非国家秘密信息的义务，并对信息的真实性、及时性和完整性负责，对发布不合格信息的部门或责任人追究法律责任。

（二）参考 IMF 财政透明度手册，提升预算管理的公众参与度和增加信息披露内容

首先，在预算管理的编制环节，强调公众的参与度，构建一个公众参与的激励机制与制度保障。其次，强化预算的前瞻性，试行编制中期预算。在政府向立法机关呈报的预算文件中，应至少包含 1 份未来年度宏观经济展望、1 份财政政策目标报告书、1 份准财政活动报告书，以及 1 份尽可能量化的关于政府财务风险的报告书。最后，参考 IMF 财政透明度手册的要求，向公众提供全面的预算信息，涵盖所有的预算和预算外活动，包括年度预算和预算的执行情况、相关年度预算的比较信息、未来年度的预测情况以及预算外资金的明细情况等。

（三）改革政府会计和政府财务报告制度，为提升财政透明度提供技术支撑

我国预算透明度不高，除了法律法规方面的原因之外，还与政府财务核算的技术支撑——政府会计体系发展的滞后有关。政府在运用公共财务资源向社会公众提供公共服务的过程中，有义务对资源使用的经济性与有效性负责，并且对政府本身的财务健康程度进行风险揭示，有效的政府会计应当能够对这一受托责任的履行情况及时地进行确认、计量、记录和报告。因此，政府会计作为一个管理信息系统，不仅能够为政府的财务管理、审计和绩效评价等提供相关信息，而且应当能够反映政府的资产、负债状况，评估政府显性和隐性的债务风险，从而有效地促进政府提升财政透明度，帮助建立良好的公共治理机制。

（四）提高财政数据质量，加强财政信息的管理与传播

加强统计数据质量的管理和评估工作。近几年，我国在向社会介绍国家统计调查制度方法、各种指标解释、如何使用统计年鉴等方面做了大量工作，提高了社会对统计的认识水平。但是，对重要统计数据本身误差率、可靠性程度的分析和质量评估工作做得还不够，社会各界对此缺乏必要的了解，容易产生各种猜测和质疑。应该建立统计数据质量评估制度，以客观科学、实事求是的态度评价和分析数据质量的现状，并将结果公布于众，增强统计质量管理的透明度和公开化。加强预算信息的管理、开发、传播与利用，使所有人有机会获取所需信息。充分利用网络、报刊等手段，降低公众获取政府信息的成本，并提高政府信息更新的频率，从而更加及时、方便地向公众披露有关财政信息以及其他相关信息，以帮助公众评价政府的受托责任履行情况。

省以下财政体制改革的深化与政策着力点[①]

孙　开

[摘　要]　财政改革向着省以下财政体制和基层财政领域逐步延伸，是我国财政发展的自然逻辑。在这一进程中，需要我们进一步厘清优化地方财政体制所亟待解决的关键问题和政策着力点。在剖析我国近年来地方财政体制改革措施的基础上，本文认为，应从各地间差异较大的财政省管县实施办法中提炼出"优势特色"，以县级财政为重点整合地方财政级次，构建与县级基层政府责任相匹配的基本财力长效保障机制，同时不削弱市级和乡镇财政的特有功能，建立辖区内和跨辖区的地方财政转移支付体系，提高省以下财政体制的整体运行效率。

[关键词]　省以下财政体制；基层财政；省管县；政策着力点

一、背景分析与近年来的改革措施简评

以省、市、县、乡4个层级为主线的地方财政体系，构成了我国政府间财政管理体制的基础环节，承担着直接向众多大中型城市、小城镇和广大农村地区提供基本公共服务的职责。省以下各级地方财政能力和运行状况的好坏，直接关系到基层政权建设、民生改善、城乡经济发展和社会稳定。在改革开放初期，我国的财政改革曾经比较注重解决收入层面的问题，调整政府与企业的分配关系；至20世纪90年代中前期，以实施分税制财政体制为标志，开始进行理顺中央与地方政府间财政关系的改革，纠正由财政包干制办法所产生的影响；此后，财政改革又进一步向着支出领域拓展，实行了包括政府采购制度、公共支出绩效评价、部门预算以及国库集中收付等措施在内的一系列办法；近年来，改革和完善省级以下财政体制的步伐又有逐步加快、日益提速的趋势。可以说，财政改革向着地方财政体制和基层财政领域延伸，既是我国财政发展的自然逻辑，也是应对和解决目前诸多财政实际问题的客观要求。

财政体制框架所处理的首要问题，便是政府间的收支划分和财力分配。目前省以下财政体制中存在的主要矛盾，恰恰体现为地方财政收入能力不足、许多基层财政仍处于紧张运行甚至入不敷出的窘迫状态。如表1所示，以1994年分税制财政体制改革为界限，在此时点前后，中央和各级地方政府的财政自给能力状况发生了引人注目的变化。其中，中央财政自给能力由此前的低于1变为高于1，甚至有时高于2；地方财政体系中，省级财政自给能力总体上略有波动，但市、县、乡三级财政的自给能力普遍地、程度不同地呈现下降态势，而县级的状况尤为突出。在1994年之前，县级政府的财政自给能力便低于0.8，分税制改革后的多数年份中更降至0.5以下，2009年甚至降至0.4，其财政自给能力水平也"稳居"五级财政的最末位。若不考虑来自上级财政的转移支付因素，仅仅依靠其自身财力，那么，在现有事权划分格局下，许多基层政府财政很难维持工资发放、机构运转以及民生保障方面的正常开支需要。于是，有些地方便试图通过土地财政、债务融资等途径增加可支配财力，这也在某种程度上成为地方经济发展和社会稳定的隐患。

近年来的财政改革中，有多项措施是针对省以下地方财政体制中存在的突出问题而先后出台的。其中，在发展县域经济的同时实施财政省管县改革、简化财政管理层级，便是这一系列措施中的重要组成部分；加强乡镇财政管理、实行乡

表1　我国各级财政自给能力情况（1990~2009 年）

年份	中央级	地方级	省级	市级	县级	乡级
1990	0.99	0.94	0.56	1.38	0.72	1.33
1991	0.86	0.96	0.59	1.36	0.73	1.30
1992	0.84	0.97	0.61	1.32	0.71	1.35
1993	0.73	1.02	0.68	1.36	0.78	1.40
1994	1.66	0.59	0.41	0.75	0.45	0.84
1995	1.63	0.62	0.47	0.72	0.48	0.95
1996	1.70	0.65	0.54	0.73	0.50	1.00
1997	1.67	0.65	0.54	0.73	0.50	1.00
1998	1.57	0.65	0.51	0.75	0.52	0.98
1999	1.41	0.62	0.47	0.73	0.54	0.92
2000	1.27	0.61	0.47	0.73	0.53	0.88
2001	1.49	0.59	0.47	0.73	0.51	0.81
2002	1.53	0.56	0.51	0.66	0.43	0.77
2003	1.60	0.57	0.55	0.67	0.43	0.82
2004	1.84	0.59	0.57	0.72	0.46	0.80
2005	1.89	0.59	0.57	0.71	0.47	0.77
2006	2.05	0.60	0.63	0.70	0.46	0.83
2007	2.43	0.61	0.68	0.72	0.46	0.87
2008	2.45	0.58	0.64	0.70	0.42	0.89
2009	2.35	0.53	0.55	0.65	0.40	0.95

注：财政自给能力=本级一般预算收入÷本级一般预算支出。

资料来源：《地方财政研究》，2010 年第 9 期，封 3。

财县管，在一定程度上缓解了部分乡镇的财政困境；财政部 2010 年出台的《关于建立和完善县级基本财力保障机制的意见》，对于增强基层政府及其财政提供公共服务的能力，具有积极的作用；此外，结合当地实际情况实施的地方政府间财政转移支付办法，也在许多地方逐步推开。在充分肯定这些改革措施成效的同时，还应该看到，目前地方财政体制中面临的问题有其深刻、复杂的背景，省以下财政体制改革的各项措施之间存在着微妙的互动关系，有的方案尚存在着相当大的改进空间或者有待于实践的检验。在此条件下，研究深化省以下财政体制改革中的关键问题，并探讨相关政策的基本着力点，便显得尤为重要。

二、以实施财政省管县为契机提高地方财政体制运行效率

相对于中央与地方财政关系而言，地方上下级政府之间的财政关系更为庞杂和具体。因为，前者是一个主体（中央财政）与数十个主体（省级和若干副省级财政）之间的收支划分和收支往来关系，后者则是数十个省级财政、数百个市级财政、数千个县级财政和数万个乡镇级财政之间直接或间接的多重性收支划分及收支往来关系。若考虑到大中型城市财政与辖区内区财政之间关系因素的话，则情况会更加复杂。20 世纪 80 年代，我国各地先后将本为省级政府派出机构的"地区"改为地级市，并赋予其管理县级政府和财政的权限。据估计，一个省平均管辖 11 个左右的地市级行政单位，一个地级市平均管辖 8 个左右的县级行政单位，而一个县则平均管辖 19 个左右的乡镇级行政单位（孙开和彭健，2004）。

多样化的省以下地方政府间财政关系的协调与运转，必然伴生着管理成本和行政效率方面的问题。实行财政省管县是对省、市、县财政关系的重新调整，是在分税制框架下对省以下财政体制的规范化（杨志勇，2009），其基本落脚点在于实现财政层级的扁平化管理，解决预算级次过多和资金调度上的"中梗阻"问题，还原县级财政应有的理财主体地位，从而有助于提高县级基本财力的保障水平，增强基层政府提供公共服务的

能力。截至 2009 年底，已有 24 个省（直辖市、自治区）对 875 个县实行了财政直接管理（财政部预算司，2010）。各地方的实施情况表明，财政省管县改革加快了资金周转速度，省对县的财政政策措施可以直接传达到县级基层财政，而县级财政状况和问题亦会迅速反映到省里。当然，财政省管县改革既有取向合理的一面，也有部分实际效果低于预期的一面，诸如省级财政压力加大、市级财政权限和财力相对削弱、如何加强对县级财政监管以及地方财政体制与行政管理体制不相匹配等一系列问题也随之凸显出来。这意味着，在目前对省直管县财政体制改革效果正面评价相对较多之时，恰恰需要做深入细致的调查分析和跟踪研究，更不应忽视改革中存在的缺失和可能掩盖的其他矛盾。简化财政层级和深入推进财政省管县改革，需要从下述 4 个方面入手，采取切实措施，着力提高地方财政体制效率。

一是以县级为焦点整合地方财政级次和体制。自秦朝推行郡县制以来，我国县级行政区划的存在已历时 2000 余年，其间地方其他行政级次多有变更，唯独县级行政区划一直稳定不变并发挥了重要作用，正所谓"郡县治则天下安"。县级政府直接立足和面向广大农村及小城镇，更易于对辖区居民的需求偏好做出迅速、准确的反应，也便于接受辖区居民对其行为活动的评价监督。从这个意义上讲，如同其区划设置长期存在一样，县级政府职责范围的相对固定性也是不以人的主观意志为转移的。相应地，在注重发挥省、市财政功能的同时，财政级次简化和地方财政体制整合理应向县级财政倾斜，保证县级财政中与工资发放、机构运转、民生事业有关的基本开支需要，壮大县级政府的财政基础，提高其财政能力，并且加强对县级财政的监督和管理。

二是对各地形式多样的财政省管县办法中的优势特色加以提炼。各地实施财政省管县改革有先有后，相关办法的"生存土壤"也不完全相同。其中，具有代表性的做法有浙江所采取的财税合一和强县扩权模式、江西的重点向困难县（市）倾斜模式、辽宁等省实行的逐步推进并"留利于县"模式、海南实行的行政省管县模式等，这些探索和尝试进展程度不同、各有特色，在体制划分、财政结算、收入报解、转移支付、资金调度、债务管理诸方面并未形成一个规范的"模式蓝本"。从总体上看，当前的省直管县改革仍处于试水期阶段，许多措施和办法的最终效果也有待检验，再加上各地情况差异较大，因此，尚不宜急于确立某一种特定的财政省管县模式作为标杆，而应逐步推动、循序渐进。当然，随着省管县改革的日益深入，有必要在跟踪调研、甄别和比较分析的基础上，精准地区分和把握各地间差异较大的财政省管县实施办法，从中提炼出"共性特征"和"各地独有的优势特色"，集各种省管县模式之大成，对其中的优势和可行措施加以归纳和概括，为下一步整合省管县财政体制模式提供参考。

三是省管县条件下市和乡镇财政的合理、准确定位问题。实施财政省管县之后，市、县财政分别理财，二者之间的日常财政资金往来较原来有所减少，但这仅表现为市、县级财政间原有的管理与被管理关系的些许变化，而并不意味着市财政责权的陡然降低。城市天然的区域性枢纽地位和聚集效应使其具有相对丰厚的税源和较强的财政能力，城市财政同时也需要承担大量的公共部门运转、基础设施、文化教育、医疗与社会保障以及污染治理和垃圾处理等方面的支出，城市政府如能理顺市本级复杂的财政收支关系问题，已属不易。卸下了县财政这个所谓"包袱"之后，实际上更有利于城市政府轻装上阵，将自身财政做强做大，充分发挥城市的特殊功能和作用。关于乡镇财政建设问题，截至 2009 年底，全国已有近 2.8 万个乡镇实行了"乡财县管"，占全国乡镇总数的 80% 左右（徐利，2011），这对于规范乡镇财政收支、遏制乡镇新增债务、缓解其财政困难，产生了积极的功效。在深化乡镇财政改革的过程中，应以保证农村基层政权正常运转为前提，维持乡镇既有的预算管理权限和资金所有权、使用权、审批权不变，巩固农村税费改革成果，由县级财政直接管理并监督乡镇财政收支，实行乡镇与县预算共编、账户统设、采购统办、国库代管和票据统管，增强乡镇财政的约束性。

三、构建县级政府基本财力的长效保障机制

县级政府作为直接向广大农村地区和小城镇

提供基本公共服务的责任主体，其财政能力状况一方面取决于县域经济自身发展水平，另一方面则依赖于体制安排向县级财政的倾斜程度。由于许多地区县级财政从农业和资源型产业取得收入的潜力有一定限度，且县域经济中一般加工业和制造业的财政收入贡献率也比较低，客观上迫切需要建立一整套长效性的县级政府基本财力保障机制，以解决其财政运行的紧张问题，实现"保工资、保运转、保民生"的目标，尽量满足基层政府提供基本公共服务、实施公共管理的基本财力需求。

（一）准确界定县级基本财力保障的范围和标准

从总体上说，县级政府基本财力保障的范围，应该大致等同于县级政府财政的一般性公共支出领域，即所谓人员经费、公用经费以及与民生和基础设施建设有关的其他各项必要支出。其中的人员经费，主要包含按照国家规定出台的各种工资、津贴、奖金和工资性附加支出项目；公用经费，大致涵盖与机构运转和公务有关的商品及服务方面的购买性支出、资本性支出等；民生支出则包括涉及基础教育、公共卫生与基本医疗服务、社会保障与就业、环境保护与污染治理、文化事业、城镇和农村基本建设以及村级组织运转方面的开支。依照县级政府基本财力保障范围之内各项开支的具体标准，应该对县级政府基本财力保障需求水平进行有效测度，并在准确评估县级政府财政资金筹措能力和县级财力保障缺口的基础上，综合考虑不同地区的财力状况和支出需求，合理确定上级政府弥补该缺口的具体水平和规模。

（二）合理划分各级财政在保障县级基本财力方面所承担的责任

县级政府基本财力保障工作离不开中央和各级地方政府财政之间的协调配合。其中，中央财政可以采取"以奖代补"的政策，建立并运用激励和约束机制，视基层地方财政工作的绩效情况实施奖励，产生正确的导向作用。从2005年起，以缓解县乡财政困难为主要目标，中央财政出台了"三奖一补"政策，并且达到了预期的收效。这一方法也可以被相应地移植到县级财力保障工作当中，即对弥补县级财力缺口效果较好的地区给予奖励，从而支持地方消化自身财政难题。省级财政在加大对基层财政资金支持力度的同时，负责制定和实施弥补缺口的具体方案。财政省管县条件下的市级财政，主要是从统筹所辖县区经济社会协调发展的角度支持县级政府提高财力保障水平。县级财政则应合理统筹财力，强化自我约束，力求满足县本级和所辖乡镇人员经费、机构运转和基本民生开支的需要。

（三）对财力保障水平进行动态调整，保证该运行机制的长效性

显然，县级基本财力保障的范围、标准和规模并非静态的、固定的，而应该是动态的、逐渐变化的。为了使这种保障机制长期、有效地满足县级政府提供基本公共服务的财力需要，一方面须使该制度本身能够正常运行并发挥预期的功能，另一方面还必须随着时间、条件的变化，对财力保障范围、保障标准、保障水平和激励措施等内容进行相应调整，从而丰富、发展和完善这种保障机制。从总体上讲，应遵循保障范围逐步拓展、保障标准逐步提升、保障规模逐步扩大的原则，使财力保障措施具有可操作性，既有助于满足基层财政的基本开支需求，又贴近政府财政的实际负担能力。

四、地方财政转移支付功能定位与分配方式优化

自1994年实行分税制财政体制的第二年起，中央财政对省级地方实施了过渡期转移支付办法。此后，各省级政府也从财力格局变化和基层财政需求的客观实际出发，相继制定并实施了各具特色的省以下地方政府间财政转移支付办法。经过10余年的发展，地方财政转移支付已初具规模，资金数额日益扩大，转移支付手段形式多样，分配方式逐步走向规范，对维持基层政府机构正常运转和基本公共服务供给起到了促进作用。同时也应该看到，目前省以下财政转移支付制度在功能定位和制度设计方面仍存在着这样或那样的问题，主要表现为：首先，受省、市自身财政能力的制约，地方财政转移支付的规模仍然有限，与基层财政需求之间尚存在较大缺口；其次，转移支付方式过于多样化、复杂化，各地实施方案中普遍缺乏具有共性特征的、赖以发挥基础性和导向性作用的转移支付手段；再次，"税收返还"这

种有利于发达地区、而不利于欠发达地区的方式同样存在于省以下转移支付制度中，其效应与财政均等化有相互冲突之处，难以真正达到财政资金再分配的目的；最后，地方转移支付的分配方式不尽合理，诸如按因素法核定收支的具体标准、有条件转移支付准入和退出机制设计等问题仍然有待解决。

目前省以下地方财政转移支付制度的差异化缘于两点原因：一是各省、地区之间自然、人文条件和发展程度不同；二是尚无统一规定、标准一致的省以下转移支付办法，各地于是便比照中央财政的制度安排来设计地方财政转移支付模式。尽管现在并不急需实施统一的地方财政转移支付制度，但仍有必要从功能定位的角度入手，对各地过于繁杂的补助形式进行梳理。针对各省级、市级、县级政府辖区内存在的横向财政失衡问题，可以延续中央对省级财政的做法，实施地方政府上下级财政间的一般性转移支付，并赋予其促进实现辖区内财力均等化的功能；鉴于各地同样存在着上级政府为实现特定政策目标而委托下级政府代理的事务，或存在着有待于上级财政支持的事项，因而也需要通过设立专项转移支付对此进行补偿或补助；在生态问题日益突出的今天，环境保护和污染治理往往超出了特定地域并产生跨辖区的影响，跨辖区的问题必然导致跨辖区的活动和行为，从而离不开以生态保护为导向的横向财政转移支付。基于此判断，可以勾勒出如图1所示的地方财政转移支付基本架构。

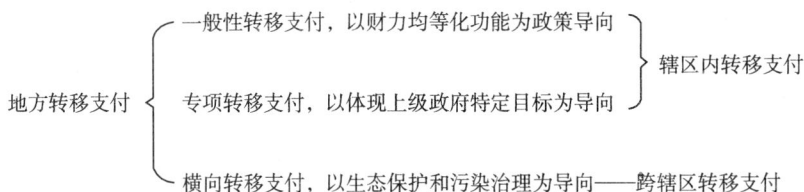

图1　地方财政转移支付体系

省以下一般性转移支付制度的核心问题，在于运用科学、合理的收支测算方法，衡量地方政府辖区内财政收入能力、支出需求方面的差异，并结合转移支付主体的财力水平，有效确定资金转移的结构和规模，以达到财力均等化的目标。从该意义上讲，收入能力和支出需求测算方法的选择运用，便成为决定地方财政一般性转移支付效果高低和制度成败的关键。其中，收入能力的测算应有利于提高基层地方增收的努力程度。目前各地方财政转移支付制度中所使用的收支测算方法差异较大，既有因素法，也有定额补助法、基数法、来源地返还法等，各种测算方法的政策导向各不相同。从规范化的要求出发，应进一步整合收支测算工具，明确"因素法"在一般性转移支付测算中的主导作用，选取不易受到人为控制的、影响辖区内各地财政收入能力和财政支出需求的常规性因素变量，包括地理位置、人口数量、人口密度、人均GDP等，综合地加以分析和测算，据此确定一般性转移支付额度。从长远的角度来看，应进一步将城镇化程度、低收入家庭比例、社会救济需求、医疗卫生水平、生态保护等内容纳入影响因素的考虑范围之内，通过扩展因素法中影响因素的覆盖程度，使其更有助于准确、合理地体现均等化转移支付的需求情况。

专项转移支付也是省以下财政转移支付体系的重要组成部分。与一般性转移支付的特点相比较，目前地方专项转移支付的分配办法不够透明、随意性强，且制度设计中缺乏必要的激励机制（刘凤伟，2007）。针对这些问题，应采取的对策措施包括：控制专项转移支付项目的设置，建立项目准入机制。新增专项补助须经过充分论证和集体决策。应严格筛选项目，通过对传统项目可延续性和新项目可实施性的分析研究，建立专项拨款的备选库。对地方专项转移支付项目定期重新审理和更新，归并重复交叉的补助项目，终止、取消名不副实或失去时效性的项目。将一般性转移支付制度中的按公式分配的方法移植到部分专项转移支付项目安排中，强化专项转移支付办法的激励和约束功能，提高专项补助的规范性和资金使用效果。

如果说一般性和专项转移支付是中央及地方共有的财政资金转移形式的话，那么，横向财政转移支付则是省以下财政体制中特有的资金转移形式。生态污染和保护问题具有明显的跨辖区、跨流域特征，往往涉及多个同一级别的行政单元和利益攸关方，这就决定了地方政府间横向财政转移支付操作的复杂性和特殊性。这种特性意味着，很难在互不隶属的同级地方行政单位之间建立一种直接的财政预算资金拨付关系，但却可以通过建立生态补偿基金的方式，对流域水环境、自然保护区和生态功能区的环境保护进行横向转移支付。以流域水环境生态补偿基金为例，基金既可以来源于下游地区政府财政的注入资金，还可以来自上级政府的财政投入、上游地区政府财政收入中的排污收费、单位的捐赠、沿流域供水、供电企业的利润乃至社会成员个人等多条渠道（孙开和杨晓萌，2009），补偿基金不仅投向水流域上游地区的生态环境保护，而且可以用来支持水流域中下游地区防洪、退田还湖等方面的生态环境建设。横向转移支付是地方政府间传统意义上的纵向转移支付的一种必要补充，这种透明度较高的补偿手段（李齐云和汤群，2008）可以在协调和处理不同辖区之间的利益关系方面发挥不可替代的作用。

第九章　政府采购管理

徐焕东　姜爱华　周湘林

第一节　理论进展

近年来，我国政府采购事业取得了长足的进步，政府采购规模不断扩大，政府采购的制度建设进一步完善，政府采购在我国现代化建设中的作用日渐突出，GPA 谈判平稳有序地进行。2011年，我国政府采购的理论建设取得了进一步的发展，国内学者在政府采购法制建设、政府采购制度建设、政府采购功能与应用研究、政府采购电子化建设、《政府采购协议》谈判、政府采购国际经验研究等领域进行了广泛的理论探索。2011年，在中国期刊网上，以篇名为检索项，篇名中包含"政府采购"字样并且发表在核心期刊上的文章共有 95 篇（见图 9-1）。

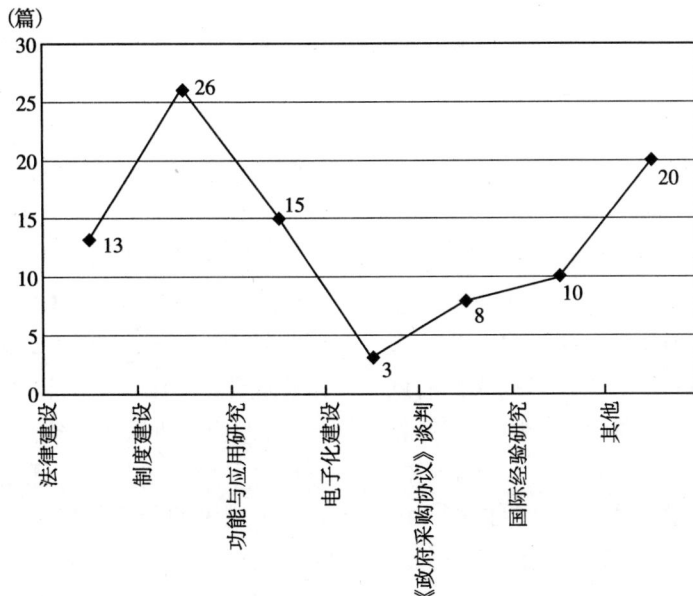

图 9-1　2011 年中国期刊网"政府采购"文章数量统计

一、前期政策推进及理论认识概述

（一）前期政策推进

我国于 1996 年开始政府采购工作试点，1998 年试点范围迅速扩大，2000 年政府采购工作在全国铺开，2003 年正式颁布《政府采购法》，基本形成了政府采购制度框架。总结我国政府采购发展历程可划分为以下四个阶段：

1. 试点初创阶段（1996 年至 1998 年 7 月）

1996 年，为了推进财政支出改革，国务院领导指示有关部门将建立我国政府采购制度提上议事日程。财政部在借鉴发达国家公共支出管理和政府采购制度的基础上，实行财政预算、国库拨款、支出管理政策等方面的改革，并承担起建设我国政府采购制度的任务。同年，上海市财政局借鉴世界银行及市场经济国家的通行做法，把竞争机制引入财政支出管理中，对上海胸科医院的医疗设备按照政府采购的规则进行招标，取得了明显的经济效益和社会效益，成为我国政府采购制度的第一个试点城市，起到了示范的作用。随后，全国各省、市、自治区不同程度地开展了政府采购工作，政府采购工作迅速在全国展开。1997 年，财政部正式向国务院法制办提出制定政府采购条例的请示，并初步完成了政府采购条例的草拟稿。

2. 试点扩大阶段（1998 年 7 月至 2000 年 6 月）

1998 年，国务院实行机构改革，在批复财政部的"三定"方案中，赋予了财政部"拟定和执行政府采购政策"的职能，确定了财政部为政府采购主管部门。财政部在预算司设立了专门机构，负责政府采购管理职能。政府采购管理部门和执行部门的确立，为推动和规范我国政府采购工作提供了组织保障。1998 年，深圳市制定了我国政府采购的第一个地方性法规《深圳经济特区政府采购条例》，随后各地方政府也先后制定了政府采购的管理办法。1999 年 4 月 17 日，财政部颁布《政府采购管理暂行办法》，这是我国第一部关于政府采购方面的行政规章，使政府采购开始了法制建设的新局面。1999 年 6 月，国务院办公厅印发了《关于在国务院各部门机关实行政府采购的意见》的通知。2000 年 5 月，财政部会同监察部和审计署联合颁布了《关于 2000 年推行政府采购制度工作的意见》。在这些举措的推行和促进下，极大地推动了政府采购试点工作，使全国的政府采购工作迅速展开。

3. 全面推行阶段（2000 年 6 月至 2002 年 12 月）

2000 年 6 月，财政部对内部机构进行改革，政府采购的管理职能由财政部预算司调整到新组建的国库司，国库司内设立了政府采购处，负责全国政府采购的管理事务。各地方政府也先后在财政部建立了政府采购管理机构。同时，各地区均设立了集中采购机构（采购中心），负责组织实施本级政府纳入集中采购目录范围的采购事务，加上各单位按规定进行的分散采购，我国集中采购与分散采购相结合的采购模式已初步形成。财政部创办的"中国政府采购网"于 2000 年 12 月 31 日正式开通，2001 年 7 月 30 日《中国政府采购》杂志正式创刊，标志着政府采购信息管理体系建设工作初步完成。2002 年起，中央各单位正式编制政府采购预算并制订政府采购计划，对列入预算的采购项目必须按照采购计划的要求实行政府采购。2002 年 6 月 29 日，第九届全国人民代表大会常务委员会第二十八次会议通过了《中华人民共和国政府采购法》，该法自 2003 年 1 月 1 日起正式施行。这表明政府采购已经走上了规范化和法制化的轨道。

4. 深入发展阶段（2003 年 1 月至今）

2003 年《政府采购法》的实施标志着我国政府采购制度的全面建立。该法为依法开展政府采购活动提供了制度保障。随后国家和相关部委对政府采购的监督、评审专家管理、信息公告管理、招投标管理、供应商投诉处理、项目价格评审管理、采购自主创新产品和环保节能产品等相关制度均出台了法规，使政府采购制度不断完善，充分发挥了政府采购调节经济、节约资金、制约腐败的功能。我国加入世界贸易组织时，承诺了在加入之日起成为《政府采购协议》（GPA）观察员。2005 年 9 月，财政部成立了《政府采购协议》研究工作组，对我国加入 GPA 的相关问题进行专题研究和讨论，推动了我国政府采购逐渐走向国际化和开放化。2010 年 1 月 11 日，国务院法制办出台了《政府采购法实施条例（征求意见稿）》，使我国政府采购的法制化、规范化走上了一个新的台阶。政府采购制度的变革作为一种世界潮流，已经在全球范围展开，我国政府采购制度的建立正是顺应了这个潮流，同时也适应了我国的经济发展和行政体制改革。

（二）政府采购前期理论认识概述

1. 政府采购的概念界定

国内理论界关于政府采购的内涵界定主要持以下两种具有代表性的观点，即购买支出论和采购制度论。

支持购买支出论的学者，把政府采购等同于政府的购买性支出。主要学者如曹富国、何景成（1998）认为，政府采购是一国政府部门及政府机构或其他直接或间接受政府控制的企事业单位为实现其政府职能和公共利益，使用公共资金获得货物、工程和服务的行为。[①]边俊杰（2001）认为，政府采购是各级国家机关和实行预算管理的政党组织、社会团体、事业单位，使用财政性资金获取货物、工程或服务的行为。[②]杨灿明、李景友（2004）认为，政府采购是公共部门利用财政资金取得货物、工程和服务的行为。[③]根据上述定义，所有的政府购买性支出都属于政府采购范畴。

支持采购制度论的学者，把政府采购等同于实施政府采购制度之后的政府采购。刘尚希、杨铁山（1998）认为，政府采购是指政府采购实体、采购范围、采购方式、采购政策及采购管理等一系列规定的总称。[④]刘慧（2001）、[⑤]肖北庚（2004）[⑥]给政府采购做出如下相似的界定：政府采购是公共资金支配者（如各级政府和公共组织），为了公共利益的需要（如提供公共服务等），以法定的方式，利用公共资金购买货物、服务和工程的行为。杨汉平（2002）指出政府采购是指各级国家机关、事业单位和团体组织，使用财政性资金采购集中采购目录以内的或者采购限额标准以上的货物、工程和服务的行为。[⑦]钟晓敏（2006）对政府采购的定义是各级政府为了开展日常政务活动或为公众提供公共服务的需要，在财政部门的监督下，以法定的方式、方法和程序，利用财政性资金和政府借款，从国内外市场为政府部门或所属的公共部门购买所需的商品、工程及服务的一种经济行为。[⑧]

2. 政府采购的特征与原则

（1）政府采购的特征。张喜军（2008）在充分总结国内外研究的基础上较全面地总结了政府采购具备的八大特征，即采购资金来源的公共性、采购主体的特定性、采购活动的非商业性、采购对象的广泛性、采购行为的政策性、采购程序的法定性、采购过程的透明性、采购效果的高效性。[⑨]在上述特征中，政策性和规范性属于派生性特征，采购主体的特定性是根本特征，而非营利性和广泛性则属于主观臆断性特征。丁九如、张学斌（1999）[⑩]在政府采购主体的特定性方面与张喜军有理论共同点。

（2）政府采购所应遵循的原则。曹富国（1998）较早地提出了政府采购应该遵循的四大基本原则，即经济有效性原则、竞争性原则、公开性原则和公平性原则。[⑪]楼继伟（1998）给出了政府采购制度较为全面的原则：公开、公平、公正和有效竞争原则，物有所值原则，推动国内竞争和促进产业发展原则，反腐倡廉原则，支持政府其他政策的原则。[⑫]田旭（2005）在总结发达国家的政府采购特征的基础上认为应该具备如下原则：实现法制化管理、兼顾政府采购的经济目标与社会目标、充分竞争原则、善于运用国际规则、政府采购机构独立性等原则。[⑬]

3. 政府采购的基本功能

从国内的研究来看，普遍认为政府采购本身具有资源配置功能。如裴育（2002）[⑭]等、姜爱华（2002）[⑮]认为政府采购具有节约财政支出、强化

① 曹富国、何景成：《政府采购管理国际规范与实务》，企业管理出版社，1998年。
② 边俊杰：《"政府采购"新论》，《财会研究》，1999年第10期。
③ 杨灿明、李景友：《政府采购问题研究》，经济科学出版社，2004年。
④ 刘尚希、杨铁山：《政府采购制度：市场经济条件下加强财政支出管理的中心环节》，《财政研究》，1998年第4期。
⑤ 刘慧：《我国政府采购市场开放研究》，《科学管理》，2001年第1期。
⑥ 肖北庚：《政府采购的概念分析》，《河北法学》，2004年第7期。
⑦ 杨汉平：《政府采购法律制度理论与实务》，西苑出版社，2002年。
⑧ 钟晓敏：《地方财政学》，中国人民大学出版社，2006年。
⑨ 张喜军：《中国政府采购：理论与实践的制度性探索》，吉林大学博士学位论文，2008年。
⑩ 丁九如、张学斌：《关于建立我国政府采购制度的理论和实践问题综述》，《财经理论与实践》，1999年第3期。
⑪ 曹富国：《国外政府采购理论研究》，《国外社会科学》，1998年第3期。
⑫ 楼继伟：《政府采购》，经济科学出版社，1998年。
⑬ 田旭：《发达国家的政府采购规制及借鉴》，《经济纵横》，2005年第6期。
⑭ 裴育：《政府采购的资源配置效应分析》，《财政研究》，2002年第8期。
⑮ 姜爱华：《论政府采购的功能》，《中国财经报·政府采购周刊》，2002年9月至2003年1月连载。

宏观调控、活跃市场经济、保护民族产业及推进反腐倡廉的功能；王金秀等（2006）、[①] 张健（2004）[②] 等认为，政府采购具有宏观经济调控的功能；杨玉霞和马树才（2008）[③] 提出并分析了政府采购的经济稳定与发展功能；肖北庚（2005）、[④] 马海涛（2006）、[⑤] 黄河（2006）[⑥] 分析说明了政府采购的公共政策功能；赵英（2007）、[⑦] 师车（2007）、[⑧] 江涌（2007）[⑨] 从理论角度阐述说明了政府采购的维护国家安全功能；刘清恩和赵树宽（2006）、[⑩] 刘小川（2007）[⑪] 突出强调了政府采购在保护民族产业方面的政策功能；此外，邓毅（2007）、[⑫] 马理（2007）[⑬] 认为政府采购还具备支持自主创新功能，张得让和陈金贤（2003）[⑭] 认为政府采购也可在促进环境保护方面有所作为。

4. 政府采购的宏观经济效应

对于政府采购的宏观经济效应，"我国政府采购制度研究"课题组（1999）认为，从世界各国政府的采购发展经验来看，政府采购制度是一种行之有效的政策工具，它不仅作用于微观经济领域，调节部分商品劳务的供给与需求，而且作用于整个社会的经济生活领域，从而实现政府的宏观调控目标。[⑮] 何静（1999）认为，通过实行政府采购制度，经常调整政府采购的数量、品种和频率，就可以灵活地调节国民经济运行，保护民族工业，稳定物价，维护消费者的利益。[⑯]

理论界对政府采购宏观经济效应的理论研究主要围绕政府采购的乘数效应、挤出效应、稳定经济效应、政府采购与国际贸易的效应等方面展开。刘永祯（1990）认为，作为社会总需求的一个有机组成部分，政府采购的数额变动往往会对社会经济总量或社会生产总量产生明显的影响，也就是说，政府采购与投资或税收一样，具有"乘数效应"。[⑰] 伏晓东（2006）的研究表明，政府采购乘数与投资乘数相等，但大于税收乘数和转移支付乘数，这说明政府采购对宏观经济的调控效力大于税收和转移支付。[⑱] 司春林等（2000）认为，如果把货币市场的因素考虑进来就会看到，在政府购买产生乘数效应的同时，还产生了挤出效应。[⑲] 潘彬、张得让（2006）以中国为例，根据IS—LM 模型研究，指出我国政府采购存在挤出效应，但相比乘数效应较低，因此，可以进一步扩大政府采购规模，促进经济增长。[⑳]

部分学者从国际贸易理论出发对政府采购进行研究。钟晓敏（1998）指出，保护贸易的目标主要是实现本国或本地区利益最大化，同时通过双边或多边协议，追求国际贸易的公平。[㉑] 因此，可以考虑将政府采购与国际贸易结合起来分析。俞招根（1998）将贸易主体按照国别大小作出区分，研究表明，限制政府采购进口比例将会给小国的贸易利益带来损失，而相比之下，限制政府采购进口比例对大国有些产业虽具有保护作用，

① 王金秀、汪博兴、吴胜泽：《论中国政府采购的政策功能及其实施途径》，《中国政府采购》，2006 年第 2 期。
② 张健：《完善政府采购制度充分发挥政府采购的宏观调控作用》，《财政研究》，2004 年第 12 期。
③ 杨玉霞、马树才：《中国政府采购功能的现实定位》，《辽宁大学学报》（哲学社会科学版），2008 年第 9 期。
④ 肖北庚：《论政府采购之公共政策功能》，《河北法学》，2005 年第 7 期。
⑤ 马海涛：《政府采购政策功能探析》，《中国政府采购》，2006 年第 1 期。
⑥ 黄河：《西方政府采购政策的功能定位及其启示》，《南京师范大学学报》（社会科学版），2006 年第 6 期。
⑦ 赵英：《政府采购与国家经济安全》，《中国招标》，2007 年第 4 期。
⑧ 师车：《政府采购中的国家安全问题》，《国际关系学院学报》，2007 年第 4 期。
⑨ 江涌：《政府采购与国家安全的经济学解读》，《中国招标》，2007 年第 6 期。
⑩ 刘清恩、赵树宽：《浅谈政府采购的十大政策功能》，《经济研究参考》，2006 年第 8 期。
⑪ 刘小川：《中国政府采购的政策功能及其政策定位》，《中国政府采购》，2007 年第 10 期。
⑫ 邓毅：《政府采购公共政策目标和传导机制研究——兼谈支持自主创新的政府采购政策》，《财政研究》，2007 年第 9 期。
⑬ 马理：《自主创新、政府采购与招投标机制设计》，《中国软科学》，2007 年第 6 期。
⑭ 张得让、陈金贤：《试论基于环境保护理念的政府绿色采购》，《财政研究》，2003 年第 4 期。
⑮ "我国政府采购制度研究"课题组：《我国政府采购制度研究》，《财政研究》，1999 年第 2 期。
⑯ 何静：《政府采购的效应分析与对策思考》，《晋阳学刊》，1999 年第 6 期。
⑰ 刘永祯：《西方财政学说概论》，中国财政经济出版社，1990 年。
⑱ 伏晓东：《中国政府采购制度研究》，西北农林科技大学博士学位论文，2006 年。
⑲ 司春林、王善造、王安宇：《宏观经济学理论模型与中国经济》，东方出版中心，2000 年。
⑳ 潘彬、张得让：《政府采购宏观调控效益研究——基于乘数效应与挤出效应的理论分析》，《财经理论与实践》，2006 年第 6 期。
㉑ 钟晓敏：《地方财政学》，中国人民大学出版社，2006 年。

但是依然要蒙受巨大的损失。① 姚洋（2002）指出，在关税壁垒越来越备受诉病的情况下，各国政府也愈益重视非关税壁垒在保护本国贸易利益中的作用，其中政府采购就是一种有效手段。②

从上述关于政府采购的基本理论的研究可以看出，在内涵界定方面，国内外学界基本达成了共识，都认为政府采购是采购组织（本质上是公共部门）出于满足公共职能和公共利益的需要，设定特定的采购目标，在公共采购的职能范围内，按照特定的标准（如法定的标准以及程序）和尽可能经济的方式，使用公共资金（如财政资金）购买货物、工程和服务的行为。在政府采购的特征方面，国内学界普遍认同了政府采购应坚持非营利性的特点；在政府采购的原则方面，国内学界基本达成了共识，认为政府采购应该遵循公平、公正、有效竞争、独立、透明等基本原则；关于政府采购的功能和经济效应方面的研究，国内学者普遍认为政府采购功能的应当多样化。

二、政府采购法律体系完善研究

2011 年，我国政府采购领域的法律建设研究注重从以下几个方面展开：现有政府采购法律体系的国际比较研究、政府采购合同的法律问题研究、政府采购方式的法律规制研究以及政府采购案件等方面的研究。

随着我国 GPA 谈判的逐渐深入，我国政府采购法律体系与国外法律体系的差异与融合成为研究的重点。安连成（2011）在研究中发现，在世界贸易组织（WTO）《政府采购协定》框架下，政府采购立法原则应关注非歧视原则、发展中国家的特殊待遇原则、透明度原则。同时，在政府采购立法方面还要关注原产地原则与服务贸易立法。③ 刘锐（2011）在研究中认为，我国政府采购法律制度存在功能定位不清、采购范围过窄、法律供给不足、采购方式程序不规范、纠纷解决制度不

合理等问题，这与 WTO《政府采购协定》中的采购范围、方式与程序、采购救济制度等方面的要求存在着差异。为了缩小我国政府采购法律制度的国际差距，政府采购应在法律制度建设上合理界定政府采购范围、出台配套法律法规、规范采购方式与程序、完善救济制度等，使我国的政府采购法律体系尽快与国际同步。④ 罗亚萍、罗传钰（2011）研究了政府采购法律中原产地规则适用的问题，认为由于原产地规则在我国政府采购法律体系中的缺失，造成政府采购"洋货"的现象，我国政府采购法律体系应尽快完善原产地规则，保证政府采购支持国货等功能的发挥。⑤

针对政府采购合同的法律问题研究主要集中在采购合同的法律性质等方面。吴红宇（2011）在研究中主张将政府采购合同归于行政合同的范畴。针对目前将政府采购合同归于民事合同而产生的法律适用困境问题，虽然存在两种解决机制——政府采购行政争议解决机制和政府采购民事争议解决机制，但是吴红宇认为"有必要重新审视政府采购合同的法律性质，加快制定适用政府采购合同的特殊法律规则，理顺政府采购合同的争议解决机制，完善我国的政府采购制度"。⑥ 针对政府采购合同存在的法律制度问题，李佳薇（2011）在研究中主张在时效性、合同条款以及合同监管等方面进行完善。⑦

在政府采购方式的法律规制研究中，黄吉安（2011）总结了政府采购方式在立法与实际操作中存在的问题与不足，认为应通过加强立法与严格执法两个方面对政府采购方式进行法律规制，完善政府采购方式。⑧ 焦富民对政府采购救济制度进行了具体的比较法研究：分析了第三人在政府采购关系中的弱势地位与权利救济中的主导地位，梳理了第三人在政府采购关系中的权利与义务，考察了第三人权利救济制度；以供应商权利救济为主线，突出保护供应商在政府采购合同履约阶

① 俞招根：《现代国际贸易学》，同济大学出版社，2003 年。
② 姚洋：《制度与效率——与诺斯对话》，四川人民出版社，2002 年。
③ 安连成：《WTO 框架下政府采购法律问题探讨》，《商业时代》，2011 年第 18 期。
④ 刘锐：《完善政府采购法律制度，应对 WTO〈政府采购协定〉》，《行政法学研究》，2011 年第 2 期。
⑤ 罗亚萍、罗传钰：《政府采购中的原产地规则适用问题的探讨》，《商业时代》，2011 年第 23 期。
⑥ 吴红宇：《政府采购合同革新的行政法观察》，《云南行政学院学报》，2011 年第 5 期。
⑦ 李佳薇：《论我国政府采购合同法律制度的完善》，《人民论坛》，2011 年第 2 期。
⑧ 黄吉安：《政府采购方式的法律规制》，《东南大学学报》（哲学社会科学版），2011 年第 1 期。

段及后合同阶段的合法权益；从社会公共利益保障的视角对采购人权利救济的特殊问题进行了有益的探索；讨论了政府采购救济制度的完善问题。①

在政府采购案件的法律研究中，王玫黎（2011）对政府采购案件的性质、政府采购案件审理的法律依据、政府采购案件审理现状、问题以及对策等方面进行了综合的研究，认为政府采购具有民事与行政性质双重属性，政府采购诉讼涉及民事与行政诉讼。②朱中一（2011）则在研究中通过具体的案例研究了政府采购行政诉讼的原告范围，得出"因政府采购货物、服务、工程的使用而受到侵害的公民、法人或其他组织不能成为政府采购行政诉讼的原告；原告只能是供应商——包括参与政府采购的供应商和潜在供应商两种类型"的结论。③在政府采购案件的法律研究中，《政治与法律》杂志在 2011 年第 12 期开展了政府采购工程法律责任问题的探讨，湛中乐、郑磊（2011）认为在政府采购工程法律责任中，政府仅可免除民事侵权赔偿责任，却无法逃避国家赔偿责任；④张红（2011）认为，政府采购工程致害的赔偿责任应在行政机关违法和民事侵权行为同时存在时区分两种情况：国家不承担赔偿责任和政府与承包人各自承担赔偿责任。⑤李磊（2011）认为政府采购工程致害的赔偿中应当适用民事侵权，在赔偿过程中，根据政府采购招标是否合法，认定政府赔偿责任的大小。⑥

在政府采购法律问题的研究中，部分学者将具体的政府采购行为与法律结合起来研究。如汪进元（2011）通过分析经营性建设用地的政府采购行为，对城市化建设过程中集体土地流转的法理问题进行了研究，认为政府采购是一种解决集体土地用于国有和私营企业经营性建设问题的新

途径。⑦李晖（2011）研究了水利系统利用政府采购的成效以及对完善政府采购法的启示，认为政府采购在水利系统建设上虽然发挥了积极的作用，但尚需要政府采购法在绿色采购、采购国货以及加强反商业贿赂等方面继续规范健全。⑧

三、政府采购制度完善研究

对政府采购制度的研究一直是政府采购领域的研究重点。薛刚、刘源、刘祁（2011）对我国政府采购制度研究进行了比较全面的文献综述，从法律制度、财政支出管理制度以及监督制度方面总结回顾了我国政府采购制度研究的现状。⑨韩宗宝（2011）分析了我国政府采购制度存在的问题以及解决的政策。⑩史璐（2011）则从采购范围、采购监督与评估、采购程序等方面对健全我国政府采购制度提出了自己的见解。⑪总的来看，针对政府采购制度建设，我国学者主要从政府采购监督与绩效评估等方面进行了深入的研究。

（一）政府采购权力制衡与监督研究

政府采购存在着权力"寻租"的风险，如何对政府采购权力进行有效监督成为理论界关注的焦点。梁戈敏（2011）运用委托—代理与权力制衡理论分析了政府采购中存在的权力"寻租"道德风险问题，认为在执行过程中，"集中执行机制的权力制衡的效能要明显强于分散执行机制"，在实际中，需要在执行层面、监督层面与救济保障层面保障权力的制衡。⑫董少林（2011）构建了政府技术采购领域的权力寻租模型，成功地将技术采购与权力寻租问题联系起来，通过模型分析，得出权力"寻租"会导致社会生产力下降、公众福利水平降低及科研单位低效率等问题，并提出

① 焦富民：《政府采购救济制度研究》，复旦大学出版社，2010 年。
② 王玫黎：《政府采购案件的法律适用》，《人民司法》，2011 年第 21 期。
③ 朱中一：《论政府采购行政诉讼的原告范围——从出租车司机被劫案说起》，《行政法学研究》，2011 年第 3 期。
④ 湛中乐、郑磊：《政府采购公共工程的法律规制》，《政治与法律》，2011 年第 12 期。
⑤ 张红：《政府采购工程施工致害的赔偿责任》，《政治与法律》，2011 年第 12 期。
⑥ 李磊：《论政府采购施工致人损害支赔偿责任》，《政治与法律》，2011 年第 12 期。
⑦ 汪进元：《论经营性建设用地的政府采购——城市化进程中集体土地流转之法理思考》，《法商研究》，2011 年第 3 期。
⑧ 李晖：《水利系统实施政府采购的成效及对完善政府采购法的建议》，《中国水利》，2011 年第 4 期。
⑨ 薛刚、刘源、刘祁：《完善我国政府采购制度研究：一个文献综述》，《财政监督》，2011 年第 6 期。
⑩ 韩宗宝：《浅析我国政府采购制度建设》，《财政监督》，2011 年第 18 期。
⑪ 史璐：《健全我国政府采购制度的思考》，《中国报业》，2011 年第 4 期。
⑫ 梁戈敏：《道德风险、权力制衡与政府集中采购》，《财政研究》，2011 年第 7 期。

了规制权力"寻租"的一些对策建议。[1]

政府采购权力监督也是政府采购制度建设的研究重点。针对政府采购过程中存在的寻租行为，郭瑞（2011）在研究中得出了"政府监管的概率与对寻租行为的惩罚成反比"，"寻租方寻租的概率与监管成本成反比，与租金和监管方没有违规的被惩罚支付成正比，与寻租成本则没有关系"等结论。[2]对政府采购行为进行监督涉及成本与收益分析，孟垚忻（2011）认为，"监督成本和收益理论上呈正相关关系，随着监督程度的强化，监督成本和收益也会随之提高，但变化的程度有差别"。[3]建立有效的政府采购监督机制，必须充分地分析监督的成本与收益。

政府采购监督不但要研究监督行为本身，还要研究如何有效地进行监督。从政府外部角度看，第三方是一个重要的监督主体，然而，现实中，第三方监督也存在着一些问题。王萍萍（2011）在研究中分析了第三方监督的现状，认为第三方监督存在主体受限、风险成本大、监督管理部门效率低下等问题，并提出了集体诉讼制度、代位诉讼制度、第三方监督信息公布机制等具体的第三方监督途径。[4]从政府内部看，防止腐败，有效监督政府采购，信息披露是一项重要的措施。刘细良、吴林生、樊娟（2011）在研究中发现，信息披露的认知、制度、执行、技术方面的缺失影响到了信息披露的效果，为了使信息披露发挥预防腐败的作用，必须"着力做到政府采购信息披露的公开、明确、及时与诚信"。[5]

此外，梁戈敏还专门从伦理的角度探讨了政府采购的道德风险及其规避问题。该研究利用网络分析方法分析政府采购"委托—代理"链式，利用不完全信息理论和委托—代理理论结合权力制衡理论的相关观点，研究政府采购参与人的行为特征及其道德风险。分析了中国政府采购制度践行委托—代理机制的效果；分析了中国政府采购的委托—代理关系及其道德风险；并探讨了规避政府采购道德风险机制设计和制度优化的措施。[6]

（二）政府采购评估研究

政府采购评估的研究主要集中在规模经济效益的评估与自主创新资质的评估方面。刘卿斐（2011）认为政府采购不但要注重效率的评估，更要注重效益的评估。在评估政府采购的规模效益中，刘卿斐采用了机会成本分析法、收支比率模型、支出比率模型等工具，通过实证分析，得出我国现阶段采购规模偏低，尚未发挥最有规模效益的作用的结论。[7]如何甄别高新技术企业资质决定了政府采购资金能否有效地支持高新技术的发展。马理、刘建民、牛勇在对自主创新企业资质评估的研究中引入了以管理专家与技术专家为主体的4阶层的模糊甄别模型，该模型在实际操作中通过拟定评价体系、专家组评估、计算特征向量、决策判断等四个步骤的检验，证明了该模型方法简单易行，容错性好，在新兴产业与自主创新企业的甄别过程中能够有广泛的应用。[8]

潘彬专门探讨了政府采购的绩效评价模式。该研究围绕为什么要进行政府采购绩效评价、对哪些项目和内容进行评价、怎样评价、由谁评价、评价结论如何对待、政府采购绩效如何改善等核心问题展开了深入的探讨和研究，构建了比较完整和科学的政府采购绩效评价理论体系，全面阐述了政府采购绩效评价的意义和国内外研究现状，建立了比较系统的政府采购绩效评价指标体系和评价模型，确立了政府采购绩效的评价程序、评价主体和评价结论反馈机制，提出了改善政府采购绩效的治理对策。并通过实证研究检验了政府采购绩效评价理论的实用性问题。这对于推进我国政府采购绩效评价研究、形成新型政府采购管理模式、深化政府采购制度改革、改善政府采购

① 董少林：《政府技术采购的权力寻租模型及规制措施》，《当代财经》，2011年第1期。
② 郭瑞：《浅谈政府采购中的寻租行为及其监管》，《财会通讯》，2011年第26期。
③ 孟垚忻：《我国政府采购监督制度的优化与博弈分析》，《财政监督》，2011年第25期。
④ 王萍萍：《论政府采购第三方监督》，《会计之友》，2011年第2期。
⑤ 刘细良、吴林生、樊娟：《信息披露：政府采购腐败防治的新审视》，《中国行政管理》，2011年第10期。
⑥ 梁戈敏：《中国政府采购道德风险及其规避》，经济科学出版社，2011年。
⑦ 刘卿斐：《政府采购规模经济效益评估分析》，《人民论坛》，2011年第29期。
⑧ 马理、刘建民、牛勇：《政府采购中新兴产业自主创新资质的模糊甄别》，《财政研究》，2011年第11期。

绩效等均具有重要的理论和实践参考价值。[①]

（三）其他

黄秋如、李满华分析了政府采购社会代理机构存在的问题，认为其缺乏独立性，不够专业，易导致腐败，不利于节约成本，建议取消社会代理机构，转而大力发展集中采购机构并促进社会代理机构向咨询性中介机构转变。[②]在政府采购治理工具的研究中，杨燕英、张相林通过分析我国政府采购面临的环境，主张政府采购治理应当选择"政府主导、社会参与"的目标模式，在具体的工具选择上，政府采购预算、电子化政府采购和政府采购绩效评价为当前政府采购治理最为有效的工具，这些工具可以在事前、事中、事后对政府采购治理进行有效的控制。[③]邹昊对政府采购体系的现状、变动趋势和发展规律进行了深入调查和实证研究，从政府采购基本概念和基础理论入手，在对比分析国外政府采购制度经验的基础上，重点对政府采购法律法规、行政管理体制、监督管理措施、电子化运行机制、绩效评价和文化建设等内容进行了体系研究。[④]

此外，刘小川、唐东会等学者还从政策分析的视角探讨了我国政府采购的制度建设问题。在总结中国政府采购实践的基础上，通过应用与理论分析，揭示出政府采购在政治经济生活中的重大作用，由此将政府采购活动提到政策高度去认识。并在对中国政府采购现行政策的分析与评估基础之上，结合国际经验的比较与借鉴，对中国政府采购政策体系进行了较系统的梳理与定位，并提出了中国政府采购政策的思路及框架。[⑤]

四、政府采购政策功能及其实现研究

政府采购具有较强的社会导向性与激励性，如何发挥好政府采购的政策引导功能，是我国政府采购理论研究的重点。

政府采购政策功能的发挥主要依靠规模经济效益的发挥，合理的评估思路和方法至关重要。宋河发、穆荣平、任中保（2011）对政府采购促进自主创新进行了研究，通过调查数据和理论研究分析了我国政府采购政策和实施细则的关联性问题，提出要明确自主创新产品的认证评价标准，制定并实施《政府采购法实施细则》等建议。[⑥]在政府采购促进中小企业发展的研究中，于婧（2011）认为，政府采购的体系设计本身存在着问题，不能仅仅从降低门槛着手给中小企业增加政府采购的机会，而是要在制度设计的层面上，确立中小企业在政府采购中的法律地位。[⑦]在政府采购与社会经济的因果关系研究中，王宏、江飞（2011）运用适用于小样本的 ARMA 模型最优预测的建模方法，分析了政府采购和经济增长之间的因果关系，在研究中得出"政府采购和经济增长之间存在非对称、单向因果关系，即政府采购对经济增长的影响不显著，而经济增长对政府采购具有促进作用"的结论，并建议从政府采购影响路径的角度考虑，"在后金融危机时代应该采取一些可行的措施扭转政府采购对经济增长的不显著状况。"[⑧]许光研究了政府绿色采购的效应问题，认为政府绿色采购具有经济效应、生态效应和示范带动效应，但在实际操作中存在绿色产品定义模糊、相关行政法规体系不完善、采购成本高昂以及技术制约等问题，并针对这些问题提出了解决的对策建议。[⑨]

在政府采购政策功能与实现研究中，一些领域的研究人员研究了政府采购在该领域的实际应用问题。如在高校政府采购领域，周磊（2011）分析了高校政府采购模式的特点以及存在的问题，并提出了解决问题的对策建议。[⑩]余成格、林小海、

① 潘彬：《政府采购绩效评价模式创新研究》，湘潭大学出版社，2008 年。
② 黄秋如、李满华：《应取消政府采购社会代理机构》，《武汉理工大学学报》（社会科学版），2011 年第 2 期。
③ 杨燕英、张相林：《基于目标模式的政府采购治理工具运用》，《中国行政管理》，2011 年第 9 期。
④ 邹昊：《政府采购体系建设研究》，清华大学出版社，2011 年。
⑤ 刘小川、唐东会：《中国政府采购政策研究》，人民出版社，2009 年。
⑥ 宋河发、穆荣平、任中保：《促进自主创新的政府采购政策与实施细则关联性研究》，《科学学研究》，2011 年第 2 期。
⑦ 于婧：《论我国政府采购与中小企业发展》，《生产力研究》，2011 年第 8 期。
⑧ 王宏、江飞：《政府采购与经济增长的实证研究——基于 ARMA 最优模型》，《苏州大学学报》（哲学社会科学版），2011 年第 3 期。
⑨ 许光：《生态文明视角下政府绿色采购的效应分析与障碍突破》，《生态经济》，2011 年第 3 期。
⑩ 周磊：《高校实施政府采购的思考》，《商业会计》，2011 年第 23 期。

师秀清（2011）则研究了政府采购引入适度竞争的问题，针对当前高校政府采购面临的竞争不足或竞争过度的问题，提出了引入适度竞争——引入竞争、调节竞争和保护竞争的观点。[1]王喆、吴兵（2011）以首都医科大学采购预算管理为例，研究了高校政府采购预算管理的问题，总结了值得高校政府采购预算管理借鉴的经验。[2]对于高校采购招标的研究，朱飞燕、熊梦辉、陈志中、曹旭（2011）结合南方医科大学的具体实例，认为政府采购招标的角色转变后，应从批量采购的分包、技术指标的确定和评标过程的参与等方面入手，提高采购效率。[3]师秀清（2011）研究了高校政府采购网上竞价管理系统，认为该系统虽然具有一些优点，但在实际使用中效率与适用性有限，审计监督职能不完善，开放性与供应商评价也有待提高，针对此，应在适用性、审计监督与开放性方面完善系统。[4]在图书馆政府采购领域的研究中，谭忠顶（2011）以西部地区高校图书馆为例，研究了后评估时代图书采购的弊端，建议发挥政府采购优势，通过零星采购与区域内多校联合的集团采购新模式等措施，提高图书采购的效率。[5]赵迎春（2011）研究了省级公共图书馆政府采购文献资源的现状、优势、问题以及努力的方向。[6]苏萍（2011）研究分析了公开招标、邀请招标、竞争性谈判、单一来源采购以及询价采购等政府采购方式在中外文报刊采购中的现状，并主张实行集中采购和分散采购相结合的政府采购模式。[7]在房地产领域，陈一飞、田泽（2011）进行了政府采购保障房建设与住宅产业创新的研究，认为考虑到政府采购促进创新的作用，应将政府采购保障房建设的组织与规划纳入住宅产业创新系统，通过政府采购的导向性作用，促进住宅产业的创新。[8]

五、政府采购电子化建设研究

政府采购电子化建设的研究主要集中在现状表述与电子化采购平台设计两个方面。张志泉（2011）在研究中认为，政府采购电子化具有公开透明、公平公正、即时高效的特点，但我国政府采购电子化建设依然存在着法律法规不健全、没有建立全国统一的电子化政府采购平台、电子化政府采购人才有待提高等问题。[9]陈海晏（2011）认为应从完善法律法规、建设电子采购管理平台、健全采购管理体制与运行机制以及加强专业人才培养的角度完善我国政府采购电子化建设。[10]

在政府采购电子化采购平台设计方面，马春英、王刚、何成凤、刘小敏（2011）对政府采购管理系统的设计与实现进行了研究，研究采用面向对象的软件分析与设计方法，分别从网络、软件两个方面阐述了政府采购管理系统的设计与实现过程，并在方法中采用了内外网隔离数据同步技术。该管理系统采用B/S技术设计与研发，系统设计在需求上充分考虑了政府采购相关各部门应用需求，该系统通过科技手段有效地解决了政府采购工作成本、效率与质量问题，能很好地规范政府采购工作行为。[11]

六、政府采购市场开放研究

中国加入《政府采购协定》的谈判研究主要集中在谈判本身涉及的国内外规则研究以及市场开放后的影响与对策研究。

在国内外规则研究中，我国学者集中于国内外规则的比较研究以及我国政府采购规则与国际规则对接研究。曹和平、臧巨凯（2011）在研究中"以国际政府采购的主干规则GPA和中国政府采购制度的主干规则《政府采购法》和《招标投标

① 余成格、林小海、师秀清：《高校政府采购适度竞争探讨》，《实验技术与管理》，2011年第5期。
② 王喆、吴兵：《高校政府采购预算管理的思考与实践》，《实验技术与管理》，2011年第4期。
③ 朱飞燕、熊梦辉、陈志中、曹旭：《浅议高校在政府采购招标中应把握的几个问题》，《实验室研究与探索》，2011年第8期。
④ 师秀清：《高校政府采购网上竞价管理系统的实践与思考》，《实验室研究与探索》，2011年第3期。
⑤ 谭忠顶：《后评估时代实行图书政府采购的弊端及其变革——以西部高校图书馆为例》，《图书馆建设》，2011年第9期。
⑥ 赵迎春：《省级公共图书馆文献资源政府采购探析》，《图书馆》，2011年第5期。
⑦ 苏萍：《中外文报刊政府采购模式下的图书馆作为》，《图书馆理论与实践》，2011年第9期。
⑧ 陈一飞、田泽：《以政府采购保障房建设促进住宅产业创新研究》，《经济体制改革》，2011年第2期。
⑨ 张志泉：《政府采购电子化探析》，《经济纵横》，2011年第7期。
⑩ 陈海晏：《政府采购电子化建设浅议》，《财会通讯》，2011年第3期。
⑪ 马春英、王刚、何成凤、刘小敏：《政府采购管理系统的设计与实现》，《辽宁工程技术大学学报》（自然科学版），2011年第5期。

法》为主要研究对象"，通过将两者之间的差异分为冲突性、距离性和不对榫性三种类型，研究了不同类型的对接路径。[①] 肖北庚（2011）研究了《政府采购协定》成员国次级中央实体出价规律与我国的对策，认为我国次级中央实体出价中的次级中央实体应定位于省级政府，根据国际经验并结合我国国情，"省级政府出价的具体承诺则应充分考虑 GPA 所规定的适用于发展中国家的各种优惠政策"，在谈判的方式上应采用"复边"的方式。[②]

在中国加入《政府采购协定》的谈判过程中对政府采购市场的开放性研究也成为学者们的焦点。景玉琴、宋梅秋、尹栾玉（2011）认为中国加入GPA 的过程需要对开放的领域进行审慎的界定，对企业进行大力的支持，同时加强法律建设和人才的培养。[③] 周曼（2011）研究了政府采购市场开放对我国的影响与对策，认为市场的开放对我国企业及政府职能均存在的影响，应从制度建设、循序性开放与灵活运用 GPA 条款方面采取应对之策。[④] 王爱君（2011）重点对如何应对市场开放进行了研究，为应对政府采购市场开放的影响，我国应充分利用 GPA 条款，认真研究国际上关于采购国货的惯例和立法，确定国货标准，优先购买国货，并要灵活运用采购策略与方法，同时采取适度、渐进的开放策略，在开放过程中保护中小企业。在与 GPA 要求相衔接的过程中，要注重立法与相关配套措施的完善。[⑤] 周庄（2011）针对政府采购市场的开放提出了建立风险预警机制的设想，针对其提出的"开放性风险"的问题，认为应建立包括组织管理、运行管理、信息、专家、监测和预警以及用户系统等子系统在内的风险预警系统，同时还要构建包括产品比价、入采率、采购比率、国内采购份额、失业率、企业变化率等指标的风险预警指标体系。[⑥]

此外，肖北庚、宋雅琴等学者还出版专著专门探讨中国加入《政府采购协议》的问题。如肖北庚在《WTO〈政府采购协定〉及我国因应研究》一书中介绍了我国加入 WTO《政府采购协定》（GPA协定）的进程与承诺策略，梳理了 GPA 协定的衍生与发展，并在分析 GPA 协定基本结构与具体内容的基础上，提出我国的因应对策。[⑦] 宋雅琴编著的《中国加入 WTO〈政府采购协议〉问题研究：站在国家利益的角度重新审视国际制度》则积极探索和论证发展中国家在政府采购国际自由贸易制度中的地位、取向和政策。研究认为，后发展国家有可能适应经济全球化的时代条件，在国际自由贸易框架内争取发展机会和贸易利益，在政府采购市场竞争中创造新的贸易竞争优势，改变本国历史和自然禀赋形成的既有比较优势。[⑧]

七、政府采购先进模式借鉴研究

国内学者在研究发达国家的政府采购经验时，主要关注于国外先进政府采购制度以及政府采购功能实现方法研究。其中，美国和德国等发达国家的政府采购经验成为我国学者研究的重点。

在美国政府采购制度的研究中，赵谦（2011）分析了美国政府采购制度的特点——完备的法律体系、规范的治理机制、完善的监管体制、明确的政策功能、先进的软硬件条件，并借鉴美国的经验，从上述五个方面对我国的政府采购制度进行了研究与思考。[⑨] 温建萍、张爱民（2011）研究了美国政府采购的成本控制问题，通过对美国成本会计委员会及其准则的研究，认为我国在采购成本控制中可借鉴美国的经验，构建我国的政府采购成本核算准则。[⑩] 在美国政府采购促进政策功能实现的研究中，艾冰（2011）研究了美国政府

① 曹和平、臧巨凯：《浅议中国政府采购规则与国际相关规则之对接——以加入 GPA 为视角》，《学海》，2011 年第 6 期。
② 肖北庚：《〈政府采购协定〉成员国次级中央实体出价规律与我国对策》，《政治与法律》，2011 年第 1 期。
③ 景玉琴、宋梅秋、尹栾玉：《中国加入〈政府采购协议〉的趋势及对策》，《经济纵横》，2011 年第 11 期。
④ 周曼：《政府采购市场开放对我国影响及应对策略》，《财政监督》，2011 年第 22 期。
⑤ 王爱君：《中国政府采购市场开放策略研究》，《财政研究》，2011 年第 11 期。
⑥ 周庄：《关于我国加入 GPA 后政府采购开放性风险预警的基本设想》，《财贸经济》，2011 年第 11 期。
⑦ 肖北庚：《WTO〈政府采购协定〉及我国因应研究》，知识产权出版社，2010 年。
⑧ 宋雅琴：《中国加入 WTO〈政府采购协议〉问题研究：站在国家利益的角度重新审视国际制度》，经济科学出版社，2011 年。
⑨ 赵谦：《美国政府采购制度的启示与思考》，《财政研究》，2011 年第 3 期。
⑩ 温建萍、张爱民：《试论政府采购成本核算与控制》，《商业会计》，2011 年第 12 期。

采购促进自主创新的机制，以购买美国货的自主创新机制为切入点，对法律、程序、监督等多方面进行了分析，并总结了对我国的启示。[1] 熊晋文、陈荣、杨鹏（2011）研究了美国政府采购支持本国企业发展的相关政策及政策的特点，借鉴美国经验，认为我国应该采取提高政府采购地位、制定政府采购支持本国企业发展的政策、在 GPA 谈判中积极稳妥推进等措施支持企业发展。[2]

肖军（2011）在德国的政府采购经验研究中重点研究了德国政府采购法在促进中小企业发展中的嬗变以及对我国的启示。作者在研究中分析了德国"叠床架屋"式的复杂政府采购法律体系，在该体系下，德国政府采购法律促进中小企业发展主要采用拆分招标的方法，并通过"规则—例外"来保证拆分招标的方法能够实现。通过总结德国的经验，肖军认为，在我国政府采购法律中应明确规定通过拆分招标支持和促进中小企业发展，同时要建立某种"规则—例外"的约束，并暂时不限制其他促进中小企业发展的政府采购措施的使用。[3]

此外，一些学者通过比较研究多个国家政府采购的相关制度，总结出我国可借鉴的经验。黄军英（2011）研究了欧盟、英国、美国及日本在将公共采购作为激励创新的手段方面的相关政策，并结合我国国情，认为在我国的政府采购中，应建立创新产品和服务的先导市场，并利用政府采购为战略性新兴产业的发展创造早期需求，将采购政策与其他创新政策相结合，搭建创新平台并营造良好的公平的竞争环境。[4] 郭雯、程郁、任中保（2011）分析了我国采购自主创新产品遭受非议这一问题，并研究了美国、德国等国家的政府采购在保护本国产品、倾向性支持中小企业、战略性采购培养高技术产业及新兴产业、促进创新和激励雇主提高员工的创新技能等四个方面的政策及对我国的启示。[5] 除了研究各国政府采购激励创新的政策外，一些学者还研究了政府采购促进产业发展的国际经验。韩凤芹、周斌（2011）通过研究美国、欧盟等国家政府采购促进高技术产业发展的政策，认为我国政府采购可通过扩大采购规模、健全法律法规、将政府采购与产业发展目标相结合、引入风险补偿机制并逐渐开放国内市场、引入竞争等措施促进我国高技术产业的发展。[6]

八、我国政府采购存在的问题及对策研究

我国学者除了对上述六大领域进行了关注和研究外，一些学者还研究了我国政府采购领域存在的问题及相关对策。

我国政府采购体系并不完善，杨凌云（2011）在研究中发现我国政府采购在依法采购、采购规模与范围、法律体系建设、机构设置、预算管理、电子化建设、采购监督体系等方面存在着一系列的问题。[7] 宋冰（2011）认为，我国政府采购现阶段应重点关注政府采购的政策功能、透明度与质疑制度、采购程序的规范性、招标文件中的技术规格和环保条款、采购电子化趋势、中国企业进军国际市场等方面的问题。[8] 一些研究者研究了中国地方政府采购存在的问题。如黄琳、廖幸（2011）研究了广西农业科研单位政府采购工作存在的问题，[9] 黄胤强、黄明锦（2011）研究了广西政府采购中的"黑天鹅效应"问题，[10] 薛振明以山西省晋中市政府采购为例，研究了政府采购中存在的一些问题。[11]

针对当前政府采购专业及专业人才缺乏的现

---

① 艾冰：《美国政府采购促进自主创新机制及启示》，《求索》，2011 年第 10 期。
② 熊晋文、陈荣、杨鹏：《美国支持本国企业的政府采购政策研究》，《中国财政》，2011 年第 20 期。
③ 肖军：《德国政府采购法促进中小企业发展规则之嬗变与启示》，《法学评论》，2011 年第 2 期。
④ 黄军英：《发达国家利用政府采购支持创新的政策及启示》，《科技管理研究》，2011 年第 17 期。
⑤ 郭雯、程郁、任中保：《国外政府采购激励创新的政策研究及启示》，《中国科技论坛》，2011 年第 9 期。
⑥ 韩凤芹、周斌：《促进高技术产业发展的政府采购政策研究》，《中国经贸导刊》，2011 年第 10 期。
⑦ 杨凌云：《对我国政府采购现状和存在问题的分析》，《中国商贸》，2011 年第 27 期。
⑧ 宋冰：《我国政府采购亟须关注的焦点问题》，《新视野》，2011 年第 1 期。
⑨ 黄琳、廖幸：《广西农业科研单位政府采购工作存在的问题与对策建议》，《江苏农业科学》，2011 年第 4 期。
⑩ 黄胤强、黄明锦：《消除广西政府采购中黑天鹅效应的研究》，《经济研究参考》，2011 年第 65 期。
⑪ 薛振明：《政府采购工作相关问题研究——以山西省晋中市为例》，《财政监督》，2011 年第 19 期。

状，2010 年 12 月 9 日，中央财经大学召开"全国首次政府采购学科建设研讨会"，马海涛、姜爱华、丁青超（2011）执笔的会议综述对研讨会在政府采购学科建设的必要性和紧迫性、学科建设中的障碍、基本思路、专业设置及人才培养模式、学科课程设置和知识体系设置等方面的讨论进行了总结。① 徐焕东、倪东生（2011）根据研讨会的主要内容，研究了政府采购领域专业教育中政府采购学科建设的背景、相关专家的见解、必要性和障碍、基本建设思路等。②

黄秋如、李满华（2011）分析了政府采购社会代理机构存在的问题，认为其缺乏独立性，不够专业，易导致腐败，不利于节约成本，建议取消社会代理机构，转而大力发展集中采购机构并促进社会代理机构向咨询性中介机构转变。③ 在政府采购治理工具的研究中，杨燕英、张相林（2011）通过分析我国政府采购面临的环境，主张"政府采购治理应当选择'政府主导、社会参与'的目标模式"，在具体的工具选择上，"政府采购预算、电子化政府采购和政府采购绩效评价为当前政府采购治理最为有效的工具"，这些工具可以在事前、事中、事后对政府采购治理进行有效的控制。④

九、理论进展总评

2011 年，政府采购领域的理论研究取得了进一步的发展，其理论研究呈现以下特点：

（一）理论研究的重点突出

2011 年，政府采购理论研究的重点领域突出，我国学者主要在政府采购监督、政府采购法制建设、政府采购政策功能研究、《政府采购协议》谈判及国际经验研究等方面进行了深入的理论探讨。这几大重点领域集中了我国政府采购研究的主要成果。在政府采购监督的研究中，如何通过制度设计进行有效的监督一直是研究的重点与难点；在政府采购法制建设的研究中，如何完善我国政府采购法律体系，如何与国际规则接轨，如

何在实践中准确运用政府采购法律成为研究的重点；在政府采购政策功能的研究中，我国学者关注政府采购在促进自主创新、支持中小企业的发展以及推动环境保护等方面的政策功能发挥的研究；在《政府采购协议》谈判研究中，对我国政府采购规则与国际规则的比较研究成为重点，同时，政府采购市场开放可能产生的问题也引起了学者们的关注；在国际经验研究中，我国学者倾向于总结发达国家政府采购政策以及对我国的启示等研究。

（二）理论研究的多学科性进一步加强

2011 年，政府采购领域的理论研究越来越多地体现出多学科性的特点。研究政府采购理论问题的学者不局限于财政学、经济学方面的采购专家，具有其他学科知识背景的学者从本学科的角度研究政府采购问题的趋势进一步明显。同时，在政府采购理论研究中，对法学、管理学、经济学甚至信息技术等相关领域知识的综合运用成为政府采购研究中的普遍现象。

（三）理论研究的前瞻性与创新性进一步提高

2011 年，政府采购理论研究的前瞻性与创新性得到了进一步的提高。研究者在研究的过程中引入其他学科的知识与方法，在政府采购法制建设、监督体制建设、电子化建设等方面进行了理论创新。同时，政府采购理论的前瞻性与适时性进一步加强，如对政府采购评估的研究以及对政府采购信用融资与担保等问题的研究紧随政府采购发展潮流，理论的指导性与实效性进一步增强。

总体来看，2011 年，政府采购理论研究在以往的研究基础之上，不管是研究所涉及的具体领域还是研究的深度上都有了拓展与提高。根据2011 年政府采购理论研究现状，接下来的政府采购理论研究的重点还将集中于政府采购的法制建设、监督体制建设、电子化建设等领域，而政府采购信用融资与担保等一些问题将成为新的关注点，同时，理论研究的多学科性将越来越明显。但也不可否认，我国政府采购理论研究依然存在

---

① 马海涛、姜爱华、丁青超：《全国首次政府采购学科建设研讨会会议综述》，《中央财经大学学报》，2011 年第 2 期。
② 倪东生：《政府采购领域专业教育的作为与突破》，《中国流通经济》，2011 年第 8 期。
③ 黄秋如、李满华：《应取消政府采购社会代理机构》，《武汉理工大学学报》（社会科学版），2011 年第 2 期。
④ 杨燕英、张相林：《基于目标模式的政府采购治理工具运用》，《中国行政管理》，2011 年第 9 期。

着不足，具体领域的研究深度依然有提高的空间，理论研究中的研究方法略显不足，一些具体问题的研究还处于起步阶段或尚未得到研究者的重视。这些问题都应当在研究和实践中逐步得到解决。

第二节　实践创新

政府采购是事关社会公共利益的大事，但政府采购制度化和规范化又是极其复杂的难事，相对世界其他国家的政府采购而言，我国政府采购制度的建设也还是一件新事。[①]因此，在理论探讨和实践探索中不断完善是一个必经的历程。2011年，针对政府采购中出现的诸种问题，政府采购政策实践又有许多新举措。

一、公务用车政府采购扶植自主创新品牌

2011年1月，中共中央办公厅、国务院办公厅发布《党政机关公务用车配备使用管理办法》，该办法对公车的配备、采购标准进行了重新修订。国家对能够直接控制的单位机关的公车采购，开始偏向自主品牌、小排量和节能环保车型。

该办法明确了党政机关配备公务用车执行的新标准：①一般公务用车配备排气量1.8升（含）以下、价格18万元以内的轿车，其中机要通信用车配备排气量1.6升（含）以下、价格12万元以内的轿车。配备享受财政补助的自主创新的新能源汽车，以补助后的价格为计价标准。②执法执勤用车除涉及国家安全、侦查办案、应急救援、警卫和特殊地理环境等因素外，依照一般公务车标准配备。党政机关原则上不配备越野车。确实地理环境和工作性质特殊的，可以适当配备国产越野车。不得将配备的越野车和警卫车作为领导干部固定用车。该办法规定了公务用车的使用年限：年限超过8年的可以更新；达到更新年限仍能继续使用的，应当继续使用。不得因领导干部提职、调任等原因提前更新。此外，该办法明确指出，党政机关应配备使用国产汽车。对自主品牌和自主创新的新能源汽车，可以实行政府优先采购。

根据《党政机关公务用车配备使用管理办法》（中办发〔2011〕2号）和《中华人民共和国预算法》等国家法律法规，2011年3月4日，财政部印发《党政机关公务用车预算决算管理办法》，旨在规范和加强党政机关公务用车预算决算管理，提高资金使用效益，降低行政成本，促进党风廉政建设。[②]

二、财政部试行中央单位批量集中采购

2011年6月3日，财政部发布《关于进一步推进中央单位批量集中采购试点工作的通知》（财办库〔2011〕87号，以下简称《通知》）。《通知》明确规定，自2011年7月1日起，中央单位采购的台式计算机和打印机，原则上全部纳入2011年的批量集中采购试点范围。

《通知》旨在进一步深化集中采购工作，推进批量集中采购工作在中央单位的开展。根据《通知》，中央单位在采购台式计算机和打印机时须执行批量采购，其采购的配置标准参考此前公布的《2011年中央单位批量集中采购台式计算机和打印机基本配置参考》（财库〔2011〕18号）中的规定。此外，各主管部门也可根据实际工作需要，制定本部门统一的台式计算机和打印机配置标准。因特殊需要，中央单位台式计算机采购项目预算金额在50万元以上、打印机采购项目预算金额在30万元以上的，可以经主管部门同意后，确定本次采购项目的特殊配置标准。

---

① 张璐：《政府采购理论与实务》，首都经济贸易大学出版社，2011年。
② 政府采购信息网：《党政机关公务用车配备使用管理办法》，http://www.caigou2003.com/law/omr/20110328/omr_175447.html，2011年3月28日；财政部网站：《关于印发〈党政机关公务用车预算决算管理办法〉的通知》，http://xzzf.mof.gov.cn/zhengwuxinxi/zhengcefabu/201103/t20110304_473526.html，2011年2月25日。

《通知》强调，因时间紧急等特殊原因，不能参加批量集中采购的，各中央单位报经主管部门同意后，可从协议供货渠道采购。财政部要求，主管部门应建立紧急采购或特殊需求采购内核审核管理制度，将协议供货渠道采购的台式计算机和打印机数量控制在本部门上年同类采购品目总数的10%以内。

具体到批量采购的程序上，首先，中央单位需通过中国政府采购网"政府采购信息统计及计划管理系统"按月报送批量采购计划，包括基本配置、数量、服务期限、付款方式、配送地点、送货时间、联系人与联系电话等信息。其次，由各主管部门于每月5日前将下月的批量采购计划审核汇总后报送至财政部。再次，财政部于每月10日前将各主管部门上报的批量采购计划汇总后送集中采购机构。最后，由集中采购机构根据批量采购计划按月组织批量集中采购，并于30个工作日内完成采购组织活动。

在合同签订、履约等相关工作上，《通知》要求中央单位按当次批量集中采购确定的品牌、服务、送货期限等内容，与中标人或授权供货商签订采购合同，合同获取、供货、验收及支付等具体操作方式可参照现行协议供货方式执行。没有按现行协议供货方式执行的，则按采购文件的规定执行。

《通知》强调，对超标准采购及规避批量采购行为等，将按中共中央办公厅、国务院办公厅通知要求追究责任人责任。财政部也将定期对各中央部门批量采购执行情况进行通报，对集中采购机构的批量采购工作进行考核。[1]

三、多地政府开展政府采购信用担保试点工作

为贯彻落实《国务院关于进一步促进中小企业发展的若干意见》（国发〔2011〕36号）及有关会议精神，支持和促进中小企业发展，进一步发挥政府采购政策功能的作用，推进政府采购制度创新与诚信体系建设，财政部决定在中央本级和北京、黑龙江、广东、江苏、湖南、河南、山东、

陕西等省（市）开展政府采购信用担保试点工作。

政府采购信用担保，是将信用担保作为政策工具引入政府采购领域，由专业担保机构为供应商向采购人、代理机构、金融机构提供的保证，主要包括投标担保、履约担保、融资担保三种形式。作为一种有效风险分散、信用增级的市场化运作手段，政府采购信用担保有利于降低中小企业参与政府采购的成本，增加参与政府采购的机会和扩大融资渠道，优化中小企业发展环境。通过引入信用担保手段，能够在政府采购活动中形成一种市场化的利益、责任和制约机制，有助于完善政府采购的程序控制，丰富监管手段，防范政府采购风险，提高政府采购质量。

政府采购信用担保试点工作的试点时间暂定两年，从2012年1月1日始至2013年12月31日止。各试点地区和单位要高度重视该项工作，加强组织领导，指定专人负责，按照《财政部关于开展政府采购信用担保试点工作方案》的要求，认真研究落实措施。其中，各试点地区、中央集中和部门集中采购机构还应于2011年11月30日前，将本地区和本单位的试点工作实施方案报送财政部备案，集中采购机构的试点方案应列明对采购文件相关条款的修改情况。各试点地区和单位对试点中出现的有关情况和问题，要及时向财政部反馈，各试点地区、中央集中和部门集中采购机构还应于试点期间每半年形成试点工作报告报送财政部。财政部将择时组织工作小组，对试点地区和单位的试点工作进行评估。

试点地区和单位的政府采购活动，亦可使用银行保函，但出具保函的银行应当比照本通知对专业担保机构的要求提供相应服务。[2]

四、北京市、南京市创新政府采购价格竞争与监督机制

（一）北京政府采购创新价格监测机制

经过历时4个多月的探索与努力，北京市政府采购中心网站信息系统与中关村电子指数实现产品库和市场数据共享，采购数据与市场数据同步对接。

---

① 王坤：《财政部试行中央单位批量集中采购》，《中国财经报》，2011年6月2日。
② 《财政部关于开展政府采购信用担保工作的通知》，《中国财经报》，2011年9月28日。

中关村电子指数由国家商务部管理发布，基础数据来自中关村电子市场，报价系统可为政府采购提供来自市场的第三方价格信息。此次双方合作的重点是利用信息化手段，对协议供货产品市场数据进行全面实时的跟踪分析，主要体现在北京政府采购中心网站公布的 3 条曲线上，即指数市场最高价、产品最高限价和采购实际成交价。

具体措施是北京市政府采购中心依托办公及空调设备协议供货采购综合查询系统，引入中关村价格指数走势图，与政府采购最高限价、上一次成交价格进行对比。若市场机型与协议供货产品机型一致，直接进行价格比对。若市场上没有对应机型，委托中关村价格指数小组在市场上选取配置相近的产品进行分析比对，保证价格的可比性。

这 3 条曲线的重要作用体现在：①采购信息与市场信息实现公开透明。通过公示成交记录（包括成交价格、数量、时间）来引导供货商自律，让权力置于阳光之下。②有效引导采购人根据市场价格议价形成最终成交价，以降低采购成本。③实时反映市场产品变化，包括价格信息、产品上市与退市信息等，解决电子产品更新换代速度快、市场价格波动频繁等产品信息难跟踪的问题。④适应政府采购事业的新形势和新任务，降低执行管理机构对价格的控制风险。

（二）南京市政府采购绘就网上竞价"新蓝本"

南京市为了利用网络电子化手段对协议供货价格实施监管，构建了"协议供货网上竞价采购平台"。该平台是南京市财政局于 2011 年 1 月 1 日推出的新系统。这套系统为 9 类协议供货产品设置了单品牌比价、多品牌比价和多部门团购 3 种二次竞价方式。具体而言，是由采购人在网上公布采购需求，供应商参与竞价，在规定的时间和次数内，系统默认报价最低的供应商为成交供应商，并推荐给采购人确认。在竞价过程中，供需双方处于"背靠背"的状态中，单位名称、联系方式等敏感信息都被系统"屏蔽"了。通过网上竞价，协议采购项目从采购发起到采购结束只需 2 个工作日。

针对网上采购的特点，该系统设置了全程留痕、动态监管的功能，所有记录都能保留 15 年。这样，一方面，通过完整地记录每一次产品竞价采购过程和成交结果，并在一定范围内公示，为及时发现、分析、解决采购中出现的问题提供有效数据。另一方面，建立多层次网上监控体系，包括财政、监察、审计部门的全程外部监督，采购主管部门的内部监督，随时在线跟踪预警，防止不规范采购行为发生。

为加强对供应商的监管，南京市按照鼓励诚信、惩戒失信、客观公正、科学引导的原则，制定了《南京市政府采购协议供应商诚信档案管理暂行办法》，建立起政府采购供应商诚信档案。该办法规定，采购方、监管方可对协议供货供应商网上竞价活动的诚信状况进行评价。比如，采购监管部门对供应商的 6 类不良行为进行评价记录；集中采购机构对供应商的 9 类不当行为进行评价记录；采购人对供应商的成交价格、按时交货、产品质量、售后服务 4 项内容进行评价记录。评价结果会被自动转换成诚信指数（分值），达到一定分值的供应商可保留网上竞价资格，低于一定分值的将失去网上竞价资格。在这种新的管理办法之下，供应商彻底放弃了以前为扩大销售而向采购单位私下做工作的做法，因为参与网上竞价不知道采购单位是谁，不知道其他参与报价的供应商是谁，只有通过比价格、比质量、比服务才能赢得中标，获取市场份额。

通过网上公开竞争，供应商无法结成攻守同盟，过高的利润空间被竞争所挤掉。不仅如此，"背靠背"的采购方式让供、需、管三方互不知情，供应商只能在合理的范围内报价，有效防止了可能出现的幕后交易、暗箱操作等不正当采购行为。

南京市财政局提供的最新统计数据显示：截至 2011 年 5 月 17 日，南京市网上比价采购成交 1345 次，成交数量 3472 件，总预算金额 1698.37 万元，总成交金额 1504.17 万元，节约预算成本 194.19 万元，节约率 11.43%。

南京市下一步将进一步扩大协议供货网上竞价的实施范围，一是增加网上竞价采购的产品类别。在目前 9 类产品试点工作的基础上，将交换机、展示台、扫描仪、传真机、复印件、速印机、PC 服务器等 7 类产品从 2011 年 7 月起全部实行协议供货网上竞价采购。二是将其余 5 个区、县（江宁区、六合区、浦口区，溧水县、高淳县）从

2011 年下半年起全部纳入协议供货网上竞价采购的实施范围。三是试点市属国有企业开展网上竞价采购工作，会同市国资委研究市属国有企业利用政府采购网上竞价系统采购物品的方式和途径。[①]

五、天津市完善政府采购透明机制与政策功能

（一）构造 6 大预警机制让政府采购更透明

为了有效规避采购风险，提高采购质量，天津市政府采购中心推出了 6 大预警机制以提升工作公开透明度。这 6 大预警机制包括采购方式质疑、投标单位资质、投标单位数量、中标价格客观性、社会监督质疑和项目进度时效。其中，采购方式质疑预警是针对采用非公开招标方式的政府采购项目，对于拟确定的采购方式在网上公开征求意见，如供应商提出异议，自动发出预警；投标单位资质预警是针对采购人提出的采购需求，特别是设定过高的资格条件、限制供应商参与的，如供应商提出质疑，自动发出预警；投标单位数量预警是针对参与采购项目投标的供应商数量不构成法定 3 家以上竞争的，自动发出预警；中标价格客观性预警是针对协议供货竞价采购的成交价格，参考商务部天津市场价格指数、历史成交价格和生产厂家出厂价格，分别给出市场评估、离差评估和收益评估，超出合理范围的，自动发出预警；社会监督质疑预警是针对采购项目评标组织程序、评委评标结果、项目执行情况等环节，邀请供应商作为社会监督员进行现场监督，对于提出异议的，自动发出预警；项目进度时效预警是针对采购项目全程的关键环节，设定相应的标准时限，对于超时限的环节，自动发出预警。

在该中心预警监控系统上，只要哪个环节出现了问题，该环节就会被系统自动"标红"。与此同时，该中心将对发出预警的环节启动有针对性的处理程序。针对各关键环节的自动预警，中心还建立了相应的纠错处理机制。例如，如果出现了价格预警，中心工作人员会调查是何种原因导致价格偏高。如果是由于多包混合等原因引起而非供应商报价高，那就没有关系。如果是供应商报价高，中心工作人员就要考虑约谈供应商。

（二）面向中小企业实施优先采购

天津市 2012 年政府采购目录已正式对外发布，对比 2011 年政府集中采购目录和采购限额标准，天津市在 2012 年集采目录中首次提出"采购人在政府采购中，应当面向中小企业实施优先采购，执行国家强制采购节能产品制度的有关规定，优先、定向购买节能、环保和经财政部门会同有关部门颁布的战略性新兴产业产品"要求。

这是在政策功能层面上释放的一个明确信号，旨在通过政府采购渠道，扶持中小企业结构调整，加快产品研发升级步伐，提升中小企业融资发展能力。从近几年的采购情况来看，很多科技型中小企业，甚至是微利型中小企业，已经具备了抢占政府采购市场的能力，它们的产品特别是节能环保产品，在技术性能、市场性价比和售后服务方面的优势日渐凸显。业内人士估算，政府采购管理机构提出"优待"中小企业承诺后，将给艰难中成长的"小巨人"带来 50% 以上的市场份额，从而改变目前政府采购"拼规模"、"拼实力"、"拼大牌"的现象。[②]

六、浙江省进一步落实进口产品及绿色产品采购政策

（一）政府采购支持节能环保汽车

浙江省政府公务车采购在提高质量和效率的同时，从社会公共环境利益出发，通过优先采购与强制采购等一系列措施支持节能环保的绿色汽车采购。

为了加深企业界、采购人及集中采购机构对该项政策的认识，浙江省举办了"2011 绿色汽车、绿色采购"论坛。该论坛由中国汽车流通协会、浙江省直机关各单位、全省各级政府采购监管部门和集中采购机构及汽车业界的代表参加，旨在贯彻落实国家和省委的决策部署，倡导和引

　　① 郭旭：《北京政采创新价格监测机制》，《中国政府采购报（第一版）》，2011 年 2 月 22 日；陈昂、周黎洁：《南京绘就网上竞价新蓝本》，《中国政府采购报》，2011 年 5 月 20 日。

　　② 邢晓丹：《6 大预警机制让天津政府采购更透明》，《中国政府采购报》，2011 年 6 月 10 日；曲明：《天津面向中小企业实施优先采购》，《中国政府采购报》，2011 年 12 月 16 日。

领汽车绿色消费，搭建政府采购机构与绿色汽车生产企业近距离交流的平台。浙江省政府采购数据显示，公务车采购是浙江省政府采购中所占比例最大的项目之一，为了推进绿色汽车采购，浙江省从2010年首度引入浙江省公务用车协议供货全省联动动态招标机制，车辆百公里耗油量以及城市综合工况油耗数据均被纳入了评标环节，在设定的总分100分中，涉及节能环保及自主创新等绿色因素的项目就占到了10%。

绿色采购不仅符合经济发展方式的转变，同时也给各大汽车厂商提供了很好的市场机遇。一方面，企业可以着力于研发和生产更多、更优的绿色汽车产品来满足公务用车的消费需求；另一方面，可以通过提供优质、高效的服务增强自身竞争优势，挖掘公务用车绿色采购市场的潜力。中国汽车流通协会副秘书长沈荣则认为，目前汽车市场整体规模迅速发展，消费需求结构也发生了重大变化。以绿色为主题概念的新技术、新能源汽车开始成为汽车产业发展新的方向，汽车的绿色消费也成为汽车消费所追求的新目标。

（二）全省对进口产品实行统一论证

为进一步加强政府采购进口产品管理工作，规范进口产品采购的审查、审核等行为，浙江省于日前公布了《关于进一步加强政府采购进口产品管理的通知》（以下简称《通知》）。《通知》明确规定，将对政府采购频率较高的医疗卫生、教育科研和质量检测等进口产品实行全省统一论证。

对于全省统一论证的操作方式，《通知》明确由该省省级主管部门根据实际工作需要，会同省财政厅提出年度允许采购进口产品的品目清单，自行或委托省政府采购中心统一组织专家论证。产品品目清单和专家论证意见将在政府采购指定媒体公示，公示时间不少于10个工作日。经公示无异议后，该产品品目清单正式向全省公布，有效期为1年。采购单位在有效期内申请采购该清单列举的进口产品时，无须再提供专家论证意见。对未纳入全省统一论证范围的进口产品，由采购单位自行组织专家论证，经行业或行政主管部门审查后报同级财政部门审核批复。财政部门审核

批复前，需将专家论证意见予以公示，公示时间不少于3个工作日，公示无异议可予以审核批准。审核批准后1年内，如其他采购单位因工作需要拟采购同类产品，可不再组织专家论证和主管部门审查，直接报财政部门审核。对于集成项目中部分设备拟采购进口产品的，若进口设备为该集成项目的关键核心部分，或进口设备的采购金额达到政府采购限额标准或占集成项目总金额50%以上的，该部分设备应履行政府采购进口产品审核手续。全省各地、各部门需树立政府采购支持国货的观念，对国家限制进口产品，或国家虽未限制进口但属于一般办公设备用品及电梯、空调和交通工具等专用设备，原则上不得采购进口产品。

这种全省统一论证的模式，一方面，增强了专家论证的可信度，减少重复论证；另一方面，通过公示可让进口产品采购接受社会的广泛监督。[①]

七、成都市、杭州市创新政府采购电子化平台

（一）成都市打造全省电子化平台建设模板

天府之国成都建成的"2网、3库、5系统"电子化采购体系将作为四川省政府采购电子化平台建设的模板向全省推广。"2网"是指成都党政网和成都市政府采购网；"3库"是指采购人库、供应商库和政府采购产品库；"5系统"是指协议供货招标、协议和定点采购竞价、网上采购、政府采购合同管理和政府采购协同办公系统。该系统已覆盖了政府采购的每个环节。成都党政网是系统的2个支撑点之一，实现了政府采购预算管理、计划申报和审核等目标。通过该网还能实时掌握政府采购合同执行和资金支付的情况，并在计划申报和审核环节引入"任务"概念，部门可将下级单位，财政可将不同部门申报相同品目的采购计划进行打包，汇总形成一个"任务"下达给指定的采购人，有效提高了政府的采购效益和效率，更有利于实现规模效应。在执行层面，依托成都市政府采购网上构建的"3库"、"5系统"，让电子化建设与推进政采规范化、系统化建设得

---

① 田冬梅：《浙江：政府采购支持节能环保汽车》，《中国政府采购报》，2011年5月20日；田冬梅：《浙江对进口产品实行全省统一论证》，《中国政府采购报》，2011年1月21日。

到进一步结合。

2011 年，成都市政府采购信息化建设的突出成绩是通过在《目录》中科学划分协议、定点采购品目，扩大通用品目纳入协议、定点采购的范围，将其逐步上线实行网上竞价采购。在此基础上，该市将 12 个通用电子化办公设备品目纳入网上协议采购，5 个通用电器品目纳入网上定点采购。同时，该市统一和规范了协议、定点品目网上采购程序和操作方法。

（二）杭州市打造政府采购网上便捷超市

杭州市从 2009 年开始着手构建政府采购网上超市，2010 年网上超市开始运行。采购人从初期可在网上选购办公用品，到 2011 年定点会议、定点印刷等服务类项目也纳入超市范围内。目前该超市已拥有电脑、打印机、传真机、空调等 16 大类办公用品，定点保险、定点加油、纸张等定点采购项目也即将成为杭州市政府采购网上商城的新品目。建设政府采购网上超市是杭州市打造政府采购阳光运行机制的重要举措，也是该市推进政府采购电子化管理的创新手段之一。作为网上超市的管理者，杭州市政府采购中心在网上超市建设的 3 年时间里，通过建立政府采购供应商诚信库、建立协议供货执行情况审核机制、实行采购最高限价以及对协议供货价格进行动态监测管理等多项措施，维护网上超市有效运转。

网上超市是超市功能在网络上的延续。中标供应商将商品详情录入商品库，以文字、照片及影像等多媒体手段，通过互联网呈现在选购者面前。杭州市根据网上超市采购的管理模式，将杭州市政府采购管理理念和淘宝商城模式有机结合起来，创新具有本地特色的政府采购网上商城，同时加大政府采购电子化大网络、大平台开发力度，有效解决了政府采购时间长、价格高、效率低的问题。

超市建立以后，中心不断推出规范化管理举措，提出了供应商诚信的约束机制，并尝试网上议价、电子反拍等。杭州市的政府采购网上超市的供应商必须是持有工商营业执照的法人，中标供应商必须缴纳一定数额的保证金，一旦出现违

规行为，将扣缴保证金，情节严重者甚至会被列入信用黑名单，乃至取消供应商资格，以政府的强制力来保障政府采购网上超市的信誉。若采购单位对供应商的价格不满意，可以发起网上议价、竞价和电子反拍，供应商围绕采购人的需求进行报价，在规定时限内报价最低者赢得订单。同时，杭州市政府采购网上超市系统通过相应的技术限制以及人工审核的机制，确保采购公平、公正、物有所值。

与其他网上超市相比，杭州市政府采购网上超市具有两大特点：一是采购管理理念发生大转变。在原系统网上超市的基础上，建立一个集选购、支付、监管于一体的政府采购网上商城平台，有效提高了政府采购效率。二是网上商城商品货架范围可以不断扩大，目前已列入 16 大类办公用品，以后将根据采购人的需求不断丰富网上商城的内容。[①]

八、江苏省苏州市政府采购融入城市管理有为有位

（一）公厕保洁旧貌换新颜

2009 年，苏州市提出用 2~3 年的时间打造全国最干净城市的目标。为此，该市制订了为期 3 年的实施方案：一是对道路按 3 个等次实行分类管理，不同道路有不同的保洁时间，每周擦洗交通隔离栏并对栏下冲洗一遍。同时，机械化作业率提至 71%，机械化作业道路达到 104 条。二是按照划片模式开展街巷新村保洁网格化管理，在 151 个社区开展打造最干净社区专项工作，使其洁净程度达到主、次干道水平。

在加快环卫基础设施建设中，苏州市率先对街巷、道路、新村环境保洁和城市河道保洁管理及环卫设备更新实行政府采购；对遍布大街小巷的公共卫生间的改建及保洁维护管理实施政府采购，下岗职工以自然人身份中标成了厕所经理。此后为打破公共卫生间保洁质量的"瓶颈"，苏州又引入了公司化管理试点，利用公司管理相对规范化、抗风险能力强的特点，使公共卫生间保洁管理质量更加规范统一，保洁管理人员相对稳定。

---

① 吴敏：《成都打造全省电子化平台建设模板》，《中国政府采购报》，2011 年 7 月 26 日；姚英：《杭州打造政府采购网上便捷超市》，《中国政府采购报》，2011 年 7 月 12 日。

对公共卫生间保洁维护管理实行政府采购，其卫生状况发生了根本变化。如今，无臭、无味、无脚印的公共卫生间已经成为苏州的一张城市名片，更成为苏州市民的骄傲。

（二）街巷改造优化市民出行

与公厕保洁同步的是，苏州把与百姓生活和城市管理密切相关的市政动迁、绿化养护、河道管理、物业管理、展览设计、中介代理、喷泉养护、药房协管等纳入了政府采购。透过《苏州市本级 2011 年政府采购目录》，工程类采购项目已涵盖使用财政性资金的基建、装修、修缮、市政、人防、交通、水利、电力、电信、绿化、系统集成、网络工程类项目。

在市政动迁项目尝试政府采购过程中，苏州市政府采购工作人员利用几个通宵制定了行之有效的实施方案，使这个项目获得成功，并最终促成市财政局和市建设、监察部门联合出台了《关于对苏州市市区房屋拆迁项目实施政府采购的通知》，使这项工作更加规范和完善。而后，在苏州市火车站地区改造中，21 万平方米的动迁项目顺利实施了政府采购。苏州市工业园区率先将工程管养纳入政府采购，其中全长 3.46 公里的湖底隧道成为目前国内同类城市中最长的城市隧道。该项工程湖底隧道和高架道路总长近 7 公里的管养工作首次实行了政府采购，采购预算为 1600 万元，中标价格为 753 万元，节约率高达 53%。既节约了财政资金，又弥补了政府采购领域工程管养项目的空白。

经过政府采购多年的不懈努力，市政道路的更新改造优化了居民出行条件，解决了街巷道路坑洼破损、雨天泥泞的现象，同时统筹雨污管网、自来水、燃气等单项工程，结合道路施工一并实施，避免重复开挖。通过立面、屋面的修缮整饰，改善了街巷空间环境秩序。截流入院工程的实施，解决了长期困扰街巷住户的排污难题。

数据显示，截至 2010 年底，苏州市、区两级财政共投资 6.1 亿元，对中心城区 731 条街巷及 114.5 万平方米零星居民楼实施综合整治，受惠居民 10.38 万余户，共翻新道路 63.85 万平方米、维修道路 5.54 万平方米、雨水管道 61.83 千米、污水管道 465.28 千米、支管入院到户 3.15 万户、粉刷立面 178.91 万平方米、整治大院 4315 个、整治零星楼 744 幢、平改坡面积 4.77 万平方米。下一步，苏州市将紧扣政府关注民生的主旋律，政府采购采取先试行、再纳入、后推广的方式，坚定地向公共服务领域拓展。[1]

九、河北政府采购产品展力促供需对接

"十一五"期间河北省政府采购额突破千亿元大关，达到 1156 亿元，5 年来累计节约资金 153 亿元，年均资金节约率保持在 11% 以上。2010 年，河北省全省政府采购额达到 396 亿元，增长 29.6%，占当年财政支出的 14.3%，资金节约率达 11.8%。

2011 年，经河北省政府批准，由河北省财政厅主办、河北日报报业集团承办的主题为"政府阳光采购，企业健康发展"的河北省首届政府采购产品展览会在石家庄市成功举办，给河北省政府采购监管部门、集采机构及社会代理机构、采购人、省内外供应商提供了一个全方位、零距离的沟通和展示平台。

此次展览会立足河北、辐射全国，设有 3 个展区、91 个展位，展区达 6000 平方米，参展品目达 300 多种，包含办公设备、交通运输、建筑及装饰工程、科技创新、节能环保产品等类别，基本涵盖目前政府采购领域的主要货物、工程和服务。汽车、IT 及环保类产品成为此次展会的亮点，受到参观者青睐。除政府采购产品展示外，此次展览会还设有政府采购政策宣传、主论坛、分论坛、供应商推介、政府采购项目现场评标观摩、专区体验和采购人、供应商、代理机构自由对接等活动，内容丰富，形式多样。

政府采购产品展览会的举办，一方面，可广泛宣传政府采购政策法规，宣传节能环保政策，推广节能环保产品，提高政府采购社会认知度，扩大政府采购的社会影响力，树立良好的政府采购形象；另一方面，可鼓励企业，特别是中小企业在创业的基础上创优，在创优的基础上创新，争取得到更多的政府采购订单，不断发展壮大。

河北省政府采购工作在下一阶段的重点，即

---

① 陈昂：《苏州政采融入城市管理有为有位》，《中国政府采购报》，2011 年 11 月 29 日。

按照财政部的统一部署和要求，结合本省实际，通过科学化精细化管理，科学设计政府采购政策的调控目标、实施办法和配套措施，建立健全政策执行机制，进一步发挥政府采购的宏观调控作用，努力实现政府采购事业全面协调发展。齐守印特别指出，此次展览会将对今后增强社会各界对政府采购的认知、打造政府采购阳光工程，进而更好地服务本省经济社会改革和发展大局，产生积极而深远的意义。①

十、实践创新总评

"十一五"时期，政府采购工作无论从采购规模、体制机制、法规制度以及队伍建设等各方面来看，都取得了巨大进展。2011 年，是"十二五"的开局之年，各地都在已有法律法规的基础之上，探索符合自身特点的政府采购发展之路。

（一）积极发挥政府采购政策功能

对于政府采购政策功能的发挥，在中央层面，首先从公务用车入手，扶持自主创新品牌；其次通过推进批量集中采购，整合采购需求，充分发挥政府采购的规模效应和宏观调控职能。另外，为了支持和促进中小企业发展，发挥政府采购的政策功能，推进政府采购制度创新和诚信体系构建，财政部在中央本级和北京、黑龙江、广东、江苏、湖南、河南、山东、陕西等省（市）开展了政府采购信用担保试点工作。在地方层面，天津市通过将适合中小企业参加的政府采购项目正式纳入集中采购目录来表示政府采购优先采购中小企业产品的诚意；浙江省通过举办"2011 绿色汽车、绿色采购"论坛促进该省绿色环保汽车采购，河北省首届政府采购产品展览会也具有异曲同工之妙；在进口产品论证方面，浙江省公布了《关于进一步加强政府采购进口产品管理的通知》，将对政府采购频率较高的医疗卫生、教育科研和质量检测等进口产品实行全省统一论证，一定程度上促进了国货采购政策的落实。

（二）政府采购电子化平台建设升级

在通过实施电子化采购抑制政府采购价格虚高方面，北京市政府采购中心与中关村电子信息产品指数建立合作关系，依托办公及空调设备协议供货采购综合查询系统，引入中关村价格指数走势图，与政府采购最高限价、上一次成交价格进行对比。北京市的这一举措实际上是给采购成交价格找到一个合理的市场参考价格。

南京市政府采购系统设置了全程留痕、动态监管的功能，所有记录都能保留 15 年。一方面，可完整地记录每一次产品竞价采购过程和成交结果；另一方面，通过建立多层次网上监控体系实现包括财政、监察、审计部门的全程外部监督以及采购主管部门的内部监督。南京的特点是以监督的公开化来实现价格监管。

杭州市政府采购中心通过建设政府采购网上超市打造政府采购阳光运行机制。通过建立政府采购供应商诚信库、协议供货执行情况审核机制、实行采购最高限价以及对协议供货价格进行动态监测管理等多项措施，维护网上超市有效运转，收到了较好的效果。

（三）发挥政府采购在城市建设中的潜能

苏州将政府采购引入到城市管理之中。在环卫基础设施建设中，苏州市率先对街巷、道路、新村环境保洁和城市河道保洁管理及环卫设备更新实行政府采购；对遍布大街小巷的公共卫生间的改建及保洁维护管理实施政府采购。此外，苏州市工业园区将工程管养纳入政府采购也弥补了政府采购领域工程管养项目的空白。

总而言之，无论是各省、市创新价格竞争机制，还是通过各种活动改善政府采购的供需现状，都是为了将政府采购打造成服务经济发展、服务人民生活的有力平台。从趋势上看，各地政府采购都朝着科学化、电子化、透明化的方向发展，充分利用科技手段，提高了政府采购对市场波动的反应能力，强化了政府采购管理，创新管理机制，为维护经济和社会和谐作出了不可忽视的积极贡献。

"十二五"时期，政府采购管理工作的重点将是服从和服务于财政改革，具体而言。一是要适应政府预算体系改革与支出结构调整需要，继续扩大政府采购的规模和范围，将政府采购管理的职能作用覆盖到所有政府支出及公共事务范围。二是要适应财政科学化精细化管理改革要求，建

---

① 戎素梅、孙善臣：《河北政采产品展力促供需对接》，《中国政府采购报》，2011 年 12 月 6 日。

立完整的财政预算执行管理体系。三是要积极适应财政完善宏观调控的节奏，加强与预算、税收、国债、贴息等调控手段的协调配合，促进"十二五"规划确定的经济社会目标的实现。

第三节　代表性成果

一、《我国政府采购制度研究》

作　　者： 马海涛、姜爱华
出版时间： 2007 年
出 版 社： 北京大学出版社
内容摘要： 政府采购制度自 1998 年在我国全面推开以来取得了令人瞩目的成就。但随着改革的不断深入，政府采购制度在推行中也出现了一些新的情况和问题，如政府采购应该如何定位、如何加强政府采购管理、如何提高政府采购绩效，以及如何迎接日渐临近的政府采购开放问题等。由中央财经大学财政学院马海涛教授和姜爱华副教授合著的《我国政府采购制度研究》一书正是在这一背景下写作的。

该书的创新之处在于：一是基于政府采购制度实践中出现的问题，从政府采购定位、政府采购管理、政府采购绩效、政府采购市场开放、政府采购制度的完善以及相关配套改革等 6 大模块 40 个专题进行探讨，从理论上对政府采购的基本问题、重点问题、关键问题进行梳理。写作中凸显了三个结合：理论分析和实践探讨相结合、国内分析与国外借鉴相结合、现状分析与对策建议相结合。二是书中关于政府采购的功能定位、政府采购监督、政府绿色采购以及政府采购绩效的观点和看法具有一定的前瞻性，对于引领我国政府采购研究与实践起到了重要作用。

社会影响： 由于该书紧扣时事，客观评价当前的政府采购实践，特别是为下一步政府采购改革提出了一些初步的设想。2012 年 4 月，该书荣获第五次全国优秀财政理论研究成果著作类一等奖。

二、《政府采购体系建设研究》

作　　者： 邹昊
出版时间： 2011 年
出 版 社： 清华大学出版社

内容摘要： 本书是沈阳市政府采购中心"政府采购体系研究"课题研究的结晶，对政府采购体系的现状、变动趋势和发展规律进行了深入调查和实证研究，从政府采购基本概念和基础理论入手，在对比分析国外政府采购制度经验的基础上，重点对政府采购法律法规、行政管理体制、监督管理措施、电子化运行机制、绩效评价和文化建设等内容进行了体系研究。

从经济学、管理学和法学紧密结合的角度，采用理论与实践相结合、调查与统计分析相结合、定性分析与定量分析相结合的研究方法，全方位、多角度地展现政府采购理论研究成果；对各个视角的体系建设理论进行了实证分析，验证理论的合理性；使用量化模型进行了政府采购绩效评价，凸显了绩效评价的可操作性；提出政府采购文化建设的研究框架，对文化建设的核心内容和表现形态进行了尝试性探索。全书以体系建设的视角构建了政府采购体系分析框架，力求系统、全面地反映最新的政府采购理论和实践。

社会影响： 本书是沈阳市政府采购中心"政府采购体系研究"课题研究的结晶，每章配有提要、结论、专栏和案例实证分析，内容深入浅出，可以为政府采购执行部门、政府采购监督管理部门及政府采购业务相关部门实践工作者提供参考。

三、《中国加入 WTO〈政府采购协定〉问题研究：站在国家利益的角度重新审视国际制度》

作　　者： 宋雅琴
出版时间： 2011 年
出 版 社： 经济科学出版社
内容摘要： 本书以中国"入世"以后应对 WTO《政府采购协议》谈判的国家行为作为实证研究的基础，站在民族国家的角度探讨政府采购贸易自由化与国家发展主权之间产生冲突的制度根源，以及这一冲突影响国家行为的具体机制。本研究的重要贡献，在于积极探索和论证发展中国家在政府采购国际自由贸易制度中的地位、取向和政策。本研究表明，后发展国家有可能适应经济全球化的时代条件，在国际自由贸易框架内争取发展机会和贸易利益，在政府采购市场竞争中创造新的贸易竞争优势，改变本国历史和自然禀赋形成的既有比较优势。

书中指出，关于中国加入 GPA 的谈判策略，首先，我国应在省级采购实体和国有企业问题上审慎的开放；其次，在采购对象清单和发展中国家的特殊待遇问题上，应提出更具有针对性的采购对象清单和更具体的特殊待遇要求；最后，中国应加强对企业市场竞争力的评估，既包括外国企业在中国市场竞争力的评估，也包括中国企业在海外市场竞争力的评估，从而为采购市场的细化估算奠定基础。

社会影响：后 WTO 时代，中国如何面对贸易自由化与发展主权之间的矛盾？中国如何重新审视国际贸易体制？中国政府采购制度何去何从？中国政府采购市场开放前景如何？这些问题都可以在本书中找到合理的解释；该书被认为是第二次"入世"谈判——探索中国与国际制度互动新模式的理论力作，是国内研究《政府采购协议》的拓疆之作。

四、《政府采购理论与实务》

作　者：张璐
出版时间：2011 年
出 版 社：首都经济贸易大学出版社
内容摘要：该书在涉及理论界和学术界众多专家研究成果的基础上，对政府采购原理及制度进行了比较系统的阐述，尤其是结合政府采购理论与制度内容，通过国内外政府采购正反两个方面的典型案例，比较深入透彻地解决了政府采购理论、制度与操作实践的对应问题。

社会影响：本书涉及理论界和学术界众多专家的研究成果，注重政府采购理论与采购实践相结合，深入浅出，不仅适合高等院校教学，也可作为政府采购业务的培训教材。

五、《中国公共采购理论与实践》

作　者：黄冬如

出版时间：2011 年
出 版 社：经济科学出版社
内容摘要：中国招投标与政府采购的矛盾与冲突现状表明，迫切需要确立"公共采购"新理念和建立公共采购理论体系。这是呼唤综合、全面的中国公共采购理论体系建立的直接诉求。当前中国政治、经济、社会文化环境和国际化背景给中国公共采购理念确立和理论建立提供了良好的机遇：一是中国政府采购日益受国际、国内关注，给公共采购理论体系研究完善和创新提供了良好的机遇和环境。二是国际金融危机中公共采购起到了"明星"作用，其重要性越来越得到普遍认同。三是中国加入政府采购协定谈判趋紧，国际组织、欧盟等区域组织和美国等发达国家要求中国开放政府采购市场的压力不断增大，但中国公共采购现状与国际化差距仍然较大。四是"十二五"给公共采购制度和理论创新带来良好机遇。在中国融入世界经济一体化的过程中，在中国实行社会主义市场经济、促进经济社会科学发展运行的过程中，公共采购作为联系政府与市场的桥梁，作为国家公共支出的重要手段，起着举足轻重的作用。

本书分为上下两篇。书中上篇从理论角度研究构建公共采购理论体系；下篇从实践角度对公共采购作出若干重点阐述和实务研究。本书中提到的许多观点，也颇具新意。如综合的公共采购理论体系应由公共采购基础理论、应用理论、管理理论和发展理论等组成；公共需求是公共采购的根本动因，公共采购本质是廉洁取向的公共支出选择行为；廉洁性是公共采购的第一性；建议设立独立的公共采购工程管理部门；公共采购战略应纳入国家战略发展规划；等等。

社会影响：公共采购是一个新理念，本书是中国首部公共采购专著。作者从独特的角度对公共采购的实践问题进行全面的总结和提炼。以广阔的视野对相关理论进行研究，将综合性、跨学科理论应用于公共采购现实分析和推理，成为我国公共采购理论体系的重要补充。

六、《政府采购实务操作与案例分析》

作　者：吴小明
出版时间：2011 年

出 版 社：经济科学出版社

内容摘要：本书共有两个部分："政府采购实务操作"和"政府采购案例分析"，共分为政府采购方式的选择、招标采购的程序及注意事项、非招标采购的程序及注意事项、政府采购合同及其法律适用、供应商质疑与投诉的处理等 11 个章节。为了突出实用性，本书介绍了一些被实践证明和认可了的具体操作方法，通过 36 个真实生动的政府采购案例为大家提供一本具有较强实用性的参考书，为依法妥善处理供应商质疑投诉提供了一些启示和借鉴，为政府采购制度改革不断深化和完善做出了探索，突出了政府采购的科学化、精细化、标准化。

社会影响：案例分析深入透彻，逻辑层次清晰明了，言简意赅，切中要害，非常有助于解决实际问题，是一本具有指导性、可操作性的工具书。

七、《基于目标模式的政府采购治理工具运用》

作　　者：杨燕英、张相林
发表时间：2011 年第 9 期
期刊名称：《中国行政管理》

内容摘要：政府采购制度现存的诸多突出问题，已经影响了政府采购的高效运行及其宏观调控作用的发挥，特别是政府采购领域中存在的各种寻租行为，更是在很大程度上影响了社会公众对政府采购的信任度，降低了政府的形象，因此迫切需要对政府采购进行认真治理。为此，需要认真分析环境变化对政府采购治理目标模式的影响，并选择现代治理工具，对政府采购进行有效治理。本文深入分析了现阶段我国政府采购治理的宏观环境，明确了适合我国国情的政府采购治理目标模式，并对政府采购治理的三大工具及其运用进行了初步探索。

本文认为，依据当前我国政府采购面临的政治、经济、社会和技术环境，并结合中国具体情况，政府采购治理应当选择"政府主导、社会参与"的目标模式。根据我国政府采购治理的宏观环境和所选择的目标模式，按照政府采购制度的基本流程，可以确定政府采购预算、电子化政府采购和政府采购绩效评价为当前政府采购治理最为有效的工具。这三大工具在政府采购治理中的

有效应用，将充分体现治理所追求的民主、公开、透明、竞争、效率和效益。

八、《〈政府采购协定〉成员国次级中央实体出价规律与我国对策》

作　　者：肖北庚
发表时间：2011 年第 1 期
期刊名称：《政治与法律》

内容摘要：随着谈判进程的推进，开出次级中央实体清单已是我国加入《政府采购协定》的核心话题。过往《政府采购协定》成员方在次级中央实体出价上已形成不同的模式，且采取高门槛起点价和符合本国经济实力的公共政策例外规定。我国在次级中央实体出价上应借鉴现有成员方的经验，并根据我国国情作出符合协议义务的出价：次级中央实体应定位于省级。出价具体内容常包括：其一，对各省级政府的具体实体范围不作普遍性的一般承诺，而是根据各省的差异作出符合其省情的具体出价。其二，门槛价高起点。我国政府采购市场发育程度远远不如西方发达国家，且民族企业的竞争力也有待提高，同时在经济发展策略上采取了"两型社会建设"等符合我国经济发展要求的战略，因而在次级中央实体采购门槛价上完全可以规定比上述国家更高的起点。其三，适用例外全面方位。

次级政府出价不仅要对承诺内容有准确把握，也要遵循我国加入 GPA 协定时注重采取现代化谈判方式之策略。在谈判方式上可选择"复边"谈判方式。我国应在承诺中分步走，先开出少量省级实体、高门槛价与小部分货物服务工程，然后随着谈判进程的推进而灵活应对。

社会影响：本文为 2008 年国家法治与法学理论研究重点项目——《政府采购法基础理论研究》（08SFB1003）的成果之一，并受到湖南师范大学"优秀人才支持计划"资助。

九、《政府采购电子化探析》

作　　者：张志泉
发表时间：2011 年第 7 期
期刊名称：《经济纵横》

内容摘要：目前，国际组织及诸多发达国家都制定了政府采购电子化的规范性文件，并促进

了各国政府采购电子化的快速发展。我国政府采购电子化自 2004 年《电子签名法》颁布实施以来，较以前有了较大的发展。但由于基础设施不完备，没有建立起有效的交易系统和平台，再加上政府采购法制不健全等，制约了我国电子化政府采购的发展。我国政府采购电子化发展状况及存在的主要问题主要表现在以下几个方面：一是政府采购电子化的相关法律法规不够健全和完善；二是没有形成全国统一的电子化政府采购平台；三是政府采购人员的素质和业务技能有待提高；四是政府采购信息化基础设施不够完善；五是信息安全问题存在隐患。

为此，需采取相应的措施促进我国政府采购电子化的健康发展。其一，健全和完善相关法律法规，保障交易安全；其二，完善电子采购系统，建立起全国统一的电子化政府采购平台；其三，重视电子化采购人员队伍建设；其四，加强全国政府采购信息基础设施建设，完善电子化政府采购系统；其五，尽快与国际社会接轨，适应全球化发展趋势。

社会影响：本文为 2010 年教育部人文社科研究规划项目（10YJA820137），2009 年山东省社科规划项目（09CFXZ03），山东大学自主创新基金的成果。

十、《中国政府采购市场开放策略研究》

作　　者：王爱君
发表时间：2011 年第 11 期
期刊名称：《财政研究》

内容摘要：目前中国加入《政府采购协议》（GPA）的谈判正在进行中，为将中国政府采购市场开放对中国产业安全和产业发展的冲击降到尽可能低的限度，我们需要做好两个方面的准备：一是以中国政府采购的政策目标和价值取向为目标导向，研究 GPA 框架下政府采购市场开放的对策；二是做好中国现行的政府采购制度与 GPA 框架的衔接。

作者认为，《中华人民共和国政府采购法》关于政府采购制度的价值目标存在许多矛盾和冲突，随后提出我们的立场是坚持为中国的产业安全采取符合 WTO 和 GPA 规则的贸易保护措施，反对贸易保护主义。为免于政府采购市场开放给本国弱势产业带来冲击及由此产生的产业安全问题，采取相应的贸易保护对策是必要的，WTO 规则允许一国在一定条件下在一定程度上采取贸易保护措施，但不允许贸易保护主义。加入 GPA 以后，政府采购则要实行双轨制，在开放的范围内执行 GPA 规则，在此范围外执行国内采购规则，即对门槛价下的政府采购项目和清单之外的采购实体，中国可以通过立法首先采购本国产品，以支持民族产业的发展。但对开放范围内的项目，只能在合乎 GPA 条款的前提下落实政策目标。

社会影响：本文是国家社科基金"政府采购制度实施中的问题和对策研究"（马海涛主持，项目编号：08BJY138）的阶段性成果之一，获得山东财政学院博士启动基金的资助。

十一、《关于我国加入 GPA 后政府采购开放性风险预警的基本设想》

作　　者：周庄
发表时间：2011 年第 11 期
期刊名称：《财贸经济》

内容摘要：我国于 2007 年 12 月启动了加入《政府采购协议》的正式谈判，政府采购市场的大门将要打开。加入 GPA 后，我国政府采购市场将增加新的风险——"开放性风险"。如何分析和评估此类风险，并对该风险可能造成的危害提出预警，减少和避免国内相关产业和国家安全受到的损害，是亟须考虑解决的问题。本文定义了"开放性风险"的内涵和此风险的主要种类，阐述了预警的必要性，构思了预警系统的基本框架，明确开展政府采购开放性风险预警主要包括建立预警系统、设置预警指标体系、选择科学合理的预警方法评估风险程度等。

我国加入 GPA 在即，政府采购市场即将迎来中外企业激烈竞争的局面，因此，开展政府采购开放性风险预警是一项十分重要和紧迫的任务。为此，作者提出以下建议：①加强有关研究，发挥理论的指导作用；②科学组织，协同合作，建立长效机制；③加强宣传，提高应对开放性风险的认识；④发挥好专家的智囊和技术保障作用；⑤确保拥有完善的设施和充足的资金；⑥加紧培养专门人才。

十二、《发达国家利用政府采购支持创新的政策及启示》

作　　者：黄军英

发表时间：2011 年第 17 期

期刊名称：《科技管理研究》

内容摘要：创新是一个国家经济持续增长和国际竞争力提升的不竭动力。传统的创新政策往往强调供应方手段，如向企业提供研发资助、实行研发税收减免等。近年来，强调需求方的公共采购作为创新政策才得到一些国家的公认和重视。本文介绍欧美日等发达国家和地区面向创新的公共采购政策，提出政府采购对于促进创新具有不可替代的重要作用。首先，政府采购可以构成创新产品或服务的早期需求；其次，政府采购可以刺激专项技术的创新；再次，政府采购可以与其他创新政策手段互补；最后，对创新的政府采购可以促进政府本身的创新。

当前，我国经济社会发展正处于转型的关键时期，培育和发展战略性新兴产业、突破资源瓶颈约束、实现产业结构升级转型，需要大量的创新成果。而公共采购作为提高创新绩效和创新能力的一个政策手段，在我国仍然亟待加强。第一，通过公共采购建立创新产品和服务的先导市场；第二，利用公共采购为战略性新兴产业的发展创造早期需求；第三，公共采购政策要与其他创新政策有效结合；第四，搭建真正的创新采购平台；第五，对创新的公共采购需要建立公平的竞争环境。

社会影响：本文为国家软科学研究资助项目"主要国家科技政策比较研究"（2009GXS1K008）成果。

十三、《政府采购中新兴产业自主创新资质的模糊甄别》

作　　者：马理、刘建民、牛勇

发表时间：2011 年第 11 期

期刊名称：《财政研究》

内容摘要：巨额的政府采购资金在履行政府采购资金的引导支持职能过程中，相关企业的资质衡量是个大难题。本文针对自主创新企业的现实特点，拟定科学评价体系，引入了一个以管理专家与技术专家为主体的四阶层的模糊甄别模型，分别组建专家评估团进行评价，将获取的权重向量与专业指标评价矩阵做叉集得到特征向量，并给出设置门槛阈值的决策判断方法。该方法简单易行，容错性好，能有效剥离噪声干扰，防止歧义与偏差，在新兴产业与自主创新企业的甄别过程中有广泛的应用。

社会影响：国家社科基金项目（08CJY056）、国家社科基金项目（11BJY129）与湖南科技计划立项项目（2010FJ4083）资助。

十四、《道德风险、权力制衡与政府集中采购》

作　　者：梁戈敏

发表时间：2011 年第 7 期

期刊名称：《财政研究》

内容摘要：政府采购"天然地"易产生代理人道德风险。权力制衡是规避公权代理人道德风险的基本路径，以强制性为特征、法定的集中执行机制是政府采购践行权力制衡思想的集中体现，并在实践中显示其优势。然而，规避政府采购道德风险，还需将权力制衡理念落实到采购的管理决策层面与监督层面等。本文运用委托—代理、权力制衡等理论观点对政府采购道德风险和权力制衡问题进行了分析，尝试为研究政府采购中的道德风险问题提供一个新的分析框架。

作者认为"管采分离"是权力制衡思想对政府采购管理执行体制建设的要求，那么，设立集中采购机构本身则是蕴涵了权力制衡思想的执行体制对执行组织形态的要求。据此，提出以下对策与建议：①科学构建政府采购执行体制。准确定义政府采购执行主体性质，明确政府集中采购机构是唯一的政府采购执行主体。建立全国统一建制、各级政府直接管辖的政府集中采购机构系统。②健全政府采购的监管体制。优先在地方政府行政体制中增设专业的政府采购监督机构。制定单行的《政府采购监管程序规定》，规范监管行为，实行监管责任追究，救济不当监管行为的受害者。建立社会监督制度。③健全政府采购救济保障组织体制。

社会影响：本文是教育部人文社科青年基金项目"东亚超额外汇储备规模研究"（09YJC790008）成果。

附：代表性论文选登

我国政府集中采购体制对采购绩效的影响[①]

张定安[②] 刘 杰[③]

[摘 要] 我国政府集中采购制度自 2003 年开始实施以来，在经济、政治、社会等方面都发挥了较好的效益。目前的集中采购体制是有利于提高集中采购绩效的，但也存在着"集中度"不够、集中采购机构责权不匹配、集中采购机构设置不规范等问题，影响了集中采购绩效的提高。要提高集中采购绩效，必须坚持集中采购为主体的发展方向，明确政府集中采购机构的功能定位，理顺集中采购机构与监管部门的职责关系，建立集中采购绩效管理机制。

[关键词] 政府采购；集中采购；采购绩效

一、政府集中采购绩效的概念及现状

（一）政府集中采购绩效的概念

政府采购也称公共采购，是指各级政府及其所属机构为了开展日常政务活动或为社会公众提供公共服务的需要，在财政部门、其他有关政府部门和社会公众的监督下，使用财政性资金，以法定方式、方法和程序，采购货物、工程和服务的行为。目前，在我国政府采购的实际操作中，集中采购成为主流采购方式。集中采购是指各级政府分别制订集中采购目录，纳入集中采购目录的项目，必须委托集中采购机构统一组织集中采购。政府集中采购绩效是指政府集中采购活动过程中所取得的效益和效果的总称，这是一个综合性范畴，其内涵不仅包括成本、速度、质量、效率、公平，还包括采购的服务性、责任性、回应性等多元目标。一般可将政府集中采购绩效分为宏观和微观两个层面，宏观层面以各级政府集中采购为关注对象，涉及整个政府集中采购活动的成绩和效果，微观层面以特定政府集中采购机构

或公共部门采购为关注对象，通常以效率、效益、服务质量来衡量。[④] 政府集中采购绩效也可从政治绩效、经济绩效和社会绩效三个维度来衡量。政府集中采购绩效体现了以结果为本的价值取向，它要求建立一种新的公共采购责任机制。一般来说，政府绩效管理由环境分析、筛选评价指标、设置目标评价体系、制定整合各种资源的行动方案、评价和测量绩效、实施跟踪和监控这一逐级递进的过程组成。[⑤] 就政府集中采购而言，通过采用绩效管理理念和方式，对政府集中采购进行绩效评估和管理，使其更加注重产出的质量和效率，来达到提高采购效益的目的，提高政府公共服务的效益。

（二）政府集中采购绩效的现状

我国政府集中采购制度自 2003 年开始实施以来，在经济、政治、社会等方面都发挥了较好的效益。财政部 2007 年《关于政府采购法律制度实施情况调研暨立法后评估报告》认为："总体上看，中央、省、市集中采购机构自成立以来，从货物采购、定点加油、维修服务到网上政府采购，

① 张定安、刘杰：《我国政府集中采购体制对采购绩效的影响》，《行政论坛》，2010 年第 5 期。
② 张定安（1971—），男，山西运城人，中国行政管理杂志社副社长，全国政府绩效研究会秘书长，从事行政管理改革和政府绩效管理研究。
③ 刘杰（1981—），男，安徽安庆人，中国行政管理学会助理研究员，从事行政体制改革和政府绩效管理研究。
④ 王治：《我国地方政府采购绩效综合评价研究》，华中科技大学博士学位论文，2006 年。
⑤ 彭国甫：《地方政府公共事业的管理绩效评价研究》，湖南人民出版社，2004 年。

始终把规范程序、公开运作、透明高效当做政府采购的重中之重,采购工作水平不断提高。集中采购在集合采购需求、发挥规模效应、节约财政资金、预防腐败等方面,发挥了积极的作用。"其总体绩效可从以下三个方面进行概括。

(1)提高了经济绩效。经过不断探索和实践,政府集中采购组织创新集中采购组织方式,提高采购效率,设立了协议供货、定点采购、网上竞价等采购组织实施方式,满足采购单位日常零星小批量的采购需求,提升采购效率。如中央国家机关政府采购中心近年创设了信息类产品协议供货系统,汽车协议供货系统,空调协议供货系统,家具、印刷、汽车维修、汽车保险、电梯、会议地点等定点采购系统。2008 年,通过协议供货、采购、网上竞价的采购金额达到 80 多亿元,全年共计采购 21 万多次,日均采购次数约 592 次。通过这些组织方式创新,既实现了通用类产品的集中采购,又大大方便了采购单位,降低了采购成本。据统计,2003~2008 年,仅中央国家机关政府采购中心就节省资金几十亿元,[①]协议供货、定点采购要求集中采购机构汇总各采购单位的零散采购需求,以代位采购人的身份进行招标,并在招标完成后进行大量的后期履约监管工作,而这些是与采购人之间仅存在单纯民事委托关系的社会中介代理机构无法做到的。

(2)发挥了政治绩效。以制度设计为本,发挥政府集中采购在预防腐败、促进廉政建设方面的重要作用。公开、公平、公正是政府采购活动的基本原则,也是集中采购机构的立身之本。各级采购中心成立后,普遍注重自身的规范性建设,制定严格的工作流程和操作规范,采取一系列推动"阳光采购"的措施,如公开评分办法、实行采购项目分段负责制、采购项目需求公示、在评标过程中引入社会监督、开放评标现场、公开评审结果等。中央机关和广东、浙江、山东、上海、天津等省、市集中采购机构建立了电子采购平台,实现招投标信息化,提高了采购效率,规范了采购活动。中央国家机关政府采购中心和许多省、市的采购中心,把政府采购与改善机关事务管理结合起来,汽车维修、加油、保险均实施定点采

购,提高了透明度,为加强机关用车管理提供了新手段。

(3)拓展了社会绩效。努力体现在转变经济发展方式中的导向性,发挥政府集中采购在推动节能环保、支持自主创新、扶持中小企业、为"三农"服务等方面的积极作用。政府集中采购机构作为政府的直属采购部门,在采购实践中,主动把采购活动与实现国家的宏观社会经济政策目标结合起来。除带头严格执行节能清单外,北京、湖北、山东、江苏等多数省、市集中采购机构明确规定对自主知识产权的产品与服务在开标评审中实行加分制,取得了良好的导向效果。有的地方政府采购中心将打印机通用耗材纳入采购范围,支持国内通用耗材业的发展,打破了国外品牌厂商对耗材的垄断。有的地方政府集中采购机构还将集中采购作为服务"三农"、发挥政策功能的重要手段。如山东省直采购中心受省农业厅委托,结合国家的良种补贴政策,对全省小麦粮种集中采购招标,精选有能力讲信誉的种子企业作为定点供应商,在招标过程中加入种子供应商考察环节,实行全程跟踪,制定严厉的违约惩办措施,培植了优秀企业,保障了粮种质量,节约了采购资金。还有一些地区将中小学教材、学校危房改造、财政补贴农民购置机具等公益民生项目纳入政府采购范围,由集中采购机构统一办理,增强了政府的公信力和执行力,得到社会和广大农民的肯定。

二、集中采购体制对采购绩效的影响

《政府采购法》自 2003 年实施以来,中央、省、市、县四级政府基本上在财政部门设立了政府采购管理机构,政府采购管理机构、采购单位和集中采购机构的工作职责分工日趋合理,"管采分离、机构分设、政事分开、相互制约"的工作机制基本形成,初步建立了在采购管理机构统一监督管理下,集中采购机构和采购单位具体操作执行的采购管理体制。据不完全统计,我国目前已形成了近 7 万人的集中采购工作队伍。在各级政府及其财政部门的领导下,集中采购机构的采购业务发展迅速。全国政府采购规模从 1998 年的

---

① 郑立捷:《政府集中采购成效显著、中央国家机关政府采购中心 5 年节约 50 亿》,《经济》,2008 年第 1 期。

31 亿元快速增长到 2008 年的 5991 亿元，年平均增长 56.8%。其中，集中采购机构的采购额占政府采购总规模的比重逐年上升，2006 年集中采购机构的采购规模占全国政府采购总规模的 59.4%，到 2008 年这一比重增长至 67%（约 4051 亿元）。[①]

（一）集中采购体制可以有效提高采购绩效

从总体上看，目前的集中采购体制是有利于提高集中采购绩效的。这是由以下几点决定的：一是由于集中采购机构是政府采购的主要承载者，是实现政府采购操作规范化的主要力量。由于政府采购改革和法制规范最重要的内容是实现集中采购，而集中采购目录以内的，主要由集中采购机构完成。二是由于集中采购机构的采购程序、过程相对比较规范，都有一定规模和批量，公开性、竞争性和透明度高，集中采购机构在有效保障政府采购人需求、节省财政资金、提高采购质量、降低采购成本等方面都发挥了重要作用。据财政部统计，集中采购机构采购的项目平均节省约 11%。实践证明，在目前我国政府采购的实施主体多样化情况下，政府集中采购机构在阻止采购人指定产品品牌、优先国货采购、履行强制节能采购职责方面，显然具有其他采购主体不可替代的作用。三是集中采购机构可以在增加采购公开性、预防暗箱操作等方面发挥重要作用。集中采购机构信息发布、公开竞争、专家评审、结果公开等方式，增强了采购的公开性和竞争性，避免了自行采购、部门采购可能出现的暗箱操作问题。此外，由于政府采购是关系社会大众利益的敏感问题，集中采购机构是履行政府采购的专职机构，由此使集中采购机构的行为和实施结果更多地受到媒介与社会大众的监督，从而更有利于预防各种不当及腐败行为的产生。

但政府集中采购制度推行以来，政府、社会和公众都有一些疑惑甚至非议，主要是部分物品的采购价格优势并不明显，有些甚至偏高，采购流程却比实行采购制度改革前长，人们感觉这一改革与期望的效果之间存在较大的差距。这些问题的存在，又同现行的集中采购体制有较大关联。

（二）政府集中采购体制对采购绩效的不利影响

（1）"集中度"不够。政府集中采购的基本要义是"集中"，《政府采购法》明确提出政府采购以集中采购为基础。国家为发展政府采购投入了大量的人力、物力来建立集中采购机构，如果采购分散化了，就难以实现改革初衷，造成了采购规模的分散和采购效益的降低。我们在调研中发现，有的供应商店门口并排挂了三块甚至四块牌子，分别是"省政府采购定点单位"、"市政府采购定点单位"和"区政府采购定点单位"。从全局来看，是政府管理资源的浪费。

"集中度"不够主要表现在三个方面：

一是不设集中采购机构。由于《政府采购法》未对是否必须成立集中采购机构作出硬性规定，在实践中对集中采购制度有不同的理解和做法。截至 2010 年，贵州、河南两省尚未设省级政府集中采购机构。有些地区采用在财政部门保留政府采购监管职能、执行职能交由社会中介机构代理的做法建构政府采购体制。尽管这些做法有其原因，可以视为一种尝试，但是，推行集中采购需要有政府自身的执行机构，政府采购如完全交给社会中介机构代理，实行市场化，那么采购的集中也就无法实现。而且，由财政部门直接组织社会中介做政府采购，使其变得不够超脱，陷于具体事务，与"采管分离"的原则不相符。

二是"做小"集中采购目录。集中采购机构是集中采购目录以内项目采购的代理机构，集中采购目录的宽、窄情况，决定了集中采购的规模和作用。《政府采购法》规定集中采购目录由省以上政府采购监督管理部门制订，但制订集中采购目录范围的宽窄并没有法定依据和责任。一些地方监督管理部门出于各种原因，将集中采购目录范围制订得很窄，结果导致集中采购机构无事可做。有的地方采购项目经常被监管部门批转社会中介机构办理，造成集中采购机构人浮于事。

三是"做大"部门采购。《政府采购法》把集中采购划分为集中采购机构（政府设立的政府采购中心）采购和部门集中采购两种方式。在实践中，一些部门出于对采购工作的重视、对本系统

① 许洪等：《集中采购决定政府采购的成败》，《中国政府采购》，2009 年第 10 期。

采购需求特殊的理解、对职能机构的重视等原因，纷纷设立自己的采购机构。以中央国家机关为例，2003年国务院办公厅成立了中央国家机关政府采购中心，随后，国家税务总局采购中心、海关总署政府采购中心、中国人民银行采购中心、最高人民法院采购中心又相继成立；这些采购机构虽有一些系统特殊项目，但主要还是做集中采购目录中的通用项目，有的采购规模只有亿元左右。一些部门组建了内部的采购操作机构，负责部门集中采购。这种强化部门集中采购的情形在省甚至市一级也一定程度上存在。如果部门采购过大，就背离了设立集中采购制度的初衷，而且不利于发挥政府采购的宏观政策功能。

（2）集中采购机构责权不匹配。《政府采购法》规定："集中采购机构进行政府采购活动，应当符合采购价格低于市场平均价格、采购效率更高、采购质量优良和服务良好的要求。"这既表明了集中采购机构的责任重大，也表明了对集中采购机构的期待。但从集中采购的实际运行过程看，法律并没有赋予集中采购机构相应的权力，致使法律目标无法有效实现。首先，集中采购机构在法律上只是一个代理机构，代理的位置基本上决定了集中采购机构在采购活动中处于相对被动的地位。集中采购机构无法知道采购人是否委托法定委托事项，也没有相应的制约手段处置采购人不委托或不主动委托的行为，而单纯依靠财政、审计部门的事后监督，效率既不高也不够有效。其次，在实际采购运行过程中，集中采购机构只是代理人，在采购活动中一般只能起到程序组织的作用，无法监管。在采购活动中遇到违法违规行为，如评审专家打分不公、发表的评审意见不专业，供应商提供虚假材料、与采购人合谋围标、对采购结果恶意质疑等，集中采购机构既无法定授权也无有效手段进行干预，难以及时校正不合规项目，给政府采购的声誉带来不利影响。最后，按现行规定，在采购过程中，采购需求由采购人确定，采购文件内容需要采购人同意，评标由从财政部门专家库中抽取的专家与采购人共同评审，中标或成交供应商需要得到采购人确认，采购人负责采购签订合同、验收付款。在这种模式下，

集中采购机构不是真正意义上的采购主体，采购人处于强势地位，因而在实践中有时会发生采购人指定品牌、拒绝修改不合理的采购需求、拒绝接受不"满意"的采购结果、干扰或诱导专家评审等情况。这与国家推行政府集中采购、限制采购人权力的政策初衷是不符的。

（3）集中采购机构设置不规范。由于《政府采购法》没有明确规定集中采购机构应如何设置、是否应该有主管单位，各地集中采购机构设置不一甚至有些混乱，使政府集中采购系统缺乏有效的业务指导、交流和培训机制。以省一级为例，有的作为政府直属机构，有的隶属于政府办公厅，有的隶属于机关事务管理局，有的隶属于财政厅或由财政厅代管，有的隶属于国资委，[①]有的划入机械成套设备局。其运行机制也不一样，在经费体制上，有的实行财政全额拨款，也有的实行自收自支；在人员管理上，有参照公务员管理，也有实行事业单位管理，还有按企业方式管理。在市、县一级，政府采购机构的设置方式则更加多样。集中采购机构设置和隶属关系的杂乱，产生了不少问题。如集中采购机构之间缺乏工作交流，不同层级及不同地区政府间缺乏采购业务指导，在行业规范、采购资源共享、技术进步、联合培训等方面都难以进行，不利于政府集中采购的工作人员队伍建设。

三、完善政府集中采购体制，提高集中采购绩效

（一）坚持集中采购为主体的发展方向

根据国际经验，发达国家政府采购经历了从分散到集中再到分散的发展历程。部分国家尤其是经济发达和法制健全的国家，实行的是以分散采购为主、集中采购为辅的方式，但从历史上看，在政府采购制度实施的早中期，大多以集中采购为主。而且目前有些国家仍以集中采购为主，典型的如韩国中央政府专门设立了政府采办厅，主要负责全国重要采购项目的采购。美国除国防部和交通部外，联邦政府其他机构及国会的政府采购统一由联邦总务署负责。2004年联邦政府采购总额约3000亿美元，其中联邦总务署供应服务中

①　王文新：《集中采购机构亟待解决的问题》，《中国政府采购》，2006年第2期。

心采购 400 亿美元，其他大都是国防采购。①当前我国正在建立以部门预算、国库统一支付、政府采购为主要内容的公共财政体制，正在进行的 WTO 框架下加入《政府采购协议》谈判，这都要求政府采购工作增强专业性、国际性，要求政府采购提高规模效应，发挥政策功能。因此，实行集中采购为主体的政府采购模式符合我国国情，是必须坚持的发展方向。

政府采购是行政行为，可以适度引入市场机制，允许少量社会采购代理机构参与采购，但不能以此削减集中采购制度，引发过度市场化。要"做大"集中采购，严格执行《政府采购法》规定的"纳入集中采购目录的政府采购项目，应当实行集中采购"，充分发挥政府集中采购机构的作用。要适当整合采购机构，中央和省一级政府已经成立多个采购机构的应逐步合并，不宜再成立新的机构，原则上一个省级行政区域建立一个政府集中采购机构，省级部门不单独设立机构。要通过建立各级政府采购中心的业务联系使之资源共享，实现一个地区的采购联动。要根据采购规模、人员数量和资格条件等方面的条件，规定不同行政层级的集中采购机构的设立标准，对达不到标准的集中采购机构应予以撤销或合并。地级市的区一般不应再建采购机构，确有必要的可建立分支机构。对政府采购规模相对较小、距离中心城市较近的县（市）一级政府，可不设立政府采购机构，由上一级市相应机构承担采购业务，以节约行政资源。

（二）明确政府集中采购机构的功能定位

集中采购机构应该是承担一定的政府公共管理职能的机构，是政府集中办理采购事务的法定执行机构，是政府采购主体和政府采购人的代表。集中采购机构在采购实施过程中，不需要采购人的委托而实行代位采购，承担组织采购、监督采购过程中的不同当事人的行为、控制采购过程、反对贪污、浪费等腐败行为、贯彻政府采购政策等职责。明确政府集中采购机构的职责：一是参与政府集中采购目录及限额标准的制定，负责制定政府集中采购操作规程、实施办法；二是统一

组织本级政府集中采购目录的实施，包括：汇总各单位集中采购计划，整合采购需求，研究制订实施方案，编制采购文件，组织开评标活动，监督政府集中采购合同的履行和验收；三是负责接受各单位委托，办理集中采购目录外项目的采购事宜；四是负责接受各单位委托，办理政府机构建筑工程招投标；五是在采购过程，对采购人、供应商、评审专家的具体采购行为进行监督和管理；六是负责政府机关采购操作人员的培训。

集中采购机构作为集中采购工作的具体执行方，工作性质决定了其可以在采购活动中掌握第一手的采购资料和信息，能够对不同品目的货物、工程或服务的市场情况和采购单位的使用特点进行深入的调研和分析，有条件对项目是否适合纳入集中采购目录作出较为准确的判断。集中采购机构的参与，有利于财政部门更加合理、有效地制定政府采购目录。要合理划分集中采购和部门集中采购的范围。本着缩小部门集中采购的范围、扩大集中采购机构（各级政府采购中心）采购范围的原则，可以通过设定集中采购金额标准的方法，即凡超过一定金额标准的采购项目，都须交给集中采购机构办理执行，以提高采购效率。

要相对统一集中采购机构的设置和行政隶属关系。对于集中采购机构的设置方式和隶属关系，在当前法律框架下，能比较有效发挥集中采购作用的方式是由各级人民政府设立政府采购委员会，由政府一位副职首长（或副秘书长）牵头，财政、发展改革、机关事务管理、科技、环境保护等部门负责人参加，负责协调政府集中采购工作，下设政府集中采购机构，负责具体运行管理。②这样可以使集中采购机构保持独立超脱的地位，便于与各个部门的协调，有利于集中采购机构职能的发挥。

（三）理顺集中采购机构与监管部门的职责关系

现实中，财政（监管）部门与集中采购组织既是政府采购工作链条中不可分离的两个环节，同时又存在采购业务主管、政策指导、工作监督的关系，监管与操作等多重关系。如财政部门负

---

① 吴正合：《高度集中的美国政府采购管理体制及其启示》，《中国政府采购》，2006 年第 8 期。
② 本刊采编部：《集中采购机构与集中采购》，《中国政府采购》，2007 年第 11 期。

责预算、支付，编制采购计划、审批采购方式、制定采购目录、处理投诉，有些地方财政部门管得更细，采购文件须经其核批才能发布。集中采购工作的发展与公共财政制度的改革密不可分，应按照"决策、执行、监督三者相互制约相互协调"的要求，进一步理顺集中采购机构与财政部门的关系，使二者形成合理分工、权责相应的关系。

首先，财政部门要进一步推进财政支出管理体制改革，加快预算和支付管理改革的进程。实现"所有权、采购权和使用权"的真正分离，以多方参与、相互监督的模式，减少寻租创租的可能性，提高政府机关采购行为的规范性。当然，财政管理体制改革目标的实现不可能一蹴而就，初期可以在已实行国库统一支付的单位进行试点，待取得经验后再逐步推广。其次，要明确划分集中采购机构与采购监督管理部门的职责，赋予集中采购机构与其执行功能相适应的管理权。具体包括：将政府采购目录中集中采购部分的采购执行的权力和责任交给各级政府采购中心，由其直接组织相关单位进行采购；对与国家经济社会政策相关联的采购项目，可以实行代位强制采购；赋予采购评审环节的监督权，对发现的违规行为及时予以纠正、处理，相关当事人不服也可向采购人投诉；明确授予对集中采购后期合同签署、执行的监督职责。

（四）建立集中采购绩效管理机制

要建立政府集中采购绩效评估机制，确定科学的评估指标体系，逐步形成政府集中采购的绩效管理制度体系。一是获取绩效评估信息。要加强对政府集中采购全过程的监督检查，特别是重视记录相关绩效信息。二是确定绩效评估主体。政府集中采购的绩效评估主体，主要应由政府集中采购的监管部门担任。但政府集中采购以公众为服务对象，追求公共利益和公共价值，因此评估主体还应当多元化，政府集中采购机构、供应商、专家、采购人、社会公众以及环保、科技等相关部门，都应当参与绩效评估，增加绩效评估的公开性，提高公信度。三是健全绩效评估方法。考虑到政府集中采购的现实情况，可以借鉴绩效管理中比较成熟的一些方法，特别是 KPI 法（Key Performance Indication），即关键业绩指标 KPI，是通过对组织内部某一流程的输入端、输出端的关键参数进行设置、取样、计算、分析，衡量流程绩效的一种目标式量化管理指标，KPI 可以使政府领导明确自身的主要责任，同时也可以明确下属人员的业绩衡量指标，使绩效评估建立在量化基础上。四是建立绩效追踪反馈机制。[1] 主要包括三项机制：

（1）绩效目标协商机制。作为政府集中采购政策的制定者，政府集中采购监管部门除了在工作部署中要全面体现法定的宏观调控目标外，还要对有关部门提出的具体目标积极回应，尽可能予以支持。

（2）部门协作机制。赋予相关部门对政府集中采购行为的监督权，对政府集中采购是否实现了预期绩效目标进行评估和监督。

（3）绩效申诉机制。为防止绩效目标在实际操作过程中的扭曲，应逐步建立申诉机制。五是合理运用绩效评估结果。政府集中采购绩效评价结果的运用，对充分完善集中采购制度、提高制度效用具有十分重要的导向作用。对于在政府采购中为完成绩效任务取得明显成就和贡献的单位和个人，予以鼓励和表彰。对于不重视采购绩效的行为，应强化审计、监察部门的监督作用，奖优惩劣，促进政府集中采购绩效得到不断提高。

---

① 倪星：《地方政府绩效指标体系构建研究——基于 BSC、KPI 与绩效棱柱模型的综合运用》，《武汉大学学报》（哲学社会科学版），2009 年第 62 卷第 5 期。

政府采购工程中的国家赔偿责任探究
——以上海市"11·15"特大火灾事故的处理为例[①]

孙煜华[②]

[摘　要] 2010 年 11 月 15 日，上海市发生了新中国成立后最严重的一起火灾，举世皆悲。随着事故处理工作的展开，巨额赔偿成为焦点，从韩正市长对事故的表态中，我们似乎看到了政府身居责任一线，但从张仁良区长对赔偿的表态中，我们又找不到政府在赔偿责任中的身影。于是，我们不禁有这样的困惑：在这场事故中，政府是否应当承担赔偿责任呢？如果应当承担，那么这种赔偿的性质又是什么？是一种直接责任还是间接责任？实际上，破解问题的关键在于区分政府采购合同中的多重法律关系：①政府与承包企业之间的关系——建立在合同基础上的行政委托法律关系。②政府与受损公民之间的关系——行政加害给付所形成的国家赔偿法律关系。③承包企业与受损公民间——没有法律上的直接关系。综合考虑结论为：政府应当对受损公民承担国家赔偿责任。此后，如过错企业拒绝承担最终赔偿责任，政府可以通过民事诉讼向过错企业追偿。

[关键词] 行政委托；行政加害给付；国家赔偿

一、问题的提出：政府是否应当成为采购工程致害赔偿责任主体

2010 年 11 月 15 日下午 2 时 15 分许，上海静安区胶州路 728 号的一幢 28 层民宅发生严重火灾。据统计，有 58 人在这次火灾中丧生。11 月 22 日上午，上海市委副书记、市长韩正在主持召开的上海市政府常务会议上表态："我和正声同志一致认为，上海建筑市场表现出的混乱现象以及监管不力，是造成'11·15'特别重大火灾事故的重要原因之一，对此，我们负有不可推卸的责任，我们深感内疚和自责。"2010 年 11 月 23 日，在上海市政府新闻办公室召开的"11·15"特别重大火灾第二次专题新闻发布会上，上海市静安区区长张仁良表示，每位遇难人员将获得约 96 万元赔偿和救助金。其中按《侵权责任法》一次性死亡赔偿约 65 万元、政府综合帮扶和社会爱心捐助等 31 万元。房屋赔偿问题将按照"市场价格、全额赔偿"的原则进行。

上海市长在事故发生后的积极表态让逝者安息，给生者希望；静安区长的表态似乎让此后的侵权责任分担也尘埃落定。然而，不少人心中仍有这样的疑惑：此次侵权责任的承担主体是谁呢？是否包括政府？似乎我们尚不能从区长的讲话中找出答案，但是，笔者还是从中发现了一些端倪：区长提到追究侵权责任的依据是《侵权责任法》，该法是一部典型的民事法律，虽然在该法第 5 条也规定"其他法律对侵权责任另有特别规定的，依照其规定"，但是区长并没有引用其他法律，特别未引用《国家赔偿法》，这也就意味着政府在这次事故中并不承担任何国家赔偿责任，而后那句"政府综合帮扶"的表述也印证了笔者的推断，因为综合帮扶最多算是一种补偿，而补偿在我国必然是建立在合法的前提之下，与赔偿有质的区别。

那么，在这场事故中，政府是否应当承担赔偿责任？如果应当承担，那么这种赔偿的性质又

---

① 孙煜华：《政府采购工程中的国家赔偿责任探究——以上海市"11·15"特大火灾事故的处理为例》，《法治研究》，2010 年第 5 期。
② 孙煜华，华东政法大学 2010 级博士研究生。

是什么？是一种直接责任还是间接责任？

二、破解问题的关键：区分政府采购合同中的多重法律关系

要想分清各主体在事故中的赔偿责任，我们首先应当了解整个事故的来龙去脉。据国务院事故调查组的调查，火灾发生时，上海胶州路728号大楼正在实施当年的静安区政府实事工程——节能综合整治项目。静安区建交委2010年9月通过招投标，确定工程总包方为上海市静安区建设总公司，分包方为上海佳艺建筑装饰工程公司。2010年11月，静安区建交委选择上海市静安建设工程监理有限公司承担项目监理工作，上海静安置业设计有限公司承担项目设计工作。而后，该工程又被分包方上海佳艺公司再次分包给上海迪姆物业管理有限公司、正捷节能工程有限公司和中航铝门窗有限公司。最终的三个分包方均无承包该工程的资质。而佳艺等分包公司雇用的无证电焊工的违规操作正是造成本次重大责任事故的直接原因。

事故发生后，有人认为政府应当与企业一并承担赔偿责任。上海汇业律师事务所吴冬律师认为：由于在中国国情下，国有企业和政府之间是所有者代理关系，前者的负责人是后者任命的，政府可作为赔偿主体。同时，他还与闵行的"楼倒"事件作了比较，认为后者的责任主体是民企，所以相关赔偿由开发商自行承担，闵行区政府并不承担赔偿责任。但是本次事件的责任主体是国企，应该由静安区政府、国资委和相关国企共同承担责任。吴律师让政府承担责任的观点站得住脚吗？我们发现该观点的理由在于：政府是国有企业的被代理人，而按照《民法通则》第63条规定"被代理人对代理人的代理行为，承担民事责任"，所以理应由政府承担国有企业的责任。这种说法看似拓宽了赔偿主体的范围，从而有利于赔偿责任的履行，但实际上存在严重的定性错误，因为政府与上述国有企业之间无论如何也构不成《民法通则》上规定的委托和代理的关系，而应当是股东与公司的关系，按照《公司法》的规定，除非发生出资不实、资产混同等少数情形，股东仅以出资为限对公司的债务承担有限责任。显然，在这里，作为股东的政府是不可能超出出资的限

度对公司的侵权损害赔偿承担无限连带责任的。所以，试图从企业的国有性质出发追究政府责任的努力是徒劳的。

上述路径走不通，那么是否意味着不能追究政府的赔偿责任呢？笔者并不这么认为。根据国务院事故调查组的调查结果，事故的直接原因在于无证电焊工的违规操作，而《侵权责任法》第34条规定："用人单位的工作人员因执行工作任务造成他人损害的，由用人单位承担侵权责任。"由此可见：无证电焊工的损害行为应当由雇用他们的企业承担责任。但是，我们不可忽视的是，这个工程所涉及法律关系的性质，会对赔偿责任的承担产生关键性的影响。

（一）政府与承包企业之间的关系：建立在合同基础上的行政委托法律关系

《政府采购法》第2条规定："本法所称政府采购，是指各级国家机关、事业单位和团体组织，使用财政性资金采购依法制定的集中采购目录以内的或者采购限额标准以上的货物、工程和服务的行为。"按照《静安区财政局关于执行2009年政府采购集中采购目录和采购限额标准的通知》：预算金额超过30万元的房屋装修、拆除、修缮工程就应当纳入政府采购范围，而在静安"11·15"火灾所涉及的节能保温装修工程中，预算金额超过3000万元，显然要通过政府采购来完成。又按该《通知》规定：预算金额超过200万元的工程就要采取公开采购的方式。事实上，该工程也是依据《政府采购法》第26条中规定的公开招标方式来实施政府采购的。

对于政府采购合同的性质国内学者众说纷纭，有人认为是民事合同，有人认为是行政合同，还有人认为是"混合契约"。笔者以为，无论政府采购合同在内容或形式上"属公"、"属私"抑或兼而有之，它都不过是政府实现公益的手段，从目标指向上来看都是"属公"的，都应纳入行政事务的范畴。在静安区政府节能保温工程中，采购项目旨在给公众提供行政给付，这是一种典型的行政事务。供应商提供的产品和服务直接指向公众而非政府，其效果与政府亲自给付没有本质差别，而间接完成政府行政事务的方式只能有两种：行政委托或者行政授权。按照《行政诉讼法》，行政授权必须建立在法律和法规有规定的基础上，被

授权主体可直接按法律法规的要求履行职权，无须与授权主体达成合意。而在采购合同中，政府与承包企业之间就权责分配必然存在某种合意，这显然构成了一种行政委托关系。关于政府工程发包的性质，我国台湾地区著名行政法学者翁岳生也认为是一种行政委托。需要注意的是，这里的行政委托与上文中吴律师所提到的民事委托有本质差别，前者描述的是行政主体与相对人之间的关系，后者描述的是出资人与公司的关系。前者是一项具体工程的委托：工程发包，委托关系发生；工程完结，委托关系消灭。后者是整个公司经营的委托：公司设立，委托关系发生；公司注销，委托关系消灭。前者的定性取决于工程的性质，后者的定性取决于公司自身的属性。把出资人与公司的关系解读为民事委托，显然与《公司法》所规定的出资人以出资为限承担有限责任不符。但把政府与企业之间就具体工程的发包与承包解读为行政事项的委托和代理，却完全符合《行政诉讼法》和《国家赔偿法》关于行政委托的规定。

在责任承担方面，受托企业应依据合同对政府采购部门负责，而企业的行为如果对公众造成损失，政府的采购部门作为委托者应当承担首要的责任，不过在其承担责任后，可以依据合同向企业追偿。

（二）政府与受损公民之间的关系：行政加害给付所形成的国家赔偿法律关系

政府实施节能保温工程的性质是什么？笔者以为它是一种授益性行政行为，并且是一种行政给付行为。目前学界已开始使用行政给付的概念，但对行政给付的内涵见解不一，主要有三种观点：第一，认为行政给付是行政主体为实现特定的公共目的，为一定的个人或组织提供支持或补助（社会救济金、助学金、扶贫款、补贴）建设公共设施或者为公众提供其他服务或利益，从而保障和改善公民生活条件的行政活动。第二，认为行政给付是行政主体向因学、伤、病、残、死、退、老、灾等原因而生活困难的特定相对人提供物质帮助的授益性行政决定。第三，认为行政给付是行政主体基于公民的物质帮助请求权依法给予其物质权益或与物质有关的权益的法律制度。三种观点在给付目的、方式、标的等方面均存在差异。

其中，后两种观点将行政给付的范围限定在行政物质帮助或者救济层面，与现代福利国家、积极国家和给付行政模式和理念极不相称。而第一种观点则相对合理：它将行政给付的目的定位于公共目的，突出了行政的公共性；将给付的方式拓展至建设公共设施或者为公众提供其他服务或利益，使得给付对象变得更加普遍；将"保障和改善公民生活条件"作为给付目标，使给付权利基础由生存权拓展为受益权，从而使行政给付更贴近现代人权和宪政理念。根据这个定义，政府实施节能保温工程是为改善公民生活条件而为之提供房屋修缮服务的行政给付行为。关于行政给付的实施方式，行政机关享有较大的选择自由，可以公法的形式提供，例如直接作出授益行政处分，或与公民签订行政契约或者用事实行为来实施。行政机关也可以采用私法的形式提供，履行行政给付任务，例如以签订私法契约的方式提供公民低利贷款。在上海静安区节能保温工程中，静安区政府就是通过政府采购合同的方式实现行政给付的。

2010年新修订的《国家赔偿法》第2条规定："国家机关和国家机关工作人员行使职权，有本法规定的侵犯公民、法人和其他组织合法权益的情形，造成损害的，受害人有依照本法取得国家赔偿的权利。"从该条规定来看，要想回答上海"11·15"特大火灾事故处理中是否要追究政府的国家赔偿责任，我们必须首先回答下列问题：行政给付是不是一种职权行为？是否会对相对人的合法权益造成损害？如何造成损害？是不是行政给付侵权一旦发生，政府就应当对此承担国家赔偿责任？如果事故不是国家机关和国家机关工作人员的行为引发，政府是否就此脱责？

行政给付是不是一种职权行为？无法律授权即无行政，与其他行政行为一样，行政给付也是一种职权行为。正如日本著名行政法学家盐野宏所说："行政这种活动要服从于法，这是不言而喻的。"不过，在当今行政法学理论界，仍有不少人将行政给付当做一种"非权力行政"，与行政处罚、行政强制、行政许可等"权力行政"区分开。实际上，这种认识是脱离行政给付实际的，行政给付本质上是一个"行为链"，其中既可能有行政许可，也可能有行政合同，甚至还有民事合同。

对于其中的行政许可，要严格遵循法律保留原则。而对于行政合同部分，既有法律保留的成分，也有意思自治的成分。至于民事合同部分，虽须遵循意思自治原则，但是否选择这种方式却不是由行政主体自主决定，而必须在法律准许的范围之内，而且尤其不可忽视的是：没有法律法规的特别规定，政府不能通过民事合同将公法责任转移给普通的民事主体，否则就构成违法授权。既然公法责任转嫁不了，而职权和责任又不可分，那么行政给付无论采取何种实现方式，都应当是一种由行政主体承担一线责任的职权行为。对于有学者提出的行政机关"遁入私法"（Flucht in das Privatrecht）的概念，中国台湾地区翁岳生教授也指出："行政机关对于行政方式的选择，并非完全自由，而须于法律无明文禁止规定，且在公法上无适当方式可供采行时，始得以私行政行为，遂行行政任务。另外，行政机关为私行政时，并非因其属于私法形态而完全免除公法上的约束，尤其是宪法保障基本权利的规定，对于私经济行政亦有约束力。"在静安区节能保温工程实施的过程中，我们发现这其中虽然有政府和承包企业间达成的采购合同，但是这并不意味着政府将自己的行政职权通过合同转移给了承包企业，所以由政府承担该职权行为引发的责任应无问题。

从现实的法律来看，《国家赔偿法》总则中并没有对行政给付与职权行为作区分，在规定赔偿范围时，也没有将行政给付侵权排除在外。尽管在《国家赔偿法》草案说明中，起草者没有将设置和管理公有公共设施这种行政给付的致害责任纳入国家赔偿责任的范围，理由是该行为不是职权行为。但是在笔者看来，这种对职权的认识与我国现行法律规定不符，因为宪法和组织法都规定了政府有"领导和管理经济建设"的职权，而且在各地现行的"定岗、定编、定职能"的"三定方案"中，更是明确规定了政府的某些部门如建设部门、交通部门有组织建设公共工程的职权，这是一种典型的"设置"公共工程的权力，而承包工程的企业不过是受政府委托负责具体建设，没有政府依法定职权作出的许可，任何企业都不能设置和管理公共工程，所以由职权的享有者——政府承担由此引发的赔偿责任应该没有问题，这和域外的多数实践也是一致的。在德国、日本和我国台湾地区，传统的公物、营造物理论和所谓的特别权力关系理论是一体的，利用者因受特别权力关系理论的影响，对其权利的保障受到很大限制。但今天，特别权力关系遭到了摒弃，公物、营造物理论也难以维持，必须考量利用者的权利性，因此有新的公共设施论被提出来。公共设施的利用形态有：一般使用和特别使用、许可使用、特许使用、依契约而使用、依习惯法而使用。其中最具问题的是一般使用上是否具有权利性，所谓一般使用，是指在道路、河川、公园的利用上，公众在不妨碍他人共同利用的限度上，可以自由地加以使用的状态。在这种自由使用形态下，传统见解认为利用者在法律上的地位属于反射利益。但新近的理论多支持其地位具有权利性，因而有值得法律保护的利益。可见，在公有公共设施致害责任的处理上，"特别权力关系"理论是逐渐衰微的，设置和管理公共设施的行为也由此纳入了各国行政诉讼法和国家赔偿法的调整范围。

2009年最高法院发布的《关于依法保护行政诉讼当事人诉权的意见》中规定："随着形势的发展和法治的进步，行政行为的方式不断丰富，行政管理的领域不断拓展，人民群众的司法需求不断增长，行政争议的特点不断变化。各级人民法院要深入了解各阶层人民群众的生活现状和思想动向，了解人民群众对行政审判工作的期待，依法受理由此引发的各种新类型案件，积极回应人民群众的现实司法需求。要依法积极受理行政给付、行政监管、行政允诺、行政不作为等新类型案件；依法积极受理教育、劳动、医疗、社会保障等事关民生的案件；依法积极受理政府信息公开等涉及公民其他社会权利的案件；积极探讨研究公益诉讼案件的受理条件和裁判方式。对新类型案件拿不准的，应当在法定期间先予立案，必要时请示上级人民法院，不得随意作出不予受理决定。"从该意见中，我们可以清晰地看到最高人民法院也在鼓励各地法院积极受理涉及行政给付的案件，再坚持所谓"行政给付不是职权行为因而不纳入行政诉讼受案范围"的主张已经不合时宜了。

再回到"11·15"特大火灾事故的责任问题，我们尤其不可忽视的是：由丁节能保温工程服务的对象是特定人，显然不能算是一种公有公共设施，所以，即便依据《国家赔偿法》草案说明的意思，对该事故追究政府的国家赔偿责任也完全没有法律上的障碍。《中共中央办公厅、国务院办公厅关于印发〈上海市人民政府机构改革方案〉的通知》第4条也规定："（上海市城乡建设和交通委员会）指导、组织、协调、督促本市城乡重大建设工程的实施。"从该条文看来，实施节能保温工程完全是静安区建交委的职权行为。

行政给付是一种授益性行政行为，它也会导致相对人受到损害吗？有学者清醒地认识到：给付行政和干涉行政在概念上是不能截然分开的，两者时而彼此相互交错，行政行为中有兼具两种效果者不乏其例。正如在静安区节能保温工程中，是否对建筑物进行重大修缮本应是业主集体行使的权利，而非政府的权力，在《物权法》第76条规定："筹集和使用建筑物及其附属设施的维修资金……应当经专有部分占建筑物总面积 2/3 以上的业主且占总数 2/3 以上的业主同意。"在上海市"11·15"特大火灾发生前，静安区建交委是否依法经过业主的同意实施节能保温工程？如果没有，那么即便业主可以从中得益，笔者也认为它侵犯了业主依照《物权法》享有的对建筑物的重大修缮权。如果得到业主同意，那么我们可以认为政府与业主双方达成了一个合同，但是这也不能免除政府提供给付时保障业主人身财产安全的义务，否则也是一种侵犯业主权益的行为。在以往对行政给付责任的研究中，人们最关注未予行政给付引发的行政不作为责任，这让我们产生一个错觉，即只要行政主体履行了行政给付之责，相对人的利益就得到了保护。实际上，行政给付同样可能引发作为责任。以笔者之见，按照给付的一般原理，与民事给付一样，行政给付也存在瑕疵给付与加害给付，所谓行政瑕疵给付是指行政给付不符合政府事前设定的标准；而行政加害给付是指行政给付让公民受到给付以外的人身或者财产利益的损失。上海市"11·15"火灾事故损失就是行政加害给付的明证。

是不是行政给付侵权一旦发生，政府就应当对此承担国家赔偿责任？如果侵权不是国家机关和国家机关工作人员的行为引发，政府是否就此脱责？有学者认为，是否承担国家赔偿责任，其

关键不是该行为人是否是公共团体的公务员，而是和行政诉讼法相同，取决于该行为的根据如何。在委任行政中，受委任者实施的行为或者对受委任者进行的私人行为，视为委任者国家实施的行为或者对国家进行的行为。笔者以为，虽然政府可以在不违背法律的前提下，不亲自实施行政给付，而将之委托给公民、法人或其他组织完成，但是这并不会导致国家赔偿责任的转移。自我国市场化改革后，政府的很多工程都通过政府采购由企业完成。如前所析，政府采购工程是一种通过合同实现行政委托的典型，而行政委托不同于行政授权，它不会导致政府对受损公民行政责任的转移，《国家赔偿法》也确认了这一点，该法第7条规定："法律、法规授权的组织在行使授予的行政权力时侵犯公民、法人和其他组织的合法权益造成损害的，被授权的组织为赔偿义务机关。受行政机关委托的组织或者个人在行使受委托的行政权力时侵犯公民、法人和其他组织的合法权益造成损害的，委托的行政机关为赔偿义务机关。"所以，在发生行政给付侵权时，政府无论将工程发包给谁，经过多少层的转包，都不应当对受害公民脱责。实际上，行政委托对于责任分担的意义仅仅在政府和承包企业之间。

（三）承包企业与受损公民间的关系：没有法律上的直接关系

在政府采购合同形成的行政委托关系中，企业不过是政府的受托者，其与公民之间没有法律上的直接关系，对公民的损失也不应承担赔偿责任。也许有人要问，承包企业是否要对受损公民承担民事赔偿责任！笔者以为，在国家赔偿责任和民事赔偿责任具有整体上替代性的情况下，民事赔偿和国家赔偿是不能同时存在的，否则受损公民将得到双份赔偿，这与赔偿的补救宗旨不相符合。

三、政府承担赔偿责任的后续问题——如何向过错企业追偿

当政府向受损的公民承担责任后，如过错企业拒绝承担最终的赔偿责任，政府应当如何向过错企业追偿呢？如果提起诉讼，这种诉讼是什么性质？2003年，一起"深圳市政府诉深圳市国泰联合广场投资有限公司"案在全国范围内被炒得

沸沸扬扬，与"民告官"在学界中的同仇敌忾、拍手称快相比，"官告民"在学界可谓众说纷纭，莫衷一是。有不少行政法学者认为"官告民"的诉讼是一种行政诉讼，其中甚至有人认为是一种行政执行诉讼，但在法院的实际审理中，此类诉讼往往被纳入到民事诉讼中。

笔者以为，是否应纳入行政诉讼的范围还值得探讨，但把"官告民"的诉讼归入行政执行诉讼是毫无道理的，我国当前立法并不承认所谓"行政执行诉讼"，即便有这种诉讼类型，在我国行政法治的语境下，从逻辑上讲，也必须首先有一个未得到执行的行政行为，而作出行政行为的前提是具备相应的法定职权，但在我国已有的"官告民"案件中，我们发现焦点都集中于争议财产是否属于公共财产或是否应归政府使用，在这个问题上，行政机关对利害关系人的权益只有民事请求权，而没有行政处分权，所以不得不求助于法院的判决。至于那些依职权所作的行政行为，如果经过了行政诉讼，而其效力已为行政判决所确定，那么再启动一个行政执行诉讼，只不过是画蛇添足。如果利害关系人在诉讼时效期内未起诉，到了执行阶段，行政机关都得求助于法院的判决来执行，那么将直接动摇我国的行政执行体制，并大大降低行政效率。

既然归入行政执行诉讼不适当，那么是否应归入行政诉讼或民事诉讼之中呢？清华大学王振民教授认为应归入行政诉讼，他说："行政诉讼不仅要包括'民告官'，而且还要包括'官告民'，这才是完整的行政诉讼的概念，不管是民告官或者'官告民'，只要到了法院，双方就是平等的。公民不因自己势单力薄而受到不利待遇，政府也不因自己有权有势而得到特殊的关照。"他还说："我们经常可以看到海外有这样的案例报道，美国诉某某人或者公司，英王诉某某人，这些都是官告民的案例。"王教授倡导法治的精神难能可贵，但是他推崇的英美诉讼模式与我国的诉讼模式差异实在太大，难以借鉴。在一个没有严格意义上的行政诉讼的国家，"官告民"自然不是问题。而在一个已建立起一整套行政诉讼制度的国家，"官告民"与只为"民告官"所设计的诉讼模式势必难以兼容。按照我国《行政诉讼法》的规定，行政诉讼主要审查具体行政行为的合法性，并以此

判定其效力。试想，在这种诉讼模式下，如果行政机关必须起诉相对人才能确定其作出的行政行为有效与否，那么行政行为的公定力何在？事实上，即便在英国和美国，其政府行为也不是在任何情况下都诉诸法院来决定其效力的，例如在英国，当某人违反某一法定义务的行为发生后，行政当局会发出一项警告性的执行通告或者限期整改通知，如其在指定时间内仍不悔改，则被认为是藐视法庭而科处刑罚，这里的通知有类似司法判决一样的权威。

看来，将"官告民"纳入行政诉讼也殊难成立，那么是否应将之归入民事诉讼呢？笔者以为，对于此类非以行政行为合法性为审查对象的诉讼，纳入民事诉讼应没有问题。再回到"11·15"特大火灾事故，如果政府承担了国家赔偿责任，其完全可以通过民事诉讼向责任企业追偿。表面上看，政府在这里充当了两个角色，一个是国家赔偿的责任人，另一个是民事赔偿的权利人。而从本质上，政府只有一个角色，那就是"国库"。因过错企业的行为，国库既替其承担费用，也应向其收回费用，否则即违背"国民公共负担均等原则"。这种程序上的处置与实体法也并不冲突，诚如上文所分析，政府采购部门和承包企业之间存在着建立在合同基础上的行政委托法律关系。虽然我们在分析政府采购部门与受损公民的关系时，要认清合同不过是行政委托的手段，采购部门应当直接对受损公民负责。但是在分析政府采购部门与承包企业之间的关系时，却也不能忽略其中的合同关系。实际上，从我国《政府采购法》的规定来看，政府采购合同应当属于民事合同，因为在《政府采购法》第43条规定："政府采购合同适用合同法。采购人和供应商之间的权利和义务，应当按照平等、自愿的原则以合同方式约定。"而第50条则规定："政府采购合同的双方当事人不得擅自变更、中止或者终止合同。政府采购合同继续履行将损害国家利益和社会公共利益的，双方当事人应当变更、中止或者终止合同。有过错的一方应当承担赔偿责任，双方都有过错的，各自承担相应的责任。"但是，整个政府采购关系却不能说是一个民事关系，因为其中不仅仅包括民事合同关系，还包括政府采购监督管理部门与合同双方的关系，这是一种不对等的关系。不过由于

政府监督管理部门不是合同的当事人，所以我们不应把这种监督管理关系与合同关系相混同。一旦政府监督管理部门出于公共利益对合同关系进行变动，笔者以为这时的矛盾已经超出了合同关系，而进入监管部门与当事人之间行使监督管理关系。在上海市"11·15"特大火灾事故中，直到事故发生，政府监管部门始终没有行使监管权对合同关系进行变动，所以采购合同双方之间完全还处于正常的合同履行阶段，它们之间的关系无疑也应当用《合同法》来调整。依据《合同法》，既然承包企业提供了有严重瑕疵的服务，致使政府承担巨额赔偿责任，那么政府就可向企业追偿。这样也可使得纳税人的资财免受过错企业的不当消耗。

上海市静安区"11·15"特别重大火灾事故的善后尚待时日，我们衷心希望整个社会在悲痛之余也有理性的反思，而反思的第一步就是理顺各主体在事故中的责任。一方面，我们热切期待政府能勇担职责，为国民表率；另一方面，我们也要严厉追究肇事者的各种责任，绝不让其逍遥法外。唯有如此，我们才能化"危"为"机"，为构建责任政府和法治社会开辟道路。

[参考文献]

[1] 赵义：《自责要转变为行动》，《南风窗》，2010年第25期。

[2] 《上海火灾遇难人员将获得约96万元赔偿和救助》，网易新闻，http://news.163.com/10/1123/15/6M6D4CSN0001124J.html，2010年12月1日访问。

[3] 《国务院调查组认定火灾五大问题》，《东方早报》，http://www.dfdaily.com/html/21/2010/11/18/538612.shtml，2010年12月1日访问。

[4] 《上海大火58人遇难，律师认为应由政府和国企共同赔偿》，《南方周末》，http://www.infzm.com/content/52688，2010年12月1日访问。

[5] 肖北庚：《政府采购合同的法律性质》，《当代法学》，2005年7月第19卷第4期。

[6] 翁岳生主编：《行政法》（上册），中国法制出版社，2002年。

[7] 柳砚涛：《行政给付研究》，山东人民出版社，2006年。

[8] [日] 村上武则：《给付行政论》，载山田幸男、市原昌三郎、阿部泰隆主编：《演习行政法》（下），青林书院新社，1979年。

[9] [日] 盐野宏：《行政法》，杨建顺译，法律出版社，2001年。

[10] 柳砚涛：《行政给付研究》，山东人民出版社，2006年。

[11] 翁岳生主编：《行政法》（上册），中国法制出版社，2002年。

[12] 翁岳生主编：《行政法》，翰芦图书出版社，1998年。

[13] 翁岳生主编：《行政法》，翰芦图书出版社，1998年。

[14] 翁岳生主编：《行政法》（上册），中国法制出版社，2002年。

[15] [日] 盐野宏：《行政法》，杨建顺译，法律出版社，2001年。

[16] [日] 盐野宏：《行政法》，杨建顺译，法律出版社，2001年。

[17] 张伟、马玮：《"官告民"视角下的行政执行诉讼论略》，选举与治理网，http://www.chinaelections.org/news-info.asp?newsid=66644，2010年12月5日访问。

[18] 《深圳开庭审理"官告民"案件，市长当原告索要房产》，搜狐网，http://news.sohu.com/54/12/news209171254.shtml，2010年12月5日访问。

[19] 王振民：《应提倡"官告民"》，选举与治理网，http://www.chinaelections.org/newsinfo.asp?newsid=73249，2010年12月5日访问。

[20] 张越：《英国行政法》，中国政法大学出版社，2004年。

美国联邦政府采购监督管理体系[①]

汪佳丽[②]　李心佩[③]　徐焕东[④]

[摘　要] 美国是世界上最早实行政府采购制度的国家之一，其制度体系十分完善。本文介绍了美国联邦政府采购的监督管理体系，它是一个涵盖采购活动全过程的、包括多层次监督内容的、多主体参与的监督管理体系，该体系保障了美国联邦政府采购制度的有效运行，使得政府采购制度的优越性得到了充分发挥。

[关键词] 政府采购；监督体系；美国联邦政府

美国是世界上最早实行政府采购制度的国家之一，在两百多年的发展中，与政府采购相关的法律法规逐步完善，采购体系架构日渐科学。美国政府采购之所以能够实现政府采购制度的优越性，发挥政府采购应有的功能作用，与其科学完备的监督管理制度是分不开的。以联邦政府的采购活动为例，在采购的各个阶段，都有不同的机构采用不同的方式对采购行为和行为主体进行监督管理，各监督主体之间互相协调配合、相互制衡，形成了一个全过程、多层次、多主体的监督管理体系。

一、联邦政府采购程序

美国联邦政府采购是一个长期完整的过程，具体包括制定年度或跨年度的采购计划、提交采购预算草案、采购行为实施和合同管理等。

（一）各行政组织需要确定未来发展战略、撰写采购计划

通常在财政年度开始以前，各行政机构就要对本年度的采购活动进行计划。机构要在分析自身战略发展、组织需求、满足需求的途径、成本大小以及时间安排的基础上，制定采购计划，并考虑项目的未来收益、项目存在的风险、项目适合的采购方式、要实现的社会经济目标、评审标准、合同管理方案等，具体事项如表1所列。

表1　采购计划制定需考虑事项

事　项	具体涵盖内容
成本	生命周期成本（采购成本、运行成本、维护成本、处置成本）、设计成本等
收益	直接收益、潜在收益、近期受益、长远收益等
风险	成本风险、进度风险、履约风险等，对于现货产品，不存在太大成本风险，应该使用价格固定的合同；对于尚无现货、需要研发的产品，其成本风险、进度风险和履约风险都比较大，比较适合成本补偿合同
市场调查	是否具有现货、潜在供应商情况、市场价格等
采购方式	公开招标、竞争性谈判、框架协议、联邦供应计划等，对于通用类产品，考虑是否可以利用框架协议，让供应商直接供货。对于非通用类产品，涉及金额又达到了限额标准，则应该选择具有竞争性的采购方式，比如说竞争性招标、邀请招标和谈判等

---

① 汪佳丽、李心佩、徐焕东：《美国联邦政府采购监督管理体系》，《中国行政管理》，2012年第7期。
② 汪佳丽，浙江中医药大学后勤管理处助理经济师。
③ 李心佩，中央财经大学政府管理学院。
④ 徐焕东，中央财经大学政府管理学院教授。

事 项	具体涵盖内容
数量、质量、时间安排	采购的数量和质量要求、交货时间要求、时间进度要求等
小企业、不发达企业和妇女创办企业	项目中是否具有适合该类企业承接的部分
环境保护要求	采购产品是否高污染、不符合环境保护要求，市场中是否存在同类绿色环保产品等，对采购项目可能导致的环境影响程度进行评估，提出解决措施或防止恶化建议，明确环境友好型、绿色产品的优势
安全要求	是否会对国家安全、机构安全以及社会安全造成威胁等
供应商选择程序	确定评审标准，说明评审标准与采购目标之间的关联性
合同管理方法	对于服务合同，要明确服务标准以及衡量履约表现的标准；对于现有货物合同，就要着重管理货物的质量、供货时间等；对于需要研究开发的项目，合同管理的重点在于进度管理和各阶段成果管理

（二）项目资金预算

当行政机构确定了需要采购的项目，分析了市场状况、成本收益、潜在风险等因素后，就要对项目进行全面的资金预算。行政机构将项目预算递交给管理与预算办公室（Office of Management and Budget）进行审查，审查的重点在于：项目是否进行了成本收益分析，成本是否包含所有已知成本，采购的供货时间安排和服务履约表现是否已经明确确定，是否需要进行价值获得管理体系进行评估，采购项目的风险和实现的可能性大小，等等。在仔细审查所有行政机构的预算草案后，该办公室将向总统作出预算审批建议并将此建议通知所有行政机构，在总统签署预算草案后，管理和预算办公室会将该预算草案交由国会进行审查，国会将针对各个行政机构递交的预算草案举行一系列听证和质询。当国会两院签署通过预算后，由管理和预算办公室根据当年预算案进行拨款。

（三）采购活动执行

在年度预算下达以后，各组织将根据安排，由规定的采购执行机构执行采购活动。联邦政府采购的集中采购机构是总务署，各行政机构内部也设有采购机构，负责本部门的采购业务。每项采购活动都由一名合同官员负责，不同资历和能力的合同官员有不同的缔约额度。

（四）合同签订及管理

在中标结果公示法定时间截止、各方无质疑后，采购人将与中标供应商签订合同。相关的合同官员或合同官员授权代表会对供应商的履约情况进行监督，确保符合采购项目的数量、质量和供货时间进度符合采购要求。

二、联邦政府采购监督内容

联邦政府对于政府采购活动的监督，其内容包括从采购计划开始到合同管理这一过程中各阶段的各项事务、行政机构内部与采购相关的人员以及供应商的行为等。

（一）监督法律法规的执行情况

对于政府采购活动的监督，首先要看是否符合法律法规的规定，包括审查采购计划是否充分考虑了各项因素，是否能够充分体现相关社会经济政策，比如购买国内产品、扶持中小企业、保护环境、节约能源等，同时审查采购过程的执行是否规范、过程是否公开公正，合同的管理是否符合规定等。

（二）对采购实施过程的监督

采购实施过程是对采购计划的具体执行，对采购实施过程的监督重点在于审查采购活动是否与采购计划保持一致、采购方式是否具有竞争性，同时，还要根据标的物的特殊性来审查评审标准和评审方案是否合理，是否与采购目标紧密联系，具体各指标所占比重是否合理，是否能够得到合理的评审结果等。最后，对于采购组织过程中各类人员的行为是否合法、有无超出他们各自的权限也要进行审查，包括行政机构领导、合同官员、合同官员授权代表、评审人员以及供应商等。

（三）供应商履约情况监督

对于供应商合同履约情况的监督，采购人首先要制定履约表现监督方案，监督层次的高低取决于合同涉及的金额大小、潜在风险大小、重要性程度以及关键性程度；在监督方案确定之后，要和中标供应商召开定向会议，使得合同官员、合同官员授权代表和承包商都了解合同的主要条款，解决可能会影响合同履行的相关事宜，阐明履约监督的程序和步骤，双方达成一致意见。合同官员授权代表应该根据监督方案来监督合同方方面面的日常履行情况，记录发生的特殊事宜，对每个承包商设立档案，这些档案随时要接受合同官员、检查人员、联邦会计总署的审查。

三、政府采购活动的监督机构及其监督重点和监督手段

在政府采购的不同阶段，美国联邦政府采购的监督管理活动是由各个部门协调配合来进行的，形成了一个多层次、多机构、立体化的监督体系，具体包括立法机构的监督、行政机构的监督、司法机构的监督以及社会监督。

（一）国会及专门委员会

国会对联邦政府采购活动的监督，在前期主要通过制定法律法规、颁布采购政策以及通过对采购预算的审批和拨款来实现；在采购活动结束后，国会中的专门委员会也会对采购活动进行审查，若委员会发现问题，可以要求联邦会计总署对采购活动进行审计。这些委员会包括，参议院中的军事服务委员会、政府事务委员会、小企业委员会，以及众议院中的国家安全委员会、政府改革与监督委员会和小企业委员会等。

（二）联邦会计总署

对联邦政府采购活动进行审计的专门机构是联邦会计总署（GAO），该署在接受审计任务之后，将确定审计的范围、方法和程序，挑选专业性强、公正独立并且具有专业操守的审计人员参与审计活动。联邦会计总署在对项目进行审计调查的基础上，提出建议报告，跟踪建议的实施情况以及问题的处理情况，以确保符合公众的利益。

（三）白宫下属的行政和预算办公室

美国行政与预算办公室在政府采购监督方面，主要发挥三个方面的作用：

（1）预算草案的制定和执行，总统行政和预算办公室负责联邦政府各行政机构的预算管理，参照联邦服务署指定的配置标准，编制联邦预算草案，向总统汇报，在总统签署后递交给国会，由国会进行投票审议，在预算案通过后进行拨款。

（2）监督联邦总务署以及各行政机构的预算执行情况和政府采购行为，审查是否存在超出预算或无预算的采购活动，等等。

（3）协助和审查联邦采购条例的修订，评估条例修订带来的经济、社会影响。

（四）联邦政府采购政策办公室

联邦政府采购政策办公室（OFPP）是管理与预算办公室下的一个机构，其主要职能在于不断完善联邦采购条例，统一各地的采购体系标准，对各类采购活动进行规范和监督。办公室下设三个采购条例委员会，包括联邦采购条例委员会、军用采购条例委员会和民用采购条例委员会，若其中一个委员会对联邦采购条例提出了修订案，修订案必须递交给其他两个委员会进行审查，修订案需经联邦采购条例委员会所有成员签字。

（五）联邦各行政机构中的合同上诉委员会

联邦各行政机构中的合同上诉委员会（CAB）的主要职能在于解决采购人与承包商之间的合同争议。一般行政机构内部都设有合同上诉委员会，当供应商对合同的授予、采购人对供应商的履约表现存在争议，就可以向机构内部的合同上诉委员会提交质疑，合同上诉委员会应根据1978年合同争议法案及相关法规来做出决定。除行政机构内部的合同上诉委员会外，也有独立于行政机构之外的合同上诉委员会，比如民用合同争议委员会，主要解决总署与承包商之间的合同争议。

（六）联邦行政机构中的监察办公室

美国联邦各行政组织中都设有监察办公室（OIG），其中的财政监察人员的职责主要在于监督行政机构的采购活动是否符合法律法规，机构内部工作人员是否存在违法或腐败行为，联邦资金是否被合理使用等。监察办公室独立于所在的行政组织，监察人员要将发现的问题及时向机构领导和国会汇报，监察办公室还接受热线投诉、内部外部揭发，并对举报事件进行调查。

（七）联邦索赔法院

联邦索赔法院主要审理对联邦政府的索赔案件。法院与联邦政府对于采购合同中的争议具有共同的司法管辖权，承包商可以在90天内向联邦行政机构中的合同上诉委员会提交书面质疑，也可以选择在一年内向法院起诉。若承包商对联邦索赔法院做出的判决不服，可以向区巡回法院或联邦最高法院上诉。

（八）利益相关方

利益相关方指的是现实中或潜在的供应商、与合同的授予结果有直接经济利益关系的组织，利益相关方一旦发现在采购过程中、合同授予过程中或者合同履行过程中政府部门及相关人员存在不当行为或影响了公平竞争，可以向合同上诉委员会递交书面质疑，或者直接向联邦会计总署递交质疑。

四、联邦政府采购监督管理体系

根据以上的阐述，可以看出美国联邦政府采购监督管理体系是一个全过程、多层次、多主体、多手段的监督管理体系，包括一个内部监督系统和一个外部监督系统，具体又包括行政机构监督、立法机构监督、司法机构监督和社会监督。具体如图1所示。

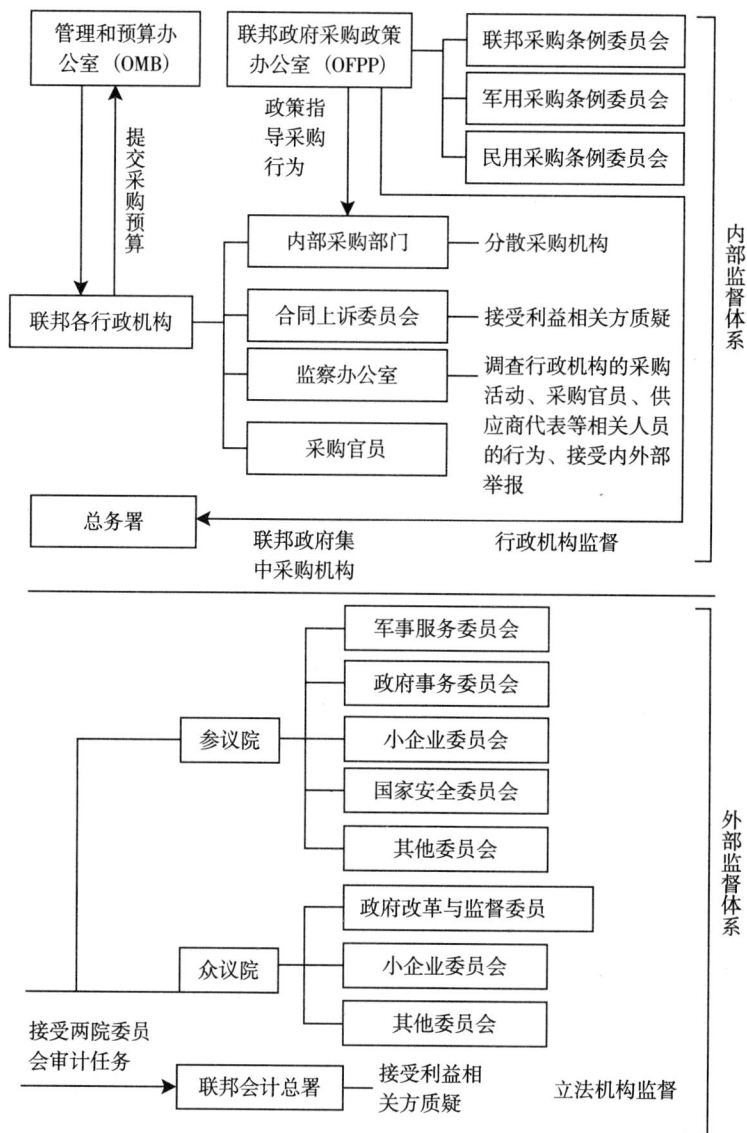

图1 美国联邦政府采购监督体系

美国联邦政府采购的监督管理体系之所以能够保障联邦政府采购活动的有序进行，发挥政府采购制度保护国货、保障中小企业、调节经济以及抑制腐败等作用，体现政府采购制度的优越性，在于它拥有一套设计科学合理的监督流程、以严谨完善的法律体系为支撑、体系内各主体和各环节之间互相协调合作，能够在政府采购活动的不同阶段，针对不同的监督内容和监督重点，使用不同的监督手段开展监督。

首先，从监督的前提和基础来说，一个设计

科学合理的监督体系想要发挥作用，必须要有完善的法律体系作为支撑，而美国联邦政府关于政府采购法律相当完善，主要有《购买美国产品法》、《小企业法》、《合同竞争法》等，其中，《联邦采购条例》（FAR）是专门规范政府采购活动的法规，该条例比较详细地规定了政府采购相关的政策、采购程序等，联邦总务署和各行政机构内部的采购部门都要按照该法规的具体规定实施政府采购活动。因此，各监督机构、参与政府采购活动的单位和个人均能够依照法律法规，对政府采购活动进行监督。

其次，从政府采购活动的全过程来看，美国联邦政府采购监督管理体系覆盖相当全面，在政府采购计划编制、预算申请、采购活动执行和合同管理的各阶段，均有相关的机构进行监督。在政府采购计划编制和预算申请阶段，主要监督主体是管理与预算办公室、议会各委员会以及联邦政府采购政策办公室；在采购活动执行阶段，主要的监督主体是各采购机构、各行政组织内部的监察机构、采购官员、潜在供应商和相关利益群体；在合同管理阶段，主要的监督主体是合同官员、中标供应商、行政机构内部的合同上诉委员会和联邦索赔法院等，而联邦会计总署则可以对整个政府采购活动进行审计调查。

再次，从监督的不同体系来看，联邦政府采购监督管理体系的内部监督体系和外部监督体系配合协调，环环相扣。其内部监督体系包括行政组织、采购机构、采购官员、潜在供应商等，外部监督体系包括白宫相关部门、议会各专门委员会、联邦会计总署、联邦索赔法院、各利益相关方等。内部监督体系，主要在采购活动计划和执行阶段发挥作用，保证政府采购活动能够有序开展，而外部监督体系则在采购活动的执行阶段和合同管理阶段介入，保证政府采购活动的公平公正，保证采购结果的有效实现以及对供应商开展救济，内部监督体系和外部监督体系的有效衔接和配合，共同保证了监督的有效性、专业性和独立性。

最后，从监督的不同主体来看，以上的各个监督机构中，国会和专门委员会的监督以及联邦会计总署的审计监督属于立法机构监督，行政和预算管理办公室、联邦政府采购政策办公室、行政机构内部的合同上诉委员会以及监察办公室的监督属于行政机构的监督，联邦索赔法院、区巡回法院甚至联邦最高法院的监督属于司法机构的监督，而利益相关方的监督属于舆论监督，也是社会监督，因此，美国联邦政府采购监督体系是一个具有多层次监督主体的监管体系，这种包含采购活动全过程的、多层次的、以完善的法律作为监督基础的监督体系保障了美国政府采购制度能够有效地发挥它应有的功能，能够起到节约联邦资金、防止腐败、促进商业公平以及实现相关社会经济目标的作用，真正能够发挥政府采购制度的优越性。

[参考文献]

［1］中央国家机关政府采购中心：《美国政府采购体制的借鉴意义》，《政府采购周刊》，2006年1月。

Government Procurement Center of Central Government Organs. The Reference Meaning of the United States Government Procurement System. Government Procurement Weekly, 2006-01.

［2］Carmen R.Apaza, Oversighting Procurement and Grant Administration in Federal Agencies：The Case of the Inspector General.

［3］David Drabkin, U.S. General Services Administration, Khi V.Thai, Florida Atlantic University, U.S.Federal Government Procurement：Structure, Process and Current Issues.

［4］中央国家机关政府采购中心：《高度集中的美国政府采购体制》，《经济参考报》，2006年第6版。

Government Procurement Center of Central Government Organs. The Highly Centralized System of U.S.Government Procurement. Economic Information Daily, 2006, the 6th Edition.

第十章 社会管理

耿　云　邢　华

近年来，加强和创新社会管理已经成为执政党、各级政府和广大公众最为关切的话题。本章内容将在对前期研究成果进行适当追述和总结的基础上，以胡锦涛在 2011 年指出的当前社会管理领域面临的主要矛盾和迫切问题的八个方面为内容模块，即加强和完善社会管理格局，加强和完善党和政府主导的维护群众权益机制，加强和完善流动人口和特殊人群管理和服务，加强和完善基层社会管理和服务体系，加强和完善公共安全体系，加强和完善非公经济组织、社会组织管理，加强和完善信息网络管理，加强和完善思想道德建设来梳理和介绍 2011 年理论及实践界对社会管理研究和探索的成果。

第一节　理论进展

我国学界关于社会管理的重视和研究始于 20 世纪 90 年代，然而真正形成研究的浪潮是 2006 年胡锦涛总书记在党的十七届六中全会上提出社会管理的重要性之后。2011 年是我国社会管理理论研究成果集中产出的一年，中国理论研究领域出版了上百本相关理论及实践总结性、指导性著作、教材、论文集、研究报告及相关读物。由于涉及的关键词较为松散，发表的相关研究论文难以确切计数，自 2011 年 1 月 1 日起至 12 月 31 日止，在中国期刊网总库仅以"社会管理"为精确标题词搜索，共有期刊论文 2648 篇，博士学位论文 4 篇，重要会议论文 148 篇，优秀硕士论文 11 篇，重要报纸论文 6504 篇，与前几年相比研究成果大幅增加（见表 10-1）。这些研究在社会管理的基础理论研究及具体内容模块等领域都取得了较大的研究进展，以下将分别进行阐述。

表 10-1　近 5 年标题含有"社会管理"的研究论文的数量

论文类型 ＼ 年份	2007	2008	2009	2010	2011
中国期刊全文数据库	143	140	154	327	2648
中国博士学位论文数据库	0	0	0	2	4
中国重要会议全文论文数据库	27	17	13	26	148
中国优秀硕士论文全文数据库	9	21	5	13	11
中国重要报纸全文数据库	169	119	131	1149	6504
总计	348	297	303	1517	9315

一、前期政策推进及理论认识概述

2005 年 2 月 21 日，胡锦涛总书记在中央政治局第二十次集体学习时，着重提出了社会管理的问题。[①] 2006 年 10 月 11 日中国共产党第十六届四中全会明确提出"深入研究社会管理规律"、"加强社会建设和管理，推进社会管理体制创新"的任务。党的十六届六中全会指出"加强社会管理，维护社会稳定，是构建社会主义和谐社会的必然要求"。党的十七大报告提出"要完善社会管理，维护社会安定团结"，社会管理被纳入更完备的体系性框架之中。2010 年 10 月公布的《中共中央关于制定国民经济和社会发展第十二个五年规划的建议》明确提出，要"加强社会管理能力建设，创新社会管理机制，切实维护社会和谐稳定"。2011 年 2 月 19 日，胡锦涛在省部级主要领导干部社会管理及其创新专题研讨班开班式上发表重要讲话，强调"各级党委和政府要充分认识新形势下加强和创新社会管理的重大意义，统筹经济建设、政治建设、文化建设、社会建设以及生态文明建设，把社会管理工作摆在更加突出的位置"，"加强和创新社会管理，根本目的是维护社会秩序、促进社会和谐、保障人民安居乐业，为党和国家事业发展营造良好社会环境。社会管理的基本任务包括协调社会关系、规范社会行为、解决社会问题、化解社会矛盾、促进社会公正、应对社会风险、保持社会稳定等方面"。并进一步提出了当前抓好社会管理工作的 8 点意见：第一，进一步加强和完善社会管理格局，切实加强党的领导，强化政府社会管理职能，强化各类企事业单位社会管理和服务职责，引导各类社会组织加强自身建设、增强服务社会能力，支持人民团体参与社会管理和公共服务，发挥群众参与社会管理的基础作用。第二，进一步加强和完善党和政府主导的维护群众权益机制，形成科学有效的利益协调机制、诉求表达机制、矛盾调处机制、权益保障机制，统筹协调各方面利益关系，加强社

会矛盾源头治理，妥善处理人民内部矛盾，坚决纠正损害群众利益的不正之风，切实维护群众合法权益。第三，进一步加强和完善流动人口和特殊人群管理和服务，建立覆盖全国人口的国家人口基础信息库，建立健全实有人口动态管理机制，完善特殊人群管理和服务政策。第四，进一步加强和完善基层社会管理和服务体系，把人力、财力、物力更多投入到基层，努力夯实基层组织、壮大基层力量、整合基层资源、强化基础工作，强化城乡社区自治和服务功能，健全新型社区管理和服务体制。第五，进一步加强和完善公共安全体系，健全食品药品安全监管机制，建立健全安全生产监管体制，完善社会治安防控体系，完善应急管理体制。第六，进一步加强和完善非公有制经济组织、社会组织管理，明确非公有制经济组织管理和服务员工的社会责任，推动社会组织健康有序发展。第七，进一步加强和完善信息网络管理，提高对虚拟社会的管理水平，健全网上舆论引导机制。第八，进一步加强和完善思想道德建设，持之以恒加强社会主义精神文明建设，加强社会主义核心价值体系建设，增强全社会的法制意识，深入开展精神文明创建活动，增强社会诚信。[②] 2011 年 5 月 30 日，中共中央政治局会议指出，"加强和创新社会管理，要紧紧围绕全面建设小康社会的总目标，牢牢把握最大限度激发社会活力、最大限度增加和谐因素、最大限度减少不和谐因素的总要求，积极推进社会管理理念、体制、机制、制度、方法创新，完善党委领导、政府负责、社会协同、公众参与的社会管理格局，加强社会管理法律、能力建设，完善基层社会管理服务，建设中国特色社会主义社会管理体系。"[③]

我国理论界对社会管理问题的关注也与日俱增，如早期研究社会管理的学者童星（1991）提出社会管理一词有广义和狭义两种理解：对整个社会系统的管理即广义的社会管理；这种管理分为四个基本的部分，即经济管理、政治（行政）管理、思想管理和对社会发展的管理即狭义的社

---

　　① 胡锦涛在中共中央政治局第二十次集体学习时强调：加强调查和研究，着力提高工作本领，把和谐社会建设各项工作落到实处，《人民日报》，2005 年 2 月 23 日。
　　② 胡锦涛：《扎扎实实提高社会管理科学化水平，建设中国特色社会主义管理体系》，《人民日报》，2011 年 2 月 20 日。
　　③ 新华社：《中共中央政治局召开会议研究加强和创新社会管理问题》，《人民日报》，2011 年 5 月 31 日。

会管理。[①] 李德国和蔡晶晶（2005）认为，从理论上讲，政府社会管理中的"社会"就是与国家相对应的市民社会；从实践上讲，政府社会管理职能区别于政治统治职能和经济管理职能的主要之处，就在于它以维护社会公平与公正为首要目标，注重社会结构整合的最佳状态和社会各部分的协调发展。[②] 郑杭生（2006）指出，社会建设和社会管理有广义和狭义两种含义，两者的结构性前提是社会3大部门（政府组织、营利组织和社会组织）的构成状况及其相互关系；理念性前提是马克思列宁主义、毛泽东思想、邓小平理论、"三个代表"重要思想和科学发展观的指导，以及包括社会学在内的哲学社会科学所阐明的关于社会运行和发展的一些深层理念，如以人为本的理念，共赢互利的理念，增促社会进步、减缩社会代价的理念，现代治理和善治的理念等。[③] 何增科（2007）提出，社会管理是政府和民间组织运用多种资源和手段，对社会生活、社会事务、社会组织进行规范、协调、服务的过程，其目的是为了满足社会成员生存和发展的基本需求，解决社会问题，提高社会生活质量。[④] 陆学艺（2008）指出，社会管理是政府和社会组织通过行政、法律等各种形式对社会生活的各个领域、各个环节进行组织、指导、规划、服务、协调控制、监督的职能，以保证社会正常有序、安全地运行，实现社会和谐、全面进步的目标。[⑤] 马凯（2010）指出，社会管理是中国特色社会主义经济建设、政治建设、文化建设、社会建设四位一体总体格局中社会建设的一个重要组成部分，是指以维系社会秩序为核心，通过政府主导、多方参与，规范社会行为、协调社会关系、促进社会认同、秉持社会公正、解决社会问题、化解社会矛盾、维护社会治安、应对社会风险，为人类社会生存和发展创造既有秩序又有活力的基础运行条件和社会环境、促进社会和谐的活动。[⑥] 丁元竹（2011）认为，社会管理是在一定的共同价值基础上，一定的规章制度下，一定的法律框架内，政府、社会、企业和公众规范社会行为，协调社会关系，解决社会问题，防范社会风险的活动。社会管理的外延至少应当包括社会行为管理、社会关系管理、社会问题管理和社会风险管理。[⑦]

综观国家政策层面和理论界的探索，尽管各自对社会管理内涵和外延的界定不尽一致，但一般都倾向于从与政治领域、经济领域相对应的角度去界定和研究社会管理。社会管理的主体通常被认为是多元的，不仅指涉及国家、政府机构的权力系统，而且还包括各种非营利部门、社会组织乃至企业，它们在对社会生活、社会事务、社会组织、社会公共服务等进行处理、规范、协调和服务的社会管理活动中都可以发挥重要的作用。社会管理的手段是多样化的，既包括政府利用行政手段、法律手段对社会生活的干预，也包括社会组织及社会成员利用行为准则、道德规范和舆论影响对社会生活、社会事务、社会组织、社会公共服务等的自我管理或自治自律，还包括利用市场机制由企业提供社会公共服务以及企业自觉履行社会责任。社会管理的客体就是狭义社会系统中所涉及的各种社会关系和社会问题，意指市民社会的各个方面，包括社会生活的各个领域、各种社会公共事务、社会公共服务以及作为社会关系凝结的非营利部门和社会组织等，其中，非营利部门和社会组织既是社会管理的主体，又是社会管理的客体。社会管理的主要方式是进行社会性规制和提供公益性或互益性服务，具体包括：规范行为、维护公正、协调利益、化解矛盾和服务社会。规范、维护、协调、化解、服务既是社会管理的活动，又是社会管理的过程。社会管理的目的是维护社会公平、公正，维持社会秩序，维系社会效率，满足社会成员生存和发展的基本需求，解决各种社会问题，减少社会发展代价，

① 童星：《社会管理学概论》，南京大学出版社，1991年。

② 李德国、蔡晶晶：《政府社会管理职能的概念辨析——〈政府社会管理"课题的研究报告〉之一》，《东南学术》，2005年第4期。

③ 郑杭生：《社会学视野中的社会建设与社会管理》，《中国人民大学学报》，2006年第2期。

④ 何增科：《论改革完善我国社会管理体制的必要性和意义——中国社会管理体制改革与社会工作发展研究之一》，《毛泽东邓小平理论研究》，2007年第8期。

⑤ 陆学艺：《关于社会建设的理论和实践》，《国家行政学院学报》，2008年第2期。

⑥ 马凯：《努力加强和创新社会管理》，《行政管理改革》，2010年第10期。

⑦ 丁元竹：《社会管理发展的历史和国际视角》，《国家行政学院学报》，2011年第6期。

推动社会进步，促进社会和谐，增进公民的各项自由、权利和福利。①

二、加强和完善社会管理格局

围绕形成和完善党委领导、政府负责、社会协同、公众参与的社会管理格局问题，2011年的研究成果主要从现有社会管理格局的形成及其发展变迁、社会管理的民主化路径选择等方面展开了集中研究。综合来看，相关研究大致体现了"追寻现有社会管理格局的形成原因—思考未来社会管理格局的发展方向—探索新社会管理格局形成的民主化路径"的研究思路。

（一）现有社会管理格局的形成及其发展变迁

一些学者从历史的角度分析了中国现有社会管理格局形成的原因及经验。南开大学的宣朝庆、王铂辉（2009）回溯了20世纪40年代中国社会建设思想的形成过程，他们指出，40年代，基于战后重建和加快工业化的考虑，当时的中国社会学界就在社会建设领域进行了深入的研究，建立了现代社会建设思想的基本架构，其在关注民生、加强积极性社会建设、提高民众的参与程度、重视农村社会建设、注重文化建设等方面的探索对当代社会建设的理论研究和实践有着重要的借鉴意义。②南开大学的刘景泉、张健、伍绍勤分析了中国共产党领导社会建设的实践和基本经验：一是树立以人为本理念，明确社会建设的根本目标；二是坚持社会主义原则，把握社会建设的道路方向；三是围绕优化社会结构制定社会建设的相关政策；四是创新社会管理体制，整合社会建设的各方资源；五是按照统筹兼顾方针营造社会建设的良好环境。③国家行政学院的丁元竹从社会管理发展的历史和国际比较视角，明确界定了社会管理的内涵和外延，认为在不同的历史发展阶段和不同的国家，社会管理的方式、内容、主体不尽相同。从家庭和社区管理，到国家，再到全球社会治理，基本反映了社会管理的历史进程。现阶段中国社会发展的特点是，经济转轨和社会转型带来社会失序，利益格局调整带来社会关系的极大变化，社会结构和思想观念的变迁带来不断增多的社会问题，各种因素交织可能带来的社会风险等，社会管理的重点是规范社会行为、协调社会关系、解决社会问题、化解社会风险。④中国21世纪议程管理中心可持续发展战略研究组著的《发展的格局：中国资源、环境与经济社会的时空演变》一书对过去60年来我国资源环境利用、产业发展、社会建设的时空演变格局及其驱动力进行了深入分析。⑤该书认为，地理环境与自然资源对中国发展格局的形成具有框架性制约作用，省际空间的经济社会功能非均衡性显著提升，生态环境的风险不断加大；当前，中国发展的格局正在由"逆自然区位优势"向"顺自然区位优势"转变，绿色化与实质均衡化成为中国发展格局演进的方向。李慧英著的《修订村规民约·推进性别平等：社会管理新格局的探索与实践》在深入河南、安徽、湖北、广西、广东等地进行调查研究的基础上，从微观的视角探寻了全国性别比失衡问题对社会管理格局的影响，并从修订村规民约的角度提出了可操作性的建议。⑥

此外，还有一些学者从社会管理战略、社会管理准则、社会管理体制改革等综合性的视角阐述了中国社会管理格局的发展方向问题。清华大学的吕志奎从战略管理的高度提出了加强和创新社会管理是一种公共管理战略的观点。他指出，社会管理创新的重点在于从国家发展的战略高度构建有效的社会管理体制机制和政策体系，以便更有力地实现对社会发展的整体调控。对于中国这个超大社会来说，一个良好的社会管理战略应当善于处理经济社会发展过程中遇到的各类矛盾和挑战，提出纲领性社会管理战略，并在此基础上提出了中国社会管理创新的七项战略，即发展

---

① 纪晓岚、张韬：《关于社会管理理论若干问题探索》，《华东理工大学学报》（社会科学版），2011年第5期。
② 宣朝庆、王铂辉：《20世纪40年代中国社会建设思想的形成过程》，《中国社会科学》，2009年第6期。
③ 刘景泉、张健、伍绍勤：《中国共产党领导社会建设的实践和基本经验》，《南开学报》（哲学社会科学版），2011年第2期。
④ 丁元竹：《社会管理发展的历史和国际视角》，《国家行政学院学报》，2011年第6期。
⑤ 中国21世纪议程管理中心可持续发展战略研究组：《发展的格局：中国资源、环境与经济社会的时空演变》，社会科学文献出版社，2011年。
⑥ 李慧英：《修订村规民约·推进性别平等：社会管理新格局的探索与实践》，中国水利水电出版社，2011年。

型社会管理、服务型社会管理、包容性社会管理、参与型社会管理、协作性社会管理、预防性社会管理和保障型社会管理。[①]中国人民大学张云飞阐述了社会管理的基本准则。他认为，社会管理准则有其特定的地位和作用，构成了一个复杂系统。一般来讲，政治领域和社会领域的良性互动，是社会管理的前提准则；经济发展和社会福利的协调发展，是社会管理的基本准则；社会控制和社会政策的有机结合，是社会管理的操作准则。在建设中国特色社会主义的伟大事业中，要在社会主义的制度环境中，按照科学的程序来实现社会管理准则。在总体上，只有遵循社会管理准则，才能把握社会管理规律，才能全面提高社会管理科学化水平，为加强和创新社会管理提供坚实的科学支撑。中南财经政法大学的谭明方教授运用社会学相关理论对社会管理及相关体制改革等范畴进行把握，以社会学理论视角中社会子系统理论为基础，分析社会管理的性质、内容，区分社会管理相关的社会体制、政治体制、政府管理社会事务的行政体制；说明三种体制性内容对社会管理状况的制约性，对于解决我国社会管理及相关体制改革中存在的各种问题具有重要的理论与现实意义。[②]吉林大学的田毅鹏认为，长期以来，"社会"在很大程度上被视为经济和政治的从属性存在，而很少将其作为一个独立的领域展开研究。故对学界而言，社会管理体制改革实际上是一个新问题，缺少必要的理论积累。人们也常将社会管理体制改革创新看做一个单纯的实践问题。他利用"体制生成论"—"体制构造论"—"体制转换论"—"体制协调论"系列理论分析框架，分析了中国社会管理体制的生成、结构特征及其变革转化的一般性规律。[③]厦门大学的陈振明详细分析福建省社会管理体制改革的经验及问题，并从构建协作治理的社会管理新格局、强化政府的社会管理职能、优化社会管理机构、创新社会管理运作机制、改进社会管理方式、提升政府社会应急管理能力等方面提出了提升福建省社会管理水平的对策。[④]吉林大学的麻宝斌、任晓春指出，工业化、信息化、城镇化、市场化和国际化在促进社会发展的同时，也带来了社会管理客体的复杂化，对我国的社会管理体制提出了新的挑战和要求。基于传统一元化社会管理体制在新的社会发展条件下所表现出的不适应性，社会管理必须走向适应新时代要求的社会治理模式。[⑤]

（二）中国社会管理民主化路径的选择

一些学者从社会参与的视角探索了新社会管理格局形成的民主化路径。广州市委党校的王永平强调了社会管理社会化、民主化的重要性。他指出，转变社会管理方式，应当以促进社会管理社会化为基本导向，这也是创新社会管理模式的重要举措。推进社会管理社会化是时代发展的需要，有利于克服现行体制的弊端，有利于坚持和完善我国的基本政治制度，有利于社会建设的良性发展。为此，应创新政府管理理念，进一步转变政府职能，着力改革和完善有关体制机制，完善社会管理政策法规，以推进社会管理社会化。[⑥]中央编译局课题组侧重研究了事业单位参与社会管理的问题。该研究在对一些地方事业单位参与社会管理现状的调研基础上，明确回答了如何界定事业单位在社会管理中的地位和作用，事业单位参与社会管理的实际作用和效果如何，事业单位参与社会管理面临哪些困难和挑战，如何更好地发挥事业单位参与社会管理等问题。该研究指出，当前事业单位参与社会管理的具体作用主要体现在以下15个方面：参与公共服务体系建设，发挥公共服务功能；参与社会政策、法律的执行和监管，发挥社会规制功能；参与就业服务、社会保险、社会救助和社会福利服务，发挥社会保障服务功能；参与社区建设和社区服务，发挥服务社区功能；参与社会组织培育孵化和监督管理，发挥服务社会组织功能；参与社会矛盾调处，发挥化解矛盾功能；参与社会治安防控和应急管理，

---

① 吕志奎：《中国社会管理创新的战略思考》，《政治学研究》，2011年第6期。
② 谭明方：《社会管理与相关体制改革研究》，《学习与探索》，2011年第3期。
③ 田毅鹏：《社会管理体制改革的理论逻辑》，《江苏社会科学》，2011年第4期。
④ 陈振明：《社会管理体制改革与社会管理能力提升》，《东南学术》，2011年第4期。
⑤ 麻宝斌、任晓春：《社会管理到社会治理：挑战与变革》，《学习与探索》，2011年第3期。
⑥ 王永平：《推进社会管理社会化的思考》，《探索》，2011年第6期。

发挥社会维稳功能；参与流动人口特别是外来务工人员的服务和管理，发挥服务新居民功能；参与边缘困难人群的关爱和帮扶，发挥社会融合功能；参与弱势人群权益维护和诉求表达，发挥公民增权功能；参与特殊人群帮教服务，发挥社会矫正功能；参与社会建设和管理的战略规划和政策法规制定工作，发挥政策研究、咨询和倡导功能；参与社会管理和社会工作人才培养培训，发挥智力支持功能；参与社会管理信息化建设和网络信息管理，发挥技术支持功能；参与专业社工服务和义工志愿服务，发挥人才支持功能。当前事业单位参与社会管理面临的问题和困难主要有：全国层面缺少一个社会建设和管理的战略规划和统筹协调机构，事业单位参与社会管理的职责任务缺乏明确界定；社会事业经费投入严重不足，拨款方式不合理，导致事业单位冗员过多，办公经费缺乏保障，处于"有钱养兵，无钱打仗"的局面；事业单位在现行的社会事业体制中处于垄断地位，缺少有力的竞争者，改善公共服务质量的压力和动力不足，效率不高；事业单位部门条块分割，相互封闭，重复建设，资源无法共享和整合，难以形成参与社会管理的合力；事业单位与党政机关在经费保障、收入待遇、社会保障、职务职称晋升等方面形成的严重反差，削弱了事业单位参与社会管理的积极性；事业单位监管体制不合理，事业单位缺乏必要的独立性和自主权，同时对其偏离公益属性的盈利行为又缺乏必要的外部监管；行政化、官僚化的内部治理机制进一步削弱了事业单位参与社会管理的能力。并对深化事业单位改革提出了如下建议：完善社会建设和管理组织体系，做好社会建设和管理的战略规划和统筹协调工作；加大社会事业投入力度，改进财政投入方式；建立多中心的社会公共服务体制，构筑公益服务新格局；深入推进事业单位分类改革，调整事业单位的规模、布局与结构；建立现代事业制度，强化事业法人治理；完善公益事业监管体制，提高事业单位的社会问责度；推进事业单位配套改革，增强事业单位改革与发展

的内在动力。[①]陈芳在《公共服务中的公民参与——基于多层次制度分析框架的检视》一书中采用了制度供给的多层次分析框架，对我国公共服务中公民参与的制度供给进行了综合分析。作者先分别考察公共服务中公民参与制度在宪政、集体、操作3个层次的供给现状，进而分析各层次间的相互关系和非正式制度的影响作用，最后就如何推进公共服务中的公民参与做出了对策思考。[②]中共韶关市委党校的田千山指出，我国的社会管理长期以来采用的是"单一治理"模式，当前这种模式遇到极大的挑战。面对社会管理中公共产品相对短缺、职能越位现象严重、管理手段陈旧单一和与民争利时有发生等问题，"共同治理"理念被提出来。在这种理念中，公众是"共同治理"理念的主体之一，应从物质、制度、效率、动力和组织等方面为其参与社会管理提供保证。[③]

三、加强和完善党和政府主导的维护群众权益机制

加强和完善党和政府主导的维护群众权益机制方面的研究主要从两个方面展开：一方面是从党和政府的视角，研究群众路线的坚持和完善；另一方面是从民众的视角，研究民众利益的诉求表达与协调机制。

（一）群众路线的坚持和完善

许多学者从党的三代领导人对群众路线的认识和完善方面展开研究。如华东师范大学的郑东艳、郭凤志研究了毛泽东在新民主主义革命和社会主义建设时期的群众文化权益的思想，认为其主要内容有：人民群众是文化创造的主体，享有消费文化成果的权益；文化大众化是保障人民群众文化权益的主要途径；充分发挥群众的文化创造性。他们认为，这些宝贵的思想财富为新时期坚持以人为本，建设社会主义大众文化，实现民生幸福；正确处理普及和提高的关系，提高群众的整体文化水平；充分调动群众的文化创造性，推动文化的大发展大繁荣，仍然具有重要的理论价值和实践意义。[④]井冈山大学的刘家桂详细阐释

① 中央编译局课题组：《事业单位参与社会管理问题的调查与研究》，《马克思主义与现实》，2011年第5期。
② 陈芳：《公共服务中的公民参与——基于多层次制度分析框架的检视》，中国社会科学出版社，2011年。
③ 田千山：《从"单一治理"到"共同治理"的社会管理——兼论公众参与的路径选择》，《广西社会主义学院学报》，2011年第5期。
④ 郑东艳、郭凤志：《毛泽东的群众文化权益思想及其当代价值》，《毛泽东思想研究》，2011年第4期。

了党的三代领导人对党同人民群众联系的概括和论述，明确提出保持党同人民密切联系的路线是党生存发展的根本。[①]中国浦东干部学院的奚洁人阐释了科学发展观对群众路线理论的贡献，他指出，科学发展观对群众路线的主要贡献在于：一是进一步丰富了人民群众历史主体地位的理论内涵；二是进一步明确了新形势下党的群众路线的价值定位，将保证人民当家做主的主人翁地位和维护社会的公平正义，保障人民群众的合法权益放在更加突出的位置；三是把领导干部树立正确的领导价值观，作为贯彻党的群众路线的关键环节。并论述了新形势下贯彻群众路线的价值理念和思想方法。[②]江西省社会科学院课题组详细阐释了新形势下贯彻党的群众路线的新要求，即围绕着"更加注重以人为本，更加注重全面协调可持续发展，更加注重统筹兼顾，更加注重保障和改善民生，促进社会公平正义"的具体要求，不断创新工作方法，对党的群众路线进行符合时代要求的实践诠释。[③]此外，上海行政学院的杨俊一在传统群众路线思想的基础上进一步提出了"群众公权观"的思想。他以社会管理"公仆路线"和"社群路线"的分析为视角，提出了社会管理的思想原则：贯彻群众路线克服官僚主义；并以"权为民所赋、责为民谋利"的群众公权观的思想创新为基础，通过对社会管理预算与服务"博弈矩阵"的分析，阐释了党委在社会管理两对基本矛盾关系中，"统领天理，协调人欲"的地位和作用。[④]

（二）利益诉求的表达与协调

民众利益诉求的表达与协调研究涉及社会整体利益分配不平衡的体制原因、当前社会利益诉求的主要特点、农民工等特殊群体的利益诉求、社会利益的协调机制等内容。蒋永穆在《社会主义和谐社会的利益协调机制研究》一书中详细阐述了利益协调机制的理论溯源、当前社会不和谐因素的现状透视、当前社会不和谐因素产生的根源、构建社会主义和谐社会利益协调机制的基本原则等内容。[⑤]刘娅在《转型期政治：机制的突破与困扰——深圳为例的实证研究》一书中围绕执政党权力运行、公共权力治理、授权制改革、社区自治性质和公民诉求承接机制等内容探讨了转型期利益诉求与协调的政治实现机制。[⑥]中山大学的蔡禾研究了新时期利益诉求的新特点。他认为，中国社会正进入一个社会矛盾的凸显期，人们的利益诉求在表现形式上呈现出泄愤式群体性事件不断出现、信访规模居高不下、劳动纠纷的利益诉求从"底线型"向"增长型"转变等特征。要正确评价当前的社会矛盾主要是围绕经济利益展开，认识到化解社会矛盾不仅需要建立公平的利益诉求机制，更需要培育进入利益博弈场域中弱者的博弈能力。实现社会管理目标必须以保障民生、保障民权、培育社会组织的自组织能力为基础。[⑦]中共济南市委党校和解放军南京政治学院的王克群、卢继元研究指出，加强社会矛盾源头治理、妥善处理人民内部矛盾的关键在于：进一步加强和完善党和政府主导的维护群众权益机制，形成科学有效的利益协调机制、诉求表达机制、矛盾调处机制、权益保障机制，统筹协调各方面利益关系，加强社会矛盾源头治理，妥善处理人民内部矛盾，坚决纠正损害群众利益的不正之风，切实维护群众合法权益。[⑧]国务院发展研究中心"促进城乡统筹发展，加快农民工市民化进程研究"课题组详细研究了农民工的利益诉求问题。该课题组通过对6000多名农民工的调查表明，农民工的利益诉求主要集中在提高最低工资水平、改善社会保险、提供保障性住房、改善医疗条件、改善工作和生活环境、加强权益保障、改善子女教育条件、提高职业技能8个方面。今后应结合农民工的需求，继续完善相关政策，改善农民工就

① 刘家桂：《保持党同人民群众的密切联系是我们党生存发展的根本》，《马克思主义研究》，2011年第9期。
② 奚洁人：《科学发展观对党的群众路线的理论新贡献——兼论新形势下贯彻群众路线的价值理念与思想方法》，《毛泽东邓小平理论研究》，2011年第10期。
③ 江西省社会科学院课题组：《论新形势下贯彻党的群众路线的新要求》，《江西社会科学》，2011年第2期。
④ 杨俊一：《群众公权观：创新社会管理的思想基础》，《上海行政学院学报》，2011年第9期。
⑤ 蒋永穆：《社会主义和谐社会的利益协调机制研究》，经济科学出版社，2011年。
⑥ 刘娅：《转型期政治：机制的突破与困扰——深圳为例的实证研究》，中国社会科学出版社，2011年。
⑦ 蔡禾：《利益诉求与社会管理》，《广东社会科学》，2012年第1期。
⑧ 王克群、卢继元：《加强社会矛盾源头治理 妥善处理人民内部矛盾》，《福州党校学报》，2011年第2期。

业生活环境，促进农民工市民化。[①]西南政法大学的卢代富、肖顺武认为，公平分享改革发展成果不是简单的财富分配问题，其目标必须契合当今和谐社会构建的需要。公平分享改革发展成果是通过实现社会的利益均衡这一途径来实现的，这需要着力解决以下问题：一是实现政府与社会的利益均衡，这需要明确政府在和谐社会中的定位；二是实现社会各群体之间的利益均衡；三是实现人与人之间环境利益的均衡，这既要克服人类中心主义的虚妄，又要正确确立人类的生态位，同时还应将生态建设与管理并举；四是实现区域之间发展利益的均衡，这就要求在反哺机制的架构、区域发展制度的供给以及制度的"厚度"与"薄化"上有所作为。[②]此外，《正确处理新时期人民内部矛盾，做好新形势下群众工作基本原则与实例启示》等著作从实践运用的角度，探讨了正确认识人民内部矛盾的重要性和紧迫性、如何提高群众工作水平等内容。[③]

四、加强和完善流动人口和特殊人群管理和服务

（一）流动人口管理和服务

流动人口管理和服务方面的成果主要集中在流动人口的概况、流动人口的社会融入、流动人口的社会保障、人口生育政策等方面。

流动人口的概况方面：《中国流动人口发展报告（2011）》指出，大规模的人口流动迁移是我国工业化、城镇化进程中最显著的人口现象。[④]第六次全国人口普查数据显示，2010年我国流动人口数量达2.21亿人，占全国人口总量的16.5%。流动人口服务管理已经成为我国"十二五"时期深化关键领域体制改革、确保经济社会长期较快发展的重大问题，对于促进我国人口与经济、社会、资源环境全面协调、可持续发展具有重要的战略

意义。该《报告》分析了流动人口生存发展状况，构建了流动人口社会融合指标体系，预测了人口流动迁移和城镇化发展态势，总结了流动人口基本公共服务均等化经验，探讨了人口流动迁移与区域经济发展的关系。中国人民公安大学的伍先江研究了当前流动人口服务管理存在的主要问题及对策。他指出，当前流动人口服务管理工作面临着诸多突出问题。在流动人口公共服务方面，突出表现为劳动就业、社会保障、教育、住房、政治与社会参与等方面的合法权益难以有效保障；在流动人口管理工作方面，突出表现为综合治理难以真正落实、信息基础工作薄弱、管理措施不落实等。流动人口服务管理创新的基本思路是：公平对待，强化合法权益保护；党委政府主导，多元参与；完善管理，创新服务管理制度和手段。可从涉及流动人口公共服务的社会经济政策改革创新、服务管理体制改革创新和服务管理方式方法创新3个方面着手。[⑤]中国人民大学的段成荣、迟松剑利用2005年全国1%人口抽样调查数据分析少数民族流动人口状况。他们研究指出，少数民族流动人口中有7成来自民族自治地方，3/4以上来自农村，半数流入广东、广西等5省。少数民族流动人口超过8成为劳动年龄人口，女性明显多于男性，有近半数因经济性原因流动。他们在受教育程度、劳动合同签订率、"三险"参加比率和收入等方面都要低于相应的全国流动人口水平，其权益保障需要继续大力加强。[⑥]

流动人口的社会融入方面：《北京市流动人口的社会融入研究》指出，在产生或流变于某个时代的人口结构与流动中，往往潜藏着这个时代的社会情态。[⑦]流动人口和作为其主体的"农民工"、"城乡移民"等，是中国现实境况的重要组成部分。在某一时代背景下，人口为什么而流动、谁在流动以及怎样流动，往往是这一时代性格和生

① 国务院发展研究中心"促进城乡统筹发展，加快农民工市民化进程研究"课题组：《农民工的八大利益诉求》，《发展研究》，2011年第12期。

② 卢代富、肖顺武：《改革发展成果分享的利益诉求与目标均衡》，《重庆社会科学》，2011年第8期。

③ 《正确处理新时期人民内部矛盾，做好新形势下群众工作基本原则与实例启示》编辑组：《正确处理新时期人民内部矛盾，做好新形势下群众工作基本原则与实例启示》，人民日报出版社，2011年。

④ 国家人口和计划生育委员会流动人口服务管理司：《中国流动人口发展报告（2011）》，中国人口出版社，2011年。

⑤ 伍先江：《论流动人口服务管理创新》，《中国人民公安大学学报》（社会科学版），2011年第2期。

⑥ 段成荣、迟松剑：《我国少数民族流动人口状况研究》，《人口学刊》，2011年第3期。

⑦ 沈千帆：《北京市流动人口的社会融入研究》，北京大学出版社，2011年。

存环境的典型体现。透过研究流动人口，可以发现这个群体与社会经济状况不可分割的关系，可以管窥这个时代的经济、社会、文化等诸多方面的基本状况。中国人民大学的杨菊华通过比较研究流入地市民、城—城流动人口、乡—城流动人口的绝对收入水平及流动人口与本地市民相对收入比率发现，其一，与本地市民相比，城—城流动人口的收入更高，乡—城流动人口的收入较低，表明流动人口群体内发生了因户籍制度引起的收入分化；农村户籍使乡—城流动人口难以获得与本地市民类似的收入待遇。可见，在探讨流动人口的收入时，必须区分其户籍身份，以免得出不正确的结论。其二，虽然在经济发达省区，乡—城流动人口的绝对收入高于经济欠发达地区的同类人群，但相对融入程度却更低；而在欠发达省区，乡—城流动人口的收入与本地市民更接近，呈现出低水平融入的特点。这表明，经济发展与收入融入并非线性关系；发达的经济也未必能促进乡—城流动人口的融入。[1]中国人民大学的杜鹏、首都经贸大学的张航空利用中国人民大学人口与发展研究中心 2009 年北京朝阳区、广东东莞市和浙江诸暨市流动人口的调查数据，对中国流动人口梯次流动进行实证研究，发现流动人口的地理梯次流动、职业梯次流动和家庭梯次流动均不同程度地存在，地理梯次流动受到个人特征、流动经历和父辈的"探路者"效应的影响，职业梯次流动受到流动经历、职业稳定性以及与流入地居民来往状况的影响，家庭梯次流动受到家庭成员特征、耕地面积、流动经历、流入地亲人数量的影响。[2]

流动人口的社会保障方面：中国人口发展与研究中心的蔚志新运用国家人口计生委 2010 年实施的 106 个城市流动人口监测调查数据，对停留在流入城市达 10 年及以上的流动人口这一最先迈入老龄阶段的群体，就其人口社会特征和停留预期与养老境遇进行重点分析。他指出，总体而言，

长期外出流动人口显示有长期停留之预期，但社会保险的参与状况却令人堪忧。此外，不同人口社会特征的长期外出流动人口，其长期停留预期和社保参与状况存在一定差别。[3]杨菊华研究了流动人口的社会保障问题。她指出，流动人口与流入地居民之间最主要的差异集中表现为社会保障福利和其他公共资源的获得。[4]

人口生育政策方面：蔡昉著的《超越人口红利》指出，大规模劳动力短缺、农民工工资持续上涨等现象，标志着刘易斯拐点已经到来。刘易斯拐点的出现意味着，不再可以不涨工资而得到无限的劳动力供给。[5]我国目前出现的停工等劳资冲突是具有规律性的现象，也是必然发生的，应该被看作一种"成长中的烦恼"，不应回避也不可能回避。人口生育政策终究还是要调整的，但我们不能把宝都押在人口政策的调整上，即使调整了人口政策，我们仍然会处于"三低"的人口转变阶段，这是必然也是规律，我们不太可能扭转人口老龄化的趋势。第一次人口红利终究是会枯竭的，而第二次人口红利的潜力则是无限的。因此，丝毫也不应迷信人口红利。毕竟，越是发达和富裕的国家，越少依赖传统意义上的人口红利来推动经济增长。

（二）特殊人群管理和服务

特殊人群管理和服务方面的研究成果相对较少，主要集中在特殊人口教育等领域。中国人民大学的郭春宁研究了特殊教育的重要性。他指出，在建立健全基本公共服务体系和实现基本公共服务均等化的过程中，应将特殊教育作为优先发展领域，加强立法，进一步明确以人为本的基本理念，完善从学前到高等的特殊教育体系，保障特殊教育供给，提高特殊教育质量；加强特殊教育学校和师资队伍建设，加强特殊教育科研和信息化工作，建立投入稳定增长的财政保障机制，落实扶残助学政策措施，推进特殊教育可持续发展，帮助每一个残疾儿童和青少年得到适宜的教育。[6]

① 杨菊华：《城乡分割、经济发展与乡—城流动人口的收入融入研究》，《人口学刊》，2011 年第 5 期。
② 杜鹏、张航空：《中国流动人口梯次流动的实证研究》，《人口学刊》，2011 年第 4 期。
③ 蔚志新：《长期外出流动人口的养老境遇：基于停留预期与社保参与状况的分析》，《人口研究》，2011 年第 9 期。
④ 杨菊华：《城乡差分与内外之别：流动人口社会保障研究》，《人口研究》，2011 年第 9 期。
⑤ 蔡昉：《超越人口红利》，社会科学文献出版社，2011 年。
⑥ 郭春宁：《特殊教育应是国家基本公共教育服务优先保障的领域》，《中国特殊教育》，2011 年第 5 期。

五、加强和完善基层社会管理和服务体系

城乡基层社会管理和服务体系方面的研究主要从政府基层社会管理与服务和城乡社区治理两个方面展开，前者侧重研究政府基层社会管理理念和管理手段的创新，后者侧重研究社区自治及治理机制的形成。

（一）政府基层社会管理和服务

一些学者从政府社会管理的视角研究了城乡基层社会管理和服务体系的完善与创新问题。如国家行政学院的马福云研究了城市基层社会管理的挑战、问题及实践中的新探索。他指出，当前城市基层社会管理主要面临以下新挑战：一是经济发展带来了城市基层社会管理难题；二是城市化加速导致基层社会矛盾逐渐增多；三是沟通交流方式变革给基层社会管理带来挑战；四是原有的城市基层社会管理方式带来诸多弊端。城市基层社会管理面临的新问题主要有：城市基层政府管理的职能和边界不清；城市基层政府管理服务事项与其拥有的管理服务资源不相匹配；城市社区居民自治泛行政化，社会组织发育低下；城市党组织、基层政府与居民自治组织的职责、功能在实际运行中产生交叉和矛盾。城市基层社会管理改革的新探索主要有：整合城市基层社会管理服务机构，强化社会服务管理职能；厘清居委会的居民自治职能，推进街居之间的良性互动；完善基层党的领导，推进其与政府管理、居民自治的衔接；供给城市基层管理服务的资源，提升社会管理的财政保障。[①]浙江大学的郁建兴、高翔研究了在统筹城乡发展中的政府责任问题。他们指出，中国政府以国家干预、政府主导为特征的农业农村政策，在农业发展、农民增收和城乡协调发展等方面都已取得较大进展，但现有农业政策在提高农业生产率方面的限度却日益显现。有鉴于此，急需构建一个政府调控和引导农业农村发展的新的分析框架。其中，政府需要界分与市场、农村社会组织之间的行为边界，在充分尊重市场配置资源的基础性作用、尊重农村社会自主管理的基础上，体现政府职能的"兜底"特征；而且，政府在构建市场/社会运行的基本制度、匡正和补充市场/社会失灵、培育市场/社会主体等职能中需要进行逻辑先后排序。应用这一新的分析框架，加强和改善政府对农业农村发展的调控和引导，就需要基于农业市场化取向，改革农村基本经营制度和农业支持保护体系；以政府为主体，构建城乡一体化的基本公共服务体系，创新农村社会管理体制；重构政府行政管理体制。[②]浙江省委党校的汪锦军研究了农村社会管理问题。他指出，政府的主导性角色是思考农村社会管理的前提，但政府对农村的社会管理并不一定都是积极有效的，政府的介入很容易演化为社会侵蚀的角色。因此，需要思考如何通过制度安排和机制创新，使政府的角色成为推动社会发育的力量。他对农村社会管理的若干模式进行了分析，并提出要避免政府在社会管理中的侵蚀角色，而应在机制上为吸纳更为多元的力量提供空间，形成一种新的模式——吸纳增效模式。[③]

此外，在基层社会管理服务和创新方面出版了系列案例研究著作。代表性著作有：魏礼群编著的《社会管理创新案例选编》从城乡社区治理模式、社会管理格局、人口管理、社会互助与社会关爱、群众利益协调机制、"维权"与"维稳"、社会风险评估机制、突发事件处置能力、社会秩序的民生基础、社会管理效率等16个方面，重点总结社会管理领域丰富的实践经验、做法和措施。[④]冯晓英主编的《北京社会服务管理创新》由北京市社会科学院社会学研究所2010年完成的北京市哲学社会科学"十一五"规划重点项目"北京市城乡结合部流动人口聚居区合作治理研究"、市规划办项目"北京市民间组织国际交往研究"、北京市社会科学院重大项目"首都和谐稳定背景下的民生问题研究"、"首都社会建设的管理体制机制研究"4项课题研究成果组成。[⑤]张炳贤主编的《社

① 马福云：《城市基层社会管理的挑战与应对》，《中央社会主义学院学报》，2011年第12期。
② 郁建兴、高翔：《农业农村发展中的政府、市场与社会：一个分析框架》，《中国社会科学》，2009年第6期。
③ 汪锦军：《从行政侵蚀到吸纳增效：农村社会管理创新中的政府角色》，《马克思主义与现实（双月刊）》，2011年第5期。
④ 魏礼群：《社会管理创新案例选编》，人民出版社，2011年。
⑤ 冯晓英：《北京社会服务管理创新》，社会科学文献出版社，2011年。

会管理创新研究》基于盐城社会管理创新实际，选取了社会管理中的若干重点、热点、难点问题进行研究。[1] 王绍基编著的《新时期基层社会管理的创新与实践：上海市黄浦区基层社会管理案例选编》收集了数量众多、门类丰富的社区管理案例。[2] 其他还包括向春玲等编著的《加强和创新社会管理18个经典案例研究》等。[3]

（二）城乡社区治理

社区治理是近年来社会管理领域研究的热点问题。早期研究社区管理的学者侧重于研究社区行政化、社区居民参与等问题，近年来社区管理的研究逐步向国际化城市社区治理、农村社区治理、社区公共产品的供给等领域拓展。中国政法大学的潘小娟研究指出，社区建设的兴起一方面是我国社会经济、政治发展到一定阶段的必然要求；另一方面又是政府出自管理的需要强力推动的结果，因而它更多的是自上而下，而非自下而上展开的。这种路径选择必然导致社区行政化倾向的产生。要改变这一状况，就必须对政府的角色和社区的性质进行合理的界定。[4] 中山大学的陈天祥、重庆工商大学的杨婷认为，国内对城市社区治理中政府和居委会角色的研究存在着较大的不足。根据法律和政策、政府职能理论、转型时期中国社会和自治组织的特点，政府和居委会在城市社区治理中应分别扮演规制者、供给者、指导者和供给者、代言人、助手三重角色，但实际上，两者均存在角色迷失的现象，其根源在于社会自治能力不足、社会管理体制转型滞后、政府职能转变困难以及居委会的资源约束和理性驱使。[5] 吴群刚编著的《中国式社区治理：基层社会服务管理创新的探索与实践》在考察中国基层社会管理体制历史变革的基础上，分析了"单位制—街居制—社区制"的变迁关系，探讨了形成目前社区治理"困境"的主要表象及其深层次的原因，认为要把社区建设成为以认同感为纽带、居民和

谐共处的社会生活共同体，需要依托内源性的、多主体的共同参与。[6] 中国人民大学的魏娜、崔玉开认为，公民参与的缺失是我国当前社区治理中普遍存在的问题。她们基于网络公共领域理论，对北京市三环新城社区公民网络参与的运行机制及意义进行了分析。其认为，在社区治理过程中，治理各方都有建立一个便捷、有效的沟通平台的需求，这一平台是作为"网络公共领域"的网络社区，其形成的前提条件是：社区精英的倡导与发起，社区居民的积极参与，社区组织的认同与回应。在"网络公共领域"上，社区治理主体能够平等沟通，就社区公共事务的解决，应理性协商，达成共识，进而催化了社区的形成。[7] 中山大学的何艳玲、汪广龙、高红红提出了"隔离社区"的概念，他们认为，以篱笆、围墙、安全设备为明确标识的隔离社区实质上代表着一种城市空间私有化的生活方式。隔离社区的形成机理可以归纳为：城市公共物品供给压力下的"隔离生成"，市场趋利行为下的"隔离扩张"以及全球化推动下的"隔离蔓延"。隔离社区导致了城市空间分异，这种在居住空间的聚集和隔离也会带来一些不可预见的外部负效应，包括城市不安全感外溢、城市公共物品消费不均衡、城市空间碎片化、城市社会分化与城市公共政策失败。隔离社区对后工业化社会的城市治理带来了新的挑战，必须实现城市治理转型，才可能避免"破碎城市"加剧，走向"重整城市"。[8] 清华大学的王名、杨丽研究了日本和新加坡的社区治理经验。其研究表明，日本的社区建设采取行政与自治相结合的混合治理模式，新加坡的社区建设是政府主导的治理方式。两国社区治理的做法与经验对我国的社区建设具有重要启示意义：坚持存量盘活、增量添彩的基本原则，发挥政府的资源与政策优势，引入契约合作模式，优化社区治理结构，推广"三社互动"，创新社区党建，实现社会协同与公众参

① 张炳贤：《社会管理创新研究》，东南大学出版社，2011年。
② 王绍基：《新时期基层社会管理的创新与实践：上海市黄浦区基层社会管理案例选编》，复旦大学出版社，2011年。
③ 向春玲：《加强和创新社会管理18个经典案例研究》，中央党校出版社，2011年。
④ 潘小娟：《社区行政化问题研究》，《国家行政学院学报》，2007年第1期。
⑤ 陈天祥、杨婷：《城市社区治理：角色迷失及其根源——以H市为例》，《中国人民大学学报》，2011年第3期。
⑥ 吴群刚：《中国式社区治理：基层社会服务管理创新的探索与实践》，中国社会出版社，2011年。
⑦ 魏娜、崔玉开：《城市社区治理的网络参与机制研究》，《教学与研究》，2011年第6期。
⑧ 何艳玲、汪广龙、高红红：《从破碎城市到重整城市：隔离社区、社会分化与城市治理转型》，《公共行政评论》，2011年第1期。

与。[①] 他们还以北京市朝阳区为例，进一步研究了国际化社区治理问题。他们认为，朝阳区是北京市境外人口比较集中的地区，在探索国际化社区建设方面积累了一定的经验。但社区管理体制、社区动员与社区参与等方面依然存在一些问题。国际化社区治理需要坚持存量盘活、增量添彩的基本原则，发挥党政资源优势，优化社区治理结构，引入契约合作模式，推广"三社互动"，实现社会协同与公众参与。[②] 中央财经大学的温来成研究了我国城乡社区公共产品的供给问题。他指出，公共品的供给方式取决于公共品的性质以及公共品的需求等诸多因素，我国城乡社区的建设起步较晚，城市社区主要由街道办事处依托居民委员会建立社区服务中心，为居民提供公共卫生、社区教育、公共安全、环境保护、社会保障、社会福利等公共服务；农村社区建设试点种类较多，有的是以行政村为单位组建社区，有的是在村委会之外建立单独的社区服务机构，为农村提供公共卫生、农业生产服务等公共服务。这些探索虽取得一定成效，但仍存在以下问题：公共品供给方式单一，难以满足社区居民公共需要；社区公共品供给方式的法律依据不够充分，难以实现具体业务操作有法可依；未能有效动员社会力量参与社区公共品供给；对各类公共品供给方式缺乏绩效评价；等等。在此基础上，他进一步提出了我国现阶段城乡公共品供给方式改革的基本思路、应注意的问题，以及服务外包和特许经营等可选择的具体方式。[③] 谢庆奎主编的《基层民主与社区治理》收集了来自德国、意大利、美国、中国港台地区和国内专家的论文11篇，重点探讨我国的基层民主建设问题，个别论文在比较研究的意义上分析了域外经验。[④]

六、加强和完善公共安全体系

加强和完善公共安全体系方面的研究主要从宏观和微观两个层面展开，宏观层面的研究聚焦于公共安全体系的构建与政府在其中的责任；微观层面的研究聚焦于食品、药品、环境等领域的安全规制问题。

（一）公共安全体系构建与政府责任

西安交通大学的朱正威等人基于"脆弱性—能力"的综合视角，研究了公共安全框架的评价问题。他们指出，国际社会的公共安全评估框架在不断发展之中，从以单独的"脆弱性"为视角或"能力"为视角进行公共安全评价，到形成较为完善的公共安全评价的"脆弱性—能力"综合视角，大体经历了3个过程。并进一步阐述了在"脆弱性—能力"综合视角下的公共安全评价主要研究内容，以及该评价框架的范式与应用。通过引入系统动力学，提出了一种公共安全与公共危机管理动态评价的新思路，构建了一个公共安全与公共危机管理的动态评价和识别框架，为公共安全评价工具和方法提供了新的视角和前提。[⑤] 山东理工大学的侯书和、张子礼研究了风险社会中政府的安全责任问题。他们指出，处在全球风险社会时代和社会转型期的中国，面临传统风险和现代风险的双重威胁，多种突发事件频繁发生，公共安全受到严峻挑战，这凸显了政府的安全责任。政府的安全责任主要体现在安全决策和执行到位、促进经济和社会的安全发展、对全社会进行安全监管以及积极搞好风险管理和危机管理等方面。实现政府的安全责任，有效保障公共安全必须有相应的制度保障。这包括打造安全政府和提升政府能力，从国家发展战略和政策层面上重视和解决安全问题，建立和完善有效的安全监管体制和公共危机管理体系，实行安全责任制和安全问责制，建立安全财政与安全基金制度，健全和完善安全管理法制，等等。[⑥]

（二）食品药品及其他领域安全监管

食品、药品、环境等领域的安全监管问题是近年来社会研究的又一热点和难点问题。在食品安全监管方面，南京工业大学的陈锡进分析了中

---

① 王名、杨丽：《社区治理的国际经验与启示》，《重庆社会科学》，2011年第12期。
② 王名、杨丽：《国际化社区治理研究——以北京市朝阳区为例》，《北京社会科学》，2011年第4期。
③ 温来成：《目前我国城乡社区公共品供给方式的现实选择》，《中国行政管理》，2010年第10期。
④ 谢庆奎：《基层民主与社区治理》，北京大学出版社，2011年。
⑤ 朱正威、蔡李、段栋栋：《基于"脆弱性—能力"综合视角的公共安全评价框架：形成与范式》，《中国行政管理》，2011年第8期。
⑥ 侯书和、张子礼：《风险社会中政府的安全责任及其制度保障》，《行政论坛》，2011年第3期。

国政府食品质量安全管理的分析框架及其治理体系。他指出，食品质量安全已成为中国政府和大众关注的焦点，对食品质量安全的管理成效不理想也成为政府治理的一大顽症。其原因在于政府缺乏一个全面、综合、动态的食品质量安全管理分析框架。所以建立在食品质量安全突发事件与食品质量安全风险、食品质量安全危机之间广泛联系、相互链接、动态发展基础之上的中国食品质量安全管理分析框架，对于中国食品质量安全管理就具有十分重要的理论和实践意义。运用此分析框架，构建食品质量安全风险管理、食品质量安全应急管理、食品质量安全危机管理三位一体的治理体系是中国政府对食品质量安全管理的根本之策。① 此外，上海市食品药品安全研究中心的唐民皓编著的《食品药品安全与监管政策研究报告（2011）》、《餐饮服务食品安全监管（第四辑)》、《食品添加剂使用标准（GB2760—2011)》等著作从政策和技术等层面，对中国食品安全方面的政策、经验、技术标准、存在的问题等进行了梳理和阐述。② 在药品监管方面，国家行政学院的胡颖廉研究了我国药监领域的成就与挑战。他指出，药品和医药产业是社会监管的典型领域，中国政府从新中国成立伊始就开始对药品进行行政管理，并于1998年组建独立的国家药品监督管理局。回顾10年改革之路，中国药监机构能力大幅提升，但在药品安全、医药产业和产品结构、机构声誉等方面面临诸多挑战，出现一个看似"没有赢家"的政策结果。于是，一个困惑学界和业界的问题是：为什么机构能力的显著提升并没有带来政策绩效的好转。他在归纳现有研究的基础上，提出药品监管的"目标—职权—环境"框架，并具体分析监管者、政策工具以及被监管者等要素。③ 在环境监管方面，李万新研究指出，环境治理指地方、国家、地区和全球的政府、公民社会组织、跨国机构通过正式或者非正式的制度去应对人类

面临的环境和可持续发展的挑战。他以理念、承诺、能力、赋权为线索，分析政府干预环境问题的理念及其可供选择的政策工具的优势和局限性，并进一步聚焦中国，探究了政府为建立环境监管体系和制定环保政策而做出的纸面上的承诺、地方政府开展环保工作的能力、考察公众的环保意识和环境行为以及环境决策对公众参与逐渐开放并赋权的制度变迁等问题。④ 山东财政学院的杨骞等研究了核电安全规制问题，其从社会性规制的视角，对核电安全规制进行了供求分析，并从核电安全的外部性和信息不对称两个方面阐述了核电安全规制的理论动因和依据。该研究表明，日本核电站的泄漏事故带来的危害将直接促使中国公众增加对核电安全规制的强烈需求，进而推动政府相应地增加核电安全规制供给的数量，并从规制机构、法规体系、规制力量3个方面分析了我国现行的核电安全规制框架，并援引核电发达国家的核电安全规制模式，对我国加强核电安全规制提出了相应的改革建议。⑤

七、加强和完善非公有制经济组织、社会组织管理

（一）非公经济组织管理

非公经济组织管理方面的成果主要集中于对非公经济组织党建工作方面的研究。张永明著的《非公有制经济组织党建科学化研究》运用马克思主义建党学说和党的建设理论，特别是进入21世纪以来党的建设的新思想、新经验，吸收了近年来非公有制企业党建的最新成果，探索了非公有制企业党建的一些实用原则。⑥ 曾志伟著的《最新非公有制经济组织和新社会组织党务工作规程方法与案例启示》阐释了新形势下非公有制经济组织和新社会组织党务工作的特点、基层组织组建原则、组织活动方式、党组织建设和"创先"活动的开展方式。⑦ 沈阳师范大学的宋海琼、李光照

---

① 陈锡进：《中国政府食品质量安全管理的分析框架及其治理体系》，《南京师范大学学报》（社会科学版），2011年1月。
② 唐民皓：《食品药品安全与监管政策研究报告（2011）》，社会科学文献出版社，2011年；唐民皓：《餐饮服务食品安全监管（第四辑）》，中国医药科技出版社，2011年；唐民皓：《食品添加剂使用标准（GB2760—2011）》，中国医药科技出版社，2011年。
③ 胡颖廉：《监管型国家的中国路径：药监领域的成就与挑战》，《公共行政评论》，2011年第2期。
④ 李万新：《中国的环境监管与治理——理念、承诺、能力和赋权》，《公共行政评论》，2008年第5期。
⑤ 杨骞、刘华军：《中国核电安全规制的研究—理论动因、经验借鉴与改革建议》，《太平洋学报》，2011年第12期。
⑥ 张永明：《非公有制经济组织党建科学化研究》，浙江大学出版社，2011年。
⑦ 曾志伟：《最新非公有制经济组织和新社会组织党务工作规程方法与案例启示》，人民出版社，2011年。

总结了"沈阳经验"，从切实强固非公有制经济组织党建观念、真正明晰非公有制经济组织中党组织的职能定位、不断完善非公有制经济组织党建领导体系、健全非公有制经济组织中党组织组建机制、积极创新非公有制经济组织党建工作模式、加强非公有制经济组织中党组织自身建设6个方面提出了加强非公有制经济组织党建的对策建议。[1]济南市委组织部的张易以济南市为例，就如何在非公有制经济组织、社会组织两个新的领域广泛建立党的基层组织，加强党员教育管理，不断扩大党的组织和党的工作覆盖面进行调查研究，提出建立非公有制经济组织和社会组织"属地＋行业"党建管理模式的新理念。[2]武汉大学的邱观建、文道贵在分析改革开放以来我国加强非公有制经济组织党建工作及其各地探索非公有制经济组织党建工作的历史与实践经验的基础上，提出要以非公有制经济组织党建工作体制机制创新为突破口，进行党建工作领导体制、运行机制、管理服务机制、动力保障机制等系统的改革与创新。[3]

（二）社会组织管理

1. 社会组织管理体制

近年来，社会组织管理体制改革是社会管理领域的研究热点，涌现了许多高质量的研究著作和研究论文。

汪玉凯著的《公共治理与非营利组织管理》主要介绍了中国政府与公共管理、非营利组织理论、非营利组织发展对公共治理的影响、社团组织、行业自律组织、民办非企业单位、非营利组织管理、社区服务组织及其管理、中国非营利组织发展趋势等内容。[4]社会管理的宗旨是为了获得一种理想的秩序，然而，到底何种秩序为理想？以及如何可能？陈华所著的《吸纳与合作：非政府组织与中国社会管理》一书通过对不同秩序的溯源，认为合作秩序可能是人类各种文明殊途同归的一种结果。在一种超越"控制"和"吸纳"的合作型社会管理模式构建中，对政府与非政府组织关系进行深层次多侧面的透视。[5]杨道波著的《公益性社会组织约束机制研究》以推动我国公益性社会组织健康发展为目标，在综合分析国内关于公益性社会组织监督、管理与治理的基本现状以及考评国外公益性社会组织约束机制有关问题的基础上，围绕如何构建完善而有效的公益性社会组织监督约束机制展开相应的研究。[6]廖鸿、石国亮、朱晓红著的《国外非营利组织管理创新与启示》是一部基于对英国、德国、美国、澳大利亚和日本等国家非营利组织深入调查基础之上，从工业社会向后工业社会转型的历史视角，研究国外非营利组织管理创新的探索性著作。全书系统分析了政府与非营利组织合作关系的形成及其多元化的合作形式，重点探讨了英国、加拿大和澳大利亚三国政府与非营利组织合作的最新成果；围绕合作治理的新思维，较充分地介绍了国外非营利组织的政策和法律、登记管理、税收管理、监督管理和内部治理等具体制度建设中的创新，探讨了这些创新对我国的启示；对非营利组织管理创新的相关问题，进行了前瞻性探讨。[7]徐顽强、张雄著的《城市中介组织管理》重点介绍了城市中介组织管理的基本内容和方法。[8]

针对社会组织的功能有两种对立性的观点：一种观点认为应该谨慎认识社会组织的功能，对其进行科学的管理和引导。如中国人民大学的白平则认为，应该科学认识社会组织的社会功能与政治功能，并在此基础上提出了社会组织的管理思路。他指出，社会组织具有非政府性、非营利性、自愿性，同时潜在地具有政治性、对抗性，主要发挥社会功能，但也具有一定的政治功能。我国社会组织发展特殊的生态环境，要求国家对其具有更强的整合能力；社会组织的发展应当以马克思主义关于国家与社会、政党与群众关系的理论为指导，而不应当以西方国家的公民社会理

---

① 宋海琼、李光照：《非公有制经济组织党建问题探析》，《中央社会主义学院学报》，2011年第8期。

② 张易：《关于非公有制经济组织和社会组织党建工作的调查与思考》，《理论学刊》，2011年第8期。

③ 邱观建、文道贵：《论非公有制经济组织党的建设工作的体制机制创新》，《武汉理工大学学报》，2011年第12期。

④ 汪玉凯：《公共治理与非营利组织管理》，国家行政学院出版社，2011年。

⑤ 陈华：《吸纳与合作：非政府组织与中国社会管理》，社会科学文献出版社，2011年。

⑥ 杨道波：《公益性社会组织约束机制研究》，中国社会科学出版社，2011年。

⑦ 廖鸿、石国亮、朱晓红：《国外非营利组织管理创新与启示》，中国言实出版社，2011年。

⑧ 徐顽强、张雄：《城市中介组织管理》，科学出版社，2011年。

论为指导，应当进一步完善党对社会组织的领导体制，引导、整合社会组织的政治诉求，创新社会组织的管理体制，进一步加大政府对社会组织发展的扶持力度，为社会组织充分发挥服务功能创造更好的条件。① 中共中央党校的康晓强认为，社会组织本身就是一把"双刃剑"，既有有利的一面，也有有害的一面，关键取决于我们对它的认知程度以及应对的方略。辩证对待社会组织的正确态度应该是：既不要压制它，也不要放任它；既不要敌视它，也不要轻视它。有张有弛，内紧外松，辩证地对待，理性地引导。处于社会空间之中的政府一方面促进社会组织健康发育，另一方面及时、有效地把社会组织吸纳、融入到整个社会管理组织网络体系中，努力与社会组织结成战略伙伴关系，共同推进中国社会健康、有序成长。另一种观点则认为，应该摒弃传统社会所固有的对于社会组织"双刃剑"的观点，不断提高社会组织的自主性。如中国社科院的葛道顺指出，我国当前社会组织发展呈现出数量高速增长，但总体弱小、领域和地区分布不平衡等特点，然而相关研究表明社会组织的发展对我国社会思想文化及意识形态安全产生了积极的作用，回应了改革开放实践提出的社会重组和社会建设的理论问题，丰富了社会主义社会思想文化和意识形态的时代内容，增强了中国特色社会主义核心价值体系的巨大包容力。因此，应当摒弃传统社会所固有的关于社会组织"双刃剑"的观点，建立和完善现代社会所具有的政府、企业和社会组织的合作伙伴关系，形成包含相关政治纲领、法律体系和社会政策的国家意识，通过意识形态的包容以及国家人事、就业、分配、福利等制度的统一，进一步增强社会组织的主体性。② 中国人民大学的刘鹏也指出，当代中国政府在社会组织管理体制方面正逐步从分类控制转向嵌入型监管，地方政府在对社会组织的吸纳能力、对社会组织管理重

点的分化、对社会组织管理制度化水平、对社会组织管理手段多元化四个方面的监管水平有了明显提升，这四个方面是嵌入型监管的重要内容，因此，嵌入型监管的模式与能够更好地描述和解释当代中国政府对社会组织管理的现状。③ 清华大学的王名、孙伟林则从我国社会组织管理体制创新的角度，厘清了我国社会组织体制变迁的三种不同战略思路：一为发展型战略，二为控制型战略，三为规范型战略。认为这三大战略形成了三种不同的力量，彼此互动和博弈，推进着整个社会组织管理体制的发展演进。④ 这从某种程度上可视为从现实的角度对以上两种对立观点的整合性认识。此外，一些学者从我国从当前社会组织监管体制的弊端、社会组织登记管理体制改革实践等方面进行了推进性研究。如郑琦、乔昆总结了当前实践领域社会管理体制的基本做法：一元登记管理模式（以深圳市的改革实践为代表）、新二元登记管理模式（以北京市的改革实践为代表）、三元登记管理模式（以上海市的改革实践为代表），并对这三种模式的优缺点进行了比较。⑤ 杨柯指出，当前我国社会组织监管体制的弊端主要表现在：一是双重管理体制削弱了社会组织的自主治理性，二是限制分支原则和非竞争性原则抑制了社会组织的充分发展，三是税收优惠制度不完善影响了社会组织的进一步壮大，四是监督主体多元化造成了社会组织实质性监督缺位。并从构建起一个适合社会组织发展的法律法规，对双重管理体制采取分步骤、分状况渐进的改革策略，改变限制分支原则和非竞争性原则，建立社会组织之间适度竞争的机制、完善有关社会组织的税收优惠制度等方面提出了相应的政策建议。⑥

2. 社会组织能力建设

马庆钰、张小明、曹堂哲、程硕等著的《社会组织能力建设》阐述了社会组织内部治理能力、社会组织战略管理能力、社会组织筹募资源能力

① 白平则：《如何认识我国的社会组织》，《政治学研究》，2011年第2期。

② 葛道顺：《中国社会组织发展：从社会主体到国家意识——公民社会组织发展及其对意识形态构建的影响》，《江苏社会科学》，2011年第3期。

③ 刘鹏：《从分类控制走向嵌入型监管：地方政府社会组织管理政策创新》，《中国人民大学学报》，2011年第5期。

④ 王名、孙伟林：《社会组织管理体制：内在逻辑与发展趋势》，《中国行政管理》，2011年第7期。

⑤ 郑琦、乔昆：《社会组织登记管理体制改革：模式比较与路径选择》，《理论与改革》，2011年第1期。

⑥ 杨柯：《社会组织监管体制存在的问题及改革对策探析》，《云南行政学院学报》，2011年第6期。

等内容。[1] 刘海英主编的《大扶贫：公益组织的实践与建议》回顾了中国和国际公益组织在过去 10 年间的实践，展望了各领域公益组织对新扶贫规划的期望。[2] 该书通过不同领域的 NGO 已经取得成效的行动研究和社区实践案例，有针对性地对扶贫项目的操作理念、思路和具体的操作方式进行了还原、分析和归纳。刘爱基的《公共服务组织的卓越管理之路：CAF 的理解实施与案例》旨在为各类公共服务组织提供实施卓越管理的指引。[3]

3. 社会组织发展

一些学者关注和研究了社会组织的发展模式、发展困境、发展经验等相关问题。夏建中、特里·N. 克拉克著的《中国与全球经验分析：社区社会组织发展模式研究》采用理论与经验调查相结合、问题与对策相结合、国内与国外研究成果相结合的方式，在案例研究的基础上，考察和研究了社区社会组织的发展模式与主要特点；分析了社区社会组织的发展背景与主要原因，社区社会组织的主要类型、组织结构、经费来源、主要活动等以及社区社会组织发展的模式特点、主要经验和面临的主要问题，针对性解决社区社会组织面临的主要问题提出了相关对策。[4] 武汉大学的何芸指出，由于社会组织具有紧密联系公众、维护公众利益、自我管理、自我服务、整合民间力量、提高管理效率的优势和功能，因此其在我国社会管理中应该发挥主体性作用。但发展规模滞后、缺乏独立性、行政色彩浓厚、客体化倾向严重等因素制约了社会组织主体性的发挥。应从转变社会组织管理体制，加大政府的支持和监管力度，转变政府与社会组织的关系，完善社会组织的管理法制等方面打造我国社会组织在社会管理中的主体性。[5] 南京理工大学的黄震海从转变观念与形成多元管理格局，加大政府资助力度与完善税收优惠制度，增强社会组织自主筹款能力与强化社会

组织产权治理结构等方面探讨了促进我国社会组织发展的对策。[6]

还有一些学者关注和研究了某种具体类型的社会组织，如社会企业、基金会、社区社会组织的发展问题。如中国政法大学的潘小娟研究了社会企业这一新型社会组织的发展问题。她指出，社会企业是一种为实现既定的社会目标和可持续发展而进行商业交易的新型组织形态。社会企业所具有的双重特征，使得它在解决社会问题、改进公共服务供给、推动经济持续发展、促进社会融合等方面发挥了无可替代的重要作用，创造性地弥补了由政府不足所带来的空白以及传统营利组织和非营利组织所固有的内在缺陷。阐释社会企业的内涵，探究其兴起的背景，分析其发展的意义和作用，有助于我们更深刻地认识它的本质，厘清它与其他组织的异同，为推动其在我国的发展营造良好的环境。[7] 中国社会科学院的杨团研究了基金会的发展问题。她指出，现代基金会是一种机构创新，它引进和消化吸收了公司法人治理结构，从而形成了在非营利部门中的独特功能。其在国外的发展与在我国的发展有着较大的不同，并进一步探讨了基金会的作用、意义和与政府的关系等问题。[8] 青岛大学的高红侧重探讨了社区社会组织的发展。他指出，为充分发挥中国社区社会组织在参与社会建设中的主体作用，有必要建立社区社会组织参与社会建设的制度化模式，以促进社区社会组织的发展。其根据我国社区社会组织发展的状况及其制度环境，提出了政府主导、项目带动、网络联动、整合发展的社区社会组织参与社会建设的创新模式，并从登记制度、扶持机制、志愿参与、社工人才建设及评估机制、监管机制等方面提出了社区社会组织参与社会建设的 6 项制度保障措施。[9]

---

[1] 马庆钰、张小明、曹堂哲、程倜等：《社会组织能力建设》，中国社会出版社，2011 年。

[2] 刘海英：《大扶贫：公益组织的实践与建议》，社会科学文献出版社，2011 年。

[3] 刘爱基：《公共服务组织的卓越管理之路：CAF 的理解实施与案例》，中国标准出版社、中国质检出版社，2011 年。

[4] 夏建中、特里·N.克拉克：《中国与全球经验分析：社区社会组织发展模式研究》，中国社会出版社，2011 年。

[5] 何芸：《社会组织在社会管理中的主体性问题》，《理论探索》，2011 年第 4 期。

[6] 黄震海：《促进我国社会组织发展的若干思考》，《学术界》，2011 年第 6 期。

[7] 潘小娟：《社会企业初探》，《中国行政管理》，2011 年第 7 期。

[8] 杨团：《关于基金会研究的初步解析》，《湖南社会科学》，2010 年第 1 期。

[9] 高红：《社区社会组织参与社会建设的模式创新与制度保障》，《社会科学》，2011 年第 6 期。

八、加强和完善信息网络管理

信息网络管理是近年来公共管理研究领域新出现的研究热点，各方面的研究尚处于起步阶段，主要围绕网络政治与民主、虚拟社会管理、网络舆论引导等方面展开。

（一）网络政治与民主

广州大学的陈潭等深入研究了我国网络政治的进程。他们通过对 1994~2010 年 CNKI 文献与主要论著的检索、阅读和分析，历时性地梳理中国网络政治的研究成果，检视学术历程、主要论题和发展趋势。其研究表明，网络政治研究的主要论题和内容表现在网络政治主体、网络政治权力、网络政治行为、网络政治文化及网络政治民主 5 个方面。[①] 辽宁社会科学院的陈东东研究了网络民主视角下的社会管理问题，指出网络民主的发展对创新社会管理具有十分重要的作用，然而面临着一系列发展困境，面对这些困境，需要完善立法，强化制度建设，加强网络舆情监测和引导，建立网络公共危机应对机制，转变政府观念，培养网络传播中的"把关人"。[②] 武汉科技大学的张廷研究了网络问政问题，阐述了网络问政的内涵、意义及其现状；分析了网络问政常态化发展趋势和网络问政对社会管理科学化的重要作用；提出建立以加强组织领导、畅通问政渠道、培育网络文化、完善法规体系、推进信息公开为主要内容的网络问政工作体系。[③] 中国人民大学的常凌翀研究微博议政对社会管理创新的影响。他指出，微博正前所未有地冲击着传统社会舆论格局，改变着舆论生态和传播方式。微博时代的到来使政务微博日渐成为创新"虚拟社会"的重要平台，对沟通民情、汇聚民意、开掘民智起到了重要作用，同时也伴生了诸多问题。因此，健全网上舆论引导机制，创新和提高对虚拟社会的管理水平，成为微博持续健康发展的重要命题。[④]

（二）虚拟社会管理

中国人民大学的陈力丹提出了虚拟社会管理的六个理念：信息公开理念、执政为民理念、疏导信息理念、社会减压阀理念、网上统一战线理念。[⑤] 北京邮电大学的李钢教授研究了虚拟社会管理存在的主要问题：一是观念不适应，管理手段较为陈旧；二是立法滞后，行政措施欠规范；三是技术准备不足；四是行业自律与规制存在较大差距。要解决这些问题，首先，要运用法律法规对虚拟社会进行管理。其次，要改善网络教育和网络舆论引导方式，探索以广大网民能接受的形式弘扬主旋律。再次，要运用技术手段提高虚拟社会管理水平。最后，要加强虚拟社会的行业自律。[⑥] 中共成都市委党校的郭炜研究指出，网络时代的到来既是现代科技发展的必然结果，又是民众权利诉求日益增强的客观要求。在我国社会急速转型时期，加强和创新社会管理的一项重要任务就是有针对性地回应民众的参与诉求、平等诉求、安全诉求、尊严诉求及公平正义诉求等，大力发展社会民主，引导社会自治，重建社会规则，促进社会互动以及推动社会发展，不断提升虚拟社会的管理水平。[⑦] 顾金喜以宁波为个案，研究了虚拟社会的管理创新问题。其指出，虚拟社会源于现实，也能动地作用于现实，并促使现实社会的转型发展。但它同样也是把双刃剑，很可能形成对现实社会的侵扰，破坏政府公信力与社会秩序。在网络迅猛发展的现实背景下，必须加快推进组织平台和管理方式的创新，提升虚拟社会管理的科学化水平。宁波江东的"社区网络发言人"队伍建设对于提升虚拟社会管理科学化水平极具现实和启发意义。[⑧]

（三）网络舆论引导

魏永忠著的《公安机关舆情分析与舆论引导》

---

① 陈潭、罗晓俊：《中国网络政治研究：进程与争鸣》，《政治学研究》，2011 年第 4 期。
② 陈东东：《网络民主视角下创新社会管理的困境与实施》，《云南行政学院学报》，2011 年第 6 期。
③ 张廷：《网络问政：社会管理科学化的重要路径》，《电子政务》，2011 年第 12 期。
④ 常凌翀：《微博议政与"虚拟社会"管理创新》，《重庆社会科学》，2011 年第 12 期。
⑤ 陈力丹：《虚拟社会管理的六个理念》，《党政干部论坛》，2011 年第 4 期。
⑥ 李钢：《虚拟社会管理的问题与对策研究》，《行政管理改革》，2011 年第 4 期。
⑦ 郭炜：《论网络时代的权利诉求与社会回应》，《理论研究》，2011 年第 5 期。
⑧ 顾金喜：《组织平台创新与虚拟社会管理的科学化——以宁波市江东区"社区网络发言人"建设个案为例》，《四川行政学院学报》，2011 年第 5 期。

指出，公安机关舆情分析与舆论引导工作，要始终坚持把正确舆论导向放在首位，切实发挥好宣传党的主张、弘扬社会正气、通达社情民意、引导社会热点、疏导公众情绪、搞好舆论监督的重要作用，并从技术层面阐述了开发模型样本空间的设计与选取、针对某个主题特征提取舆情、目标参量按照统一标准做出设置、网上舆情分类收集、数据后期处理等若干内容模块。① 李未柠、窦含著的《微时代危机处理》介绍了微博时代突发事件的具体特性和信息传播规律，概括了微博在事件挖掘、舆论升温发酵方面的独特作用和影响力，挑选了2011年与微博均有关的十大类型的突发公共事件经典案例进行了分析，并从理念原则、机制制度、方法技巧3个层面，提出了微博时代政府舆论危机的具体应对策略。② 暨南大学的陈伟军从积极的角度肯定了网络思潮在利益表达与诉求等方面的作用。其认为，社会思潮具有符号或思想观念的特征，它非常容易在凝聚人气、放大舆论的互联网上传播。网络思潮的产生有着各种不同的源头，多重性的交流主体畅所欲言，拒斥统一的思想空间和文化符码。虚拟空间中多样化思潮凝聚的不同意见、态度和倾向，反映了现实世界真实的话语冲动、欲望表达和利益诉求。③ 湖北省委党校的梅松研究了当前网络舆情引导存在的问题及对策。其指出，当前网络舆情发展主要呈现以下特点：一是舆情"议题"突出反映社会热点问题；二是网络平台成为舆情爆发的主要渠道；三是网络舆情传播工具的多样化；四是网络媒体与传统媒体交互性加强。而我国政府在网络及其舆情管理中主要存在以下问题：一是网络运行方面，政府行政部门多头管理；二是网络舆情预警方面，政府研判缺乏针对性；三是在处置不良网络舆情方面，凸显法律不足；四是在整体协调方面，部门间联动机制不够。科学应对网络舆情，应构建健全的管理体系：一是构建应对网络舆情的组织体系；二是构建应对网络舆情的研判体系；

三是制定应对网络舆情的法制体系；四是构建应对网络舆情的联动体系。④ 刘成文研究了"全民记者"对舆论引导的影响。他指出，随着以互联网为代表的新兴媒体的迅猛发展，越来越多的普通民众在生活中发挥了记者的作用，有媒体称中国已走进"全民记者"时代。"全民记者"时代的舆论生成与传播呈现出方式的多样性、速度的迅捷性、内容的复杂性和传播的互动性等特点。"全民记者"时代的到来，改变了舆论的生成与传播格局，也为做好新形势下的舆论调控工作带来新的挑战。做好新形势下的舆论调控，需要主动适应舆论格局的新变化，充分发挥传统媒体和新兴传播平台的互动效应，加强和完善信息网络管理，健全网上舆论引导机制，为经济社会发展创造良好的舆论环境。⑤ 宫承波、黄晓云研究了重大社会安全中网络舆论引导问题。他们指出，重大社会安全事件既不同于其他类型的突发事件，也不同于一般性的社会安全事件，这也就决定了其网络舆论及引导都具有不同寻常的重要性和特殊性。在当前我国重大社会安全事件网络舆论引导中应采取的应对策略包括：发挥"瞭望塔"功能，做好危机潜伏期的网络预警；第一时间发布关键信息，保证信息公开透明真实；强化信息选择，改进报道方式，保证正确的舆论导向；培养网络意见领袖，政府、媒体、受众三者良性互动。⑥

九、加强和完善思想道德建设

在加强和完善思想道德建设领域，2011年是著作十分丰盛的一年。这些著作从社会主义核心价值体系的构建、社会诚信危机的剖析、社会思想道德的引导等方面开展了丰富的研究。

（一）社会主义核心价值体系建设

关于社会主义核心价值体系方面的研究颇为丰富，研究思路及内容较为分散，因此，此处仅列举部分著作及论文的观点。陈新汉著的《警惕核心价值体系"边缘化危机"》围绕主流价值的边缘

① 魏永忠：《公安机关舆情分析与舆论引导》，中国法制出版社，2011年。
② 李未柠、窦含：《微时代危机处理》，中央党校出版社，2011年。
③ 陈伟军：《互联网上的思想激荡与利益诉求》，《现代传播》，2011年第11期。
④ 梅松：《当前网络舆情管理存在的问题及应对策略》，《党政干部论坛》，2011年第7期。
⑤ 刘成文：《"全民记者"时代对舆论调控的影响及对策》，《山东行政学院学报》，2011年第2期。
⑥ 宫承波、黄晓云：《重大社会安全事件中的网络舆论及其引导》，《山东社会科学》，2011年第12期。

化问题全面、系统地展开了讨论。① 陈新汉、邱仁富著的《坚持核心价值体系的人民主体性》是对社会主义核心价值体系的人民主体进一步深化和系统的研究，指出了社会主义核心价值体系的"边缘化危机"，并给出了应对策略。② 宁先圣、石新宇著的《社会主义核心价值体系与当代社会思潮》论述了社会思潮的形成及其对意识形态的影响，解读了社会主义核心价值体系概念的内涵，比较深入地分析了用社会主义核心价值体系引领多元化社会思潮的必要性及可行性，提出了用社会主义核心价值体系引领社会思潮的引领原则，在努力找准用社会主义核心价值体系引领社会思潮的着力点、积极探索社会主义核心价值体系引领社会思潮的有效途径等方面做了大量有益的尝试。③ 在此基础上，特别对加强青年学生的社会主义核心价值体系教育进行了论述并对如何用社会主义核心价值体系有效引领新自由主义、实用主义、民主社会主义 3 种当下最具影响力的社会思潮进行实证分析。《建设社会主义核心价值体系的理论思考和实践探索》是第三届"中国特色社会主义理论体系论坛"的学术成果。论坛以"推进社会主义核心价值体系建设"为主题，收入该书的论文分别从不同的角度研究阐释了社会主义核心价值体系建设的理论思考和实践探索。④ 罗浩波著的《当代中国文明发展理路：科学发展观与中国特色社会主义文明构建》包括科学发展观的文明意蕴及其价值诉求、中国特色社会主义文明体系的理论构建、中国特色社会主义文明发展道路的选择 3 篇的内容，具体围绕科学发展观与当代中国文明发展这一主题，运用马克思主义的基本原理和系统科学等多种方法，深刻揭示了科学发展观"人本、科学（全面协调可持续）、和谐、和平的文明"意蕴及其价值诉求，系统构建中国特色社会主义文明理论体系，阐明了当代中国文明发展

的规律性；深刻论述了中国特色社会主义文明发展道路的科学内涵及其必然性，指明了实现中华民族伟大复兴的正确路径；从理论与实践相结合的高度，阐明了科学发展观与当代中国文明发展的内在逻辑关系。⑤ 葛洪泽著的《重建精神家园》从理论和实践的结合上对重建精神家园的历史和现实问题加以研究。⑥《中华文化与社会主义核心价值体系》收录了阐释中华文化是建设社会主义核心价值体系的精神资源的多篇论文。⑦ 华中师范大学的龙静云阐述了社会主义核心价值体系引领道德建设的观点。其指出，社会主义核心价值体系是社会主义道德的价值源泉和精神依托，社会主义道德是社会主义核心价值体系的具体体现和内容要求；社会主义核心价值体系重在建设，道德建设是社会主义核心价值体系建设的重要途径之一。以社会主义核心价值体系引领道德建设，在理论上，应深刻揭示核心价值体系建设与道德建设的内在关系；在具体的建设过程中，则涉及道德建设机制建立、道德建设理念重构、道德建设规范建构、道德教育活动展开、不同群体的道德实践、道德建设实效性提升等重要问题的研究和探索。⑧

（二）社会诚信危机与思想道德引导

社会诚信危机方面：李松著的《中国社会诚信危机调查》对当前中国社会诚信状况进行了深入的"全景式"介绍，内容覆盖政务诚信、商务诚信、个人诚信等领域，涉及"被代表"现象、统计数据造假、"萝卜招聘"、食品安全、官员学历"注水"、假证泛滥、骗购"保障房"、代孕、论文买卖等诸多公众关注的社会热点、难点和焦点问题。⑨

思想道德引导方面：罗国杰著的《建设与社会主义市场经济相适应的思想道德体系》阐述了社会主义道德体系建设的重要性和必要性、指导思

① 陈新汉：《警惕核心价值体系"边缘化危机"》，社会科学文献出版社，2011 年。
② 陈新汉、邱仁富：《坚持核心价值体系的人民主体性》，东方出版中心有限公司，2011 年。
③ 宁先圣、石新宇：《社会主义核心价值体系与当代社会思潮》，社会科学文献出版社，2011 年。
④ 教育部高等学校社会科学发展研究中心：《建设社会主义核心价值体系的理论思考和实践探索》，教育科学出版社，2011 年。
⑤ 罗浩波：《当代中国文明发展理路：科学发展观与中国特色社会主义文明构建》，武汉大学出版社，2011 年。
⑥ 葛洪泽：《重建精神家园》，安徽师范大学出版社，2011 年。
⑦ 黄易宇：《中华文化与社会主义核心价值体系》，知识产权出版社，2011 年。
⑧ 龙静云：《社会主义核心价值体系引领道德建设论纲》，《华中师范大学学报》（人文社会科学版），2011 年第 6 期。
⑨ 李松：《中国社会诚信危机调查》，中国商业出版社，2011 年。

想和方针原则。探讨了公平和效率的关系、社会主义道德的层次性。强调了社会主义道德体系要与社会主义法律规范相协调、与中华民族传统美德相承接。要积极吸收人类优秀的文化成果等问题。子报告分 5 个专题。从社会主义市场经济条件下的德治与法治、中西道德传统、道德规范体系建设、公民基本道德规范建设和社会主义思想道德体系建设 5 个方面，对如何建设与社会主义市场经济相适应的思想道德体系展开了具体而深入的探索。①马春雷、陈振民、谢京辉的《2011 年上海精神文明发展报告》分为理论探索篇、历史文明篇、文明实践篇、文明创新篇、媒体责任篇以及聚焦关工委篇六大部分，主要收录了城市低碳文明发展的战略选择，关于上海名人故居的现状、问题及对策建议的调研报告，新形势下青年群众工作面临的挑战与应对，加强党的建设和企业文化建设为企业科学发展提供坚强保障，探索优化社区文明及管理体制等文章。②王中军的《网络文明建设中网民自律培育》从界定网络文明和自律培育等基本概念出发，以分析网络文明与网民自律培育的内在联系为逻辑起点，以对大学生这一网络行为主体的实然调查与应然分析为中介，探讨网络文明建设中网民自律培育的基本理论与对策。③西北师范大学的刘基、闫立超对我国当前的思想政治内容进行了反思。他们认为，思想政治教育的内容包括思想教育、政治教育、道德教育、心理教育和民主法治教育等，显得过于庞杂，这与当前思想政治教育实效性差、意识形态的淡化思潮等具有关联性。从国家良性运转基本构成要素、思想政治教育学科建设、思想政治教育本质、思想政治教育实践、思想政治教育的语义分析和相邻概念的区分等视角进行反思和审视，思想政治教育的内容界定为思想教育和政治教育是更为科学合理的选择。④

十、国外社会管理研究概述

从历史上看，西方主要发达国家资本原始积累和资本主义制度确立以后，由于长期受到古典自由主义思想的影响，一直以来普遍奉行小政府的理念。⑤英国学者 David Donnison（1961）将社会管理定义为"对于社会服务的发展、结构和实践的研究"。Archie Hanlon（1978）指出"社会管理应该关注社会福利的政策、计划和管理，社会管理不仅与政治、社会、经济制度有关，也与为满足社会福利需求进行国家资源分配的决定因素有关"。美国学者 Slavin 和 Perlmutter（1980）认为"社会管理必须以社会工作的价值和历史为基础建立"。Abels 和 Murphy（1981）提出"社会管理的目的是提供资源和支持以保证社会机构正常运行，并最终实现社会公平"。⑥Gerry Stoker（1998）就社会治理给出 5 点结论：①社会治理是关于一系列源于政府而超越政府的制度与要素。②社会治理阐明了在应对社会和经济事务中模糊的界限与责任主体。③社会治理明确了参与公共活动的不同社会机构间的权利依赖关系。④社会治理是实现自主自治网络的要素。⑤社会治理下的公共事件处置将不再依赖于政府权力的控制，政府将更多地借助新技术和工具起到影响与引导社会的作用。⑦梳理西方学者对社会管理理论的研究以及西方发达国家对社会管理的实践，可归纳得出如下几项特点：首先，西方发达国家的社会管理主要是指对于同经济领域、政治领域、思想文化领域并列的社会领域事务（社会服务）的管理，主要是"狭义"的社会管理。一方面，社会管理提供一种基本秩序，这一基本秩序是构成国家所必需的；另一方面，社会管理的主要目的是为经济发展和人民生活提供一个公正公平、稳定良好的社会环境。其次，相比较公共服务而言，发达国

① 罗国杰：《建设与社会主义市场经济相适应的思想道德体系》，人民出版社，2011 年。
② 马春雷、陈振民、谢京辉：《2011 年上海精神文明发展报告》，上海社会科学院出版社，2011 年。
③ 王中军：《网络文明建设中网民自律培育》，湖南人民出版社，2011 年。
④ 刘基、闫立超：《思想政治教育的反思与重构》，《求实》，2011 年第 12 期。
⑤ 纪晓岚、张韬：《关于社会管理理论若干问题的探索》，《华东理工大学学报》（社会科学版），2011 年第 5 期。
⑥ Roger A.Lohmann and Nancy Lohmann. Social Administration. Columbia University Press, 2002; Mary Daly. Governance and Social Policy. Journal of Social Policy, Vol.32, 2003.
⑦ Gerry Stoker. Governance as Theory: Five Propositions. International Social Science Journal, Vol.50, No.155, 1998.

家的社会管理带有更重的"规制"色彩。这也是发达国家整体"服务型政府"不可或缺的职能。最后,西方发达国家越来越多的私营部门和第三部门在获得许可后进入到社会管理过程中。[①]

十一、理论进展总评

社会管理是 2011 年公共管理及相关研究领域最为热门的研究主题之一。如前所述,2011 年涉及社会管理问题的著作、教材有上百本;而根据网络数据库的检索数据,以社会管理为标题精确关键词能搜索到的各类论文就有近万篇之多,加之各具体社会管理问题研究领域的论文,研究论文总量可谓数以万计。与前几年的研究相比,研究成果的数量呈现了井喷式的增长,涌现了大量的研究著作和论文。

2011 年,我国社会管理领域的研究主要呈现出以下特点:首先,研究成果十分丰富。围绕社会管理各领域涌现了一些研究主题鲜明、研究方法科学、研究结论可靠的优质研究成果。其次,

多学科交叉特征突出作为一个热门的研究对象,社会管理受到了公共管理学、法学、社会学、哲学、传播学等众多学科的关注。他们分别从不视角对社会管理进行研究,丰富了社会管理的研究视野。最后,研究内容十分广泛。就社会管理八个领域的研究分布来看,加强和完善社会管理格局,加强和完善非公有制经济组织、社会组织管理,加强和完善基层社会管理和服务体系,加强和完善思想道德建设方面的研究成果相对较多;加强和完善党和政府主导的群众权益机制,加强和完善流动人口和特殊人群管理和服务,加强和完善公共安全体系,加强和完善信息网络管理领域的研究成果正日益丰富。

总体来看,当前社会各界对于社会管理问题的认识,尚处于讨论和争鸣的阶段,讨论和争鸣仍是今后相当长一个时期内社会管理研究的主基调,甚至仍是当前乃至今后一段时间之内社会管理问题的研究重点。

第二节 实践创新

2011 年是社会管理创新比较活跃的一年。在中央精神的指引下,各地区根据地方的实际情况与现实需要,围绕社会管理体制改革、社会组织管理、城市流动人口管理、城市和农村社区管理、社会治安综合治理、信息网络管理、民众利益表达与监督等开展社会管理创新,形成了许多新思路、新模式、新做法,有力推动了我国社会管理实践。本文选取了部分具有较大影响和示范意义的创新案例进行分析和介绍。

一、北京市朝阳区:"全模式"社会服务管理系统[②]

2005 年,北京市朝阳区对全区 470 平方公里采取"网格化"管理,24 小时处理道路遗撒、无

照商贩等城市管理问题。2010 年 7 月,朝阳区被确定为北京市社会服务管理创新综合试点区。2011 年,朝阳区委、区政府在总结"网格化"城市管理工作的基础上,着手建立"全模式"社会服务管理系统,将"网格化"模式向安全生产、应急管理、交通秩序等社会服务 10 个重要领域推广,涵盖居民生活的 3452 项社会事务全部得到数字化、精细化管理。

朝阳区政府运用现代信息技术,通过流程再造、业务集成与合作治理方式建立的数字化、精细化、高效化和系统化的社会服务管理体系,实现了社会服务管理的"全模式"。这是朝阳社会服务管理系统的创新举措,该系统涵盖社会服务管理领域各项工作,不仅能实现监督制约和精细化

① 和经纬、田永贤:《西方政府社会管理的理论与实践评析——〈"政府社会管理"课题的研究〉之二》,《东南学术》,2005 年第 4 期。
② 《中国日报》北京记者站:《朝阳区实现社会服务管理"全模式"》,2011 年 3 月 16 日,http://www.chinadaily.com.cn/dfpd/bj/2011-03/16/content_12182829.htm;《朝阳社会服务管理走向"全模式"》,《朝阳报》,2011 年 5 月 11 日。

的管理，还能构建无缝隙化的社会服务管理体系。

社会服务管理全模式是指借助现代信息技术，通过政府与社区、单位、市民的合作，政府与院校、企业以及其他国内国际机构的合作，实现社会管理责任主体的多元化，形成政府主导、社会各方合作治理的新型管理模式。目前，社会服务管理全模式系统包括应急管理、安全生产、社会保障、经济动态等 10 大模块，共有 79 个大类、439 个小类，基本涵盖了社会管理领域的各项内容，这些内容均按照信息报送、受理立案、任务派遣、任务处置、处置反馈、核查结案、监督评价等步骤进行科学管理。

全模式社会服务管理系统是"数字化"的，以网格为基础，建立多平台集成的系统，对网格内的人、地、事、物、组织等要素逐一建立和完善社区（村）级数据库和电子图层（重点建立无遗漏的房屋管理数据库、无遗漏的人口数据库、无遗漏的社区单位信息数据库）。在区、街（乡）两级对社区（村）基础数据库进行分类，按照人口状况、市政管理、城市秩序、社会稳定、治安秩序、为民服务、扶贫帮困等类别，建立上下对应的数据库和电子图层，实现城市治理中所涉及的各种情况和问题的量化统计、量化分析和量化评价。

系统运用现代信息技术，建立功能集成的区、街（乡）两级社会服务管理中心。按照"一个网络、多个平台、集成应用"的思路，在整合街（乡）城市管理指挥中心、综治维稳中心功能的基础上，扩展更多的管理平台，建立区、街（乡）两级社会服务管理中心，负责全区和街（乡）两级社会服务管理的指挥调度、组织协调、监督评价。坚持试点先行、示范引领，逐步在街（乡）推广，并与区级改造后的平台互联互通。建立闭环式的社会服务管理决策指挥系统。推进全区社会服务管理工作标准化建设，努力做到咨询受理标准化、问题和隐患处理标准化、事件处理流程标准化、责任主体管理标准化和考核评价标准化。实施对处理各类问题和隐患，完成各项任务全方位、全过程的监测评价，逐步实现对每一个责任人、责任单位的自动评价，并将结果及时提供给监督部门和组织人事部门，促进"管事"和"管人"的进一步结合。努力形成各级各司其职、条块各尽其责、密切配合、上下口径一致、问题及时反馈、高效推进工作的朝阳区社会服务管理新局面。

通过全模式社会服务管理系统的建立，全面拓展了监督指挥中心的监督领域，逐步把应急管理、安全生产、社会服务、社会事业、社会保障等职能都纳入进来。同时，加强对重点房屋、重点人口、重点单位的服务与管理，区域内全面启动基础性数据库建设，依托社区采集和更新信息，建立了人口、单位、住房等基础数据库。基于基础数据库和信息平台积累的统计数据，还不定期发布一些专项报告，针对受关注的社会服务管理领域以及社会关注的热点问题，发布权威性信息，为政府科学决策提供基础性支撑，也为正确认识问题和引导舆论提供基础性数据支持。

5 年来，随着功能的不断完善，"全模式"社会服务管理系统为朝阳区的城市管理作出了卓越贡献，共受理监督员上报案件 900 余万件，其中 840 余万件得到解决，发现和解决问题的数量占全市推行数字化城市管理的 8 个城区总量的 80% 以上，在全国 100 余个推行数字化城市管理的大中城市中位居首位。

二、广东省珠海市："一主一体三化"社会管理体制新模式①

2008 年，《珠江三角洲地区改革发展规划纲要》明确提出鼓励和支持珠海开展社会管理综合改革试点。此后，珠海以转变政府职能为核心，强化社会管理和公共服务，推动事权、财权和人事权在政府纵向层面的合理配置，形成市一级主要抓规划统筹和政策引导、区一级主要抓经济社会发展和城市管理、镇街一级主要抓社会管理和公共服务的政府职能分层管理的新体系。同时，积极推动社会组织"自立、自主、自律"发展，引导各类社会组织加强自身建设、增强服务社会的能力，有序承接政府职能转移。

---

① 王晖辉：《群众工作新方法　服务群众新路径　珠海坚持走"群众路线"　探索"一主一体三化"社会管理体制新模式》，《南方日报》，2011 年 5 月 24 日。

改革近 3 年来，珠海坚持走群众路线，通过发动群众参与社会管理，开辟新的途径促进群众的社会管理，探索出了社会建设的珠海模式："一主一体三化"——建设幸福的社会生活共同体，即以社会领域党建为"主导"，构建政府提供公共服务、社区开展自助互助服务与社会组织和社工提供专业服务的社会服务体系，把社会治理由单一化转变为多元化、社会服务由单方化转变为合力化、公众参与由个体化转变为协作化的"三化"作为着力点，实现政府行政管理与基层群众自治的有效衔接和良性互动，建设管理有序、服务完善、文明祥和的幸福的社会生活共同体。

（一）构建服务群众新体系——厘清社区职能，建立公共服务平台

随着经济社会的转型，大量"单位人"转为"社会人"，社区和社会组织逐渐成为各种群体的聚集点和各种利益关系的交汇点。顺应时代的要求，将镇街一级政府管理重心向提供公共服务倾斜，成为改革的重要开端。

2010 年 6 月，珠海出台《关于加强和改进城市基层社会治理与服务体系的意见》及 4 个配套文件，将社区居委会现行承担的 130 项工作重新划分为"社区居委会依法完成（38 项）"、"社区居委会依法协助完成（23 项）"、"镇街、职能部门依法完成（41 项）"和"实行政府购买或委托管理（28 项）" 4 类，明确了街道（镇）和社区的关系。在街道（镇）设立了社区政务服务中心，在社区设立了公共服务站，分别承担相关的职能，社区党支部和居委会集中精力组织开展居民自治。

按照部署，翠香街道康宁社区等被确定为珠海市社会管理体制改革先行先试试点单位。2003 年以前，在街道 14 个社区排名中，康宁社区一直位列倒数第一，这个社区的香柠花园南区经常出现居民聚众上访。2010 年 3 月，由康宁社区居委会牵头，以业委会名义向区民政局申请成立了"香柠花园南区物业服务社"，负责小区的物业管理。业主自主管理后，小区的事情居民"关心"、管理"用心"、业主"放心"。

珠海市民政局借鉴中国香港社会管理的有益经验和服务理念，引进香港邻舍辅导会，利用香港浸会大学珠海校区学生社工的优势资源开展合作，在翠香街道发起成立了"珠海市邻里互助社"，并拨款资助其在康宁社区开展居家养老日托、卫生、康复等多项贴心服务，成为社区居民温暖的家。目前，社区已建立了社区卫生服务中心、康复中心、生活服务中心、文化活动中心、居家养老服务中心、工作坊等"六位一体"的服务平台。

厘清社区职能之后，公共服务平台建立起来，群众被发动起来，群众"自我管理、自我服务、自我教育、自我监督"的社区管理新机制也得以建立。近年来，康宁社区在翠香街道 14 个社区综合考核方面从倒数第一进步为名列榜首。

（二）畅通群众参与新渠道——发展规范社会组织，增强社会服务功能

畅通群众参与的渠道，让人们通过规范的社会组织参与社会管理，不仅可以改变政府以往"样样管"的形象，也在很大程度上激发了群众自我管理的积极性，增强了社会组织服务社会的功能。

珠海通过"他律"和"自律"规范社会组织运作，提高其社会影响力和社会公信力，先后颁布《关于发展和规范我市社会组织的意见》和《关于发展和规范我市行业协会（行业商会）的实施意见》，对社会组织的规范发展进行了明确的规定。

同时，推进民间化和等级评估，提高社会组织的自律和总体水平。目前，行业协会类、异地商会类、民办非企业类社会组织已基本实现了政社分开。公益性社会团体、学术性社会团体、专业性社会团体和联合性社会团体的民间化率均已达到 60%以上。而引入第三方评估机构和行风评议团参与被评估单位的社会评价机制，使社会组织健全了法人治理结构，完善了内部治理机制，强化了自身建设，提高了行业影响力和公信力。

为让社会组织拥有更好地服务社会的资源，珠海按照"先易后难、逐步转移、稳步推进"原则，于 2010 年 9 月召开了政府职能向社会组织转移工作会议，由市科工贸信局、市民政局等正式与 21 家社会组织签订了政府职能转移协议，将 23 项政府职能转移给社会组织，实现政府与社会组织共治共管社会的"共赢"。

与此同时，大部分政府职能部门都采取了通过政府购买服务的方式实现政府职能事项的转移。目前珠海参加等级评估的 41 家社会组织中，承接政府职能的有 33 家，政府向其中 20 家购买了服务。

（三）开辟服务群众新途径——政府购买社工服务，建设职业化、专业化社工队伍

在培育专业社会工作机构和政府购买社工服务的改革上，珠海市探索出了"高校+社区"的模式，依托北师大珠海分校、珠海城市职业技术学院等高校资源，率先引入现代社会工作理念和方法，成功培育了"梅华社工服务中心"等专业社工机构；还引入了深圳慈善公益网等社团组织，依托它们成熟、专业、国际化的管理运作模式，在社区开展了以居家老人、单亲家庭和残疾人为主要服务对象的专业化社区服务。同时，积极学习借鉴港、澳、台地区的先进经验，引进专业社工督导到街道和社区讲课，传授专业社会工作知识，协助社工机构规范运作，提高了街道社工及机构的业务水平和工作能力。

从 2009 年开始，珠海市全面推进专业社工服务试点，截至 2011 年 4 月 30 日，全市共有注册社工机构 8 家；从 2010 年 7 月开始，珠海市尝试通过购买民办社工机构项目，引入专业社工，为社区居民提供专业社工服务，截至 2011 年 4 月 30 日，珠海市已开展政府购买社工项目服务的有 5 个，为社区青少年、老年人、单身母亲和孤儿等困难人群服务。

建设职业化、专业化的社工队伍，购买专业社工机构项目，为社区居民提供专业社工服务，是珠海社会管理体制改革"走群众路线"的一个显著特征。

（四）探索基层党建新路子——党组织建在社会组织上，实现社会管理体制改革"党委领导"

党组织建在社会组织上，是珠海社会管理体制改革中实现"党委领导"的一大创新。他们创造性地提出以"三纳入、双隶属、一体化"推进社区和社会组织党建工作的新思路。

"三纳入"，就是将在民政局登记注册的社会组织党建工作纳入管理环节，在社会组织注册登记时，党建工作纳入前置程序；在社会组织年检年报时，党建情况纳入年检内容；在社会组织等级评估时，党建工作纳入考核范围。

"双隶属"，就是建立"党员双重隶属、过双重组织生活"制度，组织关系不在社区和社会组织的党员，通过有效的党员身份证明也隶属所在社区和社会组织的党组织，并参加该党组织的组织生活。

"一体化"，就是深化"党群工作一体化"的党建模式，以党组织为核心，以党建带动群团组织建设，发挥党组织和群团组织的各自优势，阵地共建、资源共享、工作共推，实现党的建设、群团建设和社会组织的发展共赢。

1 年多来，珠海社会组织中新组建 1 个党委、1 个党总支、24 个党支部，300 余名党员过上了正常的组织生活。社区和社会组织党组织数量和党员规模不断壮大，党员组织生活更加丰富多彩，参与积极性也不断提高，有力促进了社区的和谐稳定和社会组织的健康发展。

这种把党建工作融合、渗透到业务发展中去，融合、渗透到社区和社会组织自我管理、自我教育、自我服务中去的做法，实现了党的服务领域和自身建设的提升，既夯实了党执政的社会基础和群众基础，又实现了为人民服务和专业服务的有机结合，进而实现了党执政的社会效用和政治效用的完美统一，真正发挥了党委在社会建设过程中的主导作用。

珠海"公共服务新模式"，概括地总结就是"一主一体三化"，即建设幸福的社会生活共同体，以社会领域党建为"主导"，通过构建政府提供公共服务、社区开展自助互助服务与社会组织和社工提供专业服务的社会服务体系，把社会治理由单一化转变为多元化、社会服务由单方化转变为合力化、公众参与由个体化转变为协作化的"三化"作为着力点，实现政府行政管理与基层群众自治的有效衔接和良性互动，建设管理有序、服务完善、文明祥和的幸福的社会生活共同体。几年来，珠海社会严重犯罪案件同比下降 29.3%，是珠三角最安全的城市之一。良好的社会治安、优美的自然环境、和谐的人居气氛，为珠海新一轮大发展注入了活力。这个成绩的取得，与珠海近 3 年来坚持走群众路线，提升公共服务水平，推进社会管理体制改革密不可分。

三、天津市和平区：行政许可服务中心引入中介组织参与行政审批服务[①]

天津市和平区行政许可服务中心，在行政审批服务创新之中，冲破重重阻力，以建立"全程领办窗口"为契机，把可以不用政府机关和公务员管的事情，大胆地交给中介组织，让社会中介组织代替政府行使部分权力，在其适合的位置上参与到行政审批服务之中。在 2010 年"第三届全国行政服务创新论坛"上，和平区"关于中介全程领办"的经验得到来自全国 30 多个省市、地区的与会代表和专家的肯定。2011 年，该项目获第六届中国地方政府创新奖提名奖。

（一）引入中介组织进入"全程领办窗口"的动因和经过

针对全国多数市县普遍建立了"行政许可服务中心"，但办事程序复杂、申报材料填写困难、代办各类营业执照的中介机构混乱等仍困扰办事民众和企业的问题，天津市和平区行政许可服务中心没有采用驱赶中介人员、增设占行政编制的人员、建立"一门受理"窗口等常规做法，而是根据转变政府职能的总体思路，从引导、培育中介组织参与社会管理、承担公共事务的角度，本着政府可管可不管的事情尽量不管的具体原则，创新行政审批流程，以建立"全程领办窗口"为契机，择优录选 5 家资质高、有意愿的中介代办机构进驻"中心"的"全程领办窗口"，即"让政府退出去，把中介请进来"，让它们变"地下为地上"、变"混乱为规范"，和"中心"近 30 个政府行政审批部门工作人员一起，向社会提供透明、简洁、高效的行政审批服务。

"中心"统一规定，进驻"中心"的中介机构每代办一个执照政府补贴 200 元服务费，政府花钱购买中介服务，形成了政府、企业与中介三者的契约服务关系。中介机构进驻"中心"，服从"中心"的统一管理，与进驻"中心"的行政审批人员工作上同标准、服务上同规范、纪律上同要求。如有违规或被申请人投诉，经核查情况属实，"中心"有权要求中介组织调换人员或责令中介机

构退出大厅。至此，规范化的中介全程领办服务和政府的审批服务融为一体，一个新的行政服务模式在实践中应运而生。

和平区从 2007 年 7 月开始这样的创新摸索。尤其是 2009 年 1 月，天津市政府决定在市区两级许可中心实施企业设立联合审批，和平区充分利用这一契机，把联合审批与全程领办两种方式有机结合，形成了促进审批服务的组合拳。主要表现为"六个一"：一窗接件，即申请人的所有审批要件都是由领办服务窗口的中介人员全程办理；一人领办，即所有领办服务的全过程都由一人负责，服务到位；一次性告知，即中介介入全程领办后，落实一次性告知，提高了办理效率；"一机双屏"，即由政府投资在一台主机上配备两个"背对背"屏幕，中介人员录入信息，申请人当场确认和纠正，实现了中介服务的智能化；一表填报，即按照全市企业设立联合审批的"一表通"，中介领办人员快速、准确地运用"一机双屏"填写表格，各部门通用，简化了程序；一单办结，即企业申请人到中心综合服务窗口登记后，领取全程领办单，与中介组织确立领办关系，直至领取所有证照。

运行 4 年来，中介全程领办和各行政审批窗口磨合顺利，共领办了 7558 家（新办 3509 家，变更 4049 家）企业。一次性通过率达到 98%；企业设立平均办理时限达 2.5 天。企业满意率达 100%。审批效率明显提高，行政成本显著降低，社会活力大为增强，创新效果十分良好（见表 10-2）。

（二）中介全程领办有效地解决了行政审批服务中的三大难题

一是解决了企业办照难的问题。过去，企业办照要到涉及的各个审批窗口逐一去咨询、填表，工商、国地税、公安、质量监督等部门的专业术语和法规要求，70 多页表格的 271 项内容，以及 13 种、43 页的各种复印文件，没有哪个企业的工作人员一次就能听明白、记得住的；于是耗用几十天的时间，往返到中心的报件、修改成了"常态"，企业申请人感到非常头疼。而具有专业能力

---

① 张霁星：《政府退一尺 社会宽一丈——天津市和平区行政许可服务中心引入中介组织参与行政审批服务综述》，中国地方政府创新网，2011 年 11 月 7 日。

表 10-2　天津市和平区引入中介组织参与行政审批服务的时间进程

时　间	内　容
2004 年 8 月	在《行政许可法》实施后，和平区行政许可服务中心推出"一站式服务"
2007 年 7 月 1 日	天津市和平区行政许可服务中心将行政审批代办公司引入行政许可服务中心，由代办公司协助政府提供专业化的行政审批服务，为企业提供新注册手续及变更手续的"全程领办"服务
2008 年 1 月 17 日	天津市开始实施联合审批办理
2009 年 2 月 18 日	天津市政府决定在市、区两级许可中心实施企业设立联合审批。和平区充分利用这一契机，把联合审批与全程领办两种方式有机结合，形成了促审批服务的组合拳，企业设立审批中介全程领办服务进入了蓬勃发展的时期
2010 年 7 月 22 日	中介全程领办在第三届全国行政服务创新论坛上向全国推介

的中介人员却轻车熟路，70 多页的表格、270 多项内容的填写，中介与企业以问答形式仅用半个多小时就能完成。中介的全程领办用专业化促进了简化，企业办照不再难了。

二是改善了行政效率低的问题。过去企业申请人到各个审批窗口逐一咨询，审批人员往往是问一句答一句，一般很难把所有问题一次性告知全面。一个窗口，企业就可能往返多次。这个部门的表格过关了，还有下一个部门的窗口。行政效率低，审批过程长、环节多、速度慢。如今，中介一次性帮助企业做好筹备工作，并制定了不同类型企业的规范性文本，过去企业往返于各审批窗口反复咨询、更正、修改、验证的烦恼没有了，中介与企业面对面，一问一答，一气呵成。中介提供给各个审批窗口的表格和报件基本上都是符合规范要求的文件，没有理由再退件、缓办，过去用 1 个月甚至更长时间才能完成的过程，如今 2.5 天就能完成，行政审批效率大幅提高。

三是有效预防了腐败的问题。过去申请办理营业执照，是一个企业要面对多个政府审批部门。实行中介全程领办，在政府与企业之间铺设了一个必须经过的"过渡带"，这个"过渡带"就是一道"防火墙"，每个审批人员都不直接面对企业，企业只需面对一个中介机构就完事了。而企业和中介之间是一种契约关系，这就形成了企业、中介组织、政府审批部门的三方制约机制。审批人员没机会向中介组织"吃、拿、卡、要"，中介组织与企业属有偿代办，不可能向企业"吃、拿、卡、要"。

过去，每个审批部门的官员面对每个企业申请人，从讲解本部门要求填写的表格开始所拥有的"官"和"管"的优越感被剥夺了，企业直接面对政府官员的漫长过程没有了，因此，寻租的渠道与机会也就没有了。过去刻章、验资、银行等企业都围绕着政府审批人员转，希望他们为自己介绍客户，拓展业务，于是，业务介绍费、咨询费、回扣等也就自然成了某些审批人员的额外收入。中介全程领办使政府官员失去了和企业见面的机会，也就失去了向企业"寻租"的可能性和"灰色"收入，长期以来形成的一条"看不见的利益链"被斩断，从而就从源头上遏制了腐败现象的发生。

（三）中介全程领办所取得的显著效益

（1）企业设立成本降低，审批效率加快。政府花钱购买，企业享受免费的中介专业化服务，缩短了企业筹备时间，降低了企业设立成本。2010 年，中介领办的报件一次性通过率达到 98%；企业设立平均办理时限达 2.5 天。从 2007~2011 年，中介组织共全程领办 7558 家（新办 3509 家，变更 4049 家）企业，企业实行了全程领办，如果企业向中介组织自行购买代办服务，每户至少需支付 600 元，累计共为企业节约资金约 453.48 万元。

（2）中介组织得到了发展完善的空间与平台。中介机构进入政府的"中心"，政府给了它们参与和承担公共事务的机会，加强全面培训，使它们在服务实践中得到发展和完善，提升了公信力和形象，增强了自信与自尊，它们既从代办执照中直接得利，又便于承揽延伸业务，实力逐步壮大，综合素质得到全面提升，成了政府服务的帮手、企业办事的助手、提高效率的推手，它们的社会作用得到充分发挥。

（3）极大增强了全社会的活力，明显地促进了地方经济与社会的全面发展。进入"中心"的 5 个中介机构工作人员不占用行政编制，每年直接节省行政开支 100 余万元；吃拿卡要等一系列腐败现象得到了遏制；行政审批效率大幅提高；极大地激发了社会活力；改善和提升了政府形象；优化了和平区的投资发展环境；整个社会效率也显著提高，4 年间，中介全程领办了 7558 家企业，过去需要 1 个月时间的审批过程现在缩短到 2.5 天，每个企业节省了 27.5 天，4 年总节省时间 207845 天，合计为 569 年。企业普遍赞誉：到和平区投资从办照开始就感到安商、亲商的氛围，不花钱就能享受到中介的专业化服务。大项目、好项目纷纷落户和平区，4 年间，和平区的财政收入从 2006 年的 12 亿元增长到 2010 年 30.07 亿元，年均增长 24%，走在市区前列。

四、深圳、北京、上海：社会组织管理体制改革创新[①]

这些年来，社会组织的双重管理体制改革一直饱受学界诟病。2010 年，"壹基金"遭遇的"身份危机"又将中国社会组织登记管理体制中最具争议的双重管理体制推上风口浪尖。根据双重管理体制的原则，每一个社会组织的成立首先需要得到业务主管单位的审查同意，然后才能向登记管理机关申请登记，成立后同时接受登记管理机关和业务主管单位的双重管理。学界普遍认为这一制度为社会组织合法身份的获得设置了障碍，是目前制约中国社会组织健康发展的制度性因素之一。在实践中，为了适应新时期社会组织发展的需要，各地政府也因地制宜，进行了各种特色鲜明的改革创新。其中，深圳市的一元登记管理模式、北京市的新二元登记管理模式和上海市的三元登记管理模式比较具有代表性和特色。

（一）深圳市的一元登记管理模式

一元登记管理模式是指社会组织的登记管理由一个部门统一执行。深圳市实施一元登记管理模式的改革采取了分阶段、分领域的"半步"策略。从 2004 年起选择敏感度较低、风险较小的行业协会作为突破口，从民间化入手，改革行业协会登记管理体制，并在取得经验的基础上逐步扩大领域，探索社会组织由民政部门统一登记的一元登记管理模式。

第一个"半步"，从双重管理体制到新二元登记管理模式，整合业务主管单位。2004 年深圳市成立行业协会服务署，统一行使行业协会业务主管单位的职责，并以此为契机，推动行业协会民间化改革。其主要内容是：各行业协会在机构、办公场所、人员和财务等方面与原业务主管单位全面脱钩，由行业协会服务署作为协会的业务主管单位，构成了行业协会服务署与市民政局民间组织管理办公室对行业协会进行"双重管理"的新二元格局。

第二个"半步"，通过机构合并，从新二元登记管理模式到准一元化登记管理模式。2006 年底，深圳市将行业协会服务署和市民政局民间组织管理办公室合并，组建市民间组织管理局。从此，深圳市实行行业协会由民间组织管理局直接登记的管理体制，民政部门既是行业协会的登记管理部门，又是协会的业务主管单位。

第三个"半步"，将准一元登记管理模式从行业协会向其他领域推广。2008 年 9 月，深圳市出台《关于进一步发展和规范我市社会组织的意见》，规定对工商经济类、社会福利类、公益慈善类的民办非企业单位实行由民政部门直接登记管理的体制，扩大社会组织实行直接登记管理的范围，与此同时，对社区社会组织实行登记和备案双轨制。

深圳市的改革实践在以下 3 个方面取得了显著成效。一是社会组织数量的提升。改革之前，深圳市平均每年新增行业协会 7.7 家，改革之后平均每年新增 16.4 家，并且全部由民间自发成立。二是社会组织民间性的提高。通过直接登记，切断了政府各职能部门与社会组织的行政隶属关系，实现了社会组织的民间化。三是社会组织竞争性的增强。在改革中，深圳市适度突破了"一业一会"的限制，推动了社会组织之间竞争性的增强，促进了社会组织服务质量的提升。

深圳市的改革也带来一些问题，其中最为突出的是业务监管问题。由于民政部门对于社会组织所处的业务领域并不熟悉，作为行业协会的业务主管单位，民政部门在业务领域对社会组织的监管能力与双重管理体制下职能部门的监管能力相比有所减弱。

---

① 郑琦、乔昆：《社会组织管理体制改革：模式比较与路径选择》，《理论与改革》，2011 年第 1 期。

（二）北京市的新二元登记管理模式

新二元登记管理模式是指由相对集中的业务主管单位和登记管理机关共同行使对社会组织的监督管理职能。它的主要特点是在原有的双重管理体制的基础上，将分散的业务主管单位进行适当集中。2009年，北京市政府在北京市社会建设"1+4"系列文件里提出：构建枢纽型社会组织工作体系，由枢纽型社会组织承担业务主管单位职能，即构建枢纽型社会组织为业务主管单位和市社会团体管理办公室为登记管理机关的新二元登记管理模式。

2009年4月，北京市首批正式确认了10家市级枢纽型社会组织，包括市总工会、团市委、市妇联、市科协、市残联、市侨联、市文联、市社科联、市红十字会、市法学会。它们分别负责职工类、青少年类、妇女儿童类、科学技术类、残障服务类、涉侨类、文学艺术类、社会科学类、医疗救助类、法学类社会组织的联系、服务和管理。通过枢纽型社会组织的确立，政府希望在社会组织的管理、发展和服务中，充分发挥人民团体等有较大影响的社会组织的作用。具体而言，主要体现在以下3个方面：在政治上，使枢纽型组织成为党和政府与社会组织和各界群众广泛联系的桥梁和纽带；在业务上，通过枢纽型组织将性质相同、业务相近的社会组织联合起来，形成合力、促进共同发展；在管理、服务上，使枢纽型组织承担业务主管单位的职责，对相关社会组织进行日常管理和服务。

北京市枢纽型组织的确立，主要取得了以下成效：一是有利于社会组织获得合法地位。枢纽型组织被授权可以承担业务主管单位的职责，在一定程度上缓解了社会组织登记注册找不到业务主管单位的困境。如市红十字会目前就已经促成了两个草根组织（"蓝天救援队"和"干细胞志愿者之家"）成功登记注册。二是有利于加强同领域社会组织的沟通与合作。双重管理体制下，即使同领域的社会组织也可能分属于不同的业务主管单位，枢纽型组织将同领域的社会组织集中起来，加强了同领域内社会组织的沟通，促进了同领域内社会组织的合作。

但就目前的实践来看，枢纽型组织也面临一些问题。最为突出的是作为枢纽型组织的人民团体自身的能力问题。人民团体在我国的政治体系中原本就属于较为弱势的机构，所享有的权利和资源并不多。由人民团体去推动社会组织的发展，其监管的程度和培育的效果是有限的。只有约20%左右的北京市社会组织的业务主管单位是枢纽型社会组织。很多已经成立的社会组织并不愿意与原来的主管部门分离，业务主管单位从政府部门向枢纽型组织的转移还未进入实质性开展阶段。

（三）上海市的三元登记管理模式

三元登记管理模式是指在原登记管理部门和业务主管单位的双重管理体制的基础上，成立另一个专门机构，共同行使对社会组织的管理职能。上海市的改革以行业协会为突破口，增加了一个服务机构，构成了三元登记管理模式。

第一阶段：从双重管理体制到三元登记管理模式。2002年1月，上海市政府召开上海市行业协会和市场中介改革发展工作会议，成立了上海市行业协会发展署，将行业协会的双重管理扩展为登记管理部门、业务主管单位和行业协会发展署三方。上海市社团局作为登记管理部门负责对行业协会依法登记管理和日常执法检查；相关业务主管部门负责对行业协会活动进行指导和监督；行业协会发展署作为行业管理部门，负责行业协会的发展规划、布局调整、政策制定、协调管理等。

第二阶段：从行业协会向其他领域推广。2004年7月，上海市在行业协会发展署的基础上通过合并改组成立了上海市社会服务局（2005年6月，机构正式投入运作）。社会服务局的职能定位是为新经济组织、新社会组织（统称"两新组织"）发展提供综合协调、服务的职能部门。它的成立将三元登记管理模式的适用范围从行业协会扩展为社会团体（仅限于行业协会）、民办非企业单位和市场中介组织（如律师事务所、会计师事务所等）3类。

上海市的改革取得了以下4个方面的成效：一是促进了社会组织数量增长。行发署成立之前，上海市共有132家行业协会，行发署成立后的4年间，上海市的行业协会增加了71家。二是培育了一批急需的社会组织。行发署在信息业、新兴制造业、金融业、现代流通业、现代农业、文化产业等优势行业、新兴产业和加入世界贸易组织相关领域培育发展了一批社会急需的行业协会。三是推动了行业协会规范性加强。行发署的出现有利于打破行业协会的部门隶属格局，淡化行业协会的行政依附性。至2003年底，上海市原有的132家行业协会就已经基本完成脱钩改制和清理整顿。四是改善了行业协会自身能力。经过行发署的培育发展，上海市行业协会的服务、代表、协调、自律等功能有了一定的强化，在整顿和规范市场秩序、建设社会诚信体系以及推进知识产权等工作中发挥积极作用。

上海市的改革在实践中也存在一定的问题。以行发署为例，它是一个临时性、过渡性组织，职权有限，只承担了行业协会的组建权，对行业协会的登记管理以及业务指导和监督仍归社团局和业务主管部门负责。在实际操作中，存在行发署职责界定不清，与其他部门存在职能交叉，使社会组织的登记注册程序更为复杂等问题。

五、广东省中山市：实施流动人员积分入户制度[①]

1958年《中华人民共和国户口登记条例》的正式实施，开启了中国独有的城乡二元户籍制度，并由此形成了城乡二元的社会结构。近年来，户籍制度改革的呼声渐高。2010年，"中央一号文件"（《中共中央、国务院关于加大统筹城乡发展力度，进一步夯实农业农村发展基础的若干意见》）提出，要深化户籍制度改革，加快落实放宽中小城市、小城镇特别是县城和中心镇落户条件的政策。拥有近3000万流动人口的劳务输入大省——广东省目前在户籍制度改革上率先破冰。广东省中山市在流动人口户籍制度改革方面探索出的流动人口积分入户制度目前已开始在全省范围内推广。

（一）中山市流动人员积分入户的主要做法

中山市是广东省流动人口迁徙最明显的区域之一，有312万常住人口，外来人口占53%，这对社会管理提出了新的要求。从2007年起，中山就先后在小榄镇、火炬开发区、东升镇3个镇区设立流动人员子女凭积分入读公办学校试点，引起积极反响。2009年12月16日，中山市出台《中山市流动人口积分暂行管理规定》和《中山市流动人员积分制管理实施细则》，在全国率先推行流动人员积分制管理。中山市的积分制管理坚持"总量控制、统筹兼顾、分类管理、分区排名"原则。"总量控制"就是在人口、资源等的承载能力范围内科学调控；"统筹兼顾"就是综合考虑经济能力、人员素质、社会管理、发展需求等指标，科学地进行制度安排；"分类管理"就是根据不同镇区所能承载的流动人员入户人数和可提供公办教育资源情况，分配数额不等的入学入户指标；"分区排名"就是以镇区为单位，申请人根据积分高低，轮候享受入学入户等相应待遇。

积分制管理计分标准由基础分、附加分和扣减分3部分组成。基础分指标包括个人素质、工作经验和居住情况3项内容。附加分指标包括个人基本情况、急需人才、专利创新、奖励荣誉等10项内容。扣减分指标包括"违法犯罪"和"其他违法行为"两项内容。根据申请人的情况，积分累计超过30分的流动人员，其政策内生育的子女可在产权房屋所在地或工作地申请入读公办学校排名；积分累计超过60分的流动人员，其本人、配偶或直系亲属在中山拥有合法房产的，在法定工作年龄内可申请积分入户排名。

其具体操作流程如下：

（1）市根据各镇区公共资源的实际情况，每年安排一定数量的流动人员迁入中山市户籍（以下简称"入户指标数"）。每年初由市发展和改革委员会同市人力资源和社会保障局、市公安局根据省下达的指标数拟定各镇区当年的入户指标数报市政府批准，原则上于3月底前统一向全市公布。

（2）已纳入流动人员积分制管理，其本人、配偶或直系亲属在中山拥有合法房产的（申请人家庭人均住房面积不能低于中山市城镇低保住房困难家庭标准），在法定工作年龄内，需享受迁入

---

① 中山市流动人口信息网，http://www.zslg.gov.cn；曾东萍：《积分入户制试验在路上》，《南风窗》，2011年第6期；粤仁宣：《广东：实施积分制入户新政策》，《人力资源管理开发》，2012年第3期；雷雨、胡明：《中山首创"积分制"弥合"族群鸿沟"》，《南方日报》，2012年4月20日。

中山市户籍待遇者，可于上一年9月开始至当年4月底前向其住所所在镇区流动人口和出租屋管理服务中心提出申请。

（3）市流动人口管理办公室于5月底前分镇区按申请人所得积分高低进行排名，并在本市主要媒体上进行公示，公示期不得少于5个工作日。经公示无异议的，由市流动人口管理办公室将排名情况提交市公安局，并向进入指标数内的申请人发出积分入户通知书。

（4）排名在申请地镇区入户指标数内的申请人，携带积分入户通知书和公安机关要求的其他相关资料在3年内到公安机关办理入户相关手续。具体入户程序由市公安局另行制定。

（5）在总积分相同、排名并列的情况下，根据申请人个人素质、参保情况、居住情况的所得分数依次分别排名，如排名依然并列，则按提出入户申请的时间先后确定积分排位。

中山市"积分制"实施两年来，共有1.5万名农民工及其子女入户或入读公办中小学。"积分制"的实施，不仅优化了中山市的人口结构，为中山城市发展留住了大量的实用人才，也为中山市的可持续发展注入了新的活力。2010年和2011年入户中山的4625人中，具有大专以上学历的有2516人，占总人数的54.4%，拥有技术职称和职业技术资格的有1659人，占总人数的35.9%。为了使这一政策更加具有普惠性，2011年以来，中山对积分政策"扩容"，并作出了几项调整：消防志愿者参与志愿服务获积分入户；政策外生育的子女也可申请积分入学；公司总部不在中山，但有异地社保证明的外来工，也可申请积分入户中山。

（二）中山市积分入户的经验与困境

流动人员积分制改革牵涉最复杂、最困难的户籍问题，中山市"积分制"的实施撕开了城乡二元户籍制度的一个口子，提供了一种全新的思路。这一思路受到了社会各界的积极肯定，总体来看，其价值和经验主要体现在以下几个方面：

（1）中山市在全国率先推行流动人员积分入户制度，妥善解决了外来务工人员的户籍及子女享受义务教育的问题，撬开了户籍制度的坚冰，探索了一条解决有限公共资源公平分配的现实路径，具有深远的意义。一些学者指出，中山流动

人口"积分制"管理首要意义在于创新了社会管理模式，突破了"本外"二元体制障碍。积分入户制度的实施有效地实现了"本地人"与"外地人"的融合。即便是未来放开户籍，城市的教育、低保等仍然是有限公共资源，短期内不可能惠及所有人，那么积分制就是一个好的分配方法。

（2）积分制实施两年来，不仅优化了城市的人口结构，为中山城市发展留住了大量人才，也为城市的可持续发展注入了新的活力。据统计，在入户中山的4625人中，具有大专以上学历的有2516人，占总人数的54.4%，拥有技术职称和职业技术资格的有1659人，占总人数的35.9%。积分制可谓成功地探索出一条可持续的地方人才经营模式，走出了传统的"引进—培养—逃离"的人才怪圈，尝试出了一条多层次、有类别、重实效、多元化的可持续人才精英模式。

（3）积分制还积极地尝试出全新的公民社会培养体制。中山市以积分入户制度为入口，在将"外地人"与"本地人"有效融合的同时，有机地将积分入户的过程与教育、就业、社会保障、公共医疗、住房等基本公共服务均等化原则有效挂钩，根据积分的进程，对入户人员进行阶段式评估，有效地建立起了社会公众不断自我提升的良性动态机制，孵化出了一种全新的公民社会培养体制。

（4）由于积分入户制度是以入户需求指标与条件变更为基础的动态管理模式，这一动态治理模式最大的制度效应就是极大地提高了制度本身的纠错能力，可以根据动态变化的多元化、多层次的人口结构变动，有效地提高制度本身的适应性，形成高效的动态社会治理模式。

与此同时，中山市积分入户制实施两年来，也遭受了一些质疑和批评。一些人认为，中山市的积分入户改革方案中，指标设计呈现出向高学历、高技能、有财富人才倾斜的导向，这种以引进人才和财富为改革的导向过于功利，最需要解决户籍问题的农民工仍然"入户难"，这与户籍制度改革的理想——实现自由迁徙、落实《宪法》面前人人平等尚有差距；还有人指出，在中山的积分入户申请中，5个中心区镇的申请数与指标数之比超过31，但部分落后镇区的入户指标却无人问津，中心城区的社会承载需求与承载力之间矛

盾明显，该矛盾难以通过积分入户等政策引导解决。

（三）积分制入户的政策推广

2010年6月7日，广东省人民政府出台《关于开展农民工积分制入户城镇工作的指导意见（试行）》（以下简称《指导意见》），农民工积分满60分即可申请入户城镇。《指导意见》总体借鉴了中山市的经验和测评体系，同时在中山方案的基础上加入了鼓励农民工流向县城和镇区等一些调整性政策。广东省计划在2010~2012年，引导和鼓励180万名左右的农民工通过积分制入户城镇，融入城镇。这一《指导意见》是逐步打开城市、接纳农民工在就业地落户的突破口。

2012年1月1日起，广东省在全省范围内开始实施积分制入户新政策，引导农民工有序落户，融入城镇。积分制入户新政策充分体现了以人为本和构建服务型政府的理念，主要在6个方面进行突破创新：一是将积分入户适用对象范围由在粤务工的农业户籍劳动力扩大至所有在粤务工的城乡劳动者。二是扩大积分使用范围，由原先仅用于积分入户扩大至享受城镇公共服务。三是优化积分指标。缩小低学历分值差距，加大职业资格、专业技术职称、缴纳社会保险费年限的分值和比重。四是完善各地积分指标。明确规定各地要根据全省统一指标，及时修改完善本地区积分制度，在完全包含省统一指标的前提下，结合本地区实际，重点鼓励长期稳定就业、有一技之长、获得表彰奖励和积极参加社会服务、就地就近的农民工入户，并设定相应的积分指标。五是优化办理服务。六是强化配套服务。

六、安徽省铜陵市铜官山区：社区综合体制改革[①]

为创新城市社区管理模式，提升城市管理服务水平，安徽省铜陵市铜官山区自2010年7月起，全面启动了区、街道、社区三级管理体制改革。2011年7月29日，在全省社区综合管理体制改革现场会上，铜官山区被国家民政部列为

"全国社区管理和服务创新实验区"，这是全国范围内第一个社区管理和服务创新实验区。[②]

（一）铜陵市铜官山区社区综合体制改革的原因

铜官山区是铜陵市主城区，区域总面积36平方公里，人口33.9万，原下辖长江路、杨家山、铜官山、扫把沟、横港、石城路6个街道办事处。自2009年开始，铜官山区就开始逐步探索社区综合体制改革方案。其主要动因有：

（1）社区建设成果的积累，为铜官山区实行社区综合体制改革奠定了深厚基础。2000年9月13日，铜官山区在全市成立第一个社区——朝阳社区。2004年以来，铜官山区全力推进设施优等、管理优化、服务优质、环境优良的"四优"文明和谐社区建设，率先走出了一条具有铜官山区特色的和谐社区建设之路，先后被授予"全国和谐社区建设示范城区"、安徽省"社区服务示范城区"、"社区建设示范城区"、"社区党建示范城区"称号。日益增强的经济实力和长期积累的社区发展成果，为该区实行社区综合体制改革奠定了基础。

（2）化解体制转轨和社会转型中的矛盾，是铜官山区实行社区综合体制改革的根本原因。一方面，随着社会结构、社会功能、社会组织间的相互关系等趋于多元化，出现了单一的行政管理体制同多元化需求之间的矛盾，传统行政化的管理体制已不能适应社会发展的需要。另一方面，在原有的城市管理体制下，工作站与居委会合署办公，居委会依附于工作站开展工作，由此导致社区居委会集行政管理、社会管理、自治管理"三位一体"，加之工作精力、理念方式等因素，居委会把本该为居民服务变成了对政府负责，承担了大量行政事务，工作行政化倾向严重，居民自治职能缺位。唯有改革，才能有效化解体制转型和社会转型中的矛盾和问题。

（3）提升群众的幸福感和满意度，是铜官山区实行社区综合体制改革的最终归宿。完善社区服务、促进社区建设，转变政府职能、创新政府管理，其最终目的是为了不断满足该区居民对公

---

① 王进平、毕茂东：《创新城市基层社会管理的成功尝试：铜陵市铜官山区实行社区综合体制改革的调研报告》，《中国民政》，2011年第6期。

② 谭朝红：《铜陵市铜官山区列入全国社区管理和服务创新实验区》，人民网，2011年8月3日。

共服务的更高需求，进一步提升居民群众的幸福感和满意度。

（二）铜陵市铜官山区社区综合体制改革的主要做法

铜官山区的改革主要是以转变职能为着力点，以减少服务管理层级、促进工作重心下移、提高服务效能、降低管理成本为目标，以优化结构、理顺关系、完善机制、增强功能为重点，以推进区级政府机构改革和职能转变为契机，以加强基层党组织建设为龙头，逐步构建"夯实基层、提升效能、强化服务、推动自治、促进发展"的新型社区管理和服务体制机制，不断提高城市公共管理和服务水平。具体做法是：

（1）推进基层民主，突出社区自治的新要求。重新选举社区居委会，按照一个社区对应一个居委会的原则，在全区范围内进行了社区居委会直选，通过户代表选举和差额选配的方式选举产生了居委会领导班子，成员结构达到了"两个40%以上"的要求，即年龄45岁以下的占40%以上，大专以上文化程度的占40%以上。同时，完善了社区自治的组织体系，组建了综合事务、民政事务、人口计生、综治维稳信访、市容卫生（文明创建）、社会保障等专门委员会，成立了社区居民代表大会和社区议事委员会，合理设置居民小组和楼栋，配齐配强居民小组长和楼栋长，并依托居民小组、楼栋等载体健全各类群众性组织，民主协商讨论本居民小组的群众性公共事务，逐步形成社区居委会、居民小组、楼栋门院上下贯通、左右联动的社区自治体系新格局。及时明确社区居委会及下属各委员会、居民小组长和楼栋长的职责任务，将不属于社区居委会的职能进行剥离，去其行政化，回归居民自治本色。通过建立健全社区居民代表大会制度、居民公约制度、居民和党员代表议事制度、议事协商委员会议事规则等一系列体制机制，完善社区民主自治的制度体系，激发社区自治活力和民主氛围。

（2）整合条块力量，构建社区组织的新架构。根据城市交通、居住环境、地域面积、人口数量、社区现状和未来发展等情况，将原6个街道办事处和49个社区工作站整合为18个社区公共服务中心，撤销街道办事处，实行区直管社区，减少管理环节，实现一级政府两级管理。整合后的新

社区，建立起以社区党工委为核心，社区居委会、社区公共服务中心、各类社会组织为支撑的整体架构。社区党工委直接隶属区委管理，主要承担社区范围内总揽全局、协调各方的职责，党工委由5~9人组成，成员由辖区单位党组织负责人、社区居委会主任、公共服务中心成员等组成；社区公共服务中心本着精干、勤奋、务实、高效的原则，统一设置综合事务、民政事务、人口计生、综治维稳信访、文明创建、社会保障、经济服务7个专业服务窗口，接受社区党工委和社区居委会的统一领导和管理，对进驻社区的事项实行"一厅式"审批和"一站式"集中办理，最大限度地简化办事程序，缩短办结时限。同时，培育壮大社区社会组织，加大辖区内业主委员会、物业管理机构等组建力度，支持鼓励参与社区建设，大力推行社区志愿者注册登记制度，加快志愿者队伍建设力度，加快培育中介、医疗卫生服务站、养老托老服务等专业服务组织，推动社区服务社会化。

（3）服务重心下移，建立社区运行的新体系。按照"属地管理、条块结合"原则，建立社区运行新机制。强化网格化管理制度。按照300户左右1人的要求划定责任区，配备社区网格管理责任人，在责任区内进行日常巡查和综合信息采集等工作，实行分类管理、重点服务，设立AB岗制工作方式，专门业务工作为A岗，对网格内各项事务负责的为B岗，实行一岗多责，对责任区内住户进行分类服务，变坐等服务为主动上门服务。各项业务在窗口集中受理、分口办理，形成"前台一口受理、后台分类处置"的工作机制。社区取消坐班制，实行开放式办公，窗口式服务。对面积较大、办事不便的社区在合适位置设立服务点，对较偏远、办事不便的居民实行网格人员上门服务和代理服务等。健全网格化考评体系，出台了一系列规章制度，采取职能岗位考核和网格岗位考核相结合、季度考核和年度考核相结合的方式，引进社会中介组织，开展群众满意度测评，客观评价网格工作人员的工作实绩。

（4）理顺管理职能，建立社区与区直部门对接的新机制。理顺区直部门与社区的职能，将原街道党工委及群团、武装等部门职能和原街道办事处相关公共管理、服务、部分审核审批等职能

下放到社区，将原街道的协护税、城管执法、司法行政等主体职能收归区直相关职能部门，实现分片归口管理，新社区协助上级职能部门做好相关服务工作。成立社区建设办公室，建立社区工作联席会议制度，区直相关部门和社区居委会共同研究解决社区建设、社会管理和公共服务事项，协商部署相关工作，同时制定相关工作制度，对新社区组织开展培训和业务指导，并承担相关工作的汇总、审核职能。在社区财务资产管理上，按照"统一核算、集中管理"和"财随事走，费随事转"的原则，设立社区独立账户，经费由区财政直接核拨，实行报账制。社区房屋等固定资产归口区机关事务局统一管理，区国有资产管理委员会对原街道的债权债务负责，对新社区资产进行监督管理。

（5）完善用人机制，建立社区人事管理的新规范。按照"综合配套、统筹推进"和"老人老办法、新人新政策"的原则，将原街道、社区人员分流与区政府"大部制"改革有机结合起来。在机关干部和街道、社区工作者之间实行"双向选择"，通过公开招考、民主推荐、组织考察等多种形式，科学合理地配置新社区和区直相关职能部门的人员力量，配齐配强新社区领导班子。对涉及调整分流人员，保留身份不变、职级不变、待遇不变，逐步过渡到同一机构、同一单位、同类人员实现统一管理、统一待遇。为加强社区工作者管理，配套出台了《社区工作目标责任制管理考核暂行办法》、《社区领导班子考核暂行办法》、《社区工作人员管理暂行办法》、《铜官山区聘用人员工资福利管理暂行规定》等一系列规章制度，通过绩效挂钩提升新社区工作者的福利待遇。

（三）铜陵市铜官山区社区综合体制改革的初步成效

（1）强化了社区自治，推进了社区民主化管理。通过将行政服务管理职能和居民自治职能相对分开，有效克服了社区日益严重的行政化倾向，使社区居委会回归其自治本质。目前，各社区已普遍建立协商议事听证会制度，通过居委会直选完成了社区换届，社区居委会主任全部由居民选举产生。新社区直选率和一次性选举成功率达100%，社区居民投票率达82.3%。

（2）下移了工作重心，提高了办事效率。实行区直管社区后，原有的社区管理模式被打破，管理层级减少，形成区政府与社区的直接互动，降低管理过程中的信息失真，使社会管理和公共服务更贴近基层、贴近居民，有效提高了区级政府办事效率和服务社区居民的水平，为构建"小政府、大社区，小机构、大服务"的管理体制奠定了基础。

（3）实现了职能归位，理顺了内外关系。一方面，属于区直部门履行的行政执法、审批、管理等职责全部归还有关职能部门，属于社区自治组织、民间组织履行的职责分别归还给这些组织。区政府各职能部门从"后台"走到"前台"，主动转变观念，简化办事流程，增强服务意识，推动了政府行政功能和社区自治功能的协调互动。另一方面，按照"条块结合、资源共享、优势互补、共驻共建"的原则，社区自治组织与其他社区民间组织、物业管理服务机构、业主委员会和辖区单位，普遍建立了指导、协商、互补、监督的机制，一个共驻共建共享的社区建设新格局初步形成。

（4）加强了社区党组织建设，巩固了党的执政基础。出台了《关于加强区域化社区党建工作的意见》，探索社区党建新模式，不断扩大党在基层社区工作的渗透力。在领导体制上，既有从社区党工委到网格党支部、楼栋党小组纵向垂直式的直接领导体制，又有按照社区"大工委制"兼职委员的横向网络式的间接领导体制；在组织载体上，既有由社区党工委领导、辖区单位基层党组织共同参与的社区党建联席会议，又有方便社区党员日常相互沟通交流、传递信息的社区党员服务中心；在组织活动方式上，调整设置了社区党工委所属支部，把支部建立在网格上，把党小组建立在楼栋中，加大了特色、特长等功能型支部组建力度，加快在非公经济组织和新社会组织中建立党组织的步伐，加强了对社区离退休党员、流动人口党员、下岗失业党员的管理和服务，把党建工作延伸到社区的每个角落。

（5）提升了服务，提高了居民满意度。按照网格化、精细化、责任化的要求，实行上门服务、代理服务、一站式服务，细化了社区网格人员的责任分工，夯实了管理基础。社区服务理念和服务模式发生了巨大变化，社区运行机制更加科学高效。尤其是改革后，使原先浮在区和街道层面的资源进入社区，分散在各个条口和社区内部的资源得到有效整合，实现责权利相统一，社区的民生服务、城市管理、综治维稳等功能得到强化，社区卫生、社区文化、社区环境、社区治安、社区就业和保障等服务功能得到提升，群众对社区居委会的满意度不断提高。

（6）优化了结构，提升了队伍素质。改革中，紧紧围绕优化结构和社区工作队伍素质的提高，注重选人机制、用人机制、育人机制和留人机制建设。改革前，街道、社区共有工作者 569 人；改革后，优化了社区工作者的年龄和知识结构，新社区共有社区工作者 492 人，人数虽然减少，但社区工作者的服务意识、责任意识和素质却得到了激发和提升，社区的管理上了新层面，服务理念发生了新变化。

（7）整聚了资源，节约了行政成本。新社区成立后，区直部门和原街道的人、财、物等资源整合集聚到社区。原街道资产除满足新社区工作用房外，全部作为居民服务、活动场所，社区居民文化活动用房较改革前增长了 57.9%。新社区形成了一个有效吸纳各类资源的平台。在社区资源得到集聚、服务水平显著提升的同时，行政性支出大幅减少，行政成本有效降低。

七、浙江省乐清市：人大常委会"人民听证"制度①

浙江省乐清市的人民听证制度开始于 2007 年。2007 年 4 月，乐清市人大常委会决定，在常委会期间以专题会议的形式，听取各位副市长年初、年中、年末关于分管的专项工作情况报告，且在会场设立旁听席，允许市民旁听。乐清市的这一做法引发了社会广泛关注。从 2010 年开始，乐清市人大扩大了听证的范围，从副市长延伸到政府部门的局长；听证形式更加活跃，有报告、辩论等，所涉及的议题大都来自代表的议案，进一步促进了听证质量和效果的提高。

（一）乐清市人大常委会"人民听证"制度的主要内容及特点

乐清实施的"人民听证"，是指由人大常委会出面组织，由人大代表和群众代表参加，通过网络等媒体直播向公众开放的，以政府官员为对象的质询和公共政策辩论制度。这一尝试和探索，其目的在于加强人大监督，扩大基层群众的有序参与。它有两个基本的内容：一是把对政府的一般性监督转移到对政府官员的监督上来。二是构建民意表达的平台，让民众有序参与重大问题的讨论和决策。

"人民听证"会议的流程是这样的：在专门的人大常委会会议上，针对同一议题，副市长或政府部门首先报告该议题的工作开展及相关情况，人大把调研情况进行阐述，群众通过代表直接把自己的要求、意见带到会场，部门与部门之间、代表与部门之间对同一问题进行辩论、说明，会后人大相关工委根据会议讨论意见整理审议意见，经人大常委会主任会议研究通过后，以公告形式告知政府，并进行跟踪监督，要求副市长在规定时间内作出答复，确保落实出成效。

"人民听证"制度主要有 3 个特点：一是形成了较为完整的制度链条。①在会前 2 个月定下议题。②通知政府有关部门，要求会前 20 天提交报告，人大同步调研并形成独立报告。③会议上政府部门和人大调研组分别作出报告。④会议就相关议题进行辩论。⑤会后 1 周人大常委会召开主任会议，就某些议题的意见向政府发出正式公函。⑥3 个月一轮回，下一次专门会议上，副市长围绕人大公函的内容作出答复，必要时对落实报告进行评议票决。整个过程环环相扣、首尾相接，依法、有序。二是议题来自群众。会议讨论的议题来自代表的议案、建议，或调研中发现的突出问题，是民众普遍关心的事，与政府的政策和工作存在直接的关系。三是会议上有辩论。会议上有关方面陈述事实和观点，公开辩论，把社会普遍关注的某些问题依法转为民众诉求，并促使政府作出回应，人大代表的作用和权力得到充分体现。《浙江日报》称这种方式为"辩论式议政"。同时，会议通过视频和电视对全市同步直播。

---

① 《浙江省乐清市人大常委会：人民听证制度》，中国政府创新网，2011 年 11 月 7 日；王冬敏：《人民听证：人民监督政府的新平台》，《人民日报》，2009 年 11 月 18 日。

（二）乐清市人大常委会"人民听证"制度的主要效果

首先，促进了相关工作制度的完善。"人民听证"制度在助推政府工作、促进民生改善的同时，也为公民搭建起了监督平台，让公民当家做主的一些权利得以相应落实。这是一种全新的、公众有序参与政治的途径，让公众以直接参与的"看得见的民主"方式，加强了人大对政府工作的监督和支持，在公众和政府之间搭建了互相沟通的平台，成功创造了"问计于民"的渠道。其次，促进了人大代表作用的发挥。具体而言，"人民听证"制度在保障代表的知情权、为代表发挥作用积极创造条件、激发代表履职热情、提高代表议案建议办理质量、完善代表履职监督激励机制等方面都发挥了积极作用。再次，促进人大代表的监督效果。"人民听证"制度不仅直接有效推进了若干民生重大问题的解决，而且切实加强了对财政的监督工作。乐清市人大常委会做出了《关于加强财政预算监督的决定》，加强了对财政资金使用的监督审查，提高了财政资金的安全和使用效率。最后，促进了人大常委会自身的建设。为更好保证"人民听证"制度的效果，乐清市人大常委会一方面完善了一系列加强常委会建设的制度，如修改常委会组成人员守则、建立常委会组成人员履职档案、出台加强常委会审议发言和会前调研规定等；另一方面加强了组织学习和培训，促进常委会组成人员和机关干部的法律素质和业务水平的提高。

近5年来，乐清市人大常委会按照"党委力推、政府应致力于解决、民众关注"的三合一标准，选准监督议题，推动政府解决一系列民生重大问题，有效促进乐清经济发展和社会和谐。从2007年5月到2011年7月，共进行了16场听证会，涉及教育、环保、城建、交通、社会治安等52项专项工作。如2009年9月，人大常委会组织关于城市居民危房鉴定和改建的公共政策听证会，市规划局和房管局两个部门都从各自角度对这一议题提出了意见。公众亲历了政策制定、辩论的全过程。几天后，市人大常委会给市人民政府发出公函，要求根据变化了的情况，对有关危

房改造的政策规定进行修正和完善。市政府于当年12月出台了加强城镇危旧房改造管理工作的新规定，同时加强了危房鉴定和批后管理。又如，近年来，乐清市的殡葬陋习成为一大顽疾。2010年5月，人大常委会将殡葬改革列为听证会议题。7月27日，政府出台了相关规定，开展了声势浩大的殡改专项行动。又如104国道虹桥过境路改线工程，是浙江省重点工程，从立项至2009年，历时6年，寸土未动，步履维艰。该工程是上马还是放弃？人大常委会将其列入了2009年7月的"人民听证"会议题。会后，市政府及时作出新的调整和部署，市长、副市长直接与村民对话、协商。工程已于2010年9月开工。此外，乐清市人大常委会还通过视察调研、执法检查、听取和审议专题报告等形式，对乐清湾港区沿海产业带建设、楠溪江引供水工程、打击"两抢一盗"、节能减排、公交改制、交通管理、城市管理、民间非法金融处置、房地产市场规范等工作进行了监督和推进。

八、广东省惠州市：率先探索开展网络问政[①]

从2008年8月开始，惠州市顺应信息时代的发展要求，在全国率先探索开展网络问政工作。随着实践的深入，网络问政成为一项听民声、察民情、聚民智、解民忧的"惠民工程"，升华为实现"惠民之州"、"文明城市"、"幸福惠州"等战略目标的重要支撑。惠州网络问政工作获得国家级、省级奖项7项，并被《人民日报》等国内主流媒体作为"惠州样本"广为宣传报道。惠州因此获评"2009年广东网络问政年度城市"、"2010年度中国互联网与社会管理创新城市"。

（一）建立领导用网机制，促进主动问政

惠州市委、市政府深刻认识到做好网络问政工作对于新时期执政的重要性，坚持"不回避、不忽悠、不作秀"和"真问互信，真听实干"的原则，借助网络问政平台，由主要领导带动各县（区）、各职能部门负责人积极上网、触网、用网，主动听民声、察民情、聚民智、解民忧，让群众声音得以传到"庙堂"之上。市委书记、市人大

① 黄雁行：《广东省惠州市：网络问政打造"惠民之州"》，《实事报告》，2011年第7期。

常委会主任黄业斌亲自担任惠州市网络问政工作领导小组组长，亲力推动问政工作。如2008年6月，市委书记黄业斌对网友"hzhqzxs"有关呼吁开通惠州到淡水公交车的帖文作出第一个批示，要求相关部门适时开通公交线。两年多来，市委书记黄业斌和市委副书记、市长李汝求分别通过人民网、奥一网、今日惠州网等网络媒体与网友交流近10次。此外，黄业斌、李汝求等市领导还通过3次网友见面会、网友座谈会，面对面听取网民的意见、建议。在主要领导的带动下，各县（区）、各市直职能部门先后成立网络问政工作领导小组，主要领导担任组长，有力地推动了全市网络问政工作。

（二）建立全方位互动机制，做到便捷问政

惠州市打造了4个富有特色的网络问政平台，实现了全方位互动。第一，编写《惠民在线信息摘报》，全方位收集民意直达决策层。从2008年8月开始，市委宣传部将网民关注或较为突出的意见、建议和问题进行收集整理，编成每周一期的《惠民在线信息摘报》上报市主要领导批示，批示由市委督办和市政府督办转各部门办理，结果统一在本地3个主要网站上公布。第二，开设"惠民在线"论坛——全媒体在线即时交流。每月各安排一名市领导和一名市直职能部门负责人在"惠民在线"论坛上线，进行文字、图片、视频直播。网民可以现场提问和发表意见，与上线领导直接交流。"惠民在线"论坛自2008年8月开播至今，已有60多位市领导、县（区）领导和市直部门负责人上线，成为网民参政议政的"网上议事厅"。第三，创建网络问政综合信息平台——全天候受理网民问题。2008年11月，在政府门户网推出网络问政综合信息平台，为群众提供24小时的意见受理渠道，群众还可以通过手机短信、电话提交意见和建议。群众提交的信件通过政府电子公文交换平台分送相关县（区）和市直职能部门，各部门通过该平台予以回复，实现前台受理、后台办理的"一站式"网络问政方式。第四，开通"书记微博"——市领导与网民的"直通车"。2010年3月22日，黄业斌书记在奥一网开设"黄业斌微博"，成为广东省第一个开通微博的地市级领导。他每周发表一篇微博文章，与网民进行直接、快捷的网络"交谈"。通过不断完善这4

个平台建设，引导民众有序地、便捷地参与政治生活和公共事务。据统计，从2008年8月至2011年5月31日，黄业斌书记在126期《惠民在线信息摘报》上批示、交办并办理问题519个。

（三）建立严格考核机制，确保有效问政

首先，综合信息平台设置"红黄绿"灯和评分制度。提出回复网民问题的"四部曲"，以及"红黄绿"灯和评分制度。要求各部门回复信件按照"立即回复、按程序办理、及时派员处理、办结情况告知"4个步骤进行。一般性问题5个工作日内回复，比较复杂的问题15个工作日内回复。5个工作日内按时回复的，平台将自动标以"绿"灯，未回复的标以"黄"灯，超过15个工作日仍未回复的标以"红"灯。提交信件和浏览信件的群众，都可以对部门回复做出评分，评分结果公开，并作为网络问政工作的考核指标之一。

其次，定期开展各项检查、监督。一方面，市领导在《惠民在线信息摘报》上的批示，市领导上线时没有解决的问题，由市委督办、市政府督办交相关县（区）、职能部门限时处理和回复，统一向网民反馈。另一方面，由市纪委会同市委督办、市政府督办、市委宣传部、市经信局组成检查组，每月进行检查监督。

最后，三项考核评价问政成效。将市直各部门的网络问政工作情况纳入"行风评议"和"万众评公务"考评范围进行考评，将县（区）网络问政工作纳入县（区）委书记、县（区）长及市直部门正职目标责任考核，年度考核中低于80分（100分制）的，给予黄牌警告。通过"三管齐下"严格考核，推动网络问政工作有效运作。网络问政已成为排解民忧、化解矛盾的"直通车"，也成为网络反腐、行风监督的"千里眼"。

（四）建立媒体联动机制，实现明白问政

一是在"惠民在线"论坛播出前，本地所有媒体进行预告，在通过网站征集意见的同时，传统媒体派出记者线下收集问题。二是在线上交流结束后，传统媒体对上线交流情况进行大篇幅的跟踪报道。三是本地主要网站首页突出宣传网络问政，市领导在摘报上的批示、处理情况等都在重要位置及时公布。四是传统媒体专门开设"惠民在线报网互动"、"惠民追踪"等栏目，对网络问政工作全程跟踪报道。通过全媒体互动，网络问政工作已家喻户晓、深入民心，越来越多的党政官员与网民群众一起，共同参与到社会管理当中。惠州网络问政品牌正以不断高涨的人气和参与度，转型成为一个响亮的社会管理品牌。

九、实践创新总评

社会管理是政府的一项基本职能，我国正处于改革开放的关键时期，这一时期既是重要的战略机遇期，又是社会矛盾的集中凸显期。社会结构的深刻变革对社会管理提出新的要求，也对我国政府传统计划经济管理方式构成新的挑战。社会管理要求建立起政府—社会良性互动关系。这不仅需要进行理论上的创新，探索政府—社会互动的途径与方式，而且需要来自政府，尤其是基层政府的实践创新和积累。因此，从某种意义上来说，基层政府的社会管理实践创新构成了当前我国社会管理发展的主要力量。

2011 年是我国社会管理创新实践非常活跃的一年。围绕社会管理体制改革、社会组织管理、城市流动人口管理、城乡社区管理、信息网络管理、民众利益表达与监督等形成了一大批社会管理实践创新成果。这些实践活动根植于各地方社会管理的土壤，集中了政府和社会各方面力量的智慧，对于推动我国社会管理发展具有重要作用。当前我国社会管理实践主要呈现出以下特点：一是社会管理实践创新的主题主要围绕我国当前社会矛盾比较突出的领域展开。例如，城市流动人口管理、信息网络管理、社会治安综合治理等。这些主题体现了社会管理"维护社会秩序，促进社会和谐，保障人民安居乐业，为党和国家事业发展营造良好社会环境"的根本目的。二是我国社会管理具有比较明显的政府主导特征。我国正

处于社会转型时期，社会组织的发育还不够成熟，无法完全依靠社会组织开展社会管理活动。因此，现阶段需要发挥政府的主导作用，对社会组织进行规范和扶持，发挥政府在协调社会关系、规范社会行为、解决社会问题、化解社会矛盾、促进社会公正、应对社会风险、保持社会稳定等方面的积极作用。三是社会力量在社会管理中的作用日益突出。随着社会的不断发展，社会组织、城市和农村社区得到不断的完善和发展，信息网络的力量在规范发展的基础上得到不断加强，在会聚民意、激发民智等方面发挥了越来越重要的作用。社会力量的兴起要求政府改变传统的社会管理方式，通过建立良性的政府—社会互动关系来推进社会管理。

从发展趋势上来看，我国社会管理实践创新将继续在政府主导下，充分利用社会组织等各方面的力量，增强对社会需求的回应性，强化社会管理能力建设，创新社会管理机制，维护社会和谐稳定。社会管理实践将更加突出以下 3 个方面的结合：一是社会管理与社会需求相结合。社会管理根本上是对人的管理，只有将社会发展与人的发展结合起来，增强对社会需求的回应性，才能奠定社会长期和谐稳定的基础。二是社会管理与政府管理方式改革相结合。社会管理要求政府更加具有回应性，运用信息技术等手段创新政府管理方式，提高政府管理的效率、效益和效果。三是社会管理与社会力量规范发展相结合。随着社会不断发展进步，社会组织、信息网络、城乡社会等社会力量得到不断发展，但是在发展过程中，也会存在一些问题，社会管理要求会聚和善用各种社会力量，在规范发展的基础上引导社会力量共同参与社会管理。

第三节　代表性成果

一、《中国与全球经验分析：社区社会组织发展模式研究》

作　　者：夏建中、特里·N.克拉克等
出版时间：2011 年

出　版　社：中国社会出版社
内容摘要：该书采用理论与经验调查相结合、问题与对策相结合、国内与国外研究成果相结合的方式，在案例研究的基础上，考察和研究了社区社会组织的发展模式与主要特点；分析了社区

社会组织的发展背景与主要原因，社区社会组织的主要类型、组织结构、经费来源、主要活动等以及社区社会组织发展的模式特点、主要经验和面临的主要问题，针对性解决社区社会组织面临的主要问题提出了相关对策。

该书分为上下两篇，上篇为《中国社区社会组织发展模式研究》，具体又分为总体报告和案例研究两个部分，总体报告部分详细总结了中国社区社会组织发展的基本情况、中国社区社会组织发展的主要成效与经验、中国社区社会组织发展存在的主要问题，并在此基础上提出了发展中国家社区社会组织的建议；案例研究部分选取了 6 个不同的案例来具体剖析社区社会组织的发展模式、主要经验和问题。下篇为《社区社会组织发展模式的全球经验》，具体又分为总体报告和国别（地区）研究两个部分，总体报告部分对不同国家的社会组织在功能、影响、历史和构成等方面的差异进行了检验和比较；国别（地区）研究部分对美国、法国、日本、韩国等不同国家的社会组织进行了更为具体的分析和比较。

社会影响：该书是民政部的两个课题研究成果的合集。课题一是中国人民大学社会学系夏建中教授主持的民政部 2010 年中国社会组织建设与管理部级课题"中国社区社会组织发展模式研究"（MZACR001-1003），形成了《中国社区社会组织发展模式研究》，该研究成果获民政部"中国社会组织建设与管理"理论研究部级课题二等奖。课题二是民政部委托的美国芝加哥大学克拉克教授主持撰写的《社区社会组织发展模式的全球经验》。

二、《社会管理的共构》

作　　者：王彦斌

出版时间：2011 年

出 版 社：社会科学文献出版社

内容摘要：民族问题在整个世界上都是一件令人头疼的事情，然而，我国西南边疆地区是少数民族最多的地区，共有 52 个民族，它们却彼此相安无事，这其中的缘由和经验值得归纳和总结。改革开放以来，虽然在各个民族中原有的一些传统社会运行机制模式已经削弱，但是其所具有的惯性仍在发挥着作用。如何在此基础上，找到一种合理的社会管理方式来促进各民族的和平共处，

建立一种切实符合当前社会生活并与社会发展趋势吻合的社会管理的权威结构，走向政府主导下多元主体参与的社会管理的共构模式是本书探讨的要点所在。

该书通过大量的第一手调查资料，重点研究了西南边疆多民族地区社会管理权威理念从传统向现代的转变、社会管理权威主体从一元向多元发展的可能性、社会管理方式从单向度的由上而下转变为多向度的民主平等协商的现实性，尤其注意在边疆多民族地区通过发展各种形式的民间组织和社区组织促进社会管理模式的创新。书中通过对社会发展的动力机制、利益的协调机制、阶层的流动机制、秩序的控制机制以及矛盾的调处机制等的论述，探讨了西南边疆多民族地区如何建立一种具有现代社会秩序特点的社会机制体系这一基本命题。

三、《社会主义和谐社会的利益协调机制研究》

作　　者：蒋永穆等

出版时间：2011 年

出 版 社：经济科学出版社

内容摘要：《社会主义和谐社会的利益协调机制研究》以马克思主义经济学利益协调机制思想为指导，以文中所提出的社会主义和谐社会利益协调机制中的"双重四位一体"模式为核心，分别对社会主义和谐社会利益协调机制的实施主体、操作工具、作用客体、最终目标及作用客体内涵的经济利益协调机制、政治利益协调机制、文化利益协调机制、社会利益协调机制做了颇有新意的阐述，构成了一个完整的逻辑框架。

社会影响：国家社会科学基金 2007 年一般项目，四川大学"211 工程三期建设项目"。

四、《中国社会管理创新的战略思考》

作　　者：吕志奎

发表时间：2011 年第 6 期

期刊名称：《政治学研究》

内容摘要：加强和创新社会管理是一种公共管理战略。社会管理创新的重点在于从国家发展的战略高度构建有效的社会管理体制机制和政策体系，以便更有力地实现对社会发展的整体调控。

对于中国这个超大社会来说，一个良好的社会管理战略，应当善于处理经济社会发展过程中遇到的各类矛盾和挑战，提出纲领性的社会管理战略。中国社会管理创新需要通过 7 项战略来推动：发展型社会管理、服务型社会管理、包容性社会管理、参与型社会管理、协作性社会管理、预防性社会管理和保障型社会管理。

社会影响：该论文是中国博士后科学基金特别资助项目（201104087）、教育部人文社会科学研究青年基金项目（10YJC630175）和清华大学自主科研计划课题（2010Z04092）的阶段性成果。

五、《社会管理与相关体制改革研究》

作　　者：谭明方
发表时间：2011 年第 3 期
期刊名称：《学习与探索》
内容摘要：运用社会学相关理论对社会管理及相关体制改革等范畴进行把握，以社会学理论视角中社会子系统理论为基础，分析社会管理的性质、内容，区分社会管理相关的社会体制、政治体制、政府管理社会事务的行政体制；说明 3 种体制性内容对社会管理状况的制约性，对于解决我国社会管理及相关体制改革中存在的各种问题具有重要的理论与现实意义。

六、《保持党同人民群众的密切联系是我们党生存发展的根本》

作　　者：刘家桂
发表时间：2011 年第 9 期
期刊名称：《马克思主义研究》
内容摘要：密切联系群众是我们党的优良传统和政治优势，保持党同人民群众的密切联系是我们党生存发展的根本。党的三代领导人对党同人民群众的联系进行过比喻、概括和论述。在新形势下，胡锦涛总书记发展了党群联系理论，把对党群联系的认识提到新的高度。胡锦涛总书记在庆祝建党 90 周年大会上的重要讲话，对保持党同人民群众的密切联系提出了一些新思想、新观点，进行了新概括，创新了党群联系理论，具有重要的理论和实践指导意义。

七、《群众公权观：创新社会管理的思想基础》

作　　者：杨俊一
发表时间：2011 年第 9 期
期刊名称：《上海行政学院学报》
内容摘要：本文以社会管理"公仆路线"和"社群路线"的分析为视角，提出社会管理的思想原则：贯彻群众路线克服官僚主义；以"权为民所赋、责为民谋利"的群众公权观的思想创新为基础，通过对社会管理预算与服务"博弈矩阵"的分析，阐释了党委在社会管理两对基本矛盾关系中，"统领天理，协调人欲"的地位和作用。

八、《基于"脆弱性—能力"综合视角的公共安全评价框架：形成与范式》

作　　者：朱正威、蔡李、段栋栋
发表时间：2011 年第 8 期
期刊名称：《中国行政管理》
内容摘要：国际社会的公共安全评估框架在不断发展之中，从单独的"脆弱性"视角或"能力"视角进行公共安全评价，到形成较为完善的公共安全评价的"脆弱性—能力"综合视角，大体经历了 3 个过程。本文阐述了在"脆弱性—能力"综合视角下公共安全评价的主要研究内容，以及该评价框架的范式与应用。"脆弱性—能力"综合视角的评价框架研究，把质性研究与定量方法相结合，从脆弱性和应对能力综合的视角出发，通过引入系统动力学，提出了一种公共安全与公共危机管理动态评价的新思路，构建了一个公共安全与公共危机管理的动态评价和识别框架，为公共安全评价工具和方法提供新的视角和前提。

社会影响：该论文系 2009 年国家社会科学基金重点项目"基于脆弱性与能力视角的区域公共安全系统评价研究"（09AZZ003）和长江学者与创新团队发展计划（IRT0855）的阶段性成果。

九、《社会组织管理体制：内在逻辑与发展趋势》

作　　者：王名、孙伟林
发表时间：2011 年第 7 期
期刊名称：《中国行政管理》

内容摘要：改革开放以来，与我国社会组织的蓬勃发展相适应，我国社会组织的管理体制正在经历着重大的制度创新。这主要表现为强制性制度变迁的历史过程，背后存在 3 种不同的战略思路：一为发展型战略，二为控制型战略，三为规范型战略。3 大战略形成了 3 种不同的力量，彼此互动和博弈，推进着整个社会组织管理体制的发展演进，随着法治国家的建设和社会管理创新的实践，这 3 种力量既相互促进又相互消融，共同推动着我国社会组织管理体制朝着有利于社会组织积极作用发挥、有利于整个社会和谐的方向发展。

十、《中国社会组织发展：从社会主体到国家意识——公民社会组织发展及其对意识形态构建的影响》

作　　者：葛道顺

发表时间：2011 年第 3 期

期刊名称：《江苏社会科学》

内容提要：改革开放以来，中国社会组织的发展可以划分为初步恢复、快速发展、规范发展和战略发展 4 个阶段，目前表现出数量高速增长，但总体弱小、领域和地区分布不平衡等特点。相关研究表明社会组织的发展对我国社会思想文化及意识形态安全产生了积极的作用，回应了改革开放实践提出的社会重组和社会建设的理论问题，丰富了社会主义社会思想文化和意识形态的时代内容，增强了中国特色社会主义核心价值体系的巨大包容力。我们认为应当摒弃传统社会所固有的关于社会组织"双刃剑"的观点，建立和完善现代社会所具有的政府、企业和社会组织的合作伙伴关系，形成包含相关政治纲领、法律体系和社会政策的国家意识，通过意识形态的包容以及国家人事、就业、分配、福利等制度的统一，进一步增强社会组织的主体性。

十一、《城乡差分与内外之别：流动人口社会保障研究》

作　　者：杨菊华

发表时间：2011 年第 9 期

期刊名称：《人口研究》

内容摘要：流动人口与流入地居民之间最主要的差异集中表现为社会保障福利和其他公共资源的获得。2005 年全国 1% 人口抽样调查数据分析结果显示，由于户籍类型造成的城乡差分及因户籍地引起的内外之别共同作用于个体社会保障的可获得性，3 个人群的社会保障水平呈现出显著的梯级差别，乡—城流动人口处于农村人和外来人的双重弱势；而且，经济越发达，流动人口的社会保障水平越低；而在经济欠发达之地，他们与本地市民的差距较小，呈现出低水平融入的特点。这些发现表明，各级政府改善流动人口社会福利的努力在很大程度上受制于各地区现行的制度安排，而这些制约维系着不同身份人群之间在公共资源可及性和可得性方面的不公。

社会影响：该研究得到国家社科基金"农民工家庭的城市融入问题研究"（10BRK013）、教育部人文社科重点研究基地重大项目"中国流动人口研究"（08JJD840201）和教育部哲学社会科学研究重大课题攻关项目"中国流动人口问题研究"（07JZD0027）的资助。

十二、《中国地方政府社会管理创新的理论思考》

作　　者：潘小娟、白少飞

发表时间：2009 年第 2 期

期刊名称：《政治学研究》

内容摘要：政府管理如果缺少社会参与，很容易陷入政府难以管好和社会缺乏活力的困境，自然也难有良好的社会效果。如何才能使政府社会管理满足公众需求、符合社会发展趋势呢？近年来，中国地方政府积极探索，并取得了显著的成效。调查发现，政府社会管理创新应当扩大社会参与。

该论文从更新政府行政观念、调整职能实现次序、优化行政管理职能、倡导多元治理模式、整合管理资源、理顺行政体制、再造管理流程、改进管理方式等方面对近年来我国政府管理创新的典型案例进行了总结和研究，并在此基础上从重塑行政理念和加强政府能力建设两个方面指出地方政府社会管理创新的发展趋势。

社会影响：该论文系教育部哲学社会科学研究重大项目"中国地方政府创新的理论与实证研究"（05JJD810204）之子课题"中国地方政府社会管理创新理论与实证研究"的研究成果。

附：代表性论文选登

事业单位参与社会管理问题的调查与研究[①]

中央编译局课题组

[摘　要] 党中央对事业单位参与社会管理已经提出了明确的要求。但如何界定事业单位在社会管理中的地位和作用，事业单位参与社会管理的实际作用和效果如何，事业单位参与社会管理面临哪些困难和挑战，如何更好地发挥事业单位参与社会管理等问题都需要得到认真的研究和回答。本项研究在课题组对一些地方事业单位参与社会管理现状的调研基础上，对上述问题进行了一个初步的回答。

[关键词] 事业单位；社会管理；作用和功能；事业单位改革

加强和创新社会管理已经成为当前中国社会建设和管理的一项重大而紧迫的任务。在党委领导、政府负责、社会协同、公众参与的社会管理格局中事业单位处于一个什么样的地位，事业单位在社会管理中应当发挥什么样的作用等问题理应得到回答。事业单位参与社会管理问题由此成为加强和创新社会管理中的一个需要加以研究的重大课题。事业单位参与社会管理问题是一个全新的课题，这方面的理论研究基本上还处于空白状态，但在现实中事业单位已经参与到社会管理和服务实践中并积累了许多好的做法和经验，实践已走在了理论的前面。另一方面，事业单位参与社会管理也遇到了许多困难和问题，需要加以破解。本文致力于回答以下四个问题：事业单位参与社会管理应当如何定位和应当发挥什么样的作用？事业单位参与社会管理的现状如何？目前事业单位参与社会管理面临哪些障碍和问题？如何深化事业单位改革以及更好地发挥事业单位的社会管理功能？

一、事业单位参与社会管理的现状分析

改革开放以后，在政治与经济相分离的基础上，国家与社会也逐步分离开来，一个相对独立的社会生活领域正在逐步出现，非政府又非企业的社会事务和社会组织大量涌现，社会问题和社会矛盾凸显出来。社会管理既有了必要性，同时又有了坚实的现实基础。课题组在地方调研中发现，各地在推动事业单位参与社会管理方面创造了不少好的做法和经验，不同部门所设立的不同类型的事业单位在社会建设和管理的许多领域中都发挥了重要的作用。事业单位参与社会管理的具体作用主要体现在以下 15 个方面：

（一）参与公共服务体系建设，发挥公共服务功能

我国的事业单位在教育、卫生、农林牧渔类服务、综合技术服务、科研、文化艺术、广播电影电视、体育等类社会事业中发挥着主力军作用。2005 年北京市海淀区在全国率先成立了公共服务委员会，统一管理事业单位的国有资产和公共服务绩效考核，在管办分离方面进行了积极的探索，是公共服务体制改革的一次有益的尝试。宁波市则于 2001 年建立了"81890"公益性求助服务平台，采取"政府搭台、市场运作、社会参与"的服务模式，整合各类服务资源，接受市民电话、短信和网络等多种方式的求助，满足了市民的日常服务需求，受到市民的欢迎。重庆市忠县则通过发放公共卫生服务券的方式，改进了政府公共卫生投入方式，增加了消费者的自主选择权，促

---

① 中央编译局课题组：《事业单位参与社会管理问题的调查与研究》，《马克思主义与现实》，2011 年第 5 期。

进了卫生机构之间的竞争，提高了政府医疗资源的配置效率。

（二）参与社会政策、法律的执行和监管，发挥社会规制功能

我们在调研中发现，社会管理相关的许多职能部门授权或委托下属的事业单位行使执法和监管等带有强制性的社会规制职能，后者实际上履行着政府的社会管理职责，是一种典型的"二政府"。以宁波市承担行政职能的事业单位为例，对这类事业单位名录的统计分析发现，27个社会管理相关职能部门所设立的45家事业单位中有40个直接以行政执法、执法监察、监督管理、行政管理为主要职责，其余事业单位也都具有经济监督或行政管理职权。还有一类行政性事业单位如事业单位登记管理局、城管局执法支队、卫生监督所等，设立的目的就是为了行使政府的执法和监管职能，是政府社会管理职能的延伸和补充。

（三）参与就业服务、社会保险、社会救助和社会福利服务，发挥社会保障服务功能

民政局、人力资源和社会保障局、劳动局等职能部门设立的事业单位，积极参与就业服务、社会保险、社会救助、社会福利服务的发送工作，发挥着社会保障服务功能。如海淀区各个乡镇和街道都设立了劳动和社会保障事务所，承担起了失业人员就业岗位再开发和向退休人员提供社会保障服务的功能。据统计，2010年海淀区共有25878名城镇登记失业人员实现再就业，4337名农村劳动力实现转移就业，发放社保卡111.8万张，为5万多名老人发放养老券、助残券，258家定点医疗机构实现"持卡就医，实时结算"，相关的事业单位为完成这些工作付出了辛勤的劳动。

（四）参与社区建设和社区服务，发挥服务社区功能

民政系统下属的社区服务中心等事业单位在社区建设、管理和服务方面做了大量工作，发挥了服务社区的功能。如海淀区社区服务中心是海淀区民政局下属的全额拨款事业单位，中心坚持公益为民、服务社区的宗旨，策划了一系列社区服务项目，如社区教育培训服务、社区文化服务、家政服务、居家养老服务、法律援助、社区志愿服务项目，提高了社区服务水平。一些驻区事业单位还积极参与社区共建工作，利用自身的人才优势、资源优势和专业服务优势，为社区公益服务作出自己的贡献。

（五）参与社会组织培育孵化和监督管理，发挥服务社会组织功能

上海、深圳等地建立了公益性的社会组织孵化基地，选择一批有发展前途的社会组织入驻基地，提供资金、办公场地等多方面的服务，培育发展社会组织。民政部门成立的民间组织服务中心等事业单位一方面承担了对民间组织的部分行政管理职能，如年检、财务审计等，另一方面又承担了民间组织的信息服务、业务培训、对外交流等服务功能，对民间组织的发展发挥了积极的作用。

（六）参与社会矛盾调处，发挥化解矛盾功能

全国许多地方以司法局为依托建立了社会矛盾纠纷调处中心，并作为事业单位来运行。社会矛盾纠纷调处中心积极参与社会矛盾纠纷和群体性事件调解处理工作，在化解社会矛盾方面发挥了积极的作用。事业单位及其领导人还在调解处理本单位内部员工矛盾纠纷方面负有主要责任，是化解社会矛盾的第一道防线。

（七）参与社会治安防控和应急管理，发挥社会维稳功能

事业单位是社会治安防控体系和社会应急管理体系的一个重要组成部分。他们既要做好本单位内部的治安防控和安全防范，制定各种应急预案，做好应急演练以随时应对单位内部可能发生的突发事件，同时又要参加所在地区社会治安联防联治，在重大节庆和重要活动期间协助维护地方社会治安。事业单位在本单位内部维稳方面负有主要责任，同时又参与和协助外部社会维稳。

（八）参与流动人口特别是外来务工人员的服务和管理，发挥服务新居民功能

加强对外来务工人员的服务和管理，是政府社会管理的一项重要内容。各级政府流动人口服务与管理相关职能部门所属的事业单位协同本部门做好对流动人口的服务和管理工作。以宁波市为例。该市建立了外来务工人员服务管理的新体制，各相关职能部门所属的事业单位积极协助本部门向外来务工人员提供就业服务培训、合法权益维护、社会保险服务、出租房屋管理、子女义务教育、公共卫生、法律援助等多项服务，努力实现新老居民共建、共享、共管。

（九）参与边缘困难人群的关爱和帮扶，发挥社会融合功能

贫困人群、农村留守人群、残疾人、高龄老人、流浪乞讨人群等各类边缘困难人群在日常生活中遭遇各种常人所不曾遭遇到的困难，处于社会的边缘。对他们的关爱和帮扶，是社会管理的一项重要工作。扶贫开发、教育、老龄工作、民政部门等相关社会管理职能部门所属的各类事业单位在扶贫服务、留守人群关爱、残疾人服务、老龄服务、流浪乞讨人员救助、临终关怀等方面都发挥着重要的作用，履行着促进社会融合的功能。

（十）参与弱势人群权益维护和诉求表达，发挥公民增权功能

信息、资源、能力、组织等方面的不对称，导致社会人群分化为强势人群和弱势人群。政府社会管理相关职能部门和工会、共青团、妇联、残联等群团组织在帮助弱势人群维护自身权益和表达诉求方面发挥着积极的作用。这些部门和群团组织所属的事业单位通过法律援助、调解仲裁、信息咨询、能力建设、反映诉求等多种途径协助弱势人群维护自身权益、增强自身权能。

（十一）参与特殊人群帮教服务，发挥社会矫正功能

服刑人员、刑满释放人员、未成年犯罪人员等特殊人群因其越轨行为或反社会行为而具有很大的社会危害性，对他们的帮教服务是社会管理的一项重要工作。司法行政机关、司法机关所属的各类事业单位积极参与对这些特殊人群的社区矫正、司法社会工作和帮教改造工作，在社会矫正方面发挥了重要的作用。

（十二）参与社会建设和管理的战略规划和政策法规制定工作，发挥政策研究、咨询和倡导功能

高等院校、党校行政学院、社会科学院等类事业单位及相关研究和教学人员利用自身学术优势积极开展社会管理的理论和政策研究工作。一些院校和科研机构还与当地政府联合成立了社会建设研究院、社会管理研究院，一些地方专门建立了社会管理职业学院或城市学院。一些社会工作和社会管理研究专家还参与到地方乃至全国性的社会建设和管理的发展规划或政策文件的起草工作中去，或者倡导特定的社会政策或积极推动社会管理体制改革。这些事业单位及相关研究专家在社会建设和管理中发挥了政策研究、咨询和倡导功能，成为社会管理的重要智库。

（十三）参与社会管理和社会工作人才培养培训，发挥智力支持功能

许多高等院校建立了社会工作院系，培养专业社工人才。党校行政学院在对党政干部进行社会管理培训方面做了大量工作。一些实际从事社会工作的人才也通过参加专业培训，提高了社会服务技能。事业单位通过培养培训社会管理和社会工作专门人才，普及社会工作和社会管理理念、知识和技能，在社会管理的能力建设方面发挥了重要的作用，为社会管理的科学化提供了重要的智力支持。

（十四）参与社会管理信息化建设和网络信息管理，发挥技术支持功能

人口和计划生育部门、统计部门、流动人口和出租屋管理部门、公安机关等社会管理职能部门所属的事业单位在建立国家人口基础信息库等社会管理基础性、综合性数据库建设方面发挥着重要作用。公安、信息产业部、新闻办等互联网管理相关职能部门设立的事业单位，积极参与网络安全监管、违法和不良信息举报受理、网上舆论引导，在社会管理信息化建设和虚拟社会管理方面发挥了技术支持的功能。

（十五）参与专业社工服务和义工志愿服务，发挥人才支持功能

高等院校、医院等各类事业单位拥有大量专业社工人才并拥有以青年学生为主体的大量义工。这些专业社工和从事志愿服务的义工是社会管理和服务的重要人力资源。他们活跃在社区、医院、养老院、福利企业、监狱、学校等领域，提供着专业社工服务和义工志愿服务。一些地方还建立了社工带义工的联动机制，提高了社会服务的专业化水准。事业单位的专业社工和志愿义工为社会管理和服务提供了宝贵的人力资源支持。

尽管事业单位参与社会管理领域广泛，作用明显，但由于事业单位参与社会管理仍是一个新生事物，事业单位的管理体制和运行机制仍存在许多问题，因此事业单位参与社会管理的实际效果差强人意。

第一，社会公共服务事业发展水平低、不均

衡和缺乏竞争，事业单位所提供的公共产品和公益服务总量不足、标准过低、优质服务稀缺。"上幼儿园难、上幼儿园贵"、"上学难、上学贵"、"看病难、看病贵"、"住房难、住房贵"、"就业难"、不敢消费等现象，反映出我国基础教育、公共卫生、保障性住房、就业服务等基本公共服务供应严重不足和优质服务资源配置不均衡的严峻现实。

第二，事业单位代行政府的行政执法和监督管理职权，直接影响着政府社会性规制的效果。与行政机关相比，事业单位及事业编制人员较少受行政程序约束，更少受政治责任约束，事业单位履行行政执法和监督管理职责随意性大，利益驱动下的选择性执法和监管现象较多。检验检测与鉴定、质量技术监督、公证与认证、卫生监督、安全监管方面事业单位履行社会管理职责不力导致公共安全事故频发的现象在一定程度上反映了这方面的问题。

第三，一些事业单位偏离公益宗旨，面向市场从事生产经营性活动，追求自身利益最大化，其社会服务功效大打折扣。他们一方面作为公共服务机构享受着政府的财政拨款和税收减免等政策优惠，另一方面又像企业一样从事经营性活动，通过高收费实现员工高工资、高福利。

第四，相当大一部分事业单位成立的目的和主要功能是为政府自身服务而非为社会服务。机关后勤服务机构、文印单位、信息中心、培训基地、疗养院、干休所等大量的事业单位的主要功能是为各级党委政府及其职能部门的日常运转提供各种技术性、事务性、后勤性服务，属于行政支持性或行政辅助性事业单位。它们占用了大量公共服务资源，却将后者用于政府的自我服务而非社会公共服务。

第五，事业单位知识创新能力不足，专业化、职业化程度不高，为社会管理提供的智力支持、技术支持和人才支持力度不够。事业单位对自己所属的党政部门有较强的依附性，行政化和官僚化的管理体制和运行方式削弱了事业单位的创新能力，降低了事业单位的专业技术水准，直接影响到事业单位所提供的知识产品的质量，影响到人力资源的总体质量。

二、事业单位参与社会管理面临的困难和问题分析

在调研中，地方同志反映，事业单位参与社会管理虽然取得了一些成绩，但也遇到了一些带有普遍性的困难和问题。具体来说，事业单位参与社会管理遇到的带有普遍性的困难和问题如下。

（一）全国层面缺少一个社会建设和管理的战略规划和统筹协调机构，事业单位参与社会管理的职责任务缺乏明确界定

调研中，不少同志指出，事业单位参与社会管理要放在社会建设和管理的大格局中来通盘考虑和准确定位，仅靠各地的自发探索是远远不够的。中央国家层面上缺少一个社会建设和管理的领导协调机构，缺少对各类组织参与社会建设和管理的"顶层设计"和统筹规划，事业单位参与社会管理的职责定位模糊不清、体制不顺，必然会影响到事业单位参与社会管理的实际效果。

（二）社会事业经费投入严重不足，拨款方式不合理，导致事业单位冗员过多，办公经费缺乏保障，处于"有钱养兵，无钱打仗"的局面

我国社会事业经费投入这些年来随着经济增长而有所增长，但财政支出重经济发展、轻社会发展的局面依然没有根本改变。我国目前处于下中等收入国家水平，与同等国家水平相比，在公共教育支出占 GNI 的比重方面，下中等收入国家平均水平为 4.1%，我国仅为 3.28%；在公共卫生保健支出占 GDP 的比重方面，下中等收入国家平均水平为 2.6%，我国仅为 1.9%；在社会保障总支出占 GDP 的比重方面，俄罗斯为 10.4%，巴西为 12.2%，我国仅为 3.6%。[①]政府对事业单位的财政拨款无论是全额拨款还是差额拨款，都是按事业单位在编人数多少核拨事业经费，事业经费多少与在编人数多少直接挂钩，政府财政拨款主要用于人员供养，而办公经费或公用经费主要靠事业单位自行创收解决。其结果是事业单位财政供养人员越来越多，事业单位职工人数 2000 年为 2399.2 万人，2001 年为 2691.6 万人，2002 年则增至 2957.1 万人。[②] 1999~2006 年事业单位财政供养人员在财政供养总人数中所占比重保持在 60%

①② 范恒山：《中国事业单位改革探索》上卷，人民出版社，2010 年。

左右，事业单位人员已成财政供养人员的主体。[①]财政拨付事业经费主要用于人员供养，办公经费或公用经费缺口越来越大，导致出现大量事业单位出现"有钱养兵、无钱打仗"的局面，公共服务供给严重不足。

（三）事业单位在现行的社会事业体制中处于垄断地位，缺少有力的竞争者，改善公共服务质量的压力和动力不足，效率不高

在我国现行的社会事业体制中，政府主要依靠自己所建立的事业单位来直接提供公共服务。事业单位在公共服务供给中处于垄断地位。在现有的事业单位中，全民所有和集体所有的事业单位占90%以上，其他社会力量兴办的事业单位不足10%。[②]民办非企业单位力量弱小。这种垄断地位既有自然垄断的因素，也有行政性垄断的因素。如前所述，事业单位与民办非企业单位相比，无论在资产实力、就业人数等方面都处于绝对优势地位，形成一种自然垄断。另一方面，事业单位是一种部门所有、部门管理的格局。各个政府职能部门既担当着对各个公共服务行业进行行业管理的重任，同时又是各自主办的各类事业单位的所有者和主管单位，这样在对待本行业的事业单位和民办非企业单位方面难免出现差别待遇，民办非企业单位在准入资格、银行贷款、政策优惠等诸多方面受到限制，事业单位的垄断地位得到进一步强化。由于缺少有力的竞争对手，事业单位缺乏改善公共服务质量的动力和压力，效率不高。我国的教育和卫生从业人数和所承担的社会服务指标的对比数据从某些方面反映了这个问题。我国大学教育人力投入数量和大学粗入学比率为3.77，韩国则高达14.06。从相对的医生数和病床数的比例来看，日本医生人均八张半床，中国只有一张多一点。从国际比较角度来看，我国事业单位的整体效率显然不高。[③]

（四）事业单位部门所有，条块分割，相互封闭，重复建设，资源无法共享和整合，难以形成参与社会管理的合力

我国的事业单位是由各级党政机关及其职能部门以及群团组织等举办的，他们不仅分属于不同层级的政府，而且分属于不同政府部门，形成部门所有、条块分割、相互封闭的格局。同类事业单位在不同部门重复设置，在同一地区重复设置，使得许多资源分散，不能有效地发挥规模效益，导致人才、资金、设备等的巨大浪费。[④]各级各部门的干部培训机构、疗养机构、机关食堂、车队等后勤服务性事业单位不计其数，就是这种部门所有、条块分割体制导致资源浪费的一个明证。在事业单位部门所有、条块分割、互不统属的体制下，事业单位参与社会管理和服务往往是各自为政，资源无法共享和整合，难以形成社会管理和服务的合力。

（五）事业单位与党政机关在经费保障、收入待遇、社会保障、职务职称晋升等方面形成的严重反差，削弱了事业单位参与社会管理的积极性

在承担的工作量大、工作任务繁重、劳动强度高的情况下，在经费保障、收入待遇、职称职务晋升、社会保障等方面，事业单位与党政机关、正式工与临聘人员之间存在着巨大反差，"同工不同酬"，身份歧视明显，严重削弱了事业单位人员的工作积极性。全额拨款的事业单位的人均办公经费或公用经费只有党政机关的一半左右，公务员和参照公务员管理人员的工资增长由财政解决，事业单位工资增长则要靠各单位自行解决。在公务员未参加社会保障体系的情况下，事业单位员工参加社会保障体系增加了员工的个人支出，降低了他们实际享受的社会保险水平。事业单位行政级别低于主管职能部门，职称职务晋升空间有限。区县和乡镇事业单位受高级职称的职级职数限制，多数专业技术人员职称职级上不去，严重影响在职在岗人员的工作积极性，并导致专业技术人才留不住、引不进等问题。事业单位的编外临时工在收入待遇、社会保障、职称职务等方面与在编正式工同样存在着很大的差距。这样一种带有歧视性的制度设计，严重挫伤了事业单位及其工作人员参与社会管理和服务的积极性。

---

① 程文浩、卢大鹏：《中国财政供养的规模及其影响变量》，《中国社会科学》，2010年第2期。
②④ 吴知论：《事业单位三分法及改革对策》，《中国行政管理》，2003年第2期。
③ 范恒山：《中国事业单位改革探索》上卷，人民出版社，2010年。

（六）事业单位监管体制不合理，事业单位缺乏必要的独立性和自主权，同时对其偏离公益属性的盈利行为又缺乏必要的外部监管

举办事业单位的党政机关及其职能部门（简称举办单位，他们同时又是相关事业单位的主管单位）往往把自己设立的事业单位当做直接的下属单位来对待，在人事任命、人员安置、任务分派、利益分配、资产处置、职称职务晋升等方面加以直接控制，事业单位听命和依附于举办单位，缺乏必要的独立性和自主权。双方是一种领导和隶属关系，而不是一种平等的契约关系。事业单位和举办单位在有偿服务利益分成方面又是一种利益共同体。由于财政拨款只能解决人员供养问题，事业单位为了维持日常运转和事业发展必须自行"创收"，因此服务收费冲动强烈。事业单位往往借助职能部门的审批权、执法权等社会管理职权和部门性法规等对管理和服务对象收取服务费进行创收和"有偿服务"，职能部门在利用审批权、执法权"设租"并利用下属事业单位"收租"的过程中共同分享"租金"收益。事业单位登记管理机关只负责对事业单位接受和使用捐赠、资助的情况是否符合条例和其他有关规定进行监督检查，对事业单位不分配盈余约束的监督管理则不在其监督管理的范围之列。对事业单位服务收费的使用也不在税务机关和财政机关的监督管理范围之列。这样的事业单位管理体制既削弱了它们追求专业化的核心能力，又助长了它们追求利益最大化的盈利倾向，同时服务收费机制剥夺了贫困人群获得基本公共服务的社会权利。

（七）行政化、官僚化的内部治理机制进一步削弱了事业单位参与社会管理的能力

事业单位的生命力在于它的专业能力和专业精神。但是，正如吴知论所指出的那样，"事业单位的管理体制和运行机制仍带有明显的计划经济的弊端。我国的事业单位90%以上都是由政府机关主办的，隶属于政府机关，在组织形式、人事管理等方面往往仿效政府机关，行政化倾向严重，没有从根本上突破计划经济和公有制管理的基础特征"。[①] 事业单位及其领导人往往要明确其行政级别，行政级别高低与收入待遇、编制规模、经费拨款数额相挂钩。争取机构升格、级别提升成为事业单位追求的一个重要目标。事业单位内部各级领导人在职称评审、职务晋升、经费分配、人员调配、绩效考评、奖励惩罚等方面具有决定权，不担任领导职务的专业技术人员则在专业技术事务管理中缺乏发言权和影响力。事业单位内部管理体制的缺陷助长了行政化和官僚化趋势，严重损害了专业技术人员的敬业精神和职业追求，削弱了事业单位参与社会管理和服务所拥有的专业技术优势和核心能力。

三、深化事业单位改革，更好履行服务社会功能

事业单位参与社会管理所面临的困难和问题，既有管理体制和运行机制方面的问题，又有发展战略重心调整和相关组织体系完善的问题。为了更好地发挥事业单位在社会管理中的功能，课题组提出以下政策建议。

（一）完善社会建设和管理组织体系，做好社会建设和管理的战略规划和统筹协调工作

党的十六大以来，社会建设已经与经济建设、政治建设、文化建设一道成为我国社会主义事业总体布局中的一个重要组成部分。社会建设和管理已经提上各级党委和政府的议事日程。北京、上海等地已经建立了社会工作委员会（政府系统为社会建设工作办公室）或社会管理工作领导小组及其办公室，作为社会建设和管理的领导协调机构，积极推进相关工作。但在全国层面上尚缺乏这样一个领导协调机构，这对于整体推进社会建设和管理工作十分不利。为此建议将主管政法维稳的有关中央领导机关改组为以改善民生、民权和维护社会稳定并重的中央社会工作委员会（政府系统可建立社会建设办公室，实行一个机构、两块牌子），对全国的社会建设和管理工作进行战略规划和业务指导，同时对社会建设和管理所涉及的有关职能部门进行统筹协调。社会建设和管理工作领导小组办公室还需要对群团组织、企业、事业单位、社会组织等各类主体参与社会建设和管理的职责任务进行必要的界定，调动各方积极性共同参与社会建设和管理工作。

---

① 吴知论：《事业单位三分法及改革对策》，《中国行政管理》，2003年第2期。

（二）加大社会事业投入力度，改进财政投入方式

科学发展观提出了促进经济社会协调发展的任务，公共服务构成了政府四大职能之一，这一切都要求政府财政向公共财政的转变，加大对社会公共服务事业的投入力度。政府应逐步改变财政以经济建设和社会维稳为重点的支出结构，政府对教育、医疗卫生、社会保障、就业创业服务等社会事业的投入比例应逐步超过对经济建设和社会维稳的投入比例之和，努力建设普遍、平等、可及的基本公共服务体系，满足社会成员特别是低收入人群生存和发展的基本需求。同时要改变政府对事业单位的财政供养制度，变"花钱养人"为"养事不养人"，实行绩效预算、项目资助、购买服务等新的财政支持制度，调动事业单位裁减冗员、努力干事的积极性。

（三）建立多中心的社会公共服务体制，构筑公益服务新格局

政府应当保障社会公共服务的供给，这是政府履行公共服务职责的客观要求。但政府保障社会公共服务的供给绝不意味着必须由政府直接生产和供给社会公共服务。绝大多数社会公共服务并非一种纯粹的公共品，而是一种介于公共品和私人产品之间的准公共产品，社会公共服务的消费具有公共性或外部影响，但同时也具有竞争性和排他性。准公共产品的供给形式有多种，既可以是政府直接供给，也可以是企业供给、非营利组织供给，或者多种形式的联合供给。[1] 政府是一种科层组织，强调等级服从和整齐划一，由政府这种组织形式直接提供公共服务并没有明显的效率优势，同时也难以满足社会成员个性化、差异化和多样化的社会需求。从理想状态看，以一种多中心体制来安排社会公共服务的供给与生产优于一种单中心体制。与单中心体制相比，多中心体制之下拥有自主权的众多决策中心在一定制度

和规则框架下通过互动、协调、竞争、冲突解决等机制来实现关系的可预测性和有序化，后者是市场经济条件下公共服务部门的常态。按照多中心的逻辑来建构社会公共服务体制，应该成为社会公共服务体制改革的方向。[2] 为此要求充分开放社会公共服务领域，优化社会力量兴办公益事业的政策法律环境，鼓励民间资本进入社会公共服务领域，鼓励通过市场机制、志愿机制、捐赠机制等多种途径筹集资源，鼓励各类企业、社会组织、社区组织参与提供社会公共服务，构筑提供主体多元化、提供方式多样化的公益服务新格局。[3]

（四）深入推进事业单位分类改革，调整事业单位的规模、布局与结构

推进事业单位分类改革的目的，是为了使事业单位回归公益性社会服务组织的本质属性，从而更好地发挥作为提供公益服务的主要载体的作用。根据中共中央、国务院《关于分类推进事业单位改革的指导意见》（中发〔2011〕5号），现有事业单位按照其社会功能划分为承担行政职能、从事生产经营活动和从事公益服务三个类别。对承担行政执法、市场监管职能等政府职能为主的事业单位，逐步将其行政职能划归行政机构或转为行政机构；对从事生产经营活动为主的事业单位，逐步将其转为企业；对从事公益服务的事业单位，继续保留在事业单位序列并强化其公益属性。从事公益服务的事业单位，按照是否从事基本公益服务等标准，又细分为公益一类和公益二类。事业单位分类改革特别是分类认定是一项政策性很强、政治上高度敏感的工作。这种分类认定工作不宜由各级地方政府自行探索，否则会产生同一种事业单位不同省份划分类型不一，享受的政策待遇不同，从而引发新的社会矛盾和问题。这种分类认定工作也不宜由党政机关及其职能部门来承担，否则会出现认定主体和认定客体同一且利益关联而导致行政机构和编制恶性膨胀的结

---

① 范恒山：《中国事业单位改革探索》上卷，人民出版社，2010年。

② 李文钊：《事业单位改革、多组织制度安排与中国社会事业体制建构》，"事业单位参与社会管理问题研究"课题总报告之二。李文钊在文中提出社会事业体制的概念，笔者则更愿意使用社会公共服务体制的概念，因为后者能更准确地反映社会公共服务部门包括社会公共服务事业和社会公共服务产业两个组成部分的事实，社会公共服务体制是促进社会公共事业和社会公共服务产业发展的制度性安排的总称。

③ 构建提供主体多元化、提供方式多样化的公益服务新格局，努力为人民群众提供广覆盖、多层次的公益服务，是中共中央、国务院《关于分类推进事业单位改革的指导意见》（中发〔2011〕5号）提出来的，对于进一步推进事业单位改革具有指导性。

果。建议由全国人民代表大会组成专门的委员会并邀请社会知名人士参与，在充分咨询公众意见和专家意见基础上，提出具体的、标准统一的、可操作的分类认定方案。在分类认定基础上，该保留的事业单位继续保留，该转为政府机构的事业单位转为政府机构，该转制为企业的事业单位转制为企业，该转为市场中介组织的事业单位转为市场中介组织，该撤销的事业单位坚决撤销，该合并的事业单位予以合并，从而优化事业单位的规模、布局和结构。

（五）建立现代事业制度，强化事业法人治理

左然提出，事业单位改革的方向是构建中国特色的现代事业制度。现代事业制度是与现代企业制度相平行的现代公益组织制度。按照现代事业制度的要求，事业单位作为一种事业法人，既享受着事业法人法定的各种自主权，又要接受事业法人治理结构的内部约束和必要的外部监管。事业单位依法登记成为独立的事业法人后，就应该享有法定的权利，可以自主管理、自主经营、自负盈亏。同时应当强化事业单位内部的法人治理，建立决策权、执行权和监督权三权分立的有效制衡机制，防止内部人控制。不同类型的事业法人可以实行不同的治理结构，决策者可以采取董事会（适合于产权多元化）、理事会（产权结构单一）、管理委员会等多种形式，执行者可以取总经理、总干事、秘书长等多种名称，监督者可以是监事会、监事等。[①] 但无论实行何种形式的治理结构，都必须健全决策、执行和监督相互分离和彼此制约的机制，确保公益目标的实现。

（六）完善公益事业监管体制，提高事业单位的社会问责度

为了确保事业单位实现公益目标，提供普遍的、非歧视的、可及的公益服务，需要完善公益事业监管体制。为此，有必要制定《公益事业法》，在该法中除了明确事业单位的法律地位、规定事业法人的权利和义务外，还应明确事业单位的政府监管和社会监督体制，提高事业单位的社会问责度。事业单位和民办非企业单位都是公益性社会服务组织，不应因为他们的举办主体的身份不同而加以区别对待，也不应浪费有限的政府资源

成立两个登记管理机关分别加以管理。可以考虑将民间组织登记管理机关与事业单位登记管理机关合并组建统一的公益事业监督管理委员会，对分类改革后保留的事业单位和民办非企业单位等公益事业组织进行统一的准入监管和服务质量监管。民办非企业单位和事业单位核准登记为事业法人后应当享受同等的法律权利和政策待遇，而不应受到歧视性对待。公益事业监督管理委员会的职责包括对事业法人的准入资格申请进行核准登记，受理消费者对事业法人所提供的公益服务质量的投诉，对事业法人偏离公益属性的行为进行处罚等。公益事业监督管理委员对事业法人的监管应当是依规则和程序进行管理，而不应随意干预事业法人的内部管理。审计机关、税务机关、司法机关在对事业法人进行综合监管和司法救济等方面发挥着重要作用。事业单位的举办主体与所举办的事业单位应当实行政事分开和管办分离。政府职能部门作为全行业的管理者，其职责主要是制定行业性政策法规、行业规划、标准规范等。举办单位与事业单位要从行政隶属关系转变为平等的契约关系，依据合同约定购买和提供服务。举办单位作为所有者，可以通过委派代表参与事业法人董事会、理事会等形式，参与事业单位内部治理，确保事业单位的公益属性。事业法人既需要政府监管也需要社会监督。《公益事业法》可规定事业法人须履行重大事项社会公告、强制性信息披露、公开听证等义务，便于社会监督。行业协会等组织可以通过开展行业性服务质量评估等活动，影响政府和基金会对事业法人的资助选择，从而发挥行业自律作用。新闻媒体在监督事业单位遵守法律保持公益属性方面发挥着重要作用。作为消费者，公众可以通过参与公益服务质量评估和提出对公益服务质量的投诉、申诉等，而发挥社会监督的作用。

（七）推进事业单位配套改革，增强事业单位改革与发展的内在动力

分类改革是事业单位改革的核心，它的成败在很大程度上取决于改革过程中事业单位及其人员与党政机关和企业相比是否仍然安心于从事公益服务工作。如果事业单位人员认为改革后，自

---

① 左然：《构建中国特色的现代事业制度——论事业单位改革方向、目标模式及路径选择》，《中国行政管理》，2009 年第 1 期。

已各方面待遇不如党政机关或者工商企业,不愿意继续留在事业单位从事公益服务工作,事业单位都愿意转为政府机构或转制为企业而不愿意保留在事业单位序列中,事业单位改革就是失败的。因此与事业单位分类改革相配套的人事制度、预算制度、收入分配制度、职称职务、社会保障制度的设计与实施就显得特别重要。第一,由于党政机关和事业单位在医疗、养老等方面实行财政保障制度,而企业则实行个人、企业和国家共担的社会保障制度,二者在具体待遇上落差很大,因此有必要将党政机关和事业单位人员统一纳入社会保险序列并逐步提高社会保险水平。这样才会弱化事业单位争取转为政府机构的强烈冲动。第二,由于党政机关和事业单位在预算拨款上差别极大,党政机关的人员工资、公用经费和专项经费都有较为充分的保障,而事业单位的财政拨款只保证人员的基本工资,其他两项则要靠事业单位自行创收获得,因此事业单位为了获得更多的预算拨款和经费保障也愿意转为政府机构。这样对事业单位的预算拨款改为项目预算和绩效预算以及购买服务以后,公益一类事业单位的总体经费保障水平应当不低于党政机关,公益二类事业单位的预算经费与服务收入之和应当不低于公益一类的经费总额。第三,建议尽快推出专业技术类公务员职称职级与薪酬标准,事业单位专业技术人员可参照专业技术类公务员标准执行,这样才能避免专业技术人员与行政管理人员职务与薪酬倒挂而争相做官的冲动。第四,建议取消事业单位及其负责人的行政级别,事业单位负责人可逐步过渡为市场化的职业经理人,专业技术人员和职业经理人可实行职业年金制度等激励制度,逐步培养职业经理人和专业技术人员的专业精神和专业能力。第五,建议事业单位仿照企业尽快实行绩效考评和绩效工资,同时参照公务员完善工资正常增长机制,从而调动事业单位负责人与工作人员努力工作、提供优质高效公益服务的积极性。

四、结束语

事业单位参与社会管理是一个新课题。事业单位在社会管理新格局中的地位和作用主要在于,它是政府提供社会公共服务或公益服务的主要载体,而社会管理是社会规制和社会服务的统一体,没有社会服务则社会规制就缺少了正当性同时也难以为继。我国目前事业单位的管理体制和运行机制仍保留着计划经济时期的一些特征,因而具有强烈的行政化和官僚化色彩,专业化水平不高,同时过度市场化的改革又削弱了它的公益属性。为了更好地发挥事业单位服务社会的功能,需要加大对发展社会事业的支持力度,同时需要推进事业单位分类改革和相应的配套改革。事业单位改革将是一个存量改革与增量改革并举的过程。开放社会公共服务领域,构建提供主体多元化、提供方式多样化的公益服务新格局,将通过引入企业和民办非企业单位等新的提供主体的竞争,推动事业单位改革走向深入,从而提高公益服务的整体水平。

(这是笔者主持的国家行政学院委托课题"事业单位参与社会管理研究"课题[该课题为2010年11月国家行政学院受国务院领导委托牵头组织的"加强和创新社会管理研究"重大课题的分课题]的总报告。执笔人:何增科。课题组对北京市海淀区、重庆市忠县、山东省威海市、浙江省宁波市四个地方进行了实地调研,并撰写了四份调研报告。课题总报告的写作参考了课题组各个分报告的研究成果,课题组全体成员参与了讨论,贡献了智慧,笔者在此向课题组全体成员表示衷心的感谢。笔者还要感谢国家行政学院总课题组和中共中央编译局副局长俞可平、中共中央编译局科研处处长陈家刚对课题研究给予的指导和支持。)

如何认识我国的社会组织[①]

白平则[②]

[摘　要] 社会组织具有非政府性、非营利性、自愿性，同时潜在地具有政治性、对抗性，主要发挥社会功能，但也具有一定的政治功能。我国社会组织发展特殊的生态环境，要求国家对其具有更强的整合能力；社会组织的发展应当以马克思主义关于国家与社会、政党与群众关系的理论为指导，而不应当以西方国家的公民社会理论为指导。应当进一步完善党对社会组织的领导体制，引导、整合社会组织的政治诉求，创新社会组织的管理体制，进一步加大政府对社会组织发展的扶持力度，为社会组织充分发挥服务功能创造更好的条件。

[关键词] 社会组织；生态环境；性质；理论指导；路径选择

近年来，学界有一股潮流，越来越多的学者热衷于谈论公民社会理论，认为社会组织是公民社会中最重要的主体，公民社会主要是由社会组织构成的，强调社会组织相对于党和政府的独立性，强调社会组织的政治功能，特别是制约、监督政府施政行为的功能，并且把实现公民社会的重任赋予社会组织。公民社会的倡导者们有意或无意地忽视了社会组织发挥政治功能的两面性，夸大了社会组织发挥政治功能的积极作用，回避了社会组织发挥政治功能可能产生的消极、负面作用，这种思潮容易误导人们对社会组织、公民社会产生许多不切实际的政治期待和幻想。应该如何认识我国社会组织的生态环境及性质？怎样对待社会组织及其发展中的问题？本文对此进行了探讨。

一、我国社会组织的性质及其功能

目前我国法律规定的社会组织主要包括社会团体、民办非企业单位和基金会三种类型。[③]据统计，截至 2010 年，全国依法登记的社会组织 43.9 万个，其中社会团体 24.26 万个，民办非企业单位 19.45 万个，基金会 2168 个。目前实际开展活动的各类社会组织中，还包括大量无法按照现行法规登记注册的草根组织、境外在华组织、社区社会组织、农村社会组织及各种网络型、松散型社会组织等，其总量约为 300 万家。[④]

社会组织具有非政府性、非营利性、自愿性及其在经济和社会建设中可以发挥巨大的社会功能，这是人们所公认的。值得我们重点探讨的是社会组织的政治性及其政治功能。改革开放初期，我国的社会组织通常被称为非营利组织，是指专门为各类社会主体提供服务的组织、机构的总称。社会组织发展的早期阶段，主要在经济和社会领域发挥作用，因此，给人造成社会组织一种非政治的、纯粹的社会服务组织的印象。随着社会组织的发展和壮大，党和政府支持和鼓励社会组织参与社会管理、反映群众诉求，国际非政府组织影响的增大，公民社会理论的传播以及公民社会论者赋予社会组织一定的政治使命，越来越多的社会组织对于在政治领域发挥作用表现出浓厚的兴趣和强烈的愿望，社会组织的政治性及其政治功能已经成为一个无法回避的问题。

在如何看待社会组织的政治性与政治功能的问题上，学术者众说纷纭，有学者认为，"从政治

---

① 白平则：《如何认识我国的社会组织》，《政治学研究》，2011 年第 2 期。
② 白平则，山西师范大学政法学院，副教授。
③④ 马立：中国民间组织管理研究，《理论月刊》，2007 年第 1 期。

社会学的角度讲，原子化的个人行动是不具有政治性质的，而组织化的行动因其有社会整合和输入输出功能而具有政治性质。社会组织在政治领域的功能主要包括政治沟通、影响政府决策、监督政府、民主自治等。"[1]有学者认为，"在不同的国家政治体制中，非政府组织或多或少地以不同的方式发挥着其不同的政治影响力。非政府组织的发展，不仅仅是在很大程度上成为政府组织的补充，而且也同时成为一种有组织的政治力量"。"在民主体制较为成熟的西方国家，非政府组织由于具有在法律保护下的独立的组织网络，在基层拥有强大的活动能力和影响力，其自身已经是一种独立的政治力量，而在一些民主法治体系较为滞后的权威主义国家，如拉丁美洲的巴西和智利，亚洲的菲律宾等，由于其政党制度的软弱，其非政府组织常常扮演着反对党的作用，并与政府处于紧张的关系，非政府组织只要能够成为相对独立的、组织良好的、有着广泛的基层动员能力的自治组织，它就可以具有一定的政治功能，并在合适的政治条件下扮演重要的政治角色"。[2]有学者认为，"只有非营利组织发展了，民主政治本身才能进一步发展。"[3]以上这些论述都肯定了社会组织具有政治功能。有的非政府组织人士认为，"社区 NGO 是监督和制约政府权力的重要力量。社区 NGO 虽然在政府管理社会公共事务的过程中起到极大的辅助作用，但是终究不是政府机关的下属部门，它有着自身独立的法律地位和作用范围，对于政府辅助作用也绝不是被动的服从，它在协助政府工作的同时对政府的制约力量也是极其强大的。"[4]"在中国的政治文明建设进程中，NGO 具有重要的不可替代的作用：首先，NGO 是现代民主体系的重要内容，它奠定了基层民主特

别是社会自治的组织基础。同时，NGO 也是政府和民众之间的巨大的弹性力量和沟通机制。"[5]我们认为社会组织具有潜在的政治性，可能会发挥政治功能，社会组织发挥政治功能时具有两面性、不确定性。霍布斯（Thoms Hobbes）在其政治学名著《利维坦》中论证说："政府有足够的理由怀疑非政府的结社，后者通过对组织技巧的教育和建立一种共同体的感觉，能够对国家的权力构成挑战"。[6]更有一种观点认为："'在公众中，少数几个人就能煽动起大家的强大而激烈的情绪，产生巨大的优势。'非政府组织在弥补政府组织施政不当、不足或监督、制约政府的施政行为时，如果处理得当，就会与政府形成互补与合作关系，如果处理不当，就会形成对立、对抗。"[7]

发达国家的非政府组织与政府关系复杂、多面，既有替代和互补，也有矛盾与对立，如法国的政府与非政府组织的关系一向既生疏又有局限性，相互之间缺乏信任。[8]"独联体国家曾因过分依赖非政府组织而导致超过国家的社会控制能力，出现了部分失控，成为各国社会发展过程中的不稳定因素"。[9]

在实践的层面上，党和国家允许、鼓励和支持社会组织发挥一定的政治功能。如，《中共中央关于构建社会主义和谐社会若干重大问题的决定》中明确指出："要发挥各类社会组织反映诉求的作用；发挥驻区单位、社区民间组织、物业管理机构、专业合作经济组织在社区建设中的积极作用，实现政府行政管理和社区自我管理有效衔接、政府依法行政和居民依法自治良性互动。"[10]"党的十七大报告再次肯定了社会组织在社会管理中的协同作用，并且强调要发挥社会组织在扩大群众参与、反映群众诉求方面的积极作用，增强社会自

① 赵子陆：《论非政府组织与政治稳定的关系——基于国家与社会关系的分析》，《德宏师范高等专科学校学报》，2007 年第 4 期。
② 唐晋：《大国策——公民社会》，人民日报出版社，2009 年，第 324~325 页。
③ 汪玉凯：《中国行政体制改革 30 年回顾与展望》，人民出版社，2008 年，第 165 页。
④ 若弘：《中国 NGO 非政府组织在中国》，人民出版社，2010 年，第 140 页。
⑤ 若弘：《中国 NGO 非政府组织在中国》，人民出版社，2010 年，第 164 页。
⑥ 王名、刘培峰等：《民间组织通论》，时事出版社，2004 年，第 41 页。
⑦ 中国现代国际关系研究院课题组：《外国非政府组织概况》，时事出版社，2010 年，第 17 页。
⑧ 中国现代国际关系研究院课题组：《外国非政府组织概况》，时事出版社，2010 年，第 83 页、第 239 页。
⑨ 中国现代国际关系研究院课题组：《外国非政府组织概况》，时事出版社，2010 年，第 180~181 页。
⑩ 中共中央党校教务部：《十一届三中全会以来党和国家重要文献选编》，中共中央党校出版社，2008 年，第 717 页、第 718 页。

治功能。"①

从社会组织实际上发挥功能的维度看，绝大多数社会组织产生于社会生活中的各种需求，主要发挥社会功能。有些社区组织，如钓鱼协会、扑克协会等，纯粹是为了满足个人的生活爱好，仅具有社会性。有些民办非企业单位，如民办学校、民办医院、物业管理机构等，具有较强的盈利目的，并无政治性。不过，有些社会组织虽然不是政治功能主导，但无疑具有一定的政治意愿和诉求，产生了一定的政治影响，如一些商会、基金会、学术性社团等。广东省行业协会、商会近年来发挥了一定的参政议政作用就是一个典型的例子。有些行业协会，由原先的行政机关转化而成、或者附属于原来的行政机关，虽然以社会组织的名义活动，但实际上履行着一定的行业管理职能，既具有社会性又具有政治性，既发挥社会功能，也发挥政治功能。

如果从社会组织自身的角度看，实际上未发挥政治功能，但并不等于客观上不会发挥政治功能，也不等于没有发挥政治功能的意愿和诉求。有学者指出，"学者们赋予非政府组织很高的政治价值和民主期待，特别是希望他们在对抗国家权力、保障社会自由和权利方面能有大的作为"。②从一定意义上可以说公民社会就是社会组织发展到更高阶段的一种政治诉求，此外，中国的一些草根组织，如一些网络社团等实际上也已经发挥了一定的政治功能，它们积极地参政议政、监督地方政府及其官员、维护弱势群体的合法利益，他们的行动也得到党和政府一定程度的认可和支持。

二、我国社会组织发展的理论基础

我国社会组织的发展不应当以西方国家的公民社会理论为指导。公民社会理论是西方民主政治的产物，它预设了资本主义的国家观、民主观和社会观。这种理论的出身是自由主义，所要表达的是对国家权威的怀疑以及以公民社会制衡国家的愿望。"在许多西方学者的眼中，政府作为国

家的代理人一直被视为公民社会的对立之物，他们寄希望于公民社会的勃兴，并日益强大到能从政府手中接管越来越多的权力，在政府撤出的领地为民主化开辟广阔的社会空间，汲取权力的合法性来源"。③

西方传统的公民社会理论主张把整个社会划分为国家与公民社会两大部分，按照这种分类方法，公民社会包括了各种经济组织、社会组织，实际上就是指资本主义社会。新公民社会理论将整个社会分割为三大领地：政府、市场和公民社会，此处的公民社会仅包括公民团体、非营利性服务组织，即使在西方国家也只有极少数学者持此观点，艾里斯·马里·恩杨（Iris Marion Young）认为，"一些学者把公民社会的自由等同于市场的自由。如此一来，公民社会理论就以一种新的反国家自由主义的面貌出现。因为所有的公民社会理论都一致认为，现代福利国家的官僚政治倾向于非民主且具有支配性，随之而来的问题是：如何积极促进社会正义的承诺能与这种观点的政治和民主兼容。"④国家与社会之间传统的二元论范式在西方福利国家已经突破，国家主导下的国家与社会的共同治理已经成为普遍的做法。

西方公民社会理论的兴起与新自由主义有密切的关系，而新自由主义已经被实践证明是不可行的。因为这种理论工具适应了西方发达资本主义国家向非西方国家输出西方民主观、人权观、社会观的需要，是为干涉别国内政、颠覆社会主义制度而精心设计的一种理论，这种理论的核心是向目标国非政府组织灌输西方的民主观、人权观、社会观，通过财力支持等手段操纵目标国的非政府组织，暗中怂恿目标国的非政府组织争取独立的政治空间、与本国政府搞对抗，图谋借助目标国非政府组织的政治影响和力量达到干涉别国内政、颠覆社会主义制度的目的。

从拉丁美洲现代化过程中公民社会的力量与国家权力的关系变化情况可知，在现代化建设过程中，国家与公民社会良性互动更多的是一种美

① 中共中央党校教务部：《十一届三中全会以来党和国家重要文献选编》，中共中央党校出版社，2008 年，第 743 页、第 744 页。

② 陈金罗、刘培峰：《转型社会中的非营利组织监管》，社会科学文献出版社，2010 年，第 14~16 页。

③ 文史哲编辑部：《国家与社会：构建怎样的公域秩序》，商务印书馆，2010 年，第 383 页、第 392 页。

④ 罗伯特·古丁、汉斯—迪特尔·克林格曼：《政治科学手册（下册）》，生活·读书·新知三联书店，2005 年，第 698~699 页。

好的愿望，双赢的局面十分罕见，恶性互动更容易发生，对抗、此消彼长、两败俱伤的可能性更大。

关于非政府组织的消极作用，西方一些国家的学者也有论述，"如乔恩华·科恩和乔·罗格斯（Cohen and Rogers）在《结社与民主》一书中提出：随着有组织的群体的滋生激增，它们会四处'寻租'，当它们试图获得政府权力的支持而给予它们不正当的租金时，它们的这种破坏性的寻租行为就会给政府和公民社会带来非常消极的影响。此外，还有一个政治上的传统老问题，即不同群体之间的分歧、裂隙、倾轧，即派系争斗的现象。因此，需要有强有力的国家机构，至少是一系列包容广泛的法律安排，来节制中介群体的存在与行动，在这些中介群体中间，有许多可能并不是完全合法的，甚至还可能是犯罪群体"。① 有学者明确指出，"没有一个国家的公民社会具备完全的独立性"，"公民社会绝对不是它的一些支持者希望我们相信的那种灵丹妙药"。② 目前国内学界对公民社会理论的缺陷及其实践中存在的问题没有引起足够的重视，有些公民社会论者有美化公民社会、忽视其危害性和破坏性倾向，有些公民社会论者有意或无意地回避了公民社会理论的西方文化性、渗透性及侵略性，回避了西方公民社会本身的弊端，倾向于用西方资本主义国家的公民社会理论指导中国社会组织的发展，这种迹象应当引起我们的高度警惕。

我国社会组织的发展应当以马克思主义关于国家与社会、政党与群众关系理论为指导。马克思认为国家与社会是一个统一整体。他坚决反对黑格尔（Hegel）把政治国家与市民社会对立起来的思想。他曾这样指出，"市民社会的成员，就是政治国家的基础、前提"。③ 通过对黑格尔国家观的批判得出了"'家庭和市民社会是国家的现实的构成部分，它们是国家存在的方式'、'国家的各种职能和活动同个人发生联系（国家只有通过各个人才能发生作用）'、'国家的各种职能和活动只不过是人的社会特质的存在和活动的方式'"的结论。④ 马克思坚决反对黑格尔把行政权与市民社会对立起来的思想，认为，"'警察'、'法庭'和'行政机关'是市民社会本身赖以捍卫自己固有的普遍利益的代表，而不是国家用以管理自己、反对市民社会的全权代表"。⑤ "实际上国家不外是资产者为了在国内外相互保障各自的财产和利益所必然要采取的一种组织形式"、"国家是统治阶级的各个人借以实现其共同利益的形式，是该时代的整个市民社会获得集中表现的形式。"⑥ 马克思认为无产阶级国家政权是人民群众自己的政权，已经成为社会本身的生命力，成为人民群众获得社会解放的政治形式。"在民主制中，与这种内容并行不悖而又有别于这种内容的政治国家本身，只是人民的特殊内容和人民的特殊存在形式。"⑦ 马克思在论巴黎公社中指出，"公社——这是社会把国家政权重新收回，把它从统治社会、压制社会的力量变成社会本身的生命力；这是人民群众把国家政权重新收回，他们组成自己的力量去代替压迫他们的有组织的力量；这是人民群众获得社会解放的政治形式，这种政治形式代替了被人民群众的敌人用来压迫他们的假托的社会力量（即被人民群众的压迫者所篡夺的力量）（原为人民群众自己的力量，但被组织起来反对和打击他们）。"⑧

恩格斯认为国家是一种政治集合体，维持社会秩序是国家的基本功能。指出，"国家是社会在一定发展阶段上的产物；国家是承认：这个社会陷入了不可解决的自我矛盾，分裂为不可调和的对立面而又无力摆脱这些对立面。而为了使这些对立面、这些经济利益互相冲突的阶级，不致在无谓的斗争中把自己和社会消灭，就需要有一个表面上凌驾于社会之上的力量，这种力量应当缓

---

① 柯文·M. 布朗等：《福利的措辞不确定性、选择和志愿结社》，浙江大学出版社，2010年，第47页。
② 胡鞍钢、王绍光、周建明主编：《第二次转型国家制度建设》（增订版），清华大学出版社，2009年，第71页。
③《马克思恩格斯全集》，第3卷，人民出版社，2002年，第187页。
④《马克思恩格斯全集》，第3卷，人民出版社，2002年，第11页、第29页。
⑤《马克思恩格斯全集》，第3卷，人民出版社，2002年，第57页、第63页、第64页。
⑥《马克思恩格斯全集》，第1卷，人民出版社，1995年，第132页。
⑦《马克思恩格斯全集》，第3卷，人民出版社，2002年，第41页。
⑧《马克思恩格斯全集》，第3卷，人民出版社，1995年，第95页。

和冲突，把冲突保持在秩序的范围以内。"①恩格斯认为国家权威与社会自治是相对的，不能把社会自治说成是绝对好的东西。在《论权威》中指出，"我们看到，一方面是一定的权威，不管它是怎样形成的，另一方面是一定的服从，这两者都是我们所需要的，而不管社会组织以及生产和产品流通赖以进行的物质条件是怎样的。""把权威原则说成是绝对坏的东西，而把自治说成是绝对好的东西，这是荒谬的。权威与自治是相对的东西，它们的应用范围是随着社会发展阶段的不同而改变的。"②

马克思主义经典作家认为人民群众（社会组织属于人民群众的范畴）是历史的创造者。认为，"历史上的活动和思想都是群众的思想和活动。""历史活动是群众的事业，随着历史活动的深入，必将是群众队伍的扩大。"③列宁把"历史活动是群众事业"的论点，称之为"历史哲学理论的最深刻最重要的原理之一"，继而强调："生气勃勃的创造性的社会主义是由人民群众自己创立的。"④毛泽东强调："人民，只有人民，才是创造世界历史的动力。"⑤邓小平指出："党对于人民群众的领导作用，就是正确地给人民群众指出斗争的方向，组织人民群众自己动手，争取和创造自己的幸福生活。"⑥

我国社会组织的发展必须坚持以马克思主义关于国家与社会的统一观及人民群众创造历史的观点为指导，必须旗帜鲜明地反对把国家与社会组织对立起来、社会组织制衡国家的二元化思想，反对把政党与社会组织对立起来、以社会组织对抗政党的思想。

三、我国社会组织发展的路径选择

为了加强对社会组织的管理，促进社会组织健康发展，应当采取以下几个方面的措施：

（一）创新社会组织的管理体制，进一步加大政府对社会组织的扶持与监管力度，推动社会组织健康有序发展，充分发挥其服务社会的功能

当前阻碍社会组织发展的体制和机制因素还很多，观念上的障碍依然存在，社会组织发展的环境有待继续改善，社会组织的管理体制亟待改革。社会组织拥有一定的发展自主权是其发挥社会功能的前提条件，是形成社会组织内生动力的基础。"双重管理制度已经成为我国社会组织进一步发展的障碍，应当取消社会组织的双重管理制度，采取单一制的登记办法，无须再由某政府机关作为业务主管部门"。⑦实行双重管理制度主要是出于对社会组织政治功能的担忧，这种担忧虽然不无道理，但实际上多数社会组织政治功能微弱或没有政治功能，只要引导得当，社会组织还可以发挥建设性政治功能。因此，无须对所有的社会组织都实行双重管理制度，这种制度应当仅限于具有较强政治性的社会组织。目前的双重管理体制一方面使得许多社会组织因找不到主管部门而无法办理登记注册；另一方面，也使得登记注册的社会组织难免具有浓厚的行政色彩。与此同时，双重管理体制已经严重落后于当前党和政府培育、促进社会组织发展的政策，与党和政府的政策越来越不相适应。

社会组织实行分类管理制度，经济类、公益慈善类、民办非企业单位和城乡社区社会组织等国家重点培育、优先发展的社会组织应当取消双重管理制度，推动行业协会、商会的改革和发展，逐渐实现其与行政机关脱钩，使其真正实现自主化、社会化。2002年以来国内已有一些地方进行了社会组织管理制度改革的试点，取消行政主管部门，扩大社会组织民政部门直接登记、备案的范围，实现社会组织真正的自主化、社会化，已经形成了广泛的社会共识，也取得了良好的社会效果。2002年，青岛市在社区内试行社会组织备

---

① 《马克思恩格斯全集》，第4卷，人民出版社，1995年，第170页。
② 《马克思恩格斯全集》，第3卷，人民出版社，1995年，第226页。
③ 《马克思恩格斯全集》，第2卷，人民出版社，1995年，第249页。
④ 《列宁全集》，第33卷，人民出版社，1986年，第269页。
⑤ 《毛泽东选集》，第3卷，人民出版社，1991年，第1031页。
⑥ 《邓小平文选》，第1卷，人民出版社，1989年，第205页。
⑦ 马立：《中国民间组织管理研究》，《理论月刊》，2007年第1期。

案制，社区社会组织不需要再经过严格的审批程序获得活动资格，政府对备案的组织颁发'准社团'、'准民非'证书。[1]党的十七大以来，社会组织管理制度改革的步伐明显加快，受党和政府大力支持社区社会组织发展的政策影响，社区社会组织管理制度改革率先取得了重大突破，简化登记程序、降低登记条件、取消行政主管部门成为试点地区的普遍做法，如2008年福建省民政厅出台的《关于社区社会组织培育发展和登记管理工作意见》规定，社区社会组织实行民政部门直接登记制。安徽省皖江示范区社会组织改革意见明确规定，在示范区申请设立行业协会、商会，无须业务主管单位审批，直接由市、县民政部门按照分级管理原则进行登记。随着社区社会组织直接登记地域的扩大，2009年民政部社会组织管理局将社区社会组织的备案管理办法列入其工作要点，于是社区社会组织直接登记开始得到了国家层面的认可。2010年深圳市民政部门启动了社会组织直接登记改革，实行社区社会组织登记、备案双轨制。2011年北京市推出了力度更大的改革措施，社会服务类、社会福利类、公益慈善类、工商经济类社会组织无须行政主管部门审批，实行民政部门直接登记；并要求公务员从社会组织中逐步退出，实现社会组织与行政部门的彻底脱钩，社会组织真正的社会化。

社会组织的发展离不开政府的培育和全社会的大力支持和参与。当前加强社会组织法律、体制和能力建设，培育、促进社会组织健康有序发展已经成为经济和社会发展第十二个五年规划的重要目标。首先要加大政府对社会组织的资助，完善扶持政策，推动政府部门向社会组织转移职能，向社会组织开放更多的公共资源和领域。其次要创新扶持社会组织的政策措施，建立社会组织孵化器、社会枢纽组织，扩大社会组织税收优惠的种类和范围。最后，要积极培育社区服务性、公益性、互助性社会组织，发挥驻区单位、物业管理机构、业主委员会的积极作用，引导各类社会组织参与社区管理和服务。

当前社会中介组织违法犯罪时有发生，社会组织的监管制度需要进一步完善，社会组织的监管力度需要进一步加大。目前正在全国范围内开展社会组织的评估工作，评估是一种重要的政府监管手段，除此之外，还应当完善法律监督和自我监督体系，建立第三方评估机制，加强新闻媒体、捐赠者的监督，并完善社会组织信息公开制度和评估制度，完善失信惩罚机制，加强政府对社会组织活动的日常监管，引导社会组织完善内部治理结构，提高其自律能力。

（二）完善党对社会组织的领导体制，整合社会组织的政治诉求，引导社会组织发挥建设性的政治功能

第一，社会组织发挥政治功能要比社会功能复杂得多，由于非政府的社会组织与政府的关系具有潜在的对抗性，因此社会组织发挥政治功能不得不受到许多限制，不得不更加谨慎。

首先，社会组织必须在党和政府的领导下发挥政治功能。西方一些仇视中国的组织和个人寄希望于中国的社会组织，企图利用中国的社会组织来达到其颠覆社会主义制度、破坏我国国家和社会的稳定、削弱我国国力的目的，这一点不能不防。

其次，社会组织的政治参与必须控制在合理的限度内，社会组织过度的政治参与可能会给国家和社会的稳定带来一定的负面影响。阿尔蒙德（Gabriel A Almond）认为，"政治权力的制度化应当先于公众参与的民主，否则政府就可能被公民社会'绑架'"。[2]目前我国正处于社会矛盾的多发期，社会组织发挥政治功能，如果引导得当，有利于社会矛盾的缓解，可以成为社会稳定的一支重要力量。如果引导不当，就可能会使社会矛盾进一步激化，使社会稳定面临的压力更大，甚至动摇中国共产党在现代化建设中的领导地位。因此，社会组织发挥政治功能应当以巩固党和人民群众的血肉联系、促进政府与社会公众的良性互动为宗旨，而不是以制衡国家为目的。事实上，政府权力与社会权力之间的平衡从来就不存在，而且永远不会存在。美国研究公民社会的著名学者查尔斯·泰勒就认为，"允许政府与社会同时并

① 若弘：《中国NGO非政府组织在中国》，人民出版社，2010年，第215页。
② 加布里埃尔·A.阿尔蒙德等：《当代比较政治学：世界视野》（第八版），上海人民出版社，2010年，第762页。

存而不予互相协调，实在是风险太大。"[①]

第二，应当继续加强社会组织的党建工作，与此同时，不断提升社会组织的政治地位，充分发挥社会组织的参政议政作用。近年来社会组织的党建工作已经取得了重大进展，如广东、山东、宁夏已将社会组织党工委全部覆盖到省（区）、市、县三级。今后要在进一步推进和完善社会组织中党的组织的同时，提升社会组织的政治地位，建立健全社会组织参政议政的机制，充分发挥社会组织的建设性政治功能。如安徽皖江社会组织改革示范区在各级党代会、人代会和政协会议中增加社会组织界别，分配一定比例的党代表、人大代表、政协委员名额给社会组织，发挥社会组织参政议政作用。广东省初步形成了行业协会、商会参政议政的良好氛围，并初步形成了各具特色的参政议政机制和模式，如向各级人大、政协递交提案议案、向各级党委政府提出政策建议，接受政府委托，参与政策调研和起草，向社会公开征求政策建议，间接影响决策。《国民经济和社会发展第十二个五年规划纲》充分肯定了行业协会、商会的政治功能，把发挥行业协会、商会沟通企业与政府的作用，发挥行业协会的社会利益表达功能作为重要的建设目标，今后应当把发挥行业协会、商会的政治功能作为社会组织改革和发展的重点任务。

第三，建立健全社会组织参与基层民主的体制机制，充分发挥社会组织在基层民主建设、社会协同管理中的作用，引导各类社会组织依法有序参与社会管理，实现社区社会组织自我管理、自我服务、自我发展。《国民经济和社会发展第十二个五年规划纲要》明确提出依靠行业管理组织维护群众权益，化解社会矛盾的规划目标。今后要正确引导社会组织发挥维权功能，鼓励和支持社会组织代表社会弱势群体表达利益诉求、依法维护社会弱势群体的合法权益，充分发挥社会组织在社会矛盾化解中的协同作用。政府可以选择合法成立的、比较成熟的社会组织作为协调主体、合作主体，建立社会矛盾纠纷解决的互动平台。

第四，正确引导社会组织发挥监督功能，为社会组织参与政府决策和执行活动构建制度平台，鼓励和支持人民群众通过社会组织的形式依法对政府工作进行批评和监督。目前，公民对政府的监督与批评是党和政府所支持的，但是公民以社会组织的形式监督政府仍然是一个需要深入探讨的问题，虽然一些社会组织实际上发挥了对政府的监督作用，但这方面的政策并不明确，法律、法规也不健全。社会组织监督政府无疑是要冒一定的政治风险的，但并非不可预测、不可控制。有些国家的社会组织建立了监督政府的信息网，主要监督政府政策的实施进程和透明度，重点关注政府在社会服务、反腐、儿童福利、环境与商业等政策领域的问题，[②]它们的经验值得我国学习和借鉴。

① 邓正来、杰弗里·亚历山大：《国家与市民社会—一种社会理论的研究路径》（增订版），上海人民出版社，2006年，第27页。
② 中国现代国际关系研究院课题组：《外国非政府组织概况》，时事出版社，2010年，第199页。

社会企业初探[①]

潘小娟

[摘 要] 社会企业是一种为实现既定的社会目标和可持续发展而进行商业交易的新型组织形态。社会企业所具有的双重特征，使得它在解决社会问题、改进公共服务供给、推动经济持续发展、促进社会融合等方面发挥了无可替代的重要作用，创造性地弥补了政府不足所带来的空白以及传统营利组织和非营利组织所固有的内在缺陷。阐释社会企业的内涵，探究其兴起的背景，分析其发展的意义和作用，有助于我们更深刻认识它的本质，厘清它与其他组织的异同，为推动其在我国的发展营造良好的环境。

[关键词] 社会企业；社会责任；第三部门

社会企业是一种超越传统企业和民间非营利组织的新型组织形式。它 20 世纪 80 年代悄然兴起于欧美国家，随后受到世界许多国家的广泛关注，得到蓬勃发展，近年来也已在我国萌芽和生长。社会企业以其固有的双重特性在社会领域展开创新，取得了令世人瞩目的巨大经济和社会效益，在解决社会问题，改进公共服务供给，推动经济持续发展，促进社会融合等方面发挥着独特而重要的作用，成为推动经济发展和社会进步的一支重要力量。

一、社会企业的界定

由于不同国家在经济体制、法律体系、政策框架等方面存在差异，加之其发展迅猛且没有固定的模式，因此虽然社会企业已经出现并运作了三四十年，但目前人们对它的认识还不统一，众说纷纭，莫衷一是。有的认为它是非营利组织进行商业实践的新机制，有的则认为它是商业企业履行社会责任的新形式，至今尚未形成一个一致认可的定义。

社会企业概念最早是由经济合作与发展组织（OECD）提出的。经济合作与发展组织在其 1994 年的报告中指出，社会企业是既利用市场资源、又利用非市场资源以使低技术工人重返工作岗位

的组织。1999 年，该组织进一步明确，社会企业是指任何可以产生公共利益的私人活动，具有企业精神策略，以达成特定经济或社会目标，而非以利润极大化为主要追求，且有助于解决社会排斥及失业问题的组织。其主要形态为利用交易活动以达成目标及财政自主的非营利组织，社会企业除采取私营部门的企业技巧外，亦具有非营利组织强烈社会使命的特质。社会企业联盟（The Social Enterprise Coalition）将社会企业界定为"为了社会和环境目标而进行商业活动的组织。"英国政府将社会企业定义为拥有基本的社会目标而不是以最大化股东和所有者利益为动机的企业，所获得利润都再投入到企业和社会之中而非分配给股东。

从上述几个定义我们可以看到，虽然它们涵盖的范围宽窄不一、关注的重点各有不同，但是基本内核是相同的，具有许多共同的内容，如实现社会目标，运用商业手法，不以利润最大化为目的等。将这些普遍性、共同性要素抽取出来，加以分析提炼，可以使我们更全面、更深刻地认识社会企业。综合以上各种定义，结合各国社会企业的发展实践，从社会企业所具有的共同的基本特征出发，笔者认为可以对社会企业作出如下一般性的界定：社会企业是介于传统的以营利为

① 潘小娟：《社会企业初探》，《中国行政管理》，2011 年第 2 期。

目的的企业和民间非营利组织之间的，以社会责任感而非利润驱动的，为实现既定的社会、环境目标和可持续发展而进行商业交易的组织。这一定义包含如下内容：一方面，它明确社会企业既不属于传统的营利部门也不属于传统的民间非营利组织，而是介于两者之间并且与两者相链接的新型组织形态。将社会企业与传统的以盈利为目的的企业和民间非营利组织区分开来，而不是简单地将之归并其中，有助于更准确地定位社会企业，为其生存创造适宜的环境，促进其健康持续发展。另一方面，它强调社会企业是企业商业经营行为与公益组织的社会责任和崇高使命的完美结合。社会企业进行商业交易的目的是为了实现特定的社会公益目的，它在达成社会目标的过程中融入了商业策略，通过商业手段来实现公益目的和可持续发展。

社会企业运营的双重目的，即达成既定社会、环境目标和实现财务自主，决定了社会企业具有双重特性，即经营性和公益性。所谓经营性是指社会企业要按照传统企业模式运作，从事明确的商业经营活动，用商业手段赚取利润，在公平竞争中实现盈余，以商业经营的收益来维持组织的生存和发展。社会企业内部实行企业化管理，讲成本、求效益，进行独立核算，实现自负盈亏。所谓公益性是指社会企业追求的并不是股东和企业所有者的利益最大化，而是社会、环境目标的实现。换言之，社会企业虽然也赚取利润，但其赚取的利润主要是用于贡献社会的。社会企业的公益性具体体现在两个方面：一方面，它以解决社会、环境问题为唯一使命，以公益性社会服务为主要目标；另一方面，它不分红，虽然高效整合资源，但并不聚敛财富。一般而言，它的绝大部分利润都用于再投资以实现社会、环境目标，仅有很小部分保留给股东。

虽然社会企业的组织形式多样，法律地位也并不完全相同，但其特性决定了它通常应该包含以下几个要素：

（1）具有明确的社会目标。社会企业以解决社会问题，实现社会和环境目标为组织使命，拥有强烈的社会责任感和使命感。每个社会企业都会根据自己的优势确定自己要实现的具体的社会和环境目标。概括起来，社会企业的社会目标主要包括：满足社会需要，创造就业机会，促进员工发展，建立社会资本，推动可持续发展等。

（2）透过商业手法运作。社会企业从事明确而持续的商业交易活动，赚取利润，主要以商业交易活动的收入为基础来维持组织的生存和发展。因而，它具有较高的财务自给能力，较少依赖外部资金支持。

（3）实行社会所有制。与大多数所有权由股东来决定的传统企业不同，社会企业可能归它的用户或客户、员工、托管人或公共机构所有。也就是说，它通常是由一群公民首创的，其所有制结构是建立在利益相关者团体（如员工、用户或客户、地方社区团体和社会投资者）或代表更广泛的利益相关者对企业实施控制的托管人或董事的参与基础之上的。它就其产生的社会、环境和经济影响向利益相关者以及社会负责。

（4）拥有多元参与的治理结构。社会企业以自治为组织管理的主要模式，强调通过参与与协作主动融入社会，具有高度的自主性。它尽量多地使用志愿资源，以使所有受影响的人都能参与其活动。

（5）实施有限的利润分配。社会企业实行资产锁定原则，即其财务盈余的绝大部分必须用于社会公益或自身发展的再投资，只有很小一部分可以按照预先的决定分配给股东。

二、社会企业的发展动因

虽然由于国情和发展水平的差异，社会企业在各国兴起的原因并不完全相同。但就整体情况而言，社会企业大规模地兴起于20世纪80年代的原因主要涉及以下几个方面：

1. 政府角色的过度膨胀

第二次世界大战后，发达国家在经济重建并步入稳定增长阶段的同时，逐步推行各种社会政策和社会工作，"福利国家"开始出现。在这一过程中，政府角色迅速膨胀，政府干预民众生活的范围急剧扩大，导致官僚主义盛行，服务效率低下。对此，公众强烈不满，推进改革，还权于民，重构"小政府，大社会"的呼声日益高涨。政府角色的理性回归和国家权力从社会领域的适度退出，为社会企业的发展提供了必要的广阔空间。社会企业的最大价值诉求就在于增进社会公益，推动社会变革。它可以在实现社会目标上成为公共部门的合作伙伴，运用商业手段有效地提供公共服务，特别是那些政府转移出来的，营利部门不愿提供的利润较低而社会又急需的公共服务。

2. 公共财政的困境

政府角色的膨胀和国家干预的增强必然导致政府财政支出的不断扩大，这就要求政府要有雄厚的财力作支撑。例如，美国"所有的政府开支在国民生产总值中所占份额在 1929 年只有 8.5%，如今超过了 40%。"但是，20 世纪 70 年代连续两次的石油危机严重影响了全球的经济发展和繁荣，对政府财政构成了极大的压力，使得政府财政雪上加霜，进一步恶化，各国政府面临日益庞大的债务负担。针对这一状况，发达国家政府不得不采取措施削减预算，压缩社会福利开支，推进福利国家转型，减少对非营利组织的资助，选择更多地依赖市场机制来提供公共产品和公共服务。公共财政的不足以及由此引发的社会福利制度改革对社会企业的发展提出了现实要求。作为"一种为了社会和环境目标而进行商业活动的组织"，社会企业可以通过商业运作，有效地解决资金短缺问题，更好地实现自身的持续发展和公共服务的优质高效供给。

3. 企业社会责任的凸显

企业的社会责任是指商业组织负有一种考虑到消费者、雇工、股东、社区利益和生态因素的责任。世界可持续发展工商理事会将企业社会责任定义为："企业采取合乎道德的行为，在推进经济发展的同时，提高员工及家属、所在社区以及广义社会的生活质量。"随着经济发展和社会进步，企业只注重短期收益，追求单纯的利润已具有了很大的局限性。企业家们已经越来越清醒地意识到，过于注重短期经济收益必将会破坏长期商业利益。因为如果企业不考虑社会和环境因素对企业战略执行的影响，就不可能实现经济价值的最大化。因此，企业应该担负一定的社会责任，企业在制定战略决策时不仅要考虑经济因素，而且还要全面考量自身活动对社会和环境可能带来的影响。企业社会责任的凸显为社会企业的发展提供了强大的推动力。社会企业所具有的双重特性表明它是履行社会责任的有效组织载体和平台。

4. 道德消费力量的不断壮大

随着经济和社会的发展，"道德消费"的呼声越来越高。越来越多的消费者日益意识到社会、环境、人权等问题在现实中的严峻性和紧迫性，因而进行有选择的消费。消费者支持道德企业，抵制不道德企业，选择购买具有"社会良知"的企业的商品，在日常消费行为中体现出对人类自身和自然环境的关怀。他们越来越多地利用他们的消费选择权来践行他们的社会价值观和环境价值观，使消费不仅仅是一种金钱关系，更是一种"伦理买卖"，从而来"共同缔造商业的新社会契约"。2004 年欧洲企业社会责任协会进行的一项有关消费者态度的调查显示，大约有将近一半的受访者愿意为社会责任和环保产品多付一些钱。"道德消费"浪潮的兴起为社会企业的发展提供了有力的社会支持。

5. 非营利组织发展面临的困境

虽然各类非营利组织在提供（准）公共物品和公共服务上扮演了不可替代的角色，发挥了重要作用，但是所有非营利组织都不同程度地面临着萨拉蒙所指出的"志愿失灵"问题，即其所具有的内在局限性使之无法单靠自己的力量有效地推进慈善和公益事业。一方面，非营利组织的迅猛增长，相互间竞争的加剧以及传统资金来源的减少，使得非营利组织面临着愈来愈大的财务压力，资金来源不足已成为非营利组织发展的"瓶颈"；另一方面，非营利组织的官僚化倾向、成员的业余性和管理的非经济性导致其成本高企，效率低下。这就要求非营利组织要改善管理效能和资源配置方式，由"捐赠导向"转向"创新导向"，由捐助模式转向社会投资模式。这一转变为社会企业的发展提供了生长环境。在这一过程中，社会企业的优势便逐渐显现出来。社会企业一方面以实现社会、环境目标为己任，很好地保持了公益性特征；另一方面又实行商业化运作和企业化管理，这种依靠市场经营收益平衡公共服务成本的运营模式有助于避免自身发展可能出现的财务危机，实现经济上的独立，进而实现真正意义上的管理自治和可持续发展，为克服"志愿失灵"提供了创新机制。

6. 可持续发展理念的提出

过去几十年的经济增长在给人类带来巨大财

富的同时，也导致了大量社会问题的出现和环境的恶化。这使人们对单一增长方式进行反思，提出了"可持续发展"理念。人们越来越深刻地认识到，社会、经济、生态是一个有机整体，三者之间应该形成一种互惠共生关系。否则，既毁坏了人类赖以生存的环境，又制约了经济和社会的发展。因此，发展不能一味地追求经济利益最大化，在促进经济增长的同时，还要关注社会进步和环境保护，实现经济、社会、环境协调均衡发展。"可持续发展"理念的提出为社会企业的发展奠定了理论基础。

三、社会企业的功能和作用

社会企业的发展实践证明它在改进公共服务，振兴地区经济，扩大社会就业，减少社会贫困，提升社会凝聚力，促进社会融合等方面发挥了独特而重要的作用，已经成为社会治理的一种新型组织形态，被誉为公共和私有部门的"改革先锋"。

1. 改进公共服务

社会企业的主要任务是提供各种公共服务，满足社会需求。它提供的公共服务涉及领域十分广泛，如卫生保健、就业、教育、文化娱乐、社会福利、社区发展、环境保护等。从总体状况来看，社会企业在精神健康服务、长期失业者支持、儿童服务、养老服务、见习服务、社区发展等领域得到了较快的发展，取得了良好声誉，越来越多的政府机构都借助它来提供各种所需的社会服务。社会企业秉承社会和经济双重价值理念，不受利润最大化的驱使，能够很好地融合社会和商业手段，平衡公共服务提供者和使用者的需要，提供更专业化、更优质高效、更方便快捷的服务。再者，社会企业提供的服务大都是社会急需的，而营利组织又不愿提供的利润水平较低的服务，能够最大限度地满足社会的多元化需求。由此可见，社会企业所具有的双重性可以使其充分利用自身的优势，如低成本、高效率、创新性等，弥补政府和商业企业在提供社会服务方面的不足和内在缺陷，为公共服务的供给注入新方法，构建新模式，开辟新途径。

2. 解决社会问题

社会企业以创造性地解决社会问题，实现社会目标为使命。它注重解决的社会问题主要包括：

一是扩大社会就业。社会企业通过直接提供各种工作岗位和开展职业培训，拓宽了人们进入劳动力市场的渠道，帮助更多的人，特别是帮助弱势群体解决了就业问题。据统计，2005年英国5.5万个社会企业共有从业人员约47.5万人，还提供了30万个志愿工作岗位。二是减少社会贫困。社会企业的主要目标是提供就业、医疗、教育、居住等直接增进贫困人群社会福利的公益性社会服务，加之它提供的就业岗位优先向低学历、低技能者、下岗无业者、残疾人等困难群体开放，使他们能够拥有一份相对稳定的工作，自食其力，这些都有助于直接改善和提高社会弱势群体的生活质量和生活水平，减少社会贫困。三是消除社会歧视。社会企业鼓励民众，特别是弱势群体承担自我改善生活的责任，引导他们通过参与社会变革主动融入社会，这有助于促进社会成员的相互沟通和理解，消弭社会歧视。例如，社会企业的许多员工进入之后一下子就从失业者变为股东，第一次获得了拥有和管理企业的经历。这大大增强了他们的自信心，激发了他们的进取心，使得他们的精神面貌大为改观，积极主动地融入社会。

3. 促进地区经济发展

首先，社会企业鼓励当地民众积极参与经济活动，这不仅为当地民众提供了就业机会，更培育了潜在的消费者，有助于拉动当地的经济。其次，社会企业可以提升当地的经济和社会基础设施水平，改善投资环境，使当地能更加吸引人们居住和进行商业投资。再次，社会企业家的一个共性就是富有想象力和创新精神。这使得他们善于发现服务不足的市场，并创造填补这些空白的资源，推动经济的发展。最后，社会企业自身通过可持续的经济活动来创造财富，并将创造的利润直接回馈到所服务的地区，有利于促进地区经济的发展。英国"2009年社会企业现状"调查结果显示，截至2009年，英国共有社会企业62000多家，对英国经济的贡献高达240亿英镑。自从英国经济出现衰退以来，有56%的社会企业的营业额较之前一年有了增长，只有不到20%出现了下降，而同期英国传统中小企业中只有28%营业额增长，43%则出现了下滑。这些数据表明，社会企业对经济发展具有重要贡献，并能更好地对抗经济波动，提升社会或地区的竞争力。

4. 增强社会凝聚力

第一，社会企业有助于促进社会信任和合作。它不仅能够改善公共服务的供给，而且带来了公共信任和减少社会排斥等社会价值，提供了一条利用社会信任和社会资本的渠道，有助于促进公共、私人部门合作伙伴关系的建立，有助于不同社会群体"彼此联合艺术"的增强。第二，社会企业有助于培养公民的公益精神。它以解决社会问题，实现社会目标为使命，以社会公益服务为主要目标，强调社会公平与正义、倡导"助人者自助"，大量使用志愿资源，这不仅有利于培养社会企业内部员工的公益精神，而且有利于激励其他社会成员承担起社会责任。第三，社会企业有助于促进社会成员自身发展。社会企业家大都将帮助员工发展，激发员工的潜能和创造力置于利润和规模之上，作为优先考虑的问题。他们鼓励员工自力更生，并通过授权帮助贫困群体创造性地以自己的方式解决面临的问题。"社会企业最出色的地方在于它能够与那些被视为问题或受害者的人们共同工作，并使他们获得解决办法。"第四，社会企业有助于提高社会的民主化程度。它强调社会成员的参与、协作、分享，为社会成员，特别是社会弱势群体，自主地参与社会变革提供了机会和平台，而"高水平的市民参与是民主的先决条件。"

[参考文献]

[1] OECD. The Non-profit Sector in a Changing Economy，2003，p.299.

[2] Social Enterprise Coalition. There's More to Business than You Think：A Guide to Social Enterprise，2003.

[3] Office of the Third Sector. Social Enterprise Action Plan：Scaling. New Heights，2006，p.10.

[4] "什么是社会企业？" http：//www.socialenterprise.org.UK/.

[5] [美] 施密特·谢利·巴迪斯：《美国政府与政治》，梅然译，北京大学出版社，2005年。

[6] "什么是企业社会责任"，http：//www.cnpc.com.cn/cnpccsr/zsk/shzr/。

[7] 2005年英国社会企业调查，http：//dsi.british-council.org.cn/zh/policy。

[8] 社会企业现状调查显示：社会企业正在强有力地抗击经济衰退，http：//dsi.britishcouncil.org.cn/zh/index.jsp.

[9] [英] 杰米·巴特利特，莫利·韦伯：《创业的价值：英国的社会企》，吕增奎译，《经济社会体制比较》，2007（增刊·第二期）.

[10] [美] 托马斯·罗托罗：《志愿性协会参与的未来趋势》，邵继红译、何增科主编：《公民社会与第三部门》，社会科学文献出版社，2000年。

第十一章　社会保障

刘红岩　褚福灵

第一节　理论进展

一、社会福利理论与方法研究进展

针对福利国家面临的困境和责难，伴随着福利国家的新一轮改革进程，西方社会福利理论不断创新。近年来，国内一些专家学者陆续研究并引进了这些福利理论，并指出相关的社会福利理论对中国社会保障制度建设的借鉴和指导路径。从思潮、流派、取向和视角的角度来概括，这些福利思想可被大致总结为"左中右加上新兴流派"。"左"是指强调国家干预的社会民主主义和马克思主义；"中"是指以第三条道路、混合经济福利为主的中间派；"右"是指提倡市场自由主义的流派；"新型流派"以女性主义和绿色主义为主。对这些理论的总结与升华，当属彭华民等的《西方社会福利理论前沿：论国家、社会、体制与政策》和《从沉寂到创新：中国社会福利构建》这两本著作最具代表性。其中，《西方社会福利理论前沿》被称为"国内第一本系统研究最新西方社会福利理论的专著"。

福利三角理论（Welfare triangle theory）和福利多元主义理论（welfare pluralism theory）。彭华民认为，福利三角（welfaretriangle）和福利多元组合（welfaremix，又译为福利混合、多元福利）是两个意义相近又有区别的概念。[①] 罗斯（Rose）首先提出了福利多元组合的理论。他认为社会中的福利来源于三个部门：家庭（households）、市场和国家，将这三者提供的福利整合，就形成了一个社会的福利整体。这三者成为一个社会的福利多元组合。[②] 伊瓦斯（Evers）借鉴罗斯的福利多元组合理论提出了福利三角。伊瓦斯将罗斯的福利多元组合是完全不同的社会制度中的三个提供主体演绎为家庭、（市场）经济（market economy）和国家共同组成的福利整体，伊瓦斯将之称为福利三角。[③] 这被称为"福利多元主义的三分法"。并非所有学者都赞成"三分法"，后来伊瓦斯又对"三分法"进行了修正，采用了"四分法"的分析方法，认为社会福利的来源有四个：市场、国家、社区和民间社会。[④] 约翰逊（Johnson）在罗斯的福

---

① 彭华民：《从沉寂到创新：中国社会福利构建》，中国社会科学出版社，2012年。

② Rose，R. Commom Goals but Different Roles：The State's Contribution to the Welfare Mix. In Rose and Shiratori，R （eds）. The Welfare State：East and West，Oxford：Oxford University Press，1986.

③ Evers，A. Shifts in the Welfare Mix：Introducing a New Approach for the Study of Transformation in Welfare and Social Policy. In Evers，A. & Wintersberger，H. （eds）. Shifts in the Welfare Mix：Their Impact on Work，Social Services and Welfare Policies. Eurosocial，Vienna，1988.

④ Evers，A. & Olk. T. Wohlfahrts Pluralismus：Vom Wohlfahrts Staat Zur Wohlfahrts Gesellschaft，Opladen，1996.

利多元部门组合中加入了志愿机构，丰富了福利多元组合理论的内容。[1] 不同的福利理论有不同的福利多元组合内容，或者说它们在福利多元组合中强调不同部门的作用。

阿布瑞汉森、伊瓦斯和约翰逊将福利多元组合的分析纳入福利多元主义理论。[2] 福利多元主义概念首先源于 1978 年英国《沃尔芬德的志愿组织的未来报告》。[3] 彭华民和黄叶青指出，福利多元主义是继古典自由主义、凯恩斯—贝弗里奇范式之后为解决福利国家危机，于 20 世纪 80 年代新兴的理论范式。[4] 福利多元主义是在对福利国家危机的反思中提出来的，认为福利的来源应该是多元化的，福利责任不仅仅由国家或市场承担，其他社会主体如个人、家庭和志愿部门、民间机构等也应是福利的提供者，并应承担相应的责任。"福利多元组合是一种福利资源的安排，它强调福利资源的来源多元化，是一个偏重社会结构的描述。福利多元主义强调的是面对福利国家的危机，通过多元组合安排，将国家的全面福利提供转变为社会诸多部门的福利混合式提供；在社会不同部门参与下，重现家庭、小区和其他非正式组织的作用，从福利国家转型到福利社会，化解福利国家的危机。它是一个偏重社会过程、强调多元价值的论述。"[5] 福利三角是一种社会政策的宏观分析范式，"福利三角范式最重要之处是它指出三角部门的总供给或福利总量是大致相同的，但三角之间所承担的份额不同"。[6]

社会排斥和社会融入理论（social exclusion and social including theory）。社会排斥和社会融入是 20 世纪 90 年代以来在社会福利领域广为传播、应用，不仅支持社会政策发展，也支持社会福利服务的理论。社会排斥指社会成员愿意参与社会活动但被不可控制的因素阻止的事实。[7] 社会排斥问题的存在影响社会成员社会权利的实现。[8] 社会排斥的概念有三种不同的表述：社会分化和社会整合；社会参与和参与不足；社会中心与边缘。"欧盟以社会排斥为理论视角，以福利三角为分析框架，发表了 13 个成员国范围内关于人类尊严和生活质量的调查报告。"[9] "杜非将国家、市场（特别是劳动力市场）和市民社会（特别是家庭、个人网络）组成的福利三角设立为研究的框架，这三种不同的制度产生的力量可能形成社会排斥，也可能形成社会融合。"[10] 欧盟的研究表明，社会排斥在健康、就业、社会保护、教育和住房五个与社会政策相关的领域中存在。欧盟希望通过社会政策调整和实施去消除社会排斥。中国也存在多种类型的社会排斥，如对农民工群体的排斥，建设推进社会融入的政策非常必要。

新马克思主义的福利国家理论（Neo-Marxism welfare state theory）。新马克思主义是分析福利国家的一个非常重要的途径。高夫打破了传统的福利国家理论分析模式，他认为资本主义内在的矛盾促成了福利国家的成长，同时福利国家的危机也是资本主义内在矛盾的彰显。高夫采用了马克思主义阶级、阶级矛盾、资本主义的生产方式概念等分析手段指出，资本主义国家内在的资本与劳工阶级的矛盾推动福利国家的产生和发展；社会开支减缓了资本的累积同时也维护了资本的再生产；社会工资（social wage）是社会开支回流到资本主义生产和流通过程中的形式；资本主义福

① Johnson, N. The Welfare State in Transition: The Theory and Pracice of Welfare Pluralism, Brighton (England): Wheatsheaf, 1987; Johnson, N. Mixed Economics of Welfare: A Comparative Perspective, London, New York: Prentice Hall Europe, 1999.

② Abrahamson, P. Welfare Pluralism: Towards a New Consensus for a European Social Policy. In Poverty and Social Politics: The Changing of Social Europ, Samiko Project, Copenhagen, 1994; Evers, A. The Welfare Mix Approach: Understanding the Pluralism of Welfare System. In Evers, A. & Svetlik, I. (eds). Balancing Pluralism: New Welfare Mixes in Care for the Elderly, Aldershot: Avebury, 1993; Johnson, N. Mixed Economics of Welfare: A Comparative Perspective, London, New York: Prentice Hall Europe, 1999.

③ Wolfenden. The Future of Voluntary Organizations: Report of the Wolfenden Committee, London: Croom-Helm, 1978.

④ 彭华民等：《西方社会福利理论前沿：论国家、社会、体制与政策》，中国社会出版社，2009 年，总序第 3 页。

⑤⑥⑩ 彭华民：《从沉寂到创新：中国社会福利构建》，中国社会科学出版社，2012 年。

⑦ Burchardt, T., Le Grand, J. & Piachaud, D. Social Exclusion in Britain 1991-1995, Social Policy and Administration 1999, 33 (3).

⑧ Richardson, L., Le Grand, J. Outsider and Insider Expertise: the Response of Residents of Deprived Neighbourhoods to An Academic Definition of Social Evclusion, Social Policy and Administration, 2002, 36 (5).

⑨ Duffy, K. The Human Dignity and Social Exclusion Project–Research Opportunity and Risk: Trends of Social Exclusion in Europe, Strasbourg: Council of Europe, 1998.

利国家的内在矛盾导致福利国家的重组和寻找替代性策略。[①] "一方面，福利国家要加强社会福利发展个人力量，对市场力量的盲目运作施加社会控制；另一方面，福利国家又要压制与控制人民，使大众服务于资本主义经济发展与获得利益的要求。"[②] 高夫预期福利国家会从以下四个方面重组：教育政策重组；社会保险政策重组；社会服务管理重组；社会服务的私有化。高夫福利国家理论中的某些观点对中国社会福利与社会政策的发展具有借鉴意义。

第三条道路的社会福利理论（social welfare theory in third way）。面对福利国家危机，作为对福利国家困境和出路的反思，吉登斯提出了超越左右的第三条道路的社会福利理论。[③] 彭华民和宋祥秀研究了吉登斯的第三条道路理论。吉登斯首先解构了后传统社会，由此而提出了六个面向社会框架的超越构想。在六个面向的社会框架超越构想下，吉登斯提出了第三条道路的社会福利模式的超越构想。[④] "这个模式构想包括若干内容：首先，它包括了吉登斯对福利国家制度存在弊病的批评；其次，它对外部风险与内部风险进行区分；最后，它提出了从消极福利转化到积极福利的社会政策范式。"[⑤] 吉登斯认为福利国家与风险控制之间的联系是根本的。[⑥] 吉登斯将传统社会的"来自外部的、因为传统或自然的不确定性和固定性所带来的风险"，诸如生育、养老、工伤、失业、疾病等称为"外部风险"（external risk）。这种风险是可预见的、呈现一定时间规律的，因此能通过建立社会保险制度加以解决。而现代社会人们还面临着"人为风险"（manufactured risk），[⑦] 即"我们在以一种反思的方式组织起来的行动框架中要积极面对的风险"，[⑧] 是"由我们不断发展的知识对这个世界的影响所产生的风险，是指我们在没有多少历史经验的情况下所产生的风险"。[⑨] 吉登斯认为现代社会人们面临的人为风险难以预料，也不能用传统的社会政策和方法加以解决。

由此，吉登斯区分了消极福利与积极福利，并提出了积极福利的构想。消极福利是"根据外部风险组织起来的，用来解决已经发生的事，具有被动性，本质上是一种风险的重新分配，其目标是维持人的一种生存状态，其政策手段是外在的无知或现金给付以使人们不至于因遭遇风险而陷入生存危机，由此而产生的政策被称为消极的社会政策。而积极的福利主要不是为了对付贫困，而是强调自我实现和责任。其目标是推动人的发展，其社会政策手段是增强人自身的生存能力。传统的社会政策对外部风险采取事后风险分配制，而积极的福利政策对人为风险采取事先预防的方法，为国家提供了防范的措施。"[⑩]

吉登斯提出的积极福利构想包括：第一，社会成员积极面对风险；第二，积极的社会福利政策不是不强调国家的作用，而是强调国家和其他部门合作解决问题；第三，有效的风险管理减小风险，保护人们免受更多的风险影响；第四，积极福利的终极目标是鼓励人们追求幸福，幸福的实现是由安全、自尊、自我实现的机会以及爱的能力推动的。[⑪] 基于吉登斯的第三条道路的社会福利理论，彭华民提出了中国社会政策的方向和指导原则。

福利体制理论（welfare regimes theory）和福利国家的适应性道路（welfare state adaptation theory）。福利体制理论又称为福利资本主义的三个世界理论，由艾斯平—安德森（Esping Andersen）于1990年提出。吕晓丽认为，该理论是近十多年

① Gough, I. The Political Economy of the Welfare State, London: Hamish Hamilton, 1979.
② 彭华民：《从沉寂到创新：中国社会福利构建》，中国社会科学出版社，2012年，第25页。
③ 安东尼·吉登斯：《第三条道路：社会民主主义的复兴》，周戈译，北京大学出版社，2000年。
④ 安东尼·吉登斯：《第三条道路：社会民主主义的复兴》，周戈译，北京大学出版社，2000年；安东尼·吉登斯：《超越左与右：激进政治的未来》，李慧斌、杨雪东译，社会科学文献出版社，2003年。
⑤ 彭华民：《从沉寂到创新：中国社会福利构建》，中国社会科学出版社，2012年，第53页。
⑥ 安东尼·吉登斯：《超越左与右：激进政治的未来》，李慧斌，杨雪东译，社会科学文献出版社，2003年，第156页。
⑦⑨ 安东尼·吉登斯：《失控的世界》，周红云译，江西人民出版社，2001年，第22页。
⑧ 安东尼·吉登斯：《超越左与右：激进政治的未来》，李慧斌、杨雪东译，社会科学文献出版社，2003年，第157页。
⑩ 彭华民：《从沉寂到创新：中国社会福利构建》，中国社会科学出版社，2012年，第55页。
⑪ 安东尼·古登斯：《超越左与右：激进政治的未来》，李慧斌，杨雪东译，社会科学文献出版社，2003年，第188页。

在社会福利研究中影响最大的理论之一，是关于福利体制类型的最著名划分。[①] 艾斯平—安德森用去商品化（de-commodification）、社会权力等概念工具把资本主义福利国家分为三种福利体制，即自由主义福利国家体制，如英国、美国等国家；保守主义福利国家体制，如德国、法国等欧洲大陆国家；社会民主主义福利国家体制，如瑞典、丹麦等北欧国家。同时，他还分析了三种福利体制下的社会阶层化现象和劳动力市场政策。

发展性社会福利理论（developmental social welfare theory）。方巍认为，该理论注重福利项目的生产性和投资性取向，认为经济和社会发展是不可分割的组成部分，注重发展成果惠及所有的社会阶层。[②] 社会发展和发展性福利试图协调经济与社会发展的关系，实现共同进步。社会发展的目标包含了三个基本原则：人类尊严、平等和社会正义。社会发展水平的度量指数有社会发展指数和人类发展指数。发展性社会福利理论引导了三个社会政策原则：一是福利开支的生产主义或投资取向；二是福利对象的自立自强，而非只是维持性救助；三是政府干预前提下的多元化制度主义安排模式。在此基础上，提出了实现发展性福利的社会政策策略：加强人力资本的投资；促进社会资本的形成；提倡个人与社区资产的积累；鼓励自谋职业等生产性就业；消除经济参与的障碍，创造有利于发展的社会氛围。这些政策策略对中国社会政策发展具有诸多借鉴意义。

公民身份与社会权利理论（citizenship and social right theory）。王卓祺指出，公民身份的前提是政治与社会的分离——社会有它独立的空间，社会中的个体有本身存在的价值及地位，不受政治或政府的控制。[③] 公民身份是国家（代表政治）与它的公民所签署的契约。最新的理论发展中强调了公民身份与公民的社会责任对应关系。不同公民身份的理论对公民权责的看法有些不同。西方的公民身份及社会权利理论与实践对华人社会的适用性需要认真讨论。

企业社会责任理论（corporate social responsi-bility theory）。李秉勤、盛斌、胡博从政府和企业的互动过程讨论了企业的社会责任。[④] 社会责任不仅是公民的，也是企业的。企业社会责任理论认为企业也是社会福利的提供者。中国社会政策应该推动企业为社会提供更多的社会福利。

女性主义的社会福利理论（feminist theory in social welfare）。刘继同和杜平"分别从女性主义福利理论的思想渊源、代表性人物、国家角色、市场作用、家庭功能、社会观念，以及女性主义者对福利与福利国家的态度等方面，梳理评价女性主义理论"。[⑤] 女性与福利是当代社会涉及面广和影响大的社会福利核心议题。女性主义对福利国家基本持否定和批判的态度，因为福利国家不但没有及时和有效地回应妇女的特别需要，而且还强化了妇女的角色定位，加剧了性别差别和不平等。自由主义、社会主义和激进主义女性主义的福利主张各有异同。近十多年来，理论界对福利国家的研究取向从女性主义转移到社会性别视角，并依据社会性别建构理论对社会福利进行了分析。社会性别视角的研究发现，社会福利通过国家、市场和家庭三个领域，维持、塑造、生产和再生产性别差异和性别不平等。因此，中国建立社会性别视角的社会政策十分有必要。

资产建设理论（asset building theory）。杨团、黄晓燕、熊贵彬和程志强研究的资产建设理论是当代社会政策领域的一个重要的新理论。资产建设理论的最早提出者是迈克尔·谢若登。他在《穷人与资产》一书中提出了以资产建设为基础的社会政策：凡是广泛地和普遍地促进公民和家庭尤其是穷人获得不动产和金融资产以增进他们的福利的方案、规则、法律法规，都属于资产社会政策。以资产建设为基础的社会政策是针对以收入为基础的社会政策提出的。收入指的是金钱物品和服务的流动，资产指的是财富的储蓄和积累（谢若登，2005）。资产社会政策对于重构生活保障制度具有重要意义。传统的反贫困政策只重视维持穷人的较低水平的收入和消费，从长期来看，这并不能让其走出贫困困境。资产建设理论提出

---

① 彭华民等：《西方社会福利理论前沿：论国家、社会、体制与政策》，中国社会出版社，2009年，总序第5页。

②⑤ 彭华民等：《西方社会福利理论前沿：论国家、社会、体制与政策》，中国社会出版社，2009年，总序第6页。

③④ 彭华民等：《西方社会福利理论前沿：论国家、社会、体制与政策》，中国社会出版社，2009年，总序第3页。

帮助穷人建设资产以解决贫困问题。资产建设理论对我国个人账户的建立具有重要启示意义，据此，可以构想出适合中国国情的"低保+能力建设+个人发展账户"政策模式。

社会福利的制度主义理论（institutionalism theory of social welfare）。彭华民和刘军强认为，社会福利理论中的制度主义一直没有被清楚地定位。"制度主义取向的社会福利理论从马歇尔的公民权理论中获得合法性，从蒂特姆斯的集体利他主义中获得合理性，从实用主义和中间道路的结合中获得现实性，从而使得这一理论取向在社会政策发展中起到了不可替代的作用。"[①] 社会福利理论中的制度主义理论研究包括如下内容：对社会政策制定以及推动制度建设的研究；对社会福利制度类型化的研究；社会福利与公民权利的研究；对社会政策和社会福利制度演进的研究；福利制度结构和制度之间的互动研究；社会福利制度转型研究。据此理论，中国应该采用多元福利部门提供的福利来回应不断增加的福利需要。

风险社会理论（risk theory）。杨雪冬研究了风险社会理论代表的贝壳和吉登斯的观点，提出了对风险进行复合治理的观点。张海波认为，风险社会力量有不同的研究范式。社会风险研究是一个从社会风险到公共危机的连续谱，从现实主义到建构主义的连续谱。[②]

社会质量理论（social quality theory）。社会质量理论构建了一套对于社会质量进行分析的概念框架，并通过社会指标把这一理论框架运用到对于各国的比较中。社会质量有四个维度：社会经济保障、社会团结、社会融合、社会赋权和社会参与。社会质量理论把社会团结和社会信任作为其理论的核心价值，并采用社会质量指标来描述各社会的社会质量状况，具有很强的可操作性。这对于研究社会边缘群体、相对贫困和社会排斥具有积极意义。

新贫穷理论（new poverty theory）。新贫穷理论是对传统理论的发展和对今天问题的回应。彭华民重点讨论了从传统贫穷定义到新贫穷概念的演变和贫穷问题的多维视角解析，即贫穷问题的结构范式理论、文化范式理论以及发展视角下的新贫穷理论。结构范式强调社会结构和贫穷问题之间的联系，将新贫穷视为一种社会问题。[③] 文化范式注意到了贫穷群体产生的亚文化以及这种亚文化和新贫穷状态之间的联系。发展范式指出，贫穷是发展的障碍，发展为解决贫穷而产生，发展又产生着新的贫穷，经济发展并不意味着每个阶层都能分享经济发展的成果。中国改革发展中出现的新贫穷群体有结构和文化的原因，他们没有能够享受经济发展的成果，因此需要对社会政策进行资源再分配。

社会福利研究方法的新发展。彭华民将方法的研究与理论研究结合起来。社会福利理论进展中发展了社会福利研究的三角方法（多元研究方法）和福利国家的比较研究方法。彭华民和顾金土指出了技术层面的福利国家比较研究方法和比较研究方法在福利国家研究中的作用与前景，指明了福利国家的比较研究方向，讨论了中国社会福利纳入国际福利体制比较研究中的意义。[④]

二、社会保障制度国际比较研究进展

（一）各国社会保障制度研究

各国社会保障制度研究系统地、详细地介绍了世界上有代表性的国家的社会保障制度。这些国家包括美国、加拿大、英国、德国、法国、瑞典、智利、日本、韩国、新加坡、埃及等。

自2009年起，由上海财经大学"211"支持项目编写的"各国社会保障制度"丛书问世。根据国际社会保障模式的特征和区域特征，这套丛书选择了俄罗斯、英国、加拿大、德国、美国、韩国、新加坡、日本、瑞典、法国、印度、智利12个国家的社会保障制度进行介绍。从内容安排上看，各国社会保障制度包括了各国社会保障制度的产生、发展演变和改革过程；各个国家社会保障制度体系及各主要制度或者项目的政策、立

① 彭华民等：《西方社会福利理论前沿：论国家、社会、体制与政策》，中国社会出版社，2009年，总序第7页。
② 彭华民等：《西方社会福利理论前沿：论国家、社会、体制与政策》，中国社会出版社，2009年，总序第7~8页。
③ 彭华民等：《西方社会福利理论前沿：论国家、社会、体制与政策》，中国社会出版社，2009年，总序第8页。
④ 彭华民等：《西方社会福利理论前沿：论国家、社会、体制与政策》，中国社会出版社，2009年，总序第8~9页。

法、实践及实施效果情况。从出版时间看，2009~2012 年每年都有部分国家的社会保障制度书籍问世。其中，2009 年，《美国社会保障制度》和《日本社会保障制度》出版；2010 年，《瑞典社会保障制度》和《智利社会保障制度》出版；2011 年，《韩国社会保障制度》、《埃及社会保障制度》、《新加坡社会保障制度》和《加拿大社会保障制度》出版；2012 年，《英国社会保障制度》和《法国社会保障制度》问世。

在福利体制的分类中，英国是"自由主义型"的福利国家。1601 年《济贫法》的颁布标志着英国政府制度化地干预国民贫困的开始。《济贫法》是世界上最早的贫困救助的社会保障法律依据。正是由于英国社会保障制度起源早、制度相对完善，而且英国历次的社会保障制度改革都对世界各国有深远影响，英国社会保障制度的介绍意义非凡。《英国社会保障制度》从"变革中的英国社会保障制度"讲起，"向读者展示了一个完整的英国社会保障制度，包括养老、医疗、失业、生育、工伤、低保、住房、儿童福利等各项制度"。①该书从社会保险、社会救助、社会津贴三大部分进行介绍，具体展示了英国社会保障制度的建立和发展、社会保障计划的管理、国民养老保险缴费制度、基本国家养老金制度、附加国家养老金、私人养老金制度、公职人员养老保险制度、国民保健制度、就业政策与失业保险制度、家庭和儿童的社会福利与救助制度、低收入者的社会救助制度、患病和残疾人士的社会福利与救助制度、老人社会福利与救助制度、丧失亲人的抚恤制度、住房保障制度。

法国属于欧洲大陆的"保守合作主义型"的福利国家。它具有完备的社会保障制度的欧洲国家之一，社会保障支出占国内生产总值的比重较高。《法国社会保障制度》②系统地介绍了法国社会保障制度，包括社会保障的概况、强制性社会保障的资金筹集、基本养老制度、养老保险制度的延展、基本医疗保健制度、医疗保健制度的延展、

补充性社会保障、法国的省——社会救济的主导者、最低生活保障、反贫困和社会排斥政策、住房保障政策、工伤保险、失业保险、失业保险的延展、残障、老龄化和自主性问题。其内容全部来自第一手法文资料，并配有中法文术语对照表和参考文献，对于了解和研究法国社会保障制度具有重要的参考价值。

德国是世界上最早建立社会保障制度的国家，也是欧洲大陆的"保守合作主义型"的福利国家之一。《德国生活保障制度》③从养老保险制度、医疗保险制度、长期护理保险制度、住房保障制度、失业保险制度、工伤保障制度、家庭保障制度等方面集中介绍了德国的社会保障制度。德国社会保障制度的特征在于强调权利与义务的对应，只有通过缴纳一定比例的保险费，社会成员才能患病、失业或年老时获得一定比例的保险金。

加拿大在经济发展方面受到了其近邻美国很深的影响，但在社会保障制度方面却表现出迥异的福利国家的理念。《加拿大社会保障制度》"首先从总体上回溯了加拿大社会保障的发展历程，其次从社会保险、社会救助、社会福利三个方面入手"，④详细介绍了加拿大的养老保障制度、医疗保障制度、失业保障制度、住房保障制度、工伤保险制度、社会救助制度以及社会福利制度。

自 20 世纪 60 年代开始，韩国积极探索和发展社会保障事业，逐渐形成了比较系统的社会保障制度。不同于福利国家的保障模式，韩国生活保障制度具有自己的特色。《韩国社会保障制度》⑤展示了韩国的公共年金制度、医疗保障制度、失业保障制度、产灾补偿制度、基础生活保障制度、养老保障制度、医疗卫生制度、住房保障制度，并探讨了韩国社会保障制度的发展方向、存在问题和启示。这为中国社会保障制度政策实践提供了有益的借鉴和启示。

（二）现代社会保障制度国际比较研究

现代社会保障制度国际比较研究的新进展体现在有关社会保障制度国际比较的著作的出版和

---

① 郑春荣：《英国社会保障制度》，上海人民出版社，2012 年。
② 白澎、叶正欣、王硕：《法国社会保障制度》，上海人民出版社，2012 年。
③ 姚玲珍：《德国社会保障制度》，上海人民出版社，2011 年。
④ 于洪：《加拿大社会保障制度》，上海人民出版社，2011 年。
⑤ 金钟范：《韩国社会保障制度》，上海人民出版社，2011 年。

相关论文的发表。国际比较研究的著作有：《社会保障统计国际比较与中国建构》（2012）、《30 国（地区）社会保障制度报告》（2011）、《50 国（地区）社会保障机构图解》（2011）、《社会保障制度国际比较》以及《125 国（地区）社会保障资金流程图》。

中国社会科学院周弘研究员牵头、聚合众多社会保障知名专家参与完成的人力资源和社会保障部社会保障战略研究课题《现代社会保障制度的国际比较研究》，全面系统地梳理了当今世界大多数国家和地区的社会保障情况，形成了《社会保障制度国际比较》（2010）、《30 国（地区）社会保障制度报告》（2011）、《50 国（地区）社会保障机构图解》（2011）、《125 国（地区）社会保障资金流程图》（2011）4 卷研究报告，为建立和完善中国社会保障制度和相关社会政策提供了有益的参考和借鉴，为社会保障的发展和研究做出了重要贡献。

《50 国（地区）社会保障机构图解》（2011）收录了"现代社会保障制度国际比较研究"课题的第二期研究成果，通过追踪 50 个国家（地区）社会保障政策制订的流程，披露社会保障体制机制的来源、运行和组织结构以进一步透视各国（地区）社会保障的共性和特性及其产生的背景和条件。这 50 个国家（地区）包括欧洲的 22 个国家：奥地利、克罗地亚、捷克、丹麦、芬兰、法国、德国、希腊、匈牙利、爱尔兰、意大利、荷兰、挪威、葡萄牙、罗马尼亚、俄罗斯、斯洛伐克、西班牙、瑞典、瑞士、乌克兰、英国；美洲的 9 个国家：阿根廷、巴西、加拿大、智利、哥伦比亚、古巴、墨西哥、美国、乌拉圭；亚洲、大洋洲的 15 个国家（地区）：澳大利亚、中国香港、印度、以色列、日本、哈萨克斯坦、韩国、科威特、马来西亚、新西兰、新加坡、中国台湾、泰国、土耳其、越南；以及非洲的 4 个国家：埃及、埃塞俄比亚、肯尼亚、南非。

《30 国（地区）社会保障制度报告》（2011）收录了"现代社会保障制度的国际比较研究"课题的第三期研究成果。本报告通过对 30 个国家（地区）社会保障制度的历史、现实和理论进行深入分析，探索社会保障制度产生、发展和演变的基本规律和主要因素，以进一步了解不同发展水平和不同文化背景在社会保障发展中的作用，并得出带有规律性的结论。这 30 个国家（地区）包括 13 个欧洲国家：德国、法国、英国、瑞典、丹麦、芬兰、瑞士、荷兰、西班牙、葡萄牙、匈牙利、乌克兰和俄罗斯；6 个美洲国家：美国、加拿大、智利、古巴、巴西和阿根廷；6 个亚洲的国家或地区：日本、新加坡、印度、韩国、中国香港和中国台湾；4 个非洲国家：埃塞俄比亚、南非、埃及和加纳，以及位于大洋洲的澳大利亚。

以国际劳工组织（International Labour Office）发布的《世界社会保障报告 2010/2011：危机时期和危机时代的社会保障覆盖》（World Social Security Report 2010/2011：Providing coverage in times of crisis and beyond）为代表，世界社会保障理论研究在 2010~2011 年度取得重要进展。该报告已经由人力资源和社会保障部社会保障研究所华迎放等翻译，并由中国劳动社会保障出版社出版发行。

昝剑森、刘扬对发达国家社会保障模式，包括德国模式、瑞典模式、澳大利亚模式，进行了比较研究，并在此基础上总结了发达国家社会保障制度对我国的启示，提出要建立健全社会保障立法，加大资金投入，建立多层次、多形式的保障制度。[①] 杨伟伟比较研究了德国、美国、英国、巴西、智利、埃及开征社会保障税的实践，分析归纳了国外社会保障税开征所具备的条件，并结合我国社会保障制度发展的现实，对我国开征社会保障税的方案进行了探索，为我国开征社会保障税提出了相关配套政策建议。[②] 王海燕对现代社会保障制度 100 多年、美国社会保障制度 70 多年以及中国社会保障制度 60 多年的发展历史进行梳理，在比较分析的基础上，探寻社会保障制度发展应遵循的基本原则。同时探寻美国社会保障制度成功的经验和存在的不足，探寻中国社会保障制度存在的主要问题，并提出完善中国社会保障

[①] 昝剑森、刘扬：《发达国家社会保障制度比较与启示》，《当代世界与社会主义》，2010 年第 6 期。
[②] 杨伟伟：《国外社会保障税的比较与借鉴》，重庆理工大学硕士学位论文，2011 年。

制度应遵循的一些基本原则。[①]

（三）发达国家社会保障制度改革及经验

20世纪80年代以来，随着经济、社会和政治环境的变化，西方各主要发达国家的政府纷纷开始对社会保障制度进行改革，减少社会保障支出，缓解西方国家普遍面临的财政危机和社会危机。昝剑森、刘扬介绍了瑞典、英国、美国和法国的社会保障制度改革，并总结归纳了各国改革的规律：一是各国改革有着共同的目标，即企图协调社会保障与经济发展，寻求公平与效率的现实平衡；二是各国都致力于缩小保障范围，同时将保障的形式由救济型转为引导、培训等形式，更好地帮助失业者和年轻人；三是社会保障制度一旦建立，任何政治力量都难以对之进行触动根基的改革，只能在某些方面作调整；四是社会保障制度市场化是西方国家改革共同的价值趋向。[②]此外，张如石的《国外社会保障制度比较与启示》(2004)，郑炳文的《OECD国家社会保障制度改革及其比较》(2004)，许康平、温贤武、刘星宏的《借鉴国外社会保障模式经验，构建中国特色社会保障制度》(2008)也都对西方各国的社会保障制度改革进行了研究。

三、社会保障量化管理研究进展

中国社会保障发展指数是衡量中国社会保障发展水平的指标指数体系及其量化结果。研究中国社会保障发展指数，是实现社会保障事业精确化管理的需要。以中央财经大学中国社会保障研究中心主任褚福灵教授编著的《中国社会保障发展指数报告2010》的成果发布为标志，中国社会保障量化管理研究取得重大进展。《中国社会保障发展指数报告2010》被称为中国社会保障发展绿皮书，于2011年8月出版发行，2011年11月举行了成果发布会，并计划按年度陆续出版发布。

《中国社会保障发展指数报告2010》的研究取得了重要的阶段性成果。一是提出了社会保障评估体系的理论框架，包括评估的标准、评估的指标体系、评估的指数体系等内容，为社会保障量化管理提供了理论基础；二是将理论标准应用到

实践，对我国31个省份的社会保障运行情况进行了全面评估，肯定了成绩，揭示了问题，为未来决策提供了参考。

通过量化评估与全面论证，得出了有针对性的研究结论。研究认为，中国社会保障发展水平总体低下，势头良好；覆盖面不断扩大，可持续性基础良好；待遇存在一定差距，总体公平；社会保障项目之间、要素之间的发展不均衡，高效性较差。研究同时表明，2009年社会保障发展总指数的前三名分别是北京、上海与甘肃；2009年养老保障发展总指数的前三名分别是山东、广东与福建；2009年医疗保障发展总指数的前三名分别是上海、北京与广东；2009年就业保障发展总指数的前三名分别是北京、贵州与上海；2009年贫困保障发展总指数的前三名分别是西藏、青海与甘肃。

以上分析同时说明，经济发展水平是社会保障水平的基础，但经济发展水平并不一定等于社会保障水平。也就是说，一些经济欠发达地区，通过努力工作，可以在社会保障发展方面名列前茅。

由于改革进程不同，部分社会保障项目仍然在试点中，统计数据也不够齐全，难以充分评价；由于社会保障指标指数体系极其庞杂，所提出的社会保障核心指标与关键指数可能难以反映事物全貌；加之时间仓促等原因，可能存在一些疏漏之处，今后还需要进一步完善。

中国社会保障发展指数是分析社会保障发展现状的量化工具，是监测与预警社会保障发展态势的技术参照，在强化社会保障管理与完善社会保障决策方面具有重要的应用价值。

四、社会保障战略管理研究进展

以中国人民大学中国社会保障研究中心主任郑功成教授主持的《中国社会保障改革与发展战略》的研究成果发布为标志，中国社会保障战略研究取得重要进展。

（一）理论学术界共绘中国社会保障战略蓝图

改革开放30多年来，中国在取得举世瞩目的

---

① 王海燕：《中美社会保障制度比较研究》，中共中央党校博士学位论文，2010年。
② 昝剑森、刘扬：《发达国家社会保障制度比较与启示》，《当代世界与社会主义》，2010年第6期。

经济发展成就的同时，社会保障体系在总体上仍然处于理论认识存在严重偏差，制度体系处于严重分割的阶段。在这样的背景下，中国人民大学郑功成教授于2007年发起、组织理论学术界独立开展中国社会保障改革与发展战略研究，旨在系统、完整地描绘中国社会保障发展的理论战略蓝图。项目研究历时四年时间，形成课题最终成果《中国社会保障改革与发展战略》2011年出版发行。

该项研究立足于新的时代背景，将尊重制度发展规律与尊重国情相结合，对我国社会保障制度建设的战略目标、体系结构、改革思路与步骤进行了系统和完整的规划，是一项重要的国家战略研究。

（二）战略总目标：逐步迈向中国特色社会主义福利社会

报告认为，中国社保体系发展应当遵循三步走的战略：到2012年，构建起"两免除一解除"的社会保障制度支架，为建设健全、完备的中国特色社会保障制度奠定坚实基础；到2020年，实现中国特色社会保障制度全面定型、稳定发展，到2049年，在进一步完善中国特色社会保障制度并实现制度可持续发展的同时，提高保障水平，确保国民生活质量，全方位地满足国民对社会保障及相关服务的需求，真正迈向中国特色社会主义福利社会。

（三）养老保险制度发展战略目标：实现人人老有所养

报告提出，中国养老保险制度应该积极稳妥地推进从过分分割、杂乱无序的养老保险向有序组合的"三险一贴"制度体系发展，最终建立起以缴费型国民养老保险制度为主体、物质保障与服务保障相结合、可持续发展的多层次养老保障体系，实现人人享有体面的老年生活，切实维护老年人的自由、平等与尊严。养老保险体系建设应当遵循三步走发展战略：在2012年时，建立由职工基本养老保险、公职人员基本养老保险、农民基本养老保险和城乡居民老年津贴制度构成的，有序组合的多元养老保障体系，实现制度全覆盖；在2020年时，以缴费型养老保险为主体的养老保障体系实现全面定型、稳定发展，人人能够较公平地享有养老金及相关服务；到2049年时，建成

以国民养老保险为主体的多层次养老保障体系，实现人人享有体面的老年生活。报告对养老保险体系的核心制度进行了系统规划：公职人员基本养老金制度在一定时期内仍需单独建制，但需要调整制度结构，尤其是改革退休金增长机制，以维护社会公平正义；职工基本养老保险制度应当在缩小个人账户规模的基础上，降低缴费率，延长缴费年限，推进全国统筹，真正实现统账结合和制度的自我平衡与自我发展。应当建立全国统一的名义账户式农民基本养老保险制度和以财政资金为基础的老年津贴制度，从而实现养老保险的制度全覆盖。报告还提出了推进全国统筹、延长退休年龄、化解转轨成本、建立适度集权的监管体制和垂直管理的经办机制，适度壮大战略储备基金等重大战略措施。

（四）医疗保障制度发展战略目标：实现人人享有健康

报告提出，医疗保障制度的发展路径是在完善现行各项医疗保障制度的基础上，从多元化制度安排发展到二元制度安排（实现城镇居民医疗保险与农村新型合作医疗保险的整合），再由二元制度安排发展到一元制度安排（实现居民基本医疗保险和城镇职工基本医疗保险的并轨，构建国民医疗保险制度）；从只考虑疾病医疗的保险发展到保障内容扩展型的国民健康保险；从地域性一元化的医疗保障发展到全国统一的国民健康保险，最终实现人人享有健康的发展目标。医疗保障发展三步走战略是：到2012年，实现多元医疗保障制度覆盖全民，同时积极引导与推动城镇居民医疗保险与农村新型合作医疗保险并轨；到2020年，建立区域型一元化的国民医疗保险制度，实现区域范围内的制度整合和待遇公平；到2040年前后，建成全国统一的国民健康保险制度，让全体国民公平地享有充分的健康保障。推动制度整合、改革医疗保险基金财务制度和医疗费用支付方式，改革和调整财政公共卫生支出方向以及不断提高医疗保障水平是当前医疗保障制度改革的重点任务。优化医疗卫生管理体制，加大财政公共卫生投入力度，推进公立医院改革和药品生产流通体制改革，发展补充医疗保障是重要的配套改革措施。

（五）社会救助与社会福利制度发展目标：确保并不断提高国民基本生活质量

报告提出，社会救助制度发展的三步走战略是：在 2012 年之前，重点推进社会救助城乡一体化，赋予国民法定社会救助权；到 2020 年时，实现综合型救助制度定型、稳定和可持续发展；到 2049 年时，实现维持低收入群体一定的生活质量，实现从免除生存危机到确保人格尊严、从生存型救助向促进发展型转变。

报告提出，中国社会福利体系建设的三步走战略是：在 2015 年之前，初步形成社会福利体系制度框架，重点推进城乡老年服务体系建设、残疾人服务体系建设和幼儿事业发展，兼顾探索长期护理保险和临终关怀，理顺管理体制，创新服务机制；2020 年之前，促使社会福利制度体系走向全面定型、稳定和可持续发展，全面满足城乡居民的社会福利需求；2049 年以前，不断提升社会福利水平与社会服务质量，使社会福利成为中国特色福利社会的重要支撑，真正实现全体国民生有体面、死有尊严的目标。

总之，中国社会保障改革与发展战略研究项目是我国社会保障体系建设与长远发展的重大战略研究，不仅极大地促进了理论学术界的共识，丰富并发展了我国社会保障理论研究成果，必将对我国社会保障改革与发展实践产生重大的影响。

五、社会保障基金管理研究进展

以中国社会科学院世界社会保障研究中心主任郑秉文研究员主编的《中国养老金发展报告 2011》的成果发布为标志，以《依法行政强化社会保险基金监管》、《社会保障成本转嫁及其自我强化机制》等论文的代表，社会保障基金管理研究取得新的进展。

（一）《中国养老金发展报告 2011》

《中国养老金发展报告 2011》是国内公开出版的首部养老金专题报告，反映了中国养老金制度发展的整体状况。《中国养老金发展报告 2011》由主报告和九个分报告组成，分为多支柱养老金发展篇、养老金改革篇和养老金动态篇三个部分。

主报告全面总结和评估了中国多层次养老金制度的基本运行态势。认为中国各项养老基金积累均达历史最好水平，覆盖范围也创历史最高，制度可持续性和支付能力都得以较大提高；但由于制度设计和政策缺位等原因，中国养老保障体系仍存在较多问题和制约因素，面临严峻挑战，如基本养老保险基金的保值增值、企业年金税优政策缺失、全国社保基金和商业养老保险的潜力仍有待提升等问题。

多支柱养老金发展篇由基本养老保险、企业年金、全国社保基金、商业养老保险四个专题报告组成。专题报告全面评估了各项养老基金的运营情况，详尽地分析了养老金计划覆盖面、基金收支规模和投资绩效等方面的公布数据，并对养老金制度未来的改革和发展趋势进行展望。

养老金改革篇的两个分报告以欧债危机背景为研讨主题，以希腊为案例，从"老龄化成本"带来的财务负担角度，揭示了 2011 年欧债危机爆发的养老金诱因；进而对比分析中国的养老金保障制度。提出了欧债危机教训对中国养老金改革的六大启示。

养老金动态篇跟踪和分析了国内外养老金改革的热点问题，对近年来国内养老金改革的争议性问题、全球主要地区和国家的养老金制度改革趋势做了总结归纳。

（二）《依法行政强化社会保险基金监管》

西南财经大学保险与社会保障研究中心主任林义教授撰写的《社会保障成本转嫁及其自我强化机制》在《社会管理研究》2011 年第 3 期发表。认为：

1.《社会保险法》对完善社会保险基金监管体系意义重大

《社会保险法》在总结我国社会保险基金监管实践经验的基础上，在总则第六条第一次明确规定"国家对社会保险基金实行严格管理"，强调在"国务院、省、自治区、直辖市人民政府建立健全社会保险基金监督管理制度，保障社会保险基金安全、有效运行"。并在第八章、第十章、第十一章等法律条文中对社会保险基金征缴、社会保险基金监管主体、社会保险基金预算管理方式、社会保险基金投资管理、风险管理及相关法律责任作出了具体规定，对健全我国社会保险基金监管体系意义重大。

我国城乡社会保险制度建设任务繁重，社会保险基金监管和安全营运面临严峻挑战。国际金融危机和潜在通货膨胀威胁使我国社会保险基金监管和安全营运面临两难境地，金融市场的波动使社保基金金融市场投资驱动受阻，安全保守的投资策略使数额庞大的社会保险基金在通货膨胀环境下面临着严重的基金贬值风险。

截至 2010 年底，社会保险的养老、医疗、工伤、失业、生育保险五险基金规模已有 2 万多亿元，投资渠道只有银行存款和购买国债，不到 2% 的名义收益率。在不断攀升的 CPI 压力下面临极大的贬值风险，社会保险基金安全受到严重威胁。若不能有效处置，无疑会影响乃至动摇公众对社会保障制度的信心，危及社会保险制度运行的制度基础。因此，需要借助《社会保险法》颁布实施的有利时机，组织专门队伍集中攻关，使社会保险基金的法律监管、行政监管、基金监管及基金投资营运的各项政策能够落实到位。要进一步细化法律条文，使《社会保险法》尽快成为具有可操作性的法律文件，使社会保险基金有效监管和安全营运的各项措施能尽快发挥作用。要从战略高度重视社会保险基金监管和安全营运，探索标本兼治的社会保险基金有效监管和基金管理体制，尽快制定社会保险基金有效保值增值的方案及政策措施。

当前行之有效的政策思路是发行社会保险基金长期专项国债，将存入财政部的社会保险基金都用于国债项目，实行政府干预性浮动国债利率，确保社会保险基金高于同期通货膨胀率或 CPI 2~3 个百分点，实现社会保险基金安全营、保值增值目标。同时发挥中央政府主导经济建设的制度优势，为经济刺激计划进行融资，实现社会保险基金投资于经济发展、金融市场发展的良性互动。变被动为主动，掌握社会保险基金投资营运和保值增值的战略主动权。

2. 强化社会保险基金监管的政策思路

一是细化法律，明确社保基金监管机构的法律责任。社会保险基金的征缴、投资运作和有效监管是社会保险制度构建的关键性链条，必须首先从立法的角度予以保障。建议尽快对社会保险基金监管机构的职能及权限给予立法定位，尽快出台《社会保险基金管理条例》，将社会保险基金监管置于法律控制之下。

二是尽快成立社会保险基金监管委员会，授权并展开工作。建议在全国社会保障基金理事会的基础上，会同财政部、人民银行、人力资源社会保障部、保监会、证监会、审计署及全国总工会等机构，成立社会保障基金监管委员会，制定专门的政策和措施实施基金监管，尽快在基金监管中迈出实质性步伐。

三是构建社会保障基金的分层监管模式，迈出有效监管的实质性步伐。由于第一层次基本社会保险担负特殊的政策使命，应由政府的专门机构实施集中管理，确保近期及中长期基本社会保险政策目标的实现。对第二、三层次社会保险基金的运作及其监管，在强调集中管理的同时，允许在基金的流向、投资组合及市场运作中适当放开，但必须高度重视对基金监管和监督体系的构建，防范金融风险并构建社会保险基金投资营运的保护机制。

四是注重社会保险基金监管政策的综合配套，创造良好的基金运作与监管环境。社会保险基金监管是一个极其复杂的系统工程，社会保险制度自身的长期性及运行机制的高度复杂性需要高度重视基金监管综合配套政策的构建。首先，需要认真研究社会保险与金融市场、金融创新的内在关联。其次，认真总结我国近年来在社会保险基金监管中的经验教训十分必要。最后，重视社会保险基金近期收支及中长期缺口测算，防范支付风险。

五是重视社会保险基金监管基础设施的构建，增大监管技术含量，提高监管的决策水平。应高度重视监管制度若干基础设施的构建和专业人才培养，加快建设精算分析数据库、社会风险监管指标体系、监管法律法规信息库，加快构建社会保险基金运行的预警系统及其指标体系。

（三）《社会保障成本转嫁及其自我强化机制》

中南财经政法大学公共管理学院院长赵曼教授在《中国行政管理》2011 年第 9 期发表的《社会保障成本转嫁及其自我强化机制》，在提高社会保障基金安全方面具有借鉴意义。主要观点包括：

在我国经济体制转轨过程中，社会保障一直承担着国有企业改革的成本转嫁。近年来，某些重大公共工程和公共政策，诸如三峡工程、南水北调工程等，也向社会保障进行成本转嫁，加重了社会保障的负担。本文认为，为了防止把社会保障变成转嫁成本的"公地"，应建立社会保障评估制度，对重大工程和公共政策实行事先的社会保障评估。

1. 冲击源与社会保障脆弱性

经济增长和社会稳定是国家追求的两大目标，这两个目标虽然从长期来看相互一致，但是在短期具有一定的冲突性。一方面，对公平和稳定的过分追求将削弱经济活力；另一方面，经济的高速增长往往加剧区域之间、人群之间的贫富分化。20世纪90年代开始建立的社会保障制度就是要平衡二者之间的关系。然而，该制度建立伊始即缺乏独立性，承担了配合国有企业改革的任务，承接了国有企业改革的成本转嫁。根据权利和责任对称的原则，承接国企改革成本转嫁的社会保障已经成为国有企业的利益相关者，应该参与国企改革的决策和过程，评估国企改革所造成的社会成本及其对社会保障的成本转嫁。但社会保障自20世纪90年代以来，一直未能主动参与和评估国有企业改革，只是被动地承接国企改革甩下的社会包袱。

同时，社会保障制度也承担了配合重要公共政策和重大公共工程的任务。例如，产业结构调整政策带来的失业和提前退休问题，三峡工程和南水北调工程中的移民问题，最终都不同程度地给迁入地转移社会保障负担，而这些负担最终由国家来承担。目前，这些公共政策和公共工程的出台一般没有经过社会保障负担评估，社会保障只是被动地承接相应的成本转嫁。

这种被动的、事后的社会保障固然有其合理性，既简化了决策过程，争取了宝贵的时间，又减少了成本核算和讨价还价成本，这种高效的决策模式可能是中国经济高速增长的原因之一。然而，由于缺乏社会保障负担评估，一些企业、行业和地区在发展过程中成功地转嫁成本，人为地制造了脆弱群体，加剧了社会保障的脆弱性。

重大的公共政策、公共工程和私人工程，都有不同程度的外部性和再分配效应。某些群体因为能够获得确定性收益而成为积极的推动者，而另一些群体则可能受损，这些受损的群体最终将进入社会保障"公地"之中。各种利益主体向社会保障转嫁负担，形成对社会保障的滥用，最终导致社会保障的"公地悲剧"，社会保障的脆弱性越发严重。

2. 成本转嫁的自我强化机制

社会保障成本转嫁存在自我强化的倾向，可以分几个步骤来说明自我强化的过程。第一步，社会保障为弱势群体提供基本保障；第二步，相关责任主体因为可以向社会保障转嫁成本而进一步损害弱势群体的利益；第三步，弱势群体需要社会保障的进一步保护……于是形成恶性循环。这种自我强化机制的关键在于，相关主体之间权利与责任界限不够清晰，相关项目之间边界不够清晰，某些主体能够逃避补偿义务。这就激励了某些主体制造负的外部性和社会脆弱群体。推而广之，社会保障成本转嫁的自我强化机制也适用于跨时期、跨区域转嫁的成本转嫁。这不仅在微观上削弱了弱势群体抵抗风险的能力，而且在宏观上增加了社会保障的财政脆弱性。

3. 建立积极的社会保障制度

财政政策有积极和消极之分，就业政策也有积极和消极之分，同样，社会保障政策也有积极和消极之分。事后的社会保障就是一种消极的社会保障，它着眼于事后的帮助，而不是事前的防范。以工伤保险为例，如果把重点放在工伤事故发生之后的赔偿，就是消极的社会保障；如果把重点放在工伤事故的防范，就是积极的社会保障。事后的社会保障不仅是消极的、被动的，而且为成本转嫁提供了一块"公地"，进而激励厂商不当行为。因此，必须建立积极的、防御性的社会保障制度。所谓积极的社会保障，是指具有主动防范成本转嫁功能的社会保障；防御性则强调社会保障事前干预相关主体的决策，并参与执行过程的监督和行为审计。

六、农村社会保障制度改革研究进展

近几年来，由于"三农"问题的日益突出，农民因病致贫和因病返贫的现象的出现，学术界及政府相关部门开始重视农村社会保障制度。起初，学者们对于是否有必要建立农村社会保障制度的讨论最多，但大多数学者持赞同的态度，他们主要从理论角度、现实角度及国际比较的角度探讨中国建立农村社会保障制度的必要性和可行性。自2000年以来，国内学者对农村社会保障问题的探析主要集中于以下十个方面：①农村社会保障制度实现模式的选择；②城乡社会保障制度的衔接（城乡统筹问题）；③农村社会保障体系的内容、重点与步骤；④农村社会保障制度的分类研究，包括：农村养老保险、新型农村合作医疗制度、农村最低生活保障制度、农村教育问题、"五保户"集中供养制度；⑤农村特殊群体的社会保障研究，包括：被征地农民、农民工、农村教师；⑤农村社会保障的财政支持与筹资机制；⑦政府在农村社会保障制度建设中的角色及其职能定位；⑧农村社会保障制度的价值理念选择；⑨农村社会保障制度的变迁研究；⑩当前中国农村社会保障制度的主要问题、原因及对策。

（一）农村社会保障制度实现模式的选择

学者们普遍认为，应该在尊重中国农村经济发展水平低且很不平衡的国情的基础上构建我国农村社会保障制度。其具体依据有三类：经济发展的不同时期；经济发展的地区差异；农村居民的分化和层化。

杨翠迎认为，应该根据经济发展的不同时期分别按照转型模式、市场模式和目标模式来指导我国农村社会保障制度的构建。转型模式就是指在各种物质条件不成熟的条件下，以家庭保障为主，根据地区发展水平差异，在较富裕地区发展"个人责任"制社会保险，引导鼓励农民参加商业保险；在贫困地区，发展以国家、社区救济为主的扶贫式多质态的社会保障制度模式。市场模式就是以"家庭和福利机构"为依托，政府倡导的"个人责任"制、强制储蓄型社会保险为基础，商业保险为主导，社会救济等保障方式为补充的储蓄保险主导型社会保障制度模式。目标模式是城乡一体化的统一模式，即建立以政府参与、社会互济性强的社会保险为基础，商业保险为主导，其他保障形式为补充的保险主导型社会保障模式。这3种模式并不是孤立的，应该根据经济发展水平的不断上升，沿着由转型模式（贫困型计划）、

市场模式（中等型计划）、目标模式（富裕型计划）的路径不断转换。①

任保平、王艳提出建立农村社会保障体系的基本思路是依据不同类型农村的经济发展水平进行分类设计和分类实施。在贫困型农村应建立以基本生活保障为内容的救济型社会保障体系，在温饱型农村应建立基本生活需要型的社会保障体系，在富裕型农村应建立保险型的社会保障体系。②陈军主张"梯度推进模式"，主张整体规划农村社会保障制度体系框架，针对贫困型农民、温饱型农民和富裕型农民的经济状况及其保障需求，设计不同的保障项目，最后梯度推进、城乡整合，实现城乡一体化社会保障制度。同时，陈军也从公平原则、农民的显示情况及马斯洛需求层次理论论证了此模式的可行性。③林闽钢、吴娆的观点与其相似，即针对贫困人口应建立底线型社会保障体系，针对温饱人口应建立发展型社会保障体系，针对富裕人口应建立小康型社会保障体系。④王国军认为，应建立三维社会保障体系。即以最低保障、基本保障和补充保障为三个维度；包括社会救济和优抚安置、社会服务、社会保险与商业保险4个层次；借助国家、社会、农村集体、个人家庭4种力量；涵盖养老、医疗、灾害和意外事故4个方面的社会保障制度结构。⑤曹明贵进一步将这种观点发展为"三等九级论"，即按照GDP的不同将全体农民划分为发达地区富裕户、中等农户、贫困户；中等地区富裕户、中等农户、贫困户；贫困地区富裕户、中等农户、贫困户，分别建立适应他们不同需求的社会保障。⑥华迎放、孙莹认为，在近期内完全抛弃家庭保障并不现实，必须建立以基本社会保障为主体，乡村集体保障和家庭保障等形式并存的多层次、低水平、广覆盖、共同负担、统分结合、社会化管理的社会保障体系。⑦

郑功成指出，传统农民已经分化为传统的农

① 杨翠迎：《中国农村社会保障制度发展模式探讨》，《农业经济》2002年第10期；杨翠迎：《中国农村社会保障制度发展的思路和对策》，《西北农林科技大学学报》（社会科学版），2002年第6期。
② 任保平、王艳：《建立健全农村社会保障体系的基本思路》，《陕西师范大学学报》（社会科学版），2003年第21期。
③ 陈军：《论农村社会保障制度的梯度推进》，《系统工程》，2004年第6期。
④ 林闽钢、吴娆：《我国农村社会保障体系研究》，《江海学刊》，2005年第6期。
⑤ 王国军：《中国农村社会保障制度的变迁》，《浙江社会科学》，2004年第1期。
⑥ 曹明贵：《建构统一性与差别性相结合的农村社会保障制度》，《农村经济》，2005年第8期。
⑦ 华迎放、孙莹：《农村社会保障制度框架构建研究》，《人口与经济》，2005年第4期。

民和产业工人，包括各个非农行业。而农民工又可以分为三大块：第一部分是已经市民化的农民工，他们的职业身份已经完全改变，需要通过制度改革把他们融入城市，纳入市民一体的社会保障制度。第二部分是农闲时候出来打工的季节工。他们所需要的社会保障相对于已经城市化的人来讲就完全不一样。第三部分是占农民工大多数的流动打工者，他们常年流动性地在外务工，其需要的社会保障制度也与前二者有所不同。[1] 对此，樊小钢认为，在进行农村社会保障制度设计时，必须考虑现阶段农村人口中不同人群对社会保障的不同需求，对一部分事实上已经非农化了的人口应该设计进入城镇社会保障体系的制度通道，对一部分仍然从事传统农业生产的人口应该进一步提高其保障水平，对一部分最为贫困的农村人口应该充分发挥社会保障制度的"兜底"功能。[2]

（二）城乡社会保障制度的衔接（城乡统筹问题）

中国传统的社会保障制度是城乡二元结构的，目前提出要建立农村社会保障制度，关涉到农村与城市社会保障制度的关系及如何衔接的问题。对此，目前学术界主要存在五种观点：第一，当前的中国不具备建立统筹城乡的一体化的社会保障制度。曹明贵认为，当前城乡分离的二元经济结构尚未消除，城乡居民收入水平存在巨大差距，且目前的城镇社会保障体系仍然存在许多问题，不具备实现城乡社会保障体系一体化的客观条件。[3]

第二，构建城乡合一的中国社会保障制度。刘俊霞从公平性的原则出发，有学者认为应该给所有的公民以同等的待遇和平等的机会，由政府提供社会保障。[4] 吴云勇、梁峰指出，农村社会保障制度一般都纳入了各国社会保障的总体框架，只有少数国家（如德国）为农民建立了专门的社会保障制度。基于国外的经验，中国农村社会保

障制度也没有必要再另外构建一套体系，城乡合一才是中国农村社会保障制度的唯一路径选择。[5]

第三，建立统一性和差别性相结合的农村社会保障制度。蓝春娣、任保平认为，当前城乡分离的二元经济结构尚未消除，城乡居民收入水平存在巨大差距，且目前的城镇社会保障体系仍然存在许多问题，不具备实现城乡社会保障体系一体化的客观条件，因此建立农村社会保障制度必须从农村实际出发，实行与城市不同的制度。农村保障不仅与城市保障有差别，而且发达地区与贫困地区农村保障也不可能一样，应根据农村的实际情况，建立统一性和差别性相结合的农村社会保障制度。[6]

第四，通过一种过渡性的制度安排，在完全割裂的城乡二元社会保障制度之间构建一种衔接模式。如樊小钢认为，当前我国城乡二元结构的特殊格局决定了城市社会保障和农村社会保障之间存在较大的差异，无法在短期内实现完全意义的城乡社会保障体系一体化，应当将城乡统一的社会保障制度作为长期发展目标，目前只能通过一种过渡性的制度安排，在完全割裂的城乡二元社会保障制度之间构建一种衔接模式，为将来建立城乡一体化的社会保障创造条件。[7] 杨翠迎指出，应将城乡统一的社会保障制度作为长期发展目标，统筹城乡社会保障制度，促进两者相互协调，为将来建立城乡一体化的社会保障创造条件。按照逐步完善、逐步过渡的原则，逐渐改变城乡社会保障制度失衡的状态。[8]

第五，对如何实现城乡社会保障的过渡和衔接，学者们从各个角度提出了多种模式。童兆颖认为，我国农村社会保障应实行"三步走"战略：第一步是做好贫困人口的最低生活保障；第二步是构建以国家责任为主体的政策性保险的农村社会保障制度；第三步是建立健全城乡统一的新型

① 郑功成：《中国社会保障：挑战在即》，《中国社会保障》，2002年第2期。
② 樊小钢：《促进流动人口市民化的社会保障制度创新》，《商业经济与管理》，2004年第4期。
③ 曹明贵：《建构统一性与差别性相结合的农村社会保障制度》，《农村经济》，2005年第8期。
④ 刘俊霞：《西方社会保障制度改革与我国社会保障制度的重构》，《中南财经政法大学学报》，2006年第5期。
⑤ 吴云勇、梁峰：《中国农村社会保障模式及资金来源的路径选择》，《农村经济》，2007年第8期。
⑥ 蓝春娣、任保平：《关于农民工社会保障问题的思考》，《社会科学研究》，2004年第5期。
⑦ 樊小钢：《城乡社会保障制度衔接模式探讨》，《浙江社会科学》，2004年第4期。
⑧ 杨翠迎：《中国社会保障制度的城乡差异及统筹改革思路》，《浙江大学学报》（人文社会科学版），2004年第3期。

社会保障制度。① 刘庆印、胡继连提出应该先搞好进城从事第二、第三产业的农民和国有企业、城镇集体企业、乡镇企业农民职工的社会保障，特别是养老和失业保险，进而逐步把农村人口统一起来，视经济发展情况，最后实现城乡社会保障一体化的飞跃。② 邓微认为，构建利于城乡衔接的农村社会保障制度的大思路应该是系统设计、分类实施、"赶羊入圈"，形成漏斗效应，逐步将农村居民纳入社会保障体系之中。首先让发达地区率先实现社会保障制度的城乡并轨，在欠发达地区和不发达地区，要通过总体设计，形成与城乡社会保障体系联通的制度模型和运行工具，引导那些已经具备部分条件、可以向城镇社会保障体系渗透的农村居民向城镇社会保障体系靠拢。③

（三）农村社会保障体系的内容、重点与步骤

对于农村社会保障体系的内容，大多数学者赞同当前中国农村社会保障体系的建设应该以养老保险、医疗保险和最低生活保障为主要内容；也有人认为应当将义务教育、法律援助、失业保障、农业保险纳入其中。文华、臣廷认为，提出社会保障可以分为社会保险、社会救助、社会福利和优抚保障，农村社会保障自然也包括这些内容。④ 还有的学者认为，应根据不同地区农村社会保障发展的模式设计保障项目。西部贫困农村地区社会保障的基本项目可以设计为最低生活保障＋社会救助＋养老保险，并且以前两者为主；中部东地区已解决温饱问题的大部分农村在建立最基本的养老保险与医疗保险制度之外，还要建立农业保险。林闽钢、吴娆认为，底线型社会保障体系的基本项目为农村最低生活保障制度、农村老年人口的医疗救助制度以及农村儿童失学救助制度；发展型社会保障体系的基本项目为养老保险、医疗保险和社会救助；小康型社会保障体系则以保险项目和部分社会福利项目为主。⑤

虽然在农村社会保障体系建设的内容上分歧不大，但在农村社会保障体系建设的重点和步骤上学者们看法不一。曹明贵认为，农村社会保障的框架内容与城市是有区别的，其重点应在就业、养老、医疗、社会救济、义务教育等方面。⑥ 朱忠贵指出，就目前而言，广大农村群众的基本要求与愿望是实现生（存）有所靠，病有所医，老有所养，因而在农村社会保障的各项制度建设中，最低生活保障制度、养老保险制度和医疗保险制度的建设是其重点。⑦

关于农村社会保障体系建设的步骤，大多数学者认为当前首先应该建立农村最低生活保障制度，解决农村人口的贫困问题。但也有学者认为，应该以养老保险和医疗保险的建设为突破口。⑧ 于秀丽认为，农村社会保障体系建设的步骤：第一是建立全面的农村最低生活保障制度；第二是农村老年人口的医疗保障；第三是农村青少年的教育保障。⑨ 陈晓红、郑连元提出七个步骤：第一步启动大病医疗保险与筹备养老基金；第二步推行基本生活保障；第三步扩大社会救济；第四步建立全面医疗保险、部分工伤保险；第五步启动养老保险，建立失业保险、工伤保险、生育保险；第六步建立全民社会福利制度；第七步统一城乡社会保障。⑩

（四）农村社会保障制度的分类研究

农村社会保障制度的分类研究包括：农村养老保险研究、新型农村合作医疗制度研究和农村最低生活保障制度研究。

1. 农村养老保险研究

目前国内的养老保险研究内容主要集中在以下几个方面：当前我国农村老龄化的现状及发展趋势；建立农村养老保险制度的必要性和可行性；

---

① 童兆颖：《构建我国农村社会保障"三步走"战略的思考》，《统计与决策》，2005 年第 15 期。
② 刘庆印、胡继连：《山东省城乡社会保障统筹城乡发展机制与政策研究》，《山东社会科学》，2005 年第 6 期。
③ 邓微：《构建利于城乡衔接的农村社会保障制度》，《社会保障问题研究》，2003 年第 9 期。
④ 文华、臣廷：《建设中国特色的农村社会保障体系》，《东岳论丛》，2000 年第 6 期。
⑤ 林闽钢、吴娆：《我国农村社会保障体系研究》，《江海学刊》，2005 年第 6 期。
⑥ 曹明贵：《建构统一性与差别性相结合的农村社会保障制度》，《农村经济》，2005 年第 8 期。
⑦ 朱忠贵：《论农村社会保障制度的构建》，《农村经济问题》，2003 年第 6 期。
⑧ 张映芹：《经济转型时期农村社会保障体系的构建》，《理论导刊》，2005 年第 1 期。
⑨ 于秀丽：《城乡统筹发展与农村社会保障制度建设》，《甘肃社会科学》，2004 年第 4 期。
⑩ 陈晓红、郑连元：《农村社会保障体系研究》，《中南工业大学学报》（社会科学版），2002 年第 1 期。

农村社会养老保险制度实现模式选择；政府在农村养老保险制度的角色及职能定位；农村养老保险制度的发展方向与重点。

当前我国农村老龄化的现状及发展趋势。学者们普遍认为，目前我国农村老龄化状况急需相应的农村养老保险制度来应对。在对现状进行调研的基础上，邓大松等指出，农村地区有 65 岁及以上老年人的家庭户占家庭户数总数比例为 22.02%，分别比城市和城镇高出 4.69 和 5.78 个百分点。[①] 谢冰、李海鹏认为："农村老年人主要还是依靠传统养老模式度过自己的晚年。当前的问题是，这种非正式的农村养老制度正受到巨大的冲击和严峻的挑战，其保障功能在逐渐衰减，已经不能单独承载农村居民的养老保障，并且，随着人口老龄化进程加快，农村的养老压力相对城镇将更加突出，如不未雨绸缪，将会严重阻碍社会的发展，影响社会的稳定，因此，一部分学者们认为，建立农村社会养老保障制度已势在必行。"[②] 刘波指出："目前我国 60 岁以上的老龄人口超过 1.3 亿，占总人口的 10%，约占世界老龄人口总数的 1/5 和亚洲老龄人口总数的 1/2。而我国农村老龄人口约占中国老年人口的 75%，解决好农村老年人口的养老保险关系到农村的社会稳定以至于农村的长远可持续发展。"[③]

建立农村养老保险制度的必要性。学者们一般从农村老龄化、农村老年人口养老的困难为出发点来讨论建立农村养老保险制度的必要性。如周凤鸾认为，在现阶段我国农村养老的任务绝大部分是由家庭来承担，农村老人的主要生活来源是家庭赡养和土地收入，然而随着农村市场经济体制改革的不断深入，这两种养老经济来源无论是在保障能力还是在保障的可靠性上都发生了一些变化，使得传统的家庭养老方式面临诸多困难与挑战，很难再维系农村未来的养老需要。[④] 对此，韩汉博认为，为应对农村老龄化社会的到来，建

立农村养老保险是必然选择，是构建和谐社会的内在要求。[⑤] 温铁军认为，建立一个比较健全的社会养老保险制度，缩小贫富差距和城乡差距，有利于促进社会稳定，为经济的健康发展提供良好的社会环境。[⑥] 尚长风认为建立和完善农村社会养老保险制度，可以增加广大农民对未来的稳定预期，让他们不必再为未来作太多的储蓄，将极大地刺激农民的消费，从而更好地实现经济政策目标。[⑦]

推行农村养老保险制度的可行性。大多学者基于我国农村的现实状况与国外的经验以及二者之间的对比，探讨我国农村建立农村养老保险的可行性。何文炯等人认为，国外建立农民养老保险大都是在工业化发展的中期转向成熟期的过渡阶段，从经济指标看大体有：农业在国民生产总值中的份额在 15% 以下，农业劳动力结构份额在 20% 以下；农业人口在总人口中所占比率降至 50% 以下，且处于老龄人口高峰期；经济发展总体水平较高，人均 GDP 在 2000 美元以上。按照这些指标来衡量中国农村所处的阶段，总体上差距是比较大的，在中西部地区特别是西部地区差距会更大，全面实施农村社会养老保险的社会经济条件尚不具备。因此，中国目前尚不具备普遍实施农村社会养老保险的观点得到多数学者的认同。[⑧] 而韩汉博认为，我国人口和农村劳动力结构指标与世界各国建立农村社会养老保险时的一般标准的差距并不大。就此四项指标而言，我国已经基本具备世界各国建立农村养老保险计划时的经济社会指标。能否建立农村社会养老保险制度，主要是看经济发展水平和财政收入状况是否能承受建立农村社会养老保险制度带来的资金需求，主要取决于所需的资金规模。决定资金规模的要素主要有两个：一是享受农村社会养老保险养老金的人数，二是人均养老金标准。韩汉博认为，根据经济发展水平衡量，我们已经具备了建立农

① 邓大松、杨洁：《灵活就业人员社会保险现状与对策》，《统计与决策》，2007 年第 19 期。
② 谢冰、李海鹏：《近十年国内农村养老社会保障研究内容及其文献综述》，《社会保障研究》，2009 年第 6 期。
③ 刘波：《我国农村养老保险文献综述》，《知识经济》，2011 年第 21 期。
④ 周凤鸾：《我国农村养老保险发展问题研究》，湖南农业大学硕士学位论文，2005 年。
⑤ 韩汉博：《我国农村社会养老保险制度研究》，华南热带农业大学硕士学位论文，2007 年。
⑥ 温铁军：《如何建设新农村》，《小城镇建设》，2005 年第 11 期。
⑦ 尚长风：《农村社会保障问题研究》，全国高校社会主义经济理论与实践研讨会第 15 次会议，2001 年。
⑧ 何文炯：《农村社会养老保险：进与退》，《浙江大学学报》（人文社会科学版），2001 年第 3 期。

村社会养老保险制度的经济基础。实证分析结果也表明，建立农村社会养老保险制度已经具备了必要的经济基础和社会条件，也积累了一定的实践经验。因此，认为建立农村社会养老保险制度仍为时过早的观点是不适当的。[①] 此外，尚长风、申策、John-Williamson 也赞同中国已具备建立农村养老保险制度的条件，他们分别从资金测算和发展中国家设立农村养老保险制度的经验的角度论证了其可行性。[②]

农村社会养老保险制度实现模式选择。目前我国农村养老的模式主要有：家庭养老、集体养老、以土地换保障、社会救济、商业保险养老、最低生活保障制度和农村社会养老等形式。顾小燕认为，农村养老保险具有以下三个特点：以"自我保障为主、集体保障为辅、国家予以政策扶持"为筹资原则，实行"多档次"的缴费方式，在筹资方式实行"完全积累制"，在养老保险基金管理上，主要实行县级统筹。面对当前中国农村养老模式的特点和存在的诸如覆盖面偏小、保障水平偏低等问题，学者们提出了四种实现农村社会养老保险制度的模式。[③]

（1）根据各地区经济发展的不同水平实施分类处置，何文炯认为，就全国而言，农村养老保险应当有进有退，发达地区应积极推进，欠发达地区应暂缓推行。[④] 杨志玲在对云南丽江纳西族聚居地区调查后发现，随着少数民族地区社会经济的发展，农村家庭养老模式不仅长期以来受到少数民族传统文化及民族经济发展状况的影响，表现出与城镇、汉族家庭养老模式不同的特点，因而认为，以家庭养老为主，发展农村社区养老，建立农村社会养老保险制度，将是少数民族农村养老形式发展的必然选择。[⑤]

（2）左敏、朱德云、李森认为，在我国贫困型农村地区，宜采用救助型保障模式，即在社会保障项目体系中，社会救助项目居于主导地位的保障模式；保险型保障模式，富裕型农村适宜采用保险型保障模式，即在社会保障项目体系中，社会保障居于主导地位的保障模式；救助保险型保障模式，中间型农村适宜采用求助保险型保障模式。即社会救助和社会保险在保障体系中占据重要地位的保障模式。[⑥]

（3）建立"三结合"式的农村养老保障体系，杨翠迎认为，中国农村养老保障的出路在于根据不同地区的经济水平建立不同的养老保障模式，而且重点在于解决养老资金来源的问题。在中国经济社会转型的特殊时期，需要发挥家庭养老、社会养老保险、社会养老三种主流保障方式的合力作用，方能解决中国农村社会养老保障的需要。[⑦]

（4）"实物换保障"，卢海元指出，"实物换保障"是指根据不同的对象，以特定方式将其拥有的农产品、土地和股权等实物转换为保险费，分别设计现实可行的社会养老保险制度方案，如年轻农民可实行"产品换保障"；老年农民和被征地农民则实行"土地换保障"；等等。他强调，与一般建立养老保险的方案不同的是，实物换保障是一个能同时解决养老和发展问题的方案，而这正是该方案的最大特点，也是世界银行所倡导的新模式。[⑧]

政府在农村养老保险制度中的职能定位。国内学者比较一致地认为，在农村养老保障制度建立和完善过程中，政府应发挥主导作用。柴瑞娟、罗新铭认为，政府职能社会化已成为当代政府职能发挥的一个显著的趋势。社会保障制度作为一种典型的公共物品，政府也就必然参与其构建和

① 韩汉博：《我国农村社会养老保险制度研究》，华南热带农业大学硕士学位论文，2007 年。

② 尚长风：《农村社会保障问题研究》，全国高校社会主义经济理论与实践研讨会第 15 次会议，2001 年；申策、John-Williamson：《中国农村老年人最低社会养老金制度的必要性、可行性和可能的社会效益》，《中国农村经济》，2006 年第 8 期。

③ 顾小燕：《我国农村养老保险的现状及其对策研究》，上海交通大学硕士学位论文，2007 年。

④ 何文炯：《农村社会养老保险：进与退》，《浙江大学学报》（人文社会科学版），2001 年第 3 期。

⑤ 杨志玲：《农村少数民族老年人的生活及养老——以云南丽江龙纳西族自治县拉市乡为例》，《云南民族大学学报（哲学社会科学版）》2006 年第 6 期。

⑥ 左敏、朱德云、李森：《社会保障学》，经济科学出版社，2004 年。

⑦ 杨翠迎：《农村社会养老保障制度的总体评价及改革思路——基于城镇化发达地区的调查与思考》，《山东农业大学学报》（社会科学版），2005 年第 3 期。

⑧ 卢海元：《实物换保障：完善城镇化机制的政策选择》，中国社会科学院博士学位论文，2002 年。

管理。尤其是当今农村社会保障现状亟须国家出面支撑，政府之责义不容辞。[1]马雁军、孙亚忠进一步指出，农村基本社会养老保险的公共产品特性决定了政府职责边界。政府尽管在农村基本养老中居于主导地位，但政府履行责任并非在任何时间、任何地域都一成不变。[2]孙文基指出，在建立农村社会保障时，在处理其中最重要的社会保障资金来源这一问题上，政府才是投入的主体，而不是主要由农民承担。[3]石秀和等认为，政府在农村社会保障制度中的职责具体体现为：政策设计、组织引导、财政责任和管理监督。[4]

农村养老保险制度的发展方向与重点。李剑阁认为，我国农村新型养老保险制度的发展方向与重点是加快建立社会统筹的基本保障制度框架。首先，建立基本账户和个人账户相结合的农村居民社会养老保险制度，统一制定城乡社会保险关系转移、衔接办法；公共财政要全过程支持农村社会养老保险制度建设，降低农民参保门槛；坚持政府统一管理、个人缴费、集体补助、政府补贴的农村养老保险筹资模式。其次，要提高保障水平，推进保障形式和补充保障模式的创新。具体办法有：提高农民个人积累参保率、覆盖率，扩大社会保障面；积极改进保险资金享受的办法，支持低成本的社会化养老保险服务事业发展；强化对养老服务的规范和管理解决重点人群的养老保险问题，包括农村独生子女、农民工、乡镇企业职工、被征地农民。[5]

2. 新型农村合作医疗保险制度研究

当前，新型农村合作医疗保险制度的研究内容主要有：新型农村合作医疗保险制度的性质和特点；自愿参加与逆向选择；政府筹资、财政能力与横向公平性；给付结构与保障水平；能力建设与可持续发展；模式创新与因地制宜。

（1）新型农村合作医疗保险制度的性质和特点。新型农村合作医疗制度是"由政府组织、引导、支持，农民自愿参加，个人、集体和政府多方筹资，以大病统筹为主的农民医疗互助共济制度"。与传统合作医疗制度相比，它具有以下特点：一是统筹层次提高，由以前的乡镇和村庄统筹提高到县级统筹；二是强调政府在筹资中的责任，中央和地方各级政府给予财政补贴；三是明确了制度目标，即建立覆盖全体农村居民的医疗保障制度，而且提出了实现制度覆盖所有农村地区的时间表。新型农村合作医疗制度本质上是一种"自愿性的公立医疗保险计划"。[6]与一般的公共医疗保障制度相比，该制度的特点表现在：第一，自愿参加；第二，缴费偏低，政府补贴；第三，人头税型的缴费方式。[7]新型农村合作医疗在试点和推行过程中面临的主要问题有：第一，"自愿参加"原则下的逆向选择和农民的参与率问题；第二，资金筹集问题；第三，农民认知问题；第四，制度设计和模式选择问题，包括补偿模式、补偿水平、支付方式等；第五，道德风险的防范问题；等等。核心的问题是制度的可持续发展问题。

（2）新型农村合作医疗保险制度的运行绩效与问题。中国人民银行包头市中心支行课题组在调查后认为，新型农村合作医疗保险制度的实施效果有：缓解、遏制了农牧民"因病致贫、因病返贫"的趋势，减轻了农民的经济负担；提高了农牧民的健康保障能力；农村牧区医疗机构的服务条件有了明显改善，服务能力显著提高；提高了政府的公信力。[8]杨敬宇在肯定新型农村合作医疗保险制度实施效果的同时，指出了这项制度存在的缺陷与问题：农民的主体权利缺位严重；决策主体是政府，影响了农民的参合积极性；服务理念和服务内容与我国农村的实际情境及国际经验不相符；管理成本过高，效率低下；农村医疗

① 柴瑞娟、罗新铭：《农村社会保障构建中的国家责任探讨》，《武汉理工大学学报》（社会科学版），2005 年第 4 期。
② 马雁军、孙亚忠：《农村社会基本养老保障的公共产品属性与政府责任》，《经济经纬》，2007 年第 6 期。
③ 孙文基、魏晓峰：《财政与金融概论》，经济管理出版社，2006 年。
④ 石秀和：《中国农村社会保障问题研究》，人民出版社，2006 年。
⑤ 李剑阁：《农村新型养老保险制度的发展方向与重点》，《决策咨询通讯》，2007 年第 6 期。
⑥ 顾昕、方黎明：《公共财政体系与农村新型合作医疗筹资水平研究——促进公共服务横向均等化的制度思考》，《财经研究》，2006 年第 11 期。
⑦ 封进、宋铮：《中国农村医疗保障制度：一项基于异质性个体决策行为的理论研究》，《经济学》（季刊），2007 年第 3 期。
⑧ 中国人民银行包头市中心支行课题组：《财政金融支持新型农村合作医疗路径研究》，《经济师》，2008 年第 11 期。

卫生服务制度的缺位与服务供给不足并存。[①]

（3）新型农村合作医疗保险制度的运行机制问题。新型农村合作医疗制度的运行机制问题包括参保模式问题、筹资机制问题、给付结构与保障水平问题、合作医疗资金的使用与监管问题、医疗质量与价格问题。

（4）参保模式问题之自愿参加与逆向选择。学者们对新型农村合作医疗参合模式的讨论主要集中在是选择自愿参保还是强制参保的问题上。邓大松等认为，新型农村合作医疗保险制度建设要遵循"适度强制"的原则。[②]谭湘渝认为，制度设计中，参保模式是影响制度运行的关键问题之一，新农合制度采取"自愿参保"模式在实施中面临的最大问题之一是如何应对逆向选择的问题，以实现较高的"参合率"。[③]所谓"逆向选择"（adverse selection），是指医疗保险的投保者向健康风险高的人群集中的现象，即作为理性人，健康状况良好的人可能选择不参加医疗保险，而健康状况不佳的人更愿意参加医疗保险。卫生政策理论和世界各国的实践经验都证明，逆向选择会对自愿性医疗保险的财务可持续性造成不利影响，同时，还可能使自愿性医疗保险实现普遍覆盖困难重重。[④]应对逆向选择问题，一般的方法有两种：一种是引入强制性，要求所有人一律参保，不论健康状况好坏，从而使自愿性医疗保险转型为强制性医疗保险，即社会医疗保险；另一种是采用所谓"社区费率"（community rating）的方法，即某个区域内的全部投保者的参保费相同，而不考虑他们的健康状况。[⑤]我国现行的新型农村合作医疗采取的是"社区费率"的方法。政府补贴强化了农民参合意愿，但是逆向选择依然无法根除。杨文选、杨艳的研究指出了农民"参与行为"与"参与意愿"的区别，两者并非完全对等；高的且

上升的"参与率"并不能真正反映农民自身的意愿。在一些地区，尽管通过行政手段获得很高的"参与率"，但实际上农民的"参与意愿"并不高，即内心的认可程度、热情不高，信任和信心不足。影响农民参与意愿的因素涉及农民的年龄和健康状况、对新型农村合作医疗的认知程度、报销水平、补偿模式、医疗服务提供及对政府的信任程度等。[⑥]

（5）筹资机制问题之政府筹资、财政能力与横向公平性。王成艳等认为，新型农村合作医疗应实行资金筹集的多元化，即农民个人、集体、政府三方共同出资。[⑦]孟宏斌等认为，除个人缴纳、集体扶持、政府资助外，还应包括社会化捐助。在筹资主体缴费责任分担比例问题的讨论中，许多学者认为，在现行经济体系中，农民处于弱势地位，中央和地方政府处于强势地位。[⑧]王成艳指出，长期以来，合作医疗资金的筹集遵循了"以个人缴纳为主，集体出资为辅，国家政策扶持"的基本原则，在当前农民收入普遍偏低而医疗费用不断上涨情况下，必须建立一种新型的筹资机制，就是以农民个人缴纳与政府资金支持为主、集体出资为辅、社会资金为补充的多元化的科学高效的筹资机制。2003~2005年，政府对所有参合者以最低20元的标准予以补助，自2006年起，最低补助标准提高到人均40元。在全国多数地方，个人缴费标准在10~20元，东部发达地区较高一些，在30~60元。在现行政策下，中央和省、市、县各级政府的资金补助水平在很大程度上决定着合作医疗的筹资水平。总体上，中央财政具备进一步提高对新型农村合作医疗补助水平的能力。2012年，国务院明确规定，农民自己交60元，政府补240元，达到300元的标准。[⑨]

① 杨敬宇：《关于新型农村合作医疗政策实践的理性思考》，《农村经济》，2008年第3期。
② 邓大松、杨洁：《灵活就业人员社会保险现状与对策》，《统计与决策》，2007年第19期。
③ 谭湘渝、许谨良：《我国实行强制医疗责任保险的基本问题研究》，《保险研究》，2008年第6期。
④ 顾昕、高梦滔、姚洋：《诊断与处方直面中国医疗体制改革》，社会科学文献出版社，2012年。
⑤ 顾昕、方黎明：《公共财政体系与农村新型合作医疗筹资水平研究——促进公共服务横向均等化的制度思考》，《财经研究》，2006年第11期。
⑥ 杨文选、杨艳：《新型农村合作医疗应重视农民的参与意愿——以陕西省旬阳县为例》，《农业经济问题》，2007年第8期。
⑦ 王成艳：《农村社会养老保险的现状、问题及对策研究》，《滨州职业学院学报》，2004年第2期。
⑧ 孟宏斌：《陕西小城镇建设中的社会保障制度创新》，《陕西省体制改革研究会2004年优秀论文集》，2004年。
⑨ 韩俊等：《中国农村改革（2002~2012）》，上海远东出版社，2012年。

此外，政府资金的补助方式也是一个值得重视的问题。顾昕、方黎明指出，新型农村合作医疗的中央补助金是一种"带有配套条件的专项补助"，而且对中西部地区实行的是"一刀切"的固定金额补助法，即不考虑基层政府财政支持配套能力的差异，从 2006 年起中央补助金为人均 20 元。一般而言，越是富裕的省份或县、市，农业人口的比重越低，其基层政府财政实力越强，为合作医疗提供配套资金的压力就越小；相反，越是穷的地方，农业人口比重越高，财政收支能力越脆弱，财政配套资金的压力越大。因此，对于相同的补贴任务，经济落后的县（市）财政补贴负担率（新农合县财政补贴额÷县财政收入）更高，财政补贴负担相对于人均财政收入具有累退性。[①]

给付结构与保障水平。在"自愿参与"的原则下，影响农民参与意愿的一个重要因素是新型农村合作医疗的给付结构。[②]所谓"给付结构"，主要包括给付范围和给付水平，它反映了农民从参加合作医疗所能获取的预期收益。从给付范围的角度，新型农村合作医疗的给付结构一般有三大类型：一是"保小"（保小病，主要是门诊花费）；二是"保大"（保大病，主要是住院花费）；三是"保大兼保小"（住院和门诊都在保障范围之内）。通常又将这三种不同的给付结构分别称为：福利型、风险型、福利风险型。关于新型农村合作医疗是否应该为门诊提供保障，还存在一定的争议，这实际上是一个如何兼顾受益面和受益程度的问题。刘启栋认为，门诊补偿分流了有限的基金，从而削弱了基金抗大病风险的能力。[③]周海沙、李卫平的实证研究表明，门诊报销基本上难以缓解参保者的经济压力，反而会增加合作医疗的管理成本。[④]方黎明、顾昕却认为，以住院保障（或者大病补偿）为主的模式，缩小了其受益面，对于那些身体健康者来说是一种负激励，降低了新农合的吸引力，因此主张将门诊补偿纳入给付范围。[⑤]

给付结构的第二个要素是给付水平，即相对于医疗花费，参加合作医疗的农民可以获得多少补偿。它由起付线、报销比例和封顶线三个变量共同决定，实质上是一种费用分担的制度安排，目的是为了控制医疗保险中的所谓"道德风险"，即投保人在没有支付压力的情况下过度消费医疗服务的行为倾向。各地对起付线、报销比例（共付率）和封顶线的规定有所差异。总体上，门诊补偿通常不设起付线，而对住院补偿通常设置了高低不等的起付线、报销比例和封顶线。有些地方对门诊采取了建立"家庭账户"的形式。全国大多数地方对住院费用的报销比例一般在 50% 以下。至于总体补偿（报销）水平，据胡善联的研究，自新型农村合作医疗开始试点到 2004 年 4 月底，全国参合农民总的医疗花费为 48.633 亿元，报销 15.368 亿元，平均补偿率为 31.60%，其中门诊补偿率为 32.14%，住院补偿率为 31.31%。可见，农民还需要承担近 70% 的共付率（患者需承担的比例），共付率偏高。[⑥]方黎明、顾昕的研究也认为，总体上，新农合的起付线、报销比例（共付率）以及封顶线的设置过于严酷，损害了其应有的医疗保障功能。[⑦]

资金使用与监管。为了保持新型农村合作医疗保障制度的长期持续发展，学者们讨论了如何提高新农合医疗资金的使用效率和监管力度。不少学者指出，应建立多渠道的资金监管机制。[⑧]杨敬宇认为，要提高政府与农民之间的信任程度，农民自组织作为一种重要的社会机制是不可或缺的。而在新农合的政策设计中，农民自治组织明显缺位，使新农合的推行出现高昂的制度成本与运行低效。应将外部干预与自主治理模式相结合，并同时将大病统筹主要由专业部门监督、预防保

①⑤⑦ 顾昕、方黎明：《公共财政体系与农村新型合作医疗筹资水平研究——促进公共服务横向均等化的制度思考》，《财经研究》，2006 年第 11 期。

② 王艳：《新型农村合作医疗监管中存在的问题与对策》，《江苏卫生保健》，2012 年第 2 期。

③ 刘启栋、肖平：《养老保险制度的国际比较与经验借鉴》，《社会福利》，2003 年第 5 期。

④ 周海沙、李卫平：《新型农村合作医疗实际运行中的问题探讨》，《中国卫生经济》，2005 年第 5 期。

⑥ 胡善联：《全国新型农村合作医疗制度的筹资运行状况》，《中国卫生经济》，2004 年第 9 期。

⑧ 肖娟、谢冰：《2000~2008 年国内新型农村合作医疗保险研究及文献综述》，《金融与社会保障》，2010 年第 31 期。

健主要由乡镇社区监督。[1]石秀和等提出，农村合作医疗经办机构要定期向农村合作医疗管理委员会汇报基金收支、使用情况，要采取张榜公布等措施，定期向社会公布基金的具体收支、使用情况，以保证参合农民的参与、知情和监督权利；另外，县级人民政府可根据本地实际，成立由相关政府部门和参加合作医疗的农民代表共同组成的农村合作医疗监督委员会，定期检查、监督基金使用和管理情况；农村合作医疗管理委员会还要定期向监督委员会和同级人民代表大会汇报工作，主动接受监督；审计部门要定期对农村合作医疗基金收支和管理情况进行审计。通过部门监督、内部监督、群众监督等多种监督方式，让新型农村合作医疗保险制度真正取信于民、受惠于民。[2]

医疗服务与价格。杨敬宇认为，当前影响新农合持续发展的问题，一是定点医疗机构利用新农合进行政策创收，从而引发"重治轻防，小病大医"的医疗道德风险；二是定点医疗机构和医院转诊制度，一定程度上阻止了患者自由选择的权利，客观上为区域内的定点医疗机构处于垄断地位提供了政策支持；三是医疗服务价格普遍上涨，部分抵消了合作医疗基金对农民的补偿功效，降低了新农合给农民带来的好处。[3]邓大松等认为，由于卫生院的药品是按照国家规定进货销售，绝大部分医生又是自收自支的事业单位人员，其收费标准比个体医疗户要高，加上报销比例偏低，导致农民报销的金额可能还抵不上医疗机构之间的价差，由此限制了农民大病得到高质量的治疗。[4]

模式创新与因地制宜。左铮云、薛铁英等对新型农村合作医疗试点存在的一些问题进行总结，指出试点过程中存在诸如筹资难、医疗机构改革滞后、报销比例低、管理能力差、受益面小等共性问题。[5]各地在推行新型农村合作医疗的过程中，针对实践中的具体问题，探索解决的办法，形成了一些具体操作"模式"或经验，如郝继明总结出三种可资借鉴的模式：第一，安徽天长模式。其特点是以大病统筹为主，采用"门诊、住院、慢性病三结合"的补偿方式，住院费用越高，补偿越高。该模式针对的是补偿模式的选择问题。第二，江苏赣榆模式。其特点是采取滚动式预缴费制度，解决筹资难题。所谓滚动式预缴费制度，是指参合农民在报销医药费时，本着自愿的原则，用报销所得，向所在乡镇合作医疗管理办公室预缴该户来年参合费的制度。该模式针对的是从农民手中筹资难的问题。第三，河南新乡模式。特点是运用市场化的运作模式管理合作医疗基金，委托保险公司负责新型农村合作医疗的管理和支付业务。该模式针对的是合作医疗的日常业务管理问题。[6]

3. 农村最低生活保障制度研究

关于农村最低生活保障制度政策环境的研究。农村最低生活保障制度实施的背景是我国农村贫困的现状和发展趋势。一是农村贫困总量不断减少，减贫速度越来越缓。[7]二是农村居民收入差距的扩大弱化了减贫的成效。[8]三是随着农村贫困人口总量与减贫速度的不断下降，生存性贫困或绝对贫困人口越来越集中到环境极端恶劣地区和部分或全部丧失劳动力的家庭与个人。整个农村贫困人口分布呈点、片、线并存局面，[9]农村贫困分布向区域性贫困与插花式贫困并存发展。四是农村贫困开始由资源性贫困向资源性贫困与能力性贫困并存，由生存性贫困向生存性贫困与发展性贫困并重。因此，中国农村贫困治理模式应是经济发展、扶贫开发与社会保障相结合的模式，作为治理农村贫困工具的农村低保制度应具有能力扶持（增加农民收入）与最低保障（调节农民收入）双重功能。[10]

①③　杨敬宇：《关于新型农村合作医疗政策实践的理性思考》，《农村经济》，2008年第3期。
②　石秀和：《中国农村社会保障问题研究》，人民出版社，2006年。
④　邓大松、杨洁：《灵活就业人员社会保险现状与对策》，《统计与决策》，2007年第19期。
⑤　左铮云、薛铁英、袁杰：《农村新型合作医疗试点中的问题及对策分析》，《求实》，2005年第11期。
⑥　郝继明：《进一步完善新型农村合作医疗的着力点——兼及三种模式的分析》，《宏观经济研究》，2005年第9期。
⑦　李元、金英喜：《国内关于农村最低生活保障制度研究内容及其文献综述》，《长春理工大学学报》（社会科学版），2011年第3期。
⑧　攸频、田菁：《贫困减少与经济增长和收入不平等的关系研究——基于时序数据》，《管理科学》，2009年第4期。
⑨　刘坚：《开发式扶贫是消除贫困的根本方针》，《人民日报》，2006年11月29日。
⑩　李元、金英喜：《国内关于农村最低生活保障制度研究内容及其文献综述》，《长春理工大学学报》（社会科学版），2011年第3期。

关于农村最低生活保障制度政策制定的研究。学者柳拯以《国务院关于在全国建立农村最低生活保障制度的通知》为分析对象，对农村低保制度的建制意义、制度目标与总体要求、保障标准与对象范围、管理秩序与要求、资金筹集与组织实施等六个方面进行分析，指出《通知》是对1996年出台的农村低保政策的补充，同时也是对各省（自治区、直辖市）农村低保政策的一次规范。我国目前已形成以《国务院关于在全国建立农村最低生活保障制度的通知》为基础，以各省（自治区、直辖市）农村低保条例为主体，包括其他相关法律在内的保障农村居民最低生活的政策体系。[1]

杨团教授第一次创造性地提出了农村社会救助政策的框架。[2]关信平教授深入分析了农村社会救助体系的转型背景，研究了建立与完善农村社会救助政策的基本目标，提出了建立农村低保政策的政府负责与鼓励民间参与的社会救助主体原则、制度完整性原则、普遍性救助与特殊困难救助原则、多重制度协调原则、城乡一体化原则。[3]洪大用教授对社会救助的基本目标进行了系统研究，从完善制度设计、提升专业水准、加大资金投入和优化社会环境四个角度对进一步完善我国农村低保政策提出了建设性意见。[4]

关于农村最低生活保障制度实现模式的选择。基于不同经济发展水平的模式分类有城乡一体化模式和过渡型模式。基于救助方式不同的模式分类有事后补助模式和发展型农村低保模式。发展型农村低保模式是事后补助与事前预防相结合的模式。这种模式的要点是对符合条件的农村贫困对象进行现金补助的同时积极帮助低保对象增强抵御贫困的能力。这是上海、浙江等地正在探索但未完成的模式，同时也是大部分学者呼吁并积极探索的一种模式。顾昕总结浙江农村低保模式的三大特点：城乡一体化、制度规范化、救助综合化。[5]李明、李律成提出建设"立法先行规范化、

资金来源多元化、运作程序制度化"的农村低保新模式。[6]

关于农村最低生活保障制度政策实施过程研究。在农村低保制度实施过程中，学术界将研究重点集中于三个方面。一是低保对象的确定。农村低保对象的确定以家计调查为基础。农村居民的收入多以实物为主，且种类多样，操作起来困难重重，在实践中名存实亡。徐月宾、张秀兰指出，农村家庭收入测算问题不是技术问题，而是成本问题。农村低保制度家计调查从现实来看，由于地区经济发展水平和收入差距较大，在欠发达地区，一些处于绝对贫困线之下的人群享受不到低保，而在发达地区，一些收入在国内相对贫困线之上的人群却同样享受低保。如何建立科学的瞄准机制，学术界主要支持以下做法：民主监督下的农村评议筛选法和农户生计资产量化分析法。[7]

二是低保标准的确定。国外学术界对于最低生活保障线的研究大体上包括了两个互相对立的流派：从绝对贫困的角度出发的菜篮子法和"马丁法"；从相对贫困的角度出发的"生活形态法"。国内学术界对于低保标准的研究始于20世纪90年代中后期。洪大用在"马丁法"的基础上提出了一个四层次测量城市最低生活保障标准的指标体系。[8]大部分学者认为扩展线性支出方法较为适用中国农村低保标准的确定，其中一些文献使用该方法对某些地区的低保线进行了实际测算。

三是农村低保财政支撑能力方面的研究。①农村低保资金来源，学者基本认同财政完全有能力承担最低生活保障制度这一观点。郑功成和吴敬琏认为，国家财力完全有能力实现全民低保。②关于中央财政和地方财政的支付比重问题，目前实践中的普遍做法是基层地方财政负担较重，而中央及省级财政一般只是给些补贴，在目前农业免税、贫困地区基层财政入不敷出的境况下，

①柳拯：《中国农村最低生活保障制度政策过程与实施效果研究》，中国社会出版社，2009年。
②杨团：《中国社会政策基本问题》，《科学决策》，2004年第12期。
③关信平、黄晓燕：《中国农村居民最低生活保障制度及运行机制》，《社会保障研究》，2006年第1期。
④洪大用：《社会救助目标与我国现阶段社会救助评估》，《甘肃社会科学》，2007年第4期。
⑤顾昕、高梦滔：《超越剩余型福利模式：论社会安全网的城乡一体化》，《浙江学刊》，2006年第5期。
⑥李明、李律成：《浅析中国特色的农村最低生活保障新模式》，《农业经济》，2007年第12期。
⑦徐月宾、张秀兰：《我国城乡最低生活保障制度若干问题探讨》，《东岳论丛》，2009年第2期。
⑧洪大用：《社会救助目标与我国现阶段社会救助评估》，《甘肃社会科学》，2007年第4期。

这样的财政低保责任安排显然是造成当前农村低保资金严重不足的重要原因。[1]大部分学者认为，中央财政的积极投入是解决农村低保资金"瓶颈"的关键。[2]

关于最低生活保障制度政策实施效果的研究。关于最低生活保障制度的效果研究还不多见。张秀兰、徐月宾第一次对农村社会救助效果进行了定量研究，指出：当前农村社会救助的减贫效果非常有限，社会救助只降低了10%的贫困率，以社会救助为核心的当前农村社会保障制度未能为绝对贫困人口提供充足的帮助。[3]柳拯在统计1050户调查问卷、74户深入访谈的基础上，从政策对象、政策实施以及社会影响三个角度对农村低保制度政策实施效果进行了系统分析，这是农村低保制度从试点到正式建制以来实施效果比较全面的认识。[4]王增文基于中国31个省、市、自治区的农村低保状况调查研究，运用"低保救助力度系数"与"生活救助系数"等指标对农村低保制度的济贫效果进行了实证分析。[5]

（五）农村特殊群体：被征地农民、农民工、农村教师的社会保障研究

1. 被征地农民社会保障

随着城市化进程的不断推进，被征地农民的规模不断扩大，如何保障农民失去土地后的生活成为政府及专家学者关注的话题，为被征地农民建立社会保障制度成为各界共识。

李薇认为，从被征地农民社会保障制度内容安排上，多数地区将工作重点集中在养老保险、医疗保险、失业保险上，根据目前被征地农民社会保障政策运行的状况，学者们分别对其进行研究。[6]宋青锋指出根据目前国家和社会的实际情况，

失地农民社会保障的内容应该设计养老保险、医疗保险、失业社会保险。[7]陈信勇指出，应在制度先行、因地制宜、公平和效率有机统一以及与现行社会保障制度相衔接等原则的指引下，加快推进被征地农民社会保障的改革。[8]

养老保障。郭喜总结了学者们关于建立被征地农民养老保障制度的必要性、实践模式、现状、存在的问题及政策建议。[9]

被征地农民养老保障现状及存在问题。目前对于被征地农民养老保障现状及存在问题的研究，以实证研究较为普遍，选取某一区域，对其进行调查，总结个案经验，从而探讨其推广意义。如周海珍通过对浙江省被征地农民养老保障现状进行实地调查之后，认为该省被征地农民养老保障的现状是：农民对养老保障的需求日益增加；现有征地补偿标准偏低；被征地农民养老保障制度覆盖率不足。[10]苏东海、罗强强、王莉娜以银川市为例，探讨了民族地区被征地农民社会保障的现状，认为银川市被征地农民社会保障存在的主要问题有：被征地农民经济收入减少，消费支出增加；被征地农民养老保障制度难以落实；被征地农民的医疗保险制度难以衔接；被征地农民的失业保险制度处于真空状态；被征地农民的最低生活保障制度覆盖面狭窄。[11]

有些学者在全国的层面上探讨了被征地农民养老保障情况。如李杰认为，现行被征地农民养老保障存在的问题主要有：缺乏权威有效的法律法规依据；阻碍被征地农民的正常流动；制度缺乏前瞻性；社会养老保险政策缺乏强制性；基金增值渠道不畅，运营风险较大。[12]王敏、杨宇霞认为，现阶段被征地农民养老保障的现状和特点是：

---

[1] 财政部财政科学研究所"农村低保制度研究"课题组：《农村低保制度研究》，《经济研究参考》，2007年第15期。

[2] 邓聿文：《解决农村低保问题中央财政应负更大责任》，《上海证券报》，2007年3月8日。

[3] 徐月宾、张秀兰：《我国城乡最低生活保障制度若干问题探讨》，《东岳论丛》，2009年第2期。

[4] 柳拯：《中国农村最低生活保障制度政策过程与实施效果研究》，中国社会出版社，2009年。

[5] 王增文：《农村最低生活保障制度的济贫效果实证研究分析——基于中国31个省市自治区的农村低保状况比较研究》，《贵州社会科学》，2009年第12期。

[6] 李薇：《被征地农民社会保障问题文献综述及对策探讨》，《农村经济与科技》，2010年第8期。

[7] 宋青锋、左尔钊：《试论失地农民的社会保障问题》，《农村经济》，2005年第5期。

[8] 陈信勇、蓝邓骏：《失地农民社会保障的制度建构》，《中国软科学》，2004年第3期。

[9] 郭喜：《当前中国被征地农民养老保障研究文献综述》，《内蒙古大学学报》（哲学社会科学版），2011年第3期。

[10] 周海珍：《浙江省失地农民的养老保障问题的调查研究》，《浙江金融》，2006年第1期。

[11] 苏东海、罗强强、王莉娜：《民族地区失地农民社会保障现状及对策》，《宁夏大学学报》（人文社会科学版），2008年第3期。

[12] 李杰：《关于建立失地农民社会养老保障的思考》，《延边大学学报》（社会科学版），2007年第4期。

以家庭养老和自我养老为主，养老保障的社会化程度低；被征地农民的社会养老保障制度建设还处于分散的自发发展阶段，缺乏规范性和稳定性；被征地农民养老保障的可持续性差；被征地农民的养老保障发展不平衡。①

有些学者从直接原因与深层原因两个层面对被征地农民养老保障问题进行了探讨。在直接原因上，多数学者认为，我国土地征用安置补偿标准低、随意性大、安置责任主体不明确、安置方式单一，不能保证被征地农民的基本生活需要，更不能保证被征地农民的养老保障需要，从而引发被征地农民的养老问题。

在深层原因上，有归结为城市化进程的，有归结为现行土地征用制度的，还有归结为相关法制建设的。如姜作培认为，城市对被征地农民政治、经济、文化和社会方面设置的种种排斥是阻碍被征地农民市民化的根源。②而周延和姚晓黎则认为，城镇化进程的加快并非是引发被征地农民养老问题的真正原因，真正原因是中国土地征用制度自身存在着重大缺陷。③韩俊认为，现有土地征用制度是造成被征地农民利益受损并进而影响他们养老保障的重要原因，"中国现在土地征用制度的主要特征是政府用行政命令代替市场机制，由集体土地变为国有土地的过程不是一个平等的产权交易过程，而基本上是一个行政强制性的过程。低价征用农民的土地，是当前农民利益流失最严重的一条渠道。土地征用不仅没有富裕农民，而且造成了大批农民失地失业。不仅没有缩小城乡差距，而且扩大了社会不公"。④张孝直认为，现行《土地管理法》规定的征地补偿标准不能真实反映被征土地的价值，国家征地补偿标准偏低是造成对农民利益剥夺的重要原因。此外，还有一部分学者认为，国家在被征地农民养老保障方面的缺位也是造成被征地农民养老保障现状的重要原因。⑤

被征地农民养老保障的实践模式。对实践工作进行归纳，学者大多将其进行模式分类。微观角度的研究：李淑梅以浙江省最早进行养老保险试点的嘉兴、慈溪、金华三地为例，分析了三地进行养老保险试点的具体形式。⑥蒋励认为，浙江省被征地农民养老基金的基本类型有：适应欠发达地区的选择型基金；适应较发达地区的衔接型基金；适应一般发达地区的保障型基金；适应制度成熟的保险型基金。在此基础上，他认为浙江被征地农民养老保障基金模式存在以下共同特点：

（1）各地对资金筹措和管理进行了统一和规范，基本上形成了"三个一点"、收支两条线和财政专户管理的资金筹集与管理模式。

（2）缴费体现三方责任，政府责任显性化，从不同程度上体现了个人缴费权利义务对等原则。

（3）基金缴纳和发放办法与城镇保障衔接。⑦米红和杨翠迎将当前新型农村养老保障制度概括为三种实践类型：

第一，进口补贴模式。这种模式一般明确规定在参保对象参加保障时政府财政对所需保险费提供补贴。补贴的形式有三种：①政府补贴直接进入个人账户，作为个人财产可以被继承，比较有代表性的是烟台；②政府补贴进入统筹账户，作为统筹基金，弥补个人账户不足部分；③政府补贴部分资金进入个人账户，部分资金进入统筹账户，一般是实行大账户小统筹的模式，以浙江省杭州市、嘉兴市等为代表。

第二，出口补贴模式。这种模式一般规定参保对象参加农村社会养老保险后，按照个人账户积累的资金，享受个人账户养老金，政府再另外配套养老补贴，养老补贴的资金来源于政府财政。当前北京实行这一模式。

第三，进出口双补模式。这种模式一般规定参保对象参加农村养老保险时政府提供适当的保险费补贴，在参保对象达到领取期后，政府财政

---

① 王敏、杨宇霞：《城镇化进程中失地农民养老保障问题研究》，《重庆社会科学》，2006年第4期。
② 姜作培：《从战略高度认识农民市民化》，《现代经济探讨》，2002年第12期。
③ 周延、姚晓黎：《政府在失地农民养老保险中责任和义务的缺失及完善》，《山东农业大学学报》（社会科学版），2006年第6期。
④ 韩俊：《失地农民的就业和社会保障》，《决策管理》，2005年第13期。
⑤ 张孝直：《中国农村地权的困境》，《战略与管理》，2000年第10期。
⑥ 李淑梅：《失地农民社会保障制度研究》，中国经济出版社，2007年。
⑦ 蒋励：《浙江失地农民养老保障基金模式分析》，《当代经济》，2005年第11期。

再提供部分养老金的补贴。这种做法比较有代表性的是陕西省宝鸡市。

宏观角度的研究：如殷俊和李晓鹤将当前我国各地被征地农民养老保障实践中的主要模式总结为北京"城保"、上海"镇保"、重庆"商保"、青岛"农保"、南京"基本生活保障"、杭州"双低"、广州"完全积累账户"等各具特点的模式。虽然各种模式在保障对象、资金来源、缴费标准、领取条件、领取标准、保险接续、政府补贴、基金管理等方面都存在着较大差异，但从总体上来说，这些模式都贯穿着"以土地换保障"的原则，养老保障基金一般都从土地补偿费、安置补助费以及国有土地有偿使用收入中列支，将被征地农民纳入到养老保障体系中，从而建立了被征地农民生活保障的长效机制。[1]郭喜认为，从与其他养老保险体系接续方面来看，被征地农民养老保险模式可以分为城保模式、农保模式、独立模式三类；从责任主体方面来看，可以分为社会保险和商业保险两类；从缴费参照体系来看，可以分为参照农保缴费、城保缴费、低保缴费、镇保缴费等几类；从账户类型来看，可以分为"统账"结合、个人账户两类。[2]这些归类为我们认识被征地农民养老保障实践提供了明晰的框架。

法律保障研究。还有学者对被征地农民养老保障法律制度进行了探索和研究。如曾庆洪在分析被征地农民养老保险理论基础和客观实践的基础上，考察了被征地农民养老保险制度模式，探讨了被征地农民养老保险法律制度的法律价值和现实意义，并就被征地农民养老保险法律制度的基本原则、架构进行了初步探讨，提出了被征地农民养老保险法律制度的具体设计建议。[3]权小虎等在对西安市被征地农民社会养老保险进行实证分析的基础上，就农村社会保障法制建设进行了探讨，认为我国农村养老保险缺乏老年人参加社会养老保险的制度保证，在农村建立社会保障制度的难度被盲目夸大，提出要从加强立法工作、鼓励多方参与、加大社会保障法律制度宣传力度和加快户籍制度改革四个方面完善被征地农民社会保障法制建设。[4]

建立和完善被征地农民养老保障制度的政策建议。当前大多数学者赞成建立被征地农民养老保障制度。宏观的制度设计层面：陈颐分析了"土地换保障"的理论基础，以及被征地农民的合理利益结构和保障成本，建议用经济补偿为其建立社会保险。[5]鲍杭生在比较和分析了政府型被征地农民养老保险与商业型被征地农民养老保险两种模式的优缺点后指出：中国目前还不具备建立政府型被征地农民养老保险制度，考虑农民状况和经济条件，比较适合推行商业型被征地农民养老保险模式作为过渡性保障模式，待条件成熟后再推行政府型被征地农民养老保险模式或政府型与商业型相结合的模式。[6]但权小虎等人在对西安市被征地农民社会养老保险进行实证分析的基础上，认为在农村建立社会保障制度的难度被盲目夸大了。涂文明则认为，社会保障是政府公共政策的一个有机要素，政府主导型的城市化是政府主导型社会保障的逻辑前提。因此，政府在被征地农民的社会保障方面也应该处于主导地位，承担更多责任。[7]米红和杨翠迎提出了有限财政理论，在此基础上，他们针对当前中国农村养老保障的制度运行状况提出了多支柱、多元化的农村社会养老保障制度体系。[8]张时飞等人建议应该采取"以土地换保障"的方式建立被征地农民养老保障制度，即"从土地征用款中确定一定数额建立被征地农民的基本社会保障制度。土地征用款是农民失去土地后维持生计的唯一资本，政府利用这一'历史性时刻'积极引导被征地农民投资于社会保障，是维护他们切身利益的重要举措"。[9]闫艾

① 殷俊、李晓鹤：《中国失地农民养老保障实践模式的公平性探析》，《经济问题》，2009年第8期。
② 郭喜：《当前中国被征地农民养老保障研究文献综述》，《内蒙古大学学报》（哲学社会科学版），2011年第3期。
③ 曾庆洪：《我国失地农民社会养老保险法律制度研究》，西南大学硕士学位论文，2009年。
④ 权小虎、苏凤昌、宋少燕：《新农村建设中的农民社会保障法制建设》，《理论导刊》，2008年第2期。
⑤ 陈颐：《论"以土地换保障"》，《学海》，2000年第3期。
⑥ 鲍杭生：《被征地农民养老保险模式及选择》，《浙江经济》，2003年第12期。
⑦ 权小虎、苏凤昌、宋少燕：《新农村建设中的农民社会保障法制建设》，《理论导刊》，2008年第2期。
⑧ 米红、杨翠迎：《中国农村社会养老保障制度基础理论框架研究》，光明日报出版社，2006年。
⑨ 张时飞、唐钧：《土地换保障》，《解决失地农民问题的唯一可行之策》，《红旗文稿》，2008年第8期。

茹提出，国家在征用土地时，可让转让农村土地使用权的农民直接参加社会保障，并根据农村土地使用权转让的不同形式和收益，折算成个人账户积累额，促进农民从传统土地保障到社会保障的平稳过渡。土地使用权置换出的保障资金直接进入农民个人账户，增加了被征地农民社会保障的积累。①

微观的制度设计层面：党国英提出，应建立"国家被征地农民账户"与"国家被征地农民保障基金"，让农民能够使用出售土地所获得的资金和这部分资金所产生的利息，并将这两部分资金与地方社会保障基金的使用统一起来，使农民获得与城市居民一致的社会保障水平或者比城市居民略高的社会保障水平。②成得礼、董克用建议采用"农转工"的方式将被征地农民纳入城镇社会保险系列，即将被征地农民的"农龄"折算成工龄，使"农龄"和工龄接轨，在此基础上将被征地农民纳入城镇社会保险体系，对于自谋职业的被征地农民，为其开辟参加社会保险渠道，对达不到基本社会保险缴费年限的，允许一次性补缴，从而使被征地农民享受与城镇职工同等的社会保险待遇。③鲍海君、吴次芳建议以征地补偿安置费和土地转用后的增值收益为主要来源设立被征地农民社会养老保险金。他们认为被征地农民养老保障的基金筹集应该采取"政府出一点、集体补一点、个人缴一点"的方式，由国家、集体、个人共同承担。④宋斌文、荆玮也持类似观点，认为应采取"政府出一点，集体补一点、个人交一点"的"三个一点"式的资金筹集模式，给被征地农民建立个人账户式的完全积累制。⑤张海清在对阿坝州因灾被征地农民的养老保障情况进行了实地调研的基础上，提出了因灾被征地农民养老保障

问题，将因各种自然灾害失去土地的农民纳入了被征地农民的范畴，进而研究因灾被征地农民的社会保障问题，提出了因灾被征地农民养老保障的政策建议：将因灾被征地农民的养老保障纳入城镇基本养老保险统筹管理；采用降低缴费基数、个人分年缴纳养老金、照顾60岁以上老人、争取银行贷款（到期从月基本养老金中扣除）等方式降低被征地农民缴费压力；采取灵活多样的政府补贴。⑥

总体看来，目前就被征地农民养老保障方面的政策思路主要有四种：一是有少数学者认为，我国目前还不适合建立被征地农民养老保险制度，应采取过渡的方式，将被征地农民的养老保障纳入商业保险范畴，待"条件成熟"后再建立被征地农民养老保障制度；二是将被征地农民直接纳入城镇职工社会养老保险体系；⑦三是将被征地农民纳入适合农村特点的社会养老保险体系；⑧四是建立适合被征地农民特点的养老保障制度。⑨

学界在讨论被征地农民养老保障制度模式的基础上，还就被征地农民养老保险基金的运营管理提出了意见和建议。如杨翠迎提出，要在建立政府职能部门管理被征地农民养老保障基金的基础上，还要成立专职监督机构进行监督。⑩总的来说，在养老保障基金的运营管理方面的政策建议和意见主要有：一是建立由政府主导的基金运营管理模式。陈信勇和蓝邓骏建议在劳动与社会保障部门设立一个专门从事被征地农民社会养老保险基金存储和管理的机构，实行收支两条线和财政专户管理，单独建账，专款专用。为了实现资金的保值增值，要确立多元化的投资理念。⑪二是建立准政府性质的基金运营管理模式。吴文元认为，应建立强制性的准政府性质的社会保障资金

① 闫艾茹：《对建立农村养老保险制度的思考》，《理论探索》，2003年第5期。
② 党国英：《关于征地制度的思考》，《现代城市研究》，2004年第3期。
③ 成得礼、董克用：《从北京城乡结合部"失地农民"面临的困境与解决思路》，《经济科学》，2004年第4期。
④ 鲍海君、吴次芳：《论失地农民社会保障体系建设》，《管理世界》，2002年第10期。
⑤ 宋斌文、荆玮：《程式化进程中失地农民社会保障问题研究》，《理论探讨》，2004年第3期。
⑥ 张海清：《因灾失地农民的养老保障——阿坝州因地震灾害失地农民养老保险问题研究的调查思考》，《四川劳动保障》，2009年第7期。
⑦ 刘和平：《城市化过程中失地农民的权益损失及其保障》，《调研世界》，2005年第6期。
⑧ 陈信勇、蓝邓骏：《失地农民社会保障的制度建构》，《中国软科学》，2004年第3期。
⑨ 卢海原：《建立适合被征地农民特点的社会保障制度》，《中国劳动保障》，2005年第8期。
⑩ 杨翠迎：《被征地农民养老保障制度的分析与评价》，《中国农村经济》，2004年第5期。
⑪ 陈信勇、蓝邓骏：《失地农民社会保障的制度建构》，《中国软科学》，2004年第3期。

管理机构来负责被征地农民养老保障基金的日常管理，由其引入竞争机制、委托商业银行来具体负责基金的运营管理工作，实现基金的保值和增值。三是由私营机构来运营管理被征地农民养老保障金。[①] 鲍海君、吴次芳[②] 认为，可以仿效智利等国家的养老金运营模式，引入竞争机制，将被征地农民养老保障基金交由私营机构、银行和非银行金融机构经营管理，进行多元化投资，以促进基金的保值增值。他们同时还主张建立明确的法律体系，分设被征地农民社会保障基金管理和运营机构，由前者依法对后者进行监管和调控，防止基金风险，实现保值增值。

医疗保障。关于构建被征地农民医疗保障的总体思路，王晓莹指出了被征地农民医疗保障制度存在的问题并分析了原因，得出我国应构建广覆盖、多层次、多形式的医疗保障制度，这一制度应包括医疗保险金的筹集、监管、医疗保障制度的模式以及具体实施办法、医疗服务的管理等相关内容。[③] 燕秋梅认为，建立被征地农民医疗保障制度需要政府干预，这也是政府的职能所在，因此政府应明确承担以下责任：确立保障模式、立法、财政和运营的监管。[④]

很多学者对各地被征地农民医疗保险的实践模式进行了分析，并就模式的选择提出了自己的观点。徐玮等认为，被征地农民应被纳入城镇医疗保障体系，并以杭州经济开发区为例，提出了被征地农民医疗保障制度设计思路：从城镇困难群众的保障、土地的保障作用、农民的一般意识和城乡统筹等角度设计被征地农民的医疗保障。[⑤] 袁杰、吴广明介绍了各地对被征地农民医疗保险的不同做法和模式后，认为被征地农民加入新型农村合作医疗是最合适的。[⑥] 徐唐奇以湖北省为例，阐述了构建和完善被征地农民社会医疗保障制度

的基本思路、原则、具体操作程序、运行和管理，重点研究了湖北省被征地农民医疗保障资金的构成与筹措、医疗保障资金的监管、给付和运行管理。[⑦]

就业保障。在被征地农民的就业方面，多数学者将目光聚焦在被征地农民再就业领域，一致认为失去土地后的就业问题是解决被征地农民生活的关键所在。马驰、刘莉君指出，补偿、保障和就业是解决被征地农民生存和发展的三个重要方面，其中补偿、保障是基础，就业是关键。[⑧] 蒋和胜、涂文明在破解被征地农民问题的思路上，认为不应局限于对被征地农民补偿安置制度做出修补和政府行为上做出规范，更要立足于从制度上给予根本安排，建立以就业为支撑的政府主导型被征地农民社会保障体系。[⑨]

不同学者纷纷提出了解决被征地农民失业问题的具体措施。刘海云提出可通过整改集体经济、发展街道服务和城郊劳动力密集型企业来增加就业机会，健全转型农民保障机制。万朝林认为，政府应组织劳务输出，借地发展农业，大力发展集体经济，发展劳动力密集型的加工产业和服务行业，并给予政策倾斜，以帮助社区增加就业机会，部分吸纳失地劳动力。[⑩]

发达国家对被征地农民的安置方式。国外，目前来看，直接针对类似中国现阶段"失地农民"的研究比较少。高绍芬介绍了发达国家对失地农民的安置方式研究。多数发达国家有三大共同特点：在大部分国家和地区，征用农民土地一般按市场价格对农民进行补偿，给他们较为满意的补偿。土地征用费和土地赔偿款构成农民的全部补偿费用。其中土地征用费大体等于土地价值，土地赔偿费是对失地农民因土地被征用而造成的经济及其他损失的弥补；将失地农民纳入社会保障

① 吴文元、朱冬梅：《失地农民社会保障基金的设立与管理》，《财经科学》，2005 年第 2 期。
② 鲍海君、吴次芳：《论失地农民社会保障体系建设》，《管理世界》，2002 年第 10 期。
③ 王晓莹：《关于失地农民医疗保障制度的思考》，《中国发展》，2007 年第 2 期。
④ 燕秋梅：《政府要承担起失地农民医疗保障责任》，《中国改革》，2008 年第 10 期。
⑤ 徐玮：《失地农民医疗保障制度建设的实践与思考——以杭州经济开发区为例》，《中国卫生经济》，2007 年第 7 期。
⑥ 袁杰、吴广明：《我国失地农民医疗保险问题研究》，《卫生经济研究》，2008 年第 3 期。
⑦ 徐唐奇：《失地农民医疗保障制度的构建与完善——以湖北省为例》，《新疆农垦经济》，2008 年第 9 期。
⑧ 马驰、刘莉君：《浙江土地征用中的问题回顾与综述》，《乡镇经济》，2004 年第 8 期。
⑨ 蒋和胜、涂文明：《为失地农民构建政府主导型社会保障体系》，《现代经济探讨》，2004 年第 11 期。
⑩ 万朝林：《失地农民权益流失与保障》，《理论与改革》，2004 年第 1 期。

体系，其内容包括：失地农民的最低生活保障、养老保障、医疗保障以及为他们提供受教育和培训的机会，并提供法律援助。[1]

被征地农民社会保障中存在的问题及应对策略。李薇认为，当前被征地农民社会保障中还存在以下问题：各地政策不统一；各级政府责任不到位；历史遗留问题尚未解决；征地制度法制建设落后。对此，要拓展失地农民社会保障覆盖范围；明确政府责任，稳定资金来源；健全被征地农民社会保障体系，建立协调机制；进一步改革征地制度。[2]

2. 农民工社会保障

农民工是我国改革开放和工业化、城市化进程中涌现出的一支新型劳动大军，他们已成为一个不容忽视、规模巨大的特殊社会群体，并为城市繁荣、农村发展和国家现代化建设做出了重大贡献。然而，作为城市的"边缘人"，他们享受的社会保障程度很低。农民工的社会保障问题实际上是在农村富余劳动力向城市转移过程中，如何实现从传统的土地保障向现代社会保障制度转换的问题。为农民工提供适度的社会保障，既是这个特殊群体的力量发展到一定程度的必然要求，也是经济发展到一定阶段的必然结果，更是有效解决"三农"问题、实现小康社会与和谐社会目标的必然选择。2006年3月5日，温家宝总理在政府工作报告中明确指出要"研究适合农民工特点的社会保障办法"。《中共中央关于制定国民经济和社会发展第十一个五年规划的建议》明确提出要"认真解决进城务工人员社会保障问题"；《国务院关于进一步加强就业再就业工作的通知》（2005年11月）指出要"积极创造条件为进城务工农村劳动者提供必要的社会保障"；《国务院关于解决农民工问题的若干意见》（2006年1月）强调要"积极稳妥地解决农民工社会保障问题。依法将农民工纳入工伤保险范围，抓紧解决农民工大病医疗保障，探索适合农民工特点的养老保险办法"。这标志着农民工社会保障建设正式纳入政府工作日程并已引起了我国中央政府的高度关注。同时，国内学术界也对农民工的社会保障问题进行了较深入的研究，取得了一些富有价值的研究成果，主要表现在如下几个方面：

农民工社会保障的现状及其滞后的原因。卢海元认为，城市农民工目前实际上处于社会保障的空白地带；[3]陈锡文认为，农民工虽然进城创造了财富，但大量农民工都没有社会保障；王文韬等通过调研后指出，面对农民工社会保障的缺位及其对工伤、医疗保险的迫切需求，政府也尝试和制定了一些面向农民工的参保办法，但问题是效果难如人意。[4]农民工社会保障滞后的原因主要有：第一，城乡二元社会结构是农民工社会保障权缺失的根本原因；第二，农民工群体的社会边缘性不利于其表达利益诉求，影响农民工社会保障政策迅速、合理地制定；第三，用人单位不够重视或因劳动力成本控制而推卸责任，农民工缺乏自我保护意识，维权能力差，有些农民工自己不想或不敢要求参加社会保险；第四，地方政府和招商引资部门纵容企业不为农民工参加社会保险，甚至把不参加社会保险作为吸引投资的优惠政策；[5]第五，社会保障管理不能适应农民工参保的需要，缺少一个确保社会保障关系能够在城乡之间、地区之间转移的管理机制；[6]第六，农民工社会保障问题背后隐藏着短工龄与长保障、工资低收入与社保高消费、高流动与小统筹、保障不足与保障"多余"以及即期收入与长远保障这五大矛盾。[7]

农民工社会保障的制度模式选择。主要有以下四种观点：一是认为应当把农民工社会保障归入城镇社会保障制度内。[8]二是认为应建立专门为

---

① 高绍芬：《失地农民社会保障制度研究》，广东商学院硕士学位论文，2010年。

② 李薇：《被征地农民社会保障问题文献综述及对策探讨》，《农村经济与科技》，2010年第8期。

③ 卢海原：《建立适合被征地农民特点的社会保障制度》，《中国劳动保障》，2005年第8期。

④ 王文韬、韩敬山、姜微、江毅：《农民工进入社会安全网刻不容缓》，《社会工作》，2005年3月。

⑤ 华迎放：《农民工社会保障模式选择》，《中国劳动》，2005年第6期。

⑥ 周亦乔：《关于解决农民工社会保障问题的探讨》，《湖南农业大学学报》（社会科学版），2004年第4期。

⑦ 赵立航：《农民工社会保障问题五大矛盾探析》，《深圳大学学报》（人文社会科学版），2005年第6期。

⑧ 张启春：《谈谈进城务工人员的社会保障问题》，《江汉论坛》，2003年第4期。

农民工服务的社会保障体系。华迎放认为，农民工社会保障制度模式选择应适应不同就业状况的亚群体的情况；[①] 李迎生指出，现阶段应推出相对独立的农民工社会保障制度，建构一种作为过渡形态的"三元社会保障模式"；[②] 罗遐认为，农民工身份的过渡性要求必须建立有利于城乡衔接的农民工社会保障制度。[③] 三是认为应该归入农村社会保障制度内。[④] 四是认为农民工与纯粹的农民不同，且农村社会保障制度已不能满足农民工的需要，应根据农民工的具体情况建立大范围内归农村社会保障体系管理而小范围内又有其特殊性的社会保障制度。[⑤] 实践中，据华迎放对江苏、辽宁、吉林三省的研究，农民工参保的主体模式是现行的城镇职工基本社会保险制度。参加商业保险和农村社会养老保险的情况并不具有普遍性。[⑥]

建立农民工社会保障制度的对策。①消除认识误区。政府不应当找借口来推卸和回避在农民工社会保障制度建设中所应尽的责任，而且应消除我国现有的社会保障体系和政策中存在的制度歧视。[⑦] ②建立多层次的农民工社会保障制度。可将农民工分成三类：一类是长期生活在城镇并打算定居的，可将他们按富裕型农村社会保障制度提供，使其享受较高级的福利型的农村社会保障待遇；一类是短期在城镇生活的，需要建立一整套的配套措施来构建其社会保障；一类是临时在城镇打工的，可将其纳入相应阶段的农村社会保障制度内。[⑧] ③完善立法和相应司法保障措施，以明确保障对象、保障资金筹集、保障标准、保障管理等方面的问题；同时加强农民工社会保障组织建设，完善农民工社会保障管理体制和监督机制。同时，采取相互服务公司的形式，由农民集资建立农村劳务输出公司。在这种公司中，农民工既是客户又是股东。作为客户，他可以获得公司为他提供的劳务信息等项服务；作为股东，他还可以分享公司的经营成果，获得分红。国家给政策，简化手续，减免税费，鼓励开办此类公司。公司为农民工提供培训、找工、维权、社保等服务，并以这些服务向用工单位或农民工适当收取服务或管理费用。[⑨] ④改革社会保险关系转移办法。允许参保职工在转移社会保险关系时不仅转移个人账户余额而且也转移与本人缴费对应的社会统筹基金；取消农民工退保政策，对社会保险关系无法转移的，暂时封存其个人账户、保留社会保险关系，待其达到最低领取养老金年龄时再转移或一次性退还本人。[⑩]

3. 农村教师的社会保障

当前国内学术界以农村教师为对象研究社会保障的并不多见。沈思介绍了国外教师社会保障研究的进展，提出了我国农村中小学教师社会保障面临的问题：基本待遇低，资金缺位；社会保障形式和筹资渠道单一，社会化程度低；农村学生生源萎缩，农村教师面临失业压力；农村教育基本经费得不到保障，危及教师社会保障的基础。并提出了完善农村教师社会保障体系的建议：加快推进农村教师社会保障的社会化程度；建立和完善农村教师工资保障机制；完善基本养老保险与失业保险；明确各级政府在农村义务教育投入中的责任；规范管理方法和程序，理顺管理体制。[⑪]

（六）农村社会保障的财政支持与筹资机制

1. 农村社会保障财政支持的标准

由于农村社会保障包含的内容较多，对财政的需求总量不管是从定性还是从定量的角度进行测算都具有一定的难度，因此鲜有学者对财政支持农村社会保障的总体标准给出一个明确的数字，最多只能根据某一指标给出一个比重。例如，贡森测算在未来 10 年时间内，农村社会保障财政投

① 华迎放：《农民工社会保障模式选择》，《中国劳动》，2005 年第 6 期。
② 李迎生：《论我国农民养老保险制度改革的基本目标与现阶段的政策选择》，《社会学研究》，2001 年第 5 期。
③ 罗遐：《农民工社会保障问题研究——基于苏皖四村的一项实地调查》，安徽大学硕士学位论文，2003 年。
④ 杨立雄：《建立农民工社会保障制度的可行性研究》，《社会》，2003 年第 9 期。
⑤⑧ 蓝春娣、任保平：《关于农民工社会保障问题的思考》，《社会科学研究》，2004 年第 5 期。
⑥⑩ 华迎放：《农民工社会保障：思考与政策选择——来自江苏、吉林、辽宁的调查》，《中国劳动》，2004 年第 10 期。
⑦ 周亦乔：《关于解决农民工社会保障问题的探讨》，《湖南农业大学学报》（社会科学版），2004 年第 2 期。
⑨ 赵立航：《农民工社会保障问题五大矛盾探析》，《深圳大学学报》（人文社会科学版），2005 年第 6 期。
⑪ 沈思：《关于农村教师社会保障问题的文献综述》，《中国集体经济》，2008 年第 7 期。

入占农民纯收入的比重应提高到10%左右。[①] 再维引入了"社会保障支持增长弹性系数"这一指标进行分析认为，近几年，弹性系数总体是呈下降趋势的，原因在于随着每年财政总支出的增加，财政社会保障支持却没有相应的增加或增加过少。[②] 从而无论是社会保障财政支出占全国财政总支出的比重，还是农村社会保障财政投入占社会保障总体投入比重，必须随着财政总收入的提高而增加，才能体现国家统筹城乡、以工补农的发展战略。李先德在假定2010~2020年财政收入以四种情景递增的情况下，分别测算出农村社保三项（新农保、新农合、农村低保）的财政资金需求占总财政收入的比例，其中最高的占比达到6.6%，并得到基本研究结论：农村社保事业不仅是可以推进的，而且我国的财政能力也足以承担起更高的支出水平，到2020年我国政府将农村社保三项的总投入提高到16880亿元不会对财政造成明显压力。[③]

第一，农村医疗卫生财政支持的标准。王恩奉依据目前农村试点的筹资标准、农民医疗保健支出的实际、城镇居民医疗保健支出实际三类标准，对建立覆盖农村全体居民的新型农村合作医疗制度的财力需求进行推算，认为三类标准下的需求额度分别为379.2亿元、1274.1亿元和4530.18亿元。[④] 庹国柱认为，2010年和2020年公共卫生支出占农村卫生总费用的理论值区间分别为50.3%~59.3%和51%~64%。依据为农民提供世界平均水平的保障和提供100%的保障两种标准，并按照财政补贴人均80元计，2008年财政缺口分别为2366.865亿元和2139.896亿元。[⑤]

第二，农村养老保障财政支持的标准。庹国柱在对农村社会养老保障财政支持的研究中，庹国柱针对现收现付制和基金积累制两种模式分别进行了比较，财政补贴规模结果差异较大。在现收现付制下，他认为财政补贴2010年为1292亿元，2015年为3318亿元，2024年超过1万亿元；而在基金积累制下，到2024年财政补贴负担水平只需4000亿~6000亿元。[⑥]

第三，农村最低生活保障财政支持的标准。在针对农村最低生活保障的标准进行研究的学者中，马斌曾借助生活需求法对2002年的农民最低生活标准线进行了测算，认为在当时的条件下，考虑到物价水平和地区间收入水平的差异，农村居民的最低生活标准应在每年320~450元之间。[⑦] 一些学者还通过计量经济学的方法试图对此进行探讨，有代表性的如米红的结合弹性理论的ELSE模型，[⑧] 刘黎明的生存函数和拟合收入分布函数模型，朱晶的农村贫困CPI法，[⑨] 文先明的扩展线性支出模型[⑩] 等。

显然，无论采用何种测算方法进行的补助标准的设定，都无法体现标准在不同消费环境下的动态变化特征。因此学术界的主流观点是：根据全国各地区经济发展水平制定最低生活标准，确定时应考虑各地区农民的最基本生活需求、物价水平、消费水平和财政承受能力，而且农村低保标准应具有动态适用性。[⑪]

2. 财政支持资金的投入方向

对于财政资金的投入方向，目前比较一致的观点是，财政支持资金首先应尽量满足以农村最低生活保障为主要内容的社会救助层次的需要。他们的观点最终可归结为一点，即农村最低生活保障的公共产品属性最强，由公共财政承担完全的、优先的供给责任理所当然。除农村低保外，首先解决养老的资金需求还是医疗的资金需求更多是取决于作者的研究方向，而由于目前财政政策的导向作用，各种观点未见鲜明的排他倾向。

① 贡森：《加快建立农村社会保障制度 实现城乡共赢》，《决策咨询通讯》，2007年第6期。
② 冉维：《关于我国财政社会保障支出的分析》，《重庆工商大学学报》（社会科学版），2007年第8期。
③ 李先德：《城乡统筹下农村社会保障的资金需求分析》，《农业经济问题》，2010年第1期。
④ 王恩奉：《我国县乡财政改革现实推进路径的思考》，《改革与战略》，2009年第5期。
⑤⑥ 庹国柱："开启中国农业保险的明亮窗口"之农业保险试验中的困惑与制度建设需求》，《中国禽业导刊》，2009年第2期。
⑦ 马斌：《农村社会养老保险的现状、问题及对策》，《中国农村经济》，2001年第8期。
⑧ 米红、余蒙：《中国城镇社会养老保险个人缴费能力测定的模型创新》，《统计与决策》，2010年第6期。
⑨ 朱晶：《物价变化、贫困度量与我国农村贫困线调整方法研究》，《农业技术经济》，2010年第3期。
⑩ 文先明：《我国农村居民最低生活保障的实证分析》，《经济数学》，2010年第6期。
⑪ 毕红霞：《农村社会保障的财政支出研究》，山东农业大学博士学位论文，2011年。

3. 对农村社会保障财政支持能力的讨论

众多的研究已经确立了财政支持农村社会保障的必然性和必要性。在此基础上，近年来对我国财政是否具备支持能力探讨的文献逐渐增多。以李放、薛兴利为代表的大部分学者认为，近年来我国财政收入增长迅速，在一定程度上提高了我国财政对农村社会保障的支持能力。丁凌云通过模型对农村社会保障中财政负担率进行了测算，认为 2010~2020 年国家社会保障支出压力较大，但 2020~2050 年的社会保障支持财政负担率最高也只有 13.3%，在政府财力的承受范围内，由此认为财政完全有能力加大对农村社会保障的支持力度。

要增大财政支持的力度，增加财政收入，学者们提出了三种主要渠道：

一是开征农村社会保障税。郭海清对开征农村社会保障税的可行性进行了论证，认为我国具备了开展农村社会保障税的基础。但是也有学者从不同角度对开征此税提出质疑或担心。[1] 张惟璐就指出，短期内纳税人的负担是绝对增加的，恐怕纳税主体难以接受。[2] 同时，农村人口流动性强，也会给农村社保税的税制设计和征管带来不便。

二是创新农地制度。岳浩永提出建立和完善农地流转市场的建议，认为这样一方面可以使卖出土地的农民获得合理的收入，减轻了国家为这部分人建立社会保障账户的财政负担；另一方面也可以加快经济较发达的乡村地区城镇化的步伐，将那些卖出土地的农民纳入城市人口保障体系中。[3] 吴云勇更认为土地制度创新可能是目前解决城乡合一的社会保障资金问题的唯一出路。[4] 张守玉、薛兴利等还提出以土地股份换保障的农村社会保障发展模式。[5]

三是建立农村社会保险备付金和储备基金，以保障财政在农村社会保险基金方面出现入不敷出时承担最终的支付责任。

除了上述主要收入渠道之外，学者们还针对不同的农村社会保障内容设计了不同的资金来源。学者们提出的农村社会保障基金的筹集渠道包括财税支持、土地收入、集体或乡镇企业补贴、企业雇主交费和农民个人交费等。如尚长风建议发行养老保险彩票、开征遗产税和赠与税；[6] 吴碧英建议农村最低生活保障的资金应坚持货币、物质、服务保障相结合的原则，也可以减轻保障资金不足的压力。[7] 这些开源的建议有很多已受到决策层的重视，并在不同的地区或范围内进行了试点与推广。

（七）政府在农村社会保障制度建设中的角色及其职能定位

国内学者比较一致地认为，在农村养老保障制度建立和完善过程中，政府应发挥主导作用。柴瑞娟、罗新铭认为，政府职能社会化已成为当代政府职能发挥的一个显著的趋势。社会保障制度作为一种典型的公共物品，政府也就必然参与其构建和管理。尤其是当今农村社会保障现状亟须国家出面支撑，政府之责义不容辞。孙文基指出，在建立农村社会保障时，在处理其中最重要的社会保障资金来源这一问题上，政府才是投入的主体，而不是主要由农民承担。[8] 石秀和等认为，政府在农村社会保障制度中的职责具体体现为：政策设计；组织引导；财政责任；管理监督。马雁军、孙亚忠则进一步指出，农村基本社会养老保险的公共产品特性决定了政府职责边界。[9] 政府尽管在农村基本养老中居于主导地位，但政府履行责任并非在任何时间、任何地域都一成不变。如何进一步提高政府在农村养老保障方面的决策水平与施政能力，江治强等提出要优化政府在农村社会保障制度建设中的公共决策。

---

① 郭海清：《解决农村社会保障基金不足的根本办法是开征社会保障税》，《农村经济》，2008 年第 8 期。
② 张惟璐：《中国开征社会保障税的可行性分析》，《湖北社会科学》，2006 年第 10 期。
③ 岳浩永、梁冬、徐文全：《基于完善农地流转制度的农村社会保障体制创新》，《农村经济》，2005 年第 10 期。
④ 吴云勇：《土地所有权拆分是中国农业现代化的关键》，《安徽农业科学》，2007 年第 3 期。
⑤ 张守玉、薛兴利：《基于新型土地股份合作制的农村养老保障设想》，《山东社会科学》，2007 年第 9 期。
⑥ 尚长风：《农村公共品缺位研究》，《经济学家》，2004 年第 12 期。
⑦ 吴碧英：《城市最低生活保障标准实证分析》，《中国社会保障》，2004 年第 4 期。
⑧ 孙文基：《对江苏省农村养老保险的调查和思考》，《农业经济问题》，2006 年第 7 期。
⑨ 马雁军、孙亚忠：《农村社会基本养老保障的公共产品属性与政府责任》，《经济经纬》，2007 年第 11 期。

（八）农村社会保障制度的价值理念选择

价值理念及政策取向是社会保障制度设计的基础和前提，公平、效率与社会保障制度建设密切相关。寻求公平与效率的统一是社会保障制度的核心建制理念。关于公平与效率的价值选择存在三种观点：第一，更加关注社会保障制度建设的效率性，强调效率优先兼顾公平。他们提出社会保障改革的基本方向是：一是要注重鼓励个人劳动的激励系统的有效性；二是要强调保持较高的积累率；三是要重视与其他社会经济改革的相互配合。周小川认为，具体到社会保障模式选择与方案设计时，建议应建立以个人账户为主导的分层次社会保障模式，以企业集团为突破口推进个人账户模式。他强调社会保障制度与维持激励及储蓄之间的关系，其观点具有明显的效率倾向。第二，社会保障制度一定是天然地追求社会公平，而市场经济是天然追求效率。第三，公平优先，兼顾效率应是我国目前和今后一段时间社会保障制度的政策取向。但大量研究文献关于社会保障模式的建制基础更加突出效率倾向。

农村社会保障制度建设要面临的另一价值选择问题是农民与政府的利益博弈。在农村社会保障体系建立中，农民群体是受益人，同时也是部分责任的承担者，政府与农民之间就不可避免地产生博弈活动。王碧华在研究中指出，新型农村合作医疗制度实施的矛盾之一就是自愿参加原则与高参合率要求之间的矛盾。[1]即新型农村合作医疗坚持农民自愿参加的原则，反对任何形式的强迫命令。但自愿参加的原则所面临的最大问题就是逆向选择。如果完全由农民自由自愿选择，其结果一方面使合作医疗无法达到应有的参合率，共担风险的能力就会减弱；另一方面参加新型农村合作医疗的主体必然是高危人群，有可能导致合作医疗经费入不敷出。由此，有研究者提出两种方法：第一，严格按照以户为单位或以村为单位的原则，捆绑式地参加新型农村合作医疗；第二，由自愿原则逐步适时走向法制化的强制实施。

（九）农村社会保障制度的变迁研究

林淑周总结了以制度变迁、不同社会群体的权利和义务的基本社会契约变迁以及保障主体变迁为划分角度进行的制度建设研究。[2]

1. 制度变迁角度的划分

宋士云从制度变迁的视角认为中国农村社会保障制度变迁大体经历了三个阶段：一是家庭保障（土地保障）+国家、社区救助模式（1949~1955）；二是集体保障+国家救助模式（1956~1983）；三是家庭保障+国家扶助+现代社会保障试点模式（1984~2002）。[3]郑小玲和李丽琴从影响农村社会保障制度变迁的环境因素出发，把新中国成立以来农村社会保障制度变迁划分为两个阶段：一是内化于"生产系统"的农村社会保障制度（1978年至20世纪80年代中期），这一时期农村保障制度的特点是以家庭自我保障为主，土地承载起生产资料和社会保障的双重功能；二是社会化农村社会保障制度的建立（20世纪80年代中期至今），这一时期原有农村社会保障项目逐步走上了制度化、规范化与社会化的发展道路，多样化和特殊群体的农村社会保障项目开始尝试和探索。[4]

2. 社会契约变迁角度的划分

林光祺以中国社会存在的不同社会群体的权利和义务的基本社会契约变迁为划分方式，将新中国成立50多年来的中国农村社会保障制度变迁过程依次划分为三个阶段：第一，集体契约型的隐性"普惠"保障阶段（1949~1977）。这一时期在"为工业化积累资金"这一时代背景下，中国社会潜在地生成了一个关于不同社会群体的权利和义务的基本社会契约，我国农村绝大多数农民被排除在国家公共型的社会保障体系之外。第二，分权型的显性"利益分割或损益不均"保障阶段（1978~1994）。这一阶段经济社会变化虽然已经侵蚀了过去的社会契约，农村"开发式"扶贫与社会救助制度相辅也确实减缓了农村的贫困问题，但农村社会的"家庭契约"仍处于正式制度安排

① 王碧华：《新型农村合作医疗制度实施中的矛盾及其解决》，《理论导刊》，2006年第1期。

② 林淑周：《我国农村社会保障制度建设研究综述》，《福州党校学报》，2011年第2期。

③ 宋士云：《新中国农村社会保障制度结构与变迁（1949~2002）》，中南财经政法大学博士学位论文，2005年。

④ 郑小玲、李丽琴：《改革与重建：渐行渐远的农村社会保障制度——基于路径依赖理论的分析视角》，《福建师范大学学报》（哲学社会科学版），2009年第7期。

之外的传统保障层面。第三，社会契约型的制度
化"利益调整重构"保障阶段（1995~2002）。总
体来说，这一阶段，经济社会变化带来的风险使
得农村社会保障系统与社会生产系统出现分离。
作为一种制度化安排，政府主导型的农村社会保
障改革开始实行。[①]

3. 保障主体变迁角度的划分

李斌宁从保障主体变迁的角度把我国农村社
会保障的发展划分为三个阶段。第一，集体保障
阶段（1949~1978）。在计划经济下，我国实行中
央两度集权的分配制度，家庭、市场等经济保障
功能基本丧失，社会保障制度具有集权特征。这
一时期，我国农村绝大多数农民基本处于国家社
会保障体系之外。第二，个人保障阶段（1978~
1989）。这一时期，农村社会保障制度主要是农村
扶贫制度的建设，而且强调开发式扶贫，生产性
救济。第三，综合保障阶段（1989 年以来）。自
1989 年以来，我国的农村社会保障制度建立了以
国家、集体与个人三方面相结合保障体制，属于
一种综合保障制度。20 世纪 90 年代城乡最低生
活保障制度的实行，标志着我国以选择性的制度
福利模式为主体的社会保障制度开始确立。[②]

（十）当前中国农村社会保障制度的主要问题、原因及对策

林淑周指出，当前我国农村社会保障面临的
主要问题有：对农村社会保障制度建设的认识还
不到位；社会保障制度残缺不全，保障项目较少；
政府投入少，保障范围窄，覆盖面小，保障水平
低；农村社会保障制度的发展模式尚不清晰；农
村社会保障管理体制有待理顺，管理水平急需提
高；农村社会保障法制不健全，政府在农村社会
保障制度发展中的地位和作用并不明确。出现这
些现象的原因是：城乡二元经济结构是制约我国
农村社会保障制度发展的根本原因；我国农村经
济总体水平落后；政府用于农村社会保障的资金
投入相对不足，而农民的社会保障需求随着市场

经济的发展、社会风险的加剧等有了明显的提高，
财政供给不足和需求增长的双重压力制约了农村
社会保障事业的发展；农村社会保障制度缺乏明
确的理念和目标定位；农民自觉参与社保的意识
薄弱。并提出了完善我国农村社会保障制度的对
策与建议：大力发展农村经济，保障农民收入增
长；多渠道筹措农村社会保障资金；构建科学合
理的农村社会保障管理体制；加快农村社会保障
制度法制建设。

七、医疗保险制度改革研究进展

学者们对医疗保险制度改革的研究主要集中
在三个方面。第一，对新医改方案的评价。例如，
林闽钢指出，新医改还面临着实现政府预期控费
目标、实现公立医院"公益性"、建立有效卫生医
疗监管体制等一系列挑战。[③]第二，全民医保战略
研究。刘继同指出，我国已确立了"人人享有基
本医疗卫生服务"的医药卫生体制改革目标。全
民医保成为医疗保障制度发展的战略选择，涉及
财政、社会、卫生领域一系列核心议题。[④]刘军强
将影响全民医保发展的因素归结为四类，即宏观
经济社会背景、国家、政策对象、制度设计和运
行等方面。[⑤]第三，统筹城乡医保研究。学术界肯
定了统筹城乡发展对医疗卫生事业发展的促进作
用，目前的分歧在于具体的制度设计和政策选择。
对此，农村社会保障研究部分已有总结。

八、养老保险制度改革研究进展

养老保险方面的研究可以简单分为城市养老
保险、农村养老保险和城乡养老保险统筹三个方
面。目前，对于统筹城乡养老保险的改革最多，
这部分已在农村社会保障研究进展中有所综述。

我国社会养老基金短缺问题严重。对此，学
者们提出了各种建议。例如，有学者指出，为应
对养老基金短缺的问题，要改变传统筹资模式，
建立参保补贴制度，提高社会养老制度公信力和

① 林光祺：《中国农村社会保障变迁：体系结构与制度评估——"三元结构"制度安排喜爱契约变迁的路径分析》，《财贸研究》，2006
年第 4 期。
② 李斌宁：《我国农村社会保障模式探究》，《山东省农业管理干部学院学报》，2011 年第 5 期。
③ 林闽钢：《化解供方诱导需求与重构我国农村医疗卫生控费路径》，《学海》，2009 年第 3 期。
④ 刘继同：《中国特色全民医疗保障制度框架特征与政策要点》，《南开大学学报》（哲学社会科学版），2009 年第 3 期。
⑤ 刘军强：《中国如何实现全民医保？——社会医疗保险制度发展的影响因素研究》，《经济社会体制比较》，2010 年第 4 期。

吸引力，有效扩大社会养老参保覆盖面，快速扩大社会养老基金积累规模。再如，邹农俭提出，养老模式应当选择养老保障、居家养老、社区支持相结合的模式。[①]

九、住房保障制度改革研究进展

住房保障制度改革的主要研究内容有五点：第一，住房保障对象的划分。学者们提出了确立经济适用房购买标准线和廉租房租住标准线两条线，分别为中低收入居民家庭、最低收入居民家庭提供不同保障水平的、分层次的住房保障。第二，住房保障模式的选择。多数学者认为，应该由"补砖头"变为"补人头"。但也有学者反对这种提法，认为补砖头优于补人头。第三，住房保障资金的来源。学者提出成立专门的廉租房信托投资基金，以未来的出租收入作为现金流保障等建议。第四，住房保障房源的获得。陈柳钦认为，可以借鉴发达国家经验适时推出一种可支付租赁住房。这种住房委托有关机构或组建一个住房中心，收购符合廉租住房标准的"二手房"和普通商品住房，作为租售房源，等等。[②] 第五，住房保障信息、管理机构的完善。白贵秀认为，应该建立健全个人收入信息记录系统和住房档案；应该把住房保障纳入政府考核体系。通过法律或行政法规的形式，明确各级政府在住房保障方面的责任。[③]

第二节　实践创新

以《中华人民共和国社会保险法》的颁布实施、城镇居民社会养老保险试点等重大事件为代表，中国社会保障改革实践取得重大进展。

一、中国社会福利和社会保障学科及组织的发展

社会福利和社会保障学科及组织的发展是中国社会保障领域内取得的突破性进展。近几年来，中国社会保障和社会福利学科及组织获得较大发展。"中国社会学会社会福利专业委员会筹备组于2008年向中国社会学会提出申请成立社会福利专业委员会，旨在推动中国社会福利研究和国内外交流。中国社会学会社会福利专业委员会（筹）主办了'中国社会福利60年论坛'（2009年）、'东亚社会福利发展与创新论坛'（2010年），以及2011年召开的'中国适度普惠福利社会与国际经验研究论坛'。景天魁、彭华民（2009）主编多位国内外著名学者撰写的《社会福利思想与制度丛书》，彭华民、陈树强、顾东辉（2010）主编多位年轻学者撰写的《社会福利服务与管理丛书》，凸显了当今中国社会福利研究的走向和代表性观点。"[④] 自2009年起，由上海财经大学"211"支持项目编写的"各国社会保障制度"丛书问世。中国社会科学院周弘研究员牵头、聚合众多社会保障知名专家参与完成的人力资源和社会保障部社会保障战略研究课题"现代社会保障制度的国际比较研究"，全面系统地梳理了当今世界大多数国家和地区的社会保障情况，形成了《社会保障制度国际比较》（2010）、《30国（地区）社会保障制度报告》（2011）、《50国（地区）社会保障机构图解》（2011）、《125国（地区）社会保障资金流程图》（2011）4卷研究报告，为建立和完善中国社会保障制度和相关社会政策提供了有益的参考和借鉴。郑功成主编了凝聚多位专家学者集体智慧的四卷本《中国社会保障改革与发展战略》（2011）。

民政部管理干部学院主编的期刊《社会福利》（曾用名《民政论坛》，1992年创刊）；高鉴国、黄

① 邹农俭：《养老保障、居家养老、社区养老：养老模式的新选择》，《江苏社会科学》，2007年第7期。
② 陈柳钦：《应加快完善城市基本住房保障制度》，《产权导刊》，2008年第9期。
③ 白贵秀：《住房保障制度研究》，《兰州学刊》，2008年第5期。
④ 彭华民：《从沉寂到创新：中国社会福利构建》，中国社会科学出版社2012年版，第142页。

智雄主编的《社会福利研究》在 2009~2010 年间已出版了两辑。人力资源和社会保障部、社会保险事业管理中心主编的学术期刊《中国社会保障》（曾用名《中国社会保险》，1954 年创刊），郑功成主编的《社会保障研究》从 2005 年到 2010 年已经出版了 11 辑，邓大松主编的《社会保障研究》2008~2010 年已出版了 3 期。中国社会保障学界的有识之士于 2009 年在北京共同发起并正式组成了高层学术群体"中国社会保障 30 人论坛"。

二、《中华人民共和国社会保险法》正式施行

2010 年 10 月 28 日，《中华人民共和国社会保险法》（以下简称《社会保险法》）由十一届全国人大常委会第十七次会议审议通过，并由国家主席胡锦涛签署第 35 号主席令予以颁布，自 2011 年 7 月 1 日起施行。

《社会保险法》是继《劳动合同法》、《就业促进法》、《劳动争议调解仲裁法》之后，在保障和改善民生领域又一部支架性法律。《社会保险法》的颁布实施，是深入贯彻落实科学发展观的集中体现，对于更好地维护公民参加社会保险和享受社会保险待遇的合法权益，使公民共享发展成果，促进社会主义和谐社会建设，具有十分重要的意义。

（一）《社会保险法》颁布实施的重要意义

第一，《社会保险法》的颁布实施，是深入贯彻落实科学发展观、构建社会主义和谐社会的重大举措。胡锦涛总书记深刻指出："建立覆盖城乡居民的社会保障体系是坚持立党为公、执政为民的具体体现，是推动科学发展、促进社会和谐的重要工作，是保增长、保民生、保稳定的重要任务，也是国家长治久安的重要条件。"党的十七届五中全会通过的《中共中央关于制定国民经济和社会发展第十二个五年规划的建议》明确要求，坚持把保障和改善民生作为加快转变经济发展方式的根本出发点和落脚点，促进社会公平正义，并对加快推进覆盖城乡居民的社会保障体系建设作出了全面部署。《社会保险法》对各项社会保险作出了全面的制度安排和规范，将党中央建立健全社会保障体系的重大决策和战略部署转化为根本性、稳定性的国家法律制度，必将对构建社会主义和谐社会和国家的长治久安发挥重要的保障和推动作用。

第二，《社会保险法》的颁布实施，使我国社会保险制度发展全面进入法制化轨道。《社会保险法》规范了社会保险关系，规定了用人单位和劳动者的权利与义务，强化了政府责任，明确了社会保险行政部门和社会保险经办机构的职责，确定了社会保险相关各方的法律责任。《社会保险法》的颁布实施，使社会保险制度更加稳定、运行更加规范，使相关各方、特别是广大劳动者有了维护自身合法权益的有力武器，并必将带动一系列单项法规、规章和规范性文件的制定实施，从而使社会保险体系建设全面进入法制化的轨道。

第三，《社会保险法》的颁布实施，为推动整个人力资源社会保障事业科学发展提供了进一步的法制保障。《社会保险法》不仅对社会保险工作是极大的促进，也将对整个人力资源社会保障工作产生积极而深远的影响。《社会保险法》确立了广覆盖、可转移、可衔接的社会保险制度，从法律上破除了阻碍各类人才自由流动、劳动者在地区之间和城乡之间流动就业的制度性障碍，有利于形成和发展统一规范的人力资源市场；《社会保险法》进一步规范和明确了劳动者和用人单位的社会保险权利义务关系，有利于促进劳动关系的稳定与和谐。《社会保险法》的出台，与以前颁布实施的《劳动法》、《公务员法》、《劳动合同法》、《就业促进法》、《劳动争议调解仲裁法》一起，构成了我国人力资源社会保障法律体系完整的顶层架构，对推进人力资源社会保障事业在法制轨道上实现科学发展具有重要意义。

（二）《社会保险法》的立法原则

《社会保险法》从草案起草，到国务院审议，再到全国人大常委会审议修改，始终坚持了以下原则：

一是贯彻落实党中央的重大决策部署。党的十四届三中全会以来，中央对社会保障制度改革和事业发展做出了一系列重大决策，特别是关于广覆盖、保基本、多层次、可持续等带有根本性、管长远的基本方针，关于社会保险要独立于用人单位之外、资金来源多渠道、管理服务社会化以及加强基金管理监督的要求等，都在法律制定中得到充分体现。

二是使广大人民群众共享改革发展成果。按照党的十七大提出的到 2020 年全面建设小康社会、基本建立覆盖城乡居民的社会保障体系的目标，《社会保险法》确立的我国社会保险制度框架，把城乡各类劳动者和居民分别纳入相应的社会保险制度，努力实现制度无缺失、覆盖无遗漏、衔接无缝隙，使全体人民在养老、医疗等方面有基本保障，无后顾之忧。

三是公平与效率相结合，权利与义务相适应。《社会保险法》从我国基本国情和社会主义初级阶段的实际出发，在政府主导的社会保险制度上，优先体现公平原则，做出适当的普惠性安排，通过增加政府公共财政投入，加大社会财富再分配力度，防止和消除两极分化，促进社会和谐；同时体现激励和引导原则，坚持权利与义务相适应，把缴费型的社会保险作为社会保障的核心制度。

四是确立框架，循序渐进。《社会保险法》全面总结我国社会保险制度改革发展的实践经验，借鉴世界各国社会保险的有益做法，确立了我国社会保险体系建设的总体框架、基本方针、基本原则和基本制度；同时，基于我国社会保险体系建设正处在改革发展过程中，新情况、新问题不断出现，需要继续探索和实践，《社会保险法》也保持了必要的灵活性，作出了一些弹性的或授权性的规定，为今后的制度完善和机制创新留出了空间。

（三）《社会保险法》确立了我国社会保险体系的基本框架

《社会保险法》规定，国家建立基本养老保险、基本医疗保险、工伤保险、失业保险、生育保险等社会保险制度，保障公民在年老、疾病、工伤、失业、生育等情况下依法从国家和社会获得物质帮助的权利。

第一，基本养老保险包括职工基本养老保险、新型农村社会养老保险和城镇居民社会养老保险。本法总结二十多年来我国养老保险制度改革的经验，对职工基本养老保险制度的覆盖范围、基本模式、资金来源、待遇构成、享受条件和调整机制等作了比较全面的规范，并规定了病残津贴和遗属抚恤制度。根据开展新型农村社会养老保险试点这一重大实践进展，本法对新型农村社会养老保险的主要制度作出规范。此外，本法还规定

国家建立和完善城镇居民社会养老保险制度，同时授权省、自治区、直辖市人民政府根据实际情况，可以将城镇居民社会养老保险和新型农村社会养老保险合并实施，为逐步建立统筹城乡的养老保障体系奠定了法律基础。

第二，基本医疗保险包括职工基本医疗保险、新型农村合作医疗和城镇居民基本医疗保险。本法对职工基本医疗保险制度和城镇居民基本医疗保险制度的覆盖范围、资金来源、待遇项目及享受条件、医疗保险费用结算办法等作了比较全面的规定，对新型农村合作医疗制度作了原则规定，并授权国务院规定管理办法。

第三，工伤保险、失业保险和生育保险制度经过十多年的实践，已经比较成熟。本法在总结实践经验的基础上，对工伤保险、失业保险和生育保险也分别单独成章，对其覆盖范围、资金来源、待遇项目和享受条件等作了具体规定。

（四）《社会保险法》明确了各项社会保险制度的覆盖范围

《社会保险法》将我国境内所有用人单位和个人都纳入了社会保险制度的覆盖范围，具体是：

第一，基本养老保险制度和基本医疗保险制度覆盖了我国城乡全体居民。即用人单位及其职工应当参加职工基本养老保险和职工基本医疗保险；无雇工的个体工商户、未在用人单位参加社会保险的非全日制从业人员以及其他灵活就业人员可以参加职工基本养老保险和职工基本医疗保险；农村居民可以参加新型农村社会养老保险和新型农村合作医疗；城镇未就业的居民可以参加城镇居民社会养老保险和城镇居民基本医疗保险；进城务工的农村居民依照本法规定参加社会保险；公务员和参照公务员法管理的工作人员养老保险的办法由国务院规定。

第二，工伤保险、失业保险和生育保险制度覆盖了所有用人单位及其职工。

第三，被征地农民按照国务院规定纳入相应的社会保险制度。被征地农民到用人单位就业的，都应当参加全部五项社会保险。对于未就业，转为城镇居民的，可以参加城镇居民社会养老保险和城镇居民基本医疗保险，继续保留农村居民身份的，可以参加新型农村社会养老保险和新型农村合作医疗。

第四，在中国境内就业的外国人，也应当参照本法规定参加我国的社会保险。

（五）《社会保险法》规定了社会保险基金年的筹资渠道

国家多渠道筹集社会保险资金。《社会保险法》规定了各项社会保险基金的筹资渠道，明确了用人单位、个人和政府在社会保险筹资中的责任。具体是：

第一，城镇职工社会保险基金的主要来源是社会保险缴费。本法规定，职工基本养老保险、职工基本医疗保险和失业保险费用，由用人单位和职工共同缴纳，工伤保险和生育保险费用由用人单位缴纳，职工个人不缴费。

第二，居民社会保险基金主要由社会保险缴费和政府补贴构成。本法规定，新型农村社会养老保险实行个人缴费、集体补助和政府补贴相结合；城镇居民基本医疗保险实行个人缴费和政府补贴相结合。

第三，明确了政府在社会保险筹资中的责任。本法规定，县级以上人民政府对社会保险事业给予必要的经费支持，在社会保险基金出现支付不足时给予补贴；国有企业、事业单位职工参加基本养老保险前，视同缴费年限期间应当缴纳的基本养老保险费由政府承担；在新型农村社会养老保险和城镇居民基本医疗保险制度中，政府对参保人员给予补贴；基本养老保险基金出现支付不足时，政府给予补贴；国家设立全国社会保障基金，由中央财政预算拨款以及国务院批准的其他方式筹集的资金构成，用于社会保障支出的补充、调剂。

（六）《社会保险法》规定了各项社会保险的待遇项目和享受条件

为了保障参加社会保险的个人及时足额领取社会保险待遇，《社会保险法》在现行规定基础上，分别概括地规定了各项社会保险的待遇和享受条件，并总结实践经验有所发展。

1. 基本养老保险待遇

第一，参加基本养老保险的个人，达到法定退休年龄时累计缴费满15年的，按月领取基本养老金。基本养老金由统筹养老金（现行制度中称为基础养老金）和个人账户养老金组成，基本养老金根据个人累计缴费年限、缴费工资、当地职工平均工资、个人账户金额、城镇人口平均预期寿命等因素确定。缴费不足15年的人员可以缴费至满15年，按月领取基本养老金；也可以转入新型农村社会养老保险或者城镇居民社会养老保险，按照国务院规定享受相应的养老保险待遇。

第二，参加新型农村社会养老保险的农村居民，符合国家规定条件的，按月领取新型农村社会养老保险待遇。新型农村社会养老保险待遇由基础养老金和个人账户养老金组成。

第三，参加基本养老保险的个人，因病或者非因工死亡的，其遗属可以领取丧葬补助金和抚恤金；在未达到法定退休年龄时因病或者非因工致残完全丧失劳动能力的，可以领取病残津贴。

2. 基本医疗保险待遇

由于我国各地经济发展水平不同，医疗服务提供能力和医疗消费水平等差距都很大，国务院只对基本医疗保险起付标准、支付比例和最高支付限额等作了原则规定，具体待遇给付标准由统筹地区人民政府按照以收定支的原则确定。考虑到这个实际，本法没有对基本医疗保险待遇项目和享受条件作更为具体的规定。需要特别指出的有两点：

第一，为了缓解个人垫付大量医疗费的问题，本法规定了基本医疗保险费用直接结算制度。参保人员就医发生的医疗费用中，按照规定应当由基本医疗保险基金支付的部分，由社会保险经办机构与医疗机构、药品经营单位直接结算；社会保险行政部门和卫生行政部门应当建立异地就医医疗费用结算制度，方便参保人员享受基本医疗保险待遇。

第二，在明确应当由第三人负担的医疗费用不纳入基本医疗保险基金支付范围的同时，本法规定，医疗费用依法应当由第三人负担，第三人不支付或者无法确定第三人的，由基本医疗保险基金先行支付后，向第三人追偿。

3. 工伤保险待遇

在《工伤保险条例》规定的工伤保险待遇基础上，《社会保险法》有三项突破：

第一，将现行规定由用人单位支付的工伤职工"住院伙食补助费"、"到统筹地区以外就医的交通食宿费"和"终止或者解除劳动合同时应当享受的一次性医疗补助金"改为由工伤保险基金支付，在进一步保障工伤职工权益的同时，减轻了参保用人单位的负担。

第二，为保证工伤职工得到及时救治，本法规定了工伤保险待遇垫付追偿制度。即职工所在用人单位未依法缴纳工伤保险费，发生工伤事故的，由用人单位支付工伤保险待遇。用人单位不支付的，从工伤保险基金中先行支付，然后由社会保险经办机构依照本法规定追偿。

第三，规定由于第三人的原因造成工伤，第三人不支付工伤医疗费用或者无法确定第三人的，由工伤保险基金先行支付后，向第三人追偿。

4. 失业保险待遇

在《失业保险条例》规定的失业保险待遇基础上，《社会保险法》进一步规定：

第一，对失业人员在领取失业保险金期间患病就医，由现行规定可以申领少量的医疗补助金，改为参加职工基本医疗保险并享受相应的基本医疗保险待遇，其应当缴纳的基本医疗保险费从失业保险基金中支付，从而提高了失业人员的医疗保障水平。

第二，明确个人死亡同时符合领取基本养老保险丧葬补助金、工伤保险丧葬补助金和失业保险丧葬补助金条件的，其遗属只能选择领取其中的一项。

5. 生育保险待遇

在总结生育保险制度实施经验的基础上，本法规定，用人单位已经缴纳生育保险费的，其职工享受生育保险待遇，生育保险待遇包括生育医疗费用和生育津贴；职工未就业配偶按照国家规定享受生育医疗费用待遇。

6. 社会保险关系转移接续

《社会保险法》规定了基本养老保险、基本医疗保险、失业保险的转移接续制度。

一是个人跨统筹地区就业的，其基本养老保险关系随本人转移，缴费年限累计计算。个人达到法定退休年龄时，基本养老金分段计算、统一支付。具体办法由国务院规定。

二是个人跨统筹地区就业的，其基本医疗保险关系随本人转移，缴费年限累计计算。

三是职工跨统筹地区就业的，其失业保险关系随本人转移，缴费年限累计计算。

（七）《社会保险法》完善了社会保险费征缴制度

在总结《社会保险费征缴暂行条例》实施经验的基础上，《社会保险法》进一步完善了社会保险费征缴制度，增强了征缴的强制性，为加强征缴工作提供了更有力的法律保障。

第一，规定了社会保险信息沟通共享机制。为了保证社会保险相关信息的及时性、准确性，《社会保险法》规定，工商行政管理部门、民政部门和机构编制管理机关应当及时向社会保险经办机构通报用人单位的成立、终止情况，公安机关应当及时向社会保险经办机构通报个人的出生、死亡以及户口登记、迁移、注销等情况。

第二，规定了灵活就业人员社会保险登记、缴费制度。《社会保险法》规定，参加社会保险的无雇工的个体工商户、未在用人单位参加社会保险的非全日制从业人员以及其他灵活就业人员，向社会保险经办机构申请办理社会保险登记，可以直接向社会保险费征收机构缴纳社会保险费。

第三，规定了社会保险费实行统一征收的方向，授权国务院规定实施步骤和具体办法。

第四，建立了社会保险费的强制征缴制度。包括以下措施：

一是从用人单位存款账户直接划拨社会保险费。《社会保险法》第六十三条规定，用人单位未按时足额缴纳社会保险费，经社会保险费征收机构责令其限期缴纳或者补足，逾期仍不缴纳或者补足的，社会保险费征收机构可以申请县级以上有关行政部门作出从用人单位存款账户中划拨社会保险费的决定，并书面通知其开户银行或者其他金融机构划拨社会保险费。

二是用人单位账户余额少于应当缴纳的社会保险费的，社会保险费征收机构可以要求该用人单位提供担保，签订延期缴费协议。

三是用人单位未足额缴纳社会保险费且未提供担保的，社会保险费征收机构可以申请人民法院扣押、查封、拍卖其价值相当于应当缴纳社会保险费的财产，以拍卖所得抵缴社会保险费。

（八）《社会保险法》规定了社会保险基金管理制度

为了加强基金管理，《社会保险法》作了以下规定：

第一，规范了社会保险基金的管理原则。根据本法规定，社会保险基金管理应当遵守以下原则：

一是各项社会保险基金按照社会保险险种分别建账，分账核算，执行国家统一的会计制度。

二是社会保险基金通过预算实现收支平衡。社会保险基金按照统筹层次设立预算。社会保险基金预算按照社会保险项目分别编制。社会保险基金预算、决算草案的编制、审核和批准，依照法律和国务院规定执行。

三是社会保险基金专款专用，任何组织和个人不得侵占或者挪用。社会保险基金不得违规投资运营，不得用于平衡其他政府预算，不得用于兴建、改建办公场所和支付人员经费、运行费用、管理费用，或者违反法律、行政法规规定挪作其他用途。

四是社会保险基金在保证安全的前提下，按照国务院规定投资运营实现保值增值，从而为社会保险基金投资运营奠定了法律基础。

第二，明确了提高社会保险基金统筹层次的方向。本法规定，基本养老保险基金逐步实行全国统筹，其他社会保险基金逐步实行省级统筹。考虑到社会保险基金的统筹层次取决于多方面的因素，本法授权国务院规定提高统筹层次的具体时间和步骤。

（九）《社会保险法》规定了社会保险经办服务的内容

为了改进社会保险经办服务，维护参保人员权益，《社会保险法》作了以下规定：

第一，确立了社会保险经办服务体制。包括：

一是规定了社会保险经办机构的设立原则。本法规定，统筹地区设立社会保险经办机构。社会保险经办机构根据工作需要，经所在地的社会保险行政部门和机构编制管理机关批准，可以在本统筹地区设立分支机构和服务网点。

二是规定了社会保险经办的经费保障。本法规定，社会保险经办机构的人员经费和经办社会保险发生的基本运行费用、管理费用，由同级财政按照国家规定予以保障。

三是规定了社会保险经办机构的基本职责。主要是：负责社会保险登记、社会保险费核定、按照规定征收社会保险费；按时足额支付社会保险待遇；根据管理服务的需要，与医疗机构、药品经营单位签订服务协议，规范医疗服务行为；及时、完整、准确地记录参加社会保险的个人缴费和用人单位为其缴费，以及享受社会保险待遇等个人权益记录，定期将个人权益记录单免费寄送本人；免费向用人单位和个人提供查询服务；提供社会保险咨询等相关服务。

第二，社会保险信息化建设是社会保险管理和经办服务的基础性工作，没有完善的信息系统支撑，对参保人员记录一生、服务一生、保障一生的目标就无法实现。因此，《社会保险法》对社会保险信息系统建设作了原则规定。

一是国家建立全国统一的个人社会保障号码，为制作发行全国统一、功能兼容的社会保障卡提供了法律依据。

二是全国社会保险信息系统按照国家统一规划，由县级以上人民政府按照分级负责的原则共同建设。

（十）《社会保险法》规定了社会保险监督制度

加强社会保险监督，维护社会保险基金安全，是各方面的共识。《社会保险法》从人大监督、行政监督、社会监督等三个方面，建立了比较完善的社会保险监督体系。

1. 人大监督

《社会保险法》规定，各级人民代表大会常务委员会听取和审议本级人民政府对社会保险基金的收支、管理、投资运营以及监督检查情况的专项工作报告，组织对本法实施情况的执法检查等，依法行使监督职权。

2. 行政监督

《社会保险法》规定，国家对社会保险基金实行严格监管，并明确了各级人民政府及其社会保险行政部门、财政部门、审计机关在社会保险监督方面的职责。

第一，规定了各级人民政府在社会保险监督方面的职责：国务院和省、自治区、直辖市人民政府建立健全社会保险基金监督管理制度，保障社会保险基金安全、有效运行。

第二，从两个方面规定了社会保险行政部门的监督职责：

一是规定县级以上人民政府社会保险行政部门应当加强对用人单位和个人遵守社会保险法律、

法规情况的监督检查。这属于劳动保障监察活动，其措施在《劳动保障监察条例》中已有详细规定，因此本法没有再作具体规定。

二是规定社会保险行政部门对社会保险基金的收支、管理和投资运营情况进行监督检查，并规定了三项措施：①查阅、记录、复制与社会保险基金收支、管理和投资运营相关的资料，对可能被转移、隐匿或者灭失的资料予以封存；②询问与调查事项有关的单位和个人，要求其对与调查事项有关的问题作出说明、提供有关证明材料；③对隐匿、转移、侵占、挪用社会保险基金的行为予以制止并责令改正。

第三，规定财政部门、审计机关按照各自职责，对社会保险基金的收支、管理和投资运营情况实施监督。

3. 社会监督

《社会保险法》要求县级以上人民政府采取措施，鼓励和支持社会各方面参与社会保险基金的监督，并作了以下规定：

第一，规定了社会保险监督委员会的设立、组成和主要职责。本法规定，统筹地区人民政府成立由用人单位代表、参保人员代表，以及工会代表、专家等组成的社会保险监督委员会。其主要职责是：掌握、分析社会保险基金的收支、管理和投资运营情况，对社会保险工作提出咨询意见和建议，实施社会监督；听取社会保险经办机构关于社会保险基金的收支、管理和投资运营情况的汇报；聘请会计师事务所对社会保险基金的收支、管理和投资运营情况进行年度审计和专项审计；对发现存在问题的，有权提出改正建议；对社会保险经办机构及其工作人员的违法行为，有权向有关部门提出依法处理建议。

第二，规定了工会的监督。本法规定，工会依法维护职工的合法权益，有权参与社会保险重大事项的研究，参加社会保险监督委员会，对与职工社会保险权益有关的事项进行监督。

第三，规定有关部门和单位应当向社会公布或者公开社会保险方面的信息，主动接受社会监督。包括：社会保险行政部门应当定期向社会公布社会保险基金检查结果；社会保险经办机构应当定期向社会公布参加社会保险情况以及社会保险基金的收入、支出、结余和收益情况；社会保险监督委员会应当向社会公开审计结果。

（十一）违反《社会保险法》应当承担的法律责任

《社会保险法》强化了违反本法行为所应承担的法律责任，主要有：

第一，用人单位违反《社会保险法》的法律责任。本法规定，用人单位不办理社会保险登记且在社会保险行政部门责令改正期限内不改正的，对用人单位处应缴社会保险费数额一倍以上三倍以下的罚款，对其直接负责的主管人员和其他直接责任人员处五百元以上三千元以下的罚款；用人单位未按时足额缴纳社会保险费的，由社会保险费征收机构责令限期缴纳或者补足，并自欠缴之日起，按日加收万分之五的滞纳金；逾期仍不缴纳的，由有关行政部门处欠缴数额一倍以上三倍以下的罚款。

第二，骗取社会保险基金支出或者骗取社会保险待遇的法律责任。本法规定，有关单位及其工作人员或者个人以欺诈、伪造证明材料或者其他手段骗取社会保险基金支出或者骗取社会保险待遇的，应当退回骗取的金额，并处骗取金额二倍以上五倍以下的罚款；属于社会保险服务机构的，解除服务协议；直接主管人员和其他直接责任人员有执业资格的，依法吊销其执业资格。

第三，违反社会保险基金管理的法律责任。违反本法规定，隐匿、转移、侵占、挪用社会保险基金或者违规投资运营的，由社会保险行政部门、财政部门、审计机关责令追回；有违法所得的，没收违法所得；对直接负责的主管人员和其他直接责任人员依法给予处分。

第四，有关行政部门和单位及其工作人员违反《社会保险法》的法律责任。社会保险经办机构及其工作人员未履行社会保险法定职责的，社会保险费征收机构擅自更改社会保险费缴费基数、费率，导致少收或者多收社会保险费的，由有关行政部门责令改正，对直接负责的主管人员和其他直接责任人员依法给予处分。有关行政部门、社会保险经办机构、社会保险费征收机构及其工作人员泄露用人单位和个人信息的，对直接负责的主管人员和其他直接责任人员依法给予处分；给用人单位或者个人造成损失的，应当承担赔偿责任。

三、开展部分地区城镇居民社会养老保险试点

国务院决定，从 2011 年 7 月 1 日起开展城镇居民社会养老保险（以下简称城镇居民养老保险）试点，并印发了《国务院关于开展城镇居民社会养老保险试点的指导意见》（国发〔2011〕18 号）（以下简称《指导意见》）。该指导意见明确了城镇居民社会养老保险的基本原则、制度模式、任务目标。

建立城镇居民社会养老保险制度，是深入贯彻落实科学发展观、加快完善覆盖城乡居民的社会保障体系、贯彻实施《社会保险法》的重大举措，对于全面建设小康社会、促进社会公平正义、维护社会稳定、构建和谐社会具有重要意义。

（一）养老保险制度建设的主要进展

中共中央、国务院十分重视社会保障体系建设，养老保险制度建设取得重大进展。1997 年统一了全国城镇企业职工基本养老保险制度，确立了社会统筹与个人账户相结合的制度模式，覆盖范围逐步扩大到城镇个体工商户和灵活就业人员；2005 年进一步完善城镇企业职工基本养老保险制度。2009 年在全国开展了新型农村社会养老保险（以下简称新农保）试点，建立了个人缴费、集体补助、政府补贴相结合的新农保制度，2011 年将覆盖到 4 亿名农村居民，标志着我国养老保险制度第一次突破城镇局限向广大农村发展。2010年，《中华人民共和国社会保险法》颁布，自 2011 年 7 月 1 日起施行，这是我国人民政治、经济和社会生活中的一件大事，在我国社会保障发展史上具有里程碑意义。《社会保险法》明确规定"国家建立和完善城镇居民社会养老保险制度"。2011年，全国人民代表大会通过"十二五"规划纲要，也要求"完善实施城镇职工和居民养老保险制度"。

（二）为什么要开展城镇居民养老保险试点

目前，城镇企业职工基本养老保险制度覆盖各类企业、个体工商户和灵活就业人员以及与用人单位建立劳动关系的农民工，机关公务员和事业单位工作人员有退休养老制度。2009 年开展的新农保试点，将在近年内覆盖未参加职工基本养老保险的农村适龄居民。但是，城镇中未就业人员以及就业不稳定无法纳入职工基本养老保险制度的居民缺乏制度性养老保障，成为我国养老保险实现全覆盖的最后一个"缺项"。特别是新农保试点开展以来，试点地区农村适龄居民积极参保，符合条件的农村老年居民按月领取养老金，社会各界广泛呼吁尽快建立城镇居民养老保险制度，解决城镇居民老有所养问题。

（三）开展城镇居民养老保险试点的重要意义

1. 建立城镇居民养老保险制度，是深入贯彻落实科学发展观，让广大人民共享改革发展成果的重要决策

科学发展观的核心是以人为本，要把保障和改善民生作为一切工作的出发点和落脚点，使发展成果惠及全体人民。城镇居民养老保险是我国养老保险制度全覆盖的最后一项空白，制度所覆盖的城镇非从业居民这个群体，成分构成多样，其中一部分青壮年多是残疾人或劳动能力不强，常常在就业和无业之间反复，收入低或无收入；而老年人的生活来源没有可靠制度保障，相当一部分是城镇中的困难群体。党中央、国务院决定开展城镇居民养老保险试点工作，正是从广大人民群众的根本利益出发，通过社会化的养老保险制度改善这些困难群众的老年生活状况和未来预期，使得改革发展成果更好地惠及更多的群众。中央决定 2011 年开展城镇居民养老保险试点，一启动就提出 60% 的覆盖面，而且 2012 年就要实现全覆盖，这样的力度和广度，反映了中央保障和改善民生的决心，体现了立党为公、执政为民的宗旨。

2. 建立城镇居民养老保险制度，是加强和创新社会管理的重要步骤

我国正处于经济快速增长时期，由于社会利益群体日益多元化，收入分配差距拉大，容易导致社会矛盾凸显和不稳定。当前特别需要加强和创新社会管理，切实解决好群众最关心、最直接、最现实的切身利益问题。健全的社会保障制度，有助于缓解社会矛盾，被称为社会的稳定器和安全网。社会保障制度是否完善，人民是不是生活得有尊严、有希望、有幸福感，反映出一个国家文明和进步的程度。"民安邦固"，人民安定国家才会稳定。建立城镇居民养老保险制度，是社会管理的制度创新，有利于发挥社会保障的再分配调节功能，改善低收入群众的生活质量，建立起缩

小收入差距的长效机制，更公平地分配公共服务资源，这对于促进经济发展、维护国家稳定和社会和谐起着积极作用。同时，城镇居民养老保险采取与新农保相同的制度模式，普惠公平、城乡统筹，有助于培育和引导自尊自信、理性平和、开放包容的社会心态，促进社会和谐。

3. 建立城镇居民养老保险制度，是建立完善覆盖城乡居民社会保障体系的重要环节

党的十六大以来，我国社会保障体系建设取得了重大进展。党的十七大提出"加快建立覆盖城乡居民的社会保障体系"，并强调"以基本养老、基本医疗、最低生活保障制度为重点"。现在，基本医疗保险和最低生活保障在制度上基本实现了城乡全覆盖。在养老保险领域，城镇职工和农村居民已经有了制度安排，建立城镇居民养老保险制度，标志着我国养老保险城乡全覆盖的制度体系最终形成，全体国民都纳入了社会养老保障体系，从而实现几千年来中国人"老有所养"的愿望。第 6 次全国人口普查结果表明，我国 60 岁以上老年人口的比重已达 13.26%，近几年平均每年提高 0.5 个百分点，老龄化趋势明显。将养老保险制度的覆盖范围扩大到了全体城乡居民，对于应对我国老龄化挑战，保障老年居民的基本生活，促进经济社会协调发展，意义重大。

（四）开展城镇居民养老保险试点的目标任务和基本原则

城镇居民养老保险试点的目标任务是，建立个人缴费、政府补贴相结合的城镇居民养老保险制度，实行社会统筹和个人账户相结合，与家庭养老、社会救助、社会福利等其他社会保障政策相配套，保障城镇居民老年基本生活。2011 年 7 月 1 日启动试点工作，首批试点覆盖面为 60%，2012 年基本实现城镇居民养老保险制度全覆盖。

城镇居民养老保险试点的基本原则是"保基本、广覆盖、有弹性、可持续"。这一原则与中央确定的社会保障体系建设的总方针是一致的，同时根据城镇居民的特点，强调了"有弹性"。一是从城镇居民的实际情况出发，低水平起步，筹资标准和待遇标准要与经济发展及各方面承受能力相适应；二是个人（家庭）和政府合理分担责任，权利与义务相对应；三是政府主导和居民自愿相结合，引导城镇居民普遍参保；四是中央确定基

本原则和主要政策，地方制订具体办法，城镇居民养老保险实行属地管理。

（五）城镇居民养老保险制度与新型农村社会养老保险制度基本一致

城镇居民养老保险与新农保在制度模式和政策框架等方面基本保持一致，即实行社会统筹与个人账户相结合，筹资方式是个人（家庭）缴费与政府补贴相结合，待遇支付结构是基础养老金与个人账户养老金相结合。这主要是考虑到：首先，城镇居民养老保险制度所覆盖的城镇居民，没有单位给他们缴费，只能依靠自己缴费和政府补贴，这与农村居民有共性，而与职工有较大差异，因此不宜采用职工基本养老保险制度模式；其次，《社会保险法》规定"省、自治区、直辖市人民政府根据实际情况，可以将城镇居民社会养老保险与新型农村社会养老保险合并实施"，二者模式一致，有利于制度衔接融合，将来还可以整合成统一的城乡居民社会养老保险制度；最后，已有部分地区按照这一模式开展了先行探索，得到群众认可，取得了初步实践经验。

（六）城镇居民养老保险试点的主要政策

1. 参保范围

年满 16 周岁（不含在校学生）、不符合职工基本养老保险参保条件的城镇非从业居民，可以在户籍地自愿参加城镇居民养老保险。对灵活就业人员，应鼓励他们参加职工基本养老保险，缴费确有困难的，可以自愿参加城镇居民养老保险。

2. 基金筹集

城镇居民养老保险基金主要由个人缴费和政府补贴构成。

个人缴费。城镇居民养老保险缴费的最低标准为每年每人 100 元（与新农保一样），让收入较低的居民也有能力缴费参保；对城镇重度残疾人等缴费困难群体，地方人民政府为其代缴部分或全部最低标准的养老保险费。考虑到城镇居民收入水平和缴费能力普遍高于农村居民，为体现多缴多得，因此规定缴费标准从 100~1000 元设 10 档（新农保为 100~500 元 5 档）；统一合并实施城乡居民养老保险制度的地区，可以不分城乡，由参保人在多档中选择，有利于适应不同收入水平群体的需求；地方政府还可以根据实际情况增设缴费档次，这为各地因地制宜留出了空间。

政府补贴。地方政府对城镇居民参保缴费的补贴标准不低于每人每年 30 元；中央确定的基础养老金最低标准目前为每人每月 55 元，中央财政按此标准对中西部地区全额补助，对东部地区补助一半。

缴费资助。与新农保制度相比，城镇居民没有集体经济组织，因此没有规定"集体补助"的筹资渠道，但是保留"鼓励其他经济组织、社会组织、个人为参保人缴费提供资助"，作为国家提倡的辅助渠道。

3. 个人账户

城镇居民的个人缴费、地方政府对参保人的缴费补贴及其他来源的缴费资助，全部记入个人账户，实账管理。参保人员死亡，个人账户中的资金余额，除政府补贴外，可以依法继承；政府补贴余额用于继续支付其他参保人的养老金。个人账户储存额参考中国人民银行公布的金融机构人民币一年期存款利率计息。城镇居民养老保险基金纳入社会保障基金财政专户，实行收支两条线管理，单独记账、核算，按有关规定实现保值增值。

4. 养老金待遇及领取条件

参加城镇居民养老保险待遇领取年龄，无论男女都是 60 周岁。养老金由基础养老金和个人账户养老金组成。目前中央确定的基础养老金标准为每人每月 55 元；地方政府可以根据本地实际情况提高基础养老金标准，对长期缴费的参保城镇居民，可适当加发基础养老金，提高和加发部分的资金由地方政府支出。个人账户养老金的月计发标准为个人账户储存额除以 139（与职工基本养老保险及新农保个人账户养老金计发系数相同）。城镇居民养老保险制度实施时，已年满 60 周岁，未享受职工基本养老保险待遇以及国家规定的其他养老待遇的，不用缴费，可按月领取基础养老金；距领取年龄不足 15 年的，应按年缴费，也允许补缴，累计缴费不超过 15 年；距领取年龄超过 15 年的，应按年缴费，累计缴费不少于 15 年。要引导城镇居民积极参保、长期缴费，长缴多得；引导城镇居民养老保险待遇领取人员的子女按规定参保缴费。

5. 相关制度衔接

有条件的地方，城镇居民养老保险应与新农保合并实施。其他地方应积极创造条件将两项制度合并实施。关于城镇居民养老保险与职工基本养老保险等其他养老保险制度、城镇居民最低生活保障、社会优抚等政策制度的配套衔接办法，国务院有关部门将在充分调研、论证的基础上，按照城镇居民利益不受损、待遇标准不降低的原则，妥善做好制度衔接工作。

（七）中央财政对城镇居民养老保险补助水平和办法与新农保一致

中央财政对城镇居民养老保险的补助水平和办法与新农保一致，即国务院确定的基础养老金目前为每月 55 元，中央财政按此标准对中西部地区全额补助，对东部地区补助一半。这样，一是在中央政策层面不扩大城乡居民之间的差别，体现基本公共服务均等化的理念；二是符合户籍制度改革的总体趋势，有利于两项制度合并实施；三是便于操作，在实现制度全覆盖后，适时统一提高全国新农保和城镇居民养老保险的基础养老金水平。各地在实际操作中，可以根据经济发展水平，按照城乡统筹兼顾的原则，确定本地适当的基础养老金标准。

（八）大力提升经办管理服务能力

各级人力资源社会保障部门要整合管理服务资源，建立健全统一的社会保险经办机构，加强人员培训，提高管理服务能力。试点地区要按照精简效能原则，加强街道、社区基层公共服务平台建设，充分利用社会管理和公共服务资源，为城镇居民提供安全便利的服务。要保证社保经办机构和基层平台人员到位，工作场地、信息网络、办公设备能够满足工作需要。城镇居民养老保险工作经费纳入同级财政预算，不得从城镇居民养老保险基金中开支。要充分利用金融机构在基层的网点，为居民参保提供便捷、高效的服务。要整合城镇居民养老保险信息管理系统、职工基本养老保险信息管理系统、新农保信息管理系统，通过信息管理系统的信息比对，防止参保人因参加两种制度而重复享受待遇，与其他公民信息管理系统实现信息资源共享，确认参保人户籍、年龄、生存等信息。

（九）加强基金监督

城镇居民养老保险基金的安全与完整，直接关系广大参保人员的切身利益和社会稳定。要严格执行社会保险基金管理的政策法规，完善城镇居民养老保险各项业务管理规章制度，规范业务程序，建立健全内部控制制度和基金稽核制度，对基金的筹集、上解、划拨、发放进行监控和定期检查，并定期披露城镇居民养老保险基金筹集和支付信息，做到公开透明，加强社会监督。财政、监察、审计部门按各自职责实施监督，严禁挤占挪用，确保基金安全。试点地区社会保险经办机构和居委会每年在社区范围内对城镇居民的待遇领取资格进行公示，接受群众监督。

四、提高企业退休人员养老金水平

国务院决定自 2011 年 1 月 1 日起，继续提高企业退休人员基本养老金水平，提高幅度按 2010 年企业退休人员月人均基本养老金的 10%左右确定，全国月人均增加 140 元左右。同时将未参保集体企业退休人员纳入基本养老保险。

党中央、国务院高度重视企业退休人员的生活保障，2005 年以来国家连续六年提高基本养老金，企业退休人员的总体待遇水平翻了一番。自 2011 年 1 月 1 日起，继续提高企业退休人员基本养老金水平，提高幅度按 2010 年企业退休人员月人均基本养老金的 10%左右确定，全国月人均增加 140 元左右。对国家设立机关事业单位艰苦边远地区津贴的省份，适当提高企业退休人员调整水平。在普遍调整的基础上，对具有高级职称的企业退休科技人员和高龄人员等再适当提高调整水平，对基本养老金偏低的企业退休军转干部按有关规定予以倾斜。

近些年来，我国企业职工基本养老保险制度不断完善，参保范围逐步扩大，待遇水平逐步提高，较好地保障了企业退休人员的基本生活。但由于历史原因部分生产经营困难的集体企业没有参保，其职工和退休人员未能纳入基本养老保险，缺乏基本养老保障。

按照权利与义务相对应、公平与效率相结合的原则，坚持社会统筹和个人账户相结合的制度，将未参保集体企业退休人员纳入基本养老保险。

（1）未参保集体企业 2010 年 12 月 31 日前已达到或超过法定退休年龄的城镇户籍人员，个人可一次性补缴 15 年的基本养老保险费，参加基本养老保险。

（2）缴费标准由各地根据未参保人员负担能力和年龄情况合理确定，鼓励有条件的单位对补缴费用给予适当补助。基本养老金从参保缴费的次月起按月发放，由各地按照国家统一规定，结合当地实际，合理核定基本养老金水平，落实参保人员的基本养老金正常调整以及遗属、丧葬补助等养老保险待遇。

（3）未参保集体企业 2010 年 12 月 31 日尚未达到法定退休年龄的城镇户籍人员，按规定正常参保缴费，达到法定退休年龄时累计缴费不足 15 年的，可以缴费至满 15 年，按规定享受养老保险待遇。

五、推进医药卫生体制的五项重点改革

2011 年 2 月 13 日，下发了《国务院办公厅关于印发医药卫生体制五项重点改革 2011 年度主要工作安排的通知》（国办发〔2011〕8 号）。通知要求，要深入贯彻落实《中共中央　国务院关于深化医药卫生体制改革的意见》（中发〔2009〕6 号）和《国务院关于印发医药卫生体制改革近期重点实施方案（2009~2011 年）的通知》（国发〔2009〕12 号）精神，继续围绕"保基本、强基层、建机制"，统筹推进医药卫生体制五项重点改革。确保基本医疗保障制度覆盖城乡居民，保障水平显著提高；确保国家基本药物制度基层全覆盖，基层医疗卫生机构综合改革全面推开，新的运行机制基本建立；确保基层医疗卫生服务体系建设任务全面完成，服务能力明显增强；确保基本公共卫生服务和重大公共卫生服务项目有效提供，均等化水平进一步提高；公立医院改革试点不断深化，体制机制综合改革取得实质性进展，便民惠民措施普遍得到推广。中医药服务能力和水平进一步提高。医疗费用过快增长得到进一步控制。2011 年医药卫生体制改革的主要工作任务包括：

（一）加快推进基本医疗保障制度建设

1. 巩固扩大基本医疗保障覆盖面，基本实现全民医保

（1）职工基本医疗保险（以下简称职工医保）、城镇居民基本医疗保险（以下简称城镇居民医保）参保人数达到 4.4 亿，参保率均提高到 90%以上。妥善解决关闭破产企业退休人员和困难企业职工

参保问题。将在校大学生全部纳入城镇居民医保范围。积极推进非公有制经济组织从业人员、灵活就业人员和农民工参加职工医保。促进失业人员参保。落实灵活就业人员、未建立劳动关系的农民工等人员选择性参保的政策（人力资源社会保障部、教育部、国资委、财政部负责）。

（2）进一步巩固新型农村合作医疗（以下简称新农合）覆盖面，参合率继续稳定在90%以上（卫生部负责）。

2. 全面提升基本医疗保障水平，增强保障能力

（1）进一步提高筹资标准，政府对新农合和城镇居民医保补助标准均提高到每人每年200元，适当提高个人缴费标准（财政部、卫生部、人力资源社会保障部负责）。

（2）扩大门诊统筹实施范围，普遍开展城镇居民医保、新农合门诊统筹，将基层医疗卫生机构使用的医保目录内药品和收取的一般诊疗费按规定纳入支付范围；积极探索职工医保门诊统筹（人力资源社会保障部、卫生部分别负责）。

（3）明显提高保障水平。城镇居民医保、新农合政策范围内住院费用支付比例力争达到70%左右。所有统筹地区职工医保、城镇居民医保和新农合政策范围内统筹基金最高支付限额分别达到当地职工年平均工资、当地居民年可支配收入和全国农民年人均纯收入的6倍以上，且均不低于5万元（人力资源社会保障部、卫生部分别负责）。

（4）积极开展提高重大疾病医疗保障水平试点，以省（区、市）为单位推开提高儿童白血病、先天性心脏病保障水平的试点，并在总结评估基础上增加试点病种，扩大试点地区范围。抓紧研究从医保、救助等方面对艾滋病病人机会性感染治疗给予必要支持的政策措施（卫生部、人力资源社会保障部、民政部、财政部负责）。

（5）全面提高医疗救助水平。资助困难人群参保，资助范围从低保对象、"五保户"扩大到低收入重病患者、重度残疾人、低收入家庭老年人等特殊困难群体。开展门诊救助。逐步降低、取消医疗救助起付线，政策范围内住院自付费用救助比例原则上不低于50%。探索开展特重大疾病救助试点。鼓励社会力量向医疗救助慈善捐赠，

拓宽筹资渠道（民政部、卫生部、人力资源社会保障部负责）。

3. 提高基本医疗保障经办管理水平，方便群众就医结算

（1）继续推广就医"一卡通"等办法，基本实现参保人员统筹区域内医疗费用即时结算（或结报，下同）。加强异地就医结算能力建设，开展省（区、市）内异地就医即时结算，探索以异地安置的退休人员为重点的就地就医、就地即时结算。做好农民工等流动就业人员基本医疗保险关系转移接续工作，研究缴费年限累计计算相关问题（人力资源社会保障部、卫生部、发展改革委、财政部负责）。

（2）加强医疗保障基金收支预算管理，建立基金运行分析和风险预警制度，控制基金结余，提高使用效率。职工医保和城镇居民医保基金结余过多的地区要把结余逐步降到合理水平；新农合统筹基金当年结余率控制在15%以内，累计结余不超过当年统筹基金的25%。基金当期收不抵支的地区要采取切实有效措施确保基金平稳运行（人力资源社会保障部、卫生部、财政部分别负责）。

（3）发挥医疗保障对医疗服务供需双方的引导和对医药费用的制约作用。对到基层医疗卫生机构就诊的，在医保支付比例上给予倾斜。改革医疗保险支付方式，大力推行按人头付费、按病种付费、总额预付。积极探索建立医保经办机构与医疗机构、药品供应商的谈判机制（人力资源社会保障部、卫生部、发展改革委负责）。

（4）加强医疗保险对医疗服务的监管。强化定点医疗机构和定点零售药店动态管理，建立完善医疗保险诚信等级评价制度，推行定点医疗机构分级管理，进一步规范定点医疗机构和定点药店的服务行为。研究逐步将医保对医疗机构医疗服务的监管延伸到对医务人员医疗服务行为的监管。依法加大对欺诈骗保行为的处罚力度（人力资源社会保障部、卫生部分别负责）。

（5）职工医保、城镇居民医保基本实现市（地）级统筹，鼓励地方探索省级统筹。有条件的地区进一步提高新农合统筹层次。加快推进基本医疗保障城乡统筹，稳步推进经办管理资源整合。做好各项基本医疗保障制度政策和管理的衔接，

实现信息共享，避免重复参保。积极探索委托具有资质的商业保险机构经办各类医疗保障管理服务（人力资源社会保障部、卫生部、财政部、民政部、保监会分别负责）。

（6）支持商业健康保险发展，鼓励企业和个人通过参加商业保险及多种形式的补充保险解决基本医疗保障之外的需求（保监会、人力资源社会保障部、卫生部负责）。

（二）初步建立国家基本药物制度

全面贯彻落实《国务院办公厅关于印发建立和规范政府办基层医疗卫生机构基本药物采购机制指导意见的通知》（国办发〔2010〕56号）和《国务院办公厅关于建立健全基层医疗卫生机构补偿机制的意见》（国办发〔2010〕62号），按照全覆盖、建机制的要求，建立规范基本药物采购机制，推进基层医疗卫生机构综合改革，实现新旧机制平稳转换。

1. 扩大国家基本药物制度实施范围，实现基层全覆盖

（1）扩大基本药物制度实施范围，在所有政府办基层医疗卫生机构实施国家基本药物制度，实行药品零差率销售（发展改革委、卫生部负责）。

（2）研究完善国家基本药物目录（基层使用部分），规范各省（区、市）药品增补，兼顾成人和儿童用药需要，更好地适应基层基本用药需求。同步落实基本药物医保支付政策（卫生部、人力资源社会保障部负责）。

2. 建立规范基本药物采购机制，重塑基层药品供应保障体系

（1）对实施基本药物制度的政府办基层医疗卫生机构使用的基本药物（包括各省、区、市增补品种）实行以省（区、市）为单位集中采购、统一配送，确保基本药物安全有效、品质良好、价格合理、供应及时（卫生部负责）。

（2）编制基本药物集中采购计划，确定基本药物采购的具体剂型、规格、质量要求，明确采购数量，并实行量价挂钩。暂无法确定采购数量的省（区、市）通过单一货源承诺的方式进行采购（卫生部负责）。

（3）坚持质量优先、价格合理，鼓励各地采用"双信封"的招标制度，只有经济技术标书评审合格的企业才能进入商务标书评审，商务标书

评审由价格最低者中标（卫生部负责）。

（4）实行招标采购结合，签订购销合同。采购机构受基层医疗卫生机构授权或委托与药品供货企业签订购销合同并负责合同执行，对各基层医疗卫生机构基本药物货款进行统一支付，原则上从交货验收合格到付款不得超过30日（卫生部负责）。

（5）建立完善基本药物指导价格动态调整机制，对基本药物零售指导价进行分类管理，对基本药物中的独家品种和经多次集中采购价格已基本稳定且供应充足的品种探索实行国家统一定价（发展改革委负责）。

（6）制定完善基本药物基层配备使用政策，确保政府办基层医疗卫生机构全部配备使用基本药物（卫生部负责）。

（7）保障基本药物生产供应。由供货企业自主选择经营企业进行配送或自行配送。鼓励发展现代物流等多种手段，提高配送效率。推动药品生产流通企业优化结构，实现规模经营（卫生部、工业和信息化部、商务部负责）。

（8）全面推行国家基本药物质量新标准。加强基本药物监管，加快信息化体系建设，对基本药物进行全品种覆盖抽验和全品种电子监管，提升对基本药物从生产到流通全过程追溯的能力（食品药品监管局负责）。

3. 全面推进基层医疗卫生机构综合改革，建立新的运行机制

（1）调整基层医疗卫生机构收费项目和医保支付政策，将基层医疗卫生机构原挂号费、诊查费、注射费以及药事服务成本合并为一般诊疗费。合理制定调整一般诊疗费收费标准，并在不增加群众现有个人负担的前提下，合理确定医保支付比例（发展改革委、人力资源社会保障部、卫生部分别负责）。

（2）建立基层医疗卫生机构稳定长效的多渠道补偿机制。落实政府对基层医疗卫生机构的专项补助以及经常性收支差额的补助，具备条件的地区可以实行"收支两条线"（财政部、卫生部负责）。

（3）完善编制管理。加快完成基层医疗卫生机构人员编制标准的制定工作。创新机构编制管理方式，以县（市、区）为单位实行人员编制总

量控制、统筹安排、动态调整（中央编办、卫生部、人力资源社会保障部、财政部负责）。

（4）深化人事制度改革。推动各地实行定编定岗，全面建立人员聘用制度和岗位管理制度，实行按需设岗、竞聘上岗、按岗聘用、合同管理，建立绩效考核、优胜劣汰、能上能下、能进能出的用人机制。完成基层医务人员竞聘上岗，各地结合实际妥善分流安置未聘人员，确保社会稳定（人力资源社会保障部、卫生部负责）。

（5）健全绩效考核机制，根据工作数量、质量和服务对象满意度、居民健康状况改善等指标，对基层医疗卫生机构及医务人员进行综合量化考核，考核结果与基层医疗卫生机构补助和医务人员收入水平挂钩（卫生部、财政部、人力资源社会保障部负责）。

（6）完善分配激励机制。全面落实绩效工资，保障基层医务人员合理收入水平不降低。坚持多劳多得、优绩优酬，适当拉开医务人员收入差距，并向关键岗位、业务骨干和作出突出贡献的人员重点倾斜，调动医务人员积极性（人力资源社会保障部、财政部、卫生部负责）。

（7）鼓励有条件的地区将村卫生室和非政府举办的基层医疗卫生机构纳入基本药物制度实施范围，通过购买服务等方式进行合理补偿。落实对村医的补助和扶持政策（卫生部、财政部、人力资源社会保障部负责）。

（8）中央财政继续通过以奖代补的办法对各地实施国家基本药物制度和基层医疗卫生机构综合改革给予奖励补助（财政部、卫生部、发展改革委负责）。

（三）健全基层医疗卫生服务体系

1. 继续加强基层医疗卫生机构建设，提升基层服务能力

（1）完成农村三级卫生服务网络和城市社区卫生服务机构建设任务，在前两年支持建设的基础上再支持300所以上县级医院（含中医院，下同）、1000所以上中心乡镇卫生院和13000个以上村卫生室建设，使每个县至少有1所县级医院基本达到二级甲等水平、有1~3所达标的中心乡镇卫生院，每个行政村都有卫生室，每个街道都有社区卫生服务机构。为中西部边远地区、山区配置流动巡回医疗服务车（发展改革委、卫生部

负责）。

（2）在整合资源的基础上推进基层医疗卫生机构信息化建设，以省（区、市）为单位建立涵盖基本药物供应使用、居民健康管理、绩效考核等基本功能的基层医疗卫生管理信息系统，并与医保信息系统有效衔接，提高基层规范化服务水平（发展改革委、卫生部、人力资源社会保障部负责）。

2. 加强以全科医生为重点的基层医疗卫生队伍建设，大力培养适宜人才

（1）出台建立全科医生制度的文件，开展全科医生规范化培训，完善和落实鼓励全科医生长期在基层服务的政策，努力从体制机制上解决基层医疗卫生人才不足的问题（发展改革委、卫生部、教育部、财政部、人力资源社会保障部负责）。

（2）为中西部地区乡镇卫生院和基层部队招收5000名以上定向免费医学生，累计招收超过1万名（卫生部、教育部、人力资源社会保障部、总后勤部卫生部、财政部负责）。

（3）安排1.5万名基层医疗卫生机构在岗人员进行全科医生转岗培训，累计培训人员达到3万名（卫生部、财政部、人力资源社会保障部负责）。

（4）鼓励和引导医疗卫生人才到基层服务，加大乡镇卫生院执业医师招聘力度，为乡镇卫生院和村卫生室培训医疗卫生人员12万人次和46万人次，继续开展城市社区卫生服务机构医疗卫生人员培训（卫生部、人力资源社会保障部、财政部负责）。

（5）制定并实施全科医生临床培养基地建设方案，重点支持100个左右全科医生临床培训基地建设（发展改革委、卫生部、教育部负责）。

3. 转变基层医疗卫生机构服务模式，提高服务质量和效率

（1）鼓励基层医疗卫生机构开展主动服务、上门服务和巡回医疗。鼓励有条件的地区积极建立全科医生团队，推进家庭签约医生服务，为辖区居民提供方便、连续的健康管理服务。鼓励基层医疗卫生机构提供中医药等适宜技术和服务（卫生部负责）。

（2）大力推行院长（主任）负责制，落实管理责任，提高管理效率。结合基层医疗卫生机构信息化建设，推行规范化、精细化管理，运用基

本药物临床应用指南和处方集，规范基层用药和医疗行为，控制基层门诊输液和抗生素、激素使用（卫生部负责）。

（3）明显提高乡镇卫生院和社区卫生服务机构门诊量占医疗卫生机构门诊总量的比例（卫生部、发展改革委、财政部、人力资源和社会保障部负责）。

（四）促进基本公共卫生服务逐步均等化

1. 全面开展 9 类基本公共卫生服务，提高居民健康素质

（1）拓展和深化基本公共卫生服务内容，扩大服务人群，提高服务质量，2011 年人均基本公共卫生服务经费标准提高到 25 元（卫生部、财政部负责）。

（2）完善并严格执行 9 类国家基本公共卫生服务项目服务标准、操作规范和考核办法，提高服务水平。城乡居民健康档案规范化电子建档率达到 50% 左右。进一步提高儿童保健、孕产妇保健等基本公共卫生服务的质量。做好农民工基本公共卫生服务。为 65 岁及以上老年人每年进行健康危险因素调查和体格检查。高血压、糖尿病管理人数分别提高到 4500 万人、1500 万人以上。发现的重性精神疾病患者全部纳入管理（卫生部、财政部负责）。

（3）完善基层健康宣传网络。通过互联网等多种渠道开展健康宣传教育，普及健康知识，积极倡导健康的生活方式，促进全民健康素质的提高（卫生部负责）。

2. 完成重大公共卫生服务项目，落实预防为主方针

（1）继续对 15 岁以下的人群补种乙肝疫苗，2011 年再补种 626 万人左右，全面完成补种任务（卫生部负责）。

（2）在前两年工作基础上，再完成适龄妇女宫颈癌检查 400 万人，乳腺癌检查 40 万人。农村孕产妇住院分娩率达到 95% 以上；继续开展农村生育妇女免费补服叶酸（卫生部负责）。

（3）为 45 万例贫困白内障患者免费开展复明手术，累计完成 100 万例（卫生部负责）。

（4）在前两年工作基础上，累计完成 163 万户燃煤污染型氟中毒病区改炉改灶任务（卫生部负责）。

（5）在前两年工作基础上，累计完成 1128 万户无害化卫生厕所建设任务（卫生部负责）。

（6）继续实施艾滋病母婴传播阻断项目（卫生部负责）。

3. 加强专业公共卫生服务能力建设，提高服务可及性

（1）启动卫生监督体系建设和发展规划，支持中西部地区 2100 所以上县级卫生监督机构建设（发展改革委、卫生部负责）。

（2）全面实施精神卫生防治体系建设与发展规划，国家重点支持 430 所左右精神卫生专业机构建设（发展改革委、卫生部、民政部负责）。

（3）依托县级医院建立县域内农村院前急救体系，重点支持 800 个左右的县配置必要的救护车和指挥系统，同步建立体现公益性的运行机制（发展改革委、卫生部负责）。

（4）落实传染病医院、鼠防机构、血防机构和其他疾病预防控制机构从事高风险岗位工作人员的待遇政策（卫生部、财政部、人力资源社会保障部负责）。

（五）积极稳妥地推进公立医院改革

按照上下联动、内增活力、外加推力的原则，积极推进公立医院改革试点，着力创新体制机制。同时，在全国范围内大力推广行之有效的便民惠民措施，提高公立医院的服务质量和运行效率。

1. 不断深化体制机制改革试点，形成公立医院综合改革经验

加大公立医院（含国有企业医院）改革试点力度，力争形成公立医院改革的基本路子。在 16 个国家联系的公立医院改革试点城市和省级试点城市加快推进综合改革，鼓励在政事分开、管办分开、医药分开、营利和非营利分开等重点难点问题上大胆探索。探索建立高效的公立医院管理体制，形成规范化的公立医院法人治理结构，积极推进现代医院管理制度。深化人事制度改革，健全聘用和岗位管理制度，形成能进能出、能上能下的用人机制，完善以服务质量和效率为核心、能充分调动医务人员积极性的绩效考核和分配激励机制。改革公立医院补偿机制，落实政府投入政策，完善医药价格机制（卫生部、发展改革委、人力资源社会保障部、财政部、中央编办、国资委负责）。

2. 深化公立医院与基层医疗卫生机构的分工协作机制，提高医疗体系整体效率

（1）着力提高县级医院服务能力，使县级医院成为县域内医疗卫生中心，带动乡村共同提高医疗卫生服务水平。积极推进县级医院综合改革，形成维护公益性、调动积极性的高效运行机制。（卫生部、发展改革委、财政部负责）

（2）进一步巩固和深化三级医院对口支援县级医院长期合作帮扶机制。重点帮助县级医院加强人才培养和能力建设，全国安排 6000 名县级医院医务骨干人员到三级医院进修学习。三级医院与对口的县级医院建立远程医疗系统（卫生部、财政部负责）。

（3）鼓励各地采取多种方式建立基层医疗卫生机构与县级及其以上医疗机构合作的激励机制，引导有资历的医师到基层医疗卫生机构开展执业活动。探索建立长期稳定、制度化的协作机制，逐步形成基层首诊、分级医疗、双向转诊的服务模式。组建医疗小分队，为边远地区提供巡回医疗服务（卫生部、人力资源社会保障部负责）。

3. 以病人为中心完善公立医院内部运行机制，方便群众就医

（1）完善预约诊疗制度，所有三级医院实行预约诊疗服务。优化门诊诊疗流程，实行错峰、分时段诊疗，全面推广叫号服务，合并挂号、收费、取药等服务窗口，简化就医手续，缩短群众候诊时间。推行双休日和节假日门诊。广泛开展优质护理服务（卫生部负责）。

（2）制定并落实控制医药费用过快增长的政策措施。规范公立医院临床检查、诊断、治疗、使用药物和植（介）入类医疗器械行为，对医疗、用药行为全过程跟踪监管，鼓励公立医院优先使用基本药物和适宜技术。加强公立医院财务管理和成本核算。完善医用设备和医用耗材管理、采购和价格等政策，政府投资购置的公立医院大型设备按扣除折旧后的成本制定检查价格，降低检查费用；以省（区、市）为单位逐步推开植（介）入类医用耗材实行集中招标采购。加大对开"大处方"行为的查处力度。合理调整医疗技术服务价格，开展按病种等收费方式改革试点。研究对新进入医保目录药品制定统一价格，作为医疗保险的报销计费依据，超过部分由个人支付（卫生

部、发展改革委、财政部、人力资源社会保障部分别负责）。

（3）以公立医院改革试点城市为重点开展临床路径管理，研究制定适应基本医疗需求的临床路径，累计达到 300 种，覆盖绝大多数常见病、多发病。推行电子病历，利用信息化手段加强医疗行为管理（卫生部、人力资源社会保障部、发展改革委、财政部负责）。

（4）加强和完善医疗服务监督机制。发挥卫生行政部门全行业监管职能，加强对医疗服务行为和质量的监管。强化行业自律和医德医风建设，坚决治理医疗领域的商业贿赂，加大对违法违规行为的惩处力度。健全多方参与的社会监督机制（卫生部负责）。

4. 加强卫生人才队伍建设，调动医务人员积极性

（1）完善住院医师规范化培训的制度框架、培训模式和政策体系，开展住院医师规范化培训。支持临床重点专科建设，对公立和非公立医院一视同仁（卫生部、人力资源社会保障部、财政部、教育部负责）。

（2）制定执业医师多点执业的规范性文件，放宽执业医师多点执业试点条件，增加执业地点数量，将试点范围扩大到所有有条件的城市。鼓励卫生专业技术人才在公立和非公立医疗机构间合理流动（卫生部、人力资源社会保障部负责）。

（3）保障医疗卫生人员合理待遇，建立和推行改善执业环境的长效机制（卫生部、人力资源社会保障部负责）。

5. 鼓励和引导社会资本举办医疗机构，加快形成多元办医格局

（1）出台强化区域卫生规划工作的指导意见，指导各地完善区域卫生规划和医疗机构设置规划，严格控制公立医院建设规模、标准和贷款行为，新增或调整医疗卫生资源在符合准入标准的条件下优先考虑社会资本。指导公立医院改革试点地区开展公立医院布局与结构调整工作，及时总结试点经验。研究制定公立医院改制的范围和办法，稳妥推进公立医院改制（卫生部、发展改革委、财政部、人力资源社会保障部负责）。

（2）抓紧清理和修订相关规章和办法，制定和完善实施细则和配套文件，落实鼓励和引导社

会资本举办医疗机构的政策，促进非公立医疗机构发展。鼓励社会资本举办普通医疗机构，支持社会资本举办高端医疗机构，控制公立医院开展特需服务的比例（卫生部、商务部负责）。

六、农村医疗保障实践进展

韩俊等在《中国农村改革》一书中集中介绍了我国新型农村合作医疗制度的实践进展状况。自2003年新型农村合作医疗制度试点以来，目前已基本覆盖农村居民。"2010年新农合已经实现全覆盖，2011年全国参加新农合的人数为8.32亿，参合率超过97%，全年受益13.15亿人次。"[1]新型农村合作医疗制度实行个人缴费、集体扶持和政府资助相结合的筹资机制。"2003年新型农村合作医疗制度试点的筹资标准是：农民以家庭为单位自愿参加新型农村合作医疗，人均年缴纳10元钱（农民个人每年的缴费标准不低于10元，经济条件好的地区可相应提高缴费标准）。地方财政每年对参加新农合的农民资助不低于人均10元，中央补助10元。即'10+10+10'模式。新农合实行以来，国家连续调整筹资标准和补助标准。2006年，全国新农合的筹资水平达到年人均筹资50元的标准，即中央和地方政府各补助20元，农民缴纳10元。一些经济发达地区的筹资水平更高。2008年，各级财政补贴已经达到人均80元，农民的缴费水平提高到20元，人均筹资额达到100元。2010~2012年，各级政府的补助水平进一步提高到人均120元、200元和240元。2012年，筹资标准提高到人均300元左右，政策范围内的住院费用报销比例也提高到75%左右，最高支付限额不低于农民人均年收入的8倍，且不低于6万元。"[2]

七、农村社会养老保险制度实践进展

韩俊等总结了我国农村社会养老保险制度的发展历程及其实践状况。"1992年，民政部制定了《县级农村社会养老保险基本方案（试行）》（简称'老农保'），在有条件的地方逐步推开。'老农保'

采取以个人缴费为主、集体补助为辅、国家给予政策扶持的筹资模式和简历个人账户、储备积累的保险模式。从1998年开始，全国大部分地区出现了参保人数下降，一些地区甚至陷入了停滞状态。"[3]"2009年，国务院出台《关于开展新型农村社会养老保险试点的指导意见》，全面启动'新农保'试点，探索建立个人缴费、集体补助、政府补贴相结合的新农保制度。新农保的基本特征是个人账户加上基础养老金。个人账户由个人缴费和集体补助两部分构成，个人缴费按当地农民纯收入的4%~8%计算，有条件的地方当地村集体可以对个人缴费进行补助。政府对符合领取条件的参保人全额支付新农保基础养老金，其中中央财政对中西部地区按中央确定的基础养老金标准给予全额补助，对东部地区给予50%的补助。目前，基础养老金是每人每月55元。2011年末，全国有27个省、自治区的1914个县（市、区、旗）和4个直辖市的部分区、县开展了国家新型农村社会养老保险试点，参保人数达32643人，比2010年末增长2.18倍。新型农村社会养老保险在2012年将实现全覆盖。"[4]

八、农村最低生活保障制度实践进展

我国目前已形成以《国务院关于在全国建立农村最低生活保障制度的通知》为基础，以各省（自治区、直辖市）农村低保条例为主体，包括其他相关法律在内的保障农村居民最低生活的政策体系。

各地区在实践中也丰富着农村低保政策。其中较有特点的有：建制原则方面，上海提出最低生活保障制度要与法定赡养、扶养相结合，与促进救助对象自助自立相结合的原则，这项原则是对传统道德伦理的一种继承，同时也是社会救助功能认识的一次飞跃，即由救济转为救助，是"天助自助者"的社会工作精神在我国社会保障实践中的第一次具体落实。

在家庭成员及收入测算方面，福建省在继承其他省份规定基础上对家庭收入再次进行了分类，

---

① 韩俊等：《中国农村改革（2002~2012）》，上海远东出版社，2012年，第184页。
② 韩俊等：《中国农村改革（2002~2012）》，上海远东出版社，2012年，第188页。
③④ 韩俊等：《中国农村改革（2002~2012）》，上海远东出版社，2012年，第186页。

即经济性收入、工资性收入、财产性收入与转移性收入四大项。福建省是迄今为止对家庭收入做出最完整、系统的概括的省份。

在保障标准方面，福建省提出低标准起步、调动劳动者生产积极性、鼓励劳动自救原则等五条原则，这五条原则是 2007 年前各地出台政策中对农村低保标准制定考虑最充分的一个。

九、社会保障事业取得显著成效

根据《2010 年度人力资源和社会保障事业发展统计公报》、《2010 年我国卫生事业发展统计公报》《2010 年社会服务发展统计报告》等文献，社会保障事业取得明显成效。

（一）社会保险

社会保障制度不断完善，各项社会保险覆盖范围继续扩大，参保人数和基金规模持续增长。2010 年全年五项社会保险（不含新型农村社会养老保险）基金收入合计 18823 亿元，比 2009 年增长 2707 亿元，增长率为 16.8%。基金支出合计 14819 亿元，比 2009 年增长 2516 亿元，增长率为 20.5%。

1. 养老保险

2010 年末全国参加城镇基本养老保险为 25707 万人，比 2009 年末增加 2157 万人。其中，参保职工 19402 万人，参保离退休人员 6305 万人，分别比 2009 年末增加 1659 万人和 498 万人。年末参加基本养老保险的农民工 3284 万人，比 2009 年末增加 637 万人。年末参加企业基本养老保险为 23634 万人，比 2009 年末增加 2607 万人。

企业退休人员基本养老金待遇提高，且全部按时足额发放。年末纳入社区管理的企业退休人员共 4344 万人，占企业退休人员总数的 76.2%，比 2009 年末提高 1 个百分点。

2010 全年城镇基本养老保险基金总收入 13420 亿元，比 2009 年增长 16.8%，其中征缴收入 11110 亿元，比 2009 年增长 16.5%。各级财政补贴基本养老保险基金 1954 亿元。全年基金总支出 10555 亿元，比 2009 年增长 18.7%。年末基本养老保险基金累计结存 15365 亿元。

2010 年末辽宁、吉林、黑龙江、天津、山西、上海、江苏、浙江、山东、河南、湖北、湖南、新疆等 13 个做实企业职工基本养老保险个人账户试点省份共积累基本养老保险个人账户基金 2039 亿元。全国 31 个省份和新疆生产建设兵团已建立养老保险省级统筹制度。在山西、上海、浙江、广东、重庆等 5 个省、市开展的事业单位工作人员养老保险制度改革试点工作稳步推进。

2010 年末全国有 3.71 万户企业建立了企业年金，参加职工为 1335 万人。年末企业年金基金累计结存 2809 亿元。

2010 年末全国有 27 个省、自治区的 838 个县（市、区、旗）和 4 个直辖市部分区、县开展国家新型农村社会养老保险试点。年末全国参加新型农村社会养老保险 10277 万人，其中领取待遇 2863 万人。全年新型农村社会养老保险基金收入 453 亿元，其中个人缴费 225 亿元，基金支出 200 亿元，基金累计结存 423 亿元。

2. 医疗保险

2010 年末全国参加城镇基本医疗保险为 43263 万人，比 2009 年末增加 3116 万人。其中，参加城镇职工基本医疗保险为 23735 万人，比 2009 年末增加 1797 万人；参加城镇居民基本医疗保险为 19528 万人，比 2009 年末增加 1319 万人。在职工基本医疗保险参保人数中，参保职工 17791 万人，参保退休人员 5944 万人，分别比 2009 年末增加 1382 万人和 417 万人。年末参加医疗保险的农民工为 4583 万人，比 2009 年末增加 249 万人。

2010 年全年城镇基本医疗保险基金总收入 4309 亿元，支出 3538 亿元，分别比 2009 年增长 17.3% 和 26.5%。年末城镇基本医疗统筹基金累计结存 3313 亿元（含城镇居民基本医疗保险基金累计结存 306 亿元），个人账户积累 1734 亿元。

截至 2010 年底，全国有 2678 个县（区、市）开展了新型农村合作医疗，参合人数达 8.36 亿，比 2009 年增加 300 万人；参合率为 96%，比 2009 年增加 2 个百分点。

2010 年度筹资总额达 1308.3 亿元，人均筹资 156.6 元。全国新农合基金支出 1187.8 亿元；补偿支出受益 10.87 亿人次，其中：住院补偿 0.66 亿人次，普通门诊补偿 9.89 亿人次。

3. 失业保险

2010 年末全国参加失业保险为 13376 万人，比 2009 年末增加 660 万人。其中，参加失业保险的农民工为 1990 万人，比 2009 年末增加 347 万人。年末全国领取失业保险金为 209 万人，比 2009 年末减少 26 万人。全年共为 59 万名劳动合同期满未续订或提前解除劳动合同的农民合同制工人支付了一次性生活补助。

2010 年全年失业保险基金收入 650 亿元，比 2009 年增长 12.0%，支出 423 亿元，比 2009 年增长 15.4%。年末失业保险基金累计结存 1750 亿元。

4. 工伤保险

2010 年末全国参加工伤保险为 16161 万人，比 2009 年末增加 1265 万人。其中，参加工伤保险的农民工为 6300 万人，比 2009 年末增加 713 万人。全年认定（视同）工伤 114.1 万人，比 2009 年增加 18.8 万人；全年评定伤残等级为 41.9 万人，比 2009 年增加 2.5 万人。全年享受工伤保险待遇为 147 万人，比 2009 年增加 18 万人。

2010 年全年工伤保险基金收入 285 亿元，支出 192 亿元，分别比 2009 年增长 18.7% 和 23.6%。年末工伤保险基金累计结存 479 亿元，储备金结存 82 亿元。

5. 生育保险

2010 年末全国参加生育保险为 12336 万人，比 2009 年末增加 1460 万人。全年共有 211 万人次享受了生育保险待遇，比 2009 年增加 37 万人次。

2010 年全年生育保险基金收入 160 亿元，支出 110 亿元，分别比 2009 年增长 20.5% 和 24.5%。年末生育保险基金累计结存 261 亿元。

6. 社会保险基金监督

基金监督工作得到加强，基金管理进一步规范。颁布了修订的《企业年金基金管理办法》（人社部第 11 号令），对企业年金集合计划作了原则规定。托管机构管理的企业年金基金已达 2809 亿元，其中，由投资机构投资运作的基金为 2452 亿元，投资组合 1504 个。

（二）社会救助

1. 城市低保

2010 年底，全国共有 1145.0 万户、2310.5 万城市低保对象。全年各级财政共支出城市低保资金 524.7 亿元，比 2009 年增长 8.8%，其中中央财政补助资金为 365.6 亿元，占全部支出资金的 69.7%。城市低保对象中：在职人员 68.2 万人，

占总人数的 3.0%；灵活就业人员 432.4 万人，占总人数的 18.7%；老年人 338.6 万人，占总人数的 14.7%；登记失业人员 492.8 万人，占总人数的 21.3%；未登记失业人员 419.9 万人，占总人数的 18.2%；在校生 357.3 万人，占总人数的 15.5%；其他 201.2 万人，占总人数的 8.7%。

2010 年全国城市低保平均标准 251.2 元，比 2009 年增长 10.3%；全国城市低保月人均补助水平 189.0 元，比 2009 年提高 9.9%。

2. 农村低保

2010 年底，全国有 2528.7 万户、5214.0 万人得到了农村低保，比 2009 年同期增加 454.0 万人，增长了 9.5%。全年共发放农村低保资金 445.0 亿元，比 2009 年增长 22.6%，其中中央补助资金 269.0 亿元，占总支出的 60.4%。

2010 年全国农村低保平均标准 117.0 元/人、月，比 2009 年同期提高了 16.2 元，增长了 16.1%。全国农村低保月人均补助水平 74 元，比 2009 年提高 8.8%。

3. 农村"五保"

截至 2010 年底，全国农村得到"五保"供养的人数为 534.1 万户、556.3 万人，分别比 2009 年同期增长 0.9% 和 0.5%。全年各级财政共发放农村"五保"供养资金 98.1 亿元，比 2009 年增长 11.4%，其中中央财政首次安排"五保"对象临时物价补贴 3.5 亿元。农村"五保"集中供养 177.4 万人，集中供养年平均标准为 2951.5 元/人，比 2009 年增长 14.1%；农村"五保"分散供养 378.9 万人，分散供养年平均标准为 2102.1 元/人，比 2009 年增长 14.1%。还有 59.5 万名居民享受了传统救济。

4. 医疗救助

2010 年全年累计救助城市居民 1921.3 万人次，其中：民政部门资助参加城镇居民基本医疗保险 1461.2 万人次，人均救助水平 52.0 元；民政部门直接救助城市居民 460.1 万人次，人均医疗救助水平 809.9 元。全年用于城市医疗救助的各级财政性资金 49.5 亿元，比 2009 年增长 20.1%，其中：民政部门资助城镇居民参加基本医疗保险资金 7.6 亿元，比 2009 年增长 31.0%，直接救助 37.3 亿元，比 2009 年增长 18.8%。

2010 年全年累计救助贫困农民 5634.6 万人

次，其中：民政部门资助参加新型农村合作医疗4615.4万人次，人均资助参合水平30.3元；民政部门直接救助农村居民1019.2万人次，人均救助水平657.1元。全年用于农村医疗救助的各级财政性资金支出83.5亿元，比2009年增长29.2%，其中：资助参加新型农村合作医疗资金14.0亿元，比2009年增长33.3%，直接救助资金67.0亿元，比2009年增长35.6%。

5. 生活无着人员救助

截至2010年底，全国共有生活无着人员救助管理单位1593个，床位5.6万张，其中救助管理站1448个，床位5万张。全年救助城市生活无着的流浪乞讨人员171.9万人次。2010年全年民政部门还对153.0万人次城市居民和613.7万人次农村居民进行了临时救助。

（三）社会福利服务

截至2010年底，全国各类收养性社会服务机构10.1万个；床位349.6万张，比2009年增长7.1%；每千人口平均拥有社会服务机构床位2.61张，比2009年增长6.5%；收养274.7万人，比2009年增长7.3%。

1. 社会养老服务机构设施

截至2010年底，全国各类老年福利机构39904个，比2009年增加233个，床位314.9万张，比2009年增长9.0%，年末收养老年人242.6万人，比2009年增长6.6%。

从单位类型上来看，城市养老服务机构5413个，床位56.7万张，年末收养老年人36.3万人；农村养老服务机构31472个，床位224.9万张，年末收养老年人182.5万人；社会福利院1572个，床位24.5万张，年末收养17.9万人；光荣院1371个，床位7.3万张，年末收养老年人5.0万人；荣誉军人康复医院40个，床位0.9万张，年末收养老年人0.5万人；复员军人疗养院36个，床位0.6万张，年末收养老年人0.4万人。

从2010年末在院人员的性质来看，优抚对象12.0万人，"三无"对象187.2万人，自费人员43.4万人；按年龄分，老年人229.1万人，青壮年7.5万人，少年儿童6.0万人；按类型分，自理（完全自理）190.8万人，介助（半自理）35.0万人，介护（不能自理）16.8万人。根据第六次全国人口普查数据，全国60岁及以上老年人口

17765万，占总人口的13.26%，其中65岁及以上人口11883万，占总人口的8.9%。截至2010年底，全国共有老年法律援助中心18295个，比2009年减少1614个，降低了8.1%；老年维权协调组织8.3万个，比2009年减少5.3万个，降低了39.0%；老年学校49289个，比2009年减少10254个，降低了17.2%；在校学习人员586.9万人，比2009年增长了8.4%；建立各类老年活动室36.8万个，全年接待来信来访41.8万次，有力地保障了老年人的合法权益。

2. 民政系统精神卫生机构设施

截至2010年底，全国民政部门管理的智障和精神疾病服务机构共有251个。其中社会福利医院（精神病院）157个，床位3.8万张，年末收养各类人员3.4万人；复退军人精神病院94个，比2009年增加5个，床位2.3万张，比2009年增长15.0%，年末收养各类人员1.9万人，比2009年增长11.8%。

3. 孤儿保障制度

截至2010年底，全国有25.2万名孤儿领取了儿童福利证，各类社会福利机构共收养儿童10.0万人。儿童福利院335个，比2009年增加32个，床位5.0万张，比2009年增长13.6%。

2010年全国办理家庭收养登记34529件，其中：中国公民收养登记29618件，外国人收养登记4911件。被收养人合计34473人，其中残疾儿童2692人，女性25203人。

截至2010年底，全国有流浪儿童救助保护中心145个，床位0.5万张。全年救助生活无着流浪乞讨未成年人14.6万人次。

4. 社会福利企业

2010年社会福利业增加值为592.0亿元，比2009年增长14.3%，占服务业的比重0.35%。截至2010年底，全国共有社会福利企业22226个，比2009年减少557个；吸纳残疾职工62.5万人就业；实现利润150.8亿元，比2009年增长20.3%；年末固定资产1646.6亿元，比2009年增长13.2%。

（四）社会慈善

截至2010年底，全国共建立经常性社会捐助工作站、点和慈善超市3.2万个（其中：慈善超市8640个）。全年各级直接接收社会捐赠款物

601.7 亿元，其中：民政部门直接接收社会各界捐款 179.8 亿元，捐赠物资折款 4.9 亿元，各类社会组织接收捐款 417.0 亿元。全年各地接收捐赠衣被 2750.4 万件，其中：棉衣被 956.8 万件。间接接收其他部门转入的社会捐款 10.5 亿元，衣被 538.8 万件，其中：棉衣被 33.8 万件，捐赠物资折款 2464.7 万元。全年有 2514.7 万人（次）困难群众受益（见表 11-1）。

表 11-1 民政部门接收的社会捐赠

指标 \ 年份	2002 年	2003 年	2004 年	2005 年	2006 年	2007 年	2008 年	2009 年	2010 年
接收社会捐赠款（亿元）	19.0	41.0	34.0	60.3	83.1	132.8	479.3	507.2	596.8
接收社会捐赠衣被（万件）	22961.1	19648.8	8957.2	10355.0	7123.6	8756.8	115816.3	12476.6	2750.4

第三节 代表性成果

一、《中国社会保障发展指数报告 2010》

作　　者： 褚福灵

出版时间： 2011 年 10 月

出 版 社： 经济科学出版社

内容摘要：《中国社会保障发展指数报告 2010》根据现有数据和评价需要建立由 49 个指标组成的核心评价指标体系，根据统计数据、计算公式和软件编程测算指标值。根据理论标准与实际数据的正态分布情况确定指标的目标参数值。以指标值为基础，根据无量纲化方法，产生数值在［0，1］的指数值。根据加权方法，由单一的指数值计算出综合指数值，并以此作为社会保障发展指数排名的基础。在指标值和指数值计算中，可能出现个别地区的指标值和指数值异常，但总体上计算出的指标值和指数值是有代表性的，是可行的。

该报告以社会保障、养老保障、医疗保障、就业保障、贫困保障等部分为研究对象，通过"覆盖面、保障度、持续性、高效性、公平性"等纬度对各个部分进行"水平分析、趋势分析和结构分析"，利用"优良度、向好度、正常度、均衡度"等参数进行综合评价，得出了一系列的针对性结论，具有代表性、科学性和一定的创新性。总体判断认为，该指标指数体系反映的中国社会保障发展情况是基本符合实际的，具有一定的说服力。本报告图文并茂，附有 2009 年各省份社会保障发展总指数排名示意图，2009 年全国社会保障发展指数分布示意图，以及多张社会保障发展指数数据表。

社会影响：《中国社会保障发展指数报告 2010》是我国出版发行的首部社会保障发展指数研究报告。报告通过一系列的数据对中国社会保障发展现状与未来趋势进行评价与判断，为社会保障事业量化管理提供了理论框架，是社会保障量化研究的重要进展。

二、《中国社会保障改革与发展战略》（1~4 卷）

作　　者： 郑功成

出版时间： 2011 年 3 月

出 版 社： 人民出版社

内容摘要：《中国社会保障改革与发展战略》（总论卷）立足于国家利益与人民福祉，从全局与长远的发展视角，分析了中国社会保障改革与制度建设所面临的形势、挑战和任务，系统诠释了社会保障的核心理念、基本原则和需要处理好的相关关系，对中国社会保障改革与发展的战略目标、步骤与措施进行了宏观规划，从理论上厘清了社会保障体制改革目标、城乡一体化与均等化进程、经办机制与信息化建设、政府财政责任的确立和中国特色的具体体现。同时，亦将有关军人保险、失业保险发展战略报告与战略研究进程纪实收入本书。《总论卷》中提出：中国社会保障制度发展的战略目标是从弥补制度缺失、构建覆盖城乡居民的社会保障体系入手，积极稳妥、循序渐进地推进社会保障制度沿着公平、普惠、可持续的方向发展，在21世纪40年代末迈向中国特色社会主义福利社会。

《中国社会保障改革与发展战略》（养老保险卷）立足于养老保险制度顶层设计，以实现"人人老有所养"为战略目标，从全局与长远的发展视角，分析了中国养老保险制度建设现状及所面临的挑战与任务，阐述了我国养老保险制度改革与发展的宏观思路与目标体系，从理论上规划了养老保险制度渐进的发展阶段与推进步骤，对关键性问题作出了理论回应。内容包括老有所养及实现路径、覆盖城乡居民养老保险体系建设、职工基本养老保险全国统筹方案、公职人员养老保险、农民养老保险、职业年金、基本养老保险财政投入、养老保险中的中央与地方关系、养老保险基金投资、退休年龄延长方案等。《养老保险卷》提出：最终建立起以缴费型国民养老保险制度为主体、物质保障与服务保障相结合、可持续发展的多层次养老保险体系，实现人人享有体面的老年生活，切实维护老年人的自由、平等与尊严。

《中国社会保障改革与发展战略》（医疗保障卷）立足于医疗保障制度顶层设计，以实现"人人病有所医"和"人人享有健康"为战略目标，从全局与长远的发展视角，分析了中国医疗保障制度建设现状及所面临的挑战与任务，阐述了我国医疗保障制度改革与发展的宏观思路与目标体系，从理论上规划了医疗保障制度渐进的发展阶段与推进步骤，对关键性问题作出了理论回应。内容包括病有所医及其实现路径、城乡居民医疗保险制度整合、职工基本医疗保险制度完善、医疗保险制度的公平与效率、医疗救助制度、长期护理保险制度、工伤保险制度、医疗保障管理体制、医疗保障改革配套机制等。《医疗保障卷》提出：最终建立全国统一的国民健康保障制度，实现"人人享有健康"的发展目标。

《中国社会保障改革与发展战略》（救助与福利卷）立足于社会救助与社会福利制度顶层设计，以实现国民平等的社会救助权与通过福利制度安排合理分享国家发展成果为战略目标，从全局与长远的发展视角，分析了中国社会救助与社会福利现状及所面临的挑战与任务，阐述了我国社会救助与社会福利制度改革与发展的宏观思路与目标体系，从理论上规划了社会救助与社会福利制度渐进的发展阶段与推进步骤，对关键性问题作出了理论回应。内容包括社会救助发展及其路径、社会福利发展及其路径、综合型社会救助、慈善事业、老年津贴、老年服务体系、教育福利、儿童福利、残疾人福利、城乡社区服务的发展战略等。《救助与福利卷》提出：从生存性救助向促进发展型救助、从维持温饱型救助向追求一定生活质量型救助发展。

社会影响：《中国社会保障改革与发展战略》（1~4卷）是由郑功成教授联合200多位专家学者和200多位各级官员，对中国社会保障问题进行的系统研究。他们到20多个省、区、市进行专题调研，与德国、日本、韩国、瑞士等国进行多次交流，召开30多次专家研讨会，到许多省和部委召开征求意见会。历时4年多，出版了成果《中国社会保障改革与发展战略》（1~4卷）。

华建敏同志在为此书做的总序中，高度评价了该书的重要价值："表现了我国理论学术界对国家发展战略的高度重视与承担国家责任的学术自觉性，是理论学术界在政府部门支持下独立自主地进行国家层面重大政策研究的案例。这一战略成果的内容极为丰富，几乎涵盖了我国社会保障体系建设及未来发展的各个方面。"该成果坚持"广覆盖、保基本、多层次、可持续"的基本方针，坚持公平正义、共享的价值理念和普遍性、统一性、互助共济、可持续发展、以人为本与弱者优先、政府主导与责任分担的六大原则。既有战略性的高瞻远瞩与顶层设计，又有对社会保障各个方面的具体分析、论证与政策措施建议。既有统领全局的战略目标，又有分几步走的阶段性任务。既重视研究和尊重社会保障制度自身发展的规律，又致力于将客观规律与不断变化着的中国国情相结合。既重视社会保障制度的理论分析与研究，又重视中外实践过程的历史与现实的对比与取舍研究。

三、《2011年中国社会保障改革与发展报告》

作　　者：邓大松、刘昌平等

出版时间：2011 年 12 月

出　版　社：人民出版社

内容摘要：《2011 中国社会保障改革与发展报告》包括了中国社会保障制度的改革与发展、社会福利发展报告、社会救助制度完善对策研究、新型农村社会养老保险发展报告、社会医疗保险、生育保险与工伤保险发展报告、应对就业常态与非常态风险促进就业稳定增长、军人社会保障发展报告、社会保障基金管理体制、问题与对策等。

社会影响：《2011 中国社会保障改革与发展报告》是"教育部哲学社会科学发展报告资助项目"，由武汉大学社会保障研究中心承担。《报告》由"中国社会保障的改革与发展"、七项分报告以及附录共九部分构成，由来自中华全国总工会、国家人力资源和社会保障部、武汉大学、华中科技大学、中南财经政法大学、暨南大学、军事经济学院、北京大学、中国劳动关系学院等实际部门和高校的众多专家与学者共同攻关完成。报告涵盖了中国当前社会保障改革与发展的主要内容，系统地对我国社会保障各项事业的发展进行了总结和思考，报告立足国情，借鉴外国，主题鲜明，重点突出，方法科学，理论联系实际，具有较强的创新性和应用性，对解决我国当前社会保障所面临的问题具有重要参考价值。

四、《中国养老金发展报告 2011》

作　　者：郑秉文

出版时间：2011 年 12 月

出　版　社：经济管理出版社

内容摘要：《中国养老金发展报告 2011》由主报告和九个分报告组成，分为多支柱养老金发展篇、养老金改革篇和养老金动态篇 3 个部分。主报告全面总结和评估了中国多层次养老金制度的基本运行态势。认为中国各项养老基金积累均达历史最好水平，覆盖范围也创历史最高，制度可持续性和支付能力都得以较大提高；但由于制度设计和政策缺位等原因，中国养老保障体系仍存在较多问题和制约因素，面临严峻挑战，如基本养老保险基金的保值增值、企业年金税优政策缺失、全国社保基金和商业养老保险的潜力仍有待提升等问题。多支柱养老金发展篇由基本养老保险、企业年金、全国社保基金、商业养老保险四

个专题报告组成。专题报告全面评估了各项养老基金的运营情况，详尽地分析了养老金计划覆盖面、基金收支规模和投资绩效等方面的公布数据，并对养老金制度未来的改革和发展趋势进行展望。养老金改革篇的两个分报告以欧债危机背景为研讨主题，以希腊为案例，从"老龄化成本"带来的财务负担角度，揭示了 2011 年欧债危机爆发的养老金诱因；进而对比分析中国的养老金保障制度，提出了欧债危机教训对中国养老金改革的 6 大启示。养老金动态篇跟踪和分析了国内外养老金改革的热点问题，对近年来国内养老金改革的争议性问题、全球主要地区和国家的养老金制度改革趋势做了总结归纳。

社会影响：《中国养老金发展报告 2011》由著名社会保障专家郑秉文主编，是国内公开出版的首部养老金专题报告，反映了中国养老金制度发展的整体状况。这是由中国社会保障专业领域国内一流和国际知名的政策型和研究型智库，是中国社会科学院"世界社保研究中心"编写的第一部中国养老金发展报告。全书系统评估了中国的多支柱养老保障体系，对各项养老金制度参数进行深入分析，展望了养老保障基金未来的发展空间。结合欧债危机背景，本书从"老龄化成本"角度，揭示危机爆发中的养老金诱因，并提出中国养老金制度改革的建议"清单"。全书文献资料翔实、数据丰富、理论探讨和市场分析深入，对于广大研究、关心社会保障体系建设的人士具有极高的学术研究和决策参考价值；同时对中国社会保障的制度建设、政策制定、理论研究做了有益的探索。

五、《西方社会福利理论前沿：论国家、社会、体制与政策》

作　　者：景天魁、彭华民

出版时间：2009 年 6 月

出　版　社：中国社会出版社

内容摘要：在"博采众长，为我所用"的原则下，《西方社会福利理论前沿：论国家、社会、体制与政策》对多个主题的西方社会福利前沿理论进行了研究，提出对中国社会福利制度安排重构、中国社会政策发展、中国复合治理的建议，推动中国迈向福利社会。这些主题内容包括：福

利三角理论、福利多元主义理论、公民身份与社会权利理论、企业社会责任理论、社会需要理论、人类需要理论、新马克思主义的福利国家理论、福利体制理论、福利国家适应性道路理论、第三条道路的社会福利理论、女性主义的社会福利理论、发展性社会福利理论、社会排斥与社会融入理论、资产建设理论、社会福利的制度主义理论、风险社会理论、社会质量理论、新贫穷理论。

社会影响：《西方社会福利理论前沿：论国家、社会、体制与政策》是国内第一本系统研究最新西方社会福利理论的专著。本书试图以横跨中西、穿越古今的广阔视野，为读者提供有关中外社会福利思想和制度的比较全面系统的论述。本书构建新福利理论体系，诠释福利危机之后新范式；反思社会福利的发展，东西对话批判与借鉴的共存；直面社会福利的危机，提出社会福利新发展战略；理顺理论发展的逻辑，评述社会福利的多元观点；建立国际比较的视角，讨论研究社会福利的方法。

六、《从沉寂到创新：中国社会福利构建》

作　　者：彭华民

出版时间：2012 年 4 月

出 版 社：中国社会科学出版社

内容摘要：伟大的变革时代，制度创新与社会问题并存。经过世纪努力，人类建立社会福利制度，生产和传输社会福利，抵御社会风险，提升人类福祉。围绕这个主题，《从沉寂到创新：中国社会福利构建》融合理论研究和实证分析，兼有国际视角和本土探求，充满对人类的价值关怀。第一篇研究了福利三角、福利多元主义、福利国家危机等最新理论，结合中国实际分析了社会政策和社会福利制度发展的走向。第二篇分析了中国社会福利制度阶段特征，首次提出以中国社会福利需要为本的目标定位和组合式普惠型社会福利观点。第三篇提出了需要为本的社会工作模式，提出了社工督导志愿服务的服务学习模式，创新和丰富了本土社会工作实务领域。第四篇以社会排斥为范式，研究了欧盟在社会排斥研究基础上促进社会融入的社会政策路径，以实证资料探讨了弱势群体游走城市边缘，被制度排斥困境和社会融入政策。第五篇以新贫困（贫穷）为主题，演绎了贫困概念和理论的多元发展范式，在对中国城市新贫困群体的实证分析基础上，提出制度性社会排斥概念，为诠释弱势群体成因增添新的理论观点。

社会影响：《从沉寂到创新：中国社会福利构建》是紫金社会学论丛之一，收录中国社会福利的研究论文 22 篇，内容包括：社会福利理论与方法、中国社会福利的发展与创新、社会工作的本土化与实务拓展、弱势群体的社会排斥与社会融入、贫穷问题的理论多元化与反贫穷制度安排。本书不仅有理论高度，还注重中国本土实践，并把本土实践与国际视野相结合，寻找社会事实与行动规律，为建设中国本土化的旨在提升人民福祉的社会福利制度提供了借鉴和启示。

七、《社会保障风险管理与政府责任——以农村合作医疗为例》

作　　者：邓大松、刘远风

发表时间：2011 年第 1 期

期刊名称：《理论与改革》

内容摘要：社会保障是帮助人们处理生活风险的制度。农村合作医疗是帮助农民处理疾病风险的主要制度，预防和控制农村疾病风险，政府的责任在于消除医疗卫生需要、需求和供给三边之间良性互动的障碍；农村疾病风险的分担与补偿，政府的责任在于提供医疗保险，统筹医疗保障与遗属保障等；为进一步发展完善新型农村合作医疗，政府须明确其发展路径，根据不同的发展路径承担不同的财政责任、行政管理责任和制度构建责任。

社会影响：本文是教育部哲学社会科学重大课题"社会保障风险管理研究"（2009JJD630008）成果之一。

八、《北京市城乡结合部社会保障的问题与对策研究》

作　　者：姜爱华、马静

发表时间：2012 年第 8 期

期刊名称：《中国行政管理》

内容摘要：北京城乡结合部的社会保障存在双重二元结构，涉及不同保障群体的社会保障政策变化大、衔接性差，社会保障政策存在真空地带且保障水平差距大，失地农民的社会保障政策不能有效保护农民切身利益，流动人口参与社会保障体系受到限制。这些问题严重制约了北京城市化进程和公共服务均等化的推进。完善北京市城乡结合部社会保障体系，必须扩大社会保障覆盖面，不断加大财政投入，提升城乡结合部整体社会保障水平，维护失地农民社会保障权益，提高对流动人口的社会保障水平，明确不同社会保障主体的责任边界。

社会影响： 本文是教育部人文社会科学研究青年基金项目"加强城乡结合部地区社会管理和公共服务的财政政策研究——以北京市为例"（10YJC790109）和中国博士后科学基金资助项目"我国城乡结合部的社会保障问题研究——以北京市为例"（2012M510372）的研究成果。

九、《农村土地使用权流转中农民权利保障机制研究》

作　　者： 姜晓萍、衡霞
发表时间： 2011 年第 6 期
期刊名称：《政治学研究》
内容摘要： 目前我国农村土地使用权的流转在促进农业现代化和城镇化的同时，也出现了农民土地物权虚化、土地收益权受损、民主管理权弱化、社会保障权缺失等现实困境，容易引发农村集体性维权事件，诱发社会风险。迫切需要以完善法律法规为前提，构建农民权利法定化机制；以健全农村产权制度为核心，构建农民权利实现机制；以完善农村社会保障为重点，构建农民福利保障机制；以提升农民维权能力为关键，构建农村新型社区治理机制；以利益协调为基础，构建农民权利流失的风险防范机制；以纠纷解决为依托，构建农民权利救济机制。以便化解社会矛盾、促进社会公平、维护社会的和谐稳定。

社会影响： 本文是国家社科基金重点项目"建设服务型政府与完善地方公共服务体系"（07AZZ011）的阶段性成果；四川大学高水平学术团队建设项目"西部地区社会和谐发展与社会风险控制研究"（skqy201105）的阶段性成果；四川大学 985 工程"社会公正与公共危机控制研究"的创新基地成果。

十、《社会保障成本转嫁及其自我强化机制》

作　　者： 赵曼
发表时间： 2011 年第 9 期
期刊名称：《中国行政管理》
内容摘要： 在我国经济体制转轨过程中，社会保障一直承担着国有企业改革的成本转嫁。近年来，某些重大公共工程和公共政策，诸如三峡工程、南水北调工程等，也向社会保障进行成本转嫁，加重了社会保障的负担。本文认为，为了防止把社会保障变成转嫁成本的"公地"，应建立社会保障评估制度，对重大工程和公共政策实行事先的社会保障评估。

社会影响： 本文是国家社会科学基金项目"成本转嫁与养老保险风险评估研究"（11AGL006）和人力资源和社会保障部委托课题的阶段性成果。

十一、《流动人口的社会保障陷阱和社会保障的流动陷阱》

作　　者： 黄匡时
发表时间： 2012 年第 1 期
期刊名称：《社会保障研究》
内容摘要：《城镇企业职工基本养老保险关系转移接续暂行办法》并没有摆脱社会保障的制度陷阱、不公平陷阱和低水平陷阱，反而又延伸出了社会保障的流动陷阱和"踢皮球"陷阱。这些陷阱形成的主要原因不是人口和社会保障的流动造成的，而是社会保障的模式、现行财政制度和相关政策体系以及区域经济社会发展不均衡联合导致的。要摆脱这些陷阱，实现人口和社会保障的自由流动，我们需要以建立健全全国社会保障模式弹性统一为主线，以加强社会保障网络信息化建设为基础，以提高社会保障统筹层次为重点，以衔接城乡二元社会保障制度为突破口，以建立健全社会保障均等化服务转移支付政策体系为支撑，最终实现"全民覆盖、弹性统一、服务均衡、流转自由、可持续发展"的社会保障制度。

社会影响： 完善流动人口的社会保障，走出流动人口的社会保障陷阱，对于完善社会保障制度具有重要意义。

十二、《建立城乡一体化最低生活保障制度的路径选择》

作　　者：张禄、王海燕

发表时间：2011 年第 4 期
期刊名称：《理论导刊》

内容摘要：最低生活保障制度在我国经济转型和体制改革的过程中应运而生，它既是对传统社会救济制度的发展与补充，又成为我国当前以及在今后较长时期内进行扶贫减贫的制度保障。然而，随着低保制度全面普及工作的开展，城乡之间的制度差异日益凸显，严重制约了该制度的保障效果。为此，要建立以完善农村低保制度为重点的城乡一体化最低生活保障制度；准确定位救助理念、强化管理制度；实行阶梯模式救助和差异性资金筹集；建立专业化的管理岗位和人才队伍，绩效与监管并重。

社会影响：本文是国家社科基金项目"农村最低生活保障制度的推进政策"（08SHB067）的阶段性成果。

附：代表性论文选登

发展型福利模式下的中国养老制度安排[①]

胡　湛[②]　彭希哲[③]

[摘　要]　养老问题是人口老龄化研究的核心命题。随着人口老龄化成为中国社会的常态，中国的养老制度安排不应是应急策略，还必须考虑到老龄社会的可持续发展。本文以发展型福利的视角重新审视中国养老制度，试图为实现养老政策的发展型转变构建一个初步的分析框架。发展型福利模式强调经济与社会发展的内在整合，重视社会福利的生产主义特色，并致力于推进福利主体的能力发展。基于此，本文认为构建中国的发展型养老政策应首先重塑养老制度安排的价值立场，协调短期目标与中长期战略的关系，并由此在行政管理体制创新的基础上推进老年福利的适度普惠性、在机会平等的基础上促进老年人口参与发展过程、增进对未来劳动人口的人力资本投资以及关注家庭能力发展在养老可持续性中的作用。这些分析对于政府审视现有养老制度安排，并合理选择养老政策改革的切入点提供了理论和实践依据。

[关键词]　人口老龄化；养老；发展型福利；社会政策

一、引言

人口老龄化将成为现代社会的常态，它在任何国家和地区都概莫能外，差别只是出现的早晚与进程的快慢。中国人口的老龄化进程始于 20 世纪 60 年代中期，其老年人口（60 岁及以上）比例于 2000 年达到 10%，是较早进入老龄社会的发展中国家之一。尽管从本质上讲，老龄化与否并没有好坏之分，但在现有的社会经济制度安排下，中国社会仍对这种前所未有的人口学变化缺乏及时有效的适应和调整，使得老龄化在今天更多地被视为一种挑战，而养老无疑是其中最为棘手的问题之一。

对于中国这样的人口大国，如何在尚未实现现代化的条件下应对老龄社会的养老挑战，目前没有成功的他国经验可供借鉴。与西方发达国家不同，中国面临的养老问题是在经济未发达、就业不充分和社会保障未完善情况下的养老问题，这要求中国寻求一种将社会发展与经济发展内在整合的养老政策模式。因而只有在养老的制度安排中注入"发展"的成分，才能使养老政策不只是一种应急策略，更与经济社会的可持续发展协调起来。这对正处于人口老龄化的加速期和发展模式转型关键时期的中国，具有战略意义。

本文以发展型福利的视角重新审视中国养老制度安排，试图为实现养老政策的发展型转变构建一个初步的分析框架，从而将老年人口的养老问题与老龄社会的可持续发展相统一。

二、老龄化背景下的中国养老困境

在人口寿命普遍延长与生育水平迅速下降的双重作用下，中国人口的老龄化水平不断提高。2010 年第六次全国人口普查的结果显示，中国大陆人口中 60 岁及以上人口为 1.78 亿，在总人口

① 胡湛、彭希哲：《发展型福利模式下的中国养老制度安排》，《公共管理学报》，2012 年第 3 期。
② 胡湛，1980 年生，男，毕业于华东师范大学，博士，复旦大学社会发展与公共政策学院讲师，研究方向：人口老龄化、公共政策。
③ 彭希哲，1954 年生，男，毕业于伦敦经济学院，博士，复旦大学社会发展与公共政策学院教授，研究方向：中国人口动态、公共政策。

中所占比重达到 13.26%。与 2000 年"五普"时相比，老年人口增加了 4753 万人、比重上升近 3 个百分点。未来老年人口的规模无疑将继续扩大（如图 1（a）所示），在维持现行生育政策不变的条件下，预计 2011~2030 的 20 年间，中国老年人口的比重会增加近一倍，2050 年 60 岁及以上和 65 岁及以上的老年人口比例将分别达到 35% 和

26%。即便从现在开始调整计划生育政策，中国老年人口的比例到 2050 年时也仅仅降低 2~4 个百分点，老龄化的进程不会因此发生根本性改变（如图 1（b）所示）。在今后相当长的一个时期内，中国人口年龄结构老化的现象将持续存在，那个曾经年轻的社会已一去不返。

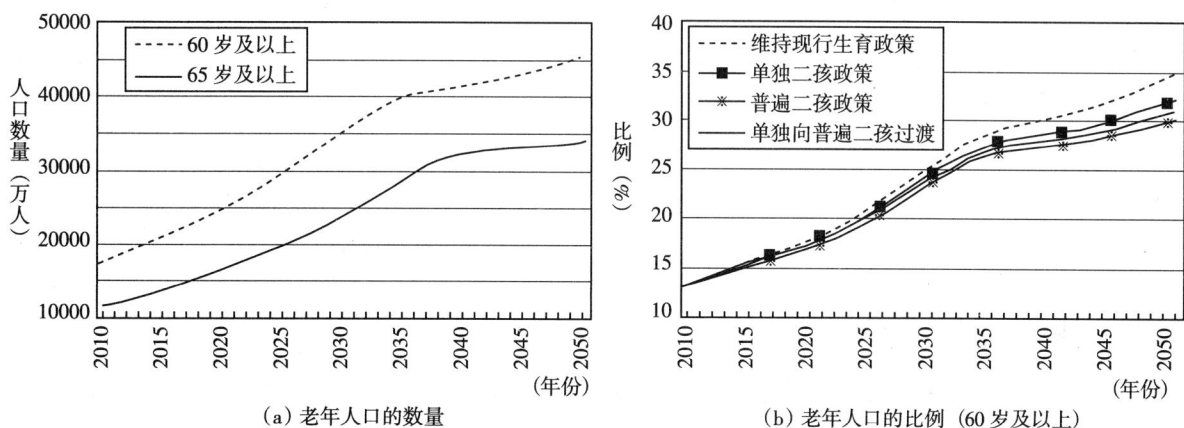

（a）老年人口的数量

（b）老年人口的比例（60 岁及以上）

图 1　不同生育政策方案下的中国人口老龄化趋势（2010~2050 年）①

快速的人口老龄化使中国社会的抚养压力不断增大。不同生育政策方案下的测算显示，我国未来 40 年的人口总抚养比与老年抚养比均呈长期

上升的趋势，生育政策调整要到 2025 年之后才会对老年抚养比产生有限的影响（如图 2 所示）。虽然生育政策调整也会带来少儿人数增加和少儿抚

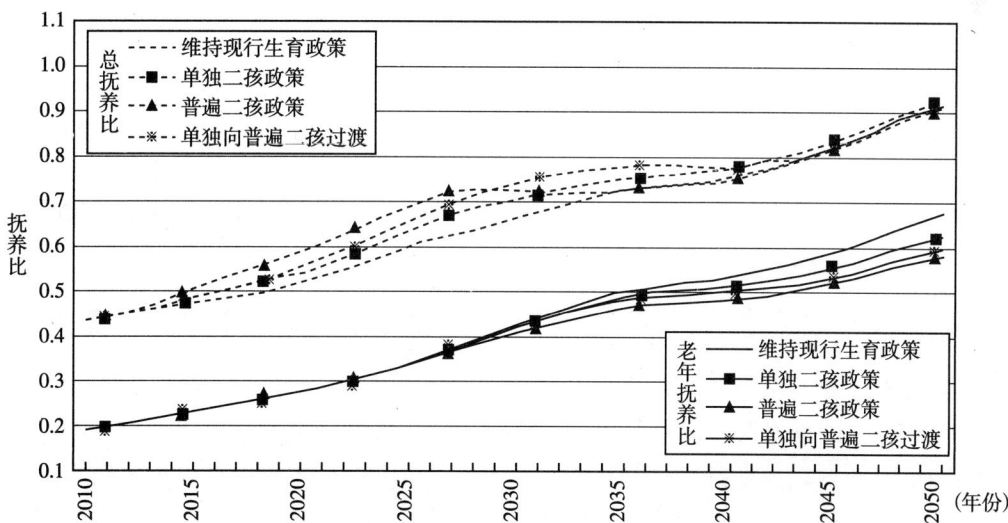

图 2　人口总抚养比与老年抚养比的变化趋势（2010~2050 年）

---

① 本文预设了四种不同生育政策方案。其中，"现行生育政策"是指目前国家所推行的计划生育政策；"单独二孩"是指由 2011 年开始允许有一方为独生子女的夫妻生育二孩；"普遍二孩"是指由 2011 年开始允许所有夫妻生育二孩；"由单独二孩向普遍二孩过渡"是指由 2011 年开始允许有一方为独生子女的夫妻生育二孩，并在 2016~2025 年十年间按区域逐步允许所有夫妻生育二孩。预测所使用的数据主要包括 2005 年全国 1% 人口抽样调查、2000 年全国人口普查、2008 年和 2009 年《中国统计年鉴》公布的全国及各个省份的总人口、农业人口、非农业人口、出生率、死亡率等数据。本文其他预测所采用的数据及假设与此相同。

养比上升，但是影响抚养比上升的主导因素仍然是老年人口增加和老年抚养比的提高。我国 60 岁或 65 岁及以上老年人口的规模预计分别于 2020~2025 年和 2030~2035 年超过 0~14 岁少儿人口，最迟由 2030~2035 年开始，我国劳动年龄人口的抚养重点便会由少儿人口转向老年人口，2050 年的老年抚养比将增加至现在水平的 3 倍以上。随着更多社会财富和公共资源需要被配置到与养老相关的领域中去，中国现有养老金制度和服务体系的完善、公共医疗卫生资源的供给都将经受严峻的考验，中国社会正在陷入前所未有的养老困境。

社会抚养比的提高首先给中国"现收现付"为主的养老金制度带来极大压力。目前，中国社会养老保险的覆盖面仍嫌狭窄，2010 年城镇职工养老保险参保人数已增至 2.57 亿人，却只覆盖到总人口的 18%强，未达到国际劳工组织规定的 20%的最低线；2009 年开始试点的"新农保"发展迅速，至 2010 年底覆盖农村居民约 1.8 亿人（实际参保人数为 1.43 亿），总覆盖面仅有 24%。尽管未来养老保险的覆盖率注定会大幅提高，但随着越来越多老年人能领取到养老金，社会养老金计划的支付缺口将会出现并持续增加。考虑到中国老年人口的规模及人口老龄化的速度，未来缺口一旦出现，资金规模的上升将会非常迅速。据测算，假定维持现有的养老保险制度和替代率不变，即便计入养老保险结余资金，且财政每年按 GDP 的 0.5%提供补贴，中国累积的养老金缺口将会相当惊人，至 2050 年可能达到该年 GDP 的 95%。如果现在不未雨绸缪地及时进行政策调整，中国社会养老金的支付压力将越来越难以化解。

不仅如此，社会服务的相对缺失和传统家庭功能的弱化，还对中国的养老服务体系提出新的要求。无论中国还是外国，居家养老都是最主要的养老形式之一，大多数老年人都要在家庭或社区中得到相应的养老服务。然而随着中国家庭模式的变迁和老龄化进程的加速，老年人的服务与护理已经由过去家庭承担的事务演变成现在必须正视的社会问题，我们的社会却还没有做出及时的反应。截至 2009 年底，全国各类养老机构共 38060 个，共有床位 266.2 万张，占全国老年人口总数的 1.5%，远低于发达国家 5%~7%的标准，也未达到一般发展中国家（如巴西、罗马尼亚等）2%~3%的水平。与之相对应，目前全国老年人口中仅失能老年人口即已达到 1400 万人，并预计在 2050 年后超过 3800 万，此一项便显现出我国老年服务供给与需求之间的严重失衡。如何建立形式多样、城乡统筹的养老服务体系，有序增加老年服务资源的供给，并合理控制公共服务费用的支出，已经迫在眉睫。

从本质上讲，中国所遭遇的养老困境反映出老龄化的人口年龄结构与现有制度及政策安排之间的相互不适应，由此导致养老需求与养老资源供给之间的一系列"供求"矛盾。这一矛盾的凸显不仅仅是因为老龄化的加速和传统家庭模式的变迁，更重要的还有养老需求的内容扩充与质量提升。近三十年来，急剧的社会经济变迁重塑了中国人的生活理念与方式，今天的老年人对于生活质量的追求绝不同于二三十年前的老年人群体，这是社会经济发展的必然结果，也是社会进步的表现之一。然而，如果不能及时有效地调和养老需求与资源供给之间的矛盾，老龄化的加剧可能会迫使这一发展成果酿出一杯苦酒。尤其随着人口老龄化成为中国社会的常态，中国的养老问题已由"如何应急"演化为"如何发展"。它不但直接关系民生，更涉及中国发展模式的转变，我们所需要的也不仅仅是人道主义的、有关发展的可持续性。这无疑需向养老制度安排中注入"发展"的成分，将养老政策的短期目标与中长期战略相统一，从而在"发展"的基础上重构现有的养老政策体系。

三、发展型福利的内涵及其对中国养老制度的启示

养老制度是社会福利体系的重要组成部分，而对社会福利的研究则一直被不同的范式所驱动。规范性视角下的社会福利政策可分为制度型（Institutional）和剩余型（Residual）两类，学者们常将制度型模式与西欧国家相联，将剩余型模式与美国相联。实践证明，在不断追求经济发展以及寻求社会与经济政策相整合的发展中国家，这两种模式并不适合。发展型福利模式由此作为一种折中主义和实用主义的方法出现，它颠覆了

社会政策是单纯支出的传统观念，将再分配功能与生产性的社会投资功能整合，自20世纪90年代以来得到迅速发展。目前，已有学者将发展型福利理论介绍到中国，并在反贫困政策、儿童与家庭政策等领域进行了有益的尝试。

国内发展型社会政策的学者也认识到中国人口老龄化给社会经济发展带来的养老挑战，但仍未对此开展针对性的研究，因此将发展型福利模式与中国的养老实际相结合进行研究，从而把老年人养老的现实问题与经济、社会的持续发展统一起来，具有重要的科学与实践价值。

1. 协调经济发展与社会发展的关系

发展型福利理论的最大贡献是突破了传统社会福利政策孤立地看待经济和社会发展的弊端，揭示出二者间相互依存的关系。长久以来，社会政策一直被视为经济政策的附庸，它只是通过再分配手段平衡经济发展中所产生的公正和平等问题，这种政策割裂的弊端已凸显。联合国早于1969年便由此提出社会和经济协同发展的理念，随之发展起来的发展型福利理论则集中反映了经济政策和社会政策的整合状态。社会政策并不意味着单纯性的支出，它也是生产力的要素之一，对经济发展有促进作用。这一观点最有力的论证莫过于Lindert的专著《增长的公共开支：18世纪以来的社会支出与经济增长》，Lindert用数据和事实颠覆了成说，其研究结果表明社会转移支付的净国民成本为零，即纯再分配性质的社会性支出对于经济增长而言是"免费的午餐"。[①]西方发达国家的这一历史经验对于发展中国家走出社会公平与经济增长的两难困境极具借鉴意义，同时也使发展型福利理论散发出迷人的魅力。

需要特别指出，Lindert在书中基于严格的计量分析后发现，人口老龄化容易使社会达成增加社会性支出的共识，Lindert认为这种年龄效应（Age Effect）源于老年人口比其他年龄阶段人口容易获得社会福利的更多支持。[②]尤其在中国，其传统文化中孕育着浓厚的尊老成分，即所谓的"孝文化"和"崇老文化"。尽管这一文化在现代化的过程中受到冲击，却仍然主导中国的主流社会价值。家家都有老人，人人都会变老。在老龄化的背景下合理、有序地增加相关的社会性支出，将社会发展与经济发展相整合，不仅无碍于中国的经济增长，也将给所有社会成员以信心。

2. 强调社会福利的生产主义转型

对"生产主义"的强调是发展型福利理论及其相关社会政策的特色之一。不同于用来描述东亚"新兴工业化国家"的生产性社会政策（Productivist Social Policy），[③]这些政策往往直接以服务经济发展为战略导向，将福利给付与劳动责任相联系，强调社会政策作为促进劳动和就业政策的工具价值，因而无法满足失业、非正式就业以及丧失劳动能力的群体的福利需求。而发展型福利的"生产主义"则更多通过投资人力资本、增进社会资本来实现，并试图将服务对象涵盖整个人口。按照Taylor Gooby的观点，"既然充分就业、通过再分配提供高水平的普遍福利已经不再可能，那么社会福利只有用于人力资本的投资和增加个人参与经济的机会才具有可行性"。这种生产主义的发展型福利模式为促进经济增长、避免社会福利"抽干"经济发展成果提供了有力保障，并扩大了能够提高社会成员"可行能力（Capabilities）"的社会投资。

具体到中国的养老问题，为了应对人口结构老化的巨大惯性和二三十年后到来的老龄化高峰，其养老制度安排必须考虑到未来养老的可持续性。而中国的老龄化仍超前于现代化，"未富先老"等阶段性特征凸显出中国社会在物质、制度、文化等方面的准备不足，未来的老龄社会是抚养比高、

[①] 必须说明，社会性支出不妨害经济增长是有前提的，即政府的税收政策合理，且支出政策要对享受社会转移支付的社会成员提供正向激励。参见文献［16］。

[②] Lindert通过对"灰色权力"(Gray Power) 分析后认为，老年人在追求自身权利的过程中，由于社会情感 (Social Sentiment) 或政治平衡 (Political Balance) 的倾斜，他们相较于其他年龄阶段人口较易获得社会福利的更多支持。参见文献［16］。

[③] 生产型或生产主义社会政策的概念较早在讨论"东亚福利体制"的过程中提出。第二次世界大战后，东亚国家的工业化、城市化进程起步晚、基础差，满足人民基本生活需求便成为一些国家福利发展的首要任务，因而它们的社会政策具有为经济增长服务的导向。如20世纪60年代日本政府"生产第一、政治稳定第二、福利第三"的发展战略；新加坡"发展必须由于公平分配"的战略；韩国也一度采用"先增长后分配"的战略；中国政府80年代以来"允许一部分人先富起来"、"发展才是硬道理"等政策也都反映了生产主义的政策导向（林卡等，2009）。目前，一些东亚国家的社会政策已逐渐走向了混合体制。参见文献［19］。

劳动力相对短缺、社会服务需求激增的社会，这要求中国的养老制度不仅要有社会性的再分配功能、还需具备生产性的社会投资功能。只有有序地增进生产主义内涵，养老制度才能使老年人养老的现实问题与老龄社会的可持续发展更好地统一。

3. 促进福利主体的能力发展

传统社会福利模式的基本思路是通过再分配手段将社会资源用于减轻人们的不幸，并保障其基本生活，这是一种事后补偿方式，其本身不能防止问题的发生。发展型福利则改变了传统社会福利模式对福利主体的维持性救助形式，其基本思路是致力于消除或减少那些会使人们陷入不幸或困境的因素，试图促使福利主体的自立自强，将社会福利的被动接受者变为经济与社会发展的主动参与者，而不是在风险成为事实后再向他们提供生活保障。与之相对应，发展型福利模式的对象也不再局限于现实中的"问题人群"，而是试图寻求一种促进全体社会成员能力发展的社会资源再分配机制。有学者认为，对于老人、儿童、残疾人等弱势群体，发展型福利政策促使福利主体自立自强的做法，不仅"远水不解近渴"，且会因对象的特殊性而丧失其有效性，因而矫治性或补缺性的福利项目永远是社会福利的重要组成部分。

必须说明，发展型福利模式并不否认社会总是需要救济性和以维持生存为目的的社会政策，它只是认为传统的福利模式过于强调福利供给和收入补助，而这些措施并不能促进人们对经济过程的参与以及对经济成果的分享。尤其对于一个追求可持续性的养老制度体系而言，它不是简单地使用社会资源对老年人施以救助的过程，更不是盲目地延长退休年龄或鼓励所有老年人参与经济活动。老年人群体有其自身的特点，只有综合运用救助性和发展性的福利工具，将老年人的养老问题融入家庭能力发展、社区功能完善的过程之中，全面增加老年人及其家庭抵抗养老风险的能力，才能真正诠释"发展"的内涵。

四、建构中国发展型养老政策体系的若干建议

养老政策有着鲜明的国家特征。尽管西方国家在发展型政策上的实践给中国养老制度安排带来了重要启示，但对于一个处于转型期的发展中人口大国，中国复制其他国家的政策模式仍有先天的局限。只有将别国经验与中国的现实及文化传统统一起来，在强调中国国情的基础上才能构建出符合中国发展需要的发展型养老政策。

具体而言，笔者认为以下几个方面是中国养老制度体系实现发展型转变过程中不可回避的重要主题：

（1）引导社会正确看待"老龄化"与"老年人"，这是构建发展型养老政策的价值与民意基础。

（2）协调短期目标与中长期战略的关系，这是发展型养老政策的基本理念。

（3）在政府管理体制改革的背景下建立一个权威的常态统筹机构，整合并统一调度各类行政资源，管理、调控和实施有关涉老政策，这是构建发展型养老政策的体制保障，在此基础上才能有效推进养老制度适度普惠，从而充实中国社会的养老资源、提高老年人口的福利水平及生活质量。

（4）实现养老政策体系的发展型转变涉及众多具体制度安排，笔者认为目前最为紧迫者有三：完善并改革现行退休制度，提升中国人力资源的利用率；投资现在及未来的劳动人口，确保养老体系的可持续性；关注家庭能力发展在老龄社会发展中的作用，促进并协调不同社会系统共同发挥养老功能。以下分别予以探讨。

1. 重塑养老制度安排的价值立场

社会政策是政府执政理念的具体体现和治理策略的具体实践，它总是首先通过价值观和意识形态等"软要素"对社会产生影响，再经过一系列的资源分配和制度安排获得相应政策效果，养老政策也不例外。所以，在养老政策中注入"发展"内涵的首要任务便是要引导形成一种"社会如何对待老年人"以及"老年人自己如何度过晚年"的新的价值模式，这一模式应嵌套于整个经济社会的可持续发展之中，是社会总体发展目标的一部分。

一方面，家家都有老人，人人都会变老，关注老龄化其实就是在关注我们自己。政府应当在构建发展型养老政策的过程中主导树立一种新的社会伦理，改变当前社会对老龄化的成见与歧视，并确保人们在到了某一年龄之后不会被置于一种无足轻重的消极地位。只有这样，老年人在寿命

普遍延长的同时，才能感到晚年仍可有所作为、生活依然充满意义，这无疑也关系所有人的未来。

另一方面，任何人、任何制度都不能剥夺他人得益于发展的权利。"参与"与"分享"是老年人基本权利不可分割的两个方面，老年人绝不全是被供养的对象，他们也是消费者、生产者，更是历史的创造者。当我们的社会政策不再机械地将"老年人"与"被供养的人"画上等号时，人们自立自强的意识才会增强，不良的生活方式才会减少，平均健康水平才会提高，社会运行的成本才有可能降低，从而形成积极应对老龄化的良好环境。

2. 重视短期目标与中远期战略的整合

发展型社会福利理论为我们提供了一个审视和解决社会问题的新视角，即在社会政策的设计中，只有将短期目标和中长期战略结合起来，才能使社会与经济的发展具有可持续性。就中国的养老制度安排而言，人口年龄结构老化的巨大惯性决定了养老制度不应是一种应急性策略，而成为涉及经济社会能否持续发展的问题。只有兼顾养老政策的短期与中长期目标，才能在此基础上寻求经济发展与社会发展的内在整合模式。

当然，在现有条件下兼顾短期目标与中长期战略无疑会使中国养老政策体系面临双重负担（主要是经济负担），而缺少预防性的政策措施又必然给未来带来更高的治理成本，这是西方发达国家同样面临的两难问题。笔者认为，走出这一困境，除了需要政府治理理念的转变，更为重要的还依赖于政策路径的规划与设计。Lindert 曾明确指出，经济增长会使人们倾向于同意社会性支出（尤其是普及教育等针对人力资本投资的社会性支出）的增加，而设计良好的社会性开支又可以支持而不是牺牲经济发展。因此，在发展型社会政策的框架内，使养老政策在满足当前老年人保障型需求的基础上，也适当、有序地为未来老年人进行预防型的生产性社会投资，不仅能有效地整合养老政策的短期与中远期目标，并且会降低中国经济与社会发展的总成本。

3. 创建专司老龄事务的常态统筹机构

养老问题是目前最受关注的民生问题之一。

随着人口老龄化成为中国社会的常态，政府有必要在长期发展和社会整合的基础上考虑统筹应对养老问题的战略规划，通过相关政策的改革与完善而使中国社会尽快适应老龄化，以贯彻并实现"和谐社会"、"科学发展"和"包容性增长"等执政理念与发展目标。然而，在中国现有的行政管理体制下，目前以部门为主导而形成的各种与老年福利有关的政策不断呈现"碎片化"或"分散化"的趋势，不同的政府部门往往专注于各自的功能和职能定位，相关部门之间职责交叉但界限不明确的情况时有发生，政策之间相互制约乃至冲突的现象时有出现，养老及相关老年福利政策在部门发展序列中的排位以及政策对象的确定都要取决于相关部门对老龄事务的理解。近年来，虽然政府的老龄工作也创造出一些新的服务管理模式，但由于体制的制约，仅仅依靠部门联动，政府各部门的服务与管理终究难以形成合力，这会使养老政策转变的许多基础性工作难以开展、源头性问题难以解决。

因此，构建发展型养老政策应首先寻求行政管理体制上的突破，这是养老政策转变的制度保障。在政府管理体制改革的背景下，只有建立一个权威的常态统筹机构，[①]从体制上强势整合民政、卫生、人口计生、人保、税务等部门相关的职能与资源，在提供体制、组织和资金保障的同时，对政策进行统一的规划、管理、调控与实施，才能够有效推进发展型养老政策体系的构建。

4. 推动老年福利的适度普惠

温家宝总理于 2010 年在《关于发展社会事业和改善民生的几个问题》的讲话中曾特别指出"要加快完善公共财政体制，稳步增加财政性社会保障支出占国家财政支出的比重"，并"向特殊、困难人群倾斜"。养老问题是目前最受关注的民生问题之一，政府已经并正在为之投入大量人力、物力，但在老龄化成为常态的社会情境中，如果不改变老年福利制度的模式，而仅仅依靠加大财政支持力度，将不能真正提高老年人口的福利水平及生活质量。在改革开放前后的很长时间内，中国的老年福利乃至社会福利整体都以"选择性"为特征，民政部的窦玉沛副部长曾就此从"小福

---

① 必须指出，虽然国务院于 1999 年成立了"全国老龄工作委员会"，并将办公室设于民政部，但其只是一个"议事协调机构"。

利”角度出发，在不同场合阐述了中国社会福利由“选择性”向“适度普惠性”转变的目标。普惠性社会福利具有发展型或预防型社会政策的很多特征，尤其针对老年人，为其提供适度普惠性福利具有以下优点：

（1）老年人口相较其他年龄结构人口具有更大的脆弱性，且其比例和规模都在持续增长，如果这一群体能得到资助，则社会救助的目标范围可以大幅缩小。

（2）避免制度的内在不平等导致农村以及中低收入的老年人群体无法从再分配系统中公平获利，这也是社会贫困和老年贫困现象的根源之一。

（3）中国家庭的很多养老资源都是通过生育资源转化的，而计划生育政策所催生出的大量独生子女家庭则面临极大的养老风险，政府理应为响应国策号召的一代人提供普惠性支持，以消除不断出现的伦理诟病。

（4）普惠性福利政策操作简单，可避免选择性政策需“家计调查”的困扰以及“政策瞄偏”的情况。

必须指出，有不少学者担忧适度普惠性福利会增加政府的财政负担。事实上，尽管适度普惠的老年福利将不可避免地增加政府财政支出，却并不一定意味着过高的经济负担。我国改革开放以来的持续高速经济增长已为此创造了较好的物质条件，尤其是东南沿海等经济发展水平较高的地区，推进老年福利的适度普惠性已经不再是一个经济问题，而是对发展序列的优先排序问题。不仅如此，普惠性的社会福利本就具有发展型社会政策的很多特征。笔者坚信，在行政管理体制创新的基础上，随着中国发展模式转型的进一步推进，建立适度普惠性老年福利的呼声必将得到政府与社会的响应。

5. 在机会平等的基础上促进老年人参与发展过程

中国政府在 2010 年的“十二五”规划中首次提倡“包容性增长”的理念，[①] 鼓励人们在机会平等的基础上参与增长过程并分享增长成果。一个包容发展的社会首先应当成为“不分年龄人人共享”的社会，[②] 在这里人们不再把老年人仅仅视为被抚养的对象，他们也是社会发展进步的主体和受益人。将老龄社会的发展建立在包容性增长的基础之上，是构建发展型养老政策体系的前提之一。然而在现实中，尽管中国经济已保持 30 年的增长，老年人口在经济资源的获得途径和占有比例上仍陷于结构性不平等。由于现行退休政策依旧延续 1951 年以来的制度设计，[③] 老年人已在一次分配中受到先天限制。而老龄化带来的转移支付压力又使老年人同年轻一代在二次分配中产生结构性张力，处理不当甚至会招致财政危机及代际冲突。这些矛盾无疑会随人口老龄化的加剧而进一步凸显，一定程度上剥夺了老年人得益于发展的权利。

为了避免在收入分配领域中因老龄化加剧而产生更大的不平衡，西方发达国家和新兴工业化国家普遍采取了推迟法定退休年龄的措施。尽管中国对于推迟退休年龄与否一直存在争论，但实际上，在经济压力等多方面因素的作用下，我国退休人口再就业的比例一直高达 30% 以上。与之相对应，我国劳动部门对于新增劳动力的关注又实际上是在鼓励中老年劳动力提前退出工作岗位，使得我国目前平均退休年龄仅为 53 岁，而退休人员和城市老年人口的劳动参与率更逐年下降到极低的水平。经济合作与发展组织（OECD）国家的大量实践表明，影响人们实际退休年龄和劳动参与率的因素很多，依靠推迟刚性的法定退休年龄并不必然带来实际退休年龄的提高。社会阶层、受教育程度、职业与行业等的不同都会影响人们对于退休年龄的偏好，即便属于同一社会阶层或处于相同行业或职业，人们对退休年龄的态度也呈现显著的个体差异。

笔者认为，现阶段对中国法定退休年龄进行

---

① “包容性增长”（Inclusive Growth）的概念最早由亚洲开发银行（ADB）提出，从 2004 年开始，亚行在其一系列战略发展报告中反复强调“包容性增长”及“包容性”的重要性。

② 联合国曾针对全球社会发展问题制定了“不分年龄人人共享”的行动纲领，它呼吁不同年龄的人与人之间和谐相处。1999 年，联合国将“建立不分年龄人人共享的社会”作为国际老年人年的主题。

③ 1951 年 2 月 26 日中国政府公布《中华人民共和国劳动保险条例》，规定男职工年满 60 周岁、女干部年满 55 周岁、女工人年满 50 周岁退休。当时中国大陆人口的平均预期寿命仅有 50 岁左右，而这一数字截至 2009 年已经提高到 73 岁，其中城市地区人口的寿命延长得更多。

刚性调节的条件并不成熟，对特定人群推行弹性退休政策也许是一种更为现实可行的方法。例如：上海市便于 2010 年 10 月起尝试执行企业人才"柔性"退休政策，即允许具有专业技术职务资格和具有（高级）技师证书的人员达到法定退休年龄、终止原劳动合同后，在个人意愿和企业需要的基础上可以延迟（男性至 65 岁，女性至 60 岁）申领基本养老金。提高这些资深劳动者（Senior Laborer）的劳动参与率，不仅在改善其经济与精神状况的同时缓解了公共养老金的支出压力，而且满足了他们自我发展的需求，使其在整个社会经济发展中起到承前启后的代际示范作用。

也有学者认为，目前无论以何种形式在我国推迟退休年龄都有可能影响现有经济发展态势，应待经济发展受阻时再将其作为调节杠杆使用。从中国现在及未来的劳动力供给来看，假定维持现行生育政策不变，未来 40 年 15~64 岁劳动适龄人口的数量将逐年递减，至 2050 年仅占总人口的60% 左右。其中，15~54 岁劳动力占劳动年龄人口的规模及比例自 2015 年左右开始持续下降，而55~59 岁和 60~64 岁劳动力的比例则逐年攀升，至 2050 年合计占劳动适龄人口的 26% 以上（见图3）。55~64 岁人口将成为未来劳动力的重要组成部分。在这样的背景下，退休制度改革已不再是一个取舍的问题，而应更多地聚焦于改革的价值取向与路径设计。

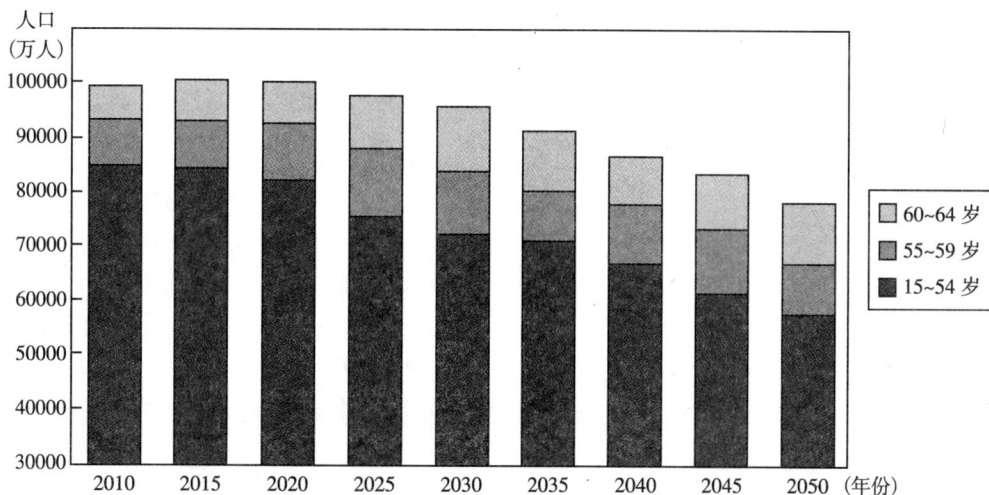

图 3　中国 15~64 岁劳动适龄人口的构成变化（2010~2050 年）

资料来源：根据 2005 年全国 1% 人口抽样调查、2000 年全国人口普查、2008 年和 2000 年《中国统计年鉴》的数据整理测算。

与西方发达国家不同，中国尚未遭遇高福利所带来的沉重养老金支出负担，其老龄化的严重程度也与发达国家相去甚远，因此退休制度的完善与改革应以增进老年人口福利和提升老年人力资源利用率为目标，而不是缓解政府的财政压力。

必须指出，并不是所有的老年人都适合推迟退休，老年人参与社会发展的途径也不仅仅包括就业，但不可否认的是，就业是人们参与社会发展的最佳途径之一。在发展型社会政策的框架内，增进养老政策与就业及其他劳动力政策的合作，消除市场和体制的缺陷以及社会排斥，使老年人在机会平等的基础上公平地参与发展过程并分享发展成果，无疑是对"不分年龄人人共享的社会"的最佳注脚。

6. 增进对现在及未来劳动人口的投资

人是经济与社会发展的最终动力，投资于人力资本是发展型社会政策的基本立场和重要策略之一。据测算，中国劳动年龄人口于 2018 年前后达到峰值，自 2025 年左右开始迅速减少，2030~2080 年更是平均每 10 年便减少 1 亿人。尽管生育政策调整会使我国劳动力年龄人口在 2040~2050 年间增加 5000 万~1 亿人，却依然无法改变中国劳动力资源萎缩的趋势（如图 4 所示）。劳动力绝对数量减少对未来养老的负面影响只能通过提高劳动生产率来平衡，这使投资人力资本成为最重要的制度安排之一。只有"以质量换数量"，才能使未来相对较少的劳动人口创造出足以满足老龄社会需求的社会财富。

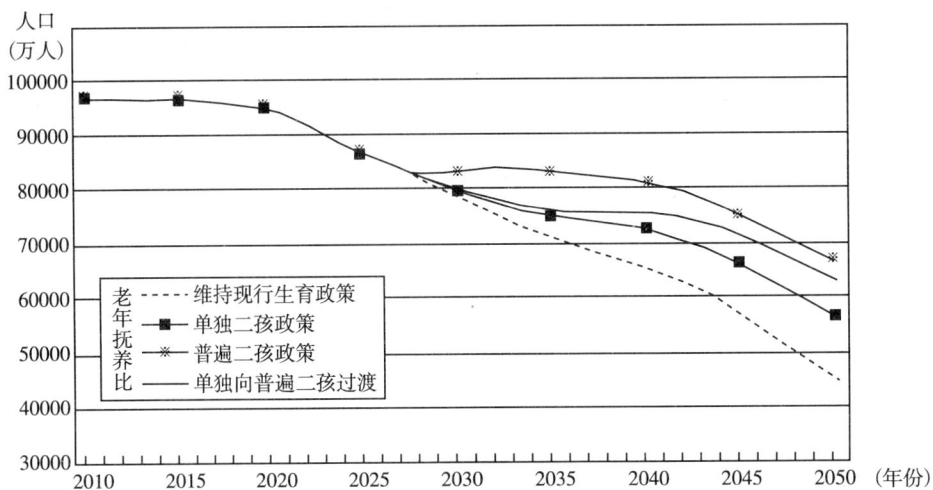

图4 未来劳动力（15~59岁）规模的下降趋势（2010~2050年）

资料来源：根据2005年全国1%人口抽样调查、2000年全国人口普查、2008年和2000年《中国统计年鉴》的数据整理测算。

以社会养老保险制度的改革为例，目前较多研究关注养老保险筹资模式（现收现付制、基金积累制或其混合）转轨的可行性。从实物经济的视角来看，养老保险从本质上讲永远是一种靠后代养老的计划，筹资模式的不同只不过体现于未来老年人口向年轻人口索取物质产品（包括商品和劳务）方式的差别。[①]无论现在还是未来，老年人口养老所需要的物质产品都必然来自当时的产出，而非此前的积累。现收现付或基金制下养老金增长的物质基础完全一样，即下一代就业人口的增长和他们劳动生产率的提高。目前，指望通过中国未来就业人口增长来维持养老金水平已不再现实，确保养老金体系可持续性的关键不完全在于采用何种养老保险筹资模式，而主要是下一代劳动生产率的提高。有研究表明，我国养老保险体系的实际负担系数[②]增长得越快，维持老年人人均养老金水平不变所需劳动生产率的增速就越高。假定实际负担系数与未来老年抚养比同比上升，根据本文之前对老年抚养比的测算，2050年的我国养老保险的实际负担系数将可能达到1.0~1.2左右（即每100个在业人口平均需负担100~120个离退休人员领取养老金）。即便如此，只要年均劳动生产率增速超过3%，那么2050年中国老年人口的养老金水平依然可以保持增长。[③]

中国教育与人力资本问题报告课题组曾指出，预防和缓解人口老龄化对经济社会发展所产生的不利影响的重要举措是增加人力资本存量以提高劳动生产率，并称这种通过人力资本投资来缓解未来人口老龄化压力的机制为预防机制。笔者认为，随着人口老龄化的加剧，加强人力资本投资、加快人力资本积累速度，不仅能够促进劳动生产率的长期增长以提高应对老龄社会巨大养老压力的能力，而且更有利于中国经济发展模式的转变。开拓未来中国经济增长的源泉，并切断未来社会问题发育的链条，无疑是发展型社会政策的应有之意。

7. 支持家庭

目前，中国养老金制度的覆盖范围仍嫌狭窄，这意味着多数老年人口在不能工作时必须依靠自己的积蓄或子女进行养老。从老年人的居住模式来看，中国老年人独居的比例目前仅有10%，远低于发达国家22.5%的平均水平，也低于14%的

[①] 在现收现付制下，老年人口通过政府的征税权向年轻人口索取物质产品，其索取权表现为政府以隐性债务形式对老年人口的承诺；在基金积累制下，老年人口则通过其在工作期间进行养老储蓄所积累的货币权利来索取物质产品，其索取权表现为显性的个人账户所提供的货币权利。

[②] 养老保险体系的实际负担系数是指养老保险体系内领取养老的老年人口与在业人口的比例。统计资料显示，2005~2009年全国参加城镇基本养老保险的职工人数依次为1.31亿、1.41亿、1.5亿、1.66亿和1.77亿人，同期离退休人员分别为4367.5万、4635.4万、4953.7万、5303.6万、5806.9万人，现有实际负担系数保持在0.320~0.333的区间。

[③] 需要说明，此处的测算仅针对我国城镇基本养老保险体系，并假定在业人口的养老保险缴费率不变。参见文献[36]。

世界平均水平；而在中国有老年人的家庭中，老年人与成年子女或配偶合居的情况约占75%，对于80岁及以上的高龄老年人，这一比例更接近90%。

与此同时，尽管那些不再工作的老年人口的经济来源日益多元化，但是仍有将近50%的老年人以家庭作为最主要的养老手段，即便不住在一起，中国的老年人也与他们的成年子女保持着频繁的交互关系。家庭支持在中国老年供养中占据着主导地位，这一现象预计还将持续相当长的一段时间。遗憾的是，目前相当多的养老制度研究却过于关注养老供养中政府与市场的二分，尽管国内有不少针对家庭养老的地位和前途进行分析的研究，但由于近30年来中国婚姻家庭的模式发生了很大变化，当代中国家庭承担传统责任的能力受到多方面的冲击，老龄化所带来的赡养压力更给传统家庭养老制度带来挑战。转型期的中国社会政策赋予家庭重要的社会保护职责，对家庭的支持却非常有限。张秀兰等学者曾就此明确提出建构中国的发展型家庭政策，但将其与中国养老制度联系起来的专题性研究仍未出现。

笔者认为，重视并支持家庭应当成为中国发展型养老政策的一个重点。一方面，尽管政府、市场等社会福利提供者将不可避免地承担越来越大的养老责任，但任何社会养老政策都无法完全取代家庭在养老中的责任与功能，缺少家庭责任的养老制度是残缺的制度，既不能使老年人获得完整的福利，还会造成社会财政的过重负担。另一方面，劳动力绝对数量的减少对未来老龄社会发展的负面影响只能通过提高劳动生产率来平衡，这使投资人力资本成为最重要的制度安排之一，而良好的家庭功能是形成和发展人力资本的首要条件。[①]

不仅如此，还有研究指出，在家庭养老强度低的社会中，家庭内部不存在明显的福利再分配，家庭的福利转移很难化解掉养老金分配体系中的代际不公，从而使代际之间的冲突容易显露。可见，无论是应对老年人的现实养老问题，还是保证老龄社会中的可持续发展与代际和谐，家庭都具有独特且重要的作用。家庭可以成为社会政策与经济政策的结合点，养老制度通过它得以将社会资源分配到具有生产性的社会计划，从而实现再分配与生产功能的整合。

不可回避的是，中国家庭在人口和社会转变的过程中发生了剧烈变迁，已经到了最需要支持的时刻，而中国政府自改革开放以来对家庭的支持又一直囿限于一种"含蓄的援助"，难以有效稳定家庭和承担家庭功能。随着老龄化的进一步发展，未来扩大社会保障覆盖面的需求必将激增，但家庭支持仍将在中国老年人的养老过程中发挥重要作用，政府理应以政策的形式对家庭做出积极的支持以完成过渡。笔者认为以下几个方面尤为重要：

（1）推行明确型（Explicit）家庭政策，注重家庭福利的广泛性和针对性。

（2）将家庭整体作为基本福利对象，尤其将正在承担养老责任的家庭的福利需求考虑在内（如推行以家庭为单位的税收政策、允许社保在家庭成员之间切换、将家庭成员承担老人长期护理的成本纳入社会保险的范畴等）。

（3）在扩大对家庭直接经济援助的基础上，以促进家庭能力为目标进行家庭投资，以"人的全面发展"解决家庭的可持续发展。

（4）推进家庭政策的适度普惠性，尤其要为有养老责任的中低收入家庭提供普遍的支持，并尽量避免其他政策与家庭政策的相互制约乃至冲突。

必须说明，强调家庭在养老中的重要性并不是要将国家或社会应当承担的养老责任转嫁给家庭，而是扩展或延续家庭的功能，促进并协调其与其他社会系统共同发挥作用。从本质上讲，国家等社会福利提供者和家庭对于老年人的福利支持本就属于不同的形式、不同的层面，他们之间不存在简单的替代关系。家庭是中国社会最有价值的资产，注重家庭是中国的传统。通过发展型家庭政策重塑家庭在养老制度中的责任边界与功

---

① 不少研究已开始关注家庭教育、家庭人力资本投资等因素对人力资本形成的重要作用。如郭庆旺、贾俊雪等人（2007）经过计量分析后发现，父母为了获取更好的养老保障，便有强烈动机加大对子女的教育力度，从而形成一种人力资本内生积累机制，不仅支持了家庭养老保障机制的良好运转，而且有助于更好地促进经济增长和人力资本积累。参见文献［40］。

能权责，使中国绵延千载的传统养老制度得以传承与进化，一定会受到中国社会的认可。正如哈耶克所说，理想的社会制度"将永远与传统紧密相连并受到传统的制约"。

五、结语

随着人口老龄化成为中国社会的常态，养老已不仅仅是一个重要的民生问题，更涉及中国经济与社会的可持续发展。2007年1月，中共中央、国务院出台统筹解决人口问题的相关决定，明确提出"以人的全面发展统筹解决人口问题，为经济社会发展提供持久动力"，强调"积极应对人口老龄化的紧迫性和重要性。[①] 2010年9月，国家人口计生委在纪念中共中央《公开信》[②] 发表30周年的座谈会上，又将"人口老龄化"列为我国当前面临的五大人口问题之一，并指出养老问题的严峻性。2010年10月，中共中央更在《"十二五"规划建议》明确提出要以"广覆盖、保基本、多层次、可持续"为方针，推进养老保险制度改革、实现基础养老金全国统筹。[③] 在这样的背景下，以发展型福利模式的视角重新审视中国养老制度安排，显现出更多的现实意义。

（1）政府应重塑养老制度安排的价值立场，引导形成一种"社会如何对待老年人"以及"老年人自己如何度过晚年"的新的价值模式，并将其内嵌于整个经济社会的可持续发展之中。

（2）构建中国的发展型养老政策应努力协调短期目标与中长期战略的关系，使养老政策在满足当前老年人保障型需求的基础上，也适当为未来老年人进行预防型的生产性社会投资。

（3）构建发展型养老政策应寻求行政管理体制的突破，并由此推进老年福利的适度普惠性，以全面提高老年人口的福利水平和生活质量。

（4）发展型的社会政策应致力于消除市场和体制的缺陷以及社会排斥，支持老年人口积极地参与经济活动与社会公共事务，使老年人在机会平等的基础上公平地参与发展的过程，并分享发展成果。在此基础上，增进对现在及未来劳动力的人力资本投资，不仅是发展型社会政策的重要策略，更是确保老龄社会中养老体系可持续性的关键所在，只有这样才能通过劳动生产率的提高而使未来相对较少的劳动人口创造出充足的物质产品供年轻人口和老年人口分享。

（5）养老及相关社会政策还应当重视家庭能力发展在老龄社会中的地位及作用，养老制度可以通过家庭实现短期目标与中长期战略的统一、再分配功能与生产功能的整合，进而由此形成一个建立在家庭与政府、市场等不同社会系统的合作关系之上的发展型养老政策体系。

笔者坚信，随着中国增长模式转变的持续推进和人们对老龄社会常态化的逐渐适应，"发展"必将成为中国养老制度安排的价值基石。

[参考文献]

[1] 彭希哲、胡湛：《公共政策视角下的中国人口老龄化》，《中国社会科学》，2011年第3期。

[2] 彭希哲：《中国人口老龄化：研究回顾与评述》//彭希哲：《人口与人口学》，上海人民出版社，2009年。

[3] 国家统计局：《2010年第六次全国人口普查主要数据公报》，（2011-04-28）（2011-07-25），http：//www.stats.gov.cn/tjfx/jdfx/t20110428_402722253.htm.

[4] 人力资源和社会保障部：《2009年度人力资源和社会保障事业发展统计公报》（2010-5-21）（2011-07-25）http：//www.gov.cn/gzdt/2010-05/21/content_1611039.htm.

[5] 高培勇、汪德华：《中国养老保障体系资金缺口分析与对策建议》，《比较》，2011年第2期。

[6] 杜鹏：《推迟退休年龄应对人口老龄化》，《人口与发展》，2011年第4期。

[7] 张恺悌、郭平、王海涛：《对人口老龄化研究的反思》//《上海论坛》，《应对老龄化社会的挑战研讨会论文集》，复旦大学出版社，2010年。

[8] 戴卫东：《老年长期护理需求及其影响因素分析》，《人口研究》，2011年第4期。

[9] Wilensky H, Lebeaux C.Industrial Society and Social Welfare. New York：Free Press，1965：15-40.

[10] Macpherson S, Midgley J. Comparative Social Policy and the Third World. Brighton：Wheatsheaf, 1987：

---

① 中共中央、国务院《关于全面加强人口和计划生育工作、统筹解决人口问题的决定》（2007年1月22日）。
② 1980年9月25日，中共中央发表《关于控制我国人口增长问题致全体共产党员、共青团员的公开信》，明确指出在我国进行人口计划生育的必要性。
③ 中共中央《关于制定国民经济和社会发展第十二个五年规划的建议》（2010年10月27日）。

3-21.

［11］Hall A，Midgley J. Social Policy for Development［M］. San Francisco：SAGE Publications，2004：1-62.

［12］张秀兰、徐月宾：《建构中国的发展型家庭政策》，《中国社会科学》，2003年第6期。

［13］张秀兰、徐月宾：《发展型社会政策及其对我们的启示》//张秀兰、徐月宾等：《中国发展型社会政策论纲》，中国劳动社会保障出版社，2007年。

［14］彭华民：《西方社会福利理论前沿：论国家、社会、体制与政策》，中国社会出版社，2009年。

［15］张友庭：《城市老龄化进程中的发展型社会政策新探》，《上海城市管理职业技术学院学报》，2009年第2期。

［16］Lindert P. H. Growing Public：Social Spending and Economic Growth since the Eighteenth Century. New York：Cambridge University Press，2004：20-222.

［17］高世楫：《社会性开支是免费午餐：重新认识社会政策的经济影响》//张秀兰、徐月宾等：《中国发展型社会政策论纲》，中国劳动社会保障出版社，2007年。

［18-19］林卡、陈梦雅：《社会政策的理论和研究范式》，中国劳动保障出版社，2008年；林卡、赵怀娟：《论生产型社会政策和发展型社会政策的差异和蕴意》，《社会保障研究》，2009年第1期。

［20］Midgley J，Sherraden M. The Social Development Perspective in Social Policy//Midgley J，Tracy M. B，Livermore M. The Handbook of Social Policy. Thousand Oaks：SAGE Publications，2000：57-81.

［21］Taylor -Gooby P. In Defense of Sec ond -best Theory：State，Class and Capital in Social Policy. Journal of Social Policy，1997，26（2）：171-192.

［22］SEN A. Development as Freedom. New York：Knopf of Random House，1999：14-18.

［23］Elliott D. Social Work and Social Development：Towards an Integrative Model for Social Work Practice. International Social Work，1993，36（1）：21-36.

［24］张秀兰、徐月宾等：《中国发展型社会政策论纲》，中国劳动社会保障出版社，2007年。

［25］戴维·德克尔：《老年社会学》，沈健译，天津人民出版社，1986年。

［26］吴帆：《认知、态度和社会环境：老年歧视的多维解构》，《人口研究》，2008年第4期。

［27］温家宝：《关于发展社会事业和改善民生的几个问题》，《求是》，2010年第7期。

［28］徐月宾、刘凤芹、张秀兰：《中国农村反贫困政策的反思：从社会救助向社会保护转变》，《中国社会科学》，2007年第3期。

［29］李建民：《关于我国退休制度改革的几点思考》，《人口与发展》，2011年第4期。

［30-31］张车伟、仲大军、刘霞辉等：《中国是否应该推出弹性退休制度》，《中国经济周刊》，2004年第38期。

［32］曾毅：《试论二孩晚育政策软着陆的必要性与可行性》，《中国社会科学》，2006年第2期。

［33］Barr N. Reforming Pensions：Myths，Truths，and Policy Choices. International Social Security Review，2002，55（2）：3-36.

［34］程永宏：《现收现付制与人口老龄化关系定量分析》，《经济研究》，2005年第3期。

［35］袁志刚：《中国养老保险体系选择的经济学分析》，《经济研究》，2001年第5期。

［36］彭希哲、邬民乐：《养老保险体系可持续性与劳动生产率增长》，《人口与经济》，2009年第2期。

［37］中国教育与人力资本问题报告课题组：《从人口大国迈向人力资源强国》，高等教育出版社，2003年。

［38］马忠东、周国伟：《市场转型下的老年供养研究》，《人口研究》，2011年第5期。

［39］Whyte M. K. Continuity and Change in Urban Chinese Family Life. The China Journal，2005，53（1）：9-33.

［40］郭庆旺、贾俊雪、赵志耘：《中国传统文化信念、人力资本积累与家庭养老保障机制》，《经济研究》，2007年第8期。

［41］刘骥：《阶级分化与代际分裂：欧洲福利国家养老金政治的比较分析》，北京大学出版社，2008年。

［42］胡湛、彭希哲：《家庭变迁背景下的中国家庭政策》，《人口研究》，2012年第2期。

［43］Cox D，Jakubson G. The Connection between Public Transfer and Private Interfamily Transfer. Journal of Public Economics，1995，57（1）：129-160.

新型农村合作医疗制度发展取向研究[①]

王枝茂

[摘　要] 新型农村合作医疗制度是我国 2003 年开始在农村地区实行的一种医疗互助共济制度。然而，随着我国医疗体制的改革，农村经济条件的变化、农村人口流动的加快、城市化的挑战以及农村人口老龄化等因素使得新农合制度逐渐发生变化。本文认为，必须围绕我国医疗保障体制改革的目标，研究新农合制度的发展取向，不断优化现行的新农合制度。

[关键词] 新型农村合作医疗；全民医疗保险；城乡一体化

新型农村合作医疗制度从 2003 年开始试点，积极探索，稳步推进，到 2008 年基本实现了全覆盖。全国已有 2729 个县（市、区）建立了新农合制度，覆盖了全国所有含农业人口的县（市、区），参合农民 8 亿多人，参合率 91.5%，提前两年完成了中央确定的全面覆盖目标。在新农合全覆盖的情况下，如何依据我国农村社会经济的发展趋势，研究新农合制度的可持续性及发展取向，具有重要的现实意义和深远的历史意义。

一、目标模式：走向全民医疗保险

2009 年 3 月，中共中央、国务院颁布了《关于深化医疗卫生体制改革的意见》，这个意见为我国整个医疗卫生体制改革提出了新方向，其中最重要的突破就是："建立覆盖城乡居民的基本医疗保障体系"，这就是全民医保。实现这一目标的具体措施，就是依据现有的三大公立医疗保险，即城镇职工基本医疗保险、城镇居民基本医疗保险、新型农村合作医疗和城乡医疗救助共同组成基本医疗保障体系，分别覆盖城镇就业人口、城镇非就业人口、农村人口和城乡困难人群。

走向全民医保是新医改方案中最为明确的部分，它为医疗卫生体制改革提出了具体的目标：

（1）基本医疗保障制度全面覆盖城乡居民，三年内城镇职工基本医疗保险、城镇居民医疗保险和新型农村合作医疗参保（合）率平均达到 90% 以上。

（2）从 2010 年起，政府对城镇居民基本医疗保险和新型农村合作医疗制度的补助标准提高到每人每年 120 元，同时适当提高民众的缴费水平，这将大大提高新农合的筹资水平。

（3）控制公立医疗保险基金的结余水平，对新农合基金结余率的控制目标作出了明确而具体的规定，即结余一般不得超过当年收入的 15%，累计结余不得超过 25%，这样参保农民的医药费用自付比例将会大幅度降低。

新医改方案同时也提出了未来的发展方向，即随着经济社会发展，逐步提高筹资水平和统筹层次，缩小保障水平差距，最终实现制度框架的基本统一。因此，通过建立覆盖全民的医疗保险制度安排，不断提高医疗保障水平与服务质量，最终实现人人享有可持续的医疗保障。这既是我国全面建设小康社会的必然要求，也与当前建设和谐社会的目标完全一致。

二、驱动条件：多因素的博弈

我国医疗保障制度发展的目标是走向全民医疗保险。从我国社会经济发展的趋势来看，下列因素影响着新农合制度与城镇居民医保和城镇职工医保的合并与整合。

（1）农村社会经济条件的变化。改革开放 30 年来，我国农村社会发生了巨大的变化。尤其是

---

① 王枝茂：《新型农村合作医疗制度发展取向研究》，《中国行政管理》，2010 年第 2 期。

家庭承包经营责任制的实施，农民的自主性和独立性得到增强，农民中从事各种经营的人数增加，农民的非农化程度大大提高；农民的从业结构发生了变化，从单独的农业向多样化的从业形式转变，农民在收入增加的同时收入差距也在拉大。农民群体的同质性降低而异质性提高，这就决定了农民的需求结构由单一走向多样性，需求水平由较低走向较高。同一水平的医疗保障水平满足不了不同需求水平的农民的要求，面对这一变化，新农合制度要在医疗服务供给的结构、水平等方面做出相应调整。因此，在收入分化严重的情况下，农民生活包括医疗需求水平也存在很大差异。根据经验，随着农民收入的增加以及收入差距的扩大，随之而来的医疗需求的多元化是必然的趋势，这也是促使城乡医疗保障一体化的重要因素。实际上，一些经济发达地区已经具备了整合城乡二元医疗保障制度的条件。例如厦门市 2004 年以来，全面实行"村改居"工程，原有农民全部变成市民，户籍意义上的农民已经消失，他们完全与其他市民一样享受同等医疗保障待遇。

（2）农村人口流动加速。20 世纪 80 年代以来，随着家庭承包责任制的普遍推行，农产品市场逐步放开，以及生产要素市场的发育，推动了劳动和资本在农村内部和城乡之间的流动。相应地，由于户籍制度有所松动，城市福利体制开始改革，劳动就业也逐步市场化，劳动力的流动性愈益加强，大批外来工在城市部门受雇用。特别是 20 世纪 90 年代以来，随着社会主义市场经济体制改革的不断深入，各种限制人口流动的政策和制度障碍不断消除，人口迁移的自主性和流动性不断加强，人口从农业向非农业、从农村向城镇，从中西部地区向东部地区的迁移规模逐渐增大，基本上进入一个持续稳定的发展过程。据统计，1987 年中国人口迁移规模超过 3000 万，1994 年超过 4000 万，1999 年超过 5000 万，到 2000 年已经接近 6300 万，迁移率接近 5%。在新农合制度与人口流动的关系上，人口的自由流动是必然趋势，新农合尽管规定"以家庭为单位自愿参保"，但对流动的农村人口来说，尤其是大批流动的剩余劳动力来说，新农合的吸引力会随着流动人口的加速而减弱。

（3）城市化进程的挑战。伴随着市场化、工业化、现代化进程的加快，我国国民经济结构已经发生了重大变化，产业结构在升级，农业剩余劳动力源源不断向工业和第三产业的转移，农村人口向城镇集聚。随着产业结构的变化，第一、二、三产业中就业人数结构也在持续发生变化，从 2000 年的 50∶22.5∶27.5 转变为 2007 年的 40.8∶26.8∶32.4。在就业结构发生重大变化的同时，城乡人口结构也发生了重大变化。1978 年我国人口为 96259 万，城镇人口为 17245 万，占 17.92%，农村人口为 79014 万，占 82.08%，而 2007 年总人口 132129 万，城镇人口为 59379 万，占 44.94%，农村人口为 72750 万，占 55.06%。我国城市化率已由 1978 年的 17.92%，提高到 2007 年的 44.94%。随着城市化的快速发展，城市化所带来的农村大量剩余劳动力流向城市，对新农合制度的实施将产生直接的影响。

（4）人口老龄化的影响。中国是世界上人口最多的国家，人口基数大，持续增长惯性大，人均预期寿命在不断延长，老龄化进程显著加快。伴随着人口老龄化、生育率下降和由此产生的家庭结构小型化，家庭保障功能也在急剧弱化。对于农村来说，随着工业化、城镇化进程的加快，农村人口结构发生急剧变化，农村劳动力转移就业显性化、规模化，使农村人口老龄化，留守儿童、妇女规模不断增大，这部分人的健康风险相对都比较大，如果还继续在农村范围内组织医疗保障制度，就会成为高风险者之间的互保，达不到医疗保障的互济功能，制度也不可持续。因此，打破城乡界限，建立覆盖全民的医疗保障制度，是必然趋势。

（5）相关体制改革的推动。户籍制度改革、财政体制改革和卫生体制改革与新农合制度的发展都有密切的关系。我国户籍制度改革的目标是用统一的户口登记取代城乡分割的户籍管理，循序渐进地实现国民的自由迁徙权，并确保其相应的经济、社会、政治权益不受损害，这是实现国民平等医疗保障权益的重要条件。实际上随着户籍制度的改革，医疗保障的城乡一体化将水到渠成。

由于财政与医疗保障之间的紧密关系，财政体制改革亦构成了我国医疗保障建设的重要配套条件。尤其是财政支出结构的调整，削减不必要的开支，压缩行政开支，扩大对包括医疗保障在内的民生投入，将为医疗保障制度建设提供有利条件。

卫生体制改革与医疗保障制度建设存在内在的关联性。随着卫生体制改革，国家加大公共卫生事业的投入，均衡配置公共卫生资源，推动和完善公立医疗机构法人治理结构改革，对公立医院管办分离，引入民营资本及社会力量进入医疗服务领域，加强医疗服务机构的竞争，将公共卫生工作的重点放到农村与城市社区，同时推动药品生产流通体制改革，对基本药品实行必要的价格干预，规范药品供应渠道、销售方式等，上述改革将为建立城乡一体化的医疗保障体系提供实施条件。

三、优化方向：向城乡一体化的全民医疗保险制度靠拢

从现行新农合制度出发，要实现全民医疗保险的战略目标，必须进一步通过优化现行新农合制度来实现。根据各地新农合的实践及存在的问题，可以从以下几个方面加以优化：

（1）提高统筹层次。目前新农合制度规定以县为单位进行统筹。随着地区经济的发展、差距的缩小，为了实现更大范围内的风险分担，可以逐步发展到市级统筹直至全国统筹。

从医疗保障制度的发展趋势看，建立统一的社会医疗保险是今后发展的必然趋势。因为医疗项目是城市居民和农村居民共同面临的问题，应该作为全民共享的基本保障项目。制度安排的一元化是社会保障的内在要求，但还需要具备一些基本的前提条件，诸如经济发达、财力雄厚，需求类同以及地区均衡发展、公民社会保障权公平等。我国目前在上述条件方面还存在很大差距，实现统一的社会保障制度的条件还不具备。因此，现阶段还不可能马上建立起统一的一元化的社会保障制度，近期将多元的制度安排作为过渡显然是必要的。新农合制度作为社会保障制度的主要项目之一，也是向城乡一体化过渡的一种模式。

（2）扩大保障内容。当前新农合制度主要是针对医疗救治领域，重点又是对大额医疗费用和住院医疗费用进行补偿。随着农村社会经济的发展，新农合的保障内容不应只限于医疗救治，而且还应该与公共卫生结合，加入预防保健等内容。

目前预防保健与新农合制度脱节，新农合制度规定在大病为主的范围内，主要为住院医疗的农民提供一定的补偿，对小病诊治只提供少许补偿。而预防保健、健康教育等公共卫生的内容被完全排斥在外。这种割裂公共卫生与医疗保障的政策既不符合长期以来形成的农村合作医疗的传统，也不符合今天农村由于常见病、慢性病多发性而迫切需要预防保健的现状。因此，在新农合的发展中将预防保健纳入其中，将对降低服务成本，提高服务质量，促进健康具有推动作用。

（3）提高保障水平。社会保障水平决定着社会保障资金的筹资给付，决定着社会保障体系的运行状况，决定着社会保障基本目标的实现。社会保障总水平是整个社会能够承担社会保障资金给付的能力，这种能力确定的基本依据是经济发展的水平，即GDP的增长。脱离经济发展水平，确立过高或过低的保障水平都是不利的。对于新农合的保障水平来讲也是如此，新农合的保障水平要与农村经济发展水平相适应。社会经济发展水平是新农合医疗保障水平的基础。尽管目前各地的给付水平各不相同，但在"广覆盖"目标之下，仍处于一个"低水平"状态。随着社会经济发展水平的提高，农民收入不断增加，收费水平的提高，给付水平也要不断提高，逐步过渡到城镇居民的保障水平，进而实现与城镇职工医保并轨。

（4）增强强制性。新农合制度规定以农民自愿参保为前提，这种制度规则很容易产生逆向选择。在目前不能实行强制保险的情况下，只能采取诱导性制度，以增加新农合制度的吸引力。诱导性制度的优点是可以让激励机制持久起作用，让参合主体不断增强其受益性。具体可以采取以下办法：①增加政府筹资力度，诱导农民积极主动参保。从2003年到2008年，参合农民人均筹资标准已由30元提高到100元。其中，各级政府人均补助80元，个人人均筹资20元，中央财政对中西部地区参合农民的人均补助标准从10元提高到了40元，并对东部省份参合农民给予一定补助；全国新农合基金规模从40亿元提高到700多亿元。②确定合理的给付结构，激励农民参保。据统计，截至2008年底，全国累计有15亿人次

享受到新农合补偿，共补偿资金 1253 亿元。参合农民人均住院补偿金额从试点初期的 690 元提到 2008 年的 1066 元，实际住院补偿比从 24.7%提高到 38%。随着筹资水平和保障水平的提高自然也会吸引更多的人参保，此时，再逐步实现制度的强制性，就可防止参保中的逆向选择行为。这样就为实施城乡一体化的医疗保险制度奠定了基础。

（5）完善医疗服务购买机制。2003 年新农合尚未建立之前，我国农村有 80%的居民没有任何医疗保障，这些民众一旦生病，必将以自费病人出现在医疗服务机构。即使新农合建立以来，由于其补偿比率很低，一般也就在 30%左右。因此，参合人在就医时基本上还是自费病人。更何况，在不少地方新农合采取事后报销制，即就诊者作为单个的主体接受医疗服务时，必须自己预支全部的医疗费用，然后才能到医疗保险机构报销。这样从医疗服务机构的角度来看，新农合参合病人与没有参合病人的区别不大，只不过前者的费用节省意识稍弱一些而已。这种情形表明，在农村医疗服务市场中，基本不存在第三方购买机制。

因此，引入医药服务第三方购买者，即医疗保险机构，农民在看病时，只需支付一小部分医疗费用（比如 20%），而大部分医疗费用由医保机构直接向医疗服务机构支付。这样一来，一方面，医疗服务机构的主要注意力自然不会放在病人的身上，而是关注如何与医保机构博弈；另一方面，医保机构代替个人成为医疗服务的主要消费者，就有可能运用团购的财力和能力，采用更先进的付费机制，促进医疗机构采用合理的诊疗和用药方案，从而可以较好地避免"供方诱导需求"的问题。

[参考文献]

［1］国务院深化医药卫生体制改革领导组办公室：《深化医药卫生体制改革问答》，人民出版社，2009 年。

［2］高和荣：《风险社会下农村合作医疗制度的建构》，社会科学文献出版社，2008 年。

［3］杨彦云：《中国人口迁移的规模测算与强度分析》，《中国社会科学》，2003 年第 6 期。

［4］国家统计局：《中国统计年鉴（2008)》，中国统计出版社，2008 年。

从"合作"角度分析农村合作医疗①

朱 莹 王建华 蒋 承

[摘 要] 中国农村合作医疗是我国特殊国情下的必然选择。根据其经济特点，中国农村合作医疗大体可以分为（第一次）合作医疗和新型合作医疗两个主要阶段。第一次农村合作医疗是在人民公社制度下，也就是在农村集体经济制度基础上，按照参加者互助共济的原则为农村人口提供基本医疗服务的医疗保障制度。农村基层公共卫生机构的运行与集体经济的强弱息息相关。

[关键词] 新型合作医疗制度；农村合作医疗；乡村医生；必然选择；农村集体经济；农民医疗；保障制度；前提条件；特殊国情；基本医疗服务

一、农村合作医疗发展的两个阶段

中国农村合作医疗是我国特殊国情下的必然选择。根据其经济特点，中国农村合作医疗大体可以分为（第一次）合作医疗和新型合作医疗两个主要阶段。第一次农村合作医疗是在人民公社制度下，也就是在农村集体经济制度基础上，按照参加者互助共济的原则为农村人口提供基本医疗服务的医疗保障制度。农村基层公共卫生机构的运行与集体经济的强弱息息相关。

此时合作医疗最突出的特点就是：由于公社时代生产队掌握着收入分配权，在自上而下要求推广这一制度的形势下，生产队一般在进行年终个人收入分配前，即根据社员家庭人口数从其应得收入中扣除合作医疗费上缴大队，从而轻而易举地避开了挨门挨户收费的难题，也就是回避了新型合作医疗中所必须依赖的需要农民自愿参与的这个至关重要的前提条件。

新型合作医疗从20世纪90年代重新实施到现在，可以归结为以下几个特征：①卫生改革的目标是实现人人享有健康，因此合作医疗这一政府大力推广的改革措施希望能够有尽可能多的农民参加，甚至像第一阶段的合作医疗那样基本人人参与；②参与的费用支付以个人支付为主，但是逐渐突出了政府财政支持的作用；③在"筹资以个人投入为主"的前提下，以自愿参加为实施原则；④从一些推行较好地区的实施过程看，对同一合作范围内的农民仍统一对待，并没有对疾病风险等因素进行区别对待。

到目前为止，中共中央、国务院连续发文加强农村卫生工作，尤其是制订和颁布了各级财政对参加新型合作医疗的农民的补助政策，并要求各省、自治区、直辖市先行试点，从建立农村新型合作医疗制度入手推进当前农村卫生工作。由中央政府规划和融资，全力支持农村新型合作医疗制度的建立，是中国农村卫生政策的重大突破。

然而不容忽视的是，一方面农村居民有关看病吃药既不便宜又不方便的抱怨日益强烈，另一方面旨在解决问题的新型合作医疗推行却并不顺利。除了政府公共卫生支出不足和医药市场治理不力的原因之外，大部分村级卫生室的私有化和农村三级预防保健网作用的削弱，也是导致这种现状的决定性因素。就这个方面，本文将分析合作医疗制度的经济行为特点。

二、合作医疗制度的经济行为特点

按照《中国医学百科全书》的介绍，"合作医疗是群众在自愿互助的基础上，依靠集体经济举

---

① 朱莹、王建华、蒋承：《从"合作"角度分析农村合作医疗》，《中国社会保障》，2006年第6期。

办的一种福利性质的医疗制度……凡是参加农村集体经济组织的成员，承认合作医疗章程，缴纳合作医疗基金，都可以参加合作医疗，并享受合作医疗的待遇。"

可以看出，合作医疗这种制度最大的特点是在制度上给予了农民充分自由的进入和退出权力。但是这也是全部的权力，单个农民不可能也没有能力直接监督合作医疗的运作情况，因为合作医疗在制度上也是依靠集体来管理的。当单个农民觉得参加合作医疗不"划算"时，唯一可以采取的行动就是退出。

另外，如果农民在合作医疗过程中遭受了损失，他甚至找不到具体单个的"报复"对象。因为，如果单个农民承受了合作医疗的一些失败成本，他不能确认究竟是谁给他带来了损失，最多也只能估计是"某群"人的行为所致，因此存在"集体声誉"的问题。

合作医疗的主要经济行为就是平时的看病就诊过程。农村大多数人口居住在村庄，他们最经常利用的卫生资源是村卫生室或个体乡村医生。由于医疗行业突出的信息不对称特性，集体组织对于乡村医生或者是很难实现有效的管理，或者需要以很大的管理成本才能得到比较有效的监管结果。本来，只有控制着具体交易过程（就诊过程）的乡村医生可以较为容易地充当这个角色。但是，集体经济性质的乡村医生需要和干部搞好关系获得一些隐形的收益，而现在的私人行医者为了利润最大化必然选择利好信息的披露。于是，在合作医疗的整个运作过程中，没有一个可以传递准确信息，或者是对那些损害他人的参与者执行惩罚的中介组织。

从上面的分析可以看出，由于种种原因，农村合作医疗制度中，农民没有掌握充分信息而且缺乏可以信任的管理者，也没有可以依赖的事后纠错机制，因此合作医疗是一个特别依赖参与者事前相互信任的交易过程。

三、与"合作"相关的行为理论

就如合作医疗一样，大多数的经济交易都存在通过欺骗交易对方而谋求自身利益最大化的动机。可是如何解释生活中仍然存在的一些"合作"现象，也就是信守显性或隐性的合约现象呢？一

是通过交易者之间的自我监管机制；二是引入第三方监管，如政府颁布的法律、一个集体的行为准则，等等。Li（2000）将其划分为关系基础上的和法规基础上的不同监管机制。在一个可以共享信息的集体，前者更显优势；而随着交易范围的扩大，后者可以更小的沟通信息的边际成本来保证合约的执行。

在没有第三方监管的前提下，重复博弈中的报复行为提供了自我监管合约执行的一个存在理由。Fudenberg 和 Maskin（1986）证明了著名的无名氏定理：如果参与者有足够的耐心，任何一个个人理性的支付量都可以被一个重复博弈的子博弈均衡所支持。这样就解释了看重未来收益的固定参与者会执行合约，维持合作的关系。但是如果遇到的不是固定的对手，而是随机匹配的，报复行为不再存在，用什么来保证合作关系呢？Kandori（1992）证明如果一个集体内部可以保存欺骗记录，大家都可以共享此信息，从而实施惩罚，这同样可以支持合作。Ellison（1994）通过"传染的惩罚"的方式，甚至不需要足够的耐心这个假设就可以把无名氏定理推广到变换对手的情形。

上面的分析都假设在集体内部存在一定的信息流，也就是参与者可以几乎不需要什么成本来获得对手的信息以做出决策。这在某些情形下如转型国家是不符合实际的，得到信息也许需要太大的成本，也许根本就得不到。在分析农村合作医疗时也是如此，农民是不可能准确知道乡村医生是否给他多开了药，或是其他的村民是否得到了乡村医生的特别关照。Parikshit Ghosh 和 Debraj Ray（1996）分析了信息有限或者是缺失下的合作行为，他们假设了集体内部存在着一部分目光短浅的人，正是这些人维持了其他人保持合作关系的动力。Tirole（1996）则绕过个人之间的信息问题，直接从集体声誉的角度来分析其对个人行为的影响。

乡村医生在合作医疗中作用的重要性是不言而喻的。一个得到足够激励而诚实的医生不仅可以提供适当的医疗服务，而且可以抑制村民不诚实的就医行为。就如 Schelling（1960）分析的，一个中介机构（如这里的乡村医生）可以起到协调参与者行为，从诸多可能的结果中选择一个特

定的、均衡的第三方作用。所以，我们在研究合作医疗的时候，分析的重点也应该包括乡村医生——作为天然的信息垄断者的经济行为是怎样的，其在怎样的条件下才能起到一个诚实的中介组织的作用。

需要注意的是，这里我们要区别官方的法律系统和私人中介。利用公共雇员如警察来保障法规执行的正式机构当然是一类重要的监管机制，其为我们研究私人中介提供了一个很好的对比。但是，对于农村合作医疗，首先是监管到位的官方管理机构耗费的成本实在太高；此外，如果仅仅是官方正式的法律规章可以解决，那么也就不会出现新型合作医疗的不景气现象。官方组织对于信息不对称的交易过程的处理往往没有其他的一些监管方式有效。Olson（1993）分析了一个利润最大化的强盗监管者行为。Gambetta（1993）对于意大利西西里黑手党的经济学分析非常深刻。在那里，为了自身利益而不是社会福利最大化的黑手党起到了传递信息，利用各种惩罚手段来保证其顾客不受交易对象欺骗的作用。Dixit（2003）从更一般的角度将私人中介分为信息中介和强制执行中介两类，前者只是作为信息的传导者，后者可以执行一些惩罚措施来协调交易者的行为。合作医疗制度中的乡村医生只是掌握信息而不（或者很少）传播信息，更不可能执行惩罚。一个不诚实的乡村医生可以容易地隐藏其行为的信息，村民只能估计其行为而采取少看病或是退出合作医疗的方式来回应；而一个诚实的乡村医生不仅可以增强农民对于其自身的信心，而且可以增加农民相互之间的信任。

四、国内相关研究的对比分析

第一阶段的合作医疗的绩效是明显的，但是对其在当时的经济条件下是否具有可持续的性质，理论上并没有统一。陈家应等（1996）对14个县的合作医疗历史回顾中指出，这些地区的合作医疗持续了十多年，但是由于其过于依赖集体经济，于是在农村经济体制发生变革时就失去了生存的基础，其解体也成了一种必然的结果。然而，朱玲（2000）通过对安徽省凤阳县的案例研究提出了完全相反的观点：合作医疗实际上在公社最稳定的时期也是难以为继的，它的衰落是自身缺乏

制度可持续性的结果：“从凤阳县卫生局保存的工作报告中可以看出，仅仅在1969年到1979年的10年间，合作医疗就已经几度大起大落。该县1969年开始试点，到1971年全县342个生产大队都实行了合作医疗。可还不到两年，这一制度的推广就出现了‘一紧、二松、三垮台、四重来’的局面。……截至1973年底，全县只有两个公社和5个大队在办，占大队总数的15.8%。”

合作医疗制度的直接受益人和最大受益者应该是农民，可在凤阳地区为什么恰恰是农民对合作医疗失去了兴趣呢？臧宝瑞（2002）对于山东省临沂市树村的（第一次）合作医疗的介绍时所引用的一段话可以给我们一个提示：“公社时期农村大体可以分为三种人，第一种是干部，……他们控制着资源，比别人生活过得好，能把公家的东西用到自己想用的地方。……赤脚医生都是和干部关系处得不错的人，他们可以不用干农活，也能挣工分。干部看病就给开点好药，群众看病就给开点差的。那时候，大家都没有钱，所以，谁有权，谁就能看病。合作医疗浪费得很厉害，办一两年就把资金用完了，所以，很快就停办了。”

朱玲（2000）认为合作医疗垮台的两个主要条件是：财务制度不可持续，资金来源有限但是支出没有得到控制；干部和社员在享受医疗保健服务中的不平等，一方面是社队干部及其家属率先过度消费，多拿药拿好药，另一方面就是在实行个人按一定比例缴费的时候干部及其家属带头欠费。可以看出，第一次合作医疗在上述的地区并没有得到切实的管理与监督，从而形成农民之间的“信任危机”，这导致在人民公社瓦解后的筹资困难。她进一步指出，集体经济基础只是合作医疗推广和普及的前提条件，而合作医疗的瓦解并不取决于公社的瓦解，是其内在运行机制的缺陷使然。

对于新型合作医疗，在总结河南林州、江西余江、安徽六安和上海金山等地调查资料的基础上，张文兵（2003）指出合作医疗成功的条件至少应该满足：首先，社区（或是集体、政府）要通过补助的形式来增加合作医疗组织成员的收益，其作用为抵消部分或全部的负激励；其次，社区（或是集体、国家）通过非商业化的医疗机构来实现第三方监督，这样可以有效地减少合作医疗成

员小病大治的机会主义动机；最后，农民对于合作医疗的信任程度，他建议利用可以着眼于整体利益的农民骨干的支撑来使多数成员增加对于合作医疗的信任。当然提高信任的方法还有很多，包括广泛宣传、将合作医疗作为官员的考核目标，等等。陈兴宝等（1998）对于苏州、昆山等富裕地区合作医疗的成功经验总结中，关键因素有健全的合作医疗管理体制、稳定的筹资渠道和合理的乡村医生报酬等。胡善联、刘远立等（1998）在针对中国农村贫困地区卫生筹资与组织研究中也得到了类似的结论。

需要指出的是，本文考察的对象是合作医疗活动中的直接参与者—农民与乡村医生的行为，而没有详细讨论政府的行为，并非其不重要，而是出于两个方面的考虑：第一，我们所进行农村卫生体制改革的目标是找到一个组织农村卫生体制的新方式，从而使得卫生服务的使用者（农民）和提供者（乡村医生）在自身利益的驱动下保持合作的态度和采取合作的行为。第二，政府在农村卫生体制改革中的主要作用应该表现为经济和法律框架的制定者，并为改革勾画蓝图而避免致命性的错误，而新的制度安排必须建立在对现存体制理解的基础上。

总而言之，综合前后两次合作医疗的研究结果可以得到：一个具有可持续性质的合作医疗制度的最为基础的条件是一定的外来经济支持和有效的管理体制。没有外来的资金支持，仅仅依赖农民自身的筹资很难建立起有吸引力的合作医疗，反而更加剧了农民自筹资金的困难；但是，很多富裕地区的合作医疗并不乐观的事实，以及某些贫困地区的成功经验又凸显了管理的重要作用。这两点都是决定合作医疗成功的先决条件。

第十二章　资源与环境管理

刘骊光

　　资源与环境管理是针对资源与环境如何进行评价、保护、分配、开发、利用、恢复、补救和重建、监控以及价值评估，进行政策制定与实践的实际行动和决策。[①] 资源与环境管理的理论建立在综合运用资源科学、环境科学、管理科学、经济学、哲学、社会学、政治学和法学等多学科的研究方法之上，并以更系统和综合的视角来审视和研究人类面临的种种资源和环境的管理问题。

　　作为公共政策与管理的重要分支，公共资源与环境管理的研究对象是在政府、社会、市场等利益相关方作用下的资源与环境系统的结构、功能、效益和运行机制。在宏观上，资源与环境管理分析资源和环境基本问题，研究人类与资源、人类与环境、资源与环境、经济发展与资源、环境保护之间的相互关系和作用机理；在微观上，资源与环境管理运用多学科理论和方法，研究人类如何合理地开发利用自然资源，并保护人类赖以生存的生态环境，以实现可持续发展。近年来，学术界在资源与环境的理论方面取得了显著的成果和进展；与此同时，我国在资源与环境的实践领域中也开展了积极的探索和尝试，有力地促进了经济、社会、环境的协调发展。本章将重点总结 2011 年度资源与环境管理领域的理论进展和创新实践，以及部分代表性成果。

第一节　理论进展

　　在变化的政治、经济、社会环境条件下，人们在探索"资源、环境、人口、发展"相协调的实践历程中不断总结出关系公共资源与环境管理的基本规律和运行机制。公共资源与环境管理的目标是有效使用政策工具，合理开发和利用社会与社会资源，提供充足的有助于国民经济、社会发展及人民生活水平提高的公共物品，协调人口、资源、环境的相互关系，实现可持续发展。理论进展一节将对近年来，特别是 2011 年，学术界在中国资源与环境管理领域学术研究中的重要理论及方法进展进行梳理和总结。理论进展包括自然资源管理、能源政策与管理、环境保护与管理、全球环境与气候变化治理四部分。

一、自然资源管理

　　自然资源一般是从人类可利用的角度定义的。自然资源指在一定的技术经济条件下，人类可以开发利用产生经济价值的自然物质，包括土地资源、水资源、生态资源、能源资源、矿产资源、气候资源等。自然资源是经济增长的物质基础和条件。合理开发和利用自然资源是实现经济和社会的可持续发展的必然要求。

　　人和社会的经济增长离不开对自然资源的开发和利用。传统的研究观点认为自然资源的丰裕

---

① 布鲁斯·米切尔：《资源与环境管理》，蔡运龙等译，商务印书馆，2005 年。

程度和开发水平能对经济增长起到积极的推动作用，表现为自然资源对社会劳动生产率、技术进步及产业机构布局的正效应（张亮亮，2009；[1] 王成，2010[2]）。此外，自然资源的丰富可能会拖累经济发展。资源诅咒的概念的提出及相关研究就是研究自然资源丰裕地区经济和发展对资源的过分依赖的危险性。资源诅咒的概念最早由 Auty（1994）[3] 提出。通过对资源出口国的案例研究，Auty 认为自然资源富集是一种诅咒而非恩赐。Sachs 和 Warner（1995）[4] 发展了该理论，通过实证研究，发现在 20 世纪 70 年代以后，几乎所有资源富集国家无一例外都出现了经济增长迟滞。之后，学术界增加了大量对自然资源与经济增长的负相关性的研究，如 Torvik（2002），[5] Papyrakis 和 Gerlagh（2004，[6] 2007[7]），Arezki 和 Ploeg（2007）[8] 等。他们的研究证实了资源诅咒确实存在，并提出了各种解释。

近年来，资源诅咒的问题也开始引起国内学界的关注。大致可分为 3 个研究方面：验证资源诅咒、分析资源诅咒的传导机制、资源诅咒的破解。2011 年资源诅咒问题继续吸引了众多研究人员的关注，如刘宝汉（2011），[9] 胡建等（2011），[10] 米成瑶（2011），[11] 张静（2011），[12] 陈海磊（2011）[13] 等。徐康宁和周言敬（2011）[14] 在回顾与评述自然资源与经济增长关系理论演进的基础上，对自然资源作用于经济增长效应的几个重要问题进行了

讨论和分析，提出自然资源并不是一国长期经济增长的必要条件，尽管世界已经进入资源高价时代，但是资源诅咒的效应并未消失等观点，并得出结论：从长期经济增长看，技术进步总是比丰富的自然资源重要得多。邵帅等（2011）[15] 对自然资源开发活动如何影响区域技术进步和经济增长的内在机制进行了理论阐释，讨论了资源诅咒效应的发生条件和作用机制，并利用我国省际层面的静态和动态面板数据模型对理论命题进行了实证检验。邹伟进和邵勖（2011）[16] 研究了我国经济增长对能源消费产生的产业结构效应和规模效应，论证了当经济增长超出资源环境的承载力时，我国省际层面存在一定的"资源诅咒"现象，分析了能源型矿产资源消费不断扩大对经济增长带来的负面约束作用。

为避免资源富集区陷入资源诅咒陷阱，资源富集区必须转变紧紧依赖自然资源的经济增长方式；而转变经济增长方式必然需要协调好影响资源富集区经济增长方式转变目标实现的利益关系，或者受目标所影响的主体间的利益关系。胡春生和蒋永穆（2011）[17] 界定了利益相关者的内涵，并将主要利益相关者的关系协调划分为 4 个方面，即代际间的利益关系，中央与地方的利益关系，国家、企业和个人间的利益关系；地区与地区间的利益关系。分配公平是自然资源管理中的重要研究问题。王晓霞（2011）[18] 介绍并论述了由

① 张亮亮：《自然资源富集与经济增长——一个基于"资源诅咒"命题的研究综述》，《南方经济》，2009 年第 6 期。

② 王成：《自然资源与经济增长关系研究文献综述》，《经济学动态》，2010 年第 6 期。

③ Auty M.. Sustaining Development in Mineral Economics：the Resource Curse Thesis. Resources Policy, 1994, 20（1）.

④ Sachs J. D. and A. M. Warner. Natural Resource Abundance and Economic Growth. NBER Working Paper, Series 5398, December 1995.

⑤ Torvik R.. Natural Resources, Rent Seeking and Welfare. Journal of Development Economics, 2002, 67（4）.

⑥ Papyrakis E. and R. Gerlagh. The Resource Curse Hypothesis and Its Transmission Channels. Journal of Comparative Economics, 2004, 32.

⑦ Papyrakis E. and R. Gerlagh. Resource Abundance and Economic Growth in the United States. European Economic Review, 2007, 51.

⑧ Arezk I. R. and F. van der Ploeg. Can the Natural Resource Curse be Turned in to a Blessing? The Role of Trade Policies and Institutions. IMF Working Paper, WP /07/55, March 2007.

⑨ 刘宝汉：《"福音"还是"诅咒"——自然资源与经济增长关系理论模型及拓展》，《经济与管理研究》，2011 年第 3 期。

⑩ 胡健、张凡勇、董春诗：《自然资源开发与区域经济增长——基于扩展的罗默模型对"资源诅咒"形成机理的检验》，《人文杂志》，2011 年第 3 期。

⑪ 米成瑶：《资源富集区摆脱"资源诅咒"的对策研究——以山西朔州为例》，《求实》，2011 年增刊第 2 期。

⑫ 张静：《自然禀赋与经济增长——一个基于"资源诅咒"命题的文献综述》，《科技经济市场》，2011 年第 2 期。

⑬ 陈海磊：《鄂尔多斯的发展与"资源诅咒"》，《烟台大学学报》（哲学社会科学版），2011 年第 2 期。

⑭ 徐康宁、周言敬：《关于自然资源与经济增长关系的几个重要问题》，《兰州商学院学报》，2011 年第 3 期。

⑮ 邵帅、杨莉莉：《自然资源开发、内生技术进步与区域经济增长》，《经济研究》，2011 年增刊第 2 期。

⑯ 邹伟进、邵勖：《资源可耗竭情形下我国经济增长与能源消费互动机制研究》，《理论月刊》，2011 年第 9 期。

⑰ 胡春生、蒋永穆：《以利益协调促资源富集区经济增长方式转变：基于利益相关者的分析》，《经济体制改革》，2011 年第 4 期。

⑱ 王晓霞：《获益能力理论及其在自然资源管理领域的应用》，《生态经济》，2011 年第 9 期。

Ribot 和 Peluso（2003）[1] 发展的获益能力（Access）理论在自然资源管理中的前景。该理论可为解释现实情境中因自然资源产生的利益分配不公问题提供理论框架以及资源政策分析工具；同时，与产权理论相比，获益能力理论不仅关注价格或产权这样的单一控制和积累机制，而且更关注资源经济中的分配问题。并可拓展到分析市场运行中的经济、政治和社会相互作用机制。

治理问题也在具体的自然资源管理研究中得到重视。以水资源为例，水资源短缺是困扰我国经济持续发展的主要"瓶颈"。范仓海（2011）[2] 对现阶段政府承担的水资源治理责任进行研究，归纳出其治理责任主要有财政责任、制度责任、监管责任和社会整合责任。建立在财权与事权统一，政府主导与责任分担统一，制度设计、监管与实施合理分离，政府引导与社会参与相结合的原则基础上，该研究构建了转型期我国政府在水资源治理中的责任框架体系。土地资源管理中，Gao 等（2011）[3] 的研究以崇明岛试验数据为实例，利用地理信息以及多元特征向量分析方法，研究了如何将地理信息与生物多样性数据运用到土壤管理中，提出了有效评估土壤健康的科学评估方法，作为为政府部门控制土壤污染及提高土地资源管理的科学依据。李国敏和卢珂（2011）[4] 指出，我国目前的土地垂直管理体制设计的不完善是造成违法占用、滥用土地等问题的根本原因。理顺土地管理体制，必须推进再造土地垂直管理的府级关系，建立健全土地法律法规体系，改革利益分配机制等改革。赵可等（2011）[5] 通过实证分析，研究了城市建设用地扩张与经济发展、城市人口增加和产业结构调整之间的关系，并得出结论：东部地区建设用地扩张速度快于中西部，但增长率近年呈现下降趋势；经济发展、城市人口增加和产业结构调整能较显著地解释全国、东部、中部以及西部地区城市用地的扩张；城市人口增加对城市用地扩张的影响基本保持稳定，而经济发展因素对城市用地扩张的作用力度越来越大。

二、能源政策与管理

能源是经济和社会发展的基本物质保证。能源的发展在满足经济增长的基础上，正面临供应紧张和使用效率亟待提高的双重挑战。伴随着我国经济的快速增长和能源的大量消耗，我国能源供需的矛盾已越来越突出，能源问题已成为我国经济发展的重要制约因素。

从近 20 年的数据来看，我国能源生产与消费随经济增长而同步快速增长。多数年份中，经济总量 GDP 的增速高于能源生产和消费的增速。仅在 2003 年和 2004 年，能源生产和消费的增速高于 GDP 的增速；而 2005 年的能源消费增速和 2008 年的能源生产增速高于 GDP 的增速。能源生产和消费结构中，煤炭比例最高，石油次之，水电、核电及其他可再生能源虽有较快发展，但比例仍较低。我国以煤为主的能源结构在今后相当长的时间内很难改变（郭濂，2011）。[6]

优化能源生产与消费结构是我国今后一段时期发展的重要政策目标。具体措施包括调整产业结构、发展清洁能源及可再生能源、提高能源利用效率、推进节能减排、改革能源管理和监管体制等（王伟和郭炜煜，2011；[7] 纪占武，2011；[8] 张运河，2011；[9] 周家骢，2011；[10] 徐东等，2011[11]）。王索漫和涂伟华（2011）[12] 采用乘法合成模型，构造了环境、能源、经济协调发展度指标，运用动

[1] Ribot J. C. and N. L. Peluso. A Theory of Access. Rural Sociology，2003，68（2）。

[2] 范仓海：《中国转型期水环境治理中的政府责任研究》，《中国人口·资源与环境》，2011 年第 9 期。

[3] Gao Y.，Wang Y.F.，Zhang G.M.，Xia J.，Mao L.，Tang Z.W.，and Zhou P.. An Approach to Assessing Soil Health Effect：a Practical Guide for Optimal Ecological Management. Environmental Earth Science，2011，DOI 10.1007/s12665-011-1101-1.

[4] 李国敏、卢珂：《中国土地管理体制变革的路径选择》，《国家行政学院学报》，2011 年第 6 期。

[5] 赵可、张安录、李平：《城市建设用地扩张的驱动力——基于省际面板数据的分析》，《自然资源学报》，2011 年第 8 期。

[6] 郭濂：《中国经济面临的矿产资源能源的约束及对策——基于工业化中期的思考》，清华大学出版社，2011 年。

[7] 王伟、郭炜煜：《低碳时代的中国能源发展的政策研究》，中国经济出版社，2011 年。

[8] 纪占武：《基于低碳经济条件下我国能源与经济发展思考》，《科技视界》，2011 年第 11 期。

[9] 张运河、梁玉国、张庆：《低碳经济背景下的中国能源结构优化》，《价值工程》，2011 年第 11 期。

[10] 周家骢：《新能源"十二五"发展规划与政策建议》，《中国工程咨询》，2011 年第 11 期。

[11] 徐东、刘清志、王臻：《低碳视角下我国能源结构优化研究》，《生态经济》，2011 年第 9 期。

[12] 王索漫、涂伟华：《基于低碳经济视角下环境、能源与经济的协调发展分析》，《经济研究导刊》，2011 年第 31 期。

态面板系统 GMM 估计方法评价了我国省际协调发展状况，得出结论：中国区域间的协调发展度极不平衡；自主研发、技术引进、第三产业比重上升和提高能源价格能提高协调发展度；技术改造和第二产业比重增加对协调发展度产生负面影响；而 FDI 的引入和所有权制度调整对协调发展度的提高无显著影响。一些实证研究分析了省市级能源与经济增长关系。廖剑锋（2011）[①]对贵州省地区生产总值和能源消费总量的时间序列数据进行相关性分析，得出该省能源消费总量与 GDP 增长呈大致同步趋势。胡金林等（2011）[②]以孝感市为例，应用计量模型研究了武汉城市圈的能源消费与经济增长的相互关系，表明该市能源消费和经济增长存在协整关系，但不存在着经济增长和能源消费的格兰杰因果关系。

在探讨能源效率与经济增长的关系问题中，实证分析的方法被大量采用，如李政（2010），[③]李建武等（2010），[④]吴琦和武春友（2010）。[⑤]李建中等（2010）[⑥]通过对历史数据进行变化趋势分析、协整分析及 Granger 因果检验，研究我国经济增长与能源效率之间的关系。表明我国产业结构在短期内不会发生较大变化；在此期间能源效率同经济增长之间存在显著的双向因果关系。这一成果在 Fei 等研究人员（2011）[⑦]的研究中得到证实。他们运用面板协整工具和动态最小二乘法对 30 个省级行政区能源消费变量与经济增长变量的关系进行了实证检验，显示我国能源消费变量与经济变量之间存在长期协整关系；此外，我国东部地区经济增长较之西部地区更依赖于能源的

使用，总体上能源仍是推动我国经济增长的重大引擎。刘佳骏等人（2011）[⑧]实证研究了产业结构升级与提高区域能源效率的相互关系，表明政策导向和产业结构变动是导致区域能源效率周期性增长的重要因素之一。当区域以较高的能源效率增长速度发展时，产业结构变动对能源效率提高的贡献较小。当区域能源效率提高速度降低时，结构变动的贡献开始上升，带动能源效率的提高。

合同能源管理作为基于市场的节能新机制在 2010 年国务院颁布相关条规后得到了更多的关注。曹明德和马洪超（2011）[⑨]指出，当前制约合同能源管理障碍的根源是能源服务公司的经营风险太大、市场诚信度不高。因此，应改进相应的法律政策，制定强制性的环保标准，建立公正权威的节能认证机构，推进项目融资，并与碳交易相融合。陈赟（2011）[⑩]将合同能源管理的基本模式进行归类，认为制约其发展有认识不足、利益体关系复杂、经验不足、技术水平不高、保障制度不健全等多方面的原因，同时提出了我国应通过完善政策、税收扶持、金融服务等加快推进合同能源管理的发展。王晓芳（2011）[⑪]通过借鉴发达国家合同能源管理发展的经验，提出为激励和规范我国合同能源管理的发展，我国应制定合理的税收优惠以及惩罚性的税收政策。此外，如何在多个行业有效应用合同能源管理这一新机制得到了积极的探讨，如建筑行业（王冰，2011），[⑫]城市照明（姚涛，2011），[⑬]环保产业（温承革等，2011）[⑭]等。

---

① 廖剑锋：《贵州省能源与经济发展关系的实证研究》，《经济研究导刊》，2011 年第 13 期。

② 胡金林、胡亚权：《武汉城市圈能源与经济增长关系实证探讨》，《商业时代》，2011 年第 2 期。

③ 李政：《中国能源效率的省际差异——基于超效率 DEA 方法的研究》，《经营管理者》，2010 年第 19 期。

④ 李建武、王安建、王高尚：《中国能源效率及节能潜力分析》，《地球学报》，2010 年第 5 期。

⑤ 吴琦、武春友：《我国能源效率关键影响因素的实证研究》，《科研管理》，2010 年第 5 期。

⑥ 李建中、武铁梅、谢威：《我国能源效率与经济增长关系分析》，《生产力研究》，2010 年第 9 期。

⑦ Fei L. S., Dong X. Li, Q. Liang and W. Yang. Energy Consumption-economic Growth Relationship and Carbon Dioxide Emissions in China. Energy Policy, 2011, 39 (2).

⑧ 刘佳骏、董锁成、李宇：《产业结构对区域能源效率贡献的空间分析——以中国大陆 31 省（市、自治区）为例》，《自然资源学报》，2011 年第 12 期。

⑨ 曹明德、马洪超：《中国合同能源管理的法律与政策分析》，《华东政法大学学报》，2011 年第 6 期。

⑩ 陈赟：《加快我国合同能源管理发展的思考》，《中国能源》，2011 年第 1 期。

⑪ 王晓芳：《推动合同能源管理发展的税收政策研究》，《南京工业大学学报》（社会科学版），2011 年第 4 期。

⑫ 王冰：《合同能源管理与建筑节能》，《上海建材》，2011 年第 2 期。

⑬ 姚涛：《基于 EMC 模式的 LED 路灯照明工程成本效益分析》，《广东科技》，2011 年第 10 期。

⑭ 温承革、张永富、马三剑：《EMC 在环保产业应用的探讨》，《企业技术开发》，2011 年第 1 期。

三、环境保护与管理

环境管理是为合理调节经济增长、社会发展、生态平衡与环境保护之间的关系，针对经济、社会、环境整体系统进行的一种协调性的规划管理。随着人类经济活动和环境管理活动的深入，环境管理的范围在不断扩展。如何以最低的环境成本确保自然资源的可持续利用，成为现代环境管理的重要内容。

大量的环境管理文献集中于对经济增长和环境影响关系的讨论，特别是通过对环境库兹涅茨曲线（EKC）进行实证分析，并在此基础上讨论该假说在中国的适用性，以及如何推进环境与经济的协调发展。时间序列的拟合方法是最常运用的数据分析手段，相关研究主要集中于对分省数据的分析，如徐嘉艺等（2011）、[1]张哲（2011）、[2]陈延斌和陈才（2011）、[3]李溪和丁挺（2011）[4]等。尽管普遍预期环境污染物排放与经济增长之间可能存在倒 U 型曲线，但大多数表明环境污染指标与经济增长表现出各自规律，并没有呈现理论上的环境库兹涅茨曲线关系。但总体说来，环境污染随人均经济总量的增加而呈现复杂的波动变化；环境库兹涅茨曲线在不同的条件下具有不同的转化形式，盲目根据发达国家样本分析得出的结论，来研究中国地区的实际情况是不准确的。

对所研究的区域对象按不同属性划分，并运用面板数据是研究区域环境与发展关系普遍采用的方法。周茜（2011）[5]通过构建综合环境污染水平指标和使用因子分析法，分析了中国东、中、西部地区环境库兹涅茨曲线。结果表明：中国东、中、西部地区环境库兹涅茨曲线均呈 N 型，但不同地区之间变化规律不同，造成这一差异的原因

来自于规模效应、结构效应、技术效应、资源禀赋效应和环保规制效应。王良举等（2011）[6]采取面板数据将所有国家和地区分为高收入、中等收入和低收入进行回归分析，发现环境污染除受到人均国民收入的影响之外，还受到其他重要因素的影响，包括经济结构、经济外向型程度和人口；此外，环境污染物排放与经济增长之间的倒 U 型曲线关系尚不明显，尤其是中等收入和低收入国家。李谷成等（2011）[7]的研究力图将资源投入因素纳入环境库兹涅茨曲线的分析框架。研究者应用单元调查评估方法核算转型期省际层面上农业污染物排放量，并运用 M-L 指数测算环境规制条件下我国农业生产率，从而将农业增长、资源节约与环境保护纳入统一框架，突破了原有关于全要素生产率（TFP）研究中将 TFP 等同于技术进步或忽略环境污染影响等缺陷。

在探索适应我国国情的环境管理体制方面，马中和石磊（2009）、[8]钱翌和刘莹（2010）[9]等研究人员分别从机构设置、执法、监督等方面分析了我国流域管理体制存在的问题，并提出了改善流域管理体制的政策建议。王怡等（2011）[10]借鉴国外其他国家环境管理体制改革的经验和进程，构建了我国的新型环境管理体制模型。该模式以统一监管机制、协调机制、综合决策机制、三元机制为运行机制，消除环境问题中的体制性障碍，实行垂直和扁平化管理相结合。该体制的政策体系则包括法律法规、协调和协助制度、公众参与制度等一系列政策措施。李颖明等（2011）[11]认为城市环境问题正日趋复杂和多元化，而对城市环境管理系统进行研究将是研究系统最优运行状态的重要保证。他们的研究在对城市环境管理的构成要素分析的基础上，构建了涵盖专业管理子系

① 徐嘉艺、宋海峰、韩静静：《内蒙古经济发展和环境变化的关系研究》，《城市探索》，2011 年第 8 期。
② 张哲：《辽宁省经济增长与能源消耗的关系研究》，《经济视角》，2011 年第 9 期。
③ 陈延斌、陈才：《辽宁省经济发展与环境污染水平计量模型研究》，《资源开发与市场》，2011 年第 9 期。
④ 李溪、丁挺：《经济增长与工业环境污染关系实证研究》，《环境与可持续发展》，2011 年第 1 期。
⑤ 周茜：《中国区域经济增长对环境质量的影响——基于东、中、西部地区环境库兹涅茨曲线的实证研究》，《统计理论与方法》，2011 年第 10 期。
⑥ 王良举、王永培、李逢春：《环境库兹涅茨曲线存在吗？——来自 CO_2 排放量的国际数据验证》，《软科学》，2011 年第 8 期。
⑦ 李谷成、陈宁陆、闵锐：《环境规制条件下中国农业全要素生产率增长与分解》，《中国人口·资源与环境》，2011 年第 11 期。
⑧ 马中、石磊：《新形势下改革和加强中国环境保护管理体制的思考》，《环境污染与防治》，2009 年第 12 期。
⑨ 钱翌、刘莹：《中国流域环境管理体制研究》，《生态经济》，2010 年第 1 期。
⑩ 王怡、王艳秋、李丽萍、纪锋：《完善中国环境管理体制的探讨》，《生产力研究》，2011 年第 12 期。
⑪ 李颖明、李晓娟、宋建新：《城市环境管理系统及运行机制研究》，《生态经济》，2011 年第 6 期。

统、监督检查子系统、综合协调子系统的城市环境管理运行系统，并进一步研究了 3 个子系统在横向管理与纵向管理的框架体系中形成的运行机制。李伟鹏和吕美怡（2011）[1]通过对资源性城市的环境资源管理实践进行分析，提出改革的重点应主要针对规划审批制度、生态效益补偿机制、环境影响评价制度、绿色 GDP 考核制度、环境监督制度的不健全等问题。深入探讨政府运作机制是理解环境政策过程和管理活动的重要途径。针对有关政府内部运作过程和机制的研究存在着明显空白，周雪光和练宏（2011）[2]以政府内部上下级部门间讨价还价谈判为切入点，区分了委托方的两种策略选择："常规模式"与"动员模式"；代理方在随后的应对过程中在三种策略中加以选择："正式谈判"、"非正式谈判"或"准退出"。研究表明，在委托方采纳动员模式的条件下，"准退出"是代理方的最佳应对策略；而在常规模式下，代理方的应对策略选择有着更大空间。

环境保护和管理正有待新方法的采用和推广，特别是以市场为导向的经济手段将逐渐在环境治理活动中，替代行政手段成为更具竞争力的手段。姜妮（2011）[3]总结专家观点，研究了我国"十一五"期间二氧化硫、化学需氧量减排约束性指标的实现过程中，排污权交易制度所发挥的作用，指出该排污权交易除了已初具规模的试点范围外，其他成果包括试点省份的建章立制工作初步形成；地方交易平台初步建立；部分试点地区全面开征排污权有偿使用费等。进而，为了在"十二五"期间推进排污权交易市场的建立，作者提出要重点做好几项工作，包括：国家应尽快出台排污权有偿使用和交易指导意见；进一步增加试点指标和工作范围；完善排放指标有偿分配，推动排污权交易二级市场的建立；加强污染物的排放监测和监管能力建设；等等。苏明等（2011）[4]

重点研究了我国开征碳税的有关理论和政策，指出碳税是有效推动碳减排的重要经济手段；我国应根据国情合理设计碳税税制要素，并适时开征国内碳税。

四、全球环境与气候变化治理

随着经济的发展和人类对自然资源的需求不断增长，全球的环境问题已越来越突出。面对全球变暖、臭氧层破坏、土地退化，物种灭绝等一系列重大全球性环境问题，世界各国在环境领域的相互依赖程度正在加深，全球环境治理体系正在形成。全球环境治理就是指通过制定具有约束力的国际规则来建立新型管理体制，通过各行为主体之间的联合与合作，共同解决全球性环境问题。

学术界对全球环境治理问题的研讨随着实践的丰富而更趋完整和深入。全球环境治理经历了从单一问题、单个主体到多种问题、多元主体的历史发展。曲聪（2011）[5]和范亚新（2011）[6]认为全球环境治理与国家主权、国际政治等问题密切相关。庄贵阳等（2009）[7]从世界经济和国际政治的视角分析了气候变化问题的实质。他们的研究认为全球环境治理的主体包括各国政府、市场主体和公民社会组织。当前全球环境治理体系是通过国家、社会和公众 3 种不同社会体系合作来实行创新性的管理。王伟和郭炜煜（2011）[8]提出应在保障能源安全的前提下，结合国情和国外多中心治理模式，将政府、市场、行业和民众 4 类行为者力量调动起来，推动近期及长远中国环境治理。宋言奇和陈宇光（2011）[9]认为全球环境治理模式正实现从政府治理到社区自治的转变。转变的主要原因在于社区自治能够弥补政府治理的缺陷，同时全球执政方式的转型，为这种模式转变提供了良好的政治环境。但对于中国这样的发

① 李伟鹏、吕美怡：《完善资源型城市的环境管理制度》，《中国林业经济》，2011 年第 1 期。
② 周雪光、练宏：《政府内部上下级部门间谈判的一个分析模型——以环境政策实施为例》，《中国社会科学》，2011 年第 5 期。
③ 姜妮："十二五"：排污权交易期待新突破》，《环境经济》，2011 年第 6 期。
④ 苏明等：《中国开征碳税理论与政策》，中国环境科学出版社，2011 年。
⑤ 曲聪：《全球环境问题与国际政治》，《中国城市经济》，2011 年第 3 期。
⑥ 范亚新：《中国环境外交：冷战后的发展》，《改革与开放》，2011 年第 6 期。
⑦ 庄贵阳、朱仙丽、赵行姝：《全球环境与气候治理》，浙江人民出版社，2009 年。
⑧ 王伟、郭炜煜：《低碳时代的中国能源发展的政策研究》，中国经济出版社，2011 年。
⑨ 宋言奇、陈宇光：《全球环境管理模式的转变：从政府治理到社区自治》，《南通大学学报（社会科学版）》，2011 年第 2 期。

展中国家，模式转变也面临环境管理体制的理顺、政府与社区管理空间的合理划分以及政府分权等方面的障碍。此外，非政府组织在全球环境治理中的作用受到关注。董莉（2011）[1]认为在全球环境治理中，国家政府发挥着主导作用，但非政府组织的作用日益突出。非政府组织运用其公益性、非营利性、专业性和群众参与性，可以发挥普及环保意识、采取行动进行环境保护与治理、影响国家环境政策、监督政府、信息沟通等作用。徐步华和叶江（2011）[2]认为非政府组织已发展成为应对全球环境问题与气候变化以及全球气候谈判中独立的和有价值的行为体，并且与国际政府间组织以及国家之间形成了密切的互动关系，而这种互动关系又影响和改变着全球气候谈判的进程，推动着以国家为中心的环境治理模式向多元中心的全球环境治理模式转变。但在这一过程中，随着其影响的增强也给中国的环境外交提出了挑战，必须加以关注。

全球环境治理体系中所运用的政策工具多种多样，既包括传统命令控制性的强制性政策，又包括排污权交易、碳税等市场工具，还有教育宣传等自愿性的努力。碳交易、碳金融等创新机制的研讨成为学术关注的热点。陈翠（2011）、[3]苗绘和李海申（2011）[4]的研究介绍了碳金融的概念及目前国内外发展碳金融的现状，并在此基础上分析了我国发展碳金融中面临的主要问题，最后提出了促进碳金融发展应从构建交易平台、完善法律法规、正确交易定价权、培育中介机构等方面展开。程志超等（2011）[5]通过对全球及我国参与碳交易市场开发活动的分析，以及我国实际温室气体排放情况的分析，认为建立碳交易体制，发展碳金融市场给中国节能减排目标既带来了机遇，也存在着风险。机遇包括碳货币交易的多元化将加速人民币的国际化，增强国际市场减排定价的话语权，以及有助于企业新节能技术的应用与开发；风险主要包括因交易平台和建新体系不健全而导致的缺乏有效的监管行为，和企业可能的短期行为。此外，中国已从开发清洁发展机制项目积累了不少经验，但还须关注国际碳金融市场的发展，以应对后京都议定书时代的挑战。郑海思等（2011）[6]的论文通过分析2009年哥本哈根气候会议的召开后全球气候合作与CDM发展的诸多不确定性，提出我国应充分预测在后哥本哈根时代我国在气候政治格局中的地位与角色，并相应改革现行的CDM发展策略，包括：做好承担更大国际责任的准备并占据道德高地及话语权；对外谈判坚持"共同但有区别的责任"和"双轨制"原则；改变现有的CDM项目审批政策；提高低碳技术的自我研发能力；构建完善的碳金融体系。

发展低碳经济是中国参与国际温室气体减排行动和实施可持续发展战略的重要组成部分。近期文献关于在我国发展低碳经济的研究主要集中在以下方面：

一是如何认识低碳经济。徐金花等（2011）[7]通过对低碳经济与循环经济的概念辨析，认为循环经济与低碳经济具有目的上的一致性、特征上的关联性。低碳经济主要从降低煤炭、石油等化石能源的消耗，减少二氧化碳的排放，促进形成低碳的经济结构，来应对全球化石能源过速消耗和全球气候变化。范建华（2010）[8]强调低碳经济的内涵丰富，应从碳排放与经济发展关系、低碳经济发展的主体、低碳经济发展的内容、低碳经济发展的目标和低碳经济发展的路径选择等5个方面，科学设计评价体系。在对如何在我国发展低碳经济的认识上，学者们的观点大致相似，认为中国作为发展中国家，发展仍然是第一要务，发展低碳经济必须紧密结合自己的发展阶段和特

---

① 董莉：《国际环境非政府组织在环境治理中的作用》，《知识经济》，2011年第1期。
② 徐步华、叶江：《浅析非政府组织在应对全球环境和气候变化问题中的作用》，《上海行政学院学报》，2011年第1期。
③ 陈翠：《低碳经济环境下我国碳金融创新的思考》，《林业勘察设计》，2011年第1期。
④ 苗绘、李海申：《我国碳金融市场发展现状、问题及对策》，《金融教学与研究》，2011年第6期。
⑤ 程志超、王丹、沈佩龙、季晓明、申薇：《碳交易给我国节能减排目标带来的风险与机遇》，《北京理工大学学报》（社会科学版），2011年第6期。
⑥ 郑思海、胡继成、米亚星：《后哥本哈根时代中国CDM发展对策研究》，《商业时代》，2011年第6期。
⑦ 徐金花、徐西安、王修川：《循环经济语境下谈低碳》，《环境与可持续发展》，2011年第1期。
⑧ 范建华：《低碳经济的理论内涵及体系构建研究》，《当代经济》，2010年第2期。

殊国情（艾小娟等，2011；[1] 刘莹等，2011[2]）。洪大用（2010）[3] 从不同角度分析了我国建设低碳社会的必要性，指出由于中国社会转型的特殊性，中国低碳社会建设面临着选择困境、整合困境、持续困境以及外部突围困境和协同困境。为此，发展低碳经济应顾及其他社会目标，要在发展进程中处处坚持统筹兼顾，建立政府、市场与公民社会之间的适当关系。慕庆国（2011）[4] 认为发展低碳经济的战略模式，要求对我国自然资源进行有计划的开发和提高自然资源的有效利用，能够有助于避免危及我国经济的长期、根本利益的消极影响，并实现可持续发展。

二是关于低碳经济与城市发展。戴亦欣（2009）[5] 梳理了国内专家关于低碳城市的理解和界定，指出低碳城市经济以低碳产业和低碳化生产为主导模式，市民以低碳生活为特征，政府以低碳社会建设为蓝图。毕军（2009）[6] 从城市系统物质流的角度，将低碳城市建设分为能源低碳化、生产低碳化、消费低碳化和排放低碳化4个方面。王伟和郭炜煜（2011）[7] 则视城市为经济发展的重要引擎和人们生活的聚焦点，强调城市发展的低碳化和城市生活的低碳化。此外，我国多个城市开展了关于低碳城市建设的积极尝试。在总结了保定、上海、深圳、杭州、沈阳、广元等城市建设低碳城市经验的基础上，作者提出要实现城市的低碳化，必须一方面实现城市经济发展的低碳化，另一方面实现城市社会生活的低碳化。只有抓住这两点，才能在中国建成低碳城市。

三是有关低碳转型和碳排放的实证研究。李惠民等（2011）[8] 分析了节能目标责任制的内涵，并着重对节能目标责任制在"十一五"节能过程中所起的作用和不足进行分析和评价。齐晔和李惠民（2011）[9] 发现中国"十一五"期间低碳发展呈现出碳排放总量上升、强度下降的基本特征；并指出强有力的行政措施，使中国的低碳发展在短时间内取得了明显进展。此外，政策手段单一使得政策实施尽管有效但成本很高。实证分析碳排放及碳强度的研究受到更多关注。王锋和冯根福（2011）[10] 运用协整技术和马尔可夫链模型预测了2011~2020年中国的碳强度趋势，并评估优化能源结构对实现碳强度目标的贡献潜力。研究发现，优化能源结构是驱动碳强度下降的有效措施。在同一种经济增速情景中，能源结构的调整幅度越大，碳强度的下降幅度就越大；在同一种能源结构调整情景中，经济增速越高，能源结构调整驱使碳强度下降的幅度就越大。于文金等（2011）[11] 引入碳强度研究南京市经济增长和碳排放之间的关系，发现南京市低碳经济发展呈现波动反复的特点。研究结果显示，按现行经济模式，未来50年内南京市预计为扩张负脱钩和扩张连接，难以实现稳定的高水平低碳经济增长模式。

四是有关绿色经济、绿色贸易等概念的延伸和普及。张照贵（2011）[12] 认为绿色经济是在20世纪后半期，传统的经济发展模式遇到能源危机、生态危机提出的一种新的经济发展模式。而随着市场经济的建立，利益的多元化会带来更多的利益冲突，因此引用博弈论的有关理论将有助于利益各方摆明各自的利益得失，找到有效的实施机制。赵彦云等（2011）[13] 从发达国家发展绿色经济的经验得到启示：保证绿色经济的发展，必须要有强有力的绿色经济测度体系作为基础。为此，作者对建立我国的绿色经济测度体系的技术要点

① 艾小娟、鲁仕宝、白亮：《低碳经济发展制约问题研究》，《生态经济》，2011 年第 3 期。
② 刘莹、高晓雪：《低碳经济下我国经济发展面临的挑战与对策》，《中国证券期货》，2011 年 6 月。
③ 洪大用：《中国低碳社会建设初论》，《中国人民大学学报》，2010 年第 2 期。
④ 慕庆国：《基于低碳经济的能源资源协调发展的研究》，《生态环境学报》，2011 年第 12 期。
⑤ 戴亦欣：《低碳城市发展的概念沿革与测度初探》，《现代城市研究》，2009 年第 11 期。
⑥ 毕军：《后危机时代我国低碳城市的建设路径》，《南京社会科学》，2009 年第 11 期。
⑦ 王伟、郭炜煜：《低碳时代的中国能源发展的政策研究》，中国经济出版社，2011 年。
⑧ 李惠民、马丽、齐晔：《中国"十一五"节能目标责任制的评价与分析》，《生态经济》，2011 年第 9 期。
⑨ 齐晔、李惠民：《"十一五"中国经济的低碳转型》，《中国人口·资源与环境》，2011 年第 10 期。
⑩ 王锋、冯根福：《优化能源结构对实现中国碳强度目标的贡献潜力评估》，《中国工业经济》，2011 年第 4 期。
⑪ 于文金、阎永刚、张朝林：《南京低碳经济定量研究》，《中国人口·资源与环境》，2011 年第 11 期。
⑫ 张照贵：《从博弈论看发展绿色经济中的利益协调》，《经济研究参考》，2011 年第 2 期。
⑬ 赵彦云、林寅、陈昊：《发达国家建立绿色经济发展测度体系的经验及借鉴》，《经济纵横》，2011 年第 1 期。

和关键因素进行了探索。李溪和陶希晋（2011）[1]认为经济全球化日益加深，亚太地区各国间的经济竞争与合作也不断加强。同时，全球环境日益恶化，环境问题成为影响亚太国际经济关系的重要因素。研究中国的绿色经济发展之路，必须置于国际环境经济之中。夏光（2011）[2]在反思传统贸易发展方式基础上，提出我国在"十二五"期间实现从"以环境输出为特征"到"以生态修复为使命"的绿色贸易转型，是我国未来贸易发展长期而艰巨的使命和任务；并在进一步梳理绿色贸易政策空间的基础上，揭示出"环境输出"向"生态修复"环境友好型贸易发展方式转变，是绿色贸易转型的重要战略取向。

五、理论进展总评

探讨人口、资源、环境与发展的作用机制，并通过政策和管理手段使其协调一直是理论界和实践人士关注的主题。近年来，学术理论界围绕公共资源与管理的结构、功能、效益及其作用机制，运用管理学、经济学、政治学、社会学、法学等多学科知识，进行了大量积极的探索，并取得了一系列富有成效的成果。总体来看，资源与环境管理的主要研究进展可概括为以下4个方面。

首先，研究经济发展与自然资源的资源开发与利用的关系。自然资源为经济发展提供了物质基础，但是"资源诅咒"概念与假说的提出，说明自然资源的丰裕程度并不能保证经济增长。技术、人力资本、社会体制、分配公平等因素及其影响正有待根据不同的研究对象而深入揭示。

其次，研究经济发展与环境保护的关系。研究人员深入开展了对环境库兹涅茨曲线（EKC）的实证分析，并在此基础上讨论"环境随经济发展先恶化，后改进"这一假说在中国的适用性，以及如何推进环境与经济的协调发展。本话题的讨论已扩展至比较地研究地域、国别、行业等情况。

再次，研究能源与经济发展的关系。随着工业化的扩展和城市化进程的加快，能源短缺正制约经济的更快发展，而由此带来的环境问题也日趋严重，能源管理手段不断创新。而能源管理体制的改革及创新性的能源管理方法采用与推广受到研究者的高度关注。

最后，有关全球环境治理的研究。以气候变化为代表的全球环境问题已列入各国政治议程，并渗透到国际政治、经济、文化生活的各个领域，成为关系到人类生存与发展的重大国际问题。全球环境治理不仅要求各国在治理过程中保持信任和充分合作，而且行为者的范围应由单纯的政府行为者扩大至企业、社会组织、国际机构、公民等。我国对全球环境治理的研究还刚刚起步，对于中央政府外的行为者，如地方政府及其他社会及市场组织的影响力与局限性等，还有待进行深入研讨。

第二节　实践创新

近年来，我国在资源与环境管理领域展开了一系列创新的实践活动，为推进合理有效地开发、利用资源，保护生态环境，以及促进国民经济的持续、健康发展奠定了坚实的基础。本节的实践创新部分重点摘选了在2011年公共资源与环境政策及管理领域中的重大事件及具体实践的要点加以总结。值得一提的是，这些实践活动既是先前活动和经验的延续和总结，又是今后时期政策实践的积极探索，是我们研究中国资源与环境管理领域改革，并进而研究行政体制改革的重要切入点。与理论进展的部分相对应，创新实践部分仍分为四个方面：自然资源管理，能源政策与管理，环境保护与管理，以及全球环境与气候变化治理。各部分的创新实践政策与管理活动主要以时间为

① 李溪、陶希晋：《基于国际环境经济关系的中国绿色经济发展路径》，《亚太经济》，2011年第1期。
② 夏光：《我国绿色贸易转型战略取向分析》，《环境与可持续发展》，2011年第3期。

先后顺序。

一、自然资源管理

（一）土地与林业资源

2011 年 1 月 26 日国务院常务会议在 2010 年 4 月推出《国务院关于坚决遏制部分城市房价过快上涨的通知》的基础上，再度推出 8 条房地产市场调控措施。要求各地强化差别化住房信贷政策，对贷款购买第二套住房的家庭，首付款比例不低于 60%，贷款利率不低于基准利率的 1.1 倍。中央要求规范土地交易政策，严格住房用地供应管理。要求各地增加土地有效供应，落实保障性住房、棚户区改造住房和中小套型普通商品住房用地不低于住房建设用地供应总量的 70%。在新增建设用地年度计划中，单列保障性住房用地，做到应保尽保。大力推广以"限房价、竞地价"方式供应中低价位普通商品住房用地。加强对企业土地市场准入资格和资金来源的审查。对擅自改变保障性住房用地性质的，坚决纠正，严肃查处。

为搞好土地整治工作，国土资源部全面公开了土地出让信息。一是向社会公开住房用地供应信息。2011 年 1 月发布了《2010 年全国住房用地供应计划执行情况公告》，5 月 13 日发布了《2011 年全国住房用地供应计划公告》，以合理引导市场预期。二是通过门户网站向社会公示了保障性安居工程用地落实情况。三是通过土地市场动态监测监管系统实现全国各地土地供应计划、出让公告、成交公示和供应结果实时在中国土地市场网上公布。其中土地使用权出让公告，主要向社会公示出让人、地块位置、面积、用途、年期、开发程度和规划指标要求等。国土资源部还按照中央《关于开展工程建设领域突出问题专项治理工作的意见》要求，做好"两整治一改革"专项行动的信息公开，即在国土资源系统深入开展土地和矿业权交易市场整治，规范土地和矿业权交易行为；深入开展整纪纠风，促进干部队伍廉洁从政；深化国土资源管理制度改革，健全完善国土资源系统反腐倡廉的长效机制。

2011 年 2 月 22 日，国务院常务会议上通过了《土地复垦条例》。于 3 月 5 日公布施行。《条例》颁布的目的是落实十分珍惜、合理利用土地和切实保护耕地的基本国策，规范土地复垦活动，

加强土地复垦管理，提高土地利用的社会效益、经济效益和生态效益。《条例》对土地复垦的责任主体作了明确界定：一是规定生产建设活动损毁的土地，按照"谁损毁，谁复垦"的原则，由生产建设单位或者个人负责复垦。但是由于历史原因无法确定土地复垦义务人的生产建设活动损毁的土地以及自然灾害损毁土地，由县级以上人民政府负责组织复垦。这一规定主要是为了解决历史遗留损毁土地和自然灾害损毁土地复垦责任主体缺失的问题。二是国务院国土资源主管部门负责全国土地复垦的监督管理工作。县级以上地方人民政府国土资源主管部门负责本行政区域土地复垦的监督管理工作。

2011 年 3 月，《全国林业信息化发展"十二五"规划（2011~2015 年）》正式由国家林业局印发。《规划》确定了"十二五"时期林业信息化发展的建设目标：完善信息技术在林业核心业务等各个环节的应用，核心业务信息化覆盖率达到 80%，完成 80% 的省级林业信息化建设基础平台，80% 的省级单位建成国家、省、市、县 4 级上下互联互通的全国林业电子政务传输网络；完成我国林业信息资源目录体系与交换体系和安全管理体系，建立健全林业信息化标准规范体系，并在全国林业信息化工作中得到应用。8 月，《林业发展"十二五"规划》出台。《规划》确定"十二五"林业发展目标是：5 年内我国将完成新造林 3000 万公顷、全民义务植树 120 亿株。到 2015 年，我国森林覆盖率将达 21.66%，森林蓄积量达 143 亿立方米，森林植被总碳储量力争达到 84 亿吨，重点区域生态治理取得显著成效，国土生态安全屏障初步形成；特色产业和新兴产业在林业产业中的比重大幅度提高，产业结构和生产力布局更趋合理；生态文化体系初步构成，生态文明观念广泛传播。

联合国环境署确定 2011 年 6 月 5 日世界环境日主题是"森林：大自然为您效劳"。旨在配合联合国国际森林年，强调森林的生态价值，提高人们森林保护意识。世界环境日中国主题确定为"共建生态文明，共享绿色未来"，旨在在呼应世界主题保护森林和呵护绿色家园的同时，强调推进生态文明建设重大而紧迫的战略任务，呼吁人人行动起来，树立绿色发展理念，共创绿色未来。

环境保护部部长周生贤表示，推进生态文明建设是破解日趋强化的资源环境约束的有效途径。当前，我国发展中不平衡、不协调、不可持续问题依然突出，经济增长的资源环境约束强化。发达国家200多年工业化进程中分阶段出现的环境问题，在我国现阶段集中凸显。只有加强能源资源节约，发展循环经济，加强环境治理和生态建设，才能有效破解经济增长中的资源环境"瓶颈"制约。

2011年9月6日，首届亚太经合组织林业部长级会议在北京召开。国家主席胡锦涛出席开幕式并发表题为《加强区域合作 实现绿色增长》的致辞。胡锦涛指出，森林在推动绿色增长中具有重要功能。亚太地区拥有世界上最丰富、最独特的森林生态系统。亚太经合组织林业合作虽然处于起步阶段，但潜力巨大、前景广阔。亚太经合组织各成员应该深化合作、携手共进，让森林永远造福人类，为亚太和世界人民创造更加美好的明天。胡锦涛就区域林业发展与合作提出三点建议。一是加强林业建设，把林业发展纳入经济社会发展总体布局，推进科技创新，加大资源培育力度，创新管理模式，提升森林资源数量和质量，推动产业发展，突出生态建设。二是发挥森林多种功能，妥善处理发展和保护、产业和生态的关系，充分发挥森林在经济、社会、生态、文化等方面的多种效益，合理利用森林资源，壮大绿色经济。三是深化区域合作，本着平等互利原则，以务实态度开展区域合作，加强林业政策协调，深化林业经济技术合作，减少或消除绿色贸易壁垒，积极参与全球森林问题磋商和对话，增加对发展中成员的支持。胡锦涛强调中国将继续加快林业发展，力争到2020年森林面积比2005年增加4000万公顷、森林蓄积量比2005年增加13亿立方米，为绿色增长和可持续发展作出新的贡献。

随着中国经济社会的快速发展，沿海地区工业化、城镇化进程加快，围填海成为利用海域资源、缓解土地供需矛盾、拓展发展空间的重要途径。但近年来，受到传统发展理念与发展方式的影响，一些沿海地区围填海活动存在规模增长过快、海域资源利用粗放、局部海域生态环境破坏严重、缺乏科学规划、管理机制不健全、监管能力薄弱等突出问题。为此，在2009年《关于加强围填海规划计划管理的通知》的基础上，2011年12月，国家发展和改革委员会、国家海洋局联合出台了《围填海计划管理办法》。《办法》共5章23条，对围填海计划的编报、下达与执行、监督考核等作了较为详细的规定，对围填海实行年度总量控制的指令性管理。该《办法》的出台，对进一步加强围填海的调控与监管，建立健全围填海科学管理的长效机制，提高围填海计划管理的科学性、充分发挥围填海计划参与国家宏观经济调节的基础作用具有重要意义。

（二）矿产资源管理

2011年5月，国务院发布《关于促进稀土行业持续健康发展的若干意见》。针对稀土行业发展中存在的非法开采屡禁不止、冶炼分离产能扩张过快、生态环境破坏和资源浪费严重、高端应用研发滞后、出口秩序较为混乱等问题，要求进一步提高对有效保护和合理利用稀土资源重要性的认识，采取有效措施，切实加强稀土行业管理，加快转变稀土行业发展方式，促进稀土行业持续健康发展。国土资源部在贯彻落实国务院《若干意见》的通知中强调，要开展多项具体行动促进稀土行业持续健康发展，包括严厉打击违法勘查开采和超指标开采，维护良好的开发秩序；加强规划储备，提升宏观调控能力；全面清理稀土探矿权和采矿权，提高开采准入门槛；继续推进矿产资源开发整合，不断优化开发格局；加强地质环境治理恢复工作，改善矿区生态环境；积极推进矿区土地复垦，提高土地利用的综合效益；深化区域联动机制，建立稀土开发监管长效机制等。

《中华人民共和国资源税暂行条例实施细则》经财政部部务会议和国家税务总局局务会议修订通过，自2011年11月1日起正式施行，标志着全国范围内资源税改革正式启动。根据修订颁布的条例，我国将在石油和天然气领域实行从价计征的资源税征收方式，税率区间定为5%~10%。但为了鼓励一些低品位和难采资源的开采，提高资源回采率，允许地方政府对稠油、高凝油和高含硫天然气实施减征资源税的政策，但减征标准并没有统一规定。《暂行条例》称，资源税的应纳税额，按照从价定率或者从量定额的办法，分别以应税产品的销售额乘以纳税人具体适用的比例税率或者以应税产品的销售数量乘以纳税人具体适用的定额税率计算。由于这次资源税改革仅涉及原油、天然气，没有调整煤炭、其他非金属矿原矿及有色金属矿原矿和盐的税率标准，因而不会影响这些资源产品的价格，也不会增加相关下游企业及消费者的负担。焦煤、稀土矿的税率标准在改革前已经作了调整，此次改革没有变动其税率水平，只是在资源税暂行条例中作了明确。

2011年11月，国土资源部正式印发《矿产资源节约与综合利用"十二五"规划》。《规划》提出，未来5年我国矿产资源节约与综合利用工作将围绕全面调查资源节约与综合利用现状及潜力、开展先进适用关键技术研发和推广、建设综合利用示范基地和示范工程以及构建资源节约与综合利用长效机制4大任务展开。按照《规划》，"十二五"期间矿产资源节约与综合利用的总体要求是：全面贯彻落实节约优先战略，按照加快转变经济发展方式和建设资源节约型、环境友好型社会的要求，以矿产资源合理利用与保护为主线，以转变资源开发利用方式为核心，以技术创新和制度创新为动力，以矿山企业为主体，以市场需求为导向，强化政策引导和制度约束，严格资源开发利用效率准入，加强资源开发利用过程监管，扩大资源节约与综合利用规模，确保资源的高效开发和有效保护，全面提高矿产资源开发利用水平，推动矿业走节约、绿色、高效的可持续发展之路。《规划》确立了"十二五"矿产资源节约与综合利用的总体目标：一是用三年时间基本查清我国石油、煤炭、铁、铜、铝等20多个重要矿种资源开发利用效率现状，完成大中型矿山资源综合利用潜力评估。二是全面提高矿产资源高效开发和节约利用水平。到2015年，大中型重点矿山开发效率保持在较高水平，小型矿山的开采回采率、选矿回收率在现状基础上平均提高3~5个百分点，提升资源回收率。三是矿产资源综合利用水平和规模显著提高。80%的达到综合利用品位的共伴生矿产得到全面回收，8%~15%的石油、天然气、铁、锰、铜等重要矿产的难利用资源转化为可利用资源。通过综合利用，增加和盘活石油、铁矿、铜矿、锰矿、铅锌、金等产量。四是建设60个以上矿产资源综合利用示范基地，实施600个左右示范工程，带动矿产资源节约与综合

利用水平整体提高。五是建立资源节约与综合利用长效机制。形成完善的资源节约与综合利用标准规范，总量控制、开发准入、监督管理和评估考核机制初步形成，资源节约与综合利用激励约束政策不断完善，矿产资源节约与综合利用技术研发和服务体系基本建立。《规划》还确定将重点在油气资源、煤炭与煤层气资源、铀矿资源、金属矿产、化工及非金属矿产、矿山尾矿和固体废弃物等领域开展矿产资源节约与综合利用工作。

（三）水资源管理

2011年1月29日，《中共中央国务院关于加快水利改革发展的决定》正式公布。这是21世纪以来的第八个中央一号文件，也是新中国成立62年来中共中央首次系统部署水利改革发展全面工作的决定。文件提出，"实行最严格的水资源管理制度"，出台了一系列针对性强、覆盖面广、含金量高的新政策、新举措。根据水利部部长陈雷的解析，中央以一号文件形式出台《决定》，主要基于以下几点考虑：①水资源短缺、水利设施薄弱对我国经济社会发展的制约越来越突出。随着工业化、城镇化深入发展，我国水利面临的形势更加严峻，促进经济长期平稳较快发展和社会和谐稳定，必须尽快消除水利的瓶颈制约。②农田水利建设滞后是影响农业稳定发展和国家粮食安全的最大硬伤。从根本上改变靠天吃饭的局面、持续提高农业综合生产能力，首先要夯实农田水利这个基础。③水旱灾害频繁仍是中华民族的心腹大患。近年来，特别是2010年西南地区发生特大干旱、多个省份遭受洪涝灾害、部分地方突发严重山洪泥石流灾害，造成了巨大损失。④2004年以来，党的十七届三中全会决定和7个中央一号文件已对农村改革发展作出了系统部署，"三农"政策体系和制度框架已初步形成，今后要在不断强化和完善现有政策的同时，有必要选取水利等影响全局的薄弱环节重大问题逐个加以突破。⑤水利改革发展的任务极为艰巨复杂，需要全党全社会统一思想认识、形成治水合力。

2011年4月，水利部起草完成《关于实行最严格水资源管理制度的意见》并经10部委会签后，上报国务院。该文件与水利部编制的《实行最严格水资源管理制度工作方案》、《最严格水资源管理制度考核办法》、《最严格水资源管理制度中央

经费保障方案》以及面向基层管理者和社会公众的理论读本《十问最严格的水资源管理制度》等文件共同构成我国最严格水资源管理制度体系。所谓最严格的水资源管理，就是以水资源配置、节约和保护为主线，全面贯彻落实水资源管理的各项法律、法规和政策措施，划定水资源开发利用控制、用水效率控制、水功能区限制纳污3条"红线"，选择用水总量、万元工业增加值用水量、农业灌溉水有效利用系数和水功能区达标率作为考核指标，建立能操作、可检查、易考核、有奖惩的水资源管理红线指标体系。2012年1月，国务院发布《国务院关于实行最严格水资源管理制度的意见》，提出多项加强水资源开发利用控制红线管理；加强用水效率控制红线管理；加强水功能区限制纳污红线管理等多项要求，以及建立健全各项保障制度。

为了加强太湖流域水资源保护和水污染防治，保障防汛抗旱以及生活、生产和生态用水安全，改善太湖流域生态环境，国务院颁布了《太湖流域管理条例》，并于2011年11月1日起正式施行。这是我国第一部流域综合性行政法规。《条例》从流域综合管理的角度出发，针对太湖流域洪涝灾害、水资源短缺、水污染和水环境恶化等水问题，将国家水资源管理与保护的法律制度在太湖流域具体化。该条例进一步强化了流域综合管理和治理的各项工作，将成为今后太湖流域防洪抗旱，饮用水安全，水资源配置、调度、保护和水污染防治，水域、岸线保护，以及监测监督管理等各方面工作的强有力法律依据。为了确保这些制度得到落实，《条例》将采用"产业政策引导、经济杠杆调节、行政监督约束"的办法。一是充分发挥产业政策的引导作用。《条例》明确要求地方人民政府调整经济结构，优化产业布局，严格限制高耗水、高污染建设项目，合理建设生态防护林，加强对湿地和水生生物资源的保护，促进流域生态恢复。二是合理体现经济杠杆的调节功能。《条例》建立了区域间的生态效益补偿机制，明确上游地区未完成重点水污染物排放总量削减和控制计划、行政区域边界断面水质未达到阶段水质目标的，应当补偿下游地区；反之，则由下游地区补偿上游地区。同时，对减排的企业和转产专业的农民，由政府通过财政、信贷、发放补贴、培训、纳入社会保障体系等方式予以扶持。三是全面加强行政监督的约束机制。《条例》建立了全面的目标责任考核制度，对水资源保护和水污染防治目标责任执行情况进行逐级年度考核；对未完成排放总量削减和控制计划，未及时拆除、关闭违法设施以及违法批准新建、扩建污染项目的，依法暂停办理建设项目的审核以及环评、取水许可和排污口设置审查等手续。对各类违法行为，《条例》还规定了相应的处罚措施。

二、能源政策与管理

为鼓励企业运用合同能源管理机制，加大节能减排技术改造工作力度，依照财政部、国家税务总局联合发布的《关于促进节能服务产业发展增值税、营业税和企业所得税政策问题的通知》，从2011年1月1日起，我国节能服务公司实施合同能源管理项目将享有增值税、营业税和企业所得税等多项税收优惠政策。通知要求对符合条件的节能服务公司实施合同能源管理项目，符合企业所得税税法有关规定的，自项目取得第一笔生产经营收入所属纳税年度起，第一年至第三年免征企业所得税，第四年至第六年按照25%的法定税率减半征收企业所得税。从2011年开始，各地纷纷出台合同能源管理细则，政策监管力度加强，下游企业合同能源管理业务占比正在快速提升。

2011年3月，第十一次全国人民代表大会第四次会议讨论通过了《我国国民经济和社会发展"十二五"规划纲要》。要求把建设资源节约型、环境友好型社会作为加快转变经济发展方式的重要着力点。深入贯彻节约资源和保护环境基本国策，节约能源，降低温室气体排放强度，发展循环经济，推广低碳技术，积极应对全球气候变化，促进经济社会发展与人口资源环境相协调，走可持续发展之路。在具体目标上，要求资源节约环境保护成效显著。耕地保有量保持在18.18亿亩。单位工业增加值用水量降低30%，农业灌溉用水有效利用系数提高到0.53。根据《纲要》，"十二五"期间节能减排的约束性指标有6个，分别为：单位GDP二氧化碳排放降低17%；实现主要污染物排放总量减少8%~10%（化学需氧量、二氧化硫排放分别减少8%，氨氮、氮氧化物排放分别减少10%）；非化石能源占一次能源消费比重提高

3.1 个百分点，达到 11.4%；单位国内生产总值能源消耗降低 16%；单位工业增加值用水量降低 30%；森林覆盖率提高到 21.66%，森林蓄积量增加 6 亿立方米。有关专家认为，节能减排方面约束性指标的增加，体现了国家实现绿色发展的决心。

2011 年 7 月召开了国家应对气候变化及节能减排工作领导小组会议，审议并原则同意"十二五"节能减排综合性工作方案，以及节能目标分解方案、主要污染物排放总量控制计划，并研究部署了相关工作。"十二五"节能减排有 6 项措施：推进重点领域节能减排，进一步调整优化产业结构，实施节能减排重点工程，推广使用先进技术，加强节能减排管理，完善节能减排长效机制。资源税费和环境税改革或将成为节能减排的重要手段之一。2011 年 9 月，国务院公布《"十二五"节能减排综合性工作方案》。提出了 12 个方面、50 条政策措施。《方案》细化了《"十二五"规划纲要》确定的节能减排目标，从价格、财政、税收、金融 4 个方面提出了有利于节能减排的经济政策。在节能方面，提出到 2015 年，全国万元国内生产总值能耗比 2010 年下降 16%，比 2005 年下降 32%；"十二五"期间，实现节约能源 6.7 亿吨标准煤。在减排方面，提出到 2015 年，全国化学需氧量和二氧化硫排放总量分别比 2010 年下降 8%；全国氨氮和氮氧化物排放总量比 2010 年分别下降 10%。《方案》还明确了"十二五"各地区节能目标及其他污染物排放控制计划目标。此外，为发挥市场化机制作用，《方案》提出充分发挥节能减排市场化机制作用，主要包括加大能效标识和节能环保产品认证实施力度，建立"领跑者"标准制度，加强节能发电调度和电力需求侧管理，加快推行合同能源管理，推进排污权和碳排放权交易试点，推行污染治理设施建设运行特许经营等。启动和推广重点工程是节能减排行动的重要举措。《方案》中提出的重点工程有以下方面：一是节能重点工程。包括节能改造工程、节能技术产业化示范工程、节能产品惠民工程、合同能源管理推广工程，形成 3 亿吨标准煤的节能能力。二是污染物减排重点工程。包括城镇污水处理设施及配套管网建设工程、脱硫脱硝工程，形成化学需氧量、氨氮、二氧化硫、氮氧化物削减量为 420 万

吨、40 万吨、277 万吨、358 万吨。三是循环经济重点工程。包括资源综合利用、废旧商品回收体系、"城市矿产"示范基地、再制造产业化、产业园区循环化改造工程等。《方案》还明确要多渠道筹措节能减排资金，节能减排重点工程所需资金主要由项目实施主体通过自有资金、金融机构贷款和社会资金解决，各级人民政府应安排一定的资金予以支持和引导。

"十二五"期间，我国将建立能源消费总量预测预警制度，形成倒逼机制，目的在于促进实现调整结构、产业升级和科技创新。能源消费总量控制方案一旦实施，意味着在单位 GDP 能源消费强度的变量控制基础上，将增加能源消费总量这一定量控制指标。这将有效抑制各地过分追求 GDP 而忽视能源消耗的现象发生。北京市率先于 2011 年 11 月公布了能源消费总量控制方案，开展了一系列务实可行且富有成效的工作，包括：初步确定 2015 年能源消费总量控制目标为 9000 万吨标准煤左右，同时确定了"十二五"末优质能源消费比重在 80% 以上、煤炭消费总量在 2000 万吨以内的能源结构优化目标；将总量指标分解下达至 18 个区县及重点行业领域，形成"纵向到底、横向到边"的能源消费总量分解框架；明确责任主体，统一考核评价能源消费总量与能耗强度下降率两项指标；推进配套措施，强化总量控制工作的统计基础。

为推进能源行业科技进步，用科技潜力解决有限的资源环境约束，满足能源可持续发展和合理控制能源消费总量的要求，国家能源局组织编制了《国家能源科技"十二五"规划（2011~2015年)》，并于 2011 年 12 月正式公布。《规划》分析了能源科技发展形势，以加快转变能源发展方式为主线，以增强自主创新能力为着力点，规划能源新技术的研发和应用，推动能源生产和利用方式的变革。按照能源生产与供应产业链中技术的相近和相关性，《规划》划分了 4 个重点技术领域：勘探与开采技术、加工与转化技术、发电与输配电技术和新能源技术，并将"提效优先"的原则贯穿至各重点技术领域的规划与实施之中。《规划》明确了 2011~2015 年能源科技的发展目标，在上述 4 个重点技术领域中确定了 19 个能源应用技术和工程示范重大专项，制定了实现发展目标的技

术路线图。同时,《规划》还提出了建立"四位一体"的国家能源科技创新体系的构想及具体保障措施。

三、环境保护与管理

2011 年,浙江台州铅污染事件、云南曲靖铬渣事件、甘肃徽县血镉超标等事件相继发生,再度引发社会对重金属污染问题的关注。2 月 18 日,国务院正式批复《重金属污染综合防治"十二五"规划》,成为我国第一个"十二五"专项规划。规划提出对重金属污染防治实行总量控制,要求到 2015 年,重点区域铅、汞、铬、镉和类金属砷五种重金属污染物的排放,比 2007 年削减 15%;非重点区域重点重金属污染物排放量不超过 2007 年水平。所谓"重点区域",包括内蒙古、江苏、浙江、江西、河南、湖北、湖南、广东、广西、四川、云南、陕西、甘肃、青海等 14 个重点省份和 138 个重点防护区。环境保护部将会同有关部门建立部门联动机制,研究制定《规划》实施情况考核办法,明确地方政府和相关部门责任,统筹推进《规划》实施。

2011 年 3 月,"十二五"规划纲要指出,污染物排放约束性指标由原"十一五"规划中的化学需氧量和二氧化硫两项变为 4 项。纲要指出,过去的 5 年中,污染物减排取得了阶段性成果,但是环境整体恶化的趋势仍在继续。氨氮和氮氧化物的高排放在一定程度上抵消了减排效果。"十二五"规划纲要草案提出,作为重要的约束性指标,主要污染物排放指标将进一步细化。到 2015 年,化学需氧量和二氧化硫排放总量比 2010 年分别下降 8%;新增的氨氮和氮氧化物两项指标排放总量比 2010 年分别下降 10%,治污减排力度进一步加大。这意味着减排工作将从单一污染物控制转向多元污染物控制。随着新增指标的确立和细化,氨氮和氮氧化物的排放大户将受到更多规范,环保水平差的企业将面临出局风险。目前,氨氮排放量居前几位的行业分别是化学原料及化学制品制造业、有色金属冶炼及压延加工业、石油加工炼焦及核燃料加工业、农副食品加工业、纺织业、皮革毛皮羽毛(绒)及其制品业、饮料制造业、食品制造业。氮氧化物排放量居前几位的行业是电力热力的生产和供应业、非金属矿物制品业、黑色金属冶炼及压延加工业、化学原料及化学制品制造业、石油加工炼焦及核燃料加工业。

2011 年 3 月 11 日,日本东北部宫城县以东太平洋海域发生里氏 9.0 级强震,引发海啸,导致目前世界上最大的福岛核电站发生核泄漏。这是世界核能发电史上首次有核电站在地震海啸中严重受创。国际原子能机构将福岛核泄漏事故等级确定为最高的 7 级。事故引发了全球重新审视核能发展战略,以及我国对核安全问题的高度关注。4~8 月,由国家能源局、国家核安全局、中国地震局牵头开展全国核安全大检查。同时,环境保护部加紧编制核安全规划,规划未批准前,暂停审批核电项目,并进一步加强核电安全监管。8 月,全国核安全大检查结果显示,我国核电建设和运行整体情况良好,没有发现大的隐患。在建项目没有一个因为出现安全问题而被停工。在没有停工的情况下,预计"十二五"规划确定的 4000 万千瓦装机目标可以实现。

2011 年 6 月,中海油合作方康菲公司蓬莱 19-3 油田发生溢油,事故持续数月,最终导致污染海洋面积 6200 平方公里,相关损害索赔事宜悬而未决。事故表明我国急需研究形成一套海洋环境事故和海洋安全生产事故的应对处置机制,并建立海洋污染赔偿、公益诉讼机制。国务院总理温家宝于 9 月 7 日主持召开国务院常务会议,听取溢油事故处理情况和渤海环境保护汇报,研究部署加强环境保护的重点工作。针对溢油事件,会议提出,要彻底查明事故原因,依法追究责任,维护受损各方合法权益。此外,会议分析了渤海环境保护形势。由于周围重化工业高度集聚,一些河流携带大量污染物入海,加上围海填海过度,造成近岸海域水质退化,滨海湿地消失,渤海湾和辽东湾等污染严重。近年来,国家专门制定并实施了《渤海环境保护总体规划》,取得一定进展,但形势仍十分严峻。会议确定了今后一个时期的工作目标:确保渤海生态安全,入海污染物排放总量下降,力争渤海近岸海域水质总体改善,力争实现人海和谐。康菲石油公司对于该事件的发生表示道歉,并表示将就中国渤海湾蓬莱 19-3 油田发生的溢油事件设立基金,根据中国相关法律承担公司应尽的责任并有益于渤海湾的整体环境。

针对我国长期屡禁不止的境外固体废弃物非法入境的问题，2011年6月，环境保护部、商务部、国家发展改革委、海关总署、国家质检总局联合发布了《固体废物进口管理办法》，旨在促进废物进口和利用企业进一步提高环境保护意识和水平，规范我国固体废物进口管理工作，防止境外废物非法进境，维护环境安全。该办法从进口固体废物国外供货、装运前检验、国内收货、口岸检验、海关监管、进口许可、利用企业监管等环节均提出了具体要求，进一步完善了进口固体废物全过程监管体系，并明确规定禁止境外的固体废物进境倾倒、堆放、处置；禁止过境转移危险废物等九项禁令。为贯彻落实此办法，环境保护部、商务部、国家发展改革委、海关总署、国家质检总局将建立固体废物进口管理工作协调机制，实行信息共享，形成合力，加强对固体废物进口及经营活动的联合监督管理。

2011年夏季，北京、上海、武汉、长沙等多个城市因暴雨出现严重内涝，暴露出很多城市在基础设施建设投入、规划布局等方面存在的问题。尽管住房和城乡建设部一直在推行排水系统的雨污分流，但当前大多数城市主要仍采用"雨污合流"的排水体系，水力坡度取值一般较小，导致旱季污水中的沉积物、垃圾、建筑施工的泥浆大量淤塞管道，影响内涝排除，加上财政能力有限、维护资金紧张，难以及时清理维护，造成雨季排水能力就更差。暴雨引发的城市内涝反映出城市建设中"重地上、轻地下"的思路，以及城市管理思路亟须改变。

2011年8月，环境保护部会同发展和改革委员会、统计局、监察部公布了2010年及"十一五"各省、自治区、直辖市和5大电力集团公司主要污染物总量减排情况的考核工作。结果表明，国家确定的"十一五"主要污染物总量减排任务全面完成，但也发现个别企业问题严重，决定实行挂牌督办和进行处罚。考核结果表明，2010年，全国化学需氧量排放总量1238.1万吨，比2009年下降3.09%；二氧化硫排放总量2185.1万吨，比2009年下降1.32%。与2005年相比，化学需氧量和二氧化硫排放总量分别下降12.45%和14.29%，均超额完成10%的减排任务。31个省、自治区、直辖市和新疆生产建设兵团以及国家电网公司和华能、大唐、华电、国电、中电投5大电力集团公司都较好地完成了"十一五"的总量控制任务。环保部将对污水超标排放的7家单位实行挂牌督办，责令限期整改，并对未按期完成脱硫设施整改任务的8家单位实行挂牌督办，责令限期整改。

环境保护部发布《稀土工业污染物排放标准》，并于2011年10月1日正式实施。这是"十二五"期间环境保护部发布的第一个国家污染物排放标准，将有利于提高稀土产业准入门槛，促进稀土行业持续健康发展。统计数据显示，目前我国的稀土储量约占全球的36%，产量则占世界的97%。由于过度开发，我国的稀土资源储量下降迅速，稀土生产过程中的环境污染问题日益突出。《稀土工业污染物排放标准》实施后，新建企业必须严格按标准执行，考虑到我国稀土工业现有企业的实际情况，标准对现有企业设置了2年的达标排放过渡期，过渡期后，现有企业也必须执行新建企业排放限值。全国环保部门对稀土矿开采、冶炼分离和金属冶炼企业进行全面核查，并发布了第一批符合环保要求的稀土企业名单。

我国地下水资源超采严重，污水、垃圾渗滤液及化肥农药等渗漏造成地下水环境污染问题日益突出，严重威胁饮水安全。2011年10月，国务院正式批复《全国地下水污染防治规划（2011~2020年）》，要求到2020年，地下水污染防治体系基本建成，正式将地下水污染防治纳入国家规划。《规划》提出要推动环保产业发展，使地下水处理的相关产业成为环保产业一个新的增长点。《规划》还安排了地下水污染调查、地下水饮用水水源污染防治示范等6类项目。《规划》实施将充分体现污染防治全覆盖调查、全领域防控、全手段监控3大管理理念。

2011年10~11月，北京、上海、南京、济南等多个城市出现灰霾天气，城市空气质量监测标准成为热议话题，引发公众高度关注。11月16日，《环境空气质量标准》向全社会第二次公开征求意见，将PM2.5、臭氧（8小时浓度）纳入常规空气质量评价，并收紧了PM10、氮氧化物等标准限值。环境保护部部长周生贤于2011年12月30日主持召开环境保护部常务会议，审议并原则通过《环境空气质量标准》。会议认为，现行的《环境空气质量标准》，在加强空气污染防治、保护公众健康方面发挥了积极作用。但随着中国经济高速发展，环境空气污染特征已由煤烟型向复合型转变，区域性大气细颗粒物和臭氧污染不断加重，一些城市经常出现长时间灰霾天气，空气污染对公众健康产生了严重威胁，同时，发布的评价结果与人民群众主观感受存在差异。因此，有必要对《环境空气质量标准》进行修订。

2011年12月15日，国务院发布《国家环境保护"十二五"规划》。该《规划》分环境形势，指导思想、基本原则和主要目标，推进主要污染物减排，切实解决突出环境问题，加强重点领域环境风险防控，完善环境保护基本公共服务体系，实施重大环保工程，完善政策措施，加强组织领导和评估考核9部分。《规划》指出，要积极实施各项环境保护工程，优先实施8项环境保护重点工程。到2015年，主要污染物排放总量显著减少，城乡饮用水水源地环境安全得到有效保障，水质大幅提高；重金属污染得到有效控制，持久性有机污染物、危险化学品、危险废物等污染防治成效明显；城镇环境基础设施建设和运行水平得到提升；生态环境恶化趋势得到扭转；核与辐射安全监管能力明显增强，核与辐射安全水平进一步提高；环境监管体系得到健全。

2011年12月20~21日，第七次全国环保大会在北京召开，中共中央政治局常委、国务院副总理李克强出席大会并讲话。他强调，环境是重要的发展资源，良好的环境本身就是稀缺资源，要全面贯彻落实中央经济工作会议精神，按照"十二五"发展主题主线的要求，坚持在发展中保护，在保护中发展，推动经济转型，提升生活质量，为经济长期平稳较快发展固本强基，为人民群众提供水清天蓝的干净的宜居安康环境。李克强指出，基本的环境质量是一种公共产品，是政府必须确保的公共服务。要按照人民群众的迫切愿望，努力"不欠新账，多还旧账"，推动解决好突出环境问题。此外，进一步加强环境保护，要严格落实责任制度，用改革的办法破解难题，完善环保法规体系和激励约束并举的经济政策体系，在试点的基础上逐步推广排污权交易。要建立和完善社会力量参与环境保护的工作机制，对民间环保组织和环保志愿者提供必要的帮助，更好地鼓励、支持和引导他们参与环保，使全社会都关心环境、珍惜环境、保护环境。会上，受国务院委托，环境保护部部长周生贤与各省（区、市）、新疆生产建设兵团和部分中央企业负责人签订了"十二五"污染减排目标责任书。

四、全球环境与气候变化治理

2011年3月，欧盟宣布，从2012年1月1日起，将国际航空业纳入欧盟碳排放交易系统，届时，全球4000多家经营欧洲航线的航空公司均须为碳排放支付碳费。仅中国民航业2012年将为此支付约8亿元人民币。欧盟此举遭到中国、美国、俄罗斯、印度、巴西、南非、日本等国的强烈反对，但欧盟并未因此而松动。欧盟将国际航空业纳入欧盟碳排放交易系统已成为欧盟在国际气候变化谈判中的新砝码。虽然碳减排早已是气候变化议题下国际航空业的努力方向，但是欧盟这次以强硬态度将国际航空业纳入欧盟排放交易系统，却仍使得国际航空业措手不及。

循环经济对于环保产业、低耗能产业将会有巨大推动。为通过发展循环经济实现经济结构的调整和优化，转变经济发展方式，2011年3月，国家发展和改革委员会启动和开始编制全国的循环经济发展规划，并开始起草相关指南以指导各地循环经济发展规划的编制工作。按照2010年开始实施的《中华人民共和国循环经济促进法》第十二条规定，在市以上地方人民政府设立循环经济发展综合管理部门，会同本级人民政府环境保护有关主管部门，编制本行政区域的循环经济发展规划。全国有循环经济促进法，一些地方也出台了循环经济条例。区域循环经济是全国循环经济大局的组成部分。为推进相关法规规范，此次国家发改委要求，我国所有地区都要编制循环经济规划。发改委副主任解振华指出，循环经济是最大限度地节约资源、保护环境的经济发展方式，是解决我国资源环境瓶颈约束的根本性举措。加快发展循环经济，是调整经济结构、转变发展方式的有效途径。

2011年5月，德国政府宣布将在未来11年里逐步关停所有核电站。按照时间表，暂时关闭的7座1980年以前投入运营的核电站将永久性停运，其余10座核电站原则上都将于2021年前关闭，其中 3 座可能将在新能源无法满足用电需求的情况下"超期服役"1 年。这意味着德国将于 2022 年前关闭所有核电站，成为全球首个弃核国家。此外，受日本核危机之后对核能安全的考虑，瑞士已决定逐步放弃核能发电，其境内 5 座核电站到达最高使用年限 50 年后都将停止运行，这意味着 2034 年前，该国最后一座核电站也将关闭。

2011 年 9 月 8 日，联合国可持续发展大会高级别研讨会在北京召开。本次高级别研讨会是中国为筹备 2012 年联合国可持续发展大会举办的。研讨会围绕 2012 年世界可持续发展大会的两大主题，即"可持续发展和消除贫困背景下的绿色经济"与"促进可持续发展机制框架"展开讨论。11 月，中国外交部公布 2012 年联合国可持续发展大会的中方立场文件，指出在当前全球经济和国际发展合作面临困难的形势下，即将在巴西召开的联合国可持续发展大会应为重振国际合作发出积极、明确、有力的信息，统筹经济发展、社会进步和环境保护，采取有力措施解决发展中国家面临的困难和问题，加强联合国发展支柱，为全球可持续发展进程注入新的活力。

2011 年 10 月 17~21 日，《控制危险废物越境转移及其处置巴塞尔公约》缔约方大会第十次会议在哥伦比亚卡塔赫纳召开。118 个缔约国代表达成协议，将加强国家间危险废物转移的国际管理。这标志着旨在禁止发达国家向发展中国家转移危险废物的公约修正案在停滞 15 年后迈出重要一步。修正案正式生效还需要 17 个国家的批准。中国政府代表团团长、环境保护部副部长张力军指出为妥善处理大量产生的固体废物，充分利用固体废物中的可再生资源，弥补原生资源短缺，中国政府正大力发展循环经济，努力促进经济发展方式转变。张力军呼吁发达国家通过技术转让、能力培训、资金援助等方式，帮助发展中国家提高国内固体废物特别是危险废物的管理和无害化处理处置水平，推动公约的顺利实施。同时，废弃物的回收利用必须严格恪守公约规定的"在废物产生国国境内处理"的原则，防止以废物回收或资源循环利用为名，实施废弃物非法越境转移。

2011 年 10 月 31 日，"基础四国"第九次气候变化部长级磋商会议在北京举行。4 国部长就德班会议成果和气候变化国际谈判中的重要问题进行磋商，取得广泛共识，并发表了联合声明。联合声明强调，4 国坚持公约、议定书和巴厘路线图授权，要求德班会议对议定书第二承诺期作出明确安排，建立并尽快运行支持发展中国家应对气候变化的资金、技术、适应和能力建设等机制，在促进公约和议定书的全面、有效和持续实施方面取得积极进展。

2011 年 11 月，澳大利亚参议院通过了颇具争议的碳税法案，标志着执政的工党倡导的清洁能源政策"一揽子"计划在立法方面跨出了具有里程碑意义的一步。根据这项法案，在 2015 年碳排放交易系统引入前，约 500 家公司需从 2012 年 7 月起为每吨碳排放支付 23 澳元的税费。碳税的实施，将使澳大利亚成为欧洲之外对碳排放限制力度最大的国家之一。根据"碳税"法案，吉拉德政府承诺对全国 880 万个普通澳大利亚家庭实施全额或部分补贴和减税，清洁能源开发领域也将获得数十亿澳元的发展补贴。碳税法案的实施将对全球资源行业产生重要影响。

2011 年 11 月 1 日，国家发改委发布《关于逐步禁止进口和销售普通照明白炽灯的公告》，公布了中国按功率大小逐步淘汰白炽灯路线图。中国于 2012 年 10 月起禁止进口和销售 100 瓦以上普通照明白炽灯。通过实施路线图，还将有力促进中国照明电器行业健康发展，通过对淘汰白炽灯实施效果的预测显示，预计可新增照明电器行业产值约 80 亿元人民币，新增就业岗位约 1.5 万个。在路线图的实施过程中，中国政府将进一步完善相关政策措施，加大监督检查，确保中国淘汰白炽灯路线图取得预期效果。

2011 年 11 月 28 日至 12 月 11 日，《联合国气候变化框架公约》第十七次缔约方会议暨《京都议定书》第七次缔约方会议在南非德班举行。大会坚持了巴厘路线图，在《公约》和《议定书》框架内进行谈判，各缔约方按照"共同但有区别的责任"等原则进行了为期 14 天的"马拉松"式谈判，最终"一揽子"决议艰难降生。决议决定建立德班增强行动平台特设工作组，实施《京都议定书》第二承诺期。第二承诺期将于 2013 年开始实施，避免了《议定书》第一承诺期结束后出现空当。会议还决定正式启动绿色气候基金，并成立了绿色气候基金管理框架。此外，大会还对适应、减缓、技术转移等问题作了安排。作为"77 国集团＋中国"的一员，中国代表团全面、积极、深入地参加了德班会议各个议题的谈判磋商，从不同层面广做各方工作，以积极、务实、开放的姿态与其他发展中国家进行沟通协调，与发达国家开展对话磋商，全力支持东道国为推动德班会议取得成功所做的工作，为会议取得积极成果作出了最大限度的努力，发挥了建设性作用。中国代表团重申，中国政府将本着对本国人民和世界人民高度负责的态度，坚定不移地实施积极应对气候变化的政治措施，采取强有力的国内行动，推动绿色低碳发展，积极参与气候变化国际谈判进程，为应对全球气候变化作出积极贡献。中国代表团团长、国家发展和改革委员会副主任解振华在结束谈判后表示，这次会议取得了多方面积极成果。中国将与其他发展中国家加强合作进一步落实坎昆会议和德班会议成果。

五、实践创新总评

2011 年资源与环境管理领域中的实践创新主要围绕在 3 月第十一次全国人民代表大会第四次会议讨论通过的《我国国民经济和社会发展"十二五"规划纲要》。该规划明确了未来 5 年我国国民经济持续、稳定、协调发展的发展规划，并成为各地区、各行业、各部门制定相应规划的重要依据。在总体目标上，《纲要》要求把建设资源节约型、环境友好型社会作为加快转变经济发展方式的重要着力点；要深入贯彻节约资源和保护环境的基本国策，促进经济社会发展与人口资源环境相协调，走可持续发展之路。在具体目标上，要求资源节约环境保护取得显著成效。根据《纲要》，我国"十二五"节能减排相关新增约束性指标包括：提出单位国内生产总值二氧化碳排放降低 17%；非化石能源占一次能源消费比重达 11.4%；新增两项主要污染物，即氨氮与氮氧化物的排放分别减少 10%；新增单位工业增加值用水

量降低 30% 等。节能减排方面约束性指标的增加，体现了国家对该项工作的重视和发展绿色经济的决心。

在 2011 年这一"十二五"开局之年，我国各行业围绕"贯彻落实科学发展观，促进经济社会可持续发展"开展了一系列创新实践活动。主要包括：①自然资源与管理领域，我国先后出台多项法律、法规，规范土地资源（特别是针对土地毁损严重及城市土地开发过快问题），水资源（解决水资源供应紧张和水利设施落后等问题），矿产资源、林业资源、海洋资源等开发和利用，推进生态文明建设。②能源政策与管理领域，我国相对出台一系列政策合理开发能源资源（特别是加强可再生能源的开发），保证能源有效供给，同时重视节能工作，推广合同能源管理、资源税改革、总量控制机制等创新性节能方案。③环境保护与管理领域，我国加强了环境组织机构的建设和环境监察能力建设，应对危机的能力有所增强。为切实解决突出的民生关注的环境问题，我国已将 PM2.5、臭氧（8 小时浓度）纳入常规空气质量评价。④全球环境与气候变化治理领域，我国积极参与国际气候变化谈判，并采取积极减缓和适应行动，应对气候变化危机。中国的应对气候变化的行动为国际气候变化治理提供了重要的参考，受到有关各方的认可。

资源与环境管理涵盖范围广泛，难以全面论及，本节内容只是窥其一斑。不过需要强调的是，在当前应对国际金融危机的形势下，节能减排和培育绿色经济的任务尤其不能放松。我们应切实加大节能环保投入，认真落实节能减排责任制，搞好技术研发和推广，突出重点工程建设，努力实现节能减排目标。当然，实践的探索离不开理论的指导，我们在探索创新实践的同时，应重视对规律性工作的总结，借鉴先进的管理实践经验弥补不足，使我们的理论和实践工作能相互促进，同步前行。

第三节　代表性成果

一、《全球环境与气候治理》

作　者：庄贵阳、朱仙丽、赵行姝

出版时间：2009 年

出 版 社：浙江人民出版社

内容摘要：作为一个典型的全球性环境问题，全球气候变化问题正成为国际关注的热点。气候变化是一个涉及政治、经济、环境、法律等的多领域、多学科、跨国界的综合性全球问题，不仅具有环境含义，而且具有经济、政治及国际政治含义。《全球环境与气候治理》一书从世界经济与国际政治的视角分析了气候变化问题的实质，从科学认知、经济利益和政治意愿 3 个方面阐述国家间的博弈，探讨国际气候治理中的公平与效率问题，提供国际气候治理过程中中国的战略选择。全书共分 8 章，包括全球环境保护的制度化趋势；全球环境治理的含义及其理论体系；全球气候变化问题的本质；国际气候治理的历程：成绩与挑战；国际气候谈判中的主要利益相关者；国际气候治理中的国家（集团）博弈；国际气候谈判中的科学与政治；国际气候治理与中国的战略选择。

本书同时对中国参与国际气候变化治理活动的长期战略选择进行了探讨。指出：作为发展中国家的大国，中国在国际气候制度构建过程中面临巨大的国际压力。中国正处于快速工业化和城市化进程，需要较大的温室气体排放空间，同时中国也有保护全球的责任和政治意愿。中国长期战略选择只能是融入世界经济发展浪潮，走低碳经济发展道路。

社会影响：我国学者在气候变化国际关系研究方面，与国际先进水平尚有一定差距。本书 3 位作者都较长时间跟踪国际气候谈判进程，对国际气候谈判及背后的博弈有着较深的思考，并掌握了大量第一手材料。他们的工作旨在通过研讨国际气候制度的演变，从而建立起一个较完整清晰的气候变化国际关系研究分析框架。本书是国际关系学前沿教材丛书之一。

二、《中国开征碳税：理论与政策》

作　者：苏明、傅志华、许文、李欣、王志刚、梁强

出版时间：2011 年

出 版 社：中国环境科学出版社

内容摘要：中国作为能源消耗大国和 CO_2 排放大国之一，节能和减排的压力与日俱增，节能减排工作已经成为政府重要的政策目标。节能减排作为落实"节约资源、环境保护"这一基本国策的重要内容，是当前与未来中长期我国政府面临的一项重要任务。做好节能减排工作，关系到科学发展观的贯彻实施，关系到未来我国经济社会可持续发展战略目标的实现。财政政策作为政府宏观调控的重要手段，在实现节能减排战略目标上是大有可为的。除全面采取必要的法律、行政措施外，包括环境税（碳税）在内的经济政策措施，必然成为推动节能减排的重要手段加以考虑。碳税的实施虽然有助于实现节能减排的成果，但其征收将会在一定程度上影响能源的价格、能源供应与需求，从而对经济增长造成一定的影响。我国目前对碳税的研究尚处于起步阶段，本书的出版展现了我国碳税研究工作者的探索性的努力。

《中国开征碳税：理论与政策》一书分为上下两篇。上篇为"中国开征碳税的问题研究"，主要包括开征碳税的必要性和可行性分析；碳税的国际经验与借鉴；开征碳税的制度设计方案；碳税实施框架方案；开征碳税的效果预测和影响评价。下篇题为"中国开征碳税：障碍及对策措施研究"，包括开征碳税外部约束的理论分析；国外开征碳税的障碍分析；中国开征碳税的障碍分析；中国开征碳税障碍及其消除措施的数量分析；中国克服碳税开征碳税障碍的思路和建议。

社会影响：本书是"十一五"国家重点图书出版规划环境经济政策丛书之一，主要是为正在蓬勃开展的环境经济政策研究提供参考。本书客观、独立地反映了财政部财政科学研究所相关人

员关于环境税制及相关经济政策的最新研究成果。

三、《中国经济面临的矿产资源能源的约束及对策——基于工业化中期的思考》

作　　者：郭濂

出版时间：2011 年

出 版 社：清华大学出版社

内容摘要：矿产资源能源问题越来越成为制约我国经济可持续发展的重要因素。《中国经济面临的矿产资源能源的约束及对策——基于工业化中期的思考》一书旨在揭示全球化形势下中国经济发展所面临的矿产资源能源与环境制约，分析这种制约的相关成因，借鉴国外关于矿产资源能源及环境的战略、政策与做法，总结国家开发银行在融资推动能源矿产资源"走出去"方面的成功案例，进而提出可行的对策思路。该书主要采用定性与定量分析相结合、规范分析与实证分析相结合、文献分析与数据测算相结合的分析方法。项目实施采取项目组与咨询专家相结合的工作方式。

该书共分 5 篇。第一篇在系统描述我国全球矿产资源能源及环境形势的基础上，具体分析了全球矿产资源格局和环境框架体系带给我国的挑战与机遇。第二篇深入分析了我国经济持续发展面临的矿产资源制约、矿产能源制约及相关环境制约。第三篇分析了我国矿产资源能源短缺及环境问题的成因，包括工业化加速带来的矿产资源能源与环境问题，城市化进程加速带来的矿产资源能源与环境问题，区域发展不平衡带来的矿产资源能源与环境问题以及我国矿产资源能源短缺及环境问题的制度性成因。第四篇探讨了国外矿产资源能源环境战略及政策对我国的启示，具体涉及美国、日本、欧盟和韩国。第五篇探讨了缓解我国矿产资源能源环境问题的主要对策。

社会影响：参与本书编写的人员来自国家开发银行和清华大学经管学院。本书得到国务院发展研究中心、科技部、中国石油大学等专家、学者的推荐。

四、《低碳时代的中国能源发展政策研究》

作　　者：王伟、郭炜煜

出版时间：2011 年

出 版 社：中国经济出版社

内容摘要：能源问题与国家经济社会的发展和安全密切相关。能源政策已经成为能源可持续发展的生命线。面对气候变化问题日益严峻，传统能源面临枯竭的形势，各国都在尝试以新的能源政策，即提高能效的政策来找到清洁、经济、可持续、能效更高的能源类型。《低碳时代的中国能源发展政策研究》从多角度观察能源领域的热点和难点问题，站在全球绿色发展和低碳发展的背景下，以支持绿色发展的能源政策为逻辑主线，从能源战略安全的角度，论述了中国能源政策发展的目标、中国低碳发展的路线图、中国能源贫困问题解决的政策和路径、中国低碳城市建设的政策选择以及中国智能电网建设的战略选择，并就中国能源国际合作的新道路进行了政策思考，从而得出了构建支持绿色发展的能源政策体系的基本结论。

本书共分为 8 章。主要论述问题包括：中国经济战略转型的低碳技术政策研究；低碳时代的能源安全战略政策研究；中国能源管理和监管体制改革的思考；中国能源行业应对气候变化的多中心治理模式探索；中国能源贫困问题及其解决政策路径；低碳城市建设：国际经验与中国的政策选择；中国智能电网发展政策的战略思考；构建支持绿色发展的能源政策体系。

社会影响：该书的出版得到了国家社科基金青年项目（07CZZ009）、北京市哲学社会科学规划重点项目（10AbJG398）、中央高校基本科研业务费专项资金、华北电力大学博士后科研资金、华北电力大学创新人才支持计划等项目资金资助，并且得到了原国家能源办副主任、能源局局长、现国务院参事、国家能源咨询委员会主任徐锭明先生的大力支持和帮助。该书中的部分建议得到了国家能源局政策法规司的采纳，不仅为政府制定能源政策提供了及时、可靠的依据，也为许多致力于能源政策研究的学者提供了良好的素材和思考的方向。

五、《我国能源效率与经济增长关系分析》

作　　者：李建中、武铁梅、谢威

发表时间：2010 年第 9 期

期刊名称：《生产力研究》

内容摘要：本文以大量实证分析为依据，在全面分析新中国成立以来的产业结构、经济增长以及能源效率的基础上，提出了能源效率与经济增长的关系模型，并对此模型进行了严格的检验，所得结果能够准地反映过去56年我国经济增长与能源效率的相互作用，可以对我国未来的能源政策制定、产业内部结构调整等提供有力的依据。文章通过对1953~2008年的56组年度统计数据进行历史变化趋势分析、协整分析及Granger因果检验，得到了我国经济增长与能源效率二者之间的定量关系模型。结果表明，我国产业结构在短期内不会发生较大变化；在此期间能源效率同经济增长之间存在显著的双向因果关系，能源效率每提高1个百分点，国内生产总值将增加1.78个百分点，国内生产总值每提高1个百分点，能源效率将提升0.474个百分点；未来我国应考虑建立市场化的节能降耗机制，加快产业的内部结构调整并进一步提高能源利用技术，在提升能源效率的同时促进经济的持续健康发展。

社会影响：本文为西北工业大学人文社会科学与管理振兴项目"西部国防科技工业与西部经济互动研究"（RW200904）资助项目。

六、《南京低碳经济定量研究》

作　　者：于文金、阎永刚、张朝林

发表时间：2011年第11期

期刊名称：《中国人口·资源与环境》

内容摘要：城市化和工业化产生的碳排放是当今中国影响气候变化的重要因素，经济增长和碳排放之间的关系是当今研究的热点问题。本文通过研究南京市低碳经济发展的现状、阶段及演化特点，发现30年来，南京市低碳经济发展呈现波动反复的特点，扩张负脱钩3次，较高能源消费的经济增长形式——扩张连接4次，经济发展实现与能源消费较好脱钩的弱负脱钩1次，强脱钩4次，其余为弱脱钩。基于内生经济增长Moon-Sonn模型，建立了南京经济增长预测模型，并探讨了不同发展模式下南京未来50年低碳经济水平及碳排放量演化规律，预测了不同低碳经济水平下南京碳排放量和峰值出现的时间。研究结果显示，按现行经济模式，南京2050~2060年碳总量增加速度逐步减缓，约在2058年左右实现碳总量的负增长。50年内南京市预计为扩张负脱钩和扩张连接，难以实现稳定的高水平低碳经济增长模式；设定最优能源强度参数的模式下，南京迅速实现稳定强脱钩的低碳经济，碳释放量EKC曲线呈现倒U型，2015年左右即达到峰值。综合各种因素，南京近几年将延续模式1的增长模式，在2020年左右实现向模式2的转变，其碳释放量约于2028年前后出现峰值。文章最后总结：低碳经济和低碳城市的建设至关重要，探讨经济——环境耦合最优发展模式及其参数量的设定是今后区域低碳经济定量化研究的重要内容。

社会影响：本文是国家自然科学基金项目（40371048）、城市气象基金（08371048）、河海灾害实验室开放基金（20090024）的资助项目。

七、《基于低碳经济的能源资源协调发展的研究》

作　　者：慕庆国

发表时间：2011年第12期

期刊名称：《生态环境学报》

内容摘要：能源是经济发展的命脉。经济和能源的协调发展是社会发展的原动力。经济发展离开能源的基础，那将是无源之水，无本之木。所以，经济和能源应该协调发展，社会才能稳步前进。发展低碳经济是利用先进的技术和有效的管理方法与手段，保护资源，保护环境，实现社会和经济的可持续化发展的必由之路；是我国经济发展方式转型，产业结构调整过程中必须完成的紧迫任务之一。世界产业结构的变动，必然影响到开放度不断加大的我国，正是在这样的背景下，我国的煤炭及其他矿产品的出口不断增长。在我国融入经济全球化的过程中，要注意在接受国际产业结构调整对我国经济发展有利影响的同时，要用低碳经济的发展战略模式，避免消极影响危及我国经济的长期、根本利益。应该在这个大前提下，对我国自然资源进行有计划的开发和提高自然资源的有效利用。实现可持续发展已经成为中国社会经济发展的一个重要基本方针，可持续发展不仅要强调对环境的保护，而且应包括如何解决在人口已经高度密集、人均资源相对匮乏、自然生态环境已经十分脆弱的条件下，实现

经济的长期高速发展，同时又要保护环境的这样一个史无前例的社会实践问题。低碳经济和能源资源的协调发展就成了解决这一问题的必经之路。能源既是必不可少的经济发展和社会生活的物质前提，又是现实的重要污染来源，解决好我国的能源可持续发展战略问题，是实现我国社会经济可持续发展的重要环节。

社会影响：本文是教育部社科项目（09YJA630086）和山东省软科学项目（2009RKB403）的研究成果。

八、《政府内部上下级部门间谈判的一个分析模型——以环境政策实施为例》

作　　者：周雪光、练宏
发表时间：2011年第5期
期刊名称：《中国社会科学》
内容摘要：政府内部上下级部门间讨价还价谈判是政府运作过程的重要组成部分，也是认识政府组织制度和行为的一个切入点；其总是发生并受制于特定组织背景以及相应的制度规则。虽然政府内部的谈判行为是贯穿中国政府研究领域的一个主题，但现有研究工作大多各行其是，并没有建立在已有研究基础之上，因此对知识累积的贡献微小。本文的研究试图填补该空白。本文从有关谈判和战略互动的博弈论视角出发，提出解释中国政府科层结构中上下级谈判的一个分析模型，从而有助于深入分析政府组织的结构、过程和行为。有关委托方（如省环保厅）和代理方（如市环保局）之间的序贯博弈模型中，我们区分了委托方的两种策略选择："常规模式"与"动员模式"；代理方在随后的应对过程中在3种策略中加以选择："正式谈判"、"非正式谈判"和"准退出"。在委托方采纳动员模式的条件下，"准退出"是代理方的最佳应对策略；而在常规模式下，代理方的应对策略选择有着更大空间。值得一提的是，本文的目的不在于建立正式模型，也不关注博弈模型的技术层面；而是将博弈论思路作为一个分析视角，借以提炼和定义有关的研究问题和分析概念，并以此勾勒谈判过程中出现的不同博弈类型。本文实质性理论思路来源于组织学的有关文献以及作者在政府部门进行田野观察的心得体会。本文的个案来自2008~2011年对某市环保

局的参与观察。

社会影响：本项研究得到斯坦福大学校长国际研究创新基金和中国发展研究基金会资助。

九、《获益能力理论及其在自然资源管理领域的应用》

作　　者：王晓霞
发表时间：2011年第9期
期刊名称：《生态经济》
内容摘要：获益能力（Access）指各种经济主体获得、维持和控制利益的各种能力，获益能力理论关注现实环境中自然资源利益的分配，谁是既得利益者，凭借什么获得、维持利益和控制其他参与者的利益。获益能力理论可以为理解现实情境中诸多资源产生的利益的分配不公问题提供理论框架，也可以作为有力的资源政策分析工具。获益能力由自然资源、技术、知识、资本、劳动等内层能力，法律政策、国际政治力量、文化、社会地位和关系以及习惯风俗等外围能力构成。与产权理论相比，获益能力理论新颖之处在于不仅关注价格或产权这样的单一控制和积累机制，而且拓展到分析市场运行中的经济、政治和社会相互作用机制，产权尚不足以保护资源产权所有者获得公平的资源利益分配。除了上述理论价值，获益能力理论作为资源管理的政策分析工具，其应用价值至少可以体现在宏观、中观和微观3个层面。在宏观层面上，可以帮助政府等管理机构认识到全球化背景下，国际政治力量等国际制度性能力对本国资源经济的引导或阻碍，对资源国际贸易中的国家间利益分配的影响，从而调整国内制度性能力的方向或内容。在中观层面上，有助于认识各种资源产业之间由于能力禀赋和授予不同而存在的差异。从影响利益分配的能力结构入手，寻找能因地制宜地促进较弱势的资源产业发展的对策。在微观层面上，有助于理解资源链条上下游各环节参与者间的能力差异，可以调整内层能力的外围能力，发挥政府机构的能动作用，特别是保障初级生产者的利益分配；也可有助于理解某参与者群体间微观个体的差异，促进参与者群体平均能力的提高。

社会影响：该研究得到"985工程"可持续发展与环境保护公共政策项目和福特基金会项目

"获益能力理论和商品链分析方法及其在中国的应用"（1075-0502）的资助。

十、《自然资源开发、内生技术进步与区域经济增长》

作　　者：邵帅、杨莉莉
发表时间：2011 年第 2 期
期刊名称：《经济研究》
内容摘要：传统的经济学理论一般认为良好的自然资源禀赋，尤其是丰富的矿产资源是工业化起步的基础和经济增长的引擎，而一些国家的发展历程也恰恰对此给出了很好的证明。但是，自 20 世纪中后期以来，基于大部分资源导向型增长模式的失败和很多资源贫乏的国家和地区却取得了令人瞩目的发展成果的事实，这种观点逐渐被颠覆。本文从一国内部区域层面的视角，将自然资源开发部门引入 Romer 的产品水平创新 R&D 模型，建立一个以资源开发为导向的 4 部门区域内生增长模型，对自然资源开发、内生技术进步与区域经济增长之间的内在联系进行动态经济分析，并对得到的主要理论命题进行实证考察。本文实证分析结果表明，能源依赖度对我国区域创新投入和创新产出均表现出显著的挤出效应，但市场化程度及其所反映的生产要素配置效率的改善，完全可以将这种挤出效应缓解或消除，甚至可以将其转化为积极的促进作用。在此基础上，本文提出了 3 点政策建议，以应对我国资源丰裕地区规避或者缓解资源开发活动所带来的资源诅咒效应。①推进市场化改革进程，优化生产要素配置效率；②提高技术创新能力；③促进区域产业结构的优化调整。

社会影响：本文得到国家社会科学基金重大项目（11&ZD037）、国家社会科学基金重点项目（10AZD015）、国家自然科学基金项目（71003068）、上海市教育委员会科研创新重点项目（11ZS70）、上海市哲学社会科学规划课题（2010BJB011）、上海市"晨光计划"（10CG36）、上海市高校选拔培养优秀青年教师科研专项基金、上海财经大学优秀博士学位论文培育基金、上海财经大学研究生科研创新基金项目及上海财经大学"211 工程"重点学科建设项目的资助。

十一、《中国合同能源管理的法律与政策分析》

作　　者：曹明德、马洪超
发表时间：2011 年第 6 期
期刊名称：《华东政法大学学报》
内容摘要：合同能源管理（EPC）是一种以未来节省的能源费用来支付节能项目全部成本的节能投资方式，这种节能投资方式允许用户使用未来的节能收益为工厂和设备升级，降低目前的运行成本，提高能源的利用效率，主要由节能公司进行经营运作。EPC 是我国现在正在推广实施的节能管理方式之一。但我国 EPC 机制发展迟缓，究其根源，是节能公司经营风险太大，市场诚信度不高。应当改进相应的法律政策，制定强制性的环保标准，建立公正权威的节能量认证机构，推进 EPC 项目融资，并与碳交易相融合。

社会影响：本文系国家社科基金重点项目"中国碳排放交易法律制度研究"（11AFX007）和教育部人文社会科学研究项目"气候变化法律研究"（09YJA820089）的阶段性研究成果。

附：代表性论文选登

中国 "十一五" 节能目标责任制的评价与分析[①]

李惠民[②] 马 丽[③] 齐 晔[④]

[摘 要] 目标责任制作为我国"十一五"期间节能的主要管理制度，在"十一五"节能过程中具有非常重要的地位。文章分析了节能目标责任制的内涵，并着重对节能目标责任制在"十一五"节能过程中所起的作用和不足进行分析和评价。

[关键词] 节能；目标责任制；"十一五"规划

"十一五"期间，中国万元生产总值（GDP）能耗下降了 19.06%，基本实现了"十一五"规划所提出的万元 GDP 能耗下降 20% 的目标。这一目标是如何实现的？不同的学者具有不同的分析视角，有的侧重于技术与结构方面的分析，有的侧重于政策方面的分析，对管理制度的研究相对较少。"十一五"期间，目标责任制作为一项基本的节能管理制度，在"十一五"节能过程中具有非常重要的地位，在各项政府文件中具有非常高的出现频率。对目标责任制进行评价与分析，不仅是对"十一五"节能管理制度的总结，对"十二五"期间如何实现节能目标也具有非常重要的现实意义。

一、目标责任制的内涵

节能目标责任制从内涵上看，具有约束性特征，即基于预期性目标的基础上，通过强化政府责任，促使政府合理配置公共资源和有效运用行政力量，确保符合公共服务和涉及公共利益的事务能够按时推进。第一，节能目标责任制依托政府为主体，带有行政发包的性质。第二，节能目标具有强制性和法定性。节能目标的贯彻及落实是考核评价机制的重要组成部分，并具有相应的法律效力。第三，节能目标在政府考核中具有优先性。节能目标是"一票否决"性指标，完不成

节能指标不仅综合考核不能通过，直接负责人还必须接受问责。在时间上，节能目标责任制的推行大体上经历了 3 个阶段，即模糊阶段（2006 年 8 月之前）、明确阶段（2006 年 8 月至 2007 年 11 月）、成熟阶段（2007 年 11 月之后）。

第一阶段主要体现为中央政府尝试通过示范作用，以达到引导地方推进节能的效果。一是目标引导。中央在"十一五"规划中明确提出单位 GDP 能耗降低 20% 的目标，把节能目标作为约束性指标落实到规划和政策之中。国家层面提出的节能总目标，为地方政府的节能目标提供了参考体系，并借此引导各地区把经济社会发展转入可持续发展轨道。二是理念约束。2005 年底，国家发改委、能源办、统计局下发通知，要求从 2006 年起实施 GDP 能耗公示制度，每年 6 月底向社会公布上一年度各地区万元 GDP 能耗及其降低率等数据，这对政府推进节能起到了制度性的引导作用。其公示性质实际上是要建立"GDP 增长的能源成本"，并且将成本显性化、透明化，以形成政府、企业、社会节能的理念约束。2006 年 8 月，国务院发布《国务院关于加强节能工作的决定》，明确要求建立节能目标责任制和评价考核体系。这标志着节能目标责任制逐渐开始明确。

第二阶段主要体现为国务院明确要求各地方政府、中央重点用能企业必须实现相关节能目标，

---

① 李惠民、马丽、齐晔：《中国"十一五"节能目标责任制的评价与分析》，《生态经济》，2011 年第 9 期。
②③④ 李惠民、马丽、齐晔，清华大学公共管理学院。

对节能指标进行了分解，并制定了节能目标的统计、监测和考核办法。2006年7月26日，国务院委托国家发改委与全国30个省（区、市）、新疆生产建设兵团和14家中央企业负责人签订目标责任书，这标志着目标责任制进入明确实施的阶段。2006年9月17日，国务院出台了《国务院关于"十一五"期间各地区单位生产总值能源消耗降低指标计划的批复》，对节能指标进行了省际间的分解，并明确要求"各省（区、市）要将其纳入经济社会发展综合评价、绩效考核和政绩考核，并分解落实到各市（地）、县及有关行业和重点企业"。2007年11月，国务院发布《国务院批转节能减排统计监测及考核实施方案和办法的通知》，该通知对节能统计、监测和考核从方法和制度上做出了明确规定。这标志着节能目标责任制在国家层面上得到完全确立。

第三阶段主要体现为节能目标责任制在各级地方政府的落实。在国家进行节能目标分解，出台节能统计、监测和考核办法之后，各级地方政府纷纷仿效，形成了国家、省、地市、县、乡镇各级的节能体系。

二、目标责任制在"十一五"节能中所起的作用

（一）各级政府和企业的节能管理制度得以确立和完善

在2006年《"十一五"规划纲要》制定之前，各级地方政府与节能相关的组织还仅限于发展与改革委员会、经济与贸易委员会等层面。2007年6月，国务院发布《国务院关于印发节能减排综合性工作方案的通知》，进一步强调："当务之急，是要建立健全节能减排工作责任制和问责制，一级抓一级，层层抓落实，形成强有力的工作格局。地方各级人民政府对本行政区域节能减排负总责，政府主要领导是第一责任人。"与此同时，中央政府在国家气候变化对策协调小组的基础上成立了国家应对气候变化及节能减排工作领导小组，作为国家应对气候变化和节能减排工作的议事协调机构。之后，省级政府应对气候变化及节能减排工作领导小组纷纷成立。在省级地方政府的影响下，一些地市也参照其所在的省级单位，成立了相应级别的节能减排领导小组。

各级的节能减排领导小组都设了办公室，作为负责区域内节能减排工作的办事机构，办公室一般设在发改委或者经贸委。在节能减排领导小组的组织下，各级地方政府纷纷出台了节能减排统计监测和考核的实施办法，建立了节能统计、监测、考核体系，在全国范围内形成了相对统一的节能管理制度。同时，负责节能减排的政府机构得到了加强。从各级政府的能耗目标考核结果来看，绝大多数的地方政府在机构组织建设方面得分较高，即使一些没有完成节能目标的地区也建立了相关的组织和制度，初步形成了国家、省、市、县四级节能管理体系。同时，一些省市还成立了节能监察中心，对当地重点用能单位的用能行为进行监察。

通过节能目标责任制，企业层面的节能管理制度也得到落实。在千家企业层面，2007年即有96%以上的千家企业建立了由企业主要负责人任组长的节能工作领导小组，91%以上的千家企业将"十一五"节能目标按年度，按车间（分厂）、班组进行了分解，落实到各个环节、各个岗位，80%以上的企业实施了重点用能设备能耗定额管理制度。各地方政府在重点耗能企业的节能管理方面也积极推行一些创新性的管理方式，如国家在山东和天津推行能源管理师的试点工作，其中山东省规定，年耗能5000吨标准煤以上的企业都应聘任能源管理师。2010年8月，山东省为首批能源管理师颁发了资格证书，这意味着能源管理师这种企业节能管理的新机制得到了正式建立。

（二）目标责任制对地方政府的节能行为构成有效约束

从政治激励来看，中国现行的激励体系暗含着"GDP至上"的潜规则。地方政府具有很强的意愿支持和保护产值大、利税高的污染企业，而不是对其环境污染进行监管。尽管目标责任制不能从根本上改变地方政府的环境行为，但至少在政治激励方面，目标责任制可以对地方政府的环境行为产生一些有益的影响。

目标责任制对地方政府的节能行为产生约束的关键在于晋升机制。国家《单位GDP能耗考核体系实施方案》规定各省级政府节能目标责任评价考核结果经审定后，要交由干部主管部门依照《体现科学发展观要求的地方党政领导班子和领导

干部综合考核评价试行办法》等规定，作为考核省级政府领导班子的重要依据，并实行一票否决制。各省市出台的考核方案和国家基本类似，但有些地方的规定更加明确和严厉。目标责任制作为一票否决性指标，大大改变了原有的官员激励体系。

目标责任制的主要责任人是各级地方政府的一把手，而这些一把手在地方发展中具有极其重要的权力。这种责任体系使地方政府在发展中必须对节能有足够的重视。在我国经济发展的现阶段，对大部分地方政府来说，节能与经济发展往往具有一些冲突，这导致大部分地方政府提出的节能目标不高于国家目标。这是由自上而下的单动力所决定的，同时，正是由于目标责任制对地方政府的节能行为产生了动力，才使我国的能源利用效率在"十一五"期间得到了较大提高。目标责任制对中国地方政府的节能行为来说，其约束是真实有效的。

（三）目标责任制使各级企业的能源利用效率得到了有效提高

在目标责任制下，各级地方政府将重点耗能企业作为突破口，使这些企业的节能水平得到了较大提高。由于各级地方政府在目标责任制实施过程中纳入各种级别的重点耗能企业，使签署目标责任书的企业大幅增加。在中央层面，重点耗能企业为年耗能18万吨标准煤以上的企业，有1008家。在省政府层面，河南将能耗5万吨以上的企业列入，共300家左右；山东列入约1000家企业；山西列入200家企业；陕西列入200家企业；安徽列入153家企业；其他省份也列入数量不等的省级重点用能企业。据不完全统计，"十一五"期间列入省级重点用能企业的数量已达5000家以上。此外，地市级政府、县级政府在节能目标责任制实施过程中，也选择了一些重点企业进行节能管理。纳入各级政府考核体系的重点耗能企业，在节能方面受各级地方政府的直接监管。一方面，政府通过节能技改资金等手段，从经济上促使企业进行节能技术改造。根据国家发改委、财政部发布的《节能技术改造财政奖励资金管理暂行办法》，奖励标准为项目改造后每形成1吨标准煤节约能力，东部奖励200元，中西部奖励250元。另一方面，一些地方政府也配备了一定的资金对节能技术改造进行额外奖励。在物质激励的同时，政府通过名誉表彰等措施，对节能考核结果为超额完成和完成等级的企业进行激励。

对于大部分国有企业，由于其领导干部处于地方政府的官员体系，获得政府的名誉表彰将增加其晋升的筹码，因而在节能方面具有较高的积极性；对于民营及外资、合资企业来说，获得政府的名誉表彰将有助于获得社会认同，同时在地方政府获得更好的经营环境，因而也具有一定的积极性。另外，政府通过一些惩罚机制来约束企业的用能行为。对评价考核结果为未完成等级的企业，政府通过通报批评，不得参加年度评奖、不授予荣誉称号等措施，对企业进行约束。对于国有企业，通报批评将有损官员形象，同时由于节能目标的"一票否决"，使国企领导失去晋升机会，因此国企对政府的通报批评更为看重。除了批评措施之外，对未完成节能目标的企业，政府将不给予国家免检等扶优措施，对其新建高耗能投资项目和新增工业用地暂停核准和审批，更严厉的还包括差别电价、拉闸限电，甚至停产整顿，这些严厉的惩罚措施使这些企业不得不采取各种办法来完成节能目标。在各级政府的直接监管下，重点耗能企业的节能目标完成情况普遍较好。"十一五"期间，千家企业节能1.5亿吨标准煤，超额完成了"十一五"节能任务。

三、目标责任制的局限

（一）基层地方政府的节能压力与其能力不相匹配

节能目标责任制的基本特征，是节能目标从中央到省，从省到市、从市到县的层层分解。在这种分解模式下，省级和市级政府的主要职责在于督促下级地方政府和其辖区内重点耗能企业节能目标的完成，而县级及其以下的地方政府则成为节能压力的最终承担者。

目前，我国节能的组织体系基本健全，"十一五"以来，围绕节能工作的开展，从中央到地方均建立了节能减排领导小组，并有相应的专门机构负责节能目标责任制的实施，但越到基层，负责节能目标责任制的人员力量越趋薄弱。以无锡市为例，无锡市经贸委环境资源处主管无锡市的节能工作，该处有5个正式编制，其中一人具体负责节能目标责任制的实施。而无锡市的下辖各区，没有对应市经贸委环资处的环资科，节能目标责任制的工作开展，依赖于其他科室（通常在工业科），并且一个区往往只有一人负责，而这个人还身兼其他事务。节能目标责任制的工作体系越到基层政府，力量越趋薄弱，其所能提供的节能支持也相应减弱。与中央政府和省级政府相比，县级政府很难有足够的资金来支持企业的节能技术改造。县级政府所直接管辖的企业以中小企业居多，与大型企业相比，中小企业的节能资金更为缺乏，由于节能量较小，这些企业很难获得各级政府的节能技改资金支持。对于一些大型国有企业，由于其行政级别更高，基层政府很难有能力对其节能行为进行监管；而对大型的民企、合资、外资企业来说，由于其在地方经济发展中的支柱性地位，基层政府往往在经济发展和节能目标之间难以取舍，导致对这些企业的节能行为监管较为薄弱。同时，县级以下地方政府在节能技术服务方面力量还相当薄弱，难以满足其辖区内企业的节能技术服务需求。因此，尽管目标责任制对县级以下地方政府的节能行为构成了有效约束，但由于其能力有限，在节能目标的完成方面面临着比上级政府更大的节能压力。

（二）地方政府缺乏有效率的结构节能手段

无论是中央政府，还是各级地方政府，在"十一五"节能战略中无不把产业结构调整视为一项重要举措。在2007年国务院印发的《节能减排综合性工作方案》中，把优化和调整产业结构放在了各项措施的最前面。这些调整结构的措施包括：控制高耗能、高污染行业过快增长；加快淘汰落后生产能力；完善促进产业结构调整的政策措施；等等。安徽、广东、海南、四川等省的节能减排工作方案也均将结构调整视为重要措施。产业结构调整具有相当大的复杂性和难度。在"十一五"5年时间内，依靠产业结构的转变来实现大幅度的节能是非常困难的。截至2009年上半年，结构节能和技术节能对全部节能的贡献率分别为26.4%和73.6%。而在有限的结构节能中，产品结构调整，特别是产品价值链升级和增加值率提高对结构节能起到了决定性作用。

在地方政府层面，实现结构节能的手段非常有限，最主要的措施包括淘汰落后产能、上大压

小、差别电价、控制高能耗行业过快增长等。由于这些措施会对GDP产生较大影响，从而影响到"保增长"任务的完成，地方政府在节能工作中往往更倾向于实施技术节能手段，通过重点耗能企业产品能耗的下降来完成其节能目标，对于高能耗产业，一些地方政府不仅没有限制，甚至通过优惠电价等措施进行招商。政府在实现节能目标的过程中，技术节能手段的优先级要高于结构节能。"十一五"前3年，各级的大部分重点耗能企业均提前完成了其节能目标，因而各级地方政府不得不将节能的重点转向结构节能。这导致结构节能对节能的贡献率逐步提高。2006年，全国结构节能的贡献率为-17.8%；2007年，结构节能的贡献率为19.5%，2008年为35.4%，2009年上半年达到58.3%。

2010年以来，随着"十一五"期末的到来，各级政府在节能方面的措施不断严厉。2010年5月国务院发布的《国务院关于进一步加大工作力度，确保实现"十一五"节能减排目标的通知》中提出，对超能耗（电耗）限额标准的企业和产品名单，实行惩罚性电价。这是中国政府首次提出"惩罚性电价"，与之前的差别电价相比，其措施更为严厉。之后，全国大部分省市均出台了具体的惩罚性电价措施。为了冲刺"十一五"节能目标，各地纷纷实行限电限产措施，有些地方甚至对居民用电也进行了限制。自7月底开始，浙江、江苏、山西等省对高耗能、高污染行业进行大范围限电甚至断电，对已完成节能目标的高能耗企业实施限产措施。9月3日，河北衡水市安平县为完成节能降耗指标，对全县分3批实施限电，每批限电22小时。限电期间，不仅居民家庭停电停水，医院和红绿灯也停电。尽管国家发改委官员否定了安平县的这种做法，但从地方政府的一系列节能手段可以看出，地方政府在节能方面缺乏有效的手段，尤其是在结构节能方面。停电限产等措施固然可以起到节能的作用，但这些措施必然严重影响到企业的正常运转，其代价非常高昂。在经济增长为前提的大环境下，这些措施只能是政府不得已而采取的临时性手段。"十一五"前4年，北京市提前实现了节能目标，其中结构节能的贡献率达到80%以上，这得益于高能耗产业的退出，以及高科技产业、现代服务业的

迅速发展。在中国经济发展的现阶段，绝大部分地方政府在调整产业结构方面很难与北京市相比，这些地方政府尽管有权力使高能耗产业退出，但没有能力吸引到高科技产业，找不到经济增长点来满足地方经济发展的需求，因而不得不依靠高能耗企业来发展地方经济。停电限产等措施，实质上反映出地方政府在节能目标实现方面，已经没有更多的手段。

（三）政治激励难以转化为节能的内在动力

节能目标的"一票否决"，并没有改变以GDP考核为主的官员激励。在节能目标完成的情况下，考核成绩的好坏很大程度上依然取决于GDP指标。反之，如果GDP指标没有完成，节能目标完成再好也可能导致该官员的综合考核成绩较差。在这种制度设计下，大多数的地方政府选择了较低的节能目标。在国家对各省市的节能分解中，由于采取的是省市自报的形式，只有4个省市提出的节能目标高于国家目标，15个省市提出的目标等于国家目标，而12个省市提出的目标则低于国家目标。这与各省市的GDP规划形成了很好的对比。在"十一五"规划中，大部分省市提出的GDP增长率高于国家目标，最后发改委不得不发文要求各省市的GDP降温。在节能目标分解中，发改委的工作变成了和低于国家目标的各省市进行协调，确保国家目标达成。在各省对其地市进行节能目标分解时，也遇到了这个问题。因此，许多省份在节能目标分解中的一个重要原则是"各地市目标总体不低于省节能目标"。由于缺乏节能的内在动力，地方政府在很大程度上将节能目标的完成当成一项重要负担，体现为对节能目标分解方法的抱怨，认为本地承担的节能目标太高等。在节能措施落实方面，地方政府的执行力度也远远低于国家期望。根据国家电监会《2009年度电价执行及电费结算监管报告》，一些省市自行出台优惠电价政策，助长了高耗能企业盲目发展；执行差别电价企业名单更新缓慢，一些限制类或淘汰类的高耗能企业未按规定执行差别电价。这些情况同样也反映出地方政府缺乏节能的内在动力，对高能耗企业的扩展起到了纵容和促进的作用。

可以看到，"一票否决"性的节能目标责任制并没有对地方政府构成真正有效的激励。因而在地方政府的节能实践中，往往选择经济代价较小的措施来实行，如抓重点企业、淘汰落后产能、推行节能用品等。相当长的时间内，为了保持经济增长，地方政府都不愿意执行严格的节能政策，这导致在"十一五"的最后一年甚至半年的时间内，为了完成节能目标，地方政府不得不采取停产限电等激烈措施，造成非常大的经济代价。如果地方政府内在的节能动力得不到提升，"十一五"之后，暂时停产的高能耗企业势必发生反弹，"2020年，温室气体排放量强度较2005年减少40%~45%"的减排目标将更难实现。

四、小结

"十一五"规划提出节能20%的目标并通过一系列文件建立了节能目标责任制，对中国各级地方政府和企业的能源使用行为构成了有效约束。各级地方政府将重点耗能企业节能作为主要措施，极大地提升了这些企业的节能意识。在目标责任制的影响下，从中央到省、市、县、乡镇的五级政府，以及各级重点用能企业基本都建立节能主管机构并出台了相应的节能管理措施，为中国长远的节能目标实现奠定了强有力的组织基础。目标责任制下，通过节能目标的逐级分解和目标责任书的逐级签订，能力较为薄弱的基层地方政府承担了较大的节能压力。同时，尽管产业结构调整可以发挥更大的节能效应，但由于高科技产业和现代服务业发展的滞后性，地方政府只能采取淘汰落后产能、限电限产等强制性措施，使产业结构调整成本变得高昂。目前，经济发展仍是我国第一要务，各级地方政府依然将GDP的增长作为其最主要的任务，社会各界的节能动力并不十分充足。"一票否决"性的政治激励难以转化为政府节能的内在动力。为了促进我国的进一步节能，需要在增强社会各界节能积极性方面做出努力。

[参考文献]

[1] 何建坤：《中国"十一五"节能评估及"十二五"节能工作的建议》，2010年9月11日，http：//www.efchina.org/csepupfiles/workshop/2009113042344696.9134111265911.pdf/1.He%20Jiankun.pdf。

[2] Zhou N., Levine M. D., Price L.. Overview of Current Energy-efficiency Policies in China. Energy Policy, 2010, 38.

［3］Qi Ye, Ma Li, Zhang Huanbo, et al.. Translating a Global Issue into Local Priority：China's Local Government Response to Climate Change. The Journal of Environment & Development，2008，17（4）.

［4］《关于 2007 年千家企业节能目标责任评价考核结果公告》，2008 年 8 月 27 日，http：//www.sdpc.gov.cn/hjbh/hjjsjyxsh/t20080903_234621.htm。

［5］齐晔等：《中国环境监管体制研究》，上海三联书店，2008 年。

［6］《"十一五"节能减排回顾—千家企业超额完成任务》，2011 年 3 月 14 日，http：//www.gov.cn/gzdt/2011-03/14/content_1824681.htm。

［7］《节能减排疯狂冲刺各地限电，政府失职却企业埋单》，2010 年 9 月 20 日，http：//news.sohu.com/20100920/n275118374.html。

［8］《河北安平限电节能减排，百姓每隔 3 天停电 22 小时》，2010 年 9 月 5 日，http：//news.qq.com/a/20100905/000352.htm。

［9］《转变发展方式，推进节能减排》，2010 年 7 月 8 日，http：//finance.qq.com/a/20100708/002529.htm。

我国绿色贸易转型战略取向分析[①]

夏　光[②]

[摘　要]"十二五"及今后时期，绿色贸易转型是我国实现绿色经济转型的重要优先领域，是缓解对外贸易发展资源环境压力，改善环境质量，促进"十二五"环保目标实现的重要途径。本文在反思传统贸易发展方式基础上，提出实现从"以环境输出为特征"到"以生态修复为使命"的绿色贸易转型，是我国未来贸易发展长期而艰巨的使命和任务；并在进一步梳理"十二五"绿色贸易政策空间基础上，揭示出"环境输出"向"生态修复"环境友好型贸易发展方式转变，成为绿色贸易转型的重要战略取向。

[关键词]绿色贸易转型；环境输出；生态修复；环境友好型贸易发展方式；战略取向

30 多年来我国对外贸易的快速增长消化了国内巨大的生产能力，使我们能够实现贸易顺差，快速增加经济财富。尤其金融危机之后随着全球经济的复苏，外贸再次成为我国经济发展的重要驱动力。

贸易发展如同任何事物发展一样，都是在一定客观条件下的发展，会受到一些因素的制约。有些因素过去不突出，现在变得突出了。例如，环境问题现在就逐渐成为贸易发展中必须重视的因素。贸易对我国经济发展和综合国力的不断提高功不可没，但对我国环境的影响也不小，甚至还产生了较为严重的后果。为此，我们需要寻求一种既能产生良好的贸易利益，又能降低我国资源环境代价的贸易发展方式，即环境友好型的贸易发展方式，即实现绿色贸易转型。尤其"十二五"及今后时期，绿色贸易转型是我国实现绿色发展的重要优先领域，是缓解贸易发展的资源环境压力，改善环境质量，促进"十二五"环保目标实现的重要抓手。

一、对传统贸易发展模式的反思

粗放型的贸易模式带有"环境输出"的特征，这种贸易本身存在着严重的环境外部不经济性，而环境外部不经济性将会导致贸易的虚假利润，而且会导致更加严重的环境损害。环境保护部环境与经济政策研究中心的研究表明，长期以来，我国在国际贸易中存在着很大的资源环境逆差，具体表现为"两高一资"（高能耗、高污染、资源型）产品在出口产品中占有很高比例，以我国大宗出口产品纺织品为例，每生产 100 米棉布大约要消耗 3.5 吨水和 55 千克煤，同时排放 3.3 吨废水，产生两千克的化学需氧量和 0.6 千克的生化需氧量。这样，大量出口纺织品所留下的环境压力可想而知。这就是说，我国过去贸易发展方式总体上是粗放的，当我们大量出口产品而获得经济利益时，背后实际上是以大量消耗我国的资源和环境为代价的。这些研究实际上提出了一个更深入的问题，那就是在当前发展阶段如何看待我国贸易对于环境保护的意义和作用，以及如何从这种新的认识中找到贸易的新增长点。

可以说，这种粗放型的贸易模式带有"环境输出"的特征，即把我国环境的价值转移到产品之中而让别国消费者享受，而我们得到交换而来的其他经济利益。交换总是要付出代价的，为了获得经济利益而付出一些环境代价也是正常的，但有两个关键问题要明确：一是这些贸易过程中

---

① 夏光：《我国绿易转型战略取向分析》，《环境与可持续发展》，2011 年 3 期。
② 夏光，环境保护部环境与经济政策研究中心。

环境所受到的损失是否反映在出口商品的价格之中；二是由此获得的贸易利益是否有一部分返回来治理或补偿我们受到损害的环境。之所以提出这些问题，是因为如果在贸易过程中环境的价值并没有得到充分反映，或环境损失没有得到应有补偿，那么，这种贸易本身存在着严重的环境外部不经济性，而环境外部不经济性将会导致贸易的虚假利润，而且会导致更加严重的环境损害。

为什么说环境损失如果没有得到应有补偿，就会产生虚假的贸易利润？根据贸易理论，只有在两个基本前提之下，贸易才能使双方都获益：一是交易是自愿而非强迫的，如果强买强卖则必然会使其中一方遭受损失；二是交易不存在外部不经济性，即交易双方交换的是自己拥有的价值，而不能把别人的财产作为自己的利益收入来源，否则就会出现过度贸易，即如果一个人可以把别人的财产卖出去而收益归自己，那么这人会倾向于尽可能多地卖出别人财产，却不会考虑会给别人造成多么大的损失，而这种损失大到一定程度后可能会超过贸易带给交易双方的利益。

从这个原理来看我国的贸易，就可以发现还存在较大问题。虽然对第一个前提是满足的，即我国的国际贸易是自愿的，未受强迫，但对第二个前提却不完全符合。国际贸易虽然拥有"国际"二字，却不是国家对国家的贸易，而是企业对企业的贸易，而我国出口产品的企业中有些是排污大户，它们所造成的环境外部性并没有全部通过治理费或排污费等形式计入企业成本，也就没有反映在贸易产品的价格之中，这就相当于一些企业是以公共的环境价值去换得自己的收益，而这些收益没有用来补偿所造成的环境损失，从而导致大量隐性的环境价值输出。从这个意义上说，我国实际的贸易出口总量相对于考虑真实环境成本情况下应有的出口量而言，其实是过大了，这也是一些人士认为我国贸易顺差过大的理由之一。

正是因为我国的贸易发展中存在这种环境代价，所以人们今天在谈到我国贸易发展成就时也总是怀着一种复杂和矛盾的心情：既为我国贸易发展的成就感到自豪和高兴，也明白在"环境输出"型贸易发展模式下，贸易顺差越大，我们付出的环境代价也越大。犹如一个靠卖血为生的人，当他数着换来的钞票的时候，他的身体也可能正变得虚弱不堪。实际上人们很清楚，我国当前出现十分严重的环境问题，不仅生产领域负有责任，贸易过程也难辞其咎。

历史地看，"环境输出"特征的贸易发展方式是有一定客观性的，因为在贸易发展的初始阶段，我们需要大量的外汇去进口更加需要的先进技术和产品，需要外汇去满足我们对国际市场的巨大消费需求。在那个时候，采取措施大力鼓励出口就成为国家的必然选择。在当时的发展阶段上，我们不可能以出口资源消耗少、环境影响小的高价值产品为主，只能把具有相对出口优势的资源型产品（初级产品）作为出口主力，甚至直接出口自然资源。明知环境代价沉重，也不得已而为之，这是在我国具体国情下的一个客观过程。

二、从环境输出向生态修复转型

以"环境输出"为特征的贸易发展方式不是一种可以长期采用的模式，必须随着我国综合国力的变化而进行必要转变。我国贸易发展方式要实现从"以环境输出为特征"到"以生态修复为使命"的转变，把改善环境、恢复生态作为贸易发展的一种新使命和新任务，建设一个与科学发展观相一致的新贸易体系。

显然，以"环境输出"为特征的贸易发展方式不是一种可以长期采用的模式，必须随着我国基本国情和综合国力的变化而进行必要转变。当前，有两个情况决定了必须而且可以实现这种变革：一是我国环境问题日益突出，继续靠大量消耗环境来实现出口所遇到的阻力越来越大，严酷的国情条件要求转变贸易发展方式；二是我国外汇储备已高达两万多亿美元，成为世界最大外汇储备国，已经度过了外汇短缺的时期，有条件用贸易收益或通过贸易渠道来反哺环境，修复生态。基于这种形势变化，我国贸易发展方式可以实现从"以环境输出为特征"到"以生态修复为使命"的转变，这是一种历史性转变。

所谓"以生态修复为使命"的贸易发展方式，是指把改善环境、恢复生态作为我国贸易发展的一种新使命和新任务，建设一个与科学发展观相一致的新贸易体系。这个体系包含3个内涵：一是控制和减少资源和环境消耗型产品在出口总量中的比重，缓解我国环境压力；二是增加进口能替代我国环境消耗的产品，实现环境输入；三是通过调整进出口结构，从绿色产品贸易、环境友好型技术贸易和其他有利于环境的贸易活动中赚取经济利益。这三者是依次优先的关系，即当务之急是减少环境消耗型产品出口，其次是实行环境输入，最后是绿色贸易。

以生态修复为使命的贸易发展方式是对过去依靠输出环境资源来获取经济利益的贸易发展方式的扬弃。这里要特别指出的是，这种新型的贸易发展方式并不单纯强调环境保护的需要，反而特别强调通过贸易内涵的升级而获取更大的贸易利益，因此，它是贸易与环境双赢的贸易发展方式。

这种新型的贸易发展方式已经在我国逐步显现。近几年来，国家已经采取了一系列调整出口政策的措施。2006 年，财政部等 5 部委下发了《关于调整部分商品出口退税率和增补加工贸易禁止类商品目录的通知》，这是继 2004 年初出口退税全面下调之后，我国进一步抑制"两高一资"产品出口增长过快而采取的措施。

这一政策实施后，2006 年前三季度，我国原油、成品油、煤炭、未锻轧铝出口量分别下降了21.8%、21.1%、11.9%和 5.8%（环境保护部政研中心 2007 年研究报告）。在最近应对国际金融危机的特殊形势下，我国又调高了一些资源性产品的出口退税，但这是暂时的因应性调整，很多专家指出，应对金融危机是推动调整我国经济结构和提升技术水平的好时机，仍应坚持转变贸易发展方式的政策思路。国家目前也正在积极研究再次严格控制"两高一资"产品出口增长的政策。显然，抑制"两高一资"产品出口增长过快只是实施新型贸易增长方式的第一步，紧接着是实施环境输入的政策。中国已经为国际市场贡献了太多的环境利益，现在是恢复和休整我们国土的时候，因此，不存在保存自己的资源而去消耗别人资源的情况。中国确有人多地少的特殊国情，这在客观上需要开发利用全球资源来满足发展的需要，而且这种发展是全球受益的。

例如，我国的造纸业过去主要依靠国内资源来生产，造成了两个重大的环境问题：一是大量消耗我国本已十分稀缺的林木资源，导致生态退化；二是制浆过程产生大量高浓度有机废水，严重污染水体。如果我们简单地取缔那些难以治理污染的小型造纸企业，又不利于经济发展。在这种情况下，我国开展了大量进口纸浆的贸易活动，从那些林木资源丰富、人口压力小、不宜大量办厂、拥有先进治理技术的国家（如俄罗斯、加拿大等国家）进口纸浆，由我国小企业加工，双方都获得了很好的经济效益，也没有造成严重的环境压力，这就是输入环境的贸易方式带来的成果。

在上述两步基础上，我国可以进一步从绿色产品和绿色服务的贸易中找到更大的盈利空间。例如，绿色食品产业就是因为环境标准提高后采用新型的技术和工艺生产新产品的行业，代表了一个新兴的产业。如果我们过去主要靠传统食品来赚取贸易利益的话，现在则可以通过培育绿色食品产业来赚取更大的贸易利益。

又例如我国过去靠采伐林木制成工业品（如家具等）来出口创汇，我们现在可以通过养育青山来发展旅游业，把外国游客吸引到中国来消费。这是一种低环境消耗的贸易方式，既赚钱又能维护生态，正是新型贸易方式所要达到的目的。此外，还有生态工业、生态农业、循环经济等，都是可以既产生贸易利益又养护生态环境的好途径，难以胜数。这都说明，以生态修复为使命的新型贸易增长方式不但不会降低其经济收益，相反还可能会赚得更多的经济效益。

从环境输出的贸易方式到生态修复的贸易方式，既是一种被迫的选择，更是一种自觉的选择。如果国家在保护和恢复我国已经相当困难的环境支撑能力方面不采取强劲措施，那么环境输出型的贸易发展方式还会延续下去，所幸的是国家已经在强力行动，从科学发展观到节能减排，已经形成了从宏观到微观的层层部署，因此新型的贸易发展方式也呼之欲出，崭露头角。

三、"环境输出"向"生态修复"环境友好型的贸易发展方式转变成为绿色贸易转型的重要战略取向

目前国家在深入制定各种政策，推进贸易发展方式的转变。更多的国家政策将会酝酿出台，成为促进我国绿色贸易转型的推动力。"十二五"贸易发展战略取向必须重视资源、能源及环境承载力，走资源节约型和环境友好型道路。国家将

根据节能减排目标,适应全球低碳环保发展潮流,采取一系列措施,促进由"环境输出"向"生态修复"贸易发展方式转变。

环境保护部政策研究中心研究表明,对外贸易环节具有较大节能减排和改善环境质量的政策空间,绿色贸易转型在我国绿色经济转型中具有重要作用。尤其"十一五"期间,根据国务院节能减排要求,相关部门连续采取限制"两高一资"产品出口等举措,在优化贸易结构和污染减排方面,取得积极进展和一定成效。以上表明,"环境输出"向"生态修复"环境友好型贸易发展方式转变将贯穿于"十二五"对外贸易发展各个环节,绿色贸易转型是转变发展方式实现绿色发展的重要抓手,并成为"十二五"环境保护规划重要保障措施之一。"十二五"期间,我国应进一步从国家战略高度,研究和制定长期的绿色贸易转型机制与策略。

[参考文献]

[1] 夏光、冯东方、吴玉萍:《加入 WTO 与国内环境政策调整》,中国环境科学出版社,2005 年。

[2] 夏光:《环境输出到生态修复——贸易的新功能和新增长点》,《环境保护》,2007 年第 8 期。

[3] 涂娟、曹国良、任彦卿:《金融危机下经济增长对环境质量的影响》,《环境与可持续发展》,2010 年第 1 期。

[4] 李彦龙:《新时期我国环境保护面临的挑战及对策》,《环境与可持续发展》,2010 年第 3 期。

[5] 李霞、贲越、姜琦:《国际社会的绿色投资指南实践》,《环境与可持续发展》,2010 年第 4 期。

[6] 王小兵、韩文、徐涛等:《山西省二氧化硫减排"十二五"控制指标研究》,《环境与可持续发展》,2010 年第 6 期。

[7] 介晓坤:《新形势下农村环保工作的探索与展望研究》,《环境与可持续发展》,2011 年第 2 期。

[8] 李建勋、钟革资:《陆源污染防治的全球性法律机制研究》,《环境与可持续发展》,2010 年第 3 期。

[9] 聂英芝、孙婷婷:《"十二五"环保规划实施的措施保障研究》,《环境与可持续发展》,2011 年第 1 期。

浅析非政府组织在应对全球环境和气候变化问题中的作用[①]

徐步华[②] 叶 江[③]

[摘 要] 非政府组织在全球环境政治中日益发挥着重要的作用。从斯德哥尔摩到哥本哈根联合国环境大会，非政府组织都是应对全球环境问题与气候变化以及全球气候谈判中独立的和有价值的行为体，并且与国际政府间组织以及国家之间形成了密切的互动关系，而这种互动关系又影响和改变着全球气候谈判的进程，推动着以国家为中心的环境治理模式向多元中心的全球环境治理模式转变。与此同时，非政府组织在全球环境治理中影响的增强也给我国的环境外交提出了挑战，需要我们用新的思路来予以应对。

[关键词] 非政府组织；全球气候谈判；全球环境治理

……

三、中国如何应对非政府组织在全球环境治理模式中影响的增强

众所周知，被寄予厚望的哥本哈根气候大会没有取得令人满意的结果，在国际环境非政府组织看来则更是如此。在大会结束之际，几位非政府组织的负责人在新闻发布会上说，原本以为哥本哈根会成为一个大大推进全球气候谈判的"希望哈根"（Hopenhagen），而实际却变成了"无望哈根"（Nopenhagen）和"伤心哈根"（Broken-hagen）。《哥本哈根协议》重申了确保全球平均温度的升幅不超过 2 摄氏度的控制目标，但对最主要的议题即减排的具体指标却最终没有给出正面回应，对资金援助和技术转让问题也只是做出了有限的承诺。而且更为重要的是，它不是一个具有法律约束性的协定，也不是全体共识，而仅仅是一个承诺。所有的这一切都与参与这次大会的非政府组织的愿望相左，因此它们必然十分地伤心和失望。

由于正如我们前文所分析的那样，在全球环境和气候变化问题上非政府组织的影响力日益提高，因此，参与哥本哈根气候大会非政府组织对会议成果的伤心和失望对全球的相关舆论具有重要的影响，尽管这些非政府组织并不能直接地左右这次会议的结果。然而，不可否认的是，虽然联合国秘书长潘基文对哥本哈根气候大会的成果持比较正面的看法，并且中国也认为这次大会取得了积极的成果，但是，相当部分的国际舆论却持相对比较负面的看法。显然，这给中国在未来继续参与环境和气候变化的全球治理带来了很大的挑战，因为正是由于非政府组织在全球环境治理模式中影响的不断增强，中国所面临的世界舆论的压力也骤然提升。

为应对这样的挑战，中国似需要在下述几个方面做出努力。第一，必须清醒地意识到，在全球化不断深化的过程中，全球环境政治和全球气候谈判发生了重要的变化：在处理全球环境问题和进行应对全球气候变化的国际谈判中，参与的行为体已经十分明显地呈现出多元化，其中非国家行为体所扮演的角色已起着日益重要的作用。主权国家、政府间国际组织、非政府组织、大的跨国公司等多种行为主体都广泛参与到全球气候谈判之中，它们在环境和气候变化外交舞台上起

---

① 徐步华、叶江：《浅析非政府组织在应对全球环境和气候变化问题中的作用》，《上海行政学院学报》，2011 年 1 期。
② 徐步华，上海交通大学。
③ 叶江，上海交通大学。

的作用不很相同，但是，非政府组织则因其灵活性及不代表单个国家的私利等特点而起着越来越重要的作用。自斯德哥尔摩会议之后，非政府环境组织发展十分迅猛，成为全球气候谈判中一支重要的政治力量。在全球环境政治进入政策实施阶段的背景下，非政府组织在推动国家实施和履行环境协议和政策方面就尤其显得重要。此外，随着参与全球环境政治和应对气候变化行为体的多元化，全球气候谈判的复杂性和议题整合的困难性也必然大增，这恰恰是需要我们作充分准备的。

第二，在非政府组织对全球环境政治和气候变化谈判的影响力不断增强的客观国际环境中，中国要更为积极地参与全球环境治理，其中非常重要的一点就是要与相关的非政府组织加强沟通和协调，努力在它们的心目中树立中国建设性和负责任的大国形象。在后京都议定书时代，中国承担国际量化减排温室气体义务的国际压力将不断增加，而其中相当部分的国际压力来自非政府组织。如何在坚持可持续发展框架这一应对气候变化的大原则下，适时调整对策，采取更加灵活和务实的态度，积极与在国际上具有重要影响力的非政府环境组织沟通，使之理解中国在应对全球气候变化上的立场，了解并赞同中国所作出的努力和贡献以及在政策上所作的调整，已经成为我们参与全球环境治理重要的一环。

2009年9月22日中国国家主席胡锦涛在联合国气候变化峰会上明确宣布，"中国已经制定和实施了《应对气候变化国家方案》，明确提出2005年到2010年降低单位国内生产总值能耗和主要污染物排放、提高森林覆盖率和可再生能源比重等有约束力的国家指标……争取到2020年单位国内生产总值二氧化碳排放比2005年有显著下降"。在哥本哈根气候大会前夕即2009年11月26日，中国正式对外宣布控制温室气体排放的行动目标，决定到2020年单位国内生产总值二氧化碳排放比2005年下降40%~45%。这十分明确地说明，中国将承担应对全球气候变化的应有责任。然而，由于非政府组织在影响全球气候谈判和塑造全球环境认知与世界舆论方面正起着越来越大的作用，因此，在很大的程度上我们需要通过各种管道与国际非政府组织作全面的交流，并通过这样的交流促进世界舆论认同中国应对气候变化所作的努力。

第三，在参与全球环境与气候变化国际合作规则的制定和议程的设置方面，必须注重与非国家行为体，尤其是与非政府组织的合作。针对当前全球环境和气候变化问题上国际合作所存在的不足，中国需要提出自己的国际合作战略构想以及具体的国际合作规则和议程。国际合作规则和议程的制定既需要倡导国具有强大的国家实力，同时更需要国际合作参与者——国家行为体和非国家行为体的积极协调，在全球治理不断发展的国际环境中，作为重要的非国家行为体的非政府组织在这方面的影响力具有举足轻重的作用。在全球环境和气候变化问题上，非政府组织实际上已经具备了设定合作规则和引导议题讨论的走向的能力，因此，我们必须要有足够的政治智慧和政治想象力来主动地与非政府组织协调，并通过这样的协调来设定符合我们国际战略合作设想的国际合作规则、议程与议题。

第四，需要更加注重培育与鼓励中国本土的非政府组织在应对全球环境和气候变化问题上发挥作用。鉴于现有的全球环境治理体系是一个多元中心的治理体系，非政府组织的地位、影响和作用已成为不言而喻的客观存在，因而我们不仅要关注政府层面的国与国之间的环境、气候博弈，而且更要重视非政府组织的作用。为此，我们十分需要推动中国本土的非政府组织参与环境与气候变化方面的国际活动，尤其是要通过这些本土的非政府组织积极宣传中国的环保理念、应对气候变化的承诺以及各种成果。事实上，我们已经在这方面做出了一定的努力。例如2002年8月，由来自中国12个环保组织的18名代表组成的民间代表团，随中国政府代表团参加了约翰内斯堡"可持续发展世界首脑会议"。他们旁听政府会议，参与主题活动，发表见解，表现了中国民间组织在联合国大会相关活动中的组织能力和参与国际事务的能力。在哥本哈根气候大会期间，来自中国本土的非政府组织也力图在哥本哈根发出响亮的声音。中国自主发起的青年民间组织——"COP15中国青年代表团"，以别具特色的中医望、闻、问、切的象征形式，提出一个应对地球变暖"中国式的解决方案"，积极宣传中国的环保理念。然而，不可否认的是，中国本土的非政府环境组织在全球环境和气候变化政治中的影响力依然是十分有限的，因此，我们必须进一步地加强培育中国本土的非政府环境组织，并且促使它们不断地国际化，从而从另一个层面推动中国更为成功地参与全球环境治理。

总之，从斯德哥尔摩到哥本哈根联合国环境大会，非政府组织在全球环境和气候变化问题上的影响力和作用力日益凸显，并且与国际组织以及国家之间形成了密切的互动关系，而这种互动关系又影响和改变着全球环境问题政治和气候谈判的进程，推动着以国家为中心的环境治理模式向多元中心的全球环境治理模式转变。为此，我们必须认清形势，顺应非政府组织参与全球环境治理的潮流，以更为主动积极的姿态与非政府组织携手共进，在参与全球环境治理的过程中更好地实现国家利益。

第十三章　公共卫生事业管理

王文娟　陈　航　王红梅

近年来，随着我国医药卫生体系改革的逐步推进以及我国突发公共卫生事件防治与管理医疗保障体系的加强，我国公共卫生事业管理从经验型管理向科学化管理转变。对公共卫生事业管理这一领域进行研究不仅是学者们研究的热点，也是各国政府关注的重点。2011年，我国学者在卫生政策、卫生系统绩效评价、卫生经济管理、医疗保障体系及管理、医院管理、基层医疗机构管理、突发公共卫生事件防治与管理、医药卫生体制改革等具体领域进行了深入研究，取得了丰硕的科学研究理论成果；而在地区的实践方面，京津渝、珠江三角洲等区域政府也在提高医疗服务质量、加强中医药特色诊疗管理、推进卫生服务均等化、加强突发公共卫生事件防治与管理等方面不断创新，推动着我国公共卫生事业管理的快速发展。

第一节　理论进展

当前国外公共卫生管理研究主要集中于公共卫生人才资源的培养、社区卫生管理的完善以及环境卫生检测系统的巩固和扩大等领域，同时，政策的研究、评估和监督也是学者们讨论的重要内容。通过对中国知网（CNKI）2011年1月1日至2011年12月31日我国关于公共卫生事业管理的相关文献进行搜索发现：主题为"公共卫生"的有5943篇，主题为"卫生事业管理"的有141篇，可见科学研究成果丰硕。而我们对相关文献进行进一步的梳理发现，2011年，我国公共卫生事业管理领域理论研究主要集中于卫生政策、卫生系统绩效评价、卫生经济管理、医疗保障体系及管理、医院管理、基层医疗机构管理、突发公共卫生事件防治与管理、医药卫生体制改革等方面，这些研究成果从不同角度、不同领域、不同层次对我国公共卫生事业发展进行了较为深入的探讨，也提出了很多建设性的建议。

一、卫生政策研究

（一）基本医疗卫生制度建设的政策研究

2009年国务院出台的《关于深化医药卫生体制改革的意见》明确指出，要建立覆盖城乡居民的公共卫生服务体系、医疗服务体系、医疗保障体系、药品供应保障体系，形成四位一体的基本医疗卫生制度，这一文件的出台吸引了大批专家学者对我国的基本医疗卫生制度建设进行研究。

在基本医疗卫生制度建设的政策研究方面，我国学者杨文秀、徐霁、侯庆春、骆达在《国内外基本医疗卫生制度建设发展现状》一文中对国内外基本医疗卫生制度建设进行了一个综述性的总结。成果认为，国外基本医疗卫生制度建设现状方面表明公共卫生服务体系方面公平性和可及性是国外公共卫生制度的基本特征，但是在很多具体领域各国采取的措施不尽相同。如在提高公共卫生覆盖面方面，加拿大等国家以政府购买服务方式与私人非营利医院和私人医生签订合同并由私人非营利医院和私人医生来提供公共卫生服务，而墨西哥等国家则实行卫生筹资与卫生服务一体化管理、公共卫生监督机构和监管工作整合管理、医疗卫生行业管理和属地化管理相结合的卫生管理模式；在基本医疗服务体系方面，英国体系重要成员是公立医院，且其医疗卫生筹资主要来自税收，印度推行全民免费医疗制度且政府全权负责，韩国和日本虽然追求公共医疗保障覆盖率但医疗服务提供以私立为主；在基本医疗保障体系方面，多数国家以法律形式赋予医疗保险对国民的义务，而新加坡则主要采取"保健储蓄"、"医疗保险"、"医疗福利基金"三项措施来进行保障，美国则实行预付群体服务且工作重点放在健康保健服务上，很好地控制了医疗费用支出；在药品供应保障体系方面，为了实现既要保护公众健康和患者安全用药以及改善医疗质量的卫生政策目标又要确保药品费用不能超支而影响其他目标，各国一般都是从建立基本药物目录和调控药品价格两个方面来加强药品管理，如瑞典实行药房垄断控制药品价格，日本药品价格则由国家确定且根据物价对药品价格及时调整并通过第三方对医疗机构的费用清单进行审查其药品是否存在价格虚高和药房是否存在浪费等情况。[①]

针对我国基本医疗卫生制度不健全、政府投入不均衡、收费标准模糊、公共卫生人才不足等诸多问题，杨文秀、徐霁、侯庆春、骆达指出要围绕保障公民基本健康权益，持续增进公民健康，以改善公共卫生事业公平性、保护公民健康权益、提高人民健康水平、创建健康城市为主线，以创新机制、推进综合配套改革为切入点，以发展农村和社区卫生、推进城乡卫生一体化为重点，针对公共卫生体系、基本医疗服务体系、医疗保障体系和药品供应保障体系的建设提出相应对策措施，建立有效的集卫生政策干预、整体制度设计、综合配套措施于一体的政策支持体系，从政策和制度层面探讨如何推进基本医疗卫生服务制度建设。[②]北京大学中国经济研究中心李玲也表明公共卫生体系建设对我国人民群众的健康意义重大，

要建立健全各专业公共卫生服务网络，坚持防治结合；针对医疗服务体系建设，要在城市基层各级各类医院形成结构合理、分工明确、防治结合、技术适宜、运转有序、覆盖城乡的格局，特别是要加强当前医疗环节最薄弱的农村卫生体系建设；对于医疗保障体系建设，要坚持"广覆盖、保基本、可持续"的原则，加大推广城镇职工的医疗保险力度，提高城镇居民的医疗保险和"新农合"的筹资水平、保障水平，而且还要逐步解决农民工的医疗保险问题；在药品供应保障体系方面，要以基本药物制度为核心，规范药品生产流通和使用等环节。[③]

（二）城乡一体化医疗保障制度政策设计

在学术界，学者们对城镇居民医疗保障和农民医疗保障的均等化政策设计有不同的见解。其中最具代表性的就是樊立华等在其研究成果《城乡基本公共卫生服务均等化存在问题与政策设计》中提出的四种模式：一是有差别的统一的城乡整合模式，即在制度形式实现城乡统一的情况下，具体给付标准可根据城乡、地区生活水平差异的实际而有不同，与之类似的是"一个制度、多种标准"的改革思路，即在全民性统一、整合的基本医疗保障制度框架下，缴费标准根据各地经济发展状况、不同社会群体的收入状况和生活水平而异。二是从动态角度将医疗保障发展战略目标的实施步骤分为三个阶段：第一阶段，多元医疗保障制度覆盖全民并实现"新农合"与成长居民医保制度并轨；第二阶段，城镇居民医保与城镇职工医保进一步整合，形成区域统一的缴费型医疗保险制度；第三阶段，全民健康保险制度建成，城乡之间的公共卫生事业与医疗保障水平差距基本消除。三是在现有"新农合"和城市医疗保险之间，建立一个农民市民化医疗保险，由三者共同构成城乡阶梯式医疗保障体系，体系内可相互转化、衔接和流通，为二元结构向一体化结构的转变搭建过渡的阶梯。四是基本医疗保障"两步走"模式：第一步，实现由城镇全民社会医疗保险和农村全民社会医疗保险组成的城乡复式全民社会医疗保障模式；第二步，建立城乡一体化的

①② 杨文秀、徐霁、侯庆春、骆达：《国内外基本医疗卫生制度建设发展现状》，《中国卫生事业管理》，2011年第10期。

③ 李满龙：《新医改突显政府主导作用——访北京大学中国经济研究中心李玲教授》，《中央党校学报》，2008年第6期。

全民社会医疗保障模式。[1]

二、卫生系统绩效评价研究

在公共卫生绩效评价研究方面，学者们也对这一领域进行了较为广泛、深入的研究，其研究成果分布在医院绩效、医疗体制绩效、医疗保障、药品服务绩效等各个方面。

（一）医药卫生体制改革总体绩效评价

2011年李妍婷、赵明、丁蕾、陆琳、马进等学者通过文献评阅，在借鉴经济合作与发展组织成员国、世界卫生组织和世界银行对卫生系统的评价框架，研究《中共中央国务院关于深化医药卫生体制改革的意见》和《医药卫生体制改革近期重点实施方案（2009~2011年）》2个文件的基础上，采用德尔菲咨询法对我国医药卫生体制改革绩效指标及其权重进行了研究。在医药卫生体制改革中间绩效评价中，学者们采用德尔菲专家咨询法从质量、效率和可及性3个方面设立中间绩效指标并进行筛选，筛选并确定了8个中间绩效指标及其权重，并得出相应结论：新医改的质量、效率和可及性都至关重要；而患者则比较重视质量和经济负担。[2]在医药卫生体制改革最终绩效评估指标研究中，学者们通过德尔菲专家咨询法对指标进行评分筛选，筛选并确定了农村孕产妇死亡率、5岁以下儿童死亡率、城市和（或）农村传染病发病率、城市和（或）农村慢性病死亡率、健康基尼系数、对社区卫生服务机构的满意度、对检查与治疗的满意度、医护人员对工资满意度、就医致贫率、卫生费用支出公正指数这10个最终绩效指标及其权重，并得出相应结论和建议：专家比较关注水平性指标及患者满意度指标，建议可以重点从水平情况和患者角度评估新医改。[3]

（二）公共卫生服务体系改革效果研究

丁蕾、李妍婷、陆琳、赵明、李娜、马进基于平衡计分卡方法中的政府展示维度、服务群众维度、内部运营维度以及革新与发展维度，初步建立了公共卫生服务体系改革效果评估指标，并结合德尔菲专家咨询法，对指标进行筛选。根据专家评分结果最终确定了13项指标，包括人均公共卫生经费、孕产妇5次以上产前检查率、住院分娩率、产后访视率、是否已建立了明确可测量的基本公共卫生服务包、新生儿疾病筛查率、重大传染病（AIDS/TB）早期发现率、控制率、高血压、糖尿病、精神疾患等慢性病发现率、控制率、居民健康档案建档率、65岁以上老人免费健康体检率、公共卫生服务设施改善率、公共卫生机构和基层卫生人员年职工培训率、是否制定和实施了公共卫生人才队伍建设规划、居民每年获得健康教育资料情况、疾病预防控制机构从事高风险岗位工作人员的待遇改善率等，并最终建立了公共卫生服务体系改革效果评估指标体系。[4]

（三）医疗服务提供改革效果评价研究

在《医疗服务提供改革效果评价指标体系研究》这一研究成果中，学者们针对医药卫生体制改革中医疗服务提供环节，根据平衡计分卡的分析思路，从政府办医目标维度、群众满意度维度、医院运营维度和医院革新及可持续发展维度建立了医疗服务提供改革的评价框架，并确定了医疗服务提供评价指标。专家咨询结果显示，对检查与治疗的满意度、医疗事故发生率、病床周转率、每千人口病床数和每千人口医护人员数指标的权重较高。问卷调查结果显示，卫生人才培训合格率、政府投入年增长率、卫生服务网络覆盖率、患者对医疗服务的满意度和医疗事故发生率指标的得分较高。结论初步建立了我国医疗服务提供改革效果的评价指标，主要包括政府对医疗服务的投入、医疗卫生基础设施和人才队伍的建设以及医疗服务的质量、效率和费用控制等指标。[5]

[1] 樊立华、段孝建、于玺文、李恒、孙涛、李莉：《城乡基本公共卫生服务均等化存在问题与政策设计》，《中国公共卫生管理》，2011年6月第3期。

[2] 李妍婷、赵明、丁蕾、陆琳、马进：《深化医药卫生体制改革中间绩效评估研究》，《上海交通大学学报》（医学版），2011年第2期。

[3] 李妍婷、赵明、丁蕾、陆琳、马进：《深化医药卫生体制改革最终绩效评估指标体系的研究》，《上海交通大学学报》（医学版），2011年第2期。

[4] 丁蕾、李妍婷、陆琳、赵明、李娜、马进：《公共卫生服务体系改革效果评估指标体系的研究》，《上海交通大学学报（医学版）》，2011年第2期。

[5] 赵明、李妍婷、陆琳、丁蕾、马进：《医疗服务提供改革效果评价指标体系研究》，《上海交通大学学报》（医学版），2011年第2期。

（四）药品供应保障体系改革效果评价研究

王娜、陈琦、王君丽、潘岳松、梁万年等就药品供应保障体系改革中实施药品零差率这一具体政策进行了实证研究，他们以北京市为例，研究了北京市药品零差率政策实施以来对社区居民看病就医的影响，并采用问卷调查的方式对北京市城八区范畴内的社区卫生服务机构进行调查，对收集的数据采用 SPSS 13.0 软件进行统计学分析，结果表明：2007 年和 2008 年社区卫生服务机构的次均门急诊费用和次均门急诊药费较 2006 年呈明显下降的趋势；2008 年的均处方费用较 2007 年明显减少；且随着时间的推移，选择"大病去医院、小病在社区"这种就医模式的社区居民比例呈递增趋势。因此，得出结论：随着药品零差率销售政策的开展，广大社区居民在社区卫生服务机构就诊的费用较以往明显减少，同时社区居民的就医意向也逐渐向"大病去医院，小病在社区"转变。[①]

（五）综合医院和社区公共卫生服务满意度研究

薛迪、周萍、唐智柳、金其林、顾建钧、李岚通过文献评阅、小型医疗机构典型调查、专家咨询法，从基础质量、环节质量和终末质量 3 个维度研究设计了综合门诊部医疗质量评估指标体系。评价内容涉及人员资质、医务管理、门诊临床诊疗质量与药品安全、诊疗服务、护理质量、医技质量、院内感染控制、医疗事故与投诉、病人满意度等。[②]此外，为了了解如何使用 EUROPEP 测量患者对我国社区卫生服务的满意程度，以及如何解决我国目前存在的一些问题，滕菲、关丽征、王亚东、玄律等学者还以问卷调查等形式，收集调查对象对被调查组织各方面的满意程度，通过一些数据处理和科学统计，反映组织机构的现状，并通过反馈等途径使组织管理者做出合理的决策。结果表明，患者的满意度和患者对医疗服务的评估可以看成服务传递的重要产物，因为

他们表达了患者主观和客观需求的满意程度，EUROPEP 的作用也正是如此。[③]

（六）医疗服务质量评价

医疗服务质量评价就是运用现代医院管理技术、方法和手段，对医院各种医疗活动绩效（诊疗工作情况和医疗效果）在一定时限内进行测量、检查和分析，找出存在的主要问题和薄弱环节，提出解决和改进医疗质量建设工作的方案，将最优解决方案制度化并转变为科学管理的过程。目前我国使用范围最广、最能反映我国医疗质量评价指标体系现状的是 2005 年国家卫生部在《医院管理评价指南》中规定的统计指标。[④]同时，辛有清、聂广孟、潘习龙、张桂林、王乔等学者也对我国综合医院医疗质量评价体系进行了研究，指出了我国医疗质量评价体系存在诸多问题，如与国际上较为成熟、广泛使用的指标体系相比，我国各种正在使用的评价体系指标不全面，分类较粗；我国使用的指标在科学性、客观性和准确性方面存在较大问题，很多沿用至今的指标仍需要主观判断，没有客观评定标准，同时，各医院对指标的界定概念模糊，计算公式不明确、不统一；医疗质量评价指标多用于医院的绩效评价，医疗缺陷指标基本无法使用；国外较成熟的医疗质量评价体系不能直接在我国应用，JCIA 标准过于广泛、操作性差，ISO 9000 标准缺失对医院的针对性等。[⑤]

（七）社区卫生服务机构绩效评价

关于我国社区卫生服务体系绩效评价指标体系的研究，近几年来，国内学者分别从政府支持、资金投入、机构建设、服务过程及效益等方面建立指标体系。这些评价指标体系从不同维度综合评价了社区卫生服务，如果再运用系统的观点将这些维度中的指标建立起合理的逻辑关系，加入逻辑框架的支撑，就能更有依据地分析绩效不理想的因素和原因，促进绩效的改进，因此使用各种框架建立指标体系在相关研究中运用越趋广泛。

① 王娜、陈琦、王君丽、潘岳松、梁万年：《北京市药品零差率销售政策的实施对广大社区居民看病就医的影响研究》，《中国全科医学》，2011 年第 1 期。

② 薛迪、周萍、唐智柳、金其林、顾建钧、李岚：《上海市综合门诊部医疗质量评估指标体系的研究》，2011 年第 3 期。

③ 滕菲、关丽征、王亚东、玄律：《基于欧洲满意度调查量表的社区卫生服务满意度评价方法探讨》，《中国全科医学》，2011 年第 9 期。

④ 董恩宏、鲍勇：《医疗服务质量感知、维度及测量标准综述》，《现代管理科学》，2011 年第 10 期。

⑤ 辛有清、聂广孟、潘习龙、张桂林、王乔：《我国综合医院医疗质量评价体系中的弊端》，《中国医院管理》，2011 年第 10 期。

目前 Donabedian 等提出的"结构—过程—结果"指标的理论分析框架运用最为广泛。[1] 2011 年我国学者李妍婷、冯学山将平衡计分卡这一工具应用于社区卫生服务绩效评价指标体系的建立中，提出并确立了社区卫生服务绩效评价平衡计分卡的五个维度：使命、居民、资源、内部运营和创新与学习，并对各个维度提出了具体的评价标准和要求。[2]

（八）医疗资源配置及利用效率评价

2011 年我国学者李珍、王平对我国医疗资源配置及其利用效率进行了研究，表明我国医疗资源配置仍呈现"倒金字塔"形，主要表现为：资源配置方面，上层级医疗机构集中了优质、多数的人力、物力资源和高新的医疗技术，基层医疗机构各项资源数量、质量相对薄弱，具体表现为全社会卫生总费用流向总额分布和人力、设备等资源分布呈现"倒三角"形；资源利用方面，居民就医趋上，上级医疗机构承载了多数常见病、地方病的治疗，而初级医疗服务的利用不足、资源闲置，具体表现为居民获取诊疗服务的路径以医院为主，对社区卫生服务的利用总体水平较低，并且就医趋上性明显，医疗机构级别高低与提供门诊服务数量呈正比。文章指出医疗资源配置及利用呈"倒金字塔"形会导致居民"看病贵、看病难"、与医疗服务方式"重治轻防"关联、医疗保障制度支付压力增加、部分资源被闲置浪费等问题。同时，文章分析了国外资源配置及利用经验，如英国的国民卫生服务模式、德国的社会医疗保险模式、美国的商业医疗保险模式、新加坡的储蓄医疗保险模式，并结合国外利用经验支出我国在解决医疗资源配置及利用效率低下问题时应展开基层医疗服务能力建设和参保者就医行为管理工作是反转"倒金字塔"的保证，其中的首诊制即守门人制度是核心，政府应由上而下、整体推进建设首诊制。[3]

三、卫生经济研究

（一）卫生筹资研究

2011 年我国学者胡善联对变革中的中国卫生筹资进行了研究。他首先指出了中国卫生筹资面临着医疗保险覆盖不足，医疗费用增加，有限卫生资源的低效利用以及卫生筹资的不公平性等诸多问题。然后，分别从政府兼顾需方和供方，增加卫生服务投入；保障全民公平、可及地获得公共卫生、基本医疗和基本药物；提高医疗服务的公平性和效率三方面解释了中国卫生筹资的变革。在政府需兼顾需方和供方方面，指出在医药卫生体系改革的三年中，政府将 2/3 的资金投入需求方，巩固和发展新型农村合作医疗制度和城镇居民基本医疗保险制度；在医疗保障方面，要不断提高报销比例和封顶线，利用民政救助基金为贫困居民代交个人参保或参合费用等；在保障全民公平、可及地获得公共卫生、基本医疗和基本药物方面，指出在基本医疗方面，促进城乡均等化，对 9 项基本公共卫生服务项目和 12 项国家重大公共卫生服务项目覆盖城乡居民等。同时，他还提出将三种基本医疗保险制度、各形式的补充医疗保险和医疗救助制度结合起来，逐步提高保障水平，并建议在医疗费用支付制度方面，试图形成控制费用的内在机制。[4]

（二）医保付费制度研究

根据医改形势发展和群众就医需求，我国学者麻晓卯、王虎峰建议考虑构建一体化的医保付费体系，包括专科门诊付费方法、全科门诊付费方法、住院付费办法三个板块，同时进行优化组合。其中，门诊付费方式改革思路和要点是：门诊统筹应同时兼顾有效减轻群众门诊医疗经济负担、促进基层医疗服务质量和基层医疗队伍发展、完善医保部门作为购买主体三个维度的职责；区别全科医生服务和专科医生服务设计支付方式；全科服务从按人头付费逐步转向以患病率为基础的按人头付费方式；专科服务从按服务项目付费

---

① 李妍婷、冯学山：《社区卫生服务绩效评价指标体系的研究与思考》，《中华全科医学》，2011 年第 6 期。
② 李妍婷、冯学山：《平衡计分卡在社区卫生服务绩效评价指标体系建立中的应用》，《中国初级卫生保健》，2011 年 12 月第 25 卷第 12 期。
③ 李珍、王平：《强力建设首诊制，纠正医疗资源误配置》，《中国卫生经济》，2011 年第 30 卷第 12 期。
④ 胡善联：《变革中的中国卫生筹资》，《卫生经济研究》，2011 年第 2 期。

逐步向门诊疾病分组付费转变。住院付费方式改革思路及要点是：住院费用支付方式要根据管理基础，适时升级支付方式等原则进行完善；开发付费方式组合方案，明确推行程序、使用基础条件和应对可能出现问题的预案，为改革提供强有力的技术支撑。各地区可选择的支付方式组合思路及要点是：实行总额预算控制与按服务项目付费方式结合、总额预算控制与按服务项目付费和按病种付费相结合、总额预算控制与按服务项目付费、按病种付费和疾病诊断分组相结合的支付方式。[①]

（三）"总额预算＋按服务单元付费"组合支付方式预期效果研究

孙梅、励晓红、王颖、苌凤水、吕军、刘新明、周志俊、郝模、马安宁、屈卫东等学者就"总额预算＋按服务单元付费"组合支付方式的现实设计和预期效果进行了一系列研究，旨在解决我国医疗付费方式问题。

在"总额预算＋按服务单元付费"组合支付方式能够实现的预期效果领域，孙梅、励晓红、王颖等学者运用实证分析的方法，论证了在众多方面该组合支付方式确实优于按项目付费方式。他们运用因病致贫发生率及严重程度的计算方法，利用居民大规模家庭入户调查数据进行论证，表明通过良好的费用共担机制，改变支付方式可以大大减轻百姓医疗经济负担，缓解"因病致贫"现象。[②]在论证"总额预算＋按服务单元付费"组合支付方式对扭转医疗机构补偿机制的预期效果方面，吕军、王颖等学者基于支付方式的设计原理，利用全国卫生财务年报资料进行定量模拟测试，结果显示在该组合支付方式下，总收入空间固定，为追求收益最大化，医疗机构必然通过"少开药、少开贵药"、"少做检查、少做高精尖检查"等方式增加收益；在经济地位得以提升的前提下，执业环境得到改善；最终，医疗机构逐渐步入"成本最小化、收益最大化"内涵式发展的良性循环。[③]该组合支付方式还可以达到消除药品生产、流通、购买、使用"一条龙"的混乱现象的预期效果，杜蕾、孙梅等学者基于支付方式设计原理，结合医疗卫生服务管理者、组织者、提供者的意向调查数据，对该预期效果进行了论证，他们认为：在该组合支付方式下，医疗机构由原来的"多开药、多开贵药"转变为"少开药、少开贵药"，药品市场导向由高价药易销转变为价廉质优药易销，从而解决药厂低水平重复建设、百业经营药品等问题。[④]该组合支付方式预期效果之一是确保医疗费用与社会经济发展同步，李程跃、孙梅等学者基于支付方式的设计原理，利用全国常规统计数据，进行定性定量论证，表明该组合支付方式下，通过明确设立医疗机构业务收入的总额及按GDP同步增长的增速指标，可实现医疗费用增长可预测、可调控，确保医疗费用的增长纳入社会经济承受能力范围。[⑤]该组合支付方式预期效果之五是为医保收支平衡提供稳定环境，曾雁冰等学者从组合支付方式设计原理出发，利用我国常规统计数据进行论证，表明该组合支付方式下，明确设立医疗机构业务收入的总额及按GDP同步增长的增速指标，医疗费用支出可预测、可调控，能够确保医保费用支出与筹资基本同步，为医保基金收支平衡提供稳定的环境。[⑥]该组合支付方式预期效果之六是便于政府监管和操作，励晓红等学者基于支付方式设计原理与内涵，结合医疗卫生服务管理者、组织者和提供者意向调查数据进行论证，表明该组合支付方式下，政府所需设置指标明确、测算方法简单、所需数据易于获得，指标调整也易于操作；一旦实施，实

① 麻晓卯、王虎峰：《医改新政下的医保付费改革走势》，《中国医疗保险》，2011年第12期。

② 孙梅、吕军、王颖、苌凤水、励晓红、罗力、梁鸿、郝模：《缓解居民"因病致贫"："总额预算＋按服务单元付费"组合支付方式预期效果之一》，《中国卫生资源》，2011年第1期。

③ 吕军、王颖、孙梅、励晓红、苌凤水、高解春、汤善健、郝模：《彻底扭转医疗机构扭曲的补偿机制："总额预算＋按服务单元付费"组合支付方式预期效果之二》，《中国卫生资源》，2011年第1期。

④ 杜蕾、孙梅、王颖、苌凤水、励晓红、吕军、马安宁、屈卫东、郝模：《消除药品生产、流通、购买、使用"一条龙"的混乱现象："总额预算＋按服务单元付费"组合支付方式预期效果之三》，《中国卫生资源》，2011年第1期。

⑤ 李程跃、孙梅、吕军、王颖、苌凤水、励晓红、罗力、梁鸿、郝模：《确保医疗费用与社会经济发展同步："总额预算＋按服务单元付费"组合支付方式预期效果之四》，《中国卫生资源》，2011年第1期。

⑥ 曾雁冰、吕军、王颖、孙梅、励晓红、苌凤水、高解春、汤善健、郝模：《为医保收支平衡提供稳定的环境："总额预算＋按服务单元付费"组合支付方式预期效果之五》，《中国卫生资源》，2011年第1期。

践效果是有明确预期的，效果评价指标是明确的、易于考核的，只要政府回归监管本职，定能将社会震荡降到最小。[①]

明确了"总额预算＋按服务单元付费"组合支付方式的预期效果之后，李松光、王颖等学者对该组合支付方式的现实可行性进行了研究。他们以"协调各方利益，实现预期效果"为目标，设计了操作简单的适用于全国、省、市、县，乃至单个医疗机构的设计思路和方法，并运用华东地区某省卫生财务年报资料进行了现实模拟设计，证明"总额预算＋按服务单元付费"组合方式是易操作可推广的，该组合式支付方式的现实实现，可为医改突破提供技术支撑。[②]

（四）成本测算

郭欣欣、高广颖、朱莎在总结完全成本法和作业成本法两种常用的实际成本测算方法的基础上，结合社区卫生服务机构现状，在社区公共卫生服务项目实际成本测算方法上进行了新的探讨，给出了项目成本测算方法的优势和劣势，并提出建立公共卫生服务项目的信息系统是准确测算成本的保障。文章表明项目成本测算方法具有适用性较好、对社区卫生服务机构成本核算基础的要求较低、可操作性强等优势和成本测算结果较为粗略等劣势，并指出建立公共卫生服务项目的信息系统是准确测算成本的保障，采取"购买公共卫生服务"的方式将成为 2011 年财政补助的方式，为了保证财政补助的依据更真实地反映出开展公共卫生服务项目的实际消耗，需要建立并不断完善社区卫生服务机构的相关台账记录，健全成本核算的相关工作制度，建立成本核算的信息系统，将公共卫生服务项目的成本核算纳入日常统计中，以提高成本数据归集和测算的准确性。[③]

四、医院管理研究

（一）公立医院法人治理结构研究

国外公立医院法人治理结构主要有两种：一种是以美国为代表的三角制衡模式，美国的非营利性公立医院的治理结构主要是由董事会、首席执行官和医务人员构成的三角关系，董事会是医院的决策机构，首席执行官是负责实施董事会决议的管理人员，董事会保护医院利益不受损失，与首席执行官是监督与被监督的关系；另一种是以日本为代表的直线形模式，日本的公立医院实行从理事会到院长直至一般管理者和工作人员的直线式领导体制。陈敏、蒲川综述了我国建立和完善公立医院法人治理结构的五种途径：一是选择不同类型公立医院进行法人治理结构改革试点，然后本着实事求是的原则进行制度设计，并尽快出台具体实施细则。二是成立医院管理委员会，医院管理委员会作为医院法人治理结构的主体，代表政府和社会公共利益，行使医疗的重大决策、审计医院财务收支和经济责任等职责，由市、区两级政府主导；卫生、财政等相关政府职能部门以及人大代表、社区代表、医务人员、患者等组成，并代表公立医院的出资人行使出资人的权力，由此实现决策民主化和科学化。三是公立医院的日常经营实行医院管理委员会下的院长负责制，院长受聘于医院管理委员会，严格执行他们的决策，聘用与否由医院管理委员会决定，而不再是卫生行政主管部门。四是强化监督机制，一方面政府可以派出总会计师落实出资人监管权责；另一方面经营者作为内部人员容易滥用资本为自己谋取私利，侵害所有者利益。五是同步进行配套改革，公立医院法人治理结构改革的成功实施需要同步推进公立医院管理体制、运行机制改革和加强内部管理，补偿机制、监管机制也要与之相互协调配合。[④]

（二）公立医院第三方质量认证模式

2011 年张静、王虎峰对我国公立医院引入第三方认证模式进行了理论研究，在其成果《公立医院引入第三方质量认证模式的探讨与思考》中指出目前我国医疗市场信息不对称、医疗机构管办

---

① 励晓红、王颖、孙梅、吕军、苌凤水、刘新明、姜庆五、郝模：《政府便于监管、易于操作："总额预算＋按服务单元付费"组合支付方式预期效果之六》，《中国卫生资源》，2011 年第 1 期。

② 李松光、王颖、吕军、孙梅、励晓红、苌凤水、高解春、汤善健、郝模：《"总额预算＋按服务单元付费"组合支付方式的现实设计》，《中国卫生资源》，2011 年第 1 期。

③ 郭欣欣、高广颖、朱莎：《社区公共卫生服务项目实际成本测算方法探讨》，《中国卫生经济》，2011 年第 2 期。

④ 陈敏、蒲川：《探索建立和完善公立医院法人治理结构的途径》，《重庆医学》，2011 年第 40 卷第 5 期。

不分等问题都在表明引入一套科学有效的质量管理标准，采用一种中立的第三方质量认证机制对我国现有的监管评审体系进行补充具有很强的现实意义，而且第三方质量认证模式应具备三个方面特点：首先，政府供给并监督、政府指导并互动的第三方质量认证机构，在卫生行政部门为医院选择第三方质量认证机构并埋单前，应首先进行遴选；其次，所选第三方质量认证机构应独立于政府、医疗机构和咨询机构；最后，所选第三方质量认证机构应是以市场为主导的，经政府招标采购的咨询机构，只有一个有着丰富经验的咨询公司才可以为医院提供在引入质量标准、建立质量体系直至认证的各个阶段的高价值建议，使医院的质量提升，政府的介入也可以有效纠正信息不对称问题，因此可采取政府公开招标采购的形式为医院选择咨询公司做好铺垫。[1]

（三）医院管理模式——院办院管模式试点工作研究

卫生部政策法规司卫生政策研究课题组成员陆琳、马进通过对深圳市 3 个区共计 65 家社区健康服务中心进行问卷调查，并深入访谈相关知情人，全面了解了深圳市院办院管模式的运行现状，分析了社区健康服务中心改革试点措施的实施效果。

为解决社康事业发展中存在的问题，深圳市自 2009 年 3 月启动了社康运行机制改革试点工作。改革试点的主要措施是在举办医院层面，成立院级社区健康服务管理中心，负责所举办的社区健康服务中心的人员、经费、固定资产及业务开展等日常管理工作，并在医院总账下建立独立的社康财务核算体系，各级政府投入及社康中心收入直接划拨到社康账户。在院办院管模式下，深圳市为推动基层医疗机构承担相应职责分工采取了多项有效措施，包括医保政策对社区的倾斜、农民工医疗保险社区首诊制以及社康中心第四档价格引导居民一般诊疗下沉等。这些政策保障措施在确保社康中心在向居民提供更多诊疗服务的同时，对逐年降低社康中心次均就诊费用起到了积极的推动和保障作用。目前此项试点工作存在

的问题有基层医疗机构由于能力不够、尚不能充分承担相应责任分工，大医院和患者对于基层医疗机构提供的康复期治疗等医疗质量未予以充分信任等。院办院管模式下，大医院作为法人机构举办社康中心，两级医疗机构间的协作关系更为紧密，大医院积极支援所举办的基层医疗机构提升医疗质量，推动了双向转诊工作的有效开展。

考虑当前深圳市院办院管模式试点现状，学者陆琳、马进认为，第一，要加大政府财政扶持力度，推动社康中心发展，以公共卫生服务项目为例，应确保政府的公共卫生财政专项补助及时落实到位，专款专用于社康中心，同时各地区结合实际情况，逐步提高社区公共卫生专项人均经费的标准；第二，高素质的人力资源队伍与齐全的硬件设施配备对提高社康中心的服务质量和社区居民就诊满意度起着至关重要的作用，因此要进一步加强社康中心的标准化建设，实施规范化管理，均衡机构间的发展水平，使其与群众基本医疗和公共卫生服务的需求相匹配；第三，在院办院管模式下，举办医院对社康中心提高医疗质量、实现资源共享、拓宽人才招聘模式、促进患者上下互转的扶持作用十分明显，为了避免可能忽视公共卫生服务工作，建议以院办院管模式"院级社区健康服务管理中心"试点工作为基础，通过在医院内成立社区卫生管理中心，进一步重视公共卫生服务工作，以弥补院办院管现行模式存在的不足。[2]

（四）医院战略定位研究

周萍、常继乐、黄金星、白飞、王评、伍蓉等学者对公立医院战略定位进行了一系列研究。

在对我国公立综合性医院进行战略定位时，他们借鉴经营战略相关理论，结合我国特点，从业务定位、市场定位和竞争态势定位对我国公立综合性医院的战略定位类型进行了研究，通过对我国东、中、西三省/直辖市公立综合性医院的抽样调查，将公立综合性医院战略定位为 A、B、C、D、E 五类，并表明 A、B 类医院均为二、三级医院，且分布在上海、湖北两地；C 类医院主要为二、三级医院，且主要分布在甘肃、湖北两

---

① 张静、王虎峰：《公立医院引入第三方质量认证模式的探讨与思考》，《中医药管理杂志》，2011 年第 19 卷第 11 期。
② 陆琳、马进：《深圳市院办院管理模式运行现状及改革试点措施研究》，《中国医院管理》，2011 年第 11 期。

地；D 类医院中一级医院占大多数；E 类医院主要为一、二级医院。[1]

根据对我国公立综合性医院战略定位类型的研究结果，他们对上海市、湖北省、甘肃省 93 所一、二、三级公立综合性医院进行了机构、院长（或业务副院长）、职工和病人的抽样调查，结果表明 A 类和 B 类战略定位医院在内部运营、客户/患者评价、财务状况和学习与成长方面，各指标均处较高水平；D 类战略定位医院的年诊疗人次数相对较低，平均住院日较长，年医学教育人次数与科研项目数较低；E 类战略定位医院的出入院诊断符合率、精神文明获奖数和年均业务收入支出比较低。对于目前已处于 E 类战略定位的公立综合性医院，应改变其功能和定位，避免既无提供社区基本医疗卫生服务的竞争能力，又无提供区域医疗服务的竞争优势。[2]

同时，他们通过对上海市、湖北省、甘肃省 93 所一、二、三级公立综合性医院进行了院长（或业务副院长）和职工的抽样问卷调查，他们也在医院组织文化领域取得了新成果，认为 A 类战略定位医院（综合化市场领导者）在竞争意识、能力发展和创新变革方面有优势倾向，但是在竞争中对成本控制的意识相对较淡薄；B 类战略定位医院（大专科、小综合的领先者）在社会责任、竞争意识、制度规范、成本控制、能力发展和创新变革上有相对强势的文化倾向，且成本控制是该类医院的优势文化；C 类战略定位医院（区域医疗服务的主导者）是区域医疗服务的主导者，在医院优势、劣势文化及强势、弱势文化方面总体不突出；D 类战略定位医院（社区医疗卫生的提供者）在组织协调文化上有优势文化倾向，然而，该类医院在创新意识文化上处于相对劣势和弱势；E 类战略定位医院（区域医疗服务的追随者）在竞争意识、能力发展和成本控制文化上具

有相对劣势倾向，在社会责任、竞争意识、制度规范和能力发展上具有相对弱势倾向，在授权上有相对优势倾向，其中竞争意识和能力发展既是劣势文化也是弱势文化，这类医院是区域医疗服务的追随者，在医院管理和发展上可能存在诸多问题，前景堪忧。[3]

另外，通过对上海市、湖北省、甘肃省的 93 所一、二、三级公立综合性医院进行了院长（或业务副院长）和职工的抽样问卷调查，还发现在控制医院级别和地区差异后，医院战略对医院绩效的影响有限，且小于医院文化对医院绩效的影响；D 类战略定位医院的平均住院日较长可能与其定位于社区医疗卫生服务有关，我国在社区接受住院医疗服务的主要是老年慢性病患者，以接受基本的住院医疗护理服务为主，因此该类战略定位的平均住院日较长；虽然五类战略定位医院在其他运行效率、年业务收入支出比、病人满意度和职工对医院近五年发展的满意度上无显著差异，但 A 类和 B 类战略定位医院的病人满意度有较高的倾向。[4]

（五）公立医疗机构医生工作满意度研究

学者张宜民、冯学山自编医生工作满意度问卷，并根据预调查探索性因素分析结果提出假设模型，利用正式调查数据进行多样本、多阶层验证性因素分析（CFA）对公立医疗机构医生工作满意度结构的验证性因素进行了分析，结果表明经 EFA 与 CFA 相结合的多样本交叉检验显示，公立医疗机构医生工作满意度的潜在结构为简化的五因素二阶模型。[5] 他们还通过自编医生工作满意度问卷（PJSQ-PMI），采用分层整群随机抽样法从湖北省 3 市获取样本，对数据进行统计描述和方差检验，结果显示城市公立医疗机构医生工作总体满意度均分高于中位数水平，不同地区之间差异无统计学意义，工作回报满意度与社会执

① 周萍、常继乐、黄金星、白飞、王评、唐智柳、伍蓉、黄葭燕、薛迪：《我国公立综合性医院战略定位类型研究》，《中国医院管理》，2011 年第 6 期。

② 常继乐、黄金星、白飞、王评、周萍、唐智柳、黄葭燕、伍蓉、薛迪：《我国不同战略定位类型医院的组织绩效研究》，《中国医院管理》，2011 年第 6 期。

③ 常继乐、黄金星、白飞、王评、周萍、唐智柳、黄葭燕、伍蓉、薛迪：《我国不同战略定位类型医院的组织文化特点研究》，《中国医院管理》，2011 年第 6 期。

④ 薛迪、周萍、黄金星、常继乐、王评、白飞、唐智柳、伍蓉、黄葭燕：《我国公立医院战略和文化与绩效的关联性分析》，《中国医院管理》，2011 年第 6 期。

⑤ 张宜民、冯学山：《公立医疗机构医生工作满意度结构的验证性因素分析》，《中国卫生统计》，2011 年第 2 期。

业环境满意度得分较低；在纳入工作要素满意度后，单因素模型和包含全部人口职业变量的多因素模型中有统计学意义的变量均不再显著，领导行为、工作匹配、薪酬奖励、制度建设及医患关系等工作要素是医生工作总体满意度的决定因素。因此，城市公立医疗机构医生工作总体满意度主要受环境因素的影响，而个体因素的作用则不明显。[1]

五、基层医疗机构

(一) 村卫生室研究

为深入了解目前北京市 H 区村卫生室的政策匹配、运行情况，首都医科大学课题组根据目的抽样原则，在综合考虑村落历史、经济、文化发展水平的基础上，从 H 区抽取 C 乡、B 镇、Q 镇 3 个乡镇，分别于 2009 年 7 月和 12 月，先后两次下乡调研，选取 40 个行政村的 42 位村医、106 位村民、40 个村卫生室，进行了实地观察和深入访谈，具体了解了村卫生室所面临的政策环境、村医的服务提供情况等。针对目前 H 区村卫生室未纳入"新农合"定点医疗机构，村民就医受到影响；社区卫生服务站与村卫生室的重复建设导致村卫生室的医疗功能出现萎缩；村医职业素质偏低，后续人力资源匮乏等问题，课题组对 H 区村卫生室未来的可持续发展提出了相关政策建议：一是政府应将村卫生室逐步纳入"新农合"定点医疗机构范围，方便农民就医，将村卫生室与"新农合"政策相衔接不仅可以较好地带动村卫生室建设的标准化、服务的规范化、管理的信息化和收费的公开化，也可以进一步完善村卫生室的管理体制和运行机制；二是政府应在农村卫生资源配置上有清晰的政策定位，引导农村医疗机构合理发展，具体表现在社区站的选址和村卫生室的设立上，卫生行政主管部门应充分考虑空间位置对两类医疗机构所带来的影响，按它们各自所承担的职责任务、服务人口、服务半径等因素，合理规划和设置站与室的执业地址；三是建立适当的人才引进机制，吸引优秀卫生人才向农村流动，在基层医疗人才培养上，政府应启动实施以全科医生为重点的基层医疗卫生队伍建设计划，进一步健全卫生人才下乡支农制度；四是政府应加强绩效考核制度的执行力，促进各项服务有序开展，村卫生室医疗服务功能的实现与否，不仅依赖村医在执业行为中高度的责任感、使命感来进行自律，更依赖于卫生行政部门及其他第三方组织通过监督管理来实现他律。[2]

(二) 综合医院与社区卫生服务机构协助模式研究

上海交通大学公共卫生学院陆琳、马进以武汉市实施托管和直管模式的大医院以及社区卫生服务中心作为主要研究对象，运用快速评估方法及问卷调查法，对托管和直管协作模式的社区卫生服务中心和大医院进行了研究，并就推动城市两级医疗卫生机构进行有效分工协作提出了政策建议。

目前，武汉市大医院主要通过托管、直管、直接举办和对口帮扶四种模式，支持社区卫生服务的发展。第一，大医院托管模式，指在坚持政府主导、社区卫生服务公益性质不变、隶属关系不变、人员身份不变、公共卫生和基本医疗服务职能不变、享受财政拨款和各项政策不变"六不变"的前提下，实施"两统一"管理，即社区卫生服务中心的行政、人事调配权和经营管理决策权委托给大医院管理。托管后的社区卫生服务中心是独立法人单位，仍隶属辖区卫生行政部门领导，实行独立核算、自负盈亏的管理办法。大医院选派中级以上的行政、医疗、护理或财务人员担任主要负责人，直接参与社区卫生服务中心的日常管理。第二，大医院直管模式，在直管模式下，政府主导整合卫生资源，在保持社区卫生服务中心机构体制、公益性质、独立法人身份和"六位一体"职能不变的前提下，将其人、财、物统一移交给大医院，由大医院代政府行使办医职能，对社区卫生服务中心的运行进行直接、全面的管理，形成"1＋N"的区域医疗共同体。第三，直接举办模式，在严格准入标准的前提下，鼓励

①　张宜民、冯学山:《城市公立医疗机构医生工作满意度决定因素的实证研究》,《中国卫生统计》,2011 年第 3 期。
②　张旭平、吕兆丰、王晓燕、彭迎春、彭炜、宋晓霞:《村卫生室未来可持续发展的政策建议——北京市 H 区村卫生室实地观察个案研究》,《管理改革评论》,2011 年第 4 期。

大医院在社区内直接举办具有独立法人地位和独立的工作场所、工作人员相对固定、进行独立经济核算的社区卫生服务机构，履行社区卫生服务的工作职责。第四，对口帮扶模式，对口帮扶社区卫生服务中心是指大医院以服务团队的形式派出3~4名中级以上专业技术职称的管理、医疗、护理和康复等专业骨干，直接到社区卫生服务中心参与业务和管理工作，并负责社区卫生服务中心的人才培养，为社区医务人员提供免费的进修学习机会，对社区卫生服务中心专业技术人员进行"传、帮、带"。

综合医院与社区机构协作发展可以有效提升服务水平和形成功能互补，最大化健康产出，同时实现成本效益原则。综合医院与社区卫生服务机构协作发展的优势体现在大医院具有高技术人才的软件资源和先进、齐全的设备等硬件资源，可以充分胜任对基层开展技术扶持和人员培训的工作；基层社区医疗机构日常运营及医疗服务成本低，可以根据区域的实际情况灵活布点，向社区居民提供初级保健和预防康复服务。综合医院与社区卫生服务机构协作发展的劣势体现在大医院日常运营及医疗服务成本高，辐射范围受限；基层社区医疗机构在人才、设备和技术水平方面尚不能与其在医疗体系中应发挥的功能相适应，在托管模式下，基础条件好的社区卫生服务机构容易被医院托管，而基础条件差的则可能成为负担，医院不愿托管。能有效推动两级医疗机构协作发展的机会包括政策支持及疾病诊治模式转变这两个方面。《中共中央国务院关于深化医药卫生体制改革的意见》中提出，要完善以社区卫生服务为基础的新型城市医疗卫生服务体系；同时，随着疾病诊治模式的转变，在分工协作相关配套政策的大力支持下，基层医疗卫生机构的"六位一体"功能可以得到充分发挥，满足逐步扩大的慢性病医疗服务需求；大医院则能有效避免利用高、精、尖的技术开展常见病、慢性病等常规诊疗的问题，提高医疗资源利用的成本效益。综合

医院和社区卫生服务机构协作发展面临的威胁来源于管理体制的不完善，以及医保政策、价格杠杆引导作用未得到发挥。

结合我国综合医院与社区卫生服务机构协助现状以及SWOT分析结果，陆琳、马进等学者给出了进一步完善综合医院与社区卫生服务机构协作发展的政策建议，一是提高基层人员水平，保障分工协作开展；二是畅通双向转诊渠道，完善分工协作机制，建议实施托管、直管、直办和对口帮扶等协作模式的综合医院与社区卫生服务机构之间，进一步畅通双向转诊渠道；三是医学检验资源共享，拓宽分工协作形式，目前许多社区卫生服务中心仍存在着检查设备缺乏、硬件设施落后的问题，武汉市倡导社区卫生服务中心与主体医院设备资源共享。[①]

（三）社区卫生服务岗位绩效考核

为深入了解北京市社区卫生服务机构现行的绩效考核制度中存在的问题，彭迎春、苏宁、陈琦、何永洁、梁万年采取个人深入访谈的方式，访谈了70名社区卫生服务人员，结果显示各区县现行的绩效考核制度中主要存在绩效考核指标设计不合理、绩效考核组织管理不完善、绩效考核激励机制不健全、政策法规不完备及社区卫生服务机构管理者责任与权限不明晰等诸多问题，并据此提出了相关建议。[②]

彭迎春、苏宁、陈琦、何永洁、梁万年还对社区卫生服务机构考核的实施现状进行了研究。他们采用分层抽样方法，在北京市选取7个区县的社区卫生服务中心，对530名社区卫生服务人员进行问卷调查，结果表明社区卫生服务机构的岗位绩效考核制度亟须完善，应该结合各岗位的职责特征制定考核方案。[③]

另外，他们还通过四轮专题小组讨论确定了社区卫生服务机构医、护、防不同岗位绩效考核的服务数量、服务质量、社区居民满意度这三大维度，并结合工作分析结果中的绩效考核要素筛选出每个维度下的绩效考核指标，通过层次分析

①　陆琳、马进：《武汉市综合医院与社区卫生服务机构协作模式运行现状与效果研究》，《中国医院管理》，2011年第11期。
②　彭迎春、苏宁、陈琦、何永洁、梁万年：《社区卫生服务人员对现行绩效考核制度评价的定性研究》，《中国全科医学》，2011年第2期。
③　彭迎春、苏宁、陈琦、何永洁、梁万年：《社区卫生服务人员对机构绩效考核现状评价的调查研究》，《中国全科医学》，2011年第2期。

法分别确定每个岗位考核指标的权重。在综合权衡服务地点和方式、服务耗时、技术难度与风险的基础上产生出一套标准化服务量系数，可以实现不同岗位、不同人员之间服务数量的比较，有利于实现绩效工资在机构内的统筹分配。①

在研究制定了医、护、防岗位绩效考核指标后，彭迎春、苏宁、何永洁、梁万年分别采用连乘法和加权法计算个人绩效综合得分，对两种方法下个人绩效综合得分变异程度的比较发现连乘法变异程度明显大于加权法，按连乘法的绩效分值进行薪酬分配的结果更能够拉开绩效工资分配档次。但通过对医、护、防的考核结果沟通反馈后发现，不同岗位人员对两种方法的选择倾向存在差异，全科医生、社区护士更倾向于连乘法，而预防保健人员更倾向于加权法。②

（四）不同社区卫生服务中心类型运营与服务状况

鲍勇、彭慧珍、徐秀、陈立今、刘威、朱宏敏对中医特色社区卫生服务中心运营与服务状况进行了比较研究，对以中医治疗和以西医为主的不同类别的社区卫生服务中心进行调查，结果表明中医特色社区卫生服务中心财政补助不高，但是服务好，人均住院费用低。因此，应继续加强财政投入，提高服务功能；同时针对不同特色社区卫生服务中心要加强社区健康管理，努力提高居民健康水平，总体控制医疗总费用。③

六、医疗保障体系及管理

（一）医疗保障制度建设研究

2011年我国学者顾昕对我国全民制度建设的难点进行了理论研究，指出了我国全民医保建设难点。第一项难点在于三年内实现全民医保的新医改目标，在"新农合"覆盖率很高的农村地区似乎并不困难，难点在于城镇地区，城镇基本医疗保险在不同地区的发展很不平衡，覆盖率高低也同经济发展水平高低关系不大。如果政府和组织部门将基本医疗保障体系覆盖率作为地方政府

官员政绩考核的重要指标之一，基本医疗保障体系覆盖率的拓展就将得到保障。第二项难点在于提高各项公立医疗保险的筹资水平和保障水平。"新农合"的筹资水平必须大幅度提高，除了政府补贴水平提高外，农民参保者的缴费水平也应相应提高。第三项难点在于医保基金结余额过高，特别是城镇职工医保。有三个客观的制度因素造成结余过多，一是破产、关闭与困难企业离退休人员的缴费问题；二是个人账户的问题；三是城镇职工离退休参保者免于缴费的游戏规则。真正难以解决的是第三个问题，从短期甚至中期来看，可行的解决办法是为城镇职工医保设定一个合理的结余率，其水平要比"新农合"和城镇居民医保的结余率高。基本医疗保障体系与基本药物制度的关系，是医保制度建设的另一难点。在全民医保的大背景下，医保机构将成为基本药物的主要付费者，因此它们理应在基本药物的遴选以及基本药物目录的编订过程中发挥重要作用。基本药物的使用环节失灵，根源是"以药养医"的制度结构，根治"以药养医"，需要政府取消药品出售利润率管制，只设置药品最高零售限价；推动医保付费机制多元化，代替按项目付费；解除对医疗服务的价格管制措施；推进市场化药品集中招标采购制度。④

梁鸿给出了完善我国医疗保障制度的意见和建议，他认为在新医改背景下，中国医疗保障体系的完善应着力研究如何使政策目标进一步明晰化，探索可操作的实现路径，研究重点是如何围绕提高和完善医疗保障的公平性、可及性和效率三个政策要素，从医疗保障的人群覆盖、内容覆盖和程度覆盖三个维度，结合中国医疗保障体系发展历史和现实，研究和分析阻碍体系完善的主要问题，并进一步研究完善的路径和策略。具体而言，需要重点关注的问题是：第一，如何进一步完善医疗保障的筹资模式，从而增强筹资能力，扩大基本医疗保障的范围和程度；第二，需要研究医疗保障体系如何与公平有效的服务体系相衔

---

① 彭迎春、苏宁、陈琦、何永洁、梁万年：《社区卫生服务机构岗位绩效考核指标体系的制定》，《中国全科医学》，2011年第7期。
② 彭迎春、苏宁、陈琦、何永洁、梁万年：《社区卫生服务机构岗位绩效考核指标的预评估》，《中国全科医学》，2011年第8期。
③ 鲍勇、彭慧珍、徐秀、陈立今、刘威、朱宏敏：《不同类型社区卫生服务中心运营与服务状况比较》，《中国全科医学》，2011年第5期。
④ 顾昕：《全民医保制度建设之难题》，社会科学文献出版社，2010年。

接，从而提高医疗保障效率和保障程度；第三，需要进一步研究医疗保障制度如何与医疗机构的公益性机制建立相促进；第四，需要研究不同医疗保障制度的衔接和融合的社会经济、人口等现实条件及其影响，总结和探索不同制度衔接与融合的机制和模式，同时探讨城乡统筹的一体化管理模式与专业化管理服务。[①]

（二）医疗保障制度研究——全民公费医疗还是全民医疗保险

2011年我国学者顾昕结合国外医疗保障制度建设以及我国基本国情，对我国医疗保障制度究竟应该是全民公费医疗还是全民医疗保险进行了理论研究，他认为在我国实行全民公费医疗是不可行的。

全民公费医疗和全民医疗保险制度的差异主要体现在医药费用的筹资来源和渠道。两种医疗保障制度在医保付费以及在如何推动医疗机构提供性价比高的医药服务上面临许多共同的挑战。如果全民公费医疗制度覆盖全体国民，将极大地提高医疗保障制度的公平性，但这一制度模式面临两大挑战，其一是医疗筹资必须主要来自政府的一般税收，对公共财政的压力较大，最终会转嫁到民众身上；其二是全民公费医疗如何在制度上强化对医疗服务供需双方的约束，防范来自双方的道德风险，从而确保其可持续性发展。

要建立一个能够正常运转的全民公费医疗制度，意味着全体民众在公立医疗机构中看病治病的医药费用主要由国家财政通过一般税收来支付，个人支付的比重基本上不能超过20%。显然，在现行公共财政体制基本架构不发生大的改变的前提下，要求中国政府在原有财政卫生投入的基础上新增1.5倍的公立医疗机构预算开支是相当不现实的。实际上，政府财政中所谓"卫生投入"类别不限于对医疗服务的投入，而且还包括对公共卫生、药品监管、医学科研、计划生育、医疗保障补助等方面的投入，如果仅在医疗服务上一下子新增原卫生投入的1.5倍，那么政府在其他卫生领域的新增投入必然会受到挤压。因此，从财政可承受性的角度来看，全民公费医疗不可行

应该是毫无疑问的。[②]

（三）社会医疗保险与商业健康保险的合作关系研究

在推进全民医保的探索中，湛江市推进社会医疗保险与商业健康保险的合作伙伴关系上有着独有的特色，引起了政府和社会各界广泛的关注。2011年中国经济体制改革研究会公共政策研究中心对湛江模式的基本模式、创新点及其意义进行了研究。

湛江市医疗保障体系的一大特色，就是商业健康保险介入了社会医疗保险的管理。因此，所谓"湛江模式"，一般意义上就是指社会医疗保险与商业健康保险的合作伙伴关系。目前，湛江市社保局的合作伙伴是中国人民健康保险股份有限公司。人保健康的经营业务有三：其一，"湛江市直公务员补充医疗保险"；其二，"湛江市城镇职工大额医疗救助保险"；其三，"湛江市城乡居民基本医疗大病补助保险"。前两项均处于基本医疗保障体系之上的补充医疗保险，亦即参保者必须单独额外缴费，方可享受公务员和城镇职工基本医疗保险之上的保险给付。湛江市城乡居民医疗保险的筹资结构是"个人缴费+政府补贴"，这一保险基金分为两部分：一是家庭账户；二是统筹账户。家庭账户与商业健康保险无关，关键在于统筹账户。同全国各地一样，湛江市城乡居民医疗保险统筹账户基金的支付设立了起付线和封顶线，以及在两线之间设定了医保基金的支付比例（俗称"报销比例"）。湛江模式的特色在于，其湛江市城乡居民医疗保险基金统筹账户的一部分支付业务，委托给人保健康管理。

在社会医疗保险基金的第三方管理上，一般的做法是社会医疗保险管理者根据管理外包契约的执行情况，向管理承包方支付一笔定额的管理费。但是，湛江市则是从社会医疗保险基金中切除一部分，以保费的形式支付给管理承包方。实际上，这是一种再保险的业务模式，即社会医疗保险管理部门作为原保险者，就其参保者一部分医药费用的支付，向商业健康保险进行再投保，这是湛江模式的真正创新点。其中，湛江市社会

① 梁鸿：《遵循医疗规律，完善医疗保障体系》，《中国医疗保险》，2011年第1期。

② 顾昕：《全民公费医疗还是全民医疗保险》，《学习与探索》，2011年第2期。

保险基金管理局相当于原保险方，而人保健康相当于再保险方，而前者支付给后者的保费相当于再保险业务中的"分保费"，而后者依照双方签订的契约（相当于"再保险合同"）负责承担契约规定的赔付义务。

以再保险方式开展社会医疗保险的第三方管理，其积极意义远不止于"积极探索"。实际上，这种社商合作的新模式，有可能会建立一种全新的机制，推动社会医疗保险与商业健康保险两方面的发展，形成一种双赢的格局。首先，社商合作对社会医疗保险的发展，尤其是其经办服务的发展，可以产生一定的推动作用。要强化社会医疗保险服务能力的提升，必须要有投入。然而我国现行社会保险财务管理制度禁止从社会保险基金中提取管理费，因此服务能力提升的费用只能来自政府财政拨款，这样的后果就是各地公共服务供给水平的不均等。另外，社商合作对商业健康保险发展的大局有着极为重要的积极意义。我国商业健康保险发展的空间巨大，但是其分摊民众医药费用风险的功能尚未发挥出来，造成这一格局的重要因素是商业健康保险公司缺乏有关医疗机构服务费用的数据。在湛江模式中，人保健康在推进社会再保险式社商合作的基础上，与社会医疗保险管理部门合署办公、共享数据，才能开展多层次、多样化的健康保险业务。这些多层次、多样化、高增值的健康保险业务根本无法开展起来，参保人数据的经济价值远远高于其承揽的再保险分保费。因此，湛江模式的重要启示是，社会医疗保险与商业健康保险建立合作伙伴关系，从短期来看，可以有效促进双方的发展，这一点尤其是在政府财力不足的地方更加显著；而且，"湛江模式"所创造出来的社会再保险，从长期来看，可以有效促进多层次医疗保障体系的形成与发展，尤其对商业健康保险的健康发展具有举足轻重的战略意义。[①]

（四）城乡医疗保障一体化研究

重庆是我国统筹城乡综合配套改革试验区，总结和分析其实践和探索中的经验和教训对今后在西部乃至全国建立城乡一体化的医疗保障制度具有重要的借鉴意义。杨小丽对重庆市城乡医疗保障一体化试点成效及其问题进行了综合研究。

2007年底在总结"新农合"经验的基础上，重庆市建立了城乡居民合作医疗保险制度，并在5个区启动了城乡居民合作医疗保险的试点工作。城乡居民合作医疗保险制度是政府组织、引导、支持，城乡居民自愿参加，个人、集体、社会和政府多方面筹资，以公共卫生和基本医疗为主的城乡居民医疗卫生保健的互助共济制度，即将城乡居民的基本医疗保险纳入同一个制度内，其特点就是"一个平台、两个标准"。"一个平台"是依靠"新农合"平台建立城乡居民合作医疗制度；"两个标准"是指制订两个档次的筹资标准和待遇标准，供城乡居民自由选择。凡是具有重庆市城乡户籍的农村居民和不属于城镇职工医疗保险覆盖范围的城镇居民以及其他非从业城镇居民，均可在户籍所在地自愿参加城乡居民合作医疗保险。

城乡居民合作医疗保险试点工作取得了一定的成果，一方面它打破了身份界限，统一了城乡居民医疗保险待遇标准，重庆市城乡居民合作医疗试点最突出的成效是在制度上打破了城乡二元结构的设计，打破了城镇、农村户籍身份限制，无论是城镇居民还是农村居民都在同一个医疗保险制度的覆盖之下，从制度上消除了城镇和农村的"二元"差异，保证了社会公平的实现；另一方面，整合了现有资源，统一了城乡医疗保险经办操作：重庆市结合统筹城乡综合改革配套试验区的实际，依托"新农合"网络信息平台，将城镇居民基本医疗保险制度建设与"新农合"制度衔接，建立了"城乡居民合作医疗保险制度"，有效地整合了城镇居民基本医疗和"新农合"管理机构的行政资源和网络平台，提高了管理效率，避免了资源浪费，节约了制度的运行成本；同时，此次试点还基本构建了城乡居民合作医疗的制度框架和运行机制，促进了基层医疗资源的有效利用。

虽然此次试点取得了一定成功，但仍存在一系列问题。一是政府财政投入未能及时到位，实际报销比例较低，城乡居民合作医疗基金由各级

---

① 中国经济体制改革研究会公共政策研究中心长策智库：《湛江模式的启示：探索社会医疗保险与商业健康保险的合作伙伴关系》，2010年10月15日。

政府的财政补助和城乡居民缴纳的参保费构成，这些资金是否及时足额到位，关系到城乡居民合作医疗的筹资稳定性。实践中由于各级财政拨款滞后，医保经办机构担心基金超支，故对参保城乡居民的报销设置了较高的条件，导致参保居民实际报销比例仅 25% 左右。二是统筹层次较低，"穷帮富"的现象较为突出，由于统筹层次低，制度设计较为保守，基金沉淀水平较高，影响了参保居民的受益面和保障水平。三是管理体制不顺，城乡居民合作医疗经办机构究竟应挂靠在哪个政府部门下面，由于缺乏相应的政策依据，实践中并未形成一致意见，出现了多种管理形式，导致实际工作中出现较多的困难。①

七、突发公共卫生事件的防治与管理

（一）公共卫生应急体系

2011 年我国学者高路就中英公共卫生应急体系进行了对比分析并提出了相关政策建议。首先他指出英国公共卫生应对系统较为健全，纵向分工细致分明，横向联动顺畅有效。英国拥有雄厚的经济实力和技术水平，在公共卫生方面投入巨大，充分体现了"预防为主、预防在先、主动服务"的原则，有以下几个特征：一是坚持大预防观念，政府为主导投入足够的费用保证，并且充分调动和利用各种社会资源参与开展防治工作，并坚持资源的合理和充分利用；二是首诊责任制有效落实，所有医院医务人员真正是第一线的疾病预防工作人员，发挥着最广泛的作用；三是职责分明，分工明确，协调有序，以法律、规章而不是行政命令规范人的行为。

在英国卫生应急体系中，流行病学专家具有权威性，各级卫生部门高度尊重和发挥流行病学家的作用，其组织机构体系具有以下的特点：一是公共卫生服务体系为垂直管理系统，它是以卫生部和国民医疗服务体系为主导的自中央到地方的垂直管理体系，与地方政府没有实质性联系；二是公共卫生应急体系为整合型管理系统，包括战略层面和执行层两个主要部分，其中战略层面的应对指挥由卫生部及其下设机构负责，主要职责是制订、颁布、修改并维护突发公共卫生事件应对计划，推动突发事件应对准备的培训工作，从突发事件处理中总结经验教训，并与应对系统中的其他部门协调合作，而执行层面的突发事件应对则由国民健康服务系统（NHS）及其委托机构开展，国民健康服务系统地区行政机构在整个系统中的职责是确保地方卫生服务机构在突发事件中的快速恰当的反应；三是具有较完善的传染病监控系统；四是具有免费的院前急救体系，在英国，政府为所有人提供免费的紧急医疗救助服务，其院前急救网络体系在世界上也是先进的和完善的。

与英国垂直、整合型公共卫生应急体系相比，我国医院分属不同的部门和地区管理，条块分割、部门封锁，使得医疗资源、信息长期不能整合，造成统计困难和数字不准确，信息披露不通畅。借鉴英国公共卫生应急体系的经验，完善我国公共卫生应急体系应从以下几个方面着手：首先，政府要加强对公共卫生的投入和危机事件的处理能力。在经济允许的情况下，应继续增加对公共卫生应急系统的投入力度。其次，要改变卫生行业条块分割对公共卫生体系的负面影响。由于我国卫生部门尚未实现医疗机构和卫生技术人员的全行业属地管理，各医疗机构之间缺乏有效的沟通协调机制，应急机制不健全。每当公共卫生事件突发，不同隶属关系的医疗机构之间缺乏协调，危机处理后的经验不能够有效保留，某些工作成效也难以保持、延续和巩固。所以，要加强各个医疗机构间的相互协作。再次，要充分借助信息化手段健全应急体系。完善的信息化体系，将大大提高公共卫生事件的处理效率，在部门之间、地区之间乃至国家之间发挥联动作用，从而形成协同作战、联防联控的局面。最后，要进一步完善、整合相关法律法规。在现有法律法规基础上，明确相应的法律条款，上位法和下位法做到一致和统一，加强政府执法人员沟通和执法力度，确保法律法规的落实和执行。②

（二）卫生应急管理培训

关丽征、王亚东、郭蕊、周志衡、杨世兵、

---

① 杨小丽：《重庆市城乡医疗保障一体化的实践探索》，《中国卫生事业管理》，2011 年第 5 期。
② 高路：《中英公共卫生应急体系比较与经验借鉴》，《中外医学研究》，2011 年第 9 卷第 12 期。

刘巍等学者对卫生应急管理人员培训需求进行了分析，采用问卷调查方法，从培训内容、时间、方式、方法、师资、考核和结业六大方面进行需求分析，研究结果显示卫生应急的概述内容、卫生应急管理的方法与技能、卫生应急响应与处理应作为培训重点内容；培训方式可采用短期集中培训、国内考察和学术会议（讲座）、教学方法为案例讨论和专题讲座。因此，他们认为我国的卫生应急知识体系还不成熟，缺乏相应的适宜教材与师资，需要不断丰富相关知识和技术。[①]

郭蕊、王亚东、关丽征等学者还对我国卫生应急管理人员培训需求及模式进行了理论研究，他们采用个人深入访谈法和专题小组讨论法多方面搜集卫生应急培训需求信息，对我国卫生应急管理人员培训需求及模式进行了定性分析，研究结果明确了培训对象，以及培训对象对培训目标、培训内容与方法、师资、教材、考核评价和培训组织等方面的要求。根据研究结果，他们提出了要提高对卫生应急管理人员能力培训的重视程度；以培训需求为导向，根据培训对象的不同特点分类分层实施培训；科学进行培训模式的顶层设计；完善考核评价体系，实施质量控制，切实提高培训效果的意见和建议。[②]

八、医药卫生体系改革

（一）制约医药卫生体系改革的因素研究

2011 年我国学者周其仁、李玲等对中国医改的根本问题进行了研究，对文章进行梳理归纳，制约我国医药卫生体系改革的因素有三点。一是伪市场化，国内专家和政府主管部门官员对中国医疗卫生达成的共识是中国医疗服务体制已完成"市场化"。然而，从人事控制上看，绝大多数医院院长是由政府任命，医生执业资格、医疗服务人员编制由政府控制和审批；在服务准入上，新设医疗机构须经行政审批；在价格机制上，所有医疗服务、药品和用品价格都受行政管制。因此，中国的医疗服务完成"市场化"其实名不副实。

真正的市场化是以价格机制动员和配置资源，开放市场准入，响应需求。二是医疗服务准入不足、价格机制僵化。目前，我国对医疗服务的准入管制仍然存在，医疗服务领域的开放度很低。在高端、中端医疗上，对境外大医院、民营综合医院开放性不足；对医药的价格管制，影响到比价歪曲与医疗行为歪曲；医疗服务的劳动、技术、知识和判断在价格管制下不能"以医养医"，于是逼出"以药养医"。三是综合改革滞后，过分追求单项改革的目标而与医改总目标背离，导致"短板效应"。两年来的改革，主要在做"加法"：扩大保障覆盖、提高筹资水平、增加政府投入、建立基本药物制度，这些措施基本属于查漏补缺，对现有利益格局触动不大，是"帕累托改进"。但是，立足长远，要控制医疗成本、优化医疗资源布局，规范流通环节，就必须做"减法"，要调整利益格局。另外，之所以是综合改革滞后，是因为对医改目标认识不够清晰，医改的目标不是报销比例的提高、不是医院设施的升级、不是资本意愿的满足，医改的目标只能有两个：一是公平性，即人人公平享有基本服务；二是宏观效率，即用尽可能低的成本增进人民健康。偏离这两个目标的改革，都是不具有可持续性的。[③]

（二）医药卫生体系改革实施建议研究

结合制约我国医药卫生体系改革的相关因素，周其仁、李玲等学者给出了我国医药卫生体系改革实施建议。从宏观层面上来看，要抓小放大。国家财政应全盘负责三件事，即建立公共卫生机构、建立社区医疗服务机构和覆盖全民的医保体系。与医院相比，这三件事情所涉及的机构是小的，其开支在整个医疗费用中也占小头，但它是政府对国民承担义务的底线。政府应该力保这个底线。随着经济发展，政府可以调高上述三项职能的标准和覆盖面。三项职能之外的部分，应开放给市场，政事分开，奠定多元化的、适应人民多种需要的现代医疗服务体系，这就是所谓"抓小放大"的思路。政府要明确把所有国家财力无

① 关丽征、王亚东、郭蕊、周志衡、杨世兵、刘巍：《卫生应急管理人员培训需求分析》，《医学与社会》，2011 年第 2 期。

② 郭蕊、王亚东、关丽征、周志衡、杨世兵、刘巍：《卫生应急管理人员培训需求及模式的定性研究》，《医学与社会》，2011 年第 24 卷第 2 期。

③ 周其仁：《中国医改的根本问题》，《中国医院院长》，2011 年第 21 期；李玲：《综合改革滞后是医改"瓶颈"》，《中国卫生人才》，2011 年第 5 期。

法包揽的、也不能全包的医疗服务职能和结构，按照规划，全部还给市场。即把绝大部分现有的公立医院推到医疗服务市场里去。政事分开、去行政化，一定要以医院为本位，因为医院是高度运用人力资本、运用人的智慧、有创造性和探索性的机构，不能简单地用行政化把它的生产力束缚住。要把一批公立医院推向市场，与非公立医院平等竞争。从微观层面上来看，要协调各项措施，实现综合改革。就是说必须从行政管理体制和改革战略设计上，把"综合改革"放在重中之重的位置。不仅要把医疗系统部门的激励设计好，还要把其他部门的激励也设计好，真正实现目标一致的综合配套改革。同时，在医改的攻坚阶段，必须在明确医改目标的基础上，对改革的路径进行顶层设计，实现在目标一致之下的团结协作。这应当是下一步医改的战略选择。①

（三）求得医改新突破

郭连增、孙梅、励晓红、王颖、苌凤水、吕军、刘新明、周志俊、郝模明确了解决问题求得突破与医改方案有序推进之间的关系，在其研究成果《医改方案有序推进的前提：解决问题求得突破》一文中，指出"总额预算＋按服务单元付费"组合支付为完善四大服务体系，尤其是医疗服务、药品供应保障、医疗保障三大服务体系提供了基础，也为近期医改五项重点改革，尤其是公立医院改革试点、初步建立国家基本药物制度提供了前提，同时提供了一些关键改革措施落实的必要条件。由此，认为建立基本医疗卫生制度的目标将变得可望又可及。②

他们还通过定性逻辑推论和全国常规统计数据进行模拟测算，认为从财政筹资入手求得医改突破是有理论依据的，从政府筹资职能入手，在政府可承受范围内增加一定的政府投入可一揽子解决百姓看病贵等问题，打破僵局，实现医改突破。当然，从财政筹资入手，总额预算基础上，尚需配以支付方式改革，以针对性解决效率低下、高额医疗费用风险以及医疗机构缺乏主动控费意

识等潜在问题。③

九、理论进展总评

综上所述，回顾 2011 年公共卫生事业管理领域理论进展，学者们的研究方向从以往纯粹的卫生政策研究向关系社会民生的基层卫生、医药卫生体系改革、补偿机制、医疗保障体系、突发公共卫生事件防治与管理等实际热点问题转变，根据我国基本国情，借鉴国外成功经验，对我国公共卫生事业管理进行了现状分析并提出建设性政策建议。在卫生政策方面，主要是针对基本医疗卫生制度建设和城乡一体化医疗保障制度的政策设计研究；在卫生体系绩效评价方面，对我国医药卫生体系改革和四个体系以及社区、医院、医疗资源配置等绩效评价指标进行了构建；在卫生经济方面，对卫生筹资、成本测算、医保付费方式进行了研究；在医院管理方面，对医院治理结构、战略定位、组织文化进行了研究；在基层医疗机构的研究中对社区岗位绩效评价、村卫生室人才培养、综合医院与社区协助模式进行了研究；在医疗保障体系及管理方面，对医疗保障制度建设、医疗保险形式、城乡医保一体化进行了研究；在突发公共卫生事件防治与管理方面，对卫生应急系统的构建以及人员应急培训进行了研究；在医药卫生体系改革方面，针对制约因素提出了求得医改新突破的政策建议。

2011 年是"十二五"开局之年，也是深化医药卫生体制改革近期三年重点任务的关键之年，2011 年卫生部工作要点的关键词是使人们受惠，学者们的研究正是契合这一主题，从对基层卫生、补偿机制、医疗保障体系等多方面研究为公共卫生服务均等化提供理论支持，从对医药卫生体系改革、公立医院改革、医疗保障体系等方面的研究为如何使群众谋福利提供理论支持，从对卫生信息化以及突发公共卫生事件防治与管理等方面的研究来提高我国公共卫生事业整体管理水平。综观公共卫生事业管理领域研究发现，研究的主

---

① 周其仁：《公医改革，抓小放大》，《中国医院院长》，2011 年第 17 期；李玲：《综合改革滞后是医改"瓶颈"》，《中国卫生人才》，2011 年第 5 期。

② 郭连增、孙梅、励晓红、王颖、苌凤水、吕军、刘新明、周志俊、郝模：《医改方案有序推进的前提：解决问题求得突破》，《中国卫生资源》，2011 年第 1 期。

③ 王颖、孙梅、吕军、励晓红、苌凤水、刘新明、姜庆五、郝模：《从政府筹资职能入手，求得医改的突破》，《中国卫生资源》，2011 年第 1 期。

要趋势集中于：一是均等化研究，无论是公共卫生、城乡医疗保险还是医疗服务提供都开始向服务均等化发展，更多地注重公平和平等问题；二是公共卫生事业管理体系整体效率的提高，各区县乃至全国卫生信息系统的构建、从 SARS 以来卫生应急系统的构建与完善以及医疗成本测算方法的变迁都在致力于整体效率的提高；三是更加市场化，在不动摇政府在公共卫生事业中主导地位的情况下，更多的学者开始关注市场在公共卫生事业中的作用，如医疗保险向社会保险迈进、进一步增强发挥民营医院的作用等研究。总结 2011 年学者们的理论研究方法，主要有文献阅读

归纳法、经验法和实证分析法，其中实证分析法中主要有实际调查法和专家咨询法。阅读大量文献发现，不仅在实践中我国未将"防治"放于重要地位，在理论研究中，我国也很少有学者在如何"治未病"及防治保健领域进行大量深入研究。另外，在我国公共卫生事业管理领域的研究中学者们很少运用定量方法，即使是做实证分析也都是运用定性分析方法。因此，虽然 2011 年我国公共卫生事业管理领域取得了丰硕的科学研究成果，但是仍需在如何"防治"以及运用定量分析方法上进行更加深入透彻的研究。

第二节　实践创新

近年来，国外公共卫生事业管理实践的发展趋势主要为信息网络化、管理规范化以及服务人性化等。而通过对我国卫生部《2011 年卫生工作重点》和《医药卫生体制改革近期重点实施方案（2009~2011 年)》以及各地卫生局的卫生动态和政策法规的查阅，并回顾 2011 年我国公共卫生事业管理的实践创新政策发现：2011 年我国各个地方政府在社区公共卫生服务管理、卫生信息管理、突发公共卫生事件防治与管理、医疗服务质量管理、中医药特色管理、公立医院改革、医疗保障体系管理、门诊预约诊疗机制、公共卫生服务均等化、基层医疗卫生服务体系等领域进行了不断的创新尝试，为推进我国公共卫生事业管理的进一步发展奠定了基础。本文对北京、天津、重庆以及珠江三角洲等地方政府的实践创新政策进行了专题分析，并作出相应的评述。

一、卫生信息管理

（一）上海市宝山区和徐汇区开展家庭医生责任制和卫生信息化工程试点工作

2011 年 5 月上海宝山区召开家庭医生责任制和卫生信息化工程推进会。宝山区是家庭医生责任制试点工作和卫生信息化工程试点区之一，宝山区卫生局对两项试点工作的整体推进情况进行了介绍，副区长李原在会上要求宝山区有关部门

加强组织保障，完善工作机制；把握好社区首诊、预约服务、双向转诊、家庭病床及费用管理五项重点；加强宣传，提高市民参与的积极性，力争到年底签约率达到重点人群的 80%，服务满意率达到 90%；加强培训；推进信息管理。

2011 年 5 月徐汇区在康健街道社区卫生服务中心全面启动家庭医生责任制。第一批试点街道为康健街道、斜土街道、徐家汇街道、枫林街道、虹梅街道。在这些街道家庭医生将实行全人群覆盖签约，按 30% 签约率测算将有 5 万余社区居民拥有家庭医生。其他街道镇将根据社区特点在重点人群中推进家庭医生工作。至 2012 年底前实现全区全人群覆盖，至 2014 年家庭医生签约率力争达到 80%。

（二）重庆区县卫生信息化平台建设试点全面启动

2011 年 5 月为加快推进区县"基于电子健康档案、电子病历、门诊统筹管理的基层医疗卫生信息系统"国家试点项目建设，根据《重庆市卫生局关于印发基于电子健康档案、电子病历、门诊统筹管理的基层医疗卫生信息系统试点项目管理方案、技术方案的通知》文件的时间结点安排，重庆市卫生局国家卫生信息化建设试点项目办公室技术专家组和日常工作组，在尹祖海同志的亲自率领下，就平台建设试点项目的进展情况、试

点任务推进过程中存在的问题和好的经验性做法等方面，对承担全市平台建设的沙坪坝区、渝中区、涪陵区和永川区等四个试点区县进行了考察和督导；同时认真听取了巫山县卫生局平台建设试点工作的情况汇报。

此次检查督导发现此次试点工作中存在四项问题。一是对项目建设的时间结点安排，不符合要求；二是忽视了自身基础条件，存在重复建设的问题；三是对建设内容、目标含糊不清，方向不明；四是对于发现的问题，找不到解决办法。针对检查督导中发现的问题，通过与局项目办专家组专家的交流互动和讨论学习，重庆市卫生局明确了下一步的具体实施计划，一是要通报肯定好的经验性做法，以便其他区县（其他项目）学习和借鉴；二是要正视和研究带共性的问题，给予及时的科学的解答和指导；对试点推进过程中出现的带有探讨性的问题，还应及时向部里的项目办汇报；三是将项目专家组按试点区县、试点项目分组、对口指导；四是在试点"方案设计"、"招标工作"等方面要以局项目办的名义下发指导性意见。[1]

二、突发公共卫生事件防治与管理

为进一步规范全市突发公共卫生事件调查处置，依法、科学、有序开展应急工作，及时、有效控制突发公共卫生事件，重庆市卫生局制定了突发公共卫生事件调查处置程序。该程序适用于全市卫生行政部门调查处置的重大传染病疫情、群体性不明原因疾病、群体性急性中毒及其他严重影响公众健康的事件等突发公共卫生事件。

该处置程序包括接收到疑似突发公共卫生事件报告后的核实与处置、医疗救治、信息报告与发布等具体内容：接收和核实方面，区县（自治县）卫生局接到疑似突发公共卫生事件的报告后，应详细了解相关信息，包括事件发生的时间、地点，涉及的人数和范围，事件的性质，可能的原因等，进行初步研判，不能排除突发公共卫生事件时，应及时组织辖区疾控、临床和卫生监督等部门赶赴现场，进行联合调查核实。在调查处置方面，对突发公共卫生事件报告核实后，区县级卫生局可根据具体事件与各部门合作处置或向市卫生局请求救援。市卫生局在处置类似事件时，一方面要对区县的援助请求进行帮助指导，另一方面对于发生在学生等重点人群、学校等重点地区及节假日等特殊时段的突发公共卫生事件，应及时组织市级专家组赶赴现场参与指导调查处置；另外对于特殊事件应及时向卫生部报告请求指导帮助。在医疗救治方面，突发公共卫生事件中的疑似病人、确诊病人或病原携带者，由事件发生地的区县（自治县）卫生局组织医疗救治或实施医学观察。危重病人应组织专家组全力救治。必要时，可请求市卫生局组织市级专家会诊和技术指导，或转上级医院救治。在信息报告与发布方面，突发公共卫生事件一经确认，应在2小时内通过国家突发公共卫生事件网络系统进行报告，根据《中华人民共和国传染病防治法》的规定，全市范围内传染病疫情和突发公共卫生事件信息由卫生部授权市卫生局发布，或由市政府（市突发公共卫生事件应急指挥部）对外发布；必要时，市卫生局可以授权有关区县（自治县）卫生局发布本行政区域内突发公共卫生事件的信息。[2]

三、医药卫生体系改革

（一）医疗服务质量管理

2011年6月天津市卫生局出台了《天津市医疗质量控制中心管理规定（试行）》，对19个医疗质量控制中心的挂靠单位进行了重新招标，并对质控中心的人员组成进行了相应的调整，为更好地发挥质控中心的作用，全面提升医疗质量管理水平打下了良好的基础。医疗质控中心是在市卫生局领导下负责全市各级各类医疗机构相关专业的业务指导和质量管理的组织。主要负责制定相关专业的质量控制标准、指标体系和评估方法；对各级医疗机构进行质量考核与评估；建立相关专业质控信息化平台，完善信息资料数据库；充分发挥专家特长，加强对各级各类医疗机构的业务指导；组织专业技术培训，提高专业人员的理论和技术水平；组织开展专业学术交流，介绍新

---

① 重庆卫生信息网，http://www.cqwsj.gov.cn/zfxxgk/zcgw/xxhjs/2011-7/9117.html，2011年7月8日。
② 重庆卫生信息网，http://www.cqwsj.gov.cn/zfxxgk/zcgw/wsyj/2011-5/8938.html，2011年5月12日。

的专业理论，推广适宜的新技术、新方法。目前，天津市有医院管理、医院感染、骨科、肿瘤、病案等19个质量控制中心，各专业的344名专家在中心任职。医疗质控中心挂靠在相关专业优势明显、综合实力较强、开展质量控制工作较好的医疗机构，同一专业只设立一个市级质控中心。申请挂靠质控中心的必须是三级医院，所申请专业是市级以上重点学科或市级以上临床重点专科，学科带头人在全国或在全市有较高学术地位和威望；有较好的管理基础和质控的实践经验，近三年各项专业质控工作在全市名列前茅。经过单位自行申请，市卫生局进行资质初审后，以招投标方式，由专家以擂台评审的形式确定推荐中标单位的排名顺序，经过公示后确定。①

为进一步规范和推进医疗质量控制中心的建设和发展，加强医疗质量安全管理，不断提高医疗技术水平，促进医疗卫生事业的发展，努力维护人民群众的健康权益，根据卫生部《医疗质量控制中心管理办法（试行）》，2011年重庆市卫生局制定了《重庆市医疗质量控制中心管理办法（试行）》，并于2011年10月9日开始施行。市卫生局负责市级质控中心的规划、设置、考核和管理。市级质控中心由市卫生局指定，在市卫生局医政处指导下开展工作。区县（自治县）卫生局负责本辖区内的区县级质控中心的规划、设置、考核和管理。区县级质控中心由区县（自治县）卫生局指定，在区县（自治县）卫生局医政科指导下开展工作。②

（二）公立医院改革

1. 重庆市、天津市鼓励医院与医院或医院与卫生院、社区卫生服务中心协作

2011年，重庆市卫生局为加快推进该市23所区县医院改造升级和创建13所三级甲等医院的工作进程，着力提升区县医院综合医疗服务能力，健全"校院联合"、"院院帮扶"机制，在充分尊重三甲医院与区县二级医院之间的城乡医疗对口支援结对帮扶关系的历史沿革和现实状况的基础上，经局党组会研究决定建立重庆市三甲医院与三甲

创建医院的结对帮扶机制。

此次试点工作对具体事项要求有：各结对医院要尽快签订结对帮扶责任书（不挂牌），建立长期稳定的帮扶合作关系，按照卫生部《三级综合医院评审标准（2011年版）》的要求明确职责和分工，加大人才培养力度，加强学科建设，提升教学和科研能力，提升创建医院的综合医疗服务能力；各三甲医院要切实尽到帮扶责任，要在医院管理、临床、护理感染、医技和财务后勤方面分组进行指导，要帮助创建医院在人才培养、医院管理、科研水平和医疗质量上全面提高，指导三甲创建医院认真开展创建工作，力争早日成功创建国家三级甲等医院；三甲创建医院要在当地政府部门的支持下，积极配合帮扶医院开展帮扶创建工作，切实加强医院的内涵建设、学科建设和人才梯队建设，提升医院管理水平，狠抓基础医疗质量，加大重点学科和临床重点专科建设力度，努力促进医院全面、协调、可持续发展；市卫生局将按照卫生部的《三级综合医院评审标准（2011年版）》，结合《重庆市医院评价指导意见》，制定出台《重庆市医院分级管理评审标准》，适时组织市医院评价委员会专家对创建医院进行试评指导。同时，将建立帮扶考核制度，对帮扶情况进行考核并以适当形式公布；市卫生局将对区县三甲创建医院实行动态管理。适时把区县政府支持力度大、建设进度快的区县医院纳入"三甲"创建医院范围。对创建工作不积极、热情不高、进展不快的医院取消三甲创建资格。根据市政府要求，每半年对三甲创建医院工作进展情况进行量化排序，并将排序情况以适当形式予以通报。③

另外，为进一步贯彻落实《中共中央国务院关于深化医药卫生体制改革的意见》，统筹城乡卫生资源，提高乡镇卫生院的服务能力，中央财政安排专项资金，在中西部地区继续开展"二级以上医疗卫生机构对口支援乡镇卫生院项目"工作。重庆市卫生局就2011年项目实施方案进行了部署，着手开展二级以上医疗机构对口支援乡镇卫生院项目。努力实现"通过开展二级以上医疗卫

---

① 天津市卫生局综合信息网，http://www.tjwsj.gov.cn/news/c895a68a-0891-452c-8e10-65c3311a9c50，2011年6月7日。
② 重庆卫生信息网，http://www.cqwsj.gov.cn/zfxxgk/zcgw/yzgl/2011-10/9457.html，2011年10月20日。
③ 重庆市信息网，http://www.cqwsj.gov.cn/zfxxgk/zcgw/yzgl/2011-6/9052.html，2011年6月15日。

生机构对口支援乡镇卫生院项目，引导城市较为优质的医疗卫生资源到农村服务，帮助提高乡镇卫生院的服务能力，加强农村卫生人才培养，强化农村卫生管理，满足农民基本卫生服务需求，使农民群众就近获得安全、有效、方便、快捷的医疗卫生服务"的目标。具体实施方案包括项目范围和内容、项目资金安排、项目执行时间、项目组织管理、项目实施要求等内容。[①]

同时，为深化公立医院改革，2011年7月12日天津市也启动了三级医院对口帮扶涉农区县二级医院活动，来自全市10家三级医院25个专业的80名医务人员，奔赴8家涉农区县二级医院，执行首期帮扶任务。通过系列帮扶，力争3年内使每一个涉农区县都有一所三级标准的医院，满足农村居民就医需求。

根据方案，8家三级综合医院为牵头帮扶医院，18家三级专科医院为加强和补充支援医院，分别与8个涉农区县的8家二级医院签订责任书，实行对口帮扶。计划通过定期举办管理培训班、选派三级医院管理人员挂职、选送涉农区县二级医院管理骨干进修、三级医院学科带头人、学科骨干及离退休专家帮扶学科建设，免费举办临床专科专病技能培训和进修班等多种形式，帮助被帮扶医院提升医院管理水平、建设特色学科、培养高水平人才，力争3年内使其成为当地龙头医院，得到辖区农村居民普遍认同，转诊、转院外出就诊率明显降低至20%以下。[②]

2. 天津市打造"三个平台"缓解居民看病难

在认真贯彻落实深化公立医院改革"三项重点工作"进程中，天津市多家医疗卫生服务机构始终把规范和优化医疗服务作为重要基石，着力打造"三个平台"，全面提升管理水平和服务水平，使百姓充分体验到舒适、便捷的诊疗服务，切实解决患者"挂号难"、"看病难"的问题，打造医患双赢的服务新模式，更好地肩负起了保障和改善民生、提高全民健康水平的使命。

在解决患者"挂号难"的工作中，采取了网上预约挂号、电话预约挂号、诊室预约挂号、分

楼层分时段挂号等多种预约挂号形式。

为了全面提升基层医疗服务水平，切实解决群众尤其是上班族的"看病难"问题，天津市多家医院打造了"无假日"医院服务平台，并实施弹性工作制和错峰出诊制，以满足患者就医需要。除了各三级医院外，基层社区卫生服务机构也着力打造"无假日"医院平台，为社区百姓切实解决就医难题。和平区社区卫生服务中心依据辖区内患者需求及自身服务能力等实际情况，通过普通日延时服务、午间连诊、周六日和节假日的"无假日"门诊等向辖区居民提供周到细致服务。此外，还将患者需求较大的中医针灸科、中医康复科、口腔科增加周六上午半日门诊服务，同时临床医务人员在保证正常门诊工作日的同时，还采取了预约应诊服务方式，为辖区居民提供了方便、质优、价廉的社区卫生服务。

天津市中心妇产科医院坚持"服务患者、至真至诚"的工作目标，以信息化建设为平台，实行医院信息系统联网，全面推广使用电子病历，实现了患者基本信息及检验结果信息的全院联网，无论是门诊还是住院部，医生都可直接调阅患者以往就诊的全部信息，适时了解各种检查结果，保证了患者诊疗的连续性。借助信息化建设加强预防性用药的管理，实时监控医生用药行为，严把处方关。

同时，医院还采取多种方式介绍本院的就医流程。在门诊大屏幕滚动播出就医流程视频，在导诊区增加服务人员和青年志愿者，使患者清清楚楚就诊，明明白白看病。此外，医院在门诊各诊区添置了宣传电视，滚动播放健康宣教片，积极营造温馨就医环境，受到患者广泛好评。[③]

3. 北京市实施门诊预约诊疗机制

为进一步规范医疗机构门诊预约诊疗服务，提高门诊服务质量和效率，改善医疗机构就诊秩序，缓解看病难，结合实际情况，北京市制定了《北京市医疗机构门诊预约诊疗服务管理规范（试行）》，并于2011年8月3日通过并执行。该《规范》适用于北京市行政区域内医疗机构门诊预约

① 重庆市卫生局，http://www.cqwsj.gov.cn/zfxxgk/zcgw/zhgl/2011-2/8683.html，2011年2月1日。
② 天津市卫生局综合信息网，http://www.tjwsj.gov.cn/news/7d76ab4f-8ef8-4200-92c7-ffb05a62dc81，2011年8月9日。
③ 天津市卫生局综合信息网，http://www.tjwsj.gov.cn/news/2ffa152f-158e-45c0-af3c-7b0ad2b6daca，2011年9月27日。

诊疗服务及其管理工作。该《规范》对市卫生行政部门、区县卫生行政部门、医疗机构的职责，预约挂号制度，就诊制度进行了具体说明。

北京市卫生行政部门负责门诊预约诊疗服务的管理工作，负责规范门诊预约诊疗服务，组织建立统一平台。区县卫生行政部门负责指导辖区医疗机构开展预约诊疗服务工作。医疗机构应当合理划分专病或专业门诊，以患者需求为导向合理安排不同职称医师出诊，逐步将所开展的各类门诊纳入门诊预约诊疗服务范围，并在"建立健全门诊预约诊疗服务管理制度；完善门诊预约诊疗服务系统，提供多种方式的预约挂号服务；在门诊大厅设置预约咨询服务台和规范、清晰、易懂的服务标识，配备方便患者预约的公用设备；在分诊台设置连接本单位预约和挂号系统的工作站并配备分诊人员"这四方面加强管理。[①]

另外，为方便居民看病就医，推进医疗服务进步，广州市于2011年12月28日开始试运行卫生局建设的广州市预约诊疗系统，首期组织16家市属医院推出预约挂号服务。广州市预约诊疗系统提供12580电话预约、网络预约、医院自助挂号机预约三种预约挂号方式。其中电话预约、网络预约提供全年全天候的免费预约挂号服务，医院自助挂号机预约与医院门诊服务时间同步。[②]

四、中医药特色管理

（一）重庆市建立中医药政务信息报送制度

为进一步落实国家中医药管理局《中医药政务信息报送管理暂行办法》和《关于切实加强中医药信息报送工作的通知》精神，深入挖掘报道各地中医药工作的亮点和典型事迹，为中医药事业发展营造良好的舆论氛围，加强市局与各区县（自治县）卫生局中医药管理部门的信息沟通和联系，提高中医药科学管理水平，2011年重庆市建立了中医药政务信息报送制度。

信息收集方式方面，各区县（自治县）卫生局采取信息调研、信息综合、信息约稿等手段，定期向所属医疗、教学、科研等单位收集一定数量相关信息。信息报送时间与方式方面，各区县（自治县）卫生局信息常规情况每月报送一次，重大事项随时报送；信息报送不限定字数、内容及形式，包括短讯、消息、简报、新闻通讯、图片等均可，由各地信息员以电子邮件方式报送至重庆市卫生局中医二处。[③]

（二）天津市推广十项中医药适宜技术

目前较多患者都愿意选择中医为自己诊治，天津市社区卫生服务中心推广建设的"国医堂"也得到了患者认可。为了更好地发挥中医药适宜技术在基层防治常见病多发病中的优势和作用，2011年天津市卫生局将在全市范围内以社区卫生服务中心、乡镇卫生院为重点，开展基层常见病多发病中医药适宜技术的推广培训工作，将其作为减轻老百姓解决看病难、看病贵的重要举措。培训内容包括针灸，推拿，按摩，刮痧，拔罐，刺络放血，巨钩针，药贴喘治疗哮喘病，中医脊诊整脊推拿，小儿推拿疗法治疗小儿腹泻，小夹板在骨科中的临床应用，疮疡的中医治疗等10项。通过培训，全市各区、县社区卫生服务中心、社区卫生服务站、乡镇卫生院、村卫生室中医药适宜技术推广覆盖率将达到100%。[④]

（三）深圳市创建全国社区中医药工作示范区

为建立健全深圳经济特区中医药服务网络，进一步贯彻落实《国务院关于扶持和促进中医药事业发展的若干意见》和《深圳经济特区中医药条例》有关要求和规定，大力提升基层医疗机构中医药能力和水平，不断满足基层群众对中医药服务的需求，同时，在医改工作中发挥中医药的作用与优势，发挥深圳先行先试的典型示范作用，2011年深圳市创建了全国社区中医药工作示范区活动实施方案。

本着通过创建活动，让中医下得去，留得住，用得上，老百姓不出社区能看得上中医，用得上中药，中医能够看得好老百姓的常见病和多发病，夯实中医药基础。为构建合理的病人流向和就诊

---

① 京卫生信息网，http://zfxxgk.beijing.gov.cn/columns/81/2/277071.html，2011年8月31日。

② 广州市卫生局，http://www.gzmed.gov.cn/portal/site/site/portal/gzmed/showcontent.jsp? contentId=8355&siteName=gzmed&categoryCode= 001003009003003&categoryId=3306，2011年12月31日。

③ 重庆市卫生局，http://www.cqwsj.gov.cn/zfxxgk/zcgw/zygz/2011-7/9164.html，2011年7月26日。

④ 天津市卫生局综合信息网，http://www.tjwsj.gov.cn/news/18f0e3ad-0d6f-4a6d-aeaf-b487f0debf20，2011年9月6日。

程序，以及便民服务的中医药医疗预防保健体系，为实现首诊在社区，小病、防病在社区，康复在社区做出新的贡献，让老百姓实实在在享受到医改和中医药发展的成果。按照《全国社区中医药工作先进单位建设标准》，深圳市积极开展创建全国社区中医药工作示范区活动。全市将分为二批进行创建，分期达标，分类指导。确定罗湖区、福田区、南山区、盐田区（复核）、光明新区为第一批创建全国社区中医药工作示范区单位，须在2013年12月前通过国家中医药管理局的评估验收；确定宝安、龙岗、坪山新区为第二批创建全国社区中医药工作示范区单位，须在2015年12月前通过国家中医药管理局的评估验收。

此次创建工作的步骤是按照《转发国家中医药管理局关于印发全国社区中医药工作先进单位建设标准和建设工作管理办法的通知》文件要求开展申报和创建工作，力争第一批创建区于2013年10月前，第二批创建区于2015年10月前通过国家中医药管理局验收。首先是启动阶段，各区要成立创建全国社区中医药工作示范区领导小组，下设创建办公室，明确专人负责创建工作，制定本辖区创建工作方案及有关文件，完善政策保障措施和加大财政投入，召开动员部署大会，做好各种资料准备工作。然后进入创建阶段，各区卫生行政部门结合本辖区情况进行中医药"六位一体"功能建设，同时针对本单位特有的中医药优势进行提炼深化，全力打造出符合实际的中医药特色社区卫生服务；各区卫生行政部门要全力打造社区健康服务中心中医药服务项目的基础设施建设，配备必需的诊疗设备，营造良好的中医药服务氛围。创建活动领导小组办公室对各社区健康服务中心进行督导；要充分发挥中医特色和优势，推广应用中医适宜技术、提高社区健康服务中心的中医药服务能力和水平，进一步推进社区中医药服务工作；强化中医药人员的培训、实践工作。举办不同层次中医药培训班，多渠道、多形式地发掘和吸引中医人才，使中医药人才配备符合创建要求。在申报阶段，各创建区要形成相应的中医药特色，并在区创建办公室统一部署下

进行大规模的中医药进社区健康教育及宣传工作；创建的同时要加强舆论宣传引导，提高社会对创建全国社区中医药工作示范区重要意义的认识，大力弘扬祖国医学，组织基层医疗机构通过开展义诊、专题讲座等形式，提高百姓对中医药的认知，让中医药深入人心，共同营造全社会相信中医药、大力支持中医药发展的良好外部环境，提高群众对中医药知识的知晓率和对中医药服务的满意度；各创建区要认真分析本辖区中医药事业发展的现状，认真对照创建标准，突出重点，攻克难点，查缺补差，安排创建工作进度，抓好落实，保证创建目标如期实现。加强各类创建资料的收集、分类、整理等工作；按照《全国社区中医药工作先进单位建设标准》和《全国社区中医药工作先进单位检查评估细则》进行自评，找出存在问题，针对薄弱环节进行整改和完善。自评合格的创建区经区人民政府和市卫生和人口计划生育委员会同意后，向广东省中医药局提出申请。最后，进入迎检阶段，通过创建活动，建立健全中医药服务网络，形成以市中医院为龙头，各区中医院为骨干，各级各类综合医院、专科医院为枢纽，以社区健康服务中心、中医馆、中医门诊部、中医坐堂医诊所、中医诊所为网底，覆盖全市的中医医疗服务体系。到2015年，以各行政区为单位，全市100%以上的区要达到全国社区中医药工作示范区建设标准。[①]

五、医疗保障体系管理

（一）重庆市建立医疗机构医疗责任保险工作联席会议制度

为建立医疗风险社会分担机制，提高患者、医疗机构及医务人员防御医疗风险的能力，保护医患双方合法权益，经研究重庆市在该市二级以上医疗机构（区县级以上医院）推行医疗责任保险。为做好相关工作，拟建立重庆市医疗机构医疗责任保险工作联席会议制度。

联席会议成员单位由重庆医科大学附属第一医院等28家医疗机构组成。重庆医科大学附属第一医院为召集单位。联席会议下设办公室，办公

室设在重医附一院，由参加医疗责任保险的部分医疗机构院长、分管院长组成。

联席会议主要工作职责是在重庆市医疗责任保险领导小组领导下开展工作，对领导小组负责并汇报工作；同时，商定重庆市医疗机构参加医疗责任保险工作的原则、标准、要求及其他有关事项；另外，审定重庆市医疗机构参加医疗责任保险的承保单位和医疗责任保险（服务）合同主体条款，并听取市医疗机构医疗责任保险工作办公室工作汇报，研究决定办公室和相关部门提交的重大事项。

办公室则在联席会议领导下开展工作，执行联席会议决定，组织指导全市医疗机构医疗责任保险工作，定期向联席会议汇报工作，重大问题及时提交联席会议讨论决定。同时，遴选医疗责任保险的承保机构，并就医疗责任保险（服务）合同主体条款与承保机构协商谈判，形成《重庆市医疗责任保险合同范本》；监督医疗责任保险的承保机构履行条款、提供服务等情况，并协调解决医疗责任保险实施过程中出现的矛盾和问题；完成联席会议交办的其他工作也是办公室的主要职责。[1]

（二）重庆市在全市二级以上公立医疗机构统一推行医疗责任保险

为建立医疗风险社会分担机制，提高患者、医疗机构及医务人员防御医疗风险的能力，保护医患双方合法权益，构建和谐医患关系，根据卫生部、国家中医药管理局、中国保监会《关于推动医疗责任保险有关问题的通知》，司法部、卫生部、中国保监会《关于加强医疗纠纷人民调解工作的意见》和《重庆市人民政府办公厅关于印发重庆市医疗纠纷处置办法的通知》要求，2011年重庆市决定在全市公立医疗机构统一推行医疗责任保险。

该医疗责任保险要求，在保险责任方面，被保险人依法从事与其资格相符的医疗诊疗护理工作中，因发生医疗事故、医疗差错及医疗意外，经医患纠纷人民调解机构调解或民事诉讼，应由被保险人承担经济赔偿责任的，依照医疗责任保险合同的约定，由医疗责任保险承保公司负责赔

偿；参保单位方面，全市二级以上公立医疗机构应当参加医疗责任保险，鼓励支持其他各级各类医疗机构参加医疗责任保险；承保公司及方式方面，市卫生局组织全市三级医疗机构和部分二级医疗机构主要负责人成立重庆市医疗机构医疗责任保险工作联席会议，负责确定保险经纪公司和保险承保公司，商定参加医疗责任保险工作有关重大事项，拟定《重庆市医疗责任保险合同范本》；保险条款和费率方面，医疗责任保险条款由联席会议和医疗责任保险承保公司按照"风险共担、公平公正、保本微利"的原则共同协商制定，由保险公司按相关规定报保监会审批后实施。要根据不同规模、等级、性质的医疗机构的医疗风险状况，合理设计条款、科学厘定费率，满足多样化医疗责任保险需求。积极探索建立与医疗责任保险赔付率、医疗安全管理水平等挂钩的费率浮动机制；保费列支方面，保险费用实行医疗机构缴纳与医务人员个人缴纳相结合的方式，并由医疗机构按合同约定统一缴纳。医疗机构承担的部分，按规定计入医疗机构成本，从业务收入中列支，不得因参加医疗责任保险而提高收费标准增加患者负担；保险理赔程序方面，医疗责任保险承保公司应分地区合理设立医疗责任保险理赔中心，公布接报案电话。发生医疗纠纷后，医疗机构应当依照《保险法》相关规定及合同的约定，及时向医疗责任保险承保公司报案，并如实向承保公司提供医疗纠纷的相关情况，医疗责任保险承保公司按照有关规定，应及时进行调查、核实并积极参与协助医疗纠纷人民调解工作。医疗纠纷人民调解委员会制作的调解协议和人民法院作出的且生效的调解书和判决书，应当作为医疗责任保险理赔的依据。被保险人据此申请赔偿保险金的，保险机构应当按照法律的规定和合同的约定及时进行赔偿；小额赔付简易处理方面，实行医疗责任保险的医疗机构，在依法开展医疗诊疗护理工作中，因发生医疗事故、医疗差错及医疗意外，应由其承担经济赔偿责任的，赔偿金额在1万元以下，可以由医患双方直接协商解决。医疗机构应当及时通知医疗责任保险的承保公司进行调查核实和参与调解工作，在此基础上医患双

---

[1] 重庆市卫生局，http://www.cqwsj.gov.cn/zfxxgk/zcgw/yzgl/2011-2/8702.html，2011年2月15日。

方达成的赔偿金额，由医疗机构和承保公司共同分担，分担比例由双方协定。小额赔付简易处理的具体程序另行规定。赔偿金额超出上述规定的，医患双方应向辖区医患纠纷人民调解委员会申请调解，或直接向人民法院提起民事诉讼。[1]

六、卫生绩效评价系统

（一）广州市制定《广州市区（县级市）级妇幼卫生工作绩效考核实施方案（试行）》

为落实深化医药卫生体制改革相关政策，推动妇幼卫生事业发展，根据卫生部办公厅《关于印发全国县级妇幼卫生工作绩效考核实施方案（试行）的通知》和广东省卫生厅《关于印发广东省县级妇幼卫生工作绩效考核实施方案（试行）的通知》精神，结合实际情况，广州市制定了《广州市区（县级市）级妇幼卫生工作绩效考核实施方案（试行）》。

其考核对象包括全市 12 个区（县级市）卫生行政部门及辖区内提供妇幼卫生服务的医疗保健机构和城镇基层医疗卫生机构。考核内容主要包括政府保障、妇幼保健网络建设、妇幼保健服务和妇女儿童健康水平。具体是对政府对妇幼卫生工作的政策支持、经费保障；妇幼医疗保健机构和基层医疗卫生机构的房屋建设、设备配置，妇幼保健人员配备及服务能力；妇幼保健服务提供的数量及质量，妇幼保健服务的管理，服务对象满意度；孕产妇死亡率和婴儿死亡率等内容进行考核。[2]

（二）广州市制定镇卫生院和村卫生站绩效考核实施方案（试行）

为推动镇卫生院综合改革，配合实施绩效工资制度，根据卫生部《关于卫生事业单位实施绩效考核的指导意见》、《卫生部办公厅印发〈关于乡镇卫生院和村卫生室实施绩效考核工作的意见〉的通知》以及市委、市政府《关于深化医药卫生体制改革的实施意见》的有关要求，2011 年广州市制定了镇卫生院和村卫生站实施方案。

镇卫生院考核内容主要包括基本医疗服务、公共卫生服务、新型农村合作医疗或城乡居民医疗保险制度执行情况、内部管理制度建设情况、内部管理情况和镇村卫生服务一体化管理情况、满意度评价。

村卫生站主要考核国家基本和重大公共卫生服务项目实施情况、基本医疗服务情况、镇村一体化管理执行情况、新型农村合作医疗或城乡居民医保执行情况和满意度评价等内容。[3]

七、基层医疗卫生服务体系

（一）广州市启动六项工作，大力推进农村基层卫生机构医改和标准化建设

2011 年是深化医改近期五项重点工作的攻坚年，广州市卫生局按照深化医改部署和市人大关于重视基层卫生服务网络建设的议案以及市政府十项民生实事要求，以落实农村基本公共卫生服务、基本医疗服务、基本医疗保障"三个基本"为主导，重点推进六项工作。

第一项工作是基层医疗卫生机构实行基本药物制度，所有镇都必须有镇级医疗卫生机构基本药物制度，实行镇村一体化管理的村卫生站也要实行基本药物制度，全部配备、使用国家基本药物目录和广东省增补品种目录内的药物，目录药物使用比例要达到 70% 以上，其中国家基本药物目录的药物使用比例达到 100%。基本药物实行零差率销售，为群众提供优质安全价廉的基本医疗服务。

第二项工作是改革农村基层卫生机构管理体制，镇卫生院完成定编、定员、定岗，全面实行医疗卫生机构绩效考核制、人员聘用制，建立以服务质量、服务数量为核心，以岗位责任与绩效为基础的考核和激励制度，实行镇卫生院、村卫生站一体化管理，提高基层医疗卫生服务水平。

第三项工作是开展农村卫生机构标准化建设，按照国家颁布的标准，对 4 间区（县级市）医院、7 间中心镇医院、18 间镇卫生院、370 间不足 100

① 重庆市卫生局，http://www.cqwsj.gov.cn/zfxxgk/zcgw/zhgl/2011-10/9438.html，2011 年 10 月 14 日。
② 广州市卫生局，http://www.gzmed.gov.cn/portal/site/site/portal/gzmed/showcontent.jsp? contentId=7938&siteName=gzmed&categoryCode=001003009008005001&categoryId=3593，2011 年 5 月 25 日。
③ 广州市卫生局，http://www.gzmed.gov.cn/portal/site/site/portal/gzmed/showcontent.jsp? contentId=8266&siteName=gzmed&categoryCode=001003009009002&categoryId=3341，2011 年 12 月 1 日。

平方米的村卫生站进行改建和扩建，达到国家标准，为农村居民提供良好的就医环境。

第四项工作是加强农村基层卫生队伍建设，农村基层卫生机构配备符合资质的全科医师、公共卫生专业医师和社区护士，对乡村医生执业资质重新注册，对考核不及格的乡村医生注销执业资格，为镇卫生院免费定向培养卫生技术人才，提高农村基层卫生服务人员的素质。

第五项工作是推进公共卫生服务均等化，政府对农村基本公共卫生项目的投入，达到人均不低于30元。按照重大公共卫生项目和基本公共卫生项目和规范要求，保质保量地向农村居民提供公共卫生服务，完善农村公共卫生服务项目和考核评价体系。加大建立农民健康档案工作力度，电子化建档率达到60%，规范化电子健康档案建档率达到30%，农村居民与城市居民享受均等的基本公共卫生服务，感受到公共卫生服务项目带来的好处。

第六项工作是进一步完善新型农村合作医疗制度，筹资标准提高到每人每年300元以上，各级财政的补助标准提高到年人均230元以上，参合农民在镇、区、区外住院报销比例分别不低于70%、60%、45%，平均补偿封顶线（最高支付限额）达到8万元以上，把孕产妇产前检查纳入"新农合"报销范围，全面开展儿童重大疾病医疗保障，开展市级"新农合"定点医院实行即时报结试点工作，农村居民人人享有新型农村合作医疗保障。[1]

（二）广州市妥善解决乡村医生待遇历史遗留问题

2011年广州市卫生局、广州市财政局、广州市人力资源和社会保障局印发了《关于解决广州市乡村医生待遇历史遗留问题的意见》，意见提出，对1981年《国务院批转卫生部关于合理解决赤脚医生补助问题的报告的通知》以后至2007年全市实行乡村医生补贴以前，经卫生行政部门批准，曾在村卫生站从事预防、保健和医疗工作的人员，

由财政给予一次性岗位补助。具体办法有四种：第一种是按从业资格分档补助。A档为取得执业医师、执业助理医师、乡村医生、执业护士资格证的；B档为取得卫生员、保健员或接生员等资格证的原赤脚医生；持有其他医药类执业资格证书的参照以上相近的类别套档。第二种是按实际工作月数计算补助。A档每月补助120元，B档每月补助100元，按1981年2月至2006年12月期间实际工作月数累计补助金额。第三种是解决乡村医生待遇历史遗留问题以区（县级市）财政为主，市财政按每人4000元标准，对区（县级市）给予经费补助。第四种是乡村医生按现行社会保险政策规定参加社会保险，乡村医生补助首先用于补助乡村医生参加社会保险、缴纳社会保险费所需费用。

最终，广州市20多年来的乡村医生待遇历史遗留问题终于画上句号，得到妥善解决。一是以财政给予适当补助，引导乡村医生参加社会养老保险方式解决历史遗留问题；二是解决历史遗留问题的办法与现行相关政策相衔接，在现有社会保障体系内予以解决，并为以后解决类似问题提供参照做法；三是妥善解决，不留历史欠账。[2]

（三）重庆市建立政府购买村级卫生服务机制

2011年重庆市建立了政府购买村级卫生服务机制。把基本医疗卫生制度作为公共产品向全体居民提供是2009年国家深化医药卫生体制改革的一项重大制度创新。随着重庆市深化医药卫生体制改革的推进，促进城乡公共卫生服务均等化，实施国家基本药物制度成为基层医疗卫生机构的主要任务。村级卫生组织作为农村卫生服务体系的网底，是为农村居民提供基本医疗和基本公共卫生服务的重要载体。坚持政府主导，发挥市场机制作用，探索建立政府购买村级卫生服务新机制对于提高村级卫生组织的服务效率，为农村居民提供安全、有效、方便、价廉的基本医疗和基本公共卫生服务，满足农村居民的基本医疗卫生需求，提高农村居民的健康水平具有重要意义。

---

① 广州市卫生局，http：//www.gzmed.gov.cn/portal/site/site/portal/gzmed/showcontent.jsp？contentId=7953&siteName=gzmed&categoryCode=001003009009004&categoryId=3414，2011年4月8日。

② 广州市卫生局，http：//www.gzmed.gov.cn/portal/site/site/portal/gzmed/showcontent.jsp？contentId=7954&siteName=gzmed&categoryCode=001003009009004&categoryId=3414，2011年2月2日。

政府购买村级卫生服务的内容主要包括：村卫生室实施国家基本药物制度后提供的基本医疗服务；国家和重庆市基本公共卫生服务项目「需要村卫生室承担并提供的免费公共卫生服务；其他政府购买的村级卫生服务。区县（自治县）卫生局要根据国家和重庆市公共卫生服务项目的变化，结合当地实际，确定可由村卫生室提供的具体卫生服务项目。[①]

八、实践创新总评

珠江三角洲地区以及北京、天津、重庆等地方区域在我国公共卫生事业管理实践方面起着示范作用，其他地方区域的政策实施在时间上一般落后于京津渝和珠江三角洲地区，本文主要就京津渝及珠江三角洲地区的实践创新进行了总结归纳。

虽然各地采取的具体创新措施不同，但是集中于卫生信息管理、突发公共卫生事件防治与管理、医疗服务质量管理、中医药特色管理、公立医院改革、医疗保障体系管理、门诊预约诊疗机制、公共卫生服务均等化、基层医疗卫生服务体系等领域。在卫生信息管理方面，各地纷纷建立卫生信息化平台，最主要的措施是建立覆盖全区或全市的电子病历系统；在突发公共卫生事件防治与管理方面，根据实践中应对突发公共卫生事件的相关经验不断完善处置程序；在医药卫生体系改革方面，各地普遍开展综合医院与社区医院、

市级二级医院与区县级二级医院等之间帮扶工作；2011年最突出的实践创新事件则是深圳市发挥其示范区的作用，建立社区中医药示范区，当然，在其他地方也在进行着中医药特色管理的创新实践；在医疗保障体系方面，主要是在医疗保险方面的创新；在门诊预约诊疗机制方面，各地创新的宗旨是让挂号更加便利，解决居民看病难的问题；在卫生系统绩效评价方面，则是在实践的基础上，对卫生系统绩效评价系统进行不断完善；在基础医疗卫生服务体系方面，实现卫生服务均等化、提高农村医疗水平是实践的总体目标。

通过查阅卫生部文件《2011年卫生工作要点》等文件发现，2011年各地开展的实践创新工作大体与2011年制定的工作要点相符合。同时，在实践中，通过各地卫生局网站等信息渠道，也着实看到各地方政府在实践创新中取得了较为满意的成果，如重庆市通过卫生信息化平台的构建建立了基本覆盖全市的电子病历系统。然而，与理论进展的研究存在的缺陷相同，各地方政府的实践创新活动中很少看到关于如何"防治"的措施；另外，在公共卫生事业管理的实践过程中，各地方政府缺少合作环节，各地的创新都是在本区县进行，在区域性的合作上存在一定缺失。因此，虽然各地方政府在实践创新中取得了一定的成就，但是仍应看到实践创新活动不曾涉及但关系重大的事件并在以后实践中进一步加强区域间的合作交流。

第三节　代表性成果

一、《全民医保新探索》

作　　者：顾昕

出版时间：2010年8月1日

出　版　社：社会科学文献出版社

内容摘要：走向全民医保，即"建立覆盖城乡居民的基本医疗保障体系"，已经成为新医改的一个目标。随着城镇居民基本医疗保险的试点

2007年以来在全国范围内启动，全民医保已经走上了正轨。本书是对全民医保的可持续性发展进行深入的研究的成果，其主要内容包括：公共财政与全民医保的筹资机制；全民医保的行政管理及其普遍覆盖的实现；医保机构对基本医疗服务和基本药物的购买；城乡公立医疗保险的整合等。该书不仅对各地全民医保的探索具有指导借鉴作用，而且也将从学术上展示公共政策研究的规

---

① 重庆市卫生局，http://www.cqwsj.gov.cn/zfxxgk/zcgw/zhgl/2011-6/9078.html，2011年6月24日。

范性。

社会影响：本书是国务院城镇居民医疗保险试点工作评估专家顾昕所著，不仅阐述了作者对中国医疗现状的深刻分析，还对全民医保作了前瞻性的展望。本书主张"补需方"且思路清晰，对研究医疗保险的学者来说本书大有裨益。

二、《医药卫生改革相关政策问题研究》

作   者：郝模
出版时间：2009 年 4 月 1 日
出 版 社：科学出版社
内容摘要：该书首先对我国医药卫生事业的发展现状、存在的问题、问题形成机制和有关政策进行了回顾、分析和展望，在此基础上对我国公立医院制度、公立医院"非公益"现象、卫生筹资与政府卫生投入机制、新型农村合作医疗、农村医疗预防保健网络和社区卫生服务进行了深入研究，并对我国医药卫生改革政策进行了系统分析，介绍了国内外相关领域的具体做法和经验，同时提出了推动我国医药卫生改革的政策建议。

社会影响：《医药卫生改革相关政策问题研究》是国家自然科学基金应急研究项目"医疗卫生改革相关政策问题研究"的研究成果。该书注重理论与实践相结合，可供医疗卫生领域的大学生、研究生、研究人员、政策制定者和管理人员参考阅读。

三、《全民公费医疗还是全民医疗保险——基于健康权保障的制度安排》

作   者：顾昕
发表时间：2011 年第 2 期
期刊名称：《学习与探索》
内容摘要：自 2006 年以来，中国开启了新一轮医疗体制改革，即"新医改"，其目的之一就是保障民众的健康权。健康权意味着人人均有追求良好健康的权利，而这种权利的行使不应受到社会经济因素（尤其是患者的支付能力）的阻碍。新医改之前很多患者因为缺乏支付能力而被迫放弃基本的医疗服务，其健康权得不到保障，主要原因在于医疗保障不健全。由于主客观条件的作用，新医改应致力于建立一个全民医疗保险而不是全民公费医疗的新体制。因此，在"十二五"

时期的医疗改革中，应重构政府与市场在医疗领域中的作用，推进民众健康权保障的制度化。

四、《社区卫生服务机构岗位绩效考核指标体系的制定》

作   者：彭迎春、苏宁、何永洁、梁万年
发表时间：2011 年第 14 卷第 7A 期
期刊名称：《中华全科医学》
内容摘要：本研究通过四轮专题小组讨论确定社区卫生服务机构医、护、防不同岗位绩效考核的三大维度：服务数量、服务质量、社区居民满意度，并结合工作分析结果中的绩效考核要素筛选出每个维度下的绩效考核指标。通过层次分析法分别确定出每个岗位考核指标的权重。在综合权衡服务地点和方式、服务耗时、技术难度与风险的基础上产生出一套标准化服务量系数，可以实现不同岗位、不同人员之间服务数量的比较，有利于实现绩效工资在机构内的统筹分配。

社会影响：本文系北京市教委社科计划面上项目（SM201010025003）研究成果。

五、《从政府筹资职能入手，求得医改的突破》

作   者：王颖、孙梅、吕军、励晓红、衷凤水、刘新明、姜庆五、郝模
发表时间：2011 年第 14 卷第 1 期
期刊名称：《中国卫生资源》
内容摘要：通过定性逻辑推论和全国常规统计数据模拟测算，研究认为从财政筹资入手求得医改突破是有理论依据的，按照净收入与业务收入之间 1∶4.03 的关系，财政补助净投入增加 1 元钱，百姓医疗费用负担可下降 4.03 元。若 1991 年财政即承担起筹资职责（对卫生投入占财政支出的 8%），则 19 年来只需追加投入 10674.3 亿元，即可实现高达 21348.7 亿~43017.6 亿元医疗费用的节省，百姓费用负担由此下降 34.2%~68.9%。单年不到 2000 亿元的追加投入总量，以及总额预算下齐同 GDP 的稳定增长机制均提示，追加的财政投入完全是政府可以承受的。因此，从政府筹资职能入手，可一揽子解决百姓看病贵等问题，打破僵局，实现医改突破。当然，从财政筹资入手，总额预算基础上，尚需配以支付方

式改革，以针对性解决效率低下、高额医疗费用风险以及医疗机构缺乏主动控费意识等潜在问题。

社会影响：文章系国家自然科学基金重点项目基金资助（70733002）、"长江学者特聘教授"项目基金资助、教育部 2009 年度创新团队项目基金资助（IRT0912）研究成果。

六、《从改变支付方式入手，求得医改的突破（1）》

作　　者：王颖、吕军、孙梅、励晓红、袁凤水、高解春、汤善健、郝模

发表时间：2011 年第 14 卷第 1 期

期刊名称：《中国卫生资源》

内容摘要：为验证总额预算方式下，按项目付费方式且合理化收费标准是实现医改突破的有效途径，研究以上海市 20 世纪 90 年代中期出台的医疗费用"总量控制，结构调整"政策作为案例，引用政策实施前后近 30 年的全国卫生财务年报资料，通过纵向和同期不同地区横向比较发现，医疗费用从政策实施前的年均 32.8% 高速增长骤降至实施期间的 12.5%，略低于期间 GDP 增长（14.7%），交纳医疗费用在社会可承受范围之内，十年间为社会减少了 2161.6 亿元医疗费用负担，控费效果远超全国和同类城市平均水平。政策所取得的斐然成果提示研究者和决策者，欲实现医疗费用的有效控制总额预算必不可少。但按项目付费方式下的高额医疗费用风险、物价部门难以协调又使得医疗机构的损失难以弥补等问题，均成为了现今看病贵等问题依然存在的桎梏。启示：合理设计总额预算指标以确保费用稳定增长，并需改现有的按项目付费方式为预付制。

社会影响：文章系国家自然科学基金重点项目基金资助（70733002）、"长江学者特聘教授"项目基金资助、教育部 2009 年度创新团队项目基金资助（IRT0912）研究成果。

七、《从改变支付方式入手，求得医改的突破（2）》

作　　者：王颖、励晓红、吕军、孙梅、袁凤水、林尚立、陈文、郝模

发表时间：2011 年第 14 卷第 1 期

期刊名称：《中国卫生资源》

内容摘要：为明确"总额预算 + 按服务单元付费"组合支付方式对实现医改突破的作用，研究依据支付方式的基本原理推导，并利用医疗卫生服务管理者、组织者、提供者和需方四方意向调查数据，分析论证了该组合支付方式下的 6 大预期效果：①消除看病贵感觉，百姓得到实惠；②完善医疗机构补偿机制；③消除药品产、销、购、用四方面问题；④确保医疗费用与社会经济发展同步；⑤为医保收支平衡提供稳定的环境；⑥政府便于监管，易于操作。可以在短期内实现温家宝总理提出的"让老百姓得到实惠，让医务人员受到鼓舞，让监管人员易于掌握"。虽然该组合支付方式也可能带来新问题，但是相对城乡，这些问题微不足道并且可通过配套措施得以解决。

社会影响：文章系国家自然科学基金重点项目基金资助（70733002）、"长江学者特聘教授"项目基金资助、教育部 2009 年度创新团队项目基金资助（IRT0912）研究成果。

八、《我国公立综合性医院战略定位类型研究》

作　　者：周萍、常继乐、黄金星、白飞、王评、唐智柳、伍蓉、黄兼燕、薛迪

发表时间：2011 年第 6 期

期刊名称：《中国医院管理》

内容摘要：借鉴经营战略相关理论，结合我国特点，从业务定位、市场定位和竞争态势定位对我国公立综合性医院的战略定位分类进行了研究。通过对我国东、中、西三省/直辖市公立综合性医院的抽样调查，课题组将其战略定位分为 5 类，并分析了 5 类战略定位在公立综合性医院中的分布。

社会影响：本文系国家自然科学基金项目（70873023）；复旦大学重点学科创新人才培养计划资助项目研究成果。

九、《深化医药卫生体制改革中间绩效评估研究》

作　　者：李妍婷、赵明、丁蕾、陆琳、马进

发表时间：2011 年第 2 期

期刊名称：《上海交通大学学报》（医学版）

内容摘要：阐述深化医药卫生体制改革评估

研究所得出的第二层中间绩效指标的设立并提出政策意见。方法通过文献评阅，借鉴经济合作与发展组织成员国家对卫生系统的评估框架，研究《中共中央国务院关于深化医药卫生体制改革的意见》和《医药卫生体制改革近期重点实施方案（2009~2011年）》2个文件，采用德尔菲专家咨询法从质量、效率和可及性3个方面设立中间绩效指标并进行筛选。结果筛选确定8个中间绩效指标及其权重。结论专家认为新医改的质量、效率和可及性都至关重要；而患者则比较重视质量和经济负担。

社会影响：文章系国家发展和改革委员会社会发展司项目（2009HR01）研究成果。

十、《深化医药卫生体制改革最终绩效评估指标体系》

作　　者：李妍婷、赵明、丁蕾、陆琳、马进
发表时间：2011年第2期
期刊名称：《上海交通大学学报》（医学版）
内容摘要：阐述深化医药卫生体制改革评估研究所得出的最终绩效指标的设立。方法采用文献评阅法，借鉴世界卫生组织和世界银行对卫生系统的评估框架，研究《中共中央国务院关于深化医药卫生体制改革的意见》和《医药卫生体制改革近期重点实施方案（2009~2011年）》2个文件，通过德尔菲专家咨询法对指标进行评分筛选。结果筛选确定10个最终绩效指标及其权重，并提出政策建议。结论专家比较关注水平性指标及患者满意度指标，建议可以重点从水平情况和患者角度评估新医改。

社会影响：文章系国家发展和改革委员会社会发展司项目（2009HR01）研究成果。

十一、《统筹城乡医疗保障体系研究综述》

作　　者：梁金刚
发表时间：2011年第2期
期刊名称：《中国卫生政策研究》
内容摘要："普惠、公平"的基本医疗保障体系是医疗保障城乡统筹的最终目标，也是统筹城乡医疗保障的基本路径，"3+1"型医疗保障体系从制度上实现了医疗保障的全民覆盖，"更加公平地享有医疗保障"则成为医疗保障制度建设进程

中的下一个重要目标，而统筹城乡医疗保障体系的理论研究价值亦得以彰显。在厘定城乡医疗保障体系相关概念基础上，从统筹城乡医疗保障体系的必要性与可行性出发，对统筹城乡医疗保障体系宏观目标与微观路径、统筹城乡医疗保障体系面临困难与经验借鉴等方面的既有文献进行概括与总结，并作了简单小结与展望。

社会影响：文章系国家社会科学基金"统筹城乡基本医疗保障体系研究"（08BJY039）研究成果。

十二、《重庆市统筹城乡医疗保障制度的实践探索》

作　　者：杨小丽
发表时间：2011年第4期
期刊名称：《中国卫生经济》
内容摘要：改革开放30年来，我国基本医疗保障体系框架已初步形成，但在公平性、可及性和费用负担方面存在着严重的城乡二元失衡现象。2007年底重庆市开展了统筹城乡医疗保障的实践探索。文章分析总结了重庆市实践探索的背景、探索中所取得的成绩和存在的问题，并针对存在的问题提出了相应的政策建议。

社会影响：文章系教育部人文社科基金项目（09YJA630161）；重庆市哲学社会科学规划项目（2008-SH06）研究成果。

十三、《消除百姓看病贵及其担忧："总额预算+按服务单元付费"组合支付方式预期效果之一》

作　　者：王颖、袭凤水、励晓红、吕军、孙梅、朱道立、陈英耀、郝模
发表时间：2011年第1期
期刊名称：《中国卫生资源》
内容摘要：为论证"总额预算+按服务单元付费"组合支付方式改革对消除百姓看病贵问题的效果，文章利用全国财务年报和中国卫生统计年鉴进行定量模拟测试并结合意向论证，结果表明：①组合支付方式以"一口价"的形式消除了半数（50.4%）原有看病贵；②80%的人分担了20%人群的高额费用风险，消除了"看病贵"感觉的基础；③在单元付费标准基础上，结合城镇

职工医疗保险的平均 60%~70%的报销比例，百姓去市级医院就诊一次自费仅花 53.5 元，医疗费用负担大幅减轻，看病应该不贵；④如果再加上政府对医疗机构的适宜投入，即使以 1：2 的比例匡算，如果政府保障人员经费，百姓的次费负担可以下降 10.4~20.9 元，门急诊次均费用仅为 32.6~43.1 元；如果保障基本建设和专业设备等经费后，次费再下降 15.6~31.4 元，仅为 22.1~37.9 元；而如果政府全包两项投入，看病直至免费！如此，百姓没理由再感到看病贵。

社会影响：文章系国家自然科学基金重点项目基金资助（70733002）、"长江学者特聘教授"项目基金资助、教育部 2009 年度创新团队项目基金资助（IRT0912）、国家社会科学青年基金资助项目（08CZZ022）研究成果。

十四、《确保医疗费用与社会经济发展同步》

作　　者：李程跃、孙梅、吕军、王颖、苌凤水、励晓红、罗力、梁鸿、郝模
发表时间：2011 年第 1 期
期刊名称：《中国卫生资源》
内容摘要：基于支付方式的设计原理，利用全国常规统计数据，进行定性定量论证。表明："总额预算＋按服务单元付费"组合支付方式下，通过明确设立医疗机构业务收入的总额及按 GDP 同步增长的增速指标，可实现医疗费用增长可预测、可调控，确保医疗费用的增长纳入社会经济承受能力范围。当然，起效的前提是：合理设立业务收入总额，以及变按项目付费为按服务单元收费，结余留用以确保医疗机构的合理补偿，享受社会经济发展平均利润。

社会影响：文章系国家自然科学基金重点项目基金资助（70733002）、"长江学者特聘教授"项目基金资助、教育部 2009 年度创新团队项目基金资助（IRT0912）研究成果。

十五、《老龄化对医疗卫生体系的挑战》

作　　者：崔玄、李玲、陈秋霖
发表时间：2011 年第 16 期
期刊名称：《中国市场》
内容摘要：老龄化已成为我国社会面临的紧迫问题，其对医疗卫生体系的挑战主要体现在医疗费用显著性地增长，其中医疗卫生制度的安排发挥着重要的作用。充分考虑老龄化对医疗卫生体系的影响机制是进一步进行卫生体制改革的必然要求。

附：代表性论文选登

赤脚医生时期的管理制度对当前农村卫生人才管理的启示[①]

孙冬悦　王晓燕　王　辰　常文虎　杨　佳　吴利纳

[摘　要] 20世纪50年代，我国农村建立合作医疗制度。作为该制度的重要执行者，赤脚医生对农村卫生工作的成功起到了重要作用。近年来，我国开始逐步在农村推行新型合作医疗制度，当年合作医疗的成功经验应当对当今有所借鉴。本研究拟从赤脚医生的管理制度方面探讨其在"新农合"实施过程中对农村卫生人才管理的启示。

[关键词] 赤脚医生；农村卫生；人员管理

20世纪60年代，针对当时卫生资源倒置、农村缺医少药的现实，毛泽东发表了著名的"6·26"指示，于是，赤脚医生制度、合作医疗和三级医疗保健网成为了农村解决医疗卫生问题的三大法宝，同时也被世界卫生组织誉为"中国模式"。岁月流逝，在共和国60年的历史上，有1/3的时间是在"赤脚医生"时期，这个成功的范例毋庸置疑为今天留下了值得借鉴的经验。基于此，首都医科大学课题组承担的"赤脚医生现象对当前首都农村卫生工作的启示研究"课题，于2009年7月深入北京市5个区县22个乡镇，共对三部分人群（赤脚医生、管理者和受益人群）进行了问卷调查，以探讨当年的成功管理经验对于今天"新农合"背景下农村的卫生人才管理工作的启示。

一、对象与方法

（一）调查对象

本研究采用多阶段分层整群随机抽样的方法，选取北京市5个远郊区县，在每个区县随机抽取4~5个乡，再从每个乡随机抽取4~5个村，共抽取100个村进行调研。共对1965~1985年与赤脚医生有关的三类人群进行了调研，纳入标准如下：管理者（卫生部门和村干部）60~70岁，赤脚医生50~70岁，群众50~65岁，要求调查对象均无

脑梗等影响记忆力的疾病、心脑血管疾病和语言障碍。共发放问卷1002份，回收问卷1000份，回收率为99.80%，其中194份管理者问卷，226份赤脚医生问卷，580份群众问卷。

（二）调查方法

本研究采用问卷调查与定性访谈相结合的方法，于2009年7月进行问卷调查，了解赤脚医生时期北京市农村合作医疗的组织管理、筹资报销、受益补偿等情况；同时选取部分赤脚医生、管理者、群众进行了定性访谈，了解他们对赤脚医生时期合作医疗工作开展情况的回顾与反思，深入挖掘当年合作医疗成功与解体的深层经验。

二、结果与讨论

（一）赤脚医生的培养模式与管理制度培养模式与管理制度紧密相连

当年在"政令畅通"的年代，赤脚医生的培养得到政府的高度重视，在降低准入门槛的基础上，共和国快速组织起一支由农民组成的600万赤脚医生队伍，其中不拘一格的培养方式在今天也有积极的意义。

1. 培养模式

（1）对于当上赤脚医生之前培训情况的调查结果显示，226名调查对象中，约178人（78.8%）当赤脚医生之前接受过医学培训。当年

---

① 孙冬悦、王晓燕等：《赤脚医生时期的管理制度对当前农村卫生人才管理的启示》，《中华全科医学》，2011年3月第14卷。

在各区县，都通过不同的形式，对选拔的赤脚医生进行了培训。

（2）对接受培训方式的调查结果显示，在接受过培训的赤脚医生中，接受的医学培训方式主要是县医院或公社卫生院组织的培训，其次为定期召开业务学习例会、下乡医疗队培训和赤脚医生函授班等（见表1）。在接受过培训的调查对象中，有81人（45.5%）接受过1年以上的培训，仅有9人（5.1%）接受过不足1个月的培训。可见，赤脚医生在从业前大都接受过不同程度的长期或短期培训。

表1 当赤脚医生之前接受的医学培训的方式

医学培训方式	选择频数	百分比（%）	排序
在县医院或公社卫生院培训	139	78.1	1
定期召开业务学习例会	90	50.6	2
下乡医疗队培训	70	39.3	3
赤脚医生函授班	55	30.9	4
医学院开办的赤脚医生班	49	27.5	5
农村中学办卫生班	43	24.2	6
卫校正轨培训	42	23.6	7
其他	9	5.1	8

（3）调查发现，当年有许多针对赤脚医生的在职培训，培训方式最多的是在县医院或公社卫生院培训，其次是定期召开业务学习例会，其他还有赤脚医生函授班、卫校正规培训、下乡医疗队培训等。当时，我国在短期内低成本、高效率地培养出一大批"留得住、养得起、用得上"的赤脚医生，这种人才培养模式有很多值得我们现今学习的地方，尤其对当今我国农村卫生人才的培养有着非常大的启示作用。

2. 管理制度在赤脚医生时期

我国在农村绝大多数地区的县、公社和生产大队都建立了医疗卫生机构，形成了较为完善的县乡村三级医疗保健网。调查显示，当时赤脚医生的管理制度也比较完善，大队、公社、卫生院、公社党委、县卫生局都对赤脚医生进行管理，只是管理的形式和内容不同。大队是赤脚医生的直接管理部门，赤脚医生在行政上受大队公社管理；公社卫生院是对赤脚医生进行业务指导和培训的部门；县卫生局对赤脚医生间接进行管理。本次现场调查的一些资料显示，由于"赤脚医生"时期适逢"文革"，当时北京市郊区为了加强对赤脚医生的管理，每个县、每个公社、每个大队都有一位副书记分管或主管赤脚医生。当年，村民通过选拔培训当上赤脚医生后，大队和公社卫生院、县卫生局还会对赤脚医生进行定期或不定期的培训和考核。对管理者的调查结果显示，考核赤脚医生的主要部门是公社卫生院，有142人（73.2%）选择此项；其次是县卫生局，81人（41.8%）选择此项；选择大队的有15人（7.7%）。这主要是因为管理赤脚医生的部门分工不同，公社卫生院是主要的考核单位，对其业务进行考核与指导，县卫生局是赤脚医生间接的考核单位，大队考核赤脚医生参加生产劳动的情况和综合表现。对赤脚医生考核的主要内容的调查中排序第一的是群众对服务的评价，可见当时非常看重群众对赤脚医生服务的满意度。在当时三级预防保健网的背景下，县、公社、大队都负责管理村卫生室和赤脚医生的工作，且大队卫生室的运行依赖集体经济，赤脚医生在这样的管理制度下不需要过多地考虑经营上的盈亏，而是全心全意为乡亲们服务。

（二）新农合背景下农村卫生人才管理现状及存在的问题

1. 农村卫生人才管理现状

随着农村联产承包责任制的实施，村卫生室和合作医疗失去了以往的经济支持，合作医疗逐步解体，赤脚医生转变成乡村医生。随后对村医管理的松懈以及对农村医疗的忽视，造成了农村医疗网底出现破损、农民看病难等问题，政府计划经济时期在大部分农村地区建立起来的三级医疗卫生预防保健网络体系出现问题与挑战。针对这些问题，2002年10月国家开始逐步推行以大病统筹为主的新型农村合作医疗制度。"新农合"的正常运作离不开健全的医疗网络，一个健全的三级医疗预防网络由县级医院、乡卫生院和村卫生室组成，在网络中发挥着最大作用的就是卫生人力资源，处于网底的乡村医生是这个网络的重要组成部分，目前农村有60%以上的门诊服务是由乡村医生提供的，新型农村合作医疗制度要解决广大农民的医疗问题必须重视和发挥卫生人才的作用，尤其是乡村医生的作用。但是，改革开放以来，由于受城乡二元结构的长期影响，城乡卫生资源分配不平衡，农村卫生投入严重不足，农村医疗服务人员也非常匮乏。据2004年卫生部统计：我国每千农业人口乡村医生和卫生员2000、2001、2003年分别是1.44、1.41、0.98人。除了人员匮乏，人员构成也存在年龄结构老化等问题。农村医疗卫生技术人员是医疗服务技术的提供者，农村卫生队伍的数量和质量是成功实施

合作医疗的关键因素之一。县、乡、村卫生医疗服务网络是现阶段和今后相当长的一段时间新型农村合作医疗不可取代的主要载体。然而大部分地区乡村两级医疗人员数量匮乏、技术水平偏低、人员素质不高，难以开展有效的服务，如果人才的问题得不到解决，新型农村合作医疗建立的初衷就难以达到。

2. 农村卫生人才管理面临的问题

（1）村医被放置在"新农合"的体制之外，其服务也是国家购买，不能纳入报销，加剧了网底的人员队伍缺失。乡村医生是农村卫生服务最直接的提供者，但由于"新农合"以大病统筹为原则，村医并不在"新农合"的体系内，服务也是由国家购买。作为处于网底的广大农村卫生人员，他们对"新农合"的成败起着关键作用。本次对于村医管理的调查显示，农村对乡村医生的管理存在着许多问题，其中待遇问题排在了第一位，然后是培养、考核等问题（见表2）。

表2 现今乡村医生的管理制度中存在的问题

现存问题	选择频数	百分比（%）	排序
待遇	151	66.8	1
培养	60	26.5	2
考核	53	23.5	3
组织结构	51	22.6	4
工作方式	42	18.6	5
其他	35	15.5	6
选拔	33	14.6	7

调查中发现，在村一级，由于村卫生室并没有被纳入"新农合"报销的范围内，因此境况非常惨淡，很多农民由于村卫生室不能报销，去卫生院或县医院又太贵而不能就医，导致村卫生室经营情况每况愈下，无法维持生计的农村基层卫生人员大量流失。

（2）高准入门槛也限制了农村医疗卫生人员的补充，使"新农合"的执行者后继无人。现在，在卫生部门推行医生资格认证的背景下，由赤脚医生转变为乡村医生是要通过考试才能取得执照，但大多数的赤脚医生学历和技术水平偏低，在此次调查的226名乡村医生中，文化程度以初中居多，有139人（61.5%），占一半以上；高中和中

专有58人（25.7%）；小学有25人（11.1%）；大专及以上仅有3人（1.3%），数据缺失1人。在这样的情况下，乡村医生的准入门槛就比较高，学历低、水平低的人无法当上乡村医生，而学历水平较高的人又不愿意下到农村，导致目前乡村医生群体面临年龄结构老化、后继无人的状态。我们需要借鉴赤脚医生时期的培养模式，降低准入门槛，加大对乡村医生的培养力度，通过不同的培训方式，如医学院派医生下基层教授课程、县卫生局和乡镇卫生院定期举行培训等来提高农村卫生人才队伍的医疗水平，培养大量能够扎根基层的医疗卫生人员。

（三）对"新农合"背景下农村卫生人才管理工作的启示

（1）增强政府资金投入的有效性，使财政支持有的放矢。当年，赤脚医生并不用担心经济上的问题，因而能全心全意地投入到卫生服务中去。但现在，很多乡镇卫生院、乡村医生连基本的住房、生活都难以保证，无法安心于为广大农民提供医疗服务。所以不仅要加大政府的财政投入，还要注意增强资金使用的有效性，使财政支持真正落到实处。本研究认为，政府的投入应主要用于以下 3 个方面：一是农村医疗卫生人员的培训，比如培养定向生源、对卫生人员进行在职培训等。大量培养基层人才是解决"新农合"人才匮乏问题的重要措施；二是用于医疗卫生设备的购入，改善医疗卫生工作条件，为乡镇卫生院工作人员及村医提供良好的工作环境；三是用于提高乡镇卫生院人员及村医的待遇，实施医保社保和住房公积金，以达到稳定农村卫生队伍的目的。

（2）将村卫生室纳入体制内，使三级医疗卫生网更加健全。赤脚医生时期，规范的县乡村三级医疗卫生服务网络曾经发挥了重要的作用，所以首先应当重新健全和巩固农村三级医疗卫生服务体系，考虑通过适当方式将合格的村卫生室纳入"新农合"的体制内，而将不合格的个人诊所依法坚决取缔，同时也可以考虑打破城乡医院的界限，实现城乡医院工作人员的自由调配。其次，解决农民在乡村医生处诊疗费用报销问题。"新农合"把大病统筹作为基本原则，但是结合我国农村的具体情况考虑，不论大病小病治疗费用都是影响农民就诊的重要因素。新型农村合作医疗制度要彻底解决农民的医疗问题除了保障大病之外，还应解决一部分小病治疗费用的报销问题。将村卫生室纳入"新农合"的报销范围之内就是一个比较合理的办法，能够更好地稳定乡村医生队伍，健全农村医疗网络，使新型农村合作医疗更加稳定、长期地发展下去。

（3）降低准入门槛，不拘一格培养人才。在本次对 194 名管理者的调查中，调查对象认为赤脚医生管理制度中最值得保留的方面是培养模式，其次是工作方式和组织结构（见表 3）。提示今天农村医疗卫生人员的培养应当降低准入门槛，借鉴当年培养模式的成功经验，培养大批能够"下得去，留得住"的基层卫生人才。

表 3　赤脚医生管理制度中值得保留的方面

保留制度	选择频数	百分比（%）	排序
培养模式	110	56.7	1
工作方式	89	45.9	2
组织结构	88	45.4	3
考核	87	44.8	4
选拔	82	42.3	5
待遇	36	18.6	6
其他	14	7.2	7

赤脚医生时期，对赤脚医生的在职培训是比较正规和规范的。但在本次调查中大部分的调查对象都反映缺乏外出进修的机会，因为农村卫生医疗机构中卫生人员基本处在不足的状态，没有时间与精力。但更新和提高农村卫生人员的知识和技术是提高农村医疗机构整体服务能力、更好满足农村居民医疗服务的必然要求。因此，在补充农村卫生人才的同时要将在职培训规范化、制度化，提高基层卫生人员的服务能力和基本医疗技术水平；定期对现有乡村医生进行在岗培训，通过对基层卫生人员的教育和培训，改变这支队伍知识结构陈旧、专业水平偏低的状况，健全三级医疗网络，促进新型农村合作医疗更好地发展下去。

三、小结

毋庸置疑，赤脚医生曾经在我国卫生系统发展的历史长河中发挥过不可磨灭的作用，为广大农民最基本的医疗卫生服务做出了巨大贡献。80年代开始，合作医疗逐步解体，农村医疗网底出现破损，针对这些问题，2002 年 10 月国家开始推行新型农村合作医疗制度，但是农村卫生人才的管理仍存在高准入门槛、被排除在体制之外等问题，当年对于赤脚医生成功的管理经验值得我们今天学习与借鉴。我们应当在政府投入、村医管理体制、人才培养方式等方面勇于探索、敢于创新，多种措施多管齐下，使得在"新农合"背景下农村卫生人才的管理制度更加健全、完善。

[参考文献]

［1］焦峰、王晓燕、张建等：《赤脚医生制度对当前农村基本医疗卫生工作坚持公益性的启示》，《中国全科医学》，2010 年第 13 卷第 9 期。

［2］李德成：《赤脚医生研究述评》，《中国初级卫生保健》，2007 年第 21 卷第 1 期。

［3］徐为公、蔡治河、邵海燕：《乡村医生：不可忽视的群体》，《人大建设》，2009 年第 18 卷第 8 期。

［4］耿祥建、李嘉欣：《解决新型农村合作医疗人才匮乏的对策》，《科学决策》，2006 年第 13 卷第 5 期。

［5］吕勇：《赤脚医生的历史作用对新型农村合作医疗的启示》，《卫生软科学》，2006 年第 20 卷第 4 期。

［6］陈烈平、赖爱华、黄渊清等：《新农合的实施对农村人力资源的挑战》，《中国农村卫生事业管理》，2008 年第 28 卷第 11 期。

商业健康保险在医疗保障体系中定位的理论阐释[①]

朱俊生

[摘 要] 本文从卫生筹资机制、信息不对称理论以及公共选择理论出发，探讨了商业健康保险和社会医疗保险应该协调发展，致力于构建商业健康保险与社会医疗保险相互补充、相互配合和共同发展的医疗保障新模式。商业健康保险绝不仅仅是社会基本医疗保险有限的、简单的补充，而应该成为我国医疗保障体系中必不可少的重要组成部分。

[关键词] 商业健康保险；医疗保障体系；卫生筹资机制；信息不对称；公共选择

商业健康保险究竟在我国医疗保障体系改革中如何定位，这是一个重大的理论命题。本文将分别基于卫生筹资机制理论、信息不对称理论以及公共选择理论，探讨商业健康保险在医疗保障体系中的定位。

一、基于卫生筹资机制理论的视角

建立全民医疗保障体系不仅可以确保医疗费用负担的公平性，还能促进医疗服务可及性上的公平，因而是世界各国普遍追求的目标。从全球性医疗体制改革的大趋势看，实现全民医疗保障可以殊途同归。从筹资的角度看，健康风险集合的机制通常包括国家卫生服务制度、社会医疗保险、社区健康保险和商业健康保险等四种方式。

国家卫生服务制度通常以税收为主要筹资形式，并主要由公立医疗机构提供服务，是带有一定中央计划色彩的医疗保障体系。其基本运作方式是所有公民都缴纳健康保险费（单独缴纳，或通过税收体系缴纳），卫生服务通常由公立机构运营。国家卫生服务制度可以提供普遍保障，资金筹集的范围广泛，管理相对简单。但由于国家卫生服务制度每年需要和国家的其他财政支出相互竞争，得到的资源可能不够充足，也不具有稳定性。在很多国家，公共融资的卫生服务递送系统往往缺乏效率。而且，富人通常比穷人在国家卫生服务制度中获益更多，在发展中国家尤其如此。

因此，为了在中低收入国家成功地实施国家卫生服务制度，必须创造条件筹集足够的资源。另外，在保持制度普遍覆盖特征的同时，还要特别关注穷人，避免使其沦为"穷人的糟糕制度"。

社会医疗保险主要通过强制性的社会保险进行医疗筹资，以社会成员之间的互助共济为基本原则。负责运营保险的机构通常是依照地区或者行业而设立的"疾病基金"，在法律上属于民办非营利组织，政府的功能主要体现为对保费和服务内容设立统一的最低标准。社会医疗保险是卫生服务筹资并实现普遍保障的有效方式，但能否以及以多快的速度实现这些目标则取决于每一个国家的政治和社会经济特征。从国际经验来看，通过社会医疗保险来实现全民覆盖往往要经历漫长的时间。将某些人群（比如临时工、自雇人员等）纳入覆盖范围比其他人群要困难得多。影响一个国家社会医疗保险覆盖面扩大的主要因素包括经济发展水平、经济结构（特别是正规部门与非正规部门所占的比例）、人口的城市化水平与分布、政府的管理能力、社会的融合程度以及利益相关者对政策制定过程的参与度等。同时，经验表明，在社会医疗保险发展的起步阶段，资金有可能发生从穷人向富人的逆向流动。因此，考虑建立社会医疗保险制度的国家应该意识到其可能带来的副作用，要建立保护穷人的相应机制。另外，由于第三方付费，社会医疗保险会导致医疗

---

① 朱俊生：《商业健康保险在医疗保障体系中定位的理论阐释》，《人口与经济》，2011年第1期。

费用的攀升，政府也需要建立控制成本的机制。

社区健康保险是指自愿性互助组织，包括行会、工会、互助社等，以互助互济的原则，为成员提供医疗保险以及其他社会服务。社区健康保险为那些难以获得其他形式健康保障的人提供财务保障，在某种程度上发挥了资源动员的作用。但社区健康保险有两个制度性缺陷，即风险分担的池子太小和"逆向选择"问题，这些使得社区健康保险制度自身通常难以实现可持续发展，需要政府提供补贴、技术支持以及将其与更正式的健康融资制度结合起来。

商业健康保险是由商业保险公司根据保险精算原则计算保费，承保个人的医疗风险。与自愿性的社区健康保险一样，商业健康保险的困难在于应付"逆向选择"难题。保险公司为了盈利，往往进行风险选择，尽可能把医疗风险高的人群排除在外，从而使社区健康保险所面临的"单向逆向选择"变成了"双向逆向选择"。由于逆向选择的普遍存在，商业健康保险的发展受到很大的限制，不可能覆盖所有人群。

综上所述，四种筹资机制各有自己的特征、优势及劣势，这影响了它们在具有不同收入水平、就业结构、健康需要以及管理能力的国家的绩效。由此得出的结论是：没有一种筹资机制是完美的，各国应根据具体的条件选择适当的筹资机制。同时，各种筹资机制具有自己的适用条件，可以结合在一起发挥作用。商业健康保险也是如此，它是四种最基本的筹资机制之一，可以与其他筹资机制协调发展。在许多发达国家和发展中国家，医疗筹资体制的主干通常是公共医疗保障体系（国家卫生服务制度或社会医疗保险制度），但在全球化医疗体制市场化改革的大浪潮中，很多国家的政府都开始更多地注重发挥商业健康保险的积极作用。从实践来看，商业健康保险在世界各国的医疗保障体系中占据一定的位置。

二、基于信息不对称理论的视角

在中国，健康风险的筹资机制主要包括城镇职工基本医疗保险、城镇居民基本医疗保险、新型农村合作医疗以及商业健康保险。其中，城镇职工基本医疗保险、城镇居民基本医疗保险都属于社会医疗保险。新型农村合作医疗已经从社区健康保险转变为国家主管并且资助下的自愿性医疗保险，其发展方向也是社会医疗保险。因此在中国，探讨商业健康保险与其他健康风险筹资机制之间的关系，实际上可以简化为探讨商业健康保险与社会医疗保险之间的关系。以下我们将从信息不对称的理论视角探讨商业健康保险与社会医疗保险协调发展的必然性。

商业健康保险市场存在着许多特殊性和不确定性。20世纪60~70年代，以阿罗为代表的经济学家主要运用信息不对称理论，论证了商业健康保险的市场失灵问题。从信息不对称的角度来看，商业健康保险市场主要存在逆向选择和道德风险问题。这些"市场失灵"使商业健康保险供给不足，效率低下，最后导致政府由于经济效率的原因介入医疗保障。

第一，逆向选择导致商业健康保险市场供给不足。当被保险人之间患病的概率不同，而保险人不能区分低风险和高风险的个体时，健康保险市场的逆向选择就会发生。对于一定水平的保障程度，保险公司需要根据其预期支出计算平均保费。假设人们清楚自己的风险状况，平均保费对于低风险的人来说太高了，而对于高风险的人来说太低了。结果是，按平均保费支付将导致低风险的人对高风险的人补贴，从而低风险的人倾向于退出健康保险市场，进而提高了风险集合中高风险者的比例。这样，保险人需要提高保费，从而造成更多的低风险者退出市场。结果形成一个恶性循环，最终导致健康保险市场完全崩溃。在竞争的医疗保险市场上，如果保险人与被保险人之间的信息不对称，被保险人面临的疾病风险不同，那么，不存在所有人订立同一保险合约的混同均衡，因此，医疗保险市场的逆向选择问题将导致医疗保险覆盖率过低。

第二，道德风险破坏了商业健康保险市场的存在。自20世纪60年代初，健康保险中被保险人的道德风险行为导致市场失灵的问题成为经济学的一个重要研究领域。道德风险指由于风险集合的影响，医疗服务的边际成本降低，从而导致对医疗服务的使用需求增加。健康保险除了可能导致对卫生服务的过度使用外，还能影响疾病的发生概率。被保险人可能不再像没有投保时那样努力去防止疾病的发生。隐藏行为会造成道德风险，因为一般来说保险公司难以观察，因而难以在合同中规定合适的预防措施，如不吸烟、接种疫苗等。可见，健康保险的引入会导致对健康保健服务的需求高于社会最优水平，激励机制的扭曲破坏了商业健康保险市场的存在。

可见，由于商业健康保险存在"市场失灵"，导致政府的介入与社会医疗保险的兴起，以强制性保险取代了自愿性保险。同时，由于社会医疗保险的缴费额度主要是根据收入而不是根据风险水平，所以也带来了社会医疗保险对收入和风险的再分配作用。

然而，需要注意的是，社会医疗保险的强制性虽然有效地避免了逆向选择，却带来了更为严重的道德风险问题。在传统的微观经济学分析中，我们通常假设给定疾病、不同的治疗方案及其价格的条件下，病人可以选择他们想要的卫生服务的种类和数量。然而，在现实中，病人通常不具备如此多的信息，必须依赖医生提供的信息。这种信息不对称造成了典型的委托—代理关系。在医疗保险中，通常有相互关联的三方，即医生、病人和保险人。一方面，医生与病人的利益通常一致，并和保险人的利益发生冲突。可以免费获得医疗服务（100%的保险）的病人通常不计成本，希望得到最好的治疗。如果医生想为病人提供最好的服务，而不是最合理的服务，则医疗保险制度的财务可持续性将面临压力。另一方面，医生基于自身的利益，具有向病人提供不必要和昂贵的治疗的经济激励，即"供给诱导需求"问题。因此，社会医疗保险制度使得病人倾向于过度消费，医生则具有过度供给的经济激励，这些道德风险问题将严重影响到医疗保险制度的财务可持续性。

综上所述，商业健康保险和社会医疗保险之间关系的争议主要是由谁来供给，即私人部门和公共部门谁提供更有效率的问题。从信息不对称的角度来看，完全的商业健康保险市场和完全的公共医疗保障体系都可能是低效的。因此，由于信息不对称，无论是由私人部门还是由公共部门来提供，都可能导致缺乏完全效率的保险体制。因此，需要将社会医疗保险与商业健康保险结合起来；发展商业健康保险，以促进竞争的方式鼓励公共医疗机构改善绩效，提高医疗筹资体系的总体效率。

三、基于公共选择理论的视角

市场经济下政府干预行为的局限性或政府失灵问题，是公共选择理论的核心问题。该理论对政府失灵的几种表现形式及其根源进行了较为深入的剖析，并就如何补救这种"失灵"提出了具体的政策建议。其主要观点是：政府失灵表现为公共决策失误、政府工作机构的低效率、政府的寻租以及政府的扩张四个方面。为了矫正政府失灵，主要有两条思路：一是市场化改革，即试图通过把经济市场的竞争机制引入政治市场来提高后者的运行效率；二是宪法制度改革，即试图通过建立一套经济和政治活动的宪法规则来对政府权力施加宪法约束，通过改革决策规则来改善政治。

我国的医疗保障体系如果完全依赖公共医疗保障，那么也将面临"政府失灵"的问题：一是由于个人对健康保障的偏好难以合成社会偏好以及决策信息的不完全性，因此，政府关于公共医疗保障体系的决策往往缺乏效率，甚至出现重大的公共决策失误。二是由于缺乏竞争压力、没有降低成本的激励机制以及监督信息不完备，公共医疗保障体系的工作机构往往效率不高。三是政府权力的介入导致医疗保障资源的过程中极易造成"寻租"现象。寻租不仅产生大量的社会成本，还会导致不同政府部门官员的争夺权力，影响政府的声誉和增加廉政成本。另外，寻租还会诱发部门间利益、地区间利益、地方与中央间利益的博弈，造成市场发展的不平衡性和不公平性，最终损害广大民众的权益。四是利益集团与官僚机构的存在将导致政府扩张，从而使公共医疗保障体系陷入"官设、官办、官管、官督"的高度中央集权的组织管理模式。

因此，医疗保障体系的改革应建立一套对政府权力施加约束的经济和政治活动的宪法规则，并在此基础上推进市场化改革，即通过政策调整，提升商业健康保险在整个医疗保障体制中的地位，使其成为公共医疗保障之外的重要筹资渠道，以竞争的方式促进公共医疗保障机构提高绩效。

四、商业健康保险在医疗保障体系中的定位

如上所述，由于社会医疗保险、商业健康保险都有其适用范围，因此，无论是基于卫生筹资机制理论、信息不对称理论，还是公共选择理论，我们得出的基本结论都是商业健康保险与社会医疗保险应该协调发展。在构建我国新的医疗保障制度时，应坚持政府的作用与市场机制作用相结合，充分利用好财政资源和市场经济制度的优势，调动和整合社会资源力量，努力构建商业健康保险与社会医疗保险相互补充、相互配合、共同发展的医疗保障新模式。应进一步明确政府责任和制度边界，充分发挥市场机制作用。基本医疗保障制度应与国家的经济发展水平、财政负担能力相适应，主要解决城乡居民的基本医疗保障需求，重点体现社会公平，努力使各类人群享受相同程度的基本医疗保障。在基本医疗保障以外的需求，则应当充分发挥市场机制作用，通过灵活多样的商业健康保险予以解决。

事实上，发达国家医疗保障（或医疗筹资）体制改革的一个趋势，就是在维持其全民医保基本制度架构不变的前提下，政府通过直接补贴、税收优惠等多种方式推进民间医疗保险业的发展，以促进竞争。

在商业健康保险与社会医疗保险协调发展的前提下，我们应重新界定商业健康保险在医疗保障体系中的定位，即商业健康保险绝不仅仅是社会基本医疗保险有限的、简单的补充，而应该成为我国医疗保障体系中必不可少的重要组成部分。在这样的制度定位下，商业健康保险主要承担的角色包括三个方面：一是补充保障①的主要提供者；二是基本保障的主要竞争者；三是医疗保险机构与卫生服务提供者关系的探索者。

[参考文献]

［1］Pablo Gottret and George Schieber. Health Financing Revisited：A Practitioner's Guide. World Bank，2006.

［2］Mossialos E.，A. Dixon. Funding Health Care in Europe：Weighing up the Options. In E. Mossialos，A.Dixon，J.Figueras，and J. Kutzin，eds.，Funding Health Care：Options for Europe。European Observatory on Health Systems and Policies. Berkshire，U.K.：Open University Press，2002.

［3］Guy Carrin and Chris James，Social Health Insurance：Key Factors Affecting the Transition to Wards Universal Coverage. International Social Security Review，2005，58（1）.

［4］A. Preker and G. Carrin，eds. Health Financing for Poor People：Resource Mobilization and Risk Sharing：World Bank，2004.

［5］顾昕：《商业健康保险在全民医保中的定位》，《经济社会体制比较》，2009 年第 6 期。

［6］Arrow，K.J.. Uncertainty and the Welfare Economics of Medical Care. American Economic Review，1963，53.

［7］Rothschild Michael and Stiglitz Joseph E. Equilibrium in Competitive Insurance Markets：An Essay on the Economics of Imperfect Information. Quarterly Journal of Economics，1976，90（4）.

［8］张欢：《中国社会保险逆向选择问题的理论分析与实证研究》，《管理世界》，2006 年第 2 期。

［9］郑秉文：《经济理论中的福利国家》，《中国社会科学》，2003 年第 3 期。

［10］Barr，N.. The Economics of Welfare State. Oxford University Press，1998.

［11］詹姆斯·布坎南：《自由市场和国家》，北京经济学院出版社，1988 年。

［12］Claudia Scott. Public and Private Roles in Health Care Systems：Reform Experience in Seven OECD Countries，Buckingham，Open University Press，2001.

［13］朱俊生：《商业健康保险在医疗保障体系中的角色探讨》，《保险研究》，2010 年第 5 期。

---

① 这里的"补充保障"是相对于"基本保障"而言的，与简单地将商业健康保险定位为社会基本医疗保险的"补充"不是一个概念。

北京地区公立综合医院规模与住院服务产出关系的实证分析[①]

简伟研[②]　汤淑女　胡　牧[③]

[摘　要]　目的：分析北京地区公立医院住院服务的规模与产出的关系。方法：从北京市卫生统计年鉴和北京市卫生局主管的"北京市出院病人病历首页数据库"中采集 2008 年和 2009 年北京市公立医院的规模和产出数据。以"北京版诊断相关组（Beijing Diagnosis Related Groups，BJ-DRGs）"为风险调整工具计量各医院的住院服务产出。以"柯布—道格拉斯"（Cobb-Douglas）生产函数为分析模型，通过回归分析计算不同规模的医院人力和物力投入对住院服务产出变化的贡献。结果：就住院服务而言，200~800 床规模的公立综合医院处于规模经济阶段。其中，200～500 床规模的医院，人力投入和物力投入对产出的变化均有贡献，而 501~800 床规模的医院，产出的变化与人力投入呈正相关，而与物力投入的关系不显著。结论：在当前北京特定的环境下，政府在投资建设住院服务为主的医疗机构时以中等规模为宜；医院规模越大，人力投入越是举足轻重，公立医院人事制度改革迫在眉睫。

[关键词]　公立医院；规模经济；住院服务

当前，公立医院仍然是中国住院服务提供的主体，在医疗资源有限的情况下，探求优化资源利用的方式和途径是公立医院建设必须要面对的问题。国务院在《医药卫生体制五项重点改革 2010 年度主要工作安排》中明确提出："优化调整公立医院区域布局和结构，明确行政区域内公立医院的设置数量、布局、主要功能和床位规模"，要实现这一目标，对区域内的公立医院的规模效益进行分析是重要的基础性工作。本研究基于医疗服务的特点，分析了北京地区公立综合医疗机构规模与住院服务效率的关系。

一、资料与方法

本研究中关于北京市公立综合医院规模的信息（医院的员工数量、床位数和相关收入信息等）来自 2008 年和 2009 年的北京市卫生统计年鉴，而关于这些公立综合医院的服务量信息，均来自北京市公共卫生信息中心"出院病例病案首页信息数据库"，从该数据库中提取这些医院 2008 年和 2009 年全年出院病例。纳入本研究的公立综合医院 2008 年为 76 家，2009 年为 77 家。

本研究采用经济学中"规模经济"的分析框架。规模经济的定义如下：当定义生产函数为 $Q = f(K, L)$，其中，Q 表示产量，L 代表人力投入，K 为物力投入；若 $mQ < f(mK, mL)$，则表示"规模经济"，即在该规模下，产出的变化大于投入量的变化，因而，投入是有效率的。本研究采用"柯布—道格拉斯"（Cobb-Douglas，C-D）生产函数作为基本分析模型：$Q = aL^\theta K^\beta$，θ 和 β 分别为人力和物力投入的系数，可以证明，符合"规模经济"定义的基本条件是 $\theta + \beta > 1$。

测算过程是将 C-D 函数进行自然对数变换（$\ln Q = \ln a + \theta \ln L + \beta \ln K$）后进行回归分析，估算 θ 和 β 的值。分析过程使用 SPSS 13.0 统计分析软件包。

计量住院服务"产量"时，本研究引入北京本地开发的"北京版诊断相关组（Beijing Diagnosis Related Groups，BJ-DRGs）"作为风险调整工具。具体而言，是将 2008 年和 2009 年样本医院的出院病例首页数据通过 BJ-DRGs 分组器分为 500 多个 DRGs，每一个 DRGs 都有既定的"权重"，病例类型越复杂，权重值越高。一个医院住院服务的"产量"可以通过"加权"处理后得到的"加权住院服务总量"（W_T）来表示：$W_T = \Sigma_i (Weight_i \times n_i)$，其中，$Weight_i$ 代表第 i 个 DRG 的权重，n_i 表示该医院第 i 个 DRG 的病例数。此外，本研究还用"住院收入"作为因变量，并分别用这两个因变量来判断医院是否处于"规模经济"状态。

在计量人力投入时，由于年鉴数据中只有医院在职工总数，无法直接区分医院在住院服务中的人力投入，因此，以医院当年住院服务收入与医疗总收入的比例作为因子，计算医院住院服务

的人力投入，而物力的投入则以医院的实际开放床位数代表。

二、结果

1. 样本医院的基本情况

本研究涉及的公立综合医院 79 家，75% 的医院规模低于 800 床位，超过 1200 床的大型医院所占比例约为 10%（见表 1）。不同规模的医院，床位数和在职职工人数的比例都在 1:2 左右。住院收入和住院服务总权重随着床位规模增加而提升，但住院收入升高的速度要高于加权住院服务总量，尤其是当医院从中等规模（501~800 床）到较大规模（801~1200 床）时，住院收入上升速度特别快。

表 1 北京地区公立综合医院的基本情况

床 位	年 份	医院数目	职员平均数	床位平均数	平均收入（万元人民币）	加权住院服务总量
<200	2008	20	278	125	1051.57	1297.54
	2009	18	283	114	898.17	1103.34
200~500	2008	17	648	322	6163.22	5363.34
	2009	19	673	331	6738.77	5865.58
501~800	2008	21	1044	614	12660.84	10942.81
	2009	21	1117	618	14097.17	12995.07
801~1200	2008	11	2091	933	40937.04	29450.07
	2009	11	1899	953	41808.07	29414.91
>1200	2008	7	2825	1517	47018.04	33047.26
	2009	8	2973	1553	58128.48	42227.45

2. 医院规模与住院服务效率的关系

回归结果显示，采用不同的变量（加权住院服务总量和住院服务收入）作为生产函数的因变量，对医院规模是否经济的判断是不同的。

使用"加权住院服务总量"代表住院服务产出作为生产函数的因变量，回归分析的结果如表 2 所示。当床位规模较低时（<200 床），规模经济的表现并不稳定（2008 年的数据分析结果显示该规模处于规模经济阶段，但 2009 年的数据分析结果则相反）。200~500 床和 501~800 床两种规模都处于规模经济阶段；所不同的是，当床位规模在 200~500 床时，物力投入（以床位数代表）和人力投入都对规模经济做出贡献，尤以人力投入

的贡献为大；然而，当床位规模在 501~800 床时，床位的增长对产出的变化贡献不显著，产出的增长主要是人力投入的结果。当床位规模大于 800 床时，医院便处于规模不经济阶段。其中，当床位规模在 801~1200 床时，人力投入和物力投入与产出的变化的关系都不显著；而当床位规模大于 1200 时，人力投入与产出的增长正相关。

当以"住院收入"为因变量时，各类床位规模都显示其处于规模经济阶段（见表 3）。在 500 床以下的规模，人力投入和物力投入都对住院收入的增长有贡献。而当床位规模大于 500 床时，物力投入的作用并不显著，住院收入的变化主要是人力投入的贡献。

表2　以"加权住院服务总量"为因变量评估规模经济

Scale of beds	年　份	Adjusted R²	⊙value	βvalue	⊙+β*	Economy of scale
<200	2008	0.792	0.383#	0.961#	1.344	yes
	2009	0.588	0.439#	0.346#	0.439	no
200~500	2008	0.716	0.602#	1.349#	1.951	yes
	2009	0.768	0.432#	1.518#	1.95	yes
501~800	2008	0.235	1.869#	-1.391#	1.869	yes
	2009	0.379	1.972#	-1.258#	1.972	yes
801~1200	2008	0.476	0.648#	0.97#	0	no
	2009	0.266	1.265#	-1.786#	0	no
>1200	2008	0.928	0.951#	0.729#	0.951	no
	2009	0.886	0.989#	0.29#	0.989	no

注：$P<0.05$；# $P<0.01$；* In the measurement of $\theta+\beta$, if there was significant statistically of θ or β, use its actual value; if its value is not statistically significant, takes the value of 0.

表3　以"住院收入"为因变量评估规模经济

Scale of beds	年　份	R²	⊙value	βvalue	⊙+β*	Economy of scale
<200	2008	0.866	0.566#	0.935#	1.501	yes
	2009	0.757	0.725#	0.479#	1.204	yes
200~500	2008	0.697	0.603#	1.080#	1.683	yes
	2009	0.797	0.632#	1.504#	2.136	yes
501~800	2008	0.437	1.853#	-0.826#	1.853	yes
	2009	0.5	2.266#	-1.158#	2.266	yes
801~1200	2008	0.837	1.363#	0.269#	1.363	yes
	2009	0.607	1.815#	-0.375#	1.815	yes
>1200	2008	0.952	1.577#	0.404#	1.577	yes
	2009	0.904	2.279#	0.031#	2.279	yes

注：$P<0.05$；# $P<0.01$；* In the measurement of $\theta+\beta$, if there was significant statistically of θ or β, use its actual value; if its value is not statistically significant, takes the value of 0.

三、讨论

利用历史数据对区域内公立医院规模与产出关系进行实证分析，有助于揭示在当地的特定条件下公立医院有效的建设规模，从而为政府合理规划当地的医疗卫生资源提供依据。

"规模经济"是分析医院规模与产出关系的常用方法，利用此框架进行分析时，关键之一是度量"医疗服务产出"的指标，这直接影响对医院规模经济与否的判断。医院是"多产出"机构，不同病人之间病情迥异，直接使用"出院病例数量"、"实际占床日数"等指标不能反映不同医院收治病例类型的差异对其产出的影响。为此，本研究引入了北京本地开发的"病例组合"（Case-Mix）工具——BJDRGs，对出院病例进行"风险调"（Risk-Adjustment），通过对不同类型的病例赋予

相应的权重，一方面，利用权重的差别来反映"产出"的差异，另一方面，利用"权重"去除不同产出的量纲，便于将产出汇总。

"住院收入"将"产出"都折算成相同量纲的"收入"，也便于将产出汇总，在以往关于医院规模经济的研究中，有学者使用"收入"度量医疗服务产出。本研究同时使用"住院服务总权重"和"住院收入"作为生产函数的因变量来分析公立综合医院的住院服务规模效益。

显然，不同因变量带来的分析结果差异显著，以住院服务总权重为因变量进行回归分析的结果显示，北京地区200~800床规模的公立综合医院提供住院服务时处于规模经济阶段，而以住院收入为因变量的分析则显示各类型规模的机构均处于规模经济状态，此结果表明：①在目前的医疗服务定价规则下，产出与收入并不对等；②医院

对"收入"更为敏感，在管理上更适应了以收入为导向的模式。

新一轮医药卫生体制改革力求将公立医院"回归公益"，从"公益性"的角度，政府无论是评估公立医院的规模效益还是规划医院的建设规模，以"住院服务总权重"作为度量医院住院服务产出指标，显然要比"住院收入"更为恰当，意义也更为明确，同时，也将有助于引导公立医院的目标回到"提供适宜医疗服务"上来。

另一个值得注意的问题是，回归分析的结果显示，当医院床位规模达到一定程度后，物力投入对住院服务产出的贡献便不显著了，而人力投入有效作用的范围远大于前者，其他一些地区的实证分析也有相近的结论，这意味着，医院规模越大，对人力的依赖性越大，越要求摆脱"粗放式"的投入，转而关注人力的培养和发展。影响公立医院人力的诸多因素中，政策性因素——公立医院的人事制度，可能是关键所在。在新一轮医药卫生体制改革中，改革公立医院的人事制度受到高度的关注，若干试点改革也在进行。可以预期，现有的公立医疗资源的产能将会在人力投入进行合理调整后得到更有效的释放。

[参考文献]

[1] 国务院办公厅：《国务院办公厅关于印发医药卫生体制五项重点改革 2010 年度主要工作安排的通知》，2010 年 4 月 6 日。

[2] Manki G. Principles of Economics，5/e, International Edition. Thomson Learning，2008.

[3] 赵明、马进：《浙江省公立医院规模经济的实证分析》，《上海交通大学学报》（医学版），2010 年第 30 期。

[4] Jian WY, Huang YM, Hu M, et al.. Performance Evaluation of Inpatient Service in Beijing：A Horizontal Comparison with Risk Adjustment Based on Diagnosis Related Groups. BMC Health Services Research，2009.04.01.

[5] Thomas WG, Randall SB, Mark VP. Estimating Hospital Costs：A Multiple-output Analysis. J Health Economy，1986，5（2）.

[6] 孙菁、孙庆文、郭强：《基于面板数据的军队医院规模经济研究》，《第二军医大学学报》，2009 年第 30 期。

[7] 匡莉、韩延风、李奕明等：《应用适存分析法测量县级综合性医院最优规模》，《卫生经济研究》，2008 年第 13 期。

[8] 国务院办公厅：《医药卫生体制改革近期重点实施方案（2009~2011 年）》，2009 年 4 月 7 日。

[9] 国务院办公厅：《国务院办公厅关于印发2011 年公立医院改革试点工作安排的通知》，2011 年 2 月 28 日。

[10] 中国卫生部：《公立医院改革试点工作取得积极进展和成效》，2011 年 3 月 21 日。

第十四章　教育经济与管理

栗玉香　周湘林　王文娟

　　教育经济与管理既是经济与管理实践的重要内容，也是应用经济学、公共管理学的重要组成部分，这一点从教育经济学产生之日就已被证明。教育经济与管理主要研究教育领域的经济和管理现象及其规律。近年来，随着我国教育财政体制改革的不断深入及教育经费规模的扩大，区域间、城乡间、学校间教育投入的充足与公平问题引起了社会的广泛关注。《国家中长期教育改革和发展规划纲要（2010~2020年）》的颁布，不仅为未来10年中国教育改革和发展设计了蓝图，也涉及一系列教育经济与管理的理论与方法问题，更需要从事教育经济与管理的研究者作出回答。2011年，学者们主要从教育与经济增长关系、教育收益、教育成本、教育与劳动力市场、教育财政、教育融资、教育效率等方面进行了理论探讨和实证分析，出现了一批具有创新价值的研究成果，大大促进了教育经济与管理理论的发展。

　　与此同时，中央和地方政府在教育总体改革、教育财政、教育管理等方面实践的创新，也取得了具有借鉴和推广价值的经验。总结梳理2011年教育经济与管理的理论进展和实践创新，对促进教育经济与管理学科的发展和实践进步都具有重要的意义。

第一节　理论进展

　　2011年，对教育经济与管理理论进展的分析主要以国内权威期刊发表的相关研究成果为依据，重点综述教育经济、教育财政及教育管理领域的研究成果，突出在"教育与经济增长关系"、"教育收益"、"教育成本"、"教育与劳动力市场"、"教育财政"、"教育融资"及"教育效率"等专题方面的研究。

一、教育与经济增长关系研究

　　教育与经济增长关系是教育经济学的基本问题，教育经济学也正是发端于此。美国经济学家舒尔茨以传统经济学理论为基础，使用投资增量分析法来研究教育投资对经济增长的贡献。舒尔茨认为，国民经济的增长是劳动力、资本、土地3个要素共同作用的结果，因而产出的增长率就等于投入要素的增长率。舒尔茨运用"余数分析法"对1929~1957年美国教育投资对经济增长的关系进行了定量研究。经济学家丹尼森创立了"经济增长多因素分析法"，被西方教育经济学界认为是计算教育经济效益最细致、最深入的一种方法。苏联经济学家斯特鲁米林、科斯塔年等人提出了劳动简化法，用以计算教育对经济增长的贡献率。我国学者对教育和经济增长关系的定量研究，归纳起来主要有3种：一是以"劳动简化法"为基础；二是利用生产函数来测定；三是利用国外最新发展的一些模型进行研究。王善迈认为，在新的社会历史发展背景下，研究"教育与经济社会发展关系"需要对教育对社会经济发展作用大小、途径和机制等问题进行理论界定和定量研究，对教育对经济增长的实证研究需要在已有的计量方法基础上进行完善。[①]

（一）教育与经济增长关系计量模型研究

传统的教育与经济增长关系计量模型是以人力资本投入或人力资本存量为依据计量教育对经济增长的贡献。但李发昇认为，一般而言，对人的投入是有限的，而劳动者的作用潜力似乎是不可限量的，仅仅通过对人的投入来评价教育对增长的影响是不准确的。对人的投入、劳动力素质及财富产出之间存在着非常复杂的作用关系。研究教育与经济增长关系需要建立一个通过劳动力素质解释教育与经济增长关系的新模型，新的模型可以绕开对人力资本概念的纠缠以及计量方法和数据的局限性，突出劳动力素质和劳动者能动性的核心作用，使教育支撑创新和创新推动增长有了明晰的线路图。[②]

劳动分工理论也是探索教育与经济增长关系的视角。无论是在自给自足还是在分工条件下，受教育水平越高，人均真实收入越高，教育发展对经济增长产生的促进作用就越重要；受教育水平提高对劳动分工与专业化具有明显的促进作用。但交易效率的高低可能会限制教育作用的发挥。冉光和、徐鲲、李敬基于劳动分工理论，建立了教育发展、专业化与经济增长关系的新古典经济模型，并运用中国区域面板数据对模型进行实证检验证明了这一结论。[③]

（二）教育与经济增长关系实证研究

计量经济学的发展为教育对经济增长贡献的实证研究提供了有效的计量分析工具，一些教育经济学者使用国外计量经济学的工具实证了我国教育对经济增长的贡献。崔玉平采用空间计量经济学方法，引入空间溢出效应变量，对区域高等教育的空间依赖性与空间溢出效应做了实证研究，检验了省域之间的空间异质性和空间关系。[④]此前，

R. Andersson，J. M. Quigley 和 M. Wilhelmsson 3 位学者利用瑞典高等学校的科研数据开展计量经济学研究，发现大学科研投资存在空间溢出效应，且随空间范围扩大而逐渐衰减；大学研究活动对当地劳动生产率及创造力的溢出效应，具有本地化特征，大学 5~8 公里范围之外的地区所获得的生产率增益将衰减一半左右。[⑤] B. Fleisher，Haizheng Li 和 MinQiang Zhao 基于中国 31 个省域数据的计量分析，发现人力资本对经济产出与生产率增长有积极影响，人力资本的间接效应就是对全要素生产率增长的溢出效应。[⑥]

同一国家不同地区之间，由于现实的经济发展水平、劳动力受教育水平的差异，教育对区域经济增长的效应也存在差异。就中国不同区域而言，东部地区劳动力接受高等教育发挥的作用更为显著，中部其作用程度低于西部；就全国总体来说，效应仍然处于很低的水平。王征宇、姜玲、梁涵依据 2001~2007 年全国分省区面板数据库，利用最优基本模型探索方法，定量分析我国当前受高等教育劳动力对区域经济增长的效应及其地区间差异，证明了经济发展水平、劳动力受教育水平之间的关系。[⑦]基于教育与经济增长的长期动态关系，我国高等教育经费投入、人力投入与经济增长之间存在长期的动态均衡关系；长期均衡中，高等教育经费投入、人力投入对经济增长影响显著。赵树宽、余海晴、刘战礼以 VAR 模型为基础，运用 Johansen 协整检验、Granger 因果关系检验、脉冲响应函数、方差分解等实证方法，研究我国高等教育投入与经济增长的长期动态关系得出了这样的结论。[⑧]

从不同国家教育与经济增长比较来看，国家间在不同时期，教育对经济增长的贡献也存在差异。比如，1995~2009 年中国教育对经济增长总

　①　王善迈：《中国教育发展与改革中面临的若干教育经济理论与方法问题》，《北京师范大学学报》（社会科学版），2011 年第 5 期。

　②　李发昇：《一个以劳动力素质为核心的教育与经济增长关系模型——基于巴罗指标和中国 31 年相关数据的经验检验》，《南开经济研究》，2011 年第 2 期。

　③　冉光和、徐鲲、李敬：《教育促进经济增长的劳动分工机制研究》，《经济问题》，2011 年第 8 期。

　④　崔玉平：《省域高等教育投入与产出的空间依赖与空间溢出效应》，2011 年全国教育经济学研究会年会论文，2011 年 12 月。

　⑤　R. Andersson，J. M. Quigley，M. Wilhelmsson. Urbanization，Productivity，and Innovation: Evidence from Investment in Higher Education. Journal of Urban Economics，2009，Vol.66，Issue 1.

　⑥　B. Fleisher，Haizheng Li，MinQiang Zhao. Human Capital，Economic Growth，and Regional Inequality in China. Journal of Development Economics，2009.

　⑦　王征宇、姜玲、梁涵：《受高等教育劳动力对经济增长贡献的区域差异研究》，《教育研究》，2011 年第 10 期。

　⑧　赵树宽、余海晴、刘战礼：《高等教育投入与经济增长关系的理论模型及实证研究》，《中国高教研究》，2011 年第 9 期。

的贡献大于美国。从对教育部门生产效率比较结果看，中国教育部门的生产效率远低于美国，中国教育部门的低效率导致其外溢效应并不明显。从对教育部门与非教育部门生产效率比较结果看，中美两国教育部门的生产效率均低于非教育部门的生产效率，且中国教育部门与非教育部门的生产效率差距进一步拉大。这是姚益龙、刘晋华、谢中秋基于 Feder（1982）模型，探讨教育对经济增长的作用机制，比较中美两国教育外溢效应以及对经济增长整体贡献得出的结论。[①]

（三）教育与经济增长关系的多视角研究

教育与经济增长的关系是复杂的，其作用机制需要从多个视角来透视。教育经济学者从教育与经济结构优化、教育规模与经济体系调适、经济转型与农村教育、健康与人力资本、教育与人口迁移、教育与人口红利等视角探讨了教育与经济增长的关系。

由教育而形成的人力资本对经济结构优化起着积极作用，但教育、人力资本与经济结构优化的双向互动机制受资源禀赋条件、经济体制等因素的影响。王展祥、郭慧认为，基础教育能有效地形成通用人力资本，并通过外资和价格渠道主要作用于需求结构；高等教育能有效地形成专用人力资本，更主要影响供给结构。经济结构的需求与供给两方面相互影响，通过人力资本价格激励或倒逼挤压各种形式的教育投资。[②]

教育规模与经济体系之间存在密切的关系，适应经济体系变革，高等教育规模需要做相应的调适。高等教育的规模与经济体系的调适程度成为判断一国竞争力的关键因素。宗晓华、冒荣认为，西方主要发达国家高等教育的扩张过程伴随着适应性的结构调整，保障了高等教育与经济体系形成良性的动态调适关系。虽然我国高等教育迅速从精英化阶段跨越到大众化阶段，但与经济

体系相适应的适应性结构改革并没有到位。[③]

中国人力资源与经济发展水平的适应性到底如何？有学者认为，中国正在获得大规模的人力资源红利，在未来不仅可以有效地抵消人口红利不断减少的负面作用，而且还可以保持人力资本总量的持续增加，从而支撑整个中国经济的长期持续高增长。[④]

对于正处于由欠发达经济体向较发达或发达经济体转型关键阶段的中国，要想成功实现经济转型、保证经济持续稳定增长，重点在农村，难点在农村，动力也在农村，一切的核心都落在农村劳动力素质上。杜育红、梁文艳认为，投资农村人力资本、发展农村教育、提高劳动生产率是当前中国社会转型的首要任务。[⑤]

从健康视角研究教育与经济增长关系是近年来新的研究尝试，区分成年人对小孩和对成年人自己的人力资本投资，可以揭示成年人寿命增加对经济行为影响的作用机制。李力行、吴晓瑜基于 Soares（2005）的模型，导出婴儿死亡率和成年人预期寿命对人力资本积累以及最后对经济增长的影响效果。[⑥]刘长生、简玉峰将资本分为实物资本、健康资本、教育资本，借鉴 Thomas Osang（2007）的研究方法将寿命预期引入内生经济增长模型，以分析寿命预期如何影响私人储蓄、投资、教育资本积累，并结合政府公共医疗卫生支出与公共教育支出来分析其对经济增长的影响。[⑦]

教育对人口迁移的影响从另一个视角探讨了教育对不同地区经济的影响。教育在我国人口迁移过程中确实发挥了显著的作用，平均受教育年限对人口的迁出与迁入均呈正相关，迁出对教育的负面影响超过迁入对教育的正面影响。谢童伟、张锦华、吴方卫利用 31 个省份 2004~2008 年的人口迁移数据与测算出的各省平均教育年限数据，建立省级面板数据，对教育与人口迁移之间相互

① 姚益龙、刘晋华、谢中秋：《教育对经济增长贡献的中美比较研究——基于 Feder 模型的实证检验》，《学术研究》，2011 年第 12 期。
② 王展祥、郭慧：《论教育、人力资本与经济结构的优化》，《江西财经大学学报》，2011 年第 4 期。
③ 宗晓华、冒荣：《高等教育扩张过程中的结构演变及其与经济体系的调适》，《高等教育研究》，2011 年第 8 期。
④ 胡鞍钢、才利民：《从"六普"看中国人力资源变化：从人口红利到人力资源红利》，《清华大学教育研究》，2011 年第 4 期。
⑤ 杜育红、梁文艳：《农村教育与农村经济发展：人力资本的视角》，《北京师范大学学报》（社会科学版），2011 年第 6 期。
⑥ 李力行、吴晓瑜：《健康、教育和经济增长：理论及跨国证据》，《南开经济研究》，2011 年第 1 期。
⑦ 刘长生、简玉峰：《寿命预期、教育资本与内生经济增长》，《当代财经》，2011 年第 4 期。

影响的分析证明了这一结论。[①]

二、教育收益研究

教育收益分为社会收益和私人收益，私人收益又可分为货币化收益和非货币化收益。教育社会收益的研究主要集中在教育与经济社会发展关系，研究文献最多的是教育与经济增长关系，这些文献上文已有论述。这里的教育收益研究文献综述主要集中在教育私人收益方面。美国经济学家明瑟（Jacob Mincer）和英国经济学家萨卡洛普洛斯（George Psacharopoulous）是两位在教育私人收益研究领域影响较大的经济学家。由于采用明瑟收入模型得到的教育回报率具有明确的经济含义，以及其计算方法的简便和有效数据的可获得性，国内外大部分研究者选择明瑟收入模型作为研究教育私人收益的主要方法。

（一）不同社会群体教育私人收益的研究

受多种因素的影响，不同社会群体间教育私人收益存在差异。研究显示，我国农民工教育私人收益大大低于国际平均水平和全国平均水平，其文化程度与收入存在着一定的倒"U"形关系，中等职业教育程度的农民工教育收益率最高。刘万霞应用全国农民工的抽样调查数据研究了我国农民工的教育收益率，通过明瑟收益函数方法估算了不同教育程度和技能培训情况的农民工教育收益率状况。[②]一些媒体也拿农民工与大学生进行收入比较，得出入学生收入低于农民工收入的结论。但岳昌君认为，对于大学生与农民工的收入比较，应该谨慎准确，媒体中的许多报道存在不足之处。大学生起薪与农民工收入的统计口径不同，比较收入应该看总体的平均水平。[③]另外，即使同为大学生，其教育私人收益也存在差异。对毕业于"211"大学的劳动者而言，上"211"大学的平均收益可能使其年工资增长了37.5%。刘泽云、邱牧远使用倾向指数匹配法研究发现，个体能力、家庭背景、高中教育质量及大学入学机会都是影响个体能否进入高质量大学的因素。[④]当然，李锋亮、李拉从人力资本的非货币化收益和溢出效益视角，通过对随子女迁移到北京生活的老年人调查数据实证发现，教育能够带来显著的非货币化收益与家庭成员的溢出效益。[⑤]

（二）城乡教育私人收益的研究

学者以城乡不同民族、性别为分析视角，发现少数民族城乡间、城乡不同性别间教育私人收益也存在差异。我国城镇少数民族个人教育收益率高于汉族，但城乡总体少数民族教育收益率与汉族差异较小，农村少数民族的教育收益率略低于汉族。[⑥]梁润利用CHNS数据，研究了历次调查年份分城乡和性别的教育收益率的动态变化发现，分城乡和性别的教育收益率都基本呈现逐年递增的趋势，但城镇的教育收益率总是高于农村，而无论是城镇还是农村，女性的教育收益率都高于男性。从动态变化来看，自2000年以来城乡教育收益率的差异逐年加大，其中主要是城乡男性劳动力的教育收益率差距增大。[⑦]人力资本对城乡收入增长均有较强的促进作用，且农村人力资本的产出弹性明显高于城市。但与城市相比，农村人力资本的外溢效应偏低。[⑧]提高城乡基础教育水平（教育均等化）和放松借贷约束对降低收入的基尼系数水平、改善居民收入不平等状况存在动态机制。因为人力资本和实物资本的不同积累方式使得城市、农村和全国居民收入的基尼系数水平呈现时间序列上的倒"U"形。因此，提高农村居民的基础教育水平，改善农村的金融约束，将会更加有效地降低全国收入的基尼系数水平，加快库兹涅茨转折点的来临。[⑨]

---

① 谢童伟、张锦华、吴方卫：《教育与人口迁移相互影响的实证分析——基于2004~2008年31个省的面板数据》，《上海财经大学学报》，2011年第2期。

② 刘万霞：《我国农民工教育收益率的实证研究——职业教育对农民收入的影响分析》，《农业技术经济》，2011年第5期。

③ 岳昌君：《大学生PK农民工：教育收益比较的背后》，《社会科学报》，2011年3月31日第002版。

④ 刘泽云、邱牧远：《高等教育质量收益的估计：基于倾向指数匹配法的研究》，《中国人口科学》，2011年第5期。

⑤ 李锋亮、李拉：《高等教育非货币化收益与溢出效益的实证分析》，《清华大学教育研究》，2011年第1期。

⑥ 戴平生：《我国少数民族教育收益率的估算——兼论少数民族教育政策》，《中国经济问题》，2011年第1期。

⑦ 梁润：《中国城乡教育收益率差异与收入差距》，《当代经济科学》，2011年第6期。

⑧ 张艳华：《教育公共投入与收入差距的波及效应》，《改革》，2011年第9期。

⑨ 李俊青、韩其恒：《教育、金融市场和中国居民的收入不平等》，《世界经济》，2011年第9期。

（三）影响教育私人收益因素研究

从已有的研究文献看，经典明瑟方程假定个人收入只受教育年限与工作经验的影响，但现实中个人收入还受文凭、职业与家庭背景等因素的影响。通过分析各影响因素对教育收益的影响程度，不但能估算出更为真实的教育收益率，也有助于收益率数值背后问题本质的挖掘。王孙禹、范静波认为，我国的劳动力市场内部仍存在着严重的分割属性，家庭资本对教育收益具有明显的促进作用，教育的筛选功能更多地体现于我国的高端劳动力市场上。文凭信号、职业因素与家庭背景都会对我国的教育收益产生影响，其中以职业因素产生的影响最为显著，其次是家庭背景，再次是文凭信号。① 教育资本可以分成受教育程度和职业的各种组合，个体和政府在进行教育投资时，都需要全面衡量投资组合的风险收益平衡问题。有效的教育资本组合不仅与所接受教育程度有关，还与未来职业选择有关。②

（四）教育代际效应研究

教育代际效应研究，主要研究父母的受教育水平对子女的认知人力资本及健康人力资本积累的影响，以及这一影响如何形成职业代际传递和收入代际传递，并最终对社会公平和经济效率产生影响。李云森、齐豪使用 CHIPS（2002）的农村部分数据估计，结果发现，母亲教育年限对子女是否接受 10 年以上教育有正相关因果联系，而父亲教育年限的影响并不显著。父母教育存在性别上的交叉现象，即母亲教育对儿子教育有显著正影响，父亲教育则对女儿教育有显著正影响。同时，父母教育对子女教育的影响同性别和家庭的文化资产积累水平有关。但在家庭文化积累水平较高的情况下，父母教育的边际增加对子女教育的影响是不确定的。③ 张苏、曾庆宝对近年来西方有关人力资本通过教育进行代际传递的相关文献进行梳理后认为，教育对人力资本代际传递具

有显著的影响，但父亲和母亲在人力资本代际传递中所起的作用存在差异；人力资本代际传递通过收入的代际传递和职业的代际传递对经济发展的效率和公平产生影响。④ 资本和沟通的视角为帮助弱势群体降低教育成就的代际传递性，促进教育公平带来重要启示。池丽萍、俞国良认为，父母的各种社会特征（如教育成就、社会地位等）也存在代际传递的现象。这种传递不仅是父母通过人力资本、文化资本实现的文化再生产过程，它已经成为一个将经济资本和社会资本转化为升学、教育机会的过程。从沟通视角看，各种资本对教育成就的影响都离不开亲子沟通和家校沟通等具体过程。⑤

三、教育成本研究

自从美国经济学家 D.约翰斯通提出教育成本分担理论以来，对教育成本的研究引起了学者们的持续关注。一般认为，对于不同收益属性的教育应当实施不同的成本分担策略，对于公共收益高私人收益低的教育类型应该提供更多的公共资助。2011 年该问题的研究主要集中在对不同层级、群体教育成本分担机制的研究方面。

从合理的教育成本分担来看，公共收益高、私人收益低的专业应该得到更多的政府资助。但李文利、杨希使用北京大学教育学院 2008 年首都高校学生发展问卷调查数据的研究发现，奖学金、助学金等来自政府和学校层次的经费没有倾向于公共收益高、私人收益低的专业，助教、教管和助研资助在专业间的分布基本合理但数额有限。有些公共收益较私人收益高的专业，其研究生教育的个人成本反而较高。⑥ 教育成本分担机制对地区教育发展水平存在影响。非政府教育投入占教育总投入的比重越大，地区教育机会水平越高，但是对提高教育质量水平并没有明显的作用；而在非政府教育投入比重一定的情况下，居民个人

---

① 王孙禹、范静波：《文凭信号、职业因素与家庭背景对教育收益的影响研究》，《华东师范大学学报》（哲学社会科学版），2011 年第 6 期。

② 易莹莹：《个人教育投资的风险收益测度》，《南京邮电大学学报》（社会科学版），2011 年第 2 期。

③ 李云森、齐豪：《中国农村教育的代际因果关系——基于 1970 年代农村基础教育普及政策的研究》，《世界经济文汇》，2011 年第 4 期。

④ 张苏、曾庆宝：《教育的人力资本代际传递效应述评》，《经济学动态》，2011 年第 8 期。

⑤ 池丽萍、俞国良：《教育成就代际传递的机制：资本和沟通的视角》，《教育研究》，2011 年第 9 期。

⑥ 李文利、杨希：《教育收益视角下研究生资助的专业差异》，《北京大学教育评论》，2011 年第 1 期。

承担的教育成本比重越大，就会制约教育机会水平的提高和教育质量的改善。[①] 近年来，学前教育成本也受到了学者的关注。政府和个人的学前教育成本分担比例应该综合效率、公平以及国际经验共同确定，需要结合各地实际，不应盲目攀比；政府间学前教育投入分担应采取分权方式以提高资源配置效率，兼顾到公平目标，中央和省级政府应通过转移支付承担一定的成本。[②]

四、教育与劳动力市场研究

该研究发端于教育与私人收益的研究，但目前存在着严重的大学生就业问题，进一步引发了学者对教育与劳动力市场的关注。王善迈认为，教育及劳动力市场关系研究需要从理论与体制上探讨大学毕业生需求与供给如何均衡，如何处理高等教育需求与供给关系。[③]

（一）劳动力市场供求与市场分割研究

赖德胜等人认为，目前中国劳动力需求存在失衡问题。在产业结构之间的失衡表现为新兴的第三产业并不能吸纳从第一、第二产业转移出来的劳动力；在区域上的失衡表现为东部沿海地区出现"民工荒"，中部地区的第二产业劳动力需求过低；在不同所有制企业的失衡表现为私营企业对于劳动力的需求弹性显著高于国有企业。[④]"民工荒"问题的出现，是快速发生的人口结构变化、劳动力增量的回落、教育分流所导致的初中阶段劳动力增量的萎缩、劳动密集型企业对初中阶段劳动力的刚性需求之间矛盾的体现。中、西部地区的经济加速增大了劳动力需求，导致东、中、西部之间产生了"招工竞争"现象。[⑤] 劳动力市场的制度分割对劳动力市场的供求状况产生了重要的影响。姚先国、辜晓红认为，由于基础教育与

户籍挂钩，城乡之间巨大的收入差距，削弱了高等教育作为筛选机制对农村学生的作用。户籍制度下的城乡分割，不仅引起了收入分配不公等诸多社会问题，而且使得高等教育作为筛选机制对农村学生失效，导致农村学生人力资源的巨大浪费和人力资源的分级配置被严重扭曲。[⑥] 赖德胜认为，创新型人才短缺已成为中国建设创新型国家的重要制约因素，创新型人才的有效供给是项长期任务。劳动力市场的制度性分割抑制了创新型人才配置能力的发挥，收入分配问题扭曲了对创新型人才的激励。创新型人才既是教育培养的结果，也是劳动力市场使用的结果，劳动力市场的缺陷可能是更重要的原因。[⑦]

（二）社会资本与大学生就业研究

大学生就业是社会的热点问题。赖德胜、苏丽锋、孟大虎、李长安基于公开出版的官方统计数据，使用主成分分析法对中国大陆30个省份的就业质量状况进行测算后发现，在2007、2008年这两个年份，除少数经济发达省份外，全国就业质量的总体水平不高，大部分省份的就业质量指数较低；地区间就业质量差异明显，发展不协调；随着经济发展，地区间就业质量差异逐步缩小。[⑧] 在大学生就业过程中，人力资本特征和社会资本特征对大学毕业生求职渠道选择产生不同的影响。孟大虎、曾凤婵、杨娟基于2009届大学毕业生抽样数据利用Probit模型分析，结果发现：人力资本越高，选择校内招聘会和老师作为求职渠道的可能性就越大；人力资本越低，选择家人或亲朋作为求职渠道的可能性就越大。[⑨] 陈宏军、李传荣、陈洪安研究发现，社会资本已成为影响大学毕业生求职的显性因素，大学毕业生应有效利用社会资本取得良好的就业绩效。[⑩]

---

① 袁连生、田志磊、崔世泉：《地区教育发展与教育成本分担》，《清华大学教育研究》，2011年第1期。
② 赵海利：《学前教育成本分担：文献分析的视角》，《教育发展研究》，2011年第24期。
③ 王善迈：《中国教育发展与改革中面临的若干教育经济理论与方法问题》，《北京师范大学学报》（社会科学版），2011年第5期。
④ 赖德胜、吴春芳、潘旭华：《论中国劳动力需求结构的失衡与复衡》，《山东社会科学》，2011年第3期。
⑤ 张翼、刘影翔：《人口结构变化与中国的"招工难——基于劳动力供给、教育分流及收入变化等问题的研究报告》，《中国特色社会主义研究》，2011年第6期。
⑥ 姚先国、辜晓红：《筛选机制与分割效应——中国高等教育投资城乡差异的一个理论分析》，《南开经济研究》，2011年第2期。
⑦ 赖德胜：《教育、劳动力市场与创新型人才的涌现》，《教育研究》，2011年第9期。
⑧ 赖德胜、苏丽锋、孟大虎、李长安：《中国各地区就业质量测算与评价》，《经济理论与经济管理》，2011年第11期。
⑨ 孟大虎、曾凤婵、杨娟：《人力资本、社会资本与大学毕业生求职渠道的选择》，《中南财经政法大学》，2011年第6期。
⑩ 陈宏军、李传荣、陈洪安：《社会资本与大学毕业生就业绩效关系研究》，《教育研究》，2011年第10期。

五、教育财政研究

该研究主要是对教育领域有关财政问题的探讨。政府教育投入规模、教育财政体制改革、教育财政充足、教育财政公平等问题一直是教育财政研究的主要问题。

(一) 教育财政的本质与规模研究

教育财政的本质是教育财政研究必须回答的问题。肖昊认为，教育财政的第一、第二、第三级本质分别是教育财政分配所产生的人与物的关系、人与人的关系、教育财政能力与教育财政方式的关系。教育财政能力体现教育财政分配中人与物的关系，而教育财政方式体现教育财政分配中人与人的关系。[1]

影响教育财政规模增长的因素有多方面。郭庆旺、刘晓路、贾晓雪认为，教育财政规模大小取决于我国基本公共教育服务均衡发展所需的财力。实现国家财政性教育经费占 GDP 4%这一比例只是我国基本公共教育服务均衡发展的一个较低的财力保障水平，"十二五"期间应提高到 4.5%。[2]顾佳峰认为，经济发展对教育投入具有挤出效应，即财政支出中的教育投入比例会随着人均 GDP 的增加而减少。[3]栗玉香、王雍君认为，教育法定支出制度也是影响我国教育财政规模增长的重要因素，现行教育法定支出制度与财政体制、财政能力、预算制度存在矛盾，亟待改革。教育法定支出制度近期改革是细化教育法定支出的具体操作，提高制度的可执行性，尽快达到法定支出的要求；中长期改革是预算改革，即逐步取消教育法定支出，以完善的预算代替教育法定支出。[4]

(二) 教育财政体制改革研究

在新的历史条件下，教育财政制度的评价标准及公共教育财政制度的改革和安排值得研究。在教育财政制度评价的新标准上，研究集中在如何评价和测量充足、效率与公平？如何处理充足、效率、公平三者的关系，在不同国家不同教育发展阶段，三者有无重点和次序？教育财政各项制度安排中如何体现充足、效率与公平？在公共教育财政制度改革和安排方面，需要研究和界定公共教育财政的基本职能、特征和作用的边界在哪里？如何改革公共教育财政制度的各项具体制度？[5]

在中国教育财政体制方面，主要特征体现在：教育经费多渠道投入、居民负担较重，政府间教育经费分担重心偏下，公共教育经费分配行政主导，学生资助还不完善，教育投入和使用的问责制度缺失。[6]教育财政体制变革包含多级政府间互动的制度变迁模型，政府间两种主要的制度互动形式包括：一是中央首先发起一次全国性制度变迁，对地方政府产生强制性作用，地方政府在接受中央决策的同时，作出更积极的响应，从而与中央之间形成互动，带动全国性制度的进一步变迁。二是地方政府率先在本地区发起一次区域性制度变迁，其经验被中央政府吸收或借鉴，进而在全国范围内推广，形成全国性制度变迁。[7]

财政分权及转移支付是教育财政体制改革的重要内容。林江、孙辉、黄亮雄认为，财政分权和晋升激励对地方政府的义务教育供给具有影响作用。我国财政分权的实践在不受"用手投票"和"用脚投票"机制约束的条件下，不能促进义务教育的供给。[8]成刚、萧今研究发现，省以下财政收入分权和支出分权不利于县级基础教育的投入，分权导致地方福利损失；转移支付总体影响不明显，但税收返还显著正向增加基础教育供给；[9]当地方政府自有财力增加并不能相应增加教育投入时，转移支付的促进作用也会显得较为不足，这种转移只是在一定程度上通过可控转移的"替

---

① 肖昊：《论教育财政的三级本质》，《当代经济》，2011 年第 1 期。

② 郭庆旺、刘晓路、贾晓雪：《"十二五"时期国家财力与基本公共教育服务体系建设》，《中国人民大学教育学刊》，2011 年第 1 期。

③ 顾佳峰：《人口结构与教育财政的空间计量分析——对于代际关系的再诊释》，《社会科学战线》，2011 年第 11 期。

④ 栗玉香、王雍君：《教育法定支出的执行情况、制度困境及预算改革》，《华中师范大学学报》(社会科学版)，2011 年第 6 期。

⑤ 王善迈：《中国教育发展与改革中面临的若干教育经济理论与方法问题》，《北京师范大学学报》(社会科学版)，2011 年第 5 期。

⑥ 袁连生：《中国教育财政体制的特征与评价》，《北京师范大学学报》(社会科学版)，2011 年第 5 期。

⑦ 金戈：《义务教育财政制度变迁中的政府间互动——以中央与浙江为例》，《社会科学战线》，2011 年第 11 期。

⑧ 林江、孙辉、黄亮雄：《财政分权、晋升激励和地方政府义务教育供给》，《财贸经济》，2011 年第 1 期。

⑨ 成刚、萧今：《省以下财政分权、转移支付与基础教育供给——基于 1994~2001 年江西省县级数据的分析》，《教育与经济》，2011 年第 1 期。

代效应"。[1]公共财政对民办高等教育的支持也是政府教育财政体制改革的主要内容，而民办高校的分类管理是我国财政支持民办高等教育的重要前提。方芳、王善迈认为，民办高校分类的标准可以从举办者的初始投入和追加投入所形成的固定资产、办学者节余以及学校终止办学时的剩余资产这三者的所有权是属于举办者还是属于学校或社会公益来判断。在资助方式上，政府对民办高校的发展可以从直接资助和间接资助两类来实施；在资助主体上，主要由地方财政负担，中央财政给予必要资助，且不同地区可依据实际需要和财政能力做出不同的规定。[2]

（三）教育财政转移支付研究

中国分税制改革后，多数地方政府依赖上级的转移支付提供公共产品。成刚、萧今认为，上级转移支付对教育支出的影响大于地方自有收入对教育支出的影响，县级政府更倾向于将上级的补助用于教育事业，即存在"粘绳纸效应"。其主要原因在于样本期内专项转移支付占总转移支付的比重较大，直接激励了教育支出。[3]转移支付制度的规范化和公式化已成为世界各国转移支付制度的突出特征，不同的转移支付模式反映了不同教育发展阶段的教育需求和所要达成的教育目标。王强认为，美国模式反映了政府着力于满足学生基本需求、实现财政公平；英国模式反映了政府从实现教育水平公平向实现教育垂直公平的努力；澳大利亚模式反映了政府着力加大教育经费投入满足不同学生发展的需要。[4]

（四）教育财政充足与公平研究

教育财政充足与公平是世界各国面临的共同问题。20世纪90年代后期，美国基础教育财政体制实现了从"公平性财政"向"充足性财政"的转变，凸显了内浸于美国基础教育财政政策中公平理念从同质向差异的转化，具体表现为美国基础教育财政政策中"充足性财政政策"的产生和运用。[5]美国教育充足性财政政策是由教育结果引导的政策，基于教育标准对政策效果进行评价，同时也是新形势下教育公平发展的财政政策创新。[6]在我国，卜紫洲、侯一麟、王有强采用Evidence-based方法，建立了县级教育最低支出标准测算模型，经计算后发现了中国县级教育财政充足度在统计分布、时间和空间上的一些特征。[7]对于目前中国而言，教育财政公平的目标应该是结果均衡。栗玉香认为，真正的结果均衡是财政均衡与教育服务均衡的统一，财政均衡是基础，享受教育服务均衡是根本。为实现结果均衡的义务教育财政政策制定，应该首先准确定位义务教育财政政策目标，关注公众对财政投入结果的最直接感受，关注发达国家财政产出预算的新取向，优化义务教育财政投入机制。[8]谢童伟、张锦华、吴方卫实证分析认为，2001年我国义务教育投入体制改革的效应是明显的，但是这种"以县为主、分级管理"的教育投入体制对教育公平的改善作用在减小。[9]龙文佳、薛海平、王颖认为，"新机制"政策虽没有改变义务教育阶段城乡间学校教育财政资源非均衡配置的现状，但在缩小城乡义务教育阶段学校财政资源配置差距方面仍取得了一定的效果。"新机制"政策需进一步加大对农村以及中、西部地区义务教育阶段学校资金转移支付力度，强化对地方政府义务教育经费投入问责。[10]

① 江依妮：《广东"集权式"财政与农村义务教育投入》，《岭南学刊》，2011年第3期。
② 方芳、王善迈：《我国公共财政支持民办高等教育研究》，《北京师范大学学报》（社会科学版），2011年第5期。
③ 成刚、萧今：《政府间转移支付对县域基础教育供给的影响——基于江西省的证据》，《北京大学教育评论》，2011年第2期。
④ 王强：《国外义务教育财政转移支付模式：比较与启示》，《教育研究》，2011年第3期。
⑤ 付建军：《从同质公平到差异公平——美国基础教育财政政策中公平理念的转变、应用与启示》，《外国教育研究》，2011年第9期。
⑥ 薛二勇：《论教育公平发展的财政政策创新——基于美国的政策分析》，《教育研究》，2011年第10期。
⑦ 卜紫洲、侯一麟、王有强：《中国县级教育财政充足度考察——基于Evidence-based方法的实证研究》，《清华大学教育研究》，2011年第5期。
⑧ 栗玉香：《结果均衡：义务教育财政政策新视角》，《中国教育学刊》，2011年第3期。
⑨ 谢童伟、张锦华、吴方卫：《中国教育省际差距收敛分析及教育投入体制效应评价与改进——基于31个省（市）面板数据的实证分析》，《当代经济科学》，2011年第4期。
⑩ 龙文佳、薛海平、王颖：《"新机制"政策对城乡义务教育财政资源均衡配置影响的实证研究》，《首都师范大学学报》（社会科学版），2011年第5期。

六、教育融资研究

教育融资主要研究在政府财政拨款之外的其他教育资金获得方式等问题。世界各国为弥补政府教育拨款不足，对教育融资方式进行过不同的探索。教育私有化、教育贷款、教育捐赠等问题引起了学者们的关注。

教育私有化改革是针对公立教育体制中存在的问题而提出的。教育私有化改革的突出特征是建立公立与私立教育部门之间的合作关系。同时，私有化潮流对不同性质高等教育机构的财政及其学术研究产生了不同的动态影响。阎凤桥认为，中国从 20 世纪 90 年代开始引进市场机制，但与西方发达国家的一个主要区别在于中国是在教育经费不足情况下进行的，拓宽办学经费渠道、增加教育收入是教育改革的目的之一。教育制度安排似乎只能是"非民即公"、"国进民退"，没有出现兼有公私属性的所谓"第三条道路"。[①]就实践效果而言，教育私有化改革所取得的效果比较有限。美国学者 Roger L.Geiger 和 Donald E.Heller 认为，高等教育私有化使大学学费上升，大学学费的稳步增长使美国高等教育财政由政府资助转向由学生及其家庭分担。学生经济资助，尤其是联邦学生贷款的大幅度增长对美国高等教育财政产生了较大的影响，而这种影响在私立非营利大学、公立大学、私立营利大学的表现又是截然不同的。[②]

高校银行贷款推动了高等教育资金来源的多元化与市场化，贷款收入已成为继政府拨款、学杂费收入之后，我国高校筹措资金的又一个主要渠道。鲍威认为，扩招后，在政府财政支持力度的减弱和学生数量剧增所导致的经费需求急速膨胀的双重压力之下，高校举债运作是政府政策引导下金融机构和高校共同利益的契合。高校贷款推动了高校系统的再分化和机构间差距的再生产；高校负债规模与高校类型、学术卓越性、学生规模、高校财务的健全状况存在密切关系。[③]

经济转型与高等教育财政体制改革扩大了高校的办学自主权，也极大地增强了高校多渠道筹集教育资金的自觉性和主动性，大学基金会应运而生。邓娅认为，随着国民经济的高速增长、民间财富的持续积累以及公民慈善意识的不断增强，大学基金会的发展必将实现新的跨越，社会捐赠将可能成为大学最具增长潜力的经费来源渠道之一。[④]但我国捐赠收入高度集中于少数著名高校，院校捐赠收入的多少受院校教学科研水平、院校募捐努力程度以及院校所在地区的影响。陈晓宇、冯倩倩认为，企业、行政事业单位、非营利组织及个人在捐赠行为中表现出不同的倾向特征。[⑤]罗朴尚、宋映泉、魏建国对我国现行高校学生资助政策进行评估后发现，政府资助在不同大学间基本是公平的，在学校内部分配时能够惠及家庭经济困难学生。同时，在最具选择性大学就读的学生可以得到更多的学校资助而支付更低的学费，但就全国而言，高校还有相当比例的家庭经济困难学生得不到任何资助。[⑥]

七、教育效率研究

教育效率主要研究教育投入产出问题。在我国教育投入不断增长的条件下，改善教育效率的迫切性日益凸显。对义务教育效率的研究，学者们主要集中在关注公平基础上对教育投入结果的探究。郭俞宏、薛海平实证分析显示：我国中东部义务教育生产效率并不理想，学校的办学效率存在较大提升空间；不同地区和城乡、不同教育阶段以及不同类型的学校都存在效率差异；政府对学校的管理程度和校际间的竞争氛围对义务教育阶段学校的教育生产效率具有显著影响。[⑦]王红、陈纯槿、杜育红研究显示：西部农村小学生在学业成就上存在着显著的差异。造成这种差异的主要原因是学生个体特征及其家庭背景，特别是其

---

① 阎凤桥：《教育私有化演进的逻辑》，《中国人民大学教育学刊》，2011 年第 6 期。

② Roger L.Geiger，Donald E.Heller：《私有化与美国高等教育财政的新趋势》，《北京大学教育评论》，2011 年第 1 期。

③ 鲍威：《扩招后中国高等院校的贷款融资行为与财务运作体征》，《北京大学教育评论》，2011 年第 1 期。

④ 邓娅：《我国高等教育财政体制改革与大学基金会的兴起》，《北京大学教育评论》，2011 年第 1 期。

⑤ 陈晓宇、冯倩倩：《我国高校的捐赠收入及捐赠人行为研究》，《北京大学教育评论》，2011 年第 1 期。

⑥ 罗朴尚、宋映泉、魏建国：《中国现行高校学生资助政策评估》，《北京大学教育评论》，2011 年第 1 期。

⑦ 郭俞宏、薛海平：《我国义务教育生产效率及其影响因素研究》，《教育发展研究》，2011 年第 3 期。

家庭社会经济地位的影响；学校特征尤其是教师素质因素显著地影响学生的学业成就，并能够改变个体特征对于学生学业成就的影响程度。[①] 秦惠民、杨娟对全国农村普通小学 1997~2008 年的总体效率进行评价认为，我国农村普通小学的资源配置效率是数据包络分析（DEA）有效的。虽然撤并一些趋于萎缩的教学点和小学带来一些问题，但从总体上看，资源配置仍然是有效率的。[②]

对高等学校效率的研究，学者们的研究主要集中在估算高校投入产出的"技术效率"和"管理效率"，并采用赋权法合成各高校的综合效率。李祥云以部属高校为例实证研究表明，我国部属高校资源使用的"技术效率"和"管理效率"均有较大的提升空间。各高校综合效率得分不仅比较分散，且在不同性质和地区的高校间存在较大差异。[③] 对我国高校科研投入与产出状况的研究也是研究高等学校效率的重要方面。吴杨、何光荣、何晋秋通过对高校科研投入及产出中各指标相关性的测算表明，我国无论是科研经费投入，还是人均科研经费投入，以及科研人员、科研时间的投入，对我国高校的科技论文和专利产出都产生了重要的影响，而高校科研经费投入增长率对科研产出影响并不大。[④] 胡咏梅、段鹏阳、梁文艳认为，改进我国高校科研效率评估：一是确保评估指标体系建构的科学性；二是 DEA 效率评估方法下的评估结果对指标变量的选择非常敏感，而且随着模型所选择指标变量的增加，前沿面上的决策单元数目会上升，进而影响估计精度，因此，需要重视变量的筛选以保证模型的质量；三是研究应逐步趋向于采用面板数据考察高校科研效率的动态变化，而非拘泥于单一时点的效率研究；四是由于 DEA 方法的估计结果对极值较为敏感，研究者要通过不断剔除极值的迭代方法（即刀切法），以检验模型结果的稳定性；五是 DEA 方法评估结果的有效性取决于评估对象的同质性。六是需重视不同研究方法的比较和分析。[⑤]

八、理论进展总评

2011 年教育经济与管理研究有多学科领域学者的加盟，研究在许多重要领域，尤其是政府和社会关注的重点、热点、难点问题方面卓有成效，体现出鲜明的特点。

（一）更多学科领域的学者加入教育经济学问题的研究队伍，研究选题为政府宏观决策提供了重要参考

2011 年，教育经济与管理研究理论进展基本上是沿着教育经济学的核心内容进行深入研究，虽然在学科体系构建和完善方面没有取得突破性的进展，但值得肯定的是，有更多相关学科领域的学者加入到教育经济学问题的研究队伍中来，比如从事经济学、财政学、公共管理学研究的学者从不同的学科视角拓展和深化了教育经济学的研究内容。同时，教育经济与管理研究的选题与政府宏观教育政策、社会热点问题的结合也愈加紧密，一些具有创见性的研究成果不仅为政府宏观教育政策提供了理论支持，也为决策提供了参考依据。

（二）教育经济与管理基本问题研究取得了新的进展，拓展了教育经济学的知识视野

如传统的教育对经济增长贡献计量模型，基本是围绕着人力资本积累和人力资本存量对经济增长的影响来构建的。但 2011 年李发昇的研究放弃了沿用多年、运用物化的人力资本进行度量经济增长的方法，代之以劳动者形成有效劳动的劳动力素质作为评价标准，说明教育对增长的贡献，建立了一个通过劳动力素质解释教育与经济增长关系的新模型。该研究绕开了对人力资本概念的纠缠以及计量方法和数据的局限性，突出了劳动力素质和劳动者能动性的核心作用，使得教育支撑创新和创新推动增长有了明晰的线路图。冉光和等基于劳动分工理论，建立了教育发展、专业化与经济增长关系的新古典经济模型。再如，教育法定支出被认为是教育经费增长的基本保障，

[①] 王红、陈纯槿、杜育红：《西部农村小学学校效能及其影响因素研究》，《教育研究》，2011 年第 1 期。
[②] 秦惠民、杨娟：《农村普通小学总体资源配置的效率评价：1997~2008 年》，《清华大学教育研究》，2011 年第 5 期。
[③] 李祥云：《我国高等学校投入产出的效率评估》，《高等教育研究》，2011 年第 5 期。
[④] 吴杨、何光荣、何晋秋：《高校科研投入与产出的相关性分析：1991~2008 年》，《清华大学教育研究》，2011 年第 4 期。
[⑤] 胡咏梅、段鹏阳、梁文艳：《中外高校科研效率评估：概念、方法及研究述评》，《比较教育研究》，2011 年第 5 期。

但栗玉香等研究证明，教育法定支出情况并不乐观，而且教育法定支出制度与现行财政体制、预算制度存在矛盾，必须改革教育法定支出，通过完善的预算来保障教育经费的增长。对教育经济基本问题新的认识和见解，推动了研究的深化，丰富了教育经济与管理的研究内容。

（三）实证研究更多地运用了新的计量方法，数据更加丰富全面，研究结论更具可靠性

计量方法和数据的全面性、代表性对研究结论具有重大的影响。如崔玉平采用空间计量经济学方法，引入空间溢出效应变量，对区域高等教育的空间依赖性与空间溢出效应做了经验实证研究；李力行等基于 Soares（2005）的模型，导出婴儿死亡率和成年人预期寿命对人力资本积累以及最后对经济增长的影响效果；卜紫洲等利用2000~2006 年全国 2150 多个县（市、区）的面板数据，采用 Evidence-based 方法，考虑了教育需求、教育目标和标准、教育生产要素及价格以及财政收入水平对基础教育支出最低标准的影响，建立了县级教育最低支出标准测算模型，计算了县级教育财政充足度；姚益龙等基于 Feder（1982）模型探讨教育对经济增长的作用机制；林江等使用 1978~2008 年 28 个省级面板数据，实证分析了在财政分权和晋升激励下地方政府的义务教育供给情况。谢童伟等利用 2004~2008 年 31 个省级面板数据，对教育与人口迁移之间的相互影响进行分析。

（四）教育经济与管理理论研究与政府教育政策结合更加紧密，理论研究的实践意义进一步提高

如王善迈对《国家中长期教育改革和发展规划纲要》（2010~2020 年）涉及的教育与经济社会发展关系、教育中政府与市场关系、层级政府间教育职责和支出责任关系、教育管理中政府与学校关系、高等教育与劳动力市场关系、教育财政与财政制度评价、公共教育财政制度安排等一系列教育经济、教育财政的理论与方法问题进行了系统的研究。龙文佳等全面评估了"新机制"政策对城乡义务教育阶段学校教育财政资源均衡配置的影响，强调"新机制"政策需进一步加大对农村以及中、西部地区义务教育阶段学校资金转移支付力度，强化对地方政府义务教育经费投入问责。这些都是政府政策着力解决的问题，其研究结论对政府的教育政策决策具有重要的参考价值。

第二节　实践创新

教育是关系国计民生的大事，教育领域发生的每一点变革都值得深入探讨。一切有利于学生成长和发展的具体举措都是富有意义的实践。加大教育投入、推进各级各类学校发展、加快教育体制改革、解决教育中实际存在的种种问题等，是近年来教育政策关注和落实的主要方面。2011年，我国教育经济与管理方面的实践创新涉及很多方面，下面主要阐述对本年度教育总体改革、教育财政、教育管理等方面具有影响力的实践举措。

一、促进义务教育均衡发展

义务教育是依照法律规定对所有适龄儿童、少年统一实施的具有普及性、强制性、免费性的学校教育是提升国民素质的基础和实现社会公平的起点。

21 世纪初，我国实现了普及九年义务教育的目标，目前，国家明确把义务教育均衡发展作为义务教育的重中之重。但推进义务教育均衡发展比实现义务教育普及的任务更加艰巨复杂。近年来，国家采取有力的政策措施，不断推进义务教育均衡发展。2005 年，教育部印发《关于进一步推进义务教育均衡发展的若干意见》，要求各地把推进义务教育均衡发展作为义务教育发展的一项重要任务，研究制定本地区推进义务教育均衡发展的目标任务、实施步骤和政策措施。2006年，教育部在成都召开了全国推进义务教育均衡发展现场经验交流会，要求用 3~5 年的时间，努力做到区域内义务教育资源配置更加合理。2009

年，教育部在河北省邯郸市召开了全国推进义务教育均衡发展现场经验交流会，总结交流有效做法和经验，表彰工作先进地区，并提出了力争到2012年实现区域内义务教育初步均衡，到2020年实现区域内义务教育基本均衡的阶段性目标。2010年，教育部印发《关于贯彻落实科学发展观进一步推进义务教育均衡发展的意见》，明确提出了义务教育均衡发展的目标，并提出一系列指导意见，促进义务教育的均衡发展和内涵提升。《国家中长期教育改革和发展规划纲要》（2010~2020年）明确指出，国家在义务教育方面的主要任务是巩固提高九年义务教育水平、推进义务教育均衡发展、减轻中小学生课业负担。其中，均衡发展是义务教育的战略性任务。2011年，根据《教育规划纲要》的要求，教育部制定了义务教育分规划、教师队伍建设分规划，与有关部门一起启动了义务教育学校标准化建设工程，深化了义务教育经费保障机制、中小学教师特岗计划、教师国培计划、农村薄弱学校改造计划、中小学校舍安全工程，加大了对各地义务教育均衡发展的支持力度。

为落实全国教育工作会议精神和《教育规划纲要》，构建中央部门和地方政府协同推进义务教育均衡发展机制，教育部以签署义务教育均衡发展备忘录的形式，在省部级层面上进一步强力推动义务教育均衡发展工作。2011年3月，教育部和北京、大津、河北、辽宁、上海、江苏、安徽、福建、江西、山东、河南、湖南、广西、重庆、海南、广东16个省（区、市）签署了义务教育均衡发展备忘录。2011年6月15日，教育部与云南省签署义务教育均衡发展备忘录。2011年7月，教育部在北京与浙江、贵州、陕西、山西、湖北、黑龙江、吉林、内蒙古、宁夏、新疆和新疆生产建设兵团签署义务教育均衡发展备忘录。至此，连同上半年已经签署的17个省份，教育部已与27个省份和新疆生产建设兵团签署了义务教育均衡发展备忘录。备忘录明确了教育部和各省（区、市）的责任和任务，一省一个特色，突出了

针对性和可操作性。备忘录规定了教育部和省级人民政府各自的责任和任务，便于双方按照备忘录的要求加强自身工作，特别是各省份明确了义务教育均衡发展工作中的重点，有利于各地全力保障均衡发展目标的如期实现，也有利于接受人民群众对教育公平举措的监督。同时，通过签署备忘录的形式，可以进一步宣传义务教育均衡发展这一全新的教育理念和教育发展观，其核心是追求教育平等，实现教育公平，有助于动员社会力量参与和支持义务教育均衡发展。[①]

二、国家加大财政性教育投入

国家财政性教育经费是指国民收入分配中用于教育方面的开支。经费保障是办好人民满意的教育的前提，教育投入是支撑国家长远发展的基础性、战略性投资，是教育事业的物质基础。根据世界银行2001年的统计，在澳大利亚、加拿大、法国、日本、英国和美国等高收入国家，公共教育支出占GDP的均值为4.8%，而哥伦比亚、古巴、约旦、秘鲁等中低收入国家，公共教育支出占GDP的均值为5.6%。

我国非常重视国家财政性教育经费的投入，相关政策对此都作出了明确规定。1993年制定的《中国教育改革和发展纲要》第48条首次明确提出："逐步提高国家财政性教育经费支出占国民生产总值的比例，在本世纪末达到4%。"1995年颁布的《中华人民共和国教育法》第54条规定："国家财政性教育经费支出占国民生产总值的比例应当随着国民经济的发展和财政收入的增长逐步提高。"2010年颁布的《教育规划纲要》第56条再次强调："提高国家财政性教育经费支出占国内生产总值比例，2012年达到4%。"2011年6月8日，国务院召开常务会议，审议进一步加大财政教育投入的有关问题；2011年6月29日印发《国务院关于进一步加大财政教育投入的意见》，全面开征地方教育费附加，从土地出让收益中按比例计提教育资金。为了确保2012年财政性教育经费支出占国内生产总值比例达到4%的目标按期实

[①] 教育部门户网站：《构建共同推进义务教育均衡发展新机制》，http://www.moe.edu.cn/publicfiles/business/htmlfiles/moe/s271/201103/116064.html，2011年3月20日；吴晶：《教育部与27个省份和新疆生产建设兵团共同推进义务教育均衡发展》，新华网，2011年7月11日。

现，国务院提出了如下意见和要求：①充分认识加大财政教育投入的重要性和紧迫性。②落实法定增长要求，切实提高财政教育支出占公共财政支出比重，包括严格落实教育经费法定增长要求、提高财政教育支出占公共财政支出的比重、提高预算内基建投资用于教育的比重等。③拓宽经费来源渠道，多方筹集财政性教育经费，包括统一内外资企业和个人教育费附加制度、全面开征地方教育附加、从土地出让收益中按比例计提教育资金等。④合理安排使用财政教育经费，切实提高资金使用效益，全面推进教育经费的科学化精细化管理等。⑤加强组织领导，确保落实到位，包括加强组织领导、加大各省（区、市）对下转移支付力度、加强监测分析等。

在政策的指导下，我国国家财政性教育经费投入逐步增长，截至2010年，国家财政性教育经费占国内生产总值的比例为3.66%。2011年12月，教育部、国家统计局、财政部发布《关于2010年全国教育经费执行情况统计公告》。统计显示，国家财政性教育经费占GDP的比例以及公共财政预算教育经费占公共财政支出比例均比上年有所增加。据统计，2010年，国家财政性教育经费（主要包括公共财政预算教育经费，各级政府征收用于教育的税费，企业办学中的企业拨款，校办产业和社会服务收入用于教育的经费等）为14670.07亿元，比2009年的12231.09亿元增长了19.94%。2010年全国国内生产总值为401202亿元，国家财政性教育经费占国内生产总值比例为3.66%，比2009年的3.59%增加了0.07个百分点。2010年全国公共财政预算教育经费为14163.90亿元，占公共财政支出89874.16亿元的比例为15.76%，比2009年15.69%增加了0.07个百分点。然而，自2000年以来，国家财政性教育经费支出占国内生产总值（GDP）的比例4%这个目标仍未达到。有报道显示，根据教育部财务司、《中国统计年鉴2009》及国家统计局公布的相关数据计算，2000~2009年，以4%的比例为目标，则国家财政性教育经费支出10年累计"欠账"已达

16843亿元。2002~2003年，经费投入甚至还出现了0.06%的倒退。为此，国家进一步制定相关政策措施，加大投入力度，确保2012年财政性教育经费支出占国内生产总值比例达到4%的目标按期实现。[①]

三、《国家中长期教育改革和发展规划纲要》实施一周年

根据党的十七大关于"优先发展教育，建设人力资源强国"的战略部署，为促进教育事业科学发展，全面提高国民素质，加快社会主义现代化进程，国家制定了《教育规划纲要》。《教育规划纲要》是进入21世纪以来我国第一个教育规划纲要，是指导教育改革和发展的纲领性文件。《教育规划纲要》于2010年7月正式发布，至2011年已实施一周年。自《教育规划纲要》发布实施以来，在党中央、国务院的领导下，全社会迅速行动，各地以改革的决心、扎实的举措狠抓贯彻落实。教育体制改革试点全面启动，一系列重大发展项目稳步推进，全国各省份先后召开教育工作会议、颁布实施省级教育规划纲要，人民群众高度关注的教育热点难点问题取得了进展和突破，全社会关心参与、共同推动教育科学发展的良好局面正在形成。《教育规划纲要》贯彻落实工作开展良好，进展顺利，主要体现在以下10个方面：①国家教育体制改革试点全面启动。②教育发展重大项目有序推进。③落实4%目标的政策密集出台。④素质教育深入推进。⑤学前教育三年行动计划启动实施。⑥促进义务教育均衡发展的机制不断完善。⑦职业教育基础能力建设日益加强。⑧提高高等教育质量的措施逐步落实。⑨中小学教师队伍整体素质得到提高。⑩人民群众受教育权利得到进一步保障。

《教育规划纲要》作为未来10年我国基本实现教育现代化的宏伟蓝图，其起草过程历经一年半时间。《教育规划纲要》的制定过程是党和政府广纳群言、广集众智的民主科学决策过程，是党和政府问需于民、问计于民、问政于民的成功实

---

① 中国新闻网：《2010年国家财政性教育经费占GDP比例达3.66%》，http://www.chinanews.com/edu/2011/12-31/3575516.shtml，2011年12月31日；张璐晶：《教育经费10年"欠账"超1.6万亿元》，《中国经济周刊》，2011年3月9日；中央政府门户网站：《国务院关于进一步加大财政教育投入的意见》，http://www.gov.cn/zwgk/2011-07/01/content_1897763.htm，2011年7月1日。

践。2008 年 8 月 29 日，温家宝总理主持召开国家科教领导小组第一次会议，听取教育部关于制定《教育规划纲要》工作情况的汇报，审议并原则通过《教育规划纲要》制定工作方案，正式启动研究制定工作。成立了《教育规划纲要》领导小组，温家宝总理亲任组长，并成立《教育规划纲要》工作小组，刘延东国务委员任组长。2009 年 1 月 7 日，教育部发布《〈国家中长期教育改革和发展规划纲要〉公开征求意见工作的通知》，要求在前一阶段征求专家及有关方面意见建议的基础上，广泛动员，积极组织广大干部和师生员工围绕《教育规划纲要》建言献策。《教育规划纲要》工作小组办公室发布了《教育部研究制定〈国家中长期教育改革和发展规划纲要〉的公开征求意见公告》，启动征求意见阶段。2009 年 2 月 7 日，《教育规划纲要》第一轮公开征求意见工作到期，共收到反馈意见 110 万余条，收到意见的规模在教育部历史上是空前的。2010 年 1 月 11 日至 2 月 6 日，温家宝总理召开五次座谈会，就规划纲要听取各界人士的意见和建议。2010 年 2 月 28 日，教育部发布《国家中长期教育改革和发展规划纲要（2010~2020）征求意见稿》文本，进行为期一个月的征求意见。2010 年 4 月 15 日，温家宝总理主持召开国家科技教育领导小组会议，审议并原则通过了《教育规划纲要》。2010 年 5 月 5 日，温家宝总理主持召开国务院常务会议，审议并通过《教育规划纲要》。2010 年 6 月 21 日，中共中央总书记胡锦涛主持召开中共中央政治局会议，审议并通过《教育规划纲要》。2010 年 7 月，中共中央、国务院印发了《教育规划纲要》，并发出通知，要求各地区各部门结合实际认真贯彻执行。[①]

四、国家强力推进学前教育发展，各地全面实施三年行动计划

2011 年 8 月 31 日，国务院常务会议决定，"十二五"期间中央财政将安排 500 亿元，重点支持中西部地区和东部困难地区发展农村学前教育。国家强力推进学前教育发展，截至 2011 年 9 月，各地全部完成学前教育三年行动计划编制工作，并进入全面实施阶段。

通过三年行动计划的实施，未来 3 年各地将新建及改扩建幼儿园 9 万多所，新增园位 500 多万个，新增投入超过 1000 亿元，其中，重点保障农村孩子能上幼儿园。预计国家"十二五"学前教育发展目标可提前实现。在新增投入 1000 多亿元中，中央财政资金达到 500 亿元。据悉，这是在学前教育方面，中央财政首次专项列支。2010 年底，发改委率先安排资金 5 亿元，在 10 个省启动农村学前教育推进工程试点，规划建设幼儿园 416 所。2011 年，试点资金增加至 15 亿元，范围扩大到中西部 25 个省，规划建设幼儿园 891 所。资金安排方面，重点向贫困落后地区和少数民族地区倾斜。

工程总体上按照"保基本、广覆盖、多形式"的原则组织实施。建设层次上主要支持乡镇建设中心幼儿园，发挥其辐射指导作用。建设方式上以新建幼儿园为主，兼顾对现有幼儿园和利用中小学富余校舍改扩建。建设标准上按照实用适用的原则合理确定每个项目的办园规模和建设体量。运行模式上鼓励各地以试点促改革，积极探索公办幼儿园管办分离、委托管理的运行模式。同时，注重以项目建设推动规划、师资、收费和管理等各项政策的完善。多渠道筹措学前教育经费，包括中央财政专项支出、地方财政配套、政府主导、社会参与以及家庭合理分担等。

作为国家扶贫开发工作重点县的陕西宁陕县，决定从 2011 年秋季开学起，该县所有学龄前儿童可以免费上幼儿园，从而率先在全国贫困地区实行 15 年免费教育。宁陕县是一个农民年人均纯收入不足 3800 元的国家扶贫开发工作重点县。按照新政策规定，此次学前免费惠及全县 2040 名 3~6 岁适龄幼儿，其中包括来宁陕打工者的孩子，县财政每年将增加投入 240 万元。从 2009 年开始，宁陕县全县 1500 多名高中生以及 400 多名职高生已经每人享受免费教育，县财政为高中生每年投入 2000 元（职高生每年 1500 元），每年这一块的

[①] 中国广播网教育频道：《纲要》实施周年，http://edu.cnr.cn/jyzs/jyzs_rdgz/201112/t20111205_508878437.html，2011 年 12 月 5 日；中国教育网：制定《国家中长期教育改革和发展规划纲要》专题报道，http://www.edu.cn/html/e/2009/gangyao/；百度网站：《国家中长期教育改革和发展规划纲要》，http://baike.baidu.com/view/2801453.htm。

财政总投入约 400 万元。宁陕全县 7.4 万人，2010 年农民人均纯收入 3812 元，地方财政收入仅 3075 万元。在这种情况下，宁陕县仍拿出 1200 多万元投入教育，占地方财政收入的近四成，远高于 12.5% 的全国平均水平。从 2007 年起，宁陕县开始实施"科教兴县"战略，依次推出农村住宿生营养计划和生活补助、免费职业教育、小学到高中免费教育，2010 年实行蛋奶工程全覆盖。[①]

五、农村学生营养改善计划启动

为贯彻落实《教育规划纲要》，提高农村学生尤其是贫困地区和家庭经济困难学生健康水平，2011 年 10 月 26 日，国务院总理温家宝主持召开国务院常务会议，决定启动实施农村义务教育学生营养改善计划。会议决定，从 2011 年秋季学期起，启动实施农村义务教育学生营养改善计划。①在集中连片特殊困难地区开展试点，中央财政按照每生每天 3 元的标准为试点地区农村义务教育阶段学生提供营养膳食补助。试点范围包括 680 个县（市）、约 2600 万名在校生。初步测算，国家试点每年需资金 160 多亿元，由中央财政负担。②鼓励各地以贫困地区、少数民族和边疆地区、革命老区等为重点，因地制宜开展营养改善试点。中央财政给予奖补。③统筹农村中小学校舍改造，将学生食堂列为重点建设内容，切实改善学生就餐条件。④将家庭经济困难寄宿学生生活费补助标准每生每天提高 1 元，达到小学生每天 4 元、初中生每天 5 元。中央财政按一定比例奖补。会议强调，要加强学生食堂管理，严格食品供应准入，确保食品安全。制定中小学食堂供餐规范，明确数量、质量和操作标准。建立专家工作组，加强学校营养指导。补助资金严格用于为学生提供食品，严禁直接发放给学生和家长，严防虚报冒领。全面公开学校食堂和学生营养经费账目及配餐标准，接受学生、家长和社会监督。会后国务院办公厅下发了《关于实施农村义务教育学生营养改善计划的意见》（以下简称《意见》），《意见》提出了以启动国家试点、支持地方试点、改善就餐条件、鼓励社会参与、完善"一补"政策 5 个方面为重点内容的政策体系。

2011 年 11 月 24 日，部署实施农村义务教育学生营养改善计划电视电话会议召开，国务委员刘延东作重要讲话，全面部署实施工作。刘延东强调指出：各地区、各部门要发挥政府主导作用，调动各方面积极性，形成共同推进的合力；要坚持试点先行，点面结合，探索建立长效机制；要从实际出发，因地制宜创新供餐机制、改善就餐条件，防止"一刀切"；要牢固树立安全第一意识，建立健全规章制度，确保食品安全。刘延东还强调指出：各地区、各部门和有关学校要周密部署，统筹安排，认真做好农村义务教育学生营养改善计划的组织实施工作：加强组织领导，把农村义务教育学生营养改善计划建成重要的"民生工程"；加强规范管理，把农村义务教育学生营养改善计划建成"放心工程"；加强监督检查，把农村义务教育学生营养改善计划建成"阳光工程"。

在政策指导下，各地积极采取措施认真落实农村义务教育学生营养改善计划的实施工作。如广西有 29 个县列入国家营养改善试点，有 110 万名学生享受到该项"营养费"。广西按照每生每年小学 750 元、初中 1000 元的补助标准，采取提高生活费补助标准、提供免费用餐（包括早餐、午餐或课间加餐）、免费提供蛋奶等方式补助给符合条件的学生。陕西省从 2009 年开始在全省义务教育段学生中倡导逐步实施营养餐计划，使每个学生每天能吃上一个鸡蛋、喝上一杯牛奶（或羊奶、豆奶），简称"蛋奶工程"。截至 2011 年 9 月底，陕西"蛋奶工程"实施学校为 8496 所，受益学生 220.7 万人，其中义务教育段学生 213.3 万人，高中、幼儿园和其他学校的学生 7.4 万人。而且，相关部门监测显示，"蛋奶工程"的实施已对学生的体质改善及健康成长初步产生了成效。浙江省景宁畲族自治县县委、县政府不断加大投入，高标准实施了"爱心营养餐工程"，2011 年，全县有 3650 个孩子吃上了营养餐。同时，景宁全面实施了小康标准用餐，仅 2011 年就安排营养餐专项资金近 180 万元，从原来每生每周 8.75 元提高到

① 董洪亮：《3 年新增园位 500 多万个》，《人民日报》，2011 年 9 月 29 日；《陕西宁陕县实行 15 年免费教育——适龄儿童可免费上幼儿园县财政近四成投入教育》，《京华时报》，2011 年 9 月 27 日。

11.75 元，不仅确保了寄宿生每周至少享用 5 餐免费营养餐，还能吃到荤素搭配、质量更佳的菜肴。有的学校还开设了 8 餐，并让学生喝上了牛奶。[①]

六、打工子弟学校

随着进城务工人员数量的逐年增加，进城务工人员子女教育问题也日益凸显。统计显示，目前全国义务教育阶段随迁子女已达 1167 万人。如何科学有效地解决这些孩子的就学，日益成为教育领域的重要问题。解决好这一难题，对于促进教育公平，维护社会和谐稳定具有重要意义。为了让这些孩子平等接受义务教育，国家采取了一系列政策。各地也因地制宜地采取了不同举措，保障进城务工人员随迁子女接受义务教育的权利。《教育规划纲要》重申了"两为主"政策，要求确保进城务工人员随迁子女平等接受义务教育。在现有基础上，今后的主要任务是努力实现从"两为主"到"全覆盖"的过渡，以提高全日制公办学校接受能力或采取政府购买服务的方式，尽快实现全体随迁子女在输入地免费就近接受义务教育，首先保证形式上的教育公平。同时，进一步做好随迁子女的学校融入教育工作，有力促进实质性教育公平。

打工子弟学校，是城市为解决外来进城务工人员子女就学开办的学校，这些学校有公办的也有私立的。从全国范围内来看，打工子弟学校大多集中在经济发达城市。虽然打工子弟学校有社会关心，但是打工子弟学校的现状不容乐观，绝大多数打工子弟学校的教学条件非常令人担忧，师资不足，生活条件差，教师待遇低等。据中国农村劳动力资源研究开发研究会徐鲁平总结如下：这部分基础教育丧失了义务性，属于以营利为目的的市场经营行为，追求利润最大化，以至学校的教学水平被压到最低水平，不少学校，甚至到了影响学生身心健康的地步；办学者和教师的素质不达标，教学水平低，缺乏测评体系，就学儿童基本处在半失学状态……打工子弟学校是以体制外的形式解决体制内的问题；其合理性是建立在体制不合理的基础上的，譬如城乡壁垒。体制问题之外，流动儿童边缘化成长带来的反社会倾向问题也初露端倪。

自 2011 年 6 月中旬起，北京市大兴区、朝阳区、海淀区近 30 所打工子弟学校相继收到关停通知，涉及近 3 万名学生。部分学生分流到公办学校，但依然有许多孩子无学可上，一些孩子被送回老家。据相关政府部门给出的解释，这些学校是因为种种"安全隐患问题"被叫停的。按照相关政策法规叫停不符合办学标准的学校，存在一定的理由，但如何安置这些被关停学校的学生仍是一大难题。为此，北京市教委明确表示，要求相关区县全力做好所有孩子的就学方案，把保证每个孩子有学上作为工作底线，确保愿意在京上学的孩子一个都不能少。"十一五"期间，上海市也采取有力措施逐步保障农民工同住子女全部享受免费义务教育。上海关闭了存在安全隐患、办学条件不合格的打工子弟学校。同时，上海投入巨资改造打工子弟学校并将其纳入民办教育管理，政府出资委托其招收农民工子女。

总之，保证进城务工人员子女平等接受义务教育，促进教育公平，这是主导方向，是教育部门工作的底线。国家和各地都应采取有力措施实现这一目标。[②]

七、校车安全事故及《校车安全条例》

2011 年全国多地频发校车事故。

2011 年 3 月 14 日，北京市莲石东路门头沟路段小园村路口处，一辆大客车撞上路边施工围挡，钢管从客车右前部插入车内，导致两人身亡，其中一人为幼儿园园长刘某，一人是 5 岁的史浩博。事故还导致另外 3 名儿童受伤。当天，客车

---

① 中央政府门户网站：《我国启动农村学生营养改善计划 每人每天补 3 元》，http://www.gov.cn/ldhd/2011-10-26/content_1979016.htm，2011 年 10 月 26 日；教育部网站：《全国农村义务教育学生营养改善计划专题》，http://www.moe.edu.cn/publicfiles/business/htmlfiles/moe/s6329/list.html。

② 教育部网站：《教育部办公厅关于做好 2011 年秋季开学进城务工人员随迁子女义务教育就学工作的通知》，http://www.moe.gov.cn/publicfiles/business/htmlfiles/moe/s3321/201109/xxgk_124191.html；教育部网站：《我国义务教育阶段随迁子女达 1167 万》，http://www.moe.gov.cn/publicfiles/business/htmlfiles/moe/s6173/201112/128766.html；百度网站：《打工子弟学校》，http://baike.baidu.com/view/4163083.htm；中国广播网教育频道：《打工子弟学校》，http://edu.cnr.cn/yw/201112/t20111209_508904235.html，2011 年 12 月 9 日；李斌：《打工子弟学校怎么办？》，《北京上海比比看！》，《中国青年报》，2011 年 8 月 19 日。

超载32人，时速为98公里/小时，超过限定的60公里/小时。肇事司机尤毅负全部责任。此客车系某汽车租赁公司所有，而34岁的肇事司机竟有10年的吸毒史。

2011年4月14日，新疆维吾尔自治区化肥厂厂区外1公里处，1辆搭载着6名学生、1名教师、1名学龄前女童的微型面包车，在由南向北驶往312国道途中突然滑出公路，多次翻滚后造成驾驶员和车内的两人当场身亡，并有6人不同程度受伤。2011年7月20日，大连市开金州新区金石滩凉水湾路段，一辆载着17个孩子的轻型封闭货车与迎面而来的奔驰车相撞，车上的17个孩子均不同程度受伤。此车是幼儿园园长为了接送孩子而雇来的"黑校车"。2011年8月29日，海南省三亚市一名3岁男童早上7时许乘接送车抵达幼儿园后，因睡着而未被司机、老师清点到，以致被遗忘在校车内9小时。直到下午4时30分左右被发现时，男童已经停止呼吸。2011年9月13日，荆州市两名年龄不到4岁的幼儿，被幼儿园校车接到幼儿园门口后，竟被司机和接车老师遗忘在校车上。当日，荆州市的气温高达31℃，在校车内闷了8个小时后，两名幼儿被发现时，她们早已停止了呼吸。

针对多个地方出现的校车安全问题，国务院总理温家宝2011年11月27日在出席第五次全国妇女儿童工作会议时强调，国务院已经责成有关部门迅速制定《校车安全条例（草案）》，抓紧完善校车标准。2011年12月10日，校车草案经过反复征求部门、地方、专家的意见，形成了保障就近入学，大力发展公交，重点支持农村校车服务的总体思路。在这一思路主导下，草案对资金问题做出了这样的规定：国家通过财政资助、税收优惠、鼓励社会捐赠等多种方式，支持农村地区为居住分散的接受义务教育的学生提供校车服务。发展校车服务所需的财政支持资金由中央财政和地方财政分担，具体办法由国务院财政部门制定。草案规定：校车驾驶人应有相应准驾车型3年以上资格，年龄不超过60周岁，最近连续3个记分周期内没有满分记录，无致人死亡或者重伤的交通责任事故，无饮酒及醉酒后驾驶记录、超速等严重交通违法行为，无犯罪记录，未因违反治安管理受过拘留处罚，身体健康，无酗酒、吸毒行为记录，无传染性疾病，无癫痫、精神病等可能危及行车安全的病史。为保障校车通行和停靠安全，草案还对校车赋予了三项优先权：校车运载学生时，交通警察应当指挥疏导校车优先通行；校车可以在公交专用车道以及其他禁止社会车辆通行但允许公交车辆通行的路段行驶；校车需在道路上停车上下学生时，后方车辆应当停车等待、禁止超越等。涉及的一些基本规定有：①校车外观：校车统一采用醒目的颜色（例如：黄色）标识，并可配备警灯和警报器。②校车内部：校车的安全性能要高于普通车辆（例如：防撞性能），还应安装GPS，用于实时监控车辆运行的路线、速度；并设定限速器严禁超速；上下车门安装摄像头实时监控上下人员，并配安全锤等。③司乘人员：司机需要有专业的执照，并定期抽查，如有违规驾驶，应及时纠正，并组织学习，多次违规应取消其驾驶校车资格。车辆应严格限载，并配备一名或多名老师负责维持秩序。④路权：校车享有与公交车相同的路权。如遇突发事件，可使用警灯和警报器。①

八、南方科技大学正式开学

教育体制改革是教育改革的制度层面，区别于教育规模、经费、招生、就业等技术性层面的改革。为适应社会现代化发展的需要，更好地实现国家教育发展的战略目标，必须加强教育体制改革。南方科技大学是国家高等教育综合改革试验学校，承载着探索中国培养创新人才模式的重任。南方科技大学是在中国高等教育改革发展的宏观背景下，深圳市人民政府落实《国家中长期教育改革和发展规划纲要》、《珠江三角洲地区改革发展规划纲要（2008~2020年）》要求，以新的思维和机制筹建的一所新大学。南方科技大学以理、工学科为主，兼有部分特色文、管学科；在本科、硕士、博士多层次上办学，一步到位按照亚洲一流标准组建专业学部和研究中心（所），建成类似

---

① 全国中小学教师继续教育网：《2011年学校校车安全事故大盘点》，http://club.gp2011.teacher.com.cn/topic.aspx? topicid=433915；百度网：《校车安全条例》，http://baike.baidu.com/view/6970472.htm。

加州理工学院和洛克菲勒大学那样小规模高质量的研究型大学。

自 2007 年 3 月深圳市政府决定筹建南方科技大学至 2011 年，历时 4 年南方科技大学终于诞生。南方科技大学筹备历程主要如下：

2007 年 3 月，深圳市政府决定筹建南方科技大学。6 月，深圳市政府首次向广东省提交筹建南方科技大学申请。

2008 年 2 月，深圳市政府同意南方科技大学校园规划建设工作方案。3~12 月，深圳市有关部门同意南方科技大学校区建设工程计划立项，明确校区选址区域和用地面积。7 月，深圳市成立南方科技大学（筹）创校校长遴选委员会和校长招聘工作小组，聘任南方科技大学（筹）校长。

2009 年 1 月，深圳市政府通过了南方科技大学校园规划实施方案。3 月，朱清时院士以全票当选拟任校长第一候选人。4 月，深圳市有关部门明确南方科技大学选址。6 月，深圳市委常委会议同意聘任朱清时院士为南方科技大学（筹）创校校长。8 月，深圳市政府再次向广东省申请筹建南方科技大学报告。9 月，深圳市代市长王荣向朱清时院士颁发南方科技大学（筹）创校校长聘书，标志着南方科技大学（筹）进入了一个新的发展阶段。12 月，南方科技大学（筹）与香港科技大学就两校的长远发展和合作签署了框架协议。

2010 年 1 月，南方科技大学筹备办公室全部接收原南开大学深圳金融工程学院作为南方科技大学（筹）启动校区。2 月，深圳市机构编制委员会下发《关于设立南方科技大学（筹）的通知》（深编〔2010〕23 号），明确南方科技大学（筹）为深圳市政府的直属事业单位，经费形式为市财政核拨。南方科技大学将尝试事业单位法人治理结构改革。4 月，广东省高校设置评议委员会专家组对筹设南方科技大学进行考察评审。5 月，教育部专家考评组到深，对设立南方科技大学进行考察评议。8~12 月，南方科技大学招聘教辅人员和教师。9 月 30 日，南方科技大学校园建设开工。12 月，南方科技大学发布招生简章，召开教改实验班自主招生咨询会，进行首轮复试。12 月

底，教育部批准南方科技大学筹建。

2011 年 1 月，南方科技大学进行第二轮招生考试。2 月 27 日，首届教改实验班学生报到。2 月 27 日、28 日，南方科技大学首批教改实验班的 45 名新生陆续报到，3 月 1 日正式开学。历经 4 年多的孕育筹备，"筹"字未去的南方科技大学，迎来了首批学生。一场突破常规、需要足够勇气的教育改革实验，在深圳正式付诸实践。3 月 20 日，"南方科技大学春季开学典礼"在深圳南方科技大学本校举行。3 月 21 日上午 10 时，南方科技大学开始了第一堂课，香港大学顶尖物理学家唐叔贤为首批教改实验班的 45 位学生讲授"南科大第一课"：应用物理。自此，备受关注的南方科技大学正式迈开了教改的步伐。[①]

九、首届免费师范生毕业

百年大计，教育为本。教育大计，教师为本。教师是发展教育，提高教育质量和水平诸因素中最重要的因素。党中央、国务院在强调优先发展教育事业的同时，也非常关注教师队伍的建设。免费师范生政策就是加快优秀教师队伍建设的一项重大举措。2007 年 5 月，国务院决定在北京师范大学、华东师范大学、东北师范大学、华中师范大学、陕西师范大学和西南大学六所部属师范大学实行师范生免费教育，旨在进一步形成尊师重教的浓厚氛围，培养大批优秀教师，鼓励更多的优秀青年终身做教育工作者。通过部属师范大学的试点，逐步积累经验，建立制度，为培养造就大批优秀教师和教育家奠定基础。

免费教育师范生入学前要签订三方协议，在此前提下，免费师范生享有如下优惠政策：①由中央财政负责安排免费师范生在校期间的学费、住宿费，并发放生活补贴。②在相关省级政府统筹下，由省级教育行政部门落实免费师范生的教师岗位，免费师范生四年毕业以后必须到中小学任教，且有编有岗。③免费师范生在协议规定的服务期内可以在学校之间进行流动，有到教育管理岗位工作的机会。④为免费师范生继续深造提供好的条件保障，免费师范生经考核符合要求的，高校可以录取他们为教育硕士研究生，可以在职

---

① 周海滨、贾杜晶：《南方科技大学正式开学，共有 16 位讲师和 46 名学生》，《中国经济周刊》，2011 年 3 月 8 日。

学习专业课程。当然，对于免费师范生也有一些限制措施：入学前要与学校和生源所在地省级教育行政部门签订协议，承诺毕业后从事中小学教育10年以上；到城镇学校工作的免费师范毕业生，应先到农村义务教育学校任教服务2年；不履行协议须交违约金；毕业前不得考脱产研究生，但毕业前及在协议规定服务期内，经考核符合要求的，可录取为教育硕士专业学位研究生，在职学习专业课，任教考核合格并通过论文答辩的，颁发硕士研究生毕业证书和教育硕士专业学位证书；在提前批志愿中填报上述六所师范院校愿意成为免费师范生，就没有机会选择其他院校。

免费师范生教育政策2006年开始启动，2007年正式实施，2011年第一届免费师范生毕业，至此，免费师范生教育政策已完成一个周期。2006年7~11月，关于教育发展问题的4次座谈会先后召开。在座谈中，温家宝总理指出，"提高教育质量必须依靠教师"，"国家要进一步加大对师范教育的支持力度，吸引全社会最优秀的人来当老师"。从2006年11~12月，教育部、财政部、人社部、中央编办和相关学校开始研究讨论修改部属师范大学师范生免费有关政策。2007年3月5日下午，在第十届全国人大五次会议上，温家宝总理正式宣布："教育部直属师范大学实行师范生免费教育。"由此，免费师范生教育成为一项国家战略，中国师范教育从此开启新征程。2007年，师范生免费教育顺利推进。5月9日，国务院转发教育部等四部门研究起草的《教育部直属师范大学师范生免费教育实施办法（试行）》，决定从2007年秋季起实施，所需经费由中央财政安排。随后，北京师范大学、华东师范大学、东北师范大学、华中师范大学、陕西师范大学、西南大学等6所部属师范大学按照实施办法的要求，精心制订培养方案。7月，高校招生，6所高校免费师范生生源充足，当免费师范生成为很多有志青年的自觉选择。自2007年以来，免费师范生教育已经成为一个成功的示范工程：中央财政率先作出示范，运用公共财政支持，切实提供经费保障；部属师范大学率先作出示范，以培养优秀教师，造就教

育家为己任，大力推进教师教育改革。

2011年6月17日，中共中央政治局常委、国务院总理温家宝专程来到北京师范大学，出席首届免费师范生毕业典礼并作重要讲话。为了鼓励优秀学生报考师范院校，吸引更多优秀青年当教师，促进教育发展和教育公平，从2007年起，国家在教育部直属师范大学实行师范生免费教育，并建立了相应的制度。经过4年不懈努力和探索，师范生免费教育试点工作取得了重要进展和显著成效。6所部属师范大学4年共招免费师范生4.6万人，首届免费示范毕业生已经全部落实到中小学任教，超过90%的学生到中西部中小学任教。上海、云南、江苏等地部分院校也开展了师范生免费教育试点，这项政策正在彰显出越来越大的示范引领作用。但免费师范生毕业后的去向也有不尽如人意的地方，如《人民日报》记者调查显示：任教农村学校的免费师范生所占比例还很低，渗透到偏远地区还需要时间。这也说明免费师范生政策有待进一步完善。[①]

十、生源危机倒逼高校改革招生制度并切实提高教育质量

自改革开放恢复高考制度以来，我国高等教育不断发展，为社会主义现代化建设培养了一批又一批优秀人才。1999年，我国开始实行高校扩招政策，高等教育进一步迅猛发展。高考是教育界乃至全社会极为关注的重要问题。

近年来，高校生源危机日益凸显。一方面，人口基数发生了很大的变化。1990~2000年，全国新生婴儿下降近1000万人；1999年，全国小学招生2029万人，2010年，这一数据降到1691万人，11年间减少338万人；义务教育在校生总规模也在持续减少，2010年，小学在校生规模已经跌破1亿人，为9940万人，比上年减少130余万人。另一方面，全国高考生源自2008年突破千万人之后开始全面下降。1999年为扩招元年，全国高考人数为288万人，此后逐年攀升，到2008年出现1050万人的最高点。但随后，全国高考人数开始持续下滑，一直下落到2011年的933万

---

① 刘华蓉：《党中央国务院关心支持免费师范生培养工作纪实》，《中国教育报》，2011年6月17日；中央政府门户网站：《温家宝出席北京师范大学首届免费师范生毕业典礼》，http://www.gov.cn/ldhd/2011-06/17/content_1886804.htm，2011年6月17日。

人，3 年间减少了 117 万人。2011 年，有 84 万考生放弃高考，出国留学的高中生增加了 28%。有媒体分析，就业压力、经济问题都是高三学生弃考的原因。多家教育机构发布的报告均称，全国高考生源下降的态势将延续至 2017~2020 年。可见，导致生源危机的最主要原因一是计划生育政策影响下的适龄受教育人口减少；二是扩招政策影响下的招生规模翻番，全国高校新生录取规模从 1999 年的 160 万人持续增长到 2011 年的 675 万人，录取率由 56% 增至 72.3%。

高等院校生源竞争压力越来越大、职业教育院校生源减少、重点高校农村生源减少，如何解决好"生源"问题已成为各类学校能否生存与发展的关键。生源危机导致生源大战，各校纷纷出招争抢生源。目前，我国高校招生主要有如下类型：①全国统考。②自主招生。③保送生。④高水平运动员（体育特长生）。⑤艺术特长生。⑥艺术类专业。⑦小语种单独招生。⑧少数民族。⑨军队院校招考。⑩公安院校报考。⑪港澳高校招收内地生。⑫免费师范生。⑬内地高校联合招收华侨、港澳台地区学生。此外，注册入学成为近年出现的一种新型招生形式，即一种以分类考试、综合评价、多元录取为特征的招生方法改革，在学生及家长自愿的前提下，不参加高考，不填报志愿，高校通过注册直接录取一部分学生，其目的在于进一步扩大高校招生自主权，建立健全有利于专门人才、创新人才选拔的多元录取机制。相关专家分析，生源竞争将持续"考验"高校招生制度。一方面，高水平大学自主招生"抱团联考"，2011 年 2 月，全国有近 20 万高中生"密集赶考"，自主招生"联考"俨然成了"小高考"；另一方面，"洋大学"抢滩中国，使得国内高校面临日益激烈的"全球化"竞争。高考不再是唯一出路。

但"抢生源"只是权宜之计，治本之策是高考招生制度及高校自身的改革。只有切实推进高考改革，提高高等教育质量，才能更好地化解生源危机。高校教育应更务实、更重质量，"修炼内功"是关键。①

---

① 叶铁桥：《高校生源危机说到底是质量危机》，《中国青年报》，2012 年 1 月 6 日；中国广播网教育频道：《生源大战》，http://edu.cnr.cn/yw/201112/t20111208_508897752.html，2011 年 12 月 8 日。

十一、实践创新情况总评

综上可见，2011 年在教育经济与管理领域有诸多方面的实践创新。这些实践创新的主导思想是"以人为本"，切实推进教育事业的发展和繁荣，最终促进学生的健康成长。依据实践创新形式的不同性质，可将上述举措分为持续性推进、突破性改革、新举措的启动和完善、不良现象的整顿治理 4 大方面。

（一）持续性推进

政策一般具有延续性，需不断推进和完善。在先前政策的基础上采取一些新的举措，以便更好地解决同类问题，这种方式体现的主要就是持续性推进。促进义务教育均衡发展是近年来基础教育领域的一项重要政策，2011 年，教育部先后与大部分省、军区签订备忘录，共同推进义务教育均衡发展，这有利于动员地方政府及社会力量参与和支持义务教育均衡发展，进一步实现教育平等和教育公平。加大财政性教育投入是历年都在力争做好的基础性工作。2011 年，国家进一步采取措施，加大财政性教育投入，为的是在教育投入逐年改善的基础上，确保 2012 年财政性教育经费支出占国内生产总值的比例达到 4% 的目标按期实现。随着基础教育的发展，国家越来越重视学前教育，并强力推进学前教育发展，截至 2011 年 9 月，各地全部完成学前教育 3 年行动计划编制工作，并进入全面实施阶段。

（二）突破性改革

突破性改革主要体现在打破现有制度框架，进行全新的改革。南方科技大学计划来一场突破常规的改革，在管理体制、招生、人才培养等诸多方面突破现有体制框架，探索快速办好一流大学的经验和方法。南方科技大学的正式开学，虽是艰难的起步，但却是新征程的开始。我国目前施行的是九年义务教育制度。但义务教育的年限在国外有 9 年、12 年、15 年不等的多种情况。我国许多专家学者也在对义务教育年限的延长进行研究探讨。陕西宁陕县将学龄前儿童纳入教育规划，实行免费上幼儿园，率先在全国贫困地区实行 15 年免费教育。这无疑在实践上对推进义务教育的改革具有重要意义。

（三）新举措的启动和完善

有些实践创新虽是在一定时期采取的新行动，但主要是在现有政策制度框架下的延伸，突破程度相对不大。义务教育办学难，农村义务教育办学更难。我国九年义务教育基本普及后，还有相当部分农村学校面临办学经费短缺的困境，学生饮食基本是各负其责，更难以得到保证。为此，2011 年，国家启动实施农村义务教育学生营养改善计划，旨在提高农村学生尤其是贫困地区和家庭经济困难学生的健康水平。2007 年 9 月，国家推行一项师范教育新政策，即由部分高校免费招收一定名额的师范生，所需经费由中央财政安排。2011 年 6 月，首届免费师范生毕业，全部落实到中小学任教，这标志着免费师范生教育新政策走过一个周期。

（四）不良现象的整顿治理

教育领域是而且应该是一块净土，但和社会上其他领域一样，很难成为净土。教育以人为本、与人为善，但其中也难免出现各种不良现象。为此，必须加大力气进行整顿治理，以便营造更加理想的教育环境。没有什么事比人命关天更值得关注，然而，2011 年，连续的校车事故，夺去了多少本应天真烂漫的生命。针对多个地方出现的校车安全问题，国家加大整治力度，并制定《校车安全条例》（草案），全面解决校车安全问题。外来务工人员子女的就学问题是一个既痛心又棘手的问题。目前，在政策和实践还没有完全理顺的情况下，打工子弟学校的确还存在诸多负面影响。但关停肯定只是暂时之策，长远之计是加大改革和支持力度，让外来务工人员子女能平等享有受教育机会。

第三节 代表性成果

2011 年教育经济与管理代表性成果的选择应基于本年度在教育经济学不同专题研究方面具有创新性的文献。通过文献检索发现，2011 年教育经济与管理研究没有代表性的研究专著。因而只选取了 10 篇论文（其中，5 篇代表性成果选登，5 篇代表性论文摘要），作为 2011 年度教育经济与管理的代表性成果。同时，因本年鉴是第一次编写，编者还选择了一些跨越年限、在国内影响较大的 5 部教育经济学著作作为代表性成果，并以出版时间先后进行编写。因而，本节的代表性成果包括 5 篇代表性成果（论文）选登和 10 项代表性成果（5 部著作和 5 篇论文）摘要。

一、《教育投入与产出研究》

作　　者：王善迈

出版时间：1996 年

出版社名称：河北教育出版社

内容摘要：该书是国内较早的教育经济学研究专著，不刻意追求完整的学科体系，以教育与经济的关系为逻辑主线，重点探讨了教育资源的投入、教育产出、教育体制与教育发展等教育经济学的核心问题。全书共 14 章，即教育经济学的产生和发展、教育经济学的对象和方法、教育与经济的基本关系、教育投资的负担、教育投资的外部比例、教育投资外部比例分析、教育投资的分配与使用、教育成本、教育效率、教育对经济增长的贡献、教育收益与收益率、教育资源的配置方式、教育财政体制、教育发展。该书代表了我国 20 世纪 90 年代教育经济学的发展水平，引领了中国教育经济学研究的发展。

社会影响：1997 年获第三届国家图书奖。

二、《教育经济学国际百科全书》（［美］第 2 版）

作　　者：［美］ Martin Carnoy 编著，闵维方等译

出版时间：2000 年

出版社名称：高等教育出版社

内容摘要：该书注重教育经济学的最新的发展动态和业已取得的成果，并对比较和发展方面

的研究给予了相当的注意，收录了相当数量的以发展中国家为探讨对象的文章。全书共分 8 个部分：教育经济学的历史与现状，教育与劳动力市场，教育收益，教育、经济增长和技术变革，教育、收入分配和歧视，教育生产，教育培训的投资评估，教育财政。

社会影响：该书由著名教育经济学家美国斯坦福大学卡诺依教授主编，汇集了 20 世纪 50 年代末教育经济学产生到 20 世纪末世界教育经济学领域中最优秀学者们的论著。该书代表了世界教育经济学的研究水平，对中国教育经济学研究的发展产生了重要的影响。

三、《教育财政学——因应变革时代》（[美] 第 9 版）

作　者：[美] 小弗恩·布里姆莱、鲁龙·G.贾弗尔德著，窦卫林主译

出版时间：2007 年

出版社名称：中国人民大学出版社

内容摘要：该书由教育财政学家美国杨百翰大学小弗恩·布里姆莱教授和鲁龙·G.贾弗尔德教授合著，论述了历史、经济、科技和法律等多方面因素对教育财政的影响，从学校管理者、教师、学校董事会成员、立法人员等各类角色的观察维度提供了有关如何适当而平等地资助教育的全面、系统的最新信息和理论，以及在当今社会迅速变化的形势下应对学校财政投资各种挑战的策略。全书共 16 章，即教育经济学、给予教育更多的投入、教育财政投入的公平问题、学校财政投入的模式、收入来源、削弱地方控制、教育：州政府的职能、联邦从教育中获得的利益、法院的影响及其连带作用、公共基金和非公立学校、加大对学校基建的投入、学校预算管理、会计和审计、社区学校的商业特征、人力资源和学校财政、学校财政投入前景展望。

社会影响：该书自 1974 年出版以来已经修订了 8 次，成为风行美国大学的经典教材，也是国内教育财政学第一本译著，对中国教育财政学研究具有较大的影响。

四、《教育经济学》（第 4 版）

作　者：靳希斌

出版时间：2009 年

出版社名称：人民教育出版社

内容摘要：该书以马克思主义教育经济学思想和人力资本理论为指导，紧密结合中国经济、社会改革和教育改革的实际，论述了我国在构建和谐社会进程中教育领域内的经济现象、经济问题和经济规律，构建了中国教育经济学学科体系。该书由绪论、马克思主义教育经济思想、人力资本理论、教育与经济的关系、教育与科学技术关系、教育服务与教育服务贸易、教育结构与经济结构、教育投资、教育成本、教育消费、教育产权与学校经营、教育经济效率、教育规模经济、教育经济效益指标与计量公式、教育经济效益计量方法、教师劳动及其报酬 16 章组成。该书既反映了国外教育经济学研究的新成果，又反映了我国在教育经济学方面的代表性成果，是目前国内教育经济学学科体系阐述最为完整系统的教育经济学专业教材。该书 1997 年第一版出版、2001 年、2005 年分别修订出版了第二版、第三版，是国内教育经济学教材发行量最大的教材。

社会影响：该书系普通高等教育"十一五"国家级规划教材，获得北京市第七届哲学社会科学优秀成果二等奖、第七届全国高等学校出版社优秀畅销书一等奖。

五、《教育经济学》（[美] 第 3 版）

作　者：[美] 埃尔查南·科恩、特雷·G.盖斯克著，范元伟译

出版时间：2009 年

出版社名称：格致出版社、上海人民出版社

内容摘要：该书由教育经济学家美国南卡罗来纳大学埃尔查南·科恩教授和美国路易斯安那州立大学特雷·G.盖斯克合著。全书共 12 章，即导论、人力资本与政府在教育中的作用、教育收益、教育成本、教育收益—成本分析、教育和经济增长、教育生产函数和成本函数、教育规划、教师薪水、教育税收、中小学教育筹资、高等教育筹资。

社会影响：该书自 1972 年第一版出版以来，一直被美国哥伦比亚大学等著名高校作为研究生的必备教材，是美国教育经济学届独一无二的经典教材。该书的第二版由王玉崑教授等翻译，

1989 年由华东师范大学出版社出版，在中国教育经济学界产生了重大影响。

六、《筛选机制与分割效应——中国高等教育投资城乡差异的一个理论分析》

作　　者：姚先国、辜晓红
发表时间：2011 年第 5 期
期刊名称：《南开经济研究》
内容摘要：该文应用信息经济学关于教育在人力资源市场提供筛选机制的理论，结合中国的户籍制度，分析城乡户籍分割对高等教育的筛选功能的影响。Spence 筛选模型认为，一个均衡的就业市场，如果工人的个人特征（指标）符合随机分布且教育成本与工人的生产能力负相关，工人可以通过选择适当的教育程度来发送自己生产能力的信号。这里的关键假设是：教育成本与生产能力是完全负相关的。最后，高学历的工人获得高工资，并不是因为教育提高了他的工作能力，而是通过教育把高工作能力的人甄别出来，让他得到了与自己较高的边际生产能力相对应的工资。低学历的工人工资较低，是因为在市场的筛选分级中被认定为生产能力较低的，所以他的工资也就与较低的边际生产能力相对应。在 Spence 简单模型中，市场是单一的，不存在分割的。如果考虑分割制度的简单筛选模型，就业市场存在人为分割，工人具有与工资报价相关的个人特征（指标），即使教育成本与工人的生产能力负相关，教育的信号功能也会被削弱。因此，市场中不存在分割是高等教育作为筛选机制能够有效甄别全体工人的一个必要条件。由于中国户籍制度把中国公民分成了城市居民与农村人口这样两个等级，所以，中国的就业市场实质上存在着明显的分割现象。进一步改变 Spence 的模型假设，如果就业市场的人为分割，使得工人的个人特征（指标）与工资报价和教育成本都相关，教育的信号功能会被进一步削弱。

基于以上分析，在劳动力市场制度分割情况下，对于农村居民，高等教育作为筛选机制的有效性大大降低，导致农村出身的高校毕业生获得的收入均值低于城市出身的高校毕业生，而且随工龄增长、真实边际生产力的显露，农村生源大学毕业生的收入的方差也会大于城市生源大学毕

业生。在计量回归中，农村生源大学毕业生的高等教育回报的系数可能小于城市生源大学毕业生，方差则大于后者。农村居民受教育的成本过高，可能使得即使边际生产力很高的农村学生都发现，接受高等教育的成本比它带来的收入增加额还要高，于是优秀的农村学生不得不放弃上大学的机会，农村学生的大学教育收益率由于优秀学生的退出可能又进一步降低了。边际生产率较高的农村学生放弃上大学，可能加大农村居民的收入差异，使得农村居民的收入均值在统计中显示较大的方差。

七、《中国农村教育的代际因果关系——基于 1970 年代农村基础教育普及政策的研究》

作　　者：李云森、齐豪
发表时间：2011 年第 4 期
期刊名称：《世界经济文汇》
内容摘要：该文使用 CHIPS2002 的农村部分数据，以 20 世纪 70 年代在中国农村实施的基础教育普及政策为父母教育的工具变量，分析了中国农村地区教育的代际影响。教育代际联系则可能是影响收入代际流动的一个重要渠道：父母教育影响子女教育水平，进而影响子女在劳动力市场的收入，从而对收入分配产生影响。常识和经验研究都表明，子女教育和父母教育之间存在正相关关系——父母教育水平越高子女教育水平往往也越高。但不考虑父母教育水平提高带来家庭社会经济地位提高的影响，父母的教育水平是否同子女教育水平的提高有内在的必然联系。基于中国农村 20 世纪 70 年代的基础教育普及政策，本文在国内首次尝试在控制父母教育的遗传性因素的情况下，分析中国农村父母教育的代际因果联系（抚育作用）。从 1971 年起，政府在农村地区就开始实施基础教育普及政策，计划 5 年内普及小学教育，有条件的地区普及初中和高中教育。此政策对父母教育的巨大影响提供了一个便利的工具变量来研究中国农村的代际因果关系。

该文发现，母亲的教育水平对子女接受 10 年以上教育有一定程度的正的影响（显著性水平为 10%），父亲的教育水平的影响不显著。分样本的估计结果显示，教育的代际联系主要发生在文化资产较少的、毛泽东时代家庭成分为中农以下的

家庭，这意味着提高父母的教育水平不一定能提高子女教育水平，教育的代际影响同家庭已有的文化资产水平有关。提高父母教育水平，尤其是母亲的教育水平，可能会对子女教育有积极的影响，同时，父母教育对子女教育的影响同性别和家庭的文化资产积累水平有关。在家庭拥有较少文化资产积累水平下，父母教育的增加对子女教育有显著为正的影响，但是，在家庭文化积累水平较高的情况下，父母教育的边际增加对子女教育的影响则是不确定的。这意味着，个人提高自身教育水平的努力存在持续的代际影响，它对下一代人教育水平的提高也有积极的作用。研究发现，父母教育的增加对子女教育的影响在教育水平较低的弱势群体中最为显著，这说明目前政府通过公平教育政策来改善弱势群体的教育状况以改变劳动力市场不平等，尤为必要和迫切，也证明针对弱势群体的公平教育政策是有效的。同时，文化资产积累水平是影响教育代际联系的一个重要的因素，这意味着公平教育政策具有持续的效应。

八、《教育私有化改革的演进逻辑》

作　　者：阎凤桥
发表时间：2011 年第 6 期
期刊名称：《中国人民大学教育学刊》
内容摘要：该文在系统阐述西方国家公立教育兴起与发展及教育私有化改革历史的基础上，探究了教育私有化改革的基本演进逻辑。作者认为，教育私有化改革的基本演进逻辑可以归纳为，"教育私有化改革是针对公立教育体制中存在的问题而提出的，然而教育私有化改革所取得的效果是有限的。教育私有化改革的突出效果是促使教育改革转向建立公立与私立教育部门之间的合作关系"。中国从 20 世纪 90 年代开始了一系列的教育改革，其中引进市场机制也是所采用的一种改革方式。与西方发达国家的一个主要的区别是，中国是在教育经费不足情况下进行的，拓宽办学经费渠道、增加教育收入是教育改革的目的之一。在这个过程中出现的"教育选择"或者说"择校"，不仅没有成为解决问题的有效途径，而且本身也变成了问题。在解决择校问题时，似乎没有能够通过建立公私立合作伙伴关系的方式来进行，而是自然又回到了公有办学体制下通过行政方式

来解决问题，我国的教育制度安排似乎只能是"非民即公"、"国进民退"这样一种可能，而没有出现兼有公私属性的所谓"第三条道路"。

九、《教育法定支出的执行情况、制度困境及预算改革》

作　　者：栗玉香、王雍君
发表时间：2011 年第 6 期
期刊名称：《华中师范大学学报》（人文社会科学版）
内容摘要：该文从我国教育法定支出的执行情况分析入手，阐述了教育法定支出的困境，并提出了教育法定支出改革的建议。从教育法定支出的执行情况看，教育法定支出基本形同虚设，未完成法定支出的地方政府并未被追责。进一步来讲，即使各地均完成了教育法定支出，区域间生均教育经费也并不能实现均衡，教育法定支出增长并不能实现教育财政效率的同比改善，教育法定支出面临现实的困境。同时，教育法定支出制度与现行财政体制、预算制度之间的矛盾，又使其陷入制度的困境。

教育法定支出的近期改革可以归纳为细化教育法定支出具体操作，关键要明确其适用范围。教育法定支出应实行幅度比例或级差比例，各级、各地政府根据各自的实际确定相应的比例。比如，中央政府及经济欠发达地区的省级政府继续执行现行教育法定支出规定，县级政府及经济发达地区的省级政府不一定执行现行"高于经常性财政收入及财政支出增长比例"的规定，代之以实行"教育支出占当年财政支出相对稳定的比例"。教育法定支出中长期改革应以完善的公共预算代替教育法定支出。一要实行全口径预算，保障教育支出总量需求；二要建立政府间支出责任与财力保障相匹配的教育财政管理体制；三要推进预算精细化，提高教育支出效益；四要扩大预算的透明度和公众参与度，推进教育支出社会监督进程。

十、《省域高等教育投入与产出的空间依赖与空间溢出效应》

作　　者：崔玉平
发表时间：2011 年 12 月
期刊名称：《2011 年中国教育经济学研究会年

会论文集》

内容摘要：该文基于全国省级区域 2008 年的高等教育投入与产出数据，采用空间计量经济学方法，引入空间溢出效应变量，对区域高等教育的空间依赖性与空间溢出效应做经验实证研究，检验省域之间的空间异质性和空间关系，对区域高教空间溢出效应作出检验和计量分析。研究假设：①地理位置相邻省域的高教产出水平、高教投入水平存在空间聚集趋势；高教投入与产出水平的空间聚集对省域之间高等教育协调发展产生影响。②高教空间集聚与区域经济空间集聚之间存在一致性。在省际区域经济社会一体化发展的背景下，相邻省域之间高教联动、协同和集群发展将是必然趋势。③地理位置相邻省域的高教产出水平与投入水平存在显著的空间邻居效应。

该文研究结论具有重要的启示：①由于存在空间依赖与聚集现象，当一个省区制定高教和科技创新促进政策时，应考虑相邻省区的变化。在考虑到邻居效应、高校培养出来的人才流动性、人才培养成本内部化而人才创造效益外部化的情况，从有利于国家整体发展的战略高度出发，推动若干相邻省域高教与科技发展政策与规划的协同制定和联动实施，为提升科教强省对邻近欠发达省域科技与教育的辐射、带动与补偿作用，营造良好的政策与制度环境。②由于相邻省域高等教育存在显著的空间溢出效应，那么，高等教育发达或强势省域及其邻居省域有必要采取高等教育省际联动与协同发展或一体化发展战略，以便尽快发挥强势省域的辐射、带动作用与"输血"补偿功能，帮助后进省域增强独立"造血"功能，最大程度地发挥相邻省域高等教育联动功能和外溢效果，打造先进省域与邻近后进省域的"血液"一体化循环系统。③由于省际之间高教资源投入数量与地区经济发展水平之间存在空间正向联动聚集效应，因此，有必要实施高教反梯度推移发展策略，采取按地理区位成片推进与反梯度推移的高教开放和发展战略，推进区域高等教育均衡发展和空间结构优化，进一步在空间上优化全国教育资源，以便通过高教均衡发展来弥合或缩小区域经济社会发展的差距。

附：代表性论文选登

中国教育发展与改革中面临的若干教育经济理论与方法问题[①]

王善迈[②]

[摘　要]《国家中长期教育改革和发展规划纲要（2010~2020 年）》设计了未来 10 年中国教育改革和教育发展的蓝图，其中涉及一系列教育经济、教育财政的理论与方法问题，需要从事教育经济学、教育财政学的研究者作出回答。这些问题包括教育与经济社会发展关系、教育中政府与市场关系、层级政府间教育职责和支出责任关系、教育管理中政府与学校关系、高等教育与劳动力市场关系、教育财政与财政制度评价、公共教育财政制度安排等。

[关键词]　规划纲要；教育资源配置；教育管理体制

《国家中长期教育改革和发展规划纲要（2010~2020 年）》设计了未来 10 年中国教育改革和教育发展的蓝图，其中涉及一系列教育经济、教育财政的理论与方法问题，需要从事教育经济学、教育财政学的研究者作出回答，为规划纲要的实施提供理论和技术支持，推动教育经济学、教育财政学的学科建设。

一、教育与经济社会发展关系

这一问题关系着教育改革发展的指导思想和规划目标的确定。这既是教育经济学的基本问题和传统问题，也是一个在新的社会历史发展背景下的新问题。已有的相关理论，对社会分工体系下教育的地位和作用给出了基本的回答，在人类社会发展的不同历史阶段、历史时期以及在不同国情下，教育的地位和作用并不相同。马克思主义历史唯物论从方法论上对教育与经济关系做了精辟的分析和抽象的概括，西方的人力资本理论对教育在经济增长和收入分配中的作用从实证上给予解释。人类社会正在由工业化进入信息化和知识经济时代，我国正处在工业化、城市化、现代化、市场化、国际化的新时期，在这一特殊的历史背景下，如何认识教育与经济社会发展的关系，如何认识教育的地位和作用，需要从理论和实证上作出回答。

社会总产出是各种投入要素共同作用的结果，经济与社会发展也是一系列要素互相交叉共同作用的结果，教育在其中扮演什么角色，它的特殊功能作用是什么。它通过什么途径和机制发生作用，它和其他投入要素的关系是怎样的，需要从理论上给予界定。教育对社会经济发展作用的大小，需要从实证上给出定量回答，实证回答又需要在已有的计量方法基础上进行完善。所有这些又必须置于中国现阶段特殊的社会历史背景下进行探讨。

关于教育发展目标的确定，至少需要从社会经济发展对教育的需求和资源供给的可能两方的综合平衡加以确定。从需求来说，包括数量、结构和质量，从资源供给来说，包括政府和民间。无论是需求或是供给都需要测定，测定需要选择合适的方法，也可采用不同的方法给出多种预测方案和结果，以从中择优。就预测方法来说并不是纯粹的技术问题，不同的方法背后隐含着不同的思想和思路。采用简单的国际比较，给出一个参照系数作为确定我国教育发展目标的依据，充其量只具有参考价值，而不能作为根据。

[①] 本文原载于《北京师范大学学报》（社会科学版），2011 年第 5 期。
[②] 北京师范大学首都教育经济研究院。

二、市场经济体制下教育中的政府与市场关系

这是一个既涉及教育发展又涉及教育体制改革的重大问题，也是一个颇具争议需要探讨的问题。其核心是在市场经济体制下，教育领域尤其是正规三级公立教育中的教育资源如何有效配置，包括教育资源应由谁提供、教育资源由谁分配、教育资源如何分配。

公共经济学以市场失灵作为政府与市场作用的边界，凡是市场能够有效配置资源的领域，资源应由市场配置，凡是市场失灵的领域，资源应由政府配置。对此需要探讨的问题，第一，市场失灵需要政府配置，政府配置资源就能够有效吗？假定政府配置资源也会失灵，那么政府失灵的表现和原因是什么？政府失灵应如何矫正？这需要论证和检验。第二，上述市场与政府作用边界的界定是指经济领域，非经济领域中包括政治、文化、教育、科技、卫生医疗等，政府与市场作用的边界应如何界定。第三，在教育领域，正规的各级各类教育中政府与市场作用的边界应如何界定？

在教育领域中如何认识和处理政府与市场的关系在国内外都是一个有争议的问题，而且由来已久。一种意见认为教育应市场化，教育资源应由市场配置，隐含的意思是认为教育属于私人产品。相反的意见认为，教育不应市场化，但应引入市场竞争机制，隐含的意思是视教育为准公共产品。2000年以来，政府相关部门多次明确表态反对教育市场化，但是，在实践中教育市场化在一些地方和各级教育中仍不同程度地存在，以钱择校就是突出表现，以钱择校实质就是在教育服务尤其优质教育服务中的市场交易，以货币与教育机会交换，等同商品交易。还有将公立学校变卖为私立学校的学校转制，以货币购买名牌学校的入学机会等。

在教育改革与发展中需要明确界定非义务教育，包括学前教育、普通高中和中等职业教育，高等教育中的普通和职业教育的服务性质，在此基础上，确定其教育成本在财政和受教育者间如何分担，测定其发展目标的实现对教育财政和居民支付能力的需求。同时，在确定教育管理体制改革的目标和各项制度安排时，需要在界定各级各类教育服务性质的基础上，设计改革的方向、思路和具体方案，包括办学体制、入学制度、高中教育以上的考试制度、教师管理制度、教育财政制度和学校财务制度等。学者的任务在于对此进行理论探讨和论证，在此基础上设计发展和改革的思路与方案。

三、层级政府间教育职责和财政责任的关系

在明确界定市场经济体制下教育领域政府与市场的作用边界基础上，还需要对层级政府间教育职责和财政责任作出明确具体的规定，只有这样才能使教育体制改革和教育发展的目标与政策法规得以有效执行、监管和问责。在政府内部，层级政府间、同级政府部门间和部门内存在着利益与权力的博弈，以期资源与权力最大化。已有的政策法规对此虽有规定，但大多比较模糊，责任主体和职责界定不明确不具体，需要重新加以界定，为此，需要探讨的问题有：

第一，层级政府间教育职责和支出责任划分的根据是什么。国内外已有的研究从不同角度给出了不同的划分根据，如公共产品理论根据公共产品受益范围，将公共产品分为全国性、地方性、全国与地方交叉性，分别由中央、地方、中央地方共同管理和提供。信息优势理论则以某级政府对某种公共产品需求信息掌握的充分程度来划分各级政府管理和应担负的职责。公共管理理论中关于事权与财政能力相匹配原则，则以各级政府事权与财力对称为原则界定各级政府的职责。还有根据不同历史发展阶段和地区间经济发展水平进行动态调整原则等。我国在确定各级政府教育职责时应以什么理论为指导，应以什么为依据需要在理论上探讨和论证。

第二，层级政府间教育职责和支出责任如何具体设定。为此，首先要对政府职责的内容和范围加以明确规定，即在公共教育服务中，政府应该管什么，不应该管什么。然后确定层级政府间各自管理的权限。同时由于各级各类教育性质不同，需要对层级政府间在各级各类教育中的职责作出具体的规定。

第三，关于教育事权与财权统一的讨论。通

常的说法要求各级政府教育事权与财权统一，笔者认为这种表述不够准确，事权从管理来说一般指职责，财权从财政来说指收入与支出的权力，事权与财权统一，实际指职责和支出责任与能力，应表述为教育职责和财政支出责任与能力。

教育及政府各项公共管理职责与财政能力不可能统一和对等，因为二者是依据不同的原则和根据设立的，职责划分根据各项公共管理、公共服务的受益范围和信息充分与否确定，财政能力取决于财政收入、支出水平和支出结构，支出结构取决于各项公共管理与服务成本和财政收支水平。由于行政区域间财政收入水平和支出结构处于非均衡状态，使教育及至各项公共服务职责与财政支出能力不可能统一，其解决的途径是层级政府间的财政转移支付制度。

四、教育管理中政府与学校的关系

这是教育管理体制改革中的核心问题之一，这一问题关系着教育管理和学校管理的效率，从而关系着教育发展。我国已有的教育行政法规如教育法、高等教育法已有原则性的规定。改革的思路被概括为"简政放权"、"政事分开"、"扩大学校办学自主权"。在实践中，有两种不同的声音，其一是学校权力过小，政府对学校行政干预过多，使学校失去活力；其二是学校和校长权力过大，出现"失控"。

需要从理论上探讨的问题：第一，在教育管理中对政府与学校权责应依据什么理论和原则加以规定，基本问题是政府和学校在教育管理和教育服务中各自的职能是什么。第二，在各级各类教育中政府与学校的职责与权力如何具体划分。

五、教育及劳动力市场关系问题

在西方发达国家和我国先后出现过大学毕业生就业问题，西方许多学者就此研究过，认为大学生失业是"过度教育"的一种表现形式，就此讨论何谓"过度教育"和如何测量"过度教育"。过度教育本质上是高等教育供求如何均衡的问题。

我国学者的研究较多集中在大学生就业难的制度环境上，诸如户籍制度、人事制度、劳动力市场建设以及就业政策等。这是一个教育经济学和劳动经济学共同关注的问题，它是高等教育发展中高等教育资源如何有效配置的问题。

对此，需要探讨的问题，是大学毕业生需求与供给如何均衡，包括数量、结构与质量，其背后就是教育资源如何有效配置。劳动力市场中反映出来的高等教育供给与需求，无论是数量、质量或结构并非是简单的对应关系。因为伴随经济社会发展，科技进步，产业结构、技术结构变化，劳动力市场对大学毕业生的需求变化较快，而高等教育产出质量和资源配置效率要求高等教育规模与结构相对稳定，而且市场需求变化周期与高等教育的培养与供给周期并非同步。尽管我们可以根据对未来的预测来制定高等教育发展规划，包括数量、层次与专业结构和质量，由于未来的不确定性，预测与结果往往难于一致，那么，如何处理高教需求与供给关系，就成为一个需要从理论与体制上进行探讨的问题，这既有高等教育外部制度与环境问题，也有高等教育自身改革的问题。

六、教育财政和教育财政制度的评价标准

教育财政是教育改革和教育发展的资源投入保障，教育财政制度是公共教育资源投入的重要制度保障。在我国教育发展与改革中如何设计和评价教育财政制度是《纲要》必须回答的问题。美国学者本森1995年提出教育财政的评价标准：提供教育服务是否充足，教育资源的配置是否有效率，以及教育资源的配置是否公平（Benson，1995）。此后，国内外学者认同本森提出的充足、效率、公平作为教育财政评价标准，并以此标准对某些国家和我国的教育财政作出了评价。但对于这三个标准的内涵与外延，三者之间的关系及评价指标的设计存在较大争议。

对此，需要探讨的问题有：第一，评价教育财政和教育财政制度是否还应有其他标准。第二，何谓充足、效率与公平，如何评价和测量充足、效率与公平。第三，充足、效率、公平三者的关系是怎样的，不同国家不同教育发展阶段，三者有无重点和次序。第四，在教育财政各项制度安排中如何体现充足、效率与公平。已有的研究大多集中在第二个问题上，而且众说纷纭。

在教育财政充足的讨论中，有不同的思路和

观点，一种是以教育产出作为度量充足的标准。这一思路又有两种观点：其一是从宏观角度，以教育培养的后备动力和人才与经济社会发展需求是否相适应为度量标准（厉以宁等，1988）。其二是从微观层次上，以教育产出质量即以学生学业成绩为度量标准（以美国为代表）。另一种是以教育投入量为度量标准，对此也有两种观点：其一是我国以学者研究为基础提出的财政性教育经费占 GDP 的比例和教育经费的"三个增长"作为度量我国教育财政充足的标准（王善迈，1984）。其二是以教育投入是否达到各级各类教育办学标准作为度量教育财政充足与否的标准（王善迈，2009）。

上述不同的思路和观点各有千秋，其中涉及的理论问题是教育投入与产出的关系。教育投入是教育产出的条件，影响着教育产出的数量与质量，但二者不是简单的因果关系，产出质量还受到其他因素影响。同时，在教育资源稀缺的条件下，教育对经费的需求，财政供给能力如何均衡的问题，无论是以投入还是产出作为度量标准，都存在着在操作层次上所需条件和可行性问题。

关于教育财政效率，本森提出教育资源配置效率是核心问题，它包括宏观上教育资源配置效率，和在微观上即学校层面上的教育资源使用效率，已有的研究集中在微观层次上。效率从经济学来说是指投入与产出、成本与效益的比较，测量的方法有教育生产函数和教育增值法等，其中的难点在于产出质量的评价和数量化。从宏观资源配置效率来说，它涉及各级各类教育资源如何有效配置，在区域间、城乡间、群体间如何配置才有效，这些都需要探讨。

关于教育财政公平，需要探讨的问题既有理论问题，也有评价指标选取和测量技术方法问题。前者如什么是教育公平，什么是教育财政公平，众说纷纭，由此产生的评价指标和测量方法也各不相同。公平又是一个相对概念并具有阶段性特征，我们如何从中国现阶段的实际出发进行界定和评价，如何选择测量技术和方法，都需要研究。

七、公共教育财政制度的改革和安排

作为教育改革和改革制度保障的核心问题之一的公共教育财政制度如何安排是我国在公共财政建设中面临的新问题。对此，学者进行了研究，制度建设正在推进。需要探讨的问题有：公共教育财政的基本职能、特征和作用的边界如何界定？公共教育财政制度的各项具体制度如何改革？如教育预算的编制、执行和监管制度，非义务教育中财政与受教育者的成本分担制度，政府对学校的拨款制度，非义务教育的学费制度，教育财政转移支付制度，贫困学生和弱势群体的资助制度等。

以上是作者参与《教育改革与发展规划纲要》制定和实施过程中所想到的关于教育经济学要探讨的问题，既不准确又不全面，愿与同行共同思考。

[参考文献]

［1］厉以宁等：《教育经济学研究》，上海人民出版社，1988 年。

［2］王善迈：《教育投资在国民经济中合理比例的客观标志》，《北京师范大学学报》（社会科学版），1984 年第 6 期。

［3］王善迈：《优先发展亟须投入保障——关于财政性教育经费占 GDP 4% 目标的若干思考》，《中国教育报》，2009 年 1 月 13 日。

［4］Benson, C.S. "Education Financing", Canoy, M. (ed.) . International Encyclopedia of the Economics of Education (2nd edition).Tarrytown, NY: Pergamon, 1995: 408–412.

中国教育财政体制的特征与评价[①]

袁连生[②]

[摘　要] 了解教育财政体制的特征并对其进行客观评价，有助于中国教育财政体制的改革和完善。教育经费多渠道投入、居民负担较重，政府间教育经费分担重心偏下，公共教育经费分配行政主导，学生资助还不完善，教育投入和使用的问责制度缺失，是中国教育财政体制的主要特征。近 20 年来中国教育财政充足性有很大提高，但政府教育经费投入水平不高，教育投入与教育质量要求之间还有很大差距。城乡间义务教育财政公平有显著提高，但地区间、区县内学校之间生均经费差异巨大，不同阶层子女进入优质学校的机会很不平等。由于基础数据的缺乏，难以对教育财政效率做出全面、可靠的评价，从就业看高等教育配置效率近年在逐年下降。需要通过调整政府与居民、各级政府间教育经费负担责任，改革公共教育经费分配方式，建立教育投入评价和问责制度等多方面的改革，提高中国教育财政体制的充足、公平和效率水平。

[关键词] 教育财政体制；教育经费；教育投入

教育经费的充足（Adequacy）、公平（Equity）和效率（Efficiency）直接受教育财政制度的影响，也是评价教育财政制度的主要依据（Benson，1995）。本文在描述中国教育财政制度基本特征的基础上，从充足、公平和效率 3 个方面对其运行结果进行分析和评价。

一、中国教育财政制度的基本特征

（一）教育经费筹措以政府为主，但非义务教育居民负担较重

居民负担较重的中国教育经费筹措制度是以政府为主的多渠道筹资制度。2008 年，在总计 14501 亿元的教育经费中，财政性教育经费占 72%，非财政性教育经费占 28%。财政性教育经费主要来自一般税收（预算内教育经费），指定用于教育的教育费附加收入只占 5%，企业办学中的企业拨款、校办产业和社会服务收入用于教育的经费合计不到 1%。非财政性教育经费主要来自学生交纳的学杂费和择校费，民办学校举办者投入

和社会捐赠资金很少，合计只有 173 亿元。

从义务教育到高等教育，随着教育层级的提高，政府负担教育经费的比例依次减少。2008 年，普通小学、初中、高中和高等学校财政性教育经费的比例依次是 93%、89%、60% 和 48%。如果考虑到学前教育政府负担很少，则可以说非义务教育政府负担的比例较低，居民负担较重。在民办学校，无论是义务教育学校还是非义务教育学校，经费主要来自学生交费，政府极少负担。由于经济发展水平和财力的不同，各省、自治区和直辖市在非义务教育经费的筹措中有较大差异。2008 年，北京市普通高中和高校财政性经费比例分别为 75% 和 59%，江西省分别只有 56% 和 31%。

相对于其他国家，中国政府负担的教育经费比例相对较低。2007 年，OECD 国家公共教育经费占总教育经费的平均比例为 83%，各级教育政府平均负担的比例是：学前教育 80%、中小学（包括高中）教育 90%、高等教育 69%。

---

① 本文原载于《北京师范大学学报》（社会科学版），2011 年第 5 期。
② 北京师范大学首都教育经济研究院。

（二）政府间教育经费分担以区县为主，重心偏下

中国有五级政府，在教育经费分担责任的划分上，没有很明确的规定，基本沿用谁办学谁负担的传统。

义务教育经费的政府责任，在 2001 年以前，农村主要由县和乡镇承担，城市主要以区为主；2001 年后提出以县为主；2006 年修订后的《义务教育法》提出省级政府统筹。虽然在农村税费改革后，特别是 2006 年实行农村义务教育经费保障新机制后，中央和省级政府大大增加了义务教育经费的负担，但总体上还是区、县政府负担为主。高中阶段教育经费的政府责任长期由区县政府负担。2006 年实行中等职业学校学生资助制度后，资助资金主要由中央和省级政府负担。但资助资金是对学生的补助，相对高中阶段的办学经费是很少的一部分，没有改变区县为主的局面。高等教育经费的政府责任以省级政府负担为主，中央、地市级政府负担为辅。1998 年中央高校下放之前，中央政府负担的比例高一些，此后中央政府负担下降。2008 年，普通高校教育财政性经费中，中央政府负担的中央高校占 35%，省和市级政府负担的地方高校占 65%。

根据各级财政决算资料估算，2006 年中央、省本级、地市本级和区县及以下教育支出的比例分别约为 10%、17%、17% 和 56%。如果将区县和乡镇、街道作为低层政府，地市和省级政府作为中层政府，中央作为高层政府，我国政府教育经费的负担是以低层政府为主。2007 年，OECD 国家高层和中层政府负担的公共教育经费中小学教育平均占 73%，高等教育平均占 98%，以中高层政府负担为主。与其他国家相比，中国低层政府负担教育经费的比例偏高，中高层政府负担偏低。

（三）公共教育经费分配制度由政府主导，民主化有待提高

公共教育经费的分配涉及 3 个层面：各级政府预算中，教育经费比例的决定；上级政府对下级政府转移支付教育经费的分配；本级政府对学校经费的分配。

各级政府预算中教育经费的确定，按《预算法》的要求和国际惯例，是人大或议会决定的。

在国外，预算资金的分配是代表各个利益集团的议员的公开博弈过程，政府教育经费的决定是这个博弈过程的结果。但在中国，《预算法》没有得到很好地执行，也缺乏各种利益相关者公开博弈的平台，政府教育经费实际上是党政首长决定的。

上级政府对下级政府转移支付教育经费的分配，基本上由财政部门的官员决定，规则和过程很不透明，只有政府内部的少数人清楚，公众甚至连分配的资金总额、有什么样的项目、各个地区获得了多少资金的信息都无法得到。

本级政府向学校分配资金，由财政和教育部门共同决定，不同的层级和地区，这两个部门的决定权有所差异。政府向学校分配资金主要是通过对学校的基本经费拨款和项目经费拨款进行的。经过逐渐的改革，基本经费拨款的规则和过程逐渐趋于透明，但项目经费拨款比重还很大，分配还很不规范，存在相当大的随意性。与转移支付资金的分配一样，公众也难以获得各个学校分配到政府教育经费的信息。

（四）学生资助制度逐渐完善，政府责任有待加强

2006 年农村义务教育经费保障新机制改革和 2008 年城市义务教育免除学杂费，基本建立了以"两免一补"（免除学杂费、免费提供教科书、对贫困学生提供生活补助）为主要内容的义务教育贫困学生资助制度。2007 年《国务院关于建立健全普通本科高校、高等职业学校和中等职业学校家庭经济困难学生资助政策体系的意见》和 2010 年财政部、教育部《关于建立普通高中家庭经济困难学生国家资助制度的意见》的实施，标志着高中阶段学生资助制度的建立和高等学校学生资助制度已基本成形。

现行的学生资助制度还有几个方面不完善。农民工子女的资助问题没有解决，近 1000 万名农民工子女在城市就学，其中 30%~40% 没有在公办学校就读。主要由于经费负担责任的原因，即使在公办学校就读，农民工子女也难以享受"两免一补"的待遇。学前教育资助制度基本上还是空白，还存在经济困难家庭难以负担幼儿入园费用的现象。高等学校学生助学贷款制度还处于变化之中，主要是政府没有为贷款提供担保，商业银行不愿意提供贷款，难以提供稳定可靠的资助资

金。需要政府承担起更大的财政责任，才能形成为所有家庭经济困难学生提供充足资助的资助制度。

（五）教育财政问责制度责任主体不明，执行不力

问责制度是保障教育财政法规和政策得到认真执行的必要安排。虽然在有关教育法规和政府文件中，已经有一些教育财政责任的规定，但这些规定还很不完善，特别是学校的教育财政责任制度实际上处于空白状态。已有的教育财政责任的一些规定，由于责任主体不明确，也没有得到很好地执行。

1993 年《中国教育改革和发展纲要》提出，到 2000 年财政性教育经费占 GNP 的比例达到 4%；1996 年开始实施的《教育法》规定，财政性教育经费比例和财政支出中教育经费比例要随经济发展而提高，政府教育经费增长要高于财政经常性收入的增长，保证生均经费、生均公用经费和教师工资的增长。由谁来承担这些财政责任？法规只笼统地提到"国家"或"各级人民政府"，谁是国家？每一级政府负什么责任？谁来监督责任落实？法律和文件没有规定。在一个有五级政府的国家，这种责任主体缺位的法律法规显然是无法执行的。事实上，上述规定没有得到执行或没有全部执行，没有哪一级政府或政府官员承担了责任，受到了处罚。

二、教育财政充足的评价

（一）教育财政充足的含义与计量

教育经费筹集的基本目标是为教育发展提供充足的资源。Baker（2005）认为，教育财政充足分为绝对充足与相对充足。绝对充足是指与期望的教育系统总体产出相对应的教育财政支持水平。相对充足是指与期望的不同教育条件或环境的学生学业产出相对应的财政支持水平。绝对充足主要是总量的充足性，相对充足主要是对弱势学生的补偿性拨款的充足性。教育财政研究者已经发展出教育成本函数法、专家法和成功学校法等计量教育财政充足性的方法。教育成本函数法是通过经济计量模型得到教育成本与学生质量（学业成绩）的数量关系，根据目标质量水平计算出教育经费的充足水平。专家法是根据专家的判断，确定达到一定教育质量目标的投入要素组合，再根据要素价格，计算出教育经费的充足水平。成功学校法是选择一批达到了一定教育质量目标的学校，计算这些学校的教育经费水平，作为教育经费充足性水平。

在 21 世纪前，中国教育财政政策和研究中没有出现充足概念。但是对教育经费充足的关注和探讨在 20 世纪 80 年代就出现了。袁连生（1988）、王善迈等（1988）等从经济体制改革和国民收入分配的角度，讨论了教育经费的匮乏和教育经费合理比例等问题。2000 年后，教育财政充足的概念引进中国。黄斌和钟宇平（2008）探讨了教育财政充足性在中国的适用问题。胡咏梅和杜育红（2008）对中国农村中小学公用经费的充足性进行了实证研究。长期以来中国教育发展的重点是数量的扩张，加上对素质教育的片面理解，导致缺乏对各级学校学生学业成绩（质量）客观、统一和长期的测试和评价，没有省级和全国层面的教育业绩状况，因而不能以学生学业成绩为依据对教育财政是否充足作出判断。

不过，尽管有不少争论，人们还是认为在其他条件相同的情况下，学生的学业成绩与学校的经费水平和办学条件是密切相关的（Odden 和 Picus，2004）。因此，通过教育经费水平和办学条件来判断教育财政的充足性，仍然是研究人员和各国政府普遍采用的方法。因此，我们也使用生均经费、教育经费比例和办学条件等指标来对中国教育财政的充足性进行分析。

（二）教育财政充足性的变化与评价

我们先来分析随时间变化教育财政充足性的变化情况。由于 1988 年以前缺乏完整的教育经费统计数据，我们主要分析 1988~2008 年 21 年间各级教育财政充足性的状况。表 1 列示了 1988~2008 年以来几个年份各级教育生均事业费的变化情况。

表 1 中数据表明，21 年来中国各级教育生均经费有较大提高，尤其是小学和初中提高更大。按 1990 年不变价格计算，2008 年生均事业费小学是 1988 年的近 10 倍，初中是 6 倍。高校生均事业费提高得最慢，21 年只提高 105%。伴随生均教育经费提高的还有各级教育入学率的稳步提高，其中高中和高等教育毛入学率大幅度提高。

表1 1988~2008年各级教育生均事业费

单位：元

学校类别 \ 年份	当年价格					1990年不变价格				
	1988	1993	1998	2003	2008	1988	1993	1998	2003	2008
小学	116	247	571	1252	3372	140	196	282	618	1396
初中	252	474	976	1565	4416	303	376	482	772	1829
普通高中		908	2269	3494	6081		719	1120	1724	2518
普通高校	2797	4687	11020	12148	16656	3365	3714	5440	5992	6897

资料来源：包括本表在内，本文使用的教育经费数据来自教育部等部门出版的《教育经费年度发展报告》和《教育经费统计年鉴》；将当年教育经费按1990年居民消费价格调整，价格指数来自《中国统计年鉴》。

1992~2008年，高中阶段全口径毛入学率从26.0%提高到74.0%，高等教育毛入学率从3.9%提高到23.3%；在校生人数从分别1990年的1529万人和206万人增加到2008年的4576万人和2021万人。随着生均经费提高和义务教育的普及以及高中和高校入学率的大幅度提高，教育经费总量也持续快速增加。按1990年不变价格计算，1988年全国教育总经费是548亿元，财政性教育经费为499亿元，2008年分别增加到6005亿元和4327亿元，分别增加了10倍和7.7倍。生均经费的增加、各级教育入学率的提高和教育经费总量的大幅度增加，说明21年来教育财政充足性有了很大的提高。

但是，中国教育财政的充足性还存在一些突出的问题。第一，财政性教育经费投入水平还不高。2008年中国财政性教育经费占GDP的比例为3.48%，没有达到政府规定的2000年占4%的水平，也低于2008年世界平均4.4%的水平。第二，教育投入还远远不能满足教育发展的基本需要。2008年小学体育运动场（馆）面积达标校数的比例为55.9%，体育器械配备达标校数的比例为50.6%，音乐器械配备达标校数的比例为46.3%，美术器械配备达标校数的比例为45.0%，教学自然实验仪器达标校数的比例为54.7%。初中的相应各项达标率也只在59%~74%，离达标要求还很远。第三，教育财政充足性与教育质量要求之间还有很大差距。如前所述，教育财政充足性判断是建立在对学生学业成绩目标基础上的。由于中国没有统一和客观的学生学业成绩标准和测评数据，无法系统判断各级教育学生成绩是否达到期望目标。但有研究表明，农村小学公用经费实际水平与充足性水平存在很大差距（杜育红等，2008）。根据现行教学大纲（课程标准）研制的试

卷对西部农村小学和初中学生进行测试，研究者发现，小学语文和数学的合格率分别为43.4%和32.7%，初中语文、数学和英语的合格率分别为43.4%、35.3%和10.9%（王嘉毅、李颖，2008）。

对这些个案研究表明，至少在中西部农村地区，与教学大纲要求的教育质量相比，教育财政提供的资源还远远不够。第四，地区间教育财政充足性很不均衡。大城市和东部发达地区教育经费相对充裕，中西部、特别是中西部农村地区教育资源仍很匮乏，教育财政充足性差异巨大且长期以来没有较大改善。

三、教育财政公平的评价

（一）教育财政公平的界定与计量

教育财政公平是教育公平的重要内容，是实现教育公平的必要条件。Berne和Stiefel（1984）奠定了教育财政公平的分析框架。他们认为，教育财政公平分析需要回答4个核心问题：对谁公平？公平的内容是什么？如何定义公平？如何计量公平？在教育财政研究中，多以学生为公平的对象，以生均教育经费为公平的内容，用财政中立、横向与纵向公平作为定义公平的原则，用级差、变异系数、相关系数、基尼系数、麦克伦指数、泰尔指数等计量教育财政公平。

（二）教育财政公平的变化与评价

中国教育财政不公平现象长期存在，近年来虽然有所改善，但还是非常严重。教育财政不公平主要表现在城乡、地区、学校和不同群体间生均教育经费、办学条件和优质教育机会等方面的较大差异。义务教育城乡生均经费差异长期存在但近年有较大改善。义务教育城乡生均经费差异数据最早出现在1995年。表2列出了1995年、2000年、2005年和2008年4个年份的城镇与农

村生均事业费差距的数据。从表2中可以看出，1995~2000年，义务教育经费城乡差距很大且没有什么改善，2000年以后，特别是2005年后，城乡差距显著缩小，其中小学预算内生均经费差距缩小尤为明显。城乡教育财政差距的缩小，是2000年后政府增加对农村教育的投入，特别是2006年开始实施农村义务教育经费保障新机制的结果。

表2　义务教育生均事业费城镇为农村的倍数

		1995年	2000年	2005年	2008年
小学	预算外	1.9	1.8	1.6	1.3
	预算内	2.0	1.7	1.7	1.2
初中	预算外	1.7	2.3	1.9	1.4
	预算内	1.8	2.1	1.4	1.2

注：根据《教育经费统计年鉴》小学和初中生均事业费、农村小学和初中生均事业费推算出城镇小学和初中生均事业费。

地区间生均经费的巨大差异是中国教育财政不公平最普遍和最突出的表现。表3列出了1990~2008年5个年份的省际间各级教育生均事业费的极差率。从表3中的数据可以看出，地区间各级教育生均经费差距巨大，2005年后虽然有所改善，但仍很严重。1990~2005年，义务教育极差率一直上升，达到了超过10倍的惊人水平，其中小学预算内差距一直大于预算外差距。2005年后义务教育经费地区差异有较大改善，预算内差距缩小更多。高中和高校生均事业费地区差距在2000年后急剧扩大，2005年后预算外经费差距有所改善，但预算内差距还在扩大且远大于预算外差距。

表3　省际间各级教育生均事业费极差率

		1990年	1995年	2000年	2005年	2008年
小学	预算内	6.0	8.4	10.6	10.7	7.9
	预算外		7.7	9.3	10.2	7.8
初中	预算内	4.3	4.9	6.6	9.3	6.7
	预算外		5.0	6.7	9.6	7.3
普通高中	预算内		4.7	4.9	7.7	8.1
	预算外		4.6	4.6	6.7	6.3
普通高校	预算内	2.1	2.4	5.6	5.5	6.6
	预算外		2.4	4.3	4.4	3.2

注：1990年没有分初中和高中的数据，只有普通中学的数据，因当时普通高中规模较小，故将其作为初中数列出。

区县内学校之间财政不公平严重。区县内教育财政不公平问题主要表现在学校间教育经费和办学条件的较大差异。在农村地区主要表现在县镇学校大大优于农村学校，在城市主要表现在区内重点学校大大优于薄弱学校。但由于学校财务不公开，没有学校之间经费和办学条件差异的系统数据，不能对学校间教育财政不公平进行整体描述。从一些调查数据看，区县内学校间教育财政不公平问题还是很严重的。对北京某城区8所小学的调查发现，2006年生均事业费最高为9302元，最低只有3492元，差距达到2.7倍。对湖北某国家级贫困县的8所小学的调查发现，生均事业费最高为1861元，最低为597元，差距为3.1倍（谢平华，2008）。

不同阶层的子女进入优质学校的机会不平等程度非常大。不同阶层子女教育财政不公平主要表现在优势阶层的子女能通过各种手段进入重点中小学，通过获得优质基础教育资源进而以更大的优势进入重点大学；而弱势群体子女集中在教育资源相对匮乏的中小学，进入大学特别是重点大学的机会远低于优势阶层。据王雄等（2009）对8所重点高中学生家庭背景的一个调查，占人口比例8%的政府官员、企业主和经理人员、专业技术人员，其子女占了重点高中学生的41%；占人口53%的农业劳动者，子女在重点高中只占8%，即使在县城的重点中学也只占12%。其他的调查也有类似的发现（高雯，2008）。优势阶层不仅享有重点学校的优质资源，而且还通过请家庭教师、上各种特长班和辅导班等方式，比弱势阶层增加更多的校外教育资源，加剧了阶层间的教育财政不公平（薛海平、丁小浩，2009）。基础教育财政不公平等因素，导致各阶层子女在大学、特别是重点大学的比例严重失衡。1990~2000年，占人口多数的农村户口居民的子女在北京大学的比例多在20%以下，最高不到21%（杨东平，2006）；2008年和2009年的新生中，这一比例分别为10%和11%（关庆丰，2009）。

四、教育财政效率的评价

（一）教育财政效率的界定与计量

教育财政效率主要指教育经费的使用效率，即教育的经济效率。按教育产出的不同，教育财政效率可以分为外部效率与内部效率。外部效率是教育的外部产出（间接产出）与教育投入的关系，包括教育对社会经济增长的贡献率、教育的社会收益率和个人收益率等。内部效率是教育的内部产出（直接产出）与教育投入之比，如生均经费、生师比、单位投入的学业成绩、单位投入的教育增加值等。

学术界对教育外部效率的计量取得了基本的共识。在计量教育对经济增长的贡献时，采用生产函数或增长模型；在计量教育的个人和社会收益率时，采用内部收益率法或明瑟方程。但对于教育内部效率的计量，目前学术界和政策制定者都还没有找到很好的方法。教育内部效率计量的关键问题是如何定义和计量投入与产出。学校不同于企业，产出目标不是销售额和利润，而是学生的学业成绩、创造能力、就业技能、社会交往技能以及社会共同价值的形成等。影响教育产出的投入要素也是多元的，除了教育经费形成的学校投入（教师的数量和质量、教学设施、课程与教学组织等），还有家庭背景、社区环境、同伴特征和个人天赋等。国际组织和国内外学者在进行教育内部效率的评价时，产出指标主要采用学生人数、学业成绩、毕业率和就业率等，最新的趋势是使用排除了学校不可控因素后的教育增加值作为产出指标；采用生均经费、生师比、标准化考试成绩或教育增加值与生均经费之比等关系指标，教育生产函数或成本函数，以及 DEA、SFA 等方法来分析和评价教育的效率。

（二）教育财政效率的变化与评价

由于长期以来中国教育发展的重心是数量扩张，教育经费持续短缺，教育财政效率的研究和评价很薄弱，加上基础数据的缺乏，难以对教育财政效率做出全面、可靠的评价。我们根据可得的数据和文献，用生均经费和生师比等指标，对中国教育财政效率的变化进行简要的分析和评价。

生均经费的变化。1990~2008 年，以不变价格计算的各级教育生均经费总体上是上升的。小学和初中生均事业费持续上升，2000 年后尤为迅速。高中生均事业费也一直在稳步上升。普通高校生均事业费在 2000 年前基本上是稳步上升，此后连续 4 年下降，2004 年后连续小幅上升。

生师比的变化。1992 年以来小学和初中的生师比经历了一个先上升后下降的过程。小学生师比 1992 年为 20，1997 年上升到 24，此后持续下降，2008 年下降到 18。初中生师比 1992 年为 16，2000 年上升到 19，此后持续下降，2008 年下降到 16。普通高中生师比 2004 年前基本趋势是上升的，2004 年最高达到 19，此后几年略有下降，2008 年为 17。普通高校生师比在 2002 年前一直上升，从 1992 年的 7 上升到 2002 年的 19，此后小幅下降，2008 年为 16。

高校毕业生就业率的变化。高校毕业生就业率的高低受宏观经济的影响很大，但在一定程度上反映了高等学校的效率。高校扩招以前，除宏观经济特别不好的个别年份（如受亚洲金融危机严重冲击的 1998 年），高校毕业生就业率一直在 90% 以上，1996 年、1997 年分别为 94% 和 97%，基本上不存在就业困难的问题。1999 年扩招的学生毕业后，高校毕业生就业率持续下降，2009 年降到了 68% 左右（田永坡，2008）。

但是，根据上述这些指标得不到中国教育财政效率明确和可靠的结论。从生均经费看，各级教育总体上持续上升，似乎效率在下降。但是，如果学生的学业成绩等产出比生均经费上升得更快，则效率应该是提高了。从生师比来看，小学和初中小幅上升后下降，似乎人力资源利用效率先提高后降低；高中和高校则持续提高后又逐渐下降，似乎人力资源利用效率有了很大提高后又开始降低。但与生均经费的评价一样，如果生师比的提高或降低导致学生学业成绩等产出更大程度的下降或上升，则生师比提高带来的不是教育效率的提高而是降低，生师比的降低带来的是教育效率的提高而不是降低。由于没有学生成绩等教育产出的客观数据，我们无法从生均经费或生师比的变化得出教育效率变化的结论。

高校毕业生的充分就业是高等教育的主要目标之一，2002 年以来高等教育在生师比下降、生均经费持续提高的情况下，就业率的持续下降，是高等教育效率（至少是配置效率）下降的表现，这是我们唯一可以明确得到的中国教育财政效率的结论。

[参考文献]

[1] 杜育红、梁文艳、杜屏：《我国农村中小学公用经

费充足性研究》，《北京师范大学学报》（社会科学版），2008 年第 6 期。

[2] 高雯：《现阶段阶层差距对高中入学机会的影响》，北京师范大学硕士学位论文，2008 年。

[3] 关庆丰：《北京大学昨天迎来 2009 级新生》，《北京青年报》，2009 年 9 月 6 日。

[4] 胡咏梅、杜育红：《中国西部农村初级中学教育生产函数的实证研究》，《教育与经济》，2008 年第 3 期。

[5] 黄斌、钟宇平：《教育财政充足的探讨及其在中国的适用性》，《北京大学教育评论》，2008 年第 1 期。

[6] 田永坡：《促进大学生就业：问题与对策》，载杨东平、柴纯青主编：《深入推进教育公平》，社会科学文献出版社，2008 年。

[7] 王嘉毅、李颖：《西部地区农村学校义务教育教学质量研究》，《教育研究》，2008 年第2 期。

[8] 王善迈、王泓、荣志刚：《我国教育投资在国民经济中比例的历史分析》，载厉以宁等主编：《教育经济学研究》，上海人民出版社，1988 年。

[9] 王雄等：《中国城市高中生的家庭背景调查》，载杨东平、柴纯青主编：《中国教育发展报告》（2009），社会科学文献出版社，2009 年。

[10] 谢平华：《小学校际生均经费差异分析》，北京师范大学硕士学位论文，2008 年。

[11] 薛海平、丁小浩：《中国城镇学生教育补习研究》，《教育研究》，2009 年第 1 期。

[12] 杨东平：《高等教育入学机会：扩大之中的阶层差距》，《清华大学教育研究》，2006 年第 1 期。

[13] 袁连生：《论我国教育经费的匮乏》，《教育研究》，1988 年第 8 期。

[14] Baker B. D. The Emerging Shape of Educational Adequacy: From Theoretical Assumptions to Empirical Evidence, Journal of Education Finance, 2005, 30 (3): 259-287.

[15] Benson C. S. Education Financing, Canoy, M. (ed.). International Encyclopedia of the Economics of Education (2nd edition). Tarrytown, NY: Pergamon, 1995: 408-412.

[16] Berne R. and L. Stiefel. The Measurement of Equity in School Finance. Baltimore: Johns Hopkins University Press, 1984.

[17] Odden A. R. and L. O. Picus. School Finance: A Policy Perspective. McGraw-Hill, 2004.

一个以劳动力素质为核心的教育与经济增长关系模型

——基于巴罗指标和中国 31 年相关数据的经验检验[①]

李发昇[②]

[摘 要] 教育对增长的影响主要是通过劳动力素质"节点"来实现的。进入知识经济时代的今天，劳动力素质已逐步成为社会经济发展的核心，以物化资本来衡量人的作用已暴露出了许多缺陷。本文尝试放弃一些生产函数模型的传统做法，提出以体现教育作用的劳动力素质作为增长要素的评价标准，这与将劳动力资本化的人力资本作为评价标准相比，必将是一种挑战，无疑对指导教育和以人为本的现代社会经济发展具有重要现实意义。

[关键词] 劳动力素质；教育；经济增长

一、引言

人类社会从农业社会发展到工业社会，渐渐又进入到目前的知识经济时代。在这样一个经济发展形态的演进过程中，科学技术对人类社会的推动作用已越来越显著。随着新科技革命浪潮和全球经济一体化的加速发展，竞争已渗透到经济社会的各个方面。

当前的竞争，追根究底可说是综合国力的竞争，综合国力竞争的核心就是经济的竞争，而经济竞争的关键是科技的竞争，而科技的竞争实质上是人才的竞争，而人才的培养需要教育。

我国是个人口大国，我国人力资源开发与投资的效益如何，不仅对中国实现现代化有关键性影响，对全世界的人力资源开发亦有深远意义。教育的变动与经济的变动息息相关，但我们要思考的是：是经济的发展引起教育的发展还是教育的发展推动了经济的发展？抑或是两者之间存在着更为复杂的互动关系？为了突出其重要意义，本文从理论上对教育与经济增长关系进行深入探讨，希望能够构建基于劳动力素质的教育与经济增长模型，并基于巴罗指标和运用我国的相关数据，实证分析教育与经济增长的关系。

二、文献综述

关于教育与经济增长的关系研究主要是沿着两个方向展开的：一个是 Lucas（1988）得益于 Becker（1964）人力资本的理论提出的，即增长主要是由人力资本的积累所推动，不同国家增长率的差异归结于这些国家人力资本积累速度的差异。另一个是 Nelson 和 Phelps（1966）开创的，即增长由人力资本存量所驱动，人力资本存量影响国家的创新和赶超更发达国家的能力，生产力增长和创新的速度会随教育水平的提高而提高。在关于教育发展与经济增长关系的实证研究中，Barro 和 Sala I. Martin（1995）以及 Benhabib 和 Spiegel（1994）的工作最具开创性。Barro 和 Sala I. Martin 得出的结论是教育发展水平与经济增长显著相关，公共教育投入提高则经济增长率会相应提高；Benhabib 和 Spiegel 的分析则十分有趣，他们指出各国之间增长率的差异主要不是因为如 Lucas（1988）所提出的人力资本累积速度的差异，而是因为人力资本存量的差异。

国内学者关于教育对增长关系的研究也基本上围绕着人力资本积累和人力资本存量对经济增长的影响展开的，如杨建芳、龚六堂和张庆华

---

① 本文原载于《南开经济研究》，2011 年第 2 期。
② 李发昇，天津大学管理与经济学部。

（2005）利用中国各省人力资本估算数据，对中国经济进行实证分析，发现人力资本积累和可用于生产过程的人力资本存量，都对经济增长产生正的影响。其具体又分为两个层面：一是将人力资本作为投入要素进行层次分析，研究其与经济增长的关系，如王宇、焦建玲分初等教育和高等教育等几个层次研究教育对经济增长的贡献，高素英等将人才分为一般人才和高层次人才研究人力资本对增长的贡献；二是认为人力资本只是增长的必要条件，它对经济增长的贡献受制度等影响因素的制约。持这类观点的国内学者认为，比较优势和发展战略（林毅夫等，2006）、竞争和产权制度（刘小玄，2003）、市场化和经济体制改革（樊纲等，2003）、产权制度（李富强等，2008）等对我国经济增长具有决定性影响。另外，李广培等（2010）利用福建省的相关数据进行实证分析，其结论表明，教育投入与福建省经济产出高度相关，二者存在着 Granger 因果关系。

总之，现有的研究要么利用一个外生变量增长模型实证分析人力资本的影响，要么在缺乏理论模型作基础的情况下，实证分析人力资本积累与人力资本存量的作用，研究的角度虽有所不同，但他们的出发点皆落脚于人力资本的货币度量，即人们花在劳动者保健、教育、培训等方面的开支，这些开支对增长的直接影响有限，而且多体现滞后影响，与增长形不成一定意义上的函数关系。也有不少研究静态理解教育、投入和收入的关系，片面解释人力资本的经济含义，获得的结论不免有些牵强。经济增长研究的是物质资本的累积，与教育属于不同的学科范畴，教育的重要性在于它是物质资本累积的推动力，教育投入对经济增长的直接贡献远不是教育作用的全部。劳动力具有特殊性，它更多地体现着自身的能动性。本文放弃沿用物化的人力资本进行度量，以劳动者形成有效劳动的劳动力素质（如受教育时间）作为评价标准说明教育对增长的贡献，不同于王金营（2001）构建的有效劳动模型和李子奈、鲁传一（2002）构建的劳动体现模型，构建了一个体现劳动力素质的产出模型。我们的模型着重刻画了劳动力素质的作用，避开了人力资本的核算纠缠，理论和现实性较强。实证过程所采用的检验数据是国内 31 个省市的人均受教育年限。

三、以劳动力素质为核心的教育与经济增长模型的建立

（一）以劳动力素质为核心的经济增长模型

发达经济体的经济研究是以资本为核心的，其实无论经济体发展水平如何，劳动者的有效劳动才是经济社会发展的根本。单就物质财富来说，人类拥有禀赋资源财富和有效劳动财富。总体来看，禀赋资源财富不断消耗减少，有效劳动财富不断积累增加，有效劳动财富是劳动者通过劳动创造的财富，以 GDP 计量的财富增加既包括有效劳动财富也包括禀赋资源财富，经济增长中似乎禀赋资源财富是不断增加的，实际上只是禀赋资源财富记录到 GDP 中的那部分也就是禀赋资源财富和 GDP 的交集部分不断增加而已。由此看来，人类物质财富要保持不断增长的话，也只有靠有效劳动不断付出这条途径了。

经济增长即财富增长，一般表现为资本累积的增加，取决于产出中再生产投入和产出的多少。资本是用来生产或经营以求谋利的生产资料或货币，主要是与投入要素结合并发挥效率工具的作用。若将产出分为消费品和再生产投入品，那么资本是消费剩余的累积，是经济体分内的事情，无要素投入之说，而未造福于人类的禀赋资源和人的劳动及其承载的那部分智慧则是已计量财富以外的东西，可以作为投入要素。经济体内的资本可分为自有资本、共享资本和外来资本，资本在资本短缺时期会与产出效率更高的增长要素匹配，形成更多的产出，造成资本决定经济增长的假象，其实经济体内资本总量取决于产出中用于再生产投入的部分，所谓增加意味着减少消费，减少消费不是无止境的，资本总量是有上限的，既然总量被限定而且内在要求其与增长要素必然结合，因此资本除发挥工具作用、载体作用和匹配作用等被动作用外，鲜有其他的作用，倒是资本会出现闲置或效率不高的情况，这是消费需求不足造成的。资本富裕以后，其匹配功能减弱，财富增长主要依赖于有效劳动的增加，取决于劳动者和资本所承载的人类智慧，这时的增长被转型为经济学家们所定义的内生增长或知识增长。劳动者对增长的影响取决于劳动付出和劳动智慧，劳动智慧决定劳动生产率。人类的智慧一部分由

自身承载，另一部分由资本承载，教育的作用在于其增加人类智慧，资本的作用在于其承载的人类智慧被用于生产。

假定 s 为产出中进入再生产领域的比例，K 代表累积物质资本，I 代表新增投资，δ 代表折旧和浪费，Y 代表产出，那么经济增长率可表示为 g＝I/K。哈罗德认为投资是产出的一部分，而且保持固定的比率，于是增长率变成了 g＝sY/K，这一表达式没有显性表达劳动这一根本因素，因而也就无所谓资本与劳动可替换的问题，在不考虑技术进步的情况下，均衡时资本产出比率就变成了一个常数 v，于是经济增长率表达式就变成了 g＝s/v，这就是经典的哈罗德—多马模型。

索洛注意到了哈罗德—多马模型中没有彰显劳动的缺陷，以及其隐含了劳动和资本是不可替换的假设，认为增长模型应该既要表达资本的作用又要表达劳动的作用，这样两要素生产函数便成了一个合适的选择。于是，劳动被引入生产函数，便形成了索洛—斯旺模型。增长率的稳态表达式就变成了：

$$g = sF(L, K)/K = sF(1, K/L)/(K/L) = sf(k)/k = n \tag{1}$$

其中，k 为资本劳动比率，n 是人口增长率。经济增长取决于人口增长率这样一个外生变量是一个非常不愉快的结果。这说明生产函数模型和收益递减的论断是存在问题的，实际上资本劳动两要素作为生产要素在一定范围内也只是部分可替换的，而从各自对增长的职能属性来讲，两个因素不能说是可替代的，资本的作用被高估了。对此，经济学家 Eisner 于 1958 年在《经济周刊》上就提出过质疑，指出有必要对增长模型进行修正，索洛自己也早就注意到这一模型反凯恩斯刚性的问题，戏称如果有其他理论提供更好的"工具"，他将放弃使用现有的这种"工具"。

相对解释作用较强的内生增长模型，主要是强调了社会分工、知识外溢等发挥的作用，其本质是人的劳动生产率的提高，既然禀赋资源之外的财富都是由劳动者的劳动创造的，那么有效劳动必然是财富增长的源泉，这样以劳动力素质为核心的模型是不是具有更好的解释效果呢？

早期版本的哈罗德—多马模型曾有过一种解释就是：

$$Y = F(L, K) = \min\{AK, BL\} \tag{2}$$

式（2）中暗示劳动和资本不可替代，当资本是限制性因素时，模型变成了：

$$Y = AK \tag{3}$$

这就是所谓的 AK 模型（资本决定论）。当劳动成为制约因素时，增长模型就变成了：

$$Y = BL \tag{4}$$

其实，这两个模型可以理解为生产函数模型的两个特例，生产函数模型的一般表达式为：

$$Y\, AK_\alpha L_\beta, \quad 1 > \alpha > 0, \quad 1 > \beta > 0 \tag{5}$$

$$\frac{\partial Y}{\partial K} = \alpha AL^\beta/K^{1-\alpha}, \quad \frac{\partial Y}{\partial L} = \beta AK^\alpha/L^{1-\beta} \tag{6}$$

$$\alpha = \frac{\partial Y}{\partial K}/\frac{Y}{K}, \quad \beta = \frac{\partial Y}{\partial L}/\frac{Y}{L} \tag{7}$$

由式（6）和式（7）推知，当劳动力足够富裕时，劳动的增长弹性会趋于 0，这时模型就变为资本增长模型，当资本足够富裕时，资本的增长弹性趋于 0，这时模型就变成了劳动产出模型。

在资本核心时代初期，学者们认为劳动力是过剩的，稀缺的资本是增长的限制因素，因此经济增长是一个 AK 模型。但当资本趋于富裕，劳动发挥更大的作用时，即使把资本 K 拓展到包含已投入计量的人力资本的所有资本，资本模型也不能反映经济增长的实际。增长的本质是有效劳动的增加和再生产投入的增加，劳动者素质决定着有效劳动从而决定着经济增长，有理由设想合理的增长模型应是一个劳动者劳动效率提高的模型。在开放且发达的经济时代，尤其是在资本核心的时代逐步被知识经济时代所取代的今天，制约经济增长的因素往往是劳动者的有效劳动，即劳动者的劳动素质，因此本文选择劳动力特别是创新型劳动力起主宰作用时的产出模型，也就是劳动力产出模型。模型（4）忽略了禀赋资源的作用，本文认为模型应修正为：

$$Y = Y + B_0(l, e)L \tag{8}$$

其中，Y 表示禀赋资源，B_0 代表劳动生产率，l 代表劳动力素质，L 代表劳动力，代表智慧因素，e 代表激励因素。若忽略禀赋资源财富的影响，于是经济增长率表达式就变成了：

$$g = sBL/K = sB/k \tag{9}$$

增长率与劳动力素质正相关，与资本劳动比负相关，要保证经济增长必须通过提高劳动力素质以抵消资本劳动比提高的负面影响。劳动力产出模型克服了两要素生产函数模型的缺陷，由于突出了有效劳动的决定作用，能把内生增长的一些观点（如"干中学"、"增长的收益"等）通过生产效率包容其中，加之没有否定资本的作用，与边际递减等资本效益概念也是并行不悖的，与罗默（1990）"经济规模不是经济增长的主要因素，而人力资本的规模才是至关重要的"的观点也比较吻合，基本克服了技术进步的产生及在其他模型中的问题。模型（8）与 AK 模型相比，劳动力和资本角色作了转换，突显了劳动力的作用。尽管模型中资本没有被显性表达，但资本的重要性也是不言而喻的，只不过在这里体现的是被当作产出增加的一种必须的工具罢了。有效劳动的形成取决于劳动力自身的素质，取决于资本承载的劳动者智慧的高低，取决于激励和摩擦阻力向着有利于有效劳动形成的方向的诸多影响因素，其中劳动力素质是根本的、决定性的因素。

（二）劳动力素质在新模型中的作用体现

劳动力素质指的是劳动者的可用知识（Useable Knowledge）水平及获取和运用知识的能力，其一部分是与生俱来的，另一部分则是后天学习和劳动积累的。教育是提高劳动力素质的主要方式，是劳动者素质提高的根本途径。下面就教育、劳动力素质提高与经济增长的关系进行推导。

劳动力通过受教育过程为自身累积基础知识和训练基本技能，提高自身素质，教育是创新的量变过程。为了说明教育的作用，本文用受教育年限衡量受教育的程度，设定创新与受教育年限成正比，而创新使经济成比例增长，由此推导教育与经济增长的关系。为此把教育分为基础教育和技能教育，并且创新对应的是技能教育，是知识累积的升华。假设从事研发的劳动力均值是 $\hat{n}$，普通工为 n，那么技能工为 $L-\hat{n}-n$。普通工对应的是受过基础教育的劳动者，技能工对应的是受过高等教育的劳动者，普通工和技能工是相对稳定的，创新人员是技能工当中的一部分，具有随机性。为使模型满足劳动力边际增减的规律，将劳动力加入弹性系数 α，α>0，使模型一般化，根据上一节的讨论，在这样的假设条件下，增长函数就变成了：

$$Y = B_1 n^\alpha + B_2 (L - \hat{n} - n)^\alpha \quad (10)$$

B_1，B_2 分别代表普通工和技能工的产出效率。令：

$$Y_1 = B_1 n^\alpha \quad (11)$$

$$Y_2 = B_2 (L - \hat{n} - n)^\alpha \quad (12)$$

将式（5）、式（6）两边取对数，得到：

$$\ln Y_1 = \ln B_1 + \alpha \ln n \quad (13)$$

$$\ln Y_1 = \ln B_1 + \alpha \ln (L - \hat{n} - n) \quad (14)$$

得出产出的增长率等于劳动生产效率的增长率，经济要增长必须提高劳动生产率。

假设每次创新成功之后产出都分别有 γ_1，γ_2 比例的提高，于是 $\tau+1$ 次创新后的产出分别为：

$$Y_{1,\tau+1} = \gamma_1 Y_{1,\tau} \quad (15)$$

$$Y_{2,\tau+1} = \gamma_2 Y_{2,\tau} \quad (16)$$

由式（9）和式（10）两边取对数得到：

$$\ln Y_{1,\tau+1} = \ln Y_{1,\tau} + \ln \gamma_1 \quad (17)$$

$$\ln Y_{2,\tau+1} = \ln Y_{2,\tau} + \ln \gamma_2 \quad (18)$$

增长率每创新一次都有新的提高。由于每次创新是随机的，假设服从参数为 $\lambda \hat{n}$ 的指数分布，另假设单位时间内创新的次数服从普阿松分布，$\varepsilon(T)$ 是创新次数变量，于是：

$$\ln Y_i(T+1) = \ln Y_i(T) + \varepsilon(T) \ln \gamma_i \quad (19)$$

因 $\varepsilon(T)$ 服从参数 λn 的普阿松分布，故移项得期望值为：

$$E[\ln Y_i(T+1) - \ln Y_i(T)] = \lambda \hat{n} \ln \gamma_i \quad (20)$$

该等式右边是稳态平均增长率，它是一个与研发劳动力投入、创新力度成正比的变量。于是得到劳动力素质表示的增长率：

$$g = \frac{n \lambda \hat{n} \ln \gamma_1 + (L - \hat{n} - n) \lambda \hat{n} \ln \gamma_2 + 0 \hat{n}}{L} \quad (21)$$

整理得到：

$$g = \frac{n \lambda \hat{n} \ln \gamma_1 + (L - \hat{n} - n) \lambda \hat{n} \ln \gamma_2}{L} \quad (22)$$

式（22）表达体现了劳动力素质对增长的直接作用。由此也可以看出，增长与研发投入人数具有负向函数关系，与研发成果正向相关，因此需要对研发人数和非研发劳动力进行匹配。

至此，放弃以资本为核心的劳动力素质增长模型就已经建立起来了，经济增长是劳动者有效劳动的增加，研发与创新提升了有效劳动的数量，促进了经济增长，而教育提高了劳动力素质，为创新积蓄了能量。

四、实证分析

（一）数据来源及原理

为研究教育与增长的关系，巴罗（Barro）采用了世界上一百多个国家的面板数据进行回归，考虑到男性占就业主体这样一个现实，采用了 25 岁以上男性受教育年限和未被解释的因素的增长率两个指标，回归得出的结果是受教育年限每增加一年，增长率会提高 1.2 个百分点。本文参考 Barro 和 Lee（1993）的指标，选取代表经济增长的人均 GDP 和代表教育发展的人均受教育年限两个指标来检验教育与经济增长的关系，验证劳动力素质增长模型的可靠性，文章没有选择高等教育毛入学率和每万人口中受大学教育人数等指标，显然这些指标与人均受教育年限关联性非常强，不是教育发展的独立变量。实证检验数据来源于《中国国家统计年鉴》（1999~2009 年）。

教育发展首先改变的是生产效率，从中国经济社会发展的数据可以得到经验证明，如表 1 所示。通过对比可以看出劳动生产率与劳动力受教育年限有着相同的变动趋势，说明两者密切关联。

表 1　中国的出生率统计、劳动投入和教育水平（1952~2003 年）

年份	毛出生率（千人）	人口中劳动年龄人口比重（%）	就业人口比重（%）	15 岁及以上人口的平均受教育年限	中国 GDP 增长率（%）
1952	37.0	51.7	36.4	1.70	1
1978	18.3	53.6	41.9	5.33	3.24
2003	13.0	69.5	49.7	10.20	9.87

注：由于篇幅所限，只是摘录其中一部分数据。根据国际上劳动者受教育程度与收入关系的经验，将小学教育的权重定为 1，中学教育的权重定为 1.4，高等教育的权重定为 2。

资料来源：统计资料根据国家统计局年鉴数据整理所得。

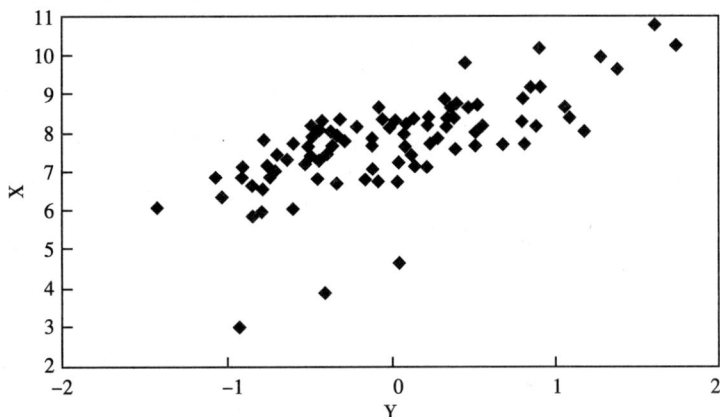

图 1　中国受教育年限与人均 GDP 对数关系散点图

中国教育发展与经济增长的关系如图 1 所示，基本可以判断，人均 GDP 对数和人均受教育年限存在着递增的函数关系，为便于说明问题，本文按线性关系进行检验。鉴于上一节推导的劳动产出模型是 Y=BL（不考虑禀赋资源，激励因素 e 理解为是一个常数，劳动力用全部人口代替），将等式两边同除以 L，得：

$$\frac{Y}{L} = B \tag{23}$$

B 代表劳动生产率，从前面的分析知道创新可以使其按比例增长，受教育年限与创新有着很好的对应关系，不妨设劳动生产率也随受教育年限按比例增长，也就是存在指数型的函数关系，若劳动生产率初始值是 B_0，劳动生产率随受教育年限年提高比例仍记为 γ，则：

$$B = B_0 \gamma^\ell \tag{24}$$

将式（24）代入式（23），两边取对数得：

$$\ln \frac{Y}{L} = \ell\ln\gamma + \ln B_0 \tag{25}$$

简化得到表达式：

$$\ln y = ax + c \qquad (26)$$

（二）实证分析

运用 Eviews 软件，将年鉴中 1999 年、2003 年和 2007 年 3 个年度的 31 个省市人均 GDP 共 93 个样本剔除通胀因素后取对数和受教育年限进行线性回归得到方程 1；增加 2000 年、2004 年、2006 年数据，将样本扩充到 186 个，回归得到方程 2。结果如表 2 所示。

表 2　面板数据回归结果

变量	回归方程 1 系数	回归方程 2 系数
X	0.379854	0.374888
	(9.165763)	(12.75297)
C	−2.926926	−2.887153
	(−9.078294)	(−12.54193)
Adjusted R−squared	0.474319	0.466302
F 统计量	84.01121	162.6383

以上回归结果表明，随着数据的增多，方程系数只有微弱改变，这表明建立的模型是稳定的模型，但是随着数据的增加，F 统计量明显增加，说明方程 2 要优于方程 1，趋于稳定。为此，我们根据方程 2 的回归结果进行分析。方程 2 为：

$$y = e^{0.38x - 2.89} \qquad (27)$$

t 检验统计值分别是（12.75）和（−12.54），通过检验。

整理式（27），劳动力产出模型变为：

$$Y = Le^{0.38\ell - 2.89} \qquad (28)$$

将模型一般化，加入劳动力产出弹性，则模型变为：

$$Y = L^{\alpha}e^{0.38\ell - 2.89} = L^{\alpha}B$$

其中，$B = e^{0.38\ell - 2.89}$　$\alpha > 0$ 　(29)

于是，得到了中国的以劳动力素质为核心的教育与增长关系模型。

对式（28）分析得到：产出与受教育年限有着很强的关系，在知识经济时代受教育年限是劳动生产率的主要决定因素，劳动力和劳动力素质决定着产出的大小，只是拟合度略小一些。这是因为实证所采用的数据是资本还不十分充裕时的数据，是因为劳动生产率除受教育年限和激励因素的影响之外，禀赋资源财富还发挥着不小的作用等因素使然。

需要说明的是，当数据样本有显著变化时，模型保持稳定，说明增长与受教育年限有着较为稳定的结构性函数关系。

五、结论与问题

文章通过劳动力素质对教育与增长的关系从新的视角进行了论证，教育的作用主要是提升劳动力素质，通过基础教育使普通工和技能工掌握最大化现有产出所需知识和本领，通过技能教育使技能工中从事研发的人员获得通过创新促使产出升级的能力。这使得教育支撑创新和创新推动增长有了明晰的线路图。据此，本文建立了一个通过劳动力素质解释教育与经济增长关系的新模型。该模型绕开了对人力资本概念的纠缠以及计量方法和数据的局限性，突出了劳动力素质和劳动者能动性的核心作用。文章还通过对中国教育发展与经济增长的数据进行回归检验，验证了教育与增长之间存在关系的稳定性，揭示了教育是经济增长的原因所在，以及二者之间所存在的密切的相互关系，也从一个新的角度解释了优先发展教育的必要性。

本文放弃了资本核心的评价方法，目的是想说明教育对增长的贡献可以通过建立新的模型进行刻画，并且可以绕过人力资本概念进行直接评价。文章没有把对劳动者的投入视做人力资本，也没有通过测算人力资本对增长的贡献来说明教育的作用，认为对人的投入、劳动力素质及财富产出之间存在着非常复杂的作用关系，对人的经济投入是有限的，而劳动者的作用潜力似乎是不可限量的，单凭通过对人的投入来评价教育对增长的影响是不准确的。鉴于数据获取困难，本文检验采用的是平面数据，如果使用时间序列数据给出证明并考虑禀赋资源因素和激励因素的作用，对结论会增加说服力。受教育年限也未包括"干中学"折合的时间，如果考虑这方面的因素，本模型与实证数据的拟合效果应该会更好。

［参考文献］

［1］李富强、董直庆、王林辉：《制度主导、要素贡献和我国经济增长动力分配的分类检验》，《经济研究》，2008 年第 4 期。

［2］高素英等：《人力资本与区域经济增长的相关性研

究》，《经济与管理研究》，2010 年第 1 期。

[3] 梁军：《教育发展对中国经济增长影响的实证分析》，《教育学报》，2009 年第 1 期。

[4] 王宇、焦建玲：《人力资本与经济增长之间关系研究》，《管理科学》，2005 年第 1 期。

[5] 聂江：《人力资本不平等与经济发展的协整性及因果分析》，《统计观察》，2006 年第 6 期。

[6] 杨俊、李雪松：《教育不公平、人力资本积累与经济增长：基于中国的实证研究》，《数量经济技术经济研究》，2007 年第 2 期。

[7] 安格斯·麦迪森：《中国经济的长期表现》，上海人民出版社，2008 年。

[8] 李广培、董佳玮、陈细红：《教育投入对福建经济增长贡献率的实证分析》，《工业技术经济》，2010 年第 3 期。

[9] Aghion P., Howitt P. Endogenous Growth Theory. Cambridge, MA: MIT Press, 1998.

[10] Barro T., Lee J. W. International Data on Education Attainment: Updates and Implications. Oxford Economic Papers, 2001 (3): 541-563.

[11] Cohen D., Soto M. Growth and Human Capital: Good data, Good Results. Journal of Economic Growth 2007 (12): 51-76.

[12] Gibson J., Oxley J., Les O. A Forward-looking Measure of the Stock of Human Capital in New Zealand Treasury, 2006, 74 (5): 593-609.

第十五章　公共危机管理

于　鹏　马　忻

自 2003 年"非典"事件以来，我国关于公共危机管理的理论研究开始成为热点领域。目前，国内关于公共危机管理领域的研究表述多以"公共危机管理"、"应急管理"、"突发事件管理"、"风险管理"等概念形式存在。在实践中，我国政府在"非典"事件之后，围绕"一案三制"（应急预案，应急管理体制、机制和法制）建设，初步形成了具有中国特色的公共危机管理体系。本章在对 2003~2010 年我国公共危机管理的理论研究成果进行简单归类梳理的基础之上，重点解析 2011 年我国公共危机管理的理论进展、实践创新，并列举相关代表性成果。

第一节　理论进展

我国公共危机管理研究，依据研究主题和程度，大致可分为三个阶段：①2003 年以前，是公共危机管理研究的萌芽时期，主要集中在部门应对、单项应对突发事件的公共危机管理研究方面。②2003~2007 年，是公共危机管理研究快速发展的时期，表现为研究著作和论文呈现"井喷"态势，数量剧增。同时，以 2006 年底国务院应急管理专家组的成立为标志，可将其前后划分为两个小阶段，前半阶段主要是受"非典"事件影响，公共危机管理研究主要集中于危机的生命周期等方面的整体介绍，后半阶段开始横向研究并拓展到具体领域。③2008 年以后，是公共危机管理研究进入质量提升时期，这不仅表现在研究公共危机管理专题方面，还表现在研究公共危机管理整体框架方面，内容覆盖面更加全面且较为深入。①

通过对 2011 年我国公共危机管理领域的研究

文献进行梳理，以下从公共危机管理过程、公共危机管理的"一案三制"建设、公共危机治理、专项公共危机管理、公共危机管理的国际比较五个模块分别予以分析，并总结 2011 年我国公共危机管理理论进展的主要特征。

一、公共危机管理过程

公共危机管理过程包括公共危机管理的预防与准备、公共危机管理的处置、公共危机管理的重建与恢复、公共危机管理的评估四个阶段。

（一）公共危机管理的预防与准备

近年来，社区作为部分社会职能的承担者和社会资源的主要承载者，其在公共管理中的基础性作用正日益显现。作为现代城市公共治理系统末梢的社区的应急功能的发挥，直接延伸和扩展着政府的危机管理能力，对社会的整体危机管理具有重要的基础性意义。闪淼和华学

---

① 高小平、刘一弘：《我国应急管理研究述评》（上），《中国行政管理》，2009 年第 8 期。

成（2011）① 基于协同性理论、公民社会和治理理论及当今国内外的实践经验，对社区应急准备进行了研究。他们认为，对社区进行脆弱性评估是社区应急准备的必要前提，而社区居民的应急准备现状和社区应急工作的组织现状是脆弱性评估的重点，它们直接决定着社区的应急能力。在整个应急准备的机制中，应急计划是其核心环节。应急计划的过程是由成立计划小组、定义计划、潜在问题分析、资源分析、描述任务与责任、发展策略与系统构成的一个需要不断调整的动态过程。为了提高社区应急准备的整体绩效，提倡构建基于多层 PDCA 循环模式的社区应急准备体系。他们通过调查还发现在应急资源的投资问题上，社区与居民、居民与居民之间互有博弈。

加强应急管理科普宣教工作、建立应急管理科普宣教体系、有效提高科普宣教水平是加强应急管理工作的切入点和着力点之一，是全面提升应急管理水平的重要的基础性工作。高小平、刘杰和刘一弘（2011）② 立足于我国应急管理工作的新特点、新形势，分析了加强应急管理科普宣教体系建设的重要意义，对我国应急管理科普宣教工作现状进行了评估，查找剖析了存在的问题及其原因。他们提出建立我国应急管理科普宣教体系的框架应该包含五个方面：制度体系、内容体系、工作体系、人才体系和保障体系，并进行了具体论述。

（二）公共危机管理的处置

在公共危机管理的处置过程中，应急指挥是重要的环节之一。传统应急指挥方式受指挥者信息获取、整合、传播条件的限制，具有诸多缺陷。程玥和马庆钰（2011）③ 对美国"9·11"事件之后将全息指挥与协同应急进行有机结合的做法予以分析，提出了全息指挥是对传统应急指挥模式的突破，它基于应急效率对于应急信息的直接依赖性，利用成熟的网络技术和音频与视频技术，开发具有立体全面、实时直观、信息共享、准确高效等特点的全息指挥平台。借助全息指挥平台，

应对突发灾难事件的有关各方可以更容易建立联合指挥与协同应对的合理机制，克服应急过程中越级指挥、多头指挥和无序指挥等较为普遍的问题，促进资源整合，优化应急流程，提高应急水平。

对于应急指挥而言，建立何种模式的指挥体系将是关系到应急处置效果的关键所在。宋劲松和邓云峰（2011）④ 对我国"5·12"汶川地震和"4·14"玉树地震中的应急组织指挥体系进行了研究，并指出我国已开始形成了"统一指挥，属地管理为主"的指挥模式、"四位一体"的联合指挥模式、多级政府指挥部模式、分区指挥模式，但在突发事件应急指挥部组织结构、职能分工、管理幅度、扩展与缩减方式等方面还有待完善。通过借鉴美国、德国和日本的经验，他们建议我国制定专门的"突发事件应急组织指挥条例"，指导各类突发事件应急指挥部的设立与运转；在一元化指挥原则下，明确区分应急组织指挥体系中现场应急指挥部与协调保障机构；统一规范各类应急组织指挥机构的组织结构，规定合理的管理幅度；完善应急指挥协调程序，规范多级政府应急指挥部之间的关系。

经济动员是应急救援中的关键活动，直接影响着救援效果。殷旭东（2011）⑤ 通过借鉴企业管理中的流程再造理论，提出对灾害救援中的经济动员流程进行再造与重构，这不仅有利于提高应对自然灾害和突发事件的能力，而且对提升战时经济动员的能力也具有重要意义。他认为，运用流程再造理论改造灾害救援中的经济动员行动，应遵循有效性、保障性、平稳性、彻底性等原则，并提出了灾害救援中经济动员流程再造的主要内容：建设适应灾害救援的经济动员组织机制；重视经济动员数字化、信息化建设，设计经济动员信息的无缝对接程序；综合运用行政、经济、法律手段，促使灾害救援经济动员流程顺利进行；在稳定的工作流程基础上，提升流程自我检讨更新能力，保持经济动员流程的最佳运行状态。

① 闵兢、华学成：《公共危机治理视域下的社区应急准备》，《学海》，2011 年第 4 期。
② 高小平、刘杰、刘一弘：《建设我国应急管理科普宣教体系》，《中国应急管理》，2011 年第 5 期。
③ 程玥、马庆钰：《构建全息指挥与协同应急新模式》，《中国行政管理》，2011 年第 5 期。
④ 宋劲松、邓云峰：《我国大地震等巨灾应急组织指挥体系建设研究》，《宏观经济研究》，2011 年第 5 期。
⑤ 殷旭东：《灾害救援中经济动员的流程再造》，《中国行政管理》，2011 年第 6 期。

（三）公共危机管理的重建与恢复

在公共危机管理的重建与恢复过程中，恢复政策的设计和执行问题将直接关系到重建与恢复的结果。董晓松、郭伟和赵星（2011）[1]选取"5·12"汶川地震后某村的农房恢复重建作为案例，考察了危机恢复管理中政策执行、政策依从问题与基层民主治理之间的关系。他们认为，由于政府决策的专家型思维与村民社会价值观的尖锐冲突，政策执行模式的单向性与公民选择背景的复杂性无法调和等，导致危机恢复政策执行的扭曲。研究结果表明，为了提升政策依从度，加速处于危机中的社会恢复，政府必须采取整合协商式政策执行模式，引导社会公众不断革新与完善治理机制，通过宣教提升政策执行者、协助者与客体的人力资本。研究同时发现突发危机这个外在动因催化了基层民主治理机制，但其长效性必须建立在不断完善的法制、机制建设的基础上。

对口支援灾区是在我国政治生态环境中萌芽和发展起来的一项中国特色的政策模式。随着这一政策在实践中的不断发展和广泛应用，对口支援的内涵和形式也在不断丰富，发展成目前的三种主要政策模式，即对边疆地区对口支援、对重大工程对口支援、对灾害损失严重地区对口支援。钟开斌（2011）[2]采取历史分析方法，探讨了对口支援灾区政策产生、发展和变化的全过程，并将该过程划分为探索与孕育（新中国成立至1977年）、提出与起步（1978~1998年）、巩固与提高（1998~2008年）、扩大与持续（2008年以来）四个阶段。进入21世纪后，我国对口支援灾区政策在规模上、内容上、机制上、投入上和时间上都有了新的飞跃，覆盖领域从自然灾害拓展到了突发公共卫生事件。

（四）公共危机管理的评估

苗兴壮（2011）[3]通过运用控制论的分析方法将公共危机管理的各种影响因素进行综合，概括出一个决定公共危机管理效果的综合绩效模型。将该模型中的各种因素综合起来，可以将决定公共危机应急管理效果的因素归结为四个主要的方面：①法律法规广泛地影响着公共危机应急管理的各个方面和环节，从而影响到危机预警和应急的效果。②专门的组织机构是信息搜集、处理和实施控制的主体，是社会系统采取应急行动的指挥中枢，它的运行情况受多种因素的影响，同时直接影响到公共危机应急管理的效果。③公众支持是重大公共危机应急中不可缺少的力量，可以提高控制的实施力度，提高应急效果。④资金和物资的保障是取得良好的危机管理效果的必要条件。运用该模型可以对现有的公共危机管理系统加以分析，从而提出改进的对策。

蒋小杰和李念峰（2011）[4]从全过程评估的角度设计了公共卫生危机管理预防能力评估的指标体系，评估的指标可以分别从事前、事中和事后三个阶段构建，每一阶段都包括制度、机构和信息三个层面的细化指标。该指标体系中的评估指标在应用中需要注意三个问题：注意处理好对指标价值判断与理性分析之间的关系、防止评估过程中评估对象的错位、处理好预防能力评估与公共卫生危机管理其他环节评估的关系。

国际社会的公共安全评估框架在不断发展之中，从单独的"脆弱性"视角或"能力"视角进行公共安全评价到形成较为完善的公共安全评价的"脆弱性—能力"综合视角，大体经历了三个过程。朱正威、蔡李和段栋栋（2011）[5]研究了在"脆弱性—能力"综合视角下公共安全评价的主要研究内容：公共安全基本态势研究、公共安全的风险特征因素及防控的薄弱环节识别、公共安全的演化趋势及演化机理研究；公共安全的系统动态评价，并在此基础上提出了"脆弱性—能力"综合评价框架的范式与应用。"脆弱性—能力"综合视角的评价框架研究，把质性研究与定量方法相结合，从脆弱性和应对能力综合的视角出发，通过引入系统动力学，提出了一种公共安全与公

　① 董晓松、郭伟、赵星：《危机恢复管理中的执行模式与政策依从——以公民议事为解决方案的案例研究》，《中国行政管理》，2011年第10期。

　② 钟开斌：《对口支援灾区：起源与形成》，《经济社会体制比较》，2011年第6期。

　③ 苗兴壮：《公共危机管理系统的静态要素分析》，《学术论坛》，2011年第3期。

　④ 蒋小杰、李念峰：《公共卫生危机管理中预防能力评估指标体系研究》，《云南行政学院学报》，2011年第6期。

　⑤ 朱正威、蔡李、段栋栋：《基于"脆弱性—能力"综合视角的公共安全评价框架：形成与范式》，《中国行政管理》，2011年第8期。

共危机管理动态评价的新思路，构建了一个公共安全与公共危机管理的动态评价和识别框架，为公共安全评价工具和方法提供新的视角和前提。

马建华和陈安（2011）[①]对应急管理评价的国内研究进展进行了文献梳理，并从事前评价、事中评价和事后评价三个方面进行了分析：事前评价的文献梳理涵盖了风险评价、脆弱评价、应急能力评价三个维度；事中评价的文献梳理涵盖了演化评价、破坏性评价、救援性评价三个维度；事后评价的文献梳理涵盖了损失评价、衍生评价、绩效评价三个维度。

张欢和任婧玲（2011）[②]利用在玉树地震重灾区结古镇入户调查数据对玉树地震灾后救助政策的效果进行了评估。基于生活质量的分析框架，评估从几个方面展开：生活质量的总体评价、家庭经济状况的评价、灾后居住条件的评价、灾后生活水平的评价、医疗和健康状况的评价、文化生活条件和信息沟通条件的评价、安全的评价、未来生活信心的评价。研究结果发现，各级政府的多种灾后救助政策确保灾区群众的生活质量达到了基本水平，但灾区群众对自己未来的生活信心仍不足。

为了从源头上预防和消除各种不稳定因素，保持社会和谐稳定，各级地方政府在重大事项社会稳定风险评估制度建设方面作了不同程度的探索，取得了显著成效。但这一制度在实践探索中存在很多问题，影响了社会稳定风险评估工作的开展。为了更好地推进重大事项社会稳定风险评估工作，董幼鸿（2011）[③]提出了完善社会稳定风险评估制度的思路和对策：提高对重大事项社会稳定风险分析与评估制度的思想认识；完善社会稳定风险评估相关的法律法规体系，规范风险评估的过程和内容，为社会稳定风险评估工作推进提供制度保障；明确将公众参与和社会调查纳入社会稳定风险分析评估的工作程序，满足公众的知情权和参与权，增强公众对重大事项决策的认同度；明确独立第三方作为社会稳定风险分析评

估的主体，提高社会稳定风险评估的权威性；完善风险评估的指标体系，改进评估技术，提高稳定风险评估的科学性；加强对稳定风险评估工作的监督与考核，完善社会稳定风险评估的问责体系。

二、公共危机管理的"一案三制"建设

自 2003 年"非典"事件之后，我国政府开始构建以"一案三制"为核心的应急管理体系。经过 9 年的建设和努力，该体系已基本成型。

（一）应急管理预案建设

近年来，我国应急预案体系建设的推进速度很快，从发布《国家突发公共事件总体应急预案》到应急预案"进社区"、"进农村"、"进企业"、"进学校"，已基本实现了"纵向到底、横向到边"的框架体系。目前，我国应急预案工作已由"从无到有"的体系建设开始转向"从有到优"的优化管理新阶段。

虽然我国的应急预案体系已基本成型，进入常态管理阶段，但运行绩效仍有待提高。张海波（2011）[④]研究认为，我国应急预案体系运行绩效的约束因素既有内部因素，如风险识别不充分、基础数据不扎实、类属关系不严格等，也有外部因素，如应急体制、机制、法制的不完善和认知偏差、经验偏好等。与此相应，我国应急预案体系的管理优化应秉承整体优化、持续优化与科学优化的思路，亟待建立应急预案管理制度，健全完善应急预案体系，建立完善风险与资源数据库，加快相关应急体制、机制与法制的配套建设，提升应急预案综合演练实效。

（二）应急管理的体制、机制和法制建设

刘霞和严晓（2011）[⑤]对我国应急管理"一案三制"建设的现状及存在的问题进行了研究，并在此基础上提出当前我国应急管理"一案三制"建设的现实选择：①在法制建设方面，应健全高位阶应对法为龙头的应急法律体系；重视紧跟下位阶程序法为依托的应急法规执行；建立同位阶状态法为序列的应急法制框架。②在体制建设方

① 马建华、陈安：《应急管理评价国内研究进展》，《电子科技大学学报》（社会科学版），2011 年第 5 期。
② 张欢、任婧玲：《玉树地震灾后救助政策效果评估——基于生活质量分析框架》，《中国应急管理》，2011 年第 1 期。
③ 董幼鸿：《重大事项社会稳定风险评估制度的实践与完善》，《中国行政管理》，2011 年第 12 期。
④ 张海波：《中国应急预案体系的运行机理、绩效约束与管理优化》，《中国应急管理》，2011 年第 6 期。
⑤ 刘霞、严晓：《我国应急管理"一案三制"建设：挑战与重构》，《政治学研究》，2011 年第 1 期。

面，应转向由全主体（包括政府体系内部的所有相关职能委办局、也包括政府之外的所有社会主体和企业组织及国际机构）、针对全威胁要素（建立在科学的风险识别技术发现和确认的威胁）、进行全过程（减缓、准备、响应和恢复）的应急管理；培育和发展全社会的应急管理的合作网络。③在机制建设方面，应做到分级管理，重心下移；同时做到分类管理，"条块"结合。

闪淳昌、周玲和钟开斌（2011）[①] 在总结我国过去应急管理机制建设过程的基础上，围绕着机制建设这一核心问题，对应急管理体制与机制的含义及其关系进行了重点分析，并依此提出深化与完善我国应急管理机制建设工作的总体思路：以应急机制建设为重点，推动我国应急体系建设；各地各部门在全面展开机制建设工作的基础上，按照分层分类的原则，有重点、有步骤地开展应急管理机制建设；规范机制的形成程序，推进机制的标准化、规范化与制度化建设；坚持以人为本，落实各级政府应急机制建设的责任制。

郑功成（2011）[②] 认为，灾情已经成为十分重要的国情，灾害问题正在成为严重的经济问题、社会问题乃至政治问题，并日益深刻地影响着国家和地区的发展。因此，特别需要将综合防灾减灾上升为国家战略，用新的发展理念来指导防灾减灾实践，同时设定国家防灾减灾战略目标，通过举国动员、理顺体制、优化投入及其他有效措施来实现防灾减灾目标。

应急管理体系是指国家层面处理紧急事务或突发事件的行政职能及其载体系统，是政府应急管理的职能与机构之和。邱霈恩（2011）[③] 从三个方面提出如何构建科学的应急管理体系：①建设科学、合理、效能的国家应急职能体系。②建成一个以大部门制为基本特点的应急管理主干机构体系。③打造一个系统完备、集中高效、统一实施的专项应急处置机构体系。

金太军（2011）[④] 从政府公共危机管理失灵的

视角提出了我国应急管理体制建设的路径。频发的公共危机让人类步入了"风险社会"。然而，现行的基于常态公共事务管理的政府管理理念、管理体制和管理方式，制约了政府公共危机管理的绩效，甚至形成政府公共危机管理的低效或"失灵"的"路径依赖"。这集中表现为，基于传统"人治"理念治理风险社会的公共危机，使政府"进退失据"；基于现行官僚体制治理风险社会的公共危机，形成"有组织的不负责任"局面；基于垄断式管理模式治理风险社会的公共危机，使政府"力不从心"。鉴于此，金太军提出化解政府公共危机管理失灵的三条基本路径是：更新危机管理理念、重塑官僚体制、引入"协作"治理体系。

三、公共危机治理：跨区域协同、跨部门协调与多元参与

自2003年"非典"事件之后，我国政府的公共危机管理实践实现了历史性跨越，尤其是在2008年汶川地震之后，正经历从传统到现代、从经验到科学、从被动到主动、从自发到自觉的重大转型。在转型的过程中，公共危机管理的跨区域协同、跨部门协调以及多方主体参与的公共危机"治理"模式正成为学术界和实践界越来越关注的议题。

（一）多元参与的公共危机治理

在汶川地震之后，一种以政府为主导，党、政、军、民全社会万众一心、共同参与的举国救灾模式，第一次通过中外媒体全方位地展现在世人面前。人们开始反思以汶川地震应对为典型代表的应急管理"中国模式"是否具有全球推广性。如何准确认知汶川地震以及中国应急管理体制建设中的制度演进，将是一个更为深入、全面的路径。因此，张强、陆奇斌和张秀兰（2011）[⑤] 通过研究团队三年多来针对汶川地震应对的全景式实证性研究，并结合中国应急管理系统建设发展的

① 闪淳昌、周玲、钟开斌：《对我国应急管理机制建设的总体思考》，《国家行政学院学报》，2011年第1期。
② 郑功成：《国家综合防灾减灾的战略选择与基本思路》，《华中师范大学学报》（人文社会科学版），2011年第9期。
③ 邱霈恩：《构建科学的应急管理体系》，《行政管理改革》，2011年第6期。
④ 金太军：《政府公共危机管理失灵：内在机理与消解路径——基于风险社会视域》，《学术月刊》，2011年第9期。
⑤ 张强、陆奇斌、张秀兰：《汶川地震应对经验与应急管理中国模式的建构路径——基于强政府与强社会的互动视角》，《中国行政管理》，2011年第5期。

历史性回顾揭示出相应的挑战和机遇，引入国家与社会互动的理论框架对汶川地震以及中国应急管理体制建设中的制度演进进行剖析，试图探索一个基于强政府与强社会互动的分析视角和发展路径。他们认为，基于国家与社会互动的理论框架，在灾害发生阶段，应急管理体系表现为从"强国家—弱社会"状态变为"弱国家—弱社会"状态；在应急救援阶段，应急管理体系表现为从"弱国家—弱社会"状态变为"弱国家—强社会"状态；在减灾与灾后恢复重建阶段，应急管理体系表现为从"弱国家—强社会"状态走向"强国家—强社会"或者"强国家—弱社会"状态。但是，最终的理想状态应是继续走向"强国家—强社会"状态的组合，这其中的可行路径就是增强社会抗逆力建设和政府间适应性决策模式的采用。因此，研究结论表明，从我国应急管理的体制建设而言，建立社会抗逆力建设框架，是实现从中央到地方政府有效协同并实现与社会基础单位有机融合，形成"强政府"与"强社会"共赢状态的可能路径。

社会力量参与是减灾救灾取得成效的重要保障。尽管我国目前已初步形成政府主导、社会参与、优势互补、协同配合的减灾救灾格局，但仍存在诸多问题。针对这些问题，孔新峰、褚松燕和邓名奋（2011）[①]借鉴发达国家经验，提出应在转变减灾救灾观念的同时加快配套制度建设，构建社会联动参与机制，在减灾救灾中实现社会力量全过程的参与，打造"自救、互救、公救"相结合的减灾救灾网络，即建立政府居中指挥协调，以社区、社会组织、志愿者等社会力量为神经，一点动、全线动的全社会联动参与的减灾救灾机制。

在现代社会，突发性公共事件的发生越来越频繁，对政府的危机管理能力提出了越来越高的要求。政府依靠自身建设来提高危机管理能力的做法，其成效是有限的。面对频发的突发性公共事件的挑战，改善政府危机管理能力最有效的方法是引入共治模式。方盛举（2011）[②]指出，西方原创的共治模式其预设的条件并不符合我国国情，因此必须对其进行本土化的改造。根据我国政治和社会发展的实际，我国应该依照"党委领导、政府负责、社会协同、公众参与"的要求来建构有中国特色的政府危机管理的共治模式。

游艳玲（2011）[③]以广东省为例对农村非政府组织参与应急管理的现状与影响因素进行分析。研究表明，农村非政府组织是农村应急管理的主体之一，在实践中表现出参与意愿高但主动性不强，参与类型多但效果不明显的矛盾。影响其参与应急活动的因素包括农村非政府组织的生存与发展困境、农村突发事件纷繁芜杂而应急基础建设薄弱、农村应急合作机制缺乏三个方面，其中最为关键的因素是农村非政府组织网络结构建设不力。要确立和发挥农村非政府组织在应急管理中的主体地位和作用，根本的途径是建构由农村非政府组织和政府及农村外非政府组织组成的三元互动应急网络，完善各类机制，优化应急参与流程。

贾学琼和高恩新（2011）[④]以利益相关者理论为基础，对多元参与应急管理中各行动主体的行动动力及其参与机制进行了研究。研究结果表明，有效的多元参与危机管理模式必须基于各行动主体在应急管理中拥有合理的利益。维护既定利益或者实现预期利益构成了多元参与主体的行动动力。多元应急模式必须提供有效的制度基础，来准确地界定利益相关者，合理地平衡公共利益与私人利益之间的关系，通过"议题"为导向的项目解决小组协调多元参与主体的应急行动。

王宏伟和董克用（2011）[⑤]认为，在经济转轨、社会转型的时代背景下，我国社会构成多元化、异质性特征凸显。传统的"命令型"社会动员模式所表现出的成本高昂，重救援、轻防范，重心过高，缺乏灵活性和创新性等特征，无法高

① 孔新峰、褚松燕、邓名奋：《论减灾救灾中的社会联动参与机制》，《中国行政管理》，2011 年第 9 期。

② 方盛举：《论政府危机管理的共治模式》，《云南行政学院学报》，2011 年第 6 期。

③ 游艳玲：《农村非政府组织参与应急管理的现状与影响因素分析——以广东省为例》，《电子科技大学学报》（社会科学版），2011 年第 5 期。

④ 贾学琼、高恩新：《应急管理多元参与的动力与协调机制》，《中国行政管理》，2011 年第 1 期。

⑤ 王宏伟、董克用：《应急社会动员模式的转变：从"命令型"到"治理型"》，《国家行政学院学报》，2011 年第 5 期。

效应对现代风险社会的突发事件。因此，我国必须创新应急社会动员模式，逐步实现应急社会动员从"命令型"向"治理型"的转变，从而提升突发事件的应对水平。应急社会动员模式的转变是一个渐变的过程，需要政府转变观念，也需要提升企业、社会组织参与应急管理的意识以及应急管理网络的构建。

边慧敏、林胜冰和邓湘树（2011）[1]对汶川地震灾区社会工作服务的开展情况进行了调查研究。研究结果表明，"5·12"汶川特大地震发生后，我国社会工作机构和工作者第一次大规模介入抗震救灾和灾后重建，在提升灾区自我发展、探索社会工作嵌入灾区发展的模式、推动社会工作机构的健康发展等方面取得了一些成绩。但是，灾区社会工作在合法性、保障性、长期性、规范性、有效性、发展性等方面都还存在问题，因此，应通过加强灾区社会工作的制度化建设，加大灾区社会工作的经费投入，促进灾区社会工作本土化。

（二）公共危机管理的跨部门协调

刘红芹、沙勇忠和刘强（2011）[2]在文献综述的基础上剖析了我国协调联动机制的现状。分析发现，由于我国的府际结构呈现出相对顺从的纵向关系和相对分割的横向关系的特点，因而我国应急管理的纵向协调联动状况较好，但跨区域以及跨部门的横向协调联动发展不充分。在此基础上，他们分析了我国应急管理协调联动机制存在的困境，并对甘肃陇南地震中的应急协调联动进行了个案分析。研究结果表明，基于公共危机类型的视角，我国应建立多灾种协调的管理机构；基于应急管理生命周期的视角，我国应建立全生命周期的协调联动机制；基于应急管理组织结构的视角，我国应建立网络化的协调联动组织结构。

基层综合应急救援体系建设对实现服务型政府的内在价值具有重要意义，地方跨部门协同能力在服务型政府建设的政策执行中发挥着重要的作用，甚至直接影响政策实施的成败。郑寰和燕继荣（2011）[3]通过对云南省文山州消防部队的调查研究，从协同政府的理论视角出发，探讨了文山州消防支队跨部门协同的战略设计及网络架构。文山州消防部队通过"融入式发展"的整体战略设计和应急网络结构的布局，有效地实现了地方应急公共安全服务的有效供给。在短短几年时间内，文山州在州、县、乡和部分街道、社区建立起了一套实际有效的应急体系，形成了三级甚至四级应急体系之间的信息共享和资源互助机制。在这一过程中，既重视来自地方决策层推动力的发挥，又注重内部长效激励机制的建设，还善于引导社会力量，激活应急管理的组织需求，使传统的"救火部队"变成了地方政府的"安全专家"和民众安全应急的依靠力量。总结分析文山州跨部门协同的有效机制对我国应急救援体系建设具有普遍的借鉴意义。

（三）公共危机管理的跨区域协同

沈承诚和金太军（2011）[4]研究认为，全球化和信息化背景下的公共危机类型逐渐从单一型向复合型发展，此时的公共危机管理也呈现出跨区域的特性，即"脱域"公共危机形态。"脱域"公共危机的发生将急剧改变公共管理和公共资源配置秩序，导致区域性社会运作机制中断或瘫痪。而"切割式"的现行行政区行政模式与"脱域"公共危机的逻辑错配，使"脱域"公共危机治理处于"低效"或者"失灵"状态。因此，必须以"网络式"的区域公共管理模式为平台，整合政府、市场和社会的力量，形成互动协作的公共危机治理体系，实现对"脱域"公共危机的有效治理。

在落实科学发展观与建设和谐社会的大背景下，中央政府主导下的各省级政府致力于本行政区域内的突发公共事件处置，取得了比较显著的治理成效。但金太军（2011）[5]研究认为，在跨省级行政区域重大突发公共事件处置上却存在三重困境："进退失据"困境、"有组织不负责任"困境

① 边慧敏、林胜冰、邓湘树：《灾害社会工作：现状、问题与对策——基于汶川地震灾区社会工作服务开展情况的调查》，《中国行政管理》，2011年第12期。
② 刘红芹、沙勇忠、刘强：《应急管理协调联动机制构建：三种视角的分析》，《情报杂志》，2011年第4期。
③ 郑寰、燕继荣：《基层综合应急救援体系建设中的跨部门协同——以云南省文山州消防改革为例》，《中国行政管理》，2011年第5期。
④ 沈承诚、金太军：《"脱域"公共危机治理与区域公共管理体制创新》，《江海学刊》，2011年第1期。
⑤ 金太军：《跨省应对重大突发公共事件的困境与对策》，《行政管理改革》，2011年第10期。

和"力不从心"困境。省级政府要摆脱上述困境，协调、高效应对跨省重大突发公共事件，关键是机构保障机制、法律保障机制、绩效评估机制和财税转移支付机制等相关机制的构建与完善。

四、专项公共危机管理

（一）公共卫生事件的危机管理

王高玲和别如娥（2011）[①]从社会管理的视角分析突发公共卫生事件涉及的主体，进而阐释突发公共卫生事件中政府的社会管理职能及其履行社会管理职能的内容和方式，为政府有效履行其对突发公共卫生事件的管理职能，提升其应对突发公共卫生事件的能力提供相关理论依据和建议。

詹承豫和刘星宇（2011）[②]基于政府失灵、市场失灵与合约失灵的理论基础，分析了食品安全突发事件预警中社会参与的可行性与必要性，并以"三鹿奶粉事件"为例进行了佐证。研究结果表明，我国应构建食品安全预警信息平台，保障信息交流的及时准确；加强正向激励，完善食品安全预警社会参与的激励机制；加强行业协会建设，加强新闻媒体监督力度，保障食品安全突发事件预警中社会监督力量发挥应有的作用。

（二）自然灾害的危机管理

自2003年"非典"事件之后，以"一案三制"为基础的应急管理体系逐步建立，使得我国应急管理有了质的提升。但这种管理策略过于强调"应急反应"，却忽视了风险管理。陶鹏和童星（2011）[③]聚焦2010年中国西南五省（市、区）特大旱灾，揭示应急管理在面对旱灾这种自然灾害时存在的失灵现象，并从风险可管理性、风险扭曲、组织结构与政府间关系、政治意愿、经济发展等视角对这一现象进行深入剖析，进而提出我国应急管理体系升级的政策建议：以矫正应急失灵为切入点，补强风险管理，理顺政府间关系，改进危机行政问责制，转变经济发展方式。

（三）社会安全事件的危机管理

1. 群体事件的危机管理

近十多年来，农村群体冲突不断，农村群体冲突的原因及如何化解，成了理论界探讨的一个热门话题。贺佃奎（2011）[④]试图从罗马法中关于合意的概念和制度入手，探讨非合意与合意现象，并提出解决农村群体冲突的对策性建议。研究认为，农村群体冲突的主要原因是非合意——强制行为模式，它侵犯了人类特有的两个生存基本利益，即物质利益与人格利益，必然会产生群体冲突。群体冲突的根本消解之道是合意，合意体现的是程序性正义。合意协调了人们的行为，消除了冲突，极大地提高了人们的生产积极性，成为建设和谐社会的心理基础和重要途径。要解决农村群体冲突，就要加强合意，实行合意拆迁、合意征地、合意立法。

2. 校园安全事件的危机管理

随着2010年校园杀童事件的连续发生，关于校园安全事件危机管理的研究开始受到越来越多学者的关注。

学校突发事件作为公共应急管理的一个特殊领域，与其他领域相比有一定的特殊性。以往的应急管理研究对学校的特点重视不够，导致应急管理实践效果不理想。高小平和彭涛（2011）[⑤]分析了学校突发事件所具有的时段性、情绪性、脆弱性、连带性以及责任先定性等特点，提出了学校突发事件应急管理的基本原则，在此基础上研究了学校应急管理的一般要求，并从校园自然灾害、校园安全事故、学校多发事件三类学校突发事件分别提出了应对的机制和策略。

林鸿潮和彭涛（2011）[⑥]认为，当前中国的学校突发事件应急机制远不完善，解决问题的关键在于完善学校应急管理的多元协作应对机制、学校网络舆情与突发事件信息传递机制、学校应急预案的编制与管理机制、学生心理支持与干预机

① 王高玲、别如娥：《社会管理视角下突发公共卫生事件中政府职能的探析》，《中国行政管理》，2011年第11期。
② 詹承豫、刘星宇：《食品安全突发事件预警中的社会参与机制》，《山东社会科学》，2011年第5期。
③ 陶鹏、童星：《我国自然灾害管理中的"应急失灵"及其矫正——从2010年西南五省（市、区）旱灾谈起》，《江苏社会科学》，2011年第2期。
④ 贺佃奎：《群体冲突：由非合意走向合意——兼谈农村群体冲突的治理》，《中国行政管理》，2011年第2期。
⑤ 高小平、彭涛：《学校应急管理：特点、机制和策略》，《中国行政管理》，2011年第9期。
⑥ 林鸿潮、彭涛：《论学校应急管理机制的完善及其法治化》，《北京航空航天大学学报》（社会科学版），2011年第4期。

制和学校突发事件问责机制，并最终推动这些机制走向法治化。

由中国人民大学危机管理研究中心与北京市大兴区教委共同设计开发的校园安全"主动防、科学管"工作体系于2011年在北京市大兴区教委正式启动，目的在于推行校园安全的风险治理与科学管理。唐钧、黄莹莹和王纪平（2011）[1]研究表明，校园安全"主动防、科学管"工作体系由学校风险月历、风险防范与应对指南、能力提升规划和标准流程四个部分组成，旨在探索从预防预警、应对处置、科学管理、可持续发展等多个方面，创新风险治理，建立健全科学管理体系。

谭翀（2011）[2]研究认为，高校突发性群体事件是某些"社会风险"演化到"公共危机"过程中的一种显性表达方式。不能将事件治理等同于"应急管理"，治理应该延伸到事件发展的各个阶段。运用社会风险和公共危机的相关理论可以对高校突发性群体事件的类型和特点进行更加清晰的分类。在此基础上建立的"高校突发性群体事件的综合治理框架"，可为这些事件的治理提供实践层面的启示。

高福廷（2011）[3]对网络视阈下的高校突发群体性事件应急管理进行研究，指出以事发和事后应对为重点的"应激反射式"管理模式只是高校突发群体性事件处置的低端状态，事前监控导向衰减、事发处置高效有力、事后恢复积极稳妥的"减灾型"体系构建才是高校突发群体性事件应急管理的重点。该体系应主要包括网络舆情研判、预警机制、应急处置、信息沟通四个模块的构建。

（四）网络舆情应对与信息处理

随着互联网应用的日益普遍，网络正逐渐成为广大民众参与公共决策、表达意愿、实施监督的重要平台。因此，对于网络舆情的监控与处置，以及公共危机管理过程中信息的处理，将成为政府公共危机管理中的重要议题。

1. 网络舆情监督与应对

叶金珠和佘廉（2011）[4]将网络突发事件定义为：围绕客观存在的某负面性社会事件，通过大规模网民持续的网络互动，迅速传播蔓延而对社会产生广泛的负面影响，危害或可能危害社会秩序与公共安全并需要政府应对解决的事件。他们通过对网络突发事件生命周期的分析，认为蔓延期对整个事件的发生机理、发展趋势产生着至关重要的影响，网络突发事件的风险主要源于其蔓延与变异性，对网络突发事件的风险分析可以从其蔓延危险性的分析入手。正确评估网络突发事件蔓延的可能性，是阻止其危害性后果产生的先决条件，其蔓延可能性主要受初始事件吸引力、积极分子推动力和传统媒体参与度等因素的影响。网络突发事件的风险管理是预防其产生和发展、减轻其危害性后果的具体手段。政府需在网络突发事件的管理方法上建立共识，并在对其风险管理的基础上，制定出切实有效且操作性强的应急管理指南。

孙健和徐祖迎（2011）[5]认为，网络舆论监督是行政监督体系的重要组成部分，网络舆论监督极大地提升了公民的话语权，具有问责主体广泛、问责通道多元、问责成果高效等突出特点。同时，网络舆论监督也是一把"双刃剑"，目前，网络舆论监督的缺点主要表现为网络暴力和媒体审判。因此，除了从制度、技术、伦理三个维度需要加强对网络监督的正确引导和合理规范外，还需要从加强传统媒体对网络监督的监督、规范网络报道的内容和方式等方面进行有效监督，从而追求一种健康、理性的网络舆论监督。

肖文涛和范达超（2011）[6]认为，现阶段网络舆情事件呈现出以下发展态势与特征：热点形成呈加速化趋势、涉及内容呈多元化趋势、实现方式呈互动性趋势、社会影响呈扩大化趋势。当前

---

① 唐钧、黄莹莹、王纪平：《学校安全的风险治理与管理创新——北京大兴区校园安全"主动防、科学管"体系建设》，《中国行政管理》，2011年第11期。

② 谭翀：《高校突发性群体事件的类型、特点及其治理——以社会风险和公共危机相关理论为视角》，《南京林业大学学报》（人文社会科学版），2011年第6期。

③ 高福廷：《网络视阈下的高校突发群体性事件应急管理》，《中国高等教育》，2011年第3、第4期。

④ 叶金珠、佘廉：《网络突发事件的风险分析与管理：一个建议性框架》，《软科学》，2011年第12期。

⑤ 孙健、徐祖迎：《网络舆论监督及其规范》，《中国行政管理》，2011年第12期。

⑥ 肖文涛、范达超：《网络舆情事件的引导策略探究》，《中国行政管理》，2011年第12期。

政府部门在应对突发网络舆情事件上面临着诸多困境，突出表现在：预防网络舆情的危机意识淡薄，及时回应能力明显薄弱；信息公开不及时，错失舆情引导的最佳时机；法治理念滞后，缺乏明晰的法律条文规制；利益诉求渠道不畅，压制和扭曲社情民意。为此，有效引导网络舆情事件的基本策略包括：①进一步增强危机意识，着力提升网络舆情的回应能力。②及时公开信息，切实把握舆论导向。③加强法治建设，善用法律手段实施监管。④畅通民众利益表达渠道，规范网络政治参与者行为。

政府网络空间的舆论危机是网络社会中政府面临的一个新挑战和新课题。张勤和梁馨予（2011）①认为，当前网络空间舆论危机治理面临的困境表现在：信息的无限制过滤，造成以讹传讹；信息处置迟缓，反应不当；对信息简单的"围追堵截"，缺乏预警意识；"政府中心"痕迹严重，"用户中心"意识没有树立。基于此，他们提出网络空间中政府应对舆论危机的治理措施：①建立和完善电子政务工程，实行信息公开。②主动出击，做好网络舆论引导与宣传。③真诚对话、平等参与，实现网络互动。④积极争夺话语权，发挥意见领袖作用。⑤加强网络监管，促进网络空间的快速发展。⑥充分发挥"主场优势"，提高网络空间执政水平。

2. 公共危机管理中的信息处理

突发公共事件信息具有海量、分散、多样和复杂等特性。现代化管理信息系统的信息采集、存储、分析和管理功能可以提高突发公共事件的处理效率和决策水平。寇纲、彭怡和石勇（2011）②探讨如何运用数据仓库、管理信息系统、数据挖掘、智能知识和多目标决策等技术，建立基于数据挖掘和智能知识的突发公共事件信息管理框架。通过对突发公共事件中产生的数据的收集和分析，增强对突发公共事件的特征属性的了解，从而构建突发公共事件数据仓库和开发针对突发公共事件的数据挖掘算法。在突发公共事件数据仓库和新的数据挖掘算法的研究基础上，开发突发公共事件信息管理框架，实现对突发公共事件的监测、实时信息收集、处理、知识获取和及时做出适当的应对措施的目的。

袁维海（2011）③认为，应急信息公开是政府的职责，必须坚持依法公开、准确发布、及时传播和适时反馈的原则。在具体操作上，政府必须紧扣事件动态，抢占话语先机；把握事发状态，掌握传播节奏；坦诚公开表态，满足公众期待；抚平公众心态，引导社会舆论；注重公众情态，赢得人民支持；恢复发布常态，消除各方疑虑。

何婧、李仕明和刘樏（2011）④在对"2011年突发事件应急管理国际论坛"进行综述时认为，非常规突发事件在线信息处理主要包括网络开源信息的感知与处理、网络危机情报传播扩散机理与交互机制等研究。突发事件应急管理的核心是应急决策，突发事件应急决策的前提是信息处理。非常规突发事件在线信息处理主要包括网络开源信息的感知与处理、网络危机情报传播扩散机理与交互机制、网络舆情与预警以及危机情报导航。现有文献对于网络开源信息的感知、处理、传播、预警的相关研究较多，对于危机情报导航的研究较少。

（五）城市应急管理

张智新和周萌（2011）⑤将北京市的应急管理体制与纽约、伦敦、东京三大世界城市进行了比较，发现北京市应急管理体制存在几个问题：首先，部门分割、"条块"分治、资源整合效率低，缺乏统一的协调机构是北京应急管理体制存在的首要问题；其次，政府间的相互援助和合作程度较低，跨部门、跨地区的合作机制尚未完善；再次，应急管理主体单一，社会合作机制尚未形成；最后，应急管理的信息机制、责任机制和监督机制仍不健全。为此，北京市应强化应急管理决策层的协调能力，构建趋于网络化、立体化应急管理体制，加强政府间的援助与合作，强化全民参与机制。

① 张勤、梁馨予：《政府应对网络空间的舆论危机及其治理》，《中国行政管理》，2011 年第 3 期。
② 寇纲、彭怡、石勇：《突发公共事件应急信息系统框架与功能》，《管理评论》，2011 年第 3 期。
③ 袁维海：《突发事件管理中的政府信息公开》，《中国行政管理》，2011 年第 1 期。
④ 何婧、李仕明、刘樏：《非常规突发事件在线信息处理：研究与发展》，《电子科技大学学报》（社会科学版），2011 年第 2 期。
⑤ 张智新、周萌：《北京与三大世界城市应急管理体制比较》，《行政管理改革》，2011 年第 2 期。

卢文刚（2011）[1]对城市地铁突发事件的应急管理系统进行了研究，并认为我国城市地铁应急管理系统建设必须立足国情，基于复杂系统理论的基本原理和技术方法，循序渐进，探索切实可行的地铁突发事件预防和应对措施。在推进应急管理体系建设过程中，注意地铁突发事件应急体系中诸构成要素体系之间的协调联动，保证各子系统有效整合协同运行，注意诸要素系统的协调匹配，有效整合法规、预案、预警、科技、人力、物资和公关等各方面要素系统，促进地铁应急管理体系整体上的健康可持续运行。

钟开斌（2011）[2]对当前国际化大都市风险管理的主要经验和做法进行了总结，并提出国际化大都市所面临的风险具有密集性、流动性、叠加性、圈域性特点，各种风险以更快速度、更多样渠道在更大时间和空间范围内进行非线性、连锁性、跨时空的耦合传播。针对城市风险的趋势和特点，伦敦、东京、纽约等国家化大都市不断强化风险评估的基础性地位，制定相关法律和风险评估指南，充分运用风险评估模型和信息技术，统一规范城市风险管理工作，实现不同地区、部门和层级协调联动、公开透明，提高城市风险管理的科学化、规范化、系统化水平。

于晓勇和尚赞娣（2011）[3]对纽约、柏林和东京等典型特大城市应急管理体系进行分析，发现各特大城市在应急管理体系方面有如下特点：①平时对市民进行充分的灾害教育，西方国家民众的危机意识普遍较高。②特大城市应急管理体系普遍能够统一应对多种类型危机、协调各个职能部门，在机构建设方面注重部门之间的协调应对。③拥有较为健全的法律法规机制和体制，在国家法律框架下，建立了一套比较完善的综合防灾和统一应急救援的城市法规体系，并根据危机形势的发展不断修改完善，保障了特大城市应急管理工作有序、有效运行。④发达国家提倡参与主体多元化，危机应对网络化，救援合作区域化。

⑤通过不断地学习和训练建立起了一支高素质的专业救援队伍，并不断加大高科技救援设备的研发和使用。

五、公共危机管理的国际比较

（一）日本政府的公共危机管理

日本是多自然灾害国家，在政府危机管理方面已经积累了丰富的经验。尤其是2011年"3·11"大地震之后，对日本政府的公共危机管理研究对我国更是具有重要的借鉴意义。

薛澜和沈华（2011）[4]从应急管理的角度分析了日本福岛核泄漏事故的应对，探讨其对应急管理理论和实践研究的启示。他们从四个问题入手进行分析，希望对我国现有核电站的风险和应急管理提供有益借鉴：①如何有效监管高风险行业，确保明确的责任追究制度？②如何提高应急预案的有效性？③如何平衡危机决策中企业与政府的作用？④如何提高风险沟通效率，平衡及时性与科学性？

钟开斌（2011）[5]认为，日本东京在实践中逐步建立了一套基于社区的地震灾害危险度评估体系，以东京各町丁目为评估对象，通过对建筑物危险度、火灾危险度和应急避难危险度进行分类评估，得出各地的综合危险度，为防灾减灾工作提供科学依据。东京基于社区的地震灾害危险度评估具有几个特点：以巨灾为重点，积极开展强烈地震发生后不同地区的危险度评估；以综合为目标，全面评估强烈地震等巨灾对经济社会产生的综合影响；以专项为基础，深入评估震后建筑物、火灾、避难等各类风险；以公开为动力，大力提高全社会的风险防范意识和应急处置能力。

高燕（2011）[6]对日本社会的防灾应急制度体系进行了研究，发现日本在长期的应急实践中已摸索出应对突发性事件的独特社会管理模式，具有日本文化行政管理色彩的民众常态化应急对策、多层次化的组织功能、社会化的救助联盟三者有

---

① 卢文刚：《城市地铁突发公共事件应急管理研究——基于复杂系统理论的视角》，《城市发展研究》，2011年第4期。
② 钟开斌：《国际化大都市风险管理：挑战与经验》，《中国应急管理》，2011年第4期。
③ 于晓勇、尚赞娣：《特大城市应急管理体系研究》，《城市发展研究》，2011年第3期。
④ 薛澜、沈华：《日本核危机事故应对过程及其启示》，《浙江社会科学》，2011年第6期。
⑤ 钟开斌：《东京基于社区的地震灾害危险度评估：做法与特点》，《北京行政学院学报》，2011年第6期。
⑥ 高燕：《从社会管理视角看日本社会的防灾应急制度体系与对策》，《浙江社会科学》，2011年第6期。

机结合，使日本在防御、避难以及救援过程中显得有条不紊。

刘亚娜和罗希（2011）[①]认为，日本在"3·11"地震中所体现出的政府主导、民间社会跟进、公共媒体的成熟表现、国际社会的密切配合和援助等专业、快速的应急管理不仅保证了日本抗震救灾工作的有效实施和社会的有序运转，也给中国提供了宝贵的借鉴。中国政府在应对突发自然灾害的应急管理中，应着力提高地方抗灾能力，重视对民众灾害的应急教育并引导非政府组织参与应急管理。

钟开斌（2011）[②]认为，日本灾害监测预警的主要做法与经验体现为：动态的灾害危险度评估工作，严密的灾情监测和信息网络，完善的灾害预警系统。借鉴日本灾害监测与预警的基本做法与经验，我国在突发事件监测与预警制度建设方面，应大力推进风险管理体系建设，完善专业监测和社会监测相结合的突发事件监测体系，建立统一的预警信息发布平台。

（二）美、德、英、法等国政府的公共危机管理

陶世祥（2011）[③]研究认为，美国的突发事件应急管理具有鲜明的特点：完善的应急管理体制、高效的应急指挥机制、完备的应急管理法制、充分的应急物资储备、专业的应急队伍、深入的应急普及教育、广泛的民间组织参与。美国的经验对于加强和完善我国应急管理制度具有借鉴意义：日常防范坚持关口前移、预防为主，进一步提高监测预警能力；应急处置坚持协同配合、协调联动，进一步提高快速反应能力；灾后重建坚持社会动员、共同参与，进一步提高全面动员能力；宣传教育坚持面向基层、面向民众，进一步提高自救互救能力；平台建设坚持依靠科技、整合资源，进一步提高应急指挥能力；应急队伍坚持专业培训、强化演练，进一步提高应急处置能力；

资金投入坚持多元机制、拓宽渠道，进一步提高应急保障能力；法律法规坚持严格规范、健全完善，进一步提高应急法制水平。

美国与德国等发达国家在20世纪70~80年代制定了适合自己国家应急管理体制的应急指挥体系标准或条例。但我国目前还没有形成应急管理指挥体系标准，这制约了我国应急管理能力的提升。宋劲松和邓云峰（2011）[④]对美国和德国突发事件应急指挥组织结构进行了比较，并在此基础上提出了中国规范应急指挥组织结构的政策建议：建立现场行动指挥与联合协调分离的应急指挥协调模式；规范应急指挥组织的基本结构与职能；建立标准化的应急指挥与协调程序。

王彩平（2011）[⑤]认为，德国的应急管理培训体系具有教学目标实践性强、课程体系标准化高、师资专兼结合能力强等突出特点。借鉴德国的经验，我国在应急管理培训体系建设方面应尽快建立专门化的应急管理培训系统，应急管理培训模式应注重理论与实践相结合，培训课程体系应实现标准化与模块化，构建专兼结合的、稳定成熟的师资队伍。

与美国、德国和俄罗斯等国有专门的中央政府部门负责应急管理不同，英国没有专门负责应急管理的中央政府部门。英国的应急管理实行分级负责制，在国家层面由内阁负责，郡和县以及市则由"地方抗灾联席会议"负责。宋劲松（2011）[⑥]以英国南约克郡下属的唐开斯特市为例，分析了英国"地方抗灾联席会议"的组织模式；同时以英国威尔顿国际工业园为例，分析了专业应急管理公司这一组织模式。此两种模式对完善我国突发事件应急管理的社会动员机制有着重要的借鉴意义。

钟开斌（2011）[⑦]认为，英国伦敦在应对各级各类风险和突发事件的过程中，逐步建立了一套以全面风险登记为基本特点的城市风险管理体系。

---

① 刘亚娜、罗希：《日本应急管理机制及对中国的启示——以"3·11"地震为例》，《北京航空航天大学学报》（社会科学版），2011年第5期。

② 钟开斌：《日本灾害监测预警的做法与启示》，《行政管理改革》，2011年第5期。

③ 陶世祥：《突发事件应急管理的国际经验与借鉴》，《改革》，2011年第4期。

④ 宋劲松、邓云峰：《中、美、德突发事件应急指挥组织结构初探》，《中国行政管理》，2011年第1期。

⑤ 王彩平：《德国应急管理培训的特点及其启示》，《行政管理改革》，2011年第2期。

⑥ 宋劲松：《英国基层应急管理组织模式研究》，《行政管理改革》，2011年第2期。

⑦ 钟开斌：《伦敦城市风险管理的主要做法与经验》，《国家行政学院学报》，2011年第5期。

伦敦各级政府以复原力论坛为平台，建立跨地区、跨部门的合作机制，采取"风险＝可能性×影响"的风险评估方法，每年都编制和公开发布《风险登记册》，成为各地编制应急预案、应急规划和业务持续计划的前提和基础，不断提高城市的风险防范和应急管理能力。

宋劲松（2011）[①]研究指出，英国在应急管理中强调"抗逆力"建设，并通过业务连续性管理提高各类组织的"抗逆力"。英国的应急管理包括对"紧急状态"的预测、评估、预防、准备、响应和恢复六个阶段，英国应急管理中的风险管理集中在评估阶段、预防阶段，业务连续性管理集中在应急准备阶段，业务连续性管理有效地把风险管理与应急响应和恢复紧密联系在一起。英国法律要求应急管理第一类响应者的所有职能都有业务连续性计划。相比我国"提高全社会的避险救助能力"的被动式应急管理，英国以提高"抗逆力"为目的的业务连续性能力建设是一种主动式的应急管理。

刘文俭、井敏（2011）[②]研究指出，法国应急管理的特点，主要表现为：内政部、军队及消防机构在其中发挥着独特作用，注重保障公民的信息需求和知情权，不断强化企业的社会责任等。这对我国应急管理工作的借鉴和启示意义主要表现在：树立"以人为本"的救援理念；坚持"属地为主"的应急原则；强化以消防队伍为依托的应急救援队伍；建立区域性应急联动机制，促进应急资源的整合共享；加强对应急管理信息平台的建设与运用；注重对志愿者及社会力量的引导和管理；修改和完善预案体系，使之更具可操作性；加大对公众的安全意识教育，提高其防灾意识和应对技能。

六、理论进展总评

通过以上对 2011 年我国公共危机管理理论进展的梳理，可以看出 2011 年公共危机管理领域的理论研究呈现出以下几个特征和趋势：

（一）对于公共危机管理常规领域的研究仍占有较大比重

在 2011 年公共危机管理理论评述的五个模块之中，公共危机管理过程和公共危机管理的"一案三制"建设两大模块仍是学者着墨较多的领域。由此可见，在当前环境下，能否准确把握公共危机管理的预防、准备、处置、恢复、评估的动态阶段和过程，并切实落实和完善应急预案、应急管理体制、机制和法制建设，仍对提升政府应急管理的能力和效果具有重要的基础性作用。但是，只是孤立地研究公共危机管理的过程和"一案三制"在当前已难以有重大突破，而更需要在研究视野中将应急管理体制、机制、法制建设与我国的政治体制改革、行政管理体制改革、社会体制改革、法治政府建设等宏观领域相结合。

（二）对于重大危机事件的研究仍保持较高热度

汶川地震、玉树地震、校园杀童事件等近年来发生的重大公共危机事件作为案例研究和实证研究的重要素材，在 2011 年的理论文献中依然保持着较高的频度和热度。如宋劲松和邓云峰的《我国大地震等巨灾应急组织指挥体系建设研究》对汶川地震和玉树地震中的应急组织指挥体系进行了研究；董晓松、郭伟和赵星的《危机恢复管理中的执行模式与政策依从——以公民议事为解决方案的案例研究》选取汶川地震后某村的农房恢复重建作为案例，考察了危机恢复管理中政策执行、政策依从问题与基层民主治理之间的关系；张欢、任婧玲的《玉树地震灾后救助政策效果评估——基于生活质量分析框架》利用在玉树地震重灾区结古镇入户调查数据对玉树地震灾后救助政策的效果进行了评估；张强、陆奇斌和张秀兰的《汶川地震应对经验与应急管理中国模式的建构路径——基于强政府与强社会的互动视角》通过研究团队三年多来针对汶川地震应对的全景式实证性研究，对汶川地震以及中国应急管理体制建设中的制度演进进行剖析；边慧敏、林胜冰和邓湘树的《灾害社会工作：现状、问题与对策——基于汶川地震灾区社会工作服务开展情况的调查》

① 宋劲松：《英国应急管理中的业务连续性管理及启示》，《学术交流》，2011 年第 4 期。
② 刘文俭、井敏：《法国应急管理的特点与启示》，《行政论坛》，2011 年第 3 期。

对汶川地震灾区社会工作服务的开展情况进行了调查研究。随着 2010 年校园杀童事件的连续发生，关于校园安全事件危机管理的研究开始受到越来越多学者的关注。相关文献有：高小平和彭涛的《学校应急管理：特点、机制和策略》，林鸿潮和彭涛的《论学校应急管理机制的完善及其法治化》，唐钧、黄莹莹和王纪平的《学校安全的风险治理与管理创新——北京大兴区校园安全"主动防、科学管"体系建设》，谭翀的《高校突发性群体事件的类型、特点及其治理——以社会风险和公共危机相关理论为视角》、高福廷的《网络视域下的高校突发群体性事件应急管理》。

（三）呈现出从"公共危机管理"到"公共危机治理"的趋势

传统的公共危机管理研究，强调政府的主导作用，并将视野更多局限于部门和行政区域内部。但是，突发公共事件越来越呈现出的复杂性特征则要求政府内部的各个部门之间，以及政府与企业、社会组织和民众共同努力应对方能提升效果；突发公共事件越来越呈现出的扩散性特征则要求各个行政区域之间的通力合作。因此，公共危机管理的跨区域协同、跨部门协调以及多方主体参与的公共危机"治理"模式正成为学术界和实践界越来越关注的议题。

（四）呈现出多学科交叉研究的趋势

2006 年，国家自然科学基金委员会召开了"国家突发公共事件应急管理中的科学问题"研讨会，参会专家一致认为公共危机管理是典型的跨层次、跨部门和综合性很强的问题，需要不同学科间开拓、交叉、渗透与融合，从多学科交叉的

角度开展研究，为解决此类问题的关键技术提供新的思路、理论和方法。[1] 从 2011 年公共危机管理文献所采用的研究方法中可以看出，在以公共管理学科为主体的基础上，公共危机管理领域的研究正在向政治学、经济学、社会学、心理学、新闻传播学等社会科学领域拓展，并越来越多地借鉴信息科学、管理科学与工程、生态学等自然科学领域的知识和方法，呈现出多学科交叉研究的趋势。

（五）呈现出国际比较视野下的研究趋势

在 2011 年的公共危机管理研究文献中，对于国外先进公共危机管理经验的介绍不在少数。尤其是在日本"3·11"地震之后，对于日本防灾减灾的经验总结更是研究的重点。基于国际比较的视角，学者们依然较多关注国外应急管理的体系框架，包括组织机构、体制、机制、法制等，同时开始关注公共危机管理的具体领域，包括应急管理培训、业务连续性管理、基层应急管理模式等。

（六）呈现出对信息与网络环境下公共危机管理的关注趋势

互联网技术的快速发展和广泛运用，使得网络舆情的影响力越来越大，各种网络舆情事件层出不穷，并呈现出新的发展态势和特征，对政府的公共管理方式产生一系列重大而深刻的影响。网络正逐渐成为广大民众参与公共决策、表达意愿、实施监督的重要平台。因此，对于网络舆情的监控与处置，以及公共危机管理过程中信息的处理，将成为政府公共危机管理中的重要议题。

第二节　实践创新

根据公共危机的类型划分，本节分别从自然灾害、事故灾难、公共卫生事件、社会安全事件的危机管理对 2011 年的公共危机管理实践按照时间序列排序予以梳理。2011 年是我国"十二五"开局之年，社会和经济发展进入一个新阶段，然

而，2011 年也是我国公共危机较为频发的一年，且呈现出范围广、影响深、危害大及形成机制复杂等特点。值得肯定的是，在这一年中，我国危机管理的预警、预防、应急处置、善后处理、评估、信息处理、跨部门协同、多元主体参与等方

① 高小平、刘一弘：《我国应急管理研究述评》（下），《中国行政管理》，2009 年第 9 期。

面都得到了提升和完善。自然灾害方面，往年频发的洪涝与台风来势更加汹涌，灾前预警尤为关键，跨区域协同也逐步成形；除华北地区、华东地区，水资源相对充沛的西南地区也遭遇旱情；云南盈江和西藏地区的地震救援获得多方赞誉，而全国多个大中型城市因降雨引发的内涝则引发公众对城市建设得失的热议。相对于自然灾害，事故灾害的引发机制溯源更值得深究。温州动车事故受到广泛关注，在救援、信息公开、善后处理等方面的教训值得总结；渤海油井漏油事故引发对垄断企业与社会责任的热议；曲靖私庄煤矿事故中，43 名下井矿工无一获救，警醒我们在关注"救险"之外更要去审视各地矿难背后的触发链条；同样，正宁县幼儿园校车事故也折射了教育不公的现状。公共卫生安全事故的影响最为广泛，"瘦肉精"、"地沟油"、"细菌超标冷冻食品"与居民餐桌相连，带来的社会效应不容忽视；"塑化剂"事件是继"非典"之后，两岸三地共同应对危机的又一案例。随着我国社会进步和经济发展方式转变，从食盐抢购风到织里抗税事件都体现出现阶段我国社会管理任务的复杂性、艰巨性，也看到了地方应急处置能力的进步；而在"故宫文物失窃"、"红十字会信任危机"、"乌坎村村民示威"等事件中，公民意识的觉醒与社会组织的多元主体参与，从"共治"的角度缓和了一些张力。

一、自然灾害的危机管理实践

（一）2011 年春——冬麦区冬春连旱

1. 事件概述

2010 年冬至 2011 年春，冬麦区大部降水持续偏少，其中，华北大部、黄淮及江淮北部等地区降水量不足 50 毫米，部分地区较常年同期偏少 8 成以上，冬麦区遭受了严重的冬春连旱，对冬小麦分蘖和次生根生长造成不利影响。据统计，此次旱灾共造成河北、山西、江苏、安徽、山东、河南、陕西、甘肃 8 省 6225.7 万人受灾，271.7 万人需救助，农作物受灾面积 3990 千公顷，其中绝收 124.6 千公顷，饮水困难人口 241.7 万人，直接经济损失 146.4 亿元。

国家防汛抗旱总指挥部、水利部在组织受旱 8 省区制订抗旱工作方案的基础上，针对当前旱情和后续一段时间仍无有效降水的不利情况，编制了《国家防总、水利部抗旱工作方案》，并于 2 月 1 日上报国务院。针对旱情状况，农业部决定 2 月 4 日启动抗旱二级应急响应，加大对北方冬麦区抗旱春管的指导和支持力度，立即向江苏、安徽等省派出由司、局长带队的抗旱工作组，深入重旱区督促指导抗旱春管工作。国家防总、水利部提出了多项抗旱减灾对策：一是采取应急打井、修建临时引水设施等方法增加水源，强化晋、冀、鲁、豫、苏、皖、陕、甘 8 省抗旱浇灌。二是要按照到 2 月底仍无有效降水的情况，实施引黄和其他应急调水，确保河北、山西、内蒙古、山东、河南、甘肃 6 省、区旱区群众饮水安全。

针对北方部分省、区的持续干旱，科技部也紧急启动了科技应急响应预案，采取有效措施抗旱减灾。中央财政同时投资 12 亿元，重点扶持受旱严重省的 600 支县级抗旱服务队，按每亩均补助 10 元标准安排冬小麦抗旱浇地补助费 8 亿元，安排中央抗旱物资储备资金 2 亿元，提早下达多项综合补助资金等投资近 60 亿元，并将适时安排部分抗旱水源建设等应急工程投资。做好跨流域应急抗旱水量调度工作和农田水利基本建设。

2. 经验总结

我国冬麦区冬春连旱现象颇为罕见，在预判到此次气象干旱后，国家防总、水利部及时发出预警并编制了相应的应急工作方案。农业部启动抗旱二级应急响应后，派出由司局、长带队的抗旱工作组，深入重旱区督促指导抗旱春管工作。同时，其他部门也积极行动起来，实现了跨部门协同抗旱的良好局面。2011 年，我国冬麦主产区气象干旱程度之重，党中央、国务院对抗旱工作重视程度之高、支持力度之大，旱区各地抗旱工作投入之多、成效之大，也是多年来少有的。工作经验可以总结为几个方面：①及早发出预警，统一思想认识。②加强分析研究，保持信息畅通，结合实际明确任务。③应对期间采取有效措施，采取协同配合，落实各项工作部署。④上下齐心，多元主体参与，各级各部门和旱区广大干部群众全力抗旱减灾。⑤从结果来看，确保了旱区群众饮水安全，为夺取夏粮丰收奠定了坚实基础，实现了冬小麦连续 8 年增产，抗旱工作成效显著。

（二）2011 年 3 月 10 日——云南盈江 5.8 级地震

1. 事件概述

2011 年 3 月 10 日 12 时 58 分 12 秒，云南省德宏傣族景颇族自治州盈江县发生了 5.8 级地震，震源深度 10 公里，震中距盈江县城仅 2 公里。云南省保山市、德宏傣族景颇族自治州 6 县（市）35.1 万人受灾，25 人死亡，12.7 万人紧急转移安置；房屋倒塌 7.4 万间，损坏 9.9 万间；直接经济损失 23.8 亿元。

当天，国家副主席习近平出席十一届全国人大四次会议云南代表团全体会议，对灾区人民表示深切的慰问，对死难人员致以哀悼，并希望灾区各级党组织、领导干部、广大党员积极投身抗震救灾第一线，充分发挥领导核心、骨干带头和先锋模范作用，带领广大群众全力抢救受困群众，全力救治受伤人员，最大限度地减少灾害造成的损失。

震情发生后，国家减灾委、民政部于 3 月 10 日 13 时 30 分紧急启动国家四级救灾应急响应，派出由国家减灾委副主任、救灾司副司长李保俊带队的工作组赶赴灾区，协助开展救灾工作。云南省委、省政府高度重视，秦光荣省长、罗正富常务副省长、李江副省长做出批示，要求德宏州、盈江县和省级相关部门迅速启动应急预案，组织力量做好灾情核查、伤员救治和救灾物资调运等工作，并妥善有序地转移安置灾区群众。云南省减灾委、省民政厅启动救灾应急二级响应，省政府副秘书长蒋兆岗率民政、地震、建设、财政、教育、卫生、交通等相关部门赶赴灾区，指导灾区抗灾救灾。省民政厅向灾区紧急调拨 2000 顶帐篷、3000 床棉被、3000 件大衣、500 件彩条布。

云南省红十字会在收到灾情报告后，立即成立由省红十字会党组书记、常务副会长段鸿率领的救灾工作组赶赴地震灾区，省红十字会紧急调集第一批救灾物资（500 床棉被和 500 件衣服）运往灾区。地震发生后，国际社会高度关注，许多国际和地区组织通过多种方式向我国政府和人民表示慰问。盈江边防大队 120 余名官兵第一时间投入救灾现场展开救援，德宏边防支队支队长张琪以率领 320 名突击队员赶赴灾区。至 3 月 11 日 11 时，云南地震灾区梁河、盈江县城恢复正常供电。

2. 经验总结

云南省盈江地震，考验了政府的危机应对能力，由于危机应对迅疾，策略合理，应急和善后处理得当，对我国政府形象的提升产生了积极作用，可以总结为几个方面：①危机意识提升，危机预案完备，迅速反应行动。②信息发布及时、真实、公开、透明，多种传媒媒介共同发挥作用，及时沟通社会各界，营造积极的舆论氛围。③借助各方力量，构筑多边合作平台，多元主体参与，协助了救援和安置工作。④善后安抚沟通工作得当。包括对灾害中引起的受伤人员进行医疗救助、对受害者家属进行抚恤、对灾区进行基础设施重建、对相关人员实施心理疏导等。这一系列有效的措施，使得灾情得到较好的控制，恢复重建工作顺利开展。

（三）2011 年 6 月——强降雨导致多城市内涝

1. 事件概述

2011 年 6 月以来，我国多地遭到强降雨袭击，北京、武汉、杭州、深圳、南昌等多个城市遭遇城市"内涝"灾害。6 月 23 日北京市气象台发布暴雨蓝色预警信号，局部地区雨量达百年一遇标准。受暴雨影响，北京市区多条道路积水拥堵，部分环路断路，多条地铁线路部分区段停运。由于此次降雨正值北京交通晚高峰，对市民出行造成较为严重的影响。积水导致北京市内多处断路，造成严重交通堵塞。北京市公安交通管理局启动一级加强上勤方案，全市交警和协管员全员冒雨上路疏导交通。同时，户外显示大屏和交通广播等不断播报最新路况信息，引导车辆绕行交通压力较小的道路。城西部地区拥堵路段首次打开主路应急掉头设施，允许车辆原地掉头。122 交通事故接警量打破近几年纪录，多以报堵点、寻求拖车帮助为主。为方便乘客，已开通的地铁线路均延长一小时收车。相关部门开展研究，计划将最低排水标准从最低一年提高到最低三年，从而能够应对三到五年一遇的暴雨。

同期，在湖北省，连续的暴雨令武汉市市区 76 处出现深达 40~80 厘米的积水。而在地势较低的南湖涵洞地段，积水则达到 2 米。武汉市水务局排水处的工作人员分析，随着房地产及市政建设的发展，湖泊不断减少，湖泊原有的蓄水调节能力下降。另外，武汉湖水治污也一定程度上减少了其蓄水能力。

2. 经验总结

此次内涝灾害前，北京市气象局协同防汛办及时发布了暴雨预警。出现内涝后，防汛办、公安、交通等多部门积极行动，及时发布信息、跨部门协同应对危机，一定程度上缓解了内涝给居民造成的影响。但是，在此事件中，相关部门也暴露出应急预案不足，欠缺整体协调等问题。事实上，自2004年起，北京市已逐年加大对城市防汛，特别是城市排水系统的建设、改造力度，城市积水点被登记在册，倒排工期，逐年消除。但这只是问题的一个方面，事实也证明并没有降低内涝的影响。城市内涝灾害的应对，可考虑从几个方面入手：①应把雨天道路交通保障工作纳入常态化工作范畴。②把暴雨预警信号标准纳入防汛相关应急预案。③多部门合作开通地质灾害会商系统共同建立汛期联动联防机制。④加强汛期人工影响天气作业、气象科研成果业务应用、气象科普宣传等工作。此外，虽然极端气候是造成城市涝灾的直接原因，但也暴露出城市水泥"硬壳"下排涝系统的"软肋"，要解决城市"逢雨必涝"、"逢涝必堵"之困，排涝立法管理也是重要举措。

（四）2011年6月——南方洪涝灾害

1. 事件概述

2011年6月，我国南方先后遭受了4轮大范围强降雨袭击，降水量普遍在200~400毫米，局部超过800毫米。长江中下游区域平均降水量较常年同期偏多62%，为近56年历史同期最多。由于降水集中、强度大，导致多省局部地区发生洪涝及山洪地质灾害。前期受旱严重的长江中下游地区出现罕见的旱涝急转，洪涝受灾县中有近4成为前期受旱县，暴雨引发的山洪、泥石流灾害导致人员伤亡和房屋倒损严重，部分城市内涝突出。据统计，此次洪涝（含山体滑坡泥石流）灾害共造成江苏、浙江、安徽、福建、江西、湖北、湖南、广东、广西、重庆、四川、贵州、云南等省（区、市）4209.2万人受灾，256人死亡，72人失踪，205.2万人紧急转移安置，农作物受灾面积2428.4千公顷，其中绝收221.3千公顷，房屋倒塌14.3万间，损坏39.4万间，直接经济损失483.5亿元。

针对南方严重暴雨洪涝灾情，国家减灾委、民政部立即采取了行动：一是加强汛期应急值守，做好灾情预警与监测评估。加强汛期24小时应急值守，及时上报有关情况。与前方工作组、灾区民政部门保持密切联系，利用多源遥感数据等科技手段，关注和跟踪灾情发展，加强对灾区的灾情监测和应急评估。二是紧急启动应急预案，协助开展救灾工作。国家减灾委、民政部两次向南方部分省份下发紧急通知，先后启动2次国家救灾预警响应和6次国家救灾应急响应。先后派出7个工作组紧急赶赴灾区，查看灾情，协助开展救灾工作。三是加强部门沟通协调，合力做好救灾工作。国家减灾委、民政部加强与财政、气象、水利、农业等部门的沟通联系和应急联动，加强信息共享和情况通报，密切跟踪灾情的发展，共同分析灾区需求，合力做好灾害应对工作。四是调拨中央救灾款物，保障群众基本生活。财政部、民政部累计安排下拨中央自然灾害生活补助资金1.65亿元，主要用于暴雨洪涝灾区受灾人员紧急转移安置、过渡性生活救助、倒损住房恢复重建和向因灾遇难人员家属发放抚慰金。五是民政部紧急向贵州、湖南、安徽三省灾区调运5000顶救灾专用帐篷和5万床棉被，切实帮助灾区群众解决基本生活面临的困难，开展善后恢复工作。

2. 经验总结

在此次灾害应对中，国家减灾委、民政部紧紧围绕保障受灾人员的基本生活，紧急部署、快速反应、积极应对、多措并举，较好地完成了各项救灾工作，主要体现在：①重视灾害预警和灾害监测。②紧急预案完备，执行情况较好。③应对期间加强协调工作，通过信息共享与情况通报，实现跨部门协同救灾。④救灾物资调运及时，善后恢复工作开展有力。此次灾害的"旱涝急转"也反映出人们对"前旱""后涝"关系的忽视。水旱灾害交替出现更进一步凸显了我国农田水利等基础设施过于薄弱的"软肋"，而解决这一问题的根本之道在于大力加强水利建设，这也正与2011年中央"一号文件"的着力点相呼应。在救灾的同时，应当深刻反思水利体系乏力失效的问题，尽快转变我国水利发展的思路与方式。

（五）2011 年夏秋——西南地区夏秋连旱

1. 事件概述

2011 年夏秋季节，我国西南大部降雨持续偏少，部分地区气温持续偏高，江河来水不断减少，水利工程蓄水严重不足，发生了严重的伏旱，其中贵州和云南两省的旱情尤为严重。由于干旱发生在大春作物生长的关键时期，对秋粮和经济作物造成较大损失。此次旱灾共造成广西、重庆、四川、贵州、云南等省（区、市）4440.8 万人受灾，1017.4 万人需要救助，农作物受灾面积 4191.3 千公顷，其中绝收 1119.8 千公顷，饮水困难人口 1716 万人，饮水困难大牲畜 720.1 万头（只），直接经济损失 314.7 亿元。据统计，2011 年 1 月 1 日~8 月 27 日，云南省累计平均降水量为 633 毫米，比历年同期偏少 164 毫米。其中，昆明、昭通、曲靖等 7 州市 94 县雨量偏少至特少，偏少最大幅度达 65%，是云南省有气象记录以来同期最少年份。

7 月 31 日，国家减灾委、民政部针对贵州省严重旱灾给受灾群众造成的生活困难，紧急启动国家四级救灾应急响应，派出工作组赶赴灾区，查看灾情，协助开展救灾工作。8 月 26 日，国家减灾委、民政部紧急启动国家四级救灾应急响应帮助云南重旱区做好旱灾救灾工作。9 月 8 日，民政部下发《关于切实做好当前西南地区旱灾救灾工作的紧急通知》，对当前受旱灾影响较重的广西、重庆、四川、贵州、云南西南 5 省（自治区、直辖市）救灾工作做出部署：①加强对旱灾救灾工作的组织领导，进一步强化和落实工作责任，全力做好旱灾区群众的基本生活安排。②各级民政部门要切实加强与本地农业、水利、气象等相关部门的沟通，及时组织开展灾情会商和损失评估工作。③积极会商有关部门，调整财政支出结构，加大本级救灾资金的投入力度。统筹用好中央和地方各级安排的各类救灾资金，切实做好救灾资金的监督管理，确保资金使用安全。④尽快对旱灾区受灾群众冬春生活救助工作做出安排和部署，抓紧组织力量，深入基层调查受灾困难群众冬春期间需救助的情况，抓紧制订各级冬春救助方案，及时落实各级冬春救灾资金投入。

2. 经验总结

总的来看，我国西南地区一直以来水资源都比较丰富，因而对于旱情灾害的预警工作出现了疏忽，当地政府应急预案也准备不足。所幸，国家减灾委、民政部工作开展较为及时有效。①紧急启动国家救灾应急响应，及时派出工作组赶赴灾区，查看灾情，开展调查研究，协助开展救灾工作。②针对西南地区旱情发出紧急通知，全面部署应对工作。③要求各地民政部门加强与农业、水利、气象等相关部门的沟通，协同救灾。④在后续方面，就受灾群众冬春生活制订救助方案，预防次生灾害。干旱肆虐固然和降水量少有很大关系，这也折射出西南地区水利设施缺乏，水资源使用缺乏科学规划。经历了此次灾害后，西南各地区更加充分地认识到了水利建设的重要性，投入不断增加，中央亦加大了扶持力度。

（六）2011 年 7 月——第 9 号台风"梅花"登陆

1. 事件概述

第 9 号台风"梅花"于 2011 年 7 月 28 日 14 时在西北太平洋洋面生成，沿我国东部沿海一路北上，浙江、上海、江苏、山东、辽宁等沿海省（市）遭受了大风和强降雨袭击，舟山群岛附近最大阵风达 15 级。"梅花"于 8 月 8 日 18 时 30 分前后在朝鲜西北部沿海登陆，登陆时中心附近最大风力有 9 级（23 米/秒）。受其影响，辽宁、上海、江苏、浙江、山东等省（市）共计 516.5 万人受灾，151.2 万人紧急转移安置，农作物受灾面积 292.8 千公顷，其中绝收 9.6 千公顷，房屋倒塌 0.4 万间，损坏 2.3 万间，直接经济损失 62.5 亿元。

8 月 4 日 9 时，国家减灾委、民政部针对 2011 年第 9 号台风"梅花"紧急启动国家救灾预警响应，向浙江省派出救灾预警响应工作组，指导地方切实做好抗击台风的各项准备工作。同时，民政部向浙江、上海、江苏、安徽、福建、江西、山东 7 省（市）民政厅（局），以及民政部合肥、福州、武汉、长沙中央救灾物资储备库发出紧急通知，要求各地民政部门视灾情及时启动救灾预警响应或应急响应，向社会公众发布预警预报信息；及时协助做好"梅花"可能影响地区船只回港避风和海上作业人员、危险区域人员的转移避险工作；严格执行 24 小时救灾应急值班制度，在第一时间上报灾情和救灾工作情况；认真做好物资调拨的各项准备工作。截至 8 月 6 日傍晚 6 时，江苏省气象台连续发布 37 个针对苏北、苏中、苏南各地的气象灾害警报与预警信号及台风蓝色或黄色预警信号；上海首次作出了地面和高架段列车将先后实施限速、单一交路缩线运营、直至停运的预案。截至 8 月 7 日下午，辽宁从沿海一线各旅游岛屿撤出 3 万多名游客，转移货轮 300 余艘，紧急安置、固定渔船 8000 余艘，转移危险地带渔民 2000 余人；8 月 9 日 2 时，"梅花"在辽宁省铁岭市减弱为热带低压，之后强度继续减弱，对我国影响逐渐减小，中央气象台于 8 月 9 日 8 时对其停止编号。

2. 经验总结

"政府主导，信息及时，部门联动，社会参与"的气象防灾减灾指导思想在此次台风防御中得到充分体现，并收到了很好的效果：①预警工作效果好。中国气象局从"梅花"一生成就高度重视，并以值班快报的形式第一时间向国务院报告，并在随后实时更新台风动向。②应对方案落实较好。国家防总随后紧急启动防汛 II 级应急响应，并派出 4 个工作组紧急赶赴浙江、上海、江苏、山东等省（市），协助地方做好防台风工作。③各部门协同配合。铁路部门对"梅花"的破坏性高度警惕、超前防范，启动 II 级防洪应急响应，适度对各动车组予以限速。交通运输部要求受台风影响省（市）的交通运输部门和部属海事、救捞、港航、公安等部门，积极做好防抗台风的各项准备工作；海事部门要做好监管和预警预控，加强防台值班。国家旅游局根据天气预报，以多种形式提醒赴浙江、上海、江苏、山东、河北东部、天津、辽宁等地游客注意防范台风、强降水及其可能引发的山洪、地质灾害等对旅游出行的不利影响。航空公司则根据台风的动态变化及时调整飞行方案。

（七）2011 年 9 月——第 17 号台风"纳沙"登陆

1. 事件概述

第 17 号台风"纳沙"于 2011 年 9 月 24 日在西北太平洋洋面生成，9 月 29 日 14 时 30 分在海南省文昌市登陆，登陆时中心附近最大风力为 14 级。受其影响，广东、广西、海南等省（区）共计 962.5 万人受灾，8 人死亡，1 人失踪，65.3 万人紧急转移安置；农作物受灾面积 1139 千公顷，

其中绝收 70.6 千公顷；房屋倒塌 1.5 万间，损坏 6.1 万间；直接经济损失 138.8 亿元。9 月 27 日 14 时，国家减灾委、民政部针对 2011 年第 17 号台风"纳沙"紧急启动国家救灾预警响应，向浙江、福建、广东、广西、海南、云南等地民政部门以及中央救灾物资福州、南宁、昆明储备库发出紧急通知，安排部署防范应对工作。同时，紧急派出两个工作组，分赴广东、海南两省指导工作。据海南、广东两省民政厅报告，受 2011 年第 17 号台风"纳沙"的影响，海南和广东部分地区遭受特大暴雨。截至 9 月 29 日 14 时，两省紧急转移和避险转移人口达 20.2 万人。

2. 经验总结

第 17 号台风"纳沙"是 2011 年登陆我国强度最强的台风（以强台风级别登陆海南），也是 6 年来登陆海南的最强台风。"纳沙"影响我国期间，还适逢"十一"黄金周和天文大潮期，将出现"风、雨、潮"三碰头的状况，这为台风防御又增加了难度。在此次台风灾害应对中，各级各部门协同行动，预警及时，信息充分，预防得当，转移安置及时，救助迅速，灾害的损失被尽量控制在最低程度。但是，由于"纳沙"强度大，影响范围广，仍使得海南、广东多地学校停课、航班延误、交通受阻，造成了一定经济损失，特别是海南、广西等旅游地区游客人数较往年锐减。"纳沙"也给国庆期间的蔬菜等农副产品销售和居民生活带来了困难。这些都是在今后抗灾工作中需要考虑的方面。另外，"纳沙"带来的降雨同时也有效缓解了广西大部地区的严重干旱缺水状况，旱情基本解除，缓解了西南地区抗旱工作的压力。

（八）2011 年 9 月 18 日——西藏"9·18"地震

1. 事件概述

2011 年 9 月 18 日 20 时 40 分 50 秒，印度锡金邦发生 6.8 级地震，震源深度 20 公里。由于震中位置靠近我国，西藏自治区受到的影响较大，造成 12.4 万人受灾，7 人死亡，3.3 万人被紧急转移安置；地震造成当地房屋倒塌 1.1 万间，损坏 8.7 万间；直接经济损失达 22.1 亿元。

地震灾害发生后，国家减灾委、民政部于 9 月 19 日 10 时 30 分紧急启动国家四级救灾应急响应，派出工作组赴灾区协助开展救灾工作。西藏

自治区民政厅紧急启动四级救灾应急响应，派出工作组前往灾区核查灾情，向灾区调运450顶帐篷、1000套棉衣裤、500床棉被，帮助灾区做好受灾群众临时生活安置工作。西藏自治区党委政府、日喀则地委行署和亚东县委、县政府紧急启动应急预案，展开抗震救灾工作。9月20日，民政部从中央救灾物资拉萨储备库向西藏自治区紧急调运3000顶救灾棉帐篷、1万床棉被和1万件棉大衣，帮助受地震影响的日喀则地区妥善做好受灾人员临时安置工作。通过多部门协同作战，在72小时内，地震灾区完成了通信恢复、道路抢通、县城通电；救灾人员得到了妥善安置，救灾物资陆续抵达灾区并发放到群众手中。

9月18日晚间发生地震之后，亚东县上亚东乡如丙岗村的村民们开始了紧急的自救。亚东县委、县政府及各部门的负责人和工作人员自发赶到办公楼前聚集参与救灾。亚东县消防大队在灾情发生的第一时间，派出14名官兵对下司马镇受灾群众进行疏散和救助。9月19日下午，西藏军区组织的1700余名官兵和300多名民兵赶赴灾区展开抗震救灾。地震造成了亚东县供水、供电、交通、通信全部瘫痪。西藏自治区人民医院和西藏军区总医院在第一时间组织医护人员赶赴灾区开展伤员救治工作；中国移动派出2辆应急通信车，恢复县城周边9个基站的运行；防疫、电信、地震局等部门随即配合开展抗震救灾工作。9月22日，财政部、民政部紧急下拨西藏自然灾害生活补助资金8000万元，主要用于受灾群众紧急转移安置、过渡性生活救助、倒损住房恢复重建和向因灾遇难人员家属发放抚慰金。9月30日，民政部从中央救灾物资拉萨、兰州储备库向西藏自治区调运7000顶救灾棉帐篷、3万床棉被和3万件棉大衣；从中央救灾物资成都、南宁储备库调运5万件棉大衣，以帮助西藏受地震影响灾区群众解决基本生活面临的困难。

2. 经验总结

地震灾害具有难以预见性、突发性和破坏力强等特征。在灾害发生后，如何能及时救援，抢修基础设施，输送物资，避免次生灾害，都是救助受灾民众、降低灾害损失的重要方面。在此次西藏地震灾害中，各级党委、政府和单位响应迅速，救援及时，物资到位，将灾害带来的损失降

低，更在各族人民间和国内外树立起了良好的榜样。具体来看：①当地应对灾害准备较好，应急预案得当，积极有序展开自救。②多部门协同救灾，成效显著。降低了灾难的损失，也最大限度地确保了群众的生命财产安全。③应对迅速，信息发布及时，在地震救援的黄金72小时内，受灾群众得到了妥善安置。④后续工作得当，救灾物资陆续抵达灾区，社会秩序逐渐趋于正常，受灾群众的情绪也恢复稳定。

二、事故灾难的危机管理实践

（一）2011年6月——渤海油井漏油事故

1. 事件概述

2011年6月4日，国家海洋局北海分局接到康菲石油中国有限公司（以下简称"康菲公司"）报告，蓬莱19-3油田B平台东北方向海面发现不明来源少量油膜。6月17日11时北海分局接到在蓬莱19-3油田巡视的海监22船报告：C平台及附近海域发现大量溢油。随后康菲公司报告，蓬莱19-3油田C平台C20井在钻井作业中发生小型井涌事故。

事故发生后，国家海洋局采取紧急措施控制并切断溢油源。本次溢油污染主要集中在蓬莱19-3油田周边海域和西北部海域，其中污染海水面积为840平方公里，单日溢油最大分布面积158平方公里。7月5日下午2时，针对蓬莱19-3油田漏油事故，国家海洋局在北京召开新闻发布会，公布了中海油渤海油田漏油事故的调查情况。国家海洋局海洋环境保护司司长李晓明表示，蓬莱19-3油田处于渤海区域，溢油发生在渤海中部，已经得到有效控制。事发海域没有海上捕鱼活动。7月6日，康菲公司召开发布会，称溢油已得到有效控制。8月12日，康菲公司承认B平台附近又出现两处溢油点。之后一周，康菲公司又承认C平台还有9处海底油污渗漏点。康菲公司含糊其辞，受损失的是海洋环境和当地渔民。由于没有采取得力措施堵漏，海洋污染面积从最初的840平方公里很快扩大到6200平方公里。乐亭县沿海养殖贝类、海参、虾、鱼大量死亡，7~8月尤为严重。渔民养殖的海参，死亡率更是达到了60%，渔民因此遭受了上亿元的经济损失。12月13日，国家海洋局北海分局继续开展蓬莱19-

3 油田溢油事故海洋环境监视监测显示，当日溢油量依然有 0.06 升。12 月 12 日，有律师称有 107 位渔民已向天津海事法院提起诉讼，要求康菲公司赔偿经济损失 4.9 亿余元。事后中海油和康菲公司选择集体失声，从漏油事故发生到官方回应长达近一个月。即使在媒体进行事故报道后，依旧模糊回应，不仅删除网上信息，对赔偿事宜也是反复推脱。国家海洋局北海分局曾表示将代表国家向渤海蓬莱溢油事故责任方提起海洋生态损害索赔诉讼，但无果而终。当地法院在法定期限内对接到的案件未作任何答复。

2. 经验总结

对于环境污染事故的应急处理，一要切断污染源；二要保持信息沟通，避免扩大损失；三要尽快查找事故原因，严加整顿；四要评估损害，承担相应责任。反观在此次渤海油井漏油事故中，污染源在长达两个月间未能切断；相关信息公开既不准确也不及时，甚至还有屏蔽信息的行为，导致污染扩散，损失加重；事故原因没有说明，相关责任也无指向；受害者的正当要求也没有得到及时回应。这些剥夺公众知情权和进一步损害受害者权益的做法，无一例外地会引起更多的质疑和批评，最终会给企业声誉和政府部门公信力造成无可挽回的损失。从近年来的多起污染事故来看，一方面，企业环境保护意识淡漠，并受利益驱动而忽视在环境保护方面的投入；另一方面，环境保护和权益维护方面有关法律法规的欠缺，使得造成污染的企业往往避重就轻，逃避责任，违法成本较低。随着环境污染和食品安全事故不断发生，一些全国人大代表和有关方面提出在《民事诉讼法》中增加公益诉讼制度。2011 年 10 月 24 日，十一届全国人大常委会审议《民事诉讼法修正案（草案）》，其规定：对环境污染、侵害众多消费者合法权益等损害社会公共利益的行为，有关机关、社会团体可以向人民法院提起诉讼。

（二）2011 年 7 月 22 日——京珠高速 "7·22" 特别重大卧铺客车燃烧事故

1. 事件概述

2011 年 7 月 22 日凌晨 3 时 50 分，由山东省威海市交通运输集团有限公司驾驶员邹建洲驾驶的鲁 K08596 号卧铺客车严重超载（核定载客 35 人，实载 47 人），当行驶至京港澳高速公路 938 公里处时（河南省信阳境内），因乘客非法携带的危险化学药品引发大火，造成 41 人死亡、6 人受伤的特别重大事故。

事故发生后，根据国务院领导的指示，由国家安监总局、公安部、交通部相关负责人联合组成的国务院工作组，与当日 19 时 30 分到达河南信阳后，立即查看事故现场，看望慰问伤员，并连夜召开会议对事故原因调查和善后处理工作进行部署。事故车辆归属地山东省人民政府也已派出工作组赶赴河南，于 23 日凌晨抵达河南信阳。经国务院批准，成立了国务院京珠高速河南信阳 "7·22" 卧铺调查组。通过现场勘察、提取物证、检验分析，查明京珠高速河南信阳 "7·22" 特别重大卧铺客车燃烧事故系车上非法携带、运输的危险化学品引发大火所致。根据案件调查情况，犯罪嫌疑人杨立良等 10 人先后被抓获。这 10 名犯罪嫌疑人因非法携带、运输危险物品、未落实安全生产主体责任等，涉嫌构成犯罪。经检察机关批准，对杨立良等 10 人分别采取逮捕并依法提起公诉。太平洋保险接到报案后，立即成立事故理赔工作小组，已先行预付受害人赔款 500 万元。7 月 27 日，共有 37 位遇难者家属登记并抽取 DNA，其中确定了 23 位遇难者，并有 10 多位遇难者家属与赔偿小组达成一致，每位遇难者赔偿金最低为 46 万元。

2. 经验总结

"7·22" 特别重大卧铺客车燃烧事故系车上非法携带、运输的危险化学品引发大火所致，而车辆设计制造存在的重大隐患、车辆超载、沿路监管不到位等关键因素和环节是造成这起重大人员伤亡事故的又一重要原因。在此次事故中，危机前管理即道路交通运输安全的预警和预防存在疏漏。危机应对较为及时，成立了国务院专案调查组，协同办案，查明了事故原因，进行了信息公布，发出了警示和预防通告。在后续工作中，较快落实了后续赔偿，国务院常务会议进行了总体部署并深入开展道路客运隐患专项整治，在道路交通运输领域重点解决客运存在的突出问题。然而，要实现道路客运的长治久安，还需进一步强化机制建设，立足治本、标本兼治、源头治理、综合整治，真正构建长效机制。

（三）2011 年 7 月 23 日——温州 "7·23" 动车追尾脱轨事故

1. 事件概述

2011 年 7 月 23 日 20 时 30 分 05 秒，甬温线浙江省温州市境内，由北京南站开往福州站的 D301 次列车与杭州站开往福州南站的 D3115 次列车发生动车组列车追尾事故，造成 40 人死亡、172 人受伤，中断行车 32 小时 35 分，直接经济损失 19371.65 万元。

事故发生后，党中央、国务院高度重视，胡锦涛总书记、温家宝总理等中央领导同志分别做出重要指示，要求务必把救人放在第一位，全力以赴组织好抢险救援工作，同时要尽快查明事故原因，做好善后处理等工作。浙江省、温州市党委、政府和铁道部等国家有关部门（单位）迅速启动应急响应，成立应急救援指挥机构，紧急开展抢险救援及应急处置工作。当地公安民警、消防和武警部队官兵、驻地解放军指战员、铁路系统干部职工、医疗卫生救护人员赶往救援。当地 1300 多名干部群众、现场的铁路职工和社会各界人士也自发地迅速开展伤员抢救、义务献血、转运疏散滞留旅客等工作。与此同时，浙江省和温州市民政、交通运输、电力、通信等部门（单位）都按照预案要求，赶赴现场参加抢险救援工作。铁道部紧急调集了 2000 多人的救援队伍和一批救援设备，投入抢险救援工作。事发动车组列车乘务人员和广大旅客也积极开展自救、互救。各新闻单位及时报道了事故情况和救援进展。

7 月 25 日，国务院批准成立事故调查组。7 月 27 日和 8 月 10 日，温家宝总理先后主持召开国务院第 165 次、第 167 次常务会议，专题研究事故调查处理和铁路安全工作，并决定对事故调查组进行充实、加强。事故调查组聘请了铁路运输、电力、自动化、通信、信号、安全管理、建筑等专业领域的 12 名专家组成专家组，并邀请最高人民检察院派员参加了事故调查工作。经调查认定，通号集团、铁道部和上海铁路局在这起事故中负有责任，给予 54 名责任人相应的党纪、政纪处分；责成铁道部和铁道部部长盛光祖分别向国务院做出深刻检查；对相关单位及其主要责任人给予规定上限的行政处罚。中国高铁出于安全考虑开始全面降速，除京沪、津京和沪杭三条高铁线以外，其他高铁或客运专线全部降回设计时速。

2. 经验总结

此次事故带来了对我国高铁建设 "重建设、轻管理" 的反思。在预警环节，高铁系统现有设计应能避免此类事故，至少也是能发出警示的，然而在此事故中的失效，给乘客生命安全带来极大危害。在危机应对阶段，中央领导高度重视，当地公安民警、消防和武警、解放军、医疗卫生等协同配合，救援迅速。社会组织积极呼吁，民众踊跃献血、乘客开展自救，体现了多元主体的参与。同时，在应急救援过程中也暴露出铁道部和上海铁路局针对动车组重特大事故的应急预案和应急机制不完善，处置不当，信息发布不及时，对社会关切回应不准确等问题，造成了不良影响。在危机善后和原因调查阶段，事故调查组聘请专家组，邀请检察机关参与，尽快明确了事故原因和责任，公布了处罚决定，责成相关部门改进工作，避免类似事故的发生。我国高速铁路从无到有，在较短时间里建立起了研发、建设和运营体系。建设发展高铁的方向是正确的，高速铁路改善了人民群众的出行条件，促进了经济发展。如果铁路部门能认真吸取经验和教训，切实加强质量和安全管理，更加注重人才培养，努力提高人员素质和管理能力，中国的高铁事业是能够沿着科学、安全、可持续的轨道继续向前发展的。

（四）2011 年 9 月 27 日——上海地铁 10 号线追尾事故

1. 事件概述

2011 年 9 月 27 日 14 时 10 分，上海地铁 10 号线新天地站设备出现故障，上海交通大学至南京东路上下行采用电话闭塞方式，列车限速运行。14 时 51 分列车豫园至老西门下行区间两列车不慎发生追尾，事故后有 295 人被送至医院就诊检查，其中 271 人受伤，70 人住院和留院观察，无人员死亡。14 时 51 分，虹桥路站至天潼路站 9 站路段实施临时封站措施，其余两端采取小交路方式保持运营，启动公交配套应急预案，公安、武警等赶赴现场协助疏散。

事故发生后，党中央、国务院十分重视，中央领导同志分别做出了重要指示，中共中央政治局委员、上海市委书记俞正声，上海市委副书记、市长韩正等市委、市政府领导立即赶赴现场，指挥应急救援处置等工作，并到医院看望伤员，了解情况。事故发生后，地铁部门立即启动应急预案，疏散乘客，救治伤员；开展救援抢险，抢救列车和设备；调整 10 号线运行方式，对 13 个站临时封站，其余两路段采取小交路运营。上海地铁通过官方微博就 10 号线追尾一事致歉，称"今天是上海地铁运营有史以来最黯淡的一天"。上海地铁在微博上写道，"全力抢救伤员；尽快恢复运营；接受和配合有关部门对事故的调查和追责；坚决整改举一反三"。通过积极努力，事故的应急处置和善后处理工作平稳有序。上海地铁"9·27"事故调查组 10 月 6 日公布事故调查结果，认定"9·27"事故是一起造成重大社会影响的责任事故，起因于当天设备失电，致使运营信号中断，地铁 10 号线行车作业人员即采取人工调度行车方式，但是有关人员未能严格执行相关管理规定，导致事故发生。12 名事故责任人员受到了严肃处理。上海市安全监管局依据《安全生产法》、《生产安全事故报告和调查处理条例》等法律和行政法规规定，对地铁运营公司按法律法规规定的上限给予经济处罚。

2. 经验总结

随着我国城市化进程加快，地铁的建设和发展也进入一个高峰期。然而，对于地铁事故的预防和应急预案依然不足。在此次事故中，上海地铁从管理部门到营运方对于地铁交通安全都过于自信，疏于防范，最终使公众利益受到损害。调查结果显示，事故的直接原因并不复杂，安全意识的缺失才是导致事故的主要原因。从事故的救援和应对来看，各方行动较为及时，进行了跨部门协同配合，伤者得到及时救助，没有乘客死亡，效果良好。当局态度也较为诚恳务实，信息发布及时。在善后及调查中，事故原因得以查明，责任人和相关单位也给予了处罚。为避免类似事故发生，地铁运营方应吸取事故教训，牢固树立安全防范意识，通过加强重点行车岗位与重点设备安全管控，强化行车作业安全风险点把控措施，加强对员工安全意识和业务技能的教育培训，以保障地铁网络运营安全可靠。

（五）2011 年 11 月 1 日——贵州福泉运输车爆炸事故

1. 事件概述

2011 年 11 月 1 日 11 时 30 分左右，贵州省黔南州福泉市马场坪收费站附近，两辆运送炸药车辆在一汽修厂检修时发生爆炸，事故共造成 9 人死亡，217 人受伤。受爆炸冲击波影响，周边部分房屋玻璃震碎，房屋受损。经初步调查，两辆汽车上共装有炸药 72 吨左右。爆炸发生后，周边房屋的玻璃大都被震碎，路边的车辆发生变形，附近一国家粮食储备库受损严重。两辆货车未按照规定的路线行驶，违规停放在马场坪收费站附近的监测站时发生爆炸，有关涉案人员被公安机关控制。

事故发生后，贵州省委部分领导，黔南州委、州政府主要领导，福泉市党政主要负责人以及安监、医务、交通、消防、公安、武警等省、州、县各相关部门负责人第一时间赶赴现场处置。国务委员、公安部部长孟建柱，贵州省委书记栗战书、省长赵克志做出重要批示：①全力以赴抢救伤员，尽最大努力进行救治，尽可能减少伤亡。②迅速查明爆炸原因，对有关责任人要严查追究。③妥善处理善后，要认真吸取教训，正确引导舆论，举一反三，加强对爆炸危险物品运输管理。

11 月 2 日下午，贵州省公安机关召开加强危爆物品管理紧急会议，决定从即日起在全省开展危险爆炸物品大检查、大排查、大整改行动，排查、整治危爆物品管理中存在的问题和隐患，杜绝此类事故发生。在善后工作中，当地采取了一对一的工作方式，安抚家属，做好善后。25 名重伤患者转送到贵阳的省级医院进行救治，卫生部也派出了专家连夜赶到医院为伤员会诊。各家医院都准备了最好的医疗设备和医生密切关注伤员的伤势变化。为了防止次生灾害，爆炸周边的居民都被当地转移疏散，专家鉴定完受损房屋后，才能让居民返回入住，福泉市拨款 500 万元用于各项工作的开展。当地共转运储备粮，调集帐篷、救济粮食、棉被，设置临时安置点。组建工作组完成财产损毁核查工作，到 11 月 11 日，马场坪居民受损房屋鉴定修缮及安置重建工作已完成 732 户房屋的鉴定，确认需安置重建 111 户，需加固维修 113 户。已完成 90 户受损房屋丈量工作，占重建及加固房屋总数 224 户的 40.18%，已签订协议 84 户。另外，由政府统一安装门窗的有 4245 户。

2. 经验总结

此事件再次暴露了我国危化品公路运输安全问题。危机预防失效是导致该事故的主要原因，至少有三个方面存在严重违规：一是不按规定停放；二是没有安排专人守护；三是防范措施不力，事先未准备应急扑救物资，导致初期扑救不力，迅速蔓延引发爆炸。在危机应对过程中，中央及地方高度重视，各部门协同开展工作，及时抢救伤员，安抚群众，发布相关信息，措施得当。后续工作方面，死亡人员家属得到较好安抚，及时查明并公布了事故原因，展开了专项整改排查工作。为防止次生灾害，当地政府专门拨款对周边受损民居进行了修缮加固，体现出责任意识。中国的危化品运输在水运、铁路和航空等方面受到诸多限制，因此危险品大多都是通过公路进行运输，而随着经济不断发展，公路运输危化品的需求和运量也在逐年增长。问题在于，一是大部分生产危化品的企业，更加注重工厂区域的安全，认为原料产品运输的风险责任在物流公司，因此生产企业缺乏对危化品物流业的监督和约束。二是危化品运输行业本身对有关安全和环保的意识也较为薄弱，此次事故正是上述两个问题的一次集中爆发，有关部门应引起重视，尽快完善法规，加强管理，堵截安全漏洞，避免悲剧重演。

（六）2011 年 11 月 10 日——云南省曲靖市师宗县私庄煤矿"11·10"特别重大煤与瓦斯突出事故

1. 事件概述

2011 年 11 月 10 日 6 时 30 分，曲靖市师宗县私庄煤矿发生一起煤与瓦斯突出事故，事故地点位于 2 号井副井 1747 掘进工作面，该掘进工作面当班有 8 人作业，事故发生后导致风流逆转至 1727 检修点，该检修点有作业人员 35 人，两处合计 43 人，全部遇难。

事故发生后，党中央、国务院高度重视，中央领导同志立即做出重要批示，要求有关方面组织各方力量，全力以赴、科学施救，并要求认真分析近期煤矿事故频发原因，采取有力措施，坚决遏制煤矿及其他行业领域重特大事故发生。云

南省委书记秦光荣率部分省委委员及省相关部门组成的工作组迅速赶赴事故现场，指挥抢险救援工作。同时，有关善后及现场取证、调查问询等事故调查前期工作也相继展开，对该矿法定代表人等 8 人已采取司法措施，对曲靖市及县、乡镇有关负责人进行停职检查，接受调查。据云南省煤监局通报，2010 年 11 月，该矿被云南省煤监局责令停产整顿并暂扣安全生产许可证，2011 年 4 月，曲靖市煤监局再次对该矿做出停产整顿令。该矿在停产整顿期间，未执行监察监管指令，擅自组织井下作业，在掘进过程中发生煤与瓦斯突出事故。11 月 15 日，曲靖市公安局对涉嫌重大责任事故罪的私庄煤矿法人代表梁永辉、矿长张四兴、安全副矿长戚谷明、技术副矿长孙石奎 4 人依法采取刑事拘留措施。11 月 17 日，渎职侵权检察厅就已派员赶赴事故现场，指导事故调查工作。12 月 3 日，国务院云南省曲靖市师宗县私庄煤矿"11·10"特别重大煤与瓦斯突出事故调查组在云南省曲靖市召开全体会议。2012 年 4 月 18 日，沾益县人民法院公开开庭审理分别因涉嫌玩忽职守、受贿以及滥用职权的师宗县煤炭工业管理局时任局长周俊林、副局长杨永志、吴平生、孙忠桥、大舍煤管所所长曹国俊、副所长代正稳、刘正安等。

2. 经验总结

此事故发生前，云南省煤监局、曲靖市煤监局已先后就该矿的危险隐患反复发出预警，责令其停产整顿。然而，由于当地监管部门的缺位，预警和防范措施被矿主弃之不顾，最终导致悲剧发生。在事故的应对阶段，中央、地方高度重视，迅速调集各方力量参与救援，形成多部门协同配合的局面，并及时发布信息，措施得当。但由于事前防范不力，且事故较为严重，救援行动功败垂成。在后续调查中，确定这是一起由于矿主肆意非法违法组织生产、地方安全监管不严、驻矿安全监督员失职渎职而导致的特别重大责任事故，其中还牵涉到当地官员的腐败问题，相关责任人受到惩处。我国煤矿安全生产任务艰巨，国务院于 2011 年 12 月 3 日所发《关于坚持科学发展安全发展　促进安全生产形势持续稳定好转的意见》（国发〔2011〕40 号）文件中特别强调了煤矿安全问题。此次事故给予的警示在于，一方面

要进一步落实和完善安全生产相关法规制度和政策措施，强化安全责任，切实监管到位，深化综合治理；另一方面要依法依规严肃事故调查，彻查事故原因，追究各方责任，严厉打击非法违法生产，才能有效防范和遏制事故的发生。

（七）2011年11月16日——甘肃正宁县幼儿园校车事故

1. 事件概述

2011年11月16日9时许，甘肃省正宁县"小博士"幼儿园司机杨海涛驾驶荷载9人的金杯面包车载客64人，与另一相向而行的东风自卸货车迎面相撞，造成连同杨海涛在内的21人死亡（其中包括19名幼儿）、43人受伤的重大交通事故。

救援中，庆阳市调集了救护车17辆，组织医护人员170名开展救治，并抽调医疗骨干，对重病人员进行全力抢救。同时，筹措专项资金，制订事故善后处理方案，启动死难者家属抚恤工作。肇事货车司机樊军刚和"小博士"幼儿园董事长李军刚被当地公安机关刑事拘留。事故发生后，甘肃省教育厅派出工作组赶赴当地，并下发紧急通知。此外，教育部也已经派工作组赶赴当地调查了解情况，协助进行抢救和善后工作，同时向教育系统发出紧急通知。教育部要求各地教育部门和中小学幼儿园，立即开展对中小学生和幼儿上下学乘车安全情况排查。要逐校、逐园、逐生对学生上下学乘车情况进行全面检查了解，对学校和幼儿园租用的车辆进行安全检查，存在安全隐患的要立即停用维修。对农村贫困地区、交通运力比较困难的地区，当地教育部门要积极争取地方政府支持，统一为学生和幼儿配备或租用安全车辆上下学，确保中小学生和幼儿安全。

在此次交通事故原因调查中，教育、交警等相关部门监管不力，四名主要官员被停职进行调查。11月27日，温家宝总理在第五次全国妇女儿童工作会议上要求，"法制办要在一个月内制定出《校车安全条例》"。12月11日，国务院法制办公室公布《校车安全条例（草案）》征求意见稿，向全社会征求民意。

2. 经验总结

西部欠发达地区受财力限制，民办教育机构的处境困难，与办学经费、办学资质等问题相较

之下，校车超载成为家常便饭。但当地有关部门虽已意识到此问题的严重性，却抱侥幸心理而不作为，在危机前期预警和预防工作出现疏漏，使得悲剧的发生只是时间问题。在危机的应对阶段，交警、消防、医疗等多部门协作，措施得当，使伤员得到了及时救助。在事故善后处理中，当地政府筹措专项资金抚恤受害者家属。教育部也发出通知，对各地现有校车进行安全检查，排除隐患。相关部门因监管不力，负责人被停职检查。近年来，全国各地校车交通事故频发，建立健全相关法律制度刻不容缓，以此事故为契机，我国首部"校车安全条例"终于出台。

三、公共卫生事件的危机管理实践

（一）2011年3月——"瘦肉精"事件

1. 事件概述

2011年3月15日，中央电视台"3·15"特别行动节目曝光了河南省孟州市等地养猪场采用违禁动物药品"瘦肉精"饲养生猪，有毒猪肉流入济源双汇食品有限公司，引发广泛关注。3月16日，商务部派出督导组赴河南督导查处工作，农业部于当天启动应急处置工作机制。

3月18日，国务院做出重要批示，要求坚决查处"瘦肉精"事件，严肃追究责任。为进一步加大查处工作力度，在前期农业、商务等部门派出督察组赶赴河南调查的基础上，国务院食品安全委员会办公室会同公安部、监察部、农业部、商务部、卫生部、工商总局、质检总局组成的联合工作组迅速赶赴河南督促案件查办，查看生猪养殖和屠宰环节，调查地方政府和监管部门履职情况，指导责任追究工作。

"瘦肉精"案发后，河南省公安厅连夜派出5个工作组赶赴焦作、新乡、济源三市，以及发案的孟州、沁阳、温县、获嘉、济源5县（市）。3月25日，国务院联合工作组对外通报，肇事"瘦肉精"来源基本查明，并发现3个"瘦肉精"制造窝点。有关部门已对涉嫌生产、销售和使用"瘦肉精"的72名违法犯罪嫌疑人采取了强制措施，对涉嫌工作失职的53名公职人员进行调查取证，其中12名公职人员因在"瘦肉精"事件中涉嫌渎职犯罪被立案侦查。4月18日，国务院食品安全办印发了《"瘦肉精"专项整治方案》，由9部

门启动为期一年的"瘦肉精"专项整治行动，以期彻底根治"瘦肉精"问题。同时，农业部会同国务院食品安全办、工信部、公安部、商务部、卫生部、工商总局、质检总局、国家食品药品监督管理局9部门组成联合督导组，从4月24日起，对河北、吉林、黑龙江、山东、湖南等10个省开展"瘦肉精"专项整治工作进行督导检查。11月26日，河南全省法院受理的"瘦肉精"案全部审结，共计58案113人被判刑，制售者和公职人员共77人获刑。

2. 经验总结

"瘦肉精"问题已困扰我国多年，就此次危机来看，业内预警和预防措施效果差，由媒体报道才暴露问题，引起重视。在应对阶段，公安部门迅速调查案情，抓捕嫌疑人；农业部和商务部对事件进展进行连续通报和解读，本着及时、真诚、透明的原则，通过新闻发布、舆论引导等手段，在一定程度上平息了公众的恐慌情绪；由多部门协同成立工作组，调查地方政府和监管部门的履职情况，指导责任追究工作。在后续工作中，通过对今后监管工作的部署，重建公众对肉类加工产业的信心；通过开展长期治理，展示了重新审视和大力整顿食品安全问题的决心。总体来看，要从根本上解决"瘦肉精"之类的农产品质量安全问题，还需从三个主要方面着手：①从"事后惩处"转向"事前预防"，加强政府监管和社会监督，特别是发挥多元主体参与的作用。②建立健全处罚和赔偿机制，落实责任追偿，对食品安全类违法行为的严管重罚。③推动养殖业转变粗放经营模式，提高安全责任意识，逐步形成组织化和规模化程度，便于质量控制和监管。

（二）2011年6月——中国台湾产品塑化剂事件

1. 事件概述

2011年4月，中国台湾岛内卫生部门例行抽验食品时，在一款"净元益生菌"粉末中发现，里面含有"塑化剂"DEHP，浓度高达600ppm（百万分之一）。追查发现，DEHP来自昱伸香料公司所供应的起云剂内。此次污染事件规模之大为历年罕见，在中国台湾地区引起轩然大波，国家质检总局和药监局也予以高度关注。5月24日，中国台湾地区有关方面向国家质检总局发出

"涉塑"厂家及产品通报。6月13日，我国内地产食品首次查出含有"塑化剂"。国家食品药品监督管理局发出紧急通知，要求餐饮服务单位立即禁止采购和使用广东、浙江4家企业的8种产品，同时要求各级餐饮服务食品安全监管部门发现上述问题产品，要及时向当地政府上报相关信息，及时通报当地相关监管部门。6月14日，国家质检总局公布中国台湾地区的最新"涉塑"黑名单，受塑化剂污染的问题产品973种，问题企业294家。6月16日，国家质检总局网站16日再次更新中国台湾地区公布的受塑化剂污染的问题企业及其相关产品名单，问题企业增至302家，相关产品增至1002种，其中包括多种儿童食品。

7月2日，福建已查出含塑化剂食品3800种，39家企业被停产。7月4日，广西南宁、柳州、桂林、梧州、北海等市相继发现了含"塑化剂"食品及食品添加剂，并全部销毁。7月7日，中国国家认证认可监督管理委员会审定通过由厦门检验检疫局起草制定的《食品中邻苯二甲酸酯测定》行业标准。该标准制定并发布实施后，能够对食品中添加塑化剂进行更加全面的监测，规范食品生产企业的生产行为。7月8日，广东东莞"涉塑"食品公司两负责人被批捕。

2. 经验总结

在此事件中，预警工作起到了关键作用，防止了危机的扩大，避免了危机带来的安全隐患。在应对过程中，信息管理成为工作重心，有关部门一方面不断更新发布问题产品目录，另一方面也要求各地各级及时上报沟通信息。新闻媒体也积极报道，澄清传言，安定民众情绪。在后续工作中，新的行业标准出台，确保此类问题得到有效控制。总结下来，在此事件中，预警及时，确保信息渠道畅通，注意舆论引导是化解危机的关键举措。另外，尽快建立健全我国食品安全市场准入制度、食品安全预警机制、危害食品安全行为处罚相关法规，也是此事件带来的启示。

（三）2011年9月——地沟油制售食用油事件

1. 事件概述

2011年9月12日，公安部统一指挥浙江、山东、河南等地公安机关历时4个月，破获了一起特大利用"地沟油"制售食用油案件，这也是全国公安机关首次全环节侦破非法收购"地沟油"

炼制食用油，并通过粮油公司销售给群众的案件。9 月 15 日，北京市食品安全办公室方对外表示，北京市已找到了查处地沟油的 4 类有效指标，初步建立起地沟油检测指标体系。公安部有关负责人指出，针对当前地沟油违法犯罪活动突出的情况，公安部已部署全国公安机关在"打四黑除四害"专项行动中，开展打击地沟油犯罪破案会战，要求各地公安机关会同有关部门立足辖区，全面排查，及时发现违法犯罪，坚决打掉一批利用地沟油炼制有毒有害食用油的"黑作坊"、"黑工厂"、"黑窝点"，切实保护人民群众的餐桌安全和身体健康。目前，我国仅 30%的省级疾病防控机构能够承担 2010 年国家计划的全部检测项目，要彻底整治"地沟油"之类问题，就要强化地方政府负总责的责任，食品安全要纳入地方"十二五"规划重点支持内容，强化监管人员队伍的建设以及经费保障。国家级食品安全风险评估中心组建已经中央编办批准，并将很快进入筹建阶段，届时将成为国家层面风险评估的权威机构。

2. 经验总结

对于"地沟油"问题，政府在危机出现前已多次发出预警和呼吁，不断加大对违法者的打击力度，全力维护人民群众的食品卫生安全。但此类问题的反复出现，也促使我们探寻更加有效的治理之道：①要在危机预防和应对等阶段都明确监管部门的责任，促使各个部门协同合作。在警方侦破的这起地沟油案件中，在各个环节都没有监管部门的介入，涉及多个环节的"地沟油"犯罪已成为监管盲区。②针对食品安全问题的解决，政府监管部门承担着最多的职责和关注，但政府的力量毕竟有限，必须要积极动员社会参与，形成多元主体共同应对危机的局面。③信息发布与沟通渠道畅通也是重要方面，各地方要根据调查和举报情况，提前发布警示，让不法商贩没有可乘之机。④对于"地沟油"的合法回收利用要给予支持鼓励。

（四）2011 年 11 月——知名速冻食品检出致病菌事件

1. 事件概述

2011 年 11 月 10 日，南京工商局官网发布了对当地市场销售的水饺、汤圆、馄饨等速冻食品进行质量抽样监测，检出包括三全、湾仔码头、吴大娘等 4 个品牌 9 种速冻食品不合格，而存在的主要问题是检出金黄色葡萄球菌以及菌落总数超标。此前，三全、思念、海霸王等品牌速冻食品也曾因该指标而检出不合格。

各企业先后表示，被查出有问题的产品之前已要求经销商召回并下架。同时，在速冻厂家看来，金黄色葡萄球菌要完全杜绝似乎很难做到，在生产环节企业可以达到标准，但在运输流通、终端则难以保证。运输过程中的冷链、零售终端的冷库、冷柜等设备温度不达标，都有可能产生问题。三全集团在向公众的道歉中将问题归结于上游原料供应商。而此前，思念方面也曾辩称，"金黄色葡萄球菌"在目前公示的新国标中，允许存在一定量，言下之意即是其问题产品"提前"达新国标。卫生部网站于 9 月 6 日发布的新《食品安全标准速冻面米制品（征求意见稿）》表明，允许"金黄色葡萄球菌"的指标被设在一定的限量范围内。新标准将对金黄色葡萄球菌指标有了"宽容度"，针对消费者对新标准放宽的质疑和担忧，卫生部回应称，新标准征求意见稿更加符合国际食品微生物采样检测要求，是科学合理的。另外，老标准是微生物定性检测方法，与国际上食品中微生物控制和管理方式有明显差距。11 月 24 日，国家卫生部公布了《速冻米面制品》新国标，并于 2011 年 12 月 21 日起，将速冻食品中金黄色葡萄球菌由不得检出变为限量检出，意味着此前细菌超标的食品摇身变为合格食品重新上架。

2. 经验总结

在此事件中，首先，南京市工商局定期抽查辖区食品安全质量的做法是非常可取的，危机前的预警与预防效果良好。其次，在危机应对阶段，新标准的发布引起了消费者的质疑，一方面是由于在信息发布和解释方面还有欠缺，另一方面说明应在食品安全监管中发挥多元主体参与，制定食品产品的安全标准除有监管部门、科研机构和行业、企业参与外，要考虑让社会组织和消费者也有一定空间。最后，在后期处理工作中显得乏力，没有很好地追查原因和责任人；各家企业既没有受到相应的处罚，也没有就今后如何加强管理，提高卫生安全质量进行说明。从此事件来看，仅靠颁布规定，宽容企业行为，无益于食品安全的保障。除了制订和更新规定，更要落实防范与监管，严厉惩处违法者，并参考先进国家设立消费者索赔机制，才能更好地避免和应对可能的食品安全危机。

（五）2011年——多家知名药企质量事件

1. 事件概述

2011年以来，各大知名药企质量问题接连爆发，四川蜀中制药板蓝根和复方丹参片等普药拳头品种涉假停产，西安杨森两进口药被紧急叫停，葛兰素史克药品中被检出塑化剂，尼美舒利退烧药甚至出现死亡案例等。

2月，中央电视台曝光服用"尼美舒利"可能致儿童出现不良反应甚至死亡，5月20日，国家食品药品监督管理局发布通知，修改尼美舒利说明书，并禁止尼美舒利口服制剂用于12岁以下儿童。5月，葛兰素史克公司生产的抗生素安灭菌糖浆用粉剂、安灭菌药丸等药品被检测出含有"塑化剂"，多款相关药品已被香港卫生署责令召回。6月，蜀中制药被指在中药生产存在违反药品GMP相关规定的情况，被责令停产整顿，同时因在复方黄连素、川贝枇杷糖浆的生产工艺上存在不规范行为，被罚没共计600多万元。12月，强生在华最大子公司西安杨森事故频发，因注射器存裂缝，召回7万支Invega（芮达）注射剂用注射器；因药品异味，召回5.7万瓶抗癫痫药妥泰；因质量管理缺陷，召回楷莱和万珂。

国家食品药品监督管理局2011年11月10日下发《关于严厉查处药品生产经营企业制售假药违法犯罪行为的通知》，要求加强对药品生产经营企业的检查，一旦发现制售假药行为，将予以公开曝光并依法追究责任。药监局将继续在一些高风险药品生产企业实行驻厂监督员制度。另外，新版药品"优良制造标准"GMP将要求药企在5年过渡期按类别分阶段达标，进一步提升药品的质量安全水平，内容更具体，可操作性更强，而且将提升医药产业的集中度，淘汰落后的生产力，有利于培育具有国际竞争力的企业，加快医药产品进入国际市场。中国医药产业5000家制药企业尚无一家进入世界制药50强，中国药品的价格已经极具竞争力，但是由于质量管理体系尚未与国际接轨，使得很多中国企业难以进入世界卫生组织以及各类慈善基金等这类非常注重性价比的机构采购目录中。

2. 经验总结

在多家药企质量事件中，前期的预警环节起到关键作用，避免了不合格药品流入市场造成严重后果。在应对阶段，各家药企的态度和行动较为积极，都及时召回了问题产品，药监局发出相关通知，要求药企加强自查，并如实对外发布信息。在危机善后中，新版药品"优良制造标准"也已出台，有望进一步提升药品的安全质量。总体来看，对于此类事件的应对，首先，特别关注前期的预警工作，尽早发现问题；其次，在应对环节要完善产品的召回机制，相关信息的发布机制，确保问题产品不流向消费者；最后，在善后环节要建立健全赔偿和处罚机制，确保消费者权益。在此事件后，国家关于优质优价、鼓励研发的激励政策，有助于推动企业自发投入，提升药品研发能力和质量，保证广大人民群众用药安全；也有助于提高产业集中度，帮助更多的企业参与国际竞争，让我国由医药大国发展成为医药强国，最终造福于民。

四、社会安全事件的危机管理实践

（一）2011年3月——抢购食盐事件

1. 事件概述

2011年3月受日本大地震影响，"含碘盐可以预防核辐射"、"以后的海盐都将被污染"等流言借助网络、微博、短信引起了公众的恐慌情绪。中国部分地区3月16日开始发生食盐抢购现象。从3月17日开始，食盐销售量为平日的10倍至几十倍不等，相当一部分超市食盐脱销，一些商贩趁机哄抬价格，价格一度涨到平时的5~10倍。

随即，工信部表示，我国食盐生产和供应有充分保障。卫生部也表示，吃碘盐不能预防放射性碘的摄入，而中国盐业总公司也立刻启动应急工作机制，实行24小时配送服务，确保食盐市场的安全供应。国家发改委随后也发出紧急通知，要求打击造谣惑众、恶意囤积、哄抬价格、扰乱市场等不法行为。各大媒体同时呼吁广大消费者理性消费，合理购买，不信谣、不传谣、不抢购。到3月18日，多个城市的超市食盐供应趋于平稳，市民排队大量购买食盐的现象基本消失，大部分消费者已经不再恐慌，市场恢复稳定。

2. 经验总结

在互联网发达和社会信息化的当下，信息传播的速度越来越快，一些负面消息和谣言的迅速扩散，给社会带来了不良影响。在此事件中，前期预警和预防效果不佳，对谣言、流言的破坏性估计不足，没能有效地采取合理的途径和方式进行辟谣、信息公开以及科学的引导。在应对阶段，多部门协同配合，权威机构及时发布信息，科学引导，较好地化解了危机。在后续阶段，各地都进行了宣传教育，帮助公众提高识别和自我防护的能力，不信谣、不传谣。总体来看，应对此类事件的主要举措为：第一，重视预警，通过舆情监测，及时消弭不良信息；第二，权威机构要适时发布信息，帮助公众提高认识，加强自我防护；第三，建立多部门协同机制，快速有效应对突发情况；第四，加强多元主体参与，更好地发挥社会组织和公众的作用，除了传统媒体之外，还可以借助网络和短信等更多的传播平台、传播手段。

（二）2011年5月——北京故宫文物失窃、损坏事件

1. 事件概述

2011年5月8日，故宫博物院发生失窃案，香港两依藏博物馆在斋宫临时展出的7件展品失窃，估计价值数千万元，引发公众对故宫安保工作的质疑。11日上午，故宫召开新闻发布会，出席该次会议的故宫相关负责人鞠躬道歉并对网传部分不实信息做出澄清。5月11日晚11点，北京警方宣布，故宫失窃案的犯罪嫌疑人石柏魁在丰台区落网，部分失窃展品被找回。

就此事件，故宫博物院院领导做了深刻检查，分管院领导和各级相关责任人被追究责任，按规定分别做出行政警告、记过、记大过和开除、留院察看的处分。此事件之后，一向被视为国家头号文化遗产的故宫掩盖多年的问题暴露在舆论之下。3个月内，媒体又连续报道了故宫在管理经营等方面存在的诸多问题：第一，展品失窃，5月11日，位于斋宫诚肃殿的两依藏博物馆展览现场展品失窃。第二，会所事件，5月11日，有关合作单位将故宫建福宫改成富豪独享的私人会所。第三，错别字，5月13日，故宫向公安局赠送的锦旗中有错别字。第四，哥窑文物损坏，7月4日，故宫宋代哥窑青釉葵瓣口盘（一级乙）发生

损坏。第五，瞒报事件，8月2日，近年连发4起珍贵文物人为损坏事件，故宫均秘而不宣。第六，屏风损坏，8月9日，故宫清宫旧藏木制屏风在文保科技部进行修复时被水浸泡。第七，封口费，8月9日，2009年故宫曾发生一起私分票款案，后被知情者勒索10万元"封口费"。第八，拍卖创收，8月初，网友质疑故宫博物院私自拍卖馆藏珍贵文物"创收"。第九，古籍丢失，8月18日，举报称故宫图书馆善本书库部分图书丢失，上报后，此事被压下。第十，逃税事件，8月中旬，部分内部人员在故宫非法经营，游客门票上不见税务章，涉嫌敛财逃税。然而，面对信任危机，故宫有关方面或保持沉默，或闪烁其词，前后不一，更加令公众和舆论质疑。虽然一再声称"全面整改"，公众对其整改内容却知之甚少。其语焉不详的"整改措施"，均将矛头指向下属机构或个人。8月19日，故宫博物院院长郑欣淼就5月以来各项事件逐一向公众及舆论进行了解释说明，但未能平息质疑。

2. 经验总结

在此次事件中，故宫博物院作为国家一级文物保护单位，预警和预防工作出现重大缺漏，危机的应对阶段又因行动迟缓，信息不公开透明，以致失窃事件成为导火索，更多问题纷纷浮出水面，导致信任危机加重，局面难以控制。其领导的解释说明也没能起到作用，故宫博物院形象受损。在后期整改方面，具体方案和措施不透明，信息发布不及时，使公众对其整改效果充满质疑。在此类事件中，前期预警和防范无疑是最重要的环节，"机防"、"人防"甚至"犬防"，都不如"心防"，安全意识和责任心才是关键。在应对阶段，信息的公开发布能够让公众及时了解情况，避免流言传播。在后期，要查明原因和有关责任人，并填补漏洞，完善规章制度。故宫博物院要走出困境，工作重点在于：改造安防措施，及时披露信息，健全管理制度，加强人才队伍建设，并建立起完善、透明、可问责的监管体制。

（三）2011年6月——中国红十字会信任危机

1. 事件概述

2011年6月，新浪微博上一名认证身份为"中国红十字会商业总经理"的20岁网友公然炫耀其奢华生活，由此引发社会公众对中国红十字

会的非议，迅速升级成公共事件，致中国红十字会陷入有史以来最大的信任危机。舆论随即对中国红十字会及其背后商业系统红十字会的展开质疑、追问，并引发了对中国慈善事业现状的讨论。

6月21日，中国红十字会发布声明称此网友与红十字会无关，新浪也对实名认证有误一事而致歉。7月，监察部、中国社会科学院社会学所等组成联合调查组，对商业系统红十字会的有关问题进行了调查。调查结果证实，中国商业系统红十字会中不存在"红十字商会"这一机构，但中国商业系统红十字会自成立后没有按照《中国红十字会章程》的要求，不符合行业红十字会的基本组织要求，没有建立完善的财务、合同与项目管理制度，内部管理混乱，部分负责人利用其双重身份，在项目运作中存在关联交易，严重违反公益组织的基本原则。决定撤销商业系统红十字会，并将依据法律法规对遗留问题进行相应处理。7月15日，民政部发布了《中国慈善事业发展指导纲要》、《公益慈善捐助信息披露指引（征求意见稿）》。8月，民政部社会福利与慈善事业促进司副司长徐建中公开表示，公益组织要从林林总总的社会组织中分离出来，由慈善司来进行单独监管、指导，开展独立的行业监管。

2. 经验总结

在此事件中，红十字会在组织建设、制度建设和业务开展方面，存在着管理疏忽、监管不力的情况，产生了危机隐患。在应对阶段，多部门协同展开调查，及时公布信息，进一步暴露出问题，也成为整改的契机，效果较好。在后续阶段，民政部门先后出台相关政策，加强了对慈善机构的监督管理。从此事件来看，慈善事业的危机化解和未来发展需要关注几个方面：第一，完善法律规范和政府监管；第二，接受公众等多元主体的监督，增加透明度；第三，组织善治和行业自律，要引入科学规范的管理机制；第四，加强协同，合作共赢，通过有关部门的统一协调，改变各自为政的局面，发挥整体优势。

（四）2011年7月——新疆和田、喀什恐怖袭击事件

1. 事件概述

2011年7月18日12时，新疆和田市一公安派出所遭一伙暴徒袭击。18名暴徒按照预先计划冲入纳尔巴格派出所，手持斧头、砍刀、匕首、汽油燃烧瓶和爆炸装置等，疯狂进行打、砸、烧、杀。杀害1名联防队员和2名办事群众，杀伤两名无辜群众，劫持6名人质，在派出所楼顶悬挂极端宗教旗帜，纵火焚烧派出所。我公安、武警迅速赶赴现场，当场击毙数名正在行凶和负隅顽抗的暴徒，成功解救6名人质。事件中，1名武警、1名联防队员牺牲，2名人质被害，1名联防队员受重伤。这是一起"严重暴力恐怖案件"，是暴力恐怖团伙有组织、有预谋的纵火、爆炸、杀人、攻击基层政法机关的严重暴力恐怖事件。事件发生后，和田地区公安、武警等部门及时果断处置，避免了这起暴力恐怖事件引起连锁反应，当地各族群众也纷纷谴责这一卑鄙的恐怖行径。

7月30日23时45分，两名犯罪嫌疑人在新疆喀什市美食街路口劫持一辆正在等候红绿灯的单排座卡车，持刀杀害1名司机后驾车冲向人群，并下车持刀砍杀路边群众，现场造成6名无辜群众死亡，28名群众受伤。周围群众奋力抓捕，搏斗中1名犯罪嫌疑人死亡，1名犯罪嫌疑人被抓获。7月31日16时，一伙暴力恐怖分子按事先预谋，冲入喀什市香榭街一餐厅，杀害店主和1名服务员，并实施纵火。公安民警、消防官兵赶赴现场救火时，这伙暴徒冲出餐厅，肆意砍杀周围无辜群众，又致使12名群众受伤、4名群众死亡。公安民警果断开枪，当场击毙犯罪嫌疑人4名，1名犯罪嫌疑人在送往医院后死亡。在处置过程中，3名公安民警受伤。

新疆发生的暴力恐怖犯罪案件，造成无辜群众伤亡，严重影响了新疆经济社会发展和民族团结。中央领导做出重要批示，要求组织力量尽快侦破案件，依法对暴力恐怖犯罪予以坚决打击。同时要清醒认识当前反恐形势的严峻性、复杂性和长期性，以更坚定的决心、更有力的措施，坚决打击防范暴力恐怖犯罪活动，调动一切可以调动的资源，形成对暴力恐怖犯罪活动的严打高压态势，坚决遏制暴力恐怖案件频发势头，坚决把暴力恐怖分子的嚣张气焰打下去，维护社会大局稳定，保障群众生命财产安全。9月13日，新疆和田地区中级人民法院、喀什地区中级人民法院依法对以上严重暴力恐怖犯罪案件一审公开宣判，以组织领导参加恐怖组织罪、非法制造爆炸物罪、故意杀人罪、放火罪，数罪并罚分别判处被告人阿布都艾尼·玉素甫、阿布里克木·艾山、穆合太尔·艾山、买买提尼亚孜·吐尔逊死刑，剥夺政治权利终身；判处被告人阿布都拉·艾力、图拉普·买买提有期徒刑19年，剥夺政治权利5年。

2. 经验总结

"7·18"事件后，中央和新疆自治区采取了一系列措施，新疆局势总体上趋于稳定和缓和。同时应看到，影响新疆局势稳定的一些不利因素并未完全消除。暴力恐怖犯罪事件的应对是危机管理中的一个难点问题，从这两起事件的处置来看，可以总结为几个方面：第一，加强预警，防患于未然，通过各种渠道获取信息。在敏感时期和地区，可通过加强巡防严加防范。第二，建立完善应急预案，大力加强基层基础工作、着力提高主动性。除了主干的公安、武警力量，也要抓好街道、社区的应急培训，提高安全防范意识，避免不必要的损失。第三，在应对危机时，要发挥多部门协同合作，迅速行动，打击犯罪分子，救援受伤群众，发布相关信息，安抚公众情绪。第四，在危机的后续处理中，要从重从严从速，坚决把暴力恐怖分子的嚣张气焰打下去。第五，发挥多元主体参与的作用，形成国内外、全社会打击暴力恐怖行径的汪洋大海，让犯罪分子无处藏身。

（五）2011年9月——浙江海宁"9.15"群体性事件

1. 事件概述

2011年8月26日的一场大雨，造成浙江省海宁市袁花镇内运河大面积鱼群死亡，当地村民质疑浙江晶科能源公司污染所致，后与浙江晶科能源公司发生冲突。甚至有村民质疑，浙江晶科能源公司对环境造成污染，导致村民集体发病。9月15~17日，海宁市袁花镇红晓村部分村民因环境污染问题，连续三个晚上在浙江晶科能源公司门口聚集。9月15日晚7时30分，海宁市袁花镇红晓村500余名群众聚集在浙江晶科能源公司门前，部分人员冲入浙江晶科能源公司，将停放在公司内的8辆汽车掀翻，造成部分办公用品及财物受损。事件发生后，嘉兴及海宁市领导第一时间赶赴现场指挥，经公安等部门人员迅速果断处置，现场秩序得到控制，当晚11时30分，围观群众被劝散。9月16日晚8时30分，浙江晶

科能源公司门前仍有数百人聚集围观，因劝说无效，公安部门进行清场，少数群众损坏警车4辆，至当晚10时，围观人员散去。在此次事件中，部分人员趁机实施打、砸等违法犯罪行为，严重扰乱社会秩序。为此，海宁警方果断采取措施，坚决予以制止，并抓获多名违法犯罪嫌疑人。截至9月19日，海宁市公安局依据初步调查掌握的部分人员的违法犯罪事实，共刑事拘留14人、行政拘留17人，对其余100名情节轻微人员进行法制教育。

9月17日，海宁市政府召开新闻发布会，向新华社等数十家新闻媒体通报此群体性事件，市委常委及相关部门负责人出席发布会并回答记者提问。海宁市委、市政府随即开展善后处置工作，市环保部门进一步加强对浙江晶科能源公司废弃物排放和周边河道水质的监控及检测，安监、经贸部门已采取措施进行督查和配合整顿等。一是在已责成企业对产生废水、废气的生产工艺实施停产整治的基础上，依法对该企业存在的环境违法行为处罚47万元。二是对调查中发现的废气治理方面的问题，责成企业对治理设施进行改造提升。三是进一步加大环境监管力度，增加环境监测频次，向该企业派出驻厂监管员。同时强化公众参与，组织村民代表进厂对停产情况进行监督。四是督促企业对受污染的河段进行疏浚，将受污染的河水抽入污水管网进行处理。同时，海宁市委、市政府领导约见村民代表和中小企业主代表，听取村民及企业主诉求，当地镇政府也组织镇、村干部入户开展教育疏导工作。

2. 经验总结

在此事件中，由于监管部门的疏漏，使得人民群众利益受到损害，危机在预警阶段没有得到足够重视。在危机发生后，当地政府积极行动，应对有序，处置迅速有力，收到了较好的效果。主要体现在几个方面：第一，当地领导赶赴一线指挥，公安人员果断处置，疏散人群，避免事态扩大。第二，采取措施坚决制止打、砸行为，控制和抓捕犯罪嫌疑人。第三，畅通群众利益诉求表达渠道，针对群众的正当诉求予以积极响应，多部门协同开展工作。第四，通过权威媒体对外发布信息，做到信息公开透明，避免谣言流言。第五，发挥多元主体参与，接受人民群众监督。

第六，在危机后续阶段，深入基层做好安抚和教育疏导工作。

（六）2011 年 9 月——广东省汕尾陆丰市东海镇乌坎村村民示威事件

1. 事件概述

2011 年 9 月 21 日上午，乌坎村 400 多名村民因对村干部不满，到陆丰市政府非正常上访，经市领导接访并给予明确答复后，村民散去。下午，上访部分村民在村里及村周边企业聚集、打砸、毁坏他人公共财物和冲击围困村委会、公安边防派出所。22 日上午，部分村民组织阻挠、打砸进村维持秩序民警和警车，6 部警车被砸坏。对此，汕尾、陆丰两级政府启动应急处置预案。陆丰市随即成立处置案件领导小组，以市委书记为组长，市长、常务副市长为副组长，负责统一指挥整个事件的处置工作。一方面派工作组连夜进村入户做群众思想工作，了解群众诉求，表明政府态度，教育引导群众认清案件真相，同时做好有关企业和人员抚慰工作，化解矛盾。另一方面组织警力坚决打击为首犯罪分子。22 日晚平息事态，23 日村内恢复正常秩序。11 月中旬，少数村民在网上发出"'乌坎村村民临时代表理事会'计划组织村民于 21 日游行上访，并请中外记者报道"的帖子，事件出现反复。对此，汕尾、陆丰两级政府部署防控措施，13 个工作小组进村入户做劝说工作。11 月 21 日，400 名左右的乌坎村村民聚集到陆丰市政府非正常上访，发生几次数百人在村内聚集活动。事件发生后，汕尾、陆丰两级党政主要负责同志快速反应，加快解决合理诉求进程，全面进村入户做村民工作，事态较快平息。村民在罢市、罢渔 3 天后，于 11 月 24 日恢复正常生产生活秩序。

12 月 9 日下午，汕尾市政府就陆丰市处置"9·21"乌坎村事件作情况通报。据介绍，目前乌坎村村民的合理诉求已得到落实，事件正在依法处置，村内秩序已恢复正常。公安部门已经抓获"9·21"事件中打砸为首分子，并将继续追捕事件其余犯罪在逃人员，加紧推进取缔"乌坎村村民临时代表理事会"、"乌坎村妇女代表联合会"非法组织的工作。会上还公布了村民关注的财务审计、土地使用、选举、扶贫助学和乌坎港污染五大诉求处置情况。12 月 20 日，中纪委委员、广东省委副书记朱明国在陆丰市干部群众大会上宣布，省委、省政府高度重视和关心乌坎村群众的利益诉求，决定成立省工作组，以最大决心、最大诚意、最大努力解决群众的合理诉求，尽快恢复乌坎村正常的生产生活和社会秩序。

2. 经验总结

在此事件中，陆丰市在解决村民的合理诉求的同时，有序推进事件的化解、处置工作，应对效果较好。一个值得注意的情况是，该事件被村内外一些别有用心的人所炒作、所利用、所煽动，企图将事件升级。从事件处置过程来看，主要有几个特点：第一，应对迅速，工作组连夜进村入户做群众思想工作，了解群众诉求，表明政府态度，教育引导群众，化解矛盾。第二，组织警力坚决打击为首犯罪分子。第三，坚持信息透明，及时公布调查处置工作的进展情况。第四，坚持耐心工作，以人为本，在事件出现反复后，加快解决合理诉求进程，工作小组也几次深入基层，事态得到较快平息。第五，既解决村民的合理诉求，解决内部存在的问题，也防范有人恶意造谣生事，坚持法律为上，依法依规、讲情讲理，妥善解决问题。

（七）2011 年 10 月——浙江织里镇抗税群体事件

1. 事件概述

2011 年 10 月 26 日，浙江省湖州市吴兴区织里镇发生业主抗税事件。起因是织里镇在推行童装加工企业税收社会化征管过程中，一小业主多次拒交税款，并纠集百余人聚焦镇政府上访，引发群众围观。当天晚上 6 时左右，又有五六百人聚集在富民路一带，围观群众最多时达数千人。其间有一辆奥迪车主担心被砸，车主急速驶离时沿途撞倒 9 人。之后，少数人员继续以投掷石块、打砸路灯、广告牌、汽车等方式闹事，导致数名公安、城管人员不同程度受伤，30 余辆停在路边的私家车玻璃被砸，路边垃圾箱等公共设施被损坏。警方随即强行带离寻衅滋事人员。27 日中午 13 时许，一辆在执行巡查任务的警车被滋事者点燃，执勤人员在撤离过程中，1 名民警、3 名协警受轻微伤。

28 日晚，浙江省委常委、政法委书记李强专程赴织里，听取事件情况汇报，指导下阶段工作。

与此同时，由湖州市级机关和吴兴区、镇村各级干部组成的890名工作人员，分成5个镇区工作组和1个农村工作组，分片划定区域，逐一走访企业，进一步加大群众工作力度和宣传力度，扎实落实支持中小微企业生产发展的各项举措。警方组织足够警力在织里镇开展全方位巡逻，防止违法犯罪行为再次发生，并通过流动宣传车上街、印发宣传资料等方法全力开展法制宣传。公安机关在处置织里群体性事件中依法打击处理了一批违法犯罪分子，其中刑事拘留21人，行政拘留51人。经过市、区、镇的共同工作，吴兴区织里镇生产生活秩序恢复较快。在一周内，有140余家规模以上童装企业已全部恢复正常生产，70%~80%的童装经营户已陆续开工开业。

2. 经验总结

从事件的起因来看，一方面是税费提升引起抱怨，另一方面是社会征税人员工作方法不当，由两起矛盾叠加而引发，这也说明危机前期预防工作不力，埋下隐患。在事件应对阶段，政府高度重视，省委领导到当地指挥协调，市委、市政府迅速成立处置工作领导小组，区、镇两级政府工作人员连夜上门入户做工作。公安机关开展巡逻，加强防范，积极防止不法行为发生。通过宣传车、印发宣传资料等方法保持信息畅通。暂停对童装加工户的税收征收。总体来看，各部门协同合作，应对比较及时，措施比较妥当。在后续管理中，工作组划分片区，逐一走访企业，落实支持政策，公安机关依法打击处理了一批违法犯罪分子，效果较好，社会生产生活秩序恢复较快。

五、实践创新总评

在2011年，我国公共危机管理实践创新不断取得进展，主要体现在以下几个方面：一是危机管理过程更加科学合理，切合实际，以人为本；二是"一案三制"建设日趋成熟，理念先进，步履扎实；三是公共危机治理逐步转型，协同配合、多元主体参与被广为实践。

（一）危机管理过程

第一，从危机管理的预防和准备来看，目前我国对台风、洪涝、干旱等自然灾害都已有较为科学、系统的监测、跟踪和预警体系，其准确性和时效性也在不断增强。在生产安全和食品卫生安全方面，这一工作主要体现在标准和规范的制订，以及严格不懈的检查与监管，比较而言，前者受到了更多的重视，取得的成绩也更显著，但也要深刻理解这两个方面需协调运作才能更好地实现预警的能效。对于社会安全事件来说，畅通信息沟通渠道，确保各项工作公开公平，加快解决合理诉求进程，积极关注和科学监测舆情走向等，都是预防和准备工作的关键所在。

第二，在危机管理的处置过程中，应急指挥和经济动员是核心环节。首先，建立何种模式的指挥体系将是关系到应急处置效果的关键所在。我国大部地区自然灾害较为频繁，通过多年的实践积累和科学总结，目前相应的应急预案已较为成熟，"统一指挥，属地管理为主"的指挥模式、"四位一体"的联合指挥模式较为常见，跨区域、跨部门的协同性也逐步提高，能够有效降低台风、洪涝等灾害损失。社会安全事件往往成因较为复杂，多级政府指挥部模式比较常见。其次，在威胁人员生命安全的危机事故中，经济动员的作用较为突出，是应急救援中的关键活动，直接影响着救援效果。总体来看，在2011年，我国绝大部分公共危机的处置措施及时、有效，取得了较好的效果。

第三，在危机管理的重建与恢复阶段，需要科学评估、合理安置，处理不当可能会消弭前期的成绩，甚至导致次生灾害或事件的反复。就2011年来看，自然灾害方面，各地均较好地帮助了灾区人民重建家园、恢复正常生产生活，有的地区还较之前有所改善。在生产安全和卫生安全事故中，对伤者和遇难者家属的安置和抚恤都较为及时，尤其是在贵州福泉爆炸事故后续处理中，当地政府拨出专款对周边民房进行了勘察、加固，显示出有关方面勇于担责和以人为本的一面。社会安全事件的后续工作最为艰巨，需要协同各部门处理好打击犯罪分子、畅通利益诉求表达渠道、保持对外信息公开透明、接受社会监督、深入基层做好安抚教育等工作。

（二）"一案三制"建设

第一，应急管理预案建设。经过近年来的努力，全国已制定各级各类预案数百万件，涵盖了各类突发公共事件，"纵向到底、横向到边"的应急预案体系已基本形成，开始转向"从有到优"

的优化管理新阶段。我国对绝大多数自然灾害及其可能的次生灾害都设计了较详尽的预备方案；生产安全和食品卫生安全事故也能根据预案迅速展开协同行动；在社会安全方面，特别是针对恐怖暴力袭击事件的应急预案，也在逐步走向完善。我国应急预案建设下一步还需做好三个方面的工作：一是水资源丰富的西南地区发生旱情，说明预案还需考虑更多可能性；二是各地预案的相仿程度高，应根据实际情况进行调整优化；三是要根据预案实际效果，建立完善风险与资源数据库。

第二，应急管理的体制、机制和法制建设。首先，应急管理体制是应急机制和应急预案体系的依托和载体，我国的应急管理体制也在实践中不断完善，稳步前进。对于今后的发展方向，从纵向来看，可建成一个以大部门制为基本特点的应急管理主干机构体系；从横向来看，可在在转向多元主体，既包括政府相关职能委办局，也包括社会主体、企业组织及国际机构。其次，在应急管理机制方面，我国已基本建立了统一领导、综合协调、分类管理、分级负责、属地为主的应急管理机制，发挥了较好的功效。最后，应急管理法律体系作为预防、调控、处理危机的法律手段，是整个国家法律体系的重要组成部分。我国目前已经建立了基本的应急管理法律体系，但是还存在一些不足：一是应急法律法规缺失，如恐怖性突发事件法，在我国仍处于空白状态；二是应急法律法规的内容不够健全；三是应急法律规范还须对政府行使处置权力做出限制和规范。

从现代应急管理理论和各国实践看，一个完整的政府应急管理框架应由两部分内容组成：一是有覆盖危机前、危机中和危机后的完整应急管理过程和工作内容，有比较健全的法制保证；二是有责任明确、统一指挥、分工协作的应急管理体制和机制。这也是我国"一案三制"建设的

方向。

（三）公共危机治理

近年来，在全球化和信息化背景下，随着我国政府公共危机管理意识增强，统一协调能力提高，科技手段更加先进，再加上社会组织发展迅速，公共危机管理的跨区域协同、跨部门协调以及多方主体参与的公共危机"治理"模式正成为学术界和实践界越来越关注的议题。

第一，跨区域协同。除了影响范围较广的自然灾害客观上要求以跨区域协同为主要应对模式外，随着我国社会发展，食品卫生安全事件与社会安全事件的成因也更加复杂，逐渐从单一型向复合型发展，此时的公共危机管理也呈现出跨区域的特性。比较典型的是在"塑化剂"事件中，形成了横跨"两岸三地"的协同应对局面。

第二，跨部门协调。在实践中，地方跨部门协同能力在各类型的危机事件应对过程中都起着极其重要的作用，可以说，基层综合应急救援体系建设对实现服务型政府的内在价值具有重要意义。从国家层面来看，以"食盐抢购事件"为例，工信部、卫生部、中国盐业总公司、国家发改委以及各大主流媒体在短短24小时内轮番出击，协同运作，很快化解危机，堪称典范。

第三，多元主体参与。汶川地震救援，展示了一种以政府为主导，党、政、军、民全社会共同参与的举国救灾模式，此后，社会力量参与成为了减灾救灾取得成效的重要保障之一，我国目前也初步形成了政府主导、社会参与、优势互补、协同配合的减灾救灾格局。这种榜样向其他类型危机管理的扩散与当前社会中公民意识的觉醒相呼应，为政府更好地应对公共事件的挑战、改善危机管理能力提供了引入共治模式的动力。在"温州动车追尾"、"故宫信任危机"等事件中，都有多元主体参与的注脚。

第三节 代表性成果

一、《中国社会舆情与危机管理报告(2011)》

作　　者：谢耘耕

出版时间：2011 年

出　版　社：社会科学文献出版社

内容摘要：该书以新媒体环境下的中国社会为立足点，以提升中国社会各界的媒介素养和舆情应对能力，实现中国社会的科学和谐发展为最终价值指向，整合新闻传播学、管理学、社会学、心理学、信息安全等多学科研究视角，运用定量与定性相结合的方法，对 2010 年中国社会舆情、分类舆情、企业舆情、个人舆情等进行了深入系统的研究，并简单预测了 2011 年社会舆情走势。全书由"总报告"、"分类舆情"、"企业和个人舆情"及"专题研究"四大板块组成。

社会影响：该书由上海交通大学舆情研究实验室主编。其中"研究报告"集纳上海交通大学舆情研究实验室独家发布的《2010 中国社会舆情和危机管理年度报告》、《2010 中国企业舆情与危机公关年度报告》、《2010 中国微博年度报告》三大年度报告，这些报告之前曾召开过专门的新闻发布会，新华社、中新社、《人民日报》、中央电视台等国内主流媒体纷纷进行报道，对中国主流舆论产生了巨大的影响。

二、《应急管理概论》

作　　者：米切尔·K. 林德尔、卡拉·普拉特、罗纳德·W. 佩里著，王宏伟译

出版时间：2011 年

出　版　社：中国人民大学出版社

内容摘要：该书系统地阐述了应急管理的基本概念与原理。它以界定、区分应急管理的基本概念为出发点，详细分析了应急管理的利益相关者与组织，全面介绍了应急管理所涉及的主要对象，涵盖减缓、准备、响应、恢复等应急管理的四个阶段，并探讨了风险沟通、应急评估、国际

应急管理、应急管理职业化、应急管理的未来发展方向等问题。

该书是近年来国际应急管理学界的一部力作，也是应急管理教学的一本理想教材。它具有全面性与系统性，为应急管理教学确立了完整、严谨的知识框架与体系；它具有理论性与实操性，既阐释了应急管理的基本理论，又研究了应急管理的具体措施；它具有基础性与前沿性，在突出应急管理基本概念与原理的同时，又吸纳了应急管理领域最新的研究成果。

三、《公共行政、灾害防救与危机管理》

作　　者：赵永茂、谢庆奎、张四明、徐斯勤

出版时间：2011 年

出　版　社：社会科学文献出版社

内容摘要：海峡两岸学者从公共行政的学科角度，针对近年来各种自然与人为灾害日益增加给公共治理带来新挑战的普世经验，共同进行了初步探讨。该书的主要特色有：首先，以海峡两岸的现实为基础，而具有相互参照的作用。其次，以灾害防救与危机处理为核心，在聚焦于此核心的背景下，探讨在这种脉络中显现的各种政治学和公共行政议题，例如政府部门的整体制度与机制、不同层级政府间的分工关系与权责分配、非政府组织的角色、公民参与、传统媒体与新媒体的影响、城市地区的特定防救形态、跨域层次的防救治理等。

本书内容区分为三大部分：第一部分，台湾灾害防救组织、灾难管理机制与个案研究，共计有 5 篇论文。第二部分，媒体的角色与危机管理中的社会参与，亦包含 5 篇论文。第三部分，中国大陆危机管理机制与个案研究，包括 4 篇论文。

社会影响：2010 年 8 月，台北大学公共行政暨政策学系偕同台湾大学社会科学院中国大陆研究中心，借台北大学三峡校区举办"两岸公共治理论坛：公共行政、灾害防救与危机管理"学术研讨会，邀请海峡两岸专家学者就两岸共同面临

天然灾害威胁之灾害防救与危机管理议题进行两天的研讨，成果至为丰硕。本书精心挑选研讨会中发表的 14 篇论文，经由原作者参考点评人提出之建议与会中交流意见再次润笔修改，最后集结成册。

四、《我国大地震等巨灾应急组织指挥体系建设研究》

作　　者：宋劲松、邓云峰
发表时间：2011 年第 5 期
期刊名称：《宏观经济研究》
内容摘要：该文对我国"5·12"汶川地震和"4·14"玉树地震中的应急组织指挥体系进行了研究，并指出我国已开始形成了"统一指挥，属地管理为主"的指挥模式、"四位一体"的联合指挥模式、多级政府指挥部模式、分区指挥模式，但在突发事件应急指挥部组织结构、职能分工、管理幅度、扩展与缩减方式等方面还有待完善。通过借鉴美国、德国和日本的经验，该文建议我国制定专门的"突发事件应急组织指挥条例"，指导各类突发事件应急指挥部的设立与运转；在一元化指挥原则下，明确区分应急组织指挥体系中现场应急指挥部与协调保障机构；统一规范各类应急组织指挥机构的组织结构，规定合理的管理幅度；完善应急指挥协调程序，规范多级政府应急指挥部之间的关系。

社会影响：本文系国家自然科学基金重点项目（70833006）、重大研究计划重点项目（90924303）和集成平台项目（910243031）的阶段性成果。

五、《"脱域"公共危机治理与区域公共管理体制创新》

作　　者：沈承诚、金太军
发表时间：2011 年第 1 期
期刊名称：《江海学刊》
内容摘要：该文认为"脱域"公共危机的发生将急剧改变公共管理和公共资源配置秩序，导致区域性社会运作机制中断或瘫痪，而"切割式"的现行行政区行政模式与"脱域"公共危机的逻辑错配使"脱域"公共危机治理处于"低效"或者"失灵"状态，因此，以"网络式"的区域公共管理体制作为平台，既整合纵横向政府系统内

资源，又积聚政府系统外的市场和社会资源，能够实现对"脱域"公共危机的有效治理。

社会影响：本文系国家社科基金重大招标项目"应对重大突发公共事件的政府协调研究"（08& ZD010）的阶段性成果。

六、《我国应急管理"一案三制"建设：挑战与重构》

作　　者：刘霞、严晓
发表时间：2011 年第 1 期
期刊名称：《政治学研究》
内容摘要：该文对我国应急管理"一案三制"建设的现状及存在的问题进行了研究，并在此基础上提出当前我国应急管理"一案三制"建设的现实选择：第一，在法制建设方面，应健全高位阶应对法为龙头的应急法律体系；重视紧跟下位阶程序法为依托的应急法规执行；建立同位阶状态法为序列的应急法制框架。第二，在体制建设方面，应转向由全主体（包括政府体系内部的所有相关职能委办局、政府之外的所有社会主体和企业组织及国际机构）、针对全威胁要素（建立在科学的风险识别技术发现和确认的威胁）、进行全过程（减缓、准备、响应和恢复）的应急管理；培育和发展全社会的应急管理的合作网络。第三，在机制建设方面，应做到分级管理，重心下移；同时做到分类管理，"条块"结合。

社会影响：本文系国家自然科学基金委重大研究计划之培育项目《非常规突发事件应急群决策网络：面向多网耦合的情景——权变理论与方法》（90924004）的阶段性成果。

七、《国家综合防灾减灾的战略选择与基本思路》

作　　者：郑功成
发表时间：2011 年第 9 期
期刊名称：《华中师范大学学报》（人文社会科学版）
内容摘要：该文提出灾情是国情的重要组成部分，灾害问题正在成为严重的经济问题、社会问题乃至政治问题，并日益深刻地影响着国家和地区的发展。该文提出应将综合防灾减灾上升为国家战略，确立安全第一、天人合一的防灾减灾

理念，同时设定国家防灾减灾战略目标，通过举国动员、理顺体制、优化投入及其他有效措施来实现防灾减灾目标。

社会影响：该文系国家减灾委组织的《国家综合防灾减灾战略研究》课题的阶段性成果。该课题是中央领导批示并由国家减灾委负责组织实施的一项国家层级的战略研究，共设六个子课题，分别由中国人民大学、北京师范大学、国家行政学院、中国政法大学等高校的著名学者主持。郑功成教授负责主持其中的两个课题。该文发表后，迅速被《新华文摘》、《中国社会科学文摘》、《高等学校文科学术文摘》等权威刊物转载。

八、《学校安全的风险治理与管理创新——北京大兴区校园安全"主动防、科学管"体系建设》

作　　者：唐钧、黄莹莹、王纪平
发表时间：2011 年第 11 期
期刊名称：《中国行政管理》
内容摘要：由中国人民大学危机管理研究中心与北京市大兴区教委共同设计开发的校园安全"主动防、科学管"工作体系于 2011 年在北京市大兴区教委正式启动，目的在于推行校园安全的风险治理与科学管理。该文对这一体系进行了研究：校园安全"主动防、科学管"工作体系由学校风险月历、风险防范与应对指南、能力提升规划和标准流程四个部分组成，旨在探索从预防预警、应对处置、科学管理、可持续发展等多个方面，创新风险治理，建立健全科学管理体系。

社会影响：该文系北京市大兴区教委校园安全"主动防、科学管"体系课题、质检公益性行业科研专项"公共事务管理活动风险管理技术及标准研究"（201110254）、国家自然科学基金课题"中国特色的公共组织和非营利组织的创新理论和实践研究"（70973133）的阶段性成果。

九、《基层综合应急救援体系建设中的跨部门协同——以云南省文山州消防改革为例》

作　　者：郑寰、燕继荣
发表时间：2011 年第 5 期
期刊名称：《中国行政管理》
内容摘要：该文通过对云南省文山州消防部队的调查研究，从协同政府的理论视角出发，探讨了文山州消防支队跨部门协同的战略设计及网络架构。文山州消防部队通过"融入式发展"的整体战略设计和应急网络结构的布局，有效地实现了地方应急公共安全服务的有效供给。在短短几年内，文山州在州、县、乡和部分街道、社区建立起了一套实际有效的应急体系，形成了三级甚至四级应急体系之间的信息共享和资源互助机制。在这一过程中，既重视来自地方决策层推动力的发挥，又注重内部长效激励机制的建设，还善于引导社会力量，激活应急管理的组织需求，使传统的"救火部队"变成了地方政府的"安全专家"和民众安全应急的依靠力量。总结分析文山州跨部门协同的有效机制对我国应急救援体系建设具有普遍的借鉴意义。

社会影响：该文系教育部人文社科重点研究基地重大项目"政府治理机制研究"（08JJD810160）的阶段性成果。

十、《应急社会动员模式的转变：从"命令型"到"治理型"》

作　　者：王宏伟、董克用
发表时间：2011 年第 5 期
期刊名称：《国家行政学院学报》
内容摘要：该文认为，在经济转轨、社会转型的时代背景下，我国社会构成多元化、异质性特征凸显。传统的"命令型"社会动员模式所表现出的成本高昂，重救援、轻防范，重心过高，缺乏灵活性和创新性等特征，无法高效应对现代风险社会的突发事件。因此，我国必须创新应急社会动员模式，逐步实现应急社会动员从"命令型"向"治理型"的转变，从而提升突发事件的应对水平。应急社会动员模式的转变是一个渐变的过程，需要政府转变观念，也需要提升企业、社会组织参与应急管理的意识以及应急管理网络的构建。

社会影响：该文系教育部"211 工程"三期子项目"中国特色的公共管理与公共政策学科平台建设"的阶段性成果。

十一、《对口支援灾区：起源与形成》

作　　者：钟开斌

发表时间： 2011 年第 6 期

期刊名称：《经济社会体制比较》

内容摘要： 该文认为，对口支援灾区是在我国政治生态环境中萌芽和发展起来的一项中国特色的政策模式。随着这一政策在实践中的不断发展和广泛应用，对口支援的内涵和形式也在不断丰富，发展成目前的三种主要政策模式，即对边疆地区对口支援、对重大工程对口支援、对灾害损失严重地区对口支援。该文采取历史分析方法，探讨了对口支援灾区政策产生、发展和变化的全过程，并将该过程划分为探索与孕育（新中国成立至 1977 年）、提出与起步（1978~1998 年）、巩固与提高（1998~2008 年）、扩大与持续（2008 年以来）四个阶段。进入 21 世纪后，我国对口支援灾区政策在规模上、内容上、机制上、投入上和时间上都有了新的飞跃，覆盖领域从自然灾害拓展到了突发公共卫生事件。

社会影响： 该文系国家社科基金项目"基于信息的适应性政府应急决策机制研究"（11CGL090）的阶段性成果。

附：代表性论文选登

政府公共危机管理失灵：内在机理与消解路径
——基于风险社会视域

金太军

[摘　要]　频发的公共危机让人类步入了"风险社会"。公共危机的治理显然无法通过危机衍生系统的自适应来化解。政府作为危机管理的核心主体毋庸置疑，特别是对采取政府主导性发展战略并取得举世瞩目成就的中国而言，其功能性地位更为凸显。然而，现行的基于常态公共事务管理的政府管理理念、管理体制和管理方式，制约了政府公共危机管理的绩效，甚至形成政府公共危机管理的低效或"失灵"的"路径依赖"。这集中表现为，基于传统"人治"理念治理风险社会的公共危机，使政府"进退失据"；基于现行官僚体制治理风险社会的公共危机，形成"有组织的不负责任"局面；基于垄断式管理模式治理风险社会的公共危机，使政府"力不从心"。鉴于此，更新危机管理理念，重塑官僚体制，引入"协作"治理体系，就成为化解政府公共危机管理失灵的基本路径。

[关键词]　风险社会；公共危机；政府；机理；消解

在人类步入"风险社会"、公共危机频发已成为不争事实的语境下，在危机管理已成为政府所承担的"常态职能"、所面临的严峻挑战的背景下，讨论与探究公共危机治理的相关问题，特别是政府危机管理所遭遇的困境及治理路径，其学术价值和实践意义不言而喻。

一、风险社会、公共危机及政府危机管理

西方学者基于西方国家现代化发展与公共危机相伴而生的现实，认为现代社会是一个充满风险的社会，即风险是现代性的基本要素和重要特征。英国学者安东尼·吉登斯在《现代性的后果》中认为，现代性[①]的四大制度支柱都可能带来严重的风险："正像每个生活在 20 世纪末的人所看见的那样，现代性是一种双重现象。同任何一种前现代性体系相比较，现代社会制度的发展以及它们在全球范围内的扩张，为人类创造了数不胜数的享受安全的和有成就的生活的机会。但现代性也有其阴暗面，这在 21 世纪变得尤为明显。"[②] 德国学者乌里希·贝克更为明确地提出了"风险社会"的概念："现代性正从古典工业社会的轮廓中脱颖而出，正在形成一种崭新的形式——（工业的）'风险社会'。"[③] "风险概念是个指明自然终结和传统终结[④] 的概念；或者换句话说，在自然和传统失去它们的无限效力并依赖于人的决

---

① 所谓现代性，依据吉登斯的看法，是"指社会生活或组织模式，大约 17 世纪出现在欧洲，并且在后来的岁月里，程度不同地在世界范围内产生影响。这将现代性与一个时间段和一个最初的地理位置联系起来"。

② [英] 安东尼·吉登斯：《现代性的后果》，田禾译，译林出版社，2000 年。

③ [德] 乌尔里希·贝克：《风险社会》，何博闻译，译林出版社，2004 年。

④ 安东尼·吉登斯和乌尔里希·贝克所说的"自然终结"并不指代自然环境和自然规律的消失，而是强调人类影响力已扩大到无以复加的程度，人类在很大程度上凌驾在自然之上。"传统终结"则是指代人与自然、人与人之间的关系发生了根本变化，相对于现代社会的"自由"理念，人的行为已难以受到传统习俗的严格约束。上述两种变化是人类进入风险社会的重要原因。

定的地方，才谈得上风险。"① 可见，"风险"概念标志着现代社会与前现代社会的根本差异。与以往社会形态中的具体风险不同，在风险社会，"我们实际上往往不知道这些风险是什么，就更甭说从概率表的角度来对它们加以精确计算了"。② 因此，人们更多是从心理层面感知公共安全的缺失，这种心理感知让人们形成了对现代经济社会发展模式的深度"反思"。当然，公共安全感缺失不能简单归结于个体或群体的"无知"、认知偏差和能力欠缺；恰恰相反，"这意味着危险的来源不再是无知而是知识；不再是因为对自然缺乏控制而是控制得太完善；不是那些脱离了人的把握的东西，而是工业时代建立起来的规范和体系"。③ 也就是说，风险是人类"征服与改造"自然的副产品，是高度工业化的衍生品。

显然，作为个体或群体心理层面的"风险"与现实层面的"危机"存在本质上的区别；然而，"风险"发生后的现实"危机"表状，又使两者存在难以割裂的内在联系。简言之，危机是风险"输出"的结果，而危机治理过程则意味着风险的逐步"消解"，公共安全感的恢复。尽管国内外学者基于各自学术背景对风险社会的危机根源与特征以及治理主体作了不同的阐释，但危机所呈现出的爆发突然性、时间紧迫性、社会影响性、结果威胁性等特征则是众口一词的。

"公共危机"的引致因素既有宏观的政治、经济、社会、环境等方面的因素，如政治体制改革滞后于经济社会发展现状、经济危机的全球化蔓延、国内外的恐怖与分裂活动等；又有微观的地域方面的因素，如地方政府的不当作为、"劳资矛盾"激化、恶性刑事犯罪等。另外，还需关注公共危机的扩散效应，即危机事件一旦发生，如果无法进行准确的"外科手术"般的针对性"消解"，就必然形成"负外部性"式的危机蔓延，即

所谓的"涟漪效应"④ 或"连锁反应"。公共危机引致因素的复杂结构性与独特个案性使公共危机治理主体的选择与搭配成为棘手的难题。选择难题似乎容易解决，不外乎是政治领域的政府、经济领域的企业和社会领域的公民与公民组织。但无论是政府、企业还是公民，都存着在无法自适的内在困境：政府失灵、市场失灵，企业社会责任淡薄与完全逐利倾向，公民的散沙状结构与集体行动困境。这些多元主体自身或交互中形成的困境，使公共危机治理主体的搭配成为化解的关键。在通常情况下，大多是通过对公共危机引致因素与多元表象进行细致分析，选取并搭配多元治理主体进行合作治理。但是，这种表象的"合作治理"概念的表达，无法掩盖多元治理主体协作实践中存在的"主次地位"、"利益分配"、"行动方案整合"等问题。

上述情况表明，在风险社会中，无论是自然因素还是人为因素引发的公共危机，都将急剧改变正常的社会秩序，引发社会系统的混乱；而公共危机的治理，显然无法通过危机衍生系统的自适应来化解，如经济危机是无法完全通过经济系统的自我调节来化解的。特别是对采取政府主导性发展战略并取得举世瞩目成就的中国而言，面对处于现代化进程和社会转型期频发的公共危机，政府作为危机管理的主体，其功能性地位更为凸显。然而，现行的、基于常态公共事务管理的政府管理理念、管理体制和管理方式制约了政府公共危机管理的绩效，甚至形成政府公共危机管理的低效或失灵的"路径依赖"。

二、政府危机管理失灵的表现与成因

作为公共危机管理的主体，政府危机管理受到政府管理理念、管理体制和管理方式的制约，政府危机管理失灵也相应地表现在这三个层面。

---

① ［德］乌尔里希·贝克、威廉姆斯：《关于风险社会的对话》，见薛晓源、周战超：《全球化与风险社会》，社会科学文献出版社，2005 年。

② ［英］安东尼·吉登斯、克里斯托弗·皮尔森：《现代性——吉登斯访谈录》，尹宏毅译，新华出版社，2001 年。

③ Ulrich Beck, Risk Society: Towards a New Modernity, London: Sage Publications, 1992.

④ 在平静的湖水中扔进一块石头，会产生水波，且泛起的水波纹缺乏有效障碍物时会逐渐波及很远的地方，这种现象被称为"涟漪效应"。公共危机衍生与扩散机理与"涟漪效应"类似。公共危机扩散就像一颗石头投进湖水中引起的阵阵涟漪，对外部产生负面影响。如果公共危机的"涟漪效应"得不到有效控制，公共危机的扩散与扩大就无法避免。

（一）基于传统"人治"理念治理风险社会的公共危机，政府"进退失据"

政府公共危机管理理念深受传统"人治"的影响，这种影响的内在机理就是新制度经济学所谓的"路径依赖"，且往往形成对这种管理理念的"锁定"状态。在这一状态下，政府习惯于用传统的"人治"理念来治理"现代性"危机，极易引发政府公共危机管理上的"进退失据"。

（1）政府在突发事件（主要指政府系统之外）处理上难以灵敏应对，行政不作为和行政行为失当现象交替出现，引致公共危机的扩散（次生事件的频发）。政府行政不作为与行政行为失当似乎是两种截然不同的行为表状，但从学理逻辑上看，两者形成的内在根源是相同的，即都是政府缺乏对突发事件原因与表状的基本认知，从而引致政府行政不作为和行政行为失当的交互出现。政府自身"人治"理念的张扬自然会形成封闭性的知识学习系统，这种知识学习系统会自发排斥新知识体系的融入，政府对突发事件原因与表状的基本认知缺陷的形成也就容易理解了。

（2）在公共危机衍生、扩散和应对中，政府部门利益和官员个人利益张扬，公共政策和行为模式明显背离公共利益和公共危机有效治理逻辑，政府要么从开始、要么逐步成为公共危机重要组成部分或焦点。事实上，政府的纵横向部门体系及各部门体系中的官员个体均具有不同的利益结构，利益结构的差异必然带来行为策略选择的差异。在公共危机的衍生原因、扩散因素和应对策略体系中，均可发现背后的相关政府部门与政府官员的利益意愿输出。这些利益意愿要么自身就与公共利益背道而驰，要么因存在部分重叠性使相关政府部门与官员的策略选择存在模糊性，即行为策略折射出自利与公利两种属性，难以有效分析清楚。

（3）部分政府官员的言行失当经传统新闻媒体与现代网络媒体［主要通过网络平台，以论坛（BBS）和新闻跟帖的方式］的报道（也存在新闻媒体的"猎奇"和"放大"效应）往往也会引发公众的质疑，使政府面临危机。传统新闻媒体系统在政治体制改革发展、市场经济突飞猛进和公民社会逐步形成的时代背景下发生了诸多变化，独立性是这些变化的核心要件。这种独立性往往又会以部分政府官员难以接受的方式表现出来。但传统媒体的独立性是有限度的，毕竟难以完全脱离政府的控制，仅以新闻报道逻辑行事。相比传统媒体，现代网络媒体具有天生独立于政府之外的特性，为吸引网民关注，也往往将新闻的"兴奋点"聚焦于政府系统及政府官员的失当行为。

（4）"运动化"的危机治理方式也值得关注。长期以来，每当发生公共危机时，"严防死守，不惜一切代价"成为频繁使用的公共危机管理"主流话语"，其行为模式必然是——组建领导班子和广泛的政治动员，这实质上仍是一种缺乏科学性的"运动化"方式，具有明显的"人治"色彩。公共危机"运动化"治理方式由于存在治理效果的短期集中表象，往往成为具有任职期限的政府官员"彰显政绩"的有效路径，甚至会形成整体政府系统与政府官员公共危机治理方式上的"路径依赖"。但这种"运动化"治理方式由于缺乏对公共危机引致因素的长期性和动态性追踪，往往浮于表面，看似"风风火火"，实则流于形式。

可见，由于传统"人治"理念下政府行为的随意性和被动性，既可能使政府不知不觉地成为公共危机的焦点或成为公共危机衍生和扩散的重要引致因素，又可能使政府的公共危机管理决策"无章可循"，管理行为"进退失据"；尤其使政府无法摆脱复杂危机表征和现实利益的"掣肘"，从一种更为"超然"的视角明晰公共危机的衍生和扩散机理，可能对潜在公共危机以及公众的心理反应作出灵敏的感知，实现"风险"的针对性"消解"，从而也就无法阻止潜在风险的现实危机化。

（二）基于现行官僚体制治理风险社会的公共危机，形成"有组织的不负责任"局面

从历史上看，19世纪末20世纪初，自由资本主义逐渐走向垄断，这种背离市场机制下自由竞争原则的经济形态必然引发经济系统的诸多问题，突出表现于经济危机的周期性爆发。经济危机的爆发又引致政治系统和社会系统的诸多危机。显然，"看得见的手"的适时介入成为必需，"行政的管理职能却在量上悄悄地增长，这种量的变化，终于在20世纪引起了质的变化，以至于行政的管理职能上升到了主导地位",①管理型政府及官僚体制至此形成。

从现实情况看，政府公共危机管理就是政府依托官僚体制，针对公共危机根源及表征，实现行政权力的有效输出，化解公共危机的过程。然而，任何制度体系都无法回避制度设计者和实施者"有限理性"和"独特利益视角"的局限，这种局限易在政府公共危机管理上形成"有组织的不负责任"②局面。具体表现在政府官僚体制应对公共危机的基本路径与管理体制中"能动"主体——政府官员两个层面。

一是现行官僚体制应对公共危机基本路径的三大"怪圈"。面对风险社会的公共危机，政府官僚体制应对公共危机的基本路径为系统的制度设计、相关机构设置和职能分工。然而，上述路径的不同部分都可能陷入目的与手段倒置的"怪圈"之中，分别为"规章怪圈"、"机构怪圈"、"分工怪圈"，从而引发"有组织的不负责任"局面。

——面对频发的公共危机，官僚体制片面强调规章制度的重要性，忽视了公务员、专家和公众的主观能动性，抑制了各主体的创新意识和动力。一旦面对新型公共危机，甚至是同一根源但表象不一的公共危机，其解决路径必然是出台更多或全新的规则制度，形成"规章怪圈"。这种"冷冰冰"的规章既可能存在设计缺陷，又可能缺乏可操作性，更无法灵敏应对风险社会的公共危机。看似"系统"和"科学"的制度设计，往往成为相关部门"有组织的不负责任"的"托词"。

——官僚体制过度依赖金字塔式组织机构来解决公共危机，设置新的政府职能部门，配之以运行规章成为化解危机的基本路径，结果可能是机构膨胀、人浮于事，从而陷入"机构怪圈"之中。"帕金森定律"③的内在机理表明，政府部门的机构设置和人员配备并不意味着公共事务管理绩效的当然提高；恰恰相反，政府管理理念滞后和政府职能体系界定不清状态下的机构设置和人员

配备往往陷入行政成本提高和行政效能下降的"恶性循环"之中。因此，政府公共危机治理中的"机构怪圈"极易演绎成"有组织的不负责任"局面。

——官僚体制往往进行详细的权力与职能分工，形成了公共危机管理上的责任配置。事实上，公共危机引致原因的长期性和综合性，公共危机表状的多元性和复杂性，使完美或精准的分工制度体系是不存在的，即使存在也是短暂的，因而往往存在分工漏洞或空隙，从而无法实现对公共危机管理责任的精确配置，极易形成"责任"盲区。而且，如果公共危机的治理背离了责任主体的利益结构，"向外赶"、不治理、缓治理和假治理将成为责任主体的基本策略选择。看似分工明确的公共危机治理体系将陷入"有组织的不负责任"状况。"上有政策，下有对策"的纵向权力分工问题，以及"零和博弈"、"搭便车"等的横向权力分工问题，充分验证了上述逻辑。

二是多元利益函数下政府官员危机应对行为的"合理性妥协"。政府公共危机治理过程可解构为相关政府官员的一系列危机应对行为。这些行为的合理性程度往往决定了公共危机的走向：缓和还是激烈。而政府官员危机应对行为的合理性既取决于现存的制度体系约束，又取决于政府官员自身的素质结构和利益结构。

——从素质结构的维度看，政府官员必须具备与公共危机相关的知识结构和能力结构。显然，风险社会的公共危机具有根源的复杂性和表征的多元性，如果缺乏相应的知识背景，必然存在公共危机治理与政府官员间的信息不对称，从而无法实现官员危机应对行为的合理性。政府官员即使具备相应的知识结构，又需具备将知识进行"输出"的能力结构：公共危机管理中的判断能力，侧重于公共危机的定性与寻源；公共危机管理中的决策能力，侧重于多元危机应对策略的创新与选择；公共危机管理中的执行能力，侧重于

---

① 张康之：《行政与公共行政的历史演进》，《中共福建省委党校学报》，2002年第4期。

② 这表现为两个方面："一是尽管现代社会的制度高度发达，关系紧密，几乎覆盖了人类活动的各个领域，但是它们在风险社会来临的时候无法有效应对，难以承担起事前预防和事后解决的责任；二是就人类环境来说，无法准确界定几个世纪以来环境破坏的责任主体。"（杨雪冬：《风险社会的制度想象力》，《文汇报》，2007年9月17日。）

③ 在行政管理中，行政机构会像金字塔一样不断增多，行政人员会不断膨胀，每个人都很忙，但组织效率越来越低下。这条定律又被称为"金字塔上升"现象。

化解不同利益主体"不合作"博弈困境的能力。

——从利益结构的维度看，政府官员的公共危机认知与应对策略选择必然受其自身利益结构的影响。这种利益结构又可分解为三大利益视角：作为"公共人"所具备的"公共利益"最大化的利益视角；出于"系统维持"目标形成的对组织和上级领导忠诚的政治升迁利益视角；作为"经济人"的个人功利最大化的利益视角。显然，政府官员对公共危机的认知与应对策略选择必然从上述三种利益视角所指代的利益函数出发。实际上，这种三元利益函数往往难以实现完全重叠，本应成为政府官员公共危机管理唯一视角或者说目标的公共利益也需实现与其他两种利益的妥协，于是，这种"实然"层面的利益妥协必然降低政府官员危机管理行为的合理性程度，无法实现"应然"层面的高效危机管理。

需要特别指出的是，大量具有专业知识和管理技能的职业公共管理者享有常任制①的权利，这种封闭的身份自我认同体制容易造就一个有着自身特殊组织利益的官僚集团。公共危机治理的价值偏好一旦不能与官僚集团的利益结构相契合，低效甚至无效公共危机管理就变得合乎逻辑。

（三）基于垄断式管理模式治理风险社会的公共危机，政府"力不从心"

作为社会公共管理主体的政府理应成为风险社会公共危机治理的当然主体。然而，这种当然主体地位并不意味着公共危机治理上的政府"垄断"。现实情况是，垄断式的政府常态公共事务管理模式完全不加任何"修饰"地被嫁接到政府公共危机管理上，即使其他主体参与公共危机管理，也是"被动"的且缺乏相应的"制度"保障。面对"纷繁复杂"的公共危机，政府往往处于"力不从心"的状况。事实上，"在现代社会，任何一个行动者，不论是公共的还是私人的，都没有解决复杂多样、不断变动的问题的知识和信息；没有一个行动者有足够的能力有效地利用所需要的工具；没有一个行为者有充分的行动潜力去单独

地主导（一种特定的管理活动）"。更何况，"风险社会和全球化带来的治理危机是全方位的。无论是国家、市场还是被许多人寄予厚望的公民社会，都无法单独承担其应对风险的重任，因为它们本身也是风险的制造者"。②

在公共危机治理中，目前各级总体预案、部门预案和专项预案的行文中倒是都有责任主体越来越明确的政府法规式的规定，但是从各主体在制度体系内的开放性和双向度来说，③尚未形成多元主体良性互动的协作治理框架。学者斯托林斯在1978年就指出了一系列危机发生时可能的组织结构：已建立的、扩展的、延伸的、紧急的。④"已建立的"，主要是指现存的公共危机治理机构——政府部门；"扩展的"，主要是指公共危机治理中的志愿者组织和志愿者；"延伸的"，主要是指"那些在特殊情况下加入危机管理组织，能提供一些诸如建设或清洁服务之类援助的国内组织"；⑤"紧急的"，主要是指公共危机治理中的具有特殊知识背景的职业性机构和成员。总体来说，上述四种公共危机应对机构均可以从政府、市场和社会领域中找寻对应主体。

显然，上述对应主体自身也存在这样或那样的问题。价格信号和竞争机制实现了市场机制在资源配置中的主体地位，也使市场机制本身及其内在能动主体——企业在应对公共危机时，无论是在资源数量上还是在资源配置的网络上都拥有其他主体无法企及的强势地位。而市场机制及其主体的内在盈利逻辑使其在应对公共危机时偏离协作治理的轨道，囿于短期机会主义的盈利模式。面对公共危机治理上的市场失灵，政府的干预自然十分必要，而政府的干预能力成为制约因素，不排除出现用低效政府干预失灵市场的现象，从而引致更为复杂的"双失灵"结果。

总之，政府在公共危机管理上的"垄断式"应对，既意味着政府必须具备巨大的人力、物力和信息资源，又意味着危机治理责任的"垄断式"承揽。现实情况是，政府公共资源的有限性制约

---

① 即非严重过失不受免职处分直至法定退休年龄的制度安排。
② 杨雪冬：《全球化、风险社会和复合治理》，《马克思主义与现实》，2004年第4期。
③ 罗豪才、宋功德：《公共之治的转型：对公共治理与公法互动关系的一种透视》，《中国法学》，2005年第5期。
④ ［澳］斯托林斯：《危机管理》，王成、宋炳辉、金瑛译，中信出版社，2001年。
⑤ 刘霞、向良云：《公共危机治理：一种不同的概念框架》，《新视野》，2007年第5期。

着政府公共危机治理的意愿和能力。即使政府拥有充足的公共资源，往往也由于决策失误、时间仓促和资源分布不均等因素使政府公共危机管理处于"低效"和"失灵"状态。

三、消解政府危机管理失灵的路径

现行政府管理理念、管理体制和管理方式的"合力"，构成了政府危机管理失灵的内在机理，因此，必须系统化地建构消解政府危机管理失灵的路径。换言之，要灵敏并有效应对风险社会的"现代性"公共危机，就必须实现政府公共危机管理理念、管理体制和管理方式的相应转变。

（一）危机管理理念的更新

意识理念是人行为模式选择的逻辑线索。要应对风险社会的公共危机，制度完善与机制再造无疑是非常重要的，但完美的制度设计、顺畅的制度运作以及及时的制度自适应都源于深层次的理念创新与塑造。只有具备了现代乃至"后现代"的公共危机管理理念，才能实现公共危机管理科学性与公共危机爆发规律性的精确匹配，实现对公共危机的有效管理。

作为制度与机制实践主体的人是否具备相应的公共危机治理理念，是问题的关键之一。针对公共危机治理而进行的制度与机制设计要遵循客观规律性，人的公共危机治理理念培育则是要实现主观能动性。从"小康社会"建设目标提出到全面、协调、可持续"科学发展观"，再到建立社会主义和谐社会以及"加强社会建设和管理，推进社会管理体制创新"，这些社会建设理念的每一次重大进步，都可视为是对现实公共危机的一种积极回应。

危机理念应该成为政府管理的基本观念。如果政府缺乏危机理念，只是忙于治理危机而不探

究其产生的根源和规律，那么政府危机治理必然会流于形式，趋于低效。从系统论角度看，危机理念内构于政府危机管理系统的输入、转换、输出、反馈四个基本环节。与此相似，政府危机管理能力也体现在政府行为的四个环节中——危机理念为其提供理论与理念支撑，同时也规约着政府危机管理能力的成长、变革、路径、速度。传统危机理念强调政府行为的被动性和回应性，主要行为表现为直接救灾（如水灾防洪、旱灾抗旱等），难以通过自身调适应对即将或已经爆发的公共危机。现代危机理念不是对传统危机理念的局部更新，而是全面再造：①公共服务理念。公共危机的有效治理依赖于政府的公共服务理念及能力，政府合法性[1]的根本意义亦在于此。②以人为本理念。维护人的生命安全是政府危机治理的最大责任。③成本理念。危机管理涉及多个部门的协调，交易成本较高，要实现有效危机管理，必须树立成本—收益理念。④周期理念。危机运动的周期性是现代危机理念产生的逻辑基础，即现代危机管理依据危机发展的周期性，采取相应的应对策略，强调危机管理的"4R模型"：减少（Reduction）、准备（Readiness）、反应（Response）、恢复（Recovery）。⑤缓和理念。危机缓和理念是指在危机爆发之前，采取多种遏止措施，消除或降低危机造成的威胁。

事实上，如果我们将上述公共危机称为偶发危机的话，那么政治系统、经济系统和社会系统三大系统[2]存在的问题或者说"失灵"可称为"过程危机"，[3]而过程危机是引发偶发危机的重要根源。显然，政治系统的"人治"往往是引发自身系统危机（"合法性"危机、政府失灵等）的重要根源，也是引致经济系统和社会系统危机的重要外在因素。法治理念和人本理念对政治系统的

---

① 政治学意义上的"政府合法性"指的是政府得到社会公众的认可和支持，而不仅仅是政府的统治和管理地位获得宪法和法律的确认。即"合法性意味着，人们之所以遵守和服从统治和法律，是因为他们的确认为统治和法律是正确的并值得尊敬。合法的政治秩序就是被国民规范性认可的秩序"（〔英〕戴维·赫德：《民主的模式》，燕继荣等译，中央编译出版社，1998年）。

② 政治系统、经济系统、社会系统三者的关系可笼统概括为：政治系统为经济系统提供降低交易成本的制度体系，经济系统为政治系统运作提供财政资源；政治系统为社会系统提供公共服务，而社会系统为政治系统存在提供"合法性"支持；经济系统为社会系统提供就业和消费品供给，而社会系统为经济系统提供人力资源和消费需求。三大系统的各自职责一旦出现问题，必然无法实现对其他系统的"服务"供给，引发其他系统失灵。

③ 事实上，如果我们仅根据危机的表状对危机进行看似合理的分类——食品危机、自然灾害和流行疾病等，那么就犯了"形而上学"的认知错误。"过程危机"的存在表明，现存的政治系统、经济系统和社会系统的内部存在难以调适的问题，且各系统之间也存在发展不均衡引发的协调困境。"过程危机"如无法得到有效治理，将引发公共危机的频繁滋生。

输入，并由政治系统的"转换"，由具有"合法性"表征的公共政策加以"输出"，既实现了政治系统自身的存在价值，又有利于化解经济系统和社会系统的内在（市场失灵和社会失灵）和外在（政府不当干预）危机。因此，既需将上述两种理念既融入政府常态公共事务管理体系，又需嵌入政府公共危机管理系统。这种嵌入，涉及理念、制度和行为三个层面：理念层面需要确立现代危机理念在政府管理系统（公共危机管理系统）的主体地位；制度层面要求"嵌入政治制度——行政机构、法律、规范以及运行程序"，[①]制定和完善相关制度体系，并化解新制度与旧制度的文本冲突；行为层面要求政府对相关制度规章的严格执行，形成"进退有据"的公共危机管理。

现代政府的内在要义在于，无论是正常社会状态还是非常社会状态，都能运用多元治理手段处理好社会秩序和公民权利保障问题。

正如风险社会的"风险"一样，和谐社会的"和谐"既是一种社会存在，更是一种公众的心理暗示。频发的公共危机打破了正常的社会秩序，引发社会的矛盾和冲突，更带来不安全、不和谐的公众心理暗示，这就需要政府确立"公共服务"、"以人为本"和"法治"等现代公共危机治理理念，实现对公众不安心理的疏导和慰藉，恢复与维持社会状态的有序与和谐。

（二）官僚体制的重塑

危机管理理念的更新，需要相应的体制支撑。从现行的管理体制层面看，纵向的权力配置结构（特别是中央与省级政府之间）使风险社会公共危机治理上出现一定程度的权力"真空"和治理盲区，从而难以有效应对。这种纵向权力配置结构

集中表现为基于刚性行政区划基础上的"行政区行政"[②]模式。这种模式与"条块"经济管理体制的制度组合已在政府管理体制形成了所谓的"路径依赖"，除非外力强势介入，否则将陷入锁定状态。更何况，各地方政府都想"搭便车"——不付出治理成本而享受治理绩效，结果必然是公共危机的扩散化和治理的高成本。政府系统的各部门与相应政府官员在公共危机衍生及治理的过程中，各自基于自身的部门利益与个体利益，以不同的职能身份参与其中。通过官僚体制重塑，最大程度上化解公共危机治理上的利益冲突，实现公共危机治理合力也是关键之一。

这里有必要提出"网络式"区域公共管理体制，[③]它与"切割式"行政区行政模式存在明显差异。这种管理模式介于上层政府宏观管理与下层政府微观管理之间，其合法性权力主要来源于政府的让渡和上缴。其机构组成成员可由区域各地方政府按比例委派，领导人由上层政府委派，并在此机构下设置若干个专门委员会，针对不同性质的公共危机进行区域性的纵横向政府部门的协调，整合区域各级政府的治理能力，形成"1+1＞2"的合作治理效应。区域公共管理体制提供了区域各行政区政府间的沟通协商机制，打破了彼此间的"信息隔离"，实现了"信息共享"，并通过相关制度体制协调利益结构上的差异，[④]实现了区域政府内的"集体行动"，并通过相应绩效考核，[⑤]实现了行为约束，有利于维系稳定的"集体行动"。

通过官僚体制的重塑，实现政府危机管理决策的科学性。政府危机管理决策贯穿政府危机管理过程始终，危机决策的高效与相应政策的科学

---

① ［美］朱迪斯·戈尔茨坦、罗伯特·基欧汉：《观念与外交政策》，刘东国等译，北京大学出版社，2005 年。

② 所谓行政区行政，即各地方政府基于行政区划的刚性界限，以行政命令的方式对本地区社会公共事务进行垄断管理，具有相当程度的封闭性和机械性。

③ 具体来说：在政府治理的价值导向上，区域公共管理基于"区域"视角，强调以区域公共问题和公共事务的有效治理为基本价值导向；在管理主体的结构上，区域公共管理奉行"有限政府"和"合作治理"的理念，强调政府组织、第三部门和公民的互动合作；基于"多中心"治理理念基础上的区域公共管理，强调公共权力运行的"多元性"和"分散性"，追求政府与公民的良性互动（金太军：《从行政区行政到区域公共管理——政府治理形态嬗变的博弈分析》，《中国社会科学》，2000 年第 6 期；沈承诚、金太军：《"脱域"公共危机治理与区域公共管理体制创新》，《江海学刊》，2011 年第 1 期）。

④ 例如，公共危机事件治理中，某一省级政府作为公共危机事件的波及方应从公共危机事件源所在的省级政府获取一定的财政转移支付，其金额和支付方式由区域性公共管理机构牵头商定。通过建立区域性财政转移支付体制来约束区域各省级政府的不合作思维和行为，形成各省级政府主动治理"脱域"公共危机事件的外在动力。

⑤ 构建公共危机事件治理中的政府绩效评估共性指标，通过设立基本目标、评价标准、保障措施、权责义务等各项指标内容，构建公共危机事件治理中的各级政府行为规范的评价系统。

程度在很大程度上决定政府危机管理的结果。从公共决策角度看，政府危机管理决策拥有一般公共决策的普遍特征，但公共危机自身的特殊性又使政府危机管理决策呈现出某些独特之处：政府危机管理决策往往难以依靠一般公共决策的程序化模式，更大程度上表现为一种非程序化的决策管理。这种非程序化的决策管理强调在信息缺乏和资源有限的条件下，快速并准确地对公共危机根源及表征进行针对性政策决策与输出，从而实现对公共危机的化解。当然，程序化与非程序化决策管理都需拥有完整的决策系统，即由信息、咨询、中枢、监控等子系统组成，这些子系统的功能状况以及子系统间的功能组合效能都直接影响政府危机管理的结果。

政府官员危机管理能力的提升，也是官僚体制重塑的主题之一。政府官员危机管理能力的提升路径既强调危机管理理念的塑造，又强调政府官员对危机管理技术与方法的应用。政府官员在公共危机管理中选取适当的危机管理技术与方法，可以有效实现对公共危机信息的收集与梳理；并可通过建模方式实现对公共危机衍生和扩散的有效模仿，在此基础上设计出公共危机管理的系统方案；还可在公共危机管理行为输出中通过相关技术进行有效监控，保证公共危机管理的有序和有效。

（三）"协作"治理体系的引入

纵观人类社会发展历史，在每一次重大公共危机面前，"团结都显示了力量，正是团结，使人一次次地战胜困难和踏上新的历史征程。而对不确定性，团结给人以安全感，合作给人以保障。任何对人类团结和合作构成破坏的理论，都是不可取的，有良知的人就会对它作出批判"。① 因此，构建政府、市场、社会良性互动的公共危机"治理"②、"协作"③ 体系，是应对风险社会频发公共危机的必然策略选择。况且，"在公共服务中面临资源的缺乏或日益加剧的'无法管制'的环境，政府对其他社会行为者的依赖性正在增强"。要破解上述悖论，就必须在借助公民社会力量的同时，建构其力量发挥的保障机制；借助有效的基层民主体制和社会管理机制，打通自下而上的公共参与机制。美国学者科尔曼在探讨如何治理生态危机时说道："基层民主主要把公共政策领域通常自上而下的方法颠倒过来，让民众和社群有权决定自己的生态命运和社会命运，也让民众有权探寻一种对环境和社会负责任的生活方法。"④ 这表明，东西方各国面临同样的公共危机，也存在相通的治理路径。

无可否认，以政府为主导的管理协调系统在应对突发公共事件中将发挥主导作用，但也不能忽视面对庞大的人力、物力、信息的需求和调度，政府的自身储备和整合能力往往难以有效应对，这就需要政府与企业的合作，破解上述困局。这种设想基于三个方面的考量：其一，企业社会责任。即承认企业为股东谋利正当性的基础上，强调企业同时应为与其互动的社会承担经济的、法律的、道德的、慈善的责任。其二，企业的资源优势。尽管政府掌握较为庞大的资源，但资源的单方向迅速集中和配置往往存在较大困难，而广泛分布的企业及其产品物流网络可以快捷便利地为应对突发公共事件提供所需的诸多资源。其三，政府与企业的互动关系。市场经济体制虽弱化了政府对企业的控制，但政府与企业的复杂的互渠道依然存在。而且，突发公共事件往往也蕴涵着巨大商机，如何借助于政府处理突发事件的公共平台有效扩大企业影响力，则是政府与企业互动关系的另一动力源。

作为公共危机管理主体的政府，在公共危机管理的每一阶段或者说步骤上都需要实现与其他相关主体（公众、专家、媒体和第三部门）的对话和协商。当然，由于许多公共危机的复杂性和

---

① 张康之：《论不确定性下的组织活动理论探讨》，《理论探讨》，2008 年第 5 期。

② 1995 年，全球治理委员会发表《我们的全球伙伴关系》，对"治理"作了比较权威的界定：治理是各种公共的或私人的机构管理其共同事务的诸多方式的总和，它是一种调和不同利益主体之间冲突和利益，并促使其联合行动的持续过程。从公共事务管理的角度讲，治理强调了一种多元化的、民主的、合作的、非意识形态化的公共管理。

③ "协作的建构出自实际的交互作用过程，通过交互作用过程，各利益集团努力要维持最低限度的创新性和行动自主能力。协作的建构现在是，将来也是人类集体行动的核心。"（［法］埃哈尔·费埃德伯格：《权力与规则——组织行动的动力》，张月等译，上海人民出版社，2005 年。）

④ ［美］丹尼尔·A. 科尔曼：《生态政治——建设一个绿色社会》，梅俊杰译，上海译文出版社，2002 年。

"脱域性"，协商范围可能逐步扩大化，甚至超越民族国家界限。事实上，"新类型的风险既是本土的又是全球的，或者说是'全球本土'的。这种本土和全球风险选择上的'时空压缩'进一步证实了世界风险社会的诊断"。① 而且，公共危机的"脱域"机制让风险防范变得困难起来，这是由于"风险的来源是广泛的，所有国家应共同担负起解决问题的责任。但责任方越多，达成一个稳定的协议就越困难，因为各国都有'搭便车'的行为倾向"。② 因此，国际政府间的公共危机合作必须树立"集体行动"思维，并通过充分的沟通、协商和制度建构消除可能的"搭便车"行为。另外，也需警惕个别发达国家企图通过建构公共危机治理"话语"（碳政治、反恐等）干预别国内政的行为，这必然会引发国际冲突，导致"脱域"公共危机治理的"失灵"。

总之，在现代风险社会中，减少政府公共危机管理系统和制度体系在公共危机管理中的效率损失、管理失序、资源损耗的唯一路径，只能是不断地进行理念创新、制度创新和体系优化，以最大程度地实现理念、制度、体系与公共问题的匹配。如果说政府公共危机管理理念的更新是灵魂的话，那么，体制创新与体系整合则是其制度保障和实现载体。同时，偶发危机与过程危机的内在机理及公共危机协作治理体系的建立都需要实现政治系统、经济系统和社会系统的综合增量变革。只有三大系统的综合改革，才能化解过程危机，将潜在的"风险"或公共危机可能性向辩证的、自适应的方向转化。

---

① ［德］乌尔里希·贝克：《风险社会再思考》，郜卫东译，《马克思主义与现实》，2002 年第 4 期。
② ［美］保罗·R. 伯特尼、罗伯特·N. 史蒂文斯：《环境保护的公共政策》，穆贤清、方志伟译，上海三联书店、上海人民出版社，2006 年。

汶川地震应对经验与应急管理中国模式的建构路径

——基于强政府与强社会的互动视角①

张　强　陆奇斌　张秀兰

[摘　要] 巨灾的频发使得风险治理的公共政策系统受到巨大挑战。由于特定的危机形势和政策制定系统的局限性，造成了各种各样的政策困境，尤其是汶川地震促使我们重新审视国家力量在巨灾应对中与社会力量之间的互动关系。基于以上背景，本文试图通过研究团队三年多来针对汶川地震应对的全景式实证性研究，并结合中国应急管理系统建设发展的历史性回顾揭示出相应的挑战和机遇，探索一个基于强政府与强社会互动的分析视角和发展路径。

[关键词] 汶川地震；应急管理；强政府；强社会；抗逆力

一、应急管理中国模式的解读

近年来，随着世界巨灾的频发，如何构建高效有序的危机应对体制已经成为全球各国高度关注的焦点问题，其中折射出的国家能力异同成为人们关注危机应对的重要视角。在汶川地震之后，一种以政府为主导，党、政、军、民全社会万众一心、共同参与的举国救灾模式，第一次通过中外媒体全方位地展现在世人面前。于是，在各国不同应对模式的对比中，人们开始反思以汶川地震应对为典型代表的应急管理"中国模式"是否具有全球推广性。

如何认知汶川地震应对体现的中国应急管理模式？一种观点认为这是中华民族几千年的文化传统——"中国精神"或"中国心"的典型表现，而"中国精神"就如同那些被广泛认同的西方价值一样，也是一种"普世价值"。另一种观点是侧重于中国政府实行的不同于以往的新举措，其最主要的特点就是"伟大的透明"及其所体现的"国家的自信与政府执政理念之变"，从而形成了一种"开放的、全透明的、全民参与的现代救援体制"。还有一种观点，不但不与遥远的传统直接

挂钩，而且区别于西方倡导的所谓慈善热情或救助体系，它解释为具有中国特色的社会主义救灾制度，主要内容有：中国共产党坚强、有力与富有成效的领导；以人为本，人民的生命高于一切的执政理念；集中力量办大事，举全国之力救灾抢险；开放的态度，接受国际社会的援助。其发展趋势就是社会主义的民主。

用什么样的理论框架能够清晰全面地解读汶川地震反映出的中国应急管理系统？回答这一问题，就需要有更为开阔的视角。在不同应急管理模式的比较中，利用国家能力的比较模式已经有所浮现。最新的例证就是清华大学薛澜教授提出的关于应急管理系统变迁的阶段分析，把中国应急管理视为一个由政府和其他各类社会组织构成的应对突发事件的整合网络，是一个包含法律法规、体制机构、机制与规则、能力与技术、环境与文化的系统。哈佛大学肯尼迪学院的研究者开始讨论美国卡特里娜应对和中国汶川地震应对的能力比较，其基本的考量维度就是两国国情的相似性和应对能力的差异性，特别是中央与地方政府的协同关系。由此不难发现，一种基本的考察视角是在应对过程中政府层级之间以及政府与社

① 本文系国家社会科学基金重点项目"中国应急决策机制与公共危机管理的运作机制研究"（10AGL011）以及国家社会科学基金重大项目"重大自然灾害和重大突发公共事件应对新框架研究——基于汶川大地震的实证研究"（08&ZD011）的阶段研究成果。

会的互动关系，究竟形成什么样的应对格局。这样的关系格局也就和考察国家能力的演变趋势一致，也就是从"国家中心理论"（the Center-Periphery Model）向"社会中的国家"模式（State in Society）以及"国家与社会共治"（State-Society Synergy）演进，也就在现实复杂的世界需要将从上至下和自下而上两种不同的视角进行有机融合。

目前，关于汶川地震的大部分研究都集中在应急管理具体的管理技术或者公民社会发展的宏观图景，而本文希望勾勒出应急管理的体制建设中折射出的国家与社会互动的政策路径。如何准确认知汶川地震以及中国应急管理体制建设中的制度演进，国家与社会互动的理论框架将是一个更为深入、全面的路径。同时在应急管理这样非常态的公共管理行为中，也即将加强对国家与社会互动中的权力边界、国家与社会互动的机制、国家与社会互相赋权的条件等理论问题进行实证性的探讨。

二、国家和社会互动解析框架的引入

在引入国家和社会互动视角之前，本文需要对以下几个基本范畴进行界定。

（1）关于国家的定义。本文参照 Migdal 对"国家"的界定，即"国家是被分为理想的和实践的"，前者构成传统分析模式中的一致的整体，在这个意义上，国家与社会区别开来；而后者则指出国家是由多个不同部分的实践活动所构成的，其中，国家自上而下可以分为四层：最高决策中心、中央政府、地方政府、执行者。

（2）关于社会的认知。"社会"是一个网状结构，各种社会势力并非团结一致对抗国家，它们之间的竞争导致了多种不同的规则制定逻辑和各种公开或者隐蔽的社会冲突，最终是没有一个社会势力可以统治全局，社会的变化结果难以预料。国家作为政策制定者也不是凌驾于社会之上，而是存在于社会中，构成社会的一部分。实践中的国家很少能够摆脱社会而独立自主，国家的"效力"同它们联系着的社会紧密相关，国家的自主性、政策的倾向、领导人的威信及其本身的一致性都深深受到它所运作的社会的影响。因此，无论是国家还是社会都无法独立主导社会的变迁。

（3）国家与社会互动的多元性。这里对国家与社会间的关系，认可"社会中的国家"模型提出的国家与社会处于相互形塑的动态变迁过程以及国家中心论者提出的"国家与社会共治"，即国家与社会的良性互动。具体而言，是指国家与社会、公与私之间并没有明确的分界，公民参与可以加强国家力量，国家制度可以建立一个促进公民参与的环境，二者互为条件，通过一定的制度安排将国家嵌入社会或者让公众参与公共服务，实现国家与社会共治。

（4）关于"强国家"的界定。"强国家"或"弱国家"通常指国家能力的强弱，国家能力是国家领导人运用国家机构让人民去做领导人希望他们做的事情的能力。具体而言，国家能力的强与弱的区别在于其对社会控制的强与弱，国家能力体现的指标，按照 Joel 的研究主要有三项，分别是服从、参与及合法性，即社会大众对国家要求的配合度越高、被国家动员的程度越高，对于国家法令的接受程度越高，则国家能力就越强，反之就越弱。Gabriel Almond 和 Bingham Powell 从国家角度指出，当国家对社会的汲取力、管制力、分配力、象征力及回应力等能力强，则国家能力强；反之则弱。当然与此相应的是，国家和社会在一定条件下能够相互促进，形成双赢局面，即"强国家—强社会"。

（5）关于强社会的界定。在当前语境下，通常采用社会三分法来界定社会：第一部分是政治社会，即国家系统，政治社会的主体是政府组织，主要角色是官员；第二部分是经济社会，即市场系统，主体是企业，主要角色是企业家；第三部分是公民社会，即民间组织系统，主体是民间组织或社会组织，主角是公民。国家的社会嵌入与互动论分析范式的进步之处是认为私人领域（个人权利）、公民社会、有限政府的形成是通过互动内生而成的。具体到中国的公民社会如何界定，学术界都有着不同的认知，与西方概念有所差异，常常被称为"典型的政府主导型的公民社会"，具有明显的官民双重性。国家与社会的强弱互动关系，如表1所示。

如果接受上述立场，那么我们的分析要素也将不再是完整意义上的国家组织阶级或是市民社会，而是"基层社会的具体行动者（企业、社会

表 1　传统意义上的国家与社会强弱的四种组合

		社　会	
		强	弱
国家	强	国家与社会都试图主导但维持均势	国家主导社会发展
	弱	社会主导国家向民主转型	国家与社会均无主导故维持均势

资料来源：Stephen D. Krasner. Defending the National Interest: Raw Materials Investment and U. S. Foreign Policy. Princeton, New Jersey：Princeton University Press, 1978：55–60.

组织）和体制的相互造就关系"。正如孙立平指出，社会内部也同样具有复杂结构，应将社会结构的视角引入国家/社会关系分析。

正如 Vivienn Shue 指出，强大的社会团体可以和强大而具有弹性的国家并存，也就是说"强社会"并不一定意味着"弱国家"，可以实现社会和国家的互相赋权，但是，没有嵌入社会的"强国家"事实上是脆弱的，不能经受社会变迁的考验。在总结汶川地震经验的时候，政府与社会之间的合作关系得到了充分的凸显，已经从以争取公民权利为主的抗争阶段向以善治为目标的合作阶段迈进。就国家与社会关系而言，权利导向路径强调公民社会制衡国家，公民社会对抗国家；而治理导向路径则强调二者之间的合作、互利共赢关系，强调二者之间的良性互动。

三、国家与社会解析框架的应用：汶川地震应对解读

（1）巨灾发生阶段：从"强国家—弱社会"状态变为"弱国家—弱社会"状态。巨灾发生时，8.0 级特大地震使四川、甘肃、陕西等地受到重创，这场地震是新中国成立以来破坏性最强、波及范围最广、救灾难度最大的一次地震，已造成 69227 名同胞遇难、17923 名同胞失踪，需要紧急转移安置受灾群众 1510 万名，房屋大量倒塌损坏，基础设施大面积损毁，工农业生产遭受重大损失，生态环境遭到严重破坏，直接经济损失 8451 亿多元，引发的崩塌、滑坡、泥石流、堰塞湖等次生灾害举世罕见。

政府应对体系面临着巨大的公共政策困境，从而呈现出"弱国家"的能力状态：一是政策需求差异大。此次地震影响范围广，有 4 省（市）417 个县受灾，受灾人口达到 4624 万人。灾区间

差异极大，地理上囊括深山区、浅山区、丘陵和平原；经济发展方面既有什邡、绵竹这样的四川省十强县，也有国家级、省级贫困县；产业方面既有以工业为主的县（市），也有以农业为主和以劳动力输出为主的县（市）。这种地域经济结构的差异必将带来多种不同的政策需求，也就给恢复重建政策设计带来非常大的困难和挑战。二是公平性挑战。由于此次灾区面积过于广大、受灾群众数量过于庞大，灾区恢复重建政策的公平性问题格外受到普遍关注。灾区恢复重建政策的公平并非是相等，也不是简单地依据灾情损失排先后等级次序，更大程度上是受灾群众的心理感受。因此，灾区恢复重建政策的公平性是无法仅从政策结果获得，而更需要从政策制定过程中获得。三是政策的执行难题。在日常的政策设计和制定中，都自觉不自觉地将政策的执行当做理所当然或者通过对基层政府的督促检查来确保其正常实践。但是在本次地震灾害中，基层政权和行政事业机构本身同样受到严重破坏，人员、财产、房屋损失同样惨重。在设计制定政策的时候不能忽视灾区基层政府严重受损的事实，过高估计基层政府政策执行力。四是信息不对称对灾区恢复重建政策制定的不利影响。虽然信息不对称普遍存在于所有的政策设计和制定中，但从实地调研的情况看，四川灾区当前信息不对称的情况尤为突出。这种信息不对称的加剧，首先，因为受灾县（市）太多，原本相互差异就很大，灾害破坏的不同更加剧了这种差异，从而造成极端复杂的政策信息环境；其次，地震灾害的特点使得抗震救灾工作十分紧迫，灾区各地的情况变化非常迅速；最后，灾区各地基层政权都不同程度地受到破坏，同样损伤了正常的从基层一直传递到中央的信息渠道，这也加剧了信息的不对称。

（2）应急救援阶段：从"弱国家—弱社会"状态变为"弱国家—强社会"状态。汶川地震救援初期，由于通信和大量道路中断，无法快速获取和传输灾情到前方指挥部，造成灾情分布和程度不清，海事卫星在 5 月 13~14 日也出现堵塞现象，无法对指令进行快速的传送，救援队伍得不到准确的救援地点信息，达不到最需救援的区域，在一定程度上延误了最佳救援时机。地震救出总人数 87000 余人，其中自救互救约 70000 人，专

业救援队合计救出 7439 人，军队救出约 10000 人，为我国有史以来之最、近年国际巨灾救援之最。曲国胜描绘出的汶川地震应急搜救队伍的变化情况也清楚地说明了这一点，在地震救援的最初主要是靠自救和互救这种嵌入社会内部的自身力量，如图 1 所示。

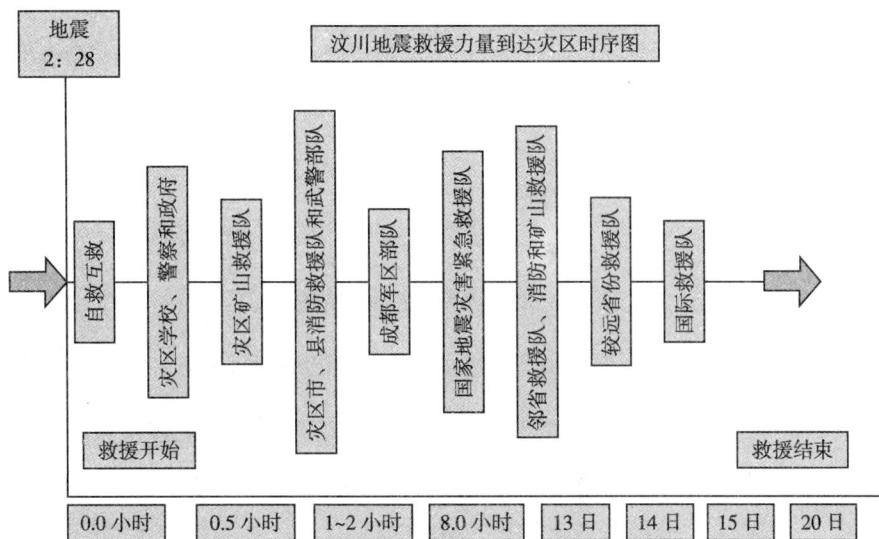

图 1　汶川地震应急搜救队伍的变化情况

资料来源：曲国胜：《汶川地震专业救援综述：经验、教训与建议》，中国地震应急搜救中心，2009 年 2 月 27 日。

汶川地震灾害范围广、受灾程度大、亟待救援的区域和场点众多，与如此巨大的救援需求相比，国家救援队的救援力量、装备等显得严重不足，尤其是适应于道路难以通行山区的轻便型救援车辆和救援设备，远不能满足强震巨灾的救援需要。

（1）个体参与。据初步统计，截至 2008 年 6 月 5 日，志愿者方面仅经四川省团委的渠道进入灾区提供服务的志愿者累计达 100 多万人。民间公益组织方面所涉及的捐款、物资目前还无法统计，估计超过 10 亿元。同时，各民间公益组织的相关人员还积极提供了诸如灾区一线救助、志愿者协调、信息技术支持等直接服务。

（2）社会组织参与。在灾区，志愿者和民间公益组织的服务范围覆盖了成都（都江堰市和彭州市）、阿坝藏族羌族自治州、德阳市、绵阳市、广元市、雅安市这六个四川省内的主要重灾地区，服务的足迹遍及汶川、茂县、绵竹、都江堰、北川等受灾最严重的县（市）。在灾区后方，在北京、上海、贵州、广东、厦门等 10 余个省（市、区），民间公益组织积极开展了后方支援灾区的活动，为灾区筹备物资和捐款，提供志愿者以及信息技术支持。

追索到参与抗震救灾的 NGO 共 263 家。笔者所在学院的研究团队研究了 137 家组织的进入服务信息，其中有 8 家在 5 月之后未计入，另外 129 家的结果如图 2 所示。其中，横坐标数字表示 5 月的日期，纵坐标表示该日开始灾区工作的组织个数。从图 2 可以看出，民间组织响应的速度非常快。不仅如此，速度之快还表现在他们迅即进行了 NGO 联合行动的网络构建。

在应急救援过程中，NGO 大致通过四种方式提供服务：一是提供款物支持；二是在一线灾区现场开展专项服务和救助，并配合政府进行宣教倡导；三是提供技术和信息支持；四是针对志愿者进行协调管理以及提供专门的培训。在抗震救灾中，一些组织暂时放弃了自己的主要服务领域而转向以向灾区提供紧缺的服务为重心（见表 2）。通过调研还发现，很多 NGO 的本职工作不是救灾，但在地震后这些组织也积极投入到赈灾活动中来。这种倾向在一些地方性 NGO 表现得尤为明显。

中国科学技术发展战略研究院课题组进行的 2008 年度灾区社会资本调查显示，在灾区居民参与的公益活动中，由群众自发组织的比例最高（67.9%）。社会资本的研究者特别强调，灾区群众

(个数)

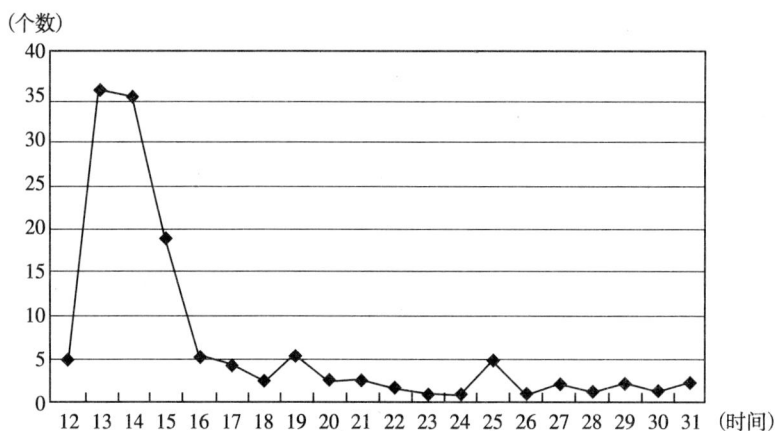

图2　NGO参加抗震救灾行动的开始时间

表2　NGO原本活动领域与赈灾中活动领域的比较

单位：个

	教育	扶贫与社区综合发展	组织能力建设	卫生保健与疾病防治	环境与动物保护	文化多样性保护	妇女儿童	国际文化交流
原领域	56.7	40.0	26.7	25.0	15.0	13.3	11.7	3.3
赈灾中	33.3	68.3	—	41.7	11.7	—	—	—

的自发组织和社会力量（包括非政府组织）的积极介入成为一个亮点，这是公民社会基本特征即公民自发的社会参与的充分展示。

（3）减灾与灾后恢复重建阶段：从"弱国家—强社会"状态走向"强国家—强社会"状态或者"强国家—弱社会"状态。随着重建工作的

开展，社会生活和社会制度逐步恢复常态。2009年调查显示，在此阶段，村/居委会等基层组织一跃成为公益行动的主要组织者，68.5%的居民参加的公益行动是由这些基层组织开展的，非政府组织在此阶段的作用较地震初期有明显下降，比例由2008年的4.1%降到2009年的0.5%（见图3）。

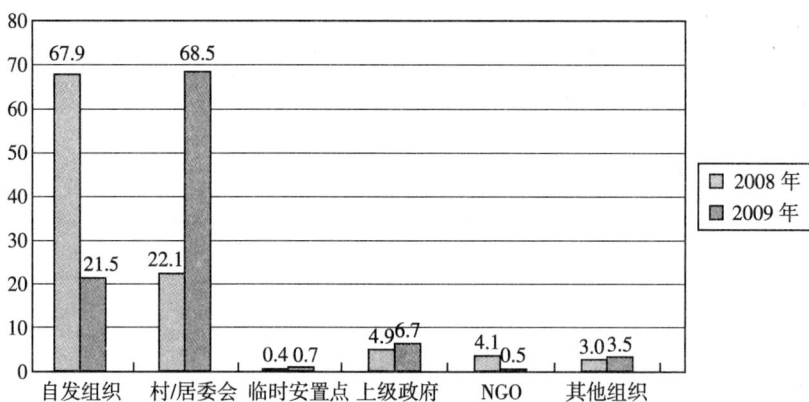

图3　灾区居民参与公益活动的组织者（单位：%）

注：由于此题为多项选择，故各项比例加总不等于100%，经检验，除"临时安置点"和"其他组织"外，2009年与2008年各项比例差异均在0.001水平上显著。

从图2中NGO参加抗震救灾行动的开始时间也可看出，5月26日，四川有关部门发出请志愿者另择时机前来的信息后，基本就没有NGO再进入灾区。

与此同时，基层政府作为灾后重建工作实施

的主体，受灾群众对其工作的评价并不高。2010年，笔者团队采用分层抽样问卷调查的方法，对四川某地集中灾区板房和城镇社区的受灾群众对基层政府巨灾应对的满意度的研究结果显示（见表3），总体来看，无论是板房社区还是城镇社区

样本，对基层政府的评价均不高。

表3 板房社区和城镇社区样本基层政府满意度的均值、标准偏差和独立样本 t 检验结果

测量条目	板房社区		城镇社区		独立样本 t 检验		
	Mean（A）	S.D.	Mean（B）	S.D.	Mean 差（A–B）	t 值	P 值
应急处置能力	3.10	0.91	2.92	0.94	0.18	1.492	0.49
应急处置效率	3.17	0.94	2.87	1.04	0.30	2.259	0.90
应急策略合理性	3.24	0.84	2.92	0.97	0.32	2.691	0.64
重建能力	3.09	0.92	2.90	1.08	0.19	1.400	0.06
重建效率	3.14	0.88	2.82	1.01	0.32	2.556	0.09
重建政策合理性	3.29	0.86	2.98	0.95	0.31	2.605	0.83
累积满意度	3.23	0.99	2.97	1.02	0.26	1.922	0.42

减灾和灾后重建阶段，应该采用"弱国家—强社会"状态走向"强国家—强社会"状态还是"强国家—弱社会"状态，在中国巨灾应对语境下，仍然存在诸多不确定的因素。

（4）小结：一个强国家与强社会共赢的期待。综上所述，巨灾冲击反映出国家与社会互动的关系路径，如图4所示。在灾难冲击的第一时段，从"强国家—弱社会"状态直接进入"弱国家—弱社会"状态，随着灾后第一时间的救援与救助开始，开始的黄金72小时，其实我们国家的主力政府面临着一系列的公共政策困境，适应性决策

能力很弱，于是此时进入了"弱国家—强社会"状态，自救的数据和广大信息孤岛里的乡镇都证明了这一点，抗逆力开始扮演着重要的支撑力量；随着交通和通信的逐步恢复以及灾后重建的开始，我们的政府又开始回归常态的能力，此刻面临的抉择是我们应该走向何方？两个选择：一是回归强政府弱社会的状态，这一选择显然为全球发展的实践与理论所诟病。所有的国际经验都强调，在灾后救助和重建中，政府、学界、民间和企业四个方面应该组成通力合作的团队，而不同部门在每个阶段都有其不同的需要和角色。

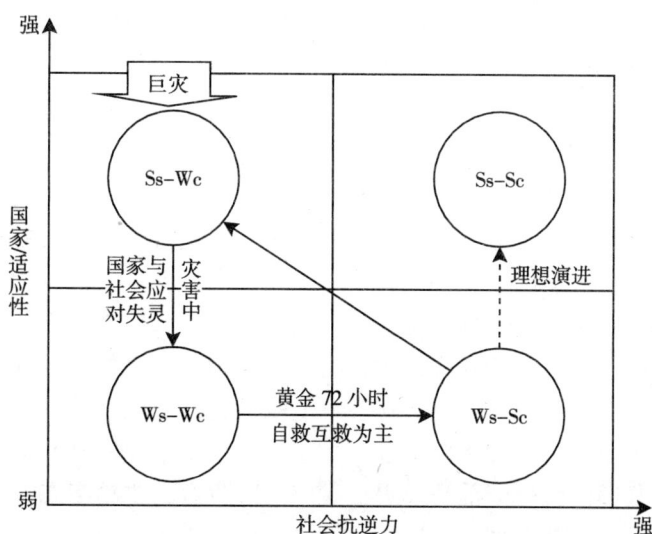

图4 汶川地震应对中的国家与社会互动变迁框架

表4是台湾9·21大地震之后，不同部门在紧急救援、安置和重建三个阶段的不同角色和定位。二是继续走向"强国家—强社会"状态的组合。

在这一过程中，我们可以发现一个可行的路径就是增强抗逆力建设和政府间适应性决策模式的采用。

表 4 不同阶段不同部门的角色和定位

阶段	政府	科研机构	企业	民间机构和志愿者
紧急救援	主导者 执行者	支持者 信息提供者	资源提供者 支持者	支援者 资源调查整合者
安置	主导者 资源提供者	监督者 信息提供者	资源提供者 服务提供商	协调者 参与者
重建	支持者 政策制订者	监督者 支援者	资源提供者 服务提供商	协调者 服务执行者

四、国家与社会解析框架的应用：中国应急管理体系建设历程回顾

对于中国应急管理体系的回顾，不同的学者有不同的视角和解读。薛澜认为可分成两个阶段：第一阶段为新中国成立后至 2003 年非典事件；第二阶段为 2003 年非典事件之后。笔者参与的国家发改委"十二五"规划重大问题"我国灾害应急体系建设"研究中，对新中国成立以来应急体系历程划分成四个阶段：第一阶段是全民运动式的救急阶段，时间从新中国成立至 20 世纪 70 年代末；第二阶段是现代应急管理体系萌芽阶段，时间为 1978~2001 年底；第三阶段是现代应急管理体系初具规模，时间为 2001 年底至 2005 年；第四阶段是应急管理体系的完善阶段，即 2006 年至今。本文从国家与社会互动关系的角度，对中国应急管理体系建设进行了阶段划分，具体如下：

（1）第一阶段："强国家"与"弱社会"的结合（自新中国成立至"非典"事件）。中国作为一个多灾害的国家，新中国成立以来就对应对灾害工作很重视。1949 年底，中央政务院就设立内务部，主管包括救灾工作在内的多项民政事务，同时在各大行政区设立民政部，在各省、自治区、直辖市设民政厅，大城市设民政局，专区设民政处、科，从而形成了全国性的减灾救灾职能体系。1950 年，成立了中央救灾委员会，由政务院副总理董必武任主任，委托内务部（民政部前身）办理该委员会的日常工作。但之后基于当时中国行政体系的特点，很快就形成了专门部门应对单一灾种的体制，如水利部负责防洪抗洪、地震局应对地震灾害等。

1978 年改革开放后，随着社会经济的发展，特别是工业化进程的加速，包括自然灾害、疫情以及各类生产事故等的数量、频率、规模以及影响范围都在不断增加扩大，单灾种单部门的处置方式出现了大量协调方面的困难。对此，在不断进行的政府部门结构重大调整的基础上，主要的解决方式是在单灾种单部门应对机制的基础上，增设跨部门议事协调机制。于是，在国家和国务院层面先后建立了国家减灾委员会、国家防汛抗旱总指挥部、国务院抗震救灾指挥部、国家森林防火指挥部、国家核事故应急协调委员会和全国抗灾救灾综合协调办公室等机构。在省及以下地方各级政府中，也采用了同样的机制，建立了许多对应机构。其中，较为特殊的是国家减灾委员会。

从国家与社会的互动关系来看，此时的应急管理系统体现出的主要格局就是"强国家—弱社会"。在抽象的公共利益下，国家对社会生活实现了较强的全面控制，治理体系呈现出极强的高度集中性，其中自上而下的政治动员和事后的集中指挥部始终是重要的应对机制，此时的社会由于长期的社会细胞化（Social Cellularization）造成了社会的两极化，一端是政策制定的最高层，另一端是直接执行政策的地方官员，在两端中间则是各级很少拥有真正权威的组织。同时，随着单位制的形成、盛行和崩溃，社区结构在逐步发展，但尚未构成社会的有效基础单元。于是，自下而上的社会组织能力基本没有显现，与此同时，由于中央集中指挥机制使得地方政府缺乏"第一响应人"应有的主动姿态，这就形成了长期以来的中央应对为主，地方和社会缺失的格局。这一格局造成了应急管理系统的缺陷。正如 2003 年 7 月胡锦涛主席在全国防治"非典"工作会议上指出，通过抗击"非典"斗争，我们比过去更加深刻地认识到，我国的经济发展和社会发展、城市发展和农村发展还不够协调；公共卫生事业发展滞后，公共卫生体系存在缺陷；突发事件应急机制不健

全，处理和管理危机能力不强；一些地方和部门缺乏应对突发事件的准备和能力。即便是在为世人所周知的抗洪抢险领域，我们也逐步发现单一行政性体系抑制了市场机制和非政府机构，应该构造一个包含政府、社会捐赠、灾害保险"三根支柱"的救灾和灾后重建体制。

（2）第二阶段："强国家"与"强社会"的萌芽（自"非典"之后至汶川地震）。"非典"事件对中国高层领导应对灾害（突发事件）的观念造成了很大的冲击。国际政治、经济、社会和自然环境的变化，特别是全球化所带来的前所未有的影响，与中国国内高速经济增长和快速经济体制转轨所带来的复杂社会变动，二者相互作用，带来了空前复杂的应急管理环境。传统的单灾种单部门应对机制和跨部门综合议事协调机制很难有效地应对这种环境变化。对此，调整中国减灾和应急管理体制和机制已经迫在眉睫。2003年10月，中共十六届三中全会审议通过的《中共中央关于完善社会主义市场经济体制若干问题的决定》强调："要建立健全各种预警和应急机制，提高政府应对突发事件和风险的能力。"为了在短时间内推动应急管理工作开展，并逐步摸索可行有效的应急管理体制、机制，国务院确定了"一案三制"的应急管理体系建设战略。这一战略的核心是从建立应急管理预案体系为突破口，先从规范应对突发事件的流程入手，逐步转变、调整和建立应急管理法制、体制和机制。

这一阶段的特征就是我国进一步强化了中央政府的综合协调职责和地方政府的权能以及社会参与，在国家总体应急预案中明确，"在党中央、国务院的统一领导下，建立健全分类管理、分级负责，'条块'结合、属地管理为主的应急管理体制"，建立联动协调制度，充分动员和发挥乡镇、社区、企事业单位、社会团体和志愿者队伍的作用，依靠公众力量，形成统一指挥、反应灵敏、功能齐全、协调有序、运转高效的应急管理机制。

到2007年底，中国应急管理体系建设的"一案三制"战略基本完全实现，逐渐从以往过分倚重功能型机构和临时性机构，向使能型（Enabling）机构和功能型机构相结合、临时性机构和常设性机构相结合转变，逐渐建立和完善"统一领导、综合协调、分类管理、分级负责、属

地为主"的应急管理体系。特别是在"非典"之后，强国家作用减弱，强社会框架进入了发展萌芽阶段。从传统的响应式政治动员模式开始转向多元化的社会性、制度性、防范性、长期性应对体系。

（3）第三阶段："强国家—强社会"的形成阶段（自汶川地震至今）。2008年以来，中国应急管理工作受到了一系列重大事件的严峻考验，包括年初的南方严重雨雪冰冻灾害及其衍生的电力、交通和物资供应等一系列突发事件，西藏拉萨"3·15"事件、贵州瓮安事件、四川汶川大地震以及北京奥运会的安保工作等。在这些事件的应对中也折射出我国应急管理体系建设进入了新的历史阶段，即在政策框架中实现强国家和强社会的协同建设。

从政府层面而言，应急管理职能多部门碎片化分布，使得决策主体多元且能力缺失。在实际的操作过程中，决策重心的形成和变化会受到个人利益、部门利益、个人能力等多种因素的影响，造成信息点和决策点分离、主体协同不畅、决策权限受限等诸多现实问题。各部门习惯于常态下的协作决策行为模式和思维定式，缺乏应对突发性事件协同决策的模拟与演练。

从社会层面而言，应急管理的有关职能分布在多个部门以及不同层级的政府，面临着功能定位不清、职能不完善、行政能力较弱、激励机制和约束机制不健全等多种制度问题，不仅缺乏对决策主体的激励机制，而且常常处于"政府包办"的管理现状，社会参与机制不甚清晰，缺乏与包括公众、媒体、志愿者、NGO等外部资源的交流与合作。

五、结语：建设"强国家—强社会"的路径

本文希望勾勒在应急管理的体制建设中能够折射出的国家与社会互动的政策路径。当然需要讨论的不仅是历史过程的解读，也包括对未来建设的框架建构。对于此点，我国的"十二五"规划中已经将社会管理体制的改革列入重点，这也就意味着制度层面的变革方向。针对地震巨灾、金融危机等全球面临的多元风险挑战，我们提出了社会抗逆力（Social Resilience）的概念发展框

架。它意在进行文化、制度的建构，调动起社会每个细胞、每个系统抵御风险的潜在能力，分散风险，分散承担风险的主体，以少投入、多收益的原则来进行风险管理。笔者认为，从应急管理的体制建设而言，建立社会抗逆力建设框架，是实现从中央到地方政府有效协同并实现与社会基础单位有机融合，形成"强政府"与"强社会"共赢状态的可能路径。

[参考文献]

［1］Arnold M. Howitt and Herman B. Leonard. Wenchuan Earthquake and Hurricane Katrina: Comparative Perspectives on Landscape-scale Disaster Response. Speech Givenat "Review and Prospect: the First Anniversary of Wenchuan Earthquake and WET" Round-table Conference in Beijing Normal University, 2009-05-09.

［2］Gabriel Almond and Bingham Powell, Comparative Politics: A Developmental Approach. Boston: Little, Brown. 1966: 194-203.

［3］Joel S. Migdal. State in Society: Studying How States and Societies Transform and Constitute One Another. Cambridge: Cambridge University Press, 2001.

［4］Peter B. Evans. State-Society Synergy: Governmentand Social Capital in Development. Berkeley: University of California, 1997.

［5］Robert D. Putnam, Robert Leonard and Raffaella Nanette. Making Democracy Work: Civic Traditions in ModernItaly. New Jersey: Princeton University Press, 1993.

⌊6⌋国家发改委"十二五"规划重大问题研究课题组：《我国灾害应急体系建设研究报告》，2009 年。

［7］胡洁人：《国家主导的社会多元主义及群体性冲突处理研究》，《香港社会科学学报》，2009 年第 37 期。

［8］［美］乔尔·S.米格代尔：《强社会与弱国家：第三世界的国家社会关系及国家能力》，张长东等译，江苏人民出版社，2009 年。

［9］邵景均：《抗震救灾彰显我国政治制度的优越性》，《求是》，2008 年第 13 期；苏文洋：《社会主义也有普世价值，抗灾中展现核心价值观》，《北京晚报》，2008 年 5 月 22 日。

［10］孙立平：《转型期中国社会结构的变迁及对国家/社会关系的影响》；高丙中、袁瑞军主编：《中国公民社会发展蓝皮书》，北京大学出版社，2008 年。

［11］王洛林：《特大洪水过后的中国经济发展的思考：长江中游三省考察报告》，社会科学文献出版社，2000 年。

［12］夏明方：《历史视野下的"中国式救灾"——明清以来中国救灾事业演变过程中的国家与社会》，在 2010 年应急管理国际研讨会上的专题发言，2010 年 6 月 19 日。

［13］萧延中：《多难兴邦：公民社会从汶川起步》，北京大学出版社，2009 年。

［14］薛澜：《中国应急管理系统的演变》，《行政管理改革》，2010 年第 8 期。

［15］俞可平：《中国公民社会的兴起及其对治理的意义》，社会科学文献出版社，2002 年。

［16］俞可平：《专论：对中国公民社会若干问题的意见》，高丙中、袁瑞军主编：《中国公民社会发展蓝皮书》，北京大学出版社，2008 年。

［17］张强、张欢：《巨灾中的决策困境：非常态下公共政策供需矛盾分析》，《文史哲》，2008 年第 5 期。

［18］张秀兰、张强：《社会抗逆力：风险管理理论的新思考》，《中国应急管理》，2010 年第 3 期。

［19］赵延东、邓大胜、李睿婕：《汶川地震灾区的社会资本状况分析》，《中国软科学》，2010 年第 8 期。

基于"脆弱性—能力"综合视角的公共安全评价框架：形成与范式①

朱正威 蔡 李 段栋栋

[摘 要] 国际社会的公共安全评估框架在不断发展之中，从单独的"脆弱性"视角或"能力"视角进行公共安全评价，到形成较为完善的公共安全评价的"脆弱性—能力"综合视角，大体经历了三个过程。本文阐述了在"脆弱性—能力"综合视角下的公共安全评价主要研究内容，以及该评价框架的范式与应用。"脆弱性—能力"综合视角的评价框架研究，把质性研究与定量方法相结合，从脆弱性和应对能力综合的视角出发，通过引入系统动力学，提出了一种公共安全与公共危机管理动态评价的新思路，构建了一个公共安全与公共危机管理的动态评价和识别框架，为公共安全评价工具和方法提供新的视角和前提。

[关键词] 公共安全；评价框架；脆弱性；危机应对能力

一、国际公共安全评价体系"脆弱性—能力"视角的形成及演进

国际社会为了更加有效地应对公共危机事件，稳定社会，在研究和实践中设计了一系列公共安全评估框架，在这些评估框架的理论与实践中，存在着"脆弱性"与"能力"两个评价维度。从单独的"脆弱性"视角或"能力"视角进行公共安全评价，到形成较为完善的公共安全评价的"脆弱性—能力"综合视角，大体经历了如下三个过程：

1. 风险研究中提出"脆弱性"概念

1962 年发生的古巴导弹危机，几乎引发全球核战争，同时也在国际学术界引发了"危机管理"研究。由此，对危机管理相关概念、理论及案例的分析探讨为以后的公共安全风险研究提供了坚实基础。20 世纪 70 年代，学界对灾害的形成及发生机理、演化过程和灾害预测等方面的研究同"风险管理"研究紧密结合起来，开始呈现出了风险评价的雏形。在风险评价理论的发展过程中，P. Timmerman 于 1981 年在对自然灾害的研究中正式提出了"脆弱性"的概念，灾害被认为是"社会脆弱性的实现"，虽然"脆弱性"概念最初被提出时还是一个相对含混的概念，但随后该概念便被移植到其他领域。

2. "脆弱性"概念中分化出"应对能力"概念

脆弱性的概念最初就起源于对自然灾害的研究，但随后被其他领域广泛运用，但由于不同领域研究侧重的不同而对脆弱性的概念有不同的界定，例如：

（1）在着重研究灾害产生的潜在影响的领域，脆弱性被界定为个体或群体暴露于不利影响及灾害的可能性，由于强烈的外部扰动事实和暴露组分的易损性，以及导致生命、财产及环境发生损害的可能性。

（2）在着重研究自然灾害、气候变化等的自然科学领域，脆弱性被认为是系统由于多种不利影响而遭受损害的程度或可能性，其侧重研究单一的扰动事件所产生的多重影响。

（3）在侧重把脆弱性当成是一个概念的集合来研究的领域，脆弱性包含三层含义：它表明特定系统或个体存在内在不稳定性；该系统、个体

① 本文系 2009 年国家社会科学基金重点项目"基于脆弱性与能力视角的区域公共安全系统评价研究"（09AZZ003）和长江学者与创新团队发展计划（IRT0855）的阶段性成果。

对来自外界自然的或人为的干扰和变化等比较敏感；在外来干扰和外部环境变化的影响和扰动下，该系统或个体容易遭受某种程度损失或损害的特性，并且难以复原。

可以看出，在各领域试图对"脆弱性"概念进行清晰界定时，"脆弱性"概念里已经出现了"应对能力"的影子，后来，更有学者明确提出了"脆弱性"概念中所含有的"应对能力"的概念内涵，例如：

（1）美国学者麦肯泰尔（McEntire）曾经提出一个脆弱性发生关系图，也有学者将其理解为作者对脆弱性分类的矩阵图（如图1所示），该图被称为McEntire脆弱性模型。

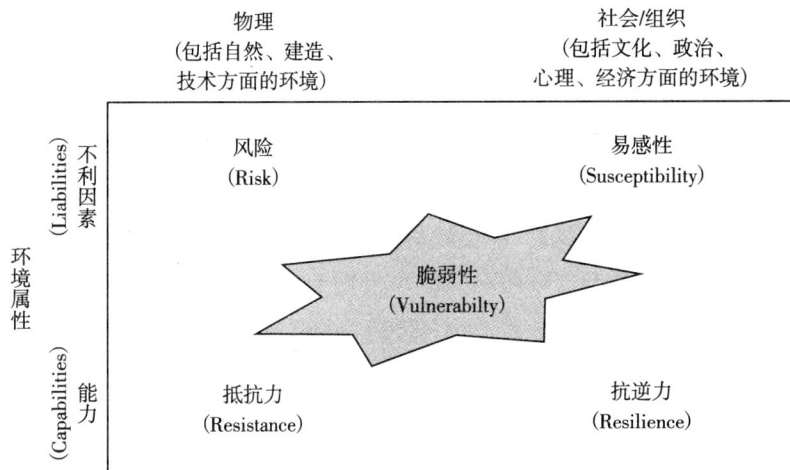

图1　McEntire脆弱性模型

由图1可以明显看出，从麦肯泰尔所设定的环境属性角度，"脆弱性"是由"不利因素"与"能力"的此消彼长所构成，"不利因素"来源于"风险"和社会的"易感性"，"能力"则由科学技术与工程设施对灾害的"抵抗力"和社会公众面临灾难时表现出的"抗逆力"共同构成。本模型中的"脆弱性"概念已经明显地包含了"能力"的概念。

（2）加拿大基辅大学的Barry Smith和Johanna Wandel两名学者在他们发表于《Global Environmental Chang》的"Adaptation, Adaptive Capacity and Vulnerability"一文中指出，脆弱性包含暴露性、敏感性和响应性三个要素，其概念阐释如图2所示。

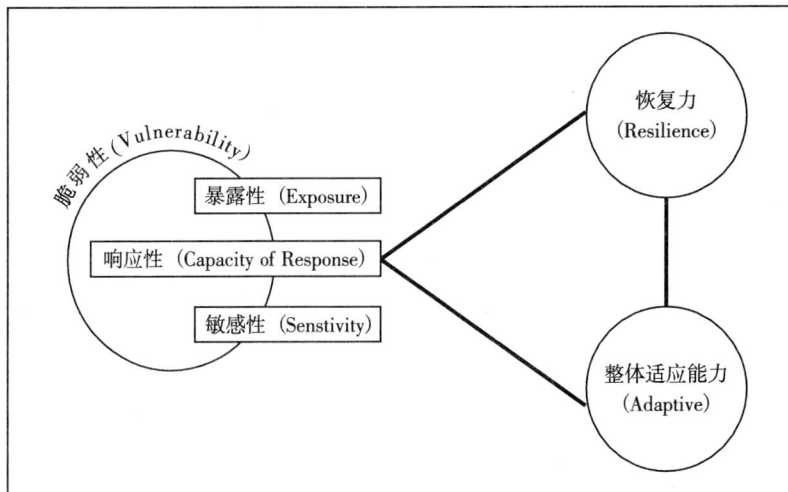

图2　Barry Smith和JohannaWandel关于脆弱性（Vulnerability）的概念阐释

其中，响应性是指系统更短期的能力或者说能够幸存而非毁灭的能力，主要是系统面临外在威胁时的一种即时"回应"，强调"即时应对"，如果这种能力较强则系统会安然无恙，如果不足以承载，则系统会面对危机的爆发。响应性至少包含恢复力，而与之类比的是适应能力，从总体上来讲，适应能力比响应性更为宽泛，在适应能力范畴内，不仅包含一开始的回应，而且还包括调整系统对于外界扰乱的灵敏性的能力、增加系统恢复力的能力，以及减少系统对于扰乱的暴露度的能力。这里的"脆弱性"概念也明显地包含了"能力"的概念，而且还将能力的概念更为细化、具体化了。

1990~1999 年开展的"国际减轻自然灾害十年"活动，极大地促进了国际上对风险评价、脆弱性评价研究的发展。在这一时期的前期，随着不同领域对"脆弱性"概念的界定，"应对能力"概念与"脆弱性"概念的相互关系经历了从"应对能力"概念包含于"脆弱性"概念之中，到"应对能力"概念从"脆弱性"概念中分化出来的过程。在这个过程中，系统"应对能力的不足"也被视为脆弱性的一个因素。

3. "脆弱性"评价体系中分立出"应对能力"评价体系

20 世纪 90 年代开始，公共安全管理研究进入全盛发展时期，国际学界对风险、脆弱性、危机管理能力的评价蓬勃发展，延伸出了许多关于风险、脆弱性、应对能力的单领域评价方法和技术模型。在这一时期，不仅是"应对能力"概念从"脆弱性"概念中已经分化出来，而且随着研究的深化、细化和具体化，在公共安全风险评价中已经各自形成了"脆弱性"评价指标体系、"能力"评价指标体系以及二者结合起来的综合评价指标体系，比较有代表性的有以下几个：

（1）"脆弱性"评价指标体系。单纯的脆弱性评价以联合国开发计划（United Nations Development Programme，UNDP）的自然灾害风险指数（DRI）为典型。DRI 抽取最具破坏性或代表性的 4 种主要灾害——水灾、台风、地震和旱灾的数据进行统计。共有 4 个子指标：年均灾害次数、年均灾害绝对死亡人数、年均暴露于选定灾害人口数、年均每 100 万人死亡人数。DRI 使用

CRED 的 EM-DAT 数据库，该数据库有统一的入库数据标准。

（2）"能力"评价指标体系。单纯的能力评价以美国的 COOP 机构评价量表为例。COOP 评价量表全称为美国联邦应急管理委员会国家安全协调部业务持续性评价量表。在 COOP 综合评价量表体系内，包含 COOP 计划、COOP 计划配套考核项目、训练项目及演练项目，这些量表和项目是美国相关政府部门维持其应急能力的基本工具。COOP 量表所列的因素共有 12 张分量表，其评价范围依次为：COOP 计划与程序，授权，承继规则，基本职能确定，人力资本，共用通信，重要记录和数据库，控制和指示的传递，测试、训练和演习，业务补充，常年策略，程序管理。这些要素规定性可以起到确保政府机构在大范围突发事件中发挥各种基本职能和可持续能力的作用。这些项目评价的数据源都直接来自调查数据，经过对美国各个联邦机构的众多测试量表汇总统计后取得。

（3）包含脆弱性和能力的综合评价指标体系。既包含脆弱性又包含能力的综合评价指标体系以泛美开发银行（Inter-American Development Bank，IADB）的多灾害风险综合指数（DRMI）最为典型。IADB 是一个综合指标系统，该指标系统共分 4 组指标：第一组是地方灾难指标（the Local Disaster Index，LDI），该类指标主要用于确定社会风险、环境风险，具体包括死亡人数、受感染人数及市政当局损失 3 个子指标。第二组是灾难性赤字指标（the Disaster Index，DDI），该类指标主要用于评估整个国家在宏观经济运行和政府财政等层面的风险。第三组是风险管理指标（the Risk Management Index，RMI），该类指标是一组与国家风险管理绩效相关联的指标，用来测量国内关于降低脆弱性、减少损失，进行危机准备和有效恢复的组织建设、能力发展和机构行动等；包括风险识别（Risk Identification，RI）、风险减少（Risk Reduction，RR）、灾害管理（Disaster Management，DM）、政府管理和财政保护（Governance and Financial Protection，FP）4 个子指标。第四组是脆弱流行指标（Prevalent Vulnerability Index，PVI）：由一系列总体刻画脆弱性流行条件，反映地域风险暴露、社会经济脆

弱和社会弹力缺失的指标构成。包括暴露与感受性（Exposureand Susceptibility，ES）、社会经济脆弱（Socioeconomic Fragility，SF）以及弹性缺失（Lack of Resilience，LR）3个子指标。从指标内容可以看出该指标系统第1、第3组做的是能力评价；第1、第4组则是脆弱性评价。该指标体系的数据源既有调查数据，也有监测数据，但主要基于监测数据，对区域、地方低水平事件的监测统计更是如此。

由以上梳理分析可知，脆弱性与能力经历了概念上的相互含混到彼此分化，再到评价指标体系的分立与综合这样一个过程。尤其是在"国际减灾十年"这一时期的后期，"应对能力"越来越被人们重视，从而从"脆弱性"中分离出来作为独立的评估维度，形成了单纯的脆弱性或能力评价，并一直延续至今成为主要流派。区域公共安全评价及风险评估是一项复杂、系统的课题，必须采用"脆弱性—能力"综合评价视角才能使研究更加深入、全面，使研究结论更加系统、客观，使研究意义更加实际、可行。

二、基于"脆弱性—能力"视角的区域公共安全评价的范式与应用

公共安全评价是对社会系统中存在的危险因素、有害因素进行辨识与分析，并判断社会系统发生事故和自然灾害的可能性及其严重程度，从而为制定防范措施和管理决策提供科学依据。从公共安全评价的内涵来看，公共安全评价研究主要包括公共安全基本态势研究、公共安全风险分析、演化趋势及演化机理研究、公共安全系统动态评价、公共安全治理策略研究等内容。对于不同的公共安全评价的内容和环节，所运用的评价方法、评价工具亦有不同。在实践层面，公共安全评价一般是以一定区域即特定公共安全系统作为评价对象。因此"脆弱性—能力"视角也主要被应用到区域公共安全评价中。

1. 区域公共安全评价的内容

我们认为，"脆弱性—能力"的综合框架及其在区域公共安全动态评价应用的逻辑过程应该如图3所示。

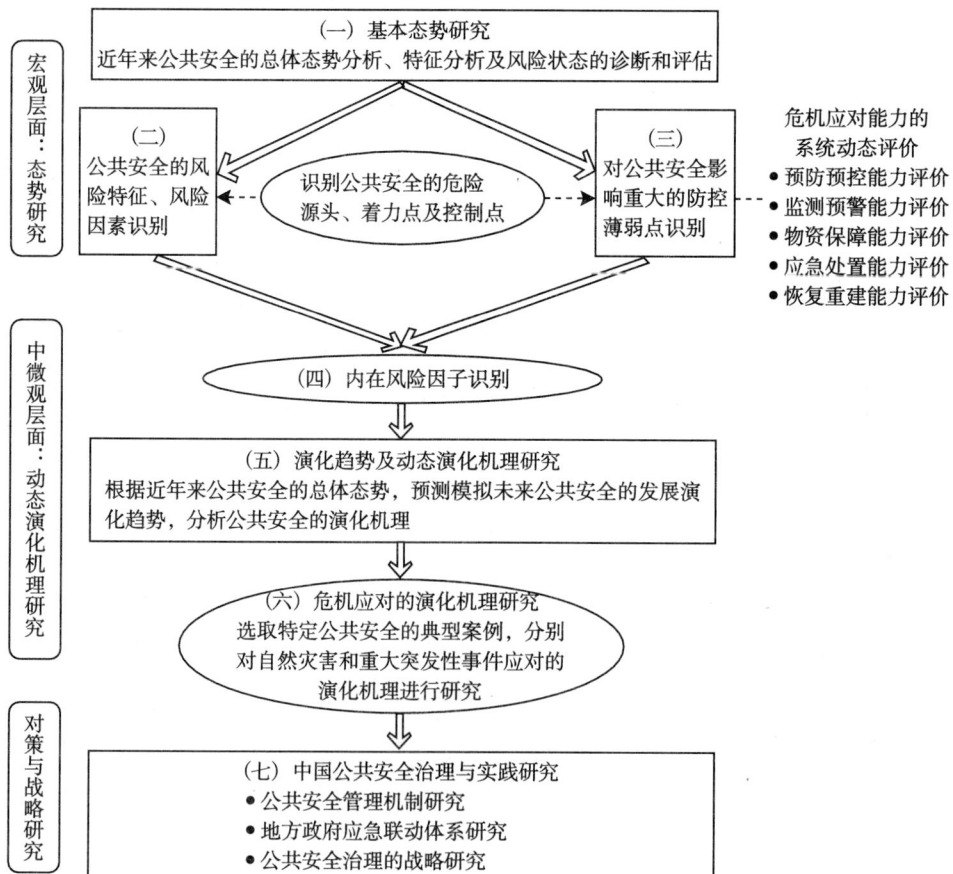

图3　公共安全动态评价研究的主要内容

（1）公共安全基本态势研究。公共安全基本态势的研究属于宏观层面的公共安全评价的范畴，该层面的公共安全评价是在"脆弱性—能力"的视角下，从现实公共安全系统中找到系统要素，并分析系统结构以及系统与环境的关系，据此从系统论的角度构建公共安全动态评价的理论框架。也就是在对公共安全系统构成要素及影响因素进行分析后，建立"脆弱性—能力"视角下公共安全评价的系统动力学模型，根据脆弱性和能力指标对特定区域进行公共安全水平动态评价。公共安全基本态势评价，不是为区域公共安全的绩效进行"打分"或"排序"，而是通过诊断和评估系统的风险状态，从而帮助政府正确地认识和把握本地区公共安全的整体态势与趋势，以实现对地域性风险状态的整体性探测与监控，辅助政府公共安全治理决策，防止工作中的盲目性和被动性。

（2）公共安全的风险特征因素及防控的薄弱环节识别。不同区域由于自然、人口、经济与产业结构等因素的不同，公共安全的危险源头、着力点及控制点也会有所不同。"瓮安事件"、"陇南事件"等留给人们的教训在于，地方政府如果不能及时发现和化解社会发展中产生的矛盾，一个偶然性事件就可能引发大规模的社会冲突和动荡。当前公共安全评价主要是分别针对四类公共安全事件（自然灾害、事故灾难、公共卫生、群体性事件）进行评价，尤其是针对自然灾害和生态问题进行评价研究较多，但公共卫生和群体性事件在评价中较少涉及，本文将四类公共安全事件统一于"能力"和"脆弱性"两个维度之下，将四类公共安全事件的影响因子通过指标体系的设立内化于"脆弱性"和"能力"两个维度之中。

一方面，从综合评价框架的脆弱性视角切入进行深入分析，可以结合本地区的客观实际和特殊具体情况综合加以考虑，因地制宜地选择所需分析、识别与评价的公共安全风险子类及其类属的具体公共安全事件，从而实现对公共安全风险特征因素的分析与识别。另一方面，从综合评价框架的能力视角切入进行深入分析，可以通过动态分析框架，揭示公共安全治理的薄弱环节，即识别对公共安全有重大影响的防控薄弱点。在此过程中，可以针对某一领域某一具体的公共安全事件的危机应对能力进行系统动态评价，具体包括对公共危机的预防预控能力、监测预警能力、物资保障能力、应急处置能力和恢复重建能力等的系统评价。

（3）公共安全的演化趋势及演化机理研究。区域公共安全系统的脆弱性与危机应对能力对于公共安全而言是一对相反的作用力：危害源的破坏力和受害对象的脆弱性共同决定着一个区域危机的规模和频度，但如果该区域的公共危机应对能力较强，那么形成重大危机的可能性就会反向降低。政府、社会、公民和自然的危机应对能力与脆弱性共同影响区域公共安全水平。在基于脆弱性识别和能力评估的基础上进行政策调整，通过改变系统若干要素的状态（变量取值）来对系统产生影响。由于复杂系统要素之间复杂的作用关系，其系统行为及其发展演化趋势具有较强的非线性、反直观性等特点，盲目的政策调整往往难以达到预期效果。当要素取值在阈值范围之内时，系统行为保持相对稳定，但由于变量变化方向及强度不同，系统会产生增加自身脆弱性的负发展或提高能力的正发展，而当超越阈值后，则可能由于系统"涌现"而出现行为重大改变，进而引发危机。在对公共安全的风险特征因素及防控的薄弱环节识别之后，可进一步对公共安全的内在风险因子进行识别，在演化机理分析的基础上预测未来公共安全演化趋势，并在提高应对能力和降低脆弱性两个方面提出公共安全策略。

（4）公共安全的系统动态评价。在进行公共安全的动态评价时，我们除了论证采用"脆弱性—能力"的综合框架外，还在理论层面引入系统工程理论，在方法层面应用了系统动力学。系统动力学于1956年在麻省理工学院创立，此后被逐渐应用于管理和社会科学的研究。

公共安全评价本身的特性决定了我们应该采用研究复杂系统的方法来研究公共安全，但是对于这类复杂社会系统的研究，我们既不能在社会中直接进行试验，又无法建立线性的数学模型求解，而系统动力学的仿真技术则可以有效地解决这些问题。利用该方法我们可以实现对公共安全系统状态或行为在时间序列内全过程的描述，通过建立各种反馈回路来揭示各变量间的复杂联系，相对真实地反映公共安全系统的运行、演变及其发展过程。透过"脆弱性—能力"的综合视角，应用系统工程方法，将系统动力学的分析工具应用到公共安全评价，可以从宏观上对未来公共安全的基本态势、演化趋势及演化机理进行较为精确的分析把握。

2. 公共安全评价的方法与工具

公共安全评价内容框架的设计，是在"脆弱性—能力"视角下，形成严谨并行的理论维度，并确定对应于测量对象的评价内容结构，然后在此基础上设计初步统计框架。公共安全评价实际应用到具体项目中，评估应包括确定项目目标、评价类型、评价指标、数据源和评估计划等基本步骤。"脆弱性—能力"综合视角下的公共安全评价的评价方法分为定量评价技术与定性评价技术两类，但在公共安全评价的不同阶段所运用的方法和工具也不尽相同（如图4所示）。

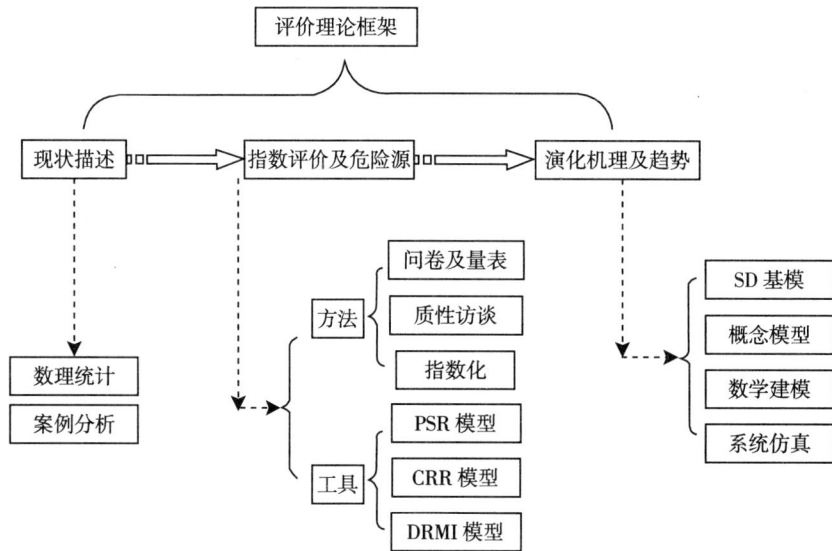

图4　公共安全评价的方法与工具

对于公共安全的态势研究，基础部分一般运用现状描述，这部分以数理统计为主，通过对公共安全相关的信息进行数据分析，并在特定公共区安全领域结合案例分析，从而得出公共安全的总体态势，该部分常运用数值排序法、要素比较法、案例分析法等。

更深层次的评价即为指数评价和危险源识别，该部分依托于评价模型和指标体系，通过采集大量数据纳入模型分析从而达到深度评价和识别薄弱环节的目的，评价模型主要基于PSR模型、CRR模型和DRMI模型，数据采集则通过查阅报告资料、问卷、量表、质性访谈以及专家法。在这一环节中，指标体系的建立是重点，对于评价指标具体可以采取文献研究法、统计指标收集法、专家咨询法等，进行初步选择和定义，然后依据可操作性、可比性、灵敏性等修正原则逐级进行可计量修正。此外，在危险源识别上要确定危险源辨识依据、危险源评价分级技术等定性指标。

演化机理及趋势分析是在概念模型的基础之上进行数学建模并辅以系统仿真，定量评价的技术性较强。通过系统动力学工具（采用Vensim软件）建立公共安全动态评价的仿真模型，可以为公共安全系统评价提供仿真平台，以此预测模拟未来公共安全的发展演化趋势。在此基础上，还可以用政策变量的灵敏度实验，即通过调试辅助变量，观测政策的变化对公共安全状况的影响，并根据系统基模思想进行公共安全的主要影响机理分析，从而为提高我国区域的公共安全治理能力提供决策支持。

3. "脆弱性—能力"综合评价框架应用的区域印证

本文以我国西部某省（以下简称"S省"）为例，进行"脆弱性—能力"综合框架在区域公共安全评价中应用的印证。在对S省区域公共安全态势的研究中，我们基于综合框架的指标体系，利用通过数据收集、调研获得的S省历史数据对该省的公共安全态势进行实证分析。

本文最终选定的区域公共安全综合评价核心指标体系包括以下几个：

（1）脆弱性指标：脆弱性指标的选取又应当包含暴露性和敏感性指标、易损性指标，其中暴露性和敏感性指标包含人口密度、城镇失业人员数、消费者物价指数、人均耕地面积、人均水资源、失业率、恩格尔系数等具体指标，而易损性指标包含安全生产事故起数、安全生产事故总死亡人数、安全生产较大事故、较大事故死亡人数、安全生产重大事、重大事故死亡人数、交通事故伤亡人数、交通事故损失折款、火灾伤亡人数、火灾直接经济损失、环境污染事故直接经济损失、工业废物产生量、工业废水产生量、农业灾害直接损失、地质灾害直接经济损失、森林火灾直接经济损失、传染病发病率等指标。

（2）应对能力指标：含基础设施、管制能力、社会防御和经济能力四个方面的二级指标。集体评价指标分为医疗机构床位数、卫生技术人员、工业固体废物处理率、工业废水排放达标率、环境污染治理投资、生产总值指数、参加养老保险职工人数、参加失业保险职工人数、参加医疗保险职工人数等指标。

基于该指标体系，本文采用客观赋权法计算公共安全指标体系中各指标的权重，并以S省2002~2009年的数据进行分析。然后按照一般指数化方法的步骤，对采集的数据进行处理，将各指标的标准化值与权重系数对应相乘并加和，最终得到公共安全风险指数、脆弱性及能力的标准化指数结果，为更为直观地展现在基于"脆弱性—能力"综合评价框架的S省公共安全风险指数、脆弱性及能力的评价结果（如图5所示）。

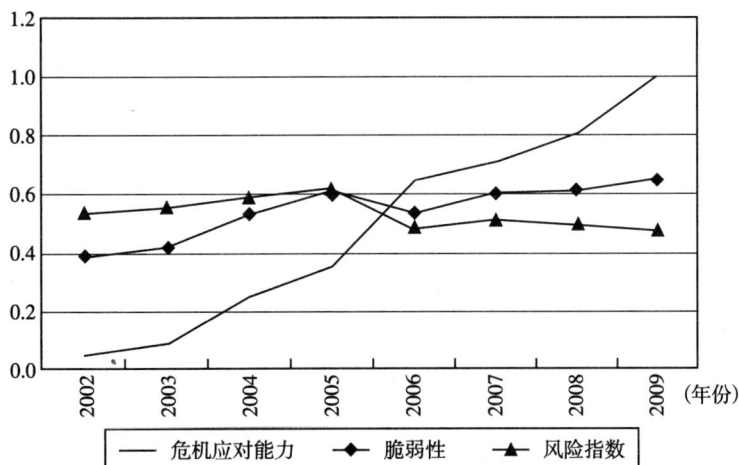

图5　S省公共安全风险指数评估结果

由图5分析可以看出，2002~2009年，S省的公共区安全脆弱性指数曲线、危机应对能力指数曲线总体上都呈上升的态势，而公共安全风险指数曲线在平稳波动中稍有下降。

公共安全脆弱性指数曲线呈不规则波动上升态势则表明，公共安全系统在外界偶发因素、偶然因素的扰动下，不同年份会有所波动起伏，但总体呈上升趋势。这种趋势的产生主要是因为随着经济增长和社会转型，社会矛盾不断积聚，政府与民众之间、各种利益集团之间、政府与各个利益集团之间、不同的利益集团与社会民众之间的冲突增加。刑事犯罪率上升、劳资纠纷等冲突

加剧、贫富差距拉大等造成的心理失衡、政府执法过程中与民众的冲突、城市化进程中人口迁徙带来的矛盾等诸多问题逐步暴露，使得S省区域公共安全的脆弱性日渐增加。公共安全脆弱性的增加给S省区域公共安全带来的威胁增加，整个公共安全系统面对的压力也随之变大。在这7年，S省的危机应对能力稳定持续上升，与其近年来在公共安全相关制度建设，尤其是预案建设与应急联动机制建设上的投入是密不可分的。S省在相关基础工程系统建设上大力投入，并在实际应急管理工作中吸收了大量科研支持，也在一定程度上促进了其危机应对能力的提升。因此，S省

危机应对能力显著增强，且一直保持了良好的增势，为其应对各种突发公共安全事件提供了较好的保障。公共安全风险指数曲线较综合地反映了区域的整体公共安全水平，S省在2005~2006年的公共风险安全指数快速下降，与这一年中危机应对能力的大幅提升且脆弱性下降是相对应的。之后在2006~2009年公共安全风险指数较为平稳，这主要是由于2006~2009年应对能力和脆弱性都不断增长且增幅差异不大的缘故。

由对S省公共安全态势的测评和分析，大体可以印证能力、脆弱性与公共安全水平的相互关系——脆弱性与应对能力对于公共安全而言是一对相反的作用力，前者是反向作用而后者是正向作用。脆弱性和应对能力的相对作用是一个阈值，这个阈值影响着危机爆发频率和危害程度，即脆弱性和应对能力共同决定了一个区域公共安全水平的高低。在公共安全危机管理中，通过防灾减灾措施降低脆弱性的同时，还必须加强应急管理的体制建设、公共工程建设、应急队伍建设以及加大科研投入，提高危机应对能力，从能力和脆弱性两个方面进行控制。从而最终实现提高区域的公共安全水平的目标。

三、基于"脆弱性—能力"视角的公共安全评价的意义和前景

已有的各种公共安全评价方法与指标，大都局限于单纯做脆弱性评价，缺少能力评价，导致危机管理中公众督促政府与政府自主促进能力建设方向不清。同时，在现有的一些公共安全评价方法研究中，还存在评估的水平尺度和评估程序模糊，指标与数据源的难匹配的问题，实际使用难度较大的现象。对于区域社会安全系统而言，有必要通过综合的评估框架对其进行整合。基于能力和脆弱性综合视角的公共安全评估框架的发展，为我们提供了一个更为全面和动态的视角。

传统公共安全评价方法主要侧重于对某一时点评价对象的描述，尚没有把握公共安全事件发生、发展的整个脉络，"脆弱性—能力"综合评价框架研究，不是要对不同区域公共安全的绩效进行排序，而是把质性研究与定量方法结合，从脆弱性和应对能力综合的视角出发，通过引入系统动力学，提出了一种公共安全与公共危机管理动

态评价的新思路，构建了一个公共安全与公共危机管理的动态评价和识别框架，为公共安全评价工具和方法提供新的视角和前提，由此来把握区域的公共安全现状，识别区域风险特征因素，在此基础上预测未来公共安全趋势，并就提高应对能力和降低脆弱性两个方面提出区域公共安全策略，为提早预防控制做准备提供了依据，对于辅助政府决策具有重要的政策参考价值。

此外，基于"脆弱性—能力"视角的综合评价，可以全面掌握公共安全事件潜在的危险因素、发生的可能性，从整体上把握区域公共安全的整体水平，准确把握公共安全事件发展过程中的阈值，即所面临的薄弱环节，哪些环节比较脆弱，哪方面能力比较差，充分了解区域公共安全事件的实际情况，为地域性公共安全事件的应对做好坚实的铺垫。

基于"脆弱性—能力"视角的公共安全综合评价的研究对于飞速发展和不确定性不断增强的时代具有重大的意义，有利于公共安全事件的有效应对，减小危机事件带来的损失，预防控制风险的扩大蔓延，构建安全、和谐的社会。

[参考文献]

[1] James A. Natha. The Cuban Missile Crisis Revisited. Palgrave Macmillan, 1992: 134.

[2] Ted. R. Brannen. Economics Aspects of The Waco. Texas Disaster of May 11, 1953, Department of Sociology, University of Texas, Research Report, 1954 (2).

[3] P. Timmerman. Vulnerability, Resilience and the Collapse of Society. Environmental Monographl, Institute for Environmental Studies. Toronto University, 1981.

[4] R. Zapata, R. Caballeros. Untemadelde Sarrollo: Vulnerabilitydad Frente a Los Desastres. CEPAL, Naciones Unidas, Mexico, DF, 2000.

[5] S. L. Cutter. Living with Risk: The Geography of Technological Hazards. London: Edward Arnold, 1993.

[6] W. N. Adger, P.M. Kelly. Social Vulnerability to Climate Change and the Architecture of Entitlements. Mitigation and Adaptation Strategies for Global Change, 1999, 4 (3-4).

[7] D.A. McEntire, Triggering Agents, Vulnerabilities and Disaster Reduction: towards a Holistic Paradigm. Disaster Prevention and Management, 2001, 10 (3).

[8] Barry Smith, Johanna Wandel. Adaptation, Adaptive

Capacity and Vulnerability. Global Environmental Chang, 2006 (16).

［9］Liang Biqi, Liang Jingping, Wen Zhiping. The Typhoon Disasters and Related Effects in China. The Journal of Chinese Geography, 1996 (1).

［10］United Nations Development Programme (UNDP). Global Report Reducing Disaster Risk: A Challenge for Development. http: //gridca.grid.unep.ch/.

［11］United Nations Development Programme (UNDP). Disaster Risk Index (DRI) Analysis Tool. http: //gridca.grid. unep.ch.

［12］Federal Emergency Management Agency (FEMA). FEMA/DHS Office of National Security Coordination Continuity of Operations (COOP) Assessment Questionnaire/Worksheet. Washington D. C.: FEMA, 2004: 1- 14.

［13］National University of Colombia-Manizales. Inter-American Development Bank System of Indicators for Disaster Risk Management: Program for Latin America and the Caribbean Main Technical Report. http: //idea.unalmzl.edu.co.

［14］刘燕华、李秀彬:《脆弱性生态环境与可持续发展》, 商务印书馆, 2001 年。

第十六章　电子政务

张相林　孙智慧　王天梅

电子政务作为一个研究术语和一个活跃的研究话题，近年成为计算机科学、信息科学、管理学、政治学等学术领域关注的研究热点，其论文数量呈现戏剧化的增长。[①] 根据 Web of Science（科学网，是美国 ISI 公司开发的基于 Web 的文献检索系统）上 2011 年 3 月 7 日的统计数据，如表 16-1 所示，以"E-Government"检索，2000 年发表 14 篇，2001 年发表 35 篇，2002~2011 年共发表论文数量 2562 篇，其中 2003 年是一个增长的高峰时期。中国知识基础设施工程（China National Knowledge Infrastructure，CNKI）对中国期刊网的统计数字显示，电子政务的学术关注度从 2000~2003 年迅猛增长，直到 2004 年，才出现平稳发展的趋势，这和 Web of Science 的统计情况基本相似。可以看到，电子政务作为一个典型的交叉性研究话题，其研究成果分布在十多个不同研究领域中。有关近年来我国电子政务研究与实践状况，本章将从理论进展、实践创新和代表性著作等方面加以介绍。

我国电子政务建设经过十余年的不断磨砺与革新，已逐步走出以"关注技术"为主的初期发展阶段，而进入深化整合的"制度重于技术"时期。[②] 然而初期发展阶段在取得信息化初步成果的同时，也暴露出很多深层次的问题，由于盲目追求信息技术的先进性，导致政府组织内部信息孤岛丛生、信息装备大量闲置、信息资源不能充分利用、信息化投资效益低下，为此政府组织也同多数大型企业一样面临着信息技术管理不善所带来的巨大风险。可见，电子政务建设存在诸多问题的关键并非是缺乏先进的技术和模式，而是严重的管理缺位和制度缺失，导致电子政务实施过程中出现诸多管理病症。[③] 因此，近年来管理视角下的电子政务研究文献迅速增长。

表 16-1　Web of Science 上有关电子政务论文数的统计数据（2002~2011 年）

学科类别	论文数量	百分比（2562 篇）(%)
计算机科学（Computer Science）	1495	58.3528
公共管理（Public Administration）	491	19.1647
信息科学和图书情报学（Information Science & Library Science）	432	16.8618
商业与经济学（Business & Economics）	371	14.4809
工程学（Engineering）	243	9.4848
通信学（Telecommunications）	186	7.2600
政府与法律（Government & Law）	185	7.2209
社会学（Social Issues）	160	6.2451
运营研究与管理科学（Operations Research & Management Science）	100	3.9032
行为科学（Behavioral Sciences）	65	2.5371

① K. Layne and J. W. Lee. Developing Fully Functional E-Government: A Four Stage Model. Government Information Quarterly, Vol. 18, 2001.

② 吴敬琏：《制度重于技术》，中国发展出版社，2003 年。

③ 朱司宾、张明毫：《电子政务与政府制度创新》，《情报科学》，2007 年第 25 期。

第一节　理论进展

一、目前电子政务研究的文献回顾

为了梳理这个领域的最新成果，一些综述性论文出现在不同的研究性期刊和会议论文集上。Relyea 基于对美国现有政策和组织机构等实证材料的分类描述和分析，对电子政务在美国出现的政策环境中 15 个政策法规进行深刻剖析，并对促进政府响应能力的 11 个电子政务应用组件（包括通信、信息访问、服务传送、政府采购、安全、隐私、管理机构、运行维护、数字鸿沟、应急响应、监督）进行了讨论，认为电子政务是一个动态的意味深远的话题，需要强有力的政策环境和运行协调有效的应用组件。① Gronlund 基于对现有电子政务研究期刊、研究会议、研究文献等材料的分类描述和分析，通过讨论多个电子政务概念与政府治理概念的关系界定了电子政务的研究范围和主要研究话题，认为电子政务是信息管理领域理论与方法的一个新的应用领域，也是信息管理领域新观点形成的一个源泉。② Heeks 基于对两个期刊和一个会议的 84 篇论文的定量统计分析，从电子政务的影响作用、研究哲学、理论基础、研究方法等五个视角，对电子政务的研究情况进行分析，认为研究者尽管已经认识到电子政务的关键是非技术因素，但是由于缺乏清晰的研究思路和严密规范的研究方法，以及对事物普遍性的观察视角，导致大量的非理论化研究既不能让我们增长电子政务方面的知识，也不能指导实践。

因此电子政务研究应展开更为深入的研究性话题。③ Yidiz 基于对现有多个电子政务定义、多个电子政务成熟度模型，④ 以及对电子政务技术执行框架的讨论，⑤ 认为电子政务研究领域存在着几个关键问题，包括电子政务概念界定的含糊不清、复杂的政治和机构环境下的电子政务发展过程模型过度简单化以及不同方法论在电子政务研究上的局限性。为此，作者认为电子政务研究最好应该去检查和解释复杂政治环境下电子政务项目的过程和参与模式，并且应该基于规范的理论构建和实证研究方法去研究电子政务实施过程，而不是仅仅去关心电子政务的结果和产出，以提高人们对电子政务政策制定的理解程度。⑥

同时国内期刊也出现了一些关于国内电子政务研究现状综述性论文，汤志伟从研究环境的特殊性、研究主体的多元化、研究内容的交叉性、研究与实践的同步性几个角度讨论了国内电子政务研究的现状，总结了国内关于电子政务的研究，认为国内电子政务研究的趋势和特点包括四个方面，即多学科融合的加深、服务思维贯穿电子政务建设、研究重点向"政务上网"转移、个性化电子政务服务研究的出现。⑦ 孙王伟通过对 1999~2004 年我国电子政务学术论文的历年发文量、发文机构、发文地域分布及论文的主题分布进行统计，使用定性与定量分析相结合的方法，确定了电子政务研究的主要期刊、主要研究机构、地区发展状况及主要研究领域，对发展趋势做出了预

---

① H. Relyea. E-Gov: Introduction and Overview. Government Information Quarterly, Vol. 19, 2002.

② A. Gronlund and T. Horan. Introducing E-Gov: History, Definitions, and Issues. Communications of the Association for Information Systems, Vol. 15, pp. 713-729, 2004.

③ R. Heeks and S. Bailur. Analyzing E-Government Research: Perspective, Philosophies, Theories, Methods, and Practice. Government Information Quarterly, Vol. 24, pp. 243-265, Apr 2007.

④ S. Ronaghan, A. S. F. P. Administration, U. N. D. F. P. Economics, and P. Administration. Benchmarking E-Government: A Global Perspective: Assessing the Progress of the UN Member States: United Nations Division for Public Economics and Public Administration; American Society for Public Administration, 2002.

⑤ J. Fountain. Building the Virtual State: Information Technology and Institutional Change: Brookings Institution Press, 2001.

⑥ M. Yidiz. E-Government Research: Reviewing the Literature, Limitations, and Ways Forward. Government Information Quarterly, Vol. 24, pp. 646-665, Jul 2007.

⑦ 汤志伟、赵生辉、贾旭旻：《国内电子政务研究的现状及趋势综述》，《电子科技大学学报》（社会科学版），2006 年第 8 期。

测并提出具体研究建议。① 龙朝阳以中国期刊全文数据库为研究工具，对我国近三年来的电子政务研究进行了剖析，认为目前电子政务的研究成果主要集中于基本理论、政府信息资源管理、标准化与政策法规、技术实现几个方面，下一阶段在政府资源规划、电子政务制度、信息用户培训、网络实证研究等方面有待进一步深入展开。② 赵国洪通过对中国期刊全文数据库收录的、截至 2006 年 12 月 13 日的文章的取样研究，认为目前我国电子政务研究领域尚未成熟，具有创见的论文数量不多，或介绍外国经验，或总结国内实务性经验，多以建议为导向，而鲜有完整体系的创新理论。③ 由于我国电子政务研究领域尚未取得为进一步探索提供基础的研究成果，因此，国内电子政务现有研究没有让大多数研究者发现很大的学术空间，也不能为这一领域吸引一批稳定的拥护者或追随者。可见电子政务研究中出现的概念界定含混、研究方法不规范、研究范围不清晰、研究层次的混乱已经成为学术界的共识，而电子政务实施中管理重于技术的观点也成为不争的事实，被多数学者认同。

二、我国电子政务研究的重点问题

（一）电子政务的概念界定

电子政务的概念在 20 世纪 90 年代初被首次提出，在不同的发展阶段和不同的应用环境下，呈现出迥然不同的形式。而对于"电子政务"这一概念的认识，从 20 世纪 90 年代末的众说纷纭，发展到今天各方面逐步取得共识，从某种程度上反映出我国电子政务建设正在逐步走向成熟。因此，在编制中等城市电子政务建设研究报告的过程中，有必要首先对电子政务这一概念的内涵和外延进行清楚明晰的界定。从电子政务的特点、特征、目的和意义等方面准确把握这一概念，进而建立正确的建设理念和客观的衡量标准，选择合理的发展策略并最终设计出符合中等城市特点和需要的电子政务建设方案。

目前，与电子政务（Electronic Government 或简称 E-Government）相关的概念和词汇主要有"电子政府"、"政府信息化"、"政务信息化"、"数字政府"、"政府上网"、"办公自动化"等。人们对于电子政务系统的不同认识导致了对这一概念的不同诠释。最易与电子政务在概念上产生混淆的当属电子政府。虽然电子政府与电子政务来自同一个英文组合词"E-Government"（Electronic Government），但两者之间还是有很大区别。政府（Government）是指国家权力机关的执行机关，即国家行政机关。按一般的理解，政府是一种机构和组织，是为社会各种组织和个人提供政府管理事务的客观存在。按管辖权力的不同，政府可分为中央政府和地方各级政府，不同的政府机构各自承担着不同的职能。政务（Government Affairs）是指关于政治方面的事务，泛指国家和地方政府的管理工作。④

电子政务是指在政府内部办公自动化基础上，利用计算机技术、通信技术和网络技术，建立起网络化的政府信息系统，并通过不同的信息服务设施如网络、计算机以及电话等工具，为企业、社会以及公民个人提供政府信息和其他公共服务。⑤电子政务最重要的内涵及精髓是利用网络技术构建一个"虚拟政府"（Virtual Government），即跨越时间、地点、部门的全天候政府，从而使企业和公众等能够随时随地地享受各类政府服务。电子政务是与传统的政府机构相对而言的，它的外在表现形式可以是虚拟化的政府门户网站，但支撑门户网站运作的必须是精简的机构、高效的团队和电子化的业务运作。电子政务主要是指政府部门利用网络技术所完成的相关政务活动，它强调政府业务通过电子化手段来运作及其实现过程。它将政府管理与服务通过网络技术的应用实现有机集成，全方位地向社会提供优质、高效、规范、透明、符合国际水准的政府管理和服务。电子政务实质上是把工业化模型的大政府，即集中管理、分层结构在管理领域中运行的传统政府，通过互

---

① 孙玉伟、李勇：《中国电子政务研究现状及趋势分析》，《现代情报》，2006 年第 26 期。
② 龙朝阳、秦素娥：《我国电子政务研究展望》，《情报杂志》，2006 年第 25 期。
③ 赵国洪：《我国电子政务研究趋势探究—— 一项基于期刊数据的分析》，《中国行政管理》，2007 年第 7 期。
④ 季金奎等：《中国电子政务——信息化主管知识读本》，中共中央党校出版社，2003 年。
⑤ 吴江等：《电子政务案例分析》，党建读物出版社，2003 年。

联网等信息化手段转变为以扁平化和网络化管理模式为特征的新型管理体系，以适应虚拟的、全球性的、以知识为基础的数字经济和信息社会，这种新型的管理体系就是电子政务，它包含了三个具体层面的含义：一是政府机构及其工作人员从网络上获取信息，包括机构内部的工作信息和从机构外部获取的业务信息；二是将政府机构的信息放到网络上，供社会了解和使用；三是政府事务在网络上与社会公众的互动处理。[①] 政府形态的改造——从传统政府到电子政务。[②]

因此，在电子政务建设过程中，我们要牢牢把握电子政务与电子政府之间手段和目标、过程与结果的相互关系，明确推行电子政务是规划、组织、建设、实施电子政府的必要过程，而实施电子政务的根本目的和最终目标则是构建电子政府。同时在构建和实施中等城市电子政务中，必须正确处理"电子"（以网络为核心的信息技术）与"政府"、"政务"的关系，"电子"仅仅是手段、工具和载体，而"政府"、"政务"才是结果和目的，只有达到改进和创新政府管理的根本目的，才是真正有意义的电子政务。

（二）电子政务标准化服务研究

目前，从欧美发达国家到亚洲新兴国家和地区，从国际到国内，从中央到地方政府，从各类企业到社会公众，从专家学者到IT产业界，都日益关注电子政务标准化服务的发展。[③] 世界各国基本上都是根据国家的利益目标和价值取向，通过立法建立相应法律体系，为其推进的电子政务标准化服务提供法律上的依据和支持。我国于2002年5月制定了《电子政务标准化指南》，但相对应关于标准化服务方面的法律还未建立，涉及电子政务标准化服务的法律法规都分散在其他各个部门法之中，而且层级较低，绝大部分都是各种部门规章、地方法规，内容不够完善，甚至存在大量冲突的情况。[④] 在技术和中立机构的保障下，电子政务标准化服务还需要法规来规范和保障。[⑤] 电子政务（E-Government）是指政府机构运用现代网络通信技术与计算机技术，将政府管理和服务职能通过精简、优化、整合、重组后在互联网络上实现，以打破时间、空间以及条块分割的制约，从而加强对政府业务运作的有效监管，提高政府的科学决策能力，为社会公众提供高效、优质、廉洁的一体化管理和服务。[⑥] 电子政务按用户的不同分成4类：政府内部（IEE）、政府机构之间（G2G）、政府与商界之间（G2B）、政府与公民之间（G2C）。电子政务的发展对标准化有着很强的依赖性，从一定意义上说，没有标准化就不会有真正的电子政务。标准化是保证电子政务有序、规范进行的基石，标准化规范电子政务的业务和服务，确保网络和数据的安全可靠，同时保证网络的无缝链接和互操作性。张太华和汪传雷总结了实施电子政务标准化的意义有以下几点：推进以公众服务为中心的服务型政府建设；推进政府"条块"信息化向一体化电子政务的转型；[⑦] 推进电子政务和谐环境的优化。

目前，国外发达国家和地区的电子政务标准化服务已进入成熟阶段，我国电子政务标准化服务起步相对较晚，加之信息基础设施尚不完善，与国外还存在着相当大的差距。因此，开展电子政务标准化服务研究，形成自身特色迫在眉睫。

美国匹兹堡大学教授盖·彼得斯先生在《政府管理与公共服务的新思维》一文中，在对传统公共行政模式的不适应性和未来公共行政模式的发展进行分析的基础上，提出了市场模式、参与模式、灵活模式和非管制模式等现代公共行政模式。[⑧] 这些模式的一个共同特点，就是强调政府的服务角色。综观西方电子政务标准化服务的发展历程，我国电子政务标准化服务的理念应该在借

---

① 吴江：《未来十年中国电子政府的发展和对策》，http://www.echinagov.com/article/articleshow.asp? ID=4319。
② 季金奎等：《中国电子政务——信息化主管知识读本》，中共中央党校出版社，2003年。
③ 李德升：《"服务"是加拿大国家网络的主题词》，2009年10月22日，http://www.chinaeg.gov.cn/tabid/111/InfoID/6701/Default.aspx。
④ 张樊：《标准化的信息公开与共享应是〈电子政务法〉基础》，《通信信息报》，2009年7月3日。
⑤ 张太华、汪传雷：《我国电子政务标准化服务研究》，《电子政务》，2010年第2期。
⑥ 樊博：《电子政务》，上海交通大学出版社，2006年。
⑦ 钟国文、陈艳红：《论我国电子政务标准化体系模型的构建》，《中国管理信息化》，2005年第9期。
⑧ 周志忍：《西方国家行政改革述评》，国家行政学院出版社，1998年。

鉴西方发达国家标准化服务价值取向的基础上，结合我国国情逐步形成。[①] 即客户满意原则、政府主导与社会参与原则、公平正义原则。[②] 英国政府先后制定了《政府现代化白皮书》《信息时代公共服务战略框架》和《21 世纪政府电子服务》等一系列规划，其主要的指导思想是：在……期，建立"以公众为中心"的政府；在电子政务建设过程中，应加强跨部门的合作，以更好地满足公众需求；在制定有关政策和方案时，应照顾到少数民族及残疾人的需求。[③] 综上所述，电子政务标准化是对电子政务的相关技术、业务流程、管理等全面建立标准与规范的过程。通过改革过程，并对其他公共部门和私人组织的做法和经验进行评估，以寻求进一步改进和提高政府对公众服务的水平。[④]

根据不同的标志和角度，可以对电子政务标准进行分类：根据适用领域和有效范围的不同，标准有不同的级别；根据表达样式的不同，标准有不同的形式。在标准类型方面，以推荐性标准、用户型标准为主，以强制性标准、生产型标准为辅；在标准的级别方面，以国家标准为主，以行业标准、地方标准和企（事）业标准为辅；在标准形式方面，除了"标准"之外，"标准化指导性技术文件"将占有较大的比重［见《中华人民共和国标准化法》（1989）］。

电子政务标准化服务的出现和发展，是以提高效率和服务质量为目标和驱动力的，服务模式成为界定电子政务发展阶段的标志。[⑤] 通过改进电子政务系统的体系结构，提高电子政务标准化服务质量，促进服务的广覆盖、保基本、多层次和可持续发展。政府部门要加大监督，及时收集处理公众的反馈意见，将有助于电子政务标准化服务的改进。建立与完善电子政务标准化服务的法规与制度，通过立法途径使标准化服务走上法制化、规范化和经常化的轨道，赋予电子政务标准化服务的法律依据，使其从一种零散的活动上升为一种科学的机制。[⑥] 政府在线（GOL）的服务愿景，主要侧重于以客户为中心的服务传递，包括互联网、电话以及面对面三种方式，使人们通过互联网接受政府提供的服务。[⑦]

（三）电子政务的影响作用研究

事实上，对电子政务的影响作用研究，可以追溯到早期学者们关于信息技术对政府组织的影响作用研究。20 世纪 70~80 年代末期，在电子政务的概念产生之前，发达国家的政府已经在积极寻求利用信息技术来提高运作效率和增强内部沟通，但其核心是关注内部的自我管理。Stuart Umpleby 回顾了当时的研究文献，认为新的通信技术很有可能在未来的十年对政府的民主形式产生巨大影响。[⑧] Simon 则认为技术在政府中被认为是外围设备，它不具备核心管理功能，而仅仅作为一种管理工具在合理提供基础设施、为更好地制定决策方面的贡献是非常有限的。80 年代个人计算机在公共管理部门的普及，打开了信息技术在政府中运用的新阶段，在这一时期，随着技术管理被分散到政府的很多部门，技术因素被集成到政府的核心功能中。[⑨] Gunnar Karlström 认为瑞典公共管理部门的高效率很大程度来源于信息技术，并分析描述了当地政府机构使用信息技术的影响。[⑩] Bozeman 和 Bretschneider 在公共管理评论上公开发表学术性文章，认为信息技术正在变革

① Pierre J.The Marketization of the State：Citizens，Consumers，and the Emergence of Public Market. M.C. Gill-Queen's Press，1994：55.

② Frederickson H. G.Toward a New Public Administration//Classics of Public Administration. Hart court Brace College Publishers.Fort Worth：Texas，1997：58.

③ 李冠军：《电子政务服务理论及其支撑技术的研究》，天津大学博士论文，2006 年。

④ 樊博：《电子政务》，上海交通大学出版社，2006 年。

⑤ 付洪川、杜顶、赵建英：《电子政务服务模式的研究》，《现代管理》，2007 年第 5 期。

⑥ 李海波：《加拿大电子政务标准化研究》，《信息技术与标准化》，2004 年第 12 期。

⑦ 褚峻：《关于电子政务评价标准化问题的探讨》，《电子政务》，2008 年第 6 期。

⑧ S. Umpleby. Is Greater Citizen Participation in Planning Possible and Desirable？. The Politics of Technology，Vol. 4，1977：67-76.

⑨ H. Simon. The Information-Storage System Called Human Memory. Neural Mechanisms of Learning and Memory，1976：79-96.

⑩ G. Karlström. Information Systems in Local Governments in Sweden. Computers，Environment and Urban Systems，Vol. 11，1986：107-113.

政府，应向该研究领域投去更多关注。[①] B.K.Brus-saard 认为信息资源管理已在不同领域得到运用，其理论同样在不同国家的各级政府将得到广泛应用。他提出了信息资源管理在公共部门使用的分类模型，并评价了该分类系统在荷兰的具体实践。他认为国家政府管理部门之间有很强的依赖关系，因此信息技术有很强的应用价值，新的信息技术将影响公共管理部门之间的以及部门与社会之间的信息沟通方式。[②] Danziger 基于对1987~2000年出版的研究性期刊的 1000 多个话题的经验研究，将信息技术对政府组织的影响作用分为 4 个大类 22 个子类，并筛选识别出 230 个研究发现，统计结果显示，其中近一半的研究发现认为信息技术改变了公共部门的运转能力，超过 1/4 的研究发现认为信息技术改变了部门角色之间的交互关系，较少的研究发现认为信息技术改变了公共部门的价值传送和公共部门的价值观和使命感。经过进一步的实证研究，作者认为信息技术对政府管理部门的管理效率和有效性有很大的正相关影响，但是对作为个体的主观效应（例如公民的隐私、政府雇员工作满意度等）方面有较大的负相关影响。[③] 这些研究为电子政务的影响作用研究奠定了坚实的理论基础。

随着互联网逐渐发展成熟为一个成本低廉且界面友好的平台，政府官员可以利用互联网直接和公民沟通，并进行大量的信息传递，而电子商务的进一步发展也激发了公民对顾客服务的期望。[④] 技术进步和经济变化的结果促使政府的政策制定者有了进一步的动力来把信息技术使用的核心从内部管理转到跟公众的外部联系上，电子政务的

概念逐步形成，对电子政务影响作用的研究也成为学术界讨论的热点。一项对美国 50 个州 38 个联邦组织的 CIO 的调查显示，其中 86% 的 CIO 认为电子政务已经改进了服务的传送，83% 的 CIO 认为电子政务使政府运作更加有效率，而 64% 的 CIO 认为电子政务能够降低行政成本。[⑤] Ho 认为，Internet 提供了重塑政府的有力工具，鼓励政府从强调标准化、部门化、运营效率化的官僚政治模式，革新为强调协作网络建设、外部协作和客户服务的电子政务模式。[⑥] Schelin 认为在互联网技术引入之前，信息技术在政府主要用于大量事务性工作的处理，其目的是提高公共管理的效率，互联网技术的引入为政府管理工作的创新提供了新的机会，为公共服务的提供开辟了新的模式和渠道。[⑦] Wong 认为电子政务已经为政府和公共之间的交互提供了一种全新的方式，但是电子政务能否促进政府的责任感是不能肯定的，论文通过对 14 个国家的实证研究认为，电子政务在促进政府更加透明、开放、促进政府责任感方面的作用取决于政府的官僚作风。[⑧] Tolbert 采用两阶段模型调研分析了 815 个使用过电子政务网站的美国公民，探索地研究了电子政务应用、公民对电子政务的态度、公民对政府的信任之间的关系，统计数字表明电子政务对增进公民对政府的信任具有重要的作用。[⑨] G. Reddick 通过对 2005 年秋季对佛罗里达和得克萨斯州政府管理者的实证调研和数据分析，认为电子政务对政府管理具有的明显正相关作用已经被多数管理者承认，他们普遍赞同电子政务对提高政府部门的管理能力、增强利益相关者的关注、增强不同层级不同部门之间的协作能

① B. Bozeman and S. Bretschneider. Public Management Information Systems: Theory and Prescription. Public Administration Review, Vol. 46, 1986: 475-487.

② B. Brussaard. Information Resource Management in the Public Sector. Information and Management, Vol. 15, 1988: 85-92.

③ J. Danziger and K. Andersen. The Impacts of Information Technology on Public Administration: An Analysis of Empirical Research from the "Golden Age" of Transformation. International Journal of Public Administration, Vol. 25, 2002: 591-627.

④ R. Horner. Meeting Demands: Citizens, Empowered by Technology-driven Access to Customized Services, Are Now Demanding Similar Service from State and Local Government. Minnesota Cities, Vol. 84, 1999: 5-6.

⑤ D. West. Assessing E-Government: The Internet, Democracy, and Service Delivery by State and Federal Governments, 2000.

⑥ A. T. K. Ho. Reinventing Local Governments and the E-Government Initiative. Public Administration Review, Vol. 62, Jul-Aug 2002: 434-444.

⑦ S. Schelin. E-Government: An Overview. Public Information Technology: Policy and Management Issues, 2003: 120-137.

⑧ W. Wong and E. Welch. Does E-Government Promote Accountability? A Comparative Analysis of Website Openness and Government Accountability. Governancean International Journal of Policy and Administration, Vol. 17: Apr 2004: 275-297.

⑨ C. J. Tolbert and K. Mossberger. The Effects of E-Government on Trust and Confidence in Government. Public Administration Review, Vol. 66, May-Jun 2006: 354-369.

力等方面具有明显的正相关作用。[①] Badri 通过理论分析构建了电子政务商业价值模型，并通过对迪拜的 1859 个应用电子政务服务公司的调研数据分析，验证了该模型，认为公司的 IT 能力与应用电子政务服务有直接的正相关关系，而电子政务应用与提升公司的知识性资本、寻找新的商业机会、节约工作时间具有明显的正相关作用。[②] 可见，电子政务的影响作用受到多数西方学者实证研究的肯定。

中国具有与西方发达国家不同的国情，这使中国的电子政务实践和理论研究具有特殊的研究环境。第一，中国是在由农业社会向工业社会转型的过程中迎来世界范围内信息化浪潮的，部分地区的工业化进程还没有完成，这就使中国的电子政务的发展环境具有"半农业、半工业、半信息化"的复杂特点。[③] 第二，历史上长期高度集权的政府治理模式的惯性作用，使政府职能由管制型向服务型转变面临诸多问题，在政府服务职能还没有得到充分强化的时候面临公共服务电子化的问题。第三，中国政府内部的信息化基础条件普遍比较差，公务员队伍信息技术的应用能力还比较弱，在办公自动化还没有完全实现的时候就面临电子政务应用的要求。[④] 因此，关于电子政务影响作用的研究大多停留在一些感性的认识上，吴敬琏认为，电子政务势必涉及资金、技术、组织、管理等多方面，其影响作用不能仅仅局限于政务的电子化、提高政府工作效率、降低政务的运作成本，电子政务的深远意义在于它是强化政府服务和转变政府职能的一项关键举措。[⑤] 娄策群认为，电子政务最重要的作用在于通过电子方式提高政府管理和服务的质量、效率及社会效益。[⑥] 欧立群认为，电子政务对传统政府决策观念的挑战，对传统科层制的冲击，表现在对信息控制的冲击、对权力集中的冲击、对政府职员的冲击，电子政务的决策理念是分权管理、互动参与、以人为本、倡导创新、注重责任、立足服务，电子政务会带来一系列制度创新，如信息制度创新、组织结构创新、参与制度创新等，它会对传统的行政决策产生重大影响。[⑦] 盛明科认为，电子政务有助于行政决策文化的现代变迁，即由集权型决策文化向参与型决策文化转变，由经验型决策文化向开放型决策文化转变，电子政务也有助于行政决策组织系统的完备化，有利于行政决策权力体制合理化调整和行政决策系统的互动运作。[⑧] 杨雷、李玉光认为，电子政务是一个具有多级目标的体系，电子政务的最终目标是提升政府管理、服务功效，这个目标要通过二级子目标即建立高效、透明、廉政、低成本的政府来保证。[⑨] 易新涛认为，电子政务凸显服务引导职能，使行政组织结构扁平化与网络化，推动政府治理能力和行政效率大大提高。它使行政权力机构分散化，促使政府分权和公众的民主参与、政务公开，使行政管理规范化，做到行政合法化、行政程序化、行政电子化。[⑩] 李冠军分析国外电子政务实践，并详细论述了电子政务在政府公众服务创新中的关键作用。[⑪] 姚国章认为，以现代信息通信技术（ICT）在政府事务中的应用为主要表现形式的电子政务活动正在全球范围内快速发展，提供高质量的政府电子化服务是电子政务发展的关键和目标所在。[⑫]

上述研究表明，电子政务无论是对公共管理

---

① C. G. Reddick and H. A. Frank. The Perceived Impacts of E-Government on US Cities: A Survey of Florida and Texas City Managers. Government Information Quarterly, Vol. 24, Jul 2007: 576-594.

② M. A. Badri and K. Alshare. A Path Analytic Model and Measurement of the Business Value of E-Government: An International Perspective. International Journal of Information Management, Vol. 28, 2008: 524-535.

③ 姜奇平、汪向东：《行政环境与电子政务的策略选择》，《中国社会科学》，2004 年第 2 期。

④ 汤志伟、赵生辉、贾旭旻：《国内电子政务研究的现状及趋势综述》，《电子科技大学学报》（社会科学版），2006 年第 8 期。

⑤ 吴敬琏：《电子政务是建设法治国家的核心内容》，《网络与信息》，2002 年第 5 期。

⑥ 娄策群：《论电子政务与电子商务的关系》，《华中师范大学学报》（人文社会科学版），2002 年第 41 期。

⑦ 欧立群：《论电子政府治理理念及其相关制度的创新》，《滁州师专学报》，2002 年第 4 期。

⑧ 盛明科：《论电子政府发展与行政决策体制创新》，《湘潭大学社会科学学报》，2003 年第 27 期。

⑨ 杨雷、李玉光、张金隆：《电子政务建设目标和效益分析》，《科技进步与对策》，2003 年第 4 期。

⑩ 易新涛：《电子政府与行政模式的转型》，《中国特色社会主义研究》，2003 年第 4 期。

⑪ 李冠军、聂玮：《电子政务在政府公众服务创新中的作用》，《中国行政管理》，2005 年第 9 期。

⑫ 姚国章：《国际、国内政府电子化服务研究进展》，《公共管理学报》，2006 年第 3 期。

的环境、组织、个体都具有强大的影响作用，因此在近十年来一直成为公共管理的研究热点问题。[①]总的来说，电子政务影响作用体现在三个方面：对于政府而言，电子政务通过部门信息化提高政府办事效率、降低行政成本、改善决策质量、增加办公透明度，乃至最终转换政府职能、调整政府角色，进而从政务效能高低的角度促进公共服务最大化方面具有巨大潜力；对企业而言，电子政务通过实现业务相关部门在资源共享的基础上迅速快捷地为企业提供各种信息服务、精简工作流程、简化审批手续、提高办事效率、减轻企业负担、节约时间、为企业的生长和发展提供良好的环境，进而从市场效率高低的角度促进企业价值最大化方面具有巨大潜力；对于公众而言，电子政务通过为公民提供快捷方便的获取政府公共服务的渠道，提供参政议政的实际途径，进而从公众满意程度的角度促进社会福利最大化方面具有巨大潜力。

尽管电子政务对提高政府工作效率、降低行政成本、促进多部门协同工作、提高公共服务能力等方面都有巨大的影响作用，然而也有研究表明，电子政务还处于初级发展阶段，电子政务在实践过程中的潜力还没有得到有效发挥，而困扰电子政务价值有效发挥的关键在于政府组织的管理变革问题。

（四）电子政务实施中的管理变革研究

电子政务的广泛深入应用将对政府治理观念、政府职能、权力结构、机构设置、管理模式、运行机制、工作流程产生深刻的影响，并推动政府管理和运行模式的重大变革，带来政府工作效能的提高，进而广泛地影响社会经济的发展。然而，西方多数实证研究认为电子政务的实施成效与人们的期望值相去甚远，大量的管理问题和社会问题阻碍了电子政务潜在价值的有效发挥。因此，多数学者就电子政务实施的关键成功因素展开了多层面多视角的讨论，有些学者从公民接受的角度讨论了教育水平、社区技术环境等对电子政务实施成功的关键作用；[②][③]有些学者从政府电子政务项目实施的角度讨论了组织行政环境、[④]流程再造、[⑤]制度创新[⑥]等对电子政务实施成功的关键作用；也有些学者从电子政务个案的研究角度讨论了电子政务实施成功的关键作用。[⑦]这些研究表明电子政务实施是一个复杂的系统工程，从宏观大环境上讲，电子政务实施涉及企业、政府部门、公众多个利益主体，其实施目标的多重性、不易衡量甚至相互冲突的特征，以及财政预算的限制成为电子政务成功实施的主要障碍；从微观的组织环境上讲，由于信息技术不仅具有结构嵌入性特征，同时也具有自身的刚性，因此电子政务的实施过程也是组织内部复杂的微观"政治过程"。[⑧]由于电子政务提供了变革的可能，并被组织内不同的管理实施者赋予不同的期望，这些管理实施者借助电子政务的引入，延续着组织内不同部门和力量间的相互影响，成为影响电子政务成功实施的关键所在，因此，微观组织的电子政务实施过程中的流程再造、机构改革、制度创新等管理变革研究显得尤为重要。事实上，关于政府流程、组织机构改革研究源于20世纪中叶西方

① D. P. Moynihan. Public Management in North America 1998-2008. Public Management Review, Vol. 10, 2008：480-491.

② N. Zhang, X. H. Guo, G. Q. Chen, and P. Y. K. Chau. Impact of Perceived Fit on E-Government User Evaluation：A Study with a Chinese Cultural Context. Journal of Global Information Management, Vol. 17, 2009：49-69.

③ I. Akman, A. Yazici, A. Mishra, and A. Arifoglu. E-Govemment：A Global View and an Empirical Evaluation of Some Attributes of Citizens. Government Information Quarterly, Vol. 22, 2005：239-257.

④ M. Yildiz. Impact of the International Organizatons 39 on the E-Government Policies of Turkiye. Amme Idaresi Dergisi, Vol. 40, 2007：39-52.

⑤ M. I. Stemberger and J. Jaklic. Towards E-Government by Business Process Change-A Methodology for Public Sector. International Journal of Information Management, Vol. 27, Aug 2007：221-232.

⑥ R. S. McNeal, C. J. Tolbert, K. Mossberger, and L. J. Dotterweich. Innovating in Digital Government in the American States. Social Science Quarterly, Vol. 84, Mar 2003：52-70.

⑦ P. T. Y. Tseng, D. C. Yen, Y. C. Hung, and N. C. F. Wang. To Explore Managerial Issues and Their Implications on E-Government Deployment in the Public Sector：Lessons from Taiwan's Bureau of Foreign Trade. Government Information Quarterly, Vol. 25, 2008：734-756.

⑧ A. Dovifat, M. Brüggemeier, and K. Lenk. The Model of Micropolitical Arenas—A Framework to Understand the Innovation Process of E-Government-Projects. Information Polity, Vol. 12, 2007：127-138.

主要发达国家和地区为了应对经济全球化和政治民主化的压力，纷纷开展了大规模的政府改革运动。改革的目标是尽可能减少政府对市场的干预，放宽政府的行政规制，推行公共管理社会化和公共服务市场化，缩小政府规模，削减政府开支，调整、简化政府的业务流程，提高政府运作的透明度并加强对政府绩效尤其是政府公共服务绩效的评估等。这场政府改革运动恰恰发生在信息革命方兴未艾之时，它得到了现代信息网络技术的强烈催化和有力支撑。① 因此，政府流程重组、组织机构改革的研究和网络及信息技术的创新研究在近十年内几乎是同时并进。

在信息技术促进政府管理变革的研究中，流程再造一直作为一个活跃的话题被多数学者关注。Saxena 认为，随着经济的进一步发展和社会管理复杂程度的提高，政府管理出现困境，而这一困境将有可能通过公共管理部门的流程再造和信息技术的创新应用得到解决，因此他提出了信息技术支持公共管理的概念模型，该模型描述了信息系统支持的政策制定、实施和控制的方式。Stemberger 认为尽管公共部门具有组织结构的刚性和政治环境等方面的限制，流程重组依然是成功实施电子政务的决定因素。尽管这类研究取得了一定的成果，但是其主流研究偏重于流程再造和流程重组的方法论研究，虽然有一定的理论深度，但是对于具体情境下解决电子政务实施中的管理困境依然缺乏有力的指导。与流程再造相辅相成的是关于政府机构改革的研究。现行政府组织结构主要服从于韦伯的官僚制（也称为科层制）结构，即通过一定的法律、制度规则确定分工、职能划分、管辖权限。从整个政府的形态来看，也呈现出"金字塔"的形状，如果以一个地区政府为整体，那么地区级的各个部门在该地区政府的领导下形成一个金字塔。电子政务对政府组织的驱动作用在于利用网络信息技术整合政府职能，改变过去政府管理中无所不包、无所不能的传统习惯，调整归并业务内容相近的机构、联系紧密

的机构或因分工过细导致职责交叉、关系不顺的机构，促使政府公务人员在彼此行为边界上既职责分明又协同行动，实现无缝隙和协作一致的政府管理和公共服务；同时努力形成集权和分权适度、逐级分权相结合、纵向贯通、横向联结、程序简明、权责适当的行政关系，实现政府组织结构在稳定与柔性之间的动态平衡，使传统的垂直职能组织转变为以流程为导向的水平组织模式，突破组织内的壁垒、扩大管理幅度、减少管理的层级，真正建立起一种能够提供便捷服务、灵活回应顾客需求、具有动态适应性的"扁平化—适应型"政府组织结构。

（五）电子政务实施中的制度安排研究

早期行为学研究结果表明，信息系统是组织中群体之间为了争取组织政策、程序与资源上的影响力所做的政治竞争的结果。由于它影响到组织的重要资源，即信息，因而无可避免地会产生组织内的"微政治"行为。早在 20 世纪 60 年代，Leavitt 结合组织理论和信息系统研究成果，提出了一个被广泛接受的钻石模型，即将组织看作是一个由技术、任务、人和组织结构四个维度构成的钻石形，并认为在信息技术引入组织后四个因素会相互调整、相互作用，通常其他要素会抑制技术创新的影响，造成组织抗拒。该研究认为信息系统引入所导致的变革被吸收、扭曲或失效，要视组织的任务安排、结构与人员而定。② 电子政务作为一种典型的信息系统，其在政府部门的实施依然遵循这一规律。2001 年，Fountain 开创性地从政治学、组织学和经济社会学以及技术和组织研究的跨学科角度，基于技术创新理论对电子政务实施过程，对信息技术和人的行为、现行社会关系、组织结构和制度安排间相互作用的方式进行了研究，对信息技术治理和组织变革进行了探讨，从新制度主义和组织角度阐述了客观信息技术以及被执行的信息技术的差别，提出了信息技术在组织、制度、网络关系的影响下被执行的研究框架，并采用几个跨部门的电子政务案例进

---

① 钟明：《电子政府：现代公共服务型政府的实现途径》，《中国软科学》，2003 年第 9 期。

② H. Leavitt and G. James. Applied Organizational Change in Industry：Structural，Technological and Humanistic Approaches：Carnegie Institute of Technology. Graduate School of Industrial Administration，1962.

行了分析说明。① 虽然该研究仅仅针对信息技术与政府的组织、制度等因素之间的相互影响建立了较为完善的研究框架，并没有对该框架下更细化的因素进行探讨，却为电子政务实施的管理变革研究开辟了新的研究视角。

近年来，在电子政务研究领域出现了一些从利益相关者的角度和权力制度建设的角度探讨电子政务实施的研究成果，这些研究从更深的层面揭示了影响电子政务成功实施的关键所在。Tan 认为电子政务在现代公共行政管理中扮演了一个日益重要的角色，但是要保证电子政务最终使命——电子治理的实现，需要从利益相关者的角度研究电子政务的实施问题，通过案例研究，认为在电子政务实施过程中，改变传统权力控制方式，建立实施控制和协调机制，联盟利益相关者的利益，使得参与者在实施中达到自治。② Dovifat 提出了一个"微政治场景模型"（the Model of Micropolitical Arenas），认为电子政务的建设过程涉及 4 个关键的议价场景：启动的场景（电子政务目标的形成）、框架形成的场景（目标体系转换为电子政务系统框架）、实施的场景（电子政务系统的实现）、惯例化的场景（电子政务系统开始运营）。每个场景中主要参与者的期望、利益形成了各自的提议，而参与者的权力和资源将影响讨论的结果，③ 因此该研究认为电子政务项目成功实施的关键在于均衡利益相关者的利益。Gil-Garcia 认为电子政务虽然被定义为信息技术在政府部门的使用，但它既不具有同质性，也不是一个静态的现象，其发展具有明显的动态特征。④ 本文基于组织行为学理论、制度学理论和大量实证研究，讨论了电子政务的动态性主要源于双重压力，一是公共管理者试图通过电子政务解决问题，二是公众、企业和其他利益相关者试图通过电子政务控制公共管理者的行为，与这两类压力相关的性

能评价和责任感则分别促使设计、实施和使用电子政务的系统规则发生改变，进而导致技术和组织的复杂性增强，因此，行为控制和制度安排成为电子政务既满足管理者的要求又响应公众、企业和利益相关者需求的关键。Azad 认为和其他 IT 项目一样，可行的电子政务系统需要在实施过程中协调和满足不同利益相关者的期望，由于这些期望形成了一些具有竞争性的技术框架，因此协调利益相关者的期望和利益是电子政务系统可行的关键。⑤ 论文基于一个实施 10 年的电子政务案例，描述和讨论了在不同利益相关者驱动下技术框架如何从竞争演化为稳定的过程。在该作者 2009 年的一篇论文里，基于这个实施多年的电子政务案例，作者进一步讨论了电子政务实施过程中组织内的制度安排问题，认为电子政务的制度化研究需要结合实践情境，参与者网络理论（Actor-Network）建立电子政务实施的制度化过程模型，并结合深入的案例研究，描述了制度化的过程，评价了制度化的结果。

（六）移动政务问题研究

由于移动政务是电子政务的子集，移动政务以移动的方式实现了传统的基于固定网络的电子政务所具有的多项功能，对于政府来说，一定程度上具有等同于电子政务的作用，因此可以说移动政务是对电子政务的继承。而移动政务由于具有传统的基于固定网络的电子政务所不具备的移动特征，同时其本身还具有与传统电子政务相比而独具的便捷性、直接性、安全性和经济性等诸多优点，使电子政务真正地向移动政务转变，并逐步深入到公众的日常生活之中，也从实践上弥补了传统电子政务的一些缺陷和功能的不足。因此，可以说移动政务是在传统的基于固定网络的电子政务的补充和进一步发展。可见，电子政务和移动政务的关系，可以简单的总结为：移动政

① J. Fountain. Building the Virtual State: Information Technology and Institutional Change. Brookings Institution Press, 2001.

② C. W. Tan. Managing Stakeholder Interests in E-Government Implementation: Lessons Learned from a Singapore E-Government Project. Journal of Global Information Management, Vol. 13, Jan-Mar 2005: 31-53.

③ A. Dovifat, M. Brüggemeier, and K. Lenk. The "Model of Micropolitical Arenas" -A Framework to Understand the Innovation Process of E-Government-Projects. Information Polity, Vol. 12, 2007: 127-138.

④ J. R. Gil-Garcia and I. J. Martinez-Moyano. Understanding the Evolution of E-Government: The Influence of Systems of Rules on Public Sector Dynamics, 2007: 266-290.

⑤ B. Azad and S. Faraj. Making E-Government Systems Workable: Exploring the Evolution of Frames. Journal of Strategic Information Systems, Vol. 17, Jun 2008: 75-98.

务是对传统电子政务的继承、补充和发展，移动政务是传统电子政务发展的必然要求和趋势。[1] 移动政务的定义和内涵，是随着移动技术的进步而逐步完善和发展的。以下仅就近几年的几种有代表性的不同定义予以明晰并讨论。近几年国内外对移动政务的不同定义如表 16-2 所示。[2]

表 16-2　移动政务的概念与内涵定义比较

研究学者	提出时间	概念提法	内涵定义
Kushchu, I. 与 Kuscu, H.	2003 年	移动政务（Mobile Government, M-Government）	移动政务可被定义为利用各种无线和移动技术的服务和各种设备，以便使电子政务中包括公民、企业和所有政府单位等有关各方受益的战略及其实施[3]
彭佛才等	2003 年	移动电子政务	移动电子政务是（现有固定）电子政务的延伸和发展，也是未来电子政务的发展趋势，移动电子政务办公人员可以通过个人数字助理（Personal Digital Assistant，PDA）及其他移动接入设备链接到 Internet，从而高效、快速地完成紧急的办公任务[4]
Yoojung, Jongsoo, Seungbong 与 Jaemin	2004 年	移动政务（M-Government）	移动政务指在政府管理中应用移动及无线通信技术为公民和企业提供信息及服务[5]
李明升	2005 年	移动政务	移动政务是电子政务的一部分，是指借助移动通信数据服务而进行的政务活动，也就是说政府以及公共行业应用移动通信数据技术实现管理、服务两项职能。从广义上讲，所有组织机构应用无线数据通信技术实现管理、服务都属于这一范畴。为了同传统网络技术所支持的电子政务区分，这里所说的移动通信数据服务技术是指普通手机、智能手机、PDA 等移动终端利用 SMS、WAP、GPRS、EDGE、CDMAIX 乃至未来的 3G 等技术传输数据。从传输技术而言，不包括红外线、蓝牙、WLAN 等短距离无线通信技术[6]
宋刚	2006 年	移动（电子）政务	移动政务，又称移动电子政务，主要是指移动技术在政府工作中的应用，通过诸如手机、PDA、无线网络、蓝牙、RFID 等技术为公众提供服务[7]
郭零兵等	2007 年	移动电子政务	移动电子政务是指将 GPRS、CDMA 乃至未来的 3G 数据传输技术应用于电子政务领域。从政务的角度看，移动电子政务是不受地域限制的办公，即移动办公；从技术的角度看，移动电子政务是基于无线网络技术和移动通信技术的电子政务；从普通大众的角度看，移动电子政务应该是信手拈来的"政务通"[8]
黄依林	2008 年	移动（电子）政务	移动政务，又称移动电子政务，主要是指无线通信及移动计算技术在政府工作中的应用，通过无线接入技术诸如手机、PDA、Wi-Fi 终端、蓝牙、无线网络等技术为公众提供服务[9]

资料来源：李晓君：《移动政务的功能及评价研究》，北京交通大学博士论文，2011 年 6 月。

目前国内对于移动政务的研究也取得了一些理论成果，主要集中在移动技术的开发和对移动政务的应用及建设研究等。移动政务实验室是我国较有影响的移动政务研究机构，同时还有天极网、赛迪网等 IT 门户网站的研究部门也正在对移动政务进行研究。一些学者也做了移动政务的研究，如李诺娃作了我国移动政务建设的研究，并总结目前国内在移动政务的研究中提出的主要观点：一是移动政务的分类，即移动政务的类型有基于消息的服务、基于移动互联网的服务和基于

① 李诺娃：《我国移动政务建设研究》，大连理工大学博士论文，2007 年。

② 李晓君：《移动政务的功能及评价研究》，北京交通大学博士论文，2011 年 6 月。

③ Kushchu, I. Kuscu, M, H. From E-Government to M-Government: Facing the Inevitable. Proceeding of European Conference on E-Government（ECEG2003），Dublin，2003：253-260.

④ 彭佛才、韩翠红：《移动电子政务数据同步研究》，《现代计算机》，2003 年第 6 期。

⑤ Yoojung, Kim, Jongsoo, Yoon, Seungbong, Park, etc.. Architecture for Implementing the Mobile Government Services in Korea. Lecture Notes in Computer Science，2004：601-612.

⑥ 李明升：《移动政务扩展政府服务》，《电子政务》，2005 年第 31 期。

⑦ 宋刚、李明升：《移动政务推动公共管理与服务创新》，《办公自动化》，2006 年第 9 期。

⑧ 郭零兵、邓德胜：《我国移动电子政务发展现状分析》，《生产力研究》，2007 年第 8 期。

⑨ 黄依林：《基于无线网络技术的移动政务个性化信息服务模式》，《图书馆学刊》，2008 年第 5 期。

位置的服务，如张芸做了短信政务及其在移动电子政务中的应用研究。[1] 二是对移动政务地位和应用的探讨，如谭傲松、倪炯等做了移动电子政务在中国的应用研究，[2] 肖洪莉对移动政府做了从理论到实践的探讨，[3] 卢志群等做了基于 SMS 和 WAP 的移动政务系统的设计与实现研究。[4] 同时，赵蓉做了移动政务关键成功因素分析。[5] 三是对移动政务建设中可能出现的技术和安全问题的研究，如吴吉义等讨论了移动电子政务的关键技术与安全性问题，[6] 童开峰做了移动电子政务架构安全性及其数据同步研究，杨莉做了基于 ASP 模式的移动政务办公系统研究，[7] 曹小华等做了基于无线 PKI-PMI 实现安全的移动电子政务的尝试，[8] 李川做了移动 Ad hoc 网络的安全路由问题研究。[9] 总体来看，国内目前关于移动政务的研究相对较少，对很多问题尚未开展深入的研究。[10]

（七）电子政务外包问题研究

1. 电子政务外包现状

电子政务建设外包模式可以充分提升电子政务项目的建设水平、开发效率、降低运营维护成本和减轻政府财政负担。因此，从经济、效益、效能等诸多方面权衡后，各国政府在从事电子政务建设时多是采用委托市场化的专业外包服务这一模式。例如，新加坡政府就特别强调政府部门与私营企业的紧密伙伴关系，新加坡两大 IT 服务厂商：NCS（新加坡国家电脑系统公司）、SCS（新加坡电脑系统公司）其主要业务都是从政府单位的 IT 服务外包发家起始；墨西哥政府通过建立政府部门与私营电信企业的战略伙伴关系来解决电子政务建设中政府联网问题；南非的电子税务系统就是由南非政府的税务总局与私营企业合资

建设。[11] 在这方面，信息化发达的美国是一个典型案例。据了解，美国政府 IT 机构从商业客户的外包服务得到启发，大量进行电子政务建设与运营服务外包。联邦机构、各州政府和市政府都雇用专业 IT 公司承担专门的系统集成项目以外的许多工作，如将桌面系统、LAN 管理和 WAN 管理等日常 IT 系统的维护外包出去。一些公司将主要的 IT 功能转向社会服务。美国联邦政府教育部的 IT 系统从 1993 年开始外包给 ACS 公司（AFFILI-ATED 计算机服务公司），ACS 公司同时为教育部门基于互联网的学生贷款服务系统提供服务和支持。2002 年底，美国康乃迪克州将全部的 IT 和电话通信系统的运行外包给 EDS。州政府与 EDS 签署 7 年的外包合同，价值 10 亿美元。继康乃迪克州以后，宾夕法尼亚州同 UNISYS 签订意向，外包 20 个州政府机构的数据中心。而美国第四大县——圣迭哥县，外包金额高达 9 亿美元，服务提供商有计算机科学公司（CSC）、EDS、IBM。不仅如此，美国政府还计划大幅度增加政府 IT 外包预算。白宫管理和预算办公室助理主任说，联邦政府鼓励政府部门采购那些包含有经过市场实践的、成熟的企业软件和外包服务。同时，美国各方积极为电子政务外包服务提供相应的法规环境。2002 年底布什总统签署了电子政务法案使政府更接近纳税者，并使支出达到更好的水平，可以为纳税者创造节余。法案鼓励 IT 业务外包，布什指出新法案将使政府机构朝使用节余（Share-in-Savings）式的外包方向发展，即承包方使用委托方利用 IT 业务所带来的节余。由此可见，美国政府通过这种新型的服务模式极大地改进了部门的工作效率，以最短的时间、最小的投资得到了

① 张芸：《短信政务及其在移动电子政务中的应用》，对外经济贸易大学博士论文，2005 年。
② 谭傲松：《交互式彩信在移动政务中的应用研究》，电子科技大学博士论文，2007 年；倪炯：《移动电子政务在中国的应用研究》，浙江大学博士论文，2004 年。
③ 肖洪莉：《移动政府：从理论到实践的探讨》，《中国信息界》，2007 年第 10 期。
④ 卢志群、杨辉：《基于 SMS 和 WAP 的移动政务系统的设计与实现》，《华东交通大学学报》，2007 年第 24 期。
⑤ 赵蓉：《移动政务关键成功因素研究》，《上海行政学院学报》，2008 年第 9 期。
⑥ 吴吉义、虞江锋：《移动电子政务的关键技术与安全性问题》，《电子政务》，2006 年第 1/2 期。
⑦ 童开峰：《移动电子政务架构安全性及其数据同步研究》，东华大学博士论文，2006 年。
⑧ 杨莉：《基于 ASP 模式的移动政务办公系统研究与实现》，湖南大学博士论文，2007 年。
⑨ 曹小华、周宇、陈君波：《基于无线 PKI-PMI 实现安全的移动电子政务》，《宁波大学学报》（理工版），2006 年第 19 期。
⑩ 李晓君：《移动政务的功能及评价研究》，北京交通大学博士论文，2011 年。
⑪ 金江军：《电子政务建设外包模式探讨》，http://www.echinagov.com/article/articleshow.asp? ID=5445。

高质量的服务。[①]

我国电子政务外包作为一种新的 IT 实现和服务方式，日益受到各级政府部门和机构的重视。目前，国家发展改革委员会、商务部、中国证监会等中央部委已经部分或全部将 IT 外包给专业公司运营和管理。不少 IT 企业已经开始与各级地方政府部门展开密切合作，例如中等城市政民互动平台中的呼叫中心部分外包给了中等城市网通公司，利用政民互动平台中呼叫中心的专业化服务水平提高了政民互动的办事效率和公众对政府服务的满意度。青海省劳动与社会保障厅的青海劳动保障信息网项目也采用了国际通行的外包模式，由国内知名 IT 企业一揽子承包。青海省劳动厅负责提供信息资源、政策指导和政策保障，发挥政府主导作用。外包方企业则负责投资建设、运营和维护信息系统，并拥有投资部分所形成的资产所有权，而外包方的这部分投资将通过发售社会保障卡、发卡广告费收入及收取使用费等方式回收，回收部分的产权将相应移交给青海省劳动与社会保障厅。[②] 广州市天河区政府则将政府呼叫中心（Call-Center）的运营服务外包给一家民营企业。2001 年广州市天河区政府开通服务呼叫中心95100，由企业负责呼叫中心的人员、设备、运营及维护管理等工作。该呼叫中心为政府更好地掌握民情、决策参考和提供服务提供了科学依据和先进手段。天河区政府还与有关企业签署了 IT 服务外包协议，由企业负责政府机关所有电脑、打印机和扫描仪等设备的日常维护，大量节省了政府部门的人力、物力投入。[③] 此外，中国香港特别行政区政府在充分吸取欧美发达国家电子政务外包成功经验的基础上，也大量采用了电子政务建设与运营服务的外包模式。据资料显示：2001~2002 年，香港特别行政区政府实现了 81%的资讯科技项目成功外判，约值港币 123000 万元，占港府资讯科技工程总开支的 84%，先后外包了"生活易"公共服务电子化计划（www.esdlife.com）、政府电子采购服务、电脑化社会保障服务、土地注册服务、"香港教育城"计划（www.hkedcity.net）

等重大特区政府资讯科技开发营运项目。[④] 上述种种个案充分证明了随着我国信息化发展水平的不断提高，国内电子政务服务外包市场正日趋成熟。

2. 电子政务外包的主要问题

在肯定我国电子政务服务外包发展方兴未艾的同时，我们也应该清醒地认识到电子政务服务外包在我国尚处于发展的初级阶段，电子政务建设外包模式还存在不少问题。目前我国很多政府部门的信息化建设通常由信息中心来负责信息系统的规划、建设、运营和维护服务等工作，更有甚者部分信息中心还承担了政府部门应用软件的独立开发工作。即便是选择通过公开招标，选择外部企业作为外包服务提供商的方式也同样存在很多问题。例如政府往往担心 IT 企业在外包过程中接触政府机关的关键业务，容易发生信息泄密或其他安全问题。又如，目前我国大多数 IT 企业处于成长期，不少政府部门把电子政务项目外包给这些中小企业，不久就发现该企业已经破产或注销，导致后续运行维护工作难以开展。这些问题成为目前阻碍我国政府电子政务外包发展的重要原因。而通过选择正确的电子政务外包的模式与策略，确立并完善对电子政务外包的标准与规范，我们相信上述问题将在我国政府电子政务建设发展过程中得到逐步解决。

3. 电子政务外包的优势分析

（1）电子政务自建的弊端。当前我国政府电子政务建设与运营主体主要是两类：政府机关及其信息化主管部门、外部企业。这就决定了我国电子政务建设基本存在两种模式：政府自建模式和外包模式。随着我国政府信息化的不断深入发展，电子政务自建模式的种种弊端暴露的日益明显。

首先，自建模式为新的腐败现象的滋生提供了"温床"。相对于公开透明的外包方式，自建模式更具备暗箱式操作的特点，实际上是让政府既当运动员，又做裁判员，从而很有可能滋生新的腐败现象。这有悖于政府通过电子政务公开、透明等防止腐败的初衷。其次，自建模式难以解决政府自身人才不足和人才流失的两难境地。一方

① 程明光、金一、徐立：《从美国电子政务管理运营模式看信息技术外包服务》，《信息网络》，2003 年第 6 期。

② 金江军：《电子政务建设外包模式探讨》，http://www.echinagov.com/article/articleshow.asp? ID=5445。

③ 中国信息协会电子政务专业委员会：《电子政务工程建设与外包运营服务交流会资料汇编》。

④ 彭志达：《香港特别行政区政府电子政务外判营运》，http://www.ciiame.com/meeting/it_waibao/ITspeech/pengzhida.ppt。

面，无论在哪个政府部门都能听到这样的呼声："希望有既掌握 IT 技术又精通行政业务的人才，从而使 IT 技术在业务中得以充分利用。"[1] 而实际情况是这类人才少而又少。短期内要在政府机关内部培养出具有这两方面能力的人才也极其困难。另一方面，在现有人才不足的情况下，政府信息部门技术人才流失的状况日益严重。尽管不少政府部门极力吸引人才，以适应信息化发展的需要，但由于政策、薪酬等多种因素限制决定了政府部门不可能积累、沉淀足够数量和质量的 IT 专业人才。从经验上看，企业一般只需数日或数周（因客户化程度不同而异）即可更新技术和服务，而政府部门通常则需数月甚至数年的时间才能跟上技术的发展。而在政府部门中难以跟进 IT 业界的技术发展潮流，缺乏技术创新的动力和机制也是众多技术人才舍弃供职于政府的重要原因。最后，自建模式容易混淆政府在电子政务建设中的角色和职能定位，从而喧宾夺主，分散政府部门对核心业务的专注程度。毫无疑问，在电子政务的建设和运营中，政府最专注和最擅长的始终是"政务"。政府并不擅长于 IT 技术，结果往往被 IT 系统的管理工作搞得焦头烂额，从而最终导致政府机构的工作绩效下降。

通过以上分析，我们不难看出建立高效、可靠、专业的 IT 服务支撑体系是现代政府高效办公、实现信息化发展战略的重要保证。然而 IT 系统的规划、管理、实施、运营和维护是一项技术复杂、成本高昂、变化频繁、人员素质要求高的系统工程，通过自建模式进行虽然看似可靠，但总体来说弊大于利，其局限性是多方面的。

（2）电子政务外包的优势分析。运营服务外包是社会分工细化和信息技术发展的必然产物，引进高度专业化的电子政务外包服务模式，是很多政府部门轻松高效、切实可行的解决之道。归纳起来，笔者认为在当前我国各级政府机构和各类政府部门选择外包方式进行电子政务建设、运营、维护和管理的优势可以从以下几个方面考虑：

其一，电子政务外包是优化电子政务资源配置的客观要求。虽然当前我国很多政府部门都设有电子政务或信息化专门机构或专门人员，但小

而全的组织构架难以满足业务信息化的增长需求，政府的电子政务运行、维护的投入与信息系统安全运行保障的需求存在较大的差距。而电子政务外包则以资金筹集与运用为纽带，极大地吸收各方资源（资金、人才、信息等），发挥了政府、企业、第三方科研机构乃至全社会各方面的优势及积极性，理顺了内外部关系，通过各取所长达到资源整体最优配置的目的。其二，电子政务外包是分担政府风险、降低运营成本和减轻资金压力的有效途径。通过电子政务外包模式的确立，在政府与企业之间事实上形成一种风险共担、利益共赢机制，这种机制不仅工程质量能够得到显著提高，而且分散了电子政务建设的巨大风险。其三，电子政务外包是实现政府职能转变，提高公众服务品质的重要前提。电子政务外包模式实现了政府从实施者变为管理者，从管理者变为监督者乃至服务者的角色转换和职能转变。运营服务外包方式引入市场效益机制，使电子政务系统建设和运营更讲求实效，有利于促进行政管理制度的改革和政府工作方式与流程的优化，将带来信息服务内容和服务种类的增加，为居民和投资者提供更专业的服务手段和信息资源，将全面和系统地提升电子政务的服务质量和办事效率。其四，电子政务外包是促进信息产业发展、孕育新型信息服务业和新的经济增长点的强大动力。电子政务外包模式对于我国信息产业发展的促进作用是不言而喻的，从电子政务可持续发展的角度看，这种模式直接为众多 IT 企业创造了一个 IT 服务外包市场，从而促进了我国信息产业的发展。此外，在电子政务系统的运营和服务实践中，还产生了很多全新的信息服务需求。如海量数据仓库服务、数据托管服务中心、网络托管服务中心、企业信用评估服务中心等，公众、企业和社会各界迫切要求政府推进各类网络、数据和信息资源的互联互通、交换共享，加强投资咨询、法律顾问、信用评估、统计分析等信息服务，这实质上促成了一种新型的信息服务业，从而为创造新的经济增长点提供强大动力。

综上所述，积极推进电子政务外包是加快我国电子政务建设发展的客观需要。以多种融资渠

---

[1] 白井均、城野敬子、石井恭子、永田佑一：《电子政府》，上海人民出版社，2004 年。

道取代电子政务建设资金来源的单一渠道；用资源外包来代替队伍庞大的政府信息化部门建设；用市场化的编制保住易流动的 IT 技术人才；以 IT 服务为突破口尝试切入信息产业和新型信息服务业，这无疑是当前我国政府在进行信息化建设时的一种现实选择。

4. 电子政务外包的主要模式

（1）电子政务外包基本模式。"建设—经营—转让"BOT 模式。BOT 模式是建设（Build）—运营（Operate）—转让（Transfer）的英文缩写，是指政府在一定期限内通过特许协议将基础设施建设、经营和管理权让渡给项目投资人，当特许期届满后投资人将该基础设施无偿地移交给政府的一种外包模式。BOT 模式的基本思路是：由政府或所属机构对项目的建设和经营提供一种特许权协议（Concession Agreement）作为项目融资的基础。由本国企业或者外国公司作为项目的投资者和经营者安排融资，承担风险并开发建设项目，并在有限的时间内经营项目获取商业利润，最后，根据协议将该项目转让给相应的政府机构。

根据融资对象的不同，BOT 模式又可以分为两类。一类是境外融资，这是我国政府运用 BOT 方式的主要对象。海外企业拥有金融、技术、管理等方面的优越性，但操作难度大，宏观调控难，有外汇波动、政治经济等方面的风险。另一类是境内融资，把 BOT 的方式授予国内经济实体，包括民营企业和民间资本以及与经济效益好的国有大中型企业之间的联合。

BOT 模式由于大幅降低了政府投资风险，颇得一些政府大型基础设施建设项目的青睐，并已被许多国家付诸实践。如澳大利亚悉尼港湾隧道、英国 Dartfold 大桥、泰国曼谷第二期高速公路等都是当今世界上颇具代表性的交通基础设施 BOT 项目。[①]当前，在发达国家 BOT 的外包模式不仅广泛应用于大型公共基础设施建设，同时也大量应用于政府信息化建设领域，它可以说是 IT 外包乃至电子政务外包最主要和最基本的模式之一，其应用经验为我国政府电子政务外包模式的选择与实践提供了宝贵的借鉴。应该说，目前 BOT 模式

仍处于起步阶段，但由于与传统直接投资方式相比较有诸多优势，已受到众多政府部门和境外投资者的青睐和重视。尤为可喜的是，在我国政府信息化建设领域，BOT 模式已经成为一种为众多政府普遍接受的外包模式，且已具有可借鉴的成功经验，其中较为典型的一个是前文已经提及的青海省劳动与社会保障厅的青海劳动保障信息网项目，另一个则是北京市海淀区政府的"电子政务信息资源服务平台"项目。2004 年底海淀区政府与知名 IT 企业联合宣布海淀区"电子政务信息资源服务平台"正式启动，双方采用电子政务"服务外包"模式，签订了长期服务协议，由企业为海淀区政府建设、运营和管理该服务平台，信息资源服务平台建设的收益和风险可以由企业与区政府共同承担。海淀区政府通过合理的方式授权企业参与筹资、建设、运营和管理。一方面，可以减轻政府的财政压力；另一方面，企业也可通过产品开发、技术咨询与服务、数据的商业再开发而获得利润，使电子政务建设进入一种可持续发展的良性循环。[②]我们看到中等城市在电子政务建设中先后引进过世界银行贷款、欧盟贷款、日元贷款，这在电子政务建设初期是一个解决资金不足的好办法，而随着电子政务的纵深发展，需要考虑本国企业融资的可行性。

BOT 的两种主要衍化形式——BOO 与 BOOT 模式。BOO 模式是建设（Build）—拥有（Own）—运营（Operate）的英文缩写，是一种全新的市场化运行模式，即由企业投资并承担工程的设计、建设、运行、维护、培训等工作；硬件设备及软件系统的产权归属企业；政府部门负责宏观协调、创建环境、提出需求，每年只需向企业支付系统使用费即可拥有硬件设备和软件系统使用权。BOOT 模式则是建设（Build）—拥有（Own）—运营（Operate）—转让（Transfer）的英文缩写，则是由企业或财团融资建设项目，项目建成后，在规定的期限内拥有所有权并进行经营，期满后将项目移交给政府。BOO 和 BOOT 模式同 BOT 模式的根本差别在于前两者在特许经营期内，投资机构不仅拥有项目的特许经营权，而且还拥有项目

---

① 法威网：《"洋为中用"话 BOT》，http://www.lawhighway.com.cn/favchangshi/1yaowen.asp？articleid=213。

② 麦炳：《神州数码签约海淀区政府信息服务平台建设》，http://www.e-works.net.cn/eworkbbs/show.asp？uid=138085&topic=20。

的所有权，在特许经营期内，投资机构可以自由地将项目转让和出让。

上述两种模式的实质在于：政府是以租赁的方式获得应用服务提供商（ASP）所提供的服务，而无须取得电子政务项目的所有权。该模式的优势在于：从政府部门的角度看，政府既可以节省大量的财力、物力、人力，又可以在瞬息万变的信息技术发展中始终处于领先地位；从企业的角度看，企业也可以通过承建项目和在所提供的运营维护服务中得到相应的回报。这种模式使电子政务建设由官办转变为民办，从而实现变一次性单纯投入为政策引资金、项目带资金、市场换资金、资源变资金的建设方式。该建设模式在政府与企业之间形成了双赢的局面，有效确保了参与电子政务建设的企业可以从项目承建和维护中得到相应的回报。有利于使电子政务建设可持续发展。

目前，BOO和BOOT模式的运用在我国尚处于起步阶段。但在这方面一些地方政府和公司作出了有益的尝试，其中北京首都信息发展股份有限公司就是BOO模式的大力倡导者。北京市政府从2000年开始就以"统筹负责制"的方式交给首都信息发展股份有限公司来建首都公共平台网络，首信公司负责网络运营及一些应用系统开发。随着使用时间的增加，政府的投资将从开始的一次性巨额投入到渐渐减少运营费用，而首信公司也将因越来越多委办局的介入而获得更多毛利，这样形成了双赢的局面。这种模式就是由首信公司负责投资并承担工程的设计、建设、运行、维护、培训等工作，硬件设备及软件系统的产权归属企业，而由政府部门负责宏观协调、创建环境、提出需求，政府部门每年只需向企业支付系统使用费即可拥有硬件设备和软件系统的使用权。在北京市成功实践的基础上，2002年7月，首信公司又与辽宁省营口市政府签订了"营口市重大信息化工程总体统筹负责制合作协议"。依据协议，北京首都信息发展股份有限公司被授予营口市重大信息应用工程特许经营权，总体统筹设计、建设运营、维护、管理和关键项目的建设资金筹资等职责。这是北京首都信息发展股份有限公司提出

的信息化工程BOO模式的首次推广应用。另外，北京首都信息发展股份有限公司还在当地参与组建一家公司来具体实施营口的信息化建设及维护运营。[①]

BOT模式的其他衍化形式——DBFO、BTO、BLT。DBFO是英文Design-Build-Finance-Operate的缩写，即设计—建设—融资—运营的外包模式。这种方式是从项目设计开始就特许给某一私人部门进行，直到项目经营期收回投资，取得投资收益。但项目公司只有经营权没有所有权。BTO是英文Build-Transfer-Operate的缩写，即建设—转让—运营的外包模式。BTO模式适用于对关系到国家安全的产业或政府项目如通信业、能源业等，它是为了保证国家信息的安全性，因而在项目建成后，并不交由外国投资者经营，而是将所有权转让给东道国政府，由东道国政府或者国有企业进行经营，或与项目开发商共同经营项目。BLT是英文Build-Lease-Transfer的缩写，即建设—租赁—移交的外包模式。BLT模式具体是指政府出让项目建设权，在项目运营期内政府成为项目的租赁人，企业或财团成为项目的承租人，租赁期满结束后，所有资产再移交给政府公共部门的一种外包模式。

以上几种模式只是BOT操作的不同方式，但其基本特点是一致的，即项目公司必须得到有关部门授予的特许经营权。

（2）电子政务外包几种模式的比较。①BOT与BOO模式比较。BOT和BOO模式最重要的相同之处在于：它们都是利用私人投资承担公共基础设施项目。在这两种融资模式中，私人投资者根据东道国政府或政府机构授予的特许协议或许可证（License），以自己的名义从事授权项目的设计、融资、建设及经营。在特许期，项目公司拥有项目的占有权、收益权以及为特许项目进行投融资、工程设计、施工建设、设备采购、运营管理和合理收费等的权利，并承担对项目设施进行维修、保养的义务。而BOT与BOO模式最大的不同之处在于：在BOT项目中，项目公司在特许期结束后必须将项目设施交还给政府。而在BOO项目中，项目公司有权不受任何时间限制地拥有

---

① 金江军：《欠发达地区电子政务之路》，http://www.chinainfo.gov.cn/data/200502/1_20050204_103268.html。

并经营项目设施。从 BOT 的字面含义，也可以推断出政府独有的含义，其项目最终经营权始终掌握在政府手中，而且在 BOT 项目整个运作过程中，私人投资者自始至终都没有对项目的所有权。②BOOT、BOT 与 BOO 模式比较。BOOT 与 BOT 模式相比较的区别有二：一是所有权的区别。在 BOT 模式下，项目建成后，私人只拥有所建成项目的经营权；而在 BOOT 模式下，在项目建成后，在规定的期限内，私人既有经营权，也有所有权。二是时间上的差别。采取 BOT 方式，从项目建成到移交给政府这一段时间一般比采取 BOOT 方式短一些。

以上几种外包模式在我国政府领域基础设施和其他项目工程建设中都有过一些应用，但通过比较分析不难看出，结合我国实际情况以及电子政务建设的根本目的，BOO 和 BOOT 等模式应用的范围相对较小，毕竟信息系统的所有权属于政府和国家更符合现实的要求，只有在一些比较小、不太重要的政府信息化建设项目中，有可能会让企业得到运行所有权，但同时也会有相应的限制。比较来看，BOT 这种模式更符合目前我国电子政务建设的需要。根据发达国家政府经验来看，该模式在一些面向社会公众的系统建设中也有较好的生命力。

当然，我们也应看到，BOT 模式并非是一个完美无缺的外包模式，在运用 BOT 模式降低投资风险的同时，也要防范 BOT 模式的负面效应。在一定时期内让渡产权，就意味着政府将失去项目移交前运营中的可观的经济效益。如果承包方在运营期中增关设卡，提高交易费用，以加速其成本回收及利润获取，其行为结果往往与促进社会经济发展的目的产生矛盾。因此，"电子政务建设的最佳模式应当是自建与外包模式的适当结合，即在不同层级政府项目中，中央政府以自建为主，地方政府以外包为主；在内外部业务上，内部业务以自建为主，公众服务以外包为主。完全的政府自建和完全的外包都不利于电子政务项目的最佳运行。"①

（八）电子政务建设绩效评价体系研究

国内在电子政务绩效评价方面主要是通过建立网络化政府绩效评价管理体系使各种政务活动及官员行为置于全社会的评价、监督和考核之中。目前，国内有突出研究成果的机构包括工业和信息化部信息化推进办公室、上海市互联网经济咨询中心、部分政府部门等政府机构；北京大学经济研究中心等研究机构；赛迪顾问、计世资讯等第三方商业公司。

与国外对于电子政务绩效考察注重公众服务有所差异，国内已有的电子政务绩效指标考核体系仍较多地注重网站功能与维护，而对电子政务系统的实际成效，尤其是实际使用者的反馈则没有太多涉及甚至缺乏，这与中国电子政务的发展相对滞后不无关系。②

在北京市政府、广州市政府等政府机构对于电子政务建设所实施的评价来看，尽管评价综合了投入、产出和效果三个环节，但其总体思路是从政府本身出发，即主要考察建设任务是否完成，上级制定的政策和目标是否实现，电子政务为政府的工作带来了什么，而对于给用户、给社会带来多少效益则很少涉及。这与国外政府所进行的评价形成了鲜明对比。而以第三方商业公司所主导的电子政务绩效指标考核体系（常是受某政府部门委托而进行）来看，则基本均能够在评价中对公众服务加以体现。例如，中国软件测评中心所使用的电子政务绩效指标考核体系（受工信部委托）所进行的评价中，对地方市级政府考察中的一级指标及权重分别是：信息公开（26%）、在线办事（25%）、公众参与（15%）、网站性能设计（3%）、用户调查（6%）、日常保障（25%）。在中国信息化绩效评价中心（受国务院信息化办公室委托）对全国各部委、地方政府所进行的网站测评中，对于市级政府的绩效评价指标设置为：信息公开（40%）、在线办事（34%）、公众参与（20%）、网站设计（6%）。计世资讯连续几年对国内电子政务开展情况进行评价所使用的指标体系，包括网站建设维护（10%）、政务信息公开（15%）、公共信息服务（20%）、互动交流

---

① 杨凤春：《有关电子政务建设外包模式的几个问题》，载《2004 年 GIS 应用大会论文集》。
② 王谦：《电子政务——战略、标准、绩效与智能决策》，重庆大学出版社，2005 年。

（25%）、网上个人办事（15%）、网上企业办事（15%）六部分。上述这些评价体系尽管在指标体系设计上较为注意体现服务于公众的理念，但对电子政务对政府及公民实际成效方面的考察有所欠缺，另外尽管对公众满意度有所涉及，但在实际的衡量上存在一定的不足。[①]

此外，电子政务绩效评价也引起了国内众多学者浓厚的研究兴趣，如杨云飞、白庆华，刘腾红、刘荣辉、赵鹏，张成福、唐钧，彭细正、于施洋、杨道玲等，提出了一些概念性的测评框架，尽管由于条件限制而没有具体实施，但均结合了国外电子政务绩效评价的经验，从网站评价或者建设评价进入到电子政务真实绩效层面提供了有价值的理论建议。[②] 如刘腾红、刘荣辉、赵鹏提出，从服务和应用的角度出发，根据电子政务的服务对象和职能，建立内部和外部两大指标体系；张成福、唐钧提出，完善的电子政务绩效评价应该综合"产出绩效"、"结果绩效"和"影响绩效"三个层次。这些观点至今依然具有很大的参考价值与指导意义。多样性也体现得非常明显，如杨云飞、白庆华提出，测量电子政务发展水平的绩效评价指标体系在总体结构上应该反映政府的"电子集中"、"电子安全"、"电子管理"、"电子服务"、"电子决策"五大社会基本功能。采用"点面"结合的方法，把各省会城市的"点"得分，与各省市 GDP 和城市化率的"面"得分进行折合，从而得到比较客观的反映 国/地区电子政务发展水平的综合得分。于施洋、杨道玲则引入平衡计分卡提出一个较为独特的概念性框架，指出基于电子政务的使命，应以战略为核心，以投入产出、内在提升、公共价值及用户满意四个视角作为衡量电子政务绩效的维度；每个维度又分为视角、维度目标和评价指标三个层次。

北京大学网络经济研究中心在改进其 2004 年指标体系的基础上，于 2006 年提出了多层次、多维度的 PIT-EEE 体系，以此对各级政府网站予以评价。该体系将电子政务具体服务功能分为三类，

信息公开、互动交流和在线办理，针对三种功能又分别给出了其初级、中级、高级三种发展水平，在此理论下设计出指标体系，主要一级指标有网站建设维护（10%）、财政信息上网（15%）、公共信息服务（20%）、互助交流平台（25%）、个人网上办事（15%）、企业网上办事（15%）。六个指标体系下再细化为纵向层次的细化指标，按照发展阶段理论分为初级指标、中级指标和高级指标三类。初级指标考察基本信息上网，中级指标在信息提供的基础上强调带有服务性质的功能，高级指标考察基于网络的服务功能。三类指标整体权重基本平衡。该体系针对电子政务不同的发展阶段设立指标，符合电子政务的发展规律，并着重考察了电子政务的互动交流与在线处理两大功能，具有一定的前瞻性。但其针对绩效的考察依然没有跳出功能考察的框架，因此所涉及的深度尚有所欠缺。[③]

张成福、唐钧在对电子政务绩效评价模式的研究中，提出了五种"理想类型"的绩效评价模式，分别为：聚焦政府网站的绩效评价、基础设施的技术指标、软硬件综合的绩效评价、关注全社会的网络绩效、提出基本的评价准则。在此基础上，根据上述对国内国外电子政务绩效评价体系的回顾和分析，我们可以更概括地把这些模式划分为三种模式：侧重网站的绩效评价、软硬件结合的绩效评价、侧重成效的绩效评价。这样的三种模式体现了电子政务绩效评价的发展过程，也均存在各自的优势和劣势。

1. 模式一：侧重网站的绩效评价

应该说，这种模式是电子政务评测模式中发展最早的一种模式，主要是通过对政府网站的绩效评价来反映电子政务建设的成果和绩效。政府网站作为电子政务建设中最重要的实际产出物，能够较为方便、直接地衡量绩效，是使用此类评测模式显而易见的优势，因而也得到了广泛的应用，例如国外的埃森哲公司、布朗大学等，而在国内已实施的评测中也多采用此类方法，如计世

---

① 郭洁敏：《世界主要电子政务评价指标比较——以联合国、埃森哲公司、布朗大学、早稻田大学相关评价为中心》，《信息化建设》，2008 年第 9 期。

② 于施洋、杨道玲：《国际电子政务绩效评价的特点及对我国的启示》，《现代情报》，2009 年第 2 期。

③《第八届（2009 年）中国政府网站绩效评价指标体系》，http://poli-tics.people.com.cn/GB/8198/166006/166111/10369331.html。

资讯、中国软件评测中心等。网站测评利于量化，能够很好地对网站功能发展程度进行评价，突出电子政务为民服务的思想。经过多年的发展在国内外均比较成熟，对网站本身的测度指标已经涵盖得非常全面。特别是国内的一些测评体系与政府政策联系紧密，为我国的电子政务工程发展做出了许多贡献。这种评测模式的内在缺陷在于只针对网站的外在表现，而网站功能的强大与否并不能代表其给政府、公民以及社会带来的真实效益大小，后者才是电子政务的目标与意义所在。在电子政务的建设重点逐渐从功能建设转向服务提供的背景下，这种评测模式可能难以准确地对电子政务的绩效情况提供评价和指引方向。当然，我们也注意到国外对使用此类评测模式的经验中，已经越来越重视以用户实际反馈，而非实施评测者自身的主观评价来进行评判，这能够对上述缺陷在一定程度上加以弥补。

2. 模式二：软硬件结合的绩效评价

这种测评模式不仅考察网站的建设与质量，同时还考察了对电子政务发展影响重大的一些社会基础背景，如网络普及率、相关法律法规的建设等。联合国所实施的电子政务评测为此类模式的代表。而国内的上海市互联网经济咨询中心所进行的评测也属于这一评测模式。比网站测评更进了一步，增加一个社会基础因素来考察电子政务的发展，使得评价结果的可靠性增强。调查数据客观且容易获得。而杨云飞、白庆华对此类评测模式的理论研究则建议将公民参与电子决策的领域纳入进来，如果能够加以实施则能进一步拓展评测的涵盖面。

正如联合国的评测是为涵盖评测对象在电子政务建设上的巨大差距而设计的一样，尽管基础环境可以在一定意义上相关于电子政务的效益，与网站质量考察结合在一定程度上增强了可靠性，但终究无法代表电子政务的效益水平。

3. 模式三：侧重成效的绩效评价

这种测评在于考察电子政务对政府、公民以及社会带来的实在效益，从而评判电子政务成功与否。这种评测模式的前提是电子政务已经获得了产出，因此发展最晚，但这是评测模式发展的方向，从上述对国外评测体系的介绍可以发现，加拿大、欧盟、盖特纳咨询公司等已经开始按照

此模式实施评测。而国内已有的评测中，则还没有此类模式的实际应用，只有部分学者提出了一些概念性的框架。此类模式的优点十分明显，它以电子政务最根本的效益为靶心，目标明确，从效益的角度评判电子政务的成功与否。但目前此类模式仍在探索中，还没有一个非常成熟的框架，原因是在成效的衡量尤其是如果想将电子政务在方方面面的成效均加以衡量的话，存在一定的实现难度，难以像评价网站那样能够有一个直观而详尽的指标体系。

三种模式的比较分析：

以上三种评价模式有一些共同特点：第一，以结果为导向，注重电子政务的建成结果。第二，以公民为中心，注重提升公共服务的质量。其中，国外的评价更注重这一原则。第三，注重可以量化的结果，对不能量化的内容较少涉及。第四，从宏观层面对建成的电子政务进行评价。这些评价模型反映了电子政务建设以公民为中心和以结果为导向的基本原则，这是各国电子政务发展和评价必须坚持的基本方向。

比较三种模式，优劣也是非常明显的。正如前面所指出的，针对网站的评测有着明显的缺陷。政府门户网站不是电子政务的全部，事实上只能是电子政务工程的一小部分，电子政务的成功至少由四部分组成：电子系统，电子政务应用基础和环境，电子政务管理和服务的应用，由此产生的用户感受和对公民、企业政府的影响。而这些显然不是网站的评价能够完全涵盖的。另外，网站功能的强大与否并不等同于其给政府、公民以及社会带来的真实效益大小，后者才是电子政务的目标与意义所在。此外，对于我国特殊的国情，针对网站的评价还容易导致"千网一面"、华而不实甚至"面子工程"的产生，造成极大的浪费。虽然软硬件结合的评测与网站质量考察的结合在一定程度上增强了可靠性，但终究无法代表电子政务的效益水平。只有针对电子政务成效的评价才是最根本也是最符合电子政务建设目标的评价方式，也是电子政务绩效评价发展的方向。然而正如我们所知，针对成效的评价起步最晚、实施难度也最大，因此还需要作进一步的研究和探索。而且与国际相比，我国在这一方面的研究需求更加迫切。

附录：2011年部委网站绩效得分排名：国务院组成部门网站得分排名前十依次为：科技部、商务部、农业部、人口计生委、民政部、交通部、工信部、国土资源部、公安部、卫生部；国务院其他部门网站得分排名前十依次为：保监会、新闻出版总署、气象局、测绘局、林业局、工商总局、国资委、粮食局、税务总局、证监会、食品药品监管局（其中国资委和粮食局并列第七名，证监会和食品药品监管局并列第十名）。2011年省级政府网站绩效得分排名前十依次为：北京、上海、浙江、广东、福建、江苏、江西、四川、海南、湖南。2011年省会及计划单列市政府门户网站绩效得分排名前十依次为：广州市、青岛市、宁波市、成都市、福州市、厦门市、杭州市、深圳市、南昌市、贵阳市。2011年地级市政府门户网站平均绩效得分排名前十依次为：无锡市、佛山市、温州市、江门市、绍兴市、镇江市、惠州市、宜昌市、东莞市、南通市。

（九）未来发展趋势研究

未来5年，工业化、信息化、城镇化、市场化、国际化并举及两化深度融合进入新阶段，统筹国内国际两个大局、把握全球经济分工和全国发展布局的新定位、创造地区竞争新优势进入关键时期。新的发展形势对地方政务部门的科学决策、市场监管、社会管理和公共服务水平提出了更高的要求，也为充分发挥电子政务的先导作用、大力提高行政效能、加快政府职能转变和管理创新提供了难得机遇。国务院发展研究中心副研究员李广乾对"十二五"电子政务发展提出了建议，他表示，一要强化电子政务总体架构的设计与执行；二要明确政府门户网站在地方电子政务建设中的核心地位；三要从国家角度推行电子政务基础数据库建设；四要高度重视云计算在电子政务建设中的作用；五要加强和改善电子政务标准化工作。国家行政学院的汪玉凯教授等人，提出了"十二五"期间地方电子政务的发展趋势。即转变电子政务发展方式、逐步形成电子政务服务新体系、支撑新兴业务和协调业务、加快电子政务系统的垂直整合和水平整合、加强对新技术应用的指引。

1. 转变电子政务发展方式

近十年来，一些地方在某些环节、某些领域正在形成各自的发展模式，迈入健康发展的轨道，但是从全国来看，地方电子政务总体上还是传统的离散型、项目建设式的发展方式，急需向集约化、效能型的发展方式转变。一些地方政府部门，甚至是电子政务主管部门，在网络建设方面还是以单个部门为主，在核心业务信息化方面以单项业务为主，部门资源分割，项目建设相互孤立，项目布局零散。部分地方电子政务的发展还是以政府的办公自动化系统建设为主，过分侧重于经济监管和社会管控，未能全面承接地方经济社会发展战略的实施。而且，不同部门重复申报同类项目或者同类支撑平台，业务系统的上网运行与现有行政机构人员完全脱节，网上办理的环节与线下的传统政务脱钩。地方电子政务在促进业务流程再造、推动政府职能转变和体制改革方面，还有很大的发展空间。"十二五"期间，地方电子政务的发展需要围绕政府职能转变、管理创新和经济发展方式转变的要求，立足各地实际，以地方经济社会发展"十二五"规划为指导，全面转变电子政务发展方式，营造"投资集约、资源集聚、管理集中"和"平台共建、信息共享、系统共维"的电子政务建设"三集三共"新模式，走出一条具有地方特色的跨越式发展道路。电子政务发展方式的转变，主要体现在建设重点、服务方式、管理方法、推进方式等方面。电子政务建设重点需要由传统的"打字机、上网机、电子文件柜"等办公自动化系统，向民生服务、社会管理和决策支持类信息系统转变，服务方式需要从服务于部门内部科室、个别领导向服务于部门管理对象、行业管理对象乃至辖区内全体公民等转变，管理方法需要从传统的自建自管向统一规划、统筹建设转变，推进方式需要从基本建设工程项目实施向政府预算基本支出和绩效评价转变。

2. 逐步形成电子政务服务新体系

电子政务建设布局安排，需要向统筹集约、分步跨越的方向转变。按照各自统筹城乡协调发展的策略要求，兼顾城乡发展差异，摸清本地区资源分布，优化整体布局，规划城乡电子政务应用梯度发展的新格局。强化电子政务发展规划的权威性，落实保障机制，分阶段有序推进电子政务建设，实现电子政务集约、高效发展的大跨越，逐步建设形成电子政务服务体系。"十二五"期间，电子政务网上服务需要从自发式、分散式、割裂式的服务方式向目录化、系统化、体系化的服务方式转变。地方政府网站建设需要从零散的、专题式的公共服务供给，向完整的、深入的公共服务提供转变。政府信息公开的范围和深度需要在预算支出公开、信息公开、行政机关"三公"消费公开、领导干部个人资产信息公开等方面逐步提升，并且在"十二五"期末形成一套完整的、基本满足社会需求的内容公开体系。政民互动类服务需要从孤立的单个栏目逐步形成一套功能完备、相互关联、前台后台管理通畅、政府网站与社会网站良性互动的新型服务体系，将问题解决在基层，将怨气化解在基层，将内部监督落实到基层，将执政基础巩固在基层。网上行政服务和办事服务，需要从行政服务中心和监察部门的核心业务上同上一级政府各相关职能部门和公共企事业单位共同参与、共同建设的网上政府服务集成一总前台，逐步形成以服务对象为中心的地方各级政府网上政务服务上下贯通、左右衔接的电子政务综合服务网络体系。地方各级政府职能部门和公共、企事业单位，逐项改进服务项目，提高服务的实用性和易用性，改进服务供给方式，拓宽传统服务环节上网范围，以专题、场景、个性化等方式提供优质服务，在此基础上，编制各类服务目录，梳理不同类型服务之间的关系，实现跨越不同部门、不同层级政府的综合化服务上网，初步形成一套完整的地方电子政务服务体系。"十二五"期间，电子政务服务还需拓宽服务对象面，提高服务的针对性和主动性，建设"包容式"的电子政务。电子政务主管部门需要统筹本地区的工程项目建设需求，做好电子政务工程项目的顶层设计，明确列出跨部门的电子政务主题工程清单，科学指导电子政务工程项目的审理，推进地方电子政务的科学发展。

3. 支撑新兴业务和协调业务

信息技术与政府业务的融合是一种必然的历史趋势。"十二五"期间，这种融合的需求将会更加强烈，由其所产生的新兴业务和协同业务也将更加普及，电子政务的发展空间更加宽广。从传统的技术推动向业务驱动的转变，要求电子政务有能力全面支撑新兴业务和协同业务，与地方经济社会的发展结合得更加紧密。目前，从各地电子政务的应用情况来看，信息技术与政务业务融合度还不高，电子政务的发展基本上是单纯技术推动型的，业务系统多是原有政务流程的网络化复制或者流行技术的自我展示，大部分业务应用（甚至是重点工程项目）为部门级，甚至科室级局部的单项应用。这种技术驱动模式应该说在"十一五"时期已经走到尽头。"十二五"期间，业务驱动电子政务发展的模式要真正建立起来。信息化环境下新兴的业务，如互联网信息管理、网上选车牌号、网上申购保障房、网上表达诉求等，以及传统的跨部门协同业务，如农村新型合作医疗办理、社保待遇享受、财政直补、联合监管、社会管控等，都在驱动电子政务提供信息化支撑，要求电子政务发挥出综合效益。

电子政务在支撑体制改革和管理服务创新上大有作为。近年来，地方政府行政体制改革不断面临新的挑战，如大部制改革后整合的部门需要同时对应上级多个部门，各地新出现的行政服务中心、社会建设工作机构、政府效能建设部门等都没有对应的上级部门，在对上寻求业务指导和资源供给等方面也面临各种难题，新兴电子政务完全可以在信息共享和业务协同等方面提供有力的支持，减少政府部门之间协调和上下工作对接的难度。

4. 加快电子政务系统的垂直整合和水平整合

"十二五"时期，国家在大部制改革、全民基本公共服务供给、扩内需促消费调结构等方面，都有重大的战略目标，加快电子政务系统的整合有助于达成这些目标。大部制改革是行政体制改革的重点，对电子政务系统重复建设有一定的影响，一些部门在机构整合后，报废原有的系统，另建一套信息系统，尤其是经过多轮改革的部门，信息系统报废的可能性更高，给大部制改革后部门正常工作的有效开展造成一些不利的影响，也容易出现尴尬的局面。这就迫切需要加强对实行体制改革部门的原有同类电子政务系统的水平整合，发挥其既有功效，通过系统的整合来支撑行政体制改革的顺利施行。在整合基础上推进实施全民基本医疗保障制度、全国通用社保卡、保障房联合审批、城乡基本公共服务均等化、居民自由迁徙权益保障等，这些重大民生服务内容，都要求在"十二五"期间取得进展，它们经常涉及全国各地的公民，需要多个系统、多级政府的协同工作，要求公民的相关信息真实可信、完整一致，经过水平整合和纵向整合后的全国性跨部门跨层级电子政务系统正好可以担此重任。扩内需促消费调结构方面，任何宏观的政策如果没有微观信息为基础都将失效，无论面向基层农民和市民的财政补贴资金的直接转移支付，还是全国各地经济运行动态信息的采集和产业结构调整，都需要对相关电子政务系统进行垂直整合和水平整合，实现服务信息的直递、中央和地方各级政府部门之间的业务协同与信息共享。

减少重复建设，发挥已建业务系统的效益，也需要加强电子政务系统垂直整合和水平整合。国家重点电子政务工程支持的业务系统很多还未实现业务处理的全流程信息化，即便是具有较长历史的办公自动化系统也在向全流程、全覆盖的办公业务资源系统发展，在同级政府的多个部门之间进行水平整合，以满足部门日常办公的共性需求。

5. 加强对新技术应用的指引

智慧城市、智能社区、云服务、绿色数据中心、3G 通信、微博等新技术与社会经济活动的深度融合正在推动电子政务的大发展，推进电子政务服务模式的转变，须尽快出台新技术应用相关指引文件，避免"十二五"期间电子政务发展出现"大跃进"。上海、宁波、无锡、深圳、武汉、佛山等地相继开始建设"智慧城市"。北京、广州等一些发达城市已开始着手建设移动政务系统。全国各地正在以移动政务、云计算、物联网、绿色数据中心作为电子政务技术创新的主攻方向，如果管理不当，就有可能造成大量浪费。官方微博是电子政务应用创新的新趋势，它的开通增强了政府的回应性，有助于预防和应对危机事件，但也带来了一些新问题，急需从技术、身份管理、内容管理、互动机制上加以规范，促进微博的健康发展，有效塑造新时期良好的干群关系。地方层面迫切需要出台相应的建设和应用指南，以引导电子政务的发展，推进新技术的融合和渗透，发展绿色电子政务。[①]

国内学者认为，中国电子政务的应用与发展需要认真研究与突破以下四个重大问题，形成自己的特色与模式，推动我国政府的信息化建设与电子政务走向良性发展。

（1）对政府行政流程和组织结构进行必要的重组，是进一步深化电子政务的重要前提，而电子政务的发展又将改善政府内部的沟通阻断、合作缺失，促进政府向互联互通的整体化方向发展。

（2）重视电子政务系统的信息收集、传递和发布，是充分发挥电子政务系统功效的重要方面，而电子政务系统在政府决策中所发挥的作用，将有力促使政府由传统的被动、封闭的模式向通达性、参与型的决策及治理模式方向转变，为建设政务透明、法制化、规范化的政府提供动力。

（3）改变信息的高度垄断走向对外开放与积极外联，是发展电子政务的重要方面，而信息的充分开放与交流，将促进政府由故步自封的僵化状态走向不断改进的学习型组织。

（4）转变政府管理思路，正确认知电子政务系统的意义，是保证电子政务发展正确方向的重要保证，电子政务的顺利发展，也将有效促使政府向面向公众、服务公众的服务型政府角色转变。

三、理论进展总评

从现有研究文献看，目前电子政务研究中出现的概念界定含混、研究方法不规范，研究范围不清晰，研究层次的混乱已经成为学术界的共识；而电子政务实施中管理重于技术的观点也成为不争的事实，被多数学者认同。上述研究虽然大多还停留在概念分析的层面，但是为电子政务实施的管理变革研究打开了一个崭新的视角，即从利益相关者和制度安排的角度深入研究如何保证电子政务的有效实施，促进电子政务的潜在价值得到充分发挥。从组织行为学的角度来看，电子政务实施动态复杂性的一个主要原因在于电子政务的实施影响了组织的重要资源——信息资源的重新格局，因此，造成了参与实施的组织利益相关者（也可以称为组织行为人）之间的利益冲突。可见，电子政务的实施事实上就是政府组织中的

[①] 部分材料摘编自：汪玉凯、于施洋、张勇进：《地方电子政务发展回顾与"十二五"展望》，《中国电子政务发展报告》（2011），社会科学文献出版社，2011 年。

利益群体之间或者利益相关者之间为了争取组织政策、程序与资源上的影响力所做的"微政治"竞争的结果。电子政务的实施成效与预期目标的偏离程度决定于"微政治"力量之间的博弈。因此，有必要从电子政务实施过程中的制度安排角度，深入研究解决问题的思路，试图从有可能造成电子政务实施成效偏离预期目标的根源上，控制电子政务的实施路径，保证电子政务的实施成效。

电子政务作为各级政府部门的信息系统项目，实施和运营成功的关键涉及三个不容忽视的问题。一是电子政务的作用机制研究。作为一个新生事物，对管理的冲击在最初必然会受到质疑，因此电子政务的作用机制研究成为管理问题研究中的始点，这一类研究关注的是"What"问题，即电子政务对政府管理的影响作用是什么？二是电子政务实施过程中的管理变革问题。信息技术对组织的结构性嵌入已经被多数学者关注，[①]当人们认识到电子政务的作用价值后，意识到发挥电子政务潜在价值的关键在于成功的电子政务实施，而实施的关键又将触及传统的管理模式，因此基于流程重组和组织机构改革等方面的电子政务管理问题成为研究的核心，这一类研究关注的是"How"问题，即电子政务与管理变革如何相互促进以发挥电子政务的潜在价值。三是电子政务实施中的制度安排研究。这一类研究更多关注的也是"How"问题，即如何在保证现有组织机构相对稳定的情况下通过新制度安排促进电子政务潜在价值的发挥。

电子政务标准化服务的发展是以提高效率和改善服务为目标和驱动力的。作为一个公共信息服务平台，电子政务标准化服务必然遵循需求带动服务、服务优化结构的作用规律。我国的电子政务标准化服务要在总体推进、配套进行、重点突破、有序运作的指导思想下，以公众需求为导向，通过法律、政策、经济、行政等手段，运用教育、协商、调解等方法，多渠道提供服务，整合政府部门业务，提供真正的标准化服务。

近十年来，电子政务系统建设与研究快速发展。伴随着以电子政务为代表的信息化进程突飞猛进，电子政务研究的深度和广度都发生了显著的变化。一方面，集中于电子政务带与政府公务人员办公效率的关系研究；另一方面，对电子政务系统的广大外部使用者——公众而言，电子政务建设中，公众与政府的关系研究，针对电子政务与服务型政府建设的系统研究和各种案例分析。基本结论是，电子政务与服务型政府建设的关系大致分为三个阶段：映射复制阶段、集成优化阶段和协同变革阶段。网站只是现实世界的简单映射复制。处于集成优化阶段时，信息网站集成度已大幅提高，政务平台中的多个网站逐渐减少为几个门户网站，且电子政务的发展对行政体制产生的影响逐渐加深，信息技术作为更成熟的服务手段渗入服务型政府公共服务的诸多方面，直接提高了服务效率。当电子政府发展进入协同变革阶段后，电子政务的发展对行政体制产生变革性影响。信息网站互联互通能力提高，行政体制变得更加顺畅，且提高服务型政府公共服务的用户导向成为推动电子政务进一步发展的主旋律。目前，我国的电子政务与服务型政府的关系主要集中在映射复制阶段和集成优化阶段，同时个别地区和政府机构间的协同变革萌芽也开始显露出来。在诸多案例分析中可以发现，我国电子政务的发展不仅推动着服务型政府的建设，并且对行政体制的改革也起到了重要的推动和促进作用。我们将电子政务对行政体制改革的影响归纳为以下三个方面：一是电子政务的发展固化了行政体制的改革；二是电子政务的发展深化了行政体制改革；三是电子政务的发展催化了行政体制的下一步改革。

我国电子政务经过近十年的发展已经取得了部分的成绩，并且电子政务的发展推动服务型政府建设和行政体制改革的作用也渐渐开始显现。几乎可以肯定地说，未来电子政务的高速发展还将持续，大规模的电子政务建设也仍在进行之中。展望未来电子政务的发展，我们认为有以下发展趋势和主线：一是电子政务与经济社会的广泛融合。信息化不仅推动了电子政务的发展，也使得电子政务越来越广泛地融入经济社会中。利用信息网络技术建设电子政务系统，可以在政府部门

---

① 石鉴、王德禄、林润辉：《IT治理与我国国防科技组织发展创新》，《南开管理评论》，2007年第10期。

之间、政府和企业之间、政府与社会之间建立起畅通的信息沟通渠道和快捷的响应机制。另外，电子政务系统的建设也提供了经济生活中重要基础数据的收集、存储和分析体系，这一切都为政府进行宏观经济调节提供了新型的管理方式。二是电子政务的发展与行政体制改革的不断融合。实现电子政务与行政体制改革的融合，即行政体制改革应该运用电子政务发展中摸索的规律和经验，以及暴露出来的问题作为蓝本，在组织上、机构上进行改革。它的战略意义不是简单的办公自动化，更重要的是一项促进政府转型的战略举措，能够自动高效地实现政府服务管理的创新。三是电子政务的发展与IT新技术的融合。电子政务的建设与发展离不开IT技术的发展与变革，网络、数据库等IT技术已经成为电子政务发展的重要支撑。IT技术的日新月异也将为电子政务系统的发展提供更为广阔的发展空间，特别是基于IT技术的一些新的应用创新也为电子政务的发展提供了新的思路。其中，云计算与电子政务的结合也成为学者和实践者讨论和探索的热门议题，显示出越来越多的IT新技术开始与电子政务进行着更为密切和深刻的融合。

首先，云计算可以避免政府的过度服务与政府资源的浪费；类比于云计算中的SaaS，实际上是可以将政府的核心资源与信息以某种服务的方式提供给用户。同样，用户使用电子政务也只是使用一些与政府核心职能相关的服务。使得政府的投入更具有针对性。其次，云计算为政府资源的整合与互联互通提供了重要的契机。代表了IT演进的最新潮流，云计算能够解决节能减排的问题，提高资源利用效率，符合科学发展理念。同时，云计算带来的计算能力提供服务也可以作为地区软实力，甚至有利于招商引资。政府可以借发展云计算之机，实现电子政务的集约化与统一，将分散于各部门的孤岛统一到一个资源池内，云计算服务又可以提供标准的数据接口，统一的数据存储格式，从而在现实上扫清互联互通的障碍。[①]

总之，当前对电子政务的研究已经取得了一定成果，为国家规划及全面建设电子政务提供了理论及技术基础。但当前的研究对电子政务的发展趋势反映不够。面对电子政务发展的新方向，移动政务研究理论较少且不够深入。移动技术的发展可以实现超越传统的基于固定网络的电子政务所具有的多种功能，使得电子政务向深入方向发展。而这种移动技术下的政务服务方式由于具有传统的基于固定网络的电子政务所不具备的移动性特征，其便捷性、直接性、安全性和经济性更高，使移动政务逐步深入公众的日常生活中，弥补了传统电子政务的一些缺陷和功能上的不足。伴随着移动通信技术和移动终端的智能化的发展，移动技术促使政府信息发布、信息采集以及信息交互方面走向深入。移动政务发展中也会出现新问题，当前电子政务的研究并未有效反映移动政务发展中出现的新问题及移动政务的特殊性，这方面的研究还需要加强。移动政务的发展逐步对传统电子政务的可及性、安全性、响应速度等方面带来巨大挑战。作为传统电子政务的延伸，我们同样面临着移动政务的概念明晰、移动政务的发展机制及阶段、移动政务基础技术、移动政务网络及终端安全、移动政务项目规划、移动政务与危机管理、移动政务流程优化、移动政务功能与价值、移动政务民众隐私与成熟度、移动政务运营成本、移动政务系统建设与维护、移动政务绩效测量与评估、移动政务政策与法规、移动政务标准制定等与传统电子政务一样的难题和问题，而对这些问题当前的研究并不充分。[②]

---

① http://opinion.people.com.cn/GB/1036/9914678.html.
② 李晓君：《移动政务的功能及评价研究》，北京交通大学博士论文，2011年6月。

第二节　实践创新

一、青岛市电子政务管理机制创新与实践[①]

"十一五"期间，青岛市坚持以管理机制创新推动电子政务持续健康快速发展，形成了以"集中统一、集约发展、政务创新引领、技术创新推动"为主要特色的青岛模式。在多个领域实现了电子政务的低成本大规模应用，为全市行政管理改革创新作出了重要贡献。

管理体制是电子政务建设成败的关键。1996年，青岛七届市委第66次常委会议决定，成立市委市政府计算机中心（正局级事业单位，2003年加挂电子政务办公室牌子，2008年更名为电子政务办公室，2010年更名为电子政务和信息资源管理办公室），由市委办公厅和市政府办公厅共同管理，以市委办公厅管理为主，统一负责市委市政府办公自动化系统的规划建设、管理运行和应用服务（1999年又将管理和服务职能扩大到人大和政协）。从此，青岛市的电子政务（办公自动化）工作实现了党政统一，并逐步形成了"四统一分"的管理体制，成为低成本、大规模推进电子政务最重要的制度保证。

（1）统一机构。由市电子政务和信息资源管理办公室统一负责党委、人大、政府、政协及全市机关电子政务的管理、统筹、协调、推进和技术支持。青岛市所辖十二区市，也都按市里的要求，成立了四大班子统一的电子政务管理和技术支持机构，接受市电子政务和信息资源管理办公室的业务指导。市电子政务和信息资源管理办公室在对各区市电子政务工作进行评比、考核时，既不关注电子政务机构设在党委还是政府，也不关注是否与机要局合署，而关注是否实行党政统一。如果不实行党政统一，则一票否决。

（2）统一规划。按照"超前预测需求、超前规划、适时建设"的指导原则，以规划手段引导全市电子政务健康有序发展。2006年4月，市委办公厅、市政府办公厅印发《青岛市电子政务发展"十一五"规划纲要》，确立了集中统一、集约发展的原则和建设"861"技术体系、形成2+5+X应用体系等重点任务。2011年，《青岛市电子政务发展"十二五"规划纲要》也已下发。根据规划要求，市电子政务和信息资源管理办公室适时升级建设核心技术设施，满足部门需求，防止部门各自为政、分散建设。

（3）统一网络。市委市政府明确规定，各部门原则上不得单独建设纵向网络和跨部门网络，上下级之间和部门之间的互联互通，一律通过全市统一的网络平台实现。

（4）统一软件。凡是涉及全市或多部门的应用系统，均由市电子政务和信息资源管理办公室负责开发或引进应用软件，在全市统一推广应用。目前统一推广的应用软件包括基本通信、公文流转、信息采编、信息公开、网上审批、电子监察、网上执法、督察考核、社村管理服务、多媒体通信等。

（5）分级推进。在"四统一分"的基础上，由各区市和各部门负责分头推进本地区、本部门的建设和应用。为巩固"四统一分"管理体制，青岛市注意适时调整充实电子政务办公室的机构编制和管理职能。

二、电子政务"玉林模式"[②]

玉林市委、市政府从2004年起规划建设电子政务，于"十一五"期间驶上发展的快车道，在技术体系建设、发展模式创新和应用推进等领域都取得了突破性进展，创造了经济、高效、安全

---

① 青岛市电子政务和信息资源管理办公室提供。
② 洪毅等：《中国电子政务发展报告》（2011），社会科学文献出版社，2011年；http://www.gx.xinhuanet.com/dtzx/2010-12/07/content_21568863_1.htm。

的电子政务"玉林模式"特点的电子政务（经济型、互联型、高效型、无缝型、责任型和安全型），一个欠发达地区实现了电子政务的跨越式发展，为西部欠发达地区推进电子政务建设提供了有益借鉴。

"十一五"期间，玉林市确立了"建设集约化、技术集成化、应用集群化、安全集控化、管理集中化"五位一体的地级市发展电子政务总体框架，明确"对内统一平台办公"、"对外一网式服务"的工作思路，提出了发展电子政务坚持贴近政府管理创新的主线，注重转变政府职能；贴近为民服务的根本，注重强化公共服务；贴近经济社会发展的大局，注重促进重点工作落实的"三贴三注重"工作要求和工作原则，形成成本低、效能高、应用广、安全性高的电子政务新模式。探索了一条充分利用现有的网络资源，低成本、高效率地建设电子政务的新路子，对我国地级以下城市电子政务建设，特别是中西部欠发达地区发展电子政务建设有一定的借鉴作用。具体做法如下：

1. 基础设施建设集约化

玉林市的集约化建设模式，就是通过统一规划，整合资源，自主开发，技术上采取"三分两优一库"的技术路线，没拉一条专线，没建一个专网，把十个应用系统（政府门户网站系统、协同办公 OA 系统、网上业务系统、企业信用信息系统、群众来信处理系统、电子印章系统、应用安全管理系统、电子监察系统、政务信息资源管理系统和政务资源共享系统）集中在同一套硬件设备、一套技术架构、一套管理标准和一套安全体系中，最大限度地利用了资源，节约了建设成本。

2. 技术支撑集成化

玉林市创设了独具特色的可扩展、集成化的电子政务新平台，基于互联网建成了应用支撑平台和数据交换共享平台，实现了"一体化的基础设施建设，多元化的业务应用"。通过对玉林市电子政务系统信息安全的需求分析，结合专家对玉林市电子政务信息安全试点项目的具体指导意见，制定出"三分两优一库"总体工作方案：三分即

数据分域存储、安全分区防控、用户分级访问；两优即优化网络安全环境、优化安全管理策略；一库即建设政务信息资源库，取得了低投入建设、大规模应用、低成本运行、高水平服务的成效。"十一五"期间，玉林市用于电子政务核心系统的投资约 1000 万元，核心系统为各部门共享，各部门节省一次性投资近 5000 万元，每年还可节省管理维护费近 500 万元。市级机关各部门利用电子政务系统传输公文、信息节约纸张近百万张，节省办公经费 100 多万元，有力地推动了节约型政府建设。

3. 推广应用集群化

在联合办公、网上办公方面，玉林市以大 OA 模式建成了市、县（市）、乡镇（街道、社区）三级政府和部分重点企业办公网络。系统用户通过互登录和使用玉林市电子政务系统，实现实时零距离网上办公、签发文件、办理批事项和在线交流，形成跨部门、跨业务应用系统的网络化协同办公，实现资源共享和"一网式"服务，创新了政府管理模式。在建设政府门户网站方面，"中国玉林"政府门户网站为主导，全市信息化主管部门统一规划建设政府网群，统一管理考评网站绩效，分级实施网站信息更新维护。

截至 2010 年底，全市已有 1072 个单位使用了市电子政务系统，用户 14226 人。目前，市各县（市、区）和 282 个单位基于"中国玉林"政府门户网站系统建立自己的网站，形成统一规范、资源共享、协同共建和整体联动的网站群。至 2010 年 12 月，全市 209 个单位共 1182 项网上业务向社会公布，都能在网上受理。网上业务办结 74061 件，网上事项办结率达到 99%；处理并发送群众来信 854541 封，处理率达 95%。

三、电子绩效考核系统开发成功案例：武汉市硚口区政府绩效系统应用介绍①

1. 应用背景

为进一步加强和改进绩效管理工作，赋予绩效管理新的内涵与活力，区委区政府提出在全区探索建立绩效考核管理系统，实现绩效管理由人的管理转向人与计算机相结合管理的科学设想。

---

① 武汉力龙公司提供。

经过数月艰苦探索与实践，硚口区绩效考核管理电子系统于2011年6月1日基本建成，7月1日在全区试运行，该区绩效管理水平跃上了新的台阶。

2. 应用范围

本产品的最终用户为武汉市硚口区各政府单位的相关人员，包括区领导、局领导、处室领导、各区局单位工作人员、绩效管理员。涉及全区113个单位以及绩效工资管理人员。

3. 应用效果

绩效考核电子系统在设计上体现了政府绩效管理的先进理念。①动态考核理念。体现工作的过程就是记录的过程，记录的过程就是考核的过程。通过对日常工作过程的监管，达到实时监控、实时考核计分，实现管理过程与考核过程的统一。②闭环反馈理念。指标的设计与考核构成闭环系统，考核者与被考核者之间相互牵制、相互制约。在考核系统内部形成正反馈循环管理运行机制，能够对系统管理双方产生积极的反馈动力，优化管理流程，提高系统整体的管理绩效，统一信息理念。变纸质的报表、文字台账为电子文本管理，变分散在各单位各业务科室的基础数据为统一平台内的数据汇集，着力提高各项数据资料传递的迅时性与准确性。③功能整合理念。依托现有的行政效能监察、网格化、政务督办等系统的功能，促进各责任单位最大限度地提高对各项工作的办理时效，从而提高了全区的整体工作效率。

影响和评价：绩效管理电子系统在运行中实现了管理过程和考核结果的统一。一是实时反映指标的进展，为领导决策提供依据。绩效考核电子系统直观形象，实时反映市级、区级以及各责任单位指标的进展情况，便于跟踪查找工作中的薄弱环节，大力提高对各项指标的督办时效，促进各项指标按进度、按要求顺利推进。二是动态反映责任单位的工作现状并实时做出评价。绩效考核电子系统动态反映各项工作的运行轨迹，根据已设置的指标计分公式，自动汇总每项指标的得分，对各项工作做出评价，充分体现工作的过程就是考核的过程，为年终绩效考评工作提供客观、真实、具有较强说服力的数据资料。三是整

合全区各项数据资源，真实、全面反映全区经济社会发展整体现状。系统广泛收集各责任单位的信息资料和数据，进行统计、归纳、整理和加工，形成一个完整的数据库，客观、全面地反映全区经济社会发展的整体现状，对于进一步完善区政务系统服务功能，实现更深层次的资源共享起到积极作用。绩效考核电子系统在效果上达到了提高责任单位的整体效能。绩效考核电子系统的建成及试运行，已在本区政府管理中取得了较好成效。

责任意识更强。最大程度地调动了广大干部的工作热情，变年终忙为平时忙，变少数人的积极性为多数人的积极性，变定期的抽查为日常的动态监控，营造出一心一意谋发展，聚精会神抓指标落实的浓郁氛围。

服务意识更浓。计分方式的变化，使各专项考评部门由过去的专项考评部门对协作责任单位的单向约束，变为专项考评部门和协作责任单位双向制约，使各责任单位不断改进工作作风，切实为基层、为群众提供服务。

部门协作更加和谐。对涉及多个部门齐抓共管的指标，按工作职责分别设置计分方式，主要责任和协作责任更加明晰，有效避免了工作中的相互推诿、相互回避，形成了心往一处想，劲往一处使的良好工作合力。

工作成效更加明显。1~7月份全区承担的12项市级指标、39项区级指标和207项责任单位职能指标均完成或超额完成。

四、电子决策剧场[①]

电子决策剧场是一种为政府制定公共政策提供一个交互式立体化的直观决策环境的电子系统。借助三维影像、决策模型和交互系统，决策者可以身临其境，获得最直观、最真实的决策信息。它是一种类似于"升级版"的三维仿真系统，在戴上专门的眼镜后，决策者犹如看3D电影一样，可以看到一个交互式立体化的模拟世界，城市的每一角落都立体逼真地呈现了出来。决策者提前住进设计中的城市，身临其境地体验未来的生活，决策者可以检查各项公共设施是否合理到位；可

---

① http://wuxizazhi.cnki.net/Article/ZXGL201109036.html；http://spa.hust.edu.cn/2008/html/keyan/dongtai/1006/02/H6G1G1414E.

以开着车到街上看看是否会堵车，看路面有没有积水，看风景是否满意；而且还能够模拟在雨、雪、地震等自然灾害天气下城市将会是什么样子。如果这个仿真的"未来城市"在某些地方设计不合理，电子决策剧场也将会发出错误警告，并提出修改意见。电子决策剧场将会逐步应用于政府公共决策、应急预警管理、智慧城市规划、数字城市管理、交通规划、非物质文化遗产复原、数字地产应用和电子旅游等多个领域，为管理者提供一个全新的、直观的决策支持平台。

目前世界上最先进的高清晰、高性能、8 通道、立体背投、无缝连接、240 度弧幕的电子决策剧场已于 2010 年 6 月 2 日在华中科技大学公共管理学院正式落成。由教育部主导、华中科技大学负责引进和建设的电子决策剧场，是在吸收世界第一家电子决策剧场——美国亚利桑那州立大学电子决策剧场技术的基础上，由华中科技大学和武汉维视德科技公司联合研发的。华中科技大学公共管理学院电子决策剧场是一个虚拟现实的可视化决策支持平台。它采用高端信息处理显示设备，利用虚拟现实、人工智能、系统工程、决策理论等信息技术与方法，为决策问题分析、决策方案设计、决策过程监控、决策效果评估等多个决策环节提供宏观和微观兼有的可视化决策支持服务。电子决策剧场的主要硬件包括：多通道图像服务器系统、8 通道立体背投柱幕系统、音响及音视频播放系统、视频会议系统、中央集成控制系统、高性能计算机集群运算系统、大型数据中心及其他剧场配套设施等。

影响与功能点评：华中科技大学电子决策剧场是一个虚拟现实的可视化决策支持平台，它拥有先进的虚拟现实技术，让复杂冗繁的决策问题变得清晰、可视，保障决策过程的透明、公开；拥有完善公正的决策机制，充分体现了决策制定的民主性，是政府、企业和研究机构从事科学决策的最佳平台。具体而言，华中科技大学电子决策剧场具有如下三大特点：领先的技术——国内唯一、世界领先。与目前世界上领先的美国亚利桑那州立大学电子决策剧场相比，华中科技大学电子决策剧场能实现更完美的图像成像效果，更逼真的虚拟现实感受，更开放与强大的系统集成性能及更快、更强的计算能力。完备的方法——

自主创新博采众长。电子决策剧场集成了群体决策支持系统、分布式决策支持系统的特点，融自然科学与社会科学方法于一体，拥有综合的、灵活的决策方法体系，能够依据决策者、决策问题、决策目标、决策约束的特点帮助决策者做出满意的决策。多元的参与——民主协商共同决策。群决策支持系统的性质可保证决策者和利益相关者的共同参与，实现决策民主化、科学化。电子决策剧场的服务对象包括：公民个人、群众团体、领域专家、决策专家等。

五、实践创新总评

实践创新部分重点介绍了"青岛模式"、"玉林模式"、绩效考核系统建设和华中科技大学的电子决策剧场。内容涵盖电子政务模式创新以及应用创新等方面。从"青岛模式"和"玉林模式"中，我们可以看到目前我国地方政府电子政务建设的特点和趋势。

"青岛模式"中最有特色的地方在于面向公众的服务理念，其政府门户网站要实现"五个转变"，这"五个转变"实际上是一个过程，要持续不断地推进。后续的要深化、细化政府的网上服务，不断地发展特色的专题服务栏目。根据老百姓的需求，根据政府的工作特点，根据工作不断变化的情况等各个方面，不断地发展一些特色的专题。另外，就是要有一套完备的保障机制。①高层定位、加强领导。政府要把电子政务工作和网站工作放到政府自身建设非常重要的地位去对待；②统一体制，有序推进。最主要的原因是体制和机制高度集中统一的管理体制。2008 年底，青岛市编委专门批复，原来的市委市政府计算机中心正式更名为电子政务办公室，这个更名的目的就是提高它的管理和统筹能力。同时，内设的机构由原来的 4 个增加到 6 个，编制由原来的 28 个人增加到 37 个人，现在增加到 39 个人，同时赋予它对全市电子政务的管理、统筹、协调、推进和技术支持一体化的职能。经济、高效、安全的电子政务"玉林模式"，凭借独具六型特质的电子政务（经济型、互联型、高效型、无缝型、责任型和安全型）而声名鹊起，在一个欠发达地区实现了电子政务的跨越式发展，为西部欠发达地区推进电子政务建设提供了有益借鉴。

如何应用先进信息技术和系统科学的方法来实现政府决策的科学化、民主化，提升政府决策品质，提高政府决策效率和效果，一直是各级政府部门和学术界重点关注的科学问题。华中科技大学公共管理学院建成的电子决策剧场是一个虚拟现实的可视化决策支持平台。它采用世界领先的高端信息处理与显示设备，集成虚拟现实、人工智能、系统工程、决策理论等技术与方法，让复杂冗繁的公共决策问题变得清晰、可视，保障决策过程的透明、公开，为政府科学民主的决策提供强有力的支持。电子决策剧场的建设成功，有着较为广阔的应用前景。主要应用包括：一是中央和地方政府公共决策。政府所面对决策问题越来越复杂，规模越来越庞大，已经远远超出了领导个人决策的能力，各种决策方案的制订往往由一个团队或多个组织协调完成。为了满足政府决策的需要，华中科技大学电子决策剧场利用群体决策理论、组织决策理论、多目标决策理论，集成了群体决策支持系统、分布式决策支持系统等决策支持系统的特点，全方位地为政府的科学、民主决策提供支持。二是智慧城市规划、建设、管理。智慧城市的规划、建设与监管囊括了城市管理的众多领域，涉及土地、房产、交通、通信

等多个行业，牵涉政府、企业、公众等多个方面，其中出现的决策问题极为复杂。电子决策剧场通过三维建模将城市的面貌通过虚拟现实的方式展示出来，让决策者"眼见为实"地看到决策问题，"身临其境"地体验决策方案，科学、民主地做出决策。三是教育服务与监管。通过采集各高校教学基本状态数据，运用数据仓库技术对数据进行时序分析、对比分析、统计分析和预测分析，对高校的运行状态作出评价，对国家宏观教育状态作出判断，并根据政府的要求向社会大众公开高校基本数据，为教育主管部门、评估专家、高等学校和社会大众提供服务。四是应急预警管理。决策剧场以政府为主导，以各行业、各职能部门为支撑构建了基于电子政务的开放式的预警与应急管理决策支持平台。电子决策剧场充分整合与共享现有的公共安全信息资源，帮助政府管理者研究及制定公共安全预警信息的定义与标准体系，规范预警信息采集、存储、处理、递送、发布以及撤销的程序；研究危机信息、社会舆情在信息技术条件下的监测与控制手段，设计信息媒体传播管理模式与控制方法，为应急预警管理工作提供全面的决策支持。

第三节　代表性成果

一、代表性著作

1.《电子政务绩效管理》

作　　者：于施洋、杨道玲

出版时间：2011 年

出　版　社：社会科学文献出版社

内容摘要：本书结合我国电子政务发展的现状和阶段特征，系统地论述了电子政务绩效管理的理论体系和方法应用。首先，在分析国内外研究和实践的基础上，构建了电子政务绩效管理体系总体架构（SIEAS），并对电子政务绩效管理战略规划、评估指标、评估流程、结果应用、基础保障 5 个子体系及其相关方法进行了详细的分析和阐述，最后通过对 J 省和 H 市的实证研究对本

书提出的体系和方法进行了验证。

2.《理解电子政务》

作　　者：黄璜

出版时间：2011 年

出　版　社：北京大学出版社

内容摘要：本书在借鉴前人工作成果的基础上，努力在以下两个方面对电子政务的相关研究领域进行了比较全面、系统的介绍。首先，综合了政治学、管理学、传播学、情报学以及计算机科学等多学科的研究成果，从不同的学科视角，理论联系实际，对电子政务的主要方面进行了系统性阐释。其次，将大量电子政务实践作为理论研究案例，重视电子政务理论研究的延续性，将对电子政务的探索放在政治学、管理学研究更广

阔的理论脉络中，既强调理论模型的一般性，又重视电子政务的特殊性，拓宽了电子政务研究和教学的理论视野。

3.《政府在线：机遇和挑战》

作　　者：（印）古普塔、库马、布哈特塔卡亚著，张相林等译

出版时间：2007 年

出 版 社：北京大学出版社

内容摘要：本书全面介绍了目前世界各国、地区的电子政务建设状况，介绍了传统政府升级为"在线政府"所涉及的理论基础、技术标准、管理模式及具体应用情况，探讨了传统政府转型为可持续发展的电子政府、电子政府的能力建设以及保证政府成功转型的领导者素质等问题。这些问题对于我国信息社会的建设和发展具有借鉴意义。本书适用于从事电子政务、电子商务、计算机网络设计与建设等方面的专业和技术人员阅读，也可以作为高等院校电子政务、电子商务、信息系统、计算机等相关专业的教材或教学参考书。这是一本详尽的关于电子化治理方面的书。数字技术的发展也促进了政府管理在很多方面的进步。数字技术和政府管理的这种结合称为"电子化治理"。本书提出了电子化治理的不同策略、技术和一些基本要求。电子政务的推进有助于更好地为民众提供服务。本书不仅适合普通的读者，也适合从事政府电子化治理的专家。

社会影响：本书是近年来为数不多的国内翻译出版的国外电子政务专著。这本书对目前世界上很多成功和失败的电子政务建设案例进行了介绍分析。所涉及的案例、阐释以及业务模式至今对我国电子政务建设仍具有启示意义。

二、代表性论文和研究报告

1.《中国电子政务发展报告》（2010）

作　　者：张维迎

出版时间：2010 年

出 版 社：北京大学出版社

内容摘要：本书是由北京大学光华管理学院、北京大学网络经济研究中心、中科院软件所组成的国家自然科学基金重要项目"利用电子政务建设服务型政府的基础问题研究"课题组，在 2009 年 10 月对全国工商系统电子政务建设开展的全面调查和实证评估基础上的研究成果。揭示了工商系统在利用电子政务建设、推动行政管理体制转型、提高政府工作效率和公共服务水平等诸多方面的发展概况与应用成效。

调研对象包括各直辖市、计划单列市、省级市和省会城市以及辽宁省、山东省、河南省、湖北省、浙江省、江苏省、福建省、广东省、四川省等九省辖下的各个地级市的工商行政管理部门。

工商系统是我国电子政务建设中起步较早、成果较为典型、社会影响较大的国家电子政务工程之一。本次调研首次邀请全国各地的企业用户直接通过网上填写和评估《工商系统电子政务实施与绩效调查问题（企业卷）》，参与网上填写的企业数 1 个月达到 8000 余家。

社会影响：本书的调研成果将对深入推进国家电子政务建设和服务型政府的转变提供重要的理论与实证基础，为正确规避电子政务的决策风险，探讨电子政务未来的发展路径提供科学的依据。

2.《中国电子政务发展报告》（2011）

作　　者：洪毅等

出版时间：2011 年

出版社：社会科学文献出版社

内容摘要：《中国电子政务发展报告》（2011）是由国家行政学院副院长洪毅和国家信息中心常务副主任王长胜共同主编的反映我国地方电子政务最新进展、研究和分析地方电子政务领域重要理论和实践问题的年度报告。"十二五"开局之年，面对信息技术特别是互联网日新月异的发展，以及国际国内日益复杂的政治经济格局，政府管理面临一系列严峻的挑战。存新形势下，电子政务如何在提高政府管理效能、建设服务型政府方面进一步有所作为，是摆在所有电子政务从业人员面前的一项艰巨任务。过去一段时间里，各级地方政府进行了不懈的努力与探索，在加强政府的决策能力、管理能力和公共服务能力等方面取得了不俗的成绩。

社会影响：《中国电子政务发展报告》（2011）将地方电子政务创新作为年度主题，从发展模式、推进机制、公共服务和共享协同四个方面对近十年地方电子政务实践作了较为系统的回顾和总结，希望能对今后地方电子政务发展有所助益。

3.《传统治理与电子治理融合趋势分析》

作　　者：董礼胜、牛沁红

发表时间：2011 年第 2 期

期刊名称：《中国行政管理》

内容摘要：电子治理方兴未艾，被寄予了提高政府服务效率、节约成本、真正实现直接民主甚至"技术革命"的厚望。而电子治理现实则表现为从最初的借助于网站发布信息，逐步发展为在线服务，直至目前存在种种不足的在线政策咨询与协商。传统治理依然在政府服务中占据重要地位，或体现为与电子治理并行，或发挥着电子治理避风港的功能。本文从电子治理与传统治理融合的角度出发，通过分析二者的相互关系，解释电子治理期望与现实的差距，以及克服差距的现实可能性。

社会影响：文章首次提出地方政府合作中的"行政管辖权"让渡问题，成为研究地方政府间关系这一主题时引用率颇高的论文。将影响电子治理的障碍归于广义的"数字鸿沟"现象。通过对突破经济、技术、教育、体制、领导者观念等障碍可能性的分析，可以发现，虽然完全的电子治理实现的可能性不大，但可以看到电子治理发展的更新前景，不过并不在眼前。

4.《电子政务法规政策建设：国外启示与中国状况》

作　　者：陈德权、毕雪娟、闫丽

发表时间：2011 年第 5 期

期刊名称：《电子政务》

内容摘要：电子政务法规政策是各国电子政务发展的基本保障，各国电子政务法规政策既有共性也有差异。本文探讨了美、欧、日等国家和地区电子政务法规政策建设的状况及其特点，进而总结出对其他国家和地区的启示；研究了我国电子政务法规政策状况，分析了我国电子政务法规政策建设的难点和重点，并提出积极推进和完善我国电子政务法规政策的若干建议。

社会影响：中国电子政务法规政策建设存在许多困难，本文对完善中国电子政务法规政策提出建设性建议，从国家层面上统筹规划电子政务法规政策，为分层次、有步骤地实现电子政务法律、法规和规章政策在内容上进行了探讨。

5.《电子政务顶层设计：推进思路与策略》

作　　者：于施洋、王璟璇、杨道玲、张勇进

发表时间：2011 年第 8 期

期刊名称：《电子政务》

内容摘要：概述了 30 年来中国电子政务的发展成效；阐述了未来 10 年中国电子政务的历史使命；提出了全面推进顶层设计是新时期电子政务建设重要而迫切的任务；并从战略和全局的角度提出了中国电子政务顶层设计工作的目标、框架结构、推进策略和建议。

社会影响：对推进中国电子政务顶层设计工作提出建议，从扩大电子政务顶层设计试点工作范围、加强电子政务顶层设计资金投入保障、建立电子政务顶层设计组织保障体系三方面进行了概括。

6.《云计算在电子政务系统中的应用研究》

作　　者：鲍凌云、刘文云

发表时间：2011 年第 4 期

期刊名称：《现代情报》

内容摘要：从云计算的概念和特征入手，分析云计算应用在电子政务系统的必要性与可行性，提出了电子政务云计算系统体系结构，并指出云计算给电子政务带来的优势与潜在风险。

社会影响：从理论和实践上对我国电子政务中云计算的应用进行了探索。

7.《电子政务环境下移动政务发展研究》

作　　者：朱琳

发表时间：2011 年第 3 期

期刊名称：《上海行政学院学报》

内容摘要：随着移动电话、掌上电脑等移动设备的普及率增加和 3G 在中国的推广，移动政务已经成为未来电子政务的发展趋势。本文基于相关利益人分析，认为政府、运营商和公众存在博弈，具有一定直接和间接的相互作用和利益，实现公共价值最大化，获得产业利益。从宏观和微观的角度分析了移动政务发展中的阻力，提出以点带面，以中心带动周边，建设无线信号发射设施；通过各种媒体加大移动政务宣传力度；增开服务；完善身份验证和相关法律法规；加强信息技术教育和培训；增加人性化服务，控制成本等建议。

社会影响：提出移动政务建设中从宏观和微观两方面存在的问题，从公共政策角度到法律角度，从技术层面到应用层面都需要解决和改善。从相关利益人分析角度，政府、运营商和公众存在博弈，存在一定直接和间接的相互作用和利益，达到公共利益最大化，获得产业利益。为此，三者之间存在三维动力，共同推动移动政务发展。

8.《电子政务信息资源共享的重复博弈分析》

作　者：颜志军、毕海玲

发表时间：2011 年第 1 期

期刊名称：《北京理工大学学报》

内容摘要：研究电子政务信息资源共享中由于部门之间的利益冲突而面临的"信息孤岛"问题，从经济学角度入手，建立了电子政务信息资源共享博弈模型，基于 KMRW 定理分析了不同部门在不完全信息下的共享策略，探讨了多阶段博弈场景下的信息共享条件，研究了信息补贴策略的应用条件和应用方式。研究结果表明，政府应通过减少共享成本、建立部门间长期合作关系和采用信息补贴策略促进政府信息资源共享。

社会影响：从经济学角度入手，在博弈理论的基础之上建立两部门间的不完全信息重复博弈模型。提出在信息资源共享过程中政府应尽可能使部门间建立长期合作关系，通过员工培训和技术手段降低信息共享的成本，增加部门进行信息共享的收益。

9.《国家电子政务统一网络空间：内涵、框架及建构》

作　者：张勇进、孟庆国

发表时间：2011 年第 8 期

期刊名称：《中国行政管理》

内容摘要：本文通过对政府部门类型、组织关系、业务流类型进行分类研究，得出政府系统内的业务通道需求，从而从技术上指导虚拟专网建设和业务系统的部署；通过对业务操作中的数据操作行为和业务数据进行分类研究，从逻辑上规定网络平台数据管理中心的设计和管理的内容，从而改变各部门传统的信息资源共享与交换方式。此外，国家电子政务统一网络空间的管理体制机制的建立和完善迫在眉睫。

社会影响：在国家电子政务统一网络空间整体架构设计的过程中，建立和完善国家电子政务统一网络空间的管理体制机制尤为重要。当前，国家电子政务外网管理中心已经挂牌，相关部门也从技术管理层面开始考虑网络平台的管理体制机制，但还需从国家电子政务统一网络空间的角度进一步统筹规划。

10.《试论政府竞争力与信息资源》

作　者：李永忠

发表时间：2011 年第 7 期

期刊名称：《西安电子科技大学学报》（社会科学版）

内容摘要：信息资源是现代社会最重要的资源，对个人和企业发展至关重要，同时，信息资源也是政务活动的基础，更是政府竞争力的重要组成部分。本文通过分析政府竞争力的构成要素、信息资源与政府竞争力的关系，提出了从信息资源的充分开发和有效利用角度提升政府竞争力的对策，并探讨了电子政务环境下政府竞争力的提高途径以及应注意的问题。

社会影响：在信息社会中，政府竞争力是以信息资源为基础的，政府通过信息资源来调动和配置其他资源，从而为公众和企业提供高品质的公共产品和公共服务，最终目的是提升政府本身的合法性和公信力，中外政府、中央政府和地方政府概莫能外。

附：代表性论文选登

国家电子政务统一网络空间：内涵、框架及建构

张勇进　孟庆国

[摘　要] 本文通过对政府部门类型、组织关系、业务流类型进行分类研究，得出政府系统内的业务通道需求，从而从技术上指导虚拟专网建设和业务系统的部署；通过对业务操作中的数据操作行为和业务数据进行分类研究，从逻辑上规定网络平台数据管理中心的设计和管理的内容，从而改变各部门传统的信息资源共享与交换方式。此外，国家电子政务统一网络空间的管理体制机制的建立和完善迫在眉睫。

[关键词] 网络空间；电子政务；跨部门业务；业务通道；业务节点

一、引言

21 世纪第二个十年以来，日益复杂的经济社会形势，对政府的整体管理和服务能力提出了更高的要求，迫切呼唤行政体制改革尽快改变传统的思路，开辟新的突破口，推动政府的全面转型。同时，我国电子政务已经发展到一个新的阶段，也急需在行政体制改革和政府管理创新中发挥出重要的支撑作用。将跨部门业务和电子政务网络平台相结合，构建国家电子政务统一网络空间，全面支撑政府系统跨部门业务的运转，有可能为行政体制改革、政府转型和电子政务的发展提供一个新的融合点。

第一，政府部门的运转日益强调整体性和高效率。在政府职能转变到位的前提下，通过加强政府自身建设，建立整体化政府和协同政府，可以推动行政改革和政府转型，其中的关键在于如何实现跨部门业务的有效协同和有序运转。

第二，电子政务的工程建设态势整体上表现为集约化和高效益。电子政务建设的工程形态，已从纵向、部门级系统为主的离散形态逐步转向平台化、全系统的集约形态，实现在统一的网络平台上部署跨部门跨地区跨层级跨大系统的综合业务应用。电子政务应用系统的建设方式，也已从技术解决方案驱动逐步转向业务需求识别驱动，通过梳理政府部门业务流程来规范电子政务应用系统的体系架构及其功能模块和数据接口，通过集约化的系统工程实现应用系统运行的高效率和投入产出的高效益，通过业务规范和数据规范来推动法治政府的建设。

第三，电子政务建设内容以业务应用创新为主导，强调发挥制度工程的作用。电子政务建设，不再是简单地将现有工作流程电子化，而是对影响行政效能的现有流程进行优化再造，电子政务已从关注部门网络和基础设施建设，转向关注支撑职能业务的各种流程和非流程软件的建设，从关注提高各部门自身工作效率转向关注解决经济社会发展中存在的问题和矛盾，通过信息化工程建设推动政府管理制度建设，逐步进入面向应用、注重效能、支撑跨部门业务协同的新阶段。

数据表明，业务协同在政府管理中占据极其重要的地位，电子政务工程对业务协同和政府管理的支撑作用还未充分发挥。2010 年，国家有关部门对 54 个中央部门和 47 个副省级以上地方政府的业务信息和信息化建设进行了全面的调研，初步统计发现，已提供数据的政府部门中，中央部门有 5 万多项跨部门业务，地方政府有 16 万项跨部门业务；2007 年，国家发改委和财政部对 22 个国家电子政务重点工程项目进行了检查。检查结果表明，已建电子政务工程项目中，面向公众服务的业务应用功能不到 3%，面向决策支持的业务应用功能不到 8%，信息共享和业务协同能力普

遍不强，各部门丰富的专业信息资源还没有形成共享机制。因此，跨部门业务协同亟待从国家层面予以梳理和完善，支撑业务协同的技术条件尚需在国家相关工程建设中予以落实，现有政务信息资源的潜力亟须发挥，这些都要求尽快实现电子政务网络互联互通与政务业务系统互操作的有机融合，加快国家电子政务的顶层设计和总体规划。建设一种以提升跨部门的综合信息管理能力为目的的国家电子政务统一网络空间，是未来电子政务建设的方向。本文就国家电子政务统一网络空间所提出的主要内容，多数是基于2010年中央部门和副省级以上地方政府业务调研结果，因篇幅所限，本文不列出具体分析过程。

二、内涵

国家电子政务统一网络空间，是所有政务部门在管理国家事务的过程中，基于国家统一电子政务网络平台开展跨部门业务应用，进行政务信息传输和公共数据管理的统一政务网络空间，是涵盖政务体系、网络体系和信息资源体系的复杂巨系统，是国家新一代公用基础行政设施（本文讨论内容以政府系统为主）。国家统一电子政务网络平台则是由特定少数机构按统一规则建设，为所有政务部门提供公共服务以互联互通的网络通信为基础，以内外网业务的应用和业务数据的统一管理为重点，以基于业务和信息的安全保密为保障的国家信息基础设施（本文讨论内容以内网网络平台为主）。全国各级独立的政务部门，建设各自的业务网络和共享政务信息资源，且通过接入同级网络平台，开展内部办公、管理、协调、监督、决策和副省级以上的特殊办公等业务。

从工程形态来讲，国家电子政务统一网络空间包括基于一级网络平台所实现的跨部门业务部署与系统互操作、基于多级网络平台所实现的跨层级跨系统业务部署与系统互操作、基于多地网络平台所实现的跨地区业务部署与系统互操作、基于网络平台虚拟网络所实施的系统内跨层级业务部署与系统互操作、部门内部所实施的跨科室跨司局业务部署与系统互操作、网络平台之间的业务交互和数据交互、网络平台与同级部门局域网之间的业务适配、网络适配、系统适配和数据适配。网络平台具体包括分为各级网络平台、连

接各级网络平台的纵向广域网和网络平台自身的横向城域网、各级政务部门连至本级网络平台的横向城域网的部门接入节点、部门业务网络、网络和系统支撑通用基础设施、网络信任和安全保障体系。描述工程形态，只是为了有助于理解国家电子政务统一网络空间，不作为本文的重点内容。

可以说，能否成功构建国家电子政务统一网络空间，关系到未来整体政府建立的成败。国家电子政务统一网络空间的本质是实现中央和地方各级政务部门的跨部门业务的线上协同运行和国家政务信息资源的系统内共享，全面支撑国家各级政务部门线下业务的有效运行。全国各级政务部门利用统一网络平台，可以实现部门内业务的在线办理和跨部门业务的线上交互，这些来自不同部门的交互业务信息流在国家统一的业务规则和数据规范的指引下依序入轨运行，与线下业务重新融合为一套完整的国家政务运行信息管理体系，最终构成信息时代的国家电子政务网络空间，就有可能实现统一的整体化协同型政府的建设目标。

三、框架

以上述工程形态为支撑，国家电子政务统一网络空间的框架，可以从三个行政层级、三种连接界面、三类部门关系、三个功能层次进行分解。

从行政层级来看，国家电子政务统一网络空间分为中央级网络平台、省级网络平台、地市级（含区县）网络平台。各级网络平台通过广域网实现互联，通过城域网与本级部门业务网络连通。各级网络平台分别是本级各个政务部门跨部门业务的汇聚地和数据共享交换的管理中心。各省的地市级网络平台，需要综合考虑本地区的人口规模、地域面积、人口密度、经济发展水平、公务员总数、跨部门业务量、技术管理能力、老少边山穷地区类型等要素，决定是否独立建设，还是将其合并到省级平台统一建设。

从连接界面来看，国家电子政务统一网络空间分为平台与平台管理者之间的界面、职能部门与政府办公厅之间的界面、职能部门之间的界面。各级网络平台分别为平台的管理者提供管理界面，为本级政府职能部门与政府办公厅之间的业务交互提供服务界面，为本级职能部门之间的业务往

来提供工作界面。

从部门关系来看，国家电子政务统一网络空间分为上级和下级政府及其部门之间的关系、同级政府及其部门之间的关系、多级政府及其部门之间的关系。各级网络平台不仅支撑本级平台上政府部门之间的业务关系和数据管理，也支撑中央和省级、省级与地市级、中央与省、地市三级之间的业务关系和数据管理。对于省直管县，需要根据业务关系重新设计省级平台与县级平台的技术关系，不宜将其等同于市管县或者代管县，直接挂靠到地市级平台。

从功能层次来看，国家电子政务统一网络空间分为业务层、数据层、网络层三个层次。统一网络空间的功能不仅仅是实现互联互通的通信网络，更主要的是全面支撑全国政务系统的各类跨部门业务部署和系统的互操作，实现各级政府及其部门的业务协同、政务数据规范、信息资源共享与交换的管理。

此外，为了在中央和地方电子政务网络平台上按照统一规则建设和部署各级政府部门的跨部门业务，一般需由各级政府出台相应的业务规范和数据规范的编制指南以及系统互操作指南，促进电子政务的互联互通和整体发展。

四、建构

国家电子政务统一网络空间的建构，需遵循一条从业务关系分析到技术设计再回到网络空间建构的逻辑思路（本文淡化技术设计部分）。具体而言，政府及其部门对应于网络平台的网络节点和网络空间的业务节点，政府及其部门之间组织关系对应网络平台的网络结构和网络空间的业务部署，政府部门之间的业务关系对应于网络平台的虚拟专网、网络边界、系统操作权限配置和网络空间的业务通道，政府部门的业务属性（如承办部门、交互部门、业务发生量、信息传输量、业务峰值、实时性要求等）对应网络平台的通信质量和网络空间的业务交互性能需求，政府工作中信息流动的规律对应网络平台的信息资源建设内容、数据交换管理的需求和网络空间的数据共享、数据规范的需求，政府部门业务工作中涉及的国家秘密、工作秘密和商业秘密对应网络平台的政务网络总体形态划分、承载信息属性、信息

网络安全、系统安全的需求和网络空间的政务信息安全保密需求。

1. 统一网络空间构建的前提

第一，对政府部门进行合理的分类。综合国务院、地方政府的机构分类情况，政府部门的一级分类为政府办公厅、政府组成部门、政府直属特设机构、政府直属机构、政府办事机构、政府直属事业单位、部门管理机构、议事协调办事机构和临时机构、政府驻外办事机构、政府挂牌机构、政府协管单位、其他单位等类型。在一级分类之下，部分政府部门还可以继续进行二次分类，具体可分为：部门二级局、政府或部门派出（驻）机构、政府派出机关、部门管理的事业单位、归口管理的机构等。除此之外，部分政府还附带管理群团组织、政府直属公司、国有金融单位、国有企业等相关单位，不对此进行分类，但是把这些单位看成国家电子政务统一网络空间内的活动主体。

第二，要明确各级政府及其部门的行政层级。在国家电子政务统一网络空间构建中，需严格区分的有中央、省级、副省级、地市级等级别，它们影响到所接入的网络平台层级。区县级可以不作严格区分，除省直管县以外，它们一般不构成一级网络平台。

第三，界定各级政府及其部门之间的组织关系。以一级分类后的政府部门为主，政府及其部门之间的组织关系主要分为上级或本级政府领导关系、上级部门指导关系、上级部门垂直领导关系、工作联系关系、上级部门和地方政府双重领导关系、上级部门领导和地方政府协助管理关系、下级政府或部门代管关系。工作联系关系主要反映不存在直接领导关系或上下级业务指导关系的两个或多个部门之间的工作联系或单项业务的指导关系，如发展改革部门与行业管理部门之间的政策协商、财政部门与各级部门预算编制过程中的"二上二下"指导。政府及其部门之间的组织关系，只是对人事、资金、核心业务管理进行分类，不代表全部业务关系。从行政层级的角度，横向来看，政府部门与本级政府主要是属地领导关系、协管关系、工作联系关系，政府部门之间主要是工作联系关系、部门代管关系；纵向来看，本级政府与上级政府主要是领导关系，政府部门

与上级政府部门主要是业务指导关系、领导关系、垂直管理关系。这些关系的数量不完全是一对一，有时可以是一对多的关系。

第四，区分发生政府系统之外的组织机构的业务。国家电子政务统一网络空间需要支持六大系统的跨部门业务，同时也支撑国有资产管理、国有企业组织人事管理、政府定价产品价格管理、群团工作指导等业务，还包括各级党委系统、人大系统、政协系统、法院系统、检察院系统与政府部门之间发生的业务。

第五，将各层级的组织机构转化为相应的业务节点，作为网络空间的基本分析单元。中央部门作为中央部门节点（国办单独作为国办节点看待），由各个中央部门组成的中央政府作为中央汇聚点，它是各中央部门节点的集合。省级政府部门作为省级部门节点（省政府办公厅单独作为省政府办公厅节点看待），由省级政府部门组成的省政府作为省级汇聚点，它是各省级部门节点的集合。中央部门派驻地方的机构、地方政府派驻机构或驻外机构和中央政府垂直管理单位，原则上视为被派机构子节点，与驻地政府或部门的节点之间的副省级和地市级政府及其部门主要是与省级政府进行业务交互，与中央部门有直接往来的业务较少，可分别作为一个副省级节点和一个地市级节点看待，在建构国家电子政务统一网络空间的框架结构时可不做进一步的区分。在具体设计各级网络平台时，可以将一些跨部门业务和交互部门居多的中央部门节点和省级部门节点进一步拆分为中央分中心点和省级分中心点看待，有助于分摊中央汇聚点和省级汇聚点的业务负担。政府系统之外的节点主要分为两类：其一是五大系统作为一个外系统节点看待（事实上，党委系统常作为一个独立的系统节点）；其二是国有企业和政府管理的其他社会单位作为其他节点看待。

2. 业务关系分解及业务通道构建

国家电子政务统一网络空间的核心是跨部门业务的建构。在完成组织关系到网络空间业务节点的转化之后，需要将业务关系转化为不同类型的信息流，构建业务通道，为系统互操作和业务协同提供支撑。具体思路是通过分解政府部门之间的跨部门业务的类型，相应地在网络空间内为不同的政府部门构建相应的业务通道，并通过网络平台为跨部门业务系统提供技术支撑。这种从业务关系到业务通道的构建思路，可以适应政府业务的动态调整，满足全国政府系统对各种类型的跨部门业务的技术支撑提出的整体要求。

第一，跨部门业务不能从政府的职能业务的角度进行分解，只能从各级政府部门之间的组织关系和业务流类型的角度进行分解。政府的职能业务分为对外的社会管理和公共服务、对内的政府内部协调、决策和监督、支撑类服务和政府资源管理等业务。在没有进行顶层设计，未能统一规范政府业务域业务线的前提下，按照职能业务分解具体的跨部门业务将会陷入百般缠绕、万般纠结的地步，而且对于统一网络空间的建立没有直接的意义。政府部门之间的组织关系，基本上可以反映一种相对稳定的长期存在的跨部门业务；政府部门之间的业务流的类型，也可以反映动态存在的随工作而产生的跨部门业务。如果采用政府部门之间的组织关系、业务流类型来分解业务关系，则可以实现与具体的部门和职能业务无关联，但又满足网络空间对行政层级和部门节点这些要素的要求。

第二，政府部门之间的组织关系，在上述界定各级政府及其部门之间的法定组织关系中已有规定，这里结合固定业务通道构建进行分解。在中央政府层面，基于组织关系构建的稳定的业务通道主要有，国办节点与中央部门节点之间的横向业务通道，中央部门节点与该部门代管或管理的部门所形成的部门节点之间的横向业务通道，中央部门节点与该部门派驻其他中央部门所形成的部门节点之间的横向业务通道，国办节点与省级政府办公厅节点构成的纵向业务通道，国办节点与副省级政府节点形成的纵向业务通道，中央部门节点与该部门所领导或指导的省级政府部门所形成的部门节点之间的纵向业务通道，中央部门节点与该部门驻地方的垂直管理单位所形成的被派机构子节点之间的纵向业务通道；在省级政府层面，基于组织关系构建的稳定的业务通道主要有：省政府办公厅节点与省级部门节点之间的横向业务通道、省级部门节点与该部门代管或管理的部门所形成的部门节点之间的横向业务通道、省政府办公厅节点与副省级政府节点形成的纵向业务通道、省政府办公厅节点与地市级政府节点形成的纵向业务通道、省级部门节点与该部门所领导或指导的地市级节点形成的纵向业务通道、省政府办公厅节点与省政府派驻机构或驻外机构所形成的被派机构子节点之间的横向业务通道、省级部门节点与该部门的派驻机构或驻外机构所形成的被派机构子节点之间的横向业务通道、省政府办公厅节点与中央驻地协管单位所形成的被派机构子节点或其他节点之间的横向业务通道。

第三，政府部门之间的业务流类型，直接反映了网络空间的动态业务通道的需求。对业务流类型进行分类，有助于快速构建动态业务通道，推动网络空间内跨部门业务的迅速展开。在中央政府层面，国办节点或中央部门节点与其他多个中央部门节点因工作联系所形成的星状业务通道结构；中央部门节点与该部门所领导或指导的单个或多个省级部门所形成的部门节点的系统内纵向业务通道；中央部门节点与该部门所领导或指导的多个省的省级部门所形成的部门节点、其他多个中央部门节点因区域性工作所形成的星状二级业务通道结构；中央部门节点与该部门所领导或指导的单个或多个省级部门所形成的部门节点、省级部门所领导或指导的地市级部门所形成的部门节点共同构成的系统内纵向多级业务通道；国办节点与单个或多个中央部门节点、省政府办公厅节点与单个或多个省部门节点、副省级节点、地市级节点共同构成的框形多维业务通道；中央部门节点与该部门代管或管理的中央部门节点和该部门所领导或指导的省级部门所形成的部门节点、省政府办公厅节点与中央驻地协管单位所形成的被派机构子节点共同构成的框形业务通道；多个中央部门节点与这些中央部门所领导或指导的多个对应的省级部门所形成的部门节点因应对需中央和地方多部门联手方可解决的重要难题而形成的纵横连通的井状业务通道；中央部门节点与副省级政府部门节点形成的业务通道。在省级政府层面，省政府办公厅节点或省级部门节点与其他多个省部门节点因工作联系所形成的星状业务通道；不同省的省政府办公厅节点因工作联系所形成的横向业务通道；省政府办公厅节点与副省级节点、地市级节点形成的纵向业务通道；副省级节点之间因工作联系所形成的横向业务通道；地市级节点之间因工作联系所形成的横向业务通

道；省级部门节点与多个具有领导或指导权的中央部门所形成的中央部门节点构成的放射状网络通道；省级部门节点与其他省具有共同的中央管理或指导部门的省级部门所形成的部门节点的横向业务通道；多个省级部门节点与地市级节点、副省级节点因应对重要挑战而形成的纵横连通的业务通道。

第四，对外系统节点和其他节点与政府系统节点的业务流关系及通道类型只作简化分析。主要有：国办节点或中央部门节点与外系统的相关业务仍归口政府系统管理的外系统节点所形成的横向业务通道；统一管理某项国家业务的外系统节点与国办节点和（或）多个中央部门节点之间的横向业务通道；多个中央部门节点与外系统节点因联手完成对口关联事务而形成的网状业务通道；其他节点与中央部门节点和（或）外系统节点因某项专项工作而形成的业务通道。

通过分析政府部门之间的组织关系和业务流关系，组成各种类型的稳定和动态的业务通道之后，就需要在网络平台上进行虚拟专网的划分，为统一网络空间业务通道的技术实现提供网络支撑。这部分内容本文不做讨论。

此外，统一网络空间的业务通道，还将直接改变各种业务应用系统在网络平台的部署方式，对未来政务部门大型业务应用系统的架构设计和软件开发影响甚大。现有的业务系统多在部门局域网或者部门业务网内直接部署，提供给本部门用户使用，最多通过下发软件给系统内其他用户访问，业务协同和资源共享能力较弱，相应支撑技术的建设滞后。统一网络空间的业务通道类型、系统互操作和数据共享的多样化需求，决定了网络平台需支持业务系统的多种部署方式。对于贯穿中央、省、地市三级部门的全国综合性业务系统，需在中央、省和地市三级网络平台和相关部门节点统一部署，形成纵横贯通的全国性的业务通道，这将从国家层面有力提升整体协同和快速响应能力；对于在需以本级政府办公厅或综合管理部门为中心、跨多个专门职能部门的平台级综合业务系统，需在本级网络平台和政府办公厅或综合管理部门统一部署，在网络平台接口处将业务通道开放给相关部门节点，这将快速提高一级政府各大业务口的部门协同能力；对于具有领导

或指导关系的同一系统内的中央、省、地市三级部门的系统内综合业务系统，需通过系统虚拟网络在网络平台或系统内各级部门节点进行部署，形成系统内的业务通道，这就可以用系统内业务通道替换现有的部门纵向专网，从而大大降低各部门自建和自管网络所花费的财政资金；对于跨地区使用的区际业务系统，可以通过跨区虚拟网络在上级网络平台或者本级相关地区网络平台进行部署，这将有力促进区域内的部门协同，提高区域整体竞争力。

业务流到业务通道的分析过程，基本上能反映系统互操作和业务协同关系，因此，本文不再对网络空间跨部门业务协同和操作做进一步分析。

3. 业务数据特征分析及网络平台数据管理

为跨部门业务的正常运转提供数据支撑，是建构国家电子政务统一网络空间的关键环节。具体思路是，以数据操作行为基本元素为分析单元，分析业务数据操作行为的种类、数据转换和分布规律，再对业务数据进行分类分层，将这些业务数据的特征和规律映射为网络平台数据管理中心结构设计的具体内容，并转化为不同层级部门的具体应用方式。

在分析业务数据之前，需要界定数据操作行为的基本元素。基于对电子政务领域知识模型的理解，数据操作行为的基本元素主要有操作主体、操作行为、承载操作行为的业务、操作数据、数据来源部门、操作规范以及上述元素的属性和关系。

第一，对数据操作行为进行分类是业务数据分析的基础。有效区分数据操作行为和业务操作，是业务数据分析的重要前提。业务操作中会依据、参考和产生各种信息资源。数据操作行为用来支撑业务操作中的数据流动，但不能用业务操作来替换数据操作行为。比如，下级部门报送资料给上级领导进行审批，是业务操作，其中的数据操作行为为文件传输和文件获取，不属于共享与交换。根据相关调研结果分析得出，业务中的数据操作行为可分为文件传输、文件获取、数据共享、文件交换、数据汇总、数据加工等（不对行为的频次进行区分）。其实，在业务操作中，数据操作行为自身也可以构成一个闭环，具有主体的相对性特征。一个简单的闭环的数据操作行为过程（数据流动）是通过直接采集、业务生成、工作过程成果交换、调用、接收等方式分别从社会外单位、同级横向部门、纵向上下级部门获取业务数据，初步汇总数据之后，将相关文件传输或交换给其他部门，或者开放给其他部门来共享，进一步进行数据加工，提供给上级领导进行决策参考，或者接收其他部门传输或交换回的文件，最后传输给下级部门。数据操作行为的主体相对性特征，下级部门传输文件给上级部门，在上级部门看来就是获取下级部门的文件，这是由于操作行为具有主动性和方向性，随主体变化而改变流向。

第二，不同的数据操作行为具有各自的特征，需准确界定。文件传输和文件获取不具有重复性和频发性的特征，两者的操作主体可互为相对。文件传输和文件获取都是存在于某一次业务操作中，文件传输的被动接收方也是文件获取的主动接收者。数据汇总和数据加工不发生主体之间转移，两者的区别是操作数据的形式和内容是否发生质的改变。文件交换存在于对等的两个操作主体之间，每次的操作数据的内容不同，两者互为数据来源部门，而且数据操作行为具有规律性。在国家电子政务统一网络空间中，数据交换可以存在于下列部门节点之间：国办节点与省政府办节点、副省级节点之间，国办与中央部门节点之间，中央部门节点之间，中央部门节点与省级部门节点之间，中央部门节点与被派机构子节点之间，中央部门节点与省级部门节点、地市级节点之间，省政府办公厅节点与省级部门节点之间，省政府办公厅节点与副省级节点、地市级节点之间，省政府办公厅节点或省级部门节点与被派机构子节点之间，省级部门节点与副省级节点、地市级节点之间。数据共享是操作主体将操作数据直接或间接地开放给其他操作主体来获取。数据共享中的操作主体可以是数据的所有权属部门的中央部门节点或省级部门节点，也可以是中央汇聚点或省级汇聚点，数据内容可以是数据目录或者数据索引。

第三，业务数据的分类可以从业务操作的角度、部门共用和复用的角度分别进行。

从业务操作的角度对数据进行分类，可将操作数据分为处理的信息、依据的信息和参考的信息三类。处理的信息是业务操作中直接输入或者输出的工作类信息，依据的信息是业务操作中需要依据的规范类信息，参考信息是业务操作中需要查阅或者借用的辅助类信息。处理的信息基本为动态信息，其内容随业务操作而变化。依据的信息和参考的信息为相对静态的信息。

从部门共用和复用的角度对数据进行分类，可将数据分为基础数据信息、基础指标信息、政务主题信息等。基础数据信息是各部门共同使用且重复使用次数较高的信息和相对固定的静态信息，如人口基本信息、法人单位信息、自然资源和地理空间信息、环境基础设施信息、经济运行指标信息、法规文件信息、标准规范专利信息、学术文献信息和业务目录信息、索引目录信息、主题目录信息等，基础指标信息是基础数据信息的一种表现形式。政务主题信息是业务数据信息按主题归类后形成的信息，是各部门同类主题数据叠加后的结果。

进行分类处理后的数据操作行为和业务数据，可以直接转化为网络平台数据管理中心总体设计的具体内容。网络平台数据交换中心为各部门用户或者部门业务应用系统提供的数据操作方式有查询比对、数据供给、数据共享和授权读取。数据供给方式有交换、传输、导入、源数据库直接读取。数据共享方式也分为无条件和有条件共享。

在网络平台数据管理中心中，为了对数据进行快速定位，实现跨地区、跨层级的检索查询，需要对信息实体进行标引。在各类数据流动的过程中，不同的操作主体需要利用元数据对数据的属性进行标引。元数据主要包括主题词、承载业务、密级、操作主体、数据来源部门、发生时间、存储位置、数据形式、数据操作方式。

除此之外，操作数据的密级属性和种类，在数据流动过程中会发生变化，相应地需要加强网络平台数据管理中心的安全管理。数据流动过程中，操作主体发生变化，操作行为和业务操作也会发生变化，相应地，操作数据的密级也会发生变化。

基于数据操作行为和业务数据类别建设的网络平台数据管理中心，还将直接改变全国政务部门传统的信息资源共享与交换的方式，对未来政务部门的数据管理方式和大型业务应用系统的数据管理架构影响甚大。现行的信息资源共享与交换，要么采用传统的文件交换、上报、下发等方式，要么在部门内部，甚至是处室内部共享数据。部门之间的数据交换从全国来看还只是处于起步阶段。在统一网络空间内，网络平台数据管理中心和各部门的数据管理有机结合在一起。各部门将部门信息资源目录和公共基础数据需提供给本级网络平台统一存储，网络平台数据管理中心统筹考虑不同类型数据的采集、存储、查询和下载，将存储在平台的数据提供给相关部门查询，允许相关部门或业务应用系统依权限下载信息资源实体内容。各级网络平台还存储共享资源库、交换资源库、标引元数据库等。中央网络平台和省网络平台、地市网络平台之间，通过数据目录同步、基础数据交换、统一元数据实现全国政务系统数据的完整性和一致性。

五、结语

建设国家电子政务统一网络空间，旨在通过制度创新和技术创新的融合，打破画地为牢、条块分割的传统管理体制，将信息化全面渗透到全国政务系统行政管理的全过程中。依靠国家电子政务统一网络空间，不仅可以实现国家各级政务部门业务网络之间的横纵贯通，而且也可以有力支撑各级政务部门通过业务通道配置和应用系统部署实现法定跨部门业务的交互及业务信息的依法公开共享，同时在全国范围内为各级政务部门提供一些共性的基础服务。在国家电子政务统一网络空间整体架构设计的过程中，建立和完善国家电子政务统一网络空间的管理体制机制尤为重要。当前，国家电子政务外网管理中心已经挂牌，相关部门也从技术管理层面开始考虑网络平台的管理体制机制，但还需从国家电子政务统一网络空间的角度进一步统筹规划。

"电子决策剧场"：为科学民主决策导航

毛子骏[①]　徐晓林[②]　许晓东[③]

[摘　要] 如何应用先进信息技术和系统科学的方法来实现政府决策的科学化、民主化，提升政府决策品质，提高政府决策效率和效果，一直是各级政府部门和学术界重点关注的科学问题。华中科技大学公共管理学院建成的电子决策剧场是一个虚拟现实的可视化决策支持平台。它采用世界领先的高端信息处理与显示设备，集成虚拟现实、人工智能、系统工程、决策理论等技术与方法，让复杂冗繁的公共决策问题变得清晰、可视，保障决策过程的透明、公开，为政府科学民主的决策提供强有力的支持。

[关键词] 电子政务；公共决策；决策支持平台

以胡锦涛为总书记的中央领导集体，非常重视决策科学化、民主化问题。2004年9月党的十六届四中全会通过的《中共中央关于加强党的执政能力建设的决定》提出，"改革和完善决策机制，推进决策的科学化、民主化。完善重大决策的规则和程序，通过多种渠道和形式广泛集中民智，使决策真正建立在科学、民主的基础之上"。完善深入了解民情、充分反映民意、广泛集中民智、切实珍惜民力的决策机制，推进决策的科学化、民主化，已成为政治体制改革一项重要任务。面对复杂多变的国际国内形势，温家宝总理强调，越是在困难和复杂的情况下，政府公共部门就越要坚持科学民主决策，越要增强决策的透明度，越要加强决策的民主监督。政府公共决策过程的科学化和民主化，不仅事关国计民生，更是关系到国家的命运和民族的复兴。如何应用先进的管理理念和系统科学的方法来实现政府决策的科学化、民主化以提升政府决策品质，提高政府决策效率和效果，已成为国家、学术界和政府公共部门重点关注的科学问题。

一、剧场建设背景

我国著名科学家钱学森认为，政府公共部门所面对的社会是一个开放的复杂巨系统，而"开放的复杂巨系统"的研究必须采用"从定性到定量的综合集成方法"，其实质就是把各方面有关专家的知识智慧、各种类型的信息数据与计算机的软、硬件三者有机地结合起来，构成一个高度智能化的、人机结合的信息集成管理平台和体系。这种平台和体系具有综合优势、整体优势和智能优势，能把人的思维、思维的成果、人的经验、知识、智慧以及各种情报、资料、信息进行综合集成。钱学森提出，这种系统和体系得以实现的方法在于构建"从定性到定量的综合集成研讨厅"。

华中科技大学公共管理学院从建院以来就一直着力研究如何实践钱学森这一科学思想，来满足政府管理决策的科学化、民主化需求。在美国亚利桑那州立大学蓝志勇教授的引荐和帮助下，公共管理学院于2006年派出以王安华等为代表的10位访问学者前往美国亚利桑那州立大学学习一个月，重点考察了该校的决策剧场，回校后积极筹备该项目建设。在亚利桑那州立大学常务副校

---

① 毛子骏，华中科技大学公共管理学院博士后。
② 徐晓林，华中科技大学公共管理学院教授，院长。
③ 许晓东，华中科技大学公共管理学院教授。

长 Rick.Shangraw 教授等的帮助下，2007 年我校再次派出以徐晓林院长为代表的 6 位访问学者就该项目引进和建设达成合作意向。在学习和借鉴的基础上，在政府部门和华中科技大学的支持下，经过四年多的论证和筹备，于 2010 年 6 月建成了目前世界领先的高清晰、高性能、8 通道、立体背投、无缝连接、240 度弧幕的电子决策剧场。该剧场的目标是利用先进的信息技术，通过科学、民主的方式，解决政府遇到的最重要、最现实的公共决策问题。

二、先进的技术

华中科技大学公共管理学院电子决策剧场是一个虚拟现实的可视化决策支持平台。它采用高端信息处理显示设备，利用虚拟现实、人工智能、系统工程、决策理论等信息技术与方法，为决策问题分析、决策方案设计、决策过程监控、决策效果评估等多个决策环节提供宏观和微观兼有的可视化决策支持服务。电子决策剧场的主要硬件包括：多通道图像服务器系统、8 通道立体背投柱幕系统、音响及音视频播放系统、视频会议系统、中央集成控制系统、高性能计算机集群运算系统、大型数据中心及其他剧场配套设施等（图1 为电子决策剧场结构）。

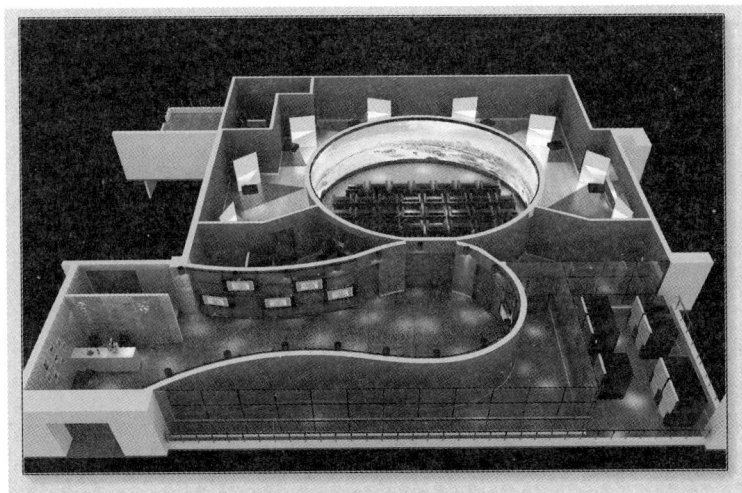

图1　电子决策剧场结构

电子决策剧场的技术功能特点，主要体现在如下 6 个方面：

（1）8 通道立体投影系统。决策剧场采用国际领先的高清立体图影系统，高达 6000 流明亮度、2000:1 的高对比度、220MHz 的宽带比、120Hz 的高清数字信号输出，同时结合内置边缘融合技术，完成弧形幕投影成像，实现 240 度大视角场景的三维立体展现，使决策者以身临其境的方式回顾过去，预视未来。

（2）SGI VN200 和 SGI VS100 图形工作站集群。决策剧场拥有 8 个 SGI VN200 图形刀片作为实时图形渲染节点（辅节点），一个 SGI VS100 作为控制节点（主节点），节点之间通过一台 24 端口 INFINIBAND 交换机和一台 24 端口千兆以太网交换机互联，构成双网集群结构。图形集群各渲染节点之间通过同步子卡、以太网与 INFINI-BAND 网络实现画面的软同步和硬同步。

（3）虚拟场景资源的配置管理。决策剧场采用多通道宽屏幕（边缘）视频融合技术，既支持 32 个独立窗口与 16 个混频器，又支持原始高分辨率信道、缩放画中画、缩放背景等信道的信号输入和自由切换输入，可依据决策需要实现虚拟场景资源的灵活配置管理。

（4）交互式仿真模拟。决策剧场通过位置跟踪、多媒体技术与计算机图像集成与处理等技术手段，收集决策者的各种决策信息；利用仿真系统、控制系统、信号处理与通信等系统实现决策的分析、建模、仿真；通过三维立体的虚拟现实方式就决策方案、决策效果与决策者进行互动。决策剧场能同时容纳 32 个人进行决策沟通与互动。

（5）远程决策信息传输与交换。决策剧场通过专用服务器与协作软件，实现数据信息、文档信息和多媒体信息的远程连接与互动，提供多个具有广阔音频和视频功能的会议室，使本地和远程的决策参与者充分利用决策支持环境共享信息，交换意见，为群决策和分布式决策提供一流的技术平台。

（6）超强的集成能力与计算能力。电子决策剧场采用网格技术与云技术来对海量决策信息进行存储、加工与运算。网格技术与云技术的作用是将分散在网络上的信息及信息存储、处理能力以合理的方式"粘合"集成起来，形成有机的整体，以提供比任何单台高性能计算机都强大得多的处理能力，实现信息的高度融合和共享。通过网格技术与云技术能够将整个教育网集成为一台巨大的虚拟超级计算机，用来实现整个教育网范围的计算资源、存储资源、数据资源、信息资源、知识资源、专家资源和设备资源的全面共享，用网络把地理上广泛分布的各种计算资源，包括云计算平台，超级计算机和可视化系统等互连在一起，形成巨大的超级计算能力，满足复杂决策模型的实时运算需要，大大提高决策的速度。

即使与世界上最先进的美国亚利桑那州立大学决策剧场进行比较，华中科技大学电子决策剧场仍处于领先地位（表 1 为华中科技大学与美国亚利桑那州立大学决策剧场间的硬件比较），美国亚利桑那州立大学常务副校长 Rick Shangraw 教授评价道："华中科技大学电子决策剧场拥有更优秀的系统架构、更先进的软硬件设施、更生动的虚拟现实效果，足以应对世界范围内的各种复杂决策问题的分析与求解工作。"

表 1　华中科技大学与美国亚利桑那州立大学决策剧场的硬件比较

内容	亚利桑那州立大学	华中科技大学
投影机台数	7	8
投影机分辨率	800×600	1920×1080（高清）
屏幕	折幕，软幕，180 度	弧幕，硬幕，240 度
图像生成器	普通服务器	SGI（专业级别）
视频会议	无	有
计算能力	普通计算机	高性能计算机

具体而言，华中科技大学电子决策剧场具有以下的先进性：

（1）视觉效果更逼真。亚利桑那州立大学电子决策剧场使用的是由 7 个单屏幕装配而成的折幕。它的弊端主要表现在：第一，7 个屏的颜色和亮度不一致，尤其是两个屏的拼接处亮度明显暗于屏幕中心；第二，观看角度的约束性很强，不同的角度视觉效果差异很大，甚至出现视角范围内的盲区。这两个问题降低了剧场整体的视觉效果，使得沉浸式的目标难以真正实现。华中科技大学电子决策剧场采用无缝连接的 240 度弧幕，不仅能有效解决上述问题，而且可以大大提高视觉效果，增强立体沉浸感和现场感。240 度的视角可以覆盖人眼及头部转动的全部视觉范围，最大限度地提高沉浸感。此外，1920×1080 的高分辨率，进一步增加了画面的清晰效果，120Hz 的刷新频率使立体图像无闪烁感，满足决策者长时间舒适观看的要求。

（2）图像处理功能更优。亚利桑那州立大学决策剧场采用普通服务器作图像生成器，无论是在图像生成的及时性还是立体图像的刷新率方面都有明显局限。华中科技大学电子决策剧场采用 SGI 顶级的图像服务器集群，可以实时生产大场景、高分辨率的图像。此外，华中科技大学电子决策剧场还装有视频会议系统，能满足远程决策者参与互动的需求，延伸决策剧场的使用领域。

（3）运算能力更强，速度更快。亚利桑那州立大学决策剧场采用的是普通计算机来进行数据的分析与计算，计算能力十分有限。华中科技大学电子决策剧场采用先进的网格技术与近年来才出现的云技术来实现超大规模的仿真模拟与分析计算。在云计算平台上，成千上万台电脑和服务器连接成一片电脑云，可以提供每秒超过 10 万亿次的运算能力，可以仿真模拟智慧城市、危机应急等复杂的决策模型。

三、科学、民主的决策方式

（1）科学的决策方法。电子决策剧场聚集来自公共管理、计算机、电信、经济、社会、法律、系统工程等各学科的研究人才，组建了一支高素质的研究队伍，搭建了以系统工程理论方法为支撑的、定性与定量相结合的、融自然科学与社会科学方法为一体的决策分析环境，采用的决策分析方法包括：问卷调研、专家访谈、因果关联分析、模型研究、仿真实验、数据挖掘、信息融合等。

在此基础上，电子决策剧场集成了群体决策支持系统、分布式决策支持系统等决策支持系统的特点，拥有一套综合的、灵活的决策方法体系，能够依据决策者、决策问题、决策目标、决策约束的特点帮助决策者做出满意的决策。

（2）各类决策者的民主参与。电子决策剧场利用信息资料库、信息挖掘技术等科学的方法，有理有据地保证了各类决策者的民主参与。

电子决策剧场依据所关注决策问题的领域与方向，对决策问题的各类利益相关者进行研究与分类，在此基础上建立了决策成员的信息资料库，包括：政府参事资料库、行业专家资料库、企业信息资料库、公众信息资料库等。在决策成员信息资料库的支持下，电子决策剧场可依据决策问题的具体特点，利用数据挖掘与知识发现等技术手段，设计、搜索并建立决策问题的决策团成员。目前，电子决策剧场服务的决策团成员包括：公民个人、群众团体、领域专家、决策专家、新闻媒体、企业领导、政府参事、政策顾问、政府职能部门与政策决策者等。

（3）科学、民主的决策过程。首先，在充分考虑与研究决策人知识结构、专业背景、理解能力差异的基础上，从科技、农业、交通、教育等行业与领域的角度，从政府、公众、企业、社会团体等各利益相关人的角度，从国内外学术研究和应用案例的角度，从历史、现状与趋势的角度，利用文字、数字、图片、三维影像、虚拟现实等方式与技术，全方位地对决策问题进行展示与分析，突破各种认识局限，在决策者之间构建科学、高效、民主的沟通桥梁。其次，在政府公共数据中心、模型库、数据库、知识库等信息资料的支持下，运用各学科的、定性、定量相结合的各种技术方法，结合仿真预测等手段，生成多个备选方案。电子决策剧利用 8 通道、立体背投、240 度弧幕既可提供单套方案虚拟现实的沉浸式交互展示，又可同时提供多套方案的立体式比照展示，充分实现决策者、研究人员与决策方案之间的无障碍交互。最后，利用决策方案的多元评估系统对决策方案进行评估，并将评估的结果以多维可视化的形式，生动、全面地展示出来。决策方案的多元评估系统由三部分组成，分别为方案技术指标的多元评估、方案利益相关人的多元评估、方案与历史案例的比较评估。

其中决策方案技术指标的多元评估是指，从方案的社会效应、经济效应、环境效应等角度，利用技术指标体系来衡量方案在这些方面的表现。决策方案利益相关人的多元评估是指，由方案的利益相关人从各自的角度出发，对方案进行评价。这里参与评价的利益相关人狭义上可以是参加决策研讨的成员，广义上也可以是全社会的公众、社会团体和各类机构。当从较广的范围去搜集群众意见时，采用的方法包括：移动电子政务技术、网络舆情的语义识别与数据挖掘等。决策方案与历史案例的比较评估，是指在案例库与案例分析系统的支持下，将决策方案与历史同类或相近案例进行比较来对方案进行评估。

（4）决策分析环境的特点。8 通道、立体背投、无缝连接的 240 度弧幕包围了所有参与者的整个观看视野，配合环绕立体声响系统，可使决策者充分体验一种高度身临其境的三维立体视听感受，获得一个具有高度沉浸感的虚拟现实决策环境。

便捷、立体、多维的交互。电子决策剧场实现了人与决策环境之间、人与人之间的充分交互，包括信息的交互、思想的交互、感受的交互、利益关切点的交流沟通。通过科学而充分的交互，既实现了决策过程的民主，也利于促成决策方案的达成。

系统的集成。电子决策剧场采用集成式和开放式的设计理念，有机地集成了多学科的人才、知识与技术，多行业的经验，多类型的数据源，多种信息加工、处理与展示的技术。整个系统内容开放、应用整合，最大限度地方便决策者进行决策活动。

四、电子决策剧场的应用与发展

电子决策剧场当前的主要应用包括：

（1）中央和地方政府公共决策。政府所面对决策问题越来越复杂，规模越来越庞大，已经远远超出了领导个人决策的能力，各种决策方案的制定往往由一个团队或多个组织协调完成。为了满足政府决策的需要，华中科技大学电子决策剧场利用群体决策理论、组织决策理论、多目标决策理论，集成了群体决策支持系统、分布式决策支持系统等决策支持系统的特点，全方位地为政府的科学、民主决策提供支持。

（2）智慧城市规划、建设、管理。智慧城市的规划、建设与监管囊括了城市管理的众多领域，涉及土地、房产、交通、通信等多个行业，牵涉政府、企业、公众等多个方面，其中出现的决策问题极为复杂。电子决策剧场通过三维建模将城市的面貌通过虚拟现实的方式展示出来，让决策者"眼见为实"地看到决策问题，"身临其境"地体验决策方案，科学、民主地做出决策。

（3）教育服务与监管。通过采集各高校教学基本状态数据，运用数据仓库技术对数据进行时序分析、对比分析、统计分析和预测分析，对高校的运行状态作出评价，对国家宏观教育状态作出判断，并根据政府的要求向社会大众公开高校基本数据，为教育主管部门、评估专家、高等学校和社会大众提供服务。

（4）应急预警管理。决策剧场以政府为主导，以各行业、各职能部门为支撑构建了基于电子政务的开放式的预警与应急管理决策支持平台。电子决策剧场充分整合与共享现有的公共安全信息资源，帮助政府管理者研究及制定公共安全预警信息的定义与标准体系，规范预警信息采集、存储、处理、递送、发布以及撤销的程序；研究危机信息、社会舆情在信息技术条件下的监测与控制手段，设计信息媒体传播管理模式与控制方法，为应急预警管理工作提供全面的决策支持。

电子决策剧场未来计划在决策剧场建设、应用领域开发与国际、国内合作三个方面有所发展。

在决策剧场建设方面，下阶段的工作主要包括：公共数据中心中各公共领域数据的收集，决策模型库中各类决策模型的积累，决策问题案例库中案例的丰富与深入分析，决策剧场网络平台的设计与开发，移动电子政务的应用等。

在应用领域开发方面，剧场将着力就非传统安全中的决策问题进行探索。非传统安全是相对传统安全威胁因素而言的，它是指除军事、政治和外交冲突以外的其他对主权国家及人类整体生存与发展构成威胁的因素，主要包括经济安全、金融安全、能源安全、生态环境安全、信息安全、农业安全、公共卫生安全等。非传统安全问题已经成为当今和未来很长一段时间影响国家安全的一个重要议题，剧场力求能在这个关系国计民生的重大公共问题中有所作为。

在国际、国内合作方面，剧场将一如既往地积极参加与推进全球决策剧场联盟的建设与发展，进一步拓展及深化与美国亚利桑那州立大学、中国人民大学、哈尔滨工业大学等国际、国内高校在决策剧场建设、数据信息共享、决策问题研讨等方面的合作。剧场真挚地邀请中央及地方各级政府、各类企事业单位，各领域、各行业的单位和个人，以双赢互利为前提，在剧场建设、应用开发、决策研讨、学术研究等方面开展合作。

五、结束语

华中科技大学公共管理学院瞄准世界前沿不断进军、勇攀高峰，建成了世界领先的电子决策剧场。作为虚拟现实的可视化决策支持平台，电子决策剧场拥有先进的虚拟现实技术，让复杂冗繁的决策问题变得清晰、可视，保障决策过程的透明、公开；拥有完善公正的决策机制，充分体现决策制定的民主性，是政府、企业和研究机构从事科学决策的最佳平台。电子决策剧场作为一个新兴的理念与平台，正在有力地促进着政府决策科学化、民主化建设的进程。随着它进一步的建设和发展，必将成为我国政府决策科学研发中心、政府及企事业单位科学管理应用中心、公共参与决策实践中心、高层次人才培训中心，乃至成为全球决策剧场网络信息的重要平台。

[参考文献]

[1]《中共中央关于加强党的执政能力建设的决定》，http://www.china.com.cn/chinese/2004/Sep/668376.htm。

[2]温家宝：《越是困难，越需要坚持科学民主决策》，http://politics.people.com.cn/GB/1024/11078773.html。

[3]于景元：《钱学森关于开放的复杂巨系统的研究》，《系统工程理论与实践》，1992年第12期。

电子政务环境下移动政务发展研究

朱　琳[①]

[摘　要]　随着移动电话、掌上电脑等移动设备的普及率增加，3G 在中国的推广，移动政务已经成为未来电子政务的发展趋势。本文基于相关利益人分析，认为政府、运营商和公众存在博弈，具有一定直接和间接的相互作用和利益，实现公共价值最大化，获得产业利益。从宏观和微观的角度分析了移动政务发展中的阻力，提出以点带面，以中心带动周边，建设无线信号发射设施；通过各种媒体加大移动政务宣传力度；增开服务；完善身份验证和相关法律法规；加强信息技术教育和培训；增加人性化服务，控制成本等建议。

[关键词]　移动政务；电子政务；公共价值；3G

随着电子政务建设和信息化的不断推进，移动政务，作为政府为公民提供公共服务的新途径，有利于推进服务型政府的建设，成为必然的发展趋势。移动政务（Mobile Government，缩写为 M-Government），是无线通信技术和电子政务的结合，在国家机关、事业单位、工商企业、社会服务等部门运用移动通信技术和设备进行管理和服务，提高部门绩效，提供更好、更有效、更广泛的公共服务。如今，国内外学者积极进行移动政务的研究，提倡从电子政务向移动政务转型。学者研究的角度有分析移动政务产生的动因，有从宏观角度分析移动政务建设的意义，有从宏观角度或者纯技术层面分析移动政务建设的问题等。本文研究在移动政务发展中，基于相关利益人分析，提出政府、运营商和公众存在博弈，存在一定直接和间接的相互作用和利益。从微观和宏观两个角度去分析推动移动政务发展中存在的阻力，然后基于利益人分析的角度提出政府、运营商和公众三维推动移动政府发展的对策。最终实现公共利益最大化，同时保证产业利益的获得。

一、移动政务发展背景

随着电子信息技术和互联网的发展，我国的电脑用户和互联网普及率不断增加，截至 2009 年

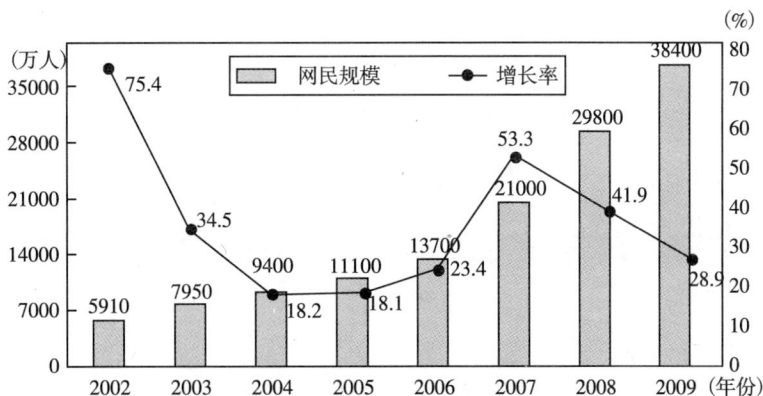

图 1　2002~2009 年中国网民规模与增长率

资料来源：中国互联网络中心：《第 25 次中国互联网络发展状况统计报告》2010。

---

① 朱琳，华东理工大学。

底，中国网民规模达到 3.84 亿人，较 2008 年增长 28.9%，在总人口中的比重从 22.6% 提升到 28.9%，互联网普及率在稳步上升。

从图 1 中可以看出，中国网民规模依然保持快速增长之势。电子化和网络化程度的提高，对政府的要求也不断提高。政府为了提高自己的办事效率，为公民提供了更多更好的服务，电子政务的需求越来越高。电子政务平台建设、电子政务安全和电子政务绩效评估等各个方面确实改善了政府的工作效率和服务质量。2003 年以后，我国的电子政务发展速度不断加快，从"一窗式、一站式、一网式"到电子社区、数字城市等，都已初具规模。

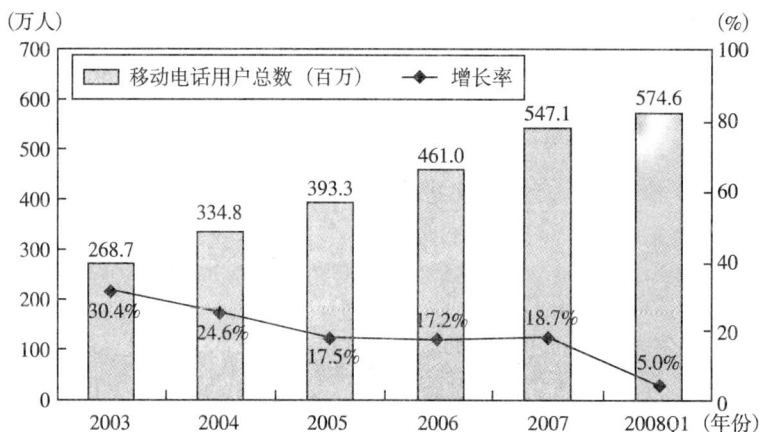

图 2　2003~2008 年中国手机用户数量及增长

资料来源：中国互联网络中心：《中国互联网络发展状况统计报告》2009。

从图 2 中可以看出，随着手机普及率的不断增加，无线网络和无线技术的不断完备，人员的流动性的增加，固定电子设备的局限性逐渐体现出来。虽然我国电脑普及率不断增加，但依然是少数人才能拥有，使得"数字鸿沟"的问题越来越凸显，增加了用户获取政府服务的成本，限制了政府有效提供服务。

随着中国手机网民呈现迅速增长态势，据中国互联网络中心统计，截至 2009 年 12 月底手机网民规模达 2.33 亿人，占网民总体的 60.8%，移动网络、手机终端在中国互联网发展中起着更加重要的作用，移动政务应运而生。通过无线网络和移动设备来获取信息和所需的服务。现在我国的手机用户达到 6 亿多，普及率远远高于电脑的普及率，并且移动设备的移动性，克服了以前固定电子设备的局限性，可以实现任何时间，任何地点都能获取信息和服务。对于政府内部办公，也能实现任何地点、任何时间办公，这就解决了"数字鸿沟"的移动性和部分成本问题。移动政务实现了"U"（Ubiquitous，无处不在）的服务。很多发达国家都把信息化的战略由"E"转向了

"U"的发展模式，都充分意识到了无处不在的服务需求，移动政务的发展正是抓住了这个契机。国内很多省会城市和直辖市都开始开展移动政务的建设。北京、上海、广东等地区已率先起步。移动政务的建设势在必行，但是决不能盲目发展，各个城市有各个城市的不同情况，不同问题，一定要根据自身的情况来建设移动政务，才能适应发展。

二、移动政务建设的意义

移动政务的建设和发展与电子政务不相分离，是电子政务的补充与发展。移动技术的发展和逐步成熟，为政府部门进一步改善对公民的服务提供以及提高政府管理水平提供了新的条件，对社会发展来说具有重大的意义。在电子政务环境下，建设移动政务主要有以下作用：

1. 节约成本

节约成本主要包括两个方面，一个是政府机构运营成本，另一个是用户获得信息成本。对于政府，如果移动政务建设良好，政府部门及其工作人员可以通过手机等无线设备进行移动办公，

对固定的台式计算机的依赖性减弱，这样可以减少计算机的购置和维护费用。在平时办公中，需要用固定电话进行信息的交流，有些信息交流完全可以通过一条短信就能完成，成本肯定小于固定电话资费。通过电子化移动化的办公，也能减少人力成本。对于用户，如果移动政务建设完善了，用户仅仅通过手机就能获得所需的一些相关信息，通过短信的形式完成办理的业务，通过手机缴费来完成一些费用的缴纳，大大降低了用户原来所要花费的人力和物力。

2. 信息传递的便捷及时

移动政务的一大特点就是移动性、灵活性。这点在信息发布和搜集上体现得最为明显，尤其是在紧急突发事件状况中。当发生一些突然的自然灾害或是人为灾难时，群众会处于慌乱之中，手机的便捷性便显示出来，通过短信就可对群众进行通知和指引，在预防和事后救援中能起巨大作用。这对于非常规危机事件的应对具有现实意义。在信息的搜集中，及时性也体现得比较明显。以往政府在搜集信息的时候，通过纸张问卷分发、热线或是通过网上搜集，时效性比较低。但是通过短信的搜集，便可以及时地得到群众的回应。

3. 促进 SP 手机增值服务业的发展

SP（Service Provider，服务供应商）指的是在电信运营商提供的平台下通过提供短信息、彩信等手机增值服务盈利的机构，负责根据用户的需求开发和提供适合用户使用的服务。对于政府而言，在法律、法规允许的范围内，开放信息资源供 SP 使用，可以获得适当的经济回报以更好地推动政府信息化项目。例如，北京开通了机动车违章短信查询系统。司机可以发送特定信息查询自己的违章信息，从而避免逾期不交导致罚款。政府在为司机及时了解违章信息、减少损失的同时，也促使 SP 获得了利润。

4. 提高政府与群众间的互动，增加了社会满意度

管制型政府的特点是政务的业务是由政府决定，单向信息流动多，和百姓之间的互动非常缺少。但随着管理体制的改革，政府由管制型转为服务型政府，增加了与百姓的互动。现在逐渐出现了短信投票，短信投诉和短信参政等活动，百

姓可以通过手机发短信给政府，轻松便捷。由于百姓对手机的熟悉和了解，通过短信的这种方式也深得人心，大大地增加了互动的行为，群众的满意度也随之提高。

三、移动政务发展中阻力分析

随着各地移动政务建设的展开，全国掀起了一股移动政务热潮。公众对移动政务的建设发展热情比较大。但是在推进过程中，还是存在宏观和微观方面的阻力。

（一）宏观方面

宏观方面主要包括五个方面：基础设施不健全、政府宣传力度不够、开设业务少、个人隐私和安全保障体系不健全和群众参与意识不强。

1. 基础设施不健全

基础设施不健全是指无线网络设施和移动政务平台建设的覆盖面不够。在北京、上海、广州等经济发达的城市，城市中的一些主要地区会有无线网络的覆盖，在这个区域中可以用掌上电脑、便携式电脑等移动设备连接无线网进行信息的接收发送等办公事务，这要比用手机处理的信息量要大很多，为真正在外移动的商务人士提供了方便快捷的办公方式。而对于很多城市来说，城市中还没有无线网络的覆盖或者覆盖面很小，在无线网络支持方面非常缺乏。

2. 政府宣传力度不够

政府在移动政务的宣传方面确实力度不够，了解移动政务的公民并不多。一个产品的问世必然伴随着相关的宣传，如果想让此产品的销量增加，就要加大宣传力度。移动政务也是一种产品，政府可以通过一些媒体来对移动政务进行宣传，增加群众对此的相关了解。

3. 开设业务少

移动政务平台初期建设阶段完成的时候，主要包含的功能有意见建议、短信投诉、短信评议、短信投票和会议短信群发。这些只是一些信息的单向传递的服务，而且在实际生活中的应用范围也很狭小。移动政务的建设发展目的之一就是要惠民，让百姓能感受到政府工作效率的提高，生活中所需要办理的一些政务能够快速有效的办理。但是现在所开设的服务少之又少，根本满足不了百姓日常生活的需要。

4. 个人隐私和安全保障体系不健全

现今社会中，个人隐私和安全保障的问题日益严重，总有一些不法分子趁机获取非法的利益。这也给人们心中增设了很多的防线，对新兴事物尤其是信息技术产品更多采取保守的态度，不敢轻易使用和尝试。产生这个问题的原因主要是两个方面：技术层面和法律法规层面。从技术层面来说，移动政务属于新兴的信息技术的产品，对于一般的信息产品，采用了诸如个人身份验证、数字密钥、物理层隔离等技术增强安全性。但是在移动政务的建设中，技术层面的安全保护措施仍然在发展中，这为未来的发展埋下了安全隐患。从法律层面来说，我国的法律法规体系虽然在不断地完善，但是在很多方面依然缺少相关的法律法规的建立和完善。在移动政务方面至今还没有什么相关的法律法规的提出。没有法律法规的保障，对未来移动政务的健康发展会是重要的制约因素。

5. 群众参与意识不强

现在提倡服务性政府、透明政府，政府积极地进行体制改革，与百姓进行互动，打破以前管制型的形象。但是对于公众，更多的是习惯被动地接受政务的管理和服务，主动参与的意识还是很缺乏的。

（二）微观方面

1. 大部分的人把计算机作为操作首选

主要的原因是因为移动设备主要是手机的屏幕小，传输速度慢。现在的移动政务还是主要集中应用于手机上。但是手机屏幕与电脑屏幕相比小了很多，对于信息量多的信息，在阅读方面会造成很大的困难。手机无线上网的信息传输速度与电脑相比也确实慢了很多，在信息的发送和接收的时候会需要消耗更多的时间和精力。这对于获取相关政务信息时会产生很多麻烦，会消耗更多的时间和精力。

在工作环境中，人们更习惯使用电脑。这点体现了人们的一种生活工作中习惯方面的问题。习惯对于人们来说是很难改变的，想要改变习惯需要耗费相当大的精力、物力、财力。在日后移动政务覆盖范围拓展中，人们的习惯将会成为阻碍因素。即使人们接受了移动政务，在工作中，应用无线设备工作，也会出现因为操作等习惯问题，而导致工作效率的下降，这都会影响移动政务未来的发展。

2. 移动政务收费问题

手机主要的收费标准是每条短信0.10元。大多数人还是认为政务方面的服务属于惠民措施，应该免费。但是在移动政务这项大工程的建设中需要很多的财力、物力，这对政府来说还是比较重的负担。不过收费标准的确定需要谨慎的斟酌，如果收取的费用过高，或是超出百姓可接受的程度，自然就会对移动政务的开展产生负面影响。

微观层面问题并不像宏观层面问题那样影响范围那么广泛。不过一些因素的关键程度不能仅仅就此来评论，有些比较关键的细节问题，会决定一件事情的成败，所以不能轻视这些细节的问题。对于移动设备屏幕小的问题来说，这对未来移动设备设计发展和人性化服务都具有指导意义，以后随着移动政务的普及，移动设备可能都会加大屏幕的尺寸，而一些文本信息的设计也会注意到屏幕的限制，而变得更适合用户的阅览和接收。对于个人习惯偏好问题来说，这点是比较难以改变的，会影响移动政务应用的情况。不过，可以通过日常的宣传和接触等方面的因素，逐渐地改善。对于移动政务收费问题，应该是免费的，不过这对政府财政状况和增值业务的发展都会带来很大压力，所以适当地收费还是比较正确的选择，而收费的标准问题便孕育而生。如果能妥善制定，会产生积极的影响。

以上这些问题都是在移动政务发展中客观存在的，并且都是公众亲身所遇到的问题，而公众是移动政务的最大使用群体，如果能够妥善地解决这些问题，对移动政务未来的发展会起到重要的推动作用。

四、移动政务发展对策建议

移动政务建设中从宏观和微观两方面存在的问题，从公共政策角度、法律角度、技术层面到应用层面都需要解决和改善。从移动政务发展中，从相关利益人分析角度，政府、运营商和公众存在博弈，存在一定直接和间接的相互作用和利益，达到公共利益最大化，获得产业利益。为此，三者之间存在三维动力，共同推动移动政务发展。

（一）政府需要从基础建设规划中进行战略性调整，并且要加大宣传力度和培训力度，加大公众的参与度和普及度

1.以点带面，以中心带动周边

加强信息技术基础设施的建设，形成一个发散型网络模式。虽然移动政务是比较灵活的，不像其他信息媒体，受到一些固定设施的限制。但是移动政务是电子政务的特殊形式，与电子政务是互补的，所以移动政务基础设施的发展与电子政务基础设施的发展是息息相关的。因此，在发展建设移动政务之中也要同时加强电子政务基础设施的建设，也就是增强基础信息平台的建设，使之成为一个信息处理中心。然后将其他的一些信息平台与其相连，形成一个发散型的网络模式，这样其他的信息平台可以将实时信息发送到信息港中，人们可以通过访问信息港就可以得到所有的信息。以点带面，以中心带动周边，建设无线信号发射设施，逐步增加无线网络的覆盖面，最终达到真正的在任何时间、任何地点都能感受到无线网络的存在。先集中建设城市中心区域的设施，这个区域主要集中了一些政府部门、商业中心，人流量也是比较大的，尽快实现城市区域中心无线网络完全覆盖，这样能很快地使人们感受到无线技术带来的快捷方便与灵活。然后再以城市中心区域为中心，向四周扩散，在每个区的中心地域建设无线网络，以点带面，再扩大覆盖范围，最后达到完全覆盖，这样无论在地下室、电梯、郊区等地方都能接收到无线信号，实现真正的任何地点都能应用移动政务。

2.运用多种渠道，加强政府宣传力度

尽管手机的普及率和拥有率要高于电脑，电子政务确实有很多限制性因素，不适应移动中的应用，而移动政务正是应此趋势而产生的，人们对移动政务的支持率也很高。但是，如果想让移动政务在以后的应用中达到一个比较高的比率，使之成为生活、工作中必不可少的工具，那必须要让更多的人知道、了解移动政务，只有人们知道了，了解了移动政务的好处，能给他们带来更多的益处，这才会让百姓在以后的生活工作中选择移动政务。

在宣传的过程中，可以采用多渠道的方式进行宣传，如通过电视、广播、报刊、宣传广告牌、短信和网络等媒体渠道，每天接触这些渠道的人会占很大一部分，这也是比较方便快捷的宣传方式。但是这些宣传方式还是属于一种单项的广告形式，只能让人们了解移动政务的表面层面上的东西，印象不深。因此可以由政府部门组织一些相关宣传人员到社区或人群密集中心进行人与人当面的宣传交流活动，人们可以与宣传人员相互沟通，不明白的地方还可以得到宣传人员比较专业的解释，加强了人们对移动政务的深度了解，让人们能够感受到政府的积极与热情，也提升了政府在群众心中的地位。

3.重视公众普及型教育和相关专业培训

由于信息技术发展速度非常迅速，而大多数的人对之了解的速度一般跟不上其发展的速度。移动政务是建立在先进的无线通信技术之上的产品，如果想让用户能轻松应用移动政务，必然要先对无线通信技术有所了解。为此应该加强信息技术的教育程度，从基础教育开始，增加信息技术方面课程的时间和次数，教科书的内容也要加快更新步伐，让人们能了解更多比较新的内容，与时俱进。通过教育上的增强，可以提高总体的知识水平，对于以后移动政务的发展也建立了良好的人力基础。

除了加强信息技术教育，还要对一些在职人员进行相关的培训。由于移动政务的出现，很多业务的办理会采用移动技术，必然会出现一些相关的技术软件、操作系统和操作平台，这些是需要实际的操作和应用才会尽快掌握的。所以，如果引进了相关的技术，应该加强人员的培训，尽快使操作人员熟练地应用，这样就能在短时间内得到效率的提升。平时还要增加员工学习的机会，可以组织定期进行信息技术知识普及，或是组织员工出外观摩考察，这些都是为移动办公的可持续发展打下坚实的基础。

（二）政府和运营商之间，公众和运营商之间，要达到公共利益最大化，能够实现信息化产业利益，推动整体国民经济发展，需要对服务内容和范围进行调整，控制服务成本

1.加强人性化服务，控制成本费用

一般的移动设备如手机和掌上电脑，屏幕都是比较小的，对信息长度有所限制。所以要加强终端服务的人性化。手机屏幕的限制、短信长度的限制以及无线通信稳定性的限制，系统设计者应该充分考虑，系统发给用户的文字、图片应该进行优化，以方便阅读。此外，如果采用短信方式提供服务，用户发送短信格式错误的时候应该发送帮助信息，引导用户正确使用；操作界面要简单易懂，因为服务对象是不受文化限制的。对成本费用的控制也非常重要，这对一项产品的应用会产生很大的影响。费用问题主要包括两个方面：移动设备的成本和移动增值服务费用。对于移动设备成本来说，如果未来移动政务普及了，那么移动设备必然也要普及，这个普及率很大程度是受移动设备价格的影响。移动设备如手机和掌上电脑等价格需要控制，要保证大部分人都能消费得起，能享受到移动政务带来的无处不在的服务。

对于移动增值服务费用来说，公众普遍认为是不应该收费。但是，移动政务的发展不是政府自己发展的，是要通过移动、联通等服务商的帮助来发展，这也可以带动增值业的发展，对国家经济发展有所帮助。并且政府财政还是有限的，移动政务发展的资金对政府来说也是比较大的压力，还是可以适当的收费，来缓解此压力，但一定要做到适当。可以对于一些特殊的服务进行不收取费用，如短信举报、短信建议等，这些都是对政府建设发展来说很有意义的，不收取费用会促进百姓多举报、多建议，有利于社会的良好发展。

2. 增加业务开设的范围

目前移动政务的主要业务大多数都是开设在手机平台上，这是手机的灵活性、随身性和熟悉性所决定的。使人们会更多地使用手机在任何地点、任何时间来完成所需业务。这是最理想的一种情况，但是现在由于移动政务处于起步状态，所开设的服务还相当少，所以只能达到完成某个事情的程度，这将移动政务的便捷性大打折扣。

在国内的发达城市如北京、广州以及国外的一些发达国家，都开设了很多涉及人们生活各方面的服务，诸如2002年11月，奥地利内务部与西门子合作利用短信给手机用户发送国会选举结果。2003年7月，英国负责劳动就业的部门开始

尝试用短信为失业人员提供就业信息。2004年8月，荷兰政府在全球率先投资建立基于GSM网络小区广播的预警系统，这一系统可以向特定区域居民发送自然灾害预警、有害气体泄漏以及烟雾预警等信息。2004年10月，奥地利宣布在6个城市为期一年进行的"移动缴纳停车费"试验取得成功，有五万名驾驶员使用了这一服务利用短信缴纳停车费。

2006年1月，北京市东三环京广桥附近路面出现塌陷，北京政府利用手机短信向全体北京手机用户发送预警信息。2006年1月，北京市居民收到北京市政府拜年短信。①

对于人们主要想开设的一些便民惠民的服务，政府应该尽快开设，使其效用最大化。在未来的发展，应该将服务覆盖到各个行业，各个领域，真正让人们感到移动政务无处不在。

（三）加强身份鉴别验证，保护信息安全，完善法律法规

个人隐私和信息的安全性对用户来说是相当重要的，尤其是在现今这个危机无处不在的社会，人们都会时时保持着警惕。如果安全问题得不到解决，必然会对移动政务未来的发展造成阻碍。对于安全保证，需要政府、运营商和公众联合起来共同完成。

1. 加强身份鉴别验证

身份鉴别问题在信息收集方面至关重要，移动政务是通过无线接入获取信息的，辨别信息真实性是关键。存在虚假信息传递现象，正是因为移动终端的身份无法鉴别。我国存在大量的预付费手机用户，这使得很多用户的身份无法有效识别。此外，远程办公上利用手机操作后台系统时，单凭手机号码不足以鉴别操作者的身份，这包括SIM卡复制问题，也有手机借用问题。信息收集时，可考虑到用户信用等级管理，可以和已经成熟的信息安全技术结合，开发更适合移动特色的信息安全技术，例如生物识别技术等。

2. 保护政府和公众信息安全

同传统政务系统比较，移动政务系统在信息安全方面需要特别注意的是无线数据通道的安全以及终端设备的安全问题。CDMA网络比GSM网

---

① 宋刚、李明升：《移动政务推动公共管理与服务创新》，《办公自动化》，2006年第9期。

络更安全，但是无线信号在公共空间传播这一特性，会导致其安全方面天然的较为脆弱。国外在此方面采取的措施主要是采取 VPN 方式加以控制。移动政务的开展提高了手机的重要程度，用户需要培养安全使用的习惯，充分利用各种密码保护信息安全。信息在传输过程中要注意加密传输等，防止中途被窃听、篡改。

3. 完善相关的法律法规

与移动政务相关的法律法规问题，包括短信的有效性问题以及短信警报系统的操作流程问题。由于移动政务不受时间、空间的束缚，因此领导不在现场的时候发送短信传递信息是否有效，需要界定。同时加强对发布来源的控制，对民众主动发出的信息也要出台相关的法规。实际问题的解决过程中可能还会遇到一些问题，问题总会不断地更新。不过如果把这些现存的问题妥善地解决了，一定会对未来移动政务的发展起到促进作用。

[参考文献]

[1] 黄依林：《基于无线网络技术的移动政务个性化信息服务模式》，《图书馆学刊》，2008 年第 5 期。

[2] 李诺娃：《我国移动政务建设研究》，大连理工大学硕士论文，2007 年。

[3] 宋刚：《移动技术在城市管理中的应用——英国游牧项目及其启示》，《城市管理与科技》，2005 年第 3 期。

[4] 宋刚、李明升：《移动政务推动公共管理与服务创新》，《办公自动化》，2006 年第 9 期。

[5] 施建忠：《长春让政务动起来》，《信息系统工程》，2006 年第 11 期。

[6] 张芸：《短信政务及其在移动电子政务中的应用》，

对外经济贸易大学硕士论文，2005 年。

[7] 中国互联网络信息中心：《中国互联网络发展状况统计报告》，2009 年。

[8] 中国互联网络信息中心：《中国互联网络发展状况统计报告》，2010 年。

[9] 赵文晶：《长春信息港移动政务平台建设》，《中国信息界》，2006 年第 13 期。

[10] 赵蓉：《移动政务关键成功因素研究》，《上海行政学院学报》，2008 年第 5 期。

[11] Jennie Carroll. Risky Business: Will Citizens Accept M-Government in the Long Term? EURO M-gov，2005.

[12] Ben Chaabane Mohamed Amine, Khaddar Yosra. M-Government: The Convergence Between E-Government and Wireless Technology. http://medforist.grenoble-em.com/Contenus/Conference% 20Tunisia% 20IEBC% 202005/papers/June25/12.pdf，2005.

[13] Imraan Patel, Glenda White. M-Government: South African Approaches and Experiences. EURO M-gov，2005.

[14] Geoffrey A Sandy, Stuart McMillan. A Success Factors Model For M-Government. EURO M-gov，2005.

[15] Ibrahim Kushchu, M.Halid Kuscu. Mobile Government. http://www.mgovernment.org/resurces/Mgovfor Encyclopedia. pdf，2005.

[16] Betty Yu, Ibrahim Kushchu. The Value of Mobility for E-Government. http://mgovernment.alfabes.com/resurces/mgov-lab_byik.pdf，2004.

[17] Tarek El-Kiki, Dr. Elaine Lawrence. Emerging Mobile Government Services: Strategies for Success. http://ecom.fov.uni-mb.si/proceedings.nsf/0/f4258640a7bed92bc12572ee006f2ffb/$FILE/Paper1.pdf，2007.

第十七章 公共人力资源管理

毕鹏程

伴随着新经济时代的到来，人力资源已经成为一切资源中最重要、最核心的战略资源，而公共人力资源则是整个社会人力资源的重要组成部分。作为一种结果，公共人力资源管理既是一种必不可缺的管理功能，也是保障整体组织成功的关键。①

公共（部门）人力资源管理是指以国家行政组织为主要对象，依据法律规定对其所属的人力资源进行规划、录用、任用、使用、工资、保障等管理活动和过程的总和。公共（部门）人力资源管理是建立在全新的现代人力资源理论和管理思想上的，它是对公共部门人事行政管理理论和实践的全面更新，它不同于传统的人事行政管理，无论是在管理内容、管理原则、管理方法还是在管理部门的地位等方面都有很大的区别。②

20世纪80年代以后，世界范围内的政府及其公营部门的改革运动持续不断。伴随着政府不断调整与市场和公民关系的过程，其组织自身的结构和文化也在经历着重大变化。这些变化同样深刻地影响着作为公共管理重要组成部分的公共部门人力资源管理的内容与构成，使得公共部门人力资源管理的理念、视野、制度和模式都发生了重大的变化。③

本章首先以2011年中国学术界在公共人力资源管理理论研究的进展以及在实践领域的创新两个方面为主要对象，进行较为系统的归纳和整理。其中，在理论进展部分，笔者根据2011年的相关理论研究中所涉及的主题，将其划分为九个领域（综述研究，问题及对策研究，选拔、录用及任职制度研究，绩效研究，激励研究，胜任力研究，培训与职业发展研究，国外经验借鉴研究以及发展趋势研究），主要围绕研究内容、观点及结论进行归纳整理。在实践创新部分，主要就2011年中国在公共人力资源管理领域所发生的重要实践创新活动（包括战略规划的制定和实施、公共政策的制定以及重大事件等）以案例形式进行总结和评述。然后是对2011年所发表的代表性理论成果（包括著作和研究论文）的介绍。

第一节 理论进展

公共部门人力资源管理是一套不断回应现实实践问题而获得自身发展动力的知识体系。适应复杂的外部环境变迁，面向组织发展的战略目标，开发组织人力资源的能力，提升组织员工的综合素质，是公共部门人力资源管理的特质所在。④

近年来，随着公共部门管理实践的发展，特

---

① 首届"公共人力资源管理国际会议"公告（该会议于2011年10月14日至10月16日在中国武汉举行），2011年5月30日，http://www.sinoss.net/2011/0530/33271.html。

② http://baike.baidu.com/view/1800203.htm。

③④ 孙柏瑛：《公共部门人力资源开发与管理》（第2版），中国人民大学出版社，2010年。

别是公共部门自身改革运动的不断深化，公共部门人力资源管理的理念、思维、方法和技术工具都处在不断更新与变化的过程中。这其中，最明显且重要的变化表现为理念和思维方式的变化。主要体现在人力资源管理在公共组织管理中的重要地位和作用逐步获得共识。公共组织不再一味地简单复制企业人力资源管理的理论、方法和技术，而是结合公共组织自身的特点和运行机制，构建相对独立的公共部门人力资源管理理论体系；并针对实践发展中出现的新问题，运用已经经过合理修正的公共部门人力资源管理理论、方法和技术来对其进行解决。

为了在评述过程中尽可能地保持系统性，我们将这些研究按照所涉及的内容和主题进行了归类，主要分为九个领域来进行评述。这些研究成果主要以发表于2011年的相关文献为基础（因2011年综述文献偏少，故综述类文献适当扩展至以前年份）。另外，为了对中国公共人力资源管理研究有一个整体把握，我们对1999~2011年中国期刊网所收录的公共人力资源管理方面的文献按照三大检索源（期刊全文、硕博论文、重要会议论文）以及四种检索方式（题名、关键词、主题、全文）进行了汇总整理（见表17-1）。

表17-1　1999~2011年公共人力资源管理研究文献汇总（检索来源：中国期刊网）

单位：篇

检索源/发表时间/检索方式			题名	关键词	主题	全文
期刊全文	1999~2010年		98	169	223	1016
	2011年		13	18	19	122
硕博论文	1999~2010年	博士论文	0	0	2	66
		硕士论文	8	19	51	851
	2011年	博士论文	0	0	0	6
		硕士论文	0	1	5	127
重要会议论文	2000~2010年		2	9	3	40
	2011年		0	0	0	4
合　计			121	216	303	2232

根据对所搜集文献的整理，我们发现按照四种检索方式得出的结果中，题名搜索的结果数量最少，全文搜索的结果最多。而且不同检索方式得到的文献存在一定程度的重复性。此外，根据对文献涉及内容的进一步分析，全文搜索中得到的结果有相当一部分不属于公共人力资源管理领域。因此，根据本发展报告的特点和要求，本次理论文献述评工作是在综合了四种检索方式所得结果的基础上，以2011年文献为主，适当追溯了2011年之前的部分文献。

表17-2还对2011年所发表的相关中文文献分领域做了数量统计。需要说明的是，本节只对文献相对集中的九个领域做了综述，其他类由于比较分散，主题不统一，故未做评述。

一、综述研究

随着人力资源管理在企业中的发展，人们也越来越多地开始关注人力资源管理在政府部门以

表17-2　2011年公共人力资源管理研究文献分领域汇总统计（检索来源：中国期刊网）

领　域	数量（篇）
综述研究	5
问题及对策研究	17
选拔、录用及任职制度研究	12
绩效研究	28
激励研究	29
胜任力研究	4
培训与职业发展研究	17
国外经验借鉴研究	2
发展趋势研究	12
其他：管理外包	3
人力资本	1
公务员腐败防范	1
危机事件	1
公平性价值	1
集体与个人价值	1
行政伦理	1
合　计	135

及其他公共部门中的运用。国内外许多学者纷纷

著书撰文阐述各自的观点，如美国佛罗里达国际大学唐纳德·克林格勒教授和堪萨斯州立大学约翰·纳尔班迪教授的《公共部门人力资源管理：系统与战略》，[①]成为公共部门人力资源管理领域中一部抢眼的力作，从价值体系的支撑出发研究政府和第三部门的人力资源管理。

在国外公共人力资源管理研究的影响下，我国学者也开始尝试从不同角度开展相关研究并取得若干项初步成果。若干学者已经对某些领域中相对集中的研究成果进行了初步归纳总结，并以综述的形式发表。例如，杨钰[②]从概念、特点和内容三个角度对政府人力资源管理研究的近况进行了一个初步综述，总结了已有理论研究在三个方面（人力资源理念的树立、人员开发的加强以及绩效考核的关注）所取得的成就，最后对未来研究进行了展望。

近年来，人力成本研究逐渐被研究者和实践者所关注，如何控制人力成本以使组织降本增效一直是国内学者研究的热点，该领域因此而积累了一批研究成果。季睿、高世葵[③]对国内近5年300多篇人力成本方面的研究文献从研究领域和研究思路两个方面进行了综述和评价，并与国外相关研究文献进行了比较分析，最终发现成本收益法是未来人力成本管理研究的发展趋势。

公共部门管理研究是近几年在我国兴起的学科，主要是借鉴国外的一些学术成果，尚未形成自己的理论体系，特别是结合中国公共管理部门实际的学术成果目前还在探索和发展阶段。而从人力资源角度，将和谐管理思想引入公共部门的管理理论和实践，不论是理论还是实证，人力资源学者均在探索中。韩青[④]对国内外关于公共部门人力资源和谐管理方面的文献进行了较为系统的整理汇总，并分国内研究和国外研究两个方面分别进行了评述。该文认为，在公共部门人力资源和谐管理的理论研究方面，西方学者的研究以跨学科成果居多，但零散不能成为体系。我国学

者的研究系统性强，但可操作性不强。在实践实证上，公共部门和谐管理学术研究成果尚不能完全转化为科学规范的实践行为。为此，作者提出了下一步的研究方向：一是运用复杂系统关于非线性、复杂、混沌等研究方法来完善和谐理论的理论建构；二是吸收借鉴人力资源管理研究的前沿理论，并通过建模等方式，将研究成果转化为公共管理部门的制度安排。

政府和企业作为社会组织的重要组成部分，一直深受研究者的关注。从人力资源管理比较研究的视角来分析二者的异同，厘清相互之间的关系，对于进一步改善各自的运行机制和管理水平，具有重要意义。为此，张鑫[⑤]的论文系统梳理了目前关于政府与企业人力资源管理的主要成果，希望能够厘清政府与企业人力资源管理的区别。该文首先对国外研究政府和企业人力资源管理的已有文献进行了综述，着重讨论它们之间的相同点和相似性。然后分别从宏观和微观的角度对政府和企业人力资源管理的差异之处进行了比较。

二、问题及对策研究

在已有的研究文献中，有相当一部分在探讨公共部门人力资源管理目前的现状、存在的问题以及解决问题的对策。由于出发点和角度不同，这些研究中提到的现状和问题很难用一个统一的模式进行总结。但总的来说，涉及的问题主要集中在管理理念、体制机制和制度几个大的方面。

在管理理念方面，所涉及的问题主要表现为人力资源管理的理念在公共部门未得到充分体现，甚至很多公共部门还停留在早期的人事行政管理阶段，将人看作被动的工具，而非具有主观能动性的主体。如孙欣梅[⑥]的研究认为，我国公共部门对现代人力资源管理理论的系统认识不足。目前，我国许多公共部门仍习惯于把人事管理过程归纳为"进、管、出"三个环节，以工作、职位为中心，把人看作完成组织目标的工具，强化对

① 唐纳德·克林格勒、约翰·纳尔班迪：《公共部门人力资源管理：系统与战略》（第4版），中国人民大学出版社，2001年。
② 杨钰：《政府人力资源管理研究综述与展望》，《甘肃行政学院学报》，2004年第3期。
③ 季睿、高世葵：《人力成本管理的国内研究评述》，《中国人口·资源与环境》，2011年第3期。
④ 韩青：《公共部门人力资源和谐管理研究综述》，《中国行政管理》，2009年第3期。
⑤ 张鑫：《政府与企业人力资源管理比较研究综述》，《中国行政管理》，2008年第12期。
⑥ 孙欣梅：《浅析我国公共部门人力资源管理问题及对策》，《经济师》，2011年第9期。

人的控制，这与现代的人力资源管理思想背道而驰。张丽华[①]的研究则认为人力资源管理理念已经渗透到我国公共部门的组织管理之中。但是，人力资源管理基础薄弱的问题依旧存在。

在管理体制机制方面，大多数研究都认为目前我国公共部门人力资源管理的体制尚不健全，且管理运行机制不能很好地适应经济社会发展对公共部门提出的要求。公共部门人力资源管理的三大机制分别是竞争机制、激励机制和评价机制。在公共部门传统的人事管理中，这三大机制存在程度不同的失灵或者失效问题。例如，欧春梅[②]认为，我国公共部门人力资源管理体制不健全，现行的公务员运行机制不能适应经济社会发展的要求。薪酬和晋升是我国公共部门的两大主要激励机制，二者作用的发挥都以绩效考核为重要依据，由于绩效考核功能的弱化，薪酬、晋升与实际绩效的关系存在不确定性，从而降低了薪酬和晋升的激励作用；同时，作为行政部门的激励机制较为规范化、制度化和严格化，激励机制的灵活性不够，激励效果不明显。另外，由于受以重人伦为核心的儒家文化的影响，公共部门竞争上岗的用人机制尚不健全，缺乏科学性和严密性，竞争未做到法治化和制度化。孙欣梅也认为，现阶段，我国公共部门人力资源管理的激励机制灵活性不够，激励效果不明显。公共部门竞争上岗的用人机制尚不健全，缺乏科学性和严密性，竞争未做到法治化和制度化。

在管理制度方面，现有的研究存在相对一致的意见，普遍认为在现有的公共部门人力资源职位分类、招聘、培训、考核、薪酬、福利、奖惩等环节的制度设计，未能与公共部门人力资源管理的战略目标有效衔接，从而导致职位分类方式不科学，招聘方式缺乏竞争力，考核结果区分度弱，薪酬福利制度存在平均主义，培训制度流于形式等。如孙欣梅、欧春梅的研究都提到了公共部门现有职位分类制度和考核制度的缺陷。杨乐乐和王娟[③]的研究则提到了人员选拔制度的不透

明问题。

在以上三个大的方面基础上，还有若干研究分别从一些新的角度提出了自己的见解。如周伟[④]重点研究了我国公共部门人力资源规划方面存在的主要问题及对策。该研究认为，由于公共部门面临的内外部环境和组织结构、组织目标在不断发生变化，从而对组织内部人力资源的数量、质量和结构不断提出新的要求。因此，深入分析影响公共部门人力资源规划的内外部因素和人力资源规划存在的问题，着眼于公共部门整体目标的实现和公共组织的良性运行，采取针对性措施，完善公共部门人力资源规划是十分必要的。目前，我国公共部门在人力资源规划方面存在的问题主要表现在四个方面：一是人力资源规划缺乏系统性，忽视了人力资源管理其他环节对人力资源规划的影响；二是人力资源规划与公共部门战略目标相分离；三是公共部门人力资源规划缺乏成本意识，效率不高；四是公共部门对人力资源规划及实施情况缺乏评估。为此，作者从建立人力资源规划的长效机制，强化人力资源战略规划，提高人力资源规划成本意识三个方面提出了相应的对策。

文化是人力资源管理的灵魂。从文化视角分析公共部门人力资源管理，将行政管理和公共部门人力资源管理相结合，可以促进两门实践学科的发展。陈德富[⑤]的研究基于文化视角，从当前公共部门人力资源管理存在的问题及原因分析出发，探讨了人力资源管理问题的解决途径，即建立"法治"、"廉洁"、"人本"、"务实"、"开放"的行政文化体系。

三、选拔、录用及任职制度研究

对公共部门来讲，通过科学的选拔、录用吸引并选拔到优秀的人才，并使其通过公平合理的任职制度发挥专长，是做好人力资源管理工作的重要一环。根据对2011年公共部门人力资源选拔、录用及任职制度相关研究文献的汇总整理，

① 张丽华：《公共部门人力资源管理存在的问题及发展取向》，《太原城市职业技术学院学报》，2011年第12期。
② 欧春梅：《我国公共部门人力资源管理问题及对策》，《经济管理者》，2011年第9期。
③ 杨乐乐、王娟：《公共部门人力资源管理与开发的障碍与消解》，《工会论坛》，2011年第5期。
④ 周伟：《我国公共部门人力资源规划存在的问题及对策》，《理论导刊》，2011年第10期。
⑤ 陈德富：《基于文化视角的公共部门人力资源管理问题及对策分析》，《文史博览（理论）》，2011年第3期。

总结出当前理论研究所关心的问题主要集中在以下几个方面：①现有的公共部门考录制度的科学性和公平性如何？如何设计更加有效的考录机制？②现有的领导干部选拔测评及任职制度是否科学、公平、合理？③现有的国家公务员制度存在哪些合理或必要的补充或替代？

现有中国公共部门的考录制度以国家公务员的选拔录用制度作为主要代表。自1994年中国国家公务员考试制度设立以来，该项制度为促进我国公共部门考录制度的科学化、公平化和合理化做出了重要贡献。一个公平、公正、公开的公务员考试选拔制度，一个规范、合理、科学的公务员考试选拔制度，不仅可以为国家党政机关选拔优秀的人才，为公务员队伍注入新鲜活力，提高行政机关行政效能，而且还能实现人才的有效利用，并为社会其他考试提供重要的引导与借鉴。那么，这项制度在实际工作中的成效如何？如何认识这些取得的实际成效，还存在一些什么样的问题，并防止其他问题的发生。陈向宏[①]的研究专门对此进行了探索。同样，王波[②]的研究也对当前我国公务员考录制度存在的问题及对策进行了研究。该文认为，当前公务员考试录用制度缺乏必要的导向机制，考录制度缺乏统一性，考试录用过程透明度不够，考试录用方法和内容缺乏科学性，种种原因导致许多违反原则的行为仍然存在，既不利于社会稳定，又浪费了优秀人才资源，也导致了社会资源配置失衡。针对以上问题，该文提出的对策为：立足我国国情，从我国公务员考试录用制度的现状出发，依据公务员考录制度存在问题的原因进行分析，优化我国公务员考录制度就要创造良好的公务员考录制度的生态环境和实施环境；统一考试，建立公务员人才库；增强笔试、面试的科学性；优化公务员监督考核制度等措施来完善当前公务员考录制度。

赵雪[③]的研究则认为，传统的公务员选录体系已不能满足公共组织为获得持续竞争力而产生的对关键人才的需求。为此，她对我国初级公务员选拔与录用现状及存在问题进行了评述与分析，同时依托胜任素质理论，提出我国初级公务员选录体系的构建思路，即根据职位分类确定胜任素质，并在此基础上将其运用到选录工具的优化中，从而为初级公务员选录体系的完善提供有益参考。

近年来，我国很多省市都开始尝试推广领导干部公推公选（公开推荐、公开选拔）制度，作为对传统公职人员晋升激励机制的一种有益补充。但是，该制度在实施中的效果如何？存在哪些问题？如何改进？对此也有研究者开展了相关研究。刘彦雄[④]的研究就认为，自2003年江苏省率先采用公推公选之后，全国各地都对此予以借鉴，并对公推公选模式进行了有益尝试和改进，均取得了很好的效果。公推公选，创新了领导干部选拔模式，打破了传统的"闭门选官"，实现了"多数人在多数人中选人"。实践表明，这种选人模式不仅能够有效遏制干部选拔任用中的不正之风和腐败现象，而且还能广泛激励优秀人才脱颖而出，对深化我国干部人事制度改革具有重要的现实意义。针对该模式现存的问题，该文首先提出了公推公选领导干部选拔测评体系的设计思路，确定指标体系，并设计出公推公选领导干部选拔测评体系的数学模型。其次，采用数据量化方式，转变传统的公共部门定性评价领导干部的模式为定量评价，从而试图建立起一套科学的公推公选领导干部选拔测评体系。最后，结合实践对公推公选领导干部选拔模式的科学实施提出建议，指出了公推公选领导干部选拔测评体系的运行方法，设计了两种遴选方案，对公推公选领导干部选拔测评体系的实践与完善提出建议，用于指导我国公推公选实践运行。

公务员制度虽然是我国乃至世界范围内公共部门人力资源管理领域的基本和主流制度，但在其基础之上，也有很多国家探索并建立了新的替代或补充制度。政府雇员制就是这样一项源于西方发达国家，并且近年来在我国开始逐步尝试采用的重要制度形式。近几年，中国部分地方政府积极尝试政府雇员制，借鉴市场用人机制，逐渐改革各级政府的用人机制，作为引进高端专业人

①　陈向宏：《当前公务员考试选拔制度与实际工作成效的跟踪研究》，湖南师范大学硕士学位论文，2011年。
②　王波：《我国公务员考录制度存在的问题及对策研究》，新疆大学硕士学位论文，2011年。
③　赵雪：《基于胜任素质的初级公务员选录体系研究》，上海交通大学硕士学位论文，2011年。
④　刘彦雄：《公推公选领导干部选拔测评体系研究》，南京航空航天大学硕士学位论文，2011年。

才的一项积极举措，并使之成为提高各级政府行政效率的一个有效手段。在理论研究领域，李小明[1]首先对我国政府雇员制运行现状及利弊进行了分析。通过对政府雇员制的理论和典型模型的解析，并借鉴部分发达国家和地区的成功经验，与我国的实际情况结合起来进行分析研究。对中国地市政府推行政府雇员制今后如何巩固、完善和二次创新提出了几点设想。刘彦彦[2]的研究以青岛市市南区为例，总结分析了政府雇员制的实施效果，并在此基础上提出了健全法律法规、加强理论研究、严格考核及录用程序与标准，构建"4P"模型与制度设计等完善措施，为我国的政府雇员制在新的社会背景下运行提供了理论支撑与制度保障。冯静[3]的研究进一步对我国三个具有代表性的地区政府雇员制实践模式进行了比较分析，理出不同模式之间的联系与区别，同时提出我国实施政府雇员制的必要性。在此基础上，就该制度在我国各地试行过程中存在的问题以及制度设计本身的不完善之处，进行相关的分析。最后从制度设计方面，包括招聘录用、薪酬管理、雇员培训、绩效考核、法律规范建设五个方面提出了完善我国政府雇员制的对策建议。

四、绩效研究

随着经济全球化步伐的推进，组织面临的环境更加复杂，传统的绩效评估已经很难帮助组织有效确立竞争优势，绩效评估的固有缺陷也日益暴露。对于公共部门来讲，绩效管理是其核心模块，是提升公共服务品质和实现公共部门战略目标的重要工具。[4]

公共部门绩效评估作为政府再造的重要内容和根本性措施在政府公共管理实践中的广泛运用，开创了当代公共部门吸收、借鉴私营部门管理方法与经验的先例，为政府改革实践和公共管理理论研究提供了新的视野，并在相当程度上带来了国家政府管理效率的提高和管理能力的增强，各

种社会危机和矛盾得到了缓和。随着我国加入世界贸易组织，我国公共部门越来越重视绩效管理，比以前更加关注公共期望的满足。社会政治经济的发展、政府管理职能的扩大、政府目标责任制的推行，在理论和实践上都取得了一定的成绩，然而，我国公共部门的绩效管理目前尚处于起步阶段，实践中显露出一些问题，值得我们关注与思考。[5]

已有的公共部门人力资源绩效研究，主要从三个方面展开。第一方面围绕现阶段我国公共部门人力资源绩效管理方面存在的问题及对策；第二方面主要探讨绩效评估的一些新方法和新工具在公共部门的应用；第三方面围绕特定组织及主体（如行政机关公务员、事业单位员工）的绩效特点开展绩效考核过程的研究。

对于当前公共部门在实施绩效管理的过程中存在的主要问题，研究者从不同角度给出了各自的观点。例如，张良[6]的研究认为现阶段公共部门人力资源绩效考核存在七个方面的问题，分别是：①公共部门绩效目标体系的约束性，导致对公共部门人员的考核与社会发展相脱节。②从绩效考核的主体来看，考核人员具有自身能力水平的局限性和客观环境的约束性。③从绩效考核的依据来看，工作分析不到位，职位说明书缺乏针对性。④从绩效考核的标准来看，缺乏明确的、具体的、可量化的考核标准和指标体系。⑤从绩效考核的程序来看，规范性不够，降低了考核结果的信度和严肃性。⑥从绩效考核的对象来看，对绩效考核态度冷漠，影响了考核的效度和作用发挥。⑦从绩效考核结果的使用来看，绩效管理功能严重缺失。在对上述问题进行分析的基础上，作者提出如下对策：通过建立和完善绩效管理体系，提高人力资源管理者的能力水平，构建科学合理的绩效目标和考核标准，改进考核方法，并且加强绩效考核结果的应用，改进个人绩效。李娜和姜勇[7]的研究则提到了四种问题表现：相关

① 李小明：《中国政府雇员制运行现状利弊分析与对策研究》，南昌大学硕士学位论文，2011年。
② 刘彦彦：《我国政府雇员制的运行效果及制度完善研究》，青岛大学硕士学位论文，2011年。
③ 冯静：《我国政府雇员制试行中问题及对策研究》，河南大学硕士学位论文，2011年。
④ 吴志华、刘晓苏：《公共部门人力资源管理》，复旦大学出版社，2007年。
⑤⑦ 李娜、姜勇：《我国公共部门绩效管理存在的问题及对策分析》，《农业经济与科技》，2011年第6期。
⑥ 张良：《公共部门人力资源绩效管理问题及对策》，《北京行政学院学报》，2011年第1期。

的理论研究和实践不足、缺乏绩效管理的制度基础、绩效管理及评估技术上的问题、评估维度体系不够健全。

在有关公共人力资源绩效管理的研究中也有针对特定组织及主体的。例如，康娜[1]专门研究了辽阳市公务员绩效考核中存在的问题。张立新[2]主要以某市统计局为例，探讨了市级公务员绩效考核中存在的问题及对策建议。韦庆全[3]研究了某市地税系统绩效管理指标体系的设计。周楚惟[4]专门研究了公安民警的绩效管理问题。张云[5]则专门针对乡镇驻村干部的绩效考核问题进行了研究。

对于新工具和方法在公共部门人力资源绩效管理过程中的应用，主要提到了平衡计分卡和360度绩效考评两种。吕雪峰[6]的研究主要围绕政府在绩效管理中如何建立比较系统的平衡计分卡指标体系而展开，通过对平衡计分卡的运用，从而解决我国政府在绩效管理实践当中出现的不规范等问题，使我国的绩效管理走向成熟化、法制化。周恩毅、付胜伟[7]的研究主要探讨在节约型机关建设的过程中，如何创新性地将在人力资源管理领域中应用较为广泛的360度绩效考核法引入，并通过具体的指标体系和权重的设计，以及评估体系信度效度的检验来实现该方法的有效应用。孙琳[8]的研究认为，采用360度绩效考评体系对公共部门人力资源进行年度考核，不仅能树立公民取向的人力资源绩效观，而且符合"服务型政府"的核心目标，同时为公共部门人力资源的价值设计提供客观公正的核算依据。

在以上两个主要方面的研究基础上，也有一些研究独辟蹊径，选择了一些新的变量来探讨它们和绩效之间的关系。例如，陈小平、肖鸣政[9]以中国公务员为例，对情绪智力与工作绩效关系

以及如何开发情绪智力进行探索研究，以促进情绪智力理论在中国公共部门的理解和实践应用，从情绪智力开发视角打造一批卓越的公务员人才队伍。该研究根据研究假设，以347份问卷调查结果对公务员情绪智力与其工作绩效的关系进行实证研究。研究结果表明：公务员情绪智力中的自我觉知、自我管理、社会觉知和社交技巧四个维度对任务绩效和关系绩效均有显著正向影响，这四个维度的不同表现水平，将带来公务员工作绩效的差异。据此，为了有效提升公务员情绪智力水平，该文从编制情绪智力词典、开发情绪智力测评体系、个人发展、组织发展等角度提出了对策建议。戴圣良[10]则基于"服务型政府"视角，探讨了基层公务员工作压力与工作绩效的关系。

目前，我国一些公共服务部门虽然正在逐渐推行和实施人力资源绩效管理与评估，但仍旧存在短期行为、考核主体错误、考核主体单一、信息来源不全面、信息不真实、绩效考核封闭、缺乏媒体监督等问题。孙琳的研究则主要围绕公共人力资本绩效考核来进行。该文认为，在建设"服务型政府"的背景下，充分利用会计准则改革的新契机，构建公共服务部门的人力资源管理会计，通过将公共人力资本产生的绩效与因之发生的成本进行成本—收益分析，有利于正确全面地考核公共服务部门的工作效益，为顺利实施绩效工资为起点的事业单位改革提供科学、客观的信息和依据，同时为社会公众提供公共服务部门履行社会责任情况的信息。

对领导干部的政绩如何有效评价也是公共部门绩效领域比较关注的新问题。庄国波和陈万明[11]从利益相关者理论的视角，研究了领导干部政绩评价主体体系的构建问题。该文认为，由于评价

① 康娜：《辽阳市公务员绩效考核问题与对策探讨》，吉林大学硕士学位论文，2011年。
② 张立新：《论市级公务员绩效考核中的主要问题与对策建议》，中国政法大学硕士学位论文，2011年。
③ 韦庆全：《LYG市地税系统绩效管理指标体系设计研究》，南京理工大学硕士学位论文，2010年。
④ 周楚惟：《公安民警的绩效管理研究》，西北大学硕士学位论文，2011年。
⑤ 张云：《乡镇驻村干部绩效考核研究》，华东理工大学专业硕士学位论文，2011年。
⑥ 吕雪峰：《基于平衡计分卡的政府绩效管理应用研究》，辽宁大学硕士学位论文，2011年。
⑦ 周恩毅、付胜伟：《浅析360度绩效考评在节约型机关建设中的应用》，《中国行政管理》，2011年第1期。
⑧ 孙琳：《基于成本效益分析的公共人力资本绩效考核研究——兼论公共服务部门人力资源管理会计的构建》，《经济与管理研究》，2011年第2期。
⑨ 陈小平、肖鸣政：《公务员情绪智力与工作绩效关系及开发实证研究》，《中国行政管理》，2011年第11期。
⑩ 戴圣良：《服务型政府视角下的基层公务员工作压力与工作绩效研究》，大连海事大学硕士学位论文，2011年。
⑪ 庄国波、陈万明：《领导干部政绩评价主体的系统构建——利益相关者理论视角》，《中国行政管理》，2011年第1期。

主体的利益相关性和价值取向差异性，评价主体的组成及权重分配对领导干部政绩评价结果有强烈的影响。因此，系统地构建领导干部政绩评价的主体体系，是领导干部政绩评价工作的重要课题。为此，需要选择不同的评价主体，设定不同的权重系数，建立科学的政绩评价主体体系。这对全面、客观、公正、准确地考核评价领导干部的政绩具有重要意义。

五、激励研究

公共部门人力资源管理中的激励研究是开展相对丰富的一个领域。激励是组织人力资源管理的核心问题，它对充分调动组织成员工作的积极性、吸引和留住人才以及提高个人和组织绩效都具有决定性的意义。公共部门人力资源管理过程中的绩效管理、职业发展管理、培训与开发、薪酬设计与管理等环节都涉及激励问题。[①]

现有研究中，有相当一部分在探讨我国公共部门人力资源激励机制的现状和问题。比如，李娜[②]从干部人事任免、薪酬管理和考核制度三个方面对现阶段我国公共部门人力资源激励机制现状进行了总结。侯婧璇[③]从晋升、保障、薪酬和竞争四种激励机制入手，总结出当前公共部门人力资源激励方面存在的问题：一是重监督轻激励；二是晋升激励未能充分体现能力原则；三是干部选拔中缺少激励机制；四是片面强调精神激励。并从建立权力激励机制、建立科学的目标考核体系和完善细化的激励制度体系、建立物质激励与精神激励双轨激励机制三个方面提出了相应的对策。

还有一部分研究主要研究了公共部门人力资源激励模式及特点。如屠念念[④]的研究认为，只有以行为为导向，人们才会不惜成本、代价去创造价值。所以对政府工作人员的激励，要形成以市场为导向，以经济激励为基点，政治激励为特色，并辅之以道德激励和法律约束机制的多元化、

制度化激励机制。以法律为保障、竞争为原则的薪酬制度，考核为基础、效率为导向的选拔、任用、晋升机制等才能真正地在政府工作中起到作用。唐华茂[⑤]的研究认为，应急管理是政府管理部门面临的一项重大课题，也是当今社会公众所关注的热点问题。加强应急管理人才队伍建设是提高应急管理水平的根本保证。有效的激励机制是改善应急管理人才资源开发的必然要求。该文针对我国应急管理人才队伍构成现状和各类应急管理人才需求的差异性，以有关激励理论为工具，分析我国现行应急管理人才激励措施存在的问题，并在此基础上提出了构建更加有效的应急管理人才激励体系，以及完善应急管理人才激励制度的思路。

还有一些研究创新性地引入了一些新的思想和观念来启发公共部门人力资源管理激励问题的解决。如赵丹、吕真钰[⑥]认为儒家思想中蕴藏着丰富的激励思想，这些思想体现了儒家注重人、以人为本的管理理念，因此，在当代中国公共部门的人力资源管理中，要想建立起符合中国国情和发展需要的激励机制和体制，必须在分析公共部门人力资源的激励机制现状的基础上，秉承儒家激励思想，切合实际地运用各种方法和手段，以提高公共部门的管理水平，充分调动公共部门人员的工作积极性，最大限度地发挥公共部门人力资源的效能。

基于比较视角开展的激励研究也进行了一些。如郝忠明[⑦]的研究首先对公共部门的人力资源管理与企业的人力资源管理存在的联系和区别进行了分析，然后着重对两者之间激励机制的异同点进行了研究。通过对两者异同的分析，该文认为只有找到整合两者的方法，才能提高整个社会经济的人力资源管理水平。茆娟[⑧]主要探讨了中美两国公务员在约束机制方面的差异。在借鉴美国成功经验的基础上，结合我国国情，试图从思想、

① 吴志华、刘晓苏：《公共部门人力资源管理》，复旦大学出版社，2007年。

② 李娜：《公共部门人力资源管理激励机制的现状与对策》，《人力资源管理》，2011年第9期。

③ 侯婧璇：《公共部门人员激励的问题与对策》，《企业研究》，2011年第8期。

④ 屠念念：《公共部门人力资源管理特点及激励模式探讨》，《商业时代》，2011年第5期。

⑤ 唐华茂：《我国应急管理人才激励问题研究》，《经济管理》，2011年第4期。

⑥ 赵丹、吕真钰：《儒家思想在公共部门人力资源激励机制中的应用研究》，《经营管理者》，2011年第15期。

⑦ 郝忠明：《公共部门与企业人力资源激励机制的异同》，《学习月刊》，2011年第12期。

⑧ 茆娟：《中美公务员约束机制比较研究》，南京师范大学硕士学位论文，2011年。

制度和法律三个方面着手完善我国现行公务员约束机制，即加强公务员职业道德修炼，完善公务员进入、在职及退出公务员队伍各阶段的制度建设，推进对公务员具有较强约束效果的几项法律建设。

六、胜任力研究

自 McCLelland 首次提出"胜任力"的概念以来，国内外学术界对胜任力的研究越来越多，其研究内容主要集中在三个方面：胜任力的界定、胜任力的分类和胜任力模型。大多数学者认为，胜任力是直接影响工作业绩的个人条件和行为特征，具体包括知识、技能、社会角色、自我形象、人格特质、动机等。在我国人力资源管理研究方面，也有学者将其称为能力素质。目前，有关人力资源管理的研究者已经越来越将研究的方向集中在了胜任力这个方向上。甚至有学者提出，"胜任力成为人力资源管理的起点和核心，整个人力资源管理的目标是通过胜任力的开发和管理来实现的"。[①]从人力资源现有的文献来看，胜任力研究在企业人力资源管理中相对较丰富，但是在公共部门，基于胜任力的研究尚不多见。在目前能够找到的 2011 年研究文献中，仅有两篇文献涉及了该领域。

对公共部门而言，为了使其更有活力和效率，拥有一支积极主动、尽职尽责、精明强干的公务员队伍无疑是实现治理目标的根本保证之一。目前，我国公共部门尤其是政府机构现存的主要问题集中体现在公务员的激励制度、培训制度等方面。公务员自身的素质和公共部门的性质难以结合，从而出现了公务员的管理低效率的现象。公共部门需要借鉴企业人力资源胜任力研究，对现有管理模式进行创新和完善。尚子娟和高引民[②]的研究通过对前人研究文献的总结，利用内容分析的方法，对胜任力和企业人力资源管理模式进行分析和总结，结合我国公共管理部门的特点和人力资源管理的特殊性，在原有的基于胜任力和企业人力资源管理模式上，进行了人力资源管理模式的创新和完善，提出了一个新的适合我国公共管理部门的人力资源管理模式，并在文章的最后给出相应的政策建议。

胡冰[③]的研究提到，提高行政效能是我国行政管理体制改革的重要目标之一。中央明确提出要按照转变职能、权责一致、强化服务、改进管理、提高效能的要求，深化行政管理体制改革。在竞争性、流动性相对有限的情况下，如何提高政府部门效能是目前行政管理急需解决的问题之一。该文认为，胜任力管理为人力资源管理提供了一个新的切入点和视角，对于健全和完善国家公共部门人力资源的科学合理的选拔、任用、培训、开发机制，提高政府管理效能和绩效提供了新的理论依据和技术方法，也对加快我国政府部门人事管理体制改革和行政体制改革起到了重要推动作用。为此，该文首先总结了现阶段公共部门人事管理机制及其问题，在此基础上，对胜任力管理及其实践意义进行了探讨，最后就胜任力管理对公共部门干部人事管理机制的完善所产生的作用和价值进行了研究。

七、培训与职业发展研究

公共部门人力资源管理者的素质高低对公共部门的形象和职能的实现以及人民群众的生活质量有着重要影响，提高公共部门人力资源管理者的素质，必须走职业化道路。公共人力资源职业化是指在法律和相关社会制度的保障下，公共人力资源应当具有公共管理的专业技能，遵循特有的职业准则和规范，并通过不断的培训，提高和掌握更新更高的管理技能，展现良好的职业素养，形成一支专业化、高素质和具有特有组织文化氛围的公共管理队伍，为公众有效地提供公共物品，实现公共利益的最大化。[④]

加强公共人力资源职业化建设是公共行政部门管理改革推进的有效途径，是公共行政部门应对现实挑战的迫切需要。我国公共人力资源职业

---

① 段军芳、高长春：《人力资源的传统模式与胜任力模型的比较研究》，《当代经济管理》，2008 年第 4 期。

② 尚子娟、高引民：《基于胜任力的我国公共部门人力资源管理模式的研究》，《第 12 届全国信息管理与工业工程学术会议论文汇编》，2011 年。

③ 胡冰：《胜任力管理：公共部门人事管理改革的新视角》，《中国行政管理》，2011 年第 4 期。

④ 罗哲、吴先国：《我国公共人力资源职业化建设研究》，《现代商业》，2011 年第 26 期。

化建设已取得初步成效，但必须承认这种职业化是浅层次的。目前，我国公共部门人力资源管理者的素质和现状已经不适应我国由人力资源大国向人力资源强国转变的需要。必须通过建立健全职业资格认证制度，加强职业道德，塑造良好的职业形象，注重自身职业生涯的开发与管理等途径实现。[1] 现阶段我国公共人力资源职业化发展中存在五大缺失：职业化观念缺失、系统性知识缺失、权威性认证缺失、行业准入制度缺失、职业道德信用记录缺失。为此，须认真分析我国公共人力资源职业化建设中还存在的问题，改革和完善公职人员的职业化制度，突出"公共人力资源"的职业特征，形成独特的职业标准、职业规范和职业道德，造就优秀的公共人力资源队伍。

职业生涯规划是实现公共人力资源职业化的一个重要途径。刘筠[2] 的研究对我国公务员职业生涯规划中存在的问题进行了深入探讨，将这些问题总结为四个方面：缺乏多元化的职业通道、缺乏专业化的职业咨询和测评、缺乏有针对性的职业生涯规划培训、公务员绩效考评简单化。并提出了相对应的对策建议。王湘茗[3] 的研究分析了当前高校教师及行政人员进行职业生涯规划的意义和重要性，并着重论述了高校教师在进行职业生涯规划时应考虑的因素及策略途径。

在职业化建设基础上，公共人力资源培训也是提高行政效率的一条重要途径。对公共人力资源培训模式进行研究探索，构建科学合理的公共人力资源培训模式不仅有利于提高人力资源的职业能力、拓展其发展空间、满足自我发展的需要，也有利于实现培训工作的系统化和计划化，助推公共组织目标的实现。[4]

冯淑萍对我国现有公共人力资源培训模式进行了总结归纳和剖析，发现现有培训模式中存在着一些重大缺陷，表现在缺乏对培训的重视、缺乏培训实施各要素的规划整合、缺乏与培训相配套的外部机制。该文以科学管理理论、能本管理

理论为指导，在借鉴国外公共人力资源培训模式的基础上，针对我国现有培训模式的弊端，结合我国公共人力资源的特点，提出了构建规范化培训模式的设想，该模式的模型结构是一个由内环和外环共同组成的双环链系统。内环链是规范化培训模式的核心，外环链是规范化培训模式的保障。内环链包括培训需求分析、培训计划实施、培训评估三大操作环节，外环链则包括培训的法律法规、公共组织的氛围、培训经费的管理机制、相应的激励机制四个部分。

仇勇[5] 的研究主要探讨了我国公共部门人力资源培训体系的构建思路及策略。主要从培训需求分析、培训规划与方案设计、培训项目的组织与实施、培训效果的评估四个方面提出具体的构建思路，最后从法律层面和公共人力资源管理的制度层面两个角度提出了完善该体系建设的具体策略。

八、国外经验借鉴研究

通过借鉴他国，尤其是西方发达国家在公共人力资源领域已经相对成功的经验和做法，将对我国公共人力资源的实践产生重要的影响和推动力。2011年这方面主要有两篇代表性文献。

刘迫和邢春雷[6] 主要对美国国家层面人力资源战略的相关政策和措施进行了系统梳理，归纳了美国实施人力资源战略的主要策略选择，并提出这些经验对我国实施人力资源战略的一些启示。该文认为，美国人力资源战略的成功实施使其在世界人才竞争中一直保持竞争优势，这与其选择合理的实施策略是分不开的。美国人力资源战略实施的主要策略包含六个方面：通过立法确立教育和职业培训在人力资源投资领域的地位和作用；推动人力资源市场的市场化和现代化建设；强化政府在人力资源开发中的引导作用；开展人力资本战略管理，创建高绩效政府；建立有效的激励机制和协调机制，推动各利益相关者积极实施；

① 黄婷婷：《论公共部门人力资源管理者职业化的现状与路径》，《价值工程》，2011年第18期。
② 刘筠：《试论我国公务员的职业生涯管理》，《领导科学》，2011年第1期。
③ 王湘茗：《论职业生涯规划在高校人力资源管理中的应用》，《鞍山师范学院学报》，2011年第1期。
④ 冯淑萍：《我国公共部门人力资源培训模式探究》，南京师范大学硕士学位论文，2011年。
⑤ 仇勇：《我国公共部门人力资源的培训体系构建刍议》，《现代商业》，2011年第5期。
⑥ 刘迫、邢春雷：《美国人力资源战略的实施策略及对我国的启示》，《中国行政管理》，2011年第4期。

建立规范的评估和报告制度。由此给我国实施国家层面的人力资源战略提供了七个方面的启示：制定明确的人力资源规划目标和具有针对性的实施策略；通过立法推动人力资源战略的实施，增强战略实施的执行力；建立规范化的人力资源市场，提高人力资源配置效率；建立良好的激励机制和协调机制；制定科学完善的评估和控制机制；鼓励公众参与人力资源战略实施；加大人力资源战略的投入。

张平平[1]的研究主要探讨了国外（主要是美国和英国两个国家）卫生领域绩效工资的实施对我国的借鉴。20世纪90年代前后，许多国外公共医疗机构实行了新的绩效工资管理制度，相对于传统的可变报酬，绩效工资的形式和内涵更加丰富。和我国相比，英美发达国家在公共医疗机构实施新的绩效工作管理制度时，具有如下特点：一是充分体现了社会公平理念；二是具有科学的考核标准和评估体系；三是选择灵活弹性的模式。我国将在医疗卫生领域实施绩效工资，这是对公共部门收入分配体制进行的一项重要改革，也是对现行不规范的收入分配做法的一次调整。通过探讨国外绩效工资实施的理念与做法，分析其实现预期效果的条件，将对我国公共部门绩效工资的改革和实施有可资借鉴之处。

九、发展趋势研究

对于公共人力资源管理未来的发展趋势，研究者们也基于不同的认识视角，给出了各自的预测和判断。

陈彩琴[2]的研究认为，由于公共部门在整个社会管理中处于核心地位，世界上许多国家都十分重视公共部门人力资源开发，制定了具体的人力资源发展战略。因此，分析公共部门人力资源管理未来的走向，对于制定本国公共部门人力资源管理发展具有启发和借鉴意义。根据该文的预测，法制化、电子化、伦理化和人性化将成为未来公共部门人力资源管理发展的四大趋势。

唐权和巫丹[3]的研究认为，进入21世纪，人类进入了一个以知识为主宰的全新经济时代。由于科技发展的日新月异、人民素质水平的不断提高，处在这个时代的公共部门人力资源管理机构或人员越发需要培养一种企业家战略思想，迫切需要营造一种"企业家战略文化"。这种企业家战略文化旨在公共部门内部营造一种有效的人力资源价值氛围，即营造一种"以经济有效为目标，兼顾功利性和公益性两方面大局，运用信息化、知识化的人力资源管理方法，'合计'公共部门内部和外部两个人力资源总体为公共事业服务"的虚拟思想和文化。此外，未来公共部门人力资源的战略管理行为还将出现虚拟化的趋势。

孟义均[4]的研究考察了科学技术、公共职能、公共组织、公共人力资源管理理念的发展变化规律和方向，分析了科学技术、公共职能、公共组织、公共人力资源管理价值的发展变化对公共人力资源管理的影响，认为现代公共人力资源管理将呈持久变革趋势，管理技术将继续以科学技术的进步和运用为导向，实现信息化和精细化管理目标，科学管理、人本管理、绩效管理将是公共人力资源管理的主导管理理念，管理内容上将更加注重知识管理、公共文化管理、伦理道德管理，公共人力资本和投资管理也将得到加强，公共人力资源管理环境将面临更加复杂化和全球化的趋势，民营化、市场化和社会化的因素也将在公共人力资源管理领域得到体现。

卜小燕[5]的研究认为，在政府改革运动中，新公共服务理念的提出凸显了公共利益、民主参与、公众回应力等新的价值取向，服务型政府建设成为我国政府改革的趋势。而我国公共部门人力资源管理受传统人事行政思想的影响，存在着诸如人本思想匮乏、民众参与度低、忽视公众回应力等与新公共服务理念脱节的价值理念。该文以新公共服务理念分析为切入点，结合我国目前

① 张平平：《国外卫生领域绩效工资的实施及对我国的借鉴》，《人事天地》，2011年第1期。
② 陈彩琴：《公共部门人力资源管理的发展趋势》，《人力资源管理》，2011年第5期。
③ 唐权、巫丹：《公共部门人力资源管理发展趋势探究》，《人力资源开发》，2011年第10期。
④ 孟义均：《论现代公共人力资源管理的发展趋势——基于科学技术、公共职能、公共组织、管理理念的考察》，《人力资源管理》，2011年第1期。
⑤ 卜小燕：《新公共服务理念下我国公共部门人力资源管理的定位》，《法制与社会》，2011年第6期。

公共部门人力资源管理所存在的弊端，提出了几点关于我国公共部门人力资源管理的发展思路：以公共利益为导向，兼顾实现公务员的个人价值；以人为本，完善科学的公务员录用机制；凸显民主参与价值观的重要性，构建合理有效的绩效评价体制；强调战略规划性，重视公共部门人力资源开发。

十、2011 年公共人力资源管理理论进展总评

综观近年，尤其是 2011 年国内公共人力资源管理领域的理论研究进展，发现一个总的趋势是，国内理论界已经逐渐开始认识到公共部门人力资源管理的价值和作用，并开始积极大胆地学习、引进、吸收和借鉴西方相对成熟的理论研究成果，并结合中国公共部门自身的管理和改革实践，试图开展相关的理论探索和创新。从所综述的文献中可以发现，从研究中涉及的主题来看，已经基本涵盖了人力资源管理体系中应该包含的各职能要素，并且还在此基础上，引入了一些新的变量和因素，拓展了新的研究思路和领域。

但是，如果从研究的具体内容、所用到的研究方法和过程以及理论成果的创新三个方面来看，现有的文献也集中地表现出比较明显的不足，主要表现为：

（1）从研究内容来看，虽然涉及的主题都非常有意义，但是大部分的研究未能就研究问题展开相对深入的分析，从中提炼出真正有价值的研究主题。不同研究的主题和内容相互之间低水平重复的现象较为明显，没有体现出明显的差异性。甚至有些研究还停留在对基本概念的阐释以及对引进理论的复述上，未能深入公共人力资源管理的前沿，选择比较有现实意义的问题进行研究。

（2）从研究方法和过程来看，现有研究中，很少采用比较规范的研究过程和方法来开展，大多停留在表层的理论演绎分析。除个别研究用到了较为规范的实证研究方法之外，大部分研究都缺乏科学规范的求证过程。论证过程不仅简单草率，而且低水平重复的现象依然存在。

（3）从理论成果的创新方面来看，由于之前在研究内容和研究方法过程方面存在的缺陷，导致已有的研究成果和结论，大多未能突破国外已有理论研究成果的范围，未能出现比较有突破性、实质性的理论成果。

第二节　实践创新

公共人力资源管理的理论研究只有以实践为基础和素材，坚持"问题导向"，才能不断解决新问题，创造新思想、新观点和新方法。而实践领域的创新和发展，也需要不断依赖理论研究的引导，才能推陈出新，实现真正有效的变革效果。通过以上对 2011 年我国公共人力资源管理领域理论进展的回顾以及之前年份相关理论研究的追溯，接下来将重点对该年度实践领域的创新和发展以案例形式做一个简要总结。

2011 年是中国"十二五"开局之年。随着 2010 年《国家中长期人才发展规划纲要（2010~2020 年）》①的正式颁布，国家层面的人力资源发展战略地位进一步巩固和提高，由此也使得 2011 年成为国家新的人力资源发展战略规划具体实施的关键一年。在该规划中，共设置了 12 项重大人才工程，像"海外高层次人才引进计划"、"创新人才推进计划"等，均在国内外产生了巨大而深远的影响。本节将以此规划的实施为背景，选择若干相关的实践和行动，以案例的形式进行总结和归纳。

一、中国政府"海外高层次人才引进计划"在 2011 年稳步推进

人才资源是第一资源，在当今科技进步日新

---

① 《国家中长期人才发展规划纲要（2010~2020 年）》，中华人民共和国中央政府门户网，2010 年 6 月 6 日，http://www.gov.cn/jrzg/2010-06/06/content_1621777.htm。

月异、经济全球化日趋深入的情况下，站在世界科技前沿和产业高端的海外高层次人才越来越成为我国参与国际竞争、实现经济社会全面协调可持续发展的特需资源。大力引进海外高层次人才，是进一步扩大对外开放、提高国际竞争力的迫切需要，是深入贯彻科学发展观、建设创新型国家、实现全面建设小康社会奋斗目标的重大举措。[①]

1. "海外高层次人才引进计划"的提出背景

改革开放以来，在党和国家"支持留学，鼓励回国，来去自由"方针的指引下，我国先后有120多万人出国求学，其中回国工作的已有30多万人，他们积极投身国家改革和建设，发挥了不可替代的重要作用。随着社会主义现代化建设事业蓬勃发展，越来越多的海外留学人员希望回国创新创业，新一轮海外留学人才回国工作和创业的热潮正在兴起。[②]以留学人才为主体的海外人才是我国高层次人才队伍的重要来源，在社会主义现代化建设进程中发挥了积极作用。采取积极措施吸引海外人才是世界主要发达国家和新兴发展中国家壮大本国人才队伍的通行做法，也是在较短时间内突破技术瓶颈、提高科研水平的一条宝贵经验。[③]

据有关方面统计，我国约有20多万人学成后留在海外工作，其中45岁以下、具有助理教授或相当职务以上的约6.7万人；就职于国际知名企业、高水平大学和科研机构，具有副教授或相当职务以上的高层次留学人才约1.5万人。这些留学人员虽然长期在海外工作、生活，但其中许多人始终心系祖国，有回国工作和为国服务的愿望。[④]海外留学人才是国家现代化建设的特需资源。大力引进海外高层次人才是建立建设创新型国家领军人才队伍的急迫任务，是提升和优化我国人才结构的特殊需要，是参与经济全球化和国际人才竞争的战略举措，也是应对当前国际金融危机、化危为机的积极对策。要围绕国家和地区发展战略，抓紧引进一批能够突破关键技术、发展高新技术产业、带动新兴学科的科技创新创业领军

人才。[⑤]

各地各部门也十分重视引进海外人才工作。江苏省实施了"高层次创新创业人才引进计划"，提出在"十一五"期间，引进500名左右高层次人才和若干人才团队，省财政每年拿出1亿元以上资金，对每位引进人才或团队一次性给予不低于100万元的资金支持；2008年，将人才引进专项资金增加到2亿元，提出每年引进150名左右高层次创新创业人才。无锡市实施了"530计划"，提出用5年时间引进30名海外领军型创业人才。截至2007年底，引进海外高层次创业人才项目68个，2010年又有203个项目正式落户。北京市制定了《鼓励留学人员来京创业工作的若干规定》和《关于进一步鼓励海外高层次留学人才来京创业工作的意见》等，并于2008年12月正式成立了北京海外学人中心，为全方位吸引海外人才提供专业化、国际化的服务。上海市制定了《鼓励留学人员来上海工作和创业的若干规定》，先后实施了"万名海外留学人才集聚工程"、"浦江人才计划"等专项引才工程。广西等西部省区还实施了创新创业人才小高地计划，努力创造条件吸引海外人才归国或以多种方式为国服务。

教育部实施了"长江学者奖励计划"，10年来，共有115所高等学校聘任了长江学者1308人，其中特聘教授905人、讲座教授403人。特聘教授中，90%以上具有海外留学或工作经历，讲座教授全部从海外招聘。中国科学院自1994年实施"百人计划"以来，入选者共计1569人，其中有20人当选为中国科学院院士；93人走上了局级以上领导岗位；40余人成为"973计划"首席科学家；250余人作为负责人承担了国家"863"项目等。

总的来看，近年来，海外人才归国数量快速增加，归国人才层次不断提高，为国服务活动日趋活跃，在我国科技创新和高新技术产业发展中发挥了重要作用。但是，与建设创新型国家对各类高层次人才的迫切需求相比，我国的人才引进

　①中共中央办公厅转发《中央人才工作协调小组关于实施海外高层次人才引进计划的意见》的通知（中办发〔2008〕25号），2008年12月23日。

　②⑤李源潮：《解放思想　创新机制　积极引进海外高层次人才》，《人民日报》，2008年12月30日。

　③④《中央人才工作协调小组关于实施海外高层次人才引进计划的意见》答记者问，新华网，2009年1月7日，http：//news.xin-huanet.com/newscenter/2009-01/07/content_10620815.htm。

工作力量不够集中、力度不够大、政策不够完善，引进人才的数量和质量都有待提高，特别是要引进一批国际一流的战略科学家和科技领军人才。这都需要我们解放思想，抓住机遇，提出更有力的政策措施，加大海外高层次人才的引进力度。

随着改革开放的深入推进，我国各项事业蓬勃发展，为各方面优秀人才提供了前所未有的发展空间和广阔舞台，吸引大批海外高层次人才的时机已经到来。因此，中央提出要统筹资源、完善政策、健全机制，组织实施海外高层次人才引进计划，大力引进海外高层次人才回国（来华）创新创业。

2. "海外高层次人才引进计划"的正式提出

2008 年 12 月 23 日，中共中央办公厅转发《中央人才工作协调小组关于实施海外高层次人才引进计划的意见》。"海外高层次人才引进计划"（以下简称"千人计划"），主要是围绕国家发展战略目标，从 2008 年开始，用 5~10 年时间，在国家重点创新项目、重点学科和重点实验室、中央企业和国有商业金融机构、以高新技术产业开发区为主的各类园区等，引进并有重点地支持一批海外高层次人才回国（来华）创新创业。在符合条件的中央企业、高等学校和科研机构以及部分国家级高新技术产业开发区，建立 40~50 个海外高层次人才创新创业基地，推进产学研紧密结合，探索实行国际通行的科学研究和技术开发、创业机制，集聚一批海外高层次创新创业人才和团队。[①] 同时，各省（区、市）也结合本地区经济社会发展和产业结构调整的需要，有针对性地引进一批海外高层次人才，即地方"百人计划"。

3. "海外高层次人才引进计划"的组织领导

海外高层次人才引进工作小组负责"千人计划"的组织领导和统筹协调。工作小组由中央组织部、人力资源和社会保障部会同教育部、科技部、中国人民银行、国资委、中国科学院、中央统战部、外交部、发展和改革委员会、工业和信息化部、公安部、财政部、侨办、中国工程院、自然科学基金委、外专局、共青团中央、中国科

协等单位组成。在中央组织部人才工作局设立海外高层次人才引进工作专项办公室，作为工作小组的日常办事机构，负责"千人计划"的具体实施。

4. "海外高层次人才引进计划"的实施效果及带动效应

截至 2011 年底，"千人计划"已引进 1653 名海外高层次人才，其中有美国、英国、澳大利亚、加拿大等发达国家院士 22 人，相当于教授职务的 1100 多人。"千人计划"基本形成了覆盖各领域、各年龄段的引才体系，激发了海外高层次人才回国（来华）创新创业的热情，增强了我国对海外高层次人才的吸引力。[②]

在中央"千人计划"的带动下，我国各省（区、市）及新疆生产建设兵团相继制定并实施了各具特色的海外人才引进计划，完善人才政策体系，加强创业载体建设，多渠道引进海外高层次人才，抢占人才竞争制高点。[③]

为了更好地落实中央的"千人计划"，北京市于 2009 年制定并实施了"北京海外人才聚集工程"（以下简称"海聚工程"），计划用 5~10 年时间，在北京市聚集 10 个由战略科学家领衔的研发团队；聚集 50 个左右由科技领军人才领衔的高科技创业团队；引进并有重点地支持 200 名左右海外高层次人才来京创新创业；建立 10 个海外高层次人才创新创业基地。通过"海聚工程"把北京打造成为亚洲地区创新创业最为活跃、高层次人才向往并主动汇聚的"人才之都"。此外，中关村要打造中国首个人才特区。

上海浦东从 2011 年起正式启动"1116"引才计划。"1116"引才计划就是在 5 年内集聚 100 名以上中央"千人计划"人才、100 名以上上海"千人计划"人才、100 名以上浦东"百人计划"人才和 600 名以上金融、航运、战略性新兴产业和高新技术产业领域的创新创业人才。

深圳市于 2011 年 4 月推出了"孔雀计划"，从 2011 年起，在未来 5 年内重点引进并支持 50 个以上海外高层次人才团队和 1000 名以上海外高

① 中共中央办公厅转发《中央人才工作协调小组关于实施海外高层次人才引进计划的意见》的通知（中办发〔2008〕25 号），2008 年 12 月 23 日。

②③ 来有为：《我国引进海外高层次人才的工作进展与成效》，《中国经济时报》，2012 年 4 月 13 日。

层次人才到深圳创新创业，吸引带动 1 万名以上各类海外人才到深圳工作。从 2011 年起，深圳市在未来 5 年内每年投入 3 亿~5 亿元，用于海外高层次人才配套服务和创新创业专项资助。

天津滨海新区实施了建设人才特区、设立人才发展基金、实施重大人才工程等一系列措施。滨海新区对海外高层次创新人才每人给予 100 万元的资助，对创业人才每人给予 300 万元的资助；对引进并经认定的领军人才一次性给予购房补助 100 万元，对其他高层次人才给予相应的安家费资助。滨海新区采取组团招聘、网上招聘等多种方式，搭建多样化人才智力引进平台，多渠道引进海内外高层次人才。

江苏省无锡市在 2006 年启动了引进领军型海外留学归国创业人才计划即 "530" 计划，目标是在 "十一五" 期间引进 30 名高层次人才。截至 2010 年底，共有 1287 个 "530" 计划项目在无锡市落户发展，注册资本总额超过 41 亿元，集聚各类人才超过 1.1 万人。"530" 人才及项目成为无锡市经济发展的重要推动力量，产业化成效日益显现。在深入实施 "530" 计划的基础上，无锡市同时实施 "后 530" 计划、"泛 530" 计划等人才工程，实施吸引物联网高层次人才的 "1113" 计划、软件与服务外包高端人才的 "123" 计划、生物农业领军人才的 "130 计划" 等产业引才计划，开展 "人才工程"，大力度、广范围、宽领域地引进海内外高层次人才。

湖北省武汉市于 2009 年 3 月出台了《东湖高新区建设人才特区若干意见》，实施 "3551 工程"，启动 "人才特区" 建设。武汉市积极推进两个创新：一是人才政策创新；二是引才方式创新。在科技人才股权期权激励、人力资本出资入股、所得税返还、风险创投、建设国际学校等方面制定出台了一些突破性的政策。

北京、上海、天津、广州、杭州、武汉、成都、南京、深圳、无锡、苏州、厦门、青岛等城市不断完善引进海外高层次人才的政策措施，帮助解决创业初期资助、天使投资、住房、医疗、子女入学等海外人才最为关心的问题，对高层次人才、团队创业及项目进展提供全方位、全过程服务，优化了高层次人才创新、创业的环境。

二、2011 年中国事业单位人事制度改革

为全面贯彻落实党的十七大和十七届二中、三中、四中、五中全会精神，推动公益事业更好更快发展，不断满足人民群众日益增长的公益服务需求，2011 年 3 月 23 日，中共中央、国务院以中发〔2011〕5 号印发《关于分类推进事业单位改革的指导意见》。该《意见》分改革的重要性和紧迫性，改革的指导思想、基本原则和总体目标，科学划分事业单位类别，推进承担行政职能事业单位改革，推进从事生产经营活动事业单位改革，推进从事公益服务事业单位改革，构建公益服务新格局，完善支持公益事业发展的财政政策，认真做好组织实施工作 9 个部分。[①]

2011 年 8 月，国务院办公厅已发布分类推进事业单位改革的 9 个配套文件。其中的《关于事业单位分类的意见》，按社会功能将现有事业单位划分为承担行政职能、从事生产经营活动和从事公益服务三个类别。《关于分类推进事业单位改革中财政有关政策的意见》提出了全面落实税收优惠政策，支持事业单位改革和发展。[②]

事业单位改革主要包括机构编制、人事制度、收入分配制度、养老保险制度和财政政策 5 个方面。其中，由人力资源和社会保障部牵头负责的人事制度、收入分配制度和养老保险制度改革，涉及 3000 多万名 "事业人" 的切身利益。政策性强，社会关注度高，是事业单位改革中的重要内容。[③]

1. 事业单位人事制度改革背景

事业单位是一个有中国特色的概念，相当于其他国家的公共服务机构。其定义为：国家为了社会公益目的设立的社会服务组织，是由国家机关举办或其他组织利用国有资产举办的，从事教

---

① 《关于分类推进事业单位改革的指导意见》，中华人民共和国中央人民政府网，2011 年 3 月 23 日，http://www.gov.cn/jrzg/2012-04/16/content_2114526.htm。

② 《事业单位改革》，百度百科，http://baike.baidu.com/view/460061.htm。

③ 杨琳：《人保部副部长：建立事业单位绩效工资制度》，《瞭望》，2012 年 5 月 3 日。

育、科技、文化、卫生等活动的组织（1998 年国务院 252 号令）。事业单位的规模在我国也很庞大，有 130 万个事业单位，从业人员有 3000 万人，相当于国企职工人数的 2/3，占公共部门就业人数的 34%，国家用于事业单位的财务支出占财政支出的 30% 以上。事业单位的分布广泛，主要分布在教育、卫生、科技、文化、农技服务等领域，种类极其繁杂。事业单位在 GDP 中的比重约占 5%~10%。规模最大的教育、卫生、科研和文化四个行业，约占 GDP 的 5.1%。[①]事业单位分布在政治、经济、人民生活和社会发展等各个领域，集中了我国大部分专业技术人才，拥有先进的设置、设施，既是科学研究、理论宣传的骨干力量，又是第三产业的组成部分，肩负着社会主义精神文明建设和物质文明建设的双重责任，对于实现跨世纪的宏伟目标，起着至关重要、不可替代的作用。[②]

长期以来，我国事业单位工作人员管理一直沿用党政机关的管理模式。随着社会主义市场经济体制的逐步建立，这一管理模式的弊端日益显现，存在人事管理方式行政化，用人机制不灵活，实际上的身份终身制，人浮于事、效率不高等问题。事业单位人事制度改革势在必行。[③]

2. 事业单位人事制度改革历程

从 1992 年首次提出逐步建立健全分类管理的人事制度算起，中国的事业单位人事制度改革已经走过了近 20 年的路程。1992 年，党的十四大提出，按照机关、企业和事业单位的不同特点，逐步建立健全分类管理的人事制度。2000 年，中央下发了《深化干部人事制度改革纲要》，提出了以推行聘用制度和岗位管理制度为重点，逐步建立适应不同类型事业单位特点的人事管理制度，明确了事业单位人事制度改革的方向。2002 年，国务院办公厅转发了原人事部《关于在事业单位试行人员聘用制度的意见》，明确了聘用制度的相关政策规定，对聘用制推行工作提出了具体要求。2003 年，中共中央、国务院《关于进一步加强人才工作的决定》明确要求，以推行聘用制度和岗位管理制度为重点，深化事业单位人事制度改革，研究制定事业单位人事管理条例。党的十七大报告和十七届二中全会通过的《关于深化行政管理体制改革的决定》都明确提出，要分类推进事业单位人事制度改革。2008 年，习近平同志在全国组织工作会议上要求，要健全干部管理体制和相关制度，整体推进事业单位人事制度改革，尽快制定事业单位人事管理条例。李源潮同志在全国组织部长会议上提出，要建立健全以即将出台的《事业单位人事管理暂行条例》为核心的事业单位人事管理制度。2011 年，中共中央国务院《关于分类推进事业单位改革的指导意见》下发，对事业单位改革作了全面部署；中办、国办印发了《关于进一步深化事业单位人事制度改革的意见》，对下一步人事制度改革工作提出了明确要求。[④]

3. 2011 年事业单位人事制度改革进展

经过近 20 年的不断努力，事业单位人事制度改革取得了积极进展：一是聘用制度推行面不断扩大。截至 2011 年底，全国签订聘用合同的事业单位工作人员达 90%。二是岗位设置管理制度实施工作全面展开，各地区和部门正在加快制度入轨。全国 31 个省区市都已经开始实施。三是公开招聘制度稳步实施。据不完全统计，截至目前，全国参加事业单位公开招聘的有 1850 多万人次，实际聘用 184 万人。四是事业单位人事管理法规建设步伐加快。国务院法制办已将《事业单位人事管理条例》面向社会征求意见，有望 2012 年出台。总的来看，通过事业单位人事制度改革的不断深化，逐步改变了按照管理党政机关工作人员的办法管理事业单位人员的做法，淡化了身份，强化了岗位，优化了结构，增强了活力，初步转换了事业单位用人机制。[⑤]

4. 事业单位人事制度改革存在的主要问题

改革进程中也面临一些突出问题。一是进展不平衡。少数地区和单位认识不到位，推动改革力度不够大，措施不够得力，工作进展缓慢。二

---

① 王颖：《事业单位改制的背景与现状》，《青年记者》，2008 年第 28 期。

② 中共中央办公厅、国务院办公厅关于印发《中央机构编制委员会关于事业单位机构改革若干问题的意见》的通知（中办发〔1996〕17 号）。

③④⑤ 王晓初：《深化事业单位人事制度改革的思路和目标》，《行政管理改革》，2012 年第 4 期。

是新的用人机制尚未真正建立。聘用的形式有了，但用人机制转换不到位，岗位聘用的基础性作用有待进一步确立和强化。三是一些重点难点问题还需要在深化改革中研究解决。例如，与机构分类、养老保险、财政投入的配套改革问题，编外人员管理问题等都有待进一步探索解决。四是规范管理有待进一步加强。法规建设需要进一步加快，对事业单位用人行为、收入分配、职工权益保障等方面的监管力度还不够。这些问题在相当程度上制约了事业单位的科学发展和社会事业的发展壮大，必须通过深化改革来加以解决。

5. 分类推进事业单位人事制度改革的思路[①]

总体来看，事业单位人事制度改革，要根据事业单位分类实行不同的人事管理制度，同时注意做好分类推进改革时人员过渡和政策衔接工作。

（1）承担行政职能的事业单位，转为行政机构的，实行公务员制度。但必须根据公务员法有关规定，严格按照任职条件和规定程序录用、转任和调任人员，做好过渡工作。

（2）从事生产经营活动的事业单位，转为企业的，实行劳动合同制度。要做好聘用合同与劳动合同的转换工作。根据国家有关规定，做好转企改制单位职工社会保险关系建立或接续工作，办理档案接转手续。保证转制前已经离退休人员的原国家规定的离退休费待遇标准不变，支付方式和待遇调整按国家有关规定执行；转制前参加工作、转制后退休的人员，其待遇按照国家有关政策执行。

（3）从事公益服务的事业单位，实行以聘用制度和岗位管理制度为主要内容的事业单位人事管理制度。公益一类事业单位，在审批编制内设岗，规范人事管理，搞活内部用人机制；公益二类事业单位，在备案编制内设岗，赋予单位灵活的人事管理权。要积极探索完善不同类型公益类事业单位在聘用合同、岗位设置、公开招聘、竞聘上岗等方面的不同管理办法。

6. 深化事业单位人事制度改革的目标

按照中央关于深化干部人事制度改革和分类

推进事业单位改革的总体要求，以转换用人机制和搞活用人制度为核心，以健全聘用制度和岗位管理制度为重点，形成权责清晰、分类科学、机制灵活、监管有力，符合事业单位特点和人才成长规律的人事管理制度，实现由固定用人向合同用人转变，由身份管理向岗位管理转变。到2015年，全面建立聘用制度，完善岗位管理制度，普遍推行公开招聘制度和竞聘上岗制度，建立健全考核奖惩制度。到2020年，形成健全的管理体制、完善的用人机制和完备的政策法规体系。[②]

7. 2011年事业单位人事制度改革重点[③]

（1）启动工程系列职称制度改革试点。人力资源和社会保障部部长尹蔚民在全国人力资源和社会保障工作会议上透露，2011年我国将全面完成事业单位聘用制推行工作，同时在2012年启动工程系列职称制度改革试点。

尹蔚民表示，2011年我国将推进事业单位人事管理制度建设。积极推动事业单位人事管理条例和事业单位工作人员处分规定出台，研究制定事业单位工作人员考核、奖励、申诉、竞聘上岗等单项规定。同时，全国基本完成事业单位岗位设置管理实施工作。2011年将继续做好事业单位公开招聘工作，创新公开招聘方式方法，推进公开招聘工作规范化建设，提高透明度和公信度。尹蔚民还表示，2011年我国将继续加强专业技术人才队伍建设。做好国家中长期专业技术人才发展规划的实施工作，深入实施专业技术人才知识更新工程。出台完善政府特殊津贴制度的意见，开展"21世纪百千万人才工程"2011年国家级人才选拔工作。建立国家专家服务基地，开展万名专家服务基层活动。启动继续教育基地建设，制定专业技术人员继续教育规定。开展国内技能竞赛活动，做好首次参加世界技能大赛的工作。

（2）再启薪改，将事业单位推向市场，减少财政补贴。2011年，事业单位工资改革再度提上日程。中编办、人保部等相关部委正在抓紧制定《事业单位岗位绩效工资制度》，与这一文件一并制定的还有一份《分类推进事业单位改革的意见》。

---

① 杨琳：《人保部副部长：建立事业单位绩效工资制度》，《瞭望》，2012年5月3日。
② 王晓初：《深化事业单位人事制度改革的思路和目标》，《行政管理改革》，2012年第4期。
③ 《事业单位改革》，百度百科，http://baike.baidu.com/view/460061.htm。

这两份文件将成为下一步事业单位工资改革的指导性文件。

一些部委已经按照国务院相关部署，对其下属事业单位在资产清查、财务监管、划拨转让、人事编制等方面展开工作。这是在为上述两份文件出台后，全面展开事业单位工资改革做准备。中国的事业单位大体可以分为"参公（参照公务员）"、"全额拨款"、"财政补贴"、"自收自支"四类。在推进工资改革过程中，"财政补贴"的事业单位获得的财政支持将会逐步减少，而"自收自支"的事业单位最终将会被推向市场，不过在此之前，仍将获得一定的过渡期。而"参公"和"全额拨款"类的事业单位，短期内相对较为保险。此外，一些事业单位还将被重组或剥离。

8. 未来深化事业单位人事制度改革的工作重点①

（1）全面推行聘用制度。加快完成聘用制度推行工作，事业单位与其工作人员都应按照国家有关规定签订聘用合同。加强聘用合同日常管理，规范合同订立、变更、续订等重点环节。完善聘用制度相关政策规定，制定出台不同行业事业单位实行聘用制度的具体办法。

（2）全面实施岗位管理制度。事业单位专业技术人员、管理人员、工勤技能人员都要实行岗位管理。加大事业单位岗位设置实施工作力度，加强分类指导，尽快实现岗位管理制度全面入轨。探索不同类型事业单位岗位结构比例和最高等级的调整办法，不断优化岗位结构，形成动态管理机制。

（3）全面实行公开招聘制度。事业单位新进人员，除国家政策性安置、按干部人事管理权限由上级任命及涉密岗位等确需使用其他方法选拔任用人员外，全面实行公开招聘，做到信息公开、过程公开、结果公开。要在公平、公正的基础上，逐步打破地域和身份界限，创造平等竞争的环境。要把加强宏观管理与落实单位用人自主权结合起来，坚持规范程序、分类指导、分级管理，探索符合不同行业、专业和岗位特点的招聘办法。到2015年，完善相关政策规定，实现事业单位公开招聘制度的规范化。

（4）大力推行竞聘上岗制度。竞聘上岗要成为事业单位内部人员选拔聘用的主要方式。要坚持公开、公平、公正的原则，采取个人自荐或群众推荐及组织提名等方式产生人选，根据岗位不同特点，灵活运用笔试、面试、民主测评、专家评议等方法实行竞聘上岗。要以岗位职责任务和任职条件为标准，以品德、能力和业绩为依据，严格条件，规范程序，择优聘用。竞聘实行职业资格准入控制的岗位，必须符合准入控制的要求。

（5）健全考核奖惩制度。完善事业单位工作人员考核制度，将考核结果作为调整人员岗位、工资以及解除、续订聘用合同的基本依据。研究制定事业单位工作人员考核规定。建立符合事业单位特点的奖惩制度，充分发挥奖惩在人事管理中的激励和约束作用。

（6）完善人员退出机制。畅通人员出口，拓展人员正常退出渠道。事业单位与其工作人员依法解除聘用合同，要按照国家有关规定做好社会保险关系的建立或接续工作，办理档案接转手续。研究建立与聘用制度和岗位管理制度相适应的事业单位工作人员退休制度。

（7）完善权益保障机制。加强事业单位人事争议处理制度建设。探索调解的有效方式，鼓励通过调解解决人事争议。加强事业单位人事争议仲裁工作，加大人事争议案件处理力度，做好人事争议仲裁与司法的衔接。建立健全事业单位工作人员申诉办法，制定申诉规则，规范复核、申诉的受理和办案程序。

（8）健全领导人员选拔任用和管理监督制度。坚持正确用人导向，突出行业和岗位特点，明确事业单位领导人员选拔任用的基本原则、标准条件。加大事业单位领导人员竞争性选拔力度，探索完善多种选拔方式。实行事业单位领导人员任期制，建立健全事业单位领导班子和领导人员任期目标责任制。结合事业单位特点，探索实行领导人员聘任制，进一步完善委任、选任等多种任用方式。以服务和促进公益事业科学发展为目标，研究确定体现不同行业特点的考核内容和指标体系。建立健全事业单位内部民主决策和监督约束机制，加强对事业单位领导人员的日常管理监督。

---

① 王晓初：《深化事业单位人事制度改革的思路和目标》，《行政管理改革》，2012年第4期。

到 2015 年，初步形成比较完善的符合不同行业特点的事业单位领导人员管理制度和综合考核评价制度。

（9）加快事业单位人事管理法规建设步伐。一是尽快出台《事业单位人事管理条例》。该《条例》是事业单位人事管理具有总章程性质的行政法规，研究制定条例是当前事业单位人事制度改革的当务之急、重中之重。二是继续按照急需先建、单项突破的原则，加强事业单位人事管理单项法规建设。研究制定事业单位工作人员处分、竞聘上岗、考核、奖励、申诉等配套法规，争取在《条例》出台后，用 2~3 年的时间，基本形成以《条例》为核心的事业单位人事管理法规体系。

三、2011 年中国首个国家级人才特区设立

20 世纪 80 年代，中关村作为我国第一个国家级高新技术产业开发区，大力扶持科技人员下海创业，推动科技与经济的结合。90 年代，中关村顺应经济全球化发展的浪潮，扶持留学人员归国创业，推动我国高新技术产业的跨越式发展。进入 21 世纪，按照国家关于提升自主创新能力、转变发展方式的战略部署，中关村努力聚集高端创新创业人才，发展战略性新兴产业。[①]

1. 中国首个国家级人才特区设立

2011 年 3 月，中共中央组织部等 15 个中央单位与北京市委、市政府联合印发了《关于中关村国家自主创新示范区建设人才特区的若干意见》，提出"加快把中关村示范区建设成为具有全球影响力、体现中国特色的人才特区"。2011~2012 年聚集包括"海归"人才在内的 3 万名左右高层次人才，2013~2015 年聚集包括"海归"人才在内的 5 万名左右高层次人才，全面建成国家级人才特区。[②] 这是中央为构筑我国人才发展战略高地、建设人才强国做出的重大战略举措。

2. 中关村人才特区设立的背景

2008 年 12 月，中央人才工作协调小组制定

了关于实施海外高层次人才引进计划的意见。海外高层次人才引进计划，主要是围绕国家发展战略目标，从 2008 年开始，用 5~10 年的时间，在国家重点创新项目、重点学科和重点实验室、中央企业和国有商业金融机构、以高新技术产业开发区为主的各类园区等，引进并有重点地支持一批能够突破关键技术、发展高新产业、带动新兴学科的战略科学家和领军人才回国（来华）创新创业。[③] "千人计划"的实施有效推动了各地海外人才引进工作，各省区市均已成立人才引进工作小组，制定实施了本地海外人才的引进计划。

2009 年 5 月，北京市正式发布了"一个意见"、"两个办法"。"一个意见"就是"北京海外人才聚集工程"的实施意见，"两个办法"是《海外高层次人才创新创业的实施办法》和《海外普通留学人员来京创新创业的实施办法》。所有的体系和政策基本对应"千人计划"的要求，稍微有一些细节的差别。这些差别是北京按照自身产业结构调整和经济发展方式转变的要求，面对所要支持的一些重点新兴产业的方向提出的，这是根据地方的经济社会发展特点来制定的，因此也被称为"千人计划地方版"。

"海聚工程"于 2009 年 6 月 25 日正式启动，是针对海外高层次人才来京创业和工作给予较大支持力度的奖项。计划用 5~10 年时间，在市级重点创新项目、重点学科和重点实验室、市属高等院校、科研院所、医院、国有企业和商业金融机构及中关村科技园区、北京经济技术开发区等高新技术产业开发区，聚集 10 个由战略科学家领衔的研发团队；聚集 50 个左右由科技领军人才领衔的高科技创业团队；引进并有重点地支持 200 名左右海外高层次人才来京创新创业；建立 10 个海外高层次人才创新创业基地。通过北京"海聚工程"把北京打造成为亚洲地区创新创业最为活跃、高层次人才向往并主动汇聚的"人才之都"。[④]

北京市自实施"海聚工程"和"中关村高端领军人才聚集工程"，全力打造中关村人才特区以

---

① 《建设中关村人才特区　让战略新兴产业唱主角》，《中关村》，2011 年 10 月 13 日，http://www.1000plan.org/qrjh/article/17657?page=1。

② 任卫东、黄海：《中关村的新使命新创举——北京倾力打造中国首个人才特区》，新华社，2011 年 5 月 25 日，http://www.gov.cn/jrzg/2011-05/25/content_1870649.htm。

③④ 《中关村加速人才特区建设》，《北京商报》，2010 年 8 月 12 日。

来，已有 163 名"海归"人才入选"海聚工程"，其中 67 人入选中央"千人计划"，北京地区入选"千人计划"的总人数已经达到 311 人。全市由 27 个单位共同组建市海外学人工作联席会，制定和实施年度引才专项计划。2010 年首次对外发布 530 个海外人才需求岗位，实际引进 211 名基本符合"海聚工程"条件的海外人才和 265 名海外专业技术人才。2011 年 5 月全市又发布了引进 436 名海外高层次人才的岗位需求计划。[①]

3. 中关村人才特区行动建设行动计划的推出

2011 年 5 月 13 日，北京市委组织部、北京市人力社保局等单位联合举行新闻发布会披露，市委市政府将印发《关于加快建设中关村人才特区行动计划（2011~2015 年）》，落实人才落户等 10 项具体政策。2011 年，北京市属高校、科研院所、企业、金融机构等将提供 133 个工作类海外高层次人才需求岗位，303 个工作类海外专业技术人才需求岗位，定向引进 436 名工作类海外人才。同时，今年还将在中关村人才特区协调引进 100 名左右创业类海外高层次人才。

2011 年 7 月，在中关村人才特区建设工作大会上，北京市委书记刘淇指出，要把人才工作作为面向未来、开创未来、赢得未来的大事，落实好中关村人才特区建设的任务。要紧紧盯住世界科技发展的前沿，以政策、以事业、以感情广泛吸引世界高端领军人才，把中关村人才特区建成令人向往的创新创业人才集聚区，把北京建设成为世界高端人才聚集之都。要以业聚人，深化改革，积极创新人才发展体制机制，切实做好人才服务的各项工作。要为激发人才活力创造条件，创新体制机制，优化人才资源配置，不断完善人才创新创业环境，充分用好人才，做到人尽其才。[②]

4. 人才特区建设的 6 大工程及 10 项支持措施[③]

在《关于加快建设中关村人才特区行动计划（2011~2015 年）》中，提到了关于整体推进中关村人才特区建设的 6 大工程及 10 项支持措施。

2011~2015 年，北京市启动实施 6 大建设工程，全面建设人才特区。6 大工程包括：①拔尖领军人才开发工程。②自主创新平台搭建工程。③高端成果转化扶持工程。④新兴产业发展带动工程。⑤科研学术环境创建工程。⑥北京人才公寓建设工程。

面向入选中央"千人计划"、"海聚工程"、"中关村高端领军人才聚集工程"以及其他中关村的高层次人才，北京市相关部门整体联动，落实 10 项具体支持政策：①资金奖励及财政扶持政策。②股权激励政策。③人才培养政策。④人才兼职政策。⑤居留与出入境政策。⑥落户政策。⑦进口税收相关政策。⑧医疗政策。⑨住房政策。⑩配偶安置政策。

北京市联系相关国家部委，进一步研究细化重大项目布局、境外股权和返程投资、结汇、科技经费使用、人才联合培养等相关支持政策。

5. 中关村人才特区人力资源管理机制的创新[④]

（1）高端人才培养模式创新。中关村积极探索企业家培养模式，与市委组织部、市委党校联合举办中关村企业家市委党校培训班，以进一步提高中关村企业家的理论水平和创新能力，加强企业家之间的交流沟通。2011 年，中关村企业家党校培训班已连续举办四届。同时，园区还注重发挥各类专业培训机构的作用，针对高层次人才、骨干人才及急需紧缺人才，深入开展培训需求分析，明确培训目的，确保教育培训的针对性和有效性。

2011 年，已委托专业培训机构，为中关村的重点企业搭建网络培训公共服务平台，针对上市企业、海外高层次人才创办的企业分别开展政策辅导、规划管理、专业技能等方面的培训。充分发挥高校、科研院所、培训机构和企业组织在人才培训方面的优势，构建四位一体的有机培训体系。

（2）高层次人才引进联合审批机制的建立。为整合各类资源，帮助人才发展，中关村建立了高层次人才引进联合审批机制，市级相关部门共

---

① 任卫东、黄海：《中关村的新使命新创举——北京倾力打造中国首个人才特区》，新华社，2011 年 5 月 25 日，http：//www.gov.cn/jrzg/2011-05/25/content_1870649.htm。

②④《建设中关村人才特区 让战略新兴产业唱主角》，《中关村》，2011 年 10 月 13 日，http：//www.1000plan.org/qrjh/article/17657？page=1。

③《关于加快建设中关村人才特区行动计划（2011~2015 年）》。

同开展高层次人才引进联合审批，解决制约中关村重点企业发展的高层次人才落户问题。园区通过发布《中关村国家自主创新示范区高端领军人才专业技术资格评价试行办法》，企业中从事工程技术研发生产并取得突出成绩者，不需参加职称外语和计算机应用能力考试，直接申报北京市高级工程师（教授级）专业技术资格。并研究制定具体实施办法，为符合一定条件的外籍高层次人才解决长期工作居留和多次往返签证的问题，研究人才特区集体户口的设置与管理办法。整合各级各类医疗资源，研究解决高层次人才的医疗待遇问题。

（3）重大科技成果转化和产业化项目资金统筹机制的建立。2011年，北京市建立了重大科技成果转化和产业化项目资金统筹机制。"十二五"期间，由市财政每年安排100亿元专项资金，围绕战略性新兴产业领域，统筹支持一批具有国际领先水平、产业引领作用和规模化前景的成果，加快推动重大科技成果转化和产业化。设立中关村发展集团，探索通过政府股权投资方式，促进重大科技成果转化和产业化。

6. 中关村人才特区海外人才引进渠道的创新

为吸引海外高层次人才回国创业，北京市启动了《2011年北京市引进海外高层次人才专项计划》，以中关村人才特区为重点，引进和聚集100名左右创业类海外高层次人才。中关村同时启动了《2011年中关村人才特区引进人才专项工作计划》，按照高端、紧缺、急需的原则，拿出213家企业的468个岗位，进行招聘，引进符合企业需求的高层次人才。同时，通过国家驻外机构、中关村驻海外联络处、风险投资、留学人员创业园等机构和中介组织的协调联动，中关村进一步加大对海外高层次人才的吸引力度。

中关村通过驻海外联络处、接待海外高层次人才到中关村参观考察、各人才载体、与中央部委驻外机构密切合作、高校校友会、校庆、北京海外学人中心等手段吸引人才，同时为引进的海外高层次人才提供更广阔的发展空间，取得了良好成效。

中关村加大了对海外高层次人才的寻访和引进工作力度，积极吸引海外高层次人才到中关村创新创业。中关村创新平台发挥多种渠道的作用，拓展海外引才途径，形成了10条引才渠道：[①]

（1）通过实施中央"千人计划"、北京市"海聚工程"、中关村"高聚工程"引进海外高层次人才。中关村创新平台积极开展中央"千人计划"、北京市"海聚工程"申报工作和中关村"高聚工程"认定工作，同时充分发挥"千人计划"、"海聚工程"、"高聚工程"对海外高层次人才的感召力和影响力，推进实施引才、引智工作。

（2）大力开展"以才引才"。中关村充分发挥归国人才的引领作用和中关村企业、大学、科研院所的吸附效应，齐心协力开展海外高层次人才引进工作，通过引进一个领军人才，再吸引若干顶尖专业人才，聚集一批高层次人才，形成团队创新创业的新局面。例如，恒泰艾普公司吸引了30多位海外归国人员、3个中央"千人计划"人才和4个北京市"海聚工程"人才，形成了由300多名专业技术人员组成的强大的研发团队，有70%以上的员工具有研究生以上学历。

（3）发挥市场机制作用，通过天使投资、风险投资等各类创业投资机构和国内外知名的人力资源服务机构"选才"、"引才"。中关村通过开展"高聚工程"、支持天使投资发展等措施，形成了创业投资机构聚集的局面，吸引并支持创新创业人才入驻。

（4）充分发挥中关村驻海外联络处的引才作用。中关村已建有驻硅谷、华盛顿、伦敦、多伦多和东京5个海外联络处，2011年又组建了驻德国慕尼黑人才联络处，面向海外学人提供政策咨询和联络服务，增强对海外高层次人才的吸引力。

（5）支持、帮助中关村企业、高校、科研院所、金融机构等单位"按需引才"。2011年，由北京市委组织部牵头，北京市人力社保局、中关村管委会等单位共同启动了"北京市引进海外高层次人才专项计划"，2011年度北京市属高校、科研院所、企业、金融机构等单位提出133个工作类海外高层次人才岗位需求，303个工作类海外专业技术人才岗位需求。同时，还以中关村人才特区为重点，引进和聚集100名左右创业类海

---

① 来有为：《我国引进海外高层次人才的工作进展与成效》，《中国经济时报》，2012年4月13日。

外高层次人才。

（6）通过邀请、接待海外高层次人才到中关村参观考察的方式吸引人才。2011年，中关村管委会共接待海外高层次人才考察中关村创新创业环境1000余人次，其中包括北京海外人才交流大会中关村海归团、美国硅谷工程师协会代表团、英国华人学人学者联合会高层次人才代表团、清华百年校庆海归团、哈佛大学汤玫捷团队、荷兰华人青年企业家协会的留学生等。

（7）加强中关村各人才载体的引才工作。中关村科学城、未来科技城、创业孵化服务体系都是中关村吸引海外高层次人才的重要载体，中关村管委会充分发挥各载体的作用，加强引才工作。中关村以搭建创业孵化服务平台为抓手，建立了由大学科技园、科技企业孵化器、留学人员创业园、小微企业创业服务楼和各类协会商会组织等100余家机构组成的创业孵化服务体系，孵化总面积超过136万平方米，在孵企业4000余家，近200人入选"千人计划"、"海聚工程"和"高聚工程"。

（8）与中央部委驻外机构密切合作招才引智。中关村管委会与教育部、科技部、国务院侨办、外国专家局的有关司局建立了信息沟通机制，争取其驻外机构的支持，帮助中关村引进海外高层次人才。

（9）通过网站、视频在线互动等途径吸引人才。中关村管委会创建了"海外人才在线"网站，为示范区的大中型企事业单位、驻海外联络处与海外人才之间建立起便捷、高效的供需桥梁。

（10）借助高校校友会、校庆、北京海外学人中心等平台吸引人才。中关村管委会利用校友会、校庆等平台和机会介绍中关村创新创业环境，宣传中关村人才政策。中关村管委会积极与北京海外学人中心沟通，利用海外学人中心的引才荐才渠道，推荐各类高层次人才落户中关村。

四、2011年中国事业单位绩效工资改革

《事业单位岗位绩效工资制度》由人力资源和社会保障部负责起草制定，于2011年8月出台。该制度涉及的主要是在分类改革中得以保留的公益类事业单位。按照国务院2011年3月发布的《分类推进事业单位工资改革实施指导意见》，公益性质的事业单位被细分为公益一类和公益二类。在公益性事业单位中，承担义务教育、基础性科研、公共文化、公共卫生及基层的基本医疗服务等基本公益服务，不能或不宜由市场配置资源的，划入公益一类。承担高等教育、非营利性医疗等公益服务，可部分由市场配置资源的，划入公益二类。也就是说，以后公益类事业单位的工资将由岗位工资和绩效工资两部分组成。[1]

1. 事业单位绩效工资改革背景及历程

新中国成立以来，我国事业单位收入分配制度先后经历了四次大的改革。1956年第一次工资制度改革，完成了分配制度由供给制向职务等级工资制的过渡；1985年第二次工资制度改革，事业单位建立了以职务和工龄为基础的结构工资制；1993年第三次工资制度改革，在事业单位建立起了相应的工资增长机制，并与考核结果相挂钩，进一步体现了收入分配的效能。综观前三次工资制度改革，都充分体现了宪法规定按劳分配的基本原则，解决了当时事业单位收入分配中突现的问题，符合当时的国情，但"吃大锅饭"的问题，在三次工资制度改革中都难以破题，个人的业绩、贡献难以在工资中体现出来，分配不合理与收入差距悬殊问题依然制约着事业单位内部收入分配制度改革。[2]

随着经济社会的不断发展，1993年的工资制度已不适应时代发展要求，为了进一步贯彻按劳分配与按生产要素分配相结合的原则，建立与岗位职责、工作业绩、实际贡献紧密联系和鼓励创新的分配激励机制；适应事业单位聘用制改革和岗位管理的要求；进一步增强事业单位活力；以岗定薪、岗变薪变，加大向优秀人才和关键岗位的倾斜力度；使事业单位工作人员收入与经济社会发展水平相适应。2006年人事部、财政部印发了《关于事业单位工作人员收入分配制度改革实施办法的通知》（国人部发〔2006〕59号）。[3]

根据《事业单位工作人员收入分配制度改革实施办法》，事业单位实行岗位绩效工资制度。岗位

---

①《事业单位岗位绩效工资制度》，百度百科，http://baike.baidu.com/view/6261419.htm。

②③《浅谈事业单位岗位绩效工资制度改革》，百度文库，http://wenku.baidu.com/view/be2ff769a45177232f60a200.html。

绩效工资由岗位工资、薪级工资、绩效工资和津贴补贴四部分组成，其中岗位工资和薪级工资为基础工资。①岗位工资。岗位工资主要体现工作人员所聘岗位的职责和要求。事业单位岗位分为专业技术岗位、管理岗位和工勤技能岗位。不同等级的岗位对应不同的工资标准。工作人员按所聘岗位执行相应的岗位工资标准。②薪级工资。薪级工资主要体现工作人员的工作表现和资历。对不同的岗位规定不同的起点薪级。工作人员根据工作表现、资历和所聘岗位等因素确定薪级，执行相应的薪级工资标准。③绩效工资。绩效工资主要体现工作人员的实绩和贡献。国家对事业单位绩效工资分配实行总量调控和政策指导。事业单位在核定的绩效工资总量内，按照规范的程序和要求，自主分配。④特殊岗位津贴。对在事业单位苦、脏、累、险及其他特殊岗位工作的人员，实行特殊岗位津贴补贴。国家将规范特殊岗位津贴补贴管理，统一制定特殊岗位津贴补贴的项目、标准和实施范围，明确调整和新建特殊岗位津贴补贴的条件，建立动态管理机制。①

自事业单位工作人员收入分配制度改革是分类推进事业单位改革的重要组成部分。由于事业单位种类多，情况复杂，分类等配套制度改革还在逐步推进中，在改革步骤上采取"分步实施、逐步到位"的办法，先进行基本工资制度改革，再在绩效工资等政策上逐步到位。②

自事业单位工作人员收入分配制度改革实施以来，基本工资入轨平稳运行，结合清理规范津贴实施绩效工资正在稳步推进，初步建立了与工作人员岗位职责、工作业绩相联系的分配激励机制。但是，事业单位收入分配中仍然存在一些突出矛盾和问题，主要是分配关系不尽合理、激励约束机制不够健全、分配秩序有待规范、宏观调控缺乏有效手段。为进一步理顺收入分配关系，促进形成合理有序的收入分配格局，需要进一步深化事业单位工作人员收入分配制度改革。③

2009年9月，温家宝主持召开国务院常务会议，决定在公共卫生与基层医疗卫生事业单位和其他事业单位实施绩效工资。会议指出，实施绩效工资是事业单位收入分配制度改革的重要内容。在规范津贴补贴的同时实施绩效工资，逐步形成合理的绩效工资水平决定机制、完善的分配激励机制和健全的分配宏观调控机制，对于调动事业单位工作人员积极性、促进社会事业发展、提高公益服务水平，具有重要意义。根据会议确定的时间表，事业单位实施绩效工资分三步展开：第一步从2009年1月1日起先在义务教育学校实施；第二步从2009年10月1日起，在专业公共卫生机构和乡镇卫生院、城市社区卫生服务机构等基层医疗卫生事业单位实施；第三步是从2010年1月1日起，在其他事业单位实施。④

2. 事业单位实施绩效工资的总体考虑

总体考虑是将实施绩效工资与规范津贴补贴结合起来，逐步形成完善的绩效工资水平决定机制、有效的分配激励机制，搞活单位内部分配。一是合理确定绩效工资总量和水平。这是实施绩效工资的关键。实施绩效工资不是简单地涨工资，而是建立新机制。二是规范绩效工资的分配，形成有效的分配激励机制。绩效工资分为基础性绩效工资和奖励性绩效工资两部分。基础性绩效工资主要体现地区经济发展水平、物价水平、岗位职责等因素，一般按月发放。奖励性绩效工资主要体现工作量和实际贡献等因素，由单位根据考核结果发放，可采取灵活多样的分配方式和办法。三是加强财务管理，严肃分配纪律。四是统筹考虑退休人员，使退休人员共享改革发展成果。这是顺利实施绩效工资的重要保证。⑤

绩效考核和绩效工资改革只是绩效管理的手段及其结果的运用，其实质是要通过在事业单位推行全面的绩效管理，改善我国事业单位的人力资源管理水平，完善政府对社会整体工资收入分配的宏观调控，激发事业单位的活力和创造力，提高事业单位的服务效率和服务水平，使事业单位更好地发挥其社会公益性服务功能。⑥

① 韩晓艳：《浅谈事业单位岗位绩效工资制度改革的问题与建议》，《现代商业》，2009年第9期。
②③⑤ 王晓初：《深化事业单位人事制度改革的思路和目标》，《行政管理改革》，2012年4月24日。
④ 杨春、朱文婕：《事业单位绩效工资制度将于近期出台》，《南方日报》，2011年8月9日。
⑥ 《事业单位绩效工资改革：难点和关键》，中国网，2009年9月14日，http://www.china.com.cn/news/txt/2009-09/14/content_18520472.htm。

3. 事业单位实施绩效工资改革难点

截至 2011 年底，国务院共有中国社会科学院、中国科学院等直属事业单位 14 个，有国资委、科技部等相关部委 29 个，税务总局、工商局等直属机构 18 个，以及部委管理的国际局 10 个。在这些机构下面，基本上都有数目不等的相关事业单位。这些种类繁多、人员规模庞大的事业单位的工资改革成为此次改革的难点。

工资在经济发展和劳动力市场上发挥着保障和激励的双重职能。目前，我国事业单位工资收入分配中存在的主要问题是：一方面，资历工资制盛行，不少事业单位内部，员工的工资收入分配主要是以其资历、职称、职位和工作年限而定，员工的工资收入分配尤其是同等职级的员工的工资收入分配差距不大，干好干坏一个样，平均主义、"大饭锅"现象还相当严重，不利于调动员工的工作积极性。另一方面，垄断性的不合理收入差距仍然存在，受自然垄断或行政垄断因素的影响，不同事业单位之间的工资水平和福利待遇差别不合理拉大，带来新的社会不公平，不利于社会的和谐与稳定。因此，事业单位绩效工资改革引起了社会各界的广泛关注和讨论：绩效工资发放的依据——绩效如何确定？由谁确定？绩效确定后又如何运用？[①]

4. 事业单位绩效工资改革步骤及措施

（1）改革步骤。按照国务院部署，事业单位结合清理规范津贴补贴实施绩效工资分三步走：第一步，落实《义务教育法》规定，在义务教育学校实施；第二步，配合医药卫生体制改革，特别是实行基本药物制度，在公共卫生与基层医疗卫生事业单位实施；第三步，在其他事业单位实施。目前，前两步已基本兑现到位。其他事业单位实施绩效工资，按照"分类指导、分步实施、因地制宜、稳慎推进"的原则正在有序推进。

人力资源和社会保障部会同有关部门指导地方巩固义务教育学校实施绩效工资成果，对公共卫生与基层医疗卫生事业单位实施绩效工资工作进行总结，争取基本完成其他事业单位实施绩效工资工作。

（2）改革配套措施。另外，要完善相关配套政策措施。一是完善高层次人才分配激励机制。主要是继续实行政府特殊津贴制度、采取一次性奖励以及实行协议工资等灵活多样的分配形式和分配办法，实现一流人才、一流业绩、一流报酬。二是对事业单位主要领导逐步建立激励约束机制。在进一步完善考核制度的基础上，由主管部门依据岗位职责、工作业绩和贡献以及风险等因素，确定事业单位主要领导的分配办法和收入水平。三是进一步加强工资分配管理。完善事业单位收入中可用于工作人员收入分配的资金管理政策，制定事业单位工作人员兼职兼薪管理办法，加强工资政策执行情况的监督检查，加大对违反政策行为的查处力度。[②]

5. 事业单位绩效工资改革模式的创新[③]

对于不同类型、不同领域、不同收入来源的事业单位，绩效工资改革绝不能是一种模式，应在分级分类管理的基础上，对事业单位的"绩效"进行科学界定，一方面，其绩效必须最大程度地凸显其社会公益性，并抑制、克服其可能潜在的自利性和营利性；另一方面，绩效还必须同时依循各自具体行业的内在要求，凸显其独特的公益价值。而模式创新的关键在于处理好为社会提供高质量的公共服务与发挥绩效工资激励作用的关系，具体有以下几种。

（1）应该明确事业单位实施绩效工资的难题所在。须重视两个问题：一是事业单位创收部分如何界定。比如，公益型事业单位如果把主要精力用在创收或提供公共服务也高价收费，这就偏离了公益型事业单位的性质，需要通过制度安排加以纠正。那么，哪些事业单位可创收？创收的范围到底怎么界定？合理与不合理的区别在哪里？合法合理的创收有多少可用于个人？二是对于事业单位绩效的考核还没有系统、成熟的经验，在管理学界也是一个世界性难题。当前我们可以部

---

①③《事业单位绩效工资改革：难点和关键》，中国网，2009 年 9 月 14 日，http：//www.china.com.cn/news/txt/2009-09/14/content_18520472.htm。

②王晓初：《深化人事、收入分配和养老保险制度改革促进事业单位科学发展》，人民网，2012 年 5 月 3 日，http：//theory.people.com.cn/GB/49150/49152/17796112.html。

分借鉴企业的成功经验，总结前期试点事业单位的有益经验，促使事业单位建立健全绩效考核制度，为绩效工资分配提供量化依据，否则难免事倍功半。

（2）做好实施绩效工资的基础性工作。当制度设计本身没有大问题时，关键是解决实施过程中遇到的技术性问题。为此，首先要进行岗位目标定位和岗位责任制。必须实现事业单位用人制度由"身份管理"向"岗位管理"转变，建立起与岗位职责、实际贡献紧密联系和鼓励创新、创造的分配激励机制。其次是要科学界定相近岗位的关键绩效指标，做到繁简适度，抓住核心，操作便利。实行绩效考核在重视效率的同时，如何着重关注提高服务质量的综合考核，处理好公平与效率等问题，也是能否成功的关键。最后是建立科学合理的绩效考核、考评制度和机制。缺乏激励机制和监督约束机制，正是目前事业单位收入分配混乱的症结。针对服务质量和效果难以量化和操作难度大的问题，绩效工资的考核、考评制度和机制如何细化、如何落实值得关注。

（3）处理好个人绩效与团队绩效的关系。事业单位绩效工资的基本特征是薪酬收入既与个人业绩挂钩，又和团队及组织绩效相关。在保证做到事业单位所有人员都要实行绩效工资的前提下，防止单位内部领导独断的绩效考核，防止导致管理层与一线人员之间新的分配不公，扭曲绩效工资改革的政策效果。在制定绩效工资体系时，如有可能要让尽可能多的群体代表参与。要解决好仅关心个人绩效而忽视组织整体绩效提高的倾向。

（4）处理好公共服务与提高效益的关系。事业单位绩效工资改革，局内人关注的是自身利益的得失损益，局外人关注的则是公共利益的增益。应该立足于事业单位公共服务特性，加大考核权重，避免把"教书育人"最后考核成中学狠抓升学率，大学只看论文、课题数量；把"治病救人"考核成了开"大处方"、"大检查"。为使事业单位不再重蹈自我谋利、自我膨胀的旧路，必须处理好真正为社会提供高质量的公共服务与发挥绩效工资激励作用的关系。

五、北京市领导干部公选制度的建立和发展[①]

2011 年 8 月 18 日，北京市委组织部公布了该市干部公选的最终结果，35 位局级干部、103 位处级干部正式走上了新的岗位，历时 3 个月的干部公选画上了圆满句号。这是北京的第 11 次干部公开选拔，从 1995 年的首次试水，16 年间 11 次公选，237 位副局级领导干部脱颖而出，北京公选的次数、职数规模均居全国各省市前列。这些数字折射的是开放的选拔，透明的程序，公平的竞争，公正的考察，一系列立足北京实际的制度机制，打造了干部公选的北京品牌。

1. 唯才是举

作为首都，北京有着独特的资源优势。一方面，中央各大部委聚集于此，120 家中央企业中有 2/3 将总部设在了北京，高等院校、科研机构林立，社会团体众多。北京地区人才荟萃、智力密集。另一方面，北京又有着特殊的市情。2008 年成功举办奥运会后，北京人均 GDP 突破 1 万美元跻身中等发达城市，迈上了新的发展台阶。市委市政府提出"建设人文北京、科技北京、绿色北京"发展战略，唱响了建设中国特色世界城市的时代之歌。在新的阶段以更高标准开展工作，需要大量的人才作保障。最大可能地发现人才、吸引人才、使用人才，市委市政府求贤若渴。在多年的实践中，干部公选已经成为一条选人用人的重要渠道。据市委组织部副部长刘宇辉介绍，在公开选拔中，北京注重发挥首都人才资源优势，拓宽选人视野，不仅面向北京市属单位，还面向中央在京单位，以及北京地区的非公有制经济组织、新社会组织和海外留学回国人员，特别是一些专业技术岗位还面向全国重点金融、科研部门打开大门。所有这些，就是要"唯才是举"。在 2011 年的公选干部中，局级职位有 12 人来自中央单位，占到了 34.3%，处级职位有 14 人来自中央单位。

通过公选，北京市的干部结构也呈现出年轻化、高学历的特点。据 2010 年的调研报告显示，

[①] 刘可：《北京公选：从试水到品牌》，《北京日报》，2011 年 9 月 22 日。

经过公选上来的局级干部中，40~50 岁的干部最多，占 53.7%，平均年龄 40.3 岁。同时，公选局级干部中，研究生学历占总数的 71%，具有博士学位的占 36.6%，拥有高级职称的占 72%。

16 年的公选之路并非一帆风顺。1995 年伊始，中央对党政领导干部选拔任用工作作出了新部署，5 月，市委组织部的一纸"求贤令"拉开了北京公选的序幕，首次向全社会公开选拔副局级领导干部。最终，通过笔试、面试和组织考察，选拔了 5 名副局级领导干部和市属企业高级管理人才。1997 年，在总结经验的基础上，北京市一口气公开选拔 56 名副局级领导干部，职位层次之高、职数规模之大，放眼全国各省市都绝无仅有，在社会上引起了强烈反响。这次公选明确了公开报名、笔试面试和考察任用三个阶段，三个阶段又被具体分解为确定职位、拟定条件、公开报名、资格审查、笔答考试、面试答辩、组织考察、决定任用和岗前培训九个环节，北京干部公选模式初见端倪。

1998 年，北京干部公选的魄力继续加大，首次面向中央国家机关机构改革分流人员和社会各方面人才，公开选拔副局级干部。自此以后，北京公选的目光和范围不再仅仅局限于本市的优秀干部，真正意义上对全社会实现了开放。从 1995 年的 5 名副局级干部公选试水，到 1997 年的 56 名副局级干部公选，此后的 1998 年、2000 年、2001 年、2004 年、2005 年、2006 年、2008 年、2010 年及 2011 年，北京公选精进不休。据统计，从公选开展至今，有近七成的市委、市政府工作部门和直属单位进行过局级干部公开选拔，一些重要部门的岗位进行过 2 次以上的公开选拔，其中，次数最多的是北京市发展和改革委员会，达到 5 次。

2. 透明公选

北京干部公选从诞生之初，便一直将公正透明放在了第一位。从最初的公告发布到组织推荐候选人，历经 16 年的摸索和创新，北京干部公选已经逐渐形成了一套完整的流程。组织者们不断地总结经验，在探索中不断创新，从最初的例行公事的新闻发布变成了如今的"硬性"全面公开，报名从组织推荐到引入网络手段，笔试环节从 2004 年开始设立心理测试。2008 年，在面试环节

引入公选职位单位的干部群众等人员作为"考官"。

2011 年公选又向前迈了一大步，局级职位开始实行一职一卷，继续在面试中实行"大评委制"：让公选职位单位的干部群众代表、"两代表一委员"（人大代表、党代表、政协委员）及服务对象作为评委参与评分。"群众评委"的人数比专业评委更多。每位考生还被要求在本单位公示近 3 年的工作业绩报告，增加面试评委对考生的了解程度，提高面试测评的科学性，让考生尽可能"立体化"地展现在考官面前。

并且，从 2010 年公选开始，市委组织部开始邀请媒体参与公选考察工作的全过程，在局级职位面试中首次设置了记者专席，10 余家市属及驻北京地区的主流媒体记者全程旁听面试过程，并及时播报相关消息。让公众能够在第一时间对人才选用有比较直观的了解。

3. 公平竞争

2011 年北京公选，在局级职位笔试统一阅卷的基础上，首次将处级职位纳入统一阅卷，同一职位同一道题目采用 3 人分别阅卷取平均分的方式，提高了效率，避免了阅卷评分人为误差，也防止了"人情分"等情况的出现。在面试环节，为了避免徇私舞弊，每位考官只有到现场才知道自己负责面试哪个职位，有几位"考生"。"在考场，我们比考生更着急，都忙着找考场。"一位考官对此记忆犹新。所有的程序围绕的是一个核心目标——公平。

4. 公正考察

为了准确了解每一名考察对象的德、能、勤、绩、廉，从 2008 年开始，北京市委组织部选调经验丰富的领导干部组成考察组，到考察对象单位结合个人提交的工作业绩报告和个人事项申报情况，全面了解、核实考察对象。对一些在现单位工作不满 3 年的人员，还到其原单位进行延伸考察。组织考察坚持讲德才、讲素质，不唯分、不唯票，注重考察与考试情况的相互印证，全面分析、综合评价考察人选的匹配度和胜任力。

同时，为了进一步提高公选的透明度和公开度，2010 年公选考察公示期间，候选人的个人资料还首次被"晒"在互联网上，内容包括姓名、性别、出生年月、政治面貌、学历、学位、专业技术职称、现工作单位及职务等。同时，入围者

还被要求亲笔填写《个人有关事项申报表》，向组织和纪检部门详细申报房产套数、面积、权属，从事哪些投资项目，是否曾婚变，配偶和子女从业情况及出国（境）留学、定居情况等方面的个人情况，一旦发现不实申报，取消任职资格。

市纪检监察部门和市委组织部还组成了监督组全程跟踪监督公选各环节，畅通电话举报、开辟信访举报和网络举报等监督渠道，发挥媒体舆论引导、监督作用，接受群众信访举报，进一步提高了群众的知情度和参与度，确保了公选的公平、公正、公开。据了解，2011 年监督组接到了一些群众举报信，对这些举报信一一进行了核实，对于查证属实的违规人员全部取消了进入下一阶段的资格。

公正的考察也让公选干部得到了用人单位的认可，据市委组织部的调研报告显示，不同主体对公选干部工作适应度的评价都超过了 80 分（100 分制），这表明公选干部得到了大家的普遍认可。据不完全统计，到现在为止，公开选拔的副局级领导干部中，已有 25 位晋升为正局级，1 人升任北京市级领导。

对于已经通过考察但最终未任用的优秀人才，市委组织部也设立了培养模式，有空缺岗位时，要优先考虑；符合后备干部条件的，可按照相应程序纳入后备干部名单；对考察中发现的优秀人才可以通过交流、轮岗等渠道安排到相应岗位加强培养。"通过公选，选拔任用一批，发现了解一批，跟踪培养一批，树立正确的导向，保护了'考生'的积极性，有利于他们的进一步成长。"市委组织部相关负责人表示，2010 年，有 14 名未任用的"考生"最终走上了其他的合适岗位。

干部公选正在悄然改变着北京的政治生态，冲击着传统的干部选拔观念，使得公平竞争、择优选拔深入人心。《北京市贯彻〈2010~2020 年深化干部人事制度改革规划纲要〉实施意见》提出，从 2010 年开始，每 1~2 年开展一次全市性的公开选拔，到 2013 年，实现 80%以上的市、区县政府工作部门有 1~2 名班子成员通过公开选拔方式产生。公开选拔已成为北京市干部工作常态性、制度性的长效机制。通过公选，真正把那些政治上靠得住、工作上有本事、作风上过得硬、人民群众信得过的优秀干部选拔上来，是建设人文北京、科技北京、绿色北京和中国特色世界城市的重要保证，无疑对建立起与国际大都市相适应的中国特色的民主政治环境极具积极意义。

六、2011 年公共人力资源管理实践创新总评

2011 年是中国"十二五"开局之年。随着 2010 年《国家中长期人才发展规划纲要（2010~2020 年）》[1]的正式颁布，国家层面的人力资源发展战略地位进一步巩固和提高，由此也使得 2011 年成为国家新的人力资源发展战略规划具体实施的关键一年。可以说，2011 年是中国公共人力资源管理正式进入战略管理时代的第一年。在此背景下，这一年在公共人力资源管理领域所发生的各种实践也更多地表现为具有战略意义的管理体制、机制的变革和创新。

从政府层面来讲，由中组部中央人才工作协调小组实施的"千人计划"在 2011 年得到了大力推进。各省市也在"千人计划"的带动下，相继开展"百人计划"。如北京市在 2009 年就提出要打造支撑国际城市的人才聚集战略"海聚工程"，以建立国际人才之都。2011 年 3 月，中共中央组织部等 15 个中央单位与北京市委、市政府联合印发了《关于中关村国家自主创新示范区建设人才特区的若干意见》，使中关村地区成为中国首个人才特区。此外，上海市提出要打造国际国内两个人才高地，未来要吸纳 9 万名金融人才。青岛市提出要引进海外人才，倾力打造"蓝色人才硅谷"。江苏省提出"双创计划"，在南京市建立江宁人才特区。人力资源和社会保障部正式启动国家"高技能人才振兴计划"，等等。这些都意味着公共人力资源战略已在中国正式登台亮相，公共人力资源战略已经不是一个概念，而是已经进入战略制定、战略实施阶段。[2]

---

[1] 《国家中长期人才发展规划纲要（2010~2020 年）》，中华人民共和国中央政府门户网，2010 年 6 月 6 日，http://www.gov.cn/jrzg/2010-06/06/content_1621777.htm。

[2] 彭剑锋：《2011 中国 HR 十大事件》，《2011（第四届）中国人力资源管理年会实录》，2011 年 11 月 26~27 日，略有改编。

伴随着从中央到地方若干重大人才引进工程和项目的启动和实施，2011 年，困扰中国行政管理体制改革多年的事业单位改革也有了重大的突破。多年来，中国计划经济时期所形成的事业单位管理体制框架没有从根本上打破，事业单位管理和运行中仍存在诸多深层次矛盾和问题。特别是事业单位的人事制度、收入分配制度和养老保险制度的改革，长期落后于国家行政管理体制改革的整体步伐。2011 年 3 月 23 日，中共中央、国务院以中发〔2011〕5 号印发《关于分类推进事业单位改革的指导意见》，对事业单位改革作了全面部署。中办、国办印发了《关于进一步深化事业单位人事制度改革的意见》，对下一步人事制度改革工作提出了明确要求。此次改革的重点是通过深化人事、收入分配和养老保险制度改革来促进事业单位科学发展。对于此次事业单位改革，《人民日报》2012 年 4 月 17 日刊发了《指导意见》全文及评论，并将此定位为"继农村改革、国有企业改革、政府机构改革之后，中央不断完善改革总体布局的又一重大决策"。由此可见其战略意义和影响。

我国领导干部公选制度的本质是实现干部任用中的公开、透明和公正，作为一种全新的干部培养和选拔方式，该制度在我国具有很强的群众基础。我国领导干部公开选拔制度经历了试验探索、改进推广和制度推行阶段。它的确立和推行，有助于发现、选拔、使用和储备优秀人才，对于进一步健全和完善科学的社会主义干部选拔任用制度有着重要的意义。截至 2011 年，我国各地政府部门在领导干部公选制度推进方面做出了许多尝试和努力，其中，北京市在公选的次数、职数规模方面均居全国各省市前列，成为我国领导干部公选制度实践创新领域的一个典型代表。

限于篇幅，我们从这些较为丰富的公共人力资源管理实践当中，仅选择了五个具有战略性、典型性的实践，并以案例形式做了较为系统的总结。这五个实践案例分别涉及国家层面的人才引进战略，事业单位人事制度改革，省市一级人才特区建设，事业单位分配制度改革以及地方领导干部公选制度的建立、发展。通过对其背景、过程、内容及创新的整理和归纳，进一步让我们对 2011 年中国在公共人力资源管理实践领域所做的创新和突破有了直接的认识和体会。

总的来说，2011 年中国公共人力资源管理实践的特点突出体现为两个：战略性和创新性。

战略性主要表现在以政府为代表的公共部门已经开始逐渐认识到人力资源战略管理的价值和作用。从国家中长期人才发展规划的实施到各省市地方政府的人才引进政策制定，都将高素质的人力资源作为推动经济和社会发展的第一战略性要素。人力资源战略管理的意识和理念逐步深入人心，人力资源战略规划由书面的概念、理论逐步转化为实践、操作。

创新性主要表现为在这一年发生的公共人力资源管理实践中，无论是战略规划的制定还是具体的政策实施，都勇于打破常规的限制，具体问题具体分析，并根据环境变化和实际情况，探索新的思路，尝试新的做法。

第三节　代表性成果

一、《事业单位人事制度改革研究》

作　　者：刘晓苏
出版时间：2011 年
出　版　社：上海交通大学出版社
内容摘要：本书是公共部门人力资源管理学术前沿系列之一。主要从制度变迁的角度出发，基于事业单位体制改革的宏观背景，对近年来事业单位人事制度改革的现状及其利弊做了分析与阐释。同时借用新制度经济学理论、战略管理理论和人力资源管理等相关理论，适当借鉴国外公共服务机构人事制度的运作机理和发展趋势，在探讨事业单位人事制度的目标、战略和途径的基础上，提出事业单位的人力资源管理运作机制的设计建议，寻找推进事业单位人事制度创新的突破口。

该书首先对事业单位及其人事制度的含义等进行了梳理，并追溯了事业单位人事制度的沿革。其次总结了事业单位体制的改革和发展历程，并诘问事业单位人事制度改革的现状。在此基础上，通过考察国外公共服务组织的人事管理实践，提炼对事业单位人事制度改革的启示。然后，就设计宏观层面的事业单位人事制度改革的目标、战略和实施路径进行了研究。最后阐释了事业单位人事制度改革主干环节的机制创新。

二、《我国公共部门人力资源管理改革》

作　　者：吴志华

出版时间：2009 年

出 版 社：上海交通大学出版社

内容摘要：本书是一本系统研究我国公共部门人力资源管理改革的学术专著。全书由六章内容构成：第一章主要回顾性梳理和总结我国干部人事制度改革与发展的历程；第二章从宏观层面、方法论角度论述我国公共部门人事制度后续改革的路径；第三章对我国公共部门人力资源管理若干环节的制度优化提出对策建议；第四章、第五章分别论述我国公共部门人力资源管理体系两大人事制度的深化改革与发展，即公务员制度的再发展与事业单位人事制度的深化改革；第六章整合性介绍当今国外若干国家公务员制度改革与新发展情况，并从中提炼出对我国公务员制度建设的启示。本书既可以作为研究公共部门人力资源管理改革的学术参考书，也可以作为公共部门人力资源管理者的专业读物。

三、《公共部门人力资源管理及案例教程（修订版）》

作　　者：陈天祥

出版时间：2011 年

出 版 社：中国人民大学出版社

内容摘要：本书是一本介绍公共部门人力资源管理基本原理和方法的教科书，与国内同类型书籍相比，有如下主要特点：①突出分析了公共部门人力资源管理的特点，尤其是分析中国公共部门人力资源管理存在的问题并提出解决之道。很多都是笔者多年经验和学术研究的总结。②在介绍人力资源管理的一般方法时，注意结合公共部门的实际，不生搬硬套。③每一章后面均附有2~3 个典型案例，涵盖面广，涉及政府部门、高等院校、医院等公共部门和准公共部门。而且多为改革开放后出现的改革案例，非常接近管理现实。案例突出管理中出现的难点，信息量大，为读者对案例展开交锋和辩论提供了很大的空间。④较多地使用图表，强调管理方法的运用和操作性。①

四、《战略人力资源管理：理论梳理和观点述评》

作　　者：宋培林

出版时间：2011 年

出 版 社：中国经济出版社

内容摘要：战略人力资源管理是什么，它包含哪些内容和职能。它具有什么样的框架体系。它对企业会产生怎样的影响，它应当采用何种方法和线索加以研究等。针对这些问题，不同学者站在不同视角，或使用不同方法，或应用不同模型进行探讨和诠释。便形成了众说纷纭、莫衷一是的战略人力资源管理理论和观点。

本书通过对战略人力资源管理基本理论、观点的梳理和述评。较为全面地阐释了战略人力资源管理相关领域的研究进展和未来方向。在第一章关于战略人力资源管理理论的概述中，对战略人力资源管理的定义、特征、内容、职能、框架体系、研究方法、研究线索和理论模型等进行了述评。并基于作者所提出的系统模型对战略人力资源管理的未来研究方向进行了展望。从第二章至第六章，本书梳理讨论了战略人力资源管理的常规内容，即战略人力资源规划、战略招聘管理、战略培训开发管理、战略绩效管理和战略薪酬管理。第七章和第八章分别述评了战略人力资源管理的两个重要专题：战略国际人力资源管理和战略人力资源管理的效益评估。

---

① 陈天祥：《公共部门人力资源管理及案例教程（修订版）》，中国人民大学出版社，2011 年。

五、《浅析 360 度绩效考评在节约型机关建设中的应用》

作　者：周恩毅　付胜伟

发表时间：2011 年

期刊名称：《中国行政管理》

内容摘要：节约型机关建设中的绩效考评是一项任重而道远的系统工程，是构建节约型机关的关键一环。尝试将 360 度考评运用到节约型机关建设中既有其难度又有其重要的意义。其难度在于人们观念的更新，全面指标体系的设计，参评人员的确定，量化标准等；其意义在于它是一次全新的尝试与运用，拓宽了我们考核节约型机关的视野，有利于对传统考核方法的改进，为节约型机关建设绩效考评提供了一定的借鉴意义。

六、《高绩效人力资源实践有助于组织认同？——一个被中介的调节作用模型》

作　者：李　炎　魏　峰

发表时间：2011 年

期刊名称：《管理世界》

内容摘要：本研究对 42 家企业的人力资源负责人与其 402 名员工的配对数据进行多层数据分析，对高绩效人力资源实践、心理契约破裂和互动公正影响组织认同的被中介的调节作用模型进行了检验。结果发现，人力资源实践中的内部流动和激励性薪酬对组织认同产生正向显著影响，人员甄选和广泛培训对组织认同产生显著的负面影响；互动公正对内部流动或激励性薪酬与组织认同的关系有调节作用，即在互动公正较低的组织中，内部流动或激励性薪酬对组织认同的影响作用较互动公正高的组织强；互动公正对内部流动或激励性薪酬与组织认同关系的调节效应以心理契约破裂为完全中介。

七、《基于成本效益分析的公共人力资本绩效考核研究——兼论公共服务部门人力资源管理会计的构建》

作　者：孙　琳

发表时间：2011 年

期刊名称：《经济与管理研究》

内容摘要：在建设"服务型政府"的背景下，充分利用会计准则改革的新契机，构建公共服务部门的人力资源管理会计，通过将公共人力资本产生的绩效与之所发生的成本进行成本—收益分析，有利于正确全面地考核公共服务部门的工作效益，为顺利实施以绩效工资为起点的事业单位改革提供科学、客观的信息和依据，同时为社会公众提供公共服务部门履行社会责任情况的信息。

八、《公务员敬业度及其影响因素的实证分析》

作　者：杨红明　廖建桥

发表时间：2011 年

期刊名称：《管理学报》

内容摘要：以 191 名政府公务员为样本，研究我国公务员敬业度的构成，以及个体因素、工作特征和组织人际因素对敬业度的影响。结果表明，我国公务员敬业度由奉献和活力 2 个维度构成；男性公务员在活力水平上显著高于女性；年长、工龄较长、职务较高、学历较低的公务员奉献水平相对较高。通过逐步多元回归分析验证了工作重要性、工作反馈对敬业度各维度及总体均有促进作用；工作自主促进奉献维度和总体敬业度；技能多样性对敬业度无显著性影响；上级支持促进整体敬业度；同事支持促进奉献。最后，在实证研究的基础上，提出了提升公务员敬业度的管理策略。

九、《政府雇员制：实践困境与破解之道》

作　者：杨建国　周岩松

发表时间：2011 年

期刊名称：《东北大学学报》

内容摘要：作为一种新兴公共部门人力资源管理模式，政府雇员制在中国一些地方政府人事行政改革中得到了有益尝试。从政府雇员制内涵切入，在描述了地方的实施状况，以及阐释其实践意义的基础上，探讨了当下中国试行政府雇员制还面临合法性危机、雇员角色冲突、制度推广乏力和配套改革滞后等诸多困境。破解政府雇员制实践困境，亟须注意以下基本思路：完善相关法律制度、开展职业伦理培训、引入政府绩效管理和精简机构与冗员等。由此，政府雇员制才能实现其旨归。

十、《公务员情绪智力与工作绩效关系及开发实证研究》

作　　者：陈小平、肖鸣政

发表时间：2011 年

期刊名称：《中国行政管理》

内容摘要：根据研究假设，以 347 份问卷调查结果对公务员情绪智力与其工作绩效的关系进行实证研究。研究结果表明公务员情绪智力中的自我觉知、自我管理、社会觉知和社交技巧四个维度对任务绩效和关系绩效均有显著正向影响，这四个维度的不同表现水平，将带来公务员工作绩效的差异。据此，为了有效提升公务员情绪智力水平，本文从编制情绪智力词典、开发情绪智力测评体系、个人发展、组织发展等角度提出了对策建议。

附：代表性论文选登

中国公共人力资源管理政策的演进与变迁：
一个制度经济学的分析框架①

杨德玲②　　林新奇③

[摘　要]　一个国家公共人力资源管理制度的形成和发展深深地受到本国社会历史、习惯、文化、心理、政治经济制度的影响，其形成和发展是一个长期的、复杂的系统工程，涉及国内社会习惯、文化、心理等因素的变化，更涉及政府体制、意识形态等的更新。路径依赖作为一种分析工具在20世纪70年代以后，被运用到技术变迁、企业制度变迁和社会制度变迁以及社会制度转型的研究中。本研究在制度经济学的框架下分析中国公共人力资源管理政策的变迁，以"路径依赖"为理论基础，对中国公共人力资源管理制度变迁的特点、变迁的动力、变迁的阻力、变迁的成效进行了分析。

[关键词]　中国公共人力资源管理政策；制度变迁；路径依赖

一、公共人力资源管理概念

一般意义上的人力资源管理观念不仅适应于私人部门或私营企业的人事管理，而且它的基本精神和方法也适应于公共部门尤其是政府部门的人事管理。在当代，这种新的管理观念已被引入公共部门。在这里所谓公共人力资源是指在公共部门（与私人部门或企业相对）工作的人员，尤其是指在国家、政府部门从事公共事务管理的人员，特别是国家公务员。而公共人力资源管理是指对从事公共事务管理的人员从招聘、录用、培训、升迁、调动、评价直至退休的全过程管理。目的是通过科学管理，谋求人与人、人与事、人与组织、人与环境之间的协调，达到事得其人、人适其事、人尽其才、事竞其功。公共人力资源及其管理的提出表现为一种价值取向、价值观念。它既顺应正在兴起的世界范围内的人力资源理论发展的需要；又区别于一般的人力资源概念，更

准确地体现政府管理的本质特征：①公共人力资源履行公共权力，这是公共管理的基石。②公共人力资源追求公共利益，这是公共管理的宗旨。③公共人力资源作用的对象是公共事务，这是公共管理活动的客体。④公共人力资源具有公共责任，这是公共管理的灵魂。正是由于公共人力资源所具有的特殊性和所处的重要地位，使对公共人力资源的有效开发与管理成为必要。

20世纪80年代以来，随着国际政治格局的变化，经济全球化发展和新技术革命的兴起，以及国与国之间经济竞争的强大压力和公民民主意识的增强，以调整政府与社会、市场的关系，优化政府职能，利用社会力量，实现公共服务社会化，改革政府部门内部的管理体制为主要内容的行政改革在西方掀起了新的高潮。其中，政府面临的困境、公众对政府期望的增高、私人企业革新成就对政府的压力和示范效应、大众传播媒介的普及和日益增长的监督作用等，无疑成为改革

①　中国人民大学研究生院重点科学研究项目（10XNG019），全文引自《华中师范大学学报》（人文社会科学版）2011年第1期。
②　杨德玲，中国人民大学劳动人事学院。
③　林新奇，中国人民大学劳动人事学院。

的主要动力。重新设计公共行政，使其与经济发展战略和民主政治发展战略相一致的趋势，使公共人力资源管理应运而生。

二、中国公共人力资源管理制度变迁过程

一个国家公共人力资源管理制度的形成和发展深深地受到本国社会历史、习惯、文化、心理、政治经济制度的影响，其形成和发展是一个长期的、复杂的系统工程，涉及国内社会习惯、文化、心理等因素的变化，更涉及政府体制、意识形态等的更新。不了解过去就无法预知未来，要设计未来的制度，首先要分析过去制度变迁过程。

中国的公共人力资源管理制度经历了四个阶段：

（1）初创和确立时期。中国共产党在成立之初没有明晰的干部工作思路，在干部工作上只是借鉴了列宁领导的俄共（布）党建设的一些原则，结合中国革命实践，提出了一些不太成熟的政策，特别是唯成分论的提出，脱离了中国革命的实际，限制了许多非工人出身的有能力有经验的干部参加中央工作。遵义会议结束了"左"倾机会主义在中央的统治地位，党第一次真正通过民主集中制的方式产生了新的领导集体，到20世纪40年代初，党已初步建立起一整套基本适应战争时期需要的干部管理制度。这一阶段，党比较注意加强干部制度的配套建设，形成了一套独具风格的干部制度和工作机制。

（2）新中国成立创建和调整时期。随着新中国的成立和大规模战争的结束，党的工作中心转到了国民经济的恢复和振兴上，干部工作也随着党执政地位的确立和工作重心的转移进行了调整。新中国成立后的前十七年，党在继承战争时期建立起来的干部制度的同时，根据建设时期的需要改革了原有制度中已经不适应的内容，增加一些新的内容，逐步建立起一套比较完备的、基本适应计划经济特点的干部制度。

（3）"文革"时期。"文化大革命"中，党的各级组织受到严重冲击，"派管干部"取代了"党管干部"。任人唯亲、拉帮结伙、裙带关系、帮派关系的后遗症的影响长期没有消除，加之"重德（所谓德专指阶级斗争的觉悟）轻才、重政治轻业

务、重实践轻理论、重出身轻表现"等一整套新的干部选拔标准，大批造反派骨干进入各级领导班子，造成了党员队伍和干部队伍严重不纯、素质下降。十年动乱使党在实践中探索完善干部管理制度的进程被彻底打乱，已经成型的干部管理也遭到破坏。但是，这一时期提出领导班子要实行"老、中、青"三结合的做法比较科学，在党的干部制度历史上具有一定的积极意义。

（4）改革开放以来的干部制度。十一届三中全会以来，随着经济体制改革的不断深入，对外开放的继续扩大，作为经济体制重要组成部分的人力资源管理体制，作为政治制度核心部分的干部人事制度也在不断创新改革中。党的十六大和十七大都进一步强调要努力形成广纳群贤、人尽其才、能上能下、充满活力的用人机制，把优秀人才聚集到党和国家的各项事业中来。打破选人用人中论资排辈的观念和做法，促进人才合理流动，积极营造各方面优秀人才脱颖而出的良好环境。建立结构合理、配置科学、程序严密、制约有效的权力运行机制，从决策到执行等环节加强对权力的监督。至此，真正打破原有的"党管干部"的局限，并真正引入公共人力资源管理的理念。

三、中国公共人力资源管理制度变迁的基本分析

所谓制度是人们在社会、政治、经济方面发生关系的约束激励规则。制度分为正式制度和非正式制度。制度是不稳定的，制度总是处于静态与动态不断变化的过程中。当处于制度中的各个利益集团处于一种利益均衡状态的时候，制度就是静态的；当各个利益集团出现了实力不平衡的时候，实力强的一方就会要求现有制度的变革，使制度朝着更有利于自己的制度方向变迁，最后形成新制度下的利益均衡。这种旧制度向新制度转变的过程就是制度变迁。

制度变迁具有路径依赖特性。路径依赖指的是一种制度一旦形成，不管是否有效，都会在一定时期内持续存在并影响其后的制度选择，就好像进入一种特定的"路径"，制度变迁只能按照这种路径走下去。即使在意识到原有制度的不合理之处，要努力改变时，也存在着巨大的压力，因

此这样的改变不是彻底的，而是渐进式的。路径依赖有不同的方向。一种情况是某种初始制度选定以后，具有报酬递增的效果，促进了经济的发展；其他相关制度安排向同样方向配合，导致有利于经济增长的进一步的制度变迁。这是一种良性的路径依赖。另一种情况是某种制度演变的轨迹形成以后，初始制度的效率降低，甚至开始阻碍生产活动，既得利益集团为了自己的利益而尽力维护它。

新制度经济学认为，制度变迁是制度的替代、转换与交易过程。制度变迁可以被理解为一种效益更高的制度对另一种制度的替代过程，亦可以被理解为对一种更有益的制度的生产过程。从这个角度看，公共人力资源管理制度变迁的结果是为了提高绩效。"无论一个政治领导人对财政持什么态度，财政上的压力都要求政府提高绩效。""政府正在和私人部门争夺最优秀的工作人员。这一竞争只能变得越来越激烈。如果不能提供满意的工作和生产的自由，公共部门也常常会失败。"

为了更好地理解中国公共人力资源管理政策的变迁过程，我们从动力、阻力、成效三方面展开分析。

（一）制度变迁的动力分析

（1）意识形态、道德、习惯、文化等的提升。按照《中国大百科全书》的解释，意识形态是"系统地、自觉地、直接地反映社会经济形态和政治制度的思想体系"。具体而言，"意识形态是与一定社会的经济和政治直接相联系的观念、观点、概念的总和，包括政治法律思想、道德、文学艺术、宗教、哲学和其他社会科学等意识形式"。众所周知，马克思、恩格斯从理论上深刻地阐述了意识形态等因素对社会发展的巨大作用。20世纪80年代兴起的新制度主义，更加看重习惯、道德等因素的作用，明确将这些因素作为制度的一个重要组成部分，认为"制度的组成给我们一种运行中的机构观念"。"运行中的机构是无形体的和无形财产的连续"新制度经济学家关注意识形态范畴，认为意识形态是关于世界的一套信念。这套信念具有使个体和团体的行为方式理性化的功能。诺斯指出，应该特别关注意识形态以下三个方面的特点：①意识形态是一种节约机制，通过这种机制人们认识自己所处的环境，并受"世界观"引导而使得决策过程简单化。②意识形态不可避免地与个人在观察世界时对公正所持的道德、伦理评价交织在一起。③当人们发现实际的经验与现有的思想不符合时，就会试图去发展一套更"适合"于自己经验的新的理性。因此，他也特别强调这种无形规则的作用。而在社会的转型时期，这种作用表现得就更加明显，中国在转型的过程中，保持了社会主义的基本价值观，使得在改革过程中国家政策基本一致，因而，逐步地确立了社会主义市场观念。具体来说，在中国人事制度改革上，采取了逐步试验的方式，使人的认识趋于一致，能够团结一心，促进经济的发展。

（2）制度自身的弊端。传统的人事管理是建立在韦伯式官僚制理论基础之上的。这种以分工、职业化、等级制、制度化、非人格管理、稳定性为特征的公共行政组织和管理模式，在一定时期内具有积极的功效。然而，随着时代的发展，其僵化、部门主义、形式主义、信息失真、协调困难等负面效应逐渐凸显。官僚制公共行政的失败，不仅体现在政府组织的内部管理上，还体现在政策管理上。传统的政策管理主要依靠单一的管理措施，这种政策方式具有单方意志性、强制性、普遍性等特征，因而具有执行效率高、见效快等优点。但是，这种方式也具有固有的特点。主要体现在：①参与性不强，不利于行政民主的实现和政策执行效率的提高。②管制有时会扭曲价格体系，损害市场自调节机制，造成社会资源的浪费。③机动性差，不能适应变化了的环境和解决紧急与突发性问题。④强制色彩过强，不顾公民和社会团体、企业的利益与偏好，常常会遭致各种逃避或抵制行为。这些缺点，不仅增加了正常管理的成本，而且影响了政策管理的效果。

（3）信息化的发展。信息技术对传统官僚制度提出了挑战。信息技术与生产能力的发展导致了社会公共事务极度复杂化，且变化迅速，时效性增强。世界经济的一体化与区域化，使信息数量更为膨胀，这要求具有接受、加工和传递信息的多种渠道。随着信息技术的渗透和普及，整个社会文化水平的非均衡状态发生了根本改变，公共部门面临着公民巨大的参政压力，面临着由政府向第三部门（NGO）、社区、公民、下一级政府单位下放权力的压力。以前只有政府才能办的事，现在由新的科学知识、科学技术武装起来的公民也能办，甚至办得更好，于是公民相对于政府的谈判地位有了提高。政府有下放权力的要求，公民也有重新赋予权力的需要。信息技术在公共部门中的渗透与运用，要求公共部门改变对工作人员的管理办法。只有公共部门放松对工作人员的规制，才能在财政压缩的状况下提高公共服务的数量与质量，以满足公民的需要。信息不仅改变了公共行政的环境，而且成为政府再造的有力工具。从总体上看，作为一种环境的信息化为公共行政改革提供了强大推动力，作为一种技术手段的信息化为公共行政改革提供了技术支持。

（4）加入世界贸易组织。加入 WTO，不仅对建立和完善社会主义市场经济体制提供了外部动力，也必然要求我们抓紧建立与市场经济体制相适应的科学高效的干部管理体制，从根本上消除束缚生产力发展的体制性障碍。随着市场经济体制的逐步建立和完善，法制建设的加强，也要求党对干部的管理，包括干部的选拔任用、调动、培训、考核、晋升、奖励、退休以及管理机构的设置，干部的配备标准等一系列环境，都必须以法律和法规为依据，真正做到"依法管理"，使党的干部路线、方针、政策和党组织的干部人事安排意图，经过法定程序转变为国家意志和行政命令，得到更有效的贯彻实施。

（二）制度变迁的阻力分析

（1）保障机制的缺失。我国现行的社会保障主要是"企业、单位保障制"，而不同单位的各种条件又相差悬殊，在社会保障的经费负担和保险福利方面差别甚大。正是这种利益差别造成人力资源流动的困难：一方面，公共部门工作人员不愿被裁减，更不愿意去效益差的单位就职；另一方面，效益差的单位职工想要进入公共部门工作，往往又会受到拟调入单位的阻碍。另外，在我国，只要是全民或集体所有制企业和行政事业单位职工，一般都能享受一系列社会福利保障，在这些单位工作有较强的安全感、荣誉感，从身心上形成了人对所在单位强烈的依附关系，使一些人才不想流动、不愿流动、不敢流动。

（2）市场发育不健全。我国的人才市场发育不健全对公共人力资源制度改革有制约性影响。人才市场调配功能的不健全不利于科学合理配置人力资源，实现效益最大化。建立公共人力资源管理制度的首要目标就是要进行人力资源的科学合理配置，它关键取决于人才市场两方面调配功能的发挥：一方面通过人才市场推动人才流动，突破单位、部门和地区封锁，面向全社会；另一方面健全法律法规，从制度上保证人才真正流动起来。但是，目前人才管理旧体制的弊端仍然存在，特别是人才的"单位部门所有制"所形成的地方本位主义，以及人才市场尚处在发育阶段，政策法规不健全，管理机构不完善，调解纠纷和解决矛盾还缺乏权威性等，所有这些都制约着人才市场调配功能的发挥，从而客观上制约了公共人力资源管理制度首要目标的实现。

（3）民主政治体制不完善。新中国成立以后，我国社会主义民主政治建设取得了较大发展。但是，当前我国还处在社会主义初级阶段，民主政治的发展水平、内容层次、方法手段，还有待于进一步提高或拓展。民主政治的发展程度与公共人力资源管理制度息息相关。因此，公共人力资源管理制度的建立、发展与完善，其实质就是想要法律规范、规章制度的完备过程。只有建立完备的法律，才能建立一种基于法律程序和理性思考之上的法制权威。

（4）传统思想观念的惯性。中国在几千年的历史中，创造了丰富的政治文化。但传统的专制思想与集权思想、人治思想、天命观念等以一种超常的历史惯性，渗透到社会的每一个角落。这种影响不可能一下子肃清，它对建立现代化公共人力资源管理制度必然会产生一些消极影响。"在多数欠发达国家，位居高位的人可能是在亲族帮助下才获得相当的势力的，因此，他们认为必须提供给家族其他成员以工作和合同是道义使然"。"裙带体制的最大弊端：若不培养人际关系，能人反倒不能成功"。

（5）既得利益的刚性。在干部人事制度改革中，公共部门既是改革的主体和推动者，又是改革的对象和接收者。改革必然带来利益的调整，必然造成不同群体之间利益的冲突，作为具有私利性的公共部门工作人员，当因为改革而使自己的既得利益受到损害时，会产生抵制改革的阻力。改革的动力与阻力并存于公共部门当中。

（三）制度变迁的成效分析

新制度经济学的制度变迁理论阐述了这样一个道理：通过制度创新或变迁能提高劳动生产率和实现经济增长；制度因素是经济增长的"内生变量"；制度、制度变迁与经济绩效有着密切的关系。

制度功能概括起来大致有：降低交易成本、为经济提供服务、为实现合作创造条件、提供激励机制、有利于外部利益内部化等。但是具体的一项制度安排或制度创新能否发挥出这些功能以加速经济的增长，还要看制度创新的初始条件和制度内在的结构如何。

干部人事制度是国家政治体制的重要组成部分。中国现行的干部制度，脱胎于革命战争年代，形成于社会主义改造时期。在确立了与计划经济相适应的、集中统一的经济体制与政治体制的同时，也形成了在中央及各级党委统一领导管理下的分部分级管理干部的体制。这种体制曾为巩固新生的国家政权、实现全国经济统一、完成社会主义改造和有计划地开展大规模的经济建设，提供了强有力的组织保证。近年来，在干部人事制度改革方面采取了一些重大措施，积累了有益的经验。

党的十一届三中全会以来，干部人事制度改革随着经济体制改革和政治体制改革的深入而逐步展开，特别是党的"十七大"以来，力度不断加大，成效比较明显。

（1）选拔任用干部方针进一步明确。1980年，邓小平指出"要有一支坚持走社会主义道路的、具有专业知识和能力的干部队伍"。党的"十二大"把"努力实现干部队伍的革命化、年轻化、知识化、专业化"写入党章，根据"四化"方针，实行了干部离退休制度，废除了实际存在的领导职务终身制，一大批德才兼备的年轻干部走上了各级领导岗位。

（2）建立分级分类的干部管理体制。一是进行纵向分权改革。1983年，按照"管少、管好、管活"的原则，下放干部管理权限，调整干部管理范围，扩大下级党委的干部管理权和企业、事业单位的人事自主权。二是进行横向分类改革。党的"十三大"以后，以公务员制度为重点，建立了比较科学的分类管理体制。公务员制度、法官制度、检察官制度初步形成。事业单位普遍推行专业技术职务聘任制度，并引入了竞争机制。同时，积极探索了符合现代企业制度特点的国有企业领导人员管理制度，建立了企业管理人才市场。企事业单位人事管理的活力得到了增强。

（3）选拔任用领导干部的程序更加严密。2002年，中央颁布了《党政领导干部选拔任用工作条例》，对选拔任用党政领导干部过程中的民主推荐、考察、提名、酝酿、研究决定等必经程序做了更加严密的规定，选拔任用领导干部的工作逐步规范。一些地方还积极探索试行考察预告制、常委研究干部预告制和票决制等，有效地防止了选拔任用领导干部时个人说了算的现象。

（4）干部监督工作不断加强。1997年3月，党中央印发了《中国共产党员领导干部廉洁从政若干准则（试行）》，同年，中央办公厅印发了《关于对违反〈党政领导干部选拔任用工作暂行条例〉行为的处理规定》。试行和实施了领导干部任前公示制和重大事项报告、任职经济责任审计、谈话、诫勉、回复等制度。特别是干部任前公示制的实行，扩大了人民群众在干部选用工作中的知情权、参与权、选择权和监督权，为党委在用人问题上正确决策提供了参考，有效防止和减少了用人失察失误的现象。

（5）国有企业和事业单位人事制度改革有了新的突破。适应建立现代企业制度的要求，国有企业人事制度改革不断深化，企业干部与行政级别逐步脱钩，干部与工人的身份界限被打破，与社会主义市场经济体制和现代企业制度相适应的企业领导人员选任、激励和约束机制正在形成。适应事业单位体制改革的要求，以推行聘用制和岗位管理制度为重点的事业单位人事制度改革，正在科、教、文、卫等部门逐步展开。

四、结论

制度安排的经济绩效直接与制度创新或变迁的初始条件有关，我们不能简单地对某项制度安排作出"好"还是"不好"的评价，因为相同的制度安排在不同的社会历史条件下会产生截然不同的效果。"英国在北美的殖民地和西班牙在拉丁美洲的殖民地几乎同时在18世纪末期取得了独立，19世纪许多拉美国家还制定了类似于美国的宪法，但实际结果是天壤之别"。借用别国社会制度来完成本国社会制度的变迁，历来是国与国之间互相学习、借鉴的一项主要内容。但是制度移植可能比技术移植更困难，因为制度创新或变迁是在既定条件下的创新、变迁，现有的制度框架构成人们进行变迁选择的制度约束集合，也就是说，今天的选择受历史因素的影响。人们一方面要求、发动并实施制度创新与变迁，另一方面又人为地为自己施加一系列的约束。一种新的价值观、道德观、伦理、习俗以及一部新的法律、法规都将构成行为者下一步行为的最大制约。伴随着创新与变迁的发展，新的制约越来越多，人们面对的选择集合职能越来越窄，当然这时也就预示着又将有新的变迁。历史渗透于变迁的整个过程，变迁又不断地重写着历史。因此，公共人力资源管理制度安排要实现其功能，需要根据它立足的社会历史条件做适当的调整和设计，以提高其适应性效率。

实践告诉我们，一个政府的工作水平、工作效率，在国内人民心中的地位和威信，在国际竞争中的实力和地位，在很大程度上取决于该国公共人力资源——公务员和公务员制度，取决于公共人力资源管理的效益和效率。因此，围绕经济体制和经济增长方式两个根本性转变，努力实现由传统的人事管理向整体性人力资源管理与开发的转变，积极主动开发人力资源，尤其是公共人力资源迫在眉睫。

[参考文献]

[1] 马克·G. 波波维奇：《创建高绩效政府组织》，中国人民大学出版社，2002 年。

[2]《中国大百科全书》（哲学卷），中国大百科全书出版社，2000 年。

[3] 康芒斯：《制度经济学》（下），商务印书馆，1997 年。

[4] 诺斯：《经济史的结构与变迁》，上海三联书店、上海人民出版社，1994 年。

[5] 张璋：《20 世纪 80 年代以来的全球行政改革：背景、理论、举措与经验》，《北京行政学院学报》，2002 年第 4 期。

[6] 奥斯特罗姆：《制度激励与可持续发展》，上海三联书店，2000 年。

[7] 诺斯：《制度、制度变迁与经济绩效》，上海三联书店，1994 年。

领导干部政绩评价主体的系统构建

——利益相关者理论视角①

庄国波② 陈万明③

[摘　要] 由于评价主体的利益相关性和价值取向差异性，评价主体的组成及权重分配对领导干部政绩评价结果有强烈的影响。因此，系统地构建领导干部政绩评价的主体体系，是领导干部政绩评价工作的重要课题。从利益相关性的角度，选择不同的评价主体，设定不同的权重系数，建立科学的政绩评价主体体系，对于全面、客观、公正、准确地考核评价领导干部，坚持科学发展观、树立正确的政绩观具有重要意义。

[关键词] 多元评价主体；党政领导干部；政绩评价；利益相关者理论

系统构建多元化的领导干部政绩评价主体体系，需要将不同的利益相关主体纳入领导干部政绩评价主体体系中，对领导干部的政绩进行全方位、多角度的评价。要解决三个方面的问题：一是哪些评价主体参与对党政领导干部的政绩评价？二是各主体的评价指标体系应该如何设计？三是各评价主体的评价结果在总的评价结果中的权重如何确定？

一、系统构建领导干部政绩评价主体体系的重要性

（一）系统构建评价主体体系是科学评价领导干部政绩的重要前提

（1）评价主体多元化是全面公正地评价领导干部政绩的基础。任何一个评价主体都有自身特定的评价视角，有着不可替代的评价优势和难以克服的评价局限。设立多元化的领导干部政绩评价主体，不仅能从领导干部工作的各环节、各方面对领导干部的政绩做出全面的评价，而且能够扬长避短，充分发挥各个评价主体的优势，克服单个评价主体的不足。

（2）在评价主体多元化的基础上，合理组合评价主体，科学地、有针对性地按照各个评价主体的自身特点和评价视角设计不同的评价指标，从不同侧面全方位地评价领导干部的政绩，使评价结果准确、客观。

（3）系统构建评价主体体系能够根据各评价主体的利益相关性对各评价主体评价的权重进行合理的分配。不同评价主体的评价结果在总的评价结果中的权重反映了各评价主体与领导干部政绩的利益相关性，以及领导干部政绩中各个侧面在总的政绩中所占的分量。

（二）系统构建评价主体体系使评价结果能够用于对不同领导干部政绩的比较

不同评价主体的评价视角不一样，各个评价主体从不同的侧面用不同的评价指标对领导干部的政绩进行评价，使评价工作更完整、全面。内部评价主体由于对领导干部创造政绩的全过程有较全面的了解，因此，内部评价更容易深入、更容易定量；外部主体的参与可以使评价视角更加全面，评价层次更加有条理，不同的评价主体能够从各自的利益关注点出发，更有针对性地对领导干部的政绩从某个特定的维度进行评价，减少评价工作在某些方面的缺失。引入外部评价主体

① 本文系江苏高校 2008 年哲学社会科学基金项目"领导干部政绩评价理论的应用"（08SJD8100007）成果之一，全文引自《中国行政管理》2011 年第 1 期。
② 庄国波，南京人口管理干部学院教授，南京航空航天大学博士生。
③ 陈万明，南京航空航天大学教授、博士生导师。

参与领导干部绩效评价不仅可以克服内部评价的局限和不足，而且能与内部评价相互补充，还可以促进传统的政绩评价方式发生变革，推动领导干部政绩评价逐渐走向科学化、规范化，政绩评价的结果更具有社会可比性，使组织部门运用最后的综合评价结果对不同干部进行横向比较变得更容易操作。

二、领导干部政绩评价主体体系构建的现状

关于评价主体的构建问题，学者们多研究政府组织的绩效评价主体体系的构建。2004 年卓越教授提出了公共部门绩效评估的主体建构问题，认为评估主体多元结构是保证公共部门绩效评估有效性的一个基本原则。其中评估主体科学配比是综合评估最有效性的一个关键点。桑助来认为，绩效评估的主体多元化是进入 20 世纪 90 年代以来政府绩效评估五个新的趋势之一。

对领导干部政绩评价的主体体系构建问题，张铁网于 2003 年提出从责任度原则、关联度原则、知情度原则出发设立领导干部政绩评价的主体体系。笔者于 2007 年提出领导干部政绩评价主体可划分为内部评价主体和外部评价主体，其中内部评价主体有：自我评价、上级评价、下级评价、同级评价、考核组评价；外部评价主体有：专业（专家）评价、相关方面评价。2009 年，笔者从不同评价主体的评价视角对评价主体进一步细分为四类：自我评价、专业评价、同行评价、群众评价。其中，专业评价又可分为：领导和组织部门评价、人大评价、政协评价、社会专业评价机构评价；群众评价又分为：机构内下级评价、机构外媒体评价、机构外服务对象评价、机构外其他公众评价。

总的来说，领导干部政绩评价主体构建方面存在以下特点：

（1）评价主体单一，以内部评价为主。从领导干部政绩评价参与者的构成来看，存在注重内部评价而对其他评价重视不够的问题。内部单一评价方式由于受自我欣赏、自我认同等心理因素和利益驱动的影响，容易带有主观色彩。

（2）注意发挥外部评价主体的作用，逐步重视群众的满意度。如兰州大学等高校和社会上一些机构成立了专门从事对政府和领导干部的政绩进行评价的专业机构，接受政府的委托开展政绩评价工作。零点公司多年来一直用民意调查的方法评价全国许多城市市长的政绩，并对市长们的民意支持率进行研究。当然，有些地方为了政治宣传过分关注社会评价而忽视多方面的综合评价。在引入社会评价的过程中，容易走向另一极端，忽视内部评价包括自我评价，社会评价的不足很容易显现出来。社会评价具有较强的约束和激励作用，但由于社会大众对信息资源尤其是对其内部业务和技术方面的信息掌握得不完全或不充分，难免有所疏漏。在近几年的实践中，群众满意度调查更多地用于对政府机关的评价，较少用于对领导干部的政绩评价，有时对政府组织的绩效评估与领导干部的政绩评价混为一谈，不加区分。

（3）各级人大、政协、媒体作为评价主体在领导干部政绩评价中的作用越来越突出。从理论上讲，各级政府班子及其职能部门的主要领导都要经过人大任命这一环节，人大作为领导干部政绩评价的主体是理所应当的。政协成员对党政领导干部的政绩评价也是"民主监督、参政议政"职能的具体体现。新闻媒体对领导干部政绩的评价作用在现实生活中目前还停留在"评论"或"评述"阶段，缺少制度化的"评价"作用。

（4）注意评价主体的具体细节和评价技术的研究。如注意各主体的搭配或权重的不同，注意到不同评价主体的价值观和利益取向的差异。但也存在明显的不足，如对各主体不同的利益诉求没有在评价指标和权重设计中反映出来，不同评价主体用相同指标的情况比较普遍，没有对不同的评价主体进行细分；不同评价主体评价结果在总结果中的权重设计缺少理论上的说服力；较少考虑到不同评价主体的评价优势和评价劣势；对影响评价结果准确性的因素研究、考虑不够。

（5）评价主体的选择和各个评价主体评价指标构成的随意性大，缺少制度化的约束。不同评价主体参与评价的制度不健全，更不用说系统构建的制度了。有时凭上级领导人或组织部门的一句话，就确定了评价主体，或确定了各评价主体的评价结果在总的评价中的权重。存在用模棱两可的评价指标或评价主体不能正确理解的评价指标去评价的情况。

三、系统构建的理论依据

（一）利益相关者理论介绍

利益相关者理论产生于 20 世纪 60 年代，它是在对美、英等国实行"股东至上"公司治理实践的质疑中逐步发展起来的。20 世纪 80 年代中后期以来，利益相关者理论得到了长足的发展。该理论认为一个企业不仅要关注其股东的利益最大化，更要关注企业其他利益相关者的利益。弗里曼认为，"利益相关者是那些能够影响一个组织的目标实现的人，或者自身受到一个组织目标的实现所影响的人"。

按照利益相关者理论的基本精神，任何一个组织的发展都离不开各种利益相关者的投入或参与，组织追求的是利益相关者的整体利益，而不仅仅是某个主体的利益。因此，组织应该站在一个更高的角度考虑其与所有利益相关者、与整个社会的关系，并且承担相应的社会责任。组织的目标是实现利益相关者整体利益的最大化。米切尔等人认为，作为利益相关者必须具备三个条件：①影响力。即某一群体是否拥有影响组织决策的地位、能力和相应的手段。②合法性。即某一群体是否被法律和道义上赋予对组织拥有的所有权。③迫切性。即某一群体的要求能否立即引起组织管理层的关注。并从影响力、合法性和迫切性三个特质的拥有程度将利益相关者进一步划分为三类七种。

1. 只具有其中一种属性的称为"潜在的利益相关者"，又可进一步分为"蛰伏利益相关者"、"或有利益相关者"和"要求利益相关者"

（1）蛰伏利益相关者。他们拥有可以将自己的意愿作用于组织的影响力，但不存在合法关系及迫切性要求。社会中的第三部门以及专家就是典型的蛰伏利益相关者，他们与组织很少有或者没有相互作用，他们的意见和评价通常更具有中立色彩，因而也更为客观和独到，不易受到外在力量的左右。

（2）或有利益相关者。他们拥有合法性，但是没有迫切性和影响力要求。比如，政协委员们虽然拥有合法的参政议政的权利，但是他们的提议对政府并没有直接的影响力，而且这些提案往往涉及的是长期规划和大政方针等方面的内容，表现得不是十分迫切，所涉及的主要是领导干部政绩的宏观内容。

（3）要求利益相关者。他们有迫切的要求，但是没有能力或者不想去取得影响力或合法性，去将他们的要求变为现实。各种新闻媒介可被视作这类群体，他们有各种各样的要求和建议，而且通常显得极为迫切，但是这种言论只是停留在媒体的讨论与要求层面，问题提出以后等待着政府的主动关注和解决。

2. 同时具有其中两种属性的称为"预期型利益相关者"，又可以进一步分为"关键利益相关者"、"从属利益相关者"和"危险利益相关者"

（1）关键利益相关者。他们拥有影响力和合法性，在组织中形成了关键的联合，但一般没有迫切性的要求。比如，各级人大以及党政的纪检、监察部门属于这一类利益相关者，这类组织及其成员对党政领导政绩评价既有影响力又有合法性。

（2）从属利益相关者。他们拥有合法性和迫切性，但是缺乏足够的影响力，需要其他利益相关者支持或者内部管理者的引导来实现他们的意愿。行政相对人以及政府的雇员被看作这一类别的代表，他们都有合法的迫切要求，但是他们的利益表达对政府缺乏足够的影响力。相对于其他利益相关者来说，他们对政府和领导干部的政绩更具有发言权。

（3）危险利益相关者。如果一个利益相关者同时带有迫切性和影响力两种属性，但是缺乏合法性，那么从某种意义上来说对组织将是"危险的"。比如，当两个平行的下级部门发生利益冲突时，由于两者中任何一个部门都缺乏合法插手和干预另一部门的途径，如果不妥善处理两个部门之间的这种利益关系，很有可能激发矛盾，此时通常需要通过共同的上级或上级部门来进行协调。

3. 同时具有三种属性的"权威利益相关者"

上述同时具备两种属性的任何一种预期型利益相关者都可以通过某种途径获得所缺乏的另一个属性而成为"权威利益相关者"。对于党政领导干部来说，直接的上级领导以及上级党委的组织部门往往成为最关键的利益相关者，通常也是最具权威性的利益相关者。

（二）利益相关者理论在领导干部政绩评价中的应用

对于我国地方党政领导干部而言，自己直接的上级通常是最重要、往往也是最权威的利益相关者，官员的提升与评优、奖励与惩罚的主动权完全集中在上级手中。

按照公共选择理论的观点，政治家是受其自身利益引导的，政府是由个人组成的，而个人在交换制度中是按个人利益行事的，不管是经济方面还是政治方面。

在重经济发展的大背景下，各级政府面临着很大的发展压力。上级政府为了完成自身的发展目标，通常会将这种压力分解并转移给下级政府，一级政府的绩效表现和党政领导干部的政绩情况往往通过上级政府对下级政府及其领导干部完成各类指标任务的情况来考评。这种评价结果直接与领导干部个人的前途挂钩，所以，下级党政领导干部为了完成上级分配下来的任务，经常忽视甚至不顾其他利益相关者的利益，而出现短视行为和各类政绩工程。

各级党政领导干部是自己所在地方党政组织的负责人，他们创造政绩的过程涉及的利益相关者数量、种类比任何企业都要多。因此，领导干部的政绩评价主体应该由代表所有利益相关者利益的代表所组成。我们的研究就是希望关注各类利益群体的合理诉求，将各类主体引入地方党政领导干部政绩评价中来，选择适合于各类评价主体特点和利益视角的评价指标，合理设定各类主体的评价结果在总的结果中的权重，系统构建领导干部政绩评价的主体体系。

四、系统构建领导干部政绩评价主体体系

（一）根据多元化评价主体的不同特点，设计不同的评价指标

根据利益相关程度不同，我们将领导干部政绩评价的主体分为：自我评价、专业评价（又分为领导和组织部门评价、人大评价、政协评价、社会专业评价机构评价）、同行评价、群众评价（又分为机构内下级评价、机构外媒体评价、机构外服务对象评价、机构外其他公众评价）四个大类。在设计评价指标体系时，要克服评价指标千人一面的情况，既要有各类主体都可以使用的共性评价指标，更多的要有适合不同评价主体要求的个性评价指标。

对领导干部政绩评价而言，由于各评价主体的价值取向、利益诉求、评价视角、评价误差、评价局限性以及掌握信息的数量和准确度等都有差别，所以，各评价主体既有共性的评价指标，更应该有能够反映各评价主体特色的个性评价指标。设定的指标语义要明确，指向要具体，既不能模棱两可，让人无所适从，又不能"腾云驾雾"，让人捉摸不定。评价指标既要便于评价主体理解，又要便于组织者操作。

（二）根据不同评价主体的情况，选择不同的评价重点

我们对不同评价主体进行细分，沿着他们的评价视角进行深入的分析，根据不同评价主体的主要关注点设立评价指标：

1. 自我评价

由于政绩评价结果与当事人的前途密切相关，因此，领导干部在自我评价中都会尽可能地将自己认为最好的一面充分展示出来。自我评价的视角是与本岗位前任领导或自己上一个考察期取得的政绩进行比较；评价重点要突出增长点、闪光点和创新点。

2. 专业评价

由专业人员或专业机构完成，侧重于"工作水平"、"工作能力"和"工作质量"。除了社会独立的专业评价机构外，本文将上级领导和组织部门、人大、政协的评价也作为专业评价。理由是评价领导干部的政绩是这类评价主体的分内工作和例行工作，特别是上级领导和组织部门是传统的对领导干部政绩评价的主要组织者、评价者和操作者。专业评价的评价视角是：侧重在岗位职责的履行情况、任期工作目标的实现程度及行政过程和行政手段的运用等。主要看取得政绩的过程（实现政绩的手段是否规范、合理、合法）、结果（数量、质量）和民众满意度。其评价重点要强调目标的实现程度和手段的规范程度，突出创造政绩的质量、实现目标所用手段的规范性。

对这类评价主体可以进一步细分为：

（1）上级领导和组织部门评价，这是体制内的专业评价。为了可比、公平，领导评价用同一

个标准（即同一个一级指标），但可以用不同的岗位系数。传统的单一评价主体主要以领导和组织部门的评价为主，现在仍然应该是最重要的评价主体，这一评价主体仍然是领导干部政绩评价的组织者和评价结果的直接占有者和使用者。评价视角为横向可比性，即与不同的评价对象进行横向比较；其评价重点包括：政治忠诚度、努力程度、能力强度。这是领导干部是否合格和能否晋升的一个重要标准。

（2）人大评价，这是体制内另一种专业评价，其专业性低于社会专业评价机构的评价。对于地方党政领导干部特别是政府班子及其职能部门主要负责人的任命都要经过人大这一关，因此，人大应该作为领导干部政绩评价的另一个主体，人大的评价对领导干部的升降也起到非常重要的作用，是非常重要的利益相关者。其评价视角属于经济和社会视角，评价重点包括：工作目标的实现程度、工作成果（政绩）的满意程度。

（3）政协评价，这也是体制内专业评价，但其专业性低于人大。在中国的政治生活中，对党政领导干部政绩评价工作也能体现政协的政治协商、民主监督作用，这一点在以后的评价实践中要逐步加强。其评价视角为：从政治视角，对评价对象的政德、社会形象的认可、接纳程度；其评价重点为：政绩的可信程度、领导干部的人品。

（4）社会专业评价机构的评价，这是体制外的专业评价。主要是以比较超然的态度对领导干部的政绩进行全面、客观的评价，评价的重点强调指标的综合性、全面性和评价过程的规范性、专业性。

3. 同行评价

强调科学性，注意被评价者对岗位职责的理解、工作要点的把握及职权的正确应用等。此处同行是指与受评者处于平级、同类或相近工作性质的领导干部，也可能是同次评价的受评者。同行之间也是重要的利益相关者，由于领导岗位职数的稀缺性，加上同行之间工作内容相近又处于相同的层级，自然地成为很多方面的竞争者。其评价视角是：将被评价对象政绩与评价主体自身进行比较，着眼于工作的缺陷与不足。最容易看到被评价者政绩中的"水分"和工作中的薄弱环节。评价的重点包括：目标未能实现的程度，政

绩的可信性、科学性以及工作中的不足。

4. 群众评价

强调接受性。这一评价主体往往是领导干部政绩的直接受益者或受损者，也是重要的利益相关者。这类评价主体中的一部分人对领导干部政绩的虚与实、真与假有切身的感受。包括对被评价者所提供的服务是否到位，公民对此是否满意，涉及德、能、勤、绩、廉几个方面。该评价的视角是：对评价者的接纳程度，包括对领导干部政绩的认同程度和对领导干部本人的接受程度。前者重在干部的能力，后者反映干部的人品。其评价的重点总体突出满意度。群众评价又可以进一步细分为：

（1）机构内下级评价，这类评价主体往往与被评价者朝夕相处，最了解被评价者，一般看重努力程度，即使是政绩的质量和数量不太令人满意，只要领导干部个人努力了，这类评价主体就会认为领导"没有功劳还有苦劳，没有苦劳还有疲劳"，一般情况下的评价结果不会差。

（2）机构外媒体评价，一般看重社会效果，包括个人努力程度和对各种缺陷的改善程度。

（3）机构外服务对象评价，一般关注自己的意见受重视的程度和在接受领导干部所管辖范围内政府提供公共服务时自己受尊重的程度。

（4）机构外其他公众评价，一般关注领导干部的个人公众形象和所取得政绩的社会效益。

根据以上分析可知，由于不同评价主体的评价视角和评价重点不一样，加之每一类评价主体的局限性和评价误差的不同，因此，在具体评价党政领导干部的政绩时，应该给每一类评价主体设计一套评价指标，这些评价指标有共同的项目，更多的是不同的项目。

（三）根据各类评价主体的利益相关性，确定各评价主体评价结果的权重

由于不同评价主体的利益相关程度、评价视角、关注重点不一样，因此，各评价主体的评价结果对总的评价结果的影响也不同。为了综合考虑各个评价主体的评价结果，就要对不同评价主体的权重进行分配，从而准确反映各评价主体对评价结果的影响程度。绩效评价主体指标权重确定得准确与否直接决定了评价结果的信度和效度。

对于不同评价主体权重的确定以及各类评价

主体评价结果的综合有多种方法，我们认为在理论研究中可以运用各种方法，包括非常复杂的方法。但在实际应用时主张易简不易繁，只要能说明问题、有一定的说服力就可以了。常见的简易方法有直接判断法、按重要性排序法、三维确定法和权值因子分析法。

就领导干部政绩评价主体的权重确定问题，我们认为采用下面的方法是可行的：

1. 从利益相关程度的角度对本文提到的各评价主体进行分类和排序

（1）利益拥有者。这里指被评价者和同行评价者，因为评价结果直接决定他们的利益。对于被评价者而言，他们直接拥有评价可能带来的利益，不管是正面的还是负面的利益；对于同行评价者而言，由于岗位的稀缺性，被评价者的升降对他们也是有影响的。

（2）决定利益者。这里指能决定被评价者利益的评价者。按上面的讨论，这类评价主体包括上级领导和组织部门、人大、政协等。他们的评价结果直接影响被评价者的利益。

（3）利益强相关者。这里指被评价者的工作和所创造的政绩对这些评价主体的利益有直接影响或较大影响，按上面的讨论，这类评价主体包括机构内下级、机构外服务对象，领导干部创造政绩的过程对他们的利益有直接的影响。

（4）利益弱相关者。这里指一般社会公众和机构外媒体这两类评价主体。领导干部创造政绩的过程对他们的利益的影响是间接的或较弱的，这种影响没有对上面一类评价主体的利益影响大。

（5）利益独立者。这里主要指社会专业评价机构。因为这类评价主体的自身利益独立于评价主体工作过程之外，他们能够比较客观地进行评价，不需要带有主观的感情色彩。按上述利益相关性大小，相关性越大，权重越小。因为利益越相关，影响评价的因素越多，评价的可信程度越差，因此权重配比越小。

2. 对于各评价主体的权重排序问题

对上述五类评价主体，按权重大小排序为：决定利益者（上级领导和组织部门、人大、政协等）、利益独立者（社会专业评价机构）、利益强相关者（机构内下级、机构外服务对象）、利益弱相关者（一般社会公众和机构外媒体）、利益拥有者（被评价者、同行评价者）。其权重按照直接判断法认为其权重为：30%、25%、20%、15%、10%。

在这五类评价主体的每一类里面，又可能包含若干主体，这些评价主体在评价中可以进一步分配权重。如"决定利益者"这类评价主体又可以分为：上级领导、组织部门、人大、政协四个评价主体，这四个评价主体在这一类中的权重又可以分为：30%、30%、20%、20%，依此类推。

[参考文献]

[1] 卓越：《公共部门绩效评估的主体建构》，《中国行政管理》，2004年第5期。

[2] 桑助来：《近年来政府绩效评估的新趋势》，《瞭望新闻周刊》，2004年第29期。

[3] 张铁网：《领导干部考核制度改革与创新》，中共中央党校出版社，2003年。

[4] 庄国波：《领导干部政绩评价的理论与实践》，中国经济出版社，2007年。

[5] 孙彩云、庄国波：《多元评价主体参与领导干部政绩评价的研究》，《"中国特色社会主义行政管理体制"研讨会暨中国行政管理学会第20届年会论文集》，2010年。

[6] 陈国权、李志伟：《从利益相关者的视角看政府绩效内涵与评估主体选择》，《理论与改革》，2005年第3期。

美国人力资源战略的实施策略及对我国的启示[①]

刘　追[②]　邢春雷[③]

[摘　要]　美国人力资源战略的成功实施使其在世界人才竞争中一直保持竞争优势，这与其选择合理的实施策略是分不开的。本文通过梳理美国国家层面人力资源战略的相关政策和措施，归纳了美国实施人力资源战略的主要策略选择，提出对我国实施人力资源战略实施的一些启示。

[关键词]　美国人力资源战略；实施策略

一、美国人力资源战略实施的主要策略

（一）通过立法确立教育和职业培训在人力资源投资领域的地位和作用

美国政府通过立法，实现超强职能的资源配置，保证人力资源投资战略能够有效地落实。政府的资金投入是美国教育和培训发展的启动器，教育和培训方面的每次立法必有一定的资金投入。美国人力资源投资有很多种渠道，从幼儿园教育到其他基础教育，政府都提供教育经费，政府还帮助困难的人接受高等教育，并努力为劳动力增加培训机会。美国高等教育最早进入大众化、普及化，本专科教育和研究生教育规模均为世界第一。在人力资源市场建设方面，政府通过法律手段对人力资源市场及人力资源中介组织进行规范管理。同时，为创造一个高绩效的政府，确保拥有优秀的雇员，美国通过立法实现联邦机构的人事改革，如设立首席人力资本官制度。可以说，美国人力资源战略的制定和实施，都离不开立法的支持和推动。通过立法程序保证教育和职业培训在人力资源战略中的地位和作用，从而确保人力资本投资成为美国人力资源战略实施的一个重要策略。

（二）推动人力资源市场的市场化和现代化建设

美国人力资源配置高度市场化，市场机制在劳动力市场起到基础性作用。联邦政府、州政府和地方政府依据市场制定人力资源政策。"美国的人才管理部门不直接对人才市场的微观操作进行干预，而是把主要精力放在研究政策和制定政策上，通过宏观政策对人才流动等进行国家调节"。企业根据经营战略制定自己的人力资源规划，人力资源使用根据用人双方自由选择，企业的需求直接决定了人力资源市场的需求，而市场又不断调节劳动力的供给。由于美国有比较完善的社会保障制度，企业辞退或自动离职的员工由市场实现再就业，这样在组织层面就可以达到人力资源的最佳配置，实现经济效益的最大化。在人力资源服务上，美国涉及人才流动和职业介绍的法律法规比较健全，所有人力资源市场提供的服务都必须符合美国联邦政府和地方政府的法律。政府机构、社区组织、企业和个人一般都能自觉遵守这些法律法规。

在人力资源市场信息化方面，美国早在1979年就率先在州一级建立以计算机为基础的电子化职业信息库。20世纪90年代初又建立与各州联

---

① 本文系教育部人文社科基金项目"人力资源强国战略实施的策略研究——基于中美日三国比较的分析"（09XJC810001）的阶段性成果，同时受石河子大学"211工程"重点学科项目资助。全文引自《中国行政管理》，2011年第4期。
② 刘追，石河子大学经济与管理学院副教授、博士。
③ 邢春雷，曲阜师范大学国际交流处。

网的国家级"美国职业信息库"（AJB）和"美国人才信息库"（ATB），形成了美国现代化的劳动力市场信息网。职业介绍手段的现代化，不仅极大地提高公共就业服务的效率，也使公共就业服务的内容、形式和手段发生一定的变化。

（三）强化政府在人力资源开发中的引导作用

近年来，政府在人力资源战略实施中的作用在不断加强，美国联邦政府通过一系列改革尝试，力争从政策、资金等方面保障人力资源战略的落实。

1. 发挥政府资金投入的导向作用

根据人力资源规划确定的项目，联邦政府提供开发基金和规划实施的基金，以此鼓励各利益相关者积极参与进来。例如，在《劳动力投资法》（WIA）实施过程中，联邦政府就提供一定的实施资金，要求各州和企业积极参与到项目中，培训机构只有参加这些项目才能得到培训经费。政府规划需求改变，培训和开发机构的服务供给也就随之改变，这就等于给培训和开发机构一种市场信息。同时，将项目落实比较好的州的经验推广给其他没有落实的州，发挥标杆作用，从而实现资金的有效配置，这对开发机构也具有较好的激励作用。

2. 建立合作伙伴关系整合人力资源开发相关的资源

为促进职业培训适应市场的需求，美国积极倡导政府、协会、企业、工人和社区学院等各个层面的合作伙伴关系。这些部门共同组成咨询委员会，有些委员会的成员还有一定限制（非政府的代表必须过半），委员会成员参与规划制定的设计和实施，发挥着关键作用。同时，政府通过培训项目的实施和经费支持来促进这种伙伴关系的发展。

3. 促进职业培训从供给驱动型向需求主导型转变

在解决失业人员培训问题上，美国政府以往直接投资培训项目，再动员失业人员参加。这种做法存在两个弊端：一是政府和培训机构是主动的，积极性比较高，而培训的主体——失业者却是被动的，造成失业者接受培训的积极性往往不高；二是"卖培训"的公共培训机构过分依赖政府的"订单"，不注意适应市场。为改变这种现状，《劳动力投资法》启动了三项改革：建立个人培训账户；确认培训提供方的资格和它们的项目；加强项目执行情况的交流，如求职成功率、工资收入水平，以及能够达到的技能水平等信息，这些措施实现了职业培训供给驱动向需求主导的转变，取得了较好的实施效果。

4. 充分发挥企业培训的主导作用

虽然美国各级政府每年提供大量的劳动力培训资金，但政府用于培训的经费还是有限的，政府培训项目主要是针对结构性失业职工以及寻找新工作时遇到困难的人，或者那些缺乏技能和经验，不经过再培训就无法就业的人，还有一些残疾人、妇女和少数族裔等劳动力，有些就业和培训项目甚至就是专门为了帮助那些接受福利救济的人。事实上，"企业才是职业培训的主要提供者，特别是在知识经济的今天，为保持企业员工拥有企业发展需要的知识、技能和能力，许多大型企业都建立了自己的培训机构"。因此，充分发挥企业培训的主导作用，鼓励企业自办培训是美国政府促进劳动力职业培训的重要战略之一，也得到了企业的广泛支持。

（四）开展人力资本战略管理，创建高绩效政府

建立高绩效的政府是维护美国竞争力的重要源泉，政府改革的浪潮也带动美国政府人力资源战略的实施。克林顿政府在"重塑政府"过程中，进行了被称为"重塑人力资源管理"的公务员制度改革，试图用人力资源管理模式全面改造传统人事行政式的公务员制度，虽然在消除制度弊端和开拓制度弹性空间方面取得了明显的成效，但没有、也不可能完全解决传统公务员制度中的种种问题。美国前总统布什在《总统管理议程》中将人力资本战略管理作为首要的议程，提出人力资本战略管理的远期目标就是建立联邦政府高绩效工作系统，这种系统"能够吸引和留住人力资本，让其释放持续良好的表现和高水平绩效；将使用清晰的和详细的整体绩效来刺激每个雇员、团队及其领导者；联邦机构将满足或超过已有的服务和绩效的目标；结果问责制是清楚和有意义的，并且和直接的成就奖励以及失败的真实原因联系起来"。为实施这一战略议程，布什确定由美国联邦政府人事管理办公室来负责政府范围内的人力资本工作，与总统、国会、部门和行政机构以及其他利益相关者一起，致力于实施人力资本政策，为未来的员工提供最好的工具、资源和技术，使各联邦机构能够更加符合既定目标的要求，从而创造一个高绩效的联邦政府。

（五）建立有效的激励机制和协调机制，推动各利益相关者积极实施

美国的相关法律明确规定联邦政府、州政府和地方政府管理机构之间的权利和义务。联邦机构推动项目实施时一般都制定一定的项目激励措施。这些措施包括联邦政府对地方政府、培训机构等组织的绩效激励、鼓励各级各类组织积极参与的激励、优秀人才奖励和表彰制度等。

1. 联邦政府对人力资源战略实施组织的激励

联邦政府为鼓励相关组织推动人力资源政策的实施，对这些组织进行一定的激励是常用的策略之一。以《劳动力投资法》为例，美国联邦政府劳工部设立了劳动力发展绩效测评政策委员会，专门负责绩效测评政策的统筹和协调，该委员会每年向国会提交一份劳动力投资年度报告，用来评估联邦资助的人力资本投资项目在州和地方政府上的实施结果，并根据测评结果实施奖励与处罚，以便使联邦基金的投资取得最大的回报。在资金使用上，WIA 还规定州政府和地方政府不同比例的分配，有些项目（如弱势成年人）还规定一定比例（5%）的资金用于州政府的奖励基金，来奖励那些达到目标的地区；同样，国家设立奖励基金，奖励那些超额完成目标的州。在私营职业培训机构中，有相当一部分是非营利性的（对服务对象提供免费服务），其主要经济来源是政府拨款，而政府拨款的依据就是这些机构的评估结果和培训后的劳动力就业率，政府每半年对职业培训机构的工作进行评估，如发现不能按期完成计划，将有权收回后半部分的投入。另外，还依据不同的服务对象评价这些机构提供的服务，如果达不到服务中心确定的考核指标，培训机构将失去参与这些培训项目的资格。这些措施不仅保证了项目的有效实施，对培训机构也是一个无形的监督和激励。

2. 鼓励各级政府和各类组织参与人力资源战略实施

政府鼓励地方政府和相关企事业机构参与人力资源项目的制定和执行，充分征求他们的意见，形成完成人力资源规划目标的实施联盟，这些联盟横跨工作小组、部门、实施组织和管理组织的各层次，甚至会超越公私部门之间的界限。可以说，鼓励各级政府和组织的参与是美国完成人力资源战略规划目标的一个有效手段，也形成了一个比较有效的协调机制。同时，在组织结构设置上，坚持集中和分散相结合的管理体制，既有统一的成果标准，又允许各级政府和组织在项目管理中具有较大的灵活性，这样就可以使战略措施的落实因地制宜，及时调整。

3. 建立比较完善的个人表彰和奖励制度，对做出贡献的个人给予物质和精神奖励

美国能源部在实施人力资本战略管理过程中，2002 年开始执行了一个新的绩效管理系统，该系统一项重要的措施就是对突出贡献者提供奖金。后来，这个系统被引用到管理者和高级管理者，同时成功地把每个雇员的表现与组织的使命和目标联系起来。

（六）建立规范的评估和报告制度

《政府绩效与结果法》（1993）以立法形式规范了政府绩效的相关活动，使得绩效评估制度逐渐深入到各级政府的日常工作中，这也为人力资源战略的顺利实施提供了坚实的法律基础。在这一方案的要求下，美国人力资源项目一般都有明确的评估和报告制度，这些制度不仅规定达到目标的标准，还规定了完成任务的时间和期限，这成为人力资源战略顺利开展的有力保障。如联邦政府人力资本战略管理过程中，为引导、监督联邦政府各机构关注管理议题改革的绩效和成果，联邦政府的管理和预算办公室为五项总统管理议题制定了"成效标准"和"管理计分卡"，依据它们对各机构的每项管理议题的现状，采用红、黄、绿灯标志进行追踪评估（红、黄、绿分别表示较差、中等、较好三种状况），同时根据该机构是否已经按照成效标准而实施管理议题来评估其进展情况。为实施人力资本的战略管理，美国人事管理局（OPM）的人力资本办公室通过"行政机关年度管理计分卡"进行管理，以保证所有机构完成任务的同时达到既定的人力资本战略管理标准。在 2001 财年，25 个机构中的 22 个被 OPM 记"红色"分数，这是最严重的级别，这个分数显示

这些部门在人力资本管理方面存在着严重的问题。到 2004 财年第三季度，只有 5 个机构还保持着红色分数。更重要的是，7 个机构已经达到了"绿色"水平，而且正在贯彻根据 OPM 战略框架而制定健全的人力资本管理办法和方案，通过这些管理工具，有力地推动了人力资本战略管理的实施。

二、美国人力资源战略的实施策略对我国的启示

美国国家层面的人力资源战略是一种竞争型的战略模式，在部分方面具有一定进攻性。严格地讲，美国没有综合性的、整体性的人力资源战略，而是包含在一定的人力资源项目中。为维护国家战略和经济发展战略，美国不断更新自己的人力资源战略，在实施过程中分别采取不同的策略，以强化人力资源战略对经济发展战略和国家战略目标的支撑作用。这些策略对我国有以下启示：

（一）制定明确的人力资源规划目标和具有针对性的实施策略

美国人力资源战略中的许多规划项目，不仅包含指导性的原则规定，而且包含具体实施的详尽行动，包括要解决的问题、要达到的目标、需采取的措施。这种条款的详尽性使规划具有较强的可操作性，其实施必然更加有效。另外，许多部门的人力资源战略规划都是分阶段实施，每个阶段都制定了详细的目标结果和措施，且每个阶段实施完，都要出具年度或季度报告，为修改下一阶段的工作提供依据。这种阶段性的实施策略使战略规划具有明显的针对性和可行性。而我国的人力资源战略规划目标相对比较模糊，缺乏详细的指标和实施方案，受战略决策者的影响比较大，致使许多战略难以执行到位，影响了我国人力资源战略的实施。因此，新时期实施我国人力资源战略，也应制定较详细的规划目标和实施方案，并以此建立规范的评估制度。

（二）通过立法推动人力资源战略的实施，增强战略实施的执行力

法律具有较好的强制力，这种强制力运用到人力资源战略的实施中也具有很好的效果。美国在实施人力资源战略过程中，广泛地运用立法手段。《劳动力投资法》就是美国人力资本投资战略实施的最好体现，该法的目的就是增加劳动力的质量，减少对社会福利的依赖性，从而增强国家的生产力和竞争力，该法授权设立几个工作培训项目，详细规定了项目的主管机构、资金和评估等一系列问题。这就使劳动力投资战略的实施具有很强的强制力，能够较好地坚持下来。而我国是以政策形式推动人力资源战略的实施，虽然也有一定的实施效果，但持续性不强，缺乏强制力。因此，我国应充分利用立法的强制性和可持续性，加大人力资源的相关立法，保障人力资源战略的顺利实施。

（三）建立规范化的人力资源市场，提高人力资源配置效率

美国人力资源市场比较发达，现代化程度比较高，在人力资源战略实施中发挥重要作用。以市场为基础来配置人力资源的机制，能够有效地运用资源，减少资源浪费，加上美国居民在选择工作时有绝对自由权，使人力资源配置效率比较高，政府在人力资源配置的公平性、规范性等方面也做出了较大努力。我国人力资源市场的建设还不够完善，市场在人力资源配置方面的作用还不够充分，特别是中小城市的人力资源市场还比较薄弱，在人力资源服务、市场信息化等方面应加大建设力度。

（四）建立良好的激励机制和协调机制

在人力资源战略实施中，对组织的激励和个人的激励兼有，物质激励和精神激励并用，将绩效、激励和回报（如薪酬等）很好地连接起来，使美国人力资源项目实施的参与度比较高，收到了很好的效果。我国比较重视对个人的激励，但对组织的激励还比较薄弱，个人的激励主要集中在精神层面，对物质层面的激励力度比较小，特别是这些奖励常常与人力资源战略项目的实施缺乏紧密联系。目前，主管我国人才工作的中央人才工作协调小组就涉及十三个中央政府部门，人力资源按身份管理、分块管理的格局依然存在，这就使得人力资源战略实施的协调难度非常大。因此，建立合理的激励和协调机制，加大人力资源战略实施相关组织和个人的激励，更好地协调实施机构之间的利益，是我国新时期实施人力资源战略的重要策略选择。

（五）制定科学完善的评估和控制机制

美国人力资源战略实施中以结果为导向，形成了科学的评估和控制机制。《政府绩效与结果法》要求美国政府各机构在制订战略规划时，充分依据高层次的科学研究成果，通常指令一个国家级的顾问委员会对国内外发展状况进行较长时间的研究，取得大量的数据，通过统计分析，得出相应的结论，然后向总统或国会递交一份详尽的报告，总统或国会根据此报告，讨论是否通过。这种操作机制使战略规划建立在科学研究基础之上，更具科学性和说服力。由于我国在人力资源战略和政策的制定过程中缺乏明确的目标和评估标准，致使我国人力资源战略规划的评估还没有很好展开，已有的中期评估也比较有限，并且结果不公布，仅限于相关部门内部参考，无法接受社会监督。因此，建立科学完善的评估机制，加强战略实施过程中的评估和控制是新时期我国实施人力资源战略必须加强的重要一环。

（六）鼓励公众参与人力资源战略实施

国家层面人力资源战略的目的就是要提高公众的知识、技能和能力，其战略任务最终还是要转变为与公众利益相关的项目，因此要使这些项目能够得到很好的实施，就必须鼓励公众积极参与，这不仅需要加强宣传力度，更需要在制定和实施人力资源战略过程中建立公民参与的程序，探索有效的公民参与技术和方法。在美国人力资源战略实施过程中，建立公众广泛参与、具有合作伙伴关系的社会网络，对战略实施起到巨大的推动作用。新时期，我国应扩大人力资源战略实施的参与度，通过公民的广泛参与，形成人力资源战略实施的政策社会网络。

（七）加大人力资源战略的投入

美国目前是世界上唯一的超级大国，其国家总体战略远景是要保持其在世界的竞争优势，相应地，其人力资源战略既是竞争型战略，又是一种领导型战略。虽然短期内，世界各国不可能挑战美国的全面人才优势，但在局部竞争方面，以日本、德国、英国、法国为代表的发达国家在人才竞争方面也加大了与美国竞争的力度，纷纷制定相应的人才竞争战略，出台了许多有效措施；以中国、印度、巴西为代表的发展中国家也积极参与到人才竞争当中来，所以美国与其他国家的人才竞争必然越来越激烈，这就造成各个国家人力资源战略的实施成本不断增加。因此，中国在人力资源战略的实施过程中，应进一步加大投入力度，保证人力资本投入的充分性、公平性、效率性和制度化。

[参考文献]

[1] 张小兵：《外国政府在人才中介组织与人才市场中的作用与角色》，《中国人力资源开发》，2005年第1期。

[2] 劳动和社会保障部赴美国、加拿大考察团：《赴美国、加拿大考察培训和就业情况报告》，《职业技能培训教学》，2000年第2期。

[3] 吴志华：《美国公务员制度的转型及其启示》，《中国行政管理》，2005年第12期。

[4] Executive Office of the President Office of Management and Budget, President's Management Agenda, 2002.

[5] 梁茂信：《美国人力培训与就业政策》，人民出版社，2006年。

[6] US Office of Personnel Management, Strategic Management of Human Capital, 2005.

[7] 吴志华：《20世纪90年代以来的美国联邦政府改革》，《美国研究》，2006年第1期。

[8] 王翔：《美国人力资本投资战略及其对我国的启示》，吉林大学硕士学位论文，2004年。

第十八章　全球治理[①]

张晓阳　白云真　江　涛

全球治理是全球化时代公共生活与国际公共事务管理的一种新型模式。在全球化的趋势下，一体化与碎片化中权威的转移、全球公民社会、社会力量的跨国化全球变迁、原因及意义成为国际关系理论研究的显著问题，而且全球经济治理、环境污染、金融危机、恐怖主义等公共问题日益出现在各国政策与全球公共政策的议程。20世纪90年代，许多世界政治研究者开始运用"全球治理"的概念。[②] 全球治理概念成为理解全球变迁、国际事务管理以及国际公共产品的更加整合性（Integrated）以及综合性的工具。一般而言，全球治理意指民族国家、国际组织、非政府等多种行为体在经济、环境、能源与安全等全球性公共事务的政策协调与国际合作。当下全球经济危机促使决策者与学者更关注国际经济、环境与发展等问题的治理，探讨国际宏观经济、全球环境以及贫困消除等方面管理的改革与趋势。

全球治理理论与方法产生于对20世纪80年代学术思想产生重要影响的国际机制理论的背景中。国际机制理论的发展催生了"国际治理体系"的观念。治理体系的观念导致了国际机制研究议程的重要转变。最具代表性的是奥兰·扬（Oran Young），他分析了国际环境机制，把政策安排机制视为国际治理体系。[③] 联合国、七国集团、国际货币基金组织、世界贸易组织在"冷战"结束后的全球化与治理中扮演着关键性角色，而环境、人道主义、妇女以及人权社会运动等全球公民社会现象日益与国际组织交织在一起。在此背景下，全球治理的概念成为国际组织改革和设计议程的有效象征。本章将概要地阐述2011年国内外学术界全球治理理论研究的进展以及全球治理政策实践的创新。在全球治理理论与方法部分，笔者将侧重中外学者的全球治理重大主题的创新性观点、研究方法的应用、全球治理的中国视角以及全球治理的未来研究议程。在全球治理政策实践创新部分，笔者将以全球经济、安全与和平、环境与能源等问题进行案例分析，探究全球公共政策与国际公共管理的政策实践，进而解释国际公共事务的协调、协作、合作与调节等问题。

---

① 张晓阳、白云真、江涛、罗文静、张占顺、耿喜梅、张鹏共同撰写本章，具体分工为张晓阳、白云真撰写引言以及代表性成果部分；张鹏与耿喜梅撰写全球治理理论进展部分；江涛、张占顺以及罗文静撰写全球治理实践创新部分。本章撰写小组数次研讨，几经易稿，但不当之处难免，请批评指正。

② 詹姆斯·罗西瑙在1992年出版的学术著作中的确提到了全球治理的概念，参见 James N.Rosenau, "Governance, Order, and Change in World Politics," in James N.Rosenau and Ernst-Otto Czempiel eds., Governance without Government: Order and Change in World Politics, Cambridge: Cambridge University Press, 1992: 28.

③ 参见 Oran Young, "Global Environmental Change and International Governance," Millennium, Vol.19, No.3, 1990: 337-346; Oran Young, International Governance: Protecting the Environment in a Stateless Society, Ithaca, New York: Cornell University Press, 1994; Oran Young, George J.Demko, and Kilaparti Ramakrishna eds., Global Environmental Change and International Governance, Hanover, NH: University Press of New England, 1996; Oran.Young ed., Global Governance: Drawing Insights from the Environmental Ecperience, Cambridge, MA: MIT Press, 1997.

第一节　理论进展

全球治理理论为决策者与普通大众提供了观察和理解正在变化中的全球化世界与公共政策实践的框架与视角。全球治理理论研究涉及不同行为体在全球治理中的角色与作用、不同问题领域、多维价值观。有鉴于此，本文尝试以研究主题为切入点探究全球治理的理论与方法，进而体现全球治理理论的新进展。

根据 2011 年全球治理研究资料和研究现况，我们确定了"国家与政府的角色"、"国际组织与机制"、"跨国公民社会"、"区域治理"、"价值目标"五个核心主题，并尝试以此对全球治理理论的新进展进行分类回顾、分析和评价。具体而言，前三项研究主题囊括了当今全球治理体系的三大关键层次，以欧盟等地区一体化为代表的"区域治理"模式则为全球治理理论的发展提供了有益补充。此外，笔者将适当关注国外学者在 2011 年所做出的全球治理理论研究的创新，将其作为评价国内全球治理理论研究的参照物，进而考量国内全球治理理论研究与国外同类研究的异同。

一、国家与政府在全球治理中的角色

作为国际社会最具能动性的行为角色，民族国家及其政府无疑是主导全球治理的关键力量，其不仅直接向全球治理组织和机制让渡了权力，而且国家间的竞争和博弈还深刻影响着全球治理的未来走向。正因如此，国家与政府便成了全球治理研究的首要主体。2010 年 7 月 5~7 日，中国政法大学政治与公共管理学院和全球化与全球问题研究所共同主办了"公共权力与全球治理"学术研讨会，并出版会议论文集，便专门探讨了"国家在全球治理中的地位、角色和作用"、"国际

层面的国家与社会关系"、"全球治理中的公共权力"等问题。[①] 总体来看，大国、强国、霸权国家的全球治理行为、模式及角色问题成为学者们关注的重点。

就 2011 年的研究成果来看，国外学者特别关注全球治理进程中西方国家的角色和地位、美国霸权的衰落与否及其对于全球治理的影响等问题。例如，克里斯托弗·蔡斯邓恩（Christopher Chase-Dunn）和柯克·劳伦斯（Kirk S. Lawrence）较为客观地分析了美国霸权与全球治理的关系。他们认为，全球普遍意义上的不公平、生态环境的持续恶化以及由美国霸权衰落所导致的全球治理体系动荡，是目前国际社会面临的三大危机。在这种背景下，世界体系的未来将可能呈现出截然不同的发展前景——全球治理体系完全崩溃；美国建立起一个新周期的政治经济霸权；一个有效、民主、多边、合法的治理秩序在全球层次形成。[②] 事实上，在美国霸权相对衰落的背景下，许多西方学者还注意到新兴经济体崛起对于全球治理的影响。兰德尔·施沃勒（Randall Schweller）认为，在一个霸权衰落、全球性挑战频发的时代，新兴国家成为推进全球治理的关键力量。[③] 与此同时，一些国外学者还持续关注了全球化及全球治理对于国家的影响，尤其深入研究了一国对外关系的改革和调整。例如，托马斯·诺沃特尼（Thomas Nowotny）认为，全球治理潮流不仅强化了不同层次行为主体之间的相互依赖，而且促进了全球化时代不同议题领域的相互交叉。这对一个国家外交事务提出了更高要求，因而需要适时强化对内和对外服务功能；[④] 迈克尔·马克（Michael Mark）则研究了全球治理背景下各国城市一级的交流问

① 蔡拓、曹兴：《公共权力与全球治理——"公共权力的国际向度"学术研讨会论文集》，中国政法大学出版社，2011 年。

② Christopher Chase-Dunn & Kirk S. Lawrence. The Next Three Futures, Part One：Looming Crises of Global Inequality, Ecological Degradation, and a Failed System of Global Governance, Global Society, Volume 25, Issue 2, 2011：137-153.

③ Randall Schweller. Emerging Powers in an Age of Disorder, Global Governance：A Review of Multilateralism and International Organizations, July-September 2011, Vol. 17, No. 3：285-297.

④ Thomas Nowotny. Diplomacy and Global Governance：the Diplomatic Service in an Age of Worldwide Interdependence, Transaction Publishers, 2011.

题。他认为，城市之间的交往构成了全球治理与国际关系的一个新层次和新领域，[①] 其能够在应对全球性问题、推进国际关系民主化以及促进全球善治等方面发挥更为积极的作用。

相比之下，中国学者则尤其关注新兴国家经济政治影响力的提升以及全球治理主体的多元化特征。例如，吴志成、王天韵概括分析了当今全球治理在贸易保护、货币纷争、金融安全、资源短缺、气候变化、发展不平衡、非传统安全等领域面临的种种新挑战。在这种背景下，民族国家权力出现了一定的流散与弱化，而新兴大国对于全球治理的影响和作用则明显提升。[②] 庞中英认为，西方国家和集团主导全球治理的情况正在发生改变，2008 年以来全球金融危机标志着"没有统治的治理"模式已经走向了极端，一些西方国家政府大有成为资本势力和金融市场的附庸之势。他认为，真正的全球治理除了要摒弃任何统治形式（如霸权体系）的世界秩序，而且应该在促进全球民主的基础上实施"有政府的治理"。因此，国际社会应该尝试以"全球政府"理念推进全球治理的深入发展。[③] 此外，在对"霸权稳定论"及其权力秩序的批判问题上，王天韵也分析了金融危机背景下霸权国与其他国家的治理角色转变，反驳了由霸权国提供公共物品的观点。他认为，缺乏国际制约的霸权国将滥用实力并逐渐衰落，其他国家则可能借此机会终结原有的霸权秩序。[④] 新近的全球金融危机表明，在霸权秩序受到重创的情况下，世界各国能够进行国际合作与治理，以应对全球性问题。

全球化的新趋势促使研究者重新反思全球治理的不同主体及角色。在这种背景下，主导国以外的其他国家及其对于全球治理的影响日益成为中国学者的研究重点。例如，魏光启研究了全球治理中的"中等国家"，他认为在不同的情势之下，中等国家往往会灵活地选择个体主义、社会交往及制度主义方式的一种或多种策略，以期提升其在国际舞台上的话语权和影响力，并促进全球治理格局向多边主义的方向发展。[⑤] 由此可见，中等国家正在成为塑造全球多边治理进程的重要力量。张慧君则探究了中东欧、俄罗斯和中国三类典型的转型国家治理模式。他认为全球化推动了转型国家的经济市场化、国家现代化和社会多元化进程，促使这些国家从"全能主义"治理模式迈向"国家—市场—社会"三元并存与互补的现代治理模式。[⑥] 同时，黄仁伟、姚枝仲、韦宗友等学者还研究了以金砖国家为代表的新兴经济体在全球治理中的角色。[⑦] 这些学者普遍认为，在美国提供公共产品的能力下降、联合国等国际组织又难以应对全球新挑战的情况下，以"金砖国家"为代表的新兴国家和集团正在成为推进全球治理的重要力量，全球治理体系与格局需要适时将部分治理权由西方国家向新兴大国转移。这不仅有利于改变发达国家主导下的世界秩序，而且有利于协调发展中国家在全球治理中的立场。在这一过程中，中国应该与其他新兴国家积极协调配合，力求以集体身份和共同努力推动全球治理体系改革。需要特别指出的是，一些中国学者还通过案例分析研究了中国责任、角色与模式等问题。例如，敖云波研究了全球治理背景下的中国外交战略转型，其认为参与全球治理是中国目前在国际舞台上抗衡单边主义、霸权主义和新帝国主义的现实选择。具体来看，中国政府应该"立足国内、放眼全球"，坚持"发展中国家"的属性与定位，统筹协调好大国关系，打牢同发展中国家互信合作的基础，推进周边区域治理，开展好公共外交，善用并倚重各种机制平台推进全球治理进程。[⑧] 张

① Michael Mark eds., Cities and Global Governance: New Sites for International Relations, Ashgate Pub. Co., 2011.
② 吴志成、王天韵：《全球化背景下全球治理面临的新挑战》，《南京大学学报》（哲学·人文科学·社会科学版），2011 年第 2 期。
③ 庞中英：《"全球政府"：一种根本而有效的全球治理手段？》，《国际观察》，2011 年第 6 期。
④ 王天韵：《霸权秩序的终结与全球治理的兴起》，《新视野》，2010 年第 4 期。
⑤ 魏光启：《中等国家与全球多边治理》，《太平洋学报》，2010 年第 12 期。
⑥ 张慧君：《全球化与转型国家治理模式重构——基于国家—市场—社会的三维分析视角》，《中共中央党校学报》，2011 年第 4 期。
⑦ 黄仁伟：《金砖国家崛起与全球治理体系》，《当代世界》，2011 年第 5 期；姚枝仲：《金砖国家在全球经济治理中的作用》，《经济》，2011 年第 5 期；韦宗友：《新兴大国群体性崛起与全球治理改革》，《国际论坛》，2011 年第 2 期。
⑧ 敖云波：《全球治理的中国视角与外交对策》，中国书籍出版社，2011 年；敖云波：《全球治理视阈下我国外交的应对方略》，《北京行政学院学报》，2011 年第 1 期。

鹏以长三角次区域为案例探讨了地方在我国参与全球治理进程中的功能与角色，地方层次的全球联系促进了区域内的经济社会发展，并承担起国际组织落地、国际社区形成、国际智力开发以至分散外交压力等责任。中国外交需要重视国际制度的内化和央地关系的优化，以期实现对外关系和国内发展的相互促进。①杜旸则在研究中国治理减贫案例后发现，多行为体、多层面全球治理体系的兴起并不能为发展中国家和新兴大国创造出有效参与全球治理机制的空间。从内容和进程来看，中国等新兴大国开始在西方主导的全球治理体系中发挥积极的作用，其发展经验和知识创新为全球治理提供了多样化的参考范本。②

除此之外，民族国家与全球治理的相互关系同样是一项关键性研究议题。首先，一些学者比较关注国家政府参与全球治理的过程和模式问题，例如，李中元认为，全球性危机挑战着以家庭和国家为中心的传统治理模式，因而为了有效应对全球化时代的新型危机，国际社会应该倡导一种由国际组织、民族国家、非政府组织、企业、民众以及媒体等多元主体参与的全球治理模式。③其次，另外一些中国学者则注重研究全球治理对于国家的反作用，例如，刘兴华认为，在全球治理向一国内部拓展的过程中，该国国内的治理主体、规范和制度也深受这一潮流的影响。具体来看，促使一国参与全球治理的主要方式包括肯定与奖励、劝说与传授、强制与惩罚等。在维护国家主权的前提下，一国政府应当根据自身国情选择性地接受全球治理的规范，并对治理规范进行修正和改造。④最后，中国学者也研究了政府与其他治理主体的相互关系问题，例如，刘雪凤、许超以"结构功能主义"为分析框架从"适应功能"、"目标达成功能"和"维持功能"三个层面解读了知识产权领域中的全球治理内涵。他们认为非政府组织在全球治理结构中占据了更为重要的位置，

但却并没有改变国家政府的主导地位。⑤因此，知识产权全球治理系统在促使治理目标实现的同时，也有可能导致公共利益和弱势主体的利益受损。

二、国际组织与机制在全球治理中的作用

毋庸置疑，全球治理目标的实现一方面有赖于治理主体的各自活动，另一方面则得益于治理组织和机制的运作。作为推进全球治理理念与实践的关键依托，国际组织与机制为不同治理主体之间的互动提供了平台，也一直是国内外学者重点关注的研究对象。总体而言，国外学者侧重合法性获取、制度设计与运作、非正式机制的作用等方面的理论探讨。例如，沃特勒夫斯基（F. Voytolovsky）探析了全球治理思想的发展脉络，认为全球化时代的那些"高级（治理）机构"（Supreme Institutes）最终取代了封建君主时代的个人统治，冲击着传统意义上的民族国家管理，而资本主义意识形态成为促使近现代政治精英产生治理思想的重要动因。⑥艾伦·布坎南（Allen Buchanan）和罗伯特·基欧汉（Robert Keohane）则研究了全球治理机制的合法性问题。他们认为，全球治理机制合法性问题不能简化为对"自利"问题的探讨，"正义性"与"合法性"应该区别对待。因此，应该采用一种涵盖了正义性、问责渠道、认知方法、社会政治环境、民主价值观念的"复合标准"，以衡量全球治理机制的合法性问题。具体来看，所谓的"复合标准"要求参与全球治理的国家对问责渠道达成一致，并以有效的认知方法应对实际和规范的不确定性。此外，治理机制与社会政治环境（如外部代理人）之间的关系也是合法性的重要内容。尽管民主价值观念对机制的合法性十分重要，但这并不意味着国家层级的某些程序在全球层级也同样是必需的。⑦与此同时，《国际政治经济学评论》（Review of In-

---

① 张鹏：《中国参与全球治理的地方支持——兼论长三角次区域的地方全球联系与责任》，《国际政治研究》，2011 年第 1 期。
② 杜旸：《全球治理中的中国进程：以中国减贫治理为例》，《国际政治研究》，2011 年第 1 期。
③ 李中元：《高危时代全球治理与多元主体参与模式的研究》，《经济问题》，2011 年第 10 期。
④ 刘兴华：《全球治理的国内拓展》，《南开学报》（哲学社会科学版），2011 年第 3 期。
⑤ 刘雪凤、许超：《知识产权全球治理的结构功能主义解读》，《中国行政管理》，2011 年第 9 期。
⑥ F. Voytolovsky. Global Governance：From Utopias to Practice, International Affairs, No. 6, Vol.57, 2011：80-100.
⑦ 艾伦·布坎南、罗伯特·基欧汉：《全球治理机制的合法性》，《南京大学学报》（哲学·人文科学·社会科学版），2011 年第 2 期。

ternational Political Economy）也于 2011 年第 1 期专题探讨了合法性问题，例如，詹姆斯·布拉斯塔（James Brassetta）和艾莱尼·切沃（Eleni Tsingou）两位学者认为，全球治理的"合法性"（Legitimacy）与"合法化"（Legitimization）概念需要清晰的界定，否则便很可能导致学界和政界对于全球治理目标的理解偏差。史蒂芬·伯恩施坦（Steven Bernstein）则研究了政府间组织和非政府组织对于合法性的理解差异问题，他认为全球治理的合法性来源于"共同体的互动"（An Interaction of Communities），这一共同体必须接受合法的规范、制度及其权威，并认可相关政策领域存在的社会结构。① 此外，国外学者在全球治理机制的案例研究方面也取得了显著进展。例如，马克·撒切尔（Mark Zacher）和塔尼亚·基夫（Tania Keefe）深入探讨了 20 世纪全球卫生治理机制发展过程中所折射出的国际政治斗争，分析了当今全球卫生治理机制的建构和各种行为体间的互动，提出了快速变化的当代世界中加强集体行动的重要建议。他们认为，传统的基于"功能主义"之上的国际卫生合作受到了诸多因素的制约，因而一种基于"建构主义"之上更为开放、更具合作性的国际卫生治理模式正在产生。② 佩特拉·多布娜（Petra Dobner）集中研究了全球水资源治理案例，尤其是在全球资源政治化与非传统安全挑战频发背景下治理机制的演变过程。③ 具体来看，全球水资源治理经历了从"公共生存保障"到"全球治理机制"的发展过程，但全球公共资源和利益的"私有化"和"新自由主义"倾向成为构建全球治理政策网络的突出障碍。

作为当今世界最具普遍性、代表性与合法性的政府间国际组织，联合国等多边机制在全球治理中的角色引发了中国学者的广泛关注。例如，金彪、吴志成等学者认为，联合国等国际组织和机制必须提高应对各种全球新问题的能力，强化与其他国际组织和机制的协调合作，并以全球治理为价值取向改革内部结构，力求在未来的全球治理进程中发挥主导作用。④ 另外一些中国学者则将研究对象扩展到联合国以外的其他治理机制，以期深入探讨全球治理的动力和结构等关键性问题。例如，通过研究金融危机背景下全球治理的新特点和新趋势，庞中英认为绝对意义上"没有统治的治理"模式已经走向了极端，真正的全球治理应该是全球民主前提下的"有政府的治理"。具体来看，第二次世界大战后诞生的联合国、国际金融和贸易组织以及欧盟等地区组织便发挥着某种功能性的"全球政府"作用，而这些组织和机制的改革也应该以推进全球民主为基础。⑤ 王金良研究了全球治理的结构、过程、合法性和原动力等问题，并分析了全球治理的规则和机制。他认为，全球治理的原动力在于适当赋予非国家公共权力以治理的合法性，同时提升普通公民对于世界主义等普世价值的学习能力。⑥ 冯维江研究了全球问题和全球治理机制的相互关系，通过区分"重大而紧迫"、"重大但不紧迫"、"无关全局但紧迫"、"无关全局且不紧迫"四类全球性问题，他认为国际社会应通过改革原有治理机制并创造新的公共产品，凭借多层互补、富有效率的国际治理体系应对不同的全球问题，以期实现全球善治。⑦ 与此同时，其他一些中国学者对全球贸易、卫生、环保、气候变化等案例进行了研究，探讨了国际机制的自主性和关联性等问题。例如，汤蓓分析了世界卫生组织（WHO）在全球疟疾治理中的经验，归纳出国际组织获得自主行动能力的三种模式，即委托—代理理论、社会学制度主义、选择治理模式。在第三种模式中，国家将跳出传统合

① James Brassetta & Eleni Tsingou. The Politics of Legitimate Global Governance, Review of International Political Economy, Volume 18, Issue 1, 2011: 1-16; Steven Bernstein. Legitimacy in Intergovernmental and Non-state Global Governance, Review of International Political Economy, Volume 18, Issue 1, 2011: 17-51.

② 马克·扎克、塔尼亚·科菲：《因病相连：卫生治理与全球政治》，晋继勇译，浙江大学出版社，2011 年。

③ 佩特拉·多布娜：《水的政治——关于全球治理的政治理论、实践与批判》，强朝晖译，社会科学文献出版社，2011 年。

④ 金彪：《联合国面临的新挑战与全球治理》，《国际关系学院学报》，2011 年第 4 期；吴志成：《全球治理的新挑战及其机制的合法性》，《南开学报》（哲学社会科学版），2011 年第 3 期。

⑤ 庞中英：《"全球政府"：一种根本而有效的全球治理手段?》，《国际观察》，2011 年第 6 期。

⑥ 王金良：《全球治理：结构与过程》，《太平洋学报》，2011 年第 4 期。

⑦ 冯维江：《全球治理宜分轻重缓急》，《世界知识》，2011 年第 23 期。

作模式，围绕特定议题在全球范围内缔结治理联盟，并利用"公私伙伴关系"获取自主性。[①] 此外，毛维准以贸易议题和气候议题的"互嵌"结构作为案例，探讨了两者之间存在的议题交叠、机制关联及行为体互动等现象。[②] 由此可见，在国际结构"解构"的背景下，非国家行为体开始在全球治理中扮演多重角色，全球性问题领域之间分野日益模糊，不同议题结构之间的交叠区域也逐渐扩大，然而作为相关的国际机制和治理框架却未能实现相应的调整，全球治理的这些新变化和新趋势同样值得深入研究。

三、全球治理中的跨国公民社会

"冷战"结束以来，跨国公民社会的迅猛发展成为全球治理的重要层次，非政府组织等利益集团及其跨国活动不仅是全球化时代公共管理所必须正视的一个新的因素，而且政府间层次与公民社会层次的协调互动还为全球性问题的应对提供了一种新的思路。因此，跨国公民社会成为全球治理理论研究的又一关键性议题。国外学者特别关注跨国公民社会的责任、跨国公民社会与全球民主的相互关系等问题。例如，简·阿尔特·斯科尔特（Jan Aart Scholte）等学者认为，当今全球治理的合法性、有效性和广泛性已经难以满足世界发展的需求。通过具体研究联合国、世界银行、国际货币基金组织、世贸组织、经合组织、八国集团、亚欧会议等案例中的公民社会活动，认为全球公民社会有助于推进全球治理进程中的跨国民主与国际责任。[③] 相比之下，对于全球治理中的公民社会角色问题，其他一些外国学者似乎并不那么乐观，例如，肯尼斯·安德森（Kenneth Anderson）区分了全球公民社会的"内部责任"和

"外部责任"问题，他认为在一个日趋多极化的世界，非政府组织和联合国等国际组织的"自我合法化"过程并不能必然促进全球治理的外部责任。[④]

国内学者侧重于对全球治理与公民社会相互关系的探讨。一些中国学者重点研究了跨国公民社会对全球治理的影响，特别是其行动领域和作用方式等问题。[⑤] 例如，叶江等学者认为，当代跨国社会运动不仅动摇了民族国家在国际体系中的传统权威地位，而且以民主化改革等政策倡议来积极影响全球治理的发展进程。徐步华则以减债、禁雷、反大坝运动等"全球正义运动"为案例，探讨了跨国社会运动在议题塑造、政策倡议、规范建构、促进民主和推动治理变革等方面对全球治理进程的重要影响。另外一些中国学者深入研究了全球治理进程中国家政府、公民社会、国际组织等角色的相互作用方面。[⑥] 例如，朱全景认为，"社会资本"是市民社会中的契约性规则，其实现公共利益的过程就是全球治理的过程，因此在全球化的背景下研究探寻社会资本、市民社会与治理三者之间的关系是十分必要的。王铁军将跨国历史唯物主义、全球政治理论、社会运动理论运用到国际经济组织与跨国公民社会的关系分析之中，实证性地揭示了以全球经济治理机构为代表的新自由主义力量和跨国公民社会之间的内在联系，揭示了全球化时代国际组织、国家权力形态和跨国公民社会在解决全球治理问题方面的相互作用。周霞则以跨国公司社会责任运动的"内部化"为案例，探讨了全球化时代"市场"、"公民社会"和"政府"三个领域的行动者共同治理的复杂权力格局。此外，余功德还以"第四点计划"为案例探讨了非政府组织在美国外交中的角色定位，并具体分析了美国政府处理与非政府

---

　　① 汤蓓：《伙伴关系与国际组织自主性的扩展——以世界卫生组织在全球疟疾治理上的经验为例》，《外交评论》（外交学院学报），2011年第2期。

　　② 毛维准：《全球治理新试验？议题互嵌、机制关联和公民社会兴起——以贸易议题和气候变化为例》，《国际展望》，2011年第1期。

　　③ Jan Aart Scholte eds. Building Global Democracy？：Civil Society and Accountable Global Governance，Cambridge University Press，2011.

　　④ Kenneth Anderson. "Accountability" as "Legitimacy"：Global Governance，Global Civil Society and the United Nations，Brooklyn Journal of International Law，Vol. 36，No. 3，2011.

　　⑤ 叶江、徐步华：《试论当代跨国社会运动对国家及全球治理的作用与影响》，《国际观察》，2011年第6期；徐步华：《跨国社会运动对全球治理的影响——以减债、禁雷和反大坝运动为例》，《世界经济与政治论坛》，2011年第4期。

　　⑥ 朱全景：《社会资本与全球治理》，《中央社会主义学院学报》，2011年第1期；王铁军：《全球治理机构与跨国公民社会》，上海人民出版社，2011年；周霞：《跨国公司社会责任运动的"内部化"——全球治理视角下的市场、公民社会和政府》，《公共管理研究》，2010年第8卷；余功德：《第四点计划与美国对非政府组织的政策——兼论对理解全球治理理论的启示》，《国际政治研究》，2011年第1期。

组织相互关系的经验，并认为这对于理解当今的全球治理理论也有一定的借鉴意义。

四、全球治理背景下的区域治理

在全球化与全球治理日趋深入的今天，世界不同地区和国家对此潮流均做出了自身的选择与回应。作为欧洲和亚洲一体化的典范，欧盟和东盟分别为区域治理提供了两个极富代表性的试验场所，全球治理背景下的区域治理模式也成为国内外学者竞相关注的研究主题。国外学者深入研究了全球治理背景下欧洲和亚洲地区治理模式。例如，金斯·弗里德里希（Jens-Uwe Wunderlich）和戴维·贝利（David J. Bailey）在其主编的《欧盟与全球治理》一书中指出，欧盟的全球性角色愈加显著，探讨了欧洲一体化、国际关系与全球治理之间的相互关系，具体分析了欧盟重要机构和不同政策领域对欧洲地区治理的影响，重点阐述了欧盟治理模式在全球多层治理体系中的关键作用。[①] 此外，鲍铭言（Richard Balme）和迪迪尔·钱伯内特（Didier Chabanet）系统研究了欧洲公民组织在欧洲民主发展和地区治理进程中的重要角色以及欧洲公民社会组织与欧盟超国家机构产生的互动，这集中表现为利益集团在布鲁塞尔进行的游说、抗议、示威等活动。[②] 具体来看，欧洲相对成熟的公民社会有助于形成非对抗性的政治参与，引导并约束各个利益集团与国家之间形成一种协调治理的权力分配。这些活动方式及制度设计所蕴涵的"多元主义"和"新社团主义"等理念，恰恰成为欧洲民主和治理模式对于全球化深入发展所做出的积极回应，而非单纯精英主义和金融资本主义直接控制之下的传统治理模式。在亚洲区域治理的研究方面，阿米塔法·阿查亚（Amitav Acharya）认为，在现实政治等因素的作用下，中国、日本、印度等亚洲大国更为关注国家权力和地位，而非全球挑战和全球治理。亚洲大国应深化区域合作，并将此作为实现全球治理的必经之路。[③] 星野昭吉从理论上思考了全球化、区域化、全球治理、区域治理，他认为应改变以往过分强调"大国中心"、"权力利益至上"、"冲突纷争主导"的思维方式，以中日关系为重点，以东盟引领下的"反向辐射双重结构"为基础，重新反思"东亚共同体"的地区构想。[④]

中国学者重点研究了欧盟和东盟所代表的区域治理模式，这尤其表现在对欧盟多层治理和东盟功能性治理模式的研究上。例如，张鹏认为欧盟多层参与、联系互动、协调共治的区域治理模式反映了全球化背景下跨国事务增多、议题交错频繁、合作方式灵活的普遍特征，并研究了其对于国际关系层次分析方法的推进作用。[⑤] 胡爱敏认为，欧盟的制度安排为公民社会组织和其他角色提供了参与机会，公民社会组织正通过多种方式和途径积极参与欧盟治理过程，欧盟治理体系的结构特征恰恰在于其多层级性和网络性。[⑥] 在东亚区域治理研究方面，陆金梅运用"新区域主义"理论阐述了中国—东盟自由贸易区所代表的区域治理模式，即一种以区域经济发展、区域安全协作、区域制度建设、区域和谐社会关系为特征的同构模式。[⑦] 周士新研究了东亚参与全球经济治理的案例，他认为中国、日本等东亚国家经济实力与全球治理能力和话语权之间并不存在必然的正相关。东亚地区对于全球经济治理的规范选择及其影响力仍然有限，其发展前景也仍存在一定的不确定性。[⑧] 庞中英认为，当今的全球治理机制面临着巨大挑战，使国际组织及其规则体系的运转明显存在着一种"意愿—能力鸿沟"，而且西方试图通过全球治理组织和机制对中国进行限制。因此，中国需要坚持自身发展模式，积极协调与其他新兴国家的合作立场，并通过区域治理推进我

① Jens-Uwe Wunderlich & David J. Bailey eds. European Union and Global Governance: A Handbook, Routledge, 2011.
② 鲍铭言、迪迪尔·钱伯内特：《欧洲的治理与民主：欧盟中的权力与抗议》，李晓红译，社会科学文献出版社，2011年。
③ Amitav Acharya. Can Asia Lead? Power Ambitions and Global Governance in the Twenty-first Century, International Affairs, Volume 87, Issue 4: 851-869, July 2011.
④ 星野昭吉、刘小林：《全球化与区域化视角下构建东亚共同体的思考》，《世界经济与政治》，2011年第4期。
⑤ 张鹏：《层次分析方法：演进、不足与启示——一种基于欧盟多层治理的反思》，《欧洲研究》，2011年第5期。
⑥ 胡爱敏：《欧盟治理视野下欧洲公民社会组织的政治参与》，《国际论坛》，2011年第3期。
⑦ 陆金梅：《新区域主义视野下的中国—东盟自由贸易区区域治理》，《创新》，2011年第3期。
⑧ 周士新：《东亚参与全球经济治理的发展前景》，《亚太经济》，2011年第4期。

国治理实践与理念。[①]除此之外，全球治理进程中一国内部不同区域之间的关系也成为中国学者研究的重要议题。例如，苏长和认为，国家内外政治的分离是导致大量全球性问题产生的重要原因，这些问题的存在呼唤一种国家与全球合作治理的新模式。他进而提出了国家内外政治互动的三种方式，即内外政治互为支配的"一元论"、内外政治并行独立的"二元论"以及内外政治相互合作的"二元协调论"。其中，内外政治二元协调不仅是中国对外关系的一种独特模式，而且贯穿在中国参与全球治理的进程之中，其确保了中国以合作和负责任的态度处理全球性问题，有助于促进全球治理和国内治理在结构上的相互支持。[②]张鹏以长三角次区域为案例探讨了地方在全球治理背景下应该发挥的作用与功能，他认为地方层次已经承担起国际组织落地、国际社区形成、国际智力开发乃至分散外交压力等责任，国家政府应该塑造一种协调互动的"中央—地方"关系和"地方—地方"关系，以期对全球治理趋势做出积极回应。[③]通过比较研究"区域主义"和"新区域主义"的内涵，袁政认为自 20 世纪 80 年代以来"新区域主义"已经成为应对全球性问题的一种新理论、新方法。"新区域主义"研究有助于我们结合经济、社会发展实际，思考和解决全球治理背景下区域冲突与区域协调等问题。[④]

五、全球治理中的价值取向

价值取向是与全球治理相关的深层次问题之一。在当今全球治理遭受种种质疑和挑战的情况下，能否构建协调的共同价值观，已经成为制约全球治理长远发展的关键因素。全球治理的价值取向问题引发了国外学者的研究和思考。他们普遍认为，全球治理进程应该努力塑造协调统一的价值观体系，尤其是一种以西方治理模式为参考

范本的价值观模式。例如，帕斯卡尔·拉米（Pascal Lamy）便将"全球治理"定义为帮助人类社会以可持续的方式（公平和正义的方式）实现共同目标的机制。各国相互依赖的不断加深，意味着我们需要在尽可能协调一致的基础上，理解彼此的法律、标准、价值观以及其他塑造人们行为的社会规范。[⑤]赫尔德则提出了一些更为具体的价值目标，他认为当今的全球性挑战主要包括全球共同关心的问题、人类可持续发展的问题以及全球竞赛规则。这些挑战的应对要求全人类团结合作，同时推进国际社会的公平、民主以及政策有效性。[⑥]星野昭吉强调全球治理进程中不同价值观协调的重要性。他认为，全球治理不是建构在一个统一、和谐、平等关系基础上的治理形态，而是由国家中心治理与超国家治理构成的一个具有非对称结构特征的治理形态。两种不同形态的治理具有完全不同的价值向度，并由此分别形成了维持现状的治理与变革现状的治理。[⑦]因此，如何通过变革现状、进而建构以公共利益为基础的全球治理，成为关系到人类未来命运的关键问题。康奈利·博拉（Corneliu Bjola）和马库斯·科恩波斯特（Markus Kornprobst）等许多学者也注意到全球治理理念日益多元化的现实，他们分析了不同文化之间的交流对于全球治理的积极作用，并认为跨国社会运动是促进共同治理观念产生的重要方式。[⑧]马凯硕认为，虽然西方国家已经建立了一种由其主导的全球治理秩序，并提供了全球治理"正当化"的最大来源，但由于这些国家毁坏了国际秩序基础，西方也同时成了全球治理"去正当化"的重大根源。[⑨]由此可见，其对于亚洲重塑全球治理的正当性保持着积极乐观的态度。

全球治理的宏观价值目标与取向问题同样成为许多中国学者的研究重点。例如，林永亮认为，全球治理既是国际社会解决全球性问题的应时之

---

① 庞中英：《中国与全球治理》，《中国社会科学报》，2011 年第 233 期。

② 苏长和：《中国与全球治理——进程、行为、结构与知识》，《国际政治研究》，2011 年第 1 期。

③ 张鹏：《中国参与全球治理的地方支持——兼论长三角次区域的地方全球联系与责任》，《国际政治研究》，2011 年第 1 期。

④ 袁政：《新区域主义及其对我国的启示》，《政治学研究》，2011 年第 2 期。

⑤ 帕斯卡尔·拉米、曹文：《全球治理的作用是什么》，《中国党政干部论坛》，2011 年第 2 期。

⑥ 戴维·赫尔德、杨娜：《重构全球治理》，《南京大学学报》（哲学·人文科学·社会科学版），2011 年第 2 期。

⑦ 星野昭吉、刘小林：《全球治理的结构与向度》，《南开学报》（哲学社会科学版），2011 年第 3 期。

⑧ Corneliu Bjola & Markus Kornprobst eds., Arguing Global Governance: Agency, Life world, and Shared Reasoning, Routledge, 2011.

⑨ 马凯硕、方卿、官进胜：《亚洲能重塑全球治理的正当性吗》，《上海行政学院学报》，2011 年第 6 期。

需，也是人类探索未来世界秩序的新形式，然而目前全球治理规范却处于缺失的状态。[①] 究其原因，一方面是由于国际社会的整合度不高和"社会性"稀薄，另一方面则在于人类思维中对"应然"世界的不同界定和对通向"应然"之路径的不同设计。具体来看，在前一个方面，主权规范的主导地位、功能领域整合的匮乏以及全球公民社会的发育不足均阻碍着全球性规范的生成、发展和内化；而在后一个方面，价值取向的差异则决定了各种文化遵循不同的"适当性逻辑"，各类理论传统内部的分歧更是从起点上制约着规范的生成。因此，全球治理规范的建构应该更为辩证，既需要尝试对"普遍主义"与"特殊主义"的整合，又需要注重对"适宜性"与"导向性"的兼顾。熊文驰等学者则研究了全球治理中的突出伦理问题，尤其是国际治理机制创设和运行过程中所折射出的价值观分歧问题，[②] 如国际合作机制与全球正义问题、非正式治理机制与全球福利问题、全球治理组织和机制的合法性问题、全球不平等与国际机制问题、治理参与者的国际遵约问题、跨国治理及其倡议网络的有效性问题等。这些问题虽然与全球治理实践中的技术性因素息息相关，但从本质上却体现出不同国家和地区在全球治理终极目标、实现方式、机制设计、利益分配、认同塑造等诸多方面深刻的价值观差异。

相比之下，另外一些中国学者则比较关注全球治理进程中的某些具体价值观目标，例如，通过研究全球经济治理的观念变迁，孙伊然认为全球治理中的主导观念总是更多地反映出强者的利益，但主导观念的稳定性却取决于其对各方利益的包容程度。从这个角度而言，内嵌式自由主义兼顾了市场效率与社会公平，因而成为一种更为可取的主导观念，其能否得以重建，将取决于国际与国内层面能否形成合理的社会目标。[③] 与此同时，不同治理观念和目标之间的交流、碰撞与互动也成为中国学者研究的重点议题。例如，赵隆

从全球问题和议题设定的互动关系入手，梳理了全球治理理论中的价值观和模式转变。他首先分析了权力、制度和层级等能够影响全球治理理念的关键变量，进而从治理主体、机制和手段等方面考察了全球治理模式的新变化。[④] 因此，全球治理在国际体系的重构和国际格局的变革中扮演着推动世界多极化和国际关系民主化的关键角色，对于全球治理理念的不同理解，实质上影响着各种治理模式的产生和构成。与此同时，许多中国学者对于东西方治理观念的互动问题表现出极大的研究兴趣，例如，金彪认为，全球治理应该建立在共同文化价值观念的基础之上，其兴起与发展有着深刻的文化根源，其局限主要体现在文化的差异和冲突。[⑤] 值得一提的是，全球化背景下的中国治理模式问题也引起了学者们的广泛关注，"和谐世界"理念及其与全球治理的相互关系便是其中的一个典型代表。例如，周树春从"思想资源和理论基础"、"历史条件和物质基础"、"规制建设和观念基础"三个方面对"和谐世界"的政策主张进行了理论探析。他认为，作为一种新的文明范式，"和谐世界"不仅蕴涵了中国关于世界发展趋势的规律性认识，而且成为全球化背景下中国对于全球性问题的积极回应，还从理念和政策等层面推进了探索中的全球治理。[⑥] 从共性来看，全球治理与"和谐世界"理念都体现了全球化背景下国家政府和公民社会等主体积极探索公共管理之道、保持可持续发展的共同诉求；而从差异来看，全球治理强调"良好治理"等"价值共识"的重要性，"和谐世界"则遵循"求同存异"等中国外交的基本原则，主张在包容不同治理观念的前提下建立协调互动的全球秩序。

六、理论进展总评

在详细回顾了2011年全球治理理论研究的内容和现状之后，本文将尝试从国际比较、中国视角、研究方法等方面对理论研究的进展给予总体

---

① 林永亮：《全球治理的规范缺失与规范建构》，《世界经济与政治论坛》，2011年第1期。
② 熊文驰：《全球治理中的伦理》，上海人民出版社，2011年。
③ 孙伊然：《全球经济治理的观念变迁：重建内嵌的自由主义？》，《外交评论》（外交学院学报），2011年第3期。
④ 赵隆：《议题设定和全球治理——危机中的价值观碰撞》，《国际论坛》，2011年第4期。
⑤ 金彪：《全球治理的文化维度》，《深圳大学学报》（人文社会科学版），2011年第1期。
⑥ 周树春：《"和谐世界"理论基础探析：全球治理与目标建构的新范式》，中国社会科学出版社，2011年。

评价。

1. 国外全球治理研究的相对优势依旧明显

由于西方国家在实力地位、话语体系、传播途径等方面均保持着相对优势，因此"当前关于'全球治理'理论的讨论，主要被西方的政治学家和社会学家所主导"。[①] 这一点在 2011 年全球治理理论研究中仍然体现得十分明显，而且其中很多研究都显示出"霸权稳定论"的理论色彩。国外学者对于新兴国家的崛起和全球治理体系的调整仍保持谨慎的乐观，重视研究西方主导下的全球治理机制和价值体系建构，并普遍认为次国家力量（如跨国公民社会和城市组织）在当今全球治理发展进程中扮演着越来越关键的角色。不可否认的是，国外学者尤其在国际公共事务管理、全球治理机制的有效性与合法性、全球公民社会责任、全球治理发展前景等方面的研究明显表现出较强的理论前瞻性。正因如此，2011 年中国学术界对于戴维·赫尔德、星野昭吉、罗伯特·基欧汉、史蒂芬·伯恩施坦、阿米塔法·阿查亚等国外知名学者理论研究成果的介绍和评论持续增多。总之，西方的全球治理理论研究折射出欧美国家的主导地位，其未能客观反映全球治理体系的演变和全貌，尤其是广大发展中国家的利益诉求。因此，在这种背景下，持续推进对于"非西方"治理模式的研究便显得尤为重要。

2. 全球治理研究的"中国视角"持续凸显

伴随着经济实力和对外影响力的稳步提升，新兴经济体开始在全球政治经济格局中扮演更为强健的角色，而且中国也成为全球治理进程中不可或缺的力量。一方面，曲折发展之中的全球治理进程正在作用于中国的内部治理；另一方面，颇具特色的中国模式对全球治理的权力配置、制度调整和观念变迁也产生了深刻影响。正因如此，学术界比以往更加关注中国与全球治理的相互关系问题，全球治理研究的所谓"中国视角"正在进一步凸显，明显体现在 2011 年的相关成果中。具体来看，中国学者积极关注全球治理参与主体多元化、全球治理体系变革、公民社会与全球网络治理、中国治理模式与责任、全球公平正义目标等议题领域。在对国外成果进行全面介绍和客观评价的基础上，他们还力求对全球治理做出"知识发展"和"知识贡献"。这些学者研究发现，全球化进程的日趋深入加速了全球治理主体的多元化，"霸权国"以外的其他类型国家纷纷崭露头角，国家政府、公民社会、国际组织等角色之间的相互作用愈加明显。

全球性挑战的交织和多元化治理主体的参与呼唤多层次、网络化、拥有一定自主性的全球治理机制，但新近爆发的金融海啸等全球性挑战表明，民族国家及其政府应该在全球治理进程中保持其公共行政能力，提升公共政策制定和实施的质量，已经成为庞中英、佩特拉·多布娜（Petra Dobner）等中外学者的研究共识。就价值目标而言，实现真正全球治理的根本途径在于不同文化的交流与融合，进而形成有助于促进人类可持续发展的共同文化价值观念。由此可见，中国应该秉持"和谐世界"理念，量力而为地塑造"负责任大国"形象，促进地方积极参与全球治理进程，充分调动地区、中央和地方等多重力量，以期实现内政和外交的协调互动。总之，全球治理研究的"中国视角"引起了国际社会的广泛关注，肖恩·布雷斯林（Shaun Breslin）认为，随着世界秩序和权力结构的转变，中国已经形成了自身独特的政治经济发展模式，其将成为西方新自由主义发展模式和主流治理规范的一种替代。[②] 国外学界和政界既希望中国在全球治理进程中承担更多的责任和义务，又对西方主导下的全球治理规范及实践所遭遇到的冲击保持警惕。

3. 全球治理研究方法日趋多元化与交叉性

从学科背景来看，2011 年全球治理研究涉及政治学、经济学、管理学、法学、历史学、社会学等多个学科门类。学者们综合运用了这些学科的基本研究方法，如文本解读、定量分析、案例研究、社会调查等。从国际关系学科来看，2011 年全球治理研究所采用的方法有以下三种：理性主义方法、建构主义方法和批判方法。理性主义

---

① 陈承新：《国内"全球治理"研究述评》，《政治学研究》，2009 年第 1 期。

② Shaun Breslin. The "China Model" and the Global Crisis: From Friedrich List to a Chinese Mode of Governance?, International Affairs, Volume 87, Issue 6: 1323–1343, November 2011.

是借鉴经济学术语，体现了国家是理性行为体的假设。现实主义者主要强调国家尤其是大国与霸权国的主导作用以及国际社会的主导国与新兴大国之间的权力争夺分配。自由主义者突破"国家中心论"、"国家利益"的局限，主要强调非国家行为体以及国际制度在维护全球利益时发挥的作用，主要体现为国际组织与机制研究。建构主义方法强调共有观念的作用。在全球治理的过程中，不仅仅是物质性因素（如国际制度）发挥着作用，观念性的因素也发挥着重要作用。批判方法主要指经典传统马克思主义或新马克思主义的分析方法，体现了马克思唯物史观或新马克思主义（跨国历史唯物主义）方法在全球治理研究中的运用。

总体而言，当前全球治理研究越来越趋于开放性与综合性。此外，多元化的全球治理理论已经成为决策者与普通大众理解全球化时代公共政策实践的不同框架与视角，主要体现为怀疑论者、解除管制论者、逆转论者、国际主义者。怀疑论者认为，民族国家仍有能力进行财富的再分配、设定经济与环境标准等；解除管制论者强调全球化的确降低了民族国家应对事件的能力；逆转论者希望重新民族主义化；国际主义者的主张则侧重于一个有效的全球管理机制的创建。

作为管理的全球治理研究涉及治理主体、分析性视角、问题领域、治理机制与方式等方面。治理主体包括现代意义的民族国家、地区性与全球性国际组织、跨国社会运动与国际非政府组织，体现为以国家为中心的全球治理体系。国际组织、跨国社会运动以及国际非政府组织日益挑战着以国家为中心的治理模式，然而国家间政策协调与合作仍构成全球治理的一种主要形式。全球治理的不同分析视角强调着治理的不同主体与层次的意义和影响，体现出不同的治理价值取向，而且对治理效果存在着分歧。现实主义者更侧重大国以及政治权力的作用；自由主义者更强调国际组织以及利益博弈的效果；马克思主义者一贯重视跨国社会力量与经济权力的影响；然而建构主义者更突出认知共同体以及国际规范的作用。面对日益突出的全球性经济、安全、发展、环境与资源、贫困与疾病等现象，形成了以问题为主题的不同研究领域。解决诸多问题不同层次的治理主体和学者探索了以集体行动协调与管制全球性公共问题的各种方式与机制。

全球治理体现为国际协调、合作与集体决策的不同形式与层次，涉及全球化世界中的公共管理改革、公共参与、民主管理与民主责任、多层治理与国家自主性等诸多理论与实践问题。对此，全球治理研究应该注重国际关系、政治经济学以及公共管理等多学科视角，运用历史唯物主义、建构主义、理性主义、制度主义等方法，充分探讨全球治理背景下国家权力、公民社会、市场机制与国际组织。特别是，国际公共组织的权力、决策与效率、国际公共政策的制定、传播与实施等很大程度上超越了国际关系学科，需要公共管理理论、组织理论与公共政策的知识支持，从而切实推动作为国际公共管理模式的全球治理的学术研究与政策实践。[①]

第二节 实践创新

尽管当代全球治理研究还没有形成完整的理论体系，但在政策实践层面的全球治理却不断推进，参与主体日趋多元，议题领域日益广泛，实施方式不断更新，利益价值取向更加显现。进入21世纪的第二个十年，全球治理变得愈发重要。世界经济论坛在其《2011年全球风险报告》中明确指出，在未来10年内全球治理失灵和经济差异是所有风险中影响最大、与其他方面风险关联性最

---

① David Levi-Faur and Eran Vigoda-Gadot eds. International Public Policy and Management，New York：Marcel Dekker，2004；Wolfgang H.Reinicke and Michael H.Armacost. Global Public Policy：Governing Without Government? Brookings Institution Press，1998；Karsten Ronit. Global Public Policy：Business and the Countervailing Powers of Civil Society，Second Edition，London：Routledge，2011.

强的风险。"虽然风险日益全球化且相互关联，但是全球治理能力却高度分散。全球治理失灵导致并加剧全球系统性风险"。[①] 笔者从 2011 年重大事件选出了八个案例（其中经济方面三个、政治和安全方面三个、环境和资源方面两个），先简要回顾该案例的历史背景，然后盘点重要事件，接着总结出其特点，最后进行简要的评述。

一、 二十国集团戛纳峰会

二十国集团成立于 1999 年，其定位是布雷顿森林体系框架内非正式对话的一种机制，旨在推动国际金融体制改革，为有关实质问题的讨论和协商奠定广泛基础，以寻求合作并促进世界经济的稳定和持续增长。[②] 在应对全球金融危机的过程中，二十国集团领导人在华盛顿、伦敦和匹兹堡三度聚首，凝聚各国合力，成功地为全球金融危机"灭了火"，并使得二十国集团从世界决策的"类边缘"的角色走向核心，成为全球经济治理的主要平台。2011 年，二十国集团先后在巴黎、华盛顿和戛纳等地召开了一系列不同级别的会议，这其中最重要是 11 月份的戛纳领导人峰会。

1. 二十国集团戛纳峰会概况

2011 年 11 月 3~4 日，二十国集团领导人在法国戛纳举行了第六次峰会，中国国家主席胡锦涛出席，财政部部长谢旭人和副部长朱光耀陪同与会。此次会议以"新世界、新思维"为主题，分 5 个阶段讨论了世界经济形势、"强劲、可持续和平衡增长框架"、重大和紧迫的经济金融问题、国际货币体系改革等。由于欧洲债务问题突出，法国原先设定的经济政策协调、金融监管、发展、国际货币体系改革、原材料和大宗商品、国际治理改革等六大议题有所变化，欧债危机问题成为各方关注的焦点，"保增长，促稳定"成为各方的共识。会议通过了"戛纳行动计划"，并发表了《二十国集团戛纳峰会宣言》。

经艰难磋商，峰会最终达成 9 大项共计 32 个要点的公报。会议承诺，制定全球增长和就业策略，建造一个更稳定的和富有弹性的国际货币体系，改革金融部门和加强全球市场整合，解决大宗商品价格波动和刺激农业发展，改善能源市场和推进应对全球气候变化，避免保护主义和加强多边贸易体系，应对发展挑战，加强反贪污，以及改革面向 21 世纪的新全球治理格局。在"戛纳行动计划"中，二十国集团成员一致同意：发达经济体将根据各自不同国情，采取措施提振信心、促进增长，并实施明确、可靠、具体的财政整顿措施；新兴经济体将在必要时调整宏观经济政策，保持经济增长势头，减轻通胀压力，增强应对资本流动冲击的能力，成员国都应进一步推动结构改革，提高潜在增长率并扩大就业。[③]

2. 评述与创新

对于二十国集团的戛纳峰会，各方评价不一。整体上看，中国国内的学者和媒体评价比较积极，指出此次二十国集团峰会内容丰富、形式多样，在中方及有关各方共同努力下，取得了总体积极平衡的成果；主要国家及国际机构的评价极其具有建设性，而全球主流媒体质疑会议实际成效。《华尔街日报》指出，持续两天的二十国集团峰会乏善可陈，欧洲虽在争取外援注资，以纾其资金困境方面失败了，但峰会领导人仍对国际货币基金组织（IMF）发挥积极作用予以期待。[④] 英国《金融时报》的沃尔夫冈·明肖（Wolfgang Münchau）撰文指出，由主要国家组成的二十国集团囊括了地球上最具影响力的人物。世界各国围绕二十国集团成员国资格展开了激烈的竞争。然而可笑的是，二十国集团峰会证明，它却与全球经济的未来几乎毫不相关。[⑤]

与历次的二十国峰会相比，此次戛纳峰会在以下几个方面取得积极进展。第一，峰会强调在当前全球经济进入困难时期的背景下，二十国集

---

① The World Economic Forum, Global Risks 2011, An Initiative of the Risk Response Network, http: //www.weforum.org/reports/global-risks-report-2011.

② What is the G-20, http: //www.g20.org/about_what_is_g20.aspx.

③ G20 Cannes Summit: declarations and reports, http: //www.g20-g8.com/g8-g20/g20/english/the-2011-summit/declarations-and-reports/g20-cannes-summit-declarations-and-reports.1553.html.

④《G20 戛纳峰会主要成果及各方反应》，亚太财经与发展中心网站，http: //www.afdc.org.cn/afdc/cn/research.asp? id=303&d_lb=2。

⑤《G20 峰会浪费时间》，2011 年 11 月 8 日，FT 中文网，http: //www.ftchinese.com/story/001041581。

团需要进一步加强宏观经济政策协调，共同支持经济复苏，恢复市场信心。峰会就此通过了一份"戛纳行动计划"，提出了各国促进各自经济增长的政策和行动，其中既包括短期内保增长、促稳定的举措，也包括中长期内开展结构改革、提高全球总产出、扩大就业、巩固经济增长基础的计划。这充分显示了二十国集团携手促进世界经济强劲、可持续、平衡增长的决心。第二，峰会讨论了国际货币金融体系改革、大宗商品价格波动、国际贸易和发展等问题，达成了一些重要共识。峰会呼吁建立一个更稳定和更能抗风险的国际货币体系，扩大国际货币基金组织特别提款权的使用，充分反映世界经济格局的变化。决定继续加强国际金融监管，加强金融稳定理事会作用，提升金融体系应对危机的能力。呼吁加强对粮食生产的投入，完善国际能源市场，加强对大宗商品金融衍生品市场的监管。承诺反对贸易保护主义，确认多哈回合谈判已经取得的进展，并根据多哈授权继续推动谈判。峰会特别强调解决发展问题是推动全球经济复苏、促进未来经济增长的一项关键工作，二十国集团将继续把发展问题作为未来峰会的重要议题。第三，此次峰会期间，新兴市场国家积极参与有关讨论和磋商，为峰会取得成果发挥了重要的建设性作用。各方都认识到，在国际金融市场剧烈动荡的情况下，新兴市场国家保持经济增长势头，为世界经济稳定和复苏注入了活力。从此次峰会讨论情况看，主要发达国家认识到复杂的国际经济形势与自身经济面临的严重困难，更加看重新兴市场国家的作用。以二十国集团中新兴市场国家为代表的一批发展中国家积极参与全球经济治理，成为维护国际金融稳定、促进世界经济增长的建设性参与者。这是时代的进步，昭示着国际经济秩序的深刻调整和历史性变化。[①]

3. 中国的参与和作用

在这次会议上，中国作为二十国集团的重要成员继续发挥着建设性的作用。胡锦涛在峰会上发表了题为"合力推动增长合作谋求共赢"的重要讲话，全面阐述了中国对走出当前国际金融危机，加强全球经济治理，实现世界经济强劲、可持续、平衡增长的立场和主张。[②] 胡锦涛强调"在强劲、可持续、平衡这三个目标中，确保强劲增长是首要"。他还提出了切实可行的五点建议：坚持在增长中兼顾平衡、坚持在合作中谋求共赢、坚持在改革中完善治理、坚持在创新中不断前进、坚持在发展中共促繁荣。胡锦涛的讲话和中国的作用得到了充分的肯定。欧洲国际政治经济中心主任弗雷德里克·埃里克松（Fredrik Erixon）指出，中国国家主席胡锦涛在峰会上的讲话十分恰当。印度中国问题研究所主任斯里马蒂认为，胡锦涛在峰会上强调"保增长、促稳定应成为二十国集团峰会的当务之急"，这符合二十国集团推动世界经济增长、有效解决欧债危机的形势需要。

为了保世界经济增长，中国也做出了更多承诺："今后5年内，中国进口总规模有望超过8万亿美元。"作为全球最大的发展中国家，中国正处于工业化、城镇化快速推进的阶段，有广阔的市场空间和巨大的发展潜力，这将给世界各国扩大对华出口带来更多的市场机遇。胡锦涛重申，"中国经济不断发展本身，就是对世界经济的巨大贡献，向世界传递出了中国政府的信心。"为取得各方共识，据随行外交官员介绍，胡锦涛在短短两天内，参加了5个阶段的二十国集团领导人全体会议、2次工作午宴和1次工作晚宴。在不同场合，胡锦涛就世界经济形势、贸易问题等诸多议题发言。在峰会举行前夕，胡锦涛出席了金砖国家领导人会晤，就加强金砖国家合作等进行讨论，并就当前世界经济形势和欧洲债务问题交换了看法。还与法国总统萨科齐、美国总统奥巴马、俄罗斯总统梅德韦杰夫、巴西总统罗塞夫等进行了双边会晤或交谈。[③]

当前，二十国集团的角色已经初步实现了转

---

① 《中国代表团发言人介绍 G20 领导人第六次峰会成果》，2011 年 11 月 6 日，中央政府门户网站，http://www.gov.cn/jrzg/2011-11/06/content_1986772.htm。

② 胡锦涛在二十国集团领导人第六次峰会上的讲话，2011 年 11 月 4 日，新华网，http://news.xinhuanet.com/world/2011-11/04/c_122235131.htm。

③ 评论称中国有望成为 G20 戛纳峰会赢家，2011 年 11 月 16 日，中国新闻网，http://www.chinanews.com/gj/2011/11-16/3464561.shtml。

型。如果二十国集团能够成功地不断解决其机制化的问题，未来二十国集团可能成为全球经济指导委员会，甚至可以作为联合国的一个专门机构，形成类似经济安全理事会的一个组织。而如果二十国集团不能很好地解决内部分歧，也有可能会被再度边缘化。从二十国集团机制发展的历史看，一方面，它是发达经济体希望"驯化"和调动新兴经济体的力量，利用它们来分担危机防范责任和治理成本的平台；另一方面，也是新兴经济体以和平方式争取国际治理话语权、进一步改善发展环境的平台。① 因此，二十国集团的未来将取决于新兴大国和传统大国的博弈，将在合作与竞争中前行。②

二、国际经济治理机制的活动与改革

第二次世界大战后建立起来的国际货币基金组织（IMF）、世界银行（WBG）和世界贸易组织（GATT/WTO）是国际经济治理的重要载体。进入后危机时代，三大机制适应当前国际格局和世界经济秩序的现实，在工作重点、组织结构和未来发展等方面进行了一些改革，取得了一定的成效。

1. 国际货币基金组织（IMF）主要活动概况

第二次世界大战后成立的国际货币基金组织是国际货币体系的重要职能机构，目前有187个成员国，其主要职能在于维护国际宏观经济的稳定。③ 在2011财年度，国际货币基金组织的主要工作集中在"建议成员国实行有助于其防范或化解金融危机、实现宏观经济稳定、加快经济增长和减轻贫困的政策；向成员国提供暂时融资，协助它们解决国际收支问题，即解决它们向其他国家的付款超过其外汇收入而造成的外汇短缺问题；应成员国的请求提供技术援助和培训，以协助其建立实施稳健的经济政策所需的专长和机构。"④

针对不断变化的全球经济形势，国际货币基金组织在2011年4月和9月分别发表《世界经济展望》，对全球层面、主要国家组（按地区和经济发展阶段等划分）和许多单个国家的经济发展的分析和预测。4月的报告指出，世界经济正在持续复苏，大体上与预期相符。为实现持续复苏，先进经济体必须要完成财政整顿。为达到这一目的并保持经济增长，先进经济体需要更多地依靠外部需求。与之相对，新兴市场经济体则必须减少对外部需求的依赖，更多依靠国内需求。9月的报告则强调，全球经济已进入一个新的危险阶段。全球经济活动减弱并进一步失衡，市场信心近期大幅下降，下行风险逐渐增大。主要先进经济体和新兴市场经济体需要加大政策力度，推动再平衡进程，抵御诸多下行风险。⑤

在金融监督与改革方面，国际货币基金组织在2011年9月的《全球金融稳定报告》中指出，过去一段时期，金融稳定风险明显，危机已经进入一个新的更具政治意义的阶段增大，必须制定出一个处理波及效应和加强金融体系的、连贯统一的政策。⑥ 客观地说，国际货币基金组织的系列报告已经成为衡量和判断世界经济和金融状况最权威的材料之一，建议也具有一定的合理性，为各国政府的决策提供了很大的帮助。

在2011财年度，国际货币基金组织自身治理结构改革取得阶段性进展。2010年12月，国际货币基金组织决定在2008年改革的基础上，将超过6%的份额比重转移到有活力的新兴市场和发展中国家，并保护最贫困成员国的份额比重和投票权。同时，对执董会的结构和人员构成进行改革，包括转向完全选举的执董会并减少欧洲先进成员国的两个执董会代表席位。2011年5月，由于受到性丑闻的困扰，国际货币基金组织总裁卡恩宣布辞职。经过博弈，执董会在2011年6月任命拉加德为基金组织新总裁。拉加德上任后，在2011年7月，提议朱民"从2011年7月26日起担任新设的副总裁一职，与其他三位副总裁一道为总

---

① 冯维江、徐进：《国际经济治理回顾与展望》，载王洛林、张宇燕主编《世界经济黄皮书：2012年世界经济形势分析与预测》，社会科学文献出版社，2012年。

② 二十国集团官方网站；加拿大多伦多大学全球治理研究中心；新华网；亚太财经与发展中心网站。

③ IMF官网，http://www.imf.org/external/about/ourwork.htm。

④ IMF：《2011年年报：促进公平与平衡的经济增长》，http://www.imf.org/external/chinese/pubs/ft/ar/2011/pdf/ar11_chi.pdf。

⑤ IMF：《世界经济展望》，2011年4月，http://www.imf.org/external/ns/loe/cs.aspx? id=91。

⑥ IMF：《全球金融稳定报告》，2011年9月，http://www.imf.org/external/chinese/pubs/ft/gfsr/2011/02/pdf/sumc.pdf。

裁提供支持"，这一举措既被看做是对新兴大国（尤其是中国）支持其工作的回报，也是 IMF 自身改革的一部分。IMF 在 2010 年到 2011 年的一系列措施无疑提高了具有活力的经济体在基金组织的代表性和 IMF 自身的合法性。

2. 世界银行（WBG）主要活动概况

世界银行是向全世界发展中国家提供金融和技术援助的重要机构，其使命是以热情和专业精神实现持久减贫，通过提供资源、共享知识、建立能力以及培育公共和私营部门合作，帮助人们实现自助。①

在 2011 财年度，世界银行的主要工作是帮助发展中国家应对各种挑战、管理风险并且抓住机遇。世界银行的一项重要工作是应对不断高涨的世界粮价。2011 年 2 月，世界银行食品价格指数达到了其 2008 年的峰值，直到 2011 年 6 月仍基本保持这一水平。世界银行认为，粮食价格的高涨已经成为许多发展中国家面临的一个主要发展挑战。2008 年 5 月，世界银行执董会批准了《全球食品价格危机应对方案》。该方案系一种最初注资额为 12 亿美元的快速融资机制，旨在向最贫困和最脆弱国家提供资金援助以及政策和技术建议。通过该方案，世界银行在 2011 年 6 月前为 44 个国家约 4000 万人提供了 15 亿美元的援助。该方案后来被延期至 2012 年 6 月，以迅捷回应严重受食品价格飙升影响的国家提出的援助要求。

与此同时，世界银行也启动了新一轮的改革。世界银行确定了包括支持贫困和弱势群体、创造增长机会、促进全球集体行动、加强治理和管理风险等在内的五大战略重点。2010 年 4 月 25 日，世界银行发展委员会批准了有关发言权改革的"一揽子"计划。在 2010 年在其执董会为撒哈拉以南非洲增加了第三个席位，南非储备银行原副行长莫凯特入选世界银行 25 人执董会。2011 年 3 月，世界银行理事会通过了第二阶段的发言权改革，将发展中国家和转型经济体在 IBRD 的选举权提高 3.1 个百分点，使发展中国家整体投票权从 44.06% 提高到 47.19%，中国的投票权从 2.77% 提高到 4.42%，仅次于美国和日本，成为世界银

行第三大股东国。这一成就是世界银行集团两年来为加强发展中国家和转轨国家的话语权和代表权所做努力的一个重要里程碑。

3. 世界贸易组织的主要活动概况

世界贸易组织（WTO）是负责监督成员经济体之间各种贸易协议得到执行的一个国际组织，前身是 1948 年开始实施的关税及贸易总协定的秘书处。截至 2011 年 12 月 20 日，世界贸易组织共有 157 个成员，被称为"经济联合国"。

2011 年 12 月 15~17 日，世界贸易组织第八届部长会议在瑞士日内瓦举行，各国部长在会议中重点讨论"多边贸易体系和世贸组织的重要性"、"贸易和发展"和"多哈发展议程"等问题。在这次会议上，以美国、欧盟等为代表的发达经济体与以巴西、中国、印度等为代表的主要新兴经济体，在农产品和非农产品市场准入方面长期存在的分歧依旧，多哈回合谈判以失败而告终。不过，世界贸易组织现有的 153 个成员同意在符合透明度与广泛度的原则下，充分探索不同的协商途径。在多哈宣言许可范围内，会员在整体谈判完成前，可先就已有共识部分，达成暂时性或决定性协议。

除了重申推进多哈回合谈判的决心外，此次会议的主要成果有三项。一是俄罗斯、萨摩亚、瓦努阿图和黑山加入该组织，世界贸易组织进一步扩大。俄罗斯从申请到成为正式成员，历时 18 年，加入世界贸易组织将让俄罗斯更加紧密地融入全球经济，并成为更具商业吸引力的国家；而对于世界贸易组织来说，俄罗斯的加入标志着其成为一个真正的世界性贸易组织，这进一步增加了世界贸易组织作为促进国际合作机制的相关性和重要性。二是世界贸易组织《政府采购协议》的 42 个缔约成员，就修改和扩大《政府采购协议》涉及范围达成一致，扩大政府采购市场规模。在已经纳入协议范围的 5000 亿美元基础上，增加涵盖了价值超过 1000 亿美元的政府采购合同。这个被称为升级版的《政府采购协议》涵盖了新的政府部门和机构，开放的服务和货物项目也有所增加；强化通过新的、更加简化的规则确保政府采购的

---

① 世界银行集团中文版官网：《关于我们》，http://web.worldbank.org/WBSITE/EXTERNAL/EXTCHINESEHOME/EXTABOUTUSCHINESE/0, contentMDK: 21123190~menuPK: 3147250~pagePK: 50004410~piPK: 36602~theSitePK: 3141487, 00.html。

透明度和正当程序，打击隐性的贸易保护主义和腐败问题。三是通过了名为"政治指导要点"的文本和包括最不发达成员加入世界贸易组织谈判、给予最不发达成员服务贸易豁免等在内的一系列决议。

4. 评述与创新

盘点2011年三大机制的活动和改革，可以看出两个鲜明的特点。一方面，国际经济秩序没有发生根本改变，布雷顿森林体系遗留下来的机制依然在全球治理中发挥作用，但是困境不断。从世界经济格局的对比来看，发达国家依然占据半壁江山，国际经济活动的重心依然严重依赖这三大机制，世界银行和国际货币基金组织总裁的遴选和潜规则依然没有打破。由于成立于半个世纪以前，这些老机制已经很难完全适应当今国际格局的现状。从国际货币基金组织的钱紧到世界贸易组织多哈回合谈判的失败都证明了这一点。另一方面，这些机制也在发生一些积极和微妙的变化，以应对新兴国家群体性崛起的现实和全球治理环境的变化。世界银行和国际货币基金组织的工作重点在2011年更加注重发展中国家和发展问题，两大组织在2010~2011年就投票权进行了实质改革，力量开始向发展中国家倾斜。俄罗斯等国加入世界贸易组织使得该机制更加完整。

5. 中国的参与和作用

中国作为三大机制的成员，积极参加了三大机制的主要活动和重要会议。在三大机制中，中国的地位进一步上升，这主要体现在中国积极支持国际货币基金组织的增资计划，该机构也有可能将人民币纳入特别提款权（SDR）的"一揽子"货币中。在国际货币基金组织和世界银行中，中国的投票权大幅度提高，话语权进一步增强，朱民出任国际货币基金组织副总裁也有助于中国发挥重要作用。2011年是中国加入世界贸易组织10周年。10年来，中国已成为全球最开放的市场之一。中国"入世"承诺全部履行完毕，关税总水平由15.3%降至9.8%，远低于发展中国家平均水平；服务贸易开放部门达到100个，接近发达国家水平。10年来，在融入世界经济的进程中，中国改写了世界经济版图。中国国内生产总值从2001年的11万亿元人民币增至2010年的近40万亿元人民币，增长了两倍多；出口增长了4.9倍，进口增长了4.7倍，世界排名由第六位跃升到了第二位。10年来，中国成为全球经济复苏和发展的重要引擎。中国年均进口7500亿美元的商品，相当于为贸易伙伴创造了14000多万个就业岗位；中国物美价廉的商品也为国外消费者带来了巨大实惠，美国消费者过去10年节省开支6000多亿美元，欧盟每个家庭每年可节省开支300欧元。[1][2]

三、欧洲债务危机的蔓延与治理

主权债务危机是指主权国家无法履行到期债务本息的支付责任，甚至无法支付到期的利息而出现的政府债务偿付危机。2009年10月，希腊政府宣布政府财政赤字和公共债务占国内生产总值的比例预计将分别达到12.7%和113%，远超欧盟《稳定与增长公约》规定的3%和60%的上限。不久，三大评级机构接连下调希腊主权信用评级，希腊债务危机爆发。不久，爱尔兰也陷入危机，并向欧盟及IMF提出援助请求。进入2011年，欧洲债务危机进一步蔓延，开始波及西班牙、葡萄牙、意大利等国家，威胁法国、德国等国家，并引发了一些国家的政治危机，欧洲债务危机已由单一国家主权债务危机正演变为整个欧元区的债务危机，进而发展为制约并影响欧洲乃至全球经济复苏的一场"债务风暴"。

1. 欧洲债务危机与国际社会治理概况

面对欧洲债务风暴，世界上许多国家（尤其是与欧盟经济密切相关的国家）纷纷出台相关政策和措施积极应对，主要国际和地区组织也开出相应的"药方"，而欧盟则2011年举行了一系列各个级别的会议（财长会议、正式峰会和特别峰

---

①《中国与世界共赢——中国加入世贸组织十周年述评》，2011年12月11日，中央政府门户网站，http://www.gov.cn/jrzg/2011-12/11/content_2017052.htm。

②国际货币基金组织、世界银行和世界贸易组织2011年年报；冯维江、徐进：《国际经济治理回顾与展望》，载王洛林、张宇燕主编《世界经济黄皮书：2012年世界经济形势分析与预测》，社会科学文献出版社，2012年。

会等），讨论具体的应对办法。①

欧洲债务危机是二十国集团戛纳峰会最重要的议题之一。在会后发表的宣言中，二十国集团"欢迎欧洲各国领导人在2011年10月26日作出的决定，他们决定维持希腊债务的可持续性，加强欧洲银行监管，建立避免危机蔓延的防火墙，为欧元区强有力的经济管理改革奠定基础，要求欧洲各国迅速采取措施。我们支持意大利在欧盟峰会中提出的措施，同意欧盟委员会的监管细则。在这种背景下，我们欢迎意大利同意国际货币基金组织按季度对该国推行的政策进行公开监督"。②在2011年9月的年会上，国际货币基金组织、世界银行等机构均强调了全球加强协调应对欧债危机的重要性，而金砖国家也表达了愿意给予适当援助的意愿。"欧元区国家决心采取必要措施解决欧元区危机，令我们备受鼓舞。"国际货币基金组织在公报中表示，作为全球职责的一部分，国际货币基金组织随时准备为欧元区提供强有力的支持。拉加德同时呼吁重新采取联合措施来解决欧元区主权债务危机。而中国、巴西、俄罗斯、印度和南非五个金砖国家财长和央行行长发表的联合公报称，"金砖国家"对在必要时根据各自国情，通过国际货币基金组织或其他国际金融机构，提供支持以应对当前维护全球金融稳定的挑战持开放态度。③

2011年3月21日，欧盟成员国财政部长在布鲁塞尔召开特别会议，专门讨论欧元区永久性救助机制的细节，并达成一致。根据该协议，欧元区永久性救助机制被命名为"欧洲稳定机制"，将是一个由欧元区国家依据国际法、通过缔结条约成立的政府间组织，总部设在卢森堡。欧盟财长们同意，作为一项核心内容，欧洲稳定机制的有效融资能力为5000亿欧元，为了在发债融资时获得最高信用评级，其认缴资本将达到7000亿欧元，其中800亿欧元为实际到位款项，欧元区国家在欧洲稳定机制2013年7月正式运作前需支付400亿欧元，此后3年内再支付400亿欧元，而

余下的6200亿欧元将包括欧元区国家承诺可随时支付的款项和担保。

2011年7月21日，欧元区17国领导人在布鲁塞尔举行特别峰会。经过协商，各国领导人最终敲定了对希腊实施第二轮紧急救助的方案以及如何彻底解决欧元区的债务危机问题。根据该方案，欧元区国家将与国际货币基金组织一起，对希腊实施第二轮紧急救助，救助贷款额度为1090亿欧元；贷款利率将低于第一轮救助时的贷款利率，约为3.5%；贷款期限将从原来的7年半延长到15~30年。此外，各国领导人还一致同意，增加现有的两个救助机制操作的灵活性，努力巩固欧元区国家的财政，促进欧元区国家的经济增长。对成员国特别是问题国家将加强监管，督促各国成功实施削减赤字以及促进经济增长的计划。除了被救助的国家之外，其他所有国家的财政赤字在2013年之后必须控制在3%以内。

2011年10月，欧盟在布鲁塞尔举行了当月的特别峰会。经过两轮的磋商，峰会通过了全面可持续性的欧洲债务"一揽子"应对方案，各方就希腊债务减记、欧洲金融稳定基金（EFSF）扩容、银行业资本状况三个议题达成了全面共识。这个方案主要内容包括：①有关方同意，减记私人部门所持希腊债务50%，约为1000亿欧元。②将杠杆化引入欧洲金融稳定基金，即以其目前现有资金向高比例债券提供担保，最高杠杆比例为4~5倍，欧洲金融稳定基金规模将达到1万亿欧元。③欧洲90家主要商业银行在2012年6月底前必须将资本金充足率提高到9%。④欧元区和国际货币基金组织将向希腊提供1000亿欧元（约合1400亿美元）的新援助。

2011年12月9日，欧盟在布鲁塞尔举行了当年的最后一次正式峰会，就修改欧盟有关条约、加强经济和货币联盟问题进行讨论，建立一个新的财政规则成为本次会议的焦点。以德国为首的北欧国家希望欧元区的其他国家能够实施更为严谨的财政政策，希望在内部寻求"和谐"，期待构

① 欧盟峰会是欧盟的最高决策机构，由各成员国政府首脑和国家元首组成。每年6月底和12月底举行正式峰会，3月和10月举行特别峰会，如有必要也可举行临时特别峰会。

② G20领导人戛纳宣言全文，2011年11月5日，21世纪网，http://www.21cbh.com/HTML/2011-11-5/wNMDY5XzM3NzQwNQ.html。

③ 《全球经济运行风险加剧　承诺共同应对欧债危机》，2011年9月27日，金融时报网，http://www.95599.cn/cn/PublicPlate/FinancialHeadLine/gjjrxx/201109/t20110930_173064.htm。

建足够强大的"防火墙"来抵御危机的扩散发展。经过新一轮的讨价还价，欧盟领导人缔结了新的财政条约。

2011年12月10日发布了经过修订的峰会声明，这次峰会达成的主要共识包括：①欧盟将致力于建立一个新的财政规则，主要内容包括成员国政府财政预算应达到收支平衡甚至预算盈余，年度财政赤字占名义国内生产总值比重不能超过0.5%，一旦财政赤字超出这一限制，将启动自动调整程序。②赤字超标的国家须向欧盟提交进行经济结构调整以应对赤字超标问题的详细计划，该计划的执行将在欧盟监督下进行。③欧盟将建立机制要求成员国事前公布发债情况。欧盟将在欧元区成员国内部强制执行过度财政赤字监督程序、对赤字超限的成员国进行制裁。④欧盟将强化稳定工具的功能缓解市场紧张情绪，欧盟决定尽快实施欧洲金融稳定基金杠杆化运作，提前启动欧洲稳定机制（ESM），在2012年3月重新评估欧洲金融稳定基金与欧洲稳定机制共计5000亿欧元的放款上限是否足够。如果占出资额90%以上的成员国同意启动欧洲稳定机制，欧洲稳定机制将会于2012年7月提前启动。

2. 评述与创新

整体上来看，2011年欧盟债务危机已发展到了一个关键时刻。欧洲一体化面临倒退风险。德国总理默克尔多次警告，"如果欧元失败，欧盟也会失败。"欧洲领导人正面临艰难抉择，是选择深化合作以保住欧元，还是选择放任欧元区成员国沦陷，主权债务违约，最终引发欧元区崩溃、欧盟瓦解的悲剧性后果。

目前看来，欧元区和欧盟仍有解决债务危机的意愿和能力。首先，德国救助意愿趋强。欧元区存亡很大程度上要看德国的态度，目前德国国内主流政党均支持救助债务国，维护欧元区稳定。德国目标是借市场压力输出德国的"稳定文化"，迫使南欧国家推进改革，在财政纪律上向德国靠拢，最终实现欧元区财政和经济政策更高程度的

一体化。尽管德国救助理念和措施对债务危机没有产生立竿见影的效果，但从另一角度来说，在德国的坚持下，希腊、葡萄牙、西班牙，甚至意大利和法国都已开始认真改革国内的福利制度和劳动市场，而这些改革在以前是难以想象的。其次，欧洲中央银行仍可能扮演最后贷款人角色。迄今欧洲中央银行已经买入约2000亿欧元的意大利、西班牙等国债券。如果没有欧洲中央银行的介入，意大利国债收益率可能会更高。近日，欧洲中央银行行长德拉吉暗示，欧洲中央银行可能加大介入力度，以稳定债券市场。此外，对希腊、意大利等债务国来说，这些国家留在欧元区内的意愿仍很强烈，尽管国内罢工、示威游行不断，仍然按欧盟要求坚持改革，至少在短期内不大可能主动脱离欧元区。

欧盟在2011年的一系列会议上拿出了一些应对的办法，在解决欧洲主权债务问题上起到了积极作用，但是欧洲债务问题并没有得到根本性的改观，市场对欧洲主权债务的信心也并没有得到修复。在欧盟12月峰会结束后，爱尔兰运输部长就认为，"财政协调是一个好主意，若能够运转也将产生有利影响，但其并不足以解决我们的问题。"① 著名的货币投机家索罗斯（Soros）在会后发表评论指出，峰会"种下了未来冲突的种子"，峰会提出的设想是在失业率上升的时期采取财政紧缩政策，这可能导致欧元区陷入难以摆脱的恶性通缩—债务循环。②

3. 中国的参与和作用

尽管欧债危机对中欧贸易和投资的直接冲击有限，但自欧债危机爆发以来，中国一直支持欧洲应对主权债务危机，并采取了一系列的实质性支持措施。首先，直接购买欧元债券。温家宝总理在2010年10月访问希腊时公开表示支持希腊，中国不会减持欧元债券，将继续购买，支持欧元保持稳定。李克强副总理在2011年1月访问西班牙时也表示，中国将继续购买西班牙的国债，以支持西班牙解决债务问题。其次，积极扩大从欧

---

① 《欧盟峰会余音犹绕梁　质疑声却已不绝于耳》，2011年12月13日，新浪网，http://finance.sina.com.cn/money/forex/20111213/162410985558.shtml。

② Soros. EU summit late resolution insufficient to control the financial crisis. http://www.financial-post.com/soros-eu-summit-late-resolution-insufficient-to-control-the-financial-crisis.html.

洲的进口。2011 年 10 月底，在欧盟连续两次召开领导人峰会、通过了希腊主权债务危机"一揽子"解决方案的关键时刻，全国政协主席贾庆林对希腊、荷兰和德国进行访问，明确表达了中国对欧洲解决主权债务危机的信心和支持，表明了中国与各国同舟共济、互利共赢和共同发展的立场。中国和希腊企业签署了进口橄榄油和大理石的商业合同，扩大进口希腊优质产品。希腊媒体称，中国领导人在希腊经济处于危机的时刻到访，充分表达了对希腊渡过难关的信心，感谢中国再次通过实际行动支持欧洲应对危机，并向希腊经济前景投了信任一票。最后，加大对欧投资。温家宝总理访问希腊时宣布，中国将组建一个规模50 亿美元的基金，帮助希腊船运公司购买中国船舶，并且将继续中远公司在比雷埃夫斯港的投资项目。2011 年 12 月，中国三峡集团购买葡萄牙电力公司 21.35% 的股权，每股收购价格高出其市场价格 53%，有力地支持了葡萄牙为应对欧债危机而实施的国有资产私有化方案。[①]

从根本上说，欧洲债务危机的元凶在于国家经济结构失衡，欧元区制度的固有缺陷是潜伏的恶因，而老龄化、高消费、高福利又加剧了该问题的产生和解决的难度。未来欧元区债务危机的发展不容乐观，不排除希腊等危机国家退出、成立核心欧元区的可能。[②]正如国际货币基金组织金融顾问兼货币与资本市场部主任指出的那样，当务之急是恢复对欧元区和其他地区的信心。否则，我们将面临危机深化的风险，这将造成严重的全球经济和社会后果。我们需要有良好的政治意愿和集体决心，尽快在欧洲和全球层面达成一个合作解决方案。[③④]

四、伊朗核问题及全球安全治理

伊朗核能源开发活动始于 20 世纪 50 年代，曾经得到美国及其他西方国家的支持。伊朗伊斯兰革命后，美国与伊朗的关系开始恶化，美国也开始指责伊朗秘密发展核武器，并采取"遏制"政策。2002 年 8 月，伊朗核设施被媒体披露，伊朗核问题开始浮出水面。自 2005 年以来，伊朗一直加强其核研究活动，并不断取得进展。尽管伊朗声称其核技术仅用于和平目的，但是美国和西方指责伊朗在发展核武器，并推动联合国安理会在 2006 年、2007 年、2008 年和 2010 年先后通过了四个制裁伊朗的决议。从全球安全治理的角度来看，涉及伊朗核问题的国家主要包括美国、俄罗斯、中国、英国、法国、德国、伊朗和以色列，主要国际机制是"6＋1"谈判机制、国际原子能机构、联合国安理会。

1. 伊朗核问题 2011 年发展概述

2011 年 1 月 21~22 日，伊朗核问题新一轮"6＋1"谈判在伊斯坦布尔重启，美国、英国、法国、俄罗斯、中国和德国六国与伊朗展开谈判，寻找解决伊核问题的途径。联合国安理会五个常任理事国以及德国代表团由欧盟高级代表阿什顿协调带队，伊朗代表团由伊朗首席核谈判代表赛义德·贾利利领衔。伊朗核问题相关六国希望讨论伊朗铀浓缩项目，伊朗方面则提出核裁军、以色列核武库以及美国在伊拉克所设军事基地等议题，却绝口不提本国核计划。由于主要的对立方美国与伊朗依然坚持各自立场，双方在伊朗的核发展、铀浓缩和制裁三个重要问题上存在严重分歧，谈判未能取得任何实质性成果。

2011 年 11 月 8 日，国际原子能机构发表关于伊朗核问题的最新报告。这份报告介绍了国际原子能机构所掌握的近期伊朗在执行《不扩散核武器条约》保障协议以及联合国安理会相关决议方面的表现，并首次全面报告了伊朗核计划的军事联系。

这份报告的主要内容包括三个方面：①介绍了伊朗在推行核计划中一系列最新（也是长期一贯）的违约。伊朗不顾国际原子能机构与联合国安理会的多项决议，继续推进铀浓缩。伊朗自称，它自 2010 年 10 月 18 日以来已在纳坦兹核燃料浓缩厂生产了 1787 千克的低浓缩六氟化铀，累计则

---

①《中国与欧洲：2011 年中欧关系的回顾与展望》，2012 年 3 月 31 日，中国社会科学院欧洲研究所网站，http：//ies.cass.cn/Article/cbw/zogx/201203/4923.asp。

②④ 周逢民：欧债危机最新进展及未来走向，《银行家》，2012 年第 1 期。

③ José Viñals. How to Exit the Danger Zone：IMF Update on Global Financial Stability. http：//blog-imfdirect.imf.org/2012/01/24/exit-danger-zone/。

达 4922 千克。尽管伊朗对此申报，但这些生产并不被允许。此外，伊朗还在福尔岛地区建造核燃料浓缩设施，并将六氟化铀中铀浓度提升到 20%。伊朗还宣布将建筑另外 10 个铀浓缩设施。这项报告还指责伊朗违约，继续推进重水相关项目，并将六氟化铀转化为铀浓度达 20% 的八氧化三铀。②暗指伊朗的核计划可能含有军事性质。该报告指出："一、伊朗与军方相关的人员与部门在获取与核相关或双用途设备与材料方面取得了一些成功；二、伊朗还以未经宣布的方式从事核材料生产；三、它从秘密核供应网络取得了核武器发展信息与文件；四、伊朗自主设计核武器以及试验部件。这一切的目的，是为了发展核爆炸装置。"③国际原子能机构就伊朗计划管理结构、采购、核材料获取、爆炸装置中的核部件、爆轰装置、高爆炸药与相关设备的引爆、流体动力学实验、模型计算、中子起爆器、核爆准备性试验、导弹运载工具匹配、引信与点火 12 个方面，全面列举了伊朗被怀疑在发展核武器的各种证据。这些信息来自国际原子能机构本身的情报、成员国提供的以及伊朗的证据。国际原子能机构强调这些信息相当可靠，如它掌握了上千页的伊朗文件，包括通信来往、各种报告、演讲辅助显示、工程草图等，还有一些录像资料。

国际原子能机构的报告最后的结论是 2003 年前，伊朗发展过与核爆炸装置有关的核计划。此后，伊朗当局曾下令暂停，但目前有恢复迹象。2008 年，伊朗不再遵守国际原子能机构核保障监督附加议定书，不再与国际原子能机构就相关调查合作，因此该机构无法确信目前伊朗不在发展核武器，它怀疑伊朗仍在推动其中的一些活动。①国际原子能机构的这份报告依然保留了以往报告特点，一方面继续保持了对伊朗的指责和警告，并借以向伊朗施加更大的国际压力，迫使伊朗与国际社会合作，但是另一方面在伊朗目前是否发展核武器的关键问题上依旧采取模糊政策，使得相关国家无法以此为借口对伊朗进行军事打击。

国际原子能机构的报告出台以后，伊朗核问题再度升温，主要国家和国际机制纷纷表态，或表示加强制裁，对伊朗施压，甚至谋求武力解决；或表示遗憾，强调应继续通过谈判解决争端。2011 年 11 月 18 日，国际原子能机构理事会在维也纳召开会议，最终以 32 票（共 35 个成员国）通过"伊朗核问题六方"共同提出的决议草案。该决议强调继续通过外交途径解决伊朗核问题，并呼吁伊朗与国际社会开展认真和无条件的磋商，以恢复其对伊朗核计划和平性质的信心，同时要求伊朗加强与国际原子能机构的合作，尽快澄清其核计划中的未决问题，排除其核计划可能具有军事用途的疑点。决议同时表示，尊重伊朗在全面遵守《不扩散核武器条约》相关义务的框架内，和平利用核能的权利，并敦促伊朗执行联合国安理会和国际原子能机构的有关决议和要求。②

美国在报告发布后表示将"仔细研究这份报告"，并将与国际社会一起为外交解决伊朗核问题"探索每一条途径"，但"不排除任何选项"。③不久，美国又出台了进一步制裁伊朗的措施。2011 年 11 月 21 日，美国总统奥巴马下令对伊朗重要的石化产品行业实施制裁，同时扩大对伊朗油气行业的制裁。12 月 6 日宣布开通虚拟驻伊朗大使馆，希望以加强与伊能够"促进两国民众之间的了解"。12 月 30 日，美国"约翰·斯滕尼斯"号航空母舰通过了伊朗正在举行军演的水域。美国五角大楼新闻发言人指出这是"预先规划好"的例行通行，强调任何企图干扰霍尔木兹海峡交通运输的做法都是不能容忍的。

在英国、德国等国家的推动下，欧盟在 2011 年 12 月 1 日的外长会议上决定在维持现有全部制裁措施的基础上进一步扩大制裁名单，141 家伊朗公司被欧盟冻结财产，39 名伊朗公民被实施旅游禁令，并讨论了禁止从伊朗进口石油的可能性。而在该问题上的另一重要攸关方以色列在报告发布后则提高了武力打击伊朗核设施的调门，以色列总统表示，"相比采用外交选项，采用军事打击

① 《伊朗核问题未到摊牌时》，2011 年 11 月 10 日，《东方早报》，http://epaper.dfdaily.com/dfzb/html/2011-11/10/content_551270.htm。
② 《国际原子能机构通过对话解决伊朗核问题决议》，2011 年 11 月 19 日，新华网，http://news.xinhuanet.com/world/2011-11/19/c_122304903.htm（上网时间：2012 年 4 月 20 日）。
③ 《奥巴马称解决伊朗核问题外交优先》，2011 年 11 月 15 日，人民网，http://world.people.com.cn/GB/16255810.html。

伊朗的可能性越发明显。"①

在报告公布当日，俄罗斯外交部就发表声明说，俄方认为，国际原子能机构有关伊朗核计划的报告加剧了紧张局势，俄方对此"深感失望和困惑"。俄方对选择目前向公众披露该报告的合理性表示严重怀疑，因为目前出现了重启伊朗和伊朗核问题六方（美国、英国、法国、俄罗斯、中国和德国）谈判的机会，现在比任何时候都需要继续推动政治外交努力，促进伊朗核问题的解决。中国也强调反对核武器扩散和通过对话与合作解决伊核问题的立场。中国外交部发言人在 11 月 18 日指出，六方与伊朗开展认真务实的对话，国际原子能机构与伊朗加强合作，是寻求伊朗核问题全面、长期、妥善解决的正确途径，国际原子能机构应该秉持公正、客观的立场，积极致力于与伊方通过合作澄清有关问题。伊朗方面也有必要显示更大的灵活和诚意，与国际原子能机构进行认真合作。

2. 评述与创新

从年初的对话到岁末的对峙，伊朗核问题在 2011 年走到了一个关键结点。首先，伊朗的"核能力"进一步提高，接近突破临界点，对外政策进一步强硬。自 2003 年宣布发现并开始铀浓缩活动后，伊朗一直受到来自国际社会各界的压力。联合国先后多次对伊朗实施制裁，迫使伊朗停止相关核活动。然而在国际社会的重压之下，伊朗不仅没有停止相关研究，反而还步步升级其核技术。2011 年 2 月，伊朗原子能机构甚至宣布已掌握核聚变技术。由于内部斗争激烈，内贾德政府出于维护其自身地位和维护国家利益的考量，坚持在核问题上的不妥协态度。其次，伊朗核问题再度突出，新的伊朗战争风险加大。随着利比亚战事的结束，以及美军逐步从伊拉克、阿富汗撤军，伊核危机再度紧张。美、以两国在此问题上频频发出威胁，多次公开宣称不排除使用武力的可能。而伊朗则先后开展了多次大规模军事演习

以示回应，双方围绕这一问题唇枪舌剑，对抗激烈。2011 年 11 月 8 日，国际原子能机构历时十年的报告出台，指出了伊朗曾秘密从事核武器试验，并提供了相关"证据"。对于美国和以色列而言，国际原子能机构的这份报告恰逢时机地提供了武力打击伊朗的借口，短期内伊朗战事不会爆发，但战争的危险却在加大。② 最后，对峙双方大打石油牌，不仅给世界石油市场和全球经济带来不确定因素，而且还干扰了其他大国之间的关系。欧盟和美国提出对伊朗进行石油禁运，这无疑会推高已经居高位的国际原油价格，也会使十分脆弱的国际经济雪上加霜。而伊朗也利用其石油出口，周旋于各大国之间。由于在伊朗问题上的各自特殊利益，伊核问题使美俄、美欧和美中关系面临严峻考验。

3. 中国的参与和作用

长期以来，中国与伊朗保持着正常的友好关系。伊朗是西亚地区的大国，其战略地位和丰富的能源对中国十分重要。2010 年双边贸易额达 293.82 亿美元，同比增长 38.5%。其中中国自伊朗进口额 182.86 亿美元，向伊朗出口额 110.96 亿美元。中国对伊朗出口以机电、纺织、化工、钢铁制品等为主，从伊主要进口原油、矿石、初级塑材、钢材和农副产品等。③ 中国主张通过对话和谈判寻求伊朗核问题全面妥善解决，是确保伊方和平利用核能权利的根本途径。这不仅符合伊方利益，也有利于中东地区的和平稳定大局。在当前形势下，希望伊方把握一切有利于推动对话进程的积极因素，尽早同六国开展对话，并在建立信任措施方面采取具体步骤，促进对话进程。④ 2011 年 1 月 21~22 日，欧盟外交与安全政策高级代表阿什顿及中、美、俄、英、法、德六国外交部政治总司长与伊朗最高国家安全委员会秘书贾利利在土耳其伊斯坦布尔举行对话。双方就伊朗核问题进一步交换了意见。中国外交部部长助理吴海龙率团出席了这次对话。吴海龙在对话中指

---

① 《就"伊朗核问题"，伊以两总统"口诛"对"笔伐"》，2011 年 11 月 9 日，南方日报网，http：//nf.nfdaily.cn/nfdsb/content/2011–11/09/content_32851766.htm。

② 孟祥青：《2011 年世界安全形势："乱"字当头，热点频发》，《当代世界》，2011 年第 12 期。

③ 外交部网站，http：//www.fmprc.gov.cn/chn/pds/gjhdq/gj/yz/1206_40/sbgx/。

④ 胡锦涛会见伊朗总统艾哈迈迪·内贾德，2011 年 6 月 15 日，外交部网站，http：//www.fmprc.gov.cn/chn/pds/gjhdq/gj/yz/1206_40/xgxw/t830759.htm。

出，中方一贯支持维护国际核不扩散体系，始终主张通过对话和谈判解决伊朗核问题，维护中东地区的和平与稳定。伊朗核问题复杂敏感，显然不可能通过一两次对话就能得到全面解决。尽管如此，各方应坚定不移地致力于对话和谈判，本着灵活务实的态度，逐步建立互信，为全面、长期和妥善解决伊朗核问题做出不懈努力。2011年12月28~29日，中国外交部副部长翟隽赴伊朗进行两国外交部例行政治磋商。其间，翟隽副外长分别会见了伊外长萨利希、最高国家安全委员会副秘书巴盖里，并与伊副外长阿拉格齐举行了两国外交部政治磋商。双方就中伊关系及共同关心的国际和地区问题交换了看法。

伊朗核危机的起因，不只是以美国为首的西方国家对伊朗铀浓缩活动存有疑虑，而本质上是美伊关系的破裂与利益的对抗。30多年来，围绕伊朗核问题的争斗，实际上是一个时而激化、时而缓解、再激化、再缓解的国家博弈过程。对美国而言，伊朗是其在海湾地区利益的一大挑战。多年来，美国及其他西方国家虽然围绕着核能开发这个问题对伊朗进行制裁，但实际上，美伊关系的破裂与利益的冲突才是伊朗核危机的症结所在。①

五、利比亚冲突与战后重建

2011年是北非和中东的动荡之年。一场被西方社会称为"阿拉伯之春"的以民主和经济等为议题的社会运动席卷整个阿拉伯世界，剧烈震撼该地区的秩序，突尼斯、埃及、利比亚和也门等国家领导人先后下台，叙利亚阿萨德政权岌岌可危，而阿尔及利亚、约旦、沙特、阿曼、巴林、摩洛哥、科威特、黎巴嫩、卡塔尔等其他阿拉伯国家乃至非阿拉伯国家也都受到不同程度的影响。在这场动荡中，利比亚危机持续的时间最长、规模最大、烈度最大，还引起了国际社会的干涉。

1. 利比亚冲突概况

2011年2月，受中东和北非阿拉伯动荡的影响，以律师菲西·塔贝尔遭逮捕为诱因，利比亚多

个城市爆发示威游行。在民众示威游行遭到当局镇压后，利比亚动荡局势迅速演变为内战。2011年2月24日，来自班加西的反政府军队和卡扎菲的军队正面交锋，并夺取港口城市米苏拉塔。政府军出动地面部队和空军袭击反政府军和其占领区域，而在首都的黎波里出现大批抗议活动，卡扎菲出动空军对首都示威者进行攻击。

面对利比亚的动荡形势，2月26日，联合国安理会一致通过了第1970号决议，决定对利比亚进行制裁，制裁内容主要包括对利比亚实行武器禁运，禁止卡扎菲和家人以及16名亲信出国旅行，冻结相关人员的海外资产，以涉嫌"反人类罪"将利比亚当局镇压平民的行动提交海牙国际刑事法庭进行处理。② 在表决之后，中国常驻联合国代表李保东作如下解释性发言："考虑到利比亚当前极为特殊的情况和阿拉伯及非洲国家的关切和主张，中国代表团对安理会刚刚通过的第1970号决议投了赞成票。"

2011年3月5日，反对派东部班加西成立"国家过渡委员会"，并宣布自己是利比亚的唯一合法代表。此后，利政府军和反政府武装在多个战略要地展开激战。由于利比亚卡扎菲政权没有遵守安理会第1970号决议，继续武力镇压平民抗议，并且在同反政府力量交锋的过程中逐渐占据上风，在阿拉伯国家、美国、英国和法国等国的推动下，3月17日，联合国安理会以10票赞成、5票弃权的结果通过第1973号决议，对利比亚卡扎菲政权实施了第二轮制裁。

决议对卡扎菲政权没有遵守2月26日通过的第1970号决议深表遗憾，要求立即停火，停止对平民的袭击；决议授权会员国在通知秘书长后采取一切必要措施保护利比亚平民以及包括班加西在内的受到卡扎菲政权袭击威胁的平民居住地区，但这些措施不包括对利比亚任何形式的外国占领；决议还决定，对利比亚实施禁飞，除为了人道主义目的的飞行之外，禁止在利比亚领空的所有飞行活动，同时要求所有联合国会员国拒绝利比亚

---

① 国际原子能机构官网；新华网；外交部官网；南方日报网；《当代世界》，2011年第12期。
② 联合国安理会第1970号决议，联合国网站，http://www.un.org/zh/focus/northafrica/s1970.shtml。

的飞机在境内起飞或降落。③决议还在第 1970 号决议的基础上，增加了几名受制裁的个人和几个实体，其中包括利比亚的国有企业。这是历史上安理会第二次对利比亚实施禁飞，包括中国、俄罗斯、印度、巴西和德国在内的国家投了弃权票。中国常驻联合国代表李保东指出，中国支持安理会采取适当和必要的行动尽快稳定利比亚局势，但由于中国对支持安理会第 1973 号决议部分内容有严重困难，因此投了弃权票。②

从 3 月 17 日起，美国、法国、英国、丹麦、意大利、加拿大、比利时、西班牙、卡塔尔、挪威、阿拉伯联合酋长国、科威特、荷兰等国通知秘书长，将采用军事措施强制执行第 1973 号决议，以保护利比亚境内可能遭受袭击的平民和平民居住区。3 月 19 日，欧盟及美国等国决定对利比亚进行军事干预，代号"奥德赛黎明"。法国出动"阵风"和"幻影 2000"战机，在班加西地区发动四次空袭，摧毁多辆利比亚政府军的坦克和装甲车，美英也随后在当地时间 19 日晚 7 点发射112 枚"战斧"巡航导弹，向利比亚 20 多处海岸目标发动袭击，包括地对空导弹阵地、预警系统等，这是自 2003 年入侵伊拉克以来，西方国家发动的最大型军事行动。

3 月 31 日，应美国等国家的要求，北约接管了军事行动指挥权，并持续对利比亚进行空袭。空袭逆转了反对派的颓势，卡扎菲部队的空中力量不久之后被消灭。尽管 4 月 10 日，包括南非总统祖玛在内的四个非洲国家曾经提出利比亚问题解决路线图，但是危机并没有缓解。进入 5 月，以卡扎菲的政府军从米苏拉塔撤退为标志，卡扎菲的力量进入收缩和防御阶段。7 月中下旬，反对派在北约的支持下，在东部地区不断取得胜利。8 月下旬，利比亚反对派武装攻入首都的黎波里，卡扎菲政权的统治终结。2011 年 9 月，以利比亚国家过渡委员会为首的利比亚执政当局已经基本控制利比亚的大部分地区，并得到了国际社会的普遍承认。

2. 利比亚战后重建概况

2011 年 9 月 16 日，应利比亚国家过渡委员会的请求，安理会一致通过第 2009 号决议，授权建立联合国利比亚支助团，初步任期为三个月，代表国际社会支持利比亚主导的过渡和重建进程，以便建立一个民主、独立和统一的利比亚。决议欢迎利比亚局势的改善，并期待利比亚实现稳定，期待建立一个包容、有代表性的利比亚过渡政府，并强调需要有一个以承诺实现民主、善治、法治和尊重人权为基础的过渡时期。根据决议，联合国利比亚支助团将支持利比亚主导的过渡和重建进程，具体任务包括帮助恢复公共安全和秩序，促进法治；开展包容各方的政治对话、促进民族和解，着手开展制宪和选举工作；帮助扩大国家的权力范围，包括加强新机构和恢复公共服务；促进和保护人权，支持过渡时期司法；立即采取必要步骤启动经济复苏等。③这样，以卡扎菲的下台和联合国通过的决议为标志，利比亚的国家重建行动开始启动。

2011 年 10 月 20 日，利比亚国家过渡委员会武装攻占卡扎菲最后据点与利比亚军事中心苏尔特，抓获卡扎菲，卡扎菲随后因伤重身亡。随后，利比亚"国家过渡委员会"主席贾利勒在班加西宣布利比亚全国解放。至此，利比亚已进入新的历史发展阶段，逐步开始政治过渡和战后重建工作进程。为了尽快重建利比亚的新秩序，完成后卡扎菲时代的民族和解，利比亚国家过渡委员会积极筹建利比亚过渡政府。2011 年 11 月 22 日，经过各方艰难妥协，利比亚"过渡政府"宣布成立，"全国过渡委员会"执行委员会主席阿卜杜勒·拉希姆·凯卜任"过渡政府"总理，"过渡政府"有 2 名副总理和 24 名部长。凯卜指出，过渡政府的首要任务是恢复社会稳定，协助国家过渡委员会实现全国和解，善待死伤者及其家属，重建司法体系，整合全国武装力量以及在互相尊重

---

① 《安理会通过决议对利比亚实施禁飞》，2011 年 3 月 17 日，联合国网站，http://www.un.org/zh/focus/northafrica/newsdetails.asp?newsID=15252&criteria=libya。

② 《安理会决定在利比亚设立禁飞区 中国投弃权票》，2011 年 3 月 19 日，中国网，http://www.china.com.cn/policy/txt/2011-03-19/content_22175303.htm。

③ 《安理会授权建立联合国利比亚支助团》，2011 年 9 月 16 日，联合国网站，http://www.un.org/zh/focus/northafrica/newsdetails.asp?newsID=16279&criteria=libya。

和维护共同利益的基础上与其他国家建立合作关系。

当前，利比亚的局势初步稳定下来，重建也开始走向正轨，但是一些分析人士指出，利比亚还存在诸多不确定因素。如武器泛滥、各派围绕政治、经济等利益的争斗以及艰难的经济复苏和大量海外资产遭冻结等。正如秘书长利比亚事务特别代表、联合国利比亚支助团负责人伊恩·马丁在 2012 年 1 月 25 日召开的讨论利比亚局势会上指出的那样，尽管卡扎菲政权已经被推翻，但战后的利比亚百废待兴，过渡政府在安全、民族和解、人权、选举等诸多领域面临艰巨挑战。①

3. 评述与创新

北约对利比亚的这场军事行动被观察人士和媒体普遍称为"利比亚模式"，该模式的特点在于，第一，美国和欧洲国家在军事分工上首次出现调整。正如北约秘书长拉斯穆森所言，这是首次由欧洲国家领头的北约军事行动，绝大多数的轰炸任务由英法两国战机执行。自愿退居幕后的美国负责提供无人侦察机、空中加油机等装备。第二，军事行动规模有限，但求速战速决。此次军事行动主要实施空中精确打击，完全排除派遣地面部队的可能性，以避免陷入地面战泥潭。在旧有政权被推翻、卡扎菲身死后，北约很快便宣布军事行动结束。第三，尽量避免单边行动。在展开军事行动前，北约获得了联合国安理会相关授权和阿拉伯国家公开支持，做到"师出有名"。这同北约此前军事行动形成鲜明对比。第四，成员国可选择"自愿参与"，北约成为参与国家的联合行动平台。在此次军事行动中，北约 28 个成员国只有一半实际参与，其中只有 8 个成员国参与了轰炸行动，军事实力较强的德国和波兰均袖手旁观。②

在历史上，美国和西方国家曾经在波斯尼亚、科索沃、伊拉克和阿富汗等地进行国家重建行动。与其他四个国家和地区相比，利比亚的重建呈现出以下几个特征和变化。第一，国家建设需要耗费大量的资源，国家的大小是确定需要的资源大

小的主要因素。利比亚人口是波斯尼亚和科索沃的两倍和三倍，但是资源比伊拉克和阿富汗少1/3，这表明其重建所需的资源就成本、时间和难度来说，大致介于 20 世纪 90 年代巴尔干地区的行动和"9·11"后伊拉克和阿富汗重建努力之间。第二，利比亚比波斯尼亚、科索沃和伊拉克以及阿富汗都要富裕，战前人均收入达到 14000 美元，战争和制裁不像其他四个国家，并没有摧毁其经济。利比亚的经济活动恢复到战前的水平要迅速得多。第三，与其他四个国家相比，利比亚在种族、语言、宗教等方面也更加具有同质性。利比亚有一个大约占人口 10% 的少数族裔柏柏尔人（阿马齐格），主要集中在西部和南部地区。尽管该族裔要求有更大的文化和语言方面的自主权，但是从来没有谋求分裂。以东部为根据地的反对派也显得很适应长期边缘化的昔兰尼加省和历史亲卡扎菲的黎波里地区之间的紧张局势。通过整合和协调利比亚西部武装力量，反对派努力确保黎波里的解放有广泛基础，而不被看成是东部入侵。利比亚的部落将在新秩序中扮演关键的角色，但是他们的政治权利在许多方面由于受到卡扎菲分而治之的政策而被人为地夸大了。如果出现后卡扎菲时代利比亚地区、族群和部落之间的矛盾，其竞争是类似阿富汗的权利和资源的分配，而不只是波斯尼亚、科索沃和伊拉克的更加复杂的民族认同感的问题。第四，利比亚所处的地理位置也不同。波斯尼亚、科索沃和阿富汗均被敌对的邻国包围，它们试图破坏这些国家的重建。利比亚相反，与外界的交往十分便利，其邻居无意愿也没有能力破坏其重建。所有这些因素表明，利比亚的重建要比波斯尼亚、科索沃和阿富汗以及伊拉克容易。

当然，利比亚的重建还有三个不利的条件。第一，与其他国家相比，利比亚经济虽然发达或者至少是富裕。但是政治上很落后，仅仅比阿富汗好一些。从意大利法西斯的殖民统治到一个强人的统治，仅仅存在着短期的立宪君主统治，利比亚的政治参与经验非常少。第二，利比亚没有

---

① 《利比亚过渡政府面临安全、民族和解等多重挑战》，2012 年 1 月 25 日，联合国网站，http://www.un.org/zh/focus/northafrica/news-details.asp? newsID=17095&criteria=libya。

② 《北约"利比亚模式"之辩》，2011 年 12 月 13 日，新华网，http://news.xinhuanet.com/world/2011-12/13/c_111240003.htm。

西方的地面部队来建立安全秩序，使经济和政治重建可以前进。这种力量的存在是必要的，以巩固波斯尼亚和科索沃的和平。在阿富汗和伊拉克的地面支持不足，这使得看似旗帜鲜明的胜利再次变为持续的冲突。第三，缺乏国际行为体来协调集体的重建方案。美国总统奥巴马已明智地限制了美国的作用，部分原因是美国的其他承诺以及与大多数阿拉伯民众不甚和谐的关系。但是没有其他的组织具有足够的力量和影响力来负起责任。①

4. 中国的参与和作用

中华人民共和国与利比亚于 1978 年建交。2011 年 2 月，利局势发生动荡，中国从利比亚撤回 35860 名公民。6 月，利比亚"国家过渡委员会"执行局主席贾利勒访华。7 月，中国外交部亚非司长陈晓东访问利比亚班加西。9 月 1 日，外交部副部长翟隽作为中国政府代表以观察员身份出席在巴黎举行的"利比亚之友"国际会议，期间会晤利"过渡委"执行局主席贾利勒。9 月 12 日，中国政府宣布承认"国家过渡委员会"为利比亚执政当局和利比亚人民的代表。9 月 20 日，外交部长杨洁篪在纽约出席联合国利比亚问题高级别会议，其间会晤利"过渡委"主席贾利勒。在利比亚重建问题上，中方主张，第一，要尽快恢复利局势稳定。一个稳定的利比亚符合全体利比亚人民及国际社会的共同利益。我们希望利比亚国内尽快结束冲突，恢复社会秩序。第二，要开启包容性政治过渡进程。利比亚今后的政治安排要充分照顾不同派别、部族和地域的利益诉求，最大限度地维护利比亚的民族团结和国家统一。第三，要尊重利比亚人民的选择。国际社会应切实尊重利比亚主权、独立、统一和领土完整，由利比亚人民自主决定自己的前途和命运。第四，要支持联合国在利比亚战后安排中发挥主导作用。中方支持在联合国主导下，同非盟、阿盟、伊斯兰会议组织等加强协调和合作，共同帮助利比亚

恢复稳定、重建家园。②

六、联合国维和行动与中国的参与

联合国维和行动是为了防止、控制和解决冲突而由联合国授权并指挥的，经过冲突方同意后实施的实现和平的行动。其目的在于帮助遭受冲突的国家创造实现持久和平的条件。维和行动是联合国的一个创举，是联合国维护国际和平与安全的一个重要途径和手段。20 世纪 80 年代以后，中国逐步加入到联合国维和行动的机制之中。2011 年，中国更加积极地参与联合国维和行动，为维护国际和平与安全发挥着重大作用。

1. 2011 年联合国维和行动概况

2011 年，联合国在非洲、美洲、亚太、欧洲、中东等地区部署有 16 个联合国维和行动，其中包括 15 个维持和平行动特派团和 1 个阿富汗政治特派团（联阿援助团）。③这里主要介绍联合国在非洲、亚太和美洲的典型维和行动。

2011 年 6 月 27 日，针对苏丹阿卜耶伊地区的紧急局势，联合国安全理事会通过第 1990（2011）号决议，向该地区部署一支维持和平部队，设立约 4000 人联合国阿卜耶伊临时安全部队（联阿安全部队），任期为 6 个月，其主要任务为保护联阿安全部队人员、设施、装置和设备；保护联合国人员、设施、装置和设备；确保联合国人员、人道主义人员、联合军事观察委员会成员和联合军事观察小组成员的人身安全和行动自由；在不妨碍有关当局责任的前提下，保护阿卜耶伊地区面临迫在眉睫的人身暴力威胁的平民；保护阿卜耶伊地区，使其免遭《协议》所界定未获授权人员的侵入；确保阿卜耶伊地区的安全，同时还执行联阿安全部队应执行监测与核实苏丹武装部队和苏丹人民解放军或其继承者的任何部队调离、参与阿卜耶伊地区相关机构的工作、排雷协助和技术咨询等工作。④2011 年 12 月 14 日，安全理事会确认苏丹和南苏丹应紧急启动边界正常化进程，

① James Dobbins, "Libyan Nation Building After Qaddafi", Foreign Affairs, 2011, 7/8.

② 翟隽副部长在利比亚问题国际会议上的发言，2011 年 9 月 1 日，外交部网站，http://www.fmprc.gov.cn/chn/pds/gjhdq/gj/fz/1206_28/xgxw/t855088.htm。

③ 联合国网站，http://www.un.org/zh/peacekeeping/operations/current.shtml。

④ 联合国安理会第 1990 号决议，联合国网站，http://www.un.org/chinese/aboutun/prinorgs/sc/sres/2011/s1990.htm。

通过第 2024（2011）号决议，决定联阿安全部队的任务还应包括支持边界正常化，包括支持建立有效的双边管理机制，协助建立相互信赖。特派团负责人为埃塞俄比亚的塔德塞·韦雷德·特斯法耶中将。截至 2011 年 11 月 30 日，联阿安全部队编制为 3796 名军警人员和 27 名国际文职人员。

2011 年 7 月 9 日，南苏丹宣布独立。为了维持该地区的稳定，联合国安全理事会在 2011 年 7 月 8 日通过第 1996（2011）号决议，设立了联合国南苏丹共和国特派团（南苏丹特派团），初次任务期限为一年，从 2011 年 7 月 9 日开始，并打算视需要予以延长。南苏丹特派团在当地负责巩固和平与安全，并帮助创造发展条件，以期加强南苏丹共和国政府的能力，以民主方式进行有效管理，并同邻国建立良好关系。其主要任务为：①支持巩固和平并以此为国家长期建设和经济发展创造条件。②支持南苏丹共和国政府履行预防、缓解、消除冲突和保护平民的责任。③支持南苏丹共和国政府建立保障安全的能力，实行法治，加强安全和司法部门改革。该特派团的负责人是特派团负责人挪威的茜尔德·弗拉菲尤·约翰逊女士。截至 2011 年 11 月 30 日，该特派团共计 5322 名军警人员，695 名国际文职人员，1120 名当地工作人员，232 名联合国志愿人员。①

2006 年 4~5 月，东帝汶爆发重大政治、人道主义和安全危机之后，安全理事会 2006 年 8 月 25 日第 1704 号决议设立丁东帝汶综合团，这是一个多层面和综合的联合国维持和平行动。东帝汶综合团的任务是支持该国政府"巩固稳定、加强民主施政的文化，协助东帝汶各利益攸关方进行政治对话，以期努力实现全国和解，促进社会融合"。协助东帝汶各利益攸关方进行政治对话，以期努力实现全国和解，促进社会融合。② 根据联合国安理会 2011 年 2 月通过的第 1969（2011）号决议，特派团在 2011 年的主要工作为：①继续在国家警察尚未恢复维护治安的首要责任的地区和单位临时开展执法工作，维护公共治安，并在

国家警察恢复维护治安的首要责任后，按东帝汶政府和联东综合团的共同商定，在其现有任务规定范围内，为国家警察提供行动支持。②国家警察在所有地区和单位恢复维护治安的首要责任后，支持它进一步开展体制和能力建设工作，包括按秘书长报告所述，迅速在综合团警察部门增派 19 名文职专家，表示支持国家警察和联东综合团警察联合工作组开展工作，制订计划进一步为国家警察提供能力建设支持，重点关注国家警察 2011~2012 年战略发展计划提出的五个促进其进一步发展的重要领域，并强调其他双边和多边伙伴在这方面的重要作用和促使东帝汶起主导作用的重要性。③继续做出努力，并根据需要调整这些努力，以提高司法机构的效力，协助东帝汶政府实施调查委员会建议的程序。③ 目前，特派团负责人为孟加拉国的 Ameerah Haq，截至 2011 年 11 月 30 日，特派团共计 1218 名军警人员，392 名国际文职人员，883 名当地工作人员和 259 名联合国志愿人员。

联合国海地稳定特派团（联海稳定团）系于 2004 年 6 月 1 日由安全理事会第 1542 号决议设立。该联合国特派团的前身是贝特朗·阿里斯蒂德总统因蔓延至海地若干城市的武装冲突而离开海地，开始流亡生涯后，安全理事会于 2004 年 2 月授权的多国临时部队。2011 年，联海稳定团的主要任务是恢复安全和稳定的环境，促进政治进程，加强海地政府机构和法治结构，并促进和保护人权。具体的活动主要包括：①为选举和政治进程提供支持。②在维护安全与稳定的环境方面并在边界管理、灾难准备与应对、选举支持以及恢复和重建方面继续发挥关键作用。③继续为海地警察提供培训，为海地当局拟订下一个国家警察发展五年计划提供支持。④继续支持内政部的权力下放工作，包括开发业绩评估系统，以更好地监测城镇的行政和财务管理、服务的提供和地方发展活动。④ 安全理事会认为海地总体安全形势已有很大改善，遂于 2011 年 10 月 14 日，通过第

---

① 联合国南苏丹共和国特派团，联合国网站，http://www.un.org/zh/peacekeeping/missions/unmiss/。
② 联合国东帝汶综合特派团，联合国网站，http://www.un.org/zh/peacekeeping/missions/unmit/。
③ 联合国安理会第 1969 号决议，联合国网站，http://www.un.org/chinese/aboutun/prinorgs/sc/sres/2011/s1969.htm。
④ 秘书长关于联合国海地稳定特派团的报告 S/2011/540，2011 年 8 月 25 日，联合国网站，http://www.un.org/zh/documents/view_doc.asp? symbol=S/2011/540。

2012（2011）号决议，延长联合国海地稳定特派团任期并调整其兵力，该决议"确认海地稳定工作在所有方面均由海地政府和人民自主并担负首要责任，欢迎联海稳定团采取步骤，在现有资源的范围内根据请求提供后勤和技术专业知识，以协助海地政府继续采取行动，在国家和地方一级建设法治机构的能力，加快执行政府的流离失所者安置战略，同时确认这些步骤是临时性的，会在海地的能力加强时逐步停止，呼吁稳定团按秘书长的建议迅速着手为此开展活动"。[①]目前，特派团负责人为智利的马里亚诺·费尔南德斯，截至2011年11月30日，共11241名制服人员，557名国际文职人员，1355名当地文职人员和224名联合国志愿人员。[②]

2. 评述与创新

从上述2011年联合国维和行动的典型案例中，可以看出2011年联合国维和行动不仅包括军事方面，而且也包括政治、经济、社会、人道主义等各个方面，联合国维和行动较之前更为复杂且表现出一些特点：

第一，维和行动的对象明显扩大。联合国的维和行动不是只限于去处理和解决发生在国与国之间的矛盾和冲突，而是由过去主要处理国际冲突转为主要处理国内冲突。2011年联合国进行的维和行动中，有一大半都是在处理国内矛盾冲突。

第二，维和行动的职能由单一转向多元。维和行动对象的变化，导致维和行动由单纯的军事行动变为民事和军事共同行动，维和职能越来越复杂、多元。政治方面，维和行动有时必须充当临时行政当局，组织或监督大选，协助实行宪法或司法改革；经济方面，维和行动通过扫除地雷、修建基础设施、筹集资金等帮助冲突地区进行经济重建；人道主义方面，维和行动协助难民安置，提供食品和医疗等人道主义救助；人权方面，维和行动通过对当地机构的执法监督，确保基本人权得到保障和尊重。

第三，维和行动不但是"维持"和平，而且更是"预防"、"促成"和"建设"和平。联合国秘书长加利早在1992年6月发表的《和平纲领》[③]中提出了预防外交、促成和平（Peace Making）、维持和平、建设和平等一系列旨在"治本"的新措施。预防外交就是在争端发展为冲突前设法解决争端；促成和平就是在冲突发生后通过各种外交手段使冲突得以停止；维持和平就是在冲突停止后使和平得以维持，并为全面解决争端创造适宜的条件；建设和平就是利用维持和平所创造的有利条件，采取政治、军事、经济等一系列措施使和平得以巩固，以防止冲突的复发。秘书长还在2011年8月提交了题为"冲突后文职能力"的报告，强调刚刚摆脱冲突的国家建设和维持和平的必要性和重要性。2011年联合国进行的维和行动正是《和平纲领》的现实实践和新发展。

第四，维和行动得到了越来越多国家的积极参与。根据联合国可查相关数据统计，1990年11月，向联合国派出维和人员的国家数为46个，各国派出的维和人员总人数为10304人。[④]2011年12月的统计数字表明已有114个国家向联合国派出维和人员，总人数已达到99016人。[⑤]

3. 中国的参与和作用

中国作为安理会常任理事国，对维护世界和平与安全负有重要责任。随着经济增长和社会发展，中国对国际安全承担的责任也在增加。中国要对世界的和平发展做出更大的贡献，必然要更深入地参与到联合国维和机制中去。1988年，中国参加了联合国维和特别委员会，这是中国参加联合国维和行动的开端。1990年，中国第一次向中东地区派遣了军事观察员。1992年，中国正式组建了第一支维和部队，前往柬埔寨执行任务。目前，在刚果（金）、利比亚、黎巴嫩、苏丹和海地等维和任务区中都可见到中国维和人员的身影。据相关统计，2011年中国共有2040名维和军人和警察在10个特派团执行任务。[⑥]中国是联合国

---

① 联合国安理会第2012号决议，联合国网站，http://www.un.org/zh/documents/view_doc.asp? symbol=S/RES/2012（2011）。

② 联合国海地稳定特派团，联合国网站，http://www.un.org/zh/peacekeeping/missions/minustah/。

③ http://www.un.org/chinese/aboutun/sg/report/hpgl.htm。

④ http://www.un.org/en/peacekeeping/resources/statistics/contributors_archive.shtml。

⑤ http://www.un.org/en/peacekeeping/contributors/2011/dec11_1.pdf。

⑥ 《王民大使在维和特委会2011年届会一般性辩论上的发言》，2011年2月22日。

安理会常任理事国派遣维和人员最多的国家。联合国秘书长潘基文认为，中国在维和方面"表现卓著"。他表示，中国是联合国最重要的会员国之一，无论是资金还是维和人员，中国的贡献都排名居前。①

2011年中国参与联合国维和行动的实践与创新主要表现在以下几个方面：

第一，中国积极参与联合国维和行动，执行维和任务。2011年我国在刚果（金）、利比亚、黎巴嫩、苏丹等国家和地区均有维和人员执行任务。中国维和部队主要是非作战部队，担负修建和维护道路、桥梁、建筑设施及机场，排除雷患，运输物资，医疗救护以及人道救助等任务。中国维和人员遵守纪律，认真负责，军事素质好，善于同各国同行相处，出色地完成了联合国赋予的各项任务，受到了联合国和各国的一致好评。

第二，中国首次举办维和教官国际培训班，中国维和初、中、高三级培训体系基本建成。中国国防部维和事务办公室与联合国维和部共同举办的联合国维和教官国际培训班于2011年3月21日至4月1日在北京举行。来自俄罗斯、日本、加拿大、中国等14个国家的33名维和教官参训。解放军总参谋长陈炳德说，此次培训班是中国军队首次举办维和领域的国际培训活动，也是2011年联合国在亚洲地区举办的唯一一次维和教官培训，显示了联合国对中国维和行动的高度肯定。联合国负责维和培训的官员乔杜里表示，在各个维和任务区的中国军人表现出了良好的专业素质和精神风貌，联合国非常感谢中国在国际事务中发挥的积极作用，希望扩大同中国在维和领域的交流与合作。这次中国与联合国共同举办的维和教官培训，标志着中国维和初、中、高三级培训体系基本建成。②

第三，中国首次举办联合国维和指挥机构演习和实兵实装演练，提高应对急剧变化维和事态的能力。长期以来，特别是近些年来，联合国维和行动的驻在国安全环境日趋复杂，各种边界争端、民族矛盾、文化冲突导致的社会动荡和武装冲突时有发生，对我国维和官兵的生命安全构成很大威胁，给顺利完成维和任务带来很大挑战。为应付急剧变化的维和事态与应对挑战，2011年9月15日，我国军队自参加联合国维和行动以来首次举行了维和指挥机构演习和实兵实装演练，代号为"蓝盔行动—2011"。"蓝盔行动—2011"由国防部维和事务办公室委托济南军区在山东潍坊市举行。国防部维和事务办公室副主任张力表示，要进一步增强政治意识、大局意识和使命意识，以更广阔的战略视野、更完善的制度机制、更扎实的工作作风，推动维和部队建设向新的更高层次发展。按照"平时建设、行前加强、战时应急"的思路，将战备工作贯穿于维和准备和组织实施的全过程，不断提升维和部队应急处突水平，确保随时有效应对各类突发事件。要把维和作为部队非战争军事行动战备演练的重要课题，定期组织具有维和特色的战备演练，演练组织指挥和行动方法，打牢部队遂行维和任务的能力基础。③这次演练以联合国任务区现实安全威胁为背景，以联合国《交战规则》等维和行动处置突发事件相关法规为依据，主要针对突发事件经常显现的四个基本特征：突发性、复杂性、危险性、政策性，充分吸取近年来我军维和部队处置突发事件的经验做法，按照实案化设计、创新性研究、对策式演练的基本思路，采取室内研究推演与现地实兵演练相结合的方式组织实施。此次演练主要有四个方面收获：一是初步形成了处置突发事件的规范标准；二是取得了一系列处置突发事件的理论成果；三是演示了处置突发事件的行动方法；四是研讨了加强维和部队能力建设的举措办法。

随着综合国力的增强和国际地位的提高，中国在解决地区热点问题、维护世界和平与稳定方面发挥着日益重要的作用，国际社会特别是广大发展中国家对中国在维和事务中发挥的作用期望

---

① 中国至今参加联合国维和行动20项累计派兵1.8万人，2011年8月8日，中国网络电视台，http://news.cntv.cn/20110808/108739.shtml。

② 解放军总长：《中国将积极参加联合国维和行动》，2011年4月1日，中国新闻网，http://www.chinanews.com/gn/2011/04-01/2946959.shtml。

③ 中国军队维和21年 应对突发事件能力不断提高，2011年9月16日，中国新闻网，http://www.chinanews.com/gn/2011/09-16/3332518.shtml。

越来越高。但要清醒地看到，参加联合国维和行动不仅仅是军事行动，更是重大的政治外交行动。中国应加强非战争军事行动能力建设，把维和部队建设推向新的更高层次，为维护世界和平做出新的更大贡献。①

七、德班气候大会与全球气候治理

因全球变暖而引发的全球环境危机已成为全球治理中的重要议题。该议题在科学研究、政治力量、技术进步、宗教情怀、国家"野心"（欧洲大国重返世界权力之巅的梦想）的合力推动下，已超出环境领域而演变成重大国际政治议题。它被看作是继以蒸汽技术为标志的第一次工业革命、以电力技术为标志的第二次工业革命、以电子信息技术为标志的第三次工业革命之后的以减排二氧化碳为标志的第四次工业革命。"这是一个可能改变全球经济结构的根本性的、革命性的变化"。②它是"一场影响国家兴衰的产业革命"。③从科学研究视角看，该议题历经180年的时间（1827~2007年）才达成科学共识；从政治视角看，该议题经历30多年（20世纪60年代至21世纪）方演变为重大国际政治议题。及至2009年丹麦哥本哈根气候大会之际，国际社会对该问题的关注达到了高峰。此后，该议题一直成为各国外交及国际合作中的重大议题。

1. 德班气候大会概况

2011年11月28日至12月9日，联合国气候变化框架公约（UNFCCC）第17次缔约方会议暨《京都议定书》（Kyoto Protocol）第七次缔约方会议在南非港口城市德班召开。《京都议定书》第二承诺期的存续问题和绿色气候基金的启动问题是德班大会期待解决的两个关键问题。各国矛盾重重，交互争锋，博弈激烈。

欧盟对签署约束性减排协议持开放态度，希望主要经济体承诺减排及如何实现减排，但可以暂不规定开始强制减排的日期，承诺在2010~2012年提供72亿欧元应对气候变化资金，支持

建立金融支持机制；美国表示不会就《京都议定书》问题与各方进行磋商，也不认为各方会在德班对2020年前的减排承诺达成具有约束力的协议，赞成设立"绿色气候基金"帮助发展中国家应对气候变化；日本反对延长《京都议定书》，希望达成所有主要排放国都参与的公平、具有约束力的新国际框架协议；主要发展中国家（包括"基础四国"、77国集团和小岛屿国家）则坚持《京都议定书》的二期承诺，希望在美国能够做出量化减排承诺的基础上，进一步落实发展中国家的减排行动，希望发达国家尽快落实绿色气候资金安排，帮助发展中国家应对气候变化。非洲国家强调，资金问题常务委员会应投入运行，并建议设立一个关于长期融资的附加议程。中国代表团指出，会议应坚持"共同但有区别的责任"原则，争取妥善地解决《东京议定书》第二承诺期问题。二期承诺的减排量应遵循3年前"巴厘路线图"已作出的具体规定、要求。虽然本次会议是讨论2020年前的温室气体减排方案，但中国也同意在此次会议上讨论2020年后中国的减排义务问题。但真正谈判之前，中国希望有关各方对《京都议定书》第一承诺期的执行和完成情况进行科学评估，在此基础上讨论2020年后中国强制减排的问题才更科学、更合理。中国政府可以接受有法律约束力的全球减排协议，但有一定的前提条件。

2011年12月11日，德班气候大会闭幕。大会成果主要包括三个方面：①2013年起执行《京都议定书》第二承诺期。大会要求《京都议定书》附件一缔约方（主要由发达国家构成）从2013年起执行第二承诺期，并在2012年5月1日前提交各自的量化减排承诺，避免了《京都议定书》第一承诺期结束后出现空当。②启动"绿色气候基金"。会议还决定正式启动"绿色气候基金"，成立基金董事会，并要求董事会尽快使基金可操作化。2010年墨西哥坎昆气候变化大会确定创建这一基金，承诺到2020年发达国家每年向发展中国家提供至少1000亿美元，帮助后者应对气候变

① 联合国维持和平官网；中国新闻网。
② 朱民：《碳排放税如果要实施 将改变全球经济格局》，2009年12月18日，网易，http://money.163.com/09/1218/10/5QQFJCDC0025413I.html。
③ 弗雷德·克鲁普等：《决战新能源》，东方出版社，2010年。

化。③建立"德班增强行动平台"特设工作组，由其负责在 2015 年前制定一个适用于所有《联合国气候变化框架公约》缔约方的法律工具，各缔约方应从 2020 年开始，根据该法律工具探讨如何减排温室气体。

2. 评述与创新

与以往的气候谈判会议相比，德班会议最重要的意义体现在当加拿大、日本等发达国家坚决抵制《京都议定书》之时，在中国、印度等为代表的发展中国家的坚持下，在最后时刻挽救了《京都议定书》，避免了发达国家提出的开辟另外一套减排模式，保证了未来的气候谈判仍将按照《京都议定书》规定的发达国家绝对量减排的模式来进行。大会通过决议，同意《京都议定书》第二承诺期在 2013 年生效。大会要求《京都议定书》附件一缔约方（主要由发达国家构成）从 2013 年起执行第二承诺期，并在 2012 年 5 月 1 日前提交各自的量化减排承诺。《京都议定书》第二承诺期要在 2012 年卡塔尔举行的联合国气候变化大会上正式被批准，于 2013 年 1 月 1 日起生效，到 2017 年 12 月 31 日结束，目标是发达国家到 2020 年将温室气体排放总量在 1990 年的基础上减少 25%~40%。

德班气候大会取得的另一重大成果是绿色基金的破土而出。德班气候大会宣布启动旨在帮助发展中国家应对气候变化的绿色气候基金。大会确定基金为《联合国气候变化框架公约》框架下金融机制的操作实体，成立基金董事会，并要求董事会尽快使基金可操作化。目前，一些国家已经表示愿意为该基金的启动提供资金。基金有望在 2012 年完成相关工作，并帮助发展中国家准备好使用基金，促进发展中国家建立本国的清洁能源蓝图，适应气候变化。绿色气候基金的启动将为发展中国家应对气候变化给予资金上的帮助，这让发展中国家，尤其是非洲等地区的最不发达国家看到了希望。

为照顾欧盟的主张，大会当天批准《京都议定书》工作组和《联合国气候变化框架公约》下"长期合作行动特设工作组"决议，建立德班增强行动平台特设工作组。负责 2020 年后减排温室气

体的具体安排。德班平台主要负责制定一个适用于所有《联合国气候变化框架公约》缔约方的法律工具或法律成果，2012 年上半年着手，不晚于 2015 年完成。然后，根据这一法律工具或法律成果，各缔约方要在工作组工作成果的基础上，从 2020 年开始根据该法律工具或者法律成果探讨如何减排，降低温室气体排放。以中国和印度为首的发展中国家誓言通力合作，并计划首次签署协议限制各国温室气体排放量，这是发展中国家 14 年来寻求解决全球变暖问题做出的最大努力。①

多个国家和组织对德班气候会议成果给予积极评价，但也有不少声音批评部分发达国家阻挠谈判进程，逃避责任。联合国秘书长潘基文，本次大会主席、南非国际关系与合作部部长马沙巴内，巴西总统迪尔玛·罗塞夫，欧盟轮值主席国波兰环境部长马尔钦·科罗莱茨，法国、英国等都做出了积极的评价，认为会议是令人"满意的"，取得了"历史性突破"和"巨大成功"。国际非政府组织乐施会、绿色和平组织对美国、日本、加拿大和澳大利亚等大国在本次会议的表现提出了批评，将之称为"气候谈判的阻挠者"，应为会议的拖延和低效负责。这些国家"从开始到结束始终阻挠谈判进程"。

在德班气候大会闭幕后，中国代表团在第一时间发表声明，称德班会议取得了五大成果，但还有"更多工作"需要完成。就本次会议的结果而言，中国认为，一是坚持了《联合国气候变化框架公约》《京都议定书》和"巴厘路线图"授权，坚持了双轨谈判机制，坚持了"共同但有区别的责任"原则；二是就发展中国家最为关心的《京都议定书》第二承诺期问题作出了安排；三是在资金问题上取得了重要进展，启动了绿色气候基金；四是在坎昆协议基础上进一步明确和细化了适应、技术、能力建设和透明度的机制安排；五是深入讨论了 2020 年后进一步加强公约实施的安排，并明确了相关进程，向国际社会发出积极信号。但中国同时指出，德班会议未能全部完成"巴厘路线图"谈判，落实坎昆协议和德班会议成果仍需时日。各方在有关 2020 年后加强公约实施的安排

---

① 《妥协成就德班大会　未来谈判仍存变数》，2011 年 12 月 13 日，新华网，http://news.xinhuanet.com/fortune/2011-12/13/c_122413884.htm。

上还需要做更多工作。发达国家在自身减排和向发展中国家提供资金和技术转让支持的政治意愿不足，是影响国际社会合作应对气候变化努力的最主要因素。

3. 中国的参与和作用

在德班会议上，由中国、印度、巴西、南非四个新兴大国组成的"基础四国"，在谈判中相互团结，据理力争，当仁不让，共同维护发展中国家的利益，成为建立公正合理的"气候新秩序"的关键力量。作为"负责任与发展中的世界大国"，中国在大会中一方面坚持原则，坚持"共同但有区别的责任"与发达国家须在第二承诺期继续量化减排，中国的"气候外交"强调分清责任；另一方面也显示灵活与展现诚意，对2020年以后的全球减排新安排持开放立场，对谈判起到了建设性的引领作用。[1]

不仅如此，2011年11月，在德班会议召开前夕，中国还出版了由中国社会科学院和国家气象局气候变化经济学模拟联合实验室共同组织编写的气候变化绿皮书——《应对气候变化报告（2011）：德班的困境与中国的战略选择》。这本权威性文献向世界阐述了中国应对气候变化的政策、行动及面临的挑战，公布了中国应对气候变化的长期战略。它向世界表明：在中国工业化、城镇化加快发展阶段，在能源消耗强度大幅上升的势头下，中国政府"十一五"制定的约束性减排目标已实现，中国为应对全球气候变化做出了重要贡献。中国在"十二五"规划中也已明确提出2020年实现温室气体排放强度下降40%~45%的约束性目标，另外，国家发展和改革委正领导建立相关核算体系、统计体系、交易体系、监管体系等一系列配套体制。这些举措表明，中国促进减排不是口头上的承诺，而是实实在在的行动，这也将进一步提高中国在国际气候谈判中的地位和话语权。[2]

八、日本福岛核事故与全球"核电"治理

核电是一种清洁高效的能源，相对于火电而言，其发电成本低，产出电能巨大，同时还具有显著的清洁特性。其低碳的特点对于减轻和缓和气候变化大有裨益，是环境友好型的绿色能源。目前世界上已有30多个国家和地区建有核电站。根据国际原子能机构（IAEA）统计，截至2010年10月底，全世界共有441台核电机组在运行，总装机容量约3.7亿千瓦。主要分布在北美、欧洲及东亚的一些工业化国家。目前全球在建核电机组63台，装机容量为6080万千瓦，主要集中在中国、印度和俄罗斯等国家。出于对环保、生态和世界能源供应等的考虑，核电作为清洁、低碳、可靠的能源，近年来已被越来越多的国家所接受和采用，在全球部分地区掀起了核电建设热潮。如今，越来越多的国家正在考虑或启动建造核电站的计划，已有60多个国家正在考虑采用核能发电。到2030年前，估计将有10~25个国家加入核电俱乐部，将新建核电机组。据国际原子能机构预测，到2030年全球的核电装机容量将至少增加40%。核电站从被投入使用那天起，就存在着自身难以克服的弊端：核泄漏、核废料处理、核污染等。2011年3月，日本福岛核电站发生了重大的核泄漏，该事件在继美国三里岛核事故和苏联切尔诺贝利核灾难之后再次向人们安全利用核电意识敲响了警钟。

1. 日本福岛核事故概况

2011年3月11日，日本宫城县东方外海发生9.0级地震并引发高达10米的强烈海啸，导致东京电力公司下属的福岛第一核电站炉芯熔毁，1、2、3号运行机组紧急停运，反应堆控制棒插入，机组进入次临界的停堆状态；第二核电站1、2、4号反应堆冷却系统失灵，进入停堆状态。在后续的事故过程当中，因地震的原因，导致其失去场外交流电源，紧接着因海啸的原因导致其内部应急交流电源（柴油发电机组）失效，从而导致反应堆冷却系统的功能全部丧失并引发事故。3月11日当晚，日本根据其核灾难处理法宣布福岛核电站（第一核电站和第二核电站）进入应急状态。在随后极短的时间里，日本核安全当局陆续宣布了第一核电站1号机组炉芯可能熔毁，该电

---

① 陈向阳：《德班会议艰难"破局"，京都议定书得延续》，《瞭望》，2011年第52期。
② 王伟光等：《应对气候变化报告（2011）：德班的困境与中国的战略选择》，社会科学文献出版社，2011年。

站1、2、3号机组反应堆建筑物爆炸的消息，同时伴有日本政府向周边居民发出的紧急避难指示，要疏散的人口达几十万。

4月12日，日本核工业安全局将本次事故升至最高的第七级，是国际核事件分级表中第二个被评为第七级事件的事故（第一个被评为第七级事件的事故是切尔诺贝利核灾难）。5月20日，福岛核电站运营商东京电力公司宣布决定，社长清水正孝在6月下旬的股东大会上引咎辞职，常务董事西泽俊夫升任社长。5月23日，国际原子能总署（IAEA）专家团抵达日本，调查并研究控制这场核灾的计划。6月6日，日本上调福岛核电站辐射外泄量，从海啸后首周的估量调高1倍多。7月9日，时任日本首相菅直人表示，将清理受损的福岛第一核电站，并让这座核电站完全封堆。不过，这一过程要花好几十年时间。这是日本官方首度宣布清理核电站的长期时间表。2011年12月16日，日本首相野田佳彦宣布福岛第一核电站核泄漏受控，1~3号反应堆冷停堆成功，核事故处理第二阶段工作结束。12月21日，根据官方及核电厂营运商东京电力公司（TEPCO）的福岛核电站清理"路线图"，核电站完成废炉恐费时40年。

2. 全球核电治理概况

福岛核事故的发生及其所带来的严重后果，引发了国际社会的强烈震动并引起人们对于核安全的深度思考。如何在制度、标准、核查、检验、领导等方面加强国际合作以强化核电设施及利用的安全，成为国际社会共同思考的重大问题，也促使各国迈开了核电"自检"和"国际共建"的行动步伐。

2011年6月20日，国际原子能机构部长级核安全大会在奥地利维也纳开幕。来自原子能机构151个成员国的代表将在五天会期内讨论核设施灾害预防、减灾救灾、事故紧急处理、信息发布与交流、国际协调与合作等议题，以提高全球核电安全水平。同时，原子能机构还将在会议上正式公布一份有关日本福岛核事故的调查报告。国际原子能机构提出：提升原子能机构安全标准并确保普遍落实；建立一种能够对所有核反应堆进行系统和定期审检的安全机制；确保各国核监

管机构的有效性和独立性；加强全球紧急情况应急系统；增加应急过程中国际原子能机构在获取和传递信息方面的参与度。原子能机构的这5点原则受到与会各成员国的普遍欢迎。经过讨论，会议通过了《国际原子能机构部长级核安全大会宣言》，该宣言共计25条，其中与环境及环境治理相关的内容主要包括：①认识到国际社会为增进核安全和辐射防护领域的知识和加强核安全、应急准备和响应以及人类和环境辐射防护领域的国际标准所做的努力以及从福岛第一核电站事故中吸取教训的必要性。②认识到核事故可能造成跨境影响和引起公众对核能安全性及对人类和环境的放射影响的关切；并强调发生核事故后，在科学知识充分透明的基础上做出适当响应的重要性。③突出强调拥有核电计划的国家在确保适用最高核安全标准方面发挥着核心作用；并强调这些国家有责任对核事故及时做出透明和适当的响应，以最大程度地减少事故的后果。④强调根据原子能机构安全标准执行经加强的国家和国际措施的重要性，以确保落实最高和最强势水平的核安全，并应当不断审查、加强和尽可能广泛而有效地执行原子能机构安全标准，以及承诺为此而加强双边、地区和国际合作。⑤承诺加强原子能机构在促进国际合作与协调以加强全球核安全的国际努力、提供该领域专门知识和建议以及促进世界范围内核安全文化方面的核心作用。⑥鼓励相关政府间组织和非政府组织在核安全相关问题上进行密切的合作和协调。

2011年9月13日，国际原子能机构理事会审议并通过了《国际原子能机构核安全行动计划》。这份行动计划的目的是在日本福岛核事故背景下，"为巩固全球核安全框架确定一个工作安排"，从而提高世界范围的核安全和应急水平，加强对人类和环境的核辐射防护。行动计划涉及12项主要行动，其中每项行动都有相应的子行动作为支撑。这些主要行动的重点是：东电福岛第一核电站事故背景下的安全评定、原子能机构同行评审、应急准备和响应、国家监管机构、营运组织、原子能机构安全标准、国际法律框架、计划着手实施核电计划的成员国、能力建设、保护人类和环境免

于电离辐射、通信和信息传播以及研究与发展等。[①]

3. 评述与创新

福岛核电站是人类史上第一次在沿海地区发生核电站意外泄漏事件，给日本本国和整个太平洋及沿岸的国家带来了严重的环境污染，并引发多起政治事件和外交风波。福岛核电站及其周边的空气、海水、地下水、土壤经检测皆为重度污染。而日本原子能研究开发机构的研究小组在2012年发表的一项调查结果显示，福岛核事故释放出的放射性物质在事故3个月后（即2011年6月）只停留在距地表5厘米的较浅处，但1年后的现在可能已渗透到地下10~30厘米处。[②] 2011年4月和5月间，具放射性且比平均值高100~1000倍的碘和铯在距离核电厂15~20千米、15~20米深的海床抽验出来，中国（东北、华东、华南、西部地区，香港地区、台湾地区）、北美地区、北欧多国先后测得微量辐射，其中放射性碘-131最为明显。东京电力公司于4月初将日本福岛第一核电厂内含低浓度辐射、共计1.15万吨废水向海中排放，这些废水的放射性物质浓度约是法定标准的100倍，这可能导致海洋生态浩劫及海产受到污染而无法食用。在中国大陆及港澳地区，由于市民担心福岛核危机会影响食盐的供应或食盐安全，于3月中旬出现了抢购食盐现象，多个城市零售店铺出现食盐售光的情况。同样的事件在韩国也上演。最后，因东京电力公司将含低浓度辐射的污水排放入太平洋而未预先知会周边国家，导致中国、韩国和俄罗斯对日本政府的处理方式表示不满。因福岛核电站事故的严重性和不确定性，中国外交部驻日本大使馆及驻新潟总领馆，采取了一切可能的手段与措施，安排重灾区的中国公民有序撤离。美、英、法、德、俄等国家也相继撤离使、领馆工作人员或侨民。

从全球环境和气候治理的视角来看，福岛核事故可能影响到各国能源结构和国际气候合作。福岛核事故对全球气候治理的影响，首先表现为对各国内部气候治理，尤其是能源结构调整的冲击。它要求人类社会在今后的能源利用过程中，尽可能减少温室气体排放。福岛核事故后，在短中期内各国核能产业将面临严峻形势，但从长期来看，各国核能产业如何发展尚难确定。在短中期内，化石能源在多数国家能源结构中的主导地位将会得到强化，各国将更加注重非核低碳能源和低碳技术的发展。而从国际气候合作的角度来看，核事故的发生导致某些国家在发展核能上更加谨慎，这就造成这些国家既定的能源结构低碳化进程受到冲击，使得它们的温室气候减排计划受到阻碍，先前看似适宜的减排承诺现在可能已经显得过高，未来可能降低这种承诺。从逻辑上讲，那些在福岛核事故发生后倾向于放弃核能的国家，最有可能重新思考自己的减排承诺。因此，福岛核事故的发生，至少将在短期内造成国际气候合作继续陷入僵局，尤其是在减排承诺上某些主要谈判方可能发生立场后退、合作意愿降低，其余主要谈判方则可能保持原有承诺，合作意愿也不大可能提高。[③]

4. 中国的参与和作用

福岛核事故的发生及其所带来的严重后果也给中国带来了警示。作为发展中的核电大国，中国政府一贯重视核电安全，不断加强制度建设。福岛事故后，中国最早做出响应，组织了全国核安全大检查。检查后的改进行动主要包括两方面：一是应对超强自然灾害能力的提升；二是事故后果缓解能力的补充。如移动电源、后备水源等。2011年，中国没有审批一个新核电项目，在建规模随着岭澳核电站4号机组的投产定格大约3000万千瓦（27台）。加上已经投运的14台机组，到2015年，我国核电总装机容量超过4000万千瓦。2011年11月22日，中国发布了气候变化白皮书。在白皮书的新闻发布会上，中国国家发展和改革委员会副主任谢振华表示，虽然在日本福岛核电事故后各国核电发展计划受到了影响，但中

---

①《国际原子能机构核安全行动计划（草案）》，国际原子能机构官网，http://www.iaea.org/About/Policy/GC/GC55/GC55Documents/Chinese/gc55-14_ch.pdf.

②《福岛核事故泄漏放射性物质或已渗透至地下10~30厘米》，2012年3月14日，人民网，http://world.people.com.cn/GB/17384655.html。

③ 王伟男：《核事故、能源结构调整与国际气候合作》，《东北亚论坛》，2012年第1期。

国发展核电的决心不会改变。他表示，作为具有后发优势的中国，将避免西方国家过去的错误，在增加排放的同时有效地控制增速。谢振华指出，中国将大力调整当前的以煤为主的能源结构，发展非化石能源，例如核电。同时积极发展可再生能源，发展水电。但他强调，中国的核电发展将首先考虑安全，确保在安全的情况下继续发展核电。

与此同时，中国也利用多边场合向世界介绍中国的核电发展情况及其相关措施和政策。在2011年9月国际原子能机构理事会会议上，中国常驻国际原子能机构代表成竞业大使说，福岛核事故后，中国政府采取了核电站安全评估等一系列有效措施，确保核安全。过去一段时间，成员国对国际原子能机构秘书处起草的行动计划草案展开多轮磋商，中国积极参与并发表了自己的意见。对于加强国际合作，在全球范围内提高核安全水平，中国始终持积极态度。[①] 在2011年11月1日，在联合国第66届大会上，中国常驻联合国副代表王民阐述了新形势下中国对核问题的看法和发展核电的态度。他指出，"中国始终秉承安全第一的原则，推进和平利用核能事业。我们建立了较为健全的核安全法规和标准体系，实施独立有效的安全监管，建立了完整的应急响应机制，保持着良好的核安全纪录。我们还积极支持和参与国际和地区核安全合作，积极引进和应用先进核电技术，不断提高核安全水平"。王民表示，中国一贯重视核安保能力建设，支持并积极参与有关国际合作。中国已批准了《核材料实物保护公约》修订案和《制止核恐怖主义行为国际公约》，并正同有关国家合作在中国建设核安保示范中心。中国支持国际原子能机构在核安保领域的中心作用，决定向其核安保基金捐款20万美元，用于提高本地区的核安保能力。他说，中国严格履行保障监督义务，支持国际原子能机构提高核查技术能力，推进保障监督体系有效性和普遍性。中国支持国际原子能机构继续通过实施技术合作项目，促进核电发展和推广核技术应用，愿意通过国际

原子能机构将在核能发展过程中积累的各方面经验，向其他国家提供力所能及的帮助。王民强调，希望国际原子能机构进一步总结福岛核事故经验教训，帮助各国提高核安全能力和核事故应急能力，促进落实核安全行动计划，增强公众对核能发展的信心；加大对发展中国家的技术援助，完善新兴核电国家的基础架构，促进核能安全可持续发展；加强核保障监督体系，有效防止核武器扩散；在敏感热点核问题上保持客观、公正立场，为通过外交努力妥善解决有关问题发挥建设性作用。[②] 中国在构建核安全体系中的态度、立场、原则及行动，必将为世界核安全做出自己积极的、应有的贡献。

九、实践创新总评

在过去一年的全球治理行动中，虽然全球治理的每一方面都进展艰难，但国际社会和全球公民社会的治理意愿进一步显现，全球治理的自觉性日益增强。

第一，全球治理的参与主体越来越广泛。拥有众多发展中国家的二十国集团，替代原来以发达国家为主体的七国集团、八国集团，作为全球经济治理的主要平台，继续发挥着带领世界经济摆脱危机实现复苏发展的积极作用。国际货币基金组织、世界银行等国际经济组织的体系改革呈现出有利于新兴市场国家的积极变化，增加了中国等新兴经济体的决策权。尤其是"金砖国家"的发展和机制活动呈现出发达国家与发展中国家共同治理世界经济的态势。众多全球公民社会力量和非政府组织活跃在全球环境保护与治理中。这些反映了来自地球各个部分的新兴力量参与到全球治理中来，而且参与全球治理的主体范围不断扩展，体现出全球治理的民主基础的加强。然而全球治理以发达国家为主导的局面没有得到根本改变。发展中国家的话语权提高了但依然有限。霸权体系衰败了，但公正、民主、平等的国际关系和全球公民社会的改革与建设还任重道远。

---

① 《国际原子能机构理事会会议通过核安全行动计划》，2011年9月13日，新华网，http://news.xinhuanet.com/world/2011-09/13/c_122028473.htm。

② 《中国希望国际原子能机构进一步提高全球核安全水平并促进国际合作》，2011年11月2日，新华网，http://news.xinhuanet.com/world/2011-11/02/c_122225054.htm。

第二，全球治理的合作行动和规范机制得到了进一步建设和发展。国际金融危机的发生使得改善全球经济治理、加强国际经济协调机制已成为世界各国的普遍共识。新兴市场国家和发展中国家整体实力正在上升，因而只有少数发达大国主导的世界经济治理机制已无法继续维持。全球经济治理在过去一年经历着金融危机爆发以来最深刻的转型和变革。在传统的全球治理框架下国际经济治理机制根据后危机时代的形势进行了调整和转型。二十国集团机制继续在国际经济协调中发挥重要作用，且越来越注重从更深层次、更长远角度探讨改革和加强国际经济合作与协调的体制，越来越从短期危机应急机制向长效经济治理机制转型。"金砖国家"等新兴经济体得到扩展，而且南非加入并力求形成机制化合作。尤其是面对欧洲主权债务危机愈演愈烈的形势，欧盟召开系列会议采取有力行动，表现出了空前的合作态度和积极应对。国际社会也予以了积极的支持，特别是中国。中国持有和购买欧洲债券、增加欧盟进口等，有力地帮助了身处危机的国家。由于地震引发的日本福岛核电站泄漏事件对环境产生了严重的负面影响，因而国际社会开始高度重视发展核能的安全保证和制度建设，而且各国纷纷加强了对核电站建设及其相关设施的监管。德班会议最大的亮点是全球气候环境治理达成了建立绿色气候基金的合作协议，用制度保证对我们地球环境的保护性投入。针对全球各地区和一些国家出现的安全危机，作为全球治理最重要机制的联合国部署（包括新部署和延长）了16次维持和平行动，在防止局部地区冲突的扩大或再起、为实现政治解决创造条件、人道主义援助以及冲突后重建等方面继续发挥着重要的作用。

另外，在全球治理的规范性、机制化和协调、谈判的合作主流下，全球政治和安全、经济、环境等问题层出不穷，治理形势严峻，举步维艰。二十国集团内部的分歧、传统国际经济机制的不足、欧债危机的蔓延、伊朗核危机的新博弈、北非和西亚的动荡和利比亚危机的升级、德班大会的艰难妥协以及福岛核事故的冲击等，都一再证明现有全球治理机制远远不能适应全球化的发展趋势和国际格局的现实。[①] 一是在传统国际治理领域，联合国和其他国际组织提供公共物品的能力、大国治理世界的意愿不断下降，然而新生机制提供全球公共物品的能力严重不足。当前全球治理机制绝大多数属于外部或替代治理机制，能够深入到国家内部监管的深度治理制度几乎空白。后危机时代的"无极世界"或"多极世界"可能带来的更多是失序。二是以强欺弱、武力威胁甚至军事干涉的行为仍然存在，成为影响甚至恶化地区乃至全球政治稳定与安全的消极力量。

第三，全球治理的价值目标和治理取向在激烈的碰撞中有所交流和沟通。尽管今日世界仍然没有改变整体力量远落后于个体力量的事实，各个行为体的利益仍然成为全球治理中各自追求的首要目标，而且全球多元治理机制的治理成效让人失望。但是相关各方在文化碰撞和利益博弈过程中，逐步意识到命运共同体的现状和事实，开始理解不同的文化，尝试向共同的利益接近。民主化、沟通协调、合作共赢等开始成为全球治理的共同取向。

第四，中国在国际治理格局中的地位进一步上升，引人注目。2011年，中国继续秉承"和谐世界"的理念，作为国际社会中一个负责任的大国积极参与全球治理活动。在经济领域，中国积极配合二十国集团发挥其应有的作用，促进全球合作，支持国际经济治理机制在改革中求发展，积极应对欧债危机。在和平与安全治理方面，中国以负责任的态度参与伊朗核问题的谈判，积极推动各方对话，避免事态升级；以果断和全新的方式从利比亚撤侨，以传统和独特的手段建设性介入利比亚内战和战后重建，更加积极地、全面地参与联合国的维持和平机制。在环境和资源治理方面，中国将坚持原则与灵活机动无缝地结合起来，在气候谈判中起到了建设性的引领作用。针对福岛核事故，中国提出自己新主张，加强监管，稳步推进核电发展。中国正在以自身的力量推动全球治理向着公平、合理和高效等方面迈进。

---

① 张胜军：《全球治理为何令人失望?》，《环球时报》，2011年8月9日。

第三节　代表性成果

一、《世界贸易组织的制度再设计》

作　　者：［加］斯蒂格（Steger P. Debra）
主编，汤蓓译
出版时间：2011 年
出 版 社：上海人民出版社
内容摘要：《世界贸易组织的制度再设计》一书共六篇。第一篇为"制度改革何以为必要"，主要就世界贸易组织改革进行比较深入的探讨。第二篇为"WTO 中的决策制定"，涉及 WTO 决策制定的双层分析法、程序的改善。第三篇为"WTO 的内部管理"，涉及内部管理的改善。第四篇为"透明度与国内资讯"，论及 WTO 的透明度、选择性适应以及其新社会目标。第五篇为"公众参与"，涉及非政府组织等行为体的参与。第六篇为"地区贸易协定与 WTO"。

本书涵盖了世界贸易组织改革的必要、决策制定、内部管理与透明度问题，包含各位作者深思熟虑的看法，即 WTO 需要重新设计以应对 21 世纪挑战的重要方面。它还包括来自发展中国家和来自发达国家的研究者作出的贡献。该书不是简单地分析世界贸易组织目前的功能、问题和挑战，而是呼吁开展行动，提出的倡议有可能成为世界贸易组织作为一项制度进行改革的蓝图。总之，本书体现了国际组织改革与设计的理论与实践问题，特别是制度设计的前沿性问题。

二、《全球治理机构与跨国公民社会》

作　　者：王铁军
出版时间：2011 年
出 版 社：上海人民出版社
内容摘要：《全球治理机构与跨国公民社会》以"国际关系批判理论"（新葛兰西主义理论）、"全球治理理论"和"跨国社会运动理论"为指导，以全球经济治理机构，尤其是世界贸易组织、八国集团和布雷顿森林机构等作为分析的对象，实证性地揭示以全球经济治理机构为代表的新自

由主义力量和各种跨国公民社会之间的内在的、本质的联系，描绘出伴随着资本全球化和治理跨国化而出现的公民社会的跨国发展历程，揭示了全球化时代国际组织、国家权力形态和跨国公民社会在建构全球政治经济力量平衡，以解决人类共同的治理问题方面的相互作用。

《全球治理机构与跨国公民社会》首次将新葛兰西主义（即跨国历史唯物主义）的理论与方法和目前国内理论界较少使用的社会运动理论运用到国际经济组织与跨国公民社会的分析中，并将多种全球治理机构作为一个相互勾连的整体和一种世界经济秩序进行研究。本书并非笼统地探讨全球治理的所有理论和实践问题，而是把关注重点放在全球经济治理机构，即联合国、世界贸易组织、布雷顿森林机构、八国集团以及世界经济合作与发展组织等的作用上。本书从大量的案例研究出发，集中论述了国际贸易和国际金融两大领域中的治理问题。在贸易治理问题上，尤其关注劳工标准、环境保护等跨国公民社会活动最为频繁的领域，具体展现了国际劳工联合会、国际乐施会等跨国非政府组织同国际劳工组织、世界贸易组织以及其他全球治埋机构的关系。在国际金融治理上，尤其对世界银行和国际货币基金组织等在非洲债务减免问题中与"2000 年大赦联盟"、"乌干达同盟"等公民社会组织的关系作了细致的描述和分析。

三、《全球治理中的伦理》

作　　者：熊文驰、马骏
出版时间：2011 年
出 版 社：上海人民出版社
内容摘要：《全球治理中的伦理》围绕全球治理中的突出伦理问题，尤其是国际合作机制当中的正义问题作出深入探讨，具体研究内容将涉及非正式机制与全球福利问题、全球治理中的跨国倡议网络有效性问题、全球治理制度的合法性问题、国际遵约问题、全球不平等与国际机制问题。

此外,《全球治理中的伦理》收入的研究论文讨论了国际伦理学科发展路向与方法论问题,如现有国际伦理研究综述、英国学派的伦理取向、伦理与思想史研究之关系等。

四、《水的政治——关于全球治理的政治理论、实践与批判》

作　　者:[德]多布娜著,强朝晖译
出版时间:2011 年
出 版 社:社会科学文献出版社
内容摘要:《水的政治——关于全球治理的政治理论、实践与批判》是政治与公共管理译丛中的著作。该书从不同维度对全球水资源危机进行了深刻剖析,全面梳理了从公共生存保障到全球治理机制的发展过程,详细介绍了与此相关的一系列政治学理论,是为数不多的对水的政治进行解读的著作之一。特别是,作者深入剖析了全球水治理的理论问题和政策建议,倡导建立调节生态资源的多重政治机制。

五、《因病相连:卫生治理与全球政治》

作　　者:[加]扎克、科菲普著,晋继勇译
出版时间:2011 年
出 版 社:浙江大学出版社
内容摘要:《因病相连:卫生治理与全球政治》通过国际关系的视角,结合传染病的发展趋势,深刻探讨了过去和当前的全球卫生治理。基于过去的教训,作者就如何在这个相互依赖的时代塑造全球卫生架构提出了一些建议。

六、《欧洲的治理与民主》

作　　者:[法]鲍铭言、钱伯内特著,李晓红译
出版时间:2011 年
出 版 社:社会科学文献出版社
内容摘要:《欧洲的治理与民主》探讨了欧洲公民与欧盟机构的关系的复杂的本质,并揭示了在欧盟舞台上各个利益集团是如何形成的,以及在某些领域抗议者是如何进行动员的。作者也全面分析了集体行动及其随着欧洲一体化的推进发生的种种变化。其基础性假设是,从相对来说不太显眼的游说到比较公开地伸张自己权利的抗议

示威活动,各种施加影响的方式构成了欧洲新兴的民主体制的轮廓。"一部精品著作。本书一针见血地阐明了欧洲治理结构和集体政治行动间的关系,并探索了这一关系对欧洲民主的未来的意义与影响。我不知道还有哪部著作如此全面且成功地呈现了这些至关重要的问题。它将很快成为欧洲民主研究领域首屈一指的参考书。""本书是由法国集体政治行动研究领域两个顶尖级学者合力完成的。它对欧洲层面的利益集团和抗议政策进行了大胆且全面的研究。结合跨国结构分析与对一组经选择后的政策制定过程的纵向的比较。作者揭示了欧洲决策机制的基本框架……"

七、《公共权力与全球治理——"公共权力的国际向度"学术研讨会文集》

作　　者:蔡拓、曹兴
出版时间:2011 年
出 版 社:中国政法大学出版社
内容摘要:《公共权力与全球治理——"公共权力的国际向度"学术研讨会论文集》从公共权力视角探讨全球治理的运作方式与转型,涉及全球治理中民族国家权力的性质、国际公共权力的利益探源、欧盟权力属性、公共权力与欧盟的软治理、国际非政府组织公共权力的运作等问题。部分学者也论及了合作型治理体系中的政府角色定位、公民社会与现代国家的转型、全球伦理政治与非政府组织的治理等议题。总之,该论文较充分地剖析了公共权力与各种行为体之间的关系,揭示出权力在全球治理中的角色和地位。

八、《全球治理与中国作用》

作　　者:贾庆国
出版时间:2011 年
出 版 社:新华出版社
内容摘要:《全球治理与中国作用》是第三届"全国国际关系、国际政治专业博士生学术论坛"的论文集,包括全球治理与世界秩序、全球治理的规范缺失与规范建构、跨国社会运动与全球治理、全球治理与民族主义等内容。青年学者既从理论角度分析"全球治理"概念,也从历史和现实的案例中以独特视角考察全球治理,同时对中

国与全球治理之间关系的论述也具有重要的启发意义。

九、《全球气候变化治理中欧盟领导能力的弱化》

作　　者：薄燕、陈志敏
发表时间：2011 年第 1 期
期刊名称：《国际问题研究》

内容摘要：作者认为，欧盟在全球气候变化治理中领导能力的弱化具体表现在欧盟对新一轮全球气候变化谈判的进程和结果的影响力在下降，并在哥本哈根气候变化会议上从领导者沦为旁观者。气候变化谈判立场或政策、谈判策略和欧盟的国际行为体特性是影响欧盟在全球气候变化治理中领导能力发挥的三个因素。

十、《全球治理新试验？议题互嵌、机制关联和公民社会兴起——以贸易议题和气候变化为例》

作　　者：毛维准
发表时间：2011 年第 1 期
期刊名称：《国际展望》

内容摘要：作者以贸易议题和气候议题的"互嵌"结构作为研究对象，展现两个议题面临的议题交叠、机制关联及行为体互动的图景，以期描画未来可能出现的全球治理新方向，而且提出了中国参与全球治理的可能方式。

十一、《"全球政府"：一种根本而有效的全球治理手段？》

作　　者：庞中英
发表时间：2011 年第 6 期
期刊名称：《国际观察》

内容摘要：2008 年以来的全球金融危机标志着"没有统治的治理"模式已经走向了极端，一些西方国家政府大有成为资本势力和金融市场的附庸之势。庞中英认为，真正的全球治理除了要摒弃任何统治形式（如霸权体系）的世界秩序外，还应该在促进全球民主的基础上实施"有政府的治理"。因此，国际社会应该尝试通过"全球政府"理念推进全球治理的深入发展。

十二、《伙伴关系与国际组织自主性的扩展——以世界卫生组织在全球疟疾治理上的经验为例》

作　　者：汤蓓
发表时间：2011 年第 2 期
期刊名称：《外交评论》

内容摘要：汤蓓归纳出国际组织获得自主行动能力的三种模式，即委托—代理理论、社会学制度主义、选择治理模式。在第三种模式中，国家将跳出传统合作模式，围绕特定议题在全球范围内缔结治理联盟，并利用"公私伙伴关系"获取自主性。

附：代表性论文选登

中国与全球治理——进程、行为、结构与知识[①]

苏长和[②]

[摘　要] 由于内外政治分离而产生的大量置于各国管辖权以外的全球性问题，不仅是21世纪国际政治，同时也是各国国内治理面临的共同问题。全球治理呼唤新的全球合作形式和解决方案。内外政治互动的三种方式分别是内外政治互为支配的一元论、内外政治并行独立的二元论和内外政治相互合作的二元协调论，其中，内外政治二元协调是中国对外关系的一种独特模式，这一模式贯穿着中国参与全球治理的进程，确保了中国以合作和负责任的态度处理全球性问题，促进了全球治理和国内治理在结构上的相互支持。

[关键词] 国际政治理论；全球治理；内外政治互动；中国对外关系；和平发展

所谓国际组织的自主性，是指其不受成员国约束而自发采取行动的能力。显然，为了实现治理使命，国际组织必须具备一定的自主性。但是，国际组织如何能够获得自主行动的权力？关于这一问题，目前主要有两大研究路径：委托—代理理论与社会学制度主义。前一种观点着眼于主权国家与国际组织之间的关系，认为国际组织之所以拥有自主性，是因为它掌握着优于主权国家的合作信息，而且常常能免于后者的实时监督。后一种观点则立足于国际组织自身作为官僚机构而具有的权力。迈克尔·巴尼特和玛莎·芬尼莫尔指出，国际组织不偏不倚的行事方式、对国际社会广泛共享原则的保护与追求，以及拥有关于如何实现治理目标的专业知识是其权威与自主性的来源。国际组织往往通过重新规定超出原有范围的组织任务扩展自主性。

本文以世界卫生组织（以下简称 WHO）在全球疟疾治理上的经验为例，试图从选择治理模式的角度出发，展示国际组织扩展自主性的第三种方式，即跳出传统的国家间合作模式，围绕特定议题在全球范围内缔结治理联盟，利用"公私伙伴关系"获取开展行动所需的政治支持与物质资源，从而扩展组织自主性。

……

通过 WHO 应对全球疟疾问题的历史考察，我们可以看到，由于依赖国家，尤其是大国提供政治与物质支持，在传统的国家间合作模式下，即便国际组织拥有国际制度赋予的自主性，这种独立行动的权利往往也难以得到实现。但是，随着世界事务中出现两种管理体系——国家间体系以及由各种类型的其他集团组成的多元中心体系，国际组织能够通过将其他非国家行为体吸纳进治理进程而获得更大的发言权与行动能力。而且，为了更好地实现治理目标，国际组织会推动伙伴关系这一新型治理模式走向制度化、长期化。

WHO 利用伙伴关系扩展自主性不仅对于组织自身意义重大，对于全球治理的整体结构也产生了影响。一方面，从国际组织内部的结构来看，大会与秘书处之间的关系有所改变。理论上，秘书处在 WHO 中的角色仅限于技术与行政问题。但是，不难看出，它事实上在伙伴关系的构建和制度化中起到了核心作用，重塑了这一议题领域内的治理模式，并决定了整个 WHO 应当在其中扮演何种角色。与国家间合作模式下的 WHO 相

① 本文原载于《国际政治研究》，2011 年第 1 期（有节选，编者注）。
② 苏长和：上海外国语大学国际关系与外交事务研究院教授。

比，权力的重心由卫生大会转向了组织中的行政部门。另一方面，从全球治理中各类行为体之间的关系来看，由组织类型造成的交往界限被打破了。在国家间合作模式下，国际组织与主权国家是代理人与委托人的关系，而非政府组织在联合国系统内至多仅具有观察员地位。但是，在改革后的 RBM 伙伴关系理事会中，作为参与方的非国家行为体、主权国家、国家间国际组织在制定决策时平起平坐，国际组织以及非国家行为体作为独立治理主体的地位获得了承认。这两方面的变化对国际制度的设计和运作产生的影响值得进一步的探讨。

全球经济治理的观念变迁：重建内嵌的自由主义?[①]

孙伊然[②]

[摘　要] 全球经济治理在分别经历了内嵌的自由主义、新自由主义主导之后，正处在一个观念竞争的不确定时期。纵观布雷顿森林体系创建以来全球经济治理的演变，可以看到主导观念总是更多地反映出强者的利益；但与此同时，主导观念的稳定性却取决于其对各方利益的包容程度。市场是否应当被嵌入社会之中? 对这一问题的回答，正是不同时期全球经济治理主导观念的根本分歧之所在。内嵌的自由主义兼顾了市场效率与社会公平，因而是一种更为可取的主导观念。其能否得以重建，取决于国际与国内层面能否形成合理的社会目标，而后者必定以实现某种程度的利益契合为前提。

[关键词] 全球经济治理；内嵌的自由主义；新自由主义；布雷顿森林体系；社会目标；利益契合

丹尼·罗德里克在颇具影响力的一部著作的标题中问道："全球化走得太远了吗?"如果当时还有许多人对此不以为然的话，那么随后的亚洲金融危机显然以事实表明，罗德里克的顾虑绝非杞人忧天。事隔仅仅十年，金融危机再次爆发并席卷全球，迫使整个世界不得不反思全球经济治理的缺陷，为之寻求尽可能稳妥且长远的解决之道。如今，几乎没有谁会相信全球经济治理架构无需调整，即可自如应对国际经济一体化进程。危机余波未平，而全球化又一次置身于十字路口。

在这样的背景下，人们自然而然将目光聚焦于全球经济治理主要机构的运作模式与绩效，寄望通过改革现有机制，实现国际经济领域的合作与共赢，避免类似重大危机再度发生。迄今为止，已有大量研究集中关注国际货币基金组织、世界银行、世界贸易组织、八国集团与二十国集团等正式或非正式国际组织在全球经济治理中的功用及其沿革，其用意多在探讨如何让它们更好地发挥作用，以实现善治。毋庸置疑，这些研究具有重要的理论与现实意义。

但同时亦当指出，此类研究的重心多在全球经济治理的器物层面，至于观念层面似乎少有学者论及。事实上，器物、观念这两个层面有着同等的重要性。仅仅关注前者，可能会妨碍我们对全球经济治理的深入理解。从逻辑来看，"全球经济领域能否实现善治"这一问题，实际上隐含了这样的预设，即国际社会（共同体）在经济事务方面，对"何者为善"存在某种规范性的共识。因此，本文将着重从观念层面考察战后的全球经济治理及其演变。我们的基本问题是：首先，全球经济治理的核心机构及其运作是否体现了某种一以贯之的主导观念? 其次，主导观念发生变迁的动因何在? 之所以提出这两个问题，是希望借此对当前全球经济治理的核心特征及其发展趋势做出更为透彻的理解和判断。

在全球经济治理的观念层面，现状与历史息息相关，有着紧密的联系，若不能把握早先主导观念的由来，则无从理解当下的特征及走向。本文试图以"长镜头"勾勒第二次世界大战后大半个世纪以来全球经济治理主导观念演变的整体脉络，进而关注金融危机爆发以来全球经济治理在观念层面的变化与特征，并就其走势做出初步的判断。

[①] 本文原载于：《外交评论》，2011 年第 3 期（有节选，编者注）。
[②] 孙伊然：上海社会科学院世界经济研究所。

......

本文的分析并未给出一个明确的答案或者振奋人心的前景。不过，这或许不应被视为一种失败。毕竟，"世界历史是开放的，随机的……历史并不存在必然性的逻辑，充其量，我们只能对世界历史的各种趋势、走向加以分析。"理解、把握这些趋势，本身就可能对未来产生重要影响。尽管根据当下的各种迹象，还无法断定内嵌的自由主义能否回归并且主导全球经济治理，但我们已就其得以重建的必要条件及其现实状况做出了相应探究。爱德华·卡尔曾经指出："彻底的现实主义者是不可能存在的，这是政治学中最为确定、最为奇妙的一个事实。彻底的现实主义排除了四种因素，而这四种因素恰恰是所有切实可行的政治思想中最具实质性的内容。它们是：终极目标感召力、道德判断的权利和行动的依据。"卡尔又言："人的行动和人的思想可以引导和改变人类事务。这是一个根本命题，否定这一命题，无异于否定了人的存在。"这也正是本文所秉持的信念。

我们正处在一个观念竞争的不确定时代。危机削弱了此前的国际经济秩序，使观念愈加显得重要。在当前这种"权力关系不稳定、利益和战略不清楚或缺少共识的时期，则会产生对新观念的要求。在这样的时刻，阐发先前被忽视的原则化信念和因果信念便能够对政策施加影响"。虽然观念的变化未必能够立即导致政策的变化，但我们应当始终铭记于心的是："只有认为可以实现公正社会的人才能建立一个近于公正的社会"。

伙伴关系与国际组织自主性的扩展[①]

——以世界卫生组织在全球疟疾治理上的经验为例

汤　蓓[②]

[摘　要] 在应对全球疟疾流行的问题上，发达国家的政治利益考虑与缺乏资源贡献意愿成为世界卫生组织（WHO）在治理中自主行动的长期掣肘因素。为了完成治理使命，自 1998 年开始，WHO 利用构建公私伙伴关系的形式在组织外部寻求支持。通过这一做法，WHO 在一定程度上克服了国家间合作模式的缺陷，实现了自主性的扩展。与此同时，为了解决伙伴关系运作中的问题，更好地维系这一治理联盟，WHO 也适时调整了自身扮演的角色，积极推动伙伴关系向正式化、制度化的方向发展。

[关键词] 全球治理；国际组织；世界卫生组织；伙伴关系；自主性

全球治理是政府、社会组织和企业等共同合作，通过订立各类国际制度，在国际社会对主权国家管辖权以外的全球性问题形成有效管理，最终使国际社会接近秩序的过程。在当今国际社会，日益增加的全球性问题处于一个缺少管辖机构的政治市场中，以民族国家领土为界限所设计的国内制度，将注意力集中在国内问题的治理上，不仅忽视全球性问题治理的意义，有时候，国内制度的设计还助长了国家将国内问题的成本转移到国际政治中。自 19 世纪以来，一些国家和非国家行为体意识到，需要建立国际制度管理这些处于主权国家管辖权之外的共同问题，以避免这类问题因治理不足而威胁到国际秩序和国内秩序，由此促使国际制度在国际关系中的地位日益上升，制度建设因此成为全球治理演进的核心。

世界政治在 21 世纪的迫切任务之一，是看谁能为全球性问题提供有效的治理方案。全球性问题在议题间的重叠性，与国内问题之间的联动性，以及在时间上的连续性，使政治家和学者们如果仍然立足于国内政治与国际政治的分割，可能很难找到有效的解决方案。好的解决方案需要认识上的突破。但是，长期以来，世界政治理论或者国际关系理论的建构，要么是在内外政治分离或者对立的前提下完成的，这导致国内政治理论与国际政治理论的分流而不是合流；要么是在一元论的背景下进行的，这导致世界政治理论成为国家理论的翻版。它们都不利于突破学科和国家的边界，整体地思考世界政治理论的建设。

由于内外政治分离而产生的大量置于各国管辖权以外的全球性问题，不仅是 21 世纪国际政治，同时也是各国国内政治面临的共同问题。全球治理呼唤新的全球合作形式。本文剖析了内外政治互动的三种方式，并在内外政治二元协调的框架下理解中国在全球治理中的进程、行为、结构和知识。内外政治二元协调是中国参与全球治理，乃至中国对外关系中的独特模式。这个概括不是绝对的，也可以找到反例，挑战这个假设。但是从行为的连贯性、事实的关联性和结构的整体性上，这个假设至少可以视为有效解释中国和平发展道路的逻辑之一。

---

① 本文原载于：《外交评论》，2011 年第 2 期（有节选，编者注）。
② 汤蓓：上海外国语大学国际关系与外交事务研究院助理研究员。

附　录

一、中国公共管理学术机构名录

（1）学校的选取。是否拥有 MPA 硕士点是衡量学校公共管理教育科研水准的重要标准。我国的 MPA 教育于 2001 年启动，国务院学位委员会、教育部和人事部于 2001 年 2 月成立全国公共管理硕士（MPA）专业学位教育指导委员会。2003 年 9 月，国务院学位办在原有 24 所 MPA 试点院校的基础上，又新批 23 所部属和地方院校，使试点院校增加到 47 所，共覆盖 24 个省、市。2005 年又新增 36 所院校。MPA 院校逐年递增，截至 2012 年全国已有 144 所 MPA 招生院校。本年鉴整理的机构系 144 所 MPA 招生院校的公共管理教学、科研、培训机构。

（2）机构的种类。

学校：具有 MPA 硕士点和学位授予权的院校。

校级学院：从事公共管理教学的学院（系）。在一所学校中可能有多所从事公共管理教学的学院（系）。

院设教学单位：由学院设立、隶属学院管辖的系和教研室。

院设科研单位：包括：①由学院直接设立的常设性和非常设性研究所、中心。②由学校批准设立，挂靠在学院，归学院管理的科研单位。③其他组织批准设立，挂靠在学院，由学院管理的科研单位。④学院设立的教学科研实验室等。

校级研究中心：包括：①学校直接隶属的研究中心。②学校与校外组织合作建立的研究中心。③政府批准学校建立的研究基地、所和中心。

（3）机构名单目录如下：

北京市

1. 北京大学
2. 中国人民大学
3. 清华大学
4. 北京交通大学
5. 北京航空航天大学
6. 北京理工大学
7. 北京科技大学
8. 北京邮电大学
9. 中国农业大学
10. 北京师范大学
11. 首都师范大学
12. 中央财经大学
13. 对外经济贸易大学
14. 首都经济贸易大学
15. 中国人民公安大学
16. 中央民族大学
17. 中国政法大学
18. 中国矿业大学（北京）
19. 中国地质大学（北京）
20. 中国社会科学院研究生院
21. 国家行政学院

天津市

22. 南开大学
23. 天津大学
24. 天津师范大学
25. 天津财经大学

上海市

26. 复旦大学
27. 同济大学
28. 上海交通大学
29. 华东理工大学
30. 上海理工大学
31. 华东师范大学

32. 上海师范大学
33. 上海财经大学
34. 华东政法大学
35. 第二军医大学

重庆市

36. 重庆大学
37. 重庆医科大学
38. 西南大学
39. 西南政法大学

河北省

40. 河北大学
41. 河北农业大学
42. 河北师范大学
43. 燕山大学
44. 河北经贸大学

山西省

45. 山西大学
46. 山西师范大学
47. 山西财经大学

辽宁省

48. 辽宁大学
49. 大连理工大学
50. 东北大学
51. 大连海事大学
52. 辽宁师范大学
53. 沈阳师范大学
54. 东北财经大学

吉林省

55. 吉林大学
56. 东北师范大学
57. 哈尔滨工业大学
58. 哈尔滨工程大学
59. 东北农业大学
60. 哈尔滨商业大学

江苏省

61. 苏州大学
62. 东南大学
63. 南京航空航天大学
64. 南京理工大学
65. 中国矿业大学
66. 河海大学
67. 南京农业大学

68. 南京师范大学
69. 扬州大学

浙江省

70. 浙江大学
71. 浙江师范大学
72. 宁波大学

安徽省

73. 安徽大学
74. 中国科学技术大学
75. 合肥工业大学

福建省

76. 厦门大学
77. 华侨大学
78. 福建农林大学
79. 福建师范大学

江西省

80. 南昌大学
81. 江西农业大学
82. 江西师范大学
83. 江西财经大学

山东省

84. 山东大学
85. 中国海洋大学
86. 山东农业大学
87. 山东师范大学
88. 曲阜师范大学
89. 青岛大学
90. 山东财经大学

河南省

91. 郑州大学
92. 河南农业大学
93. 河南大学

湖北省

94. 武汉大学
95. 华中科技大学
96. 武汉科技大学
97. 中国地质大学（武汉）
98. 武汉理工大学
99. 华中农业大学
100. 华中师范大学
101. 湖北大学
102. 中南财经政法大学

103. 中南民族大学

湖南省

104. 湘潭大学

105. 湖南大学

106. 中南大学

107. 湖南农业大学

108. 湖南师范大学

广东省

109. 中山大学

110. 暨南大学

111. 汕头大学

112. 华南理工大学

113. 华南农业大学

114. 华南师范大学

115. 深圳大学

海南省

116. 海南大学

四川省

117. 西南交通大学

118. 电子科技大学

119. 四川农业大学

120. 西华师范大学

121. 西南财经大学

122. 西南民族大学

贵州省

123. 贵州大学

云南省

124. 云南大学

125. 云南财经大学

126. 云南民族大学

陕西省

127. 西北大学

128. 西安交通大学

129. 西北工业大学

130. 长安大学

131. 西北农林科技大学

132. 陕西师范大学

甘肃省

133. 兰州大学

134. 西北师范大学

青海省

135. 青海民族大学

西藏自治区

无

广西壮族自治区

136. 广西大学

137. 广西师范大学

138. 广西民族大学

内蒙古自治区

139. 内蒙古大学

140. 内蒙古农业大学

141. 内蒙古师范大学

宁夏回族自治区

无

新疆维吾尔自治区

142. 新疆大学

143. 新疆农业大学

北京市

1. 北京大学

学校	北京大学

地址：北京市海淀区颐和园路 5 号，邮编：100871
网址：http://www.sg.pku.edu.cn/

校级学院			校级研究中心	
Ⅰ. 政府管理学院（成立时间：2001 年）				
院设教学单位	院设科研单位	专业硕士	校自建或合作建立	政府批准建立
政治学系 行政管理学系 公共政策系 公共经济学系 城市与区域管理系 政治经济学系	中国政府治理研究中心 企业与政府研究所 人力资源开发与管理研究中心 （人才与人力资源研究所） 战略研究中心 政党研究中心 中国公益彩票事业研究中心 中国城市管理研究中心 政府绩效评估中心 地方政府治理与创新研究中心 公共管理研究中心 国家扶贫开发研究中心 国家干部考核研究中心 中国改革理论与实践研究中心 中国金融政策研究中心	MPA 教育中心	欧洲研究中心 电子政府研究院 公民社会研究中心 中国国情研究中心（政府管理学院实证研究中心）	教育部人文社会科学重点研究基地：政治发展与政府管理研究所 （批准时间：2000 年 12 月，下设研究机构： 廉政建设研究室 中国公共政策研究室 政府创新研究室 政府管理研究室 干部考核研究室 能源政策研究室 政府文化研究室 政府与企业研究室 政治发展研究室 政治体制改革研究室）
Ⅱ. 教育学院（成立时间：2000 年）				
院设教学单位	院设科研单位	专业硕士		
教育经济与管理系	教育经济研究所			

2. 中国人民大学

学校	中国人民大学

地址：北京市海淀区中关村大街 59 号求是楼，邮编：100872
网址：http://www.mparuc.edu.cn/

校级学院			校级研究中心	
Ⅰ. 公共管理学院（成立时间：2001 年）				
院设教学单位	院设科研单位	专业硕士	校自建或合作建立	政府批准建立
行政管理学系 土地管理系 城市规划与管理系 中国人民大学城市规划与管理系 卫生政策和管理系（筹） 公共财政与公共政策研究所 社会保障研究所 组织与人力资源研究所 非营利组织研究所	人力资源开发与管理研究中心 政府管理与改革研究中心 商品储备与流通研究中心 房地产信息中心 领导科学研究中心 土地规划研究中心 土地政策与制度研究中心 城乡发展规划与管理研究中心 金融信息中心 危机管理研究中心 卫生医疗体制改革与发展研究中心 青年领导力与行动力开发中心 地方财政研究中心 公共组织绩效管理研究中心 公共安全风险治理研究中心 房地产税评估研究中心 住房发展研究中心			

Ⅱ. 教育学院（成立时间：2011 年）				
院设教学单位	院设科研单位	专业硕士		

3. 清华大学

学校	清华大学
地址：北京市海淀区双清路 30 号，邮编：100084	
网址：http://www.tsinghua.edu.cn/publish/th/index.html	

校级学院			校级研究中心	
Ⅰ. 公共管理学院（成立时间：2000 年）				
院设教学单位	院设科研单位	专业硕士	校自建或合作建立	政府批准建立
硕士生教育 博士生教育	**常设机构：** 政府研究所 公共政策研究所 国际战略与发展研究所 非政府管理（NGO）研究所 国情研究所 台湾研究所 **非常设机构：** 区域与城市发展研究中心 政府创新研究中心 台湾研究所台资企业研究中心 卫生与发展研究中心 政府法制研究中心 中国公共领导力研究中心 创新与社会责任研究中心 清华—布鲁金斯研究中心 环境政策与管理中心 清洁发展机制（CDM）研发中心 就业与社会保障研究中心 产业发展与环境治理研究中心 廉政与治理研究中心 **教研支撑机构：** 学院图书馆 中国公共管理案例中心 电子政务实验室	MPA 教育、MID、IMPA	**自主批建机构：** 清华大学气候政策研究中心 清华大学中国发展规划研究中心 清华大学台湾研究所 北京市哲学社会科学应急管理研究基地 清华大学科技—教育发展战略研究中心 清华大学中国科技政策研究中心 清华大学中国国情研究中心 **与企业合建** 清华大学产业发展与环境治理研究中心 清华大学中国农村研究院 **与境外合建** 清华—布鲁金斯公共政策研究中心	北京市哲学社会科学研究基地：清华大学应急管理研究基地 国家体育总局体育社会科学重点研究基地：清华大学国家体育总局体育社会科学重点研究基地 教育部人文社会科学重点研究基地：清华大学现代管理研究中心； 教育部战略研究基地清华大学科技教育发展战略研究中心； 教育部教育战略与规划研究中心—清华大学教育战略决策与国家规划研究中心
Ⅱ.				
院设教学单位	院设科研单位			

4. 北京交通大学

学校	北京交通大学
地址：北京市海淀区上园村 3 号，邮编：100044	
网址：http://www.njtu.edu.cn/	

校级学院			校级研究中心	
Ⅰ. 经济管理学院（成立时间：1996 年）				
设教学单位	院设科研单位	专业硕士	校自建或合作建立	政府批准建立
Ⅱ.				
院设教学单位	院设科研单位	专业硕士		

5. 北京航空航天大学

学校	北京航空航天大学

地址：北京市海淀区学院路 37 号，邮编：100191
网址：http://www.buaa.edu.cn/

校级学院			校级研究中心	
Ⅰ. 人文社会科学学院（公共管理学院）（成立时间：1997 年）				
院设教学单位	院设科研单位	专业硕士	校自建或合作建立	政府批准建立
行政管理学系 经济学系 心理学系	高等教育研究所 科技与社会发展研究所 廉政研究所 环境治理与可持续性科学研究所	MPA		北京市重点学科：北京市哲学社会科学研究基地
Ⅱ.				
院设教学单位	院设科研单位	专业硕士		

6. 北京理工大学

学校	北京理工大学

地址：北京海淀区中关村南大街 5 号，邮编：100081
网址：http://www.bit.edu.cn/

校级学院			校级研究中心	
Ⅰ. 管理与经济学院				
院设教学单位	院设科研单位	专业硕士	校自建或合作建立	政府批准建立
管理科学与工程系、应用经济系、公共管理系、会计系、组织与人力资源管理系、技术经济与管理系、市场营销系	能源与环境政策研究中心、国民经济动员教育培训中心、系统风险管理实验室、知识管理与数据分析实验室、现代组织管理研究中心、危机管理中心、科技评价与创新管理研究中心	专业硕士学位项目（MBA、EMBA、MPA、工程硕士、工程管理硕士、国际商务硕士（MIB）、会计硕士（MPAcc））		教育部（985 二期）哲学社会科学创新基地
Ⅱ.（成立时间：1980 年）				
院设教学单位	院设科研单位			

7. 北京科技大学

学校	北京科技大学

地址：北京市海淀区学院路 30 号，邮编：100083
网址：http://www.ustb.edu.cn/

校级学院			校级研究中心	
Ⅰ. 文法学院（成立时间：1995 年）				
院设教学单位	院设科研单位	专业硕士	校自建或合作建立	政府批准建立
公共管理系 法律系 社会学系 艺术教育中心	社科信息调查与分析实验室 社会工作实验室 艺术鉴赏实验室 电子政务实验室 情景模拟实验室	公共管理（MPA） 教育与管理中心 法律硕士（JM） 教学与管理中心		
Ⅱ.				
院设教学单位	院设科研单位	专业硕士		

8. 北京邮电大学

学校	北京邮电大学

地址：北京市西土城路 10 号，邮编：100876

网址：http://www.bupt.edu.cn/

校级学院			校级研究中心	
Ⅰ. 经济管理学院（成立时间：2008 年）				
院设教学单位	院设科研单位	专业硕士	校自建或合作建立	政府批准建立
信息管理与信息系统专业 市场营销专业会计学专业 经济学专业 工商管理专业 公共事业管理专业 工程管理专业 电子商务专业 国际经济与贸易专业	营销中心 信息系统中心 国际经济与贸易中心 管理中心 电子商务中心 产业经济中心 财务与会计中心	MPA、MBA 等		
Ⅱ.				
院设教学单位	院设科研单位	专业硕士		

9. 中国农业大学

学校	中国农业大学

地址：东校区：北京市海淀区清华东路 17 号（学院路北口），邮编：100083

西校区：北京市海淀区圆明园西路 2 号（圆明园风景区），邮编：100094

网址：http://www.cau.edu.cn/

校级学院			校级研究中心	
Ⅰ. 人文发展学院（公共管理学院）(成立时间：2002 年)				
院设教学单位	院设科研单位	专业硕士	校自建或合作建立	政府批准建立
发展管理系 社会学系 国际教育系 法学系 科技管理系 外语系 媒体传播系	国际农村发展中心 中国农村政策研究中心 性别与发展研究中心 中国乡村传播研究所 生物经济发展研究中心	MPA、农业推广硕士	校级中心：中国农业大学农业与农村法制研究中心	
Ⅱ.				
院设教学单位	院设科研单位	专业硕士		

10. 北京师范大学

学校	北京师范大学

地址：北京市新街口外大街 19 号，邮编：100875
网址：http://www.bnu.edu.cn/

校级学院			校级研究中心	
Ⅰ. 社会发展与公共政策学院（成立时间：2008 年）				
院设教学单位	院设科研单位	专业硕士	校自建或合作建立	政府批准建立
	社会公益研究中心 家庭与儿童研究中心 老年学研究中心 北京社会建设研究院 中国医疗卫生政策研究院 中国社会责任研究院 中国社会管理研究院 中国社会发展与公益案例研究中心 社会创新研究院 人口流动与城市化研究院 国家彩票发展研究院 壹基金公益研究院 卫生经济评价中心 社会政策研究中心	公共管理硕士（MPA）、社会工作硕士（MSW）"当代中国发展研究"（Contemporary Development of China）国际学位硕士		一级学科北京市重点学科：公共管理
Ⅱ. 管理学院（成立时间：2001 年）				
院设教学单位	院设科研单位	专业硕士		
公共管理系 系统科学系 信息管理系	中国企业家素质研究中心 中国慈善事业研究中心 公共部门绩效评价研究中心 房地产研究中心 公民社会与地方治理研究中心	MPA 教育		

11. 首都师范大学

学校	首都师范大学

地址：北京市西三环北路 105 号，邮编：100048
网址：http://www.cnu.edu.cn/

校级学院			校级研究中心	
Ⅰ. 管理学院（成立时间：2010 年）				
院设教学单位	院设科研单位	专业硕士	校自建或合作建立	政府批准建立
公共管理系、经济管理系、信息管理系		MPA		
Ⅱ.				
院设教学单位	院设科研单位	专业硕士		

12. 中央财经大学

学校	中央财经大学

地址：北京市海淀区学院南路 39 号，邮编：100039
网址：http://www.cufe.edu.cn/

校级学院			校级研究中心	
Ⅰ. 政府管理学院（成立时间：2006 年）			校自建或合作建立	政府批准建立
院设教学单位	院设科研单位	专业硕士		
公共事业管理系 行政管理系 城市管理系 国际政治系	中国政府战略与绩效评价研究中心	MPA 教育中心	公共管理研究中心	北京财经研究基地：下设政府预算研究中心
Ⅱ. 保险学院、中国精算研究院（成立时间：1952 年）				
院设教学单位	院设科研单位	专业硕士		
劳动与社会保障系 保险专业	非寿险精算中心 保险数据文献中心 寿险与养老金研究中心 风险管理研究中心			

13. 对外经济贸易大学

学校	对外经济贸易大学

地址：北京市朝阳区惠新东街 10 号，邮编：100020
网址：http://www.uibe.edu.cn/

校级学院			校级研究中心	
Ⅰ. 公共管理学院（成立时间：2006 年）			校自建或合作建立	政府批准建立
院设教学单位	院设科研单位	专业硕士		
公共经济系 公共事业管理系 海关系 行政管理系 公共管理学院培训中心	文化与休闲产业研究中心 企业社会责任与社会发展研究中心 亦禾关务研究中心	MPA 教育	对外经济贸易大学社会稳定与危机管理研究中心 对外经济贸易大学行业协会研究中心	
Ⅱ.				
院设教学单位	院设科研单位	专业硕士		

14. 首都经济贸易大学

学校	首都经济贸易大学

地址：北京市丰台区花乡张家路口 121 号，邮编：100070
网址：http://www.cueb.edu.cn/

校级学院			校级研究中心	
Ⅰ. 城市经济与公共管理学院（成立时间：2011 年）			校自建或合作建立	政府批准建立
院设教学单位	院设科研单位	专业硕士		
区域经济系 城市经济管理系 行政管理系 公共事业管理系 土地资源管理系	首都经济研究所、不动产研究所 3D 虚拟仿真实验室 数字城市实验室	MPA 教育中心（隶属学校专业硕士教育中心）	社会保障研究中心	
Ⅱ.				
院设教学单位	院设科研单位	专业硕士		

15. 中国人民公安大学

学校	中国人民公安大学
地址：北京市西城区木樨地南里 1 号，邮编：100038 网址：http://www.cppsu.edu.cn/	

校级学院			校级研究中心	
Ⅰ. 公安管理系（成立时间：1984 年）				
院设教学单位	院设科研单位	专业硕士	校自建或合作建立	政府批准建立
公安管理系	中国行政管理学会公安管理研究分会办事机构	MPA 教育（属于学校管理）	公安大学危机管理（应急警务）研究中心 警务改革与发展研究中心	
Ⅱ.				
院设教学单位	院设科研单位	专业硕士		

16. 中央民族大学

学校	中央民族大学
地址：海淀区中关村南大街 27 号，邮编：100081 网址：http://www.muc.edu.cn/	

校级学院			校级研究中心	
Ⅰ. 管理学院（成立时间：2012 年）				
院设教学单位	院设科研单位	专业硕士	校自建或合作建立	政府批准建立
行政管理教研室 市场营销教研室 工商管理教研室 会计学教研室 财务管理教研室 旅游管理教研室 政治学与行政学教研室 人力资源管理教研室 公共事业管理教研室	社会主义研究中心	MPA 和 MBA 教育	实体：民族理论政策研究所	
Ⅱ.				
院设教学单位	院设科研单位	专业硕士		

17. 中国政法大学

学校	中国政法大学
地址：北京市海淀区西土城路 25 号昌平校区：北京市昌平区府学路 27 号，邮编：100088 网址：http://www.cupl.edu.cn/	

校级学院			校级研究中心	
Ⅰ. 政治与公共管理学院（成立时间：1999 年）				
院设教学单位	院设科研单位	专业硕士	校自建或合作建立	政府批准建立
政治学研究所 行政管理研究所 国际政治研究所 公共管理教研室	政治文化与政治文明建设研究所 全球化与全球问题研究所 危机管理研究中心	MPA 教育中心		北京市哲学社会科学重点研究基地：法治政府研究院
Ⅱ.				
院设教学单位	院设科研单位	专业硕士		

18. 中国矿业大学（北京）

学校	中国矿业大学（北京）

地址：北京市海淀区学院路丁 11 号，邮编：100083
网址：http://www.cumtb.edu.cn/

校级学院			校级研究中心	
Ⅰ.文法学院（成立时间：2004 年）				
院设教学单位	院设科研单位	专业硕士	校自建或合作建立	政府批准建立
社会科学系 外语系		MPA 教育		
Ⅱ.				
院设教学单位	院设科研单位	专业硕士		

19. 中国地质大学（北京）

学校	中国地质大学（北京）

地址：北京市海淀区学院路 29 号，邮编：100083
网址：http://www.cugb.edu.cn/index.action

校级学院			校级研究中心	
Ⅰ.人文经管学院（成立时间：1993 年）				
院设教学单位	院设科研单位	专业硕士	校自建或合作建立	政府批准建立
文学教研室 经济学教研室 管理科学与工程教研室 公共管理教研室 工商管理教研室 法学教研室 财会教研室	中国矿业城市发展论坛（挂靠） 中国矿业联合会矿业城市工作委员会（挂靠） 管理工程实验室 经济学实验室 模拟法庭 资源环境管理实验室 产业经济研究所 资源环境研究所 地学旅游研究中心	工商管理硕士（MBA）、公共管理硕士（MPA）、工程硕士（工业工程、项目管理）专业、法律硕士、资产评估硕士、会计硕士（MPAcc）、旅游管理硕士、工程管理硕士		
Ⅱ.				
院设教学单位	院设科研单位	专业硕士		

20. 中国社会科学院研究生院

学校	中国社会科学院研究生院

地址：北京市房山区良乡高教园区中国社会科学院研究生院，邮编：102488
网址：http://www.gscass.cn/

校级学院			校级研究中心	
Ⅰ.政府政策与公共管理系（成立时间：2000 年）				
院设教学单位	院设科研单位	专业硕士	校自建或合作建立	政府批准建立
		MPA 教育中心（属于研究生院）		
Ⅱ.				
院设教学单位	院设科研单位	专业硕士		

21. 国家行政学院

学校	国家行政学院

地址：北京市海淀区长春桥路 6 号，邮编：100089
网址：http://www.nsa.gov.cn/web/a/xygk/

校级学院			校级研究中心	
Ⅰ. 公共管理教研部（成立时间：1994 年）				
院设教学单位	院设科研单位	专业硕士	校自建或合作建立	政府批准建立
公共行政教研室 公共政策教研室 领导科学教研室 人力资源教研室		MPA 教育（属于国家行政学院）		
Ⅱ.				
院设教学单位	院设科研单位	专业硕士		

天津市

22. 南开大学

学校	南开大学

地址：天津市卫津路 94 号，邮编：300071
网址：http://www.nankai.edu.cn/index.php?content=aboutnankai&type=1

校级学院			校级研究中心	
Ⅰ. 周恩来政府管理学院（成立时间：2004 年）				
院设教学单位	院设科研单位	专业硕士	校自建或合作建立	政府批准建立
政治学系 社会学系 行政管理系 社会工作与社会政策系 国际关系系 社会心理学系	**非实体性研究机构：** 全球问题研究所、中国农村问题研究中心、社会学理论研究中心、大学生生涯规划研究中心等 **挂靠单位：** 中国政府与政策联合研究中心、人权研究中心、亚洲研究中心、南开大学—香港中文大学社会政策联合研究中心、国际问题研究院、周恩来研究中心、民族研究中心、美国研究中心、社会调查研究中心、心理学研究中心、社会建设与管理研究院	MPA/MSW/MAP 中心		
Ⅱ.				
院设教学单位	院设科研单位	专业硕士		

23. 天津大学

学校	天津大学
地址：天津市南开区卫津路 92 号，邮编：300072	
网址：http://www.tju.edu.cn/	

校级学院			校级研究中心	
Ⅰ. 管理与经济学部（成立时间：1984 年）				
院设教学单位	院设科研单位	专业硕士	校自建或合作建立	政府批准建立
工程管理、工业工程、物流工程、信息管理与信息系统、财务管理、工商管理和电子商务		MBA、MPA 教育中心 、工程硕士		
Ⅱ.				
院设教学单位	院设科研单位	专业硕士		

24. 天津师范大学

学校	天津师范大学
地址：天津市西青区宾水西道 393 号，邮编：300387	
网址：http://www.tjnu.edu.cn/	

校级学院			校级研究中心	
Ⅰ. 政治与行政学院（成立时间：2003 年）				
院设教学单位	院设科研单位	专业硕士	校自建或合作建立	政府批准建立
政治学系 行政管理系 应用社会学系	政治文化与政治文明建设研究院 公共管理研究所 社会主义研究所 社会管理与发展研究中心 廉政建设研究中心 中共党史党建研究所	MPA 教育	天津师范大学城市与区域研究中心	市教委文科基地：天津师范大学政治文化与政治文明建设研究院
Ⅱ.				
院设教学单位	院设科研单位	专业硕士		

25. 天津财经大学

学校	天津财经大学
地址：天津财经大学河西区珠江道 25 号，邮编：300222	
网址：http://www.tjufe.edu.cn/	

校级学院			校级研究中心	
Ⅰ. （成立时间：1999 年）				
院设教学单位	院设科研单位	专业硕士	校自建或合作建立	政府批准建立
		公共管理硕士（MPA）中心（属研究生院）		
Ⅱ.				
院设教学单位	院设科研单位	专业硕士		

上海市

26. 复旦大学

学校	复旦大学
地址：上海市邯郸路 220 号，邮编：200433
网址：http://www.fudan.edu.cn/

校级学院			校级研究中心	
Ⅰ. 国际关系与公共事务学院（成立时间：2000 年）				
院设教学单位	院设科研单位	专业硕士	校自建或合作建立	政府批准建立
国际政治系 政治学系 公共行政系 外交学系	复旦大学制度建设研究中心 复旦大学合作治理研究中心 复旦大学基层社会与政权建设研究中心 复旦大学公共预算与绩效评价研究中心 复旦大学港台行政研究中心 复旦大学经济政策与企业战略研究中心 复旦大学青年组织与公民社会研究中心 复旦大学中国公务员研究中心 复旦大学选举与人大制度研究中心 国务学院危机（应急）管理研究中心 宗教与国际关系研究中心 复旦大学国际经济与政治研究中心 复旦大学政治哲学研究中心 复旦大学中国公共政策研究中心	MPA 教育中心	复旦大学国际问题研究院（包括国际问题研究院下辖 13 个研究中心（室）	美国研究中心于 2000 年被批准为国家教育部普通高等学校人文社会科学重点研究基地，2006 年中心又被批准为美国研究国家哲学社会科学创新基地。"985 二期"哲学社会科学创新基地：公共管理与公共政策创新基地。
Ⅱ.				
院设教学单位	院设科研单位	专业硕士		

27. 同济大学

学校	同济大学
地址：上海市四平路 1239 号，邮编：200092
网址：http://www.tongji.edu.cn/

校级学院			校级研究中心	
Ⅰ. 经济与管理学院（成立时间：1998 年）				
院设教学单位	院设科研单位	专业硕士	校自建或合作建立	政府批准建立
管理科学与工程系 工商管理系 建设管理与房地产系 会计系 经济与金融系 公共管理系	中国科技管理研究院 同济大学 CIOB 中心 工程管理研究所 服务科学研究院 现代金融研究所 经济研究所 中国物流研究与培训中心 经纬不动产研究院 可持续发展研究中心 上海期货研究所 同济大学 Autodesk BLM 联合实验室	MBA 中心 EMBA 中心 MPA 中心 工程硕士中心 DBA 项目办公室 EDP 中心 SIMBA		
Ⅱ. 政治与国际关系学院（成立时间：2009 年）				
院设教学单位	院设科研单位	专业硕士		
政治学与行政学系 国际政治系 社会学系 国际与公共事务研究院	欧洲研究中心 美国研究中心 中国海洋战略研究中心 极地研究中心 中东欧研究中心			

28. 上海交通大学

学校	上海交通大学

地址：上海市东川路 800 号，邮编：200240
网址：http://www.sjtu.edu.cn/

校级学院			校级研究中心	
Ⅰ. 国际与公共事务学院（成立时间：2003 年）				
院设教学单位	院设科研单位	专业硕士	校自建或合作建立	政府批准建立
国际关系系 公共行政系 公共经济与社会政策系	第三部门研究中心 国家战略研究中心 环太平洋研究中心 台湾研究中心 日本研究中心 以色列研究中心	MPA 教育中心		上海市社会科学创新研究基地 上海交通大学民意与舆情调查研究中心
Ⅱ.				
院设教学单位	院设科研单位	专业硕士		

29. 华东理工大学

学校	华东理工大学

地址：上海市梅陇路 130 号，邮编：200237
网址：http://www.ecust.edu.cn/

校级学院			校级研究中心	
Ⅰ. 社会与公共管理学院（成立时间：2002 年）				
院设教学单位	院设科研单位	专业硕士	校自建或合作建立	政府批准建立
社会学系 社会工作系 公共管理系 行政管理系	国家小城镇社会保障研究中心	MPA 中心 MSW 中心	中国城乡发展研究中心 政治文明研究所 社会福利与社会政策研究所 公共政策与公共管理研究所 应用社会学研究所 社会发展研究中心	
Ⅱ.				
院设教学单位	院设科研单位	专业硕士		

30. 上海理工大学

学校	上海理工大学

地址：上海市军工路 516 号，邮编：200093
网址：http://www.usst.edu.cn/

校级学院			校级研究中心	
Ⅰ. 管理学院（成立时间：2006 年）				
院设教学单位	院设科研单位	专业硕士	校自建或合作建立	政府批准建立
管理科学与工程系 工商与公共管理系 应用经济系 系统科学与工程系国际联合管理学院		MBA/MPA 专业学位教育中心		教育部批准的经济管理类国家级示范实验中心
Ⅱ.				
院设教学单位	院设科研单位	专业硕士		

31. 华东师范大学

学校	华东师范大学				
地址：上海市普陀区中山北路 3663 号华东师范大学内（近金沙江路） 网址：http://www.ecnu.edu.cn/					
校级学院			校级研究中心		
Ⅰ.公共管理学院（成立时间：2006 年）					
院设教学单位	院设科研单位	专业硕士	校自建或合作建立	政府批准建立	
教育管理学系 行政管理学系	社会保障学研究所 教育经济学研究所 教育人力资源开发与管理研究所 教育领导研究中心	MPA 教育中心		教育部人文社会科学重点研究基地：中国现代城市研究中心 成立时间：2003 年 3 月	
Ⅱ.					
院设教学单位	院设科研单位	专业硕士			

32. 上海师范大学

学校	上海师范大学			
地址：上海市桂林路 100 号，邮编：200234 网址：http://www.shnu.edu.cn/				
校级学院			校级研究中心	
Ⅰ.法政学院（成立时间：2002 年）				
院设教学单位	院设科研单位	专业硕士	校自建或合作建立	政府批准建立
	哲学研究所 中国革命与建设研究室 政治学研究室 伦理学研究室 孙中山宋庆龄研究中心 当代马克思主义研究中心 经济伦理研究中心 现代教育研究所 人力资源开发与管理研究所 宗教研究所 法与社会发展研究所	MPA 教育中心	电子政务信息资源研究中心	
Ⅱ.				
院设教学单位	院设科研单位	专业硕士		

33. 上海财经大学

学校	上海财经大学			
地址：上海市国定路 777 号，邮编：200433 网址：http://www.shufe.edu.cn/structure/index.htm				
校级学院			校级研究中心	
Ⅰ.公共经济与管理学院（成立时间：2001 年）				
院设教学单位	院设科研单位	专业硕士	校自建或合作建立	政府批准建立
财政系 公共管理系 投资系 社会保障与社会政策系	公共政策研究中心 中国教育支出绩效评价（研究）中心 卫生政策与管理研究中心 社会保障研究中心 资产评估研究中心 资源环境政策与管理研究所 不动产研究所 投资研究所 公共治理研究中心 实证分析与调查研究中心	MPA 教育中心		

续表

Ⅱ.				
院设教学单位	院设科研单位	专业硕士		

34. 华东政法大学

学校	华东政法大学
地址：上海市松江大学园区龙源路 555 号，邮编：201620	
网址：http://www.ecupl.edu.cn/	

校级学院			校级研究中心	
Ⅰ. 政治学与公共管理学院（成立时间：2002 年）				
院设教学单位	院设科研单位	专业硕士	校自建或合作建立	政府批准建立
行政管理 劳动与社会保障 公共事业管理 政治学与行政学	政治学与公共管理研究中心	MPA 教育中心	华东政法大学知识产权管理研究中心 华东政法大学网络社会治理研究中心 华东政法大学公共安全管理研究中心 华东政法大学法治政府研究中心	
Ⅱ.				
院设教学单位	院设科研单位	专业硕士		

35. 第二军医大学

学校	第二军医大学
地址：上海市翔殷路 800 号，邮编：200433	
网址：http://www.smmu.edu.cn/	

校级学院			校级研究中心	
Ⅰ. 公共管理学院（成立时间：1950 年）				
院设教学单位	院设科研单位	专业硕士	校自建或合作建立	政府批准建立
公共事业管理专业		MPA 教育		
Ⅱ.				
院设教学单位	院设科研单位	专业硕士		

重庆市

36. 重庆大学

学校	重庆大学
地址：重庆市沙坪坝区沙正街 174 号，邮编：400044	
网址：http://www.cqu.edu.cn/	

校级学院			校级研究中心	
Ⅰ. 公共管理学院（成立时间：1937 年）				
院设教学单位	院设科研单位	专业硕士	校自建或合作建立	政府批准建立
公共经济学系 公共管理学系	中国欠发达地区经济发展研究院 科学技术与社会（STS）研究所	MPA 教育		国家"985 工程"哲学社会学科研究基地、重庆市人文社会科学重点研究基地：重庆大学人口资源环境经济与管理研究中心
Ⅱ.				
院设教学单位	院设科研单位	专业硕士		

37. 重庆医科大学

学校	重庆医科大学
地址：重庆市渝中区医学院路 1 号，邮政编码：400016 网址：http://www.cqmu.edu.cn/	

校级学院			校级研究中心	
Ⅰ. 公共卫生与管理学院（成立时间：2011 年）				
院设教学单位	院设科研单位	专业硕士	校自建或合作建立	政府批准建立
人文艺术教研室 医学心理学、医学伦理学教研室 劳动与环境卫生学教研室 营养与食品卫生学教研室 妇幼与少儿卫生学教研室 卫生检验教研室 卫生毒理学教研室 卫生统计学教研室 流行病学教研室 社会医学与卫生事业管理教研室 遗传优生教研室 卫生经济与管理教研室 食品安全检测中心	生殖生物学研究室 卫生统计与信息咨询中心 循证医学研究中心 食品安全检测中心 公共卫生试验教学中心 中国医师协会授牌的"中国医师人文医学技能培训基地"	MPA 教育		国家劳动与社会保障部批准的"重庆市心理咨询师培训鉴定中心"、"重庆市营养师培训中心" 劳动社会保障部职业技能鉴定中心（OSTA）组织的"国家职业汉语能力测试（ZHC）中心"
Ⅱ.				
院设教学单位	院设科研单位	专业硕士		

38. 西南大学

学校	西南大学
地址：重庆市北碚区天生路 2 号，邮编：400715 网址：http://www.swnu.edu.cn/	

校级学院			校级研究中心	
Ⅰ. 政治与公共管理学院（成立时间：2006 年）				
院设教学单位	院设科研单位	专业硕士	校自建或合作建立	政府批准建立
政治系 哲学系 公共管理系 教师教育系	新农村建设与政府管理研究中心	MPA 教育		
Ⅱ. 经济管理学院（成立时间：1952 年）				
院设教学单位	院设科研单位	专业硕士		
土地资源管理				

39. 西南政法大学

学校	西南政法大学
地址：重庆市渝北区回兴街道宝圣大道 301 号，邮编：401120 沙坪坝校区：重庆市沙坪坝区壮志路 2 号，邮编：400031 网址：http://202.202.80.13/default.aspx	

校级学院			校级研究中心	
Ⅰ. 政治与公共管理学院（成立时间：1978 年）				
院设教学单位	院设科研单位	专业硕士	校自建或合作建立	政府批准建立

续表

政治学系 政治学研究所 思想政治教育系 公共管理学系 社会学教研室	日本研究中心 西方古典哲学研究中心 中国基层治理研究中心	MPA 教育中心	中国社会稳定与危机管理中心
Ⅱ.			
院设教学单位	院设科研单位	专业硕士	

河北省

40. 河北大学

学校	河北大学
地址：河北省保定市五四东路 180 号，邮编：071002	
网址：http://www.hbu.edu.cn/	

校级学院			校级研究中心	
Ⅰ. 管理学院（成立时间：2000 年）				
院设教学单位	院设科研单位	专业硕士	校自建或合作建立	政府批准建立
会计系 财政系 工商管理系 图书馆学系 档案学系 信息管理工程系 管理工程系 旅游管理系主任	河北省民营经济研究中心 欧洲研究所 预算研究所	MPA 教育中心 MBA 教育中心		
Ⅱ. 公共卫生学院（成立时间：2000 年）				
院设教学单位	院设科研单位	专业硕士		
流行病学教研室 卫生毒理与卫生化学教研室 营养与食品卫生学教研室 劳动卫生与环境卫生学教研室 医学心理学教研室 卫生事业管理学教研室 卫生统计学教研室 管理学基础教研室 社会医学与健康教育学教研室				

41. 河北农业大学

学校	河北农业大学
地址：河北省保定市灵雨寺街 289 号，邮编：071001	
网址：http://www.hebau.edu.cn/	

校级学院			校级研究中心	
Ⅰ. 人文社会科学学院（成立时间：2002 年）				
院设教学单位	院设科研单位	专业硕士	校自建或合作建立	政府批准建立
法学系 公共事业管理系 中文系	河北省农业与农村法制研究会 （受河北省法学会领导）	MPA 教育（属学校）		
Ⅱ.				
院设教学单位	院设科研单位	专业硕士		

42. 河北师范大学

学校	河北师范大学				
地址：河北省石家庄市南二环东路 20 号，邮编：050024 网址：http://www.hebtu.edu.cn/					

校级学院			校级研究中心	
Ⅰ.公共管理学院（成立时间：2008 年）				
院设教学单位	院设科研单位	专业硕士	校自建或合作建立	政府批准建立
公共事业管理系 劳动与社会保障系 行政管理系	公共人力资源管理研究所、劳动与社会保障研究所、电子政务与政府职能创新研究所	MPA 教育		
Ⅱ.				
院设教学单位	院设科研单位	专业硕士		

43. 燕山大学

学校	燕山大学				
地址：河北省秦皇岛市河北大街西段 438 号，邮编：066004 网址：http://www.ysu.edu.cn/					

校级学院			校级研究中心	
Ⅰ.经济管理学院（成立时间：1998 年）				
院设教学单位	院设科研单位	专业硕士	校自建或合作建立	政府批准建立
工商管理 旅游管理 工业工程 国际贸易 会计 公共事业	国际政治与经济研究所 逻辑与认知科学研究所	MBA 中心	燕山大学邓小平理论研究中心 燕山大学地方政府改革与发展研究中心	河北省社会科学基地
Ⅱ.文法学院（成立时间：2001 年）				
院设教学单位	院设科研单位	专业硕士		
法学系 政治学系 国际关系学系 公共经济学系 文学与新闻传播学系 哲学系 行政管理学系		MPA 教育中心		

44. 河北经贸大学

学校	河北经贸大学				
地址：河北省石家庄市学府路 47 号，邮编：050061 网址：http://www.heuet.edu.cn					

校级学院			校级研究中心	
Ⅰ.公共管理学院（成立时间：2001 年）				
院设教学单位	院设科研单位	专业硕士	校自建或合作建立	政府批准建立
行政管理教研室 劳动与社会保障教研室 公共事业管理教研室 农村区域发展教研室 图书馆学教研室	行政管理研究所 人力资源研究所 河北省人学研究会（挂靠）	MPA 教育		
Ⅱ.				
院设教学单位	院设科研单位	专业硕士		

山西省

45. 山西大学

学校	山西大学
地址：山西省太原市坞城路 92 号，邮编：030006 网址：http://www.sxu.edu.cn/	

校级学院			校级研究中心	
Ⅰ. 政治与公共管理学院（成立时间：2003 年）				
院设教学单位	院设科研单位	专业硕士	校自建或合作建立	政府批准建立
劳动与社会保障 行政管理 公共事业管理 国际政治 思想政治教育		MPA 教育中心		
Ⅱ.				
院设教学单位	院设科研单位	专业硕士		

46. 山西师范大学

学校	山西师范大学
地址：山西省临汾市贡院街 1 号，邮编：041000 网址：http://202.207.160.3/	

校级学院			校级研究中心	
Ⅰ. 政法学院（成立时间：2002 年）				
院设教学单位	院设科研单位	专业硕士	校自建或合作建立	政府批准建立
思想政治教育、法律学、社会学	马克思主义与思想政治教育研究所 社会学研究所 政治学研究所 山西地方经济问题研究所	MPA（研究生院负责）		山西省高等学校人文社会科学重点研究基地：山西师范大学产业转型与升级研究中心
Ⅱ. 经济与管理学院（成立时间：2001 年）				
院设教学单位	院设科研单位	专业硕士		
经济系 工商管理系 公共管理系	创业教育中心简介	MPA（研究生院负责）		

47. 山西财经大学

学校	山西财经大学
地址：山西省太原市坞城路 696 号，邮编：030006 网址：http://www.sxufe.edu.cn/	

校级学院			校级研究中心	
Ⅰ. 公共管理学院（成立时间：2001 年）				
院设教学单位	院设科研单位	专业硕士	校自建或合作建立	政府批准建立
行政管理教研室 物业开发与管理教研室 劳动经济学教研室 社会保障教研室 人力资源管理教研室 国民经济管理教研室	人力资源与社会保障研究所	MPA 教育（属学校管理）		
Ⅱ. MPA 教育学院（成立时间：2005 年）				
院设教学单位	院设科研单位	专业硕士		

辽宁省

48. 辽宁大学

学校	辽宁大学
地址：沈阳市沈北新区道义南大街58号，邮政编码：110136	
网址：http://www.lnu.edu.cn/	

校级学院			校级研究中心	
Ⅰ. 哲学与公共管理学院（成立时间：2004年）				
院设教学单位	院设科研单位	专业硕士	校自建或合作建立	政府批准建立
哲学系 公共管理系		MPA教育中心		
Ⅱ.				
院设教学单位	院设科研单位	专业硕士		

49. 大连理工大学

学校	大连理工大学
地址：辽宁省大连市甘井子区凌工路2号，邮编：116024	
网址：http://www.dlut.edu.cn/	

校级学院			校级研究中心	
Ⅰ. 公共管理与法学学院（成立时间：2010年）				
院设教学单位	院设科研单位	专业硕士	校自建或合作建立	政府批准建立
法律系 行政管理系	高等教育研究中心 民商法研究所 人力资源与社会保障研究所 城市基础设施与危机治理研究所 行政管理研究所 区域经济研究所 科学学与科技管理研究所 理论法学研究所	MPA教育中心		
Ⅱ.				
院设教学单位	院设科研单位	专业硕士		

50. 东北大学

学校	东北大学
地址：辽宁省沈阳市和平区文化路3号巷11号，邮编：110819	
网址：http://www.neu.edu.cn/	

校级学院			校级研究中心	
Ⅰ. 文法学院（成立时间：1993年）				
院设教学单位	院设科研单位	专业硕士	校自建或合作建立	政府批准建立
哲学系 经济学系 法学系 政治学系 新闻学系 公共管理系	伦理学研究所 马克思主义基本原理研究所 社会主义研究所 思想品德教育研究所 中国近现代史研究所	MPA教育中心		
Ⅱ.				
院设教学单位	院设科研单位	专业硕士		

51. 大连海事大学

学校	大连海事大学

地址：大连市凌海路 1 号，邮编：116026
网址：http://www.dlmu.edu.cn/

校级学院			校级研究中心	
Ⅰ. 公共管理与人文学院（成立时间：2012 年）				
院设教学单位	院设科研单位	专业硕士	校自建或合作建立	政府批准建立
		MPA 教育中心		
Ⅱ.				
院设教学单位	院设科研单位	专业硕士		

52. 辽宁师范大学

学校	辽宁师范大学

地址：辽宁省大连市黄河路 850 号，邮编：116029
网址：http://www.lnnu.edu.cn/

校级学院			校级研究中心	
Ⅰ. 马克思主义学院（政治与行政学院）（成立时间：2012 年）				
院设教学单位	院设科研单位	专业硕士	校自建或合作建立	政府批准建立
思想政治教育系、政治学与行政学系、行政管理系、公共政治理论课教研部	台湾研究所、当代中国政治研究所、池田大作和平文化研究所、辽宁省马克思主义理论与思想政治教育研究中心、辽宁省邓小平理论研究中心、大连市马列主义毛泽东思想研究会、伦理学研究会	MPA 教育中心		
Ⅱ.				
院设教学单位	院设科研单位	专业硕士		

53. 沈阳师范大学

学校	沈阳师范大学

地址：沈阳市黄河北大街 253 号，邮编：110034
网址：http://www.synu.edu.cn/

校级学院			校级研究中心	
Ⅰ. 管理学院（成立时间：2006 年）				
院设教学单位	院设科研单位	专业硕士	校自建或合作建立	政府批准建立
		MPA 教育中心		
Ⅱ.				
院设教学单位	院设科研单位	专业硕士		

54. 东北财经大学

学校	东北财经大学
地址：大连市沙河口区尖山街 217 号，邮编：116025	
网址：http://www.dufe.edu.cn/	

校级学院			校级研究中心	
Ⅰ. 公共管理学院（成立时间：1999 年）				
院设教学单位	院设科研单位	专业硕士	校自建或合作建立	政府批准建立
公共事业管理系 行政管理系 劳动与社会保障系 社会学教研部	国民经济管理研究所 社会政策研究所 城市与区域经历研究所 政治理论与公共政策研究所 政府治理与创新研究所 公共组织与人力资源管理研究所 可持续发展研究所	MPA 教育中心	社会与行为跨学科研究中心 公共政策研究中心 高等教育理论与政策研究室	
Ⅱ.				
院设教学单位	院设科研单位	专业硕士		

吉林省

55. 吉林大学

学校	吉林大学
地址：长春市前进大街 2699 号	
网址：http://www.jlu.edu.cn/newjlu/	

校级学院			校级研究中心	
Ⅰ. 行政学院（成立时间：1983 年）				
院设教学单位	院设科研单位	专业硕士	校自建或合作建立	政府批准建立
政治学系 行政管理系 国际政治系 电子政务系 公务员培训中心	政治学与国家建设研究中心 公共管理实验中心	MPA 教育中心	吉林大学社会公正与政府治理研究中心	
Ⅱ.				
院设教学单位	院设科研单位	专业硕士		

56. 东北师范大学

学校	东北师范大学
地址：吉林省长春市人民大街 5268 号，邮编：130024	
网址：http://www.nenu.edu.cn/	

校级学院			校级研究中心	
Ⅰ 政法学院（成立时间：1978 年）				
院设教学单位	院设科研单位	专业硕士	校自建或合作建立	政府批准建立
思想政治教育系 法学系 行政管理系 社会学系 国际政治系	当代马克思主义研究中心 毛泽东思想研究所 农村发展研究中心 教师教育研究中心 社会学研究所 廉政研究中心	MPA 教育中心		
Ⅱ.				
院设教学单位	院设科研单位	专业硕士		

黑龙江省

57. 哈尔滨工业大学

学校	哈尔滨工业大学
地址：哈尔滨市南岗区西大直街 92 号，邮编：150001	
网址：http：//www.hit.edu.cn/	

校级学院			校级研究中心	
Ⅰ. 经济管理与人文社会科学研究院（成立时间：2012 年）				
院设教学单位	院设科研单位	专业硕士	校自建或合作建立	政府批准建立
		MPA 教育中心（研招办负责）		
Ⅱ.				
院设教学单位	院设科研单位	专业硕士		

58. 哈尔滨工程大学

学校	哈尔滨工程大学
地址：哈尔滨市南岗区南通大街 145 号，邮编：150001	
网址：www.hrbeu.edu.cn	

校级学院			校级研究中心	
Ⅰ. 经济管理学院（成立时间：1984 年）				
院设教学单位	院设科研单位	专业硕士	校自建或合作建立	政府批准建立
工商管理系 经济学系 公共管理系 管理工程系	经济管理实验中心 黑龙江省管理学学会秘书处 企业创新研究所 技术管理研究所 灾难与危机管理研究所 船舶工业经济管理研究所	MPA 教育中心 MBA 中心		
Ⅱ.				
院设教学单位	院设科研单位	专业硕士		

59. 东北农业大学

学校	东北农业大学
地址：哈尔滨市香坊区木材街 59 号，邮编：150030	
网址：http：//www.neau.edu.cn/	

校级学院			校级研究中心	
Ⅰ. 文法学院（成立时间：2012 年）				
院设教学单位	院设科研单位	专业硕士	校自建或合作建立	政府批准建立
中文教研室 行政管理系 俄语系 日语教研室 德语教研室 大学英语教研部英语系 社会工作系 旅游管理系 人力资源管理系 法律科学系		MPA 教育中心		
Ⅱ.				
院设教学单位	院设科研单位	专业硕士		

60. 哈尔滨商业大学

学校	哈尔滨商业大学

地址：黑龙江省哈尔滨市松北区学海街 1 号，邮编：150028
网址：http://www.hrbcu.edu.cn/

校级学院			校级研究中心	
Ⅰ. MPA 教育中心（成立时间：2000 年）				
院设教学单位	院设科研单位	专业硕士	校自建或合作建立	政府批准建立
		MPA 教育中心		
Ⅱ.				
院设教学单位	院设科研单位	专业硕士		

江苏省

61. 苏州大学

学校	苏州大学

地址：苏州市十梓街 1 号，邮编：215325
网址：http://www.suda.edu.cn/

校级学院			校级研究中心	
Ⅰ. 政治与公共管理学院（成立时间：1995 年）				
院设教学单位	院设科研单位	专业硕士	校自建或合作建立	政府批准建立
公共管理系 哲学系（政治系） 管理科学系 社会科学系	地方政府与社会管理研究中心 地方政府研究院 东吴哲学研究院 国际问题研究院 现代管理与哲学研究院 宗教研究所 国土资源与城乡规划研究所 人力资源管理研究所 物流管理研究所	MPA 教育中心	地方政府研究所老挝研究中心 廉政建设与行政效能研究所 马克思主义研究院	
Ⅱ.				
院设教学单位	院设科研单位	专业硕士		

62. 东南大学

学校	东南大学

地址：江苏省南京市四牌楼 2 号，邮编：361000
网址：http://www.seu.edu.cn/

校级学院			校级研究中心	
Ⅰ. 人文学院（成立时间：2002 年）				
院设教学单位	院设科研单位	专业硕士	校自建或合作建立	政府批准建立
哲学与科学系 中国语言文学系 旅游学系 公共管理系 医学人文学系 社会学系	东南大学现代社会发展研究所 东南大学科技与社会研究中心 东南大学佛教文化研究所 东南大学科学技术伦理学研究所简介 东南大学休闲文化研究所简介 东南大学旅游规划研究所 东南大学应用心理研究所介绍	MPA 教育中心		
Ⅱ. 公共卫生学院（成立时间：1976 年）				
院设教学单位	院设科研单位	专业硕士		

63. 南京航空航天大学

学校	南京航空航天大学

地址：明故宫校区：江苏省南京市白下区御道街 29 号，邮政编码：210016
　　　将军路校区：江苏省南京市江宁区将军大道 29 号，邮政编码：211106
网址：http://www.nuaa.edu.cn/nuaanew/

校级学院			校级研究中心	
I . 人文与社会科学学院（成立时间：1984 年）				
院设教学单位	院设科研单位	专业硕士	校自建或合作建立	政府批准建立
法律系 政治学系 公共管理系 高等教育研究所		MPA 教育中心 （筹建）	高等教育研究所	
II .				
院设教学单位	院设科研单位	专业硕士		

64. 南京理工大学

学校	南京理工大学

地址：江苏省南京市孝陵卫街 200 号，邮编：210094
网址：http://www.njust.edu.cn/

校级学院			校级研究中心	
I . 人文社会科学学院（成立时间：1994 年）				
院设教学单位	院设科研单位	专业硕士	校自建或合作建立	政府批准建立
社会学系 公共管理系 法学系 知识产权系	公共管理与政策研究中心 科技政策与科技管理研究所 知识产权教育研究中心	MPA 教育中心		
II .				
院设教学单位	院设科研单位	专业硕士		

65. 中国矿业大学

学校	中国矿业大学

地址：江苏省徐州市大学路 1 号中国矿业大学南湖校区，邮编：221116
网址：http://www.cumt.edu.cn/

校级学院			校级研究中心	
I . 文学与法政学院（成立时间：2000 年）				
院设教学单位	院设科研单位	专业硕士	校自建或合作建立	政府批准建立
政治与行政学系 中国语言文学系系 法学系 广播电视新闻系 社会工作系	公共管理研究所 公共管理研究所 中国语言文学研究所 经济法学研究所 政治学研究所	MPA 教育中心 （研究生院负责）	高等教育研究所	
II .				
院设教学单位	院设科研单位	专业硕士		

66. 河海大学

学校	河海大学

地址：江苏省南京市西康路 1 号，邮编：210098

网址：http://www.hhu.edu.cn/

校级学院			校级研究中心	
Ⅰ. 公共管理学院（成立时间：2003 年）				
院设教学单位	院设科研单位	专业硕士	校自建或合作建立	政府批准建立
行政管理 社会保障 新闻传播学 社会学	应用心理学研究所 政治学研究所 社会保障研究中心 国土资源管理研究所 政府水管理研究所 环境与社会研究中心 人口与发展研究中心 **挂靠机构：** 河海大学中国移民研究中心 河海大学性别与发展研究中心 河海大学社会发展研究所 河海大学普通话测试站	MPA 教育中心	高等教育研究所	
Ⅱ.				
院设教学单位	院设科研单位	专业硕士		

67. 南京农业大学

学校	南京农业大学

地址：江苏省南京市卫岗 1 号，邮编：210095

网址：http://www.njau.edu.cn/

校级学院			校级研究中心	
Ⅰ. 公共管理学院　土地管理学院（成立时间：2003 年）				
院设教学单位	院设科研单位	专业硕士	校自建或合作建立	政府批准建立
土地管理系 资源环境与城乡规划系 行政管理系 人力资源与社会保障系	国际资源与环境经济研究所 城乡规划设计研究院 公共政策研究所 高等教育研究所 人力资源管理研究中心 中国土地问题研究中心	MPA 教育中心		
Ⅱ.				
院设教学单位	院设科研单位	专业硕士		

68. 南京师范大学

学校	南京师范大学

地址：江苏省南京市宁海路 122 号，邮编：210046

网址：http://www.njnu.edu.cn/

校级学院			校级研究中心	
Ⅰ. 公共管理学院（成立时间：2001 年）				
院设教学单位	院设科研单位	专业硕士	校自建或合作建立	政府批准建立
哲学 思想政治教育 行政管理 公共事业管理		MPA 教育中心	南京师范大学校级重点研究机构：马克思主义研究院、全球化与东方社会主义研究所、应用伦理学研究所	
Ⅱ.				
院设教学单位	院设科研单位	专业硕士		

69. 扬州大学

学校	扬州大学
地址：扬州市大学南路 88 号，邮编：225009 网址：http://www.yzu.edu.cn/	

校级学院			校级研究中心	
Ⅰ. 商学院（成立时间：2010 年）				
院设教学单位	院设科研单位	专业硕士	校自建或合作建立	政府批准建立
经济学、财政学、金融学、国际经济与贸易、工商管理、人力资源管理、市场营销、会计学、财务管理、农林经济管理、公共事业管理、行政管理、电子商务及国际商务（中澳合作办学）专业	扬州大学市场调查研究中心	MPA 教育中心		
Ⅱ.				
院设教学单位	院设科研单位	专业硕士		

浙江省

70. 浙江大学

学校	浙江大学
地址：浙江省杭州市西湖区余杭塘路 866 号，邮编：310058 网址：http://www.zju.edu.cn/	

校级学院			校级研究中心	
Ⅰ. 公共管理学院（成立时间：2005 年）				
院设教学单位	院设科研单位	专业硕士	校自建或合作建立	政府批准建立
政府管理系 土地管理系 公共政策与公共经济系 社会保障与风险系 信息资源管理系 政治学系 社会学系 **其他教学中心：** 浙江大学管理培训中心（中德合作） 浙江大学公共管理学院继续教育中心	浙江大学行政管理研究所 浙江大学风险管理与劳动保障研究所 浙江大学土地科学与不动产研究所 浙江大学政府与企业研究所 浙江大学台湾研究所 浙江大学信息资源管理研究所 浙江大学政治学研究所 浙江大学社会学研究所 浙江大学社会建设研究所 **院级研究中心：** 浙江大学公共管理学院电子政务研究所 浙江大学公共管理学院国有资产监督与管理中心 浙江大学公共管理学院全球领导力研究中心 浙江大学公共管理学院政府绩效评估研究中心 浙江大学公共管理学院国学与公共管理研究中心	MPA 教育中心	**校级研究中心：** 浙江大学中国土地勘测规划院东南土地研究中心 浙江大学欧洲研究中心 浙江大学台港澳研究中心 浙江大学区域与城市发展研究中心 浙江大学公民社会研究中心 浙江大学非传统安全与和平发展研究中心 浙江大学公共政策研究中心 浙江大学民政研究中心 浙江大学中国社区建设研究中心 浙江大学非物质文化遗产研究中心	教育部战略研究基地：浙江大学科教发展战略研究中心 浙江省哲学社会科学重点研究基地：浙江大学劳动保障与社会政策研究中心 浙江大学地方政府与社会治理研究中心
Ⅱ.				
院设教学单位	院设科研单位	专业硕士		

71. 浙江师范大学

学校	浙江师范大学
地址：浙江省金华市迎宾大道 688 号，邮编：321004 网址：http://www.zjnu.edu.cn/cont/1_2.html	

校级学院			校级研究中心	
Ⅰ. 法政学院（成立时间：2010 年）				
院设教学单位	院设科研单位	专业硕士	校自建或合作建立	政府批准建立
思想政治教育系 法学系 社会工作系 行政管理系 社会科学系	发展研究所 中国政治史研究所 政治学研究所 科技哲学研究所 社会及市场调查中心 民商法研究所	MPA 教育中心	**校级研究所：** 思想政治教育研究所 马克思主义研究所 公共管理研究所 孔氏南宗研究中心 邓小平理论研究中心 社会发展研究中心 马克思主义与全球化研究中心 妇女研究中心	
Ⅱ.				
院设教学单位	院设科研单位	专业硕士		

72. 宁波大学

学校	宁波大学
地址：浙江省宁波市江北区风华路 818 号 网址：http://www.nbu.edu.cn/	

校级学院			校级研究中心	
Ⅰ. 法学院（成立时间：2000 年）				
院设教学单位	院设科研单位	专业硕士	校自建或合作建立	政府批准建立
法学系 公共管理系	公共管理实验中心 法学模拟教学中心	MPA 教育中心 JM 中心		
Ⅱ.				
院设教学单位	院设科研单位	专业硕士		

安徽省

73. 安徽大学

学校	安徽大学
地址：（磐苑校区）合肥市经济技术开发区九龙路 111 号，邮编：230601 　　　（龙河校区）合肥市肥西路 3 号，邮编：230039 网址：http://www.ahu.edu.cn/	

校级学院			校级研究中心	
Ⅰ. 管理学院（成立时间：1998 年）				
院设教学单位	院设科研单位	专业硕士	校自建或合作建立	政府批准建立
信息管理与信息系统系 劳动与社会保障系 公共行政系 图书情报学系 文秘与档案学系 基础教学部	现代管理研究所（挂靠）	MPA 教育中心		
Ⅱ.				
院设教学单位	院设科研单位	专业硕士		

74. 中国科学技术大学

学校	中国科学技术大学

地址：安徽省合肥市金寨路 96 号，邮编：230026
网址：http://www.ustc.edu.cn/

校级学院			校级研究中心	
Ⅰ. 管理学院（成立时间：1995 年）				
院设教学单位	院设科研单位	专业硕士	校自建或合作建立	政府批准建立
工商管理系 管理科学系 统计与金融系	数字化管理研究所 信息与决策研究所 统计咨询中心 电子商务研究实验室 工业工程与运作管理实验室 战略管理与政策分析研究室 信息与决策研究所 科技法学研究室 运作管理与生产力研究中心 知识产权管理研究中心	EMBA（高级工商管理硕士） MBA（工商管理硕士） MPA（公共管理硕士） MPM（项目管理工程硕士）		
Ⅱ.				
院设教学单位	院设科研单位	专业硕士		

75. 合肥工业大学

学校	合肥工业大学

地址：安徽省合肥市屯溪路 193 号，邮编：230009
网址：http://www.hfut.edu.cn/ch/

校级学院			校级研究中心	
Ⅰ. 管理学院（成立时间：1979 年）				
院设教学单位	院设科研单位	专业硕士	校自建或合作建立	政府批准建立
信息管理系 电子商务系 会计系 工商管理系 市场营销系 物流工程与管理系	公共管理研究所 智能决策与风险分析研究所 品牌战略与服务营销研究所 市场营销研究所 飞行器网络系统研究所 物流与物联网研究所 智能商务研究所 信息资源与知识管理研究所 计算机网络系统研究所 电子政务研究所 杂志社：《运筹与管理》、《预测》	工商管理（MBA） 公共管理（MPA） 工程管理 资产评估 会计学（MPAcc） 物流工程 项目管理		智能决策与信息系统技术工程研究中心（2007 年教育部批准筹建） 2003 年 10 月由安徽省教育厅批准设立：安徽省高等学校人文社会科学重点基地 教育部过程优化与智能决策重点实验室（2008 年教育部批准筹建） 2004 年安徽发展与改革委员会批准筹建：安徽省信息处理技术与信息系统工程研究中心
Ⅱ.				
院设教学单位	院设科研单位	专业硕士		

福建省

76. 厦门大学

学校	厦门大学				
地址：厦门市思明南路 422 号，邮编：363105 网址：http://www.XMU.edu.cn/					

校级学院			校级研究中心	
I. 公共事务学院（成立时间：2003 年）				
院设教学单位	院设科研单位	专业硕士	校自建或合作建立	政府批准建立
公共管理系 政治学系 社会学与社会工作系 思想政治教育系	人口研究所 公共管理与公共政策研究中心 政治学与行政学研究所 福建省公务员培训基地等	MPA 教育中心	厦门大学人口研究所 厦门大学政治学与行政学 研究所 厦门大学公共管理与政策 分析研究中心 厦门大学社会发展研究 中心 公共事务学院教学实验 中心	国家农村社会保险研究中 心（劳动与社会保障部委 托） 福建女性发展研究中心 （省校共建） 厦门大学公共政策与政府 治理研究中心（福建省文 科重点研究基地）
II. 公共政策研究院（成立时间：2011 年）				
院设教学单位	院设科研单位	专业硕士		
公共政策专业人口、资源与 环境经济学专业	厦门大学人口与生态研究所， 厦门大学公共服务质量研究中 心，厦门大学社会管理创新研 究所，厦门大学区域发展政 策研究所，公共政策教育与培 训中心（简称"MPP 中心"）， 民意调查与公共政策实验室	教育管理硕士 （专业学位）		

77. 华侨大学

学校	华侨大学				
地址：福建省厦门市集美区集美大道 668 号，邮编：361021 网址：http://www.hqu.edu.cn/					

校级学院			校级研究中心	
I. 公共管理学院（成立时间：2009 年）				
院设教学单位	院设科研单位	专业硕士	校自建或合作建立	政府批准建立
行政管理 公共事业管理 土地资源管理		MPA 教育中心		
II.				
院设教学单位	院设科研单位	专业硕士		

78. 福建农林大学

学校	福建农林大学				
地址：福建省福州市仓山区上下店路 15 号，邮编：350002 网址：http://www.fafu.edu.cn/default.asp					

校级学院			校级研究中心	
I. 管理学院（成立时间：2001 年）				
院设教学单位	院设科研单位	专业硕士	校自建或合作建立	政府批准建立
人力资源管理系 公共管理系 劳动与社会保障系	人力资源研究所 人类学研究所 可持续发展研究所 软科学研究所 高等教育研究所	MPA 教育中心		
II.				
院设教学单位	院设科研单位	专业硕士		

79. 福建师范大学

学校	福建师范大学

地址：福建省福州市仓山区上三路 8 号福建师范大学仓山校区，邮编：350007
网址：http://www.fjnu.edu.cn/

校级学院			校级研究中心	
Ⅰ. 公共管理学院（成立时间：2011 年）				
院设教学单位	院设科研单位	专业硕士	校自建或合作建立	政府批准建立
哲学与政治学系 公共管理系 社会学与社会保障系		MPA 教育中心		"马克思主义与'海西'经济社会协调发展"福建省高校人文社会科学重点研究基地 福建省公务员培训基地
Ⅱ.				
院设教学单位	院设科研单位	专业硕士		

江西省

80. 南昌大学

学校	南昌大学

地址：江西省南昌市红谷滩新区学府大道 999 号，邮编：330031
网址：http://www.ncu.edu.cn/

校级学院			校级研究中心	
Ⅰ. 公共管理学院（成立时间：2008 年）				
院设教学单位	院设科研单位	专业硕士	校自建或合作建立	政府批准建立
公共管理学系 社会学系	行政管理研究所 文秘与办公自动化实验室 社会工作演示室	MPA 教育中心		江西省党风廉政建设研究中心、南昌大学廉政研究中心（由中共江西省纪委常委会批准）
Ⅱ.				
院设教学单位	院设科研单位	专业硕士		

81. 江西农业大学

学校	江西农业大学

地址：江西省南昌市经济技术开发区，邮编：330045
网址：http://www.jxau.edu.cn/

校级学院			校级研究中心	
Ⅰ. 人文与公共管理学院（成立时间：2011 年）				
院设教学单位	院设科研单位	专业硕士	校自建或合作建立	政府批准建立
管理系 法学系 中文系 音乐系	大学生文化素质教育中心 农村法律援助中心 边缘法学研究中心 普通话培训测试中心	MPA 教育中心		
Ⅱ. 国土资源与环境学院（成立时间：1997 年）				
院设教学单位	院设科研单位	专业硕士		
土地资源管理教研室 农业资源与环境教研室 旅游管理教研室 环境科学与工程教研室	院中心实验室 土地资源管理实验室 资源环境遥感与信息实验室			

82. 江西师范大学

学校	江西师范大学
地址：江西省南昌市紫阳大道 99 号，邮编：330022	
网址：http://www.jxnu.edu.cn/	

校级学院			校级研究中心	
I.政法学院（成立时间：2004 年）				
院设教学单位	院设科研单位	专业硕士	校自建或合作建立	政府批准建立
思想政治理论教研部 政治系 公共管理系 哲学与社会学系 法学系	实验管理中心 江右思想文化研究中心暨道德与人生研究所 传统文化与道德建设研究中心 中国红色资源开发与研究中心	MPA 教育中心		
II.				
院设教学单位	院设科研单位	专业硕士		

83. 江西财经大学

学校	江西财经大学
地址：南昌市庐山南大道，邮编：330013	
网址：http://www.jxufe.edu.cn/	

校级学院			校级研究中心	
I.财税与公共管理学院（成立时间：2009 年）				
院设教学单位	院设科研单位	专业硕士	校自建或合作建立	政府批准建立
财政系 税务系 社会保障系 行政管理系 公共事业管理系 公务员培训中心	财税研究中心 中国税票研究中心 公共政策研究中心	MPA 教育中心 税务硕士（MT）	高等教育研究所 创业教育研究指导中心	
II.				
院设教学单位	院设科研单位	专业硕士		

山东省

84. 山东大学

学校	山东大学
地址：中国山东省济南市山大南路 27 号，邮编：250100	
网址：http://www.jxufe.edu.cn/	

校级学院			校级研究中心	
I.政治学与公共管理学院（成立时间：2000 年）				
院设教学单位	院设科研单位	专业硕士	校自建或合作建立	政府批准建立
国际政治系 政治学与行政学系 行政管理系 公共管理系 科学社会主义系	城市发展与公共政策研究所	MPA 教育中心	山东大学政党研究所 山东大学欧洲研究中心 山东大学高等教育研究中心 山东大学生活质量与公共政策研究中心 山东大学地方政府管理研究所 山东大学环境政治研究所 山东大学亚洲太平洋研究所	当代社会主义研究所（教育部人文社科研究基地） 山东省公共经济与公共政策研究重点基地（山东省哲学社会科学规划领导小组批准）
II.				
院设教学单位	院设科研单位	专业硕士		

85. 中国海洋大学

学校	中国海洋大学
地址：青岛市崂山区松岭路 238 号，邮编：266100	
网址：http://www.ouc.edu.cn/index.htm	

校级学院			校级研究中心	
Ⅰ. 法政学院（成立时间：2001 年）				
院设教学单位	院设科研单位	专业硕士	校自建或合作建立	政府批准建立
法律系 公共管理系 政治学与行政学系	海洋法学研究所 海洋法学文献资料中心、编辑部 海洋与社会发展研究所 可持续发展与环境资源法学研究所 国际问题研究所	MPA 教育中心	青岛万方医学司法鉴定所	山东海事司法鉴定中心
Ⅱ.				
院设教学单位	院设科研单位	专业硕士		

86. 山东农业大学

学校	山东农业大学
地址：山东省泰安市岱宗大街 61 号，邮编：271018	
网址：http://www.sdau.edu.cn/	

校级学院			校级研究中心	
Ⅰ. 文法学院（成立时间：1999 年）				
院设教学单位	院设科研单位	专业硕士	校自建或合作建立	政府批准建立
法学系 行政管理系 中文系		MPA 教育中心		
Ⅱ.				
院设教学单位	院设科研单位	专业硕士		

87. 山东师范大学

学校	山东师范大学
地址：济南市文化东路 88 号，邮编：250014	
网址：http://www.sdnu.edu.cn/	

校级学院			校级研究中心	
Ⅰ. 公共管理学院（成立时间：2011 年）				
院设教学单位	院设科研单位	专业硕士	校自建或合作建立	政府批准建立
公共事业管理 行政管理 劳动与社会保障		MPA 教育中心		
Ⅱ.				
院设教学单位	院设科研单位	专业硕士		

88. 曲阜师范大学

学校	曲阜师范大学

地址：曲阜市静轩西路 57 号，邮编：273165
网址：http://www.qfnu.edu.cn/

校级学院			校级研究中心	
Ⅰ. 政治与公共管理学院（成立时间：1960 年）				
院设教学单位	院设科研单位	专业硕士	校自建或合作建立	政府批准建立
思想政治教育系 公共管理系 哲学系 政治学系	新农村研究中心 政治学与行政学研究所 哲学与社会发展研究所 国外马克思主义研究所	MPA 教育中心		
Ⅱ.				
院设教学单位	院设科研单位	专业硕士		

89. 青岛大学

学校	青岛大学

地址：青岛市宁夏路 308 号，邮编：266071
网址：http://www.qdu.edu.cn/

校级学院			校级研究中心	
Ⅰ. 国际商学院（成立时间：1993 年）				
院设教学单位	院设科研单位	专业硕士	校自建或合作建立	政府批准建立
国际经济贸易系 会计学系 市场学系 管理科学与工程系 工商管理系 公共事业管理系		公共管理硕士 （MPA） 工商管理硕士 （MBA） 工程管理硕士 （MEM） 项目管理硕士 （MPM） 物流工程硕士 （MLE） 工业工程硕士 （MIE）		
Ⅱ.				
院设教学单位	院设科研单位	专业硕士		

90. 山东财经大学

学校	山东财经大学

地址：山东省济南市历下区东二环东路 7366 号，邮编：250202
网址：http://www.sdufe.edu.cn/

校级学院			校级研究中心	
Ⅰ. 公共管理学院（成立时间：2011 年）				
院设教学单位	院设科研单位	专业硕士	校自建或合作建立	政府批准建立
		MPA 教育中心	政府绩效评价研究中心 山东济南烟草经济管理研究院（山东财经大学与山东济南烟草专卖局共建）	山东省政府规制与经济社会发展研究基地（省级研究基地）、山东省公共政策软科学研究基地（省级研究基地）
Ⅱ.				
院设教学单位	院设科研单位	专业硕士		

河南省

91. 郑州大学

学校	郑州大学

地址：河南省郑州市高新区科学大道 100 号，邮编：450001
网址：http://www.zzu.edu.cn/

校级学院			校级研究中心	
Ⅰ. 公共管理学院（成立时间：2001 年）				
院设教学单位	院设科研单位	专业硕士	校自建或合作建立	政府批准建立
行政管理系 政治与公共事业管理系 社会工作系 人力资源管理系 哲学系	公共管理研究中心 考试与人才测评研究中心 应用社会研究所 马克思主义哲学研究中心	MPA 教育中心 MSW 教育中心		河南省廉政评价研究中心
Ⅱ.				
院设教学单位	院设科研单位	专业硕士		

92. 河南农业大学

学校	河南农业大学

地址：郑州市文化路 95 号（农业路 63 号），邮编：450002
网址：http://www.henau.edu.cn/

校级学院			校级研究中心	
Ⅰ. 文法学院（成立时间：2005 年）				
院设教学单位	院设科研单位	专业硕士	校自建或合作建立	政府批准建立
法律系 行政管理系 文学艺术教学部			河南农业大学农业资源与 环境工程技术研究中心 河南农业大学科学发展与 农民权利研究中心	河南省高校人文社科重点 研究基地——农业政策与 农村发展研究 河南省高校重点开放实验 室土肥资源高效利用实 验室
Ⅱ. 资源与环境学院（成立时间：2005 年）				
院设教学单位	院设科研单位	专业硕士		
土地资源管理系 资源环境系		MPA 教育中心		

93. 河南大学

学校	河南大学

地址：河南省开封市明伦街金明大道，邮编：475001
网址：http://www.henu.edu.cn/

校级学院			校级研究中心	
Ⅰ. 哲学与公共管理学院（成立时间：2002 年）				
院设教学单位	院设科研单位	专业硕士	校自建或合作建立	政府批准建立
哲学 思想政治教育 公共管理（行政管理、劳动 与社会保障、公共事业）		公共管理硕士 （MPA）、教育硕 士（学科教学· 思政）	河南大学地方政府与社会 治理研究所 河南大学国际问题研究所 行政学研究所 河南大学统战理论研究所 河南大学宗教学研究所 河南大学马克思主义与当 代中国研究所	
Ⅱ.				
院设教学单位	院设科研单位	专业硕士		

湖北省

94. 武汉大学

学校	武汉大学
地址：武汉市武昌区珞珈山，邮编：430072 网址：http://www.whu.edu.cn/index.html	

校级学院			校级研究中心	
Ⅰ. 政治与公共管理学院（成立时间：2011 年）				
院设教学单位	院设科研单位	专业硕士	校自建或合作建立	政府批准建立
政治学与行政学系 国际关系学系 行政管理系 公共事业管理系 公共经济与社会保障系		MPA 教育中心		教育部人文社会科学重点研究基地：社会保障研究中心 "985 工程"二期建设项目哲学社会科学创新基地 Ⅰ类哲学社会科学创新基地：社会保障研究创新基地 "985 工程"二期拓展项目：政治文明与民主政治建设研究 武汉大学人文社会科学重点研究基地：政治文明与政治发展研究中心 国家重点学科：社会保障 湖北省重点学科：政治学理论、行政管理、中外政治制度 湖北省优势学科：社会保障
Ⅱ.				
院设教学单位	院设科研单位	专业硕士		

95. 华中科技大学

学校	华中科技大学
地址：湖北省武汉市洪山区珞喻路 1037 号，邮编：430074 网址：http://www.hust.edu.cn/	

校级学院			校级研究中心	
Ⅰ. 公共管理学院（成立时间：2000 年）				
院设教学单位	院设科研单位	专业硕士	校自建或合作建立	政府批准建立
行政管理系 城市管理系 土地管理系 行政管理教育中心	电子政务研究中心 公共安全预警研究中心 科技政策与科技管理研究中心 国土资源与不动产研究中心 舆情信息研究中心 公共部门人力资源研究中心 现代领导科学与艺术研究中心 能源政策与低碳经济研究中心 武汉预防职业犯罪研究中心（与武汉市检察院共建）	MPA 教育中心		非传统安全研究中心（湖北省高校人文社会科学重点研究基地）
Ⅱ.				
院设教学单位	院设科研单位	专业硕士		

96. 武汉科技大学

学校	武汉科技大学
地址：武汉青山和平大道 947 号，邮编：430081	
网址：http://www.wust.edu.cn/	

校级学院			校级研究中心	
I. 文法与经济学院（成立时间：2003 年）				
院设教学单位	院设科研单位	专业硕士	校自建或合作建立	政府批准建立
国际经济与贸易系 公共管理系 法律系 政治理论课部 德育课部 对外汉语教学与培训中心	湖北省中小企业研究中心 基金会研究所 马克思主义研究所 文法与经济实验教学中心 金融证券研究所	MPA 教育中心		
II.				
院设教学单位	院设科研单位	专业硕士		

97. 中国地质大学（武汉）

学校	中国地质大学（武汉）
地址：湖北省武汉市鲁磨路 388 号，邮编：430074	
网址：http://www.cug.edu.cn/new/	

校级学院			校级研究中心	
I. 公共管理学院（成立时间：2012 年）				
院设教学单位	院设科研单位	专业硕士	校自建或合作建立	政府批准建立
公共行政系 土地资源管理系 法学系 区域规划与信息技术系	光谷发展研究院、土地工程实验室、公共经济研究所	公共管理（MPA）教育中心、法律硕士（J.M）教育中心		省部级重点实验室：国土资源部国土资源法律评价工程重点实验室
II.				
院设教学单位	院设科研单位	专业硕士		

98. 武汉理工大学

学校	武汉理工大学
地址：湖北省武汉市珞狮路 122 号，邮编：430070	
网址：http://www.whut.edu.cn/2012web/index.htm	

校级学院			校级研究中心	
I. 文法学院（成立时间：2001 年）				
院设教学单位	院设科研单位	专业硕士	校自建或合作建立	政府批准建立
法学系 政治系 新闻传播系 教育技术系	软科学研究中心 WTO 自主知识产权研究中心 马克思主义理论研究中心 现代传播研究所 心理健康教育研究所 澳门研究所 伦理学研究所 历史与文化研究所 企业文化咨询策划 金红石研究所 科技法研究所 对外汉语教育与文化交流研究所	MPA 教育中心		湖北高校统一战线理论与实践研究基地 高校国防教育理论与实践研究基地
II.				
院设教学单位	院设科研单位	专业硕士		

99. 华中农业大学

学校	华中农业大学

地址：湖北省武汉市南湖狮子山街一号，邮编：430070
网址：http://www.hzau.edu.cn/

校级学院			校级研究中心	
Ⅰ.经济管理学院、土地管理学院（成立时间：2005年）				
院设教学单位	院设科研单位	专业硕士	校自建或合作建立	政府批准建立
信息管理系 会计学系 工商管理系 经济学系 土地管理系 农业经济管理系	洪山华隆土地事务所 湖北土地问题研究中心 不动产经济与资产评估研究所 园艺经济研究所 经济管理实验室 土地管理实验室	MPA教育中心 （属于学校管理）		
Ⅱ.				
院设教学单位	院设科研单位	专业硕士		

100. 华中师范大学

学校	华中师范大学

地址：武汉市珞喻路152号，邮编：430079
网址：http://www.ccnu.edu.cn/

校级学院			校级研究中心	
Ⅰ.公共管理学院（成立时间：1993年）				
院设教学单位	院设科研单位	专业硕士	校自建或合作建立	政府批准建立
人力资源管理系 公共管理系		MPA教育中心		
Ⅱ.				教育部中南教育管理干部培训中心、湖北省党政干部华中师范大学培训部
院设教学单位	院设科研单位	专业硕士		

101. 湖北大学

学校	湖北大学

地址：湖北省武汉市武昌学院路11号，邮编：430062
网址：http://www.hubu.edu.cn/

校级学院			校级研究中心	
Ⅰ.政治与公共管理学院（成立时间：　年）				
院设教学单位	院设科研单位	专业硕士	校自建或合作建立	政府批准建立
行政管理系 法学系		MPA教育中心		
Ⅱ.				
院设教学单位	院设科研单位	专业硕士		

102. 中南财经政法大学

学校	中南财经政法大学
地址：湖北省武汉市东湖高新技术开发区南湖大道 182 号，邮编：430073	
网址：http://www.znufe.edu.cn/	

校级学院			校级研究中心	
Ⅰ.公共管理学院（成立时间：2002 年）				
院设教学单位	院设科研单位	专业硕士	校自建或合作建立	政府批准建立
劳动与社会保障系 行政管理系 城市经济管理系	社会保障研究所 人力资源研究中心 公共管理研究所 劳动经济研究所社区与社会工作研究所 公共监督研究中心 医疗保险研究所 社会政策研究所 人口与区域研究中心	MPA 教育中心	中国政府采购研究所	湖北省就业与再就业研究中心
Ⅱ.				
院设教学单位	院设科研单位	专业硕士		

103. 中南民族大学

学校	中南民族大学
地址：武汉市洪山区民院路 708 号，邮编：430074	
网址：http://www.scuec.edu.cn/	

校级学院			校级研究中心	
Ⅰ.（成立时间：2008 年）				
院设教学单位	院设科研单位	专业硕士	校自建或合作建立	政府批准建立
公共事业管理教研室 劳动与社会保障教研室 行政管理教研室 教育学教研室 心理学教研室	高等教育科学研究院 综合实验室	MPA 教育中心		
Ⅱ.				
院设教学单位	院设科研单位	专业硕士		

湖南省

104. 湘潭大学

学校	湘潭大学
地址：中国湖南湘潭，邮编：411105	
网址：http://www.xtu.edu.cn/index.html	

校级学院			校级研究中心	
Ⅰ.公共管理学院（成立时间：2007 年）				
院设教学单位	院设科研单位	专业硕士	校自建或合作建立	政府批准建立
政治学与行政管理系 知识资源管理系 信息管理系 电子政务系		MPA 教育中心		湖南政府绩效评估研究中心（HCGPE）（湖南省编制委员会办公室批准）
Ⅱ.				
院设教学单位	院设科研单位	专业硕士		

105. 湖南大学

学校	湖南大学
地址：湖南长沙岳麓山，邮编：410082 网址：http://www.hnu.edu.cn/	

校级学院			校级研究中心	
Ⅰ. 政治与公共管理学院（成立时间：2003 年）				
院设教学单位	院设科研单位	专业硕士	校自建或合作建立	政府批准建立
行政管理学系 政治学系 土地资源管理系 劳动与社会保障系	廉政与监察研究所 反腐败形势分析与预测实验室 廉政信息中心	MPA 教育中心		湖南省廉政研究中心（湖南省廉政研究基地） 非营利组织（NPO 研究所）
Ⅱ.				
院设教学单位	院设科研单位	专业硕士		

106. 中南大学

学校	中南大学
地址：湖南省长沙市麓山南路 932 号，邮编：410012 网址：http://www.csu.edu.cn/	

校级学院			校级研究中心	
Ⅰ. 公共管理学院（成立时间：2009 年）				
院设教学单位	院设科研单位	专业硕士	校自建或合作建立	政府批准建立
哲学系 公共管理系 社会学系	中国城市竞争力研究所	MPA 教育中心		中南大学应用伦理学研究中心（2006 年被中南大学批准为"国家级后备研究基地"，2008 年被湖南省教育厅批准为"湖南省哲学社会科学重点研究基地"）
Ⅱ.				
院设教学单位	院设科研单位	专业硕士		

107. 湖南农业大学

学校	湖南农业大学
地址：湖南省长沙市芙蓉区农大路 1 号，邮编：410128 网址：http://www.hunau.net/2010/	

校级学院			校级研究中心	
Ⅰ. 人文社会科学学院（成立时间：2001 年）				
院设教学单位	院设科研单位	专业硕士	校自建或合作建立	政府批准建立
思想政治理论课教学部 行政管理系 公共事业管理系 劳动与社会保障系 社会工作系 法学系		MPA 教育中心		
Ⅱ.				
院设教学单位	院设科研单位	专业硕士		

108. 湖南师范大学

学校	湖南师范大学
地址：湖南省长沙市岳麓区桃子湖路 56 号，邮编：410012 网址：http://www.hunnu.edu.cn/hnsd/	

校级学院			校级研究中心	
Ⅰ. 公共管理学院 （成立时间：2002 年）				
院设教学单位	院设科研单位	专业硕士	校自建或合作建立	政府批准建立
政治学系 哲学系 社会学系 行政管理学系 思想政治理论课教研部	伦理学研究所 邓小平理论研究所 科技哲学与科技政策研究所 外国哲学研究所 中共党史研究所 社会学研究所 科学社会主义研究所 人口学研究所 公共管理研究所	MPA 教育中心	湖南师范大学道德文化研究中心 邓小平理论研究基地	湖南省公民道德建设研究基地 湖南县域发展研究中心
Ⅱ.				
院设教学单位	院设科研单位	专业硕士		

广东省

109. 中山大学

学校	中山大学
地址：广州市新港西路 135 号，邮编：510275 网址：http://www.sysu.edu.cn/2012/cn/index.htm	

校级学院			校级研究中心	
Ⅰ. 政治学与公共事务学院 （成立时间：2001 年）				
院设教学单位	院设科研单位	专业硕士	校自建或合作建立	政府批准建立
政治科学系 行政管理系	中国政府与政治案例中心 政治与社会科学实验研究中心 中山大学劳动问题国际研究中心 中国政府与政治数据中心 社会保障与社会政策研究所 城市治理与城市发展研究所	MPA 教育中心	中山大学社会保障研究中心 中山大学政治学研究所 中山大学地方治理研究所 中山大学公共事务调查中心 中山大学电子政务研究中心 中山大学民意调查研究中心	中山大学廉政与治理研究中心（广东省人文社会科学重点研究基地） 教育部人文社会科学重点研究基地：中国公共管理研究中心
Ⅱ.				
院设教学单位	院设科研单位	专业硕士		

110. 暨南大学

学校	暨南大学
地址：广州市黄埔大道西 601 号，邮编：510632 网址：http://www.jnu.edu.cn/	

校级学院			校级研究中心	
Ⅰ. 公共管理学院 （应急管理学院） （成立时间：2008 年）				
院设教学单位	院设科研单位	专业硕士	校自建或合作建立	政府批准建立
行政管理系	公共管理研究所 社会保障与保险研究所 教育经济与管理研究所	MPA 教育中心	暨南大学应急管理研究中心	
Ⅱ.				
院设教学单位	院设科研单位	专业硕士		

111. 汕头大学

学校	汕头大学				
地址：广东省汕头市大学路 243 号，邮编：515063					
网址：http://www.stu.edu.cn/					
校级学院			校级研究中心		
Ⅰ.法学院（成立时间：1983 年）					
院设教学单位	院设科研单位	专业硕士	校自建或合作建立	政府批准建立	
法律系 公共管理系	长江谈判及争议解决中心 法律援助研究中心	MPA 教育中心	高等教育研究所 地方政府发展研究所		
Ⅱ.					
院设教学单位	院设科研单位	专业硕士			

112. 华南理工大学

学校	华南理工大学				
地址：广州市天河区五山路 381 号/广州市番禺区广州大学城，邮编：510641/510006					
网址：http://www.scut.edu.cn/					
校级学院			校级研究中心		
Ⅰ.公共管理学院（成立时间：2009 年）					
院设教学单位	院设科研单位	专业硕士	校自建或合作建立	政府批准建立	
行政管理、土地资源管理	公共管理与公共政策研究所 政府决策与绩效评价研究所	MPA 教育中心			
Ⅱ.					
院设教学单位	院设科研单位	专业硕士			

113. 华南农业大学

学校	华南农业大学				
地址：广州市天河区五山华南农业大学，邮编：510642					
网址：http://www.scau.edu.cn/xw/					
校级学院			校级研究中心		
Ⅰ.公共管理学院（成立时间：1994 年）					
院设教学单位	院设科研单位	专业硕士	校自建或合作建立	政府批准建立	
社会学系 社会工作系 公共事业管理系 行政管理系 土地资源管理系 劳动与社会保障系	广东社会学学会"三农"研究专业委员会（挂靠） 国土资源研究中心 广东农村社区建设与公共管理研究中心 社会调查中心 **实验室：** 统计分析实验室 社会工作模拟实验室 院中心实验室 土地资源管理实验室 公共管理实验室	MPA 教育中心	华南农业大学学生社会工作服务中心 华南农业大学社会工作研究培训中心		
Ⅱ.					
院设教学单位	院设科研单位	专业硕士			

114. 华南师范大学

学校	华南师范大学

地址：广州市天河区中山大道西 55 号，邮政编码：510631
网址：http://www.scnu.edu.cn/scnu/

校级学院			校级研究中心	
Ⅰ. 公共管理学院 （成立时间：2004 年）				
院设教学单位	院设科研单位	专业硕士	校自建或合作建立	政府批准建立
教育经济与管理系 管理科学系 行政管理系 哲学研究所 公务员培训与 MPA 教育中心		MPA 教育中心	华南师范大学教育管理研究开发中心 华南师范大学系统科学与管理研究中心 中小学校长培训中心	
Ⅱ.				
院设教学单位	院设科研单位	专业硕士		

115. 深圳大学

学校	深圳大学

地址：深圳市南山区南海大道 3688 号，邮编：518060
网址：http://www.szu.edu.cn/2013/

校级学院			校级研究中心	
Ⅰ. 管理学院 （成立时间：2007 年）				
院设教学单位	院设科研单位	专业硕士	校自建或合作建立	政府批准建立
工商管理、行政管理、信息管理与信息系统、电子商务、人力资源管理、市场营销	组织形象与品牌策划研究所 居民生活与消费研究所 企业战略研究所 企业管理咨询与培训中心 电子商务研究所 现代管理技术研究所 房地产经济研究中心 信息管理系统研究所 天成金融工程研究所 旅游规划与管理研究所 数量经济研究所 物流规划与设计中心 人力资源研究所 香港行政与发展研究所 东亚研究所 企业业务流程与设计中心 政治与行政研究所 项目管理优化研究所 企业投资战略研究所 国际事务管理研究中心	工商管理硕士（MBA）、公共管理硕士（MPA）和项目管理硕士（MPM）	新加坡研究中心 人力资源研究所 社会管理创新研究所 高等教育研究所 基础教育与教师发展研究中心	广东省高校人文社会科学重点研究基地：当代中国政治研究所
Ⅱ.				
院设教学单位	院设科研单位	专业硕士		

海南省

116. 海南大学

学校	海南大学

地址：海南省海口市人民大道 58 号，邮编：570228
网址：http://www.hainu.edu.cn/

校级学院			校级研究中心	
I. 政治与公共管理学院（成立时间：2009 年）				
院设教学单位	院设科研单位	专业硕士	校自建或合作建立	政府批准建立
行政管理系 公共关系学系 土地资源管理系	南海区域问题研究中心 特区发展研究中心 人才评价与研究中心 社会调查研究中心	MPA 教育中心		
II.				
院设教学单位	院设科研单位	专业硕士		

四川省

117. 西南交通大学

学校	西南交通大学

地址：九里校区：四川省成都市二环路北一段 111 号，邮编：610031
　　　峨眉校区：四川省峨眉山市西南交通大学，邮编：614202
网址：http://www.swjtu.edu.cn/

校级学院			校级研究中心	
I. 公共管理学院（成立时间：2005 年）				
院设教学单位	院设科研单位	专业硕士	校自建或合作建立	政府批准建立
行政管理系 经济系 培训部	循环经济研究所 公共经济研究所 外资引进与利用研究所 亚洲政治文化与公共治理研究中心 中国教育财政研究中心 电子政务研究所 国际经济研究中心 知识创新与知识产权研究中心 应用伦理研究中心 公共管理学院电子政务综合实验室	MPA 教育中心	西南交通大学公共政策研究所 西南交通大学社情民意调查中心 西南交通大学区域经济与城市管理研究中心 西南交通大学地方政府绩效评价中心	
II.				
院设教学单位	院设科研单位	专业硕士		

118. 电子科技大学

学校	电子科技大学
地址：沙河校区成都市建设北路二段四号 邮编：610054 网址：http://www.uestc.edu.cn/	

校级学院			校级研究中心	
I. 政治与公共管理学院（成立时间：2006 年）				
院设教学单位	院设科研单位	专业硕士	校自建或合作建立	政府批准建立
公共管理 宪法学与行政法学 新闻传播 国际政治 应用心理学	公共管理国际会议	MPA 教育中心		四川省社科联和四川省教育厅共同批准设立的四川省哲学社会科学重点研究基地：四川省区域公共管理信息化研究中心、四川省干部培训教育基地
II.				
院设教学单位	院设科研单位	专业硕士		

119. 四川农业大学

学校	四川农业大学
地址：雅安校本部：雅安市雨城区新康路 46 号，邮编：625014　　　成都校区：成都市温江区惠民路 211 号，邮编：611130　　　都江堰校区：成都市都江堰市建设路 288 号，邮编：611830 网址：http://www.sicau.edu.cn/	

校级学院			校级研究中心	
I. 经济管理学院（成立时间：2003 年）				
院设教学单位	院设科研单位	专业硕士	校自建或合作建立	政府批准建立
农林经济管理系 经济学系 管理学系 财务管理系	经济管理实验中心	MPA 教育中心 MEA 教育中心		四川省农村发展研究中心
II.				
院设教学单位	院设科研单位	专业硕士		

120. 西华师范大学

学校	西华师范大学
地址：四川省南充市师大路 1 号，邮编：637002 网址：http://www.cwnu.edu.cn/	

校级学院			校级研究中心	
I. 政治与行政学院（成立时间：1958 年）				
院设教学单位	院设科研单位	专业硕士	校自建或合作建立	政府批准建立
政治学与行政管理系	政治学研究所			
II. 国土资源学院（成立时间：1986 年）				
院设教学单位	院设科研单位	专业硕士		
III. 管理学院（成立时间：1999 年）				
院设教学单位	院设科研单位	专业硕士		
公共管理教研室 人力资源管理教研室 旅游管理教研室 社会工作教研室		MPA 教育中心		

121. 西南财经大学

学校	西南财经大学

地址：（柳林校区）四川成都温江柳台大道 555 号，邮编：611130
　　　（光华校区）四川成都光华村街 55 号，邮编：610074
网址：http://www.swufe.edu.cn/

校级学院			校级研究中心	
I. 公共管理学院（成立时间：2001 年）				
院设教学单位	院设科研单位	专业硕士	校自建或合作建立	政府批准建立
人力资源管理系 行政管理系	劳动经济研究所 公共经济制度与政策研究所	MPA 教育中心	人力资源管理研究所 社会工作发展研究中心	
II.				
院设教学单位	院设科研单位	专业硕士		

122. 西南民族大学

学校	西南民族大学

地址：成都市一环路南四段，邮编：610041
网址：http://www.swun.edu.cn/swun/

校级学院			校级研究中心	
I.（成立时间：2003 年）				
院设教学单位	院设科研单位	专业硕士	校自建或合作建立	政府批准建立
工商管理系 市场营销系 会计与财务管理系 人力资源管理系 公共行政管理系	公共政策分析研究所 应用市场营销研究所 管理科学与工程研究所	MPA 教育中心 MBA 教育中心 工程硕士		
II.				
院设教学单位	院设科研单位	专业硕士		

贵州省

123. 贵州大学

学校	贵州大学

地址：贵州省贵阳市花溪区，邮编：550025
网址：http://www.gzu.edu.cn/

校级学院			校级研究中心	
I. 管理学院（成立时间：2004 年）				
院设教学单位	院设科研单位	专业硕士	校自建或合作建立	政府批准建立
工商管理系 财务会计系 管理科学与工程系 农林经济管理系	喀斯特地区发展战略研究中心	MBA 教育中心 EMBA 教育中心 EDP 教育中心	现代化管理研究中心 公共政策研究所 区域经济研究中心	
II.				
院设教学单位	院设科研单位	专业硕士		

云南省

124. 云南大学

学校	云南大学

地址：昆明市翠湖北路 2 号，邮编：650091
网址：http://www.ynu.edu.cn/

校级学院			校级研究中心	
Ⅰ．公共管理学院（成立时间：1999 年）				
院设教学单位	院设科研单位	专业硕士	校自建或合作建立	政府批准建立
政治系 社会学与社会工作系 公共管理系 情报与档案学系		MPA 教育中心 社会工作专业硕士 图书情报专业硕士	高等教育研究院	
Ⅱ．				
院设教学单位	院设科研单位	专业硕士		

125. 云南财经大学

学校	云南财经大学

地址：昆明市龙泉路 237 号，邮编：650221
网址：http://www.ynufe.edu.cn/

校级学院			校级研究中心	
Ⅰ．公共管理学院（成立时间：2003 年）				
院设教学单位	院设科研单位	专业硕士	校自建或合作建立	政府批准建立
行政管理系 公共事业管理系 社会工作系 政治学系		MPA 教育中心	区域发展研究所 高教研究所 国土资源与持续发展研究所	
Ⅱ．				
院设教学单位	院设科研单位	专业硕士		

126. 云南民族大学

学校	云南民族大学

地址：云南省昆明市一二一大街 134 号，邮编：650031
网址：http://www.ynni.edu.cn/

校级学院			校级研究中心	
Ⅰ．经济与工商管理学院（成立时间：1979 年）				
院设教学单位	院设科研单位	专业硕士	校自建或合作建立	政府批准建立
财务会计系 工商管理系 公共管理系 管理基础系		工商管理硕士（MBA） 公共管理硕士（MPA） 会计硕士（MPAcc） 资产评估硕士（MV）		
Ⅱ．				
院设教学单位	院设科研单位	专业硕士		

陕西省

127. 西北大学

学校	西北大学

地址：（长安校区）：西安市长安区郭杜教育科技产业园区学府大道 1 号，邮编：710127
　　　（太白校区）：西安市太白北路 229 号，邮编：710069
　　　（桃园校区）：西安市高新四路 15 号，邮编：710075

网址：http://www.nwu.edu.cn/

校级学院			校级研究中心	
I. 公共管理学院（成立时间：2000 年）				
院设教学单位	院设科研单位	专业硕士	校自建或合作建立	政府批准建立
公共行政学系 社会保障学系 公共政策与管理系 人力资源管理系 公共信息资源管理系	公共政策研究所 社会保障与社会福利研究所 应用心理学研究所 人口与社会发展研究所 科技政策与管理研究所 高等教育研究所 《高等教育发展》编辑部 公共信息资源研究所 人才测评与心理咨询研究所 创新管理研究中心 地方政府管理绩效评估中心 公共事物调查研究中心 社会事业发展研究中心 卫生政策与管理研究所 管理行为实验室 信息管理实验室	MPA 教育中心		陕西省应急管理培训基地 陕西省档案信息化研究中心
II.				
院设教学单位	院设科研单位	专业硕士		

128. 西安交通大学

学校	西安交通大学

地址：陕西省西安市咸宁西路 28 号，邮编：710049
网址：http://www.xjtu.edu.cn/

校级学院			校级研究中心	
I. 公共政策与管理学院（成立时间：2004 年）				
院设教学单位	院设科研单位	专业硕士	校自建或合作建立	政府批准建立
行政管理系 社会保障系 高级公务人员培训中心	人口与发展研究所 社会医学与卫生管理研究所 科技发展与政策研究所 亚欧研究所 高等教育研究所 中国西部发展研究中心	MPA 教育中心		
II.				
院设教学单位	院设科研单位	专业硕士		

129. 西北工业大学

学校	西北工业大学
地址：西安市友谊西路 127 号，邮编：710072 网址：http://www.nwpu.edu.cn/	

校级学院			校级研究中心	
Ⅰ. 人文与经法学院（成立时间：2003 年）				
院设教学单位	院设科研单位	专业硕士	校自建或合作建立	政府批准建立
经济学系 法学系 公共管理系 外国语言文学系 外语教育系	社会发展研究中心 经济研究中心 妇女发展与权益研究中心 军工企业与文化研究中心	MPA 教育中心	西部国防科技工业发展研究中心	
Ⅱ.				
院设教学单位	院设科研单位	专业硕士		

130. 长安大学

学校	长安大学
地址：西安市南二环路中段，邮编：710064 网址：http://www.xahu.edu.cn/	

校级学院			校级研究中心	
Ⅰ. 政治与行政学院（成立时间：2009 年）				
院设教学单位	院设科研单位	专业硕士	校自建或合作建立	政府批准建立
公共管理系、法学系	长安文化产业研究中心 西部政治文明与社会治理研究中心	MPA 教育中心	长安大学高等教育研究所	陕西省文化厅批准：陕西省文化产业人才培训基地
Ⅱ.				
院设教学单位	院设科研单位	专业硕士		

131. 西北农林科技大学

学校	西北农林科技大学
地址：陕西杨凌，邮编：712100 网址：http://www.nwsuaf.edu.cn/	

校级学院			校级研究中心	
Ⅰ. 人文学院（成立时间：2000 年）				
院设教学单位	院设科研单位	专业硕士	校自建或合作建立	政府批准建立
法学系 社会学系 公共事业管理系 文学艺术系		农业推广、MPA、社会工作及中职教师职业教育		1956 年经农林部批准：中国农业历史文化研究中心 陕西省农业厅批准：陕西省农业法环境法研究中心、陕西省农村社会学研究室
Ⅱ.				
院设教学单位	院设科研单位	专业硕士		

132. 陕西师范大学

学校	陕西师范大学

地址：西安市长安南路 199 号，邮编：710062

网址：http://www.snnu.edu.cn/

校级学院			校级研究中心	
Ⅰ. 政治经济学院（成立时间：2000 年）				
院设教学单位	院设科研单位	专业硕士	校自建或合作建立	政府批准建立
思想政治教育系 哲学系 政治学与行政管理学系 法学系 社会学系	企业文化研究中心 社会问题调查研究中心 法律援助中心 法学研究中心 中国社会发展研究中心 思想政治课教学研究中心 当代马克思主义研究中心	MPA 教育中心	教育管理科学研究所 西方哲学研究所 西北国土资源研究中心 邓小平理论研究中心	
Ⅱ.				
院设教学单位	院设科研单位	专业硕士		

甘肃省

133. 兰州大学

学校	兰州大学

地址：兰州市天水南路 222 号，邮编：730000

网址：http://www.lzu.edu.cn/

校级学院			校级研究中心	
Ⅰ. 管理学院（成立时间：2004 年）				
院设教学单位	院设科研单位	专业硕士	校自建或合作建立	政府批准建立
公共管理系 工商管理系 会计系 管理学系	战略与绩效管理研究所 运营与项目管理研究所 危机信息管理研究所 服务管理研究所 资源环境管理与可持续发展研究所 财务与会计学研究所 管理教育研究所	高级管理人员工商管理硕士（EMBA）、工商管理硕士（MBA）、公共管理硕士（MPA）、会计硕士（MPAcc）	兰州大学中国地方政府绩效评价中心（中国行政管理学院共建） 兰州大学中国西部公共管理研究中心 兰州大学虚拟组织与服务科学研究中心 兰州大学管理科学研究院（深圳）	
Ⅱ.				
院设教学单位	院设科研单位	专业硕士	兰州大学城市经营与管理研究中心	

134. 西北师范大学

学校	西北师范大学

地址：兰州市安宁东路 967 号，邮编：730070

网址：http://www.nwnu.edu.cn/

校级学院			校级研究中心	
Ⅰ. 社会发展与公共管理学院（成立时间：2012 年）				
院设教学单位	院设科研单位	专业硕士	校自建或合作建立	政府批准建立
行政管理系 社会工作系 社会保障系	社会学研究所 公共管理研究所 社区与社会工作研究中心 社会保障研究中心 非政府组织研究中心 西北少数民族妇女研究中心 非政府组织研究中心 社会工作与公共管理实验中心和资料中心	公共管理硕士（MPA）专业学位教育中心 社会工作硕士（MSW）专业学位教育中心	西北地区社会发展人才培养基地	省高校人文社会科学重点研究基地——甘肃省西北民族地区社会发展与地方治理研究中心

Ⅱ.				
院设教学单位	院设科研单位	专业硕士		

青海省

135. 青海民族大学

学校	青海民族大学
地址：青海省西宁市八一中路 3 号，邮编：810007 网址：http://www.qhmu.edu.cn/	

校级学院			校级研究中心	
Ⅰ. 公共管理学院（成立时间：2009 年）				
院设教学单位	院设科研单位	专业硕士	校自建或合作建立	政府批准建立
行政管理教研室 公共事业管理教研室 土地资源管理教研室 基础教研室		MPA 教育中心	人力资源管理研究所 青海民族大学干部培训中心	青海省青藏高原生态环境研究所
Ⅱ.				
院设教学单位	院设科研单位	专业硕士		

广西壮族自治区

136. 广西大学

学校	广西大学
地址：广西南宁市大学路 100 号，邮编：530004 网址：http://www.gxu.edu.cn/	

校级学院			校级研究中心	
Ⅰ. 公共管理学院（成立时间：2005 年）				
院设教学单位	院设科研单位	专业硕士	校自建或合作建立	政府批准建立
公共管理系 哲学系 社会学与社会工作系		MPA 教育中心		
Ⅱ.				
院设教学单位	院设科研单位	专业硕士		

137. 广西师范大学

学校	广西师范大学
地址：广西桂林市育才路 15 号，邮编：541004 网址：http://www.gxnu.edu.cn/	

校级学院			校级研究中心	
Ⅰ. 政治与行政学院（成立时间：2005 年）				
院设教学单位	院设科研单位	专业硕士	校自建或合作建立	政府批准建立
哲学教研室 政治学教研室 经济学教研室 思想政治教育教学教研室 行政管理教研室 人力资源管理教研室		公共管理硕士（MPA） 教育硕士（思想政治教育）	广西师范大学教育科学研究所	
Ⅱ.				
院设教学单位	院设科研单位	专业硕士		

138. 广西民族大学

学校	广西民族大学

地址：中国广西南宁市大学东路 188 号，邮编：530006
网址：http://www.gxun.edu.cn/

校级学院			校级研究中心	
Ⅰ. 管理学院（成立时间：2000 年）				
院设教学单位	院设科研单位	专业硕士	校自建或合作建立	政府批准建立
公共管理系、工商管理系、旅游管理系、信息资源管理系	公共管理研究所、企业管理研究所、信息管理研究所、人力资源管理研究所、社会保障研究所、旅游规划研究中心	MPA 教育中心		
Ⅱ.				
院设教学单位	院设科研单位	专业硕士		

内蒙古自治区

139. 内蒙古大学

学校	内蒙古大学

地址：内蒙古呼和浩特市大学西路 235 号，邮编：010021
网址：http://www.imu.edu.cn/

校级学院			校级研究中心	
Ⅰ. 公共管理学院（成立时间：2001 年）				
院设教学单位	院设科研单位	专业硕士	校自建或合作建立	政府批准建立
政治理论部、行政管理学系、政治学系、公共事业管理系、劳动与社会保障系		MPA 教育中心	内蒙古自治区应急管理研究中心	内蒙古自治区高校人文社会科学重点研究基地——"马克思主义中国化与民族发展研究中心"
Ⅱ.				
院设教学单位	院设科研单位	专业硕士		

140. 内蒙古农业大学

学校	内蒙古农业大学

地址：内蒙古呼和浩特市赛罕区昭乌达路 306 号，邮编：010018
网址：http://www.imau.edu.cn/

校级学院			校级研究中心	
Ⅰ. 人文社会科学院（成立时间：2001 年）				
院设教学单位	院设科研单位	专业硕士	校自建或合作建立	政府批准建立
行政管理系 社会学系 法律系	牧区发展研究所 社会心理与组织行为研究所 实验教学管理中心	MPA 教育中心		
Ⅱ.				
院设教学单位	院设科研单位	专业硕士		

141. 内蒙古师范大学

学校	内蒙古师范大学

地址：内蒙古呼和浩特市赛罕区昭乌达路 81 号
网址：http://www.imnu.edu.cn/

校级学院			校级研究中心	
Ⅰ．公共管理学院（成立时间：2001 年）				
院设教学单位	院设科研单位	专业硕士	校自建或合作建立	政府批准建立
工商管理系 公共管理系		MPA 教育中心		
Ⅱ．				
院设教学单位	院设科研单位	专业硕士		

新疆维吾尔自治区

142. 新疆大学

学校	新疆大学

地址：新疆乌鲁木齐市胜利路 14 号，邮编：830046
网址：http://www.xju.edu.cn/

校级学院			校级研究中心	
Ⅰ．政治与公共管理学院（成立时间：2006 年）				
院设教学单位	院设科研单位	专业硕士	校自建或合作建立	政府批准建立
政治学系 公共管理学 社会学系		MPA 教育中心 （学校所属）		自治区人文社科会科学基地"中亚地缘政治研究中心"
Ⅱ．				
院设教学单位	院设科研单位	专业硕士		

143. 新疆农业大学

学校	新疆农业大学

地址：乌鲁木齐市农大东路 311 号，邮编：830052
网址：http://www.xjau.edu.cn/

校级学院			校级研究中心	
Ⅰ．（成立时间：1952 年）				
院设教学单位	院设科研单位	专业硕士	校自建或合作建立	政府批准建立
土地资源管理系 人力资源与社会保障管理系 法学系 公共事业管理系 不动产经营与城乡管理系	新疆土地问题研究中心 经济与社会发展研究所 MPA 研究中心（含土地科学研究所 民族地区行政与法制研究所 乡村公共治理与创新研究所 农业教育研究所 房地产评估研究所等）	MPA 教育中心		
Ⅱ．				
院设教学单位	院设科研单位	专业硕士		

本机构不包括中国香港、中国澳门和中国台湾，本部分内容由曹堂哲整理。

二、中国公共管理重大学术活动与会议

1. 中国能源环境高峰论坛 2011 年海峡西岸峰会

（1）会议时间。

2011 年 1 月 7~9 日。

（2）会议地点。

厦门大学。

（3）主办单位。

厦门大学，台湾清华大学，中国人民银行。

（4）参会人员。

来自自然科学和社会科学领域的专家学者及企业和政府的业界人士共计 200 人参加了本次峰会。

（5）会议主题和成果。

与会嘉宾就先进核能、化学电源、太阳能发电和生物能源等新能源关键技术与应用，以及金融与能源等议题进行深入研讨和交流。峰会议题均为能源技术开发与应用、新能源融资、节能环保等领域热点问题。由中国人民银行研究局主持的金融与能源分论坛下半场，举办了"厦门建设两岸金融服务中心"论证会。峰会推动了海峡两岸合作、银企合作、学企合作、产学研结合。

2. 中国财政学会"地方政府债务研讨会"

（1）会议时间。

2011 年 1 月 8 日。

（2）会议地点。

海南省海口市。

（3）主办单位。

中国财政学会举办，海南省财政厅承办。

（4）参会人员。

来自中国社会科学院财贸所、财政部财政科学研究所、国家发改委经济研究所、财政部、中国人民大学、中央财经大学、中南财经政法大学、西南财经大学、上海财经大学、江西财经大学、广东商学院等科研机构、政府部门和财经院校的专家、官员、学者共计 50 余人参加了此次研讨会，来自海南、北京、天津、山东等各省财政厅的官员也参与了研讨。

（5）会议主题和成果。

此次会议围绕我国当前地方政府债务的成因、规模、结构、风险控制、预警机制等问题进行了深入细致的研讨。

3. 中日绿色经济，资源循环政策研讨会

（1）会议时间。

2011 年 1 月 8 日。

（2）会议地点。

中国北京。

（3）主办单位。

国务院发展研究中心。

（4）参会人员。

来自中日两国中央政府部门、研究机构、行业协会、地方政府和企业的 200 多名代表出席了研讨会。

（5）会议主题和成果。

本次会议分别围绕"政策的规划与实践"、"企业的社会责任"、"社会发展和绿色经济"、"中日节能环保领域的交流与合作"等主题，进行了探讨。与会专家一致认为中国和日本在节能环保领域的战略规划、政策引导以及行业组织协调、企业具体项目运作等方面存在广阔的合作空间。

4. 2011 中国人力资源管理实践年会

（1）会议时间。

2011 年 1 月 8 日。

（2）会议地点。

中国北京。

（3）主办单位。

中国人民大学商学院。

（4）参会人员。

300 多名来自中国人力资源管理研究和实践领域的代表。

（5）会议主题及成果。

①会议主题。

前瞻"十二五"规划——中国经济发展方式转变对企业人力资源管理的冲击和影响；转型与突破——中国人力资源管理未来 10 年；变革期的企业文化与人力资源管理如何真正以人为本？中国人力资源管理的最新趋势与应对策略；直面"80 后"、"90 后"——新一代员工的管理挑战。

②会议成果。

原中国人民大学经济学院院长黄卫平从"十二五"规划的宏观视角解读了中国经济发展方式的转变对企业人力资源管理的冲击和影响。他认为，改革开放 30 年来的发展给中国经济带来了巨

大的变革，但是旧的发展模式如今遇到了新的问题。就人力资源而言，沿海工人急缺、新生代员工的管理等，都是企业面临的新挑战。因此，中国的人才教育培养方向要不断调整，力争与经济发展的需求结构保持一致。中国人民大学劳动人事学院彭剑锋教授提出，企业经营的本质是经营人才，而经营人才的本质就是经营知识、心理、能力。未来十年中，将会出现十个方面的人力资源管理创新实践，包括优化企业人力资源治理体系、人才经营三角、双基点复合式人力资源管理、全量化人力资源管理、绿色人力资源管理、人力资源价值链管理、虚拟式整合人力资源管理、关注新生代人力资源管理等内容。中国人民大学商学院杨杜教授认为，处在社会变革期的当下，企业应该与政府携手共进。他表示："三年发展靠运气，十年发展靠战略，三十年发展靠文化，百年发展靠制度。"而具体到人力资源管理者，则应该思考如何让组织适应环境的弹性化。中国人民大学劳动人事学院文跃然教授就薪酬管理的六大趋势作了详尽的分析，包括劳动成本至少有一倍的增长，企业薪酬决策体系从单元体系到多元体系，代际问题会成为薪酬经理必须要考虑的一个大问题，企业与员工之间的交易模式内涵会发生很大变化，报酬内涵扩大，以及更加强调薪酬成本的投入产出比等。

以上几位专家从理论的高度为与会者提供了清晰的人力资源管理图景，而作为一线管理者的海底捞餐饮股份有限公司董事长张勇，长期以来积累了丰富的实践经验，他为大家带来了海底捞集团"与人为善"的管理理念，以及从内部提拔、培养管理者的有效做法。他说："企业要充分尊重员工的权利，否则，员工不会发自内心地忠于企业。"

本次会议中，"中国人力资源管理最新趋势与应对策略"、"新一代员工的管理挑战"、"从培训到学习——人才培养和企业大学的中国实践"等主题论坛都牢牢地吸引了与会者的关注。

5.《人力资源强国之路：中国人本发展战略研究报告》发布会及专题研讨会

（1）会议时间。

2011 年 1 月 9 日。

（2）会议地点。

中国北京。

（3）主办单位。

经济科学出版社、北京师范大学人本发展与管理研究中心、《经济研究参考》杂志社。

（4）参会人员。

与会者，有来自中国人民大学、北京师范大学、中央财经大学、中国青年政治学院、首都经济贸易大学、北京工商大学等首都著名高校人力资源开发与管理领域的专业教授，中央党校、人力资源与社会保障部、国家发改委、国家行政学院、国务院发展研究中心、中国人力资源开发研究会、中国经济体制改革研究会、北京市教委、北京市委研究室等国家政府机关及科研机构的专家学者，以及《人民日报》、《人民政协报》、新华通讯社、《学习时报》、《北京青年报》、《新京报》、中国发展观察、《中国财经报》、中国报道、《科学时报》、改革内参、新浪网等各大媒体的记者，共 50 多位。

（5）会议主题及成果。

①会议主题。

中国人力资源强国建设应标定什么样的战略目标、实施何种战略步骤、选择什么作为战略重点以及采取哪些战略对策。

②会议成果。

《人力资源强国之路：中国人本发展战略研究报告》发布。与会专家学者对于由北京师范大学人本发展与管理研究中心推出的这一集成性研究成果，在理论整合提升层面的学术价值以及直面回应重大现实问题方面的政策意义，给予了充分肯定，并紧紧围绕"中国人力资源强国战略"这一宏观全局的重大社会经济发展战略问题，展开了热烈的学术互动讨论。

6. 特华金融论坛——2011 年中国宏观经济形势与政策研讨会

（1）会议时间。

2011 年 1 月 9 日。

（2）会议地点。

中国北京。

（3）主办单位。

中国社会科学院金融研究所、中国保监会政策研究室、中国银监会培训中心和特华博士后科研工作站联合主办，华安财产保险股份有限公司协办。

（4）参会人员。

来自政府金融监管部门、其他部委、企业界、新闻界、著名高校及科研院所的特邀嘉宾、特华博士后科研工作站的博士后共 350 多人。

（5）会议主题和成果。

与会学者从后危机时代国际经济形势展望、后危机时代中国经济的挑战与机遇、后危机时代中国经济金融的运行与宏观政策三个方面进行了研讨。中国社会科学院副院长李扬认为未来的发展，转变经济发展方式，贯彻落实科学发展观，从研究角度来看，有三个问题非常重要：一是牢牢把握住科技发展作为主导的要点，大力推行创新型国家的建设；二是工业化、城镇化以及农业的现代化"三化"并举；三是大力发展服务业，特别是要发展高端的服务业。中国人民银行货币政策司前司长戴根有认为，未来中国经济走势取决于货币信贷政策和房地产调控。中国生产力学会会长王茂林对中国经济发展讲了三方面的问题：一是在后危机时代中国经济发展方式一定改变高增长、高消耗、高污染、低效益模式，建议中央在保增长同时要做到三个决心不能动摇：转变高增长、高污染、高消耗、低效益国民经济模式的观点绝不能有任何思想动摇；节能减排、保护环境的决心绝不能动摇。以人为本、为民造福的理念绝不能动摇。二是未来的货币政策不能仅仅是提高利息和准备率收紧银根，需要差别对待，特别如何加强对"三农"的金融支持。三是碳排放的问题，王茂林认为，发展中国家不能够把低碳和发展经济对立起来，为低碳而低碳；发达国家与发展中国家的碳排放应区别对待，发达国家应承担更多责任。中国证券监督管理委员会原主席周道炯认为中国经济需认真研究投入产出问题。中国人民银行副行长刘士余在研讨会围绕金融稳定和金融创新谈了五方面的问题：一是国际货币基金组织和世界银行的金融评估团对中国进行金融稳定评估，结果大大好于金融评估团的预期；二是以科学发展观为指导，稳步推进金融创新，不能因危机而因噎废食；三是中国应继续稳固推进金融业综合经营试点；四是通报了最近在金融市场金融创新情况，如信用风险缓设工具（CRM）、超短期融资券（SCT）；五是针对第三方支付，认为应以疏堵结合，以疏为主，承认第三方支付组织存在的合理性，但是必须规范，要对第三方支付实行许可管理。中国社会科学院金融所所长王国刚就中国宏观经济形势谈了三个认识问题：一是中国 GDP 增速以多少为合适；二是价格问题，金融所所长王国刚认为物价上涨，首先得弄清楚物价上涨的成因，根据成因，综合采取各项政策，而不能简单看到 CPI 超过 3% 就盖一个通货膨胀的帽子，单一采用货币政策进行调控；三是对货币 M2 的认识问题，王国刚认为对于中国 M2 超过 GDP 的现象需要深入研究，不能简单认为是货币超发，其主要原因可能还在于中国的高储蓄率。中国民生银行行长洪崎围绕商业银行的经营问题，谈了中小商业银行面临的三个挑战：一是加强资本充足率形成的资本约束；二是直接融资对信贷的冲击；三是利率市场化对存贷款利率的冲击。洪崎建议希望真正开展信贷资产证券化，有利于缓解风险和资本约束问题。

7. 政府采购中美专家讨论会

（1）会议时间。

2011 年 1 月 14 日。

（2）会议地点。

中国北京。

（3）主办单位。

中国美国商会与中国政府采购杂志社联合举办。

（4）参会人员。

中国美国商会孟克文会长、中国政府采购杂志社王晓光社长、工业和信息化财务司综合处杨鹏、美国莱金国际贸易有限公司（LT Associates）总裁骆鸿博（John Larkin）、清华大学公共管理学院于安教授、美国翰宇国际律师事务所北京办事处的首席代表詹姆斯·吉莫曼（James M. Zimmerman）、湖南师范大学法学院肖北庚院长、南开大学法学院何红锋教授等专家学者出席了本次会议。

（5）会议主题和成果。

此次会议就中国政府采购的发展政策以及我国加入 GPA 的相关问题展开讨论，主要包括中国加入 GPA 程序的透明度，中央政府和地方各级政府实体的覆盖范围，中国加入 GPA 的利弊等方面。

8. 第六届农业政策理论与实践研讨会

（1）会议时间。

2011 年 1 月 15 日。

（2）会议地点。

中国北京。

（3）主办单位。

中国农业经济学会主办，中国农业科学院农业经济与发展研究所农业经济问题杂志社和中国农业大学人文与发展学院承办。

（4）参会人员。

中国农业经济学会、中国农业科学院、中国农业大学、中国人民大学、北京农学院、中央民族大学等单位的 100 余名代表参加。

（5）会议主题和成果。

会议主题是"后危机背景下的农业产业安全"。农业部原副部长、中国农业经济学顾问万宝瑞对当前农业农村发展中需要关注的工商企业进村租赁土地经营、反租倒包、土地入股、粮食安全及农业走出去五个问题进行了深入分析。中央财经领导小组办公室赵阳局长就当前农业发展形势进行了分析。中国农业经济学会副会长兼秘书长、中国农业科学院农业经济与发展研究所所长秦富教授从外资进入大豆行业视角出发，报告了我国农业产业安全状况。农业部农村经济研究中心主任宋洪元就农业产业安全提出的背景以及农业产业安全应重点关注的问题进行了报告。农业部贸促中心主任倪洪兴就粮食贸易安全、中国农业大学何秀荣教授就大豆产业是否安全、中国农业科学院农业经济与发展研究所副所长王济民研究员就畜牧业未来发展趋势、中国人民大学农业与农村发展学院孔祥智教授就奶业安全、南京财经大学营销与物流管理学院副院长吴志华教授就粮食流通安全、中国农业大学人文与发展学院任大鹏教授就"农业产业安全座谈会"的观点等作了专题报告。与会专家学者一致认为，在开放程度不断加深背景下，我国农业产业安全机遇与挑战并存，应采取积极有效措施，维护我国农业产业安全。

9. "财政体制改革与创新"国际学术研讨会

（1）会议时间。

2011 年 1 月 15~16 日。

（2）会议地点。

湖北省武汉市。

（3）主办单位。

由湖北经济学院、巴黎第一大学承办，法国驻武汉总领事馆、湖北省财政厅等给予支持。

（4）参会人员。

来自法国、巴西、葡萄牙、摩洛哥等国家的财政官员、专家学者及国内财政部科研所、中国社会科学院、中国人民大学、中央财经大学、武汉大学、中南财经政法大学、上海财经大学、东北财经大学、江西财经大学等近百名代表参加了研讨会。

（5）会议主题和成果。

会议围绕"财政管理体制创新"、"财政收入体制改革"、"地方财政管理体制改革"、"财政监督体制改革"四个主题展开研讨。来自法国、巴西、葡萄牙、摩洛哥等国家的专家学者，分别介绍了各自国家财政管理体制、税收政策等，并就"地方政府公共管理的现代化"、"财政内部监督制度的现代化"等课题发表看法。中国社会科学院、财政部财政科学研究所、中南财经政法大学、湖北经济学院等单位专家，就"关于财政体制改革的若干问题"、"中国财政体制的下一步改革"、"中国国际贸易均衡与财税制度转型"、"透过县级财政看中国分税制改革"等专题作了报告。

10. 2011 年中国政府采购年会

（1）会议时间。

2011 年 1 月 17~19 日。

（2）会议地点。

广东省汕头市。

（3）主办单位。

中国金融学会金融采购专业委员会、中国金融集中采购网。

（4）参会人员。

来自中央部委、各地政府采购监管部门、执行部门领导、专家学者、优秀供应商代表等 160 余人参加了此次会议。

（5）会议主题和成果。

本届年会围绕政府集中采购管理机制的改革与创新、政府采购全生命周期电子化平台建设、政府集中采购流程的优化经验及建设等问题进行了集中探讨。

11. 2011 突发事件应急管理论坛

（1）会议时间。

2011 年 1 月 21 日。

（2）会议地点。

成都电子科技大学。

（3）主办单位。

成都电子科技大学经济与管理学院、中国科学院数学与系统科学研究院。

（4）参会人员。

四川省人民政府应急办主任严卫东先生，国家自然科学基金委管理学部原常务副主任陈晓田教授，四川省教育厅副厅长唐小我教授，电子科技大学副校长、研究生院院长熊彩东教授，中国安全生产研究院院长刘铁民教授，中国科学院数学与系统科学研究院副院长汪寿阳教授，中国科学院复杂系统与智能科学重点实验室主任王飞跃教授，四川省政法委应急突发处处长苏云先生，电子科技大学经济与管理学院副院长马永开教授，电子科技大学企业研究中心主任李仕明教授以及来自中国科学院研究生院、华中科技大学、复旦大学、上海大学、东北大学、哈尔滨工业大学、大连理工大学、东北财经大学、暨南大学、南京航空航天大学等单位的相关教授、学者出席了开幕式。

（5）会议主题和成果。

在开幕式中，中国科学院数学与系统科学研究院副院长汪寿阳教授、国家自然科学基金委员会管理科学部原常务副主任陈晓田教授、四川省教育厅副厅长唐小我教授、电子科技大学副校长熊彩东教授分别为本次活动做了开幕致辞。开幕式结束后，中国安全生产科学研究院院长刘铁民教授、中国科学院复杂系统与智能科学重点实验室主任王飞跃研究员、中国科学院数学与系统研究院副院长汪寿阳教授、电子科技大学经济与管理学院李仕明教授分别受邀作了大会报告。在专家报告及讨论环节，大连理工大学王延章教授、南京航空航天大学刘思峰教授、哈尔滨工业大学李向阳教授、华中科技大学王红卫教授分别针对目前关于突发事件应急管理方面最新研究进行了介绍与交流。Panel Discussion 环节，各位专家教授根据前期报告的相关内容以及非常规突发事件应急管理研究的相关热点话题进行了深入交流和研讨。

12.《中国城乡统筹规划的实践探索》研究课题工作会议

（1）会议时间。

2011 年 2 月 20 日。

（2）会议地点。

四川省成都市。

（3）主办单位。

中国国际城市化发展战略研究委员会。

（4）参会人员。

中国国际城市化发展战略研究委员会、中国城市科学研究会中小城市委员会、成都市规划设计研究院、江苏省建设厅、浙江省城乡规划院、国务院发展研究中心、中国城市规划设计研究院、中国社会科学研究院、重庆市规划局、中国人民大学、河南省新乡市规划局、浙江省嘉兴市规划局等相关单位负责人。

（5）会议主题和成果。

2011 年 2 月 20 日，《中国城乡统筹规划的实践探索》研究课题第一次工作会议在成都举行，住房和城乡建设部村镇建设司原司长、中国国际城市化发展战略研究委员会副主任李兵弟提出"城乡统筹工作是中国城市化道路中不可逾越的环节"，期望城乡统筹规划研究课题能对我国一些先行地区的经验进行归纳总结和梳理，为今后纳入城乡规划法奠定基础。

会议就城乡统筹规划与国民经济发展规划、城市规划、土地利用规划和生态环境保护规划四规合一等问题展开了热烈的讨论，明确中国国际城市化发展战略研究委员会、中国城市科学研究会中小城市委员会、成都市规划设计研究院、江苏省建设厅、浙江省城乡规划院、国务院发展研究中心、中国城市规划设计研究院、中国社会科学研究院、重庆市规划局、中国人民大学、河南省新乡市规划局、浙江省嘉兴市规划局等为课题成员单位。

会议讨论、修改、确定了《中国城乡统筹规划实践探索》编写提纲，李兵弟对提纲进行总体说明，强调要根据理论指引、技术指引等进行总结，各单位可根据各自经验推荐实践案例。明确了各成员单位的具体任务与分工，确保本课题研究工作的顺利进行。计划于 2011 年 5 月、6 月在浙江和江苏召开第二、第三次工作会议。

江苏省住房和城乡建设厅副厅长张泉认为，城乡统筹最重要的任务是要稳定已进城进镇的农民。如果只是研究农村的规划比较简单，但关键是涉及农民进城的各种现实问题。江苏省的城乡统筹规划一开始就定位为一项专项规划，是城市规划的组成部分，也是法定规划。凡是镇村总体规划修编，就需进行城乡统筹规划，并进行审批。所以就江苏省而言，把城乡统筹规划纳入法定规划没有异议。

国务院体改办中国小城镇改革发展中心副主任何宇鹏研究员认为要站到战略的高度去思考统筹城乡问题，统筹城乡发展的目标是要实现公共服务均等化。从"十二五"规划来看，一是完善城市化空间布局形态，二是把符合条件的农村人口转化为城市人口，三是住房。关于农村建设，虽然各地有不同探索，党的十七届三中全会提出在城镇建设用地指标以外的农村集体用地进行建设是鼓励的。这其实对农村地区的城市化是一种政策支持，可以开展很多有益的探索。

关于几规合一的问题，对研究者而言，不存在谁统领谁的问题。但从部门专业性来看，规划最有可能。因为土地利用规划基本是用途规划，发改委的规划基本是时间规划，但无论如何，这些最后都会体现在形态上。另外也需加强部门间的协调，多部门合作方能成为统领性的文件。城乡统筹规划不一定是专门规划，不然很难解决合法性问题。

成都市规划设计研究院院长胡滨提出，四规合一由城乡统筹来合一是一个较好的统筹"工具"。城和乡应该是一个辩证关系，不分彼此。城要做大，才能反哺农村。通过7年的实践，成都的城乡统筹规划体系已经基本建立起来了，已经基本做到了"横到边，纵到底"。这与成都是国家城乡统筹试验区赋予的特殊政策有关。从城乡统筹规划本身来说，起步较晚的地区，应该先有规划，再实践。

浙江省城乡规划设计研究院院长顾浩认为，城乡统筹的重点是要关注人口的转换、转移以及人口素质的提高。也即城乡统筹的目的是把城乡人口素质都提高到相应的水平。要求现在的农民去搞农村产业化是不现实的，因为农民的就业技能素质不够高。实际上现在农村的户籍人口，其中20%~30%已经不从事农业生产，无非就是他们现在没有得到市民的承认。

在我国现行城市规划的每个层次中，其实都涵盖了城乡统筹的许多思想。因此，关于四规合一，不能说合一，只能说衔接。应该是以城乡统筹规划为统领或是平台，值得商榷。当然浙江省是给予了城乡统筹足够的法定地位，如把县域规划纳入法定规划。

重庆市规划局乡村处处长倪明指出，今后将城乡统筹规划单独作为一个规划不现实，在原来的规划体系中再加一级也比较不现实，重庆的总规也就是城乡总体规划，中心城也是结合了城乡考虑的规划，远郊则通过镇进行的规划。全国各地的做法也不同，如重庆就是大城市带大农村，尤其对城市化发展进程中农村的作用，大家的焦点一般在城乡建设用地的增减挂钩这方面，重庆也是试点区，但在每一级政府的认识是不同的，如基层就认为是通过整理转移建设用地指标。故课题研究中应提出一些关于土地、生态保护区等政策指引方面的内容。还有就是农村建设离不开资金的投入，可以介绍农村如何融资等。

广东省住房和城乡建设厅副处长郭建华强调，广东目前还没有用城乡统筹这样一个提法的规划。有一些试点，如鹤山和河源，是称作城乡总体规划，但和传统总规没有本质区别。云浮方面，也是对"合一"的使用比较谨慎，现在叫融合。所以觉得叫三规融合运行较好。广东省的探索，总的来说是从重点项目上突破。如三旧改造规划：旧城、旧村、旧厂房。比如广东省绿道项目的规划、建设和完善，就是城乡统筹规划的一个系统性典型案例。另外就是TOD、名镇、名村建设等，广义来讲都可纳入城乡统筹。城乡统筹规划研究课题，可能可以解决"重城市轻农村"的问题，当然全国各地的侧重点也会有所不同，所以可以作为对不同地域阶段性问题的总结。

中国城市规划设计研究院城建所副所长朱力指出，各地叫城乡统筹规划的名字的，未必在做城乡统筹；不叫这个名字的，倒可能做了很多城乡统筹的探索。城乡统筹比较类似战略规划。比如石家庄，先做了一个战略，再做总规，再统筹。从技术上讲，石家庄实际上就是修正了传统规划的体现，也一定程度上实现了四规合一，规划是走在最前面的。在实践中，政府的价值取向其实直接影响到规划理念，有的地方是真统筹，有的地方其实只是打着统筹的旗号。所以从技术上讲还是有一定难度的，特别是涉及乡村就比较难。

河南省新乡市城乡规划局局长田子超提出，新乡市作为河南省的城乡统筹试验区，规划局参与了专业的规划编制和管理等技术工作。通过2010年的几个试点，发现了很多困惑：一是村庄没有技术规范的支持；二是村庄发展状况不同；三是各部门理解不同，偏离了经济状况和群众意愿。因此，她赞同对不同区域的村庄建设模式加以区别。城乡统筹规划是很宽泛的概念，牵涉的范围很广，社会、政策、空间概念……对于基层部门，十分需要上级部门的指导，结合基层实际来开展工作。

深圳市蕾奥城市规划设计咨询有限公司副总规划师周丽亚认为需要总结在城市化进程中的空间规划、统筹政策、制度设计如何结合，把历史的线、空间规划的线、政策的线相结合。比如，城乡统筹规划的目标、路径、脉络，以及生活、生产、生态空间的关系等。在东南沿海，自下而上为主，基层主导、政府配合，珠三角的生产组织单元不同，规划的着力点也就不一样。如珠三角农村发展，改造成什么样，难以判断。珠三角农村的工业化程度很高，城、镇、村不分，差异性特别大。建制还在，机理尚存，但是产业已经不是传统农业，也不聚集，生产活动与生活没有关联性。很难说有统一的规划模式。

13. 全国减灾救灾政策理论研讨会

（1）会议时间。

2011年2月23日。

（2）会议地点。

江苏省南京市。

（3）主办单位。

国家减灾委和民政部。

（4）参会人员。

国家减灾委副主任、民政部副部长罗平飞，民政部救灾司司长张卫星，民政部救灾司副司长李保俊，南京市副市长陈维健，国家减灾委主任秦大河、副主任史培军，南京大学教授童星等11名专家。

（5）会议主题和成果。

会议紧紧围绕"构建减灾救灾政策体系，促进减灾救灾事业可持续发展"这一主题，就减灾救灾政策理论和实践中的难点、热点问题展开深入研讨。国家减灾委副主任、民政部副部长罗平飞全面概括了减灾救灾工作的基本特征和规律，深入分析了当前工作面临的挑战和机遇，详细阐述了减灾救灾事业的发展方向和工作要求。罗平飞指出，认识新时期的减灾救灾工作需要对其进行全面系统的理论概括；需要进行系统梳理，理性分析；需要理清思路，进行创造性思维；需要进行前瞻性的对策研究。减灾救灾工作具有政治性、战略性、系统性、互动性、国际性等特征，国家政治理念决定减灾救灾工作的方向，社会发展程度规定减灾救灾工作的要求，科学技术水平影响减灾救灾工作的效率，统筹兼顾能力关系减灾救灾工作的成效，社会广泛参与支撑减灾救灾工作的运行。当前和今后一个时期，减灾救灾工作的切入点和着力点应主要体现在处理好以下几个方面的关系：一是在工作部署上，要处理好减灾和救灾之间的关系；二是在思路谋划上，要处理好应急处置与长远发展之间的关系；三是在资源整合上，要处理好政府主导和各方参与之间的关系；四是在发展步骤上，要处理好统筹设计与因地制宜之间的关系；五是在事业推进上，要处理好实践创新和经验运用之间的关系。

14. 全国行政机关公务员考核工作经验交流会

（1）会议时间。

2011年2月28日至3月1日。

（2）会议地点。

江西省南昌市。

（3）主办单位。

国家人力资源和社会保障部、国家公务员局。

（4）参会人员。

人力资源和社会保障部副部长、国家公务员局党组书记、副局长杨士秋，江西省人民政府副省长孙刚，国家公务员局副局长吴云华，江西省委组织部副部长、省人保厅党组书记、厅长揭赣元等领导出席了会议。全国31个省、自治区、直辖市公务员局（人力资源社会保障厅局），新疆生产建设兵团人事局、15个副省级市公务员局（人力资源社会保障局），外交部、公安部、海关总署、税务总局、工商总局、质检总局、国防科工局人事部门，江西省各设区市人力资源和社会保障局、省直有关单位人事部门负责人员参加了会议。

（5）会议主题和成果。

会议的主要任务是贯彻落实《2010~2020年深化干部人事制度改革规划纲要》和全国行政机关公务员管理工作会议精神，交流和推广公务员考核工作的经验和做法，引导和推动各地考核工作创新发展。杨士秋副部长讲话指出，国家公务员局目前正在研究起草加强公务员平时考核工作的文件，将对平时考核的内容、方法、结果使用等做出原则性规定。把领导评价、群众评价、相关职能部门评价与社会评价结合起来，多渠道、多角度地评价公务员。今后要加大群众满意度在考核中的分量。对公务员，充分运用民主测评、民主评议等手段进行评价；对直接面向群众的窗口单位公务员，引入服务对象评价机制，广泛听取服务对象的意见。为提高考核科学化水平，公务员考核将结合定性考核与定量考核，完善实绩分析方法，尽可能量化考核指标；同时，引进巡视、审计、统计及部门（行业）专项考评等结果，客观、准确评价公务员的工作业绩。公务员考核既要切实管用，又要简便易行。应从实际出发要于法周严、于事简便。要抓紧建立科学合理适用的考核评价指标体系。分级分类，设计出不同的考核评价指标。江西省公务员考核联系点——南昌市工商局作了题为"以平时考核为基础 以数字绩效考核为抓手 努力探索新形势下基层公务员考核的新路子"公务员考核经验介绍。

15. 公众参与政府绩效评估项目评估会议

（1）会议时间。

2011年3月1日。

（2）会议地点。

中国北京。

（3）主办单位。

联合国开发计划署驻华代表处。

（4）参会人员。

联合国开发计划署驻华代表处有关官员、工作人员，UNDP公众参与政府绩效评估项目专家桑助来、张曙霞以及人力资源和社会保障部、中国科学院、中央党校、北京大学等课题组专家及来自政府机构的相关代表参加了会议。

（5）会议主题和成果。

公众参与政府绩效评估项目评估会议围绕项目目标、项目活动、项目成果等议题展开了深入讨论。由联合国民主治理基金支持，联合国开发计划署在中国设立"公众参与政府绩效评估"项目，旨在借鉴并吸收国际先进理论和实践，创造性提出适合我国当前国情的政府绩效评估政策建议，全面提升公众参与政府绩效评估的能力。该项目致力于更好地推动地方政府绩效评估和管理创新，在全国范围内挑选政府绩效管理工作基础好、领导积极支持的省、市作为试点单位。10月，联合国开发计划署与山东省滨州市签署试点协议，正式确认将滨州市作为"联合国开发计划署（UNDP）公众参与政府绩效评估项目试点合作城市"。

16. 中国人力资源服务业发展论坛暨《中国人力资源服务业白皮书（2010）》新闻发布会

（1）会议时间。

2011年3月1日。

（2）会议地点。

中国北京。

（3）主办单位。

北京大学人力资源开发与管理研究中心和世博集团上海市对外服务有限公司。

（4）参会人员。

来自北京大学、清华大学、中国人事科学研究院、中国劳动保障科学研究院、国务院发展研究中心、国家发改委宏观经济研究院、中国对外服务工作行业协会、中国人力资源开发研究会、中国人才研究会、全国人才交流协会、人民出版社的专家，全国人才交流协会、国家税务总局、国家工商总局、商务部的相关部门领导，北京大学社会科学部、人事部、组织部与北京大学政府管理学院的师生与20多家主流媒体一共70多人出席了大会。萧群、王通讯、田小宝、吴德贵、杨百寅、李震、来有为、陈军、赵春林等10多位专家做了专题发言。

（5）会议主题及成果。

《中国人力资源服务业白皮书（2010）》（以下简称《白皮书》）由北京大学人力资源开发与管理研究中心与世博集团上海市对外服务有限公司共同撰写，人民出版社正式出版发行。此次《白皮书》的出版发行，是继 2007 年、2008 年、2009 年后的第四本。它的发行将配合《国家人才发展中长期规划纲要（2010~2020 年)》的有效贯彻，认真落实胡锦涛总书记在亚太经合组织人力资源开发部长会议上关于优先开发人力资源，加快形成人力资源优先发展的战略布局，优先调整人力资源结构、优先投资人力资源开发、创新人力资源制度的讲话精神，进一步推动人才强国战略在人力资源服务领域中的深入实施。大会引起了政府、学术界、行业协会、企业与社会各界对于中国人力资源服务业发展问题的广泛关注。

17. "防灾减灾立法与完善公共应急法制"学术研讨会

（1）会议时间。

2011 年 3 月 7 日。

（2）会议地点。

中国北京。

（3）主办单位。

中国政法大学。

（4）参会人员。

本次研讨会由中国政法大学副校长马怀德教授以及全国人大常委会法工委副主任武增交替主持。参加本次研讨会的有国务院参事室闪淳昌教授、《中国应急管理》杂志社副主编张小明、国务院应急管理办公室张振东以及中国政法大学终身教授应松年教授、中国行政管理学会执行会长高小平研究员、中国社会科学院法学研究所莫纪宏研究员、清华大学法学院余凌云教授、中国政法大学法学院何兵副院长、中国政法大学法学院刘莘教授、中国政法大学政治与公共管理学院党委书记李程伟教授、中国政法大学政治与公共管理学院王湘军副教授、中国人民大学公共管理学院唐钧副教授、北京工商大学法学院赵颖副教授、中国政法大学法治政府研究院林鸿潮副教授以及首都经济贸易大学法学院赵鹏博士。

（5）会议主题和成果。

本次会议共分四个阶段。第一阶段由马怀德教授主持。闪淳昌教授以及高小平研究员做了精彩致辞。两位专家分别针对防灾减灾立法与完善公共应急法制的必要性以及如何实际操作方面做了分析，提出了非常宝贵的建议。林鸿潮副教授向大家汇报了应急法研究中心一年来的工作以及

取得的初步成果。第二阶段的会议以"制定防灾减灾基本法的必要性与可行性"为主题，由武增副主任主持。莫纪宏研究员、林鸿潮副教授以及刘莘教授分别针对主题，谈了自己的见解。第三阶段的会议以"'突发事件应对法'的修改与公共应急法制的完善"为主题，由马怀德教授主持。余凌云教授、何兵教授以及李程伟教授围绕主题做了深入探讨。第四阶段，应松年教授做了总结发言。他认为公共性的问题有必要研究一下，有些问题可能是以前没有过的，有些则是以前有过的灾害，我们需要找出一些公共性的问题搞一些层次比较高的立法，解决我们在自然灾害事件当中的困境。

18. 2011 低碳经济与林业产业可持续经营国际研讨会

（1）会议时间。

2011 年 3 月 8 日。

（2）会议地点。

中国北京。

（3）主办单位。

中国林业经济学会、中国林产工业协会、北京林业大学、东方教育论坛（澳大利亚）。

（4）参会人员。

国家林业局、欧盟森林研究所、北京大学、北京林业大学等研究机构的专家、学者参加本次研讨会。

（5）会议主题和成果。

会议重点研讨的问题包括：我国发展低碳经济的发展现状与趋势分析；低碳经济与林业关系及其影响研究；低碳经济下林业的作用及应对策略研究；森林质量提高与碳增汇研究；木质林产品高效循环利用技术研究；低碳经济中的生物质能源和森林旅游研究等。此次会议有助于解读当前世界低碳发展模式，深入剖析清洁机制对林业产业的影响，为林业发展谋求新的融资渠道和发展路径，获得更高的经济效益和国际国内市场竞争力，实现相关企业及我国林业产业的可持续经营。

19. "走向城乡一体化"高层研讨会暨《中国城乡统筹发展报告（蓝皮书）》发布会

（1）会议时间。

2011 年 3 月 13 日。

（2）会议地点。

中国北京。

（3）主办单位。

北京大学、中国社会科学院和社会科学文献出版社。

（4）参会人员。

著名经济学家厉以宁教授、中国社会科学院副院长李扬等出席会议。

（5）会议主题和成果。

2011年3月13日，由北京大学、中国社会科学院和社会科学文献出版社联合主办的"'走向城乡一体化'高层研讨会暨《中国城乡统筹发展报告（蓝皮书）》发布会"在北京举行。会议分析了城乡统筹发展的内涵、特征和对中国未来经济发展的重大意义，对我国城乡统筹所面临的有利条件和制约因素进行了深入分析；并从产业结构升级、财政金融体系完善、非农就业增长、教育医疗养老等公共服务一体化等方面详细探讨了城乡统筹的体制机制和具体的政策措施。会议正式发布了由社会科学文献出版社出版的《中国城乡统筹发展报告（蓝皮书）》。

蓝皮书指出，随着新时期农村形势的发展，现行的农村家庭承包制已有一些不适应的地方。问题主要是把土地等生产要素分散在一家一户，制约了土地规模经营和土地使用效率，影响对土地加大投入的积极性，进而影响农业生产率的提高和农民收入的上升。加之，在农民有可能进城务工的情况下，不少农村青壮年劳动力外出务工，家庭承包的耕地或者撂荒，生产资料闲置，或者只剩下老弱劳动力耕种，使土地使用效率大大降低。这在耕地流转有限的广大农村形成了极不合理的状况。因此，农业适度规模经营是发展现代农业、提高农业生产力的内在要求。没有规模经营，不能有效地利用土地资源，农业生产效率就很难提高。当前土地承包办法急需根据情况的变化调整完善，急需合理科学地配置土地资源，鼓励各地探索土地承包权的多种有效流转方式。

蓝皮书分析了转包、出租、土地入股、土地信用合作社和农村土地交易市场等多种土地流转形式，指出各地应根据实际进行探索。关于土地入股，蓝皮书指出，如果农民把承包地直接入股到大公司，可能会导致农民失去发言权、经营不善时难以退股、大公司将资金挪往外省等问题。因此，农民把承包地入股于农民专业合作社是较好的选择。在重庆一些区、县调查，以前流行的"公司＋农户"模式已经发展为"大公司＋小公司＋农户"的模式。大公司是指大型的龙头企业，小公司是指农民专业合作社。农民把承包的土地入股于农民专业合作社。这样，不仅农民放心，而且便于监督土地的使用状况。农民专业合作社（小公司）与龙头企业（大公司）之间则以供应生产资料和农产品运销或加工方式订立合同，建立市场供求关系。

20. 中原经济区建设财税政策研讨会

（1）会议时间。

2011年3月14日。

（2）会议地点。

中国北京。

（3）主办单位。

财政部财政科学研究所、中国财政学会。

（4）参会人员。

国务院发展研究中心宏观部副部长孟春，国家发改委宏观经济研究员副院长王一鸣，财政部税政司副司长王晓华，中国社会科学院财贸所所长高培勇，国家税务总局研究所所长刘佐，中国人民大学财经学院院长郭庆旺，财政部财政科学研究所所长贾康等15位财政税收方面的专家学者参加研讨会。

（5）会议主题和成果。

学者们从国家财税政策如何支持中原经济区建设和发展，以及河南地方财政如何灵活运用国家财税政策、发挥财政职能作用等方面提出意见建议。与会专家表示，河南作为粮食大省和能源大省，为保障国家粮食安全和能源安全做出了巨大的贡献；建设中原经济区，对于中部地区以及全国区域经济协调发展意义重大；在不牺牲农业、粮食和生态环境的前提下推进"三化"协调发展，对于全国都有典型和示范意义。因此，在与国家财税政策改革方向不矛盾的前提下，应该给河南一些特殊的财政、税收和产业政策。其他经济区的政策可以借鉴，必要时一些财税改革措施也可以在中原经济区"先行先试"。

21. 政府投资项目绩效评估研究课题研讨会

（1）会议时间。

2011 年 3 月 23 日。

（2）会议地点。

江苏省张家港市。

（3）主办单位。

中央纪委监察部廉政理论研究中心。

（4）参会人员。

中央纪委监察部理论研究中心主任丁顺生、副主任谢光辉，中央纪委绩效管理监察室副局级专员崔扬，省监察厅副厅长洪慧民，北京市市委常委、纪委书记顾月华等出席研讨会。

（5）会议主题和成果。

会上，张家港市纪委监察局课题组就课题研究背景和任务，政府投资项目绩效评估现状及完善绩效评估制度的现实意义等进行了汇报。该市纪委监察局课题组承担了《政府投资项目绩效评估研究》的子课题《政府投资项目绩效评估工作制度完善研究》。研究任务主要包括：政府投资项目绩效评估基本理论研究，主要围绕政府投资项目绩效评估的主要内容、评估方法、评估组织及评估结果使用进行深入探讨，提出完善政府投资项目绩效评估基本思路和具体举措等。

22. 中国教育发展战略学会教育财政分会第一次会议暨高校财务管理制度研讨会

（1）会议时间。

2011 年 3 月 23~24 日。

（2）会议地点。

中国地质大学（武汉）。

（3）主办单位。

北京大学中国教育财政科学研究所、中国地质大学（武汉）联合主办。

（4）参会人员。

教育部财务司相关人员、20 余位央属高校财务部门负责人、部分省市教育厅（教委）和地方高校财务处长等近 40 人。

（5）会议主题与成果。

会议主要讨论了高等学校内部财务管理体制机制问题、高等学校支出功能分类科目设置问题、研究生培养成本和投入体制机制问题以及学会下一步工作的开展情况等议题。东华大学校长徐明稚、吉林大学副校长杜莉、武汉大学财务部长丁

辉、浙江工业大学财务处长郦解放就高校内部财务管理体制机制问题作了主题发言；北京大学中国教育财政科学研究所所长王蓉就高校支出功能分类科目设置问题作了主题发言；北京大学教务部副部长卢晓东、北京大学中国教育财政科学研究所周娟就高校办学成本测算问题作了主题发言。两天的研讨会，与会人员紧密围绕会议议题和主题发言内容展开了深入的讨论，并为下一步政策的制定提出了具体的建议。

23. 大学治理与大学章程学术研讨会

（1）会议时间。

2011 年 3 月 27 日。

（2）会议地点。

北京大学。

（3）主办单位。

北京大学教育法研究中心主办，北京大学宪法与行政法研究中心、北京大学法学院协办。

（4）参会人员。

中国法学会行政法学研究会名誉会长、北京大学宪法与行政法研究中心名誉顾问罗豪才教授、教育部政策法规司司长孙霄兵博士、中国台湾政治大学法学院董保城教授、日本福冈大学法学部武居一正教授以及来自北京大学、清华大学、中国人民大学、中国政法大学、北京师范大学、首都师范大学、中国社会科学院法学所、中央民族大学、浙江大学、武汉大学、厦门大学、安徽大学、华东政法大学、西北政法大学、陕西师范大学、华中科技大学、华南师范大学等高校或政府实务部门的 60 多名法学界、教育学界代表。

（5）会议主题和成果。

与会专家学者围绕现代大学制度与大学治理、大学章程的性质与特征、大学章程的制定主体、程序与内容、中国大学章程制定的过去、现在与未来等四大议题展开了充分、有效讨论。会议就大学治理与大学章程的紧密关系达成了共识：《国家中长期教育改革和发展规划纲要（2010~2020 年）》明确指出：各类高校应依法制定章程，依照章程规定管理学校；学校要建立完善符合法律规定、体现自身特色的学校章程和制度；大学治理不仅关涉师生切身利益，且维系大学发展命脉；在现代大学制度的构建过程中，必须以现代大学章程的制定为切入点、着力点，以章程维护

现代大学尊严、以章程承载现代大学精神、以章程引导现代大学治理。

24. 2011 中国人力资源管理模式创新高峰论坛

（1）会议时间。

2011 年 4 月 8 日。

（2）会议地点。

中国北京。

（3）主办单位。

金蝶软件（中国）有限公司。

（4）参会人员。

中国人民大学劳动人事学院院长曾湘泉先生、金蝶集团人力资源专家汪凯歌女士、金蝶集团 HR 咨询总监张东超先生以及北京科锐配电自动化股份有限公司人力资源总监苗丽萍女士、环球天下教育集团人力资源总监于兆卫先生以及人力资源管理领域的研究者和实践者。

（5）会议主题及成果。

本次论坛以"转型：新十年的超越之道"为主题，探讨了在我国加快经济转型的基础下，如何建立新的人力资源管理模式以及如何通过信息化手段实现这一目标。

25. 汽车油耗标准及财税政策国际研讨会

（1）会议时间。

2011 年 4 月 14~15 日。

（2）会议地点。

中国北京。

（3）主办单位。

工业和信息化部主办，中国汽车技术研究中心和国际清洁交通委员会承办，国际能源基金会协办。

（4）参会人员。

国家发展和改革委员会、财政部、税务总局、国标委、认监委及国务院政策研究室、国务院发展研究中心相关官员，10 位全球知名的汽车油耗标准及财税政策的专家、官员，中国汽车技术研究中心、中国汽车工程研究院、中国汽车协会、欧洲汽车协会及一汽、东风、上汽、长安、奇瑞、吉利、比亚迪、通用、大众、丰田等企业界的代表也参加了会议。

（5）会议主题和成果。

与会人员围绕汽车油耗标准、财税政策、管理制度等汽车节能管理体系建设与专家进行了深入、热烈的研讨。美国国家公路交通安全局、法国环保部、经济合作与发展组织（OECD）、国际能源署、美国橡树岭国家实验室、英国低碳汽车合作伙伴、德国技术合作公司等 10 位全球知名的汽车油耗标准及财税政策的专家、官员进行了专题演讲。本次研讨会不仅是我国汽车行业与国际同行一次深入的交流，同时也是我国政府相关部门间、政府企业间的一次深入的交流，对于建立我国政府部门间沟通协作平台，加快与汽车油耗挂钩的财税政策的出台，进一步完善我国汽车产品节能管理制度将发挥积极的推动作用。

26. 第二届中国金融采购高峰论坛

（1）会议时间。

2011 年 4 月 15 日。

（2）会议地点。

中国北京。

（3）主办单位。

中国金融学会金融采购专业委员会、中国金融集中采购网

（4）参会人员。

世界银行等国际组织代表，国家有关政府部门领导，各政策性银行、全国性商业银行、区域性商业银行、外资银行、资产管理公司、保险公司、证券公司等国内主要的金融机构采购部门领导、采购领域知名学者，绿色采购知名行业技术专家以及相关媒体等 200 多名嘉宾代表参加了论坛。

（5）会议主题和成果。

此次论坛以"绿色采购服务金融"为主题，对绿色采购的实践和发展问题进行了深入研讨。世界银行高级采购专家郭小薇等与会人员就"绿色采购"现状的现状、面临的困境、供求双方如何推进绿色采购、绿色采购的前景等问题发表了自己的看法。中央财经大学政府管理学院徐焕东教授等与会人员就金融系统推广绿色采购的问题发表了各自的观点。

27. 第三届中国人力资源学习日暨 2011 春季人力资源高峰论坛

（1）会议时间。

2011 年 4 月 16 日。

（2）会议地点。

中国北京。

（3）主办单位。

在"中国人力资源开发研究会学术委员会"指导下，由"三人行 HR 公益学习论坛"与"和君国际教育集团"联合主办。

（4）参会人员。

此次论坛参会 HR 人数达 500 人之多，其中不乏各企业的高管、HRD、HR 主管以及人力资源其他岗位从业者。

（5）会议主题。

HR 经理人职能转型升级——迎战复苏；山重水复，柳暗花明，混沌职场生态下的工作抓手——HR "鼎"式管理；转型期 HR 自身发展与职业规划；转型期人才培养体系搭建与内功修炼；招才进宝——HR 的实效性优才识别及引才策略；核心胜任力搭建与关键人才培养；HR 如何选拔和训练一专多能的复合型人才；HR 自助——人才激励与留住核心人才；高峰对话：CHO 与 CEO 论道——HR 如何内外兼修协助 CEO 实现企业转型软着陆。

28. 第 21 届华东地区招标机构招标工作研讨会

（1）会议时间。

2011 年 4 月 18~20 日。

（2）会议地点。

江苏省南京市。

（3）主办单位。

江苏省国际招标公司。

（4）参会人员。

来自中国机电设备招标中心、商务部科技产业司、中国招标投标协会、华东地区十家招标代理机构的负责同志等近 50 人参加了会议。

（5）会议主题和成果。

此次研讨会设置了三个议题：推动全国工信领域招投标的工作建议；完善商务部 13 号令及 395 号文的政策建议；研讨华东地区招标机构生存危机的对策。与会代表交流了本部门、本企业、本地区招标工作的主要情况，并结合会议主题就完善招标投标有关政策法规以及招标代理机构生存与发展等提出了意见和建议。与会同志希望中国招标投标协会继续发挥行业桥梁纽带作用，及时传达有关方针政策，积极反映会员诉求，进一步推动招标投标行业科学、有序发展。

29. 全国食品药品监管系统政策法规工作会议

（1）会议时间。

2011 年 4 月 26~27 日。

（2）会议地点。

湖南省长沙市。

（3）主办单位。

国家食品药品监管局。

（4）参会人员。

纪检组组长李东海，国家食品药品监管局副局长李继平，相关与会人员。

（5）会议主题和成果。

会议主题：以科学发展观为指导，学习贯彻全国依法行政工作会议精神，全面落实国家局党组对政策法规工作的各项部署和要求，研究"十二五"时期的形势和工作思路，总结交流经验，安排部署 2011 年的重点工作，表彰 2006~2010 年全系统法制宣传教育先进的单位、先进集体和先进个人。

成果：会议部署了 2011 年全系统政策法规工作的基本任务。在立法方面，配合国务院法制办做好《保健食品监督管理条例》难点问题的调研评估；开展《医疗器械监督管理条例》和《处方药和非处方药监督管理条例》的研究和修改；组织好《化妆品生产企业许可管理办法》等规章立法计划项目的落实；探索建立立法评估制度。在执法监督方面，拟出台行政复议规范化工作指导意见，强化和规范复议案件统计报送工作，建立行政复议纠错机制。在政策研究方面，继续做好加强基本药物监管的牵头工作，建立定期考核和信息通报制度，开展省以下监管部门加强基本药物监管工作进展和安全形势的监测试点。在新闻宣传方面，做好重大选题及先进典型的宣传报道；实施"全国食品药品安全科普行动计划"；完善"国家食品药品监管局新闻管理系统"平台功能，并以此平台为载体建立健全全国新闻宣传统一协调机制，提高全系统的新闻发布和突发事件的应对能力。

30. 政府绩效管理工作部际联席会议第一次会议

（1）会议时间。

2011 年 4 月 27 日。

（2）会议地点。

中国北京。

（3）主办单位。

中央纪委监察部政府绩效管理工作部际联席会议。

（4）参会人员。

中央纪委副书记、监察部部长、政府绩效管理工作部际联席会议召集人马驭，中央纪委常委、监察部副部长、政府绩效管理工作部际联席会议成员兼办公室主任王伟，中央组织部部务委员兼干部一局局长王京清，中央编办副主任王峰，发展改革委副主任穆虹，中央纪委驻财政部纪检组组长刘建华，人力资源社会保障部副部长、国家公务员局党组书记兼副局长杨士秋，审计署副审计长侯凯，统计局副局长李强，法制办副主任袁曙宏，联席会议成员单位代表等出席会议。

（5）会议主题和成果。

会议审议通过了《关于政府绩效管理工作部际联席会议成员单位职责分工的意见》、《2011 年政府绩效管理工作要点》和《关于开展政府绩效管理试点工作的意见》，研究部署了当前和今后一个时期政府绩效管理工作。中央纪委副书记、监察部部长、政府绩效管理工作部际联席会议召集人马驭主持会议并讲话。马驭指出，建立政府绩效管理制度是深入贯彻落实科学发展观、促进树立正确政绩观的根本要求，是深化行政管理体制改革、推进政府职能转变和管理创新的重要内容，是改进机关作风、建设人民满意政府的有力举措。党中央、国务院对推行政府绩效管理制度高度重视，提出了明确要求。联席会议各成员单位要充分认识建立政府绩效管理制度的重要意义，切实增强责任感和紧迫感，积极稳妥地推进政府绩效管理工作。马驭强调，2011 年是全面推行政府绩效管理制度的起步之年，重点要健全机制、摸索经验、加强指导，努力实现良好开局。一是要指导和推动各地区各部门加强对政府绩效管理工作的组织领导，进一步健全机制、理顺关系、充实力量，基本形成党委政府统一领导、专门机构组织协调、有关部门各司其职、社会力量和人民群众广泛参与的领导体制和工作机制。二是要积极推进政府绩效管理工作试点，选择部分国务院部门和一些地方开展机关工作绩效管理、专项绩效管理和地方政府绩效管理试点工作，探索路子、积累经验。

三是要深入开展调查研究和理论研究，深化对绩效管理工作规律的认识，搞好顶层设计，把中央的要求和绩效管理理念转化为具体的政策措施，有效指导全国工作的开展。四是要做好舆论宣传和引导，普及政府绩效管理相关知识，及时解答社会关注的热点问题，引导群众有序参与绩效评估等工作，为推行政府绩效管理制度营造良好的社会氛围。马驭要求，要充分发挥部际联席会议的职能作用，建立统一领导、协调顺畅、分工负责、配合有力的工作机制，切实加强对全国政府绩效管理工作的指导和协调。各成员单位要按照职责分工，各司其职、各负其责、加强配合，共同做好政府绩效管理相关工作。会上，中央纪委常委、监察部副部长、政府绩效管理工作部际联席会议成员兼办公室主任王伟宣读了《国务院关于同意建立政府绩效管理工作部际联席会议制度的批复》。

31. 第七届"两岸四地"公共管理学术研讨会

（1）会议时间。

2011 年 5 月 7~8 日。

（2）会议地点。

江苏省苏州市。

（3）主办单位。

中国人民大学公共管理学院。

（4）参会人员。

来自中国人民大学、澳门大学、台湾世新大学、南昌大学、香港城市大学、台湾义守大学等大学的学者参加了会议。

（5）会议主题和成果。

本次大会的主题为："公共管理：制度创新与和谐发展。"研讨专题有：地方政府与公共服务创新、城市发展与管理、土地管理与制度、公共组织领导与绩效、公共财政改革：问题与对策、公共政策创新与发展、政府与非营利组织关系、医院与医疗制度改革、廉政与行政伦理、全球气候变化与灾害管理、学习型组织与公共组织文化变革等。

32. 城市与区域管理学术研讨会

（1）会议时间。

2008 年 5 月 10~11 日。

（2）会议地点。

中国北京。

（3）主办单位。

中国地理学会。

（4）参会人员。

地理学、管理学、经济学、规划界和政府管理部门等 40 余家机构，共计专家学者 80 多人参加了此次研讨会。

（5）会议主题。

会议围绕城市与区域管理的基本理论与技术方法、城市与区域管理的国际经验与中国实践、地理学和城市与区域管理等三大主题进行探讨

（6）会议成果。

本次会议收到了学术论文 50 余篇，达成了四个共识。一是认为由于受全球经济环境以及区域产业分工及产业转移的影响，应高度关注我国目前出现的一系列经济发展和国家经济安全问题；二是认为为适应新的快速变化的国际形势以及面对区域产业分工和产业转移，迫切需要组织和壮大区域城市群；三是认为城市增长管理是当前中国城市与区域管理的重要方向；四是认为区域知识管理是中国当前最为需要的研究领域。

33. 第三届中国城市管理发展年会

（1）会议时间。

2011 年 5 月 13~15 日。

（2）会议地点。

中国北京。

（3）主办单位。

中国城市管理年会组委会与中国报道杂志社联合主办。

（4）参会人员。

有关政府城市政府代表、城市管理局执法局代表、中国人民大学、国家环保部政策研究中心等政府机构、社会组织的负责人与学者参加了本次会议。

（5）会议主题。

年会以"让城市更加和谐"为主题，本次会议围绕全面提高城市管理质量水准、提升城管形象、城市管理的创新能力和长效机制、提升城市管理水平等方面，对城市管理的成功建设经验及思路做出探讨及分享。

（6）会议成果。

本届年会发布了 2010~2011 年度中国城市管理发展评估成果，本次评估成果分为中国和谐管

理城市、中国最佳管理城市、中国和谐警示城市三个部分，同时还发布了 2001~2010 年地方城市管理发展 20 件影响力事件。

34. "应急财政：制度设计与建设"研讨会

（1）会议时间。

2011 年 5 月 14 日。

（2）会议地点。

中国北京。

（3）主办单位。

中国财政学会和西南财经大学。

（4）参会人员。

国务院政策研究室、财政部、民政部、中国社会科学院、南开大学、中央财经大学、中南财经政法大学、四川省财政厅等单位 30 名专家学者出席研讨会。

（5）会议主题和成果。

本次会议是对四川汶川大地震及恢复重建三周年的纪念活动，同时对应急财政管理等问题进行了研讨。与会专家肯定了应急财政研究的学科意义和应用价值，并对下一步的研究重点进行了讨论。

35. 第五届全国招投标领域年度盛典暨CEO峰会

（1）会议时间。

2011 年 5 月 18 日。

（2）会议地点。

中国北京。

（3）主办单位。

中国名企排行网、中国采购与招标网。

（4）参会人员。

400 余名来自招投标领域的相关人员参加了本次会议。

（5）会议主题和成果。

会上发表了《共同推进电子采购与招标公共服务平台建设宣言》，倡导阳光招标、诚信经营的理念，推动招标采购的健康、有序发展。除以宣言促诚信外，业内专家还就如何进一步解决透明公开、公平公正、监督监管以及提高招标采购质量等社会关注的焦点热点问题进行了深入探讨。本届峰会还开展了"中国招投标行业发展 30 年回眸"主题纪念活动。表彰颁发了"招投标 30 年杰出贡献人物"、"招投标 30 年杰出企业"等优秀

奖项。

36．"G20 与全球经济治理"国际研讨会

（1）会议时间。

2011 年 5 月 19~20 日。

（2）会议地点。

上海国际问题研究院。

（3）主办单位。

上海国际问题研究院与德国艾伯特基金会。

（4）参会人员。

国内外智库、大学、政府机构、国际组织和媒体的 40 余位专家学者与会。

（5）会议主题和成果。

研讨会主办方上海国际问题研究院和德国艾伯特基金会在总结时认为，G20 尚处于发展的初级阶段，今后几年面对的挑战和推行的任务与过去三年将有很大不同，其最终发展方向和形式仍有赖于全球经济实力格局变动的进程和结果。研讨会对下半年法国戛纳峰会的议题也提出了重要的建议。议题包括"G20 与全球经济治理"、"新兴市场与 G20"、"在 G20 框架下的中欧全球经济治理合作"等。

37．第十四届科博会"科技创新与城市管理论坛"

（1）会议时间。

2011 年 5 月 20 日。

（2）会议地点。

北京市中国科技会堂。

（3）主办单位。

北京市市政市容管理委员会、首都城市环境建设委员会办公室、中国北京国际科技产业博览会组委会办公室、中国科学院科技政策与管理科学研究所、中国高技术产业发展促进会联合主办。

（4）参会人员。

信息化建设部门、相关企事业单位负责人、专家学者、各城市管理部门代表等 200 余人参加本次论坛。

（5）会议主题和成果。

论坛主题为"以民生科技为理念，推进城市信息化建设与高端应用"，主要着眼于城市管理的有效性、科学性和前瞻性，侧重应对城市管理的复杂化、精细化和智能化，突出了移动互联网、物联网、云计算、电子商务、智能产品等信息技术在城市管理领域的创新应用，深入研究了民生科技创新理念和智慧城市发展模式。与会人员就科技与城市管理融合的实际案例、具体操作、成功经验和教训及其所涉及的技术、管理、组织、架构等问题共同进行探讨和交流。

在本届论坛上，发布了《中国城市管理科技推进联盟倡议书》，这对于推动政府、企业、公众形成理念共识和开展共同行动，提升信息化城市管理服务能力和民生科技的人本普惠功能，具有积极的现实作用和深远的社会意义。

38．2011 中国·重庆社会工作与社区发展国际学术会议

（1）会议时间。

2011 年 5 月 23~24 日。

（2）会议地点。

重庆工商大学。

（3）主办单位。

这次会议由重庆工商大学和美国韦德恩大学联合主办，由重庆工商大学社会与公共管理学院、重庆市发展信息管理工程技术研究中心、教育部长江上游经济研究中心、美国韦德恩大学人类服务学院承办。

（4）参会人员。

来自全国 50 余所高校的近百名社会工作领域的专家学者参加了会议。出席会议的国内外嘉宾有：韦德恩大学人类服务学院副院长 Paula T. Silver 教授、John E. Poulin 教授、Travis S. Ingersol 教授、Robin Goldberg-Glen 教授、Beth I. Barol 教授，中国社会工作教育协会会长、北京大学王思斌教授，中国社会工作教育协会副会长、华东理工大学社会与公共管理学院院长徐永祥教授，中国社会工作教育协会副会长、云南大学社会学与社会工作系主任钱宁教授，中国社会工作教育协会常务理事、华中农业大学文法学院院长钟涨宝教授，南开大学统战部长陈钟林教授等应邀出席。重庆市民政局副局长吴秋鸿、重庆市妇联副主席方利，重庆工商大学校长杨继瑞教授、副校长何勇平教授、副校长苟朝莉教授出席开幕式。会议由苟朝莉副校长主持。

（5）会议主题和成果。

本次会议的主题为"社区工作与社区发展"。重庆工商大学杨继瑞校长在开幕式上致辞；王思

斌教授代表中国社会工作教育协会致辞并做发言；重庆市民政局吴秋鸿副局长代表重庆市民政局在大会上致辞；随后，吴秋鸿副局长代表重庆市民政局和王思斌会长共同为重庆工商大学社会与公共管理学院"重庆市社会工作研究与实训基地"授牌。

开幕式结束后，专家主题发言随之举行。韦德恩大学 Michael W. Ledoux 教授作了题为"美国高校社会工作在资源不足城区实施社区需求探访项目的角色——个案研究"（The Role of University-Based Social Work Programs in Addressing Community Needs in Under-Resourced Urban Areas in the U.S.A：Case Study）、华东理工大学社会与公共管理学院院长、博士生导师徐永祥教授作了题为"社会建设与社会工作"、重庆工商大学社会与公共管理学院徐宪教授作了题为"借鉴国外智力助推中国社区建设发展的探索"的主题发言。

本次会议围绕社会工作教育与服务性学习、社区工作创新实践与理论探索、社会工作服务体系建设与社会政策等内容开设了四个分论坛，共有 100 多位国内外专家学者在分论坛上发表了自己的论文和观点。

39. 2011 年大学生学习与发展追踪研究会

（1）会议时间。

2011 年 5 月 29 日。

（2）会议地点。

清华大学。

（3）主办单位。

清华大学中国经济社会数据中心、教育研究院、经济管理学院和人文社会科学学院社会学系等单位联合主办。

（4）参会人员。

全国 68 所合作高校参加调查，140 余名研究人员出席了会议。

（5）会议主题和成果。

"中国大学生学习与发展追踪研究"通过对院校和学生的随机抽样获得调查样本，运用"中国大学生学习与发展追踪系列问卷"，对我国不同地区和类型院校学生的入学前背景、在学就读经验和求职就业行为等进行调查，试图建立起以学习者为中心，涵盖家庭社会经济教育背景、学习过程、就业和发展的一体化调查评价系统，为各高校提供更全面评价教育教学及人才培养质量所需数据，并以此为基础对我国高等教育教学、人才培养、就业适应和职业发展等方面长期变化趋势进行科学诊断与政策分析。在此次工作会议中，来自复旦大学、四川大学、重庆大学等全国各地高校的教育专家和清华大学课题组一起，就"什么是大学教育的质量"、"大学教育的质量如何科学测量"、"大学的教学行为如何影响学生学习"等问题展开了深入而热烈的讨论。

40. 亚洲公共行政改革研讨会暨亚洲公共行政网络第一次会议

（1）会议时间。

2011 年 5 月 30~31 日。

（2）会议地点。

中国北京。

（3）主办单位。

国家人力资源和社会保障部、国家公务员局和国际行政科学学会共同举办。

（4）参会人员。

亚洲 15 个国家和国际行政科学学会的 120 多位专家就公共行政改革与发展问题进行了交流研讨。

（5）会议主题和成果。

会议旨在交流亚洲国家公共行政改革经验，建立亚洲公共行政合作网络，促进亚洲公共行政改革实践和国际行政科学理论的发展。会议围绕"公共治理与公务员能力建设"主题，设置了"公务员学习能力与治理环境"、"公务员沟通能力与政务透明"、"公务员创新能力与政府创新"三个专题会议，以及"新规制框架与政府回应"、"走向卓越的公共服务"两个专场会议。与会专家分别围绕有关议题进行了广泛深入的交流研讨。会议签署了"亚洲公共行政网络"合作谅解备忘录。国际行政科学学会副主席、中国人事科学研究院院长吴江当选为亚洲公共行政网络总联络人。该网络的成立为亚洲各国公共行政领域的交流合作开辟了新的平台。国际行政科学学会主席金判锡、国际行政科学学会总干事罗莱特·罗瑞坦出席会议，人力资源和社会保障部副部长王晓初致闭幕词。

41. 变革时代中制度的作用——首届公共政策和行政领域青年学者论坛

（1）会议时间。

2011 年 5 月 31 日至 6 月 3 日。

（2）会议地点。

厦门大学。

（3）主办单位。

厦门大学公共事务学院、美国公共行政学会（ASPA）、亚洲制度分析学会。

（4）参会人员。

厦门大学、清华大学、西安交通大学、中央财经大学、中山大学、新加坡国立大学、香港城市大学、美国马里兰大学、美国乔治梅森大学、美国威斯康星大学（麦迪逊）、美国加州大学伯克利分校、韩国首尔国立大学、加拿大卡尔加里大学、乌干达管理学院、马来西亚国立大学、英国伯明翰大学、英国沃里克大学、印度尼西亚国家公共行政学院等国内外高校的近 30 名青年学子参加了本次研讨。

（5）会议主题和成果。

研讨会就"公共行政：合作、预算和财政政策"、"政治和制度分析"、"社会政策和改革"三个专题进行小组研讨。每个小组由 10 名左右的参加者组成，小组成员围绕财政分权、跨部门合作、环境保护、灌溉系统、住房政策、医疗保险、福利管理等主题展开了研究工作汇报、讨论、修改提高等环节的工作。

本次研讨会最大的特点就是采用"工作坊"（Workshop）的形式，由指导老师对专题内的每一篇论文进行多轮的指导，而提交论文的学员则对论文进行反复的推敲和修改，以期使论文在学术规范、方法和标准上符合国际顶级刊物的要求。这种方式不仅为各国的青年学者掌握发表高水平论文的技能提供了卓有成效的帮助，也促进了各国公共管理研究领域学者的交流，并将更多的国外前沿研究方法带入中国乃至亚洲公共管理学界中。为期 4 天的首届公共政策和行政领域青年学者论坛经过主办方（厦门大学公共事务学院）以及美国公共行政学会、亚洲制度分析学会的共同努力，完成了各项议题，取得了圆满成功。这次会议让各国的学者尤其是青年学者加深了对厦门大学尤其是公共事务学院的了解，宣传并扩大了公共事务学院的国际化形象和影响，推进了公共事务学院的国际学术交流与合作，并为学院今后的人才引进及储备创造了条件。

42. 中美政府绩效管理学术报告会

（1）会议时间。

2011 年 6 月 6 日。

（2）会议地点。

中国人民大学。

（3）主办单位。

中国人民大学和美国马里兰大学联合举办。

（4）参会人员。

马里兰州州长马丁·奥马利，美国前联邦政府社会保障部部长肯尼斯·斯蒂芬·安坡费尔，马里兰大学校长华莱士·陆道魁，马里兰大学公共政策学院院长唐纳德·凯特尔及该院部分教师和工作人员，监察部绩效管理监察室负责人陈雍，中国人民大学副校长杨慧林，中国人民大学公共管理学院董克用教授、方振邦教授、刘昕教授等及该院部分硕士、博士研究生。

（5）会议主题和成果。

在当天举行的中美政府绩效管理学术报告会上，马里兰州州长马丁·奥马利、美国前联邦政府社会保障部部长肯尼斯·斯蒂芬·安坡费尔和中国人民大学方振邦教授发表了演讲，监察部绩效管理监察室负责人陈雍作了发言，中国人民大学副校长杨慧林和马里兰大学校长华莱士·陆道魁致辞，中国人民大学公共管理学院院长董克用和马里兰大学公共政策学院院长唐纳德·凯特尔主持报告会。马丁·奥马利州长介绍了马里兰州的政府绩效管理实践情况，马里兰州通过建立"STATE STAT"系统，对巴尔的摩市社会治安、切萨皮克湾水资源保护和渔业发展、州经济刺激计划实施等工作实行绩效管理，取得了明显成效。肯尼斯·斯蒂芬·安坡费尔教授发表了题为"美国联邦政府的绩效管理"的演讲，详细介绍了 20 世纪 90 年代以来，克林顿政府、小布什政府和奥巴马政府在政府绩效管理方面所做的工作、各自的特点和取得的成效，并以社会保障部为例讲解了美国政府绩效管理系统的操作规程。方振邦教授在演讲中回顾了中国政府绩效管理的探索历程，介绍了对政府绩效管理的系统思考，并以黑龙江省海林市为例，详细讲解了运用平衡计分卡实行政府绩效管理的运作模式和取得的效果。陈雍同志在发言中简要总结了中国政府绩效管理工作取得的进展和工作特点，阐释了推行政府绩效管理制度对改善行政管理、提高政府执行力、推动经济社会科学发展的现实意义，介绍了中国加快推行政府绩效管理制度的思路和部署。

43. 第二届华人公共管理学者研讨会

（1）会议时间。

2011 年 6 月 11~12 日。

（2）会议地点。

西安交通大学。

（3）主办单位。

西安交通大学公共政策与管理学院、教育部长江学者和创新团队发展计划、中山大学政治与公共事务管理学院、中山大学中国公共管理研究中心和中国留美公共管理学会。

（4）参会人员。

中国行政管理学会、国家自然科学基金委、美国公共行政学会、中国留美公共管理学会等国内外机构以及英国、新加坡、中国香港、中国澳门和中国台湾等国家和地区的 70 余名专家学者。

（5）会议主题和成果。

本届"华人公共管理学者研讨会"共设主题发言和学术研讨两个环节，面向中国社会转型时期的公共管理研究与实践，围绕不同主题分场次进行研讨。在为期两天的会议中，来自美国中佛罗里达大学、美国芝加哥伊利诺伊州大学、清华大学、北京大学、台湾大学等高校的多位海内外著名学者为与会者带来了精彩的学术报告。同时，与会学者围绕公共政策、民生、绩效管理、政府创新、社会管理、公共治理六个方面的专题各抒己见，充分交流，进行了广泛而深入的研讨，不断迸发出思想火花。西安交通大学公共政策与管理学院的多位研究人员分别报告了各自领域的研究进展，有关成果得到与会学者的肯定。

"华人公共管理学者研讨会"是由中国留美公共管理学会、中山大学和西安交通大学共同发起，邀请海内外从事公共管理研究的华人学者参加的一项国际性学术会议，旨在聚焦中国发展经验，借鉴国际视野，凝聚学者智慧，进一步推动中国公共管理学界的发展。

44. "中国—澳大利亚公共管理对话"国际研讨会

（1）会议时间。

2011 年 6 月 16~17 日。

（2）会议地点。

中山大学。

（3）主办单位。

由中山大学政治与公共事务管理学院、中山大学中国公共管理研究中心、香港城市大学公共与社会管理系和澳大利亚国立大学联合举办，中山大学政治与公共事务管理学院承办。

（4）参会人员。

来自中国大陆、中国香港、中国台湾、美国、澳大利亚及新加坡等地的学者共 30 余人出席此次会议。

（5）会议主题和成果。

会议以经验对话交流与案例分析为主，与会代表就社会保障制度、公共治理与公共服务、中国政府治理结构、公民社会责任、公共预算与财政透明等议题做了主题发言，并展开热烈的学术讨论。

45. 国际中国规划学会（IACP）年会·中国统筹城乡发展与规划国际会议

（1）会议时间。

2011 年 6 月 18~19 日。

（2）会议地点。

中国人民大学。

（3）主办单位。

国际中国规划学会、中国人民大学、中国城市规划学会。

（4）参会人员。

来自美国、荷兰、日本、以色列等 10 余个国家和地区的 160 余名顶尖规划学者与实践领域的政府官员。

（5）会议主题和成果。

中国人民大学公共管理学院副院长蓝志勇教授与宾夕法尼亚大学城市规划系 Eugenie L. Birch 教授共同主持了会议主论坛。中央财经领导小组办公室副主任杨伟民，荷兰格洛宁根大学 Gert de Roo 教授，清华大学建筑学院顾朝林教授，美国佐治亚理工学院建筑学院 Catherine Ross 教授，中国人民大学城市规划与管理系主任叶裕民教授分别以"主体功能区规划与城乡规划"、"危机中的规划"、"环北京首都圈城乡统筹规划思路"、"中国与美国的土地规划"、"科学认识中国统筹城乡发展与规划"为题发表了主题演讲，并与与会代表进行了讨论。

会议期间，来自美国麻省理工学院、哈佛大学、宾夕法尼亚大学、加州大学洛杉矶分校、佛罗里达大学，国内著名规划院校清华大学、同济大学、北京大学、南京大学的专家学者，以及来自美国住房与城市发展部、中国住房与城乡建设部、成都市统筹城乡发展工作委员会的有关官员共计160余人，分为25个分论坛，从城乡人口流动、城市管治与治理、工业化与城市化、乡村发展、统筹城乡法律与政策、城乡规划技术创新、保障性住房、城市社会空间、规划管理体制改革、城乡发展的国际经验等方面对中国统筹城乡发展与规划问题进行了深入探讨。

专家们认为，中国正面临着从农村社会向城市社会转型的历史时期，预计在"十二五"期间，中国将有超过50%的人口居住在城市。在这样一个历史性的转型时期，城市化能否健康推进已经成为关乎中国能否继续保持经济高速增长、能否顺利跨越"中等收入陷阱"的战略性命题。其中，以统筹城乡发展为手段推进新型城市化这一战略实际上是对以城市为中心、以增长为导向的传统城市化道路的提升与完善。近年来，以成都、重庆为代表的一大批地方政府在统筹城乡发展与规划领域开展了系统性改革，取得了明显成效，它们的成功经验值得向全国推广。同时，发达国家的城乡关系变迁与规划有着丰富的案例与理论资源，值得中国在探索统筹城乡发展过程中积极学习借鉴。

具体组织此次会议的中国人民大学城市规划与管理系是中国第一所提供城市规划与管理硕士学位的学术机构，此次国际会议的成功举办，也是国际城市规划领域对中国人民大学五年来依托人文社会科学优势推进城市规划管理、城乡发展规划学科建设的高度肯定。近日，中国人民大学拟在此基础上，依托公共管理、社会学和历史学等学科优势，自主设置"城乡发展与规划"交叉学科，该学科将是我国第一个基于公共管理视角的、多学科融合的城乡发展与规划学科，目前已经通过专家评审。

46. 中国教育学会教育政策与法律研究分会第七届年会

（1）会议时间。

2011年6月18~19日。

（2）会议地点。

东北师范大学。

（3）主办单位。

北京大学教育法研究中心。

（4）参会人员。

教育政策与法律研究分会理事长劳凯声教授、东北师范大学校长助理刘建军教授、东北师范大学教育科学学院院长马云鹏教授、国家行政学院竹立家教授、教育部教育发展研究中心杨银付副研究员、教育部政策法规司王大泉副主任、教育政策与法律研究分会副理事长张维平教授、北京师范大学余雅风副教授等专家学者及部分来自北京师范大学、东北师范大学、陕西师范学院的学生代表参加了开幕式，来自国内外有关高校和研究机构的百余名专家学者参加了年会。

（5）会议主题和成果。

教育政策与法律研究分会年会的主题是"学校法人制度与学校治理"。本次年会开设五个分会场，主要围绕"学校法人地位"、"高校去行政化"、"教育发展政策的评估模式与思考"、"学校法人的内部治理及公办幼儿园的治理"、"大学章程与办学自主权"分主题展开。与会人员通过专题报告、主题发言、分组讨论等形式，深入探讨了学校法人地位与学校内部治理、学校法人地位与学校章程等问题。会议还专门安排了"南方科大：有多远，走多远"专题论坛，就南方科技大学的教育改革进行了讨论和交流。

47. 第四届世界环保大会

（1）会议时间。

2011年6月18~21日。

（2）会议地点。

山东省青岛市。

（3）主办单位。

联合国工业发展组织，国际节能环保协会。

（4）参会人员。

在本届大会中，来自联合国开发计划署官员、中国政府高层代表、美国自然资源保护委员会专家以及相关国家城市代表共同展开探讨。

（5）会议主题和成果。

本届大会设定"经济转型与发展中的低碳使命"为主题，突出主旨思想：低碳经济将成为世界及中国发展模式及结构调整重要的驱动力，将成为全球新一轮经济发展的重要增长点。与会代表签署并发表了《2011青岛宣言》。该宣言倡导"善待地球，就是善待我们自己"，主张世界各国携手应对人类活动与经济发展过程中引起的气候变化问题。

48. 社会管理创新论坛

（1）会议时间。

2011年6月24日。

（2）会议地点。

浙江工商大学。

（3）主办单位。

浙江省社会科学界联合会、浙江工商大学、浙江日报社联合举办。

（4）参会人员。

浙江省内各地的众多专家学者参加了会议。

（5）会议主题和成果。

此次研讨会是浙江省社会科学界联合会"当代浙学论坛——2011学术月"的主论坛。会议分开幕式、主题报告和专题研讨三个程序，其中大会主题发言四场，由浙江省社会管理领域的知名教授毛丹、顾益康、蓝蔚青和张敏杰作了学术报告，并分别由杨建华和余逊达研究员进行点评。专题研讨分"政府治理与社会管理创新"和"社会协同与社会管理创新"两个单元，分别由浙江省委党校董明教授和浙江工商大学马良教授主持。与会专家、学者围绕"加强和创新社会管理"这一主题，从社会管理的基本理论、政府治理转型与社会管理创新、社会协同与社会管理创新、城乡基层民主与社会管理创新四大层面进行了深入交流，并在专题研讨环节展开了激烈争论，提出了一系列有见地、有新意的观点。

49. 第五届中国电子政务高峰论坛

（1）会议时间。

2011年6月25日。

（2）会议地点。

北京大学。

（3）主办单位。

北京大学信息化与信息管理研究中心、国家信息资源管理北京研究基地和北大CIO班教务办公室。

（4）参会人员。

政府部门领导和专家学者、科研单位与企业200多人参会。

（5）会议主题和成果。

以"下一代数字城市建设"为主题的第五届中国电子政务高峰论坛在北京大学隆重举行。围绕下一代数字城市建设、数字城市建设中的信息资源整合问题、云计算、物联网对下一代数字城市建设的影响以及云计算模式下数字城市建设中的IT外包服务等议题展开了热烈的讨论。工业和信息化部信息化推进司副司长秦海为大会致辞并作了主题演讲。中国科学院院士、北京大学数字中国研究院院长童庆禧做了《下一代数字城市建设》的主题演讲，童院士指出：现在城市化是社会发展的必然结果，发达国家的城市已经进入了稳定的发展时期，中国还处在蓬勃发展的阶段。数字城市是城市发展的必然。数字城市建设是城市化重要方面，是城市化有序发展的重要的技术方面，数字城市也是信息化时代重要特征，数字城市也是国家信息化战略重点所在。中国工程院院士、中国联通科技委主任刘韵洁院士做了《云计算、物联网与下一代数字城市的建设》的主题演讲，刘院士指出：物联网使数字城市有了更丰富的内涵，智能成为数字城市发展的高级阶段，如果说数字城市对应的是信息社会、对应的是计算机的处理，智能城市对应的就是网络社会、对应的是智能设备。所以，智能城市更强调信息全面感知、以及城市生活的智能处理。

50. 政府绩效管理试点工作动员会

（1）会议时间。

2011年6月28日。

（2）会议地点。

中国北京。

（3）主办单位。

中央纪委监察部政府绩效管理工作部际联席会议。

（4）参会人员。

中央纪委副书记、监察部部长、政府绩效管理工作部际联席会议召集人马馼，中央纪委常委、监察部副部长、政府绩效管理工作部际联席会议成员兼办公室主任王伟，发展改革委副主任穆虹，财政部副部长李勇，国土资源部副部长张少农，环境保护部副部长张力军，农业部副部长危朝安，中央纪委驻质检总局纪检组组长王炜，北京市常务副市长吉林，吉林省副省长马俊清，福建省常务副省长张昌平，广西壮族自治区常务副主席李金早，四川省常务副省长魏宏，新疆维吾尔自治区常务副主席黄卫及深圳市、杭州市政府有关领导出席会议。各试点单位监察厅（局）长、绩效管理机构负责人，政府绩效管理工作部际联席会议成员单位联络员，中央纪委监察部有关部门负责同志参加会议。

（5）会议主题和成果。

政府绩效管理工作部际联席会议研究并报国务院同意，选择北京市、吉林省、福建省、广西壮族自治区、四川省、新疆维吾尔自治区、杭州市、深圳市8个地区进行地方政府及其部门绩效管理试点，国土资源部、农业部、质检总局进行国务院机构绩效管理试点，国家发改委、环境保护部进行节能减排专项工作绩效管理试点，财政部进行财政预算资金绩效管理试点，为全面推行政府绩效管理制度探索积累经验。发展改革委和北京市等8家试点单位作了会议发言。

51. 核电安全研讨会——日本福岛核电危机背后的反思

（1）会议时间。

2011年6月29~30日。

（2）会议地点。

北京民族饭店。

（3）主办单位。

美国自然资源保护委员会（NRDC）、中国核学会（CNS）、能源基金会中国可持续能源项目（CSEP）、斯坦福大学能源政策与融资中心。

（4）参会人员。

来自美国能源部中国办事处、美国自然资源保护委员会、卡耐基—梅隆大学、欧盟能源委员会的100余位国内外专家学者参加本次研讨会。

（5）会议主题和成果。

本次大会包括五个议题：①分析并吸取福岛事件的教训。来自政府、行业界、学术界以及民间机构的参会者就日本福岛核事故的发生原因、惨痛教训以及各国在福岛事件后如何加强核安全等问题交流看法。②加强福岛事件后的安全技术能力。就具体的技术和运营管理层面问题进行讨论，包括福岛核事件后提高核反应堆安全性问题

以及加强核安全技术能力等。③加强核安全方面的法律建设和监管及核事故应急体系。讨论核能安全法律及监管结构。其中以美国原子能法以及其他国家立法为重点，讨论还包括监管机构如何分配以及在不同的核安全政府机构之间进行协调；建立相关条文确保核安全机构相对于其他政府机构的独立性；建立核危机的应急反应体制。④加强核安全训练规划，并建立福岛事件后安全文化。讨论如何进行核电厂运行及安全管理培训，并计划如何加强福岛后地震及其他极端事件的应急能力。专家还讨论如何努力建立并培育一种安全意识的文化，包括通过设立行业安全组织，以鼓励及时识别和校正核电厂的风险。⑤核安全信息披露和公众参与相关机制。讨论建立法规和机制以确保核电公司或相关机构中关于透露重要核安全信息的举报人的安全、法规及机制确保公众可以获取关于核反应堆安全的相关信息的渠道，不论是在正常运行期间还是在紧急状况下，确保核安全法规建设中接纳公众参与。

52. "完善财政制度，促进基本公共服务均等化"研讨会

（1）会议时间。

2011年7月2日。

（2）会议地点。

乌鲁木齐。

（3）主办单位。

中央财经大学财政学院主办、新疆财经大学公共经济与管理学院和新疆财经大学期刊编辑部承办。

（4）参会人员。

来自财政部科研所、中国人民大学、中南财经政法大学、上海财经大学、西南财经大学、江西财经大学、中山大学、新疆财政厅科研所等高校和科研院所的20余位专家学者出席本次研讨会。

（5）会议主题和成果。

本次研讨会围绕基本公共服务均等化和社会经济和谐发展展开了热烈的讨论。中央财经大学财政学院马海涛院长就目前基本公共服务均等化问题和路径做了发言，同时，就中国宏观税收负担、地方政府债务、财政透明度和预算管理等问题进行了分析。

53. 国际行政科学学会 2011 年年会

（1）会议时间。

2011 年 7 月 3~8 日。

（2）会议地点。

瑞士洛桑。

（3）主办单位。

国际行政科学学会与瑞士公共行政研究院联合举办。

（4）参会人员。

来自中国、德国、加拿大、日本、美国、墨西哥、南非、波兰等 50 多个国家的 200 余名学者参加了此次会议。

（5）会议主题和成果。

会议主题为"全球问题与国家监管：监管战略的挑战"，有三个分主题：①水资源利用与管理。②人口流动与跨国挑战。③强化监管时期的新路径。

54. "当前我国公共财政建设中的突出问题"全国研讨会

（1）会议时间。

2011 年 7 月 9 日。

（2）会议地点。

上海财经大学。

（3）主办单位。

上海财经大学。

（4）参会人员。

来自全国十几所高校的专家学者出席了研讨会。

（5）会议主题和成果。

与会学者就当前我国公共财政建设中存在的突出问题，包括预算公开、公共服务均等化等进行了深入的交流与讨论。

55. 第二届中国行政改革论坛

（1）会议时间。

2011 年 7 月 10 日。

（2）会议地点。

国家行政学院。

（3）主办单位。

中国行政体制改革研究会。

（4）参会人员。

马凯、魏礼群、何家成等官员、专家、学者。

（5）会议主题和成果。

论坛第一单元主题：转变经济发展方式与深化行政体制改革（包括转变政府职能，发挥市场作用，建设资源节约和环境友好型社会等）；论坛第二单元主题：转变发展方式与保障和改善民生；论坛第三单元主题：转变发展方式，正确处理中央与地方关系；论坛第四单元主题：推进政府管理创新，改革和完善政府绩效管理制度。

56. 中国高教学会院校研究分会 2011 年年会

（1）会议时间。

2011 年 7 月 12~13 日。

（2）会议地点。

北京理工大学。

（3）主办单位。

华中科技大学与中国高等教育学会院校研究分会、北京理工大学联合举办。

（4）参会人员。

中国高等教育学会副秘书长叶之红、中国高教学会院校研究分会会长刘献君、北京理工大学副校长李和章，以及来自北京大学、中国人民大学、华中科技大学、中山大学、北京理工大学等百余所高校的近 180 名代表出席了会议。

（5）会议主题和成果。

本次会议以全国开展院校研究十年回顾与展望为契机，围绕"现代信息技术与院校研究"这一主题，以专题报告、案例介绍、分组讨论、自由发言等多种形式，对院校研究推进的重点和难点——院校研究信息系统建设进行了深入研讨，成果丰硕。与会代表还讨论通过了由院校研究分会起草的《关于建设"国家高等学校综合数据系统"并逐渐开放相关信息的建议书》。本次会议的召开，对于全面提升院校研究队伍的专业化水平及咨询能力，进而全面提升院校研究的影响力，具有重要的意义。

57. 2011 "民生与公共财政体制改革"学术研讨会

（1）会议时间。

2011 年 7 月 16~17 日。

（2）会议地点。

复旦大学。

（3）主办单位。

复旦管理学国际论坛分论坛暨复旦大学公共经济研究中心。

（4）参会人员。

武汉大学、厦门大学、中央财经大学、上海财经大学、西南财经大学等院校的代表 20 余位专家教授。

（5）会议主题和成果。

与会学者就中国当前深化公共财政体制改革、保障和改善民生的热点问题进行了深入的交流与讨论。本次会议讨论的主题涉及居民幸福感、收入分配、房价、保障房、新农保、食品安全等重要民生问题，以及与民生问题息息相关的公共财政体制改革的各个主要方面。参会学者主张，保障机会均等、缩小收入差距对提升居民幸福感至关重要，而个人所得税和财产税都不是缩小居民收入差距的良策，应该更重视财政支出结构的调整，降低行政管理支出，增加民生支出。参会学者还提出了建设和经营相结合完善保障房制度、引入耕地保护基金完善新农保制度、通过建立多重约束机制解决地方政府债务高居不下难题等多项创造性的政策建议以及提升财政透明度、完善应急财政资金管理体制、推进政府会计制度改革等方面的具体政策调整思路，对于我国食品安全问题产生的原因，分税制改革后中央和地方财政收入的变化等热点问题，参会学者也提出了全新的解释。

58. "全国地方政府性债务审计"研讨会

（1）会议时间。

2011 年 7 月 18~19 日。

（2）会议地点。

吉林省长春市。

（3）主办单位。

中国审计学会。

（4）参会人员。

来自地方审计机关和审计署驻地方特派员办事处以及中国审计学会秘书处的 50 多名代表参加了研讨会。

（5）会议主题和成果。

此次会议旨在总结地方政府性债务审计工作经验，更深入、更全面地分析研究政府性债务问题，为进一步加强政府性债务审计监督，规范地方政府性债务管理献计献策。这次研讨会得到了各级审计机关和广大审计人员的积极响应。共收到论文 357 篇，涉及我国审计机关开展地方政府性债务审计的做法和经验；目前地方政府性债务的现状，形成的原因、管理状况、发挥的积极作用及存在的问题及风险；从完善政策、健全制度、改革体制机制等方面提出的加强和改进我国地方政府性债务管理的对策建议，以及国外地方政府性债务审计监督和管理的做法和经验等多个方面。许多观点对于今后加强地方政府性债务审计监督工作具有启发意义。中国审计学会秘书处对这些论文进行了详细认真的审阅，最后筛选出 51 篇汇编成论文集。会上，13 位代表作了主题发言，与会人员也进行了广泛深入的讨论。通过发言和讨论，探讨了应对金融危机的机制和方法，总结了我国审计工作在应对国际金融危机中发挥的作用和取得的成果，同时提出了对策建议。

59. 第二届海峡两岸台风科学与危机管理研讨会

（1）会议时间。

2011 年 7 月 27~30 日。

（2）会议地点。

广东省阳江市。

（3）主办单位。

中国科学院南海海洋研究所，广东外语外贸大学。

（4）参会人员。

来自中国大陆、中国台湾、中国香港的 120 余位专家学者参加本次研讨会。

（5）会议主题和成果。

自然灾害已经成为全世界重点关注的问题。而台风灾害是全球发生频率最高、影响最严重的一种自然灾害。台风经常在中国大陆沿海、中国台湾、中国香港和中国澳门沿岸登陆，给社会经济和人民生活带来了巨大损失，也对沿岸和海洋环境带来很大影响；台风是海峡两岸共同关注的重大问题。此次海峡两岸台风研讨会，聚集两岸和海外自然科学和社会管理科学方面的学者，共同探讨有关台风的科学问题和危机管理，探讨两岸的合作研究计划，包括台风预报，台风生态效应，台风灾害评估，台风灾害危机管理，推动海峡两岸自然灾害相关的多方面的合作，有助于两岸建立全面完善的台风灾害预警和评估体系。本次大会包括环境变化与台风路径预报、台风及海气相互作用、台风的生态和环境效应、台风环境和渔业灾害、台风等灾害评估、灾害危机管理、地震海啸等灾害专题研讨七个议题。

60. 区域化党建与基层社会管理创新研讨会召开

（1）会议时间。

2011年7月29日。

（2）会议地点。

浙江省宁波市。

（3）主办单位。

全国党建研究会与宁波市委举办、宁波市委组织部与北仑区委承办。

（4）参会人员。

第十一届全国人大常委、华侨委员会副主任委员、全国党建研究会会长虞云耀，全国党建研究会顾问、中央组织部原部务委员刘是龙，省委常委、市委书记王辉忠，省政协副主席、党组副书记、省党建研究会会长斯鑫良，全国党建研究会副会长、中央党校党建教研部原主任卢先福，省委组织部副部长、省委两新工委书记、省党建研究会副会长庄跃成，省党建研究会常务副会长洪复初，市委常委、秘书长王剑波，市委常委、组织部长朱伟，市委常委、区委书记、开发区管委会主任陈利幸等出席会议。

全国党建研究会部分特邀研究员、部分省市区的专家学者、党务工作者等近百人参加了会议。全国党建研究会会长虞云耀出席研讨会并讲话。

（5）会议主题和成果。

会议主题为"区域化党建与基层社会管理创新"。与会同志参观考察了宁波市北仑区大港社区、百合社区、九峰山农村新社区，听取了北仑区关于区域化党建与基层社会管理创新工作的情况介绍，并就北仑区以区域党组织为核心、以区域公共服务中心为依托、以区域协商议事机构为基础的"三位一体"基层党建工作模式进行了深入的研讨交流。大家一致认为，宁波市和北仑区在区域化党建与基层社会管理创新方面的实践，针对基层党建工作中的重点、难点问题，探索出了基层党组织在基层社会管理中充分发挥作用的有效途径和载体，走出了一条以党建创新引领和推动社会管理创新的新路子，为推进区域化党建、加强与创新社会管理提供了很好的范例和有益的经验。

与会同志认为，近年来，各地认真贯彻党中央关于加强和创新社会管理的部署和要求，积极探索基层党组织在基层社会管理创新中充分发挥领导核心作用的有效途径和方式方法，取得了明显成效，特别是在推进区域化党建与基层社会管理创新方面，形成了不少好经验、好做法，主要有四个方面经验值得重视：一是以区域化党建为龙头，积极创新党组织设置方式和工作领导体制，进一步发挥基层党组织在基层社会管理中的领导核心作用；二是以创建服务型党组织为目标，积极创新联系服务群众的方式方法，进一步提升基层党组织做好群众工作的能力；三是以维护基层和谐稳定为重点，积极创新民主协商平台和机制，进一步增强基层各方面参与社会管理的合力；四是以现代信息技术为手段，积极创新基层党建信息化工作，进一步增强基层党组织管理服务效能。

61. 2011年全国政治学与行政学博导论坛暨社会管理与政治发展学术研讨会

（1）会议时间。

2011年8月11~14日。

（2）会议地点。

山东省威海市。

（3）主办单位。

山东大学政治学与公共管理学院、山东省政治学研究会联合主办，山东大学威海分校法学院协办。

（4）参会人员。

来自南京大学、中山大学、武汉大学、吉林大学、北京师范大学、厦门大学、东北大学、东北师范大学、山东大学、中央党校、南京审计学院、济南大学、曲阜师范大学、青岛市委党校等14所高校的30多位教授、博导参加了会议。

（5）会议主题和成果。

专家们围绕"社会管理与政治发展"、"博士生培养与学科建设"、"创新思维与政治科学研究方法"三大主题进行了发言和讨论。山东大学包心鉴教授、吉林大学周光辉教授、东北大学娄成武教授、南京大学张凤阳教授、中山大学马骏教授、东北师范大学柏维春教授、北京师范大学施雪华教授、青岛市委党校王振海教授、山东大学方雷教授等分别就"我国社会管理面临的困境和体制创新"、"制度经济学视野下的中国社会管理及其发展'"、"公共服务中心困境与'批管监分离'"、"当代中国的寡头与民粹现象"、"博士生培养过程中的问题与解决方法"、"东北师范大学政治学一级学科发展历程"、"转型期的中国社会管理和政治发展"、"社会管理视阈下的市场与社会"、"政治科学研究方法的基本问题"等相关主题进行了精彩发言。

南京大学严强教授主持了会议讨论。关于博士生培养问题，谭君久教授阐述了政治学博士生的培养目标问题，认为关键是培养具有人类良心、社会责任、公共理性和高学术标准的人才。娄成武教授介绍了东北大学政治学与行政学博士生培养的机制，以及实施过程的成就与困境。冯克利教授认为，"博导"不仅仅是荣誉或名誉，还面临着更大的压力。肖滨教授介绍了中山大学培养政治学与行政学博士生的一些措施，如"存量管理"、"票决制"、"沙龙"方式等，引起了与会专家极大兴趣与热议。王建民教授阐发了有关博士生自主选题问题的想法。厦门大学朱仁显教授提出，博士培养可以打破现有的博士生考试制度，学习国外实行申请制，延长学习时间，保证博士生质量等主张，引发了大家的思考。多数与会专家认为，打破现有考试制度有难度，但不失为一个有创建的思路。关于社会管理与政治发展问题，中山大学何艳玲教授从社会建设角度，剖析了社会管理与政治发展的关系。武汉大学储建国教授针对这一主题就"民主国家"与"民主社会"问题提出了独到见解。朱仁显教授认为，社会管理应该走一条由主义而问题、由激愤而改良、从民生到民权、从内到外的发展路径。曲阜师范大学李安增教授提出，社会管理需要改革，这就会触及很多深层次的问题，包括利益关系的调整、政府动力不足等。陈那波副教授则针对社会管理与政治发展问题，提出了关于"新再分配经济"的理论构想。

《人民日报》刊文《社会管理与政治发展学术研讨会提出提高政府公信力》高度评价了此次会议。该文章报道，与会者指出，社会管理是服务型政府的基本职能之一，减少社会治理成本、优化社会管理离不开政府公信力的提高。转变政府职能和推进行政管理体制改革是提高政府公信力的基础。政府职能定位科学与否，是政府是否具有公信力的关键所在。为此，需要推进行政管理体制改革，形成权责一致、分工合理、决策科学、执行顺畅、监督有力的行政管理体制。进一步加强法治政府建设，为全面提高政府公信力提供有力保障。强化依法行政意识，使国家机关工作人员特别是领导干部自觉养成依法行政的习惯，增强根据法律精神、运用法治思维、通过法律手段处理行政事务的能力；严格遵守法定权限和程序，完善公众参与政府立法的制度和机制，保证人民群众的意见得到充分表达、合理诉求和合法利益得到充分体现。

62. 中国环境科学学会 2011 年学术年会

（1）会议时间。

2011 年 8 月 7~8 日。

（2）会议地点。

新疆乌鲁木齐市。

（3）主办单位。

中国环境科学学会。

（4）参会人员。

参会的代表超过 1300 余人，包括多位环境相关领域的高层次专家学者。全国人大、全国政协、国务院有关部门、中国科协以及新疆自治区人民政府的领导以及资深的环境领域的两院院士、学者、专家做政策演讲和学术专题报告。

（5）会议主题和成果。

会议主题为：加快经济发展方式转变——环境挑战与机遇，共分为 8 个专题分会场：①环境经济与环境管理——加快经济方式转变理论与实践专题研讨会；②重金属污染防治及修复专题研讨会；③环境信息技术专题研讨会；④固体废弃物污染治理技术与创新专题研讨会；⑤土壤污染防治及修复专题研讨会；⑥水污染防治新技术、新工艺专题研讨会；⑦环境监测技术与创新专题研讨会；⑧大气污染控制、治理技术与工程应用研讨会。本届年会继续秉承推动环境学科发展，为全国环境科技工作者服务的宗旨，为广大环境科技工作者搭建相互沟通、交流、学习与合作的平台。同时，结合新疆"十二五"社会经济环境发展的实际，为地方的经济建设提供咨询服务。

63. 2011 中国社会发展高层论坛：社会管理与社会学的使命

（1）会议时间。

2011 年 8 月 12~15 日。

（2）会议地点。

云南民族大学、云南大理学院。

（3）主办单位。

中国人民大学社会学理论与方法研究中心联合云南民族大学、云南大理学院、中国人民大学出版社举办。

（4）参会人员。

来自全国高等院校、科研院所的 500 余位著名专家学者参加了本届论坛。

中国社会学会名誉会长、中国人民大学郑杭生教授，中共云南省委宣传部张瑞才副部长，中国社会学会副会长、中国人民大学李路路教授，中图社会学会副会长、中国人民大学蔡禾教授，云南民族大学党委书记甄朝党教授，云南民族大学副校长张桥贵教授，大理学院副院长钱金袄教授，云南社会学会会长、云南省社会科学院老院长何耀华教授，香港大学宗树人教授，中国人民大学周人鸣教授等著名专家学者出席研讨会开幕式。

（5）会议主题和成果。

论坛主要议题为：①社会管理：理论创新与学术话语。②社会管理：社会矛盾与体制建设。③社会管理：民族发展与民族和谐。同时，本次会议将收到的具有较高学术水平的论文 46 篇汇编成册，学者们分别从"理论创新与学术话语"、"社会矛盾与体制建设"、"民族发展与民族和谐"三个方向深入探讨了"社会管理与社会学的使命"这一极具学术价值与现实意义的主题。

郑杭生教授立足当代中国社会结构变迁的历史大背景，以国际视野和世界眼光，回顾中国社会学 100 多年发展的轨迹，指出探索社会建设和社会管理的正确研究路径是"立足现实，提炼现实；开发传统，超越传统；借鉴国外，跳出国外"，强调社会学界需要正确总结"中国理念"，科学概括"中国经验"。

周人鸣教授在题为"社会建改视野中的城市社区治理和多民族参与"的演讲中认为，一个包括各民族在内的、多元主体治理的权力格局的形成是社区自治的必然趋势和要求，在多元治理主题的互动中，实现社会资源的优化整合，才能真正推动我国城市社会建设中的社区治理向社区自治方向前进，并在这一过程中实现民族团结和社会和谐。宗树人教授在题为"关于宗教与社会治理的初步思考：以巴哈伊社区建设的经验为例"的演讲中，深入阐释了"团结与相互依赖"、"公平与正义"、"集体托管"三大"善治原则"，就"领导选拔与权力建构"、"集体决策、决策实施与反思学习"、"培训与教育"等实践环节中可能遇到的困难与挑战进行了重点说明。

研讨中，与会专家一致认为，经济长足发展与社会管理相对滞后之间的矛盾凸显，进一步制约着我国经济社会又好又快发展。近年来，党和国家把创新社会管理体制、整合社会管理资源、提高社会管理水平、健全社会管理机制，作为构建社会主义和谐社会的重要内容。迈向社会管理科学化的号角已经吹响，对社会建设和社会管理进行系统深入的调查研究与理论探索，为社会管理科学化的伟大实践提供必要的决策咨询和理论参考，是社会学界义不容辞的使命。反过来，中国社会学只有密切关注当前中国社会变革的伟大实践，切实把握中国社会结构变迁赋予我们的理论创新的机遇，不断从伟大的时代社会实践中汲取学科自身发展的新鲜经验，才能掌握学术话语权，实现"理论自觉"，从而推动社会学成为时代的"显学"和"实学"，为社会主义和谐社会建设和中华民族伟大复兴做出应有的学术贡献。

64. "公共政策视野下的经济发展与环境保护"暨"法治政府建设"研讨会

（1）会议时间。

2011 年 8 月 13~14 日。

（2）会议地点。

内蒙古科技大学。

（3）主办单位。

中国行政管理杂志社、全国政策科学研究会、北京师范大学环境经济中心及内蒙古科技大学经济与管理学院、文法学院联合承办。

（4）参会人员。

中国行政管理学会、国家行政学院、环保部、国务院法制办、国务院发展研究中心等 10 多家部委单位，全国 20 多个省、市及内蒙古地区的理论工作者和实践工作者共 100 余名代表参加了会议。

（5）会议主题和成果。

国务院参事、中国行政管理学会副会长、中国政法大学朱维究教授，中国政法大学法学院副院长、博士生导师何兵教授，北京师范大学环境经济研究中心主任张平淡研究员，内蒙古科技大学校长助理、国家行政学院研究员胡仙芝作了主题报告。会议围绕转变经济发展方式、治污减排、法治政府等专题进行了探讨。会议通过了"从我做起，从现在做起，保护美好生态环境，促进经济可持续发展"的环保宣言倡议书。

65. 2011 年卫生部卫生政策媒体高层研讨会

（1）会议时间。

2011 年 8 月 19~21 日。

（2）会议地点。

辽宁省丹东市。

（3）主办单位。

卫生部办公厅主办，卫生部新闻宣传中心和辽宁省卫生厅共同承办。

（4）参会人员。

来自全国 29 个省（自治区、直辖市）卫生厅（局）的 31 位新闻发言人和近 30 家国家级媒体记者、编辑出席研讨会议。

（5）会议主题和成果。

会议介绍了当前医疗卫生改革和食品安全的形势与现状、面临的卫生新闻宣传任务，以及新媒体特点及发展趋势，使省级卫生新闻发言人能更好地掌握风险沟通原则，利用新媒体对上述卫生重点工作开展舆论引导与风险沟通。主题包括我国深化医药卫生体制改革的进展与挑战、食品安全管理情况及形势、运用风险沟通策略实现卫生新闻宣传的战略传播、新媒体下的风险沟通与危机管理、新媒体环境下的健康传播等。

66. 公共政策创新与企业转变经营方式

（1）会议时间。

2011 年 8 月 20 日。

（2）会议地点。

甘肃省天水市。

（3）主办单位。

全国政策科学研究会。

（4）参会人员。

全国各地政府机关、行政管理学界和国有大中型企业的代表近 30 人参加了研讨会。

（5）会议主题和成果。

与会代表对加强在新形势下，进一步贯彻落实科学发展观，探索企业转变经济增长方式和公共政策创新等问题进行了研讨。自"九五"规划首次提出要从粗放型向集约型转变，到"十一五"规划再次提出转变经济增长方式，这十几年间，积累了一些成功经验，也暴露了一些不足。与会专家认为，企业经营方式的转变不能只看经济增长的快慢、规模的大小，一时的得失，不能就经济论经济，科学的经济发展方式应该是实现速度、质量、效益相协调；投资、消费、出口相协调；人口资源、环境相协调；发展经济与提高人民收入相协调，从而实现社会经济的全面协调和可持续发展。来自国有大中型企业的代表提出，企业是经济发展的基础，特别是国有企业是国民经济发展的中坚力量，在加快转变经济发展方式中具有引领和带动作用。企业不能一味追求扩大企业规模，而应强调质量效益，不能乱开乱采各种资源，而应重视技术研究和应用，完成由规模经营型向质量效益型、由资源经营型向科技效益型、从单一经营向多元化经营、从粗放经营型向集约经营型等四种转型。要适应经济发展方式的转变，就要进行政策创新。首先政府职能要进一步转变，建设法治政府和服务型政府，打造多种服务平台，为经济社会发展创造良好环境。与会代表还提出了与企业发展、社会发展息息相关的民生问题，针对国有企业领导与员工、民营企业老板和农民工收入分配差距太大；老百姓负担不起高额的住房、医疗费用等问题，亟待国家出台相关政策，以促进经济社会平衡、协调发展。有学者提出，从人类文明发展角度看，现今世界尚处于不稳定时期，还有很长的路要走。西方模式并非唯一，多元文明必然决定了不同国家、地区现代化道路的多元性。中国经济几十年的持续、快速发展，都与"政府"息息相关。从一定角度看，这一"政府属性"，也许会成为中国式市场经济和现代化的独特个性，而与西方现代化和市场经济相区别。

67. 第二届城市群可持续发展国际研讨会

（1）会议时间。

2011 年 8 月 20~22 日。

（2）会议地点。

湖南省长沙市。

（3）主办单位。

中南大学、湖南省系统工程与管理学会。

（4）参会人员。

本次大会主席由"长株潭"两型社会协调办公室副主任、中南大学商学院院长、湖南省系统工程与管理学会理事长陈晓红教授担任，并邀请湖南省两型社会建设有关部门领导和国内外相关知名学者出席会议。

（5）会议主题和成果。

此次会议的主题包括：①可持续发展的理论与实践。②城市群发展的规划与控制。③资源节约的科技创新与管理。④环境保护的科技创新与管理。⑤资源节约型社会建设的理论与实践。⑥环境友好型社会建设的理论与实践。⑦产业生态系统的构建与管理。⑧环境供应链管理。⑨传统产业改造升级研究。⑩两型产业的发展。⑪绿色建筑的设计与施工管理。⑫新能源开发与节能技术。⑬其他相关领域。

本次会议论文集将由国际知名出版社正式出版，并送 ISI 作 ISSHP、ISTP 和 EI 收录。

68. 2011 年小麦产业经济与政策研讨会

（1）会议时间。

2011 年 8 月 20~22 日。

（2）会议地点。

中国北京。

（3）主办单位。

国家小麦产业技术体系产业经济研究室与农业部农业贸易促进中心联合举办。

（4）参会人员。

农业部科教司、国家小麦产业技术体系、农业部贸促中心的相关领导应邀出席会议并发表讲话；农业部种植业司、畜牧业司、国家粮油信息中心、中国粮油学会食品分会、中国粮食行业协会小麦分会等部门的专家学者以及河北、安徽等省的麦农合作社和种粮大户代表出席会议并作专题报告；中粮集团、北京古船、天津康师傅、益海粮油等十多家企业代表以及国家小麦产业技术体系的专家学者等 160 多人出席会议。

（5）会议主题和成果。

会议围绕世界粮食产业发展特点及政策借鉴、我国小麦生产发展、市场形势、加工及消费现状、麦农合作社发展等主题进行了广泛交流和深入研讨。会议以主题报告和开放式讨论等形式进行了交流与探讨。多领域专家学者及合作社、种粮大户代表分别就世界及我国粮食和小麦生产发展、

国内外小麦市场形势、我国小麦加工行业现状、小麦饲料消费现状、河北省麦农合作社的发展及种粮大户小麦生产现状等议题作了主题报告。20 多位小麦加工行业的企业家代表、合作社及种粮大户代表与体系内的小麦专家围绕我国小麦加工行业的发展现状和存在问题、2011 年小麦生产、收购特点和问题、我国优质专用小麦的品种品质及与国外的差距、生产及加工领域的产业政策等问题进行深入交流和探讨，为国家制定相关产业政策提出了宝贵意见。此次研讨会的召开，为确保今后小麦产业经济研究工作的正常开展以及小麦产业政策问题的深入研究奠定了良好基础，也为小麦加工行业的企业家、麦农合作社以及种粮大户代表与小麦产业技术体系的专家提供了相互合作和交流的平台。

69. 第四届中国能源环境高峰论坛

（1）会议时间。

2011 年 8 月 28~29 日。

（2）会议地点。

对外经济贸易大学。

（3）主办单位。

对外经济贸易大学。

（4）参会人员。

世界杰出的专家和领导人、中国国家能源环境主管部门领导发表演讲。250 位专家和会议代表参加了研讨。

（5）会议主题和成果。

高新能源与节能环保发展战略与规划；高端清洁能源开发与应用——空间太阳能以及相关空间技术发展对国民经济的推动和提升；不同高新能源技术的应用前景比较——太阳能、空间太阳能、生物能、核能、风能、海潮、地热等；绿色经济与节能环保/新能源和节能环保融资；生物能源应用研究与技术开发/中国生物能源合作机制探讨。本次会议是一年一度分析和预测中国能源、环境和气候变化的机制性高峰国际论坛。

70. 云计算发展与政策论坛成立大会

（1）会议时间。

2011 年 8 月 29 日。

（2）会议地点。

中国北京。

（3）主办单位。

工业和信息化部电信研究院、中国电信、中国移动、中国联通、腾讯、百度、阿里巴巴、盛大、中国科学院计算所、世纪互联、蓝汛、华为、中兴、云基地、新浪、奇虎、瑞星等 17 家单位联合发起成立。

（4）参会人员。

工业和信息化部副部长杨学山出席大会并致辞。中国电子学会理事长吴基传，深圳市市长许勤出席会议，工业和信息化部、发展改革委相关司局负责同志以及来自 17 家发起单位的负责人和代表参加了会议。

（5）会议主题和成果。

搭建政府与产业界沟通与交流的平台，促进云计算政策、规划、标准等与产业协同并进。论坛以规划、政策、标准为切入点，以支撑政府，推动产业发展为主要目标，着力搭建政府主管部门与产业界、标准组织以及科研机构的交流与互动平台。论坛的成立将有力推动我国云计算战略与政策研究，推进云计算规划、标准和法律法规的完善，必将为我国云计算产业的健康发展起到积极的促进作用。

71. 2011 中国人力资本论坛

（1）会议时间。

2011 年 9 月 8~9 日。

（2）会议地点。

中国上海。

（3）主办单位。

中国领先的人力资源互联网和传媒公司——HRoot。

（4）参会人员。

政府机构决策者，商学院及协会权威学者，企业界的人力资源管理精英人士共 1500 余人。

（5）会议主题及成果。

1）会议主题。全球经济发展的机遇与挑战；中国人力资源经理人的战略职责；新的经济形势下人力资本管理所面临的机遇与挑战；全球人力资源管理领域热点与趋势。

2）会议成果。汇集在华跨国公司及本土企业人力资源精英的中国人力资本论坛是大中华地区人力资源管理领域参加人数最多、中国本土规模最大、受关注度最高的盛会。中国人力资本论坛旨在为人力资源经理人提供具有前瞻性的管理理念和最新实践探讨的平台，为行业精英提供了解全球人力资源管理的新趋势、新方法、新理念、新思想的机会。中国人力资本论坛通过邀请国际顶尖人力资源机构高层管理者、跨国及本土企业优秀人力资源精英共同对话，以增进经验交流，推动行业进步，具有顶级的学习分享价值，为未来的战略工作实施积累坚实的理论基础。

72. 公共组织与人力资源论坛

（1）会议时间。

2011 年 9 月 11 日。

（2）会议地点。

中国北京。

（3）主办单位。

中国人民大学公共组织与人力资源研究所和中共延庆县委组织部。

（4）参会人员。

中国人民大学劳动人事学院原党委书记陆国泰教授，中国人民大学公共组织绩效管理研究中心主任方振邦教授，中共延庆县委常委、县委组织部部长徐维功同志，河南省中牟县委常委、县委副书记徐相锋博士，延边大学人文社会科学学院副教授金洙成博士等作为特邀嘉宾出席论坛，60 多名中外专家、学者、领导干部以及各界社会精英人士参加了论坛。

（5）会议主题及成果。

本次论坛以政府绩效管理为中心议题，并从理论和实践两个层面对这一议题进行了深刻的剖析，为与会人员全面了解中国政府绩效管理的现状提供了丰富的素材和生动的案例。

73. 2011 年全球非常规天然气国际会议暨展示会

（1）会议时间。

2011 年 9 月 13~15 日。

（2）会议地点。

中国北京。

（3）主办单位。

美国燃气研究院（GTI），中国能源研究会。

（4）参会人员。

中国能源研究会、中国地质大学、中国国家煤层气中心、中国联合煤层气公司、壳牌全球公司、斯伦贝谢、哈里伯顿、贝克休斯公司、得克萨斯大学和主要的水技术公司的专家们。

（5）会议主题和成果。

会议重点讨论的问题包括：世界各地非常规天然气发展的经验和如何才能使中国和其他国家的非常规天然气资源成功地开发和利用；非常规天然气资源尖端技术的应用及关键技术的探索。本次会议得到了美国能源安全研究合作组织（RPSEA）、国际天然气联盟（IGU）和美国能源部的大力支持。

74. 政府采购预算管理与执行经验交流研讨会

（1）会议时间。

2011 年 9 月 14~16 日。

（2）会议地点。

黑龙江省牡丹江市。

（3）主办单位。

《中国财经报》、《中国政府采购报》。

（4）参会人员。

中央财经大学及黑龙江、天津、河南、江苏、江西、山东、陕西、宁夏、贵州等省、市的共 50 多名代表参加了研讨会。

（5）会议主题和成果。

与会代表就各地政府采购预算管理与执行的做法进行了交流，并围绕政府采购部门在采购预算编制中的角色、采购预算与部门预算的衔接、采购预算与采购计划管理的衔接、采购计划、执行衔接、预算编制细化、编制范围拓展、政府采购与资产管理、政府采购与国库集中支付等进行了研讨。中央财经大学政府管理学院徐焕东教授应邀作了《建立政府采购框架预算的构想》的报告。研讨会的各种观点，有利于促进和加强我国政府采购预算管理和执行。

75. 第十二届西部地区招标机构联席会议

（1）会议时间。

2011 年 9 月 16 日。

（2）会议地点。

银川市。

（3）主办单位。

宁夏回族自治区招标管理服务局主办、宁夏国际招标有限公司协办。

（4）参会人员。

商务部机电和科技产业司招标处调研员高华、中国机电设备招标中心主任韩占武、中国招标投标协会副秘书长毛林繁、宁夏回族自治区人民政府副秘书长任高民等领导应邀出席会议并做了重要讲话。中国机电设备招标中心刘思南副书记、山西省发展改革委、青海省发展改革委、陕西省工业和信息化厅等地方政府部门的有关负责同志应邀出席会议。全国招标中心系统西部地区各省市招标局（招标投标管理局）、招标中心（公司）负责同志和其他地区应邀参会单位的代表共 80 余人参加会议。

（5）会议主题和成果。

与会代表围绕行业普遍关注的热点和焦点进行了交流研讨，先后介绍了各自单位改革改制的基本情况、分享了业务拓展、品牌建设、企业管理、人才培养、诚信建设等方面的先进做法和成功经验。会议最后商定 2012 年第十三届西部地区招标工作联席会议由新疆招标有限公司承办。

76. "第二届比较研究工作坊：比较视野下的公共财政问题"学术会议

（1）会议时间。

2011 年 9 月 17~18 日。

（2）会议地点。

东北财经大学。

（3）主办单位。

中央编译局经济社会体制比较杂志社、中央编译局比较政治与经济研究中心比较经济研究室、辽宁省人文社会科学重点研究基地东北财经大学区域经济一体化与上海合作组织研究中心共同主办。

（4）参会人员。

财政部财政科学研究所、北京大学、中国人民大学、复旦大学、厦门大学、武汉大学、中央财经大学、东北财经大学、中山大学、香港中文大学、辽宁省财政科学研究所等 22 个科研院所的 45 名专家学者参加会议。

（5）会议主题和成果。

本次会议的主题为"比较视野下的公共财政问题"。在为期两天的会议中，专家学者们围绕"比较视野下的公共财政问题"进行了深入的研讨。财政部财政科学研究所副所长刘尚希研究员、重庆工商大学校长杨继瑞教授、东北财经大学财税学院院长寇铁军教授、辽宁省财政科学研究所所长王振宇研究员作了主题发言，16 名学者作了专题发言，来自《经济理论与经济管理》、《经济与管理研究》、《世界经济》、《财经研究》、《南方经济》、《产业组织评论》、《地方财政研究》等名刊的主编、编辑部主任参加了会议并作了论文点评。在东北财经大学师生的大力支持和与会专家的积极参与下，会议取得了圆满成功，实现了编者与作者、高等院校与科研机构的良性互动。

77. 第十三届中国科协年会

（1）会议时间。

2011 年 9 月 21~23 日。

（2）会议地点。

天津市。

（3）主办单位。

中国科学技术协会，天津市人民政府。

（4）参会人员。

学术年会代表、科技工作者和部分高校师生以及港、澳、台有关科技团体代表和专家学者等4000 余人参加主会场；各分会场参加人数超过5000 人。

（5）会议主题和成果。

本次年会的主题为"科技创新与战略性新兴产业发展"。共设有 22 个分会场，与资源与环境管理的包括太阳能热发电前沿技术国际研讨会；实现"2020 年单位 GDP 二氧化碳排放下降 40%~45%"研讨会；绿色经济与沿海城市可持续发展战略研讨会；中国智慧城市论坛；节能减排战略与测控技术发展学术研讨会；地热能开发利用与低碳经济研讨会等。中国科协年会是我国科技领域高层次、高水平、大规模的科技盛会。

78. 2011 中国人力资源发展与管理论坛

（1）会议时间。

2011 年 9 月 24 日。

（2）会议地点。

浙江省杭州市。

（3）主办单位。

浙江大学管理学院，正略钧策管理咨询公司。

（4）参会人员。

知名院校教授、人力资源专家、研究机构专家、企业人力资源经理及以上高级管理人员、浙江大学管理学院校友、EMBA 学员、MBA 学生、EDP 学员。

（5）会议主题和成果。

本次会议主题为"人力资源管理的转型与升级"。

浙江大学管理学院副教授，企业管理系副主任，MBA 导师陈学军博士发表的《薪酬与绩效管理》一书中提到如何实现绩效管理与薪酬管理有机结合的问题时，陈教授说："第一是模式问题，第二是水平问题，第三是内部机构问题，第四是政策问题。这四大问题有些是非常重要的。"最后陈教授提出三个观点：绩效成因是系统的、管理的核心是模型、恰当的激励表达是矛盾的关键。人力资源管理专家、正略钧策管理咨询公司合伙人吕嵘则引用"人才危机周期"模型，来描述企业人力资源管理的战略意义。"中国很多企业，在没有走完第一轮的企业人才危机周期，就已寿终正寝。这些企业的寿命为 5~8 年"。谈及企业人才的中长期激励问题时，吕嵘认为，可在传统薪酬福利之外，再构筑中长期股权激励和非经济性激励并举的全面薪酬激励体系，以延揽人才。她分析，股权激励在降低当前现金激励带来的现金流和成本压力的同时，亦能回报创业元老、老员工的历史贡献。此外，通过生动的案例分析，盖茨公司亚洲人事总监顾顺钰分享了她在亚洲各国分公司高管的选拔中如何成功应用胜任力模型的实战经验。"第一步确定所求高管定位，第二步自身实力的评价，第三步公司人文环境分析。"

在此次论坛上，正略钧策商业数据中心亦发布了《2011 中国薪酬白皮书》。报告认为，2011年薪酬涨幅主要得益于三个因素：一是宏观经济整体运行较好，很多企业增加了人才招聘数量，而劳动力市场总供给数量逐渐下降，需求增供给将造成薪酬大幅增长；二是通货膨胀率居高不下，居住类和食品类商品价格涨幅凶猛，员工调薪预期不断增强；三是全国多个城市相继出台最新的最低工资标准，诸多企业"被动"涨薪。

79. "公共服务均等化与区域发展的核心竞争力"研讨会

（1）会议时间。

2011 年 10 月 4 日。

（2）会议地点。

云南财经大学。

（3）主办单位。

中国社会科学院财贸经济杂志社、云南财经大学财政与经济学院和云南省财税与公共政策研究基地。

（4）参会人员。

中国社会科学院财贸所、《财贸经济》编辑部、中央财经大学、西南财经大学、中南财经政法大学、中山大学、首都经贸大学、河北经贸大学、湖南大学、上海金融学院、上海立信会计学院、山西财经大学、山东财经大学（筹）、南京审计学院和安徽财经大学的 30 余位专家教授参加了会议。

（5）会议主题和成果。

此次研讨会主要围绕基本公共服务均等化若干重要理论和实践问题进行深入探讨，具有重要的理论和实践意义。

80. 东部地区疾病预防控制工作座谈会

（1）会议时间。

2011 年 10 月 13 日。

（2）会议地点。

山东省济南市。

（3）主办单位。

中华人民共和国卫生部。

（4）参会人员。

卫生部办公厅、应急办、疾控局负责同志和相关处室负责人，北京、天津、辽宁、上海、江苏、浙江、福建、山东、广东等 9 个东部省份的卫生厅局分管领导、疾控处处长、疾控中心主任，中国疾控中心负责同志和相关处室负责人参加了座谈会。

（5）会议主题和成果。

会议围绕深化疾控体系建设、构建"预防为主、防治结合"服务模式的策略和措施，推进完善慢性病防治体系建设、建设疾病风险监测评估和预警系统、加快落实疾控工作任务等方面进行了深入座谈，并对公共卫生医师培训相关文件进行了深入研讨。

81. 2011 新兴能源与可再生能源发展学术研讨会

（1）会议时间。

2011 年 10 月 14 日。

（2）会议地点。

陕西省西安市。

（3）主办单位。

陕西省科学技术协会；中国水电顾问集团西北勘测设计研究院。

（4）参会人员。

特邀专家、论文作者及理工大相关专业师生共计 300 余人参加。

（5）会议主题和成果。

本次研讨会重点讨论的问题是如何大力推广新型能源和可再生能源，特别是风能、水能、太阳能、农林生物质能产业化发展。与会专家建议，要进一步提高对加快发展新兴能源与可再生能源重要性的认识，严格执行国家政策法规，保障新兴能源与可再生能源有序发展；科学制定发展战略规划，加快新兴能源与可再生能源快速发展。本次研讨会面向环境保护、风能水能、化工化学、电机、光伏、汽车、生物、石油等部门、行业和学科的专家学者广泛征集论文，共征集论文 130 余篇，收录 81 篇。

82. 第二届中国—加拿大全球治理国际学术研讨会

（1）会议时间。

2011 年 10 月 15 日。

（2）会议地点。

中国人民大学国际关系学院。

（3）主办单位。

中国人民大学国际关系学院与加拿大驻华使馆。

（4）参会人员。

加拿大驻华使馆、加拿大国际治理创新中心、加拿大滑铁卢大学政治学、加拿大约克大学、复旦大学国际关系学院、中国社会科学院世界经济与政治研究所、上海外国语大学、中国人民大学等 20 多家单位的专家、学者出席了本届论坛。

（5）会议主题和成果。

研讨会的主题为"全球治理向何处去？"，是一次关于后金融危机时代全球治理的学术探讨。这次研讨会不仅是中加两国学者关于当前主要的全球治理问题的一次对话，而且通过交流全球治理研究成果，探讨如何更好地在学科上推进全球治理研究。

83. "收入分配理论与政策"国际研讨会

（1）会议时间。

2011 年 10 月 15~16 日。

（2）会议地点。

中南财经政法大学。

（3）主办单位。

中南财经政法大学、全国高等教育学会高等财经教育分会财政学专业委员会主办，中南财经政法大学财政税务学院、湖北财政与发展研究中心、教育部重大攻关项目"规范收入分配秩序研究"课题组共同承办。

（4）参会人员。

来自澳大利亚、塞尔维亚、日本等国家和地区收入分配领域的专家以及财政部财政科学研究所、中国社会科学院财贸经济研究所、武汉大学、中国人民大学、上海财经大学、厦门大学、东北财经大学、中央财经大学、西南财经大学、江西财经大学、首都经贸大学、中山大学、天津财经大学、湖北经济学院、军事经济学院等国内高校和科研机构的专家学者共计50余人出席了本次研讨会。

（5）会议主题和成果。

大会组织了主题演讲、嘉宾论坛和学术交流成果。研讨会期间，大家围绕收入分配这一主题，各抒己见，畅所欲言，进行了深入而广泛地讨论。学者们就收入分配理论与收入分配政策提出了许多新观点、新思路，体现了他们在收入分配领域取得的丰硕成果，这一切使得本次研讨会充满了生机与活力。专家们在大会上所展现出来的创新性思想以及在研讨中碰撞出来的智慧火花，对我国收入分配理论和政策的研究必将产生积极作用和深远影响。

84. 首届"公共人力资源管理国际会议"

（1）会议时间。

2011年10月15~16日。

（2）会议地点。

湖北省武汉市。

（3）主办单位。

武汉大学哲学学院心理系、浙江大学心理与行为科学系与美国国际人力资源管理协会（IPMA-HR）。

（4）参会人员。

参加会议的专家主要有美国南佛罗里达大学教授Kathleen P. King，IPMA-HR执行总裁Neil Reichenberg，国家外国专家局培训中心主任白继迅，武汉大学副校长蒋昌忠教授，武汉大学哲学学院院长朱志方教授，武汉大学哲学学院副院长、

心理学专家张掌然教授。此外，参会人员还有来自武汉大学、浙江大学、安徽大学等国内知名高校的专家、学者和研究生。

（5）会议主题及成果。

此次会议主题为"全球化背景下的人力资源管理；中国文化中本土化人力资源管理及相关资源的创造性转化；广义问题解决与公共人力资源管理；组织管理者的人才选拔；国有企业高层管理者心理资本的建立与培养；组织文化构建的本土化路径；不同文化中的激励策略；全球经济一体化与中国企业的道德责任；非营利组织的运作环境和制度；中国企业中的沟通、谈判与争端解决；公共政策对人力资源管理的影响；生命心理学的公共人力资源管理观禅宗、佛教在管理中的应用其他和上述国际会议主题相关的研究课题和领域"。

本届会议本着"提升公共人力资源管理人员的国际竞争力和创新能力，满足企业和政府部门开展人力资源战略规划和组织行为发展"的宗旨，力图推动公共人力资源管理学科领域的学术对话和交流，促进国际间公共人力资源管理领域热点和焦点问题的研究，从而进一步加深多元文化背景下学者在公共人力资源管理领域教学、科研和社会应用领域的合作。来自海内外的数十名专家学者围绕全球化背景下的人力资源管理、中国文化中本土化人力资源管理及相关资源的创造性转化、广义问题解决与公共人力资源管理等14个主题展开了深入研讨。

85. 2011年公共管理国际会议（第七届）

（1）会议时间。

2011年10月19~20日。

（2）会议地点。

成都电子科技大学。

（3）主办单位。

成都电子科技大学、中国行政管理学会和美国行政管理学会主办，俄罗斯莫斯科大学公共管理学院和中国行政管理杂志社协办。

（4）参会人员。

来自30多个国家的专家学者和公共管理领域的实践者出席了本次会议。学者们来自美国、英国、加拿大、俄罗斯、法国、德国、爱尔兰、泰国、罗马尼亚、意大利、波兰、澳大利亚、印度

尼西亚、南非、巴基斯坦、瑞士、印度、尼日利亚、马来西亚、伊朗、日本、韩国、菲律宾、荷兰、土耳其、巴西、斯洛文尼亚、丹麦、乌干达、西班牙、肯尼亚及中国台湾等。成都电子科技大学党委书记王志强，中国行政管理学会执行副会长兼秘书长高小平，中国行政管理学会副秘书长、中国行政管理杂志社社长兼主编鲍静，美国行政管理学会执行主席安托瓦妮特·塞缪尔，美国行政管理学会现任主席埃里克·贝尔格鲁德以及美国行政管理学会下任主席汤姆·刘出席大会开幕式。

（5）会议主题和成果。

本次会议主题为"公共管理未来模式与服务型政府价值取向"。大会组委会收到国内外学者提交的会议论文 976 篇，录用 443 篇。来自 30 多个国家的专家学者和公共管理领域的实践者出席了本次会议，设置了 3 场主题报告、6 个分会场、12 场小组讨论。在分组会上中外学者重点围绕行政伦理与责任、服务型政府的理论与实践、新公共管理模式、政府治理、政府公共服务体系与公共政策等多个议题展开了热烈的讨论。

从 2005 年至今，公共管理国际会议已经连续举办了七届，已成为规模最大、影响力最大的国际公共管理会议之一，2011 公共管理国际会议论文集同样将送至美国科学情报研究所 ISI Web Knowledge 检索平台的两大基础会议索引 ISSHP/ISTP 检索。

86. 健康问题社会决定因素大会

（1）会议时间。

2011 年 10 月 19~21 日。

（2）会议地点。

巴西里约热内卢。

（3）主办单位。

世界卫生组织与巴西卫生部。

（4）参会人员。

卫生部党组书记张茅，卫生部办公厅、政策法规司、国际合作司等负责人，巴西卫生部长亚历山大·帕迪利亚（Alexandre Padilha），世界卫生组织总干事陈冯富珍等来自 60 多个国家的卫生部长、120 多个成员国的代表，以及联合国专门机构、学术机构和非政府组织等方面代表、专家，约 1200 人出席会议。

（5）会议主题和成果。

本次"健康问题社会决定因素世界大会"围绕应对影响健康问题的社会决定因素进行了讨论，并通过了《健康问题社会决定因素：里约政治宣言》。宣言呼吁各国在国家层面形成统一的健康政策，将多部门参与卫生政策制定过程制度化，确保公平的全民覆盖，并加强针对社会决定因素的监测、研究、证据分享，强调世界卫生组织在该领域的主导作用，以推动将健康纳入所有政策，减少卫生不公平。

87. 政府绩效管理创新与实践——江西省南昌市工商行政管理局公务员考核专家研讨会

（1）会议时间。

2011 年 10 月 21 日。

（2）会议地点。

江西省南昌市。

（3）主办单位。

复旦大学公共绩效与信息化研究中心与南昌市工商局共同主办。

（4）参会人员。

国家公务员局考核奖励司副司长欧东明等政府领导，清华大学公共管理学院杨永恒教授等专家学者，人民网、《中国工商报》、《南昌日报》、南昌电视台等媒体记者。

（5）会议主题和成果。

会上，南昌市工商局就市局机关公务员绩效考核与基层公务员绩效考核的主要做法进行了介绍，演示了市局领导绩效管理"驾驶舱"。随后，与会专家围绕国内公务员考核、政府绩效管理进行了积极深入的探讨，对南昌市工商局的做法表示高度肯定。专家认为，南昌市工商局在公务员绩效考核管理方面思路清晰、措施扎实、成效显著、经验宝贵，探索了公务员考核的一条新路，实现了考核的"精、细、实、新"，走在了全国的最前面，其做法和经验值得在全国进行推广。针对如何进一步完善考核工作、优化绩效管理等问题，各路专家也提出了系列宝贵建议。国家公务员局考核奖励司副司长欧东明在总结中说：南昌市工商局的经验，是在江西省工商系统总体管理水平较高的基础上产生的，反映了全省工商系统积极探索、开拓创新的良好精神风貌。南昌市工商局坚持绩效考核管理与日常工作融为一体，坚持及时反馈考核结果，使考核结果的应用具有了强大的生命力。公务员考核是世界性难题，南昌市工商局已经在破解这一难题上迈出了坚实的一步。

88. 中国生态学学会 2011 年学会

（1）会议时间。

2011 年 10 月 21～24 日。

（2）会议地点。

湖南省长沙市。

（3）主办单位。

中国生态学学会。

（4）参会人员。

会议得到了来自我国 31 个省市区以及港、澳、台 959 位专家、学者的积极响应。参会单位共 284 个，其中高校 155 个，科研院所 96 个、相关出版单位 7 个、生态环境有关的仪器/咨询公司企业 14 个、政府机关 8 个、非政府组织 4 个。会议期间，来自不同单位的 343 位专家学者和青年科技工作者作了分会场报告。

（5）会议主题和成果。

大会的主题是"创新生态科学，促进和谐发展"。内容涉及气候变化的生态系统响应、植物生理生态与功能属性、生物多样性保育与自然保护规划、生态修复的机理与技术途径、寒旱区生物土壤结皮生态学研究、生态水文过程与环境适应、生态系统服务与生态健康评价的理论、方法与应用、景观规划与景观管理的原理和技术、生态学模型与数学生态学、城市生态管理的机理、模式和技术、可持续农业的原理与途径、海洋生物多样性与生态功能、生态旅游与旅游生态的挑战与对策、生态文化与生态文明等。大会同期还举行了以"自然生态保护科学立法研讨会"和以"生态服务维持的若干热点问题"为主题的青年生态论坛。这次学会年会的成功召开，不仅为生态学相关领域的广大人员提供了学术交流的平台，也促进了生态学相关领域科研院所、企业、公司、政府部门之间的协同合作，增强了相互之间的理解和沟通。

89. 第三届"政治、法律与公共政策"年会

（1）会议时间。

2011 年 10 月 22 日。

（2）会议地点。

重庆大学。

（3）主办单位。

重庆大学人文社会科学高等研究院与北京大学法制研究中心联合举办。

（4）参会人员。

重庆大学校长林建华、副校长刘庆以及来自清华大学、中国社会科学院、北京大学、中国人民大学、香港大学、重庆大学、西南大学、西南政法大学等高校的 40 余名学者参加了会议。

（5）会议主题和成果。

会议采取论文评述的形式，分"革命建国与百年宪政之道"、"新中国的政法传统"、"财产、家庭与基层治理"、"政法前沿：情境性的理论思考"4 个主题，对 16 篇文章进行了探讨。

在"革命建国与百年宪政之道"主题中，凌斌以《从汤武到辛亥：建国正当性的革命论传统》一文解读了古典革命观思想，从汤武革命与辛亥革命的渊源论及主权、天命的归属问题，探讨了现代革命观的变化和文化宪政的现实意义。冯子轩通过文本分析梳理了文官考试到宪政实践的变迁过程。欧树军在其文中勾勒了人民的三个形象，即主权、治理、责任意义上的人民形象。田雷则从宪法宪政的定义切入，论述了抽象化共识的问题。

"新中国的政法传统"主题中何博、张睿以宅基地制度为切入剖析了中国地方变通立法现象。刘忠阐述了中央地方的条条块块关系和在此关系中法院院长的产生过程。李晟从军事角度谈当代中国的宪政发展，研究视角拓展到传统关注之外，另辟蹊径。王结发探讨了制度认同与政治合法性问题。"财产、家庭与基层治理"主题中，赵晓力从中国传统的代际伦理出发阐述了《新婚姻法》中财产制度与家庭职能不匹配的问题。王习明辨析了中国社会与西方社会"所有权"的异同，指出以西方社会所谓"所有权"加诸中国家庭财产制度，必然导致家庭责任与财产关系的割裂。万江以成都为例进行了土地确权问题的研究，强调公平效应、公平层次。贾焕银提出了潜规则是社会矛盾的制造者还是化解者的议题。"政法前沿：情境性的理论思考"主题中，程雪阳论述了央地关系、制度变迁和法律秩序问题。胡凌对互联网商业模式下的网络安全问题进行了思考。陈颀提纲挈领式地分析了"9·11"以来的美国宪政，概括了紧急状态下宪法争议的三种观点。何永红论证

了英国宪法解释的三种路径。

会议中各阶段的讨论也热烈积极，尤其集中在对《反哺模式、儒家代际伦理与婚姻法三题》、《网络安全、隐私与互联网的未来》、《紧急状态的宪法——反恐战争与美国宪政》等几篇文章的讨论中。通过思想的交流与碰撞，不仅是对文章学术性的完善和增进，而且在原有论题中又激发出新的观点、命题。

90. 2011 年中国电子政务论坛在北京召开

（1）会议时间。

2011 年 9 月 22~23 日。

（2）会议地点。

国家行政学院。

（3）主办单位。

国家行政学院、国家信息中心。

（4）参会人员。

来自中央国家机关和地方政府负责信息化工作的领导和专家学者、科研单位与企业约 400 人参会。

（5）会议主题和成果。

此次会议的主题为"推动电子政务、提升社会管理和公共服务能力"。工业和信息化部副部长杨学山出席会议并讲话，工业和信息化部信息化推进司副司长秦海出席会议并作了主题演讲。随着当前我国社会管理要素日趋增多，难度不断增大，单靠传统手段已难以实施科学有效的社会管理，而充分发挥信息化手段在社会管理创新中的作用，建立全面覆盖、动态跟踪、连通共享、功能齐全的社会管理综合信息系统，构建社会管理信息化平台，将有助于加快经济发展方式转型、促进行政管理体制改革、切实提高新形势下的社会管理信息化水平，这也成为推进下一阶段我国电子政务建设的重要目标。论坛以"学术性、公益性、开放性、务实性"为原则，结合年度电子政务发展热点，由政府高层阐述政策导向；介绍具有创新性、普及性的优秀电子政务案例；交流电子政务应用的思路和成绩；探讨电子政务发展趋势；提供充分交流机会，促进政企合作，推动中国电子政务健康发展。

91. 中国人民大学公共管理学院组建十周年庆典仪式暨"21 世纪公共管理教育：挑战、机遇与未来——中外著名公共管理学院院长国际研讨会"

（1）会议时间。

2011 年 10 月 23 日。

（2）会议地点。

中国人民大学。

（3）主办单位。

中国人民大学公共管理学院。

（4）参会人员。

来自海内外高等院校的 150 余位校长、院长和公共管理学领域著名学者参会。

（5）会议主题和成果。

中国人民大学公共管理学院顾问委员会主席、国家行政学院常务副院长魏礼群，国家人力资源和社会保障部副部长、全国公共管理专业学位研究生（MPA）教育指导委员会主任委员、公共管理学院顾问委员会委员杨士秋，中国人民大学校长纪宝成，国务院学位委员会办公室副主任郭新立，美国公共行政学会候任主席、美国中佛罗里达大学公共管理系教授 Tom K. Liou，美国公共行政学会前任主席、美国罗格斯大学公共事务与管理学院院长 Marc Holzer。纪宝成校长代表学校向公共管理学院组建十周年表示祝贺。

公共管理学院院长董克用教授回顾了公共管理学院十年的发展。与会领导充分肯定了公共管理学院在国内公共管理领域的领先地位，在人才培养、学科建设、国际交流与合作等各方面取得的成就，同时向为公共管理学院的建立和发展做出重要贡献的教职工代表颁发了学院十周年贡献奖。

92. 2011 年高等教育国际论坛

（1）会议时间。

2011 年 10 月 23~24 日。

（2）会议地点。

重庆市。

（3）主办单位。

中国高等教育学会和重庆市人民政府联合举办。

（4）参会人员。

教育部党组副书记、副部长杜玉波，教育部原副部长、中国高等教育学会会长周远清，重庆市人大常委会副主任陈雅棠，副市长凌月明，市政协副主席陈贵云，清华大学党委书记胡和平，哈尔滨工业大学校长王树国，重庆大学校长林建华，世界经济合作与发展组织教育司副司长伯纳德·哈格尼尔，中国高等教育学会副会长卢铁城，中国高等教育学会秘书长范文曜，副秘书长叶之红，美国科学院院士、中国科学院外籍院士姚期智，中国科学院院士、华中科技大学原校长杨叔子，英国利物浦大学副校长凯文·埃弗里斯特，以及来自全国 29 个省（市、自治区）教育行政部门、近 300 所高校和教研机构的领导、专家学者、博士生代表，世界经济合作与发展组织、美国、英国、澳大利亚和中国香港、中国台湾的专家学者，英国驻重庆总领事馆文化教育处官员等共计 600 余人出席会议。

（5）会议主题和成果。

本届论坛围绕"质量提升与建设高等教育强国"的主题展开热烈研讨，同时举办了四个专题论坛，分别是"高等教育质量提升与发展研究"、"高等教育质量保障体系研究"、"高等职业教育质量提升研究"和"博士生论坛"。在为期两天的论坛期间，有 30 余位嘉宾进行演讲。本届论坛共收到学术论文 400 余篇。与会代表针对中国高等教育质量存在的现实问题、提升高等教育质量的对策与路径、国际化和中国特色要求的高等教育质量观、高等学校学科专业建设、教育教学改革、拔尖创新人才和技能型人才培养、国家高等教育质量保障体系与高等学校内部质量保障体系、缩小区域间高等教育质量差距等问题进行了深入研讨与分析。

93. 2011 中欧社会管理论坛

（1）会议时间。

2011 年 10 月 24~25 日。

（2）会议地点。

中国北京。

（3）主办单位。

国家行政学院。

（4）参会人员。

特邀领导嘉宾、论文作者、地方行政学院代表、"加强与创新社会管理研究"重大课题组代表、中欧公共管理二期项目代表、欧盟代表、欧方专家学者等近 200 人出席此次论坛。

（5）会议主题和成果。

此次论坛的主题是"新形势下的社会管理：挑战与机遇"，下设"政府社会管理职能"、"社会管理基本问题"、"社会发展和社会政策"、"社会管理方式创新"、"城市化过程中的社会管理"五个分论题。与会学者指出在社会管理方面，中国和世界各国一样，在取得巨大成绩的同时，也面临着新的挑战与机遇，尤其是在理念思路、体制机制、法律政策、方法手段等方面还存在许多不相适应的地方。有鉴于此，加强和创新社会管理，要贯彻落实科学发展观，牢固树立以人为本、服务为先的理念，特别要正确把握和处理好以下几个关系：一是要努力实现维系社会秩序与激发社会活力的统一，二者不可偏废。二是要正确处理政府主导和发挥社会参与的关系，寻求共同治理。三是既要及时有效化解社会矛盾，更要注重源头治理，实现双管齐下。四是要统筹现实社会管理和虚拟社会管理，逐步探索形成完善的互联网管理体系。与会者还认为完善和发展中国特色社会管理体系是一个系统工程、长期任务，既要总体推进又要重点突破。

94. 中国—西班牙可再生能源研讨会

（1）会议时间。

2011 年 10 月 25 日。

（2）会议地点。

中国北京。

（3）主办单位。

中国科技部，西班牙科学创新部。

（4）参会人员。

中西双方（政产学研）160 余名代表共同参加了本次研讨会。

（5）会议主题和成果。

中西双方介绍了各自的可再生能源发展整体情况和未来能源发展规划，以及在太阳能热发电和风能领域的研发情况和成果，并通过圆桌会议讨论了大学、科研院所和企业开展合作的可能。

95. 卫生部召开"十二五"医疗服务体系建设发展规划研讨会

（1）会议时间。

2011 年 10 月 25~26 日。

（2）会议地点。

中国北京。

（3）主办单位。

中华人民共和国卫生部。

（4）参会人员。

卫生部医政司、医管司负责同志和相关处室负责人，部分省市的卫生厅局分管领导、卫生部医院管理研究所负责人、卫生部卫生发展研究中心相关人员以及部分医院院长参加了会议。

（5）会议主题和成果。

卫生部副部长马晓伟首先肯定了医疗服务体系发展取得的成绩，然后对"十二五"医疗服务体系建设发展规划提出了要求：一是要明确医疗服务发展的总体目标，包括到 2015 年我国医疗资源总量以及公立医院所占的比例。二是要实现医疗服务体系的科学发展，与我国工业化、信息化、城镇化、市场化和国际化的发展趋势相一致。统筹考虑医保政策、财政政策、价格形成机制、医疗机构管理体制、运行监管体制等内容。三是要发挥医疗服务体系的整体效益，通过采取优化结构、加强制度保障等措施，建立医疗服务体系中各类医疗机构包括公立医院之间横向和纵向的有效联系。四是要建立分级医疗、急慢分治的医疗模式。五是要明确促进医疗服务体系发展的保障措施。

会议期间，参会人员按照马晓伟同志的要求，结合"十一五"期间医疗服务体系发展的实际情况，对"十二五"医疗服务体系发展进行了认真的讨论，并取得了初步成果。

96.《中国政府采购年鉴》年会

（1）会议时间。

2011 年 10 月 26~28 日。

（2）会议地点。

广东省深圳市。

（3）主办单位。

中国经济科学出版社主办，财政部政府采购管理办公室协办。

（4）参会人员。

财政部政府采购管理办公室、经济科学出版社、中国政府采购年鉴编写组、中央财经大学、各省财政厅政府采购管理办公室、各省集中采购中心等 100 多人参加了年会。

（5）会议主题和成果。

会议围绕"十二五时期政府采购事业的机遇与挑战"这一主题，就中国政府采购管理体制和机构、政府采购电子信息化、政府采购年鉴编写的内容等进行了广泛讨论。财政部政府采购管理办公室主任王瑛、中央国家机关政府采购中心及部分省市政府采购管理办公室主任、集中采购中心主任作了专题发言。在建立科学的政府采购运行机制和管理体制、建立政府采购电子化和电子化平台、改进政府采购专家评审模式等方面，提出了新的见解和思路。其中，中央财经大学徐焕东教授题为"建立适合中国国情的政府采购评审专家协会"的发言引起与会者浓厚的兴趣。

97. 卫生部召开食品安全工作领导小组成立暨第一次全体会议

（1）会议时间。

2011 年 10 月 27 日。

（2）会议地点。

中国北京。

（3）主办单位。

中华人民共和国卫生部。

（4）参会人员。

卫生部部长、部食品安全工作领导小组组长陈竺，卫生部副部长、部食品安全工作领导小组副组长陈啸宏等出席会议。

（5）会议主题和成果。

会议审议了卫生部食品安全工作领导小组职责和工作制度，听取了食品安全工作进展汇报，并研究了下一步重点工作安排。卫生部食品安全工作领导小组全体成员、联络员参加会议。

98. "国际秩序调整中的中国与新兴国家：领导作用、制度建构与影响"研讨会

（1）会议时间。

2011 年 10 月 27~28 日。

（2）会议地点。

上海社会科学院。

（3）主办单位。

上海社会科学院亚洲太平洋研究所、上海市美国问题研究所。

（4）参会人员。

西南科技大学、北京大学、当代世界研究中心、中南财经政法大学、北京语言大学、中央财经大学、中国人民大学、中国现代国际关系研究院、北京外国语大学、武汉大学、复旦大学、上

海外国语大学、上海交通大学等高校、研究机构的青年科研人员及博士生与会。

（5）会议主题和成果。

论坛主要围绕"新兴国家在国际体系中的崛起：身份、角色与作用"、"新兴国家与发达国家：认知分歧与合作前景"、"G20与现存国际机制：定位与重构"、"新兴国家关系互动：利益协调与机制建设"、"新兴国家与全球治理：立场与构想"、"中国与新兴国家：利益与战略"、"中国与国际秩序：影响、作用与问题"、"新兴国家崛起与国际秩序调整：中国外交的反思与创新"八大议题展开讨论。

金融危机以来，新兴国家在国际社会中的影响力、发言权不断增大。与会学者认为，这对未来国际关系的发展、国际体系的转型、国际秩序的调整和全球治理的推进都将产生重大影响。同时，新兴国家未来的发展有赖于新兴国家与发达国家间关系的处理、新兴国家与新兴国家间关系的协调，以及新兴国家内部的改革动力。新兴国家在参与全球治理、国际制度建设方面，需要加强相互间协调与合作。面对国际格局的变化，中国需要对其外交战略进行反思，切实维护好自身的国家利益。

99. 首届矿山安全科学与工程国际学术会议

（1）会议时间。

2011年10月27~28日。

（2）会议地点。

中国北京。

（3）主办单位。

中国安全生产科学研究院主办。

（4）参会人员。

来自加拿大、澳大利亚、法国、印度、南非、捷克和中国的著名专家和学者参会。

（5）会议主题和成果。

大会邀请相关专家学者围绕矿山安全做了四场高水平的报告，分别是加拿大麦吉尔大学教授Hani Mitri《概率分析法评估矿山运输巷道的安全性报告》、澳大利亚卧龙岗大学教授Naj Aziz《澳大利亚煤矿瓦斯抽采及突出控制》、中国安全生产科学研究院教授王云海《金属非金属矿山风险辨识与控制技术》、中国石油大学（北京）教授张遂安《石油天然气开采安全》。本次大会期间就矿山安

全科学理论、煤矿及非煤矿山安全工程技术、矿山安全管理与安全标准化、矿山职业健康与安全、矿山应急救援技术及其他矿山相关领域举办了24场高水平学术报告，宣讲论文88篇。

100. 政府投资项目绩效审计评价体系研究课题启动会

（1）会议时间。

2011年10月28日。

（2）会议地点。

中国北京。

（3）主办单位。

国家审计署投资司。

（4）参会人员。

国家审计署机关、特派办和地方审计机关的审计人员组成的课题组成员和来自署办公厅、科研所、审计学会、广电通讯审计局、京津冀特派办、长沙特派办等单位的专家参加了会议。

（5）会议主题和成果。

会上，审计署副审计长石爱中强调了开展政府投资项目绩效审计评价体系课题研究的背景和重要意义。石爱中指出，开展《政府投资项目绩效审计评价体系研究》课题研究是贯彻审计署"十二五"规划的重要举措。《审计署"十二五"审计工作发展规划》提出，要"构建和完善绩效审计评价及方法体系，不断摸索和总结绩效审计经验和方法，2012年底前建立起中央部门预算执行绩效审计评价体系，2013年底前建立财政绩效审计评价体系和其他审计绩效审计方法体系"。课题起草组就课题前期准备工作过程、课题研究的基础和出发点、投资司和各特派办开展政府投资项目绩效审计评价的简要历史、课题研究的框架及分工等事项，向课题组成员作了详细说明。课题组成员就政府投资项目绩效审计评价的必要性以及开展这一工作的重要意义进行了讨论，并对课题研究提纲提出了一些修改意见和建议。会上还就如何开展政府投资项目绩效审计评价、评价结果的利用等相关问题进行了讨论（来源：国家审计署网站）。

101. 三生共赢论坛·2011北京会议

（1）会议时间。

2011年10月29日。

（2）会议地点。

北京大学。

（3）主办单位。

北京市社会科学界联合会、北京三生环境与发展研究院、北京大学中国持续发展研究中心。

（4）参会人员。

中共北京市委常委、北京市社会主义新农村建设领导小组组长牛有成同志出席论坛并作主题报告。北京市社会科学界联合会党组书记、常务副主席史秋秋同志出席论坛并致辞。来自北京、浙江、贵州等省市的有关专家学者、实际部门领导、企业界代表和北京大学师生共300余人参加了会议。

（5）会议主题和成果。

2011年10月29日，由北京市社会科学界联合会、北京三生环境与发展研究院、北京大学中国持续发展研究中心联合主办的"三生共赢论坛·2011北京会议"在北京大学举行。论坛的主题是"制度创新与城乡统筹发展"。

牛有成同志在题为"关于农民主体的几点认识"的发言中强调，要推进城乡一体化，而不要城乡一样化；要以城带乡，不要以城代乡。实现城乡一体化的关键，是要在三个方面使农民成为完整的主体：一要使农民成为利益主体。在制度创新和城乡统筹发展中，要通过制度创新与设计确保农村、农民的主体性，保障其主体利益。二要使农民成为责任主体。加强基层民主制度建设，让农民成为农村村务、事务发展的参与者、管理者。三要使农民成为市场主体。要进行产权制度改革，变"人人共有"为"人人按份共有"，让农民进入市场，获得市场发展空间。

中国社会科学院学部委员张晓山研究员、国家林业局农村改革发展司司长张蕾、首都经济贸易大学城市经济与公共管理学院张强教授、温州大学城市学院副院长叶育登教授、贵州省农村信用社联合社安顺办事处主任胡良品也分别以"深化改革，促进城乡统筹发展"、"中国集体林权改革与城乡统筹发展制度创新"、"城乡一体化制度创新的难点攻坚"、"三生三改：温州城乡统筹的制度创新"、"做好农民工返乡创业工作是实现城乡统筹与社会和谐的有效途径"为题作了发言，对城乡统筹发展的制度创新模式和难点问题进行了深入思考和交流，为破解"三农"难题，推进城乡一体

化进程提出了许多极有价值的思路和对策。

史秋秋同志在致辞中指出，制度创新是创新之本，没有制度创新，实现城乡统筹发展所面临的诸多难题就无从破解。希望此次论坛能够重点关注、研讨包括城乡文化一体化在内的城乡统筹发展问题，为推动城乡统筹发展贡献智慧。

102. 首届气候变化与公共政策国际学术会议

（1）会议时间。

2011年10月29~30日。

（2）会议地点。

南京信息工程大学。

（3）主办单位。

南京信息工程大学气候变化与公共政策研究院主办，美国宾夕法尼亚州立大学罗克伦理学研究所协办。

（4）参会人员。

美国宾夕法尼亚州立大学、澳大利亚西悉尼大学、中央编译局、中国气象局、中国社会科学院及有关高校的50多位专家学者。

（5）会议主题和成果。

气候变化不仅是一个自然科学问题，它还是政治、政策、伦理、经济等哲学社会科学问题。美国宾夕法尼亚大学气候变化跨学科研究中心主任Donald Brown教授、中央编译局办公厅副主任曹荣湘研究员、中国政法大学曹明德教授从气候变化中环境伦理的重要性、气候变化法律对策的有效性、三种对策（总量控制、碳交易、碳税）在节能减排中的地位与作用作了精彩的专题演讲。与会专家还围绕"气候伦理与气候政治问题"、"气候经济与社会管理"、"气候政策与气候法律"主题作了深入交流。此次学术会议，推动了我国的气候变化政策研究，促进了国际气候政策对话。

103. 大学教育投资与发展战略国际学术研讨会

（1）会议时间。

2011年10月29~30日。

（2）会议地点。

北京科技大学。

（3）主办单位。

北京科技大学教育经济与管理研究所、北京科技大学教育经济信息网管理中心举办，美国北卡罗来纳州立大学、北京大学教育学院协办。

（4）参会人员。

来自美国、英国、韩国、中国等多所中外著名大学的专家、学者近百位研究人员出席了会议。

（5）会议主题和成果。

会议召开的背景是在金融危机后，大学教育投资的国际环境发生巨大变化，以英美等为代表的许多国家都采取了增加大学学费、缩减政府投入比例的手段来应对教育投入不足的问题；而我国政府在世界金融危机后，颁布并实施了《国家中长期教育改革与发展规划纲要》，确立 2012 年国家财政性教育经费支出占国内生产总值达到 4% 目标，明确提出持续不断加大教育投入的战略发展目标，我国的大学教育投入环境处于发展新机遇与挑战。因此，会议围绕后金融危机时代大学投资面临的挑战、当前大学投资现状与对策分析、大学投资的国际经验及其政策措施、今后大学教育投资发展战略等议题展开讨论。会上，专家学者通过回顾我国高等教育扩招后近十年大学教育投资的总体状况、分析我国高校投入与产出之间的关系与效率、比对国际新近的教育投资趋势流变、预测我国大学教育投资领域的未来发展战略，指出未来高等教育投资的取向应由对物的投入转为对人的投入，应由重规模投入转为重效益投入，由对重点高校的投入转为均等化投入。

专家学者们表示，作为教育经济学学界的研究者，一方面，要勇于探析我国大学教育投资的未来发展取向，抓住大学教育投资发展的重要机遇；另一方面，也要积极面对我国大学教育投资领域内存在的问题，借鉴国外经验，应对大学教育投资发展中的挑战。

104. 2011 人力资源战略与文化国际论坛

（1）会议时间。

2011 年 10 月 29~30 日。

（2）会议地点。

山东省禹城市。

（3）主办单位。

济南大学、禹城市人民政府、保龄宝生物股份有限公司。

（4）参会人员。

来自美国、澳大利亚、加拿大、中国大陆、中国台湾的人力资源领域专家、学者等 300 余位。

（5）会议主题及成果。

本次会议促进了校企深度合作、融合发展，使学术研究真正服务于地方经济社会发展，服务于行业企业需要，切实解决企业人力资源管理实践中遇到的热点和难点问题，为企业、高校和政府有关部门提供一个交流学术和实践发展的平台，也为企业和高校架起了合作的桥梁。另外，论坛英文论文集共录用了 100 余篇人力资源方面的优秀学术论文，已经与澳大利亚富隆学术出版社合作出版，提交美国科学信息学会 ISI 的 ISTP 与 ISSHP 检索。

论坛期间，曲阜师范大学副校长傅永聚教授关于孔子人力资源思想述要，台湾国立中央大学宋铠教授从企业家领导力、企业文化与核心竞争力的视角诠释的学习型组织创建与高绩效团队建设，天津大学赵国杰教授带来的改变学习与思考方式、打造人力资源核心竞争力的主题报告，以及西安交通大学李德昌教授从科学与信息人理论视角对人力资源管理中的领导力问题的系统思考，为人力资源管理与文化创新的学术交流打开了一扇天窗。STT 速赢体系首席专家王占坡就如何低成本快速复制核心人才，实战派人力资源管理专家中信银行舜耕支行行长王军生关于打造团队生产力的新思考，以及中国组织力研究专家郑义带来的企业高效组织力再造的精彩主题演讲，引起了与会代表嘉宾的强烈共鸣，会场气氛异常热烈。在论坛的专家论剑环节，五位嘉宾从不同视角畅谈"十二五"企业人力资源管理"瓶颈"及其突破之道。

105. 政府采购政策理论研讨会

（1）会议时间。

2011 年 10 月 31 日。

（2）会议地点。

中国北京。

（3）主办单位。

财政部政府采购管理办公室、经济科学出版社主办。

（4）参会人员。

财政部部长助理王保安、财政部国库司政府采购管理办公室主任王瑛、财政科学研究所副所长刘尚希教授、清华大学公共管理学院于安教授、国际关系学院党委书记刘慧教授和经济科学出版社社长郭兆旭等 20 余位政府采购主管官员和专家学者参加了研讨会。

（5）会议主题和成果。

本次会议针对我国《政府采购法》出台的十年中，我国政府采购政策理论为应对国内外经济形势的变化而面临的调整进行了深入的研讨。会议围绕政府采购政策功能体系构建、政府采购法律制度体系完善、如何推进政府采购科学化精细化管理、如何应对 GPA 谈判等议题展开研讨。

106. 卫生部与新疆签署合作协议，进一步深化卫生援疆工作

（1）会议时间。

2011 年 11 月 4 日。

（2）会议地点。

中国北京。

（3）主办单位。

中华人民共和国卫生部。

（4）参会人员。

中国医学科学院（北京协和医学院）、新疆医科大学签署《对口支援框架协议书》。新疆维吾尔自治区人民政府副主席靳诺、中国医学科学院（北京协和医学院）院长刘德培、新疆医科大学党委书记李斌等出席会议。

（5）会议主题和成果。

会议期间，卫生部与新疆维吾尔自治区人民政府签订了合作协议，共同建设新疆医科大学，进一步深化卫生援疆卫生。协议签订后，卫生部与新疆维吾尔自治区人民政府将通过建立共建合作和对口支援机制，重点支持新疆医科大学重点实验室和重点学科建设、新疆特高发疾病防治研究、全科医师培训基地和西部地区住院医师规范化培训中心建设、民族医学发展、卫生信息化建设等，全面提高新疆医科大学的教学、医疗、科研、人才培养等水平，使之成为新疆维吾尔自治区乃至西部地区卫生事业发展的重要支撑。

107. "提升教育质量：评价与激励"国际专题研讨会

（1）会议时间。

2011 年 11 月 5~6 日。

（2）会议地点。

北京大学。

（3）主办单位。

北京大学中国教育财政研究所。

（4）参会人员。

世界银行的专家、江苏省教育评估院、广东省教育厅教育督导室的负责人、北京大学及其他国内外教育财政学界专家。

（5）会议主题与成果。

会议主题：①教育系统监测与教育绩效评估。②民办教育与公共财政。③中国教师专业发展途径探索。世界银行人力发展网络教育部门主管 Robin Horn 作了"教育绩效基准与系统评估项目（SABER）：理念、目标、局限与预期影响"的专题报告，概括介绍了世界银行 SABER 项目的总体框架。世界银行人力发展网络首席经济学家 Harry Patrinos 介绍了 SABER 项目在东亚的初步研究，尤其着重介绍了 SABER 在教师政策领域中的应用。广东省人民政府副总督学陈健介绍了广东省地级以上市党政领导基础教育工作问责的实践。江苏省教育评估院院长陆岳新在题为"办人民满意的优质教育——江苏推进县域教育现代化的实践与经验"的报告中，详细介绍了江苏四年多来县域教育现代化创建与评估的实践。

世界银行人力发展网络首席经济学家 Harry Patrinos 探讨了民办教育在提升教育质量和教育公平中的角色并介绍了民办教育的提供形式；著名经济学家、天则经济研究所理事长茅于轼讨论了教育能否产业化、优质教育资源的分配、教育券等教育中的公平与效率问题；世界银行东亚和太平洋地区教育部门主管 Eduardo Velez 分享了美国和哥伦比亚民办教育提供的案例研究；浙江省财政厅副厅长朱忠明和江苏省教育厅副厅长倪道潜分别介绍了浙江省和江苏省民办教育发展和公共财政对民办教育的支持情况；北京大学教育学院副院长阎凤桥教授通过考察两所高中的民营化改革过程探讨了中国教育民营化及其困境；北京大学中国教育财政科学研究所副研究员宋映权结合其在北京开展的随机控制实验，分析了学券和存款配额两种不同形式的有条件现金转移支付对打工子弟学校学生学习的影响。

Robin Horn 介绍了 SABER 项目在教师政策研究方面的进展；广西师范大学党委书记王枬教授和内蒙古自治区鄂尔多斯东胜区教研中心副主任李玉平分别从教育叙事和校本研修的角度阐述了促进教师专业发展的方法；日本星城大学中等教

育研究部长 Mohammad Reza Sarkar Arani 教授强调通过对教师课堂教学的研究达到提高教学质量的目的；西北师范大学教育学院院长李瑾瑜教授、北京大学中国教育财政科学研究所王志明博士以及北京大学教育学院教育技术系的吴筱萌副教授分别就我国教师的培训政策、义务教育阶段教师的培训现状和问题以及我国远程教师培训的问题进行了探讨。

108. 2011 年中国教育经济学年会

（1）会议时间。

2011 年 11 月 11~13 日。

（2）会议地点。

南京农业大学。

（3）主办单位。

中国教育学会教育经济学分会。

（4）参会人员。

北京大学、清华大学、北京师范大学、香港中文大学等我国大陆及中国香港地区 80 多所高校、科研机构的教师和研究生 330 余人参加了会议。

（5）会议主题和成果。

大会收到研讨论文 250 多篇，与会代表围绕保障教育优先发展的公共财政体制与投入机制、教育经济学硕士和博士研究生培养方式以及教育与劳动力市场相关主题等我国教育经济学领域的重大问题进行了交流探讨。北京大学教授王蓉、岳昌君，广州大学教授吴开俊，南京农业大学公共管理学院教授董维春、龚怡祖等 8 位专家主持了大会及专题交流。北京师范大学赖德胜教授、上海教育科学研究院胡瑞文研究员、厦门大学史秋衡教授、首都师范大学田汉族教授、西北师范大学孙百才教授、湖北大学张智敏教授、苏州大学崔玉平教授及清华大学李锋亮、北京师范大学苏丽锋、香港中文大学马红梅等 50 多位专家学者作了大会或专题报告。

109. 第五届中日韩卫生部长会议

（1）会议时间。

2011 年 11 月 13 日。

（2）会议地点。

山东省青岛市。

（3）主办单位。

中华人民共和国卫生部。

（4）参会人员。

中国卫生部部长陈竺、日本厚生劳动大臣小宫山洋子女士和韩国保健福祉部部长林采民先生率团出席了会议。世界卫生组织西太平洋地区主任申英秀作为观察员列席了会议。

（5）会议主题和成果。

本次中日韩卫生部长会议回顾了 5 年来三国卫生合作的情况，重点讨论了慢性非传染性疾病防控等合作议题，并发表了联合声明。三国卫生部通过中日韩卫生部长会议机制加强了在流感大流行、食品安全、临床研究、自然灾害卫生应急等领域的协调与合作，开展了一系列合作活动。

110. 中国行政管理学会 2011 年会暨加强行政管理研究推动政府体制改革研讨会

（1）会议时间。

2011 年 11 月 14~16 日。

（2）会议地点。

江苏省昆山市。

（3）主办单位。

中国行政管理学会。

（4）参会人员。

共有来自北京、上海、江苏、浙江、天津、重庆、黑龙江、吉林、辽宁、广东、广西、山东、山西、河北、河南、湖北、湖南、陕西、安徽、福建、江西、云南、海南、四川、内蒙古、甘肃、青海、贵州等近 30 个省（市、自治区）的专家学者 200 余人参加，提交学术论文 300 余篇。

（5）会议主题和成果。

专家学者围绕"加强行政管理研究推动政府体制改革"这一命题，从政治学、管理学、社会学等多学科视角，进行了广泛而深入的探讨。会后出版了《中国行政管理学会 2011 年年会论文集》。

111. 公立医院改革试点地区南片工作交流会

（1）会议时间。

2011 年 11 月 15 日。

（2）会议地点。

上海市。

（3）主办单位。

中华人民共和国卫生部。

（4）参会人员。

卫生部副部长、国务院医改办副主任马晓伟，上海市人民政府副市长沈晓明以及来自上海市、江苏省、浙江省、安徽省、福建省、江西省、山东省、河南省、湖北省、湖南省、广东省、广西壮族自治区、海南省、重庆市、四川省、贵州省、云南省、西藏自治区卫生厅局的负责同志、医管（医政）处处长，上述省份国家联系试点城市和省级试点地区人民政府的负责同志、卫生局局长，国务院医改办、中央编办等部门相关同志，卫生部相关司局负责同志共180余人参加了会议。

（5）会议主题和成果。

会议期间，江苏省镇江市、安徽省芜湖市、湖南省株洲市、广东省深圳市，上海市卫生局、湖北省卫生厅、浙江省卫生厅、福建省卫生厅、河南省卫生厅，海南省三亚市、广西壮族自治区玉林市、重庆市江北区、四川省南充市分别代表南片区国家联系试点城市、省级卫生行政部门和省级试点地区交流了公立医院改革试点工作的做法和经验。

112. 全国卫生新闻宣传工作会议

（1）会议时间。

2011年11月15日。

（2）会议地点。

中国北京。

（3）主办单位。

中华人民共和国卫生部。

（4）参会人员。

卫生部部长陈竺、党组书记张茅，各省、自治区、直辖市、新疆生产建设兵团及各副省级城市卫生厅局负责同志和新闻宣传部门负责人，卫生部机关各司局主要负责同志和部直属各单位主要负责同志，国家食品药品监督管理局、国家中医药管理局相关负责同志参加会议。

（5）会议主题和成果。

北京、上海、湖北、甘肃等地卫生行政部门和北京协和医院、健康报社负责人分别从不同的角度，介绍了新闻宣传工作的探索和成效。会议指出，卫生新闻宣传工作发布机制初步建立，传播形式丰富多彩，为有效应对卫生领域突发事件和群众关注的热点问题，开展风险沟通，及时发布信息，回应社会关切，科学释疑解惑，积极引导社会舆论发挥了积极作用，并成医改的重要推动力，在促进卫生事业改革发展中的作用日益显现，在卫生整体工作中的地位不断提升。会上，

湖北省卫生厅副厅长姚云作了题为"创新体制机制全力做好卫生典型宣传工作"的大会交流发言。

113. 2011年全国海洋地质、矿产资源与环境学术研讨会

（1）会议时间。

2011年11月17~19日。

（2）会议地点。

中山大学。

（3）主办单位。

中国地质学会海洋地质专业委员会，中国海洋学会海洋地质分会。

（4）参会人员。

来自德国波罗的海研究所、台湾成功大学和大陆40多个高等院校、科研机构和政府部门的200多位代表开展了学术交流和讨论。

（5）会议主题和成果。

会议主题包括就海洋基础地质、海洋矿产资源和环境演变。70余位大会代表在三个分会场进行了热烈的学术交流。与会专题发言人员来自广州海洋地质调查局、中国大洋协会、中国地质科学院地质研究所、德国波罗的海研究所、台湾成功大学、青岛海洋研究所、中国科学院广州地球化学研究所和中山大学海洋学院。会后代表们参观了我国最先进的海洋六号大洋考察船。该项研究促进了海洋地质、矿产资源与环境及相关学术领域的交流。

114. 2011中国可持续发展论坛暨中国可持续发展研究会学术年会

（1）会议时间。

2011年11月18~19日。

（2）会议地点。

广东省珠海市。

（3）主办单位。

中国可持续发展研究会。

（4）参会人员。

500余名来自全国各地的专家学者、企业界和金融界的代表以及珠海有关单位和部分高校大学生参加了本届盛会。

（5）会议主题和成果。

论坛暨年会组委会介绍，本次论坛由四个单元组成，各专题论坛和相关边会将同时举行，另有中国可持续发展研究会20年回顾与成果展、珠

海可持续发展 20 年成就展、"应对气候变化"展览和"首届金融支持中国可持续发展"论坛、"应对气候变化"座谈会、《中国人口资源与环境》第四届编委会会议等多项配套活动。邓楠理事长、联合国副秘书长沙祖康、国务院参事刘燕华、中国可持续发展研究会名誉理事长甘师俊等参加并作报告。"可持续发展论坛"是中国可持续发展研究会精心打造的品牌性活动，已连续举办 8 年。

115. 2011 中部人力资本论坛

（1）会议时间。

2011 年 11 月 19 日。

（2）会议地点。

湖北省武汉市。

（3）主办单位。

湖北人力资源学会、湖北省工商业联合会、福星集团。

（4）参会人员。

近 600 位企业高管、人力资源专家学者、相关政府部门负责人。

（5）会议主题及成果。

此次论坛通过邀请来自全国的人力资源专家学者作主题演讲，共同探讨湖北、中部地区乃至全国人力资源存在的问题和解决办法，为企业提供一个认识人力资本，善用人力资本的平台。湖北省人力资源学会会长关培兰教授总结此次论坛有五个特点：

一是规格高。著名经济学家辜胜阻教授莅临论坛并接受《楚天都市报》高端对话的邀请，给湖北人才环境的优化提出建议，"引'活水'养实业，筑'良巢'留人才"。根据湖北存在的问题，要求湖北要弘扬创业文化、创新文化、合作文化、信用文化。二是产官学结合。中部人力资本论坛，在政府相关部门的指导下，凝聚产、官、学各方力量，探讨新形势下人才管理的创新战略。三是专业性强。来自北京、上海和深圳的演讲嘉宾，都是人力资源管理的精英，有丰富的国内外企业的管理经验。四是时代性强。腾讯大楚网作为本次论坛的主办单位之一，组织专班，全程策划，历时 1 个多月，先后进行了专家与网友微博对话、网上投票、微博沙龙；与企业人力资源总监微博对话、专家和网友调研团等活动，涉及论坛内容的点击大约有 50 万人次。利用现代微博，为论坛

插上了翅膀，增加了时代气息。五是关注度高。2011 中部人力资本论坛的主题、时间、地点一经发布，立即引起了人力资源同仁和媒体的关注，CCTV-4 中国新闻到会场采访摄影、湖北电视台"全景湖北"栏目录制专题节目、智联招聘、湖北楚商网、长江网等都全程报道。六是覆盖面宽。2011 年的年度评选活动，除了湖北省，其他中部五省如河南、江西、安徽、山西等企业也参与了"年度十佳"的竞评。

116. 全国行政学院系统"基层社会管理创新研讨会"

（1）会议时间。

2011 年 11 月 19~20 日。

（2）会议地点。

广东省深圳市。

（3）主办单位。

国家行政学院主办，国家行政学院社会和文化教研部、深圳行政学院、深圳市坪山新区管理委员会共同承办，特区实践与理论杂志社参与协办。

（4）参会人员。

来自全国行政学院系统及中国社会科学院、华东理工大学、深圳市坪山新区及民间组织管理局等的特邀嘉宾 120 位代表参加。国家行政学院副院长周文彰出席开幕式并发表讲话。深圳市委常委、组织部长、行政学院院长戴北方出席开幕式并致辞。

（5）会议主题和成果。

本次会议是全国行政学院系统围绕着社会管理主题召开的第三次学术研讨会。重点探讨基层社会管理创新问题、交流各地社会管理经验，并探索建立全国行政学院系统社会管理学教研协作制度，提高社会管理学的科研咨询水平，以进一步做好社会管理方面的干部培训。

为期一天半的研讨会围绕社会管理理论前沿、社区管理体制创新、社会发展与社会融合、文化建设与社会管理等四个重点论题进行了广泛而深入地研讨。会议期间，全体与会代表还赴深圳市坪山新区开展基层社会管理实地考察及交流。

与会代表普遍认为，社会管理和服务的重心在基层，社会稳定的根基也在基层。基层社会管理和服务体系是我国社会管理体系与公共服务体

系的重要组成部分，是加强和创新社会管理的重要内容和突破口。加强和创新社会管理，关键在于推进基层社会管理创新，完善基层社会管理和服务体系。新形势要求我们在科学配置基层政府及城乡社区自治组织管理和服务职能的基础上，整合并优化配置基层社会管理和服务资源，强化城乡社区自治和服务，推进社区社会组织的发育发展，创新基层管理和服务的供给及工作机制，提升基层公共管理和服务能力。行政学院作为培养国家公务员的主阵地，应当承担起社会管理研究与培训的重要任务，为国家基层社会管理创新作出贡献。与会者一致认为，全国行政学院系统的学者应建立定期的社会管理教研协作制度，加强交流与合作，不断推动行政学院系统社会管理的研究与培训工作。

117. 第六届国际应急管理论坛暨中国（双法）应急管理专业委员会第七届年会

（1）会议时间。

2011 年 11 月 19~20 日。

（2）会议地点。

中国北京。

（3）主办单位。

中国科学院研究生院、中国优选法统筹法与经济数学研究会应急管理专业委员会、中国科学院科技政策与管理科学研究所、华中科技大学、北卡罗来纳大学教堂山分校。

（4）参会人员。

来自国内外的 100 余位专家学者参加本次研讨会。

（5）会议主题和成果。

本次大会的论文内容涉及：应急管理理念与实践；应急预案体系概念设计研究；石油企业应急平台建设实践和展望；美国应急预案剖析；重大研究计划《非常规突发事件应急管理研究》进展与展望；航空公司应急管理系统研究；应急演练与服务介绍；应急资源管理中典型问题的运筹优化方法；以应急科普宣传教育为抓手，全面提高应急管理水平；应急管理专业委员会教育工作委员会；ORM 有关应急管理的国际交流情况。

118. 统一战线与社会管理创新研讨会

（1）会议时间。

2011 年 11 月 21 日。

（2）会议地点。

厦门大学。

（3）主办单位。

福建省统一战线理论研究会主办、新社会阶层统战工作理论厦门研究基地承办。

（4）参会人员。

80 余名来自统战部门工作者和专家学者参加了会议。福建省委统战部副部长、省统一战线理论研究会常务副会长李韧，厦门大学党委副书记、新社会阶层统战工作理论厦门研究基地主任陈力文出席开幕式并致辞。厦门市委统战部副部长曾庆军主持会议。

（5）会议主题和成果。

此次研讨会主题为"统一战线与社会管理创新"。此次研讨会共收到统战理论研究专家学者和统战工作者撰写的论文 120 余篇，其中入选研讨会的文章 106 篇。8 名获奖论文作者作大会主题发言，80 余名论文作者和统战部门的同志参加开幕式并分组深入研讨。

119. 政府采购信用担保试点工作座谈会

（1）会议时间。

2011 年 11 月 22 日。

（2）会议地点。

江苏省苏州市。

（3）主办单位。

财政部国库司、政府采购管理办公室、中国投资担保有限公司。

（4）参会人员。

中央集中采购机构、中央部门集中采购机构、8 个试点省份的政府采购管理部门及集中采购机构、中国投资担保有限公司的有关负责人参加了此次会议。

（5）会议主题和成果。

此次会议主要讨论在政府采购领域引入信用担保以扶持中小企业发展这项全新业务的相关问题。如，江苏省财政厅副厅长宋义武指出，江苏省在做好各项政府采购工作的同时，在中小企业信用担保的融资功能方面也做出了积极的探索。财政部政府采购管理办公室主任王瑛在发言中指出，在政府采购中引入信用担保机制，其核心是引入第三方监管。黑龙江省政府采购中心办公室主任冯秋艳介绍了黑龙江省开展融资担保业务的情况：黑龙江省政府采购融资担保在运作模式上，实行综合授信与单笔用款申请相结合；在风险控制上，实行弱化抵押与贷款资金封闭运行；在合作分工上，实现了工作职能的优势互补，取得了明显效果。

120. 2011 年地方信息安全工作会议

（1）会议时间。

2011 年 11 月 25 日。

（2）会议地点。

江苏省南京市。

（3）主办单位。

工业和信息化部。

（4）参会人员。

各省、自治区、直辖市和新疆生产建设兵团工业和信息化主管部门，大连、青岛、宁波、厦门、深圳市工业和信息化主管部门分管信息安全工作的领导及信息安全处处长等共 100 人参加会议。

（5）会议主题和成果。

贯彻落实《关于加强工业控制系统信息安全管理的通知》（工信部协〔2011〕451 号），交流保障信息安全经验，部署推进地方信息安全工作。杨学山分析了当前经济和社会发展领域信息安全形势后提出，要切实抓好工业控制系统信息安全管理，明确工作责任和任务，按照属地化管理原则，摸清重点环节、分析安全隐患，组织开展自查和抽查；同时认真做好政府信息安全保障工作，推进政府信息安全检查和互联网安全防护，抓紧建立政府信息技术外包服务安全管理制度，切实做好政府网站管理；扎实推进电子认证、个人信息保护和教育培训等。他对做好地方信息安全工作提出四方面的要求：一是分析研究信息安全形势、理清工作思路；二是明确重点职责、目标及流程，建立良好的横向、纵向工作体系；三是扩大专家咨询和技术支撑两支队伍，通过给任务提升其能力；四是要积极争取经费支持，提供有力保障。中国信息安全测评中心主任吴世忠、浙江大学副校长褚健就工业控制系统信息安全问题作了专题讲座。浙江、黑龙江、江苏分别交流了信息安全工作经验。工业和信息化部信息安全司长赵泽良传达了《关于加强信息安全管理体系认证安全管理的通知》等文件精神，介绍了工业和信

息化部信息安全司的重点工作。

121. 第五届危机响应与管理信息系统中国区国际会议

（1）会议时间。

2011 年 11 月 25~27 日。

（2）会议地点。

哈尔滨工程大学。

（3）主办单位。

哈尔滨工程大学。

（4）参会人员。

来自国内外的 100 余位专家学者参加了本次研讨会。

（5）会议主题和成果。

本次大会的论文内容涉及危机管理信息系统的设计、开发、配置、运行或者评价等方面和灾难管理中地理信息的收集、管理、分析、共享及可视化研究等。尤其偏重于危机管理与响应工具、人机交互等方面的研究。另外，大会还致力于危机管理各阶段的规划、训练、缓和、检测、警惕、响应、恢复与评估中任何一方面的研究和实践。

122. 城市化与公共管理高端学术论坛

（1）会议时间。

2011 年 11 月 26 日。

（2）会议地点。

南开大学。

（3）主办单位。

南开大学周恩来政府管理学院、南开大学中国政府与政策联合研究中心。

（4）参会人员。

南开大学副校长朱光磊、香港中文大学王绍光教授、四川大学姜晓萍教授、云南大学崔运武教授、苏州大学金太军教授、新华文摘编辑部胡元梓编审、中山大学马骏教授、西安交通大学朱正威教授、兰州大学包国宪教授等出席。

（5）会议主题与成果。

本次论坛以"城市化与公共管理"为核心主题，众学者就其相应的研究成果进行了深入交流和沟通。与会学者城市化进程中的重庆经验、成都经验和云南开远经验、长株潭试验区的经验进行了重点介绍；从社会稳定和社会冲突的角度研究城市化，指出城市化利益格局的调整可能会引发社会冲突的加剧；从社会协同治理、公共服务

质量的可持续改进和城市中心—边缘结构、政府绩效等方面对城市化进行了详细的解读。现场交流气氛热烈，许多学术观点令人耳目一新。

123. 2011（第四届）中国人力资源管理年会

（1）会议时间。

2011 年 11 月 26~27 日。

（2）会议地点。

中国北京。

（3）主办单位。

中国人民大学商学院与中国人力资源理论与实践联盟。

（4）参会人员。

400 多名来自中国人力资源管理领域的权威学者、意见领袖和行业翘楚。

（5）会议主题及成果。

1）会议主题。中国人力资源管理未来 10 年——新使命与新价值；雇主品牌与人才吸引——外企、国企、民企的决胜之道；从 CHO 到 CEO——HR 的上升空间与职责反思。

2）会议成果。会议共举行 2 场主题演讲、3 场主题论坛、4 场主题分论坛。并举行了现场提问和微博互动。通过切磋经验、激荡思想，共同探求中国人力资源管理的新模式和新理念。"第一届中国人力资源管理学院奖"颁奖典礼同期热烈举办。本次年会的主题论坛分别以《中国人力资源管理未来 10 年——新使命与新价值》、《雇主品牌与人才吸引——外企、国企、民企的决胜之道》和《从 CHO 到 CEO——HR 的上升空间与职责反思》为主题顺利举行。平行分论坛也分别从《"用工荒"时代的人力成本管控与绩效提升》、《赢在学习——企业人才培养与发展最佳实践》、《直面"80后"、"90 后"——人力资源管理的创新与变革》和《员工敬业度和幸福指数管理——心理学的视角与应用》四个维度对人力资源管理的相关领域做出展望。中国人民大学劳动人事学院彭剑锋教授以《2011 年中国人力资源十大观察——现状与趋势》为题发表第一场主题演讲，分享了 2011 年中国人力资源管理的 10 大观察，从学者角度剖析现状、探寻趋势，并针对引进海外人才的成本、企业如何实施战略性人力资源管理等问题同与会人员进行了互动。著名经济学家、原中国人民大学经济学院院长黄卫平教授发表了第二场主题演讲《世界

与中国宏观经济分析——2011 年回顾与 2012 年前瞻》。他结合彭剑锋教授的发言首先反思了中国教育对学生创造性思维的培养不足问题，并指出中国必须对宽松的财政政策和紧缩的货币政策进行调整，才能避免通货膨胀和滞胀，顺利实现软着陆，迎来更加辉煌的发展和未来。

124. 2011 中国矿产资源开发利用与环境保护学术研讨会

（1）会议时间。

2011 年 11 月 26~28 日。

（2）会议地点。

广东省深圳市。

（3）主办单位。

中国地质工程协会。

（4）参会人员。

多所大学、研究机构的专家、学者参加本次研讨会。

（5）会议主题和成果。

会议研讨主题包括生产矿山边部外围找矿及伴生资源勘察；矿产资源综合利用产业政策与可持续发展；矿山"三废"处理与综合利用新技术；矿产资源分析测试方法与技术；选矿新工艺、新药剂、新设备的研究成果及应用；矿山环境污染与人体健康；矿山地质环境调查评价与综合研究等。

125. 中国西部（四川）人力资源理论与实践研讨会

（1）会议时间。

2011 年 11 月 29 日。

（2）会议地点。

中国成都。

（3）主办单位。

四川省人力资源和社会保障厅职业技能开发学会、四川人民对外友好协会、德国艾伯特基金会与成都信息工程学院管理学院。

（4）参会人员。

四川、重庆等地高校和职业院校的领导、专家、学者以及成都信息工程学院相关专业师生共计 270 余人。

（5）会议主题及成果。

会议针对当前我国西部地区人力资源管理与开发中存在的现实问题，通过研讨为四川省不同

人才培养的战略部署与培养模式创新观念，统一思想，提高认识，为更好地实施人才强国、强省战略，落实国家和四川省《中长期人才发展规划纲要》，促进四川省的人力资源开发工作，建成西部人才高地作出有益的探索和贡献。

126. 全国城乡医院对口支援工作会议

（1）会议时间。

2011 年 11 月 30 日。

（2）会议地点。

云南省昆明市。

（3）主办单位。

中华人民共和国卫生部。

（4）参会人员。

卫生部副部长马晓伟同志，上海、云南、江苏、四川四省市卫生厅局和上海复旦大学中山医院、北京协和医院等医院和云南省富源县代表出席了此次会议。

（5）会议主题和成果。

这次会议的主要任务是按照深化医药卫生体制改革和公立医院改革的要求，总结一年来的"万名医师支援农村卫生工程"和城乡医院对口支援工作，交流经验，分析形势，研究部署下一步工作。

会议期间，马晓伟副部长全面总结了 2010 年全国城乡医院对口支援工作电视电话会议至今一年多来的工作，并对一年来对口支援工作取得的新进展进行了总结，同时马晓伟给出了今后一个时期开展城乡医院对口支援的思路。最后，他专门就县医院的工作提出了要求：一是要切实落实核心制度，不断提高医疗质量。二是要切实提高运行效率，真正减轻群众负担。三是要切实改进医疗服务，构建和谐医患关系。四是要切实加强管理队伍，提高医院管理水平。

127. 全国政府绩效管理研究会年会暨政府绩效管理与效能监察研讨会

（1）会议时间。

2011 年 12 月 1 日。

（2）会议地点。

广东省深圳市。

（3）主办单位。

中国行政管理学会政府绩效管理研究会主办，深圳市政府绩效管理委员会办公室、华南理工大学、厦门大学联合承办。

（4）参会人员。

来自全国各地的政府绩效管理专家学者和地方党政部门实践工作者共 100 多人出席了会议。

（5）会议主题和成果。

会议期间，深圳市绩效办、广西自治区绩效考评办、新疆奎屯市天北新区管委会绩效办、福建厦门市思明区人事劳动和社会保障局、江苏无锡市崇安区效能办等 8 个单位作了经验交流。政府绩效管理研究会授予深圳市"全国政府绩效管理创新示范点"称号。本次会议共收到论文 200 多篇，与会代表对政府绩效管理的主要内容、考评指标体系、方法、程序、技术平台等进行了深入研讨。与会代表一致认为，建立和深化政府绩效管理制度，建设效能政府，是深入贯彻落实科学发展观、加快转变经济发展方式、推进政府职能转变和管理创新、提高政府执行力和公信力的必然要求和重要举措。

128. 2011 中国信息产业经济年会

（1）会议时间。

2011 年 12 月 1 日。

（2）会议地点。

中国北京。

（3）主办单位。

中国电子信息产业发展研究院（赛迪集团）。

（4）参会人员。

多位政府官员、知名专家、企业精英等演讲嘉宾，500 多位业内厂商代表。其中，工业和信息化部副部长苏波、全国政协经济委员会副主任、中国国际经济交流中心常务副理事长、中共中央政策研究室原副主任郑新立、工业和信息化部总经济师周子学等出席并作主题演讲。

（5）会议主题和成果。

本届年会以"新市场、新应用、新模式"为主题，共同研究加快转变经济发展方式的大背景下中国信息产业发展的趋势与机会，探讨"十二五"开局之后中国信息产业和业内企业的机遇与挑战。推动信息化和工业化深度融合，促进工业转型升级；以信息技术优化服务业态、创新服务模式；大力推进农村农业信息化；支撑电网、交通、水利等领域的数字化、网络化、智能化；利用信息技术创新社会公共服务模式，促进基本公共服务均等化。完善网络与信息安全保障体系；推进网络与信息安全技术手段体系化建设；健全网络与信息安全政策法规；推进信息安全标准化等基础性工作。

129. 第十届（2011）中国政府网站绩效评估结果发布暨经验交流会

（1）会议时间。

2011年12月2日。

（2）会议地点。

中国北京。

（3）举办单位。

工业和信息化部中国软件评测中心、人民网、新浪网、神州数码。

（4）参会人员。

全国人大常委会办公厅、国务院办公厅、全国政协办公厅、最高人民法院、最高人民检察院、中纪委监察部、中共中央国家机关工作委员会以及国务院58个部门、26个省（自治区、直辖市）和部分地市、区、县、开发区代表以及70余家新闻媒体共700余人参加了会议。

（5）会议主题和成果。

发布2011年中国政府网站绩效评估结果：2011年部委网站综合绩效排名前10名依次为：商务部、质检总局、交通运输部、海关总署、发展和改革委员会、工业和信息化部、农业部、公安部、科技部、林业局。

2011年省级政府网站绩效排名前10名依次为：北京市、广东省、上海市、四川省、海南省、陕西省、福建省、江苏省、湖南省、安徽省。副省级城市政府网站绩效排名前10名依次为：深圳市、青岛市、厦门市、济南市、广州市、武汉市、成都市、西安市、大连市、宁波市。省会城市政府网站绩效排名前10名依次为：长沙市、济南市、广州市、武汉市、成都市、西安市、海口市、合肥市、南昌市、福州市。

2011年地市政府网站绩效排名前10名依次为：佛山市、中山市、苏州市、无锡市、潍坊市、温州市、南平市、柳州市、咸阳市、宿迁市。区县政府网站绩效排名前10名依次为：北京东城区、深圳罗湖区、厦门思明区、北京朝阳区、深圳宝安区、北京大兴区、上海静安区、青岛崂山区、佛山禅城区、北京西城区。

2011年国家级经济技术开发区网站评估结果排名前10名依次为：苏州工业园区、上海漕河经济技术开发区、武清经济技术开发区、长沙经济技术开发区、杭州经济技术开发区、西安经济技术开发区、哈尔滨经济技术开发区、上海闵行经济技术开发区、北京经济技术开发区、武汉经济技术开发区。

2011年国家级高新技术产业开发区网站评估结果排名前10名依次为：中关村科技园区、上海市张江高科技园区、青岛高新技术产业开发区、武汉东湖新技术开发区、惠州高新技术产业开发区、成都高新技术产业开发区、宁波高新技术产业开发区、厦门火炬高新技术产业开发区、长沙高新技术产业开发区、大连高新技术产业开发区。

130. 振兴中医药事业大会

（1）会议时间。

2011年12月3日。

（2）会议地点。

河北省石家庄。

（3）主办单位。

河北省政府。

（4）参会人员。

卫生部部长陈竺，河北省省委副书记、代省长张庆伟，副省长孙士彬等出席会议。

（5）会议主题和成果。

会议期间，卫生部部长陈竺发表重要讲话，并提出要充分发挥中医药在深化医改中的重要作用，落实对中医药的投入倾斜政策，在基本药物制度实施、公立医院改革试点、医疗保障制度建立以及价格形成机制等方面充分考虑中医药的自身规律和特点。此次大会重点是总结了近年来全省中医药工作，安排部署了今后一个时期河北省中医药工作任务。

131. 2011年"中国志愿服务博览会"暨"志愿服务推动社会和谐发展"论坛

（1）会议时间。

2011年12月4~5日。

（2）会议地点。

北京师范大学。

（3）主办单位。

本届博览会由VSO英国海外志愿服务社发起，并联合北京师范大学社会发展与公共政策学院、北京惠泽人咨询服务中心主办，得到了联合国开发计划署、联合国志愿人员组织、中华志愿者协会、中国国际经济技术交流中心和多个政府相关部门的指导和大力支持。

（4）参会人员。

联合国开发计划署特别国别主任那华先生、英国大使馆政务处高级官员兰心女士、VSO英国海外志愿服务社国际理事，VSO菲律宾理事会主席 Grace Aguiling Dalisay 女士、北京师范大学社会发展与公共政策学院，常务副院长胡晓江女士及部分政府官员、专家学者出席了会议。来自NGO、政府、企业以及各大高校的数十个公益机构和组织参与布展，展示精彩而富有创新性的志愿服务项目。

（5）会议主题和成果。

本次会议主题为"欢庆，激情，志愿同行"。论坛深入探讨三个重要议题，"志愿服务与社会管理创新机制研究"、"企业志愿服务创新社会发展"、"非营利组织在社会和谐发展中的作用"。并且首次为有意发展自身志愿服务项目的组织提供一个全天的培训，内容包括志愿服务项目开发和志愿者管理体系。通过网上论坛、志愿服务博览会网站的在线直播及培训本身，将会有数万甚至数十万人直接参与并从中受益。更重要的是，志博会将政府、非政府、企业和媒体的资源融合在同一平台，共同回顾、探讨并携手推进中国志愿服务事业发展，为帮助弱势群体，促进改善民生和社会和谐发展带来的价值。

本次活动为期两天，12月4日举办志愿服务促进社会和谐发展论坛。论坛紧密结合中国国情，开放探讨志愿服务在社会发展各领域的内容，回顾中国志愿服务事业发展、庆祝并激励当代志愿服务精神。国务院发展研究中心社会部前部长丁宁宁、英特尔中国首席责任官杨钟仁等来自各方的嘉宾作了精彩的发言，并就志愿服务话题展开了讨论。讨论环节中，专家学者、企业代表和志愿者各抒己见，现场气氛热烈。发言者提到要充分发挥专业志愿者作用，催化公益生态圈，开展无障碍的公益跨界合作，重视企业在志愿服务，推动社会变革方面的力量等诸多可贵思想。12月5日，展会针对志愿者、志愿组织和企业志愿服务项目管理人员的需求分时、分地展开专业培训，

加强志愿者、志愿者组织之间的交流，给志愿者、社会组织和企业带来专业收获，并开始搭建志博会后继续合作的平台。同时，在志博会前期，主办方通过志博会系列活动之高校志愿服务社团活动、志愿微笑图片故事征集、"我的志愿变量"等活动，以及11月17日（国际大学生日）的青年志愿服务沙龙、11月25日（国际消除妇女暴力日）的联合倡导，并通过关注12月1日（世界艾滋病日）以及12月3日（国际残疾人日），将志愿服务普及到更多领域。

另外，中国的企业已经认识到在其可持续发展策略中，社区参与和员工志愿服务的重要性与潜力。目前也有多家公司制定有社会组织参与的企业策略，来完善自己的企业社会责任。通过志博会平台，携手实现"合作促发展"，共同打造互助和谐社会氛围。

132. 全国医学教育改革工作会议

（1）会议时间。

2011年12月6日。

（2）会议地点。

中国北京。

（3）主办单位。

中华人民共和国卫生部、教育部。

（4）参会人员。

全国人大常委会副委员长韩启德，教育部党组书记、部长袁贵仁，卫生部部长陈竺等出席会议。

（5）会议主题和成果。

会议期间，就全科医生规范化培养制度实施，陈竺提出四点要求：注重统筹规划，制订切实可行的分阶段培养规划；注重政策保障，着手建立全科医生使用管理制度和从业激励机制；遴选和建设合格的全科医生培养基地，注重全科医学师资队伍培训；注重培养质量控制，确保所培养的全科医生合格达标。会议还下发了《教育部　卫生部关于实施临床医学教育综合改革的若干意见》等一系列征求意见稿。

133. 全国电子政务外网电子认证工作会议

（1）会议时间。

2011年12月7~8日。

（2）会议地点。

中国北京。

（3）主办单位。

国家电子政务外网管理中心。

（4）参会人员。

国家密码管理局、国家发展和改革委员会办公厅、国家信息中心以及全国 31 个省（自治区、直辖市）和新疆生产建设兵团政务外网电子认证注册服务中心的 80 多位代表。

（5）会议主题和成果。

会议的主题是回顾政务外网电子认证事业发展历程，交流建设和应用经验，就提高政务外网电子认证事业的发展及支撑服务能力共谋良策。会议的主要内容是交流各单位的工作情况，研讨开展电子认证工作的措施和办法，探讨电子认证服务属地化业务的模式，讨论提高电子认证注册服务机构建设速度，提升政务外网电子信任体系的基础保障能力。国家电子政务外网管理中心电子认证办公室主任吴亚非和认证管理处处长郭红分别作了政务外网电子认证工作报告和电子认证服务体系 2012 年工作安排的报告；电子认证办公室对通过认证业务合规性审查的天津等 6 个单位授予了电子认证注册服务中心的铜牌。与会代表听取了海南、贵州和云南代表作的工作经验报告，讨论了政务外网电子认证工作有关管理办法稿；国家密码管理局代表对电子政务电子认证相关政策进行了宣讲，北京 CA 总经理詹榜华博士和国家卫星导航信息服务中心副主任王平同志对未来电子认证业务发展新趋势和政务外网数字证书在北斗卫星系统服务平台中的应用分别进行了介绍和展望。政务外网电子认证服务体系是一个覆盖全国，能够为中央各部门和延伸到各省的政务业务以及各省自身的业务提供电子认证服务的，具有公益性的网络安全基础设施。在"十二五"期间，国家重大信息化工程建设将实施，作为信息安全领域重要的基础设施和网络信任体系的核心基础，政务外网电子认证服务体系可以为构建可信网络空间，维护网络空间秩序，保障网络应用安全，有效减少投资发挥积极的作用。政务外网电子认证服务体系的建成，将对促进电子政务的发展具有现实和长远意义。

134. 2011 中国节能与低碳发展论坛

（1）会议时间。

2011 年 12 月 8 日。

（2）会议地点。

中国北京。

（3）主办单位。

中国节能协会。

（4）参会人员。

来自政府、行业协会和企事业单位的会员代表以及新闻媒体共计 600 余人次参加了会议。

（5）会议主题和成果。

此次论坛的主题是"科学用能，低碳发展"。详细解读了节能减排、科学用能、提高能效、低碳发展相关的国家宏观政策，交流研讨节能相关共性、关键技术及应用效果。2011 年中国节能与低碳发展论坛设立了工业节能、交通节能、合同能源管理与投资、建筑节能和空气源热泵产业等五个分论坛。内容涵盖了节能减排的重点领域和热点话题。演讲嘉宾从政策、技术、经济的角度，分析了我国"十二五"节能环保产业的发展。

135. 民办教育政策研讨会

（1）会议时间。

2011 年 12 月 8 日。

（2）会议地点。

北京师范大学。

（3）主办单位。

北京师范大学。

（4）参会人员。

国务院参事室、人力资源与社会保障部、民政部，教育部发展规划司、高等教育司、政策法规司、职业教育与成人教育司、教育发展研究中心和有关省（市）教育厅（委）的负责同志，中国教育学会、中国民办教育协会，有关民办学校代表、有关学者、北京师范大学师生代表共 200 余人参加研讨。

（5）会议主题和成果。

教育部副部长鲁昕出席会议并讲话。鲁昕指出，改革开放 30 多年来，民办学校的办学条件不断改善，教育质量和办学水平不断提高，逐步覆盖了从基础教育到高等教育、从非学历教育到学历教育、从普通教育到职业教育的广阔领域。民办教育的发展，为国家节省了财政资金，扩大了就业，促进了高等教育的普及，为社会培养了大批实用型人才。

鲁昕强调，党和国家对民办教育发展历来高

度重视，为贯彻落实教育规划纲要，教育部正牵头研究制定进一步促进民办教育发展的政策措施，地方各级政府也都纷纷出台了相关措施，民办教育迎来了新的契机。但也应当看到，民办教育发展的制度设计还不够完善，法人属性、产权归属、学校权利、师生权益、会计制度、营利与非营利、合理回报、优惠政策、市场监管、政府服务等难点问题亟待寻求解决办法。迫切需要政府、高校与社会各方面通力合作，希望北京师范大学充分发挥自身的学科优势，加强对民办教育的政策研究，为加强民办教育理论研究提供强有力的智力支持。与会学者、有关部门同志和民办学校代表就如何促进民办教育发展等问题展开了热烈讨论，提出了许多建设性意见。

136. "财政监督与预算透明度"国际研讨会

（1）会议时间。

2011 年 12 月 10 日。

（2）会议地点。

中央财经大学。

（3）主办单位。

中央财经大学财政学院。

（4）参会人员。

美国佐治亚大学、南佐治亚大学，意大利罗马大学，财政部科研所，中国社会科学院财贸所，中国人民大学，北京大学，南开大学，上海财经大学，东北财经大学，中南财经政法大学，西南财经大学，天津财经大学，浙江财经学院，首都经济贸易大学，北京工商大学，国家行政学院以及中央财经大学财政学院，财经研究院，税务学院，学报编辑部等国内外著名高校和研究机构的 50 余位专家学者参加本次研讨会。

（5）会议主题和成果。

学者们就预算透明与财政监督问题进行了热烈的研讨。代表们各抒己见，认为政府预算透明是实现财政民主和有效财政监督的重要前提，体现着公共财政的本质特征，是良好财政治理的关键因素。政府预算不透明，财政信息掌握不对称，就使得在公众如何真正参与决策、如何有效进行民主监督、如何真实评价预算绩效等缺乏应有的实施环境和操作平台，直接导致公共资源分配与使用的监督不力，增加了政府执政的代理成本，损伤了政府执政的公信力。因此，需要对现行财政预算进行基于提升透明度的深刻而有效的变革。但一国预算透明度的有效提升要受到经济因素、政治因素、文化因素、法制因素、预算监督能力因素和预算管理水平等多种环境因素的综合影响，所以不能照搬国际经验，而要在考虑一国当前各种环境因素的影响前提下，积极探索适合中国预算透明度提升的路径与政策选择。

137. 当代中国社会管理问题学术研讨会

（1）会议时间。

2011 年 12 月 10 日。

（2）会议地点。

天津市。

（3）主办单位。

南开大学当代中国问题研究院主办，北京大学中国国情研究中心、清华大学国情研究中心共同协办。

（4）参会人员。

天津市政协主席邢元敏出席并讲话，天津市委常委、市委教育工委书记苟利军出席，南开大学校长龚克致辞，教育部社会科学司致信祝贺。开幕式由南开大学党委书记薛进文主持。来自海内外的近百名专家学者参加了本次研讨会。

（5）会议主题和成果。

与会专家学者围绕"社会主义市场经济条件下社会管理理念的更新"这一主题，展开了深入探讨和广泛交流。会议内容从三个方面展开：①社会管理存在的问题。与会者认为，我国的社会管理存在两类问题：一类是社会运行过程中出现或存在的各种已经或可能构成现时风险亟须解决的问题。吴忠民教授认为，当下中国社会管理所面临的具体问题有五类：劳资矛盾、流动人口带来的矛盾、征地拆迁引发的矛盾、历史遗留问题引发的矛盾、社会问题引发的矛盾。另一类则是社会发展和建设的基本层面的问题，如社会与国家的关系问题、社会自治组织的培育问题，城市化的利与弊问题、公民权利问题等。这两类问题都是社会管理问题所要研究的，尽管不同学者的研究侧重点不同，但无论从哪个方面讲，这两类问题的研究都将对中国的社会发展产生重要的影响。②社会管理理念的更新。有的学者认为，在社会主义经济条件下的社会管理理念的更新就是社会管理方法的更新，社会管理理念决定了社会管理的方式。实现社会管理理念更新最重要的是实现社会管理观念从"管理"到"服务"的转变。蔡拓教授认为，当前中国社会管理理念的更新需要实现四个转变：第一，国家本位向社会本位的转变。他认为我们当前的社会"管理"还是国家管理社会、管理人民这种思路，这种思路是主导性的，由这种思路向社会的自我管理转变非常重要。第二，维稳向维权的转变。应该看到，维稳与维权不是冲突的，而是密切相关的，维稳的根本是维权。要维护人民的基本权利，人民的权利是基点，只有维护好人民的基本权利才能实现更好的社会管理。第三，单一视角向全球化视角转变。研究中国社会管理问题不能就中国论中国，社会管理问题其实是全球化时代日益突出的问题，是后工业社会的问题。我们需要从后工业文明的大视角来看待。第四，利益导向向价值观念导向的转变。在市场经济条件下，不能什么都用金钱来衡量。要强化价值观念的导向作用，以正确的价值观念作为引导，有利于防止各种社会管理问题的发生。③社会管理可借鉴的经验。有的学者认为，因为人类社会整体上正在从工业文明向后工业文明迈进，所以社会管理的问题具有全球性，只不过在不同的国家问题的表现形态不同。因而对社会管理问题的研究要立足中国，放眼全球。新加坡学者薄智跃以新加坡的社会管理经验为例指出，他们面对社会管理问题时采取三种方式：第一种是管，该由政府管理的问题就由政府来管理，管理采取的方式就是立法。第二种是不管，不该由政府管理的问题政府就不管。第三种是在有些问题上政府既管理又不管理，尤其在涉及一些社会比较敏感的问题而政府又不便管理的情况下，他们采取一种间接管理的方式，即通过社会组织去管理。美国学者白瑞琪（Marc Blecher）教授以劳资关系为例指出，像美国等高度发达国家，其相对健全的法律机构和劳动关系有利于维护其政治稳定和经济增长，因而对于期望同样维护稳定和促进经济增长的中国来说具有借鉴意义。

138. 第二届中国城市管理高峰论坛
（1）会议时间。
2011年12月10~11日。

（2）会议地点。
复旦大学。
（3）主办单位。
复旦大学国际关系与公共事务学院公共行政系、复旦大学中国公共政策研究中心、中山大学中国公共管理研究中心、城市治理与城市发展研究所、中山大学政治与公共事务管理学院。
（4）参会人员。
复旦大学副校长、国际关系与公共事务学院院长林尚立致开幕词。来自中山大学、复旦大学、中国人民大学、南京大学、武汉大学、同济大学、华东师范大学、四川大学、山东大学等全国十余所知名高校和上海社会科学院、山东社会科学院的知名专家、青年学者围绕"包容性发展与城市管理创新"这一主题进行了深入研讨。
（5）会议主题和成果。
本次会议聚焦"包容性发展与城市管理创新"，主要议题包括以下内容：①包容性发展与城市政府建设。②包容性发展与城市公共服务。③包容性发展与城市社会管理。④包容性发展与城市公共空间。⑤包容性发展与智慧城市建设。⑥包容性发展与美好城市建设。

会议上，同济大学诸大建教授、上海社会科学院郁鸿胜研究员、复旦大学王桂新教授、上海社会科学院戴晓波研究员、复旦大学戴星翼教授分别以《城市管理的OSP模型及其政策意义》、《新一轮长江三角洲城市发展战略》、《谈谈低碳城市建设》、《产业、城市与社会的协同管理》和《城市环境治理的若干问题》为题作了专题报告。中山大学中国公共管理研究中心何艳玲教授、叶林副教授，武汉大学丁煌教授，中国人民大学毛寿龙教授，北京航空航天大学胡象明教授，南京大学王云骏和孔繁斌教授，四川大学姜晓萍教授，山东大学王佃利教授，天津财经大学凌岚教授，山东省社会科学院郑贵斌副院长等与会专家和复旦大学公共行政系的中青年教师从包容性发展的视角分析中国城市管理面临的挑战，充分探讨了中国城市包容性发展与政府管理创新的行动方略，从诸如环境、住房、医疗卫生、教育、农民工、包容性治理等领域，分析了城市化过程中产生的问题，并提出相关的解决对策。

139. "公共预算与财政管理：多学科对话和融合"学术研讨会

（1）会议时间。

2011 年 12 月 10~11 日。

（2）会议地点。

上海财经大学。

（3）主办单位。

上海财经大学公共经济与管理学院。

（4）参会人员。

来自中国大陆、中国台湾、中国香港和美国 20 多所高校的专家学者参与了本次会议。

（5）会议主题和成果。

会议以公共预算与财政管理为主线，覆盖财政学、公共管理、政治学和经济学领域的一些重大主题。会议共收到与会代表提交的 34 篇学术论文，涉及中国公共财政和预算发展方向、税制改革、财政透明度、财政分权、财政分配的效率与公平、转移支付政策等广泛内容。会议气氛热烈，交流充分，讨论深入，得到了参会者的高度评价。

140. 2011 第六届中国全面小康论坛

（1）会议时间。

2011 年 12 月 11 日。

（2）会议地点。

四川省成都市。

（3）主办单位。

小康杂志社和成都市人民政府。

（4）参会人员。

全国人大财经委副主任委员、全国人大常委会预工委主任、卫生部原部长高强，全国人大法律委员会副主任委员、吉林省原省长洪虎，中国扶贫基金会会长、原中农办主任段应碧，全国人大财经委员会副主任委员贺铿，全国政协常委、中共中央党校原副校长李君如，求是杂志社原社长、小康杂志社编委会主任高明光，求是杂志社编委葛洪泽，住房和城乡建设部标准定额研究所所长曾少华等党政官员、学者及媒体记者 300 多人。

（5）会议主题和成果。

本届论坛以"城乡统筹的创新与实践"为主题，国家领导人、主管部委领导、地方城市党政领导、相关专家、商界领袖及城市代表齐聚全国统筹城乡综合配套改革试验区成都市，为中国城乡统筹和谐发展出谋献策，同时总结并推广各地政府和有关单位"城乡统筹发展"探索与实践的经验。

在本届论坛除嘉宾主题演讲之外，还举办了"公共服务与社会管理创新"、"城乡统筹与社会保障"、"城乡统筹与土地制度改革"三场高峰对话，通过案例演讲、专家点评、台上台下互动，呈现党政领导与专家学者、企业精英的精彩辩论。

论坛组委会还经过专家推荐候选单位、网上投票和专家推选委员会的审核等程序，推选出 2011 中国全面小康"杰出贡献人物"、"特别贡献城市"、"十大示范县市"、"十大民生决策"、"特别贡献企业"、"成长型百佳县市"、"十大社会管理创新"七项大奖，以铭记先进人物和机构的卓越贡献，分享全面小康建设成功经验。

141. 政府采购与公共服务：中国政府采购高峰论坛 2011

（1）会议时间。

2011 年 12 月 11~12 日。

（2）会议地点。

中国上海市。

（3）主办单位。

中国政府采购报社、中国政府采购新闻网主办，天永信息技术有限公司协办。

（4）参会人员。

出席本次论坛的嘉宾有全国及地方政府采购中心负责人、专家学者、企业领导等 260 余人。

（5）会议主题和成果。

与会代表就政府采购法规、政府采购趋势、公共服务等相关事宜，进行了深入的探讨。财政部国库司副司长周成跃认为，应该客观看待政府采购实践发展现状，正视所面临的困难和挑战。上海市财政局国库处副处长吴光明等与会人员就标准化建设、阳光型服务、市场平均价等话题回顾了 2011 年政府采购的状况。中国行政体制改革研究会副会长汪玉凯等与会人员就公共服务、全面预算管理、服务发展、和谐采购等话题对 2012 年政府采购进行了展望。

142. 中俄卫生合作分委会第十一次会议在京举行

（1）会议时间。

2011 年 12 月 13 日。

（2）会议地点。

中国北京。

（3）主办单位。

中华人民共和国卫生部。

（4）参会人员。

卫生部、国家食品药品监督管理局、国家中医药管理局、黑龙江省和海南省卫生厅以及俄联邦卫生与社会发展部等代表参加了此次会议。

（5）会议主题和成果。

会议期间，双方回顾了一年来中俄卫生领域开展双、多边合作的成果和进展，并就传染病防治、疗养康复医疗、传统医药、药品监管、灾害医学等议题进行了讨论。双方一致同意，在互信互利的基础上，积极推动建立双边应急救援机制，密切边境地区传染病联防联控和医学学术交流，在海南建立中俄康复疗养中心，以及在俄建立中医中心等合作设想，不断深化中俄卫生医学领域的务实合作。双方商定，第十二次会议将于 2012 年在俄罗斯举行。会后，中俄主席共同签署了会议纪要。

143. 绿色城市管理研讨会

（1）会议时间。

2011 年 12 月 13~15 日。

（2）会议地点。

同济大学。

（3）主办单位。

上海国际 MBA 和法国国立桥路大学 Chaire Ville 共同举办。

（4）参会人员。

同济大学和法国桥路大学的长期从事可持续发展领域研究的多位专家学者。

（5）会议主题与成果。

本次会议围绕中国与法国绿色城市管理的经验与教训进行了深入的讨论，与会者就自身的研究成果与其他与会者进行了深入的交流，比较了中法两国在绿色城市管理方面的异同；本次会议增进了中法两国学者对各自绿色城市管理领域研究的了解，分享了研究经验和心得，对于促进中法两国学者进行跨国合作研究起到了非常大的推动作用。

144. 第二届"变迁中的中国城市社会和城市治理"研讨会

（1）会议时间。

2011 年 12 月 15~16 日。

（2）会议地点。

中山大学。

（3）主办单位。

中山大学中国公共管理研究中心、城市治理与城市发展研究所、中山大学政治与公共事务管理学院。

（4）参会人员。

本次会议共有来自美国和中国内地的学者及中国城市管理者约 30 人参加，与会重要嘉宾还包括：美国 Texas Tech 大学 David K.Hamilton 教授，美国《Urban Study》主编 Michael Timberlake 教授，中山大学梁琦教授、梁玉成教授、徐现祥教授、《管理世界》编辑部尚增健主任，中国社会科学文献出版社社科部王绯主任，上海交通大学陈映芳教授，北京大学陆军教授，中国社会科学院钟君副研究员，中国人民公安大学王太元教授，复旦大学朱春奎教授，厦门大学张光教授、罗思东教授，华南理工大学郑方辉教授，天津工业大学环境经济研究所所长、天津市河东区发改委张雪花副主任等。

（5）会议主题和成果。

本次会议主题聚焦于"中国城市公共服务供给"。会议分为六个场次，就"世界城市"、"城市中国"、"城市公共服务"、"地方公共产品"、"城市化与中国社区发展"等话题进行了深入讨论，并举行了"城市政府公共服务能力专题会议"和"中国城市政府公共服务能力测评"圆桌讨论会。本次会议的成功举行有助于推进我国城市治理领域的理论和实践者的对话，进一步推动美好城市、美好生活的建设。

145. 中央企业招标采购调研会

（1）会议时间。

2011 年 12 月 15~16 日。

（2）会议地点。

广西省北海市。

（3）主办单位。

国家发展和改革委员会法规司委托，中国招标投标协会主办。

（4）参会人员。

来自信息电子、能源化工、冶金制造等领域的中央企业、招标代理机构等 16 个单位的有关负责同志参加了座谈。

（5）会议主题和成果。

与会同志介绍了各单位招标采购运行和管理工作的经验做法，交流了工作中遇到的问题，并围绕《条例》颁布实施后，招标投标规则的变化以及对招标投标市场的影响等主题展开了热烈讨论。在讨论中，大家各抒己见，对依法必须公开招标的项目范围、评标专家的选取及其行为规范、集中招标、框架协议以及供应商管理制度与现行招标投标法律制度的衔接、推动招标采购电子化、标准化等内容提出了具体意见和建议。

146. 首届面向21世纪的全球城市—区域发展国际会议

（1）会议时间。

2011年12月17~18日。

（2）会议地点。

中山大学。

（3）主办单位。

中山大学行政管理研究中心、政治与公共事务管理学院、《学术研究》编辑部。

（4）参会人员。

中山大学副校长陈春声、广东省社会科学界联合会副主席林有能、中山大学政治与公共事务管理学院名誉院长夏书章、中山大学政治与公共事务管理学院院长马骏、《学术研究》杂志主编叶金宝，来自美国、英国、法国、德国、加拿大以及中国港、澳、台地区的20多名国际知名专家，来自中国内地的50余名知名学者和《中国社会科学》、《中国人民大学学报》、中央编译出版社等知名学术研究机构的代表出席了会议。

（5）会议主题和成果。

此次国际会议包含六大主题：①全球化与区域发展的最新进展。②全球城市—区域治理与规划。③区域主义演变与实践。④多国跨地域治理比较。⑤城市—区域间的政府间关系。⑥其他与城市—区域相关的问题。

此次会议是一次全球区域—城市发展领域具有广泛学术影响的重要国际会议。在一天半的主题发言和分组讨论中，近百位专家分享了在区域与城市政策研究领域的研究成果和实践经验，探讨了中国学界如何深入理解和积极应对复杂的区域—城市发展问题，增进了区域与城市研究的国际交流，为中国的区域—城市研究借鉴国际经验，

聚焦本土问题，推进中国区域与城市发展进程，构建更加美好的城市社会带来了深远的影响。此次会议的举办，将有利于进一步推动区域与城市管理的研究和国际对话，增进国际学术界对中国的了解。与会者一致认为此次会议将成为中国最具影响力的跨学科区域与城市研究会议，其长期举办将为全球区域与城市研究起到极其重要的推动作用。

147. 依法治国与社会管理创新国际研讨会

（1）会议时间。

2011年12月17~18日。

（2）会议地点。

中国北京。

（3）主办单位。

中国社会科学院主办、法学研究所承办。

（4）参会人员。

全国人大常委会法律工作委员会信春鹰副主任、最高人民法院江必新副院长、国际宪法学协会前主席托马斯·弗莱纳教授、中国社会科学院国际合作局张友云副局长以及法学研究所李林所长、陈甦书记出席会议并致辞。

来自全国人大常委会法律工作委员会、最高人民法院、司法部司法研究所、中国社会科学院国际合作局、中国社会科学院信息情报研究院、中国行为法学会、中国人民大学、中国青年政治学院、北京理工大学、山东大学、中南大学、河北师范大学、浙江工业大学、哈尔滨医科大学、美国耶鲁大学、美国福特基金会、纽约大学、法国巴黎政治学院、瑞士弗莱堡大学、日本山梨大学、日本九州大学、日本驻华大使馆、联合国开发计划署以及中国社会科学院法学研究所等国内外单位的专家学者60余人参加研讨会。

（5）会议主题和成果

此次研讨会旨在探讨依法治国基本方略下如何通过法治等方式加强和创新社会管理。会议开幕式由法学研究所所长助理莫纪宏研究员主持，闭幕式由法学研究所副所长冯军研究员主持。《中国法学》前总编郭道晖教授、中国社会科学院荣誉学部委员李步云研究员、美国耶鲁大学中国法中心副主任贺诗礼教授作了大会主题发言；山东大学校长徐显明教授、国际刑法学协会前副主席高铭暄教授在闭幕式上作了主题发言。法学研

究所周汉华研究员、刘作翔研究员、冀祥德研究员和谢增毅副研究员在会上担任了不同子单元的中方主持人，屈学武研究员、刘仁文研究员、熊秋红研究员和翟国强副研究员在子单元中作了主题发言。

与会代表从宪法、依法行政、刑事司法改革、社会公共事务等不同角度对依法治国与社会管理创新这个富有时代活力的学术前沿话题进行了广泛、深入而富有成效的讨论，提出了许多建设性的意见和建议。

148. 2011 中国（合肥）招投标管理创新论坛

（1）会议时间。

2011 年 12 月 25 日。

（2）会议地点。

安徽省合肥市。

（3）主办单位。

合肥招投标中心和决策杂志社联合主办。

（4）参会人员。

国家发展和改革委员会、中国招投标协会、高等院校、安徽省、合肥市相关领导及各地公共资源交易管理同行 200 余人出席本次论坛。

（5）会议主题和成果。

在此次论坛上，围绕招投标领域的最新政策、发展思路、发展模式，来自国家发展和改革委员会、中国招投标协会、中央财经大学以及安徽省社会科学院的专家学者，展开了一场"头脑风暴"，同时也为招投标领域的深层次问题"把脉问诊"。与会的各地市招投标领域管理者，围绕招投标体制机制创新、招投标电子化信息化建设等方面，展开了深入交流。

149. 第四届东亚人力资源论坛——中日韩博士生学术研讨会

（1）会议时间。

2011 年 12 月 26~27 日。

（2）会议地点。

中国北京。

（3）主办单位。

中国人民大学劳动人事学院。

（4）参会人员。

中国人民大学劳动人事学院、日本早稻田大学和韩国高丽大学的人力资源管理专家、教授和博士研究生。

（5）会议主题及成果。

本届研讨会的主题为"经济发展与人力资源管理创新"。论坛中，来自中、日、韩三国的 11 位博士研究生分别就"土地自由流转、劳动力边际收入和农村剩余劳动力"、"影响组织内个体知识活动的因素和调节研究"、"印度尼西亚公共管理部门改革：财政部官僚改革对其人力资源管理的影响"、"路径依赖与制度变迁：中国公共人力资源管理政策的演进"、"变革型领导对下属创新行为的影响以及员工心理健康的干预机制"、"中国中小企业人力资源管理：企业战略和内部劳动力市场的关系"、"高层管理团队特征与企业财务绩效之间的关系：基于我国房地产上市公司的统计数据"、"领导成员交换质量与差异对情感承诺的影响"、"中国工资集体协商——基于江苏邳州工资集体协商的调查研究"、"感知就业力与员工绩效之间的关系"等主题发表了研究报告，并展开了热烈深入的讨论。

研讨结束后，应曾湘泉院长和林新奇教授的邀请，日本人力资源管理学会常务副会长、早稻田大学教授白木三秀还为广大师生作了一场题为"日本企业人力资源管理国际化的经验与教训——以在亚洲国家工作的日本企业派出人员的胜任力特征与绩效考评为例"的特别演讲。本届论坛期间中、日、韩三方还对东亚人力资源论坛的未来发展交换了意见，对于互派师生进修、加强科研合作、聘任兼职教授等达成了相关协议，并确定第五届东亚人力资源论坛于 2012 年 11 月在东京举行，由日本早稻田大学负责主办。

150. 中国行政体制改革研究会 2011 年度会长办公会议

（1）会议时间。

2011 年 12 月 27 日。

（2）会议地点。

国家行政学院港澳培训中心。

（3）主办单位。

中国行政体制改革研究会。

（4）参会人员。

中国行政体制改革研究会顾问叶小文、陈福今、胡振民、曹康泰，副会长何家成、周文彰、唐铁汉、王峰、王金祥、董克用、刘峰等出席了会议。副会长郭树清、王会生、迟福林、潘刚委派代表出席了会议。研究会常务副秘书长李海超、副秘书长李蕴清、张占斌、王德颖、王满传等列席了会议。

（5）会议主题和成果。

国家行政学院常务副院长、中国行政体制改革研究会会长魏礼群主持会议并作总结讲话。研究会秘书长姜秀谦汇报了2011年度主要工作及2012年度工作安排。

151. 全国人力资源和社会保障工作会议

（1）会议时间。

2011年12月29~30日。

（2）会议地点。

中国北京。

（3）主办单位。

中华人民共和国人力资源和社会保障部。

（4）参会人员。

国务院副秘书长肖亚庆，人社部部长尹蔚民，副部长、党组副书记孙宝树，中组部副部长、人社部副部长李智勇，人社部副部长杨志明，人社部副部长、国家公务员局党组书记杨士秋，人社部副部长王晓初、何宪、胡晓义、信长星，人社部副部长、国家外国专家局局长张建国，中纪委驻部纪检组组长袁彦鹏出席会议。国家外专局和公务员局领导班子成员，人社部部属各单位、公务员局各司负责同志，各省、自治区、直辖市、新疆生产建设兵团、副省级市人社部门负责同志，中央国家机关各部委、各直属机构等有关部门负责同志，军队有关单位负责同志，部分特邀单位代表。

（5）会议主题及成果。

会议认真学习贯彻党的十七届六中全会精神，落实中央经济工作会议和全国组织部长会议部署，总结2011年工作，分析当前形势，部署明年任务。中共中央政治局委员、国务院副总理张德江出席会议并作了重要讲话。中组部副部长、人力资源和社会保障部部长尹蔚民作了题为"扎实工作、稳中求进、努力推动人力资源社会保障事业实现新发展"的工作报告。

尹蔚民指出，2011年，人力资源社会保障各项工作取得了显著成绩，实现了"十二五"人力资源社会保障工作的良好开局。就业目标任务全面完成，就业局势保持稳定；社会保险工作深入开展，社会保障体系建设取得明显成效；人才队伍建设不断加强，引智工作取得新进展；公务员管理工作不断加强，人事制度改革逐步深化；机关事业单位工资收入分配制度改革稳步推进，企业工资管理工作进一步加强；劳动者权益保障不断加强，劳动关系总体保持和谐稳定。他指出，做好人力资源社会保障工作，必须继承和发扬工作中积累的宝贵经验，坚持围绕中心、服务大局，坚决贯彻落实中央决策部署；坚持迎难而上、改革创新，不断积极应对新情况、解决新问题；坚持突出重点、整体推进，促进事业全面协调可持续发展；坚持分类指导、试点先行，增强决策的科学性和政策的可操作性；坚持团结协作、密切配合，形成推动事业发展合力；坚持强化自身、夯实基础，为各项业务工作开展提供有力保障。

尹蔚民要求，各级人社部门要主动适应形势发展变化的新要求，继续解放思想，勇于探索实践，以奋发有为的精神状态和优良作风，更加注重分析研判形势，更好地服从和服务于党和国家经济社会发展大局；更加注重做好重大制度顶层设计，努力在重点领域和关键环节取得突破；更加注重公共服务体系建设，进一步提高服务效率和水平；更加注重营造事业发展的良好社会环境，赢得人民群众和社会各界对人社工作的理解与支持；更加注重能力作风建设，进一步树立人社部门的良好形象。

（本部分内容由崔晶整理）

三、中国公共管理重大项目与课题选登

国家自然科学基金

课题名称	负责人	单 位
村民自治背景下农村社区信仰异质性对公共物品供给影响及政策研究	阮荣平	北京大学
高学历人才集聚地区过度教育的理论分析与实证研究	范皑皑	北京大学
BCHP 分布式能源系统的发展模式研究——基于城市能源需求分布的选址与小规模区域供能系统模式	曹鸣凤	北京大学
高等教育人力资本在经济发展方式转变中的经济效应研究	吉彩红	北京工商大学
城市交通需求管理的政策模拟分析	李 静	北京交通大学
区域内城乡一体化义务教育发展路线图研究	薛二勇	北京师范大学
我国电子政务标准的产生机制及采纳扩散研究	范 静	北京外国语大学
家庭异质性视角下城市居民能源消费行为机理与引导政策研究——以东北地区为例	孙 岩	大连理工大学
均等与增长：转移支付对县级公共服务财政投入的影响——基于 2003 年至今中国县级数据的实证研究	周美多	电子科技大学
新农保试点对农户人力资本投资行为的影响研究：基于流动性约束视角	向 涛	东北大学
创新公共政策中政府技术采购的决策与评价模型研究	王 宏	东华大学
动态复杂环境下校园危机的生成演化机理及管理模式研究	康 伟	哈尔滨工程大学
土地利用规划在地质灾害防治中的基础性作用研究	韦仕川	海南大学
城市住宅社区应急准备能力评估及影响因素研究	吴晓涛	河南理工大学
非平等交易下农村集体土地自演化产权与强制性产权冲突、磨合机理研究	李 菁	华中科技大学
基于利益相关者的土地利用规划与城市规划冲突治理研究	刘 琼	南京农业大学
公共服务合同外包的风险管理研究：基于典型个案的分析	王雁红	宁波大学
政策学习、政策试验与政策创新：基于二维多源流演化模型的理论与实证	王程韡	清华大学
对中国农村义务教育"两免一补"政策的影响的分析	施新政	清华大学
可再生能源规划建模及成本效益分析	王 宇	清华大学
城市基础设施可持续性及全生命周期集成管理研究	程 敏	上海大学
重大灾害下城市人员疏散及避难安置空间优化模型研究	易赛莉	上海应用技术学院
基于网络生态的网络文化产业演化机理与公共治理机制研究	解学芳	同济大学
新医改背景下公立医院医生职业承诺研究——以山东省为例	黄冬梅	潍坊医学院
问责制度何以影响地方政府绩效——目标责任制情境下的"问责悖论"研究	阎 波	西安交通大学
跨区域输水中水源地生态服务价值损失评估与补偿标准研究——以京津与冀北山区间跨区域输水为例	宋健峰	西北农林科技大学
经济政策对居民消费、资产选择及财富分配的影响：理论模型、结构估计与政策模拟	徐 舒	西南财经大学
政府控制权、高管政治关联与国企治理研究	逯 东	西南财经大学
电器电子产品逆向/闭环供应链的政府规制与协调研究	代 颖	西南交通大学
策略性公共政策对居民消费、国内需求和经济发展的影响研究	蔡伟贤	厦门大学
社会关系对民营企业出口行为的影响机制：基于企业间关系与政企关系的研究	王永进	厦门大学
改革开放后中国农地产权结构变迁：演化路径、动力机制及其绩效分析	冀县卿	扬州大学
新生代农民工失业风险应对行为选择及失业治理政策协调性的研究——以西部地区为例	袁志刚	云南财经大学
支撑区域沙漠化防治政策制定的沙漠化动态模拟系统动力学模型研究	许端阳	中国科学技术信息研究所
基于地价均衡的城市蔓延治理研究——以江苏省为例	李效顺	中国矿业大学
中国财政现金管理效率评估及其最优化研究：基于公共财政视角的理论与实证分析	张 原	中国劳动关系学院
国际公共决策机制研究	刘 伟	中国人民大学
养老医疗保障对农村中老年人的劳动供给效应	程 杰	中国社会科学院人口与劳动经济研究所
多部门框架下政府政策的评价方法及其应用研究	崔小勇	中央财经大学
财政政策非线性作用、调整机制研究及政策目标非线性关联下政策模拟	王立勇	中央财经大学

国家自然科学基金		
课题名称	负责人	单 位
社会保障改革与中国的收入分配：基于核密度估计的实证分析和政策建议	刘 靖	中央财经大学
高中阶段教育公共投资战略选择：普通高中与中等职业教育发展策略研究	张林秀	中国科学院地理科学与资源研究所
公共管理与政策研究方法暑期研讨班	蓝志勇	中国人民大学
新阶段我国城市化发展道路的选择及管理研究	李善同	国务院发展研究中心
兼顾效率与公平的中国城镇化：动力机制、发展路径与政策调整	万广华	云南财经大学
人口政策的国际比较和中国的借鉴	王 丰	复旦大学
中国未来可持续发展的人口政策研究	陆杰华	北京大学
基于 Vague 集理论的政府灾难承保预警主导机制研究	黎昌珍	广西大学
旅游目的地利益相关者对生态补偿的态度测量与机制构建研究——以广西漓江流域为例	杨永德	广西大学
中国西南喀斯特地区农村社区水资源管理模式研究	任晓冬	贵州师范大学
三元主体视角下的城市住宅用地增值过程与收益分配研究	吴振华	桂林电子科技大学
地方政府债务现状、问题与风险防控机制研究：以江西省为例	匡小平	江西财经大学
粮食主产区小农水建后农户参与式管护行为与政府扶持机制研究——以江西省为例	翁贞林	江西农业大学
技术创新政策对农业龙头企业 R&D 行为的作用机理研究——以江西省为例	胡 凯	江西农业大学
基于农户视角的农业补贴政策耕地保护效果评估及其完善对策——以江西省为例	陈美球	江西农业大学
政府主导型草原生态补偿机制基本框架的理论设计与应用研究	巩 芳	内蒙古工业大学
基于 EA 的灾害应急管理信息资源目录体系构建研究：以江西省为例	刘春年	南昌大学
宁夏沿黄城市带土地节约与集约利用评价和模式研究	田广星	宁夏大学
滇中城市经济圈互斥—共生机理的演化博弈研究	王源昌	云南师范大学
整体政府视角下的中国政府跨部门协同机制研究	周志忍	北京大学
政府引导市场的绿色金融创新机制研究	韩立岩	北京航空航天大学
面向多级行政区划的生态补偿框架理论与实证研究	宋 波	北京科技大学
反倾销反补贴政策选择理论体系与方法研究	何海燕	北京理工大学
公共支出间横向影响及支出责任纵向划分：基于中国市县级数据的研究	尹 恒	北京师范大学
西部地区义务教育阶段处境不利儿童教育状况与改进研究——基于公平有质量的教育视角	毛亚庆	北京师范大学
面向在线信息的突发事件多目标动态应急管理理论与方法研究	彭 怡	电子科技大学
中国煤矿安全规制波动的形成机理、实证影响与治理研究	肖兴志	东北财经大学
快速城市化进程与住房公共政策：交互性与协调性发展研究	陈 杰	复旦大学
基本公共卫生服务均等化综合测量的多水平模型构建与应用研究	刘 宝	复旦大学
区域规划环境影响评价的空间尺度效应研究——以城市土地利用规划环境评价为例	马蔚纯	复旦大学
高校资助政策与学生行为选择关系研究	沈 华	湖北大学
基于湿地保护的生态农业体系构建及其运行机制研究——以洞庭湖区为例	杨新荣	湖南理工学院
基于病种质量管理的城市综合医院住院医疗资源利用评价模型与管理路径研究	陶红兵	华中科技大学
财政均等化政策与区域经济发展—— 一个中国 CGE 模型	陈平路	华中科技大学
公务员信息安全行为形成机理与决策过程研究	曾忠平	华中科技大学
地方政府生态管理与绿色社区志愿者组织成长的互动关系研究——构建长三角地区绿色生态城市的关系模式探析	梁 莹	南京大学
农村居民点整理对农户土地利用变化影响研究：以长江三角洲地区典型村庄为例	邹 伟	南京农业大学
基于权益保护的土地退出机制设计与农民工城乡迁移研究	陈会广	南京农业大学
流动农民工信息获取与跨区域公共信息服务保障体系研究	王 芳	南开大学
面向公共安全的社会脆弱性时空动态评价方法与降低策略研究	黄 弘	清华大学
中国节能减排政策：宏观层面 CGE 模型分析及其微观层面政策影响与分配效应的实证研究	曹 静	清华大学
混合寡头模型下反垄断政策设计及执行研究	张 伟	山东大学
基于群决策和序数理论的政府采购专家评价意见集结模式研究	王海滋	山东建筑大学
我国自主创新政策的供给演进、绩效测量与优化方案研究	江 蕾	上海财经大学

续表

国家自然科学基金

课题名称	负责人	单 位
基于 GERT 网络的我国战略性矿产资源政府管制策略研究	仰 炬	上海对外贸易学院
基于"民工荒"视角的农民工城镇就业行为及其治理模式研究	程名望	同济大学
我国基本药物制度实施影响评估与政策优化研究——以山东省为例	尹文强	潍坊医学院
基于大样本历史数据的制度演变与长期经济增长问题研究：以传统中国选官制度为例	代 谦	武汉大学
效能建设、创新扩散与绩效改进：面向中国地方政府的实证研究	吴建南	西安交通大学
情绪驱动的群体性突发事件的行为选择机制和博弈模型研究	熊国强	西安理工大学
"三网融合"模式下电信运营商竞争策略设计与公共政策：基于双边市场理论的研究	陆伟刚	西安邮电学院
基本公共服务均等化与我国均衡性转移支付测度体系研究	伏润民	云南财经大学
非营利组织与企业跨部门合作的风险及其控制研究	蔡 宁	浙江大学
基于工具架构的公共政策文本结构化理论研究与计量实证	黄 萃	浙江大学
经济发展方式转变背景下我国就业政策的实施效果评估及实施机制优化研究	乐君杰	浙江大学
城市化进程中的非正规部门形成与动态演化：中国经验	徐蔼婷	浙江工商大学
含硫气田开发公众安全脆弱性与保护策略研究——以川渝地区为例	邓云峰	中国安全生产科学研究院
城市天然气管网分时定价政策的多 Agent 仿真研究	诸克军	中国地质大学（武汉）
基于水利投入占用产出技术的区域水安全多策略综合仿真模型研究及应用	刘秀丽	中国科学院数学与系统科学研究院
我国房地产市场的区域差异及调控政策的差别化研究	董纪昌	中国科学院研究生院
基于物联网的煤矿安全监管体系与配套政策研究	宋学锋	中国矿业大学
基于不安全行为防控的煤矿安全管理制度有效性研究	陈 红	中国矿业大学
突发性能源短缺应急响应的组织体系及"情景—应对"策略研究	吕 涛	中国矿业大学
多维度住房保障边界的测度及动态调整机制研究	吕 萍	中国人民大学
转型时期土地对宏观经济的影响及作用机制研究：理论框架、制度和资源约束及政策体系	丰 雷	中国人民大学
普惠型养老金的福利代际传递效应：基于新农保试点跟踪的政策效果分析	孟宏斌	中国人民大学
社会保障预算管理研究	王晓军	中国人民大学
我国医院绩效评价方法与实证研究	王小万	中国医学科学院
贸易品种类的福利效应评估与中国进口刺激政策的实施路径研究	钱学锋	中南财经政法大学
"土地换保障"背景下失地农户的生计重建：基于可持续生计框架的分析	丁士军	中南财经政法大学
经济转型中的农民工能力发展与社会融合	杨云彦	中南财经政法大学

国家社会科学基金

课题名称	负责人	单 位
证券监管中的地方政府选择性执行研究	徐德信	安徽工业大学
房价上升对我国居民消费倾向的影响及公共政策的应用研究	杜 莉	复旦大学
教育、医疗公品供给均等化与城乡收入差距缩小的关系研究	高连水	北京大学
基本医疗卫生服务共享目标下政府卫生投入研究	肖海翔	湖南大学
我国城乡统筹发展的制度安排与路径选择研究	张 秋	河南师范大学
加入政府采购协议对我国产业发展的影响与对策研究	袁红英	山东省社科院
经济周期波动下的就业转移效应与公共政策研究	朱金生	武汉理工大学
隐性收入与腐败的规模、关系及影响研究	孙群力	中南财经政法大学
我国社会保障公平的非均衡发展研究	吕学静	首都经贸大学
中国农民工市民化的路径选择与对策研究	金喜在	东北师范大学
中心镇发展与城乡一体化关系研究	郑文哲	浙江师范大学
民生导向的重庆市统筹城乡发展新机制实证研究	刘成杰	重庆工商大学
中小城镇发展与城乡一体化关系研究	陈春生	西安财经学院
统筹城乡发展的户籍、社会保障与土地管理制度联动机制研究	彭新万	江西财经大学
中国城市公共产品空间失配的纾解策略研究	陆 军	北京大学
城市房屋征收补偿中的公平机制研究	赵海云	江西师范大学

国家社会科学基金		
课题名称	负责人	单　位
城市交通拥堵及其控制问题研究	刘小丽	景德镇陶瓷学院
农村集体土地隐性市场实证调查及其规范对策研究	朱明芬	杭州市委党校
农村妇女非农就业、家庭迁移与土地流转	商春荣	华南农业大学
食用农产品协会产品质量安全治理行为及绩效研究	秦　利	东北林业大学
中国土地收益分配问题研究	邓宏乾	华中师范大学
优化分税制财政管理体制研究	王振宇	辽宁省财政科学研究所
政府竞争、企业并购与产业整合的机制与效应研究	王凤荣	山东大学
农民工住房需求特征与政策回应设计研究	李世龙	重庆大学
城乡建设用地增减挂钩中农民土地收益分配机制研究	穆向丽	农业部
创新和发展新型农村经济组织政府扶持体系研究	许英梅	山东省社会科学院
农村公共投资的成本分担与福利效应研究	史耀波	西安理工大学
收入流动性、贫困动态性与中国扶贫政策调整研究	张立冬	江苏省社会科学院
我国政府公共服务支出对居民消费率影响研究	丁　颖	北京大学
我国地方政府绩效预算改革的实证研究	苟燕楠	复旦大学
应对转型期贫困"代际转移"的公共政策体系创新研究	徐　慧	重庆工商大学
政策性农业保险的效率评估及机制优化研究	施　红	浙江大学
农村权力嬗变过程中的农民权利实现机制研究	刘　彤	东北师范大学
权力运行廉政风险防控制度研究	崔海容	国家预防腐败局
提高政策效能与我国地方政府公共政策执行力研究	丁　煌	武汉大学
我国县级政府公共产品供给体制机制研究	周庆智	中国社会科学院
国家电子政务网络建设与提升政府公共服务和管理能力研究	董礼胜	中国社会科学院
公民监督和廉洁政府建设研究	田湘波	湖南大学
防治腐败的信息与信用机制研究	刘圣中	南昌大学
我国政府公共政策评估模式研究	周建国	南京大学
应对 TRIPS 挑战的知识产权公共政策研究	王珍愚	同济大学
我国政府决策专家咨询制度建设研究	张颖春	天津市委党校
民族地区族际政治互动与基层社会治理实证研究	赵　森	贵州省委党校
推进区域基本公共服务均等化策略研究	凌　宁	江苏省委党校
事业单位管办分离机制创新与绩效评估研究	赵立波	青岛市委党校
新生代农民工城镇融入与公共服务均等化实证研究	徐增阳	华中师范大学
县级政府基本公共服务质量管理研究	王家合	湖南理工学院
公共服务体系国际比较与我国公共服务体系构建研究	李军鹏	国家行政学院
优化政府结构和推进大部门制改革对策研究	杨志晨	黑龙江省委党校
环境政治学视角下的中国环境治理机制研究	陈　云	复旦大学
我国财政公共化发展的评价指标体系研究	雷艳红	厦门大学
提升县级辖区公共服务能力的参与式财政分权研究	童　伟	中央财经大学
我国政府间财政分配关系政治治理研究	寇铁军	东北财经大学
我国省级政府透明预算实现机制研究	邓淑莲	上海财经大学
加强县级政府提供基本公共服务的财力保障机制研究	陶　勇	上海财经大学
我国土地行政问责制度研究	郭春华	南京农业大学
公开选拔领导干部制度绩效的实证分析及制度创新研究	梁丽芝	湘潭大学
公务员薪酬对其廉洁行为影响机制研究	李景平	西安交通大学
创新党政领导干部公开选拔制度路径研究	李　羚	四川省社会科学院
健全和完善党政领导干部绩效考核机制研究	洪向华	中央党校
网络群体性事件的应急管理体系研究	陶建钟	浙江省委党校

国家社会科学基金

课题名称	负责人	单 位
农村集体建设用地产权改革与基层治理转型研究	吴晓燕	西华师范大学
农村基层党组织在社会治理中的缺位及其对策研究	崔玉丽	开封市委党校
跨国企业工会维权困境与政府管理研究	陆海燕	江苏科技大学
基层民主选举中分散候选人提名权的制度化机制研究	吴雨欣	浙江工商大学
我国扶持低碳经济发展的公共政策整合问题研究	李 奎	南昌航空大学
当代中国政策制定过程中的否决与共识模式研究	王礼鑫	上海师范大学
西藏县级政权机构改革与制度创新研究	王彦智	西藏民族学院
西北地区环境问题引发的社会冲突及其防控机制研究	刘海霞	兰州理工大学
健全基层水利服务体系研究	郝亚光	河南大学
公众参与视阈下我国城市垃圾治理问题研究	张莉萍	山东大学
当代中国政府的行政派出组织研究	董 娟	广东省委党校
公共服务绩效评估体系研究	郭金云	四川大学
责任政府视域中的无缝隙问责制研究	伍洪杏	湖南商学院
我国城市户籍制度改革的不同路径比较分析研究	王 清	中山大学
我国省直辖县体制改革实践模式的跟踪比较研究	庞明礼	中南财经政法大学
流域水环境网络治理模式研究	范仓海	河海大学
经济性特区治理体制变革与地方政府核心行动者研究	沈承诚	苏州大学
公民参与导向下的地方政府创新模式研究	赵光勇	杭州师范大学
社会建设中的政府规制研究	毛 丹	浙江大学
20 世纪以来美国公共医保制度的演进	高芳英	苏州大学
现阶段我国转变经济发展方式的社会政策研究	关信平	南开大学
包容性增长的社会基础与我国社会政策发展的研究	熊跃根	北京大学
城市化进程中的农民工社会政策研究	韩克庆	中国人民大学
城市移民犯罪及其治理模式研究	杨方泉	中山大学
重大社会公共事务中的社会动员和社会参与研究	郭 虹	四川省社会科学院
城市化进程中的公共空间失序研究	张永宏	中山大学
城市化进程中近郊村落的边缘化问题研究	卢福营	杭州师范大学
我国事业单位人员养老保险分类改革研究	高和荣	厦门大学
农村居民养老保障制度整合研究	丁建定	华中科技大学
转变经济发展方向下的城乡社会保障一体化研究	石宏伟	江苏大学
大福利视阈下的我国社会福利体系整合问题研究	毕天云	云南师范大学
我国适度普惠型社会福利制度构建的理论基础和路径选择研究	张 军	重庆理工大学
中国农村村级卫生服务模式转型研究	邵德兴	杭州市委党校
我国农村社会救助体系改革与创新研究	朱德云	山东财政学院
城市化进程中的农民工群体异质性及其社会政策建构调整研究	龚文海	河南财经政法大学
新生代农民工城市融合问题研究	王道勇	中央党校
大学生村官制度和问题研究	骆江玲	江西师范大学
城乡统筹语域中"土地换保障"的实践反思与权益协调机制研究	郑雄飞	华东师范大学
城市公众应对环境风险的能力及行为研究	龚文娟	厦门大学
征地拆迁中社会矛盾化解机制研究	周爱民	湖南省委党校
利益受损农民工的维权行动以及与政府之间互动的研究	吴 同	华东师范大学
空间、组织与网络：城市社会冲突的动员与演化机制研究	金 桥	上海大学
社区建设中的国家规制体系研究	焦若水	兰州大学
发展主题下的国家治理与民众应对研究	马建福	北方民族大学
我国文化产业发展中的政府角色定位与治理结构研究	张 森	中国政法大学
要素市场的政商关系研究	吕 鹏	中国社会科学院

国家社会科学基金

课题名称	负责人	单　位
非营利组织社会企业化运作模式研究	田　蓉	南京大学
国家规制视角下的劳资关系潜规则生成及其对策：以新《劳动合同法》的执行情况为例	吕小康	南开大学
城市社区治理的组织体系和功能研究	刘玉东	南京市委党校
舆情疏导机制建构与城市基层社会管理研究	冯希莹	天津市社会科学院
城乡一体化进程中城市边缘社区组织建设研究	宋　辉	西南大学
城乡基本公共服务均等化实现机制研究	余　佶	中国浦东干部学院
中国残疾人自助组织发展策略研究	何　欣	中国人民大学
农村亚贫困问题与相关社会政策调整研究	张开云	华南农业大学
大学生村官政策实施效果评估及提升策略研究	王兆萍	陕西师范大学
大都市区人口空间演变模式、机制及治理研究	王春兰	上海市人口与发展研究中心
发展型家庭政策在中国养老制度安排中的作用机制研究	胡　湛	复旦大学
我国新型农村社会养老保险试点跟踪研究	鞠正江	济南市委党校
我国西部民族地区体育公共服务现状调查与对策研究	何　颖	成都体育学院
体育强国目标下农村体育公共服务的理论与实证研究	胡庆山	华中师范大学
休闲体育公共服务供给障碍与实现路径研究	舒建平	成都体育学院
少数民族地区农民增收问题与公共财政支持研究	叶　慧	中南民族大学
二十国集团面临的全球治理重点问题研究	高海红	中国社会科学院
我国加入《政府采购协议》谈判研究	屠新泉	对外经贸大学
美国公共政策过程中的智库因素研究	刘文祥	湖北大学
中国在全球治理中的制度设计行为研究	刘宏松	上海外国语大学
大湄公河水资源安全合作机制研究	郭延军	北京大学
美欧气候政策的发展动向、对外影响及我国应对策略研究	刘　慧	南京大学
20世纪后期美国环境治理中工具性因素的作用异化研究	刘向阳	河北师范大学
媒介融合时代的传媒规制政策研究	肖赞军	湖南师范大学
公益性出版单位的管理模式、机制设计及评价因素研究	张大伟	复旦大学
重大突发公共事件中的微博传播与管理研究	王　蔚	上海社会科学院
新疆少数民族聚居区重大突发事件信息传播应急机制研究	王中伟	塔里木大学
政府对手机媒体内容管制的问题与对策研究	李亚玲	中南民族大学
政府信息资源管理创新的理论与方法	赖茂生	北京大学
我国政府信息公开成效与影响因素分析	罗春荣	中山大学
重大突发公共事件的政府应急信息公开研究	向立文	湘潭大学
基于公共安全管理的我国国家档案馆安全保障研究	彭远明	解放军南京政治学院上海分院
公共文化服务体系中社区图书馆发展战略研究	龚蛟腾	湘潭大学
城市公共体育设施建设布局的经济地理学研究	毕红星	东北财经大学
公共体育场馆服务有效供给的理论与实践研究	杨风华	江汉大学
统筹城乡发展中的村级体育公共服务现状及对策研究	卢文云	西华师范大学
我国残疾人公共体育服务体系构建及运行机制研究	宋　珏	天津体育学院
我国体育公共服务现状与对策研究	冉令华	哈尔滨体育学院
体育公共服务均等化研究	刘　玉	阜阳师范学院
国家"十二五"教育发展规划实施情况跟踪研究	张　珏	上海市教科院
复杂系统理论框架下公共组织网络结构及其运行机制研究	杨博文	西南石油大学
区域一体化背景下旅游公共服务提供机制创新研究	吴国清	上海师范大学
西部农村公共服务供给效率评价与改进策略研究	邓宗兵	西南大学
加强食品质量安全供应链管理：组织及制度研究	王华书	贵州大学

国家社会科学基金

课题名称	负责人	单 位
地方治理背景下的土地增值收益分配研究	朱一中	华南理工大学
我国节能减排的环境审计规制研究	黄溶冰	南京审计学院
公共就业培训绩效评价问题研究	何 筠	南昌大学
公共资助就业培训项目在少数民族农村地区的实施效果研究	杨锦秀	四川农业大学
我国社会保障税税收设计	蒲晓红	四川大学
建立和健全我国新型社会救助体系研究	林闽钢	南京大学
延迟退休年龄对社保养老基金收支规模及就业的影响	吕志勇	山东财政学院
农村最低生活保障制度分配效果评估与瞄准效率检验	谢东梅	福建农林大学
区域产业转移中我国西部承接地政府间合作治理机制研究	罗若愚	电子科技大学
我国政府绩效管理本土化策略的实证研究	刘旭涛	国家行政学院
政府与社会组织协同提供公共服务研究	敬乂嘉	复旦大学
地方政府绩效评估结果偏差的影响因素、生成机理及矫正对策研究	何文盛	兰州大学
基本公共服务均等化视角下我国省级政府技术效率研究	唐天伟	江西师范大学
理顺政府间财政关系　实施全口径公共预算管理	李冬妍	南开大学
公共绩效管理与政府财务报告改革研究	常 丽	东北财经大学
网络化治理理论及本土化实践研究	孙 健	西北师范大学
农地承包权退出与农民工市民化问题统筹研究	楚德江	徐州师范大学
公共服务的有效需求表达机制研究	岳 军	山东财政学院
公共信息符号系统管理标准研究	牟 跃	天津师范大学
我国藏区地方政府公共服务可及性问题及其公共治理研究	赵春盛	云南大学
包容性增长视角下县级政府公共服务能力研究	李晓园	江西师范大学
快速发展中的城市轨道交通政府补贴机制研究	欧国立	北京交通大学
旧城改造中的城市规划"角色错位"及改进对策研究	洪亮平	华中科技大学
社会建设进程中政府培育志愿者可持续发展研究	张 勤	南京工业大学
我国农村村庄治理对公共基础设施投资影响的实证研究	张同龙	天津师范大学
西方林产品绿色政府采购绩效评价及我国实施前景研究	李小勇	北京林业大学
医疗保险体系隐性负债、基金负债与财政压力评估	胡宏伟	华北电力大学
我国地方政府简政强镇事权改革模式跟踪研究	叶贵仁	华南理工大学
农民市民化进程中的政府治理变革研究	冷向明	华中师范大学
服务型地方政府的组织模式与运行机制研究	翟 磊	南开大学
基于模糊理论的地方政府绩效评估的元评估指标体系研究	曹堂哲	中央财经大学
公共服务需求的表达与整合机制建设：城市基层的实证研究	容 志	上海市委党校
转型期土地供给管制政策对住房价格波动的影响机制与政策效果评估研究	严金海	厦门大学
公平正义视阈下城市基本住房用地配置及政策设计研究	卢 珂	武汉科技大学
公共危机管理中地方政府行为取向的动力机制研究	赖诗攀	华侨大学
基于信息的适应性政府应急决策机制研究	钟开斌	国家行政学院
城市突发公共事件风险治理及其实现机制研究	吴志敏	温州大学
社区卫生服务机构与医院协同改革模式研究	张录法	上海交通大学
我国公立医院补偿机制系统建模与仿真研究	徐 敢	国家药监局
同乡商会组织与城市公共服务供给研究	吴志国	湖南省社会科学院
气象公共服务效益评估方法的创新研究	郭 际	南京信息工程大学
公共文化服务体系财政保障机制研究	涂 斌	广东外语外贸大学
城市低收入家庭公共服务的需求表达机制研究：基于上海、长沙和成都的调查分析	陈水生	复旦大学
成渝经济区建设进程中的土地集约利用问题研究	朱莉芬	重庆工商大学
非营利组织与多元住房供应体系构建研究：基于国内实证调查与中外比较的视角	汪建强	山东工商学院

续表

国家社会科学基金

课题名称	负责人	单 位
保障适龄儿童接受基本而有质量的学前教育政策和机制研究	秦金亮	杭州幼儿师范学院
地方政府推动教育科学发展政绩考核体系与问责机制研究	石立英	中国教育发展战略学会
教育体制改革试点的舆论分析研究	蒋建华	首都师范大学
高职高专院校行政管理队伍专业化研究	徐庆国	泰州师范高等专科学校
我国高等教育资源配置转型程度趋势研究	康 宁	中国教育电视台
高校突发事件应急管理能力研究	魏 捷	阜阳师范学院
国际视野下的区域卓越教育理论与实践研究	曾令格	深圳市南山区教育局
义务教育均衡发展评价体系及战略研究	翟 博	中国教育报
营利性与非营利性民办教育分类管理改革试点跟踪研究	王 烽	教育部教育发展研究中心
城乡义务教育一体化发展机制研究	张 旺	吉林省教育科学院
公共管理视角下的大学生就业促进问题研究	张留禄	上海应用技术学院
政府对大学生自主创业的扶持模式及绩效研究	王万山	九江学院
事业单位视野下的学校组织运行研究	王 晋	河南大学
美国州政府与公立高校间契约型管理模式研究	杨 婕	海南大学
"省直管县"财政改革与农村义务教育财政体制调适研究	宗晓华	南京大学
促进学前教育发展的财税政策研究	黄 洪	成都学院
国家教育决策科学民主模式研究	涂端午	教育部教育发展研究中心
公共服务均等化视角下省级政府教育统筹发展的效果评价与推进研究	盛明科	湘潭大学
大城市外来人口子女教育获得空间过程研究：基于区位获得模型的分析	李丽梅	华东师范大学
学校公共生活视野下的大学公民教育成效与路径研究	杨黎明	三峡大学
城市化进程中农村职业教育办学模式改革与发展对策研究	唐智彬	湖南岳阳职业技术学院
区域职业教育合作发展的机制与政策研究	胡秀锦	上海市教育科学研究院

国家社科基金重大项目

课题名称	负责人	单 位
推进我国区域经济、政治、社会、文化及生态协同发展研究	罗能生	湖南大学
城乡社会保障体系协调发展研究	柳清瑞	辽宁大学
突发公共事件舆情应对与效果评估信息平台建设研究	官建文	人民网股份有限公司
社会管理创新与社会体制改革研究	童 星	南京大学
在社会管理体制创新中推动基层民主发展研究	詹成付	华中师范大学
基层政府社会管理体制机制创新研究	孙柏瑛	中国人民大学
城市流动人口服务管理问题研究	江立华	华中师范大学
城乡统筹发展背景下户籍制度改革与城镇化问题研究	许 庆	上海财经大学
完善人口和计划生育利益导向政策体系研究	杨云彦	中南财经政法大学
我国住房保障问题与改革创新研究	邓宏乾	华中师范大学
城乡环境基本公共服务非均等程度评估及均等化路径研究	卢洪友	武汉大学
土地产权、土地流转与土地征收补偿制度研究	黄少安	山东大学
中西部地区承接产业转移的重点与政策研究	耿明斋	河南大学
促进新能源产业发展的政策措施体系研究	史 丹	中国社会科学院财政与贸易经济研究所
公众幸福指数导向下的我国政府绩效评价体系研究	郑方辉	华南理工大学
我国公共体育服务统计体系与综合评价实证研究	戴 健 权德庆	上海体育学院 西安体育学院
中国特色社会主义社会管理体系研究	张康之	南京大学
中国城市社会来临与智慧城市设计及发展战略研究	王世福 张振刚	华南理工大学
现代城市交通发展的制度平台与法律保障机制研究	周佑勇	东南大学

续表

国家社科基金重大项目

课题名称	负责人	单　位
三峡库区独特地理单元"环境—经济—社会"发展变化研究	文传浩	重庆工商大学
中国与周边国家水资源合作开发机制研究	周海炜	河海大学
突发性动物疫情公共危机演化机理及应急公共政策研究	李燕凌	湖南农业大学

国家社科基金后期资助项目

课题名称	负责人	单　位
环境规制理论研究	张红凤	山东经济学院
农地流转风险与防范研究	朱　强	湖南文理学院
中国公民参与公共政策制定的理论与实践	王建军	四川大学
历史视野中的社会治理演进研究	张康之	南京大学
城乡公共服务一体化的理论与实践研究	吴业苗	南京师范大学
政府购买服务的理论与实践研究	魏中龙	北京工商大学
公共投资项目绩效评估方法与管理体系创新研究	潘　彬	温州大学

国家社科基金西部项目

课题名称	负责人	单　位
西部民族地区基层民主发展规范化研究——基于村民自治现状的实地调查与思考	张显伟	广西民族大学
城市化进程中的社区纠纷解决研究——基于西部十个社区的调查	段文波	西南政法大学法学院
省直管县体制下的县乡政府的角色定位与职能转换研究	贾　晋	西南财经大学西部经济研究中心
西部地方政府绩效目标设置管理研究	郭立宏	西安理工大学
涉及民族因素群体性突发事件的应急体系建设与管理研究	张明善	西南民族大学管理科学与工程研究所
西部民族贫困地区农村公共文化产品供给机制研究	李长友	吉首大学法学院
城乡一体化进程中的新型城乡形态研究	刘俊杰	广西师范大学经济管理学院
民族地区特殊公共服务有效供给机制研究	张　序	四川省社会科学院
自然保护区保护政策与民族村寨发展研究	黄晓园	西南林业大学资源学院
西部少数民族地区土地流转制度下的农民养老保障机制改革研究	崔　瑛	云南农业大学经济管理学院
我国社会养老保障与家庭保障融合创新研究	张海川	西南财经大学保险学院
公共政策影响消费率的测度及统计评价研究	张文红	西安财经学院
电子政务系统可生存策略研究	孟祥宏	呼伦贝尔学院计算机科学与技术学院
西部农村体育公共服务发展现状、问题与对策研究	钟全宏	西北师范大学体育学院
西北民族地区体育公共服务现状与对策研究	朱梅新	石河子大学体育学院
城乡一体化发展与户籍制度改革研究	王锦东	陕西教育学院政治经济系
西部贫困县基本公共服务与扶贫开发联动研究	李雪峰	内蒙古财经学院公共管理系

教育部人文社会科学研究一般项目

课题名称	负责人	单　位
节能减排背景下政府环境责任实现机制研究	邓可祝	安徽工业大学
符合 GPA 要求的政府采购救济机制构建研究	张幸临	东北财经大学
县级政府依法行政动力的优化与开发研究	姚锐敏	华中师范大学
山西省转型综合改革试验区建设中土地管理机制创新研究	何建华	山西大学
我国政府非税收入收缴管理规范化研究	谭　立	浙江大学城市学院
公共政策的竞争评估	张占江	复旦大学
区域战略人力资源协同开发机制研究——基于区域一体化的研究视角	钱士茹	安徽大学
政府基本公共服务标准化和可持续问题研究	梁鸿飞	北京大学
政策推动下大学创新团队知识共享动态机制研究	王丽丽	大连理工大学
后危机阶段我国基础设施投建的减贫效果评价与后续政策选择研究	郭劲光	东北财经大学

教育部人文社会科学研究一般项目

课题名称	负责人	单　位
城乡统筹视角下新农保的财政保障能力与保障机制研究	周志凯	对外经济贸易大学
政绩工程的形成机理与治理对策：基于中国地方政府治理的实证研究	王希坤	复旦大学
公共科研机构的异化研究	郑　霞	广州城市职业学院
城市成长管理中政府工具的选择与应用研究	王枫云	广州大学
社会管理视域下政府与社会双重管理体制建构研究	高建华	桂林电子科技大学
我国生态补偿的市场化政策工具研究	孙友祥	湖北大学
地方政府"四位一体"的食品安全管制体系研究	袁文艺	湖北经济学院
我国农业科技信息服务范式与管理政策研究	朱方长	湖南农业大学
大城市空间结构演变与治理研究	杨上广	华东理工大学
转型期我国政府网络舆论危机管理研究	刘　彬	江苏警官学院
我国城市群城际出行方式选择特性分析与诱导策略研究	吴麟麟	江苏大学
基于社会管理创新的农村土地征收纠纷调处机制研究	刘　根	井冈山大学
政策性动因对我国民营企业投融资互动机理影响研究：进入壁垒、融资约束	李　莉	南开大学
政府生态转移支付绩效审计框架与方法研究	梁　星	山东工商学院
我国煤炭资源整合复杂系统及其管理复杂性测度理论与方法研究	宋华岭	山东工商学院
基层政府服务力评估研究	于秀琴	山东工商学院
我国社会医疗保险基金的偿付与费用控制研究	沈　勤	上海工程技术大学
政府购买社会组织公共服务评估机制研究	徐家良	上海交通大学
城市社会管理中的利益协调问题研究	李建中	上海师范大学
上海城乡基本公共服务均等化问题研究	孔凡河	上海政法学院
网络问责的发展、内容构成及对公共管理影响研究	宋　涛	深圳大学
和谐社会视角下新疆多民族地区农村公共服务投入机制研究	汪全勇	石河子大学
基于云模型的轨道交通基础设施项目风险预警研究	刘维庆	石家庄铁道大学
"十二五"时期农民工城市就业问题及路径研究	王　静	首都经济贸易大学
中国西部高等教育资源分布现状与配置机制研究	王成端	四川理工学院
公私伙伴关系合作治理及其互动机制研究	任志涛	天津城市建设学院
区域卫生资源公平配置机制的研究	何　宁	天津中医药大学
网络城市空间规模与效率的理论研究	吴建伟	同济大学
建立农村水利设施投入稳定增长机制研究——以西南地区为例	刘尔思	云南财经大学
公共租赁房可持续运营：定价机制与运管模式研究	虞晓芬	浙江工业大学
政府农田水利建设项目风险管理体系构建研究	郑家喜	中南财经政法大学
公民友好型政府预算报告模式研究	王雍君	中央财经大学
基于创新主体视角下的政府研发投入绩效评估与仿真研究	李小胜	安徽财经大学
基于灰技术的区域能源—经济—环境复杂系统研究	崔立志	安徽工业大学
城市交通管理中不确定信息处理及知识获取研究	汪　凌	安徽理工大学
转轨经济下政府干预对企业发展战略实现方式的影响机制研究	冯桂平	大连理工大学
跨边界危机治理的三重网络协同机制研究	马永驰	大连理工大学
社会组织与社会管理的关系、实现模式及影响效度研究	王川兰	复旦大学
地方政治资本对经济增长和官员治理的影响及机制研究	许陈生	广东外语外贸大学
区域公共管理视角下的社会保障对接——基于广佛同城化的实证研究	刘　波	广州大学
府际网络治理——我国"省部科技共建"合作机制研究	尹　红	海南大学
医药卫生体制改革评价研究——以浙江省为例	汪　胜	杭州师范大学
老龄化背景下残疾人福利需求特征与制度转型研究	张金峰	河北工业大学
跨行政区流域水污染协同治理机制研究	李　胜	湖南大学
突发公共事件善后救助风险分担机制研究	高恩新	华东师范大学

续表

教育部人文社会科学研究一般项目		
课题名称	负责人	单　位
非营利组织社会创业的运营模式研究	刘丽珍	华东政法大学
公交网络多目标优化理论与方法研究	吴永忠	华南理工大学
基于土地出让视角的政府间竞争研究	李尚蒲	华南农业大学
土地征收的农民损失及补偿研究——以珠三角为例	马晓茗	华南农业大学
政府绩效合同评估体系构建与制度安排研究	卓　萍	华侨大学
城镇化进程中城市住宅用地扩展与跨界整合模式研究——以武汉城市圈为例	胡小芳	华中农业大学
基于整体性治理的新型农村公共服务体系研究——以"服务三角"模型为分析框架	方　堃	华中师范大学
长三角地区城市街道空间利用及管理对策的研究——以道路空间的非交通功能利用为视角	宁碧波	嘉兴学院
管办分离改革与高校行政管理体制创新研究——基于制度经济学的视角	潘加军	江南大学
都市圈出行行为建模与交通需求管理政策研究	景　鹏	江苏大学
城市户外广告监管机制创新研究：基于协作性公共管理的视角	谢加封	南京林业大学
城市基层治理的双重逻辑与善治路径研究	陈　辉	南京师范大学
公共服务市场化进程中公共性流失问题研究	梅锦萍	南京晓庄学院
基于服务需求复杂性的我国地方公共服务组织结构变革研究	曾维和	南京信息工程大学
基于 PSR 框架的我国农村公用事业产品供给绩效评价及优化对策研究	宋英杰	山东工商学院
基于 QFD 的非常规突发事件政府应对能力评价研究	闫绪娴	山西财经大学
我国大型城市交通拥堵问题：政策绩效与治理机制研究	赵　蕾	上海大学
轨道交通枢纽突发事件人群疏散方案及仿真研究	邹宗峰	上海大学
我国转型时期环境政策工具的实施效果与优化选择研究：基于政府治理的视角	杨洪刚	上海工程技术大学
非对称性合作视角下公私合作制（PPP）的运行及演化研究	宋　波	上海师范大学
突发社会安全事件预防管理常态化机制研究	刘玉雁	沈阳师范大学
汶川地震灾后农村公共产品供给效率研究	杨　峰	四川大学
城市交通拥堵的街区缓冲模型及仿真研究	陈敬柱	天津工业大学
社会组织参与公共冲突治理的功能、机制和路径	赵伯艳	天津商业大学
土地征收过程中农民福利变化研究	高进云	天津师范大学
人口老龄化与人口消费化视角下社会保障水平研究	刘伟兵	武汉大学
体育公共服务均等化研究——基于体育资源配置的公平与效率分析	刘　亮	武汉体育学院
统筹城乡发展中农村剩余劳动力有效转移的障碍与公共政策选择研究——以重庆为例	张焕英	西南大学
农村水利基础设施合作治理的制度安排研究	蔡晶晶	厦门大学
基于绩效评估的农村公共事业管理制度创新研究	鄢洪涛	湘潭大学
社会管理创新与农村征地型群体性事件治理研究	祝天智	徐州师范大学
保障性住房建设中的空间失配问题及其优化策略研究	顾　杰	浙江工商大学
政府对农民工人力资本投资的运作模式和绩效研究	翁　杰	浙江工业大学
公共文化服务中的民营企业角色——基于政企互动的浙江实践分析	林敏娟	浙江师范大学
煤矿突发水灾害危机演化机理与响应系统研究	张炎亮	郑州大学
中国水产品质量安全溯源信息监管机制研究	陈雨生	中国海洋大学
中国海洋生态安全治理模式研究	杨振姣	中国海洋大学
城市边缘区村镇发展模式与土地利用政策协调机制研究——以武汉市为例	李　强	中国人民大学
公共服务提供方式多元化改革中的问责途径和风险分配研究	陈　玲	中山大学
大规模自然灾害过后医疗资源分配优化问题：基于排队论视角的研究	向一莎	中山大学
整体性治理视角下的我国大都市区地方政府跨界公共事务协作研究	崔　晶	中央财经大学
基于民生视角的政府投资项目监管体系研究——G-BSC 构建与应用	周　君	中央财经大学
少数民族贫困地区社会救助的政府与 NGO 合作机制研究	金红磊	中央民族大学
基于灰色建模技术的城市交通拥堵预测与治理策略研究	曾　波	重庆工商大学
全球政治理论创新研究	刘小林	北京师范大学

教育部人文社会科学研究一般项目

课题名称	负责人	单　位
国际公共产品供给问题研究	李　新	湖北经济学院
新时期中国县制改革与县域经济科学发展的适应性研究	闫恩虎	嘉应学院
基于公共政策视角的节能减排政策评价与政策优化研究	邱立新	青岛科技大学
人力资本利用效率与我国区域经济均衡发展研究	张文玺	山东大学
构建政府资助下租赁为主体的城镇住房保障模式研究	李　英	山东科技大学
疾病风险全保障的筹与政府财政能力研究	李　华	上海财经大学
建国以来中国城市公共文化空间的变迁研究	仲红卫	韶关学院
公民政策参与背景下地方政府民意吸纳与回应机制研究——以浙江实践为例	吴太胜	台州职业技术学院
应对突发公共卫生事件的灾害护理教育及救援网络构建的研究	余桂林	武汉科技大学
现代大学基层学术组织的治理模式研究	蔡珍红	重庆大学
统筹城乡发展农民工进城就业安居制度保障创新研究	陈其安	重庆大学
城市社区管理中的多元共商机制研究	骆建建	常州信息职业技术学院
我国新型农村养老保险制度可持续发展研究	刘　冰	湖南农业大学
善治理论下的网络谣言传播与危机管理研究	刘　荣	湖州师范学院
当前农村土地纠纷的产生原因、特征及化解机制研究	郭　亮	华中科技大学
政府支持背景下地方高校债务化解的模式、绩效与机制创新研究	李永宁	淮阴师范学院
基于多元利益主体的跨行政区域基础设施合作供给及其机制研究	王　鹏	暨南大学
基于网络舆情演变的基层政府危机管理研究	胡建华	江西理工大学
中国公众食品包装安全风险认知、行为特征与政府规制研究	陈　默	曲阜师范大学
区域治理视野下的公共管理系统竞争与协同机制研究——以长三角为例	李　响	上海金融学院
社会保障制度中国国家责任研究	钟会兵	武汉科技大学
城市公共空间应急避难设施设计研究	赵　锋	西安建筑科技大学
体制转型背景下的城市蔓延机理与调控研究——以闽东南区域为例	洪世键	厦门大学
公共游憩的空间供给与城乡均衡模式研究	张海霞	浙江工商大学
1980~2010：杭州公共空间与公共生活的三十年变迁史	戴晓玲	浙江工业大学
老龄化背景下城市老年人居住消费与保障研究——基于住房需求视角的杭州市实证研究	高　辉	浙江工业大学
虚拟公共领域功能实现模式研究——基于网民"热点行为"的群体动力学实证分析	曹怀虎	中央财经大学
灾害最优救援响应决策理论与方法研究	戴技才	重庆师范大学
农村学校改进的制度分析与路径选择研究	周兴国	安徽师范大学
中国特色高校治理评价指标体系研究	王绽蕊	北京工业大学
基于区域差距的高等教育公平评价体系构建研究	宋　丹	大连理工大学
省级政府高等教育投入机制创新研究——基于省级政府教育统筹的视角	胡耀宗	华东师范大学
从管理走向治理：转型期我国教育公共治理机制研究	刘世清	华东师范大学
新时期我国支持农村义务教育发展的政策运行研究	何　杰	淮阴师范学院
地方高校战略管理研究——以全国15个副省级城市综合大学发展规划为例	张丽萍	江汉大学
大学生就业中的政策供求研究	罗建河	南昌大学
地方高校教育经费投入结构、行为、绩效研究——以江苏省为例	陆　莹	南京工业大学
区域高等教育多元发展与体制创新研究	刘剑虹	宁波大学
高等教育与区域经济共生发展实证研究——基于产业结构调整的视角	苗文利	山东经济学院
城乡教育一体化进程中乡村学校文化适切性问题研究	纪德奎	天津师范大学
中国公共教育经费的配置效益与优化路径	周　胜	扬州市职业大学
流动人口子女高度集中地区基础教育布局的现状和对策研究：以江浙两省为例	杨　明	浙江大学
学校公共安全教育的现状、问题及其完善研究	邱　煜	浙江警察学院
我国学前教育发展公私合作伙伴关系（PPP）运行机制及其评价研究	周　玲	北京理工大学
政府对民办高等教育的财政支持制度研究	方　芳	北京师范大学

续表

教育部人文社会科学研究一般项目		
课题名称	负责人	单　位
学前教育普及中政府主导的保障机制创新研究	洪秀敏	北京师范大学
治理理论视野下大学"去行政化"改革研究	黄泽龙	广东药学院
基于民办高等教育公益性实现的政府干预问题研究	曾小军	广州大学
"治理"视野下大学学术管理的制度研究	梁明伟	河北大学
第三方治理：美国高等教育管理中的非政府组织研究	杨凤英	河北大学
教育政策过程中的伦理风险及其规避机制研究	罗红艳	河南师范大学
省级统筹体制下政府间义务教育筹资责任分担研究——以广东省为例	雷丽珍	华南农业大学
城乡流动背景下农村校外青年学习需求与社会支持研究	孙天华	山东工商学院
新疆城镇化进程中基础教育资源布局问题研究	马　萍	石河子大学
资助政策视域中的大学生教育公平感研究	刘　佳	扬州大学
高校基金会治理结构及机制研究	尤玉军	扬州大学
未来十年省域高等教育的战略定位与发展策略——基于省域中长期教育规划的比较分析	方海明	浙江师范大学
促进区域经济协调发展的立体财政转移支付模式研究——基于政府行为视角	吴　强	北京工商大学
基于地方政府竞争视角的区域经济差距形成及其治理	黄阳平	集美大学
基层政府财政能力、异质性偏好与农村公共物品供给机制	冯海波	暨南大学
快速城市化进程中"城中村"被动市民化农民的就业问题研究——以江西省为例	刘　文	江西农业大学
政府土地财政的规范与治理：理论、实证与政策	杨志安	辽宁大学
公共服务均等化视角下的城乡社会救助体系建设研究	马　静	山东财政学院
农村医疗卫生的政府供给效率：测度、评价与分析	陈　东	山东大学
城市住房弱势群体的形成机制及保障对策研究	武中哲	山东经济学院
西北农业水资源优化配置下的政府和农户行为研究——以陕西省为例	方　兰	陕西师范大学
中国特色城乡一体化发展模式研究——基于苏州实践的探索	陈俊梁	苏州科技学院
公共支出受益归宿研究——基于浙江的调查	赵海利	浙江财经学院
地方政府土地财政依赖：形成机理与转型对策	陈多长	浙江工业大学
政府规制下煤炭资源整合路径选择及其经济效果研究	孙自愿	中国矿业大学
教育投入和社会保障支出的联合机制及对城乡收入差距的影响效应研究	刘　新	重庆理工大学
流域保护政策有效性及其影响效应研究——以京津冀都市圈海河流域为例	郑海霞	北京联合大学
我国政府债务风险的评估与预警研究	王亚芬	东北财经大学
公共政策引导节能减排的理论与实证研究	许　慧	东北财经大学
教育公平视角下的公共教育支出优化研究	史桂芬	东北师范大学
城乡基本公共服务均等化的目标选择、实现路径与动态评价研究	乔俊峰	河南师范大学
支持政策与农民专业合作社绩效关系的实证研究——以江西为例	张征华	江西农业大学
协同治理视阈下农村公共产品多元化供给绩效评价与机制创新研究	郑　华	山东财政学院
公共转移支付、私人转移支付与中国反贫困问题研究	解　垩	山东大学
"俱乐部产品"供给中的合作机制研究：以农民专业合作社为例	石绍宾	山东大学
中国政府卫生支出绩效评估研究：模型构建与应用	杨　玲	武汉大学
基于城乡公共服务均等化的地方财政体制创新研究——以西部民族地区为例	缪小林	云南财经大学
公共财政视角下中国经常项目调整模式的机制研究	张少华	浙江理工大学
腐败对公共支出结构的影响及其治理对策研究	徐　静	中南财经政法大学
居家养老保障中政府和非营利组织的合作模式研究	祁　峰	大连海事大学
中国新型农村养老保险制度试点调查与制度优化研究	刘晓梅	东北财经大学
城市化过程中流动人口的住房需求和住房保障研究	任　远	复旦大学
中国民生保障评估与对策研究	袁国敏	南京财经大学
机关事业单位养老保险制度转轨成本分析与路径选择	李茹兰	山东财政学院
中国社会保障制度的国际协调机制研究	吴伟东	暨南大学

续表

教育部人文社会科学研究一般项目

课题名称	负责人	单　位
转型期城市公共服务的社会剥夺特征、形成机制及公平构建研究	高军波	信阳师范学院
村庄民间组织、社会资本与乡村治理的社区机制创新——基于浙江的实证研究	张国芳	浙江工商大学
转变经济发展方式与社会保障制度改革研究：地方政府治理的视角	彭宅文	中山大学
社会保障政策制定中的社会稳定风险评估研究：基于社会养老保险领域实证	曾崇碧	重庆工商大学
面向网络舆情的群体性事件的预警机制研究	生奇志	东北大学
集体产权视角下的农地流转机制主体创新研究	蒋永甫	广西大学
中国海洋发展与沿海城市行政区划改革研究	林　拓	华东师范大学
广东省"治理保障型"扶贫模式的政策依据与绩效评价研究	张　玉	华南农业大学
深化市政公共服务监管体制改革研究：中国与英国的比较	唐　娟	深圳大学
治理理论视角下的我国农村环境污染问题研究——以粤浙鄂渝4村为个案	侯保疆	汕头大学
网络舆论与公共领域的建构：以微博中的公共讨论为研究个案	邵春霞	同济大学
公共服务分工体制视角下的中央与地方关系研究	刘　华	扬州大学
转型期我国财政分配关系中的地方政府非规范竞争行为及其矫治研究	杨　俊	浙江财经学院
公共政策效能非正常衰减机制研究	陈绍芳	浙江工商大学
基于互惠共生模式的省管县体制改革研究	周功满	浙江师范大学
群体冲突诱因与干预机制研究——基于长三角区域的调查	张全义	浙江万里学院
宅基地产权制度改革与农村社区治理创新研究	刘庆乐	中央财经大学
关联性利益冲突中的地方政府信息公开效能研究	李　鹏	大连理工大学
基于"异体评估"和结构方程模型（SEM）的政府绩效评估体系构建研究	高洪成	东北大学
农村治理视域中的农民专业合作组织与政府关系研究——以上海为例	李汉卿	华东政法大学
公共政策终结过程研究——基于公共治理的视角	范绍庆	华中师范大学
政府公共服务社区化机制研究	孔娜娜	华中师范大学
新农村建设中的社区管理体制模式研究	李增元	华中师范大学
完善财政体制加强县级政府提供基本公共服务财力保障研究——基于六省八县的实证分析	宋　哲	华中师范大学
回应型公共行政模式探究——基于行政正义视阈的分析	董亚男	吉林大学
风险社会语境中的地方政府信用建设机制研究	周文翠	佳木斯大学
协商合作型社区治理体制建构研究：以南京等地城市社区为例	陈　朋	江苏科技大学
当代中国规划性政治研究——农民权利变迁的视角	蔡益群	江西理工大学
领导小组与政府部门协调决策机制研究	赖静萍	南京大学
我国公共资源的产权实现机制研究——以林权制度改革为典型个案	范炜烽	南京理工大学
新时期我国公共政策议程设定转型与群体性事件治理研究	李强彬	四川大学
"可治理型民主"：突发公共事件中地方政府的社会互动方案研究	蒋　慧	苏州大学
农民公共产品需求表达机制、公共选择机制与善治	王春娟	武汉理工大学
网络背景下的公共政策议程设置研究	鲁先锋	浙江农林大学
我国慈善事业发展中的政府角色定位及职能转变研究	耿　云	中央财经大学

教育部人文社会科学研究一般项目（西部和边疆地区项目）

课题名称	负责人	单　位
旅游冲突事件的形成机理与管理机制研究	赵多平	宁夏大学
电子政务服务特征、公众信任与公众电子参与的关系研究	王立华	西安交通大学
多元嵌套逻辑视野下农村基层政权行为与建设研究：基于西部地区四个乡镇政权的比较分析	马良灿	贵州大学
快速城市化进程中交通公平评估方法与改善策略研究——以昆明为例	陈　方	昆明理工大学
社会管理视野下的农户经济行为研究——以西北农村地区为例	饶旭鹏	兰州理工大学
藏区社会保障的特殊性研究——以青海藏区为例	韩　丽	青海民族大学

续表

教育部人文社会科学研究一般项目（新疆项目）		
课题名称	负责人	单　位
乌鲁木齐市社区公共卫生服务提供模式及干预研究	谢慧玲	新疆医科大学

教育部哲学社会科学研究重大课题攻关项目		
课题名称	负责人	单　位
社会管理体制创新研究	魏礼群	北京师范大学
预防和治理"城市病"研究	宁越敏	华东师范大学
社会稳定风险评估与社会矛盾预防研究	彭宗超	清华大学
实现基本公共服务均等化研究	张贤明	吉林大学
我国建设用地总量控制与差别化管理政策研究	欧名豪	南京农业大学
新时期社会治安防控体系建设研究	宫志刚	中国人民公安大学

教育部哲学社会科学研究后期资助项目		
课题名称	负责人	单　位
中国基础教育改革与发展研究	宋乃庆	西南大学
社会公共管理：权利治理、内在机制与空间拓展	李伟权	暨南大学
中国农村老年保障制度理论研究	徐文芳	深圳大学
东南亚国家城市化与乡村发展研究	韦　红	华中师范大学

教育部人文社会科学重点研究基地重大项目		
课题名称	负责人	单　位
转型时期中国农村政治发展与社会管理研究	吴　丕	北京大学
中国城市化道路：市场推动与国家治理	焦必方	复旦大学
我国基本公共服务城乡一体化研究	林闽钢	苏州大学
新的全球治理——全球治理的理论和实践在欧洲的演变与趋势	庞中英	中国人民大学

华东师范大学教育部人文社会科学重点研究基地重大项目		
课题名称	负责人	单　位
联邦主义和俄罗斯中央与地方关系研究——正式制度和非正式制度的相互嵌入	A.利布曼	华东师范大学
基础教育政策实施的监测与评估体系研究	范国睿	华东师范大学
大城市人口增长与社会公共资源配置的协同研究	吴瑞君	华东师范大学

关于 2011 年度立项课题项目的说明：

（1）自然科学基金包括管理学部公共管理类和地学部及其他学部中关于城市、区域等内容。

（2）各部委课题网站上基本没有公布，通过别的途径搜索的不够全面，只能从新闻网页等中搜索到很少的部分，因此暂不考虑放入。

（3）本部分内容由姜玲整理。